한국어판

THE C++ PROGRAMMING LANGUAGE
FOURTH EDITION

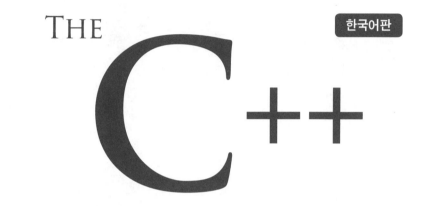

THE C++
한국어판

PROGRAMMING LANGUAGE

FOURTH EDITION

비야네 스트롭스트룹 지음 | 박지유 옮김

i!i
에이콘

지은이 소개

비야네 스트롭스트룹 Bjarne Stroustrup

C++의 설계자이자 창시자며, 『Programming: Principles and Practice Using C++ (Second Edition) 한국어판』(에이콘, 2015)을 비롯한 인기 있는 여러 학습서의 저자다. 텍사스 A&M 대학의 특별 교수며, 컴퓨터 과학과의 학과장이다. 미국 공학 아카데미의 멤버이자 IEEE 펠로우, ACM 펠로우다. C++ ISO 표준화에 적극적으로 참여하고 있다.

개정4판 지은이의 말

컴퓨터 과학의 모든 문제들은
또 다른 레벨의 간접참조에 의해서 해결될 수 있다.
간접 참조가 지나치게 많아지는 문제만 빼고는
— 데이비드 윌러(David J. Wheeler)

C++는 마치 새로운 언어처럼 느껴진다. 즉 C++11에서는 C++98에서보다 자신의 생각을 좀 더 명료하고, 좀 더 간단하며, 좀 더 직접적으로 표현할 수 있다. 게다가 결과로 만들어지는 프로그램은 컴파일러에서 더 잘 체크되며 더 빠르게 실행된다.

이 책은 완결성에 목적을 둔다. 이 책은 현업 프로그래머에게 필요한 모든 언어 기능과 표준 라이브러리 구성 요소를 설명한다. 각각에 대해 다음과 같은 내용이 제공된다.

- **논리적 근거** 그것은 어떤 종류의 문제를 해결하는 데 도움을 주려고 설계됐는가? 설계의 바탕이 되는 원리는 무엇인가? 근본적인 한계는 무엇인가?
- **명세** 그것의 정의는 무엇인가? 세부 사항의 수준은 전문 프로그래머를 대상으로 선택됐다. 열렬한 언어 탐구자라면 ISO 표준에 대한 수많은 참고 내용들을 따라갈 수 있다.
- **예제** 그것은 어떻게 자체적으로 또는 다른 기능들과 조합돼 사용될 수 있는가? 핵심 기법과 표현 방식은 무엇인가? 유지 보수성과 성능에는 어떤 영향을 미치는가?

C++의 사용은 지난 몇 년간 급격한 변화를 겪었으며, 언어 자체 역시 마찬가지다. 프로그래머 입장에서 보면 대부분의 변화는 더 나아진 것이었다. 현재의 ISO 표준(ISO/IEC 14882-2011, 보통 C++11이라고 불림)은 양질의 소프트웨어를 작성하는 데 있어 이전 버전에 비해 훨씬 나은 도구다. C++11은 어떻게 더 나은 도구인가? 최신 C++는 어떤 종류의 프로그래밍과 기법을 지원하는가? 깔끔하고, 정확하며, 유지 보수에 용이하고, 효율적인 C++ 코드의 기본 구성 요소는 무엇인가? 이런 것들이 이 책에서 해답을 제시하려는 주요한 질문들이다. 많은 해답이 1985년, 1995년, 2005년의 구식 C++에서 찾을 수 있는 답과 달라졌다. 진보가 일어난 것이다.

C++는 풍부한 타입과 가벼운 추상화를 설계하고 활용하는 데 역점을 두는 범용 프로그래밍 언어다. C++는 소프트웨어 하부 구조에서 발견되는 자원적 제약이 있는 애플리케이션에 특히 적합하다. C++는 양질의 코드 작성에 필요한 기법에 숙달되기 위해 시간을 투자하는 프로그래머에게 보답한다. C++는 프로그래밍 작업을 진지하게 고려하는 이들을 위한 언어다. 우리의 문명은 소프트웨어에 절대적으로 의존하므로, 소프트웨어는 양질이어야 한다.

배포된 C++ 코드는 수십억 줄에 달한다. 이로 인해 안정성이 특히 중요시돼 1985년과 1995년의 C++ 코드가 아직까지 동작하고, 앞으로 수십 년 동안 계속 동작하게 될 것이다. 하지만 모든 애플리케이션에 대해 최신 C++로 더 나은 결과를 얻을 수 있다. 오래된 스타일을 고수한다면 낮은 품질에 낮은 성능을 보이는 코드를 작성할 수밖에 없다. 안정성에 대한 강조는 오늘 작성한 표준 준수 코드가 지금으로부터 20년 후에도 여전히 동작할 것이라는 뜻이다. 이 책의 모든 코드는 2011 ISO C++ 표준을 준수한다.

이 책은 다음과 같은 세 부류의 독자층을 염두에 뒀다.

- 최신 ISO C++ 표준이 제공할 수 있는 가능성이 무엇인지 알고 싶은 C++ 프로그래머
- C++가 C보다 더 나은 뭔가를 제공할 수 있는지 궁금한 C 프로그래머
- 자바, C#, 파이썬, 루비 같은 애플리케이션 언어를 다뤄 본 사람들 중에 '컴퓨터와 좀 더 가까운, 즉 좀 더 융통성 있고 좀 더 나은 컴파일 타임 체크를 제공하며, 좀 더 나은 성능을 제공하는 뭔가를 찾는 이들

당연히 이 세 그룹이 동떨어진 건 아니다. 전문 소프트웨어 개발자들은 한 가지 이상의 프로그래밍 언어에 숙달해 있다.

이 책은 독자들이 프로그래머라고 가정한다. **for** 루프나 컴파일러가 뭔지 모른다면 이 책은 (아직) 여러분에게 적합한 책이 아니다. 프로그래밍과 C++를 시작한다면 내가 쓴 『Programming: Principles and Practice Using C++ (Second Edition) 한국어판』(에이콘, 2015)을 대신 추천한다. 게다가 나는 독자들이 소프트웨어 개발자로서 어느 정도 숙련돼 있다고 가정한다. "뭐 하러 테스트를 하지?"라고 묻든가, "모든 언어는 기본적으로 다 똑같아, 문법만 알려달란 말이야."라고 말하든가, 모든 작업에 두루 적합한 언어는 하나뿐이라고 확신한다면 이 책은 여러분에게 적합한 책이 아니다.

C++98에 비해 C++11에서 추가된 기능은 무엇인가? 상당한 병행성을 갖춘 현대적 컴퓨터에 적합한 기계 모델, 시스템 레벨의 병행성 프로그래밍을 수행하기 위한 언어 및 표준 라이브러리 기능(예를 들면 멀티코어를 활용한), 정규 표현식 처리, 자원 관리 포인터, 난수, 개선된 컨테이너(해시 테이블을 비롯한) 등이고, 범용적이고 통일적인 초기화, 더 간단해진 **for**문, 이동 의미 구조, 기초적인 유니코드 지원, 람다, 일반 상수 표현식, 클래스 기본 값에 대한 제어, 가변인자 템플릿, 사용자 정의 리터럴 등이다. 이와 같은 라이브러리와 언어 기능은 양질의 소프트웨어 개발에 필요한 프로그래밍 기법을 지원하기 위해 존재한다는 점을 기억하기 바란다. 이 기능들은 건물의 벽돌처럼 함께 사용되도록 의도된 것이지, 특정 문제를 해결하기 위해 고립돼 개별적으로 사용되도록 의도된 것이 아니다. C++는 이러한 기능을 통해 범용 기기인 컴퓨터로 원하는 목적을 달성하게 한다. 특히 C++의 설계 목표는 설계자들이 생각지도 못한 미래의 문제들에 대응할 수 있게끔 충분히 융통성 있고 범용적이 되는 것이다.

감사의 글

이전 판들의 감사의 글에서 언급한 분들 외에 피트 베커Pete Becker, 한스 보엠Hans-J. Boehm, 마샬 클로우Marshall Clow, 조너선 코Jonathan Coe, 로렌스 크로울Lawrence Crowl, 월터 도허티Walter Daugherity, 다니엘 가르시아J. Daniel Garcia, 로버트 하를Robert Harle, 그렉 힉맨Greg Hickman, 하워드 히넌트Howard Hinnant, 브라이언 커니건Brian Kernighan, 다니엘 크루글러Daniel Krü gler, 네빈 리버Nevin Liber, 미셸 미쇼Michel Michaud, 게리 포웰Gary Powell, 얀 크리스티앙 반 윙켈Jan Christiaan van Winkel, 레오 졸맨Leor Zolman에게 감사를 표하고 싶다. 그들의 도움이 없었다면 이 책은 변변하지 못했을 것이다.

표준 라이브러리에 대한 많은 질문에 답해준 하워드 히넌트에 감사를 표한다.

앤드류 서튼Andrew Sutton은 템플릿에 관한 장들에서 콘셉트 에뮬레이션의 수많은 논의를 위한 시험대였던 오리진Origin 라이브러리의 개발자이자 29장의 주제인 행렬 라이브러리의 개발자다. 오픈소스인 오리진 라이브러리는 웹에서 'Origin'과 'Andrew Sutton'을 검색하면 찾을 수 있다.

그 누구보다 '둘러보기 장'들에서 많은 문제를 찾아준 대학원의 설계반 학생들에게 감사를 표한다.

내가 감수자들의 조언을 전부 따를 수 있었다면 이 책은 의심할 여지없이 훨씬 더 좋아졌겠지만, 불가피하게 수백 페이지 더 늘어났을 것이다. 전문 감수자들은 모두 기술적인 세부 사항, 고급 예제 및 여러 가지 유용한 개발 관행의 추가를 권했다. 초보 감수자(또는 교사)들은 예제의 추가를 권했다. 그리고 대부분의 감수자들은 책이 지나치게 방대해질 수 있다는 의견을 피력했고, 그 생각이 옳았다.

이 책을 쓸 수 있게 유급 휴가를 허용해준 프린스턴 대학의 컴퓨터 과학과, 특히 브라이언 커니건 교수에게 감사를 표한다.

이 책을 쓸 수 있게 유급 휴가를 허용해준 캠브리지 대학의 컴퓨터 연구실, 특히 앤디 호퍼Andy Hopper 교수에게 감사를 표한다.

도움을 주고 기다려 준 편집자 피터 고든Peter Gordon과 애디슨웨슬리Addison-Wesley 출판사의 제작 팀에 감사를 표한다.

비야네 스트롭스트룹

텍사스의 칼리지스테이션에서

개정3판 지은이의 말

프로그래밍은 이해다

― 크리스텐 니가드(Kristen Nygaard)

C++ 프로그래밍이 요즘처럼 즐거웠던 적은 없는 것 같다. 지난 수년간 설계와 프로그래밍을 위한 C++의 지원은 놀랄 정도로 향상돼 왔으며, C++ 활용에 도움이 되는 요긴한 새로운 기법들이 다수 개발돼 왔다. 하지만 C++가 재미만 있는 건 아니다. 종류와 규모를 막론하고 거의 모든 프로젝트에서 보통의 실무 프로그래머들이 생산성, 유지 보수성, 융통성, 품질 부문에서 비약적인 향상을 달성하고 있다. 이제 C++는 내가 원래 품었던 대부분의 기대를 달성하고, 내가 생각지도 못했던 과업에서까지 성공을 거두고 있다.

이 책은 표준 C++[1]와 C++에서 지원되는 핵심 프로그래밍 기법과 설계 기법을 소개한다. 표준 C++는 이 책의 초판에서 소개된 C++ 버전보다 훨씬 강력하고 세련된 언어다. 네임스페이스, 예외, 템플릿, 런타임 타입 식별 같은 새로운 언어 기능 덕택에 수많은 기법을 이전보다 좀 더 직접적으로 적용할 수 있게 됐고, 표준 라이브러리 덕택에 프로그래머는 아무 것도 없이 언어만 갖고 있을 때보다 훨씬 더 높은 수준에서 시작할 수 있게 됐다.

이 책의 개정2판에 있는 정보는 대략 3분의 1이 초판에서 가져온 내용이었다. 개정3판에서는 훨씬 더 많은 양이 다시 쓰여졌다. 개정3판은 가장 숙련된 C++ 프로그래머에게도 도움이 될 수 있는 동시에 이전 판에 비해 초심자들이 접근하기에도 쉬워졌다. C++ 사용의 폭발적인 증가와 그 결과로 축적된 엄청난 양의 경험 덕택에 이것이 가능해졌다.

확장 가능한 표준 라이브러리의 정의는 C++ 개념의 표현 방식에 큰 영향을 미쳤다. 이전과 마찬가지로 이 책은 특정 구현 환경에 얽매이지 않은 상태로 C++를 설명하며, 역시 이전과 마찬가지로 도입부에서 언어 구문 요소와 개념을 제시할 때는 '밑바닥에서부터' 올라가는 순서로, 언어 구문 요소를 반드시 규정한 후에 사용한다. 하지만 잘 설계된 라이브러리는 사용하기는 쉽지만, 구현 세부 사항을 이해하기는 상당히 어렵다. 따라서 표준 라이브러리는 독자가 내부 동작을 이해하기 어렵다고 생각되는 경우에도 실전적이고 흥미로운 예제를 제공하는 데 활용될 수 있다. 표준 라이브러리 자체는 프로그래밍 예제와 설계 기법의 풍부한 보고이기도 하다.

이 책에서는 C++ 언어의 주요 기능과 표준 라이브러리를 전부 다룬다. 이 책은 언어와

---

1. ISO/IEC 14882, C++ 프로그래밍 언어 표준

라이브러리 기능을 중심으로 구성돼 있다. 하지만 기능은 실제의 활용 사례를 통해 제시된다. 즉 언어 자체보다는 설계와 프로그래밍을 위한 도구로서의 언어에 초점이 맞춰져 있다. 이 책은 C++를 효과적으로 만들어주는 핵심 기법들을 설명하고, 숙달에 필요한 근본 개념들을 가르쳐준다. 이 책의 자매편에 해당하는 『The Annotated C++ Language Standard』는 C++에 대한 언어 정의를 제공하는 책으로서 이해를 도와주는 주석이 함께 실려 있다.

이 책의 주된 목적은 C++에서 제공되는 기법들이 어떤 식으로 핵심 프로그래밍 기법을 지원하는지에 대해 독자들이 쉽게 이해할 수 있도록 돕는 것이다. 이런 목적은 단순히 예제들을 복사하고 다른 언어의 프로그래밍 스타일을 흉내 내는 정도보다 훨씬 더 높은 수준으로 독자들을 인도하려는 것이다. 언어 기능의 바탕이 되는 개념들을 충실히 이해해야만 언어를 정복할 수 있다. 구현 관련 문서를 참고한다면 이 책에서 제공되는 내용은 중요한 현업 프로젝트를 완수하는 데 충분한 수준이다. 독자들이 새롭게 눈을 떠서 더 나은 프로그래머와 설계자가 되는 데 이 책이 도움이 됐으면 하는 바람이다.

감사의 글

초판과 개정2판의 '감사의 글'을 통해 언급한 사람 외에 개정3판의 초고에 대해 의견을 주신 매트 오스턴Matt Austern, 한스 보엠Hans Boehm, 돈 콜드웰Don Caldwell, 로렌스 크로울Lawrence Crowl, 앨런 퓨어Alan Feuer, 앤드류 포레스트Andrew Forrest, 데이빗 게이David Gay, 팀 그리핀Tim Griffin, 피터 주울Peter Juhl, 브라이언 커니건Brian Kernighan, 앤드류 쾨니그Andrew Koenig, 마이크 모브레이Mike Mowbray, 롭 머레이Rob Murray, 리 내크먼Lee Nackman, 조셉 뉴코머Joseph Newcomer, 알렉스 스테파노프Alex Stepanov, 피터 와인버거Peter Weinberger, 데이빗 반드부어드David Vandevoorde, 크리스 반 윅Chris Van Wyk에게 감사를 표하고 싶다. 그들의 도움과 조언이 없었다면 이 책은 이해하기 어렵고, 오류도 더 많고, 마무리도 미흡했을 것이고, 아마도 좀 더 얇아졌을 것이다.

또한 오늘날의 C++가 있기까지 엄청난 양의 건설적인 노력을 다해 주신 C++ 표준위원회의 자원자 분들께도 감사를 표하고 싶다. 이 분들 중 몇 분을 빠뜨리는 것도 적당치 않겠지만, 그렇다고 아무도 언급하지 않는 것은 더 부당한 일이 될 것이므로, C++ 및 표준 라이브러리를 개발하는 데 직접적으로 나와 함께 일한 바 있는 마이크 볼Mike Ball, 대그 브뤽Dag Brück, 션 코필드Sean Corfield, 테드 골드스타인Ted Goldstein, 킴 누틸라Kim Knuttila, 앤드류 쾨니그, 드미트리 렌코프Dmitry Lenkov, 네이선 마이어스Nathan Myers, 마틴 오리오던Martin O'Riordan, 톰 플럼Tom Plum, 조나단 쇼피로Jonathan Shopiro, 존 스파이서John Spicer, 제리 슈워츠Jerry Schwarz, 알렉스 스테파노프, 마이크 빌럿Mike Vilot에게 특별히 감사를 표하고 싶다.

이 책의 최초 인쇄본이 출간된 이후로 많은 사람이 메일을 통해 수정할 부분과 개선할 부분을 알려줬다. 나는 그들의 의견을 이 책의 전체 틀 내에서 상당수 반영했으며, 그 결과로 이후 인쇄본에 상당한 도움이 됐다. 다양한 언어로 이 책을 번역한 사람들도 책의 내용을 명확하게 하는 데 많은 도움을 제공했다. 독자들이 요청에 의해 부록 D와 E가 추가됐다.

이 기회를 빌려 도움을 주신 데이브 에이브러햄즈Dave Abrahams, 맷 오스턴Matt Austern, 얀 비엘로프스키Jan Bielawski, 야니나 민쳐 다즈키에비치Janina Mincer Daszkiewicz, 앤드류 쾨니그, 디트마르 퀴일Dietmar Kühl, 니콜라이 조스티스Nicolai Josuttis, 네이선 마이어스Nathan Myers, 폴 세빈치Paul E. Sevinc, 앤디 테니센스Andy Tenne-Sens, 쇼이치 우치다Shoichi Uchida, 핑파이 (마이크) 양Ping-Fai (Mike) Yang, 데니스 옐리Dennis Yelle에게 감사를 표하고 싶다.

비야네 스트롭스트룹
뉴저지 머레이 힐에서

개정2판 지은이의 말

길은 끝없이 이어진다네

– 빌보 배긴스(Bilbo Baggins)

이 책의 초판에서 약속한 대로 C++는 사용자의 요구에 부응하기 위해 계속 발전해 왔다. 이러한 발전은 엄청나게 다양한 응용 분야에 종사하는 여러 배경을 가진 사용자들의 경험이 이끌어준 결과다. C++ 사용자 커뮤니티는 이 책의 초판이 출간된 이후 6년 동안 무려 100배나 커졌다. 그동안 경험을 통해 많은 교훈을 얻었고, 많은 기법이 개발되고 검증돼 왔다. 이 책에는 그런 경험 중 일부가 반영돼 있다.

지난 6년 동안 C++ 성장에서 주된 목표는, 포괄적으로는 데이터 추상화와 객체지향 프로그래밍 언어로서 C++를 향상시키는 것이었고, 구체적으로는 고품질의 사용자 정의 타입 라이브러리 작성 도구로서 C++를 향상시키는 것이었다. '고품질 라이브러리'란 사용하기에 편리하고, 안전하며, 효율적인 클래스의 형태로 사용자에게 추상적인 개념을 제공할 수 있는 라이브러리를 말한다. 여기서 '안전'이란 클래스가 라이브러리의 사용자와 제공자 사이의 타입 안전적인 인터페이스를 제공한다는 뜻이다. '효율적'이라 함은 클래스의 사용이 수작업으로 작성된 C 코드에 비해 실행 시간이나 저장 공간 측면에서 사용자에게 상당한 수준의 오버헤드를 부담시키지 않는다는 뜻이다.

이 책은 완전한 C++ 언어를 제공한다. 1장에서 10장까지는 이해를 돕기 위한 도입부다. 11장부터 13장까지는 설계와 소프트웨어 개발 이슈에 대해 논의한다. 그리고 마지막으로 완벽한 C++ 참고 매뉴얼이 포함돼 있다. 당연하겠지만 초판 이후에 추가된 기능과 마무리된 해결책들은 이 책의 근간을 구성한다. 개선된 오버로딩 해결 메커니즘, 메모리 관리 기능, 접근 제어 메커니즘, 타입 안전적인 링크 관계, **const**와 **static** 멤버 함수, 추상 클래스, 다중 상속, 템플릿, 예외 처리 등이 그런 범주에 포함된다.

C++는 범용 프로그래밍 언어다. C++의 중심적인 응용 영역은 시스템 프로그래밍이라고 볼 수 있는 모든 영역이다. 이외에도 C++는 이 범주에 포함되지 않는 수많은 응용 영역에서 성공적으로 쓰이고 있다. C++의 구현 환경은 가장 단순한 마이크로컴퓨터에서부터 초대형의 슈퍼컴퓨터까지 아우르고 있으며, 거의 모든 운영체제를 지원한다. 그렇기 때문에 이 책에서는 특정한 구현 환경, 프로그래밍 환경이나 라이브러리를 논하지 않고, C++ 언어 자체만 설명한다.

이 책에서는 유용하긴 하지만 '장난감' 수준인 클래스들의 많은 예제가 등장한다. 이런 식으로 구성한 이유는 범용적인 원리와 유용한 기법이 좀 더 선명하게 드러나게 하기 위해서다. 완성품 수준의 프로그램에서는 그런 부분들이 세부 사항에 묻혀 잘 드러나지 않을 것이다. 링크드 리스트, 배열, 문자열, 그래픽 클래스, 연관 배열같이 여기서 소개되는 유용한 클래스들 대부분은 다양한 상업용 또는 비영리용 공급처로부터 '완전무결bulletproof' 버전 또는 '초호화goldplated' 버전으로 구할 수 있다. 실제로 이런 '상용 수준' 클래스와 라이브러리 대다수는 이 책에서 등장한 장난감 버전을 직간접적으로 응용해서 얻어진 것들이다.

개정2판에서는 이 책의 초판에 비해 도입부에 좀 더 비중을 뒀다. 하지만 분명히 숙련된 프로그래머를 대상으로 한다는 목적에는 변함이 없으며, 그들의 사고력과 경험이 무시되지 않게 세심한 주의를 기울였다. 설계 이슈에 대한 논의는 언어 기능의 설명과 단순 활용 사례를 넘어서는 정보가 필요하다는 의견을 반영해 대폭 확장됐다. 기술적인 상세함과 정확성 역시 개선됐다. 특히 참조 매뉴얼은 이런 방향으로 다년간 기울여 온 노력의 상징이다. 이 책에서는 대부분의 프로그래머에게 한 번 읽고 지나쳐버리는 것 이상의 가치를 주기에 충분한 깊이를 제공하자는 것이 의도였다. 한마디로 정리해서 이 책은 C++ 언어 자체와 근본적인 원리, 그리고 그것을 응용하는 데 필요한 핵심 기법들을 설명해준다. 그것을 맛보는 일은 독자의 몫이다!

감사의 글

초판의 '감사의 글'을 통해 언급한 사람 외에 개정2판의 초고를 읽고 의견을 주신 앨 에이호Al Aho, 스티브 버로프Steve Buroff, 짐 코플리엔Jim Coplien, 테드 골드스타인Ted Goldstein, 토니 핸슨Tony Hansen, 로레인 주울Lorraine Juhl, 피터 주울Peter Juhl, 브라이언 커니건Brian Kernighan, 앤드류 쾨니그Andrew Koenig, 빌 레겟Bill Leggett, 워렌 몽고메리Warren Montgomery, 마이크 모브레이Mike Mowbray, 롭 머레이Rob Murray, 조너선 쇼피로Jonathan Shopiro, 마이크 빌럿Mike Vilot, 피터 와인버거Peter Weinberger에게 감사를 표하고 싶다. 1985년부터 1991년까지 C++의 개발에 많은 사람이 기여해줬는데, 지면 관계상 대표해서 앤드류 쾨니그, 브라이언 커니건, 더그 맥일로이, 조나단 쇼피로에게 감사를 표한다. 또한 참조 매뉴얼의 '외부 감수'에 참여한 많은 사람과 C++ 표준기술위원회 X3J16의 첫 해에 수고를 해주신 분께 감사를 표한다.

비야네 스트롭스트롭
뉴저지의 머레이 힐에서

초판 지은이의 말

언어는 우리의 사고방식을 규정하고,
우리의 사고 대상을 결정한다
— B. L. 워프(B.L. Whorf)

C++는 진중한 프로그래머가 좀 더 쾌적하게 프로그래밍할 수 있도록 설계된 범용 프로그래밍 언어다. 사소한 세부 사항을 제외하면 C++는 C 프로그래밍 언어의 상위 집합이다. C에서 제공되는 기능 외에 C++는 새로운 타입을 정의하기 위한 융통성 있고 효율적인 기능들을 제공한다. 프로그래머는 애플리케이션의 개념에 딱 들어맞는 새로운 타입을 정의함으로써 애플리케이션을 관리 가능한 단위로 분할할 수 있다. 이렇게 프로그램을 구성하는 기법은 흔히 데이터 추상화data abstraction라고 불린다. 어떤 사용자 정의 타입의 객체는 타입 정보를 포함하기도 하는데, 이런 객체는 타입을 컴파일 타임에 결정할 수 없는 상황에서도 간편하고 안전하게 사용될 수 있다. 이런 타입의 객체를 사용하는 프로그램은 흔히 객체 기반object based 이라고 불린다. 제대로 활용되기만 한다면 이런 기법은 좀 더 간결하고 이해하기 쉬운 데다 유지 보수까지 쉬운 프로그램을 낳을 수 있다.

C++의 핵심 개념은 클래스class다. 클래스는 사용자 정의 타입의 일종으로서 데이터 은닉, 보장된 데이터 초기화, 사용자 정의 타입에 대한 암시적인 타입 변환, 동적 타입 결정, 사용자 제어 메모리 관리, 연산자 오버로딩 메커니즘을 제공한다. C++는 C에 비해 훨씬 더 나은 타입 체크 기능과 모듈성 표현 기능을 제공한다. 또한 C++는 클래스의 직접적으로 연관되지 않은 개선 사항으로, 기호 상수, 인라인 함수 대체, 기본 함수 인자, 함수 이름의 오버로딩, 자유 저장 공간 관리 연산자, 참조자 타입 등을 제공한다. 하드웨어의 기본 객체(비트 바이트, 워드, 주소 등)를 효율적으로 다룰 수 있는 C의 능력은 C++에서도 그대로 유지된다. 이 덕택에 사용자 정의 타입을 만족스러운 수준의 효율로 구현할 수 있다.

C++와 C++ 표준 라이브러리는 이식 가능성을 염두에 두고 설계됐다. 현재의 구현 환경은 C를 지원하는 대부분의 시스템에서 구동될 것이다. C 라이브러리는 C++ 프로그램에서 사용될 수 있으며, C 프로그래밍을 지원하는 대부분의 개발 도구 역시 C++에서 사용될 수 있다.

이 책은 주로 언어를 배워서 본격적인 프로젝트에 활용하려는 프로그래머에게 도움을 주기 위해 쓰였다. 이 책은 C++에 대한 전체적인 설명, 수많은 완성된 예제, 그리고 더 많은 부분적인 프로그램 코드를 제공한다.

감사의 글

C++는 수많은 친구와 동료들의 끊임없는 사용과 조언, 건설적인 비판이 없었더라면 결코 지금처럼 발전하지 못했을 것이다. 특히 톰 카길[Tom Cargill], 짐 코플리엔[Jim Coplien], 스튜 펠드먼[Stu Feldman], 샌디 프레이저[Sandy Fraser], 스티브 존슨[Steve Johnson], 브라이언 커니건[Brian Kernighan], 바트 로캔시[Bart Locanthi], 더그 맥일로이[Doug McIlroy], 데니스 리치[Dennis Ritchie], 래리 로슬러[Larry Rosler], 제리 슈워츠[Jerry Schwarz], 존 쇼피로[Jon Shopiro]는 C++ 발전을 위해 값진 아이디어를 제공해줬다. 데이브 프레소토[Dave Presotto]는 스트림 입출력 라이브러리의 현재 버전을 구현해줬다.

아울러 수백 명의 사람들이 개선 의견 제안, 사용상의 문제점에 대한 설명, 컴파일러의 오류 등을 알려줌으로써 C++와 컴파일러의 개발에 기여해줬다. 지면 관계상 그 사람들을 대표해서 개리 비숍[Gary Bishop], 앤드류 흄[Andrew Hume], 톰 카지스[Tom Karzes], 빅터 밀렌코비치[Victor Milenkovic], 롭 머레이[Rob Murray], 레오니 로즈[Leonie Rose], 브라이언 슈멀트[Brian Schmult], 개리 워커[Gary Walker]에게 감사를 표한다.

이 책의 제작에 많은 사람이 도움을 줬는데, 특히 존 벤틀리[Jon Bentley], 로라 이브스[Laura Eaves], 브라이언 커니건, 테드 코발스키[Ted Kowalski], 스티브 매허니[Steve Mahaney], 존 쇼피로, 그리고 1985년 6월 26일과 27일에 걸쳐 오하이오 주 콜럼버스의 벨연구소에서 개최된 C++ 교육 과정에 참여해준 모든 분께 감사를 표한다.

비야네 스트롭스트룹
1985년 8월, 뉴저지의 머레이 힐에서

옮긴이 소개

박지유 (jeeyoupark@naver.com)

1990년대부터 IT 업계에 종사해온 개발자로서, IT 산업 전반과 게임 분야에 특히 관심이 많다. 다양한 기사와 도서 등의 번역가로도 활동 중이다. 번역서로는 에이콘출판사에서 출간한 『"코코스2d-x 모바일 2D 게임 개발』(2013), 『오픈소스와 소프트웨어 산업, 상생의 경제학』(2013), 『유니티 네트워크 게임 만들기』(2015) 등이 있다.

옮긴이의 말

이 책의 원서인 『The C++ Programming Language』는 C++ 프로그래머들에게는 굳이 설명이 필요하지 않을 정도로 유명한 책이다. 무엇보다 C++ 언어의 창시자인 비야네 스트롭스트룹 Bjarne Stroustrup이 직접 쓴 책으로서 이전까지 개정3판이 출시될 정도로 C++ 참고 도서의 결정판으로 자타가 공인하는 시리즈였다.

이 책의 이전 판인 개정3판의 경우 원서는 1997년에 출간됐고, 국내 번역서는 2005년에 출간됐다. 이 책의 개정3판은 1998년에 표준안이 발표된 ISO C++ 표준을 기반으로 쓰여졌으나 이후 2011년 ISO C++11 표준안이 공식 발표됐다. C++11 표준을 반영한 원서의 개정4판이 2013년 출간된 이후로 2014년부터 번역을 시작해서 2015년에 드디어 국내 번역판이 출간된 것이다. 그러니까 원서 기준으로는 16년, 번역서 기준으로는 10년 만에 새 판이 출간된 셈이다. 이 책의 이전 판 번역서는 절판된 지가 꽤 됐지만, 아직까지도 중고로 내놓으면 눈 깜짝할 사이에 판매될 정도로 인기를 누리고 있다.

그러다 보니 숙련된 C++ 프로그래머들 중에서는 개정4판의 번역서를 손꼽아 기다리는 사람도 적지 않을 것이다. 개정4판은 그런 사람들의 기대를 훨씬 뛰어 넘는 책으로 C++11에서 C++가 큰 진보를 이룬 결과에 맞춰 책도 큰 발전을 이뤘다. C++11에 관한 새로운 내용들이 대폭 추가됐을 뿐 아니라 기존의 내용 역시 거의 대부분 다시 쓰여졌다. 3분의 1 정도를 제외하고는 거의 새로 쓰여졌다고 봐도 무방하다. 또한 대상 독자층에도 약간의 변화가 있었다. 개정3판까지는 다소 어중간한 독자층을 대상으로 했다면 개정4판에 와서는 같은 저자가 쓴 C++ 초심자에게 초점이 맞춰진 『Programming: Principles and Practice Using C++ (Second Edition) 한국어판』(에이콘, 2015)이 출간된 관계로, 이 책은 좀 더 숙련된 프로그래머에게 초점이 맞춰졌다. 즉 이 책은 C++나 프로그래밍 언어를 처음 공부하려는 분들에게 적합한 책은 아니며, 어느 정도 숙련된 프로그래머의 손에 쥐어졌을 때 가장 빛을 발할 수 있는 책이다.

C++11 표준이 승인된 것은 2011년이었지만, 2012년에 되어서야 C++11 표준이 반영된 컴파일러가 출시됐으므로, C++11 표준은 세상에 나온 지 얼마 안 되는 셈이다. 특히 국내를 보면 현업 프로그래머들 중 상당수가 아직도 C++98의 예전 표준에 훨씬 더 익숙한 것으로 보인다. 나의 경우에도 주로 C++98 표준 기반으로 C++ 프로그래밍을 접해 온 까닭인지 C++11로 작성된 코드는 C++가 아닌 다른 프로그래밍 언어라는 느낌이 들 정도로 새로웠다.

그 정도로 C++는 C++11에 와서 큰 변화를 겪었다. 다행히 그런 변화는 좀 더 발전적인 방향으로의 변화인 듯싶다. 이 책에서는 C++11에서 새로이 추가된 병행성 지원, 정규 표현식 처리, 자원 관리 포인터, 난수, 개선된 컨테이너(해시 테이블을 비롯한), 범용적이고 통일적인 초기화, 더 간단해진 for문, 이동 의미 구조, 기초적인 유니코드 지원, 람다, 일반 상수 표현식, 클래스 기본 값에 대한 제어, 가변 인자 템플릿, 사용자 정의 리터럴 등에 대한 개념과 관련된 예제를 상세히 설명한다.

단순히 추가된 기능을 나열식으로 설명하는 것이 아니라 C++11에서 달라진 새로운 C++ 프로그래밍 접근법을 통합적인 관점, 최적의 예제 및 추천 기법 등을 통해 효과적으로 설명한다. 저자의 주장에 의하면 C++11에 와서 C++는 더 나은 프로그래밍 언어가 됐다. 이처럼 개선된 C++의 면면을 가장 속속들이 배우기에 이 책보다 더 나은 책은 있을 수 없다. 저자가 C++의 창시자일 뿐만 아니라 C++11 표준화 작업에 깊숙이 참여했기 때문이다. 실제로 이 책에서는 C++11의 표준화 작업에 깊숙이 참여한 관계자만이 들려줄 수 있는 C++11의 미묘한 측면들을 설명하고 있는데, 독자들이 다른 C++11 도서에서는 찾아보기 어려운 내용들을 많이 접하게 되리라 자신한다. 이 책을 통해 새로운 C++11 표준을 익힘으로써 독자들이 저자가 기대하는 바와 같이 자신의 생각을 좀 더 명확하고, 단순하며, 직접적으로 표현하고, 좀 더 빠르게 동작하고 좀 더 효율적인 코드를 작성할 수 있게 되기를 바란다.

워낙 유명한 시리즈다 보니 이 책의 번역을 맡게 된 것은 옮긴이로서 영광이기도 했지만, 동시에 상당히 부담스러운 일이었다. 특히 C++11에 와서 새로운 개념들이 많이 추가됐는데, C++11의 새로운 개념들이 아직 국내 현업에서 정착화되지 않은 상태이다 보니 용어 번역에 어려움을 겪었다. 번역에 있어 부족한 부분은 독자 여러분들의 피드백에 따라서 개선할 수 있는 기회를 갖게 되기를 바라며, 이전 판처럼 오랜 기간 동안 C++ 프로그래머 여러분들에게 도움이 될 수 있는 책이 되기를 기대한다.

박지유

차례

1부

소개

1부에서는 C++ 프로그래밍 언어와 표준 라이브러리의 주요 개념 및 기능에 대해 전반적으로 살펴본다. 아울러 이 책의 전반적인 구성을 소개하고, 언어 자체의 기능과 활용법을 설명하기 위해 어떤 접근법을 취했는지 설명한다. 추가적으로 도입부의 장들에서는 C++, C++의 설계, C++의 활용에 대한 약간의 배경 정보를 제공한다.

"…… 그리고 너, 마르쿠스, 넌 내게 많은 것을 줬지. 이제 내가 너에게 이렇게 좋은 충고를 해주고 싶어. 여러 사람이 돼야 해. 항상 마르쿠스 코코자가 되려는 놀이는 집어치워. 넌 마르쿠스 코코자에 대해 너무 걱정이 많아, 그래서 넌 그의 노예이자 포로가 돼 왔지. 넌 마르쿠스 코코자의 행복과 위신에 어떤 영향을 미칠지 먼저 생각하지 않고서는 아무것도 하지 못했어. 넌 언제나 마르쿠스가 바보 같은 짓을 저지르지 않을지, 혹은 지루해하지 않을까 두려워했지. 그게 정말로 뭐가 중요해? 세상엔 온통 바보짓을 저지르는 사람들로 넘쳐난다고…… 네가 편안하고, 네 작은 심장이 다시 가벼워졌으면 좋겠어. 넌 지금부터 한 사람이 아닌 여러 사람이 돼야 해. 가능한 네가 생각할 수 있는 만큼 많이 ……"

— 카렌 블릭센(Karen Blixen),
『일곱 개의 고딕 이야기』의 '꿈꾸는 사람들'(1934)

1

들어가며

천천히 서둘러라(festina lente)

– 옥타비우스, 카이사르 아우구스투스(Octavius, Caesar Augustus)

- 이 책의 구성   소개, 기본 기능, 추상화 메커니즘, 표준 라이브러리, 예제와 참고 자료
- C++ 설계   프로그래밍 스타일, 타입 체크, C 호환성, 언어/라이브러리/시스템
- C++ 학습   C++ 프로그래밍, C++ 프로그래머를 위한 권고 사항, C 프로그래머를 위한 권고 사항, 자바 프로그래머를 위한 권고 사항
- 역사   연대기, 초기 시절, 1998 표준, 2011 표준, C++의 활용
- 조언
- 참고 자료

1.1 이 책의 구성

순수 학습서는 어떤 원리든지 설명한 후에 활용할 수 있게 순서대로 주제를 나열하므로, 첫 페이지부터 순서대로 읽어야 한다. 반대로 순수 참고 매뉴얼은 어디서부터 읽어도 좋다. 참고 매뉴얼은 관련된 주제에 대한 전후의 참조 사항을 곁들여 각 주제를 간결하게 설명한다. 학습서는 원칙적으로 선행 학습 없이 읽을 수 있으며, 모든 사항을 상세하게 설명한다. 참고서는 기본적인 모든 개념과 기법에 익숙한 독자를 대상으로 한다. 대부분의 개념과 기법을 알고 있는 독자라면 장 단위나 절 단위로 참고서를 이용할 수 있다. 그렇지 않은 독자라면 처음부터 시작하되 세부 사항에 지나치게 매달리지 말아야 한다. 색인과 상호 참조를 활용하자.

책의 각 부분이 상대적으로 자기 완결적이다 보니 중복을 피할 수 없지만, 중복은 순서대로 책을 읽는 독자들에게는 복습의 의미도 있다. 이 책은 자체적인 내용과 ISO C++ 표준 양쪽을 상당한 비중으로 참조한다. 숙련된 프로그래머들은 C++ '둘러보기'를 재빨리 훑어보면서 이 책을 참고서로 활용하는 데 필요한 개요를 파악할 수 있다. 이 책은 다음과 같은 4개의 부분으로 구성돼 있다.

1부   **소개**   1장은 이 책에 대한 안내이며, C++의 배경 지식을 설명한다. 2장~5장은 C++ 언어와 C++ 표준 라이브러리에 대한 간단한 안내를 제공한다.

2부   **기본 기능**   6장~15장은 C++의 기본 제공 타입과 기본 기능을 이용해서 프로그램을 구성하는 방법을 설명한다.

3부   **추상화 메커니즘**   16장~29장은 C++의 추상화 메커니즘과 객체지향 및 일반화 프로그래 밍에 그것들을 활용하는 방법을 설명한다.

4부   **표준 라이브러리**   30장~44장은 표준 라이브러리에 대한 개요와 호환성 이슈에 대해 논 의한다.

1.1.1 소개

1장에서는 이 책의 개요와 활용법에 대한 몇 가지 안내, 그리고 C++와 C++의 활용법에 대한 몇 가지 배경 정보를 제공한다. 가볍게 훑어보다가 흥미로워 보이는 부분은 읽어보고, 이 책의 다른 부분을 읽은 후에 다시 돌아와도 좋다. 진행하기 전에 전부를 꼼꼼히 읽어야 한다는 부담은 갖지 말기 바란다.

다음 장들은 C++ 프로그래밍 언어와 표준 라이브러리에 대한 주요 개념과 특성들에 대한 개요를 제공한다.

2장   **C++ 둘러보기: 기초**   C++의 메모리, 계산, 오류 처리 모델에 대해 살펴본다.

3장   **C++ 둘러보기: 추상화 메커니즘**   데이터 추상화, 객체지향 프로그래밍, 일반화 프로그래 밍을 지원하는 언어 기능을 소개한다.

4장   **C++ 둘러보기: 컨테이너와 알고리즘**   문자열, 간단한 입출력 컨테이너와 표준 라이브러 리에서 제공되는 알고리즘을 소개한다.

5장   **C++ 둘러보기: 병행성과 유틸리티**   자원 관리, 병행성, 수학적 계산, 정규 표현식 등과 관련된 표준 라이브러리 유틸리티들을 살펴본다.

이렇게 C++ 기능을 쭉 훑어보는 것은 C++가 무엇을 제공할 수 있는지 독자에게 감을 주기 위함이다. 특히 이 과정을 통해 독자들은 이 책의 초판, 개정2판, 개정3판 이후에 C++가 얼마나 발전했는지 깨달을 수 있을 것이다.

1.1.2 기본 기능

2부에서는 C나 유사 언어에서 전통적으로 행해지는 프로그래밍 스타일을 지원하는 C++의 일부분에 초점을 맞춘다.

6장   **타입과 선언**   기본 제공 타입, 이름 붙이기, 유효 범위, 초기화, 간단한 타입 추론, 객체 수명, 타입 별칭

7장   **포인터, 배열, 참조**

여기서는 1부에서 사용된 대부분의 프로그래밍 개념에 독자들이 친숙하리라고 가정한다. 예를 들어 재귀 호출이나 반복 처리를 C++로 구현하는 방법에 대해서는 설명하지만, 기술적인 세부 사항을 깊게 파고들거나 이런 개념들이 어떤 식으로 활용되는지에 대해서는 지면을 그다지 할애하지 않는다.

예외exception에는 이 방침이 적용되지 않는다. 많은 프로그래머가 예외에 대한 경험이 부족하거나, 자원 관리나 예외 처리가 통합돼 있지 않은 자바 같은 언어에 대한 경험을 갖고 있다. 이 결과로 예외 처리를 다루는 13장은 C++ 예외 처리와 자원 관리에 대한 기본 철학을 소개한다. 13장에서는 '자원 획득은 초기화RAII, Resource Acquisition Is Initialization'라는 기법에 초점을 맞춘 전략에 대해 다소 상세하게 다룬다.

1.1.3 추상화 메커니즘

3부는 객체지향과 일반화 프로그래밍을 비롯한 다양한 형태의 추상화를 지원하는 C++ 기능을 설명한다. 대략 클래스, 클래스 계층 구조, 템플릿의 3가지 카테고리로 각 장을 나눌 수 있다.

처음 4개 장은 클래스 자체에 집중한다.

클래스는 계층 구조hierarchies로 조직화된다.

20장 **파생 클래스** 클래스로 계층 구조를 구축하는 기본 언어 기능과 그것들을 이용하는 기초적인 방법들을 소개한다. 인터페이스(추상 클래스)와 그것의 구현(파생 클래스) 사이를 완전히 분리하는 방식을 제시하는데, 이 둘 사이의 연결은 가상 함수에 의해 제공된다. 접근 제어를 위한 C++ 모델(public, protected, private)이 소개된다.

21장 **클래스 계층 구조** 클래스 계층 구조를 효과적으로 이용하는 방법을 다룬다. 또한 하나 이상의 직접 기반 클래스^{direct base class}를 갖는 클래스인 다중 상속의 개념을 소개한다.

22장 **런타임 타입 정보** 객체에 저장된 데이터를 이용해서 클래스 계층 구조를 조사하는 방법을 소개한다. dynamic_cast를 이용하면 기반 클래스의 객체가 파생 클래스의 객체로 정의돼 있는지 조사할 수 있으며, typeid를 이용해서 객체로부터 클래스 이름 같은 최소한의 정보를 획득할 수 있다.

대부분의 유연하고 효율적이며 유용한 추상화에는 다른 타입과 알고리즘을 이용한 타입(클래스)과 알고리즘(함수) 매개변수화가 수반된다.

23장 **템플릿** 템플릿의 기반이 되는 기본적 원리와 활용법을 소개한다. 클래스 템플릿, 함수 템플릿, 템플릿 별칭이 소개된다.

24장 **일반화 프로그래밍** 일반화 프로그램을 설계하는 기초적인 기법을 소개한다. 일반화 알고리즘의 요구 사항을 인자에 설정한다는 개념과 마찬가지로, 수많은 구체적인 코드 사례에서 추상적인 알고리즘을 도출하는 기법은 매우 중요하다.

25장 **특수화** 템플릿 인자 집합이 주어졌을 때 템플릿을 이용해서 클래스와 함수, 특수화를 생성하는 방법을 보여준다.

26장 **인스턴스화** 이름 바인딩 규칙에 초점을 맞춘다.

27장 **템플릿과 계층 구조** 템플릿과 계층 구조가 함께 어떻게 활용될 수 있는지 설명한다.

28장 **메타프로그래밍** 프로그램 생성에서 템플릿이 어떻게 활용될 수 있는지 살펴본다. 템플릿은 코드 생성에 있어 튜링 완전 기계에 필적하는^{Turing-complete} 메커니즘을 제공한다.

29장 **행렬 설계** 언어 특성을 복합적으로 활용해서 복잡한 설계 문제를 해결하는 방법을 보여주는 긴 예제를 제공한다. 여기서는 거의 임의에 가까운 요소 타입을 갖는 N차원 행렬을 설계해본다.

추상화 기법을 지원하는 언어의 특성은 그러한 기법의 맥락에서 설명된다. 3부의 설명은 독자들이 기술된 기법에 대해 알고 있으리라고 가정하지 않는다는 점에서는 2부와 다르다.

1.1.4 표준 라이브러리

언어에 관한 장들은 학습서 같았지만 라이브러리에 관한 장들은 그렇지 않다. 특히 이 장들은 순서대로 읽지 않아도 무방하며, 라이브러리의 구성 요소에 대한 사용자 수준의 매뉴얼로 활용될 수 있다.

30장 **표준 라이브러리 개요** 표준 라이브러리에 대한 개요를 제공하고, 표준 라이브러리 헤더를 나열하며, **exception**이나 **system_error** 같은 언어 지원과 진단 지원을 소개한다.

31장 **STL 컨테이너** **vector**, **map**, **unordered_set**를 비롯해 반복자, 컨테이너, 알고리즘 프레임워크(STL이라 불리는)에서 사용되는 컨테이너를 소개한다.

32장 **STL 알고리즘** **find()**, **sort()**, **merge()**를 비롯해 STL에서 사용되는 알고리즘들을 소개한다.

33장 **STL 반복자** **reverse_iterator**, **move_iterator**, **function**을 비롯해 STL에서 사용되는 반복자와 유틸리티를 소개한다.

34장 **메모리와 자원** **array**, **bitset**, **pair**, **tuple**, **unique_ptr**, **shared_ptr** 할당자와 가비지 컬렉터 인터페이스 같은 메모리 및 자원 관리와 관련된 유틸리티 컴포넌트를 소개한다.

35장 **유틸리티** 시간 유틸리티, 타입 특성 정보[traits] 및 다양한 타입 함수 같은 소소한 유틸리티 컴포넌트들을 소개한다.

36장 **문자열** 다양한 문자 집합 사용의 기반이 되는 문자 특성 정보를 비롯해 문자열 라이브러리를 설명한다.

37장 **정규 표현식** 정규 표현식 문법과 그것을 문자열 매칭을 위해 활용하는 다양한 방법을 설명하는데, 전체 문자열 매칭을 위한 **regex_match()**, 문자열 내의 패턴 탐색을 위한 **regex_search()**, 간단한 바꾸기를 위한 **regex_replace()**, 문자 스트림의 일반적인 순회를 위한 **regex_iterator**가 여기에 포함된다.

38장 **입출력 스트림** 스트림 입출력 라이브러리를 설명한다. 서식화되거나 서식화되지 않은 입력과 출력, 오류 처리, 버퍼링을 설명한다.

39장 **로케일** 문자 집합, 수치 값의 서식화, 날짜와 시간의 서식화 등에 있어서의 문화적 차이 처리를 지원하는 클래스 로케일과, 로케일의 다양한 측면을 설명한다.

40장 **수치** 수치 계산(**complex**, **valarray**, 난수 및 일반화된 수치 알고리즘 같은)을 위한 기능을 설명한다.

41장 **병행성** C++ 기본 메모리 모델과 잠금 없는 병행 프로그래밍을 위해 제공되는 기능들을 제시한다.

42장 **스레드와 태스크** 스레드와 잠금 스타일의 병행 프로그래밍을 제공하는 클래스(**thread**, **timed_mutex**, **lock_guard**, **try_lock()** 등)와, **future**나 **async()** 등의 태스크 기반 병행성에 대한 지원을 소개한다.

43장 **C 표준 라이브러리** C++ 표준 라이브러리에 통합된 C 표준 라이브러리(**printf()**, **clock()** 등)를 설명한다.

44장 **호환성** C와 C++ 간, 표준 C++(ISO C++로도 불리는)와 그보다 먼저 등장한 C++ 버전 간의 관계에 대해 논의한다.

1.1.5 예제와 참고 자료

이 책은 알고리즘의 설계보다는 프로그램의 구성에 초점을 맞춘다. 따라서 나는 교묘하거나 이해하기 어려운 알고리즘은 피한다. 평범한 알고리즘이 대체적으로 언어 정의의 다양한 측면이나 프로그램 구조에 대한 요점을 보여주기에 더 적합하다. 예를 들어 나는 실제의 코드에서는 셸Shell 정렬을 사용하지만, 예제에는 퀵 정렬quicksort이 더 낫다. 경우에 따라 좀 더 적합한 알고리즘으로 재구현하는 작업을 연습 삼아 해보기 바란다. 실제의 코드에서는 언어 기능을 보여주기 위해 여기에서 사용된 코드보다는 라이브러리 함수를 호출하는 편이 대부분 좀 더 적합하다.

교재의 예제들은 어쩔 수 없이 소프트웨어 개발에 대해 왜곡된 인상을 심을 우려가 있다. 예제를 명확히 하고 단순화하다 보면 규모로 인해 일어나는 복잡성은 사라져 버린다. 프로그래밍과 프로그래밍 언어가 정말 무엇인지 감을 잡고 싶다면 현실적인 크기의 프로그램을 짜보는 것을 대신할 수 있는 방법은 없다. 이 책은 언어 기능과 표준 라이브러리 기능에 초점을 맞춘다. 이것들은 모든 프로그램이 구성되는 토대가 되는 기본적인 기법들이다. 그러한 구성을 위한 규칙과 기법들이 강조될 것이다.

예제의 선택은 컴파일러, 기반 라이브러리, 시뮬레이션에 대한 나의 경험이 바탕이 됐다. 이런 부분에 초점을 맞춘 것은 시스템 프로그래밍에 대한 나의 관심을 반영한다. 예제들은 실제 코드에서 볼 수 있는 것들을 단순화한 버전이다. 프로그래밍 언어와 설계의 요점이 자질구레한 사항들에 가려지지 않게 하기 위해 단순화는 불가피하다. 나의 궁극적인 목표는 설계 원리, 프로그래밍 기법, 언어 구조, 라이브러리 기능을 보여주는 가장 짧고 가장 명확한 예제다. 실제 코드에 대응되는 부분이 없는 '깜찍하기만 한' 예제는 제시하지 않는다. 순수한 언어 기술적인 예제의 경우에는 x와 y라는 이름의 변수, A와 B라고 불리는 타입, f()와 g()라고 불리는 함수를 이용한다.

가능한 한 C++ 언어와 라이브러리 기능은 교과서적인 무미건조한 방식보다는 실제 사용 환경의 맥락에서 소개된다. 소개된 언어 기능과 그것들에 대한 세부적인 설명 수준은 C++를 효과적으로 활용하기 위해 무엇이 필요한가에 대한 나의 시각을 반영한다. 목적은 어떤 기능이 종종 다른 기능들과 조합돼 어떻게 사용되는지 알아보기 위한 것이다. 언어의 기능이나 라이브러리 구성 요소의 언어에 관련된 기술적인 세부 사항까지 전부 이해하는 것이 좋은 프로그램 작성의 필요충분조건은 아니다. 실제로 사소한 세부 사항까지 전부 이해하려고 집착하다 보면 지나치게 꼼꼼하고 지나치게 명료해서 결과적으로는 끔찍한 코드로 이어질 수도 있다. 정말 필요한 것은 적용 영역에 대한 이해를 기반으로 설계와 프로그래밍 기법을 이해하는 것이다.

여기서는 여러분이 온라인 정보 소스에 접근할 수 있다고 가정한다. 언어와 표준 라이브러리의 최종 결정판은 IOS C++ 표준이다. [C++,2011]

이 책의 다른 부분을 참조하는 경우에는 2.3.4절(2장의 2.3.4절)이나 iso.5.3.1절(ISO C++ 표준, 5.3.1절)의 형태로 지정돼 있다. 고딕체는 강조를 위한 경우(예를 들면 "문자열 리터럴은 허용되지 않는다"), 중요한 개념이 처음 등장하는 경우(예를 들면 다형성)에만 사용된다.

몇 그루의 나무라도 보존하고 나중에 추가를 용이하게 하기 위해 이 책의 수백 가지 예제들은 웹으로 이동시켰다. www.stroustrup.com에서 찾아보기 바란다.

이 책에서 사용된 언어와 라이브러리는 C++ 표준[C++, 2011]에 의해 정의된 '순수 C++'다. 따라서 이 책의 예제들은 최신 C++의 모든 구현 버전에서 실행될 것이다. 이 책에 실린 프로그램의 주요 부분은 몇 가지 C++ 구현 버전을 이용해서 검증됐다. 최근에 C++로 채택된 기능을 사용하는 예제들은 모든 구현 버전에서 컴파일되지 않을 수 있다. 하지만 어떤 구현 버전에서 어떤 예제들이 컴파일되지 않는지 일일이 언급하는 건 큰 의미가 없다고 본다. 개발자들이 자신의 구현 버전에서 모든 C++ 기능을 정확히 수용하기 위해 열심히 노력하고 있기 때문에 그런 정보는 곧 낡은 정보가 되기 때문이다. 오래된 C++ 컴파일러와 C 컴파일러용으로 작성된 코드를 어떻게 다룰지에 대해서는 44장의 권고 사항을 참고하기 바란다.

이 책에서는 적절하다고 판단되는 경우에는 C++11 기능을 자유로이 활용한다. 예를 들면 나는 {} 스타일의 초기화 식과 타입 별칭 목적으로 **using**을 선호한다. 곳곳에서 이러한 활용으로 인해 '고참 프로그래머'들은 당황스러워할지도 모른다. 하지만 당황해야 공부를 시작하기 마련이다. 반면 나는 단지 새롭다는 이유로 새로운 기능을 사용하지는 않는다. 내가 추구하는 바는 기본적인 개념을 가장 우아하게 표현하는 것이며, 그것은 당연히 C++나 심지어 C에 오랫동안 존재해 왔던 뭔가를 활용하는 것일 터이다.

분명히 여러분의 일부 고객이 현재 표준으로 아직 업그레이드하지 않았다는 등의 이유로 여러분이 C++11 이전의 컴파일러를 사용해야 한다면 새로운 특성의 활용을 삼가야 할 것이다. 하지만 '오래된 방식'이 단지 오래되거나 친숙하다고 해서 더 좋거나 더 간단하리라고 가정하지는 말기 바란다. 44.2절에 C++98과 C++11 사이의 차이점이 요약돼 있다.

1.2 C++ 설계

프로그래밍 언어의 목적은 코드를 통해 생각을 표현하는 것을 돕는 것이다. 그런 측면에서 프로그래밍 언어는 연관된 두 가지 과업을 수행한다. 프로그래밍 언어는 프로그래머가 기계에 의해 수행될 수 있는 행동을 설정할 수 있는 수단을 제공하고, 아울러 프로그래머가 수행될 수 있는 것들을 대해 생각할 때 활용할 수 있는 개념의 집합을 제공한다. 첫 번째 목적은 이상적으로는 '기계와 친숙한' 언어를 요구하는데, 그래야 기계의 중요한 모든 측면이 프로그래머가 합리적으로 이해하기 쉬운 방식으로 간단하고 효율적으로 다뤄질 수 있기 때문이다. C 언어는 이런 점을 주로 염두에 두고 설계됐다. 두 번째 목적은 이상적으로는 '해결될 문제와 친숙한' 언어를 요구하는데, 그래야 해결책의 개념이 직접적이고 간결하게 표현될 수 있기 때문이다. 함수 인자 체크, **const**, 클래스, 생성자와 소멸자, 예외, 템플릿 같이 C++를 탄생시키기 위해 C에 추가된 기능들은 주로 이런 점을 염두에 두고 설계됐다. 따라서 C++는 다음과 같은 2가지를 제공하겠다는 목표에 기반을 두고 있다.

- 기본 제공 연산과 타입을 하드웨어에 직접적으로 대응시켜 효율적인 메모리 활용과 효율적인

저수준 연산을 제공하고,

- 적절하고 유연한 추상화 메커니즘을 통해 기본 제공 타입과 동일한 표기적 지원, 활용 범위, 성능을 갖는 사용자 정의 타입을 제공한다.

이런 목표는 시뮬라^{Simula}의 개념을 C에 적용함으로써 초기에 달성됐다. 시간이 지나면서 이런 간단한 이상을 추가적으로 적용함으로써 좀 더 범용적이고 효율적이며 유연한 기능 집합이 얻어졌다. 결과는 **효율적**이면서 동시에 우아할 수 있는 프로그래밍 스타일의 융합을 지원하게 됐다.

C++의 설계는 메모리, 가변성, 추상화, 자원 관리, 알고리즘의 표현, 오류 처리, 모듈성 등의 근본적인 개념들을 다룰 수 있는 프로그래밍 기법에 초점을 뒀다. 이런 개념들은 시스템 프로그래머나 좀 더 범용적으로는 자원이 한정돼 있거나 고성능 시스템의 프로그래머에게 가장 중요한 관심사다.

클래스 라이브러리, 클래스 계층 구조, 템플릿을 정의함으로써 우리는 이 책에서 제시된 것들보다 훨씬 높은 수준으로 C++ 프로그램을 작성할 수 있다. 예를 들어 C++는 금융 시스템, 게임 개발, 과학적 계산 분야에서 광범위하게 사용된다(1.4.5절). 효율적이고 편리하게 고수준의 애플리케이션을 프로그래밍하기 위해서는 라이브러리가 필요하다. 밑바닥의 언어 특성만으로는 어떤 프로그래밍이든 꽤나 버거워진다. 이는 모든 범용 언어에 대해서도 마찬가지다. 반대로 적절한 라이브러리가 주어진다면 거의 모든 프로그래밍 작업이 즐거워질 수 있다.

나는 대개 C++ 소개를 다음과 같이 시작한다.

- C++는 시스템 프로그래밍에 강점을 가진 범용 프로그래밍 언어.

이 점에는 아직도 변함이 없다. 지난 세월 동안 바뀐 것은 C++ 추상화 메커니즘의 중요성, 위력, 유연성이 증가했다는 점이다.

- C++는 간결한 추상화 정의 기능을 겸비한 직접적이고 효율적인 하드웨어 모델을 제공하는 범용 프로그래밍 언어다.

좀 더 간결하게 표현하면 다음과 같다.

- C++는 우아하고 효율적인 추상화를 개발해서 활용하는 언어다.

범용 프로그래밍 언어라 함은 다양한 범위의 활용을 지원하기 위해 설계됐다는 뜻이다. C++는 마이크로컨트롤러에서 대규모 분산형 상용 애플리케이션에 이르기까지 정말로 놀라울 정도로 다양한 용도로 활용돼 왔는데, 핵심은 C++가 어떤 특정 응용 영역에 의도적으로 특화되지 않았다는 점이다. 어떤 언어도 모든 애플리케이션과 모든 프로그래머에게 최적일 수는 없지만, C++는 가능한 한 가장 넓은 범위의 애플리케이션을 훌륭하게 지원한다.

시스템 프로그래밍이라 함은 하드웨어 자원을 직접적으로 이용하며, 중요한 자원 제약 사항이 있거나, 그러한 코드와 밀접하게 상호작용하는 코드를 작성한다는 뜻이다. 특히 장치 드라이버, 통신 스택, 가상머신, 운영체제, 운영 시스템, 프로그래밍 환경, 기반 라이브러리^{foundation}

library와 같은 소프트웨어 하부 구조의 구현은 대부분 시스템 프로그래밍이다. C++를 다른 응용 영역에서 좀 더 적합하게 만들어 보겠다는 기대에서 하드웨어와 시스템 자원을 전문가 수준에서 활용하는 데 목적을 둔 기능을 삭제했지만, 그로 인해 C++에 대한 나의 오랫동안의 묘사에서 "시스템 프로그래밍에 강점을 가진다"라는 특징의 중요성은 약화되거나 타협되지 않았다.

물론 하드웨어를 완전히 은닉하고 비용이 많이 들어가는 추상화를 활용하거나, 세련되지 않은 스타일을 사용하거나(지나친 추상화), 혹은 실질적으로 추상화를 사용하지 않는 방식('명예로운 어셈블리 코드')으로 프로그램을 작성할 수도 있다. 하지만 많은 언어에서 그런 방식이 가능하므로, 그것들은 C++의 차별되는 특징이 아니다.

D&E라고 알려진 『Design and Evolution of C++』 책[Stroustrup,1994]은 C++의 개념과 설계 목적을 훨씬 자세히 기술하고 있는데, 두 가지 원리에 주목해야 한다.

- C++ 이하의 로우레벨 언어에 대한 필요성을 없앤다(드문 경우에 어셈블리 코드를 제외하고). 좀 더 로우레벨 언어로 좀 더 효율적인 코드를 작성할 수 있다면 대부분 해당 언어가 시스템 프로그래밍 언어로 선택될 가능성이 높다.
- 쓰지 않을 것에 낭비하지 말자. 프로그래머가 직접 수작업으로 적절한 코드를 작성해서 언어 특성이나 기본 추상화를 흉내 내거나 심지어 약간이라도 나은 성능을 보일 수 있다면 누군가는 그렇게 할 것이고, 많은 사람이 그것을 흉내 낼 것이다. 그러므로 언어 특성과 기본 추상화는 동등한 대안에 비교할 때 하나의 바이트나 하나의 프로세서 사이클이라도 낭비하지 않게 설계돼야 한다. 이것은 제로 오버헤드zero-overhead 원리라고 알려져 있다.

이것들은 엄격한 조건이긴 하지만 분명 전부는 아닐지라도 일부 상황에서는 필수적이다. 특히 제로 오버헤드 원리는 C++를 처음 구상됐을 때보다 좀 더 간단하고, 좀 더 우아하며, 좀 더 강력한 기능으로 거듭해서 이끌어 왔다. STL이 단적인 예다(4.1.1절, 4.4절, 4.5절, 31장, 32장, 33장). 이런 원리들은 프로그래밍의 수준을 끌어올리는 데 있어서 필수적이었다.

1.2.1 프로그래밍 스타일

언어의 특성은 프로그래밍 스타일에 대한 지원을 제공하기 위해 존재한다. 개별적인 언어 특성을 하나의 해결책이라기보다는 다양한 집합에서 얻어진 하나의 조각이라고 생각하고, 그것들을 조합해서 해결책을 얻는다고 생각하기 바란다.

설계와 프로그래밍에 대한 포괄적이며 궁극적인 목표는 간단히 다음과 같이 표현될 수 있다.

- 아이디어를 코드로 직접적으로 표현한다.
- 독립적인 아이디어는 코드로 독립적으로 표현한다.
- 아이디어 간의 관계를 코드로 직접적으로 표시한다.
- 표현된 아이디어를 자유롭게 코드로 조합한다. 단, 조합이 의미가 있는 경우여야 한다.
- 간단한 아이디어는 간단히 표현하다.

이런 궁극의 목표에는 많은 사람이 공감하고 있지만, 그것을 지원하기 위해 설계된 언어에는 많은 차이가 있다. 그 근본적인 이유는 언어란 다양한 필요성, 취향, 다양한 개인이나 커뮤니티의 역사를 반영하는 일련의 기술적인 타협안을 구체화한 것이기 때문이다. 포괄적인 설계상의 도전에 대한 C++의 해답은 시스템 프로그래밍에서의 기원(C와 BCPL[Richard,1980]로 거슬러 올라가는), 추상화를 통해 프로그램 복잡성 이슈에 대응하겠다는 목표(시뮬라로 거슬러 올라가는) 및 그 역사에 의해 틀이 잡혔다.

C++ 언어의 특성은 4가지 프로그래밍 스타일을 가장 직접적으로 지원한다.

- 절차적 프로그래밍
- 데이터 추상화
- 객체지향 프로그래밍
- 일반화 프로그래밍

하지만 강조점은 이 네 가지의 효과적인 조합을 지원하는 데 있다. 대부분의 진지한 문제에 대한 최선의 해결책(가장 유지 보수가 쉽고, 가장 이해하기 쉬우며, 작고 빠른 등)은 이런 스타일들의 다양한 측면을 조합시키는 그 무엇인 경우가 많다.

컴퓨터 세상에서 중요한 용어들이 그러하듯 컴퓨터 업계 및 학계의 다양한 영역에서 이런 용어들에 대한 각양각색의 정의가 인기를 끌고 있다. 예를 들어 여기서 '프로그래밍 스타일'이라고 부른 것을 다른 이들은 '프로그래밍 기법' 또는 '패러다임'이라고 부른다. 나는 '프로그래밍 기법'은 뭔가 좀 더 한정적이고 언어 특유의 것에 사용하기를 선호한다. 나는 '패러다임'이란 단어는 과장스럽고 (쿤의 원래 정의에 의하면) 배타적인 주장이란 느낌이 있어 마땅치 않다고 느껴진다.

나의 궁극적 목표는 지속적인 프로그래밍 스타일과 각양각색의 프로그래밍 기법을 지원할 수 있도록 우아하게 결합돼 사용될 수 있는 언어 기능이다.

- **절차적 프로그래밍** 이것은 처리 절차와 적절한 데이터 구조에 초점을 맞춘 프로그래밍이다. 바로 C와 알골, 포트란을 비롯한 다른 많은 언어가 이를 지원하기 위한 목적으로 설계됐다. C++는 기본 제공 타입, 연산자, 문장, 함수, 구조체, 공용체 등의 형태로 지원한다. 사소한 예외 사항을 제외하면 C는 C++의 부분집합이다. C와 비교할 때 C++는 많은 부가적인 언어 구조와 좀 더 엄격하고 유연하며 협조적인 타입 시스템의 형태로 절차적 프로그래밍에 대한 추가적인 지원을 제공한다.

- **데이터 추상화** 이것은 인터페이스의 설계, 일반적으로는 구현의 세부 사항 그 중에서도 특히 구현의 표현을 은닉하는 데 초점을 맞춘 프로그래밍이다. C++는 구체concrete 클래스와 추상abstract 클래스를 지원한다. 비공개 구현 세부 사항, 생성자, 소멸자 및 연관 기능을 가진 클래스를 정의하기 위한 기능은 바로 이 스타일을 지원한다. 추상 클래스의 개념은 직접적으로 완전한 데이터 은닉을 지원한다.

- **객체지향 프로그래밍** 이것은 클래스 계층 구조의 설계, 구현 및 활용에 초점을 둔 프로그래밍이다. 클래스 관계망에 대한 정의를 허용하는 것 외에도 C++는 클래스 관계망을 탐색하고, 기존 클래스를 활용해서 클래스 정의를 간편화하기 위한 다양한 기능을 제공한다. 클래

스 계층 구조는 런타임 다형성(20.3.2절, 21.2절)과 캡슐화(20.4절, 20.5절)를 제공한다.
- **일반화 프로그래밍** 이것은 일반적인 알고리즘의 설계, 구현 및 활용에 초점을 둔 프로그래밍이다. 여기서 '일반적'이란 알고리즘의 인자에 대한 요구 사항을 충족시키기만 한다면 다양한 타입의 수용할 수 있게 설계될 수 있다는 뜻이다. C++의 일반화 프로그래밍에 대한 핵심적인 지원 사항은 템플릿이다. 템플릿은 (컴파일 타임) 매개변수식 다형성$^{parametric\ polymorphism}$을 제공한다.

클래스의 유연성이나 효율을 증가시키는 것이라면 무엇이든 이 모든 스타일에 대한 지원을 향상시킨다. 이런 면에서 C++는 클래스 지향적이라고 부를 수 있으며, 그렇게 불려왔다.

이러한 각각의 설계 및 프로그래밍 스타일은 그 총합체인 C++에 기여해 왔다. 이들 중 하나의 스타일에만 배타적으로 초점을 맞추는 건 실험용 예제가 아니라면 실수다. 그렇게 한다면 개발 노력은 낭비되고 최적화되지 않은(유연성이 부족하고, 장황하며, 성능이 좋지 않고, 유지 보수가 어려운 등) 코드를 얻게 될 것이다.

누군가가 이들 중 하나의 스타일을 통해 C++를 특징지으려고 할 때나(이를테면 "C++는 객체 지향적 언어다") 좀 더 제한적인 언어가 더 좋겠다는 뜻을 내비치는 용어('하이브리드'나 '혼합된 패러다임')를 사용할 때면 나는 얼굴을 찡그린다. 전자는 언급된 모든 스타일이 총합에 의미 있는 뭔가를 기여했다는 사실을 간과한다. 후자는 총합의 효력을 부정한다. 언급된 스타일들이 완전히 구별되는 대안은 아니다. 각각은 좀 더 풍부하고 효과적인 프로그래밍 스타일을 위한 기법을 지원하며, C++는 그들의 조화로운 활용을 위한 직접적인 언어 지원을 제공한다.

태생 이래로 C++의 설계는 프로그래밍과 설계 스타일의 통합을 목표로 했다. 심지어 가장 최초로 발표된 C++에 대한 기술[Stroustrup,1982]에서도 이러한 다양한 스타일을 조합해서 활용하는 예제들을 제시하고, 그런 조합을 지원하는 데 목적을 둔 언어 기능들을 소개했다.
- **클래스**는 언급된 모든 스타일을 지원한다. 모든 스타일은 사용자가 자신의 생각을 사용자 정의 타입이나 사용자 정의 타입의 객체로 표현하는 방식에 의존한다.
- **공개/비공개 접근 제어**는 인터페이스와 구현을 명확히 분리함으로써 데이터 추상화와 객체 지향 프로그래밍을 지원한다.
- **멤버 함수, 생성자, 소멸자 및 사용자 정의 대입 연산자**는 데이터 추상화와 객체지향 프로그래밍에서 필요한 대로 객체에 깔끔한 기능적 인터페이스를 제공한다. 이들은 또한 일반화 프로그래밍에 필요한 대로 통일화된 표기법까지 제공한다. 좀 더 범용의 오버로딩은 1984년이 돼야 등장했으며, 통일적인 초기화는 2010년에야 등장했다.
- **함수 선언**은 독립적인 함수 및 멤버 함수에 정적으로 체크되는 구체적인 인터페이스를 제공함으로써 언급된 모든 스타일을 지원한다. 함수 선언은 오버로딩을 위해 필요하다. 당시 C에는 '함수 프로토타입'이 결핍돼 있었지만, 시뮬라는 멤버 함수뿐 아니라 함수 선언까지 갖고 있다.
- **일반화 함수와 매개변수식 타입**(매크로를 이용해서 함수 클래스에서 생성되는)은 일반화 프로그래밍을

지원한다. 템플릿은 1988년에 등장했다.

- **기반 클래스**와 **파생 클래스**는 객체지향 프로그래밍과 데이터 추상화의 몇 가지 형태를 위한 기반을 제공한다. 가상 함수는 1983년에 등장했다.
- **인라인화**는 이런 기능들을 시스템 프로그래밍과 런타임 및 공간 효율적인 라이브러리 구축을 위해 활용될 수 있게끔 해줬다.

이러한 초기 특성들은 개별적인 프로그래밍 스타일에 대한 지원이라기보다는 일반적인 추상화 메커니즘이다. 오늘날의 C++가 간결한 추상화 기반의 설계와 프로그래밍에 대한 좀 더 충실한 지원을 제공하지만, 우아하고 효율적인 코드라는 목표는 태초부터 존재해 왔던 것이다. 1981년 이후의 발전은 처음부터 고려됐던 프로그래밍 스타일의 합성('패러다임')에 대해 훨씬 더 충실한 지원을 제공하며, 그것들의 통합을 현저하게 개선했다.

C++의 기본 객체는 식별자를 갖고 있다. 즉, 메모리에서 특정한 위치에 자리 잡고 있으며 주소를 비교해보면 (잠재적으로) 동일한 값을 갖는 다른 객체와 구별될 수 있다. 그런 객체를 표시하는 표현식은 **좌변 값**lvalues(6.4절)이라고 불린다. 하지만 초창기 C++ 선구자[Barron,1963]의 시절에도 이미 식별자가 없는 객체(차후 이용을 위해 주소가 안전하게 저장될 수 없는 객체)가 있었다. C++11에서는 이러한 **우변 값**rvalue의 개념이 적은 비용으로 여기저기로 이동시킬 수 있는 값이란 개념으로 발전했다(3.3.2절, 6.4.1절, 7.7.2절). 그러한 객체는 함수형 프로그래밍(식별자를 가진 객체의 개념을 달가워하지 않는)에서 발견되는 것들과 유사한 기법의 기반이다. 이런 방식은 주로 일반화 프로그래밍 목적으로 개발된 기법과 언어 특성(이를테면 람다 표현식)을 보완하는 데 안성 맞춤이다. 아울러 이런 방식은 행렬의 덧셈 같은 연산에서 대규모의 행렬을 우아하고 효율적으로 반환하는 방법과 같이 '간단한 추상 데이터 타입'에 관련된 고전적인 문제까지 해결해준다.

아주 초창기 시절부터 C++ 프로그램과 C++의 설계는 자체적으로 자원 관리를 염두에 뒤 왔다. 자원 관리의 궁극적으로 다음과 같은 목표를 갖고 있다.

- 간단해야 한다(구현 측면 그리고 무엇보다 사용자 측면에서).
- 범용적이어야 한다(자원이란 것은 어디로부터 얻어서 나중에 해제해야 하는 것이다).
- 효율적이어야 한다(제로 오버헤드 원리를 준수해야 한다. 1.2절).
- 완벽해야 한다(누수는 허용될 수 없다).
- 정적으로 타입 안전적이어야 한다.

표준 라이브러리의 **vector**, **string**, **thread**, **mutex**, **unique_ptr**, **fstream**, **regex** 등의 중요한 많은 C++ 클래스는 자원 핸들이다. 표준을 벗어난 매트릭스Matrix나 위젯Widget 같은 기반이나 애플리케이션 라이브러리들은 더욱 많은 예제를 제공한다. 자원 핸들 개념을 지원하는 데 있어서 첫걸음은 최초의 '클래스를 가진 C'C with Classes 초안에서 생성자와 소멸자의 제공으로 시작됐다. 이는 머지않아 복사 생성자와 아울러 대입 연산자를 정의해서 복사를 제어하는 기능으로 뒷받침됐다. C++11에서 이동 생성자와 이동 대입 연산을 도입은(3.3절) 저렴한 비용으로 잠재적으로 대규모 객체를 유효 범위 간에 이동시키는 것을 허용하고(3.3.2절), 다형적 또는 공유 객체의 수명을 간편하게 제어함으로써(5.2.1절) 이런 일련의 개념을 완성한다.

또한 자원 관리 지원 기능은 자원 핸들이 아닌 추상화에도 도움이 된다. 불변속성을 설정하고 유지하는 모든 클래스는 그런 기능들의 하위 집합에 의존한다.

1.2.2 타입 체크

우리가 생각하고 프로그래밍하며 사용하는 언어와 우리가 상상할 수 있는 문제나 해결책 사이의 관계는 매우 밀접하다. 이렇기 때문에 프로그래머의 오류를 제거하겠다는 이유 때문에 언어의 기능을 한정해 버리는 일은 아무리 좋게 봐줘도 위험하다. 언어는 프로그래머에게 개념적인 도구들을 제공해준다. 과제에 적합하지 않은 도구라면 무시될 것이다. 단순히 특정한 언어 기능을 넣거나 빼는 것만으로 좋은 설계와 오류의 제거를 보장할 수는 없다. 하지만 언어 기능과 타입 체계는 프로그래머가 코드를 통해 정확하고 간결하게 설계를 표현하는 데 필요하다.

정적 타입과 컴파일 타임 타입 체크는 C++의 효과적 이용에서 중요한 개념이다. 정적 타입의 사용은 표현성, 유지 보수성 및 성능의 중요한 열쇠다. 시뮬라와 마찬가지로 컴파일 타임에서 체크되는 인터페이스를 갖춘 사용자 정의 타입의 설계는 C++의 표현성에 있어서 핵심적이다. C++ 타입 시스템은 기본 제공 타입과 사용자 정의 타입을 동등하게 지원하는 것을 목표로 하며, 본격적인 방식으로 확장될 수 있다(3장, 16장, 18장, 19장, 21장, 23장, 28장, 29장).

C++ 타입 체크와 데이터 은닉 기능은 프로그램의 컴파일 타임 분석에 의존해서 우연적인 데이터 훼손을 방지한다. 이 기능은 누군가 고의적으로 규칙을 어기는 경우를 대비한 보안이나 보호 기능은 제공하지 못한다. 즉, C++는 사고에 대비한 보호는 제공하지만, 부정행위에 대한 보호는 제공하지 못한다. 그럼에도 이 기능은 런타임이나 메모리 오버헤드를 일으킬 우려 없이 자유롭게 활용될 수 있다. 어떤 언어 기능이 유용하기 위해서는 우아하기만 해서는 안 되고, 현실 세계의 프로그램이란 상황에서 쓸모가 있어야 한다는 것이 C++의 설계 철학이다.

C++의 정적 타입 시스템은 유연하며, 간단한 사용자 정의 타입의 활용이란 오버헤드가 설사 있다고 하더라도 매우 미미하다는 점을 암시한다. 그 목적은 어디에서나 정수, 부동소수점, 문자열, '원시 메모리$^{raw\ memory}$'나 '객체' 같이 단순한 범용적 방식을 선택하는 대신에 구별되는 개념을 구별되는 타입으로 표시하는 프로그래밍 스타일을 지원하는 것이다. 풍부한 타입의 프로그래밍 스타일은 코드를 좀 더 읽고, 유지 보수하고, 분석하기 쉽게 만들어 준다. 미미한 타입 시스템은 미미한 분석만을 허용하는 반면, 타입이 풍부한 타입의 프로그래밍 스타일은 본격적인 오류 탐지와 최적화의 가능성을 열어 준다. C++ 컴파일러와 개발 도구들은 그러한 타입 기반의 분석을 지원한다.[Stroustrup,2012]

하위 집합으로서 C의 상당 부분을 포함하고 가장 까다로운 저수준의 시스템 프로그래밍 작업에서 필요한 하드웨어에 대한 직접적인 대응을 유지한다는 것은 정적 타입 시스템을 무시할 수 있는 능력이 있다는 의미다. 하지만 나의 궁극적인 목표는 언제나 완전한 타입 안전성이었다. 이 점에서 "나는 C는 타입 제약은 엄격하고 검사에는 약한 언어다"라고 말했던 데니스 리치$^{Dennis\ Ritchie}$에게 동의한다. 시뮬라는 타입 안전적이면서도 유연했다는 점에 주목하라. 사실 처음 C++를 시작했을 때 나의 궁극적인 목표는 '클래스를 가진 C'라기보다는 '클래스를 가진 알골68'이었다. 하지만 타입 안전적인 알골68$^{[Woodward,1974]}$에 기반을 둔 작업이 불리한 이유는 한두 가지가 아니었다. 따라서 언어로서 C++는 완벽한 타입 안전성이란 이상을 흉내 낼 수 있을 뿐이었다. 하지만 그것은 C++ 프로그래머들, 특히 라이브러리 개발자들이 추구하려고 노력하는 이상이었다. 시간이 지나면서 그러한 이상을 지원하는 언어 기능, 표준 라이브러리 구성 요소, 기법의 집합들이 늘어났다. 이제는 저수준의 코드 부분(바람직하게는 타입 안전적인 인터페이스에 의해 격리된), 다른 언어 규약을 따르는 코드에 연결되는 코드(운영체제 시스템 호출 인터페이스)나 기반 추상화의 구현(string과 vecter) 등을 제외하고는 타입 안전성이 없는 코드가 필요한 경우는 거의 없다.

1.2.3 C 호환성

C++는 몇 가지 예외가 있긴 하지만 C 프로그래밍 언어를 기반으로 개발됐으며, C를 하위 집합으로 보유하고 있다. C에 의존했던 가장 큰 이유는 검증된 저수준 언어 기능을 기반으로 만들고 기술 커뮤니티를 유지하기 위해서였다. C와 높은 수준의 호환성을 유지하는 데 매우 높은 우선순위가 주어졌다(44장).$^{[Koenig,1989][Stroustrup,1994]}$ 이 때문에 (안타깝게도) C 문법을 제거하는 것이 배제됐다. 계속되고 있는 사실상 병렬적인 C와 C++의 진화는 끊임없이 신경 쓰이게 하는 요인이 돼 왔으며, 끊임없는 주의를 요구하고 있다.$^{[Stroustrup,2002]}$ 두 개의 위원회가 두 개의 가장 널리 쓰이는 언어를 '가급적 호환되도록' 유지하는 데 전념하는 건 특별히 좋은 일 처리 방식이라고 할 수는 없다. 특히 호환성의 가치, 좋은 프로그래밍이 무엇으로 구성되느냐, 그리고 좋은 프로그래밍에 필요한 지원은 무엇인가에 대해서는 상반되는 의견들이 있다. 두 위원회 사이에서 지속적인 커뮤니케이션을 유지하려면 상당한 노력이 요구된다.

C와 C++ 간의 100% 호환성은 결코 C++의 목표가 아니었다. 그럴 경우 타입 안전성과 사용자 정의 타입과 기본 제공 타입 간의 매끄러운 통합에 지장이 생기기 때문이다. 하지만 C++ 정의는 불필요하게 호환되지 않는 요소들을 제거하기 위해 지속적으로 재검토돼 왔다. 이제 C++는 처음보다 C와 좀 더 많이 호환된다. C++93은 다수의 세부 사항을 C89에서 채택했다(44.3.1절). 이후 C가 C89$^{[C,1990]}$에서 C99$^{[C,1999]}$로 발전하게 되자 C++는 거의 모든 새로운 기능을 채택했다. VLA$^{variable-length\ arrays,\ 가변\ 길이\ 배열}$가 잘못된 기능으로 빠지고, 초기화 식이 군더더기로 지적됐을 뿐이었다. 저수준의 시스템 프로그래밍을 위한 C의 기능은 유지 및 개선됐다. 인라인 기능(3.2.1.1절, 12.1.5절, 16.2.8절)과 `constexpr`(2.2.3절, 10.4절, 12.1.6절)이 대표적 사례다.

역으로 현대의 C는 C++에서 (정확성과 유효성의 수준에는 각기 차이가 있지만) 많은 기능을 채택했다(예를 들어 const, 함수 프로토타입, 인라인 기능, [Stroustrup,2002] 참고).

C와 C++ 양쪽에 모두 존재하는 구조가 있을 경우 두 언어에서 같은 의미를 지니게 보장하기 위해 C++의 정의는 변경돼 왔다(44.3절).

C의 원래 목적 중 하나는 가장 어려운 프로그래밍 작업에 있어 어셈블리 코딩을 대체하는 것이었다. C++의 설계에서는 이런 측면에서의 장점이 훼손되지 않도록 주의가 기울여졌다. C와 C++ 사이의 주요한 차이는 타입과 구조체에 대한 강조 수준에 있다. C는 풍부한 표현력을 갖고 있으며 허용적이다. 타입 시스템의 광범위한 활용을 통해 C++는 성능이 줄어들지 않으면서도 훨씬 더 풍부하게 표현할 수 있다.

C++를 배우기 위해 C를 알아야 하는 것은 아니다. C로 프로그래밍하다 보면 C++ 언어 기능으로 인해 쓸모가 없어진 많은 기법과 꼼수를 써야만 한다. 예를 들어 명시적 타입 변환(캐스팅)은 C에 비해 C++에서는 쓸모가 줄어든다(1.3.3절). 하지만 훌륭한 C 프로그램은 C++ 프로그램이 될 가능성이 높다. 예를 들어 커니건[Kernighan]과 리치[Ritchie]의 『C 프로그래밍 언어, 2판』[Kernighan,1988]에 나오는 모든 프로그램은 C++ 프로그램이다. 정적 타입 언어에 대한 경험은 어떤 것이든 C++ 학습에 도움이 될 것이다.

1.2.4 언어, 라이브러리, 시스템

C++의 기본(기본 제공) 타입, 연산자와 문장은 컴퓨터 하드웨어와 직접적으로 다루는 숫자, 문자, 주소들이다. C++에는 기본 제공되는 상위 수준의 데이터 타입과 상위 수준의 원시 연산이 존재하지 않는다. 예를 들어 C++ 언어는 역연산자[inversion operator]를 가진 행렬 타입이나 병합 연산자[concatenation operator]를 가진 문자열을 제공하지 않는다. 사용자가 그런 타입을 원한다면 언어 자체 내에서 정의될 수 있다. 사실 새로운 범용 타입이나 애플리케이션 전용 타입을 정의하는 일은 C++에서 가장 기본적인 프로그래밍 활동이기도 하다. 잘 설계된 사용자 정의 타입은 정의되는 방식에서는 기본 제공 타입과 차이가 있을 뿐, 사용 방식에서는 아무런 차이가 없다. C++ 표준 라이브러리(4장, 5장, 30장, 31장 등)는 이런 타입과 그들의 사용에 대해 다양한 예제를 제공한다. 사용자 관점에서 보면 기본 제공 타입과 표준 라이브러리에서 제공되는 타입 사이에는 거의 차이가 존재하지 않는다. 몇 가지 불행하고 사소한 역사적인 사건들을 제외하면 C++ 표준 라이브러리는 C++로 작성돼 왔다. C++ 표준 라이브러리를 C++로 작성하는 일은 C++ 타입 시스템과 추상화 메커니즘에 대한 중요한 검증 기회다. C++의 시스템과 메커니즘은 대부분의 어려운 시스템 프로그래밍 작업에 대응할 수 있을 만큼 강력하고(표현력이 풍부하고) 효율적이어야 한다(실제로 그렇다). 그 덕택에 그런 시스템과 메커니즘은 대개 복잡한 추상화 레이어로 구성된 대규모 프로그램에서 활용될 수 있다.

런타임이나 메모리 오버헤드를 일으키는 기능들은 실제 사용되지 않더라도 기피됐다. 예를 들어 '보조 관리 정보[housekeeping information]'를 모든 객체마다 저장할 필요가 있는 구조들은 수용되지 않았기 때문에 사용자가 16비트 분량 2개로 구성된 구조체를 선언할 경우 해당 구조체는 32비트 레지스터에 들어갈 것이다. `new`, `delete`, `typeid`, `dynamic_cast`, `throw` 연산자와 `try` 블록을 제외하고는 개별적인 C++ 표현식과 문장은 런타임 지원을 필요로 하지 않는다. 이는 임베디드 및 고성능 애플리케이션에서 필수적인 조건일 수 있다. 특히 이런 사실은

C++ 추상화 메커니즘이 임베디드, 고성능, 고신뢰성, 실시간 애플리케이션에 활용될 수 있다는 점을 의미한다. 따라서 그러한 애플리케이션의 프로그래머들도 저수준의 언어 기능 집합(오류에 취약하고, 빈약하며, 비생산적인)을 다룰 필요가 없다.

C++는 전통적인 컴파일과 런타임 환경, 즉 유닉스 시스템[UNIX,1985]상의 C 프로그래밍 환경에서 사용되도록 설계됐다. 다행히도 C++는 유닉스용으로 제한되지는 않았다. C++는 언어, 라이브러리, 컴파일러, 링커, 실행 환경 등 사이의 관계에 있어서 유닉스와 C를 모델로 삼았을 뿐이다. 이러한 최소한의 모델 덕택에 C++는 실질적으로 모든 컴퓨팅 플랫폼에서 성공할 수 있었다. 하지만 상당한 수준의 런타임을 지원하는 환경에서 C++를 사용하는 것이 유리한 데는 그럴 만한 이유가 있다. 동적 로딩, 증분 컴파일incremental compilation, 데이터베이스 타입 정의 등의 기능들은 언어에 영향을 미치지 않고도 잘 활용될 수 있다.

모든 코드가 잘 구조화되고, 하드웨어 독립적이며, 읽기 편하게 될 수는 없다. C++에는 안전성이나 가독성을 따지지 않고 직접적이고 효율적인 방식으로 하드웨어 기능을 다루기 위해 의도된 기능들이 포함돼 있다. 그리고 이런 코드를 우아하고 안전한 인터페이스 뒤에 숨길 수 있는 기능도 포함돼 있다.

당연하겠지만 대규모의 프로그램을 위해 C++를 쓰다 보면 여러 명의 프로그래머가 C++를 쓰게 된다. C++에서 강조하고 있는 모듈성modularity, 엄격한 타입 제약을 받는 인터페이스 및 유연성flexibility은 바로 여기서 빛을 발한다. 하지만 프로그램이 커져감에 따라 개발과 유지 보수에 관련된 문제는 언어 자체의 문제에서 좀 더 광범위한 개발 도구와 관리의 문제로 넘어가게 된다.

이 책은 범용 기능, 범용적으로 유용한 타입, 라이브러리 등을 제공하기 위한 기법에 초점을 맞추고 있다. 이런 기법들은 작은 프로그램을 만드는 프로그래머들은 물론 큰 프로그램을 만드는 프로그래머들에게도 도움이 될 것이다. 게다가 웬만한 프로그램이라면 어느 정도 독립적인 부분들이 여러 개 모여서 구성되므로, 이러한 부분을 작성하기 위한 기법은 모든 애플리케이션의 프로그래머들에게 도움이 될 것이다.

이 책에서는 **vector** 같은 표준 라이브러리 구성 요소의 구현과 사용 사례를 예제로 활용한다. 이를 통해 라이브러리 구성 요소와 그들의 하부 설계 개념 및 구현 기법을 소개한다. 이러한 예제들은 프로그래머들에게 어떻게 자신만의 라이브러리를 설계하고 구현할 수 있는지 보여준다. 하지만 표준 라이브러리에서 어떤 문제를 해결해주는 구성 요소기 제공된다면 직접 만드는 것보다 거의 언제나 그런 구성 요소를 사용하는 편이 낫다. 표준 구성 요소가 어떤 특정한 문제에 대해서는 직접 만든 구성 요소보다 약간 떨어진다 할지라도 표준 구성 요소는 좀 더 폭넓게 적용될 수 있으며, 좀 더 폭넓게 이용될 수 있고, 좀 더 널리 알려져 있을 가능성이 높다. 길게 내다본다면 표준 구성 요소는 (아마도 편리한 맞춤 인터페이스를 통해) 장기간에 걸쳐 유지 보수, 이식, 최적화, 교육에 소요되는 비용을 낮춰줄 가능성이 높다.

이런 의심을 하는 독자도 있을 것이다. 좀 더 자세한 타입 구조를 이용해서 프로그램을 작성하다 보면 프로그램 소스 텍스트의 크기(또는 심지어 생성된 코드의 크기)가 커지지 않을까라고 우려하는 독자들이 있을지도 모르겠다. C++에서는 꼭 그렇지만은 않다. 클래스 등을 이용해서 함수 인자 타입을 선언하는 C++ 프로그램은 대개 이런 기능을 사용하지 않는 동일한 C 프로그램보다 약간 더 짧다. 라이브러리가 사용될 경우에는 C++ 프로그램이 더 짧아진다. 물론 동일하게 동작하는 C 프로그램이 작성 가능한 경우를 가정한 것이다.

C++는 시스템 프로그래밍을 지원한다. 이는 C++ 코드가 한 시스템상에서 다른 언어로 작성된 소프트웨어와 효과적으로 상호 운용 가능하다는 의미다. 모든 소프트웨어를 하나의 단일 언어로 작성한다는 생각은 이뤄질 수 없는 꿈이다. 애초부터 C++는 C, 어셈블러, 포트란과 간편하고 효율적으로 상호 운용되게 설계됐다. 즉, C++, C, 어셈블러, 포트란 함수는 추가적인 오버헤드나 서로 간에 전달되는 데이터 구조의 변환 없이 다른 언어에 있는 함수를 호출할 수 있다.

C++는 단일 주소 공간에서 동작하게 설계됐다. 다중 프로세스와 다중 주소 공간의 사용은 (언어 외적인) 운영체제에 의존했다. 특히 나는 C++ 프로그래머가 시스템에 프로세스를 구성해 넣기 위해 운영체제 명령 언어를 다룰 수 있어야 한다고 가정했다. 처음에는 그런 용도로 유닉스 셸에 의존했지만, 거의 어떤 '스크립팅 언어'로도 가능할 것이다. 따라서 C++는 다중 주소 공간과 다중 프로세스에 대한 지원을 제공하지 않았지만, 아주 초창기부터 그런 기능에 의존하는 시스템에서 활용돼 왔다. C++는 대규모의 병행적인 다중 언어 시스템의 일부가 될 수 있게 설계됐다.

1.3 C++ 학습

완벽한 프로그래밍 언어란 존재하지 않는다. 다행스럽게도 멋진 시스템을 만드는 훌륭한 도구가 되기 위해 꼭 프로그래밍 언어가 완벽해야 하는 건 아니다. 현실적으로도 범용 프로그래밍 언어가 부딪치는 수많은 작업에 대해 완벽할 수는 없다. 한 가지 분야에 완벽하다는 건 거기에 특화돼 있다는 뜻이므로, 한 가지 작업에 완벽한 언어가 다른 작업에서는 허점투성이인 경우가 허다하다. 그런 이유로 C++는 매우 다양한 시스템을 개발하기 위한 좋은 도구가 될 수 있고, 매우 다양한 아이디어를 직접적으로 표현할 수 있게 설계됐다.

언어의 기본 제공 기능만으로는 모든 것을 직접적으로 표현할 수는 없다. 사실 그렇게 되는 것은 바람직하지도 않다. 언어 기능이란 다양한 프로그래밍 스타일과 기술을 지원하기 위해 존재하는 것이다. 따라서 프로그래밍 언어를 공부할 때는 해당 언어에 맞는 고유하고 자연스러운 스타일을 습득하는 데 중점을 둬야지, 모든 언어 기능의 자질구레한 모든 세부 사항까지 이해하는 데 중점을 둬서는 곤란하다. 프로그램 작성이란 꼭 필요한 것이다. 프로그래밍 언어의 이해가 단순한 지적 놀음이어서는 곤란하다. 아이디어의 실용적인 응용이 필요하다.

거의 사용하지 않는 이상한 기능을 알고 있다든지, 이런저런 잡다한 기능을 많이 사용하는 것은 실제의 프로그래밍에서는 거의 쓸모가 없다. 어떤 하나의 언어 기능만 따로 떼어보면 큰 의미가 없다. 어떤 기능이란 구현 기법이나 다른 기능과 연계되는 맥락 속에서만 의미와 가치를 갖게 되는 것이다. 따라서 이후의 내용을 읽을 때 C++의 세부 사항을 살펴보는 진정한 목적은, 견실한 설계라는 맥락에서 훌륭한 프로그래밍 스타일을 지원하기 위해 언어 기능과 라이브러리 기능을 조화롭게 이용하고자 하는 데 있다는 점을 명심하기 바란다.

중요한 시스템이 순전히 언어 기능 자체의 관점으로만 구축되는 경우는 없다. 우리는 프로그래밍 작업을 간편하게 만들고 시스템의 품질을 높이기 인한 목적으로 라이브러리를 구축하고 이용한다. 우리는 유지 보수성, 이식성 및 성능을 향상시키기 위해 라이브러리를 이용한다. 애플리케이션의 기본 개념은 라이브러리 내의 추상적 개념(예를 들어 클래스, 템플릿, 클래스 계층 구조 등)으로 표현된다. 대부분 기본적인 프로그래밍 개념 중 상당수는 표준 라이브러리로 표현된다. 따라서 표준 라이브러리를 익히는 것은 C++ 학습에서 빼놓을 수 없는 부분이다. 표준 라이브러리는 C++의 효과적인 사용법에 대해 어렵게 얻어진 수많은 지식의 보고다.

C++는 교육과 연구에 널리 사용되고 있다. 이 사실은 C++가 역사상 가장 간결하고 순수한 언어는 아니라고 (맞는 말이긴 하지만) 지적하는 사람들에게는 놀라운 일이었다. 하지만 C++는 다음과 같다.

- 기본 설계와 프로그래밍 개념을 가르치는 데 충분할 정도로 순수하다.
- 고급 개념과 기법을 가르치는 수단이 될 수 있을 만큼 충분히 포괄적이다.
- 어려운 프로젝트에 쓰일 수 있을 만큼 충분히 현실적이고, 효율적이며, 유연하다.
- 공부한 것을 실용적으로 활용하는 수단이 될 수 있을 만큼 상업적이다
- 다양한 개발 및 실행 환경에 의존해야 하는 단체 작업 및 협동 작업에서 충분히 이용 가능하다.

C++는 여러분과 함께 성장하는 언어다.

C++를 학습할 때 가장 중요한 사항은, 기본 개념(타입 안전성, 자원 관리, 불변속성 등)과 프로그래밍 기법(유효 범위를 가진 객체를 이용한 자원 관리나 알고리즘에서 반복자의 활용법 등)에 집중하고 언어 기술적인 세부 사항에 매몰되지 않는 것이다. 프로그래밍 언어를 공부하는 목적은 더 나은 프로그래머가 되는 것이며, 이는 새로운 시스템의 설계와 구현에 좀 더 능숙해지고, 오래된 시스템의 유지 보수에 더 능숙해진다는 뜻이다. 이를 위해서는 프로그래밍과 설계 기법의 이해가 자질구레한 세부 사항의 이해보다 훨씬 더 중요하다. 기술적 세부 사항에 대한 이해는 시간을 들이고 연습을 하다 보면 늘어나게 마련이다.

C++ 프로그래밍은 엄격한 정적 타입 체크에 기반을 두고 있으며, 프로그래머의 생각을 높은 수준으로 추상화하고 직접적으로 표현하는 데 목적을 두고 있다. 이런 목표는 저수준의 기법과 비교할 때 런타임 및 공간 효율성을 떨어뜨리지 않고도 대부분 달성될 수 있다. 다른 언어를 사용하다 C++로 넘어온 프로그래머들이 C++의 장점을 누리기 위해서는 관용적인 C++ 프로그래밍 스타일과 기법을 학습하고 자기 것으로 만들어야 한다. C++의 초기 표현력이 부족했던 버전에 익숙해졌던 프로그래머들도 마찬가지다.

어떤 언어에서 효과적으로 잘 써먹었던 기법을 별 생각 없이 다른 언어에 적용하다 보면 거추장스럽고 성능도 좋지 않은 데다 유지 보수까지 어려운 코드가 만들어지기 십상이다. 또한 코드 한 줄 한 줄마다, 컴파일러 오류 메시지 하나하나마다 지금 사용 중인 언어가 '옛날

언어'와 다르다는 점을 프로그래머에게 계속 지적하기 때문에 작성하려면 매우 짜증이 날 수밖에 없다. 어떤 언어로든 포트란, C, 리스프, 자바 등의 스타일로 프로그램을 짤 수 있지만, 철학이 전혀 다른 언어로 그렇게 하는 건 재미있지도 않고 경제적이지도 않다. 어떤 프로그래밍 언어이든 C++ 프로그램 작성 방법에 필요한 아이디어의 풍부한 보고가 될 수 있다. 하지만 이런 아이디어는 C++의 일반적인 구조와 타입 시스템에 들어맞는 뭔가로 변형돼야만 C++에서 효과적이 될 것이다. 언어의 기본 타입 시스템을 갖고 억지로 뭔가 해보려고 한다면 설사 원하는 결과를 얻더라도 잃는 것이 더 많을 것이다.

　　C++에 앞서 C를 배울 필요가 있는가에 대한 끊이지 않는 논쟁에 대해서라면 나는 C++로 바로 가는 쪽이 최선이라고 확신한다. C++는 안전하고 좀 더 표현력이 풍부하며, 저수준의 기법에 신경 써야 할 필요를 줄여준다. C와 C++의 공통부분과 C++에서 직접적으로 지원되는 상위 수준의 기법을 접한 후에 C에서 부족한 상위 수준의 기능을 보완하기 위해 필요한 C의 기교적인 부분을 익히는 편이 좀 더 쉽다. 44장은 C++를 사용하다가 C로 넘어가는, 즉 구세대 코드를 다뤄야 하는 프로그래머를 위한 안내다. 초보자에게 C++를 가르치는 방법에 대한 나의 의견은 [Stroustrup,2008]에서 살펴볼 수 있다.

　　C++에는 독자적으로 개발되는 구현 버전이 여러 가지가 있다. 이런 버전들은 풍부한 개발 도구, 라이브러리 및 소프트웨어 개발 환경을 지원을 받고 있다. 교재, 매뉴얼, 그리고 엄청나게 다양한 온라인 자료를 통해 이런 것들을 전부 익힐 수 있다. C++를 진지하게 사용하기로 마음을 먹었다면 이러한 자료의 보고 중 몇 가지에 접근할 수 있는 방법을 찾으라고 강력하게 권하고 싶다. 각각은 나름대로 강조하는 부분이 다르고 관점도 다르기 때문에 최소 두 가지를 활용하기 바란다.

1.3.1 C++ 프로그래밍

"어떻게 하면 C++로 멋진 프로그램을 짤 수 있을까요"란 질문은 "어떻게 하면 영어로 멋진 글을 쓸 수 있을까요?"란 질문과 배우 유사하다. 여기에는 두 가지 대답이 있는데, "네가 뭘 말하고 싶은지 명확히 하라"와 "계속 연습하고, 좋은 글을 흉내 내세요"가 그것이다. 영어에서와 마찬가지로 이 두 가지 대답은 C++에도 딱 들어맞는다. 그리고 지키기 어렵다는 점도 똑같다.

　　대부분의 상위 수준의 언어로 프로그래밍할 때와 마찬가지로, C++ 프로그래밍에서 궁극적 목표는 설계에서 나온 개념(구상, 생각 등)을 코드로 바로 표현하는 것이다. 우리는 우리가 얘기하는 개념, 칠판에 상자와 화살표로 표시하는 개념, 그리고 (프로그래밍용이 아닌) 교과서에서 등장하는 개념들을 프로그램 내에서도 직접적이고 명확한 대응 모델로 표현하려고 노력한다.

[1]　아이디어를 코드로 직접적으로 표현한다.

[2]　아이디어 사이의 관계(예를 들어 계층 구조, 매개, 소유권 관계)를 코드로 직접적으로 표현한다.

[3]　독립적인 아이디어를 코드로 독립적으로 표현한다.

[4]　간단한 것은 간단하게 만든다(복잡한 것을 불가능하게 만들지 않고).

좀 더 구체적으로는 다음과 같다.

[5]   정적으로 타입 체크되는 해결책을 우선 사용한다(가능한 경우).

[6]   정보는 지역적으로 보관한다(예를 들어 전역 변수를 피하고, 포인터의 사용을 최소화한다).

[7]   지나치게 추상화하지 않는다(즉, 분명한 필요성을 넘어서 경험해보지 않은 수준까지 보편화하고, 클래스 계층 구조를 도입하고, 매개변수화하지 않는다).

좀 더 구체적인 권장 사항은 1.3.2절에 나열돼 있다.

1.3.2 C++ 프로그래머를 위한 권고 사항

현재 시점 기준으로 보면 10년에서 20년 동안 많은 사람이 C++를 사용해 왔다. 그보다 더 많은 사람은 초기 컴파일러와 1세대 라이브러리로 인해 생겨난 제약 조건하에서 나름대로 생존 방법을 터득해 왔다. 지난 몇 년간 이렇게 경험이 많은 C++ 프로그래머가 놓치고 있는 부분은 새로 도입된 언어 자체의 기능이라기보다는 근본적인 새로운 프로그래밍 기법을 가능하게 해주는 이런 기능들 간의 관계 변화다. 달리 말하면 처음 C++를 배울 때는 생각하지도 못했거나 쓸모없다고 느꼈던 것들이 오늘날에는 더 나은 접근법으로 바뀌었을 수도 있다는 것이다. 이런 부분을 알고 싶다면 기본을 다시 살펴보는 방법밖에 없다.

각 장을 순서대로 읽어보기 바란다. 어떤 장의 내용을 이미 알고 있다면 단숨에 읽어내려 갈 수 있을 것이다. 모르던 내용이라면 뭔가 예상하지 않은 뭔가 새로운 것을 배우게 될 것이다. 나 역시 이 책을 쓰면서 많은 것을 배웠는데, 이 책에 수록된 모든 기능과 기법들을 다 알고 있는 프로그래머는 거의 없으리라고 짐작한다. 더욱이 프로그래밍 언어를 잘 구사하기 위해서는 기능과 기법에 질서를 불어넣을 수 있는 안목까지 갖춰야 한다. 이 책의 구성과 예제를 통해 그런 안목을 키울 수 있을 것이다.

우리의 설계와 프로그래밍 기법을 최신으로 만들어 줄 C++11의 새로운 기능에 의해 제공되는 기회도 놓치지 말자.

[1]   생성자를 이용해서 불변속성을 구축한다(2.4.3.2절, 13.4절, 17.2.1절).

[2]   생성자/소멸자 쌍을 이용해서 자원 관리를 간소화한다(RAII, 5.2절, 13.3절).

[3]   '무방비'의 `new`와 `delete`를 삼간다(3.2.1.2절, 11.2.1절).

[4]   기본 제공 배열이나 임시 코드보다는 컨테이너와 알고리즘을 이용한다(4.4절, 4.5절, 7.4절, 32장).

[5]   그때그때 개발된 코드보다는 표준 라이브러리 코드를 우선 사용한다(12.4절).

[6]   지역적으로 통제할 수 없는 오류를 알리기 위해서는 오류 코드보다는 예외를 사용한다 (2.4.3절, 13.1절).

[7]   대규모 객체의 복사를 피하기 위해 이동 의미의 구조를 사용한다(3.3.2절, 17.5.2절).

[8]   `unique_ptr`을 이용해서 다형성 타입의 객체를 참조한다(5.2.1절).

[9]   `shared_ptr`을 이용해서 공유 객체를 참조한다. 공유 객체란 단독의 소유자가 자신의 소멸을 담당하지 않는 객체를 말한다(5.2.1절).

[10] 템플릿을 이용해서 정적 타입 안전성을 유지하고(캐스트를 피한다), 불필요한 클래스 계층 구조의 사용을 피한다(27.2절).

추가로 C와 자바 프로그래머를 위한 조언을 읽어보는 것도 좋은 생각이다(1.3.3절, 1.3.4절).

1.3.3 C 프로그래머를 위한 권고 사항

C에 능숙할수록 C++를 C 스타일로 작성하는 것을 피하기 어려워 보인다. 이렇게 되면 C++의 잠재적인 장점을 많이 놓치게 된다. C와 C++의 차이점을 설명해주는 44장을 살펴보기 바란다.

[1] C++를 새로운 기능이 추가된 C라고 생각하지 않기 바란다. C++를 그런 식으로 사용할 수도 있지만, 최선의 방법은 아니다. C와 비교해서 C++의 주요한 이점을 실질적으로 누리려면 다른 설계와 구현 스타일을 적용해야 한다.

[2] C++로 C를 작성하지 않는다. 이렇게 하면 유지 보수와 성능 양쪽에 있어서 상당히 손해를 보게 될 경우가 많을 것이다.

[3] C++ 표준 라이브러리를 새로운 기법과 프로그래밍 스타일의 표본으로 활용하기 바란다. C 표준 라이브러리와의 차이점에 유의하기 바란다(예를 들어 복사에는 strcpy()가 아닌 =, 비교에는 strcmp()가 아닌 ==).

[4] C++에서는 매크로 치환이 거의 필요하지 않다. 구분용 상수^{manifest constant}를 정의하는데는 const(7.5절), constexpr(2.2.3절, 10.4절), enum 또는 enum class(8.4절), 함수 호출 오버헤드를 피하기 위해서는 inline(12.1.5절), 함수와 타입의 집합을 지정하기 위해서는 템플릿(3.4절, 23장), 이름 충돌을 피하기 위해서는 네임스페이스(2.4.2절, 14.3.1절)를 사용한다.

[5] 필요하기 전에는 변수를 선언하지 말고 필요할 때 바로 선언한다. 문장이 있는 곳이라면 어디서든 변수 선언을 할 수 있고(9.3절), for문 초기화 식(9.5절)이나, 조건식(9.5절) 안에서도 가능하다.

[6] malloc()을 쓰지 않는다. new 연산자(11.2절)는 똑같은 작업을 더 잘 처리한다. realloc() 대신에 vector(3.4.2절)를 이용한다. malloc()과 free()를 '무방비'의 new와 delete로 단순 대체하지 않는다(3.2.1.2절, 11.2.1절).

[7] 일부 함수나 클래스를 구현하다 어쩔 수 없이 깊이 들어가야 하는 경우가 아니라면 void* 공용체, 캐스트를 피한다. 이것들을 사용하게 되면 타입 시스템에서 받을 수 있는 지원에 제한이 생기거나 성능에 나쁜 영향을 미치게 된다. 대부분의 경우 캐스트가 등장하면 설계가 뭔가 잘못됐다는 뜻이다. 어쩔 수 없이 명시적 타입 변환을 사용해야 한다면 의도하는 바를 좀 더 명확히 나타내기 위해 이름을 가진 캐스트(예를 들어 static_cast, 11.5.2절) 중 하나를 이용하기 바란다.

[8] 배열과 C 스타일 문자열의 사용을 최소화한다. 많은 경우 C++ 표준 라이브러리 string (4.20절), array(8.2.4절), vector(4.4.1절)를 이용하면 전통적인 C 스타일에 비해 좀 더 간단하고 유지 보수가 편한 코드를 작성할 수 있다. 일반적으로는 표준 라이브러리에서 이미

제공되고 있는 것을 직접 만들려고 애쓰지 말기 바란다.

[9] 정말로 특수한 코드(메모리 관리자 등)나 간단한 배열 순회 탐색(예를 들어 ++p)이 아니라면 포인터 산술 연산을 피한다.

[10] 억지로 C 스타일로 작성한 코드(클래스, 템플릿, 예외 같은 C++ 기능을 사용하지 않은)가 좀 더 짧은 다른 대안(예를 들면 표준 라이브러리 기능을 이용하는)에 비해 효율적이라고 가정하지 말기 바란다. 대부분의 경우(항상 그렇지는 않아도) 그 반대인 경우가 많다.

C의 링크 관계 규약을 따라야 할 경우 C++ 함수는 C 링크 관계를 갖는 것으로 선언돼야 한다(15.2.5절).

1.3.4 자바 프로그래머를 위한 권고 사항

C++와 자바는 유사한 문법을 가졌지만 꽤나 다른 언어다. 이 둘의 목적은 상당히 다르며, 그들의 응용 영역 역시 상당 부분 다르다. 후계자란 단어를 전임자와 똑같은 일을 더 잘할 수 있고 추가로 더 많은 것을 할 수 있는 의미로 본다면 자바는 C++의 직접적인 후계자라고 볼 수 없다. C++를 잘 활용하기 위해서는 C++로 자바를 짜려고 노력할 것이 아니라 C++에 적합한 프로그래밍과 설계 기법을 채택해야 한다. 이는 가비지 컬렉터가 존재하리란 보장이 없기 때문에 new로 생성한 객체를 반드시 delete해야 하는 것을 잊지 말아야 한다는 이슈 같은 것만은 아니다.

[1] C++로 자바 스타일을 단순 흉내 내지 말기 바란다. 그렇게 하면 유지 보수성과 성능 측면에서 상당히 좋지 않은 경우가 많다.

[2] C++ 추상화 메커니즘(클래스와 템플릿 등)을 이용한다. 낯설다는 느낌이 들어서 C 프로그래밍 스타일로 후퇴하면 안 된다.

[3] C++ 표준 라이브러리를 새로운 기법과 프로그래밍 스타일의 표본으로 활용하기 바란다.

[4] 자신의 모든 클래스에 대한 고유의 기반 클래스(Object 클래스)를 즉흥적으로 만들지 않는다. 대개는 그것이 없어도 대부분의 상당수 클래스에 잘 대처할 수 있다.

[5] 참조자와 포인터 변수의 활용을 최소화한다. 지역 변수와 멤버 변수를 활용한다(3.2.1.2절, 5.2절, 16.3.4절, 17.1절).

[6] 변수는 암시적으로 참조자가 될 수 없다는 점을 명심한다.

[7] 포인터를 C++에서 자바 참조자와 같은 것이라고 생각한다(C++의 참조자는 좀 더 제한적이다).

[8] 함수는 자동으로 virtual이 되지는 않는다. 모든 클래스가 상속되지는 않는다.

[9] 추상 클래스를 클래스 계층 구조에 대한 인터페이스로 활용한다. '불확실한 기반 클래스', 즉 데이터 멤버를 가진 기반 클래스는 사용하지 않는다.

[10] 가능한 경우에는 언제나 유효 범위를 가진 자원 관리를 이용한다("자원 획득은 초기화다[RAII], Resource Acquisition Is Initialization").

[11] 생성자를 이용해서 클래스 불변속성을 구축한다(그리고 그렇게 할 수 없다면 예외를 던진다).

[12] 객체가 소멸될 때(예를 들어 유효 범위를 벗어날 때) 정리 작업이 필요하다면 해당하는 소멸자를 이용한다. `finally`를 흉내 내지 않는다(그렇게 하는 건 더 즉흥적이고, 결국에는 소멸자를 이용할 때보다 훨씬 더 많은 손이 갈 것이다).

[13] '무방비'로 `new`와 `delete`를 사용하지 않는다. 대신, 컨테이너(`vector`, `string`, `map` 등)와 핸들 클래스(`lock`과 `unique_ptr` 등)를 이용한다.

[14] 자립적인 함수(멤버가 아닌 함수)를 이용하고, 네임스페이스(2.4.2절, 14장)를 이용해서 자립적인 함수의 유효 범위를 제한한다.

[15] 예외 지정을 사용하지 않는다(`noexcept`를 제외하고, 13.5.1.1절).

[16] C++ 중첩 클래스는 자신을 포함하고 있는 클래스의 객체에 접근하지 못한다.

[17] C++는 `dynamic_cast`와 `typeid`(22장)로 가장 최소한의 런타임 리플렉션[run-time reflection]만을 제공한다. 컴파일 타임 기능에 좀 더 많이 의존한다(예를 들어 컴파일 타임 다형성, 27장, 28장).

이런 충고 대부분은 C# 프로그래머에게도 똑같이 적용된다.

1.4 역사

나는 C++를 창시하고 초기 정의를 작성했으며, 첫 번째 구현 버전을 내놓았다. 나는 C++의 설계 기준을 선택하고 서술했고, 주요 언어 기능을 설계했으며, 초기 라이브러리의 많은 부분을 직접 개발하거나 개발하는 데 도움을 줬다. 그리고 C++ 표준위원회에서 확장 제안의 처리를 담당했다.

C++는 시뮬라[Simula]의 프로그램 조직화[Dahl,1970][Dahl,1970] 기능에 시스템 프로그래밍을 위한 C의 효율성과 유연성[Kernighan,1978]을 결합하려는 목적으로 설계됐다. 시뮬라는 C++의 추상화 메커니즘의 최초 모델이었다. (파생 클래스와 가상 함수가 포함된) 클래스 개념은 시뮬라에서 빌려온 것이다. 하지만 템플릿과 예외는 다른 곳으로부터 영감을 받아 차후에 C++에 추가됐다.

C++의 발전은 항상 활용성이란 측면을 염두에 뒀다. 나는 사용자의 의견에 귀를 기울이는 데 많은 시간을 투자했고, 숙련된 프로그래머의 의견을 구했다. 특히 AT&T 벨연구소의 동료들은 처음 10년 동안 C++의 성장에 없어서는 안 될 도움을 줬다.

이번 절은 간략한 요약일 뿐이며, 모든 언어 기능이나 라이브러리 구성 요소를 일일이 언급하려고 하지는 않는다. 그리고 세부 사항까지 파고들지도 않는다. 좀 더 추가적인 정보, 특히 C++에 기여한 사람들의 이름에 대한 정보가 필요하다면 [Stroustrup,1993][Stroustrup,2007][Stroustrup,1994]를 살펴보기 바란다. ACM History of Programming Languages 컨퍼런스에서 내가 발표한 두 개의 논문과 내가 저술한 『Design and Evolution of C++』('D&E'로 알려진)에는 C++의 설계와 진화가 상세하게 설명돼 있고, 다른 프로그래밍 언어에서 받은 영향이 기술돼 있다.

ISO C++ 표준 성과의 일부로 만들어진 대부분의 문서는 온라인에서 이용 가능하다.[WG21] 내가 쓴 FAQ를 통해 표준 기능과 그런 기능을 제안하고 개선한 사람들의 관계를 기록하려고 노력했다.[Stroustrup,2010] C++는 정체불명의 익명 위원회나 전지전능한 능력을 가진 것 같은 '종신 독재자'의 작품이 아니다. C++는 헌신적이고 경험이 많고 열성적인 수많은 개개인들의 노력이 모아진 결과물이다.

1.4.1 연대기

C++를 낳게 된 작업은 '클래스를 가진 C'라는 이름으로 1979년 가을에 시작됐다. 여기에서 간단한 연대기를 소개한다.

1979 '클래스를 가진 C'에 대한 작업이 시작됐다. 클래스와 파생 클래스, **public/private** 접근 제어, 생성자와 소멸자, 인자 체크가 있는 함수 선언 등이 초기 기능 집합에 포함 됐다. 첫 번째 라이브러리는 비선점식 병행 작업과 난수 생성기를 지원했다.

1984 '클래스를 가진 C'가 C++란 이름으로 바뀌었다. 이 무렵 C++에는 가상 함수, 연산자 오버로딩, 참조자, 입출력 스트림, 복소수 라이브러리가 생겼다.

1985 C++가 최초로 사용 출시됐다(10월 14일). 입출력 스트림, 복소수, 비선점식 스케줄링 작업 라이브러리가 포함됐다.

1985 『C++ 프로그래밍 언어』('TC++PL', 10월 14일) 출간[Stroustrup,1986]

1989 『Annotated C++ Reference Manual』('the ARM') 출간

1991 『C++ 프로그래밍 언어, 2판』[Stroustrup,1991] 출간. 이 책에서는 템플릿과 예외 처리 기반의 오류 처리를 이용한 일반화 프로그래밍이 소개됐다('자원 획득은 초기화'라는 일반적인 자원 관리 관용어구와 함께).

1997 『C++ 프로그래밍 언어, 3판』[Stroustrup,1997] 출간. 이 책에서는 네임스페이스, **dynamic_ cast**, 상당 부분 개선된 템플릿이 포함된 ISO C++가 소개됐다. 표준 라이브러리에는 일반화 프로그래밍과 알고리즘을 위한 STL 프레임워크가 추가됐다.

1998 ISO C++ 표준

2002 구어체로 C++0x라고도 불리는 수정된 표준에 대한 작업이 시작됐다.

2003 ISO C++의 '버그 수정' 개정판이 발표됐다. C++ 기술 보고서[Technical Report]에서는 정 규 표현식, 무질서한 컨테이너(해시 테이블) 및 자원 관리 포인터 같은 표준 라이브러리 구성 요소를 소개했는데, 이것들은 나중에 C++0x의 일부분이 됐다.

2006 주로 임베디드 시스템 프로그래밍에 관련된 비용, 예측 가능성, 기술에 대한 질문에 답하기 위해 ISO C++ Technical Report on Performance가 발표됐다.

2009 C++0x의 기능이 완성됐다. 이 버전은 균일한 초기화, 이동 의미 구조, 가변[variadic] 템 플릿 인자, 람다 표현식, 타입 별칭, 병행성에 적합한 메모리 모델 외 다수의 기능을 제공했다. 표준 라이브러리에 스레드, 잠금, 2003 기술 보고서에서 다뤄진 대부분의 구성 요소를 비롯해 몇 가지 구성 요소가 추가됐다.

2011 ISO C++11 표준이 공식 승인됐다.

2012 최초로 완벽한 C++11 구현 버전이 등장했다.

2012 미래의 ISO C++ 표준(C++14와 C++17이라고 불리는)에 대한 작업이 시작됐다.

2013 『C++ 프로그래밍 언어, 4판』에서 C++11이 소개됐다.

개발 기간 도중에 C++11은 C++0x라고 알려졌다. 대규모 프로젝트에서는 드물지 않은 일이긴 하지만, 우리는 완료 일정에 대해 지나치게 낙관적이었던 것 같다.

1.4.2 초기 시절

나는 원래 유닉스 커널의 서비스를 다중 프로세서와 근거리 통신망(멀티코어와 클러스터라고 알려진)에 배포하고 싶었기 때문에 C++를 설계하고 구현했다. 그렇기 때문에 일부 이벤트 드리븐^{event driven} 시뮬레이션이 필요했고, 성능 문제만 뺀다면 시뮬라가 안성맞춤이었다. 또한 직접적으로 하드웨어를 다루고 고성능의 병행 프로그래밍 메커니즘을 제공할 필요가 있었는데, 여기에는 모듈성과 타입 체크가 취약하다는 점만 빼면 C가 안성맞춤이었다. 시뮬라 스타일의 클래스를 C에 추가한 결과인 '클래스를 가진 C'는 주요한 프로젝트에서 활용되면서 최소한의 시간과 공간을 사용하는 프로그래밍을 작성하기 위한 이 언어의 특성이 집중적으로 테스트됐다. 이 언어에는 연산자 오버로딩, 참조자, 가상 함수, 템플릿, 예외를 비롯해 아주 많은 것이 부족했다.^[Stroustrup,1982]. 연구 기관을 벗어난 C++의 첫 번째 활용은 1983년 7월에 시작됐다.

C++('씨 플러스플러스'라고 발음된다)라는 이름은 1983년 여름에 릭 매시티^{Rick Mascitti}가 만들어 줬는데, '클래스를 가진 C' 대신 이 이름을 쓰기로 결정한 사람은 나였다. '++'가 증가 연산자이기 때문에 이 이름은 C로부터의 변화가 진화라는 점을 상징한다. 약간 짧은 이름인 'C+'는 문법 오류로 보인다. C+는 C++와 관련 없는 어떤 언어의 이름으로도 쓰였다. C 문법에 통달한 사람들은 "C++는 ++C만 못하다"라고 지적하기도 한다. C++ 언어는 D라고 불리지는 않았는데, C++는 C의 기능을 제거해서 문제를 해결하려고 시도하지 않았기 때문에 C의 확장판이었고, 이미 D라는 이름으로 C 후계자인 척하는 몇 가지 언어가 있었기 때문이다. C++란 이름의 또 다른 해석에 대해서는 [Orwell,1949]의 부록을 참고하기 바란다.

C++를 설계했던 가장 큰 이유는 나와 내 친구들이 어셈블러나 C 또는 당시 유행했던 다양한 고급 프로그래밍 언어를 사용하지 않아도 되게 하기 위해서였다. C++의 주요 목적은 개개인의 프로그래머가 더 쉽고 더 즐겁게 좋은 프로그래밍을 작성하게 하는 것이었다. 초기에는 문서화된 설계라는 것이 없었고, 설계, 문서화, 구현이 동시 다발적으로 진행됐다. 'C++ 프로젝트'라든가 'C++ 설계 위원회'라는 것은 존재하지 않았다. 시종일관 C++는 사용자가 부딪히는 문제에 대처해 가면서 나와 내 친구와 동료 사이의 토론 결과로 발전해 왔다.

1.4.2.1 언어 기능과 라이브러리 기능

최초 C++의 설계(당시에 '클래스를 가진 C'라고 불렸다)에는 인자 타입 체크가 있는 함수 선언과 암시적 변환, 인터페이스와 구현 사이에 **public/private** 구분을 가진 클래스, 파생 클래스, 생성자와 소멸자가 포함됐다. 나는 원시 매개변수화를 제공하기 위해 매크로를 사용했는데,

매크로는 1980년 중반 무렵까지 사용됐다. 그 해 후반에 나는 일관성 있는 프로그래밍 스타일을 지원하는 언어 기능 집합을 제공할 수 있게 됐다. 이에 대해서는 1.2.1절을 참고하기 바란다. 나는 생성자와 소멸자의 도입을 가장 중요하다고 생각했다. 시간의 관점에서 보면 "생성자는 멤버 함수를 위한 실행 환경을 생성하고, 소멸자는 그것을 되돌린다." 이것이 C++ 자원 관리 전략의 기반이며(예외의 필요성을 불러일으키는), 사용자 코드를 짧고 명확하게 만들어주는 데 필요한 많은 기법의 핵심 열쇠다. 그 당시에 범용 코드를 실행할 수 있는 다중 생성자를 지원하는 다른 언어가 존재했을지도 모르지만, 나는 그런 언어에 대해 들어보지 못했다(지금도 마찬가지다). 소멸자는 C++에서 새로 등장했다.

C++는 1985년 10월에 상용 출시됐다. 그 무렵에는 인라인 기능(12.1.5절, 16.2.8절), `const`(2.2.3절, 7.5절, 16.2.9절), 함수 오버로딩(12.3절), 참조자(7.7절), 연산자 오버로딩(3.2.1.1절, 18장, 19장), 가상 함수(3.2.3절, 20.3.2절)가 추가돼 있었다. 이런 기능들 중에 가상 함수 형태의 런타임 다형성 지원이 단연 가장 큰 논란을 일으켰다. 나는 시뮬라에서 이 기능의 가치를 알고 있었지만, 시스템 프로그래밍 업계의 대부분 사람들에게 그 가치에 대해 확신을 준다는 것이 불가능하다는 점을 깨달았다. 시스템 프로그래머들은 간접적인 함수 호출에 의심의 눈초리를 보내는 경향이 있었고, 객체지향 프로그래밍을 지원하는 다른 언어에 익숙한 이들은 가상 함수가 시스템 코드에서 쓸 수 있을 정도로 빨라질 수 있다는 점을 믿기 어려워했다. 역으로 객체지향적 배경을 가진 많은 프로그래머는 런타임에 이뤄져야 하는 선택을 표현하기 위해서만 가상 함수를 사용한다는 생각에 익숙해지는 데 어려움을 겪었다(많은 이들은 지금도 그렇다). 가상 함수에 대한 저항은 프로그래밍 언어에서 지원되는 좀 더 정규적인 코드 구조를 통해 더 나은 시스템을 얻을 수 있다는 생각에 대한 거부감과 관련돼 있을지도 모른다. 많은 C 프로그래머는 정말로 중요한 것은 완벽한 유연성과 프로그래밍의 모든 세부 사항을 신중하게 하나하나 만드는 것이라는 데 확신을 가진 것처럼 보인다. 나의 관점은 언어와 개발 도구에서 가능한 한 많은 도움을 얻어야 한다는 것이었다(지금도 마찬가지 생각이다). 우리가 구축하고자 하는 시스템이 근본적으로 얼마나 복잡해지는가는 언제나 우리의 표현 능력에 달려 있다.

C++의 설계 중 상당수가 내 동료의 칠판에서 이뤄졌다. 초기 시절 스튜 펠드먼[Stu Feldman], 알렉산더 프레이저[Alexander Fraser], 스티브 존슨[Steve Johnson], 브라이언 커니건[Brian Kernighan], 더그 맥일로이[Doug McIlroy], 그리고 데니스 리치[Dennis Ritchie]가 준 피드백은 아주 값진 것들이었다.

1980년대 하반기에는 사용자의 의견에 발맞춰 언어 기능들을 계속 추가했다. 그 중에 가장 중요했던 것은 템플릿[Stroustrup,1988]과 예외 처리였는데[Koenig,1990], 이것들은 표준 시도가 시작됐던 무렵에는 실험적인 것으로 간주됐다. 템플릿의 설계에 있어서는 유연성, 효율성 및 빠른 타입 체크 사이에서 선택을 해야 했다. 당시에는 이 세 가지 모두를 동시에 달성할 수 있는 방법은 아무도 몰랐고, 어려운 시스템 애플리케이션에서 C 스타일의 코드와 경쟁해야 했기에, 나는 처음 두 속성을 선택해야 한다고 판단했다. 뒤돌아보면 그 선택이 맞았다고 생각하며, 더 나은 템플릿 타입 체크를 위한 탐색은 계속되고 있다.[Gregor,2006][Sutton,2011][Stroustrup,2012a]. 예외 설계는 다중 레벨의 예외 전파, 오류 핸들러에 대한 임의의 정보 제공 및 예외와 자원 관리 간의 통합에 중점을 뒀다. 예외와 자원 관리 간의 통합은 자원을 표시하고 해제하기 위해 소멸자를 가진 지역 객체를 사용함으로써 이뤄졌다(나는 이 개념을 대강 '자원 획득은 초기화'라고 부른다. 13.3절).

나는 여러 개의 기반 클래스를 지원하기 위해 C++의 상속 메커니즘을 범용화시켰다.[Stroustrup,1987a] 이는 다중 상속으로 일컬어졌고, 어렵고 논란의 여지가 있는 것으로 생각됐다. 나는 다중 상속이 템플릿이나 예외보다는 훨씬 사소한 문제라고 생각했다. 이제 추상 클래스의 다중 상속(흔히 인터페이스라고 불린다)은 정적 타입 체크와 객체지향 프로그래밍을 지원하는 언어에서는 일반화돼 있다.

C++는 이 책에 소개된 몇 가지 주요 라이브러리 기능과 발을 맞춰 발전했다. 예를 들어 나는 연산자 오버로딩 메커니즘과 함께 복소수[Stroustrup,1984], 벡터, 스택, 입출력 스트림[Stroustrup,1985]을 설계했다. 최초의 문자열과 리스트 클래스 역시 동일한 노력의 일환으로 조너선 쇼피로 Jonathan Shopiro와 함께 개발했다. 조너선의 문자열과 리스트 클래스는 라이브러리의 일부로서 최초로 광범위하게 사용됐다. 표준 C++ 라이브러리의 문자열 클래스는 이런 초기 노력에 뿌리를 두고 있다. [Stroustrup,1987b]에서 설명된 **task** 라이브러리는 1980년에 쓰여진 최초의 '클래스를 가진 C' 프로그램의 일부였다. 나는 시뮬라 스타일의 시뮬레이션을 지원하기 위해 그 라이브러리와 관련된 클래스를 작성했다. 안타까운 일이지만 2011년이 돼서야(30년이나 걸렸다!) 병행성 지원이 표준화되고 범용적으로 이용되기 시작했다(1.4.4.2절, 5.3절, 41장). 템플릿 기능의 개발은 나와 앤드류 쾨니그 Andrew Koenig, 알렉스 스테파노프 Alex Stepanov를 비롯한 이외의 몇 명이 고안한 **vector**, **map**, **list**, **sort** 템플릿 등에 의해 영향을 받았다.

C++는 에이다 Ada[Ichbiah,1979], 알골68[Woodward,1974], ML[Paulson,1996] 같이 확립된 실험적인 프로그래밍 언어가 넘쳐나는 환경에서 성장했다. 당시 나는 대략 25개의 언어를 다룰 수 있었고, 그런 언어들이 C++에 미친 영향은 [Stroustrup,1994]와 [Stroustrup,2007]에 기술돼 있다. 하지만 영향을 받을 것인지 결정했던 건 언제나 내가 접한 응용 사례를 통해서였다. 그것은 C++의 개발을 단순 모방보다는 '문제 중심적'으로 만들기 위한 의도적인 정책이었다.

1.4.3 1998 표준

C++의 폭발적인 성장으로 인해 몇 가지 변화가 생겼다. 1987년에는 C++의 공식적인 표준화가 불가피하다는 사실과, 표준화 노력에 필요한 기반을 준비하기 시작해야 한다는 사실이 명확해졌다.[Stroustrup,1994] 그 결과로 C++ 컴파일러 구현자와 주요 사용자들 사이의 접촉을 유지하려는 의식적인 노력이 시작됐다.

AT&T 벨연구소는 내가 『C++ 참조 매뉴얼, 개정판』의 초안을 C++ 구현자나 사용자와 공유할 수 있게 허용함으로써 C++ 및 폭넓은 커뮤니티에 큰 기여를 했다. 이 사람들이 속해 있는 단체나 회사 중에는 AT&T와 경쟁 관계에 있는 곳도 상당수였다는 것을 감안하면 이러한 기여의 중요성은 과소평가될 수 없는 것이다. 잘 알지 못하는 기업이 들어오면 아무 일도 하지 않으면서 언어 파편화란 중대한 문제를 일으킬 수 있는 우려도 있었다. 마침 수십 개의 단체에서 대략 백여 명의 사람들이 대체적으로 참조 매뉴얼로 받아들여지고 있는 문서와 ANSI C++ 표준화 작업의 기초 문서를 검토하고 의견을 보내왔다. 그 분들의 이름은 『The Annotated C++ Reference Manual』(ARM)[Ellis,1989]에서 찾을 수 있다. 1989년 12월, 휴렛팩커드Hewlett-Packard의 주도하에 ANSI의 X3J16 위원회가 소집됐다. 1991년 6월에는 ANSI(미국에서만 유효한)에서 채택한 C++ 표준안이 ISO(전 세계에서 인정받는)의 C++ 표준화 작업에 포함되고 WG21이란 이름을 갖게 됐다. 1990년부터 이러한 공동 C++ 표준화위원회는 C++의 발전과 C++ 정의의 개선 작업에 필요한 주요 공론장의 역할을 수행해 왔다. 나는 이런 위원회들이 시작될 때부터 현재까지 역할을 맡아 왔다. 특히 언어 기능 확장을 담당하는 작업 그룹(차후에 발전 그룹이라고 불려진)에서는 위원장으로서 C++에 대한 주요 변경 사항과 새로운 언어 기능 추가에 대한 제안을 직접적으로 담당했다. 1995년 4월, 일반인에게 공개될 최초의 표준 초안이 만들어졌다. 1998년에 ISO C++ 표준안(ISO/IEC 14882-1998)[C++,1998]이 전국 투표에 의해 22-0으로 정식 승인됐다. 2003년에는 이 표준안의 '버그 수정안'이 발표됐다. 그런 관계로 사람들이 이 안을 C++03이라고 부르기도 하지만, 실질적으로는 C++98과 동일한 언어다.

1.4.3.1 언어 기능

ANSI와 ISO 표준 시도가 시작될 무렵에는 대부분의 주요 언어 기능이 준비돼 있었고, ARM에 문서화돼 있었다.[Ellis,1989] 그 결과로 대부분의 작업이 기능과 그들의 사양을 개선하는 데 연관돼 있었다. 특히 템플릿 메커니즘이 훨씬 세부적인 작업으로 많은 혜택을 입었다. C++ 프로그램의 증가된 크기와 증가된 라이브러리 개수에 대응되기 위해 네임스페이스가 도입됐다. 휴렛팩커드의 드미트리 렌코프Dmitry Lenkov의 주도로 런타임 타입 정보(RTTI, 22장) 이용을 위한 최소한의 기능이 도입됐다. 나는 그 기능이 시뮬라에서 과도하게 남용되고 있다고 생각해서 빼 놓았었다. 나는 보수적인 가비지 컬렉션을 선택적으로 받아들일 수 있는 기능을 넣으려고 시도했지만, 실패했다. 그것은 2011 표준이 되어서야 가능해졌다.

분명히 1998 언어는 1989 언어에 비해서 기능 측면에서 훨씬 우수했고, 특히 사양의 세부 사항 측면에서 그러했다. 하지만 모든 변화가 다 발전적이지는 않았다. 어쩔 수 없는 소소한 오류 외에, 뒤돌아보면 추가돼지 말아야 할 두 가지 주요 기능이 추가됐다.

- 예외 지정은 함수가 어떤 예외를 던질 수 있는지를 런타임에 강제 적용하는 기능을 제공한다. 이 기능은 선 마이크로시스템즈 쪽 사람들의 열정적인 주도로 추가됐다. 예외 지정은 가독성, 신뢰성, 성능의 개선에 있어서 없느니만 못한 것으로 드러났다. 이 기능은 2011 표준에서 폐기 예정(차후 삭제 예정) 처리됐다. 2011 표준에는 예외 지정자가 해결하려던 많은 문제들에 대한 좀 더 간단한 해결책으로 noexcept(13.5.1.1절)가 도입됐다.
- 템플릿과 그들의 활용을 분할해서 컴파일하는 것이 좋다는 사실은 어떤 상황에서도 자명하다.[Stroustrup,1994] 하지만 템플릿의 실제 활용 사례에서 일어나는 제약 조건하에서 그런 목적을 어떻게 달성할 수 있을지는 항상 자명하지는 않다. 위원회에서의 긴 논쟁 끝에 타협이 이뤄졌고, export 템플릿이라 불리는 것이 1998 표준의 일부로 지정됐다. 문제에 대한 깔끔한

해결책은 아니었기 때문에 단 하나의 개발사(에디슨 디자인 그룹)만 **export**를 구현했고, 이 기능은 2011 표준에서 제거됐다. 우리는 아직도 해결책을 찾는 중이다. 내 의견은, 근본적인 문제는 분할 컴파일 자체에 있는 것이 아니라 템플릿의 인터페이스와 구현 사이의 구별이 명확하게 지정돼 있지 않다는 데 있다는 것이다. 따라서 **export**는 잘못된 문제를 해결한 셈이었다. 향후에는 '콘셉트(24.3절)'에 대한 언어 지원을 통해 템플릿 요구 사항의 정확한 사양을 지정함으로써 문제 해결에 도움이 될 수 있다. 이 부분은 활발한 연구와 설계가 일어나고 있는 영역이다.[Sutton,2011][Stroustrup,2012a]

1.4.3.2 표준 라이브러리

1998 표준에서 가장 훌륭하면서도 가장 중요한 혁신은 알고리즘과 컨테이너의 프레임워크인 STL을 표준 라이브러리에서 포함시킨 것이었다(4.4절, 4.5절, 31장, 32장, 33장). 이는 데이브 머서 Dave Musser, 멩 리Meng Lee 및 그 외의 사람들과 함께 알렉스 스테파노프가 이룬 결과로, 10년이 넘는 일반화 프로그래밍의 성과에 기반을 둔 것이었다. 앤드루 쾨니그, 비먼 도스Beman Dawes와 나는 STL이 수용되는 것을 돕기 위해 많은 노력을 기울였다.[Stroustrup,2007] STL은 C++ 커뮤니티는 물론 그 밖에서도 상당한 영향을 끼쳐왔다.

STL을 제외하면 표준 라이브러리는 통일된 설계라기보다는 구성 요소의 잡탕에 가까웠다. 나는 C++의 1.0 릴리스에 충분한 규모의 기반 라이브러리를 탑재하는 데 실패했고, 도움이 되지 않는(연구원 출신이 아닌) AT&T 관리자가 나와 내 동료들이 2.0 릴리스에서 그런 실수를 바로 잡는 데 방해가 됐다. 이는 볼랜드, IBM, 마이크로소프트, 텍사스 인스트루먼트 같은 모든 주요 기업이 표준의 초기 무렵에 제각각 기반 라이브러리를 갖게 됐다는 뜻이었다. 따라서 위원회는 처음부터 이용 가능했던 것들(예를 들어 **complex** 라이브러리), 주요 개발사들의 라이브러리와 충돌하지 않고 추가될 수 있는 것들, 서로 다른 비표준 라이브러리 간의 협업을 보장하기 위해 필요한 것들을 기반으로 한정될 구성 요소 패치 작업에 의존할 수밖에 없었다.

표준 라이브러리 **string**(4.2절, 36장)은 벨연구소 시절 나와 조너선 쇼피로의 초기 작업에 뿌리를 두고 있지만, 표준화 도중에 다양한 개인과 그룹에 의해 개선되고 확장됐다. 수치 계산을 위한 **valarray** 라이브러리(40.5절)는 주로 켄트 버지Kent Budge의 작품이다. 제리 슈워츠Jerry Schwarz는 나의 스트림 라이브러리(1.4.2.1절)를 앤드루 쾨니그의 조작 기법(38.4.5.2절)과 기타 아이디어를 이용해서 **iostreams** 라이브러리(4.3절, 38장)로 바꿨다. **iostreams** 라이브러리는 표준화 도중에 추가적으로 개선됐는데, 이 작업 대부분은 제리 슈워츠, 나탄 마이어스Nathan Myers, 노리히로 쿠마가이Norihiro Kumagai가 담당했다.

상업 표준치고 C++98 표준 라이브러리는 소규모다. 예를 들어 표준 GUI, 데이터베이스 접근 라이브러리, 웹 애플리케이션 라이브러리 등이 빠져 있었다. 그런 라이브러리는 널리 쓰이는 것이었지만, ISO 표준에 포함돼 있지는 않았다. 그렇게 된 것은 기술적 이유 때문이 아니라 실용적이고 상업적인 이유에 있었다. 하지만 C 표준 라이브러리는 유력한 많은 사람에게 표준 라이브러리의 척도가 됐는데(현재도 그렇다), 그것에 비하면 C++ 표준 라이브러리는 거대하다.

1.4.4 2011 표준

지난 몇 년 동안 C++0x로 알려져 왔던 현재의 C++인 C++11은 WG21 구성원의 작품이다. 위원회는 스스로 부과한 프로세스와 절차하에서 작업했는데, 이런 프로세스와 절차는 시간이 갈수록 부담이 됐다. 이런 프로세스는 더 나은(그리고 더 엄격한) 사양을 낳는 데 기여했을 수도 있겠지만, 혁신을 제약한 측면도 있다.[Stroustrup,2007] 공개 검토를 위한 최초의 초안은 2009년에 만들어졌다. 두 번째 ISO C++ 표준(ISO/IEC 14882-2011)[C++,2011]은 2011년 8월, 전국적 투표에 의해 21-0으로 승인됐다.

두 표준 사이의 긴 간격이 생긴 이유 중 하나는 위원회의 대부분 멤버들(나를 포함)이 ISO 규칙이 표준이 발표된 후에 새로운 기능에 대한 작업이 시작되기 전까지 일종의 '대기 기간'을 요구한다는 잘못된 생각을 갖고 있었기 때문이다. 이 결과로 2002년이 돼서야 새로운 언어 기능에 대한 본격적인 작업이 시작됐다. 다른 이유 중 하나는 현대 언어와 그들의 기반 라이브러리의 증가된 규모 때문이다. 표준 텍스트의 페이지란 관점에서 보면 언어는 30% 가량 커졌으며, 표준 라이브러리는 대략 100% 커졌다. 증가된 이유 대부분은 새로운 기능보다는 좀 더 자세해진 사양 때문이다. 또한 당연한 얘기겠지만, 새로운 C++ 표준에 대한 작업은 호환되지 않은 변경 사항으로 인해 오래된 코드에 문제가 생기지 않도록 주의를 기울여야 했다. 위원회는 사용 중인 수십억 행의 C++ 코드를 무효화하지 않아야 했다.

C++11의 전반적인 목표는 다음과 같았다.

- C++를 시스템 프로그래밍과 라이브러리 구축에 좀 더 적합한 언어로 만든다.
- C++를 가르치고 배우기 쉽게 만든다.

이런 목표는 [Stroustrup,2007]에 자세히 설명돼 있다.

주요한 노력은 병행 시스템 프로그래밍을 타입 안정적이고 이식 가능하게 만드는 데 쏟아부어졌다. 이런 노력에는 메모리 모델(41.2절), 무잠금 프로그래밍lock-free programming(41.3절)을 위한 기능 집합이 포함되는데, 이것들은 주로 한스 보엠Hans Boehm, 브라이언 맥나이트Brian McKnight의 작품이다. 그 외에도 **threads** 라이브러리가 추가됐다. 피트 베커Pete Becker, 피터 디모브Peter Dimov, 하워드 히넌트Howard Hinnant, 윌리엄 켐프William Kempf, 앤소니 윌리엄스Anthony Williams를 비롯한 그 외의 많은 사람이 이와 관련된 엄청난 일들을 처리했다. 기본적인 병행성 기능 위에서 무엇이 달성될 수 있는지에 대한 예제를 제공하기 위해 나는 '잠금을 명시적으로 사용하고 않고도 작업 사이에서 정보를 교환할 수 있는 방법'에 대한 작업을 제안했는데, 이것들이 **futures**와 **async()**(5.3.5절)가 됐다. 로렌스 크롤Lawrence Crowl과 데틀레프 볼맨Detlef Vollmann이 이와 관련된 대부분의 일을 담당했다. 병행성은 누가 뭘 했고 왜 했는지에 대한 전체적이고 상세한 리스트를 제공하려면 엄청나게 긴 문서가 필요한 영역이다. 여기서는 아예 시도하지 않겠다.

1.4.4.1 언어 기능

C++98이 C++11이 되기 위해 추가된 언어 기능과 표준 라이브러리의 기능 리스트는 44.2절에서 소개한다. 병행성 지원을 제외하면 언어에 추가된 모든 세부 사항은 '사소'하다고 여겨질 수도 있지만, 그렇게만 보는 것은 중요한 관점을 놓칠 수도 있다. 즉, 언어의 기능이란 더 나은 프로그램을 만들기 위해 서로 조합돼 사용되는 것을 목표로 한다는 점이다. 여기서 '더 나은'이란 읽기에 쉽고, 작성하기에 쉽고, 좀 더 깔끔하고, 오류에 덜 취약하고, 유지 보수에 좀 더 용이하고, 빨리 실행되고, 적은 자원은 소모하는 등의 의미다.

여기서는 C++의 스타일에 영향을 미치는 가장 널리 쓰이는 새로운 '블록 조각'이라고 여겨지는 것들을 모아봤다. 참고 텍스트와 주요 저자를 함께 실었다.

- default의 제어 **=delete**와 **=default**(3.3.4절, 17.6.1절, 17.6.4절), 로렌스 크롤[Lawrence Crowl]과 비야네 스트롭스트롭

- 초기화 식, auto를 통한 객체의 타입 추론 (2.2.2절, 6.3.6.1절), 비야네 스트롭스트롭. 나는 1983년에 처음으로 **auto**를 설계하고 구현했지만, C 호환성 문제 때문에 그것을 제거해야 했다.

- 범용화된 상수 표현식 평가(리터럴 타입 포함) **constexpr**(2.2.3절, 10.4절, 12.1.6절), 가브리엘 도스 레이스[Gabriel Dos Reis]와 비야네 스트롭스트롭[DosReis,2010]

- 클래스 내부에서의 멤버 초기화 (17.4.4절), 마이클 스페투스[Michael Spertus]와 빌 세이무어[Bill Seymour]

- 상속 생성자 (20.3.5.1절), 비야네 스트롭스트롭, 마이클 웡[Michael Wong], 미셸 미쇼드[Michel Michaud]

- 람다 표현식, 표현식 내에서 자신의 사용 시점에 함수 객체를 암시적 정의하는 방법 (3.4.3절, 11.4절), 자코 자비[Jaakko Jarvi]

- 이동 의미 구조, 복사하지 않고 정보를 전송하는 방법 (3.3.2절, 17.5.2절), 하워드 히넌트[Howard Hinnant]

- 함수가 예외를 던지지 않을 수도 있다는 것을 기술하는 방법인 noexcept (13.5.1.1절), 데이비드 에이브럼스[David Abrahams], 라니 샤로니[Rani Sharoni], 더그 그레고어[Doug Gregor]

- 널 포인터에 대한 적절한 이름 (7.2.2절), 허브 서터[Herb Sutter]와 비야네 스트롭스트롭

- 범위 기반 for문 (2.2.5절, 9.5.1절), 톨스텐 오토센[Thorsten Ottosen]과 비야네 스트롭스트롭

- 재정의 제어 **final**과 **override**(20.3.4절), 앨리스데어 메레디쓰[Alisdair Meredith], 크리스 우즈다비니스[Chris Uzdavinis], 빌레 보티라이넨[Ville Voutilainen]

- 타입 별칭, 타입이나 템플릿에 대한 별칭을 제공하는 메커니즘. 특히 다른 템플릿의 일부 인자를 묶어서 템플릿을 정의하는 방법 (3.4.5절, 23.6절), 비야네 스트롭스트롭과 가브리엘 도스 레이스

- 타입과 유효 범위를 가진 열거형인 enum class (8.4.1절), 데이비드 밀러[David E. Miller], 허브 서터, 비야네 스트롭스트롭

- 범용의 균일한 초기화(임의의 길이의 초기화 식 리스트와 축소 변화에 대한 보호 포함) (2.2.2절, 3.2.1.3절, 6.3.5절, 17.3.1절, 17.3.4절), 비야네 스트롭스트롭과 가브리엘 도스 레이스

- 가변 인자 템플릿, 임의의 타입의 임의의 개수의 인자를 템플릿에 전달하기 위한 메커니즘 (3.4.4절, 28.6절), 더그 그레고어와 자코 자비

여기에 나열된 것보다 더 많은 사람이 언급될 만한 공헌을 했다. 위원회 기술 보고서[WG21]와 나의 C++ FAQ[Stroustrup,2010a]에는 많은 이름이 실려 있다. 위원회 워킹 그룹의 초안에는 한층 더 많은 이름이 언급돼 있다. 내 이름이 이렇게 자주 등장하는 이유는 (나의 기대로는) 허영심 때문이 아니라 그저 내가 중요하다고 생각하는 과제를 담당하기로 선택했기 때문이다. 이 항목 들은 좋은 코드에 고루 사용될 기능들이다. 이들의 주요한 역할은 C++ 기능에 살을 붙여 좀 더 나은 프로그래밍 스타일을 지원하는 것이다(1.2.1절). 이들은 C++라는 통합체의 기반이다.

제안에 들어간 많은 작업이 표준으로 채택되지 못했다. '콘셉트'는 템플릿 인자에 필요한 인자 지정과 체크를 위한 기능으로[Gregor,2006], 이전의 연구(예를 들어 [Stroustrup,1994][Siek,2000] [DosReis,2006])와 위원회에서의 집중적인 노력에 기반을 두고 있다. 그것은 설계, 지정, 구현 및 테스트까지 됐지만, 대다수의 의견에 따라 위원회는 제안이 아직 준비가 미흡하다고 결정했다. '콘셉트'를 다듬을 수 있었다면 C++11에서 가장 중요한 단일 기능이 됐을 것이다(그런 타이틀을 달 수 있는 유일한 경쟁자는 병행성 지원뿐이다). 하지만 위원회는 복잡성, 이용의 어려움, 컴파일 타임 성능의 이유로 '콘셉트'를 거부하는 결정을 내렸다.[Stroustrup,2010b] 나는 우리(위원회)가 C++에 있어 서는 '콘셉트'에 대해 옳은 결정을 내렸다고 생각하지만, 이 기능은 정말로 '애석하게 놓친 것' 이었다. 이 기능에 대해서는 현재 활발한 연구와 설계가 이뤄지고 있다.[Sutton,2011][Stroustrup,2012a]

1.4.4.2 표준 라이브러리

C++11 표준 라이브러리 선정 작업은 표준위원회 기술 보고서('TR1')로 시작됐다. 처음에는 매 트 오스턴Matt Austern이 라이브러리 워킹 그룹의 책임자였고, 나중에는 하워드 히넌트가 2011년, 최종 표준 초안을 제출하기 전까지 그 역할을 맡았다.

언어 기능에 대해서는 몇 가지 표준 라이브러리 구성 요소만을 나열하려고 한다. 텍스트에 대한 참고 사항 및 해당 구성 요소와 가장 밀접하게 연관된 사람들의 이름도 함께 싣는다. 좀 더 상세한 목록은 44.2.2절을 참고하기 바란다. unordered_map(해시 테이블) 같은 일부 구성 요소는 단순히 C++98 표준에 완료 일정을 맞추지 못한 것들이다. unique_ptr과 function 같은 다른 많은 항목은 부스트Boost 라이브러리에 기반을 둔 기술 보고서(TR1)에 포함된 것들이 다. 부스트는 STL을 기반으로 유용한 라이브러리 구성 요소를 제공하기 위해 생성된 자원봉 사 단체다.[Boost]

- unordered_map 같은 해시 컨테이너 (31.4.3절), 매트 오스턴
- thread, mutex와 lock 등의 기본 병행성 라이브러리 구성 요소 (5.3절, 42.2절), 피트 베커, 피터 디모브, 하워드 히넌트, 윌리엄 켐프, 앤소니 윌리엄스 및 그 외의 많은 사람
- 비동기적 계산의 시작과 결과 반환 future, promise, async()(5.3.5절, 42.4.6절), 데트레프 볼 맨, 로렌스 크롤, 비야네 스트롭스트롭, 허브 서터
- 가비지 컬렉션 인터페이스 (34.5절), 마이클 스퍼투스와 한스 보엠
- 정규 표현식 라이브러리 regexp(5.5절, 37장), 존 매독John Maddock
- 난수 라이브러리 (5.6.3절, 40.7절), 젠스 마우러Jens Maurer와 월터 브라운Walter Brown. 드디어

때가 됐다. 나는 '클래스를 가진 C'에 관련된 첫 번째 난수 라이브러리를 1980년에 선보였다.

몇 가지 유용한 구성 요소들이 부스트에서 시도됐다.

- 간단하고 효율적으로 자원을 전달하기 위한 포인터 `unique_ptr`(5.2.1절, 34.3.1절), 하워드 히넌트. 이 포인터는 처음에는 `move_ptr`로 불렸고, C++98에서 우리가 방법을 알았다면 `auto_ptr`이 이것이어야 했다.
- 공유된 소유권을 표시하기 위한 포인터 `shared_ptr`(5.2.1절, 34.3.2절), 피터 디모브. 그렉 콜빈 Greg Colvin이 제안한 C++98 `counted_ptr`의 후계자
- tuple 라이브러리 (5.4.3절, 28.5절, 34.2.4.2절), 자코 자비와 게리 파웰Gary Powell. 그들은 더그 그레고어, 데이비드 에이브럼스, 제레미 시크Jeremy Siek를 비롯한 아주 긴 목록의 기여자들에게 감사를 표한다.
- 일반적인 bind() (33.5.1절), 피터 디모브. 그의 감사의 말 목록은 제대로 된 부스트의 인명사전이다(더그 그레고어, 존 매독, 데이브 에이브럼스, 자코 자비가 포함돼 있다).
- 호출 가능한 객체를 보관하기 위한 function 타입 (33.5.3절), 더그 그레고어. 그는 윌리엄 켐프와 기여를 한 다른 이들에게 감사를 표한다.

1.4.5 C++의 활용

지금(2013년)은 C++가 거의 모든 곳에서 활용되고 있다. C++는 여러분의 컴퓨터, 휴대폰, 자동차, 그리고 아마 카메라 안에도 들어있을 것이다. 대개 눈에 띄지는 않겠지만 말이다. C++는 시스템 프로그래밍 언어로, 가장 널리 사용되는 용도는 사용자인 우리의 눈에 띄지 않는 하부 구조 깊은 곳에 있다.

C++는 사실상 모든 응용 영역에서 수백만 명의 프로그래머가 사용하고 있다. 수십억(수백만의 수천 배) 행의 C++가 현재 사용되고 있다. 이렇듯 엄청난 사용은 대여섯 가지의 구현 버전, 수천 개의 라이브러리, 수백 권의 참고 도서, 수십 개의 웹사이트 지원을 받고 있다. 다양한 수준의 훈련과 교육을 어디에서든 이용할 수 있다.

C++의 초기 애플리케이션은 시스템 프로그래밍 성향이 강한 편이었다. 예를 들어 몇 가지 초기 운영체제는 C++로 작성됐다.[Campbell,1987](교육용), [Rozier,1988](실시간), [Berg,1995](고처리량 입출력) 윈도우, 애플의 OS, 리눅스, 대부분의 휴대용 단말 OS 등의 현재 운영체제 대부분은 주요 부분이 C++로 이뤄져 있다. 여러분의 휴대 전화나 인터넷 라우터도 C++로 작성됐을 가능성이 크다. 나는 철저한 저수준의 효율성이 C++에서 절대적인 요소라고 생각한다. 그런 효율성 덕택에 C++는 실시간 제약 조건하에서 하드웨어를 직접 조작해야 하는 장치 드라이버나 기타 소프트웨어를 작성하는 데 사용될 수 있다. 그런 코드에서 성능의 예측 가능성은 단순 속도 이상으로 중요하다. 많은 경우 구현된 시스템의 간결성 역시 중요한 역할을 한다. C++는 극심한 시간과 메모리 제약하에서도 모든 언어 기능을 사용할 수 있게 설계됐다(1.2.4절).[Stroustrup,1994. 4.5절]

오늘날 가장 각광받는 일부 시스템의 핵심 부분은 C++로 작성돼 있다. 아마데우스(항공권 예약), 아마존(웹 상거래), 블룸버그(재무 정보), 구글(웹 검색), 페이스북(소셜 미디어)이 그런 예다. 다른 많은 프로그래밍 언어와 기술이 구현에 있어 C++의 성능과 신뢰성에 크게 의존한다. 그런 예로는 가장 널리 사용되는 자바 가상머신(예를 들어 오라클의 핫스팟^{HotSpot}), 자바스크립트 해석기(예를 들어 구글의 V8), 브라우저(예를 들어 마이크로소프트의 인터넷 익스플로러, 모질라의 파이어폭스, 애플의 사파리, 구글의 크롬), 애플리케이션 프레임워크(예를 들어 마이크로소프트의 닷넷 웹 서비스 프레임워크) 등이 포함된다. 나는 C++가 하부 구조 소프트웨어 영역에서 고유한 강점을 지니고 있다고 생각한다. [Stroustrup,2012b]

대부분 애플리케이션에는 만족할 만한 성능을 좌우하는 코드 부분이 있다. 하지만 그런 부분에 가장 많은 양의 코드가 들어가는 것은 아니다. 대부분의 코드에 있어서는 유지 보수성, 확장 용이성, 테스트 용이성이 핵심이다. 이런 관심사에 대한 C++의 지원은 신뢰성이 필수적인 영역과 시간이 지남에 따라 요구 사항이 상당히 변경되는 영역에서의 광범위한 사용으로 이어졌다. 금융 시스템, 원격 통신, 장치 제어, 군용 애플리케이션이 그런 예다. 수십 년 동안 미국의 장거리 전화 시스템의 중앙 제어는 C++로 이뤄졌으며, 모든 800번대 통화(수신자 부담 통화)는 C++ 프로그램에 의해 전송됐다. [Kamath,1993] 그러한 많은 애플리케이션은 대규모이며 오랫동안 유지된다. 이 결과 안정성, 호환성, 확장성이 C++ 발전에 있어 변하지 않는 관심사가 돼 왔다. 수백만 행의 C++ 프로그램이 일반적이 됐다.

게임은 언어와 개발 도구의 다양성이 철저한 효율성(종종 '특이한' 하드웨어상에서)을 제공하는 언어와 공존해야 하는 또 하나의 분야다. 따라서 게임은 C++의 또 다른 주요 애플리케이션 영역이 돼 왔다.

임베디드 시스템에서는 시스템 프로그래밍이라고 불리는 것들을 쉽게 찾아 볼 수 있다. 따라서 컴퓨터 단층 사진(CAT 스캐너), 비행 제어 소프트웨어(록히드 마틴 등), 로켓 제어, 선박의 엔진(MAN의 세계 최대 해상 디젤 엔진의 제어 등), 자동차 소프트웨어(BMW 등), 풍력 터빈 제어(베스타 등)를 비롯해서 많은 성능을 요구하는 임베디드 시스템 프로젝트에서 C++가 광범위하게 사용된다는 사실은 놀랍지 않다.

C++는 특별히 수치 계산을 염두에 두고 설계되지 않았다. 하지만 수많은 수치, 과학, 공학적 계산이 C++로 수행되고 있다. 이렇게 된 주요한 이유 중 하나는 전통적인 수치 작업이 종종 그래픽 및 전통적인 포트란 유형(예를 들어 [Root,1995])에 맞지 않는 데이터 구조에 의존하는 계산과 결합돼야 하기 때문이다. 나는 특히 인간 게놈 프로젝트나 NASA의 화성 이동차, CERN^{유럽원자핵공동연구소}의 우주 근원 탐색을 비롯한 수많은 주요한 과학적 연구에 C++가 사용된다는 점이 기쁘다.

다양한 응용 영역에서의 작업을 필요로 하는 애플리케이션에서 효과적으로 활용될 수 있는 C++의 능력은 중요한 강점이다. 근거리 및 원거리 통신망, 수치, 그래픽, 사용자 상호작용, 데이터베이스 접근이 포함된 애플리케이션을 흔히 볼 수 있다. 전통적으로 이러한 응용 영역은 별개이기 때문에 다양한 프로그래밍 언어를 이용해서 별개의 기술 커뮤니티에서 처리하는 것으로 인식됐다. 하지만 C++는 이런 영역을 비롯한 많은 영역에서 모두 광범위하게 사용되고 있다. C++ 코드는 다른 언어로 작성된 코드와 공존할 수 있게 설계됐다. 여기서 다시 한 번 수십 년 간에 걸친 C++의 안전성이 중요해진다. 게다가 주요한 시스템은 하나의 언어만으로 100% 작성되지는 않는다. 따라서 C++의 원래 설계 목표인 상호운용성이 빛을 발한다.

주요 애플리케이션은 순수 언어만으로 작성되지 않는다. C++는 다양한 라이브러리와 개발 도구 집합의 지원을 받는데, 이런 것들에는 부스트[Boost](이식 가능한 기반 라이브러리), POCO(웹 개발), QT(크로스플랫폼 애플리케이션 개발), wxWidgets(크로스플랫폼 GUI 개발), WebKit(웹 브라우저를 위한 레이아웃 엔진 라이브러리), CGAL(계산을 이용하는 기하학), QuickFix(재무 정보 교환), OpenCV(실시간 이미지 프로세싱) 및 Root[Root,1995](고에너지 물리학) 등이 있다. 수천 가지의 C++ 라이브러리가 존재하기 때문에 그들 모두를 파악한다는 것은 불가능할 정도다.

1.5 조언

각 장에는 해당 장의 내용과 관련 있는 구체적인 권장 사항을 모아 놓은 '조언' 부분이 있다. 이런 조언은 절대 불변의 법칙이 아니라 대략적인 경험 법칙으로 구성된 것이다. 조언의 각 항목은 타당한 경우에만 적용돼야 한다. 지적인 능력, 경험, 상식이나 훌륭한 취향을 대신할 수 있는 것이란 없다.

'절대 이건 안 돼'라는 형식의 규칙은 도움이 되지 않는다고 생각한다. 따라서 대부분의 조언은 뭘 해야 하는지에 대한 권장 사항으로 기술돼 있다. 부정적인 추천은 대체적으로 절대적인 금지보다는 다른 대안을 추천하는 방식으로 기술돼 있다. 나는 C++의 주요 기능 중에 제대로 활용될 수 없는 기능은 없다고 생각한다. '조언' 부분에는 설명이 포함돼 있지 않다. 대신, 조언의 각 항목에는 이 책의 관련된 부분에 대한 참고가 달려 있다.

초심자를 위해 C++의 설계, 학습, 역사에 관한 내용에서 발췌한 대체적인 권장 사항을 몇 가지 소개한다.

[1]   구상(개념)을 함수, 클래스, 열거형 등을 통해서 직접적으로 코드에 표현한다(1.2절).
[2]   코드를 깔끔하고 효율적으로 만들겠다는 목표를 세운다(1.2절).
[3]   과도한 추상화를 하지 않는다(1.2절).
[4]   라이브러리로 표현될 가능성이 있는, 깔끔하고 효율적인 추상화를 제공하는 데 설계의 초점을 맞춘다(1.2절).
[5]   매개변수화나 클래스 계층 구조 등을 통해 아이디어 사이의 관계를 직접적으로 코드에 표현한다(1.2.1절).
[6]   독립적인 아이디어는 코드에 개별적으로 표현한다. 예를 들어 클래스 간의 상호 의존성은 피한다(1.2.1절).
[7]   C++는 객체지향적이지만은 않다(1.2.1절).
[8]   C++는 일반화 프로그래밍을 위한 것만은 아니다(1.2.1절).

[9] 정적으로 체크할 수 있는 해결책을 우선 사용한다(1.2.1절).

[10] 자원은 명시적으로 표시한다(즉 클래스 객체로 표현한다)(1.2.1절, 1.4.2.1절).

[11] 간단한 아이디어는 간단히 표현한다(1.2.1절).

[12] 밑바닥에서부터 모든 것을 만들려고 애쓰지 말고 라이브러리, 그 중에서도 특히 표준 라이브러리를 활용한다(1.2.1절).

[13] 타입이 풍부한 프로그래밍 스타일을 활용한다(1.2.2절).

[14] 저수준의 코드가 반드시 효율적이지는 않다. 성능 문제에 대한 염려 때문에 클래스, 템플릿, 표준 라이브러리 구성 요소의 사용을 주저하지 않는다(1.2.4절, 1.3.3절).

[15] 데이터가 불변속성을 갖고 있다면 캡슐화한다(1.3.2절).

[16] C++는 단지 몇 가지 확장 기능을 가진 C가 아니다(1.3.3절).

일반적으로 말해서 좋은 프로그램을 짜려면 지적인 능력, 취향, 인내가 필요하다. 처음부터 제대로 하지는 못할 것이다. 끊임없이 시도해보기 바란다.

1.6 참고 자료

[Austern,2003] Matt Austern et al.: Untangling the Balancing and Searching of Balanced Binary Search Trees. Software – Practice & Experience. Vol 33, Issue 13. November 2003.

[Barron,1963] D. W. Barron et al.: The main features of CPL. The Computer Journal. 6(2): 134. (1963). comjnl.oxfordjournals.org/content/6/2/134.full.pdf+html.

[Barton,1994] J. J. Barton and L. R. Nackman: Scientific and Engineering C++: An Introduction with Advanced Techniques and Examples. Addison-Wesley. Reading, Massachusetts. 1994. ISBN 0-201-53393-6.

[Berg,1995] William Berg, Marshall Cline, and Mike Girou: Lessons Learned from the OS/400 OO Project. CACM. Vol. 38, No. 10. October 1995.

[Boehm,2008] Hans-J. Boehm and Sarita V. Adve: Foundations of the C++ concurrency memory model. ACM PLDI'08.

[Boost] The Boost library collection. www.boost.org.

[Budge,1992] Kent Budge, J. S. Perry, and A. C. Robinson: High-Performance Scientific Computation Using C++. Proc. USENIX C++ Conference. Portland, Oregon. August 1992.

[C,1990] X3 Secretariat: Standard – The C Language. X3J11/90-013. ISO Standard ISO/IEC 9899-1990. Computer and Business Equipment Manufacturers Association. Washington, DC.

[C,1999] ISO/IEC 9899. Standard – The C Language. X3J11/90-013-1999.

[C,2011] ISO/IEC 9899. Standard – The C Language. X3J11/90-013-2011.

[C++,1998] ISO/IEC JTC1/SC22/WG21: International Standard – The C++ Language.

ISO/IEC 14882:1998.

[C++Math,2010] International Standard - Extensions to the C++ Library to Support Mathematical Special Functions. ISO/IEC 29124:2010.

[C++,2011] ISO/IEC JTC1/SC22/WG21: International Standard - The C++ Language. ISO/IEC 14882:2011.

[Campbell,1987] Roy Campbell et al.: The Design of a Multiprocessor Operating System. Proc. USENIX C++ Conference. Santa Fe, New Mexico. November 1987.

[Coplien,1995] James O. Coplien: Curiously Recurring Template Patterns. The C++ Report. February 1995.

[Cox,2007] Russ Cox: Regular Expression Matching Can Be Simple And Fast. January 2007. swtch.com/~rsc/regexp/regexp1.html.

[Czarnecki,2000] K. Czarnecki and U. Eisenecker: Generative Programming: Methods, Tools, and Applications. Addison-Wesley. Reading, Massachusetts. 2000. ISBN 0-201-30977-7.

[Dahl,1970] O-J. Dahl, B. Myrhaug, and K. Nygaard: SIMULA Common Base Language. Norwegian Computing Center S-22. Oslo, Norway. 1970.

[Dahl,1972] O-J. Dahl and C. A. R. Hoare: Hierarchical Program Construction in Structured Programming. Academic Press. New York. 1972.

[Dean,2004] J. Dean and S. Ghemawat: MapReduce: Simplified Data Processing on Large Clusters. OSDI'04: Sixth Symposium on Operating System Design and Implementation. 2004.

[Dechev,2010] D. Dechev, P. Pirkelbauer, and B. Stroustrup: Understanding and Effectively Preventing the ABA Problem in Descriptor-based Lock-free Designs. 13th IEEE Computer Society ISORC 2010 Symposium. May 2010.

[DosReis,2006] Gabriel Dos Reis and Bjarne Stroustrup: Specifying C++ Concepts. POPL06. January 2006.

[DosReis,2010] Gabriel Dos Reis and Bjarne Stroustrup: General Constant Expressions for System Programming Languages. SAC-2010. The 25th ACM Symposium On Applied Computing. March 2010.

[DosReis,2011] Gabriel Dos Reis and Bjarne Stroustrup: A Principled, Complete, and Efficient Representation of C++. Journal of Mathematics in Computer Science. Vol. 5, Issue 3. 2011.

[Ellis,1989] Margaret A. Ellis and Bjarne Stroustrup: The Annotated C++ Reference Manual. Addison-Wesley. Reading, Mass. 1990. ISBN 0-201-51459-1.

[Freeman,1992] Len Freeman and Chris Phillips: Parallel Numerical Algorithms. Prentice Hall. Englewood Cliffs, New Jersey. 1992. ISBN 0-13-651597-5.

[Friedl,1997] Jeffrey E. F. Friedl: Mastering Regular Expressions. O'Reilly Media. Sebastopol, California. 1997. ISBN 978-1565922570.

[Gamma,1995]   Erich Gamma et al.: Design Patterns: Elements of Reusable Object-Oriented Software. Addison-Wesley. Reading, Massachusetts. 1994. ISBN 0-201-63361-2.

[Gregor,2006]   Douglas Gregor et al.: Concepts: Linguistic Support for Generic Programming in C++. OOPSLA'06.

[Hennessy,2011]   John L. Hennessy and David A. Patterson: Computer Architecture, Fifth Edition: A Quantitative Approach. Morgan Kaufmann. San Francisco, California. 2011. ISBN 978-0123838728.

[Ichbiah,1979]   Jean D. Ichbiah et al.: Rationale for the Design of the ADA Programming Language. SIGPLAN Notices. Vol. 14, No. 6. June 1979.

[Kamath,1993]   Yogeesh H. Kamath, Ruth E. Smilan, and Jean G. Smith: Reaping Benefits with Object-Oriented Technology. AT&T Technical Journal. Vol. 72, No. 5. September/October 1993.

[Kernighan,1978] Brian W. Kernighan and Dennis M. Ritchie: The C Programming Language. Prentice Hall. Englewood Cliffs, New Jersey. 1978.

[Kernighan,1988] Brian W. Kernighan and Dennis M. Ritchie: The C Programming Language, Second Edition. Prentice-Hall. Englewood Cliffs, New Jersey. 1988. ISBN 0-13-110362-8.

[Knuth,1968]   Donald E. Knuth: The Art of Computer Programming. Addison-Wesley. Reading, Massachusetts. 1968.

[Koenig,1989]   Andrew Koenig and Bjarne Stroustrup: C++: As close to C as possible – but no closer. The C++ Report. Vol. 1, No. 7. July 1989.

[Koenig,1990]   A. R. Koenig and B. Stroustrup: Exception Handling for C++ (revised). Proc USENIX C++ Conference. April 1990.

[Kolecki,2002]   Joseph C. Kolecki: An Introduction to Tensors for Students of Physics and Engineering. NASA/TM-2002-211716.

[Langer,2000]   Angelika Langer and Klaus Kreft: Standard C++ IOStreams and Locales: Advanced Programmer's Guide and Reference. Addison-Wesley. 2000. ISBN 978-0201183955.

[McKenney]   Paul E. McKenney: Is Parallel Programming Hard, And, If So, What Can You Do About It? kernel.org. Corvallis, Oregon. 2012.
                http://kernel.org/pub/linux/kernel/people/paulmck/perfbook/perfbook.html.

[Maddock,2009]   John Maddock: Boost.Regex. www.boost.org. 2009.

[Orwell,1949]   George Orwell: 1984. Secker and Warburg. London. 1949.

[Paulson,1996]   Larry C. Paulson: ML for the Working Programmer. Cambridge University Press. Cambridge. 1996. ISBN 0-521-56543-X.

[Pirkelbauer,2009] P. Pirkelbauer, Y. Solodkyy, and B. Stroustrup: Design and Evaluation of C++ Open Multi-Methods. Science of Computer Programming. Elsevier Journal.

June 2009. doi:10.1016/j.scico.2009.06.002.

[Richards,1980]   Martin Richards and Colin Whitby-Strevens: BCPL - The Language and Its Compiler. Cambridge University Press. Cambridge. 1980. ISBN 0-521-21965-5.

[Root,1995]   ROOT: A Data Analysis Framework. root.cern.ch. It seems appropriate to represent a tool from CERN, the birthplace of the World Wide Web, by a Web address.

[Rozier,1988]   M. Rozier et al.: CHORUS Distributed Operating Systems. Computing Systems. Vol. 1, No. 4. Fall 1988.

[Siek,2000]   Jeremy G. Siek and Andrew Lumsdaine: Concept checking: Binding parametric polymorphism in C++. Proc. First Workshop on C++ Template Programming. Erfurt, Germany. 2000.

[Solodkyy,2012]   Y. Solodkyy, G. Dos Reis, and B. Stroustrup: Open and Efficient Type Switch for C++. Proc. OOPSLA'12.

[Stepanov,1994]   Alexander Stepanov and Meng Lee: The Standard Template Library. HP Labs Technical Report HPL-94-34 (R. 1). 1994.

[Stewart,1998]   G. W. Stewart: Matrix Algorithms, Volume I. Basic Decompositions. SIAM. Philadelphia, Pennsylvania. 1998.

[Stroustrup,1982]   B. Stroustrup: Classes: An Abstract Data Type Facility for the C Language. Sigplan Notices. January 1982. The first public description of "C with Classes."

[Stroustrup,1984]   B. Stroustrup: Operator Overloading in C++. Proc. IFIP WG2.4 Conference on System Implementation Languages: Experience & Assessment. September 1984.

[Stroustrup,1985]   B. Stroustrup: An Extensible I/O Facility for C++. Proc. Summer 1985 USENIX Conference.

[Stroustrup,1986]   B. Stroustrup: The C++ Programming Language. Addison-Wesley. Reading, Massachusetts. 1986. ISBN 0-201-12078-X.

[Stroustrup,1987]   B. Stroustrup: Multiple Inheritance for C++. Proc. EUUG Spring Conference. May 1987.

[Stroustrup,1987b]   B. Stroustrup and J. Shopiro: A Set of C Classes for Co-Routine Style Programming. Proc. USENIX C++ Conference. Santa Fe, New Mexico. November 1987.

[Stroustrup,1988]   B. Stroustrup: Parameterized Types for C++. Proc. USENIX C++ Conference, Denver. 1988.

[Stroustrup,1991]   B. Stroustrup: The C++ Programming Language (Second Edition). Addison-Wesley. Reading, Massachusetts. 1991. ISBN 0-201-53992-6.

[Stroustrup,1993]   B. Stroustrup: A History of C++: 1979-1991. Proc. ACM History of

Programming Languages conference (HOPL-2). ACM Sigplan Notices. Vol 28, No 3. 1993.

[Stroustrup,1994]   B. Stroustrup: The Design and Evolution of C++. Addison-Wesley. Reading, Mass. 1994. ISBN 0-201-54330-3.

[Stroustrup,1997]   B. Stroustrup: The C++ Programming Language, Third Edition. Addison-Wesley. Reading, Massachusetts. 1997. ISBN 0-201-88954-4. Hardcover ("Special") Edition. 2000. ISBN 0-201-70073-5.

[Stroustrup,2002]   B. Stroustrup: C and C++: Siblings, C and C++: A Case for Compatibility, and C and C++: Case Studies in Compatibility. The C/C++ Users Journal. July-September 2002. www.stroustrup.com/papers.html.

[Stroustrup,2007]   B. Stroustrup: Evolving a language in and for the real world: C++ 1991-2006. ACM HOPL-III. June 2007.

[Stroustrup,2008]   B. Stroustrup: Programming - Principles and Practice Using C++. Addison-Wesley. 2009. ISBN 0-321-54372-6.

[Stroustrup,2010a]   B. Stroustrup: The C++11 FAQ. www.stroustrup.com/C++11FAQ.html.

[Stroustrup,2010b]   B. Stroustrup: The C++0x "Remove Concepts" Decision. Dr. Dobb's Journal. July 2009.

[Stroustrup,2012a]   B. Stroustrup and A. Sutton: A Concept Design for the STL. WG21 Technical Report N3351==12-0041. January 2012.

[Stroustrup,2012b]   B. Stroustrup: Software Development for Infrastructure. Computer. January 2012. doi:10.1109/MC.2011.353.

[Sutton,2011]   A. Sutton and B. Stroustrup: Design of Concept Libraries for C++. Proc. SLE 2011 (International Conference on Software Language Engineering). July 2011.

[Tanenbaum,2007]   Andrew S. Tanenbaum: Modern Operating Systems, Third Edition. Prentice Hall. Upper Saddle River, New Jersey. 2007. ISBN 0-13-600663-9.

[Tsafrir,2009]   Dan Tsafrir et al.: Minimizing Dependencies within Generic Classes for Faster and Smaller Programs. ACM OOPSLA'09. October 2009.

[Unicode,1996]   The Unicode Consortium: The Unicode Standard, Version 2.0. Addison-Wesley. Reading, Massachusetts. 1996. ISBN 0-201-48345-9.

[UNIX,1985]   UNIX Time-Sharing System: Programmer's Manual. Research Version, Tenth Edition. AT&T Bell Laboratories, Murray Hill, New Jersey. February 1985.

[Vandevoorde,2002]   David Vandevoorde and Nicolai M. Josuttis: C++ Templates: The Complete Guide. Addison-Wesley. 2002. ISBN 0-201-73484-2.

[Veldhuizen,1995]   Todd Veldhuizen: Expression Templates. The C++ Report. June 1995.

[Veldhuizen,2003]   Todd L. Veldhuizen: C++ Templates are Turing Complete. Indiana University Computer Science Technical Report. 2003.

[Vitter,1985]   Jefferey Scott Vitter: Random Sampling with a Reservoir. ACM Transactions on Mathematical Software, Vol. 11, No. 1. 1985.

[WG21]   ISO SC22/WG21 The C++ Programming Language Standards Committee: Document Archive. www.open-std.org/jtc1/sc22/wg21.

[Williams,2012] Anthony Williams: C++ Concurrency in Action - Practical Multithreading. Manning Publications Co. ISBN 978-1933988771.

[Wilson,1996] Gregory V. Wilson and Paul Lu (editors): Parallel Programming Using C++. The MIT Press. Cambridge, Mass. 1996. ISBN 0-262-73118-5.

[Wood,1999]   Alistair Wood: Introduction to Numerical Analysis. Addison-Wesley. Reading, Massachusetts. 1999. ISBN 0-201-34291-X.

[Woodward,1974] P. M. Woodward and S. G. Bond: Algol 68-R Users Guide. Her Majesty's Stationery Office. London. 1974.

C++ 둘러보기: 기초

제일 먼저, 언어 변호사들을 모조리 죽여 버리자[1]

— 헨리 6세, 제2부

- 개요
- 기초 Hello, World!, 타입, 변수, 산술 연산, 상수, 검사와 루프, 포인터, 배열, 루프
- 사용자 정의 타입 구조체, 클래스, 열거형
- 모듈성 분할 컴파일, 네임스페이스, 오류 처리
- 맺음말
- 조언

2.1 개요

2장과 3~5장의 목표는 세부 사항을 지나치게 파고들지 않으면서 여러분에게 C++가 무엇인지 감을 잡게 해 주는 것이다. 2장에서는 C++의 표기법, C++의 메모리와 계산 모델, 코드를 프로그램으로 구성하기 위한 기본적인 메커니즘을 간략하게 소개한다. 이것들은 C에서 흔히 접하게 되는 스타일을 지원해주는 언어 기능으로, 때로는 절차적 프로그래밍procedural programming이라고 불린다. 3장에서는 이어서 C++의 추상화 메커니즘을 소개한다. 4장과 5장에서는 표준 라이브러리 기능의 예제들을 소개한다.

여기서는 여러분이 프로그래밍 경험이 있다고 가정한다. 그렇지 않다면 계속하기 전에 『Programming: Principles and Practice Using C++』[Stroustrup,2009] 같은 교재를 읽어보기를 권장한다. 여러분이 이전에 프로그래밍을 해본 적이 있더라도 사용했던 언어나 작성했던 애플리케이션이 여기에서 소개하는 C++의 스타일과는 매우 다를 수도 있다. 이러한 '대충 둘러보기'가 혼란스럽다고 여겨진다면 6장부터 시작되는 좀 더 체계적인 소개로 건너뛰어도 좋다.

---

1. 셰익스피어의 헨리 6세에 나오는 문구는 정확히 "The first thing we do, let´s kill all the lawyers"인데, 이 책의 원서에는 'lawyer'가 'language lawyer'로 바뀌어 있다. 프로그래밍 언어 책이라서 저자가 약간의 상상력을 발휘한 듯싶다. – 옮긴이

이러한 C++ 둘러보기는 엄밀하게 밑바닥부터 언어와 라이브러리 기능을 살펴보지 않고도 초기 장들에서부터 풍부한 기능 집합을 이용할 수 있게 해준다. 예를 들어 루프는 10장 이전에는 세부적으로 논의되지 않지만, 그보다 훨씬 전부터 명확한 방식으로 활용될 것이다. 마찬가지로 클래스, 템플릿, 자유 저장 공간 이용, 표준 라이브러리에 대한 상세한 설명은 여러 장에 걸쳐 흩어져 있지만, `vector`, `string`, `complex`, `map`, `unique_ptr`, `ostream` 등의 표준 라이브러리 타입은 코드 예제를 개선시킬 필요가 있을 때 자유로이 활용된다.

비유 삼아 코펜하겐이나 뉴욕 같은 도시를 짧게 둘러본다고 생각해보자. 단 몇 시간 안에 여러분은 주요 관광지를 재빨리 둘러보게 될 것이고, 몇 가지 배경 이야기를 듣게 될 것이며, 대개 그 다음에 뭘 볼지 추천을 받을 것이다. 그런 여행이 끝나도 그 도시에 대해 제대로 알 수는 없다. 보고 들은 전부를 제대로 이해하지는 못할 것이다. 한 도시를 제대로 알려면 대체적으로 몇 년 동안 거기서 살아야만 한다. 하지만 약간의 운이 따른다면 대략적인 감을 잡고, 그 도시에서 무엇이 특별한지에 대한 느낌을 얻게 될 것이고, 흥미를 끌만한 것이 무엇일지에 대해 생각이 떠오를 것이다. 둘러보기가 끝나고 나면 본격적인 탐험이 시작될 수 있다.

이런 둘러보기는 층층의 케이크라기보다는 통합된 전체로서 C++를 소개한다. 결과적으로 이런 둘러보기는 어떤 언어 기능이 C나 C++98의 일부로서 존재하는지, 아니면 C++11에서 새로 도입된 것인지를 구별하지 않는다. 그러한 역사적 정보는 1.4절과 44장에서 찾을 수 있다.

2.2 기초

C++는 컴파일 언어다. 어떤 프로그램이 실행되려면 소스 텍스트가 컴파일러에 의해 처리돼야 하며, 그 결과로 오브젝트 파일이 만들어진다. 이 오브젝트 파일이 링커에 의해 조합돼 실행 프로그램으로 만들어진다. C++ 프로그램은 대개 여러 개의 소스코드 파일(대개는 그냥 소스 파일이라고 불린다)로 이뤄진다.

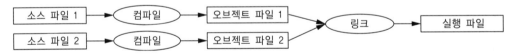

실행 파일은 특정 하드웨어/시스템 조합에서 돌아가도록 생성된다. 즉, 맥에서 윈도우 PC로 이식 가능하지 않다는 뜻이다. C++ 프로그램의 이식성에 대해 논할 때는 대개 소스코드의 이식성을 의미한다. 즉, 해당 소스코드가 다양한 시스템에서 컴파일되고 실행될 수 있는지 논하는 것이다.

ISO C++ 표준은 두 종류의 개체를 정의한다.

- 핵심 언어 기능(core language features) 여기에는 기본 제공 타입(char나 int 등)과 루프(for문과 while문 등) 등이 포함된다.
- 표준 라이브러리 구성 요소(Standard-library component) 여기에는 컨테이너(vector나 map 등)와 입출력 연산(<<와 getline() 등) 등이 포함된다.

표준 라이브러리 구성 요소는 모든 C++ 구현에서 제공되는 지극히 통상적인 C++ 코드다. 즉, C++ 표준 라이브러리는 C++ 자체(그리고 스레드 컨텍스트 스위칭 같은 것에 대해서는 아주 약간 기계어 코드가 사용된다)로 구현될 수 있다는 뜻이다. 이는 C++가 대부분의 어려운 시스템 프로그래밍 과제에 충분할 정도로 표현력이 풍부하고 효율적이라는 점을 알려준다.

C++는 정적 타입 언어다. 즉, 모든 개체(객체, 값, 이름, 표현식 등)의 타입을 활용 시점에 컴파일러가 알고 있어야 한다는 뜻이다. 객체의 타입은 그것에 적용될 수 있는 연산의 집합을 결정한다.

2.2.1 Hello, World!

가장 작은 C++ 코드는 다음과 같다.

```
int main() { }        // 가장 작은 C++ 프로그램
```

이 코드는 아무 인자도 받아들이지 않고 아무 일도 하지 않는 main이라고 불리는 함수를 정의한다(15.4절).

중괄호 { }는 C++에서 그룹을 표현한다. 여기서 중괄호는 함수 본체의 시작과 끝을 나타낸다. 더블 슬래시 //는 행의 끝까지 계속되는 주석의 시작 표시다. 주석은 사람이 읽기 위한 것으로, 컴파일러는 주석을 무시한다.

모든 C++ 프로그램은 main()이란 이름의 전역 함수 하나를 반드시 가져야 한다. 프로그램은 그 함수를 실행하는 것으로 시작된다. 값이 존재할 경우 main()에서 반환되는 int 값은 '시스템'에 전달하는 프로그램의 반환 값이다. 아무런 값도 반환되지 않는다면 시스템은 성공적인 완료를 나타내는 값을 받게 될 것이다. main()에서 반환되는 0이 아닌 값은 실패를 나타낸다. 모든 운영체제와 실행 환경이 그런 반환 값을 활용하지는 않는다. 리눅스/유닉스 기반의 환경은 종종 그렇게 하지만, 윈도우 기반의 환경은 거의 그렇게 하지 않는다.

대개 프로그램은 약간의 결과를 출력한다. 여기서 프로그램은 Hello, World!를 출력한다.

```
#include <iostream>
int main()
{
    std::cout << "Hello, World!\n";
}
```

#include <iostream> 행은 컴파일러에게 iostream에서 찾을 수 있는 표준 스트림 입출력 기능의 선언을 인클루드하라고 지시한다. 이런 선언이 없다면 다음 표현식은 아무런 의미도 갖지 못한다.

```
std::cout << "Hello, World!\n"
```

연산자 <<('쓰기')는 두 번째 인자를 첫 번째 인자에 쓴다. 이 경우에는 문자열 리터럴 "Hello, World!\n"이 표준 출력 스트림 std::cout에 써진다. 문자열 리터럴은 큰따옴표에

둘러싸인 문자의 시퀀스다. 문자열 리터럴에서 뒤에 다른 문자가 이어지는 백슬래시 문자 \는 한 개의 '특수 문자'를 나타낸다. 이 경우 \n은 줄 바꿈 문자이므로, 써지는 문자들은 Hello, World! 다음에 줄 바꿈 문자가 이어지는 것이다.

std::는 cout이란 이름을 표준 라이브러리 네임스페이스(2.4.2절, 14장) 안에서 찾을 수 있다는 뜻이다. 나는 대개 표준 기능을 얘기할 때는 std::를 생략한다. 2.4.2절에서 어떤 네임스페이스의 이름을 명시적 자격 부여 없이 보이게끔 하는 방법을 설명한다.

기본적으로 모든 실행 코드는 함수 내에 배치되고, main()에서 직접 또는 간접적으로 호출된다. 예를 들면 다음과 같다.

```
#include <iostream>
using namespace std;          // std에 있는 이름을 std:: 없이 보이게 만든다(2.4.2절).
double square(double x)        // 배정밀도 부동소수점 숫자의 제곱
{
    return x*x;
}
void print_square(double x)
{
    cout << "the square of " << x << " is " << square(x) << "\n";
}
int main()
{
    print_square(1.234);       // 1.234의 제곱인 1.52276을 출력한다.
}
```

'반환 타입' void는 함수가 값을 반환하지 않는다는 사실을 알려준다.

2.2.2 타입, 변수, 산술 연산

모든 이름과 모든 표현식은 타입을 갖는데, 이런 타입은 자신에 대해 수행될 수 있는 연산을 결정한다. 예를 들면 아래의 선언을 살펴보자.

```
int inch;
```

inch는 int 타입이라고 지정한다. 즉, inch는 정수 변수다.

선언^{declaration}이란 프로그램에 이름을 들여오는 문장이다. 선언은 이름을 가진 항목에 대해 타입을 지정한다.

- 타입^{type}은 가능한 값의 집합과 연산의 집합을 정의한다(객체에 대해).
- 객체^{object}는 어떤 타입의 값을 보관하는 약간의 메모리다.
- 값^{value}은 타입에 따라 해석되는 비트의 집합이다.
- 변수^{variable}는 이름을 가진 객체다.

C++는 다양한 기본 타입을 지원한다. 예를 들면 다음과 같다.

```
bool        // 불리언, 가능한 값은 true와 false
```

```
char         // 문자, 예를 들면 'a', 'z', '9'
int          // 정수, 예를 들면 -213, 42, 1066
double       // 배정밀도 부동소수점 숫자, 예를 들면 3.14, 299793.0
```

각각의 기본 타입은 하드웨어 장치와 직접적으로 대응되며, 그 안에 저장될 수 있는 값의 범위를 결정하는 고정된 크기를 가진다.

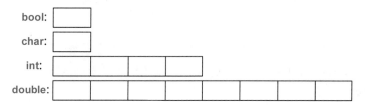

char 변수는 주어진 컴퓨터에서 문자를 보관하는 데 알맞은 크기(보통 8비트 바이트)로 돼 있으며, 다른 타입의 크기는 char 크기의 배수로 표현된다. 타입의 크기는 구현별 정의 사항이며(즉, 컴퓨터에 따라 달라질 수 있다), sizeof 연산자를 통해 구할 수 있다. 예를 들어 sizeof(char)는 1이고, sizeof(int)는 대개 4다.

산술 연산자는 이런 타입의 적절한 조합에 사용될 수 있다.

```
x+y      // 덧셈
+x       // 단항 덧셈
x-y      // 뺄셈
-x       // 단항 뺄셈
x*y      // 곱셈
x/y      // 나눗셈
x%y      // 정수에 대한 나머지
```

비교 연산자도 마찬가지다.

```
x==y     // 같다
x!=y     // 같지 않다
x<y      // 보다 적다
x>y      // 보다 크다
x<=y     // 같거나 작다
x>=y     // 크거나 같다
```

대입과 산술 연산에서 C++는 기본 타입들이 자유로이 섞일 수 있도록 기본 타입 간의 의미 있는 모든 변환을 수행한다(10.5.3절).

```
void some_function()        // 값을 반환하지 않는 함수
{
    double d = 2.2;         // 부동소수점 숫자를 초기화한다.
    int i = 7;.             // 정수를 초기화한다.
    d =d+i;                 // 합을 d에 대입한다.
    i = d*i;                // 곱을 i에 대입한다(d*i를 int로 잘라낸다).
}
```

=는 대입 연산자이고, ==는 같은지를 검사한다는 점에 유의한다.

C++는 초기화를 표현하기 위한 다양한 표기를 지원하는데, 위에서 쓰인 =나 중괄호로

둘러싸인 초기화 식 리스트 기반의 통일된 양식이 그런 예다.

```
double d1 = 2.3;                    // d1를 2.3으로 초기화한다.
double d2 {2.3};                    // d2를 2.3으로 초기화한다.

complex<double> z = 1;              // 정밀도 부동소수점 스칼라를 가진 복소수 숫자
complex<double> z2 {d1,d2};
complex<double> z3 = {1,2};         // { ... }을 쓸 때 =는 선택적

vector<int> v {1,2,3,4,5,6};        // int의 vector
```

= 서식은 전통적이며 C 시절부터 사용돼 왔다. 미심쩍다면 일반적인 { } 리스트 양식 (6.3.5.2절)을 사용하기 바란다. 그런 방법은 최소한 정보를 손실하는 변환(축소 변환, 10.5절)이 일어날 걱정은 덜어준다.

```
int i1 = 7.2;                       // i1는 7이 된다(놀라운가?).
int i2 {7.2};                       // 오류 - 부동소수점에서 정수로의 변환
int i3 = {7.2};                     // 오류 - 부동소수점에서 정수로의 변환(=은 불필요하다)
```

상수(2.2.3절)는 초기화되지 않은 채로 남겨질 수 없으며, 변수는 아주 극단적인 상황에서만 초기화되지 않은 채로 남겨질 수 있다. 해당하는 적당한 값이 결정되기 전에는 변수를 만들지 말기 바란다. 사용자 정의 타입(string, vector, Matrix, Motor_controller, Orc_warrior와 같은)은 암시적으로 초기화되도록 정의될 수 있다(3.2.1.1절).

변수를 정의할 때 초기화 식으로부터 타입이 추론될 수 있는 경우에는 사실상 타입을 명시적으로 기술하지 않아도 된다.

```
auto b = true;        // boo
auto ch = 'x';        // char
auto i = 123;         // int
auto d = 1.2;         // double
auto z = sqrt(y);     // z는 sqrt(y)가 반환하는 타입을 갖게 된다.
```

auto에서는 문제를 일으킬 수 있는 타입 변환이 수반되지 않기 때문에 = 문법을 사용한다 (6.3.6.2절).

auto는 타입을 명시적으로 언급할 특별한 이유가 없을 때 사용한다. '특별한 이유'에는 다음이 포함된다.

- 큰 유효 범위 내에서 정의가 이뤄지고, 코드를 읽는 사람에게 타입을 명확하게 보여주고 싶은 경우
- 변수의 범위나 정밀도(예를 들면 float가 아니라 double)를 명확히 해야 할 필요가 있는 경우

auto를 쓰면 군더더기와 긴 타입 이름을 쓰는 번거로움을 피할 수 있다. 이런 장점은 객체의 정확한 타입을 프로그래머가 알기 어렵고, 타입 이름이 꽤 길어질 수 있는 일반화 프로그래밍에서 특별히 더 중요하다(4.5.1절).

전통적인 산술 및 논리 연산자(10.3절) 외에도 C++는 변수 수정을 위해 좀 더 독특한 연산자들을 제공한다.

```
x+=y        // x = x+y
++x         // 증가: x = x+1
x-=y        // x = x-y
--x         // 감소: x = x-1
x*=y        // x = x*y
x/=y        // x = x/y
x%=y        // x = x%y
```

이런 연산자들은 간결하고 편리하며 상당히 빈번히 사용된다.

2.2.3 상수

C++는 두 가지의 불변성 개념을 지원한다(7.5절).

- const   대략 "나는 이 값을 바꾸지 않기로 약속한다"는 의미다(7.5절). 이것은 주로 인터페이스를 지정하는 데 사용돼 데이터가 변경될 걱정 없이 함수로 전달될 수 있게 해준다. 컴파일러는 const에 의해 맺어진 약속을 지켜준다.
- constexpr   대략 '컴파일 타임에 평가될 예정'이라는 의미다(10.4절). 이것은 주로 상수를 지정하는 데 사용되며, 데이터가 읽기 전용 메모리(훼손될 가능성이 낮은) 내에 저장되도록 해주고 성능을 높여준다.

다음의 예를 살펴보자.

```
const int dmv = 17;                          // dmv는 이름을 가진 상수
int var = 17;                                // var는 상수가 아니다.
constexpr double max1 = 1.4*square(dmv);     // square(17)이 상수 표현식인 경우 OK
constexpr double max2 = 1.4*square(var);     // 오류: var는 상수 표현식이 아니다.
const double max3 = 1.4*square(var);         // OK, 런타임에 평가될 수 있다.
double sum(const vector<double>&);           // sum은 자신의 인자를 수정하지 못할 것이다(2.2.5절).
vector<double> v {1.2, 3.4, 4.5};            // v는 상수가 아니다.
const double s1 = sum(v);                    // OK, 런타임에 평가될 수 있다.
constexpr double s2 = sum(v);                // 오류: sum(v)는 상수 표현식이 아니다.
```

함수가 상수 표현식constant expression, 즉 컴파일러에 의해 평가될 표현식 내에서 사용되려면 constexpr로 정의돼야 한다. 예를 들면 다음과 같다.

```
constexpr double square(double x) { return x*x; }
```

constexpr이 되려면 함수는 상당히 간단해야 한다. 즉, 값을 계산하는 return문일 경우에만 가능하다. constexpr 함수는 상수가 아닌 인자에 대해 사용될 수도 있지만, 그런 경우의 결과는 상수 표현식이 아니다. constexpr 함수는 상수 표현식을 요구하지 않는 상황에서만 상수가 아닌 표현식 인자로 호출될 수 있으므로, 실질적으로 동일한 함수를 두 번 정의할 필요는 없다. 한 번은 상수 표현식에 대해, 한 번은 변수에 대한 식으로 정의할 필요가 없다는 뜻이다.

몇 가지 경우에는 언어 규칙에서 상수 표현식을 요구한다(예를 들어 배열 경계(2.2.5절, 7.3절), case 레이블(2.2.4절, 9.4.2절), 일부 템플릿 인자(25.2절), constexpr를 이용해서 선언된 상수). 어떤 경우에는 컴파일 타임 평가가 성능을 위해 필요하기도 하다. 성능 이유는 제쳐두고라도 불변성의 개념

(변경될 수 없는 상태를 가진 객체의 개념)은 설계에서 중요한 고려 사항이다.

2.2.4 검사와 루프

C++는 선택과 루프를 표현하기 위해 전통적인 문장 집합을 제공한다. 예를 들어 다음은 사용자에게 입력을 요구하고 응답을 나타내는 불리언 값을 반환하는 간단한 함수다.

```
bool accept()
{
    cout << "Do you want to proceed (y or n)?\n";        // 질문을 쓴다.

    char answer = 0;
    cin >> answer;                                        // 답을 읽는다.

    if (answer == 'y') return true;
    return false;
}
```

출력 연산자 <<('쓰기')와 짝을 이루기 위해 >> 연산자('읽기')가 입력을 위해 사용됐다. cin은 표준 입력 스트림이다. >>의 우측 피연산자는 입력 연산이 저장되며, 해당 피연산자의 타입이 >>가 어떤 입력을 받아들일지 결정한다. 출력 문자열의 끝에 있는 \n 문자는 줄 바꿈을 나타낸다(2.2.1절).

앞의 예제는 n('no'에 해당)이라는 응답을 고려하게 개선해야 한다.

```
bool accept()
{
    cout << "Do you want to proceed (y or n)?\n";        // 질문을 쓴다.

    char answer = 0;
    cin >> answer;                                        // 답을 읽는다.

    switch (answer) {
    case 'y':
        return true;
    case 'n':
        return false;
    default:
        cout << "I'll take that for a no.\n";
        return false;
    }
}
```

switch문은 어떤 값을 상수 집합과 비교 검사한다. case 상수는 서로 달라야 하며, 검사되는 값이 그들 중 어느 것과도 일치하지 않는다면 default가 선택된다. 값이 어떤 case 상수와 일치하지 않는데 default가 제공되지 않는다면 아무런 일도 일어나지 않는다.

루프가 쓰이지 않는 프로그램은 찾기 어렵다. 다음과 같이 받아들일 수 있는 입력을 얻기 위해 사용자에게 몇 번 기회를 줄 수 있다.

```
bool accept()
{
    int tries = 1;
```

```
    while (tries<4) {
        cout << "Do you want to proceed (y or n)?\n";        // 질문을 쓴다.
        char answer = 0;
        cin >> answer;                                        // 답을 읽는다.

        switch (answer) {
        case 'y':
            return true;
        case 'n':
            return false;
        default:
            cout << "Sorry, I don't understand that.\n";
            ++tries; // 증가
        }
    }
    cout << "I'll take that for a no.\n";
    return false;
}
```

while문은 조건이 `false`가 될 때까지 실행된다.

2.2.5 포인터, 배열, 루프

`char` 타입의 원소로 이뤄진 배열은 다음과 같이 선언될 수 있다.

```
char v[6];        // 6개 문자의 배열
```

비슷한 방식으로, 포인터는 다음과 같이 선언될 수 있다.

```
char* p;          // 문자를 가리키는 포인터
```

선언문에서 []는 '~의 배열'을 *는 '~를 가리키는 포인터'를 의미한다. 모든 배열은 0번 원소부터 시작되므로, v는 v[0]에서 v[5]까지 6개의 원소를 가진다. 포인터 변수는 해당 타입 객체의 주소를 보관할 수 있다.

```
char* p = &v[3];  // p는 v의 네 번째 원소를 가리킨다.
char x = *p;      // *p는 p가 가리키는 객체다.
```

표현식에서 단항 접두사 *은 '~의 내용'을 뜻하고, 단항 접두사 &은 '~의 주소'를 뜻한다. 앞의 초기화 정의 결과를 시각적으로 표시하면 다음과 같다.

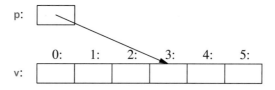

한 배열에서 다른 배열로 10개의 원소를 복사하는 경우를 살펴보자.

```
void copy_fct()
{
    int v1[10] = {0,1,2,3,4,5,6,7,8,9};
    int v2[10];                              // v1의 사본이 된다.
```

```
    for (auto i=0; i!=10; ++I    )                // 원소를 복사한다.
        v2[i]=v1[i];
    // ...
}
```

이 for문은 "i를 0으로 설정하고, i가 10이 아닌 동안 i번째 원소를 복사하고 i를 증가시
킨다"라는 뜻이다. 정수 연산에 적용될 경우 증가 연산자 ++는 단순히 1을 증가시킨다. C++
는 추가로 좀 더 간단한 for문을 제공하는데, 아주 간단한 방식으로 시퀀스를 순회 탐색하는
루프인 범위 기반 for문이 그것이다.

```
void print()
{
    int v[] = {0,1,2,3,4,5,6,7,8,9};

    for (auto x : v)                    // v의 각 x에 대해
        cout << x << '\n';
    for (auto x : {10,21,32,43,54,65})
        cout << x << '\n';
    // ...
}
```

첫 번째 범위 기반 for문은 "v의 각 원소에 대해 첫 번째 것부터 마지막 것까지 복사본을
x에 저장한 다음 출력한다"라는 의미다. 리스트로 초기화할 때는 배열 경계를 지정할 필요가 없다
는 점에 유의한다. 범위 기반 for문은 어떤 원소의 시퀀스에 대해서도 사용될 수 있다(3.4.1절).
    값을 v에서 변수 x로 복사하지 않고 x가 원소를 참조하게 만들고 싶다면 다음과 같이 고쳐
쓸 수 있다.

```
void increment()
{
    int v[] = {0,1,2,3,4,5,6,7,8,9};

    for (auto& x : v)
        ++x;
    // ...
}
```

선언문에서 단항 접미사 &는 '~에 대한 참조자'를 의미한다. 참조자는 참조자에 의해 참조
되는 값에 접근하기 위해 접두사 *를 쓸 필요가 없다는 점만 빼고는 포인터와 유사하다. 또한
참조자는 초기화가 이뤄진 후에 다른 객체를 참조하게 바꿀 수 없다. 선언문에서 사용될 때
&, *, [] 등의 연산자는 선언자 연산자^{declarator operator}라고 불린다.

```
T a[n];        // T[n] - n개의 T로 이뤄진 배열(7.3절)
T* p;          // T* - T를 가리키는 포인터(7.2절)
T& r;          // T& - T에 대한 참조자(7.7절)
T f(A);        // T(A) - A 타입의 인자를 받아들여 T 타입의 결과를 반환하는 함수(2.2.1절)
```

포인터는 항상 객체를 가리키게 해야 한다. 그래야 그것을 역참조하는 것이 유효하게 된
다. 가리킬 객체가 없거나 '이용 가능한 객체가 없음'이란 개념을 표시해야 할 필요가 있다면
(예를 들어 리스트의 끝인 경우) 해당 포인터에 nullptr('널 포인터')란 값을 부여한다. 모든 포인터

타입에 공유되는 nullptr은 하나뿐이다.

```
double* pd = nullptr;
Link<Record>* lst = nullptr;    // Record에 대한 Link를 가리키는 포인터
int x = nullptr;                // 오류: nullptr은 포인터이지 정수가 아니다.
```

때로는 뭔가를 가리켜야 하는 포인터 인자가 실제로 뭔가를 가리키고 있는지 확인해보는 것이 좋다.

```
int count_x(char* p, char x)
    // p[]에서 x가 몇 번 등장하는지 센다.
    // p는 0으로 종료되는 char 배열을 가리켜야 한다(또는 아무것도 가리키지 않을 수도 있다).
{
    if (p==nullptr) return 0;
    int count = 0;
    for (; *p!=0; ++p)
        if (*p==x)
            ++count;
    return count;
}
```

++를 사용하면 배열의 다음 원소를 가리키게 포인터를 이동시킬 수 있다는 점과 필요하지 않을 경우에는 for문 안에서 초기화 식을 빼버릴 수 있다는 점을 알아두자.

count_x()의 정의는 char*이 C 스타일의 문자열이라고 가정하는데, 즉 포인터가 0으로 끝나는 char의 배열을 가리킨다는 뜻이다.

오래된 코드에서는 보통 nullptr 대신 0이나 NULL이 사용된다(7.2.2절). 하지만 nullptr을 사용하면 정수(0이나 NULL 등)와 포인터(nullptr 등) 사이에 일어날 수 있는 혼동을 방지할 수 있다.

2.3 사용자 정의 타입

기본 타입(2.2.2절), const 수정자(2.2.3절) 및 선언자 연산자(2.2.5절)로 만들어질 수 있는 타입은 기본 제공 타입^{built-in type}이라고 불린다. C++의 기본 제공 타입과 연산의 집합은 풍부하긴 하지만, 의도적으로 저수준으로 구성됐다. 이들은 전통적인 컴퓨터 하드웨어의 기능을 직접 적이고 효율적으로 반영한다. 하지만 이들은 고급 애플리케이션을 편리하게 작성할 수 있는 상위 수준의 기능을 프로그래머에게 제공하지 못한다. 대신 C++는 정교한 추상화 메커니즘 abstraction mechanism 집합으로 기본 제공 타입과 연산을 보완하는데, 이를 통해 프로그래머는 필요한 상위 수준의 기능을 구현할 수 있다. C++ 추상화 메커니즘의 주된 설계 목적은 프로그래머들이 적절한 표현과 연산을 통해 가진 자신만의 타입을 설계하고 구현할 수 있게 하는 것이며, 아울러 프로그래머가 그런 타입을 편리하고 깔끔하게 사용할 수 있게 하는 것이다. C++의 추상화 메커니즘을 이용해서 기본 제공 타입을 기반으로 만들어지는 타입은 사용자 정의 타입^{user-defined type}이라고 불린다. 클래스와 열거형이 바로 그것이다. 이 책의 내용 대부분은 사용자 정의 타입의 설계, 구현 및 활용을 다룬다. 2장의 나머지 부분에서는 이를 위한 가장 간단하면서도 가장 기본적인 기능을 소개한다. 3장에서는 추상화 메커니즘과 그것이

지원하는 프로그래밍 스타일을 좀 더 자세히 설명한다. 4장과 5장에서는 표준 라이브러리의 개요를 소개하는데, 표준 라이브러리는 주로 사용자 정의 타입으로 구성돼 있기 때문에 그것들을 통해 C++의 기능과 2장 및 3장에서 제시된 프로그래밍 기법들을 활용해서 만들어질 수 있는 사용자 정의 타입의 사례들을 살펴볼 수 있다.

2.3.1 구조체

새로운 타입을 만드는 첫걸음은 보통 그것이 필요로 하는 원소들을 struct라는 데이터 구조로 구성하는 것이다.

```
struct Vector {
    int sz;                 // 원소의 개수
    double* elem;           // 원소를 가리키는 포인터
};
```

Vector의 첫 번째 버전은 하나의 int와 하나의 double*로 구성된다.

Vector 타입의 변수는 다음과 같이 정의될 수 있다.

```
Vector v;
```

하지만 v의 elem이 아무것도 가리키지 않기 때문에 이것 단독만으로는 그다지 쓸모가 없다. 쓸모가 있으려면 v에게 가리킬 수 있는 몇 개의 원소를 제공해야 한다. 예를 들어 Vector를 다음과 같이 생성할 수 있다.

```
void vector_init(Vector& v, int s)
{
    v.elem = new double[s];      // s개의 double로 이뤄진 배열을 할당한다.
    v.sz = s;
}
```

즉, v의 elem 멤버는 new 생성자에 의해 생성된 포인터를 얻고, v의 sz 멤버는 원소의 개수를 얻는다. Vector&의 &는 const가 아닌 참조자(2.2.5절, 7.7절)로 v를 전달한다는 것을 나타낸다. 이렇게 하면 vector_init()이 자신에게 전달되는 vector를 변경할 수 있다.

new 연산자는 자유 저장 공간free store(동적 메모리dynamic memory나 힙heap이라고도 한다. 11.2절)이라고 불리는 영역에서 메모리를 할당한다.

Vector를 간단하게 사용하면 다음과 같다.

```
double read_and_sum(int s)
    // cin에서 s개의 정수를 읽어 들여서, 그들의 합을 반환한다. s는 양수로 가정된다.
{
    Vector v;
    vector_init(v,s);           // v에 s개의 원소를 할당한다.
    for (int i=0; i!=s; ++i)
        cin>>v.elem[i];         // 원소로 읽어 들인다.
    double sum = 0;
    for (int i=0; i!=s; ++i)
        sum+=v.elem[i];         // 원소의 합을 구한다.
```

```
        return sum;
}
```

우리의 Vector가 표준 라이브러리 vector 수준으로 깔끔하면서도 유연성을 가지려면 아직 먼 길을 가야 한다. 특히 Vector의 사용자는 Vector 표현의 모든 세부 사항을 알아야만 한다. 2장의 나머지 부분과 그 이후에 언어 기능과 기법을 보여주는 사례로서 Vector를 점진적으로 개선해 나갈 것이다. 4장에서는 많은 개선이 포함돼 있는 표준 라이브러리 vector를 소개하고, 31장에서는 다른 표준 라이브러리 기능과 같은 수준의 vector를 소개한다.

여기서는 vector와 다른 표준 라이브러리 구성 요소는 다음 목적을 위한 예제로 활용된다.

- 언어 기능과 설계 기법의 설명한다.
- 표준 라이브러리 구성 요소의 학습과 활용을 지원한다.

vector나 string 같은 표준 라이브러리 구성 요소를 처음부터 다시 만들려고 시도하지 말기 바란다. 그대로 활용해야 한다.

이름(또는 참조자)을 통해 struct 멤버에 접근하고자 할 때는 .(점)을 쓰고, 포인터를 통해 struct 멤버에 접근하고자 할 때는 ->를 쓴다. 예를 들면 다음과 같다.

```
void f(Vector v, Vector& rv, Vector* pv)
{
    int i1 = v.sz;          // 이름을 통해 접근한다.
    int i2 = rv.sz;         // 참조자를 통해 접근한다.
    int i4 = pv->sz;        // 포인터를 통해 접근한다.
}
```

2.3.2 클래스

데이터를 그것에 적용되는 연산과 분리해서 지정하면 데이터를 자유로운 방식으로 활용할 수 있는 등의 장점이 있다. 하지만 모든 속성이 '실제의 타입'일 것으로 예측되는 사용자 정의 타입에 있어서는 표현과 연산 간의 긴밀한 관계가 요구된다. 특히 간편한 사용과 데이터 이용의 일관성을 보장하며 차후에 표현을 개선할 수 있도록 사용자가 표현에 접근하지 못하게 하고 싶은 경우가 흔히 있다. 이를 위해서는 타입에 대한 인터페이스(누구나 이용할 수 있게)와 그것의 구현(다른 방법으로는 접근할 수 없는 데이터에 접근하는)을 분리해야 한다. 클래스class란 이런 목적을 위한 언어 메커니즘이다. 클래스는 멤버member의 집합을 가진 것으로 정의되는데, 멤버는 데이터, 함수, 타입 멤버가 될 수 있다. 인터페이스는 클래스의 public 멤버에 의해 정의되고, private 멤버는 그런 인터페이스를 통해서만 접근될 수 있다. 다음의 예를 살펴보자.

```
class Vector {
public:
    Vector(int s) :elem{new double[s]}, sz{s} { }  // Vector를 생성한다.
    double& operator[](int i) { return elem[i]; }  // 원소 접근 - 첨자
    int size() { return sz; }
private:
    double* elem;           // 원소를 가리키는 포인터
```

```
    int sz;              // 원소의 개수
};
```

이렇게 하면 새로운 타입 Vector의 변수를 다음과 같이 정의할 수 있다.

```
Vector v(6);             // 6개의 원소를 가진 Vector
```

Vector 객체를 시각적으로 설명하면 다음과 같다.

기본적으로 Vector 객체는 원소(elem)와 원소의 개수(sz)를 가리키는 포인터를 갖고 있는 일종의 '핸들'이다. 원소의 개수(예제의 경우 6개)는 Vector 객체에 따라 다를 수 있고, Vector 객체는 시점에 따라 다른 개수의 원소를 가질 수 있다(3.2.1.3절). 하지만 Vector 객체 자체는 항상 같은 크기다. 어딘가 '다른 곳'에 있는(예를 들면 new로 할당된 자유 저장 공간, 11.2절) 변화하는 양의 데이터를 참조하는 고정된 크기의 핸들로, 이것이 C++에서 정보량의 변화를 다루는 기본적인 기법이다. 그런 객체를 설계하고 이용하는 방법이 3장의 중심적인 주제다.

여기서는 Vector의 표현이 오직 public 멤버에 의해 제공되는 인터페이스, 즉 Vector(), operator[](), size()를 통해서만 접근될 수 있다. 2.3.1절의 read_and_sum() 예제는 다음과 같이 단순화될 수 있다.

```
double read_and_sum(int s)
{
    Vector v(s);                        // s개 원소를 갖는 vector를 만든다.
    for (int i=0; i!=v.size(); ++i)
        cin>>v[i];                      // 원소로 읽어 들인다.

    double sum = 0;
    for (int i=0; i!=v.size(); ++i)
        sum+=v[i];                      // 원소의 합을 구한다.
    return sum;
}
```

자신의 클래스와 동일한 이름을 가진 '함수'를 생성자[constructor]라고 부른다. 즉, 생성자는 어떤 클래스의 객체를 생성하는 데 사용되는 함수다. 따라서 생성자 Vector()가 2.3.1절의 vector_init()를 대체한다. 일반적인 함수와 달리 생성자는 무조건 자신의 클래스 객체를 초기화하는 데 사용된다. 따라서 생성자를 정의하면 초기화되지 않은 클래스 변수라는 문제가 사라진다.

Vector(int)는 Vector 타입의 객체가 생성되는 방식을 정의한다. 특히 이 함수는 그것을 위해 정수가 필요하다고 말한다. 해당 정수는 원소의 개수로 사용된다. 생성자는 멤버 초기화식 리스트를 이용해서 Vector 멤버를 초기화한다.

```
:elem{new double[s]}, sz{s}
```

즉, 맨 먼저 자유 저장 공간에서 얻은 double 타입의 S 원소를 가리키는 포인터로 elem을 초기화하는 것이다. 그런 다음 sz를 s로 초기화한다.

원소에 대한 접근은 operator[]라는 첨자 함수에 의해 제공된다. 이 함수는 적절한 원소에 대한 참조자를 반환한다(double&).

size() 함수는 사용자에게 원소의 개수를 알려주기 위해 제공된다.

분명히 오류 처리가 완전히 빠져 있지만, 2.4.3절에서 다시 살펴볼 예정이다. 마찬가지로 new로 획득한 double의 배열을 '되돌려 주기' 위한 메커니즘 역시 제공되지 않고 있다. 3.2.1.2절에서 소멸자를 이용해서 그것을 깔끔하게 처리하는 방법을 보여줄 예정이다.

2.3.3 열거형

클래스 외에도 C++는 값을 나열하는 데 쓰일 수 있는 간단한 사용자 정의 타입을 지원한다.

```
enum class Color { red, blue, green };
enum class Traffic_light { green, yellow, red };

Color col = Color::red;
Traffic_light light = Traffic_light::red;
```

열거자가 자신의 enum class의 유효 범위 안에 있기 때문에 다른 enum class 안에서 반복적으로 사용돼도 혼동될 염려가 없다는 점에 주목하기 바란다. 예를 들어 Color::red는 Color의 red이며, Traffic_light::red와는 다르다.

열거형은 소규모 집합의 정수 값을 나타내는 데 사용된다. 열거형은 기호(연상 기호) 열거자가 쓰이지 않는 경우에 비해 코드를 좀 더 읽기 쉽게 해주고 오류에 덜 취약하게끔 만들어 준다.

enum 뒤에 이어지는 class는 열거형이 엄격한 타입을 갖게 하고, 그것의 열거자가 유효 범위를 갖게 지정한다. 별개의 타입이기 때문에 enum class는 우연에 의한 상수의 잘못된 사용을 막는 데 도움이 된다. 특히 Traffic_light와 Color 값을 섞을 수는 없다.

```
Color x = red;                      // 오류: 어떤 red?
Color y = Traffic_light::red;       // 오류: 해당 red는 Color가 아니다.
Color z = Color::red;               // OK
```

마찬가지로 Color와 정수 값을 그대로 섞을 수는 없다.

```
int i = Color::red;                 // 오류: Color::red는 int가 아니다.
Color c = 2;                        // 오류: 2는 Color가 아니다.
```

명시적으로 열거자에 자격을 부여하지 않고 열거자 값이 int가 되기를 원한다면(명시적 변환을 통하지 않고) enum class에서 class를 없애 '일반' enum(8.4.2절)으로 만들면 된다.

초기 설정으로 enum class에 대해서는 대입, 초기화, 비교(==와 <, 2.2.2절) 연산만 정의될 수 있다. 하지만 열거형이 사용자 정의 타입이기 때문에 우리가 그것을 위한 연산자를 정의할 수 있다.

```
Traffic_light& operator++(Traffic_light& t)
```

```
    // 접두사 증가: ++
{
    switch (t) {
    case Traffic_light::green: return t=Traffic_light::yellow;
    case Traffic_light::yellow: return t=Traffic_light::red;
    case Traffic_light::red: return t=Traffic_light::green;
    }
}

Traffic_light next = ++light; // next becomes Traffic_light::green
```

2.4 모듈성

C++ 프로그램은 함수(2.2.1절, 12장), 사용자 정의 타입(2.3절, 3.2절, 16장), 클래스 계층 구조(3.2.4절, 20장), 템플릿(3.4절, 23장)과 같이 개별적으로 개발될 수 있는 여러 가지 부분으로 구성된다. 이런 상황을 관리하는 데 있어서 핵심은 이런 부분들 간의 상호작용을 명확하게 정의하는 것이다. 첫 번째이자 가장 중요한 단계는 어떤 부분에 대한 인터페이스와 그것의 구현 사이를 구분하는 것이다. 언어 수준에서 C++는 선언으로 인터페이스를 나타낸다. 선언^{declaration}은 함수나 타입을 사용하는 데 필요한 모든 사항들을 지정한다. 다음 예를 살펴보자.

```
double sqrt(double);        // 제곱근 함수는 double을 받아들여서 double을 반환한다.

class Vector {
public:
    Vector(int s);
    double& operator[](int i);
    int size();
private:
    double* elem;           // elem은 sz개의 double 이뤄진 배열을 가리킨다.
    int sz;
};
```

여기서 핵심 사항은 함수 본체인 함수 정의^{definition}은 '다른 곳'에 있다는 사실이다. 이 예제의 경우에도 Vector의 표현 역시 '다른 곳'에 있는 것이 좋겠다고 생각할 수도 있지만, 이에 대해서는 차후에 다룬다(추상 타입, 3.2.2절). sqrt()의 정의는 다음과 같이 보일 것이다.

```
double sqrt(double d)        // sqrt()의 정의
{
    // ... 수학 교과서에서 볼 수 있는 알고리즘 ...
}
```

Vector에 대해서는 세 개의 멤버 함수 모두를 정의해야 한다.

```
Vector::Vector(int s)                   // 생성자의 정의
    :elem{new double[s]}, sz{s}         // 멤버를 초기화한다.
}

double& Vector::operator[](int i)        // 첨자의 정의
{
    return elem[i];
}
```

```
int Vector::size()                          // size()의 정의
{
    return sz;
}
```

Vector의 함수는 정의해야 하지만, sqrt()는 표준 라이브러리에 포함돼 있기 때문에 그럴 필요가 없다. 하지만 그래도 실제적인 차이는 없다. 라이브러리란 그저 '어쩌다 쓰게 된 다른 코드'로 우리가 쓰고 있는 동일한 언어 기능으로 작성된 것이기 때문이다.

2.4.1 분할 컴파일

C++는 사용자 코드가 타입의 선언과 사용되는 함수만 볼 수 있는 분할 컴파일이란 개념을 지원한다. 그러한 타입과 함수의 정의는 별도의 소스 파일에 존재하며 별도로 컴파일된다. 이런 개념은 프로그램을 준독립적인 코드 단위의 집합으로 구성하는 데 사용된다. 이러한 분할은 컴파일 시간을 최소화하고 프로그램에서 논리적으로 구별되는 부분을 엄격히 분리하는 데(따라서 오류가 일어날 기회를 최소화하는) 활용될 수 있다. 많은 경우 라이브러리는 분할 컴파일되는 코드 단위(예를 들면 함수)의 모음이다.

보통은 파일 내의 모듈에 대한 인터페이스를 의도된 용도를 표시하는 이름으로 지정하는 선언을 넣는다. 예를 들면 다음과 같다.

```
// Vector.h:

class Vector {
public:
    Vector(int s);
    double& operator[](int i);
    int size();
private:
    double* elem;        // elem은 sz개의 double로 이뤄진 배열을 가리킨다.
    int sz;
};
```

이 선언은 Vector.h 파일 내에 넣어지고, 사용자는 헤더header라고도 불리는 이 파일을 인클루드include해서 해당 인터페이스에 접근하게 될 것이다. 예를 들면 다음과 같다.

```
// user.cpp:

#include "Vector.h"        // Vector의 인터페이스를 얻는다.
#include <cmath>           // sqrt()가 포함된 표준 라이브러리 수학 함수 인터페이스를 얻는다.
using namespace std;       // std 멤버가 보이게 만든다(2.4.2절).

double sqrt_sum(Vector& v)
{
    double sum = 0;
    for (int i=0; i!=v.size(); ++i)
        sum+=sqrt(v[i]);              // 제곱근의 합
    return sum;
}
```

컴파일러가 일관성을 유지하는 데 도움을 주기 위해 Vector의 구현을 제공하는 .cpp 파일

역시 자신의 인터페이스를 제공하는 .h 파일을 인클루드한다.

```cpp
// Vector.cpp:
#include "Vector.h"                    // 인터페이스를 얻는다.

Vector::Vector(int s)
    :elem{new double[s]}, sz{s}
{
}

double& Vector::operator[](int i)
{
    return elem[i];
}

int Vector::size()
{
    return sz;
}
```

user.cpp와 Vector.cpp의 코드는 Vector.h에 들어 있는 인터페이스 정보를 공유하지만, 두 파일은 이런 경우가 아니라면 서로 독립적이고 분할 컴파일될 수 있다. 프로그램 단위를 시각적으로 표시하면 다음과 같다.

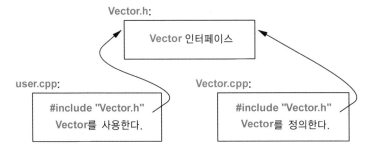

엄격히 말하면 분할 컴파일의 이용은 언어 이슈는 아니다. 그것은 특정 언어 구현을 최선으로 활용하는 방법에 관한 이슈다. 하지만 실용적으로 굉장히 중요한 이슈다. 최선의 접근법은 모듈성을 극대화하고, 그러한 모듈성을 언어 기능을 통해 논리적으로 표현한 후 파일을 통해 물리적으로 모듈성을 활용해서 효과적인 분할 컴파일을 진행하는 것이다(14장, 15장).

2.4.2 네임스페이스

함수(2.2.1절, 12장), 클래스(16장), 열거형(2.3.3절, 8.4절) 외에도 C++는 일부 선언이 연관돼 있고 그들의 이름이 다른 이름과 충돌하지 않아야 한다는 점을 표시하기 위한 메커니즘으로 네임스페이스namespace(14장)를 제공한다. 예를 들어 자신만의 복소수 타입을 만들어 보고 싶다고 가정해보자(3.2.1.1절, 18.3절, 40.4절).

```cpp
namespace My_code {
    class complex { /* ... */ };
    complex sqrt(complex);
    // ...
```

```
    int main();
}
int My_code::main()
{
    complex z {1,2};
    auto z2 = sqrt(z);
    std::cout << '{' << z2.real() << ',' << z2.imag() << "}\n";
    // ...
};
int main()
{
    return My_code::main();
}
```

코드를 **My_code**란 네임스페이스에 집어넣음으로써 내가 쓰는 이름들이 **std** 네임스페이스
(4.1.2절)에 있는 표준 라이브러리 이름과 충돌되지 않게 만든다. 표준 라이브러리가 실제로
complex 산술 연산을 지원하기 때문에(3.2.1.1절, 40.4절) 이런 예방 조치는 현명하다.

다른 네임스페이스에 있는 어떤 이름에 접근하는 가장 간단한 방법은 그것에 네임스페이
스로 자격을 부여하는 것이다(예를 들면 std::cout나 My_code::main). '진짜 main()'은 전역 네임스
페이스 안에 정의된다. 즉, 정의된 어떤 네임스페이스, 클래스, 함수에 국한되지 않는다는 뜻
이다. 표준 라이브러리 네임스페이스에 있는 이름에 접근하려면 **using** 지시자를 쓰면 된다
(14.2.3절).

```
using namespace std;
```

네임스페이스는 주로 라이브러리 같이 대규모 프로그램 구성 요소를 체계화하는 데 사용
된다. 네임스페이스는 분할 개발된 부분들로 프로그램의 구조를 단순화해준다.

2.4.3 오류 처리

오류 처리는 방대하고 복잡한 주제로, 언어 기능을 넘어 프로그래머 기법과 개발 도구로까지
이어지는 다양한 파생적인 이슈가 관련돼 있다. 하지만 C++는 유용한 몇 가지 기능을 제공한
다. 가장 중요한 도구는 타입 시스템 자체다. 기본 제공 타입(char, int, double 등)과 문장(if,
while, for 등)으로 수고스럽게 애플리케이션을 만들어 가는 대신, 우리의 애플리케이션에 적합
한 추가적인 타입(string, map, regex 등의)과 알고리즘(sort(), find_if(), draw_all() 등의)을 만들어
낼 수 있다. 이런 고수준의 구성체는 프로그래밍을 단순하게 만들어 주고, 실수가 일어날 기회
를 제한하며(예를 들어 트리 순회를 대화 상자에 적용하려고 할 리는 없을 것이다), 컴파일러가 그런 오류를
잡아낼 가능성을 올려준다. C++ 구성체 대부분은 깔끔하고 효율적인 추상화(예를 들어 사용자
정의 타입과 그것들을 이용하는 알고리즘)를 설계 및 구현하는 데 초점이 맞춰져 있다. 이런 모듈성과
추상화(특히 라이브러리의 활용)의 한 가지 효과는 런타임 오류가 탐지되는 시점이 오류가 처리될
수 있는 시점과 분리돼 있다는 점이다. 프로그램이 커짐에 따라, 특히 라이브러리가 광범위하
게 활용됨에 따라 오류 처리를 위한 표준이 중요해진다.

2.4.3.1 예외

Vector 예제를 다시 한 번 살펴보자. 2.3.2절에 등장한 벡터에서 사용자가 범위를 벗어난 원소에 접근하려고 시도한다면 어떻게 대처해야 하는가?

- Vector의 작성자는 이런 경우에 사용자가 어떤 결과를 원하는지 알지 못한다(Vector의 작성자 는 대개 벡터가 어느 프로그램에서 실행되고 있는지조차 알지 못한다).
- Vector의 사용자는 이 문제를 제대로 탐지할 수 없다(사용자가 탐지할 수 있었다면 애당초 범위를 벗어난 접근이 일어나지 않았을 것이다).

해결책은 Vector의 개발자가 범위를 벗어난 접근 시도를 탐지하게 하고, 그 다음 사용자에 게 이에 대해 알려주게 하는 것이다. 그러면 사용자는 적절한 행동을 취할 수 있다. 예를 들어 Vector::operator[]()는 범위를 벗어난 접근 시도를 탐지하고 out_of_range 예외를 던질 수 있다.

```
double& Vector::operator[](int i)
{
    if (i<0 || size()<=i) throw out_of_range{"Vector::operator[]"};
    return elem[i];
}

void f(Vector& v)
{
    // ...
    try {      // 여기의 예외는 아래에 정의된 핸들러에 의해 처리된다.

        v[v.size()] = 7;        // v의 끝을 넘어 접근하려고 시도한다.
    }
    catch (out_of_range) {       // out_of_range error 오류
        // ... 범위 오류를 처리한다...
    }
    // ...
}
```

예외 처리에 관심이 있는 오류에 대한 코드를 try 블록에 넣는다. v[v.size()]에 대입하 려는 시도는 실패할 것이다. 따라서 out_of_range에 대한 핸들러를 제공하는 catch절로 진입 하게 될 것이다. out_of_range 타입은 표준 라이브러리 <stdexcept>에 정의돼 있으며, 실제 로 일부 표준 라이브러리 컨테이너 접근 함수에서 사용되고 있다.

예외 처리 메커니즘의 사용은 오류 처리를 좀 더 간단하고, 좀 더 체계적이고, 좀 더 이해하기 쉽게 만들어 줄 수 있다. 추가적인 논의, 세부 사항 및 예제에 대해서는 13장을 참고하기 바란다.

2.4.3.2 불변속성

범위를 벗어난 접근을 알리기 위해 예외를 활용하는 것은 함수가 자신의 인자를 체크해서 기본적인 가정, 즉 선행 조건precondition이 유효하지 않기 때문에 동작하기를 거절하는 사례를 보여준다. Vector의 첨자 연산자를 공식적으로 지정했다면 "색인이 [0:size()) 범위에 포함

돼야 한다"와 같이 표현했을 수도 있고, 실제로 그것이 우리의 operator[]()에서 검사했던 것이다. [a:b) 표기는 반개방 범위^{half-open range}를 지정하는데, 이는 a는 범위에 포함되고, b는 포함되지 않는다는 뜻이다. 어떤 함수를 정의할 때마다, 그것의 선행 조건이 무엇인지 검토하고 가능하다면 그것을 검사해야 한다(12.4절, 13.4절 참고).

하지만 operator[]()는 Vector 타입의 객체에 대해 동작하며, Vector에 '타당한' 값이 없을 경우에는 그것이 하는 일에는 아무런 의미가 없다. 특히 "elem은 sz개의 double로 이뤄진 배열을 가리킨다"라는 말은 주석에만 써진 것이다. 클래스에 대해 무엇이 참으로 가정되는지에 대한 그러한 표현을 클래스 불변속성^{class invariant} 또는 간단히 불변속성^{invariant}이라고 부른다. 자신의 클래스에 대한 불변속성을 확립하고(멤버 함수가 그것을 의지할 수 있게) 멤버 함수가 종료될 때 불변속성이 유지되는지 확인하게 하는 것은 생성자의 임무다. 안타깝지만 우리의 Vector 생성자는 부분적으로만 자신의 임무를 수행하고 있다. 생성자는 적절하게 Vector 멤버를 초기화하지만, 그것에 전달되는 인자가 적합한지는 체크하지 못한다. 다음의 예를 살펴보자.

```
Vector v(-27);
```

이렇게 하면 난리가 날 것 같다.

좀 더 적절한 정의는 다음과 같다.

```
Vector::Vector(int s)
{
    if (s<0) throw length_error{};
    elem = new double[s];
    sz = s;
}
```

여기서는 표준 라이브러리 예외 length_error를 이용해서 양수가 아닌 원소 개수를 보고하는데, 이렇게 하는 이유는 일부 표준 라이브러리 연산이 해당 예외를 이용해서 이런 종류의 문제를 보고하기 때문이다. 연산자 new가 할당할 메모리를 찾을 수 없는 경우에는 std::bad_alloc을 던진다. 이제 다음과 같이 작성할 수 있다.

```
void test()
{
    try {
        Vector v(-27);
    }
    catch (std::length_error) {
        // 음수 크기를 처리한다.
    }
    catch (std::bad_alloc) {
        // 메모리 고갈을 처리한다.
    }
}
```

우리는 자신만의 클래스가 예외로 사용되게 정의하고, 그것이 임의의 정보를 오류가 탐지되는 지점에서 그것이 처리될 수 있는 지점으로 전송하게 만들 수 있다(13.5절).

종종 함수는 예외가 던져진 후에 자신에게 할당된 작업을 완료하지 못하는 경우가 있다. 이런 경우에 예외 '처리'란 단순히 국소적인 최소한의 정리를 수행하고 예외를 다시 던지는 것을 뜻한다. 예외 처리에서 붙잡은 예외를 던지거나 다시 던지기 위해서는 **throw**를 작성하는 수밖에 없다(13.5.2.1절).

불변속성의 개념은 클래스 설계에 있어 핵심적인 사항이며, 선행 조건은 함수 설계에 있어서 유사한 역할을 담당한다. 불변속성의 역할은 다음과 같다.

- 우리가 무엇을 원하는지에 대한 이해를 돕는다.
- 구체적이 되도록 강제한다. 이는 코드를 정확하게 만들 수 있는 가능성을 높여준다(디버깅과 테스트 후에).

불변속성의 개념은 생성자(2.3.2절)와 소멸자(3.2.1.2절, 5.2절)에 의해 지원되는 C++ 자원 관리 개념의 밑바탕이 된다. 13.4절, 16.3.1절, 17.2절을 추가로 참고하기 바란다.

2.4.3.3 정적 단정

예외는 런타임에 발견되는 오류를 알려준다. 어떤 오류가 컴파일 타임에 발견될 수 있다면 대개는 그렇게 되는 쪽이 좋다. 그것이 수많은 타입 시스템과 사용자 정의 타입에 대한 인터페이스를 지정하는 기능이 존재하는 이유다. 하지만 컴파일 타임에 알려져 있는 다른 속성에 대해 간단한 체크를 수행해서 컴파일 오류 메시지로 문제를 보고할 수 있다. 다음의 예를 살펴보자.

```
static_assert(4<=sizeof(int), "integers are too small");    // 정수 크기를 체크한다.
```

이 코드는 `4<=sizeof(int)`가 유효하지 않다면, 즉 이 시스템상의 **int**가 최소 4바이트를 갖고 있지 않다면 **integers are too small**을 출력할 것이다. 이런 기대치의 표현을 단정 assertion이라고 부른다.

static_assert 메커니즘은 상수 표현식으로 표현될 수 있는 그 어떤 것에도 사용될 수 있다(2.2.3절, 10.4절). 예를 들면 다음과 같다.

```
constexpr double C = 299792.458;                          // km/s
void f(double speed)
{
    const double local_max = 160.0/(60*60);              // 160 km/h == 160.0/(60*60) km/s
    static_assert(speed<C,"can't go that fast");         // 오류: speed 상수여야 한다.
    static_assert(local_max<C,"can't go that fast");     // OK

    // ...
}
```

일반적으로 **A**가 **true**가 아니면 **static_assert(A,S)**는 컴파일러 오류 메시지로 S를 출력한다.

static_assert의 가장 중요한 용도는 일반화 프로그래밍에서 매개변수로서 사용되는 타입에 대해 단정을 내릴 때 빛을 발한다(5.4.2절, 24.3절).

런타임에 체크되는 단정에 대해서는 13.4절을 참고하기 바란다.

2.5 맺음말

2장에서 다룬 주제들은 대략적으로 2부(6장~15장)의 내용에 해당된다. 이 주제들은 C++에서 지원되는 모든 프로그래밍 기법과 스타일의 밑바탕이 되는 C++의 중요한 부분이다. 숙련된 C와 C++ 프로그래머들에게 이런 기초 내용이 C나 C++(즉, C++11)의 C++98 부분집합과 밀접하게 대응되지 않는다는 점을 명심하기 당부한다.

2.6 조언

[1]   당황하지 말자! 시간이 지나면 알게 된다(2.1절).

[2]   훌륭한 프로그램을 작성하기 위해 C++의 세부 사항까지 전부 알 필요는 없다(1.3.1절).

[3]   언어 기능이 아니라 프로그래밍 기법에 집중하자(2.1절).

3

C++ 둘러보기: 추상화 메커니즘

당황하지 말자

− 더글러스 애덤스(Douglas Adams)

- 개요
- 클래스 구체 타입, 추상 타입, 가상 함수, 클래스 계층 구조
- 복사와 이동 복사 컨테이너, 이동 컨테이너, 자원 관리, 연산 억제
- 템플릿 매개변수화 타입, 함수 템플릿, 함수 객체, 가변 인자 템플릿, 별칭
- 조언

3.1 개요

3장의 목표는 세부 사항을 지나치게 파고들지 않으면서 추상화와 자원 관리에 대한 C++의 지원을 여러분이 이해할 수 있게 하는 것이다. 3장에서는 새로운 타입(사용자 정의 타입)을 정의하고 이용하는 방법을 개략적으로 소개한다. 특히 **구체 클래스**concrete class, **추상 클래스**abstract class, 클래스 계층 구조에 사용되는 기본 속성, 구현 기법, 언어 기능을 소개한다. 템플릿은 타입과 알고리즘을 (다른) 타입과 알고리즘으로 매개변수화하는 메커니즘으로서 소개된다. 사용자 정의 타입과 기본 제공 타입에 대한 계산은 함수로 표현되는데, 때로는 **템플릿 함수**template function와 **함수 객체**function object로 일반화된다. 이것들은 **객체지향 프로그래밍**object-oriented programming과 **일반화 프로그래밍**generic programming이라고 알려진 프로그래밍 스타일을 지원하는 언어 기능들이다. 다음 두 장에는 표준 라이브러리 기능과 이용에 대한 예를 소개한다.

여기서는 여러분이 프로그래밍 경험이 있다고 가정한다. 그렇지 않다면 여기서 계속하기 전에 『Programming: Principles and Practice Using C++』[Stroustrup,2009] 같은 교재를 읽어보기를 권장한다. 여러분이 이전에 프로그래밍을 해본 적이 있더라도, 사용했던 언어나 작성했던 애플리케이션이 여기서 소개하는 C++의 스타일과는 매우 다를 수도 있다. 이러한 '대충 둘러보기'가 혼란스럽다고 여겨진다면 6장부터 시작되는 좀 더 체계적인 소개로 건너뛰어도 좋다.

2장에서와 마찬가지로 이런 둘러보기는 층층의 케이크라기보다는 통합된 전체로서 C++

를 소개한다. 결과적으로 이런 둘러보기는 어떤 언어 기능이 C나 C++98의 일부로서 존재하는지, 아니면 C++11에서 새로 도입된 것인지를 구별하지 않는다. 그러한 역사적 정보는 1.4절과 44장에서 찾을 수 있다.

3.2 클래스

C++에서 가장 중심적인 언어 기능은 **클래스**class다. 클래스는 프로그램 코드에서 어떤 개념을 나타내기 위해 제공되는 사용자 정의 타입이다. 프로그램을 설계하면서 유용한 개념, 아이디어, 개체 등이 떠오를 때면 언제나 우리는 그런 아이디어가 우리 머릿속이나, 설계 문서, 일부 문서 등에 머무르지 않고 코드 내에 바로 존재할 수 있게 프로그램 내의 클래스로 표현하려고 시도한다. 잘 선택된 클래스 집합으로 구축된 프로그램은 기본 제공 타입으로 직접적으로 모든 것을 구축한 쪽에 비해 이해하기도 훨씬 쉽고 제대로 만들기도 훨씬 쉽다. 특히 클래스는 종종 라이브러리가 제공하는 것이기도 하다.

기본 타입, 연산자, 문장을 넘어서는 모든 언어 기능은 기본적으로 더 나은 클래스를 정의하거나 그것들을 좀 더 편리하게 이용하는 데 도움이 되기 위해 존재한다. '더 나은'이란 좀 더 정확하고, 좀 더 유지 보수하기에 편하고, 좀 더 효율적이고, 좀 더 깔끔하고, 좀 더 사용하기 편하고, 좀 더 읽기 쉽고, 좀 더 생각하기 쉽다는 뜻이다. 대부분 프로그래밍 기법은 특정 종류의 클래스를 설계하고 구현하는 것에 좌우된다. 프로그래머에 따라 필요성과 기호는 엄청나게 다양하다. 그 결과로 클래스에 대한 지원 역시 광범위하다. 여기서는 다음과 같이 중요한 세 가지 종류의 클래스에 대한 기본적인 지원만을 살펴본다.

- 구체 클래스(3.2.1절)
- 추상 클래스(3.2.2절)
- 클래스 계층 구조 내의 클래스(3.2.4절)

놀라울 정도로 수많은 유용한 클래스가 이 세 가지 종류에 포함된다. 훨씬 더 많은 클래스는 이런 종류의 간단한 변형이거나 이런 종류에 활용되는 기법들을 조합해 구현된 것이라고 봐도 좋다.

3.2.1 구체 타입

구체 타입concrete type의 기본적인 개념은 '기본 제공 타입과 똑같이' 작동한다는 것이다. 예를 들어 복소수 타입과 무한 정밀도 정수는 기본 제공 int와 상당히 유사하며, 당연하겠지만 자체적인 의미 구조와 연산 집합을 갖고 있다는 점에서만 차이가 있다. 마찬가지로 vector와 string은 기본 제공 배열과 상당히 유사하며, 좀 더 낫다는 점에서만 차이가 있다(4.2절, 4.3.2절, 4.4.1절).

구체 타입의 결정적인 특징은 그것의 표시가 정의의 일부분이라는 점이다. vector같이 상당수 중요한 경우에는 그러한 표현이 어딘가 다른 곳에 저장돼 있는 데이터를 가리키는 단 하나 또는 그 이상의 포인터이지만, 구체 클래스의 경우에는 각 객체마다 그런 표현이 존재한다. 그 덕분에 구현이 시간과 공간 측면에서 최적으로 효율화된다. 특히 다음과 같은 것들이 가능해진다.

- 구체 타입의 객체는 스택, 정적으로 할당된 메모리 및 다른 객체 안에 배치될 수 있다(6.4.2절).
- 객체를 직접적으로 참조할 수 있다(게다가 포인터나 참조자를 통해서만이 아니라).
- 객체를 즉시 그리고 완전히 초기화할 수 있다(예를 들면 생성자를 이용해서, 2.3.2절).
- 객체를 복사할 수 있다(3.3절).

표현은 private이 될 수 있으며(Vector에서 그랬던 것처럼, 2.3.2절) 멤버 함수를 통해서만 접근할 수 있지만, 엄연히 존재하는 것이다. 따라서 표현에 중대한 변경이 가해지면 사용자는 다시 컴파일해야 한다. 이것은 구체 타입이 기본 제공 타입과 정확히 똑같이 동작하기 때문에 치러야 하는 대가다. 타입이 자주 변경되지 않거나 지역 변수를 통해 절대적으로 필요한 명확성과 효율성이 보장되는 경우에는 이런 방식이 받아들여질 수 있으며, 이상적일 수도 있다. 유연성을 높이기 위해 구체 타입은 자신의 주요 표현 부분을 자유 저장 공간(동적 메모리, 힙)에 보관하고, 클래스 객체 자체에 저장된 부분을 통해 표현 부분에 접근하게 할 수 있다. vector와 string이 구현된 방식이 그렇다. 이들은 주의 깊게 제작된 인터페이스를 가진 자원 핸들로 간주될 수 있다.

3.2.1.1 산술 타입

'고전적인 사용자 정의 산술 타입'으로 complex가 있다.

```
class complex {
    double re, im;       // 표현: 두 개의 double
public:
    complex(double r, double i) :re{r}, im{i} {}      // 두 개의 스칼라로 복소수를 생성한다.
    complex(double r) :re{r}, im{0} {}                // 한 개의 스칼라로 복소수를 생성한다.
    complex() :re{0}, im{0} {}                        // 초기 설정 복소수: {0,0}

    double real() const { return re; }
    void real(double d) { re=d; }
    double imag() const { return im; }
    void imag(double d) { im=d; }

    complex& operator+=(complex z) { re+=z.re, im+=z.im; return *this; } // re와 im에 더하고
                                                                         // 결과를 반환한다.
    complex& operator-=(complex z) { re-=z.re, im-=z.im; return *this; }

    complex& operator*=(complex);        // 클래스 바깥 어딘가에서 정의됐다.
    complex& operator/=(complex);        // 클래스 바깥 어딘가에서 정의됐다.
};
```

이 코드는 표준 라이브러리 complex(40.4절)가 약간 간단화된 버전이다. 클래스 정의 자체에는 표현에 대한 접근을 요구하는 단 하나의 연산만 포함돼 있다. 표현은 단순하고 평범하다. 실용적인 이유 때문에 이 코드는 포트란이 50년 전에 제공한 코드와 호환돼야 하고, 그런 이유로 전통적인 연산자 집합이 사용된다. 논리적 요구 사항에 추가해서 complex는 효율적이

어야 하며, 그렇지 않으면 사용되지 않을 것이다. 이는 간단한 연산이 인라인화돼야 한다는 뜻이다. 즉, 간단한 연산(생성자, +=, imag() 등의)은 생성된 기계어 코드에서 함수 호출 없이 구현 돼야 한다. 클래스 안에서 정의된 함수는 기본적으로 인라인으로 만들어진다. 아주 강력한 complex(표준 라이브러리에 있는 것처럼)는 적절한 인라인화를 처리할 수 있도록 주도면밀하게 구현돼야 한다.

인자 없이 호출될 수 있는 생성자는 **기본 생성자**^{default constructor}라고 불린다. 따라서 complex()는 complex의 기본 생성자다. 기본 생성자를 정의하면 해당 타입으로 초기화되지 않은 변수가 생길 가능성이 사라진다.

실수 부분과 허수 부분을 반환하는 함수에 대한 const 지정자는 해당 함수가 자신을 호출한 함수를 변경하지는 않는다는 사실을 나타낸다.

많은 유용한 연산이 complex의 표현에 대한 접근을 요구하지 않으므로, 그것들은 클래스 정의와 별도로 정의될 수 있다.

```
complex operator+(complex a, complex b) { return a+=b; }
complex operator-(complex a, complex b) { return a-=b; }
complex operator-(complex a) { return {-a.real(), -a.imag()}; }      // 단항 뺄셈
complex operator*(complex a, complex b) { return a*=b; }
complex operator/(complex a, complex b) { return a/=b; }
```

여기서는 값에 의해 전달되는 인자는 복사된다는 사실을 이용해서 호출자의 사본에 영향을 미치지 않고 인자를 수정하고, 해당 결과를 반환 값으로 사용한다.

==와 !=의 정의는 복잡하지 않다.

```
bool operator==(complex a, complex b)                // 같다.
{
    return a.real()==b.real() && a.imag()==b.imag();
}
bool operator!=(complex a, complex b)                // 같지 않다.
{
    return !(a==b);
}
complex sqrt(complex);
// ...
```

complex 클래스는 다음과 같이 활용될 수 있다.

```
void f(complex z)
{
    complex a {2.3};                                 // 2.3에서 {2.3,0.0}을 생성한다.
    complex b {1/a};
    complex c {a+z*complex{1,2.3}};
    // ...
    if (c != b)
        c = -(b/a)+2*b;
}
```

컴파일러는 complex 숫자가 포함된 연산자를 적절한 함수 호출로 변환한다. 예를 들어 c!=b는 operator!=(c,b)를 뜻하고, 1/a는 operator/(complex{1},a)를 뜻한다.

사용자 정의 연산자('오버로딩 연산자')는 조심스럽고 정형적으로 사용돼야 한다. 문법이 언어에서 정해져 있기 때문에 단항 / 같은 건 정의할 수 없다. 또한 기본 제공 타입과 연관된 연산자의 의미 역시 바꿀 수 없다. 따라서 +를 int의 뺄셈으로 재정의할 수는 없다.

3.2.1.2 컨테이너

컨테이너^{container}는 원소의 집합을 보관하는 객체다. 따라서 Vector는 컨테이너인 객체의 타입이므로 컨테이너라고 부를 수 있다. 2.3.2절에서 정의된 대로 Vector는 double로 이뤄진 타당한 컨테이너다. 간단하게 이해할 수 있고, 유용한 불변속성(2.4.3.2절)을 확립하며, 범위 체크되는 접근을 제공하고(2.4.3.1절), size()를 통해 그것의 원소를 반복 처리할 수 있다. 하지만 Vector에는 치명적인 단점이 있다. new를 이용해서 원소를 할당하지만, 전혀 할당을 해제하지 않는 것이다. 이는 심각한 문제다. C++에 가비지 컬렉터(34.5절)를 위한 인터페이스가 정의돼 있더라도 사용되지 않은 메모리를 새로운 객체가 이용할 수 있게 만들 수 있는지는 불확실하기 때문이다. 일부 환경에서는 가비지 컬렉터를 이용할 수도 없으니 경우에 따라 논리적이거나 성능적인 이유 때문에 소멸을 좀 더 정확히 제어(13.6.4절)하는 편이 좋다. 생성자에 의해 할당된 메모리가 반드시 할당 해제되도록 보장하는 메커니즘이 필요하다. 이런 메커니즘이 소멸자^{destructor}다.

```
class Vector {
private:
    double* elem;        // elem은 sz개의 double로 이뤄진 배열을 가리킨다.
    int sz;
public:
    Vector(int s) :elem{new double[s]}, sz{s}      // 생성자: 자원을 획득한다.
    {
        for (int i=0; i!=s; ++i) elem[i]=0;        // 원소를 초기화한다.
    }
    ~Vector() { delete[] elem; }                   // 소멸자: 자원을 해제한다.

    double& operator[](int i);
    int size() const;
};
```

소멸자의 이름은 보수 연산자 ~ 뒤에 클래스의 이름이 붙는 것이다. 소멸자는 생성자와 한 쌍을 이룬다고 볼 수 있다. Vector의 생성자는 new 연산자를 이용해서 자유 저장 공간(힙이나 동적 메모리라고 불린다)상에 약간의 메모리를 할당한다. 소멸자는 delete 연산자를 이용해서 해당 메모리를 해제함으로써 마무리를 처리한다. 이런 작업은 전부 Vector 사용자의 개입 없이 이뤄진다. 사용자는 그저 기본 제공 타입 변수에 대해서와 똑같이 Vector를 생성해서 사용하기만 하면 되는 것이다. 예를 들면 다음과 같다.

```
void fct(int n)
{
    Vector v(n);
    // ... v를 사용한다...

    {
        Vector v2(2*n);
        // ... v와 v2를 사용한다...
    } // v2는 여기에서 소멸된다.

    // ... v를 사용한다 ..
} // v는 여기에서 소멸된다.
```

Vector는 int나 char 등의 기본 제공 타입과 동일한 이름, 유효 범위, 할당, 수명 등의 규칙을 따른다. 객체의 수명을 제어하는 방법에 대해 세부 사항은 6.4절을 참고하기 바란다. 이 Vector는 오류 처리를 제거해서 간단하게 만들어진 것이다. 2.4.3절을 참고하기 바란다.

생성자/소멸자 조합은 훌륭한 많은 기법의 토대다. 특히 C++의 일반적인 자원 관리 기법(5.2절, 13.3절) 대부분의 토대다. Vector를 시각적으로 살펴보면 다음과 같다.

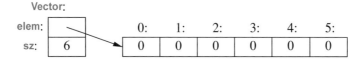

생성자는 원소를 할당하고 Vector 멤버들을 적절하게 초기화한다. 소멸자는 원소들을 할당 해제한다. 이런 데이터에 대한 핸들 모델handle-to-data model은 객체의 수명 주기 동안 크기가 변할 수 있는 데이터를 관리하는 데 상당히 흔하게 사용된다. 생성자에서 자원을 획득하고 소멸자에서 그것들을 해제하는 기법은 '자원 획득은 초기화Resource Acquisition Is Initialization' 또는 RAII라고 알려져 있는데, 이를 통해 '무방비의 new 연산'을 없앨 수 있다. 즉, 일반적인 코드에서 할당하고 그것을 잘 동작되는 추상화의 구현 내부에서 잊어버리는 일을 피할 수 있다. 마찬가지로 '무방비의 delete 연산' 역시 피해야 한다. 무방비의 new와 무방비의 delete를 피하면 코드에서 오류가 발생할 가능성이 훨씬 줄어들고 자원 누출을 훨씬 더 잘 방지할 수 있다(5.2절).

3.2.1.3 컨테이너의 초기화

컨테이너는 원소를 보관하기 위해 존재하므로 당연히 원소를 편리하게 컨테이너에 넣을 수 있는 방법이 필요하다. 적절한 원소 개수로 Vector를 생성한 후 그곳에 대입하는 식으로 처리할 수도 있겠지만, 보통은 다른 방법이 좀 더 깔끔하다. 여기서는 즐겨 쓰는 다음과 같은 두 가지 방법을 소개한다.

- 초기화 리스트 생성자(Initializer-list constructor)   원소의 리스트로 초기화한다.
- push_back()   시퀀스의 뒤쪽 끝에 새로운 원소를 추가한다.

이것들은 다음과 같이 선언될 수 있다.

```
class Vector {
public:
    Vector(std::initializer_list<double>);    // 리스트로 초기화한다.
    // ...
    void push_back(double);                    // 크기를 1 증가시키고 끝에 원소를 추가한다.
    // ...
};
```

push_back()은 임의의 개수의 원소를 입력하는 데 유용하다. 예를 들면 다음과 같다.

```
Vector read(istream& is)
{
    Vector v;
    for (double d; is>>d; )        // 부동소수점 값을 d로 읽어 들인다.
        v.push_back(d);            // d를 v에 추가한다.
    return v;
}
```

입력 루프는 파일의 끝이나 양식 오류에 의해 종료된다. 그 전까지는 읽어 들인 각 숫자가 Vector에 추가되므로, v의 크기는 읽어 들인 원소의 개수가 된다. d의 유효 범위를 루프로 한정시키기 위해 좀 더 전통적인 while문 대신 for문을 이용했다. push_back()의 구현은 13.6.4.3절에서 논의된다. read에서 읽어 들이는 데이터의 양이 엄청나게 클 가능성 있는 경우에는 그것을 저렴한 비용으로 반환하기 위해 이동 생성자를 가진 Vector를 제공해야 하는데, 이 방식에 대해서는 3.3.2절에서 설명한다.

초기화 리스트 생성자를 정의하는 데 사용된 std::initializer_list는 컴파일러에게 알려져 있는 표준 라이브러리 타입이다. {1,2,3,4} 같은 {} 리스트를 사용하면 컴파일러는 initializer_list 타입의 객체를 하나 생성해서 프로그램에 전달한다. 따라서 다음과 같이 작성할 수 있다.

```
Vector v1 = {1,2,3,4,5};        // v1은 5개의 원소를 가진다.
Vector v2 = {1.23, 3.45, 6.7, 8};   // v2는 4개의 원소를 가진다.
```

Vector의 초기화 리스트 생성자는 다음과 같이 정의된다.

```
Vector::Vector(std::initializer_list<double> lst)        // 리스트로 초기화한다.
    :elem{new double[lst.size()]}, sz{static_cast<int>(lst.size())}
{
    copy(lst.begin(),lst.end(),elem);                    // lst에서 elem으로 복사한다.
}
```

3.2.2 추상 타입

complex나 Vector 같은 타입은 그들의 표현이 정의의 일부분이기 때문에 **구체 타입**concrete type이라고 불린다. 그런 점에서 그들은 기본 제공 타입을 닮았다. 대조적으로 **추상 타입**abstract type은 사용자를 완전히 구현 세부 사항과 격리시키는 타입이다. 그렇게 하기 위해서는 인터페이스를 표현에서 떼어내고 완전한 지역 변수를 포기해야 한다. 추상 타입의 표현(크기도 모른다)에 대해서는 알 수가 없기 때문에 객체를 자유 저장 공간(3.2.1.2절, 11.2절)에 할당하고 참조자나 포인터(2.2.5절, 7.2절, 7.7절)를 통해 접근해야 한다.

우선 Container 클래스의 인터페이스를 정의한다. 이 클래스는 Vector의 좀 더 추상화된 버전으로 설계될 것이다.

```
class Container {
public:
    virtual double& operator[](int) = 0;     // 순수 가상 함수
    virtual int size() const = 0;            // const 멤버 함수(3.2.1.1절)
    virtual ~Container() {}                   // 소멸자(3.2.1.2절)
};
```

이 클래스는 나중에 정의될 구체적인 컨테이너에 대한 순수 인터페이스다. virtual이란 단어는 "이것으로부터 파생될 클래스에서 나중에 재정의될 것이다"란 뜻이다. 당연하겠지만 virtual로 선언된 함수는 가상 함수^{virtual function}라고 불린다. Container에서 파생 클래스는 Container 인터페이스를 위한 구현을 제공한다. 특이한 =0이란 문법은 해당 함수가 순수 가상^{pure virtual}이라는 의미인데, 즉 Container로부터 파생된 어떤 클래스가 이 함수를 정의해야 한다는 뜻이다. 따라서 Container이기만 한 객체를 정의하는 것은 불가능하다. Container는 자신의 operator[]()와 size()을 구현하는 클래스에 대한 인터페이스 역할을 할 뿐이다. 순수 가상 함수를 가진 클래스는 **추상 클래스**^{abstract class}라고 불린다.

Container는 다음과 같이 사용될 수 있다.

```
void use(Container& c)
{
    const int sz = c.size();

    for (int i=0; i!=sz; ++i)
        cout << c[i] << '\n';
}
```

use()가 구현 세부 사항을 전혀 모르는 채 Container 인터페이스를 이용하는 방법에 주목해보자. use()는 정확히 어떤 타입이 그것에 대한 구현을 제공하는지 모르는 상태에서 size()와 []를 활용한다. 다양한 다른 클래스에 대한 인터페이스를 제공하는 클래스는 종종 **다형성 타입**^{polymorphic type}(20.3.2절)이라고 불린다.

추상 클래스에서 일반화된 대로 Container는 생성자를 갖지 않는다. 어찌됐든 초기화할 데이터를 갖고 있지 않기 때문이다. 반면 Container는 소멸자를 갖고 있으며, 해당 소멸자는 virtual이다. 이것 역시 추상 클래스에서 흔한 일이다. 추상 클래스는 참조자나 포인터를 통해 조작되는 경우가 많은데, 포인터를 통해서 Container를 소멸시키는 사람은 그것의 구현이 어떤 자원을 소유하고 있는지 전혀 알 수가 없기 때문이다. 이에 대해서는 3.2.4절을 참고하기 바란다.

추상 클래스 Container에 의해 정의된 인터페이스에서 요구하는 함수를 구현하는 컨테이너는 구체 클래스 Vector를 사용할 수 있다.

```
class Vector_container : public Container {   // Vector_container는 Container를 구현한다.
    Vector v;
```

```
public:
    Vector_container(int s) : v(s) { }     // s개의 원소를 가진 Vector
    ~Vector_container() {}

    double& operator[](int i) { return v[i]; }
    int size() const { return v.size(); }
};
```

: public은 '~에서 파생된' 또는 '~의 서브 타입'이라는 뜻이다. Vector_container 클래스는 Container 클래스로부터 파생된다고[derived] 하고, Container 클래스는 Vector_container의 기반[base] 클래스라고 한다. 다른 용어로는 Vector_container와 Container를 각각 서브클래스[subclass], 슈퍼클래스[superclass]라고 부를 수 있다. 파생 클래스는 자신의 기반 클래스로부터 멤버를 물려받는다고 일컬어지므로, 기반 클래스와 파생 클래스를 활용하는 것을 흔히 상속[inheritance]이라고 부른다.

멤버 operator[]()와 size()는 기반 클래스 Container(20.3.2절)의 대응되는 멤버를 재정의[override]한다고 한다. 소멸자(~Vector_container())는 기반 클래스 소멸자(~Container())를 재정의한다. 멤버 소멸자(~Vector())는 자신의 클래스 소멸자(~Vector_container())에 의해 암시적으로 호출된다는 점에 유의한다.

use(Container&) 같은 함수가 구현 세부 사항을 전혀 모르는 상태에서 Container를 이용하려면 뭔가 다른 함수가 그것의 동작 대상이 되는 객체를 하나 만들어야 할 것이다. 예를 들면 다음과 같다.

```
void g()
{
    Vector_container vc(10);     // 10개의 원소
    use(vc);
}
```

use()는 Vector_containers에 대해서는 모르지만, Container 인터페이스에 대해서만은 알고 있으므로 Container의 다른 구현에 대해서도 마찬가지로 잘 작동할 것이다. 예를 들면 다음과 같다.

```
class List_container : public Container {      // List_container는 Container를 구현한다.
    std::list<double> ld;                      // (표준 라이브러리) doubles의 리스트(4.4.2절)
public:
    List_container() { }                       // 빈 리스트
    List_container(initializer_list<double> il) : ld{il} { }
    ~List_container() {}
    double& operator[](int i);
    int size() const { return ld.size(); }
};

double& List_container::operator[](int i)
{
    for (auto& x : ld) {
        if (i==0) return x;
        --i;
    }
```

```
    throw out_of_range("List container");
}
```

여기서는 표현 부분이 표준 라이브러리 list<double>이다. 대체적으로 나는 list를 이용한 첨자 연산이 들어가는 컨테이너는 구현하지 않는 편인데, list 첨자의 성능이 vector 첨자에 비해 극악이기 때문이다. 하지만 여기서는 단지 일반적인 방식과 근본적으로 다른 구현 방식을 보여주고 싶었다.

어떤 함수는 List_container를 생성해서 use()가 그것을 이용하게 만들 수 있다.

```
void h()
{
    List_container lc = { 1, 2, 3, 4, 5, 6, 7, 8, 9 };
    use(lc);
}
```

요점은 use(Container&)가 자신의 인자가 Vector_container인지 List_container인지, 아니면 뭔가 다른 종류의 컨테이너인지 전혀 모른다는 것인데, 사실 알 필요도 없다. use()는 어떤 종류의 Container든지 이용할 수 있다. 결과적으로 List_container의 구현이 변경되거나 Container에서 파생된 전혀 새로운 클래스가 사용되더라도 use(Container&)는 다시 컴파일될 필요가 없다.

이런 융통성의 단점은 객체가 포인터나 참조자를 통해서만 조작돼야 한다는 것이다(3.3절, 20.4절).

3.2.3 가상 함수

Container의 활용을 다시 한 번 살펴보자.

```
void use(Container& c)
{
    const int sz = c.size();

    for (int i=0; i!=sz; ++i)
        cout << c[i] << '\n';
}
```

어떻게 해서 use() 내의 c[i] 호출이 올바른 operator[]()로 해석되는 것일까? h()가 use()를 호출할 때 List_container의 operator[]()가 호출돼야 한다. g()가 use()를 호출할 때 Vector_container의 operator[]()가 호출돼야 한다. 이런 해석이 가능하기 위해서는 Container 객체가 런타임에 올바른 함수를 선택할 수 있게 해주는 정보를 갖고 있어야 한다. 통상적인 구현 기법은 컴파일러가 가상 함수의 이름을 함수를 가리키는 포인터 테이블의 색인으로 변환하게 하는 것이다. 그런 테이블은 대개 가상 함수 테이블이나 간단히 vtbl이라고 부른다. 가상 함수를 가진 각 클래스는 가상 함수를 식별해주는 자신만의 vtbl을 갖고 있다. 이것을 시각적으로 표시하면 다음과 같다.

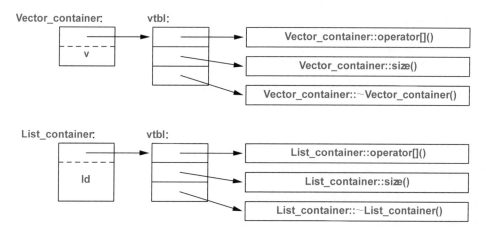

vtbl 내의 함수는 호출자가 객체의 크기와 그것의 데이터 구조를 모르더라도 객체가 올바르게 사용되도록 해준다. 호출자의 구현은 Container 내에서 vtbl를 가리키는 포인터의 위치와 각 가상 함수에 사용되는 색인만 알면 된다. 이러한 가상 호출 메커니즘은 거의 '일반적인 함수 호출' 메커니즘만큼 효율적으로 만들어질 수 있다(25% 이내). 이에 필요한 추가적인 공간 부담은 가상 함수를 가진 어떤 클래스의 각 개체당 하나의 포인터와 그런 각각의 클래스에 대한 하나의 vtbl이다.

3.2.4 클래스 계층 구조

Container 예제는 클래스 계층 구조의 아주 간단한 예다. 클래스 계층 구조^{class hierarchy}는 파생(이를테면 : public)으로 만들어지는 관계망 내에서 순서가 매겨진 클래스의 집합이다. 우리는 계층 구조를 이용해서 계층적 관계를 가진 개념을 표현하는데, 이는 마치 "소방차는 트럭의 한 종류이고, 트럭은 차량의 한 종류이다"라든지 "미소 아이콘은 원의 한 종류이고, 원은 형태의 한 종류다"라고 말하는 것과 같다. 수백 개의 클래스를 가진 깊고도 폭넓은 거대한 계층 구조는 흔히 볼 수 있다. 반쯤 현실적인 클래스 예제로, 화면의 형태를 검토해보자.

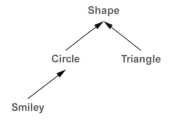

화살표는 상속 관계를 나타낸다. 예를 들어 Circle 클래스는 Shape 클래스로부터 파생된다. 이러한 간단한 도식을 코드로 표현하려면 우선 모든 형태의 일반적인 속성을 정의하는 클래스를 지정해야 한다.

```
class Shape {
public:
    virtual Point center() const =0;        // 순수 가상
```

```
    virtual void move(Point to) =0;

    virtual void draw() const = 0;              // 현재의 '캔버스'에 그린다.
    virtual void rotate(int angle) = 0;

    virtual ~Shape() {}                         // 소멸자
    // ...
};
```

당연히 이 인터페이스는 추상 클래스다. 표현에 관한 한 모든 Shape에 공통되는 것은 존재하지 않는다(vtble을 가리키는 포인터의 위치를 제외하고는). 이 정의를 기준으로 모양을 가리키는 포인터의 벡터를 조작하는 범용 함수를 작성할 수 있다.

```
void rotate_all(vector<Shape*>& v, int angle)    // 각도대로 v의 원소를 회전시킨다.
{
    for (auto p : v)
        p->rotate(angle);
}
```

특정한 형태를 정의하려면 그것이 Shape란 것을 명시하고 그것의 특정한 속성을 지정해야 한다(가상 함수를 비롯해서).

```
class Circle : public Shape {
public:
    Circle(Point p, int rr);                // 생성자

    Point center() const { return x; }
    void move(Point to) { x=to; }

    void draw() const;
    void rotate(int) {}                     // 멋지고 간단한 알고리즘
private:
    Point x;      // 중심
    int r;        // 반지름
};
```

지금까지는 Container와 Vector_container Shape 예제에 비해 Shape와 Circle 예제에서 특별히 새로 등장한 것은 없었다. 하지만 이것이 끝은 아니다.

```
class Smiley : public Circle {        // 원을 얼굴의 기반 클래스로 활용한다.
public:
    Smiley(Point p, int r) : Circle{p,r}, mouth{nullptr} { }

    ~Smiley()
    {
        delete mouth;
        for (auto p : eyes) delete p;
    }

    void move(Point to);

    void draw() const;
    void rotate(int);

    void add_eye(Shape* s) { eyes.push_back(s); }
    void set_mouth(Shape* s);
    virtual void wink(int i);           // 1번 눈을 윙크한다.
```

```
    // ...
private:
    vector<Shape*> eyes;        // 보통은 2개의 눈
    Shape* mouth;
};
```

push_back() 멤버 함수는 자신의 인자를 vector(여기서는 eyes)에 추가하고, 해당 벡터의
크기를 1만큼 증가시킨다.

이제 Smiley의 기반 클래스와 draw() 멤버들에 대한 호출을 이용해서 Smiley::draw()를
정의할 수 있다.

```
void Smiley::draw()
{
    Circle::draw();
    for (auto p : eyes)
        p->draw();
    mouth->draw();
}
```

Smiley가 자신의 눈을 표준 라이브러리 vector에 보관하는 방법과 소멸자에서 그것을
삭제하는 방법을 눈여겨보기 바란다. Shape의 소멸자는 virtual이고, Smiley의 소멸자가 그
것을 재정의한다. 추상 클래스에는 가상 소멸자가 필수적이다. 그 이유는 파생 클래스의 객체
가 보통 자신의 추상 기반 클래스에 의해 제공되는 인터페이스를 통해 조작되기 때문이다.
특히 파생 클래스의 객체는 기반 클래스를 가리키는 포인터를 통해 삭제될 수 있다. 그러면
가상 함수 호출 메커니즘이 적절한 소멸자가 호출되게 해준다. 이어서 해당 소멸자는 자신의
기반 클래스와 멤버의 소멸자를 암시적으로 호출한다.

이번의 단순화된 예제에서는 프로그래머가 얼굴을 나타내는 원 안에 눈과 입을 적절하게
위치시켜야 한다.

파생에 의해 새로운 클래스를 정의할 때는 데이터 멤버나 연산 또는 그 둘 모두를 추가할
수 있다. 이는 상당한 융통성과 아울러, 혼란과 나쁜 설계의 가능성까지 함께 선사한다. 21장
을 참고하기 바란다. 클래스 계층 구조는 다음과 같은 두 가지 종류의 이득을 제공한다.

- 인터페이스 상속(interface inheritance) 파생 클래스의 객체는 기반 클래스의 객체가 필요
  한 곳이라면 어디에든지 사용될 수 있다. 즉, 기반 클래스는 파생 클래스의 인터페이스 역할
  을 한다. Container와 Shape 클래스가 그런 예다. 그런 클래스는 추상 클래스인 경우가
  많다.
- 구현 상속(implementation inheritance) 기반 클래스는 파생 클래스의 구현을 간단하게
  해주는 함수나 데이터를 제공한다. Smiley가 Circle의 생성자나 Circle::draw()를 활용
  한 것이 그런 예다. 그런 기반 클래스는 데이터 멤버와 생성자를 가진 경우가 많다.

구체 클래스, 특히 작은 규모의 표현을 가진 클래스는 기본 제공 타입과 상당히 흡사하다.
즉, 우리는 그것들을 지역 변수로 정의하고, 그들의 이름을 통해 접근하며, 여기저기로 복사하

는 등의 처리를 한다. 클래스 계층 구조 내의 클래스는 다르다. 우리는 new를 이용해서 그것들을 자유 저장 공간에 할당하고, 포인터나 참조자를 통해 접근한다. 예를 들어 입력 스트림에서 형태를 기술하는 데이터를 읽어 들여 적절한 Shape 객체를 생성하는 어떤 함수를 살펴보자.

```
enum class Kind { circle, triangle, smiley };

Shape* read_shape(istream& is)                 // 입력 스트림 is에서 형태에 대한 기술을 읽어 들인다.
{
    // ... is에서 형태 헤더를 읽고 그것의 Kind k를 찾는다...

    switch (k) {
    case Kind::circle:
        // 원 데이터 {Point,int}를 p와 r로 읽어 들인다.
        return new Circle{p,r};
    case Kind::triangle:
        // 삼각형 데이터 {Point,Point,Point}를 p1, p2, p3로 읽어 들인다.
        return new Triangle{p1,p2,p3};
    case Kind::smiley:
        // 미소 데이터 {Point,int,Shape,Shape,Shape}를 p, r, e1,e2로 읽어 들인다.
        Smiley* ps = new Smiley{p,r};
        ps->add_eye(e1);
        ps->add_eye(e2);
        ps->set_mouth(m);
        return ps;
    }
}
```

어떤 프로그램은 앞의 형태 읽기 코드를 다음과 같이 활용할 수 있다.

```
void user()
{
    std::vector<Shape*> v;
    while (cin)
        v.push_back(read_shape(cin));
    draw_all(v);                     // 각 원소에 대해 draw()를 호출한다.
    rotate_all(v,45);                // 각 원소에 대해 rotate(45)를 호출한다.
    for (auto p : v) delete p;       // 원소를 반드시 삭제한다.
}
```

이 예제는 단순화된 것임에 틀림이 없는데, 특히 오류 처리에 관해 그렇다. 하지만 user()가 자신이 조작하는 형태가 어떤 종류인지 전혀 모른다는 점을 생생히 보여준다. user() 코드는 한 번 컴파일되면 차후에 프로그램에 추가되는 새로운 Shape에 사용될 수 있다. user() 외부에는 형태를 가리키는 포인터가 존재하지 않기 때문에 user()가 그들을 해제하는 책임을 져야 한다는 점에 유의한다. 이 과정은 delete 연산자에 의해 처리되며, Shape의 가상 소멸자에 결정적으로 의존한다. 해당 소멸자가 가상이므로 delete는 대부분의 파생 클래스에 대해 소멸자를 호출한다. 이것이 중요한 이유는 파생 클래스는 해제돼야 하는 온갖 종류의 자원(파일 핸들, 잠금, 출력 스트림 등)을 획득했을 가능성이 높기 때문이다. 이 경우에는 Smiley가 자신의 eyes와 mouth 객체를 제거한다.

숙련된 프로그래머는 뻔한 실수가 일어날 수 있는 두 가지 가능성을 남겼다는 점을 눈치챘을 것이다.

- 사용자는 `read_shape()`에서 반환되는 포인터를 `delete` 처리하지 못할 수 있다.
- Shape 포인터 컨테이너의 소유자는 가리켜지는 객체를 `delete` 처리하지 못할 수 있다.

그런 의미에서 자유 저장 공간에 할당된 객체를 가리키는 포인터를 반환하는 함수는 위험하다. 두 가지 문제에 대한 한 가지 해결책은 '무방비의 포인터'보다 표준 라이브러리 `unique_ptr`(5.2.1절)을 반환하고 `unique_ptr`을 컨테이너에 저장하는 것이다.

```
unique_ptr<Shape> read_shape(istream& is) // 입력 스트림 is에서 형태에 대한 기술을 읽어 들인다.
{
    // is에서 형태 헤더를 읽고 그것의 Kind k를 찾는다.

    switch (k) {
    case Kind::circle:
        // 원 데이터 {Point,int}를 p와 r로 읽어 들인다.
        return unique_ptr<Shape>{new Circle{p,r}};        // 5.2.1절
    // ...
    }
}

void user()
{
    vector<unique_ptr<Shape>> v;
    while (cin)
        v.push_back(read_shape(cin));
    draw_all(v);                  // 각 원소에 대해 draw()를 호출한다.
    rotate_all(v,45);             // 각 원소에 대해 rotate(45)를 호출한다.
} // 모든 Shapes가 암시적으로 소멸된다.
```

이제 더 이상 객체가 필요하지 않을 때, 즉 객체의 `unique_ptr`이 유효 범위를 벗어날 때 객체를 `delete`하는 `unique_ptr`이 객체를 소유한다.

`user()`의 `unique_ptr` 버전이 동작하기 위해서는 accept vector<unique_ptr<Shape>>를 받아들이는 버전의 `draw_all()`과 `rotate_all()`이 필요하다. 이런 _all을 여러 개 작성하는 일은 단순 반복 작업이 될 수 있으므로, 3.4.3절에서 다른 대안을 소개한다.

3.3 복사와 이동

기본 설정상 객체는 복사될 수 있다. 이는 기본 제공 타입뿐만 아니라 사용자 정의 타입에서도 마찬가지다. 복사의 기본 의미는 멤버 단위의 복사, 즉 각각의 멤버를 복사하는 것이다. 예를 들어 3.2.2.1절의 `complex`를 살펴보자.

```
void test(complex z1)
{
    complex z2 {z1};        // 복사 초기화
    complex z3;
    z3 = z2;                // 복사 대입
    // ...
}
```

대입과 초기화가 두 개의 멤버를 모두 복사했기 때문에 이제 **z1, z2, z3**은 모두 같은 값을 갖게 됐다.

클래스를 설계할 때는 객체의 복사 여부와 복사 방법을 항상 고려해야 한다. 간단한 구체 타입에 대해서는 멤버 단위 복사가 복사에 정확히 들어맞는 의미 구조인 경우가 많다. **Vector** 같이 복잡한 구체 타입에 대해서는 멤버 단위 복사가 복사에 맞는 의미 구조가 아니며, 추상 타입에 대해서는 거의 맞는 경우가 없다.

3.3.1 컨테이너의 복사

어떤 클래스가 자원 핸들resource handle인 경우, 즉 클래스가 포인터를 통해 접근되는 어떤 객체를 책임지는 경우 대개 기본 멤버 단위 복사는 심각한 문제를 일으킨다. 멤버 단위 복사는 자원 핸들의 불변속성(2.4.3.2절)을 위반하게 된다. 예를 들어 기본 복사는 원본과 동일한 원소를 참조하는 **Vector**의 사본을 남기게 될 것이다.

```
void bad_copy(Vector v1)
{
    Vector v2 = v1;        // v1의 표현을 v2로 복사한다.
    v1[0] = 2;             // v2[0]도 이제 2!이다.
    v2[1] = 3;             // v1[1]도 이제 3!이다.
}
```

v1이 4개의 원소를 갖고 있다고 가정할 때 결과를 시각적으로 표시하면 다음과 같다.

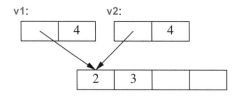

다행스럽게도 **Vector**가 소멸자를 갖고 있다는 사실이 기본(멤버 단위) 복사 의미 구조가 적합하지 않다는 강력한 단서인 관계로, 컴파일러는 이 예제에 대해 경고 정도는 보낼 것이다 (17.6절). 우리는 좀 더 나은 복사 의미 구조를 정의해야 할 필요가 있다.

어떤 클래스의 객체를 복사하는 것은 두 개의 멤버인 **복사 생성자**copy constructor와 **복사 대입**copy assignment에 의해 정의된다.

```
class Vector {
private:
    double* elem; // elem은 sz개의 double로 이뤄진 배열을 가리킨다.
    int sz;
public:
    Vector(int s);                          // 생성자: 불변속성을 확립하고, 자원을 획득한다.
    ~Vector() { delete[] elem; }            // 소멸자: 자원을 해제한다.

    Vector(const Vector& a);                // 복사 생성자
    Vector& operator=(const Vector& a);     // 복사 대입

    double& operator[](int i);
```

```
    const double& operator[](int i) const;

    int size() const;
};
```

Vector에 대한 적절한 복사 생성자의 정의는 필요한 원소 개수를 위한 공간을 할당한 다음 원소를 그 안으로 복사한다. 따라서 복사 후에 각 Vector는 자신만의 원소 사본을 갖게 된다.

```
Vector::Vector(const Vector& a)        // 복사 생성자
    :elem{new double[a.sz]},          // 원소를 위한 공간을 할당한다.
    sz{a.sz}
{
    for (int i=0; i!=sz; ++i)          // 원소를 복사한다.
        elem[i] = a.elem[i];
}
```

이제 v2=v1 예제의 결과는 다음과 같이 표시될 수 있다.

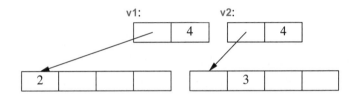

물론 복사 생성자뿐만 아니라 복사 대입 역시 필요하다.

```
Vector& Vector::operator=(const Vector& a)      // 복사 대입
{
    double* p = new double[a.sz];
    for (int i=0; i!=a.sz; ++i)
        p[i] = a.elem[i];
    delete[] elem;                              // 이전 원소를 삭제한다.
    elem = p;
    sz = a.sz;
    return *this;
}
```

this라는 이름은 멤버 함수에 미리 정의돼 있는데, 멤버 함수의 호출 대상 객체를 가리킨다. 클래스 X에 대한 복사 생성자와 복사 대입은 보통 const X& 타입의 인자를 받아들이기 위해 선언된다.

3.3.2 컨테이너의 이동

복사 생성자와 복사 대입을 정의함으로써 복사를 제어할 수 있지만, 큰 컨테이너에 대한 복사는 비용이 많이 들 수 있다. 다음의 예를 살펴보자.

```
Vector operator+(const Vector& a, const Vector& b)
{
    if (a.size()!=b.size())
        throw Vector_size_mismatch{};

    Vector res(a.size());
```

```
    for (int i=0; i!=a.size(); ++i)
        res[i]=a[i]+b[i];
    return res;
}
```

+에서 반환하는 과정에는 결과를 지역 변수 res에서 호출자가 그것에 접근할 수 있는 어떤 장소로 복사하는 작업이 수반된다. +를 다음과 같이 사용할 수도 있다.

```
void f(const Vector& x, const Vector& y, const Vector& z)
{
    Vector r;
    // ...
    r = x+y+z;
    // ...
}
```

이 코드는 Vector를 최소 두 번 복사하는 것이다(각각의 + 연산자 활용에 한 번씩). Vector가 크다면 예를 들어 10,000개의 double이라면 난감해질 수 있다. 가장 난감한 부분은 operator+()에 있는 res가 복사 후에 결코 다시 사용되지 않는다는 점이다. 우리가 실제로 원하는 건 복사가 아니다. 우리는 단지 결과를 함수에서 꺼내고 싶은 것이고, Vector를 복사하기보다는 이동하고 싶은 것이다. 다행스럽게도 그러한 의도를 표현할 수 있는 방법이 있다.

```
class Vector {
    // ...

    Vector(const Vector& a);              // 복사 생성자
    Vector& operator=(const Vector& a);   // 복사 대입

    Vector(Vector&& a);                   // 이동 생성자
    Vector& operator=(Vector&& a);        // 이동 대입
};
```

이 정의가 주어질 경우 컴파일러는 함수 밖으로의 반환 값 전송 구현을 위해 이동 생성자를 선택할 것이다. 이는 r=x+y+z에 Vector의 복사가 수반되지 않는다는 뜻이다. 대신 Vector는 이동될 뿐이다.

일반적인 경우와 마찬가지로 Vector의 이동 생성자 정의는 평범하다.

```
Vector::Vector(Vector&& a)
    :elem{a.elem},                        // a에서 "원소를 붙잡는다."
    sz{a.sz}
{
    a.elem = nullptr;                     // 이제 원소를 갖고 있지 않다.
    a.sz = 0;
}
```

&&는 '우변 값 참조자'를 뜻하며 우변 값(6.4.1절)을 연결할 수 있는 참조자다. '우변 값rvalue'이란 단어는 대략적으로 '대입문의 왼쪽에 등장하는 뭔가'라는 의미를 갖는 '좌변 값lvalue'과 짝을 이루기 위한 것이다. 따라서 우변 값은 딱 봐도 대입을 할 수 없는 값이며, 함수 호출에 의해 반환되는 정수가 그런 예다. 따라서 우변 값 참조자는 다른 어느 것도 대입할

수 없는 뭔가에 대한 참조자이므로, 안전하게 그 값을 '훔칠' 수 있다. Vector에 대한 operator+()에 있는 res 지역 변수가 그런 예다.

이동 생성자는 const 인자를 받아들이지 않는다. 어쨌든 이동 생성자란 그것의 인자로부터 값을 제거하는 것이다. 이동 대입도 비슷하게 정의된다.

이동 연산은 우변 값 참조자가 초기화 식으로 사용되거나 대입문의 우변으로 사용될 때 적용된다.

이동이 끝나면 원래의 객체는 소멸자가 실행될 수 있는 상태가 돼야 한다. 대개 원래의 객체에 대한 대입 역시 가능해져야 한다(17.5절, 17.6.2절).

프로그래머는 어떤 값이 다시 사용되지 않을 것이라는 점을 알고 있지만, 컴파일러는 그것을 파악할 만큼 영리할 것이라고, 기대되지 않는 경우라면 좀 더 구체적인 편이 좋다.

```
Vector f()
{
    Vector x(1000);
    Vector y(1000);
    Vector z(1000);
    // ...
    z = x;                 // 복사를 얻는다.
    y = std::move(x);      // 이동을 얻는다.
    // ...
    return z;              // 이동을 얻는다.
};
```

표준 라이브러리 함수 move()는 자신의 인자에 대한 우변 값 참조자를 반환한다.

return 직전의 상태는 다음과 같다.

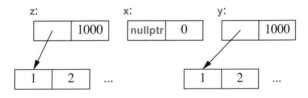

z가 소멸될 때 이동까지 된 상태이므로(return에 의해), x와 마찬가지로 z는 비어 있다(아무런 원소도 보관하고 있지 않다).

3.3.3 자원 관리

생성자, 복사 연산, 이동 연산 및 소멸자를 정의함으로써 프로그래머는 컨테이너에 포함된 자원(컨테이너의 원소 같은)의 수명에 대한 완벽한 제어를 가능하게 할 수 있다. 추가로 이동 생성자는 객체가 한 유효 범위에서 다른 유효 범위로 간단하면서도 적은 비용으로 이동할 수 있게 해준다. 이런 방식으로 우리가 유효 범위 밖으로 복사할 수 없거나 복사하고 싶지 않은 객체를 다른 대안으로 간단하면서도 적은 비용으로 이동시킬 수 있다. 병행 활동(5.3.1절)을 표현하는 표준 라이브러리인 thread, 그리고 100만 개의 double로 이뤄진 Vector를 살펴보자. 전자는 복사할 수 없고, 후자는 복사하고 싶지 않다.

```
std::vector<thread> my_threads;

Vector init(int n)
{
    thread t {heartbeat};               // heartbeat를 병행 실행한다(자신의 스레드에서).
    my_threads.push_back(move(t));      // t를 my_threads로 이동시킨다.
    // ... 추가적인 초기화 ...

    Vector vec(n);
    for (int i=0; i<vec.size(); ++i) vec[i] = 777;
    return vec;                         // vec를 init() 밖으로 이동시킨다.
}

auto v = init(10000);                   // heartbeat를 시작하고 v를 초기화한다.
```

Vector나 thread 같은 자원 핸들은 많은 경우 포인터 사용에 비해 우월한 대안이다. 실제로 unique_ptr 같은 표준 라이브러리 '스마트 포인터'는 자체로 자원 핸들이다(5.2.1절).

thread를 보관하기 위해 표준 라이브러리 vector를 사용한 이유는 3.4.1절 이전에 Vector를 어떤 원소 타입으로 매개변수로 만들지 않기 위해서다.

new와 delete가 애플리케이션 코드에서 사라진 것과 아주 똑같은 방식으로, 포인터를 자원 핸들 속으로 사라지게 만들 수 있다. 두 경우 모두 추가적인 오버헤드 없이 좀 더 간단해지고 유지 보수가 용이한 코드가 만들어진다. 특히 강력한 자원 안전성strong resource safety을 달성 가능하다. 즉, 자원의 일반적 개념에 대한 자원 누출을 일소할 수 있다. 메모리를 보관하는 vector, 시스템 스레드를 보관하는 thread, 파일 핸들을 보관하는 fstream이 그런 예다.

3.3.4 연산 억제

계층 구조 내의 클래스에 기본 복사와 이동을 사용하면 대개 심각한 문제가 일어난다. 기반 클래스를 가리키는 포인터만 주어질 경우 파생 클래스가 어떤 멤버를 갖고 있는지 전혀 알 수가 없으므로(3.2.2절), 그것을 복사하는 방법을 알 수가 없다. 따라서 대개 최선의 해결책은 기본 복사와 이동을 삭제하는 것이다. 즉, 이 두 연산자의 기본 정의를 없애 버리는 것이다.

```
class Shape {
public:
    Shape(const Shape&) =delete;            // 복사 연산이 없다.
    Shape& operator=(const Shape&) =delete;

    Shape(Shape&&) =delete;                 // 이동 연산이 없다.
    Shape& operator=(Shape&&) =delete;

    ~Shape();
    // ...
};
```

이제 Shape를 복사하려는 시도를 컴파일러가 잡아낼 것이다. 클래스 계층 구조 내에 있는 객체를 복사할 필요가 있다면 일종의 클론 함수clone function를 작성하기 바란다(22.2.4절).

이와 같이 특별한 경우에 복사나 이동 연산을 delete하는 것을 잊었더라도, 큰 문제는 생기지 않는다. 이동 연산은 사용자가 명시적으로 소멸자를 선언하는 클래스에 대해서는 암시적으로 생성되지 않는다. 게다가 이런 경우의 복사 연산 생성은 폐기 예정이다(44.2.3절). 이는 컴파일러가 암시적으로 소멸자를 제공하는 경우에도 소멸자를 명시적으로 정의하는 것이 좋은 한 가지 이유다(17.2.3절).

계층 구조 내의 기반 클래스는 복사되지 않는 것이 좋은 객체의 한 가지 예다. 자원 핸들은 일반적으로 그것의 멤버를 복사하는 것만으로 복사될 수 없다(5.2절, 17.2.2절).

=delete는 범용적이다. 즉, 어떤 연산이든지 억제하는 데 사용될 수 있다(17.6.4절).

3.4 템플릿

벡터가 필요한 어떤 누군가가 언제나 double로 이뤄진 벡터를 원할 가능성은 낮다. 벡터는 범용적인 개념으로, 부동소수점 숫자의 개념과는 상관이 없다. 따라서 벡터의 원소 타입은 독립적으로 표현되어야 한다. 템플릿template은 타입이나 값의 집합으로 매개변수화하는 클래스나 함수다. 우리는 템플릿을 이용해서 매우 보편적인 무엇일 때 가장 잘 이해는 되는 개념을 표현하고, 원소 타입 double과 같은 인자를 지정해서 이 무엇으로부터 구체적인 타입이나 함수를 생성한다.

3.4.1 매개변수화 타입

앞에서 본 double로 이뤄진 벡터를 template으로 만들고 구체적인 타입 double을 매개변수로 대체함으로써 임의의 타입으로 이뤄진 벡터로 일반화시킬 수 있다. 예를 들면 다음과 같다.

```
template<typename T>
class Vector {
private:
    T* elem;        // elem은 sz개의 타입 T의 원소로 이뤄진 배열을 가리킨다.
    int sz;
public:
    Vector(int s);                  // 생성자: 불변속성을 설정하고, 자원을 획득한다.
    ~Vector() { delete[] elem; }    // 소멸자: 자원을 해제한다.

    // ... 복사와 이동 연산 ...

    T& operator[](int i);
    const T& operator[](int i) const;
    int size() const { return sz; }
};
```

template<typename T> 접두사는 T를 자신이 접두사로 붙인 선언문의 매개변수로 만든다. 이것은 수학적 표현 '모든 T에 대한', 좀 더 정확히는 '모든 타입 T에 대한'의 C++ 버전이다.

멤버 함수 역시 비슷하게 정의될 수 있다.

```
template<typename T>
Vector<T>::Vector(int s)
{
    if (s<0) throw Negative_size{};
    elem = new T[s];
    sz = s;
}

template<typename T>
const T& Vector<T>::operator[](int i) const
{
    if (i<0 || size()<=i)
        throw out_of_range{"Vector::operator[]"};
    return elem[i];
}
```

앞의 정의가 주어지면 Vector를 다음과 같이 정의할 수 있다.

```
Vector<char> vc(200);              // 200개의 문자로 이뤄진 벡터
Vector<string> vs(17);             // 17개의 문자열로 이뤄진 벡터
Vector<list<int>> vli(45);         // 정수의 45개 리스트로 이뤄진 벡터
```

Vector<list<int>>에서 >>은 중첩된 템플릿 인자를 종료시키는 뜻이지, 입력 연산자를 잘못 쓴 것은 아니다. 두 개의 > 사이에 공백을 넣을 필요는 없다(C++98에서처럼).

Vector는 다음과 같이 활용할 수 있다.

```
void write(const Vector<string>& vs)      // 약간의 문자열로 이뤄진 벡터
{
    for (int i = 0; i!=vs.size(); ++i)
        cout << vs[i] << '\n';
}
```

우리의 Vector에 범위 기반 루프를 지원하기 위해서는 적당한 begin()과 end() 함수를 정의해야 한다.

```
template<typename T>
T* begin(Vector<T>& x)
{
    return x.size() ? &x[0] : nullptr;        // 첫 번째 원소나 nullptr을 가리키는 포인터
}

template<typename T>
T* end(Vector<T>& x)
{
    return begin(x)+x.size();                 // 마지막 원소 다음의 원소를 가리키는 포인터
}
```

앞의 코드를 이용해서 다음과 같은 코드를 작성할 수 있다.

```
void f2(Vector<string>& vs)      // 약간의 문자열로 이뤄진 벡터
{
    for (auto& s : vs)
        cout << s << '\n';
}
```

비슷한 방식으로 리스트, 벡터, 맵(즉 연관 배열) 등을 템플릿으로 정의할 수 있다(4.4절, 23.2절, 31장).

템플릿은 컴파일 타임 메커니즘의 일종이므로, 사용해도 직접 만든 코드와 달리 런타임 오버헤드를 일으키지 않는다(23.2.2절).

3.4.2 함수 템플릿

템플릿은 단순히 원소 타입으로 컨테이너를 매개변수화하는 것 외에도 다양한 용도로 쓰일 수 있다. 특히 표준 라이브러리에서 타입과 알고리즘 양쪽을 매개변수화하는 데 광범위하게 쓰인다(4.4.5절, 4.5.5절). 예를 들어 임의의 컨테이너에 포함된 원소 값의 합을 계산하는 함수는 다음과 같이 작성될 수 있다.

```
template<typename Container, typename Value>
Value sum(const Container& c, Value v)
{
    for (auto x : c)
        v+=x;
    return v;
}
```

Value 템플릿 인자와 함수 인자 v 덕택에 호출자는 누산기accumulator(계산 결과 합을 누적해 놓는 변수)의 타입과 초기 값을 지정할 수 있다.

```
void user(Vector<int>& vi, std::list<double>& ld, std::vector<complex<double>>& vc)
{
    int x = sum(vi,0);                      // int로 이뤄진 벡터의 합(int를 더한다)
    double d = sum(vi,0.0);                 // int로 이뤄진 벡터의 합(double을 더한다)
    double dd = sum(ld,0.0);                // double로 이뤄진 리스트의 합
    auto z = sum(vc,complex<double>{});     // complex<double>로 이뤄진 벡터의 합
                                            // 초기 값은 {0.0,0.0}
}
```

double 타입 내에서 int를 더하는 이유는 int의 최댓값보다 큰 숫자를 문제없이 다루기 위해서다. sum<T,V>에 대한 템플릿 인자의 타입이 함수 인자로부터 어떻게 추론되는지 눈여겨보기 바란다. 다행스럽게도 해당 타입을 명시적으로 지정하지 않아도 된다.

여기서 sum()은 표준 라이브러리 accumulate()(40.6절)가 단순화된 버전이다.

3.4.3 함수 객체

특별히 유용한 템플릿 종류가 하나 있는데, 함수처럼 호출될 수 있는 객체를 정의하는 데 쓰이는 함수 객체function object(때로는 함수자functor라고 불린다)가 그것이다. 다음의 예를 살펴보자.

```
template<typename T>
class Less_than {
    const T val;        // 비교 대상이 될 값
public:
```

```
    Less_than(const T& v) :val(v) { }
    bool operator()(const T& x) const { return x<val; }        // 호출 연산자
};
```

operator()라고 불리는 함수가 '함수 호출', '호출' 또는 '응용' 연산자 ()를 구현한다. 일부 인자 타입에 대해 이름을 가진 Less_than 타입의 변수를 정의할 수 있다.

```
Less_than<int> lti {42};              // lti(i)는 < (i<42)를 이용해서 i를 42와 비교할 것이다.
Less_than<string> lts {"Backus"};     // lts(s)< (s<"Backus")를 이용해서
                                      // s를 "Backus"와 비교할 것이다.
```

이런 객체는 함수와 똑같은 방식으로 호출될 수 있다.

```
void fct(int n, const string & s)
{
    bool b1 = lti(n);            // n<42이면 true
    bool b2 = lts(s);            // s<"Backus"이면 true
    // ...
}
```

이런 함수 객체는 알고리즘에 대한 인자로 널리 쓰인다. 예를 들어 술어 함수[predicate]가 해당 값에 대해 true를 반환하는 값의 등장 횟수를 셀 수 있다.

```
template<typename C, typename P>
int count(const C& c, P pred)
{
    int cnt = 0;
    for (const auto& x : c)
        if (pred(x))
            ++cnt;
    return cnt;
}
```

술어 함수[predicate]란 true나 false를 반환하기 위해 호출되는 함수다. 예를 들면 다음과 같다.

```
void f(const Vector<int>& vec, const list<string>& lst, int x, const string& s)
{
    cout << "number of values less than " << x
        << ": " << count(vec,Less_than<int>{x})
        << '\n';
    cout << "number of values less than " << s
        << ": " << count(lst,Less_than<string>{s})
        << '\n';
}
```

여기서 Less_than<int>{x}는 x라고 불리는 int의 비교 대상이 될 객체를 생성한다. 마찬가지로 Less_than<string>{s}는 s라고 불리는 string의 비교 대상이 될 객체를 생성한다. 이러한 함수 객체의 장점은 비교 대상이 될 값을 이미 갖고 있다는 점이다. 각 값(그리고 각 타입)에 대해 별도의 함수를 작성할 필요가 없으며, 값을 보관하기 위해 성가신 전역 변수를 도입할 필요도 없다. 또한 Less_than 같이 간단한 함수 객체의 경우에는 인라인으로 쉽게

만들 수 있기 때문에 Less_than 호출이 간접적인 함수 호출에 비해 훨씬 효율적이다. 데이터를 가질 수 있는 능력에다가 효율적이기까지 하기 때문에 함수 객체는 알고리즘의 인자로 특히 유용하다.

일반적인 알고리즘(count()에 대한 Less_than과 같은)의 핵심 연산 의미를 지정하는 데 사용되는 함수 객체는 종종 **정책 객체**^{policy object}라고 불린다.

불편하게 여겨질 수도 있지만, Less_than의 정의는 활용과 분리돼야 한다. 따라서 다음과 같은 표기법으로 암시적으로 함수 객체를 생성한다.

```
void f(const Vector<int>& vec, const list<string>& lst, int x, const string& s)
{
    cout << "number of values less than " << x
         << ": " << count(vec,[&](int a){ return a<x; })
         << '\n';
    cout << "number of values less than " << s
         << ": " << count(lst,[&](const string& a){ return a<s; })
         << '\n';
}
```

[&](int a){ return a<x; }란 표기는 **람다 표현식**^{lambda expression}(11.4절)이라고 불린다. 이 표현식은 Less_than<int>{x}와 정확히 똑같은 함수 객체를 생성한다. [&]는 캡처 리스트^{capture list}로 사용된 지역 이름(x 같은)이 참조자를 통해 접근될 것이라고 지정한다. 단지 x만 '캡처'할 생각이었다면 [&x]라고 표기할 수도 있었다. 생성된 객체에 x의 사본을 전달할 생각이었었다면 [=x]라고 표기할 수도 있었다. []는 아무것도 캡처하지 않는 것이고, [&]는 참조자에 의해 사용되는 모든 지역 이름을 캡처하는 것이며, [=]는 값에 의해 사용되는 모든 지역 이름을 캡처하는 것이다.

람다를 쓰면 편리하고 간결해질 수 있지만, 불명확해지는 단점도 있다. 단순 표현식 이상의 중요한 동작에 대해서라면 나는 연산에 이름을 붙이는 편을 선호하는데, 그 방식이 의도를 좀 더 명확히 표현할 수 있는 데다 프로그램의 여러 장소에서 사용되게 만들어 주기 때문이다.

3.2.4절에서 포인터와 unique_ptr로 이뤄진 vector의 원소에 연산을 수행하려면 draw_all()이나 rotate_all() 같은 함수를 여러 개 작성해야 하는 번거로움이 있다는 점을 발견했다. 함수 객체(특히 람다)는 컨테이너의 순회 탐색을 각 원소에 대해 무엇을 할 수 있는지 지정하는 것과 분리시키는 데 도움을 준다.

먼저 포인터로 이뤄진 컨테이너의 원소가 가리키는 각 객체에 대해 연산을 적용할 함수가 필요하다.

```
template<typename C, typename oper>
void for_all(C& c, Oper op)            // C를 포인터로 이뤄진 컨테이너라고 가정한다.
{
    for (auto& x : c)
        op(*x);                        // op()에 가리켜지는 각 원소에 대한 참조자를 전달한다.
}
```

이제 3.2.4절의 user()에 대해 _all 함수 집합을 쓰지 않는 버전을 작성할 수 있게 됐다.

```
void user()
{
    vector<unique_ptr<Shape>> v;
    while (cin)
        v.push_back(read_shape(cin));
    for_all(v,[](Shape& s){ s.draw(); });          // draw_all()
    for_all(v,[](Shape& s){ s.rotate(45); });      // rotate_all(45)
}
```

람다에 Shape에 대한 참조자를 전달하기 때문에 람다는 객체가 컨테이너에 정확히 어떻게 저장되는지 신경 쓰지 않아도 된다. 특히 이러한 for_all() 호출은 v를 vector<Shape*>로 바꾼다 하더라도 여전히 작동할 것이다.

3.4.4 가변 인자 템플릿

템플릿은 임의의 타입의 인자를 임의의 개수만큼 받아들이도록 정의될 수 있다. 그러한 템플릿을 **가변 인자 템플릿**variadic template이라고 부른다. 예를 들면 다음과 같다.

```
void f() { }                                   // 아무것도 하지 않는다.
template<typename T, typename... Tail>
void f(T head, Tail... tail)
{
    g(head);                                   // head에 뭔가를 한다.
    f(tail...);                                // tail로 다시 시도를 해본다.
}
```

가변 인자 템플릿 구현의 핵심은 그것에 인자 리스트를 전달할 때 첫 번째 인자를 나머지와 분리할 수 있다는 점에 주목하는 것이다. 여기서는 첫 번째 인자(head)에 뭔가를 한 다음, 나머지 인자(tail)로 재귀적으로 f()를 호출한다. 생략 부호 ...은 리스트의 '나머지'를 나타내기 위해 사용됐다. 물론 결국에 가서는 tail이 비워지게 되고 그것을 처리하기 위해 별도의 함수가 필요하게 될 것이다.

이 f()는 다음과 같이 호출될 수 있다.

```
int main()
{
    cout << "first: ";
    f(1,2.2,"hello");

    cout << "\nsecond: ";
    f(0.2,'c',"yuck!",0,1,2);
    cout << "\n";
}
```

이렇게 하면 순서대로 f(1,2.2,"hello")를 호출하고, 이것은 f(2.2,"hello")를 호출하고, 이것은 f("hello")를 호출하고, 이것은 f()를 호출하게 될 것이다. g(head)를 호출하면 어떻게 될 것인가? 당연히 실제 프로그램에서는 각 인자에 대해 우리가 원하는 처리를 수행하게 될 것이다. 예를 들면 그것의 인자(여기서는 head)를 출력하게 만들 수 있다.

```
template<typename T>
void g(T x)
{
    cout << x << " ";
}
```

이 경우 출력은 다음이 될 것이다.

```
first: 1 2.2 hello
second: 0.2 c yuck! 0 1 2
```

`f()`는 세 줄짜리 코드와 관련된 선언문으로 구현돼 있어 임의의 리스트나 값을 출력하는 `printf()`의 간단한 변형처럼 보인다.

가변 인자 템플릿(때로는 단순히 가변 인자 variadics라고도 불린다)의 강점은 우리가 그것에 부여하려는 어떤 인자든지 받아들일 수 있다는 점이다. 약점은 인터페이스의 타입 체크가 번거로운 템플릿 프로그램이 될 수도 있다는 점이다. 추가적인 세부 사항은 28.6절을 참고하기 바란다. 예제에 대해서는 34.2.4.2절(N 튜플)과 29장(N차원 행렬)을 살펴보기 바란다.

3.4.5 별칭

뜻밖에도 타입이나 템플릿에 대해 별명을 도입하는 것이 유용할 때가 많다(6.5절). 예를 들어 표준 헤더 `<cstddef>`에는 아마도 다음과 같이 별칭 `size_t`에 대한 정의가 포함돼 있을 것이다.

```
using size_t = unsigned int;
```

`size_t`란 이름이 붙은 실제의 타입은 구현별 정의 사항이므로, 다른 구현에서는 `size_t`가 `unsigned long`일 수도 있다. 별칭 `size_t`를 쓰면 프로그래머가 이식 가능한 코드를 작성하는 데 도움이 된다.

타입의 템플릿 인자와 관련된 타입 별칭은 많은 경우 매개변수화 타입에 의해 제공된다. 예를 들면 다음과 같다.

```
template<typename T>
class Vector {
public:
    using value_type = T;
    // ...
};
```

실제로 모든 표준 라이브러리 컨테이너는 자신의 값 타입의 이름으로 `value_type`을 제공한다(31.3.1절). 이 덕택에 이런 규약을 따르는 모든 컨테이너에서 동작되는 코드를 작성할 수 있다. 예를 들면 다음과 같다.

```
template<typename C>
using Value_type = typename C::value_type;    // C 원소의 타입
```

```
template<typename Container>
void algo(Container& c)
{
    Vector<Value_type<Container>> vec;          // 결과를 여기에 보관한다.
    // ... vec를 사용한다...
}
```

별칭 메커니즘은 템플릿 인자의 일부 또는 전부를 연결해서 새로운 템플릿을 정의하는
데 사용될 수 있다. 예를 들면 다음과 같다.

```
template<typename Key, typename Value>
class Map {
    // ...
};
```

```
template<typename Value>
using String_map = Map<string,Value>;
```

```
String_map<int> m; // m은 Map<string,int>이다
```

23.6절을 참고하기 바란다.

3.5 조언

[1] 아이디어를 직접적으로 코드에 표현한다(3.2절).

[2] 응용 개념을 직접적으로 코드에 표현해주는 클래스를 정의한다(3.2절).

[3] 구체 클래스를 이용해서 간단한 개념과 성능이 중요한 구성 요소를 표현한다(3.2.1절).

[4] '무방비'의 new와 delete 연산은 피한다(3.2.1.2절).

[5] 자원 핸들과 RAII를 이용해서 자원을 관리한다(3.2.1.2절).

[6] 인터페이스와 구현의 완벽한 분리가 필요할 때는 추상 클래스를 인터페이스로 활용한
     다(3.2.2절).

[7] 클래스 계층 구조를 이용해서 내재적인 계층 구조를 가진 개념을 표현한다(3.2.4절).

[8] 클래스 계층 구조를 설계할 때는 구현 상속과 인터페이스 상속을 구분한다(3.2.4절).

[9] 객체의 복사, 이동, 소멸을 통제한다(3.3절).

[10] 컨테이너는 값으로 반환한다(효율성이 중요하다면 move를 이용한다)(3.3.2절).

[11] 강력한 자원 안전성을 제공한다. 즉, 자원이라고 여겨지는 것이라면 절대로 누출시키
     지 않는다(3.3.3절).

[12] 자원 핸들 템플릿으로 정의된 컨테이너를 이용해서 동일한 타입의 값으로 이뤄진 집합
     을 보관한다(3.4.1절).

[13] 함수 템플릿을 이용해서 일반적인 알고리즘을 표현한다(3.2.2절).

[14] 람다를 비롯한 함수 객체를 이용해서 정책과 작동을 표현한다(3.4.3절).

[15] 타입 및 템플릿 별칭을 이용해서 유사한 타입이나 구현에 따라 변할 수 있는 타입에
     대해 동일한 이름을 부여한다(3.4.5절).

4

C++ 둘러보기:
컨테이너와 알고리즘

몰라봤자 잠깐인데, 무엇하러 배우는가?

— 홉스(Hobbes)

- 라이브러리 표준 라이브러리 개요, 표준 라이브러리 헤더와 네임스페이스
- 문자열
- 스트림 입출력 출력, 입력, 사용자 정의 타입의 입출력
- 컨테이너 `vector`, `list`, `map`, `unordered_map`, 컨테이너 개요
- 알고리즘 반복자 사용, 반복자 타입, 스트림 반복자, 술어 함수, 알고리즘 개요, 컨테이너
  알고리즘
- 조언

4.1 라이브러리

본격적인 프로그램이라면 어떤 프로그램이든 기본 프로그래밍 언어만 가지고 만들어지지는
않는다. 우선은 라이브러리 집합이 개발되고, 그것이 추가적인 작업의 토대가 된다. 대부분의
프로그램을 기본 언어로 만들면 장황해지지만, 좋은 라이브러리를 사용하면 거의 어떤 작업이
든지 간단해질 수 있다.

 2장과 3장에 이어서 4장과 5장에서는 핵심 표준 라이브러리 기능을 빠르게 훑어본다. 여
기에서는 여러분이 프로그래밍 경험이 있다고 가정한다. 그렇지 않다면 여기에서 계속하기
전에 『Programming: Principles and Practice Using C++』[Stroustrup,2009] 같은 교재를 읽어보기를
권장한다. 여러분이 이전에 프로그래밍을 해본 적이 있더라도 사용했던 언어나 작성했던 애
플리케이션이 여기서 소개하는 C++의 스타일과는 매우 다를 수도 있다. 이러한 '대충 둘러보
기'가 혼란스럽다고 여겨진다면 6장부터 시작되는 좀 더 체계적인 소개로 건너뛰어도 좋다.
마찬가지로 표준 라이브러리에 대한 좀 더 체계적인 설명은 30장에서 시작된다.

나는 **string**, **ostream**, **vector**, **map**(4장), **unique_ptr**, **thread**, **regex**, **complex**(5장) 같이 유용한 표준 라이브러리와 아울러, 그것들을 활용하는 가장 일반적인 방법들을 아주 간략하게 소개하려고 한다. 이런 과정을 통해 5장에서는 좀 더 나은 예제들을 제시할 수 있으리라 기대한다. 2장이나 3장에서와 마찬가지로 세부 사항을 완전히 이해하지 못한다 하더라도 혼란스러워하거나 낙심할 필요는 전혀 없다는 점을 강조한다. 4장의 목적은 앞으로 무엇을 접하게 될지 감을 주고, 가장 유용한 라이브러리 기능에 대한 기본적인 이해를 돕기 위한 것이다.

표준 라이브러리의 사양은 ISO C++ 표준의 거의 2/3를 차지한다. 표준 라이브러리를 살펴보고, 직접 만들기보다는 그것을 우선 사용하기 바란다. 라이브러리의 설계에는 많은 심사숙고가 녹아 들어가 있으며, 구현에는 한층 더 많은 심사숙고가, 그리고 유지 보수와 확장에는 엄청난 노력이 녹아 들어가 있다.

이 책에서 설명된 표준 라이브러리 클래스와 함수는 제대로 된 모든 C++ 구현에 포함돼 있다. 표준 라이브러리 구성 요소 외에도 대부분의 구현에서는 '그래픽 사용자 인터페이스' 시스템, 웹 인터페이스, 데이터베이스 인터페이스 등이 제공된다. 마찬가지로 대부분의 애플리케이션 개발 환경에서는 '기반 라이브러리'를 제공함으로써 기업이나 업계 '표준' 개발/실행 환경을 지원한다. 여기서는 그런 시스템이나 라이브러리에 대해서는 설명하지 않는다. 여기서의 의도는 표준에 정의돼 있는 순수한 C++에 대한 설명을 제공하고 특별히 필요한 경우가 아니라면 이식 가능한 예제를 제공하는 것이다. 당연히 프로그래머 입장에서도 대부분의 시스템에서 사용될 수 있는 좀 더 광범위한 기능에 집중하는 편이 좋다는 점을 강조해 둔다.

4.1.1 표준 라이브러리 개요

표준 라이브러리에서 제공되는 기능은 다음과 같이 분류될 수 있다.

- 런타임 언어 지원(예를 들어 할당과 런타임 타입 정보를 위한)(30.3절 참고)
- C 표준 라이브러리(타입 시스템 위반을 최소화해서 아주 사소한 수정이 가해진)(43장 참고)
- 문자열과 입출력 스트림(국제 문자 집합과 현지화 지원이 포함된)(36장, 38장, 39장 참고). 입출력 스트림은 광범위한 프레임워크로, 사용자는 여기에 자신만의 스트림, 버퍼링 계획, 문자 집합을 추가할 수 있다.
- 컨테이너(**vector**나 **map** 등)와 알고리즘(**find()**, **sort()**, **merge()** 등)의 프레임워크(4.4절, 4.5절, 31장~33장 참고). 이러한 프레임워크는 관례적으로 STL이라고 불리며[Stepanov,1994], 사용자가 자신의 컨테이너나 알고리즘을 추가할 수 있게 확장될 수 있다.
- 수치 계산 지원(표준 수학 함수, 복소수, 산술 연산용 벡터, 난수 생성기)(3.2.1.1절과 40장 참고).
- 정규 표현식 매칭 지원(5.5절과 37장 참고).
- **thread**와 **lock**을 비롯한 병행 프로그래밍 지원(5.3절과 41장). 병행성 지원 기본으로 제공되는 관계로 사용자는 라이브러리로 새로운 모델의 병행성에 대한 지원을 추가할 수 있다.
- 템플릿 메타프로그래밍(예를 들면 타입 특성 정보)(5.4.2절, 28.2.4절, 35.4절), STL 스타일 일반화

프로그래밍(예를 들면 pair)(5.4.3절, 34.2.4.1절 참고) 및 일반화 프로그래밍(예를 들면 clock) (5.4.1절, 3.5절)을 지원하기 위한 유틸리티

- 자원 관리를 위한 '스마트 포인터'(예를 들면 unique_ptr과 shared_ptr)(5.2.1절, 34.3절)와 가비지 컬렉터에 대한 인터페이스(34.5절)
- array(34.2.1절), bitset(34.2.2절), tuple(34.2.4.2절) 같은 특수 용도의 컨테이너

표준 라이브러리에 어떤 클래스를 포함시킬 것에 대한 주요한 기준은 다음과 같았다.

- 그것이 거의 모든 C++ 프로그래머에게 도움이 돼야 한다(초보자와 전문가 모두에게).
- 비슷한 기능을 가진 좀 더 간단한 버전에 비해 상당한 오버헤드를 추가하지 않게 일반적인 형태로 제공돼야 한다.
- 간단한 활용법이 배우기 쉬워야 한다(그들이 수행하는 작업의 내재적인 복잡성과 비교할 때).

기본적으로 C++ 표준 라이브러리는 가장 일반적인 기본 데이터 구조와 아울러 그것들에 활용될 수 있는 기본 알고리즘을 함께 제공한다.

4.1.2 표준 라이브러리 헤더와 네임스페이스

모든 표준 라이브러리 기능은 몇 가지 표준 헤더를 통해 제공된다. 예를 들면 다음과 같다.

```
#include<string>
#include<list>
```

이렇게 하면 표준 string과 list를 이용할 수 있다.

표준 라이브러리는 std라고 불리는 네임스페이스(2.4.2절, 14.3.1절) 안에서 정의된다. 표준 라이브러리를 이용하기 위해 std:: 접두사를 쓸 수 있다.

```
std::string s {"Four legs Good; two legs Baaad!"};
std::list<std::string> slogans {"War is Peace", "Freedom is Slavery", "Ignorance is Strength"};
```

간단하게 하기 위해 예제에서는 명시적으로 std:: 접두사를 거의 쓰지 않는다. 또한 필요한 헤더를 항상 명시적으로 #include하지도 않는다. 여기의 코드들을 컴파일하고 실행하려면 여러분은 적합한 헤더를 #include하고(4.4.5절, 4.5.5절, 30.2절에 나열된 대로), 선언되는 이름들에 접근할 수 있게 만들어야 한다. 예를 들면 다음과 같다.

```
#include<string>          // string 기능에 접근할 수 있게 만든다.
using namespace std;      // std:: 접두사가 없어도 std 이름을 이용 가능하게 만들어 준다.
string s {"C++ is a general-purpose programming language"}; // OK: string은 std::string이다.
```

어떤 네임스페이스의 이름을 전부 전역 네임스페이스로 옮기는 것은 일반적으로 좋지 않은 습관이다. 하지만 이 책에서는 거의 전적으로 표준 라이브러리만을 사용한다. 따라서 표준 라이브러리 이름 앞에 일일이 std::를 붙이지는 않는다. 또한 모든 예제마다 적합한 헤더를 #include하지도 않는다. 그 점을 감안하기 바란다.

다음은 모두 std:: 네임스페이스 안에서 선언을 제공하는 표준 라이브러리 헤더를 선택한 것이다.

선택된 표준 라이브러리 헤더

`<algorithm>`	`copy(), find(), sort()`	32.2절	iso.25절
`<array>`	`array`	34.2.1절	iso.23.3.2절
`<chrono>`	`duration, time_point`	35.2절	iso.20.11.2절
`<cmath>`	`sqrt(), pow()`	40.3절	iso.26.8절
`<complex>`	`complex, sqrt(), pow()`	40.4절	iso.26.8절
`<fstream>`	`fstream, ifstream, ofstream`	38.2.1절	iso.27.9.1절
`<future>`	`future, promise`	5.3.5절	iso.30.6절
`<iostream>`	`istream, ostream, cin, cout`	38.1절	iso.27.4절
`<map>`	`map, multimap`	31.4.3절	iso.23.4.4절
`<memory>`	`unique_ptr, shared_ptr, allocator`	5.2.1절	iso.20.6절
`<random>`	`default_random_engine, normal_distribution`	40.7절	iso.26.5절
`<regex>`	`regex, smatch`	37장	iso.28.8절
`<string>`	`string, basic_string`	36장	iso.21.3절
`<set>`	`set, multiset`	31.4.3절	iso.23.4.6절
`<sstream>`	`istrstream, ostrstream`	38.2.2절	iso.27.8절
`<thread>`	`thread`	5.3.1절	iso.30.3절
`<unordered_map>`	`unordered_map, unordered_multimap`	31.4.3.2절	iso.23.5.4절
`<utility>`	`move(), swap(), pair`	35.5절	iso.20.1절
`<vector>`	`vector`	31.4절	iso.23.3.6절

이 리스트가 전부는 아니다. 추가적인 정보에 대해서는 30.2절을 참고하기 바란다.

4.2 문자열

표준 라이브러리는 문자열 리터럴을 보완하기 위한 **string** 타입을 제공한다. **string** 타입은 병합 연산 등의 유용한 문자열 연산을 여러 가지 제공한다. 예를 들면 다음과 같다.

```
string compose(const string& name, const string& domain)
{
    return name + '@' + domain;
}
auto addr = compose("dmr","bell-labs.com");
```

여기서 **addr**은 문자 시퀀스 dmr@bell-labs.com으로 초기화된다. 문자열의 '더하기'는 병합concatenation을 뜻한다. **string**, 문자열 리터럴, C 스타일 문자열이나 하나의 문자를 **string**에 병합할 수 있다. 표준 **string**은 이동 연산자를 갖고 있으므로 긴 **string**이라도 값에 의해서 효율적으로 반환할 수 있다(3.3.2절).

많은 애플리케이션에서 가장 흔한 병합의 형태는 **string**의 끝에 뭔가를 추가하는 것이다.

이런 병합은 += 연산으로 지원된다. 예를 들면 다음과 같다.

```
void m2(string& s1, string& s2)
{
    s1 = s1 + '\n';    // 줄 바꿈을 덧붙인다.
    s2 += '\n';        // 줄 바꿈을 덧붙인다.
}
```

string의 끝에 추가하는 두 가지 방식은 의미 구조로는 동등하지만, 나는 후자를 좀 더 선호하는데, 후자가 무슨 일을 하는지에 대해 좀 더 명확하고, 좀 더 간결하며, 좀 더 효율적일 가능성이 높기 때문이다.

string은 가변적이다. =와 += 외에도 첨자와 부분 문자열 연산이 지원된다. 표준 라이브러리 string은 36장에서 설명한다. 다른 유용한 기능 중에서도 특히 부분 문자열을 조작할 수 있는 기능이 제공된다. 예를 들면 다음과 같다.

```
string name = "Niels Stroustrup";
void m3()
{
    string s = name.substr(6,10);      // s = "Stroustrup"
    name.replace(0,5,"nicholas");      // name은 "nicholas Stroustrup"이 된다.
    name[0] = toupper(name[0]);        // name은 "Nicholas Stroustrup"이 된다.
}
```

substr() 연산은 그것의 인자가 가리키는 부분 문자열의 사본인 string을 반환한다. 첫 번째 인자는 string에 들어갈 색인(위치)이고, 두 번째 인자는 원하는 부분 문자열의 길이다. 색인은 0부터 시작하기 때문에 s는 Stroustrup이란 값을 얻는다.

replace() 연산은 부분 문자열을 어떤 값으로 대체한다. 이 경우에는 0부터 시작하고 5의 길이를 갖는 부분 문자열은 Niels인데, 이것이 nicholas로 대체된다. 마지막으로 시작 문자를 대문자로 바꾼다. 따라서 name의 최종 값은 Nicholas Stroustrup이다. 대체하는 문자열이 대체되는 문자열과 크기가 같지 않다는 점에 유의한다.

당연하겠지만 string은 서로 비교될 수 있으며, 문자열 리터럴과도 비교될 수 있다. 예를 들면 다음과 같다.

```
string incantation;
void respond(const string& answer)
{
    if (answer == incantation) {
        // 마술을 부린다.
    }
    else if (answer == "yes") {
        // ...
    }
    // ...
}
```

string 라이브러리는 36장에서 설명한다. string 구현에 필요한 가장 일반적인 기법은

String 예제를 통해 소개한다(19.3절).

4.3 스트림 입출력

표준 라이브러리는 iostream 라이브러리를 통해 서식화된 문자 입력과 출력을 지원한다. 입력 연산은 타입을 가지며, 사용자 정의 타입을 다룰 수 있게 확장될 수 있다. 이 절에서는 iostream의 활용에 대해 아주 간략하게만 소개한다. 38장에서 iostream 라이브러리 기능에 대해 전체적으로 설명한다.

그래픽 입출력과 같은 다른 형태의 사용자 상호작용은 ISO 표준이 속하지 않는 라이브러리를 통해 처리되기 때문에 여기서는 설명하지 않는다.

4.3.1 출력

입출력 스트림 라이브러리는 모든 기본 제공 타입에 대한 출력을 정의한다. 사용자 정의 타입의 출력을 정의하는 것은 어렵지 않다(4.3.3절). 연산자 <<('쓰기')는 ostream 타입의 객체에 대한 출력 연산자로서 활용된다. cout은 표준 출력 스트림이고, cerr은 오류 보고에 쓰이는 표준 스트림이다. 기본 설정상 cout에 써지는 값은 문자의 시퀀스로 변환된다. 예를 들어 10진수 10을 출력하기 위해서는 다음과 같이 작성한다.

```
void f()
{
    cout << 10;
}
```

이렇게 하면 표준 출력 스트림에 문자 1 다음에 문자 0이 써진다. 똑같은 방식으로 다음과 같이 작성할 수도 있다.

```
void g()
{
    int i {10};
    cout << i;
}
```

명확한 방식으로 서로 다른 타입의 출력을 조합할 수도 있다.

```
void h(int i)
{
    cout << "the value of i is ";
    cout << i;
    cout << '\n';
}
```

h(10)일 경우 출력은 다음과 같이 될 것이다.

```
the value of i is 10

void h2(int i)
```

```
{
    cout << "the value of i is " << i << '\n';
}
```

hj()는 h()와 동일한 출력을 한다.

문자 상수는 작은따옴표 안에 둘러싸인 하나의 문자다. 하나의 문자는 하나의 문자로서의 출력이지 수치 값으로서의 출력이 아니라는 점에 유의한다. 다음의 예를 살펴보자.

```
void k()
{
    int b = 'b';        // 주의: char는 int로 암시적으로 변환된다.
    char c = 'c';
    cout << 'a' << b << c;
}
```

문자 'b'에 해당하는 정수 값은 98(내가 사용하는 C++ 구현에 사용된 ASCII 인코딩에 의하면)이므로, 이 코드는 a98c를 출력하게 될 것이다.

4.3.2 입력

표준 라이브러리는 입력을 위한 istream을 제공한다. ostream과 마찬가지로 istream은 기본 제공 타입의 문자열 표현을 다루고, 사용자 정의 타입을 다룰 수 있게 손쉽게 확장될 수 있다.

연산자 >>('읽기')는 입력 연산자로 이용되고, cin은 표준 입력 스트림이다. >>의 오른쪽 피연산자 타입은 어떤 입력을 받아들일 수 있고, 어떤 타입이 입력 연산을 받아들일지 결정한다.

```
void f()
{
    int i;
    cin >> i;           // 정수를 i로 읽어 들인다.

    double d;
    cin >> d;           // 배정밀도 부동소수점 숫자를 d로 읽어 들인다.
}
```

이 코드는 1234 같은 숫자를 표준 입력에서 정수 변수 i로 읽어 들이고, 12.34e5 같은 부동소수점 숫자를 배정밀도 부동소수점 변수 d로 읽어 들인다.

종종 문자의 시퀀스를 읽어 들여야 할 때가 있다. 이때 쓸 수 있는 간편한 방법은 string으로 읽어 들이는 것이다. 예를 들면 다음과 같다.

```
void hello()
{
    cout << "Please enter your name\n";
    string str;
    cin >> str;
    cout << "Hello, " << str << "!\n";
}
```

Eric이라고 입력할 경우 응답은 다음과 같다.

```
Hello, Eric!
```

기본 설정상 스페이스 같은 공백 문자(7.3.2절)는 읽기를 종료시키므로, 요크의 불운한 바이킹 왕인 체하면서 **Eric Bloodaxe**라고 입력하면 응답은 여전히 다음과 같을 것이다.

```
Hello, Eric!
```

getline() 함수를 이용하면 전체 행(종료시키는 줄 바꿈 문자까지 포함해서)을 읽어 들일 수 있다. 예를 들면 다음과 같다.

```
void hello_line()
{
    cout << "Please enter your name\n";
    string str;
    getline(cin,str);
    cout << "Hello, " << str << "!\n";
}
```

이 프로그램에서는 **Eric Bloodaxe**를 입력하면 원하는 결과가 나온다.

```
Hello, Eric Bloodaxe!
```

행을 종료시키는 줄 바꿈 문자가 버려지는 까닭에 cin은 다음 입력 행을 받아들일 수 있다.

표준 문자열은 우리가 쓰는 것들을 보관할 수 있게 알아서 늘어나는 친절한 속성을 갖고 있다. 따라서 최대 크기를 미리 계산할 필요가 없다. 그러므로 세미콜론을 2메가바이트 입력한다면 프로그램은 세미콜론으로 가득 채워진 페이지들을 반복해서 출력할 것이다.

4.3.3 사용자 정의 타입의 입출력

기본 제공 타입과 표준 **string**의 입출력 외에 **iostream** 라이브러리는 프로그래머가 자신만의 타입을 위한 입출력을 정의할 수 있게 해준다. 예를 들어 전화번호부 항목을 표시하기 위해 사용될 듯한 **Entry**란 간단한 타입을 생각해보자.

```
struct Entry {
    string name;
    int number;
};
```

Entry를 출력하기 위해 코드의 초기화에서 썼던 것과 유사한 {"name",number} 양식을 이용해서 간단한 출력 연산자를 정의할 수 있다.

```
ostream& operator<<(ostream& os, const Entry& e)
{
    return os << "{\"" << e.name << "\", " << e.number << "}";
}
```

사용자 정의 출력 연산자는 출력 스트림을 (참조에 의해) 첫 번째 인자로 받아들이고, 그것을 결과로 반환한다. 자세한 사항은 38.4.2절을 참고하기 바란다.

대응되는 입력 연산자는 정확한 양식을 체크하고 오류에 대응해야 하므로 좀 더 복잡해진다.

```
istream& operator>>(istream& is, Entry& e)
    // { "name", number }쌍을 읽어 들인다. 유의 사항: { " ", 과 }로 서식화됨
{
    char c, c2;
    if (is>>c && c=='{' && is>>c2 && c2=='"') {  // { "로 시작한다.
        string name;                              // 문자열의 기본 값은 빈 문자열 ""이다.
        while (is.get(c) && c!='"')               // " 앞에 있는 것은 무엇이든 이름의 일부가 된다.
            name+=c;

        if (is>>c && c==',') {
            int number = 0;
            if (is>>number>>c && c=='}') {  // 숫자와 }를 읽어 들인다.
                e = {name,number};          // 항목에 대입한다.
                return is;
            }
        }
    }
    is.setstate(ios_base::failbit);         // 스트림에 실패를 기록한다.
    return is;
}
```

입력 연산은 자신의 **istream**에 대한 참조자를 반환하고, 이 참조자는 해당 연산의 성공 여부를 검사하는 데 사용될 수 있다. 예를 들어 조건식으로 사용될 때 is>>c는 "is를 c로 읽어 들이는 데 성공했는가?"라는 뜻이다.

is>>c는 기본 설정상 공백을 건너뛰지만 is.get(c)는 그렇지 않으므로, 이 **Entry** 입력 연산자는 이름 문자열 바깥의 공백은 무시한다(건너뛴다). 하지만 문자열 내부의 공백에 대해서는 그렇지 않다. 다음의 예를 살펴보자.

```
{ "John Marwood Cleese", 123456           }
{"Michael Edward Palin",987654}
```

이러한 값의 쌍을 입력에서 **Entry**로 다음과 같이 읽어 들일 수 있다.

```
for (Entry ee; cin>>ee; )  // cin에서 ee로 읽어 들인다.
cout << ee << '\n';         // ee를 cout에 쓴다.
```

출력은 다음과 같다.

```
{"John Marwood Cleese", 123456}
{"Michael Edward Palin", 987654}
```

사용자 정의 타입을 위한 입력 연산자의 작성에 대한 기술적인 세부 사항이나 기법이 궁금하다면 38.4.1절을 참고하기 바란다. 문자의 스트림에서 패턴을 인식하는 좀 더 체계적인 기법(정규 표현식 매칭)에 대해서는 5.5절과 37장을 살펴보기 바란다.

4.4 컨테이너

대부분 계산 작업에는 값들의 집합을 생성한 다음, 이런 집합들을 조작하는 작업이 수반된다. 아주 간단한 예를 들자면 문자를 **string**으로 읽어 들이고, **string**을 출력하는 일이 그렇다.

객체 보관이 주목적인 클래스를 보통 **컨테이너**container라고 부른다. 주어진 작업에 적합한 컨테이너를 제공하고, 유용한 기본 연산을 통해 컨테이너를 지원하는 것은 어떤 프로그램을 만들든지 매우 중요한 과정이다.

표준 라이브러리 컨테이너를 설명하기 위해 이름과 전화번호를 보관하는 간단한 프로그램을 살펴보자. 이런 종류의 프로그램은 다른 배경을 가진 사람들에게는 다른 접근법이 '간단하고 명확하게' 느껴진다는 점을 보여준다. 4.3.3절의 Entry 클래스는 간단한 전화번호부 항목을 보관하는 데 쓰일 수 있다. 여기서는 많은 전화번호부가 32비트 int로 간단히 표현되지 않는 등의 현실적인 복잡성을 의도적으로 무시한다.

4.4.1 vector

가장 유용한 표준 라이브러리 컨테이너는 vector다. vector는 주어진 타입의 원소로 이뤄진 시퀀스다. 원소는 메모리 내에 인접해서 저장된다.

3.2.2절과 3.4절의 Vector 예제를 통해 vector 구현에 대한 아이디어를 얻을 수 있고, 13.6절과 31.4절에서 포괄적으로 다룬다. vector 원소 타입의 값 집합으로 vector를 초기화할 수 있다.

```
vector<Entry> phone_book = {
    {"David Hume",123456},
    {"Karl Popper",234567},
    {"Bertrand Arthur William Russell",345678}
};
```

원소는 첨자를 통해 접근할 수 있다.

```
void print_book(const vector<Entry>& book)
{
    for (int i = 0; i!=book.size(); ++i)
        cout << book[i] << '\n';
}
```

늘 그렇듯이 색인은 0부터 시작하므로 book[0]은 David Hume에 대한 항목을 보관한다. vector 멤버 함수 size()는 원소의 개수를 알려준다.

vector의 원소는 범위를 만들게 되므로, 범위 기반 for 루프를 사용할 수 있다(2.2.5절).

```
void print_book(const vector<Entry>& book)
{
    for (const auto& x : book)          // "auto"에 대해서는 2.2.2절 참고
        cout << x << '\n';
}
```

vector를 정의할 때 초기 크기를 부여한다(원소의 초기 개수).

```
vector<int> v1 = {1, 2, 3, 4};        // 크기는 4
vector<string> v2;                     // 크기는 0
vector<Shape*> v3(23);                 // 크기는 23: 초기 원소 값은 nullptr
vector<double> v4(32,9.9);             // 크기는 32: 초기 원소 값은 9.9
```

명시적 크기는 (23)과 같이 일반적인 괄호로 둘러싸이며, 기본 설정상 원소는 원소 타입의 기본 값으로 초기화된다(예를 들어 포인터에 대해서는 nullptr, 숫자에 대해서는 0). 기본 값을 원하지 않을 경우에는 두 번째 인자에 값을 지정할 수 있다(예를 들어 v4의 32개 원소에 대해 9.9).

초기 크기는 변경될 수 있다. vector에 쓸 수 있는 가장 유용한 연산 중 하나가 push_back()인데, vector의 끝에 새로운 원소를 하나 추가하고, 크기를 하나 증가시키는 것이다. 예를 들면 다음과 같다.

```
void input()
{
    for (Entry e; cin>>e; )
        phone_book.push_back(e);
}
```

이 코드는 Entry를 표준 입력에서 phone_book으로 읽어 들이는데, 입력의 끝(예를 들면 파일의 끝)에 다다르거나 입력 연산이 서식 오류를 만나게 될 때까지 계속 읽어 들인다. 표준 라이브러리 vector는 반복된 push_back()으로 vector를 증가시켜도 효율성이 유지되게 구현돼 있다.

vector는 대입문과 초기화에서 복사될 수 있다. 예를 들면 다음과 같다.

```
vector<Entry> book2 = phone_book;
```

vector의 복사와 이동은 3.3절에서 설명한 대로 생성자와 대입 연산자에 의해 구현된다. vector를 대입하면 원소의 복사가 일어난다. 따라서 book2의 초기화 후에 book2와 phone_book은 전화번호부의 모든 Entry에 대해 별개의 복사본을 보관한다. vector가 많은 원소를 보관하고 있는 경우 별 문제가 없어 보이는 이런 대입과 초기화가 큰 비용을 유발할 수 있다. 복사가 바람직하지 않은 경우에는 참조자나 포인터(7.2절, 7.7절) 또는 이동 연산(3.3.2절, 17.5.2절)이 대신 사용돼야 한다.

4.4.1.1 원소

모든 표준 라이브러리 컨테이너와 마찬가지로 vector는 어떤 타입 T의 원소가 포함된 컨테이너, 즉 vector<T>다. 기본 제공 수치 타입(char, int, double 등), 사용자 정의 타입(string, Entry, list<int>, Matrix<double,2> 등), 포인터(const char*, Shape*, double* 등) 등의 거의 모든 타입이 원소 타입이 될 수 있다. 새로운 원소를 삽입할 때 그 값은 컨테이너로 복사된다. 예를 들어 7의 값을 가진 정수를 컨테이너에 집어넣을 때 결과 원소는 실제로 7의 값을 갖게 된다. const는 7이 포함된 어떤 객체에 대한 참조자나 포인터가 아니다. 이는 빨리 접근할 수 있으며, 멋지고 경제적인 컨테이너를 만드는 데 도움이 된다. 메모리 크기와 런타임 성능에 관심이 많은 프로그래머에게는 결정적으로 중요한 사항이다.

4.4.1.2 범위 체크

표준 라이브러리 vector는 범위 체크를 보장하지 않는다(31.2.2절). 다음의 예를 살펴보자.

```
void silly(vector<Entry>& book)
{
    int i = book[book.size()].number;        // book.size()는 범위를 벗어난다.
    // ...
}
```

이러한 초기화는 오류를 발생시키기보다는 i에 어떤 난수를 집어넣을 가능성이 높다. 범위 초과 오류는 흔한 문제이기 때문에 이러한 결과는 바람직하지 않다. 결과적으로 나는 간단한 범위 체크 기능을 갖춘 vector의 응용 버전을 즐겨 사용한다.

```
template<typename T>
class Vec : public std::vector<T> {
public:
    using vector<T>::vector; // vector의 생성자를 사용한다(Vec이란 이름으로) (20.3.5.1절 참고).

    T& operator[](int i)                    // 범위 체크
        { return vector<T>::at(i); }
    const T& operator[](int i) const        // 범위 체크 const 객체: 3.2.1.1절
        { return vector<T>::at(i); }
};
```

Vec는 범위 체크를 위해 재정의하는 첨자 연산을 제외한 모든 것을 vector로부터 상속받는다. at() 연산은 vector 첨자 연산으로, 그것의 인자가 vector의 범위를 벗어난 경우 out_of_range 타입 예외를 던진다(2.4.3.1절, 31.2.2절).

Vec에 대해서 범위 초과 접근은 사용자가 잡을 수 있는 예외를 던진다. 다음의 예를 살펴보자.

```
void checked(Vec<Entry>& book)
{
    try {
        book[book.size()] = {"Joe",999999};  // 예외를 던질 것이다.
        // ...
    }
    catch (out_of_range) {
        cout << "range error\n";
    }
}
```

예외가 던져진 다음 잡힐 것이다(2.4.3.1절, 13장). 사용자가 예외를 붙잡지 못한다면 프로그램은 정의되지 않은 방식으로 진행되거나 실패하기보다는 명확하게 정의된 방식으로 종료될 것이다. 잡히지 않은 예외로 인한 예기치 않은 사건을 최소화하는 한 가지 방법은 try 블록이 본체에 있는 main()을 사용하는 것이다. 예를 들면 다음과 같다.

```
int main()
try {
    // 우리의 코드
}
catch (out_of_range) {
    cerr << "range error\n";
}
catch (...) {
    cerr << "unknown exception thrown\n";
}
```

이 코드는 기본 예외 핸들러를 제공해서 우리가 일부 예외를 잡지 못한 경우 오류 메시지가 표준 오류 진단 출력 스트림 cerr(38.1절)에 출력되게 해준다.

일부 구현에서는 vector의 범위 체크 버전(예를 들면 컴파일러의 옵션으로서)을 제공해서 Vec(또는 동등한 것)를 정의하는 번거로움을 덜어준다.

4.4.2 list

표준 라이브러리는 list라고 불리는 이중 링크드 리스트^{doubly-linked list}를 제공한다.

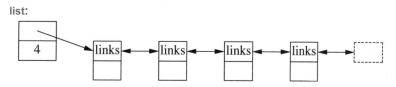

다른 원소를 움직이지 않고 원소를 삽입하거나 삭제하고 싶은 시퀀스에 대해 list를 사용한다. 전화번호부 항목의 삽입과 삭제는 자주 일어날 수 있으므로, list는 간단한 전화번호부 표시에 적합할 수 있다. 예를 들면 다음과 같다.

```
list<Entry> phone_book = {
    {"David Hume",123456},
    {"Karl Popper",234567},
    {"Bertrand Arthur William Russell",345678}
};
```

링크드 리스트를 사용할 때 우리는 보통 벡터에 대해서 흔히 그러는 방식처럼 첨자를 이용해서 원소에 접근하지 않는 경향이 있다. 대신 주어진 값을 가진 원소를 찾기 위해 리스트를 검색할 수 있다. 이를 위해 list가 4.5절에서 설명된 대로 일종의 시퀀스라는 점을 활용한다.

```
int get_number(const string& s)
{
    for (const auto& x : phone_book)
        if (x.name==s)
            return x.number;
    return 0;          // "숫자가 존재하지 않음"을 표시하기 위해 0을 사용한다.
}
```

s의 검색은 리스트의 시작 부분에서 시작돼 s가 발견되거나 phone_book에 다다를 때까지 진행된다.

때로는 list에서 한 원소를 식별해야 할 경우가 있다. 예를 들어 어떤 원소를 삭제하고 싶거나 그 앞에 새로운 항목을 삽입하고 싶을 수 있다. 그런 목적에 **반복자**^{iterator}를 사용한다. list 반복자는 list의 한 원소를 식별하고 list(그러므로 그것의 이름)를 루프로 돌리는 데 사용될 수 있다. 모든 표준 라이브러리 컨테이너는 각각 첫 번째와 마지막을 하나 지난 원소에 대한 반복자를 반환하는 begin()과 end() 함수를 제공한다(4.5절, 33.1.1절). 반복자를 명시적으로 사용해서 약간 깔끔하지는 않지만 get_number() 함수를 다음과 같이 작성할 수 있다.

```
int get_number(const string& s)
{
    for (auto p = phone_book.begin(); p!=phone_book.end(); ++p)
        if (p->name==s)
            return p->number;
    return 0;                   // "숫자가 존재하지 않음"을 표시하기 위해 0을 사용한다.
}
```

실제로 이 코드는 좀 더 간결하고 오류에 덜 취약한 범위 기반 for 루프가 컴파일러에 의해 구현되는 방식과 대략적으로 유사하다. 반복자 p가 주어질 경우 *p는 그것이 참조하는 원소이고, ++p는 다음 원소를 참조하기 위해 p를 전진시키며, p가 멤버 m을 가진 클래스를 참조하는 경우 p->m은 (*p).m과 똑같다.

list에 원소를 추가하거나 list에서 원소를 제거하는 것은 간단하다.

```
void f(const Entry& ee, list<Entry>::iterator p, list<Entry>::iterator q)
{
    phone_book.insert(p,ee);        // p가 참조하는 원소 앞에 ee를 추가한다.
    phone_book.erase(q);            // q가 참조하는 원소를 삭제한다.
}
```

insert()와 erase()에 대한 좀 더 전체적인 설명은 31.3.7절을 참고하기 바란다.

이런 list 예제는 vector를 이용해서 똑같이 작성될 수 있으며, (놀라운 일이겠지만, 컴퓨터 아키텍처를 이해하지 못한다면) 소규모 list보다는 소규모 vector를 쓸 때 더 나은 성능을 보인다. 단지 원소의 시퀀스만이 필요한 전부라면 vector나 list 중 한쪽을 선택할 수 있다. 특별한 이유가 없는 한 vector를 사용하기 바란다. vector는 순회 탐색(예를 들면 find()나 count())이나 정렬, 검색(예를 들면 sort()나 binary_search()) 등에서 더 나은 성능을 보인다.

4.4.3 map

(name,number) 쌍의 리스트에서 어떤 이름을 찾는 코드를 작성하는 일은 상당히 번거롭다. 게다가 선형 탐색은 아주 짧은 리스트를 제외하고는 효율적이지 않다. 표준 라이브러리는 map이라 불리는 탐색 트리(레드 블랙 트리)를 제공한다.

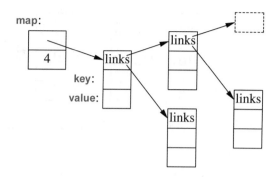

상황에 따라 **map**은 **연관 배열**associative array 또는 **사전**dictionary이라고 불리기도 한다. **map**은 균형 이진 트리로서 구현된다.

표준 라이브러리 **map**(31.4.3절)은 검색에 최적화된 값 쌍의 컨테이너다. **vector**와 **list** (4.4.1절, 4.4.2절)의 경우와 동일한 초기화 식을 사용할 수 있다.

```
map<string,int> phone_book {
    {"David Hume",123456},
    {"Karl Popper",234567},
    {"Bertrand Arthur William Russell",345678}
};
```

첫 번째 타입의 값(키key라고 불린다)을 넣으면 **map**은 대응되는 두 번째 타입(값value 또는 매핑된 타입mapped type)의 값을 반환한다. 예를 들면 다음과 같다.

```
int get_number(const string& s)
{
    return phone_book[s];
}
```

즉, **map**의 첨자 연산은 본질적으로는 우리가 **get_number()**라고 부르는 검색이다. **key**가 발견되지 않으면 **key**는 자신의 **value**에 해당하는 기본 값과 함께 **map**에 입력된다. 정수 타입의 기본 값은 0이다. 내가 방금 선택한 값은 유효하지 않은 전화번호를 나타낸다.

전화번호부에 유효하지 않은 번호가 입력되지 않도록 막고 싶다면 [] 대신에 **find()**와 **insert()**를 사용할 수 있다(31.4.3.1절).

4.4.4 unordered_map

map 검색의 비용은 n이 **map**에 포함된 원소의 개수일 경우 $O(\log(n))$이다. 이 정도면 상당히 괜찮아 보인다. 예를 들어 1,000,000개 원소를 가진 **map**의 경우 어떤 원소를 찾으려면 대략 20번의 비교와 간접 참조만 수행하면 된다. 하지만 많은 경우 < 같은 순서를 바꾸는 함수를 이용한 비교에 비해 해시 검색hashed lookup을 이용하면 훨씬 나은 결과를 얻을 수 있다. 표준 라이브러리 해시 컨테이너는 순서를 바꾸는 함수를 필요로 하지 않기 때문에 "순서가 없다"고 일컬어진다.

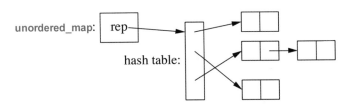

예를 들어 우리의 전화번호부에 대해 <unordered_map>에 있는 unordered_map을 사용할
수 있다.

```
unordered_map<string,int> phone_book {
    {"David Hume",123456},
    {"Karl Popper",234567},
    {"Bertrand Arthur William Russell",345678}
};
```

map에 대해서와 마찬가지로 unordered_map에 첨자 연산을 수행할 수 있다.

```
int get_number(const string& s)
{
    return phone_book[s];
}
```

표준 라이브러리 unordered_map은 string을 위한 기본 해시 함수를 제공한다. 필요하다
면 직접 만들어도 된다(31.4.3.4절).

4.4.5 컨테이너 개요

표준 라이브러리는 프로그래머가 애플리케이션의 필요성에 가장 부합하는 컨테이너를 선택할
수 있게 가장 일반적이고 유용한 몇 가지 컨테이너 타입을 제공한다.

표준 컨테이너 개요

vector<T>	가변 크기의 벡터(31.4절)
list<T>	이중 링크드 리스트(31.4.2절)
forward_list<T>	단일 링크드 리스트(31.4.2절)
deque<T>	데크(double-ended queue)(31.2절)
set<T>	집합(31.4.3절)
multiset<T>	한 값이 여러 번 등장할 수 있는 집합(31.4.3절)
map<K,V>	연관 배열(31.4.3절)
multimap<K,V>	한 키가 여러 번 등장할 수 있는 맵(31.4.3절)
unordered_map<K,V>	해시 검색을 이용하는 맵(31.4.3.2절)
unordered_multimap<K,V>	해시 검색을 이용하는 다중 맵(31.4.3.2절)
unordered_set<T>	해시 검색을 이용하는 집합(31.4.3.2절)
unordered_multiset<T>	해시 검색을 이용하는 다중 집합(31.4.3.2절)

순서 없는 컨테이너는 하나의 키(많은 경우 문자열)를 이용한 검색에 최적화돼 있다. 바꿔 말하면 해시 테이블을 이용해서 구현된다.

표준 컨테이너는 31.4절에서 설명한다. 컨테이너는 `std` 네임스페이스 안에서 정의되며, `<vector>`, `<list>`, `<map>` 등의 헤더에서 제시된다(4.1.2절, 30.2절). 추가로 표준 라이브러리는 컨테이너 어댑터container adaptor `queue<T>`(31.5.2절), `stack<T>`(31.5.1절), `priority_queue<T>` (31.5.3절)를 제공한다. 표준 라이브러리 또한 고정 크기 배열 `array<T,N>`(34.2.1절)과 `bitset<N>` (34.2.2절) 등의 좀 더 특수화된 컨테이너 유사 타입까지 제공한다.

표준 컨테이너와 그들이 기본 연산은 표기법의 관점에서 유사하게 설계돼 있다. 추가로 연산의 의미는 다양한 컨테이너에 대해 동일하게 유지된다. 기본 연산은 해당 연산이 유의미한 모든 종류의 컨테이너에 적용되며, 효율적으로 구현될 수 있다. 예를 들면 다음과 같다.

- `begin()`과 `end()`는 반복자에게 각각 첫 번째와 마지막 원소를 하나 넘어선 원소를 제공한다.
- `push_back()`은 `vector`, `list`를 비롯한 기타 컨테이너의 끝에 원소를 추가하는 데 (효율적으로) 사용될 수 있다.
- `size()`는 원소의 개수를 반환한다.

표기법과 의미 구조의 통일성 덕택에 프로그래머는 표준 컨테이너와 매우 유사한 방식으로 사용될 수 있는 새로운 컨테이너를 제공할 수 있다. 범위 체크 벡터 `Vector`(2.3.2절, 2.4.3.1절)가 그런 예다. 컨테이너 인터페이스의 통일성 덕택에 개별 컨테이너 타입의 알고리즘을 독립적으로 지정할 수도 있다. 하지만 각각에는 장단점이 있다. 예를 들어 `vector`의 첨자 연산과 순회 탐색은 비용이 적게 들고 간편하다. 반면 원소를 삽입하거나 제거하면 `vector` 원소가 이동된다. `list`는 정반대의 속성을 지니고 있다. 작은 원소로 이뤄진 짧은 시퀀스에 대해서는 `list`보다 `vector`가 대체적으로 효율적이라는 점(심지어 `insert()`와 `erase()`에 대해서도)에 유의하기 바란다. 나는 원소의 시퀀스에 대한 기본 타입으로는 표준 라이브러리 `vector`를 추천하는 바다. 다른 것은 그럴 만한 이유가 있을 때만 선택하기 바란다.

4.5 알고리즘

리스트나 벡터 같은 데이터 구조는 그 자체만으로는 그다지 유용하지 않다. 그것들을 활용하려면 원소의 추가나 제거 같은 기본적인 접근을 위한 연산이 필요하다(`list`나 `vector`에 대해 제공된 것처럼). 더욱이 컨테이너에 객체를 저장하기만 하는 것이 아니다. 그것들을 정렬하고, 출력하고, 부분집합을 추출하고, 원소를 제거하고, 객체를 탐색하는 등의 처리가 이뤄진다. 그런 이유로 표준 라이브러리는 가장 널리 쓰이는 컨테이너 타입을 제공하는 것과 아울러 가장 널리 쓰이는 알고리즘까지 제공한다. 예를 들어 다음의 코드는 `vector`를 정렬하고, 각각의 고유한 `vector` 원소의 사본을 `list`에 넣는다.

```
bool operator<(const Entry& x, const Entry& y)      // ~보다 적다.
{
```

```
        return x.name<y.name;              // 이름으로 Entry를 정렬한다.
}
void f(vector<Entry>& vec, list<Entry>& lst)
{
    sort(vec.begin(),vec.end());                      // 순서를 바꾸는 데 <를 사용한다.
    unique_copy(vec.begin(),vec.end(),lst.begin());   // 인접한 동일한 원소는 복사하지 않는다.
}
```

표준 알고리즘에 대해서는 32장에서 설명한다. 표준 알고리즘은 원소의 시퀀스 관점으로 표현된다. **시퀀스**[sequence]는 첫 번째 원소와 마지막 원소를 하나 넘어선 원소를 지정하는 한 쌍의 반복자로 표시된다.

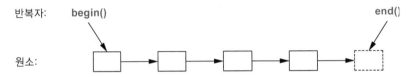

예제에서 sort()는 반복자 vec.begin()과 vec.end()의 쌍으로 정의된 시퀀스를 정렬하는데, 이 시퀀스는 결과적으로 vector의 모든 원소에 해당된다. 출력에 대해서는 써질 첫 번째 원소만 지정하면 된다. 하나 이상의 원소가 출력된다면 처음 원소에 이어지는 원소에 덮어쓰기가 일어날 것이다. 따라서 이런 오류를 피하기 위해 lst는 최소한 vec에 있는 고윳값과 동일한 개수의 원소를 가져야 한다.

고유 원소를 새로운 컨테이너에 넣고 싶다면 다음과 같이 작성할 수 있다.

```
list<Entry> f(vector<Entry>& vec)
{
    list<Entry> res;
    sort(vec.begin(),vec.end());
    unique_copy(vec.begin(),vec.end(),back_inserter(res));     // res에 덧붙인다.
    return res;
}
```

back_inserter()는 컨테이너의 끝에 원소를 추가하고, 원소에 필요한 공간을 확보하기 위해 클래스를 확장한다(33.2.2절). 따라서 표준 컨테이너에 **back_inserter()**를 곁들이면 C 스타일의 메모리 관리를 쓸 필요가 없어진다. 오류에 취약하고 명시적인 C 스타일의 메모리 관리는 **realloc()**(31.5.1절)을 이용한다. 표준 라이브러리 list는 이동 생성자(3.3.2절, 17.5.2절)를 갖고 있는데, 이 생성자는 값에 의한 **res** 반환을 효율적으로 만들어준다(수천 개의 원소로 이뤄진 list에 대해서까지).

sort(vec.begin(),vec.end()) 같은 반복자 쌍 스타일의 코드가 장황하다고 여겨진다면 알고리즘의 컨테이너 버전을 정의하고 sort(vec)(4.5.6절)를 만들 수 있다.

4.5.1 반복자의 사용

컨테이너를 처음 접하게 될 때 유용한 원소를 가리키는 반복자를 몇 개 얻을 수 있다. 앞에서

본 begin()과 end()가 아주 좋은 예다. 추가로 많은 알고리즘이 반복자를 반환한다. 예를 들어 표준 알고리즘 find는 시퀀스 내의 특정 값을 찾아 발견된 원소에 대한 반복자를 반환한다.

```
bool has_c(const string& s, char c)  // s 안에 c가 포함돼 있는가?
{
    auto p = find(s.begin(),s.end(),c);
    if (p!=s.end())
        return true;
    else
        return false;
}
```

많은 표준 라이브러리 검색 알고리즘과 마찬가지로 find는 '발견되지 않음'을 의미하는 end()를 반환한다. 동등한 기능이지만 좀 더 짧은 has_c()의 정의는 다음과 같다.

```
bool has_c(const string& s, char c)  // s 안에 c가 포함돼 있는가?
{
    return find(s.begin(),s.end(),c)!=s.end();
}
```

좀 더 흥미로운 과제는 문자열 내에서 특정 문자가 등장하는 모든 위치를 발견하는 것이다. 등장 위치의 집합을 string 반복자의 vector로 반환할 수 있다. vector가 이동 의미구조(3.3.1절)를 지원하기 때문에 vector를 반환하는 것이 효율적이다. 발견된 위치를 수정할 수도 있다는 가정하에 const가 아닌 문자열을 전달한다.

```
vector<string::iterator> find_all(string& s, char c)   // s에서 c가 등장하는 모든 경우를 찾는다.
{
    vector<string::iterator> res;
    for (auto p = s.begin(); p!=s.end(); ++p)
        if (*p==c)
            res.push_back(p);
    return res;
}
```

평범한 루프를 이용해서 문자열에 반복문을 돌리는데, ++를 이용해서 한 번에 한 원소만큼 반복자 p를 전진시키면서 역참조 연산자 *를 사용하는 원소를 찾는다. find_all()을 다음과 같이 검사할 수 있다.

```
void test()
{
    string m {"Mary had a little lamb"};
    for (auto p : find_all(m,'a'))
        if (*p!='a')
            cerr << "a bug!\n";
}
```

find_all 호출을 그림으로 표시하면 다음과 같다.

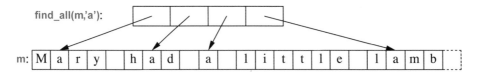

반복자와 표준 알고리즘은 적용 가능한 모든 표준 컨테이너에 대해 동일하게 작동한다. 결과적으로 find_all() 다음과 같이 범용화할 수 있다.

```
template<typename C, typename V>
vector<typename C::iterator> find_all(C& c, V v)   // s에서 c가 등장하는 모든 경우를 찾는다.
{
    vector<typename C::iterator> res;
    for (auto p = c.begin(); p!=c.end(); ++p)
        if (*p==v)
            res.push_back(p);
    return res;
}
```

typename은 컴파일러에게 C의 iterator가 어떤 타입의 값, 즉 정수 7이 아니라 타입이 될 것이라는 점을 알려주기 위해 필요하다. iterator에 대한 타입 별칭(3.4.5절)을 채택하면 이러한 구현 세부 사항을 은닉할 수 있다.

```
template<typename T>
using Iterator = typename T::iterator;          // T의 반복자

template<typename C, typename V>
vector<Iterator<C>> find_all(C& c, V v)          // c에서 v가 등장하는 모든 경우를 찾는다.
{
    vector<Iterator<C>> res;
    for (auto p = c.begin(); p!=c.end(); ++p)
        if (*p==v)
            res.push_back(p);
    return res;
}
```

이제 다음과 같이 작성할 수 있다.

```
void test()
{
    string m {"Mary had a little lamb"};
    for (auto p : find_all(m,'a'))                // p는 string::iterator
        if (*p!='a')
            cerr << "string bug!\n";

    list<double> ld {1.1, 2.2, 3.3, 1.1};
    for (auto p : find_all(ld,1.1))
        if (*p!=1.1)
            cerr << "list bug!\n";

    vector<string> vs { "red", "blue", "green", "green", "orange", "green" };
    for (auto p : find_all(vs,"red"))
        if (*p!="red")
            cerr << "vector bug!\n";

    for (auto p : find_all(vs,"green"))
```

```
        *p = "vert";
}
```

　　반복자는 알고리즘과 컨테이너를 분리하는 데 사용된다. 알고리즘은 반복자를 통해 데이터에 적용되는데, 원소가 저장되는 컨테이너에 대해서는 아무것도 알지 못한다. 역으로 컨테이너는 자신의 원소에 적용되는 알고리즘에 대해 아무것도 알지 못한다. 컨테이너는 요청에 의해 반복자를 제공하는 일만 할 뿐이다(예를 들면 `begin()`과 `end()`). 이러한 데이터 저장과 알고리즘의 분리 모델은 상당히 범용적이고 유연한 소프트웨어를 만들어 준다.

4.5.2 반복자 타입

반복자란 실제로 무엇인가? 모든 반복자는 어떤 타입의 객체다. 하지만 반복자는 특정한 컨테이너 타입에 대해 자신의 역할을 수행하기 위해 필요한 정보를 보관해야 하는 관계로, 반복자의 타입에도 여러 가지가 있다. 이런 반복자 타입은 컨테이너만큼이나, 또는 그들이 맞춰줘야 하는 특별한 필요성만큼이나 다양하다. 예를 들어 `vector`의 반복자는 일반적인 포인터가 될 수 있는데, 포인터가 `vector`의 원소를 가리키는 가장 타당한 방식이기 때문이다.

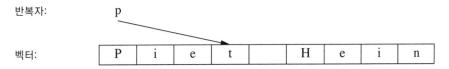

　　다른 방법으로 `vector` 반복자는 `vector`를 가리키는 포인터에 색인을 합친 것으로 구현될 수도 있다.

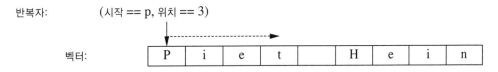

　　이러한 반복자를 사용하면 범위 체크가 가능해진다.
　　`list` 반복자는 어떤 원소를 가리키는 포인터에 비해 다소 복잡해질 수밖에 없다. 보통 `list`의 원소는 해당 `list`의 다음 원소가 어디에 있는지 알지 못하기 때문이다. 따라서 `list` 반복자는 링크를 가리키는 포인터일 가능성이 높다.

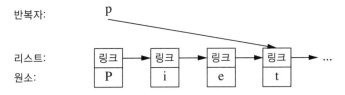

　　의미 구조와 연산의 이름은 모든 반복자에 공통적이다. 예를 들어 어떤 반복자든 ++를 적용하면 다음 원소를 가리키는 반복자가 나온다. 마찬가지로 *는 반복자가 참조하는 원소가 나온다. 사실 이런 간단한 규칙 몇 가지를 준수하는 객체는 모두 반복자라고 할 수 있다(33.1.4절).

더욱이 사용자는 특정한 반복자의 타입에 대해 거의 신경 쓸 필요가 없다. 각 컨테이너가 자신의 반복자 타입을 '알고 있기' 때문에 통상적인 iterator나 const_iterator란 이름으로 반복자를 사용할 수 있는 것이다. 예를 들어 list<Entry>::iterator는 list<Entry>에 대한 일반적인 반복자 타입이다. 우리가 해당 타입이 어떻게 정의되는지에 대한 세부 사항까지는 신경 쓸 필요는 거의 없다.

4.5.3 스트림 반복자

반복자는 컨테이너에 들어 있는 원소의 시퀀스를 다루는 데 쓰이는 일반적이고도 유용한 개념이다. 하지만 원소 시퀀스가 컨테이너 속에만 있는 것은 아니다. 예를 들어 입력 스트림은 값의 시퀀스를 만들어 내며, 우리는 값의 시퀀스를 출력 스트림에 써넣는다. 따라서 반복자의 개념은 입력과 출력에도 유용하게 적용될 수 있다.

ostream_iterator를 만들려면 사용될 스트림과 그곳에 써넣어질 객체의 타입을 지정해야 한다. 예를 들면 다음과 같다.

```
ostream_iterator<string> oo {cout};      // cout에 string을 쓴다.
```

*oo에 대입한 결과는 대입된 값을 cout에 쓰는 것과 같다. 다음의 예를 살펴보자.

```
int main()
{
    *oo = "Hello, ";        // cout<<"Hello, "를 의미한다.
    ++oo;
    *oo = "world!\n";       // cout<<"world!\n"을 의미한다.
}
```

이 코드는 표준 출력에 정규적인 메시지를 써넣는 또 다른 방법이다. ++oo는 포인터를 통해 배열에 써넣는 것을 흉내 내기 위해 사용된다.

비슷한 방식으로 istream_iterator는 입력 스트림을 읽기 전용 컨테이너로 다룰 수 있게 해 주는 반복자다. 역시 사용될 스트림과 기대되는 값의 타입을 지정해야 한다.

```
istream_iterator<string> ii {cin};
```

입력 반복자는 시퀀스를 나타내는 쌍에서 사용되므로, 입력의 끝을 알려주기 위해 istream_iterator를 제공해야 한다. 기본 istream_iterator는 다음과 같다.

```
istream_iterator<string> eos {};
```

보통 istream_iterator와 ostream_iterator는 직접적으로 사용되지는 않는다. 대신 이것들은 알고리즘에 대한 인자로서 제공된다. 파일을 읽어 들여 읽어 들인 단어를 정렬하고, 중복을 제거한 후 결과를 또 다른 파일에 기록하는 간단한 프로그램을 예제 삼아 작성해보자.

```
int main()
{
    string from, to;
    cin >> from >> to;                    // 소스 파일과 기록할 파일을 얻는다.
```

```
    ifstream is {from};                      // 파일 "from"을 위한 입력 스트림
    istream_iterator<string> ii {is};        // 스트림을 위한 입력 반복자
    istream_iterator<string> eos {};         // 입력 검사

    ofstream os {to};                        // 파일 "to"를 위한 출력 스트림
    ostream_iterator<string> oo {os,"\n"};   // 스트림을 위한 출력 반복자

    vector<string> b {ii,eos};               // b는 출력으로 초기화된 벡터
    sort(b.begin(),b.end());                 // 버퍼를 정렬한다.

    unique_copy(b.begin(),b.end(),oo);       // 버퍼를 출력으로 복사하고, 중복된 값을 버린다.

    return !is.eof() || !os;                 // 오류 상태를 반환한다(2.2.1절, 38.3절).
}
```

ifstream은 파일에 부착할 수 있는 istream이고, ofstream은 파일에 부착할 수 있는 ostream이다. ostream_iterator의 두 번째 인자는 출력 값들을 구분하는 데 사용된다.

실제로 이 프로그램은 필요 이상으로 길다. 문자열을 vector로 읽어 들인 다음, 그것을 sort()하고, 이어서 그것들을 출력하고 중복을 제거한다. 중복을 아예 저장하지 않는다면 좀 더 깔끔한 해결책이 될 것이다. 이렇게 하려면 string을 set에 보관하면 되는데, set은 중복을 보관하지 않고 자신의 원소들을 순서대로 보관한다(31.4.3절). 이렇게 한다면 vector를 사용하는 두 행을 set를 사용하는 한 행으로 대체할 수 있고, unique_copy()를 좀 더 간단한 copy()로 대체할 수 있다.

```
set<string> b {ii,eos};                      // 입력에서 문자열을 수집한다.
copy(b.begin(),b.end(),oo);                  // 버퍼를 출력으로 복사한다.
```

ii, eos, oo란 이름은 딱 한 번만 쓰였으므로, 프로그램의 크기를 좀 더 줄일 수 있다.

```
int main()
{
    string from, to;
    cin >> from >> to;                       // 소스 파일과 기록할 파일을 얻는다.

    ifstream is {from};                      // 파일 "from"을 위한 입력 스트림
    ofstream os {to};                        // 파일 "to"를 위한 출력 스트림

    set<string> b {istream_iterator<string>{is},istream_iterator<string>{}};   // 입력을
                                                                                // 읽어 들인다.
    copy(b.begin(),b.end(),ostream_iterator<string>{os,"\n"});    // 출력에 복사한다.
    return !is.eof() || !os;                 // 오류 상태를 반환한다(2.2.1절, 38.3절).
}
```

마지막으로 줄인 방식이 더 읽기 쉬운지의 여부는 취향과 경험에 따라 달라질 것이다.

4.5.4 술어 함수

앞의 예제를 보면 알고리즘은 시퀀스의 각 원소에 대해 수행될 '미리 준비된' 동작을 갖고 있을 뿐이다. 하지만 때로는 그러한 동작을 알고리즘에 대한 매개변수로 만들어야 하는 경우가 있다. 예를 들어 find 알고리즘(32.4절)은 간편하게 특정 값을 검색하는 방법을 제공한다.

좀 더 범용적인 변형 버전인 술어 함수^{predicate}(3.4.2절)는 지정된 요구 사항을 만족시키는 특정 원소를 찾는다. 예를 들어 42보다 큰 첫 번째 값을 map에서 검색하고 싶을 수 있다. map의 원소는 (키, 값) 쌍의 시퀀스로 접근할 수 있으므로, map<string,int>의 시퀀스에서 int가 42보다 큰 pair<const string,int>를 검색할 수 있다.

```
void f(map<string,int>& m)
{
    auto p = find_if(m.begin(),m.end(),Greater_than{42});
    // ...
}
```

여기서 Greater_than은 함수 객체(3.4.3절)로서 비교 대상이 될 값(42)을 보관하고 있다.

```
struct Greater_than {
    int val;
    Greater_than(int v) : val{v} { }
    bool operator()(const pair<string,int>& r) { return r.second>val; }
};
```

다른 방법으로는 람다 표현식(3.4.3절)을 사용할 수 있다.

```
auto p = find_if(m.begin(), m.end(), [](const pair<string,int>& r) { return r.second>42; });
```

4.5.5 알고리즘 개요

알고리즘은 일반적으로 "특정한 문제의 집합을 해결하기 위해 순서대로 연산을 제공하는 한 정된 규칙 집합으로서 한정성^{Finiteness}, 명확성^{Definiteness}, 입력^{Input}, 출력^{Output}, 유효성^{Effectiveness}의 5가지 중요한 특성을 가진다"고 정의될 수 있다.[Knuth,1968,1.1절]. C++ 표준 라이브러리의 관점에 서 보면 알고리즘은 원소의 시퀀스에 적용되는 함수 템플릿이다.

표준 라이브러리는 수십 가지의 알고리즘을 제공한다. 이런 알고리즘들은 std 네임스페이 스 안에서 정의되며, <algorithm> 헤더에 들어 있다. 이러한 표준 라이브러리 알고리즘들은 모두 시퀀스를 입력으로 받아들인다(4.5절). b에서 e까지 반개방^{half-open} 시퀀스는 [b:e)로 표 시된다. 여기서 특별히 유용하다고 여겨지는 몇 가지를 소개한다.

선택된 표준 알고리즘

p=find(b,e,x)	p는 [b:e)에서 *p==x를 만족하는 첫 번째 p다.
p=find_if(b,e,f)	p는 [b:e)에서 f(*p)==true를 만족하는 첫 번째 p다.
n=count(b,e,x)	n은 [b:e)에서 *q==x를 만족하는 원소 *q의 개수다.
n=count_if(b,e,f)	n은 [b:e)에서 f(*q)를 만족하는 원소 *q의 개수다.
replace(b,e,v,v2)	[b:e)에서 *q==v를 만족하는 원소를 v2로 대체한다.
replace_if(b,e,f,v2)	[b:e)에서 f(*q)를 만족하는 원소를 v2로 대체한다.
p=copy(b,e,out)	[b:e)를 [out:p)로 복사한다.

(이어짐)

p=copy_if(b,e,out,f)	[b:e)에서 f(*q)를 만족하는 원소 *q를 [out:p)로 복사한다.
p=unique_copy(b,e,out)	[b:e)를 [out:p)로 복사한다. 인접한 중복 원소는 복사하지 않는다.
sort(b,e)	<를 정렬 기준으로 활용해서 [b:e)의 원소를 정렬한다.
sort(b,e,f)	f를 정렬 기준으로 활용해서 [b:e)의 원소를 정렬한다.
(p1,p2)=equal_range(b,e,v)	[p1:p2)는 정렬된 시퀀스 [b:e) 중에서 값 v를 가진 부분 시퀀스다. 기본적으로는 v를 이진 검색하는 것이다.
p=merge(b,e,b2,e2,out)	정렬된 두 개의 시퀀스 [b:e)와 [b2:e2)를 [out:p)로 병합한다.

이런 알고리즘들을 비롯해서 더 많은 알고리즘(32장 참고)이 컨테이너, string 및 기본 제공 배열의 원소에 적용될 수 있다.

4.5.6 컨테이너 알고리즘

시퀀스는 반복자 [begin:end) 쌍으로 정의된다. 이런 정의가 일반적이고 융통성이 있긴 하지만, 컨테이너의 내용물인 시퀀스에 알고리즘을 적용해야 하는 경우가 가장 빈번하게 일어난다. 예를 들면 다음과 같다.

```
sort(v.begin(),v.end());
```

그냥 간단히 sort(v)라고 써도 되지 않을까? 그런 간단한 방법을 손쉽게 적용할 수 있다.

```
namespace Estd {
    using namespace std;

    template<typename C>
    void sort(C& c)
    {
        sort(c.begin(),c.end());
    }

    template<typename C, typename Pred>
    void sort(C& c, Pred p)
    {
        sort(c.begin(),c.end(),p);
    }
    // ...
}
```

sort()(및 다른 알고리즘)의 컨테이너 버전을 그들만의 네임스페이스인 Estd('extended확장된 std')에 넣어서 다른 프로그래머들이 쓰는 std 네임스페이스와 충돌되지 않게 했다.

4.6 조언

[1]   바퀴를 다시 필요는 없다. 라이브러리를 활용한다(4.1절).

[2]   선택 가능할 경우에는 다른 라이브러리보다 표준 라이브러리를 우선 사용한다(4.1절).

[3]   표준 라이브러리가 만능이라고 생각하지는 말기 바란다(4.1절).

[4]   사용하려는 기능에 대한 헤더를 #include하는 것을 잊지 않는다(4.1.2절).

[5]   표준 라이브러리 기능은 std 네임스페이스 범위로 정의된다는 점을 명심한다(4.1.2절).

[6]   C 스타일 문자열(char*, 2.2.5절)보다 string을 우선 사용한다(4.2절, 4.3.2절).

[7]   istream은 타입을 구분하고, 타입 안전성이 있으며, 확장성이 있다(4.3절).

[8]   T[]보다 vector<T>, map<K,T>, unordered_map<K,T>를 우선 사용한다(4.4절).

[9]   표준 컨테이너와 그들의 장단점을 파악한다(4.4절).

[10] vector를 기본 컨테이너로 활용한다(4.4.1절).

[11] 가급적 간결한 데이터 구조를 사용한다(4.4.1.1절).

[12] 의심스럽다면 범위 체크 벡터(Vec 등의)를 사용한다(4.4.1.2절).

[13] push_back() 또는 back_inserter()를 사용해서 컨테이너에 원소를 추가한다(4.4.1절, 4.5절).

[14] 배열에 realloc()을 사용하지 않고, vector에 push_back()을 사용한다(4.5절).

[15] 일반적인 예외는 main()에서 잡는다(4.4.1.2절).

[16] 표준 알고리즘을 파악해서 직접 만든 루프보다는 표준 알고리즘을 우선 사용한다(4.5.5절).

[17] 반복자가 장황해지면 컨테이너 알고리즘을 정의한다(4.5.6절).

[18] 완전한 컨테이너에 대해서는 범위 기반 for 루프를 사용한다.

C++ 둘러보기:
병행성과 유틸리티

가르치고 싶다면 간단히 하라

— **키케로**(Cicero)

- 개요
- 자원 관리 `unique_ptr`과 `shared_ptr`
- 병행성 태스크와 `thread`, 인자 전달, 결과 반환, 데이터 공유, 태스크 통신
- 소규모 유틸리티 구성 요소 시간, 타입 함수: `pair`와 `tuple`
- 정규 표현식
- 수학 수학 함수와 알고리즘, 복소수, 난수, 벡터 산술 연산, 수치 한계
- 조언

5.1 개요

최종 사용자의 관점에서 이상적인 표준 라이브러리란 실질적인 모든 필요성을 직접적으로 지원해주는 구성 요소를 제공해주는 것이다. 특정 응용 영역에 대해서는 거대한 규모의 상용 라이브러리가 그러한 이상에 근접할 수 있다. 하지만 C++ 표준 라이브러리가 지향하는 바는 다르다. 관리에 용이하고, 범용적으로 이용 가능한 라이브러리는 모든 사람의 모든 요구를 다 맞춰줄 수는 없다. 그 대신 C++ 표준 라이브러리는 대부분 응용 영역에서 대부분의 사람들에게 유용한 구성 요소를 제공하는 것을 목표로 한다. 즉, 모든 요구의 합집합보다는 모든 요구의 교집합을 충족시키는 것을 목적으로 한다는 뜻이다. 추가로 수학 계산과 텍스트 조작 같이 몇 가지 널리 쓰이는 중요한 응용 영역에 대한 지원이 포함돼 있다.

5.2 자원 관리

본격적인 프로그램에서 자원 관리는 중요한 과제 중 한 가지다. 자원이란 획득됐다가 나중에

(명시적 또는 암시적으로) 해제돼야 하는 것이다. 메모리, 잠금, 소켓, 스레드 핸들, 파일 핸들이 그런 예다. 오래 실행되는 프로그램의 경우 적절한 시점에 자원을 해제하지 못하면('누출') 심각한 성능 저하의 원인이 될 수 있으며, 비참하게 프로그램이 멈출 수도 있다. 짧은 프로그램인 경우에도 누출은 골칫거리가 될 수 있는데, 자원 부족으로 인해 실행 시간이 몇 배 늘어날 수 있기 때문이다.

표준 라이브러리 구성 요소는 자원을 누출하지 않게 설계돼 있다. 이를 위해 표준 라이브러리 구성 요소는 생성자/소멸자 쌍을 이용하는 언어의 기본적인 자원 관리 지원에 의존하는데, 생성자/소멸자 쌍은 자원이 그것을 담당하는 객체보다 오래 살아남지 않게 보장해준다. Vector 예제에서 원소의 수명을 관리하기 위해 생성자/소멸자 쌍을 이용하는 것이 그런 예인데(3.2.1.2절), 표준 라이브러리 컨테이너 역시 비슷한 방식으로 구현된다. 이런 접근법이 예외를 이용한 오류 처리와 정확하게 상호작용한다는 점이 중요하다. 이런 기법이 표준 라이브러리 잠금 클래스에서 사용되는 예제를 살펴보자.

```
mutex m;        // 공유 데이터에 대한 접근을 보호하기 위해 사용된다.
// ...
void f()
{
    unique_lock<mutex> lck {m};      // 뮤텍스 m을 획득한다.
    // ... 공유 데이터를 조작한다...
}
```

thread는 lck의 생성자가 그것의 mutex, m(5.3.4절)을 획득하기 전까지는 진행되지 않을 것이다. 해당되는 소멸자는 자원을 해제한다. 따라서 이 예제에서 unique_lock의 소멸자는 제어 스레드가 f()를 떠날 때('함수의 끝에서 떨어져 나가거나' 예외 던지기를 통해) mutex를 해제한다.

이는 "자원 획득은 초기화다" 기법(RAII, 3.2.1.2절, 13.3절)을 응용한 것이다. 이 기법은 C++ 특유의 자원 처리에서 필수적이다. 컨테이너(vector와 map 등), string, iostream은 자신들의 자원(파일 핸들이나 버퍼 등)을 비슷한 방식으로 관리한다.

5.2.1 unique_ptr과 shared_ptr

지금까지의 예제들은 유효 범위 내에서 정의돼 유효 범위를 빠져 나갈 때 획득한 자원을 해제하는 객체를 다뤄왔다. 그렇다면 자유 저장 공간에 할당된 객체들은 어떻게 해야 하는가? <memory>에서 표준 라이브러리는 자유 저장 공간에 있는 객체를 관리하는 데 도움을 주는 두 가지의 '스마트 포인터'를 제공한다.

[1] 고유 소유권을 표시하는 unique_ptr(34.3.1절)
[2] 공유 소유권을 표시하는 shared_ptr(34.3.2절)

이러한 '스마트 포인터'의 가장 기본적인 용도는 부주의한 프로그래밍에 의해 일어날 수 있는 메모리 누출을 방지하는 것이다. 예를 들면 다음과 같다.

```
void f(int i, int j)              // X*와 unique_ptr<X>의 비교
```

```
{
    X* p = new X;                // 새로운 X를 할당한다.
    unique_ptr<X> sp {new X};    // 새로운 X를 할당하고 그것의 포인터를 unique_ptr에 넣는다.
    // ...

    if (i<99) throw Z{};         // 예외를 던질 수 있다.
    if (j<77) return;            // "일찍" 반환할 수 있다.
    p->do_something();           // 예외를 던질 수 있다.
    sp->do_something();          // 예외를 던질 수 있다.
    // ...
    delete p;                    // *p를 소멸시킨다.
}
```

여기서는 i<99이거나 i<<77일 경우 p를 소멸시키는 것을 잊어 먹었다. 반면 unique_ptr
은 어떤 방식으로 f()를 빠져 나가든 그것의 객체가 소멸되게 보장해준다(예외를 던지거나,
return을 반환하거나 아니면 '끝에서 떨어져 나감으로써'). 역설적이겠지만 포인터를 쓰지 않거나 new를
사용하지만 않았어도 이런 문제가 해결됐을 것이다.

```
void f(int i, int j)              // 지역 변수를 사용한다.
{
    X x;
    // ...
}
```

안타깝게도 new(그리고 포인터와 참조자)를 많이 사용할수록 문제가 점점 늘어나는 것으로 보인다.
하지만 포인터의 의미 구조가 정말로 필요할 때 unique_ptr은 기본 제공 포인터를 사용하
는 표준적인 방식에 비해 공간이나 시간 오버헤드가 없는 상당히 가벼운 메커니즘이다. 이것
의 또 다른 용도는 자유 저장 공간에 할당된 객체를 함수 안팎으로 전달하는 것이다.

```
unique_ptr<X> make_X(int i)
    // X를 만들고 곧바로 unique_ptr을 할당한다.
{
    // ... i의 검사 등 ...
    return unique_ptr<X>{new X{i}};
}
```

vector가 객체의 시퀀스에 대한 핸들인 것과 마찬가지로 unique_ptr은 객체(또는 배열)에
대한 핸들이다. 둘 다 다른 객체의 수명을 제어하며(RAII를 이용해서), 둘 다 return을 간단하고
효율적으로 만들기 위해 이동 의미 구조에 의존한다.

shared_ptr은 이동되지 않고 복사된다는 점만 제외하면 unique_ptr과 비슷하다. 어떤
객체에 대한 shared_ptr들은 해당 객체의 소유권을 공유하며, 해당 객체는 그것의 마지막
shared_ptr이 소멸될 때 소멸된다. 예를 들면 다음과 같다.

```
void f(shared_ptr<fstream>);
void g(shared_ptr<fstream>);

void user(const string& name, ios_base::openmode mode)
{
    shared_ptr<fstream> fp {new fstream(name,mode)};
```

```
    if (!*fp) throw No_file{};  // 파일이 제대로 열려 있는지 확인한다.

    f(fp);
    g(fp);
    // ...
}
```

이제 fp의 생성자에 의해 열린 파일은 fp의 사본을 (명시적 또는 암시적으로) 소멸시키는 마지막 함수에 의해 닫힐 것이다. f()나 g()는 fp의 사본을 보관하는 태스크를 생성하거나 뭔가 다른 방식으로 user()보다 오래 살아남는 사본을 저장하지 않는다는 점에 유의한다. 따라서 shared_ptr은 메모리 관리 객체를 소멸자 기반으로 자원 관리하는 방식으로 일종의 가비지 컬렉션을 제공하는 셈이다. 이런 방식은 아무런 비용이 들지도 않고 터무니없는 비용이 드는 것도 아니지만, 공유 객체의 수명을 예측하기 어렵게 만드는 것은 사실이다. shared_ptr은 실제로 공유 소유권이 필요한 경우에만 사용돼야 한다.

unique_ptr과 shared_ptr이 있으면 많은 프로그램에 대해 '무방비의 new가 없는' 정책(3.2.1.2절)을 실현할 수 있다. 하지만 이런 '스마트 포인터'는 개념적으로는 여전히 포인터이기 때문에 자원 관리에 있어 차선책에 불과하다. 좀 더 높은 개념적 수준으로 자원을 관리하는 컨테이너를 비롯한 다른 타입이 더 우선인 것이다. 특히 shared_ptr은 그들의 소유자가 공유 객체를 읽거나 공유 객체에 기록하기 위해 필요한 아무런 규칙도 자체적으로 제공하지 못한다. 데이터 경합(41.2.4절)과 다른 형태의 혼란은 그저 자원 관리 이슈만 제거한다고 해서 해결되지는 않는다.

그렇다면 자원 전용으로 설계된 연산을 가진 자원 핸들(vector나 thread 등)보다 '스마트 포인터'(unique_ptr 등)는 어느 경우에 사용해야 하는가? 당연하겠지만 그 답은 '포인터 의미 구조가 필요할 때'다.

- 어떤 객체를 공유할 때는 공유 객체를 참조하기 위해 포인터(또는 참조자)가 필요하므로, shared_ptr이 확실한 선택이 된다(명확한 단일 소유자가 있지 않는 한).
- 다형성 객체를 참조할 때는 참조되는 객체의 정확한 타입을 알지 못하는 관계로 포인터(또는 참조자)가 필요하므로, unique_ptr이 확실한 선택이 된다.
- 공유 다형성 객체는 대개 shared_ptr을 필요로 한다.

함수에서 객체의 집합을 반환하기 위해 포인터를 사용할 필요는 없다. 자원 핸들인 컨테이너가 그 역할을 간단하고 효율적으로 수행할 것이다(3.3.2절).

5.3 병행성

몇 가지 작업을 동시에 수행한다는 의미인 **병행성**^{concurrency}은 처리 속도 개선(단일 계산 작업에 다수의 프로세서를 사용함으로써)이나 응답성 개선(프로그램의 어떤 부분이 응답을 위해서 대기 중일 때 다른 부분이 프로그램을 진행시키게 함으로써)을 위해 널리 쓰인다. 현대의 모든 프로그래밍 언어는 이에 대해 지원한다. C++ 표준 라이브러리에서 제공되는 지원은 C++에서 20년 넘게 사용된 기능의 이식성과 타입 안전성을 높인 버전이며, 현대의 하드웨어에서 거의 보편적으로 지원된다. 표준 라이브러리 지원은 직접적으로 복잡한 상위 수준의 병행성 모델을 지원하는 것보다는 주로 시스템 수준의 병행성을 지원하는 데 목적이 있다. 복잡한 상위 수준의 병행성 모델에 대한 지원은 표준 라이브러리 기능을 이용해서 구축된 라이브러리에 의해 제공될 수 있다.

표준 라이브러리는 단일 주소 공간 내에서 다중 스레드의 병행 실행을 직접적으로 지원한다. 이를 위해 C++는 적합한 메모리 모델(41.2절)과 최소 단위 연산의 집합(41.3절)을 제공한다. 하지만 대부분 사용자는 그것들의 상부에 구축된 표준 라이브러리와 라이브러리의 관점에서만 병행성을 접하게 될 것이다. 이번 절에서는 핵심적인 표준 라이브러리 병행성 지원 기능인 **threads**, **mutex**, **lock()** 연산, **packaged_task**, **futures**의 예제들을 간단히 소개한다. 이런 기능들은 운영체제가 제공하는 기능을 기반으로 구축돼 있기 때문에, 다른 것들에 비해 성능의 저하를 유발하지 않는다.

5.3.1 태스크와 스레드

다른 계산과 병행해서 수행될 수 있는 계산은 태스크^{task}라고 불린다. 스레드^{thread}는 프로그램에 들어 있는 태스크를 시스템 수준으로 표현한 것이다. 다른 태스크와 병행 수행될 수 있는 태스크는 태스크를 인자로 넣어서 **std::thread**(<thread>에 있는)를 생성함으로써 시작될 수 있다. 태스크는 함수 아니면 함수 객체다.

```
void f();                    // 함수
struct F {                   // 함수 객체
    void operator()();       // F의 호출 연산자(3.4.3절)
};
void user()
{
    thread t1 {f};           // f()는 별도의 스레드에서 실행된다.
    thread t2 {F()};         // F()()는 별도의 스레드에서 실행된다.

    t1.join();               // t1을 기다린다.
    t2.join();               // t2를 기다린다.
}
```

join()은 스레드가 완료되기 전까지 **user()**를 빠져 나가지 못하게 보장한다. 'join^{참여}'이란 "스레드가 종료될 때가지 기다린다"는 의미다.

한 프로그램의 스레드는 단일 주소 공간을 공유한다. 이런 측면에서 스레드는 일반적으로 데이터를 직접적으로 공유하지 않는 프로세스와는 다르다. 스레드는 주소 공간을 공유하므로, 공유 객체(5.3.4절)를 통해 서로 통신할 수 있다. 보통 그러한 통신은 데이터 경합(변수에 대한 제어되지 않은 동시적인 접근)을 방지해 주는 잠금이나 여타 메커니즘에 의해 제어된다.

병행 태스크를 프로그래밍하는 일은 상당히 까다로울 수 있다. 태스크 **f**(어떤 함수)와 태스크 **F**(어떤 함수 객체)로 가능한 구현을 살펴보자.

```
void f() { cout << "Hello "; }
struct F {
    void operator()() { cout << "Parallel World!\n"; }
};
```

이 코드는 나쁜 오류가 일어나는 예다. 여기서 f와 F()는 아무런 형태의 동기화 없이 cout 객체를 제각기 사용한다. 두 태스크에서 개별 연산의 처리 순서가 정의되어 있지 않기 때문에 결과 출력은 예측 불가하고, 프로그램의 실행 상황에 따라 가변적일 것이다. 이 프로그램은 다음과 같은 '이상한' 결과를 내놓을 것이다.

```
PaHerallllel o World!
```

병행성 프로그램의 태스크를 정의할 때는 간단하고 명확한 방식으로 서로 통신해야 하는 경우를 제외하고는 태스크를 완전히 분리하는 것을 목표로 해야 한다. 병행 태스크를 이해하는 가장 간단한 방식은 호출자와 동시에 실행되는 함수로 생각하는 것이다. 이런 함수가 동작하기 위해서는 인자를 전달하고, 결과를 되돌려 받아야 하며, 서로 간에 공유되는 데이터가 존재하지 않게 해야 한다(데이터 경합이 발생하지 않게).

5.3.2 인자 전달

보통 태스크에는 동작 대상이 될 데이터가 필요하다. 데이터(또는 데이터에 대한 포인터나 참조자)는 인자로서 손쉽게 전달할 수 있다. 다음을 살펴보자.

```
void f(vector<double>& v);              // v로 뭔가를 하는 함수

struct F {                              // v로 뭔가를 하는 함수 객체
    vector<double>& v;
    F(vector<double>& vv) :v{vv} { }
    void operator()();                  // 애플리케이션 연산자(3.4.3절)
};

int main()
{
    vector<double> some_vec {1,2,3,4,5,6,7,8,9};
    vector<double> vec2 {10,11,12,13,14};

    thread t1 {f,ref(some_vec)};        // f(some_vec)는 별도의 스레드에서 실행된다.
    thread t2 {F{vec2}};                // F(vec2)()는 별도의 스레드에서 실행된다.

    t1.join();
    t2.join();
}
```

누가 봐도 알 수 있겠지만, F{vec2}는 F의 인자 벡터에 대한 참조자를 저장한다. F가 실행되는 동안 다른 태스크가 vec2에 접근하지 않기를 바라야 한다. v2를 값으로 전달하면 그런 우려가 사라질 것이다.

{f,ref(some_vec)}로 초기화하는 과정에서 임의의 인자 시퀀스를 받아들일 수 있는 thread 가변 인자 템플릿 생성자(28.6절)가 사용된다. ref()는 <functional>에 있는 타입 함수로서

가변 인자 템플릿에게 some_vec를 객체가 아니라 참조자로 취급하라고 알려주기 위해 어쩔 수 없이 필요한 것이다(33.5.1절). 컴파일러는 주어진 다음 인자로 첫 번째 인수가 호출될 수 있는지 체크하고 스레드에 전달할 필요가 있는 함수 객체를 만든다. 따라서 `f()`와 `F::operator()()`가 동일한 알고리즘을 수행한다면 두 태스크의 처리는 거의 비슷하다. 두 경우 모두 함수 객체는 실행될 `thread`를 위해 생성된다.

5.3.3 결과 반환

5.3.2절의 예제에서 나는 const가 아닌 참조자에 의해 인자를 전달했다. 나는 해당 태스크가 참조되는 데이터의 값을 수정할 것이 예상되는 경우에만 그렇게 한다(7.7절). 그런 방식은 약간 약삭빠르긴 하지만, 드물지는 않은 결과 반환 방식이다. 좀 더 명확한 기법은 const 참조자에 의해 입력 데이터를 전달하고, 결과를 저장할 장소의 위치를 별도의 인자로 전달하는 것이다.

```cpp
void f(const vector<double>& v, double* res);  // v에서 입력을 받아들이고, *res에 결과를 넣는다.

class F {
public:
    F(const vector<double>& vv, double* p) :v{vv}, res{p} { }
    void operator()();                      // 결과를 *res에 넣는다.
private:
    const vector<double>& v;                // 입력 출처
    double* res;                            // 출력을 넣을 대상
};

int main()
{
    vector<double> some_vec;
    vector<double> vec2;
    // ...

    double res1;
    double res2;

    thread t1 {f,ctrf(some_vec),&res1};   // f(some_vec,&res1)은 별도의 스레드에서 실행된다.
    thread t2 {F{vec2,&res2}};            // F{vec2,&res2}()는 별도의 스레드에서 실행된다.

    t1.join();
    t2.join();

    cout << res1 << ' ' << res2 << '\n';
}
```

이 코드는 제대로 동작하고 이런 기법은 상당히 흔하지만, 개인적으로는 인자를 통해 결과를 반환하는 방식이 특별히 훌륭하다고 생각하지는 않는다. 이 문제는 5.3.5.1절에서 다시 다룬다.

5.3.4 데이터 공유

때때로 태스크는 데이터를 공유해야 할 필요가 있다. 그런 경우에는 접근을 동기화해서 한 번에 최대 하나의 태스크만 접근하게 해야 한다. 숙련된 프로그래머들은 이것을 단순화의

문제라고 바라볼 수도 있겠지만(예를 들어 많은 태스크가 동시에 변할 수 없는 데이터를 읽으려고 해도 아무런 문제가 없다), 주어진 객체 집합에 한 번에 최대 하나의 태스크만 접근하게 하려면 어떻게 해야 할지 고려해보자.

해결책에서 가장 근본적인 요소는 **mutex**, 즉 '상호 배타 객체^{mutual exclusion object}'다. **thread**는 **lock()** 연산을 이용해서 뮤텍스를 얻는다.

```
mutex m;        // 뮤텍스 제어
int sh;         // 공유 데이터

void f()
{
    unique_lock<mutex> lck {m};     // 뮤텍스를 획득한다.
    sh += 7;                        // 공유 데이터를 조작한다.
}   // 뮤텍스를 암시적으로 해제한다.
```

unique_lock의 생성자는 **m.lock()** 호출을 통해 뮤텍스를 획득한다. 또 다른 스레드가 이미 뮤텍스를 획득하고 있다면 이 스레드는 다른 스레드의 접근이 끝날 때까지 기다린다('차단'). 한 스레드가 공유 데이터에 대한 접근을 끝내면 **unique_lock**은 **m.unlock()** 호출을 통해 **mutex**를 해제한다. 상호 배타와 잠금 기능은 **<mutex>**에서 찾을 수 있다.

공유 데이터와 **mutex** 사이의 대응 관계는 규약에 정해져 있다. 프로그래머는 그저 어떤 데이터에 어떤 **mutex**가 대응되는지만 알면 된다. 분명히 이 방법은 오류에 취약하므로, 그만큼 분명하게 다양한 언어적 수단을 통해 대응 관계를 명확화하기 위해 노력해야 한다.

```
class Record {
public:
    mutex rm;
    // ...
};
```

rec를 호출한 Record에 대해 **rec.rm**이 **rec**의 다른 데이터에 접근하기 전에 획득해야 하는 뮤텍스란 점을 파악하기가 그렇게 어려운 일은 아니지만, 그럼에도 주석이나 좀 더 적당한 이름을 통해 코드를 읽는 다른 이들에게 좀 더 명확히 알려줘야 한다.

어떤 동작을 수행하기 위해 몇 가지 자원에 동시 접근해야 하는 경우도 드물지는 않다. 이는 교착 상태^{dead lock}로 이어질 수 있다. 예를 들어 **thread1dl mutex1**을 획득한 다음 **mutex2**를 획득하려고 시도하는 와중에 **thread2**가 **mutex2**를 획득한 다음 **mutex1**을 획득하려고 시도한다면 어떤 태스크도 더 이상 진행되지 않을 것이다. 표준 라이브러리는 여러 개의 잠금을 동시에 획득할 수 있는 연산의 형태로, 이런 문제에 대한 도움을 제공한다.

```
void f()
{
    // ...
    unique_lock<mutex> lck1 {m1,defer_lock};  // defer_lock: 아직 뮤텍스 획득을 시도하지 마시오.
    unique_lock<mutex> lck2 {m2,defer_lock};
    unique_lock<mutex> lck3 {m3,defer_lock};
    // ...
```

```
    lock(lck1,lck2,lck3);                              // 3개의 모든 잠금을 획득한다.
    // ... 공유 데이터를 조작한다...
} // 암시적으로 모든 뮤텍스를 해제한다.
```

여기서 `lock()`은 모든 `mutex` 인자를 획득한 후에만 진행될 것이며, `mutex`를 갖고 있는 동안에는 차단 상태가('휴면 상태로 진입') 되지 않을 것이다. 개별적인 `unique_lock`에 대한 소멸자는 `thread`가 유효 범위를 벗어날 때 `mutex`가 반드시 해제되게 해준다.

공유 데이터를 통한 통신은 상당히 저수준이다. 특히 프로그래머는 다양한 과제에 의해 어떤 작업이 수행되고 수행되지 않았는지 파악하는 방법을 고안해야 한다. 그런 측면에서 공유 데이터의 사용은 호출 및 반환 개념에 비해 떨어진다고 볼 수 있다. 반면 어떤 사람들은 공유가 인자의 복사와 반환에 비해 좀 더 효율적이어야 한다는 확신을 갖고 있다. 그런 시각은 대용량의 데이터가 관련됐을 때는 타당할 수 있지만, 잠금과 잠금 해제는 비교적 비용이 많이 드는 연산이다. 반면 최근 컴퓨터들은 데이터, 특히 `vector` 원소 같이 간결한 데이터의 복사에 매우 능하다. 따라서 심사숙고하거나 실제로 측정하지 않고 '효율성'이란 핑계로 공유 데이터를 통신용으로 선택하지 말기 바란다.

5.3.4.1 이벤트 대기

때때로 `thread`는 어떤 종류의 외부 이벤트[event]를 기다려야 하는 경우가 있는데, 다른 `thread`가 태스크를 완료하는 것을 기다린다든지 또는 일정한 시간 경과를 기다린다든지 하는 경우가 그렇다. 가장 간단한 '이벤트'는 시간 경과다. 다음을 살펴보자.

```
using namespace std::chrono;                         // 35.2절 참고

auto t0 = high_resolution_clock::now();
this_thread::sleep_for(milliseconds{20});
auto t1 = high_resolution_clock::now();
cout << duration_cast<nanoseconds>(t1-t0).count() << " nanoseconds passed\n";
```

여기서는 `thread`를 시작할 필요조차 없었다는 점을 눈여겨보기 바란다. 기본 설정상 `this_thread`는 오직 하나의 스레드만을 참조한다(42.2.6절).

`duration_cast`는 시계의 단위를 내가 원하는 대로 나노초로 맞추기 위해 사용했다. 시간에 대해 이보다 복잡한 뭔가를 시도해보고 싶다면 우선 5.4.1절과 35.2절을 참고하기 바란다. 시간 기능은 <chrono>에서 찾을 수 있다.

외부 이벤트를 이용한 통신에 대한 기본 지원은 <condition_variable>(42.3.4절)에 있는 `condition_variables`에 의해 제공된다. `condition_variable`은 어떤 `thread`가 다른 스레드를 기다릴 수 있게 해주는 메커니즘이다. 특히 이것은 어떤 `thread`가 다른 `thread`에 의해 수행된 작업의 결과로 어떤 **조건**[condition](흔히 이벤트라고 불린다)이 일어나는 것을 기다릴 수 있게 해준다.

`queue`를 통해 메시지를 전달하는 방식으로 서로 통신하는 두 `thread`의 고전적인 예제를 살펴보자. 간단하게 하기 위해 `queue`를 선언하고 생산자와 소비자에 대해 전역적인 해당

queue에 대한 경합 조건을 피하기 위한 메커니즘을 선언한다.

```cpp
class Message {                         // 전달할 객체
    // ...
};

queue<Message> mqueue;                  // 메시지의 큐
condition_variable mcond;               // 이벤트를 전달하는 변수
mutex mmutex;                           // 잠금 메커니즘
```

　　queue, condition_variable, mutex 타입은 표준 라이브러리에서 제공된다.

　　consumer()는 Message를 읽어 들여서 처리한다.

```cpp
void consumer()
{
    while(true) {
        unique_lock<mutex> lck{mmutex};     // mmutex를 획득한다.
        mcond.wait(lck);                    // lck를 해제하고 대기한다.
                                            // 깨어날 때 lck를 다시 획득한다.
        auto m = mqueue.front();            // 메시지를 얻는다.
        mqueue.pop();
        lck.unlock();                       // lck를 해제한다.
        // ... process m ...
    }
}
```

　　여기서는 mutex의 unique_lock으로 queue와 condition_variable에 대한 연산을 명시적으로 보호한다. condition_variable을 대기하면 그것의 잠금 인자를 대기가 종료될 때까지 (따라서 큐가 비어 있지 않게 된다) 해제했다가 다시 재획득한다.

　　대응되는 producer는 다음과 같다.

```cpp
void producer()
{
    while(true) {
        Message m;
        // ... 메시지를 채운다...
        unique_lock<mutex> lck {mmutex};        // 연산을 보호한다.
        mqueue.push(m);
        mcond.notify_one();                     // 통보한다.
    }                                           // 잠금을 해제한다(유효 범위가 끝나면).
}
```

　　condition_variable을 활용하면 깔끔하고 효율적인 여러 가지 형태의 공유를 지원할 수 있지만, 약간 까다로울 수 있다(42.3.4절).

5.3.5 태스크 통신

표준 라이브러리는 프로그래머가 스레드와 잠금을 이용해서 저수준에서 직접적으로 처리하는 방식보다 개념적인 수준의 태스크를 (병행 수행 가능한 작업으로) 다룰 수 있게 해주는 몇 가지 기능을 제공한다.

[1] 별도의 스레드에서 생성된 태스크에서 값을 반환하기 위한 `future`와 `promise`

[2] 태스크를 시작하고 결과를 반환하기 위한 메커니즘의 연결에 도움이 되는 `packaged_task`

[3] 함수 호출과 매우 유사한 방식으로 태스크를 시작하기 위한 `async()`

이런 기능들은 `<future>`에서 찾을 수 있다.

5.3.5.1 future와 promise

`future`와 `promise`에서 중요한 점은 잠금을 명시적으로 사용하지 않고도 두 태스크 사이에서 값의 전송을 가능하게 해준다는 점이다. '시스템'이 전송을 효율적으로 구현해준다. 기본 아이디어는 간단하다. 태스크가 다른 태스크에 어떤 값을 전달하고 싶을 때 해당 값을 `promise`에 넣는다. 구현은 어떻게 해서든지 해당 값이 대응되는 `future`에 등장하게 만들어 주는데, 여기에서 값이 읽혀질 수 있다(보통은 태스크를 시작한 쪽에 의해서). 이것을 그림으로 표현하면 다음과 같다.

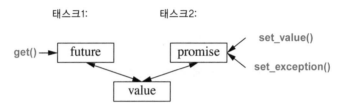

우리가 `fx`라고 불리는 `future<X>`를 갖고 있다면 그로부터 타입 `X`의 값을 `get()`할 수 있다.

```
X v = fx.get();    // 필요하다면 값이 계산될 때까지 기다린다.
```

값이 아직 존재하지 않는 경우라면 값이 도착할 때까지 우리의 스레드는 차단된다. 값이 계산될 수 없다면 `get()`이 (시스템, 또는 함수 `get()`을 호출하려는 태스크로부터 전송된) 예외를 던지게 될 것이다.

`promise`의 주된 목적은 `future`의 `get()`과 짝을 이룰 간단한 '쓰기' 연산(`set_value()`와 `set_exception()`)을 제공하는 것이다. 'future'와 'promise'란 이름은 옛날부터 내려온 것이며, 내 탓이거나 내 공로는 아니다. 이 이름들은 온갖 말장난의 대상이기도 하다.

`promise`를 갖고 있으며 `X`의 결과를 `future`에 보내야 한다면 두 가지 중 하나를 선택할 수 있다. 값을 전달하든지 예외를 전달하는 것이다. 다음의 예를 살펴보자.

```
void f(promise<X>& px)      // 태스크: 결과를 x에 넣는다.
{
    // ...
    try {
        X res;
        // ... res에 대한 값을 계산한다...
        px.set_value(res);
    }
    catch (...) {           // res를 계산할 수 없다.
        // future의 스레드에 예외를 전달한다.
```

```
            px.set_exception(current_exception());
    }
}
```

`current_exception()`은 잡힌 예외를 참조한다(30.4.1.2절).

`future`를 통해 전송된 예외를 처리하기 위해 `get()`의 호출자는 그것을 어디에선가 잡을 준비가 돼 있어야 한다. 예를 들면 다음과 같다.

```
void g(future<X>& fx)        // 태스크 - fx에서 결과를 얻는다.
{
    // ...
    try {
        X v = fx.get();      // 필요하다면 값이 계산되기를 기다린다.
        // ... v를 사용한다...
    }
    catch (...) {            // 누군가가 v를 계산할 수 없다.
        // ... 오류를 처리한다...
    }
}
```

5.3.5.2 packaged_task

어떻게 해서 결과를 필요로 하는 태스크에 `future`를 넣고, 대응되는 `promise`를 해당 결과를 출력해야 하는 스레드에 넣을 것인가? `thread`에서 실행될 `future`나 `promise`와 연결될 태스크를 간편하게 설정할 수 있도록 `packaged_task` 타입이 제공된다. `packaged_task`는 태스크의 반환 값이나 예외를 `promise`에 넣는 래퍼^{wrapper} 코드(5.3.5.1절에 등장하는 코드와 유사한)를 제공한다. `get_future` 호출을 통해 요청하면 `packaged_task`는 그것의 `promise`에 대응되는 `future`를 줄 것이다. 예를 들어 표준 라이브러리 `accumulate()`(3.4.2절, 40.6절)를 이용해서 `vector<double>` 원소의 반을 각각 추가해주는 두 개의 태스크를 설정할 수 있다.

```
double accum(double* beg, double* end, double init)
    // 초기 값 init으로 시작되는 [beg:end)의 합을 계산한다.
{
    return accumulate(beg,end,init);
}

double comp2(vector<double>& v)
{
    using Task_type = double(double*,double*,double);        // 태스크의 타입

    packaged_task<Task_type> pt0 {accum};                    // 태스크를 묶는다(즉, accum).
    packaged_task<Task_type> pt1 {accum};

    future<double> f0 {pt0.get_future()};                    // pt0의 future를 잡는다.
    future<double> f1 {pt1.get_future()};                    // pt1의 future를 잡는다.

    double* first = &v[0];
    thread t1 {move(pt0),first,first+v.size()/2,0};          // pt0에 대한 스레드를 시작한다.
    thread t2 {move(pt1),first+v.size()/2,first+v.size(),0}; // pt1에 대한 스레드를 시작한다.

    // ...
```

```
        return f0.get()+f1.get();                      // 결과를 구한다.
}
```

packaged_task 템플릿은 태스크의 타입을 템플릿 인자(여기서는 Task_type으로 double(double*, double*,double)의 별칭)로, 태스크를 생성자 인자(여기서는 accum)로 받아들인다. **move()** 연산은 **packaged_task**가 복사될 수 없기 때문에 필요하다.

이 코드에는 잠금에 대한 명시적 언급이 없다는 점에 주목하기 바란다. 우리는 태스크의 통신에 사용되는 메커니즘보다 처리돼야 할 태스크 자체에 집중할 수 있다. 두 개의 태스크는 별도의 스레드에서 실행되기 때문에 병렬적으로 실행될 가능성이 높다.

5.3.5.3 aync()

내가 5장에 추구했던 생각의 방향은 내가 보기에 가장 간단하지만 아직도 가장 강력하다고 생각하는 것이다. 즉, 태스크를 다른 태스크와 병행 실행될 수 있는 함수로 취급하라는 것이다. 이것이 C++ 표준 라이브러리에서 지원되는 유일한 모델은 전혀 아니지만, 다양한 범위의 요구 사항을 훌륭하게 충족한다. 공유 메모리에 의존하는 프로그래밍 스타일 같이 좀 더 섬세하고 까다로운 모델은 필요에 따라 사용될 수 있다.

비동기적으로 실행될 가능성이 있는 태스크를 시작하기 위해서는 **async()**를 사용할 수 있다.

```
double comp4(vector<double>& v)
    // v가 충분히 크다면 다수의 태스크를 생성한다.
{
    if (v.size()<10000) return accum(v.begin(),v.end(),0.0);

    auto v0 = &v[0];
    auto sz = v.size();
    auto f0 = async(accum,v0,v0+sz/4,0.0);          // 첫 번째 1/4
    auto f1 = async(accum,v0+sz/4,v0+sz/2,0.0);      // 두 번째 1/4
    auto f2 = async(accum,v0+sz/2,v0+sz*3/4,0.0);    // 세 번째 1/4
    auto f3 = async(accum,v0+sz*3/4,v0+sz,0.0);      // 네 번째 1/4

    return f0.get()+f1.get()+f2.get()+f3.get();      // 결과를 취합해서 조합한다.
}
```

기본적으로 **async()**는 함수의 '호출 부분'을 '결과를 구하는 부분'에서 분리하고, 이 둘을 태스크의 실제 실행 부분과 분리한다. **async()**를 사용하면 스레드와 잠금에 대해 신경 쓸 필요가 없다. 대신 결과를 비동기적으로 계산할 가능성이 있는 태스크의 관점에서만 생각하면 된다. 여기에는 명백한 한계가 있는데, 잠금을 필요로 하는 자원을 공유하는 태스크에서 **async()**를 쓰는 건 꿈도 꾸지 말아야 한다. 우리는 **async()**로는 얼마나 많은 **thread**가 쓰일지조차 알 수 없는데, 이는 **async()**가 호출 시점에 이용 가능한 시스템 자원에 대해 알고 있는 것을 기반으로 **async()**가 결정해야 하는 사항이기 때문이다. 예를 들어 **async()**는 얼마나 많은 **thread**를 사용할 것인지 결정하기 전에 어떤 유휴 상태의 코어(프로세서)가 이용 가능한지 체크할 수 있다.

async()는 성능 향상을 목적으로 한 병렬 계산에 특화된 메커니즘만은 아니라는 점에 유

의한다. 예를 들어 `async()`는 뭔가 다른 것으로 '메인 프로그램'을 활성화시켜 놓은 채로
사용자로부터 정보를 얻는 태스크를 생성하는 용도로도 사용될 수 있다(42.4.6절).

5.4 소규모 유틸리티 구성 요소

표준 라이브러리 구성 요소들이 전부 '컨테이너'나 '입출력' 같이 명백한 칭호를 갖는 기능
부분으로 제공되는 것은 아니다. 이 절에서는 좀 더 작지만 여러모로 유용한 구성 요소의
몇 가지 예를 살펴본다.

- 시간 측정을 위한 `clock`과 `duration`
- 타입에 대한 정보를 얻기 위한 `iterator_traits`나 `is_arithmetic` 같은 타입 함수
- 소규모의 이질적일 가능성 있는 값의 집합을 표시하기 위한 `pair`와 `tuple`

여기서의 요점은 반드시 복잡하거나 다른 많은 함수와 밀접하게 연관되지 않더라도 어떤
함수나 타입이 쓸모 있을 수 있다는 점이다. 이러한 라이브러리 구성 요소는 주로 표준 라이브
러리의 다른 구성 요소와 합쳐져서 좀 더 강력한 라이브러리 기능을 구성하는 소재의 역할을
담당한다.

5.4.1 시간

표준 라이브러리는 시간을 다루기 위한 기능을 제공한다. 예를 들어 뭔가의 시간을 맞추는
기본적인 방법은 다음과 같다.

```
using namespace std::chrono;           // 35.2절 참고

auto t0 = high_resolution_clock::now();
do_work();
auto t1 = high_resolution_clock::now();
cout << duration_cast<milliseconds>(t1-t0).count() << "msec\n";
```

시계는 `time_point`(시간상 어떤 시점)를 반환한다. 두 개의 `time_point`로 뺄셈을 수행하면
`duration`(시간의 기간)이 얻어진다. 다양한 시계들이 다양한 시간의 단위로 결과를 보여주므로
(여기서 사용한 시계는 nanoseconds 단위를 사용했다), 대체적으로 `duration`을 알려진 단위로 변환하는
편이 바람직하다. `duration_cast`가 하는 일이 바로 그것이다.

시간을 다루는 표준 라이브러리 기능은 `<chrono>`에 들어 있는 부분 네임스페이스
`std::chrono`에서 찾을 수 있다(35.2절).

먼저 시간을 측정해보지도 않고 코드의 '효율성'에 대해 단정하지 말기 바란다. 성능에
대한 측정은 대부분 신뢰하기 어렵다.

5.4.2 타입 함수

타입 함수^{type function}란 자신의 인자나 타입 반환으로 주어진 타입으로 컴파일 타임에 평가되는

함수다. 표준 라이브러리는 다양한 타입 함수를 제공함으로써 라이브러리 구현 개발자나 일반적인 프로그래머들이 언어의 다양한 측면에서 표준 라이브러리, 그리고 포괄적으로는 코드를 활용하는 데 도움을 준다.

수치 타입의 경우 `<limits>`에 있는 `numeric_limits`는 다양하고 유용한 정보를 제시한다(5.6.5절). 예를 들면 다음과 같다.

```
constexpr float min = numeric_limits<float>::min();    // 가장 작은 부동소수점 양수(40.2절)
```

마찬가지로 객체 크기는 기본 제공 `sizeof` 연산자로 알아낼 수 있다(2.2.2절). 예를 들면 다음과 같다.

```
constexpr int szi = sizeof(int);    // int에 들어가는 바이트의 개수
                                    // (char가 1바이트에 들어간다는 가정하에)
```

이러한 타입 함수는 다른 방법으로는 불가능했을 좀 더 엄격한 타입 체크와 좀 더 나은 성능을 가능하게 해주는 컴파일 타임 계산을 위한 C++ 메커니즘의 일부다. 이러한 기능을 활용하는 기법은 종종 **메타프로그래밍**metaprogramming 또는 (템플릿이 관련된 경우에는) **템플릿 메타프로그래밍**template metaprogramming이라고 불린다(28장). 여기서는 표준 라이브러리 `iterator_traits`(5.4.2.1절)와 타입 술어 함수(5.4.2.2절)에 의해 제공된 두 가지 기능만을 소개한다.

5.4.2.1 iterator_traits

표준 라이브러리 `sort()`는 시퀀스를 정의하기로 돼 있는 한 쌍의 반복자를 받아들인다(4.5절). 추가로 이러한 반복자는 해당 시퀀스에 대한 임의의 접근을 제공해야 한다. 즉, **임의 접근 반복자**random-access iterators여야 한다는 뜻이다. `forward_list` 같은 일부 컨테이너들은 그런 기능을 제공하지 않는다. 특히 `forward_list`는 단일 링크드 리스트이기 때문에 첨자 연산은 비용이 많이 드는 관계로, 이전 원소를 되돌아서 참조할 수 있는 적당한 방법이 없다. 하지만 대부분 컨테이너와 마찬가지로 `forward_list`는 **순방향 반복자**forward iterators를 제공하는데, 이 반복자는 알고리즘과 `for`문에 의해 시퀀스를 순회 탐색하는 데 사용될 수 있다(33.1.1절).

표준 라이브러리는 `iterator_traits`를 제공하는데, 이것은 어떤 종류의 반복자가 지원되는지 체크할 수 있게 해준다. 이것을 고려해서 4.5.6절에 등장한 범위 `sort()`를 `vector`나 `forward_list` 중 하나를 받아들이게 개선할 수 있다. 예를 들면 다음과 같다.

```
void test(vector<string>& v, forward_list<int>& lst)
{
    sort(v);      // 벡터를 정렬한다.
    sort(lst);    // 단일 링크드 리스트를 정렬한다.
}
```

이것이 동작하게끔 만드는 데 필요한 기법은 일반적으로도 쓸모가 있다.

우선 자신이 임의 접근 반복자나 순방향 반복자 중 어느 쪽에 사용될지를 알려주는 추가적인 인자를 받아들이는 두 개의 보조 함수를 작성한다. 임의 접근 반복자 인자를 받아들이는

버전은 별것이 없다.

```
template<typename Ran>                                         // 임의 접근 반복자용
void sort_helper(Ran beg, Ran end, random_access_iterator_tag) // [beg:end]로 첨자 연산을
                                                               // 할 수 있다.
{
    sort(beg,end);          // 단순 정렬한다.
}
```

순방향 반복자를 위한 버전은 단순히 리스트를 vector에 복사하고 정렬한 다음, 되돌려서 복사한다.

```
template<typename For>                                   // 순방향 연산자용
void sort_helper(For beg, For end, forward_iterator_tag)  // [beg:end]를 순회 탐색할 수 있다.
{
    vector<Value_type<For>> v {beg,end};                 // [beg:end]의 벡터를 초기화한다.
    sort(v.begin(),v.end());
    copy(v.begin(),v.end(),beg);                         // 원소를 되돌려서 복사한다.
}
```

Value_type<For>>는 For 원소의 타입으로, 그것의 **값 타입**value type이라고 불린다. 모든 표준 라이브러리 반복자는 value_type 멤버를 갖는다. 타입 별칭(3.4.5절)을 정의하는 것으로 Value_type<For>>를 얻는다.

```
template<typename C>
    using Value_type = typename C::value_type;     // C의 값 타입
```

따라서 X가 입력 시퀀스의 원소 타입인 경우 v는 vector<X>다.

실제의 '타입 마술'은 보조 함수의 선택에서 등장한다.

```
template<typename C>
void sort(C& c)
{
    using Iter = Iterator_type<C>;
    sort_helper(c.begin(),c.end(),Iterator_category<Iter>{});
}
```

여기서 나는 두 개의 타입 함수를 사용한다. Iterator_type<C>는 C의 반복자 타입(즉, C::iterator)을 반환하고 이어서 Iterator_category<Iter>{}는 제공된 반복자의 종류를 나타내는 '태그tag' 값을 생성한다.

- std::random_access_iterator_tag   C의 반복자가 임의 접근을 지원하는 경우
- std::forward_iterator_tag   C의 반복자가 순방향 반복을 지원하는 경우

이 경우 결국 우리는 컴파일 타임에 두 개의 정렬 알고리즘 중에서 선택할 수 있다. 태그 디스패치tag dispatch라고 불리는 이 기법은 유연성과 성능을 높이기 위해 표준 라이브러리 및 다른 곳에서 사용되는 몇 가지 기법 중 하나다.

태그 디스패치 같은 반복자 사용을 위한 표준 라이브러리의 지원은 <iterator>에 있는 간단한 클래스 템플릿인 iterator_trait(33.1.3절)의 형태로 제공된다. 이 덕택에 sort()에서

쓰이는 타입 함수를 간단하게 정의할 수 있다.

```
template<typename C>
    using Iterator_type = typename C::iterator;        // C의 반복자 타입
template<typename Iter>
    using Iterator_category = typename std::iterator_traits<Iter>::iterator_category;
                                                // Iter의 카테고리
```

표준 라이브러리 기능을 제공하기 위해 어떤 종류의 '컴파일 타임 마법'이 사용되는지 궁금하지 않다면 iterator_traits 같은 기능은 신경 쓰지 않아도 무방하다. 하지만 그렇게 하면 코드 개선을 위해 해당 가능이 제공하는 기법들은 활용할 수 없게 된다.

5.4.2.2 타입 술어 함수

표준 라이브러리 타입 술어 함수는 타입에 대한 기본적인 질문에 답을 해주는 간단한 타입 함수다. 다음의 예를 살펴보자.

```
bool b1 = Is_arithmetic<int>();              // 예, int는 산술 타입이다.
bool b2 = Is_arithmetic<string>();           // 아니오, std::string은 산술 타입이 아니다.
```

이러한 술어 함수는 <type_traits>에 들어 있으며, 35.4.1절에서 설명한다. 다른 예로는 is_class, is_pod, is_literal_type, has_virtual_destructor, is_base_of가 있다. 이것들은 템플릿을 만들 때 가장 유용하다. 다음의 예를 살펴보자.

```
template<typename Scalar>
class complex {
    Scalar re, im;
public:
    static_assert(Is_arithmetic<Scalar>(), "Sorry, I only support complex of arithmetic types");
    // ...
};
```

표준 라이브러리를 직접적으로 사용하는 방식과 비교해서 가독성을 향상시키기 위해 타입 함수를 정의했다.

```
template<typename T>
constexpr bool Is_arithmetic()
{
    return std::is_arithmetic<T>::value ;
}
```

오래된 프로그램들은 () 대신에 ::value를 사용하지만, 나는 그 방식이 상당히 보기 흉할 뿐만 아니라 구현 세부 사항까지 노출시킨다고 생각한다.

5.4.3 pair와 tuple

가끔은 단순히 데이터뿐인 어떤 데이터가 필요할 때가 있다. 즉, 잘 정의된 의미 구조와 자신의 값에 대한 불변속성(2.4.3.2절, 13.4절)을 가진 어떤 클래스의 객체가 아니라, 값의 집합을

말한다. 이러한 경우 우리는 적당한 이름을 가진 멤버로 이뤄진 적절한 집합으로 간단한 struct를 정의할 수 있다. 다른 방법으로는 표준 라이브러리가 우리를 대신해서 그런 정의를 작성하게 할 수도 있다. 예를 들어 표준 라이브러리 알고리즘 equal_range(32.6.1절)는 술어 함수를 만족하는 부분 시퀀스를 지정하는 반복자의 pair를 반환한다.

```
template<typename Forward_iterator, typename T, typename Compare>
    pair<Forward_iterator,Forward_iterator>
    equal_range(Forward_iterator first, Forward_iterator last, const T& val, Compare cmp);
```

정렬된 시퀀스 [first:last), equal_range()는 술어 함수 cmp와 짝이 되는 부분 시퀀스를 나타내는 pair를 반환할 것이다. 이것을 이용하면 정렬된 Record 시퀀스에서 검색을 수행할 수 있다.

```
auto rec_lt = [](const Record& r1, const Record& r2) { return r1.name<r2.name;};
                                           // 이름을 비교한다.
void f(const vector<Record>& v)            // v가 "name" 필드를 기준으로 정렬돼 있다고 가정한다.
{
    auto er = equal_range(v.begin(),v.end(),Record{"Reg"},rec_lt);
    for (auto p = er.first; p!=er.second; ++p) // 동일한 레코드를 모두 출력한다.
        cout << *p;                        // <<이 Record에 대해 정의돼 있다고 가정한다.
}
```

pair의 첫 번째 멤버는 first라고 불리고, 두 번째 멤버는 second라고 불린다. 이러한 명명 방식은 얼핏 보면 특별히 창의적으로 보이지도 않고 약간 이상해 보이기까지 하지만, 이러한 일관된 명명 방식은 일반화 코드를 작성할 때는 요긴한 것이다.

표준 라이브러리 pair(<utility>에 있음)는 표준 라이브러리나 다른 곳에서 상당히 자주 사용된다. pair는 그것의 원소가 허락할 경우 =, ==, < 같은 연산자를 제공한다. make_pair() 함수는 명시적으로 타입을 규정하지 않고도 pair를 손쉽게 생성할 수 있게 만들어 준다 (34.2.4.1절). 예를 들면 다음과 같다.

```
void f(vector<string>& v)
{
    auto pp = make_pair(v.begin(),2);    // pp는 pair<vector<string>::iterator,int>다.
    // ...
}
```

두 개보다 더 많은(또는 더 적은) 원소를 필요로 한다면 tuple(<utility>에 있음, 34.2.4.2절)을 사용할 수 있다. tuple은 이질적인 원소의 시퀀스다. 다음의 예를 살펴보자.

```
tuple<string,int,double> t2{"Sild",123, 3.14};   // 타입이 명시적으로 지정된다.
auto t = make_tuple(string{"Herring"},10, 1.23);  // 타입이 추론된다.
                                                  // t는 tuple<string,int,double>이다.
string s = get<0>(t);          // tuple의 첫 번째 원소, "Herring"을 얻는다.
int x = get<1>(t);             // 10
double d = get<2>(t);          // 1.23
```

pair의 원소에 이름을 붙인 방식(first와 second)과는 달리 tuple의 원소에는 번호가 붙여진다(0부터 시작하는). 컴파일 타임에 원소를 선택할 수 있으려면 어쩔 수 없이 get(t,1)이나 t[1]

이 아닌 get<1>(t)와 같이 보기 어려운 이름을 사용해야 한다(28.5.2절).

pair와 마찬가지로 tuple은 그것들의 원소가 가능하다면 대입되거나 비교될 수 있다.

결과나 해당 결과의 자격 표시와 같이 하나 이상의 값을 반환해야 하는 경우가 많기 때문에 pair는 인터페이스에서 널리 쓰인다. 결과에 세 개 이상의 부분이 필요한 경우는 상대적으로 드물기 때문에 tuple은 일반화 알고리즘의 구현에서 좀 더 자주 발견된다.

5.5 정규 표현식

정규 표현식은 텍스트 처리에 효과적인 도구다. 정규 표현식은 텍스트에서 간편하고 간단명료하게 패턴을 표현하고(예를 들어 TX 77845 같은 미국 우편번호 또는 2009-06-07 같은 ISO 스타일 날짜), 텍스트에서 그런 패턴을 효율적으로 찾는 방법을 제공한다. 표준 라이브러리는 <regex>에서 std::regex 클래스와 그것의 지원 함수 형태로 정규 표현식에 대한 지원을 제공한다. regex 라이브러리의 스타일이 어떤지 감을 잡기 위해 패턴을 하나 정의하고 출력해보자.

```
regex pat (R"(\w{2}\s*\d{5}(-\d{4})?)");      // ZIP 코드 패턴: XXddddd-dddd 및 기타 철자법
```

어떤 언어로든 정규 표현식을 사용해봤던 사람들은 \w{2}\s*\d{5}(-\d{4})?이 친숙하게 느껴질 것이다. 이 표현은 어떤 패턴을 나타내는데, 이 패턴은 두 개의 문자 \w{2}로 시작되고 선택적으로 약간의 공간 \s*가 이어지고, 이어서 5개의 숫자 \d{5}, 그리고 선택적으로 대시 기호와 4개의 숫자 -\d{4}가 이어진다. 여러분이 정규 표현식에 익숙하지 않다면 이번이 공부해볼 좋은 기회다([Stroustrup,2009], [Maddock,2009], [Friedl,1997]). 정규 표현식은 37.1.1절에 요약돼 있다.

패턴을 표현하기 위해서 나는 R"(그리고 다음에 의해 종료되는)"으로 시작되는 원시 문자열 리터럴^{raw string literal}(7.3.2.1절)을 사용한다. 이렇게 하면 백슬래시와 따옴표가 문자열 안에서 바로 사용될 수 있다.

패턴^{pattern}을 활용하는 가장 간단한 방법은 스트림 내에서 그것을 검색하는 것이다.

```
int lineno = 0;
for (string line; getline(cin,line); ) {      // line 버퍼로 읽어 들인다.
    ++lineno;
    smatch matches;                           // 일치하는 문자열은 이곳으로 간다.
    if (regex_search(line,matches,pat))       // line에서 pat을 찾는다.
        cout << lineno << ": " << matches[0] << '\n';
}
```

regex_search(line,matches,pat)는 pat에 저장돼 있는 정규 표현식과 일치하는 모든 항목들을 line에서 검색하고, 일치하는 항목을 찾을 경우 matches에 저장한다. 일치하는 결과가 발견되지 않는다면 regex_search(line,matches,pat)은 false를 반환한다. matches 변수는 smatch 타입이다. "s"는 "sub" 또는 "string"을 나타내고, smatch는 string 타입과 부분 일치되는 벡터다. 여기서는 matches[0]인 첫 번째 원소는 완전한 일치다.

좀 더 전체적인 설명에 대해서는 37장을 참고하기 바란다.

5.6 수학

C++ 수학 계산을 주로 염두에 두고 설계되지는 않았다. 하지만 C++는 수학 계산에 집중적으로 활용되고 있으며, 표준 라이브러리는 그러한 상황을 반영하고 있다.

5.6.1 수학 함수와 알고리즘

<cmath>에서 float, double, long double(40.3절) 타입의 인자에 대한 sqrt(), log(), sin() 같은 '일반적인 수학 함수'를 찾을 수 있다. 이 함수들의 복소수 버전은 <complex>(40.4절)에서 찾을 수 있다.

<numeric>에서는 accumlate() 같은 범용 수학 알고리즘의 소규모 집합을 찾을 수 있다. 다음의 예를 살펴보자.

```
void f()
{
    list<double> lst {1, 2, 3, 4, 5, 9999.99999};
    auto s = accumulate(lst.begin(),lst.end(),0.0);     // 합을 계산한다.
    cout << s << '\n';                                    // 10014.9999을 출력한다.
}
```

이런 알고리즘들은 모든 표준 라이브러리 시퀀스에 적용될 수 있으며, 인자로 공급되는 연산을 가질 수 있다(40.6절).

5.6.2 복소수

표준 라이브러리는 2.3절에서 설명된 complex 라이브러리와 아울러 한 그룹의 복소수 타입을 지원한다. 스칼라가 단정밀도 부동소수점 숫자(float), 배정밀도 부동소수점 숫자(double) 등일 때 복소수를 지원하기 위해 표준 라이브러리 complex는 일종의 템플릿이다.

```
template<typename Scalar>
class complex {
public:
    complex(const Scalar& re ={}, const Scalar& im ={});
    // ...
};
```

복소수에 대해서는 통상적인 산술 연산과 가장 일반적인 수학 함수가 지원된다. 예를 들면 다음과 같다.

```
void f(complex<float> fl, complex<double> db)
{
    complex<long double> ld {fl+sqrt(db)};
    db += fl*3;
    fl = pow(1/fl,2);
```

```
    // ...
}
```

sqrt()와 pow()(지수) 함수는 <complex>에 정의돼 있는 통상적인 수학 함수에 속한다. 좀
더 자세한 사항은 40.4절을 참고하기 바란다.

5.6.3 난수

난수^{random number}는 테스트, 게임, 시뮬레이션, 보안 등의 많은 상황에서 유용하다. <random>에
서 표준 라이브러리가 제공하는 폭넓은 난수 생성기의 선택 폭은 이러한 응용 영역의 다양성
을 대변하는 것이다. 난수 생성기는 두 부분으로 구성된다.

[1] 난수나 의사 난수^{pseudo-random} 값의 시퀀스를 생성하는 엔진^{engine}
[2] 이러한 값들을 일정 범위의 수학적 분포로 매핑하는 분포^{distribution}

분포 예로는 uniform_int_distribution(생성되는 모든 정수가 동일한 확률을 갖는다), normal_
distribution('종형 곡선'), exponential_distribution(지수 성장 곡선)이 있는데, 각각은 어떤
특정한 범위를 나타낸다. 다음의 예를 살펴보자.

```
using my_engine = default_random_engine;            // 엔진의 타입
using my_distribution = uniform_int_distribution<>;  // 분포의 타입

my_engine re {};                                     // 기본 엔진
my_distribution one_to_six {1,6};                    // int 1...6에 매핑되는 분포
auto die = bind(one_to_six,re);                      // 생성기를 만든다.

int x = die();                          // 주사위를 굴린다. x는 [1:6] 범위의 값이 된다.
```

표준 라이브러리 함수 bind()는 두 번째 인자(여기서는 re)를 인자로 해서 첫 번째 인자(여기
서는 one_to_six)를 호출할 것이다(33.5.1절). 따라서 die() 호출은 one_to_six(re)를 호출하는
것과 동일하다.

범용성과 성능에 대한 철저한 집중 덕택에 한 전문가는 표준 라이브러리의 난수 구성 요소
를 '모든 난수 라이브러리가 궁극적으로 원하는 목표'라는 의견을 밝힌 바 있다. 하지만 표준
라이브러리의 난수 구성 요소가 '초심자에게 친숙'하다고 보기는 어려울 수 있다. using문은
기존의 방식을 좀 더 명확하게 표현해준다. 그 방법 대신에 단순히 다음과 같이 작성할 수도
있다.

```
auto die = bind(uniform_int_distribution<>{1,6}, default_random_engine{});
```

어떤 버전이 좀 더 이해하기 쉬운가는 전적으로 상황과 독자에 따라 다르다.

초심자(또는 어떤 경험이 있는 초심자)에게는 난수 라이브러리에 대해 완벽하게 범용적인 인터
페이스는 상당한 난관이 될 수 있다. 많은 경우에는 간단한 균등 난수 발생기로 시작해도
충분하다. 예를 들면 다음과 같다.

```
Rand_int rnd {1,10};        // [1:10]에 대한 난수 발생기를 만든다.
int x = rnd();              // x에 [1:10]에 속하는 숫자다.
```

그러면 이것들을 어디에서 얻는단 말인가? die() 같은 건 Rand_int 클래스에서 얻어야 한다.

```
class Rand_int {
public:
    Rand_int(int low, int high) :dist{low,high} { }
    int operator()() { return dist(re); }          // int를 그린다.
private:
    default_random_engine re;
    uniform_int_distribution<> dist;
};
```

이러한 정의는 여전히 '전문가 수준'이지만, Rand_int()는 C++ 초보자 코스의 첫 번째 주에서도 활용할 수 있다. 다음의 예를 살펴보자.

```
int main()
{
    Rand_int rnd {0,4};                 // 균등 난수 발생기를 만든다.

    vector<int> histogram(5);           // 크기 5의 벡터를 만든다.
    for (int i=0; i!=200; ++i)
        ++histogram[rnd()];             // 히스토그램을 [0:4] 범위 숫자의 등장 빈도로 채운다.

    for (int i = 0; i!=histogram.size(); ++i) {     // 막대그래프를 출력한다.
        cout << i << '\t';
        for (int j=0; j!=histogram[i]; ++j) cout << '*';
        cout << endl;
    }
}
```

출력은 (보나마나 따분한) 균등 분포(적당한 통계적 편차를 갖는)다.

```
0 ******************************************
1 ****************************************
2 ******************************
3 *******************************************
4 ****************************************
```

C++에는 표준 그래픽 라이브러리가 없는 관계로, 'ASCII 그래픽'이 사용됐다. 당연히 시중에는 수많은 C++용 오픈소스, 상용 그래픽, GUI 라이브러리가 있지만, 이 책에서는 ISO 표준 기능으로 국한한다.

난수에 대한 좀 더 추가적인 정보는 40.7절을 참고하기 바란다.

5.6.4 벡터 산술 연산

4.4.1절에서 설명한 vector는 값들을 보관하는 일반적인 메커니즘으로, 유연하고, 컨테이너, 반복자, 알고리즘의 구조에 들어맞게 설계됐다. 하지만 vector는 수학적 벡터 연산은 지원하지 않는다. 그러한 연산을 vector에 추가하는 일은 어렵지 않지만, vector의 범용성과 융통성은 많은 경우 본격적인 수치 작업에 필수적이라고 여겨지는 최적화에 방해가 된다. 이에 따라

표준 라이브러리는 (<valarray>에서) valarray라고 불리는 vector와 비슷한 템플릿을 제공하는데, 이 템플릿은 덜 범용적이긴 하지만 수치 계산에 필요한 최적화에 좀 더 부합한다.

```
template<typename T>
class valarray {
    // ...
};
```

통상적인 산술 연산과 대부분의 일반적인 수학 함수는 valarray를 지원한다. 예를 들면 다음과 같다.

```
void f(valarray<double>& a1, valarray<double>& a2)
{
    valarray<double> a = a1*3.14+a2/a1;        // 수치 배열 연산자 *, +, /, =
    a2 += a1*3.14;
    a = abs(a);
    double d = a2[7];
    // ...
}
```

좀 더 상세한 사항에 대해서는 40.5절을 참고하기 바란다. 특히 valarray는 다차원 계산의 구현에 도움이 되는 스트라이드 접근stride access을 제공한다.

5.6.5 수치 한계

<limits>를 통해 표준 라이브러리는 기본 제공 타입의 속성을 기술하는 클래스를 제공하는데, 그런 속성에는 float의 지수 최댓값, int에 들어가는 바이트 개수 등이 포함된다. 이에 대해서는 40.2절을 참고하기 바란다. 예를 들어 char에는 부호가 있다고 단정할 수 있다.

```
static_assert(numeric_limits<char>::is_signed,"unsigned characters!");
static_assert(100000<numeric_limits<int>::max(),"small ints!");
```

두 번째 단정은 (오직) numeric_limits<int>::max()가 constexpr 함수이기 때문에 작동한다는 데 유의한다(2.2.3절, 10.4절).

5.7 조언

[1]   자원 핸들을 이용해서 자원을 관리한다(RAII)(5.2절).

[2]   unique_ptr을 이용해서 다형성 타입의 객체를 참조한다(5.2.1절).

[3]   shared_ptr을 이용해서 공유 객체를 참조한다(5.2.1절).

[4]   병행성에 대해서는 타입 안전적인 메커니즘을 사용한다(5.3절).

[5]   공유 데이터의 사용은 최소화한다(5.3.4절).

[6]   심사숙고나 실제적인 측정 없이 '효율성'이란 이유 때문에 통신을 위해 공유 데이터를 선택하지 말기 바란다(5.3.4절).

[7]   스레드보다는 병행 태스크의 관점에서 생각한다(5.3.5절).

[8]   라이브러리는 규모가 크거나 복잡하지 않아도 쓸모가 있을 수 있다(5.4절).

[9]   효율성에 대해서 주장하기 전에 자신의 프로그램을 측정해봐야 한다(5.4.1절).

[10] 타입 속성에 명시적으로 의존하는 코드를 작성할 수 있다(5.4.2절).

[11] 간단한 패턴 매칭을 위해서는 정규 표현식을 사용한다(5.5절).

[12] 언어만 사용해서 본격적인 수치 계산을 처리하고 시도하지 않는다. 라이브러리를 활용한다(5.6절).

[13] 수치 타입의 속성은 `numeric_limits`를 통해 접근할 수 있다(5.6.5절).

II부

기본 기능

2부에서는 C++의 기본 제공 타입과 그것들로 프로그램을 구성하는 데 필요한 기본 기능들을 설명한다. C++의 C 부분집합과 아울러 C++의 전통적 프로그래밍 스타일에 대한 추가적인 지원을 소개한다. 또한 2부에서는 논리적인 부분과 물리적 부분을 토대로 해서 C++ 프로그램을 구성하기 위한 기본 기능을 다룬다.

"...... 나는 오랫동안 모든 주제에 대한 철학자들의 결론에 대해 의심하기를 즐겨왔으며, 내 마음 속에는 그들의 결론에 동의하기보다는 반대하고 싶다는 생각이 더 크다는 점을 깨달았다. 거의 예외 없이 그들에게 책임이 있어 보이는 한 가지 실수가 있는데, 그들은 지나치게 자신의 원칙에 사로잡혀 있으며, 자연이 자신의 모든 작용에 있어 크나큰 영향을 미쳐 왔던 그토록 방대한 다양성에 대해서는 무시한다는 점이다. 많은 자연의 작용을 설명할 수 있음직한 한 가지 원칙이 있는데, 어떤 철학자가 선호하는 그런 한 가지 원칙을 일단 이해하게 되면 그는 동일한 원칙을 모든 피조물에 대해 확장하고, 가장 억지스럽고 터무니없는 추론에 의해서라도 모든 현상을 그것으로 환원하려고 한다. ......"

— 데이비드 흄(David Hume),
Essays, Moral, Political, and Literary. PART I(1752)

6

타입과 선언

완벽이란 붕괴가 일어나는 순간에만 이뤄진다
— C. N. 파킨슨(C. N. Parkinson)

- ISO C++ 표준 구현, 기본 소스 문자 집합
- 타입 기본 타입, 불리언, 문자 타입, 정수 타입, 부동소수점 타입, 접두사와 접미사, void, 크기, 정렬
- 선언 선언의 구조, 여러 개의 이름 선언, 이름, 유효 범위, 초기화, 타입 추론, auto와 decltype()
- 객체와 값 좌변 값과 우변 값, 객체의 수명
- 타입 별칭
- 조언

6.1 ISO C++ 표준

C++ 언어와 표준 라이브러리는 IOS 표준 ISO/IEC 14882:2011로 정의된다. 이 책에서 표준을 참조할 때는 iso.23.3.6.1절이란 형식으로 표시한다. 이 책의 본문이 부정확하거나, 불완전하거나 틀린 것 같다고 생각되면 표준을 참고하기 바란다. 하지만 표준은 학습용으로 비전문가들이 읽기에는 만만치 않다.

C++ 언어와 라이브러리 표준을 엄격히 준수하는 것 자체만으로 훌륭하고 이식성이 좋은 코드가 보장되지는 않는다. 표준이 코드의 어떤 부분이 좋다거나 나쁘다고 말해주지는 않는다. 단지 프로그래머가 구현 시에 따라야 할 것과 따르지 말아야 할 것을 알려줄 뿐이다. 표준을 완벽히 준수하더라도 형편없는 프로그램은 얼마든지 나올 수 있다. 반면 상당수 실세계의 프로그램들은 표준에서 이식성을 보장하는 않는 기능에 의존하기도 하는데, 이런 프로그램들은 C++로 직접 다룰 수 없는 시스템 인터페이스나 하드웨어 기능에 접근하거나 특정한 구현 세부 사항에 의존해야 할 필요성 때문에 그렇게 한다.

표준에서는 많은 중요한 사항이 구현별 정의에 따르는 것으로 간주된다. 이는 어떤 구문

요소에 대해 각각의 구현에서 구체적이고 명확하게 정의된 동작을 제공해야 하며, 그와 관련된 사항은 별도로 문서화돼야 한다는 뜻이다. 예를 들어 다음과 같다.

```
unsigned char c1 = 64;      // 명확한 정의로 char는 최소한 8비트이며, 64를 항상 저장할 수 있다.
unsigned char c2 = 1256;    // 구현별 정의로 char가 8비트밖에 안 되면 데이터가 잘려 나간다.
```

c1의 초기화는 명확한 정의다. char는 최소한 8비트여야 하기 때문이다. 하지만 c2의 초기화는 구현별 정의인데, char의 비트수는 구현에 따라 다르게 정의되기 때문이다. char의 비트 수가 딱 8비트면 1256이란 값은 데이터가 잘려 나가면서 232가 된다(10.5.2.1절). 대부분의 구현별 정의 사항은 프로그램 실행에 쓰이는 하드웨어의 차이와 관련돼 있다.

다른 동작으로 가변적unspecified인 경우가 있다. 즉, 가능한 동작 범위가 받아들여지지만, 구현 쪽에서 실제로 무엇이 일어날지 특정하지 않아도 된다는 뜻이다. 대개 뭔가를 가변적으로 간주하는 이유는 근본적인 이유로 인해 정확한 동작이 예측 불가능하기 때문이다. 이를테면 new에 의해 반환되는 정확한 값은 가변적이다. 따라서 데이터 경합data race을 방지하기 위해 동기화 메커니즘이 제공되지 않는 한 변수의 값은 두 개의 스레드로부터 할당된다(41.2절).

실세계의 프로그램을 작성할 때는 대개 이러한 구현별 정의 사항에 의존하기 마련이다. 광범위한 시스템에서 효과적으로 운영하려고 하다 보니 불가피하게 지불하는 대가라고 생각하면 된다. 예를 들어 모든 문자는 8비트이고, 모든 정수는 32비트라고 못 박아뒀다면 C++는 훨씬 간단해졌을 것이다. 하지만 16비트와 32비트 문자 집합도 그리 드물지 않고, 16비트나 64비트 포인터도 널리 사용되고 있다.

이식성을 극대화하려면 우리가 의존하고 있는 구현별 정의 사항에 대해 명쾌해야 하며, 프로그램에서 명시적으로 표시된 영역을 마련해서 미묘한 사례들을 격리시키는 편이 바람직하다. 대표적인 사례가 바로 하드웨어별 데이터 크기에 대한 의존성을 상수 및 타입 정의의 형태로 별도의 헤더 파일에 모아두는 방식이다. 이러한 기법을 지원하기 위해 표준 라이브러리에서는 numeric_limits(40.2절)란 것을 제공한다. 구현별 정의 기능에 대한 상당수의 가정들은 그것들을 정적 단정문으로 표현함으로써 체크할 수 있다(2.4.3.3절). 예를 들면 다음과 같다.

```
static_assert(4<=sizeof(int),"sizeof(int) too small");
```

정의되지 않은 동작undefined behavior은 좀 더 까다롭다. 구현에서 정상적인 결과를 볼 수 있는 동작이 요구되지 않을 때 표준에서는 그런 구문 요소를 정의되지 않은 것으로 간주한다. 전형적으로 몇 가지 명백한 구현 기법들은 정의되지 않은 기능들을 사용하는 프로그램이 상당히 비정상적으로 동작하게끔 만들곤 한다. 예를 들어 다음과 같다.

```
const int size = 4*1024
char page[size];

void f()
{
    page[size+size] = 7;    // 정의되지 않음
}
```

이 코드 조각의 실행으로 예상되는 결과는 관계없는 데이터의 겹쳐 쓰기나 하드웨어 오류/예외 발생 등일 것이다. 하지만 꼭 이런 예상되는 결과가 나오게 구현할 필요는 없다. 강력한 최적화 메커니즘이 사용된다면 '정의되지 않은 동작'의 실제 결과는 훨씬 더 예측 불가능해진다. 적당하면서도 손쉽게 구현할 수 있는 대안이 존재한다면 해당 기능은 '정의되지 않은 사항'이 아니라 가변적이거나 구현별 정의 사항으로 간주된다.

표준에서 가변적이거나 정의되지 않은 것으로 간주되는 뭔가를 이용하지 않는 프로그램을 작성하기 위해 시간과 노력을 쏟아 붓는 것에는 의미가 있다. 많은 경우 이런 데 도움을 주는 보조 도구들이 있다.

6.1.1 구현 환경

C++ 구현 환경은 운영체제의 지원을 받을 수도 있고 자립적일 수도 있다(iso.17.6.1.3절). 운영체제의 지원을 받은 구현 환경에는 표준(30.2절)과 이 책에 기술된 모든 표준 라이브러리 기능이 포함된다. 자립적인 구현 환경은 다음의 헤더가 제공되기만 한다면 좀 더 소수의 표준 라이브러리 기능만 제공해도 된다.

자립적 구현 헤더		
타입	`<cstddef>`	10.3.1절
구현 속성	`<cfloat>` `<limits>` `<climits>`	40.2절
정수 타입	`<cstdint>`	43.7절
시작과 종료	`<cstdlib>`	43.7절
동적 메모리 관리	`<new>`	11.2.3절
타입 식별	`<typeinfo>`	22.5절
예외 처리	`<exception>`	30.4.1.1절
초기화 식 리스트	`<initializer_list>`	30.3.1절
기타 런타임 지원	`<cstdalign>` `<cstdarg>` `<cstdbool>`	12.2.4절, 44.3.4절
타입 특성 정보	`<type_traits>`	35.4.1절
원자	`<atomic>`	41.3절

자립적 구현 환경은 가장 최소한의 운영체제 지원만으로 실행되는 코드를 위한 것이다. 상당수 구현 환경에서는 하드웨어와 밀접한 정말로 최소한의 프로그램을 위한 예외를 사용하지 않는 경우에 대비해 (비표준적인) 옵션을 제공한다.

6.1.2 기본 소스 문자 집합

C++ 표준과 이 책의 예제들은 ASCII라고 불리는 국제 7비트 문자 집합 ISO 646-1983의 미국 변형판(ANSI3.4-1968)에 포함된 문자, 숫자, 그래픽 문자 및 공백 문자들로 구성된 기본 소스 문자 집합basic source character set을 활용해서 작성됐다. 따라서 다른 문자 집합을 가진 환경

에서 C++를 사용하는 사람들에게는 문제가 생길 수 있다.

- ASCII에는 일부 문자 집합에서는 이용할 수 없는 구두점 문자와 연산자 기호가 포함돼 있다.], {, !가 그런 예다.
- 간편한 표시 방법이 없는 문자를 위한 기호가 필요하다. 줄 바꿈 문자나 17의 값을 갖는 문자 등이 그런 예다.
- ASCII에는 ñ, Ð, Æ 같이 영어가 아닌 다른 언어를 표시하는 데 사용되는 문자가 포함돼 있지 않다.

소스코드에 확장된 문자 집합을 이용하려면 프로그래밍 환경에서 확장된 문자 집합을 기본 소스 문자 집합으로 매핑시켜야 한다. 여기에는 몇 가지 방법이 있는데, 예를 들어 범용 문자명을 활용할 수 있다(6.2.3.2절).

6.2 타입

다음 식을 검토해보자.

```
x = y+f(2);
```

이 식이 C++ 프로그램에서 어떤 의미를 가지려면 x, y, f라는 이름이 적합하게 선언돼야 한다. 즉, x, y, f란 이름이 붙은 개체가 존재한다는 것과 이것들이 각각 =(대입), +(덧셈), ()(함수 호출)에 활용될 수 있는 데이터 타입임을 프로그래머가 지정해줘야 한다는 것이다.

C++ 프로그램에 쓰이는 모든 이름(identifier^{식별자})들은 반드시 관련된 타입을 갖고 있다. 이런 '타입'은 어떤 이름(정확히 말하면 그 이름으로 참조하는 개체)에 어떤 연산을 적용 가능하고 그 연산이 어떻게 해석되는가를 결정하는 역할을 한다. 다음 예를 살펴보자.

```
float x;          // x는 부동소수점 타입의 변수다.
int y = 7;        // y는 정수 타입의 변수이고, 7로 초기화됐다.
float f(int);     // f는 int 타입의 인자를 받아들여 부동소수점 실수를 반환하는 함수다.
```

이 선언으로 인해 위 예제는 의미를 갖게 됐다. y는 int 타입으로 선언됐으므로 값이 대입될 수 있고, 덧셈을 위한 피연산자로 쓰일 수 있다. 반면 f는 int를 인자로 받아들이는 함수로 선언됐으므로, 정수 2로 호출될 수 있다.

6장에서는 C++의 기본 제공 타입(6.2.1절)과 선언(6.3절)에 대해 안내한다. 6장의 예제는 단지 C++의 기능을 보여주기 위한 것일 뿐, 뭔가 쓸모를 생각하고 만든 것은 아니다. 좀 더 포괄적이고 현실적인 예제는 이후의 장에서 등장한다. 6장에서는 C++ 프로그램을 구성하는 가장 기본적인 요소만을 보여준다. 여러분은 이런 요소들을 물론, 용어라든지 기본 구문까지 완전히 숙지해야 한다. 그래야만 C++를 사용한 현업 프로젝트와 다른 사람이 쓴 코드를 이해할 수 있을 것이다. 하지만 그렇다고 해서 이후의 장을 이해하기 위해 6장에서 언급된 모든 세부 사항들을 독자 여러분이 송두리째 이해해야 하는 것은 아니다. 그냥 죽 훑어보면서 주요 개념만 살펴보고, 나중에 자세한 내용을 알고 싶을 때 다시 돌아와도 괜찮다.

6.2.1 기본 타입

C++에서는 컴퓨터의 기본 저장 단위에 대응되는 기본 타입들의 집합과 이들 타입을 이용해서 데이터를 보관하는 가장 일반적인 방법들을 지원한다.

6.2.2 불리언 타입(bool)

6.2.3 문자 타입(이를테면 char와 wchar_t)

6.2.4 정수 타입(이를테면 int와 long long)

6.2.5 부동소수점 타입(이를테면 double과 long double)

6.2.7 정보가 없음을 나타내는 void 타입

이런 타입들로부터 선언자 연산자를 이용해서 다른 타입을 구성할 수 있다.

7.2 포인터 타입(이를테면 int*)

7.3 배열 타입(이를테면 char[])

7.7 참조자 타입(이를테면 double&와 vector<int>&&)

또한 사용자는 추가적인 타입을 정의할 수도 있다.

8.2 데이터 구조체와 클래스(16장)

8.4 값들의 특정 집합을 표시하는 열거형 타입(enum과 enum class)

여기서 불리언, 문자, 정수 타입은 함께 뭉뚱그려 **통합 정수 타입**$^{integral\ type}$이라고 한다. 그리고 통합 정수 타입과 부동소수점 타입을 합쳐서 **산술 타입**$^{arithmetic\ type}$이라고 한다. 열거형과 클래스(16장)는 **사용자 정의 타입**$^{user-defined\ type}$이라고 부른다. 사용자가 미리 정의해 두지 않으면 이들 타입은 쓸 수 없기 때문이다. 이와 반대로 열거형 타입과 클래스를 제외한 나머지 타입은 뭉뚱그려 **기본 제공 타입**$^{built-in\ type}$이라고 부른다. 표준 라이브러리는 많은 사용자 정의 타입을 제공한다(4장, 5장).

통합 정수 및 부동소수점 실수 타입은 다양한 크기로 제공되는데, 이는 저장 공간, 정밀도, 계산 가능 범위를 프로그래머가 선택할 수 있게 하기 위해서다(6.2.8절). 기본적인 전제는 컴퓨터에서 문자 저장은 바이트^{byte}로, 정수 값 계산 혹은 저장에는 워드^{word}를, 부동소수점 실수 계산에는 가장 적합한 어떤 개체를, 그리고 이것들을 참조하는 데 주소를 사용한다는 점이다. 포인터와 배열을 아우르는 이러한 C++의 기본 타입은 구현에 독립적인 합리적인 방식으로 프로그래머에게 기계 수준의 개념을 제시한다.

대부분 애플리케이션에서는 논리 값에 bool을, 문자에 char를, 정수 값에 int를, 부동소수점 값에 double을 사용한다. 그 외의 기본 제공 타입들은 최적화, 특별한 요구 사항, 호환성을 위한 변형으로, 그런 필요성이 대두될 때까지는 신경 쓰지 않는 편이 좋다.

6.2.2 불리언 타입

bool이라고 표시되는 불리언 타입은 두 개의 값, true 혹은 false 중 하나를 가질 수 있다. 이 타입은 논리 연산 결과를 나타내는 데 사용한다. 아래 예를 살펴보자.

```
void f(int a, int b)
{
    bool b1 {a==b};
    // ...
}
```

b1의 값은 a와 b가 같은 값을 갖고 있으면 true, 아니면 false가 된다.

bool은 어떤 조건(서술식)을 검증하는 함수가 반환하는 값의 타입으로 흔히 사용된다. 예를 들면 다음과 같다.

```
bool is_open(File.);
bool greater(int a, int b) { return a>b; }
```

정의에 따르면 true와 false 값은 정수 타입으로 바꿨을 때 각각 1과 0이 된다. 역으로 정수 역시 bool 값으로 암시적으로 변환될 수 있다. 즉, 0이 아닌 정수 값은 true가 되고, 0은 false가 된다. 예를 들면 다음과 같다.

```
bool b1 = 7;        // 7!=0이므로 b는 true가 된다.
bool b2 {7};        // 축소 오류(2.2.2절, 10.5절)

int i1 = true;      // i1은 1이 된다.
int i2 {true};      // i2는 1이 된다.
```

축소를 방지하기 위해 {} 초기화 식 문법 사용을 선호하면서도 int를 bool로 변환하고 싶다면 명시적이어야 한다.

```
void f(int i)
{
    bool b {i!=0};
    // ...
}
```

bool 타입은 산술 표현식이나 논리 표현식에 사용되면 int 타입으로 변환된다. 즉, 결국 변환된 값을 갖고 정수 산술식과 논리 연산이 수행되는 것이다. 결과 값이 다시 bool 타입으로 변환돼야 한다면 0이 false로 변환되고, 0이 아닌 값은 true로 변환된다. 예를 들면 다음 과 같다.

```
bool a = true;
bool b = true;

bool x = a+b;       // a+b는 2이므로, x는 true가 된다.
bool y = a||b;      // a||b는 참이므로, y는 true가 된다("||"는 "or"의 뜻이다).
bool z = a-b;       // a-b는 0이므로, z는 false가 된다.
```

포인터도 암시적으로 bool 타입이 될 수 있다(10.5.2.5절). 0이 아닌 포인터는 true가 되고,

nullptr의 값을 가진 포인터는 false가 된다. 예를 들면 다음과 같다.

```
void g(int* p)
{
    bool b = p;                    // true 또는 false로 좁혀진다.
    bool b2 {p!=nullptr};          // nullptr에 대한 명시적 검증

    if (p) {        // p!=nullptr와 같다.
        // ...
    }
}
```

나는 if (p!=nullptr)보다는 if (p)를 선호하는데, 'p가 유효하다면'이란 개념을 좀 더 직접적으로 표현하면서도 짧기 때문이다. 짧은 형식은 실수가 일어날 가능성을 줄여준다.

6.2.3 문자 타입

사용되는 문자 집합과 문자 집합 인코딩은 매우 다양하다. C++는 때로는 당혹스럽게 느껴질 정도의 이러한 다양성을 반영해 다양한 문자 타입을 제공한다.

- char 기본 문자 타입으로 프로그램 본문에 사용된다. char는 구현에서 사용되는 문자 집합에 사용되며, 대개 8비트이다.
- signed char char와 비슷하지만, 반드시 부호가 붙어 있다. 즉, 양의 값이나 음의 값을 가질 수 있다.
- unsigned char char와 비슷하지만, 반드시 부호가 없다.
- wchar_t 유니코드(7.3.2.2절 참조) 같은 대규모 문자 집합의 문자를 보관하기 위해 제공된다. wchar_t의 크기는 구현별 정의에 따르며 구현 로케일에서 지원되는 가장 큰 문자 집합을 보관할 수 있을 정도로 크다(39장 참조).
- char16_t UTF-16 같은 16비트 문자 집합을 보관하기 위한 타입이다.
- char32_t UTF-32 같은 32비트 문자 집합을 보관하기 위한 타입이다.

이들이 개별적인 6개의 타입이다(별칭을 나타내기 위해 종종 _t라는 접미사가 사용됐긴 하지만). 각각의 구현에서 char 타입은 signed char나 unsigned char 둘 중의 하나와 동일하겠지만, 그럼에도 이 3개의 이름은 별도의 타입으로 간주된다.

char 변수는 다음 예와 같이 구현에서 사용되는 문자를 보관할 수 있다.

```
char ch = 'a';
```

거의 보편적으로 char 타입은 8비트이므로 256개의 서로 다른 값을 가질 수 있다. 대개 문자 집합은 ASCII와 같이 ISO-646 변종 중 하나이므로, 여러분이 쓰고 있는 키보드에 인쇄된 문자(알파벳 및 기호)들이 포함된다. 그런데 이 문자 집합은 일부분만 표준화돼 있기 때문에 여러 가지 골치 아픈 문제들이 일어난다.

서로 다른 자연어(인간의 언어)를 지원하는 문자들 사이에도 판이한 차이가 있을 뿐만 아니

라 동일한 자연어를 다른 방식으로 지원하는 문자 집합들 사이에도 무시할 수 없는 차이가 있다. 여기서 우리는 이러한 차이가 C++의 규칙에 얼마나 영향을 주는가에 대해서만 신경 쓰면 그만이다. 필요한 부분에서 언급되고는 있지만(6.2.3절, 36.2.1절, 39장), 다중 언어, 다중 문자 집합 환경에서 프로그래밍하는 방법에 대한 방대하고 흥미로운 주제는 이 책의 범위를 벗어난다.

주어진 구현 환경에서 사용되는 문자 집합에는 10진 숫자, 26개의 영어 알파벳 문자, 그리고 기본적인 문장 부호들이 포함된다고 가정하는 편이 안전하다. 다음과 같이 가정하면 안전하지 않다.

- 8비트 문자 집합에는 127개의 문자만 제공된다(예를 들어 어떤 집합은 255개 문자를 제공하기도 한다).
- 영어에서 제공하는 것보다 더 많은 알파벳 문자는 존재하지 않는다(대부분의 유럽어는 æ, þ, ß 같이 더 많은 문자를 제공한다).
- 알파벳 문자는 연속적으로 배치된다(EBCDIC의 경우엔 i와 j가 떨어져 있다).
- C++ 작성에 쓰이는 모든 문자를 이용할 수 있다(일부 국가의 문자 집합에는 {, }, [,], |, \ 등이 제공되지 않는다).
- char가 관례적인 하나의 8비트 바이트에 들어간다. 바이트 접근 하드웨어가 없는 어떤 임베디드 프로세서의 경우 char가 32비트(일반적으로 4바이트)다. 또한 기본 char에 대해 별 문제없이 16비트 유니코드 인코딩을 사용할 수도 있다.

객체의 표시에 대한 가정은 가급적 피하는 편이 좋다. 이러한 일반 규칙은 문자에 대해서도 적용된다.

각각의 문자는 구현에서 사용되는 문자 집합에 포함돼 있는 정수 값을 가진다. 예를 들어 'b'의 값은 ASCII 문자 집합에서 98이다. 다음은 사용자가 입력한 문자에 해당하는 정수 값을 출력하는 루프다.

```
void intval()
{
    for (char c; cin >> c; )
        cout << "the value of '" << c << "' is " << int{c} << '\n';
}
```

int{c}란 표기는 문자 c에 해당하는 정수 값(c로부터 우리가 생성할 수 있는 int)을 제공한다. char을 정수로 변환할 수 있다면 "char는 부호를 가질지signed 또는 아닐지unsigned?"라는 의문을 품을 수도 있다. 8비트로 표현되는 256의 값은 0에서 255가 될 수도 있고, -127에서 127이 될 수도 있기 때문이다. 누군가 예상하는 것처럼 -128에서 127은 아니다. C++ 표준은 누군가가 보완적인 하드웨어를 만들 가능성을 남겨 놓았고 그 결과로 한 개의 값이 제거됐다. 따라서 -128은 이식이 불가능하다. 그런데 일반적인 char에 대해 부호의 유무 어느 쪽을 선택할지는 애석하게도 구현별 정의 사항이다. C++에는 이 해답이 명확한 경우에 대해 두 가지 타입이 준비돼 있다. -127에서 127의 값을 보관하는 데는 signed char 타입을 쓰고, 0에서 255의 값을 보관하는 데는 **unsigned char** 타입을 쓰게 한 것이다.

이런 차이는 0에서 127의 범위를 넘는 값에서만 문제가 되는데, 다행스럽게도 우리들이 사용하는 대부분의 문자는 이 범위 안에 있다.

일반적인 **char**에 저장된 값 중 이런 범위를 벗어나는 값을 어떻게 처리하느냐에 따라 이식성에 미묘한 문제가 생길 수 있다. 하나 이상의 **char** 타입을 쓰고 싶다든지 **char** 변수에 정수 값을 보관해야 한다면 6.2.3.1절을 참고하기 바란다.

문자 타입은 통합 정수 타입이기 때문에(6.2.1절), 산술 및 비트 단위 논리 연산이 적용될 수 있다(10.3절)는 점에 주목한다. 예를 들면 다음과 같다.

```
void digits()
{
    for (int i=0; i!=10; ++i)
        cout << static_cast<char>('0'+i);
}
```

위 예제는 10개의 숫자를 cout에 쓰는 방법이다. 문자 리터럴 '0'이 자신의 정수 값으로 변환되고 i가 더해진다. 이어서 결과 값 int는 char로 변환되고 cout에 써진다. 일반적으로 '0'+i는 int이므로, **static_cast<char>**를 빼버렸다면 결과는 0, 1 등이 아니라 **48, 49** 등의 값이 될 것이다.

6.2.3.1 부호 있는 문자와 부호 없는 문자

일반적인 **char**에서 부호 유무의 여부는 구현별 정의 사항이다. 이로 인해 일부 예기치 않은 골치 아픈 상황과 구현 의존성까지 생길 소지가 있다. 다음 예를 살펴보자.

```
char c = 255;       // 255는 "모두 1(all ones)", 즉 16진수로 0xFF이다.
int i = c;
```

i의 값은 무엇이 될까? 유감스럽게도 그 답은 불확실하다. 어떤 8비트 바이트 구현 환경에서는 이 답이 char가 int로 확장될 때 '모두 1'의 char 비트 패턴이 어떤 의미를 갖느냐에 달려 있다. **char**가 부호 없는 기기인 경우에는 답이 255다. **char**가 부호 있는 기기에서는 답이 -1이다. 이 경우 컴파일러는 리터럴인 255가 **char** 값 -1로 변환된다고 경고할지도 모른다. 그러나 C++는 이런 문제를 탐지할 수 있는 범용 메커니즘을 제공하지 않는다. 한 가지 해결책은 일반적인 **char**를 쓰지 않고 특정한 **char** 타입을 쓰는 것이겠지만, 안타깝게도 **strcmp()** 같은 표준 라이브러리 함수 가운데 몇 가지는 일반적인 **char**만을 받아들이게 돼 있다(43.4절).

char는 **signed char**든지 **unsigned char**든지 동일하게 동작해야 한다. 하지만 이 세 가지 **char** 타입은 서로 구별되므로, 이들에 대한 포인터를 섞어 쓸 수 없다. 다음 예를 살펴보자.

```
void f(char c, signed char sc, unsigned char uc)
{
    char* pc = &uc;                // 오류: 포인터 변환 불가
    signed char* psc = pc;         // 오류: 포인터 변환 불가
    unsigned char* puc = pc;       // 오류: 포인터 변환 불가
```

```
    psc = puc;                        // 오류: 포인터 변환 불가
}
```

세 가지의 char 타입으로 선언한 변수는 서로 자유롭게 대입할 수 있다. 하지만 지나치게 큰 값을 signed char에 대입하는 경우(10.5.2.1절)에는 구현별로 정의된 결과가 나타난다. 다음 예를 살펴보자.

```
void g(char c, signed char sc, unsigned char uc)
{
    c = 255;        // 일반 char가 signed이고 8비트이면 결과는 구현별 정의 사항
    c = sc;         // OK
    c = uc;         // 일반 char가 signed이고 uc의 값이 지나치게 크면 결과는 구현별 정의 사항
    sc = uc;        // uc의 값이 지나치게 크면 결과는 구현별 정의 사항
    uc = sc;        // OK: unsigned로 변환됨
    sc = c;         // 일반 char가 unsigned이고 c의 값이 지나치게 크면 결과는 구현별 정의 사항
    uc = c;         // OK: unsigned로 변환됨
}
```

구체적으로 char가 8비트라고 가정하면 다음과 같다.

```
signed char sc = -140;
unsigned char uc = sc;    // uc == 116(256-140==116이므로)
cout << uc;               // 't'를 출력한다.

char count[256];          // 8비트 char라고 가정한다(초기화되지 않은).
char c1 = count[sc];      // 망한 것 같다: 범위 초과 접근
char c2 = count[uc];      // OK
```

처음부터 끝까지 일반적인 char를 사용하고 음의 문자 값을 피한다면 이런 잠재적인 문제나 혼란은 일어나지 않을 것이다.

6.2.3.2 문자 리터럴

문자 리터럴이란 'a'와 '0'과 같이 작은따옴표에 둘러싸인 하나의 문자다. 문자 리터럴의 타입은 당연히 char다. 문자 리터럴은 C++ 프로그램이 실행되는 컴퓨터 시스템 내의 문자 집합에 포함된 정수 값으로 암시적으로 변환될 수 있다. 예를 들어 ASCII 문자 집합을 사용하는 기기에서 어떤 프로그램이 실행 중이라면 '0'의 값은 48이다. 10진수 표기를 쓰지 않고 문자 리터럴을 쓰는 이유는 프로그램의 이식성이 높아지기 때문이다.

일부 문자는 이스케이프 문자로 백슬래시(\)를 사용하는 표준 이름을 갖고 있다.

이름	ASCII 이름	C++ 이름
줄 바꿈(Newline)	NL(LF)	\n
수평 탭(Horizontal tab)	HT	\t
수직탭(Vertical tab)	VT	\v
백스페이스(Backspace)	BS	\b

(이어짐)

이름	ASCII 이름	C++ 이름
캐리지 리턴(Carriage return)	CR	\r
폼 피드(Form feed)	FF	\f
경고(Alert)	BEL	\a
백슬래시(Backslash)	\	\\
물음표(Question mark)	?	\?
작은따옴표(Single quote)	'	\'
큰따옴표(Double quote)	"	\"
8진수(Octal number)	ooo	\ooo
16진수(Hexadecimal number)	hhh	\xhhh ...

겉모습은 그렇지 않아 보이지만, 이들은 모두 하나의 문자다.

구현 문자 집합의 한 문자를 1-3개의 숫자를 사용한 8진수(\ 뒤에 8진수 숫자를 붙여서) 또는 16진수(\x 뒤에 16진수 숫자를 붙여서)로 나타낼 수 있다. 16진수의 경우엔 숫자 시퀀스에 들어가는 숫자의 개수에는 제한이 없다. 8진수나 16진수가 아닌 문자가 등장하면 해당 숫자 시퀀스는 끝이 난다. 다음 예를 살펴보자.

8진수	16진수	10진수	ASCII
'\6'	'\x6'	6	ACK
'\60'	'\x30'	48	'0'
'\137'	'\x05f'	95	'_'

이런 방식으로 컴퓨터의 문자 집합에 포함된 모든 문자를 표시할 수 있으며, 특히 이런 특수 문자까지 문자열에 집어넣는 것이 가능하다(7.3.2절 참고). 일단 문자에 대해 수치적 표기를 사용하게 되면 서로 다른 문자 집합을 사용하는 컴퓨터 사이의 프로그램 이식은 불가능해진다.

문자 리터럴 내에 'ab'처럼 한 개 이상의 문자를 둘러싸는 것도 가능하다. 하지만 이런 방식은 구식이며 구현 종속적이므로, 가능하면 피하는 게 최선이다. 이러한 다중 문자 리터럴의 타입은 int다.

문자열 내에 8진수 표기를 사용한 숫자 상수를 끼워 넣을 때는 반드시 숫자 세 개를 사용하는 편이 바람직하다. 숫자 상수 뒤에 오는 문자가 숫자인지 아닌지의 여부를 신경 쓰지 않고 문자열을 읽기가 어렵기 때문이다. 16진수 상수의 경우에는 숫자를 두 개 쓰도록 한다. 다음 예제들을 살펴보자.

```cpp
char v1[] = "a\xah\129";    // 6 chars: 'a' '\xa' 'h' '\12' '9' '\0'
char v2[] = "a\xah\127";    // 5 chars: 'a' '\xa' 'h' '\127' '\0'
char v3[] = "a\xad\127";    // 4 chars: 'a' '\xad' '\127' '\0'
```

```
char v4[] = "a\xad\0127";      // 5 chars: 'a' '\xad' '\012' '7' '\0'
```

와이드 문자 리터럴의 형태는 **L'ab'**인데, 따옴표 사이에 들어가는 문자의 개수와 각각의 의미는 구현별 정의 사항이다.

C++ 프로그램은 유니코드 같은 127 문자 ASCII 집합보다 훨씬 풍부한 문자 집합을 다룰 수 있다. 그런 방대한 문자 집합의 리터럴은 u나 U가 앞에 들어간 4개나 8개의 16진수 시퀀스로 표시된다. 예를 들면 다음과 같다.

```
U'\UFADEBEEF'
u'\uDEAD'
u'\xDEAD'
```

어떤 16진수 X에 대한 짧은 표기법 u'\uXXXX'는 U'\U0000XXXX'와 동일하다. 4개나 8개가 아닌 16진수 숫자 개수는 어휘 오류다. 16진수의 의미는 ISO/IEC 10646 표준에서 정의되며, 그러한 값은 **범용 문자명**이라고 불린다. C++ 표준에서 범용 문자명은 iso.2.2절, iso.2.3절, iso.2.14.3절, iso.2.14.5절, iso.E절에 기술돼 있다.

6.2.4 정수 타입

char와 마찬가지로 각각의 정수 타입은 '일반적인' int, signed int, unsigned int의 세 가지 형태 중 하나로 만들어질 수 있다. 또한 정수는 4가지의 크기로 만들어질 수 있는데, short int, '일반적인' int, long int, long long int가 그것이다. long int는 간단히 long으로 불리기도 하며, long long int는 간단히 long long으로 불리기도 한다. 이와 비슷하게 short는 short int와 똑같은 뜻이고, unsigned는 unsigned int와 똑같고, signed는 signed int와 똑같다. 다만 int와 똑같은 뜻으로 long short int는 쓰이지 않는다.

unsigned^{부호 없는} 정수 타입은 비트열로서 저장 공간을 다루는 데 안성맞춤이다. 양의 정수를 표시하기 위해 int 대신에 unsigned를 사용해서 비트 하나를 더 쓰려고 하는 생각은 거의 아무짝에도 쓸모가 없다. 변수를 unsigned로 선언해서 어떤 값을 양수로 만들려고 해봐도 암시적 변환 규칙(10.5.1절, 10.5.2.1절)에 의해 여지없이 물거품이 돼 버리기 때문이다.

일반 char 타입과 달리 일반 int는 항상 signed다. 부호 있는 int 타입은 실질적으로 일반적인 int와 동일한 타입이며, "부호가 있다"라는 뜻을 확실히 명시하는 역할만 할 뿐이다.

정수의 크기를 좀 더 세밀하게 통제하고 싶다면 <cstdint>를 통해 별칭을 이용할 수 있는데(43.7절), **int64_t**(그 정도 크기의 정수가 존재한다면 정확히 64비트를 갖는 부호 있는 정수), **uint_fast16_t**(최소 16비트를 갖는 부호 없는 정수로 아마도 그런 정수 중 가장 빠르게 계산되는), **int_least32_t**(일반적인 long과 똑같이 최소 32비트를 갖는 부호 있는 정수)가 그런 예다. 일반적인 정수 타입은 명확히 정의되는 최소 크기를 가지므로(6.2.8절), 경우에 따라 <cstdint>는 군더더기가 되거나 과용될 우려가 있다.

표준 정수 타입 외에도 구현에 따라 확장된 정수 타입(부호가 있거나 없는)을 제공할 수 있다. 이런 타입들은 정수와 똑같이 동작하며, 변환이나 정수 리터럴 값을 고려해서 정수 타입으로 간주되지만, 대개는 좀 더 넓은 범위를 갖는다(즉, 더 많은 공간을 차지).

6.2.4.1 통합 정수 리터럴

정수 리터럴은 10진수, 8진수, 16진수의 3가지 형태로 사용된다. 10진수 리터럴은 가장 자주 사용되며, 여러분이 예상하는 그대로의 모습이다.

```
7   1234   976   12345678901234567890
```

컴파일러는 표시하기에 지나치게 긴 리터럴에 대해 경고해야 하지만, 오류 표시는 {} 초기화 식에 대해서만 보장된다(6.3.5절).

0 뒤에 x가 붙은 문자열(0x 또는 0X)로 시작하는 리터럴은 16진수다. 0 뒤에 x가 붙지 않은 문자열로 시작하는 리터럴은 8진수다. 다음 예를 살펴보자.

10진수	8진수	16진수
	0	0x0
2	02	0x2
63	077	0x3f
83	0123	0x53

일반적인 0은 10진수라기보다는 8진수다.

16진수에 사용한 a, b, c, d, e, f 또는 이 여섯 문자의 대문자는 각각 10, 11, 12, 13, 14, 15를 나타낸다. 8진수와 16진수 표기는 비트 패턴을 표현하는 데는 아주 유용하지만, 진짜 숫자에 이런 표기를 사용하면 혼란스러울 수 있다. 예를 들어 int를 2의 보수 16비트 정수로 표현하는 컴퓨터에서는 0xffff가 음의 10진수 -1이다. 정수를 표현하는 데 좀 더 많은 비트가 사용 가능했다면 이 수치는 65535였을 것이다.

접미사 U는 정수 리터럴이 unsigned 타입이라는 것을 명시적으로 나타낸다. 비슷한 방식으로 L은 long 리터럴을 명시적으로 표시할 때 사용된다. 예를 들어 3은 int이며, 3U는 unsigned int, 3L은 long int다.

접미사들의 조합이 허용되는데, 예를 들면 다음과 같다.

```
cout << 0xF0UL << ' ' << 0LU << '\n';
```

접미사가 없을 경우 컴파일러는 해당 값과 구현 방식의 정수 크기를 기반으로 정수 리터럴에 적합한 타입을 부여한다(6.2.4.2절).

명확하지 않은 상수의 사용은 주석을 잘 달아둔 일부 const(7.5절), constexpr(10.4절), 열거(8.4절)의 초기화로만 사용을 제한하는 편이 좋다.

6.2.4.2 정수 리터럴의 타입

일반적으로 정수 리터럴의 타입은 리터럴의 형태, 값, 접미사에 좌우된다.

- 리터럴이 10진수이고 접미사가 붙어 있지 않다면 그 값이 표시될 될 수 있는 다음 타입 중 첫 번째 타입이다. `int`, `long int`, `unsigned long int`.
- 리터럴이 8진수나 16진수이고 접미사가 붙어 있지 않다면 그 값이 표시될 수 있는 다음 타입 중 첫 번째 타입이다. `int`, `unsigned int`, `long int`, `unsigned long int`, `long long int`, `unsigned long long int`.
- 접미사로 `u`나 `U`가 붙어 있다면 그 값이 표시될 수 있는 다음 타입 중 첫 번째 타입이다. `unsigned int`, `unsigned long int`, `unsigned long long int`.
- 리터럴이 10진수이고 접미사로 `l`이나 `L`이 붙어 있다면 그 값이 표시될 수 있는 다음 타입 중 첫 번째 타입이다. `long int`, `long long int`.
- 리터럴이 8진수나 16진수이고 접미사로 `l`이나 `L`이 붙어 있다면 그 값이 표시될 수 있는 다음 타입 중 첫 번째 타입이다. `long int`, `unsigned long int`, `long long int`, `unsigned long long int`.
- 접미사로 `ul`, `lu`, `uL`, `Lu`, `Ul`, `lU`, `UL`, `LU`가 붙어 있다면 그 값이 표시될 수 있는 다음 타입 중 첫 번째 타입이다. `unsigned long int`, `unsigned long long int`.
- 리터럴이 10진수이고 접미사로 `ll`이나 `LL`이 붙어 있다면 그 타입은 `long long int`다.
- 리터럴이 8진수나 16진수이고 접미사로 `ll`이나 `LL`이 붙어 있다면 그 값이 표시될 수 있는 다음 타입 중 첫 번째 타입이다. `long long int`, `unsigned long long int`.
- 접미사로 `llu`, `llU`, `ull`, `Ull`, `LLu`, `LLU`, `uLL`, `ULL`이 붙어 있다면 그 타입은 `unsigned long long int`다.

예를 들어 100000은 `int`를 32비트로 취급하는 컴퓨터에서는 `int` 타입인 반면, `int`를 16비트로 취급하고 `long`을 32비트로 취급하는 컴퓨터에서는 `long int` 타입이다. 이와 유사하게 0XA000는 `int`를 32비트로 취급하는 컴퓨터에서는 `int` 타입이지만, `int`를 16비트로 취급하는 컴퓨터에서는 `unsigned int` 타입이다. 이러한 구현 의존성은 접미사를 활용하면 피할 수 있다. 100000L은 모든 컴퓨터에서 `long int` 타입으로 인식되며, 0XA000U는 모든 컴퓨터에서 `unsigned int` 타입으로 인식된다.

6.2.5 부동소수점 타입

부동소수점 타입^{floating-point type}은 부동소수점 숫자를 나타낸다. 부동소수점에는 `float`^{단정밀도}, `double`^{배정밀도}, `long double`^{확장 정밀도}의 세 가지 타입이 있다.

단/배/확장의 정확한 의미는 구현별 정의 사항이다. 선택이 중요한 경우에 딱 맞는 정밀도를 선택하려면 부동소수점 계산에 대해 철저히 이해하고 있어야 한다. 그렇지 않다면 주변의 조언을 구하든지, 시간을 내서 공부를 하든지, 아니면 그냥 `double`만 사용하고 문제없기를 바라면 된다.

6.2.5.1 부동소수점 리터럴

기본 설정상의 부동소수점 리터럴은 `double` 타입이다. 역시 표시하기에 지나치게 큰 크기의 부동소수점 리터럴에 대해서는 컴파일러가 경고를 보낼 것이다. 몇 개의 실수 리터럴을 나열하면 다음과 같다.

```
1.23    .23 0.23    1.    1.0 1.2e10   1.23e-15
```

부동소수점 리터럴 중간에 공백이 절대로 들어가서는 안 된다는 점에 유의한다. 예를 들어 65.43 e-21은 부동소수점 리터럴이 아니라 다음과 같은 네 개의 독립된 토큰이다(문법 오류가 발생한다).

```
65.43   e   -    21
```

`float` 타입의 부동소수점 리터럴이란 점을 명확히 하고 싶다면 `f`나 `F`를 접미사로 붙여준다.

```
3.14159265f   2.0f    2.997925F    2.9e-3f
```

`long double` 타입의 부동소수점 리터럴이란 점을 명확히 하고 싶다면 `l`이나 `L`을 접미사로 붙여준다.

```
3.14159265L   2.0L    2.997925L    2.9e.3L
```

6.2.6 접두사와 접미사

리터럴의 타입을 나타내는 접두사와 접미사들을 살펴보자.

산술 리터럴 접두사와 접미사					
표기		*접사	의미	예	참고	ISO
0		접두사	8진수	0776	6.2.4.1절	iso.2.14.2절
0x	0X	접두사	16진수	0xff	6.2.4.1절	iso.2.14.2절
u	U	접미사	unsigned	10U	6.2.4.1절	iso.2.14.2절
l	L	접미사	long	20000L	6.2.4.1절	iso.2.14.2절
ll	LL	접미사	long long	20000LL	6.2.4.1절	iso.2.14.2절
f	F	접미사	float	10.3f	6.2.5.1절	iso.2.14.4절
e	E	삽입사	부동소수점	10e-4	6.2.5.1절	iso.2.14.4절
.		삽입사	부동소수점	12.3	6.2.5.1절	iso.2.14.4절
'		접두사	char	'c'	6.2.3.2절	iso.2.14.3절
u'		접두사	char16_t	u'c'	6.2.3.2절	iso.2.14.3절
U'		접두사	char32_t	U'c'	6.2.3.2절	iso.2.14.3절
L'		접두사	wchar_t	L'c'	6.2.3.2절	iso.2.14.3절

(이어짐)

			산술 리터럴 접두사와 접미사			
표기		*접사	의미	예	참고	ISO
`"`		접두사	문자열	`"mess"`	7.3.2절	iso.2.14.5절
`R"`		접두사	원시 문자열	`R"(\b)"`	7.3.2.1절	iso.2.14.5절
`u8"`	`u8R"`	접두사	UTF-8 string	`u8"foo"`	7.3.2.2절	iso.2.14.5절
`u"`	`uR"`	접두사	UTF-16 string	`u"foo"`	7.3.2.2절	iso.2.14.5절
`U"`	`UR"`	접두사	UTF-32 string	`U"foo"`	7.3.2.2절	iso.2.14.5절
`L"`	`LR"`	접두사	wchar_t string	`L"foo"`	7.3.2.2절	iso.2.14.5절

여기서 '문자열'은 '타입의 `std::string`'이라기보다는 '문자열 리터럴(7.3.2절)'을 뜻한다.

당연히 `.`와 `e`를 삽입사^{infix}로 간주할 수도 있고, `R"`과 `u8"`을 구분자^{delimiter} 집합의 첫 번째 부분으로 간주할 수도 있다. 하지만 나는 호칭법보다 혼란스러울 정도로 다양한 리터럴을 전체적으로 보여주는 것이 더 중요하다고 생각한다.

접미사 `l`과 `L`은 접미사 `u`나 `U`와 조합돼 `unsigned long` 타입을 표시할 수 있는데, 예를 들면 다음과 같다.

```
1LU     // unsigned long
2UL     // unsigned long
3ULL    // unsigned long long
4LLU    // unsigned long long
5LUL    // 오류
```

접미사 `l`과 `L`은 부동소수점 리터럴에 사용돼 `long double`을 표시할 수 있는데, 예를 들면 다음과 같다.

```
1L      // long int
1.0L    // long double
```

`R`, `L`, `u` 접두사의 조합은 `uR"**(foo\(bar))**"`과 같이 허용될 수 있다. 정수^{unsigned}에 사용된 `U` 접미사의 의미와 문자나 문자열에 사용된(UTF-32 인코딩; 7.3.2.2절) `U` 접두사의 의미에 상당한 차이가 있음에 주목하기 바란다.

추가로 사용자는 사용자 정의 타입용으로 새로운 접미사를 정의할 수 있다. 예를 들어 사용자 정의 리터럴 연산자를 정의함으로써 다음을 얻을 수 있다(19.2.6절).

```
"foo bar"s   // std::string 타입의 리터럴
123_km       // Distance 타입의 리터럴
```

`_`로 시작되지 않는 접미사들은 표준 라이브러리용으로 예약돼 있다.

6.2.7 void 타입

void 타입은 문법적으로는 기본 타입이다. 하지만 사용적인 측면에서 보면 좀 더 복잡한 타입의 일부로만 사용될 수 있다. 즉, **void** 타입의 객체는 없다는 뜻이다. 어떤 함수가 값을 반환

하지 않는다는 점을 명시한다든지, 타입을 모르는 객체를 가리키는 포인터의 기본 타입으로 사용된다. 예를 들어 다음과 같다.

```
void x;             // 오류: void 타입의 객체는 없다.
void& r;            // 오류: void에 대한 참조는 없다.
void f();           // 함수 f는 값을 반환하지 않는다(12.1.4절).
void* pv;           // 미지의 타입을 갖는 객체를 가리키는 포인터(7.2.1절)
```

함수를 선언할 때는 반드시 그 함수가 반환하는 값의 타입을 설정해야 한다. 따라서 값을 반환하지 않는 함수라면 반환 타입을 써서 표시하지 않는 편이 논리적으로 합당할지도 모른다. 하지만 그렇게 하면 문법(iso.A절)에 혼란이 생길지도 모른다. 결론적으로 void는 함수가 값을 반환하지 않는다는 점을 나타내는 '유사 반환 타입pseudo return type'으로 사용된다고 볼 수 있다.

6.2.8 크기

C++의 기본 제공 타입의 일부 특성은 구현별 정의 사항인데, int의 크기 같은 것들이 그렇다 (6.1절). 나는 이러한 의존성을 지적하고, 그러한 의존성을 피하든가 그 영향을 최소화하는 조치를 취하라고 권유하곤 한다. 어째서 이런 문제에 신경을 써야 하는가? 다양한 시스템이나 다양한 컴파일러 환경에서 작업하는 프로그래머들은 이런 문제에 상당한 신경을 쓰는데, 그렇게 하지 않으면 모호한 버그를 찾고 수정하느라 상당한 시간을 낭비하기 일쑤이기 때문이다. 이식성엔 별로 신경 쓰지 않는다고 주장하는 사람들이 이 문제에 소홀한 이유는 대개 오직 하나의 시스템에서만 작업하고, '이 언어는 내 컴파일러가 구현하는 유일한 것'이라는 태도를 가져도 될 만하기 때문이다. 이것은 근시안적인 관점이다. 어떤 프로그램 개발이 성공한다면 이 프로그램은 언젠가는 다른 시스템으로 이식될 가능성이 크다. 따라서 누군가는 구현 환경에 의존적인 기능에 관련된 문제들을 찾아 수정해야 할 것이다. 게다가 동일한 시스템에서도 다른 컴파일러를 사용해서 컴파일해야 할 경우도 종종 생기고, 심지어 여러분이 자주 사용하는 컴파일러의 이후 버전은 현재의 버전과 다르게 동작할 가능성까지 있는 것이다. 나중에 문제가 꼬여서 고생하는 것보다 프로그램 작성 당시에 구현 종속성을 파악하고 그 영향을 줄이는 편이 훨씬 더 쉽다.

구현 환경에 의존적인 언어 기능으로 인한 영향을 줄이는 일은 상대적으로 쉽다. 사실 시스템에 종속적인 라이브러리의 영향을 제한하는 일은 훨씬 더 까다롭다. 가능한 경우에 가급적 표준 라이브러리 기능을 사용하는 것도 한 가지 방법이다.

여러 개의 정수 타입, 여러 개의 unsigned 타입, 여러 개의 부동소수점 타입을 제공하는 이유는 프로그래머가 하드웨어의 특성을 최대한 이용하게 하기 위함이다. 컴퓨터마다 다양한 각각의 기본 타입에 대한 특성은 천차만별이다. 메모리 요구량, 메모리 접근 시간, 계산 속도까지 전부 다르다. 어떤 컴퓨터에 대해 잘 알고 있다면 특정 변수에 적합한 정수 타입 등을 선택하는 일은 대체적으로 쉽다. 진정으로 이식성을 갖춘 저수준 코드를 작성하는 일은 좀 더 어렵다.

기본 타입들과 예제 문자열 리터럴의 집합을 그림으로 정리하면 다음과 같다(7.3.2절).

char	'a'
bool	1
short	756
int	100000000
long	1234567890
long long	1234567890
int*	&c1
double	1234567e34
long double	1234567e34
char[14]	Hello, world!\0

위 그림과 동일한 축척일 경우(1바이트에 0.5센티미터) 1메가바이트 메모리는 오른쪽으로 대략 5km까지 늘어날 것이다.

C++ 객체의 크기는 char 크기의 배수 기준으로 표현되는데, 정의에 의하면 char의 크기는 1이다. 어떤 객체나 타입의 크기는 sizeof 연산자를 사용해서 얻을 수 있다(10.3절). 기본 타입의 크기에 대해 보장된 사항은 다음과 같다.

- $1 \equiv$ sizeof(char) $\leq$ sizeof(short) $\leq$ sizeof(int) $\leq$ sizeof(long) $\leq$ sizeof(long long)
- $1 \leq$ sizeof(bool) $\leq$ sizeof(long)
- sizeof(char) $\leq$ sizeof(wchar_t) $\leq$ sizeof(long)
- sizeof(float) $\leq$ sizeof(double) $\leq$ sizeof(long double)
- sizeof(N) $\equiv$ sizeof(signed N) $\equiv$ sizeof(unsigned N)

위의 마지막 줄에서 N은 char, short, int, long, long long일 수 있다. 추가로 char는 최소 8비트, short는 최소 16비트, long은 최소 32비트를 보장받는다. char는 컴퓨터의 문자 집합에 포함된 문자를 보관할 수 있다. char 타입은 주어진 컴퓨터에서 문자를 보관하고 다루는 데 가장 적합한 타입으로 구현 환경에 의해 선택되는데, 대개는 8비트 바이트다. 마찬가지 방식으로 int 타입은 주어진 컴퓨터에서 정수를 보관하고 다루는 데 가장 적합한 타입으로 구현 환경에 의해 선택되는데, 대개 4바이트(32비트) 워드다. 그 이상을 가정하는 것은 바람직하지 않다. 예를 들어 32비트 char를 가진 컴퓨터까지 존재한다. int의 크기가 포인터의 크기와 같다고 가정하는 것은 매우 위험하다. 64비트 아키텍처를 가진 많은 컴퓨터는 정수보다 큰 포인터를 갖고 있다. sizeof(long)<sizeof(long long)이나 sizeof(double)<sizeof(long double)이 보장되는 않는다는 점에 유의한다.

기본 제공 타입의 몇 가지 구현별 정의 특성은 sizeof을 통해 간단히 파악할 수 있으며,

`<limits>`로는 더 많은 사항을 알아낼 수 있다. 예를 들면 다음과 같다.

```
#include <limits> // 40.2절
#include <iostream>
int main()
{
    cout << "size of long " << sizeof(1L) << '\n';
    cout << "size of long long " << sizeof(1LL) << '\n';

    cout << "largest float == " << std::numeric_limits<float>::max() << '\n';
    cout << "char is signed == " << std::numeric_limits<char>::is_signed << '\n';
}
```

`<limits>` 내의 함수(40.2절)는 런타임 오버헤드 없이 사용될 수 있어야 하고, 상수 표현식을 필요로 한다는 점을 고려해 `constexpr`(10.4절)이다.

기본 제공 타입은 대입문과 표현식에서 자유롭게 섞어 사용될 수 있다. 가능한 경우 각 타입의 값은 정보를 잃지 않는 선에서 자동 변환된다(10.5절).

어떤 v라는 값이 T 타입의 변수로 정확히 표현될 수 있다면 v를 T 타입으로 변환하더라도 값은 그대로 보존된다. 값이 유지되지 않는 변환은 피하는 것이 최선이다(2.2.2절, 10.5.2.6절).

16비트 정수 같이 특정한 정수 크기를 필요로 할 경우 다양한 타입(또는 타입 별칭, 6.5절)이 정의돼 있는 표준 헤더 `<cstdint>`를 `#include`할 수 있다. 예를 들면 다음과 같다.

```
int16_t x {0xaabb};                 // 2바이트
int64_t xxxx {0xaaaabbbbccccdddd};  // 8바이트
int_least16_t y;                    // 최소 2바이트(int와 동일)
int_least32_t yy;                   // 최소 4바이트(long과 동일)
int_fast32_t z;                     // 최소 4바이트를 가진 가장 빠른 int 타입
```

표준 헤더 `<cstddef>`에는 표준 라이브러리 선언과 사용자 코드 양쪽에서 매우 광범위하게 활용되는 별칭이 정의된다. `size_t`는 구현별 정의되는 부호 없는 정수 타입으로서 모든 객체의 크기를 바이트로 보관할 수 있으므로, 객체의 크기를 보관할 필요가 있는 경우에 사용된다. 예를 들면 다음과 같다.

```
void* allocate(size_t n);    // n 바이트를 구한다.
```

마찬가지로 `<cstddef>`에는 부호 있는 정수 타입 `ptrdiff_t`가 정의돼 있는데, 이 타입은 요소의 개수를 구하기 위한 두 포인터 사이의 뺄셈 결과를 보관한다.

6.2.9 정렬

객체는 표현을 보관할 저장 공간 외에 더 많은 것을 필요로 한다. 추가로 일부 컴퓨터 아키텍처에서는 객체를 보관할 바이트가 적절한 정렬돼 있어야 하드웨어가 효율적으로 객체에 접근할 수 있다(극단적인 경우에는 접근 자체가 불가능할 수도 있다). 예를 들어 4바이트 `int`는 종종 워드(4바이트) 경계에 맞춰 정렬돼야 하며, 경우에 따라 8바이트 `double`은 워드(8바이트) 경계에 맞춰 정렬돼야 한다. 물론 이런 조건은 모두 상당히 구현 환경에 따라 좌우되지만, 대부분의 프로그

래머들에게는 잘 눈에 띄지 않는 것이다. 우리는 수십 년 동안 정렬에 대해 신경 쓰지 않고도 좋은 C++ 코드를 작성할 수 있다. 정렬 문제가 가장 빈번하게 드러나는 경우는 객체 레이아웃이다. 때때로 구조체에는 정렬을 향상시킬 수 있는 '구멍'이 섞여 있다.

`alignof()` 연산자는 인자 타입의 정렬을 반환한다. 예를 들면 다음과 같다.

```
auto ac = alignof(char);                 // char의 정렬
auto ai = alignof(int);                  // int의 정렬
auto at = alignof(T);                    // 어떤 타입 T의 정렬

int a[20];
auto aa = alignof(decltype(a));          // int 배열의 정렬
```

때로는 `alignof(T)` 같은 표현식이 허용되지 않는 선언 내에서 정렬을 사용해야 하는 경우도 있다. 이런 경우에는 대신 "T와 똑같이 정렬하라"는 의미로 타입 지정자 `alignas`: `alignas(T)`를 사용한다. 예를 들어 다음과 같이 어떤 타입 X를 위해 초기화되지 않은 저장 공간을 준비할 수 있다.

```
void user(const vector<X>& vx)
{
    constexpr int bufmax = 1024;
    alignas(X) char buffer[bufmax];       // 초기화되지 않음

    const int max = min(vx.size(),bufmax/sizeof(X));
    uninitialized_copy(vx.begin(),vx.begin()+max,reinterpret_cast<X*>(buffer));
    // ...
}
```

6.3 선언

C++에서 어떤 이름(식별자)을 사용하려면 반드시 그 전에 선언돼야 한다. 즉, 해당 이름이 어떤 종류의 개체를 가리키는지 컴파일러에게 알려주기 위해 타입이 지정돼야 한다. 다음의 예들을 살펴보자.

```
char ch;
string s;
auto count = 1;
const double pi {3.1415926535897};
extern int error_number;

const char* name = "Njal";
const char* season[] = { "spring", "summer", "fall", "winter" };
vector<string> people { name, "Skarphedin", "Gunnar" };

struct Date { int d, m, y; };
int day(Date* p) { return p->d; }
double sqrt(double);
template<typename T> T abs(T a) { return a<0 ? -a : a; }

constexpr int fac(int n) { return (n<2)?1:n*fac(n-1); }      // 컴파일 타임에 값이 지정될 수
                                                             // 있음(2.2.3절)
constexpr double zz { ii*fac(7) };                           // 컴파일 타임 초기화
```

```
using Cmplx = std::complex<double>;            // 타입 별칭(3.4.5절, 6.5절)
struct User;                                   // 타입 이름
enum class Beer { Carlsberg, Tuborg, Thor };
namespace NS { int a; }
```

이 예들을 통해 볼 수 있듯이 선언이란 어떤 타입에 이름을 붙이는 과정 그 이상이라고 할 수 있다. 이들 선언 대부분은 정의의 성격을 갖고 있다. 정의란 어떤 개체를 이용하기 위해 프로그램에서 필요한 모든 것을 공급하는 선언이다. 특히 뭔가를 표시하기 위해 메모리를 차지하는 경우 해당 메모리는 정의에 의해 예약된다. 용어적 관점에 따라 선언은 인터페이스의 일부이고, 정의는 구현의 일부라고 간주하기도 한다. 이러한 관점에서는 개별적인 파일들에서 복제될 수 있는 선언을 통해 인터페이스를 구성하는 것이며(15.2.2절), 메모리를 예약해 놓는 정의는 인터페이스에 포함되지 않는다.

이러한 선언들이 전역 유효 범위 내에 있다고 가정하면 다음과 같다.

```
char ch;                           // char를 위한 메모리를 예약하고 그것을 0으로 초기화한다.
auto count = 1;                    // int를 위한 메모리를 예약하고 1로 초기화한다.
const char* name = "Njal";         // char를 가리키는 포인터를 위한 메모리를 예약한다.
                                   // 문자열 리터럴 "Njal"을 위한 메모리를 예약한다.
                                   // 해당 문자열 리터럴의 주소로 포인터를 초기화한다.

struct Date { int d, m, y; };      // Date는 3개의 멤버를 가진 구조체다.
int day(Date* p) { return p->d; }  // day는 지정된 코드를 실행하는 함수다.

using Point = std::complex<short>; // Point는 std::complex<short>의 이름이다.
```

위의 선언 중 단 3개만 정의에 해당되지 않는다.

```
double sqrt(double);               // 함수 선언
extern int error_number;           // 변수 선언

struct User;                       // 타입 이름 선언
```

즉, 사용될 경우 이것들이 참조하는 개체는 어딘가 다른 곳에서 정의돼야 한다는 뜻이다. 예를 들면 다음과 같다.

```
double sqrt(double d) { /. ... ./ }
int error_number = 1;
struct User { /. ... ./ };
```

C++ 프로그램에서는 언제나 각각의 이름에 대해 정확히 하나의 '정의'만 존재해야 한다(#include의 효과에 대해서는 15.2.3절 참조). 반면 '선언'은 여러 개 존재해도 무방하다.

어떤 개체의 모든 선언은 타입이 일치해야 한다. 따라서 다음 코드에는 2가지 오류가 있다.

```
int count;
int count;                  // 오류: 정의
extern int error_number;
extern short error_number;  // 오류: 타입 불일치
```

다음 코드에는 오류가 없다(extern의 사용에 대해서는 15.2절 참고).

```
extern int error_number;
```

```
extern int error_number;              // OK: 재선언
```

일부 정의에서는 개체의 '값'이 명시적으로 지정된다. 예를 들면 다음과 같다.

```
struct Date { int d, m, y; };
using Point = std::complex<short>;   // Point는 std::complex<short>의 이름이다.
int day(Date* p) { return p->d; }
const double pi {3.1415926535897};
```

타입, 템플릿, 함수, 상수의 '값'은 영구적으로 유지된다. 상수가 아닌 데이터 타입의 경우엔 초기 값이 나중에 변경될 수 있다. 예를 들면 다음과 같다.

```
void f()
{
    int count {1};                   // count를 1로 초기화한다.
    const char* name {"Bjarne"};     // name은 어떤 상수를 가리키는 변수다(7.5절).
    count = 2;                       // count에 2를 대입한다.
    name = "Marian";
}
```

위의 정의 가운데 단 2개만 값을 지정하지 않는다.

```
char ch;
string s;
```

변수에 기본 값이 어떤 방식으로 언제 지정되는지에 대한 설명은 6.3.5절과 17.3.3절을 참조하기 바란다. 값을 지정하는 선언은 모두 정의다.

6.3.1 선언의 구조

선언의 구조는 C++ 문법에 정의돼 있다(iso.A절). 이 문법은 초기 C 문법에서 시작해서 40년 동안 진화한 결과로, 현재는 상당히 복잡해졌다. 하지만 심하게 단순화를 많이 하지 않아도 선언은 다섯 부분으로 나눠져 있다고 볼 수 있다.

선언은 크게 다섯 부분으로 나뉜다. 선택적 '지정자specifier', 기본 타입base type, 선언자declarator, 그리고 선택적 초기화 식initializer이 바로 그것들이다. 또한 함수와 네임스페이스 정의를 제외한 모든 선언은 세미콜론으로 끝난다. 그럼 예제를 살펴보자.

- 선택적 '지정자specifier'(이를테면 static이나 virtual)
- 기본 타입base type(이를테면 vector<double>이나 const int)
- 이름이 선택적으로 포함될 수 있는 선언자declarator(이를테면 p[7], n, 또는 *(*)[])
- 선택적인 접미사 함수 지정자(이를테면 const나 noexcept)
- 선택적 초기화 식initializer 또는 함수 본체(이를테면 ={7,5,3}이나 {return x;})

함수와 네임스페이스 정의를 제외하면 선언은 세미콜론으로 끝난다. C 스타일 문자열 배열의 정의를 살펴보자.

```
const char* kings[] = { "Antigonus", "Seleucus", "Ptolemy" };
```

여기서 기본 타입은 const char이고, 선언자는 *kings[]이며, 초기화 식은 =에 이어지는 {} 리스트다.

지정자는 virtual(3.2.3절, 20.3.2절), extern(15.2절)이나 constexpr(2.2.3절) 같이 선언문에 가장 먼저 등장하는 키워드로서, 선언되는 대상에서 타입과 무관한 일부 속성을 지정한다.

선언자는 이름과 선택적인 몇 가지 선언자 연산자로 구성된다. 가장 많이 쓰이는 선언자 연산자는 다음과 같다.

선언자 연산자		
접두사	*	포인터
접두사	*const	상수 포인터
접두사	*volatile	휘발성 포인터
접두사	&	lvalue 참조(7.7.1절)
접두사	&&	rvalue 참조(7.7.2절)
접두사	auto	함수(접두사 반환 타입 활용)
최종 접미사	[]	배열
최종 접미사	()	함수
최종 접미사	->	함수에서 반환

이 연산자들이 모두 접두사나 최종 접미사였다면 사용이 간편했을 것이다. 하지만 *, [], ()는 표현식에서의 용법을 흉내 내도록 설계됐다. 따라서 *는 접두사이고, []와 ()는 최종 접미사다. 접미사 선언자 연산자는 접두사 형태보다 이름과 좀 더 긴밀히 묶인다. 결과적으로 char*kings[]는 char를 가리키는 포인터의 배열로 해석되는 반면, char(*kings)[]는 char의 배열을 가리키는 포인터로 해석된다. 즉, '배열을 가리키는 포인터'나 '함수를 가리키는 포인터' 같은 타입을 표현하려면 괄호를 사용할 수밖에 없다. 7.2절의 예제를 참고하기 바란다.

선언에는 타입이 빠질 수 없다는 점에 유의한다. 예를 들면 다음과 같다.

```
const c = 7;          // 오류: 타입이 없다.
gt(int a, int b)      // 오류: 반환 타입이 없다.
{
    return (a>b) ? a : b;
}
unsigned ui;          // OK: "unsigned"는 "unsigned int"를 뜻한다.
long li;              // OK: "long"은 "long int"를 뜻한다.
```

이런 점에서 현재의 표준 C++와 달리 초창기 버전의 C와 C++는 앞의 두 예제를 허용했다. 타입이 지정되지 않으면 int로 간주하는 규칙(44.3절)이 있었기 때문이다. 이 '암시적 int' 규칙 때문에 미묘한 오류와 상당한 혼란이 발생하기도 했다.

일부 타입은 long long이나 volatile int 같이 여러 개의 키워드로 구성된 이름을 갖고 있다. 일부 타입 이름은 이름 같아 보이지 않기까지 한데, decltype(f(x))(f(x) 호출의 반환 타입, 6.3.6.3절)가 그런 예다.

`alignas()` 지정자는 6.2.9절에 설명돼 있다.

6.3.2 여러 개의 이름을 선언하는 방법

하나의 선언문에 여러 개의 이름을 선언하는 것도 가능하다. 선언자들을 쉼표로 구분해서 선언에 넣으면 되는 것이다. 두 개의 정수를 선언한 예를 살펴보자.

```
int x, y;            // int x; int y;
```

연산자는 하나의 이름에만 적용된다, 즉, 동일한 선언문 내에서도 이후에 등장하는 이름에는 적용되지 않는다. 예를 들면 다음과 같다.

```
int* p, y;           // int* p; int y;이다. int* y;는 아니다.
int x, *q;           // int x; int* q;
int v[10], *pv;      // int v[10]; int* pv;
```

이렇게 여러 개의 이름과 중요한 연산자로 선언을 구성해도 되긴 하지만, 프로그램을 읽기 어려워지므로 되도록 피하자.

6.3.3 이름

이름(식별자)은 연속된 글자letter와 숫자digit로 구성된다. 단, 첫 번째 문자는 글자여야 한다. 밑줄 문자인 _는 글자로 간주된다. C++에서 이름에 포함되는 문자의 길이에는 제한이 없다. 하지만 구현 환경 중 일부에는 컴파일러 개발자의 손이 미치지 않으므로(특히 링커), 그런 부분 때문에 안타깝지만 경우에 따라 제한이 가해지기도 한다. 또한 일부 런타임 환경은 식별자로 사용되는 문자 집합에 대한 확장이나 제한을 요구하기도 한다. 확장되는 경우엔(이를테면 이름에 $를 허용하는 경우) 프로그램의 이식성엔 문제가 생기게 된다. 마지막으로 new나 int 등의 C++ 키워드(부록 A)는 사용자 정의 개체의 이름으로 쓰일 수 없다. C++에서 사용될 수 있는 이름들의 예는 다음과 같다.

```
hello       this_is_a_most_unusually_long_identifier_that_is_better_avoided
DEFINED     foO     bAr     u_name          HorseSense
var0        var1    CLASS   _class          ___
```

그리고 다음은 식별자로 쓰일 수 없는 문자열의 예다.

```
012         afool       $sys    class       3var
pay.due     foo~bar     .name   if
```

밑줄로 시작하는 이름들은 구현 환경 및 런타임 환경에서 특수한 용도를 위해 예약돼 있다. 따라서 그런 이름은 애플리케이션 이름으로는 사용하지 말아야 한다. 비슷하게 이중 밑줄(이를테면 trouble_ahead)을 포함한 이름이나 대문자가 뒤따르는 밑줄로 시작하는 이름(이를테면 _Foo) 역시 예약돼 있다(iso.17.6.4.3절).

프로그램을 해독할 때 컴파일러는 이름이 될 수 있는 가장 긴 문자열을 우선적으로 찾는다. 따라서 **var10**은 하나의 이름이지 **var**라는 이름 뒤에 숫자 10이 붙는 것이 아니다. 또한 **elseif** 역시 **else**라는 키워드의 뒤에 **if**라는 키워드가 이어진 것이 아니라 하나의 이름이다.

대소문자 역시 엄연히 구별된다. 따라서 Count와 count는 다른 이름이지만, 그렇다고 해서 대소문자만 다른 이름을 쓰는 것은 현명치 못하다. 일반적으로 미묘한 차이만 나는 이름들은 피하는 것이 최선이다. 예를 들어 일부 글꼴에서 대문자 'o'(O)과 숫자 영(0)이나, 소문자 'L'(l)과 숫자 일(1), 대문자 'i'(I)와 숫자 일(1)은 구별하기 어려울 수 있다. 따라서 10, 1O, l1, 11, 1ll 등은 식별자로 적당치 않다. 모든 글꼴에서 같은 문제가 있는 건 아니지만, 대부분 글꼴에서는 어떻게든 문제가 된다.

넓은 유효 범위에 걸쳐 사용되는 이름의 경우 상대적으로 누가 봐도 명확한 이름을 가져야 한다. 이를 테면 **vector**, **Window_with_border**, **Department_number** 등이 그렇다. 하지만 좁은 유효 범위 내에서 사용되는 이름의 경우에는 **x, i, p** 등과 같이 길이가 짧고 전형적이어야 코드가 깔끔해진다. 함수(12장), 클래스(16장) 및 네임스페이스(14.3.1절)는 유효 범위를 작게 유지하는 데 활용될 수 있다. 일반적으로는 자주 사용되는 이름을 상대적으로 짧게 만들고, 정말로 긴 이름들은 자주 사용되지 않는 개체를 위해 남겨 놓는 편이 좋다.

구현보다는 개체의 의미를 반영하는 이름을 선택하기 바란다. 예를 들어 전화번호부가 **vector**에 저장되는 상황이 발생하더라도 **number_vector**보다는 **phone_book**이 좋은 선택이다 (4.4절). 동적이거나 약한 타입 체계를 가진 언어에서처럼 **char*** 타입의 이름에 대해 **pcname**이라고 붙이던가, **int** 타입의 카운트에 대해 **icount**라고 이름 붙이는 식으로 이름에 타입 정보를 약자로 넣지 말기 바란다.

- 이름에 타입을 약자로 넣으면 프로그램의 추상화 수준이 낮아진다. 특히 이름이 다른 타입의 개체를 나타내는 데 쓰일 수 있는 일반화 프로그래밍에 방해가 된다.
- 컴파일러가 우리보다는 타입 관리에 능숙하다.
- 이름의 타입을 변경하고 싶을 때(이를테면 이름을 보관하기 위해 std::string을 사용하는 경우) 이름이 사용된 모든 경우를 수정해야 할 것이다. 그렇지 않으면 약자로 표시된 타입이 이상하게 보일 테니까 말이다.
- 우리가 생각해 낸 타입 약자 체계는 타입이 다양해지면 점점 복잡해지고 알아보기 어렵게 될 것이다.

좋은 이름을 선택하는 것도 하나의 기술이다.

일관된 이름 짓기 스타일을 유지하려고 노력해야 한다. 예를 들어 사용자 정의 타입 이름의 첫 글자는 대문자를 쓰고 비타입 개체의 이름은 소문자로 시작하는 식이다(이를테면 Shape와 current_token). 또한 매크로를 사용하는 경우(12.6절) 매크로에는 모두 대문자를 쓰고(이를테면 HACK), 비매크로에는 대문자를 절대로 쓰지 않는다(심지어 비매크로 상수에 대해서도). 한 식별자 안에서 단어를 분리하려면 밑줄 문자를 사용한다. **number_of_elements**가 **numberOfElements**보다 알아보기 쉽다. 하지만 이런저런 소스에서 조각조각 모아 프로그램을 만드는 경우가 많고,

몇 가지 나름대로 다양한 스타일이 사용되기 때문에 일관성 유지는 어려운 일이다. 약어abbreviation나 두문자어acronym 사용에 있어서도 일관성을 지키자.

6.3.3.1 키워드

C++의 키워드는 다음과 같다.

C++ 키워드

alignas	alignof	and	and_eq	asm	auto
bitand	bitor	bool	break	case	catch
char	char16_t	char32_t	class	compl	const
constexpr	const_cast	continue	decltype	default	delete
do	double	dynamic_cast	else	enum	explicit
extern	false	float	for	friend	goto
if	inline	int	long	mutable	namespace
new	noexcept	not	not_eq	nullptr	operator
or	or_eq	private	protected	public	register
reinterpret_cast	return	short	signed	sizeof	static
static_assert	static_cast	struct	switch	template	this
thread_local	throw	true	try	typedef	typeid
typename	union	unsigned	using	virtual	void
volatile	wchar_t	while	xor	xor_eq	

추가로 **export** 단어는 향후 사용을 위해 예약돼 있다.

6.3.4 유효 범위

선언문이란 유효 범위 안에서 어떤 이름을 소개하는 것이다. 즉, 이름은 프로그램 텍스트 중 특정한 부분에서만 사용될 수 있다.

- **지역 유효 범위** 함수 안에서 선언된 이름(12장)이나 람다(11.4절)는 **지역 이름**이라고 불린다. 그런 이름의 유효 범위는 선언 시점부터 선언이 이뤄진 블록의 끝나는 지점이다. **블록**block 이란 중괄호 쌍({})으로 둘러싸인 코드 영역을 뜻한다. 함수와 람다의 매개변수 이름은 해당 함수나 람다의 가장 바깥쪽 블록 안에서 지역 이름으로 간주된다.
- **클래스 유효 범위** 어떤 이름이 함수(12장), 람다(11.4절), 클래스(16장) 또는 **enum** 클래스(11.4절) 바깥에서 정의된 경우 그 이름은 **멤버 이름**(또는 클래스 멤버 이름)이라고 불린다. 이런 이름의 유효 범위는 클래스 선언이 시작되는 { 괄호 지점부터 클래스 선언의 끝나는 지점까지다.
- **네임스페이스 유효 범위** 어떤 이름이 어느 클래스의 안이면서 함수(12장), 람다(11.4절), 클래스 (16장), **enum** 클래스(8.4.1절) 바깥에서 정의된 경우 그 이름은 **멤버 이름**(또는 클래스 멤버 이름)이 라고 불린다. 이런 이름의 유효 범위는 선언 지점부터 네임스페이스가 끝나는 지점까지다.

네임스페이스 이름은 다른 해석 단위에서 접근할 수도 있다(15.2절).

- **전역 유효 범위** 어떤 이름이 함수, 클래스(16장), **enum** 클래스(8.4.1절), 네임스페이스(14.3.1절)의 바깥에서 정의된 경우 그 이름은 **전역 유효 범위 이름**이라고 불린다. 전역 이름의 유효 범위는 선언 지점부터 해당 선언이 이뤄진 파일이 끝나는 지점까지다. 전역 이름은 다른 해석 단위에서 접근될 수도 있다(15.2절). 기술적으로 전역 네임스페이스는 네임스페이스의 일종으로 간주되므로, 전역 이름은 네임스페이스 멤버 이름의 일종이다.

- **문장 유효 범위** 어떤 이름이 **for-, while-, if-, switch-**문의 **()** 부분 내에서 정의된 경우 그 이름은 **문장 범위**를 갖는다. 이 유효 범위는 선언 지점부터 해당 문장이 끝나는 지점까지이다. 문장 유효 범위의 이름들은 모두 지역 이름이다.

- **함수 유효 범위** 레이블(9.6절)은 해당 함수 본체 전체에 걸친 유효 범위를 갖는다.

블록 안에서 선언된 이름은 그 블록을 둘러싼 블록 안에서 선언된 이름이나 전역 이름을 가려버릴 수 있다. 즉, 이름이 블록 안에서 다른 개체를 가리키게 재정의될 수 있다는 것이다. 물론 해당 블록을 빠져 나온 후엔 그 이름은 이전의 의미를 되찾게 된다. 예를 들면 다음과 같다.

```
int x;              // 전역 x
void f()
{
    int x;          // 지역 x가 전역 x를 가린다.
    x = 1;          // 지역 x에 대입된다.
    {
        int x;      // 첫 번째 지역 x를 가린다.
        x = 2;      // 두 번째 지역 x에 대입된다.
    }
    x = 3;          // 첫 번째 지역 x에 대입된다.
}
int* p = &x;        // 전역 x의 주소를 받는다.
```

이름 가리기는 대규모 프로그래밍 작성에서 불가피하게 일어난다. 하지만 사람의 눈은 컴파일러가 아니기 때문에 종종 이름이 가려져 있다는 점을 쉽게 간파하지 못한다. 이런 오류는 비교적 흔하지 않기 때문에 찾아내기가 아주 어렵다. 따라서 이름 가리기를 최소화하도록 노력해야 한다. 큰 함수 안에서 **i**나 **x** 같은 이름을 전역 변수나 지역 변수로 사용하는 것은 말썽을 불러일으키는 습관이다.

가려진 전역 이름은 범위 지정^{scope resolution} 연산자를 써서 활용할 수 있다. 다음 예를 살펴보자.

```
int x;
void f2()
{
    int x = 1;    // 전역 x를 가린다.
    ::x = 2;      // 전역 x에 대입한다.
    x = 2;        // 지역 x에 대입한다.
```

```
    // ...
}
```

가려진 지역 이름을 이용할 수 있는 방법은 없다.

클래스 멤버가 아닌 이름의 유효 범위는 선언된 지점부터 시작된다. 즉, 선언자가 끝난 다음부터 초기화 식 이전까지의 지점이다. 뒤집어 말하면 이름이 자기 자신의 초기 값을 지정하는 용도로도 활용 가능하다는 뜻이다. 다음 예를 살펴보자.

```
int x = 97;
void f3()
{
    int x = x;      // 이상한 상황: x를 초기화되지도 않은 자신의 값으로 초기화한다.
}
```

좋은 컴파일러는 어떤 변수가 초기화되기 전에 사용되면 경고를 보낸다.

:: 연산자를 사용하지 않고도 하나의 이름으로 블록 내의 서로 다른 두 개의 객체를 참조하는 것이 가능하다. 예를 들면 다음과 같다.

```
int x = 11;
void f4()            // 이상한 상황: 하나의 유효 범위 안에서 둘 다 x라고 불리는 서로 다른 두 객체가 사용됨
{
    int y = x;      // 전역 x의 사용: y = 11
    int x = 22;
    y = x;          // 지역 x의 사용: y = 22
}
```

역시 이런 모호함은 피하는 편이 최선이다.

함수 인자의 이름은 함수의 가장 바깥쪽 블록에서 선언되는 것으로 간주된다.

```
void f5(int x)
{
    int x;          // 오류
}
```

이 문장은 오류인데, x가 동일한 유효 범위에서 두 번 정의됐기 때문이다.

for- 문장에서 등장한 이름은 해당 문장의 지역 유효 범위를 갖는다. 이 덕택에 함수 내에서 전형적인 이름을 루프 변수에 반복적으로 사용할 수 있다. 예를 들면 다음과 같다.

```
void f(vector<string>& v, list<int>& lst)
{
    for (const auto& x : v) cout << x << '\n';
    for (auto x : lst) cout << x << '\n';
    for (int i = 0; i!=v.size(); ++i) cout << v[i] << '\n';
    for (auto i : {1, 2, 3, 4, 5, 6, 7}) cout << i << '\n';
}
```

여기에서는 이름 충돌이 일어나지 않는다.

선언문 하나로만 if 문장의 분기문을 만들 수는 없다(9.4.1절).

6.3.5 초기화

어떤 객체에 초기화 식이 지정되면 해당 객체의 초기 값이 결정된다. 초기화 식은 4가지 문법 스타일 중 하나를 사용한다.

```
X a1 {v};
X a2 = {v};
X a3 = v;
X a4(v);
```

이들 중 첫 번째 항목만이 모든 상황에서 사용될 수 있으므로, 그것을 사용하기를 강력히 권장한다. 다른 후보들보다 좀 더 명확하며, 오류에 취약하지 않다. 하지만 a1에 사용된 첫 번째 형태는 C++ 11에서 처음 도입된 것이므로, 좀 더 오래된 코드에서는 나머지 3가지 형태가 등장한다. =를 사용하는 두 형태는 C에서 등장한다. 오래된 습관은 좀처럼 사라지지 않으므로, 나도 가끔 어쩔 때마다 간단한 값으로 간단한 변수를 초기화할 때 =를 사용한다. 예를 들면 다음과 같다.

```
int x1 = 0;
char c1 = 'z';
```

하지만 이것들보다 훨씬 더 복잡한 상황에서는 {}를 사용하는 편이 낫다. {}를 사용한 초기화, 즉 리스트 초기화는 축소를 허용하지 않는다(iso.8.5.4절). 즉, 다음과 같다.

- 정수는 자신의 값을 보관할 수 없는 또 다른 정수로 변환될 수 없다. 예를 들어 char에서 int로의 변환은 허용되지만, int에서 char는 허용되지 않는다.
- 부동소수점 값은 자신의 값을 보관할 수 없는 또 다른 부동소수점 타입으로 변환될 수 없다. 예를 들어 float에서 double로의 변환은 허용되지만, double에서 float는 허용되지 않는다.
- 부동소수점 값은 정수 타입으로 변환될 수 없다.
- 정수 값은 부동소수점 타입으로 변환될 수 없다.

예를 들면 다음과 같다.

```
void f(double val, int val2)
{
    int x2 = val;      // val==7.9라면 x2는 7이 된다.
    char c2 = val2;    // val2==1025라면 c2는 1이 된다.

    int x3 {val};      // 오류: 손실 가능성
    char c3 {val2};    // 오류: 축소 가능성

    char c4 {24};      // OK: 24는 char로 정확히 표시될 수 있다.
    char c5 {264};     // 오류(char가 8비트라 가정할 경우): 264는 char로 표시될 수 없다.

    int x4 {2.0};      // 오류: double에서 int 값으로 변환은 불가능

    // ...
}
```

기본 제공 타입에 대한 변환 규칙은 10.5절을 참고하기 바란다.

초기화 식에 의해 결정된 타입을 구하기 위해 auto를 사용할 때는 {} 초기화 식 사용에 이점이 없다. 초기화 식이 {} 리스트일 경우 우리는 리스트의 타입이 추정되기를 원하지 않을지도 모르기 때문이다. 예를 들면 다음과 같다.

```
auto z1 {99};          // z1은 initializer_list<int>
auto z2 = 99;          // z2는 int
```

따라서 auto를 사용할 때는 =가 바람직하다.

객체가 값의 리스트로 초기화되거나 아니면 단순히 저장되는 값이 아닌 복수의 주어진 인자로 구성되도록 클래스를 정의하는 방법이 가능하다. 고전적인 사례는 정수의 vector다.

```
vector<int> v1 {99};   // v1은 99의 값을 가진 1 원소의 vector
vector<int> v2(99);    // v2는 각각 기본 값 0을 가진 99 원소의 vector
```

나는 두 번째 의미를 부여하기 위해 생성자의 명시적 초기화 (99)를 사용한다. 대부분 타입에서는 이렇게 혼란스러운 대안을 제공하지 않는데, 대부분 vector에서도 마찬가지다. 예를 들면 다음과 같다.

```
vector<string> v1{"hello!"};   // v1은 "hello!" 값을 가진 1 원소의 vector
vector<string> v2("hello!");   // 오류: vector 생성자는 문자열 리터럴을 받지 않는다.
```

따라서 특별한 이유가 있지 않는 한, 다른 방법 대신 {} 초기화 식을 사용하기 바란다.

빈 초기화 식 리스트 {}는 기본 값을 넣겠다는 의미를 나타나는 데 사용된다. 예를 들면 다음과 같다.

```
int x4 {};             // x4는 0이 된다.
double d4 {};          // d4는 0.0이 된다.
char* p {};            // p는 nullptr이 된다.
vector<int> v4{};      // v4는 빈 vector가 된다.
string s4 {};          // s4는 ""이 된다.
```

대부분의 타입은 기본 값을 갖고 있다. 통합 정수 타입의 경우에는 기본 값으로 0을 적절히 표시한다. 포인터의 경우에는 기본 값이 nullptr이다(7.2.2절). 사용자 정의 타입에서는 기본 값이 존재할 경우 해당 타입의 생성자에 의해 결정된다(17.3.3절).

사용자 정의 타입의 경우 묵시적 변환이 허용되는 직접적 초기화와 그렇지 않은 복사 초기화 사이에 차이가 있을 수 있다. 이에 대해서는 16.2.6절을 참고하기 바란다.

특정 종류의 객체에 대한 초기화는 다음과 같이 관련된 부분에서 다룬다.

- 포인터 7.2.2절, 7.3.2절, 7.4절
- 참조 7.7.1절(lvalues), 7.7.2절(rvalues)
- 배열 7.3.1절, 7.3.2절
- 상수 10.4절
- 클래스 17.3.1절(생성자를 사용하지 않는 경우), 17.3.2절(생성자를 사용하는 경우), 17.3.3절(기본 설정), 17.4절(멤버 및 기본), 17.5절(복사와 이동)
- 사용자 정의 컨테이너 17.3.4절

6.3.5.1 초기화가 없는 경우

기본 제공 타입을 비롯한 많은 타입에서 초기화를 생략할 수 있다. 우리가 그렇게 한다면, 더군다나 불행하게도 그것이 흔한 경우라면 상황이 좀 더 복잡해진다. 그런 복잡함을 피하고 싶다면 일관되게 초기화하면 된다. 초기화되지 않은 값이 유일하게 실제로 좋은 경우는 대규모 입력 버퍼에 대해서다. 다음 예를 살펴보자.

```
constexpr int max = 1024*1024;
char buf[max];
some_stream.get(buf,max);        // 최대한의 문자들을 buf로 읽어 들인다.
```

초기화된 buf를 만들기는 쉽다.

```
char buf[max] {};                //모든 char를 0으로 초기화한다.
```

불필요하게 초기화를 함으로써 큰 영향을 미칠지도 모르는 성능상의 타격을 겪을 수도 있다. 이러한 저수준의 버퍼 사용은 가급적 피하는 편이 좋으며, 이러한 버퍼는 초기화된 배열 사용과 비교할 때 최적화에 큰 영향이 있다는 점을 측정 등을 통해 알고 있을 때만 사용한다.

초기화 식이 지정되지 않는 경우엔 전역(6.3.4절), 네임스페이스(14.3.1절), 지역 정적(12.1.8절) 및 정적 멤버(16.2.12절), 즉 통틀어서 정적 객체들은 적절한 타입의 {}로 초기화된다. 예를 들면 다음과 같다.

```
int a;       // "int a{};"을 뜻하므로, 0이 된다.
double d;     // "double d{};"을 뜻하므로, 0.0이 된다.
```

스택에 할당된 지역 변수와 자유 저장 공간에서 생성된 객체(경우에 따라 동적 객체^{dynamic object} 또는 힙 객체^{heap object}라고도 불리는)는 기본 생성자를 가진 사용자 정의 타입이 아닌 경우 기본 설정으로 초기화되지 않는다(17.3.3절). 예를 들면 다음과 같다.

```
void f()
{
    int x;                       // x는 명확히 정의된 값을 갖고 있지 않다.
    char buf[1024];              // buf[i]는 명확히 정의된 값을 갖고 있지 않다.
    int* p {new int};            // *p는 명확히 정의된 값을 갖고 있지 않다.
    char* q {new char[1024]};    // q[i]는 명확히 정의된 값을 갖고 있지 않다.
    string s;                    // 문자열의 기본 생성자이므로 s==""
    vector<char> v;              // 벡터의 기본 생성자이므로 v=={}
    string* ps {new string};     // 문자열의 기본 생성자이므로 *ps는 ""
    // ...
}
```

기본 제공 타입의 지역 변수나 new로 생성된 기본 제공 타입의 객체를 초기화하고 싶다면 {}를 사용한다. 예를 들면 다음과 같다.

```
void ff()
{
    int x {};                    // x는 0이 된다.
    char buf[1024]{};            // buf[i]는 모든 i에 대해 0이 된다.
    int* p {new int{10}};        // *p는 10이 된다.
```

```
char* q {new char[1024]{}};        // q[i]는 모든 i에 대해 0이 된다.
// ...
}
```

배열이나 클래스의 멤버는 해당 배열이나 클래스가 초기화될 경우 기본적으로 초기화된다.

6.3.5.2 초기화 식 리스트

지금까지는 초기화를 하지 않는 경우나 하나의 초기화 값을 갖는 경우를 살펴봤다. 좀 더 복잡한 객체는 초기화 식으로 하나 이상의 값을 필요로 할 수 있다. 이런 요구를 해결해주는 것이 {와 }로 둘러싸인 초기화 식 리스트다.

```
int a[] = { 1, 2 };                    // 배열 초기화
struct S { int x, string s; };
S s = { 1, "Helios" };                 // 구조체 초기화
complex<double> z = { 0, pi };         // 생성자 사용
vector<double> v = { 0.0, 1.1, 2.2, 3.3 };   // 리스트 생성자 사용
```

C 스타일의 배열 초기화에 대해서는 7.3.1절을 참고하기 바란다. C 스타일의 구조체에 대해서는 8.2절을 참고한다. 생성자를 가진 사용자 정의 타입에 대해서는 2.3.2절이나 16.2.5절을 참고한다. 초기화 식 리스트 생성자에 대해서는 17.3.4절을 참고한다.

위의 경우에 =는 꼭 필요하지 않다. 하지만 어떤 이들은 멤버 변수 집합을 초기화하기 위해 값들의 집합이 사용된다는 점을 강조하기 위해 =를 추가하는 편을 좋아한다.

일부 경우에는 다음 예와 같이 함수 스타일의 인자 리스트도 사용될 수 있다(2.3절, 16.2.5절).

```
complex<double> z(0,pi);       // 생성자 사용
vector<double> v(10,3.3);      // 생성자 사용: v는 3.3으로 초기화된 10개의 원소를 얻는다.
```

선언문에서 빈 괄호의 쌍 ()는 항상 '함수'를 의미한다(12.1절). 따라서 '기본 초기화를 사용'한다는 점을 명시적으로 나타내고자 한다면 ()가 필요하다. 예를 들면 다음과 같다.

```
complex<double> z1(1,2);       // 함수 스타일 초기화(생성자에 의한 초기화)
complex<double> f1();          // 함수 선언

complex<double> z2 {1,2};      // 생성자에 의해 {1,2}로 초기화
complex<double> f2 {};         // 생성자에 의해 기본 값 {0,0}으로 초기화
```

{} 기호를 사용한 초기화에서는 축소가 일어나지 않는다는 점에 유의한다(6.3.5절).

auto를 사용할 때 {} 리스트는 std::initializer_list<T>로 추론되는 타입을 갖게 된다. 예를 들면 다음과 같다.

```
auto x1 {1,2,3,4};            // x1은 initializer_list<int>
auto x2 {1.0, 2.25, 3.5};    // x2는 initializer_list of<double>
auto x3 {1.0,2};             // 오류: {1.0,2}의 타입으로 추론될 수 없다(6.3.6.2절).
```

6.3.6 타입의 추론: auto와 decltype()

C++는 표현식으로부터 타입을 추론하기 위해 두 가지의 메커니즘을 제공한다.

- 초기화 식으로부터 객체의 타입을 추론하기 위한 auto로, 타입은 변수, const, constexpr의 타입이 될 수 있다.
- 함수의 반환 타입이나 클래스 멤버의 타입 같이 간단한 초기화 식이 아닌 뭔가의 타입을 추론하기 위한 decltype(expr)이다.

여기서 수행되는 추론은 매우 간단하다. 즉, auto와 decltype()은 컴파일러가 이미 알고 있는 표현식의 타입을 알려주기만 할 뿐이다.

6.3.6.1 auto 타입 지정자

변수의 선언문에 초기화 식이 있을 때는 타입을 명시적으로 지정할 필요가 없다. 대신 변수가 자신의 초기화 식에 해당하는 타입을 갖게 할 수 있다. 다음을 살펴보자.

```
int a1 = 123;
char a2 = 123;
auto a3 = 123;        // 3의 타입은 "int"
```

정수 리터럴 123의 타입은 int이므로 a3은 int다. 즉, auto는 초기화 식 타입의 보관 장소다.

123처럼 간단한 표현식에서 int 대신에 auto를 사용하는 건 큰 도움이 되지 않는다. 타입이 쓰기 어렵고 파악하기 어려울수록 auto가 좀 더 빛을 발한다. 예를 들면 다음과 같다.

```
template<typename T> void f1(vector<T>& arg)
{
    for (typename vector<T>::iterator p = arg.begin(); p!=arg.end(); ++p)
        *p = 7;
    for (auto p = arg.begin(); p!=arg.end(); ++p)
        *p = 7;
}
```

auto를 사용하는 루프가 작성하기도 좀 더 편하고 읽기에도 좀 더 편하다. 또한 코드 변경에도 좀 더 유연하게 대응할 수 있다. 이를테면 arg를 list로 바꿔도 auto를 사용하는 루프는 정확히 동작하는 반면, 첫 번째 루프는 재작성이 필요할 것이다. 그러므로 특별한 이유가 있지 않는 한 auto는 작은 유효 범위로 사용하기 바란다.

유효 범위가 지나치게 넓으면 타입을 명시적으로 언급함으로써 오류의 영향을 줄일 수 있다. 즉, 구체적인 타입을 사용하는 방식과 비교할 때 auto를 사용하면 타입 오류의 탐지를 지연시킬 수 있다. 예를 들면 다음과 같다.

```
void f(complex<double> d)
{
    // ...
    auto max = d+7;        // 문제없음: max는 complex<double>
    double min = d-9;      // 오류: d를 scalar로 가정했다.
```

```
    // ...
}
```

auto가 문제를 일으키면 최선의 대처법은 대개 함수를 좀 더 작게 만드는 것인데, 이 방식은 어쨌든 대부분 경우 좋은 방법이다(12.1절).

추론된 타입은 const나 &(참조자, 7.7절) 같은 지정자나 수정자^{modifier}로 장식할 수 있다(6.3.1절). 예를 들면 다음과 같다.

```
void f(vector<int>& v)
{
    for (const auto& x : v) {           // x는 const int&
        // ...
    }
}
```

여기서 auto는 v의 원소 타입으로 결정되는데, 즉 int다.

참조는 표현식에서 암시적으로 역참조되기 때문에 표현식의 타입은 절대로 참조가 될 수 없다는 점에 유의한다(7.7절). 예를 들면 다음과 같다.

```
void g(int& v)
{
    auto x = v;             // x는 int(int&가 아님)
    auto& y = v;            // y는 int&
}
```

6.3.6.2 auto와 {} 리스트

초기화하는 객체의 타입을 명시적으로 지정하는 경우 두 개의 타입을 고려해야 하는데, 객체의 타입과 초기화 식의 타입이 그것이다. 다음 예를 살펴보자.

```
char v1 = 12345;            // 12345는 int
int v2 = 'c';               // 'c'는 char
T v3 = f();
```

그러한 정의에 {} 초기화 식 문법을 사용함으로써 우려스러운 변환의 가능성을 최소화한다.

```
char v1 {12345};            // 오류: 축소
int v2 {'c'};               // 문제없음: 암시적 char->int 변환
T v3 {f()};                 // f()의 타입이 묵시적으로 T로 변환 가능할 때만 동작
```

auto를 사용할 때는 오직 하나의 타입, 즉 초기화 식의 타입만 연관되며, = 문법을 안전하게 사용할 수 있다.

```
auto v1 = 12345;            // v1은 int
auto v2 = 'c';              // v2는 char
auto v3 = f();              // v3는 적절한 어떤 타입
```

실제로는 auto를 =와 함께 사용하는 방식이 유리할 수 있는데, {} 리스트 문법이 누군가에게는 낯설 수 있기 때문이다.

```
auto v1 {12345};        // v1은 int의 리스트
auto v2 {'c'};          // v2는 char의 리스트
auto v3 {f()};          // v3는 적절한 어떤 타입의 리스트
```

여기에는 논리적 문제가 없다. 다음을 살펴보자.

```
auto x0 {};             // 오류: 타입을 추론할 수 없다.
auto x1 {1};            // 한 개의 원소를 갖는 int의 리스트
auto x2 {1,2};          // 두 개의 원소를 갖는 int의 리스트
auto x3 {1,2,3};        // 세 개의 원소를 갖는 int의 리스트
```

동일한 종류의 **T** 타입 원소로 이뤄진 리스트의 타입이 **initializer_list<T>** 타입인 것으로 받아들여진다(3.2.1.3절, 11.3.3절). 특히 **x1**의 타입은 **int**로 추론되지 않는다. 그랬었다면 **x2**와 **x3**의 타입은 무엇이 됐겠는가?

결론적으로 '리스트'로 사용하지 않을 것이라면 **auto** 지정된 객체에는 {}보다 =를 사용하기를 권장한다.

6.3.6.3 decltype() 지정자

적합한 초기화 식이 있다면 **auto**를 사용할 수 있다. 하지만 경우에 따라 초기화된 변수를 정의하지 않고 타입이 추론되기를 원할 수도 있다. 그러한 경우에 선언 타입 지정자인 **decltype(expr)**을 사용할 수 있는데, 이 지정자는 **expr**의 선언된 타입이다. 이 지정자는 일반화 프로그래밍에서 가장 유용하다. 서로 다른 원소 타입을 가질 가능성이 높은 두 개의 행렬을 더하는 함수를 작성한다고 가정해보자. 덧셈의 결과 타입은 무엇이 돼야 하겠는가? 당연히 결과는 행렬이 되겠지만, 그 행렬의 타입은 무엇이 돼야 할까? 명백한 답은 덧셈의 원소 타입은 원소를 더한 것의 타입이라는 것이다. 따라서 다음과 같이 선언할 수 있다.

```
template<typename T, typename U>
auto operator+(const Matrix<T>& a, const Matrix<U>& b) -> Matrix<decltype(T{}+U{})>;
```

여기서는 **Matrix<decltype(T{}+U{})>**와 같이 인자라는 관점에서 반환 타입을 표현하기 위해 접미사 반환 타입 문법(12.1절)을 활용한다. 즉, 결과는 원소 타입을 가진 **Matrix**로서 인자 **Matrixes(T{}+U{})**에 포함된 두 개의 원소를 더한 결과에서 얻어지는 것이다.

정의에서 **Matrix**의 원소 타입을 표현하기 위해 또 한 번 **decltype()**이 필요하다.

```
template<typename T, typename U>
auto operator+(const Matrix<T>& a, const Matrix<U>& b) -> Matrix<decltype(T{}+U{})>
{
    Matrix<decltype(T{}+U{})> res;
    for (int i=0; i!=a.rows(); ++i)
        for (int j=0; j!=a.cols(); ++j)
            res(i,j) += a(i,j) + b(i,j);
        return res;
}
```

6.4 객체와 값

이름이 없는 객체에도 할당하고 사용하는 것이 가능하며(이를테면 new를 이용한 생성), *p[a+10]=7 같이 이상하게 보이는 표현식에도 값을 대입할 수도 있다. 결론적으로 '메모리에 있는 뭔가'에는 이름이 필요하다. 이것이 가장 간단하고 근본적인 객체의 개념이다. 객체^{object}란 저장 공간의 연속된 영역이며, 객체를 참조하는 표현식이 바로 **좌변 값**^{lvalue}이다. '좌변 값'이란 말은 처음에는 '대입식의 좌변에 있을 수 있는 뭔가'를 뜻하게 만들어진 단어이다. 그러나 좌변 값이라고 해서 꼭 대입문의 좌변에서 사용되는 것은 아닐 수도 있다. 좌변 값은 상수를 참조할 수도 있기 때문이다(7.7절). 한편 const로 선언되지 않은 좌변 값은 종종 수정 가능한 **좌변 값**^{modifiable lvalue}이라고 불린다. 여기서 사용된 간단하고 저수준의 객체 개념은 클래스 객체라든지 다형성 타입의 객체(3.2.2절, 20.3.2절)의 개념과 혼동해선 안 된다.

6.4.1 좌변 값과 우변 값

좌변 값의 개념을 보완하기 위한 **우변 값**^{rvalue}의 개념을 살펴보자. 요약하면 우변 값이란 '좌변 값이 아닌 값'을 뜻하며, 함수에 의해 반환되는 값과 같이 임시적인 값이 그런 예다.

ISO C++ 표준을 읽고 싶다든지 등의 이유로 좀 더 기술적인 관점이 필요하다면 좌변 값과 우변 값에 대해 좀 더 자세히 살펴봐야 한다. 주소 지정, 복사, 이동의 관점에서 보면 객체에는 두 가지 중요한 속성이 있다.

- 정체성(identity)의 유무 프로그램이 객체의 이름, 객체를 가리키는 포인터, 객체에 대한 참조를 갖고 있어야 두 개의 객체가 동일한지, 객체의 값이 변경됐는지 등의 여부를 판별할 수 있다.
- 이동 가능성 객체는 이동될 수 있다. 즉, 단순히 복사가 아니라 객체의 값을 다른 위치로 이동하고, 객체가 유효하지만 값이 지정되지 않은 상태로 남겨놓을 수 있다(17.5절).

C++ 언어 규칙을 정확히 기술하기 위해서는 위 두 속성으로 가능한 4개 조합 중 3개가 필요하다(즉 정체성이 없으면서 이동할 수 없는 객체는 필요하지 않다). '이동 가능성에 대해서는 m'과 '정체성 유무에 대해서는 I'를 활용해서 이러한 표현의 분류를 시각적으로 표시할 수 있다.

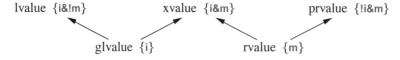

따라서 고전적인 좌변 값은 정체성을 가지면서 이동될 수 없는 그 무엇이고(이동 후에 값을 조사할 수 있으므로), 고전적인 우변 값은 이동이 허용되는 모든 것이다. 다른 대안으로 prvalue('순수 우변 값'), glvalue('일반화된 좌변 값') 및 xvalue('x'는 '특별' 또는 '전문가용'의 의미가 있는데, 여기서 x의 뜻에 대해서는 여러 가지 설이 있다)가 있다. 예를 들면 다음과 같다.

```
void f(vector<string>& vs)
{
    vector<string> v2 = std::move(vs);    // vs를 v2로 이동시킨다.
    // ...
}
```

여기서 std::move(vs)는 xvalue로 명백히 정체성을 갖지만(vs로 참조할 수 있다), std::move()를 호출해서 이동할 수 있게 명시적으로 허용한다(3.3.2절, 35.5.1절).

실용적인 프로그래밍에서는 보통 우변 값과 좌변 값만 생각해도 충분하다. 모든 표현식은 좌변 값 아니면 우변 값 중이 하나이지만, 동시에 둘은 될 수 없음에 유의한다.

6.4.2 객체의 수명

객체의 수명은 생성자가 끝날 때 시작되고 소멸자가 실행을 시작하면 종료된다. 선언된 생성자가 없는 int와 같은 타입의 객체는 아무 일도 하지 않는 기본 생성자와 소멸자를 가진 것으로 간주될 수 있다.

수명에 따라 다음과 같이 객체를 분류할 수 있다.

- 자동 프로그래머가 특별히 지정하지 않는 한(12.1.8절, 16.2.12절) 함수 안에서 선언된 객체는 정의가 이뤄질 때 생성되고 유효 범위를 벗어날 때 소멸된다. 이러한 객체는 **자동** 객체라고 불리기도 한다. 전형적인 구현 상황에서 자동 객체는 스택에 할당된다. 함수를 매번 호출할 때마다 스택 프레임이 자동 객체를 보관한다.

- 정적 전역이나 네임스페이스 유효 범위에서 선언된 객체(6.3.4절), 함수 안에서 선언된 static(12.1.8절), 클래스(16.2.12절) 등은 단 한 번 생성되고 초기화되고 프로그램이 종료될 때까지 생존한다(15.4.3절). 이런 객체는 **정적** 객체라고 불린다. 정적 객체는 프로그램 실행 주기 동안 동일한 주소를 갖는다. 정적 객체는 멀티스레드 프로그램에서 심각한 문제를 야기할 수 있는데, 모든 스레드에서 공유되고 보통 데이터 경합을 피하기 위해 잠금을 요구하기 때문이다(5.3.1절, 42.3절).

- 자유 저장 공간 new와 delete 연산자를 사용하면 수명을 직접적으로 제어할 수 있는 객체를 생성할 수 있다(11.2절).

- 임시 객체(예를 들면 계산 도중의 결과나 const 인자에 대한 참조를 보관하는 데 사용되는 객체) 이들의 수명은 용도에 따라 결정된다. 참조로 사용될 예정이라면 참조의 수명이 객체의 수명이 된다. 그렇지 않다면 자신이 속해 있는 전체 표현식이 종료될 때까지 유지된다. 전체 표현식이란 다른 표현식의 일부분이 아닌 표현식을 말한다. 보통 임시 객체는 자동 객체이기도 하다.

- 스레드 로컬(thread-local) 객체 thread_local로 선언된 객체를 말하는데, 이런 객체들은 스레드가 생성될 때 생성되고 스레드가 소멸될 때 소멸된다.

정적 객체와 자동 객체는 전통적으로 **저장 클래스**라고 불리기도 한다.

배열 원소와 비정적 클래스 멤버는 자신이 포함된 객체에 의해 수명이 결정된다.

6.5 타입 별칭

때로는 타입에 새로운 이름이 필요할 때가 있다. 그 이유는 다음과 같다.

- 원래의 이름이 너무 길고, 복잡하거나, 어렵다(일부 프로그래머가 보기에는).
- 프로그래밍 기법상 맥락에 따라 동일한 이름을 유지하기 위해 다른 타입이 요구된다.
- 단순히 유지 보수를 간단히 하겠다는 이유 때문에 특정 타입을 한곳에 모아야 할 때가 있다.

예를 들면 다음과 같다.

```cpp
using Pchar = char*;            // 문자를 가리키는 포인터
using PF = int(*)(double);      // double을 받아들이고 int를 반환하는 함수를 가리키는 포인터
```

유사한 타입은 동일한 이름을 멤버 별칭으로 정의할 수 있다.

```cpp
template<typename T>
class vector {
    using value_type = T;       // 모든 컨테이너는 value_type을 갖고 있다.
    // ...
};

template<typename T>
class list {
    using value_type = T;       // 모든 컨테이너는 value_type을 갖고 있다.
    // ...
};
```

장단점이 있지만, 타입 별칭은 독자적인 타입이 아니라 다른 타입을 다르게 표현한 것이다. 즉, 별칭은 별칭에 해당하는 타입을 참조한다. 예를 들면 다음과 같다.

```cpp
Pchar p1 = nullptr;             // p1은 char*다.
char* p3 = p1;                  // 문제없음
```

독자적인 의미나 표현을 지닌 독자적인 타입을 원하는 사람들은 열거형(8.4절)이나 클래스(16장)를 살펴봐야 할 것이다.

typedef를 이용하고 변수 선언에서처럼 이름이 선언되게 배치하는 방식의 오래된 문법은 많은 상황에서 똑같이 사용될 수 있다. 예를 들면 다음과 같다.

```cpp
typedef int int32_t;            // "using int32_t = int;"과 동일
typedef short int16_t;          // "using int16_t = short;"과 동일
typedef void(*PtoF)(int);       // "using PtoF = void(*)(int);"과 동일
```

별칭은 하부 컴퓨터의 세부 사항에서 우리의 코드를 격리시키고 싶을 때 사용된다. int32_t란 이름은 우리가 32비트 정수를 표시하고자 한다는 점을 알려준다. '일반 **int**'가 아니라 int32_t란 용어로 코드를 작성했다면 좀 더 긴 정수를 사용할 수 있도록 코드에서 단 한 번 등장하는 int32_t를 재정의해주면 된다. sizeof(int)==2인 컴퓨터에 코드를 이식할 수 있다.

```cpp
using int32_t = long;
```

_t 접미사는 별칭('typedefs')에 관례적으로 사용된다. int16_t, int32_t를 비롯한 비슷한 유형의 별칭들은 <cstdint>에서 찾을 수 있다(43.7절). 용도가 아니라 표현에 맞춰 타입의 이름을 짓는 것이 반드시 좋은 방식은 아니라는 점에 유의한다(6.3.3절).

using 키워드는 템플릿 별칭을 지을 때에도 사용될 수 있다(23.6절). 예를 들면 다음과 같다.

```
template<typename T>
using Vector = std::vector<T, My_allocator<T>>;
```

unsigned 같은 타입 지정자는 별칭에 적용할 수 없다. 예를 들면 다음과 같다.

```
using Char = char;
using Uchar = unsigned Char;    // 오류
using Uchar = unsigned char;    // OK
```

6.6 조언

[1]   언어 정의 이슈에 대한 최종 결정 사항은 ISO C++ 표준을 참고한다(6.1절).

[2]   지정되지 않거나 정의되지 않은 동작은 삼간다(6.1절).

[3]   구현별 정의에 따르는 동작에 반드시 의존하는 코드는 격리한다(6.1절).

[4]   문자의 수치 값에 대한 불필요한 추정은 삼간다(6.2.3.2절, 10.5.2.1절).

[5]   0으로 시작하는 정수는 8진수라는 점을 명심한다(6.2.4.1절).

[6]   '마법의 상수'는 피한다(6.2.4.1절).

[7]   정수의 크기에 대한 불필요한 추정은 삼간다(6.2.8절).

[8]   부동소수점 타입의 범위와 정밀도에 대한 불필요한 추정은 삼간다(6.2.8절).

[9]   signed char나 unsigned char보다 일반적인 char가 낫다(6.2.3.1절).

[10]   부호 있는 타입과 부호 없는 타입 간의 변환은 조심한다(6.2.3.1절).

[11]   하나의 선언에서는 하나의 이름만 선언한다(6.3.2절).

[12]   통상적인 이름과 지역 이름은 짧게 만들고, 자주 사용되지 않는 이름과 비지역 이름은 길게 만든다(6.3.3절).

[13]   이름은 비슷하게 만들지 않는다(6.3.3절).

[14]   타입보다는 의미에 맞춰 객체에 이름을 붙인다(6.3.3절).

[15]   일관된 명명 규칙을 준수한다(6.3.3절).

[16]   ALL_CAPS 이름을 피한다(6.3.3절).

[17]   유효 범위는 가급적 좁게 만든다(6.3.4절).

[18]   하나의 유효 범위 내에서뿐만 아니라 이를 둘러싼 바깥 유효 범위 내에서도 같은 이름은 쓰지 않는다(6.3.4절).

[19]   이름이 있는 타입을 가진 선언에 대해서는 {} 초기화 식 문법을 사용하는 것이 좋다(6.3.5절).

[20]   auto를 사용하는 선언에서는 초기화에 = 문법을 사용하는 것이 좋다(6.3.5절).

[21]   초기화되지 않은 변수는 삼간다(6.3.5.1절).

[22]   기본 제공 타입이 변경될 수 있는 값을 표시하는 데 사용된 경우에는 기본 제공 타입에
       의미 있는 이름을 붙이기 위해 별칭을 사용한다(6.5절).

[23]   별칭은 다른 타입을 다른 이름으로 표시하고 싶을 때 사용한다. 새로운 타입을 정의하
       고 싶다면 열거형과 클래스를 이용한다(6.5절).

7

포인터, 배열, 참조

위대한 자들과 엉뚱한 자들은 종종 너무나 가깝게 연결돼 있기 때문에
이들을 따로 구분하기란 쉽지 않다

– 토마스 페인(Thomas Paine)

- 개요
- 포인터 void*; nullptr
- 배열 배열 초기화 식, 문자열 리터럴
- 배열을 가리키는 포인터 배열 탐색, 다차원 배열, 배열 전달
- 포인터와 const
- 포인터와 소유권
- 참조자 좌변 값 참조, 우변 값 참조, 참조에 대한 참조, 포인터와 참조
- 조언

7.1 개요

7장에서는 메모리 참조를 위한 기본적인 언어 메커니즘을 다룬다. 물론 이름으로 객체를 참조
할 수 있지만, 대부분의 C++ 객체는 '정체성'을 갖고 있다. 즉, C++ 객체들은 메모리 내의
특정 주소에 위치하므로, 그 주소와 타입을 알고 있다면 객체에 접근할 수 있다. 포인터와
객체는 주소를 보관하고 활용하기 위한 언어 구조다.

7.2 포인터

어떤 타입 T에 대해 T*는 'T를 가리키는 포인터' 타입이다. 즉, T* 타입의 변수는 T 타입의
객체가 저장된 메모리 주소를 보관할 수 있다. 예를 들면 다음과 같다.

```
char c = 'a';
char* p = &c;          // p는 c의 주소를 보관한다. &는 주소 연산자다.
```

또는 그림으로 표시하면 다음과 같다.

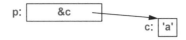

포인터에 대한 가장 기본적인 연산은 **역참조**dereferencing다. 역참조란 포인터가 가리키고 있는 객체를 참조하는 것을 말한다. 이 연산은 **간접 참조**indirection라고 불리기도 한다. 역참조 연산자는 단항 *(전위형)이다. 예제를 살펴보자.

```
char c = 'a';
char* p = &c;            // p는 c의 주소를 보관한다. &는 주소 연산자다.
char c2 = *p;           // c2 == 'a' - *는 역참조 연산자다.
```

p가 가리키는 객체는 c이고, c에 저장된 값은 'a'이므로, c2에 대입된 *p의 값은 'a'다. 배열 원소를 가리키는 포인터에 대해서는 몇 가지 산술 연산을 수행할 수 있다(7.4절).

C++에서 포인터를 구현한 의도는 프로그램이 실행되는 컴퓨터의 주소 지정 메커니즘에 직접적으로 대응하기 위해서다. 대부분의 컴퓨터에서는 바이트 단위로 주소를 지정한다. 이런 컴퓨터에서는 워드에서 바이트를 추출하는 것 같은 일은 하지 않는다. 반면 극소수이긴 하지만, 어떤 컴퓨터는 개별 비트 단위로 주소를 지정하기도 한다. 결론적으로 기본 제공 포인터를 이용해서 독립적으로 할당하고 가리킬 수 있는 최소의 객체는 **char**이다. **bool**은 **char**만큼의 크기를 차지한다는 점에 유의한다(6.2.8절). 좀 더 작은 값들을 조밀하게 저장하기 위해서는 비트 단위 논리 연산(11.1.1절), 구조체의 비트필드(8.2.7절) 또는 **bitset**(34.2.2절)을 이용할 수 있다.

'무언가를 가리키는 포인터'를 의미하는 *는 타입 이름의 접미사로 활용된다. 애석하게도 배열을 가리키는 포인터나 함수를 가리키는 포인터는 표기법이 한층 복잡하다.

```
int* pi;            // int를 가리키는 포인터
char** ppc;         // char를 가리키는 포인터를 가리키는 포인터
int* ap[15];        // int를 가리키는 15 포인터의 배열
int (*fp)(char*);   // char* 인자를 받아들이고 int를 반환하는 함수를 가리키는 포인터
int* f(char*);      // char* 인자를 받아들이고 int를 가리키는 포인터를 반환하는 함수
```

선언 문법의 설명에 대해서는 6.3.1절을 전체적인 문법에 대해서는 iso.A절을 참고하기 바란다.

함수를 가리키는 포인터의 유용성에 대해서는 12.5절에서 다룬다. 클래스 멤버를 가리키는 포인터는 20.6절에서 소개한다.

7.2.1 void*

저수준의 코드에서는 때때로 그곳에 저장된 객체의 타입이 실제로 무엇인지 알지 모르는 채로 메모리 위치의 주소를 저장하거나 전달해야 하는 경우가 있다. **void***는 그런 용도를 위한 것이다. **void***는 '알지 못하는 타입의 객체를 가리키는 포인터'라고 생각할 수 있다.

어떤 타입의 객체를 가리키고 있든 모든 포인터를 void* 타입의 변수에 대입할 수 있지만, 함수를 가리키는 포인터(12.5절)나 멤버를 가리키는 포인터(20.6절)는 그렇게 할 수 없다. 추가로 void*는 또 다른 void*에 대입할 수 있고, void*끼리 서로 같은 점과 다른 점을 비교할 수 있으며, void*는 다른 타입으로 명시적으로 변환할 수 있다. 이외의 다른 연산의 경우는 안전하지 않은데, 실제로 어떤 종류의 객체를 실제로 가리키고 있는지 컴파일러가 알 수 없기 때문이다. 결과적으로 이외의 다른 연산을 수행하면 컴파일 오류가 발생한다. void*를 사용하려면 특정 타입을 가리키는 포인터로 명시적으로 바꿔줘야 한다. 다음 예를 살펴보자.

```
void f(int* pi)
{
    void* pv = pi;      // 문제없음: int*에서 void*로의 암시적 변환
    *pv;                // 오류: void*를 역참조할 수 없다.
    ++pv;               // 오류: void*를 증가시킬 수 없다 (가리켜지는 객체의 크기를 모르므로) .

    int* pi2 = static_cast<int*>(pv);         // int*로 돌아가는 명시적 변환

    double* pd1 = pv;                    // 오류
    double* pd2 = pi;                    // 오류
    double* pd3 = static_cast<double*>(pv);   // 안전하지 않음(11.5.2절)
}
```

일반적으로 어떤 포인터가 가리키고 있는 객체의 타입과 다른 타입으로 변환('캐스트')된 포인터를 사용하는 것은 안전하지 않다. 예를 들어 모든 double을 8바이트 경계로 할당하는 컴퓨터가 있다고 가정해보자. 이 경우 pi가 그런 방식으로 할당되지 않은 int를 가리킨다면 이상한 동작이 일어날 수 있다. 이런 형식의 명시적 타입 변환은 본질적으로 안전하지도 않고 깔끔하지도 않다. 결론적으로 말해서 위 예제에서 사용된 static_cast(11.5.2절)는 깔끔하지 않고 이상하게 설계된 것이다.

void*의 주된 용도는 타입을 알 수 없는 객체를 함수에 전달하거나, 함수에서 타입 미지정 객체를 반환할 때 포인터로 사용되는 것이다. 그런 객체를 사용하려면 명시적 타입 변환을 이용해야 한다.

void* 포인터를 사용하는 함수는 보통 실제의 하드웨어 자원이 다뤄지는 시스템의 최하부 수준에 존재한다. 다음 예를 살펴보자.

```
void* my_alloc(size_t n);        // 사용자가 정의한 특수 힙에서 n바이트를 할당한다.
```

좀 더 상부 수준의 시스템에서 void*가 등장한다면 시스템 설계에 오류가 있을 수 있다는 점을 암시하므로 상당한 의심을 품고 살펴봐야 한다. 성능 최적화를 위해 쓰인 경우라면 타입 안전성을 갖춘 인터페이스로 void*를 가릴 수 있다(27.3.1절).

함수를 가리키는 포인터(12.5절)나 멤버를 가리키는 포인터(20.6절)는 void*에 대입될 수 없다.

7.2.2 nullptr

리터럴 **nullptr**는 널 포인터, 즉 객체를 가리키지 않는 포인터를 나타낸다. **nullptr**은 다른 기본 제공 타입을 제외한 어떤 포인터 타입에도 대입될 수 있다.

```
int* pi = nullptr;
double* pd = nullptr;
int i = nullptr;              // 오류: i는 포인터가 아니다.
```

각각 포인터 타입에 대해 널 포인터가 있는 것이 아니라 모든 포인터 타입에 대해 사용될 수 있는 단 하나의 **nullptr**만 존재한다.

nullptr가 도입되기 전에는 다음 예제와 같이 숫자 0이 널 포인터를 위한 표기법으로 사용됐다.

```
int* x = 0;                   // x는 nullptr 값을 얻는다.
```

어떤 객체도 주소 0으로 할당되지 않으며, 0(모두 0인 비트 패턴)은 **nullptr**의 가장 일반적인 표시 방법이다. 0은 **int**다. 하지만 표준 변환(10.5.2.3절)에 의하면 0은 포인터 또는 포인터 멤버 타입의 상수로 활용될 수 있다.

다음과 같이 널 포인터를 표시하기 위해 매크로 **NULL**을 정의하는 방식이 인기를 끌어왔다.

```
int* p = NULL;                // 매크로 NULL 사용
```

하지만 다른 구현에 따라 **NULL**의 정의에는 차이가 있다. 예를 들어 **NULL**은 0이 될 수도 있고, 0L이 될 수도 있다. C에서 **NULL**은 대개 **(void*)**0인데, C++에서는 통하지 않는 방식이다(7.2.1절).

```
int* p = NULL;                // 오류: void*를 int*에 대입할 수 없다.
```

다른 방식에 비해 **nullptr**을 사용하면 코드를 좀 더 읽기 쉽게 만들 수 있고, 포인터나 정수 중 한쪽을 받아들이기 위해 함수가 오버로딩될 때 일어날 수 있는 혼란을 피할 수 있다.

7.3 배열

타입 **T**에 대해 **T[size]**는 '타입 **T** 원소를 **size**개 가진 배열' 타입이다. 원소는 0부터 **size-1**의 수로 색인이 매겨진다. 다음 예를 살펴보자.

```
float v[3];                   // 3개의 부동소수점 v[0], v[1], v[2]로 이뤄진 배열
char* a[32];                  // char를 가리키는 32개 포인터 a[0] .. a[31]로 이뤄진 배열
```

첨자 연산자 []나 포인터를 통해(연산자 *나 연산자 []를 이용해서, 7.4절) 배열에 접근할 수 있다. 다음 예를 살펴보자.

```
void f()
{
    int aa[10];
    aa[6] = 9;                // aa의 7번째 원소에 대입한다.
```

```
    int x = aa[99];        // 정의되지 않은 동작
}
```

배열의 범위를 벗어난 접근은 정의되지 않으며, 대개 문제를 일으킨다. 특히 런타임 범위 체크는 보장되지도 않고 일반적이지도 않다.

(new를 이용해서 할당되지 않은) 배열의 원소 개수, 즉 배열 경계array bound는 반드시 상수 표현식이어야 한다(10.4절). 경계가 변하는 배열이 필요한 경우라면 다음과 같이 **vector**를 이용한다(4.4.1절, 31.4절).

```
void f(int n)
{
    int v1[n];             // 오류: 배열 크기가 상수 표현식이 아니다.
    vector<int> v2(n);     // 문제없음: n개의 int 원소를 가진 벡터
}
```

다차원 배열은 배열들의 배열들을 나타낸다(7.4.2절).

배열은 C++에서 메모리 내에 연속된 객체를 표시하는 기본적인 방법이다. 원하는 것이 메모리 내에서 주어진 타입으로 이뤄진 연속된 객체로서 고정된 길이를 갖고 있다면 배열이 이상적인 해결책이다. 그 외의 다른 요구 사항에 대해 배열은 심각한 문제점을 지니고 있다.

배열을 정적으로 스택이나 자유 저장 공간에 할당할 수 있다(6.4.2절). 예를 들면 다음과 같다.

```
int a1[10];                // 정적 저장 공간 내의 10개 int
void f()
{
    int a2 [20];           // 스택상에서의 20개 int
    int*p = new int[40];   // 자유 저장 공간상의 40개 int
    // ...
}
```

C++에서 기본 제공되는 배열은 근본적으로 저수준의 기능으로, 주로 표준 라이브러리 **vector**나 **array** 같이 고수준의 모범적인 데이터 구조의 구현 안에서 사용돼야 한다. 배열 대입은 불가하며, 배열의 이름은 손쉽게 자신의 첫 번째 원소를 가리키는 포인터로 암시적으로 변환된다(7.4절). 특히 인터페이스 안에서는(이를테면 함수 인자로서, 7.4.3절, 12.2.2절) 배열을 피해야 하는데, 포인터로의 암시적 변환은 C 코드와 C 스타일의 C++ 코드에서 아주 흔한 오류의 근본 원인이기 때문이다. 배열을 자유 저장 공간상에 할당한다면 마지막 사용 이후에만 단 한 번 그것의 포인터를 **delete**[]로 제거해야 한다(11.2.2절). 자유 저장 공간 배열의 수명을 자원 핸들(이를테면 **string**(19.3절, 36.3절), **vector**(13.6절, 34.2절) 또는 **unique_ptr**(34.3.1절))이 제어하게 하면 이 문제를 가장 쉽고 확실하게 해결할 수 있다. 배열을 스택상에 정적으로 할당한다면 절대로 **delete**[]를 사용하지 말아야 한다. 물론 C에는 배열을 캡슐화할 수 있는 기능이 없기 때문에 C 프로그래머는 이런 조언을 따를 수 없겠지만, C++에서는 이런 조언이 도움이 될 것이다.

가장 널리 쓰이는 배열의 종류 한 가지는 0으로 끝나는 **char**의 배열이다. C에서 문자열을 저장하는 방법이 그러하므로, 0으로 끝나는 **char** 배열은 종종 C 스타일 문자열이라고도 불린

다. C++ 문자열 리터럴이 이러한 관례를 따르고(7.3.2절), 몇 가지 표준 라이브러리 함수(예를 들면 strcpy()와 strcmp(), 43.4절)도 이러한 관례에 의존한다. 종종 char*나 const char*는 0으로 끝나는 연속된 문자열을 가리키는 것으로 가정된다.

7.3.1 배열 초기화

배열은 값들의 리스트로 초기화될 수 있다. 다음 예를 살펴보자.

```
int v1[] = { 1, 2, 3, 4 };
char v2[] = { 'a', 'b', 'c', 0 };
```

배열이 지정된 크기는 없지만, 초기화 식 리스트로 선언된 경우 이 배열의 크기는 초기화 식 원소의 개수로 계산될 수 있다. 결론적으로 v1과 v2의 타입은 각각 int[4]와 char[4]가 된다. 반면 명시적으로 크기가 지정되는 경우에는 초기화 식 리스트의 원소 개수가 초과하면 오류가 발생한다. 다음 예를 살펴보자.

```
char v3[2] = { 'a', 'b', 0 };    // 오류: 초기화 식이 너무 많음
char v4[3] = { 'a', 'b', 0 };    // OK
```

초기화 식의 개수가 배열 크기에 못 미친다면 나머지 배열 원소에 0이 들어간다. 예를 들면 다음과 같다.

```
int v5[8] = { 1, 2, 3, 4 };
```

위의 문장은 다음 문장과 같다.

```
int v5[] = { 1, 2, 3, 4, 0, 0, 0, 0 };
```

배열에 대해서는 복사 연산이 기본 제공되지 않는다. 한 배열을 다른 배열로 초기화할 수 없으며(정확히 동일한 타입이라도 마찬가지), 배열 대입도 가능하지 않다.

```
int v6[8] = v5;        // 오류: 배열을 복사할 수 없다(배열에 int*를 대입할 수 없음).
v6 = v5;               // 오류: 배열 대입은 불가능하다.
```

마찬가지로 배열은 값으로 전달할 수 없다. 7.4절을 참고하기 바란다.

객체의 집합에 대입이 필요한 경우에는 vector(4.4.1절, 13.6절, 34.2절), array(8.2.4절) 또는 valarray(40.5절)를 대신 사용하기 바란다.

문자의 배열은 문자열 리터럴로 편리하게 초기화될 수 있다(7.3.2절).

7.3.2 문자열 리터럴

문자열 리터럴은 큰따옴표로 둘러싸여진 연속된 문자열이다.

```
"this is a string"
```

문자열 리터럴에는 보이는 것보다 한 개 더 많은 문자가 포함돼 있다. 0 값을 가진 널 문자 '\0'으로 끝나기 때문이다. 다음 예를 살펴보자.

```
sizeof("Bohr")==5
```

문자열 리터럴의 타입은 '적합한 const 문자가 여러 개 모인 배열'이라고 말할 수 있다. 즉, "Bohr"는 const char[5]가 되는 것이다.

C와 예전의 C++ 코드에서는 const char*가 아닌 타입에 문자열 리터럴을 대입할 수 있었다.

```
void f()
{
    char* p = "Plato";      // 오류지만, C++ 11 표준 이전의 코드에서는 받아들여졌음
    p[4] = 'e';             // 오류: const로의 대입
}
```

그러한 대입을 받아들이는 건 분명히 안전하지 않을 것이다. 그러한 방식은 미묘한 오류의 근원이었으며 지금도 마찬가지이므로, 이런 이유로 일부 오래된 코드가 컴파일 실패가 일어난다고 해서 지나치게 투덜거리지 말기 바란다. 문자열 리터럴을 변경 불가로 만드는 것은 명확할 뿐만 아니라, 문자열 리터럴이 저장되고 접근되는 방식의 구현에서 상당한 성능 최적화를 이룰 수 있게 해준다.

안전하게 수정될 수 있는 문자열을 원한다면 const가 아닌 배열에 문자를 배치해야 한다.

```
void f()
{
    char p[] = "Zeno";      // p는 5 char의 배열이다.
    p[0] = 'R';             // OK
}
```

문자열 리터럴은 함수에서 안전하게 반환될 수 있게 정적으로 할당된다. 다음 예를 살펴보자.

```
const char* error_message(int i)
{
    // ...
    return "range error";
}
```

"range error"를 보관하는 메모리는 error_message()가 호출된 후에도 사라지지 않는다.

동일한 문자열 리터럴 두 개가 하나의 배열로 할당될지 두 개의 배열로 할당될지는 구현별 정의 사항이다(16.1절). 다음 예를 살펴보자.

```
const char* p = "Heraclitus";
const char* q = "Heraclitus";

void g()
{
    if (p == q) cout << "one!\n";        // 결과는 구현별 정의 사항이다.
    // ...
}
```

여기서 ==는 포인터에 적용될 경우 포인터가 가리키는 값이 아니라 주소(포인터 값)를 비교한다는 점에 유의한다.

빈 문자열은 큰따옴표 두 개를 바로 붙여서 ""가 되게 만들어지며, const char[1] 타입을 가진다. 빈 문자열의 유일한 문자는 종료를 나타내는 '\0'이다.

글자가 아닌 문자를 나타내는 데 쓰이는 백슬래시 방식(6.2.3.2절) 역시 문자열 내에서 사용될 수 있다.

덕택에 큰따옴표(")와 이스케이프 문자를 나타내는 백슬래시(\) 등도 문자열 내에서 표현될 수 있다. 이런 문자 중 가장 대표적인 것이 바로 줄 바꿈 문자 '\n'이다. 다음 예를 살펴보자.

```
cout<<"beep at end of message\a\n";
```

이스케이프 문자인 '\a'는 ASCII 문자 BEL(경보음이라고도 알려져 있다)이며, 경보용으로 지정된 소리를 출력한다.

문자열 리터럴에는 '실제'의 줄 바꿈이 포함될 수 없다.

```
"this is not a string
but a syntax error"
```

긴 문자열은 프로그램 텍스트를 읽기 편하게 하기 위해 공백으로 구분될 수 있다. 다음 예를 살펴보자.

```
char alpha[] = "abcdefghijklmnopqrstuvwxyz"
               "ABCDEFGHIJKLMNOPQRSTUVWXYZ";
```

컴파일러는 인접한 두 문자열을 붙여 버리므로, 결국 alpha는 다음과 같은 하나의 문자열로 초기화된다.

```
"abcdefghijklmnopqrstuvwxyzABCDEFGHIJKLMNOPQRSTUVWXYZ";
```

문자열 중간에 널 문자를 넣을 수도 있지만, 대부분의 프로그램은 널 문자 다음에 문자가 있다고 생각하지 않을 것이다. 예를 들어 "Jens\000Munk"는 trcpy()와 strlen() 같은 표준 라이브러리 함수에 의해 "Jens"로 처리된다. 43.4절을 참고하기 바란다.

7.3.2.1 원시 문자 문자열

백슬래시(\)나 큰따옴표(")를 문자열 리터럴에서 표시하려면 앞에 백슬래시를 붙여야 한다. 이 방식은 합리적일 뿐만 아니라 대부분의 경우 상당히 간단하다. 하지만 문자열 리터럴에 많은 백슬래시와 따옴표가 필요할 경우 이런 간단한 기법으로는 주체하지 못할 상황이 벌어진다. 특히 정규 표현식에서 백슬래시가 이스케이프 문자로도 사용되고, 문자 클래스를 나타내는 문자들을 표시하는 데도 사용된다(37.1.1절). 이 방식은 많은 프로그래밍 언어에서 공통적으로 사용되는 관례이기 때문에 간단히 바꿀 수는 없다. 그러므로 표준 regex 라이브러리(37장)와 함께 사용될 정규 표현식을 작성할 때는 백슬래시가 이스케이프 문자라는 사실이 눈에 띄는 오류의 원인이 된다. 백슬래시(\)에 의해 구분되는 두 단어를 표시하는 패턴을 작성하는 방법을 살펴보자.

```
string s = "\\w+\\\\\\w+";      // 내가 제대로 썼기를 희망한다.
```

이런 관례의 충돌로 빚어지는 낭패와 오류 막기 위해서 C++는 원시 문자열 리터럴을 제공한다. 원시 문자열 리터럴이란 백슬래시가 말 그대로 백슬래시가 되고, 큰따옴표가 말 그대로 큰따옴표가 되는 문자열 리터럴이다. 앞의 예는 다음과 같이 될 것이다.

```
string s = R"(\w+\\\w+)";        // 내가 제대로 썼다는 확신이 든다.
```

원시 문자열 리터럴은 연속된 문자 ccc에 대해 R"(ccc)"란 표기법을 사용한다. 첫 글자 R은 원시 문자열 리터럴을 보통의 문자열 리터럴과 구분해주는 표시다. 괄호는 이스케이프가 아닌 큰따옴표를 표시하기 위한 것이다. 예를 들면 다음과 같다.

```
R"("quoted string")"             // 이 문자열은 "quoted string"이다.
```

그렇다면 연속된 문자)"을 원시 문자열 리터럴에 넣으려면 어떻게 해야 될까? 다행히도 이것은 흔한 문제는 아니지만, "(와)"는 유일한 기본 구분자 쌍이다. "(...)"에서 (의 이전과)의 이후에 구분자를 추가할 수 있다.

```
R"***("quoted string containing the usual terminator ("))")***"
   // "quoted string containing the usual terminator ("))"
```

) 이후의 연속된 문자는 (이전의 연속된 문자와 동일해야 한다. 이런 방식으로 거의 모든 가지각색의 복잡한 패턴들에 대처할 수 있다.

정규 표현식을 쓸 일이 없다면 원시 문자열 리터럴은 그저 호기심거리(그리고 배울 게 하나 더 늘어나는 것)에 불과할 수도 있지만, 정규 표현식은 유용하며 널리 사용된다. 실용적인 사례를 하나 살펴보자.

```
"('(?:[^\\\']|\\\\.)*'|\"(?:[^\\\\"]|\\\\.)*\")|"   // 백슬래시가 맞게 들어갔는지 틀렸는지?
```

위와 같은 예에서는 전문가조차도 혼란스럽기 십상인데, 원시 문자열 리터럴이 상당한 편의를 제공한다.

원시가 아닌 문자열 리터럴과 대조적으로 원시 문자열 리터럴은 줄 바꿈을 포함할 수 있다. 예를 들면 다음과 같다.

```
string counts {R"(1
22
333)"};
```

위 표현은 다음과 동일하다

```
string counts {"1\n22\n333"};
```

7.3.2.2 좀 더 큰 문자열 집합

L"angst"처럼 대문자 L을 접두어로 붙인 문자열을 와이드 문자라고 한다(6.2.3절). 그 타입은 const wchar_t[]다. 유사하게 LR"(angst)"처럼 LR을 접두사로 붙인 문자열은 const wchar_t[] 타입의 와이드 문자로 이뤄진 원시 문자열이라고 한다(7.3.2.1절). 그러한 문자열은 L'\0' 문자로 종료된다.

유니코드(유니코드 리터럴)을 지원하는 문자 리터럴에는 6가지 종류가 있다. 얼핏 보기에는 많아 보이지만, 유니코드에는 UTF-8, UTRF-16, UTF-32의 세 가지 주요 인코딩 방식이 있다. 이 세 가지 방식 각각에 대해 원시 및 '일반' 문자열이 지원된다. 세 가지 UTF 인코딩은 모든 유니코드 문자열을 지원하므로, 사용하는 시스템에 맞춰 적당한 방식을 선택하면 된다. 브라우저나 이메일 등의 모든 인터넷 애플리케이션은 기본적으로 이런 인코딩 중 하나 이상에 의존한다.

UTF-8은 가변 폭 인코딩으로 일반적인 문자는 1바이트에, 좀 덜 사용되는 문자들은 2바이트에, 그리고 더 드물게 사용되는 문자들은 3이나 4바이트에 들어간다. 특히 ASCII 문자들은 ASCII에서와 마찬가지로 UTF-8에서도 동일한 인코딩(정수 값)으로 1바이트에 들어간다. 그리스어, 키릴어^{Cyrillic}, 히브리어^{Hebrew}, 아랍어^{Arabic} 등의 다양한 라틴 알파벳은 2바이트에 들어간다.

UTF-8 문자열은 '\0'으로, UTF-16 문자열은 u'\0'으로, UTF-32 문자열을 U'\0'으로 종료된다.

일반적인 영어 문자 문자열을 다양한 방식으로 표시할 수 있다. 백슬래시를 구분자로 사용하는 파일명을 살펴보자.

```
"folder\\file"              // 구현 문자 집합 문자열
R"(folder\file)"            // 구현 문자 원시 집합 문자열
u8"folder\\file"            // UTF-8 문자열
u8R"(folder\file)"          // UTF-8 원시 문자열
u"folder\\file"             // UTF-16 문자열
uR"(folder\file)"           // UTF-16 원시 문자열
U"folder\\file"             // UTF-32 문자열
UR"(folder\file)"           // UTF-32 원시 문자열
```

출력되면 이런 문자열들은 모두 똑같아 보이겠지만, 그들의 내부적 표시는 '보통' 및 UTF-8 문자열을 제외하고는 다를 가능성이 높다.

당연한 얘기겠지만, 유니코드 문자열의 실질적 목표는 유니코드 문자를 그 안에 담는 것이다. 다음 예를 살펴보자.

```
u8"The official vowels in Danish are: a, e, i, o, u, \u00E6, \u00F8, \u00E5 and y."
```

이 문자열이 정상적으로 출력되면 다음 결과가 나올 것이다.

```
The official vowels in Danish are: a, e, i, o, u, æ, ø, å and y.
```

\u 다음의 16진수는 유니코드 코드 포인트(iso.2.14.3절)^[Unicode,1996]다. 그러한 코드 포인트는 사용된 인코딩에 독립적이며, 실제로 다른 인코딩에서는 다른 비트 표현 값을 갖는다. 예를 들어 키릴어 소문자 'a'에 해당하는 u'0430은 UTF-8에서는 2바이트 16진수 값 D0B0이고, UTF-16에서는 2바이트 16진수 값 0430이며, UTF-32에서는 4바이트 16진수 값 00000430이다. 이러한 16진수 값은 유니버설 문자 이름^{universal character names}이라고 불린다.

u 및 R의 순서와 대소문자 여부는 중요하다. RU와 Ur은 타당한 문자열 접두사가 아니다.

7.4 배열을 가리키는 포인터

C++에서 포인터와 배열의 관계는 매우 밀접하다. 배열의 이름이 바로 배열의 첫 번째 원소를 가리키는 포인터로 사용되기 때문이다. 다음 예를 살펴보자.

```
int v[] = { 1, 2, 3, 4 };
int* p1 = v;            // 첫째 원소를 가리키는 포인터(암시적 변환)
int* p2 = &v[0];        // 첫째 원소를 가리키는 포인터
int* p3 = v+4;          // 마지막 원소 다음을 가리키는 포인터
```

시각적으로 나타내면 다음과 같다.

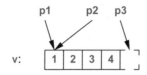

포인터가 배열의 끝을 넘어선 다음 원소를 가리키더라도 문제가 발생하지 않게 돼 있다. 이 점은 많은 알고리즘에서 상당히 중요하다(4.5절, 33.1절). 하지만 그러한 포인터는 실제로 배열의 어떤 원소를 가리키고 있는 것이 아니기 때문에 그런 포인터로 데이터를 읽거나 쓰는 것은 불가능하다. 배열 첫 번째 원소의 앞이나 마지막 원소 다음의 원소를 넘어선 원소의 주소를 사용할 경우의 결과는 정의돼 있지 않기 때문에 그런 경우는 피해야 한다.

```
int* p4 = v-1;        // 첫 번째 이전은 정의되어 있지 않으므로 사용하지 말아야 한다.
int* p5 = v+7;        // 끝을 넘어선 경우는 정의되어 있지 않으므로 사용하지 말아야 한다.
```

배열 이름이 배열의 첫 번째 원소를 가리키는 포인터로 암시적으로 변환된다는 점은 C 스타일의 코드에서 광범위하게 활용된다. 다음 예를 살펴보자.

```
extern "C" int strlen(const char*);      // <string.h>에서 발췌

void f()
{
    char v[] = "Annemarie";
    char* p = v;                // char[]에서 char*로 암시적 변환
    strlen(p);
    strlen(v);                  // char[]에서 char*로 암시적 변환
    v = p;                      // 오류: 배열에 대입 불가
}
```

여기서 표준 라이브러리 함수 strlen()이 두 번 호출될 때 동일한 값이 넘겨진다. 난점은 이런 암시적 변환을 피할 수 없다는 점이다. 즉, 배열 v를 배열 그 자체로 사용하는 함수를 선언할 방법이 없다는 것이다. 다행히도 포인터를 배열로 변환하는 경우에는 암시적이든 명시적이든 변환이 일어나지 않는다.

배열 인자가 포인터로 암시적으로 변환된다는 것은 호출된 함수에서는 배열의 크기 정보가 사라진다는 뜻이다. 그렇다고 해도 호출된 함수 쪽에서 뭔가를 하려면 어쨌든 그 크기를 파악해야만 한다. 문자의 포인터를 인자로 취하는 C 표준 라이브러리 함수들과 마찬가지로

strlen()은 문자열의 끝을 나타내는 0을 이용한다. strlen(p)는 0이 나올 때까지 문자의
개수를 세고, 끝의 0을 제외한 문자 개수의 값을 반환한다. 이 방식은 지극히 저차원적이긴
하다. 표준 라이브러리 vector(4.4.1절, 13.6절, 31.4절), array(8.2.4절, 34.2.1절), string(4.2절)은
이런 문제로 곤경을 겪지 않는다. 이런 라이브러리 타입은 자신이 가진 원소의 개수를 size()
로 알려주기 때문에 매번 원소의 개수를 셀 필요가 없다.

7.4.1 배열 탐색

배열(다른 자료 구조도 마찬가지다)을 얼마나 효율적이고 깔끔하게 접근할 수 있는지가 많은 알고리
즘에서 핵심적인 사안이다(4.5절, 32장 참고). 배열에 접근하는 방법은 두 가지인데, 하나는 배열
을 가리키는 포인터에 색인 번호를 더하는 방법이고, 다른 하나는 원소를 가리키는 포인터를
통하는 것이다. 다음 예를 살펴보자.

```
void fi(char v[])
{
    for (int i = 0; v[i]!=0; ++i)
        use(v[i]);
}

void fp(char v[])
{
    for (char* p = v; *p!=0; ++p)
        use(*p);
}
```

접두사 * 연산자는 포인터를 역참조하는 역할을 하므로 *p는 p가 가리키는 문자이고, ++는
포인터 값을 증가시키는 역할을 하므로 p는 배열의 다음 원소를 가리키게 된다.

두 방식 간에 속도 차이가 날만한 근본적인 이유는 없다. 최근의 컴파일러라면 두 가지
경우에 대해 통일한 코드를 생성될 것이며, 실제로도 대개 그렇다. 프로그래머는 논리적 이유
나 취향에 따라 원하는 쪽을 선택할 수 있다.

기본 제공 배열의 첨자는 포인터 연산 +와 *로 정의된다. a의 범위 내에서 기본 제공 배열
a와 정수 j에 대한 예는 다음과 같다.

a[j] == *(&a[0]+j) == *(a+j) == *(j+a) == j[a]

a[j]==j[a]라는 점은 다소 놀라울지도 모르겠다. 예를 들면 3["Texas"]=="Texas"[3]=='a'
다. 실제 코드에서 이렇게까지 머리를 쓰기는 어려울 것이다. 이러한 동일성은 상당히 저차원
적이며, array나 vector 같은 표준 라이브러리 컨테이너에서는 쓸모가 없다.

+, ++, -- 등의 산술 연산자를 포인터에 적용한 결과는 해당 포인터가 가리키는 데이터의
타입에 따라 달라진다. T* 타입의 포인터 p에 산술 연산자를 적용하면 p는 T 타입 객체로
이뤄진 배열의 원소를 가리키는 것으로 가정된다. 즉, p+1은 다음 원소를 가리키고, p-1은
이전의 원소를 가리키게 된다. 이는 p+1의 정수 값이 p의 정수 값보다 sizeof(T)만큼 크다는

점을 의미한다. 다음 예를 살펴보자.

```cpp
template<typename T>
int byte_diff(T* p, T* q)
{
    return reinterpret_cast<char*>(q)-reinterpret_cast<char*>(p);
}

void diff_test()
{
    int vi[10];
    short vs[10];

    cout << vi << ' ' << &vi[1] << ' ' << &vi[1]-&vi[0] << ' ' << byte_diff(&vi[0],&vi[1]) << '\n';
    cout << vs << ' ' << &vs[1] << ' ' << &vs[1]-&vs[0] << ' ' << byte_diff(&vs[0],&vs[1]) << '\n';
}
```

이 결과는 다음과 같다.

```
0x7fffaef0 0x7fffaef4 1 4
0x7fffaedc 0x7fffaede 1 2
```

포인터 값은 기본 16진수 표기를 이용해서 출력됐다. 이는 여기서의 구현에 의하면 sizeof(short)는 2이고 sizeof(int)는 4라는 점을 보여준다.

포인터의 뺄셈은 관련된 두 포인터가 동일한 배열에 속한 원소를 가리킬 때만 성립될 수 있다(언어 차원에서 이 조건을 간편하게 확인해주는 기능은 제공되지 않지만). 한 포인터 p를 다른 포인터 q에서 빼는 경우, 즉 q-p의 결과는 그 두 포인터가 가리키는 원소 사이의 원소 개수(정수)다. 포인터에 정수를 더하거나 포인터에서 정수를 빼는 연산도 가능하다. 이 두 경우의 결과는 포인터 값이다. 그 결과 값이 원래 포인터와 동일한 배열의 원소를 가리키지 않거나, 한 원소만큼 넘어설 경우 해당 값을 사용한 결과 값은 정의돼 있지 않다. 다음 예를 살펴보자.

```cpp
void f()
{
    int v1[10];
    int v2[10];

    int i1 = &v1[5]-&v1[3];     // i1 = 2
    int i2 = &v1[5]-&v2[3];     // 결과가 정의돼 있지 않음

    int* p1 = v2+2;             // p1 = &v2[2]
    int* p2 = v2-2;             // *p2는 정의돼 있지 않음
}
```

복잡한 포인터 산술 연산은 대개 별로 필요하지 않으며, 피하는 편이 좋다. 포인터 사이의 덧셈은 의미가 없으며, 허용되지도 않는다.

배열 원소의 개수가 배열에 저장돼 있어야 한다는 법이 없기 때문에 배열은 자신에 대한 정보를 갖고 있지 않다. 이는 C 스타일의 문자열에서 그런 것처럼 종료점이 포함되지 않은 배열을 전체적으로 탐색하려면 어떻게든 원소 개수를 세어 놓아야 한다는 의미다. 다음 예를 살펴보자.

```
void fp(char v[], int size)
{
    for (int i=0; i!=size; ++i)
        use(v[i]);                  // v가 최소한 크기 원소를 갖고 있기를 기대한다.
    for (int x : v)
        use(x);                     // 오류: 포인터에는 통하지 않는다.

    const int N = 7;
    char v2[N];
    for (int i=0; i!=N; ++i)
        use(v2[i]);
    for (int x : v2)
        use(x);                     // 크기를 알고 있는 배열에는 사용할 수 있다.
}
```

이런 배열 개념은 기본적으로 저차원적이다. 표준 라이브러리 컨테이너 **array**를 이용하면 (8.2.4절, 34.2.1절) 몇 가지 단점이 있긴 하지만 기본 제공 배열이 가진 대부분의 장점을 활용할 수 있다. 일부 C++ 구현에서는 배열을 위한 선택적인 범위 체크를 지원한다. 하지만 그런 체크는 상당한 비용이 수반되므로, (실제 코드에 포함되기보다는) 주로 개발 목적에 국한해서 활용되는 편이다. 개별 접근에 대해 범위 체크를 활용하지 않는다면 명확하게 정의된 범위에서만 원소에 접근하는 원칙을 준수하게 노력하기 바란다. 이를 위해서는 유효한 원소의 범위에 대해 혼동의 우려가 적은 **vector** 같은 고수준의 컨테이너 타입 인터페이스를 통해 배열을 다루는 편이 좋다.

7.4.2 다차원 배열

다차원 배열은 '배열의 배열'로 표시된다. 즉, 3행 5열의 배열은 다음과 같이 선언된다.

```
int ma[3][5];    // 각각 5개의 int를 가진 배열이 3개로 이뤄진 배열
```

ma를 다음과 같이 초기화할 수 있다.

```
void init_ma()
{
    for (int i = 0; i!=3; i++)
        for (int j = 0; j!=5; j++)
            ma[i][j] = 10*i+j;
}
```

또는 시각적으로 표현하면 다음과 같다.

ma: | 00 | 01 | 02 | 03 | 04 | 10 | 11 | 12 | 13 | 14 | 20 | 21 | 22 | 23 | 24 |

ma는 내부적으로 단순히 15개의 **int**이며, 5개의 **int**를 가진 3개의 배열인 것처럼 접근될 뿐이다. 특히 유의할 점은 메모리 내에서 **ma** 행렬에 해당하는 단일 객체가 존재하는 것은 아니며, 단지 원소가 저장돼 있을 뿐이란 점이다. 3과 5라는 차원은 컴파일러 소스상에 존재할 뿐이다. 따라서 코드를 작성할 때 다차원 배열의 차원을 기억하고, 필요할 때 차원 정보를 제공하는 것은 프로그래머의 몫이다. 예를 들어 **ma**를 출력하려면 다음과 같이 해야 한다.

```
void print_ma()
{
    for (int i = 0; i!=3; i++) {
        for (int j = 0; j!=5; j++)
            cout << ma[i][j] << '\t';
        cout << '\n';
    }
}
```

다른 언어에서 배열 경계를 나타내는 용도로 종종 활용되는 쉼표(,) 표기를 C++에서는 사용할 수 없다. C++에서 쉼표 연산자는 순차 나열^{sequencing} 연산자(10.3.2절)이기 때문이다. 다행히 대부분의 실수는 컴파일러에서 잡아준다. 다음 예를 살펴보자.

```
int bad[3,5];                       // 오류: 상수 표현식에는 쉼표가 허용되지 않음
int good[3][5];                     // 각각 5개의 int를 가진 3개의 배열
int ouch = good[1,4];               // 오류: int가 int*로 초기화됨(good[1,4]는
                                    // int*인 good[4]를 뜻함)

int nice = good[1][4];
```

7.4.3 배열 전달

배열은 직접 값으로 전달될 수 없다. 대신 배열은 자신의 첫 번째 원소를 가리키는 포인터로서 전달된다. 예를 들면 다음과 같다.

```
void comp(double arg[10])           // arg는 double*
{
    for (int i=0; i!=10; ++i)
        arg[i]+=99;
}

void f()
{
    double a1[10];
    double a2[5];
    double a3[100];

    comp(a1);
    comp(a2);                       // 문제 발생!
    comp(a3);                       // 처음 10개 원소만을 사용한다.
};
```

이 코드는 얼핏 보기에는 정상적으로 보이지만, 그렇지 않다. 이 코드는 컴파일은 되지만, comp(a2) 호출은 a2의 경계 너머에 쓰기를 시도할 것이다. 또한 배열이 값으로 전달되리라고 추측했던 이들은 실망하게 될 것이다. arg[i]에 대한 쓰기 시도는 comp()의 인자에 포함된 원소에 복사보다는 직접적으로 쓰기를 시도한다. 이 함수는 다음과 같이 작성해도 동일하다.

```
void comp(double* arg)
{
    for (int i=0; i!=10; ++i) arg[i]+=99;
}
```

이제 이상한 점을 명백히 눈치 챘으리라 기대한다. 함수 인자로 사용될 때 배열의 첫 번째

차원은 포인터로 취급될 뿐이다. 지정된 배열 경계는 모두 철저히 무시된다. 이는 크기 정보를 유지한 채 연속된 원소를 전달하고자 한다면 기본 제공 배열을 전달해서는 안 된다는 뜻이다. 대신 배열을 멤버로서 클래스 내에 위치시키거나 핸들로 작동하는 클래스를 정의해야 한다(std::string이나 std::vector에 대해서처럼).

배열을 직접적으로 사용하기를 고집한다면 뚜렷한 이득도 얻지 못한 채 버그와 혼란에 대응해야 할 것이다. 2차원 행렬을 다룰 수 있는 함수의 정의를 고려해보기 바란다. 컴파일 시점에 차원이 알려져 있다면 문제가 없을 것이다.

```
void print_m35(int m[3][5])
{
    for (int i = 0; i!=3; i++) {
        for (int j = 0; j!=5; j++)
            cout << m[i][j] << '\t';
        cout << '\n';
    }
}
```

다차원 배열로 표현되는 행렬이 포인터로서 전달(복사가 아니라, 7.4절)되는 것은 원소의 위치 파악과는 무관하다. 단지 해당 타입 원소가 몇 개 있는지(여기선 세 개)를 알려주는 것에 불과하기 때문이다. 예를 들어 ma의 구조를 나타낸 이전의 그림을 살펴보면 두 번째 차원이 4라는 것만 알아도 임의의 i에 대해 ma[i][4]의 위치를 파악할 수 있다는 점에 주목한다. 따라서 첫 번째 차원은 그냥 인자로 넘길 수 있다는 것이다.

```
void print_mi5(int m[][5], int dim1)
{
    for (int i = 0; i!=dim1; i++) {
        for (int j = 0; j!=5; j++)
            cout << m[i][j] << '\t';
        cout << '\n';
    }
}
```

두 차원이 모두 전달돼야 할 경우에는 '명백한 해결책'이 작동하지 않는다.

```
void print_mij(int m[][], int dim1, int dim2)     // 대부분의 사람들이 예상하는 대로
                                                  // 동작하지 않는다.
{
    for (int i = 0; i!=dim1; i++) {
        for (int j = 0; j!=dim2; j++)
            cout << m[i][j] << '\t';              // 문제 발생!
        cout << '\n';
    }
}
```

다행히도 인자 선언 m[][]에 문제가 있다. 원소의 위치를 파악하려면 다차원 배열의 두 번째 차원을 컴파일러에게 알려줘야 한다. 하지만 프로그래머의 의도와는 다른 것 같지만, m[i][j]란 표현식은 *(*(m+i)+j)로 해석된다. 정확한 해결책은 다음과 같다.

```
void print_mij(int* m, int dim1, int dim2)
```

```
{
    for (int i = 0; i!=dim1; i++) {
        for (int j = 0; j!=dim2; j++)
            cout << m[i*dim2+j] << '\t';              // 불명확하다.
        cout << '\n';
    }
}
```

`print_mij()`에서 멤버 접근용으로 사용된 표현식은 컴파일러에게 마지막 차원을 알려줬을 때 컴파일러가 생성하는 코드와 동일하다.

이 함수를 호출하기 위해 통상적인 포인터로서 행렬을 넘겨준다.

```
int test()
{
    int v[3][5] = {
        {0,1,2,3,4}, {10,11,12,13,14}, {20,21,22,23,24}
    };
    print_m35(v);
    print_mi5(v,3);
    print_mij(&v[0][0],3,5);
}
```

마지막 호출에서 &v[0][0]을 사용한 것에 주목한다. v[0]은 &v[0][0]과 똑같기 때문에 문제가 없지만, v만 쓰면 타입 오류가 생길 소지가 있다. 이런 식의 까다롭고 너저분한 코드는 보이지 않게 하는 편이 최선이다. 다차원 배열을 직접 다룰 수밖에 없는 상황이라면 그것을 사용하는 코드를 캡슐화하는 방안을 고려해보기 바란다. 이렇게 하면 다음 프로그래머가 해당 코드를 건드려야 할 때 수고를 덜어줄 수 있다. 적절한 첨자 연산자가 붙여진 다차원 배열 타입을 제공하면 대부분의 사용자는 해당 배열의 데이터 구조에 대해 신경 쓰는 부담을 덜 수 있다(29.2.2절, 40.5.2절).

표준 vector(31.4절)를 쓰면 이런 문제를 겪지 않아도 된다.

7.5 포인터와 const

C++에서 '상수'는 연관된 두 가지 의미를 갖고 있다.

- constexpr 컴파일 시에 평가된다(2.2.3절, 10.4절).
- const 이 유효 범위에서는 수정되지 않는다(2.2.3절).

기본적으로 constexpr의 역할은 컴파일 시 평가를 가능하게 하고 보장하기 위한 것인 반면, const의 주된 역할은 인터페이스에서의 불변성을 지정하는 것이다. 이번 절에서는 주로 두 번째 역할인 인터페이스 지정을 다룬다.

많은 객체는 초기화 이후에는 변경되지 않는 값을 갖는다.

- 코드에서 리터럴을 바로 사용하는 것보다 기호 상수를 사용하면 유지 보수에 좀 더 용이하다.
- 많은 포인터는 자주 읽혀지기만 하고 쓰이지는 않는다.

• 대부분 함수 매개변수들은 읽혀지기만 하고 쓰이지는 않는다.

초기화 이후의 불변성이란 개념을 표현하기 위해 객체의 정의에 다음과 같이 const를 추가할 수 있다.

```
const int model = 90;              // model은 const
const int v[] = { 1, 2, 3, 4 };    // v[i]은 const
const int x;                       // 오류: 초기화 없음
```

const로 선언된 객체에는 값이 대입될 수 없으므로, 반드시 초기화돼야 한다.

뭔가를 const로 선언하면 해당 유효 범위 안에서는 값이 변경되지 않도록 보장된다.

```
void f()
{
    model = 200;      // 오류
    v[2] = 3;         // 오류
}
```

const가 타입을 변경한다는 점에 유의한다. 상수 선언은 상수가 할당되는 방식을 지정하기보다는 객체가 사용되는 방식을 제약한다. 예를 들면 다음과 같다.

```
void g(const X* p)
{
    // 여기서 *p를 변경할 수 없다.
}

void h()
{
    X val;         // val은 여기서 변경될 수 있다.
    g(&val);
    // ...
}
```

포인터를 사용할 때는 두 개의 객체, 즉 포인터 자체와 포인터가 가리키는 객체가 관련된다. const 키워드를 포인터 선언 앞에 접두어로 붙일 경우 상수가 되는 쪽은 포인터가 아니라 객체다. 객체가 아닌 포인터 자체를 상수로 선언하려면 일반적인 * 대신에 선언자 연산자 *const를 써야 한다. 예를 들면 다음과 같다.

```
void f1(char* p)
{
    char s[] = "Gorm";

    const char* pc = s;            // 상수를 가리키는 포인터
    pc[3] = 'g';                   // 오류: pc는 상수를 가리킨다.
    pc = p;                        // OK

    char *const cp = s;            // 상수 포인터
    cp[3] = 'a';                   // OK
    cp = p;                        // 오류: cp는 상수

    const char *const cpc = s;     // const를 가리키는 const 포인터
    cpc[3] = 'a';                  // 오류: cpc는 상수를 가리킨다.
    cpc = p;                       // 오류: cpc는 상수
}
```

어떤 포인터를 상수로 만들고 싶을 경우에 사용하는 선언자 연산자가 *const다. 반면 const*라는 선언자 연산자는 존재하지 않기 때문에 * 앞에 등장하는 const는 기본 타입의 일부로 봐야 한다. 예제를 살펴보자.

```
char *const cp;         // char를 가리키는 const 포인터
char const* pc;         // const char를 가리키는 포인터
const char* pc2;        // const char를 가리키는 포인터
```

일부 사람들은 이런 선언을 오른쪽에서 왼쪽으로 읽으면 이해하는 데 도움이 된다고 말한다. 이를테면 "cp는 const 포인터로서 char를 가리킨다" 또는 "pc2는 포인터로서 char const를 가리킨다"라고 읽는 것이다.

포인터를 통해 접근될 때 상수인 객체는 다른 방식으로 접근될 때는 상수가 아닐 수도 있다. 이 사실은 특히 함수 인자일 때 유용하다. 포인터 인자를 상수로 선언해두면 함수에서 해당 포인터가 가리키는 객체를 변경하는 것이 허용되지 않는다. 다음 예를 살펴보자.

```
const char* strchr(const char* p, char c);       // p에서 c의 첫 번째 등장을 찾는다.
char* strchr(char* p, char c);                    // p에서 c의 첫 번째 등장을 찾는다.
```

첫 번째 버전은 원소가 변경되지 않아야 하는 문자열에 대해 사용되고, 변경을 허용하지 않는 const를 가리키는 포인터를 반환한다. 두 번째 버전은 변경 가능한 문자열에 대해 사용된다.

상수를 가리키는 포인터에는 상수가 아닌 변수의 주소를 대입할 수 있다. 이렇게 하더라도 아무런 위험성이 없기 때문이다. 하지만 아무런 제약이 없는 포인터에 상수의 주소는 대입될 수 없다. 이것이 허용되면 객체의 값이 변경될 수 있는 여지를 허용하기 때문이다. 다음 예를 살펴보자.

```
void f4()
{
    int a = 1;
    const int c = 2;
    const int* p1 = &c;     // OK
    const int* p2 = &a;     // OK
    int* p3 = &c;           // 오류: const int*로 int*를 초기화
    *p3 = 7;                // c 값의 변경을 시도
}
```

가능하긴 하지만, 명시적 타입 변환으로 const를 가리키는 포인터에 대한 제약을 명시적으로 제거하는 것은 대개 바람직하지 않다(16.2.9절, 11.5절).

7.6 포인터와 소유권

자원이란 획득되고 차후에 해제될 수 있는 무언가다(5.2절). new에 의해 획득되고 delete에 의해 해제되는 메모리(11.2절)와 fopen()에 의해 열리고 fclose()에 의해 닫히는 파일(43.2절)이 자원의 예인데, 이런 자원에 대한 가장 직접적인 핸들은 포인터다. 포인터는 프로그램 내에

서 손쉽게 넘겨질 수 있을 뿐만 아니라, 자원을 소유하고 있는 포인터와 그렇지 않은 포인터를 구분해 줄 수 있는 방법이 타입 시스템에 없다 보니 이로 인해 상당한 혼란이 야기될 소지가 있다. 다음 예를 살펴보자.

```
void confused(int* p)
{
    // p를 delete?
}

int global {7};

void f()
{
    X* pn = new int{7};
    int i {7};
    int* q = &i;
    confused(pn);
    confused(q);
    confused(&global);
}
```

new에 의해 할당되지 않은 객체를 delete할 수는 없기 때문에 confused()에서 p를 삭제한다면 두 번째의 두 호출에서 프로그램은 심각한 오동작을 일으킬 것이다(11.2절). confused()에서 p를 delete하지 않는다면 프로그램은 메모리 누출을 일으킬 것이다(11.2.1절). 이러한 경우에 f()는 자신이 자유 저장 공간상에서 생성한 객체의 수명을 관리해야 한다. 하지만 일반적으로 대형 프로그램에서 delete 처리돼야 할 것을 추적 관리하는 일은 간단하면서도 일관된 전략을 필요로 한다.

소유권을 나타내는 포인터를 vector, string, unique_ptr 등의 자원 핸들 내에 즉각적으로 배치하는 것은 대체적으로 좋은 생각이다. 이렇게 하면 자원 핸들 내에 존재하지 않는 모든 포인터는 소유권자가 아니므로 delete되지 않아야 한다고 가정할 수 있다. 13장에서 자원 관리를 좀 더 자세히 다룬다.

7.7 참조자

포인터를 통해 우리는 대용량이 될 수 있는 데이터를 저비용으로 여기저기 전송할 수 있다. 데이터를 복사하는 대신 포인터 값으로 데이터의 주소를 간단히 전달하면 되는 것이다. 포인터의 타입은 포인터를 통해 데이터에 어떤 처리를 할 수 있는지 결정한다. 포인터를 사용하는 방식은 객체의 이름을 사용하는 방식과 몇 가지 측면에서 차이가 있다.

- 다른 문법을 사용한다. 예를 들어 obj 대신 *p를 사용하고, obj.m 대신 p->m을 사용한다.
- 어떤 포인터로 시점에 따라 다른 객체를 가리키게 만들 수 있다.
- 객체를 직접적으로 이용할 때보다 포인터를 사용할 때는 좀 더 주의를 기울여야 한다. 포인터는 nullptr일 수도 있고 우리가 예상하지 않은 객체를 가리킬 수도 있다.

이러한 차이점은 까다로울 수 있다. 예를 들어 일부 프로그래머들은 **f(x)**에 비해 **f(&x)**가 보기 좋지 않다고 생각한다. 더 문제가 될 수 있는 점은, 변하는 값을 가진 포인터 변수를 관리하는 일과 **nullptr**의 가능성에 대비해서 코드를 보호하는 일은 상당한 부담이 될 수 있다는 점이다. 마지막으로 + 같은 연산자를 오버로딩하려고 할 경우 **&x+&y**보다는 **x+y**라고 쓰고 싶을 것이다. 이런 문제들을 해결하기 위한 언어 메커니즘은 참조자^{reference}라고 불린다. 포인터와 마찬가지로 참조자는 객체의 별칭이며, 대개 객체의 기계 주소를 보관하기 위해 구현되고, 포인터에 비교할 때 성능상의 부하를 주지 않지만 다음과 같은 측면에서 포인터와 구별된다.

- 참조자에는 객체의 이름과 정확히 똑같은 문법으로 접근할 수 있다.
- 참조자는 객체로 초기화되는데, 참조자는 항상 해당 객체를 참조한다.
- '널 참조자'는 존재하지 않으며, 하나의 참조자는 하나의 객체를 참조한다는 가정할 수 있다 (7.7.4절).

참조자는 객체의 다른 이름, 즉 별칭이다. 참조자는 주로 함수의 인자와 반환 값을 정의하는 데 활용되며, 특별한 경우로 오버로딩되는 연산자의 인자와 반환 값을 정의하는 용도로도 활용된다(18장). 예를 들면 다음과 같다.

```
template<typename T>
class vector {
    T* elem;
    // ...
public:
    T& operator[](int i) { return elem[i]; }              // 원소에 대한 참조자를 반환한다.
    const T& operator[](int i) const { return elem[i]; }  // const 원소에 대한 참조자를
                                                          // 반환한다.

    void push_back(const T& a);                           // 참조자에 의해 추가된 원소를 전달한다.
    // ...
};
void f(vector<double>& v)
{
    double d1 = v[1];       // v.operator[](1)에 의해 참조되는 double의 값을 d1으로 복사한다.
    v[2] = 7;               // v.operator[](2)의 결과에 의해 참조되는 double에 7을 넣는다.
    v.push_back(d1);        // push_back()이 처리하게 d1을 가리키는 참조자를 전달한다.
}
```

함수 인자를 참조에 의해 전달하는 방식은 고급 프로그래밍 언어만큼이나 역사가 깊다 (포트란의 최초 버전이 그런 방식을 활용했다).

좌변 값/우변 값과 상수/비상수 구분을 반영하다 보니 참조자에는 3가지 종류가 있다.

- **좌변 값 참조자** 값을 변경하고 싶은 객체를 참조하기 위한 목적
- **const 참조자** 값을 변경하고 싶지 않은 객체를 참조하기 위한 목적(이를테면 상수)
- **우변 값 참조자** 사용한 후에는 값을 보존할 필요가 없는 값을 가진 객체(예를 들면 임시 객체)를 참조하기 위한 목적

뭉뚱그려서 이것들을 참조자라고 부른다. 처음 두 개는 모두 좌변 값 참조자라고 불린다.

7.7.1 좌변 값 참조자

타입 이름에서 X&란 표기는 'X에 대한 참조자'를 의미한다. 이 표기는 좌변 값에 대한 참조자로 활용되므로, 종종 좌변 값 참조자라고 불리기도 한다. 다음 예를 살펴보자.

```
void f()
{
    int var = 1;
    int& r {var};        // r과 var은 이제 동일한 값을 참조한다.
    int x = r;           // x는 1이 된다.

    r = 2;               // var은 2가 된다.
}
```

어떤 참조자를 어떤 무언가의 이름으로 만들어 주려면(즉, 객체에 참조자를 묶으려면) 참조자를 초기화해야 한다. 예를 들면 다음과 같다.

```
int var = 1;
int& r1 {var};          // OK: r1이 초기화된다.
int& r2;                // 오류: 초기화 누락
extern int& r3;         // OK: r3은 다른 곳에서 초기화됐다.
```

참조자의 초기화는 값의 대입과는 상당히 다른 것이다. 겉보기와는 달리, 참조자에는 연산자를 적용시킬 수 없다. 다음 예를 살펴보자.

```
void g()
{
    int var = 0;
    int& rr {var};
    ++rr;                // var은 1로 증가된다.
    int* pp = &rr;       // pp는 var을 가리킨다.
}
```

여기서 ++rr은 참조자 rr을 실제로 증가시키지 못한다. 오히려 ++는 rr이 참조하는 int, 즉 var에 적용된다. 결론적으로 참조자의 값은 초기화된 후에는 변경시킬 수 없다. 즉, 참조자는 항상 자신이 처음에 참조하게 초기화된 객체만을 참조한다는 것이다. 한편 참조자 rr이 나타내는 객체를 가리키는 포인터를 얻기 위해서 &rr을 사용한다. 따라서 참조자를 가리키는 포인터를 가질 수는 없다. 게다가 참조자로 이뤄진 배열은 정의할 수 없다. 이런 맥락에서 보면 참조자는 객체가 아니다.

참조자를 구현하는 확실한 방법은 매번 어떤 객체가 사용될 때 역참조되는 (상수) 포인터로 만드는 것이다. 참조자는 포인터처럼 조작할 수 있는 객체가 아니라는 점만 명심한다면 참조자를 이런 방식으로 생각해도 큰 문제는 되지 않는다.

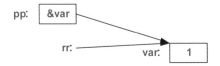

경우에 따라서는 컴파일러가 참조자를 최적화시켜 버림으로써 런타임에 참조를 나타내는 객체가 없어져 버리기도 한다.

참조자의 초기화는 초기화 식이 좌변 값(접근할 수 있는 주소를 가진 객체, 6.4절 참고)인 경우에는 아주 간단하다. '보통'의 T&에 대한 초기화 식은 T 타입의 좌변 값이어야 한다.

그런데 const T&에 대한 초기화 식은 좌변 값일 필요가 없으며, 심지어 T 타입이 아니어도 된다. 이러한 경우에는 다음과 같다.

[1] 우선 필요한 경우 T 타입으로의 암시적 타입 변환이 적용된다(10.5절 참고).

[2] 그런 다음, 그 결과 값이 타입 T의 임시 변수에 저장된다.

[3] 마지막으로 그 임시 변수가 초기화 식으로 사용된다.

다음을 살펴보자.

```
double& dr = 1;        // 오류: 좌변 값이 필요하다.
const double& cdr {1};   // OK
```

위의 마지막 초기화를 해석하면 다음과 같다.

```
double temp = double{1};   // 먼저 우변 값으로 임시 변수를 생성하고
const double& cdr {temp};  // 그 다음 해당 임시 변수를 cdr에 대한 초기화 식으로 활용한다.
```

참조자의 초기화 식을 보관하기 위해 생성된 임시 객체는 해당 참조자의 유효 범위가 끝날 때까지 존속된다.

변수에 대한 참조자와 상수에 대한 참조자는 차이가 있는데, 변수에 대한 임시 객체를 어디선가 사용해 버리면 오류가 발생하기 십상이기 때문이다. 이를테면 이 변수에 어떤 값을 대입하는 일은 곧바로 사라질 임시 변수에 대한 대입이 될 것이다. 상수에 대한 참조자의 경우엔 이런 문제가 없으며, 함수 인자로서 빈번히 활용되고 있다(18.2.4절).

참조자는 어떤 객체를 받아들여서 그 값을 바꾸는 함수의 인자를 지정하는 데 사용할 수 있다.

```
void increment(int& aa)
{
    ++aa;
}
void f()
{
    int x = 1;
    increment(x);          // x = 2
}
```

인자 전달의 의미 구조는 초기화의 의미 구조로 정의된다. 즉, increment 함수가 호출될 때 이 함수의 인자 aa는 x의 또 다른 이름이 되는 것이다. 프로그램의 가독성을 높이려면 대다수의 경우에는 자신의 인자를 변경하는 함수는 피하는 편이 좋다. 그 대신 함수로부터 명시적으로 값을 반환하는 편이 좋다.

```
int next(int p) { return p+1; }

void g()
{
    int x = 1;
    increment(x);           // x = 2
    x = next(x);            // x = 3
}
```

increment(x)란 표기는 프로그램을 읽는 사람에게 x의 값이 변경된다는 사실을 알려주지 못한다. 그렇기 때문에 '통상적인' 참조자 인자는 함수의 이름이 해당 참조자가 변경된다는 점을 강력하게 알려주는 단서가 되는 경우에만 사용하는 편이 좋다.

참조자는 반환 타입으로 사용될 수도 있다. 이런 방식은 대입 연산의 좌변과 우변에서 모두 활용될 수 있는 함수를 정의하는 데 주로 사용된다. Map이 좋은 사례다. 다음을 살펴보자.

```
template<typename K, typename V>
class Map {              // 간단한 map 클래스
public:
    V& operator[](const K& v);        // 키 v에 대응되는 값을 반환한다.

    pair<K,V>* begin() { return &elem[0]; }
    pair<K,V>* end() { return &elem[0]+elem.size(); }
private:
    vector<pair<K,V>> elem;       // {키, 값} 쌍
};
```

표준 라이브러리 map(4.4.3절, 31.4.3절)은 전형적으로 레드 블랙 트리^{red-black tree}로 구현되지만, 복잡한 구현 세부 사항을 피하기 위해 키 일치를 찾는 선형 탐색 기반의 구현만으로 보여주고자 한다.

```
template<typename K, typename V>
V& Map<K,V>::operator[](const K& k)
{
    for (auto& x : elem)
        if (k == x.first)
                return x.second;

    elem.push_back({k,V{}});          // 끝에 쌍을 추가한다(4.4.2절).
    return elem.back().second;        // 새로운 원소의 (기본) 값을 반환한다.
```

여기서는 키 인자 k를 참조에 의해 전달하는데, 해당 인자가 복사하기에는 비용이 비싼 타입일 수 있기 때문이다. 비슷한 방식으로 참조에 의해 값을 반환하는데, 역시 복사하기에는 비용이 비싼 타입일 수 있기 때문이다. 또한 k에 대해서는 const 참조자를 사용하는데, 이는 수정하고 싶지 않을 뿐만아니라 인자로서 리터럴이나 임시 객체를 사용하고 싶기 때문이다. 결과는 비상수 참조자로 반환되는데, Map의 사용자는 발견된 값을 수정할 가능성이 높기 때문이다. 예를 들면 다음과 같다.

```
int main()     // 입력에서 각 단어가 등장하는 횟수를 센다.
{
    Map<string,int> buf;
```

```
    for (string s; cin>>s; ) ++buf[s];

    for (const auto& x : buf)
        cout << x.first << ": " << x.second << '\n';
}
```

한 번씩 돌 때마다 입력 루프는 표준 입력 스트림 **cin**에서 하나의 단어를 문자열 **s**로 읽어들인 다음(4.3.2절), 그와 관련된 카운터를 갱신한다. 마지막으로 입력된 다양한 단어로 이뤄진 결과 테이블을 해당 단어의 출현 빈도와 함께 출력한다. 예를 들어 다음의 단어가 입력된다면

aa bb bb aa aa bb aa aa

이 프로그램은 다음 결과를 출력할 것이다.

```
aa: 5
bb: 3
```

Map에서 **begin()**과 **end()**를 표준 라이브러리 **map**과 똑같이 정의한 관계로 범위 기반 **for** 루프를 사용할 수 있다.

7.7.2 우변 값 참조자

한 종류 이상의 참조자를 갖는 기본적인 의도는 객체를 다양하게 활용하도록 지원하는 것이다.

- **const**가 아닌 좌변 값 참조자는 참조자의 사용자가 값을 입력할 수 있는 객체를 참조한다.
- **const** 좌변 값 참조자는 참조자의 사용자 관점에서 변할 수 없는 상수를 참조한다.
- 우변 값 참조자는 해당 객체가 다시 사용되지 않으리라는 가정하에 참조자의 사용자가 변경할 수 있는(그리고 일반적으로 변경하는) 임시 객체를 참조한다.

참조자가 임시 객체를 참조한다면 그 사실을 파악하는 것이 좋은데, 때때로 값비싼 복사 처리를 저렴한 이동 처리로 바꿀 수 있기 때문이다(3.3.2절, 17.1절, 17.5.2절). 대용량의 가능성이 있는 정보를 가리키는 작은 설명자^descriptor에 의해 표시되는 객체(이를테면 **string**이나 **list**)는 그 소스가 다시 사용되지 않으리라는 점을 알기만 한다면 간단하고 저렴하게 이동될 수 있다. 고전적인 사례는 반환되는 지역 변수가 다시 사용되지 않을 것이라는 점을 컴파일러가 알고 있는 경우의 반환 값이다(3.3.2절).

우변 값 참조자는 우변 값에는 묶일 수 있지만, 좌변 값에는 묶일 수 없다. 그런 점에서 우변 값 참조자는 좌변 값 참조자와 정확히 반대된다. 예를 들면 다음과 같다.

```
string var {"Cambridge"};
string f();

string& r1 {var};              // 좌변 값 참조자, r1(좌변 값)을 var에 묶는다.
string& r2 {f()};              // 좌변 값 참조자, 오류: f()는 우변 값
string& r3 {"Princeton"};      // 좌변 값 참조자, 오류: 임시 객체에 묶을 수 없다.

string&& rr1 {f()};            // 우변 값 참조자, 문제없음 - rr1을 우변 값(임시 객체)에 묶는다.
string&& rr2 {var};            // 우변 값 참조자, 오류: var은 좌변 값
string&& rr3 {"Oxford"};       // rr3은 "Oxford"를 보관하고 있는 임시 객체를 참조한다.
```

```
const string& cr1 {"Harvard"};        // OK: 임시 객체로 만들고 cr1에 묶는다.
```

&& 선언자 연산자는 '우변 값 참조자'를 의미한다. const 우변 값 참조자는 사용되지 않는다. 우변 값 참조자를 사용하는 이점 대부분은 그것이 참조하는 객체에 값을 쓸 수 있는 것에서 기인한다. const 좌변 값 참조자와 우변 값 참조자는 모두 우변 값에 묶일 수 있다. 하지만 그 목적은 근본적으로 다르다.

- 우변 값 참조자는 사본을 요구할 수도 있는 객체의 최적화에 필요한 '소멸적 읽기'를 구현하기 위해 사용된다.
- const 좌변 값 참조자는 인자의 수정을 방지하기 위해 사용된다.

우변 값 참조자에 의해 참조되는 객체는 좌변 값 참조자나 통상적인 변수 이름에 의해 참조되는 객체와 똑같은 방식으로 접근할 수 있다. 예를 들면 다음과 같다.

```
string f(string&& s)
{
    if (s.size())
        s[0] = toupper(s[0]);
    return s;
}
```

때때로 컴파일러는 알지 못하더라도 프로그래머는 어떤 객체가 다시 사용되지 않으리라는 점을 알 수도 있다. 다음을 살펴보자.

```
template<typename T>
void swap(T& a, T& b)           // "오래된 스타일의 바꿔치기"
{
    T tmp {a};                  // 이제 a의 사본 두 개를 갖고 있다.
    a = b;                      // 이제 b의 사본 두 개를 갖고 있다.
    b = tmp;                    // 이제 tmp(a로 알고 있는)의 사본 두 개를 갖고 있다.
}
```

T가 string이나 vector 같이 해당 원소를 복사하기에는 값비싼 타입이라면 이러한 swap()은 값비싼 처리가 된다. 특이한 점에 주목하기 바란다. 우리에겐 복사가 전혀 필요하지 않다. 단지 a, b, tmp의 값을 여기저기로 이동하고 싶을 뿐이다. 이런 사실을 컴파일러에게 알려 줄 수 있다.

```
template<typename T>
void swap(T& a, T& b)           // "(거의) 완벽한 바꿔치기"
{
    T tmp {static_cast<T&&>(a)};     // 초기화로 a에 값을 쓸 수 있다.
    a = static_cast<T&&>(b);         // 대입으로 b에 값을 쓸 수 있다.
    b = static_cast<T&&>(tmp);       // 대입으로 tmp에 값을 쓸 수 있다.
}
```

static_cast<T&&>(x)의 결과 값은 x에 대한 T&& 타입의 우변 값이다. 우변 값에 최적화된 처리는 이제 x를 위해 최적화를 활용할 수 있다. 특히 타입 T가 이동 생성자나(3.3.2절, 17.5.2절) 이동 대입을 갖고 있다면 그것이 활용될 것이다. vector를 살펴보자.

```
template<typename T> class vector {
    // ...
    vector(const vector& r);     // 복사 생성자(r의 표시를 복사한다)
     vector(vector&& r);         // 이동 생성자(r로부터 표시를 "훔친다")
};

vector<string> s;
vector<string> s2 {s};          // s는 좌변 값이므로, 복사 생성자를 사용한다.
vector<string> s3 {s+"tail"};   // s+"tail"은 우변 값이므로 이동 생성자를 선택한다.
```

static_cast를 swap()에서 활용한 방식은 다소 장황한 데다 오타가 나기 쉽다. 그런 관계로 표준 라이브러리에서 move() 함수를 제공한다. move(x)는 X가 x의 타입인 static_cast<X&&>(x)를 뜻한다. 이를 활용해서 swap()의 정의를 다소나마 정리할 수 있다.

```
template<typename T>
void swap(T& a, T& b)       // "(거의) 완벽한 바꿔치기"
{
    T tmp {move(a)};       // a에서 이동한다.
    a = move(b);           // b에서 이동한다.
    b = move(tmp);         // tmp에서 이동한다.
}
```

원래의 swap()과 대조적으로 위의 최신 버전은 아무런 복사본도 만들지 않는다. 가능한 곳에서는 모두 이동을 활용하는 것이다.

move(x)가 실제로 x를 이동시키는 것이 아니라 x에 대한 우변 값 참조자를 생성하는 것뿐이므로, move()를 rval()이라고 부르는 편이 낫겠지만, move()는 지금까지 오랫동안 사용돼 왔다.

나는 이 swap()이 좌변 값만을 바꿔치기 때문에 '거의 완벽'하다고 생각한다. 다음을 살펴보자.

```
void f(vector<int>& v)
{
    swap(v,vector<int>{1,2,3});     // v의 원소를 1,2,3으로 바꾼다.
    // ...
}
```

컨테이너의 내용을 일부 기본 설정 값으로 바꿔야 하는 경우는 드물지 않지만, 위에서 사용한 특수한 swap() 함수는 그런 처리를 할 수 없다. 해결책은 두 개의 오버로딩으로 함수를 보완하는 것이다.

```
template<typename T> void swap(T&& a, T& b);
template<typename T> void swap(T& a, T&& b)
```

여기의 예제는 마지막 버전의 swap()에 의해 처리된다. 표준 라이브러리는 vector, string 등을 위한 shrink_to_fit()과 clear()를 정의하는 다른 접근법을 취해서(31.3.3절) 우변 값을 swap()에 대입하는 대부분의 일반적인 경우를 처리한다.

```
void f(string& s, vector<int>& v)
{
```

```
s.shrink_to_fit();              // s.capacity()==s.size()로 만든다.
swap(s,string{s});              // s.capacity()==s.size()로 만든다.
v.clear();                      // v를 비운다.
swap(v,vector<int>{});          // v를 비운다.
v = {};                         // v를 비운다.
}
```

또한 우변 값 참조자는 완벽한 포워딩을 제공하기 위해 활용될 수도 있다(23.5.2.1절, 35.5.1절).

모든 표준 라이브러리 컨테이너들은 이동 생성자와 이동 대입을 제공한다(31.3.2절). 또한 표준 라이브러리에서 `insert()`나 `push_back()` 같이 새로운 원소를 삽입하는 처리는 우변 값 참조자를 받아들이는 버전으로 돼 있다.

7.7.3. 참조자에 대한 참조자

타입에 대한 참조자에 대한 참조자를 받아들이면 참조자 타입에 대한 특별한 참조자가 아니라 해당 타입에 대한 참조자를 얻게 된다.

```
using rr_i = int&&;
using lr_i = int&;
using rr_rr_i = rr_i&&;    // "int && &&"는 int&&
using lr_rr_i = rr_i&;     // "int && &"는 int&
using rr_lr_i = lr_i&&;    // "int & &&"는 int&
using lr_lr_i = lr_i&;     // "int & &"는 int&
```

바꿔 말하면 좌변 값 참조자가 항상 우선한다는 뜻이다. 타입으로 어떤 일을 할지라도 좌변 값 참조자가 좌변 값을 참조하는 사실을 바꿀 수는 없으므로, 이는 당연하다. 이는 때때로 참조 붕괴reference collapse라고 불리기도 한다.

문법에 의하면 다음은 허용되지 않는다.

```
int && & r = i;
```

참조자에 대한 참조자는 별칭(3.4.5절, 6.5절)이나 템플릿 타입 인자(23.5.2.1절)의 결과로서만 발생할 수 있다.

7.7.4 포인터와 참조자

포인터와 참조자는 복사를 하지 않고 프로그램 내의 다른 곳에서 어떤 객체를 가리키는 두 가지 메커니즘이다. 이러한 유사성을 그림으로 나타내면 다음과 같다.

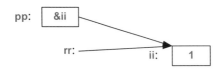

두 가지는 각각의 장점과 단점을 갖고 있다.

가리키는 객체가 변경될 수 있다면 포인터를 사용한다. 포인터 변수의 값을 변경하기 위해

=, +=, -=, ++ 및 --를 사용할 수 있다(11.1.4절). 예를 들면 다음과 같다.

```cpp
void fp(char* p)
{
    while (*p) cout << *p++;
}

void fr(char& r)
{
    while (r)
        cout << r++;      // 문제 발생: 참조자가 아니라 참조되는 char를 증가시킨다.
                          // 거의 무한한 루프!
}

void fr2(char& r)
{
    char* p = &r;         // 참조되는 객체를 가리키는 포인터를 구한다.
    while (*p)
        cout << *p++;
}
```

반면 어떤 이름이 항상 동일한 객체를 참조하게 만들고 싶다면 참조자를 사용한다.

```cpp
template<typename T> class Proxy {       // Proxy는 자신을 초기화한 객체를 참조한다.
    T& m;
public:
    Proxy(T& mm) :m{mm} {}
    // ...
};
template<typename T> class Handle {       // Handle은 현재의 객체를 참조한다.
    T* m;
public:
    Handle(T* mm) :m{mm} {}
    void rebind(T* mm) { m = mm; }
    // ...
};
```

객체를 참조하는 뭔가에 사용자 정의(오버로딩된) 연산자를 사용하고 싶다면(18.1절) 참조자를 사용한다.

```cpp
Matrix operator+(const Matrix&, const Matrix&);    // OK
Matrix operator-(const Matrix*, const Matrix*);    // 오류: 사용자 정의 타입 인자는 허용되지 않음

Matrix y, z;
// ...
Matrix x = y+z;        // OK
Matrix x2 = &y-&z;     // 오류인 데다 알아보기 어려움
```

포인터 같은 기본 제공 타입의 쌍에 대한 연산자를 (재)정의하는 것은 불가능하다(18.2.3절).

참조자는 객체가 아니다(7.7.1절). 참조자를 통한 간접적인 접근보다는 참조되는 객체를 직접적으로 접근하기 위해 많은 경우 참조자는 컴파일러에 의해 최적화돼 버릴 수 있다. 객체를 참조하는 뭔가의 집합이 필요하다면 포인터를 사용해야 한다.

```cpp
string x = "College Station"
```

```
string y = "Manhattan";

string& a1[] = {x, y};          // 오류: 참조자의 배열
string* a2[] = {&x, &y};        // OK

vector<string&> s1 = {x, y};    // 오류: 참조자의 벡터
vector<string*> s2 = {&x, &y};  // OK
```

C++에서 프로그래머에게 선택의 여지를 주지 않는 경우를 제외하면 결국에는 취향의 차이로 귀결된다. 이상적으로는 오류의 가능성을 최소화하고, 특히나 코드의 가독성을 최대화하는 방향으로 선택을 내려야 할 것이다.

'값없음'이란 개념이 필요한 경우를 위해 포인터는 nullptr을 제공한다. '널 참조자'란 개념은 존재하지 않으므로, '값없음'이 필요한 경우에는 포인터를 사용하는 편이 적절할 것이다. 예를 들면 다음과 같다.

```
void fp(X* p)
{
    if (p == nullptr) {
        // 값없음
    }
    else {
        // *p를 사용한다.
    }
}
void fr(X& r)          // 일반적인 스타일
{
    // r이 유효하다고 가정하고 사용한다.
}
```

정말로 필요하다면 특정 타입에 대해서 '널 참조자'를 생성하고 체크할 수도 있다.

```
void fr2(X& r)
{
    if (&r == &nullX) {      // 또는 아마도 r==nullX
        // 값없음
    }
    else {
        // r을 사용한다.
    }
}
```

당연히 적절하게 정의된 nullX가 있어야 한다. 이런 스타일은 관용적이지 않으므로 권장하지는 않겠다. 프로그래머는 참조자가 유효하다고 가장할 수도 있다. 유효하지 않은 참조자를 생성하는 것도 가능하지만, 그렇게 하기 위해서는 특이한 시도를 해야 한다. 다음 예를 살펴보자.

```
char* ident(char * p) { return p; }
char& r {*ident(nullptr)}; // 유효하지 않은 코드
```

이 코드는 유효한 C++ 코드가 아니다. 현재의 구현 상황에서 문제가 되지 않더라도 이런 코드는 작성하지 말기 바란다.

7.8 조언

[1] 포인터는 간결하고 직관적으로 활용한다(7.4.1절).

[2] 허용되지 않은 포인터 연산은 삼간다(7.4절).

[3] 경계 배열 너머에 쓰지 않도록 조심한다(7.4.1절).

[4] 다차원 배열을 피한다. 대신 적절한 컨테이너를 정의한다(7.4.2절).

[5] 0이나 NULL보다 nullptr을 이용한다(7.2.2절).

[6] 기본 제공 C 스타일의 배열보다 컨테이너(vector, array, valarray 등)를 이용한다(7.4.1절).

[7] 0으로 종료되는 char의 배열보다 string을 이용한다(7.4절).

[8] 백슬래시를 복잡하게 사용하는 문자열 리터럴에는 원시 문자열을 이용한다(7.3.2.1절).

[9] 보통의 참조자 인자보다 const 참조자 인자를 선택한다(7.7.3절).

[10] 포워딩과 이동 의미 구조에만 우변 값 참조자를 이용한다(7.7.2절).

[11] 소유권을 표시하는 포인터는 핸들 클래스 내부에 둔다(7.6절).

[12] 저수준의 코드를 제외하고는 void*를 삼간다(7.2.1절).

[13] 인터페이스에서 불변성을 표현하기 위해 const 포인터와 const 참조자를 이용한다(7.5절).

[14] '객체 없음'이 타당한 선택인 경우를 제외하고는 포인터보다는 참조자를 인자로 선택한다(7.7.4절).

구조체, 공용체, 열거형

좀 더 완벽한 통합(Union)을 형성하라

– 더 피플(The people)

- 개요
- 구조체 **struct** 배치 구조, **struct** 이름, 구조체와 클래스, 구조체와 배열, 타입 동등 관계, 재래식 데이터^{Plain Old Data}, 필드
- 공용체 공용체와 클래스, 익명 공용체
- 열거형 **enum** 클래스, 일반 **enum**, 이름이 없는 **enum**
- 조언

8.1 개요

C++의 효과적 활용에 있어 핵심은 사용자 정의 타입을 정의하고 활용하는 데 있다. 8장에서는 사용자 정의 타입 개념의 가장 기초적인 3가지 변형을 소개한다.

- **struct**(구조체)는 연속된 임의의 타입의 원소(멤버라고 불리는)로 이뤄진 타입이다.
- **union**(공용체)은 어떤 시점에 원소 중 하나의 값만을 보관하는 **struct**다.
- **enum**(열거)은 이름이 붙은 상수 집합(열거자라고 불리는)을 가진 타입이다.
- **enum class**(유효 범위를 가진 열거형)는 열거자가 열거의 유효 범위 안에 존재하고 다른 타입으로의 암시적 변환이 제공되지 않는 **enum**이다.

이러한 종류의 단순 타입의 변형은 C++ 초창기 시절부터 존재해 왔다. 이들은 주로 데이터 표시에 초점을 맞추고 있으며, 대부분 C 스타일 프로그래밍의 뼈대를 이루고 있다. 여기서 설명된 **struct**의 개념은 **class**의 단순한 형태다(3.2절, 16장).

8.2 구조체

배열은 동일한 타입의 원소가 모인 것이다. 가장 기본적인 형태로 보면 **struct**는 임의의 타입

의 원소들이 모인 것이다. 예를 들면 다음과 같다.

```cpp
struct Address {
    const char* name;          // "Jim Dandy"
    int number;                // 61
    const char* street;        // "South St"
    const char* town;          // "New Providence"
    char state[2];             // 'N' 'J'
    const char* zip;           // "07974"
};
```

위의 코드에서는 Address란 타입을 정의하는데, 미국 내에서 누군가에게 메일을 보낼 때 필요한 항목들로 구성돼 있다. 마지막의 세미콜론을 눈여겨보기 바란다.

Address 타입의 변수는 다른 변수들과 똑같은 방식으로 선언될 수 있으며, 개별적인 멤버들은 .(점) 연산자를 이용해서 접근할 수 있다. 다음 예를 살펴보자.

```cpp
void f()
{
    Address jd;
    jd.name = "Jim Dandy";
    jd.number = 61;
}
```

struct 타입의 변수들은 {} 표기를 이용해서 초기화될 수 있다(6.3.5절). 예를 들면 다음과 같다.

```cpp
Address jd = {
    "Jim Dandy",
    61, "South St",
    "New Providence",
    {'N','J'}, "07974"
};
```

jd.state를 문자열 "NJ"로 초기화할 수 없다는 점에 유의한다. 문자열은 제로 문자 '\0'에 의해 종료되기 때문에 "NJ"는 3개의 문자를 가진다. 하나 더 많아야 jd.state에 들어갈 것이다. 여기서는 일부러 멤버들에 저수준의 타입을 사용했는데, 이는 초기화 방법을 보여주고, 그로 인해 어떤 문제가 생길 수 있는지 보여주기 위해서다.

구조체는 빈번히 -> (struct 포인터 역참조) 연산자를 통해 접근될 수 있다. 예를 들면 다음과 같다.

```cpp
void print_addr(const Address* p)
{
    cout << p->name << '\n'
        << p->number << ' ' << p->street << '\n'
        << p->town << '\n'
        << p->state[0] << p->state[1] << ' ' << p->zip << '\n';
}
```

p가 포인터일 경우 p->m은 (*p).m과 동일하다.

다른 방법으로 struct는 참조에 의해 전달이 가능하며 .(점, struct 멤버 접근) 연산자를 통해 접근될 수 있다.

```
void print_addr2(const Address& r)
{
    cout << r.name << '\n'
        << r.number << ' ' << r.street << '\n'
        << r.town << '\n'
        << r.state[0] << r.state[1] << ' ' << r.zip << '\n';
}
```

인자 전달은 12.2절에서 다룬다.

한편 구조체 타입의 객체는 대입 연산, 함수 인자로서 전달, 함수에서 결과로 반환 등이
모두 가능하다.

```
Address current;

Address set_current(Address next)
{
    Address prev = current;
    current = next;
    return prev;
}
```

비교 연산(=와 !=) 등 흔히 쓰이는 이외의 연산들은 기본 설정상 이용할 수 없다. 하지만
이런 연산은 프로그래머가 직접 정의할 수 있다(3.2.1.1절, 18장).

8.2.1 struct 구조

struct 객체는 선언된 순서대로 멤버들을 보관한다. 예를 들어 기본적인 장비 정보를 다음과
같이 구조체에 저장할 수 있다.

```
struct Readout {
    char hour;          // [0:23]
    int value;
    char seq;           // 순서 표시 ['a':'z']
};
```

Readout 객체의 멤버들이 다음과 같이 배치될 것이라고 상상할 수 있다.

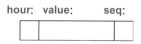

멤버들은 선언 순서에 따라 메모리에 할당되므로 hour의 주소는 value의 주소보다 적을
것이다. 추가적인 사항은 8.2.6절을 참고하기 바란다.

하지만 struct 객체의 크기가 반드시 그 멤버들의 크기의 합과 같지는 않다. 이는 많은
컴퓨터에서 특정 타입의 객체가 아키텍처에 독립적인 경계에 할당되기를 요구하고, 그렇게
될 경우 훨씬 더 효율적으로 그런 객체들을 다룰 수 있기 때문이다. 예를 들어 정수는 종종
워드 경계에 할당된다. 그런 컴퓨터에서는 객체가 적절히 정렬될 것을 요구한다(6.2절). 이
결과로 구조체에 '구멍'이 생기게 된다. 4바이트 int를 가진 컴퓨터에서 Readout의 좀 더
현실적인 배치는 다음과 같을 것이다.

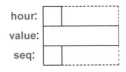

많은 컴퓨터에서처럼 이 경우 sizeof(Readout)은 12이고, 개별 멤버들의 단순 합산으로 얼핏 예상되는 6이 아니다.

가장 큰 순서부터 크기순으로 멤버들을 정렬만 해도 공간 낭비를 최소화할 수 있다. 예를 들면 다음과 같다.

```
struct Readout {
    int value;
    char hour;    // [0:23]
    char seq;     // 순서 표시 ['a':'z']
};
```

이 결과는 다음과 같다.

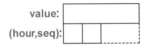

그럼에도 여전히 Readout에는 2바이트의 '구멍'(활용되지 않은 공간)이 남아서 sizeof(Readout)=8이란 점에 유의한다. 그 이유는 두 개의 객체를 서로 인접하게 위치시킬 때 정렬을 유지해야 하기 때문이다. Reaout의 배열에서 그런 상황이 일어날 것이다. 10개의 Readout 객체로 이뤄진 배열의 크기는 10*sizeof(Readout)이 될 것이다.

일반적으로 멤버들을 가독성 위주로 정렬하고, 최적화의 필요성이 확실한 경우에만 크기순으로 정렬하는 편이 바람직하다.

접근 지정자(즉, public, private, protected)를 여러 개 사용하면 구조에 영향을 미칠 수 있다 (20.5절).

8.2.2 struct 이름

구조체 타입의 이름은 타입 선언이 완전하게 끝나지 않더라도 그 이름이 등장한 직후라면 이용 가능하다. 다음 예를 살펴보자.

```
struct Link {
    Link* previous;
    Link* successor;
};
```

하지만 새로운 struct 객체 선언은 해당 구조체의 선언이 완전히 끝난 다음에나 가능하다. 예를 들면 다음과 같다.

```
struct No_good {
    No_good member;    // 오류: 재귀적 정의
};
```

이것이 오류를 일으키는 이유는 컴파일러가 No_good의 크기를 알 수 없기 때문이다. 두 개 또는 그 이상의 struct가 서로를 참조할 수 있게 만들고 싶다면 한쪽 구조체 타입의 이름을 미리 선언해두면 된다. 다음 예를 살펴보자.

```
struct List; // 구조체 이름 선언 - List는 차후에 정의될 것이다.

struct Link {
    Link* pre;
    Link* suc;
    List* member_of;
    int data;
};
struct List {
    Link* head;
};
```

List란 이름을 미리 선언해두지 않고, Link의 선언 내에서 포인터 타입 List*를 사용하면 문법 오류를 일으키게 될 것이다.

용도상 멤버의 이름이나 구조체의 크기를 요구하지만 않는다면 struct의 이름은 이처럼 타입 정의 전에도 사용될 수 있다. 하지만 struct가 완전히 선언되기 전까지 해당 struct는 불완전한 타입이다. 다음 예를 살펴보자.

```
struct S;          // "S"는 어떤 타입의 이름이다.
extern S a;
S f();
void g(S);
S* h(S*);
```

하지만 이러한 상당수 선언은 S 타입이 정의돼 있지 않으면 사용될 수 없다.

```
void k(S* p)
{
    S a;            // 오류: S 미정의, 크기 할당 필요

    f();            // 오류: S 미정의, 값 반환을 위해 크기 필요
    g(a);           // 오류: S 미정의, 인자 전달을 위해 크기 필요
    p->m = 7;       // 오류: S 미정의, 멤버 이름을 알지 못함

    S* q = h(p);    // OK: 포인터 할당과 전달 가능
    q->m = 7;       // 오류: S 미정의, 멤버 이름을 알지 못함
}
```

C의 태생 이전까지 거슬러가는 이유들 때문에 동일한 유효 범위 내에서 같은 이름을 가진 struct와 struct가 아닌 것을 선언할 수 있다. 다음 예를 살펴보자.

```
struct stat { /* ... */ };
int stat(char* name, struct stat* buf);
```

이런 경우 일반적인 이름(stat)은 struct가 아닌 것을 지칭하게 되며, struct는 struct를 접두사로 붙여 표시하게 된다. 비슷한 사례로 class, union(8.3절), enum(8.4절)이 명확한 표시를 위해 접두사로 활용될 수 있다. 하지만 명시적으로 그렇게까지 할 필요가 생기지 않도록

이름을 중복 사용하지 않는 방안이 최선이다.

8.2.3 구조체와 클래스

struct는 요약하면 멤버들이 무조건 public인 class의 일종이라고 볼 수 있다. 따라서 struct는 멤버 함수를 가질 수 있다(2.3.2절, 16장). 특히 struct는 생성자를 가질 수 있다. 다음 예를 살펴보자.

```
struct Points {
    vector<Point> elem;             // 최소 1개의 Point를 포함해야 한다.
    Points(Point p0) { elem.push_back(p0);}
    Points(Point p0, Point p1) { elem.push_back(p0); elem.push_back(p1); }
    // ...
};

Points x0;                          // 오류: 기본 생성자 없음
Points x1{ {100,200} };             // 1개의 Point
Points x2{ {100,200}, {300,400} };  // 2개의 Point
```

멤버를 순서대로 초기화하는 것만이라면 생성자를 정의할 필요는 없다. 다음 예를 살펴보자.

```
struct Point {
    int x, y;
};

Point p0;           // 위험: 지역 유효 범위라면 초기화되지 않는다(6.3.5.1절).
Point p1 {};        // 기본 생성: {{},{}} 즉, {0,0}
Point p2 {1};       // 두 번째 멤버는 기본 생성됨: {1,{}} 즉, {1,0}
Point p3 {1,2};     // {1,2}
```

생성자는 인자의 순서 변경, 인자 검증, 인자 변경, 불변속성 설정(2.4.3.2절, 13.4절) 등이 요구될 경우에 필요하다. 다음 예를 살펴보자.

```
struct Address {
    string name;        // "Jim Dandy"
    int number;         // 61
    string street;      // "South St"
    string town;        // "New Providence"
    char state[2];      // 'N' 'J'
    char zip[5];        // 07974
    Address(const string& n, int nu, const string& s, const string& t, const string& st, int z);
};
```

여기서는 모든 멤버의 초기화를 확실히 하고 우편번호용으로 string과 int를 사용하기 위해 생성자를 추가했는데, 이렇게 하면 개별 문자들을 일일이 다루지 않아도 된다. 다음 예를 살펴보자.

```
Address jd = {
    "Jim Dandy",
    61, "South St",
    "New Providence",
```

```
    "NJ", 7974          // (07974는 8진수가 될 것이다. 6.2.4.1절)
};
```

Address 생성자는 다음과 같이 정의될 수 있다.

```
Address::Address(const string& n, int nu, const string& s, const string& t, const string& st, int z)
                 // 주소를 검증한다.
    :name{n},
    number{nu},
    street{s},
    town{t}
{
    if (st.size()!=2)
        error("State abbreviation should be two characters")
    state = {st[0],st[1]};       // 우편번호의 주 표시 약자를 문자로 저장한다.
    ostringstream ost ;          // 출력 문자열 스트림: 38.4.2절 참고
    ost << z;                    // int에서 문자 추출
    string zi {ost.str()};
    switch (zi.size()) {
    case 5:
        zip = {zi[0], zi[1], zi[2], zi[3], zi[4]};
        break;
    case 4:        // '0'으로 시작
        zip = {'0', zi[0], zi[1], zi[2], zi[3]};
        break;
    default:
        error("unexpected ZIP code format");
    }
    // ... 코드가 타당한지 체크한다.
}
```

8.2.4 구조체와 배열

당연하게도 struct로 이뤄진 배열과 배열을 포함한 struct를 만들 수 있다. 다음 예를 살펴보자.

```
struct Point {
    int x,y;
};
Point points[3] {{1,2},{3,4},{5,6}}; int x2 = points[2].x;
struct Array {
    Point elem[3];
};
Array points2 {{1,2},{3,4},{5,6}}; int y2 = points2.elem[2].y;
```

struct 안에 기본 제공 배열을 넣으면 배열을 객체로 취급할 수 있다. 즉, 초기화(인자 전달과 함수 반환을 포함해서) 및 대입 연산에서 배열을 포함하고 있는 구조체를 복사할 수 있는 것이다. 다음 예를 살펴보자.

```
Array shift(Array a, Point p)
{
    for (int i=0; i!=3; ++i) {
        a.elem[i].x += p.x;
```

```
            a.elem[i].y += p.y;
    }
    return a;
}
Array ax = shift(points2,{10,20});
```

Array의 구현은 다소 구태의연해 보인다. 왜 i!=3일까? 왜 elem[i]를 계속 반복하는 것일까? 왜 Point 타입의 원소뿐일까? 표준 라이브러리는 고정된 크기의 배열을 struct로 구현하는 좀 더 완전하고 깔끔한 방식으로서 std::array(34.2.1절)를 제공한다.

```
template<typename T, size_t N >
struct array {              // 간략화됨(34.2.1절 참고)
    using size_type = size_t;
    T elem[N];

    T* begin() noexcept { return elem; }
    const T* begin() const noexcept {return elem; }
    T* end() noexcept { return elem+N; }
    const T* end()     const noexcept { return elem+N; }

    constexpr size_type size() noexcept;

    T& operator[](size_type n) { return elem[n]; }
    const T& operator[](size_type n) const { return elem[n]; }

    T * data() noexcept { return elem; }
    const T * data() const noexcept { return elem; }
    // ...
};
```

이 array는 원소의 타입과 개수를 임의로 설정할 수 있게 해주는 템플릿이다. 또한 이 배열은 예외의 가능성(13.5.1.1절)과 const 객체(16.2.9.1절)를 직접 처리하기도 한다. 이제 array를 이용해서 다음과 같이 작성할 수 있다.

```
struct Point {
    int x,y
};
using Array = array<Point,3>;   // 3 Point의 배열

Array points {{1,2},{3,4},{5,6}};
int x2 = points[2].x;
int y2 = points[2].y;

Array shift(Array a, Point p)
{
    for (int i=0; i!=a.size(); ++i) {
        a[i].x += p.x;
        a[i].y += p.y;
    }
    return a;
}
Array ax = shift(points,{10,20});
```

기본 제공 배열에 비해 std::array의 주요 장점은 적절한 객체 타입이면서 개별 원소를

가리키는 포인터로 암시적으로 변환되지 않는다는 점이다.

```cpp
ostream& operator<<(ostream& os, Point p)
{
    return os << '{' << p.x << ',' << p.y << '}';
}
void print(const Point a[],int s)    // 원소의 개수를 지정해야 한다.
{
    for (int i=0; i!=s; ++i)
        cout << a[i] << '\n';
}
template<typename T, int N>
void print(const array<T,N>& a)
{
    for (int i=0; i!=a.size(); ++i)  // 또는 범위 기반을 이용한다(2.2.4절, 9.5.1절).
        cout << a[i] << '\n';
}
Point point1[] = {{1,2},{3,4},{5,6}};        // 3개 원소
array<Point,3> point2 = {{1,2},{3,4},{5,6}};      // 3개 원소
void f()
{
    print(point1,4);                // 4는 심각한 오류
    print(point2);
}
```

기본 제공 배열에 비해 std::array의 단점은 초기화 식의 길이를 근거로 원소의 개수를 추정할 수 없다는 점이다.

```cpp
Point point1[] = {{1,2},{3,4},{5,6}};        // 3개 원소
array<Point,3> point2 = {{1,2},{3,4},{5,6}};      // 3개 원소
array<Point> point3 = {{1,2},{3,4},{5,6}};      // 오류: 원소의 개수가 주어지지 않음
```

8.2.5 타입 동등 관계

똑같은 멤버를 갖고 있어도 이름이 다른 두 struct는 서로 다른 타입이다. 예를 들어 다음과 같다.

```cpp
struct S1 { int a; };
struct S2 { int a; };
```

S1과 S2는 두 개의 서로 다른 타입이다. 따라서 다음 코드는 오류가 발생한다.

```cpp
S1 x;
S2 y = x;        // 오류: 타입 불일치
```

또한 struct는 멤버에 사용된 타입과는 다른 타입이다. 따라서 다음 코드는 오류가 발생한다.

```cpp
S1 x;
int i = x;        // 오류: 타입 불일치
```

모든 struct는 하나의 프로그램 내에서 고유의 정의를 가져야 한다(15.2.3절).

8.2.6 재래식 데이터

때때로 어떤 객체를 그저 '재래식plain old data'(메모리 내에서 연속된 바이트의 열)으로 취급해서 좀 더 고급의 의미 구조 개념, 이를테면 런타임 다형성(3.2.3절, 20.3.2절)이나 사용자 정의 복사 의미 구조(3.3절, 17.5절) 등에 대해 신경 쓰지 않고 싶을 때가 있다. 종종 그런 방식이 바람직한 이유는 하드웨어에서 가능한 가장 효율적인 방식으로 객체를 여기저기로 이동시킬 수 있기 때문이다. 예를 들어 100번의 복사 생성자 호출을 이용해서 100개의 원소를 복사하는 일은 std::memcpy()를 호출하는 것만큼 빠르지 않을 가능성이 높다. std::memcpy()는 보통 단순하게 블록 이동 컴퓨터 명령을 이용하기 때문이다. 생성자가 인라인화돼 있다고 해도 최적화 메커니즘이 그런 최적화 조치를 발견하기 어려울 수 있다. 이러한 '기법'은 적지 않게 활용되며, 특히 vector 같은 컨테이너의 구현이나 저수준의 입출력 루틴에서는 중요하다. 하지만 고수준의 코드에서는 불필요하며 피해야 한다.

즉, POD('재래식Plain Old Data')는 '단순 데이터'로서 다룰 수 있는 객체로서, 그렇기 때문에 클래스 구조나 생성, 복사, 이동을 위한 사용자 정의 의미 구조 등의 복잡성에 대해 신경 쓸 필요가 없다. 예를 들면 다음과 같다.

```
struct S0 { };                                  // POD
struct S1 { int a; };                           // POD
struct S2 { int a; S2(int aa) : a(aa) { } };    // POD가 아님 (기본 생성자 없음)
struct S3 { int a; S3(int aa) : a(aa) { } S3() {} };  // POD가 아님 (사용자 정의 기본 생성자)
struct S4 { int a; S4(int aa) : a(aa) { } S4() = default; };  // POD
struct S5 { virtual void f(); /* ... */ };      // POD가 아님 (가상 함수를 갖고 있음)

struct S6 : S1 { };         // POD
struct S7 : S0 { int b; };  // POD
struct S8 : S1 { int b; };  // POD가 아님 (S1와 S8 양쪽에 포함된 데이터)
struct S9 : S0, S1 {};      // POD
```

객체를 POD인 '단순 데이터'로 다루기 위해 객체는 다음 조건을 만족해야 한다.

- 복잡한 구조를 갖지 않아야 한다(예를 들어 vptr)(3.2.3절, 20.3.2절).
- 비표준(사용자 정의) 의미 구조를 갖지 않아야 한다.
- 관용적인trivial 기본 생성자를 가져야 한다.

당연히 POD는 명확히 정의함으로써 언어가 보장하는 사항들을 위반하지 않는 선에서 최적화를 추구해야 한다. 공식적으로(iso.3.9절, iso.9절) POD 객체는 다음의 타입 조건을 만족해야 한다.

- 표준 구조 타입
- 관용적인 방법으로 복사 가능한 타입
- 관용적인 기본 생성자를 가진 타입

관련된 개념으로 관용 타입$^{trivial\ type}$이 있는데, 다음을 가진 타입을 말한다.

- 관용 기본 생성자
- 관용 복사 및 이동 생성자

비공식적으로 기본 생성자가 아무런 작업을 하지 않을 경우 관용적이라고 말한다(이런 생성자를 정의하고 싶다면 **=default**를 사용하기 바란다. 17.6.1절).

다음에 해당되지 않을 경우 타입은 표준 구조를 갖고 있다고 말할 수 있다.

- **static**이 아닌 멤버나 표준 구조가 아닌 기반 클래스를 갖고 있다.
- **virtual** 함수를 갖고 있다(3.2.3절, 20.3.2절).
- **virtual** 기반 클래스를 갖고 있다(21.3.5절).
- 참조자인 멤버를 갖고 있다(7.7절).
- **static**이 아닌 데이터 멤버에 대해 다수의 접근 지정자를 갖고 있거나(20.5절)
- 다음과 같은 이유로 중요한 배치 구조 최적화가 불가능하다.
  - 하나 이상의 기반 클래스나 파생 클래스와 기반 클래스 양쪽 내에 **static**이 아닌 데이터 멤버를 갖고 있거나
  - **static**이 아닌 첫 번째 멤버와 동일한 타입의 기반 클래스를 갖고 있다.

기본적으로 표준 구조 타입은 C에도 동등하게 존재하는 구조를 가진 것이며, 일반적인 C++ 애플리케이션 바이너리 인터페이스^{ABI}가 처리할 수 있는 집합에 포함되는 것이다.

비관용적인 복사 연산, 이동 연산 및 소멸자를 갖고 있지 않으면 해당 타입은 관용적으로 복사 가능하다(3.2.1.2절, 17.6절). 비공식적으로는 복사 연산이 비트 단위 복사로 구현될 수 있다면 관용적이라고 일컬어진다. 그렇다면 복사, 이동 및 소멸자가 비관용적이 되는 경우는 무엇인가?

- 사용자 정의인 경우
- 클래스가 **virtual** 함수를 갖고 있는 경우
- 클래스가 **virtual** 기반 클래스를 갖고 있는 경우
- 클래스가 비관용적인 기반 클래스 또는 멤버를 갖고 있는 경우

기본 제공 타입 객체는 관용적으로 복사 가능하고, 표준 구조를 갖고 있다. 또한 관용적으로 복사 가능한 객체의 배열은 관용적으로 복사 가능하고, 표준 구조 객체의 배열은 표준 구조를 가진다. 다음 예를 살펴보자.

```
template<typename T>
    void mycopy(T* to, const T* from, int count);
```

T가 POD인 간단한 경우를 최적화해보려고 한다. POD에 대해 **mycopy()**만 호출해서 그렇게 할 수도 있지만, 그 방식은 오류 발생 가능성이 높다. **mycopy()**를 사용한다면 코드의 유지 보수자가 POD가 아닌 데이터에 대해 **mycopy()**를 절대로 호출하지 말아야 한다는 사실을

잊지 않아야 할 것이다. 현실적으로 그런 기대는 적절치 않다. 다른 방법으로 필요한 최적화가 구현돼 있을 가능성이 높은 std::copy()를 호출할 수 있다. 여하튼 일반적이면서 최적화된 코드를 살펴보자.

```
template<typename T>
void mycopy(T* to, const T* from, int count)
{
    if (is_pod<T>::value)
        memcpy(to,from,count*sizeof(T));
    else
        for (int i=0; i!=count; ++i)
            to[i]=from[i];
}
```

is_pod는 <type_traits>에 정의돼 있는 표준 라이브러리 타입 속성 술어 함수(35.4.1절)로, 코드 내에서 "T는 POD인가?"라는 질문을 던질 수 있게 해준다. is_pod<T>의 가장 큰 장점은 POD의 정확한 정의 규칙을 기억하지 않아도 되게끔 해준다는 점이다.

기본 생성자 외의 생성자를 추가하거나 제거해도 구조나 성능에는 영향을 미치지 않는다는 점에 주목하기 바란다(C++98에서는 그렇지 않았다).

언어 전문가가 되고 싶다는 욕구가 솟구친다면 표준(iso.3.9절, iso.9절)에 나와 있는 구조와 관용성 개념을 공부하고, 그것이 프로그래머와 컴파일러 작성자에게 어떤 의미가 있는지 생각해보기 바란다. 그렇게 해보면 머지않아 그런 욕구가 사라질지도 모른다.

8.2.7 필드

온/오프 스위치 같은 이진 변수를 표시하느라 한 바이트(char 또는 bool) 전부를 다 쓰는 건 사치스러워 보인다. 하지만 C++에서 독립적으로 할당하고 주소 지정이 가능한 가장 작은 객체가 char다(7.2절). 하지만 그런데 이런 자잘한 변수 여러 개를 묶어 struct의 필드에 저장하는 방법이 가능하다. 필드는 종종 비트필드bit-field라고 불리기도 한다. 어떤 멤버에 그것이 차지할 비트 수를 지정하면 필드로 정의될 수 있다. 이름이 없는 필드도 허용된다. 이런 필드는 이름이 붙은 필드의 의미에는 영향을 미치지 않지만, 일부 컴퓨터의 특성에 따라 메모리 구조를 개선하는 데 활용될 수 있다.

```
struct PPN {         // R6000 물리 페이지 번호
    unsigned int PFN : 22;      // 페이지 프레임 번호
    int : 3;                    // 미사용
    unsigned int CCA : 3;       // 캐시 일치성 알고리즘
    bool nonreachable : 1;
    bool dirty : 1;
    bool valid : 1;
    bool global : 1;
};
```

위의 예제는 필드의 또 다른 중요 용도까지 보여준다. 바로 외부에서 지정되는 구조의 각 부분에 이름을 붙이는 것이다. 필드는 통합 정수나 열거형 타입(6.2.1절)이어야 한다. 개별

필드의 주소를 일일이 파악할 수 있는 방법은 없다. 하지만 그 점만 제외하면 정확히 다른 변수와 똑같이 사용될 수 있다. bool 필드는 실제로 단 하나의 비트로 표시할 수 있다는 점도 눈여겨보기 바란다. 타입 PPN은 운영체제 커널이나 디버그 프로그램에서 다음과 같이 활용될 수 있다.

```
void part_of_VM_system(PPN* p)
{
    // ...
    if (p->dirty) {          // 내용이 변경됨
        // copy to disk
        p->dirty = 0;
    }
}
```

뜻밖에도 이렇게 필드를 이용해서 여러 개의 변수를 하나의 바이트로 묶어도 반드시 공간이 절약되지는 않는다. 데이터 저장 공간이 절약되긴 하지만, 대부분 컴퓨터에서 이런 변수들을 조작하는 데 필요한 코드의 크기가 늘어나기 때문이다. 실제로는 이진 변수가 비트필드에서 문자로 변환될 때 프로그램 용량이 눈에 띄게 줄어드는 것으로 알려져 있다. 추가로 필드에 접근하는 것보다 char나 int에 접근하는 것이 보통 훨씬 빠르다. 필드는 워드[word]의 일부에서 정보를 추출하고 워드의 일부에 정보를 삽입하기 위해 비트 단위 논리 연산자(11.1.1절)를 이용하는 간편한 수단일 따름이다.

0의 크기를 가진 비트필드는 특별한 의미를 지닌다. 즉, 새로운 '할당 단위'에서 시작한다는 뜻이다. 정확한 의미는 구현별 정의 사항이지만, 대개는 다음 필드가 워드 경계에서 시작한다는 의미를 지닌다.

8.3 공용체

union[공용체]는 모든 멤버가 동일한 주소에 할당되는 struct[구조체]다. 그런 관계로 공용체는 멤버 중 가장 큰 멤버만큼의 크기만을 차지한다. 따라서 공용체는 한 번에 오직 한 멤버에 대한 값을 가질 수 있다. 예를 들어 하나의 이름과 하나의 값을 보관하는 기호 테이블 항목을 살펴보자.

```
enum Type { str, num };

struct Entry {
    char* name;
    Type t;
    char* s;      // t==str이라면 s를 사용한다.
    int i;        // t==num이라면 i를 사용한다.
};

void f(Entry* p)
{
    if (p->t == str)
        cout << p->s;
    // ...
}
```

멤버 s와 i가 동시에 사용될 수는 없기 때문에 공간이 낭비된다. 다음과 같이 두 개를 모두 공용체의 멤버로 지정하면 낭비된 공간을 손쉽게 되찾을 수 있다.

```
union Value {
    char* s;
    int i;
};
```

공용체에 어떤 종류의 값이 들어 있는지는 C++에서 추적 관리해주지 않기 때문에 프로그래머가 그 일을 해야 한다.

```
struct Entry {
    char* name;
    Type t;
    Value v;        // t==str이며 v.s를 사용하고, t==num이면 v.i를 사용한다.
};
void f(Entry* p)
{
    if (p->t == str)
        cout << p->v.s;
    // ...
}
```

오류를 피하기 위해 공용체를 캡슐화하면 타입 필드와 공용체 멤버에 대한 접근 사이의 대응 관계를 보장할 수 있다(8.3.2절).

공용체는 때때로 '타입 변환'용으로 오용되기 한다. 이러한 오용은 명시적 타입 변환 기능이 없는 관계로 꼼수가 필요한 언어에 단련된 프로그래머들에 의해 주로 저질러진다. 예를 들어 다음 예제는 비트 단위의 대응 관계가 동일하다고 가정하고 int를 int*로 변환하는 실수를 저지른다.

```
union Fudge {
    int i;
    int* p;
};
int* cheat(int i)
{
    Fudge a;
    a.i = i;
    return a.p;    // 잘못된 사용
}
```

이것은 실제로 전혀 변환이 아니다. 컴퓨터에 따라서는 int와 int*가 차지하는 메모리 공간의 크기가 같지 않은 경우도 있으며, 정수가 홀수 주소를 가질 수 없는 경우도 있다. 이러한 공용체 활용은 위험하면서 이식성도 좋지 않다. 태생적으로 지저분한 이러한 변환이 군이 필요하다면 명시적 타입 변환 연산자(11.5.2절)를 이용해서 무슨 일이 일어나고 있는지 명확하게 전달하기 바란다. 예를 들면 다음과 같다.

```
int* cheat2(int i)
```

```
{
    return reinterpret_cast<int*>(i);    // 누가 봐도 지저분하고 위험하다.
}
```

여기서는 그래도 객체의 크기가 다를 경우 컴파일러가 경고를 보낼 수 있는 기회가 있으며, 위험성이 있는 코드가 눈에 뜨인다.

공용체의 활용은 데이터의 간결성 및 그를 통한 성능 향상에 필수적일 수도 있다. 하지만 대부분의 프로그램은 공용체의 활용에 있어 큰 진전을 이루지 못하고 있으며, 공용체는 오류에 취약하다. 결과적으로 나는 공용체가 과용되는 기능이라고 생각한다. 가능하다면 가급적 피하길 권장한다.

8.3.1 공용체와 클래스

대부분의 중요 union은 가장 자주 사용되는 멤버보다 훨씬 큰 멤버를 갖고 있다. 공용체의 크기는 최소 가장 큰 멤버만큼 커야 하는 관계로 공간이 낭비된다. 이러한 낭비는 종종 union 대신 파생 클래스 집합(3.2.2절, 20장)을 사용함으로써 사라질 수 있다.

기술적으로 공용체는 struct의 일종이고(8.2절), 이는 공용체가 결국 클래스의 일종이란 뜻이다(16장). 하지만 클래스용으로 제공되는 다수의 기능들이 공용체에는 적용될 수 없는 관계로, 공용체에는 몇 가지 제약이 가해진다.

[1]   union은 가상 함수를 가질 수 없다.

[2]   union은 참조자 타입의 멤버를 가질 수 없다.

[3]   union은 기반 클래스를 가질 수 없다.

[4]   union에 사용자 정의 생성자, 이동 연산 또는 소멸자를 가진 멤버가 포함돼 있다면 해당 union에 대해 해당 특수 함수는 삭제된다(3.3.4절, 17.6.4절). 즉, 해당 함수는 union 타입의 객체에 사용될 수 없다.

[5]   union 멤버 중에는 최대 하나의 멤버가 클래스 내부 초기화 식을 가질 수 있다(17.4.4절).

[6]   union은 기반 클래스로 사용될 수 없다.

이러한 제약은 모호한 오류 상당수를 미연에 방지하고 union의 구현을 간단하게 만들어준다. 후자가 중요한 이유는 union을 활용하는 이유가 주로 최적화 때문이므로 그것을 약화시키는 '숨겨진 비용'이 추가되지 않게 해야 하기 때문이다.

생성자를 가진 멤버가 포함된 union에서 생성자 등을 delete 처리하는 규칙은 간단한 union을 간단하게 유지시켜 주고, 복잡한 처리가 필요할 경우 프로그래머가 그 기능을 제공하게 한다. 예를 들어 Entry에는 생성자, 소멸자, 대입 연산이 있는 멤버가 포함돼 있지 않으므로 Entry를 자유로이 생성하고 복사할 수 있다. 예를 들면 다음과 같다.

```
void f(Entry a)
{
    Entry b = a;
};
```

똑같은 처리를 좀 더 복잡한 union에 적용한다면 구현상의 난관이나 오류를 발생시킬 것이다.

```
union U {
    int m1;
    complex<double> m2;     // complex는 생성자를 갖고 있다.
    string m3;              // string은 생성자를 갖고 있다(중요한 불변속성을 보관하는).
};
```

U를 복사하려면 어떤 복사 연산을 사용할 것인지 결정해야 할 것이다. 예를 들면 다음과 같다.

```
void f2(U x)
{
    U u;                // 오류: 어떤 기본 생성자?
    U u2 = x;           // 오류: 어떤 복사 생성자?
    u.m1 = 1;           // int 멤버에 대입한다.
    string s = u.m3;    // 문제 발생: string 멤버에서 읽는다.
    return;             // 오류: x, u, u2에 대해 어떤 소멸자가 호출되는가?
}
```

한 멤버에 쓰기를 한 다음 또 다른 멤버를 읽는 것은 문법에 어긋나지만, 그럼에도 사람들은 그렇게 한다(대개는 실수로). 이 경우에 string 복사 생성자는 유효하지 않은 인자로 호출될 것이다. U가 컴파일되지 않아 다행이다. 필요할 경우 프로그래머는 생성자, 소멸자 및 대입 연산을 갖는 union 멤버를 제대로 처리할 수 있는 union이 포함된 클래스를 정의할 수 있다 (8.3.2절). 원한다면 그런 클래스는 한 멤버에 쓰기를 한 다음 또 다른 멤버를 읽는 오류를 방지할 수도 있다.

최대 하나의 멤버에 대해 클래스 내부 초기화 식을 지정할 수 있다. 그러한 경우 다음 초기화 식이 기본 초기화 용도로 사용될 것이다.

```
union U2 {
    int a;
    const char* p {""};
};

U2 x1;      // x1.p == ""로 기본 초기화된다.
U2 x2 {7};  // x2.a == 7
```

8.3.2 익명 union

union의 오용 문제를 극복할 수 있는 클래스를 만드는 방법을 살펴보기 위해 Entry(8.3절)의 변형 버전을 살펴보자.

```
class Entry2 {      // 공용체로 표시된 표현의 두 가지 대안
private:
    enum class Tag { number, text };
    Tag type;       // 판별식

    union {         // 표현
```

```
        int i;
        string s;      // 기본 생성자, 복사 연산 및 소멸자를 가진 문자열
    };
public:
    struct Bad_entry { };   // 예외에 활용됨

    string name;

    ~Entry2();
    Entry2& operator=(const Entry2&);      // 문자열 변형 때문에 필요하다.
    Entry2(const Entry2&);
    // ...

    int number() const;
    string text() const;

    void set_number(int n);
    void set_text(const string&);
    // ...
};
```

나는 **get/set** 함수의 옹호자가 아니지만, 이 경우에는 각각의 접근에 대해 비관용적 사용자 정의 동작을 수행하는 것이 정말 필요하다. 'get' 함수의 이름은 값을 따라 짓고, 'set' 함수에 대해서는 **set_** 접두어를 사용하기로 결정했다. 이런 방식은 수많은 명명 관례 중에 내가 즐겨 사용하는 것이 됐다.

읽기 접근 함수는 다음과 같이 정의될 수 있다.

```
int Entry2::number() const
{
    if (type!=Tag::number) throw Bad_entry{};
    return i;
}
string Entry2::text() const
{
    if (type!=Tag::text) throw Bad_entry{};
    return s;
}
```

이런 접근 함수는 **type** 태그를 체크하고, 해당 태그가 우리가 원하는 접근과 정확히 대응되는 것이라면 값을 대한 참조자를 반환한다. 그렇지 않은 경우에는 예외를 발생시킨다. 그런 **union**은 종종 **태그된 공용체**[tagged union] 또는 **판별된 공용체**[discriminated union]라고 불린다.

쓰기 접근 함수는 기본적으로 **type** 태그에 대해 동일한 체크를 수행하지만, 새로운 값의 설정에 있어 이전 값을 어떻게 고려하는지에 대해 주목하기 바란다.

```
void Entry2::set_number(int n)
{
    if (type==Tag::text) {
        s.~string();              // 명시적으로 문자열을 소멸시킨다(11.2.4절).
        type = Tag::number;
    }
    i = n;
}
```

```
void Entry2::set_text(const string& ss)
{
    if (type==Tag::text)
        s = ss;
    else {
        new(&s) string{ss};      // 새로운 것을 넣는다. 명시적으로 문자열을 생성한다(11.2.4절).
        type = Tag::text;
    }
}
```

union을 이용하면 그렇지 않았더라면 모호하고 저수준인 언어 기능(명시적 생성과 소멸)을 활용해서 union 원소의 수명을 관리할 수 있다. 이것이 union을 이용할 때 조심해야 하는 또 하나의 이유이기도 하다.

Entry2의 선언에서 union에 이름이 붙지 않는다는 점에 주목하기 바란다. 이 결과 **익명 공용체**anonymous union가 만들어진다. 익명 union은 타입이 아니라 객체이며, 그것의 멤버는 객체 이름을 언급하지 않은 채로 접근될 수 있다. 이는 익명 union의 멤버를 클래스의 다른 멤버와 정확히 똑같이 이용할 수 있다는 점을 의미한다. union 멤버는 한 번에 실제로 오직 하나만 이용할 수 있다는 점만 명심하기만 하면 된다.

Entry2는 사용자 정의 대입 연산자를 가진 타입인 string의 멤버를 하나 갖고 있다. 따라서 Entry2의 대입 연산자는 delete 처리된다(3.3.4절, 17.6.4절). Entry2에 대입 연산을 수행하고자 한다면 Entry2::operator=()를 정의해야 한다. 대입 연산은 읽기와 쓰기의 복잡성이 합쳐지지만, 논리적 관점에서 달리 보면 접근 함수와 유사하다.

```
Entry2& Entry2::operator=(const Entry2& e)      // 문자열 변형 때문에 필요하다.
{
    if (type==Tag::text && e.type==Tag::text) {
        s = e.s;                // 통상적인 문자열 대입 연산
        return *this;
    }

    if (type==Tag::text) s.~string();      // 명시적 소멸(11.2.4절)

    switch (e.type) {
    case Tag::number:
        i = e.i;
        break;
    case Tag::text:
        new(&s)(e.s);      // 새로운 것을 넣는다: 명시적 생성(11.2.4절)
        type = e.type;
    }

    return *this;
}
```

생성자와 이동 대입 연산은 필요한 대로 유사하게 정의될 수 있다. type 태그와 값 사이의 대응 관계를 성립시키려면 최소 한두 개의 생성자가 필요하다. 소멸자는 string 케이스를 처리한다.

```
Entry2::~Entry2()
```

```
{
    if (type==Tag::text) s.~string();    // 명시적 소멸(11.2.4절)
}
```

8.4 열거형

열거형[enumeration]은 사용자가 지정한 정수 값 집합을 보관하는 타입이다(iso.7.2절). 열거형에서 가능한 값 중 일부는 열거자라는 이름으로 불린다. 예를 들면 다음과 같다.

```
enum class Color { red, green, blue };
```

이 문장은 **red, green, blue** 열거자를 가진 **Color**라고 불리는 열거형을 정의한다. '열거형'은 통칭으로 '**enum**'으로 축약된다.

열거형에는 두 가지 종류가 있다.

[1]   **enum** 클래스로 열거자 이름(이를테면 앞의 red)은 **enum**에 지역적이며, 그들의 값은 다른 타입으로 암시적 변환되지 않는다.

[2]   '일반 **enum**'으로 열거자 이름은 **enum**과 동일한 유효 범위 내에 있으며, 그들의 값은 정수로 암시적으로 변환된다.

일반적으로는 문제를 덜 일으키기 때문에 **enum** 클래스가 선호된다.

8.4.1 enum 클래스

enum 클래스는 유효 범위를 가지며, 엄격한 타입 제약을 갖는다. 다음 예를 살펴보자.

```
enum class Traffic_light { red, yellow, green };
enum class Warning { green, yellow, orange, red }; // 경고 레벨 출력

Warning a1 = 7;                    // 오류: int->Warning 변환은 불가
int a2 = green;                    // 오류: green은 유효 범위 내에 없음
int a3 = Warning::green;           // 오류: Warning->int 변환은 불가
Warning a4 = Warning::green;       // OK

void f(Traffic_light x)
{
    if (x) { /* ... */ }                    // 오류: 0으로 암시적 비교는 불가
    if (x == 9) { /* ... */ }               // 오류: 9는 Traffic_light가 아님
    if (x == red) { /* ... */ }             // 오류: red가 유효 범위 내에 없음
    if (x == Warning::red) { /* ... */ }    // 오류: x는 Warning이 아님
    if (x == Traffic_light::red) { /* ... */ }    // OK
}
```

양쪽 **enum**에 모두 존재하는 열거자는 각각 자신의 **enum** 클래스의 유효 범위 내에 있기 때문에 충돌하지 않는다는 점에 유의한다.

열거형은 몇 가지 정수 타입으로 표시되고 각각의 열거자는 몇 가지 정수 값으로 표시된다. 열거형 표시에 사용되는 타입은 그것의 **기초 타입**[underlying type]이라고 일컬어진다. 기초

타입은 부호 있는 정수 타입이나 부호 없는 정수 타입 중 하나가 되어야 하며(6.2.4절), 기본 설정은 int다. 기초 타입은 명시적으로 선언될 수 있다.

```
enum class Warning : int { green, yellow, orange, red }; // sizeof(Warning)==sizeof(int)
```

위 방식이 공간 낭비가 지나치게 심하다고 생각한다면 대신 char를 사용할 수도 있다.

```
enum class Warning : char { green, yellow, orange, red }; // sizeof(Warning)==1
```

기본 설정으로 열거자 값은 0에서부터 증가하게 대입된다. 여기서는 다음과 같다.

```
static_cast<int>(Warning::green)==0
static_cast<int>(Warning::yellow)==1
static_cast<int>(Warning::orange)==2
static_cast<int>(Warning::red)==3
```

순수 int 대신 Warning 변수를 선언하면 사용자와 컴파일러 양쪽 모두에게 사용 의도에 대한 힌트를 줄 수 있다. 예를 들면 다음과 같다.

```
void f(Warning key)
{
    switch (key) {
    case Warning::green:
        // ... 뭔가를 처리한다...
        break;
    case Warning::orange:
        // ... 뭔가를 처리한다...
        break;
    case Warning::red:
        // ... 뭔가를 처리한다...
        break;
    }
}
```

프로그래머는 yellow가 누락됐다는 점을 눈치 챌 수 있을 것이고, 컴파일러는 4개의 Warning 값 중 3개만 처리됐기 때문에 경고를 발생시킬 수 있다.

열거자는 통합 정수 타입(6.2.1절)의 상수 표현식(10.4절)에 의해 초기화될 수 있다. 예를 들면 다음과 같다.

```
enum class Printer_flags {
    none=0,
    acknowledge=1,
    paper_empty=2,
    busy=4,
    out_of_black=8,
    out_of_color=16,
    // ...
};
```

Printer_flags 열거자에 대한 값은 비트 단위 연산자에 의해 처리될 수 있게 선택된다. enum은 사용자 정의 타입이므로, 그것에 대해 | 및 & 연산자를 정의할 수 있다(3.2.1.1절, 18장). 예를 들면 다음과 같다.

```
constexpr Printer_flags operator|(Printer_flags a, Printer_flags b)
{
    return static_cast<Printer_flags>(static_cast<int>(a)|static_cast<int>(b));
}
constexpr Printer_flags operator&(Printer_flags a, Printer_flags b)
{
    return static_cast<Printer_flags>(static_cast<int>(a)&static_cast<int>(b));
}
```

enum 클래스가 암시적 변환을 지원하지 않기 때문에 명시적 변환이 필요하다. Printer_flags에 대한 | 및 & 연산자가 정의되면 다음과 같이 작성할 수 있다.

```
void try_to_print(Printer_flags x)
{
    if ((x&Printer_flags::acknowledge)!=Printer_flags::none) {
        // ...
    }
    else if ((x&Printer_flags::busy)!=Printer_flags::none) {
        // ...
    }
    else if ((x&(Printer_flags::out_of_black|Printer_flags::out_of_color))
            !=Printer_flags::none) {
        // black이 아니든지 맞는 색상이 없다.
        // ...
    }
}
```

여기서 operator|() 및 operator&()는 constexpr 함수(10.4절, 12.1.6절)로 정의했는데, 누군가는 이 연산자들을 상수 표현식에서 사용하고 싶을 수도 있기 때문이다. 다음 예를 살펴보자.

```
void g(Printer_flags x)
{
    switch (x) {
    case Printer_flags::acknowledge:
        // ...
        break;
    case Printer_flags::busy:
        // ...
        break;
    case Printer_flags::out_of_black:
        // ...
        break;
    case Printer_flags::out_of_color:
        // ...
        break;
    case Printer_flags::out_of_black|Printer_flags::out_of_color:
        // black이 아니든지 맞는 색상이 없다.
        // ...
        break;
    }
    // ...
}
```

정의하지 않은 채로 enum 클래스를 선언하고 나중에 정의하는 것도 가능하다. 다음 예를 살펴보자.

```
enum class Color_code : char;        // 선언
void foobar(Color_code* p);          // 선언의 사용
// ...
enum class Color_code : char {       // 정의
    red, yellow, green, blue
};
```

통합 정수 타입의 값은 명시적으로 열거형 타입으로 변환될 수 있다. 그런 변환의 결과는 해당 값이 열거형 기초 타입의 범위 내에 없으면 정의될 수 없다. 역시 예제를 보자.

```
enum class Flag : char{ x=1, y=2, z=4, e=8 };

Flag f0 {};                          // f0는 기본 값 0을 얻는다.
Flag f1 = 5;                         // 타입 오류: 5는 Flag 타입이 아님
Flag f2 = Flag{5};                   // 오류: enum 클래스로는 축소 변환이 불가
Flag f3 = static_cast<Flag>(5);      // 무식한 방법
Flag f4 = static_cast<Flag>(999);    // 오류: 999는 char 값이 아님(아마도 얻을 수 없는 값)
```

마지막 대입 연산은 정수에서 열거형으로 암시적 변환이 불가한 이유를 보여준다. 대부분의 정수 값은 특정한 열거형에서 표시할 수 없기 때문이다.

각각의 열거자는 정수 값을 가진다. 해당 값은 명시적으로 추출할 수 있다. 다음 예를 살펴보자.

```
int i = static_cast<int>(Flag::y);   // i는 2가 된다.
char c = static_cast<char>(Flag::e); // c는 8이 된다.
```

열거형에 대한 값의 범위 개념은 파스칼 계열의 언어에서 쓰이는 열거형 개념과 다르다. 하지만 열거자 집합을 벗어나는 값들이 잘 정의돼 있기를 요구하는 위의 비트 조작 예제 (`Printer_flags` 예제)는 C와 C++에서 긴 역사를 지니고 있다.

`enum` 클래스의 `sizeof`은 그것의 기초 타입의 `sizeof`다. 특히 기초 타입이 명시적으로 지정되지 않은 경우 그 크기는 `sizeof(int)`다.

8.4.2 일반 enum

'일반 enum'은 enum 클래스가 도입되기 전에 C++에서 제공했던 것이므로, C와 C++98 스타일의 코드에서 많이 눈에 띈다. 일반 enum의 열거자는 enum 유효 범위 안으로 내보내지고, 정수 타입의 값으로 암시적으로 변환된다. 8.4.1절의 예제에서 'class'를 제거한 코드를 검토해보자.

```
enum Traffic_light { red, yellow, green };
enum Warning { green, yellow, orange, red };  // 경고 레벨 출력

// 오류: yellow를 두 번 정의(같은 값으로)
// 오류: red를 두 번 정의(다른 값으로)

Warning a1 = 7;                      // 오류: int->Warning 변환은 불가
int a2 = green;                      // OK: green은 유효 범위 내에 있고 int로 변환된다.
```

```
int a3 = Warning::green;        // OK: Warning->int 변환
Warning a4 = Warning::green;    // OK

void f(Traffic_light x)
{
    if (x == 9) { /* ... */ }               // OK(하지만 Traffic_light에는 9가 없다)
    if (x == red) { /* ... */ }             // 오류: 유효 범위 내에 2개의 red
    if (x == Warning::red) { /* ... */ }    // OK(악!)
    if (x == Traffic_light::red) { /* ... */ } // OK
}
```

운 좋게도 단일 유효 범위 내에 있는 두 개의 순수 열거형에서 **red**를 정의하는 바람에 찾기 어려운 오류를 발견할 수 있었다. 열거자를 명확히 함으로써 일반 **enum**을 정리하는 방안을 고려해보기 바란다(작은 프로그램에서는 손쉽게 가능하지만 큰 프로그램에서는 아주 어렵다).

```
enum Traffic_light { tl_red, tl_yellow, tl_green };
enum Warning { green, yellow, orange, red };        // 경고 레벨 출력

void f(Traffic_light x)
{
    if (x == red) { /* ... */ }             // OK(악!)
    if (x == Warning::red) { /* ... */ }    // OK(악!)
    if (x == Traffic_light::red) { /* ... */ } // 오류: red는 Traffic_light 값이 아님
}
```

컴파일러는 **x==red**란 문장을 수용하는데, 이 문장은 거의 확실히 버그다. 이름을 둘러싼 유효 범위 내에 주입하는 것은 (enum class나 class가 아니라 enum이 그렇게 하는 것처럼) 네임스페이스 오염을 일으키고 대규모 프로그램에서는 중대한 문제가 될 수 있다.

enum 클래스에 대해서와 마찬가지로 순수 열거형의 기초 타입을 지정할 수 있다. 그렇게 한다면 열거형을 정의하지 않고도 선언할 수 있으며, 정의는 나중에 할 수 있다. 예를 들면 다음과 같다.

```
enum Traffic_light : char { tl_red, tl_yellow, tl_green }; // 기초 타입은 char

enum Color_code : char;                          // 선언
void foobar(Color_code* p);                      // 선언의 활용
// ...
enum Color_code : char { red, yellow, green, blue };      // 정의
```

기초 타입을 지정하지 않을 경우에는 enum을 정의하지 않고 선언할 수 없으며, 이럴 경우 기초 타입은 비교적 복잡한 알고리즘에 의해 결정된다. 모든 열거자가 음수가 아닌 경우에 열거형의 범위는 $[0:2^k-1]$이 되는데, 여기서 2^k는 모든 열거자가 범위 안에 포함되는 2의 최소 제곱 값이다. 음수 열거자가 있는 경우에는 $[-2^k:2^k-1]$이 범위가 된다. 이를 통해 전통적인 2의 보수 표시를 이용해서 열거자의 값을 보관할 수 있는 가장 작은 비트필드가 정의된다.

```
enum E1 { dark, light };              // 범위 0:1
enum E2 { a = 3, b = 9 };             // 범위 0:15
enum E3 { min = -10, max = 1000000 }; // 범위 -1048576:1048575
```

정수에서 일반 enum으로의 명시적 변환은 명시적인 기초 타입이 없는 경우를 제외하고는 enum 클래스에 대해서와 동일하다. 명시적인 기초 타입이 없는 경우에는 해당 값이 열거형의 범위 안에 존재하지 않는 한 변환의 결과가 정의되지 않는다.

```
enum Flag { x=1, y=2, z=4, e=8 };    // 범위 0:15
Flag f0 {};                          // f0은 0이란 값을 얻는다.
Flag f1 = 5;                         // 타입 오류: 5는 Flag 타입이 아님
Flag f2 = Flag{5};                   // 오류: int에서 Flag로의 명시적 변환은 불가
Flag f2 = static_cast<Flag>(5);      // OK: 5는 Flag의 범위 안에 있음
Flag f3 = static_cast<Flag>(z|e);    // OK: 12는 Flag의 범위 안에 있음(z 비트 OR 연산 e)
Flag f4 = static_cast<Flag>(99);     // 미정의: 99는 Flag의 범위 안에 없음
```

일반 enum에서 기초 타입으로의 암시적 변환이 가능하기 때문에 위의 예제가 제대로 동작하게 만들기 위해 |를 정의해야 할 필요는 없다. z와 e는 int로 변환되므로, z|e는 평가될 수 있다. 열거형의 sizeof은 그것의 기초 타입의 sizeof이다. 기초 타입이 명시적으로 지정돼 있지 않고, 열거자가 int나 unsigned int로 표시될 수 없다면 그것의 범위를 보관할 수 있으면서 sizeof(int)보다 크지 않은 어떤 통합 정수 타입이 된다. 예를 들면 sizeof(E1)은 sizeof(int)==4인 컴퓨터에서는 1이 될 수도 있고, 4가 될 수도 있지만 8이 될 수는 없다.

8.4.3 이름 없는 enum

일반 enum에는 이름을 붙이지 않을 수도 있다. 예를 들면 다음과 같다.

```
enum { arrow_up=1, arrow_down, arrow_sideways };
```

이름 없는 enum이 사용되는 경우는 변수에 사용할 타입이 아닌 정수 상수 집합만 필요할 때다.

8.5 조언

[1] 데이터 용량의 최소화가 필요한 경우에는 구조체의 큰 멤버들을 작은 멤버들보다 앞에 배치하도록 한다(8.2.1절).

[2] 하드웨어의 구조를 나타내는 데이터 구조를 표시하려면 비트필드를 활용한다(8.2.7절).

[3] 여러 개의 값을 하나의 바이트에 구겨 넣는 단순한 방식으로 메모리 소비를 최적화하려고 시도하지 말기 바란다(8.2.7절).

[4] union은 메모리 공간 절약에 활용하고 타입 변환에는 이용하지 않는다(8.3절).

[5] 열거형을 이용해서 이름 있는 상수 집합을 표시한다(8.4절).

[6] 예기치 않은 결과를 최소화하기 위해 '일반' enum보다 enum class를 사용한다(8.4절).

[7] 안전하고 간편한 활용을 위해 열거형에 대해 연산을 정의한다(8.4.1절).

9

문장

프로그래머란 카페인을 코드로 변환하는 기계다
– 어떤 프로그래머

- 개요
- 문장 요약
- 문장으로서의 선언
- 선택문 `if` 선택문, `switch` 선택문, 조건식 내의 선언
- 반복문 범위 기반 문장, `for`문, `while`문, `do`문, Loop 탈출
- goto문
- 주석과 들여쓰기
- 조언

9.1 개요

C++는 전통적이면서도 유연한 문장 집합을 제공한다. 기본적으로 흥미롭거나 복잡한 것들은 전부 표현식과 선언에서 찾을 수 있다. 선언은 문장의 일종이라는 점과, 표현식은 끝에 세미콜론을 달면 문장이 된다는 점에 유의하기 바란다.

표현식과 달리 문장은 값을 갖지 않는다. 대신 문장은 실행 순서를 지정하기 위해 사용된다. 예를 들면 다음과 같다.

```
a = b+c;        // 표현식 문장
if (a==7)       // if문
    b = 9;      // a==7일 경우에만 실행됨
```

논리적으로 a=b+c는 모든 이가 예상하듯 if 이전에 실행된다. 컴파일러는 실행 순서를 간단히 하는 경우와 결과가 동일하기만 하다면 성능 향상을 위해 코드의 순서를 바꿀 수도 있다.

9.2 문장 요약

C++ 문장을 요약하면 다음과 같다.

```
statement:
    declaration
    expression_opt ;
    { statement-list_opt }
    try { statement-list_opt } handler-list

    case constant-expression : statement
    default : statement
    break ;
    continue ;

    return expression_opt ;
    return { expression-list_opt };

    goto identifier ;
    identifier : statement

    selection-statement
    iteration-statement
selection-statement:
    if ( condition ) statement
    if ( condition ) statement else statement
    switch ( condition ) statement
iteration-statement:
    while ( condition ) statement
    do statement while ( expression ) ;
    for ( for-init-statement condition_opt ; expression_opt ) statement
    for ( for-init-declaration : expression ) statement
statement-list:
    statement statement-list_opt
condition:
    expression
    type-specifier declarator = expression
    type-specifier declarator { expression }
handler-list:
    handler handler-list_opt
handler:
    catch ( exception-declaration ) { statement-list_opt }
```

세미콜론은 독자적으로 하나의 문장, 즉 빈 문장이다.

중괄호(즉, {와 })에 둘러싸인 연속된 문장들(비어 있을 수도 있는)은 **블록**block 또는 **복합문** compound statement이라고 불린다. 블록 안에서 선언된 이름은 블록이 끝나면 유효 범위를 벗어나 게 된다(6.3.4절).

선언declaration은 하나의 문장이지만, 대입문이나 프로시저 호출문 같은 건 존재하지 않는 다. 대입 연산과 함수 호출은 표현식이라고 불린다.

for-init-statement은 반드시 선언이나 **표현식** 문장 중의 하나여야 한다. 둘 다 세미콜론으로 끝난다는 점에 주목한다.

for-init-declaration은 초기화되지 않은 단일 변수의 선언이어야 한다. 변수는 **표현식**으로 지정된 연속된 원소에 의해 초기화된다. 따라서 `auto`를 이용할 수 있다.

예외를 처리하기 위한 `try` 블록은 13.5절에서 설명한다.

9.3 문장으로서의 선언

선언은 문장이다. 어떤 변수가 `static`으로 선언되지 않으면 프로그램 제어 스레드가 해당 선언문을 통과할 때마다 해당 변수의 초기화가 실행된다(6.4.2절). 문장이 쓰이는 곳(및 그 외의 몇 군데, 9.4.2절, 9.5.2절) 어디에서나 선언을 허용하는 이유는, 초기화되지 않은 변수로 인해 오류가 발생하는 일을 프로그래머가 최소화할 수 있게 하고 변수 선언의 지역성을 강화하자는 취지다. 사실 변수에 보관할 값이 생기기 전에 변수를 만들어야 할 이유는 거의 없다.

```cpp
void f(vector<string>& v, int i, const char* p)
{
    if (p==nullptr) return;
    if (i<0 || v.size()<=i)
        error("bad index");
    string s = v[i];
    if (s == p) {
        // ...
    }
    // ...
}
```

위와 같이 실행 코드 뒤에 선언문을 위치시킬 수 있는 기능은 두 가지 경우에 필수적이다. 많은 상수가 필요한 경우와 초기화 후에 객체의 값을 바꾸지 않는 단일 대입^{single-assignment} 프로그래밍 스타일을 사용하는 경우다. 사용자 정의 타입에 대해서는 적절한 초기화가 가능할 때까지 변수의 정의를 미루면 좀 더 나은 성능을 낳을 수도 있다. 예를 들면 다음과 같다.

```cpp
void use()
{
    string s1;
    s1 = "The best is the enemy of the good.";
    // ...
}
```

위 코드는 (빈 문자열로의) 기본 초기화가 끝난 후에 대입을 처리한다. 이런 방식은 원하는 값으로 간단하게 초기화하는 방식에 비해 느려질 수 있다.

```cpp
string s2 {"Voltaire"};
```

초기화 없이 변수를 선언하는 가장 흔한 이유는 원하는 값을 부여하기 위해 문장이 필요하기 때문이다. 그런 적당한 몇 가지 예 중에 입력 변수가 있다.

```cpp
void input()
{
```

```
    int buf[max];
    int count = 0;
    for (int i; cin>>i; ) {
        if (i<0) error("unexpected negative value");
        if (count==max) error("buffer overflow");
        buf[count++] = i;
    }
    // ...
}
```

error()는 제어를 돌려주지 않을 것으로 가정한다. 제어를 돌려준다면 이 코드는 버퍼 오버플로를 일으킬지도 모른다. 이런 사례에서는 push_back()(3.2.1.3절, 13.6절, 31.3.6절)이 좀 더 나은 해결책을 제공한다.

9.4 선택문

if문이나 switch문을 통해 어떤 값을 검사할 수 있다.

```
if ( condition ) statement
if ( condition ) statement else statement
switch ( condition ) statement
```

조건은 표현식이나 선언 중 하나다(9.4.3절).

9.4.1 if문

if문 안에서는 조건이 참이면 첫 번째(또는 유일한) 문장이 실행되며, 그렇지 않으면 두 번째 문장(지정돼 있을 경우)이 실행된다. 조건이 불리언이 아닌 뭔가 다른 값으로 평가된다면 가능할 경우 bool로 암시적 변환된다. 즉, 산술이나 포인터 표현식도 조건식에 들어갈 수 있다는 뜻이다. 예를 들면 다음과 같다. x가 정수일 경우

```
if (x) // ...
```

는 다음과 같은 뜻이다.

```
if (x != 0) // ...
```

포인터 p의 경우에는 다음과 같다.

```
if (p) // ...
```

위 문장은 'p가 유효한 객체를 가리키는지'를 검사한다는 뜻이며, 다음 문장과 동일하다.

```
if (p != nullptr) // ...
```

'일반' enum은 정수로 암시적 변환된 다음 bool로 변환될 수 있는 반면, enum 클래스는 그럴 수 없다는 데 유의한다(8.4.1절). 예를 들면 다음과 같다.

```
enum E1 { a, b };
```

```
enum class E2 { a, b };

void f(E1 x, E2 y)
{
    if (x)              // OK
        // ...
    if (y)              // 오류: bool로 변환 불가
        // ...
    if (y==E2::a)       // OK
        // ...
}
```

다음과 같은 논리 연산자는 조건식에 가장 흔히 사용된다.

&& || !

&& 및 || 연산자는 필요하지 않을 경우 두 번째 인자를 평가하지 않을 것이다. 예를 들어

```
if (p && 1<p->count)        // ...
```

는 p가 nullptr이 아닐 경우에만 1<p->count를 검사한다.

값을 출력하는 두 가지 대안 중 어느 쪽을 선택하느냐에 대해서는 조건 표현식(11.1.3절)이 if문보다 좀 더 직접적으로 의도를 표현할 수 있다. 예를 들면 다음과 같다.

```
int max(int a, int b)
{
    return (a>b)?a:b;       // a와 b 중에 큰 쪽을 반환한다.
}
```

이름은 그것이 선언된 유효 범위 내에서만 사용될 수 있다. if문의 한 분기문에서 선언한 이름은 다른 분기문에서 바로 사용할 수 없다. 예를 들면 다음과 같다.

```
void f2(int i)
{
    if (i) {
        int x = i+2;
        ++x;
        // ...
    }
    else {
        ++x;        // 오류: x는 유효 범위 내에 없다.
    }
    ++x;                // 오류: x는 유효 범위 내에 없다.
}
```

if문의 분기문은 단순히 선언문일 수는 없다. 분기문에서 어떤 이름을 사용해야 한다면 블록 내에 포함돼야 한다(9.2절). 예를 들면 다음과 같다.

```
void f1(int i)
{
    if (i)
        int x = i+2;        // 오류: if문 분기의 선언
}
```

9.4.2 switch문

switch문은 case 레이블이 붙은 대안의 집합 중에서 선택한다. case 레이블 내의 표현식은
통합 정수나 열거형 타입의 상수 표현식이어야 한다. 한 값이 switch문 내에서 case 레이블에
대한 값으로 한 번 이상 사용될 수는 없다. 다음 예를 살펴보자.

```
void f(int i)
{
    switch (i) {
    case 2.7:           // 오류: case에 부동소수점이 사용됨
        // ...
    case 2:
        // ...
    case 4-2:           // 오류: case 내에서 2가 두 번 사용됨
        // ...
};
```

switch문을 if문의 집합으로 표현하는 방법도 있다. 예를 들면 다음과 같다.

```
switch (val) {
case 1:
    f();
    break;
case 2:
    g();
    break;
default:
    h();
    break;
}
```

위 코드는 다음과 같이 표현될 수도 있다.

```
if (val == 1)
    f();
else if (val == 2)
    g();
else
    h();
```

의미는 똑같지만 연산의 성격(어떤 값을 상수의 집합과 비교)이 명확하게 드러나 있기 때문에
첫 번째 (switch) 버전이 좀 더 바람직하다. 이런 특성 때문에 범용적이지 않은 사례일 경우
switch문이 알아보기가 좀 더 쉽다. 게다가 개별 값을 반복적으로 체크할 필요가 없기 때문
에 생성되는 코드 역시 좀 더 효율적이다. 다른 대안으로 점프 테이블jump table이 사용될 수도
있다.

다음 case 블록으로 실행을 계속할 의도가 아니라면 switch문의 case는 반드시 종료돼야
한다는 점을 유의해야 한다. 다음 예를 살펴보자.

```
switch (val) {              // 조심
case 1:
    cout << "case 1\n";
```

```
case 2:
    cout << "case 2\n";
default:
    cout << "default: case not found\n";
}
```

val==1이 상태로 실행된다면 풋내기 프로그래머에게는 이해하기 어려운 결과가 출력될
것이다.

```
case 1
case 2
default: case not found
```

주석문이 없는 폴스루^{fall-through}는 오류로 생각할 수 있게 폴스루가 의도된 (드문) 경우라면
해당 case에 주석을 달아두는 편이 좋다.

```
switch (action) {                       // (action,value) 쌍을 처리한다.
case do_and_print:
    act(value);
    // break가 없다: 출력까지 폴스루
case print:
    print(value);
    break;
// ...
}
```

case를 종료하는 가장 흔한 방법은 break이지만, 경우에 따라 return이 유용할 수도 있다
(10.2.1절).

어느 경우에 switch문에 default가 있어야 하는가? 모든 상황에 들어맞는 한 가지 답은
없다. 한 가지는 default가 가장 흔한 경우를 처리하는 것이다. 또 다른 흔한 용도는 정확히
반대인데, default가 단순히 오류를 처리하는 경우다. 하지만 default가 사용되지 말아야
할 한 가지 경우가 있는데, switch가 열거형의 각 열거자에 대해 한 가지 case를 갖게 의도된
경우다. 이런 경우에 default를 남겨 두면 컴파일러가 열거자의 집합과 거의 일치하지만,
정확히는 일치하지 않는 case의 집합에 대해 경고를 날릴 가능성이 있다. 예를 들어 다음과
같은 경우에 거의 확실히 오류가 일어난다.

```
enum class Vessel { cup, glass, goblet, chalice };

void problematic(Vessel v)
{
    switch (v) {
    case Vessel::cup:       /* ... */ break;
    case Vessel::glass:     /* ... */ break;
    case Vessel::goblet:    /* ... */ break;
    }
}
```

유지 보수 기간에 새로운 열거자가 추가되면 이러한 실수가 쉽게 발생할 수 있다.
'불가능한' 열거자 값에 대한 검사는 개별적으로 처리하는 것이 최선이다.

9.4.2.1 Case 내에서의 선언

switch문 블록 내에서 변수를 선언하는 것이 가능하며, 또 흔히 그렇게들 한다. 하지만 초기화를 건너뛰는 것은 가능하지 않다. 다음 예를 살펴보자.

```
void f(int i)
{
    switch (i) {
    case 0:
        int x;          // 초기화되지 않음
        int y = 3;      // 오류: 선언은 건너뛸 수 있다(명시적으로 초기화됨).
        string s;       // 오류: 선언은 건너뛸 수 있다(암시적으로 초기화됨).
    case 1:
        ++x;            // 오류: 초기화되지 않은 객체의 사용
        ++y;
        s = "nasty!";
    }
}
```

여기서 i==1이라면 실행 스레드는 y와 s의 초기화를 건너뛰게 되므로, f()는 컴파일되지 않을 것이다. 유감스럽게도 int는 초기화될 필요가 없기 때문에 x의 선언은 오류가 아니다. 하지만 그것을 활용하면 초기화되지 않은 변수를 읽게 되므로 오류가 발생한다. 유감스럽게도 종종 컴파일러는 초기화되지 않은 변수의 사용에 대해 경고만 날릴 뿐 그런 잘못된 사용을 제대로 잡아내지 못한다. 일반적인 경우와 마찬가지로 초기화되지 않은 변수는 피하기 바란다(6.3.5.1절).

switch문 안에서 변수가 필요하다면 해당 변수의 선언과 사용을 블록으로 둘러싸서 유효 범위를 제한해야 한다. 한 가지 사례로 10.2.1절의 print()를 참고하기 바란다.

9.4.3 조건식 내에서의 선언

의도치 않은 변수의 잘못된 사용을 피하기 위해 대체적으로 변수의 유효 범위를 가급적 작게 잡는 편이 좋다. 특히 지역 변수의 경우라면 초기 값 지정이 가능할 때까지 정의를 미루는 편이 최선이다. 이렇게 하면 초기 값이 대입되기 전에 어떤 변수를 사용하느라고 벌어지는 골칫거리를 피할 수 있다.

이 두 원칙이 가장 깔끔하게 적용되는 사례는 조건식 안에서 변수를 선언하는 것이다.

```
if (double d = prim(true)) {
    left /= d;
    break;
}
```

여기서 d는 선언과 초기화가 동시에 이뤄지고, 초기화 후의 d 값이 조건의 값으로 검사된다. d의 유효 범위는 선언 시점에서 시작해서 해당 조건식이 제어하는 문장에서 끝나게 된다. 예를 들어 위의 if문에 else 분기문이 하나 더 있었다면 d는 두 분기문에 걸친 유효 범위를 가진다.

명확하면서도 전통적인 또 다른 대안은 조건식 이전에 d를 선언하는 것이다. 하지만 이렇게 하면 d의 사용 유효 범위가 실질적으로 d의 초기화 이전과 d의 의도된 유용한 수명 이후까지 늘어나게 된다.

```
double d;
// ...
d2 = d;        // 낭패!
// ...
if (d = prim(true)) {
    left /= d;
    break;
}
// ...
d = 2.0;       // 관련성 없는 d의 2가지 사용
```

조건식 안에서 변수를 선언하는 방식은 앞에서 말한 논리적인 이득 외에 가장 간결한 소스코드를 얻을 수 있다는 장점이 있다.

조건식 내에서의 선언은 하나의 변수나 const만을 선언하거나 초기화할 수 있다.

9.5 반복문

루프는 for, while, do문으로 표현될 수 있다.

```
while ( condition ) statement
do statement while ( expression ) ;
for ( for-init-statement condition_opt ; expression_opt ) statement
for ( for-init-declaration : expression ) statement
```

for-init-statement는 선언이나 expression-statement 중 하나여야 한다. 둘 다 세미콜론으로 끝난다는 점에 유의한다. for-init-declaration은 초기화되지 않은 하나의 변수 선언이어야 한다.

for문을 위한 문장(제어문 또는 루프 본체라고 불리는)은 조건식이 false가 되거나 프로그래머가 뭔가 다른 방식(break, return, throw, goto 등의)으로 루프를 빠져나가게 만들 때까지 반복적으로 실행된다.

좀 더 복잡한 루프는 알고리즘에 람다 표현식을 추가하는 방식으로 표현될 수 있다(11.4.2절).

9.5.1 범위 기반 for문

가장 간단한 루프는 범위 기반^{range} for문으로, 단순히 프로그래머가 범위 내의 각 원소를 접근할 수 있게 해준다. 예를 들면 다음과 같다.

```
int sum(vector<int>& v)
{
    int s = 0;
    for (int x : v)
        s+=x;
```

```
    return s;
}
```

for (int x : v)는 '범위 v 안의 각 원소 x에 대해'라든지 간단히 'v 내의 각 x에 대해'라는 뜻이다. v 원소는 첫 번째 항목부터 마지막 항목의 순으로 접근된다.

원소를 지칭하는 변수(여기서는 x)의 유효 범위는 for문이다.

콜론에 이어지는 표현식은 시퀀스(범위)를 표기해야 한다. 즉, 반복자를 구하기 위해 해당 값에 대해 v.begin()과 v.end() 또는 begin(v)와 end(v)를 호출할 수 있는 값을 산출해야 한다(4.5절).

[1]   컴파일러는 우선 멤버 begin과 end를 찾고 그것의 활용을 시도한다. 범위로 활용될 수 없는 begin이나 end가 발견된다면(이를테면 멤버 begin이 함수가 아니라 변수이기 때문에) 범위 기반 for는 오류를 일으킨다.

[2]   그렇지 않다면 컴파일러는 해당 유효 범위 내에서 begin/end 멤버 쌍을 찾는다. 아무것도 발견되지 않거나 발견된 것이 사용될 수 없다면(이를테면 begin이 연속된 타입의 인자를 받아들이지 못하는 등의 이유로) 범위 기반 for는 오류를 일으킨다.

컴파일러는 기본 제공 배열 T v[N]에 대해 begin(v)와 end(v)로서 v와 v+N을 이용한다. <iterator> 헤더는 기본 제공 배열과 모든 표준 라이브러리 컨테이너를 위해 begin(c)와 end(c)를 제공한다. 우리가 직접 만든 시퀀스에 대해서는 표준 라이브러리 컨테이너와 동일한 방식으로 begin()과 end()를 정의할 수 있다(4.4.5절).

현재 원소를 참조하는 제어 변수, 즉 예제의 x는 for문에서 똑같은 방식을 활용할 경우 *p와 동일하다.

```
int sum2(vector<int>& v)
{
    int s = 0;
    for (auto p = begin(v); p!=end(v); ++p)
        s+=*p;
    return s;
}
```

범위 기반 for 루프에서 하나의 원소를 수정하려면 원소 변수가 참조자여야 한다. 예를 들어 vector의 각 원소를 다음과 같이 증가시킬 수 있다.

```
void incr(vector<int>& v)
{
    for (int& x : v)
        ++x;
}
```

참조자는 커질 가능성이 있는 원소에 대해서도 적합하므로, 그것들을 원소 값으로 복사하는 것은 비경제적일 수 있다. 다음 예를 살펴보자.

```
template<typename T> T accum(vector<T>& v)
{
    T sum = 0;
```

```
    for (const T& x : v)
        sum += x;
    return sum;
}
```

범위 기반 **for** 루프는 간단한 용도로 의도된 것임을 명심한다. 예를 들어 그것을 활용해서 두 개의 원소에 동시 접근할 수 없으며, 두 개의 범위를 동시에 효과적으로 검색할 수 없다. 그런 목적에는 일반적인 **for**문이 필요하다.

9.5.2 for문

또한 반복을 좀 더 많이 제어할 수 있는 좀 더 범용적인 **for**문이 있다. 루프 변수, 종료 조건 및 루프 변수를 갱신하는 표현식이 하나의 행에 명시적으로 눈에 띄게 제시된다. 다음 예를 살펴보자.

```
void f(int v[], int max)
{
    for (int i = 0; i!=max; ++i)
        v[i] = i*i;
}
```

위 코드는 다음과 동일하다.

```
void f(int v[], int max)
{
    int i = 0;              // 루프 변수를 도입한다.
    while (i!=max) {        // 종료 조건을 검사한다.
        v[i] = i*i;         // 루프 본체를 실행한다.
        ++i;                // 루프 변수를 증가시킨다.
    }
}
```

변수는 **for**문의 초기화 부분에서 선언될 수 있다. 해당 초기화 식이 선언이라면 도입된 루프 변수(또는 변수들)는 **for**문에서 끝부분의 유효 범위 내에 있다.

for 루프 내에서 제어 변수로 어떤 타입이 맞는지는 항상 명확하지는 않으므로, **auto**가 편할 때가 많다.

```
for (auto p = begin(c); p!=end(c); ++p) {
    // ... 컨테이너 c의 원소에 대해 반복자 p를 사용한다...
}
```

for 루프에서 빠져 나온 후에 색인의 최종 값을 알 필요가 있다면 색인 변수가 **for** 루프밖에서 선언돼야 한다(9.6절 참고).

초기화가 필요하지 않은 경우라면 초기화 문장은 비어 있어도 무방하다.

루프 변수를 증가시키는 표현식이 생략돼 있다면 다른 곳에서 루프 변수의 일부 형식을 갱신해야 하는데, 주로 루프 본체에서 행해진다. 루프가 간단한 '루프 변수를 도입하고, 조건을 검사하고, 루프 변수를 갱신하는' 부류가 아니라면 **while**문으로 표현하는 편이 나을 때가 많다. 하지만 다음과 같이 훌륭한 변형도 고려해보기 바란다.

```
for (string s; cin>>s; )
    v.push_back(s);
```

여기서는 종료를 위한 읽기와 검사가 cin>>s에 통합돼 있으므로, 명시적 루프 변수가 필요 없다. 반면 while이 아니라 for를 사용하면 '현재 원소' s의 유효 범위를 루프 자체(for문)로 제한할 수 있다.

for문은 명시적 종료 조건 없이 루프를 표현하는 데 유용하기도 하다

```
for (;;) {          // 무한 루프
    // ...
}
```

하지만 많은 이가 이런 관용 표현이 명확하지 않다고 생각해서 다음을 좀 더 선호하는 편이다.

```
while(true) {          // 무한 루프
    // ...
}
```

9.5.3 while문

while문은 포함된 조건식이 false가 될 때까지 제어문을 실행시킨다. 예를 들면 다음과 같다.

```
template<typename Iter, typename Value>
Iter find(Iter first, Iter last, Value val)
{
    while (first!=last && *first!=val)
        ++first;
    return first;
}
```

나는 명확한 루프 변수가 존재하지 않거나 루프 변수의 갱신을 하다 보니 루프 본체의 중간에서 이뤄지는 경우에는 for문보다 while문을 선호하는 편이다.

for문(9.5.2절)은 동일한 while문으로 손쉽게 재작성될 수도 있으며, 그 반대도 마찬가지다.

9.5.4 do문

do문은 조건식이 본체 다음에 등장한다는 점을 제외하면 while문과 비슷하다. 예를 들면 다음과 같다.

```
void print_backwards(char a[], int i)      // i는 양수여야 한다.
{
    cout << '{';
    do {
        cout << a[--i];
```

```
    } while (i);
    cout << '}';
}
```

위 코드는 print_backwards(s,strlen(s)); 식으로 호출될 수도 있지만, 이런 방식은 끔찍한 실수를 일으키기 십상이다.

나의 경험에 의하면 do문은 오류와 혼란의 주범이다. 그 이유는 조건식을 평가하기 전에 루프의 몸체가 항상 한 번 실행되기 때문이다. 하지만 그럼에도 불구하고 루프 본체가 제대로 작동하려면 본체가 처음 실행될 때에도 조건식과 비슷한 뭔가가 유지돼야 한다. 그런데 프로그램이 처음 작성되고 테스트됐을 때나 차후에 조건식 앞의 코드가 수정된 후에 조건이 예측대로 유지되지 않는 경우를 내가 기대했던 수준보다 빈번하게 발견했다. 추가로 나는 '잘 보이는 곳에서 눈에 잘 들어오는' 조건식을 선호하는 편이다. 결과적으로 do문을 피하기를 권장한다.

9.5.5 루프 탈출

for문의 조건식이 생략된 경우에는 사용자가 break, return(12.1.4절), goto(9.6절), throw(13.5절) 또는 exit() 호출 등의 몇 가지 간접적인 방법을 통해 명시적 루프를 빠져나가지 않으면 루프가 종료되지 않을 것이다. break는 자신을 둘러싼 가장 근접한 switch문(9.4.2절)이나 반복문을 "빠져 나온다." 예를 들면 다음과 같다.

```
void f(vector<string>& v, string terminator)
{
    char c;
    string s;
    while (cin>>c) {
        // ...
        if (c == '\n') break;
        // ...
    }
}
```

'중간에서' 루프 본체를 떠나야 할 필요가 있을 때 break를 사용한다. 루프의 로직을 건너뛰어야 하지 않는다면(이를테면 추가적인 변수의 도입을 필요로 하는 경우) 대개는 while문이나 for문의 조건식으로 완전한 탈출 조건을 사용하는 편이 낫다.

경우에 따라 루프를 완전히 빠져 나가지 않고 단지 루프 본체의 끝으로 가려고 할 때도 있을 수 있다. continue는 반복문 본체의 나머지를 건너뛰게 해준다. 예를 들면 다음과 같다.

```
string find_prime(vector<string>& v)
{
    for (int i = 0; i!=v.size(); ++i) {
        if (!prime(v[i]))
            continue;
        return v[i];
```

```
        }
}
```

continue 이후에는 (존재할 경우) 루프의 증가 부분이 실행되고, (존재할 경우) 이어서 루프 조건식이 이어진다. 따라서 find_prime()은 다음과 같이 바꿔 작성해도 동일하다.

```
string find_prime(vector<string>& v)
{
    for (int i = 0; i!=v.size(); ++i) {
        if (prime(v[i]))
            return v[i];
    }
}
```

9.6 goto문

C++에는 악명 높은 goto문이 있다.

```
goto identifier ;
identifier : statement
```

goto는 일반적인 고수준의 프로그래밍에서 거의 쓸모가 없지만, C++ 코드가 사람에 의해 직접적으로 작성되지 않고 프로그램에 의해 생성될 때는 꽤나 유용해질 수 있다. 예를 들어 구문 분석기^{parser} 생성기에서 문법적으로 만들어진 분석기에서 goto가 사용될 수 있다.

goto 레이블의 유효 범위는 해당 레이블이 속한 함수다(6.3.4절). 이는 goto를 이용해서 블록 내부와 외부를 자유롭게 들락날락할 수 있다는 의미다. 유일한 제약으로 초기화 식을 건너뛰거나 예외 핸들러 내부로의 점프는 허용되지 않는다(13.5절).

일반적인 코드에서 goto의 몇 가지 드문 용도 중 하나는 중첩된 루프나 switch문에서 빠져 나오는 데 쓰이는 것이다(break를 쓰면 가장 안쪽의 루프나 switch문만 탈출할 수 있다). 다음 예를 살펴보자.

```
void do_something(int n, int m, int a)
    // mn이란 2차원 행렬에 뭔가를 한다.
{
    for (int i = 0; i!=n; ++i)
        for (int j = 0; j!=m; ++j)
            if (nm[i][j] == a)
                goto found;
    // 발견되지 않음
    // ...
found:
    // nm[i][j] == a
}
```

위의 goto는 루프를 탈출하기 위해 진행하는 방향으로 건너뛴다는 점에 유의한다. 새로운 루프를 도입하거나 새로운 유효 범위에 들어가지 않는다. 그런 이유로 goto의 활용 사례 중 문제의 소지나 혼동의 여지가 가장 적은 편이다.

9.7 주석과 들여쓰기

주석에는 두 가지 유형이 있다.

- 행 주석   //는 행의 끝까지가 주석 범위다.
- 블록 주석   /*는 주석 끝 표시 */까지가 주석 범위다.

/* */ 스타일 주석은 중첩되지 않는다. 예를 들면 다음과 같다.

```
/*
    번거로운 체크는 생략한다.
    if (check(p,q)) error("bad p q") /*이 부분은 절대 나타나서는 안 된다 */
*/
```

이러한 중첩은 짝이 없는 마지막 */에서 오류를 발생시킬 것이다.

신중하게 주석을 활용하고 일관성 있게 들여쓰기^{indentation}를 활용하면 프로그램을 읽고 이해하는 일이 훨씬 더 즐거워진다. 몇 가지 일관성 있는 들여쓰기 스타일이 통용되고 있지만, 어떤 스타일 다른 스타일보다 우수하다고 딱 꼬집어서 단정할 만한 근본적인 이유는 없다고 본다(대부분의 프로그래머와 마찬가지로 나도 나름의 취향이 있다 보니 이 책의 소스코드에도 그런 취향이 반영되기는 했다). 주석 스타일도 마찬가지다.

주석은 잘못 쓰면 오히려 프로그램의 가독성에 치명타를 입힐 수도 있다. 주석의 내용은 컴파일러가 이해하지 못하기 때문에 주석에서 다음과 같은 사항을 보장할 수 있는 방법은 없다.

- 의미가 있어야 한다.
- 프로그램을 잘 설명해야 한다.
- 가장 최근의 내용을 반영해야 한다.

대부분의 프로그램에는 이해하기 어렵고 모호하면서 아예 잘못된 주석들이 포함돼 있다. 형편없는 주석은 아예 없느니만 못하다.

어떤 사항이 언어 자체적으로 설명될 수 있는 것이라면 마땅히 그렇게 돼야 하며, 주석에서 언급될 필요가 없다. 즉, 다음과 같은 주석문은 쓰지 말아야 한다.

```
// 변수 "v"는 초기화돼야 한다.
// 변수 "v"는 함수 f()에 의해서만 사용돼야 한다.
// 이 파일에 있는 다른 어떤 함수보다 "init()" 함수를 먼저 호출한다.
// 프로그램의 마지막 부분에서 "cleanup()"을 호출한다.
// 함수 "weird()"는 사용하지 않는다.
// 함수 "f(int...)"는 두 개의 인자를 받아들인다.
```

C++를 제대로 사용하면 일반적으로 이러한 주석을 쓸 필요는 없다.

코드를 보면 쉽게 알 수 있는 사항들은 주석에 다시 등장시키지 말아야 한다. 예를 들면 다음과 같다.

```
a = b+c;     // a는 b+c가 된다.
count++;     // 카운터를 증가시킨다.
```

이런 주석은 사족보다 더 형편없다. 프로그램을 읽는 사람이 들여다봐야 할 텍스트 양을 늘리는 데다 종종 프로그램의 구조를 불명확하게 만들어 버리고, 내용 자체까지 틀릴 수도 있다. 하지만 프로그래밍 언어 교재들에서는 교육 목적으로 이런 주석들이 널리 쓰이고 있다는 점에 유의한다. 주석 사용은 교재 내의 프로그램이 실제의 프로그램과 차이가 나는 많은 방식 중 하나다.

내가 선호하는 주석은 다음과 같다.

- 각각의 소스 파일에 대해 주석을 달고, 여기에 해당 파일에 공통적으로 선언된 것들, 매뉴얼에 대한 참조 사항, 프로그램 작성자의 이름, 유지 보수를 위한 일반적인 안내 등을 기술한다.
- 각각의 클래스, 템플릿, 네임스페이스에 대한 주석을 단다.
- 각각의 주요 함수에 대해 주석을 달고, 여기에 해당 함수의 용도, 사용된 알고리즘(명확하지 않을 경우), 경우에 따라 해당 함수에 필요한 환경에 관한 사항 등을 기술한다.
- 각각의 전역 변수와 네임스페이스 변수, 그리고 상수에 대한 주석을 단다.
- 코드가 명확하지 않거나 이식성이 보장되지 않을 경우에 몇 가지 주석을 단다.
- 기타 아주 적은 몇 가지 사항

예를 들면 다음과 같다.

```
// tbl.c - 기호 테이블 구현
/*
    부분 축화(partialpivoting)를 이용한 가우스 소거법 활용
    참조: Ralston: "A first course ..." 411페이지
*/
// scan(p,n,c)는 p가 최소 n 원소로 이뤄진 배열을 가리키는 것을 요구한다.
// sort(p,q)는 비교에 <를 이용해서 시퀀스 [p:q]의 원소를 정렬한다.
// 유효하지 않은 날짜를 처리하기 위해 수정됨. 비야네 스트롭스트룹 2013년 2월 29일
```

신중하게 선택해서 제대로 작성된 주석 집합은 좋은 프로그램의 필수적인 부분이다. 주석을 잘 쓰는 것은 프로그램을 잘 짜는 것만큼 어려운 일이며, 꾸준히 갈고 닦아 둘만한 기술이다.

9.8 조언

[1]   초기화할 수 있는 값이 생기기 전에는 변수 선언을 삼간다(9.3절, 9.4.3절, 9.5.2절).

[2]   가능하다면 `if`문보다 `switch`문을 사용한다(9.4.2절).

[3]   가능하다면 `for`문보다 범위 기반 `for`문을 사용한다(9.5.1절).

[4]   명확한 루프 변수가 있는 경우에는 `while`문보다 `for`문을 사용한다(9.5.2절).

[5]   명확한 루프 변수가 없는 경우에는 **for**문보다 **while**문을 사용한다(9.5.3절).

[6]   **do**문은 피한다(9.5절).

[7]   **goto**문은 피한다(9.6절).

[8]   주석은 간결하게 유지한다(9.7절).

[9]   코드를 보면 명확히 알 수 있는 사항은 주석에 적지 않는다(9.7절).

[10]   주석에 의도를 설명한다(9.7절).

[11]   일관된 들여쓰기 스타일을 유지한다(9.7절).

10

표현식

프로그래밍은 섹스와 같다.
뭔가 구체적인 결과를 주긴 하지만, 그것 때문에 하는 것은 아니다
— 리처드 파인만에 대한 사과

- 개요
- 탁상용 계산기 구문 분석기, 저수준 입력, 오류 처리, 드라이버, 헤더, 커맨드라인 인자, 스타일에 대한 참고 사항
- 연산자 요약 결과, 평가 순서, 연산자 우선순위, 임시 객체
- 상수 표현식 기호 상수, 상수 표현식에서의 const, 리터럴 타입, 참조자 인자, 주소 상수 표현식
- 암시적 타입 변환 타입 승격, 변환, 통상적인 산술 변환
- 조언

10.1 개요

10장에서는 표현식을 좀 더 자세히 다룬다. C++에서는 인자도 표현식, 함수 호출도 표현식, 객체의 생성도 표현식이고, 기타 관용적인 산술 표현식 평가를 넘어서는 다른 많은 연산 역시 표현식이다. 표현식이 어떻게 사용되는지, 그리고 그것을 실제 환경에서 보여주기 위해 우선 작지만 완결적인 프로그램으로 간단한 '탁상용 계산기'를 소개한다. 다음으로 연산자의 전체 집합을 열거하고 기본 제공 타입에 대한 그들의 의미를 간략히 둘러본다. 좀 더 집중적인 설명을 요하는 연산자들은 11장에서 다룬다.

10.2 탁상용 계산기

부동소수점 실수에 대해 중위형infix 연산자로서 4칙 연산을 제공하는 간단한 탁상용 계산기를 살펴보자. 사용자는 직접 변수를 정의할 수도 있다. 예를 들어 다음과 같이 입력이 주어지면

```
r = 2.5
area = pi * r * r
```

(pi는 사전에 정의돼 있음) 계산기 프로그램은 다음의 결과를 출력한다.

```
2.5
19.635
```

여기서 2.5는 첫 번째 행의 계산 결과이고, 19.635는 두 번째 행의 계산 결과다.

이 계산기 프로그램은 크게 네 가지 부분, 즉 구문 분석기^{parser}, 입력 함수, 기호 테이블, 드라이버로 구성돼 있다. 실제로 이 프로그램은 소형 컴파일러나 마찬가지이며, 구문 분석기는 문법 분석을 처리하고, 입력 함수는 입력과 어휘 분석을 처리하며, 기호 테이블은 영구적인 정보를 보관하고, 드라이버는 초기화, 출력, 오류를 처리한다. 이 계산기에 많은 기능을 추가해서 좀 더 쓸모 있게 만들 수도 있지만, 지금으로도 코드가 상당히 긴 데다 부가적인 기능 대부분은 코드만 길게 만들지 C++ 활용에 대해 추가적인 통찰력을 제공해주지는 못할 것이다.

10.2.1 구문 분석기

이 계산기에서 받아들여지는 언어 문법은 다음과 같다.

```
program:
    end                                 // end는 입력의 끝이다.
    expr_list end

expr_list:
    expression print                    // print는 새로운 행이나 세미콜론이다.
    expression print expr_list

expression:
    expression + term
    expression - term
    term

term:
    term / primary
    term * primary
    primary

primary:
    number                              //number는 부동소수점 리터럴이다.
    name                                //name은 식별자다.
    name = expression
    - primary
    ( expression )
```

프로그램이란 세미콜론으로 나눠진 표현식의 연속이라고 말할 수도 있다. 표현식의 기본 단위는 숫자, 이름, 그리고 *, /, +, - 연산자(단항과 이항을 두 가지를 가진)와 = 연산자다. 이름은 사용하기 전에 선언하지 않아도 된다.

여기서는 재귀적 하강^{recursive descent}이라고 불리는 문법 분석 스타일을 사용하는데, 이 방식은 널리 활용되고 있으며 직관적인 톱다운^{top-down} 기법이다. C++ 같은 언어에서는 함수 호출 비용이 비교적 저렴하기 때문에 이 방식이 효율적인 측면도 있다. 단말 기호^{terminal symbol}(예를 들면 end, number, +, - 등의)는 어휘 분석기에 의해 인식되고 비단말 기호^{nonterrninal symbol}는 **expr()**, **term()**, **prim()** 등의 문법 해석 함수에서 인식된다. 어떤 (부분) 표현식의 양쪽 피연산자가 인식되면 곧바로 해당 표현식이 평가된다. 이 시점에서 실제 컴파일러에서 코드가 생성될 수 있다.

입력에 대해 구문 분석기는 문자를 읽고 그것을 **Token** 안으로 구성하는 작업을 캡슐화하는 **Token_stream**을 이용한다. 즉, **Token_stream**은 '토큰화'를 처리한다. 이는 123.45 같은 문자 스트림을 **Token**으로 바꾼다는 뜻이다. **Token**은 {number, 123.45} 같은 {토큰 종류, 값}의 쌍으로, 여기서 123.45는 부동소수점 값으로 바뀐 것이다. 구문 분석기의 핵심 부분은 **Token_stream, ts**의 이름을 파악하고 여기서 **Token**을 구하는 방법만 알면 된다. 다음 **Token**을 읽기 위해 구문 분석기는 **ts.get()**을 호출한다. 가장 최근에 읽혀진 **Token**('현재 토큰')을 구하기 위해서는 **ts.current()**를 호출한다. 토큰화 제공 외에도 **Token_stream**은 문자열의 실제 소스를 은닉한다. 문자열은 사용자가 cin에 입력하는 것이나 프로그램 커맨드라인에서 바로 들어오든지, 혹은 여타 입력 스트림 어디에서든 들어올 수 있다(10.2.7절).

Token의 정의는 다음과 같이 보일 것이다.

```
enum class Kind : char {
    name, number, end,
    plus='+', minus='-', mul='*', div='/', print=';', assign='=', lp='(', rp=')'
};
struct Token {
    Kind kind;
    string string_value;
    double number_value;
};
```

토큰을 해당 문자의 정수 값으로 표시하는 방식은 간편하면서 효율적이며, 디버거를 사용하는 사람들에게 도움이 될 수 있다. 이 방식은 입력으로 사용된 문자가 열거자로 사용된 값을 갖고 있지 않다면 제대로 동작한다. 그리고 내가 알고 있는 문자 집합 중에 한 자리 숫자의 정수 값을 가진 출력 문자는 존재하지 않는다.

Token_stream에 대한 인터페이스는 다음과 같이 보일 것이다.

```
class Token_stream {
    public:
        Token get();                    // 다음 토큰을 읽고 반환한다.
        const Token& current();         // 가장 최근에 읽혀진 토큰
        // ...
}
```

위 인터페이스의 구현은 10.2.2절에서 소개한다.

각각의 구문 분석기 함수는 **get**이라고 불리는 **bool** 타입의 인자를 받아들이는데, 이 인자는 다음 토큰을 얻기 위해 **Token_stream::get()**을 호출해야 하는지의 여부를 알려준다. 각 구문 분석기 함수는 '자신의' 표현식을 평가해 그 결과 값을 반환한다. 함수 **expr()**은 덧셈과

뺄셈을 처리하는데, 덧셈과 뺄셈에 사용할 항을 찾는 하나의 단일 루프로 구성돼 있다.

```
double expr(bool get)        // 덧셈과 뺄셈
{
    double left = term(get);

    for (;;) {                              // 무한 루프
        switch (ts.current().kind) {
        case Kind::plus:
            left += term(true);
            break;
        case Kind::minus:
            left -= term(true);
            break;
        default:
            return left;
        }
    }
}
```

이 함수가 직접 처리하는 일은 실제로 별로 없다. 대규모 프로그램에서 상위 수준 함수가 대부분 그렇듯이 이 함수는 처리를 담당할 다른 함수를 호출한다.

switch문(2.2.4절, 9.4.2절)은 switch 키워드 다음의 괄호에서 제공되는 조건식의 값을 상수 집합과 비교해 검사한다. break문은 switch문을 빠져나갈 때 사용한다. case 레이블 뒤에 오는 상수는 다른 상수들과 겹치지 않아야 한다. 검사된 값과 일치하는 case 레이블이 존재하지 않으면 default가 선택된다. 프로그래머가 default를 제공할 필요는 없다.

2-3+4와 같은 표현식은 문법에서 지정된 대로 (2-3)+4로 평가된다.

특이한 표기인 for(;;)는 무한 루프를 지정하는 한 가지 방법으로, '무한 루프[for ever]'라고 읽으면 된다(9.5절). 다른 방법으로 while(true)를 써도 된다. switch문은 +와 -가 아닌 뭔가가 발견될 때까지 반복 실행되다가 최종적으로 default 케이스의 return문이 실행된다.

+= 연산자와 -= 연산자는 덧셈과 뺄셈을 처리하는 데 사용된다. 같은 뜻으로 left=left+term(true)와 left=left-term(true)가 사용될 수도 있다. 하지만 left+=term(true)와 left-=term(true)가 더 짧을 뿐만 아니라 연산의 의미를 좀 더 직접적으로 표현하는 장점까지 있다. 이러한 각 대입 연산자는 개별적인 어휘 토큰이라는 점에 유의한다. 따라서 a += 1;은 +와 = 사이의 공백 때문에 문법 오류를 일으킨다.

C++는 이항 연산자에 대해 대입 연산자를 제공한다.

```
+ - * / % & | ^ << >>
```

따라서 다음과 같은 대입 연산자가 가능하다.

```
= += -= *= /= %= &= |= ^= <<= >>=
```

%는 모듈로[modulo] 또는 나머지 연산자이고, &, |, ^는 비트 단위 논리 연산자 and, or, exclusive이며, <<와 >>는 왼쪽 시프트와 오른쪽 시프트 연산자다. 10.3절에 연산자와 그들의 의미가 요약돼 있다. 기본 제공 타입의 양쪽 피연산자에 적용되는 어떤 이항 연산자 @에 대해

서 표현식 x@=y는 x=x@y란 뜻인데, 여기서는 x가 단 한 번만 평가된다는 점이 차이점이다.

함수 term()은 곱셈과 나눗셈을 expr()과 동일한 방식으로 처리한다.

```cpp
double term(bool get)        // 곱셈과 나눗셈
{
    double left = prim(get);

    for (;;) {
        switch (ts.current().kind) {
        case Kind::mul:
            left *= prim(true);
            break;
        case Kind::div:
            if (auto d = prim(true)) {
                left /= d;
                break;
            }
            return error("divide by 0");
        default:
            return left;
        }
    }
}
```

0으로 나눈 결과는 정의돼 있지 않으며, 대개는 큰 문제를 일으킨다. 그러므로 나눗셈 전에 나누는 수가 0이란 것을 탐지하면 error()를 호출한다. 함수 error()는 10.2.4절에 설명돼 있다.

변수 d는 정확히 필요한 곳에서 바로 선언돼 초기화된다. 조건식 안에서 도입된 이름의 유효 범위는 해당 조건식에 의해 제어되는 문장이며, 결과 값은 조건식 전체의 값이다(9.4.3절). 결과적으로 나눗셈과 대입 연산을 처리하는 left/=d는 d가 0이 아닐 때에만 수행된다.

함수 prim()은 기본 단위^{primary}를 expr() 및 term()과 비슷한 방식으로 처리하는데, 호출 계통의 낮은 부분에 위치해 있기 때문에 약간의 실제적인 작업이 처리되고 루프가 필요하지 않다는 점에서만 차이가 있다.

```cpp
double prim(bool get)        // 기본 단위를 처리한다.
{
    if (get) ts.get();               // 다음 토큰을 읽는다.

    switch (ts.current().kind) {
    case Kind::number:                 // 부동소수점 상수
    {   double v = ts.current().number_value;
        ts.get();
        return v;
    }
    case Kind::name:
    {   double& v = table[ts.current().string_value];       // 대응되는 것을 찾는다.
        if (ts.get().kind == Kind::assign) v = expr(true); // '='은 대입
        return v;
    }
    case Kind::minus:                  // 단항 음수화
        return -prim(true);
```

```
    case Kind::lp:
    {   auto e = expr(true);
        if (ts.current().kind != Kind::rp) return error("')' expected");
        ts.get();              // 닫는 소괄호 ')'를 먹어 버린다.
        return e;
    }
    default:
        return error("primary expected");
    }
}
```

number(즉, 정수나 부동소수점 리터럴)인 Token이 등장하면 그 값이 해당 number_value에 넣어진다. 비슷한 방식으로 name(하지만 정의돼 있어야 함, 10.2.2절과 10.2.3절 참고)인 Token이 등장하면 그 값이 string_value 안에 넣어진다.

prim()은 기본 단위 표현식을 분석하기 위해 항상 사용하는 것보다 하나 더 많은 Token을 읽어 들인다는 점에 유의한다. 그 이유는 일부 경우(예를 들어 이름에 대입이 돼 있는지 확인이 필요한 경우)에서는 반드시 그런 과정이 필요하기 때문에 일관성을 지키기 위해 모든 경우에 대해 그렇게 해야 하는 것이다. 구문 분석기 함수가 단순히 다음 Token을 읽기 위해 앞으로 이동하려고 하는 경우에는 ts.get()의 반환 값을 이용하지 않는다. 그렇게 해도 ts.current()에서 결과 값을 얻을 수 있기 때문에 문제가 되지 않는다. get()의 반환 값을 무시해야 할지가 고민이 된다면 값을 반환하지 않고 current() 함수를 방금 갱신한 read() 함수를 추가하든지 아니면 결과 값 void(ts.get())를 명시적으로 폐기해야 할 것이다.

이름에 뭔가를 하기에 앞서 계산기는 이름에 뭔가가 대입되고 있는지, 아니면 단순한 읽기인지를 파악하기 위해 우선적으로 앞쪽을 살펴봐야 한다. 어떤 경우든 기호 테이블을 살펴봐야 한다. 기호 테이블은 map이다(4.4.3절, 31.4.3절).

```
map<string,double> table;
```

즉, table이 string에 의해 색인화될 때 결과 값은 string에 대응되는 double이 된다. 예를 들어 사용자가 다음과 같이 입력하면

```
radius = 6378.388;
```

계산기는 case Kind::name에 이르게 되고 다음을 수행한다.

```
double& v = table["radius"];
// ... expr()은 할당될 값을 계산한다...
v = 6378.388;
```

참조자 v는 expr()이 입력 문자로부터 값 6378.388을 계산하는 동안 radius와 연관된 double을 유지하는 데 사용된다.

14장과 15장에서는 모듈의 집합으로서 프로그램을 어떻게 구성해야 하는지에 대해 논의한다. 한 가지 예외를 제외하고 이 계산기 예제의 선언은 모든 항목이 정확히 한 번 사용되기 전에 선언되게 하는 규칙에 따라 정렬될 수 있다. 한 가지 예외는 expr()인데, expr()은

prim()을 호출하고, prim()은 term()을 호출하고, prim()은 다시 *expr()*을 호출한다. 이러한 호출의 고리는 어쨌든 깨져야 한다.

```
double expr(bool);
```

prim()의 정의 전에 위와 같이 선언하면 해당 문제가 깔끔하게 해결될 것이다.

10.2.2 입력

입력 처리는 프로그래밍에서 가장 혼란스러운 경우가 다반사인 부분이다. 인간과 소통하려면 프로그램은 인간의 변덕과 습관에다 언제 일어날지 모르는 오류에 대처해야 한다. 그렇다고 해서 기계에게 편한 방식을 인간에게 강요하는 것 또한 사려 깊다고 볼 수는 없다. 저수준 입력 루틴의 역할은 문자를 읽어 들이고, 이를 토대로 상위 수준의 토큰을 구성하는 것이다. 그 다음 이런 토큰들은 상위 수준의 루틴을 위한 입력 단위가 된다. 여기서 저수준 입력은 ts.get()에 의해 처리된다. 저수준 입력 루틴을 매번 만들지 않아도 된다. 많은 시스템에서 그런 목적의 표준 함수를 제공하고 있으니 말이다.

우선 Token_stream의 전체적인 정의부터 살펴볼 필요가 있다.

```
class Token_stream {
public:
    Token_stream(istream& s) : ip{&s}, owns{false} { }
    Token_stream(istream* p) : ip{p}, owns{true} { }

    ~Token_stream() { close(); }

    Token get();                          // 다음 토큰을 읽고 반환한다.
    const Token& current() { return ct; }  // 가장 최근에 읽혀진 토큰

    void set_input(istream& s) { close(); ip = &s; owns=false; }
    void set_input(istream* p) { close(); ip = p; owns = true; }

private:
    void close() { if (owns) delete ip; }

    istream* ip;              // 입력 스트림을 가리키는 포인터
    bool owns;                // Token_stream이 istream을 소유하고 있는가?
    Token ct {Kind::end};     // 현재의 토큰
};
```

Token_stream을 입력 스트림으로 초기화하고(4.3.2절, 38장), Token_stream은 그것으로부터 문자를 얻는다. Token_stream은 참조자로 전달된 istream이 아니라 포인터로서 전달된 istream을 소유한다는(그리고 최종적으로는 삭제하는, 3.2.1.2절, 11.2절) 관례를 구현한다. 이러한 구현은 간단한 예제 프로그램치고는 다소 번거로운 일일 수도 있지만, 소멸을 필요로 하는 자원을 가리키는 포인터를 보관하는 클래스에게는 유용하면서도 일반적인 기법이다.

Token_stream은 입력 스트림을 가리키는 포인터(ip), 이 입력 스트림의 소유권을 표시하는 불리언(owns), 현재 토큰(ct), 이렇게 3개의 값을 보관한다.

ct에는 기본 값을 설정했는데, 그렇게 하지 않으면 엉성해 보이기 때문이다. get()보다

먼저 current()를 호출하지 말아야 하는데, 그럼에도 그렇게 한다면 명확하게 정의된 Token
이 얻어진다. 여기에서는 ct에 대한 초기 값으로 Kind:end를 선택했기 때문에 프로그램에서
current()를 잘못 사용해도 입력 스트림에 존재하지 않던 값을 얻을 수는 없을 것이다.

여기에서는 Token_stream::get()을 두 단계로 제시한다. 첫 번째로는 믿기 어려울 정도
로 간단한 버전을 제공하는데, 이 버전은 사용자에게 짐을 지운다. 다음으로 이 버전을 약간은
깔끔하지 않지만 훨씬 사용하기 편한 버전으로 수정한다. get()의 용도는 문자를 읽어 들이고
그 문자를 이용해서 어떤 종류의 토큰을 구성해야 할지를 결정하고, 필요할 경우 더 많은 문자
를 읽어 들인 다음, 읽어 들인 문자를 표시하는 Token을 반환하는 것이다.

첫 번째 문장은 *ip(ip가 가리키는 스트림)로부터 처음 등장하는 공백이 아닌 문자를 ch로
읽어 들이고 읽기 연산이 성공했는지를 체크한다.

```
Token Token_stream::get()
{
    char ch = 0;
    *ip>>ch;

    switch (ch) {
    case 0:
        return ct={Kind::end}; // 대입과 반환
```

기본적으로 >> 연산자는 공백(즉, 스페이스, 탭, 줄 바꿈 등)을 건너뛰고 읽기 연산이 실패하면
ch 값을 그대로 남겨둔다. 따라서 ch==0은 입력의 끝을 나타낸다.

대입은 연산자의 일종이며, 대입 연산의 결과는 대입된 변수의 값이다. 그 덕택에 동일한
문장 안에서 {Kind::end} 값을 ct에 대입하고 반환할 수 있다. 두 문장보다는 한 문장으로
하는 편이 유지 보수 측면에서 도움이 된다. 대입문과 return문이 코드에서 떨어져 있으면
나중에 프로그래머가 하나는 갱신하고 나머지 하나는 빠뜨릴 가능성이 있다.

또한 {} 리스트 표기(3.2.1.3절, 11.3절)가 대입문의 오른쪽에 어떻게 사용됐는지에 주목하기
바란다. 즉, {} 리스트는 표현식이다. return문을 다음과 같이 작성할 수도 있었다.

```
ct.kind = Kind::end;   // 대입
return ct;             // 반환
```

하지만 전체 객체 {Kind::end}를 대입하는 편이 ct의 개별 멤버를 다루는 방식보다 좀
더 명확하다고 생각한다. {Kind::end}는 {Kind::end,0,0}과 동일하다. 이는 우리가 Token
의 마지막 두 멤버에 대해 관심을 기울인다면 좋은 사실이고, 성능에 대해 우려한다면 그다지
좋지 않은 사실이다. 여기서는 두 경우 어느 쪽에도 해당되지 않지만, 일반적으로 전체 객체를
다루는 편이 데이터 멤버를 개별적으로 다루는 방식보다 좀 더 명확하고 오류가 일어날 가능
성이 적다. 다음 case들은 다른 방식들의 사례를 보여준다.

전체 함수를 살펴보기에 앞서 case 일부를 개별적으로 살펴보자. 표현식의 끝을 나타내는
;, 괄호 및 연산자가 단순히 그들의 값을 반환하는 것으로 처리된다.

```
case ';':        // 표현식의 끝 ;을 출력한다.
```

```
case '*':
case '/':
case '+':
case '-':
case '(':
case ')':
case '=':
    return ct={static_cast<Kind>(ch)};
```

char에서 Kind(8.4.1절)로의 암시적 변환이 불가능하기 때문에 **static_cast**(11.5.2절)가 필요하다. 오직 일부 문자만이 Kind 값에 대응되기 때문에 이 경우 **ch**가 대응 가능하다는 점을 보장해야 한다.

숫자는 다음과 같이 처리된다.

```
case '0': case '1': case '2': case '3': case '4': case '5': case '6': case '7': case '8': case '9':
case '.':
    ip->putback(ch);            // 첫 번째 수치(또는 .) 입력 스트림에 다시 집어넣는다.
    *ip >> ct.number_value;     // ct로 숫자를 읽어 들인다.
    ct.kind=Kind::number;
    return ct;
```

case 레이블을 수직이 아니라 수평으로 나열하는 건 읽기가 힘들기 때문에 일반적으로 좋은 생각이 아니다. 하지만 지금 같은 경우엔 숫자 하나에 한 줄을 쓰는 건 장황해 보인다. 연산자 **>>**는 이미 부동소수점을 **double**로 읽어 들이는 용도로 정의돼 있기 때문에 코드에는 별 내용이 없다. 우선 최초의 문자(숫자 또는 점)를 **cin**에 다시 집어넣는다. 그 다음 부동소수점 값을 **ct.number_value**에 읽어 들일 수 있다.

토큰이 입력, 연산자, 구두점 문자 또는 숫자의 끝이 아니라면 이름이어야만 한다. 이름은 숫자와 비슷한 방식으로 처리된다.

```
default:            // name, name =가 아니면 오류
    if (isalpha(ch)) {
        ip->putback(ch);            // 첫 번째 문자를 입력 스트림에 돌려놓는다.
        *ip>>ct.string_value;       // 문자열을 ct로 읽어 들인다.
        ct.kind=Kind::name;
        return ct;
    }
```

마지막으로 어쩔 수 없이 오류가 일어날 수도 있다. 오류에 대처하는 단순 무식하지만 비교적 효과적인 방안은 **error()** 함수를 호출한 다음, **error()**가 반환되면 **print** 토큰을 반환하는 것이다.

```
error("bad token");
return ct={Kind::print};
```

모든 문자를 개별적인 **case** 레이블로 나열하는 방식을 피하기 위해 표준 라이브러리 함수 **isalpha()**(36.2.1절)가 사용된다. 문자열(여기서는 string_value)에 적용된 연산자 **>>**는 공백을 만날 때까지 문자를 읽어 들인다. 결과적으로 사용자는 이름을 피연산자로 사용하는 연산자

앞에 공백을 두고 이름을 종료시켜야 한다. 이 방식은 그다지 이상적이게 보이지 않으므로 10.2.3절에서 다시 살펴본다.

다음은 최종적으로 완성된 입력 함수다.

```
Token Token_stream::get()
{
    char ch = 0;
    *ip>>ch;

    switch (ch) {
    case 0:
        return ct={Kind::end};    // 대입과 반환
    case ';':                      // 표현식의 끝 ;을 출력한다.
    case '*':
    case '/':
    case '+':
    case '-':
    case '(':
    case ')':
    case '=':
        return ct={static_cast<Kind>(ch)};
    case '0': case '1': case '2': case '3': case '4': case '5': case '6': case '7': case '8': case '9':
    case '.':
        ip->putback(ch);              // 첫 번째 숫자(또는 .)를 입력 스트림에 다시 넣는다.
        *ip >> ct.number_value;        // 숫자를 ct로 읽어 들인다.
        ct.kind=Kind::number;
        return ct;
    default:             // name, name = 또는 오류
        if (isalpha(ch)) {
            ip->putback(ch);          // 첫 번째 문자를 입력 스트림에 다시 넣는다.
            *ip>>ct.string_value;     // 문자열을 ct로 읽어 들인다.
            ct.kind=Kind::name;
            return ct;
        }

        error("bad token");
        return ct={Kind::print};
    }
}
```

연산자의 kind가 연산자의 정수 값으로 정의돼 있기 때문에 연산자를 Token 값으로 변환하는 것은 별일이 아니다(10.2.1절).

10.2.3 저수준 입력

지금까지의 정의된 상태로 계산기를 사용하면 몇 가지 불편한 점이 드러난다. 표현식 값을 출력하기 위해 반드시 뒤에 세미콜론을 붙이는 걸 기억하는 일은 귀찮고, 이름을 공백 문자로만 종료시키는 일은 정말 성가시다. 예를 들어 x=7은 하나의 식별자이지 식별자 x에 연산자 =와 숫자 7이 이어져서 뒤따르는 건 아니다. (일반적으로) 우리가 원하는 결과를 얻고자 한다면 x 뒤에 공백을 넣어 x =7이라는 식으로 만들어야 한다. 두 가지 문제를 해결하려면 get()의

타입 지향적인 기본 입력 연산을 개별 문자를 읽어 들이는 코드로 대체해야 한다.

우선 표현식의 끝을 표시하는 데 사용되는 세미콜론과 동일한 역할을 담당하는 줄 바꿈 문자를 만들어 보자.

```
Token Token_stream::get()
{
    char ch;

    do {        // '\n'을 제외한 공백은 건너뛴다.
        if (!ip->get(ch)) return ct={Kind::end};
    } while (ch!='\n' && isspace(ch));

    switch (ch) {
    case ';':
    case '\n':
        return ct={Kind::print};
```

여기서는 do문을 사용하고 있는데, do문은 제어문이 최소 한 번은 항상 수행된다는 점을 제외하면 while문과 동일하다. ip->get(ch) 호출은 입력 스트림 *ip로부터 한 문자를 ch로 읽어 들인다. 기본 설정으로 get()은 >>와는 달리 공백 문자를 건너뛰지 않는다. if(!ip->get(ch)) 검사는 cin으로부터 읽어 들일 수 있는 문자가 없을 때 성공하는데, 이 경우에는 계산기 세션을 종료시키기 위해 Kind::end가 반환된다. 성공한 경우 get()이 true를 반환하기 때문에 연산자 !(not)이 사용된다.

isspace()는 공백 여부를 판단해주는 표준검사를 제공하는 표준 라이브러리 함수다 (36.2.1절). isspace(c)는 c가 공백 문자이면 0이 아닌 값을, 그렇지 않으면 0을 반환한다. 이 검사 과정은 테이블 검색으로 구현돼 있기 때문에 개별 공백 문자들을 일일이 검사하는 것보다 isspace()가 훨씬 빠르다. 유사한 함수로 어떤 문자가 숫자인지(isdigit()), 글자인지 (isalpha()), 아니면 숫자 또는 글자인지(isalnum())를 검사할 수 있다.

공백 문자를 건너뛴 후에는 다음의 문자가 등장하는 어휘 토큰의 종류를 판단하는 데 이용된다.

공백 문자를 만날 때 문자열로 읽어 들이는 >> 연산자로 인해 야기되는 문제는 글자나 숫자가 아닌 문자가 만날 때까지 한 번에 한 문자씩 읽는 방법으로 해결된다.

```
default:        // NAME, NAME=가 아니면 오류
    if (isalpha(ch)) {
        ct.string_value = ch;
        while (ip->get(ch))
            if (isalnum(ch))
                ct.string_value += ch;      // ch를 string_value의 끝에 붙인다.
            else {
                ip->putback(ch);
                break;
            }
        ct.kind = Kind::name;
        return ct;
    }
```

다행스럽게도 한 군데의 부분적인 코드 수정만으로 두 가지 개선 사항이 모두 구현될 수

있다. 이렇게 부분적인 수정을 통해 개선이 이뤄질 수 있도록 프로그램을 구성하는 일은 중요한 설계 목표 중 하나다.

string의 끝에 하나씩 문자를 추가하는 방식이 비효율적이라는 우려가 있을지도 모르겠다. 매우 긴 string에 대해서는 그런 우려가 맞겠지만, 최근의 모든 string 구현은 '작은 문자열 최적화'(19.3.3절)를 제공한다. 이는 우리가 다룰 가능 가능성이 높은 종류의 문자열을 계산기 내에서(심지어 컴파일러 내에서도) 이름으로 취급하는 방식에 비효율적인 연산이 수반되지 않는다는 점을 의미한다. 특히 짧은 string을 사용해도 자유 저장 공간을 사용할 필요가 전혀 없다. 짧은 string에 필요한 문자의 최대 개수는 구현별 정의 사항이지만, 14 정도에서 크게 벗어나지 않는다.

10.2.4 오류 처리

오류를 찾아내고 알려주는 일은 언제나 중요하다. 하지만 이 프로그램에 대해서는 간단한 오류 처리 계획만으로도 충분하다. error() 함수는 오류의 개수를 세고, 오류 메시지를 출력한 다음 결과를 반환한다.

```
int no_of_errors;
double error(const string& s)
{
    no_of_errors++;
    cerr << "error: " << s << '\n';
    return 1;
}
```

스트림 cerr은 버퍼링되지 않는 출력 스트림으로 대개 오류를 보고하는 데 사용된다(38.1절).

이 함수에서 값을 반환하는 이유는 오류가 보통 표현식을 평가하는 도중에 일어나기 때문이다. 따라서 해당 표현식 평가를 완전히 중단해 버리든지 아니면 후속 오류를 일으킬 가능성이 없는 어떤 값을 반환해야 한다. 이번의 단순한 계산기에는 후자가 적합하다. Token_stream::get()이 행 번호를 기억하고 있다면 error()는 대강 어디서 오류가 발생했는지 사용자에게 알려줄 수 있을 것이다. 이런 방식은 계산기가 대화형으로 사용되지 않는 경우에 유용하다.

좀 더 양식화된 범용의 오류 처리 메커니즘은 오류 탐지와 오류 복구를 구분한다. 이런 방식을 예외를 이용해서 구현할 수도 있지만(2.4.3.1절 참고, 13장), 180행 계산기에는 여기 있는 정도가 적당하다.

10.2.5 드라이버

프로그램의 모든 부분이 준비됐으니 이제 시작을 위해 드라이버만 있으면 된다. 여기서는 두 함수만 결정하면 되는데, 준비와 오류 보고를 담당할 main()과 실제 계산을 처리할 calculate()가 그것이다.

```
Token_stream ts {cin};      // cin에서 받은 입력을 사용한다.

void calculate()
{
    for (;;) {
        ts.get();
        if (ts.current().kind == Kind::end) break;
        if (ts.current().kind == Kind::print) continue;
        cout << expr(false) << '\n';
    }
}

int main()
{
    table["pi"] = 3.1415926535897932385;     // 미리 정의된 이름들을 삽입한다.
    table["e"] = 2.7182818284590452354;

    calculate();

    return no_of_errors;
}
```

통상적인 규약상 main()은 프로그램이 정상 종료될 때 0을, 그렇지 않은 경우 0이 아닌 수를 반환한다(2.2.1절). 여기서는 오류의 개수가 반환되므로, 이 규약에 딱 들어맞는다. 초기화에 필요한 작업도 미리 정의된 이름을 기호 테이블에 넣는 것뿐이다.

메인 루프의 주된 작업(calculate() 안에서 진행하는)은 표현식을 읽고 그 결과를 출력하는 것이다. 이는 다음 행으로 이뤄진다.

```
cout << expr(false) << '\n';
```

인자 false는 expr()에게 ts.get()을 호출해서 작업해야 할 토큰을 읽지 않아도 된다고 알려준다.

Kind::end를 검사하는 이유는 ts.get()이 입력 오류나 파일의 끝을 접하게 되는 경우 루프를 정확히 빠져 나오기 위함이다. break문은 자신이 포함된 가장 가까운 switch문이나 루프를 빠져 나온다(9.5절). Kind::print를 검사하면(즉, '\n'이나 ';'인지) expr()로 빈 표현식을 처리해야 할 부담이 사라진다. continue문은 루프의 가장 마지막으로 이동하는 것과 동일하다.

10.2.6 헤더

이 계산기 프로그램은 표준 라이브러리에서 제공하는 기능을 사용하고 있다. 그러므로 프로그램을 마무리하기 위해서는 적절한 헤더가 #include돼야 한다.

```
#include<iostream>      // 입출력
#include<string>        // 문자열
#include<map>           // map
#include<cctype>        // isalpha() 및 기타
```

이런 헤더들은 모두 std 네임스페이스 안에서 기능을 제공하는 관계로, 헤더가 제공하는 이름을 사용하려면 std::로 명시적 한정을 사용하든지 다음과 같이 이름을 전역 네임스페이스로 이동시켜야 한다.

```
using namespace std;
```

표현식에 대한 논의가 모듈성 이슈와 혼동되는 것을 피하기 위해 여기서는 후자를 선택했다. 14장과 15장에서는 이 계산기를 네임스페이스를 이용해서 모듈로 분리해서 구성하는 방법과 소스 파일에 나눠서 정리하는 방법을 다룬다.

10.2.7 커맨드라인 인자

이 프로그램을 작성하고 테스트해보고 나니 프로그램을 처음으로 실행한 다음, 표현식을 입력하고 최종적으로 끝내는 과정이 꽤나 성가시다는 느낌이 들었다. 프로그램의 주된 용도가 표현식 하나의 평가였으니 말이다. 그런 표현식이 커맨드라인 인자command-line argument로 입력될 수 있다면 몇 개의 키를 누르는 수고를 덜 수도 있다.

어떤 프로그램이든 main()의 호출로 시작된다(2.2.1절, 15.4절). 호출이 되면 main()에는 두 개의 인자가 주어지는데, 하나는 보통 argc라고 불리는 인자의 개수이고, 또 하나는 argv라고 불리는 커맨드라인 인자의 배열이다. 인자들은 C 스타일 문자 문자열이므로(2.2.5절, 7.3절), argv의 타입은 char*[argc+1]이다. 프로그램의 이름(커맨드라인에 등장하는)이 argv[0]으로 전달되므로, argc는 언제나 최소 1이 된다. 인자의 리스트는 0으로 종료된다. 즉, argv[argc]==0이다. 예를 들어 다음 명령이 있다면

```
dc 150/1.1934
```

위 명령의 인자들은 다음 값을 갖는다.

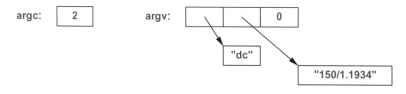

main()을 호출하는 규약은 C와 공통적이기 때문에 C 스타일 배열과 문자열이 사용된다.

기본 구상은 입력 스트림에서 읽어 들이는 것과 똑같은 방식으로 명령 문자열에서 읽어 들이자는 것이다. 문자열에서 읽어 들이는 스트림은 말 그대로 istringstream이라고 불린다 (38.2.2절). 따라서 커맨드라인으로 입력된 표현식을 계산하려면 Token_stream이 적합한 istringstream에서 읽어 들이게 하기만 하면 되는 것이다.

```
Token_stream ts {cin};
int main(int argc, char* argv[])
{
    switch (argc) {
    case 1:                              // 표준 입력에서 읽는다.
        break;
```

```
    case 2:                                      // 인자 문자열에서 읽는다.
        ts.set_input(new istringstream{argv[1]});
        break;
    default:
        error("too many arguments");
        return 1;
    }
    table["pi"] = 3.1415926535897932385;        // 미리 정의된 이름을 삽입한다.
    table["e"] = 2.7182818284590452354;

    calculate();

    return no_of_errors;
}
```

istringstream을 사용하려면 **<sstream>**을 인클루드한다.

간단히 **main()**을 수정하면 여러 개의 커맨드라인 인자를 받아들일 수 있지만, 굳이 그럴 필요는 없어 보인다. 특히 여러 개의 표현식을 하나의 인자로 전달할 수 있기 때문이다.

dc "rate=1.1934;150/rate;19.75/rate;217/rate"

따옴표를 쓴 이유는 ;이 나의 유닉스 시스템에서는 명령 구분자이기 때문이다. 다른 시스템에서는 다른 규약으로 시작 시에 프로그램에 인자를 제공한다.

간단하기는 해도 여전히 **argc**와 **argv**는 사소하기는 하지만, 성가신 버그의 근원이다. 이런 버그도 피하면서, 특히 프로그램 인자를 손쉽게 이곳저곳으로 전달하기 위해 나는 다음과 같이 간단한 함수를 이용해서 **vector<string>**을 생성한다.

```
vector<string> arguments(int argc, char* argv[])
{
    vector<string> res;
    for (int i = 0; i!=argc; ++i)
        res.push_back(argv[i]);
    return res;
}
```

이보다 더 복잡한 인자 구문 분석 함수도 드물지는 않다.

10.2.8 스타일에 대한 참고 사항

연관 배열associative array에 익숙하지 않은 프로그래머에게는 표준 라이브러리의 **map**을 기호 테이블로 사용하는 것이 편법처럼 보일 수도 있다. 결코 그렇지 않다. 표준이든 비표준이든 라이브러리는 사용하라고 만들어진 것이다. 거의 대부분의 경우 라이브러리의 설계와 구현에는 일개 프로그래머가 단 하나의 프로그램에만 쓸 목적으로 직접 만드는 부속 코드에 들일 수 있는 것보다 더 많은 노력이 들어간다.

이 계산기 프로그램, 그 중에서도 특히 최초 버전에 사용된 코드를 살펴보면 전통적인 C 스타일의 저수준 코드는 그다지 많지 않다는 점을 느낄 수 있다. 까다로운 전통적인 세부 구현들 중 상당수가 **ostream**, **string**, **map** 등의 표준 라이브러리 클래스를 사용하는 코드로 대체됐다(4.3.1절, 4.2절, 4.4.3절, 31.4절, 36장, 38장).

루프, 산술 연산, 대입 연산을 찾아보기 어려운 점에도 주목하기 바란다. 하드웨어를 직접 조작하거나 저수준의 추상화를 구현하지 않는 코드는 그래야 하는 법이다.

10.3 연산자 요약

이번 절에서는 표현식과 몇 가지 예제를 요약해서 제시한다. 각각의 연산자에 흔히 사용되는 몇 가지 이름과 사용 예를 달아 놓았다. 이 표에 등장하는 기호는 다음과 같다.

- name은 식별자(sum과 map 등), 연산자 이름(operator int, operator+, operator"" 등) 또는 템플릿 특수화 (sort<Record>와 array<int,10> 등)이며, ::을 사용 가능하다(std::vector와 vector<T>::operator[] 등).
- class-name은 클래스의 이름이다(expr이 클래스를 나타내는 경우 decltype(expr)을 포함).
- member는 멤버 이름이다(소멸자의 이름이나 멤버 템플릿의 이름 포함).
- object는 클래스 객체를 만드는 표현식이다.
- pointer는 포인터를 만드는 표현식이다(this와 포인터 연산을 지원하는 해당 타입의 객체를 포함).
- expr은 리터럴을 포함한 표현식이다(17, "mouse", true 등).
- **lvalue**는 수정 가능한 객체를 나타내는 표현식이다(6.4.1절).
- type은 괄호 안에 등장할 때만 완전한 범용 타입 이름(*, () 등과 사용될 수 있는)이 될 수 있다. 그 외의 경우에는 제약이 생긴다(iso.A절).
- lambda-declarator는 매개변수의 리스트(비어 있거나, 쉼표로 분리될 수 있는)로서, 선택적으로 **mutable** 지정자, **noexcept** 지정자, 반환 타입이 붙을 수 있다(11.4절).
- capture-list는 상황 정보 의존성을 지정하는 (비어 있을 수 있는) 리스트다(11.4절).
- stmt_list는 (비어 있을 수 있는) 문장의 리스트다(2.2.4절, 9장).

표현식의 문법은 피연산자의 타입과 무관하다. 여기에 제시된 의미는 피연산자가 기본 제공일 때 적용된다(6.2.1절). 추가로 사용자 정의 타입의 피연산자에 적용되는 연산자의 의미는 우리가 직접 정의할 수 있다(2.3절, 18장).

표에는 문법 규칙이 대략적으로만 표시돼 있다. 세부 사항에 대해서는 iso.5절과 iso.A절을 참고하기 바란다.

연산자 요약(iso.5.1절)

괄호로 둘러싸인 표현식	(expr)	
람다	[capture-list] lambda-declarator { stmt-list }	11.4절
유효 범위 지정	class-name :: member	16.2.3절
유효 범위 지정	namespace-name :: member	14.2.1절
전역	:: name	14.2.1절

각 칸에는 같은 우선순위의 연산자들이 들어 있다. 위 칸의 연산자들은 아래 칸의 연산자

들보다 우선순위가 높다. 예를 들어 N::x.m은 문법에 어긋나는 N::(x.m)이 아니라 (N::x).m
을 뜻한다.

연산자 요약(iso.5.1절)

멤버 선택	object.member	16.2.3절
멤버 선택	pointer -> member	16.2.3절
첨자 연산	pointer [expr]	7.3절
함수 호출	expr (expr-list)	12.2절
값 생성	type { expr-list }	11.3.2절
함수 스타일 타입 변환	type (expr-list)	11.5.4절
사후 증가	lvalue ++	11.1.4절
사후 감소	lvalue --	11.1.4절
타입 식별	typeid (type)	22.5절
런타임 타입 식별	typeid (expr)	22.5절
런타임 체크 변환	dynamic_cast < type > (expr)	22.2.1절
컴파일 타임 체크 변환	static_cast < type > (expr)	11.5.2절
미체크 변환	reinterpret_cast < type > (expr)	11.5.2절
const 변환	const_cast < type > (expr)	11.5.2절

객체의 크기	sizeof expr	6.2.8절
타입의 크기	sizeof (type)	6.2.8절
매개변수 묶음의 크기	sizeof... name	28.6.2절
타입의 정렬	alignof (type)	6.2.9절
사전 증가	++ lvalue	11.1.4절
사전 감소	-- lvalue	11.1.4절
보수	~ expr	11.1.2절
부정	! expr	11.1.1절
단항 뺄셈	- expr	2.2.2절
단항 덧셈	+ expr	2.2.2절
주소	& lvalue	7.2절
역참조	* expr	7.2절
생성(할당)	new type	11.2절
생성(할당 및 초기화)	new type (expr-list)	11.2절
생성(할당 및 초기화)	new type { expr-list }	11.2절
생성(메모리 지정)	new (expr-list) type	11.2.4절
생성(메모리 지정 및 초기화)	new (expr-list) type (expr-list)	11.2.4절
생성(메모리 지정 및 초기화)	new (expr-list) type { expr-list }	11.2.4절
소멸(할당 해제)	delete pointer	11.2절
배열 소멸	delete [] pointer	11.2.2절
표현식을 던질 수 있는가?	noexcept (expr)	13.5.1.2절
캐스트(타입 변환)	(type) expr	11.5.3절

멤버 선택	object .* pointer-to-member	20.6절
멤버 선택	pointer ->* pointer-to-member	20.6절

예를 들어 접미사 ++는 단항 *보다 높은 우선순위이므로, **p++**는 *(p++)를 뜻하며 (*p)++ 가 아니다.

연산자 요약(iso.5.1절)		
곱셈	expr * expr	10.2.1절
나눗셈	expr | expr	10.2.1절
모듈로(나머지)	expr % expr	10.2.1절
덧셈(더하기)	expr + expr	10.2.1절
뺄셈(빼기)	expr - expr	10.2.1절
왼쪽 시프트	expr << expr	11.1.2절
오른쪽 시프트	expr >> expr	11.1.2절
~보다 작다	expr < expr	2.2.2절
~보다 작거나 같다	expr <= expr	2.2.2절
~보다 크다	expr > expr	2.2.2절
~보다 크거나 같다	expr >= expr	2.2.2절
같다	expr == expr	2.2.2절
같지 않다	expr != expr	2.2.2절
비트 단위 AND	expr & expr	11.1.2절
비트 단위 배타적 OR	expr ^ expr	11.1.2절
비트 단위 포함적 OR	expr | expr	11.1.2절
논리 AND	expr && expr	11.1.1절
논리 포함적 OR	expr || expr	11.1.1절
조건부 표현식	expr ? expr : expr	11.1.3절
리스트	{ expr-list }	11.3절
예외 던지기	throw expr	13.5절
단순 대입	lvalue = expr	10.2.1절
곱하고 대입	lvalue *= expr	10.2.1절
나누고 대입	lvalue /= expr	10.2.1절
나머지를 구하고 대입	lvalue %= expr	10.2.1절
더하고 대입	lvalue += expr	10.2.1절
빼고 대입	lvalue -= expr	10.2.1절
왼쪽 시프트 후 대입	lvalue <<= expr	10.2.1절
오른쪽 시프트 후 대입	lvalue >>= expr	10.2.1절
비트 단위 AND 후 대입	lvalue &= expr	10.2.1절
비트 단위 포함적 OR 후 대입	lvalue |= expr	10.2.1절
비트 단위 배타적 OR 후 대입	lvalue ^= expr	10.2.1절
쉼표(순서대로 나열)	expr , expr	10.3.2절

예를 들어 *는 +보다 우선순위가 높기 때문에 a+b*c는 a+(b*c)를 뜻하지 (a+b)*c를 뜻하지 않는다.

단항 연산자와 대입 연산자는 우측 결합성[right-associative]을 가진다. 그 외는 모두 좌측 결합성[left-associative]을 갖는다. 예를 들어 a=b=c는 a=(b=c)를 뜻하는 반면, a+b+c는 (a+b)+c를 뜻한다.

문법 규칙 중 일부는 우선순위(결합 강도[binding strength]라고도 불리는)와 결합 법칙의 관점만으로 설명될 수 없다. 예를 들어 a=b<c?d=e:f=g는 a=((b<c)?(d=e):(f=g))를 뜻하지만, 그것을 이해하기 위해선 문법(iso.A절)을 찾아봐야 할 것이다.

이런 문법 규칙이 적용되기 전에 어휘 토큰이 문자들을 통해 만들어진다. 문자의 시퀀스 중 가능한 한 가장 긴 것이 토큰으로 만들어지기 위해 선택된다. 예를 들어 &&는 두 개의 & 연산자가 아니라 하나의 연산자이고, a+++1은 (a++) + 1이다. 이런 규칙은 최대 뭉크 규칙[Max Munch rule]으로 불리기도 한다.

토큰 요약(iso.2.7절)

토큰 클래스	예제	참조
식별자	`vector, foo_bar, x3`	6.3.3절
키워드	`int, for, virtual`	6.3.3.1절
문자 리터럴	`'x', '\n', U'\UFADEFADE'`	6.3.3.2절
정수 리터럴	`12, 012, 0x12`	6.2.4.1절
부동소수점 리터럴	`1.2, 1.2e-3, 1.2L`	6.2.5.1절
문자열 리터럴	`"Hello!", R"("World"!)"`	7.3.2절
연산자	`+=, %, <<`	10.3절
구두점	`;, ,, {, }, (, )`	
전처리기 표기	`#, ##`	12.6절

공백 문자(스페이스, 탭, 줄 바꿈 등)는 토큰 구분자가 될 수 있지만(예를 들어 int count는 intcount가 아니라 키워드와 식별자가 이어진 것이다), 그렇지 않은 경우에는 무시된다.

기본 소스 문자 집합(6.1.2절)에서 | 등의 일부 문자들은 일부 키보드에서는 입력하기에 불편하다. 그리고 어떤 프로그래머들은 &&나 ~ 같은 기호를 기본 논리 연산자로 사용하는 것을 불편하게 여기기도 한다. 그런 이유 때문에 키워드로 대체 표시하는 방법이 제공된다.

대체 표시(iso.2.12절)

and	and_eq	bitand	bitor	compl	not	not_eq	or	or_eq	xor	xor_eq
&&	&=	&	|	~	!	!=	||	|=	^	^=

예를 들어 다음과 같다.

```
bool b = not (x or y) and z;
int x4 = compl (x1 bitor x2) bitand x3;
```

앞의 코드는 다음과 동일하다.

```
bool b = !(x || y) && z;
int x4 = ~(x1 | x2) & x3;
```

and=는 &=와 같지 않다는 데 유의한다. 키워드 쪽을 선호한다면 and_eq라고 써야 한다.

10.3.1 연산 결과

산술 연산자의 결과 타입은 '일반 산술 변환usual arithmetic conversions'이라는 규칙 집합에 의해 결정된다(10.5.3절). 최종적인 목표는 '가장 큰' 피연산자 타입의 결과를 산출하는 것이다. 예를 들어 어떤 이항 연산자의 피연산자 중 하나가 부동소수점 타입이면 부동소수점을 이용해서 계산이 수행되고, 부동소수점 타입이 결과 값이 된다. 마찬가지로 long 타입의 피연산자가 있으면 long 정수 산술 연산을 이용해서 계산이 수행되고, long 타입의 결과가 나온다. int보다 작은 피연산자(bool 또는 char 등의)는 연산자가 적용되기 전에 int로 변환된다.

==, <= 등의 관계 연산자relational operator는 불리언 타입의 결과를 산출한다. 사용자 정의 연산자의 의미와 결과 타입은 선언에 의해 결정된다(18.2절).

논리적으로 문제가 없는 경우에는 좌변 값 피연산자를 받아들이는 연산자의 결과는 해당 좌변 값 피연산자를 나타내는 좌변 값이 된다. 다음 예를 살펴보자.

```
void f(int x, int y)
{
    int j = x = y;          // x=y의 값은 y로 대입이 이뤄진 후의 x의 값이다.
    int* p = &++x;          // p는 x를 가리킨다.
    int* q = &(x++);        // 오류: x++는 좌변 값이 아님(x에 저장된 값이 값이 아니다)
    int* p2 = &(x>y?x:y);   // 더 큰 값을 가진 int의 주소
    int& r = (x<y)?x:1;     // 오류: 1은 좌변 값이 아님
}
```

?의 두 번째와 세 번째 피연산자가 모두 좌변 값이고 같은 타입인 경우 결과는 해당 타입의 좌변 값이 된다. 이런 식으로 좌변 값이 보존되는 이유는 연산자 사용에서 융통성이 더 좋아지기 때문이다. 이런 방식은 기본 제공 타입과 사용자 정의 타입 양쪽에 대해 일관성 있고 효율적으로 동작돼야 하는 코드를 작성할 때(이를테면 C++ 코드를 생성하는 템플릿이나 프로그램을 작성할 때) 특히 유용하다.

sizeof의 결과는 size_t라고 불리는 부호 없는 통합 정수 타입이다. size_t는 <cstddef>에 정의돼 있다. 포인터 뺄셈의 결과는 ptrdiff_t라고 불리는 부호 있는 정수 타입인데, ptrdiff_t 역시 <cstddef>에 정의돼 있다.

산술 연산 결과의 구현에서 산술 오버플로를 검사할 필요는 없으며, 실제로도 그런 경우는 드물다. 예를 들면 다음과 같다.

```
void f()
{
    int i = 1;
```

```
    while (0 < i) ++i;
    cout << "i has become negative!" << i << '\n';
}
```

이 코드는 결국 i의 값을 증가시키다 정수 타입의 최댓값을 넘어서게 된다. 이때 무슨 일이 일어날지는 정의돼 있지 않지만, 대개 i의 값이 '되돌려져서' 음수(내 시스템에서는 -2147483648)가 된다. 0으로 나눈 결과 역시 정의되지 않지만, 그렇게 하면 프로그램이 갑자기 멈추는 것이 보통이다. 특히 언더플로, 오버플로, 0으로 나누기는 표준 예외를 던지지 않는다 (30.4.1.1절).

10.3.2 평가 순서

한 표현식 안에 들어 있는 부분 표현식의 평가 순서는 정의되어 있지 않다. 특히 표현식이 왼쪽에서 오른쪽으로 평가된다고 가정할 수 없다. 다음 예를 살펴보자.

```
int x = f(2)+g(3);        // f()와 g() 중 어느 쪽이 먼저 호출될지 정의돼 있지 않다.
```

표현식의 평가 순서에 제한이 없으면 더 좋은 코드가 만들어질 수도 있다. 하지만 평가 순서에 제한이 없으면 알 수 없는 결과가 벌어질 수 있다. 예를 들면 다음과 같다.

```
int i = 1;
v[i] = i++;                // 정의되지 않은 결과
```

대입은 v[1]=1 아니면 v[2]=1 둘 중의 하나로 평가될 수도 있고, 뭔가 훨씬 이상한 결과가 벌어질 수도 있다. 컴파일러가 이런 불확실성에 대해 경고해 줄 수도 있겠지만, 애석하게도 대부분의 컴파일러는 그러지 않으니 객체의 읽기와 쓰기를 동시에 처리하는 표현식은 ++나 += 같이 명확하게 정의해주는 단독 연산자를 사용하거나 ,(쉼표), &&, ||를 사용해서 명시적으로 표현할 때만 작성해야 한다.

,(쉼표), &&(논리 AND), ||(논리 OR) 연산지는 반드시 좌변 피연산자가 우변 피연산자보다 먼저 평가되도록 보장해준다. 예를 들어 b=(a=2,a+1)은 3을 b에 대입한다. ||와 && 사용 예제는 10.3.3절에서 찾을 수 있다. 기본 제공 타입의 경우 &&의 두 번째 피연산자는 첫 번째 피연산자가 true일 때만 평가되고, ||의 두 번째 피연산자는 첫 번째 피연산자가 false일 때만 평가된다. 이런 처리는 **단축 평가**short-cut evaluation라고 불리기도 한다. 순서 나열 연산자 ,(쉼표)는 함수 호출에서 인자 구분에 사용되는 쉼표와 논리적으로 다르다는 점에 유의한다. 다음 예를 살펴보자.

```
f1(v[i],i++);        // 두 개의 인자
f2( (v[i],i++) );        // 한 개의 인자
```

f1의 호출에는 두 개의 인자 v[i]과 i++가 있는데, 인자 표현식의 평가 순서는 정의돼 있지 않다. 따라서 이런 표현은 피해야 한다. 인자 표현식이 순서에 좌우되게 만드는 것은 나쁜 스타일이며, 동작 결과 역시 알 수 없다. f2의 호출은 단 하나의 인자로 쉼표 연산자

(v[i], i++)를 갖고 있는데, 이 표현은 i++와 동일하다. 이런 표현은 혼란스럽기 때문에 역시 피해야 한다.

소괄호는 강제로 묶는 데 사용된다. 예를 들어 a*b/c는 (a*b)/c의 뜻인데, a*(b/c)의 의미를 갖게 하려면 소괄호를 사용해야 한다. 사용자가 차이를 구분할 수 없다면 a*(b/c)가 (a*b)/c로 평가될지도 모른다. 하지만 대다수의 부동소수점 계산에서 a*(b/c)와 (a*b)/c는 완전히 다르기 때문에 컴파일러는 이런 표현식을 정확히 쓰여진 그대로 평가할 것이다.

10.3.3 연산자 우선순위

우선순위 수준과 결합 법칙은 가장 일반적인 사례들을 기준으로 만들어져 있다. 다음 예를 살펴보자.

```
if (i<=0 || max<i) // ...
```

위 코드는 'i가 0보다 작거나 같거나 또는 max가 i보다 작다면'이란 뜻이다. 즉, 위 코드는 다음과 동일하다.

```
if ( (i<=0) || (max<i) ) // ...
```

그리고 다음은 문법에 어긋나며 말이 되지 않는다.

```
if (i <= (0||max) < i) // ...
```

하지만 프로그래머가 이런 규칙에 대해 확신할 수 없을 때는 언제나 소괄호를 사용해야 할 것이다. 부분 표현식이 복잡해질수록 소괄호의 사용은 더욱 빈번해지지만, 복잡한 부분 표현식은 오류의 원흉이다. 따라서 소괄호를 써야만 한다는 기분이 들기 시작한다면 추가적인 변수를 이용해서 표현식을 쪼개는 것을 고려할 수 있다.

연산자 우선순위 때문에 '명확한' 해석이 이뤄지지 않는 경우도 있다. 다음예가 대표적이다.

```
if (i&mask == 0)        // 낭패! == 표현식이 &의 피연산자
```

위 코드는 i에 마스크를 적용한 다음 결과가 0인지를 검사하지 않는다. == 연산자는 & 연산자보다 우선순위가 높기 때문에 이 표현식은 i&(mask==0)으로 해석된다. 다행히 이런 실수 대부분에 대해서는 컴파일러가 어렵지 않게 경고를 보낼 수 있다. 이런 경우에는 괄호가 중요하다.

```
if ((i&mask) == 0) // ...
```

다음은 수학자들이 예상한 대로 동작하는 않는다는 점을 눈여겨봐야 한다.

```
if (0 <= x <= 99) // ...
```

이 코드는 문법적으로 문제가 없지만 (0<=x)<=99로 해석되며, 첫 번째 비교의 결과는 true 아니면 false가 된다. 이런 불리언 값은 암시적으로 1이나 0으로 변환된 다음, 99와 비교돼 true라는 결과를 낳는다. x가 0에서 99의 범위에 있는지 검사하려면 다음과 같이 해야 한다.

```
if (0<=x && x<=99) // ...
```

초심자가 흔히 저지르는 실수는 조건식에 ==(상등 비교) 대신 =(대입)을 쓰는 것이다.

```
if (a = 7)          // 낭패! 조건식 내에 상수 대입
```

많은 언어에서 =는 '같다'의 뜻이기 때문에 이런 실수가 잦은 것은 당연하다. 대부분 이런 실수 역시 컴파일러가 경고를 보내기에 어렵지 않으며, 실제로도 많은 컴파일러가 그렇게 한다. 경고 체계가 취약한 컴파일러에 대비해서 자신의 스타일을 비트는 것까지는 추천하지 않는다. 특히 다음과 같은 스타일이 필요하다고 생각되지는 않는다.

```
if (7 == a)         // =의 잘못된 사용에 대비하려는 시도, 추천하지 않는다.
```

10.3.4 임시 객체

종종 컴파일러는 표현식의 중간 결과를 보관하기 위해 객체를 동원해야 한다. 예를 들어 v=x+y*z의 경우에 y*z의 결과가 어딘가에 보관돼 있다가 x에 더해져야 한다. 기본 제공 타입의 경우 이런 처리들이 전부 **임시 객체**temporary가 사용자 눈에 띄지 않는 상태에서 수행된다. 하지만 자원을 쥐고 있는 사용자 정의 타입의 경우에는 임시 객체의 수명을 아는 것이 중요할 수 있다. 참조자에 묶인다든지 이름 있는 객체를 초기화하는 데 쓰인다든지 하지 않는다면 임시 객체는 자신이 생성된 전체 표현식이 끝날 때 소멸된다. 여기서 **전체 표현식**full expression이란 다른 표현식의 부분 표현식이 아닌 표현식을 뜻한다.

표준 라이브러리 string 클래스에는 c_str()이라는 멤버가 있는데(36.3절), c_str()은 0으로 종료되는 문자 배열을 가리키는 C 스타일 포인터를 반환한다(2.2.5절, 43.4절). 또한 여기에서는 + 연산자가 문자열을 연결하는 의미로 정의돼 있다. 이것들은 string에 유용한 기능들이다. 하지만 이 둘이 조합되면 애매한 문제의 원인이 될 수 있다. 다음 예를 살펴보자.

```
void f(string& s1, string& s2, string& s3)
{
    const char* cs = (s1+s2).c_str();
    cout << cs;
    if (8<strlen(cs=(s2+s3).c_str()) && cs[0]=='a') {
        // cs가 여기서 사용됨
    }
}
```

아마도 여러분의 첫 번째 반응은 "하지만 전 이렇게는 안 해요!"일 수도 있으며, 나도 그러리라고 생각한다. 그럼에도 실제로 이런 코드가 생겨나기 때문에 이런 경우 어떻게 해석되는지 알아두는 것도 도움이 된다.

임시 객체 string은 s1+s2의 결과를 보관하기 위해 생성된다. 다음으로 이 임시 객체에서 C 스타일의 문자열을 가리키는 포인터가 추출된다. 그리고 나서 표현식 처리가 끝날 때 임시 객체가 소멸된다. 하지만 c_str()에서 반환된 C 스타일의 문자열은 s1+s2를 보관하는 임시 객체의 일부분으로 할당됐기 때문에 해당 메모리 공간은 임시 객체가 소멸된 후에도 남아

있으리라는 보장이 없다. 결국 cs는 할당이 해제된 메모리 공간을 가리키게 된다. 출력 연산 cout<<cs는 예상대로 실행될지도 모르겠지만, 그렇다면 정말 운이 좋은 것이다. 컴파일러는 이와 유사한 온갖 문제에 대해 탐지 및 경고를 할 수 있다.

if문의 문제는 좀 더 미묘하다. 일단 조건식은 예상대로 동작한다. s2+s3의 결과를 보관 하는 임시 객체가 생성되는 전체 표현식이 조건식 자체이기 때문이다. 하지만 이 임시 객체는 제어 문장에 진입하는 시점에 소멸되기 때문에 cs를 그곳에서 사용하려고도 해도 제대로 동작 하리라고 보장할 수 없다.

다른 많은 경우와 마찬가지로 지금의 경우에도 임시 객체와 관련된 문제는 상위 수준의 데이터 타입을 저수준의 방식으로 사용할 때 일어난다. 좀 더 깔끔한 스타일로 프로그래밍을 작성하면 프로그래밍의 부분 부분을 좀 더 이해하기 쉬운 데다 임시 객체와 관련된 문제들을 완전히 일소할 수 있다. 다음 예를 살펴보자.

```
void f(string& s1, string& s2, string& s3)
{
    cout << s1+s2;
    string s = s2+s3;
    if (8<s.length() && s[0]=='a') {
        // 여기서 s를 사용
    }
}
```

임시 객체는 const 참조자나 이름 있는 객체의 초기화 식으로 사용될 수도 있다. 다음 예를 살펴보자.

```
void g(const string&, const string&);
void h(string& s1, string& s2)
{
    const string& s = s1+s2;
    string ss = s1+s2;

    g(s,ss);        // s와 ss를 여기에서 사용할 수 있다.
}
```

위 코드에는 문제 소지가 없다. 임시 객체는 자신의 참조자나 이름 있는 객체가 유효 범위 를 벗어날 때 소멸된다. 지역 변수의 참조자를 반환하는 것은 오류이고(12.1.4절), 임시 객체는 const가 아닌 좌변 값 참조자에 묶일 수 없다는 점을 기억하기 바란다(7.7절).

한편 임시 객체는 생성자를 호출하는 방식으로 표현식 내에서 명시적으로 생성될 수도 있다(11.5.1절). 다음 예를 살펴보자.

```
void f(string& s, int n, char ch)
{
    s.move(string{n,ch});  // string::move()에 전달할 ch의 n 복제본을 가진
                           // 문자열을 생성한다(36.3.2절).
    // ...
}
```

이렇게 생성된 임시 객체 역시 암시적으로 생성된 임시 객체와 정확히 똑같은 방식으로 소멸된다.

10.4 상수 표현식

C++는 '상수'에 관련된 두 가지 의미를 제공한다.

- constexpr 컴파일 타임에 평가된다(2.2.3절).
- const 해당 유효 범위에서 변경되지 않는다(2.2.3절, 7.5절).

기본적으로 constexpr의 역할이 컴파일 타임의 평가를 가능하게 해주고 보장해주는 것인 반면, const의 주된 역할은 인터페이스에서의 불변성을 명시하는 것이다. 이 절에서는 주로 첫 번째 역할인 컴파일 타임 평가에 대해 알아본다.

상수 표현식constant expression은 컴파일러가 평가할 수 있는 표현식이다. 상수 표현식은 컴파일 타임에 알려지지 않은 변수를 사용할 수 없으므로 부수 효과를 일으킬 가능성이 없다. 상수 표현식은 반드시 통합 정수 값(6.2.1절), 부동소수점 값(6.2.5절), 또는 열거자(8.4절)로 시작해야 하며, 이들이 연산자나 constexpr 함수를 통해 조합됨으로써 값이 생성된다. 게다가 주소 중 일부는 상수 표현식의 특정 형태로 활용될 수 있다. 복잡해지는 것을 피하기 위해 이 내용은 10.4.5절에서 따로 설명한다.

리터럴이나 변수에 저장된 값에 비해 이름 있는 상수가 선호되는 데는 다양한 이유가 있다.

[1]　이름 있는 상수를 쓰면 코드를 이해하고 유지 보수하기가 쉬워진다.

[2]　변수는 변경될 수 있다(따라서 상수에 비해 값의 추정에 있어 좀 더 신중해야 한다).

[3]　언어 자체에서 배열 크기, case 레이블, template 값 인자에 상수 표현식을 요구한다.

[4]　임베디드 시스템 프로그래머들은 불변 데이터를 읽기 전용 메모리에 보관하기를 좋아하는데, 읽기 전용 메모리가 동적 메모리보다 저렴하며(비용과 전력 소모 측면에서) 구하기 쉽기 때문이다. 추가로 읽기 전용 메모리는 대부분 시스템 고장에 영향을 받지 않는다.

[5]　초기화가 컴파일 타임에 수행될 경우 멀티스레드 시스템에서는 해당 객체에 대한 데이터 경합이 일어나지 않는다.

[6]　때로는 뭔가를 (컴파일 타임에) 한 번만 평가하는 방식이 런타임에 백만 번 평가하는 방식보다 훨씬 더 나은 성능을 보인다.

[1], [2], [5], 그리고 부분적으로 [4]는 논리적인 이유라는 점에 주목하기 바란다. 상수 표현식을 성능에 대한 집착 때문에 사용하는 것만은 아니다. 많은 경우 상수 표현식이 시스템에 대한 요구 사항을 좀 더 직접적으로 표현해주기 때문이다.

데이터 항목(여기서는 일부러 '변수'라는 단어를 쓰지 않았다)의 정의라는 관점에서 보면 constexpr은 컴파일 타임 평가의 필요성을 표현한다. constexpr의 초기화 식이 컴파일 타임에 평가될 수 없다면 컴파일러는 오류를 발생시킬 것이다. 예를 들면 다음과 같다.

```
int x1 = 7;
constexpr int x2 = 7;

constexpr int x3 = x1;              // 오류: 초기화 식이 상수 표현식이 아니다.
constexpr int x4 = x2;              // OK
void f()
{
    constexpr int y3 = x1;          // 오류: 초기화 식이 상수 표현식이 아니다.
    constexpr int y4 = x2;          // OK
    // ...
}
```

영리한 컴파일러는 초기화 식의 **x3**에 대한 **x1**의 값이 7이라는 사실을 추론할 수도 있다. 하지만 컴파일러가 얼마나 영리한지에 따라 달라지는 코드를 작성해서는 곤란하다. 대규모 프로그램에서는 컴파일 타임에 변수의 값을 결정하는 방식이 보통 매우 어렵거나 불가능하다.

상수 표현식의 표현력은 놀랍다. 정수, 부동소수점, 열거형 값을 사용할 수 있고, 상태를 변경하지 않는 어떤 연산자든지 사용할 수 있으며(예를 들어 +, ?:, []은 가능하지만, =나 ++는 불가능), 상당한 타입 안전성과 표현력을 제공하기 위해 constexpr 함수(12.1.6절)나 리터럴 타입(10.4.3절)을 사용할 수도 있다. 이런 표현력을 일반적으로 매크로로 가능한 수준과 비교하는 것은 부당하다고까지 할 수 있다(12.6절).

조건 표현식 연산자 ?:은 상수 표현식에서 선택 수단이다. 예를 들어 컴파일 타임에 정수 제곱근을 다음과 같이 구할 수 있다.

```
constexpr int isqrt_helper(int sq, int d, int a)
{
    return sq <= a ? isqrt_helper(sq+d,d+2,a) : d;
}
constexpr int isqrt(int x)
{
    return isqrt_helper(1,3,x)/2 - 1;
}
constexpr int s1 = isqrt(9);        // s1은 3이 된다.
constexpr int s2 = isqrt(1234);
```

?:의 조건식이 평가된 다음 선택된 대안이 평가된다. 선택되지 않은 대안은 평가되지 않으며, 경우에 따라 상수 표현식이 아닐 수도 있다. 비슷한 방식으로 &&와 ||의 피연산자 중 평가되지 않는 것은 상수 표현식이지 않아도 된다. 이런 특성은 때로는 상수 표현식으로 사용되기도 하고 때로는 그렇지 않은 constexpr 함수에서 특히 유용하다.

10.4.1 기호 상수

상수(constexpr이나 const 값)를 사용하는 가장 중요한 한 가지 이유는 간단히 말해서 값에 대해 기호 형태의 이름을 제공하기 위한 것이다. 기호 형태의 이름은 코드에서 '매직 넘버magic number'를 없애기 위해 체계적으로 사용돼야 한다. 코드에 여기저기 무질서하게 흩어져 있는 리터럴 값은 가장 성가신 유지 보수의 난관 중 하나다. 코드에서 배열 경계 같은 수치 상수가 반복 사용되면 해당 코드를 수정하기가 어려워지는데, 코드를 제대로 업데이트하기 위해서는 해당 상수를 일일이 다 바꿔줘야 하기 때문이다. 대신 기호 상수를 사용하면 배열 정보를 모아 둘 수 있다. 대개 수치 상수에는 프로그램에 대한 가정이 반영된다. 예를 들어 **4**는 어떤 정수의 바이트 개수일 수 있고, **128**은 버퍼 입력에 필요한 문자의 개수, **6.24**는 덴마크의 크로네화와 미국 달러화 사이의 환율일 수 있다. 이런 값들을 코드에 수치 상수로 남겨 두면 유지 보수 담당 프로그래머가 이런 값들을 찾거나 이해하기는 어려울 것이다. 게다가 상당수의 이런 수치 값들은 시간이 지나면 바뀌어야 한다. 종종 이런 수치 값들은 눈에 띄지 않다가 프로그램이 이식되거나 수치 값과 관련된 가정들과 배치되는 뭔가 다른 수정이 가해질 경우 오류를 발생시킨다. 관련된 가정을 주석이 잘 달린 이름 있는 (기호) 상수로 표시하면 이러한 유지 보수 문제를 최소화할 수 있다.

10.4.2 상수 표현식에서의 const

const는 주로 인터페이스를 표현하기 위해 사용된다(7.5절). 하지만 const는 상수 값 표현에도 사용될 수 있다. 예를 들면 다음과 같다.

```
const int x = 7;
const string s = "asdf";
const int y = sqrt(x);
```

상수 표현식으로 초기화되는 const는 상수 표현식에서 사용될 수 있다. const는 상수 표현식이 아닌 뭔가로 초기화될 수 있다는 점에서 constexpr과 차이가 있다. 이렇게 초기화된 const는 상수 표현식에서 사용될 수 없다. 다음 예를 살펴보자.

```
constexpr int xx = x;          // OK
constexpr string ss = s;       // 오류: s는 상수 표현식이 아니다.
constexpr int yy = y;          // 오류: sqrt(x)는 상수 표현식이 아니다.
```

오류가 일어나는 이유는 **string**이 리터럴 타입이 아니고(10.4.3절), **sqrt()**가 constexpr 함수가 아니기 때문이다(12.1.6절).

대체적으로 간단한 상수의 정의에는 constexpr이 const보다 나은 선택이지만 constexpr이 C++11에서 새로 등장한 관계로, 오래된 코드는 const를 사용하는 경향이 있다. 많은 경우 const를 대신해서 열거자(8.4절)를 사용할 수 있다.

10.4.3 리터럴 타입

웬만큼 단순한 사용자 정의 타입은 상수 표현식에서 사용될 수 있다. 예를 들면 다음과 같다.

```
struct Point {
    int x,y,z;
    constexpr Point up(int d) { return {x,y,z+d}; }
    constexpr Point move(int dx, int dy) { return {x+dx,y+dy}; }
```

```
    // ...
};
```

constexpr 생성자를 가진 클래스를 리터럴 타입literal type이라고 부른다. constexpr이 될 정도로 단순하려면 생성자는 본체가 비어 있어야 하고, 모든 멤버가 상수 표현식에 의해 초기화돼야 한다.

```
constexpr Point origo {0,0};
constexpr int z = origo.x;

constexpr Point a[] = {
    origo, Point{1,1}, Point{2,2}, origo.move(3,3)
};
constexpr int x = a[1].x;                // x는 1이 된다.

constexpr Point xy{0,sqrt(2)};           // 오류: sqrt(2)는 상수 표현식이 아니다.
```

constexpr 배열이 가능하고, 해당 배열의 원소와 객체 멤버에 대해서도 접근이 가능하다는 점에 주목하기 바란다.

당연하겠지만 리터럴 타입 입자를 받아들이는 constexpr 함수를 정의할 수 있다. 예를 들면 다음과 같다.

```
constexpr int square(int x)
{
    return x*x;
}

constexpr int radial_distance(Point p)
{
    return isqrt(square(p.x)+square(p.y)+square(p.z));
}

constexpr Point p1 {10,20,30};           // 기본 생성자는 constexpr
constexpr Point p2 {p1.up(20)};          // Point::up()은 constexpr
constexpr int dist = radial_distance(p2);
```

여기서는 그저 당장 쓸 만한 constexpr 부동소수점 제곱근 함수가 없다는 이유로 double이 아닌 int가 사용됐다.

멤버 함수로서 constexpr은 const라는 의미를 내포하기 때문에 다음과 같은 코드는 쓰이지 않았다.

```
constexpr Point move(int dx, int dy) const { return {x+dx,y+dy}; }
```

10.4.4 참조자 인자

constexpr을 사용할 때 명심해야 할 가장 핵심적인 사항은 constexpr은 모두 값에만 관련된다는 점이다. 여기서는 값을 변경하는 객체나 부수 효과 등은 존재할 수 없다. constexpr은 컴파일 타임 함수형 프로그래밍 언어의 축소판을 제공한다. 그렇기 때문에 constexpr이 참조자를 다룰 수 없다고 생각할 수도 있겠지만, 그런 생각이 완전히 맞는 것은 아니다. const

참조자가 사용 가능하고 값을 참조할 수 있기 때문이다. 표준 라이브러리의 complex<T>를 complex<double>로 특수화시켜보자.

```
template<> class complex<double> {
public:
    constexpr complex(double re = 0.0, double im = 0.0);
    constexpr complex(const complex<float>&);
    explicit constexpr complex(const complex<long double>&);

    constexpr double real();        // 실수 부분을 읽는다.
    void real(double);              // 실수 부분을 설정한다.
    constexpr double imag();        // 허수 부분을 읽는다.
    void imag(double);              // 허수 부분을 설정한다.

    complex<double>& operator= (double);
    complex<double>& operator+=(double);
    // ...
};
```

당연히 =나 += 같이 객체를 변경하는 연산은 constexpr이 될 수 없다. 역으로 real()이나 imag() 같이 객체를 읽기만 하는 연산은 constexpr이 될 수 있으며, 상수 표현식이 주어지면 컴파일 타임에 평가될 수 있다. 흥미로운 멤버는 또 다른 complex 타입의 템플릿 생성자다.

```
constexpr complex<float> z1 {1,2};        // 참고: <float>이지 <double>이 아님
constexpr double re = z1.real();
constexpr double im = z1.imag();
constexpr complex<double> z2 {re,im};     // z2는 z1의 복제본이다.
constexpr complex<double> z3 {z1};        // z3은 z1의 복제본이다.
```

참조자(const complex<float>&)가 상수 값을 참조하고 우리가 그 값을 사용하기만 한다는(그 이상의 뭔가를 시도한다든가 참조자나 포인터를 가지고 무리하게 뭔가 시도하지 않고) 사실을 컴파일러가 인식하고 있기 때문에 복사 생성자가 작동한다.

리터럴 타입은 타입이 풍부한 컴파일 타임 프로그래밍이 가능하게 해준다. 전통적으로 C++ 컴파일 타임 평가는 (함수는 제외하고) 정수 값 사용으로 제한돼 왔다. 이 결과로 불필요하게 복잡하고 오류에 취약한 코드를 낳았는데, 사람들이 온갖 종류의 정보를 정수로 인코딩했기 때문이다. 템플릿 메타프로그래밍의 몇 가지 활용(28장)이 그런 사례다. 다른 프로그래머들은 척박한 언어로 프로그램을 짜는 것을 피하고 싶다는 이유만으로 런타임 평가를 선호해 왔다.

10.4.5 주소 상수 표현식

전역 변수 같이 정적으로 할당된 객체의 주소(6.4.2절)는 상수다. 하지만 그 값은 컴파일러가 아니라 링커에 의해 할당되는 관계로 컴파일러는 그런 주소 상수의 값을 알 수 있는 방법이 없다. 이로 인해 포인터 및 참조자 타입 상수 표현식의 범위가 제약된다. 다음 예를 살펴보자.

```
constexpr const char* p1 = "asdf";
constexpr const char* p2 = p1;        // OK
constexpr const char* p2 = p1+2;      // 오류: 컴파일러는 p1의 값을 알지 못한다.
constexpr char c = p1[2];             // OK, c=='d' - 컴파일러는 p1이 가리키는 값을 알고 있다.
```

10.5 암시적 타입 변환

통합 정수 및 부동소수점 타입(6.2.1절)은 대입문과 표현식에서 자유롭게 뒤섞어 쓰일 수 있다. 가능한 경우에는 언제나 변수는 정보를 잃지 않게 하기 위해 변환된다. 그러나 문제는 안타깝게도 값이 손실되는 ('축소') 변환까지 암시적으로 이뤄진다는 점에 있다. 어떤 변환이 값을 보존하려면 값을 변환한 다음 원래의 타입으로 결과를 다시 변환해서 원래의 값을 구할 수 있어야 한다. 변환이 그렇게 할 수 없다면 **축소 변환**narrowing conversion이 된다(10.5.2.6절). 이번 절에서는 변환 규칙, 변환 문제와 아울러 그 해결책에 대한 설명을 제공한다.

10.5.1 타입 승격

값을 보존하는 암시적 변환은 보통 **타입 승격**promotion이라고 한다. 산술 연산이 수행되기에 앞서 길이가 짧은 정수 타입으로부터 보통의 정수(int)를 만들기 위해 **통합 정수 승격**integral promotion이 사용된다. 이런 타입 승격으로 (피연산자가 이미 int보다 큰 char16_t, char32_t, wchar_t 및 순수 열거형이 아닌 한) long으로의 승격은 일어나지 않는다는 점에 유의한다. 이는 C에서 타입 승격을 도입한 본래의 목적, 즉 피연산자를 산술 연산에 '자연스러운' 크기로 맞춘다는 목적을 반영한 것이다.

통합 정수 승격은 다음과 같다.

- int로 원래 타입의 값을 모두 표현할 수 있으면 char, signed char, unsigned char, short int 및 unsigned short int는 int로 변환된다. 그렇지 않으면 unsigned int로 변환된다.
- char16_t, char32_t, wchar_t(6.2.3절) 및 순수 열거형 타입(8.4.2절)은 int, unsigned int, long, unsigned long, unsigned long long 중에 자신의 기초 타입의 모든 값을 표현할 수 있는 첫 번째 타입으로 변환된다.
- 비트필드(8.2.7절)는 int로 해당 비트필드의 모든 값을 표현할 수 있으면 int로 변환된다. 그렇지 않은 경우에는 unsigned int로 해당 비트필드의 모든 값을 표현할 수 있으면 unsigned int로 변환된다. 이것도 아니면 통합 정수 승격은 적용될 수 없다.
- bool의 경우 int로 변환되면서 false는 0이, true는 1이 된다.

타입 승격은 통상적인 산술 변환 과정의 일부로서 사용된다(10.5.3절).

10.5.2 타입 변환

기본 타입끼리는 당혹스러울 정도로 많은 방법으로 서로 간에 암시적으로 변환될 수 있다(iso.4절). 내가 보기엔 지나치게 많은 변환이 허용된다는 느낌이다. 다음 예를 살펴보자.

```
void f(double d)
{
    char c = d;          // 주의: 배정밀도 부동소수점에서 char로의 변환
}
```

코드를 작성할 때는 쥐도 새도 모르게 정보를 날려버릴 수 있는 정의되지 않은 동작과 변환('축소 변환')을 피하도록 항상 조심해야 한다.

컴파일러는 상당수의 미심쩍은 변환에 대해 경고를 보내줄 수 있다. 다행스럽게도 대다수의 컴파일러가 그렇게 한다.

{} 초기화 식 문법은 축소 변환을 방지한다(6.3.5절). 예를 들면 다음과 같다.

```
void f(double d)
{
    char c {d};          // 오류: 배정밀도 부동소수점에서 char로의 변환
}
```

축소 우려가 있는 변환을 피할 수 없는 경우라면 **narrow_cast<>()**(11.5절) 같은 런타임 체크 변환 함수 같은 형식을 사용하는 것도 고려해보기 바란다.

10.5.2.1 통합 정수 변환

정수는 다른 정수 타입으로 변환될 수 있다. 순수 열거형 역시 정수 타입으로 변환될 수 있다(8.4.2절).

변환된 후의 타입이 **unsigned**면 결과 값은 단순히 원래 타입의 비트 개수 중 결과 타입에 들어갈 수 있는 만큼만 비트 개수를 갖게 된다(필요하면 상위 비트는 버려진다). 좀 더 정확히 말하면 결과 값은 원래 정수를 2로 나눈 나머지 값에서 n번째 비트까지에 해당하는 최소의 부호 없는 정수다. 여기서 n은 해당 부호 없는 타입의 표시에 쓰이는 비트의 개수다. 다음 예제를 살펴보자.

```
unsigned char uc = 1023;    // 이진수 1111111111 - uc는 이진수 11111111, 즉 255가 된다.
```

변환 결과 타입이 **signed**일 경우 원래 타입의 값을 결과 타입으로도 나타낼 수 있으면 값이 그대로 보존된다. 그렇지 않으면 값은 구현별로 정의된다.

```
signed char sc = 1023;      // 구현별 정의 사항이다.
```

여기서 나올 수 있을 결과는 127이 아니면 -1이다(6.2.3절).

불리언 값이나 순수 열거자 값은 그에 대응되는 정수 값으로 암시적으로 변환될 수 있다(6.2.2절, 8.4절).

10.5.2.2 부동소수점 변환

부동소수점 값 역시 다른 부동소수점 타입으로 변환될 수 있다. 원래 타입의 값이 변환 결과 타입에서 정확히 표시될 수 있다면 결과는 원래의 수치 값이 된다. 원래의 값이 인접한 두 개의 변환 결과 값 사이라면 결과는 그 두 값 중 하나가 된다. 이 외의 경우에는 동작이 정의돼 있지 않다. 다음 예를 살펴보자.

```
float f = FLT_MAX;          // 가장 큰 float 값
double d = f;               // OK: d == f
```

```
double d2 = DBL_MAX;          // 가장 큰 double 값
float f2 = d2;                // FLT_MAX<DBL_MAX이면 정의돼 있지 않음

long double ld = d2;          // OK: ld == d2
long double ld2 = numeric_limits<long double>::max();
double d3 = ld2;              // sizeof(long double)>sizeof(double)이면 정의돼 있지 않음
```

DBL_MAX와 FLT_MAX는 <cfloat>에 정의돼 있고, numeric_limits는 <limits>에 정의돼 있다(40.2절).

10.5.2.3 포인터와 참조자 변환

객체를 가리키는 어떤 포인터든지 void*로 암시적으로 변환될 수 있다(7.2.1절). 파생 클래스를 가리키는 포인터(참조자)는 접근 가능하면서 명확한 기반 클래스를 가리키는 포인터(참조자)로 암시적으로 변환될 수 있다(20.2절). 함수를 가리키는 포인터나 멤버를 가리키는 포인터는 void*로 암시적으로 변환될 수 없다는 점에 유의한다.

0으로 평가되는 상수 표현식(10.4절)은 모든 포인터 타입의 널 포인터로 암시적으로 변환될 수 있다. 마찬가지로 0으로 평가되는 상수 표현식은 멤버 포인터 타입으로 암시적으로 변환될 수 있다(20.6절). 다음 예를 살펴보자.

```
int* p = (1+2)*(2*(1-1));     // 문제는 없지만 특이하다.
```

nullptr 쪽을 사용하기 바란다(7.2.2절).

T*는 const T*로 암시적으로 변환될 수 있다(7.5절). 마찬가지로 T& 역시 const T&로 암시적으로 변환될 수 있다.

10.5.2.4 멤버 포인터 변환

멤버를 가리키는 포인터 및 참조자는 20.6.3절에 설명된 대로 암시적으로 변환될 수 있다.

10.5.2.5 불리언 변환

포인터, 통합 정수, 부동소수점 값은 bool로 암시적으로 변환될 수 있다(6.2.2절). 이때 0이 아닌 값은 true로, 0은 false로 변환된다. 다음 예를 살펴보자.

```
void f(int* p, int i)
{
    bool is_not_zero = p;     // p!=0이면 true
    bool b2 = i;              // i!=0이면 true
    // ...
}
```

포인터에서 bool로의 변환은 조건식에서는 유용하지만, 그 외의 경우에는 혼란을 일으킬 수 있다.

```
void fi(int);
void fb(bool);
```

```
void ff(int* p, int* q)
{
    if (p) do_something(*p);           //OK
    if (q!=nullptr) do_something(*q);  // OK, 하지만 장황하다.
    // ...
    fi(p);              // 오류: 포인터에서 int로의 변환은 불가
    fb(p);              // OK: 포인터에서 bool로의 변환(놀라운가!?)
}
```

fb(p)에 대해서는 컴파일러가 경고를 보내주기를 기대한다.

10.5.2.6 부동소수점-통합 정수 변환

부동소수점 값이 정수 값으로 변환될 때는 소수 부분이 버려진다. 달리 표현하면 부동소수점 타입에서 정수 타입으로의 변환하면 잘려 나간다는 것이다. 예를 들어 int(1.6)의 값은 1이다. 또한 잘려나간 값이 변환된 결과 타입에서 표시될 수 없을 때의 결과는 정의되지 않는다. 다음 예를 살펴보자.

```
int i = 2.7;        // i는 2가 된다.
char b = 2000.7;    // 8비트 char에서는 정의되지 않는다: 2000 8비트 char로 표시될 수 없다.
```

반대로 정수에서 부동소수점 타입으로의 변환은 하드웨어가 허용하는 한 수학적으로 정확히 이뤄진다. 정수 값이 부동소수점 타입 값으로 정확히 표현될 수 없을 경우에는 정밀도의 손실이 일어난다. 다음 예를 살펴보자.

```
int i = float(1234567890);
```

int와 float이 모두 32비트로 처리되는 컴퓨터에서는 i의 값이 1234567936이 된다.

당연하겠지만 값이 손실될 가능성이 있는 암시적 변환은 피하는 편이 최선이다. 사실 부동소수점에서 통합 정수로의 변환이나 long int에서 char의 변환 같이 누가 봐도 위험스럽게 보이는 타입 변환에 대해서는 컴파일러가 탐지하고 경고를 보낼 수 있다. 하지만 일반적으로 컴파일 타임에서 탐지해봤자 별로 쓸모가 없기 때문에 프로그래머 스스로 조심해야 한다. '조심하는 것'만으로도 부족하다 싶으면 명시적 체크 코드를 삽입할 수 있다. 다음 예를 살펴보자.

```
char checked_cast(int i)
{
    char c = i;        // 경고: 이식 불가능(10.5.2.1절)
    if (i != c) throw std::runtime_error{"int-to-char check failed"};
    return c;
}
void my_code(int i)
{
    char c = checked_cast(i);
    // ...
}
```

변환 체크를 표현하는 좀 더 포괄적인 기법은 25.2.5.1절에서 설명한다.

이식성이 보장되는 선에서 손실을 허용하려면 numeric_limits(40.2절)를 활용해야 한다. 초기화에서는 {} 초기화 표기를 사용해서 손실을 피할 수 있다(6.3.5절).

10.5.3 통상적인 산술 변환

산술 변환은 이항 연산자의 피연산자에 적용돼 그것들을 공통 타입으로 바꾼 다음, 그 타입을 연산 결과의 타입으로 사용한다.

[1] 어느 한쪽의 피연산자가 long double이면 다른 쪽도 long double로 변환된다.
  - 그렇지 않은 경우 어느 한쪽 피연산자가 double이면 다른 쪽도 double로 변환된다.
  - 그렇지 않은 경우 어느 한쪽 피연산자가 float이면 다른 쪽도 float으로 변환된다.
  - 그렇지 않은 경우 통합 정수 타입 승격(10.5.1절)이 양쪽 피연산자에 적용된다.

[2] 그렇지 않은 경우 어느 한쪽 피연산자가 unsigned long long이면 다른 쪽도 unsigned long long으로 변환된다.
  - 그렇지 않은 경우 한쪽 피연산자가 long long int이고 다른 쪽은 unsigned long int이며, long long int가 unsigned long int의 모든 값을 표시할 수 있다면 unsigned long int는 long long int로 변환된다. 그렇지 않으면 양쪽 피연산자가 unsigned long long int로 변환된다.
  - 그렇지 않은 경우 한쪽 피연산자가 long int이고 다른 쪽이 unsigned int이며, long int가 unsigned int의 모든 값을 표시할 수 있다면 unsigned int는 long int로 변환된다. 그렇지 않으면 양쪽 피연산자가 unsigned long int로 변환된다.
  - 그렇지 않은 경우 어느 한쪽 피연산자가 long이면 다른 쪽도 long으로 변환된다.
  - 그렇지 않은 경우 어느 한쪽 피연산자가 unsigned이면 다른 쪽도 unsigned로 변환된다.
  - 위의 어느 경우에도 해당되지 않는다면 양쪽 피연산자는 int다.

이 규칙은 부호 없는 정수를 구현별 정의를 따르는 아마도 좀 더 큰 크기의 부호 있는 정수로 변환하는 결과를 낳는다. 이런 결과는 부호 없는 정수와 부호 있는 정수를 섞지 말아야 하는 또 하나의 이유이기도 하다.

10.6 조언

[1] 다른 라이브러리나 '직접 짠 코드'보다 표준 라이브러리를 우선 사용한다(10.2.8절).
[2] 문자 수준의 입력은 어쩔 수 없을 때만 사용한다(10.2.3절).
[3] 읽기를 수행할 때는 언제나 형식이 맞지 않는 입력을 고려한다(10.2.3절).
[4] 언어 기능(int, 문장 등)을 직접적으로 이용하기보다는 적합한 추상화(클래스, 알고리즘 등)를 우선 사용한다(10.2.8절).

[5]   복잡한 표현식을 피한다(10.3.3절).

[6]   연산자 우선순위에 대해 의심이 생긴다면 괄호를 친다(10.3.3절).

[7]   정의되지 않은 평가 순서를 가진 표현식은 피한다(10.3.2절).

[8]   축소 변환은 피한다(10.5.2절).

[9]   '매직 상수'를 피하기 위해 기호 상수를 정의한다(10.4.1절).

11

선택 연산

> "내가 희망하는 것을 말하기만 하면 되는 프로그래밍 언어를 원한다"라고
> 누군가가 말한다면 그에게 막대 사탕을 쥐어줘라
>
> — 앨런 펄리스(Alan Perlis)

- 기타 연산자 논리 연산자, 비트 단위 논리 연산자, 조건 표현식, 증가와 감소
- 자유 저장 공간 메모리 관리, 배열, 메모리 공간 확보, **new**의 오버로딩
- 리스트 구현 모델, 한정 리스트, 무한정 리스트
- 람다 표현식 구현 모델, 람다의 대안, 캡처, 호출과 반환, 람다의 타입
- 명시적 타입 변환 생성, 이름 있는 캐스트, C 스타일 캐스트, 함수 스타일 캐스트
- 조언

11.1 기타 연산자

이번 절에서는 간단한 연산자 몇 가지를 묶어서 살펴본다. 논리 연산자(&&, ||, !), 비트 단위 연산자(&, |, ~, <<, >>), 조건 표현식(?:), 증가 및 감소 연산자(++와 --)가 그것이다. 이들 간에는 이번 연산자 논의의 다른 곳에서는 다루기에는 딱히 마땅한 곳이 없다는 점을 제외하면 서로 공통적인 사항이 거의 없다.

11.1.1 논리 연산자

논리 연산자 &&(AND), ||(OR), !(NOT)는 산술 및 포인터 타입의 피연산자를 받아들여 그것들을 **bool**로 변환하고 **bool** 결과를 반환한다. &&와 || 연산자는 필요할 경우에만 두 번째 인자를 평가하므로 평가 순서를 제어하는 데 활용될 수 있다(10.3.2절). 예를 들면 다음과 같다.

```
while (p && !whitespace(*p)) ++p;
```

여기서 p는 **nullptr**이면 역참조되지 않는다.

11.1.2 비트 단위 논리 연산자

비트 단위 논리 연산자 &(AND), |(OR), ^(XOR), ~(보수), >>(오른쪽 시프트), <<(왼쪽 시프트)는 통합 정수 타입의 객체에 적용된다. 즉, **char**, **short**, **int**, **long**, **long long** 타입 및 각각의 **unsigned** 타입과 **bool**, **wchar_t**, **char16_t**, **char32_t** 타입에 적용된다. 일반 **enum**(enum class 는 해당되지 않음)은 정수 타입으로 암시적 변환돼 비트 단위 논리 연산의 피연산자로 사용될 수 있다. 그리고 이들 연산의 결과 타입은 통상적인 산술 변환(10.5.3절)으로 결정된다.

비트 단위 논리 연산자의 전형적인 용도는 하나의 소규모 집합 개념(비트 벡터)을 구현하는 것이다. 이런 경우 부호 없는 정수의 각 비트가 집합의 한 멤버를 나타내고, 비트 수가 멤버 숫자의 최대 크기가 된다. 이항 연산자 &는 교집합 연산, |는 합집합 연산, ^는 대칭차symmetric difference 연산, ~는 여집합 연산으로 해석된다. 열거형은 그런 집합의 멤버에 이름을 붙이는 데 사용될 수 있다. 다음은 **ostream**의 구현에서 발췌한 소규모 예제다.

```
enum ios_base::iostate {
    goodbit=0, eofbit=1, failbit=2, badbit=4
};
```

스트림의 현재 상태를 설정하고 검사하는 구현은 다음과 같다.

```
state = goodbit;
// ...
if (state&(badbit|failbit))     // 스트림 상태가 좋지 않음
```

&가 |보다 우선순위가 높기 때문에(10.3절) 추가적인 괄호가 필요하다.

입력의 끝에 다다른 함수는 다음과 같이 알려준다.

```
state |= eofbit;
```

|= 연산자는 상태를 추가하는 데 사용된다. 그냥 단순하게 **state=eofbit**로 대입해버리면 다른 비트가 모두 지워지고 만다.

이런 스트림 상태 플래그는 스트림 구현의 외부에서 관찰 가능하다. 예를 들어 다음 코드를 통해 두 스트림의 상태가 어떻게 다른지 살펴볼 수 있다.

```
int old = cin.rdstate();        // rdstate()는 상태를 반환한다.
// ... cin을 이용한다...
if (cin.rdstate()^old) {        // 뭔가 바뀐 것이 있는가?
    // ...
}
```

스트림 상태의 차이를 계산하는 경우는 흔하지 않다. 하지만 다른 유사한 타입에 대해서는 차이 계산이 필수적이다. 예를 들어 처리 중인 인터럽트 집합을 나타내는 비트 벡터를 처리 대기 중인 인터럽트 집합을 나타내는 비트 벡터와 비교하는 작업을 생각해보기 바란다.

이런 비트 조작이 사용자 인터페이스가 아니라 입출력 스트림의 구현에서 행해진다는 점을 눈여겨봐야 한다. 간편한 비트 조작에 대단히 중요할 수 있겠지만, 신뢰성, 유지 보수성, 이식성 등을 위해서는 시스템의 하부 수준에서 벗어나지 않아야 한다. 일반적인 집합 개념에

대해서는 표준 라이브러리 set(31.4.3절)과 bitset(34.2.2절)을 참고하기 바란다.

비트 단위 논리 연산자는 워드에서 비트필드를 추출하는 데 사용될 수 있다. 예를 들어 32비트의 중간 16비트를 다음과 같이 추출할 수 있다.

```
constexpr unsigned short middle(int a)
{
    static_assert(sizeof(int)==4,"unexpected int size");
    static_assert(sizeof(short)==2,"unexpected short size");
    return (a>>8)&0xFFFF;
}

int x = 0xFF00FF00;    // sizeof(int)==4라고 가정한다.
short y = middle(x);   // y = 0x00FF
```

이러한 시프트와 마스크는 필드(8.2.7절)를 이용해서 간편하게 구현할 수도 있다.

비트 단위 논리 연산자를 논리 연산자 &&, ||, !와 혼동하지 말기 바란다. 후자는 **true**나 **false**를 반환하며, 주로 **if**, **while**, **for**문(9.4, 9.5절)에서 조건식을 작성할 때 유용하다. 예를 들어 !0(0이 아님)의 결과는 1로 변환되는 **true** 값인 반면, ~0(0의 보수)의 결과는 모두 1인 비트 패턴으로, 2의 보수로 표시하면 -1이다.

11.1.3 조건 표현식

일부 **if**문은 조건 표현식^{conditional-expressions}으로 간편하게 대체될 수도 있다.

```
if (a <= b)
    max = b;
else
    max = a;
```

위 코드는 다음과 같이 좀 더 직접적으로 표현될 수 있다.

```
max = (a<=b) ? b : a;
```

조건식을 둘러싼 괄호는 꼭 필요하지는 않지만, 쓸 때 코드 보기가 좀 더 쉽다.

조건 표현식은 상수 표현식에서 사용될 수 있다는 점에서 중요하다(10.4절).

표현식 쌍 **e1**과 **e2**는 둘이 동일한 타입이거나 둘이 명시적으로 변환될 수 있는 공통 타입 **T**가 존재한다면 조건 표현식 **c?e1:e2**에서 양자택일 후보로 사용될 수 있다. 산술 타입에 대해서는 통상적인 산술 변환(10.5.3절)이 공통 타입을 찾기 위해 사용된다. 다른 타입에 대해서는 **e1**이 **e2**의 타입으로 암시적 변환되거나 그 반대여야 한다. 추가로 한 가지 변종으로 **throw** 표현식이 있다(13.5.1절). 다음 예를 살펴보자.

```
void fct(int* p)
{
    int i = (p) ? *p : throw std::runtime_error{"unexpected nullptr"};
    // ...
}
```

11.1.4 증가 및 감소 연산자

++ 연산자는 덧셈과 대입을 조합해서 간접적으로 표현하기보다 직접적으로 증가를 표현하는 데 사용된다. lvalue에 어떤 다른 문제가 없다면 ++lvalue는 lvalue+=1의 의미다. 어떤 객체의 증가를 나타내는 표현식은 단 한 번 평가된다. 감소 연산은 유사한 방식으로 --로 표현된다.

++와 -- 연산자는 접두사와 접미사 양쪽으로 모두 활용될 수 있다 ++x의 값은 새로운(즉, 증가된 후의) x의 값이다. 예를 들어 y=++x는 y=(x=x+1)과 같다. 반면 x++의 값은 증가되기 이전의 x 값이다. 예를 들어 y=x++는 y=(t=x,x=x+1,t)와 같으며, 여기서 t는 x와 같은 타입의 변수다.

포인터에 대한 덧셈 및 뺄셈과 마찬가지로, 포인터에 ++와 --를 적용하면 포인터가 가리키는 배열의 원소 관점에서 연산이 행해진다. 즉, p++는 p가 다음 원소를 가리키게 만든다(7.4.1절).

++와 -- 연산자는 특히 루프 내에서 변수를 증가 및 감소시키는 데 유용하다. 예를 들어 0으로 종료되는 C 스타일 문자열을 다음과 같이 복사할 수 있다.

```
void cpy(char* p, const char* q)
{
    while (*p++ = *q++) ;
}
```

C와 마찬가지로 C++ 역시 이러한 표현식 지향적인 코딩이 가능하다는 점에 대해서는 호불호가 있다. 다음을 살펴보자.

```
while (*p++ = *q++) ;
```

위 코드는 C를 모르는 프로그래머에겐 상당히 난해해 보일 수 있지만, 이런 스타일의 코딩이 드물지는 않기 때문에 좀 더 자세히 들여다볼 필요는 있다. 우선 문자의 배열을 복사하는 데 사용되는 좀 더 전통적인 방법부터 살펴보자.

```
int length = strlen(q);
for (int i = 0; i<=length; i++)
    p[i] = q[i];
```

이 코드는 효율적이지 않다. 0으로 종료되는 문자열의 길이를 알아내려면 0을 찾기 위해 해당 문자열을 읽어 들여야 한다. 따라서 여기서는 문자열을 두 번 읽게 된다. 한 번은 문자열의 길이를 파악하기 위해서고, 한 번은 복사하기 위해서다. 그러므로 이 코드 대신 다음 방법을 시도해보자.

```
int i;
for (i = 0; q[i]!=0 ; i++)
    p[i] = q[i];
p[i] = 0;          // 끝을 나타내는 0
```

p와 q가 포인터이기 때문에 색인에 사용되는 변수 i가 사라졌다.

```
while (*q != 0) {
    *p = *q;
```

```
    p++;          // 다음 문자를 가리킨다.
    q++;          // 다음 문자를 가리킨다.
    *p = 0;       // 끝을 나타내는 0
}
```

사후 증가 연산 특성상 우선 값을 사용한 다음에 증가시킬 수 있기 때문에 루프를 다음과 같이 고쳐서 작성할 수 있다.

```
while (*q != 0) {
    *p++ = *q++;
}
*p = 0;          // 끝을 나타내는 0
```

`*p++ = *q++`의 값은 `*q`다. 따라서 예제를 다음과 같이 고쳐 쓸 수 있다.

```
while ((*p++ = *q++) != 0) { }
```

이 경우에는 `*q`를 `*p`로 차례로 복사하고 `p`를 증가시키다 보면 `*q`가 0이 된다는 사실을 알 수 있다. 결국 끝을 나타내는 0을 대입하는 마지막 문장도 없앨 수 있게 된다. 빈 블록이 필요하지 않다는 점과, 통합 조건식의 결과가 어떻게든 항상 0과 비교되고 있기 때문에 `!=0`이 군더더기라는 점을 파악할 수 있다면 최종적으로 예제를 좀 더 간소화할 수 있다. 이렇게 하다 보면 우리가 찾으려던 버전에 이르게 된다.

```
while (*p++ = *q++) ;
```

이 버전이 이전의 긴 버전에 비해 읽기에 어려울까? 숙련된 C나 C++ 프로그래머에게 그렇지 않을 것이다. 이 버전이 이전의 버전에 비해 시간이나 공간 측면에서도 좀 더 효율적일까? `strlen()`을 호출했던 첫 번째 버전을 제외하면 별로 그렇지는 않다. 성능은 동일할 것이고, 빈번하게 동일한 코드가 생성될 것이다.

0으로 끝나는 문자열을 복사하는 가장 효율적인 방법은 C 스타일의 문자 복사 함수다.

```
char* strcpy(char*, const char*);   // <string.h>에 있음
```

좀 더 일반적인 복사에 대해서는 표준 copy 알고리즘(4.5절, 32.5절)이 사용될 수 있다. 피치 못할 상황이 아니라면 포인터나 바이트를 만지작거리기보다는 표준 라이브러리를 우선적으로 사용하기 바란다. 표준 라이브러리 함수는 인라인화돼 있을 수도 있고(12.1.3절), 특수한 기계어 명령을 이용해서 구현돼 있을 가능성도 있다. 따라서 신중하게 평가하지도 않고 자신이 직접 작성한 코드가 라이브러리 함수를 능가하리라고 믿는 것은 금물이다. 설사 그런 경우라도 다른 하드웨어와 컴파일러 조합에서는 그런 이득이 사라질 수도 있고, 여러분의 대안이 유지 보수 프로그래머에게 골칫거리를 안겨줄 수도 있다.

11.2 자유 저장 공간

이름을 가진 객체의 수명은 해당 객체의 유효 범위에 의해 결정된다(6.3.4절). 그러나 생성된

위치가 포함된 유효 범위에 상관없이 수명이 지속되는 객체를 생성해야 할 경우가 흔히 있다. 함수 안에서 생성된 어떤 객체를 반환 받은 후에도 계속 사용하고 싶을 때가 그런 예다. **new** 연산자를 쓰면 그런 객체를 생성할 수 있으며, 이렇게 만들어진 객체는 **delete** 연산자로 소멸시킬 수 있다. **new**로 할당된 객체는 "자유 저장 공간free store(또는 '힙heap'이나 '동적 메모리dynamic memory')에 저장됐다"고 일컬어진다.

이전의 계산기 프로그램(10.2절)에서 사용한 스타일로 컴파일러를 하나 만든다고 생각해보자. 문법 해석 함수는 코드 생성기에서 사용될 표현식 트리를 만들어야 할 것이다.

```
struct Enode {
    Token_value oper;
    Enode* left;
    Enode* right;
    // ...
};

Enode* expr(bool get)
{
    Enode* left = term(get);

    for (;;) {
        switch (ts.current().kind) {
        case Kind::plus:
        case Kind::minus:
            left = new Enode {ts.current().kind,left,term(true)};
            break;
        default:
            return left;              // 노드 반환
        }
    }
}
```

Kind::plus와 Kind::minus의 **case**에서는 새로운 Enode가 자유 저장 공간에 생성되고 {ts.current().kind,left,term(true)} 값으로 초기화된다. 결과 포인터는 left에 대입되고 최종적으로 expr()에서 반환된다.

인자 지정에는 {} 리스트 표기가 사용됐다. 다른 방법으로는 초기화 식을 지정하기 위해 예전 스타일의 {} 리스트 표기를 사용할 수도 있었다. 하지만 **new**를 이용해서 생성된 객체를 = 표기로 초기화하려고 시도하면 오류가 발생한다.

```
int* p = new int = 7;        // 오류
```

어떤 타입이 기본 생성자를 갖고 있다면 초기화를 생략할 수도 있지만, 기본 제공 타입은 자동으로 초기화되지 않는다. 다음 예를 살펴보자.

```
auto pc = new complex<double>;        // complex는 {0,0}로 초기화된다.
auto pi = new int;                    // int는 초기화되지 않는다.
```

이 문제는 다소 혼란스러울 수 있다. 기본 초기화를 확실히 하려면 {}를 사용하기 바란다. 예를 들면 다음과 같다.

```
auto pc = new complex<double>{};      // complex는 {0,0}로 초기화된다.
auto pi = new int{};                  // int는 0으로 초기화된다.
```

코드 생성기는 **expr()**로 생성한 Enode를 사용하거나 제거할 수 있다.

```
void generate(Enode* n)
{
    switch (n->oper) {
    case Kind::plus:
        // n을 사용한다.
        delete n;      // 자유 저장 공간에서 Enode를 제거한다.
    }
}
```

new로 생성한 객체는 **delete**에 의해 명시적 소멸될 때까지 살아남는다. 소멸된 후 그 객체가 차지했던 공간은 **new**에 의해 다시 사용될 수 있다. 참조되지 않는 객체를 찾아서 **new**가 재사용할 수 있게 만들어 주는 '가비지 컬렉터^garbage collector^' 같은 장치는 C++ 언어 자체적인 구현에서는 지원되지 않는다. 따라서 이 책에서는 **new**로 생성한 객체는 반드시 **delete**로 직접 해제해야 한다고 가정한다.

delete 연산자는 **new**에서 반환된 포인터나 **nullptr**에만 적용될 수 있다. **nullptr**에는 **delete**를 적용해도 아무 일도 일어나지 않는다.

소멸된 객체가 소멸자(3.2.1.2절, 17.2절)를 가진 클래스 타입일 경우 재사용을 위해 객체의 메모리가 해제되기 전에 **delete**에 의해 해당 소멸자가 호출된다.

11.2.1 메모리 관리

자유 저장 공간의 주요 문제점은 다음과 같다.

- **누출되는 객체(leaked object)** 사람들은 **new**를 사용하고 나서 할당된 객체를 **delete** 처리하는 것을 잊곤 한다.
- **때 이른 소멸(premature deletion)** 사람들은 어떤 다른 포인터가 가리키는 객체를 **delete**하고 나중에 그 다른 포인터를 사용하곤 한다.
- **중복 소멸(double deletion)** 객체가 두 번 소멸된다. 즉, 객체의 소멸자가 (존재할 경우) 두 번 호출된다.

누출되는 객체는 프로그램의 저장 공간을 줄이기 때문에 심각한 문제가 될 가능성이 있다. 때 이른 소멸은 '소멸된 객체'를 가리키는 포인터가 더 이상 유효한 객체를 가리키지 않을 뿐더러(따라서 객체를 읽으면 좋지 않은 결과가 발생할 수 있다) 실제로는 다른 객체가 다시 사용하고 있는 메모리를 가리킬 가능성이 높기 때문에(따라서 그것에 쓰기를 시도하면 무관한 객체에 손상을 입히게 될 것이다) 거의 언제나 골치 아픈 문제다. 상당히 문제가 심각한 코드의 예로 다음을 살펴보자.

```
int* p1 = new int{99};
int* p2 = p1;          // 문제 가능성 있음
delete p1;             // 이제 p2는 유효한 객체를 가리키지 않는다.
```

```
p1 = nullptr;                   // 안정성에 대해 잘못된 느낌을 준다.
char* p3 = new char{'x'};       // p3은 이제 p2가 가리키는 메모리를 가리킨다.
*p2 = 999;                      // 문제 가능성 있음
cout << *p3 << '\n';            // x를 출력하지 못한다.
```

중복 소멸은 대개 자원 관리자가 어떤 코드가 어떤 자원을 소유하고 있는지 추적 관리할 수 없게 만들기 때문에 문제가 된다. 다음 예를 살펴보자.

```
void sloppy() // very bad code
{
    int* p = new int[1000];     // 메모리 확보
    // ... *p를 사용한다...
    delete[] p;                 // 메모리 해제

    // ... 잠시 기다린다...

    delete[] p;                 // 하지만 sloppy()는 *p를 소유하고 있지 않다.
}
```

두 번째 delete[]로 인해 *p가 가리키는 메모리는 뭔가 다른 용도로 재할당되고, 할당자는 손상될 수 있다. 이 예제에서 int를 string으로 대체하면 string의 소멸자가 재할당돼 다른 코드로 덮어쓰기 돼 버렸을 가능성이 높은 메모리를 읽고, 읽은 것으로 메모리를 delete 하려고 시도하는 것을 보게 될 것이다. 일반적으로 중복 소멸 동작은 정의돼 있지 않기 때문에 결과는 예측불가이며, 대개는 심각한 문제를 일으킨다.

사람들이 이런 실수를 저지르는 이유는 대체로 고의성이 있어서 그런 것도 아니고 단지 부주의해서 그런 것만도 아니다. 대규모 프로그램에서 할당된 모든 객체를 빈틈없이 할당 해제하는 건 정말로 어려운 일이다(즉, 계산 도중 딱 한 번 정확한 시점에서). 이런 오류는 대개 개별적인 여러 부분이 관련되기 때문에 초보 프로그래머 입장에서 프로그램의 일부분만 분석해서는 이런 문제들을 파악할 수 없다.

'무방비'로 new와 delete를 사용하는 것에 대한 대안으로 두 가지 범용적인 자원 관리에 대한 접근 방법을 추천하는데, 이를 통해 그런 문제들을 피할 수 있다.

[1]   꼭 필요하지 않으면 객체를 자유 저장 공간에 저장하지 않는다. 유효 범위를 가진 변수를 우선 사용한다.

[2]   자유 저장 공간에서 객체를 생성할 때는 그것의 포인터를 관리자 객체(핸들이라고도 불리는)에 넣기 바란다. 관리자 객체는 포인터의 소멸을 담당할 소멸자를 갖고 있다. 그런 객체의 예에는 string, vector 및 unique_ptr(5.2.1절, 34.3.1절), shared_ptr(5.2.1절, 34.3.2절)을 비롯한 기타 모든 표준 라이브러리 컨테이너가 해당된다. 가급적 그런 관리자 객체는 유효 범위를 가진 변수로 만들기 바란다. 함수로부터 관리자 객체로 표시되는 대형 객체를 반환하는 이동 의미 구조(3.3절, 17.5.2절)를 이용한다면 전통적인 자유 저장 공간 용도 중 상당수를 없애버릴 수 있다.

두 번째 규칙은 종종 RAII^{Resource Acquisition Is Initialization, 자원 획득은 초기화}(5.2절, 13.3절)이라고 불리기도 하는데, 자원 누출을 피하고 예외를 이용해서 간단하고 안전하게 오류를 처리하는 기

본적인 기법이다.

표준 라이브러리 vector는 이런 기법의 예다.

```
void f(const string& s)
{
    vector<char> v;
    for (auto c : s)
        v.push_back(c);
    // ...
}
```

vector는 자신의 원소를 자유 저장 공간에 보관하지만, 알아서 모든 할당과 할당 해제를 처리한다. 이 예제에서는 push_back()이 원소에 필요한 공간을 new로 획득하고 더 이상 필요하지 않은 메모리 공간을 delete로 비운다. vector의 사용자는 이러한 구현의 세부 사항에 대해 알지 못하더라도 vector가 누출을 일으키지 않으리라고 기대할 수 있다.

계산기 예제의 Token_stream은 훨씬 더 간단한 사례다(10.2.2절). 여기에서 사용자는 new를 사용하고 Token_stream이 관리하게 결과 포인터를 넘길 수 있다.

```
Token_stream ts{new istringstream{some_string}};
```

단지 함수에서 대규모 객체를 얻기 위한 목적이라면 자유 저장 공간을 이용하지 않아도 된다. 다음 예를 살펴보자.

```
string reverse(const string& s)
{
    string ss;
    for (int i=s.size()-1; 0<=i; --i)
        ss.push_back(s[i]);
    return ss;
}
```

vector와 마찬가지로 string은 실제로 자신의 원소에 대한 핸들이다. 여기서는 ss의 어떤 원소도 복사하지 않고 단순히 ss를 reverse() 밖으로 이동시킨다(3.3.2절).

unique_ptr, shared_ptr 등의 자원 관리 '스마트 포인터smart pointer'는 이런 개념의 좀 더 발전된 사례다(5.2.1절, 34.3.1절). 다음 예를 살펴보자.

```
void f(int n)
{
    int* p1 = new int[n];                    // 문제 가능성 있음
    unique_ptr<int[]> p2 {new int[n]};
    // ...
    if (n%2) throw runtime_error("odd");
    delete[] p1;                             // 여기까지 오지 못할 것이다.
}
```

f(3)의 경우 p1이 가리키는 메모리는 누출되지만, p2가 가리키는 메모리는 정확하게 암시적으로 할당 해제된다.

new와 delete 사용에 관한 나의 철칙은 '무방비의 new는 사용 금지'다. 즉, new는 생성자

에 포함되고 비슷한 연산인 **delete**는 소멸자에 포함돼 둘이 함께 일관성 있는 메모리 관리 전략을 제공하는 것이다. 추가로 **new**는 종종 자원 핸들에 대한 인자로 사용된다.

나머지 기법이 모두 통하지 않을 경우(즉, new가 마구잡이로 사용된 오래된 코드가 무더기로 있는 경우)에 대비해 C++는 가비지 컬렉터에 대한 표준 인터페이스를 제공한다(34.5절).

11.2.2 배열

객체의 배열 역시 **new**로 생성될 수 있다. 다음 예를 살펴보자.

```
char* save_string(const char* p)
{
    char* s = new char[strlen(p)+1];
    strcpy(s,p);        // p에서 s로 복사한다.
    return s;
}

int main(int argc, char* argv[])
{
    if (argc < 2) exit(1);
    char* p = save_string(argv[1]);
    // ...
    delete[] p;
}
```

보통의 **delete** 연산자는 객체를 개별적인 객체를 소멸시키는 데 사용된다. 배열을 삭제할 때는 **delete[]**가 사용된다.

정말로 **char***를 직접 사용해야 하는 경우가 아니라면 표준 라이브러리 **string**을 이용해서 **save_string()**을 간단하게 만들 수 있다.

```
string save_string(const char* p)
{
    return string{p};
}

int main(int argc, char* argv[])
{
    if (argc < 2) exit(1);
    string s = save_string(argv[1]);
    // ...
}
```

특히 **new[]**와 **delete[]**가 사라졌다는 점이 눈에 띈다.

new에서 할당한 공간을 **delete**와 **delete[]**로 해제하려면 할당된 객체의 크기를 알 수 있어야 한다. 이는 표준 구현의 **new** 연산자로 할당된 객체는 정적 객체보다 약간 더 많은 공간을 차지한다는 의미를 내포한다. 대개는 한 번의 할당에 두 개 또는 그 이상의 워드가 자유 저장 공간에 소요된다. 최근 대부분의 컴퓨터는 8바이트 워드를 사용한다. 많은 객체를 배열이나 큰 객체로 할당할 때는 이런 오버헤드가 큰 문제가 되지 않지만, 다수의 작은 객체(int나 Point 등의)를 자유 저장 공간에 할당할 때는 문제가 될 수 있다.

vector(4.4.1절, 31.4절)는 이런 측면에서 문제가 없기 때문에 보통의 new와 delete로 할당 및 할당 해제될 수 있다는 점을 알아두기 바란다. 다음 예를 살펴보자.

```
void f(int n)
{
    vector<int>* p = new vector<int>(n);     // 개별 객체
    int* q = new int[n];                     // 배열
    // ...
    delete p;
    delete[] q;
}
```

delete[] 연산자는 배열의 new에 의해 반환되는 배열을 가리키는 포인터나 널 포인터(7.2.2절)에만 적용될 수 있다. 널 포인터에 delete[]를 적용하면 아무런 일도 일어나지 않는다.

하지만 지역 객체 생성에는 new를 사용하지 말아야 한다. 예를 들면 다음과 같다.

```
void f1()
{
    X* p =new X;
    // ... *p를 사용한다...
    delete p;
}
```

이 코드는 장황하며 비효율적인데다 오류에 취약하다(13.3절). 특히 return이나 delete 이전에 던져진 예외는 메모리 누출을 일으킬 것이다(더 많은 코드가 추가되지 않는 한). 대신 지역 변수를 사용하기 바란다.

```
void f2()
{
    X x;
    // ... x를 사용한다...
}
```

지역 변수 x는 f2를 빠져 나오자마자 암시적으로 소멸된다.

11.2.3 메모리 공간 확보

자유 저장 공간 연산자 new, delete, new[], delete[]는 <new> 헤더에 들어 있는 함수를 이용해서 구현된다.

```
void* operator new(size_t);       // 개별 객체에 대한 공간을 할당한다.
void operator delete(void* p);    // if (p)가 참이면 new() 연산자로 할당된 공간을 할당 해제한다.
void* operator new[](size_t);     // 배열에 대한 공간을 할당한다.
void operator delete[](void* p);  // if (p)가 참이면 new[]() 연산자로 할당된 공간을 할당 해제한다.
```

new 연산자는 하나의 객체에 필요한 공간을 할당해야 하는 경우 operator new()를 호출해서 적절한 바이트 개수를 할당한다. 마찬가지로 new 연산자는 배열에 필요한 공간을 할당해야 하는 경우에는 operator new[]()를 호출한다.

operator new()와 operator new[]()의 표준 구현은 반환된 메모리를 초기화하지 않는다.

할당 및 할당 해제 함수는 타입이 설정된 객체와 달리 타입이 정해지지 않은 데다 초기화되지 않은 메모리(종종 '원시 메모리'라고 불리는)를 다룬다. 결과적으로 이들 함수는 void* 타입의 값을 인자로 취하거나 반환한다. 연산자 new와 delete는 이런 타입이 없는 메모리 레이어와 타입이 설정된 객체 레이어 사이의 대응을 처리한다.

new가 할당할 수 있는 공간을 찾지 못하면 무슨 일이 일어날까? 기본 설정상, 메모리 할당자가 표준 라이브러리의 bad_alloc이란 예외를 던진다(다른 방법이 궁금하다면 11.2.4.1절을 참고하기 바란다). 예를 들면 다음과 같다.

```
void f()
{
    vector<char*> v;
    try {
        for (;;) {
            char * p = new char[10000];     // 약간의 메모리를 확보한다.
            v.push_back(p);                 // 새로운 메모리가 참조됐는지 확인한다.
            p[0] = 'x';                     // 새로운 메모리를 사용한다.
        }
    }
    catch(bad_alloc) {
        cerr << "Memory exhausted!\n";
    }
}
```

아무리 이용 가능한 메모리가 많더라도 이 코드는 결국 bad_alloc 핸들러를 호출할 수밖에 없다. 물리적인 메인 메모리가 고갈되더라도 new 연산자가 반드시 예외를 던지라는 법은 없으니 조심해야 한다.

따라서 가상 메모리를 가진 시스템에서 이 프로그램은 엄청난 디스크 공간을 소비하면서 오랜 시간이 지나서야 예외를 던지게 될 것이다.

new 핸들러 set_new_handler(my_new_handler)를 정의하면 메모리 고갈 시 new가 무엇을 해야 할지 지정할 수 있다. new 핸들러는 할당하거나 예외를 던지든지, 프로그램을 종료하기 위해 operator new()에 필요한 추가적인 메모리를 찾게 된다. iso.17.6.4.7절을 참고하기 바란다.

<new>에 정의된 함수에 추가해서 특정 클래스를 위해 사용자가 operator new() 등을 정의할 수 있다(19.2.5절). <new>에 정의된 함수는 일반적인 유효 범위 규칙을 준수하기 때문에 클래스 멤버 operator news() 등이 좀 더 선호되는 측면도 있다.

11.2.4 new의 오버로딩

기본 설정으로 new 연산자는 자유 저장 공간에 객체를 생성한다. 그렇다면 다른 위치에 객체를 할당하고 싶다면 어떻게 해야 할까? 다음의 간단한 클래스를 살펴보자.

```
class X {
public:
```

```
    X(int);
    // ...
};
```

할당자 함수(11.2.3절)에 추가적인 인자를 제공한 다음, new로 객체를 생성할 때 이런 추가적인 인자를 전달하면 객체를 임의의 위치에 지정할 수 있다.

```
void* operator new(size_t, void* p) { return p; }        // 명시적인 위치 지정 연산자
void* buf = reinterpret_cast<void*>(0xF00F);             // 중요한 주소
X* p2 = new(buf) X;                                      // buf에 X를 생성한다.
                                              // operator new(sizeof(X),buf)를 호출한다.
```

이런 용도 때문에 operator new()에 추가 인자를 전달하는 new(buf) X 문법을 위치 지정 문법placement syntax이라고도 한다. 모든 operator new()는 크기를 첫 번째 인자로 받아들인다는 점과 객체의 크기는 암시적으로 할당된다는 점(19.2.5절)에 유의해야 한다. new 연산자가 이용하는 operator new()는 일반적인 인자 매칭 규칙(12.3절)에 의해 선택된다. 즉, 모든 operator new()의 첫 번째 인자는 size_t가 된다.

'위치 지정' operator new()도 이러한 할당자 중 가장 간단한 것으로, 표준 헤더 <new>에 정의돼 있다.

```
void* operator new (size_t sz, void* p) noexcept;        // sz 크기의 객체를 p의 위치에 지정한다.
void* operator new[](size_t sz, void* p) noexcept;       // sz 크기의 객체를 p의 위치에 지정한다.

void operator delete (void* p, void*) noexcept;    // if (p)가 0이 아니라면 *p는 유효하지 않다.
void operator delete[](void* p, void*) noexcept;   // if (p)가 0이 아니라면 *p는 유효하지 않다.
```

'위치 지정 delete' 연산자는 필요할 경우 가비지 컬렉터에게 delete된 포인터가 더 이상 안전하게 파생되지 않는다는 점을 알려주는 것 외에는 아무 일도 하지 않는다(34.5절).

위치 지정 new 연산자는 특정 영역의 메모리를 할당하는 데도 쓰일 수 있다.

```
class Arena {
public:
    virtual void* alloc(size_t) =0;
    virtual void free(void*) =0;
    // ...
};
void* operator new(size_t sz, Arena* a)
{
    return a->alloc(sz);
}
```

이제 서로 다른 Arena에 필요한 대로 임의의 타입의 객체를 할당할 수 있다. 다음 예를 살펴보자.

```
extern Arena* Persistent;
extern Arena* Shared;

void g(int i)
{
```

```
    X* p = new(Persistent) X(i);      // X는 영구 저장 공간에 있다.
    X* q = new(Shared) X(i);          // X는 공유 메모리에 있다.
    // ...
}
```

표준 자유 저장 공간 관리자의 (직접적) 제어를 받지 않는 영역에 객체의 위치를 지정할 수 있다는 사실은 객체를 소멸할 때 약간의 주의가 필요하다는 뜻이다. 이를 위한 기본적인 메커니즘은 소멸자를 명시적으로 호출하는 것이다.

```
void destroy(X* p, Arena* a)
{
    p->~X();            // 소멸자를 호출한다.
    a->free(p);         // 메모리를 해제한다.
}
```

자원 관리 클래스의 구현을 제외하고는 소멸자를 명시적으로 호출하는 일은 피해야 한다는 점을 명심하자. 자원 핸들 대부분은 new와 delete를 이용해서 작성될 수 있다. 하지만 명시적인 소멸자 호출을 이용하지 않고 표준 라이브러리 vector(4.4.1절, 31.3.3절) 수준의 효율적인 범용 컨테이너를 구현하기는 어려울 것이다. 그럼에도 초보 프로그래머는 소멸자를 명시적으로 호출하기 전에 최소한 세 번은 심사숙고하고, 좀 더 경험이 많은 동료에게도 문의를 해봐야 한다.

또한 위치 지정 new와 예외처리 메커니즘이 어떻게 맞물려 돌아가는지 보여주는 예제는 13.6.1절을 참고하기 바란다.

배열의 위치 지정에 대해서는 별다른 문법이 존재하지 않는다. 위치 지정 new로 임의의 타입을 할당할 수 있기 때문에 사실 그럴 필요가 없다. 하지만 배열을 위한 용도로 operator delete[]를 정의해 놓을 수도 있다(11.2.3절).

11.2.4.1 nothrow new

예외를 피해야 하는 프로그램에서는(13.1.5절) new와 delete의 nothrow 버전을 사용할 수 있다. 예를 들면 다음과 같다.

```
void f(int n)
{
    int* p = new(nothrow) int[n];     // 자유 저장 공간에 n개의 int를 할당한다.
    if (p==nullptr) {       // 이용 가능한 메모리가 없다.
        // ... 할당 오류를 처리한다...
    }
    // ...
    operator delete(p,nothrow);       // *p를 할당 해제한다.
}
void* operator new(size_t sz, const nothrow_t&) noexcept;   // sz 바이트를 할당한다.
                                          // 할당이 실패할 경우 nullptr을 반환한다.
void operator delete(void* p, const nothrow_t&) noexcept;   // new에 의해 할당된 공간을
                                          // 할당 해제한다.
void* operator new[](size_t sz, const nothrow_t&) noexcept;   // sz 바이트를 할당한다.
                                          // 할당이 실패할 경우 nullptr를 반환한다.
```

```
void operator delete[](void* p, const nothrow_t&) noexcept;      // new에 의해 할당된 공간을
                                                                  // 할당 해제한다.
```

이런 **operator new** 함수는 할당하기에 충분한 메모리가 없는 경우 **bad_alloc**을 던지는 대신 **nullptr**을 반환한다.

11.3 리스트

이름을 가진 변수를 초기화하는 용도 외에 {} 리스트는 많은(하지만 언제나 그렇지는 않다) 상황에서 표현식으로서 사용될 수 있다. {} 리스트는 두 가지 형태로 등장한다.

[1]   타입으로서 자격을 갖춘 **T{...}**는 "**T{...}**로 초기화되는 타입 **T**로 객체를 생성하라"는 뜻이다(11.3.2절).

[2]   자격을 갖추지 못한 **{...}**는 사용 상황에 따라 해당 타입이 결정돼야 한다(11.3.3절).

다음 예를 살펴보자.

```
struct S { int a, b; };
struct SS { double a, b; };

void f(S);         // f()는 S를 받아들인다.

void g(S);
void g(SS);        // g()는 오버로딩된다.

void h()
{
    f({1,2});      // OK: f(S{1,2})를 호출한다.

    g({1,2});      // 오류: 명확하지 않음
    g(S{1,2});     // OK: g(S)를 호출한다.
    g(SS{1,2});    // OK: g(SS)를 호출한다.
}
```

이름을 가진 변수에 사용될 때와 마찬가지로(6.3.5절) 리스트는 0, 1, 또는 그 이상의 원소를 가질 수 있다. {} 리스트는 어떤 타입의 객체를 생성하는 데 사용되므로, 원소의 개수와 그것의 타입은 해당 타입의 객체를 생성하는 데 필요한 것이어야 한다.

11.3.1 구현 모델

{} 리스트의 구현 모델은 세 가지로 분류된다.

• {} 리스트가 생성자 인자로 사용되는 경우의 구현은 {} 리스트를 이전에 사용할 때와 동일하다. 리스트 원소는 값에 의해 전달되는 생성자 인자를 제외하고는 복사되지 않는다.

• {} 리스트가 어떤 집합체(배열이나 생성자가 없는 클래스)의 원소를 초기화하는 데 사용되는 경우 각각의 리스트 원소가 집합체의 원소를 초기화한다. 리스트 원소는 집합체 원소 생성자에 값에 의해 전달되는 인자를 제외하고는 복사되지 않는다.

• {} 리스트가 **initializer_list** 객체를 생성하는 데 사용되는 경우 각 리스트 원소가

`initializer_list`의 기초 배열 원소를 초기화하는 데 사용된다. 원소는 일반적으로 `initializer_list`에서 사용 장소로 복사된다.

이것들은 우리가 {} 리스트의 의미 구조를 이해하기 위해 필요한 범용 모델이라는 점을 알아두자. 의미가 유지되는 선에서 컴파일러에 의해 효율적인 최적화가 적용될 수도 있다.

다음 예를 살펴보자.

```
vector<double> v = {1, 2, 3.14};
```

표준 라이브러리 **vector**는 초기화 식 리스트 생성자를 갖고 있으므로(17.3.4절), 초기화 식 리스트 {1,2,3.14}는 생성된 임시 객체로 해석돼 다음과 같이 활용된다.

```
const double temp[] = {double{1}, double{2}, 3.14 } ;
const initializer_list<double> tmp(temp,sizeof(temp)/sizeof(double));
vector<double> v(tmp);
```

즉, 컴파일러는 원하는 타입(여기서는 double)으로 변환된 초기화 식을 포함하고 있는 배열을 생성한다. 이 배열은 **vector**의 초기화 식 리스트 생성자에게 **initializer_list**로 전달된다. 이어서 초기화 식 리스트 생성자는 배열에서 원소에 해당하는 자신의 데이터 구조로 복사한다. **initializer_list**는 작은 객체(아마도 2개의 워드)이기 때문에 값으로 전달해도 타당하다는 점을 알아두자.

기초 배열은 불변적이므로 두 가지 용도에서 {} 리스트의 의미가 달라질 가능성은 없다(표준의 규칙 아래서는). 다음을 살펴보자.

```
void f()
{
    initializer_list<int> lst {1,2,3};

    cout << *lst.begin() << '\n';
    *lst.begin() = 2;                // 오류: lst는 불변적이다.
    cout << *lst.begin() << '\n';
}
```

특히 {} 리스트가 불변적이라는 점은 그것으로부터 원소를 받아들이는 컨테이너가 이동 연산이 아니라 복사 연산을 사용해야 한다는 뜻이다.

{} 리스트(및 그것의 기초 배열)의 수명은 그것이 사용되는 유효 범위에 의해 결정된다(6.4.2절). **initializer_list<T>** 타입의 변수를 초기화하는 데 사용되는 경우 리스트는 변수와 동일한 수명을 가진다. 표현식으로 사용되는 경우(vector<T> 같이 일부 다른 타입의 변수로 초기화하는 데 사용되는 경우 포함) 리스트는 전체 표현식이 끝날 때 소멸된다.

11.3.2 한정 리스트

표현식으로 활용되는 초기화 식 리스트란 개념은 다음과 같이 변수 x를 초기화할 수 있다면

```
T x {v};
```

T{v}나 new T{v}를 이용해서 표현식으로서 같은 값을 가진 객체를 생성할 수 있다는 데 바탕을 두고 있다. new를 이용하면 자유 저장 공간에 객체의 위치를 지정하고 그것을 가리키는 포인터를 반환하는 데 비해, '보통의 T{v}'는 지역 유효 범위로 임시 객체를 만든다(6.4.2절). 다음 예를 살펴보자.

```
struct S { int a, b; };

void f()
{
    S v {7,8};              // 변수의 직접적 초기화
    v = S{7,8};             // 한정 리스트를 이용한 대입
    S* p = new S{7,8};      // 한정 리스트를 이용해서 자유 저장 공간에 생성한다.
}
```

한정 리스트를 이용해서 객체를 생성하는 규칙은 직접적 초기화의 경우와 동일하다(16.2.6절).

하나의 원소를 가진 한정 초기화 식 리스트는 한 타입에서 다른 타입으로 변환이라는 관점으로 바라볼 수도 있다. 다음 예를 살펴보자.

```
template<typename T>
T square(T x)
{
    return x*x;
}

void f(int i)
{
    double d = square(double{i});
    com plex<double> z = square(complex<double>{i});
}
```

이런 관점에 대해서는 11.5.1절에서 좀 더 자세히 살펴보기로 한다.

11.3.3 무한정 리스트

무한정 리스트unqualified list는 예상되는 타입이 명확히 알려져 있는 경우에 사용된다. 무한정 리스트는 다음의 경우에만 표현식으로서 사용될 수 있다.

- 함수 인자
- 반환 값
- 대입 연산자(=, +=, *= 등)의 오른쪽 피연산자
- 첨자

다음 예를 살펴보자.

```
int f(double d, Matrix& m)
{
    int v {7};             // 초기화 식(직접적 초기화)
    int v2 = {7};          // 초기화 식(복사 초기화)
    int v3 = m[{2,3}];     // m이 첨자로 값 쌍을 받는다고 가정한다.
```

```
v ={8};                // 대입 연산의 오른쪽 피연산자
v += {88};             // 대입 연산의 오른쪽 피연산자
{v} = 9;               // 오류: 대입 연산의 왼쪽 피연산자는 안 됨
v = 7+{10};            // 오류: 대입이 아닌 연산자의 피연산자는 안 됨
f({10.0},m);           // 함수 인자
return {11};           // 반환 값
}
```

무한정 리스트가 대입 연산의 왼쪽 편에 허용되지는 않는 주된 이유는 C++ 문법이 복합문 (블록)의 해당 위치에서 {를 허용하기 때문에 가독성이 문제가 될 수 있는데다 모호성 해결 ambiguity resolution이 컴파일러에게 까다롭기 때문이다. 이 문제가 극복할 수 없는 정도는 아니지 만, 해당 방향으로는 C++를 확장시키지 않기로 결정됐다.

=(앞 코드에서는 v에 대해)를 사용하지 않고 이름을 가진 객체의 초기화 식으로 사용될 때 무한정 {} 리스트는 직접적 초기화(16.2.6절)를 수행한다. 이외의 모든 경우에는 복사 초기화(16.2.6절)를 수행한다. 특히 다른 경우에는 군더더기에 불과한 초기화 식의 =는 주어진 {} 리스트로 수행 될 수 있는 초기화의 집합을 제한하는 역할을 담당한다.

표준 라이브러리 타입 initializer_list<T>는 가변적인 {} 리스트의 길이를 처리하는 데 사용된다(12.2.3절). 이것의 가장 명백한 용도는 사용자 정의 컨테이너에 초기화 식 리스트 를 쓸 수 있게 해주는 것이지만, 직접적으로도 사용될 수도 있다. 예를 들면 다음과 같다.

```
int high_value(initializer_list<int> val)
{
    int high = numeric_traits<int>::lowest();
    if (val.size()==0) return high;

    for (auto x : val)
        if (x>high) high = x;

    return high;
}
int v1 = high_value({1,2,3,4,5,6,7});
int v2 = high_value({-1,2,v1,4,-9,20,v1});
```

{} 리스트는 동일한 타입으로 이뤄진 길이가 변하는 리스트를 다루는 데 있어서 가장 간편 한 방법이다. 하지만 원소가 0인 경우는 특수 사례가 될 수 있다는 점에 주의해야 한다. 그런 경우는 기본 생성자에 의해 처리돼야 한다(17.3.3절).

{} 리스트의 타입은 모든 원소가 동일한 타입일 경우에만 추론될 수 있다. 예를 들면 다음 과 같다.

```
auto x0 = {};          // 오류(원소 타입이 없음)
auto x1 = {1};         // initializer_list<int>
auto x2 = {1,2};       // initializer_list<int>
auto x3 = {1,2,3};     // initializer_list<int>
auto x4 = {1,2.0};     // 오류: 동종의 리스트가 아니다.
```

애석하게도 일반적인 템플릿 인자에 대한 무한정 리스트의 타입을 추론할 수는 없다. 다음 예를 살펴보자.

```
template<typename T>
void f(T);

f({});          // 오류: 초기화 식의 타입을 모른다.
f({1});         // 오류: 무한정 리스트가 "일반적인 T"와 일치하지 않는다.
f({1,2});       // 오류: 무한정 리스트가 "일반적인 T"와 일치하지 않는다.
f({1,2,3});     // 오류: 무한정 리스트가 "일반적인 T"와 일치하지 않는다.
```

"애석하다"고 말한 이유는 이것이 근본적인 규칙이라기보다는 언어상의 제약이기 때문이다. auto 초기화 식에 대해 그랬던 것과 똑같이 initializer_list<int>로서 이런 {} 리스트의 타입을 추론하는 것이 기술적으로 가능하다고 본다.

마찬가지로 템플릿으로 표시되는 컨테이너의 원소 타입을 추론할 수 없다. 예를 들면 다음과 같다.

```
template<typename T>
void f2(const vector<T>&);
f2({1,2,3});                    // 오류: T를 추론할 수 없다.
f2({"Kona","Sidney"});          // 오류: T를 추론할 수 없다.
```

이것 역시 애석하지만 언어의 기술적 관점에 보면 약간 더 이해가 가는 측면이 있다. 이 호출의 어디에서도 vector가 등장하지 않기 때문이다. T를 추론하려면 컴파일러는 우선적으로 사용자가 실제로 vector를 원하는지 판단한 다음, {1,2,3}을 받아들이는 생성자를 갖고 있는지 파악하기 위해 vector의 정의를 살펴봐야 한다. 일반적으로 이런 작업에는 vector의 인스턴스화가 필요할 것이다(26.2절). 이런 작업을 처리하는 것이 가능하긴 하겠지만, 컴파일 시간을 잡아먹으면서 f2()의 오버로딩된 버전이 많은 경우 모호성과 혼란을 야기할 수 있다는 점에서 주의를 기울여야 한다. f2()를 호출하려면 좀 더 구체적이어야 한다.

```
f2(vector<int>{1,2,3});              // OK
f2(vector<string>{"Kona","Sidney"}); // OK
```

11.4 람다 표현식

람다 표현식lambda expression은 때때로 람다 함수 또는 (엄격히 보면 맞지 않지만, 구어체로 표현한다면) 람다라고 불리기도 하는데, 이름이 없는 함수 객체를 정의하고 사용하기 위한 목적의 단순화된 표기법이다. operator()로 이름을 가진 클래스를 정의하고, 나중에 해당 클래스의 객체를 만들고, 최종적으로 그것을 호출하는 대신에 단축 방법을 사용하는 것이다. 이런 방식은 특히 연산을 인자로 알고리즘에 전달하고자 할 때 특히 유용하다. 그래픽 사용자 인터페이스(및 여타 부분)의 맥락에서 이런 처리는 종종 콜백callback이라고 불리기도 한다. 이번 절에서는 람다의 기술적 측면에 초점을 맞추는데, 람다 사용 기법은 다른 곳에서도 찾을 수 있다(3.4.3절, 32.4절, 33.5.2절).

람다 표현식은 연속된 몇 가지 부분으로 구성된다.

- 비어 있을 가능성이 있는 **캡처 리스트**capture list는 정의 환경에 있는 어떤 이름이 람다 표현식의 본체에서 사용될 수 있는지를 지정하고, 그런 이름들이 복사되는지 아니면 참조자에 의

해 접근되는지를 지정한다. 캡처 리스트는 []로 구분한다(11.4.3절).

- 선택적인 매개변수 리스트^{parameter list}는 람다 표현식에 어떤 인자가 필요한지 지정한다. 매개변수 리스트는 ()로 구분한다(11.4.4절).
- 선택적인 `mutable` 지정자는 람다 표현식의 본체가 람다의 상태를 변경(즉, 값에 의해 캡처된 변수에 대한 람다의 복제본을 변경)할 수 있는지를 알려준다(11.4.3.4절).
- 선택적인 `noexcept` 지정자
- 선택적인 -> 타입 양식의 반환 타입 선언(11.4.4절)
- 본체는 실행될 코드를 지정한다. 본체는 {}로 구분한다(11.4.3절).

인자 전달, 반환 결과 및 본체 지정에 대한 세부 사항은 함수와 유사하며, 12장에서 설명된다. 지역 변수를 '캡처'한다는 개념은 함수를 위한 것은 아니다. 이는 함수는 그렇게 못할지라도 람다는 지역 함수처럼 동작할 수 있다는 점을 의미한다.

11.4.1 구현 모델

람다 표현식은 다양한 방식으로 구현될 수 있으며, 최적화에 있어서는 몇 가지 좀 더 효과적인 방법이 존재한다. 하지만 람다를 함수 객체의 정의와 사용에 대한 단축 방법으로 생각하는 방식이 람다의 의미 구조 이해에 있어서 유용하다고 생각된다. 비교적 간단한 다음 예제를 살펴보자.

```
void print_modulo(const vector<int>& v, ostream& os, int m)
    // v[i]%m==0이면 v[i]를 os로 출력한다.
{
    for_each(begin(v),end(v),
        [&os,m](int x) { if (x%m==0) os << x << '\n'; }
    );
}
```

이 코드가 무슨 의미인지 살펴보기 위해 동등한 함수 객체를 정의해보자.

```
class Modulo_print {
    ostream& os;        // 캡처 리스트를 보관할 멤버
    int m;
public:
    Modulo_print(ostream& s, int mm) :os(s), m(mm) {}   // 캡처
    void operator()(int x) const
        { if (x%m==0) os << x << '\n'; }
};
```

캡처 리스트 [&os,m]은 두 개의 멤버 변수와 그것을 초기화하는 하나의 생성자가 된다. os 앞에 붙은 &는 참조자를 저장한다는 뜻이며, m에 &가 없는 것은 복제본을 저장한다는 뜻이다. 이러한 &의 사용은 함수 인자 선언에서 자신의 용도를 반영하는 것이다.

람다의 본체는 단순히 `operator()()`의 본체가 된다. 람다는 값을 반환하지 않기 때문에 `operator()()`는 void다. 기본 설정상 `operator()`는 const이므로, 람다 본체는 캡처된 변수

를 변경하지 않는다. 이것이 단연코 가장 일반적인 경우이긴 하지만 람다의 본체에서 람다의 상태를 변경하고 싶다면 람다는 **mutable**로 선언돼야 한다(11.4.3.4절). 이는 **operator()()** 가 **const**로 선언되지 않는 것에 해당한다.

람다로부터 생성되는 클래스의 객체는 **클로저 객체**^{closure object}라고 불린다. 이제 원래의 함수를 다음과 같이 고쳐서 작성할 수 있다.

```
void print_modulo(const vector<int>& v, ostream& os, int m)
    // v[i]%m==0이면 v[i]를 os로 출력한다.
{
    for_each(begin(v),end(v),Modulo_print{os,m});
}
```

람다가 (캡처 리스트 [&]를 이용해서) 참조자로 모든 지역 변수를 캡처할 가능성이 있다면 클로저 객체는 둘러싼 스택 프레임을 가리키는 포인터를 포함할 수 있도록 최적화될 수도 있다.

11.4.2 람다의 대안

print_modulo() 의 마지막 버전은 실제로 상당히 훌륭하며, 중요한 연산에 이름을 붙이는 것은 일반적으로 좋은 생각이다. 독립적으로 정의된 클래스 역시 일부 인자 리스트에 내장된 람다에 비해 주석을 달 수 있는 좀 더 많은 공간을 남겨준다.

하지만 많은 람다는 작고 단 한 번 사용될 뿐이다. 그런 용도에 있어 현실적인 대안은 단 한 번의 사용 직전에 정의되는 지역 클래스다. 다음 예를 살펴보자.

```
void print_modulo(const vector<int>& v, ostream& os, int m)
    // v[i]%m==0이면 v[i]를 os로 출력한다.
{
    class Modulo_print {
        ostream& os;         // 캡처 리스트를 보관할 멤버
        int m;
    public:
        Modulo_print (ostream& s, int mm) :os(s), m(mm) {}  // 캡처
        void operator()(int x) const
        { if (x%m==0) os << x << '\n'; }
    };
    for_each(begin(v),end(v),Modulo_print{os,m});
}
```

위와 비교하면 람다를 사용한 버전이 분명히 우월하다. 정말로 이름이 필요하다면 람다에 바로 이름을 붙일 수도 있다.

```
void print_modulo(const vector<int>& v, ostream& os, int m)
    // v[i]%m==0이면 v[i]를 os로 출력한다.
{
    auto Modulo_print = [&os,m] (int x) { if (x%m==0) os << x << '\n'; };
    for_each(begin(v),end(v),Modulo_print);
}
```

람다에 이름을 붙이는 것은 대부분 좋은 생각이다. 그렇게 하면 연산의 설계에 대해 좀

더 신중하게 생각할 수밖에 없다. 또한 코드 구조를 간단하게 만들어주고 재귀(11.4.5절)를 가능하게 해준다.

람다에 for_each()를 쓰는 것에 대한 대안으로 for문을 쓸 수 있다. 다음 예를 살펴보자.

```
void print_modulo(const vector<int>& v, ostream& os, int m)
    // v[i]%m==0이면 v[i]를 os로 출력한다.
{
    for (auto x : v)
        if (x%m==0)
            os << x << '\n';
}
```

많은 이가 이 버전이 그 어떤 람다 버전보다 명확하다고 느낄 것이다. 하지만 for_each는 약간 특수한 알고리즘이고, vector<int>는 상당히 특이한 컨테이너다. 좀 더 많은 컨테이너를 처리하기 위해 print_modulo()를 범용적으로 만들어 보자.

```
template<typename C, typename Fct>
void print_modulo(const C& v, ostream& os, int m, Fct f)
    // v[i]%m==0이면 v[i]를 os로 출력한다.
{
    for (auto x : v)
        if (f(x)%m==0)
            os << x << '\n';
}
```

이 버전은 vector에 대해서뿐만 아니라 map에 대해서도 멋지게 작동한다.

```
void test(vector<int>& v,map<string,int>& m)
{
    print_modulo(v,cout,99,[](int x){ return x; });
    print_modulo(m,cout,77,[](const pair<const string,int>& x){ return x.second; });
}
```

여기서는 람다를 이용해서 map의 값 타입이 pair(31.4.3.1절)인 문제를 처리했다.

C++의 범위 기반 for문은 시퀀스의 처음부터 끝까지 순회 탐색하는 특수한 경우에 특화돼 있다. STL 컨테이너는 그런 순회 탐색을 쉽고 무난하게 처리할 수 있다. 하지만 데이터 구조에 대한 임의의 순회 탐색을 이렇게 정의할 수도 있다. 즉, 각각의 원소에 대해 함수를 호출함으로써 적절한 순서로 원소를 탐색하는 함수로 정의하는 것이다. 다음 예를 살펴보자.

```
depth_first(c,[&os,m](int x){ if (x%m==0) os << x << '\n'; }); // for_each(32.4.1절)와 유사하다.
breadth_first(c,[&os,m](int x){ if (x%m==0) os << x << '\n'; });
every_second_element(c,[&os,m](int x){ if (x%m==0) os << x << '\n'; });
```

따라서 람다는 알고리즘으로 표현되는 범용 루프/순회 탐색구조를 위한 '본체'로 활용될 수 있다.

순회 탐색 알고리즘에 대한 인자로서 람다의 성능은 대응되는 루프와 동등하다(대부분 똑같다). 나는 이런 사실이 구현이나 플랫폼이 달라져도 거의 일관되게 유지된다는 점을 발견했다. 이는 '알고리즘과 람다의 조합'과 '본체를 가진 for문' 사이에서 어떤 쪽을 선택하느냐의 기준은 스타일 관점과 확장성과 유지 보수 편의성의 문제라는 점을 시사한다.

11.4.3 캡처

람다의 주된 용도는 인자로 전달될 코드를 지정하기 위한 것이다. 람다는 '인라인'으로 그것을 가능하게 해주므로, 다른 데 쓰일 수 있게 함수(또는 함수 객체)에 이름을 붙일 필요가 없다. 일부 람다는 자신의 지역 환경에 대한 접근을 요구하지 않는다. 그런 람다는 빈 람다 삽입기^{introducer} []로 정의된다. 다음 예를 살펴보자.

```
void algo(vector<int>& v)
{
    sort(v.begin(),v.end());    // 값을 정렬한다.
    // ...
    sort(v.begin(),v.end(),[](int x, int y) { return abs(x)<abs(y); }); // 절댓값을 정렬한다.
    // ...
}
```

지역 이름에 접근하고 싶다면 명확히 표시해야 하며, 그렇지 않을 경우 오류가 발생한다.

```
void f(vector<int>& v)
{
    bool sensitive = true;
    // ...
    sort(v.begin(),v.end(),
        [](int x, int y) { return sensitive ? x<y : abs(x)<abs(y); }  // 오류: sensitive에
                                                                       // 접근할 수 없다.
    );
}
```

여기서는 람다 삽입기^{lambda introducer} []를 사용했다. 이것은 가장 간단한 람다 삽입기로 람다가 호출 환경 내의 이름을 참조하는 것을 허용하지 않는다. 람다 표현식의 첫 번째 문자는 항상 [다. 람다 삽입기는 다양한 형태를 띨 수 있다.

- [] 빈 캡처 리스트. 이는 주위 환경의 지역 이름이 람다 본체에서 사용될 수 없다는 의미다. 그런 람다 표현식의 경우에는 인자나 비지역적인 변수로부터 데이터를 얻는다.
- [&] 참조에 의한 암시적 캡처. 모든 지역 이름이 사용될 수 있다. 모든 지역 변수는 참조자로 접근한다.
- [=] 값에 의한 암시적 캡처. 모든 지역 이름이 사용될 수 있다. 모든 이름은 람다 표현식의 호출 시점에 받아들여진 지역 변수의 복사본을 참조한다.
- [캡처 리스트] 명시적인 캡처. 캡처 리스트는 참조 또는 값에 의해 캡처될(즉, 객체에 저장될) 지역 변수의 이름으로 이뤄진 리스트다. 앞에 &가 붙은 이름을 가진 변수들은 참조로 캡처된다. 다른 변수들은 값에 의해 캡처된다. 또한 캡처 리스트는 this와 ...이 뒤에 붙는 이름을 원소로 포함할 수 있다.
- [&, 캡처 리스트] 리스트에 언급되지 않은 이름을 가진 모든 지역 변수를 참조에 의해 암시적으로 캡처한다. 이 캡처 리스트는 this를 포함할 수 있다. 리스트에 포함되는 이름은

앞에 &가 붙을 수 없다. 캡처 리스트에 이름을 가진 변수는 값에 의해 캡처된다.

- **[=, 캡처 리스트]** 리스트에 언급되지 않은 이름을 가진 모든 지역 변수를 값에 의해 암시적으로 캡처한다. 이 캡처 리스트는 **this**를 포함할 수 없다. 리스트에 포함되는 이름은 앞에 &가 붙어야 한다. 캡처 리스트에 이름을 가진 변수는 참조에 의해 캡처된다.

앞에 &가 붙는 지역 이름은 항상 참조에 의해 캡처되고 앞에 &가 붙지 않는 지역 이름은 항상 값에 의해 캡처된다는 점에 유의한다. 참조에 의해 캡처될 때만 호출 환경 내에서 변수를 수정할 수 있다.

캡처 리스트 형태는 호출 환경의 어떤 이름이 사용되고 어떻게 사용되는지에 대해 세밀한 제어를 하는 데 활용된다. 다음 예를 살펴보자.

```
void f(vector<int>& v)
{
    bool sensitive = true;
    // ...
    sort(v.begin(),v.end()
        [sensitive](int x, int y) { return sensitive ? x<y : abs(x)<abs(y); }
    );
}
```

캡처 리스트에서 sensitive를 언급함으로써 그것이 람다 내에서 접근 가능하게끔 만들었다. 이렇게 지정함으로써 복사본 전달이 기본인 인자 전달과 마찬가지로, senstive가 반드시 '값에 의해' 캡처되도록 만들게 된다. sensitive를 '참조에 의해' 캡처되게 만들고 싶다면 캡처 리스트 내에서 sensitive 앞에 &를 추가해서 [&sensitive]와 같이 만들어야 한다.

값에 의한 캡처와 참조에 의한 캡처 사이의 선택은 기본적으로 함수 인자의 선택과 동일하다(12.2절). 캡처된 객체에 쓰기를 할 필요가 있거나 객체가 큰 경우에는 참조를 이용한다. 하지만 람다의 경우에는 람다가 자신의 호출자보다 오래 살아남을 수 있다는 또 다른 문제가 있다(11.4.3.1절). 람다를 다른 스레드로 전달할 때는 대개 값에 의한 캡처([=])가 최선이다. 참조자나 포인터를 통해 다른 스레드의 스택에 접근하는 것은 가장 끔찍한 문제를(성능이나 정확성에 있어) 일으킬 우려가 있으며, 종료된 스레드의 스택에 접근하려고 시도하다보면 지극히 찾기 어려운 오류가 생길 수도 있다.

가변 인자 템플릿^{variadic template}(28.6절) 인자를 캡처할 필요가 있다면 ...을 사용하기 바란다. 예를 들면 다음과 같다.

```
template<typename... Var>
void algo(int s, Var... v)
{
    auto helper = [&s,&v...] { return s*(h1(v...)+h2(v...)); };
    // ...
}
```

캡처에 대해서는 쓸데없이 잔머리를 쓰게 될 수 있으니 조심하기 바란다. 캡처와 인자 전달 사이에서 선택의 기로에 설 경우가 자주 있을 것이다. 그런 경우는 대개 캡처 쪽이 입력할 것은 적지만 혼동의 여지는 가장 큰 편이다.

11.4.3.1 람다와 수명

람다는 호출자보다 오래 살아남을 수 있다. 람다를 다른 스레드에 전달하거나 피호출자가 람다를 차후에 사용하기 위해 딴 곳에 저장할 경우 이런 현상이 발생할 수 있다. 다음 예를 살펴보자.

```
void setup(Menu& m)
{
    // ...
    Point p1, p2, p3;
    // ... p1, p2, p3의 위치를 계산한다...
    m.add("draw triangle",[&]{ m.draw(p1,p2,p3); }); // 문제가 터질 가능성
    // ...
}
```

add()가 (name,action) 쌍을 메뉴에 추가하고 draw() 연산이 타당하다고 가정해보면 시한 폭탄이 남겨진다. setup()이 종료되고 차후에(아마도 몇 분 후) 사용자가 draw triangle 버튼을 누르면 람다는 오래 전에 사라진 지역 변수에 접근하려고 시도하고 문제가 터질 것이다. 참조자에게 붙잡힌 변수에 출력했던 람다는 이런 상황에서는 더욱 심각해질 것이다.

람다가 호출자보다 오래 살아남을 가능성이 있는 경우에는 반드시 (존재한다면) 모든 지역 정보가 클로저 객체로 복사되고, 값들이 return 메커니즘(12.1.4절)이나 적절한 인자를 통해 반환 되도록 만들어야 한다. setup() 예제의 경우에는 이런 사항들을 어렵지 않게 구현할 수 있다.

```
m.add("draw triangle",[=]{ m.draw(p1,p2,p3); });
```

캡처 리스트는 클로저 객체에 대한 초기화 식 리스트로, [=]나 [&]는 단축 표기법으로 간주하기 바란다(11.4.1절).

11.4.3.2 네임스페이스 이름

네임스페이스 변수는 항상 접근 가능하기 때문에(유효 범위 안에 있다면) 그것들을 '캡처'할 필요는 없다(전역 변수도 마찬가지).

```
template<typename U, typename V>
ostream& operator<<(ostream& os, const pair<U,V>& p)
{
    return os << '{' << p.first << ',' << p.second << '}';
}
void print_all(const map<string,int>& m, const string& label)
{
    cout << label << ":\n{\n";
    for_each(m.begin(),m.end(),
        [](const pair<string,int>& p) { cout << p << '\n'; }
    );
    cout << "}\n";
}
```

여기서는 cout이나 **pair**에 대한 출력 연산자를 캡처하지 않아도 된다.

11.4.3.3 람다와 this

멤버 함수에 쓰인 람다에서 클래스 객체의 멤버에 접근하려면 어떻게 해야 할까? 캡처 리스트에 **this**를 추가함으로써 캡처 후보 이름 집합에 클래스 멤버를 포함시킬 수 있다. 이 방법은 멤버 함수의 구현에서 람다를 사용하고 싶을 때 이용한다. 예를 들어 요청을 취합해서 결과를 뽑아내는 데 쓰이는 클래스를 살펴보자.

```
class Request {
    function<map<string,string>(const map<string,string>&)> oper;    // 연산
    map<string,string> values;                  // 인자
    map<string,string> results;                 // 결과
public:
    Request(const string& s);                   // 요청을 구문 분석하고 저장한다.

    future<void> execute()      // 비동기적으로 실행한다(5.3.5절, 42.4.6절).
    {
        return async([this]() { results=oper(values); });  // 결과를 산출하기 위해 값에
                                                           // oper를 실행한다.
    }
};
```

멤버는 언제나 참조자에 의해 캡처된다. 즉, [this]는 멤버들이 람다에 복사되지 않고, **this**를 통해 접근된다는 점을 암시한다. 안타깝지만 [this]와 [=]는 호환되지 않는다. 이는 부주의하게 사용하면 멀티스레드 프로그램에서 경합 조건이 생겨날 수 있다는 뜻이다.

11.4.3.4 mutable 람다

대개는 함수 객체(클로저 객체)의 상태를 변경할 필요가 없기 때문에 기본 설정상 그런 변경은 불가능하게 돼 있다. 즉, 생성된 함수 객체에 대한 **operator()()**(11.4.1절)는 **const** 멤버 함수란 뜻이다.

상태를 변경해야 하는 이벤트가 혹시라도 생긴다면(참조자에 의해 캡처된 일부 변수의 상태를 변경하는 것과는 다르다. 11.4.3절) 람다를 **mutable**로 선언할 수 있다. 예를 들면 다음과 같다.

```
void algo(vector<int>& v)
{
    int count = v.size();
    std::generate(v.begin(),v.end(),
        [count]()mutable{ return --count; }
    );
}
```

--count는 클로저 객체에 저장된 v의 크기를 감소시킨다.

11.4.4 호출과 반환

람다에 인자를 전달하는 규칙은 함수에 대한 것과 동일하며(12.2절), 결과 반환 규칙도 마찬가

지다(12.1.4절). 사실상 캡처 규칙(11.4.3절)을 제외하고는 람다에 대한 대부분의 규칙은 함수와 클래스로부터 빌려온 것이다. 하지만 두 가지 변칙적인 사항에 유의해야 한다.

[1] 람다 표현식이 아무 인자도 받아들이지 않는 경우에는 인자 리스트가 생략될 수 있다. 따라서 가장 짧은 람다 표현식은 []{}다.

[2] 람다 표현식의 반환 타입은 그것의 본체로부터 추론될 수 있다. 안타깝게도 함수에서 도 역시 그렇지는 않다.

람다 본체에 **return**문이 포함돼 있지 않다면 람다의 반환 타입은 void다. 람다 본체가 단 하나의 **return**문으로 구성돼 있다면 람다의 반환 타입은 **return** 표현식의 타입이 된다. 그 어느 쪽에도 해당되지 않는다면 명시적으로 반환 타입을 제공해야 한다. 예를 들면 다음과 같다.

```
void g(double y)
{
    auto z0 = [&]{ f(y); };                           // 반환 타입은 void
    auto z1 = [=](int x){ return x+y; };              // 반환 타입은 double
    auto z2 = [y]{ if (y) return 1; else return 2; }; // 오류: 본체가 너무 복잡하다.
                                                      // 반환 타입 추론을 위해
    auto z3 =[y]() { return (y) ? 1 : 2; };           // 반환 타입은 int
    auto z4 = [y]()->int { if (y) return 1; else return 2; };// OK: 명시적 반환 타입
}
```

접미사 반환 타입이 사용된 때는 인자 리스트를 생략할 수 없다.

11.4.5 람다의 타입

람다 표현식의 최적화된 버전을 제공하기 위해 람다 표현식은 정확한 타입이 정의되지 않는다. 이런 타입은 **폐쇄 타입**closure type이라고 불리는데, 람다에 특유한 것이므로 어떤 두 개의 람다일지라도 동일한 타입을 가질 수 없다. 두 람다가 동일한 타입을 가진다면 템플릿 인스턴스화 메커니즘이 혼동을 일으킬 수 있다. 람다 표현식을 11.4.1절에 소개된 스타일의 함수 객체로 생각해보기 바란다. 람다는 생성자와 **const** 멤버 함수 **operator()()** 를 가진 지역 클래스 타입이다. 람다를 인자로서 활용하는 것 외에도 람다를 이용해서 **auto**나 **std::function<R(AL)>**로 선언된 변수를 초기화할 수 있는데, 여기서 **R**은 람다의 반환 타입이고, **AL**은 타입의 인자 리스트다(33.5.3절).

예를 들어 C 스타일 문자열에서 문자들의 위치를 거꾸로 바꾸기 위해 람다를 작성해보자.

```
auto rev = [&rev](char* b, char* e)
        { if (1<e-b) { swap(*b,*--e); rev(++b,e); } };        // 오류
```

하지만 타입이 추론되기 전에 **auto** 변수를 사용할 없기 때문에 이 코드는 가능하지 않다. 대신 어떤 이름을 도입한 후 그것을 이용할 수 있다.

```
void f(string& s1, string& s2)
{
```

```
function<void(char* b, char* e)> rev =
    [](char* b, char* e) { if (1<e-b) { swap(*b,*--e); rev(++b,e); } };
rev(&s1[0],&s1[0]+s1.size());
rev(&s2[0],&s2[0]+s2.size());
}
```

이제 rev의 타입은 사용되기 전에 지정된다.

재귀적으로 사용할 생각은 없고 람다^{lamda}에 이름을 붙이는 것만이 목적이라면 auto로 간단히 구현할 수 있다.

```
void g(string& vs1, string& vs2)
{
    auto rev = [](char* b, char* e) { while (1<e-b) swap(*b++,*--e); };
    rev(&s1[0],&s1[0]+s1.size());
    rev(&s2[0],&s2[0]+s2.size());
}
```

아무것도 캡처하지 않는 람다는 적절한 타입의 함수를 가리키는 포인터에 대입될 수 있다. 예를 들면 다음과 같다.

```
double (*p1)(double) = [](double a) { return sqrt(a); };
double (*p2)(double) = [&](double a) { return sqrt(a); };   // 오류: 람다가 캡처한다.
double (*p3)(int) = [](double a) { return sqrt(a); };   // 오류: 인자 타입이 일치하지 않는다.
```

11.5 명시적 타입 변환

때때로 우리는 한 타입의 값을 다른 타입의 값으로 변환해야 한다. 그러한 변환 중 대다수는 (아마도 지나칠 정도로 많이) 언어 규칙에 따라 암시적으로 행해진다(2.2.2절, 10.5절). 예를 들면 다음과 같다.

```
double d = 1234567890;        // 정수에서 부동소수점으로
int i = d;                     // 부동소수점에서 정수로
```

경우에 따라서는 명시적이어야 한다.

논리적인 이유와 역사적 이유로 인해 C++는 편의성과 안전성에 있어 다양한 명시적 타입 변환 연산을 제공한다.

- {}를 이용한 생성은 타입 안전적인 새로운 값의 생성을 제공한다(11.5.1절).
- 이름을 가진 변환은 다양한 수준의 난관이 도사리고 있는 변환을 제공한다.
- const로 선언된 뭔가에 쓰기 접근을 얻기 위한 const_cast(7.5절)
- 명확하게 정의된 암시적 변환을 되돌리는 static_cast(11.5.2절)
- 비트 패턴의 의미를 바꾸는 reinterpret_cast(11.5.2절)
- 동적으로 체크되는 클래스 계층 구조 탐색을 위한 dynamic_cast(22.2.1절)
- C 스타일 캐스트는 이름 있는 변환을 모두 지원하고 그것들의 일부 조합까지 지원한다 (11.5.3절).

- 함수 표기는 C 스타일 캐스트에 대한 다른 표기법을 제공한다(11.5.4절).

이들 변환의 순서는 나의 개인적인 취향과 사용 안전성에 따라 매겨졌다.

{} 생성 표기를 제외하고는 나는 이것들을 좋아한다고 말할 수는 없지만, 그래도 dynamic_cast는 런타임에 체크된다. 두 개의 스칼라 수치 타입 사이의 변환에 대해서는 직접 만든 명시적 변환 함수인 narrow_cast를 즐겨 쓰는 편인데, 여기서는 값에 축소 변환이 일어날 수 있다.

```
template<typename Target, typename Source>
Target narrow_cast(Source v)
{
    auto r = static_cast<Target>(v);            // 값을 목표 타입으로 변환한다.
    if (static_cast<Source>(r)!=v)
        throw runtime_error("narrow_cast<>() failed");
    return r;
}
```

즉, 어떤 값을 목표 타입으로 변환할 수 있고, 결과를 원래 타입으로 되돌려서 원래의 값을 다시 얻을 수만 있다면 나는 결과에 만족한다. 그것이 바로 C++가 {} 초기화에서 값에 적용하는 규칙을 일반화한 것이다(6.3.5.2절). 다음 예를 살펴보자.

```
void test(double d, int i, char* p)
{
    auto c1 = narrow_cast<char>(64);
    auto c2 = narrow_cast<char>(-64);       // char가 부호가 없다면 예외를 던질 것이다.
    auto c3 = narrow_cast<char>(264);       // char가 8비트라면 예외를 던질 것이다.

    auto d1 = narrow_cast<double>(1/3.0F);  // OK
    auto f1 = narrow_cast<float>(1/3.0);    // 아마도 예외를 던질 듯하다.

    auto c4 = narrow_cast<char>(i);         // 예외를 던질지도 모른다.
    auto f2 = narrow_cast<float>(d);        // 예외를 던질지도 모른다.

    auto p1 = narrow_cast<char*>(i);        // 컴파일 타임 오류
    auto i1 = narrow_cast<int>(p);          // 컴파일 타임 오류

    auto d2 = narrow_cast<double>(i); // 예외를 던질 수 있다(하지만 그렇게는 하지 않을 것이다).
    auto i2 = narrow_cast<int>(d);          // 예외를 던질 수 있다.
}
```

부동소수점 숫자의 활용 상황에 따라 부동소수점 변환에 대해 !=보다 범위 테스트를 시행하는 것이 의미가 있을 수 있다. 범위 테스트는 특수화(25.3.4.1절)나 타입 특성 정보(35.4.1절)를 통해 손쉽게 처리될 수 있다.

11.5.1 생성

값 e로 타입 T의 값을 생성하는 것은 T{e} 표기(iso.8.5.4절)로 표현될 수 있다. 예를 들면 다음과 같다.

```
auto d1 = double{2};        // d1==2.0
double d2 {double{2}/4};    // d2==0.5
```

`T{v}` 표기의 장점 중 하나는 '제대로 동작하는' 변환만 수행할 것이라는 점이다. 다음 예를 살펴보자.

```cpp
void f(int);
void f(double);

void g(int i, double d)
{
    f(i);                           // f(int)를 호출한다.
    f(double{i});                   // 오류: {}는 int에서 부동소수점으로의 변환을 허용하지 않는다.

    f(d);                           // f(double)을 호출한다.
    f(int{d});                      // 오류: {}는 잘라내지 않는다.
    f(static_cast<int>(d));         // 잘려나간 값으로 f(int)를 호출한다.

    f(round(d));                    // 반올림된 값으로 f(double)을 호출한다.
    f(static_cast<int>(lround(d))); // 반올림된 값으로 f(int)를 호출한다.
                                    // round(d)가 int에 전부 들어가지 못하면 여전히 잘려 나가게 된다.
}
```

나는 부동소수점 숫자의 버림^{truncation}(예를 들어 7.9가 7로 되는 것)이 '제대로 된 동작'이라고 생각하지 않기 때문에 그것이 의도된 경우에는 명시적으로 표현하기를 권장한다. 반올림을 원하는 경우라면 표준 라이브러리 함수 `round()`를 이용할 수 있다. 이 함수는 '전통적인 4/5 반올림'을 수행한다. 즉 7.9는 8로, 7.4는 7로 처리하는 것이다.

`{}` 생성이 int에서 double로의 변환을 허용하지 않는다는 사실은 약간 놀라울 수도 있겠지만, int의 크기가 double의 크기와 동일하다면(이런 경우가 드물지 않기 때문에) 그러한 변환에서는 정보 손실이 일어날 것이다. 다음 예를 살펴보자.

```cpp
static_assert(sizeof(int)==sizeof(double),"unexpected sizes");

int x = numeric_limits<int>::max();    // 가능한 최대의 정수
double d = x;
int y = d;
```

`x==y`란 결과가 나오지는 않을 것이다. 하지만 그럼에도 정확히 표시될 수 있는 정수 리터럴로 double을 초기화할 수 있다. 다음 예를 살펴보자.

```cpp
double d { 1234 };     // 문제없음
```

원하는 타입으로 명시적으로 자격을 부여하면 위험한 변환을 허용하지 않는다. 다음 예를 살펴보자.

```cpp
void g2(char* p)
{
    int x = int{p};         // 오류: char*에서 int로의 변환은 허용되지 않는다.
    using Pint = int*;
    int* p2 = Pint{p};      // 오류: char*에서 int*로의 변환은 허용되지 않는다.
    // ...
}
```

`T{v}`에 대해 '합리적으로 제대로 동작하는' 변환이란 v에서 T로 '축소가 일어나지 않는'(10.5절) 변환이나 T에 대한 적절한 생성자를 갖는 것으로 정의된다(17.3절).

생성자 표기 T{}는 타입 T의 기본 값을 표현하는 데 사용된다. 다음 예를 살펴보자.

```
template<typename T> void f(const T&);

void g3()
{
    f(int{});                       // 기본 int 값
    f(complex<double>{});           // 기본 complex 값
    // ...
}
```

기본 제공 타입에 대해 생성자를 명시적으로 사용한 값은 해당 타입으로 변환된 0이다 (6.3.5절). 따라서 int{}는 0을 출력하는 또 다른 방법인 셈이다. 사용자 정의 타입 T에 대해 T{}는 기본 생성자에 의해 정의되거나(32.1.1절, 17.6절), 가능하다면 다른 방법으로 각 멤버의 기본 생성, MT{}에 의해 정의된다.

명시적으로 생성된 이름 없는 객체는 임시 객체이며, (참조자에 연결돼 있지 않는 한) 그들의 수명은 그들이 사용되고 있는 전체 표현식에 의해 한정된다(6.4.2절). 이런 측면에서 이들은 new를 이용해서 새성된 이름 없는 객체와는 다르다(11.2절).

11.5.2 이름 있는 캐스트

타입 변환 중 일부는 제대로 동작하지 않거나 타입 체크가 용이하지 않다. 그것들은 명확하게 정의된 인자 값의 집합으로부터 간단하게 생성된 값이 아니다. 다음 예를 살펴보자.

```
IO_device* d1 = reinterpret_cast<IO_device*>(0Xff00); // 0Xff00에 있는 장치
```

컴파일러가 0Xff00이 유효한 주소(입출력 장치 레지스터의)인지를 알 길이 없다. 결과적으로 변환의 정확성은 전적으로 프로그래머의 손에 달려 있다. 어떤 경우에는 캐스팅^{casting}이라고 불리는 명시적 타입 변환이 필수적이다. 하지만 전통적으로 캐스팅은 지나치게 과용되고 있으며, 오류의 주원인이기도 하다.

명시적 타입 변환이 필요한 또 한 가지 전통적인 사례는 '원시 메모리'를 다룰 때다. 원시 메모리란 컴파일러가 모르는 타입의 객체를 보관하고 있거나 보관하게 될 메모리를 말한다. 예를 들어 메모리 할당자(operator new() 등의, 11.2.3절)가 새로 할당된 메모리를 가리키는 void*를 반환하는 경우를 살펴보자.

```
void* my_allocator(size_t);
void f()
{
    int* p = static_cast<int*>(my_allocator(100));     // int로 사용되는 새로운 할당
    // ...
}
```

컴파일러는 void*가 가리키는 객체의 타입을 알지 못한다.

이름 있는 캐스트의 배경이 되는 생각은 타입 변환을 좀 더 가시적으로 만들고 프로그래머 가 캐스트의 의도를 표현할 수 있게 하자는 것이다.

- `static_cast`는 연관돼 있는 타입 간의 변환을 처리하는데, 같은 클래스 계층 구조 내에서 한 포인터 타입에서 다른 타입으로의 변환, 통합 정수 타입에서 열거형으로의 변환 또는 부동소수점 타입에서 통합 정수 타입으로의 변환이 그런 예다. 또한 `static_cast`는 생성자에 의해 정의된 변환(16.2.6절, 18.3.3절, iso.5.2.9절)과 변환 연산자에 의해 정의된 변환(18.4절)을 처리한다.
- `reinterpret_cast`는 관련이 없는 타입 간의 변환을 처리하는데, 정수에서 포인터로의 변환이나 포인터에서 무관한 포인터 타입(iso.5.2.10절)이 그런 예다.
- `const_cast`는 단지 const와 volatile 자격에서만 차이가 있는 타입 간의 변환을 처리한다.
- `dynamic_cast`는 포인터와 참조자에서 클래스 계층 구조 속으로의 런타임 체크되는 변환을 처리한다(22.2.1절, ios.5.2.7절).

이름 있는 캐스트 사이의 이런 차이 덕택에 컴파일러는 몇 가지 최소한의 타입 체크만 적용해도 되고, 프로그래머는 `reinterpret_cast`와 같이 좀 더 위험한 변환을 쉽게 찾아볼 수 있다. 일부 `static_cast`는 이식 가능하지만, `reinterpret_cast`는 거의 이식이 불가능하다. `reinterpret_cast`에 대해서는 거의 아무런 보장이 없지만, 대체적으로 이 캐스트는 자신의 인자와 같은 비트 패턴을 가진 새로운 타입의 값을 만들어 낸다. 목표 타입이 최소한 원래 값과 같은 개수의 비트를 갖고 있다면 결과를 `reinterpret_cast`로 원래 타입으로 되돌린 다음에 다시 사용할 수 있다. `reinterpret_cast`의 결과는 결과가 정확하게 원래 타입으로 복구 변환될 경우에만 사용 가능성이 보장된다. `reinterpret_cast`는 함수를 가리키는 포인터에 대해 사용돼야 하는 종류의 변환이라는 점에 유의한다(12.5절). 다음을 살펴보자.

```
char x = 'a';
int* p1 = &x;                       // 오류: char*에서 int*로의 암시적 변환은 허용되지 않는다.
int* p2 = static_cast<int*>(&x);    // 오류: char*에서 int*로의 암시적 변환은 허용되지 않는다.
int* p3 = reinterpret_cast<int*>(&x);   // OK: 결과는 우리의 책임이다.
struct B { /* ... */ };
struct D : B { /* ... */ };         // 3.2.2절과 20.5.2절을 참고한다.

B* pb = new D;                      // OK: D*에서 B*로의 암시적 변환
D* pd = pb;                         // 오류: B*에서 D*로의 암시적 변환은 허용되지 않는다.
D* pd = static_cast<D*>(pb);        // OK
```

클래스 포인터와 클래스 참조자 타입 사이에서의 변환은 22.2절에서 다룬다.

명시적 타입 변환을 사용하고 싶은 유혹을 느낀다면 시간을 두고 그것이 정말로 필요한지 검토해보기 바란다. C++에서 명시적 타입 변환은 C에서 그것이 필요한 경우 중 대부분에서 불필요한 데다(1.3.3절) 초기 버전 C++에서 필요했던 경우에서조차 대다수의 경우 불필요하다(1.3.2절, 44.2.3절). 많은 프로그램에서 명시적 타입 변환은 전혀 사용하지 않아도 된다. 다른 경우에도 그것의 활용은 몇 가지 루틴에 국한될 수 있다.

11.5.3 C 스타일 캐스트

C로부터 C++는 (T)e란 표기를 계승했는데, 이 표기는 표현식 e에서 타입 T 값을 만들기 위해 static_casts, reinterpret_casts, const_casts의 조합으로 표현될 수 있는 모든 변환을 수행한다(44.2.3절). 유감스럽게도 C 스타일 캐스트는 클래스를 가리키는 포인터에서 해당 클래스의 비공개 기반 클래스로도 캐스트할 수 있다. 그런 캐스트는 절대 금지해야 하며, 그것을 실수로 저질렀을 때 컴파일러가 경고를 보내주리라 기대하지 말아야 한다. C 스타일 캐스트는 이름 있는 변환 연산자에 비해 훨씬 위험하다. 해당 표기가 대규모 프로그램에서는 찾아내기 어려운 데다 프로그래머가 어떤 종류의 변환을 의도했는지가 명확하지 않기 때문이다. 즉, T(e)는 관련된 타입 간의 이식 가능한 변환을 처리하는 것일 수도 있고, 관련 없는 타입 간의 이식 불가능한 변환을 처리하는 것일 수도 있으며, 또는 포인터 타입에서 const 수정자를 제거하는 것일 수도 있다. T와 e의 정확한 타입을 모른다면 알 길이 없다.

11.5.4 함수 스타일 캐스트

값 e에서 T 타입 값을 생성하는 것은 함수형 표기 T(e)로 표현될 수 있다. 예를 들면 다음과 같다.

```
void f(double d)
{
    int i = int(d);             // d를 잘라낸다.
    complex z = complex(d);     // d로부터 complex를 만든다.
    // ...
}
```

T(e) 구조는 때로는 함수 스타일 캐스트라고 불리기도 한다. 유감스럽게도 기본 제공 타입에 대해서 T(e)는 (T)e와 똑같다(11.5.3절). 이는 많은 기본 제공 타입에 대해 T(e) 안전하지 않다는 뜻이다.

```
void f(double d, char* p)
{
    int a = int(d);             // 잘라낸다.
    int b = int(p);             // 이식 불가능하다.
    // ...
}
```

좀 더 긴 정수 타입을 더 짧은 정수 타입으로 명시적 변환하는 경우(long에서 char로)에서조차 이식 불가능한 구현별 정의 동작이란 결과를 낳을 수 있다.

제대로 동작하는 생성에 대해서는 T{v}를 우선 사용하고 기타 변환에 대해서는 이름 있는 캐스트(static_cast 등)를 우선 사용하기 바란다.

11.6 조언

[1] 접미사 ++보다 접두사 ++를 우선 사용한다(11.1.4절).

[2] 자원 핸들을 이용해서 누출, 때 이른 소멸, 이중 소멸을 피한다(11.2.1절).

[3] 꼭 그럴 필요가 없다면 객체를 자유 저장 공간에 넣지 않는다. 유효 범위를 가진 변수를 우선 사용한다(11.2.1절).

[4] '무방비의 new'나 '무방비의 delete'는 피한다(11.2.1절).

[5] RAII를 사용한다(11.2.1절).

[6] 연산이 주석을 필요로 하는 경우라면 람다보다 이름을 가진 함수 객체를 우선 사용한다(11.4.2절).

[7] 연산이 범용적으로 유용하다면 람다보다 이름을 가진 함수 객체를 우선 사용한다(11.4.2절).

[8] 람다는 짧게 만든다(11.4.2절).

[9] 유지 보수성과 정확성을 위해 참조자에 의한 캡처에 대해서는 신중을 기한다(11.4.3.1절).

[10] 컴파일러가 람다의 반환 타입을 추론하게 만든다(11.4.4절).

[11] 생성에는 T{e} 표기법을 사용한다(11.5.1절).

[12] 명시적 타입 변환(캐스트)은 피한다(11.5절).

[13] 명시적 타입 변환이 필요한 경우에는 이름 있는 캐스트를 우선 사용한다(11.5절).

[14] 수치 타입 간의 변환에는 narrow_cast<>() 같은 런타임 체크 캐스트의 사용을 고려한다(11.5절).

12

함수

모든 광신도에게 죽음을!

— 역설

- 함수 선언 왜 함수인가? 함수 선언문의 구성, 함수 정의, 값 반환, inline 함수, constexpr 함수, [[noreturn]] 함수, 지역 변수
- 인자 전달 참조자 인자, 배열 인자, 리스트 인자, 인자 개수가 지정되지 않은 경우 기본 인자
- 오버로딩 함수 자동 오버로딩 해결, 오버로딩과 반환 타입, 오버로딩과 유효 범위, 다중 인자에 대한 해결, 수동 오버로딩 해결
- 선행 및 후행 조건
- 함수를 가리키는 포인터
- 매크로 조건부 컴파일, 미리 정의된 매크로, 프라그마
- 조언

12.1 함수 선언

C++ 프로그램에서 뭔가를 처리하는 주된 방법은 그 일을 수행할 함수를 호출하는 것이다. 함수 정의란 어떤 작업이 어떻게 진행될지 지정하는 방법이다. 함수는 이전에 선언되지 않았다면 호출될 수 없다.

함수 선언은 함수의 이름, 반환될 값의 타입(존재할 경우) 및 호출에서 주어져야 할 인자의 개수와 타입을 부여한다. 다음 예를 살펴보자.

```
Elem* next_elem();          // 인자가 없다. Elem*를 반환한다.
void exit(int);             // int 인자, 아무것도 반환하지 않는다.
double sqrt(double);        // double 인자, double을 반환한다.
```

인자 전달의 의미 구조는 복사 초기화의 의미 구조와 동일하다(16.2.6절). 인자 타입이 체크되며, 필요할 경우 암시적 인자 타입 변환이 일어난다. 다음 예를 살펴보자.

```
double s2 = sqrt(2);          // 인자 double(2)로 sqrt()를 호출한다.
double s3 = sqrt("three");    // 오류: sqrt()는 double 타입의 인자를 필요로 한다.
```

이러한 체크와 타입 변환의 가치는 과소평가되지 말아야 한다.

함수 선언에 인자 이름이 포함될 수도 있다. 이는 프로그램을 읽는 이에게 도움이 되지만, 선언이 정의와 별개로 있는 경우에 컴파일러는 인자의 이름을 무시한다. 반환 타입으로서 **void**는 함수가 값을 반환하지 않는다는 뜻이다(6.2.7절).

함수의 타입은 반환 타입과 인자 타입으로 구성된다. 클래스 멤버 함수의 경우(2.3.2절, 16.2절) 클래스의 이름 역시 함수 타입의 일부분이다. 예를 들면 다음과 같다.

```
double f(int i, const Info&);    // 타입: double(int,const Info&)
char& String::operator[](int);   // 타입: char& String::(int)
```

12.1.1 왜 함수인가?

수천 줄 정도의 길이로 함수를 굉장히 길게 만드는 오래된 악습이 있다. 나는 한때는 (수작업으로 만들어진) 한 개의 함수가 32,768줄의 코드를 가진 것을 본 적도 있다. 이런 함수의 작성자는 함수의 주된 목적 중 하나를 이해하지 못한 것으로 보인다. 바로 복잡한 계산을 의미 있는 덩어리로 쪼개고 그것들에 이름을 붙이자는 것이다. 우리는 자신이 만든 코드가 이해하기 쉬워지기를 원한다. 그것이 유지 보수를 편하게 하는 첫걸음이기 때문이다. 이해를 높이는 첫 번째 단계는 계산 작업을 이해 가능한 덩어리(함수와 클래스로 표시되는)로 쪼개고 그것들에 이름을 붙이는 것이다. 그런 다음 그런 함수가 계산의 기본적인 표현 방식을 제공하는 것인데, 이는 마치 타입(기본 제공 및 사용자 정의)이 기본적인 데이터의 표현 방법을 제공하는 것과 유사하다. C++ 표준 알고리즘(find, sort, iota 등의)이 좋은 출발점을 제공한다(32장). 다음으로 공통적이거나 특수한 작업을 나타내는 함수를 조합해서 좀 더 큰 계산을 만들어 낸다.

코드에서 오류의 개수는 코드의 양과 코드의 복잡성과 강력한 상관관계를 갖는다. 두 문제 모두 좀 더 짧은 함수를 좀 더 많이 사용함으로써 해결할 수 있다. 특정한 작업을 수행하는 데 함수를 사용하면 많은 경우 코드 중간에 특정한 코드 블록을 작성해 넣지 않아도 된다. 그런 코드 블록을 함수로 만들면 작업에 이름을 붙이고 그것의 종속성을 문서화할 수 있다. 게다가 함수를 호출하고 반환하면 goto(9.6절)나 continue(9.5.5절) 같은 오류에 취약한 제어 구조를 사용할 필요가 없어진다. 구조 측면에서 상당히 규칙적이지 않는 한 중첩 루프는 피할 수 있는 오류의 원천이다(예를 들면 행렬 알고리즘을 표현하기 위해 중첩 루프보다는 내적$^{\text{dot product}}$을 사용하기 바란다. 40.6절).

가장 기본적인 조언은 한 화면에서 전체를 볼 수 있는 정도로 함수의 크기를 유지하라는 것이다. 버그는 한 번에 알고리즘의 일부분만을 볼 수 있을 때 슬슬 생겨나곤 한다. 많은 프로그래머에게 이는 함수당 대략 40줄이라는 한계를 설정하는 것이다. 그럼에도 내가 이상적으로 생각하는 수준은 그것보다 훨씬 적으며, 평균 7줄 정도라고 볼 수 있다.

실질적으로 거의 모든 경우 함수 호출의 비용은 중요한 요인이 아니다. 호출 비용이 상당할 가능성이 있는 경우(예를 들어 벡터 첨자 같이 자주 사용되는 접근 함수)에는 인라인으로 문제를 해소할 수 있다. 함수를 구조화 메커니즘으로 활용하기 바란다.

12.1.2 함수 선언문의 구성

이름, 인자 집합, 반환 타입을 지정하는 것 외에 함수 선언문에는 다양한 지정자와 수정자가 포함될 수 있다. 그것들을 전부 모아보면 다음과 같다.

- 함수의 이름(필수)
- 인자 리스트, ()와 같이 비어 있을 수 있다(필수).
- 반환 타입, void일 수 있으며 전위형이거나 후위형일 수 있다(auto를 이용해서)(필수).
- inline, 함수 호출이 함수 본체를 인라인으로 넣어서 구현되게 하겠다는 의사를 표시한다 (12.1.5절).
- constexpr, 상수 표현식이 인자로 주어진 경우 컴파일 타임에 함수를 평가하는 것이 가능해야 한다는 점을 나타낸다(12.1.6절).
- noexcept, 함수가 예외를 던지지 않을 것이라는 점을 나타낸다(13.5.1.1절).
- [[noreturn]], 함수가 일반적인 호출/반환 메커니즘을 이용해서 반환하지 않을 것이라는 점을 나타낸다(12.1.4절).
- virtual, 파생 클래스에서 재정의될 수 있다는 점을 나타낸다(20.3.2절).
- override, 기반 클래스의 가상 함수를 재정의할 것이라는 점을 나타낸다(20.3.4.1절).
- final, 파생 클래스에서 재정의될 수 없다는 점을 나타낸다(20.3.4.2절).
- static, 특정 객체와 연관되지 않는다는 점을 나타낸다(16.2.12절).
- const, 그것의 객체를 변경하지 않는다는 점을 나타낸다(3.2.1.1절, 16.2.9.1절).
- volatile, volatile 객체에 적용될 수 있다는 점을 나타낸다(41.4절).

읽는 사람에게 두통을 일으키고 싶다면 다음 같이 코드를 작성할 수도 있다.

```
struct S {
    [[noreturn]] virtual inline auto f(const unsigned long int *const) volatile -> void const noexcept;
};
```

12.1.3 함수 정의

호출되는 모든 함수는 어딘가에서 정의돼야 한다(단 한 번, 15.2.3절). 함수 정의는 함수의 본체가 표시되는 함수 선언이다. 예를 들면 다음과 같다.

```
void swap(int*, int*);          // 선언
void swap(int* p, int* q)       // 정의
{
    int t = *p;
    *p = *q;
```

```
    *q = t;
}
```

하나의 함수에 대한 정의와 모든 선언은 모두 같은 타입으로 지정돼야 한다. 유감스럽게도 C와의 호환성을 유지하기 위해 인자 타입의 상위 수준에서 const는 무시된다. 예를 들어 다음의 두 선언은 동일한 함수다.

```
void f(int);            // 타입은 void(int)다.
void f(const int);      // 타입은 void(int)다.
```

앞의 함수 f()는 다음과 같이 정의될 수도 있다.

```
void f(int x) { /* x를 여기에서 변경할 수 있다 */ }
```

또 다른 방법으로 f()를 다음과 같이 정의할 수도 있다.

```
void f(const int x) { /* 여기서는 x를 변경할 수 없다 */ }
```

어느 쪽의 경우든 f()가 변경하거나 변경할 수 없는 인자는 호출자가 제공한 것의 사본이므로, 호출 정보에 대한 불명확한 수정이 일어날 위험성은 없다.

함수 인자 이름은 함수 타입의 일부분이 아니며, 다른 선언에서는 같을 필요가 없다. 예를 들면 다음과 같다.

```
int& max(int& a, int& b, int& c);    // a, b, c 중에서 가장 큰 것에 대한 참조자를 반환한다.
int& max(int& x1, int& x2, int& x3)
{
    return (x1>x2)? ((x1>x3)?x1:x3) : ((x2>x3)?x2:x3);
}
```

정의가 아닌 선언에서 인자에 이름을 붙이는 것은 선택적이며, 간단한 문서화를 위해 널리 활용된다. 역으로 이름을 붙이지 않음으로써 어떤 인자가 함수 정의에서 사용되지 않는다는 점을 나타낼 수 있다. 예를 들면 다음과 같다.

```
void search(table* t, const char* key, const char*)
{
    // 세 번째 인자는 사용되지 않는다.
}
```

보통 이름이 없는 인자는 코드를 간단히 하기 위한 목적이나 확장을 염두에 둔 사전 설계 때문에 등장한다. 두 경우 모두 사용되지 않는다 하더라도 인자를 제자리에 위치시키고 변경하더라도 호출자에게 영향이 미치지 않게 보장해야 한다.

함수 말고도 호출할 수 있는 것에는 몇 가지가 더 있다. 이것들은 인자 전달 규칙 같이 함수를 위해 정의된 대부분의 규칙을 준수한다(12.2절).

- **생성자**constructor(2.3.2절, 16.2.5절)는 기술적으로는 함수가 아니다. 특히 생성자는 값을 반환하지 않고 기반 클래스와 멤버를 초기화할 수 있으며(17.4절), 그들의 주소는 알아낼 수 없다.
- **소멸자**destructor(3.2.1.2절, 17.2절)는 오버로딩될 수 없으며, 그들의 주소는 알아낼 수 없다.

- 함수 객체^{function object}(3.4.3절, 19.2.2절)는 함수가 아니고(객체다) 오버로딩될 수 없지만, 그들의 **operator**()는 함수다.
- 람다 표현식^{lambda expression}(3.4.3절, 11.4절)은 기본적으로 함수 객체를 정의하는 단축법이다.

12.1.4 값 반환

모든 함수 선언에는 함수의 **반환 타입**^{return type}에 대한 세부 사항이 포함돼 있다(생성자와 타입 변환 함수는 제외). 전통적으로 C와 C++에서는 반환 타입이 함수 선언에서 맨 앞에 위치한다 (함수 이름 앞에). 하지만 함수 선언은 반환 타입을 인자 리스트 뒤에 위치시키는 문법을 이용해서 쓰여질 수도 있다. 예를 들어 다음 두 선언문은 동일하다.

```
string to_string(int a);              // 전위형 반환 타입
auto to_string(int a) -> string;      // 후위형 반환 타입
```

즉, **auto** 접두사는 반환 타입이 인자 리스트 뒤에 놓인다는 점을 나타낸다. 후위형 반환 타입 앞에는 ->가 붙는다.

후위형 반환 타입의 필수적인 용도는 반환 타입이 인자에 의해 결정되는 함수 템플릿 선언에서 중요해진다. 다음 예를 살펴보자.

```
template<typename T, typename U>
auto product(const vector<T>& x, const vector<U>& y) -> decltype(x*y);
```

하지만 후위형 반환 문법은 어떤 함수에든 활용될 수 있다. 어떤 함수에 대한 후위형 반환 문법과 람다 표현식(3.4.3절, 11.4절) 사이에는 눈에 띄는 유사성이 있다. 이 두 구조가 동일하지 않다는 점은 안타깝다.

값을 반환하지 않는 함수는 **void**란 '반환 타입'을 갖는다.

void로 선언되지 않은 함수에서는 어떤 값이 반드시 반환돼야 한다(하지만 main()은 특별한 경우로, 2.2.1절을 참고하기 바란다). 역으로 **void** 함수에서는 값이 반환될 수 없다. 다음 예를 살펴보자.

```
int f1() { }             // 오류: 값이 반환되지 않음
void f2() { }            // OK

int f3() { return 1; }   // OK
void f4() { return 1; }  // 오류: void 함수에서 값이 반환됨

int f5() { return; }     // 오류: 반환 값이 누락됨
void f6() { return; }    // OK
```

반환 값은 **return**문에 의해 지정된다. 예를 들면 다음과 같다.

```
int fac(int n)
{
    return (n>1) ? n*fac(n-1) : 1;
}
```

자기 자신을 호출하는 함수는 **재귀적**^{recursive}이라고 일컬어진다.

한 함수 안에 한 개 이상의 **return**문이 존재할 수 있다.

```
int fac2(int n)
{
    if (n > 1)
        return n*fac2(n-1);
    return 1;
}
```

인자 전달의 의미 구조와 마찬가지로 함수 값 반환의 의미 구조 역시 복사 초기화의 의미 구조(16.2.6절)와 동일하다. **return**문은 반환되는 타입의 변수를 초기화한다. 반환 표현식의 타입은 반환되는 타입의 타입과 비교되며, 모든 표준 타입 변환과 사용자 정의 타입 변환이 수행된다. 예를 들면 다음과 같다.

```
double f() { return 1; }          // 1은 암시적으로 double{1}로 변환된다.
```

매번 함수가 호출될 때마다 함수 인자의 새로운 사본과 지역 (자동) 변수가 생성된다. 함수가 반환한 후에 저장 공간은 재사용되므로, **static**이 아닌 지역 변수를 가리키는 포인터는 절대로 반환되지 않아야 한다. 가리켜지는 위치에 있는 내용이 어떻게 변경될지는 예측할 수 없다.

```
int* fp()
{
    int local = 1;
    // ...
    return &local;            // 좋지 않다.
}
```

참조자를 사용해도 동일한 오류가 발생할 수 있다.

```
int& fr()
{
    int local = 1;
    // ...
    return local;             // 좋지 않다.
}
```

다행스럽게도 컴파일러는 지역 변수에 대한 참조자 반환에 대해 어렵지 않게 경고를 보낼 수 있다(그리고 대부분은 실제로 그렇게 한다).

void 값이란 존재하지 않는다. 하지만 **void** 함수의 호출은 어떤 **void** 함수의 반환 값으로 사용될 수 있다. 예를 들면 다음과 같다.

```
void g(int* p);
void h(int* p)
{
    // ...
    return g(p);  // OK: "g(p); return;"과 동일함
}
```

이러한 형식의 반환은 반환 타입이 템플릿 매개변수인 템플릿 함수를 작성할 때 특수한 경우를 피하는 데 유용하다.

return문은 함수를 빠져 나가는 다섯 가지 방법 중 하나다.

- return문의 실행
- 함수의 "끝에서 떨어져 나간다". 즉, 단순히 함수 본체의 끝에 도달하는 것이다. 이 방법은 값을 반환하게 선언되지 않은 함수(즉, void 함수)와 main()에서만 허용되는데, main()에서는 끝에서 떨어져 나가는 것이 성공적인 완료를 나타낸다(12.1.4절).
- 지역적으로 잡히지 않는 예외를 던지는 경우(13.5절)
- 예외가 던져지고 noexcept 함수(13.5.1.1절)에서 지역적으로 잡히지 못하는 것으로 인한 종료
- 반환하지 않는 시스템 함수(예를 들면 exit(), 15.4절)를 직접적 또는 간접적으로 호출하는 경우

일반적인 방법(즉, return이나 '끝에서 떨어져 나가는' 것을 통해)으로 반환하지 않는 함수에는 [[noreturn]] 표시를 달 수 있다(12.1.7절).

12.1.5 inline 함수

함수는 inline으로 정의될 수 있다. 예를 들면 다음과 같다.

```
inline int fac(int n)
{
    return (n<2) ? 1 : n*fac(n-1);
}
```

inline 지정자는 해당 함수가 함수 코드를 한 번 저장한 다음, 통상적인 함수 호출 메커니즘을 통해 호출하는 것이 아니라 fac() 인라인 호출 코드를 생성하려고 시도해야 한다는 점을 컴파일러에게 알려주는 단서다. 영리한 컴파일러는 fac(6) 호출에 대해 상수 720을 생성할 수 있다. 상호 재귀적인 인라인 함수나, 재귀되거나 입력 등에 의존하지 않는 인라인 함수가 생겨날 가능성 때문에 매번 인라인 함수가 호출될 때마다 무조건 인라인화되는 것을 보장하기는 불가능하다. 컴파일러의 역량 수준을 규정화할 수는 없는 노릇이므로, 한 컴파일러는 720을 생성하는데, 다른 컴파일러는 6*fac(5)를 호출할 수 있고 또 다른 컴파일러는 인라인화되지 않은 fac(6)을 호출할 수도 있다. 어떤 값이 반드시 컴파일 타임에 계산되게 하고 싶다면 해당 값을 constexpr로 선언하고 해당 값의 평가에 사용될 모든 함수를 constexpr(12.1.6절)로 만들어야 한다.

특출 나게 영리한 컴파일과 링크 기능이 없는 상태에서 인라인화를 가능하게 하려면 인라인 함수의 선언만이 아닌 정의가 유효 범위 내에 있어야 한다(15.2절). inline 지정자는 함수의 의미 구조에 영향을 미치지 않는다. 특히 인라인 함수는 여전히 고유 주소를 가지므로, 인라인 함수의 static 변수(12.1.8절) 역시 그렇다.

인라인 함수가 여러 소스 파일에서 정의돼 있다면(보통 헤더에서 정의된 경우가 그런 예다. 15.2.2절) 각 소스 파일에 있는 해당 인라인 함수의 정의는 동일해야 한다(15.2.3절).

12.1.6 constexpr 함수

일반적으로 함수는 컴파일 타임에 평가될 수 없기 때문에 상수 표현식으로 호출될 수 없다 (2.2.3절, 10.4절). 하지만 함수를 constexpr로 지정하면 상수 표현식이 인자로 주어지는 경우 해당 함수가 상수 표현식 안에서 사용되게 만들 수 있다. 다음 예를 살펴보자.

```
constexpr int fac(int n)
{
    return (n>1) ? n*fac(n-1) : 1;
}
constexpr int f9 = fac(9);       // 컴파일 타임에 평가돼야 한다.
```

constexpr이 함수 선언에서 사용될 때는 "상수 표현식이 인자로 주어질 경우 상수 표현식 안에서 사용할 수 있어야 한다"는 뜻이다. 객체 선언에서 사용될 때는 "컴파일 타임에 초기화 식을 평가한다"는 뜻이다. 예를 들면 다음과 같다.

```
void f(int n)
{
    int f5 = fac(5);             // 컴파일 타임에 평가될 수 있다.
    int fn = fac(n);             // 런타임에 평가된다(n은 변수).

    constexpr int f6 = fac(6);   // 컴파일 타임에 평가될 수 있다.
    constexpr int fnn = fac(n);  // 오류: 컴파일 타임 평가를 보장할 수 없다(n은 변수).

    char a[fac(4)];              // OK: 배열 경계는 상수여야 하며 fac()는 constexpr이다.
    char a2[fac(n)];             // 오류: 배열 경계는 상수여야 하며 n은 변수다.
    // ...
}
```

컴파일 타임에 평가되려면 함수는 충분히 간단해야 한다. constexpr 함수는 단일 return 문으로 구성되며, 루프나 지역 변수는 허용되지 않는다. 또한 constexpr 함수는 부수 효과를 가질 수 없다. 즉, constexpr 함수는 순수 함수다. 예를 들면 다음과 같다.

```
int glob;
constexpr void bad1(int a)       // 오류: constexpr 함수는 void일 수 없다.
{
    glob = a;                    // 오류: constexpr 함수 내의 부수 효과
}
constexpr int bad2(int a)
{
    if (a>=0) return a; else return -a;   // 오류: constexpr 함수 내의 if문
}
constexpr int bad3(int a)
{
    int sum = 0;                 // 오류: constexpr 함수 내의 지역 변수
    for (int i=0; i<a; ++i) sum +=fac(i); // 오류: constexpr 함수 내의 루프
    return sum;
}
```

constexpr 생성자에 대한 규칙에는 합당한 차이점이 있는데(10.4.3절), 간단한 멤버 초기화 만 허용된다는 것이다.

constexpr 함수는 재귀와 조건 표현식을 허용한다. 이는 정말 원하기만 한다면 거의 모든 것들을 constexpr 함수로 표현할 수 있다는 의미다. 하지만 constexpr의 용도를 원래 목적에 맞는 비교적 간단한 작업으로 한정하지 않는다면 디버깅이 쓸데없이 어려워지고 컴파일 타임이 부적절하게 길어진다는 사실을 깨닫게 될 것이다.

리터럴 타입(10.4.3절)을 이용하면 사용자 정의 타입을 이용하게 constexpr 함수를 정의할 수 있다.

인라인 함수와 마찬가지로 constexpr 함수는 ODR^{One Definition Rule}('하나의 정의 규칙')을 준수하므로, 다른 해석 단위에서의 정의들이 서로 동일해야 한다(15.2.3절). 이런 의미에서 constexpr 함수를 인라인 함수(12.1.5절)의 제한된 형태로 생각할 수도 있다.

12.1.6.1 constexpr와 참조자

constexpr 함수는 부수 효과를 가질 수 없으므로 비지역 객체를 사용하는 건 불가능하다. 하지만 비지역 객체에 출력하지만 않는다면 비지역 객체를 참조할 수는 있다.

```
constexpr int ftbl[] { 0, 1, 1, 2, 3, 5, 8, 13 };
constexpr int fib(int n)
{
    return (n<sizeof(ftbl)/sizeof(*ftbl)) ? ftbl[n] : fib(n-2)+fib(n-1);
}
```

constexpr 함수는 참조자 인자를 받아들일 수 있다. 물론 그런 참조자를 통해 출력할 수는 없지만, const 참조자 매개변수는 여전히 유용하다. 예를 들어 표준 라이브러리(40.4절)에서 다음과 같은 코드를 찾아볼 수 있다.

```
template<> class complex<float> {
public:
// ...
    explicit constexpr complex(const complex<double>&);
    // ...
};
```

앞의 코드 덕택에 다음과 같은 코드가 가능하다.

```
constexpr complex<float> z {2.0};
```

const 참조자 인자를 보관하기 위해 논리적으로 생성된 임시 변수는 컴파일러에 내부적인 값이 된다.

constexpr 함수는 참조자나 포인터를 반환할 수 있다. 다음 예를 살펴보자.

```
constexpr const int* addr(const int& r) { return &r; } // OK
```

하지만 이렇게 하면 constexpr 함수가 가진 상수 표현식 평가의 일부로서의 기본적인 역할에서 멀어지게 된다. 특히 이러한 함수의 결과가 상수 표현식인지를 판단하는 일은 상당히 까다로워질 수 있다. 다음 예를 살펴보자.

```
static const int x = 5;
constexpr const int* p1 = addr(x);      // OK
constexpr int xx = *p1;                 // OK

static int y;
constexpr const int* p2 = addr(y);      // OK
constexpr int yy = *p2;                 // 오류: 변수를 읽으려는 시도

constexpr const int* tp = addr(5);      // 오류: 임시 객체의 주소
```

12.1.6.2 조건부 평가

constexpr 함수 내에서 결과를 알 수 없는 조건 표현식은 컴파일 타임에 결과 값이 계산되지 않는다. 이는 해당 조건 표현식의 결과 값이 런타임에 계산된다는 뜻이다. 다음 예를 살펴보자.

```
constexpr int low = 0;
constexpr int high = 99;

constexpr int check(int i)
{
    return (low<=i && i<high) ? i : throw out_of_range("check() failed");
}
constexpt int val0 = check(50);         // OK
constexpr int val1 = check(f(x,y,z));   // 아마도 OK를
constexpr int val2 = check(200);        // 예외를 던진다.
```

low와 high는 설계 시점이 아니라 컴파일 타임에 알 수 있는 환경 구성 매개변수이며, f(x,y,z)는 구현에 따라 결과 값이 달라진다는 점을 추측할 수 있을 것이다.

12.1.7 [[noreturn]] 함수

[[...]] 구조는 속성^{attribute}이라고 불리며, C++ 문법에서 거의 어디에나 넣을 수 있다. 일반적으로, 속성은 자신의 앞에 있는 문법적 개체에 대한 일부 구현별 정의 속성을 지정해준다. 추가로 속성은 선언 앞에 놓여질 수도 있다. 표준 속성에는 딱 두 가지가 있는데(iso.7.6절), [[noreturn]]이 그 중 하나다. 다른 하나는 [[carries_dependency]](41.3절)이다.

[[noreturn]]을 함수 선언 맨 앞에 놓으면 해당 함수의 반환을 기대하지 않는다는 뜻이다. 예를 들면 다음과 같다.

```
[[noreturn]] void exit(int);        // exit는 절대로 반환하지 않는다.
```

함수가 반환하지 않는다는 점을 아는 것은 코드의 이해와 생성에 모두 도움이 된다. [[noreturn]] 속성에도 불구하고 함수가 반환한다면 무슨 일이 일어날지는 정의돼 있지 않다.

12.1.8 지역 변수

어떤 함수 안에서 정의된 이름은 흔히 **지역 이름**^{local name}이라고 일컬어진다. 지역 변수나 상수는 실행 스레드가 자신의 정의에 다다를 때 초기화된다. 변수는 static으로 선언돼 있지 않는 한 함수가 매번 호출될 때마다 해당 변수의 복사본이 만들어진다. 지역 변수가 static으로

선언돼 있다면 하나의 정적으로 할당되는 객체(6.4.2절)가 함수의 모든 호출에서 해당 변수를 나타내는 데 사용된다. static 지역 변수는 실행 스레드가 자신의 정의에 다다를 때 처음으로 딱 한 번 초기화될 것이다. 예를 들면 다음과 같다.

```
void f(int a)
{
    while (a--) {
        static int n = 0;      // 한 번 초기화된다.
        int x = 0;             // 매번 f()가 호출될 때마다 'a'번 초기화된다.
        cout << "n == " << n++ << ", x == " << x++ << '\n';
    }
}
int main()
{
    f(3);
}
```

출력 결과는 다음과 같다.

```
n == 0, x == 0
n == 1, x == 0
n == 2, x == 0
```

static 지역 변수는 다른 함수에 의해 접근되고, 그로 인해 훼손될 가능성 있는 전역 변수를 도입하지 않고도 함수가 호출과 호출 사이에서 정보를 보존할 수 있게 해준다(16.2.12절도 참고하기 바란다).

재귀적으로 자신을 포함하고 있는 함수를 입력하거나 교착 상태가 일어나지 않는 한 (iso.6.7절), static 지역 변수의 초기화는 데이터 경합(5.3.1절)으로 이어지지 않는다. 즉, C++ 구현은 일종의 잠금 방지 구조(예를 들면 call_once, 42.3.3절)로 지역 static 변수의 초기화를 보호해야 한다. 지역 static을 재귀적으로 초기화할 경우의 결과는 정의돼 있지 않다. 다음 예를 살펴보자.

```
int fn(int n)
{
    static int n1 = n;          // OK
    static int n2 = fn(n-1)+1;  // 정의되어 있지 않다.
    return n;
}
```

static 지역 변수는 비지역 변수 간의 순서 종속성을 피하는 데 유용하다(15.4.1절).

지역 함수란 존재하지 않는다. 그런 것이 필요하다고 생각한다면 함수 객체나 람다 표현식 (3.4.3절, 11.4절)을 사용하기 바란다.

무모하게도 레이블을 굳이 쓰겠다면 레이블이 함수 내의 중첩된 유효 범위 중 어디에 있더라도 해당 레이블의 유효 범위(9.6절)는 함수 전체가 된다.

12.2 인자 전달

함수가 호출되면(호출 연산자 또는 애플리케이션 연산자라고 알려져 있는 후위형 ()를 이용해서) **형식 인자**
formal argument(매개변수라고도 알려져 있는)를 위한 공간이 마련되고, 각 형식 인자는 대응되는 실제
의 인자로 초기화된다. 인자 전달의 의미 구조는 초기화(정확히는 복사 초기화, 16.2.6절)의 의미
구조와 동일하다. 특히 실제 인자의 타입이 대응되는 형식 인자의 타입과 비교 체크되고, 모든
표준 타입 변환과 사용자 정의 타입 변환이 일어난다. 형식 인자(매개변수)가 참조자가 아니라
면 실제 인자의 사본이 함수에 전달된다. 다음 예를 살펴보자.

```
int* find(int* first, int* last, int v)        // [first:last]에서 v를 찾는다.
{
    while (first!=last && *first!=v)
        ++first;
    return first;
}
void g(int* p, int* q)
{
    int* pp = find(p,q,'x');
    // ...
}
```

여기서 호출자의 인자 사본 **p**는 **first**라고 불리는 **find()**의 사본에 대한 연산에 의해
변경되지 않는다. 포인터는 값에 의해 전달된다.

그리고 배열 전달에 대한 특별 규칙(12.2.2절), 체크되지 않는 인자를 위한 기능(12.2.4절),
기본 인자 지정을 위한 기능(12.2.5절)이 존재한다. 초기화 식 리스트의 활용은 12.2.3절에서
설명되고 템플릿 함수에 인자를 전달하는 방법은 23.5.2절과 28.6.2절에서 설명된다.

12.2.1 참조자 인자

다음 코드를 살펴보자.

```
void f(int val, int& ref)
{
    ++val;
    ++ref;
}
```

f()가 호출되면 **++val**은 첫 번째 실제 인자의 지역 사본을 증가시키는 반면, **++ref**는 두
번째 실제 인자를 증가시킨다. 다음 코드를 살펴보자.

```
void g()
{
    int i = 1;
    int j = 1;
    f(i,j);
}
```

`f(i,j)` 호출은 `j`는 증가시키지만 `i`는 증가시키지 않는다. 첫 번째 `i`는 값에 의해^{by value} 전달되며, 두 번째 인자 `j`는 참조에 의해^{by reference} 전달된다. 7.7절에서 언급한 바와 같이 참조에 의한 호출 인자를 변경하는 함수는 프로그램을 읽기 어렵게 만들기 때문에 대부분의 경우 피해야 한다(하지만 18.2.5절을 참고하기 바란다). 하지만 대규모 객체의 경우 값에 의한 전달보다 참조에 의해 전달이 눈에 띄게 더 효율적일 수 있다. 그러한 경우 참조자가 오직 효율성 때문에 사용된다는 점을 표시하고, 호출된 함수가 객체의 값을 변경하지 못하게 하기 위해 해당 인자를 const 참조자로 선언할 수도 있다.

```
void f(const Large& arg)
{
    // "arg"의 값은 변경될 수 없다.
    // (명시적 타입 변환을 이용하는 경우는 제외, 11.5절)
}
```

참조자 인자의 선언에 const가 없으면 변수를 변경하겠다는 의도로 해석된다.

```
void g(Large& arg);          // g()가 arg를 변경한다고 가정한다.
```

마찬가지로 포인터 인자를 const로 선언하면 해당 인자가 가리키는 객체의 값이 함수에 의해 변경되지 않는다는 점을 나타낸다. 예를 들면 다음과 같다.

```
int strlen(const char*);                    // C 스타일 문자열에서 문자의 개수
char* strcpy(char* to, const char* from);   // C 스타일 문자열을 복사한다.
int strcmp(const char*, const char*);       // C 스타일 문자열을 비교한다.
```

const 인자의 사용은 프로그램의 규모가 커질수록 중요해진다.

인자 전달의 의미 구조가 대입의 의미 구조와는 다르다는 점에 유의한다. 이 점은 const 인자, 참조자 인자, 일부 사용자 정의 타입의 인자에 있어 중요한 사항이다.

참조 초기화의 규칙에 따르면 변환을 요구하는 리터럴, 상수, 인자는 const T& 인자로 전달될 수 있지만, 일반적인 (const가 아닌) T& 인자로는 전달될 수 없다. const T& 인자에 대한 변환이 허용되면 그러한 인자에게 T 인자와 정확히 똑같은 값의 집합이 주어질 수 있는데, 필요한 경우 임시 객체 내의 값이 전달된다. 예를 들면 다음과 같다.

```
float fsqrt(const float&);       // 참조자 인자를 받아들이는 포트란 스타일의 sqrt
void g(double d)
{
    float r = fsqrt(2.0f);  // 2.0f를 갖고 있는 temp에게 참조자를 전달한다.
    r = fsqrt(r);           // r에 참조자를 전달한다.
    r = fsqrt(d);           // static_cast<float>(d)를 갖고 있는 temp에게 참조자를 전달한다.
}
```

const가 아닌 참조자 인자(7.7절)에 대한 변환을 허용하지 않으면 임시 객체의 도입으로 인한 바보 같은 실수가 일어날 가능성을 차단할 수 있다. 예를 들면 다음과 같다.

```
void update(float& i);

void g(double d, float r)
{
```

```
update(2.0f);      // 오류: const 인자
update(r);         // r에게 인자를 전달한다.
update(d);         // 오류: 타입 변환이 요구된다.
}
```

이런 호출이 허용됐었더라면 `update()`는 직전에 삭제됐던 임시 객체들을 조용히 업데이트 했을 것이다. 대개 그런 경우는 프로그래머에게 그다지 반가운 사건으로 여겨지지 않을 것이다.

정확히 말하자면 참조에 의한 전달은 '좌변 값 참조에 의한 전달'이다. 함수는 우변 값 참조 역시 받아들일 수 있기 때문이다. 7.7절에 설명된 대로 우변 값은 우변 값 참조자에 연결될 수 있고(좌변 값 참조자에는 연결되지 않는다) 좌변 값은 좌변 값 참조자에 연결될 수 있다(우변 값 참조자에는 연결되지 않는다). 다음 예를 살펴보자.

```
void f(vector<int>&);           // (const가 아닌) 좌변 값 참조자 인자
void f(const vector<int>&);     // const 좌변 값 참조자 인자
void f(vector<int>&&);          // 우변 값 참조자 인자

void g(vector<int>& vi, const vector<int>& cvi)
{
    f(vi);                      // f(vector<int>&)를 호출한다.
    f(cvi);                     // f(const vector<int>&)를 호출한다.
    f(vector<int>{1,2,3,4});    // f(vector<int>&&)를 호출한다.
}
```

함수가 우변 값 인자를 변경한다고 가정해야 하기 때문에, 우변 값 인자는 소멸과 재대입 에만 사용하는 것이 좋다(17.5절). 우변 값 참조자의 가장 확실한 용도는 이동 생성자와 이동 대입을 정의하는 것이다(3.3.2절, 17.5.2절). 나는 누군가가 `const` 우변 값 참조자 인자를 영리하게 활용하는 방법을 찾아내리라고 확신하지만, 여태까지는 실질적인 이용 사례를 보지 못했다.

템플릿 인자 `T`에 대해 템플릿 인자 타입 추론 규칙은 타입 `X`에 대한 `X&&`와는 상당히 다른 의미를 `T&&`에 부여한다는 점에 유의하기 바란다(23.5.2.1절). 템플릿 인자에 대해 우변 값 참조자는 '퍼펙트 포워딩perfect forwarding'(23.5.2.1절, 28.6.3절)을 구현하는 데 가장 빈번하게 사용된다.

인자 전달 방법 중에서 어떻게 선택할 것인가? 나의 경험 법칙은 다음과 같다.

[1]   작은 객체에 대해서는 값에 의한 전달을 사용한다.

[2]   변경할 필요가 없는 큰 값을 전달하기 위해서는 `const` 참조자에 의한 전달을 사용 한다.

[3]   인자를 통해 값을 변경하기보다는 `return` 값을 결과로 반환한다.

[4]   이동(3.3.2절, 17.5.2절)과 포워딩(23.5.2.1절)을 구현하기 위해서는 우변 값 참조자를 사용한다.

[5]   '객체 없음'이 유효한 대안이라면 포인터를 전달한다(그리고 `nullptr`로 '객체 없음'을 표시한다).

[6]   참조에 의한 전달은 어쩔 수 없을 때만 사용한다.

마지막 경험 법칙에서 '어쩔 수 없을 때'란 포인터 전달이 참조자를 사용하는 방식에 비해 변경이 필요한 객체를 다루는 데 있어 많은 경우 좀 더 명확한 메커니즘이라는 견해를 반영한다.

12.2.2 배열 인자

어떤 배열이 함수 인자로 사용된다면 배열의 첫 번째 원소를 가리키는 포인터가 전달된다. 다음 예를 살펴보자.

```
int strlen(const char*);
void f()
{
    char v[] = "Annemarie";
    int i = strlen(v);
    int j = strlen("Nicholas");
}
```

즉, 타입 T[]의 인자는 인자로 전달될 때 T*로 변환될 것이다. 이는 배열 인자의 원소에 대한 대입이 인자 배열의 원소 값을 바꾼다는 점을 의미한다. 바꿔 말하면 배열은 값에 의해 전달되지 않는다는 점에서 다른 타입과 다르다는 것이다. 대신 포인터가 (값에 의해) 전달된다.

배열 타입의 매개변수는 포인터 타입의 매개변수와 동일하다. 다음 예를 살펴보자.

```
void odd(int* p);
void odd(int a[]);
void odd(int buf[1020]);
```

이 세 개의 선언문은 동일하며, 같은 함수를 선언한다. 늘 그렇듯이 인자 이름은 함수의 타입에 영향을 미치지 않는다(12.1.3절). 다차원 배열을 전달하는 규칙과 기법은 7.4.3절에서 찾을 수 있다.

호출된 함수는 배열의 크기를 알 수 없다. 이것이 오류가 발생하는 주원인이지만, 이 문제를 우회하는 몇 가지 방법이 있다. C 스타일 문자열은 0으로 종료되므로, 그들의 크기를 계산할 수 있다(예를 들어 비용이 많이 소요될 가능성이 있는 strlen() 호출을 통해, 43.4절). 다른 배열의 경우에는 크기를 알려주는 두 번째 인자가 전달될 수 있다. 예를 들면 다음과 같다.

```
void compute1(int* vec_ptr, int vec_size);        // 일방향
```

이 방법은 기껏해야 차선책일 뿐이다. 대개는 **vector**(4.4.1절, 31.4절), **array**(34.2.1절), **map** (4.4.3절, 31.4.3절) 같은 일부 컨테이너에 대한 참조자를 전달하는 편이 바람직하다.

컨테이너나 배열의 첫 번째 원소를 가리키는 포인터가 아니라, 배열을 정말로 전달하고 싶다면 배열에 대한 참조자 타입의 매개변수를 선언할 수 있다. 예를 들면 다음과 같다.

```
void f(int(&r)[4]);
void g()
{
    int a1[] = {1,2,3,4};
    int a2[] = {1,2};
    f(a1);    // OK
    f(a2);    // 오류: 원소의 개수가 틀리다.
}
```

원소의 개수는 배열에 대한 참조자 타입의 일부라는 점에 유의한다. 이로 인해 이러한

참조자는 포인터나 컨테이너(vector 등)에 비해 융통성이 훨씬 떨어진다. 배열에 대한 참조자의 주된 용도는 템플릿에서인데, 여기서는 원소의 개수가 곧바로 추론될 수 있다. 예를 들면 다음과 같다.

```
template<typename T, int N> void f(T(&r)[N])
{
    // ...
}
int a1[10];
double a2[100];

void g()
{
    f(a1);          // T는 int다. N은 10이다.
    f(a2);          // T는 double이다. N은 100이다.
}
```

이 방식은 보통 많은 함수 정의를 낳게 되는데, 다른 배열 타입으로 f()를 호출할 수 있기 때문이다.

다차원 배열은 위험하다(7.3절 참고). 많은 경우 포인터의 배열이 대신 사용될 수 있으며, 이것들은 특별 취급하지 않아도 된다. 예를 들면 다음과 같다.

```
const char* day[] = {
    "mon", "tue", "wed", "thu", "fri", "sat", "sun"
};
```

변함없이 vector 및 유사한 타입은 기본 제공되는 저수준의 배열과 포인터 대신 사용될 수 있다.

12.2.3 리스트 인자

{}로 둘러싸인 리스트는 다음의 매개변수에 대한 인자로 사용될 수 있다.

[1]   std::initializer_list<T> 타입, 리스트의 값이 T로 암시적으로 변환될 수 있다.
[2]   리스트에서 제공된 값으로 초기화될 수 있는 타입
[3]   T로 이뤄진 배열에 대한 참조자, 리스트의 값이 T로 암시적으로 변환될 수 있다.

기술적으로는 모든 예제가 [2]의 경우에 해당하지만, 나는 세 가지 경우를 분리해서 고려하는 편이 좋다고 생각한다. 다음 예를 살펴보자.

```
template<typename T>
void f1(initializer_list<T>);
struct S {
    int a;
    string s;
};
void f2(S);

template<typename T, int N>
```

```
void f3(T (&r)[N]);

void f4(int);

void g()
{
    f1({1,2,3,4});      // T는 int이고 initializer_list는 size() 4를 갖는다.
    f2({1,"MKS"});      // f2(S{1,"MKS"})
    f3({1,2,3,4});      // T는 int이고 N은 4다.
    f4({1});            // f4(int{1});
}
```

애매한 상황이 발생한다면 `initializer_list` 매개변수가 우선권을 갖는다. 다음 예를 살펴보자.

```
template<typename T>
void f(initializer_list<T>);

struct S {
    int a;
    string s;
};

void f(S);

template<typename T, int N>
void f(T (&r)[N]);

void f(int);

void g()
{
    f({1,2,3,4});       // T는 int이고 initializer_list는 size() 4를 갖는다.
    f({1,"MKS"});       // f(S)를 호출한다.
    f({1});             // T는 int이고 initializer_list는 size() 1을 갖는다.
}
```

`initializer_list` 인자를 가진 함수가 우선권을 갖는 이유는 리스트의 원소 개수를 기준으로 다른 함수가 선택된다면 상당히 혼동을 일으키기가 쉽기 때문이다. 오버로딩 해결에서 모든 형태의 혼동 가능성을 제거하는 것은 불가능하겠지만(관련 예제는 4.4절, 17.3.4.1절 참고), {} 리스트 인자에 대해 `initializer_list` 매개변수에 우선권을 주는 방안이 혼동 가능성을 최소화하는 것으로 보인다.

유효 범위 내에 초기화 식 리스트 인자를 가진 함수가 있지만, 인자 리스트가 그것과 일치하지 않는다면 또 다른 함수가 선택될 수 있다. `f({1,"MKS"})` 호출이 그런 예다.

이 규칙은 `std::initializer_list<T>` 인자에만 적용된다는 점에 유의한다. `std::initializer_list<T>&`나 (어떤 다른 유효 범위에서) 어떻게 하다 보니 `initializer_list`로 불리게 된 다른 타입에 대한 특별 규칙은 존재하지 않는다.

12.2.4 인자의 개수가 지정되지 않은 경우

어떤 함수에 대해서는 호출 내에 있어야 될 모든 인자의 개수와 타입을 지정할 수 없는 경우가 있다. 그런 인터페이스를 구현하는 데는 3가지 선택이 있다.

[1] 가변 인자 템플릿(28.6절)을 이용한다. 이렇게 하면 임의의 타입으로 이뤄진 임의의 개수의 인자를 타입 안전적인 방식으로 처리할 수 있는데, 그 방법은 작은 템플릿 메타프로그램을 작성해서 인자 리스트의 의미를 파악하고 적절한 동작을 취하게 하는 것이다.

[2] `initializer_list`를 인자 타입으로 사용한다(12.2.3절). 이렇게 하면 단일 타입으로 이뤄진 임의의 개수의 인자를 타입 안전적인 방식으로 처리할 수 있다. 많은 경우 이러한 균질적인 리스트가 가장 흔하기도 하고 가장 중요한 경우다.

[3] 인자 리스트를 생략 부호(...)로 끝내는 것이다. 이는 "몇 개의 인자가 더 있을 수 있다"란 뜻이다. 이렇게 하면 **<cstdarg>**에 있는 일부 매크로를 이용해서 (거의) 임의의 타입으로 이뤄진 임의의 개수의 인자를 처리할 수 있다. 이 해결책은 본질적으로 타입 안전적이지 않으며, 복잡한 사용자 정의 타입과 함께 쓰이기는 어려울 수 있다. 하지만 이 메커니즘은 C의 초창기 시절부터 사용돼 왔다.

처음 두 메커니즘은 다른 곳에서 설명할 예정이므로, 여기서는 세 번째 메커니즘만 설명한다(대부분의 경우 다른 두 방식보다 열등하다고 생각하긴 하지만). 다음 예를 살펴보자.

```
int printf(const char* ...);
```

이 코드는 표준 라이브러리 함수 `printf()`(43.3절)의 호출이 최소한 한 개의 인자로 C 스타일 문자열을 가져야 하지만, 다른 인자는 가질 수도 있고 아닐 수도 있다는 뜻을 나타낸다. 다음 예를 살펴보자.

```
printf("Hello, world!\n");
printf("My name is %s %s\n", first_name, second_name);
printf("%d + %d = %d\n",2,3,5);
```

이런 함수는 인자 리스트를 해석할 때 컴파일러가 알 수 없는 정보에 의존해야 한다. `printf()`의 경우 첫 번째 인자는 특수 문자 시퀀스가 포함된 서식 문자열로, `printf()`가 다른 인자들을 올바르게 처리할 수 있게 해준다. `%s`는 "char* 인자가 올 것이다"의 뜻이며, `%d`는 "int 인자가 올 것이다"란 뜻이다. 하지만 일반적으로 컴파일러는 호출에서 예상되는 인자가 실제로 주어졌는지, 아니면 인자가 예상된 타입인지를 확인해주지 못한다. 다음 예를 살펴보자.

```
#include <cstdio>
int main()
{
    std::printf("My name is %s %s\n",2);
}
```

이 코드는 유효하지 않지만, 대부분의 컴파일러는 이 오류를 잡아내지 못할 것이다. 기껏해야 이 코드는 괴상한 결과를 출력할 것이다(한번 해보기 바란다).

분명히 인자가 선언되지 않았다면 컴파일러는 필요한 표준 타입 체크와 타입 변환을 수행하는 데 필요한 정보를 구할 수 없다. 이런 경우 char나 short는 int로 전달되고, float는 double로 전달된다. 프로그래머의 의도는 이것과 다를 가능성이 크다.

잘 설계된 프로그램이라면 인자 타입이 완벽하게 지정되지 않은 함수는 많아야 몇 개 내외여야 한다. 오버로딩 함수, 기본 인자를 이용하는 함수, **initializer_list** 인자를 받아들이는 함수, 가변 인자 템플릿은 인자를 지정하지 않은 채로 내버려 둘 수도 있는 대부분의 상황에서 타입 체크를 수행하는 데 쓰일 수 있다. 오직 인자의 개수와 인자의 타입이 모두 가변적이거나, 가변 인자 템플릿 해결책이 바람직하지 않은 경우에만 생략 부호가 필요해진다.

생략 부호의 가장 흔한 용도는 C++가 대안을 제공하기 이전에 정의됐던 C 라이브러리 함수에 대한 인터페이스를 지정하는 것이다.

```
int fprintf(FILE*, const char* ...);          // <cstdio>에서
int execl(const char*...);                    // 유닉스 헤더에서
```

이러한 함수에서 지정되지 않은 인자에 접근하기 위한 매크로의 표준 집합은 **<cstdag>**에서 찾을 수 있다. 오류의 심각성을 나타내는 정수 인자 하나와 뒤에 이어지는 임의의 개수의 문자열을 받아들이는 오류 함수를 작성하는 경우를 검토해보자. 기본 방안은 각 단어를 별도의 C 스타일 문자열 인자로 전달해서 오류 메시지를 구성하는 것이다. 문자열 인자의 리스트는 널 포인터로 끝나야 한다.

```
extern void error(int ...);
extern char* itoa(int, char[]);          // int에서 알파벳으로

int main(int argc, char* argv[])
{
    switch (argc) {
    case 1:
        error(0,argv[0],nullptr);
        break;
    case 2:
        error(0,argv[0],argv[1],nullptr);
        break;
    default:
        char buffer[8];
        error(1,argv[0],"with",itoa(argc-1,buffer),"arguments",nullptr);
    }
    // ...
}
```

itoa() 함수는 **int** 인자를 표시하는 C 스타일 문자열을 반환한다. 이 함수는 C에서 널리 쓰이고 있지만, C 표준에 포함되지는 않는다.

나는 언제나 **argv[0]**을 전달하는데, 관례적으로 그것이 프로그램의 이름이기 때문이다.

정수 0을 종료 표시로 사용하는 방식은 이식 불가능하다는 점에 유의한다. 일부 구현 버전에서는 정수 0과 널 포인터가 다르게 표시된다(6.2.8절). 이는 생략 부호를 써서 타입 체크가 억제되고 난 후에 프로그래머가 직면하게 될 미묘한 문제와 추가적인 작업을 보여준다.

error() 함수는 다음과 같이 정의될 수 있다.

```
#include <cstdarg>
void error(int severity ...)     // "severity" 뒤에는 0으로 종료되는 char*의 리스트가 이어진다.
```

```
{
    va_list ap;
    va_start(ap,severity);              // arg 시작

    for (;;) {
        char* p = va_arg(ap,char*);
        if (p == nullptr) break;
        cerr << p << ' ';
    }

    va_end(ap);                         // arg 정리

    cerr << '\n';
    if (severity) exit(severity);
}
```

우선 `va_list`가 `va_start()` 호출에 의해 정의되고 초기화된다. 매크로 `va_start`는 `va_list`의 이름과 마지막 형식 인자의 이름을 인자로 받아들인다. 매크로 `va_arg()`는 이름 없는 인자를 순서대로 뽑는 데 사용된다. 각각의 호출에서 프로그래머는 타입을 제공해야 한다. `va_arg()`는 해당 타입의 실제 인자가 전달됐다고 가정하지만, 대개 그것을 보장할 방법은 없다. `va_start()`가 사용된 함수에서 복귀하기에 앞서 `va_end()`가 호출돼야 한다. 그 이유는 `va_start()`가 복귀 성공이 불가능하게 스택을 변경할 수도 있기 때문이다. `va_end()`는 그런 변경을 원상태로 돌린다.

다른 방법으로 `error()`는 표준 라이브러리 `initializer_list`를 이용해서 정의될 수도 있다.

```
void error(int severity, initializer_list<string> err)
{
    for (auto& s : err)
        cerr << s << ' ';
    cerr << '\n';
    if (severity) exit(severity);
}
```

이렇게 되면 리스트 표기를 이용해서 호출돼야 한다. 예를 들면 다음과 같다.

```
switch (argc) {
case 1:
    error(0,{argv[0]});
    break;
case 2:
    error(0,{argv[0],argv[1]});
    break;
default:
    error(1,{argv[0],"with",to_string(argc-1),"arguments"});
}
```

`int`에서 `string`으로의 변환 함수 `to_string()`은 표준 라이브러리에서 제공된다(36.3.5절).

C 스타일을 흉내 낼 필요가 없다면 컨테이너를 단일 인자로 전달해서 코드를 좀 더 간단하게 만들 수 있다.

```
void error(int severity, const vector<string>& err)     // 이전과 거의 비슷하다.
{
```

```
    for (auto& s : err)
        cerr << s << ' ';
    cerr << '\n';
    if (severity) exit(severity);
}
vector<string> arguments(int argc, char* argv[])   // 패키지 인자
{
    vector<string> res;
    for (int i = 0; i!=argc; ++i)
        res.push_back(argv[i]);
    return res;
}
int main(int argc, char* argv[])
{
    auto args = arguments(argc,argv);
    error((args.size()<2)?0:1,args);
    // ...
}
```

보조 함수 arguments()는 조그만 함수이며, main()과 error()는 단순하다. 이제 모든
인자를 전달한다는 측면에서 main()과 error() 사이의 인터페이스는 좀 더 보편적이다. 이
덕택에 나중에 error()를 좀 더 개선할 수 있다. vector<string>을 사용하면 지정되지 않은
개수의 인자를 사용하는 그 어떤 방식보다 오류에 훨씬 덜 취약하다.

12.2.5 기본 인자

많은 경우 일반적인 함수는 간단한 경우를 다루는 데 필요한 것보다 더 많은 인자를 필요로
한다. 특히 객체를 생성하는 함수(16.2.5절)는 종종 융통성을 위해 몇 가지 선택 사항을 제공한
다. 3.2.1.1절의 complex 클래스를 살펴보자.

```
class complex {
    double re, im;
public:
    complex(double r, double i) :re{r}, im{i} {}   // 두 개의 스칼라로 복소수를 생성한다.
    complex(double r) :re{r}, im{0} {}             // 한 개의 스칼라로 복소수를 생성한다.
    complex() :re{0}, im{0} {}                     // 기본 복소수 - {0,0}
    // ...
};
```

complex의 생성자가 하는 일에는 별 것이 없지만, 세 개의 함수(여기서는 생성자)가 본질적으
로 같은 일을 수행하는 건 논리적으로 뭔가 이상해 보인다. 다른 많은 클래스의 경우에도
생성자는 더 많은 일을 수행하며, 반복은 흔한 일이다. 생성자 중 하나를 '진짜'로 간주하고
그것으로 처리를 넘기면 반복 문제를 처리할 수 있다(17.4.3절).

```
complex(double r, double i) :re{r}, im{i} {}  // 두 개의 스칼라로 복소수를 생성한다.
complex(double r) :complex{r,0} {}            // 한 개의 스칼라로 복소수를 생성한다.
complex() :complex{0,0} {}                    // 기본 복소수 - {0,0}
```

약간의 디버깅, 추적, 통계 수집 코드를 complex에 추가한다고 가정해보자. 이제 한곳에만 추가하면 된다. 하지만 좀 더 단축시킬 수 있다.

```
complex(double r ={}, double i ={}) :re{r}, im{i} {}    // 두 개의 스칼라로 복소수를 생성한다.
```

이렇게 하면 사용자가 필요한 두 개의 인자보다 적은 인자를 제공할 때 기본 인자가 사용된다는 점이 명확해진다. 하나의 생성자에 추가로 약간의 단축 표기를 집어넣은 의도가 이제 명확히 드러난다.

기본 인자는 함수 선언의 시점에서 타입 체크되고 호출 시점에 평가된다. 다음 예를 살펴보자.

```
class X {
public:
    static int def_arg;
    void f(int =def_arg);
    // ...
};

int X::def_arg = 7;

void g(X& a)
{
    a.f();              // 아마 f(7)일 것이다.
    a.def_arg = 9;
    a.f();              // f(9)
}
```

값을 변경할 수 있는 기본 인자는 대부분의 경우 피하는 것이 최선인데, 미묘한 상황 정보 의존성을 일으킬 수 있기 때문이다.

기본 인자는 뒤쪽부터 설정돼야 한다. 예를 들면 다음과 같다.

```
int f(int, int =0, char* =nullptr);     // OK
int g(int =0, int =0, char*);           // 오류
int h(int =0, int, char* =nullptr);     // 오류
```

와 = 사이의 공백은 매우 중요하다는 점을 잊지 말자(=는 대입 연산자다. 10.3절).

```
int nasty(char*=nullptr);               // 문법 오류
```

기본 인자는 동일한 유효 범위 안에 있는 이후의 선언문에서 반복되거나 변경될 수 없다. 예를 들면 다음과 같다.

```
void f(int x =7);
void f(int =7);         // 오류: 기본 인자를 반복할 수 없다.
void f(int =8);         // 오류: 다른 기본 인자

void g()
{
    void f(int x =9);   // OK: 이 선언문은 바깥쪽의 선언을 가려준다.
    // ...
}
```

중첩된 유효 범위 내에서 이름을 선언해서 해당 이름이 바깥쪽 유효 범위 안에 있는 똑같은 이름을 가려주는 방식은 오류에 취약하다.

12.3 오버로딩 함수

대다수의 경우 다른 함수에는 다른 이름을 붙이는 것이 좋은 방법이지만, 서로 다른 함수가 개념적으로 같은 작업을 다른 타입의 객체에 대해 수행할 때는 그들에게 같은 이름을 붙이는 것이 좀 더 편리할 수 있다. 다른 타입에 대한 연산에 같은 이름을 사용하는 기법은 오버로딩 overloading이라고 불린다. 이 기법은 C++의 기본 연산에서 이미 활용되고 있다. 즉, 덧셈에 대해서는 단 하나의 이름 +밖에 없지만, 이 이름은 정수 타입의 값과 부동소수점 타입의 값, 그리고 이런 타입의 조합의 값을 더하는 데 사용될 수 있다. 이런 방식은 프로그래머에 의해 정의된 함수에까지 손쉽게 확장될 수 있다. 예를 들면 다음과 같다.

```
void print(int);         // int를 출력한다.
void print(const char*);  // C 스타일 문자열을 출력한다.
```

컴파일러에 관한 한 같은 이름의 함수가 공통적으로 가질 수 있는 건 해당 이름뿐이다. 아마도 함수들은 어떤 의미에서는 유사하지만, 언어는 프로그래머에게 제한을 가하지도 않고 도움을 주지도 않는다. 따라서 오버로딩 함수 이름이란 주로 표기적 편의다. 이러한 편의성은 sqrt, print, open 같이 통상적인 이름을 갖는 함수에게는 매우 중요하다. 어떤 이름이 의미 구조상 중요할 때 이런 편의성은 필수적이 된다. 예를 들면 +, *, << 같은 연산자나 생성자의 경우(16.2.5절, 17.1절), 그리고 일반화 프로그래밍(4.5절, 32장)에서 그런 일이 일어난다.

템플릿은 오버로딩 함수의 집합을 정의하는 체계적인 방법을 제공한다(23.5절).

12.3.1 자동 오버로딩 해결

함수 fct가 호출되면 컴파일러는 fct란 이름의 함수 중 어떤 것을 실행할지 판단해야 한다. 이 과정은 실제 인자의 타입을 유효 범위 내에 있는 fct란 모든 이름의 함수 매개변수 타입과 비교함으로써 이뤄진다. 기본적인 방안은 인자와 가장 일치하는 함수를 실행하고, 이런 함수가 없으면 컴파일 타임 오류를 내는 것이다. 다음 예를 살펴보자.

```
void print(double);
void print(long);

void f()
{
    print(1L);        // print(long)
    print(1.0);       // print(double)
    print(1);         // 오류: 모호하다. print(long(1))과 print(double(1)) 중 어느 쪽인지?
}
```

무엇이 타당한지에 대한 우리의 인식과 비슷한 결과를 얻기 위해 일련의 기준이 순서대로 시험된다.

[1]   정확한 일치, 즉 전혀 변환이 일어나지 않거나 사소한 변환(예를 들어 배열 이름을 포인터로, 함수 이름을 함수를 가리키는 포인터로, T를 const T로)만 사용하는 일치

[2]   타입 승격을 사용한 일치, 즉 통합 정수 타입 승격(bool에서 int로, char에서 int로, short에서 int로, signed 정수에서 unsigned 정수로, 10.5.1절)과 **float**에서 **double**로

[3]   표준 변환을 사용한 일치(예를 들어 int에서 double로, double에서 int로, double에서 long double 로, Derived*에서 Base*로(20.2절), T*에서 void*로(7.2.1절), int에서 unsigned int로(10.5절))

[4]   사용자 정의 타입 변환을 사용한 일치(예를 들면 double에서 complex<double>로, 18.4절)

[5]   함수 선언에서 생략 부호 ...을 사용한 일치(12.2.4절)

일치가 발견된 가장 높은 수준에서 두 개의 일치가 발견되면 호출은 모호하다고 판단돼 실행되지 않는다. 해결 규칙이 이토록 복잡한 것은 주로 기본 제공 수치 타입에 대한 C와 C++ 복잡한 규칙(10.5절)을 고려해야 하기 때문이다. 예를 들면 다음과 같다.

```
void print(int);
void print(const char*);
void print(double);
void print(long);
void print(char);

void h(char c, int i, short s, float f)
{
    print(c);          // 정확한 일치 - print(char)를 호출한다.
    print(i);          // 정확한 일치 - print(int)를 호출한다.
    print(s);          // 통합 정수 타입 승격 - print(int)를 호출한다.
    print(f);          // float에서 double로의 타입 승격 - print(double)

    print('a');        // 정확한 일치 - print(char)를 호출한다.
    print(49);         // 정확한 일치 - print(int)를 호출한다.
    print(0);          // 정확한 일치 - print(int)를 호출한다.
    print("a");        // 정확한 일치 - print(const char*)를 호출한다.
    print(nullptr);// nullptr_t에서 const char*로의 타입 승격: print(const char*)를 호출한다.
}
```

print(0)을 호출하면 0이 int이기 때문에 print(int)가 호출된다. print('a')를 호출하면 'a'가 char이기 때문에 print(char)가 호출된다(6.2.3.2절). 변환과 타입 승격을 구분하는 이유는 int에서 char로와 같은 안전하지 않은 변환보다 char에서 int로와 같은 안전한 타입 승격이 좋기 때문이다. 이에 대해서는 추가로 12.3.5절을 참고하기 바란다.

오버로딩 해결은 고려되는 함수의 선언 순서와는 상관이 없다.

함수 템플릿은 오버로딩 해결 규칙을 인지 집합 기반의 특수화 결과(23.5.3절)에 적용시킴으로써 처리된다. {} 리스트가 사용될 때의 오버로딩(초기화 식 리스트가 우선권을 갖는다. 12.2.3절, 17.3.4.1절)에 대한 규칙과 우변 값 참조자 템플릿 인자(23.5.2.1절)에 대한 규칙은 서로 별개다.

오버로딩은 비교적 복잡한 규칙 집합에 의존하기 때문에 때때로 프로그래머는 어떤 함수가 호출되는지를 보고 놀랄 수도 있다. 그렇다면 굳이 사서 고생할 필요가 없다. 오버로딩의 대안을 검토해보기 바란다. 여러 가지 타입의 객체에 유사한 연산이 수행돼야 하는 경우는 빈번히 발생한다. 오버로딩이 없다면 다른 이름을 가진 여러 개의 함수를 정의해야 한다.

```
void print_int(int);
void print_char(char);
```

```
void print_string(const char*);         // C 스타일 문자열
void g(int i, char c, const char* p, double d)
{
    print_int(i);           // OK
    print_char(c);          // OK
    print_string(p);        // OK

    print_int(c);           // OK: print_int(int(c))를 호출하면 숫자가 출력된다.
    print_char(i);          // OK: print_char(char(i))를 호출하면 축소 변환이 일어난다.
    print_string(i);        // 오류
    print_int(d);           // OK: print_int(int(d))를 호출하면 축소 변환이 일어난다.
}
```

오버로딩 print()와 비교해보면 여러 개의 이름을 기억해야 하고 그것들을 정확히 사용하게 신경을 써야 한다. 이것은 지루한 일이 될 수 있으며, 일반화 프로그래밍(4.5절)은 시도해볼 엄두도 내지 못하고, 프로그래머가 상대적으로 저수준의 타입 문제에 신경을 쓰게끔 만든다. 오버로딩이 존재하지 않기 때문에 이런 함수들의 인자에는 표준 변환이 전부 적용된다. 이것 역시 오류의 원인이 될 수 있다. 이전의 예제에서는 의심스러운 의미 구조를 가진 네 개의 호출 중 단 한 개만이 컴파일러에 의해 포착된다는 뜻이다. 특히 두 개의 호출은 오류에 취약한 축소 변환(2.2.2절, 10.5절)에 의존한다. 따라서 오버로딩은 부적절한 인자가 컴파일러에서 거절될 확률을 높일 수 있는 것이다.

12.3.2 오버로딩과 반환 타입

반환 타입은 오버로딩 해결에서 고려되지 않는다. 그 이유는 개별 연산자(18.2.1절, 18.2.5절)나 함수 호출에 대한 해결을 전후 맥락에 독립적으로 만들기 위해서다.

```
float sqrt(float);
double sqrt(double);

void f(double da, float fla)
{
    float fl = sqrt(da);    // sqrt(double)을 호출한다.
    double d = sqrt(da);    // sqrt(double)을 호출한다.
    fl = sqrt(fla);         // sqrt(float)를 호출한다.
    d = sqrt(fla);          // sqrt(float)를 호출한다.
}
```

반환 타입이 고려됐다면 더 이상 sqrt() 호출만 따로 떼어 바라보고, 어떤 함수가 호출될지 결정할 수 없었을 것이다.

12.3.3 오버로딩과 유효 범위

오버로딩은 오버로딩 집합의 멤버 사이에서 일어난다. 기본 설정상 이는 단일 유효 범위의 함수, 즉 네임스페이스가 아닌 다른 유효 범위에서 선언된 함수는 오버로딩되지 않는다는 뜻이다. 다음 예를 살펴보자.

```
void f(int);
void g()
{
    void f(double);
    f(1);                   // f(double)을 호출한다.
}
```

분명히 f(int)는 f(1)과 가장 일치했겠지만, 오직 f(double)만이 유효 범위 내에 있다. 이러한 경우 지역 선언을 추가하거나 빼면 원하는 결과를 얻을 수 있다. 언제나 그렇듯 의도적인 가리기는 유용한 기법이 될 수 있지만, 의도적이지도 않았는데 가려지는 결과가 나오면 당혹스러워진다.

기반 클래스와 파생 클래스는 다른 유효 범위를 제공하므로, 기반 클래스 함수와 파생 클래스 함수 사이의 오버로딩은 자동적으로 일어나지 않는다. 다음 예를 살펴보자.

```
struct Base {
    void f(int);
};
struct Derived : Base {
    void f(double);
};
void g(Derived& d)
{
    d.f(1);         // Derived::f(double)을 호출한다.
}
```

여러 클래스 유효 범위(20.3.5절)나 여러 네임스페이스 유효 범위(14.4.5절) 사이의 오버로딩이 필요하다면 using 선언이나 using 지시자를 사용할 수 있다(14.2.2절). 인자 의존적 탐색(14.2.4절) 역시 여러 네임스페이스 사이의 오버로딩을 가능하게 해준다.

12.3.4 다중 인자에 대한 해결

여러 타입 사이에서 계산의 효율성과 정확도에 있어 상당한 차이가 있을 때 가장 적합한 함수를 선택해주는 오버로딩 규칙을 활용할 수 있다. 다음 예를 살펴보자.

```
int pow(int, int);
double pow(double, double);
complex pow(double, complex);
complex pow(complex, int);
complex pow(complex, complex);

void k(complex z)
{
    int i = pow(2,2);               // pow(int,int)를 호출한다.
    double d = pow(2.0,2.0);        // pow(double,double)을 호출한다.
    complex z2 = pow(2,z);          // pow(double,complex)를 호출한다.
    complex z3 = pow(z,2);          // pow(complex,int)를 호출한다.
    complex z4 = pow(z,z);          // pow(complex,complex)를 호출한다.
}
```

두 개 이상의 인자를 가진 오버로딩 함수 사이에서 선택하는 과정에서 12.3절의 규칙을 이용해서 각 인자에 대해 가장 일치하는 함수를 찾을 수 있다. 한 인자에 대해서는 가장 일치하고, 다른 모든 인자에 대해서는 비슷하거나 좀 더 일치하는 함수가 호출된다. 그런 함수가 존재하지 않는다면 호출은 모호한 것으로 간주돼 실행되지 않는다. 다음 예를 살펴보자.

```
void g()
{
    double d = pow(2.0,2);      // 오류: pow(int(2.0),2)와 pow(2.0,double(2)) 중 어느 쪽?
}
```

이 호출은 2.0이 `pow(double,double)`의 첫 번째 인자에 대해 가장 일치하고, 2가 `pow(int,int)`의 두 번째 인자에 대해 가장 일치하기 때문에 모호하다.

12.3.5 수동 오버로딩 해결

함수의 오버로딩 버전을 너무 적게(또는 너무 많이) 선언하면 모호한 상황을 일으킬 수 있다. 다음 예를 살펴보자.

```
void f1(char);
void f1(long);

void f2(char*);
void f2(int*);

void k(int i)
{
    f1(i);    // 모호하다. f1(char)와 f1(long) 중 어느 쪽?
    f2(0);    // 모호하다. f2(char*)와 f2(int*) 중 어느 쪽?
}
```

가능한 경우에는 함수 오버로딩 버전의 집합을 전체로서 간주하고 함수의 의미 구조 관점에서 타당한지 살펴보기 바란다. 종종 모호성을 해결하는 버전을 추가하면 문제를 해결할 수 있다. 예를 들어 다음과 같다.

```
inline void f1(int n) { f1(long(n)); }
```

이 코드를 추가하면 더 큰 타입인 `long int`를 선호하기 때문에 `f1(i)`에서 생기는 것과 유사한 모호성을 전부 해결할 수 있다.

특정한 호출을 해결하기 위해 명시적 타입 변환을 추가할 수도 있다. 예를 들면 다음과 같다.

```
f2(static_cast<int*>(0));
```

하지만 이건 그저 미봉책일 뿐이다. 이내 또 다른 유사한 호출이 이뤄지면 그에 따른 처리를 해줘야 한다.

일부 C++ 초보자들은 컴파일러가 알려주는 모호성 오류 때문에 짜증을 낸다. 반면 좀 더 숙련된 프로그래머들은 설계 오류를 알려주는 유용한 안내자라고 여기며 이런 오류 메시지에 감사해 한다.

12.4 선행 및 후행 조건

모든 함수는 자신의 인자에 대해 약간의 예측치를 갖고 있다. 이런 예측치 중 일부는 인자 타입에 표시되지만, 다른 일부는 전달되는 실제 값이나 인자 값들 사이의 관계에 의존한다. 컴파일러와 링커는 인자가 적합한 타입이 되게 보장해줄 수는 있지만, '부적합한' 인자 값에 대해 무엇을 할 것인지를 결정하는 일은 프로그래머의 몫이다. 함수가 호출될 때 유효하리라고 예상되는 논리적 기준을 **선행 조건**precondition이라고 부르고, 함수가 반환할 때 유효하리라고 예상되는 논리적 기준을 **후행 조건**postcondition이라고 부른다. 예를 들면 다음과 같다.

```
int area(int len, int wid)
/*
    직사각형의 면적을 계산한다.
    선행 조건 - len과 wid는 양수다.
    후행 조건 - 반환 값은 양수다.
    후행 조건 - 반환 값은 len과 wid 변을 갖는 직사각형의 면적이다.
*/
{
    return len*wid;
}
```

여기서 선행 및 후행 조건을 나타내는 문장은 함수 본체보다 길다. 좀 지나치다고 여겨질지도 모르지만, 제공된 정보는 구현 프로그래머, `area()`의 사용자 및 테스터에게 유용하다. 예를 들어 0과 -12는 유효한 인자로 간주될 수 없음을 알 수 있다. 게다가 굉장히 큰 값을 두 개 전달해도 선행 조건을 위반하지는 않지만, `len*wid`가 오버플로를 일으키면 후행 조건 두 개 또는 한 개가 충족되지 않는다는 점을 알 수 있다.

`area(numeric_limits<int>::max(),2)` 호출에 대해서는 무엇을 해야 할까?

[1]   그것을 피하는 것은 호출자의 역할인가? 그렇다. 하지만 호출자가 그렇게 하지 않는다면?

[2]   그것을 피하는 것은 구현자의 역할인가? 그렇다면 오류는 어떻게 처리돼야 할까?

이 질문에 대해서는 몇 가지 가능한 대답이 있다. 호출자가 실수를 저질러서 선행 조건을 만족시키지 못하기는 쉽다. 반면 구현자가 저렴한 비용으로 효율적이고 완벽하게 선행 조건을 체크하는 것은 어렵다. 우리는 호출자가 선행 조건을 만족시키게 만들고 싶지만, 정확성을 체크할 수 있는 수단이 필요하다. 지금으로선 선행 및 후행 조건 중 일부는 체크하기 쉽다는 점만 알아두자(예를 들어 `len`이 양수라는 조건과 `len*wid`가 양수라는 조건). 다른 것들은 본질적으로 의미 구조에 관한 것이며, 직접적으로 테스트하기가 어렵다. 예를 들어 "반환 값은 `len`과 `wid` 변을 갖는 직사각형의 면적이다"는 어떻게 테스트해야 하는가? '직사각형의 면적'의 의미를 알아야 하기 때문에 이 조건은 의미 구조적 제약이며, 오버플로가 일어나지 않는 정밀도로 단순히 `len`과 `wid`를 다시 곱하는 것은 비용이 많이 들 수 있다.

`area()`에 대한 선행 및 후행 조건을 자세히 작성하는 것은 이렇게 매우 간단한 함수와 관련된 미묘한 문제를 드러내는 것으로 보인다. 이런 일은 드물지 않다. 선행 및 후행 조건의 상세한 작성은 훌륭한 설계 도구일 뿐만 아니라 문서화에도 큰 도움이 된다. 조건의 문서화와

적용을 위한 메커니즘은 13.4절에서 다룬다.

어떤 함수가 오직 인자에만 의존한다면 그 함수의 선행 조건은 인자에만 해당된다. 하지만 비지역 변수에 의존하는 함수(예를 들면 자신의 객체의 상태에 의존하는 멤버 함수)에 대해서는 주의를 기울여야 한다. 실질적으로 읽어 들여진 모든 비지역 변수는 함수에 대한 암시적 인자로 간주해야 한다. 마찬가지로 부수 효과가 없는 어떤 함수의 후행 조건은 어떤 값이 정확히 계산된다는 표현에 불과하지만, 어떤 함수가 비지역 객체에 쓰기를 실행하면 그 결과는 검토되고 문서화돼야 한다.

함수의 작성자는 다음을 비롯한 몇 가지 대안 중에서 선택할 수 있다.

[1]   모든 입력이 유효한 결과를 가지게 해야 한다(선행 조건이 필요 없게).

[2]   선행 조건이 유효하다고 가정한다(호출자가 실수를 저지르지 않기를 기대한다).

[3]   선행 조건이 유효한지 체크하고 그렇지 않다면 예외를 던진다.

[4]   선행 조건이 유효한지 체크하고 그렇지 않다면 프로그램을 종료한다.

후행 조건이 충족되지 않는다면 체크되지 않은 선행 조건이 있거나 프로그래머 오류가 있는 것이다. 13.4절에서 다른 체크 전략을 표현하는 방법을 살펴본다.

12.5 함수를 가리키는 포인터

(데이터) 객체와 마찬가지로 함수 본체를 위해 생성된 코드는 메모리 어딘가에 위치하므로, 그에 따른 주소를 갖는다. 객체를 가리키는 포인터를 가질 수 있는 것처럼 함수를 가리키는 포인터를 가질 수 있다. 하지만 이런 저런 이유 때문에 함수를 가리키는 포인터는 코드의 변경을 허용하지 않는다. 그런 이유 중 일부는 컴퓨터 아키텍처와 관련돼 있고, 다른 이유는 시스템 설계와 관련된다. 함수에 대해 우리가 할 수 있는 것은 딱 두 가지다. 호출하든지, 그것의 주소를 얻는 것이다. 함수의 주소를 통해 얻어진 포인터는 해당 함수를 호출하는 데 사용할 수 있다. 예를 들면 다음과 같다.

```
void error(string s) { /* ... */ }
void (*efct)(string);  // 문자열 인자를 받아들이고 아무것도 반환하지 않는 함수를 가리키는 포인터
void f()
{
    efct = &error;     // efct는 errror를 가리킨다.
    efct("error");     // efct를 통해 error를 호출한다.
}
```

컴파일러는 efct가 포인터란 점을 알아내고 그것이 가리키는 함수를 호출할 것이다. 즉, *를 이용해서 함수를 가리키는 포인터를 역참조하는 것은 선택적이다. 마찬가지로 &를 이용해서 함수의 주소를 알아내는 것 역시 선택적이다.

```
void (*f1)(string) = &error;     // OK: = error와 같다.
void (*f2)(string) = error;      // OK: = &error와 같다.
```

```
void g()
{
    f1("Vasa");          //OK: (*f1)("Vasa")와 같다.
    (*f1)("Mary Rose");  // OK: f1("Mary Rose")와 같다.
}
```

함수를 가리키는 포인터는 함수 자체와 완전히 똑같이 선언된 인자 타입을 갖는다. 포인터 대입에서는 전체 함수 타입이 정확히 일치해야 한다. 예를 들면 다음과 같다.

```
void (*pf)(string);    // void(string)를 가리키는 포인터
void f1(string);       // void(string)
int f2(string);        // int(string)
void f3(int*);         // void(int*)

void f()
{
    pf = &f1;          // OK
    pf = &f2;          // 오류: 좋지 않은 반환 타입
    pf = &f3;          // 오류: 좋지 않은 인자 타입

    pf("Hera");        // OK
    pf(1);             // 오류: 좋지 않은 인자 타입
    int i = pf("Zeus"); // 오류: void가 int에 대입된다.
}
```

인자 전달 규칙은 함수에 대한 직접적인 호출에 대해서와 포인터를 통한 호출에 대해서 동일하다.

함수를 가리키는 포인터를 다른 함수를 가리키는 포인터 타입으로 변환할 수 있지만, 결과 포인터를 원래 타입으로 되돌리는 캐스트를 하지 않으면 이상한 일이 일어날 수 있다.

```
using P1 = int(*)(int*);
using P2 = void(*)(void);

void f(P1 pf)
{
    P2 pf2 = reinterpret_cast<P2>(pf)
    pf2();                                    // 심각한 문제가 일어날 가능성
    P1 pf1 = reinterpret_cast<P1>(pf2);       // pf2를 "다시 원래로" 변환한다.
    int x = 7;
    int y = pf1(&x);                          // OK
    // ...
}
```

포인터에서 함수로의 타입 변환을 실행하려면 가장 다루기 힘든 캐스트인 **reinterpret_cast**가 필요하다. 잘못된 타입의 함수를 가리키는 포인터를 사용하면 그 결과가 너무나 예측 불능인 데다 시스템에 따라 각양각색이기 때문이다. 예를 들어 위의 예제에서 호출된 함수는 인자가 가리키는 객체에 쓰기 시도를 할 수 있는데, **pf2()** 호출은 아무런 인자를 제공하지 않았다!

함수를 가리키는 포인터는 알고리즘을 매개변수화하는 방법을 제공한다. C는 함수 객체 (3.4.3절)나 람다 표현식(11.4절)을 갖고 있지 않기 때문에 C 스타일 코드에서는 함수를 가리키는 포인터가 함수 인자로 사용된다. 예를 들면 정렬 함수에서 필요한 비교 연산을 함수를

가리키는 포인터로 제공할 수 있다.

```cpp
using CFT = int(const void*, const void*);

void ssort(void* base, size_t n, size_t sz, CFT cmp)
/*
    "base" vector의 "n"개 원소를
    "cmp"가 가리키는 비교 함수를 이용해서 오름차순으로 정렬한다.
    원소들은 "sz"의 크기를 갖는다.

    셸 정렬(Knuth, Vol3, pg84)
 */
{
    for (int gap=n/2; 0<gap; gap/=2)
        for (int i=gap; i!=n; i++)
            for (int j=i-gap; 0<=j; j-=gap) {
                char* b = static_cast<char*>(base);     // 필요한 캐스트
                char* pj = b+j*sz;                       //&base[j]
                char* pjg = b+(j+gap)*sz;                //&base[j+gap]
                if (cmp(pjg,pj)<0) {                     // base[j]와 base[j+gap]를 바꿔친다.
                    for (int k=0; k!=sz; k++) {
                        char temp = pj[k];
                        pj[k] = pjg[k];
                        pjg[k] = temp;
                    }
                }
            }
}
```

ssort() 루틴은 자신이 정렬시키는 객체의 타입을 알지 못하며, 오직 원소의 개수(배열 크기), 각 원소의 크기 및 비교를 수행하기 위해 호출해야 하는 함수만을 알고 있다. ssort()의 타입은 표준 C 라이브러리 정렬 루틴인 qsort()와 같은 타입으로 선택됐다. 실제의 프로그램들은 qsort(), C++ 표준 라이브러리 알고리즘 sort(32.6절) 또는 특수한 정렬 루틴을 사용한다. 이런 스타일의 코드는 C에서 흔하지만, C++에서는 이런 알고리즘을 표현하는 데 가장 깔끔한 방식은 아니다(23.5절, 25.3.4.1절 참고).

이러한 정렬 함수는 다음과 같은 테이블을 정렬하는 데 사용될 수 있다.

```cpp
struct User {
    const char* name;
    const char* id;
    int dept;
};

vector<User> heads = {
    "Ritchie D.M.",    "dmr",   11271,
    "Sethi R.",        "ravi",  11272,
    "Szymanski T.G.",  "tgs",   11273,
    "Schryer N.L.",    "nls",   11274,
    "Schryer N.L.",    "nls",   11275,
    "Kernighan B.W.",  "bwk",   11276
};

void print_id(vector<User>& v)
{
```

```
    for (auto& x : v)
        cout << x.name << '\t' << x.id << '\t' << x.dept << '\n';
}
```

정렬을 진행하기 위해서는 우선 적합한 비교 함수를 정의해야 한다. 비교 함수는 첫 번째 인자가 두 번째 인자보다 작으면 음의 값을, 인자들이 동일하면 0을, 그 외의 경우에는 양의 값을 반환해야 한다.

```
int cmp1(const void* p, const void* q)     // name 문자열들을 비교한다.
{
    return strcmp(static_cast<const User*>(p)->name,static_cast<const User*>(q)->name);
}
int cmp2(const void* p, const void* q)     // dept 숫자들을 비교한다.
{
    return static_cast<const User*>(p)->dept - static_cast<const User*>(q)->dept;
}
```

함수를 가리키는 포인터가 대입되거나 초기화될 때는 인자나 반환 타입의 암시적 변환이 일어나지 않는다. 이는 다음과 같이 작성하면 보기 흉하고 오류에 취약한 캐스트를 피할 수 없다는 뜻이다.

```
int cmp3(const User* p, const User* q)     // id들을 비교한다.
{
    return strcmp(p->id,q->id);
}
```

cmp3를 ssort()에 대한 인자로 받아들이면 cmp3가 const User* 타입의 인자로 호출될 것이라는 보장을 위반하기 때문이다(15.2.6절 참고).

이 프로그램은 정렬과 출력을 처리한다.

```
int main()
{
    cout << "Heads in alphabetical order:\n";
    ssort(&heads[0],6,sizeof(User),cmp1);
    print_id(heads);
    cout << '\n';

    cout << "Heads in order of department number:\n";
    ssort(&heads[0],6,sizeof(User),cmp2);
    print_id(heads);
}
```

비교에 대해서는 다음과 같이 작성해도 동일하다.

```
int main()
{
    cout << "Heads in alphabetical order:\n";
    sort(heads.begin(), heads.send(),
        [](const User& x, const User& y) { return x.name<y.name; }
    );
    print_id(heads);
    cout << '\n';
```

```
    cout << "Heads in order of department number:\n";
    sort(heads.begin(), heads.end(),
        [](const User& x, const User& y) { return x.dept<y.dept; }
    );
    print_id(heads);
}
```

크기를 언급할 필요도 없고 보조 함수도 필요하지 않다. `begin()`과 `end()`의 명시적 사용이 거슬린다면 컨테이너를 받아들이는 `sort()` 버전을 사용해서 사라지게 할 수 있다(4.5.6절).

```
sort(heads,[](const User& x, const User& y) { return x.name<y.name; });
```

함수를 가리키는 포인터에 대입하거나 함수를 가리키는 포인터를 초기화하면 오버로딩 함수의 주소를 얻을 수 있다. 해당 경우 오버로딩 함수 집합에서 선택하기 위해 대상의 타입이 사용된다. 예를 들면 다음과 같다.

```
void f(int);
int f(char);

void (*pf1)(int) = &f;          // void f(int)
int (*pf2)(char) = &f;          // int f(char)
void (*pf3)(char) = &f;         // 오류: void f(char)는 허용되지 않음
```

멤버 함수의 주소를 얻을 수도 있지만(20.6절), 멤버 함수를 가리키는 포인터는 (멤버가 아닌) 함수를 가리키는 포인터와 상당히 다르다.

`noexcept` 함수를 가리키는 포인터는 `noexcept`로 선언될 수 있다. 예를 들면 다음과 같다.

```
void f(int) noexcept;
void g(int);

void (*p1)(int) = f;            // OK: 하지만 유용한 정보를 날려버린다.
void (*p2)(int) noexcept = f;   // OK: noexcept 정보를 보존한다.
void (*p3)(int) noexcept = g;   // 오류: g가 던지지 않는다는 것을 모른다.
```

함수를 가리키는 포인터는 함수의 링크 관계를 반영해야 한다(15.2.6절). 링크 관계 지정이나 `noexcept`는 타입 별칭에 등장할 수 없다.

```
using Pc = extern "C" void(int);    // 오류: 링크 관계 지정이 별칭에 등장
using Pn = void(int) noexcept;      // 오류: noexcept가 별칭에 등장
```

12.6 매크로

매크로는 C에서는 매우 중요하지만 C++에서는 용도가 훨씬 적어졌다. 매크로에 대한 첫 번째 원칙은 어쩔 수 없는 경우가 아니라면 사용하지 말라는 것이다. 거의 모든 매크로는 프로그래밍 언어, 프로그램 자체, 또는 프로그래머의 어떤 결함을 보여준다. 매크로는 컴파일러가 보기도 전에 프로그램 텍스트를 재배열하기 때문에 매크로는 많은 프로그래밍 지원 도구 입장에서도 큰 골칫거리이기도 하다. 따라서 매크로를 사용할 때는 디버거, 상호 참조 도구, 프로파일러 같은 도구에서 제공하는 서비스의 수준이 떨어지게 된다. 매크로를 어쩔 수 없이 사용

해야 한다면 자신이 사용하는 C++ 전처리기의 구현에 대한 참고 매뉴얼을 반드시 주의 깊게 읽어보고 쓸데없는 솜씨는 부리지 말기 바란다. 또한 다수의 대문자를 사용해서 매크로의 이름을 붙이는 규약에 따라야 한다는 점을 일러둔다. 매크로의 문법은 iso.16.3절에 소개돼 있다.

나는 조건부 컴파일(12.6.1절)이나 특별히 인클루드 가드^{include guard}(15.3.3절)에 대해서만 매크로를 사용하기를 추천한다.

간단한 매크로는 다음과 같이 정의될 수 있다.

```
#define NAME rest of line
```

NAME이 토큰으로 등장한 부분은 rest of line으로 대체된다. 예를 들어

```
named = NAME
```

은 다음과 같이 확장될 것이다

```
named = rest of line
```

매크로는 인자를 받아들이도록 정의될 수도 있다. 예를 들면 다음과 같다.

```
#define MAC(x,y) argument1: x argument2: y
```

MAC이 사용될 경우 두 개의 인자 문자열이 주어져야 한다. MAC()이 확장되면 인자 문자열들이 x와 y를 대체할 것이다. 예를 들어

```
expanded = MAC(foo bar, yuk yuk)
```

는 다음과 같이 확장될 것이다.

```
expanded = argument1: foo bar argument2: yuk yuk
```

매크로 이름은 오버로딩될 수 없으며, 매크로 전처리기는 재귀적 호출을 처리할 수 없다.

```
#define PRINT(a,b) cout<<(a)<<(b)
#define PRINT(a,b,c) cout<<(a)<<(b)<<(c)    /* 문제 발생? - 재정의, 오버로딩되지 않는다 */
#define FAC(n) (n>1)?n*FAC(n-1):1           /* 문제 - 재귀적인 매크로 */
```

매크로는 문자열을 조작할 뿐이며, C++ 문법에 대해서는 거의 알지 못하고 C++ 타입이나 유효 범위 규칙에 대해서는 전혀 알지 못한다. 컴파일러는 매크로의 확장된 형태만을 접하게 되기 때문에 매크로에 있는 오류는 매크로가 정의될 때가 아니라 확장될 때 알려질 것이다. 이 때문에 상당히 모호한 오류 메시지가 등장할 수 있다.

다음은 괜찮아 보이는 매크로들이다.

```
#define CASE break;case
#define FOREVER for(;;)
```

다음은 몇 가지 전혀 쓸모가 없는 매크로들이다.

```
#define PI 3.141593
#define BEGIN {
#define END }
```

다음은 위험한 매크로들이다.

```
#define SQUARE(a) a*a
#define INCR_xx (xx)++
```

이것들이 왜 위험한지 알고 싶다면 한번 펼쳐보기 바란다.

```
int xx = 0;          // 전역 카운터
void f(int xx)
{
    int y = SQUARE(xx+2);   // y=xx+2*xx+2, 즉 y=xx+(2*xx)+2
    INCR_xx;                // 인자 xx를 증가시킨다(전역 xx가 아니라).
}
```

매크로를 꼭 써야만 한다면 전역 이름을 언급할 때는 범위 지정 연산자 ::을 사용하고(6.3.4절), 가급적 매크로 인자 이름이 등장할 경우 괄호로 둘러싸기 바란다. 예를 들면 다음과 같다.

```
#define MIN(a,b) (((a)<(b))?(a):(b))
```

이렇게 하면 단순한 문법 문제는 처리되지만(컴파일러가 자주 잡아내는), 부수 효과와 관련된 문제는 처리되지 않는다. 다음 예를 살펴보자.

```
int x = 1;
int y = 10;
int z = MIN(x++,y++);       // x는 3이 되고, y는 11이 된다.
```

인자를 필요로 할 정도로 복잡한 매크로를 써야 한다면 /* */ 주석을 쓰는 편이 현명하다. // 주석을 인식하지 못하는 오래된 C 전처리기가 가끔 C++ 개발 도구의 일부로 사용되기 때문이다. 예를 들면 다음과 같다.

```
#define M2(a) something(a)      /* 친절한 주석 */
```

매크로를 사용하면 자신만의 개인적인 언어를 설계할 수도 있다. 여러분은 일반적인 C++ 보다 이런 '개선된 언어'를 좋아할 수도 있겠지만, 대부분의 C++ 프로그래머들은 그 언어를 이해하지 못할 것이다. 더욱이 전처리기는 상당히 단순무식한 매크로 처리기다. 뭔가 진지한 걸 시도해보려고 하면 그것이 불가능하든지 쓸데없이 어렵다는 것을 느끼게 될 것이다. 전통적인 전처리기 구조가 활용되는 대부분의 용도를 대신해줄 수 있는 auto, constexpr, const, decltype, enum, inline, 람다 표현식, namespace 및 template 메커니즘이 훨씬 더 낫다. 다음 예를 살펴보자.

```
const int answer = 42;
template<typename T>
inline const T& min(const T& a, const T& b)
{
    return (a<b)?a:b;
}
```

매크로를 작성할 때는 뭔가에 새로운 이름이 필요한 경우가 드물지 않다. ## 매크로 연산자를 이용하면 두 문자열을 연결해서 하나의 문자열을 만들 수 있다. 예를 들어 다음과 같이 하면

```
#define NAME2(a,b) a##b
int NAME2(hack,cah)();
```

다음의 결과가 나온다.

```
int hackcah();
```

대체 문자열 내의 매개변수 이름 앞에 붙은 하나의 #은 매크로 인자가 포함된 문자열을 의미한다. 예를 들면 다음과 같다.

```
#define printx(x) cout << #x " = " << x << '\n'
int a = 7;
string str = "asdf";
void f()
{
    printx(a);        // cout << "a" " = " << a << '\n';
    printx(str);      // cout << "str" " = " << str << '\n';
}
```

`#x << " = "`이 아닌 `#x " = "`를 쓰는 방식은 오류라기보다는 '솜씨를 부리려다 모호하게 된 코드'다. 안전한 문자열 리터럴은 연결된다(7.3.2절).

```
#undef X
```

이 지시자는 X라고 불리는 것이 지시자 이전에 존재했는지에 상관없이 X라고 불리는 매크로가 정의되지 않게 보장해준다. 이 기능은 원하지 않는 매크로를 막아주는 역할을 한다. 하지만 어떤 부분의 코드에서 X가 어떤 결과를 내려고 만들어진 것인지를 알기란 항상 쉬운 일은 아니다.

매크로의 인자 리스트('대체 리스트')는 비어 있을 수 있다.

```
#define EMPTY() std::cout<<"empty\n"
EMPTY();      // "empty\n"를 출력한다.
EMPTY;        // 오류: 매크로 대체 리스트가 누락돼 있다.
```

빈 매크로 인자 리스트가 오류에 취약하지 않거나 악의적이지 않은 경우는 찾아보기 어렵다.

매크로는 가변 인자를 가질 수도 있다. 예를 들면 다음과 같다.

```
#define err_print(...) fprintf(stderr,"error: %s %d\n", __VA_ARGS__)
err_print("The answer",54);
```

생략 부호(...)는 `__VA_ARGS__`가 문자열로 실제로 전달되는 인자를 표시한다는 뜻이므로, 출력은 다음과 같다.

```
error: The answer 54
```

12.6.1 조건부 컴파일

매크로의 한 가지 용도는 거의 피하기가 불가능하다.

```
#ifdef IDENTIFIER
```

이 지시자는 IDENTIFIER가 정의되면 아무것도 하지 않는다. 하지만 그것이 정의되지 않으면 이 지시자는 #endif 이전의 모든 입력을 무시하게 만든다. 다음 예를 살펴보자.

```
int f(int a
#ifdef arg_two
,int b
#endif
);
```

arg_two라고 불리는 매크로가 #define돼 있지 않으면 위 코드의 결과는 다음과 같다.

```
int f(int a
);
```

이 예제는 프로그래머가 제정신이라는 가정하에 만들어진 개발 도구들을 혼란스럽게 만든다.

#ifdef는 대부분 그다지 이상하지 않은 용도로 사용되며, 적절한 제약하에 사용될 경우 #ifdef와 그것의 상반된 역할을 하는 #ifndef는 거의 문제를 일으키지 않는다. 15.3.3절도 참고로 살펴보기 바란다.

#ifdef를 제어하기 위해 사용된 매크로의 이름은 통상적인 식별자와 충돌을 일으키지 않게 신중하게 선택돼야 한다. 다음 예를 살펴보자.

```
struct Call_info {
    Node* arg_one;
    Node* arg_two;
    // ...
};
```

이렇게 멀쩡해 보이는 소스 텍스트라도 누군가가 다음과 같이 쓰면 문제를 일으킬 수 있다.

```
#define arg_two x
```

안타깝지만 필수적으로 널리 쓰이는 헤더들에 위험스럽고 불필요한 매크로들이 다수 포함돼 있다.

12.6.2 미리 정의된 매크로

몇 가지 매크로는 컴파일러에 의해 미리 정의돼 있다(iso.16.8절, iso.8.4.1절).

- __cplusplus   C 컴파일이 아니라 C++ 컴파일에서 정의된다. 이 값은 C++ 프로그램에서는 201103L이다. 이전의 C++ 표준에서는 좀 더 적은 값을 가진다.
- __DATE__   'Mmm dd yyyy' 서식의 날짜, 예를 들어 Aug 18 2013
- __TIME__   'hh:mm:ss' 서식의 시간
- __FILE__   현재 소스 파일의 이름

- __LINE__ 현재 소스 파일 내의 소스 행 번호
- __func__ 구현별 정의 사항인 C 스타일 문자열을 이용한 현재 함수의 이름(매크로가 아니라 const 변수)
- __STDC_HOSTED__ 구현이 호스트될 경우(6.1.1절) 1, 그렇지 않으면 0
- __STDC__ C++ 컴파일이 아니라 C 컴파일에서 정의된다.
- __STDC_MB_MIGHT_NEQ_WC__ wchar_t의 인코딩에서 기본 문자 집합(6.1절)의 멤버가 일반적인 문자 리터럴로서의 값과 다른 코드 값을 갖는다면 1
- __STDCPP_STRICT_POINTER_SAFETY__ 구현이 엄격한 포인터 안전성(34.5절)을 갖는다면 1, 그렇지 않다면 정의되지 않는다.
- __STDCPP_THREADS__ 프로그램이 한 개 이상의 실행 스레드를 갖는다면 1, 그렇지 않으면 정의되지 않는다.

예를 들면 다음과 같다.

```
cout << __func__ << "() in file " << __FILE__ << " on line " << __LINE__ << "\n";
```

추가로 대부분의 C++ 구현 버전에서는 커맨드라인이나 몇 가지 다른 형식의 컴파일 타임 환경에서 사용자가 임의의 매크로를 정의하는 것을 허용한다. 예를 들어 NDEBUG는 컴파일이 (일부 구현에 국한된) '디버그 모드'에서 처리되지 않을 경우에 정의되고, assert() 매크로(13.4절)에 의해 사용된다. 이것이 유용할 수도 있겠지만, 한편으로는 프로그램의 소스 텍스트만 읽고는 프로그램의 의미를 확신할 수 없다는 뜻이기도 하다.

12.6.3 프라그마

구현에 따라 표준이 제공하는 것과 다르거나 표준이 제공하는 것을 넘어서는 기능을 제공하기도 한다. 당연히 표준에서는 그런 기능이 어떻게 제공되는지 지정할 수 없겠지만, 토큰으로 이뤄진 행에 전처리기 지시자 #pragma가 접두사로 붙는 것은 표준 문법으로 지정돼 있다. 예를 들면 다음과 같다.

```
#pragma foo bar 666 foobar
```

가능하다면 #pragma는 피하는 편이 최선이다.

12.7 조언

[1]   의미 있는 연산은 신중하게 이름을 붙인 함수로 '패키지'를 만든다(12.1절).
[2]   함수는 단일한 논리 연산을 수행해야 한다(12.1절).
[3]   함수는 짧게 만든다(12.1절).
[4]   지역 변수를 가리키는 포인터나 지역 변수에 대한 참조자는 반환하지 않는다(12.1.4절).
[5]   어떤 함수가 컴파일 타임에 평가돼야 한다면 constexpr로 선언한다(12.1.6절).

[6]   어떤 함수가 반환할 수 없다면 `[[noreturn]]`으로 표시한다(12.1.7절).

[7]   작은 객체에 대해서는 값에 의한 전달을 사용한다(12.2.1절).

[8]   변경할 필요가 없는 큰 값을 전달할 때는 `const` 참조자에 의한 전달을 사용한다(12.2.1절).

[9]   인자를 통해 객체를 변경하기보다는 `return` 값으로서 결과를 반환한다(12.2.1절).

[10]   이동과 전달을 구현하려면 우변 값 참조자를 사용한다(12.2.1절).

[11]   '객체 없음'이 유효한 대안인 경우에는 포인터를 전달한다(그리고 '객체 없음' `nullptr`로 표시
       한다)(12.2.1절).

[12]   그럴 필요가 있을 때만 `const`가 아닌 참조자에 의한 전달을 사용한다(12.2.1절).

[13]   `const`를 광범위하고 일관성 있게 사용한다(12.2.1절).

[14]   `char*`나 `const char*` 인자는 C 스타일 문자열을 가리킨다고 가정한다(12.2.2절).

[15]   배열을 포인터로 전달하는 것은 피한다(12.2.2절).

[16]   길이를 모르는 균일한 리스트는 `initializer_list<T>`로 전달한다(12.2.3절).

[17]   지정되지 않은 인자의 개수(…)는 피한다(12.2.4절).

[18]   함수가 서로 다른 타입에 개념적으로 동일한 작업을 수행할 때는 오버로딩을 활용한다(12.3절).

[19]   정수에 대해 오버로딩을 할 경우에는 일반적인 모호성을 제거해 주는 함수를 제공한다
       (12.3.5절).

[20]   함수에 대해 선행 조건과 후행 조건을 지정한다(12.4절).

[21]   함수를 가리키는 포인터보다 함수 객체(람다를 포함해서)와 가상 함수를 우선적으로 사용
       한다(12.5절).

[22]   매크로는 피한다(12.6절).

[23]   매크로를 사용해야 한다면 대문자를 많이 가진 이상해 보이는 이름을 사용한다(12.6절).

예외 처리

내가 참견하는 동안에는 내게 참견하지 마세요
– 윈스턴 처칠

- 오류 처리 예외, 전통적인 오류 처리, 버티기, 예외 처리의 다른 관점, 예외를 사용할 수 없는 경우 계층적 오류 처리, 예외와 효율성
- 예외 보장
- 자원 관리 최종적으로
- 불변속성의 강제
- 예외 던지기와 잡기 예외 던지기, 예외 잡기, 예외와 스레드
- vector 구현 간단한 **vector**, 메모리의 명시적 표현, 대입, 크기 변경
- 조언

13.1 오류 처리

13장에서는 예외를 이용한 오류 처리를 소개한다. 효과적인 오류 처리를 위해서는 언어 메커니즘을 일관된 전략하에 이용해야 한다. 그런 목적에 따라 13장에서는 런타임 오류에서 복구하는 데 핵심적인 **예외 안전성 보장**^{exception safety guarantee}과 생성자와 소멸자를 이용한 자원 관리에 필요한 **자원 획득은 초기화**^{RAII, Resource Acquisition Is Initialization} 기법을 소개한다. 예외 안전성 보장과 RAII는 불변속성의 지정을 필요로 하는 관계로, 단정의 강제를 위한 메커니즘이 제시된다.

여기에 소개된 언어 기능과 기법은 소프트웨어 오류 처리와 관련된 문제들을 해결해준다. 비동기적 이벤트의 처리는 다른 주제다.

오류에 대한 논의는 지역적으로(소규모의 단일 함수 내에서) 처리될 수 없는 오류에 초점이 맞춰지므로, 오류 처리 활동을 프로그램의 각기 다른 부분으로 분리하는 것을 필요로 한다. 그러한 프로그램 부분은 종종 개별적으로 개발된다. 나는 어떤 작업을 수행하기 위해 호출되는 프로그램의 한 부분을 종종 '라이브러리'라고 부른다. 라이브러리는 통상적인 코드와 다른 점이 없지만, 오류 처리의 관점에서 볼 때 라이브러리 설계자는 많은 경우 해당 라이브러리가

어떤 종류의 프로그램의 일부분이 될지 도저히 알 수 없다는 점을 기억해두는 편이 좋다.

- 라이브러리의 개발자는 런타임 오류를 탐지할 수는 있지만, 일반적으로는 그것에 대해 어떻게 대응해야 할지 알지 못한다.

- 라이브러리의 사용자는 런타임 오류에 어떻게 대응할지 알 수는 있지만 그것을 손쉽게 탐지할 수는 없다(아니면 사용자의 코드 내에서 처리됐기 때문에 라이브러리가 발견할 만한 것이 남지 않을 수도 있다).

    예외에 대한 논의는 오래 실행되는 시스템, 엄격한 신뢰성을 요구하는 시스템 및 라이브러리에서 처리돼야 하는 문제에 초점을 맞춘다. 다른 종류의 프로그램은 다른 종류의 요구 사항을 갖고 있으므로, 그런 사항을 반영해서 적절한 양의 주의와 노력을 기울여야 한다. 예를 들어 여기에서 권장되는 모든 기법을 나 혼자 쓸 2페이지짜리 프로그램에 적용하지는 않을 것이다. 하지만 여기서 소개된 기법들 중 다수는 코드를 간단하게 만들어주므로, 그런 것들을 사용할 것이다.

13.1.1 예외

예외^{exception}란 개념은 오류가 탐지된 시점에서 오류가 처리될 수 있는 시점으로 정보를 전달하는 데 도움을 주기 위해 제공된다. 문제에 대응할 수 없는 함수는 예외를 던지고^{throw}, 그것의 (직접적 또는 간접적) 호출자가 해당 문제를 처리해주기를 기대한다. 이런 종류의 문제를 처리하고자 하는 함수는 대응되는 예외를 잡아서^{catch} 이를 알려준다(2.4.3.1절).

- 호출하는 구성 요소는 try 블록의 catch절에서 그러한 예외를 지정함으로써 자신이 어떤 종류의 문제를 처리하려는지 알려준다.

- 자신에게 할당된 태스크를 완료할 수 없는 호출된 구성 요소는 throw 표현식을 통해 예외를 던져서 해결해야 하는 문제를 보고한다.

    정형적인 간단한 예제를 하나 살펴보자.

```
void taskmaster()
{
    try {
        auto result = do_task();
        // 결과를 사용한다.
    }
    catch (Some_error) {
        // do_task 실행 실패 - 문제를 처리한다.
    }
}
int do_task()
{
    // ...
    if (/* 태스크를 수행할 수 없다 */)
        return result;
    else
        throw Some_error{};
}
```

`taskmaster()`는 `do_task()`에 태스크 처리를 요청한다. `do_task()`가 해당 태스크를 실행할 수 있고 올바른 결과를 반환한다면 문제는 없다. 그렇지 않다면 `do_task()`는 예외를 던져서 문제를 보고해야 한다. `taskmaster()`는 `Some_error`를 처리할 준비가 돼 있지만, 뭔가 다른 종류의 예외가 던져질 수도 있다. 예를 들어 `do_task()`는 다수의 하위 태스크를 수행하기 위해 다른 함수를 호출할 수 있는데, 이런 함수 중 일부가 할당된 하위 태스크를 수행할 수 없어서 예외를 던질 수도 있다. `Some_error`가 아닌 예외는 `taskmaster()` 태스크 수행에 문제가 있다는 사실을 알려주므로 `taskmaster()`를 호출한 코드에서 이 문제가 해결돼야 한다.

호출된 함수는 오류가 발생했다는 안내를 바로 반환할 수 없다. 프로그램이 계속 작동 중이라면(오류 메시지만 출력하고 종료되지 않고) 반환하는 함수는 좋은 상태로 프로그램을 떠나야 하며, 어떤 자원도 누출하지 않아야 한다. 예외 처리 메커니즘은 생성자/소멸자 메커니즘 및 그것을 보장해주는 데 도움이 되는 병행성 메커니즘과 통합돼 있다(5.2절). 예외 처리 메커니즘의 특징은 다음과 같다.

- 전통적인 기법이 부족하고, 깔끔하지 못하거나 오류에 취약한 경우에 대한 대안이다.
- 완전하다. 즉, 통상적인 코드에서 탐지되는 모든 오류를 처리하는 데 사용될 수 있다.
- 프로그래머가 '통상적인 코드'와 오류 처리 코드를 명시적으로 분리할 수 있게 해준다. 따라서 프로그램을 좀 더 읽기 쉽고 개발 도구 친화적으로 만들어준다.
- 좀 더 정규적인 스타일의 오류 처리를 지원한다. 따라서 개별적으로 작성된 프로그램 부분 간의 협력을 용이하게 해준다.

예외란 오류가 일어났다는 사실을 알려주기 위해 throw되는 객체다. 예외는 복사될 수 있다면 어떤 타입이든지 가능하지만, 이런 목적을 위해 특별히 정의된 사용자 정의 타입만을 사용하기를 강력히 권장한다. 이렇게 하면 관련 없는 두 개의 라이브러리가 다른 오류를 표시하기 위해 동일한 값을 사용하는 관계로 복구 코드가 대혼란에 빠지게 될 가능성을 최소화할 수 있다.

예외는 특정 타입의 예외를 처리하려는 의도를 표현한 코드(catch절)에 의해 잡히게 된다. 따라서 예외를 정의하는 가장 간단한 방법은 특정한 종류의 오류에 해당하는 클래스를 정의하고 그것을 던지는 것이다. 다음 예를 살펴보자.

```
struct Range_error {};
void f(int n)
{
    if (n<0 || max<n) throw Range_error {};
    // ...
}
```

이런 코드가 장황하게 길어진다면 표준 라이브러리에 정의돼 있는 예외 클래스의 소규모 계층 구조(13.5.2절)를 이용할 수 있다.

예외는 자신이 표시하는 오류에 대한 정보를 운반할 수 있다. 예외의 타입은 오류의 종류를 표시하며, 그것이 갖고 있는 모든 정보는 해당 오류가 발생한 특정한 경우를 나타낸다.

예를 들어 표준 라이브러리 예외는 던지기의 장소 같은 정보를 송신하는 데 사용될 수 있는 문자열 값이 포함돼 있다(13.5.2절).

13.1.2 전통적인 예외 처리

지역적으로 처리될 수 없는 문제(예를 들어 범위 초과 오류)를 탐지해서 해당 오류를 호출자에게 보고해야 하는 함수에 대해 예외 이외의 다른 대안을 검토해보자. 각각의 관습적인 접근법은 나름대로의 문제를 갖고 있다.

- 프로그램을 종료한다. 꽤나 과격한 방법이다. 다음 예를 살펴보자.

  ```
  if (something_wrong) exit(1);
  ```

  대부분 오류에 있어 좀 더 나은 방법이 있을 수 있으며, 그래야 한다. 예를 들어 대부분의 상황에서는 종료 전에 최소한 적절한 오류 메시지를 출력하든지 오류를 로그에 기록해야 한다. 특히 자신이 삽입돼 있는 프로그램의 목적이나 일반적인 전략에 대해 알지 못하는 라이브러리의 경우에는 간단하게 exit()나 abort()를 할 수 없다. 무조건적으로 종료하는 라이브러리는 멈춰서는 안 되는 프로그램에서는 쓰일 수 없다.

- 오류 값을 반환한다. 때론 받아들여질 수 없는 '오류 값'이 만들어지는 관계로 언제나 이용 가능한 방법이 아니다. 다음 예를 살펴보자.

  ```
  int get_int();     // 입력에서 다음 정수를 얻는다.
  ```

  이런 입력 함수에 있어서는 모든 int가 가능한 결과이기 때문에 입력 실패를 표시하는 정수 값이 존재할 수 없다. 최소한 get_int()가 값의 쌍을 반환하게 수정해야 할 것이다. 이런 접근법이 가능하다 하더라도 모든 호출을 검사해서 오류 값을 찾아야 하기 때문에 매우 불편하다. 그렇게 하면 금세 프로그램의 크기가 두 배가 될 수 있다(13.1.7절). 더군다나 종종 호출자는 오류가 일어날 가능성을 무시하기도 하고, 반환 값 검사를 잊어먹기도 한다. 따라서 이 접근법이 모든 오류를 탐지하기에 충분할 정도로 체계적으로 사용되는 경우는 거의 없다. 예를 들어 printf()(43.3절)는 출력이나 인코딩 오류 발생 시에 음의 값을 반환 하지만, 프로그래머들은 실질적으로 그런 사항을 전혀 검사하지 않는다. 마지막으로 일부 연산에는 아예 반환 값이 없다. 생성자가 명백한 예다.

- 합법적인 값을 반환하고 프로그램을 '오류 상태'로 남겨둔다. 이 방식은 호출 함수가 프로그램이 오류 상태에 처해 있다는 사실을 알지 못할 수 있다는 문제점이 있다. 예를 들어 많은 C 라이브러리 함수는 오류를 알리기 위해 비지역적 변수 errno를 설정한다(43.4절, 40.3절).

  ```
  double d = sqrt(-1.0);
  ```

  여기서 d의 값은 무의미하며, 부동소수점 제곱근 함수에 인자로 -1이 수용될 수 없다는 점을 알리기 위해 errno가 설정된다. 하지만 실패한 호출로부터 반환되는 값으로 인해 야 기되는 후속 오류를 피하기에 충분할 정도로 일관성 있는 errno 또는 그와 유사한 비지역적 상태의 설정 및 검사에 있어 프로그램들은 대부분 성공을 거두지 못한다. 게다가 오류 조건의 기록을 위해 비지역적 변수를 사용하는 것은 병행성이 보장되지 않는 상황에서는 제대로 동작하지 않는다.

- 오류 처리 함수를 호출한다. 다음 예를 살펴보자.

```
if (something_wrong) something_handler();      // 그리고 여기에서는 계속될 가능성이 있다.
```

이 방식은 뭔가 다른 접근법이 약간 변장을 한 것뿐이다. 왜냐하면 "오류 처리 함수가 뭘 해야 하나?"란 문제가 곧바로 대두될 것이기 때문이다. 오류 처리 함수가 문제를 완전히 해결하지 못한다면 오류 처리 함수는 프로그램을 종료시키고, 오류가 일어났다는 사실을 알리는 뭔가의 통지를 반환한 다음, 오류 상태를 설정하든지 아니면 예외를 던져야 한다. 게다가 오류 처리 함수가 최종적인 호출자를 방해하지 않고 문제를 처리할 수 있다면 그것을 오류라고 간주해야 할 이유가 무엇인가?

전통적으로는 이런 접근법들을 주먹구구식으로 조합한 방식들이 프로그램 내에 공존한다.

13.1.3 버티기

예외 처리 계획 중 일부 프로그래머들에게 신기하게 여겨질 수 있는 한 가지는, 처리되지 못하는 오류(잡히지 못한 예외)에 대응하는 궁극적인 응답으로 프로그램을 종료하는 것이다. 전통적인 응답은 버티다가 좋은 일이 일어나기를 기대하는 것이었다. 따라서 예외 처리는 프로그램의 만족스러운 실행을 위해 좀 더 많은 주의와 노력이 기울여져야 한다는 의미에서 프로그램을 좀 더 '부러지기 쉬운' 상태로 만든다. 그럼에도 불구하고 이런 방식이 개발 과정 후반 또는 개발 과정이 완료돼 프로그램이 무고한 사용자에게 건네진 후에 뭔가 잘못됐다는 사실을 발견하는 것보다는 낫다. 종료가 받아들여질 수 없는 상황이라면 모든 예외를 붙잡을 수 있다 (13.5.22절). 결국 예외는 프로그래머가 허용한 경우에만 프로그램을 종료한다. 대개 이런 방식이 전통적인 불완전한 복구로 인해 파국적인 오류가 일어나서 무조건적으로 종료되는 경우보다 낫다. 종료가 받아들여질 수 있는 경우에는 붙잡히지 않은 예외는 **terminate()** (13.5.2.5절)의 호출로 변환돼 종료를 실행한다. 또한 **noexcept** 지정자(13.5.1.1절) 역시 그런 의도를 명시적으로 실현시켜 줄 수 있다.

때때로 사람들은 오류 메시지를 출력하고, 사용자에게 도움을 요청하는 대화상자를 만드는 등의 방식으로 '버티기'의 부정적인 측면들을 완화시키려고 노력한다. 이런 접근법은 주로 사용자가 프로그램의 구조에 익숙한 프로그래머인 경우인 디버깅 상황에서 유용하다. 개발자가 아닌 사용자나 처리자(아예 이런 사람이 없을 수도 있다)에게 도움을 요청하는 라이브러리는 온당치 않다. 좋은 라이브러리는 이런 식으로 "말이 많지 않다." 사용자에게 정보를 알려야 한다면 예외 핸들러는 적절한 메시지(예를 들어 핀란드 사용자에게는 핀란드어로, 오류 로그 시스템에 대해서는 XML로)를 구성한다. 예외는 자신이 복구할 수 없는 문제를 탐지한 코드에게 복구할 가능성이 있는 시스템의 어떤 부분으로 문제를 전달할 수 있는 방법을 제공한다. 프로그램이 실행되는 상황에 대해 뭔가 파악이 가능한 시스템의 부분이어야만 유의미한 오류 메시지를 구성할 가능성이 있을 것이다.

오류 처리는 앞으로도 어려운 과제일 수밖에 없으며, 오류 처리 메커니즘은 과거의 기법보다 좀 더 체계화됐지만 지역적인 제어 흐름만이 관련된 언어 기능과 비교할 때 여전히 상대적으로 구조화되지 않은 부분이라는 점을 알아두기 바란다. C++ 예외 처리 메커니즘은 주어진 시스템 구조하에서 가장 자연스럽게 처리될 수 있는 오류 처리 방식을 프로그래머에게 제공한다. 예외는 오류 처리의 복잡성을 명백히 드러내준다. 하지만 예외가 그러한 복잡성의 원인은 아니다. 나쁜 소식을 전하는 심부름꾼을 탓하지 말았으면 한다.

13.1.4 예외의 다른 관점

'예외'는 사람에 따라 다른 의미를 지니는 그런 단어 중 하나다. C++ 예외 처리 메커니즘은 지역적으로 처리될 수 없는 오류('예외적 상황')의 처리를 지원하기 위해 설계됐다. 특히 독립적으로 개발된 구성 요소로 이뤄진 프로그램에서 오류 처리를 지원하기 위한 목적을 갖고 있다. 프로그램의 어떤 부분이 주어진 작업을 수행하지 못한다는 것이 특별히 예외적인 일은 아니기 때문에 '예외'란 단어가 부적절하다고 여겨질 수도 있다. 프로그램이 실행될 때 가장 빈번히 발생하는 이벤트가 예외적이라고 여겨질 수 있을까? 계획되고 처리될 예정인 이벤트가 오류라고 여겨질 수 있을까? 두 질문에 대한 대답은 모두 "그렇다"이다. '예외'란 "거의 일어나지 않는다"거나 "피해가 막심하다"는 뜻이 아니다.

13.1.4.1 비동기적 이벤트

예외 처리 메커니즘은 배열 범위 체크나 입출력 오류 같이 동기적인 예외만을 처리하게 설계돼 있다. 키보드 인터럽트나 전력 문제 같은 비동기적 이벤트는 반드시 예외적이지 않으며, 이 메커니즘에 의해 직접적으로 처리되지 않는다. 비동기적 이벤트는 그것들을 깔끔하고 효율적으로 처리하기 위해 예외(여기에 정의된 기준으로)와 근본적으로 다른 메커니즘을 필요로 한다. 많은 시스템은 그런 메커니즘으로 신호와 같은 것들을 지원해서 비동기성을 처리하지만, 그런 메커니즘은 시스템 의존적인 관계로 여기서는 설명하지 않는다.

13.1.4.2 오류가 아닌 예외

예외를 '시스템의 어떤 부분에서 요청된 작업을 처리할 수 없는 것'이라는 의미로 생각해보자 (13.1.1절, 13.2절).

예외 throw는 함수 호출에 비해 드물게 일어나야 하며, 그렇지 않을 경우 시스템의 구조가 모호해진다. 하지만 대부분의 대규모 프로그램에서는 통상적이고 성공적인 실행 도중에 최소 몇 개의 예외를 throw하거나 catch할 것으로 예상해야 한다.

어떤 예외가 예상되고 잡혀져서 결과적으로 프로그램의 동작에 나쁜 영향을 미치지 않는다면 그것을 어떻게 오류가 될 수 있을까? 단지 프로그래머가 그것을 오류라고 간주하고 예외 처리 메커니즘을 오류를 처리하는 도구로 생각하기 때문일 뿐이다. 다르게 보면 누군가는 예외 처리 메커니즘을 그저 또 하나의 제어 구조이자 호출자에게 값을 반환하는 다른 방법이라고 생각할 수도 있다. 이진트리 검색 함수를 하나 살펴보자.

```cpp
void fnd(Tree* p, const string& s)
{
    if (s == p->str) throw p;         // s를 발견했다.
    if (p->left) fnd(p->left,s);
    if (p->right) fnd(p->right,s);
}
Tree* find(Tree* p, const string& s)
{
    try {
        fnd(p,s);
    }
    catch (Tree* q) {          // q->str==s
        return q;
    }
    return 0;
}
```

이 코드는 실제로 좀 멋은 있지만, 혼란과 비효율성을 일으킬 가능성이 크기 때문에 피해야 한다. 가능하다면 '예외 처리는 오류 처리'란 관점을 고수하기 바란다. 그렇게 되면 코드가 통상적인 코드와 오류 처리 코드라는 두 개의 카테고리로 명확히 분류된다. 이렇게 하면 코드를 이해하기가 좀 더 쉬워진다. 게다가 이런 간단한 모델이 예외의 활용에 밑바탕에 깔려 있다는 가정을 기반으로 예외 메커니즘의 구현이 최적화된다.

오류 처리는 원래 어렵다. 무엇이 오류이고 그것이 어떻게 처리될지를 분명히 나타내주는 모델을 유지하는 데 도움이 되는 것이라면 무엇이든 귀하게 여겨야 한다.

13.1.5 예외를 사용할 수 없을 때

C++ 프로그램에서 오류를 처리하는 데 있어 완전히 범용적이고 체계적인 방법은 예외를 사용하는 방법뿐이다. 하지만 안타깝게도 실용적이고 역사적인 이유로 예외를 사용할 수 없는 프로그램들이 존재하다는 사실을 인정할 수밖에 없다. 그런 예는 다음과 같다.

- 임베디드 시스템에서 시간 핵심인 구성 요소에서는 연산이 정해진 최대 시간 내에 완료되는 것이 보장돼야 한다. 예외가 throw에서 catch로 전파되는 데 소요되는 최대 시간을 정확히 예측할 수 있는 도구가 부재한 상황에서는 다른 오류 처리 방법이 사용돼야 한다.
- 오래된 대규모 프로그램에서는 자원 핸들(예를 들면 string이나 vector 등, 4.2절, 4.4절) 같이 뭔가 체계적인 계획하에 자원 관리가 이뤄지기보다는 임기응변식 난리통(예를 들어 자유 저장 공간은 '무방비의' 포인터, new, delete를 이용해서 주먹구구식으로 관리된다) 속에서 이뤄진다.

이러한 경우에는 '전통적인'(예외 이전의) 기법으로 되돌아갈 수밖에 없다. 그런 프로그램들은 상당히 각양각색의 역사적 맥락에서 다양한 제약 조건에 대한 대응으로 등장하는 관계로, 그것들을 처리하는 방법에 대한 범용적인 추천을 제공하기는 어렵다. 하지만 두 가지 인기 있는 기법은 짚어볼 수 있다.

- RAII를 흉내 내기 위해 생성자를 가진 모든 클래스에 `error_code`를 반환하는 `invalid()` 연산을 제공한다. `error_code==0`으로 성공을 표시하는 것이 유용한 규약이다. 생성자는 클래스 불변속성의 확립에 실패하면 아무런 자원도 누출되지 않게 하고 `invaild()`는 0이 아닌 `error_code`를 반환한다. 이렇게 하면 생성자에서 오류 조건을 얻는 방법에 대한 문제 가 해결된다. 그러면 사용자는 각각의 객체 생성 후에 `invalid()`를 체계적으로 검사할 수 있고, 실패가 일어날 경우 적절한 오류 처리에 개입할 수 있다. 예를 들면 다음과 같다.

```
void f(int n)
{
    my_vector<int> x(n);
    if (x.invalid()) {
        // ... 오류를 처리한다...
    }
    // ...
}
```

- 값을 반환하거나 예외를 던지는 함수를 흉내 내기 위해 함수는 `pair<Value,Error_code>`(5.4.3절)를 반환할 수 있다. 그러면 사용자는 각 함수 호출 후에 `error_code`를 검사하 고 실패가 일어날 경우 적절한 오류 처리에 개입할 수 있다. 예를 들면 다음과 같다.

```
void g(int n)
{
    auto v = make_vector(n);     // 쌍을 반환한다.
    if (v.second) {
        // ... 오류를 처리한다...
    }
    auto val = v.first;
    // ...
}
```

이런 구상의 변형들은 그럭저럭 성공을 거뒀지만, 체계적으로 예외를 사용하는 방식과 비교할 때는 거추장스럽다.

13.1.6 계층적인 오류 처리

예외 처리 메커니즘의 목적은 프로그램의 한 부분이 다른 부분에게 요청된 작업이 수행될 수 없다는(즉, '예외적인 상황'이 탐지됐다는) 사실을 알려주기 위한 수단을 제공하는 것이다. 이는 프로그램의 두 부분이 독립적으로 작성됐고, 많은 경우 예외를 처리하는 프로그램 부분이 오류에 대해 적절한 대응을 해줄 수 있다는 것을 전제로 한다.

프로그램에서 핸들러를 효과적으로 이용하기 위해서는 종합적인 전략이 필요하다. 즉, 프로그램의 다양한 부분이 예외가 처리되는 방식과 예외가 처리될 장소에 대해서 공감대를 이뤄야 한다. 예외 처리 메커니즘은 근본적으로 비지역적이므로, 종합적인 전략을 고수하는 것이 필수적이다. 이는 오류 처리 전략이 설계 초기 단계에서 고려되는 편이 가장 좋다는 의미다. 또한 그러한 전략은 간단하고(전체 프로그램의 복잡성에 비해서) 명확해야 한다는 의미다. 뭔가 복잡한 전략은 오류 처리 같이 원래 까다로운 영역에서는 일관성 있게 지키기 어려울 것이다.

성공적인 장애 대비^{fault-tolerant} 시스템은 다중 레벨이다. 각 레벨은 지나치게 무리하지 않는 선에서 가능한 한 많은 오류에 대처하며, 나머지는 높은 레벨이 처리하게 남겨둔다. 예외는 이러한 관점을 지원한다. 추가로 **terminate()**는 예외 처리 메커니즘 자체에 문제가 생기거나 불완전하게 사용돼 예외가 붙잡히지 않는 경우에 빠져나갈 수 있는 방법을 제공함으로써 이런 관점을 지원한다. 마찬가지로 **noexcept**는 복구 시도가 불가능해보일 때 오류를 벗어나는 간단한 방법을 제공한다.

모든 함수가 방화벽이 돼야 할 필요는 없다. 즉, 모든 함수가 어떤 오류가 일어나도 후행 조건이 만족될 수 있을 정도로 충분히 자신의 선행 조건을 검사할 수는 없다는 뜻이다. 그렇게 되지 않는 이유는 프로그램에 따라 다르고 프로그래머에 따라 다르다. 하지만 대규모 프로그램에서는 다음과 같은 문제가 있다.

[1]   이러한 '신뢰성'의 개념을 보장하는 데 필요한 작업량이 어마어마해서 꾸준히 수행하기가 어렵다.

[2]   시간과 공간에서의 오버헤드가 시스템이 만족할 만한 수준으로 실행되기에는 지나치게 크다(유효하지 않은 인자 같이 동일한 오류를 거듭 반복해서 체크하는 경향이 생길 것이다).

[3]   다른 언어로 작성된 함수는 이런 규칙을 준수하지 않을 것이다.

[4]   이렇게 순수하게 지역적인 '신뢰성'의 개념은 전반적인 시스템 신뢰성에 있어 실질적인 부담이 되는 복잡성으로 이어질 수 있다.

하지만 잘 정의된 방식으로 완전 성공하거나 완전 실패하는 뚜렷이 구분되는 하위 시스템으로 프로그램을 분리하는 일은 필수적이고, 실현 가능하며, 경제적이다. 따라서 주요 라이브러리, 하위 시스템, 핵심 인터페이스 함수는 그런 방식으로 설계돼야 한다. 더욱이 대부분의 시스템에서는 잘 정의된 방식으로 완전 성공하거나 완전 실패하게 모든 함수를 설계할 수 있다.

대체적으로 시스템의 모든 코드를 밑바닥에서부터 설계하는 여유를 부리기는 어렵다. 따라서 프로그램의 모든 부분에 대해 범용적인 오류 처리 전략을 적용하기 위해서는 우리와 다른 전략을 채용해서 구현된 프로그램 부분까지 고려해야 한다. 이를 위해서는 어떤 프로그램 부분이 자원을 관리하는 방식과 오류 발생 후에 시스템을 남겨 놓는 방식과 관련된 다양한 우려 사항들에 대응해야 한다. 목적은 프로그램 부분이 내부적으로 다른 전략을 따를지라도 외부적으로는 범용적인 오류 처리 전략을 따르는 것처럼 보이게 만드는 것이다.

경우에 따라 오류 보고 스타일을 다른 스타일로 변환해야 할 때가 있다. 예를 들어 C 라이브러리 호출 후에 **errno**를 체크하고 예외를 던질 수도 있고, 역으로 C 프로그램이 C++

라이브러리로 돌아가기 전에 예외를 잡아 **errno**를 설정할 수도 있다.

```
void callC()        // C++에서 C 함수를 호출한다. errno를 던지기로 변환한다.
{
    errno = 0;
    c_function();
    if (errno) {
        // ... 가능하고 필요하다면 지역적인 정리 작업 ...
        throw C_blewit(errno);
    }
}
extern "C" void call_from_C() noexcept    // C에서 C++ 함수를 호출한다. throw를 errno로 변환한다.
{
    try {
        c_plus_plus_function();
    }
    catch (...) {
        // ... 가능하고 필요하다면 지역적인 정리 작업 ...
        errno = E_CPLPLFCTBLEWIT;
    }
}
```

이러한 경우에는 오류 보고 스타일의 완전하게 변환되게 보장하기에 충분한 수준의 체계성을 갖추는 것이 중요하다. 안타깝게도 이러한 변환은 대부분 명확한 오류 처리 전략이 없는 '난잡한 코드'에서 가장 절실한 경우가 많아 체계적으로 만들기가 어렵다.

오류 처리는 가능한 한 계층적이어야 한다. 어떤 함수가 런타임 오류를 탐지하면 복구나 자원 획득에 대한 도움을 호출자에게 요청하지 말아야 한다. 그러한 요청은 시스템 종속성의 고리를 만들게 된다. 그렇게 되면 프로그램이 이해하기 어려워지고 오류 처리나 복구 코드에서 무한 루프가 등장할 가능성이 생기게 된다.

13.1.7 오류와 효율성

원칙적으로 예외 처리는 아무런 예외도 던져지지 않을 경우에는 아무런 런타임 오버헤드가 생기지 않게 구현될 수 있다. 추가로 예외 던지기는 함수 호출처럼 비용이 많이 들지 않게끔 구현될 수 있다. 그렇게 하면 C의 호출 순서, 디버거 규약 등과 호환성을 유지하면서도 중대한 메모리 오버헤드를 추가하지 않게끔 구현하는 것이 가능하지만, 어렵긴 하다. 하지만 예외가 아닌 다른 대안 역시 비용이 공짜는 아니라는 점을 알아두자. 전통적인 시스템에서는 코드의 절반을 오류 처리에 할애하는 경우도 드물지 않다.

예외 처리와는 아무런 관련이 없어 보이는 간단한 함수 **f()**를 살펴보자.

```
void f()
{
    string buf;
    cin>>buf;
    // ...
    g(1);
```

```
        h(buf);
}
```

하지만 g()나 h()는 예외를 던질 수 있으므로, f()는 예외가 일어날 경우 buf를 제대로 소멸시킬 수 있는 코드를 탑재해야 한다.

g()가 예외를 던지지 않는다면 오류는 뭔가 다른 방식으로 보고했어야 했을 것이다. 결과적으로 예외 대신 일반적인 코드를 이용해서 오류를 처리하는 동등한 코드는 위와 같이 일반적인 코드가 아니라 다음과 같이 될 것이다.

```
bool g(int);
bool h(const char*);
char* read_long_string();

bool f()
{
    char* s = read_long_string();
    // ...
    if (g(1)) {
        if (h(s)) {
            free(s);
            return true;
        }
        else {
            free(s);
            return false;
        }
    }
    else {
        free(s);
        return false;
    }
}
```

s에 대해 지역 버퍼를 이용하면 free()를 호출하지 않아도 되기 때문에 코드를 단순화할 수는 있겠지만, 그렇게 하면 대신 범위 체크 코드가 필요하다. 복잡성은 쉽게 사라지지 않고 다른 모습으로 나타나는 경향이 있다.

그럼에도 불구하고 사람들은 보통 오류를 이렇게 체계적으로 처리하지는 않는다. 그리고 꼭 항상 그래야만 하는 것은 아니다. 하지만 신중하고 체계적인 오류 처리가 필요할 때는 그런 관리 작업은 컴퓨터, 즉 예외 처리 메커니즘에 맡기는 편이 최선이다.

noexcept 지정자(13.5.1.1절)는 생성된 코드의 개선에 가장 요긴하게 사용될 수 있다. 다음을 살펴보자.

```
void g(int) noexcept;
void h(const string&) noexcept;
```

이제 f()를 위해 생성된 코드를 개선할 수 있다.

전통적인 C 함수는 예외를 던지지 않으므로 대부분의 C 함수는 noexcept로 선언될 수 있다. 특히 표준 라이브러리 구현자가 단 몇 가지 표준 C 라이브러리 함수들(atexit()와 qsort() 등)만이 던질 수 있다는 점을 알고 있다면 그 사실을 이용해서 좀 더 나은 코드를 생성할 수 있다.

'C 함수'를 noexcept로 선언하기 전에는 잠시 해당 함수가 예외를 던질 가능성이 있는지 검토해보기 바란다. 예를 들어 해당 함수는 **bad_alloc**을 던질 수 있는 C++ 연산자 **new**를 이용하게 변환되거나 예외를 던지는 C++ 라이브러리를 호출할 수 있을지도 모른다.

늘 그렇듯이 측정이 수반되지 않는 효율성 논의는 무의미하다.

13.2 예외 보장

오류 복구, 즉 예외를 잡고 프로그램 실행을 계속하기 위해서는 시도되는 복구 동작 전후에 프로그램의 상태에 대해 어떤 사항들이 가정될 수 있는지 파악해야 할 필요가 있다. 그래야만 복구가 의미를 가질 수 있다. 따라서 어떤 연산이 예외 던지기에 의해 종료돼도 프로그램을 유효한 상태로 남겨둘 때 해당 연산을 예외 안전적exception safe이라고 부른다. 하지만 그것이 의미가 있고 쓸모가 있으려면 '유효한 상태'가 무슨 뜻인지 정확히 해야 할 필요가 있다. 또한 예외를 이용한 실용적인 설계에 있어서는 지나치게 일반적인 '예외 안정성'의 개념을 몇 개의 구체적인 보장으로 분류해야 한다.

객체에 대해 추론할 때 클래스는 불변속성(2.4.3.2절, 17.2.1절)을 갖고 있다고 가정한다. 이런 불변속성은 생성자에 의해 구축되고 객체가 소멸되기 전까지 객체의 표현에 접근하는 모든 함수에 의해 유지된다. 따라서 유효한 상태valid state란, 생성자는 완료됐고 소멸자에는 아직 진입하지 않았다는 뜻으로 해석될 수 있다. 쉽게 객체로 생각할 수 없는 데이터의 경우에도 비슷하게 추론할 수 있다. 즉, 두 개의 비지역 데이터가 특정한 관계를 갖고 있다고 추정되는 경우라면 불변속성과 복구 동작이 그런 관계를 보존해야 한다는 점을 감안해야 한다.

```
namespace Points {      // (vx[i],vy[i])는 모든 i에 대한 포인터다.
    vector<int> vx;
    vector<int> vy;
};
```

여기서는 **vx.size()==vy.size()**가 (항상) 참이라고 가정된다. 그러나 그런 사실은 주석에만 기술돼 있을 뿐 컴파일러는 주석을 읽지 못한다. 이러한 암시적인 불변속성은 발견하기도 어렵고 유지 보수하기도 어렵다.

throw에 앞서 함수는 생성된 모든 객체가 유효한 상태에 놓이게 해야 한다. 하지만 그런 유효한 상태는 호출자에게 맞지 않는 것일 수도 있다. 예를 들어 **string**은 빈 문자열로 남겨질 수 있고, 컨테이너는 정렬되지 않은 채로 남겨질 수 있다. 따라서 완전한 복구를 위해서 오류 핸들러는 **catch**절의 입구에 존재했던 (유효한) 것들보다 애플리케이션에 좀 더 적합하고 바람직한 값들을 생성할 수 있어야 한다.

C++ 표준 라이브러리는 예외 안전적인 프로그램 구성 요소의 설계에 쓰일 수 있는 범용적으로 유용한 개념적 프레임워크를 제공한다. 이 라이브러리는 모든 라이브러리 연산에 대해 다음 중 하나를 보장한다.

- **모든 연산에 대한 기본적 보장(basic guarantee)** 모든 객체의 기본 불변속성이 유지되며, 메모리의 등의 자원이 누출되지 않는다. 특히 모든 기본 제공 및 표준 라이브러리 타입의 기본 불변속성은 모든 표준 라이브러리 연산 이후에 객체를 소멸시키거나 객체에 대입을 할 수 있게 보장해준다(iso.17.6.3.1절).
- **핵심 연산에 대한 강력한 보장(strong guarantee)** 기본 보장 제공에 추가해서 연산은 성공하지 않을 경우 아무런 영향을 미치지 않는다. 이 보장은 **push_back()**, 리스트에 대한 단일 원소, **uninitialized_copy()** 같은 핵심 연산을 위해 제공된다.
- **일부 연산에 대한 예외 금지 보장(nothrow guarantee)** 기본 보장 제공에 추가해서 일부 연산은 예외를 던지지 않게 보장된다. 이 보장은 두 컨테이너의 **swap()**이나 **pop_back()** 같은 몇 가지 간단한 연산을 위해 제공된다.

기본적 보장과 강력한 보장 두 가지는 모두 다음 조건을 만족하는 경우에만 제공된다.

- 사용자 제공 연산(대입이나 swap() 함수 등)은 컨테이너 원소를 유효하지 않은 상태로 남겨 두지 않아야 하고,
- 사용자 제공 연산은 누출하지 않아야 하며,
- 스마트는 예외를 던지지 않아야 한다(iso.17.6.5.12절).

소멸자가 예외를 던져서 빠져 나가게 하는 식으로 표준 라이브러리 요구 사항을 위반하는 것은 널 포인터를 역참조하는 식으로 기본적인 언어 규칙을 위반하는 것이나 마찬가지다. 실질적인 결과 역시 마찬가지며, 끔찍한 결과를 낳는 경우가 흔하다.

기본적 보장과 강력한 보장 두 가지는 모두 자원 누출이 없을 것을 요구한다. 이런 조건을 자원 누출이 허용 불가능한 모든 시스템에 대해 필요하다. 특히 예외를 던지는 연산은 그것의 피연산자를 잘 정의된 상태로 남겨둬야 할 뿐만 아니라 획득한 모든 자원을 (최종적으로는) 반드시 해제해야 한다. 예를 들어 예외가 던져진 시점에서 할당된 모든 메모리는 할당 해제되거나 어떤 객체에 의해 소유돼 있어야 하며, 이는 결국 메모리가 적절하게 할당 해제되게 보장해준다. 다음 예를 살펴보자.

```
void f(int i)
{
    int* p = new int[10];
    // ...
    if (i<0) {
        delete[] p;    // 던지거나 누출되기 전에 소멸시킨다.
        throw Bad();
    }
    // ...
}
```

메모리가 누출될 수 있는 유일한 자원은 아니라는 점을 잊지 말자. 시스템의 다른 부분에서 획득돼 (명시적 또는 암시적으로) 되돌려져야 하는 것은 모두 자원으로 간주돼야 한다. 파일, 잠금, 네트워크 연결, 스레드는 시스템 자원의 예들이다. 함수는 예외를 던지기에 앞서 이것들

을 해제하거나 어떤 자원 핸들러에게 건네줘야 한다.

부분적인 생성과 소멸을 위한 C++ 언어 규칙 덕택에 하위 객체나 멤버들이 생성되는 도중에 던져지는 예외들 역시 표준 라이브러리 코드에서 특별히 취급할 필요 없이 제대로 처리된다(17.2.3절). 이 규칙은 예외를 처리하는 모든 기법에서 필수적인 토대다.

일반적으로 예외를 던질 수 있는 모든 함수는 예외를 던질 것이라고 가정해야 한다. 이는 복잡한 제어 구조와 취약한 데이터 구조의 대혼란 속에서 헤매지 않게 코드를 구조화해야 한다는 뜻이다. 잠재적인 오류에 대비해 코드를 분석할 때는 간단하면서도 고도로 구조화된 '양식화된' 코드가 이상적이다. 13.6절에서 그런 코드의 실제적인 사례가 소개된다.

13.3 자원 관리

파일을 열거나, 자유 저장 공간에서 약간의 메모리를 할당하거나, 뮤텍스를 획득할 때 등과 같이 함수가 자원을 요구할 때는 많은 경우 자원이 제대로 해제되게 보장하는 것이 시스템의 향후 실행을 위해 필수적이다. 많은 경우 자원을 획득한 함수가 호출자에게 반환하기에 앞서 자원을 해제하게 함으로써 그러한 '적절한 해제'가 이뤄진다. 예를 들면 다음과 같다.

```
void use_file(const char* fn)   // 대책이 없는 코드
{
    FILE* f = fopen(fn,"r");
    // ... use f ...
    fclose(f);
}
```

이 코드는 겉보기에는 그럴싸해 보이지만 fopen() 호출 후와 fclose() 호출 전에 뭔가 이상하다는 것을 눈치 채게 될 것이다. 즉, 예외로 인해 fclose() 호출을 하지 않고 use_file()을 빠져나가게 될 것이다. 예외 처리를 지원하지 않는 언어에서도 정확히 똑같은 문제가 일어날 수 있다. 예를 들어 표준 C 라이브러리 함수 longjmp()는 똑같은 문제를 일으킬 수 있다. 심지어 통상적인 return문까지 f를 닫지 않고 use_file을 빠져나갈 수 있다.

use_file()을 장애에 대비할 수 있게 만들려면 다음과 같이 될 것이다.

```
void use_file(const char* fn)   // 불편한 코드
{
    FILE* f = fopen(fn,"r");
    try {
        // ... use f ...
    }
    catch (...) {                // 가능한 모든 예외를 잡는다.
        fclose(f);
        throw;
    }
    fclose(f);
}
```

파일을 사용하는 코드는 try 블록으로 둘러 싸여져 있는데, try 블록은 모든 예외를 붙잡

고, 파일을 닫으며, 예외를 다시 던진다.

이 해결책의 문제는 장황한 데다 비용이 많이 들 가능성이 있다는 점이다. 설상가상으로 이러한 코드는 여러 개의 자원이 획득되고 해제되다 보면 훨씬 더 복잡해진다. 다행히도 좀 더 깔끔한 해결책이 있다. 문제를 일반적인 양식으로 표현하면 다음과 같다.

```
void acquire()
{
    // 자원 1을 획득한다.
    // ...
    // 자원 n을 획득한다.

    // ... 자원을 사용한다...

    // 자원 n을 해제한다.
    // ...
    // 자원 1을 해제한다.
}
```

보통은 자원을 획득 순서와 반대로 해제하는 것이 중요하다. 이는 생성자에 의해 생성되고 소멸자에 의해 소멸되는 지역 객체의 동작과 상당히 유사하다. 따라서 이러한 자원 획득과 해제의 문제를 생성자와 소멸자를 가진 클래스 객체를 이용해서 처리할 수 있다. 예를 들어 `FILE*`와 똑같이 동작하는 `File_ptr` 클래스를 정의할 수 있다.

```
class File_ptr {
    FILE* p;
public:
    File_ptr(const char* n, const char* a)        // 파일 0을 연다.
        : p{fopen(n,a)}
    {
        if (p==nullptr) throw runtime_error{"File_ptr: Can't open file"};
    }
    File_ptr(const string& n, const char* a)      // 파일 n을 연다.
        :File_ptr{n.c_str(),a}
    { }
    explicit File_ptr(FILE*pp)                     // pp를 소유한다고 가정한다.
        :p{pp}
    {
        if (p==nullptr) throw runtime_error("File_ptr: nullptr");
    }
    // ... 적절한 이동 및 복사 연산들 ...
    ~File_ptr() { fclose(p); }
    operator FILE*() { return p; }
};
```

`FILE*`나 `fopen()`에 필요한 인자 중 하나가 주어지면 `File_ptr`을 생성할 수 있다. 어느 쪽 경우든 `File_ptr`은 유효 범위가 끝나면 소멸되고 그것의 소멸자는 파일을 닫을 것이다. `File_ptr`은 파일을 열 수 없는 경우엔 예외를 던지는데, 그렇지 않으면 파일 핸들에 대한 모든 연산마다 `nullptr` 검사를 해야 하기 때문이다. 이제 함수를 최소로 줄일 수 있다.

```
void use_file(const char* fn)
```

```
{
    File_ptr f(fn,"r");
    // ... f를 사용한다...
}
```

함수가 정상적으로 끝나든 예외가 던져져 끝나든 소멸자가 호출될 것이다. 즉, 예외 처리 메커니즘 덕택에 주요 알고리즘에서 오류 처리 코드를 제거할 수 있는 것이다. 결과 코드는 전통적인 방식에 비해 간단하고 오류에 덜 취약하다.

지역 객체를 이용해서 자원을 관리하는 이러한 기법을 보통 '자원 획득은 초기화RAII, Resource Acquisition Is Initialization'(5.2절)라고 부른다. 이는 생성자와 소멸자의 속성 및 그것들과 예외 처리 사이의 상호작용에 의존하는 범용적인 기법이다.

'핸들 클래스'(RAII 클래스)를 작성하는 일이 장황하기 때문에 catch(...) 동작을 위한 좀 더 멋진 문법을 제공하는 편이 좀 더 나은 해결책을 제공해준다고 종종 추천되고 한다. 이러한 접근법의 문제는 자원이 마구잡이로 획득된 곳마다 일일이 문제를 '잡아서 고쳐야' 한다는 점이다. 반면 핸들 클래스는 단 한 번만 작성하면 된다.

객체는 생성자가 완료되기 전까지는 생성된 것으로 간주되지 않는다. 그래야만 '스택 풀기stack unwinding'가 해당 객체에 대한 소멸자를 호출한다. 하위 객체로 구성된 객체는 하위 객체들이 생성되는 결과로 생성된다. 배열은 그것의 원소들이 생성되는 결과로 생성된다(그리고 완전히 생성된 원소들만이 스택 풀기를 통해 소멸된다).

생성자는 객체가 완전하고 올바르게 생성되도록 보장한다는 목표를 갖는다. 그것이 달성될 수 없다면 잘 작성된 생성자는 가능한 한 생성 이전으로 시스템의 상태를 복원한다. 이상적으로는 잘 작성된 생성자라면 언제나 이 두 가지 상태 중 하나를 달성해야 하며, 객체를 뭔가 '반쯤 생성된' 상태로 남겨두지 않아야 한다. 이런 목표는 멤버들에게 RAII 기법을 적용함으로써 손쉽게 달성될 수 있다.

생성자가 클래스에 필요한 두 개의 자원, 파일 x와 뮤텍스 y(5.3.4절)를 획득해야 하는 클래스 X를 고려해보자. 이런 획득이 실패해서 예외가 던져질 수 있다. 클래스 X의 생성자는 파일만 획득하고 뮤텍스는 획득하지 않은 채로 완료해서는 안 된다(또는 뮤텍스만 획득하고 파일은 획득하지 않거나, 둘 다 획득하지 않은 채로). 게다가 이런 방법이 프로그램에게 복잡성이란 부담을 지우지 않고 달성돼야 한다. 획득된 자원을 표시하기 위해 두 개의 클래스 File_ptr과 std::unique_lock(5.3.4절)을 사용한다. 자원의 획득은 자원을 표시하는 지역 객체의 초기화로 표현된다.

```
class Locked_file_handle {
    unique_lock<mutex> lck;
    File_ptr p;
public:
    X(const char* file, mutex& m)
        : lck{m}                // "m"을 획득한다.
          p{file,"rw"},         // "file"을 획득한다.
    {}
    // ...
};
```

이제 지역 객체의 경우에서와 같이 구현이 모든 관리를 도맡는다. 사용자가 모든 것을 일일이 추적 관리할 필요가 없다. 예를 들어 p가 생성된 후에 예외가 일어나지만 lck가 생성되기 전이라면 lck의 소멸자를 제외하고 p의 소멸자가 실행될 것이다.

이는 이렇게 간단한 자원 획득을 고수하는 경우에는 생성자의 개발자가 명시적인 오류 처리 코드를 작성하지 않아도 된다는 뜻이다.

가장 널리 쓰이는 자원은 메모리, **string**, **vector**이며, 다른 표준 컨테이너들은 RAII를 이용해서 획득과 해제를 암시적으로 관리한다. **new**(및 아마도 **delete**)를 이용한 임기응변식의 메모리 관리와 비교할 때 이 방식은 많은 수고를 덜어주고 많은 오류를 줄여준다.

지역 객체가 아니라 객체를 가리키는 포인터가 필요한 경우에는 표준 라이브러리 타입 **unique_ptr**과 **shared_ptr**(5.2.1절, 34.3절)을 이용해서 누출을 피하는 방안을 고려해보기 바란다.

13.3.1 Finally

자원을 소멸자를 가진 클래스의 객체로 표현하는 데 수반되는 훈련은 일부에게는 부담이 돼왔다. 사람들은 예외 이후의 마무리를 담당하는 임의의 코드를 작성할 수 있도록 'Finally' 언어 구조를 거듭해서 개발해 왔다. 그런 기법은 임기응변식인 관계로 일반적으로 RAII에 비해 떨어지지만, 정말로 임기응변이 필요하다면 RAII 역시 그렇게 제공할 수 있다. 우선 소멸자에서 임의의 동작을 수행할 클래스를 정의한다.

```
template<typename F>
struct Final_action {
    Final_action(F f) : clean{f} {}
    ~Final_action() { clean(); }
    F clean;
    Final_action(const Final_action&) =delete;     // 복사되지 않는다(3.3.4절, 17.6.4절).
    Final_action& operator=(const Final_action&) =delete;
};
```

'최종적인 동작'은 생성자에 대한 인자로 제공된다.

다음으로 동작의 타입을 간편하게 추론할 수 있는 함수를 정의한다.

```
template<typename F>
Final_action<F> finally(F f)
{
    return Final_action<F>(f);
}
```

드디어 **finally()**를 테스트할 수 있게 됐다.

```
void test()
    // 마구잡이식 자원 획득을 처리한다.
    // 임의의 동작이 가능하다는 점을 보여준다.
{
    int* p = new int{7};                        // 아마도 unique_ptr(5.2절)을 사용해야 한다.
    int* buf = (int*)malloc(100*sizeof(int));     // C 스타일 할당
```

```
        auto act1 = finally([&]{      delete p;
                                      free(buf);                    // C 스타일 할당 해제
                                      cout<< "Goodby, Cruel world!\n";
                              }
                          );
        int var = 0;
        cout << "var = " << var << '\n';
        { // 중첩된 블록
            var = 1;
            auto act2 = finally([&]{ cout<< "finally!\n"; var=7; });
            cout << "var = " << var << '\n';
        } // act2는 여기서 호출된다.
        cout << "var = " << var << '\n';
} // act1은 여기서 호출된다.
```

이 결과는 다음과 같다.

```
var = 0
var = 1
finally!
var = 7
Goodby, Cruel world!
```

추가로 할당돼서 p와 buf가 가리키는 메모리는 적절하게 **delete**되고 **free()**된다. 보호해야 할 것이 있다면 가능한 한 보호 대상의 정의 가까이에 보호를 배치하는 것이 일반적으로 좋은 생각이다. 그렇게 하면 무엇이 자원(임기응변식이라고 할지라도)으로 간주되고, 그것의 유효 범위가 끝나면 무엇이 처리될지 한눈에 알아볼 수 있다. **finally()** 동작과 그것이 다루는 자원 사이의 연결은 여전히 임기응변식이고 자원 핸들용 RAII를 사용하는 방식에 비해 명확해 보이지 않긴 하지만, **finally()**가 코드 블록 내 곳곳에 마무리 코드를 흩어 놓는 방식에 비해선 훨씬 낫다.

기본적으로 **finally()**는 **for**문의 증가 부분이 **for**문에서 하는 역할을 블록에 대해 해준다(9.5.2절). 즉, 블록의 위 부분에서 최종적인 액션이 무엇인지 정의해주는 것이다. 블록의 위 부분은 가장 눈에 잘 띄면서도 사양이란 관점에서 **finally()**가 논리적으로 소속되는 부분이다. **finally()**는 유효 범위를 벗어날 때 무엇을 처리해야 할지 알려주기 때문에 제어 스레드가 유효 범위를 빠져 나가는 수많은 장소에 프로그래머가 일일이 코드를 써넣어야 하는 수고를 덜어준다.

13.4 불변속성의 강제

함수의 선행 조건(12.4절)이 충족되지 않을 경우 함수는 작업을 제대로 수행할 수 없다. 마찬가지로 생성자가 클래스 불변속성(2.4.3.2절, 17.2.1절)을 구축할 수 없다면 객체는 사용될 수 없다. 이런 경우에 나는 대개 예외를 던진다. 하지만 프로그램에 따라 예외를 던질 수 없는 경우도 있으며(13.1.5절), 선행 조건(및 유사한 조건들) 충족 실패를 다루는 방법에 대해 다른 관점을 가진 사람들도 있다.

- 그냥 아무것도 하지 않는다 선행 조건을 만족시키는 것은 호출자의 몫이므로, 호출자가 그역할을 하지 않아도 나쁜 결과가 일어나게 내버려두면 결국에는 개선된 설계, 디버깅, 테스트를 통해 시스템에서 그런 오류가 제거될 것이다.
- 프로그램을 종료한다 선행 조건 위반은 심각한 설계 오류이므로, 그런 오류가 존재한다면 프로그램은 진행되지 말아야 한다. 다행히 전체 시스템은 한 구성 요소(해당 프로그램)에 문제가 생긴다 해도 복구될 수 있으므로, 결국에는 개선된 설계, 디버깅, 테스트를 통해 시스템에서 그런 오류가 제거될 것이다.

이런 대안 중 하나를 무슨 이유를 선택하겠는가? 첫 번째 접근법은 종종 성능에 대한 요구와 관련된다. 체계적으로 선행 조건을 검사하다 보면 논리적으로 불필요한 조건 검사를 반복하게 된다(예를 들어 호출자가 올바르게 데이터를 검증한 경우 호출된 함수에서 수백만 번의 검사를 하는 것은 논리적으로 군더더기다). 성능상의 비용은 심각할 수 있다. 성능을 달성하기 위해 테스트 도중에 반복되는 멈춤 현상을 겪어도 괜찮다고 생각할 수도 있다. 당연히 이렇게 하면 결국에는 시스템에서 중요한 선행 조건을 위반할 수밖에 없다. 일부 시스템, 대개는 단일 조직의 완전한 통제하에 있는 시스템의 경우에는 그것이 현실적인 목표가 될 수 있다.

두 번째 접근법은 선행 조건 충족 실패에서 적시에 완전한 복구가 불가능하다고 예상되는 시스템에서 사용되는 경향이 있다. 즉, 완전한 복구를 보장하기 위해서는 시스템 설계와 구현에 대해 받아들이기 어려운 복잡성을 부과하는 경우다. 반면 프로그램의 종료는 받아들여질 수 있는 것으로 여겨지는 경우다. 예를 들어 반복된 실패를 일으킬 가능성이 적은 입력과 매개변수로 프로그램을 재실행하는 것이 쉽다면 프로그램 종료를 받아들일 수 있다고 생각하는 것을 무리하다고 볼 수는 없다. 일부 분산 시스템이 그렇게 돼 있으며(종료되는 프로그램이 전체 시스템의 단 한 부분일 경우), 우리가 직접 쓰려고 작성하는 작은 프로그램들이 대부분 그렇다.

현실적으로 많은 시스템은 예외와 이런 두 가지 접근법을 섞어서 쓴다. 세 가지 방법 모두 선행 조건이 정의되고 준수돼야 한다는 공통적인 관점에 있어서는 동일하다. 다른 점은 강제가 적용되는 방법과 복구 실현 가능 여부다. (지역화된) 복구를 목표로 삼느냐의 여부에 따라 프로그램 구조는 근본적으로 달라질 수 있다. 대부분 시스템에서 나는 오류 로그 기록을 보장하거나 종료 전 또는 프로세스 재초기화 전에 적당한 오류 메시지를 출력하기 위해 예외를 자주 던지는 편이다(예를 들면 `main()`의 `catch(...)`에서).

희망하는 조건과 불변속성의 체크를 표현하기 위해서는 다양한 기법이 사용될 수 있다. 체크가 필요한 논리적인 이유에 대해 중립적이고 싶다면 보통 단정[assertion](assert라고 줄여서 쓰이기도 한다)이란 단어를 쓴다. 단정은 **true**일 것으로 가정되는 논리적 표현일 따름이다. 하지만 단정이 주석 이상의 것이 되려면 **false**일 경우 어떤 일이 일어날지 표현하는 방법이 필요하다. 다양한 시스템을 살펴보면 단정의 표현에 있어 다양한 요구 사항이 발견된다.

- 컴파일 타임 단정(컴파일러에 의해 평가되는)과 런타임 단정(런타임에 평가되는) 중에서 선택할 수 있어야 한다.

- 런타임 단정의 경우에는 예외 던지기, 종료, 무시 중에서 선택할 수 있어야 한다.
- 어떤 논리적 조건이 **true**가 아니라면 아무런 코드도 생성되지 않아야 한다. 예를 들어 일부 런타임 단정은 논리적 조건이 **true**가 아니라면 평가되지 않아야 한다. 대개 논리적 조건은 디버그 플래그, 체크 수준 또는 강제할 단정 중에서 선택할 마스크 같은 것들이다.
- 단정은 장황하거나 작성하기에 복잡하지 않아야 한다(상당히 널리 쓰일 수 있기 때문이다).

   모든 시스템이 모든 대안을 지원할 필요는 없다.

- **<cassert>**에서 표준 라이브러리는 **assert(A)** 매크로를 제공하는데, 이 매크로로는 **NDEBUG** ('디버깅이 아님')이 정의돼 있지 않은 경우에만 런타임에 단정 **A**를 체크한다(12.6.2절). 단정이 실패할 경우 컴파일러는 (실패한) 단정, 소스 파일 이름, 소스 파일 행 번호가 포함된 오류 메시지를 출력하고 프로그램을 종료한다.
- C++ 언어는 **static_assert(A,message)**를 제공하는데, 이것은 무조건적으로 단정 **A**를 컴파일 타임에 체크한다(2.4.3.3절). 단정이 실패할 경우 컴파일러는 **message**를 출력하며, 컴파일은 실패한다.

   assert()와 **static_assert()**가 불충분한 경우에는 일반적인 코드를 이용해서 체크할 수 있다. 예를 들면 다음과 같다.

```
void f(int n)
    // n은 [1:max)가 돼야 한다.
{
    if (2<debug_level && (n<=0 || max<n))
        throw Assert_error("range problem");
    // ...
}
```

   하지만 이런 '통상적인 코드'는 무엇이 테스트되는지를 모호하게 만드는 경향이 있다. 즉, 다음과 같은 질문을 제기하게 된다.

- 테스트 기준이 되는 조건을 평가하고 있는 것인지?(그렇다. 2<debug_level 부분)
- 어떤 호출에 대해서는 참이고 다른 호출에 대해서는 그렇지 않은 조건을 평가하고 있는지?(아니다. 예외를 던지고 있기 때문에 - 누군가가 예외를 단순히 또 다른 반환 메커니즘으로 이용하지 않는 한, 13.1.4.2절)
- 절대로 실패하면 안 되는 선행 조건을 체크하고 있는 것인지?(그렇다. 예외는 우리가 선택한 대응일 따름이다)

   설상가상으로 선행 조건 테스트(또는 불변속성 테스트)는 손쉽게 다른 코드로 퍼질 수 있고, 그에 따라 발견하기 어렵고 실수가 일어날 가능성은 높아진다. 우리가 원하는 것은 단정 체크에 필요한 알아보기 쉬운 메커니즘이다. 여기에 이어지는 것은 (약간 장황해질 가능성은 있지만) 다양한 단정과 다양한 실패에 대응을 표현해주는 메커니즘이다. 우선 언제 테스트할지와 단정이 실패할 경우 무엇을 해야 하는지 결정하는 메커니즘을 정의한다.

```
namespace Assert {
    enum class Mode { throw_, terminate_, ignore_ };
    constexpr Mode current_mode = CURRENT_MODE;
```

```
        constexpr int current_level = CURRENT_LEVEL;
        constexpr int default_level = 1;

        constexpr bool level(int n)
            { return n<=current_level; }

        struct Error : runtime_error {
            Error(const string& p) :runtime_error(p) {}
        };

        // ...
    }
```

단정이 `current_level`과 같거나 낮은 '레벨'을 갖고 있을 때는 언제나 테스트하자는 것이 기본 구상이다. 단정이 실패하면 세 가지 대안 중에서 선택하기 위해 `current_mode`가 사용된다. 우리가 그렇게 하기로 결정을 내리기 않는 한, 단정에 대해 어쨌든 아무런 코드를 생성하지 않는다는 것이 기본 구상이므로 `current_level`과 `current_mode`는 상수다. 혹시나 컴파일러 옵션으로서 `CURRENT_MODE`와 `CURRENT_LEVEL`이 프로그램의 빌드 환경에서 설정됐다고 상상해보자.

프로그래머는 단정을 만들기 위해 `Assert::dynamic()`을 사용할 것이다.

```
namespace Assert {
    // ...

    string compose(const char* file, int line, const string& message)
        // 파일 이름과 행 번호를 포함해서 메시지를 구성한다.
    {
        ostringstream os ("(");
        os << file << "," << line << "):" << message;
        return os.str();
    }

    template<bool condition =level(default_level), typename Except = Error>
    void dynamic(bool assertion, const string& message ="Assert::dynamic failed")
    {
        if (assertion)
            return;
        if (current_mode == Assert_mode::throw_)
            throw Except{message};
        if (current_mode == Assert_mode::terminate_)
            std::terminate();
    }

    template<>
    void dynamic<false,Error>(bool, const string&)    // 아무것도 하지 않는다.
    {
    }

    void dynamic(bool b, const string& s)             // 기본 설정 동작
    {
        dynamic<true,Error>(b,s);
    }

    void dynamic(bool b)                              // 기본 설정 메시지
    {
        dynamic<true,Error>(b);
    }
}
```

`static_assert`("컴파일 타임에 평가된다"는 의미, 2.4.3.3절)와 대비를 위해 **Assert::dynamic**("런 타임에 평가된다"는 의미)이란 이름을 선택했다.

구현 꼼수를 좀 더 활용하면 생성되는 코드의 양을 최소화할 수 있다. 다른 방법으로 좀 더 융통성이 필요하다면 런타임에 더 많은 테스트를 시행할 수 있다. 이런 **Assert**는 표준에 속하지 않으며, 주로 문제와 구현 기법을 보여주기 위한 목적으로 소개된 것이다. 나는 단정 메커니즘에 대한 수요가 단 하나에서부터 곳곳에 사용되는 수준까지 아주 다양하리라고 추측 한다.

Assert::dynamic을 다음과 같이 사용할 수도 있다.

```
void f(int n)
    // n은 [1:max]에 포함돼야 한다.
{
    Assert::dynamic<Assert::level(2),Assert::Error>(
        (1<=n && n<max), Assert::compose(__FILE__,__LINE__,"range problem"));
    // ...
}
```

`__FILE__`과 `__LINE__`은 소스코드에 등장하는 시점에 확장되는 매크로다(12.6.2절). 이런 매크로들을 그것이 속한 **Assert**의 구현 내부에 배치함으로써 사용자에게 보이지 않게끔 숨길 수는 없다.

Assert::Error는 기본 설정 예외이므로, 명시적으로 언급할 필요는 없다. 마찬가지로 기 본 설정 단정 레벨을 사용하고자 한다면 레벨을 명시적으로 언급하지 않아도 된다.

```
void f(int n)
    // n은 [1:max]에 포함돼야 한다.
{
    Assert::dynamic((1<=n && n<max),Assert::compose(__FILE__,__LINE__,"range problem"));
    // ...
}
```

단정을 표현하는 데 필요한 텍스트의 양에 대해 집착하지 않기를 권장하지만, 네임스페이 스 지시자(14.2.3절)와 기본 설정 메시지를 사용하면 최소화시킬 수 있다.

```
void f(int n)
    // n은 [1:max]에 포함돼야 한다.
{
    dynamic(1<=n && n<max);
    // ...
}
```

빌드 옵션(예를 들면 조건부 컴파일의 제어)이나 프로그램 코드의 옵션을 통해 수행되는 테스트 와 테스트에 대한 반응을 제어하는 것이 가능하다. 이런 방식을 이용하면 광범위한 테스트를 수행하고 디버거로 진입하는 디버그 버전 시스템과 거의 테스트를 수행하지 않는 상품 버전을 가질 수 있다.

나는 프로그램의 최종(출시) 버전에도 최소한 몇 가지 테스트는 남겨두는 쪽을 개인적으로 선호한다. 예를 들어 **Assert**에 관련된 명백한 규약은 레벨 0으로 표시된 단정은 언제나 체크된다는 것이다. 끊임없이 개발과 유지 보수가 이뤄지는 대규모 프로그램에서 버그를 하나도 빠짐없이 찾기란 불가능하다. 또한 다른 모든 것이 완벽히 작동한다고 할지라도 하드웨어 실패에 대응할 수 있게 몇 가지 '정상성 체크'를 남겨두는 편이 현명한 결정이다.

최종 완성 시스템을 구축하는 사람만이 어떤 실패가 수용될 수 있는지 아닌지를 판단할 수 있다. 라이브러리나 재사용을 위한 구성 요소 작성자들은 대개 무조건적인 종료를 누릴 수 있는 처지가 아니다. 나는 이를 범용 라이브러리 코드에 있어 오류 보고는 필수적이란 의미로 해석한다. 아마도 그 방법은 예외 던지기를 통해서일 것이다.

늘 그렇듯이 소멸자는 던지지 않아야 하므로 소멸자에서 **Assert()** 던지기를 사용하지는 말기 바란다.

13.5 예외 던지기와 잡기

이번 절에서는 언어의 기술적 관점에서 예외를 소개한다.

13.5.1 예외 던지기

복사되거나 이동될 수 있는 모든 타입의 예외를 throw할 수 있다. 다음 예를 살펴보자.

```
class No_copy {
    No_copy(const No_copy&) = delete;      // 복사가 금지됨(17.6.4절)
};
class My_error {
    // ...
};
void f(int n)
{
    switch (n) {
    case 0: throw My_error{};              // OK
    case 1: throw No_copy{};               // 오류: No_copy를 복사할 수 없다.
    case 2: throw My_error;                // 오류: My_error는 객체가 아니라 타입이다.
    }
}
```

잡힌 예외 객체(13.5.2절)는 원칙상으로는 던져진 객체의 사본이다(최적화 메커니즘이 복사를 최소화하긴 하지만). 즉 **throw x;**은 **x** 타입의 임시 변수를 **x**로 초기화한다. 이러한 임시 변수는 잡히기 전까지 몇 번 더 추가로 복사될 수도 있다. 예외는 적합한 핸들러가 발견될 때까지 호출된 함수에서 호출한 함수로 (되돌려) 전달된다. 예외의 타입은 어떤 **try** 블록의 **catch**절에 있는 핸들러를 선택하는 데 사용된다. 예외 객체에 있는 데이터는 존재하는 경우 오류 메시지 출력이나 복구 지원에 사용된다. 예외를 던진 지점에서 핸들러로 '스택을 거슬러서' 전달하는 과정을 **스택 풀기**stack unwinding라고 부른다. 빠져 나가는 각각의 유효 범위에서 완전히 생성된 객체가 적절히 소멸되게 하기 위해 소멸자가 실행된다. 예를 들면 다음과 같다.

```
void f()
{
    string name {"Byron"};
    try {
        string s = "in";
        g();
    }
    catch (My_error) {
        // ...
    }
}
void g()
{
    string s = "excess";
    {
        string s = "or";
        h();
    }
}
void h()
{
    string s = "not";
    throw My_error{};
    string s2 = "at all";
}
```

h()에서 던진 후에 생성된 모든 **string**은 생성된 순서의 역순으로 소멸된다. "not", "or", "**excess**", "in"은 소멸되지만, 제어 스레드가 다다르지 못하는 "at all"은 소멸되지 않으며, 영향을 받지 않았던 "Byron"도 소멸되지 않는다.

예외는 잡히기 전에 여러 번 복사될 가능성이 있기 때문에 대개 그 안에 많은 양의 데이터를 넣지는 않는다. 몇 개의 단어가 포함된 예외가 널리 쓰인다. 예외 전파의 의미 구조는 초기화와 같으므로, 의미 구조를 가진 타입의 객체(예를 들면 string)는 던지는 비용이 많이 들지 않는다. 가장 흔한 예외 중 일부는 아예 정보를 갖고 다니지 않는다. 타입이 이름만 있어도 오류를 보고하는 데는 충분하다. 다음 예를 살펴보자.

```
struct Some_error { };
void fct()
{
    // ...
    if (something_wrong)
        throw Some_error{};
}
```

직접 사용되거나 기반 클래스로 사용될 수 있는 예외 타입 소규모 표준 라이브러리 계층 구조(13.5.2절)가 존재한다. 예를 들면 다음과 같다.

```
struct My_error2 : std::runtime_error {
    const char* what() const noexcept { return "My_error2"; }
};
```

runtime_error나 **out_of_range** 등의 표준 라이브러리 예외 클래스는 생성자 인자로서 문자열 인자를 받아들이며, 해당 문자를 다시 출력할 가상 함수 **what()**을 갖고 있다. 예를 들면 다음과 같다.

```
void g(int n)          // 몇 가지 예외를 던진다.
{
    if (n)
        throw std::runtime_error{"I give up!"};
    else
        throw My_error2{};
}
void f(int n)          // g()가 던지는 예외가 무엇인지 살펴본다.
{
    try {
        void g(n);
    }
    catch (std::exception& e) {
        cerr << e.what() << '\n';
    }
}
```

13.5.1.1 noexcept 함수

일부 함수는 예외를 던지지 않으며, 실제로 일부는 예외를 던지지 말아야 한다. 이를 나타내기 위해 그런 함수를 noexcept로 선언할 수 있다. 예를 들면 다음과 같다.

```
double compute(double) noexcept;     // 예외를 던지지 않을 것이다.
```

이제 compute()에서는 예외가 나오지 않을 것이다.

어떤 함수를 noexcept로 선언하는 것은 어떤 프로그램에 대해 추론하려는 프로그래머와 어떤 프로그램을 최적화하려는 컴파일러에게 가장 유용한 기능이다. 프로그래머는 **try**절 (noexcept 함수에서 실패를 다루기 위한)을 제공하려고 신경 쓰지 않아도 되고, 최적화 메커니즘은 예외 처리로 발생하는 제어 경로에 대해 신경 쓰지 않아도 된다.

하지만 noexcept는 컴파일러와 링커에 의해 완전히 체크되지 않는다. 프로그래머가 거짓말을 해서 noexcept 함수가 고의로 또는 우연히 noexcept 함수를 떠나기 전에 잡히지 않는 예외를 던진다면 무슨 일이 생길 것인가? 다음 예를 살펴보자.

```
double compute(double x) noexcept;
{
    string s = "Courtney and Anya";
    vector<double> tmp(10);
    // ...
}
```

vector 생성자는 자신의 10개 **double**을 위한 메모리 획득에 실패해서 **std::bad_alloc**를 던질 수 있다. 이 경우 프로그램은 종료된다. 프로그램은 **std::terminate()**(30.4.1.3절)를 호출함으로써 무조건적으로 종료되며, 호출 함수의 소멸자를 호출하지 않는다. **throw**와

noexcept 사이에서 유효 범위의 소멸자가 호출될지의 여부(예를 들어 compute()의 s에 대해)는 구현별 정의 사항이다. 프로그램은 바로 종료되므로, 어쨌든 어떤 객체에도 의존할 수 없다. noexcept 지정자를 추가함으로써 해당 코드가 throw에 대응하게 작성되지 않았다는 점을 명시할 수 있다.

13.5.1.2 noexcept 연산자

조건부로 noexcept인 함수 선언이 가능하다. 예를 들면 다음과 같다.

```
template<typename T>
void my_fct(T& x) noexcept(Is_pod<T>());
```

noexcept(Is_pod<T>())는 술어 함수 Is_pod<T>()가 true이면 my_fct를 던지지 않지만, 그것이 false이면 던질 수 있다는 의미다. my_fct()가 인자를 복사한다면 이렇게 작성하기를 원할 수 있다. POD의 복사는 던지지 않지만, 반면 다른 타입(string이나 vector 등)은 던질 수 있다.

noexcept() 내의 술어 함수 지정은 상수 표현식이어야 한다. 일반적인 noexcept는 noexcept(true)를 의미한다.

표준 라이브러리는 많은 타입 술어 함수를 제공하는데, 이것들은 함수가 예외를 던질 수 있는 조건을 표현하는 데 유용하다(35.4절).

사용하고자 하는 술어 함수가 타입 술어 함수만으로 손쉽게 표현되지 않는다면 어떻게 할 것인가? 예를 들어 던지거나 던지지 않을 수 있는 중요한 연산이 함수 호출 f(x)라면 어떻게 할 것인가? noexcept() 연산자는 인자로서 표현식을 받아들인 다음, 컴파일러가 던질 수 없다는 점을 알고 있다면 true를 반환하고 그렇지 않으면 false를 반환한다. 다음 예를 살펴보자.

```
template<typename T>
void call_f(vector<T>& v) noexcept(noexcept(f(v[0])))
{
    for (auto x : v)
        f(x);
}
```

noexcept를 중복해서 언급한 것은 약간 이상해 보이지만, noexcept는 일반적인 연산자가 아니다.

noexcept의 피연산자는 평가되지 않으므로, 예제에서 빈 vector를 가진 call_f()를 전달해도 런타임 오류가 일어나지 않는다.

noexcept(expr) 연산자는 expr이 던질 수 있는지 판단하기 위해 멀리 가지 않는다. expr 내의 모든 연산을 간단히 살펴보고, 그들 모두가 true로 평가되는 noexcept 지정을 갖고 있다면 true를 반환한다. noexcept(expr)은 expr에서 사용되는 연산의 정의 내부까지 살펴보지는 않는다.

조건부 noexcept 지정과 noexcept() 연산자는 컨테이너에 적용되는 표준 라이브러리 연산에서 중요하게 널리 쓰인다. 예를 들면 다음과 같다(iso.20.2.2절).

```
template<typename T, size_t N>
void swap(T (&a)[N], T (&b)[N]) noexcept(noexcept(swap(*a, *b)));
```

13.5.1.3 예외 지정

오래된 C++ 코드에서는 **예외 지정**^{exception specification}이란 걸 볼 수 있다. 예를 들면 다음과 같다.

```
void f(int) throw(Bad,Worse);    // Bad나 Worse 예외만을 던질 수 있다.
void g(int) throw();             // 던질 수 없다.
```

빈 예외 지정 **throw()**는 **noexcept**(13.5.1.1절)와 동일한 것으로 정의된다. 즉, 예외가 던져지면 프로그램이 종료하는 것이다.

throw(Bad,Worse) 같이 비어 있지 않은 예외 지정의 의미는 해당 함수(여기서는 f())가 리스트에서 언급되지 않은 예외이거나 다른 곳에서 언급된 예외에서 공개적으로 파생된 예외를 던질 경우에는 **예측되지 않은 핸들러**^{unexpected handler}가 호출된다는 뜻이다. 예측되지 않은 예외의 기본 설정 결과는 프로그램을 종료하는 것이다(30.4.1.3절). 비어 있지 않은 **throw** 지정은 효과적으로 사용하기가 까다로운 데다 올바른 예외가 던져졌는지 판별하기 위해 비용이 많이 드는 런타임 체크를 수행할 가능성이 있다는 점을 암시한다. 이 기능은 성공하지 못했으며 폐기 예정이다. 사용하지 말기 바란다.

어떤 예외가 던져질지 동적으로 체크하고 싶다면 **try** 블록을 사용한다.

13.5.2 예외 잡기

다음 코드를 살펴보자.

```
void f()
{
    try {
        throw E{};
    }
    catch(H) {
        // 언제 여기에 도착할까?
    }
}
```

핸들러는 다음의 경우에 호출된다.

[1]   **H**가 **E**와 같은 타입인 경우

[2]   **H**가 **E**의 명백한 공개 기반 클래스인 경우

[3]   **H**와 **E**가 포인터 타입이고 [1]이나 [2]가 그들이 참조하는 타입에 대해 유효한 경우

[4]   **H**가 참조자이고 **H**가 참조하는 타입에 대해 [1]이나 [2]가 유효한 경우

게다가 함수 매개변수에 추가하는 것과 똑같은 방식으로 예외를 잡는 데 쓰이는 타입에 **const**를 추가할 수 있다. 이렇게 해도 우리가 잡을 수 있는 예외의 집합은 변경되지 않는다. 단지 잡힌 예외의 변경을 제한할 뿐이다.

원칙적으로 예외는 던져질 때 복사된다(13.5절). 구현에 따라 예외의 저장과 전송에는 상당히 다양한 전략이 적용될 수 있다. 하지만 new가 표준 메모리 부족 예외인 bad_alloc(11.2.3절)을 던지기에 충분한 메모리는 어떤 경우도 반드시 보장된다.

참조자로 예외를 잡을 수 있는 가능성에 주목해보자. 예외 타입은 종종 그들이 표시하는 오류의 종류 사이 관계를 반영하기 위해 클래스 계층 구조의 일부로 정의된다. 예제에 대해서는 13.5.2.3절과 30.4.1.1절을 참고하기 바란다. 예외 클래스를 계층 구조로 조직화하는 기법은 일부 프로그래머들이 참조자로 모든 예외를 붙잡는 것을 선호할 정도로 널리 쓰인다.

try 블록의 try 부분과 catch절 양쪽에 모두 있는 {}는 실제의 유효 범위다. 결과적으로 어떤 이름이 try 블록의 두 부분이나 그 바깥에서 사용돼야 한다면 해당 이름은 try 블록의 외부에서 선언돼야 한다. 예를 들면 다음과 같다.

```
void g()
{
    int x1;
    try {
        int x2 = x1;
        // ...
    }
    catch (Error) {
        ++x1;          // OK
        ++x2;          // 오류: x2는 유효 범위 내에 있지 않다.
        int x3 = 7;
        // ...
    }
    catch(...) {
        ++x3;          // 오류: x3은 유효 범위 내에 있지 않다.
        // ...
    }
    ++x1;              // OK
    ++x2;              // 오류: x2는 유효 범위 내에 있지 않다.
    ++x3;              // 오류: x3는 유효 범위 내에 있지 않다.
}
```

'모든 것을 잡는' catch(...)는 13.5.2.2절에서 설명한다.

13.5.2.1 다시 예외 던지기

예외는 붙잡았지만 핸들러가 오류를 완벽히 처리할 수 없다고 판단하는 것은 흔한 일이다. 그런 경우 핸들러는 대개 지역적으로 처리될 수 있는 일을 수행하고 나서, 예외를 다시 던진다. 그에 따라 오류는 가장 적합한 곳에서 처리될 수 있다. 하나의 장소에서 오류를 가장 잘 처리하기 위해 필요한 정보를 알 수 없을 때도 그렇게 처리되므로, 복구 동작은 여러 개의 핸들러에 걸쳐 분산되는 것이 최선이다. 다음 예를 살펴보자.

```
void h()
{
    try {
```

```
        // ... 예외를 던질 가능성이 있는 코드 ...
    }
    catch (std::exception& err) {
        if (can_handle_it_completely) {
            // ... 예외를 처리한다...
            return;
        }
        else {
            // ... 여기서 처리될 수 있는 것을 처리한다...
            throw;   // 예외를 다시 던진다.
        }
    }
}
```

다시 던지기는 피연산자가 없는 **throw**로 표시된다. 다시 던지기는 **catch**절이나 **catch**절에서 호출된 함수에서 일어날 수 있다. 다시 던질 예외가 없는데도 다시 던지기가 시도되면 **std::terminate()**(13.5.2.5절)가 호출된다. 컴파일러는 이러한 경우 전부는 아니지만, 일부에 대해서는 탐지하고 경고를 보낼 수 있다.

다시 던져진 예외는 던져진 원래의 예외이지 **exception**으로 접근 가능했던 그것의 일부만은 아니다. 예를 들어 **out_of_range**가 던져졌다면 **h()**는 일반적인 **exception**으로 잡겠지만, **throw;**는 그것을 여전히 **out_of_range**로 다시 던질 것이다. 간단하게 **throw**라고 쓰지 않고 **throw err;**이라고 작성했다면 예외는 쪼개졌을 것이고(17.5.1.4절), **h()**의 호출자는 그것으로 **out_of_range**로 잡지 못했을 것이다.

13.5.2.2 모든 예외 잡기

<stdexcept>에서 표준 라이브러리는 공통 기반 클래스 **exception**을 가진 예외 클래스의 소규모 계층 구조를 제공한다(30.4.1.1절). 다음 예를 살펴보자.

```
void m()
{
    try {
            // ... 뭔가를 한다...
    }
    catch (std::exception& err) {              // 모든 표준 라이브러리 예외를 처리한다.
        // ... 마무리 ...
        throw;
    }
}
```

이 코드는 표준 라이브러리 예외를 전부 잡는다. 하지만 표준 라이브러리 예외는 단 하나의 예외 타입 집합이다. 따라서 **std::exception**을 잡아도 모든 예외를 잡을 수는 없다. 누군가가 (어리석게도) **int**나 어떤 애플리케이션 특유의 계층 구조에서 등장하는 예외를 던진다면 **std::exception&**에 대한 핸들러에 의해 잡히지 않을 것이다.

하지만 모든 종류의 예외를 다뤄야 할 경우가 종종 발생한다. 예를 들어 **m()**이 어떤 포인터들을 그것들이 발견된 상태 그대로 남겨놓기로 돼 있다면 핸들러에서 그것들에게 적절한 값을 부여하기 위한 코드를 작성할 수 있다. 함수에 있어서 생략 부호 ...은 '모든 인자'를 나타내므로(12.2.4절), catch()는 "모든 예외를 붙잡는다"는 의미다. 예를 들면 다음과 같다.

```
void m()
{
    try {
        // ... 뭔가를 한다...
    }
    catch (...) {        // 모든 예외를 처리한다.
        // ... 마무리 ...
        throw;
    }
}
```

13.5.2.3 다중 헤더

try 블록은 여러 개의 **catch**절(핸들러)을 가질 수 있다. 파생된 예외가 하나 이상의 예외 타입에 대한 핸들러들에 의해 잡힐 수 있으므로, **try**문에서 핸들러가 작성된 순서가 중요하다. 핸들러들은 순서대로 시도된다. 다음 예를 살펴보자.

```
void f()
{
    try {
        // ...
    }
    catch (std::ios_base::failure) {
        // ... 모든 iostream 오류를 처리한다(30.4.1.1절) ...
    }
    catch (std::exception& e) {
        // ... 모든 표준 라이브러리 예외를 처리한다(30.4.1.1절) ...
    }
    catch (...) {
        // ... 다른 모든 예외를 처리한다(13.5.2.2절) ...
    }
}
```

컴파일러는 클래스 계층 구조를 알고 있으므로, 많은 논리적 실수에 대해 경고를 보낼 수 있다. 다음 예를 살펴보자.

```
void g()
{
    try {
        // ...
    }
    catch (...) {
        // ... 모든 예외를 처리한다(13.5.2.2절) ...
    }
    catch (std::exception& e) {
        // ... 모든 표준 라이브러리 예외를 처리한다(30.4.1.1절) ...
    }
    catch (std::bad_cast) {
        // ... dynamic_cast 실패를 처리한다(22.2.1절) ...
```

```
    }
}
```

여기서 exception은 전혀 고려되지 않는다. '모든 것을 잡는' 핸들러를 제거한다 하더라도 bad_cast는 exception에서 파생됐기 때문에 고려되지 않을 것이다. 예외 타입을 catch절과 짝짓는 것은 (빠른) 런타임 연산이며, (컴파일 타임) 오버로딩 해결만큼 일반적이지는 않다.

13.5.2.4 함수 try 블록

함수 본체가 try 블록이 될 수 있다. 다음 예를 살펴보자.

```
int main()
try
{
    // ... 뭔가를 한다...
}
catch (...) {
    // ... 예외를 처리한다...
}
```

대부분 함수에서 try 블록을 이용해서 우리가 얻는 것이라곤 약간의 표기적 편의뿐이다. 하지만 try 블록 덕택에 생성자 내의 기본 또는 멤버 초기화 식에 의해 던져진 예외를 처리할 수 있다(17.4절). 기본 설정상 어떤 예외가 기본 또는 멤버 초기화 식에 의해 던져지면 예외는 멤버 클래스에 대한 생성자를 호출한 것으로 무조건 전달된다. 하지만 생성자 자체는 멤버 초기화 식 리스트를 포함해서 전체 함수 본체를 try 블록 내에 둘러싸는 방식으로 그런 예외를 잡을 수 있다. 다음 예를 살펴보자.

```
class X {
    vector<int> vi;
    vector<string> vs;
    // ...
public:
    X(int,int);
    // ...
};
X::X(int sz1, int sz2)
try
    :vi(sz1),          // 정수 sz1로 vi를 생성한다.
    vs(sz2)            // 문자열 sz2로 vs를 생성한다.
{
    // ...
}
catch (std::exception& err) { // vi와 vs에 대해 던져진 예외는 여기에서 붙잡힌다.
    // ...
}
```

따라서 멤버 생성자에 의해 던져진 예외를 붙잡을 수 있다. 마찬가지로 소멸자 내의 멤버 소멸자에 의해 던져진 예외 역시 붙잡을 수 있다(소멸자가 전혀 모르더라도). 하지만 마치 예외가 발생하지 않았던 것처럼 객체를 회복시켜 정상적으로 반환할 수는 없다. 멤버 생성자로부터 예외가 던져졌다는 것은 멤버가 유효한 상태가 아닐 수 있다는 점을 시사한다. 또한 다른 멤버 객체는 생성되지 않거나 아니면 이미 스택 풀기의 일환으로 소멸자가 호출됐을 수도 있다.

생성자나 소멸자에 대한 함수 try 블록의 clause절에서 할 수 있는 가장 유용한 일은 예외를 던지는 것이다. catch절의 끝에서 떨어질 때 기본 설정된 동작은 원래의 예외를 다시 던지는 것이다(iso.15.3절).

일반 함수의 try 블록에 대해서는 그런 제한이 없다.

13.5.2.5 종료

좀 더 명확한 오류 기법을 위해 오류 처리를 포기해야 하는 경우들이 있다. 처리 원칙은 다음과 같다.

- 예외를 처리하는 도중에는 예외를 던지지 않는다.
- 잡힐 수 없는 예외는 던지지 않는다.

예외 처리 구현은 둘 중 어느 쪽이든 프로그램을 종료시킬 것이다.

어떻게 해서 동시에 두 개의 예외를 활성화된다면(동일한 스레드에서 의도적으로 이렇게 하기는 불가능하지만), 시스템은 새로운 예외나 이미 처리하려고 시도하고 있는 예외 중 어느 쪽을 처리하려고 시도해야 할지 전혀 알 수 없을 것이다. 예외는 catch절에 진입하자마자 곧바로 처리되는 것으로 간주된다는 데 유의한다. 예외를 다시 던지거나(13.5.2.1절) catch절 안에서 새로운 예외를 던지는 것은 원래의 예외가 처리된 후에 새로운 예외가 던져지는 것으로 간주된다. 예외가 생성자를 떠나기 전에 붙잡을 수만 있다면 소멸자 내에서도 (심지어 스택 풀기 도중에도) 예외를 던질 수 있다.

teminate() 호출에 관한 구체적인 규칙은 다음과 같다(iso.15.5.1절).

- 던져진 예외에 적합한 핸들러가 발견되지 않을 경우
- noexcept 함수가 throw로 빠져나가려고 시도하는 경우
- 스택 풀기 도중에 호출된 소멸자가 throw로 빠져나가려고 시도하는 경우
- 예외를 전파하기 위해 호출된 코드(예를 들면 복사 생성자)가 throw로 빠져나가려고 시도하는 경우
- 현재 처리되고 있는 예외가 없을 때 누군가가 다시 던지려고 시도하는 경우(throw;)
- 정적으로 할당되거나 스레드 지역적인 객체에 대한 소멸자가 throw로 빠져나가려고 시도하는 경우
- 정적으로 할당되거나 스레드 지역적인 객체에 대한 초기화 식이 throw로 빠져나가려고 시도하는 경우
- atexit()로서 호출된 함수가 throw로 빠져나가려고 시도하는 경우

이런 경우에 std::terminate()가 호출된다. 추가로 사용자는 덜 급진적인 접근법이 가능하지 않을 때 terminate()를 호출할 수도 있다.

"throw로 빠져나가려고 시도한다"는 것은 어딘가에서 던져진 예외가 잡히지 않아서 런타임 시스템이 함수에서 그것의 호출자에게 예외를 전파하려고 시도한다는 뜻이다.

기본 설정상 terminate()는 abort()(15.4.3절)를 호출할 것이다. 이런 기본 설정은 대부분 사용자에게 올바른 선택인데, 특히 디버깅 도중에 더욱 그렇다. 그것이 받아들여지지 않는다면 사용자는 <exception>에서 std::set_terminate() 호출하는 방식으로, **종료 핸들러**^{terminate} _{handler} 함수를 제공할 수 있다.

```
using terminate_handler = void(*)();    // <exception>에서
[[noreturn]] void my_handler()          // 종료 핸들러는 반환할 수 없다.
{
    // 종료를 내 방식대로 처리한다.
}
void dangerous()  // 매우!
{
    terminate_handler old = set_terminate(my_handler);
    // ...
    set_terminate(old);                 // 오래된 종료 핸들러를 복구한다.
}
```

반환 값은 set_terminate()에 주어진 이전의 함수다.

예를 들어 종료 핸들러는 프로세스를 종료하는 데나 시스템을 재초기화하는 데 사용될 수 있다. 의도는 예외 처리 메커니즘에 의해 구현된 오류 복구 전략이 실패해서 또 다른 수준의 장애 대비 전략으로 넘어갈 시점일 때 terminate()를 과감한 수단으로 적용해보자는 것이다. 종료 핸들러에 진입하게 되면 프로그램의 데이터 구조에 대해 실질적으로 아무것도 가정할 수 없게 된다. 실질적으로는 구조가 훼손됐다고 가정해야 한다. cerr를 이용해서 오류 메시지를 출력하는 것조차 위험스럽다고 가정해야 한다. 또한 dangerous()가 쓰일 때 그것이 예외 안전적이지 않다는 점에 유의해야 한다. throw나 set_terminate(old) 앞의 return조차도 my_handler를 원래 예상하지 않았던 상태로 남겨놓게 될 것이다. terminate()로 위험을 감수해야 한다면 최소한 RAII(13.3절)는 사용하기 바란다.

종료 핸들러는 그것의 호출자에게 돌아갈 수 없다. 그렇게 하려고 시도하면 terminate()는 abort()를 호출할 것이다.

abort()는 프로그램에서 비정상적으로 빠져 나가는 상태를 의미한다는 데 유의한다. exit() 함수는 주위의 시스템에게 빠져 나가는 상황이 정상적인지 비정상적인지 알려주는 반환 값과 함께 프로그램을 빠져 나가는 데 사용될 수 있다(15.4.3절).

프로그램이 잡히지 않은 예외 때문에 종료될 때 소멸자가 호출될 것인지의 여부는 구현별 정의 사항이다. 일부 시스템에서는 프로그램이 디버거에서 재시작될 수 있게 소멸자가 호출되지 않는 것이 필수적이다. 다른 시스템에서는 핸들러를 찾는 도중에 소멸자를 호출하지 않는 것이 아키텍처상 거의 불가능하기도 하다.

다른 방법으로는 잡히지 않는 예외가 일어났을 때 반드시 마무리가 이뤄지게 하고 싶다면 실제로 신경 쓰는 예외에 대한 핸들러 외에 모든 것을 붙잡는 핸들러(13.5.2.2절)를 main()에 추가할 수 있다. 예를 들면 다음과 같다.

```
int main()
try {
    // ...
}
catch (const My_error& err) {
    // ... 내 오류를 처리한다...
}
catch (const std::range_error&)
{
    cerr << "range error: Not again!\n";
}
catch (const std::bad_alloc&)
{
    cerr << "new ran out of memory\n";
}
catch (...) {
    // ...
}
```

이렇게 하면 네임스페이스와 스레드 지역적인 변수(13.5.3절)의 생성과 소멸에 의해 던져진 것들을 제외한 모든 예외를 붙잡게 될 것이다. 초기화나 네임스페이스와 스레드 지역적인 변수의 소멸 도중에 던져진 예외를 붙잡을 수 있는 방법은 없다. 이는 가능한 한 전역 변수를 피해야 하는 또 하나의 이유이기도 하다.

어떤 예외가 붙잡힐 때 예외가 던져진 정확한 지점은 일반적으로 알기 어렵다. 이는 디버거가 프로그램의 상태에 대해 알 수 있는 것과 비교하면 정보가 손실됐다는 뜻이다. 따라서 일부 C++ 개발 환경에서 일부 프로그램이나 일부 사람들에게 있어서는 프로그램이 그것으로부터 복구할 수 있게 설계되지 않은 예외는 잡지 않는 쪽이 선호될 수도 있다.

throw의 위치를 던져진 예외에 인코딩해서 넣는 방법을 보여주는 예제에 대해서는 Assert(13.4절)를 참고하기 바란다.

13.5.3 예외와 스레드

예외가 thread(5.3.1절, 42.2절)상에서 잡히지 않으면 std::terminate()(13.5.2.5절)가 호출된다. 따라서 어떤 스레드에서 하나의 오류로 인해 전체 프로그램을 멈추게 만들고 싶지 않다면 그것으로부터 복구하고 싶은 모든 오류를 잡아야 하며, 스레드의 결과와 연관된 프로그램의 부분에 어떻게든 그것들을 알려야 한다. '모든 것을 잡는' 구조인 catch(...)(13.5.2.2절)는 그런 목적으로 편리하게 사용될 수 있다.

표준 라이브러리 current_exception()(30.4.1.2절)를 이용해서 하나의 스레드에 던져진 예외를 또 다른 스레드에 있는 핸들러에 전송할 수 있다. 다음 예를 살펴보자.

```
try {
    // ... 작업을 처리한다...
}
catch(...) {
    prom.set_exception(current_exception());  // 42.4.2절
}
```

이는 사용자 코드에서 던져진 예외를 처리하기 위해 **packaged_task**에 의해 사용되는 기본적 기법이다(5.3.5.2).

13.6 vector 구현

표준 **vector**는 예외 안전적인 코드를 작성하는 데 필요한 기법의 멋진 예제를 제공한다. 그것의 구현은 다양한 상황에서 일어나는 문제점들과 폭넓게 적용될 수 있는 해결책들을 보여준다.

분명히 **vector**의 구현은 클래스의 구현과 활용을 지원하기 위해 제공되는 여러 가지 언어 기능에 의존한다. (아직도) C++의 클래스와 템플릿에 익숙하지 않다면 16장, 25장, 26장을 읽어 본 다음에 이 예제들을 공부하는 편이 좋다. 하지만 C++에서 예외의 활용을 제대로 이해하기 위해서는 지금까지 13장에서 제시된 코드 단편들보다 좀 더 광범위한 예제들이 필요하다.

예외 안전적인 코드를 작성하는 데 필요한 기본 도구들은 다음과 같다.

- **try** 블록(13.5절).
- '자원 획득은 초기화' 기법에 대한 지원(13.3절)

따라야 할 일반적인 규칙은 다음과 같다.

- 대체하는 정보가 안전하게 사용될 준비가 되기 전에는 한 조각의 정보라도 놓아주지 않는다.
- 예외를 던지거나 다시 던질 때는 항상 객체를 유효한 상태로 남겨둔다.

이렇게 하면 언제든지 오류 상황에서 복귀할 수 있다. 이런 원칙을 따르는 데 있어 실질적인 어려움은 멀쩡해 보이는 연산(< =, sort() 등)도 예외를 던질 수 있다는 점이다. 애플리케이션에서 뭘 찾을지 알려면 경험이 필요하다.

라이브러리를 작성할 때는 강력한 예외 안전성을 보장(13.2절)하고 항상 기본적인 보장을 제공하는 것이 궁극적인 목표가 돼야 한다. 구체적인 프로그램을 작성할 때는 예외 안전성에 대한 걱정이 약간은 줄어들 수 있다. 예를 들어 내가 직접 쓸 간단한 데이터 분석 프로그램을 작성한다면 대부분의 경우 발생할 가능성이 낮은 메모리 고갈 상태에서는 프로그램 종료돼도 무방하다고 생각할 것이다.

정확성과 기본적인 예외 안전성은 밀접한 관계가 있다. 특히 불변속성(13.4절)의 정의와 체크 같은 기본적인 예외 안전성을 제공하기 위한 기법은 프로그램을 작고 정확하게 만드는 데 유용한 기법들과 비슷하다. 그렇기 때문에 기본적인 예외 안전성 보장(13.2절)을 제공하는 오버헤드는 심지어 강력한 보장일지라도 매우 적으며, 거의 무의미한 수준이 될 수 있다.

13.6.1 간단한 vector

vector(4.4.1절, 31.4절)의 전형적인 구현은 첫 번째 원소, 마지막 원소의 하나 다음, 마지막 할당된 공간의 하나 다음을 가리키는 포인터(또는 포인터에 오프셋을 더한 값으로 표시되는 동등한 정보)를 갖고 있는 핸들로 구성된다(31.2.1절).

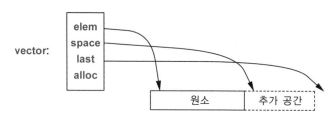

추가로 vector는 할당자(여기서는 alloc)를 보관하는데, vector는 할당자로부터 원소에 필요한 메모리를 획득할 수 있다. 기본 할당자(34.4.1절)는 new와 delete를 이용해서 메모리를 획득하고 해제한다.

다음은 vector 선언인데, 예외 안전성과 자원 누출 방지에 필요한 부분만 표시하게 단순화된 것이다.

```
template<typename T, typename A = allocator<T>>
class vector {
private:
    T* elem;            // 할당의 시작
    T* space;           // 원소 시퀀스의 끝, 확장 가능성을 위해 할당된 공간의 시작
    T* last;            // 할당된 공간의 끝
    A alloc;            // 할당자
public:
    using size_type = typename A::size_type;  // 벡터 크기에 사용되는 타입

    explicit vector(size_type n, const T& val = T(), const A& = A());

    vector(const vector& a);                  // 복사 생성자
    vector& operator=(const vector& a);       // 복사 대입

    vector(vector&& a);                       // 이동 생성자
    vector& operator=(vector&& a);            // 이동 대입

    ~vector();

    size_type size() const { return space-elem; }
    size_type capacity() const { return last-elem; }
    void reserve(size_typen);                 // 용량을 n으로 증가시킨다.

    void resize(size_type n, const T& = {});  // 크기를 n으로 변경한다.
    void push_back(const T&);                 // 끝 부분에 원소를 추가한다.
    // ...
};
```

vector를 n개의 원소로 초기화하는 생성자를 val로 초기화하는 구현의 어리숙한 버전을 먼저 살펴보자.

```
template<typename T, typename A>
vector<T,A>::vector(size_type n, const T& val, const A& a)  // 경고: 어리숙한 구현
```

```
        :alloc{a}                              // 할당자를 복사한다.
{
    elem = alloc.allocate(n);                  // 원소에 필요한 메모리를 얻는다(34.4절).
    space = last = elem+n;
    for (T* p = elem; p!=last; ++p)
        a.construct(p,val);                    // *p에 val의 사본을 생성한다(34.4절).
}
```

여기에는 잠재적인 예외의 출처 두 개가 등장한다.

[1]   `allocate()`는 이용 가능한 메모리가 없을 경우 예외를 던질 수 있다.

[2]   `T`의 복사 생성사는 `val`을 복사할 수 없는 경우 예외를 던질 수 있다.

할당자의 사본은 어떠한가? 그것이 던진다고 상상할 수도 있겠지만, 표준은 그러지 않을 것을 구체적으로 요구한다(iso.17.6.3.5절). 어쨌든 나는 그것이 던지더라도 문제가 되지 않게 코드를 작성했다.

`throw`의 두 가지 경우 모두에서 `vector` 객체가 생성되지 않기 때문에 `vector`의 소멸자는 호출되지 않는다(13.3절).

`allocate()`가 실패할 경우 `throw`는 자원이 획득되기 전에 빠져 나갈 것이므로, 모두 괜찮다.

`T`의 복사 생성자가 실패할 때 여기서는 메모리 누출을 피하기 위해 해제돼야 하는 일부 메모리를 획득했다. 더욱 심각한 문제는, `T`의 복사 생성자는 몇 개의 원소를 정확히 생성한 후에 예외를 던지지만, 원소들을 전부 생성하기 전에 예외를 던질 수도 있다는 점이다. 이런 `T` 객체는 자원을 소유하다 누출하게 될 것이다.

이 문제를 처리하기 위해 오류가 발생한 경우 어떤 원소가 생성됐는지를 추적해서 그것들 (오직 그것들)을 소멸시킬 수 있다.

```
template<typename T, typename A>
vector<T,A>::vector(size_type n, const T& val, const A& a)   // 정교한 구현
    :alloc{a}                                                // 할당자를 복사한다.
{
    elem = alloc.allocate(n);                       // 원소에 필요한 메모리를 얻는다.

    iterator p;

    try {
        iterator end = elem+n;
        for (p=elem; p!=end; ++p)
            alloc.construct(p,val);                 // 원소를 생성한다(34.4절).
        last = space = p;
    }
    catch (...) {
        for (iterator q = elem; q!=p; ++q)
            alloc.destroy(q);                       // 생성된 원소를 소멸시킨다.
        alloc.deallocate(elem,n);                   // 메모리를 비운다.
        throw;                                      // 다시 던진다.
    }
}
```

`p`의 선언이 `try` 블록의 바깥에서 이뤄진다는 점에 주목하자. 이렇게 하지 않으면 `try` 부분

과 catch절 양쪽에서 그것에 접근할 수 없게 된다.

여기서의 오버헤드는 **try** 블록의 오버헤드다. 좋은 C++ 구현에서 이러한 오버헤드는 메모리 할당과 원소 초기화 비용에 비하면 무시할 만한 수준이다. **try** 블록 진입이 비용을 일으키는 구현에 대해서는 (상당히 흔한) 빈 **vector** 경우를 명시적으로 처리하기 위해 **try** 앞에 **if(n)** 테스트를 추가하는 것이 의미가 있을 수 있다.

이 생성자의 핵심 부분은 std::uninitialized_fill()의 반복되는 구현이다.

```
template<typename For, typename T>
void uninitialized_fill(For beg, For end, const T& x)
{
    For p;
    try {
        for (p=beg; p!=end; ++p)
            ::new(static_cast<void*>(&*p)) T(x);   // *p에 x의 사본을 생성한다(11.2.4절).
    }
    catch (...) {
        for (For q = beg; q!=p; ++q)
            (&*q)->~T();                            // 원소를 소멸시킨다(11.2.4절).
        throw;                                      // 다시 던진다(13.5.2.1절).
    }
}
```

유별난 구조인 **&*p**는 포인터가 아닌 반복자를 관리한다. 그런 경우에는 포인터를 구하기 위해 역참조자에 의해 획득된 원소의 주소를 얻어야 한다. 명시적으로 전역인 **::new**와 함께 명시적인 **void***로의 캐스트는 **T***에 대해 사용자가 정의한 **operator new()**가 아니라 표준 라이브러리 메모리 지정 함수(17.2.4절)가 생성자 호출에 사용되게 보장하기 위한 것이다. **vector** 생성자 내에서 **alloc.construct()**를 호출한 것은 이런 메모리 지정 **new**를 위한 문법적 양념에 불과하다. 마찬가지로 **alloc.destroy()** 호출은 명시적 소멸을 가려주는 것뿐이다 ((&*q)->~T()처럼). 이 코드는 본격적으로 범용화된 코드를 쓰기가 어려운 비교적 하위의 수준에서 작동된다.

다행히도 표준 라이브러리가 제공해 주는 관계로 **uninitialized_fill()**를 새로 작성하거나 구현하지 않아도 된다(32.5.6절). 초기화 연산이 모든 원소를 초기화해서 완전히 성공하든지 아니면 실패하든지 둘 중의 하나가 돼서 생성된 원소를 남기지 않게 하는 것은 많은 경우 매우 중요하다. 그에 따라 표준 라이브러리는 **uninitialized_fill()**, **uninitialized_fill_n()**, **uninitialized_copy()**(32.5.6절)를 제공하는데, 이것들은 강력한 보장을 제공한다(13.2절).

uninitialized_fill() 알고리즘은 원소 소멸자나 반복자 연산에 의해서 던져진 예외에 대해 보호하지 않는다(32.5.6절). 그렇게 하는 것은 터무니없을 정도로 비용이 많이 들고 아마도 불가능할 것이다.

uninitialized_fill() 알고리즘은 많은 종류의 시퀀스에 적용될 수 있다. 결과적으로 이 함수는 순방향 반복자(33.1.2절)를 받아들이며 생성된 역순서로 원소를 소멸시키는 것을 보장하지 않는다.

uninitialized_fill()를 이용하면 생성자를 단순화시킬 수 있다.

```
template<typename T, typename A>
vector<T,A>::vector(size_type n, const T& val, const A& a)   // 여전히 약간 복잡하다.
    :alloc(a)                                                 // 할당자를 복사한다.
{
    elem = alloc.allocate(n);                        // 원소에 필요한 메모리를 얻는다.
    try {
        uninitialized_fill(elem,elem+n,val);         // 원소를 복사한다.
        space = last = elem+n;
    }
    catch (...) {
        alloc.deallocate(elem,n);                    // 메모리를 비운다.
        throw;                                       // 다시 던진다.
    }
}
```

이 생성자의 첫 번째 버전에 비하면 장족의 발전이지만, 다음 절에서는 이 코드를 좀 더 단순화시키는 방법을 보여준다.

생성자는 잡힌 예외를 다시 던진다. 의도는 **vector**를 예외에 대해 투명하게 만들어서 사용자가 문제의 정확한 원인을 판단할 수 있게 하자는 것이다. 모든 표준 라이브러리 컨테이너는 이 속성을 갖고 있다. 예외 투명성은 많은 경우 템플릿이나 다른 '얇은' 소프트웨어 계층에 대한 최선의 정책이다. 이는 던져진 모든 예외에 대해 일반적으로 책임을 져야 하는 시스템의 주요 부분('모듈')과 대조된다. 즉, 그러한 모듈의 구현자는 모듈이 던질 수 있는 모든 예외를 나열할 수 있어야 한다. 이를 달성하기 위해서는 예외를 계층 구조로 그룹화하는 것(13.5.2절)과 catch(...)(13.5.2.2절)의 활용이 수반될 수 있다.

13.6.2 메모리의 명시적 표현

나의 경험으로는 명시적으로 **try** 블록을 이용해서 정확하게 예외 안전적인 코드를 작성하는 일은 대부분의 사람들이 생각하는 것보다 어렵다. 사실 다른 대안이 있기 때문에 그것이 반드시 어렵기만 한 것은 아니다. 즉, '자원 획득은 초기화' 기법(13.3절)은 작성해야 하는 코드의 양을 줄여주고, 코드를 좀 더 서식화하는 데 이용될 수 있다. 이 경우 **vector**에 의해 획득되는 핵심 자원은 그것의 원소를 보관할 메모리다. **vector**가 사용하는 메모리의 개념을 표현할 보조적인 클래스를 제공함으로써 코드를 단순화하고 메모리 해제를 뜻하지 않게 잊어버릴 가능성을 줄일 수 있다.

```
template<typename T, typename A = allocator<T>>
struct vector_base {                                    // vector를 위한 메모리 구조체
    A alloc;            // 할당자
    T* elem;            // 할당의 시작
    T* space;           // 원소 시퀀스의 끝, 확장 가능성을 위해 할당된 공간의 시작
    T* last;            // 할당된 공간의 끝

    vector_base(const A& a, typename A::size_type n, typename A::size_type m =0)
        : alloc{a}, elem{alloc.allocate(n+m)}, space{elem+n}, last{elem+n+m} { }
```

```
    ~vector_base() { alloc.deallocate(elem,last-elem); }
    vector_base(const vector_base&) = delete;              // 복사 연산은 불가능
    vector_base& operator=(const vector_base&) = delete;

    vector_base(vector_base&&);                            // 이동 연산
    vector_base& operator=(vector_base&&);
};
```

elem과 last가 올바르다면 vector_base는 소멸될 수 있다. vector_base 클래스는 타입
T의 객체가 아니라, 타입 T를 위한 메모리를 다룬다. 결과적으로 vector_base의 사용자는
할당된 공간에 명시적으로 모든 계층 구조를 생성해야 하며, 나중에는 vector_base 자체가
소멸되기 전에 vector_base에서 생성된 모든 객체들을 소멸시켜야 한다.

vector_base는 오로지 vector 구현에 일부가 되려는 목적으로만 설계됐다. 어떤 클래스가
어디에서 어떤 방법으로 사용될지 예측하는 일은 늘 어렵기 때문에 나는 아예 vector_base가
복사될 수 없게 만들었고, vector_base를 이동하면 원소에 할당된 메모리의 소유권이 이전되
게 만들었다.

```
template<typename T, typename A>
vector_base<T,A>::vector_base(vector_base&& a)
    : alloc{a.alloc},
    elem{a.elem},
    space{a.space},
    last{a.last}
{
    a.elem = a.space = a.last = nullptr;  // 더 이상 아무런 메모리도 소유하지 않는다.
}

template<typename T, typename A>
vector_base<T,A>& vector_base<T,A>::operator=(vector_base&& a)
{
    swap(*this,a);
    return *this;
}
```

이러한 이동 연산의 정의는 swap()을 이용해서 원소에 할당된 모든 메모리의 소유권을
이전한다. T 타입의 객체는 소멸시킬 것이 없다. vector_base는 메모리를 다룰 뿐이며, 타입
T의 객체에 대한 문제는 vector의 몫으로 남겨둔다.

vector_base가 주어지면 vector는 다음과 같이 정의될 수 있다.

```
template<typename T, typename A = allocator<T> >
class vector {
    vector_base<T,A> vb;                  // 데이터는 여기에 있다.
    void destroy_elements();
public:
    using size_type = typename A::size_type ;

    explicit vector(size_type n, const T& val = T{}, const A& a = A{});

    vector(const vector& a);              // 복사 생성자
    vector& operator=(const vector& a);   // 복사 대입

    vector(vector&& a);                   // 이동 생성자
```

```
        vector& operator=(vector&& a);              // 이동 대입
        ~vector() { destroy_elements(); }
        size_type size() const { return vb.space-vb.elem; }
        size_type capacity() const { return vb.last-vb.elem; }
        void reserve(size_type);                     // 용량을 증가시킨다.
        void resize(size_type, const T& ={});        // 원소의 개수를 변경한다.
        void clear() { resize(0); }                  // vector를 비운다.
        void push_back(const T&);                    // 끝 부분에 원소를 추가한다.
        // ...
};
template<typename T, typename A>
void vector<T,A>::destroy_elements()
{
        for (T* p = vb.elem; p!=vb.space; ++p)
            p->~T();                                 // 원소를 소멸시킨다(17.2.4절).
        vb.space=vb.elem;
}
```

vector 소멸자는 모든 원소에 대해 명시적으로 T 소멸자를 호출한다. 이는 원소 소멸자가 예외를 던지면 vector 소멸이 실패한다는 점을 의미한다. 예외로 인한 스택 풀기 도중에 이런 상황이 발생한다면 심각한 문제가 될 수 있으며, terminate()가 호출된다(13.5.2.5절). 정상적인 소멸의 경우에는 소멸자에서 예외를 던지면 대개는 자원 누출이 일어나며 객체의 합리적인 동작에 의존하는 코드는 예측 불가능한 동작을 일으키게 된다. 소멸자에서 던져진 예외에 대비할 수 있는 적절한 방법은 실질적으로 존재하지 않기 때문에 라이브러리는 원소 소멸자가 예외를 던진 경우에 대해 아무런 보장도 하지 않는다(13.2절).

이제 생성자를 좀 더 간단히 정의할 수 있다.

```
template<typename T, typename A>
vector<T,A>::vector(size_type n, const T& val, const A& a)
    :vb{a,n}                  // n개의 원소에 대한 공간을 할당한다.
{
    uninitialized_fill(vb.elem,vb.elem+n,val);     // val의 사본을 n개 만든다.
}
```

이 생성자를 단순하게 만든 요령은 초기화나 할당을 다루는 모든 vector 연산에까지 적용될 수 있다. 예를 들어 복사 생성자는 주로 uninitialized_fill() 대신에 uninitialized_copy()를 쓴다는 점에서 차이가 있다.

```
template<typename T, typename A>
vector<T,A>::vector(const vector<T,A>& a)
    :vb{a.vb.alloc,a.size()}
{
    uninitialized_copy(a.begin(),a.end(),vb.elem);
}
```

이런 생성자 스타일은 생성자에서 예외가 던져질 때 이미 완전히 생성된 하위 객체(기반 클래스를 포함한)는 적절하게 소멸된다는 기본적인 언어 규칙(13.3절)이 있기 때문에 가능한 것이

다. `uninitialized_fill()` 알고리즘과 그것의 사촌(13.6.1절)은 부분적으로 생성된 시퀀스에 대해 동등한 보장을 제공한다.

이동 연산은 한층 더 간단해진다.

```
template<typename T, typename A>
vector<T,A>::vector(vector&& a)       // 이동 생성자
    :vb{move(a.vb)}                   // 소유권을 이전한다.
{
}
```

`vector_base` 이동 생성자는 인자가 비어 있다고 표시할 것이다.

이동 대입에 대해서는, 대상의 이전 값에 대해 신경을 써야 한다.

```
template<typename T, typename A>
vector<T,A>& vector<T,A>::operator=(vector&& a)        // 이동 대입
{
    clear();           // 원소를 소멸시킨다.
    swap(vb,a.vb);     // 소유권을 이전한다.
    return *this;
}
```

우변 값 `a`가 대입 직후에 소멸된다고 가정할 수 있기 때문에 엄격하게 보면 `clear()`는 군더더기다.

13.6.3 대입

이미 아는 얘기겠지만, 대입이 생성과 다른 점은 이전 값을 신경 써야 한다는 것이다. 우선 알기 쉬운 구현 예제를 살펴보자.

```
template<typename T, typename A>
vector<T,A>& vector<T,A>::operator=(const vector& a)   // 강력히 보장한다(13.2절).
{
    vector_base<T,A> b {a.vb.alloc,a.size()};          // 메모리를 얻는다.
    uninitialized_copy(a.begin(),a.end(),b.elem);      // 원소를 복사한다.
    destroy_elements();                                // 이전 원소를 소멸시킨다.
    swap(vb,b);                                         // 소유권을 이전한다.
    return *this;                                       // 이전 값을 암시적으로 소멸시킨다.
}
```

이 `vector` 대입은 강력히 보장하지만, 생성자와 소멸자의 코드가 상당수 반복돼 사용되고 있다. 다음과 같이 반복을 줄일 수 있다.

```
template<typename T, typename A>
vector<T,A>& vector<T,A>::operator=(const vector& a)   // 강력히 보장한다(13.2절).
    vector temp {a};           // 복사 할당자
    swap(*this,temp);          // 표현을 바꿔친다.
    return *this;
}
```

이전 원소는 `temp`의 소멸자에 의해서 소멸되며, 그것들을 보관하는 데 사용됐던 메모리는

temp에 있는 `vector_base`의 소멸자에 의해 할당 해제된다.

표준 라이브러리 `swap()`(35.5.2절)을 `vector_base`에 쓸 수 있는 이유는 `vector_base` 이동 연산이 `swap()`을 사용하게 정의했기 때문이다.

두 버전의 성능은 동등해야 한다. 기본적으로 이 둘은 동일한 연산 집합인데, 지정 방법에서 차이가 있을 뿐이다. 하지만 두 번째 구현은 좀 더 짧고 관련된 `vector` 함수에 코드를 중복 사용하지 않기 때문에 이런 방식으로 대입을 작성하는 편이 오류에 덜 취약하고 유지 보수에도 좀 더 편하다.

`v=v` 같이 자신에게 대입하는 경우에 대해서는 테스트를 진행하지 않았다. 이런 식의 = 구현은 우선 사본을 생성한 다음에 표현을 바꿔치는 방식으로 작동된다. 이렇게 하면 자기 대입을 올바르게 처리할 수 있다. 자기 대입 같이 드문 경우를 테스트하는 데서 얻어지는 나름대로의 이득이 있겠지만, 다른 `vector`가 할당되는 것 같이 흔한 경우에 비해 비용 측면에서 지나치게 높다는 것이 나의 판단이었다.

두 버전 모두 잠재적으로 중요한 두 가지 최적화를 놓치고 있다.

[1]   할당된 `vector`의 용량이 대입될 `vector`를 보관하기에 충분할 정도로 크다면 새로운 메모리를 할당할 필요가 없다.

[2]   원소 대입이 원소 소멸에 이어 원소 생성을 하는 것보다 좀 더 효율적이다.

이런 최적화를 구현하면 다음과 같다.

```
template<typename T, typename A>
vector<T,A>& vector<T,A>::operator=(const vector& a)   // 최적화됨,
                                                       // 기본적 보장(13.2절)만 지원한다.
{
    if (capacity() < a.size()) {    // 새로운 vector 표현을 할당한다.
        vector temp {a};            // 복사 할당자
        swap(*this,temp);           // 표현을 바꿔친다.
        return *this;               // 이전 값을 암시적으로 소멸시킨다.
    }

    if (this == &a) return *this;                       // 자기 대입을 최적화한다.

    size_type sz = size();
    size_type asz = a.size();
    vb.alloc = a.vb.alloc;                              // 할당자를 복사한다.
    if (asz<=sz) {
        copy(a.begin(),a.begin()+asz,vb.elem);
        for (T* p = vb.elem+asz; p!=vb.space; ++p)      // 남는 원소들을 소멸시킨다(16.2.6절).
            p->~T();
    }
    else {
        copy(a.begin(),a.begin()+sz,vb.elem);
        uninitialized_copy(a.begin()+sz,a.end(),vb.space); // 추가적인 원소들을 생성한다.
    }
    vb.space = vb.elem+asz;
    return *this;
}
```

이런 최적화는 거저 얻어지는 것은 아니다. 분명 코드는 훨씬 복잡해졌다. 게다가 여기서는 자기 대입을 테스트한다. 하지만 여기서는 최적화를 주로 보여주는 것이 주목적이기 때문에 그렇게 했다.

copy() 알고리즘(32.5.1절)은 강력한 예외 안전성 보장을 제공하지 않는다. 따라서 copy() 도중에 T::operator=()이 예외를 던진다면 좌변에서 할당 중인 vector는 우변에서 할당 중인 vector의 사본이 될 필요가 없으며, 변경되지 않은 상태로 되돌아갈 필요도 없다. 예를 들어 처음 5개 원소는 할당된 vector 원소의 사본일 수 있지만, 나머지는 변경되지 않을 수도 있는 것이다. T::operator=()가 예외를 던질 때 복사 중인 원소는 이전 값이나 할당 중인 vector에 있는 대응되는 원소의 사본 중 그 어느 쪽이 아닐 수도 있다. 하지만 T::operator=()가 예외를 던지기 전에 피연산자를 유효한 상태로 남겨둔다면 vector는 여전히 유효한 상태일 것이다. 그것이 우리가 원하는 상태가 아닐지라도 말이다.

표준 라이브러리 vector 대입은 바로 앞의 구현보다 (더 약한) 기본적인 예외 안전성 보장을 제공하지만, 성능에서는 잠재적인 이점을 제공할 가능성이 있다. 예외가 던져지더라도 vector가 변경되지 않은 상태로 내버려두는 대입이 필요하다면 강력한 보장을 제공하는 라이브러리 구현을 사용하든지 직접 대입 연산을 만들어야 한다. 예를 들면 다음과 같다.

```
template<typename T, typename A>
void safe_assign(vector<T,A>& a, const vector<T,A>& b)        // 간단한 a = b
{
    vector<T,A> temp{b};              // b의 원소를 임기 객체에 복사한다.
    swap(a,temp);
}
```

다른 방법으로 단순히 값에 의한 호출을 사용할 수도 있다(12.2절).

```
template<typename T, typename A>
void safe_assign(vector<T,A>& a, vector<T,A> b)     // 간단한 a = b
                                                    // (유의 사항: b는 값으로 전달된다)
{
    swap(a,b);
}
```

이 마지막 버전이 정말로 괜찮은 건지 아니면 실제(유지 보수 가능한) 코드 치고는 지나치게 까다로운 것인지는 잘 판단이 되지 않는다.

13.6.4 크기 변경

vector의 가장 유용한 측면 한 가지는 우리 입맛에 맞게 크기를 변경할 수 있다는 점이다. 크기 변경에 가장 널리 쓰이는 함수로는 v의 끝에 x를 추가하는 v.push_back(x)와 v의 원소 개수를 s개로 만들어주는 v.resize(s)가 있다.

13.6.4.1 reserve()

이런 함수들을 간단히 구현하는 데 있어서 핵심은 reserve()로, vector가 늘어날 수 있게끔 끝 부분에 자유 저장 공간을 추가해준다. 바꿔 말하면 **reserve()**는 **vector**의 **capacity()**를 증가시켜주는 것이다. 새로운 할당이 기존 것보다 크다면 **reserve()**는 새로운 메모리를 할당하고 원소를 그것으로 이동시켜야 한다. 최적화되지 않은 대입(13.6.3절)에 대해 이런 기법을 시험해볼 수 있다.

```
template<typename T, typename A>
void vector<T,A>::reserve(size_type newalloc)       // 결함 있는 첫 번째 시도
{
    if (newalloc<=capacity()) return;               // 할당을 줄이지 않는다.
    vector<T,A> v(newalloc);                         // 새로운 크기로 vector를 만든다.
    copy(vb.elem,vb.elem+size(),v.begin());         // 원소를 복사한다.
    vb.space = size();
    swap(*this,v);                                   // 새로운 값을 설치한다.
} // 이전 값을 암시적으로 해제한다.
```

하지만 모든 타입이 기본 값을 갖지는 않는 데다 추가적인 원소를 위한 자리까지 초기화하고 싶지는 않으므로, 이 구현에는 결함이 있다. 게다가 원소를 두 번 루프를 돌려서 처음에는 기본 생성을 진행하고, 두 번째는 복사하는 방식은 약간 이상하다. 그럼 최적화를 진행해보자.

```
template<typename T, typename A>
void vector<T,A>::reserve(size_type newalloc)
{
    if (newalloc<=capacity()) return;                            // 할당을 줄이지 않는다.
    vector_base<T,A> b {vb.alloc,size(),newalloc-size()};        // 새로운 공간을 얻는다.
    uninitialized_move(vb.elem,vb.elem+size(),b.elem);           // 원소를 이동시킨다.
    swap(vb,b);                                                   // 새로운 기본 값을 설치한다.
} // 이전 값을 암시적으로 해제한다.
```

문제는 표준 라이브러리가 **uninitialized_move()**를 제공하지 않는다는 것이다. 따라서 다음과 같이 작성해야 한다.

```
template<typename In, typename Out>
Out uninitialized_move(In b, In e, Out oo)
{
    using T = Value_type<Out>;   // 적절하게 정의된 타입 함수라고 가정한다(5.4.2.1절, 28.2.4절).
    for (; b!=e; ++b,++oo) {
        new(static_cast<void*>(&*oo)) T{move(*b)};      // 이동 생성
        b->~T();                                        // 소멸시킨다.
    }
    return oo;
}
```

일반적으로는 이동이 실패한 경우 원래의 상태를 복구할 수 있는 방법은 존재하지 않기 때문에 시도하지 않았다. 위의 **uninitialized_move()**는 기본적인 보장만을 제공한다. 하지만 간단하면서도 대부분의 경우 빠르다. 또한 표준 라이브러리 **reserve()** 역시 기본적 보장만을 제공한다.

reserve()가 원소를 이동시킨 경우에는 **vector**에 대한 모든 반복자는 무효화된다(31.3.3절). 이동 연산은 예외를 던지지 않는다는 점을 잊지 말자. 명백한 이동 구현이 예외를 던지는

드문 경우에는 그것을 피하기 위해 각별한 노력을 기울여야 한다. 이동 연산에서 던진 예외는 드문 데다 예측 불가능하며, 코드에 대한 정상적인 추론에 타격을 가한다. 조금이라도 가능한 방법이 있다면 그것을 피해야 한다. 표준 라이브러리 **move_if_noexcept()** 연산이 여기에 도움이 될 수 있다(35.5.1절).

컴파일러가 원소(*b)가 곧 소멸되리라는 점을 알 수 없기 때문에 **move()**의 명시적 사용이 필요하다.

13.6.4.2 resize()

vector의 **resize()**는 원소의 개수를 변경한다. **reserve()**가 있다면 **resize()**의 구현은 상당히 간단하다. 원소의 개수가 증가한다면 새로운 원소들을 생성해야 한다. 역으로 원소의 개수가 감소한다면 남는 원소들을 소멸시켜야 한다.

```
template<typename T, typename A>
void vector<T,A>::resize(size_type newsize, const T& val)
{
    reserve(newsize);
    if (size()<newsize)
        uninitialized_fill(vb.elem+size(),vb.elem+newsize,val); // 새로운 원소들을 생성한다.
    else
        destroy(vb.elem+newsize,vb.elem+size());                // 남는 원소들을 소멸시킨다.
    vb.space = vb.elem+newsize;
}
```

표준 **destroy()**는 없지만, 쉽게 만들 수 있다.

```
template<typename In>
void destroy(In b, In e)
{
    for (; b!=e; ++b)           // [b:e]를 소멸시킨다.
        b->~Value_type<In>();   // 적절하게 정의된 타입 함수라고 가정한다(5.4.2.1절, 28.2.4절).
}
```

13.6.4.3 push_back()

예외 안전성의 관점에서 보면 **push_back()**은 새로운 원소 추가에 실패할 경우 **vector**가 변경되지 않게 주의를 기울여야 한다는 측면에서 대입과 유사하다.

```
template< class T, typename A>
void vector<T,A>::push_back(const T& val)
{
    if (capacity()==size())                         // 자유 저장 공간이 더 이상 없다. 재배치한다.
        reserve(size()?2*size():8);                 // 늘리든지 8로 시작한다.
    vb.alloc.construct(&vb.elem[size()],val);       // val을 끝 부분에 추가한다.
    ++vb.space;                                     // 증가 크기
}
```

당연히 *space 초기화에 사용된 복사 생성자는 예외를 던질 수 있다. 그런 경우가 발생하면 vector의 값은 변경되지 않은 채로 유지되며, **space** 역시 증가되지 않은 채로 남게 된다.

하지만 reserve()는 기존 원소를 이미 재할당했을 수도 있다. 또한 예외를 던진 원소 이동 연산으로 인해 reserve()가 사용할 push_back()에 정확한 원소를 제공하지 못할 수 있다. 예외를 던지는 소멸자(13.2절, 17.2.2절)를 피하듯이 예외를 던지는 이동 연산자를 피하기 바란다. 그것들은 유해하기 때문에 정확하고, 깔끔하며, 효율적인 코드가 될 수 없다.

　　push_back()의 정의에는 두 개의 '매직 넘버'(2와 8)가 포함돼 있다. 아주 강력한 구현이라면 그렇게 하지 않겠지만, 그래도 초기 할당의 크기(여기서는 8)와 확장의 비율(여기서는 2로, vector가 오버플로가 일어날 가능성이 있을 때 크기를 2배로 늘린다는 것을 나타낸다)을 결정하는 값은 어쨌든 필요하다. 게다가 이 값들이 타당하지 않거나 특이한 값도 아니다. vector에 대해 일단 push_back()을 한 번이라도 쓰게 되면 거의 확실히 여러 번 쓰게 된다고 가정한다. 2배라는 비율은 평균적인 메모리 사용을 최소화하기 위한 수학적으로 최적의 비율(1.618)보다 크다. 최적의 비율을 쓰면 메모리가 적은 경우 시스템의 런타임 성능을 향상시키는 데 도움이 된다.

13.6.4.4 맺음말

vector 구현에 try 블록이 등장하지 않는다는 점에 주목하기 바란다(uninitialized_copy() 안에 하나 숨겨진 것을 제외하고). 예외가 던져지더라도 vector가 변경되지 않거나 또는 최소한 유효한 상태를 유지하게 하기 위해 신중하게 연산의 순서를 정해서 상태 변경이 처리됐다.

　　순서 설정과 RAII 기법(13.3절)을 통해 예외 안전성을 획득하는 접근법은 try 블록을 이용해서 명시적으로 오류를 처리하는 방식에 비해 좀 더 깔끔하고 좀 더 효율적인 편이다. 예외 안전성과 관련된 추가적인 문제들은 특정한 예외 처리 코드가 부족해서라기보다는 프로그래머가 잘못된 방식으로 코드의 순서를 정하는 데서 발생한다. 순서 설정의 기본 규칙은 대체하는 정보가 생성돼서 예외의 가능성이 없는 상태에서 할당되기 전까지는 해당 정보를 소멸시키지 않는 것이다.

　　예외는 예측하지 못한 제어 흐름의 형태로 뜻밖의 사건이 일어날 가능성을 제기한다. 간단한 지역적 제어 흐름을 갖는 한 조각의 코드, 예를 들면 reserve(), safe_assign(), push_back() 등의 예제에서는, 뜻밖의 사건이 일어날 기회는 한정적이다. 그런 코드는 살펴보고서 "이 코드 행이 예외를 던질 수 있을까? 그렇다면 무슨 일이 벌어질까?"라는 질문을 던지기가 비교적 쉽다. 복잡한 조건문과 중첩된 루프 같은 복잡한 제어 구조를 갖는 대규모 함수에서는 그렇게 하기가 어렵다. try 블록을 추가하면 이러한 지역적 제어 구조가 복잡해지고 혼동과 오류가 생겨날 수 있다(13.3절). 나는 try 블록의 광범위한 활용에 비해 순서 설정 접근법과 RAII 접근법이 효율적인 이유는 바로 이러한 지역적 제어 흐름의 단순화에서 기인한다고 추측한다. 간단하며 양식화된 코드는 이해하기에 쉽고, 제대로 만들기도 쉬우며, 좋은 코드를 생성하기에도 용이하다.

　　이러한 vector 구현은 예외로 인한 문제점들과 그러한 문제점들을 해결하는 기법을 보여주는 예제로서 소개된다. 표준은 여기에서 소개된 것과 정확히 똑같은 구현을 요구하지 않는다. 하지만 예외 안전성에 있어서만큼은 실제로 표준 역시 예제와 동일한 것을 요구한다.

13.7 조언

[1] 설계 초기에 오류 처리 전략을 개발한다(13.1절).

[2] 주어진 작업을 수행할 수 없다는 점을 나타내려면 예외를 던진다(13.1.1절).

[3] 오류 처리에 예외를 이용한다(13.1.4.2절).

[4] 예외로는 목적을 가지고 설계한 사용자 정의 타입(기본 제공 타입이 아니라)을 사용한다
     (13.1.1절).

[5] 어떤 이유에서 예외를 사용할 수 없다면 그것을 흉내 낸다(13.1.5절).

[6] 계층적인 오류 처리를 사용한다(13.1.6절).

[7] 오류 처리의 개별적인 부분들은 간단하게 만든다(13.1.6절).

[8] 모든 함수에서 모든 예외를 잡으려고 시도하지 않는다(13.1.6절).

[9] 기본적인 보장은 항상 제공한다(13.2절, 13.6절).

[10] 그러지 않을 이유가 없다면 강력한 보장을 제공한다(13.2, 13.6절).

[11] 생성자가 불변속성을 구축하게 하고, 그렇게 할 수 없으면 예외를 던진다(13.2절).

[12] 지역적으로 소유한 자원은 예외를 던지기 전에 해제한다(13.2절).

[13] 생성자 내에서 획득한 모든 자원은 해당 생성자에서 예외를 던지기 전에 반드시 해제한
     다(13.3절).

[14] 좀 더 지역적인 제어로 충분한 경우에는 예외를 사용하지 않는다(13.1.4절).

[15] '자원 획득은 초기화' 기법을 이용해서 자원을 관리한다(13.3절).

[16] **try** 블록의 사용은 최소화한다(13.3절).

[17] 모든 프로그램이 예외 안전적일 필요는 없다(13.1절).

[18] '자원 획득은 초기화'와 예외 핸들러를 이용해서 불변속성을 관리한다(13.5.2.2절).

[19] 덜 구조화된 **finally**보다는 적합한 자원 핸들을 우선 사용한다(13.3.1절).

[20] 불변속성을 기반으로 오류 처리 전략을 설계한다(13.4절).

[21] 컴파일 타임에 체크될 수 있는 것이라면 대개는 컴파일 타임에 체크하는 것이 최선이다
     (static_assert를 이용해서)(13.4절).

[22] 다양한 수준의 체크/강제를 수용할 수 있게 오류 처리 전략을 설계한다(13.4절).

[23] 함수가 예외를 던질 수 없다면 **noexcept**로 선언한다(13.5.1.1절).

[24] 예외 지정은 사용하지 않는다(13.5.1.3절).

[25] 계층 구조의 일부분이 될 수 있는 예외는 참조자로 잡는다(13.5.2절).

[26] 모든 예외가 **exception** 클래스에서 파생된다고 가정하지 않는다(13.5.2.2절).

[27] **main()**이 모든 예외를 붙잡고 보고하게 만든다(13.5.2.2절, 13.5.2.4절).

[28] 대체할 것이 준비되기 전에 정보를 소멸시키지 않는다(13.6절).

[29] 대입문에서 예외를 던지기 전에 피연산자는 유효한 상태여야 한다(13.2절).

[30] 소멸자에서는 예외를 절대로 던지지 않는다(13.2절).

[31] 통상적인 코드와 오류 처리 코드는 분리한다(13.1.1절, 13.1.4.2절).

[32] new에 의해 할당된 다음 예외가 일어난 경우에 해제되지 않는 메모리로 인해서 발생하는 메모리 누출에 주의한다(13.3절).

[33] 함수에 의해 던져질 수 있는 모든 예외는 던져질 것이라고 가정한다(13.2절).

[34] 라이브러리는 일방적으로 프로그램을 종료하지 말아야 한다. 대신 예외를 던지고 호출자가 결정하게 한다(13.4절).

[35] 라이브러리는 최종 사용자를 대상으로 한 진단적 출력을 내보내지 말아야 한다. 대신 예외를 던지고 호출자가 결정하게 한다(13.1.3절).

14

네임스페이스

올해가 787년이로구나! 근데 A.D.인가?

– 몬티 파이썬(Monty Python)

- 합성 문제
- 네임스페이스 명시적 한정, **using** 선언, **using** 지시자, 인자 의존적 탐색, 네임스페이스는 열려 있다.
- 모듈화와 인터페이스 모듈로서의 네임스페이스, 구현, 인터페이스와 구현
- 네임스페이스를 이용한 합성 편의성과 안전성, 네임스페이스 별칭, 네임스페이스 합성, 합성 과 선택, 네임스페이스와 오버로딩, 버전 관리, 중첩된 네임스페이스, 이름 없는 네임스페이 스, C 헤더
- 조언

14.1 합성 문제

실제적인 프로그램들은 예외 없이 다수의 개별적인 부분으로 구성된다. 함수(2.2.1절, 12장)와 클래스(3.2절, 16장)는 비교적 관심 사항을 정교하게 분리해서 제공하는 반면 '라이브러리', 소 스 파일, 해석 단위(2.4절, 15장)는 거친 편이다. 논리적인 궁극의 목표는 **모듈성**moularity으로, 이 는 개별적인 것들은 개별적으로 분리해 놓고, 오직 잘 정의된 인터페이스를 통해서만 어떤 '모듈'에 대한 접근을 허용하는 것을 말한다. C++는 단일한 언어 기능으로 모듈 개념을 지원 하지 않는다. 즉 모듈 구조가 존재하지 않는다. 대신, 모듈성은 함수, 클래스, 네임스페이스, 소스코드 구성 등의 다양한 언어 기능의 조합을 통해 표현된다.

14장과 15장에서는 프로그램의 구조의 큰 틀과 소스 파일을 통한 물리적 표현에 대해 다 룬다. 즉, 이 두 개의 장은 개별적인 타입, 알고리즘, 데이터 구조의 깔끔한 표현보다는 큰 틀에서의 프로그래밍에 좀 더 중점을 둔다.

사람들이 모듈성을 고려한 설계에 실패할 때 나타나는 몇 가지 문제들을 살펴보자. 예를 들어 그래픽 라이브러리는 다양한 종류의 그래픽 **Shape**와 그것들의 활용을 지원할 함수들을

제공할 수 있다.

```
// Graph_lib:

class Shape { /* ... */ };
class Line : public Shape { /* ... */ };
class Poly_line : public Shape { /* ... */ };         // 연결된 행의 시퀀스
class Text : public Shape { /* ... */ };              // 텍스트 레이블

Shape operator+(const Shape&, const Shape&);          // 합성한다.

Graph_reader open(const char*);                       // Shape 파일을 연다.
```

이제 누군가가 텍스트 조작 기능을 제공하는 다른 라이브러리를 가지고 나타난다.

```
// Text_lib:

class Glyph { /* ... */ };     // Glyph의 시퀀스
class Word { /* ... */ };      // Word의 시퀀스
class Line { /* ... */ };      // Line의 시퀀스
class Text { /* ... */ };

File* open(const char*);                      // 텍스트 파일을 연다.

Word operator+(const Line&, const Line&);     // 연결한다.
```

당장은 그래픽과 텍스트 조작에 대한 구체적인 설계 문제는 잠시 접어두고 **Graph_lib**와 **Text_lib**를 한 프로그램에서 함께 쓰는 문제만 살펴보자.

Graph_lib의 기능이 **Graph_lib.h** 헤더 파일(2.4.1절)에 정의돼 있고, **Text_lib**는 또 다른 헤더인 **Text_lib.h**에 정의되고 있다고 가정해보자(실제로 그럴 가능성이 높다). 이제 '무심코' 두 개를 모두 #include하고 두 라이브러리의 기능을 사용하려고 시도할 수 있다.

```
#include "Graph_lib.h"
#include "Text_lib.h"
// ...
```

이런 헤더들을 #include하는 것만으로 오류 메시지가 쏟아진다. **Line**, **Text**, **open()**은 두 번씩 정의돼 있어 컴파일러가 명확히 구분할 수 없다. 이 라이브러리를 이용하려고 시도하다 보면 더 많은 오류 메시지가 등장한다.

이러한 **이름 충돌**[name clash]을 다루는 데는 많은 기법이 있다. 예를 들어 이런 문제들 중 일부는 한 라이브러리의 모든 기능을 몇 개의 클래스에 집어넣고, 흔해 보이지 않는 이름들(예를 들면 Text보다는 Text_box)을 쓰거나, 체계적으로 라이브러리를 본 딴 접두사를 붙임으로써(예를 들면 gl_shape, gl_line) 해결될 수 있다. 이런 각각의 기법들('차선책'이라고도 알려진)은 어떤 경우에는 통하지만, 범용적이지 않으며 사용하기에 불편할 수도 있다. 예를 들어 이름은 길어지는 경향을 보이며, 수많은 다양한 이름을 사용하는 것은 일반화 프로그래밍(3.4절)에 방해가 될 수 있다.

14.2 네임스페이스

네임스페이스[namespace]의 개념은 바로 함께 묶을 수 있는 기능 집합의 개념을 직접적으로 표현

하기 위해 제공된다. 라이브러리의 코드 등이 그런 예다. 한 네임스페이스 멤버들은 같은 유효 범위를 가지며, 특별한 표기 없이도 서로 참조할 수 있다. 반면 네임스페이스 바깥에서의 접근에는 명시적 표기가 요구된다. 특히 선언 집합(예를 들면 라이브러리 인터페이스)을 네임스페이스로 분리함으로써 이름 충돌을 피할 수 있다. 예를 들어 그래픽 라이브러리 `Graph_lib`를 다음과 같이 호출할 수 있다.

```
namespace Graph_lib {
    class Shape { /* ... */ };
    class Line : public Shape { /* ... */ };
    class Poly_line : public Shape { /* ... */ };         // 연결된 행의 시퀀스
    class Text : public Shape { /* ... */ };              // 텍스트 레이블

    Shape operator+(const Shape&, const Shape&);          // 합성한다.

    Graph_reader open(const char*);                       // Shape 파일을 연다.
}
```

마찬가지로 텍스트 라이브러리에 딱 들어맞는 이름은 `Text_lib`다.

```
namespace Text_lib {
    class Glyph { /* ... */ };         // Glyph의 시퀀스
    class Word { /* ... */ };          // Word의 시퀀스
    class Line { /* ... */ };          // Line의 시퀀스
    class Text { /* ... */ };

    File* open(const char*);                            // 텍스트 파일을 연다.
    Word operator+(const Line&, const Line&);           // 연결한다.
}
```

`Graph_lib`나 `Text_lib`(14.4.2절)처럼 명확히 구분되는 네임스페이스 이름을 선택하기만 한다면 이제 두 개 선언의 집합을 함께 이름 충돌 없이 컴파일할 수 있다.

네임스페이스는 논리적 구조를 일부 표현해야 한다. 네임스페이스 내의 선언은 사용자가 보기에 통일된 기능을 함께 제공해야 하며, 동시에 설계 의사결정의 공통된 집합을 반영해야 한다. 네임스페이스는 '그래픽 라이브러리' 또는 '텍스트 조작 라이브러리' 등과 같이 논리적 단위로 보여야 한다. 이는 클래스의 멤버를 생각할 때와 비슷한 방식이다. 실제로 네임스페이스 내에서 선언된 개체는 네임스페이스의 멤버로 불려진다.

네임스페이스는 (이름을 가진) 유효 범위다. 네임스페이스 내에서 먼저 정의된 멤버를 이후의 선언에서 접근할 수 있지만, 네임스페이스 바깥에서 멤버들을 (특별한 노력 없이) 접근할 수는 없다. 다음 예를 살펴보자.

```
class Glyph { /* ... */ };
class Line { /* ... */ };
namespace Text_lib {
    class Glyph { /* ... */ };         // Glyph의 시퀀스
    class Word { /* ... */ };          // Word의 시퀀스
    class Line { /* ... */ };          // Line의 시퀀스
    class Text { /* ... */ };

    File* open(const char*);           // 텍스트 파일을 연다.
```

```
    Word operator+(const Line&, const Line&);      // 연결한다.
}
Glyph glyph(Line& ln, int i);   // ln[i]
```

여기서 `Text_lib::operator+()`의 선언에 있는 `Word`와 `Line`은 `Text_lib::Word`와 `Text_lib::Line`을 의미한다. 이러한 지역적 이름 탐색은 전역 `Line`에 영향을 받지 않는다. 역으로 전역 `glyph()` 선언에 있는 `Glyph`와 `Line`은 전역 `::Glyph`와 `::Line`을 의미한다. 이러한 (비지역적) 탐색은 `Text_lib`의 `Glyph`와 `Line`에 의해 영향 받지 않는다.

네임스페이스의 멤버를 참조하려면 완전히 한정된 이름을 사용해야 한다. 예를 들어 `Text_lib()`의 정의를 사용하는 `glyph()`를 원한다면 다음과 같이 쓸 수 있다.

```
Text_lib::Glyph glyph(Text_lib::Line& ln, int i); // ln[i]
```

네임스페이스 바깥에서 멤버를 참조하는 다른 방법으로는 using 선언(14.2.2절), using 지시자(14.2.3절) 및 인자 의존적 탐색(14.2.4절)이 있다.

14.2.1 명시적 한정

멤버는 네임스페이스 정의 안에서 선언되고 나서 나중에 namespacename::member-name 표기를 통해 정의될 수 있다.

네임스페이스의 멤버는 다음 표기를 통해 만들어져야 한다.

```
namespace namespace-name {
    // 선언과 정의
}
```

예를 들면 다음과 같다.

```
namespace Parser {
    double expr(bool);              // 선언
    double term(bool);
    double prim(bool);
}
double val = Parser::expr(true);    // 사용
double Parser::expr(bool b)         // 정의
{
    // ...
}
```

네임스페이스의 새로운 멤버는 네임스페이스 정의 바깥에서 한정 문법(iso.7.3.1.2절)을 통해 선언할 수 없다. 이렇게 한 이유는 오타나 타입 불일치 같은 오류를 잡고, 아울러 전체 이름을 네임스페이스 선언 내에서 비교적 쉽게 찾을 수 있게 하기 위해서다. 다음 예를 살펴보자.

```
void Parser::logical(bool);     // 오류: Parser에는 logical()이 없다.
double Parser::trem(bool);      // 오류: Parser에는 trem()이 없다(오타).
double Parser::prim(int);       // 오류: Parser::prim()은 bool 인자를 취한다(잘못된 타입).
```

네임스페이스는 유효 범위의 일종이다. 통상적인 유효 범위 규칙은 네임스페이스에도 적

용된다. 따라서 '네임스페이스'는 상당히 기본적이고 비교적 간단한 개념인 셈이다. 프로그램이 커질수록 네임스페이스는 포함된 부분의 논리적 분리를 표현하는 데 한층 더 유용해진다. 전역 유효 범위는 하나의 네임스페이스이며 ::을 통해 명시적으로 참조할 수 있다. 다음 예를 살펴보자.

```
int f();          // 전역 함수
int g()
{
    int f;        // 지역 변수: 전역 함수를 가린다.
    f();          // 오류: int를 호출할 수 없다.
    ::f();        // OK: 전역 함수를 호출한다.
}
```

클래스 역시 네임스페이스다(16.2절).

14.2.2 using 선언

어떤 이름이 네임스페이스 바깥에서 자주 사용된다면 네임스페이스 이름으로 반복적으로 한정하는 것이 귀찮아질 수 있다. 다음 예를 살펴보자.

```
#include<string>
#include<vector>
#include<sstream>
std::vector<std::string> split(const std::string& s)
    // s를 공백으로 분리되는 부분 문자열로 나눈다.
{
    std::vector<std::string> res;
    std::istringstream iss(s);
    for (std::string buf; iss>>buf; )
        res.push_back(buf);
    return res;
}
```

반복되는 한정 std는 장황하면서 산만해 보인다. 특히 이렇게 작은 예제에서 std::string을 네 번이나 반복했다. 이런 문제를 줄여주기 위해 **using** 선언을 써서 이 코드에서 **string**은 std::string을 뜻한다고 말할 수 있다.

```
using std::string;          // "string"은 "std::string"의 의미로 사용된다.
std::vector<string> split(const string& s)
    // s를 공백으로 분리되는 부분 문자열로 나눈다.
{
    std::vector<string> res;
    std::istringstream iss(s);
    for (string buf; iss>>buf; )
        res.push_back(buf);
    return res;
}
```

using 선언은 동의어 개념을 유효 범위 내에 도입한다. 혼동을 피하기 위해 지역적 동의어는 가급적 지역적으로 유지하는 것이 일반적으로 좋은 생각이다.

오버로딩 이름에 쓰일 때는 using 선언이 모든 오버로딩 버전에 적용된다. 예를 들면 다음과 같다.

```
namespace N {
    void f(int);
    void f(string);
};
void g()
{
    using N::f;
    f(789);          // N::f(int)
    f("Bruce");      // N::f(string)
}
```

클래스 계층 구조 내에서 using 선언을 사용하는 데 대해서는 20.3.5절을 참고하기 바란다.

14.2.3 using 지시자

split 예제(14.2.2절)에서는 std::string의 동의어 개념을 도입한 후에도 여전히 std::이 세 번 사용되는 경우가 남아 있다. 종종 우리는 한정 없이 네임스페이스의 모든 이름을 사용하고 싶을 수 있다. 네임스페이스의 각 이름에 using 선언을 제공하면 그런 목적을 달성할 수 있지만, 그런 방법은 거추장스러우면서 매번 새로운 이름이 네임스페이스에 추가되거나 네임스페이스에서 삭제될 때마다 추가적인 작업이 필요하다. 다른 방법으로 using 지시자를 이용해서 네임스페이스의 모든 이름을 한정 없이 현재의 유효 범위에서 접근할 수 있게 요청할 수 있다. 다음 예를 살펴보자.

```
using namespace std;  // std의 모든 이름을 접근 가능하게 만든다.
vector<string> split(const string& s)
    // s를 공백으로 분리되는 부분 문자열로 나눈다.
{
    vector<string> res;
    istringstream iss(s);
    for (string buf; iss>>buf; )
        res.push_back(buf);
    return res;
}
```

using 지시자는 네임스페이스 이름들이 마치 그들의 네임스페이스 바깥에서 선언된 것처럼 네임스페이스 이름들을 이용할 수 있게 만들어준다(14.4절도 참고하기 바란다). 빈번히 사용되고 잘 알려진 라이브러리의 이름들을 using 지시자를 써서 한정 없이 이용하는 방식은 코드를 간단화하기 위해 널리 쓰이는 기법이다. 이는 이 책 전반에 걸쳐 표준 라이브러리 기능을 접근하는 데 사용된 기법이기도 하다. 표준 라이브러리 기능은 네임스페이스 std에 정의돼 있다.

함수 내에서 using 지시자는 표기적 편의성 차원에서 안전하게 사용될 수 있지만, 전역 using 지시자의 사용에는 주의를 기울여야 한다. 그것의 지나친 사용은 네임스페이스를 통해 피하고자 했던 바로 그 이름 충돌 문제를 일으킬 수 있기 때문이다. 다음 예를 살펴보자.

```
namespace Graph_lib {
    class Shape { /* ... */ };
    class Line : public Shape { /* ... */ };
    class Poly_line : public Shape { /* ... */ };   // 연결된 행의 시퀀스
    class Text : public Shape { /* ... */ };         // 텍스트 레이블

    Shape operator+(const Shape&, const Shape&);   // 합성한다.

    Graph_reader open(const char*);  // Shape의 파일을 연다.
}
namespace Text_lib {
    class Glyph { /* ... */ };    // Glyph의 시퀀스
    class Word { /* ... */ };     // Word의 시퀀스
    class Line { /* ... */ };     // Line의 시퀀스
    class Text { /* ... */ };

    File* open(const char*);     // 텍스트 파일을 연다.

    Word operator+(const Line&, const Line&);       // 연결한다.
}
using namespace Graph_lib;
using namespace Text_lib;

Glyph gl;                    // Text_lib::Glyph
vector<Shape*> vs;           // Graph_lib::Shape
```

지금까지는 괜찮다. 특히 Glyph나 Shape 같이 충돌하지 않는 이름을 쓸 수 있다. 하지만 충돌하는 이름 중 하나를 쓰자마자 네임스페이스를 쓰지 않았을 때와 정확히 똑같은 이름 충돌이 일어난다. 예를 들면 다음과 같다.

```
Text txt;                                   // 오류: 모호하다.
File* fp = open("my_precious_data");        // 오류: 모호하다.
```

따라서 전역 유효 범위의 using 지시자는 조심해야 한다. 특히 아주 특별한 상황(전환을 돕는 등의)을 제외하고는 한 헤더 파일 안에 전역 유효 범위의 using 지시자를 넣지 말기 바란다. 헤더는 어디에 #include될지 전혀 알 수 없기 때문이다.

14.2.4 인자 의존적 탐색

사용자 정의 타입 X의 인자를 받아들이는 함수는 종종 X와 동일한 네임스페이스 안에서 정의된다. 따라서 어떤 함수가 이용되는 상황 속에서 발견되지 않는다면 함수의 인자가 정의된 네임스페이스를 찾아볼 수 있다. 다음 예를 살펴보자.

```
namespace Chrono {
    class Date { /* ... */ };
    bool operator==(const Date&, const std::string&);

    std::string format(const Date&);       // 문자열 표현을 만든다.
    // ...
}
void f(Chrono::Date d, int i)
```

```
{
    std::string s = format(d);      // Chrono::format()
    std::string t = format(i);      // 오류: 유효 범위 내에 format()이 없음
}
```

이러한 탐색 규칙(인자 의존적 탐색 argument-dependent lookup 또는 간단히 ADL)은 명시적 한정을 쓰는 방식에 비해 프로그래머의 타이핑 노력을 상당히 덜어준다. 그럼에도 **using** 지시자(14.2.3절)만큼 네임스페이스를 어지럽히지 않는다. 이 규칙은 특히 연산자의 피연산자(18.2.5절), 템플릿 인자(26.3.5절)처럼 명시적 한정이 상당히 번거로울 수 있는 경우에 유용하다.

네임스페이스 자체는 유효 범위 내에 있어야 하며, 함수는 발견돼 사용되기 전에 선언돼야 한다는 점에 유의한다.

당연히 함수는 하나 이상의 네임스페이스로부터 인자를 받아들일 수 있다. 다음 예를 살펴보자.

```
void f(Chrono::Date d, std::string s)
{
    if (d == s) {
        // ...
    }
    else if (d == "August 4, 1914") {
        // ...
    }
}
```

이런 경우 호출의 유효 범위와 모든 인자(각 인자의 클래스와 기반 클래스를 포함해서)의 네임스페이스에서 함수를 찾고, 발견된 모든 함수의 통상적인 오버로딩 해결(12.3절)을 수행한다. 특히 호출 d==s에 대해서는 **f()**를 둘러싼 유효 범위, **std** 네임스페이스(==가 string에 대해 정의된), **Chrono** 네임스페이스 안에서 **operator==**를 찾는다. **std::operator==()**가 있긴 하지만 이것은 **Date** 인자를 받아들이지 않기 때문에 **Date** 인자를 받아들이는 **Chrono::operator==()**를 사용한다. 18.2.5절도 참고하기 바란다.

클래스 멤버가 이름을 가진 함수를 호출할 때는 같은 클래스와 그것의 기반 클래스의 다른 멤버들이 인자 타입 기준으로 발견되는 함수보다 우선적으로 선택된다(연산자는 다른 규칙을 따른다. 18.2.1절, 18.2.5절). 예를 들면 다음과 같다.

```
namespace N {
    struct S { int i; };
    void f(S);
    void g(S);
    void h(int);
}
struct Base {
    void f(N::S);
};
struct D : Base {
    void mf(N::S);

    void g(N::S x)
    {
```

```
        f(x);       // Base::f()를 호출한다.
        mf(x);      // D::mf()를 호출한다.
        h(1);       // 오류: 이용 가능한 h(int)가 없다.
    }
};
```

표준에서는 인자 의존적 탐색에 대한 규칙이 **연관 네임스페이스**^{associated namespace}(iso.3.4.2절)라는 용어로 표현된다. 기본적인 규칙은 다음과 같다.

- 인자가 클래스 멤버라면 연관 네임스페이스는 클래스 자체(기반 클래스 포함)와 클래스를 둘러싸는 네임스페이스다.
- 인자가 네임스페이스의 멤버라면 연관 네임스페이스는 둘러싼 네임스페이스다.
- 인자가 기본 제공 타입이라면 연관 네임스페이스는 존재하지 않는다.

인자 의존적 탐색은 길고 지루한 타이핑을 상당히 덜어줄 수 있지만, 경우에 따라 예기치 않은 결과를 가져올 수도 있다. 예를 들어 함수 `f()`의 선언 탐색은 `f()`가 호출된 `namespace` 내에서 함수를 우선해서 찾지 않는다(`f()`가 호출된 `class` 내에서 함수를 찾을 때는 그렇게 한다).

```
namespace N {
    template<typename T>
        void f(T, int);     // N::f()
    class X { };
}
namespace N2 {
    N::X x;

    void f(N::X, unsigned);

    void g()
    {
        f(x,1);                 // N::f(X,int)를 호출한다.
    }
}
```

`N2::f()`를 선택할 것이 당연하게 보일 듯해도 실제로는 그렇게 되지 않는다. 오버로딩 함수가 적용돼 가장 일치하는 것이 발견된다. `f(x,1)`에 가장 일치하는 결과는 `N::f()`다. 1은 `unsigned`라기보다는 `int`이기 때문이다. 역으로 예제에서는 호출자의 네임스페이스에 있는 함수가 선택된 것으로 보이지만, 프로그래머는 사용되는 알려진 네임스페이스에서 더 나은 함수(예를 들면 `std`의 표준 라이브러리 함수)를 기대할 수 있다. 이는 상당히 혼란스러울 수 있다. 26.3.6절도 참고하기 바란다.

14.2.5 열려 있는 네임스페이스

네임스페이스는 열려 있다. 즉, 여러 개의 개별적인 네임스페이스 선언으로 이름을 추가할 수 있다는 뜻이다. 다음 예를 살펴보자.

```
namespace A {
```

```
    int f();        // 이제 A는 멤버 f()를 가진다.
}
namespace A {
    int g();        // 이제 A는 두 개의 멤버, f()와 g()를 가진다.
}
```

이런 식으로 네임스페이스의 멤버는 하나의 파일에 인접해서 놓이지 않아도 된다. 이는 네임스페이스를 사용하도록 오래된 프로그램을 변환하고자 할 때 중요할 수 있다. 네임스페이스를 사용하지 않고 작성된 헤더 파일을 하나 예로 들어보자.

```
// 나의 헤더:
    void mf();          // 나의 함수
    void yf();          // 너의 함수
    int mg();           // 나의 함수
    // ...
```

여기서는 모듈성을 신경 쓰지 않고 필요한 선언을 (현명하게도) 그냥 추가했다. 이 코드는 선언의 순서를 바꾸지 않고 다시 작성될 수 있다.

```
// 나의 헤더:
    namespace Mine {
        void mf();          // 나의 함수
    // ...
    }
    void yf();                  // 너의 함수(하지만 아직 네임스페이스에 넣지는 않은)

    namespace Mine {
        int mg();           // 나의 함수
        // ...
    }
```

새로운 코드를 작성할 때 나는 코드에서 정말 중요한 부분들을 하나의 네임스페이스에 몰아넣기보다는 여러 개의 작은 네임스페이스(14.4절 참고)를 사용하는 편을 선호한다. 하지만 네임스페이스를 사용하게 소프트웨어의 주요 부분들을 변환하는 작업은 많은 경우 실용적이지 않다.

네임스페이스의 멤버들을 여러 개의 분리된 네임스페이스 선언에서 정의하는 또 다른 이유는 때때로 인터페이스로 사용되는 네임스페이스 부분과 손쉬운 구현을 지원하기 위해 사용되는 네임스페이스 부분을 구분하고 싶기 때문이다. 14.3절에서 그런 예제가 제공된다.

네임스페이스 별칭(14.4.2절)은 네임스페이스를 재오픈하는 데 사용될 수 없다.

14.3 모듈화와 인터페이스

실제적인 프로그램은 모두 다수의 개별적인 부분으로 구성된다. 예를 들어 간단한 "Hello, world!" 프로그램조차 최소 두 개의 부분, 즉 Hello, world!의 출력을 요청하는 사용자 코드와 출력을 처리하는 입출력 시스템이 필요하다.

10.2절의 탁상용 계산기 예제를 살펴보자. 이 예제는 5개 부분으로 구성된 것으로 볼 수 있다.

[1]   구문 분석기, 문법 분석을 처리한다. `expr()`, `term()`, `prim()`

[2]   어휘 분석기, 문자로부터 토큰을 구성한다. `Kind`, `Token`, `Token_stream`, `ts`

[3]   기호 테이블, (문자열, 값) 쌍을 보관한다. `table`

[4]   드라이버. `main()`과 `calculate()`

[5]   오류 핸들러. `error()`와 `number_of_errors`

이를 그림으로 표시하면 다음과 같다.

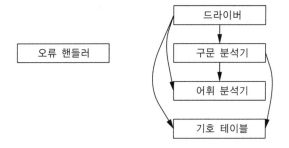

화살표는 "이용한다"는 뜻이다. 그림을 단순화하기 위해 모든 부분이 오류 처리에 의존한다는 사실은 표시하지 않았다. 실제로 계산기는 세 부분으로 만들어져 있지만, 완벽을 기하기 위해 드라이버와 오류 핸들러가 추가됐다.

한 모듈이 다른 모듈을 사용할 때 사용되는 모듈에 대해 모든 것을 알 필요는 없다. 이상적으로는 모듈의 세부 사항 대부분은 그것의 사용자에게 알려지지 않아야 한다. 결과적으로 우리는 모듈과 그것의 인터페이스를 구분하게 된다. 예를 들어 구문 분석기는 전체 어휘 분석기보다는 어휘 분석기의 인터페이스에(만) 직접적으로 의존한다. 어휘 분석기는 그것의 인터페이스에 공표돼 있는 서비스를 제공하기만 하면 그만이다. 이를 그림으로 표시하면 다음과 같다.

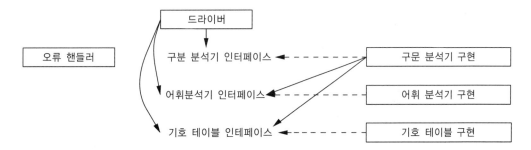

점선은 "구현한다"는 뜻이다. 나는 이것이 프로그램의 실제 구조라고 간주하며, 프로그래머로서 우리의 역할은 이런 구조를 코드에 충실히 표현하는 것이라고 생각한다. 그렇게 된다면 코드는 간단하고, 효율적이며, 이해하기 쉽고, 유지 보수 등에 용이하게 될 것이다. 이 구조는 우리의 기본 설계를 직접적으로 반영하기 때문이다.

다음 소절에서는 탁상용 계산기 프로그램의 논리적 구조를 명확하게 만드는 방법을 보여주고, 15.3절에서는 이를 활용해서 프로그램의 소스 텍스트를 물리적으로 구성하는 방법을 보여준다. 계산기는 작은 프로그램이므로, '실제 현업'에서는 여기서 시도한 정도까지 네임스페이스와 분할 컴파일(2.4.1절, 15.1절)을 이용하려고 애쓰지는 않을 것이다. 계산기의 구조를 명확하게 만드는 것은 좀 더 큰 프로그램에서 유용한 기법을 코드에 매몰되지 않고 보여주기 위한 예일 뿐이다. 실제 프로그램에서는 별개의 네임스페이스로 표시되는 각각의 '모듈'이 종종 수백 개의 함수, 클래스, 템플릿 등을 갖게 될 것이다.

오류 처리는 프로그램 구조 곳곳에 스며든다. 프로그램을 모듈로 분리하거나 (역으로) 모듈을 바탕으로 프로그램을 구성할 때 오류 처리로 인해 발생하는 모듈 간의 의존 관계를 최소화하기 위해 주의를 기울여야 한다. C++는 오류의 탐지와 보고를 오류 처리에서 떼어낼 수 있게 예외를 제공한다(2.4.3.1절, 13장).

14장과 15장에서 다루는 것보다 훨씬 더 많은 모듈성 개념들이 존재한다. 예를 들어 병행 실행되고 통신하는 태스크(5.3절, 41장)나 프로세스를 이용해서 모듈성의 중요한 측면들을 표시할 수 있다.

마찬가지로 개별적인 주소 공간과 주소 공간 사이의 정보 통신은 여기에서 다루지 않는 중요한 주제들이다. 나는 이런 모듈성의 개념들이 대부분 독립적이며, 상호 의존적이지 않다고 생각한다. 흥미롭게도 각각의 경우에 어떤 시스템을 모듈로 분리하는 일은 쉽다. 어려운 문제는 안전하고, 간편하며, 효율적인 모듈 간 통신을 제공하는 것이다.

14.3.1 모듈로서의 네임스페이스

네임스페이스는 논리적 그룹화를 표현하기 위한 메커니즘이다. 즉, 어떤 선언들을 몇 가지 기준에 따라 논리적으로 함께 묶을 수 있을 때 그런 사실을 표현하기 위해 공통된 네임스페이스 안에 그것들을 집어넣을 수 있다. 따라서 계산기의 논리적 구조를 표현하기 위해 네임스페이스를 이용할 수 있다. 예를 들어 탁상용 계산기(10.2.1절)에 등장하는 구문 분석기의 선언을 네임스페이스 **Parser**에 넣을 수 있다.

```
namespace Parser {
    double expr(bool);
    double prim(bool get) { /* ... */ }
    double term(bool get) { /* ... */ }
    double expr(bool get) { /* ... */ }
}
```

함수 **expr()**이 제일 먼저 선언돼야 하며, 이어서 10.2.1절에서 설명된 의존성 루프를 깨뜨리기 위해 이후에 정의돼야 한다.

탁상용 계산기의 입력 부분 역시 그 자신의 네임스페이스 안에 넣을 수 있다.

```
namespace Lexer {
    enum class Kind : char { /* ... */ };
    class Token { /* ... */ };
    class Token_stream { /* ... */ };
    Token_stream ts;
}
```

기호 테이블은 굉장히 간단하다.

```
namespace Table {
    map<string,double> table;
}
```

언어 규칙상 main()이 전역 함수여야 하기 때문에 드라이버는 하나의 네임스페이스 안에 완전히 넣을 수 없다.

```
namespace Driver {
    void calculate() { /* ... */ }
}
int main() { /* ... */ }
```

오류 핸들러 역시 별다른 내용이 없다.

```
namespace Error {
    int no_of_errors;
    double error(const string& s) { /* ... */ }
}
```

이렇게 네임스페이스를 사용하면 어휘 분석기와 구문 분석기가 사용자에게 무엇을 제공하는지가 명확히 드러난다. 함수의 소스코드를 포함시켰다면 이런 구조가 명확히 드러나지 않았을 것이다. 함수 본체가 실제적인 크기를 가진 네임스페이스의 선언 안에 포함돼 있다면 무슨 서비스가 제공되는지 파악하려면, 즉 인터페이스를 찾으려면 대개는 몇 화면의 정보를 헤쳐 나가야 할 것이다.

개별적으로 지정된 인터페이스에 의존하는 방식 외에 다른 대안은 구현 세부 사항이 포함돼 있는 모듈에서 인터페이스를 추출해주는 도구를 제공하는 것이다. 나는 그것이 좋은 해결책이라고 생각하지 않는다. 인터페이스 지정은 기본적인 설계 활동이고, 모듈은 다른 사용자에게는 다른 인터페이스를 제공할 수 있으며, 종종 인터페이스는 구현 세부 사항이 구체화되기 오래 전에 설계된다.

다음은 구현과 분리된 인터페이스를 가진 Parser의 버전이다.

```
namespace Parser {
    double prim(bool);
    double term(bool);
    double expr(bool);
}
double Parser::prim(bool get) { /* ... */ }
double Parser::term(bool get) { /* ... */ }
double Parser::expr(bool get) { /* ... */ }
```

구현을 인터페이스에서 분리한 결과로, 이제 각 함수는 정확히 하나의 선언과 하나의 정의를 갖게 됐다는 점을 눈여겨보기 바란다. 사용자는 선언이 포함된 인터페이스만을 보게 될 것이다. 이 경우에는 함수 본체에 해당하는 구현은 사용자가 볼 필요가 없는 '어딘가 다른 곳에' 위치하게 될 것이다.

이상적으로는 프로그램의 모든 항목이 인식 가능한 일부 논리적 단위('모듈')에 소속돼야 한다. 그러므로 본격적인 프로그램의 모든 선언은 이상적으로는 프로그램 내에서 그것의 논리적 역할을 표시하게 이름이 붙여진 일부 네임스페이스에 내에 존재해야 한다. `main()`은 예외인데, 이 함수는 컴파일러가 특별한 것으로 인식할 수 있게 전역이어야 한다(2.2.1절, 15.4절).

14.3.2 구현

모듈화되고 난 이후에 코드의 모습은 어떻게 될까? 그것은 다른 네임스페이스에서 코드에 접근하는 방법을 어떻게 결정하느냐에 달려 있다. '우리 자신의' 네임스페이스에 있는 이름에는 네임스페이스를 소개하기 이전에 했던 방식 그대로 언제든지 접근할 수 있다. 하지만 다른 네임스페이스에 있는 이름에 대해서는 명시적 한정, **using** 선언, **using** 지시자 중에서 선택해야 한다.

`Parser::prim()`은 각각의 다른 네임스페이스를 사용하기 때문에(Driver를 제외하고), 구현 내에서 네임스페이스를 활용하는 방법을 보여주는 좋은 시범 사례다. 명시적 한정을 사용하면 다음과 같이 된다.

```
double Parser::prim(bool get)          // 기본 단위를 처리한다.
{
    if (get) Lexer::ts.get();

    switch (Lexer::ts.current().kind) {
    case Lexer::Kind::number:                    // 부동소수점 상수
    {   double v = Lexer::ts.current().number_value;
        Lexer::ts.get();
        return v;
    }
    case Lexer::Kind::name:
    {   double& v = Table::table[Lexer::ts.current().string_value];
        if (Lexer::ts.get().kind == Lexer::Kind::assign) v = expr(true);   // '='는 대입
        return v;
    }
    case Lexer::Kind::minus:                     // 단항 뺄셈
        return -prim(true);
    case Lexer::Kind::lp:
    {   double e = expr(true);
        if (Lexer::ts.current().kind != Lexer::Kind::rp) return Error::error(" ')'
expected");
        Lexer::ts.get();                    // ')'를 먹어 버린다.
        return e;
    }
    default:
        return Error::error("primary expected");
    }
}
```

내가 세기로는 **Lexer::**가 14번 등장하는데, (이론과는 반대되지만) 나는 모듈성을 좀 더 명시적으로 활용한 것이 가독성을 높였다고 생각하지는 않는다. 네임스페이스 **Parser** 내에서는

군더더기밖에 되지 않기 때문에 `Parser::`은 사용하지 않았다.

　　using 선언을 사용하면 다음과 같이 된다.

```cpp
using Lexer::ts;        // ''Lexer::''의 8번 등장을 생략해준다.
using Lexer::Kind;      // "Lexer::''의 6번 등장을 생략해준다.
using Error::error;     // "Error::''의 2번 등장을 생략해준다.
using Table::table;     // "Table::''의 1번 등장을 생략해준다.
double Parser::prim(bool get)       // 기본 단위를 처리한다.
{
    if (get) ts.get();

    switch (ts.current().kind) {
    case Kind::number:                  // 부동소수점 상수
    {   double v = ts.current().number_value;
        ts.get();
        return v;
    }
    case Kind::name:
    {   double& v = table[ts.current().string_value];
        if (ts.get().kind == Kind::assign) v = expr(true);      // '='는 대입
        return v;
    }
    case Kind::minus:                // 단항 뺄셈
        return -prim(true);
    case Kind::lp:
    {   double e = expr(true);
        if (ts.current().kind != Kind::rp) return error("')' expected");
        ts.get();                    // ')'를 먹어 버린다.
        return e;
    }
    default:
        return error("primary expected");
    }
}
```

　　`Lexer::`에 using 선언을 사용한 것은 그만한 가치가 있었다고 생각하지만, 다른 것들의 값은 미미한 수준이었다.

　　using 지시자를 사용하면 다음과 같이 된다.

```cpp
using namespace Lexer;              // "Lexer::"의 14번 등장을 생략해준다.
using namespace Error;              // "Error ::"의 2번 등장을 생략해준다.
using namespace Table;              // "Table::"의 1번 등장을 생략해준다.
double Parser::prim(bool get)       // 기본 단위를 처리한다.
{
    // 앞의 예와 같다.
}
```

　　`Error`와 `Table`에 using 선언을 사용한 것은 표기적인 측면에서 대단한 값어치는 없으며, 원래 한정된 이름의 기원을 모호하게 만들었다는 주장이 제기될 수도 있다.

　　따라서 명시적 한정, using 선언, using 지시자 사이의 득실 평가는 개별 사례 기반으로 이뤄져야 한다. 경험 법칙은 다음과 같다.

[1] 여러 개의 이름에 대해 몇 가지 한정이 정말로 공통적이라면 해당 네임스페이스에 대해 `using` 지시자를 사용한다.

[2] 네임스페이스의 특정 이름에 대해 몇 가지 한정이 공통적이라면 해당 이름에 대해 `using` 선언을 사용한다.

[3] 어떤 이름에 대한 한정이 공통적이지 않다면 명시적 한정을 사용해서 그 이름의 출처가 어디인지 명확하게 만든다.

[4] 사용자와 동일한 네임스페이스 내에서는 이름에 대한 명시적 한정을 사용하지 않는다.

14.3.3 인터페이스와 구현

`Parser`에서 사용된 네임스페이스 정의가 `Parser`를 사용자에게 제시하기 위한 이상적인 인터페이스가 아니라는 점은 분명하다. 대신 `Parser`는 개별적인 구문 분석기 함수를 간편하게 작성하는 데 필요한 선언의 집합을 선언한다. `Parser`의 사용자에 대한 인터페이스는 훨씬 간단해야 한다.

```cpp
namespace Parser {     // 사용자 인터페이스
    double expr(bool);
}
```

Parser 네임스페이스는 두 가지를 제공하는 데 사용되는 것으로 보인다.

[1] 구문 분석기를 구현하는 함수를 위한 공통 환경

[2] 구문 분석기에 의해 사용자에게 제공되는 외부 인터페이스

따라서 드라이버 코드인 `main()`은 사용자 인터페이스만을 보게 될 것이다.

구문 분석기를 구현하는 함수는 우리가 그러한 함수의 공유 환경을 표현하는 데 있어서 최적이라고 판단한 인터페이스를 보여줘야 한다. 그 인터페이스는 다음과 같다.

```cpp
namespace Parser {                // 구현자 인터페이스
    double prim(bool);
    double term(bool);

    using namespace Lexer;        // 어휘 분석기에서 제공되는 모든 기능을 사용한다.
    using Error::error;
    using Table::table;
}
```

또는 그림으로 다음과 같이 표시할 수 있다.

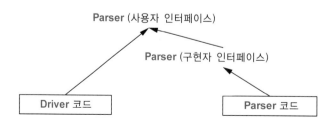

사용자 인터페이스와 구현자 인터페이스에 다른 이름을 부여할 수도 있지만, (네임스페이스가 열려 있기 때문에, 14.2.5절) 반드시 그렇게 할 필요는 없다. 프로그램의 물리적 구조(15.3.2절 참고)가 자연스럽게 개별적인 (파일) 이름을 제공하기 때문에 개별적인 이름을 부여하지 않아도 혼란이 생기지는 않는다. 개별적인 구현 네임스페이스를 사용하기로 결정했더라도 설계가 사용자에게 다르게 보이지는 않을 것이다.

```cpp
namespace Parser { // 사용자 인터페이스
    double expr(bool) ;
}
namespace Parser_impl {          // 구현자 인터페이스
    using namespace Parser;

    double prim(bool) ;
    double term(bool) ;

    using namespace Lexer;         // 어휘 분석에서 제공되는 모든 기능을 사용한다.
    using Error::error;
    using Table::table;
}
```

또는 그림으로 다음과 같이 표시될 수 있다.

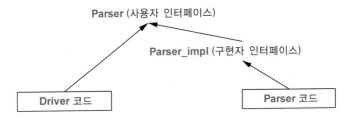

좀 더 큰 프로그램에 대해서라면 나는 _impl 인터페이스의 사용을 선호하는 편이다.

구현자에게 제공되는 인터페이스는 사용자에게 제공되는 인터페이스보다 크다. 이런 인터페이스가 실제 시스템에서 실제 크기를 갖는 모듈에 대한 것이었다면 사용자에게 보이는 인터페이스보다 좀 더 자주 변경될 것이다. 모듈의 사용자(이 경우 Parser를 사용하는 Driver)를 그런 변경으로부터 격리시키는 것은 중요하다.

14.4 네임스페이스를 이용한 합성

좀 더 큰 프로그램에서는 다수의 네임스페이스를 사용하기 마련이다. 이번 절에서는 네임스페이스로 코드를 합성하는 기술적 측면을 살펴본다.

14.4.1 편의성과 안전성

using 선언은 지역 유효 범위에 이름을 추가한다. using 지시자는 그렇지 않다. 단지 이름들이 선언된 유효 범위 내의 이름들을 접근 가능하게 해 줄 뿐이다. 다음 예를 살펴보자.

```
namespace X {
    int i, j, k;
}

int k;
void f1()
{
    int i = 0;
    using namespace X;        // X의 이름을 접근 가능하게 해준다.
    i++;                      // 지역 i
    j++;                      // X::j
    k++;                      // 오류: X의 k인지 전역 k인지?
    ::k++;                    // 전역 k
    X::k++;                   // X의 k
}

void f2()
{
    int i = 0;
    using X::i;   // 오류: i가 f2()에서 두 번 선언됨
    using X::j;
    using X::k;   // 전역 k를 가린다.

    i++;
    j++;          // X::j
    k++;          // X::k
}
```

지역적으로 선언된 이름(통상적인 선언문이나 using 선언 중 한 가지 방법으로 선언된)은 동일한 이름의 비지역적 선언을 가리며, 해당 이름의 부적절한 오버로딩은 선언 시점에 탐지된다.

f1()의 k++에 대한 모호성 오류에 유의한다. 전역 이름은 전역 유효 범위에서 접근 가능하게 바뀐 네임스페이스의 이름보다 우선순위가 높지 않다. 이는 우연한 이름 충돌을 막아주는 중요한 대비책이며, 전역 유효 범위를 남발해도 별다른 이득을 얻지 못하게 해주는 중요한 장치다.

많은 이름을 선언하는 라이브러리가 using 지시자를 통해 접근 가능하게 되면 사용되지 않는 이름의 충돌이 오류로 간주되지는 않는다는 측면이 상당한 이점이다.

14.4.2 네임스페이스 별칭

사용자가 네임스페이스에 짧은 이름을 부여하면 다른 네임스페이스의 이름과 충돌하게 될 것이다.

```
namespace A {      // 짧은 이름은 (언젠가는) 충돌할 것이다.
// ...
}
A::String s1 = "Grieg";
A::String s2 = "Nielsen";
```

하지만 긴 네임스페이스 이름은 실제 코드에서 거추장스러울 수 있다.

```
namespace American_Telephone_and_Telegraph {      // 지나치게 길다.
    // ...
```

```
    }
American_Telephone_and_Telegraph::String s3 = "Grieg";
American_Telephone_and_Telegraph::String s4 = "Nielsen";
```

이런 딜레마는 긴 네임스페이스 이름에 짧은 별칭을 부여함으로써 해결될 수 있다.

```
// 이름을 짧게 만들기 위해 별칭을 사용한다.
namespace ATT = American_Telephone_and_Telegraph;

ATT::String s3 = "Grieg";
ATT::String s4 = "Nielsen";
```

또한 네임스페이스 별칭은 하나의 선언문으로 라이브러리를 정의한 다음, 사용자가 '그 라이브러리'를 참조할 수 있게 해준다. 예를 들면 다음과 같다.

```
namespace Lib = Foundation_library_v2r11;
// ...

Lib::set s;
Lib::String s5 = "Sibelius";
```

이렇게 하면 라이브러리의 한 버전을 다른 버전으로 바꾸기가 굉장히 쉬워진다. Foundation_library_v2r11를 직접 쓰는 대신 Lib를 사용하면 별칭 Lib의 초기화를 변경한 후 다시 컴파일하는 방법으로 'v3r02' 버전으로 업데이트할 수 있다. 재컴파일은 소스 레벨의 비호환성을 포착할 것이다. 반대로 별칭의 지나친 남용은 (어떤 종류이든) 혼동을 불러일으킬 수 있다.

14.4.3 네임스페이스 합성

종종 기존 인터페이스들을 기반으로 새로운 인터페이스를 합성하고 싶을 수 있다. 다음 예를 살펴보자.

```
namespace His_string {
    class String { /* ... */ };
    String operator+(const String&, const String&);
    String operator+(const String&, const char*);
    void fill(char);
    // ...
}
namespace Her_vector {
    template<typename T>
        class Vector { /* ... */ };
    // ...
}
namespace My_lib {
    using namespace His_string;
    using namespace Her_vector;
    void my_fct(String&);
}
```

이 코드가 주어지면 이제 My_lib를 기반으로 프로그램을 작성할 수 있다.

```
void f()
{
    My_lib::String s = "Byron";        // My_lib::His_string::String을 찾는다.
    // ...
}
using namespace My_lib;
void g(Vector<String>& vs)
{
    // ...
    my_fct(vs[5]);
    // ...
}
```

명시적으로 한정된 이름(My_lib::String 등)이 언급된 네임스페이스에서 선언돼 있지 않다면 컴파일러는 using 지시자에 언급된 네임스페이스(His_string 등)를 찾는다.

어떤 개체의 실제 네임스페이스를 알 필요가 있는 경우는 오직 뭔가를 정의해야 할 때뿐이다.

```
void My_lib::fill(char c)        // 오류: fill()은 My_lib에 선언돼 있지 않다.
{
    // ...
}
void His_string::fill(char c)   // OK: fill()은 His_string에 선언돼 있다.
{
    // ...
}
void My_lib::my_fct(String& v) // OK: String은 My_lib::String이며,
                               // His_string::String의 의미다.
{
    // ...
}
```

이상적으로 네임스페이스는 다음과 같아야 한다.

[1]   논리적 일관성이 있는 기능의 집합을 표현하고,

[2]   관련 없는 기능에 대해 사용자가 접근하지 못하게 하며,

[3]   사용자에게 중대한 표기적 부담을 지우지 않는다.

이곳과 다음 부분 절에서 소개되는 합성 기법은 #include 메커니즘(15.2.2절)과 함께 이런 목표를 강력하게 지원한다.

14.4.4 합성과 선택

using 지시자를 사용하는 합성과 using 선언을 사용하는 선택을 조합하면 대부분의 실세계 문제에 필요한 융통성을 확보할 수 있다. 이들 메커니즘을 통해 이름 충돌과 이름의 합성으로 인해 발생한 모호성을 해결한 방식대로 다양한 기능에 접근할 수 있다. 다음 예를 살펴보자.

```
namespace His_lib {
    class String { /* ... */ };
    template<typename T>
```

```cpp
        class Vector { /* ... */ };
    // ...
}

namespace Her_lib {
    template<typename T>
        class Vector { /* ... */ };
    class String { /* ... */ };
    // ...
}

namespace My_lib {
    using namespace His_lib;        // His_lib에 있는 모든 것
    using namespace Her_lib;        // Her_lib에 있는 모든 것

    using His_lib::String;          // His_lib 기준으로 잠재적인 충돌을 해결한다.
    using Her_lib::Vector;          // Her_lib 기준으로 잠재적인 충돌을 해결한다.

    template<typename T>
        class List { /* ... */ };   // 추가적인 것
    // ...
}
```

네임스페이스를 검색할 때는 해당 네임스페이스에서 명시적 선언된 이름(using 선언으로 선언된 이름 포함)이 using 지시자에 의해 다른 유효 범위에서 접근 가능하게 된 이름보다 우선권을 갖는다(14.4.1절도 참고 바람). 따라서 My_lib의 사용자는 String과 Vector에 대한 이름 충돌이 His_lib::String과 Her_lib::Vector 기준으로 해결된 것을 보게 될 것이다. 또한 His_lib 나 Her_lib 중 어느 쪽이 List를 제공하는지의 여부에 상관없이 My_lib::List가 기본 사용될 것이다.

대체적으로 나는 이름을 새로운 네임스페이스에 포함시킬 때 바꾸지 않는 편이다. 그렇게 하면 동일한 개체에 대해 두 개의 다른 이름을 기억하지 않아도 된다. 하지만 때로는 새로운 이름이 필요할 경우도 있고, 별다른 이유 없이 새로운 이름을 갖고 싶을 때도 있다. 예를 들면 다음과 같다.

```cpp
namespace Lib2 {
    using namespace His_lib;                    // His_lib에 있는 모든 것
    using namespace Her_lib;                    // Her_lib에 있는 모든 것

    using His_lib::String;                      // His_lib 기준으로 잠재적인 충돌을 해결한다.
    using Her_lib::Vector;                      // Her_lib 기준으로 잠재적인 충돌을 해결한다.

    using Her_string = Her_lib::String;         // 이름을 바꾼다.
    template<typename T>
        using His_vec = His_lib::Vector<T>;     // 이름을 바꾼다.

    template<typename T>
        class List { /* ... */ };               // 추가적인 것
    // ...
}
```

이름 바꾸기에 관한 일반적인 언어 메커니즘은 존재하지 않지만, 타입과 템플릿에 대해서는 using으로 별칭을 만들 수 있다(3.4.5절, 6.5절).

14.4.5 네임스페이스와 오버로딩

함수 오버로딩(12.3절)은 네임스페이스와 상관없이 통한다. 이런 특성은 최소한의 소스코드 변경으로 기존 라이브러리를 네임스페이스 사용 버전으로 업그레이드하는 데 있어서 필수적이다. 다음 예를 살펴보자.

```
// 예전 A.h:
    void f(int);
    // ...
// 예전 B.h:
    void f(char);
    // ...
// 예전 user.c:
    #include "A.h"
    #include "B.h"

    void g()
    {
        f('a'); // B.h에서 f()를 호출한다.
    }
```

이 프로그램을 실제의 코드를 변경하지 않고 네임스페이스를 사용하는 버전으로 업그레이드할 수 있다.

```
// 새로운 A.h:
    namespace A {
        void f(int);
        // ...
    }
// 새로운 B.h:
    namespace B {
        void f(char);
        // ...
}
// 새로운 user.c:
    #include "A.h"
    #include "B.h"

    using namespace A;
    using namespace B;

    void g()
    {
        f('a');        // B.h에서 f()를 호출한다.
    }
```

user.c가 전혀 변경되지 않기를 원했다면 헤더 파일에 using 지시자를 넣었을 것이다. 하지만 대개 헤더 파일에 using 지시자를 넣지 않는 편이 좋다. 그렇게 하면 이름 충돌이 일어날 가능성이 급격히 증가하기 때문이다.

이러한 오버로딩 규칙은 라이브러리 확장 메커니즘까지 제공한다. 예를 들어 사람들은 종종 표준 라이브러리 알고리즘을 이용해서 컨테이너를 조작하기 위해 왜 시퀀스를 명시적으로 언급해야만 하는지에 대해 의문을 품곤 한다.

```
sort(v.begin(),v.end());
```

위 코드를 다음과 같이 쓰지 않는 이유는 뭘까?

```
sort(v);
```

그 이유는 범용성이 필요하기 때문이지만(32.2절), 컨테이너 조작이 단연 가장 흔한 경우다. 그런 경우를 다음과 같이 수용할 수 있다.

```
#include<algorithm>
namespace Estd {
    using namespace std;
    template<typename C>
        void sort(C& c) { std::sort(c.begin(),c.end()); }
    template<typename C, typename P>
        void sort(C& c, P p) { std::sort(c.begin(),c.end(),p); }
}
```

Estd(내 정의에 의하면 '확장된 std')는 빈번하게 요구되는 sort()의 컨테이너 버전들을 제공한다. 그것들은 물론 <algorithm>에 있는 std::sort()를 이용해서 구현된다. 그것들은 다음과 같이 사용될 수 있다.

```
using namespace Estd;
template<typename T>
void print(const vector<T>& v)
{
    for (auto& x : v)
        cout << x << ' ';
    cout << '\n';
}
void f()
{
    std::vector<int> v {7, 3, 9, 4, 0, 1};
    sort(v);
    print(v);
    sort(v,[](int x, int y) { return x>y; });
    print(v);
    sort(v.begin(),v.end());
    print(v);
    sort(v.begin(),v.end(),[](int x, int y) { return x>y; });
    print(v);
}
```

네임스페이스 탐색 규칙과 템플릿에 대한 오버로딩 규칙 덕분에 sort()의 정확한 불변속성을 찾아서 호출할 수 있고, 기대하는 출력을 얻을 수 있다.

```
0 1 3 4 7 9
9 7 4 3 1 0
```

```
0 1 3 4 7 9
9 7 4 3 1 0
```

Estd에서 using namespace std;을 제거해도 std의 sort()가 인자 의존적 탐색(14.2.4절)에 의해 발견되기 때문에 이 예제는 여전히 동작할 것이다. 하지만 그렇게 되면 std 바깥에서 정의된 우리 자신의 컨테이너에 대한 표준 sort()를 찾을 수 없을 것이다.

14.4.6 버전 관리

많은 종류의 인터페이스에서 가장 어려운 테스트는 연속되는 새로운 출시(버전)에 대응하는 것이다. ISO C++ 헤더 같이 널리 쓰이는 인터페이스를 고려해보자. 어느 정도 시간이 지나면, 예를 들어 C++98의 C++11 버전 같이 새로운 버전이 정의된다. 함수들이 추가됐을 수 있고, 클래스의 이름 변경, 독점적인 확장(원래 있어서는 안 되는)의 제거, 타입의 변경, 템플릿 수정 등이 있었을 수 있다. 오래된 헤더를 쓰는 수백만 행의 코드가 풀려 있고, 새로운 버전의 구현자는 그것들을 볼 수도 없고 수정할 수도 없다. 구현자의 삶은 지루할 새가 없을 것이다. 말할 필요도 없이 그런 코드를 갑자기 중단시켜버리면 새롭고 나은 버전이 나오지 않는 것만큼이나 분노의 원성을 일으킬 것이다. 지금까지 설명한 네임스페이스 기능은 몇 가지 사소한 예외를 빼고는 이런 문제에 대처할 수 있지만, 엄청나게 많은 양의 코드가 관련될 때는 '아주 사소한' 것조차 많은 코드를 뜻할 수 있다. 이에 대한 대책으로 두 버전 사이에서 선택하는 방법이 있는데, 간편하고 명확하게 사용자에게 정확히 하나의 특정한 버전만 보이게끔 보장해준다. 그런 방법을 인라인 네임스페이스inline namespace라고 부른다.

```cpp
namespace Popular {
    inline namespace V3_2 {      // V3_2는 Popular의 기본 설정 의미를 제공한다.
        double f(double);
        int f(int);
        template<typename T>
            class C { /* ... */ };
    }
    namespace V3_0 {
        // ...
    }
    namespace V2_4_2 {
        double f(double);
        template<typename T>
            class C { /* ... */ };
    }
}
```

여기서 Popular에는 각각 한 버전을 정의하는 세 개의 네임스페이스가 포함돼 있다. inline은 V3_2가 Popular의 기본 설정 의미라고 지정한다. 따라서 다음과 같이 작성할 수 있다.

```cpp
using namespace Popular;
void f()
{
```

```
    f(1);                    // Popular ::V3_2::f(int)
    V3_0::f(1);              // Popular ::V3_0::f(double)
    V2_4_2::f(1);            // Popular ::V2_4_2::f(double)
}
template<typename T>
Popular::C<T*> { /* ... */ };
```

inline namespace 해결책은 침습적^{intrusive}이다. 즉, 어떤 버전(서브네임스페이스)이 기본 설정
인지를 바꾸려면 헤더 소스코드의 수정이 필요하다. 또한 이런 방식의 버전 처리를 미숙하게
사용하면 중복(다른 버전들에서 공통적인 코드의)이 많이 일어날 수 있다. 하지만 그러한 중복은
#include 수법으로 최소화할 수 있다. 예를 들면 다음과 같다.

```
// 파일 V3_common.h:
    // ... 다수의 선언 ...
// 파일 V3_2.h:
    namespace V3_2 {
        double f(double);
        int f(int);
        template<typename T>
            class C {
                // ...
            };
        #include "V3_common"
    }
// 파일 V3_0.h:
    namespace V3_0 {
        #include "V3_common"
    }
// 파일 Popular.h:
    namespace Popular {
        inline
        #include "V3_2.h"
        #include "V3_0.h"
        #include "V2_4_2.h"
    }
```

나는 정말로 필요하지 않는 한 헤더 파일을 이렇게 복잡하게 사용하는 방식을 추천하지
않는다. 위의 예제는 반복적으로 비지역적 유효 범위로 인클루드하는 규칙과 문법적 구조가
파일 경계를 포함하게 하는 규칙을 반복적으로 위반한다(inline의 사용). 이에 대해서는 15.2.2
절을 참고하기 바란다. 안타까운 일이지만 나는 더 문제가 되는 경우를 본 적도 있다.

대부분의 경우 좀 덜 침습적인 수단으로 버전 관리를 구현할 수 있다. 다른 수단으로는
도저히 불가능한 것으로, 내가 생각나는 유일한 예는 네임스페이스 이름을 명시적으로 사용해
서 템플릿을 특수화하는 것뿐이다(예를 들어 Popular::C<T*>). 하지만 많은 중요한 경우에 '대부분
의 경우' 정도로는 불충분하다. 또한 다른 기법의 조합을 기반으로 하는 해결책은 완벽하게
적합한지에 대해 확신하기가 좀 더 어렵다.

14.4.7 중첩된 네임스페이스

네임스페이스의 확실한 용도 한 가지는 별개의 네임스페이스에 있는 선언들과 정의들을 완전한 하나의 집합으로 포장하는 것이다.

```
namespace X {
    // ... 모든 선언 ...
}
```

선언 리스트에는 일반적으로 네임스페이스가 포함된다. 따라서 중첩된 네임스페이스가 허용된다. 이는 실용적인 요인 때문이기도 하지만, 그렇게 하지 말아야 할 강력한 이유가 없는 한 구문 요소는 중첩돼야 한다는 간단한 이유 때문이기도 하다. 예를 들면 다음과 같다.

```
void h();

namespace X {
    void g();
    // ...
    namespace Y {
        void f();
        void ff();
        // ...
    }
}
```

일반적인 유효 범위와 한정 규칙이 적용된다.

```
void X::Y::ff()
{
    f(); g(); h();
}
void X::g()
{
    f();            // 오류: X에는 f()가 없음
    Y::f();   // OK
}
void h()
{
    f();            // 오류: 전역 f() 없음
    Y::f();         // 오류: 전역 Y 없음
    X::f();         // 오류: X에 f() 없음
    X::Y::f();      // OK
}
```

표준 라이브러리에 있는 중첩된 네임스페이스의 예에 대해서는 chrono(35.2절)와 rel_ops를 살펴보기 바란다.

14.4.8 이름 없는 네임스페이스

때로는 단순히 이름 충돌을 피하기 위한 이유에서 네임스페이스의 선언들을 집합으로 포장하는 것이 쓸모가 있을 때가 있다. 즉, 사용자에게 인터페이스를 제공하기 위한 목적보다는 코드

의 지역성을 보존하는 것이 목적인 셈이다. 예를 들면 다음과 같다.

```
#include "header.h"
namespace Mine {
    int a;
    void f() { /* ... */ }
    int g() { /* ... */ }
}
```

Mine이란 이름을 외부로 알릴 필요가 없으므로, 행여나 다른 누군가의 이름과 충돌할 수도 있는 전역 이름을 군더더기로 만드는 일은 거추장스럽기만 하다. 이러한 경우에는 그냥 이름이 없는 네임스페이스로 남겨두면 된다.

```
#include "header.h"
namespace {
    int a;
    void f() { /* ... */ }
    int g() { /* ... */ }
}
```

분명히 이름 없는 네임스페이스의 바깥에서 이름 없는 네임스페이스의 멤버에 접근할 수 있는 어떤 방법이 있어야 한다. 그래서 이름 없는 네임스페이스는 암묵적 **using** 지시자를 갖는다. 앞의 선언은 다음과 같다.

```
namespace $$$ {
    int a;
    void f() { /* ... */ }
    int g() { /* ... */ }
}
using namespace $$$;
```

여기서 $$$는 네임스페이스가 정의된 유효 범위 내에서 고유한 이름이다. 특히 이름 없는 네임스페이스는 해석 단위마다 다르게 구분된다. 따라서 다른 해석 단위에 있는 이름 없는 네임스페이스의 멤버에 이름을 붙일 수 있는 방법은 없다.

14.4.9 C 헤더

보통 처음으로 배우는 C 프로그램을 살펴보자.

```
#include <stdio.h>
int main()
{
    printf("Hello, world!\n");
}
```

이 프로그램을 쪼갠다는 것은 좋은 생각이 아닌 것 같다. 표준 라이브러리를 이상하게 만드는 것 역시 좋은 생각이 아니다. 결과적으로 네임스페이스 언어 규칙은 네임스페이스 없이 작성된 프로그램을 받아들여 네임스페이스를 사용하는 좀 더 명확하게 구조화된 프로그램으로 바꾸기에 용이하게 설계돼 있다. 실제로 계산기 프로그램(10.2절)이 그런 예다.

네임스페이스에서 표준 입출력 기능을 제공하는 한 가지 방법은 네임스페이스 **std** 안에 C 헤더 파일 stdio.h에 들어 있는 선언들을 집어넣는 것이다.

```
// cstdio:
    namespace std {
        int printf(const char* ... );
        // ...
    }
```

이런 **<cstdio>**가 있으면 using 지시자를 추가해서 하위 호환성까지 제공할 수 있다.

```
// stdio.h:
    #include<cstdio>
    using namespace std;
```

이 **<stdio.h>**는 Hello, world! 프로그램이 컴파일되도록 만들어준다. 안타깝게도 using 지시자는 **std** 네임스페이스의 모든 이름을 전역 네임스페이스에서 접근 가능하게끔 만들어 버린다. 다음 예를 살펴보자.

```
#include<vector>          // 전역 네임스페이스를 어지럽히지 않게 조심한다.
vector v1;                // 오류: 전역 유효 범위에 "vector"가 없음
#include<stdio.h>         // "using namespace std;" 포함
vector v2;                // 문제 발생: 이제 유효하다.
```

그러므로 표준은 **<stdio.h>**가 **<cstdio>**에 있는 이름만 전역 유효 범위에 넣으라고 요구한다. 그렇게 하려면 **<cstdio>**의 각 선언에 대해 using 선언을 제공하면 된다.

```
// stdio.h:
    #include<cstdio>
    using std::printf;
    // ...
```

또 다른 이점은 **printf()**에 대한 using 선언이 사용자가 전역 유효 범위에서 비표준 **printf()**를 (실수로 또는 고의로) 정의하지 못하게 막는다는 데 있다. 나는 비지역적 using 지시자를 주로 전환 도구로 보는 편이다. 또한 그것을 ISO C++ 표준 라이브러리(std) 같은 필수 기반 라이브러리에 사용하는 편이다. 다른 네임스페이스의 이름을 참조하는 대부분의 코드는 명시적 한정과 using 선언에 의해 좀 더 명확하게 표현될 수 있다.

네임스페이스와 링크 관계 사이의 관계는 15.2.5절에서 설명된다.

14.5 조언

[1] 네임스페이스를 이용해서 논리적 구조를 표현한다(14.3.1절).

[2] **main()**을 제외한 비지역적 이름은 모두 어떤 네임스페이스에 넣는다(14.3.1절).

[3] 무관한 네임스페이스에 불필요하게 접근을 하지 않고도 편리하게 이용할 수 있도록 네임스페이스를 설계한다(14.3.3절).

[4]   매우 짧은 이름은 네임스페이스에 쓰지 않는다(14.4.2절).

[5]   필요하다면 긴 네임스페이스 이름을 줄이기 위해 네임스페이스 별칭을 사용한다(14.4.2절).

[6]   네임스페이스 사용자에게 심각한 표기적 부담을 지우지 않도록 한다(14.2.2절, 14.2.3절).

[7]   인터페이스와 구현에 대해서는 별개의 네임스페이스를 사용한다(14.3.3절).

[8]   네임스페이스 멤버를 정의할 때는 `Namespace::member` 표기를 사용한다(14.4절).

[9]   `inline` 네임스페이스를 이용해서 버전 관리를 지원한다(14.4.6절).

[10]   `using` 지시자는 전환, 기반 라이브러리용(std 등)으로 사용하거나 지역 유효 범위 내에서 사용한다(14.4.9절).

[11]   헤더 파일에 `using` 지시자를 넣지 않는다(14.2.3절).

15

소스 파일과 프로그램

형식보다 기능이 우선이다

— 르 꼬르뷔지에(Le Corbusier)

- 분할 컴파일
- 링크 관계 파일 로컬 이름, 헤더 파일, 단일 정의 규칙, 표준 라이브러리 헤더, C++가 아닌 코드에 대한 링크 관계, 링크 관계와 함수를 가리키는 포인터
- 헤더 파일의 사용 단일 헤더 구성, 다중 헤더 구성, 인클루드 가드
- 프로그램 비지역 변수의 초기화, 초기화와 병행성, 프로그램 종료
- 조언

15.1 분할 컴파일

실제적인 프로그램들은 논리적으로 분리된 많은 구성 요소(예를 들면 14장의 네임스페이스)들로 구성된다. 이런 구성 요소들을 효과적으로 관리하기 위해서 각각의 파일들에 하나 이상의 논리적 구성 요소가 포함된 (소스코드) 파일들의 집합으로 프로그램을 표시할 수 있다. 우리의 할 일은 논리적 구성 요소들을 일관성 있고, 이해하기 쉬우며, 유연한 방식으로 표시할 수 있는 프로그램을 위한 물리적 구조(파일 집합)를 고안하는 것이다. 특히 인터페이스(예를 들면 함수 선언)와 구현(예를 들면 함수 정의)을 완전히 분리하는 데 목표를 둔다. 파일은 (파일 시스템에서) 전통적인 저장 단위이자 전통적인 컴파일 단위다. C++ 프로그램을 파일 집합으로 저장이나 컴파일하거나 프로그래머에게 제시하지 못하는 시스템도 있기는 하다. 하지만 여기서의 논의는 전통적인 파일 사용법을 채택한 시스템에 초점을 맞춘다.

대개 전체 프로그램을 하나의 파일에 넣는 것은 불가능하다. 특히 표준 라이브러리와 운영체제에 대한 코드는 보통 소스 형태로 사용자 프로그램에 포함돼 제공되지 않는다. 현실적인 규모의 애플리케이션에서는 사용자가 직접 만든 코드마저도 전부 하나의 파일에 넣는 것이 실용적이지도 않고 불편할 뿐이다. 프로그램을 파일에 넣어 구성하는 방식은 프로그램의 논리적 구조를 강조하고, 인간 사용자가 프로그램을 이해하고, 컴파일러가 논리적 구조를 적용

하는 데 도움이 될 수 있다. 컴파일 단위가 하나의 파일인 경우 해당 파일이나 해당 파일이 의존하는 무언가에 (아무리 조그맣더라도) 하나라도 변경이 가해지면 파일 전체가 재컴파일돼야 한다. 적당한 규모의 프로그램에서도 프로그램을 적당한 크기의 파일로 분할시키면 재컴파일에 걸리는 시간을 획기적으로 줄일 수 있다.

사용자는 소스 파일source file을 컴파일러에게 제출한다. 그러면 해당 파일이 전처리된다. 즉, 매크로 처리(12.6절)가 진행되고, **#include** 지시자는 헤더를 가져온다(2.4.1절, 15.2.2절). 전처리의 결과는 해석 단위translation unit라고 불린다. 이 단위가 바로 컴파일러의 작업 대상이자 C++ 언어 규칙에 의해 기술되는 것이다. 이 책에서는 프로그래머가 보는 것과 컴파일러가 검토하는 것을 구분하기 위해 필요한 경우에만 소스 파일과 해석 단위를 구별한다.

분할 컴파일을 가능하게 하려면 프로그램의 나머지 부분들과 분리해서 해석 단위를 분석하는 데 필요한 타입 정보를 제공하는 선언을 프로그래머가 제시해야 한다. 개별적으로 컴파일되는 여러 개의 부분으로 구성된 프로그램에서의 선언과 하나의 소스 파일로 구성된 프로그램의 선언은 정확히 똑같은 방식으로 일관성을 가져야 한다. 우리의 시스템에는 이를 보장하는 데 유용한 도구들이 준비돼 있다. 특히 링커는 많은 종류의 일관성 문제를 탐지할 수 있다. 링커는 별도로 컴파일된 부분들을 함께 묶어주는 프로그램이다. 링커는 때로는 (혼란스럽게도) 로더loader라고 불리기도 한다. 링크 작업은 프로그램이 시작되기 전에 완전히 끝날 수도 있고, 아니면 나중에 새로운 코드가 실행 중인 프로그램에 추가될 수도 있다('동적 링크').

소스 파일에 넣는 방식의 프로그램 구성을 흔히 프로그램의 **물리적 구조**physical structure라고 부른다. 프로그램을 별도의 파일로 물리적으로 분리하는 작업은 프로그램의 논리적 구조에 따라야 한다. 프로그램을 네임스페이스 기반으로 합성할 때 참고해야 했던 의존성 관계는 파일을 소스 파일로 구성할 경우에도 역시 참고해야 한다. 하지만 프로그램의 논리적 구조와 물리적 구조가 똑같아야 할 필요는 없다. 예를 들어 여러 개의 소스 파일을 하나의 네임스페이스에 저장하거나, 네임스페이스 정의 집합을 하나의 파일에 저장하거나, 하나의 네임스페이스 정의를 여러 개의 파일에 흩어 놓는 것이 유용할 수 있다(14.3.3절).

여기서는 우선 링크와 관련된 기술적 문제를 살펴보고, 이어서 탁상용 계산기(10.2절, 14.3.1절)를 여러 개의 파일로 쪼개는 두 가지 방법을 알아본다.

15.2 링크 관계

함수, 클래스, 템플릿, 변수, 네임스페이스, 열거형, 열거자의 이름은 명시적으로 지역적으로 지정되지 않는 한 해석 단위에 상관없이 일관성 있게 사용돼야 한다.

모든 네임스페이스, 클래스, 함수 등이 등장하는 모든 해석 단위에서 적절하게 선언되도록 보장하는 것과 동일한 개체를 참조하는 모든 선언이 일관성을 갖는 것은 프로그래머의 몫이다. 예를 들어 다음 두 파일을 살펴보자.

```
// file1.cpp:
   int x = 1;
   int f() { /* 뭔가를 한다 */ }

// file2.cpp:
   extern int x;
   int f();
   void g() { x = f(); }
```

file2.cpp의 g()에 의해 사용되는 x와 f()는 file1.cpp에서 정의된 것이다. 키워드 **extern**은 file2.cpp에 있는 **x**의 선언이 선언일 뿐 정의가 아니라는 점을 나타낸다(6.3절). **x**가 초기화됐다면 초기화 식을 가진 선언은 항상 정의이기 때문에 **extern**은 무시되고 말 것이다. 객체는 프로그램에서 정확히 한 번 정의돼야 한다. 선언은 여러 번 될 수 있지만, 타입은 정확히 일치해야 한다. 다음 예를 살펴보자.

```
// file1.cpp:
   int x = 1;
   int b = 1;
   extern int c;

// file2.cpp:
   int x;                   // "int x = 0;"이란 의미
   extern double b;
   extern int c;
```

여기에는 세 개의 오류가 있다. **x**는 두 번 정의됐고, **b**는 다른 타입으로 두 번 선언됐고, **c**는 두 번 선언됐지만 정의되지 않았다. 이런 종류의 오류(링크 관계 오류)는 한 번에 단 하나의 파일만 살펴보는 컴파일러에 의해 탐지될 수 없다. 하지만 링커는 많은 오류를 탐지할 수 있다. 예를 들어 내가 아는 모든 구현 환경은 **x**의 중복 정의를 정확히 진단한다. 하지만 **b**의 일관성 없는 선언은 인기 있는 구현 환경에서는 잡히지 않고, 누락된 **c**의 정의는 대개 **c**가 사용될 경우에만 잡힌다.

전역이나 네임스페이스 유효 범위 내에서 초기화 식 없이 정의된 변수는 기본 설정으로 초기화된다는 점에 유의한다(6.3.5.1절). 자유 저장 공간(11.2절)에서 생성된 객체나 **static**이 아닌 지역 변수의 경우에는 이런 특성이 적용되지 않는다.

클래스 본체 바깥에서 개체는 사용되기 전에 선언돼야 한다(6.3.4절). 예를 들면 다음과 같다.

```
// file1.cpp:
   int g() { return f()+7; }    // 오류: f()는 (아직) 선언되지 않았다.
   int f() { return x; }        // 오류: x는 (아직) 선언되지 않았다.
   int x;
```

자신이 정의된 해석 단위와 다른 해석 단위에서 사용될 수 있는 이름은 **외부 링크 관계**external linkage를 갖는다고 일컬어진다. 앞의 예제에 등장하는 모든 이름은 외부 링크 관계를 갖는다. 자신이 정의된 해석 단위에서만 참조될 수 있는 이름은 **내부 링크 관계**internal linkage를 갖는다고 일컬어진다. 예를 들면 다음과 같다.

```
static int x1 = 1;        // 내부 링크 관계 - 다른 해석 단위에서 접근할 수 없다.
const char x2 = 'a';      // 내부 링크 관계 - 다른 해석 단위에서 접근할 수 없다.
```

네임스페이스 유효 범위(전역 유효 범위 포함, 14.2.1절)에서 사용될 때 키워드 **static**은 (약간 논리적이지는 않지만) "다른 소스 파일에서 접근할 수 없다"는 뜻이다(즉, 내부 링크 관계). **x1**에 다른 소스 파일에서 접근하고 싶다면('외부 링크 관계') **static**을 제거해야 한다. 키워드 **const**는 기본 내부 링크 관계를 의미하므로, **x2**가 외부 링크 관계를 갖게 만들고 싶다면 그것의 정의 앞에 **extern**을 붙여야 한다.

```
int x1 = 1;                     // 외부 링크 관계 - 다른 해석 단위에서 접근할 수 있다.
extern const char x2 = 'a';     // 외부 링크 관계 - 다른 해석 단위에서 접근할 수 있다.
```

지역 변수의 이름 같이 링커가 보지 못하는 이름은 링크 관계가 없다$^{no\ linkage}$고 일컬어진다.

inline 함수(12.1.3절, 16.2.8절)는 사용되는 모든 해석 단위에서 동일하게 정의돼야 한다(15.2.3절). 따라서 다음 예는 그저 고약한 취향이 아니라, 문법에 어긋난다.

```
// file1.cpp:
inline int f(int i) { return i; }
```

```
// file2.cpp:
inline int f(int i) { return i+1; }
```

안타깝게도 이 오류는 구현 환경에서 잡기 어려우며, 외부 링크 관계와 인라인을 다음과 같이 조합한 경우에는 논리적으로 문제가 없지만, 컴파일러 작성자의 고민을 덜어주자는 차원에서 금지돼 있다.

```
// file1.cpp:
   extern inline int g(int i);
   int h(int i) { return g(i); }       // 오류: g()는 이 해석 단위에 정의돼 있지 않다.
```

```
// file2.cpp:
extern inline int g(int i) { return i+1; }
   // ...
```

inline 함수의 정의는 헤더 파일(15.2.2절)을 이용해서 일관성 있게 유지한다. 예를 들면 다음과 같다.

```
// h.h:
   inline int next(int i) { return i+1; }
```

```
// file1.cpp:
   #include "h.h"
   int h(int i) { return next(i); }       // 좋다.
```

```
// file2.cpp:
   #include "h.h"
   // ...
```

기본 설정상 **const** 객체(7.5절), **constexpr** 객체(10.4절), 타입 별칭(6.5절), 네임스페이스 안에서 **static**으로 정의된 모든 것은 내부 링크 관계를 갖는다. 따라서 다음 예제는 문제가 없다(혼란스러울 가능성은 있지만).

```cpp
// file1.cpp:
   using T = int;
   const int x = 7;
   constexpr T c2 = x+1;
```

```cpp
// file2.cpp:
   using T = double;
   const int x = 8;
   constexpr T c2 = x+9;
```

일관성 보장을 위해 별칭, `const`, `constexpr`, `inline`은 헤더 파일에 넣는다(15.2.2절). `const`에는 명시적 선언을 통해 외부 링크 관계를 부여할 수 있다.

```cpp
// file1.cpp:
   extern const int a = 77;
```

```cpp
// file2.cpp:
   extern const int a;

   void g()
   {
       cout << a << '\n';
   }
```

여기서 `g()`는 77을 출력할 것이다.

템플릿 정의를 관리하기 위한 기법은 23.7절에서 설명한다.

15.2.1 파일 로컬 이름

전역 변수는 유지 보수 문제를 일으킬 수 있기 때문에 일반적으로 피하는 편이 좋다. 특히 프로그램의 어디에서 사용되는지 파악하기가 어렵고, 멀티스레드 프로그램에서는 엄청나게 찾아내기 어려운 버그를 낳는 데이터 경합의 원인이 될 수 있다(41.2.4절).

변수를 네임스페이스에 넣으면 약간 도움이 되긴 하지만, 그런 변수들은 여전히 데이터 경합에 취약하다.

전역 변수를 반드시 사용해야 한다면 최소한 단일 소스 파일에 국한해서 사용하자. 이러한 제한은 두 가지 방법 중 하나로 달성될 수 있다.

[1]   선언을 이름 없는 네임스페이스에 넣는다.

[2]   개체를 `static`으로 선언한다.

이름 없는 네임스페이스(14.4.8절)는 이름을 컴파일 단위에 지역적으로 만드는 데 사용될 수 있다. 이름 없는 네임스페이스의 효과는 내부 링크 관계의 효과와 매우 유사하다. 다음 예를 살펴보자.

```cpp
// file1.cpp:
   namespace {
       class X { /* ... */ };
```

```
        void f();
        int i;
        // ...
}

// file2.cpp:
    class X { /* ... */ };
    void f();
    int i;
    // ...
```

file1.cpp의 함수 f()는 file2.cpp의 f()와 같은 함수가 아니다. 어떤 이름을 해석 단위에 지역적으로 만들고, 동시에 동일한 이름을 딴 곳에서 외부 링크 관계를 가진 개체에 대해 사용하는 것은 화를 자초하는 일이다.

키워드 static은 (혼란스럽지만) "내부 링크 관계를 사용한다"는 뜻이다(44.2.3절). 이것은 C 초창기 시절의 유감스러운 잔재다.

15.2.2 헤더 파일

동일한 함수, 클래스 등에 대해서는 모든 선언에서 타입이 일치해야 한다. 따라서 컴파일러에 제출된 소스코드와 나중에 함께 링크되는 소스코드는 일치해야 한다. 다른 해석 단위에서 선언의 일관성을 달성하는 방법으로 불완전하기는 하지만 간단한 방법은 실행 코드나 데이터 정의가 포함된 소스 파일에 인터페이스 정보를 가진 헤더 파일^{header file}를 #include하는 것이다.

#include 메커니즘은 소스 프로그램 단편들을 하나의 컴파일 단위(파일)로 취합하기 위한 텍스트 조작 기능이다. 다음 예를 살펴보자.

```
#include "to_be_included"
```

#include 지시자는 #include가 등장하는 행을 to_be_included 파일의 내용으로 대체한다. to_be_included의 내용은 컴파일러가 해독할 수 있는 C++ 소스 텍스트여야 한다.

표준 라이브러리 헤더를 인클루드하려면 따옴표 대신에 이름을 둘러싸는 꺽쇠 괄호 <와 >를 사용한다. 예를 들면 다음과 같다.

```
#include <iostream>      // 표준 인클루드 디렉토리에서
#include "myheader.h"    // 현재 디렉토리에서
```

인클루드 지시자 < >나 " " 안에서는 공백이 중요하다는 점에 유의한다.

```
#include < iostream >      // <iostream>을 찾지 못할 것이다.
```

매번 어딘가에 인클루드 될 때마다 소스 파일을 재컴파일하는 것은 비효율적으로 보인다. 하지만 텍스트는 프로그램 인터페이스 정보로는 비교적 밀도가 높은 인코딩 방법인 데다 컴파일러는 실제 사용되는 세부 사항만 분석하면 된다(예를 들어 템플릿 본체는 많은 경우 인스턴스화 전까지는 완전히 분석되지 않는다). 게다가 요즘 대부분의 C++ 구현 환경은 몇 가지 형식의 헤더 파일(암시적 또는 명시적인) 사전 컴파일 기능을 제공해서 동일한 헤더의 반복되는 컴파일 처리에 필요한 작업을 줄여준다.

경험 법칙에 의하면 헤더 파일에는 다음 사항들이 포함될 수 있다.

이름 있는 네임스페이스	`namespace N { /* ... */ }`
inline 네임스페이스	`inline namespace N { /* ... */ }`
타입 정의	`struct Point { int x, y; };`
템플릿 선언	`template<typename T> class Z;`
템플릿 정의	`template<typename T> class V { /* ... */ };`
함수 선언	`extern int strlen(const char*);`
inline 함수 정의	`inline char get(char* p) { /* ... */ }`
constexpr 함수 정의	`constexpr int fac(int n) { return (n<2) ? 1 : n*fac(n-1); }`
데이터 선언	`extern int a;`
const 정의	`const float pi = 3.141593;`
constexpr 정의	`constexpr float pi2 = pi*pi;`
열거형	`enum class Light { red, yellow, green };`
이름 선언	`class Matrix;`
타입 별칭	`using value_type = long;`
컴파일 타임 단정	`static_assert(4<=sizeof(int),"small ints");`
인클루드 지시자	`#include<algorithm>`
매크로 정의	`#define VERSION 12.03`
조건부 컴파일 지시자	`#ifdef __cplusplus`
주석	`/* check for end of file */`

헤더에 무엇을 넣을 수 있는지에 대한 경험 법칙은 언어의 요구 사항이 아니다. 그저 프로그램의 물리적 구조를 표현하기 위해 #include 메커니즘을 사용하는 적당한 방법일 뿐이다. 반대로 헤더에 절대로 포함될 수 없는 항목들은 다음과 같다.

통상적인 함수 정의	`char get(char* p) {return *p++; }`
데이터 정의	`int a;`
집합체 정의	`short tbl[] = { 1, 2, 3 };`
이름 없는 네임스페이스	`namespace { /* ... */ }`
using 지시자	`using namespace Foo;`

이러한 정의를 포함한 헤더를 인클루드하면 오류나 (using 지시자의 경우) 혼란이 발생할 것이다. 헤더 파일은 규약에 의해 .h가 뒤에 붙으며, 함수나 데이터 정의가 포함된 파일의 뒤에는 .cpp가 붙는다. 그런 관계로 그것들은 종종 각각 '.h 파일'과 '.cpp 파일'이라고 불린다. .c, .C, .cxx, .cc, .hh, .hpp 등의 다른 규약들이 사용되는 경우도 있다. 사용 컴파일러의 매뉴얼을 보면 이 내용이 자세히 설명돼 있을 것이다.

간단한 상수 정의는 헤더 파일에 넣으라고 추천하는데, 집합체의 정의는 추천하지 않는 이유는 구현에서 여러 개의 해석 단위에서 제시된 집합체의 중복을 피하기가 어렵기 때문이다. 더욱이 간단한 경우가 훨씬 흔하기 때문에 좋은 코드를 만드는 데 좀 더 중요한 역할을 한다.

#include의 사용에 대해서는 지나치게 특이하게 하지 않는 편이 좋다. 나는 다음과 같이 추천한다.

- 헤더로만 #include한다(변수 정의와 inline이 아닌 함수가 포함된 소스코드는 #include하지 않는다).
- 완전한 선언과 정의만 #include한다.
- 오래된 코드를 변환할 때는 전역 유효 범위, 링크 관계 지정 블록, 네임스페이스 정의 안에서만 #include한다(15.2.4절).
- 의도되지 않은 의존성을 최소화하기 위해 #include는 모두 코드 맨 앞에 배치한다.
- 매크로는 피한다.
- 헤더에 지역적이지 않은 이름(특히 별칭)은 헤더 안에서 가급적 사용하지 않는다.

내가 가장 하고 싶지 않은 일 중 하나는 내가 들어본 적도 없으면서 간접적으로 #include된 헤더 안에 정의된 매크로에 의해 완전히 다른 뭔가로 대체되는 이름 때문에 발생한 오류를 추적하는 것이다.

15.2.3 단일 정의 규칙

주어진 클래스, 열거형, 템플릿 등은 프로그램 내에서 정확히 단 한 번 정의돼야 한다.

실제적 관점에서 보면 이는 어딘가 하나의 파일 안에 있는 하나의 클래스는 정확히 하나의 정의를 가져야 한다는 뜻이다. 안타깝지만 언어 규칙이 이렇게 간단하지만은 않다. 예를 들어 어떤 클래스의 정의는 매크로 확장을 통해 구성돼 있을 수도 있고, 어떤 클래스의 정의는 #include 지시자(15.2.2절)에 의해 두 개의 소스 파일에 텍스트로 인클루드돼 있을 수도 있다.

설상가상으로 '파일'은 C++ 언어 정의에 속하지 않는 개념이다. 어떤 구현 환경은 프로그램을 소스 파일에 저장하지 않는다.

결과적으로 클래스, 템플릿 등에 고유의 정의가 있어야 한다고 규정하는 표준의 규칙은 약간 좀 더 복잡하고 미묘한 방식으로 표현된다. 이 규칙은 보통 '단일 정의 규칙ODR, one-definition rule'이라고 일컬어진다. 즉, 어떤 클래스, 템플릿, 인라인 함수가 두 개의 정의를 갖는 경우는 오직 다음의 경우에만 동일한 고유 정의의 예로 인정된다.

[1]   다른 해석 단위에 등장하고,

[2]   토큰 단위로 동일하며,

[3]   그러한 토큰의 의미가 두 해석 단위에서 동일하다.

다음 예를 살펴보자.

```
// file1.cpp:
    struct S { int a; char b; };
    void f(S*);
```

```
// file2.cpp:
    struct S { int a; char b; };
    void f(S* p) { /* ... */ }
```

ODR에 의하면 이 예제는 유효하며, S는 두 소스 파일에 있는 동일한 클래스를 가리킨다. 하지만 하나의 정의를 이런 식으로 두 번 쓰는 것은 바람직하지 않다. file2.cpp를 유지 보수하는 누군가는 자연스럽게 file2.cpp에 있는 S의 정의가 S의 유일한 정의라고 여기고 마음대로 바꾸게 될 것이다. 이렇게 되면 찾기 어려운 오류가 발생할 수 있다.

ODR의 취지는 하나의 공통 소스 파일에서 파생된 다른 해석 단위들이 하나의 클래스 정의를 갖게 하자는 것이다. 예를 들면 다음과 같다.

```
// s.h:
   struct S { int a; char b; };
   void f(S*);
```

```
// file1.cpp:
   #include "s.h"
   // f()를 여기에서 사용한다.
```

```
// file2.cpp:
   #include "s.h"
   void f(S* p) { /* ... */ }
```

또는 그림으로 다음과 같이 표시할 수 있다.

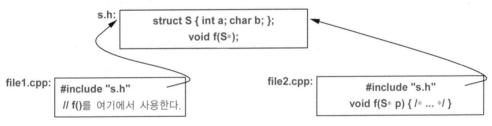

다음은 ODR을 위반하는 세 가지 방법에 대한 예다.

```
// file1.cpp:
   struct S1 { int a; char b; };
   struct S1 { int a; char b; };       // 오류: 이중 정의
```

하나의 해석 단위 안에서 구조체가 두 번 정의될 수 없기 때문에 이 코드는 오류다.

```
// file1.cpp:
   struct S2 { int a; char b; };
```

```
// file2.cpp:
   struct S2 { int a; char bb; };       // 오류
```

S2가 멤버 이름이 다른 클래스에 이름을 붙이는 데 사용됐기 때문에 이 코드는 오류다.

```
// file1.cpp:
   typedef int X;
   struct S3 { X a; char b; };
```

```
// file2.cpp:
   typedef char X;
   struct S3 { X a; char b; };       // 오류
```

여기서는 S3의 두 정의가 토큰 단위로는 같지만, 이름 X의 의미가 두 파일에서 살짝 다르기 때문에 예제에서 오류가 발생한다.

대부분의 C++ 구현 환경이 개별적인 해석 단위들에서 일치하지 않는 클래스의 정의까지 체크하지는 못한다. 결과적으로 ODR을 위반하는 선언은 찾기 어려운 오류의 근원이 될 수 있다. 안타깝게도 공유된 정의를 헤더에 넣고 그것들을 #include해도 이런 ODR 위반이 마지막 형태를 막지는 못한다. 지역 타입 별칭과 매크로는 #include된 선언의 의미를 바꿀 수 있다.

```
// s.h:
    struct S { Point a; char b; };
```

```
// file1.cpp:
    #define Point int
    #include "s.h"
    // ...
```

```
// file2.cpp:
    class Point { /* ... */ };
    #include "s.h"
    // ...
```

이런 종류의 오류에 대처하는 최선의 방비책은 가급적 헤더를 자기 완결적으로 만드는 것이다. 예를 들어 Point 클래스가 s.h 헤더에 선언돼 있었다면 오류가 탐지됐을 것이다.

템플릿 정의는 ODR을 준수하기만 한다면 여러 개의 해석 단위에 #include될 수 있다. 이런 규칙은 템플릿 선언과 멤버 함수 정의가 포함된 클래스 템플릿에도 적용된다.

15.2.4 표준 라이브러리 헤더

표준 라이브러리의 기능은 표준 헤더 집합(4.1.2절, 30.2절)을 통해 제공된다. 표준 라이브러리 헤더에는 확장자가 필요하지 않다. 그것들은 #include"..."가 아닌 #include<...> 문법을 이용해서 인클루드되기 때문에 헤더들에게 알려져 있다. .h 확장자가 없어도 헤더가 저장되는 방식에는 아무런 영향을 미치지 않는다. <map> 같은 헤더는 대개 어떤 표준 디렉토리에 있는 map.h라고 불리는 텍스트 파일에 저장된다. 반면 표준 헤더는 관례적인 방식으로 저장되지 않아도 된다. 구현에 따라 표준 라이브러리 정의에 대해 알고 있는 정보를 활용해서 표준 라이브러리 구현과 헤더 처리 방식을 최적화할 수 있다. 예를 들어 구현 환경은 기본 제공되는 수학 라이브러리(40.3절)에 대한 정보를 알고 있어서 실질적으로 아무 파일도 읽지 않고서 표준 수학 함수를 이용 가능하게 만들 수 있는 스위치로서 #include<cmath>를 이용할 수 있다.

각각의 C 표준 라이브러리 헤더 <X.h>에 대해 대응되는 표준 C++ 헤더 <cX>가 있다. 예를 들어 #include<cstdio>는 #include<stdio.h>와 같은 역할을 한다. 전형적인 stdio.h는 대체적으로 다음과 같다.

```
#ifdef __cplusplus          // C++ 컴파일러 전용(15.2.5절)
namespace std {             // 표준 라이브러리는 네임스페이스 std에 정의돼 있다(4.1.2절).
extern "C" {                // stdio 함수는 C 링크 관계를 가진다(15.2.5절).
#endif
    /* ... */
```

```
        int printf(const char*, ...);
        /* ... */
#ifdef __cplusplus
}
}
// ...
using std::printf;            // 전역 네임스페이스에서 printf를 이용할 수 있게 해준다.
// ...
#endif
```

즉, 실제 선언은 (거의 대부분) 공유되지만, C와 C++가 헤더를 공유하기 위해서는 링크 관계와 네임스페이스 문제가 해결돼야 한다. 매크로 __cplusplus는 C++ 컴파일러에 의해 정의되며(12.6.2절), C 컴파일러용으로 만들어진 코드와 C++ 코드를 구분하는 데 쓰인다.

15.2.5 C++가 아닌 코드에 대한 링크 관계

대개의 C++ 프로그램에는 다른 언어(C나 포트란 등)로 작성된 부분들이 포함된다. 마찬가지로 C++ 코드가 주로 다른 어떤 언어(파이썬이나 매트랩 등)로 작성된 프로그램의 일부로서 사용되는 경우도 흔하다. 다른 언어로 작성된 코드 사이의 협동은 어려울 수 있으며, 심지어 같은 언어라도 다른 컴파일러로 컴파일된 코드끼리의 협동도 어려울 수 있다. 예를 들어 다른 언어인 경우 또는 같은 언어라도 다른 구현인 경우에는 인자를 보관하는 컴퓨터 레지스터의 활용, 스택에 놓일 인자의 배치, 문자열과 정수 같은 기본 제공 타입의 구조, 컴파일러에서 링커로 전달되는 이름의 서식, 링커에서 필요로 하는 타입 체크의 양에 있어 다를 수 있다. 이런 문제에 대처하기 위해 **extern** 선언에서 사용될 링크 관계 규약을 지정할 수 있다. 예를 들면 다음 코드는 C와 C++ 표준 라이브러리 함수 **strcpy()**를 선언해서 그것이 (시스템 특유의) C 링크 관계 규약에 따라 링크되도록 지정한다.

```
extern "C" char* strcpy(char*, const char*);
```

이 선언의 결과는 다음의 '일반적인' 선언의 결과와 **strcpy()** 호출에 사용되는 링크 관계에서만 차이가 있다.

```
extern char* strcpy(char*, const char*);
```

extern "C" 지시자가 특히 유용한 이유는 C와 C++의 밀접한 관계 때문이다. **extern "C"**에서 C는 언어의 이름이 아니라 링크 관계 규약의 이름이라는 점에 유의한다. 종종 **extern "C"**는 C 구현 규약을 준수하는 포트란과 어셈블러 루틴을 링크하는 데 사용된다.

extern "C" 지시자는 링크 관계 규약(만)을 지정하며, 함수 호출의 의미 구조에는 영향을 미치지 않는다. 특히 **extern "C"**로 선언된 함수는 덜 엄격한 C 규칙이 아니라 여전히 C++ 타입 체크와 인자 변환 규칙을 준수한다. 예를 들면 다음과 같다.

```
extern "C" int f();
int g()
{
```

```
    return f(1);        // 오류: 인자가 없어야 한다.
}
```

많은 선언에 **extern** "C"를 추가하는 것은 귀찮은 일이다. 그래서 선언 그룹에 링크 관계를 지정하는 메커니즘이 있다. 예를 들면 다음과 같다.

```
extern "C" {
    char* strcpy(char*, const char*);
    int strcmp(const char*, const char*);
    int strlen(const char*);
    // ...
}
```

보통 링크 관계 블록^{linkage block}이라고 불리는 이러한 구문 요소는 전체 C 헤더를 둘러싸 C++에서 사용하기에 적합한 헤더로 만들어주는 데 사용된다. 예를 들면 다음과 같다.

```
extern "C" {
#include <string.h>
}
```

이 기법은 C 헤더를 C++ 헤더로 만드는 데 널리 쓰인다. 다른 방법으로 조건부 컴파일 (12.6.1절)을 이용해서 C와 C++에 공통적으로 쓰일 수 있는 헤더를 만들 수 있다.

```
#ifdef __cplusplus
extern "C" {
#endif
    char* strcpy(char*, const char*);
    int strcmp(const char*, const char*);
    int strlen(const char*);
    // ...
#ifdef __cplusplus
}
#endif
```

미리 정의된 매크로 이름 **__cplusplus**(12.6.2절)는 해당 파일이 C 헤더로 쓰일 때 C++ 구문 요소를 빼 버리는 데 사용된다.

모든 선언이 링크 관계 블록 내에 등장할 수 있다.

```
extern "C" {          // 여기에는 어떤 선언도 넣을 수 있다.
    int g1;           // 정의
    extern int g2;    // 정의가 아니라 선언이다.
}
```

특히 변수의 유효 범위와 저장 클래스(6.3.4절, 6.4.2절)는 영향을 받지 않기 때문에 **g1**은 여전히 전역 변수이며, 여전히 선언이 아니라 정의된다. 변수를 정의하는 것이 아니라 선언하기 위해서는 선언에 **extern** 키워드를 직접적으로 적용해야 한다. 예를 들면 다음과 같다.

```
extern "C" int g3;        // 정의가 아니라 선언
extern "C" { int g4; }    // 정의
```

이 코드는 얼핏 보면 이상해 보인다. 하지만 이 코드는 "C"를 **extern** 선언에 추가할 때

의미가 그대로 유지되고 파일을 링크 관계 블록으로 둘러쌀 때 파일의 의미가 그대로 유지된다는 점을 보여주는 결과일 뿐이다.

C 링크 관계를 가진 이름은 네임스페이스 안에서 선언될 수 있다. 네임스페이스는 C++ 프로그램에서 이름이 접근되는 방법에 영향을 미치겠지만, 링커가 이름을 보는 방법에는 영향을 미치지 않는다. std에 있는 printf가 전형적인 예다.

```
#include<cstdio>
void f()
{
    std::printf("Hello, ");      // OK
    printf("world!\n");          // 오류: 전역 printf()는 없다.
}
```

심지어 std::printf가 호출되더라도 그것은 여전히 이전 C의 printf(43.3절)다.

덕분에 전역 네임스페이스를 어지럽히기보다는 C 링크 관계를 가진 라이브러리를 우리가 선택한 네임스페이스에 인클루드할 수 있다. 안타깝지만 이런 유연성이 전역 네임스페이스 안에서 C 링크 관계를 가진 함수를 정의하는 헤더에는 통용되지 않는다. 그 이유는 생성된 객체 파일에 네임스페이스의 사용 여부가 반영되게 만들기 위해 C++ 개체의 링크 관계는 네임스페이스를 반드시 고려해서 넣어야 하기 때문이다.

15.2.6 링크 관계와 함수를 가리키는 포인터

C와 C++ 코드를 한 프로그램에서 섞어 쓸 때 한 언어에서 정의된 함수를 가리키는 포인터를 다른 언어에서 정의된 함수에 전달하고 싶을 수 있다. 두 언어의 두 구현이 링크 관계 규약과 함수 호출 메커니즘을 공유한다면 그런 함수를 가리키는 포인터의 전달이 별것 아니다. 하지만 그런 공유 특성이 일반적이라고 가정할 수는 없기에 정해진 함수 호출 방식대로 함수를 호출하게 주의를 기울여야 한다.

어떤 선언에 대해 링크 관계가 지정될 때 지정된 링크 관계는 선언(들)에 의해 만들어지는 모든 함수 타입, 함수 이름, 변수 이름에 적용된다. 이 결과로 온갖 종류의 특이한 링크 관계 조합(때로는 필수적인)이 생겨날 수 있다. 예를 들면 다음과 같다.

```
typedef int (*FT)(const void*, const void*);              // FT는 C++ 링크 관계를 갖는다.
extern "C" {
    typedef int (*CFT)(const void*, const void*);         // CFT는 C 링크 관계를 갖는다.
    void qsort(void* p, size_t n, size_t sz, CFT cmp);    // cmp는 C 링크 관계를 갖는다.
}
void isort(void* p, size_t n, size_t sz, FT cmp);         // cmp는 C++ 링크 관계를 갖는다.
void xsort(void* p, size_t n, size_t sz, CFT cmp);        // cmp는 C 링크 관계를 갖는다.
extern "C" void ysort(void* p, size_t n, size_t sz, FT cmp); // cmp는 C++ 링크 관계를 갖는다.
int compare(const void*, const void*);                    // compare()는 C++ 링크 관계를 갖는다.
extern "C" int ccmp(const void*, const void*);            // ccmp()는 C 링크 관계를 갖는다.

void f(char* v, int sz)
{
```

```
qsort(v,sz,1,&compare);      // 오류
qsort(v,sz,1,&ccmp);         // OK

isort(v,sz,1,&compare);      // OK
isort(v,sz,1,&ccmp);         // 오류
}
```

C와 C++가 동일한 호출 규약을 갖는 구현 환경에서는 오류로 표시된 선언이 언어 확장으로 인정될 수도 있다. 하지만 서로 호환되는 C와 C++ 구현 환경에서조차 `std::function`(33.5.3절)이나 어떤 캡처 서식을 가진 람다(11.4.3절)는 언어 장벽을 극복할 수 없다.

15.3 헤더 파일의 사용

헤더 파일의 용도를 보여주기 위해 계산기 프로그램(10.2절, 14.3.1절)의 물리적 구조를 표현하는 몇 가지 다른 방법을 제시하고자 한다.

15.3.1 단일 헤더 구성

프로그램을 여러 개의 파일로 분할하는 가장 간단한 해결책은 정의들을 적절한 개수의 .cpp 파일에 넣고, 정의에 필요한 타입, 함수, 클래스 등을 하나의 .h 파일 안에서 선언한 다음, 각각의 .cpp 파일에 .h 파일을 #include하는 것이다. 이것이 내가 쓸 간단한 프로그램의 초기 구성으로 사용하는 방식이다. 좀 더 복잡한 뭔가가 필요한 것으로 드러나면 나중에 재구성하곤 한다.

계산기 프로그램의 경우 5개의 .cpp 파일 즉, lexer.cpp, parser.cpp, table.cpp, error.cpp, main.cpp을 이용해서 함수와 데이터 정의를 보관한다. 헤더 dc.h는 하나 이상의 .cpp 파일에서 사용되는 모든 이름의 선언을 보관한다.

```
// dc.h:
#include <map>
#include<string>
#include<iostream>
using namespace std;      // dc.h는 자기 완결적인 헤더가 아니다.

namespace Parser {
    double expr(bool);
    double term(bool);
    double prim(bool);
}

namespace Lexer {
    enum class Kind : char {
        name, number, end,
        plus='+', minus='-', mul='*', div='/', print=';', assign='=', lp='(', rp=')'
    };

    struct Token {
        Kind kind;
        string string_value;
        double number_value;
```

```
    };
    class Token_stream {
    public:
        Token(istream& s) : ip{&s}, owns{false}, ct{Kind::end} { }
        Token(istream* p) : ip{p}, owns{true}, ct{Kind::end} { }

        ~Token() { close(); }

        Token get();              // 다음 토큰을 읽어 들여서 반환한다.
        Token& current();         // 가장 최근에 읽어 들여진 토큰

        void set_input(istream& s) { close(); ip = &s; owns=false; }
        void set_input(istream* p) { close(); ip = p; owns = true; }
    private:
        void close() { if (owns) delete ip; }

        istream*ip;               // 입력 스트림을 가리키는 포인터
        bool owns;                // Token_stream이 istream을 소유하고 있는가?
        Token ct {Kind::end};     // current_token
    };

    extern Token_stream ts;
}
namespace Table {
    extern map<string,double> table;
}

namespace Error {
    extern int no_of_errors;
    double error(const string& s);
}

namespace Driver {
    void calculate();
}
```

키워드 **extern**은 모든 변수 선언에 사용돼 다양한 .cpp 파일에 dc.h를 #include할 때 다중 정의가 일어나지 않게 보장해준다. 대응되는 정의는 해당 .cpp 파일에서 찾을 수 있다.

나는 dc.h의 선언에 필요한 대로 표준 라이브러리 헤더를 추가했지만, 개별적인 .cpp 파일에만 필요한 선언(using 선언 등의)은 추가하지 않았다.

실제 코드를 생략하면 lexer.cpp는 다음과 같이 될 것이다.

```
// lexer.cpp:
#include "dc.h"
#include <cctype>
#include <iostream>    // 군더더기, dc.h에 있음

Lexer::Token_stream ts;

Lexer::Token Lexer::Token_stream::get() { /* ... */ }
Lexer::Token& Lexer::Token_stream::current() { /* ... */ }
```

단순히 정의들을 다음 코드 안에 전부 둘러싸기보다는 정의들에 대해 명시적 한정 **Lexer::** 을 사용했다.

```
namespace Lexer { /* ... */ }
```

이렇게 하면 실수로 새로운 멤버를 **Lexer**에 추가할 가능성을 없애준다. 반면 원래 인터페

이스에 포함되지 않았던 멤버를 **Lexer**에 추가하고 싶다면 네임스페이스를 다시 열어야 했을 것이다(14.2.5절).

이런 방식으로 헤더를 사용하면 하나의 헤더 안의 모든 선언이 결국에는 그것의 정의가 포함된 파일에 포함될 것이다. 예를 들어 lexer.cpp를 컴파일할 때 컴파일러에게는 다음 코드가 제시될 것이다.

```
namespace Lexer {        // dc.h에서
    // ...
    class Token_stream {
    public:
        Token get();
        // ...
    };
}
// ...
Lexer::Token Lexer::Token_stream::get() { /* ... */ }
```

이렇게 하면 한 이름에 대해 지정된 타입의 불일치를 컴파일러가 모조리 탐지할 수 있다. 예를 들어 **get()**이 **Token**을 반환하게 선언됐는데, **int**를 반환하게 정의됐다면 lexer.cpp의 컴파일은 타입 불일치 오류로 실패할 것이다. 정의가 누락돼 있다면 링커가 문제를 탐지할 것이다. 선언이 누락돼 있다면 일부 **cpp** 파일이 컴파일되지 않을 것이다.

parser.cpp 파일은 다음과 같이 될 것이다.

```
// parser.cpp:
#include "dc.h"

double Parser::prim(bool get) { /* ... */ }
double Parser::term(bool get) { /* ... */ }
double Parser::expr(bool get) { /* ... */ }
```

table.cpp 파일은 다음과 같이 될 것이다.

```
// table.cpp:
#include "dc.h"

std::map<std::string,double> Table::table;
```

기호 테이블은 표준 라이브러리 **map**이다.

error.cpp 파일은 다음과 같이 될 것이다.

```
// error.cpp:
#include "dc.h"
// 추가적인 #include 또는 선언

int Error::no_of_errors;
double Error::error(const string& s) { /* ... */ }
```

마지막으로 main.cpp 파일은 다음과 같이 될 것이다.

```
// main.cpp:

#include "dc.h"
#include <sstream>
#include <iostream>              // 군더더기, dc.h에 있음

void Driver::calculate() { /* ... */ }

int main(int argc, char* argv[]) { /* ... */ }
```

프로그램의 `main()`으로 인식되려면 `main()`은 전역 함수(2.2.1절, 15.4절)여야 하므로, 여기서는 네임스페이스가 사용되지 않는다.

시스템의 물리적 구조는 다음과 같이 표시될 수 있다.

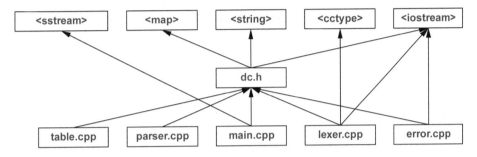

위쪽의 헤더들은 표준 라이브러리 기능을 위한 전체 헤더들이다. 이런 라이브러리들은 잘 알려져 있고 안정적이기 때문에 많은 프로그램 분석 형식에 있어서 이런 라이브러리들은 무시해도 상관이 없다. 아주 작은 프로그램에 대해서는 모든 `#include` 지시자들을 공통 헤더로 옮겨서 구조를 단순화할 수 있다. 마찬가지로 소규모 프로그램에 대해서는 main.cpp에서 error.cpp와 table.cpp를 떼어내는 것은 굳이 필요하지 않은 경우가 많다.

프로그램이 작고 그것의 부분들이 개별적으로 사용되도록 의도되지 않았을 때는 단일 헤더 스타일의 물리적 분할이 가장 쓸모가 있다. 네임스페이스가 사용될 때는 프로그램의 논리적 구조가 여전히 dc.h 안에서 표현된다는 점에 유의한다. 네임스페이스가 사용되지 않는다면 주석이 도움이 되겠지만, 구조가 모호해진다.

프로그램의 규모가 좀 더 커지면 관례적인 파일 기반 개발 환경에서 단일 헤더 파일 접근법을 쓸 수가 없다. 공통 헤더가 변경되면 무조건 전체 프로그램을 재컴파일해야 하는 데다 여러 명의 프로그래머들이 하나의 헤더를 업데이트하다 보면 오류에 취약해진다. 네임스페이스와 클래스에 기반을 둔 프로그래밍 스타일을 강력하게 관철하지 못한다면 프로그램이 커짐에 따라 논리적 구조는 악화될 수밖에 없다.

15.3.2 다중 헤더 구성

다른 방식의 물리적 구성에서는 각각의 논리적 모듈이 자신이 제공하는 기능을 제공하는 자체적인 헤더를 가진다. 즉, 각각의 .cpp 파일마다 대응되는 .h 파일에서 .cpp 파일이 무엇(그것의 인터페이스)을 제공하는지 알려주는 것이다. 각각의 .cpp 파일은 자신의 h. 파일을 인클루드하고, 대개는 그 외에도 인터페이스에서 기술된 서비스를 구현하기 위해 다른 모듈에서 필요로 하는 것을 알려주는 다른 .h 파일까지 인클루드한다. 물리적 구성은 모듈의 논리적 구성과 일치한다. 사용자를 위한 인터페이스는 .h 파일에 넣어지고, 구현을 위한 인터페이스는 _impl.h이 뒤에 붙은 파일에 넣어지며, 함수, 변수 등의 정의는 .cpp 파일에 넣어진다. 이런 방식으로 구문 분석기는 3개의 파일로 표시된다. 구문 분석기의 사용자 인터페이스는 parser.h 에서 제공된다.

```
// parser.h:
namespace Parser {            // 사용자를 위한 인터페이스
    double expr(bool get);
}
```

구문 분석기를 구현하는 expr(), prim(), term() 함수를 위한 공유 환경은 parser_impl.h 에 의해 제공된다.

```
// parser_impl.h:
#include "parser.h"
#include "error.h"
#include "lexer.h"

using Error::error;
using namespace Lexer;

namespace Parser {          // 구현자를 위한 인터페이스
    double prim(bool get);
    double term(bool get);
    double expr(bool get);
}
```

Paser_impl 네임스페이스(14.3.3절)를 썼다면 사용자 인터페이스와 구현자를 위한 인터페이스 사이의 구분이 훨씬 명확해졌을 것이다.

parser.h 헤더에 있는 사용자 인터페이스는 컴파일러에게 일관성을 체크하는 기회를 주기 위해 #include된다(15.3.1절).

구문 분석기를 구현하는 함수는 Parser 함수가 필요로 하는 헤더를 위한 #include 지시자 와 함께 parser.cpp에 저장된다.

```
// parser.cpp:
#include "parser_impl.h"
#include "table .h"

using Table::table;

double Parser::prim(bool get) { /* ... */ }
double Parser::term(bool get) { /* ... */ }
double Parser::expr(bool get) { /* ... */ }
```

구문 분석기와 드라이버가 그것을 어떻게 활용하는지를 그림으로 나타내면 다음과 같다.

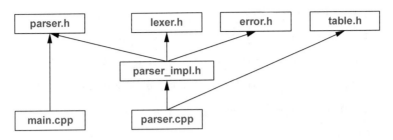

의도한 대로 이 그림은 14.3.1절에서 설명한 논리적 구조와 상당히 일치한다. 이 구조를 단순화하기 위해 table.h를 parser.cpp가 아니라 parser.impl.h에 #include할 수도 있다. 하지만 table.h는 구문 분석기 함수의 공유 상황을 표현하는 데 필요하지 않으며, 오직 구현에서만 필요할 뿐이다. 사실 이 헤더는 prim()이란 단 하나의 함수에서만 사용되기 때문에 의존 관계를 최소화하는 것이 정말로 중요하다면 prim()을 자신의 .cpp 파일에 넣고, table.h를 그곳에만 #include할 수도 있다.

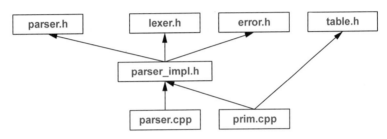

큰 모듈이 아닌 이상 그런 것까지 신경 쓸 필요는 없다. 현실적인 크기의 모듈에서는 개별 함수에 필요한 대로 추가적인 파일을 #include하는 것이 보통이다. 게다가 모듈 함수의 다른 부분집합은 다른 공유 상황을 필요로 하기 때문에 하나 이상의 _impl.h이 필요한 경우도 드물지는 않다.

_impl.h 표기는 표준이 아닐 뿐만 아니라 널리 쓰이는 규약도 아니라는 점에 유의한다. 그냥 내가 이름 붙이는 방식이다.

왜 이런 좀 더 복잡한 다중 헤더 파일 구성에 신경을 쓰는 것일까? dc.h에서 했던 것처럼 단순히 모든 선언을 하나의 헤더에 던지는 방식이 훨씬 신경이 덜 쓰인다는 점은 분명하다.

다중 헤더 구성은 우리의 장난감 같은 구문 분석기보다 몇 배나 더 큰 모듈과 우리의 계산기보다 몇 배나 큰 프로그램에 대응할 수 있게끔 확장될 수 있다. 이런 형식의 구성을 쓰는 근본적인 이유는 문제를 부분적으로 분리해주는 데 더 낫기 때문이다. 대규모 프로그램을 분석하고 수정할 때는 프로그래머가 상대적으로 작은 덩어리의 코드에 집중할 수 있느냐가 중요하다. 다중 헤더 구성을 이용하면 구문 분석기 코드가 무엇에 의존하고 있는지를 정확히 파악하기가 쉽고, 그에 따라 프로그램의 나머지 부분은 신경 쓰지 않아도 된다. 단일 헤더 접근법에서는 모든 모듈에서 사용되는 모든 선언을 일일이 살펴보고 그것이 관련성이 있는지를 판단해야 한다. 단순한 사실은, 코드의 유지 보수는 예외 없이 불완전한 정보를 갖고 부분적인 관점에서 행해진다는 것이다. 다중 헤더 구성을 이용하면 부분적인 관점만으로 '작게 시작해서 큰 것까지' 성공적으로 작업할 수 있다. 하나의 전체 정보 저장소에 중심을 둔 다른 모든 구성과 마찬가지로 단일 헤더 접근법을 이용하면 하향식 접근법이 필수적이며, 어떤 것이 어떤 것에 얽혀있는지 정확히 파악하느라고 계속적으로 헤맬 수밖에 없다.

정보를 잘 나눠 놓으면 모듈을 컴파일하는 데 필요한 정보가 줄어들고, 그에 따라 컴파일이 빨라진다. 그 효과는 놀랄만한 수준이 될 수 있다. 헤더의 효율적 사용을 위한 간단한 의존성 분석만으로도 컴파일 시간이 1000배나 차이가 나는 것을 본 적도 있다.

15.3.2.1 기타 계산기 모듈

나머지 계산기 모듈은 구문 분석기와 유사한 방식으로 구성될 수 있다. 하지만 이런 모듈들은 너무나 작기 때문에 자체적인 _impl.h 파일을 요구하지 않는다. 그런 파일들이 필요한 경우는 논리적 모듈의 구현이 공유 상황 정보(사용자에게 제공되는 것 외에)를 요구하는 많은 함수로 구성된 경우뿐이다.

오류 핸들러는 자신의 인터페이스를 error.h에서 제공한다.

```
// error.h:
#include<string>
namespace Error {
    extern int number_of_errors;
    double error(const std::string&);
}
```

구현은 error.cpp에서 찾을 수 있다.

```
// error.cpp:
#include "error.h"
int Error::number_of_errors;
double Error::error(const std::string& s) { /* ... */ }
```

어휘 분석기는 꽤 크고 복잡한 인터페이스를 제공한다.

```
// lexer.h:
#include<string>
#include<iostream>
namespace Lexer {
    enum class Kind : char {/* ... */ };
    class Token { /* ... */ };
    class Token_stream { /* ... */ };
    extern Token_stream ts;
}
```

lexer.h 외에 어휘 분석기의 구현은 error.h와 <cctype>의 문자 분류 함수에 의존한다(36.2절).

```
// lexer.cpp:
#include "lexer.h"
#include "error.h"
```

```
#include <iostream>          // 군더더기, lexer.h에 있음
#include <cctype>
Lexer::Token_stream ts {cin};   // 기본적으로 "cin에서 읽는다"가 된다.
Lexer::Token Lexer::Token_stream::get() { /* ... */ };
Lexer::Token& Lexer::Token_stream::current() { /* ... */ };
```

error.h에 대한 #include 지시자를 Lexer의 _impl.h로 분리할 수도 있다. 하지만 이런 작은 프로그램에서는 지나치다는 생각이 들었다.

여느 때처럼 모듈에서 제공되는 인터페이스(이 경우에는 lexer.h)를 모듈의 구현에 #include 해서 컴파일러에게 일관성을 체크할 기회를 제공한다.

표준 라이브러리 헤더 **<map>**이 효율적인 **map** 템플릿 클래스를 구현하기 위해 온갖 종류의 흥미로운 것들을 끌어들이긴 하지만, 기호 테이블은 기본적으로 자기 완결적이다.

```
// table.h:
#include <map>
#include <string>
namespace Table {
    extern std::map<std::string,double> table;
}
```

어떤 헤더라도 여러 개의 .cpp 파일에 #include될 수 있다고 가정되는 관계로, 테이블의 선언과 정의를 분리해야 한다.

```
// table.cpp:
#include "table .h"
std::map<std::string,double> Table::table;
```

드라이버는 main.cpp에 넣어졌다.

```
// main.cpp:
#include "parser.h"
#include "lexer.h"           // ts를 설정하기 위해서
#include "error.h"
#include "table .h"          // 이름을 미리 정의하기 위해서
#include <sstream>           // main()의 인자를 문자열 스트림에 넣기 위해서
namespace Driver {
    void calculate() { /* ... */ }
}
int main(int argc, char* argv[]) { /* ... */ }
```

좀 더 큰 시스템에서는 대체적으로 드라이버를 분리해서 **main()**에서 처리되는 것을 최소화하는 편이 좋다. 이렇게 하면 **main()**은 별도의 소스 파일에 있는 드라이버 함수를 호출한다. 이런 방식은 특히 라이브러리로 사용될 코드에서 중요하다. 그렇게 하면 **main()**의 코드에 의존할 수 없고, 드라이버가 다양한 함수에서 호출되는 경우에 대비해야 한다.

15.3.2.2 헤더의 사용

한 프로그램에서 사용되는 헤더의 개수는 많은 요인에 의해 좌우된다. 이런 요인 중 상당수는 C++보다는 파일이 시스템에서 처리되는 방식과 더 밀접한 관련성이 있다. 예를 들어 우리의 편집기/IDE에서 여러 개의 함수를 동시에 살펴보기가 불편하다면 많은 헤더를 사용하고픈 마음이 별로 들지 않을 것이다.

한 가지 주의해야 할 사항은 있다. 대개 프로그램의 실행 환경에 필요한 수십 개(종종 수백 개에 이르는)의 헤더들과 표준 헤더들은 관리할 만하다. 하지만 대규모 프로그램을 논리적으로 최소 크기의 헤더로 분할하면(각각의 구조의 선언을 자체적인 파일에 넣는 등으로) 사소한 프로젝트의 경우에도 금세 관리 불가능할 정도의 수백 개 파일로 아수라장인 상태가 될 것이다. 그것은 지나치다고 생각한다.

대규모 프로젝트에서는 다중 헤더가 필수적이다. 그런 프로젝트에서는 수백 개의 파일(표준 헤더 빼고)이 보통이다. 수천 개가 넘기 시작하면 본격적인 혼란이 시작된다. 그 정도 규모에서도 여기 논의된 기본적인 기법들이 여전히 유효하지만, 그것들의 관리는 감당하기 어려운 일이 될 것이다. 의존성 분석기 같은 도구가 큰 도움이 될 수 있지만, 프로그램이 구조화되지 않은 혼잡한 상태일 경우 컴파일러와 링커의 성능에는 별다른 도움을 줄 수 없다. 현실적인 규모의 프로그램에서는 단일 헤더 스타일이 대안이 될 수 없다는 점을 잊지 말기 바란다. 그런 프로그램은 다중 헤더를 갖기 마련이다. 프로그램 구성 부분에 대해서도 (반복적으로) 두 가지 스타일의 구성 중에서 선택해야 한다.

실제로 단일 헤더 스타일과 다중 헤더 스타일은 배타적인 대안이 아니다. 이 둘은 주요 모듈이 설계될 때마다 검토하고, 시스템이 발전함에 따라 재검토해야 하는 보완적인 기법이다. 한 인터페이스로 모든 상황에 똑같이 잘 대응할 수 없다는 점을 반드시 알아두기 바란다. 일반적으로는 구현자의 인터페이스와 사용자의 인터페이스를 구분하는 편이 바람직하다. 추가로 상당수의 대규모 시스템은 대다수의 사용자에게는 간단한 인터페이스를 제공하고, 전문 사용자에게는 좀 더 포괄적인 인터페이스를 제공하는 방식이 효과적일 수 있게 구조화돼 있다. 전문 사용자의 인터페이스('완전한 인터페이스')는 평균적인 사용자가 거의 알고 싶어 하지 않는 좀 더 많은 기능까지 #include하는 편이다. 사실 많은 경우 평균적인 사용자가 모르는 기능을 정의하는 헤더를 필요로 하는 기능들이 제거된 것이 평균적인 사용자 인터페이스의 특징이다. '평균적인 사용자'란 용어는 경멸의 의미가 아니다. 내가 전문가일 필요가 없는 분야에서 나는 평균적인 사용자가 되는 쪽을 훨씬 좋아한다. 그래야 골치 아픈 일이 줄어든다.

15.3.3 인클루드 가드

다중 헤더 접근법이란 개념은 각각의 논리적 모듈을 일관성 있고 자기 완결적인 단위로 표시하는 것이다. 전체 프로그램의 관점에서 보면 각각의 논리적 모듈을 완전하게 만드는 데 필요한 많은 선언이 군더더기다. 대규모 프로그램에서는 그러한 군더더기가 오류로 이어질 수 있다. 클래스 정의나 인라인 함수가 포함된 헤더가 동일한 컴파일 단위에 두 번 #include될 수 있기 때문이다(15.2.3절).

우리에게는 두 가지 선택이 있다.

[1]   군더더기를 줄이기 위해 프로그램을 재구성하든가

[2]   헤더의 반복적인 포함을 허용하는 방법을 찾는 것이다.

계산기의 최종 버전으로 이어진 첫 번째 접근법은 현실적인 규모의 프로그램에서는 장황하며 실용적이지 않다. 게다가 프로그램의 개별적인 부분을 떼어 놓고도 이해할 수 있게 만들려면 그런 군더더기가 또 필요하다.

군더더기 #include의 분석과 그에 따른 프로그램의 단순화로 얻어지는 혜택은 논리적 관점뿐만 아니라 컴파일 시간 단축의 측면에서도 중요할 수 있다. 하지만 이런 방법이 완벽한 수는 없기 때문에 뭔가 군더더기 #include를 허용할 수 있는 방법이 적용돼야 한다. 가능하면 그런 방법은 체계적으로 적용돼야 한다. 어느 정도까지 철저히 분석해야 사용자가 의미 있다고 판단할지 알 길이 없기 때문이다.

전통적인 해결책은 인클루드 가드^include guard^를 헤더에 삽입하는 것이다. 예를 들면 다음과 같다.

```
// error.h:
#ifndef CALC_ERROR_H
#define CALC_ERROR_H

namespace Error {
    // ...
}

#endif  // CALC_ERROR_H
```

#ifndef와 #endif 사이에 있는 파일의 내용은 CALC_ERROR_H가 정의된 경우 컴파일러에 의해 무시된다. 따라서 컴파일 도중 error.h가 처음 등장하면 그것의 내용이 읽어 들여지고 CALC_ERROR_H에 값이 주어진다. 컴파일 도중 컴파일러가 다시 한 번 error.h를 마주치면 이번에는 내용이 무시된다. 일종의 매크로 편법 중의 하나이지만 유효한 방법이며, C와 C++ 세계에는 널리 퍼져있다. 표준 헤더들은 모두 인클루드 가드를 갖고 있다.

헤더 파일들은 실질적으로 어떤 곳이든 인클루드될 수 있으며, 매크로 이름 충돌에 대해서는 네임스페이스로 보호할 수 있는 방법이 없다. 따라서 나는 인클루드 가드에 대해서는 좀 길고 보기 흉한 이름을 선택한다.

사람들은 일단 헤더와 인클루드 가드에 익숙해지고 나면 많은 헤더를 간접적이거나 직접적으로 인클루드하는 경향을 보인다. 헤더 처리 최적화 기능을 갖춘 C++ 구현 환경에서조차 이것은 바람직하지 않다. 불필요하게 컴파일 시간이 길어질 뿐만 아니라 유효 범위 안에 수많은 선언과 매크로를 끌어들일 수 있다. 후자는 예측 불가능하고 안 좋은 방향으로 프로그램의 의미에 영향을 미칠지도 모른다. 헤더는 필요할 때만 인클루드돼야 한다.

15.4 프로그램

프로그램이란 개별적으로 컴파일된 단위들을 링커로 묶은 집합이다. 이런 집합에 사용된 모든 함수, 객체, 타입 등은 고유의 정의를 가져야 한다(6.3절, 15.2.3절). 프로그램에는 main()이란 함수가 정확히 딱 한 개 있어야 한다(2.2.1절). 프로그램에 의해 수행되는 주요 계산은 전역함수 main()의 호출로 시작되고 main()의 반환으로 끝난다. main()의 반환 타입은 int이며, 다음 두 가지 버전의 main()은 모든 구현 환경에서 지원된다.

```
int main() { /* ... */ }
int main(int argc, char* argv[]) { /* ... */ }
```

프로그램은 이 두 가지 대안 중 하나만 제공해야 한다. 게다가 어떤 구현 환경은 다른 버전의 main()을 지원한다. argc, argv 버전은 프로그램의 환경에서 인자를 전송하는 데 사용된다. 이에 대해서는 10.2.7절을 참고하기 바란다.

main()에서 반환되는 int는 프로그램의 결과로서 main()을 호출한 시스템으로 전달된다. main()에서 반환되는 0이 아닌 값은 오류를 나타낸다.

전역 변수를 포함하는 프로그램(15.4.1절)이나 잡히지 않는 예외를 던지는 프로그램(13.5.2.5절)에 대해서는 이런 부분에 대해 좀 더 자세한 설명이 필요하다.

15.4.1 비지역 변수의 초기화

원칙적으로 어떤 함수의 바깥에 정의된 변수(즉, 전역, 네임스페이스 및 클래스 static 변수)는 main() 실행 전에 초기화돼야 한다. 해석 단위에서 그러한 비지역 변수는 정의 순서대로 초기화된다. 그런 변수가 명시적 초기화 식을 갖고 있지 않다면 기본적으로 해당 타입의 기본 값으로 초기화된다(17.3.3절). 기본 제공 타입과 열거형에 대한 기본 초기 값은 0이다. 예를 들면 다음과 같다.

```
double x = 2;      // 비지역 변수
double y;
double sqx = sqrt(x+y);
```

여기서 x와 y는 sqx 전에 초기화되므로, sqrt(2)가 호출된다.

서로 다른 해석 단위에 있는 전역 변수들의 초기화 순서는 보장되지 않는다. 따라서 서로 다른 컴파일 단위에 있는 전역 변수 초기화 식들 사이의 순서에 좌우되는 코드를 만드는 것은 현명하지 않다. 게다가 전역 변수의 초기화 식이 던지는 예외는 붙잡을 수 없다(13.5.2.5절). 일반적으로는 전역 변수의 사용을 최소화하는 편이 최선이며, 특히 복잡한 초기화를 요구하는 전역 변수의 사용은 자제해야 한다.

서로 다른 해석 단위에 있는 전역 변수들의 초기화 순서를 강제하기 위한 여러 가지 기법이 있다. 하지만 어떤 방법도 이식 가능하거나 효율적이지 않다. 특히 동적 링크 라이브러리는 복잡한 의존성을 갖는 전역 변수와 탈 없이 공존하지 못한다.

많은 경우 참조자를 반환하는 함수를 전역 변수 대신 훌륭하게 쓸 수 있다. 예를 들면 다음과 같다.

```
int& use_count()
{
    static int uc = 0;
    return uc;
}
```

이제 use_count() 호출은 전역 변수처럼 사용될 수 있다. 최초 사용 시점에 초기화된다는 점에서만 차이가 있다(7.7절). 다음 예를 살펴보자.

```
void f()
{
    cout << ++use_count();        // 읽어 들이고 증가시킨다.
    // ...
}
```

static를 사용하는 다른 경우와 마찬가지로 이 기법은 스레드 안전적이지 않다. 지역 static의 초기화는 스레드 안전적이다(42.3.3절). 이 경우 초기화는 상수 표현식(10.4절)과 같으므로 링크 시점에 진행되며, 데이터 경합으로 이어지지 않는다. 하지만 ++는 데이터 경합으로 이어질 수 있다.

비지역 (정적 할당) 변수의 초기화는 C++ 프로그램을 기동하기 위해 구현에서 사용하는 메커니즘에 의해 제어된다. 이 메커니즘은 main()이 실행될 경우에만 올바른 작동이 보장된다. 따라서 C++로 작성되지 않은 프로그램의 일부로서 실행될 예정인 C++ 코드에서 런타임 초기화를 요구하는 비지역 변수는 피해야 한다.

상수 표현식(10.4절)으로 초기화되는 변수는 다른 해석 단위의 객체 값에 의존할 수 없으며, 런타임 초기화를 요구하지 않는다는 점에 유의한다. 그런 변수는 그렇기 때문에 어떤 경우에 사용해도 안전하다.

15.4.2 초기화와 병행성

다음 코드를 살펴보자.

```
int x = 3;
int y = sqrt(++x);
```

x와 y는 어떤 값을 가질 수 있을까? 누가 봐도 그 답은 '3과 2'다. 왜 그럴까? 상수 표현식을 가진 정적 할당된 객체의 초기화는 링크 타임에 처리되므로, x는 3이 된다. 그러나 y의 초기화 식은 상수 표현식(sqrt()는 constexpr가 아님)이 아니므로 y는 런타임 전에는 초기화되지 않는다. 하지만 하나의 해석 단위 내에서 정적 할당된 객체의 초기화 순서는 명확하게 정의돼 있다. 그것들의 정의 순서대로 초기화된다(15.4.1절). 따라서 y는 2가 된다.

이 논리의 문제는 다중 스레드(5.3.1절, 42.2절)가 사용될 경우 각각의 런타임 초기화를 진행한다는 데 있다. 데이터 경합을 막기 위한 상호 배타가 알아서 지원되지 않는다. 그러면 다른 스레드가 **x**를 증가시키기 전이나 후에 한 스레드의 **sqrt(++x)**가 일어날 수 있다. 따라서 **y**의 값이 **sqrt(4)**나 **sqrt(5)**가 될 수 있다.

이런 문제를 피하기 위해서는 (늘 그렇듯이) 다음과 같이 해야 한다.

- 정적 할당 객체의 사용을 최소화하고 그들의 초기화를 가급적 단순화한다.
- 다른 해석 단위에 있는 동적 초기화 객체에 대한 의존성을 피한다(15.4.1절).

추가로 초기화에서 데이터 경합을 피하려면 다음 기법을 순서대로 시도해보기 바란다.

[1]   상수 표현식을 사용해서 초기화한다(초기화 식이 없는 기본 제공 타입은 0으로 초기화되고, 표준 컨테이너와 **string**은 링크 타임 초기화에 의해 빈 것으로 초기화된다는 점에 유의한다).

[2]   부수 효과가 없는 표현식을 이용해서 초기화한다.

[3]   알려진 단일 스레드의 계산 '시작 단계'에서 초기화한다.

[4]   상호 배타 형식을 사용한다(5.3.4절, 42.3절).

15.4.3 프로그램 종료

프로그램은 여러 가지 방법으로 종료될 수 있다.

[1]   **main()**에서 반환을 통해

[2]   **exit()** 호출을 통해

[3]   **abort()** 호출을 통해

[4]   잡히지 않은 예외를 던져서

[5]   **noexcept**를 위반함으로써

[6]   **quick_exit()** 호출을 통해

추가로 프로그램을 멈추게 만드는 잘못된 동작 방식과 구현 종속적인 방식에는 온갖 종류가 있다(예를 들면 **double**을 0으로 나누는 등의).

어떤 프로그램이 표준 라이브러리 함수 **exit()**를 통해 종료된다면 생성된 정적 객체에 대한 소멸자가 호출된다(15.4.1절, 16.2.12절). 하지만 프로그램이 표준 라이브러리 함수 **abort()**를 통해 종료된다면 그렇게 되지 않는다. 이는 **exit()**는 즉시 프로그램을 종료시키지 않는다는 뜻이다. 소멸자에서 **exit()**를 호출하면 무한 재귀를 일으킬 수 있다. **exit()**의 타입은 다음과 같다.

```
void exit(int);
```

main()의 반환 값과 마찬가지로(2.2.1절) **exit()**의 인자는 프로그램의 값으로서 '시스템'으로 반환된다. 0은 성공적인 완료를 나타낸다.

exit()의 호출은 호출한 함수의 지역 변수와 그것의 호출자가 그들의 소멸자를 호출하지 않을 것이라는 점을 뜻한다. 예외를 던지고 그것을 붙잡으면 지역 변수가 제대로 소멸되는 것이 보장된다(13.5.1절). 또한 **exit()**를 호출하면 **exit()**를 호출한 함수의 호출자에게 문제를

처리할 기회가 주어지지 않는다. 따라서 예외를 던져서 핸들러가 다음에 무엇을 할지 결정하게 함으로써 상황을 그대로 보존하는 편이 최선이다. 예를 들어 `main()`은 모든 예외를 잡을 수 있다(13.5.2.2절).

C와 C++ 표준 라이브러리 함수 `atexit()`는 프로그램 종료 시에 코드가 실행될 수 있게 해준다. 예를 들면 다음과 같다.

```
void my_cleanup();
void somewhere()
{
    if (atexit(&my_cleanup)==0) {
        // 정상 종료 시에는 my_cleanup이 호출될 것이다.
    }
    else {
        // 문제 발생 - 지나치게 많은 atexit 함수
    }
}
```

이 코드는 프로그램 종료 시에 전역 변수에 대한 소멸자가 자동 호출되는 코드와 상당히 흡사하다(15.4.1절, 16.2.12절). `atexit()`에 대한 인자는 인자를 받아들이거나 결과를 반환할 수 없으며, `atexit` 함수의 개수에는 구현별 정의되는 한도가 있다. `atexit()`에서 0이 아닌 값이 반환되면 한도에 도달했다는 뜻이다. 이런 한도 때문에 `atexit()`는 얼핏 보기보다는 쓸모가 많지 않다. 기본적으로 `atexit()`는 소멸자가 없는 C의 궁여지책이다.

`atexit(f)` 호출 전에 생성된 정적 할당 객체의 소멸자(6.4.2절)는 `f`가 호출된 이후에 호출될 것이다. `atexit(f)` 호출 후에 생성된 객체의 소멸자는 `f`가 호출되기 전에 호출될 것이다.

`quick_exit()` 함수는 아무 소멸자도 호출하지 않는다는 점을 제외하면 `exit()`와 동일하다. `at_quick_exit()`를 이용해서 `quick_exit()`에 의해 호출될 함수를 등록한다.

`exit()`, `abort()`, `quick_exit()`, `atexit()`, `at_quick_exit()` 함수는 `<cstdlib>`에 선언돼 있다.

15.5 조언

[1]   헤더 파일을 이용해서 인터페이스를 표시하고 논리적 구조를 강조한다(15.1절. 15.3.2절).

[2]   헤더 안에 선언한 함수를 구현하는 소스 파일 안에 그 헤더를 `#include`한다(15.3.1절).

[3]   서로 다른 해석 단위에서 같은 이름을 갖거나 비슷하지만 다른 뜻을 가진 전역 객체를 정의하지 않는다(15.2절).

[4]   헤더 안에서 인라인이 아닌 함수의 정의는 피한다(15.2.2절).

[5]   전역 유효 범위와 네임스페이스 안에서만 `#include`를 사용한다(15.2.2절).

[6]   완전한 선언만을 `#include`한다(15.2.2절).

[7]   인클루드 가드를 사용한다(15.3.3절).

[8]   전역 이름을 피하기 위해 네임스페이스 안에 C 헤더를 `#include`한다(14.4.9절, 15.2.4절).

[9]   헤더는 자기 완결적으로 만든다(15.2.3절).

[10]   사용자 인터페이스와 구현자 인터페이스를 구분한다(15.3.2절).

[11]   평균적인 사용자의 인터페이스와 전문 사용자의 인터페이스를 구분한다(15.3.2절).

[12]   C++로 작성되지 않은 프로그램의 일부로 사용될 예정인 코드에서 런타임 초기화를 요구하는 비지역 객체는 피한다(15.4.1절).

III부

추상화 메커니즘

3부에서는 새로운 타입을 정의하고 사용하기 위한 C++의 기능을 설명한다. 흔히 객체지향 프로그래밍object-oriented programming이나 일반화 프로그래밍generic programming이라고 불리는 기법들을 소개한다.

"...... 새로운 질서를 창시하는 것보다 실행하기 어렵거나, 성공이 의심스럽거나, 다루기 위험한 일은 없다. 개혁가는 오래된 질서로 이득을 보는 모든 사람의 적이 되는 반면, 새로운 질서로 이득을 보는 사람들 중에는 미온적 지지자들만이 있기 때문이다......"

— 니콜로 마키아벨리(Niccolò Machiavelli)
군주론(The Prince)의 제6절

클래스

이 타입들은 "추상적"이지 않다.
int나 float처럼 실제적이다
  — 더그 맥일로이(Doug McIlroy)

- 개요
- 클래스 기초 멤버 함수, 기본 복사, 접근 제어, **class**와 **struct**, 생성자, **explicit** 생성자, 클래스 내 초기화 식, 클래스 내 함수 정의, 가변성, 자기 참조, 멤버 접근, **static** 멤버, 멤버 타입
- 구체 클래스 멤버 함수, 보조 함수, 오버로딩 연산자, 구체 클래스의 중요성
- 조언

16.1 개요

C++ 클래스는 기본 제공 타입처럼 편리하게 쓰일 수 있는 새로운 타입을 생성하는 수단이다. 추가로 파생 클래스(3.2.4절, 20장)와 템플릿(3.4절, 23장)을 이용하면 프로그래머는 클래스 사이의 (계층적 및 매개변수식) 관계를 표현하고, 그런 관계를 활용할 수 있다.

타입이란 어떤 개념(아이디어, 관념 등)의 구체적 표현이다. 예를 들어 C++ 기본 제공 타입 **float**는 연산자 +, -, * 등과 함께 실수의 수학적 개념에 구체적으로 접근하는 수단을 제공한다. 클래스는 사용자 정의 타입이다. 우리는 기본 제공 타입 중에 직접적으로 대응되는 것이 없는 어떤 개념을 정의하기 위해 새로운 타입을 설계한다. 예를 들어 전화 통신을 다루는 프로그램에서는 **Trunk_line** 타입을, 비디오 게임에서는 **Explosion** 타입을, 텍스트 처리 프로그램에서는 **list<Paragraph>** 타입을 제공할 수 있다. 애플리케이션의 개념과 잘 들어맞는 타입을 제공하는 프로그램은 그렇지 않은 프로그램에 비해 이해하기 쉽고, 논리적으로 추론하기 쉬우며, 수정하기 쉽다. 게다가 사용자 정의 타입을 잘 선택하면 프로그램이 한층 간결해진다. 게다가 다양한 방법으로 코드를 분석하기에 용이하다. 특히 철저한 테스트가 아니고서는 찾을 수 없는 문법에 어긋난 객체 사용을 컴파일러가 찾을 수 있게 해준다.

새로운 타입을 정의하는 근본적인 취지는 구현의 부수적인 세부 사항(예를 들면 해당 타입의 객체를 저장하는 사용되는 데이터의 구조)을 그것을 정확히 사용하는 데 필수적인 속성(예를 들면 해당 타입에 접근할 수 있는 전체 함수의 리스트)과 분리하는 것이다. 이러한 분리는 데이터 구조와 그것의 내부 관리 루틴을 특정한 인터페이스를 통해 사용하는 것으로 가장 잘 표현된다.

16장에서는 비교적 간단한 기본 제공 타입과 논리적으로 크게 다르지 않은 '구체적인' 사용자 정의 타입에 초점을 맞춘다.

16.2 클래스 기초에서는 클래스와 멤버를 정의하는 데 필요한 기본 기능들을 소개한다.

16.3 구체 클래스에서는 깔끔하고 효율적인 구체 클래스의 설계에 대해 알아본다.

다음 장들은 좀 더 세부 사항을 파고들면서 추상 클래스와 클래스 계층 구조를 소개한다.

17장 **생성, 마무리, 복사와 이동**에서는 클래스 객체의 초기화를 제어하는 다양한 방법, 객체를 복사하고 이동하는 방법, 객체가 소멸될 때(예를 들면 유효 범위를 벗어날 때) 수행되는 '마무리 동작'을 제공하는 방법을 소개한다.

18장 **연산자 오버로딩**에서는 사용자 정의 타입을 위한 단항 및 이항 연산자(+, *, ! 등)를 정의하는 방법과 그것들을 사용하는 방법을 설명한다.

19장 **특수 연산자**에서는 산술 및 논리 연산자와 다른 방식으로 흔히 사용된다는 점에서 '특수한' 연산자들([], (), ->, new 등)을 정의하고 사용하는 방법을 살펴본다. 특히 19장에서는 문자열 클래스를 정의하는 방법을 보여준다.

20장 **파생 클래스**에서는 객체지향 프로그래밍을 지원하는 기본적인 언어 기능을 소개한다. 기반 클래스와 파생 클래스, 가상 함수, 접근 제어를 다룬다.

21장 **클래스 계층 구조**에서는 클래스 계층 구조의 개념을 기반으로 효과적으로 코드를 구성하기 위해 기반 클래스와 파생 클래스에 초점을 맞춘다. 21장의 내용 대부분은 프로그래밍 기법을 다루는 데 할애하지만, 다중 상속(하나 이상의 기반 클래스를 갖는 클래스)의 기술적 측면 역시 다룬다.

22장 **런타임 타입 정보**에서는 클래스 계층 구조를 명시적으로 둘러보기 위한 기법을 설명한다. 특히 타입 변환 연산자 `dynamic_cast`나 `static_cast`와 아울러 기반 클래스가 주어질 때 객체의 타입을 판별하기 위한 연산(`typeid`)을 소개한다.

16.2 클래스 기초

클래스를 아주 간단히 요약하면 다음과 같다.

- 클래스는 사용자 정의 타입이다.
- 클래스는 멤버의 집합으로 구성된다. 가장 흔한 종류의 멤버는 데이터 멤버와 멤버 함수다.
- 멤버 함수는 초기화(생성), 복사, 이동 및 마무리(소멸)의 의미를 정의할 수 있다.
- 객체에 대해서는 .(점)과 포인터에 대해서는 ->(화살표)를 이용해서 멤버에 접근할 수 있다.

- +, !, [] 등의 연산자는 어떤 클래스에 대해 정의될 수 있다.
- 클래스는 멤버가 포함된 네임스페이스다.
- public 멤버는 클래스의 인터페이스를 제공하고, private 멤버는 구현 세부 사항을 제공한다.
- struct는 public 멤버가 기본인 클래스다.

예를 들면 다음과 같다.

```
class X {
private:                    // 표현(구현)은 private이다.
    int m;
public:                     // 사용자 인터페이스는 public이다.
    X(int i =0) :m{i} { }   // 생성자(데이터 멤버 m을 초기화한다)

    int mf(int i)           // 멤버 함수
    {
        int old = m;
        m = i;              // 새로운 값을 설정한다.
        return old;         // 이전 값을 반환한다.
    }
};
X var {7};                  // X 타입의 변수, 7로 초기화된다.
int user(X var, X* ptr)
{
    int x = var.mf(7);      // .(점)을 이용해서 접근한다.
    int y = ptr->mf(9);     // ->(화살표)를 이용해서 접근한다.
    int z = var.m;          // 오류: private 멤버에는 접근할 수 없다.
}
```

다음 절들에서는 이 내용을 좀 더 자세히 살펴보고 논리적 근거를 제공한다. 교과서 스타일로 단계적으로 개념을 발전시키고, 세부 사항은 차후에 살펴볼 예정이다.

16.2.1 멤버 함수

Date 표시와 이 타입의 변수를 조작하기 위한 함수를 정의하는 struct(2.3.1절, 8.2절)를 이용해서 날짜의 개념을 구현하는 방법을 살펴보자.

```
struct Date {              // 표현
    int d, m, y;
};

void init_date(Date& d, int, int, int);  // d를 초기화한다.
void add_year(Date& d, int n);           // n년을 d에 추가한다.
void add_month(Date& d, int n);          // n월을 d에 추가한다.
void add_day(Date& d, int n);            // n일을 d에 추가한다.
```

데이터 타입 Date와 이 함수들 사이에는 명시적인 연결 관계가 없다. 함수들을 멤버로 선언함으로써 그런 연결 관계를 구축할 수 있다.

```
struct Date {
    int d, m, y;
```

```
    void init(int dd, int mm, int yy);      // 초기화한다.
    void add_year(int n);                   // n년을 추가한다.
    void add_month(int n);                  // n월을 추가한다.
    void add_day(int n);                    // n일을 추가한다.
};
```

클래스 정의(struct는 클래스의 일종이다. 16.2.4절) 안에서 선언된 함수를 **멤버 함수**^{member function}
라고 부르는데, 이런 함수는 구조체 멤버 접근을 위한 표준 문법(8.2절)을 이용해서 적절한
타입의 특정 변수만을 위해 호출될 수 있다. 예를 들면 다음과 같다.

```
Date my_birthday;
void f()
{
    Date today;

    today.init(16,10,1996);
    my_birthday.init(30,12,1950);

    Date tomorrow = today;
    tomorrow.add_day(1);
    // ...
}
```

다른 구조체도 동일한 이름을 가진 멤버 함수를 가질 수 있기 때문에 멤버 함수를 정의할
때는 구조체 이름을 지정해야 한다.

```
void Date::init(int dd, int mm, int yy)
{
    d = dd;
    m = mm;
    y = yy;
}
```

멤버 함수 내에서는 객체를 명시적으로 가리키지 않고 멤버 이름을 사용할 수 있다. 이런
경우 이름은 함수가 호출된 대상 객체의 해당 멤버를 가리킨다. 예를 들어 `Date::init()`이
`today`에 대해 호출되면 `m=mm`은 `today.m`에 대입된다. 반면 `Data::init()`가 `my_birthday`에 대
해 호출되면 `m=mm`은 `my_birthday.m`에 대입된다. 클래스 멤버 함수는 자신이 어떤 객체에 대해
호출됐는지 알고 있다. 하지만 `static` 멤버의 개념에 대해서는 16.2.12절을 살펴보기 바란다.

16.2.2 기본 복사

기본적으로 객체는 복사될 수 있다. 특히 클래스 객체는 그것의 클래스 객체의 사본으로 초기
화될 수 있다. 예를 들면 다음과 같다.

```
Date d1 = my_birthday;        // 복사에 의한 초기화
Date d2 {my_birthday};        // 복사에 의한 초기화
```

기본 설정에 의하면 클래스 객체의 사본은 각 멤버의 사본이다. 이런 기본 설정이 클래스
x에서 원하는 동작이 아니라면 좀 더 적합한 동작이 제공될 수 있다(3.3절, 17.5절).

마찬가지로 클래스 객체는 기본 설정상 대입으로 복사될 수 있다. 예를 들면 다음과 같다.

```
void f(Date& d)
{
    d = my_birthday;
}
```

역시 기본 의미 구조는 멤버 단위 복사다. 이것이 클래스 X에 적당한 선택이 아니라면 사용자는 적합한 대입 연산을 정의할 수 있다(3.3절, 17.5절).

16.2.3 접근 제어

앞의 절에서 Date의 선언은 Date를 조작하기 위해 필요한 사용자 집합을 제공한다. 하지만 그런 함수만이 Date의 표시에 직접적으로 의존하거나 Date 클래스의 객체에 직접적으로 접근할 수 있다고 지정해주지는 않는다. 이런 제한은 struct 대신 클래스를 이용해 표현할 수 있다.

```
class Date {
    int d, m, y;
public:
    void init(int dd, int mm, int yy);    // 초기화한다.

    void add_year(int n);                 // n년을 추가한다.
    void add_month(int n);                // n월을 추가한다.
    void add_day(int n);                  // n일을 추가한다.
};
```

public 레이블은 클래스 본체를 두 부분을 분리해준다. 첫 번째 비공개private 부분에 있는 이름들은 멤버에 의해서만 사용될 수 있다. 두 번째 공개public 부분은 클래스 객체에 대한 공개 인터페이스를 구성한다. struct는 멤버가 기본적으로 공개인 class의 일종일 뿐이다 (16.2.4절). 멤버 함수는 앞에서와 똑같이 정의되고 사용될 수 있다. 예를 들면 다음과 같다.

```
void Date::add_year(int n)
{
    y += n;
}
```

하지만 멤버가 아닌 함수는 비공개 멤버의 사용이 금지된다. 예를 들면 다음과 같다.

```
void timewarp(Date& d)
{
    d.y -= 200;        // 오류: Date::y는 비공개다.
}
```

데이터를 비공개로 만들려면 멤버 초기화 방법을 제공해야 하기 때문에 이제 init() 함수는 필수적이 됐다. 예를 들면 다음과 같다.

```
Date dx;
dx.m = 3;                // 오류: m은 비공개다.
dx.init(25,3,2011);      // OK
```

데이터 구조에 대한 접근을 명시적으로 선언된 함수 리스트로 제한하는 것에는 여러 가지 이점이 있다. 예를 들어 Date가 부적절한 값(예를 들어 2016년 12월 36일)을 받아들이는 원인이 되는 모든 오류는 반드시 멤버 함수 내의 코드에 의해 일어날 것이다. 이는 디버깅의 첫 단계인 국소화^{localization}가 프로그램이 실행되기도 전에 마무리된다는 뜻이다. 이는 Date에 속한 멤버를 변경하면 Date 타입의 동작이 바뀔 수 있거나 바뀌어야 한다는 일반적인 관점의 특수한 예다. 특히 클래스의 표현을 바꿔도 멤버 함수만 바꾸면 새로운 표현을 이용할 수 있다. 사용자 코드는 공개 인터페이스에 대해서만 직접적으로 의존하기 때문에 고쳐서 쓸 필요가 없다(재컴파일은 필요하지만). 또 다른 이점은 잠재적인 사용자는 멤버 함수의 정의를 살펴보기만 해도 클래스의 이용법을 배울 수 있다는 것이다. 좀 더 미묘하지만 가장 중요한 이점은 좋은 인터페이스의 설계에 초점을 맞추는 방식이 더 나은 코드를 낳는다는 점이다. 그렇지 않았다면 디버깅에 투자해야만 했던 고민과 시간을 적절한 사용과 관련된 문제에 쓸 수 있기 때문이다.

비공개 데이터의 보호는 클래스 멤버 이름의 사용 제한을 통해 이뤄진다. 따라서 이런 보호는 주소 조작(7.4.1절), 명시적 타입 변환(11.5절)으로 뚫을 수 있다. 물론 이런 방법은 꼼수다. C++는 우연한 실수를 막아줄 뿐이며, 고의적인 속임수에는 대처하지 못한다. 범용 언어의 부당한 사용에 대한 완벽한 보호는 하드웨어에서만 제공될 수 있으며, 그것조차 실제 시스템에서 적용하기는 어렵다.

16.2.4 class와 struct

다음 구문 요소는 클래스 정의$^{class\ definition}$라고 불린다.

```
class X { ... };
```

이 클래스 정의는 X라고 불리는 어떤 타입을 정의한다. 역사적인 이유로 인해 클래스 정의는 종종 클래스 선언$^{class\ declaration}$으로 불리기도 한다. 또한 정의가 아닌 선언과 마찬가지로 클래스 정의는 #include를 이용해서 다른 소스 파일에서 반복돼도 단일 정의 규칙(15.2.3절)을 위배하지 않는다.

정의에 의하면 struct는 소속된 멤버가 기본 설정상 공개인 클래스의 일종이다. 즉,

```
struct S { /* ... */ };
```

이 코드는 다음 코드를 줄여 쓴 것이나 마찬가지다.

```
class S { public: /* ... */ };
```

이런 S의 두 가지 정의는 서로 바꿔 쓸 수 있지만, 그래도 한 가지 스타일을 고수하는 편이 대개는 바람직하다. 어떤 스타일을 선택할지는 환경과 개인적인 취향에 달려 있다. 나는 '그냥 단순한 데이터 구조'라고 생각하는 클래스에 대해서는 struct를 쓰는 편이다. 어떤 클래스가 '불변속성을 가진 적합한 타입'이라고 생각되는 경우에는 class를 쓰는 편이다. 생성자와 접근 함수는 struct에 대해서도 상당히 쓸모가 있을 수 있지만, 불변속성(2.4.3.2절, 13.4절)을 보장하는 쪽보다는 축약형으로서 그렇다는 말이다.

기본 설정으로 class의 멤버는 비공개다.

```
class Date1 {
    int d, m, y;                    // 기본 설정상 비공개
public:
    Date1(int dd, int mm, int yy);
    void add_year(int n);           // n년을 추가한다.
};
```

하지만 접근 지정자 **private**을 쓸 수도 있다. 해당 멤버가 공개라고 표시해주는 **public**과 마찬가지로 해당 멤버가 비공개라고 표현해주는 것이다.

```
struct Date2 {
private:
    int d, m, y;
public:
    Date2(int dd, int mm, int yy);
    void add_year(int n);           // n년을 추가한다.
};
```

이름만 빼면 D1과 D2는 동등하다.

클래스에서 반드시 데이터를 먼저 선언해야 하는 것은 아니다. 실제로 공개 사용자 인터페이스를 제공하는 함수를 강조하기 위해 데이터를 나중에 등장시키는 방식이 타당한 경우도 꽤 있다. 예를 들면 다음과 같다.

```
class Date3 {
public:
    Date3(int dd, int mm, int yy);
    void add_year(int n);           // n년을 추가한다.
private:
    int d, m, y;
}
```

학습용 예제에 비해 공개 인터페이스와 구현 세부 사항이 좀 더 긴 실제의 코드에서는 개인적으로 대개 **Date3**에 사용된 스타일을 선호하는 편이다.

하나의 클래스 선언 안에서 접근 지정자를 여러 번 쓸 수 있다. 예를 들면 다음과 같다.

```
class Date4 {
public:
    Date4(int dd, int mm, int yy);
private:
    int d, m, y;
public:
    void add_year(int n);           // n년을 추가한다.
};
```

그래도 **Date4**와 같이 공개 구역을 여러 개 쓰면 복잡해보일 수 있고, 객체 배치 구조에 영향을 미칠 수 있다(20.5절). 비공개 구역을 여러 개 쓰는 것도 마찬가지다. 하지만 기계 생성 코드에서는 클래스 안에 여러 개의 접근 지정자를 허용하는 방식이 유용하다.

16.2.5 생성자

init()와 같은 함수를 사용해서 클래스 객체를 초기화하는 방식은 깔끔하지 않고 오류에 취약하다. 객체를 반드시 초기화해야 한다고 어디에 써있는 것이 아니기 때문에 프로그래머는 초기화를 잊어 먹거나 중복해서 할 수도 있다(두 경우 모두 대부분 심각한 결과를 초대한다). 좀 더 바람직한 접근법은 객체 초기화란 명시적 목적을 갖는 함수를 프로그래머가 선언하게 하는 것이다. 그런 함수는 주어진 타입의 값을 만들어내기 때문에 생성자constructor라고 불린다. 생성자는 클래스 자체와 똑같은 이름을 가진 것으로 알아볼 수 있다. 예를 들면 다음과 같다.

```cpp
class Date {
    int d, m, y;
public:
    Date(int dd, int mm, int yy);    // 생성자
    // ...
};
```

클래스가 생성자를 갖고 있으면 해당 클래스의 모든 객체는 생성자 호출에 의해 초기화된다. 생성자가 인자를 요구하면 그런 인자들이 제공돼야 한다.

```cpp
Date today = Date(23,6,1983);
Date xmas(25,12,1990);              // m에 대한 축약형
Date my_birthday;            // 오류: 초기화 누락
Date release1_0(10,12);             // 오류: 세 번째 인자 누락
```

생성자는 클래스 초기화를 정의하는 것이므로, {} 표기를 사용할 수도 있다.

```cpp
Date today = Date {23,6,1983};
Date xmas {25,12,1990};             // m에 대한 축약형
Date release1_0 {10,12};            // 오류: 세 번째 인자 누락
```

나는 초기화에 대해 () 표기법보다는 {} 표기법을 권장하는 편이다. 무엇을 하는지(초기화)가 좀 더 명확하고, 실수 가능성을 줄여주며, 일관성 있게 사용될 수 있기 때문이다(2.2.2절, 6.3.5절). () 표기법을 사용해야만 하는 경우도 있지만(4.4.1절, 17.3.2.1절), 그런 경우는 드물다.

여러 개의 생성자를 제공함으로써 어떤 타입의 객체를 초기화하는 다양한 방식을 제공할 수 있다. 예를 들면 다음과 같다.

```cpp
class Date {
    int d, m, y;
public:
    // ...
    Date(int, int, int);    // 일, 월, 년
    Date(int, int);         // 일, 월, 올해 기준
    Date(int);              // 일, 올해의 이번 달 기준
    Date();                 // 기본 날짜 - 오늘
    Date(const char*);      // 문자열로 표시된 날짜
};
```

생성자는 통상적인 함수가 준수하는 똑같은 오버로딩 규칙을 따른다(12.3절). 인자 타입에

있어 충분히 다르기만 하다면 컴파일러는 각각의 용도에 맞는 정확한 생성자를 선택할 수 있다.

```
Date today {4};                    // 4, today.m, today.y
Date july4 {"July 4, 1983"};
Date guy {5,11};                   // 11월 5일, today.y
Date now;                         // 오늘로 초기화되는 기본 날짜
Date start {};                    // 오늘로 초기화되는 기본 날짜
```

Date 예제에서 생성자가 넘쳐나는 건 일반적인 현상이다. 클래스를 설계할 때 프로그래머는 누군가에게 필요할 것 같다는 이유만으로 항상 기능을 추가하려는 유혹을 느낀다. 어떤 기능이 정말로 필요한지 신중하게 결정하고 그런 기능들만을 포함시키는 데는 더 많은 고민이 필요하다. 하지만 보통은 그런 추가적인 고민이 있어야 좀 더 작고 좀 더 이해하기 쉬운 코드가 만들어진다. 관련된 함수의 개수를 줄이는 한 가지 방법은 기본 인자를 사용하는 것이다 (12.2.5절). Date의 경우에는 각 인자에 '기본 값을 today로 선택'이라고 해석될 수 있는 기본 값을 부여할 수 있다.

```
class Date {
    int d, m, y;
public:
    Date(int dd =0, int mm =0, int yy =0);
    // ...
};
Date::Date(int dd, int mm, int yy)
{
    d = dd ? dd : today.d;
    m = mm ? mm : today.m;
    y = yy ? yy : today.y;
    // ... Date가 유효한지 체크한다...
}
```

인자 값이 '기본 값 선택'을 나타내는 데 사용되는 경우에는 선택된 값이 인자로 들어갈 수 있는 값 집합에 속해 있지 않아야 한다. day와 month의 경우에는 분명히 그렇지만, year의 경우에는 0이 확실한 선택이 아닐 수도 있다. 다행스럽게도 유럽 달력에는 0년이 없다. 즉, 1AD(year==1)이 1BC(year==-1) 다음에 바로 이어진다.

다른 방법으로 기본 인자로 기본 값을 바로 사용할 수도 있다. 하지만 실제의 값을 Date의 인터페이스에 박아 넣는 것을 피하기 위해 0을 쓰기로 선택했다. 이렇게 하면 나중에 선택에 따라 기본 설정의 구현을 개선할 수도 있다.

객체의 적절한 초기화를 보장함으로써 생성자는 멤버 함수의 구현을 대폭 단순화해준다. 생성자가 주어지면 다른 멤버 함수들은 더 이상 초기화되지 않은 데이터에 대해 신경 쓰지 않아도 된다(16.3.1절).

16.2.6 explicit 생성자

기본 설정으로 단일 인자로 호출된 생성자는 인자의 타입에서 생성자 타입으로 암시적으로

변환해주는 역할을 수행한다. 예를 들면 다음과 같다.

```
complex<double> d {1};          // d=={1,0}  (5.6.2절)
```

이러한 암시적 변환은 상당히 유용할 수 있다. 복소수가 그런 예다. 허수 부분을 빼버리면 복소수의 실수 부분이 얻어진다. 수학에서 필요한 것이 바로 이런 것이다. 하지만 많은 경우 이러한 변환은 상당한 혼란과 오류의 원인이 될 수 있다. Date를 살펴보자.

```
void my_fct(Date d);
void f()
{
    Date d {15};        // 그럴 듯해 보인다 - x는 {15,today.m,today.y}가 된다.
    // ...
    my_fct(15);         // 모호하다.
    d = 15;             // 모호하다.
    // ...
}
```

아무리 해도 이 코드는 모호하다. 코드는 복잡해도 숫자 15와 Date 사이에는 명확한 논리적 연결 관계가 존재하지 않는다.

다행스럽게도 생성자가 암시적 변환으로 사용되지 않게 지정할 수 있다. explicit 키워드로 선언된 생성자는 초기화와 명시적 변환 용도로만 사용될 수 있다. 다음 예를 살펴보자.

```
class Date {
    int d, m, y;
public:
    explicit Date(int dd =0, int mm =0, int yy =0);
    // ...
};
Date d1 {15};               // OK: 명시적인 것으로 간주된다.
Date d2 = Date{15};         // OK: 명시적임
Date d3 = {15};             // 오류: = 초기화로 암시적 변환이 수행되지 않는다.
Date d4 = 15;               // 오류: = 초기화로 암시적 변환이 수행되지 않는다.

void f()
{
    my_fct(15);             // 오류: 인자 전달로 암시적 변환이 수행되지 않는다.
    my_fct({15});           // 오류: 인자 전달로 암시적 변환이 수행되지 않는다.
    my_fct(Date{15});       // OK: 명시적임
    // ...
}
```

=를 이용한 초기화는 **복사 초기화**copy initialization로 간주된다. 원칙적으로 초기화 식의 사본은 초기화된 객체에 넣어진다. 하지만 그러한 사본은 최적화돼 생략될 수 있으며, 초기화 식이 우변 값(6.4.1절)인 경우에는 이동 연산(3.3.2절, 17.5.2절)이 사용될 수 있다. =를 빼버리면 명시적 초기화가 된다. 명시적 초기화는 직접적 초기화direct initialization라고 알려져 있다.

기본적으로 단일 인자로 초기화될 수 있는 생성자는 explicit로 선언해야 한다. 그렇게 하지 않으려면 그럴 만한 이유가 있어야 한다(complex에 대해서처럼). 암시적 생성자를 정의한다면 그렇게 한 이유를 문서화해 놓는 것이 바람직하며, 그렇게 하지 않으면 유지 보수 프로그래

머는 우리가 잊어먹었거나 잘 모른다고 의심할 수도 있다.

어떤 생성자가 explicit로 선언되고 클래스 외부에서 정의돼 있다면 그런 explicit는 반복될 수 없다.

```
class Date {
    int d, m, y;
public:
    explicit Date(int dd);
    // ...
};
Date::Date(int dd) { /* ... */}          // OK
explicit Date::Date(int dd) { /* ... */ }  // 오류
```

explicit가 중요한 대부분의 예제에는 단일 생성자 인자가 등장한다. 하지만 explicit는 0이나 하나 이상의 인자를 가진 생성자에도 쓸모가 있을 수 있다. 다음 예를 살펴보자.

```
struct X {
    explicit X();
    explicit X(int,int);
};
X x1 ={};              // 오류: 암시적
X x2 = {1,2};          // 오류: 암시적
X x3{};                // OK: 명시적
X x4 {1,2};            // OK: 명시적
int f(X);
int i1 = f({});        // 오류: 암시적
int i2 = f({1,2});     // 오류: 암시적
int i3 = f(X{});       // OK: 명시적
int i4 = f(X{1,2});    // OK: 명시적
```

직접 초기화와 복사 초기화 사이의 구분은 리스트 초기화에 대해서도 유지된다(17.3.4.3절).

16.2.7 클래스 내 초기화 식

여러 개의 생성자를 사용하다 보면 멤버 초기화가 반복될 수 있다. 예를 들면 다음과 같다.

```
class Date {
    int d, m, y;
public:
    Date(int, int, int);      // 일, 월, 년
    Date(int, int);           // 일, 월, 올해 기준
    Date(int);                // 일, 올해 이번 달 기준
    Date();                   // 기본 날짜 - 오늘
    Date(const char*);        // 문자열 표시 날짜
    // ...
};
```

기본 인자란 것을 도입해서 생성자의 개수를 줄이는 방식(16.2.5절)이나 공통적인 초기화 부분을 처리하는 생성자에게 넘기는 방식(17.4.3절)으로 그런 문제에 대응할 수 있다. 다른 방법으로는 데이터 멤버에 초기화 식을 추가할 수도 있다. 0으로 초기화해도 공통 코드 대부분

은 여전히 반복될 것이므로, 기본 값이 필요하다는 표시를 하는 것보다 차라리 '실제 값'으로 초기화하는 편을 선호할 수도 있다. Date 값으로 멤버를 초기화하는 것은 쉽지 않다(그렇게 되려면 Date 값 자체가 Date 생성자에서 사용되기 전에 초기화돼야 하기 때문이다. 16.2.12절을 참고하기 바란다). 따라서 주로 우리가 뭔가 할 수 있다는 점을 보여주자는 차원에서 특별히 기본 Date 초기화 식 값을 보관하는 변수를 도입한다.

```cpp
struct { int d, m, y; } date_initializer = {1, 1, 1970};
class Date {
    int d {date_initializer.d};
    int m {date_initializer.m};
    int y {date_initializer.y};
public:
    Date(int, int, int);        // 일, 월, 년
    Date(int, int);             // 일, 월, 올해 기준
    Date(int);                  // 일, 올해 이번 달 기준
    Date();                     // 기본 날짜 - 오늘
    Date(const char*);          // 문자열 표시 날짜
```

이제 각 생성자가 직접 초기화하지 않아도 d, m, y는 초기화된다. 다음 예를 살펴보자.

```cpp
Date::Date(int dd)
    :d{dd}
{
    // ... Date가 유효한지 체크한다...
}
```

이는 다음 코드와 동일하다

```cpp
Date::Date(int dd)
    :d{dd}, m{date_initializer.m}, y{date_initializer.y}
{
    // ... Date가 유효한지 체크한다...
}
```

date_initializer는 Date의 생성자에 의해 확인될 초기화 식 값을 보관하는 임시적인 데이터 구조일 뿐이라는 점에 유의한다. date_initializer에 타입 이름을 주는 것조차 신경 쓰지 않았다.

16.2.8 클래스 내 함수 정의

클래스 정의 내에서 정의된(선언된 것만이 아닌) 멤버 함수는 인라인 멤버 함수로 간주된다(12.1.5절). 즉, 클래스 내의 멤버 함수 정의는 작고, 거의 변경되지 않으며, 빈번히 사용되는 함수를 위한 것이다. 그것이 속해 있는 클래스 정의와 마찬가지로 클래스 내에서 정의된 멤버 함수는 #include를 이용해서 여러 개의 해석 단위에서 복제될 수 있다. 클래스 자체와 똑같이 어느 곳에 #include되더라도 멤버 함수의 의미는 동일하다(15.2.3절).

멤버는 해당 멤버가 정의된 장소에 상관없이 자신이 속한 클래스의 또 다른 멤버를 참조할 수 있다(6.3.4절). 다음 코드를 살펴보자.

```
class Date {
public:
    void add_month(int n) { m+=n; }   // Date의 m을 증가시킨다.
    // ...
private:
    int d, m, y;
};
```

즉, 함수와 데이터 멤버 선언은 순서에 독립적이다. 다음과 같이 써도 똑같다.

```
class Date {
public:
    void add_month(int n);          // Date의 m을 증가시킨다.
    // ...
private:
    int d, m, y;
};

inline void Date::add_month(int n)   // n월을 추가한다.
{
    m+=n;       // Date의 m을 증가시킨다.
}
```

이런 후자의 스타일은 클래스 정의를 단순하고 읽기 쉽게 유지하기 위해 종종 사용된다. 또한 이 방식은 텍스트상으로 클래스의 인터페이스와 구현을 분리해준다.

여기서 Date::add_month의 정의는 단순화된 것이다. 단순히 n만 더해서 그것이 좋은 날짜가 되리라고 기대하는 건 지나치게 순진하다(16.3.1절).

16.2.9 가변성

이름을 가진 객체를 상수 또는 변수로 정의할 수 있다. 바꿔 말하면 이름이 불변적이거나 가변적인 값을 보관하는 객체를 가리킬 수 있다는 것이다. 정확한 용어를 따지는 건 약간 거추장스럽기 때문에 그런 변수를 상수라고 부르거나, 아니면 여전히 간단하긴 하지만 const 변수라고 부르기로 한다. 영어를 모국어로 사용하는 사람들에게는 다소 이상하게 들릴지도 모르겠지만 이런 개념은 유용하며, C++ 타입 시스템 속에 깊숙이 자리 잡고 있다. 불변적인 객체를 체계적인 사용하면 코드를 좀 더 이해하기 쉽게 만들고, 더 많은 오류가 좀 더 일찍 발견할 수 있으며, 때로는 성능 개선으로 이어질 수도 있다. 특히 불변성은 멀티스레드 프로그램에서 가장 유용한 속성이다(5.3절, 41장).

기본 제공 타입으로 간단한 상수를 정의하는 것 이상으로 쓸모가 있으려면 사용자 정의 타입의 const 객체에 적용될 수 있는 함수를 정의할 수 있어야 한다. 자립적인 함수의 경우에는 const T& 인자를 받아들이는 함수가 그런 함수다. 클래스의 경우에는 const 객체에 적용되는 멤버 함수를 정의할 수 있어야 한다는 뜻이다.

16.2.9.1 상수 멤버 함수

지금까지 정의된 Date는 Date에 값을 부여하기 위한 멤버 함수를 제공한다. 안타깝게도 Date

의 값을 살펴보는 방법은 제공하지 못했다. 이 문제는 일, 월, 년을 읽기 위한 함수를 추가함으로써 손쉽게 해결될 수 있다.

```
class Date {
    int d, m, y;
public:
    int day() const { return d; }
    int month() const { return m; }
    int year() const;

    void add_year(int n);        // n년을 추가한다.
    // ...
};
```

함수 선언 내의 (빈) 인자 리스트 다음의 const는 이런 함수들이 Date의 상태를 변경시키지 않는다는 점을 나타낸다.

당연히 컴파일러는 이런 약속을 위반하려고 하는 우연적인 시도를 잡아낼 것이다. 예를 들면 다음과 같다.

```
int Date::year() const
{
    return ++y;        // 오류: const 함수 내의 멤버 값을 변경하려는 시도
}
```

const 멤버 함수가 클래스 외부에서 정의된 경우에는 const 접두사가 필요하다.

```
int Date::year()        // 오류: 멤버 함수 타입에서 const가 누락돼 있다.
{
    return y;
}
```

바꿔 말하면 const는 Date::day(), Date::month(), Date::year() 타입의 일부다.

const 멤버 함수는 const와 const가 아닌 객체 모두에 대해 호출될 수 있다. 반면 const가 아닌 함수는 const가 아닌 객체에 대해서만 호출될 수 있다. 다음 예를 살펴보자.

```
void f(Date& d, const Date& cd)
{
    int i = d.year();        // OK
    d.add_year(1);           // OK

    int j = cd.year();       // OK
    cd.add_year(1);          // 오류: const Date의 값을 변경할 수 없다.
}
```

16.2.9.2 물리적 및 논리적 상수성

경우에 따라 멤버 함수가 논리적으로는 const지만, 여전히 멤버의 값을 변경할 필요가 있을 때가 있다. 즉, 사용자에게는 함수가 객체의 상태를 변경하지 않는 것처럼 보이지만, 사용자가 직접적으로 인지할 수 없는 어떤 세부 사항이 갱신될 수 있다. 이를 가리켜 종종 '논리적 상수성logical constness'이라고 한다. 예를 들어 Date 클래스는 문자열 표현을 반환하는 함수를 가질

수 있다. 이런 표현의 생성은 상대적으로 비용이 많이 드는 연산일 수 있다. 따라서 **Date**의
값이 변경되지만 않는다면 사본을 하나 만들어놓고 반복되는 요청에 대해 이 사본만 반환하는
방식이 타당할 수 있다. 이런 식으로 값을 캐싱하는 기법은 좀 더 복잡한 데이터 구조에서
좀 더 널리 쓰이지만, **Date**에서 이 기법이 어떻게 이뤄지는지 살펴보게 하자.

```
public:
class Date {
    // ...
    string string_rep() const;        // 문자열 표현
private:
    bool cache_valid;
    string cache;
    void compute_cache_value();       // 캐시를 채운다.
    // ...
};
```

사용자 관점에서 보면 **string_rep**은 Date의 상태를 변경하지 않으므로, 분명히 const
멤버 함수라고 할 수 있다. 반면 **cache**와 **cache_valid** 멤버는 경우에 따라 변경돼야 설계
의미가 있을 것이다.

이러한 문제는 **const_cast**(11.5.2절)와 같은 캐스트를 사용한 단순 무식한 방법으로 해결
될 수도 있다. 하지만 타입 규칙에 혼란을 불러일으키지 않고도 충분히 깔끔한 또 다른 해결책
이 있을 수 있다.

16.2.9.3 mutable

클래스의 멤버를 **mutable**로 정의할 수 있는데, 이는 해당 멤버가 const 객체 내에서도 수정될
수 있다는 뜻이다.

```
class Date {
public:
    // ...
    string string_rep() const;                  // 문자열 표현
private:
    mutable bool cache_valid;
    mutable string cache;
    void compute_cache_value() const;           // (가변적인) 캐시를 채운다.
    // ...
};
```

이제 **string_rep()**를 명확한 방식으로 정의할 수 있다.

```
string Date::string_rep() const
{
    if (!cache_valid) {
        compute_cache_value();
        cache_valid = true;
    }
    return cache;
}
```

이제 string_rep()를 const와 const가 아닌 객체 모두에 대해 정의할 수 있다. 예를 들면 다음과 같다.

```
void f(Date d, const Date cd)
{
    string s1 = d.string_rep();
    strin    g s2 = cd.string_rep();               // OK!
    // ...
}
```

16.2.9.4 간접 참조를 통한 가변성

어떤 멤버를 mutable로 선언하는 것은 소규모 객체 표현의 작은 부분에 대해서만 변경이 허용될 때 가장 적합하다. 좀 더 복잡한 경우에는 변경되는 데이터를 별도의 객체에 넣고 간접적으로 접근하는 방식이 많은 경우 좀 더 다루기 편하다. 이런 기법이 사용될 경우 캐시를 가진 문자열 예외는 다음과 같이 된다.

```
struct cache {
    bool valid;
    string rep;
};
class Date {
public:
    // ...
    string string_rep() const;              // 문자열 표현
private:
    cache*c;                                // 생성자에서 초기화한다.
    void compute_cache_value() const;       // 캐시가 가리키는 것을 채운다.
    // ...
};
string Date::string_rep() const
{
    if (!c->valid) {
        compute_cache_value();
        c->valid = true;
    }
    return c->rep;
}
```

이렇게 캐시를 지원하는 프로그래밍 기법은 **지연 평가**lazy evaluation의 다양한 형태 중 하나의 예다.

const는 포인터나 참조자를 통해 접근되는 객체에는 적용되지 않는다는 점에 유의한다. 코드를 읽는 사람들은 그런 객체를 '하위 객체의 일종'이라고 간주할 수도 있지만, 컴파일러는 그런 포인터나 참조자가 다른 것들과 무엇이 다른지 알 수 없다. 즉, 멤버 포인터는 다른 포인터와 구별되는 특별한 의미 구조를 갖고 있지 않다.

16.2.10 자기 참조

상태 갱신 함수 add_year(), add_month(), add_day()(16.2.3절)는 값을 반환하기 위해 정의되지 않았다. 이러한 관련된 갱신 함수의 집합에 대해서는 갱신된 객체에 대한 참조자를 반환해서 연산들이 연결되도록 하는 편이 많은 경우 유용하다. 예를 들어 다음과 같이 작성해서 일, 월, 년을 d에 추가하고 싶을 수 있다.

```cpp
void f(Date& d)
{
    // ...
    d.add_day(1).add_month(1).add_year(1);
    // ...
}
```

이를 위해서는 각 함수가 Date에 대한 참조자를 반환하게 선언돼야 한다.

```cpp
class Date {
    // ...
    Date& add_year(int n);      // n년을 추가한다.
    Date& add_month(int n);     // n월을 추가한다.
    Date& add_day(int n);       // n일을 추가한다.
};
```

각각의 (static이 아닌) 멤버 함수는 어떤 객체에 대해 호출됐는지 알고 있으며, 명시적으로 해당 객체를 참조할 수 있다. 예를 들면 다음과 같다.

```cpp
Date& Date::add_year(int n)
{
    if (d==29 && m==2 && !leapyear(y+n)) {      // 2월 29일에 대해 유의한다.
        d = 1;
        m = 3;
    }
    y += n;
    return *this;
}
```

표현식 *this는 멤버 함수의 호출 대상이 되는 객체를 가리킨다.

static이 아닌 멤버 함수에서 this 키워드는 함수의 호출 대상이 되는 객체를 가리키는 포인터다. 클래스 X에 소속된 const가 아닌 멤버 함수에서는 this의 타입이 X*다. 하지만 this는 우변 값으로 간주되므로, this의 주소를 얻는다든지 this에 대입한다든지 하는 것은 불가능하다. 클래스 X의 const 멤버 함수에서는 this의 타입이 const X*로서 객체 자체의 수정을 방지해준다(7.5절도 참고하기 바란다).

대부분 this의 사용은 암시적이다. 특히 클래스 내부에서 static이 아닌 멤버 함수에 대한 모든 참조자는 this의 암시적 사용에 의존해서 적합한 객체의 멤버를 얻는다. 예를 들어 add_year 함수는 다소 장황하긴 하지만, 다음과 같이 정의해도 똑같다.

```cpp
Date& Date::add_year(int n)
{
```

```
        if (this->d==29 && this->m==2 && !leapyear(this->y+n)) {
            this->d = 1;
            this->m = 3;
        }
        this->y += n;
        return *this;
}
```

this의 명시적 사용 예 중 대표적인 것은 링크드 리스트 조작이다. 예를 들면 다음과 같다.

```
struct Link {
    Link* pre;
    Link* suc;
    int data;

    Link* insert(int x)      // this 앞에 x를 삽입한다.
    {
        return pre = new Link{pre,this,x};
    }
    void remove() // remove and destroy this
    {
        if (pre) pre->suc = suc;
        if (suc) suc->pre = pre;
        delete this;
    }
    // ...
};
```

this를 명시적으로 사용하려면 템플릿인 파생 클래스에서 기반 클래스의 멤버에 접근할
수 있어야 한다(26.3.7절).

16.2.11 멤버 접근

클래스 X의 객체에 대해서는 .(점) 연산자를 적용하거나 클래스 X의 객체를 가리키는 포인터에
대해서는 ->(화살표)를 적용해서 클래스 X의 멤버에 접근할 수 있다. 예를 들면 다음과 같다.

```
struct X {
    void f();
    int m;
};
void user(X x, X* px)
{
    m = 1;               // 오류: 유효 범위 내에 m이 없다.
    x.m = 1;             // OK
    x->m = 1;            // 오류: x는 포인터가 아니다.
    px->m = 1;           // OK
    px.m = 1;            // 오류: px는 포인터다.
}
```

분명히 여기에는 약간의 군더더기가 있다. 컴파일러가 이름이 X를 가리키는지 아니면 X*
를 가리키는지 알고 있으므로, 단일 연산자만으로도 충분했을 것이다. 하지만 프로그래머가

혼동을 일으킬지도 모르기 때문에 C 초창기 시절부터 연산자를 분리하는 것이 규칙이 됐다.

클래스 내부에서는 연산자가 필요하지 않다. 예를 들면 다음과 같다.

```
void X::f()
{
    m = 1;                   // OK: "this->m = 1;"(16.2.10절)
}
```

즉, 한정되지 않은 멤버 이름은 자신의 앞에 **this->**가 붙은 것처럼 동작한다. 멤버 함수는 멤버 이름이 선언되기 전에 그것을 참조할 수 있다는 점에 유의한다.

```
struct X {
    int f() { return m; }    // 좋다 - 이 X의 m을 반환한다.
    int m;
};
```

특정 객체의 멤버가 아니라 일반적으로 어떤 멤버를 참조하고 싶다면 ::에 이어지는 클래스 이름으로 한정할 수 있다. 예를 들면 다음과 같다.

```
struct S {
    int m;
    int f();
    static int sm;
};
int S::f() { return m; }             // S의 f를 정의한다.
int S::sm {7};                       // S의 static 멤버 sm을 초기화한다(16.2.12절).
int(S::* pmf)() {&S::f};             // S의 멤버 f를 가리킨다.
```

위 코드의 마지막 구문 요소(멤버를 가리키는 포인터)는 상당히 보기 드물고 난해하다. 이에 대해서는 20.6절을 참고하기 바란다. 여기서는 ::에 대한 규칙의 범용성을 강조하는 차원에서 언급한 것뿐이다.

16.2.12 static 멤버

Date에 대한 기본 값의 편리성은 중대한 숨겨진 문제점을 대가로 얻어진 것이다. 우리의 **Date** 클래스는 전역 변수 **today**에 의존하게 돼 버렸다. 이 **Date** 클래스는 **today**가 정의돼 있고 모든 코드에서 올바르게 사용되고 있는 상황에서만 사용될 수 있다. 이는 클래스가 처음 작성됐을 때의 상황이 아닌 경우 클래스를 무용지물로 만들어 버리는 일종의 제약 조건이다. 이렇게 상황 종속적인 클래스를 사용하려고 시도하다 보면 사용자는 뜻밖의 유쾌하지 않은 사건을 너무나 자주 접하게 되고, 유지 보수는 엉망진창이 되고 만다. '단 하나의 작은 전역 변수'가 통제 불가능한 정도는 아닐 수도 있겠지만, 이런 스타일은 원래 프로그래머가 아니면 아무도 쓸 수 없는 코드를 낳게 된다. 이런 상황은 피해야 한다.

다행스럽게도 공개적으로 접근 가능한 전역 변수란 부담을 지지 않고도 편리하게 만들 수 있는 방법이 있다. 클래스의 일부이면서도 해당 클래스의 객체가 아닌 변수를 static 멤버라고 부른다. 통상적인 비static 멤버처럼 객체당 하나씩 사본이 있는 것이 아니라, **static**

멤버는 해당 클래스에 정확히 하나의 사본이 존재한다(6.4.2절). 마찬가지로 클래스의 멤버에 접근을 필요로 하는 함수지만, 특정 객체에 대해 호출될 필요가 없는 함수를 static 멤버 함수라고 부른다.

다음은 Date에 대한 기본 생성자 값의 의미 구조를 보존하게 재설계한 코드로, 전역 변수로 인한 문제가 발생하지 않는다.

```
class Date {
    int d, m, y;
    static Date default_date;
public:
    Date(int dd =0, int mm =0, int yy =0);
    // ...
    static void set_default(int dd, int mm, int yy);   // default_date를
                                                       // Date(dd,mm,yy)로 설정한다.
};
```

이제 다음과 같이 default_date를 사용하게 Date 생성자를 정의할 수 있다.

```
Date::Date(int dd, int mm, int yy)
{
    d = dd ? dd : default_date .d;
    m = mm ? mm : default_date .m;
    y = yy ? yy : default_date .y;

    // ... Date가 유효한지 체크한다...
}
```

set_default()를 이용해서 필요할 경우 기본 설정 날짜를 바꿀 수 있다. static 멤버는 다른 멤버와 똑같은 방식으로 참조될 수 있다. 게다가 static 멤버는 객체 언급 없이도 참조될 수 있다. 대신 그것의 이름이 클래스 이름에 의해 한정된다. 다음 예를 살펴보자.

```
void f()
{
    Date::set_default(4,5,1945);     // Date의 static 멤버 set_default()를 호출한다.
}
```

함수이든 데이터 멤버이든 static 멤버가 사용된다면 어딘가에서 정의돼야 한다. static 키워드는 static 멤버의 정의에서 반복되지 않는다. 다음 예를 살펴보자.

```
Date Date::default_date {16,12,1770};       // Date::default_date의 정의
void Date::set_default(int d, int m, int y)  // Date::set_default의 정의
{
    default_date = {d,m,y};                  // default_date에 새로운 값을 대입한다.
}
```

이제 베토벤의 생일이 기본 값이 됐다. 다른 누군가가 바꾸기 전에는 이 값이 유지될 것이다.

Date{}는 Date::default_date 값의 표기법에 해당한다는 점에 유의한다. 예를 들면 다음과 같다.

```
Date copy_of_default_date = Date{};
```

```
void f(Date);

void g()
{
    f(Date{});
}
```

결과적으로 기본 날짜를 읽기 위해 별도의 함수가 필요하지 않다. 더욱이 대상 타입이 명확하게 **Date**인 경우에는 일반적인 {}만으로 충분하다. 다음 예를 살펴보자.

```
void f1(Date);

void f2(Date);
void f2(int);

void g()
{
    f1({});             // OK: f1(Date{})와 같다.
    f2({}):             // 오류: f2(int)인지 f2(Date)인지 모호하다.
    f2(Date{});         // OK
}
```

멀티스레드 코드에서 **static** 데이터 멤버는 경합 상황(5.3.4절, 41.2.4절)을 피하기 위해 일종의 잠금이나 접근 질서를 필요로 한다. 이제 멀티스레드가 상당히 일반화됐기 때문에 오래된 코드에서 **static** 데이터 멤버가 꽤나 많이 쓰였다는 점은 불행스러운 일이다. 오래된 코드는 경합 상황을 초래하는 방식으로 **static** 멤버를 사용하는 경향이 있다.

16.2.13 멤버 타입

타입과 타입 별칭은 클래스의 멤버가 될 수 있다. 예를 들면 다음과 같다.

```
template<typename T>
class Tree {
    using value_type = T;              // 멤버 별칭
    enum Policy { rb, splay, treeps }; // 멤버 enum
    class Node {                       // 멤버 클래스
        Node* right;
        Node* left;
        value_type value;
    public:
        void f(Tree*);
    };
    Node* top;
public:
    void g(Node*);
    // ...
};
```

멤버 클래스^{member class}(종종 중첩 클래스^{nested class}라고도 불리는)는 타입과 자신이 소속된 클래스의 **static** 멤버를 참조할 수 있다. 멤버 클래스는 참조할 수 있게 자신이 소속된 클래스의 객체가 주어진 경우 비**static** 멤버만을 참조할 수 있다. 이진트리의 복잡성에 빠지지 않기 위해 나는 순수하게 기술적인 '**f()**와 **g()**' 스타일의 예제들을 사용한다.

중첩 클래스는 자신이 소속된 클래스의 멤버에 접근할 수 있으며, **private** 멤버까지 접근할 수 있지만(멤버 함수와 마찬가지로), 소속된 클래스는 현재 객체란 개념은 갖고 있지 않다. 예를 들면 다음과 같다.

```
template<typename T>
void Tree<T>::Node::f(Tree* p)
{
    top = right;                    // 오류: 지정된 Tree 타입의 객체가 없다.
    p->top = right;                 // OK
    value_type v = left->value;     // OK: value_type은 객체와 연관되지 않는다.
}
```

클래스는 중첩된 클래스의 멤버에 대해 특별한 접근 권한을 갖지 않는다. 예를 들면 다음과 같다.

```
template<typename T>
void Tree<T>::g(Node* p)
{
    value_type val = right->value;    // 오류: Tree::Node 타입의 객체가 없다.
    value_type v = p->right->value;   // 오류: Node::right은 비공개다.
    p->f(this);                       // OK
}
```

멤버 클래스는 근본적인 중요성을 가진 기능이라기보다는 표기적 편의성 수단에 가깝다. 반면 멤버 별칭은 연관된 타입에 의존하는 일반화 프로그래밍 기법의 기반으로서 중요하다(28.2.4절, 33.1.3절). 멤버 **enum**은 자신이 포함된 유효 범위가 열거형의 이름으로 어지럽혀지는 것을 피하고 싶을 때 종종 **enum class**의 대안이 될 수 있다(8.4.1절).

16.3 구체 클래스

앞 절에서는 클래스 정의에 필요한 기본 언어 기능을 소개한다는 취지로 **Date** 클래스의 설계를 요모조모 살펴봤다. 여기서는 관점을 뒤집어서 단순하고 효율적으로 **Date** 클래스를 설계하는 방법을 논의하고 이런 설계를 지원하는 언어 기능을 보여주고자 한다.

작지만 중요하게 쓰이는 추상 개념들이 많은 애플리케이션에서 널리 쓰이고 있다. 라틴 문자, 중국 문자, 정수, 부동소수점 숫자, 복소수, 점, 포인터, 좌표, 변환, (포인터, 오프셋) 쌍, 날짜, 시간, 범위, 링크, 연관, 노드, (값, 단위), 디스크 위치, 소스코드 위치, 통화 가치, 선, 사각형, 고정소수점 숫자, 분수, 문자열, 벡터, 배열 등이 그런 예에 포함된다. 모든 애플리케이션이 이들 중 여러 가지를 사용한다. 종종 이런 간단한 구체 타입 중 몇 가지가 집중적으로 사용된다. 전형적인 애플리케이션 몇 가지는 직접적으로 사용하고 좀 더 많은 것은 라이브러리를 통해 간접적으로 사용한다.

C++는 이런 추상화 중 몇 가지는 기본 제공 타입으로 직접적으로 지원한다. 하지만 대부분은 언어에서 직접적으로 지원되지 않으며, 그럴 수도 없다. 너무나 많기 때문이다. 게다가 범용 프로그래밍 언어의 설계자가 모든 애플리케이션의 상세한 필요 사항을 예견할 수는 없는

법이다. 결과적으로 사용자가 소규모의 구체 타입을 정의할 수 있는 기능이 제공돼야 한다. 그런 타입은 추상 클래스(20.4절)나 클래스 계층 구조에 포함된 클래스(20.3절, 21.2절)와 구분하기 위해 **구체 타입**concrete type 또는 **구체 클래스**concrete class라고 불린다.

클래스는 그것의 표현이 정의에 속해 있을 경우에 **구체**concrete(또는 구체 클래스)라고 불린다. 이는 다양한 구현에 대한 인터페이스를 제공하는 추상 클래스(3.2.2절, 20.4절)와 구분되는 점이다. 표현을 갖게 되면 다음이 가능해진다.

- 객체를 스택, 정적 할당 메모리, 다른 객체 내부 등에 둘 수 있다.
- 객체를 복사하거나 이동할 수 있다(3.3절, 17.5절).
- 이름을 가진 객체를 직접적으로 참조할 수 있다(포인터나 참조자를 통해서 접근하는 것과는 반대로).

이 덕택에 구체 클래스는 생각하기에 쉬운 개념이 됐고, 컴파일러는 필요한 최적의 코드를 쉽게 생성해줄 수 있게 됐다. 따라서 복소수(5.6.2절), 스마트 포인터(5.2.1절), 컨테이너(4.4절) 같이 작고 빈번히 사용되며, 성능이 중요한 타입에 대해서는 구체 클래스를 우선 사용한다.

이런 사용자 정의 타입의 정의와 효율적인 사용을 적극적으로 지원하자는 것은 초창기 C++의 명확한 목표였다. 이들은 깔끔한 프로그래밍의 초석이다. 늘 그렇듯이 간단하고 평범한 것은 복잡하고 수준 높은 것보다 통계적으로 훨씬 중요하다. 이런 관점에서 더 나은 Date 클래스를 만들어 보자.

```cpp
namespace Chrono {
    enum class Month { jan=1, feb, mar, apr, may, jun, jul, aug, sep, oct, nov, dec };
    class Date {
    public:                          // 공개 인터페이스
        class Bad_date { };          // 예외 처리 클래스

        explicit Date(int dd ={}, Month mm ={}, int yy ={}); // {}는 "기본 값을 선택한다"는 뜻이다.
    // 변경하지 않는 함수로 Date를 조사한다.
        int day() const;
        Month month() const;
        int year() const;

        string string_rep() const;             // 문자열 표현
        void char_rep(char s[], int max) const; // C 스타일 문자열 표현
    // Date를 변경하기 위한 (변경) 함수
        Date& add_year(int n);                  // n년을 추가한다.
        Date& add_month(int n);                 // n월을 추가한다.
        Date& add_day(int n);                   // n일을 추가한다.
    private:
        bool is_valid();                        // Date가 날짜를 나타내는지 체크한다.
        int d;                                  // 표현
        Month m;
        int y;
    };
    bool is_date(int d, Month m, int y);        // 유효한 날짜이면 true
    bool is_leapyear(int y);                    // y가 윤년이면 true

    bool operator==(Date a, Date b);
    bool operator!=(Date a, Date b);
```

```
    const Date& default_date();                            // 기본 설정 날짜

    ostream& operator<<(ostream& os, const Date& d);       // d를 os로 출력한다.
    istream& operator>>(istream& is, Date& d);             // Date를 is에서 d로 읽어 들인다.
} // Chrono
```

이 연산 집합은 사용자 정의 타입에 대해선 상당히 전형적인 것이다.

[1]   해당 타입의 객체/변수의 초기화 방법을 지정하는 생성자(16.2.5절)

[2]   사용자가 Date를 조사할 수 있게 해주는 함수 집합. 이런 함수들은 호출 목표가 되는
       객체/값의 상태를 변경시키지 않는다는 점을 나타내기 위해 const로 지정된다.

[3]   실제로 표현의 세부 사항을 파악하거나 의미 구조의 복잡성을 건드리지 않고도 사용자
       가 Date를 변경할 수 있게 해주는 함수의 집합

[4]   Date가 자유롭게 복사될 수 있게 해주는 암시적으로 정의된 연산(16.2.2절)

[5]   예외를 통해 오류를 알려주는 데 쓰이는 Bad_date 클래스

[6]   유용한 보조 함수 집합. 보조 함수는 멤버가 아니므로 Date의 표현에 직접적으로 접근
       할 수 없지만, 네임스페이스 Chrono의 사용에 의해 관련성이 인정된다.

월/일 순서를 기억하는 문제에 대처하기 위해 Month 타입을 정의했다. 예를 들면 6월 7일
을 미국식 스타일로 {6,7}로 쓸 것인지, 유럽 스타일로 {7,6}으로 쓸 것인지에 대한 혼란을
피하자는 취지다.

Date{1995,Month::jul,27}과 Date{27,Month::jul,1995} 사이에서 일어날 수 있는 혼
동에 대처하고자 별도의 타입 Day와 Year를 도입하는 것을 고려했다. 하지만 이런 타입들은
Month 타입만큼 유용하지는 않다. 어쨌든 그런 오류는 런타임에서 잡힌다. 27년의 7월 27일
이라는 건 내 작업에서 있을 수 없는 날짜다. 1800년 정도 전의 역사적 날짜를 다루는 까다로
운 문제는 역사 전문가에 맡겨놓는 편이 최선이다. 게다가 월에서 며칠인지는 월과 연도와
분리해서는 올바르게 체크할 수 없다.

맥락상 추측이 가능한 데도 사용자가 명시적으로 연도와 월을 언급하지 않게 하기 위해
기본 값을 제공하는 메커니즘을 추가했다. {}는 유효한 Month가 아닌 데도 정수와 똑같이
Month에 대해 (기본) 값으로 0을 부여한다는 점에 유의한다(8.4절). 하지만 이 경우에는 그것이
바로 우리가 원하는 결과다. 원래는 부적절한 값으로 "기본 값을 선택한다"는 의미를 나타내
는 것이다. 기본 값을 제공하는 것(Date 객체에 대한 기본 값 설정 등과 같이)은 설계상 까다로운 문제
다. 일부 타입에 대해서는 관례적인 기본 값이 존재한다(예를 들면 정수에 대해서 0). 일부 타입에
대해서는 기본 값이 존재할 수 없는 경우도 있다. 그리고 마지막으로 일부 타입(Date 같은)에
대해서는 기본 값 제공 여부의 문제가 간단하지 않은 경우가 있다. 이런 경우에는 최소한
처음에는 기본 값을 제공하지 않는 편이 낫다. 내가 Date에 기본 값을 제공한 이유는 주로
그 방법을 논의해보자는 취지였다.

이렇게 간단한 타입에 대해서는 불필요하다고 생각해서 16.2.9절의 캐싱 기법은 생략했다.
필요하다면 사용자 인터페이스에 영향을 미치지 않고 세부 구현 사항으로서 추가될 수 있다.

다음은 Date가 어떻게 사용되는지 보여주는 소규모의 작위적인 예제다.

```
void f(Date& d)
{
    Date lvb_day {16,Month::dec,d.year()};
    if (d.day()==29 && d.month()==Month::feb) {
        // ...
    }
    if (midnight()) d.add_day(1);
    cout << "day after:" << d+1 << '\n';
    Date dd;        // 기본 날짜로 초기화된다.
    cin>>dd;
    if (dd==d) cout << "Hurray!\n";
}
```

이 코드는 덧셈 연산자 +가 Date에 대해 선언됐다고 가정한다. 16.3.3절에서 그렇게 할 것이다.

Month가 dec와 feb의 명시적 한정을 사용하는 방법에 주목하기 바란다. 특별히 월의 단축 이름을 사용하고, 추가로 그렇게 사용하는 것이 불명확하거나 모호하게 보이지 않도록 enum class(8.4.1절)를 사용했다.

날짜 같이 간단한 뭔가에 대해 특정한 타입을 정의하는 것이 어떤 의미가 있는 것일까? 어쨌든 간단한 데이터 구조체를 정의하기만 해도 되는데 말이다.

```
struct Date {
    int day, month, year;
};
```

그러면 각각의 프로그래머가 이걸로 뭘 할지를 결정할 수 있다. 하지만 그렇게 했다면 모든 사용자가 Date의 구성 요소를 직접 조작하든지 그렇게 하기 위한 별도의 함수를 제공해야 할 것이다. 사실상 날짜의 개념이 시스템 전반에 걸쳐 흩어지게 관계로 날짜 개념의 파악이나 문서화 및 변경에 어려움이 생길 것이다. 필연적으로 간단한 구조체만으로 개념을 제공하게 되면 구조체의 모든 사용자는 추가로 뭔가 작업을 해야 된다.

또한 Date 타입이 얼핏 보기에는 간단해 보이지만, 제대로 다루기 위해서는 약간의 주의가 필요하다. 예를 들어 Date를 증가시키는 것은 윤년이나 월마다 길이가 다르다는 점 등의 문제를 처리해야 한다. 게다가 일/월/년 표현은 많은 애플리케이션에서 별로 적당하지 않다. 그것을 바꾸고 싶다면 지정된 함수 집합만 수정하면 된다. 예를 들어 Date를 1970년 1월 1일 이후의 날짜 수로 표현하고 싶다면 Date의 멤버 함수만 변경하면 된다.

간단하게 만들기 위해 나는 기본 날짜를 변경한다는 개념을 빼버리기로 결정했다. 이렇게 하면 혼동의 가능성을 없애주고, 멀티스레드 프로그램에서 경합 상황(5.3.1절)의 가능성을 없애준다. 나는 기본 날짜의 개념 자체를 완전히 없애버릴까도 심각하게 고민했다. 그렇게 하면 사용자들은 반복해서 자신의 Date를 명시적으로 초기화해야 할 것이다. 하지만 그것은 불편하고 예상하지 못한 상황이 될 수 있으며, 무엇보다도 일반화 프로그래밍에서 쓰이는 공통

인터페이스는 기본 생성을 요구한다(17.3.3절). 이는 Date의 설계자로 기본 날짜를 선택할 수밖에 없었다는 뜻이다. 나는 1970년 1월 1일을 선택했는데, 이 날짜는 C와 C++ 표준 라이브러리 시간의 시작점이다(35.2절, 43.6절). set_default_date()를 제거함으로써 Date의 범용성에 약간 손실이 생긴 것은 분명하다. 하지만 클래스 설계를 포함한 설계는 의사결정을 내리는 것이다. 결정을 미루기로 결정하거나 모든 옵션을 사용자들이 선택하게 하는 것은 올바른 선택이 아니다.

향후의 개선 여지를 남겨두기 위해 default_date()를 보조 함수로 선언했다.

```
const Date& Chrono::default_date();
```

이 코드는 기본 날짜가 실제로 어떻게 설정되는지에 대해 아무런 영향을 미치지 않는다.

16.3.1 멤버 함수

당연히 각 멤버 함수에 대한 구현의 어딘가에서 제공돼야 한다. 다음 예를 살펴보자.

```
Date::Date(int dd, Month mm, int yy)
    :d{dd}, m{mm}, y{yy}
{
    if (y == 0) y = default_date().year();
    if (m == Month{}) m = default_date().month();
    if (d == 0) d = default_date().day();

    if (!is_valid()) throw Bad_date();
}
```

생성자는 제공된 데이터가 유효한 Date를 표시하는지 체크한다. 그렇지 않다면 예를 들어 {30,Month::feb,1994} 같은 값이라면 예외를 던져서(2.4.3.1절, 13장) 뭔가 잘못됐다는 점을 알려준다. 제공된 데이터를 받아들일 수 있다면 명확한 초기화가 진행된다. 초기화는 데이터 검증을 수반하기 때문에 비교적 복잡한 연산이다. 이 과정은 상당히 전형적이다. 반면 일단 Date가 생성되고 나면 더 이상의 체크 없이 사용되고 복사될 수 있다. 바꿔 말하면 생성자는 클래스에 대한 불변속성을 구축하는 셈이다(이 경우에는 유효한 날짜를 나타낸다). 다른 멤버 함수는 그런 불변속성에 의존하며, 그것을 유지해야 한다. 이런 설계 기법은 코드를 대폭 단순화시켜 준다(2.4.3.2절, 13.4절 참고).

나는 '기본 월 선택'을 나타내기 위해 Month{} 값을 사용하고 있는데, 이 값은 월을 표현하지 않고 정수 값 0을 갖고 있다. 구체적으로 월을 표현하려면 Month에 열거형을 정의할 수도 있었다. 하지만 1년에 13월이 있는 듯한 느낌을 주는 것보다는 '기본 월 선택'이란 의미를 나타내는 데는 확실히 이상한 값을 쓰는 편이 낫다고 판단했다. 0을 의미하는 Month{}는 열거형 Month에 대해 보장된 범위 내에 있기 때문에 사용될 수 있다(8.4절).

멤버 초기화 식 문법(17.4절)을 이용해서 멤버를 초기화한다. 그 후에 0인지를 체크하고 필요한 대로 값을 변경한다. 분명히 이런 방식이 오류가 일어나는 경우(아마도 드물 것이라고 기대)에는 최적의 성능을 제공하지는 못하지만 멤버 초기화 식의 사용은 코드의 구조를 명확하게 유지해준다. 그 덕택에 이런 스타일은 다른 대안에 비해 오류에 덜 취약하고 유지 보수에 용이하다. 최적의 성능에 목적을 뒀다면 기본 인자를 가진 생성자보다는 세 개의 별도 생성자를 사용했을 것이다.

나는 유효성 확인 함수인 is_valid()를 공개로 만들까 고려했었다. 하지만 그럴 경우 예외를 잡는 방식에 비해 최종 사용자 코드가 좀 더 복잡해지고, 덜 견실해진다고 생각했다.

```
void fill(vector<Date>& aa)
{
    while (cin) {
        Date d;
        try {
            cin >> d;
        }
        catch (Date::Bad_date) {
            // ... 오류 처리 ...
            continue;
        }
        aa.push_back(d); // 4.4.2절 참고
    }
}
```

하지만 값 집합 {d,m,y}가 유효한 날짜인지 체크하는 것은 Date의 표현에 좌우되는 계산이 아닌 관계로, 보조 함수의 관점에서 is_valid()를 구현했다.

```
bool Date::is_valid()
{
    return is_date(d,m,y);
}
```

is_valid()와 is_date()가 둘 다 필요한 이유는 무엇인가? 이번의 간단한 예제에서는 하나만으로도 어떻게든 되겠지만, 나는 is_date()(여기서처럼)가 (d,m,y) 튜플이 유효한 날짜를 나타내는지 체크하고, is_valid()가 해당 날짜가 타당하게 표현될 수 있는지 추가적으로 체크하는 시스템을 고려했다. 예를 들어 is_valid()는 현대의 달력이 널리 쓰이기 전에 쓰인 날짜들을 거부할 수도 있다.

이렇게 간단한 구체 타입에서 흔히 그렇듯이 Date의 멤버 함수 정의는 아주 간단한 것에서부터 그다지 복잡하지 않은 수준까지 다양하다. 다음 예를 살펴보자.

```
inline int Date::day() const
{
    return d;
}
Date& Date::add_month(int n)
{
    if (n==0) return *this;
    if (n>0) {
        int delta_y = n/12;                         // 전체 연도의 개수
        int mm = static_cast<int>(m)+n%12;          // 앞으로 남은 월의 개수
        if (12 < mm) {                              // 참고: dec는 12로 표현된다.
```

```
            ++delta_y;
                mm -= 12;
        }
        // ... mm월에 d일이 없는 경우를 처리한다...
        y += delta_y;
        m = static_cast<Month>(mm);
        return *this;
    }
    // ... 음의 n을 처리한다...
    return *this;
}
```

add_month()에 대한 코드가 예쁘다고 말하지는 못할 것 같다. 사실 세부 사항들까지 전부 추가했다면 이 코드는 비교적 간단한 실제 코드의 복잡성에 근접할 정도까지 될 수도 있었다. 이는 문제가 있다는 뜻이다. 월 추가는 개념적으로 보면 간단한데, 왜 우리의 코드는 이렇게 복잡해지는 것일까? 이 경우 d,m,y 표현이 우리에게 편한 만큼 컴퓨터에게 편하지 않기 때문이다. 좀 더 나은 표현법(많은 경우에 대해서)은 정의된 '0일'(예를 들면 1970년 1월 1일)부터 경과된 날짜의 수일 것이다. 이렇게 하면 Date에 대한 계산은 간단해지는 대신, 그 대가로 사람에게 적합한 출력 제공은 복잡해진다.

대입 및 복사 초기화는 기본 제공된다는 점에 유의한다(16.2.2절). 또한 Date는 아무런 자원도 소유하지 않는 관계로 유효 범위를 벗어날 때 마무리가 필요하지 않으므로 생성자를 필요로 하지 않는다(3.2.1.2절).

16.3.2 보조 함수

대개 클래스는 다양한 관련 함수를 갖고 있는데, 이런 함수들 중 일부는 표현에 직접적으로 접근할 필요가 없는 관계로 반드시 클래스 자체 내에서 정의되지 않아도 된다. 예를 들면 다음과 같다.

```
int diff(Date a, Date b);              // [a,b)나 [b,a) 범위 내의 날짜 개수
bool is_leapyear(int y);
bool is_date(int d, Month m, int y);
const Date& default_date();
Date next_weekday(Date d);
Date next_saturday(Date d);
```

클래스 자체 내에서 이런 함수를 정의하는 것은 클래스 인터페이스를 복잡하게 만들고, 표현에 변경을 가하려고 고려할 때 잠재적으로 검토해야 할 함수의 개수를 증가시킨다.

이런 함수는 어떤 방식으로 Date 클래스와 '연관'되는가? C에서처럼 초창기 C++에서는 단순하게 그들의 선언이 Date 클래스 선언과 동일한 파일 내에 놓여졌다. Date를 필요로 하는 사용자는 인터페이스를 정의한 파일을 인클루드함으로써 그것들을 전부 이용할 수 있었다 (15.2.2절). 예를 들면 다음과 같다.

```
#include "Date.h"
```

추가로(또는 다른 방법으로) 클래스와 그것의 보조 함수들을 네임스페이스에 포함시킴으로써 명시적 연관 관계를 만들 수 있다(14.3.1절).

```
namespace Chrono {                    // 시간을 다루기 위한 기능
    class Date { /* ... */};

    int diff(Date a, Date b);
    bool is_leapyear(int y);
    bool is_date(int d, Month m, int y);
    const Date& default_date();
    Date next_weekday(Date d);
    Date next_saturday(Date d);
    // ...
}
```

Chrono 네임스페이스는 자연스럽게 Time이나 Stopwatch 같은 관련된 클래스와 그것들의 보조 함수를 포함하게 된다. 하나의 클래스를 보관하느라고 네임스페이스까지 사용하는 것은 대개 과한 시도이며, 괜히 불편해지기만 한다.

당연히 보조 함수는 다른 곳에서 정의돼야 한다.

```
bool Chrono::is_date(int d, Month m, int y)
{
    int ndays;

    switch (m) {
    case Month::feb:
        ndays = 28+is_leapyear(y);
        break;
    case Month::apr: case Month::jun: case Month::sep: case Month::nov:
        ndays = 30;
        break;
    case Month::jan: case Month::mar: case Month::may: case Month::jul:
    case Month::aug: case Month::oct: case Month::dec:
        ndays = 31;
        break;
    default:
        return false;
    }

    return 1<=d && d<=ndays;
}
```

나는 여기서 일부러 약간 까다롭게 굴었다. Month는 jan에서 dec까지의 범위 바깥에 있으면 안 되지만, 그렇게 될 수도 있다(누군가가 부주의하게 캐스트를 사용했을 수도 있다). 그래서 체크를 넣었다.

골치 아프던 default_date는 최종적으로 다음과 같이 됐다.

```
const Date& Chrono::default_date()
{
    static Date d {1,Month::jan,1970};
    return d;
}
```

16.3.3 오버로딩 연산자

관용적인 표기를 위해 함수를 추가하는 것이 유용할 경우가 많다. 예를 들어 **operator==()**는 **Date**에 적용할 수 있는 동등 연산자 **==**를 정의한다.

```
inline bool operator==(Date a, Date b)              // 같음
{
    return a.day()==b.day() && a.month()==b.month() && a.year()==b.year();
}
```

눈에 띄는 다른 후보는 다음과 같다.

```
bool operator!=(Date, Date);          // 같지 않음
bool operator<(Date, Date);           // ~보다 작다.
bool operator>(Date, Date);           // ~보다 크다.
// ...
Date& operator++(Date& d) { return d.add_day(1); }       // Date를 1일만큼 증가시킨다.
Date& operator--(Date& d) { return d.add_day(-1); }      // Date를 1일만큼 감소시킨다.
Date& operator+=(Date& d, int n) { return d.add_day(n); }   // n일을 더한다.
Date& operator-=(Date& d, int n) { return d.add_day(-n); }  // n일을 뺀다.
Date operator+(Date d, int n) { return d+=n; }           // n일을 더한다.
Date operator-(Date d, int n) { return d-=n; }           // n일을 뺀다.
ostream& operator<<(ostream&, Date d);                   // d를 출력한다.
istream& operator>>(istream&, Date& d);                  // d로 읽어 들인다.
```

이런 연산자들은 오버로딩 문제를 피하고 인자 의존적 탐색(14.2.4절)의 혜택을 누리기 위해 **Date**와 함께 **Chrono** 안에 정의돼 있다.

Date의 대해서 이런 연산자들은 단순 편의 정도로 여겨진다. 하지만 복소수(18.3절), 벡터(4.4.1절), 유사 함수 객체(3.4.3절, 19.2.2절) 등의 많은 타입에 대해서는 관용적인 연산자의 사용이 사람들의 마음에 굳게 자리 잡고 있는 관계로, 그것들의 정의가 거의 필수적이나 마찬가지다. 연산자 오버로딩은 18장에서 다룬다.

Date에 대해 **add_day()** 대신에 **+=**와 **-=**를 멤버 함수로 제공해볼까 살짝 고민도 해봤다. 그렇게 했다면 공통적인 관용 표현을 따랐을 것이다(3.2.1.1절).

대입 및 복사 초기화는 기본 제공된다는 점에 유의한다(16.3절, 17.3.3절).

16.3.4 구체 클래스의 중요성

나는 **Date** 같은 간단한 사용자 정의 타입을 추상 클래스(3.2.2절)나 클래스 계층 구조(20.4절)와 구분하고, 아울러 **int**나 **char** 같은 기본 제공 타입과의 유사성을 강조하기 위해 **구체 타입**concrete type이라고 부른다. 구체 클래스는 기본 제공 타입과 똑같이 사용된다. 또한 구체 타입은 **값 타입**value type이라고 불리기도 하며, 그것들을 사용하는 방식은 **값 지향적 프로그래밍**value-oriented programming이라고 불리기도 한다. 이들의 설계 배경이 되는 사용 모델과 '철학'은 흔히 객체지향 프로그래밍(3.2.4절, 21장)이라고 불리는 것과는 매우 다르다.

구체 타입의 의도는 단 하나의 비교적 간단한 것들을 효과적이고 효율적으로 처리해보자는 것이다. 사용자에게 구체 타입의 동작을 변경하는 기능을 제공하는 것은 대체적으로 목표로 고려되지 않는다. 특히 구체 타입은 런타임 다형성 동작(3.2.3절, 20.3.2절 참고)을 표시하기에 적합하지 않다.

어떤 구체 타입의 일부 세부 사항이 마음에 들지 않는다면 원하는 동작을 가진 새로운 것을 직접 만들어 보기 바란다. 구체 타입을 '재사용'하고 싶다면 int 사용과 정확히 똑같은 방식으로 새로운 타입의 구현에서 구체 타입을 활용해보기 바란다. 예를 들면 다음과 같다.

```
class Date_and_time {
private:
    Date d;
    Time t;
public:
    Date_and_time(Date d, Time t);
    Date_and_time(int d, Date::Month m, int y, Time t);
    // ...
};
```

다른 방법으로 20장에서 다룰 파생 클래스 메커니즘을 이용해서 원하는 차이를 기술함으로써 구체 클래스를 기반으로 새로운 타입을 정의할 수 있다. vector를 기반으로 Vec을 정의한 것이 그런 예다(4.4.1.2절). 하지만 가상 함수나 런타임 타입 정보(17.5.14절, 22장)의 부족으로 인해 구체 클래스로부터의 파생은 주의를 기울여서 꼭 필요한 경우에만 시도돼야 한다.

비교적 괜찮은 컴파일러가 있다면 Date 같은 구체 클래스는 시간이나 공간 측면에서 드러나지 않는 오버헤드를 유발하지 않는다. 특히 구체 클래스의 객체에 접근하기 위해 포인터를 통한 간접 참조는 필요하지 않으며, 구체 클래스의 객체에는 아무런 '내부 관리' 데이터가 저장되지 않는다. 구체 타입의 크기는 컴파일 타임에 알려지므로, 객체는 런타임 스택에 할당될 수 있다(즉, 자유 저장 공간 연산이 필요 없다는 뜻). 또한 객체의 배치 구조가 컴파일 타임에 알려지므로 연산의 인라인화도 달성된다. 마찬가지로 C나 포트란 등의 다른 언어와의 배치 구조 호환성 역시 특별한 노력 없이 얻어진다.

이런 타입들의 좋은 집합은 애플리케이션에 필요한 토대를 제공할 수 있다. 특히 인터페이스를 좀 더 구체적이고 오류에 덜 취약하게끔 만드는 데 활용될 수 있다.

```
Month do_something(Date d);
```

예를 들어 이 코드는 다음 코드에 비해 잘못 이해되거나 잘못 사용될 가능성이 적다.

```
int do_something(int d);
```

구체 클래스가 부족하면 각각의 프로그래머들이 기본 제공 타입의 단순 집합체로 표현되는 '간단하고 빈번하게 사용되는' 데이터 구조를 직접적으로 조작하는 코드를 작성할 경우 프로그램이 모호해지거나 시간이 낭비될 수 있다. 바꿔 말해 애플리케이션에서 적절한 '작고 효율적인 타입'이 부족하면 지나치게 포괄적이고 비용이 많이 드는 클래스가 사용될 경우 실행 시간과 공간 비효율성이 증가될 수 있다.

16.4 조언

[1]   클래스로 개념을 표현하다(16.1절).

[2]   클래스의 인터페이스는 구현과 분리한다(16.1절).

[3]   정말로 데이터뿐이고 데이터 멤버에 대해 의미 있는 불변속성이 없는 경우에만 공개 데이터(struct)를 사용한다(16.2.4절).

[4]   객체의 초기화를 처리하기 위해 생성자를 정의한다(16.2.5절).

[5]   기본적으로 단일 인자 생성자는 explicit로 선언한다(16.2.6절).

[6]   자신의 객체를 변경하지 않는 멤버 함수는 const로 선언한다(16.2.9절).

[7]   구체 타입은 가장 간단한 종류의 클래스다. 적용 가능한 경우에는 좀 더 복잡한 클래스나 순수한 데이터 구조보다 구체 타입을 우선 사용한다(16.3절).

[8]   클래스의 표현에 직접적인 접근을 필요로 하는 경우에만 함수를 멤버로 만든다(16.3.2절).

[9]   네임스페이스를 이용해서 클래스와 그것의 보조 함수의 연관관계를 명시적으로 만든다(16.3.2절).

[10] 클래스 내부 초기화 식을 이용해서 생성자의 중복을 피한다(16.2.7절).

[11] 클래스의 표현에 접근해야 하지만 구체적인 객체에 대해 호출될 필요가 없는 함수는 static 멤버 함수로 만든다(16.2.12절).

17

생성, 마무리, 복사와 이동

무지는 지식보다 더 확신을 갖게 한다

— **찰스 다윈**(Charles Darwin)

- 개요
- 생성자와 소멸자 생성자와 불변속성, 소멸자와 자원, 기반 클래스와 멤버 소멸자, 소멸자와 생성자의 호출, `virtual` 소멸자
- 클래스 객체 초기화 생성자가 없는 초기화, 생성자를 사용하는 초기화, 기본 생성자, 초기화 식 리스트 생성자
- 멤버 및 기반 클래스 초기화 멤버 초기화, 기반 클래스 초기화 식, 위임 생성자, 클래스 내 초기화 식, `static` 멤버 초기화
- 복사와 이동 복사, 이동
- 기본 연산의 생성 명시적 기본 설정, 기본 연산, 기본 연산의 활용, `delete`된 함수
- 조언

17.1 개요

17장에서는 객체 '수명 주기'의 기술적 측면에 초점을 맞춘다. 객체를 어떻게 생성하고, 그것을 어떻게 복사하고, 그것을 여기저기로 어떻게 이동하고, 사라지고 난 후에 어떻게 마무리할 것인가? '복사'와 '이동'의 올바른 정의는 무엇인가? 다음 예를 살펴보자.

```
string ident(string arg)    // 값에 의해 전달되는 문자열(arg로 복사됨)
{
    return arg;             // 문자열을 반환한다(arg의 값을 ident()에서 호출자에게 이동시킨다).
}
int main ()
{
    string s1 {"Adams"};    // 문자열을 초기화한다(s1에서 생성).
    s1 = ident(s1);         // s1을 ident()로 복사한다.
                            // ident(s1)의 결과를 s1으로 이동시킨다.
                            // s1의 값은 "Adams"
    string s2 {"Pratchett"}; // 문자열을 초기화한다(s2에서 생성).
```

```
    s1 = s2;            // s2의 값을 s1으로 복사한다.
                        // s1과 s2 모두 "Pratchett"란 값을 갖는다.
}
```

분명 `ident()` 호출 후에 s1의 값은 `"Adams"`여야 한다. s1의 값을 인자 `arg`에 복사해 넣은 다음, `arg`의 값을 함수 호출에서 s1으로 (다시) 이동시킨다. 다음으로 `"Prachett"`란 값으로 s2를 생성하고, 그것을 s1으로 복사해 넣는다. 마지막으로 `main()`을 빠져나갈 때 s1과 s2의 값을 소멸시킨다. 이동^{move}과 복사^{copy} 사이의 차이점은, 복사 후에는 두 객체가 같은 값을 갖는 반면 이동 후에는 이동이 시작된 곳은 원래의 값을 갖지 않아도 된다는 점이다. 이런 특성은 특히 자원 이동의 개념을 구현하는 데 특히 유용하다(3.2.1.2절, 5.2절).

여기서 사용된 여러 가지의 함수는 다음과 같다.

- 문자열 리터럴로 `string`을 초기화하는 생성자(s1과 s2에 대해 사용된다)
- `string`을 복사하는 복사 생성자(함수 인자 `arg`로)
- `string`의 값을 이동시키는 이동 생성자(`ident()`의 `arg`에서 `ident(s1)`의 결과를 갖고 있는 임시 변수로)
- `string`을 복사하는 복사 대입(s2에서 s1으로)
- s1, s2가 소유한 자원과 `ident(s1)`의 결과를 갖고 있는 임시 변수를 해제하고, 이동이 출발된 함수 인자 `arg`에 대해서는 아무것도 수행하지 않는 소멸자

최적화 메커니즘은 이들 중 일부를 빼버릴 수 있다. 예를 들어 이번 예제의 경우에는 대개 임시 변수가 제거될 것이다. 하지만 원칙적으로는 이런 연산들이 수행된다.

생성자, 복사와 이동 대입 연산 및 소멸자는 수명과 자원 관리의 관점을 직접적으로 지원한다. 객체는 생성 후에는 해당 타입의 객체로 간주되며, 소멸자의 실행 시작 전까지 해당 타입의 객체 상태를 유지한다. 객체 수명과 오류 사이의 상호작용은 13.2절과 13.3절에서 좀 더 자세히 살펴본다. 특히 17장에서는 반만 생성되고 반만 소멸된 객체 문제는 다루지 않는다.

객체의 생성은 많은 설계에서 핵심적 역할을 담당한다. 초기화를 지원하는 언어 기능의 범위와 융통성을 살펴보면 초기화가 얼마나 광범위하게 활용되고 있는지 알 수 있다.

타입에 대한 생성자, 소멸자와 복사 및 이동 연산은 논리적으로 분리돼 있지 않다. 그것들을 서로 조화된 집합으로 정의하지 않는다면 논리적이나 성능상의 문제를 겪게 될 것이다. 어떤 클래스 `X`가 자유 저장 공간 할당 해제나 잠금 해제와 같이 중요한 작업을 수행하는 소멸자를 갖고 있다면 클래스는 이와 짝을 맞출 완전한 함수 집합을 필요로 할 가능성이 높다.

```
class X {
public:
    X(Sometype);           // "통상적인 생성자" - 객체를 생성한다.
    X();                   // 기본 생성자
    X(const X&);           // 복사 생성자
    X(X&&);                // 이동 생성자
    X& operator=(const X&); // 복사 대입 - 대상을 비우고 복사한다.
    X& operator=(X&&);     // 이동 대입 - 대상을 비우고 이동한다.
    ~X();                  // 소멸자 - 마무리
```

```
    // ...
};
```

객체가 복사 또는 이동되는 데는 6가지 상황이 있다.

- 대입의 출발처로서
- 객체 초기화 식으로서(이름 있는 객체, 자유 저장 공간상의 객체, 임시 객체의)
- 함수 인자로서
- 함수 반환 값으로서
- 명시적 타입 변환의 출발처로서(11.5절)
- 예외로서

모든 경우에 복사 또는 이동 생성자가 적용될 것이다(최적화돼 생략되지 않는다면).

'통상적인 생성자'를 제외한 이런 특수 멤버 함수들은 컴파일러에 의해 생성될 수 있다. 17.6절을 참고하기 바란다.

17장은 규칙과 전문적 용어로 가득 차 있다. 완벽한 이해를 위해서는 이런 것들이 필요하지만 대부분의 사람들은 예제를 통해 보편적인 규칙만 학습한다.

17.2 생성자와 소멸자

생성자 정의를 통해 어떤 클래스의 객체를 초기화하는 방법을 지정할 수 있다(16.2.5절, 17.3절). 생성자와 짝을 맞추기 위해 소멸자를 정의해서 객체의 소멸 시점(예를 들면 유효 범위를 벗어날 때)에 '마무리'가 실행되도록 보장한다. C++의 자원 관리에서 가장 효과적인 기법 중 일부는 생성자/소멸자 쌍에 의존한다. 다른 기법들 역시 실행/되돌리기, 시작/정지, 전/후 등의 동작 쌍에 의존한다. 예를 들면 다음과 같다.

```
struct Tracer {
    string mess;
    Tracer(const string& s) :mess{s} { clog << mess; }
    ~Tracer() {clog << "~" << mess; }
};
void f(const vector<int>& v)
{
    Tracer tr {"in f()\n"};
    for (auto x : v) {
        Tracer tr {string{"v loop "}+to<string>(x)+'\n'}; // 25.2.5.1절
        // ...
    }
}
```

다음과 같은 호출을 시도해볼 수 있다.

```
f({2,3,5});
```

그 결과 기록 스트림에 다음이 출력될 것이다.

```
in_f()
v loop 2
~v loop 2
v loop 3
~v loop 3
v loop 5
~v loop 5
~in_f()
```

17.2.1 생성자와 불변속성

자신의 클래스와 동일한 이름을 가진 멤버를 **생성자**constructor라고 부른다. 예를 들면 다음과 같다.

```
class Vector {
public:
    Vector(int s);
    // ...
};
```

생성자 선언은 인자 리스트(정확히는 함수에 대해)를 지정하지만 반환 타입을 갖지는 않는다. 클래스의 이름은 통상적인 멤버 함수, 데이터 멤버, 멤버 타입 등에는 사용될 수 없다. 예를 들면 다음과 같다.

```
struct S {
    S();                    // OK
    void S(int);            // 오류: 생성자에 대해서는 타입이 지정될 수 없다.
    int S;                  // 오류: 클래스 이름은 생성자를 나타낸다.
    enum S { foo, bar };    // 오류: 클래스 이름은 생성자를 나타낸다.
};
```

생성자의 역할은 소속된 클래스의 객체를 초기화하는 것이다. 종종 초기화는 클래스 불변속성class invariant을 구축해야 한다. 불변속성이란 멤버 함수가 (클래스 바깥에서) 호출될 때마다 유지돼야 하는 뭔가를 의미한다. 다음 예를 살펴보자.

```
class Vector {
public:
    Vector(int s);
    // ...
private:
    double* elem;    // elem은 sz개의 double을 가진 배열을 가리킨다.
    int sz;          // sz는 음수가 아니다.
};
```

여기서의 (흔히 그렇듯이) 불변속성은 주석으로 설명된다. "elem은 sz개의 double을 가진 배열을 가리킨다"와 "sz는 음수가 아니다"가 그것이다. 생성자는 그것을 참으로 만들어야 한다. 예를 들면 다음과 같다.

```
Vector::Vector(int s)
{
```

```
    if (s<0) throw Bad_size{s};
    sz = s;
    elem = new double[s];
}
```

이 생성자는 불변속성을 구축하려고 시도하며, 그렇게 할 수 없을 경우 예외를 던진다. 생성자가 불변속성을 구축할 수 없다면 아무런 객체가 생성되지 않으며, 생성자는 아무런 자원도 누출되지 않게 보장해야 한다(5.2절, 13.3절). 자원이란 획득해야 하고 볼 일이 끝나면 결국에 가서는 (명시적 또는 암시적으로) 돌려줘야(해제) 하는 모든 것을 말한다. 자원의 예로는 메모리(3.2.1.2절), 잠금(5.3.4절), 파일 핸들(13.3절), 스레드 핸들(5.3.1절)이 있다.

불변속성을 정의해야 하는 이유는 다음과 같다.

- 클래스 설계 노력의 초점을 맞추기 위해(2.4.3.2절)
- 클래스의 동작을 명확히 하기 위해(오류 상황 등에서, 13.2절)
- 멤버 함수의 정의를 단순화하기 위해(2.4.3.2절, 16.3.1절)
- 클래스의 자원 관리를 명확히 하기 위해(13.3절)
- 클래스의 문서화를 단순화하기 위해

평균적으로 불변속성을 정의하기 위한 노력은 일을 덜어준다.

17.2.2 소멸자와 자원

생성자는 객체를 초기화한다. 바꿔 말하면 멤버 함수가 동작할 수 있는 환경을 생성하는 것이다. 때로는 그런 환경의 생성에 자원 획득이 수반된다. 파일, 잠금, 약간의 메모리 등이 그런 것인데, 이런 자원은 사용 후에는 해제돼야만 한다(5.2절, 13.3절). 따라서 일부 클래스에는 객체가 생성될 때 반드시 생성자가 호출되는 것과 비슷한 방식으로 객체가 소멸될 때 반드시 호출되는 함수가 필요하다. 당연한 결과로 그런 함수는 **소멸자**destructor라고 불린다. 소멸자의 이름은 ~에 클래스의 이름이 뒤따르는 것으로, 예를 들면 ~Vector()와 같다. ~는 '보수 관계complement'(11.1.2절)란 의미로 생성자와 짝이 되는 클래스의 소멸자를 말한다. 소멸자는 인자를 받아들이지 않으며, 클래스는 단 하나의 소멸자만을 가질 수 있다. 소멸자는 자동 변수가 유효 범위를 벗어나거나 자유 저장 공간에 저장된 객체가 삭제될 때 등에 암시적으로 호출된다. 사용자가 명시적으로 소멸자를 호출하는 경우는 아주 드문 상황에서만 일어난다(17.2.4절).

소멸자는 보통 마무리를 처리하고 자원을 해제한다. 예를 들면 다음과 같다.

```
class Vector {
public:
    Vector(int s) :elem{new double[s]}, sz{s} { };      // 생성자 - 메모리를 획득한다.
    ~Vector() { delete[] elem; }                        // 소멸자 - 메모리를 해제한다.
    // ...
private:
    double* elem;        // elem은 sz개의 double로 이뤄진 배열을 가리킨다.
    int sz;              // sz는 음이 아니다.
};
```

다음 예를 살펴보자.

```cpp
Vector* f(int s)
{
    Vector v1(s);
    // ...
    return new Vector(s+s);
}
void g(int ss)
{
    Vector* p = f(ss);
    // ...
    delete p;
}
```

여기서 Vector v1은 f()에서 빠져 나오자마자 소멸된다. 또한 자유 저장 공간에서 new를 이용해서 f()에 의해 생성된 Vector는 delete 호출에 의해 소멸된다. 두 경우 모두 Vector의 소멸자는 생성자에 의해 할당된 메모리를 비우기(할당 해제) 위해 호출된다.

생성자가 충분한 메모리를 획득하는 데 실패하면 어떻게 될까? 예를 들어 s*sizeof(double) 이나 (s+s)*sizeof(double)은 이용 가능한 메모리의 양(바이트 단위로 측정된)보다 클 수도 있다. 이런 경우 std::bad_alloc 예외(11.2.3절)가 new에 의해 던져지고 예외 처리 메커니즘이 적절한 소멸자를 호출해서 획득된 모든 메모리를(그리고 획득된 메모리만을) 비우게 만든다(13.5.1절).

생성자/소멸자를 기반으로 한 이런 스타일의 자원 관리는 **자원 획득은 초기화**Resource Acquisition Is Initialization 또는 간단히 RAII(5.2절, 13.3절)라고 불린다.

짝을 이루는 생성자/소멸자 쌍은 C++에서 다양한 크기를 가진 객체의 개념을 구현하는 통상적인 메커니즘이다. vector나 unordered_map 같은 표준 라이브러리 컨테이너는 그들의 원소에 필요한 저장 공간을 제공하기 위해 이 기법의 변종을 사용한다.

기본 제공 타입과 같이 아무런 선언된 소멸자를 갖지 않은 타입은 아무 일도 하지 않는 소멸자를 가진 것으로 간주된다.

클래스에 대해 소멸자를 선언한 프로그래머는 해당 클래스 객체의 복사나 이동 가능 여부까지 결정해야 한다(17.6절).

17.2.3 기반 클래스와 멤버 소멸자

생성자와 소멸자는 클래스 계층 구조와 적절하게 상호작용한다(3.2.4절, 20장). 생성자는 클래스 객체를 '밑바닥에서부터' 만든다.

[1]   우선 생성자는 기반 클래스 생성자를 호출한다.

[2]   그 다음, 멤버 생성자를 호출한다.

[3]   마지막으로 자신의 본체를 실행한다.

소멸자는 역순으로 객체를 '분해'한다.

[1]   우선 소멸자는 자신의 본체를 실행한다.

[2]   그 다음, 멤버 소멸자를 호출한다.

[3]   마지막으로 기반 클래스 소멸자를 호출한다.

특히 **virtual** 기반 클래스는 그것을 사용할 수 있는 어떤 기반 클래스보다 먼저 생성되고, 그런 기반 클래스가 모두 소멸된 후에 소멸된다(21.3.5.1절). 이런 순서는 기반 클래스나 멤버가 초기화되기 전에 사용되거나, 소멸된 후에 사용되지 않도록 보장해준다. 프로그래머가 간단하고 필수적인 이런 규칙을 무력화시킬 수도 있지만, 초기화되지 않은 변수를 가리키는 포인터를 인자로서 전달하는 과정이 수반된 교묘한 우회 방법을 통해서만 가능하다. 이렇게 하면 언어 규칙을 위반하게 되고 대개 그 결과는 심각하다.

생성자는 멤버와 기반 클래스 생성자를 선언 순서대로(초기화 식 순서가 아니라) 실행한다. 두 생성자가 다른 순서를 사용한다면 소멸자는 생성의 역순으로 소멸하는 것을 보장할 수 없다(상당한 오버헤드를 일으키지 않고서는). 17.4절도 참고하기 바란다.

기본 생성자가 필요하게끔 클래스가 사용되고, 해당 클래스가 다른 생성자를 갖고 있지 않다면 컴파일러는 기본 생성자를 생성하려고 시도할 것이다. 예를 들면 다음과 같다.

```
struct S1 {
    string s;
};
S1 x;        // OK: x.s는 ""로 초기화된다.
```

마찬가지로 초기화 식이 필요할 경우 멤버 단위 초기화를 사용할 수 있다. 예를 들면 다음과 같다.

```
struct X { X(int); };
struct S2 {
    X x;
};
S2 x1;            // 오류: x1.x에 대한 값이 없다.
S2 x2 {1};        // OK: x2.x는 1로 초기화된다.
```

17.3.1절도 함께 참조하기 바란다.

17.2.4 생성자와 소멸자의 호출

소멸자는 유효 범위를 빠져나갈 때나 **delete**에 의해 암시적으로 실행된다. 소멸자의 명시적 호출은 불필요할 뿐만 아니라, 그렇게 하면 난처한 오류가 생겨날 것이다. 하지만 드물기는 하지만 (중요한) 소멸자가 명시적으로 호출돼야 하는 경우가 있다. 자신이 그 안에서 커지거나 줄어들 수 있는(예를 들면 push_back()이나 pop_back()을 사용해서) 메모리 풀을 유지해야 하는 컨테이너(std::vector 같은)를 예로 들어보자. 원소를 하나 추가하면 컨테이너는 특정 주소에 대해 생성자를 호출해야 한다.

```
void C::push_back(const X& a)
{
    // ...
    new(p) X{a};        // 주소 p에 있는 a 값으로 X를 복사 생성한다.
    // ...
}
```

생성자를 이렇게 활용하는 것을 '위치 지정 new'(11.2.4절)라고 부른다.

반대로 하나의 원소를 삭제하려고 한다면 컨테이너는 소멸자를 호출해야 한다.

```
void C::pop_back()
{
    // ...
    p->~X();        // 주소 p에 있는 X를 소멸시킨다.
}
```

p->~X() 표기는 *p에 대해 X의 소멸자를 호출한다. 이런 표기법은 정상적으로(객체가 유효 범위를 벗어나거나 delete 처리됨으로써) 소멸되는 객체에 대해서는 절대로 사용되지 말아야 한다.

메모리 영역 내에서 객체를 명시적으로 관리하는 완전한 예제에 대해서는 13.6.1절을 참고하기 바란다.

클래스 X에 대해 선언된다면 소멸자는 X가 유효 범위를 벗어나거나 **delete** 처리될 때마다 암시적으로 호출될 것이다. 이는 그것의 소멸자를 =delete(17.6.4절)나 **private**으로 선언하면 X의 소멸을 방지할 수 있다는 뜻이다.

두 가지 대안 중에서 **private**을 사용하는 방식이 좀 더 융통성이 있다. 예를 들어 객체가 명시적으로 소멸될 수는 있지만, 암시적으로 소멸되지 않는 클래스는 다음과 같이 작성할 수 있다.

```
class Nonlocal {
public:
    // ...
    void destroy() { delete this; }     // 명시적 소멸
private:
    // ...
    ~Nonlocal();                        // 암시적으로 소멸시키지 않는다.
};

void user()
{
    Nonlocal x;                         // 오류: Nonlocal을 소멸시킬 수 없다.
    Nonlocal* p = new Nonlocal;         // OK
    // ...
    delete p;                           // 오류: Nonlocal을 소멸시킬 수 없다.
    p.destroy();                        // OK
}
```

17.2.5 virtual 소멸자

어떤 생성자는 **virtual**로 선언될 수 있는데, 대개는 가상 함수를 가진 클래스에 대해서야 한다.

예를 들면 다음과 같다.

```cpp
class Shape {
public:
    // ...
    virtual void draw() = 0;
    virtual ~Shape();
};
class Circle : public Shape {
public:
    // ...
    void draw();
    ~Circle();              // ~Shape()를 재정의한다.
    // ...
};
```

virtual 소멸자가 필요한 이유는 대개 기반 클래스가 제공하는 인터페이스를 통해 조작되는 객체는 종종 해당 인터페이스를 통해 **delete** 처리되기 때문이다.

```cpp
void user(Shape* p)
{
    p->draw();              // 적절한 draw()를 호출한다.
    // ...
    delete p;               // 적절한 소멸자를 호출한다.
};
```

Shape의 소멸자가 **virtual**이 아니었다면 해당 **delete**는 적절한 파생 클래스 소멸자(예를 들면 ~Circle())를 호출하는 데 실패했을 것이다. 이러한 실패는 삭제된 객체가 소유했던 자원이 (존재했다면) 누출되게 만들 수 있다.

17.3 클래스 객체 초기화

이번 절에서는 각각 생성자가 있는 경우와 없는 경우에 클래스의 객체를 초기화하는 방법을 알아본다. 또한 임의의 크기를 갖는 균일한 초기화 식 리스트({1,2,3}와 {1,2,3,4,5,6} 등의)를 받아들이게 생성자를 정의하는 방법을 보여준다.

17.3.1 생성자가 없는 초기화

기본 제공 타입에 대해서는 생성자를 정의할 수 없지만, 적절한 타입의 값으로 초기화할 수는 있다. 예를 들면 다음과 같다.

```cpp
int a {1};
char* p {nullptr};
```

마찬가지로 다음 방법을 사용해서 생성자를 정의하지 않은 클래스의 객체를 초기화할 수 있다.

• 멤버 단위 초기화

- 복사 초기화
- 기본 초기화(초기화 식이 없거나, 비어 있는 초기화 식 리스트로)

예를 들면 다음과 같다.

```
struct Work {
    string author;
    string name;
    int year;
};
Work s9 { "Beethoven",
        "Symphony No. 9 in D minor, Op. 125; Choral",
        1824
    };                              // 멤버 단위 초기화
Work currently_playing { s9 };      // 복사 초기화
Work none {};                       // 기본 초기화
```

currently_playing의 세 멤버는 s9의 세 멤버의 사본들이다.

{}를 이용한 기본 초기화는 {}에 의한 각 멤버의 초기화로 정의된다. 따라서 none은 {{},{},{}}으로 초기화되며, 이는 {"","",0}이다(17.3.3절).

인자를 요구하는 생성자가 선언되지 않은 경우에는 초기화 식을 완전히 생략하는 것도 가능하다. 예를 들면 다음과 같다.

```
Work alpha;
void f()
{
    Work beta;
    // ...
}
```

이에 대한 규칙은 우리가 원하는 만큼 깔끔하지 않다. 정적 할당 객체(6.4.2절)에 대한 규칙은 정확히 {}를 사용한 경우 그대로이므로, alpha의 값은 {"","",0}이다. 하지만 지역 변수와 자유 저장 공간 객체에 대해서는 기본 초기화가 클래스 타입의 멤버들에 대해서만 적용되며, 기본 제공 타입의 멤버들은 초기화되지 않은 채로 남겨지므로 beta의 값은 {"","",unknown}이 된다.

이렇게 복잡하게 된 이유는 드물게 일어나는 결정적인 경우에 성능을 향상시키기 위해서다. 예를 들면 다음과 같다.

```
struct Buf {
    int count;
    char buf[16*1024];
};
```

Buf는 초기화 없이도 그것을 입력 연산의 대상으로 사용하기 전까지는 지역 변수로 사용할 수 있다. 대부분의 지역 변수 초기화에서는 성능이 결정적인 요소가 아니면서 초기화되지 않은 지역 변수는 주요한 오류의 근원이다. 초기화를 보장하고 싶거나 그냥 예기치 않은 상황을 좋아하지 않는다면 {} 등의 초기화 식을 제공하기 바란다. 예를 들면 다음과 같다.

```
Buf buf0;          // 정적 할당된 관계로, 기본적으로 초기화된다.

void f()
{
    Buf buf1;               // 원소들을 초기화하지 말고 내버려둔다.
    Buf buf2 {};            // 정말로 이 원소들을 0으로 만들고 싶다.
    int* p1 = new int;      // *p1은 초기화되지 않는다.
    int* p2 = new int{};    // *p2 == 0
    int* p3 = new int{7};   // *p3 == 7
}
```

당연한 얘기겠지만, 멤버 단위 초기화는 멤버에 접근할 수 있는 경우에만 가능하다. 다음 예를 살펴보자.

```
template<typename T>
class Checked_pointer {    // T* 멤버에 대한 접근을 제어한다.
private:
    T* p;
public:
    T& operator*();        // nullptr인지 체크하고 값을 반환한다.
    // ...
};

Checked_pointer<int> p {new int{7}};       // 오류: p.p에 접근할 수 없다.
```

어떤 클래스가 비static 데이터 멤버를 갖고 있다면 해당 클래스는 클래스 내 초기화 식이나 생성자를 필요로 한다.

17.3.2 생성자를 사용한 초기화

멤버 단위 복사가 불충분하거나 바람직하지 않은 경우에 객체를 초기화하기 위해 생성자가 정의될 수 있다. 특히 생성자는 종종 해당 클래스에 대한 불변속성을 구축하거나 그것을 위해 필요한 자원을 획득하기 위해 사용된다(17.2.1절).

어떤 생성자가 클래스에 대해 선언된 경우 일부 생성자들은 모든 객체를 위해 사용될 것이다. 생성자가 요구하는 적절한 초기화 식 없이 객체를 생성하려고 시도하는 것은 잘못이다. 예를 들면 다음과 같다.

```
struct X {
    X(int);
};

Xx0;             // 오류: 초기화 식이 없다.
X x1 {};         // 오류: 빈 초기화 식
X x2 {2};        // OK
X x3 {"two"};    // 오류: 잘못된 초기화 식 타입
X x4 {1,2};      // 오류: 잘못된 초기화 식 개수
X x5 {x4};       // OK: 복사 생성자가 암시적 정의됨(17.6절)
```

인자를 요구하는 생성자를 정의하게 되면 기본 생성자(17.3.3절)가 사라진다는 데 유의한다. 결국 X(int)는 X를 생성하기 위해 int가 필요하다는 뜻이다. 그렇지만 복사 생성자는 사라지지 않는다(17.3.3절). 객체는 복사될 수 있다(일단 올바르게 생성되기만 하면)는 가정 때문이

다. 후자가 문제를 일으킬 가능성이 있는 경우에는(3.3.1절) 명확하게 복사를 불허할 수 있다 (17.6.4절).

초기화를 한다는 사실을 명확하게 하기 위해 {} 표기를 사용했다. (단지) 값을 대입하거나, 함수를 호출하거나, 함수를 선언하는 것이 아니다. 초기화에 대한 {} 표기는 객체가 생성되는 모든 경우에 인자를 제공하는 데 쓰일 수 있다. 예를 들면 다음과 같다.

```
struct Y : X {
    X m{0};                       // Y에 있는 멤버 X.m에 대해 기본 초기화 식을 제공한다.
    Y(int a) :X{a}, m{a} { }      // 기반 클래스와 멤버를 초기화한다(17.4절).
    Y() :X{0} { }                 // 기반 클래스와 멤버를 초기화한다.
};

X g {1};                          // 전역 변수를 초기화한다.

void f(int a)
{
    X def {};                     // 오류: X에 대한 기본 값이 없다.
    Y de2 {};                     // OK: 기본 생성자를 사용한다.
    X* p {nullptr};               // 지역 변수를 초기화한다.
    X var {2};                    // 지역 변수를 초기화한다.
    p = new X{4};                 // 자유 저장 공간의 객체를 초기화한다.
    X a[] {1,2,3};                // 배열 원소를 초기화한다.
    vector<X> v {1,2,3,4};        // 벡터 원소를 초기화한다.
}
```

이런 이유로 {} 초기화는 가끔 **보편적**universal 초기화라고 불린다. 이 표기법은 어디든지 사용될 수 있다. 추가로 {} 초기화는 **균일하다**uniform. 타입 X의 객체를 {v} 표기를 이용해서 값 v로 초기화하면 어떤 경우든지 타입 X의 같은 값(x{v})이 생성된다.

초기화에 대한 =와 () 표기(6.3.5절)는 보편적이지 않다. 예를 들면 다음과 같다.

```
struct Y : X {
    X m;
    Y(int a) : X(a), m=a { };     // 문법 오류: 멤버 초기화에 =를 사용할 수 없다.
};

X g(1);                           // 전역 변수를 초기화한다.

void f(int a)
{
    Xdef();                       // X를 반환하는 함수(뜻밖인가!?)
    X* p(nullptr);                // 지역 변수를 초기화한다.
    X var = 2;                    // 지역 변수를 초기화한다.
    p = new X=4;                  // 문법 오류: new에 =를 사용할 수 없다.
    X a[](1,2,3);                 // 문법 오류: 배열 초기화에 ()를 사용할 수 없다.
    vector<X> v(1,2,3,4);         // 문법 오류: 리스트 원소에 ()를 사용할 수 없다.
}
```

초기화에 대한 =와 () 표기는 균일하지도 않지만, 다행히 그것에 대한 예제는 모호하다. =나 () 초기화를 고집한다면 그것들이 허용되는 경우와 그것들이 무엇을 뜻하는지 기억해야 한다.

생성자에는 통상적인 오버로딩 해결 규칙(12.3절)이 적용된다. 예를 들면 다음과 같다.

```
struct S {
    S(const char*);
    S(double*);
};
S s1 {"Napier"};                // S::S(const char*)
S s2 {new double{1.0}};         // S::S(double*);
S s3 {nullptr};                 // 모호하다. S::S(const char*)인지 S::S(double*)인지?
```

{} 초기화 식 표기는 축소 변환(2.2.2절)을 허용하지 않는다는 점에 유의한다. ()나 =보다 {} 스타일을 선호해야 하는 또 다른 이유다.

17.3.2.1 생성자에 의한 초기화

() 표기를 사용하면 초기화에 생성자를 사용하게 요청할 수 있다. 즉, 어떤 클래스에 대해 생성자에 의한 초기화를 얻게 되고, {} 표기가 제공하는 멤버 단위 초기화나 초기화 식 리스트 초기화(17.3.4절)는 얻지 않는 것으로 보장된다는 뜻이다. 예를 들면 다음과 같다.

```
struct S1 {
    int a,b;                                     // 생성자가 없다.
};
struct S2 {
    int a,b;
    S2(int aa = 0, int bb = 0) : a(aa), b(bb) {}  // 생성자
};
S1 x11(1,2);       // 오류: 생성자가 없다.
S1 x12 {1,2};      // OK: 멤버 단위 초기화

S1 x13(1);         // 오류: 생성자가 없다.
S1 x14 {1};        // OK: x14.b는 0이 된다.

S2 x21(1,2);       // OK: 생성자를 사용한다.
S2 x22 {1,2};      // OK: 생성자를 사용한다.

S2 x23(1);         // OK: 생성자와 하나의 기본 인자를 사용한다.
S2 x24 {1};        // OK: 생성자와 하나의 기본 인자를 사용한다.
```

{} 초기화의 통일적인 사용은 C++11에 와서야 가능하게 됐으므로, 오래된 C++ 코드는 ()와 = 초기화를 사용한다. 따라서 여러분은 ()와 =에 좀 더 친숙할 것이다. 하지만 원소 리스트를 가진 초기화와 생성자 인자 리스트를 가진 초기화를 구분해야 하는 드문 경우를 제외하고는 () 표기를 써야 할 논리적인 이유는 찾기 어렵다. 다음 예를 살펴보자.

```
vector<int> v1 {77};       // 77을 값을 가진 하나의 원소
vector<int> v2(77);        // 기본 값 0을 가진 77개의 원소
```

초기화 식 리스트 생성자(17.3.4절)를 가진 타입이 해당 원소 타입의 인자를 받아들이는 '통상적인 생성자'까지 함께 갖고 있을 경우 이런 문제가 일어날 수 있으며, 이 경우에는 둘 중에 선택을 해야 한다. 특히 정수와 부동소수점 숫자로 이뤄진 vector에 대해서는 경우에 따라 () 초기화를 사용해야 하지만, 문자열이나 포인터로 이뤄진 vector에 대해서는 전혀 그럴 필요가 없다.

```
vector<string> v1 {77};        // 기본 값 ""을 가진 77개의 원소
                               // (vector<string>(std::initializer_list<string>)은
                               // {77})을 받아들이지 않는다.
vector<string> v2(77);         // 기본 값 ""을 가진 77개의 원소
vector<string> v3 {"Booh!"};   // "Booh!" 값을 가진 한 개의 원소
vector<string> v4("Booh!");    // 오류: 문자열 인자를 받아들이는 생성자 없음
vector<int*> v5 {100,0};       // 100 int*s는 nullptr로 초기화된다(100은 int*가 아니다).
vector<int*> v6 {0,0};         // 2개의 int*가 nullptr로 초기화된다.
vector<int*> v7(0,0);          // 빈 vector(v7.size()==0)
vector<int*>v8;                // 빈 vector(v8.size()==0)
```

　　v6과 v7 예제는 언어 연구가나 컴파일러 검사자나 관심을 가질 만한 것이다. 0 대신
nullptr을 사용하는 프로그래머는 크게 신경 쓸 만한 결과를 접하지 않을 것이다.

17.3.3 기본 생성자

인자 없이 호출될 수 있는 생성자를 기본 생성자^{default constructor}라고 부른다. 기본 생성자는
상당히 널리 쓰인다. 다음 예를 살펴보자.

```
class Vector {
public:
    Vector();      // 기본 생성자 - 원소는 없음
    // ...
};
```
　　기본 생성자는 아무 인자도 지정되지 않거나, 빈 초기화 식이 제공될 경우에 사용된다.

```
Vector v1;       // OK
Vector v2 {};    // OK
```

　　기본 인자(12.2.5절)는 인자를 받아들이는 생성자를 기본 생성자로 만들 수 있다. 예를 들면
다음과 같다.

```
class String {
public:
    String(const char* p = ""); // 기본 생성자 - 빈 문자열
    // ...
};
String s1;       // OK
String s2 {};    // OK
```

　　표준 라이브러리 vector와 string은 그런 기본 생성자를 갖고 있다(36.3.2절, 31.3.2절).
　　기본 제공 타입은 기본 및 복사 생성자를 갖고 있는 것으로 간주된다. 하지만 기본 제공
타입의 경우 초기화되지 않은 비static 변수(17.3절)에 대해서는 기본 생성자가 호출되지 않는
다. 기본 제공 타입의 기본 값은 정수에 대해서는 0, 부동소수점 타입에 대해서는 0.0, 포인터
에 대해서는 nullptr이다. 다음 예를 살펴보자.

```
void f()
{
```

```
    int a0;                  // 초기화되지 않음
    int a1();                // 함수 선언(의도된?)

    int a {};                // a는 0이 된다.
    double d {};             // d는 0.0이 된다.
    char* p {};              // p는 nullptr이 된다.

    int* p1 = new int;       // 초기화되지 않은 int
    int* p2 = new int{};     // int은 0으로 초기화된다.
}
```

기본 제공 타입에 대한 생성자는 템플릿 인자에 대해 가장 자주 사용된다. 예를 들면 다음과 같다.

```
template<typename T>
struct Handle {
    T* p;
    Handle(T* pp = new T{}) :p{pp} { }
    // ...
};

Handle<int> px;              // int{}를 생성할 것이다.
```

생성된 int는 0으로 초기화될 것이다.

참조자와 const는 초기화돼야 한다(7.7절, 7.5절). 그러므로 그러한 멤버들을 포함하고 있는 클래스는 프로그래머가 클래스 내 멤버 초기화 식을 제공하거나(17.4.4절) 그런 멤버들을 초기화하는 기본 생성자를 정의하지 않는 한(17.4.1절) 기본 생성될 수 없다. 예를 들면 다음과 같다.

```
int glob {9};

struct X {
    const int a1 {7};        // OK
    const int a2;            // 오류: 사용자 정의 생성자를 요구한다.

    const int& r {9};        // OK

    int& r1 {glob};          // OK
    int& r2;                 // 오류: 사용자 정의 생성자를 요구한다.
}
```

배열, 표준 라이브러리 vector 및 유사한 컨테이너들은 기본 초기화된 많은 원소를 할당하기 위해 선언될 수 있다. 이런 경우 vector나 배열의 원소 타입으로 사용된 클래스에 대해서는 명백히 기본 생성자가 필요하다. 다음 예를 살펴보자.

```
struct S1 { S1(); };                  // 기본 생성자를 갖고 있음
struct S2 { S2(string); };            // 기본 생성자가 없음

S1 a1[10];                            // OK: 10개의 기본 원소
S2 a2[10];                            // 오류: 원소를 초기화할 수 없다.
S2 a3[] { "alpha", "beta" };          // OK: 두 개의 원소 - S2{"alpha"}, S2{"beta"}

vector<S1> v1(10);                    // OK: 10개의 원소
vector<S2> v2(10);                    // 오류: 원소를 초기화할 수 없다.
vector<S2> v3 { "alpha", "beta" };    // OK: 두 개의 원소 - S2{"alpha"}, S2{"beta"}

vector<S2> v2(10,"");                 // OK: 각각 S2{""}으로 초기화되는 10개의 원소
vector<S2> v4;                        // OK: 원소가 없다.
```

클래스는 언제 기본 생성자를 가져야 하는가? '배열 등의 원소 타입으로 클래스를 사용할 때'라는 건 어리숙한 기술적 대답이다. 하지만 "어떤 타입에 대해 기본 값을 갖는 것이 타당한가?" 또는 심지어 "이 타입이 우리가 '당연하게' 기본 값으로 사용할 수 있는 '특별한' 값을 갖고 있는가?"가 좀 더 나은 질문이다. 문자열은 빈 문자열 ""을 갖고 있고, 컨테이너는 빈 집합 {}를 갖고 있으며, 수치 값은 0을 갖고 있다. 기본 Date(16.3절)의 결정에 대한 문제는 '당연해 보이는' 기본 날짜가 없다는 데서 기인한다(빅뱅은 너무 오래됐고 우리의 일상적인 날짜와 정확한 연관성이 없다). 기본 값을 정하는 데 있어서는 지나치게 기발하게 하지 않는 편이 좋다. 예를 들어 기본 값이 없는 원소들로 이뤄진 컨테이너의 문제는 적당한 값이 나올 때까지(예를 들어 push_back()을 이용해서) 원소를 할당하지 않는 방식으로 해결하는 편이 대부분의 경우 최선이다.

17.3.4 초기화 식 리스트 생성자

std::initializer_list 타입의 단일 인자를 받아들이는 생성자를 초기화 식 리스트 생성자initializer-list constructor라고 부른다. 초기화 식 리스트 생성자는 초기화 식 값으로 {} 리스트를 생성하는 데 사용된다. 표준 라이브러리 컨테이너(vector나 map 등)는 초기화 식 리스트 생성자와 대입(31.3.2절, 31.4.3절) 등을 가진다. 다음 코드를 살펴보자.

```
vector<double> v = { 1, 2, 3.456, 99.99 };
list<pair<string,string>> languages = {
    {"Nygaard","Simula"}, {"Richards","BCPL"}, {"Ritchie","C"}
};
map<vector<string>,vector<int>> years = {
    { {"Maurice","Vincent", "Wilkes"},{1913, 1945, 1951, 1967, 2000} },
    { {"Martin", "Richards"}, {1982, 2003, 2007} },
    { {"David", "John", "Wheeler"}, {1927, 1947, 1951, 2004} }
};
```

{} 리스트를 받아들이기 위한 메커니즘은 std::initializer_list<T> 타입의 인자를 받아들이는 함수(대부분의 경우 생성자)다. 다음 예를 살펴보자.

```
void f(initializer_list<int>);

f({1,2});
f({23,345,4567,56789});
f({});        // 빈 리스트
f{1,2};       // 오류: 함수 호출 ()가 누락돼 있다.
years.insert({{"Bjarne","Stroustrup"},{1950, 1975, 1985}});
```

초기화 식 리스트는 임의의 길이를 가질 수 있지만, 균질적이어야 한다. 즉, 모든 원소가 템플릿 인자 타입 T 또는 암시적 T로 변환 가능한 타입이어야 한다.

17.3.4.1 initializer_list 생성자 명확화

하나의 클래스에 여러 개의 생성자가 있을 경우 통상적인 오버로딩 해결 규칙(12.3절)을 사용해서 주어진 인자 집합에 맞는 것을 하나 선택한다. 생성자 선택에 대해서는 기본 생성자와 초기화 식 리스트가 우선권을 갖는다. 다음 예를 살펴보자.

```
struct X {
    X(initializer_list<int>);
    X();
    X(int);
};
X x0 {};         // 빈 리스트 - 기본 생성자? 초기화 식 리스트 생성자?(기본 생성자)
X x1 {1};        // 하나의 정수 - int 인자? 한 개 원소의 리스트?(초기화 식 리스트 생성자)
```

규칙은 다음과 같다.

- 기본 생성자나 초기화 식 리스트 생성자 중 한쪽이 호출 가능하다면 기본 생성자를 우선 사용한다.
- 초기화 식 리스트와 '통상적인 생성자'가 모두 호출 가능하다면 초기화 식 리스트 생성자를 우선 사용한다.

첫 번째 규칙, "기본 생성자를 우선 사용한다"는 기본적으로 상식이라 할 수 있겠다. 가능하다면 가장 간단한 생성자를 선택하기 바란다. 게다가 빈 리스트를 가지고 기본 생성자와 뭔가 다른 것을 하려는 초기화 식 리스트 생성자를 정의한다면 직접 설계 오류를 만들어내는 셈이 될 것이다.

두 번째 규칙, "초기화 식 리스트 생성자를 우선 사용한다"는 원소의 개수가 달라지면 해결책이 달라지는 문제를 피하기 위해 필요하다. `std::vector`(31.4절)가 그런 예다.

```
vector<int> v1 {1};        // 한 개의 원소
vector<int> v2 {1,2};      // 두 개의 원소
vector<int> v3 {1,2,3};    // 세 개의 원소

vector<string> vs1 {"one"};
vector<string> vs2 {"one", "two"};
vector<string> vs3 {"one", "two", "three"};
```

모든 경우에 초기화 식 리스트 생성자가 사용된다. 정말로 한 개 또는 두 개의 정수 인자를 받아들이는 생성자를 호출하고 싶다면 () 표기법을 사용해야 한다.

```
vector<int> v1(1);         // 기본 값 (0)을 가진 한 개의 원소
vector<int> v2(1,2);       // 값 2를 가진 한 개의 원소
```

17.3.4.2 initializer_list의 사용

`initializer_list<T>` 인자를 가진 함수는 멤버 함수 `begin()`, `end()`, `size()`를 이용해서 시퀀스로서 해당 인자에 접근할 수 있다. 예를 들면 다음과 같다.

```
void f(initializer_list<int> args)
{
    for (int i = 0; i!=args.size(); ++i)
        cout << args.begin()[i] << "\n";
}
```

안타깝지만 initializer_list는 첨자를 제공하지 않는다.

initializer_list<T>는 값으로 전달된다. 이는 오버로딩 해결 규칙에서 요구되는 것(12.3절)으로 initializer_list<T> 객체는 T의 배열에 대한 작은 핸들(대개 2개의 워드)에 불과하기 때문에 오버헤드를 유발하지 않는다.

앞의 루프는 다음과 같이 작성해도 동일하다.

```
void f(initializer_list<int> args)
{
    for (auto p=args.begin(); p!=args.end(); ++p)
        cout << *p << "\n";
}
```

또는

```
void f(initializer_list<int> args)
{
    for (auto x : args)
        cout << x << "\n";
}
```

initializer_list를 명시적으로 사용하고자 한다면 그것이 정의돼 있는 헤더 파일인 <initializer_list>를 #include해야 한다. 하지만 vector, map 등이 initializer_list를 사용하는 관계로, 그것들의 헤더(<vector>, <map> 등)에서 이미 #include <initializer_list>가 이뤄져 있으므로, 직접적으로 그렇게 해야 할 필요는 거의 없다.

initializer_list의 원소는 불변적이다. 그들의 값을 변경하려는 시도는 꿈도 꾸지 말기 바란다. 예를 들면 다음과 같다.

```
int f(std::initializer_list<int> x, int val)
{
    *x.begin() = val;          // 오류: 초기화 식 리스트 원소의 값을 변경하려는 시도
        return *x.begin();     // OK
}
void g()
{
    for (int i=0; i!=10; ++i)
        cout << f({1,2,3},i) << '\n';
}
```

f()의 대입이 성공했다면 1의 값({1,2,3}에서)이 변경될 수 있는 것처럼 보였을 것이다. 그것은 우리가 의존하는 가장 근본적인 개념 중 일부에 치명타를 가했을 것이다. initializer_list 원소들은 불변이기 때문에 그것들에 이동 연산자를 적용할 수 없다(3.3.2절, 17.5.2절).

컨테이너는 초기화 식 리스트 생성자를 다음과 같이 구현할 수 있다.

```
template<typename E>
class Vector {
public:
    Vector(initializer_list<E> s);  // 초기화 식 리스트 생성자
    // ...
```

```
private:
    int sz;
    E* elem;
};
template<typename E>
Vector::Vector(initializer_list<E> s)
    :sz{s.size()}                                          // vector 크기를 설정한다.
{
    reserve(sz);                                           // 적절한 공간 용량을 얻는다.
    uninitialized_copy(s.begin(), s.end(), elem); // elem[0:s.size())에서 원소를 초기화한다.
}
```

초기화 식 리스트는 보편적이고 통일화된 초기화 설계의 일부다(17.3절).

17.3.4.3 직접적 초기화와 복사 초기화

직접적 초기화와 복사 초기화(16.2.6절) 사이의 구분은 {} 초기화에 대해 유지된다. 컨테이너의 경우에는 이런 구분이 컨테이너와 그것의 원소 양쪽에 대해 적용된다는 뜻이다.

- 컨테이너의 초기화 식 리스트 생성자는 explicit일 수도 있고 아닐 수도 있다.
- 초기화 식 리스트 원소 타입의 생성자는 explicit일 수도 있고 아닐 수도 있다.

vector<vector<double>>에서 직접적 초기화와 복사 초기화 사이의 구분이 원소들에도 적용된다는 점을 알 수 있다. 다음 예를 살펴보자.

```
vector<vector<double>> vs = {
    {10,11,12,13},                    // OK: 4개 원소로 이뤄진 vector
    {10},                             // OK: 1개 원소로 이뤄진 vector
    10,                               // 오류: vector<double>(int)는 명시적이다.

    vector<double>{10,11,12,13},      // OK: 4개 원소로 이뤄진 vector
    vector<double>{10},               // OK: 10.0의 값을 가진 1개 원소로 이뤄진 vector
    vector<double>(10)                // OK: 0.0의 값을 가진 10개 원소로 이뤄진 vector
};
```

컨테이너의 생성자 중 일부는 명시적일 수 있고, 일부는 아닐 수 있다. 표준 라이브러리 vector가 그런 예 중의 하나다. 예를 들어 std::vector<int>(int)는 explicit이지만, std::vector<int>(initializer_list<int>)는 그렇지 않다.

```
vector<double> v1(7);     // OK: v1은 7개 원소를 가진다. {}가 아닌 ()를 사용한다.
vector<double> v2 = 9;    // 오류: int에서 vector로의 변환은 불가하다.

void f(const vector<double>&);
void g()
{
    v1 = 9;               // 오류: int에서 vector로의 변환은 불가하다.
    f(9);                 // 오류: int에서 vector로의 변환은 불가하다.
}
```

()를 {}로 대체함으로써 다음의 결과가 얻어진다.

```
vector<double> v1 {7};    // OK: v1은 1개의 원소를 갖는다(값 7를 가진).
vector<double> v2 = {9};  // OK: v2는 1개의 원소를 갖는다(값 9를 가진).
```

```
void f(const vector<double>&);
void g()
{
    v1 = {9};           // OK: 이제 v1은 1개의 원소를 갖는다(값 9를 가진).
    f({9});             // OK: f는 리스트 {9}로 호출된다.
}
```

분명 결과에는 극적인 차이가 있다.

이 예제는 가장 혼란스러운 경우의 예를 보여주기 위해 세심하게 공들여서 만들어진 것이다. 좀 더 긴 리스트에서는 모호성이 두드러지게 눈에 띄지 않는다는 점에 유의한다. 다음 예를 살펴보자.

```
vector<double> v1 {7,8,9};           // OK: v1은 {7,8,9}의 값을 가진 3개 원소를 갖는다.
vector<double> v2 = {9,8,7};         // OK: v2는 {9,8,7}의 값을 가진 3개 원소를 갖는다.
void f(const vector<double>&);
void g()
{
    v1 = {9,10,11};                  // OK: v1은 이제 {9,10,11}의 값을 가진 3개의 원소를 갖는다.
    f({9,8,7,6,5,4});                // OK: f는 리스트 {9,8,7,6,5,4}로 호출된다.
}
```

마찬가지로 정수가 아닌 타입의 원소 리스트에 대해서는 모호해질 가능성이 생기지 않는다.

```
vector<string> v1 { "Anya"};             // OK: v1은 1개의 원소를 갖는다("Anya"란 값의).
vector<string> v2 = {"Courtney"};        // OK: v2는 1개의 원소를 갖는다("Courtney"란 값의).
void f(const vector<string>&);
void g()
{
    v1 = {"Gavin"};              // OK: v1은 이제 1개의 원소를 갖는다("Gavin"이란 값의).
    f({"Norah"});                // OK: f는 리스트 {"Norah"}로 호출된다.
}
```

17.4 멤버 및 기반 클래스 초기화

생성자는 불변속성을 구축하고 자원을 획득한다. 일반적으로 생성자는 클래스 멤버와 기반 클래스 초기화를 통해 그렇게 한다.

17.4.1 멤버 초기화

작은 조직에 대한 정보를 보관하는 데 사용될 수 있는 클래스를 하나 살펴보자.

```
class Club {
    string name;
    vector<string> members;
    vector<string> officers;
    Date founded;
    // ...
    Club(const string& n, Date fd);
};
```

Club의 생성자는 클럽의 이름과 클럽의 설립일을 인자로 받아들인다. 멤버의 생성자를 위한 인자는 멤버 초기화 식 리스트에서 지정되는데, 멤버 초기화 식 리스트는 소속 클래스의 생성자에 대한 정의에 들어 있다. 예를 들면 다음과 같다.

```
Club::Club(const string& n, Date fd)
    : name{n}, members{}, officers{}, founded{fd}
{
    // ...
}
```

메모리 초기화 식 리스트는 콜론으로 시작되며, 개별 멤버 초기화 식은 쉼표로 구분된다. 멤버의 생성자는 소속 클래스 자체 생성자의 본체가 실행되기 전에 호출된다(17.2.3절). 생성자는 멤버들이 초기화 식 리스트에 등장하는 순서가 아니라 클래스 내에서 멤버들이 선언된 순서에 따라 호출된다. 혼동을 피하기 위해서는 멤버 선언 순서대로 초기화 식을 지정하는 편이 좋다. 순서를 잘못 매겼을 경우 컴파일러가 경고를 보내주기를 기대해야 한다. 멤버 소멸자는 클래스 자체 소멸자의 본체가 실행된 후에 생성된 역순으로 호출된다.

멤버 생성자가 인자를 필요로 하지 않는다면 해당 멤버는 멤버 초기화 식 리스트에서 언급되지 않아도 된다. 예를 들면 다음과 같다.

```
Club::Club(const string& n, Date fd)
    : name{n}, founded{fd}
{
    // ...
}
```

이 생성자는 앞의 버전과 기능상 동일하다. 각 경우에 Club::officers와 Club::members는 원소를 갖지 않은 vector로 초기화된다.

멤버 초기화에 대해서는 대체적으로 명시적이 되는 것이 바람직하다. 기본 제공 타입의 '암시적으로 초기화된' 멤버는 초기화되지 않은 채로 남겨진다는 점에 유의한다(17.3.1절).

생성자는 소속 클래스의 멤버들과 기반 클래스를 초기화할 수 있지만, 자신의 멤버들이나 기반 클래스의 멤버나 기반 클래스는 초기화할 수 없다. 예를 들면 다음과 같다.

```
struct B { B(int); /* ... */};
struct BB : B { /* ... */ };
struct BBB : BB {
    BBB(int i) : B{i} { }        // 오류: 기반 클래스의 기반 클래스를 초기화하려는 시도
    // ...
}
```

17.4.1.1 멤버 초기화와 대입

멤버 초기화 식은 초기화의 의미가 대입의 의미와 다른 타입에 대해 필수적이다. 다음 예를 살펴보자.

```
class X {
    const int i;
```

```
    Club cl;
    Club& rc;
    // ...
    X(int ii, const string& n, Date d, Club& c) : i{ii}, cl{n,d}, rc{c} { }
};
```

참조자 멤버나 const 멤버는 초기화돼야 한다(7.5절, 7.7절, 17.3.3절). 하지만 대부분의 타입에 대해 프로그래머는 초기화 식 사용과 대입 사용 중에서 선택할 수 있다. 이런 경우 나는 초기화가 진행 중이라는 사실을 명확히 하기 위해 멤버 초기화 식 문법 사용을 선호하는 편이다. 게다가 초기화 식 문법을 사용하는 편이 효율성 측면에서 유리한 경우도 흔하다(대입 사용에 비해). 다음 예를 살펴보자.

```
class Person {
    string name;
    string address;
    // ...
    Person(const Person&);
    Person(const string& n, const string& a);
};

Person::Person(const string& n, const string& a)
    : name{n}
{
    address = a;
}
```

여기서 name은 n의 사본으로 초기화된다. 반면 address는 우선 빈 문자열로 초기화되고, 이어서 a의 사본이 대입된다.

17.4.2 기반 클래스 초기화 식

파생 클래스의 기반 클래스는 비static 데이터 멤버와 동일한 방식으로 초기화된다. 즉, 기반 클래스가 초기화 식을 요구하면 해당 초기화 식은 생성자 내의 기반 클래스 초기화 식으로서 제공돼야 한다. 그렇게 하고 싶다면 기본 생성을 명시적으로 지정할 수 있다. 예를 들면 다음과 같다.

```
class B1 { B1(); };            // 기본 생성자를 갖고 있다.
class B2 { B2(int); }          // 기본 생성자가 없다.
struct D1 : B1, B2 {
    D1(int i) :B1{}, B2{i} {}
};
struct D2 : B1, B2 {
    D2(int i) :B2{i} {}        // B1{}은 암시적으로 사용된다.
};
struct D1 : B1, B2 {
    D1(int i) { }              // 오류: B2는 int 초기화를 요구한다.
};
```

멤버에서와 마찬가지로 초기화 순서는 선언 순서이며, 그 순서로 기반 클래스 초기화 식을 지정하는 것을 추천한다. 기반 클래스는 멤버보다 먼저 초기화되고, 멤버보다 나중에 소멸된다(17.2.3절).

17.4.3 위임 생성자

두 개의 생성자가 똑같은 동작을 수행하게 하고 싶다면 직접 하든지 아니면 공통된 동작을 수행할 'init() 함수'를 정의할 수 있다. 두 가지 '해결책' 모두 널리 쓰인다(이전 버전의 C++는 더 나은 방안을 제시하지 못했다). 다음 예를 살펴보자.

```
class X {
    int a;
    validate(int x) { if (0<x && x<=max) a=x; else throw Bad_X(x); }
public:
    X(int x) { validate(x); }
    X() { validate(42); }
    X(string s) { int x = to<int>(s); validate(x); }        // 25.2.5.1절
    // ...
};
```

장황하다 보니 읽기 어렵고 중복이 많아 오류에 취약하다. 이 두 가지 문제로 인해 유지 보수에도 지장이 생긴다. 대안은 하나의 생성자를 또 다른 생성자의 관점에서 정의하는 것이다.

```
class X {
    int a;
public:
    X(int x) { if (0<x && x<=max) a=x; else throw Bad_X(x); }
    X() :X{42} { }
    X(string s) :X{to<int>(s)} { }                         // 25.2.5.1절
    // ...
};
```

즉, 클래스 자체의 이름(그것의 생성자의 이름)을 사용하는 멤버 스타일 초기화 식은 또 다른 생성자를 생성 과정의 한 부분으로 호출한다. 이러한 생성자는 위임 생성자delegate constructor (가끔은 전달 함수forwarding function)라고 불린다.

위임 생성과 멤버의 명시적 초기화를 동시에 할 수는 없다. 다음 예를 살펴보자.

```
class X {
    int a;
public:
    X(int x) { if (0<x && x<=max) a=x; else throw Bad_X(x); }
    X() :X{42}, a{56} { }        // 오류
    // ...
};
```

생성자의 멤버와 기반 클래스 초기화 식 내에서 또 다른 생성자를 호출해서 위임하는 것은 생성자 본체에서 생성자를 명시적으로 호출하는 것과는 근본적으로 다르다. 다음을 살펴보자.

```
class X {
```

```
    int a;
public:
    X(int x) { if (0<x && x<=max) a=x; else throw Bad_X(x); }
    X() { X{42}; }                         // 오류 가능성
    // ...
};
```

X{42}는 새로운 이름 없는 객체(임시 객체)를 생성하기만 하고 그것에 아무 일도 하지 않는다. 이런 식의 사용은 대개 버그를 일으킨다. 컴파일러가 경고를 보내주기를 기대해야 한다.

객체는 생성자가 완료될 때까지는 생성되지 않은 것으로 간주된다(6.4.2절). 위임 생성자를 사용할 때는 위임된 생성자가 완료되면 객체가 생성될 것으로 간주된다.

해야 일이 어떤 멤버를 기본 값(생성자 인자에 의존하지 않는)으로 설정하는 것뿐이라면 멤버 초기화 식(17.4.4절)이 좀 더 간단할 수 있다.

17.4.4 클래스 내 초기화 식

클래스 선언 안에서 비**static** 데이터 멤버에 대한 초기화 식을 지정할 수 있다. 예를 들면 다음과 같다.

```
class A {
public:
    int a {7};
    int b = 77;
};
```

구문 분석 및 이름 탐색과 관련된 상당히 모호한 기술적인 이유 때문에 {}과 = 초기화 식 표기법은 클래스 내 멤버 초기화 식에 대해서는 사용될 수 있지만, () 표기법은 그럴 수 없다.

기본 설정으로 생성자는 그러한 클래스 내 초기화 식을 사용할 것이므로, 앞의 예제는 다음과 동일하다.

```
class A {
public:
    int a;
    int b;
    A() : a{7}, b{77} {}
};
```

클래스 내 초기화 식의 이러한 사용은 타이핑을 약간 줄여 줄 수 있지만, 진정한 이득은 다중 생성자를 가진 좀 더 복잡한 클래스에서 얻어진다. 종종 여러 개의 생성자가 하나의 멤버에 대해 동일한 초기화 식을 사용한다. 예를 들면 다음과 같다.

```
class A {
public:
    A() :a{7}, b{5}, algorithm{"MD5"}, state{"Constructor run"} {}
```

```
    A(int a_val) :a{a_val}, b{5}, algorithm{"MD5"}, state{"Constructor run"} {}
    A(D d) :a{7}, b{g(d)}, algorithm{"MD5"}, state{"Constructor run"} {}
    // ...
private:
    int a, b;
    HashFunction algorithm;        // 모든 A에 적용될 암호 해시
    string state;                  // 객체 수명 주기의 상태를 나타내는 문자열
};
```

algorithm과 state가 모든 생성자에서 동일한 값을 갖는다는 사실은 넘쳐나는 코드 속에서 잊어지고 유지 보수 문제가 되기 십상이다. 공통 값을 명확히 드러내게 하기 위해 데이터 멤버에 대한 고유 초기화 식을 제외시킬 수 있다.

```
class A {
public:
    A() :a{7}, b{5} {}
    A(int a_val) :a{a_val}, b{5} {}
    A(D d) :a{7}, b{g(d)} {}
    // ...
private:
    int a, b;
    HashFunction algorithm {"MD5"};        // 모든 A에 적용될 암호 해시
    string state {"Constructor run"};      // 객체 수명 주기의 상태를 나타내는 문자열
};
```

어떤 멤버가 클래스 내 초기화 식과 생성자에 의해 동시에 초기화된다면 생성자의 초기화만 적용된다(생성자 초기화는 기본을 '재정의'한다). 따라서 좀 더 단순화할 수 있다.

```
class A {
public:
    A() {}
    A(int a_val) :a{a_val} {}
    A(D d) :b{g(d)} {}
    // ...
private:
    int a {7};                             // a에 대한 7의 의미는...
    int b {5};                             // b에 대한 5의 의미는...
    HashFunction algorithm {"MD5"};        // 모든 A에 적용될 암호 해시
    string state {"Constructor run"};      // 객체 수명 주기의 상태를 나타내는 문자열
};
```

보이는 바와 같이 기반 클래스 내 초기화 식은 공통적인 경우를 문서화할 수 있는 기회를 제공한다.

클래스 내 초기화 식은 멤버 선언 내에서 사용되는 시점에 유효 범위 내에 있는 이름을 사용할 수 있다. 다음과 같이 골칫거리를 만들어 내는 기술적 예제를 살펴보자.

```
int count = 0;
int count2 = 0;

int f(int i) { return i+count; }

struct S {
    int m1 {count2};        // 즉, ::count2
```

```
    int m2 {f(m1)};          // 즉, this->m1+::count - 즉, ::count2+::count
    S() { ++count2; }        // 매우 이상한 생성자
};
int main()
{
    S s1;                    // {0,0}
    ++count;
    S s2;                    // {1,2}
}
```

멤버 초기화는 선언 순서대로 처리되므로(17.2.3절), 우선 m1이 전역 변수 count2의 값으로 초기화된다. 전역 변수의 값은 새로운 S 객체에 대한 생성자가 실행되는 곳에서 얻어지므로, 변할 수 있다(이 예제에서는 실제로 변한다). 다음으로 m2는 전역 f()의 호출에 의해 초기화된다.

멤버 초기화 식에서 전역 데이터에 대한 미묘한 의존성을 숨기는 것은 좋지 않은 생각이다.

17.4.5 static 멤버 초기화

static 클래스 멤버는 각 클래스 객체의 일부로서가 아니라 정적으로 할당된다. 일반적으로 static 멤버 선언은 클래스 외부에서의 정의에 대한 선언 역할을 담당한다. 예를 들면 다음과 같다.

```
class Node {
    // ...
    static int node_count;      // 선언
};
int Node::node_count = 0;       // 정의
```

하지만 몇 가지 간단한 특수 사례에 대해서는 클래스 선언에서 static 멤버를 초기화할 수 있다. static 멤버는 통합 정수나 열거형 타입의 const이거나, 리터럴 타입의 constexpr 여야 하며(10.4.3절), char는 상수 표현식$^{constant-expression}$이어야 한다. 예를 들면 다음과 같다.

```
class Curious {
public:
    static const int c1 = 7;        // OK
    static int c2 = 11;             // 오류: const가 아님
    const int c3 = 13;              // OK, 하지만 static이 아님(17.4.4절)
    static const int c4 = sqrt(9);  // 오류: 클래스 내 초기화 식이 상수가 아님
    static const float c5 = 7.0;    // 오류: 클래스 내 통합 정수가 아님
                                    // (const보다는 constexpr을 사용한다)
    // ...
};
```

메모리에 객체로 저장되는 것을 요구하는 방식으로 초기화된 멤버를 사용하는 경우라면 (그리고 그럴 경우에만) 해당 멤버는 어디가 다른 곳에서 (고유하게) 정의돼 있어야 한다. 초기화 식은 반복 사용하지 않는다.

```
const int Curious::c1;              // 초기화 식을 여기에서 반복하지 않는다.
const int* p = &Curious::c1;        // OK: Curious::c1은 정의돼 있다.
```

멤버 상수의 주된 용도는 클래스 선언의 다른 부분에서 필요한 상수를 위한 기호 이름을 제공하는 것이다.

```
template<typename T, int N>
class Fixed {                   // 고정 크기 배열
public:
    static constexpr int max = N;
    // ...
private:
    T a[max];
};
```

정수에 대해 열거자(8.4절)는 클래스 선언 내에서 기호 상수를 정의하기 위한 대안을 제공한다.

```
class X {
    enum { c1 = 7, c2 = 11, c3 = 13, c4 = 17 };
    // ...
};
```

17.5 복사와 이동

어떤 값을 a에서 b로 전송하고 싶을 경우 논리적으로 구분되는 2가지 선택 사항이 있다.

- 복사[copy]는 x=y의 일반적인 의미다. 즉, 이 결과는 x와 표현식의 값이 둘 다 대입 이전의 y의 값과 같아지는 것이다.
- 이동[move]은 x에게는 y의 이전 값을 남기고, y는 이동이 출발된 원래 상태로 남겨지는 것이다. 가장 흥미로운 경우는 컨테이너로 이동이 출발된 객체 상태가 '빈' 것이 된다.

이렇게 간단한 논리적 구분은 이동과 복사에 대해 똑같은 표기법을 쓴다는 전통적 사실 때문에 혼돈스러워진다.

대체적으로 이동은 예외를 던질 수 없는 반면 복사는 던질 수 있으며(자원을 획득해야 하기 때문에), 이동은 많은 경우 복사보다 좀 더 효율적이다. 이동 연산을 작성할 때는 원래 객체를 유효하지만 지정되지 않은 상태로 남겨놓아야 한다. 원래 객체는 결국에는 소멸돼야 하는데, 소멸자는 유효하지 않은 상태로 남겨져 있는 객체는 소멸시킬 수 없기 때문이다. 또한 표준 라이브러리 알고리즘은 (이동이나 복사를 이용해서) 이동이 출발된 객체에 대입하는 기능을 필요로 한다. 따라서 이동을 설계할 때 예외를 던지지 않게 하고, 원래 객체를 소멸과 대입을 허용하는 상태로 남겨놓게 해야 한다.

장황하고 반복적인 작업을 줄여주기 위해 복사와 이동은 기본 정의를 갖고 있다(17.6.2절).

17.5.1 복사

클래스 x에 대한 복사는 두 개의 연산으로 정의된다.

- 복사 생성자 X(const X&)

- 복사 대입 X& operator=(const X&)

이 두 가지 연산을 volatile X& 같이 좀 더 과감한 인자로 정의할 수도 있지만, 그렇게 하지 말기 바란다. 자신뿐만 아니라 남까지 혼란스럽게 만들 뿐이다. 복사 생성자는 객체를 변경하지 않고 객체의 사본을 만들어 주는 것이다. 마찬가지로 복사 대입의 반환 타입으로 const X&를 사용할 수도 있다. 나의 개인적인 의견은 그렇게 해봤자 쓸데없는 혼란만 가중시 킨다는 것이므로, 여기서는 두 연산이 관례적인 타입을 갖는다고 가정하고 복사를 논의한다.

간단한 2차원 Matrix를 하나 살펴보자.

```
template<typename T>
class Matrix {
    array<int,2> dim; // 2차원
    T* elem;              // T 타입의 dim[0]*dim[1]개의 원소를 가리키는 포인터
public:
    Matrix(int d1, int d2) :dim{d1,d2}, elem{new T[d1*d2]} {}      // 단순화됨(오류 처리 생략)
    int size() const { return dim[0]*dim[1]; }

    Matrix(const Matrix&);                 // 복사 생성자
    Matrix& operator=(const Matrix&);      // 복사 대입

    Matrix(Matrix&&);                      // 이동 생성자
    Matrix& operator=(Matrix&&);           // 이동 대입

    ~Matrix() { delete[] elem; }
    // ...
};
```

우선 기본 복사(멤버를 복사하는)가 심각하게 잘못됐다는 점을 알 수 있다. Matrix 원소는 복사될 수 없으므로, Matrix 사본은 원본과 동일한 원소를 가리키는 포인터를 갖게 될 것이며, Matrix 소멸자는 (공유된) 원소를 두 번 삭제하게 될 것이다(3.3.1절).

하지만 프로그래머는 이런 복사 연산에 대해 어떤 것이든 적당한 의미를 정의할 수 있으며, 컨테이너에 대한 관례적인 복사는 포함된 원소를 복사하는 것이다.

```
template<typename T>
Matrix::Matrix(const Matrix& m)                         // 복사 생성자
    : dim{m.dim},
    elem{new T[m.size()]}
{
    uninitialized_copy(m.elem,m.elem+m.size(),elem); // elem[0:m.size()]의 원소들을
                                                     // 초기화한다.
}

template<typename T>
Matrix& Matrix::operator=(const Matrix& m)              // 복사 대입
{
    if (dim[0]!=m.dim[0] || dim[1]!=m.dim[1])
        throw runtime_error("bad size in Matrix =");
    copy(m.elem,m.elem+m.size(),elem);                 // 원소들을 복사한다.
}
```

복사 생성자는 초기화되지 않은 메모리를 초기화하는 반면, 복사 대입 연산자는 이미 생성

돼 자원을 소유하고 있을 수 있는 객체를 정확하게 다뤄야 한다는 점에서 차이가 있다.

Matrix 복사 대입 연산자는 원소의 복사가 예외를 던질 경우 대입의 대상에 이전 값과 새로운 값이 섞여 있을 수 있다는 특성을 갖고 있다. 즉, Matix 대입이 기본적인 보장을 제공하지, 강력한 보장은 제공하지 않는다는 뜻이다(13.2절). 이런 특성을 받아들일 수 없다면 우선 사본을 만든 다음에 표현을 바꿔치는 근본적인 기법으로 그런 상황을 피할 수 있다.

```cpp
Matrix& Matrix::operator=(const Matrix& m)    // 복사 대입
{
    Matrix tmp {m};          // 사본을 만든다.
    swap(tmp,*this);         // tmp의 표현을 *this의 것과 바꿔친다.
    return *this;
}
```

swap()는 복사가 성공했을 경우에만 처리될 것이다. 분명히 이 operator=()는 swap() 구현이 대입을 사용하지 않는 경우에만(std::swap()은 사용하지 않는다) 작동한다. 17.5.2절을 참고하기 바란다.

대개 복사 생성자는 모든 비static 멤버를 복사해야 한다(17.4.1절). 복사 생성자가 원소를 복사할 수 없다면(예를 들면 이용 불가능한 자원을 요구한다는 등의 사유로) 예외를 던질 수 있다.

Matrix 복사 대입에서 자기 대입 m=m을 막지 않았다는 점에 유의한다. 막지 않은 이유는 멤버의 자기 대입은 충분히 안전하기 때문이다. Matrix의 두 가지 구현 모두 m=m에 대해 정확하고 충분히 효율적으로 작동할 것이다. 또한 자기 대입은 드물기 때문에 그럴 필요가 있다는 확신이 들 때만 복사 대입문에서 자기 대입에 대해 검사하기 바란다.

17.5.1.1 기본 생성자에 대해 조심할 사항

복사 연산을 작성할 때는 반드시 모든 기반 클래스와 멤버를 복사해야 한다. 다음을 살펴보자.

```cpp
class X {
    string s;
    string s2;
    vector<string> v;

    X(const X& a)            // 복사 생성자
        :s{a.s}, v{a.v}      // 좀 엉성한 데다 문제가 있을 수도 있다.
    {
    }
    // ...
};
```

여기서는 s2를 복사하는 것을 깜박했기 때문에 기본 초기화될("") 것이다. 이것은 올바르지 않아 보인다. 간단한 클래스에 대해서는 이런 실수를 저지르지 않을 것 같지만, 대규모 클래스에서는 잊어먹을 가능성이 높아진다. 초기 설계 이후 한참 지난 후에 누군가가 클래스에 멤버를 하나 추가할 때 복사될 멤버 리스트에 그것을 추가하는 것을 잊기 쉽다는 것이 더 큰 문제다. 이것이 기본 복사(컴파일러가 보장하는) 연산을 사용하는 편이 바람직한 한 가지 이유다(17.6절).

17.5.1.2 기반 클래스의 복사

복사라는 관점에서 보면 기반 클래스는 하나의 멤버일 따름이다. 즉, 파생 클래스의 객체를 복사하려면 그것의 기반 클래스를 복사해야 한다. 다음 예를 살펴보자.

```
struct B1 {
    B1();
    B1(const B1&);
    // ...
};
struct B2 {
    B2(int);
    B2(const B2&);
    // ...
};
struct D : B1, B2 {
    D(int i) :B1{}, B2{i}, m1{}, m2{2*i} {}
    D(const D& a) :B1{a}, B2{a}, m1{a.m1}, m2{a.m2} {}
    B1 m1;
    B2 m2;
};
D d {1};            // int 인자로 생성한다.
D dd {d};           // 복사 구문 요소
```

초기화 순서는 일반적이지만(기반 클래스 이후에 멤버), 복사를 위해서라면 순서가 문제되지 않는 편이 더 낫다.

virtual 기반 클래스(21.3.5절)는 계층 구조 내에서 여러 개의 클래스 기반 클래스로 등장할 수 있다. 기본 복사 생성자(17.6절)는 이것을 올바르게 복사할 것이다. 자신만의 복사 생성자를 정의한다면 가장 간단한 기법은 virtual 기반 클래스를 반복해서 복사하는 것이다. 기반 객체가 작고 virtual 기반 클래스가 계층 구조 내에서 몇 번만 등장하는 경우에는 이런 방식이 반복된 복사를 피하기 위한 기법보다 좀 더 효율적일 수 있다.

17.5.1.3 복사의 의미

복사 생성자와 복사 대입이 무엇을 해야만 '올바른 복사 연산'으로 간주될 수 있을까? 올바른 타입으로 선언되는 것 외에 복사 연산은 올바른 복사 의미 구조를 가져야 한다. 같은 타입의 두 개의 객체로 이뤄지는 x=y 복사 연산을 예로 들어보자. 일반적으로는 값 지향적인 프로그래밍(16.3.4절)에 적합하고, 특수하게는 표준 라이브러리와 함께 사용되려면 연산은 두 가지 기준을 충족해야 한다.

- 등가성(equivalence) x=y 후에 x와 y에 대한 연산은 동일한 결과를 산출해야 한다. 특히 그것들의 타입에 대해 ==가 정의된 경우라면 오직 x와 y의 값에만 의존하는(x와 y의 주소에 의존하는 동작을 갖지 않고) 모든 함수 f()에 대해 x==y와 f(x)==f(y)여야 한다.

- 독립성(Independence) x=y 후에 x에 대한 연산은 암시적으로 y의 상태를 변경하지 않아야

한다. 즉, **f(x)**는 **f(x)**가 **y**를 참조하지 않는 한 **y**의 값을 변경하지 않는 것이다.

int와 **vector**가 제공하는 동작이 그렇다. 등가성과 독립성을 제공하는 복사 연산은 좀 더 간단하고 유지 보수가 용이한 코드를 낳는다. 이런 간단한 규칙을 위반하는 코드가 드물지 않으면서 그런 위반이 더욱 끔찍한 문제 중 일부의 뿌리가 된다는 점을 프로그래머가 항상 깨닫지 못한다는 점에서 이 규칙은 강조돼야 할 필요가 있다. 등가성과 독립성을 제공하는 복사는 정규 타입(24.3.1절) 개념의 일부다.

우선 등가성 요구 사항을 살펴보자. 사람들이 이 요구 사항을 일부러 위반하는 경우는 드물고, 기본 복사 연산은 이 요구 사항을 위반하지 않는다. 기본 복사 연산은 멤버 단위 복사를 수행한다(17.3.1절, 17.6.2절). 하지만 복사의 의미가 '선택 사항'에 따라 달라지는 것 같은 편법들이 간혹 등장해서 혼란을 일으키곤 한다. 또한 객체가 자신의 값에 해당하지 않는 멤버들을 포함하는 경우도 드물지 않다. 예를 들어 표준 컨테이너의 복사는 할당자를 복사하지 않는데, 할당자는 컨테이너의 값 중 일부라기보다는 컨테이너의 일부로 간주되기 때문이다. 마찬가지로 통계 수집과 캐싱된 값을 위한 카운터 역시 가끔 복사되지 않는다. 객체의 상태에서 이러한 '값이 아닌' 부분은 비교 연산자의 결과에 영향을 미치지 않아야 한다. 특히 **x=y**는 **x==y**를 뜻할 수 있어야 한다. 더욱이 복사 손실slicing(17.5.1.4절)은 다르게 동작하는 '사본들'을 낳을 수 있으며, 가장 자주 일어나는 최악의 실수다.

이제 독립성 요구 사항을 살펴보자. 독립성(의 부족)과 관련된 대부분의 문제는 포인터를 포함한 객체와 연관이 있다. 복사의 기본 의미는 멤버 단위 복사다. 기본 복사 연산은 포인터 멤버를 복사하지만 그것이 가리키는 (존재할 경우) 객체는 복사하지 않는다. 다음 예를 살펴보자.

```
struct S {
    int* p;                 // 포인터
};
S x {new int{0}};
void f()
{
    S y{x};                 // x를 "복사"한다.

    *y.p = 1;               // y를 변경한다. x에 영향을 미친다.
    *x.p = 2;               // x를 변경한다. y에 영향을 미친다.
    delete y.p;             // x와 y에 영향을 미친다.
    y.p = new int{3};       // OK: y를 변경한다. x에 영향을 미치지 않는다.
    *x.p = 4;               // 문제 발생 - 할당 해제된 메모리에 쓰기 시도
}
```

여기서 나는 독립성 규칙을 위반했다. **x**를 **y**로 '복사'한 후에 **y**를 통해 **x** 상태의 일부를 조작할 수 있다. 이는 가끔 **얕은 복사**shallow copy라고 불리며, (지나치게) 자주 '효율성'이 좋다고 칭송된다. 객체의 전체 상태를 복사하는 다른 대안은 **깊은 복사**deep copy라고 불린다. 많은 경우 깊은 복사에 대한 더 나은 대안은 얕은 복사가 아니라 이동 연산이다. 이동 연산은 복잡성을 더하지 않고 복사를 최소화해준다(3.3.2절, 17.5.2절).

얕은 복사는 두 개의 객체(여기서는 **x**와 **y**)를 **공유 상태**shared state에 놓이게 하며, 엄청난 혼동

과 오류의 가능성을 내포하고 있다. 독립성 규칙이 위반됐을 때 객체 **x**와 **y**가 뒤엉켰다고
entangled 말한다. 뒤엉킨 객체에 대해서는 독립적으로 추론하기가 불가능하다. 예를 들어 소스
코드만 봐서는 ***x.p**에 대한 두 개의 대입이 극적으로 다른 결과를 낳는다는 점을 분명히 알
수 없다.

뒤엉킨 두 개의 객체를 그림으로 표시하면 다음과 같다.

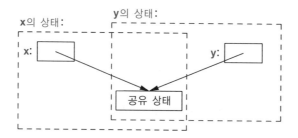

뒤엉킴은 다양한 방식으로 일어날 수 있다는 데 유의한다. 많은 경우 문제가 튀어나오기
전까지는 뒤엉킴이 일어났다는 사실을 분명하게 알기 어렵다. 예를 들어 S 같은 타입은 별
문제가 없는 클래스의 멤버로 부주의하게 사용될 수 있다. S의 원래 개발자는 뒤엉킴을 알고
서 그것에 대처할 준비가 돼 있을 수도 있지만, S를 복사하는 것이 그것의 전체 값을 복사하는
것이라고 순진하게 추측한 누군가는 놀랄 수 있으며, S가 다른 클래스 안에 깊이 둥지를 틀고
있다는 사실을 발견한 누군가는 깜짝 놀랄 수 있다.

가비지 컬렉션 형식을 도입해서 공유 하위 객체의 수명에 관련된 문제에 대처할 수 있다.
다음 예를 살펴보자.

```
struct S2 {
    shared_ptr<int> p;
};

S2 x {new int{0}};

void f()
{
    S2 y {x};                  // x를 "복사"한다.
    *y.p = 1;                  // y를 변경한다. x에 영향을 미친다.
    *x.p = 2;                  // x를 변경한다. y에 영향을 미친다.
    y.p.reset(new int{3});     // y를 변경한다. x에 영향을 미친다.
    *x.p = 4;                  // x를 변경한다. y에 영향을 미친다.
}
```

실제로 얕은 복사와 이러한 뒤엉킨 객체들은 가비지 컬렉션이 요구되는 주요 요인들 중에
속한다. 뒤엉킨 객체는 어떤 형태로든 가비지 컬렉션 없이 관리하기가 매우 까다로운 소스코
드를 낳는다(예를 들면 shared_ptr).

하지만 **shared_ptr**은 여전히 포인터이기 때문에 **shared_ptr**을 포함한 객체만 따로 떼어
내서 생각하기는 어렵다. 누가 포인터가 가리키는 객체를 갱신할 것인가? 어떻게? 언제? 멀티
스레드 시스템을 실행하고 있다면 공유 데이터에 접근해야 동기화가 가능한가? 어떻게 확신

할 수 있는가? 뒤엉킨 객체(여기서는 얕은 복사에서 기인하는)는 복잡성과 오류의 근원이며, 이런 문제는 가비지 컬렉션으로도 (어떤 형태로든) 기껏해야 일부분만 해결할 수밖에 없다.

불변적 공유 상태는 문제가 되지 않는다는 데 유의한다. 주소를 비교하지 않는다면 똑같은 두 값이 하나의 사본으로 표시되는지 두 개의 사본으로 표시되는지 알 수 없다. 많은 사본이 거의 변경되지 않기 때문에 이것은 유용한 관측이다. 예를 들어 값에 의해 전달되는 객체들에는 거의 쓰기 시도가 이뤄지지 않는다. 이런 관측은 **쓰기 시 복사**copy-on-write란 개념을 낳는다. 기본 아이디어는 공유된 상태에 쓰기가 이뤄지기 전까지는 복사에서 실제로 독립성을 필요로 하지 않기 때문에, 공유 상태에 처음으로 쓰기가 이뤄지기 바로 직전까지 공유 상태의 복사를 지연시킬 수 있다는 것이다. 다음 코드를 살펴보자.

```
class Image {
public:
    // ...
    Image(const Image& a);              // 복사 생성자
    // ...
    void write_block(Descriptor);
    // ...
private:
    Representation* clone();            // *rep를 복사한다.
    shared_ptr<Representation> rep;     // 공유 가능성 있음
};
```

Representation이 상당히 클 수 있고, **write_block()**이 **shared_ptr**의 사용 카운트 검사에 비해 비용이 많이 든다고 가정해보자(5.2.1절, 34.3.2절). 그렇게 되면 **Image**의 사용에 따라 **shared_ptr**을 이용해서 표현을 보관하고 (공유 가능성에 대비해서) 복사 생성자를 얕은 복사로 구현하는 방안이 타당할 수 있다.

```
Image::Image(const Image& a)        // 얕은 복사를 한다.
    :rep{a.rep}                     // a.rep는 이제 두 명의 사용자를 가진다.
{
}
```

쓰기 전에 **Representation**을 복사함으로써 해당 복사 생성자에 대한 인자를 보호한다.

```
void Image::write_block(Descriptor d)
{
    if (rep.use_count() > 1)
        rep = shared_ptr<Representation>{clone()};
    // ... 이제 안전하게 우리 자신의 rep 사본에 쓰기를 할 수 있다...
}
```

모든 쓰기 연산은 **use_count()**를 체크할 필요가 있으며, 필요할 경우 **Representation**을 **clone()** 해야 한다.

다른 모든 기법과 마찬가지로 쓰기 시 복사가 만병통치약은 아니지만, 진정한 복사의 단순성과 얕은 복사의 효율성을 효과적으로 조합하는 대안이 될 수 있다.

17.5.1.4 복사 손실

파생 클래스를 가리키는 포인터는 자신의 공개 기반 클래스를 가리키는 포인터로 암시적으로 변환된다. 복사 연산에 적용될 때는 이런 간단하고 필수적인 규칙(3.2.4절, 20.2절)이 함정을 만들 수 있다. 다음 코드를 살펴보자.

```
struct Base {
    int b;
    Base(const Base&);
    // ...
};
struct Derived : Base {
    int d;
    Derived(const Derived&);
    // ...
};
void naive(Base* p)
{
    Base b2 = *p;  // 복사 손실이 일어날 수 있다. Base::Base(const Base&)를 호출한다.
    // ...
}
void user()
{
    Derived d;
    naive(&d);
    Base bb = d;   // 복사 손실 - Derived::Derived(const Derived&)가 아니라
                   // Base::Base(const Base&)를 호출한다.
    // ...
}
```

변수 b2와 bb는 d의 Base 부분, 즉 d.b의 사본을 갖고 있다. 멤버 d.d는 복사되지 않는다. 이 현상은 복사 손실^{slicing}이라고 불린다. 이런 현상이 우리가 정확히 의도한 것일 수도 있지만 (예를 들어 17.5.1.2절에 등장하는 D에 대한 복사 생성자는 선택된 정보를 기반 클래스에 전달한다), 대개 미묘한 버그다. 복사 손실을 원하지 않는다면 대표적인 세 가지 도구로 이를 막을 수 있다.

[1]   기반 클래스의 복사를 금지한다. 복사 연산을 **delete**하고, 가능하다면 **clone()** 함수를 제공한다(17.6.4절).

[2]   파생 클래스를 가리키는 포인터에서 기반 클래스를 가리키는 포인터로의 변환을 차단한다. 기반 클래스를 **private**이나 **protected**로 만든다(20.5절).

[3]   복사 연산을 **private**이나 **protected**로 만들고, 사용자가 복사 손실이 일어나지 않는 복사를 요청할 수 있게 **clone()** 함수를 제공한다(20.3.6절).

선택 사항 [1]은 b2와 bb의 초기화를 오류로 만들 것이다. 선택 사항 [2]는 **naive**의 호출과 bb의 초기화를 오류로 만들 것이다.

17.5.2 이동

a의 값을 b로 옮기는 전통적인 방법은 복사하는 것이다. 컴퓨터 메모리에 있는 정수에 대해서는 그것만이 거의 유일하게 타당한 것이다. 그것이 바로 하드웨어가 한 번의 명령으로 실행할 수 있는 것이다. 하지만 일반적이고 논리적인 관점에서 보면 그렇지 않다. 두 객체의 값을 교환하는 간단한 swap() 구현을 예로 들어보자.

```
template<typename T>
void swap(T& a, T& b)
{
    const T tmp = a;    // a의 사본을 tmp에 넣는다.
    a = b;              // b의 사본을 a에 넣는다.
    b =tmp;             // tmp의 사본을 b에 넣는다.
};
```

tmp를 초기환 후에는 a 값의 두 개 사본이 나온다. a에 대입한 후에는 b 값의 두 개 사본이 나온다. b에 대입한 후에는 tmp 값(즉, a의 원래 값)의 두 개 사본이 나온다. 다음으로 tmp를 소멸시킨다. 뭔가 많이 한 것처럼 보이는데, 실제로 그럴 수 있다. 다음 예를 살펴보자.

```
void f(string& s1, string& s2,
    vector<string>& vs1, vector<string>& vs2,
    Matrix& m1, Matrix& m2)
{
    swap(s1,s2);
    swap(vs1,vs2);
    swap(m1,m2);
}
```

s1이 1000개의 문자를 갖고 있다면 어떻게 될까? vs2가 각각 1000개의 문자로 된 원소를 1000개 갖고 있다면 어떻게 될까? m1이 double로 이뤄진 1000*1000 행렬이라면 어떻게 될까? 이러한 데이터 구조를 복사하는 비용은 엄청나게 커질 수 있다. 실제로도 표준 라이브러리 swap()은 string과 vector에 대해 이런 오버헤드를 피할 수 있게끔 항상 신중하게 설계돼 왔다. 즉, 복사를 피하기 위한 노력이 이뤄져 왔다는 뜻이다(string과 vector 객체가 실제로는 그들의 원소에 대한 핸들에 불과하다는 사실을 활용해서). Matrix의 swap()에 대해서도 심각한 성능 문제를 피하기 위해 유사한 노력이 행해져야 한다. 우리가 할 수 있는 유일한 연산이 복사뿐이라면 표준에 속하지 않는 엄청나게 많은 수의 함수와 데이터 구조에 대해 비슷한 작업이 행해져야 한다.

근본적인 문제는 우리가 전혀 아무것도 복사하고 싶지 않았다는 데 있다. 단지 값의 쌍을 교환하고 싶었을 뿐이다.

또한 복사 문제를 전혀 다른 관점에서 바라볼 수도 있다. 우리는 정말로 어쩔 수 없는 상황이 아니라면 대개 물리적인 것들은 복사하지 않는다. 여러분이 내 핸드폰을 빌리고 싶다면 나는 내 핸드폰의 복제물을 만들기보다는 내 핸드폰을 여러분에게 건네준다. 내가 차를 여러분에게 빌려주고 싶다면 여러분에게 열쇠를 주고, 여러분이 내 차를 타고 나가는 것이지,

방금 제작된 내 차의 복제품을 여러분이 타고 나가지는 않는다. 어떤 물건을 여러분에게 주고 나면 여러분이 그걸 갖고, 나는 더 이상 그걸 갖지 않게 된다. 결과적으로 우리는 '공짜로 주는 것', '건네주는 것', '소유권을 이전하는 것', 즉 물리적 객체를 '이동'하는 것에 대해 얘기한다. 컴퓨터 내부의 많은 객체는 정수 값(다른 대안에 비해 복사하는 편이 쉽고 비용이 적게 들기 때문에 대개는 복사한다)보다는 물리적 객체(쓸데없이 복제하지는 않으며, 복제에는 상당한 비용이 든다)와 더 많이 닮았다. 잠금, 소켓, 파일 핸들, 스레드, 긴 문자열, 큰 벡터가 그런 예다.

사용자가 복사에 관련된 논리적 문제와 성능 문제를 피할 수 있게 C++는 복사copying의 개념과 아울러 이동moving의 개념을 직접적으로 지원한다. 특히 인자를 복사하지 않고 이동할 수 있게 이동 생성자move constructor와 이동 대입move assignment을 정의할 수 있다. 17.5.1절의 간단한 2차원 Matrix를 다시 살펴보자.

```
template<typename T>
class Matrix {
    std::array<int,2> dim;
    T* elem;          // 타입 T의 dim[0]*dim[1] 원소를 가리키는 포인터
public:
    Matrix(int d1, int d2) :dim{d1,d2}, elem{new T[d1*d2]} {}
    int size() const { return dim[0]*dim[1]; }

    Matrix(const Matrix&);              // 복사 생성자
    Matrix(Matrix&&);                   // 이동 생성자(Matrix&&는 우변 값 참조자, 7.7.2절)

    Matrix& operator=(const Matrix&);   // 복사 대입
    Matrix& operator=(Matrix&&);        // 이동 대입

    ~Matrix() { delete[] elem; }        // 소멸자
    // ...
};
```

이동 연산의 바탕이 되는 생각은 좌변 값을 우변 값과 분리해서 처리하자는 것이다. 복사 대입과 복사 생성자는 좌변 값을 받아들이는 반면, 이동 대입과 이동 생성자는 우변 값을 받아들인다. return 값에 대해서는 이동 생성자가 선택된다.

단순하게 원 출처에서 표현을 받아들여 빈 Matrix(소멸 비용이 저렴하다)로 대체하게 Matrix의 이동 생성자를 정의할 수 있다. 예를 들면 다음과 같다.

```
template<typename T>
Matrix<T>::Matrix(Matrix&& a)          // 이동 생성자
    :dim{a.dim}, elem{a.elem}          // a의 표현을 잡는다.
{
    a.dim = {0,0};                     // a의 표현을 비운다.
    a.elem = nullptr;
}
```

대입에 대해서는 그냥 바꿔치기로 처리할 수 있다. 바꿔치기를 이용해서 이동 대입을 구현하는 데 있어서 바탕이 되는 생각은 원 출처가 곧 소멸될 예정이기 때문에, 원 출처에 대한 소멸자가 필요한 마무리 작업을 우리 대신 수행하게 내버려둬도 괜찮다는 것이다.

```
template<typename T>
Matrix<T>& Matrix<T>::operator=(Matrix&& a)          // 이동 대입
```

```
{
    swap(dim,a.dim);          // 바꿔치기 표현
    swap(elem,a.elem);
    return *this;
}
```

이동 생성자와 이동 대입은 const가 아닌 (우변 값) 참조자 인자를 받아들인다. 그것들은 자신의 인자에 쓰기를 할 수 있으며, 대개 그렇게 한다. 하지만 이동 연산의 인자는 항상 소멸자가 처리할 수 있는 상태로 있어야 한다(그리고 가능하면 비용이 매우 적게 들고 쉽게 처리할 수 있게).

자원 핸들에 대해서는 이동 연산이 복사 연산에 비해 상당히 간단하고 좀 더 효율적인 편이다. 특히 이동 연산은 대개 예외를 던지지 않는다. 이동 연산은 자원을 획득하거나 복잡한 연산을 수행하지 않기 때문에 예외를 던질 필요가 없다. 이런 점에서 이동 연산은 많은 복사 연산과 다르다(17.5절).

컴파일러는 언제 복사 연산이 아닌 이동 연산을 사용할 수 있는지 어떻게 알게 될까? 반환 값과 같은 몇 가지 경우는 언어 규칙에 정해져 있다(다음 동작이 원소를 소멸시키는 것으로 정의돼 있기 때문에). 하지만 일반적으로는 우변 값 참조자를 통해 컴파일러에게 알려줘야 한다. 예를 들면 다음과 같다.

```
template<typename T>
void swap(T& a, T& b)          // (거의) "완벽한 바꿔치기"
{
    T tmp = std::move(a);
    a = std::move(b);
    b = std::move(tmp);
}
```

move()는 자신의 인자에 대한 우변 값 참조자를 반환하는 표준 라이브러리 함수다(35.5.1절). move(x)는 "x에 대한 우변 값 참조자를 주세요"란 의미다. 즉, std::move(x)는 아무것도 이동시키지 않으며, 대신 사용자가 x를 이동시킬 수 있게 해준다. move()가 rval()이라고 불렸으면 더 나았을 수도 있었겠지만, move()란 이름이 이 연산에 대해 오랫동안 쓰여 왔다.

표준 라이브러리 컨테이너는 이동 연산을 갖고 있으며(3.3.2절, 35.5.1절), pair(5.4.3절, 34.2.4.1절)나 unique_ptr(5.2.1절, 34.3.1절) 같은 표준 라이브러리 타입도 마찬가지다. insert()나 push_back() 같이 새로운 원소를 표준 라이브러리 컨테이너에 삽입하는 연산들은 역시 우변 값을 받아들이는 버전을 갖고 있다(7.7.2절). 이 결과로 표준 컨테이너와 알고리즘은 복사 시에 가능한 수준보다 더 나은 성능을 보여준다.

이동 생성자를 갖지 않은 타입의 객체들을 바꿔 치려고 하면 어떻게 될까? 복사를 해야 되고 그에 따른 대가를 치르게 된다. 일반적으로 지나친 복사를 피하는 건 프로그래머의 몫이다. 무엇이 지나치고 무엇이 필요한지를 결정하는 건 컴파일러의 몫이 아니다. 자신의 데이터 구조에 대해 복사에서 이동으로의 최적화를 달성하고 싶다면 이동 연산을 제공해야 한다(명시적 또는 암시적으로, 17.6절 참고).

int나 double* 같은 기본 제공 타입은 그냥 복사만 하는 이동 연산을 가진 것으로 간주된

다. 언제나 그렇듯이 포인터가 포함된 데이터 구조에 대해서는 주의를 기울여야 한다(3.3.1절). 특히 이동 후에 원래의 포인터가 `nullptr`로 설정된다고 가정하지 말기 바란다.

이동 연산을 갖게 되면 함수에서 대규모 객체를 반환하기 위한 표현 형식에 영향을 미치게 된다. 다음 예를 살펴보자.

```
Matrix operator+(const Matrix& a, const Matrix& b)
    // 각각의 i와 j에 대해 res[i][j] = a[i][j]+b[i][j]
{
    if (a.dim[0]!=b.dim[0] || a.dim[1]!=b.dim[1])
        throw std::runtime_error("unequal Matrix sizes in +");
    Matrix res{a.dim[0],a.dim[1]};
    constexpr auto n = a.size();
    for (int i = 0; i!=n; ++i)
        res.elem[i] = a.elem[i]+b.elem[i];
    return res;
}
```

`Matrix`는 이동 생성자를 갖고 있으므로, '값에 의한 반환'이 자연스러울 뿐 아니라 간단하고 효율적이다. 이동 연산이 없다면 성능 문제를 겪게 되고 편법에 의존해야 한다. 다음과 같은 코드를 생각해볼 수도 있다.

```
Matrix& operator+(const Matrix& a, const Matrix& b)      // 주의!
{
    Matrix& res = *new Matrix;   // 자유 저장 공간에 할당한다.
    // 각각의 i와 j에 대해 res[i][j] = a[i][j]+b[i][j]
    return res;
}
```

`operator+()` 내에서 `new`의 사용은 명확하지 않으며, 이로 인해 +를 사용하는 사용자들은 까다로운 메모리 관리 문제를 처리해야 한다.

- `new`에 의해 생성된 객체는 어떻게 `delete`돼야 하는가?
- 가비지 컬렉터가 필요한가?
- 일반적인 `new` 대신 `Matrix`의 풀을 사용해야 하는가?
- 사용 횟수를 카운트하는 `Matrix` 표현이 필요한가?
- `Matrix` 덧셈의 인터페이스를 재설계해야 하는가?
- `operator+()`의 호출자가 결과를 `delete`해야 한다는 사실을 기억해야 하는가?
- 계산중 예외가 던져지면 새롭게 할당된 메모리에는 무슨 일이 일어나는가?

다른 대안들은 하나 같이 깔끔하거나 범용적이지 않다.

17.6 기본 연산의 생성

복사나 소멸자 같이 관용적인 연산을 직접 작성하는 것은 지루한 데다 오류에 취약할 수 있기 때문에 컴파일러가 우리 대신 필요한 대로 그것들을 생성해줄 수 있다. 기본적으로 클래스는 다음 기능들을 제공한다.

- 기본 생성자   `X()`
- 복사 생성자   `X(const X&)`
- 복사 대입   `X& operator=(const X&)`
- 이동 생성자   `X(X&&)`
- 이동 대입   `X& operator=(X&&)`
- 소멸자   `~X()`

기본 설정으로 컴파일러는 프로그램이 필요로 한다면 각각의 이런 연산들을 생성해준다. 하지만 프로그래머가 이런 연산 한두 개를 직접 정의하는 식으로 주도권을 가져가면 관련 연산의 생성이 억제된다.

- 프로그래머 클래스에 대해 생성자를 하나라도 선언하면 해당 클래스에 대한 기본 생성자는 생성되지 않는다.
- 프로그래머 복사 연산, 이동 연산이나 클래스에 대한 소멸자를 선언하면 해당 클래스에 대한 복사 연산, 이동 연산이나 소멸자는 생성되지 않는다.

아쉽지만 두 번째 규칙은 완벽하게 적용되지 않는다. 하위 호환성 때문에 소멸자가 정의되더라도 복사 생성자와 복사 대입이 생성된다. 하지만 이러한 생성은 ISO 표준에서 폐기 예정이므로(iso.D절), 최신 컴파일러는 그것에 대해 경고를 보낼 것이라고 기대해도 좋다.

필요하다면 생성돼야 할 함수(17.6.1절)와 생성되지 말아야 함수(17.6.4절)를 명시적으로 지정할 수 있다.

17.6.1 명시적 기본 설정

어떤 경우에는 기본 연산의 생성이 억제될 수 있기 때문에 그것을 기본 설정으로 되돌릴 수 있는 방법이 있어야 한다. 또한 전체 연산 리스트가 필요하지 않은 데도 전체 연산의 리스트를 프로그램 텍스트로 보고 싶어 하는 사람들도 있다. 다음과 같은 코드를 예로 살펴보자.

```
class gslice {
    valarray<size_t> size;
    valarray<size_t> stride;
    valarray<size_t> d1;
public:
    gslice() = default;
    ~gslice() = default;
    gslice(const gslice&) = default;
    gslice(gslice&&) = default;
    gslice& operator=(const gslice&) = default;
    gslice& operator=(gslice&&) = default;
    // ...
};
```

`std::gslice`(40.5.6절)의 구현에서 발췌한 이 코드는 다음과 같이 작성해도 똑같다.

```
class gslice {
    valarray<size_t> size;
    valarray<size_t> stride;
    valarray<size_t> d1;
public:
    // ...
};
```

개인적으로는 후자를 선호하는 편이지만, 덜 숙련된 C++ 프로그래머들이 유지 보수하는 코드에서 전자를 사용하는 이유를 이해한다. 눈에 띄지 않는다면 잊기 쉽다는 것이다.

자신만의 기본 의미 구조를 구현하느니 언제나 **=default**를 쓰는 편이 낫다. 그래도 아무 것도 안 하느니보다 뭐라도 작성하는 편이 낫다고 생각하는 사람들은 다음과 같이 작성할 수도 있다.

```
class gslice {
    valarray<size_t> size;
    valarray<size_t> stride;
    valarray<size_t> d1;
public:
    // ...
    gslice(const gslice& a);
};
gslice::gslice(const gslice& a)
    : size{a.size},
      stride{a.stride},
      d1{a.d1}
{
}
```

이 코드는 장황하고 **gslice**의 정의를 이해하기 어렵게 만들 뿐만 아니라, 실수를 저지를 가능성까지 늘어나게 만든다. 예를 들어 멤버 하나의 복사를 잊어 먹은 나머지 그것이 기본 초기화되게(복사가 아니라) 만들 수도 있다. 또한 사용자가 함수를 제공하면 컴파일러는 해당 함수의 의미 구조를 알지 못하기 때문에 일부 최적화가 이뤄지지 않을 수 있다. 기본 연산에 대해서는 그런 최적화가 큰 의미가 있을 수도 있다.

17.6.2 기본 연산

생성된 각각의 연산이 갖는 의미는, 컴파일러에 의해 생성될 때 구현된 대로 클래스의 비**static** 멤버와 각각의 기반 클래스에 대해 해당 연산을 적용하는 것이다. 즉, 멤버 단위의 복사, 멤버 단위의 생성 등을 이뤄지는 것이다. 예를 들면 다음과 같다.

```
struct S {
    string a;
    int b;
};
S f(S arg)
{
```

```
    S s0 {};        // 기본 생성 - {"",0}
    S s1 {s0};      // 복사 생성
    s1 = arg;       // 복사 대입
    return s1;      // 이동 생성
}
```

s1의 복사 생성은 s0.a와 s0.b를 복사한다. s1의 return은 s1.a와 s1.b를 이동하고, s1.a
는 빈 문자열로 s1.b은 변경되지 않은 채로 남겨둔다.

기본 제공 타입을 가진 이동이 출발된 객체의 값은 변경되지 않는다는 데 유의한다. 그것
이 컴파일러가 할 수 있는 가장 간단하고 빠른 일이다. 클래스의 멤버에 뭔가 다른 일을 하고
싶다면 해당 클래스에 대한 이동 연산을 직접 작성해야 할 것이다.

이동이 출발된 객체의 기본 상태는 기본 소멸자와 기본 복사 대입이 제대로 작동할 수
있는 값이어야 한다. 이동이 출발된 객체에 대해 임의의 연산이 제대로 작동하는 것은 보장되
지(또는 요구되지) 않는다. 강력한 보장을 필요로 한다면 직접 자신만의 연산을 작성해야 한다.

17.6.3 기본 연산의 사용

이번 절에서는 복사, 이동, 소멸자가 논리적으로 어떻게 연결돼 있는지를 보여주는 몇 가지
예제를 소개하고자 한다. 이것들이 연결돼 있지 않다면 명백한 오류라고 생각되는 것들이
컴파일러에 의해 잡히지 않을 것이다.

17.6.3.1 기본 생성자

다음 코드를 살펴보자.

```
struct X {
    X(int);        // X를 초기화하기 위해 int가 필요하다.
};
```

정수 인자를 필요로 하는 생성자를 선언함으로써 프로그래머는 X를 초기화하기 위해 사용
자가 int를 제공해야 한다는 점을 명확히 표현한다. 기본 생성자가 생성되도록 허용했더라면
그런 간단한 규칙을 위반했을 것이다. 즉, 다음과 같은 결과를 얻게 될 것이다.

```
X a {1};           // OK
X b {};            // 오류: 기본 생성자가 없다.
```

그래도 기본 생성자를 원한다면 하나를 직접 정의하든지 기본 생성자가 컴파일러에 의해
생성되기를 원한다고 선언할 수 있다. 예를 들면 다음과 같다.

```
struct Y {
    string s;
    int n;
    Y(const string& s);    // Y를 문자열로 초기화한다.
    Y() = default;         // 기본 의미를 갖는 기본 초기화를 허용한다.
};
```

생성된 기본 생성자는 각 멤버를 기본 설정으로 생성한다. 여기서 `Y()`는 `S`를 빈 문자열로 설정한다. 기본 제공 멤버의 '기본 초기화'는 해당 멤버가 초기화되지 않게 남겨둔다. 어떻게 해야 할까? 컴파일러의 경고를 기대해보자.

17.6.3.2 불변속성의 유지

대다수 경우 클래스는 불변속성을 가진다. 그렇다면 복사와 이동 연산에서 그것이 유지돼야 하고, 소멸자는 관련된 자원을 모두 비울 수 있어야 할 것이다. 안타깝지만 컴파일러가 모든 경우마다 프로그래머가 무엇을 불변속성이라고 생각하는지 알 수는 없는 노릇이다. 약간 억지로 꾸며낸 듯한 예를 하나 살펴보자.

```cpp
struct Z {    // 불변속성 -
            // my_favorite는 elem에서 내가 좋아하는 const의 색인이다.
            // 가장 큰 값은 elem에서 가장 높은 값을 가진 원소를 가리킨다.
    vector<int> elem;
    int my_favorite;
    int* largest;
};
```

프로그래머가 불변속성을 주석에서 서술했지만, 컴파일러는 주석을 읽지 못한다. 게다가 프로그래머는 해당 불변속성이 어떻게 구축되고 유지될 수 있는지에 대한 힌트를 남기지 않았다. 특히 선언된 생성자나 대입이 없다. 해당 불변속성은 암시적이다. 그 결과 `Z`는 기본 연산을 통해 복사되고 이동될 수 있다.

```cpp
Z v0;                           // 초기화되지 않음(문제 발생! 정의되지 않은 값의 가능성)
Z val {{1,2,3},1,&v0.elem[2]};  // OK, 하지만 보기 흉하고 오류에 취약하다.
Z v2 = val;                     // 복사 - v2.largest를 val로
Z v3 = move(val);               // 이동 - val.elem은 비워지게 된다. v3.my_favorite는 범위를 벗어난다.
```

엉망진창이다. 근원적인 문제는 결정적인 정보가 주석에 숨겨져 있거나 완전히 누락돼 있어서 `Z`가 잘못 설계됐다는 데 있다. 기본 연산의 생성에 대한 규칙은 경험적인 규칙으로 일반적인 오류를 잡아내고, 생성, 복사, 이동, 소멸에 대한 체계적인 접근법을 촉진하기 위한 것이다. 가급적 다음 원칙을 따르기 바란다.

[1]   생성자에서 불변속성을 구축한다(필요할 경우 자원 획득을 포함해서).

[2]   복사와 이동 연산에 대해 불변속성을 유지한다(통상적인 이름과 타입으로).

[3]   소멸자에서 필요한 모든 마무리를 처리한다(필요할 경우 자원 해제를 포함해서).

17.6.3.3 자원 불변속성

가장 중요하고 명확한 불변속성의 용도 중 상당수는 자원 관리와 관련된다. 간단한 `Handle` 예제를 하나 살펴보자.

```cpp
template<typename T> class Handle {
    T* p;
public:
```

```
    Handle(T* pp) :p{pp} { }
    T& operator*() { return *p; }
    ~Handle() { delete p; }
}
```

new를 이용해서 할당되는 객체를 가리키는 포인터가 주어지면 **Handle**을 생성하는 생각이다. **Handle**은 포인터가 가리키는 객체에 대한 접근을 제공하고, 결국에는 해당 객체를 **delete**한다. 예를 들면 다음과 같다.

```
void f1()
{
    Handle<int> h {new int{99}};
    // ...
}
```

Handle은 하나의 인자를 받아들이는 생성자를 선언한다. 이로 인해 기본 생성자의 생성이 억제된다. 이것은 바람직한 결과다. 기본 생성자는 **Handle<T>::p**를 초기화되지 않은 상태로 내버려둘 수 있기 때문이다.

```
void f2()
{
    Handle<int> h;           // 오류: 기본 생성자가 없다.
    // ...
}
```

기본 생성자가 없기 때문에 임의의 메모리 주소로 **delete**하지 않을까 염려하지 않아도 된다.

또한 **Handle**은 소멸자를 선언한다. 이로 인해 복사와 이동 연산의 생성이 억제된다. 역시 이 덕택에 성가신 문제가 사라진다. 다음 코드를 살펴보자.

```
void f3()
{
    Handle<int> h1 {new int{7}};
    Handle<int> h2 {h1};         // 오류: 복사 생성자가 없다.
    // ...
}
```

Handle이 기본 복사 생성자를 갖고 있었다면 **h1**과 **h2** 둘 다 포인터의 사본을 가졌을 테고, 둘 다 그것을 **delete**했을 것이다. 그 결과는 정의되어 있지 않을 것이고, 심각한 문제를 일으킬 공산이 크다(3.3.1절). 주의 사항이 한 가지 있다. 복사 연산의 생성은 폐기 예정일 뿐이지, 금지된 것은 아니라는 점이다. 따라서 경고를 무시한다면 이 예제는 컴파일러를 통과할지도 모른다. 일반적으로 어떤 클래스가 포인터 멤버를 갖고 있다면 기본 복사 연산과 복사 생성에 대해서는 의심을 품어야 한다. 해당 포인터 멤버가 소유권을 나타낸다면 멤버 단위 복사는 잘못이다. 해당 포인터 멤버가 소유권을 나타내지 않는다면 멤버 단위 복사가 적절하며, 명시적 **=default**와 주석은 좋은 생각일 공산이 크다.

복사 생성을 원한다면 다음과 같이 정의할 수도 있다.

```
template<typename T>
class Handle {
    // ...
    Handle(const Handle& a) :p{new T{*a.p}} { }      // 복제본
};
```

17.6.3.4 부분적으로 지정된 불변속성

불변속성에 의존은 하지만 불변속성을 생성자나 소멸자를 통해 부분적으로만 표현하는 골치 아픈 예제는 드물기는 하지만 아예 없는 것은 아니다. 다음 예를 살펴보자.

```
class Tic_tac_toe {
public:
    Tic_tac_toe(): pos(9) {}                 // 항상 9개의 위치
    Tic_tac_toe& operator=(const Tic_tac_toe& arg)
    {
        for(int i = 0; i<9; ++i)
            pos.at(i) = arg.pos.at(i);
        return *this;
    }

    // ... 다른 연산 ...

    enum State { empty, nought, cross };
private:
    vector<State> pos;
};
```

이 코드는 실제 포인터의 일부인 것으로 알고 있다. 이 코드는 '매직 넘버' 9를 이용해서 인자가 실제로 9개의 원소를 갖고 있는지를 검사하지 않고 그것의 인자 **arg**에 접근하는 복사 대입을 구현한다. 또한 이 코드는 복사 대입은 명시적으로 구현하지만 복사 생성자는 그렇게 하지 않는다. 내가 좋은 코드라고 생각하는 코드는 이렇지 않다.

복사 대입을 구현했으므로 소멸자도 같이 구현해야 한다. 그런 소멸자는 =**dafault**로 처리될 수 있다. 소멸자가 해야 할 일이라곤 멤버 **pos**가 소멸되게 보장하는 것뿐이고, 그것은 복사 대입이 정의돼 있지 않더라도 어쨌든 해야 되는 일이기 때문이다. 이 시점에서 우리는 사용자 정의 복사 대입이 실질적으로 기본 설정으로 얻어지는 것이라는 점을 알 수 있으므로, 그것 역시 =**default**로 처리할 수 있다. 완성하기 위해 복사 생성자를 추가하면 다음과 같은 결과가 된다.

```
class Tic_tac_toe {
public:
    Tic_tac_toe(): pos(9) {}                 // 항상 9개의 위치
    Tic_tac_toe(const Tic_tac_toe&) = default;
    Tic_tac_toe& operator=(const Tic_tac_toe& arg) = default;
    ~Tic_tac_toe() = default;

    // ... 다른 연산 ...

    enum State { empty, nought, cross };
private:
```

```
    vector<State> pos;
};
```

이 코드를 살펴보면 이런 =default들의 최종 결과는 이동 연산을 제거하는 것뿐이라는 점을 알 수 있다. 그것이 우리가 원한 것인가? 아마 그렇지 않을 것이다. 복사 대입을 =default로 만들면서 우리는 골치 아프게 매직 상수 9에 의존하는 문제를 해결했다. 지금까지 언급하진 않은 Tic_tac_toe에 대한 다른 연산들이 마찬가지로 '매직 넘버와 얽혀있지' 않다면 이동 연산을 안전하게 추가할 수 있다. 이를 위한 가장 간단한 방법은 명시적 =default를 제거하는 것이며, 이렇게 하면 Tic_tac_toe가 정말로 완전한 통상적인 타입이 됐다는 사실을 알 수 있다.

```
class Tic_tac_toe {
public:
    // ... 다른 연산 ...
    enum State { empty, nought, cross };
private:
    vector<State> pos {Vector<State>(9)};          // 항상 9개의 위치
};
```

기본 연산들의 '이상한 조합'이 정의된 이 예제와 다른 예제들로부터 도출할 수 있는 한 가지 결론은 그런 타입에 대해서는 상당한 의심을 품어야 한다는 것이다. 그들의 변칙성 때문에 종종 설계상의 결점이 가려진다. 모든 클래스에 대해 다음과 같은 질문들을 던져야 한다.

[1]   기본 생성자가 필요한가?(기본 생성자가 부적절하든지 아니면 또 다른 생성자에 의해 억제됐기 때문에)

[2]   소멸자가 필요한가?(예를 들어 일부 자원이 해제돼야 되기 때문에)

[3]   복사 연산이 필요한가?(기본 복사 의미 구조가 부적절하기 때문에, 예를 들면 클래스가 기반 클래스가 될 예정이기 때문이라든가, 클래스에 의해 삭제돼야 할 객체를 가리키는 포인터를 갖고 있기 때문에)

[4]   이동 연산이 필요한가?(기본 의미 구조가 부적절하기 때문에, 예를 들면 빈 객체가 적절하지 않기 때문에)

특히 절대로 이런 연산들 중 하나만 분리해서 생각하지 말아야 한다.

17.6.4 delete되는 함수

함수는 '삭제'할 수 있다. 즉, 함수가 존재하지 않기 때문에 그것을 (암시적 또는 명시적으로) 사용하려는 시도는 오류라고 표현할 수 있다는 뜻이다. 가장 명백한 용도는 기본 설정된 함수를 제거하는 것이다. 예를 들어 기반 클래스로 사용되는 클래스의 복사를 금지하고 싶은 경우는 흔하게 일어날 수 있다. 그런 복사는 쉽게 복사 손실로 이어지기 때문이다(17.5.14절).

```
class Base {
    // ...
    Base& operator=(const Base&) = delete;     // 복사를 허용하지 않는다.
    Base(const Base&) = delete;

    Base& operator=(Base&&) = delete;          // 이동을 허용하지 않는다.
    Base(Base&&) = delete;
```

```
};
Base x1;
Base x2 {x1};        // 오류: 복사 생성자가 없다.
```

복사와 이동을 활성화하고 비활성화하는 것은 대개 우리가 원하지 않는 것을 표현하는 방식(=delete를 이용해서)보다 우리가 원하는 것을 표현하는 방식(=default를 이용해서, 17.6.1절)으로 구현하는 쪽이 좀 더 간편하다. 하지만 선언할 수 있는 모든 함수는 **delete**할 수 있다. 예를 들어 가능한 함수 템플릿의 특수화 집합에서 특수화를 삭제할 수 있다.

```
template<typename T>
T* clone(T* p)                  // *p의 사본을 반환한다.
{
    return new T{*p};
};
Foo* clone(Foo*) = delete;      // Foo를 복제하려고 시도하지 않는다.
void f(Shape* ps, Foo* pf)
{
    Shape* ps2 = clone(ps);     // OK
    Foo* pf2 = clone(pf);       // 오류: clone(Foo*) 삭제됨
}
```

또 다른 응용 사례는 원하지 않는 변환을 삭제하는 것이다. 예를 들면 다음과 같다.

```
struct Z {
    // ...
    Z(double);                  // double로 초기화할 수 있다.
    Z(int) = delete;            // 하지만 정수로는 안 된다.
};

void f()
{
    Z z1 {1};                   // 오류: Z(int) 삭제됨
    Z z2 {1.0};                 // OK
}
```

또 다른 용도는 클래스가 할당될 장소를 제어하는 것이다.

```
class Not_on_stack {
    // ...
    ~Not_on_stack() = delete;
};
class Not_on_free_store {
    // ...
    void* operator new(size_t) = delete;
};
```

소멸될 수 없는 지역 변수는 가질 수 없으며(17.2.2절), 객체 클래스의 메모리 할당 연산자를 =delete한 경우에는 해당 객체를 자유 저장 공간에 할당할 수 없다(19.2.5절). 예를 들면 다음과 같다.

```
void f()
{
```

```
        Not_on_stackv1;                                  // 오류: 소멸시킬 수 없다.
        Not_on_free_store v2;                            // OK

        Not_on_stack* p1 = new Not_on_stack;             // OK
        Not_on_free_store* p2 = new Not_on_free_store;   // 오류: 할당할 수 없다.
}
```

하지만 그런 **Not_on_stack** 객체는 절대로 **delete**할 수 없다. 소멸자를 **private**으로 만드는 다른 기법(17.2.2절)으로 이 문제를 해결할 수 있다.

=delete된 함수와 그냥 선언되지 않은 함수 사이의 차이를 눈여겨보기 바란다. 전자의 경우 컴파일러는 프로그래머가 **delete**된 함수를 사용하려는 시도를 알아채고 오류를 발생시킨다. 후자의 경우 컴파일러는 다른 대안을 찾는다. 컴파일러는 필요할 경우 '누락된' 소멸자를 대신해서 소멸자를 하나 생성하려고 시도한다. '누락된' 클래스 **operator new()**를 대신해서는 전역 **operator new()**를 사용하려고 시도한다.

17.7 조언

[1]   생성자, 대입, 소멸자는 서로 잘 어울리는 연산 집합을 이루게 설계한다(17.1절).

[2]   생성자를 사용해서 클래스에 대한 불변속성을 구축한다(17.2.1절).

[3]   생성자가 자원을 획득하면 그것의 클래스는 자원을 해제하기 위한 소멸자를 필요로 한다(17.2.2절).

[4]   클래스가 가상 함수를 갖고 있다면 가상 소멸자를 필요로 한다(17.2.5절).

[5]   클래스가 생성자를 갖고 있지 않다면 멤버 단위 초기화에 의해 초기화될 수 있다(17.3.1절).

[6]   가급적 **=**와 **()** 초기화보다 **{}** 초기화를 사용한다(17.3.2절).

[7]   '자연스러운' 기본 값이 있는 경우에만 클래스에 기본 생성자를 제공한다(17.3.3절).

[8]   어떤 클래스가 컨테이너라면 초기화 식 리스트 생성자를 제공한다(17.3.4절).

[9]   멤버와 기반 클래스는 선언 순서대로 초기화한다(17.4.1절).

[10]   어떤 클래스가 참조자 멤버를 갖고 있다면 아마도 복사 연산(복사 생성자와 복사 대입)을 필요로 할 것이다(17.4.1.1절).

[11]   생성자 내에서는 가급적 대입보다 멤버 초기화를 사용한다(17.4.1.1절).

[12]   클래스 변환 초기화 식을 이용해서 기본 값을 제공한다(17.4.4절).

[13]   어떤 클래스가 자원 핸들이라면 아마도 복사와 이동 연산을 필요로 할 것이다(17.5절).

[14]   복사 생성자를 작성할 때는 복사돼야 할 모든 멤버를 빠짐없이 복사하게 유의한다(기본 초기화 식에 유의한다)(17.5.1.1절).

[15]   복사 연산은 등가성과 독립성을 제공해야 한다(17.5.1.3절).

[16]   뒤엉킨 데이터 구조에 유의한다(17.5.1.3절).

[17]   가급적 얕은 복사보다는 이동 의미 구조나 쓰기 시 복사를 사용한다(17.5.1.3절).

[18]   어떤 클래스가 기반 클래스로 사용된다면 복사 손실이 일어나지 않게 보호한다(17.5.1.4절).

[19] 어떤 클래스가 복사 연산이나 소멸자를 필요로 한다면 아마도 생성자, 소멸자, 복사 대입, 복사 생성자를 필요로 할 것이다(17.6절).

[20] 어떤 클래스가 포인터 멤버를 갖고 있다면 아마도 소멸자 및 기본이 아닌 복사 연산을 필요로 할 것이다(17.6.3.3절).

[21] 어떤 클래스가 자원 핸들이라면 생성자, 소멸자 및 기본이 아닌 복사 연산을 필요로 할 것이다(17.6.3.3절).

[22] 기본 생성자, 대입 또는 소멸자가 적절하다면 컴파일러가 그것들을 생성하게 한다(직접 다시 작성하지 않는다)(17.6절).

[23] 불변속성에 대해서는 명시적이어야 한다. 생성자를 사용해서 그것들을 구축하고 대입을 사용해서 그것들을 유지한다(17.6.3.2절).

[24] 복사 대입이 자기 대입에 대해서도 안전하게끔 만들어야 한다(17.5.1절).

[25] 클래스에 새로운 멤버를 추가할 때는 해당 멤버를 초기화하기 위해 갱신돼야 하는 사용자 정의 생성자가 있는지 확인한다(17.5.1절).

연산자 오버로딩

내가 어떤 단어를 사용하면 그건 내가 말하려고 했던 바로 그대로야,

더도 아니고 덜도 아니지

– **험프티 덤프티**(Humpty Dumpty)

- 개요
- 연산자 함수 이항 및 단항 연산자, 미리 정의된 연산자의 의미, 연산자와 사용자 정의 타입, 객체 전달, 네임스페이스 내에서의 연산자
- 복소수 타입 멤버와 비멤버 연산자, 혼합 모드 산술 연산, 변환, 리터럴, 접근자 함수, 보조 함수
- 타입 변환 변환 연산자, **explicit** 변환 연산자, 모호성
- 조언

18.1 개요

모든 기술 분야, 그리고 대부분의 비기술적 분야에서는 빈번히 사용되는 개념을 손쉽게 표현하고 논의하기 위해 관용적인 단축 표기법을 발전시켜 왔다. 예를 들어

```
x+y*z
```

오래 익숙해져 있기 때문에 이 표현은 다음 표현보다 훨씬 명확하게 느껴진다.

```
multiply y by z and add the result to x
```

많이 쓰이는 연산에 대한 간결한 표기법의 중요성은 아무리 강조해도 지나치지 않다.

대부분의 언어와 마찬가지로 C++는 기본 제공 타입을 위한 연산자 집합을 지원한다. 하지만 연산자들이 흔히 적용되는 대부분의 개념들이 C++의 기본 제공 타입으로 돼 있는 것은 아니기 때문에 그것들은 사용자 정의 타입으로 표현돼야 한다. 예를 들어 C++에서 복소수 산술 연산, 행렬 대수, 논리적 신호, 문자열이 필요하다면 이런 개념들을 표현하는 클래스들을 사용한다. 이런 클래스를 위한 연산자를 정의하면 프로그래머는 객체를 다루는 데 있어 기본

적인 기능적 표기법만 사용하는 방식에 비해 좀 더 관용적이고 편리한 표기법을 제공할 수 있다. 다음 코드를 살펴보자.

```cpp
class complex {                    // 매우 단순화된 복소수
    double re, im;
public:
    complex(double r, double i) :re{r}, im{i} { }
    complex operator+(complex);
    complex operator*(complex);
};
```

이 코드는 복소수의 개념에 대한 간단한 구현을 정의한다. complex는 배정밀도 부동소수점 숫자의 쌍으로 표현되며, + 연산자와 * 연산자로 조작된다. 프로그래머는 complex::operator+()와 complex::operator*()를 정의해서 각각 +와 *에 대한 의미를 제공한다. 예를 들어 b와 c가 complex 타입이라면 b+c는 b.operator+(c)를 의미한다. 이제 일반적인 complex 표현식의 해석과 거의 비슷하게 사용할 수 있다.

```cpp
void f()
{
    complex a = complex{1,3.1};
    complex b {1.2, 2};
    complex c {b};

    a = b+c;
    b = b+c*a;
    c = a*b+complex(1,2);
}
```

일반적인 연산자 우선순위가 유효하기 때문에 두 번째 문장은 b=(b+c)*a가 아니라 b=b+(c*a)다.

C++ 문법에 의하면 {} 표기는 대입문의 오른쪽과 초기화 식에만 사용될 수 있다는 점에 유의한다.

```cpp
void g(complex a, complex b)
{
    a = {1,2};              // OK: 대입문의 오른쪽
    a += {1,2};             // OK: 대입문의 오른쪽
    b = a+{1,2};            // 문법 오류
    b = a+complex{1,2};     // OK
    g(a,{1,2});             // OK: 함수 인자는 초기화 식으로 간주된다.
    {a,b} = {b,a};          // 문법 오류
}
```

{}를 더 많은 장소에 쓰지 못할 근본적인 이유는 없는 것처럼 보이지만, {}를 표현식 어디에서나 쓸 수 있게 허용하는 문법을 설계하고 동시에 적절한 오류 메시지를 출력하는 것과 관련된 기술적 문제들(예를 들어 세미콜론 다음에 {가 등장하면 표현식의 시작인지 블록의 시작인지 어떻게 알겠는가?) 때문에 {}를 표현식에서 제한적으로 사용할 수밖에 없게 됐다.

연산자 오버로딩의 두드러진 용도 중 상당수는 수치 타입을 위한 것이다. 하지만 사용자

정의 연산자는 수치 타입에만 쓸모가 있는 건 아니다. 예를 들어 범용적이고 추상적인 인터페이스의 설계에는 종종 ->, [], () 같은 연산자들이 활용된다.

18.2 연산자 함수

다음 연산자들에 대한 의미를 정의하는 함수들(10.3절)이 선언될 수 있다.

```
+       -       *       /       %       ^       &
|       ~       !       =       <       >       +=
-=      *=      /=      %=      ^=      &=      |=
<<      >>      >>=     <<=     ==      !=      <=
>=      &&      ||      ++      --      ->*     ,
->      []      ()      new     new[]   delete  delete[]
```

다음 연산자들은 사용자에 의해 정의될 수 있다.

::   유효 범위 연산(6.3.4절, 16.2.12절)

.   멤버 선택(8.2절)

.*   멤버를 가리키는 포인터를 통한 멤버 선택(20.6절)

이 연산자들은 두 번째 피연산자로 값이 아닌 이름을 받아들이며, 멤버를 참조할 수 있는 기본 수단을 제공한다. 이것들에 오버로딩을 허용하면 미묘한 문제가 발생할 수 있다 [Stroustrup,1994]. 이름을 가진 '연산자'는 피연산자에 대한 필수적인 사실을 알려주기 때문에 오버로딩될 수 없다.

sizeof   객체의 크기(6.2.8절)

alignof   객체의 정렬(6.2.9절)

typeid   객체에 대한 **type_info**(22.5절)

마지막으로 삼항 조건부 표현식 연산자는 오버로딩될 수 없다(특별히 근본적인 이유는 없다).

?:   조건부 평가(9.4.1절)

추가로 사용자 정의 리터럴(19.2.6절)은 **operator**"" 표기를 통해 정의된다. ""라고 불리는 연산자가 없기 때문에 이 표기는 일종의 문법적 속임수라고 볼 수 있겠다. 마찬가지로 **operator T()**는 타입 **T**로의 변환을 정의한다(18.4절).

새로운 연산자 토큰을 정의하는 것은 불가능하지만, 이런 연산자 집합이 적당하지 않을 경우에는 함수 호출 표기법을 사용할 수 있다. 예를 들어 ******이 아니라 **pow()**를 사용하기 바란다. 이런 제약이 엄격하게 보일 수도 있지만, 규칙에 더 많은 융통성을 허용하면 금세 모호해지기 쉽다. 예를 들어 ******가 거듭제곱의 의미가 되도록 연결하는 것은 명확하고 쉬운 일처럼 보이겠지만, 다시 한 번 생각해보기 바란다. ******는 (포트란에서처럼) 왼쪽에 연결돼야 하는가, 아니면 (알골에서처럼) 오른쪽에 연결돼야 하는가? **a****는 **a*(*p)**로 해석돼야 하는가, 아니면 **(a)**(p)**로 해석돼야 하는가? 이런 모든 기술적 질문에는 해답이 있기는 하다. 하지만 미묘한 기술적 규칙을 적용하게 되면 좀 더 이해하기 쉽고 유지 보수가 쉬운 코드를 얻을 수 있다고 믿기는 어렵다. 의심스럽다면 이름을 가진 함수를 사용하기 바란다.

연산자 함수의 이름은 `operator` 키워드에 연산자 자체가 뒤따르게 되며, 예를 들면 `operator<<` 같은 식이다. 연산자 함수는 다른 모든 함수와 똑같은 방식으로 선언되고 호출될 수 있다. 연산자의 사용을 연산자 함수의 명시적 호출에 대한 단축 표현법이라고 볼 수도 있다. 예를 들면 다음과 같다.

```
void f(complex a, complex b)
{
    complex c = a + b;              // 단축 표현법
    complex d = a.operator+(b);     // 명시적 호출
}
```

앞에서 주어진 `complex`가 있다면 위의 두 개 초기화 식은 같은 뜻이다.

18.2.1 이항 연산자와 단항 연산자

이항 연산자는 한 인자를 받아들이는 비static 멤버 함수나 두 개의 인자를 받아들이는 비멤버 함수 중 한쪽으로 정의된다. 모든 이항 연산자 @에 대해 aa@bb는 aa.operator@(bb) 또는 operator@(aa,bb) 중 한쪽으로 해석된다. 두 개 모두 정의된 경우에는 오버로딩 해결(12.3절)에 의해 어떤 해석이 사용될지 결정된다. 예를 들면 다음과 같다.

```
class X {
public:
    void operator+(int);
    X(int);
};
void operator+(X,X);
void operator+(X,double);

void f(X a)
{
    a+1;     // a.operator+(1)
    1+a; // ::operator+(X(1),a)
    a+1.0;   // ::operator+(a,1.0)
}
```

단항 연산자는 전위형이든 후위형이든 아무 인자도 받아들이지 않는 비static 멤버 함수나 한 인자를 받아들이는 비멤버 함수 중 한쪽으로 정의된다. 모든 전위형 단항 연산자 @에 대해 @aa는 aa.operator@()나 operator@(aa) 중 한쪽으로 정의될 수 있다. 두 개 모두가 정의된 경우에는 오버로딩 해결(12.3절)에 의해 어떤 쪽이 사용될지 결정된다. 모든 후위형 단항 연산자 @에 대해 @aa는 aa.operator@(int)나 operator@(aa,int) 중 한쪽으로 정의될 수 있다. 두 개 모두가 정의된 경우에는 오버로딩 해결(12.3절)에 의해 어떤 쪽이 사용될지 결정된다. 연산자는 문법에서 정의된 구문 규칙을 위반하지 않은 선에서만 선언될 수 있다(iso.A절). 예를 들어 사용자는 단항 %라든지 삼항 + 같은 건 정의할 수 없다. 다음 코드를 살펴보자.

```
class X {
public:          // 멤버(암시적 this 포인터를 가진)
    X* operator&();          // 전위형 단항 &(~의 주소)
    X operator&(X);          // 이항 & (AND)
    X operator++(int);       // 후위형 증가(19.2.4절 참고)
    X operator&(X,X);        // 오류: 삼항
    X operator/();           // 오류: 단항
};

// 비멤버 함수
X operator-(X);          // 전위형 단항 음수화
X operator-(X,X);        // 이항 뺄셈
X operator--(X&,int);    // 후위형 감소
X operator-();           // 오류: 피연산자 없음
X operator-(X,X,X);      // 오류: 삼항
X operator%(X);          // 오류: 단항 %
```

18.2.2 연산자의 사전 정의된 의미

일부 기본 제공 연산자는 동일한 인자들에 대해 다른 연산자들의 조합과 같은 의미를 지니게 정의된다. 예를 들어 a가 정수라면 ++a는 a+=1을 뜻하는데, 이는 결국 a=a+1을 뜻한다. 이런 관계는 사용자가 그렇게 되도록 정의하지 않는 한, 사용자 정의 연산자에는 통하지 않는다. 예를 들어 컴파일러 Z::operator+()와 Z::operator=()의 정의에서 Z::operator+=()의 정의를 알아서 생성해 내지는 못할 것이다.

연산자 =(대입), &(주소 추출), 그리고 ,(순서 지정, 10.3.2절)는 클래스 객체에 적용될 때 미리 지정된 의미를 갖는다. 이러한 미리 정의된 의미는 제거될 수 있다(17.6.4절).

```
class X {
public:
    // ...
    void operator=(const X&) = delete;
    void operator&() = delete;
    void operator,(const X&) = delete;
    // ...
};
void f(X a, X b)
{
    a = b;          // 오류: operator=() 없음
    &a;             // 오류: operator&() 없음
    a,b;            // 오류: operator,() 없음
}
```

다른 방법으로, 적절한 정의를 통해 새로운 의미를 부여할 수도 있다.

18.2.3 연산자와 사용자 정의 타입

연산자 함수는 멤버이거나 사용자 정의 타입의 인자를 최소 한 개 받아들여야 한다(new와 delete 연산자를 재정의하는 함수는 그럴 필요가 없다). 이 규칙은 표현식에 사용자 정의 타입의 객체가

포함돼 있지 않은 경우 사용자가 표현식의 의미를 바꾸지 못하게 보장해준다. 특히 포인터에 대해서만 배타적으로 적용되는 연산자 함수를 정의하는 것은 불가능하다. 이로 인해 C++는 확장은 가능하지만 가변적이지는 않다(클래스 객체에 대한 =, &, 그리고 , 연산자는 예외다).

자신의 첫 번째 피연산자로 기본 제공 타입(6.2.1절)을 받아들이게 만들어진 연산자 함수는 멤버 함수가 될 수 없다. 예를 들어 정수 **2**에 복소수 변수 **aa**를 추가하는 경우를 생각해보자. 적절하게 선언된 멤버 함수가 있다면 **aa**는 **aa.operator+(2)**가 될 수 있지만, **2+aa**는 그렇게 될 수 없다. +가 **2.operator+(aa)**를 의미하게 정의해주는 **int** 클래스가 없기 때문이다. 설사 그런 것이 있다손 치더라도, **2+aa**와 **aa+2**를 처리하려면 두 개의 다른 멤버 함수가 필요할 것이다. 컴파일러는 사용자가 정의한 +의 의미를 알지 못하기 때문에 해당 연산자가 교환 가능하다고 추정할 수 없고, 그 결과 **2+aa**를 **aa+2**로 해석할 수 없다. 이 예제는 하나 또는 그 이상의 비멤버 함수를 쓰면 간단히 처리된다(18.3.2절, 19.4절).

열거형 역시 사용자 정의 타입이므로 그것들에 대한 연산자를 정의할 수 있다. 예를 들면 다음과 같다.

```
enum Day { sun, mon, tue, wed, thu, fri, sat };
Day& operator++(Day& d)
{
    return d = (sat==d) ? sun : static_cast<Day>(d+1);
}
```

모든 표현식은 모호성이 있는지 체크된다. 사용자 정의 연산자가 가능한 해석을 제공하는 경우에는 12.3절의 오버로딩 해결 규칙에 따라 표현식이 체크된다.

18.2.4 객체 전달

연산자를 정의할 때는 대개 **a=b+c** 같이 관용적 표기법을 제공하고 싶어 한다. 이 결과로 연산자 함수에 인자를 전달하는 방법과 그것이 값을 반환하는 방법의 선택에는 제한이 있다. 예를 들어 포인터 인자를 요구하고 프로그래머가 주소 추출 연산자를 사용하기를 기대한다든지 아니면 포인터를 반환하고 사용자가 그것을 역참조하리라고 기대할 수는 없다. ***a=&b+&c** 같이 쓸 수는 없는 노릇이다.

인자에 대해서는 주요한 두 가지 선택이 있다(12.2절).

- 값에 의한 전달
- 참조에 의한 전달

예를 들어 하나에서 네 개의 워드에 해당하는 작은 객체에 대해서는 값에 의한 전달이 대개는 현실적인 선택이며, 가장 최적의 성능을 보인다. 하지만 인자 전달과 사용의 성능은 컴퓨터 아키텍처, 컴파일러 인터페이스 규약(애플리케이션 바이너리 인터페이스[ABI, Application Binary Interfaces]), 인자가 접근되는 횟수(값에 의해 전달되는 인자에 대한 접근이 참조에 의해 전달되는 인자에 접근보다 거의 언제나 빠르다)에 좌우된다. 예를 들어 **Point**가 한 쌍의 **int**로 표현된다고 가정해보자.

```cpp
void Point::operator+=(Point delta);          // 값에 의한 전달
```

좀 더 큰 객체는 참조에 의해 전달된다. 예를 들어 **Matrix**(double로 이뤄진 간단한 행렬, 17.5.1절)는 워드 몇 개보다 클 가능성이 높기 때문에, 참조에 의한 전달을 사용한다.

```cpp
Matrix operator+(const Matrix&, const Matrix&);   // const 참조에 의한 전달
```

특히 호출된 함수에 의해 변경되지 않기로 돼 있는 대규모 객체의 전달에는 **const** 참조자를 사용한다(12.2.1절).

대개 연산자는 결과를 반환한다. 새로 생성된 객체에 포인터나 참조자를 반환하는 것은 대체적으로 좋지 않은 생각이다. 포인터를 사용하면 표기 문제가 발생하고, 자유 저장 공간에 있는 객체에 대한 참조(포인터나 참조자 어느 쪽을 통하더라도)는 메모리 관리 문제를 낳는다. **Matrix** 같은 대규모 객체에 대해 이동 연산을 정의하면 그런 값을 효율적으로 전송할 수 있다(3.3.2절, 17.5.2절). 예를 들면 다음과 같다.

```cpp
Matrix operator+(const Matrix& a, const Matrix& b)   // 값에 의한 전달
{
    Matrix res {a};
    return res+=b;
}
```

자신의 인자 중 하나를 반환하는 연산자는 대개 참조자를 반환할 수 있으며, 대부분 그렇게 한다는 점에 유의한다. 예를 들어 **Matrix**의 연산자 +=를 다음과 같이 정의할 수 있다.

```cpp
Matrix& Matrix::operator+=(const Matrix& a)          // 참조에 의한 전달
{
    if (dim[0]!=a.dim[0] || dim[1]!=a.dim[1])
        throw std::exception("bad Matrix += argument");

    double* p = elem;
    double* q = a.elem;
    double* end = p+dim[0]*dim[1];
    while (p!=end)
        *p++ += *q++;

    return *this;
}
```

이런 방식은 멤버로 구현돼 있는 연산자 함수에서 특히 널리 쓰인다.

어떤 함수가 단순히 또 다른 함수에 객체를 전달하기만 한다면 우변 값 참조자 인자가 사용돼야 한다(17.4.3절, 23.5.2.1절, 28.6.3절).

18.2.5 네임스페이스 내에서의 연산자

연산자 클래스의 멤버이든지 어떤 네임스페이스(아마도 전역 네임스페이스) 안에서 정의되든지 둘 중 하나다. 표준 라이브러리에 있는 문자열 입출력이 단순화된 다음 버전을 살펴보자.

```cpp
namespace std {          // 단순화된 std
    class string {
```

```
        // ...
    };
    class ostream {
        // ...
        ostream& operator<<(const char*);                // C 스타일 문자열을 출력한다.
    };
    extern ostream cout;

    ostream& operator<<(ostream&, const string&);        // std::string을 출력한다.
} // 네임스페이스 std
int main()
{
    const char* p = "Hello";
    std::string s = "world";
    std::cout << p << ", " << s << "!\n";
}
```

당연히 이 코드는 Hello, world!를 출력한다. 하지만 왜? 다음 문장을 통해 std에 접근할 수 있게끔 만들지 않았다는 데 유의한다.

```
using namespace std;
```

대신, string과 cout에 std:: 접두사를 사용했다. 바꿔 말하면 신중하게 접근해서 전역 네임스페이스를 어지럽히지 않은 것이고, 다른 의미로는 불필요한 의존성을 만들지 않은 것이다.

C 스타일의 출력 연산자는 std::ostream의 멤버다. 따라서 정의에 의하면

```
std::cout << p
```

위 문장은 다음의 뜻이다.

```
std::cout.operator<<(p)
```

하지만 std::ostream은 std::string을 출력할 멤버 함수를 갖고 있지 않기 때문에

```
std::cout << s
```

위 문장은 다음의 뜻이다.

```
operator<<(std::cout,s)
```

인자 타입을 기준으로 함수를 찾을 수 있는 것처럼(14.2.4절) 네임스페이스 안에서 정의된 연산자는 그들의 피연산자 타입을 기준으로 찾을 수 있다. 특히 cout은 std 네임스페이스 안에 있으므로, <<에 대한 적절한 정의를 찾을 때 std가 고려된다. 그런 방식으로 컴파일러는 연산자를 찾고 활용한다.

```
std::operator<<(std::ostream&, const std::string&)
```

이항 연산자 @를 살펴보자. x가 X 타입이고 y가 Y 타입인 경우 x@y는 다음과 같이 해결될 수 있다.

- x가 클래스라면 X의 멤버 또는 X의 기반 클래스 멤버로서 operator@을 찾는다. 그리고

- x@y를 둘러싼 상황에서 operator@의 선언을 찾는다. 그리고
- X가 네임스페이스 N 내에서 정의돼 있다면 N에서 operator@의 선언을 찾는다. 그리고
- Y가 네임스페이스 M 내에서 정의돼 있다면 M에서 operator@의 선언을 찾는다.

여러 개의 operator@에 대한 선언이 발견될 수 있으며, 가장 잘 맞는 결과를 찾기 위해 오버로딩 해결 규칙(12.3절)이 사용된다. 이런 탐색 메커니즘은 연산자가 사용자 정의 타입의 피연산자를 최소 한 개 이상 갖고 있을 때만 적용된다. 따라서 사용자 정의 변환(18.3.2절, 18.4절)이 고려될 것이다. 타입 별칭은 동의어의 일종일 뿐이며, 사용자 정의 타입(6.5절)은 아니라는 점에 유의한다.

다항 연산자도 유사한 방식으로 해결된다.

연산자 탐색에서는 비멤버에 비해 멤버에 대해 아무런 우선권이 주어지지 않는다는 데 유의한다. 이는 이름을 가진 함수의 탐색과는 다르다(14.2.4절). 연산자가 가려지기 어려운 관계로 기본 제공 연산자에는 언제나 접근할 수 있으며, 사용자는 기존 클래스 선언을 수정하지 않고도 연산자에 새로운 의미를 제공할 수 있다. 예를 들면 다음과 같다.

```
X operator!(X);
struct Z {
    Z operator!();                         // hide ::operator!()를 가리지 않는다.
    X f(X x) { /* ... */ return !x; }      // ::operator!(X)를 호출한다.
    int f(int x) { /* ... */ return !x; } // int에 대해 기본 제공 !을 호출한다.
};
```

특히 표준 iostream 라이브러리는 기본 제공 타입을 출력해주는 << 멤버 함수를 정의하는데, 사용자는 ostream 클래스를 수정하지 않고도 사용자 정의 타입을 출력하게 <<를 정의할 수 있다(38.4.2절).

18.3 복소수 타입

18.1절에서 제시된 복소수의 구현은 너무나 제한적이어서 그다지 쓸모가 없다. 예를 들어 우리는 다음 같이 쓸 수 있기를 기대할 것이다.

```
void f()
{
    complex a {1,2};
    complex b {3};
    complex c {a+2.3};
    complex d {2+b};
    b = c*2*c;
}
```

아울러 비교를 위한 ==나 출력을 위한 << 같이 추가적인 연산자들과 sin()이나 sqrt() 같은 수학 함수의 적절한 집합까지 제공된다면 좋을 것이다.

complex 클래스는 구체 타입이므로, 그것의 설계는 16.3절의 지침을 따른다. 추가로 복소

수 산술 연산의 사용자는 연산자에 상당히 의존하는 관계로, **complex**의 정의는 연산자 오버로딩의 가장 기본적인 규칙들 대부분을 활용한다.

이번 절에서 개발한 **complex** 타입은 스칼라에 **double**을 사용하고, 표준 라이브러리 **complex<double>**과 거의 유사하다(40.4절).

18.3.1 멤버 및 비멤버 연산자

나는 객체의 표현을 직접적으로 조작하는 함수는 최대한 자제하는 편이다. 이를 달성하려면 클래스 자체 내에서는 += 같이 태생적으로 자신의 첫 번째 인자의 값을 변경하는 연산자만을 정의해야 한다. 그렇다면 + 같이 자신의 인자의 값 기반으로 새로운 값을 산출하는 연산자들은 클래스의 외부에서 정의돼야 하며, 필수적인 연산자만 사용해서 구현돼야 한다.

```
class complex {
    double re, im;
public:
    complex& operator+=(complex a);     // 표현에 대한 접근을 필요로 한다.
    // ...
};
complex operator+(complex a, complex b)
{
    return a += b;                      // +=을 통해 표현에 접근한다.
}
```

이 **operator+()**에 대한 인자는 값에 의해 전달되므로, **a+b**는 자신의 피연산자를 수정하지 않는다.

이 선언이 주어진다면 다음과 같이 작성할 수 있다.

```
void f(complex x, complex y, complex z)
{
    complex r1 {x+y+z};     // r1 = operator+(operator+(x,y),z)
    complex r2 {x};         // r2 = x
    r2 += y;                // r2.operator+=(y)
    r2 += z;                // r2.operator+=(z)
}
```

있을 수 있는 효율성의 차이를 제외하면 **r1**과 **r2**의 계산은 동일하다.

+=나 *= 같은 합성 연산자들은 '더 짧은' 짝인 +나 *에 비해 정의하기가 좀 더 간단한 편이다. 이런 점이 처음에는 대부분의 사람들에게 놀랍게 느껴질 수도 있겠지만, 이런 특성은 + 연산에는 3개의 객체(두 개의 피연산자와 결과)가 관여되는 반면, +- 연산에는 2개의 객체만이 관여된다는 사실에서 기인한다. 후자의 경우에는 임시 변수를 불필요하게 만들어 버리면 런타임 효율이 좋아진다. 예를 들면 다음과 같다.

```
inline complex& complex::operator+=(complex a)
{
    re += a.re;
    im += a.im;
```

```
    return *this;
}
```

이 코드는 덧셈의 결과를 보관할 임시 변수를 필요로 하지 않으므로 컴파일러가 완전히 인라인으로 처리할 수 있을 만큼 단순하다.

훌륭한 최적화 메커니즘은 순수한 + 연산자의 활용에 대해서도 역시 최적에 가까운 코드를 생성할 것이다. 하지만 언제나 훌륭한 최적화 메커니즘이 준비되는 것도 아니고, 모든 타입이 complex처럼 간단하지도 않기 때문에 19.4절에서는 클래스의 표현에 직접적으로 접근할 수 있는 연산자를 정의하는 방법을 다룬다.

18.3.2 혼합 모드 산술 연산

z가 complex인 경우에 2+z를 처리하려면 연산자 +가 서로 다른 타입의 피연산자를 받아들이게 정의해야 한다. 포트란 용어로 말하면 **혼합 모드 산술 연산**mixed-mode arithmetic이 필요한 것이다. 이를 달성하기 위해서는 연산자의 적절한 버전만 추가하면 된다.

```
class complex {
    double re, im;
public:
    complex& operator+=(complex a)
    {
        re += a.re;
        im += a.im;
        return *this;
    }
    complex& operator+=(double a)
    {
        re += a;
        return *this;
    }
    // ...
};
```

operator+()의 세 가지 변형은 complex 바깥에서 정의될 수 있다.

```
complex operator+(complex a, complex b)
{
    return a += b;      // complex::operator+=(complex)를 호출한다.
}
complex operator+(complex a, double b)
{
    return {a.real()+b,a.imag()};
}
complex operator+(double a, complex b)
{
    return {a+b.real(),b.imag()};
}
```

접근 함수 real()과 imag()는 18.3.6절에서 정의된다.

+에 대해 이런 선언들이 주어지면 다음과 같이 작성할 수 있다.

```
void f(complex x, complex y)
{
    auto r1 = x+y;      // operator+(complex,complex)를 호출한다.
    auto r2 = x+2;      // operator+(complex,double)를 호출한다.
    auto r3 = 2+x;      // operator+(double,complex)를 호출한다.
    auto r4 = 2+3;      // 기본 제공 정수 덧셈
}
```

완전하게 만들기 위해 정수 덧셈을 추가했다.

18.3.3 변환

스칼라로 complex 변수의 대입과 초기화를 처리하기 위해서는 스칼라(정수 또는 부동소수점 숫자)를 complex로 변환해야 한다. 다음 예를 살펴보자.

```
complex b {3};     // b.re=3, b.im=0의 의미여야 한다.
void comp(complex x)
{
    x = 4;         // x.re=4, x.im=0의 의미여야 한다.
    // ...
}
```

그것이 가능하기 위해서는 하나의 인자를 받아들이는 생성자를 제공해야 한다. 하나의 인자를 받아들이는 생성자는 인자 타입에서 생성자 타입으로의 변환을 나타낸다. 예를 들면 다음과 같다.

```
class complex {
    double re, im;
public:
    complex(double r) :re{r}, im{0} { }   // double에서 complex를 만든다.
    // ...
};
```

이 생성자는 복소수 평면에 실수 축을 전통적으로 삽입하는 방식을 나타낸다.

생성자는 주어진 타입의 값을 생성하기 위한 처방이다. 생성자는 어떤 타입의 값이 필요하고, 그런 타입의 값이 초기화 식이나 대입된 값으로 제공된 값으로 생성자에 의해 생성될 수 있을 때 사용된다. 따라서 하나의 인자를 요구하는 생성자는 명시적으로 호출될 필요가 없다.

```
complex b {3};
```

위 구문은 다음의 뜻이다.

```
complex b {3,0};
```

사용자 정의 변환은 고유한 경우에만 암시적으로 적용된다(12.3절). 생성자가 암시적으로 사용되기를 원하지 않는다면 explicit로 선언하기 바란다(16.2.6절).

당연하겠지만 그럼에도 여전히 두 개의 double을 받아들이는 생성자가 필요하며,

complex를 {0,0}으로 초기화하는 기본 생성자 역시 유용하다.

```
class complex {
    double re, im;
public:
    complex() : re{0}, im{0} { }
    complex(double r) : re{r}, im{0} { }
    complex(double r, double i) : re{r}, im{i} { }
    // ...
};
```

기본 생성자를 이용한다면 다음과 같이 줄일 수 있다.

```
class complex {
    double re, im;
public:
    complex(double r =0, double i =0) : re{r}, im{i} { }
    // ...
};
```

기본 설정으로 complex 값을 복사하는 것은 실수부와 허수부를 복사하는 것으로 정의된다 (16.2.2절). 예를 들면 다음과 같다.

```
void f()
{
    complex z;
    complex x {1,2};
    complex y {x};      // y 역시 {1,2}의 값을 가진다.
    z = x;              // z 역시 {1,2}의 값을 가진다.
}
```

18.3.3.1 피연산자의 변환

4개의 표준 산술 연산 연산자 각각에 대해 3가지 버전을 정의했다.

```
complex operator+(complex,complex);
complex operator+(complex,double);
complex operator+(double,complex);
// ...
```

이것은 장황해질 수 있으며, 장황해지는 것은 금세 오류에 취약해진다. 각각의 함수에 대한 각각의 인수 타입에 대해 3가지 대안이 있다면 어떻게 할 것인가? 각각의 단일 인자 함수에 대해서는 3가지 버전이 필요하고, 각각의 두 개 인자 함수에 대해서는 9개의 버전, 각각의 세 개 인자 함수에 대해서는 27개 버전이 필요한 식이 될 것이다. 많은 경우 이런 변형들은 상당히 비슷하다. 사실 거의 모든 변형은 인자를 어떤 공통 타입으로 간단히 변환하는 작업에 표준 알고리즘이 이어지는 형식이다.

각각의 인자 조합에 대해 서로 다른 버전의 함수를 제공하는 방식의 대안은 변환을 이용하는 것이다. 예를 들어 우리의 complex 클래스는 double을 complex로 변환하는 생성자를 하나 제공한다. 따라서 complex에 대해 동등 연산자 버전을 딱 하나만 선언할 수 있다.

```
bool operator==(complex,complex);
void f(complex x, complex y)
{
    x==y;           // operator==(x,y)를 의미한다.
    x==3;           // operator==(x,complex(3))를 의미한다.
    3==y;           // operator==(complex(3),y)를 의미한다.
}
```

개별적인 함수들을 정의하는 쪽을 선호할만한 이유가 있을 수도 있다. 예를 들어 어떤 경우에는 변환으로 인해 오버헤드가 생겨날 수도 있고, 다른 경우에는 구체적인 인자 타입에 대해 좀 더 간단한 알고리즘이 사용될 수도 있다. 그런 이슈가 중요하지 않은 경우에는 변환을 이용하고 함수의 가장 범용적인 변형(경우에 따라서는 몇 개의 필수적인 변형을 추가해서)을 제공하는 방식이 혼합 모드 산술 연산으로 발생할 수 있는 변형의 조합적 범람을 막을 수 있다.

함수나 연산자의 여러 가지 변형이 존재하는 경우 컴파일러는 인자 타입과 이용 가능한 (표준 및 사용자 정의) 변환을 기준으로 '올바른' 변형을 골라야 한다. 최적의 일치 결과가 존재하지 않는다면 표현식이 모호해지고 오류를 일으킬 수 있다(12.3절을 참고하기 바란다).

표현식에서 생성자의 명시적 또는 암시적 사용에 의해 생성되는 객체는 자동 객체이며, 첫 번째 기회에 소멸될 것이다(10.3.4절을 참고하기 바란다).

암시적인 사용자 정의 변환은 .(또는 ->)의 왼편에는 적용되지 않는다. 이것은 .이 암시적 인 경우에도 마찬가지다. 예를 들면 다음과 같다.

```
void g(complex z)
{
    3+z;                // OK: complex(3)+z
    3.operator+=(z);    // 오류: 3은 클래스 객체가 아니다.
    3+=z;               // 오류: 3은 클래스 객체가 아니다.
}
```

따라서 어떤 연산자에게 왼편의 피연산자로 좌변 값이 필요하다는 개념을 해당 연산자를 멤버로 만드는 방법으로 흉내 낼 수 있다. 하지만 그 방법이 흉내에 불과한 이유는 **operator+=()** 같이 값을 변경하는 연산으로 임시 객체에 접근하는 것이 가능하기 때문이다.

```
complex x {4,5}
complex z {sqrt(x)+={1,2}};    // tmp=sqrt(x), tmp+={1,2}와 똑같다.
```

암시적 변환을 원하지 않는다면 그것을 억제하기 위해 **explicit**를 사용할 수 있다(16.2.16절, 18.4.2절).

18.3.4 리터럴

기본 제공 타입으로 된 리터럴이 있다. 예를 들어 **1.2**와 **12e3**은 **double** 타입의 리터럴이다. **complex**에 대해서도 생성자 **constexpr**(10.4절)을 선언하면 기본 제공 타입의 리터럴과 비슷해진다. 다음 예를 살펴보자.

```
class complex {
public:
    constexpr complex(double r =0, double i =0) : re{r}, im{i} { }
    // ...
}
```

이 코드가 있으면 complex도 기본 제공 타입의 리터럴과 마찬가지로 컴파일 타임에 구성 부분을 기반으로 생성될 수 있다. 예를 들면 다음과 같다.

```
complex z1 {1.2,12e3};
constexpr complex z2 {1.2,12e3};      // 보장된 컴파일 타임 초기화
```

생성자가 간단하고 인라인인 경우, 특히 constexpr인 경우에는 리터럴 인자를 통한 생성자 호출을 그냥 리터럴로 봐도 무방하다.

우리의 complex 타입을 지원하는 차원에서 한발 더 나가서 사용자 정의 리터럴(19.2.6절)을 도입하는 것도 가능하다. 특히 '허수부'를 의미하게 i 접미사를 정의할 수 있다. 예를 들면 다음과 같다.

```
constexpr complex<double> operator "" i(long double d)      // 허수부 리터럴
{
    return {0,d}; // 복소수는 리터럴 타입이다.
}
```

이 결과로 다음과 같이 작성할 수 있다.

```
complex z1 {1.2+12e3i};
complex f(double d)
{
    auto x {2.3i};
    return x+sqrt(d+12e3i)+12e3i;
}
```

사용자 정의 리터럴은 constexpr 생성자에 비해 한 가지 장점이 있다. 타입 이름에 의해 한정되기 때문에 {} 표기만 사용할 수 있는 표현식 중간에 사용자 정의 리터럴을 사용할 수 있다는 점이다. 위의 예제는 다음과 거의 비슷하다.

```
complex z1 {1.2,12e3};
complex f(double d)
{
    complex x {0,2.3};
    return x+sqrt(complex{d,12e3})+complex{0,12e3};
}
```

리터럴 스타일의 선택은 여러분의 취향과 여러분이 일하는 분야의 관례에 좌우될 것이라고 추측한다. 표준 라이브러리 complex는 사용자 정의 리터럴보다 constexpr 생성자를 사용한다.

18.3.5 접근자 함수

지금까지는 생성자와 산술 연산자만 가진 complex 클래스를 제공해 왔다. 이것만으로는 실제로 활용되기에 충분하지 않다. 특히 많은 경우 실수부와 허수부의 값을 조사 및 변경하는 기능이 필요하다.

```cpp
class complex {
    double re, im;
public:
    constexpr double real() const { return re; }
    constexpr double imag() const { return im; }

    void real(double r) { re = r; }
    void imag(double i) { im = i; }
    // ...
};
```

클래스의 모든 멤버에 개별적으로 접근하는 기능을 제공하는 것은 좋지 않다고 생각하며, 일반적으로도 그렇다. 많은 타입에 대해 개별적인 접근(때때로 get/set 함수라고 불리는)은 심각한 문제의 원흉이다. 주의를 기울이지 않는다면 개별적인 접근은 불변속성을 훼손시킬 수 있으며, 대개는 표현의 변경을 복잡하게 만들어 버린다. 예를 들어 16.3절에서 등장한 Date의 모든 멤버나 19.3절에서 등장한 String에 대해 일일이 게터getter와 세터setter를 제공하다 생길 수 있는 실수 가능성에 대해 생각해보기 바란다. 하지만 complex의 경우 real()과 imag()는 의미 구조상 중요하다. 일부 알고리즘은 실수부와 허수부를 독립적으로 설정할 수 있을 때 가장 깔끔하게 작성될 수 있다.

예를 들어 real()과 imag()가 주어지면 == 같이 간단하고 보편적이며, 유용한 연산을 비멤버 함수로 단순화시킬 수 있다(성능을 저하시키지 않고).

```cpp
inline bool operator==(complex a, complex b)
{
    return a.real()==b.real() && a.imag()==b.imag();
}
```

18.3.6 보조 함수

지금까지 하나씩 만든 것들을 전부 모아보면 complex 클래스는 다음과 같이 될 것이다.

```cpp
class complex {
    double re, im;
public:
    constexpr complex(double r =0, double i =0) : re(r), im(i) { }
    constexpr double real() const { return re; }
    constexpr double imag() const { return im; }

    void real(double r) { re = r; }
    void imag(double i) { im = i; }

    complex& operator+=(complex);
    complex& operator+=(double);
```

```
                                   // -=, *=, and /=
};
```

추가로 다수의 보조 함수를 제공해야 한다.

```
complex operator+(complex,complex);
complex operator+(complex,double);
complex operator+(double,complex);
// 이항 -, *, /

complex operator-(complex);                 // 단항 음수화
complex operator+(complex);                 // 단항 양수화

bool operator==(complex,complex);
bool operator!=(complex,complex);

istream& operator>>(istream&,complex&);     // 입력
ostream& operator<<(ostream&,complex);      // 출력
```

비교 연산자 정의를 위해 `real()`과 `imag()` 멤버는 필수라는 점에 유의한다. 이후에 등장하는 보조 함수 대부분의 정의에서 비슷하게 `real()`과 `imag()`가 활용된다.

극좌표polar coordinate의 관점에서 처리할 수 있는 함수까지 제공할 수 있다.

```
complex polar(double rho, double theta);
complex conj(complex);

double abs(complex);
double arg(complex);
double norm(complex);

double real(complex);     // 표기적 편의성을 위해
double imag(complex);     // 표기적 편의성을 위해
```

마지막으로 적당한 표준 수학 함수의 집합을 제공해야 한다.

```
complex acos(complex);
complex asin(complex);
complex atan(complex);
// ...
```

사용자의 관점에서 보면 여기에서 제공된 `complex` 타입은 표준 라이브러리의 `<complex>`에서 찾을 수 있는 `complex<double>`과 거의 동일하다(5.6.2절, 40.4절).

18.4 타입 변환

타입 변환은 다음에 의해 이뤄질 수 있다.

• 단일 인자를 받아들이는 생성자(16.2.5절)

• 변환 연산자(18.4.1절)

어느 경우든 변환은 다음과 같을 수 있다.

• explicit일 수 있다 변환은 직접적으로 초기화될 때만 수행된다는 뜻이다(16.2.6절). 즉, =를 사용하지 않는 초기화 식으로서 수행된다는 뜻이다.

- 암시적일 수 있다 변환은 모호하지 않게 사용될 수 있는 경우(예를 들면 함수 인자로 사용되는 경우)에만 적용된다는 뜻이다(18.4.3절).

18.4.1 변환 연산자

단일 인자를 받아들이는 생성자를 이용해서 타입 변환을 지정하는 방법은 편리하긴 하지만 염려스러운 부분도 있다. 게다가 생성자 방식은 다음의 경우를 지원할 수 없다.

[1]   사용자 정의 타입에서 기본 제공 타입으로의 암시적 변환(기본 제공 타입은 클래스가 아니기 때문에), 또는

[2]   새로운 클래스에서 이전에 정의된 클래스로의 변환(이전 클래스에 대한 선언을 변경하지 않고)

이런 문제들은 원 타입에 대한 **변환 연산자**conversion operator를 정의해서 처리될 수 있다. T가 타입 이름이라고 하면 X::operator T()는 X에서 T로의 변환을 정의한다. 예를 들어 6비트 양수 정수로서 산술 연산에서 정수와 자유롭게 섞여서 쓰일 수 있는 Tiny란 타입을 정의한다고 가정해보자. Tiny는 연산에서 오버플로나 언더플로가 일어나면 Bad_range를 던진다.

```
class Tiny {
    char v;
    void assign(int i) { if (i&~077) throw Bad_range(); v=i; }
public:
    class Bad_range { };
    Tiny(int i) { assign(i); }
    Tiny& operator=(int i) { assign(i); return *this; }
    operator int() const { return v; }     // int 함수로의 변환
};
```

Tiny가 int로 초기화되고 int가 대입될 때마다 범위 체크가 이뤄진다. Tiny를 복사할 때는 범위 체크가 필요하지 않기 때문에 기본 복사 생성자와 대입에는 문제가 없다.

Tiny 변수에 대해 통상적인 정수 연산을 가능하게 하기 위해 Tiny에서 int, Tiny::operator int()로의 암시적 변환을 정의한다. 변환 목표 타입이 연산자 이름에 포함돼 있고 변환 함수의 반환 값으로 중복 사용될 수 없다는 점에 유의한다.

```
Tiny::operator int() const { return v; }        // OK
int Tiny::operator int() const { return v; } // 오류
```

이런 측면에서도 역시 변환 연산자는 생성자를 닮았다.

int가 필요한 곳에서 Tiny가 등장할 때마다 적절한 int가 사용된다. 예를 들면 다음과 같다.

```
int main()
{
    Tiny c1 = 2;
    Tiny c2 = 62;
    Tiny c3 = c2-c1;   // c3 = 60
    Tiny c4 = c3;      // 범위 체크가 없다(불필요).
```

```
    int i = c1+c2;      // i = 64
    c1 = c1+c2;         //범위 오류: c1은 64가 될 수 없다.
    i = c3-64;          // i = -4
    c2 = c3-64;         // 범위 오류: c2는 -4가 될 수 없다.
    c3 = c4;            // 범위 체크가 없다(불필요).
}
```

변환 함수는 읽기(변환 연산자에 의해 구현되는)는 어렵지 않은 데 비해 대입과 초기화가 확실히 어려운 데이터 구조의 처리에 특히 유용하다.

istream과 ostream 타입이 그런 예인데, 변환 함수를 이용해서 다음과 같은 문장을 사용할 수 있다.

```
while (cin>>x)
    cout<<x;
```

입력 연산 cin>>x는 istream&를 반환한다. 이 값은 cin의 상태를 나타내는 값으로 암시적으로 변환된다. 이 값은 이어서 while(38.4.4절 참고)에 의해 검사된다. 하지만 한 타입에서 다른 타입으로의 암시적 변환을 변환 과정에서 정보가 손실되는 방식으로 정의하는 것은 좋지 못한 생각이다.

일반적으로는 변환 연산자의 도입은 자제하는 편이 현명하다. 지나치게 사용되면 모호성을 낳을 수 있다. 이러한 모호성은 컴파일러에 의해 탐지될 수는 있지만, 해결하기에는 까다롭다. 대체적으로 최선의 방식은 X::make_int() 같이 이름을 가진 함수로 아예 초기부터 변환을 처리하는 것이다. 명시적인 방식이 너저분해 보일 정도로 이런 함수가 자주 사용될 경우에 변환 연산자 X::operator int()로 대체하는 편이 좋을 것이다.

사용자 정의 변환과 사용자 정의 연산자가 모두 정의돼 있다면 사용자 정의 연산자와 기본 제공 연산자 사이에서 모호성이 발생할 수 있다. 예를 들면 다음과 같다.

```
int operator+(Tiny,Tiny);
void f(Tiny t, int i)
{
    t+i; // 오류로 모호하다. "operator+(t,Tiny(i))"인지 "int(t)+i"인지?
}
```

따라서 주어진 하나의 타입에 대해 사용자 정의 변환이나 사용자 정의 연산자 중 한쪽만 사용하는 편이 좋다. 둘 다 사용하는 것은 피한다.

18.4.2 explicit 변환 연산자

변환 연산자는 모든 곳에서 사용될 수 있게 정의되는 편이다. 하지만 변환 연산자를 explicit로 선언하는 것이 가능하며, 동등한 explicit 생성자가 사용되는 직접적인 초기화에만 사용하게 할 수 있다(16.2.6절). 예를 들어 표준 라이브러리 unique_ptr(5.2.1절, 34.3.1절)은 bool로의 명시적 변환 연산자를 갖고 있다.

```
template <typename T, typename D = default_delete<T>>
```

```
class unique_ptr {
public:
    // ...
    explicit operator bool() const noexcept;  // *this는 포인터를 갖고 있는가(nullptr이 아닌)?
    // ...
};
```

이 변환 연산자는 뜻하지 않은 상황에서의 사용을 방지하기 위해 **explicit**로 선언된다.

```
void use(unique_ptr<Record> p, unique_ptr<int> q)
{
    if (!p)               // OK: 이런 사용을 원한다.
        throw Invalid_unique_ptr{};
    bool b = p;           // 오류: 의심스러운 사용
    int x = p+q;          // 오류: 분명히 이런 사용은 원하지 않는다.
}
```

18.4.3 모호성

타입 **V**의 값을 클래스 **X**의 객체에 대입하는 것은 **V**를 **Z**로 만들어주는 **X::operator=(Z)** 라는 대입 연산자가 있든지 **V**에서 **Z**로 고유 변환할 수 있는 경우에만 가능하다. 초기화도 마찬가지다.

　어떤 경우에는 원하는 타입의 값을 생성자나 변환 연산자를 반복적으로 사용해서 생성할 수도 있다. 이런 방법은 명시적 변환에 의해 제어돼야 한다. 사용자 정의 암시적 변환은 단한 번만 가능하다. 어떤 경우에는 원하는 타입의 값을 두 가지 이상의 방법으로 생성해야 하는데, 이런 방법은 문법에 어긋난다. 다음 예를 살펴보자.

```
class X { /* ... */ X(int); X(const char*); };
class Y { /* ... */ Y(int); };
class Z { /* ... */ Z(X); };

X f(X);
Y f(Y);

Z g(Z);

void k1()
{
    f(1);           // 오류: 모호하다. f(X(1))인지 f(Y(1))인지?
    f(X{1});        // OK
    f(Y{1});        // OK

    g("Mack");      // 오류: 두 개의 사용자 정의 변환이 필요하다. g(Z{X{"Mack"}})는 시도되지 않음
    g(X{"Doc"});    // OK: g(Z{X{"Doc"}})
    g(Z{"Suzy"});   // OK: g(Z{X{"Suzy"}})
}
```

　사용자 정의 변환은 호출이 다른 방법(즉, 기본 제공 변환만으로)으로 해결될 수 없는 경우에만 고려된다. 예를 들면 다음과 같다.

```
class XX { /* ... */ XX(int); };
void h(double);
```

```
void h(XX);
void k2()
{
    h(1);  // h(double{1}) 인지 h(XX{1}) 인지? h(double{1})!
}
```

h(1)은 h(double(1))을 뜻한다. 여기서는 사용자 정의 변환(12.3절)이 아니라 표준 변환만 사용하기 때문이다.

변환 규칙은 구현하기에도 녹녹하지 않고, 문서화하는 것도 만만하지 않은 데다 생각해 낼 수 있을 만큼 보편적이지도 않다. 그럼에도 이 방식은 비교적 안전하며, 결과적인 해결 방안도 다른 대안에 비해 대체적으로 상식적이다. 생각지도 못한 변환으로 인해 발생된 오류를 찾는 것보다 모호성을 수동으로 해결하는 편이 훨씬 쉽다.

엄격한 상향식 분석을 고집하는 것은 반환 타입이 오버로딩 해결에 사용되지 않는다는 점을 의미한다.

```
class Quad {
public:
    Quad(double);
    // ...
};
Quad operator+(Quad,Quad);
void f(double a1, double a2)
{
    Quad r1 = a1+a2;             // 배정밀도 부동소수점 덧셈
    Quad r2 = Quad{a1}+a2;       // 사각형 산술 연산을 강제한다.
}
```

이러한 설계를 선택한 이유 중 일부는 엄격한 상향식 분석이 좀 더 이해하기 쉽다는 데 있고, 일부는 덧셈에 대해 어느 정도 수준의 정밀도가 필요하지 결정하는 일은 컴파일러의 역할이 아니라는 데 있다.

초기화와 대입의 양쪽 피연산자 타입이 결정되고 나면 두 타입을 이용해서 초기화나 대입을 해결한다. 예를 들면 다음과 같다.

```
class Real {
public:
    operator double();
    operator int();
    // ...
};
void g(Real a)
{
    double d = a;  // d = a.double();
    int i = a;           // i = a.int();

    d = a;               // d = a.double();
    i = a;               // i = a.int();
}
```

이런 경우에도 타입 분석은 여전히 상향식이며, 한 번에 단 하나의 연산자와 그것의 인자 타입만이 고려된다.

18.5 조언

[1]   주로 관용적인 사용법을 흉내 낼 목적으로 연산자를 정의한다(18.1절).

[2]   기본 복사가 어떤 타입에 적합하지 않다면 복사를 재정의하든지 금지한다(18.2.2절).

[3]   큰 피연산자에 대해서는 const 참조자 인자 타입을 사용한다(18.2.4절).

[4]   큰 결과에 대해서는, 이동 생성자를 사용한다(18.2.4절).

[5]   표현에 접근해야 하는 연산에 대해서는 비멤버보다 멤버 함수를 우선 사용한다(18.3.1절).

[6]   표현에 접근해야 할 필요가 없는 연산에 대해서는 멤버 함수보다 비멤버 함수를 우선 사용한다(18.3.2절).

[7]   네임스페이스를 이용해서 클래스와 보조 함수를 연결한다(18.2.5절).

[8]   대칭적인 연산자에 대해서는 비멤버 함수를 사용한다(18.3.2절).

[9]   좌변 값과 왼쪽 피연산자를 필요로 하는 연산자를 표현하기 위해서는 멤버 함수를 사용한다(18.3.3.1절).

[10]   관용적인 표기법을 흉내 내려면 사용자 정의 리터럴을 사용한다(18.3.4절).

[11]   클래스의 기본 의미 구조가 요구하는 경우에만 데이터 멤버에 대한 'set()과 get() 함수'를 제공한다(18.3.5절).

[12]   암시적 변환의 도입은 신중히 해야 한다(18.4절).

[13]   값을 파괴시키는('축소 손실') 변환은 피한다(18.4.1절).

[14]   생성자와 변환 연산자 양쪽 모두와 동일한 변환은 정의하지 않는다(18.4.3절).

특수 연산자

우리는 모두 특수한 경우다

– 알베르 카뮈(Albert Camus)

- 개요
- **특수 연산자** 첨자, 함수 호출, 역참조, 증가와 감소, 할당과 할당 해제, 사용자 정의 리터럴
- **문자열 클래스** 필수 연산, 문자 접근, 표현, 멤버 함수, 보조 함수, 문자열 활용
- **프렌드** 프렌드 찾기, 프렌드와 멤버
- 조언

19.1 개요

오버로딩이 산술 연산과 논리 연산을 위한 것만은 아니다. 사실 연산자는 컨테이너(예를 들면 vector와 map, 4.4절), '스마트 포인터'(예를 들면 unique_ptr과 shared_ptr, 5.2.1절), 반복자(4.5절) 및 자원 관리와 관련된 기타 클래스의 설계에서 중요한 역할을 한다.

19.2 특수 연산자

```
[]      ()      ->      ++      --      new     delete
```

이 연산자들은 코드에서 쓰이는 용도와 프로그래머가 내리는 정의 사이의 관계가 +, <, ~ 같은 관용적인 이항 연산자와 삼항 연산자(18.2.3절)에 쓰이는 것과 약간 다르다는 점에서만 특수하다. [](첨자)와 ()(호출) 연산자는 가장 유용한 사용자 정의 연산자에 속한다.

19.2.1 첨자

operator[] 함수는 첨자에 클래스 객체에 관련된 의미를 부여하는데 사용된다. operator[] 함수의 두 번째 인자(첨자)는 어떤 타입이든 가능하다. 따라서 vector, 연관 배열 같은 것들도 정의할 수 있다.

예제로서 다음과 같이 간단한 연관 배열을 하나 정의해보자.

```
struct Assoc {
    vector<pair<string,int>> vec;        // {name,value} 쌍의 배열
    const int& operator[] (const string&) const;
    int& operator[](const string&);
};
```

Assoc는 std::pair로 이뤄진 벡터를 보관한다. 구현에는 7.7절에서 사용된 것과 똑같은 간단하지만 비효율적인 탐색 기법이 사용된다.

```
int& Assoc::operator[] (const string& s)
    // s를 찾는다. 그 값이 발견되면 참조자를 반환한다.
    // 그렇지 않을 경우 새로운 쌍 {s,0}을 만들고, 그 값에 대한 참조자를 반환한다.
{
    for (auto x : vec)
        if (s == x.first) return x.second;
    vec.push_back({s,0});           // 초기 값 - 0
    return vec.back().second;       // 마지막 원소를 반환한다(31.2.2절).
}
```

Assoc를 다음과 같이 활용할 수 있다.

```
int main()        // 입력에서 각 단어가 등장하는 횟수를 센다.
{
    Assoc values;
    string buf;
    while (cin>>buf) ++values[buf];
    for (auto x : values.vec)
        cout << '{' << x.first << ',' << x.second << "}\n";
}
```

표준 라이브러리 map과 unordered_map은 연관 배열(4.4.3절, 31.4.3절)의 아이디어를 좀 더 발전시켜서 좀 더 세련되게 구현한 것이다.

operator[]()는 비static 멤버 함수여야 한다.

19.2.2 함수 호출

함수 호출, 즉 표현식(expression(expression-list)) 표기는 표현식expression을 왼쪽 피연산자로, 표현식 리스트expression-list를 오른쪽 피연산자로 갖는 이항 연산으로 해석될 수 있다. 호출 연산자 ()는 다른 연산자와 똑같은 방식으로 오버로딩될 수 있다. 예를 들면 다음과 같다.

```
struct Action {
    int operator() (int);
    pair<int,int> operator() (int,int);
    double operator() (double);
    // ...
};
void f(Action act)
{
```

```
    int x = act(2);
    auto y = act(3,4);
    double z = act(2.3);
    // ...
};
```

operator()()에 대한 인자 리스트는 통상적인 인자 전달 규칙에 따라 평가되고 체크된다. 함수 호출 연산자의 오버로딩은 주로 단 하나의 연산을 가진 타입을 정의하는 경우나 하나의 연산이 지배적인 타입에 대해 유용한 것으로 보인다. **호출 연산자**call operator는 애플리케이션 **연산자**application operator라고도 알려져 있다.

() 연산자의 가장 확실하면서도 가장 중요한 용도는 어떤 측면에서는 함수처럼 동작하는 객체를 위한 통상적인 함수 호출 문법을 제공하는 것이다. 함수처럼 동작하는 객체는 종종 **함수형 객체**function-like object 또는 간단히 **함수 객체**function object(3.4.3절)라고 불린다. 이러한 함수 객체를 이용하면 본격적인 연산을 매개변수로 받아들이는 코드를 작성할 수 있다. 많은 경우 함수 객체가 연산을 수행하는 데 필요한 데이터를 갖고 있을 수 있느냐가 중요하다. 예를 들어 저장된 값을 인자로 추가해주는 operator()()를 가진 함수를 정의할 수 있다.

```
class Add {
    complex val;
public:
    Add(complex c) :val{c} { }                              // 값을 저장한다.
    Add(double r, double i) :val{{r,i}} { }

    void operator()(complex& c) const { c += val; }         // 값을 인자에 추가한다.
};
```

클래스 Add의 객체는 복소수로 초기화되고, ()를 이용해서 호출될 때는 해당 숫자를 인자에 추가한다. 다음 예를 살펴보자.

```
void h(vector<complex>& vec, list<complex>& lst, complex z)
{
    for_each(vec.begin(),vec.end(),Add{2,3});
    for_each(lst.begin(),lst.end(),Add{z});
}
```

이 코드는 complex{2,3}을 vector의 모든 원소에 추가하고, z을 list의 모든 원소에 추가할 것이다. Add{z}는 for_each()에 의해 반복적으로 사용되는 객체를 생성한다. Add{z}의 operator()()는 시퀀스의 각 원소에 대해 호출된다.

이 모든 것은 for_each가 세 번째 인자가 실제로 무엇인지 정확히 신경 쓰지 않고 ()를 세 번째 인자에 적용하는 템플릿이기 때문에 가능하다.

```
template<typename Iter, typename Fct>
Fct for_each(Iter b, Iter e, Fct f)
{
    while (b != e) f(*b++);
    return f;
}
```

처음 보기에는 이 기법이 난해하게 보일지도 모르겠지만, 이 기법은 간단하고 효율적인데다 굉장히 유용하다(3.4.3절, 33.4절).

람다 표현식(3.4.3절, 11.4절)은 기본적으로 함수 객체를 정의하기 위한 문법이라는 점을 알아두자. 예를 들어 다음과 같이 작성할 수도 있다.

```
void h2 (vector<complex>& vec, list<complex>& lst, complex z)
{
    for_each(vec.begin(),vec.end(),[](complex& a){ a+={2,3}; });
    for_each(lst.begin(),lst.end(),[](complex& a){ a+=z; });
}
```

이 경우 각각의 람다 표현식은 함수 객체 **Add**와 똑같은 것을 생성한다.

operator()()가 널리 쓰이는 또 다른 용도는 부분 문자열 연산자와 다차원 배열(29.2.2절, 40.5.2절)을 위한 첨자 연산자로 사용되는 것이다.

operator()()는 비**static** 멤버 함수여야 한다.

함수 호출 연산자는 많은 경우 템플릿이다(29.2.2절, 33.5.3절).

19.2.3 역참조

역참조 연산자 ->(화살표^{arrow} 연산자라고도 알려져 있는)는 단항 후위형 연산자로 정의될 수 있다. 예를 들면 다음과 같다.

```
class Ptr {
    // ...
    X* operator->();
};
```

Ptr 클래스의 객체는 포인터가 쓰이는 방식과 매우 유사한 방식으로 클래스 **X**의 멤버에 접근하는 데 쓰일 수 있다. 예를 들면 다음과 같다.

```
void f(Ptr p)
{
    p->m = 7;            // (p.operator->())->m = 7
}
```

객체 **p**를 포인터 **p.operator->()**로 변환하는 것은 가리켜지는 멤버 **m**에 의존하지 않는다. 그것이 **operator->()**가 단항 후위형 연산자인 이유다. 하지만 새로운 문법이 도입되지 않은 관계로, -> 뒤에 여전히 멤버 이름이 필요하다. 예를 들면 다음과 같다.

```
void g(Ptr p)
{
    X* q1 = p->;            // 문법 오류
    X* q2 = p.operator->();  // OK
}
```

-> 오버로딩은 주로 '스마트 포인터'를 만드는 데 유용하다. 스마트 포인터란 포인터처럼 동작하는 객체를 말하며, 그것을 통해 객체에 접근할 때마다 뭔가 동작을 수행한다. 표준 라이

브러리 '스마트 포인터' unique_ptr과 shared_ptr(5.2.1절)은 -> 연산자를 제공한다.

예제 삼아 디스크에 저장된 객체를 접근하기 위한 Disk_ptr 클래스를 하나 정의해보자. Disk_ptr의 생성자는 디스크에서 해당 객체를 찾는 데 사용될 수 있는 이름을 받아들이고, Disk_ptr::operator->()는 Disk_ptr을 통해 접근될 때 객체를 메인 메모리에 집어넣으며, Disk_ptr의 소멸자는 갱신된 객체를 최종적으로 디스크에 다시 써넣는다.

```cpp
template<typename T>
class Disk_ptr {
    string identifier;
    T* in_core_address;
    // ...
public:
    Disk_ptr(const string& s) : identifier{s}, in_core_address{nullptr} { }
    ~Disk_ptr() { write_to_disk(in_core_address,identifier); }

    T* operator->()
    {
        if (in_core_address == nullptr)
            in_core_address = read_from_disk(identifier);
        return in_core_address;
    }
};
```

Disk_ptr은 다음과 같이 사용될 수 있다.

```cpp
struct Rec {
    string name;
    // ...
};
void update(const string& s)
{
    Disk_ptr<Rec> p {s};          // s에 대한 Disk_ptr을 얻는다.
    p->name = "Roscoe";           // s를 갱신한다. 필요할 경우 먼저 디스크에서 꺼낸다.
    // ...
}                                  // p의 소멸자는 디스크에 다시 써넣는다.
```

당연하겠지만 실제의 프로그램에는 오류 처리 코드가 포함되고, 좀 더 세련된 방식으로 디스크와 상호 작용한다.

통상적인 포인터에 대해서 ->의 사용은 단항 *와 []의 일부 사용과 동일하다. ->, *, []가 기본 의미를 갖는 Y 클래스가 주어지고, Y*가 p를 호출할 경우 다음과 같이 된다.

```cpp
p->m == (*p).m       // true다.
(*p).m == p[0].m     // true다.
p->m == p[0].m       // true다.
```

늘 그렇듯이 사용자 정의 연산자에 대해서는 이러한 보장이 제공되지 않는다. 필요할 경우에는 동등하게 제공될 수 있다.

```cpp
template<typename T>
class Ptr {
    T* p;
```

```
public:
    T* operator->() { return p; }          // 멤버에 접근하기 위한 역참조
    T& operator*() { return *p; }          // 전체 객체에 접근하기 위한 역참조
    T& operator[](int i) { return p[i]; }  // 원소에 접근하기 위한 역참조
    // ...
};
```

이 연산자들 중에 여러 개를 제공한다면 ++, +=, =, +가 제공될 경우 어떤 클래스 X의 간단한 변수 x에 대해 ++x와 x+=1이 x=x+1과 같은 결과를 갖게 하는 것이 현명한 것처럼 등가성을 제공하는 편이 현명할 것이다.

->의 오버로딩은 관련된 프로그램의 클래스에 중요하며, 사소한 호기심의 문제가 아니다. 그 이유는 간접 참조indirection가 중요한 개념이고, ->의 오버로딩이 프로그램 내에서 간접 참조를 나타내는 깔끔하고 직접적이며, 효율적인 방법이기 때문이다. 반복자(33장)는 이에 대한 중요한 예제를 제공한다.

연산자 ->는 비static 멤버 함수여야 한다. 사용될 경우 이 연산자의 반환 타입은 포인터이거나 ->를 적용할 수 있는 클래스의 객체여야 한다. 템플릿 클래스 멤버 함수의 본체는 함수가 사용될 경우에만 체크되므로(26.2.1절), Ptr<int>와 같이 ->가 타당하지 않은 타입에 대해 염려할 필요 없이 operator->()를 정의할 수 있다.

->와 .(점)의 유사성에도 불구하고, .(점) 연산자를 오버로딩할 수 있는 방법은 없다.

19.2.4 증가와 감소

'스마트 포인터'가 등장하자 사람들은 증가 연산자 ++와 감소 연산자 --를 자주 쓰게 됐다. 이 연산자들이 기본 제공 타입에 대해 쓰이는 용도를 흉내 내기 위해서다. 이는 통상적인 포인터 타입을 '스마트 포인터'로 대체하는 것이 목적인 경우에 특히 두드러지기도 하고 필요하기도 하다. 스마트 포인터는 런타임 오류 체크가 추가된다는 점만 제외하면 통상적인 포인터와 동일한 의미 구조를 갖기 때문이다. 예를 들어 골치 아픈 전통적인 프로그램을 하나 살펴보자.

```
void f1(X a)      // 전통적인 사용법
{
    X v[200];
    X* p = &v[0];
    p--;
    *p = a;        // 문제 발생 - p가 범위를 벗어나고, 잡히지 않는다.
    ++p;
    *p = a;        // OK
}
```

여기서는 *X를 Ptr<X> 클래스의 객체로 대체하려고 하는데, 이 객체는 실제로 X를 가리키는 경우에만 역참조될 수 있다. 또한 p가 배열 내의 객체를 가리키고 증가와 감소 연산의 결과로 해당 배열에 포함된 객체가 나올 때만 p가 증가되고 감소될 수 있게 보장하려고 한다. 즉, 다음과 같이 만들고 싶은 것이다.

```
void f2(Ptr<X> a)        // 체크됨
{
    X v[200];
    Ptr<X> p(&v[0],v);
    p--;
    *p = a;              // 런타임 오류: p는 범위를 벗어남
    ++p;
    *p = a;              // OK
}
```

증가 및 감소 연산자는 전위형 및 후위형 연산자로 모두 사용 가능하다는 점에서 C++ 연산자 중에서도 특이하다. 따라서 `Ptr<T>`에 대해 전위형 및 후위형의 증가 및 감소를 정의해야 한다. 예를 들면 다음과 같다.

```
template<typename T>
class Ptr {
    T* ptr;
    T* array;
    int sz;
public:
    template<int N>
        Ptr(T* p, T(&a)[N]);     // 배열 a에 연결된다. sz==N, 초기 값 p
    Ptr(T* p, T* a, int s);      // s 크기를 갖는 배열 a와 연결된다. 초기 값 p
    Ptr(T*p);                    // 단일 객체에 연결된다. sz==0, 초기 값 p

    Ptr& operator++();           // 전위형
    Ptr& operator--();           // 전위형
    Ptr operator++(int);         // 후위형
    Ptr operator--(int);         // 후위형

    T& operator*();              // 전위형
};
```

`int` 인자는 해당 함수가 `++`의 후위형 적용에 대해 호출된다는 점을 나타내기 위해 사용된다. 이 `int`는 실제로 사용되지는 않는다. 이 인자는 전위형과 후위형의 적용을 구분하기 위해 사용된 더미일 따름이다. 어떤 버전의 `operator++`가 전위형인지 기억하는 요령은 다른 단항 산술 연산 및 논리 연산자와 정확히 똑같이 더미 인자가 없는 버전은 전위형이라고 알아두면 된다. 더미 인자는 '이상한' 후위형 `++`와 `--`에 대해서만 쓰인다.

설계에서 후위형 `++`와 `--`를 생략하는 방안에 대해 고민해보기 바란다. 문법적으로 이상할 뿐만 아니라 후위형 버전에 비해 구현하기가 약간 까다로운 편이고, 덜 효율적이며 덜 사용되는 편이다. 예를 들면 다음과 같다.

```
template<typename T>
Ptr& Ptr<T>::operator++()            // 증가 후에 현재 객체를 반환한다.
{
    // ... ptr+1을 가리킬 수 있는지 체크한다...
    ++ptr;
    return *this;
}
template<typename T>
Ptr Ptr<T>::operator++(int)          // 증가시키고 이전 값을 가진 Ptr을 반환한다.
```

```
{
    // ... ptr+1을 가리킬 수 있는지 체크한다...
    Ptr<T> old {ptr,array,sz};
    ++ptr;
    return old;
}
```

전위형 증가 연산자는 자신의 객체에 대한 참조자를 반환할 수 있다. 후위형 증가 연산자는 반환할 새로운 객체를 만들어야 한다.

`Ptr`을 사용하면 `f2()`를 다음과 같이 작성할 수 있다.

```
void f3(T a)            // 체크됨
{
    T v[200];
    Ptr<T> p (&v[0],v);
    p.operator--(0);        // 접미사: p--
    p.operator*() = a;      // 런타임 오류: p가 범위를 벗어남
    p.operator++();         // 접두사: ++p
    p.operator*() = a;      // OK
}
```

`Ptr`을 완성하는 것은 연습 과제로 남겨둔다. 상속에 대해 정확히 동작하는 포인터 템플릿은 27.2.2절에서 소개된다.

19.2.5 할당 및 할당 해제

`new` 연산자(11.2.3절)는 `operator new()`를 호출함으로써 메모리를 획득한다. 마찬가지로 `delete` 연산자는 `operator delete()`를 호출함으로써 메모리를 비운다. 사용자는 전역 `operator new()`와 `operator delete()`를 재정의하거나 특정 클래스에 대한 `operator new()`와 `operator delete()`를 정의할 수 있다.

크기에 대한 표준 라이브러리 타입 별칭 `size_t`(6.2.8절)를 사용하면 전역 버전의 선언은 다음과 같이 될 것이다.

```
void* operator new(size_t);            // 개별 객체에 대해 쓰인다.
void* operator new[](size_t);          // 배열에 대해 쓰인다.
void operator delete(void*, size_t);   // 개별 객체에 대해 쓰인다.
void operator delete[](void*, size_t); // 배열에 대해 쓰인다.
// 더 많은 버전은 11.2.4절 참고
```

즉, `new`는 `X` 타입의 객체를 위한 자유 저장 공간의 메모리가 필요할 경우 `operator new(sizeof(X))`를 호출한다. 비슷한 방식으로 `new`는 `X` 타입의 객체 N개를 위한 자유 저장 공간의 메모리가 필요할 경우 `operator new[](N*sizeof(X))`를 호출한다. `new` 표현식은 `N*sizeof(X)`로 표시되는 것보다 더 많은 메모리를 요구할 수도 있지만, 언제나 문자의 개수(즉 바이트의 개수)라는 관점에서 그렇게 할 것이다. 전역 `operator new()`와 `operator delete()`를 대체하는 것은 의지가 약한 사람에게는 적합하지 않으며, 추천하지도 않는다. 역시 누군가 다른 이들이 기본 제공 동작의 일부 기능에 의존하다가 이 함수들의 변형 버전을 만들었을 수 있다.

좀 더 선택이 여지가 있고, 많은 경우 더 나은 접근법은 이 연산들을 특정 클래스에 대해 제공하는 것이다. 이런 클래스는 다수 파생 클래스의 기반 클래스일 수 있다. 예를 들어 자기 자신과 자신의 모든 파생 클래스를 위해서 특수화된 할당자와 할당 해제자를 제공하는 Employee 클래스를 생각해 볼 수 있다.

```cpp
class Employee {
public:
    // ...
    void* operator new(size_t);
    void operator delete(void*, size_t);

    void* operator new[](size_t);
    void operator delete[](void*, size_t);
};
```

operator new()와 operator delete() 멤버들은 암시적으로 static 멤버다. 결과적으로 이들은 this 포인터를 갖지 않으며, 객체를 변경하지 못한다. 이들은 생성자가 초기화할 수 있고 소멸자가 정리를 할 수 있는 저장 공간을 제공한다.

```cpp
void* Employee::operator new(size_t s)
{
    // s 바이트의 메모리를 할당하고 그것을 가리키는 포인터를 반환한다.
}
void Employee::operator delete(void* p, size_t s)
{
    if (p) {        // p!=0일 경우만 삭제한다. 11.2절, 11.2.3절 참고
        // p가 Employee::operator new()에 의해 할당된 s바이트의 메모리를 가리킨다고 가정하고
        // 재사용을 위해 해당 메모리를 비운다.
    }
}
```

지금까지 모호했던 size_t의 인자 활용이 이제 명확해진다. 그것은 delete되는 객체의 크기를 나타낸다. 일반적인 Employee를 삭제하면 sizeof(Employee)의 값이 주어진다. 자체 적인 operator delete()가 없는 Employee에서 파생된 Manager를 삭제하면 sizeof(Manager)의 값이 주어진다. 이를 통해 각 할당마다 크기 정보를 저장할 필요 없이 클래스별 할당자를 이용할 수 있다. 당연히 클래스별 할당자는 그런 정보를 저장할 수 있으며(범용 할당자는 그래야 한다), operator delete()에 대한 size_t 인자를 무시한다. 하지만 이렇게 하면 범용 할당자 의 속도와 메모리 소비를 상당히 개선시키기가 어려워진다.

컴파일러가 operator delete()에 어떻게 정확한 크기를 공급하게 할 것인가? delete 연산 내부에 지정된 타입은 delete되는 객체의 타입과 일치한다. 기반 클래스를 가리키는 포인터를 통해 객체를 delete한다면 해당 기반 클래스는 주어진 정확한 크기에 대한 virtual 소멸자를 가져야 한다(17.2.5절).

```cpp
Employee* p = new Manager;      // 문제 가능성(정확한 타입이 빠져 있다)
// ...
delete p;                       // Employee가 virtual 소멸자를 갖고 있기를 기대한다.
```

원칙적으로 할당 해제는 이 다음에 소멸자(클래스의 크기를 알고 있는)에 의해 처리된다.

19.2.6 사용자 정의 리터럴

C++는 다양한 기본 제공 타입에 대한 리터럴을 제공한다(6.2.6절).

```
123      // int
1.2      // double
1.2F     // float
'a'      // char
1ULL     // unsigned long long
0xD0     // 16진수 unsigned
"as"     // C 스타일 문자열(const char[3])
```

추가로 우리는 사용자 정의 타입에 대한 리터럴과 기본 제공 타입에 대한 리터럴의 새로운 형식을 정의할 수 있다. 예를 들면 다음과 같다.

```
"Hi!"s                              // 문자열, "0으로 종료되는 char의 배열"이 아니다.
1.2i                                // 허수
101010111000101b                    // 이진수
123s                                // 초
123.56km                            // 마일이 아니다(단위)!
1234567890123456789012345678901234567890x    // 확장된 정밀도
```

이러한 **사용자 정의 리터럴**user-defined literal은 **리터럴 연산자**literal operator의 개념을 통해 지원되는데, 리터럴 연산자는 주어진 접미사를 가진 리터럴을 원하는 타입으로 매핑시켜준다. 리터럴 연산자의 이름은 operator""에 접미사가 뒤따르는 것이다. 예를 들면 다음과 같다.

```
constexpr complex<double> operator"" i(long double d)  // 허수 리터럴
{
    return {0,d};           // complex는 리터럴 타입이다.
}
std::string operator"" s(const char* p, size_t n)       // std::string 리터럴
{
    return string{p,n};     // 자유 저장 공간 할당을 요구한다.
}
```

이 두 개 연산자는 각각 접미사 i와 s를 정의한다. 나는 constexpr을 통해 컴파일 타임 평가를 이용한다. 이를 이용하면 다음과 같이 작성할 수 있다.

```
template<typename T> void f(const T&);
void g()
{
    f("Hello");         // 포인터를 char*에 전달한다.
    f("Hello"s);        // (5개 문자) 문자열 객체를 전달한다.
    f("Hello\n"s);      // (6개 문자) 문자열 객체를 전달한다.
    auto z = 2+1i;      // complex{2,1}
}
```

기본 (구현) 계획은 리터럴일 수 있는 것을 구문 분석한 후에 컴파일러가 항상 접미사를

체크하는 것이다. 사용자 정의 리터럴 메커니즘은 단순히 사용자가 새로운 접미사를 지정하고 그에 앞서 리터럴에 뭘 해야 할지 정의할 수 있게 해준다. 기본 제공 리터럴 접미사의 의미를 재정의하거나 리터럴의 문법을 보완하는 것은 불가능하다.

접미사를 달아 사용자 정의 리터럴을 만들 수 있는 리터럴에는 네 종류가 있다(iso.2.14.8절).

- 정수 리터럴(6.2.4.1절) `unsigned long long`이나 `const char*` 인자를 받아들이는 연산자나 `123m`이나 `1234567890123456789OX` 등의 템플릿 리터럴 연산자에 의해 받아들여진다.
- 부동소수점 리터럴(6.2.5.1절) `long double`이나 `const char*` 인자를 받아들이는 리터럴 연산자나 `12345678901234567890.976543210x`이나 `3.99s` 등의 템플릿 리터럴 연산자에 의해 받아들여진다.
- 문자열 리터럴(7.3.2절) `"string"s`나 `R"(Foo\bar)"_path` 같은 `(const char*, size_t)` 인자 쌍을 받아들이는 리터럴 연산자에 의해 받아들여진다.
- 문자 리터럴(6.2.3.2절) `'f'_runic`이나 `u'BEEF'_w` 같은 `char`, `wchar_t`, `char16_t`, `char32_t` 타입의 문자 인자를 받아들이는 리터럴 연산자에 의해 받아들여진다.

예를 들어 기본 제공 정수 타입으로는 표시될 수 없는 정수 값 숫자를 수집하는 리터럴 연산자를 정의할 수 있다.

```
Bignum operator"" x(const char* p)
{
    return Bignum(p);
}
void f(Bignum);
f(1234567890123456789012345678901234567890012345x);
```

여기서 C 스타일 문자열 `"1234567890123456789012345678901234567890012345"`는 `operator"" x()`에 전달된다. 이 숫자들을 큰따옴표로 둘러싸지 않았다는 점을 눈여겨보기 바란다. 나는 연산을 위해 C 스타일 문자열을 요구했고, 컴파일러는 제공된 숫자로부터 그것을 전달했다.

프로그램 소스 텍스트에서 C 스타일 문자열을 구해서 리터럴 연산자에 넣기 위해 문자열과 그것의 문자 개수를 둘 다 요청한다. 예를 들면 다음과 같다.

```
string operator"" s(const char* p, size_t n);
string s12 = "one two"s;       // operator ""s("one two",7)를 호출한다.
string s22 = "two\ntwo"s;      // operator ""s("two\ntwo",7)를 호출한다.
string sxx = R"(two\ntwo)"s;   // operator ""s("two\\ntwo",8)를 호출한다.
```

원시 문자열(7.3.2.1절)에서 `"\n"`은 두 문자 `'\'`과 `'n'`을 나타낸다.

문자 개수를 요구하는 이유는 '다양한 종류의 문자열'을 가지려면 어떻게 해서든 거의 항상 문자의 개수를 알아야 하기 때문이다.

`const char*` 인자만을 (크기를 제외하고) 받아들이는 리터럴 연산자는 정수 및 부동소수점 리터럴에 적용될 수 있다. 예를 들면 다음과 같다.

```
string operator"" SS(const char* p);        // 경고: 이 구문은 기대되는 대로 작동하지 않을 것이다.
string s12 = "one two"SS;                    // 오류: 적용 가능한 리터럴 연산자가 없다.
string s13 = 13SS;                           // OK, 하지만 굳이 이럴 필요가 있을까?
```

수치 값을 문자열로 변환하는 리터럴 연산자는 상당히 혼동을 일으킬 수 있다.

템플릿 리터럴 연산자^{template literal operator}는 함수 인자가 아니라 여러 개의 템플릿 매개변수를 인자로 받아들이는 리터럴 연산자다. 다음 예를 살펴보자.

```
template<char...>
constexpr int operator"" _b3();             // 기수(基數)가 3이다. 즉, 3진수
```

이 코드를 바탕으로 다음 코드를 작성할 수 있다.

```
201_b3        // operator"" b3<'2','0','1'>()를 의미한다. 따라서 2*9+0*3+1 == 19
241_b3        // operator"" b3<'2','4','1'>()를 의미한다. 따라서 오류다. 4는 3진수가 아니다.
```

`operator"" _b3()`를 정의하기 위해서는 몇 가지 보조 함수가 필요하다.

```
constexpr int ipow(int x, int n)            // x의 n 제곱
{
    return n>0?x*ipow(x,n-1):1;
}

template<char...> struct helper;            // 사용되지 않은 범용 템플릿(기본 템플릿 - 25.3.1.1절)

template<char c>
struct helper<c> {                          // 하나의 숫자를 처리한다.
    static_assert('0'<=c&&c<'3',"not a ternary digit");
    static constexpr int value() { return c-'0'; }
};

template<char c, char... tail>
struct helper<c, tail...> {                 // 7개의 숫자를 처리한다.
    static_assert('0'<=c&&c<'3',"not a ternary digit");
    static constexpr int value() { return (c-'0')*ipow(3,sizeof...(tail)) +
helper<tail...>::value(); }
};
```

이 코드를 바탕으로 3진 리터럴 연산자를 정의할 수 있다.

```
template<char... chars>
constexpr int operator"" _b3()
{
    return helper<chars...>::value();
}
```

이것들을 사용하기 위해 필요한 가변 인자 템플릿과 메타프로그래밍 기법(28.6절)이 난해해 보일 수 있지만, 이것이 컴파일 타임에 표준이 아닌 의미를 숫자에 지정하는 유일한 방법이다.

많은 접미사가 짧을 것이므로(예를 들어 std::string을 나타내는 s, 허수를 나타내는 I, 미터를 나타내는 m(28.7.3절), 확장을 나타내는 x), 다양하게 쓰다 보면 금세 충돌이 일어날 수 있다. 충돌을 방지하려면 네임스페이스를 이용한다.

```
namespace Numerics {
    // ...
```

```
class Bignum { /* ... */ };

namespace literals {
    Bignum operator"" x(char const*);
}
// ...
}
using namespace Numerics::literals;
```

처음에 밑줄로 시작하지 않는 모든 접미사는 표준 라이브러리용으로 따로 예약돼 있으므로, 접미사를 밑줄로 시작하면 향후에 코드에 문제가 생길 위험성이 있다.

```
123km       // 표준 라이브러리용으로 예약돼 있다.
123_km      // 사용 가능하다.
```

19.3 문자열 클래스

이번 절에서 소개할 비교적 간단한 문자열 클래스는 관용적으로 정의돼 있는 연산자들을 이용해서 클래스를 설계하고 구현하는 데 유용한 여러 가지 기법을 보여준다. 이번 절의 String은 표준 라이브러리 string(4.2절, 36장)의 단순화된 버전이다. String은 값 의미 구조, 문자열에 대한 체크된 접근이나 체크되지 않은 접근, 스트림 입출력, 범위 기반 루프에 대한 지원, 상등 연산 및 연결 연산자를 제공한다. 나는 아울러 std::string에서 (아직) 제공되지 않는 String 리터럴을 추가했다.

   C 스타일 문자열(문자열 리터럴(7.3.2절)을 포함해서)과의 간단한 상호 운용성을 허용하기 위해 여기서는 문자열을 0으로 종료되는 문자의 배열로 표현한다. 현실성을 높이는 차원에서 나는 **짧은 문자열 최적화**short string optimization를 구현한다. 즉, 몇 개의 문자만을 가진 String은 그런 문자들을 자유 저장 공간이 아니라 클래스 객체 자체 내에 저장한다는 것이다. 이렇게 하면 작은 문자열의 경우 문자열 사용이 최적화된다. 경험에 의하면 아주 많은 애플리케이션에서 대부분의 문자열은 짧다. 이런 최적화는 포인터(또는 참조자)를 통한 공유가 불가능하고 자유 저장 공간 할당과 할당 해제가 비교적 비용이 많이 드는 멀티스레드 시스템에서 특히 중요하다.

   끝 부분에 문자를 추가해서 String이 효율적으로 '늘어나게' 하기 위해 vector(13.6.1절)에 쓰였던 방식과 비슷하게 그러한 성장에 필요한 여분의 공간을 보관하는 계획을 구현한다. 이 덕택에 String은 다양한 형식의 입력에 적합한 대상이 된다.

   좀 더 훌륭하고 좀 더 많은 기능을 제공하는 문자열 클래스를 작성하는 것은 좋은 연습 과제다. 그것이 마무리되면 연습 과제를 집어 치우고 std::string(36장)을 이용할 수 있다.

19.3.1 필수 연산

String 클래스는 통상적인 생성자, 소멸자, 대입 연산의 집합을 제공한다(17.1절).

```
class String {
public:
```

```
    String();                                  // 기본 생성자: x{""}
    String(const char*p);                      // C 스타일 문자열의 생성자: x{"Euler"}
    String(const String&);                     // 복사 생성자
    String& operator=(const String&);          // 복사 대입
    String(String&& x);                        // 이동 생성자
    String& operator=(String&& x);             // 이동 대입
    ~String() { if (short_max<sz) delete[] ptr; } // 소멸자
    // ...
};
```

이 String은 값 의미 구조를 갖는다. 즉, s1=s2 대입 후에 두 문자열 s1과 s2는 완전히 구별되며, 한쪽에 대한 이후의 변경은 다른 쪽에 아무런 영향을 미치지 않는다. 다른 방법은 String에 포인터 의미 구조를 부여하는 것이다. 이렇게 하면 s1=s2 이후에 s2의 변경이 s1의 값에도 영향을 미치게 될 것이다. 그것이 적합한 상황에서 나는 값 의미 구조를 선호한다. complex, vector, Matrix, string이 그런 예다. 하지만 값 의미 구조를 수용하기 위해서는 사본이 필요하지 않은 경우에 String을 참조에 의해 전달해야 하고, return을 최적화하기 위해 이동 의미 구조(3.3.2절, 17.5.2절)를 구현해야 한다.

좀 더 본격적인 String의 표현은 19.3.3절에서 소개된다. 그곳에서는 복사와 이동 연산의 사용자 정의 버전을 요구한다는 점을 알아두기 바란다.

19.3.2 문자에 대한 접근

문자에 대한 접근 연산자의 설계는 어려운 주제다. 이상적으로 접근은 관용적 표기법을 이용해야 하고(즉 []를 이용해서), 최대한 효율적이어야 하며, 범위를 체크해야 하기 때문이다. 안타깝지만 이런 속성을 전부 수용할 수 있는 방법은 존재하지 않는다. 여기서는 표준 라이브러리를 따라서 관용적인 [] 첨자 표기에 아울러 범위 체크 at() 연산을 통해 효율적이고 체크하지 않는 연산을 제공하고자 한다.

```
class String {
public:
    // ...
    char& operator[](int n) { return ptr[n]; }         // 체크되지 않은 원소 접근
    char operator[](int n) const { return ptr[n]; }

    char& at(int n) { check(n); return ptr[n]; }       // 범위 체크 원소 접근
    char at(int n) const { check(n); return ptr[n]; }

    String& operator+=(char c);                        // 끝에 c를 추가한다.

    char* c_str() { return ptr; }                      // C 스타일 문자열 접근
    const char* c_str() const { return ptr; }

    int size() const { return sz; }                    // 원소의 개수
    int capacity() const                               // 원소 더하기에 이용 가능한 공간
        { return (sz<=short_max) ? short_max : sz+space; }
    // ...
};
```

[]를 통상적인 용도로 사용하자는 것이 기본 구상이다. 다음 예를 살펴보자.

```
int hash(const String& s)
{
    if (s.size()==0) return 0;
    int h {s[0]};                      // s에 대한 체크되지 않은 접근
    for (int i {1}; i<s.size(); ++i)
        h ^= s[i]>>1;                   // s에 대한 체크되지 않은 접근
    return h;
}
```

여기서는 at() 체크의 사용이 불필요한데, s에 대해 0에서 s.size()-1까지만 접근하기 때문이다.

실수의 가능성이 보이는 곳에서는 at()을 사용할 수 있다. 예를 들면 다음과 같다.

```
void print_in_order(const String& s,const vector<int>& index)
{
    for (auto x : index)
        cout << s.at(x) << '\n';        // s에 대한 체크되는 접근
}
```

유감스럽게도 실수가 일어날 수 있는 곳에서 사람들이 지속적으로 at()을 사용하리라고 가정하는 것은 지나치게 낙관적이므로, std::string([]/at() 규약은 여기에서 빌려온 것이다) 중 일부 구현은 []까지 체크한다. 나는 개인적으로 개발 도중에는 체크되는 []를 선호한다. 하지만 본격적인 문자열 조작 작업의 경우에는 각 문자 접근에 대한 범위 체크가 상당히 현저한 오버헤드를 유발할 수 있다.

접근 함수가 const 객체뿐 아니라 다른 객체에 사용될 수 있게 접근 함수의 const 버전과 const가 아닌 버전이 함께 제공된다.

19.3.3 표현

String에 대한 표현은 세 가지 목표를 충족하게 선택됐다.

- C 스타일 문자열(예를 들면 문자열 리터럴)을 String으로 변환하기 쉽고, C 스타일 문자열로서 String의 문자에 쉽게 접근할 수 있게
- 자유 저장 공간의 사용을 최소화하게
- String 끝에 문자를 효율적으로 추가할 수 있게

결과는 간단한 {포인터, 크기} 표현에 비해서는 분명히 복잡해졌지만, 훨씬 더 현실적이다.

```
class String {
/*
    간단한 문자열 최적화를 구현하는 간단한 문자열

    size()==sz는 원소의 개수
    if size()<= short_max라면 문자는 String 객체 자체 내에 보관된다.
    그렇지 않다면 자유 저장 공간이 사용된다.
    ptr은 문자열 시퀀스의 시작을 가리킨다.
```

```
    문자 시퀀스는 0으로 종료된다. ptr[size()]==0;
    이렇게 하면 C 라이브러리 문자열 함수를 쓸 수 있고, C 스타일 문자열 c_str()을 손쉽게 반환할 수 있다.
    끝에 문자를 효율적으로 추가시키기 위해 String은 할당을 두 배로 늘리는 방식으로 늘어난다.
    capacity()는 문자에 사용할 수 있는 공간의 양 sz+space이다(종료에 사용되는 0을 제외하고).
*/
public:
    // ...
private:
    static const int short_max = 15;
    int sz;                          // 문자의 개수
    char* ptr;
    union {
        int space;                   // 사용되지 않는 할당된 공간
        char ch[short_max+1];        // 종료에 쓰이는 0을 위한 공간을 남겨둔다.
    };

    void check(int n) const          // 범위 체크
    {
        if (n<0 || sz<=n)
            throw std::out_of_range("String::at()");
    }

    // 부속 멤버 함수
    void copy_from(const String& x);
    void move_from(String& x);
};
```

이 코드는 두 개의 문자열 표현을 이용해서 **짧은 문자열 최적화**short string optimization라고 알려진 기법을 구현한다.

- sz<=short_max라면 문자들이 String 객체 자체 내에 ch란 이름의 배열로 저장된다.
- !(sz<=short_max)라면 문자들이 자유 저장 공간에 저장되고 확장을 위한 추가 공간을 할당할 수 있다. space란 이름의 멤버는 그런 문자들의 개수다.

두 경우 모두 원소의 개수는 sz에 보관되므로, 주어진 문자열에 어떤 구현 체계를 쓸지 결정하려면 sz를 살펴봐야 한다.

두 경우 모두 ptr은 원소를 가리킨다. 이는 성능 측면에서 필수적이다. 접근 함수는 어떤 표현이 쓰이고 있는지 검사할 필요가 없다. 그저 ptr만 사용하면 되는 것이다. 오직 생성자, 대입, 이동, 소멸자(19.3.4절)만이 두 개의 대안에 대해 신경 쓰면 되는 것이다.

sz<=short_max일 때만 배열 ch를 사용하고 !(sz<=short_max)일 때만 정수 space를 사용한다. 따라서 String 객체에서 ch와 space 두 개 모두에 대해 공간을 할당하는 것은 낭비가 될 것이다. 이런 낭비를 피하기 위해 union(8.3절)을 사용한다. 특히 **익명 공용체**anonymous union(8.3.2절)라고 불리는 형식의 공용체를 사용했는데, 이것은 클래스가 객체의 선택적 표현을 관리할 수 있게 하기 위해 특별히 고안된 것이다. 익명 공용체의 모든 멤버는 동일한 메모리 내에 할당되며, 같은 주소로 시작된다. 특정 시점에는 오직 하나의 멤버만이 사용될 수 있지만, 그 외의 경우에는 익명 공용체가 포함된 유효 범위에 소속된 별개 멤버인 것처럼 접근되고 사용될 수 있다. 익명 공용체를 제대로 사용하는 것은 프로그래머의 몫이다. 예를 들어 space

를 사용하는 String의 모든 멤버 함수는 설정된 것이 ch가 아니라 정말로 space인지를 확인해야 한다. sz<=short_max를 살펴보면 그것을 확인할 수 있다. 바꿔 말하면 String을 구분하자면 sz<=short_max를 판별식으로 갖고 있는 **판별 공용체**discriminated union라고 할 수 있다.

19.3.3.1 부속 함수

범용 목적의 함수 외에 다소 까다로운 표현의 구현에 도움을 주고 코드 중복을 최소화하기 위해 세 개의 부속 함수를 기반 구성 요소로서 제공하면 코드가 좀 더 깔끔해진다. 이들 중 둘은 String의 표현에 접근할 수 있어야 하므로, 멤버로 만들었다. 하지만 그것들이 범용적으로 유용하거나 쓰기에 안전한 연산을 나타내지 않기 때문에 **private**으로 만들었다. 흥미로운 많은 클래스에 있어 구현이 단지 표현과 **public** 함수의 합만은 아니다. 부속 함수의 적절한 사용을 통해 코드 중복의 감소, 좀 더 나은 설계, 개선된 유지 보수성을 달성할 수 있다.

그런 함수 중 첫 번째는 문자들을 새롭게 할당된 메모리로 이동시킨다.

```cpp
char* expand(const char* ptr, int n)      // 자유 저장 공간으로 확장한다.
{
    char* p = new char[n];
    strcpy(p,ptr);                        // 43.4절
    return p;
}
```

이 함수는 String 표현에 접근하지 않기 때문에 멤버로 만들지 않았다.

두 번째 구현 함수는 String에 또 다른 String의 멤버에 대한 사본을 전달하기 위한 복사 연산에서 쓰인다.

```cpp
void String::copy_from(const String& x)
    // *this를 x의 사본으로 만든다.
{
    if (x.sz<=short_max) {          // *this를 복사한다.
        memcpy(this,&x,sizeof(x)); // 43.5절
        ptr = ch;
    }
    else {                          // 원소를 복사한다.
        ptr = expand(x.ptr,x.sz+1);
        sz = x.sz;
        space = 0;
    }
}
```

대상 String의 마무리에 필요한 모든 작업은 copy_from() 호출자의 몫이다. copy_from()은 무조건 대상에 겹쳐 쓰기만 한다. 표준 라이브러리 memcpy()(43.5절)를 이용해서 원본의 바이트를 대상에 복사한다. memcpy()는 저수준인데다 때로는 상당히 지저분한 함수다. 이 함수는 타입에 대해서는 아무것도 모르기 때문에 복사되는 메모리 내에 생성자나 소멸자를 가진 객체가 없을 경우에만 사용돼야 한다. String 복사 연산은 둘 다 copy_from()을 사용한다.

대응되는 이동 연산을 위한 함수는 다음과 같다.

```
void String::move_from(String& x)
{
    if (x.sz<=short_max) {              // *this를 복사한다.
        memcpy(this,&x,sizeof(x));      // 43.5절
        ptr = ch;
    }
    else {                             // 원소를 붙잡는다.
        ptr = x.ptr;
        sz = x.sz;
        space = x.space;
        x.ptr = x.ch;                  // x = ""
        x.sz = 0;
        x.ch[0]=0;
    }
}
```

이 함수 역시 무조건적으로 대상을 인자의 사본으로 만든다. 하지만 이 함수는 인자가 자유 저장 공간을 차지하게 내버려 두지 않는다. 긴 문자열의 경우에도 `memcpy()`를 사용할 수도 있었지만, 긴 문자열 표현은 String의 표현 중 일부분만을 사용하기 때문에 사용된 멤버들을 개별적으로 복사하기로 결정했다.

19.3.4 멤버 함수

기본 생성자는 String이 비어 있게 정의한다.

```
String::String()         // 기본 생성자: x{""}
    : sz{0}, ptr{ch}     // ptr은 원소를 가리키고, ch는 초기 위치다(19.3.3절).
{
    ch[0] = 0;           // 종료에 쓰이는 0
}
```

`copy_from()`과 `move_from()`이 있으면 생성자, 이동, 대입의 구현은 상당히 간단하다. C 스타일 문자열을 받아들이는 생성자는 문자의 개수를 판별하고 그것들을 적절하게 저장해야 한다.

```
String::String(const char* p)
    :sz{strlen(p)},
    ptr{(sz<=short_max) ? ch : new char[sz+1]},
    space{0}
{
    strcpy(ptr,p);       // 문자들을 p에서 ptr로 복사한다.
}
```

인자가 짧은 문자열이라면 ptr은 ch를 가리키게 설정된다. 그렇지 않으면 자유 저장 공간에 공간이 할당된다. 어느 쪽이든 문자들은 인자 문자열에서 String이 관리하는 메모리 안으로 복사된다.

복사 생성자는 자신의 인자 표현을 복사하는 역할을 할 뿐이다.

```
String::String(const String& x)          // 복사 생성자
{
```

```
    copy_from(x);                   // x에서 표현을 복사한다.
}
```

원본의 크기가 대상의 크기와 똑같은 경우를 최적화하려고(vector에 대해서 그랬던 것처럼, 13.6.3절) 신경 쓰지는 않았다. 그럴만한 가치가 있는지는 잘 모르겠다.

마찬가지 방식으로 이동 생성자는 원본의 표현을 이동시킨다(그리고 아마도 자신의 인자를 빈 문자열로 설정할 것이다).

```
String::String(String&& x)          // 이동 생성자
{
    move_from(x);
}
```

복사 생성자와 마찬가지로 복사 대입은 copy_from()을 이용해서 인자 표현을 복제한다. 추가로 대상이 소유하고 있는 자유 저장 공간을 delete해야 하며, 자기 대입(예를 들면 s=s)으로 인해 곤경에 처하지 않게 보장해야 한다.

```
String& String::operator=(const String& x)
{
    if (this==&x) return *this;      // 자기 대입을 처리한다.
    char* p = (short_max<sz) ? ptr : 0;
    copy_from(x);
    delete[] p;
    return *this;
}
```

String 이동 대입은 대상의 자유 저장 공간(있는 경우)을 삭제한 다음 이동시킨다.

```
String& String::operator=(String&& x)
{
    if (this==&x) return *this;      // 자기 대입을 처리한다(x = move(x)는 정신 나간 짓).
    if (short_max<sz) delete[] ptr;  // 대상을 삭제한다.
    move_from(x);                    // 던지지 않는다.
    return *this;
}
```

원본을 자기 자신으로 이동하는 것(예를 들면 s=std::move(s))이 논리적으로는 가능하므로, 역시 자기 대입에 대비해야 한다(일어날 가능성은 적지만).

논리적으로 가장 복잡한 String 연산은 +=로, 문자열 끝에 문자를 하나 추가하고 문자열의 크기를 하나만큼 늘린다.

```
String& String::operator+=(char c)
{
    if (sz==short_max) {             // 긴 문자열로 확장한다.
        int n = sz+sz+2;             // 할당을 두 배로 늘린다(종료에 쓰이는 0 때문에 +2).
        ptr = expand(ptr,n);
        space = n-sz-2;
    }
    else if (short_max<sz) {
        if (space==0) {              // 자유 저장 공간에서 확장한다.
            int n = sz+sz+2;         // 할당을 두 배로 늘린다(종료에 쓰이는 0 때문에 +2).
```

```
            char* p = expand(ptr,n);
            delete[] ptr;
            ptr = p;
            space = n-sz-2;
        }
        else
            --space;
    }
    ptr[sz] = c;              // 끝에 c를 추가한다.
    ptr[++sz] = 0;            // 크기를 증가시키고 종료를 설정한다.

    return *this;
}
```

여기서는 많은 일이 벌어지고 있다. `operator+=()`는 어떤 표현(긴 것과 짧은 것 중)이 쓰이고 있는지 추적하고 확장할 수 있는 추가적인 공간이 있는지 확인한다. 더 많은 공간이 필요하다면 `expand()`가 호출돼 해당 공간을 할당하고, 이전 문자들을 새로운 공간으로 이동시킨다. 삭제가 필요한 이전 할당이 있다면 반환돼 +=가 삭제할 수 있게 만들어 준다. 충분한 공간이 이용 가능하다면 새로운 문자 c를 그곳에 넣고 종료에 쓰이는 0을 넣는 것은 별일이 아니다.

space에서 이용 가능한 메모리를 계산하는 방식에 주목한다. 모든 String 구현 중에서 제대로 만들기가 가장 어렵다. 1바이트 오버플로off-by-one에 취약한 다소 난해한 계산이다. 반복되는 상수 2는 '매직 상수'와 너무나 흡사하다.

모든 String 멤버는 새로운 표현이 마무리되는 것이 확실해질 때까지 그것을 변경하지 않게 주의를 기울여야 한다. 특히 일어날 수 있는 모든 new 연산이 끝날 때까지 delete하지 않아야 한다. 실제로 String 멤버들은 강력한 예외 보장(13.2절)을 제공한다.

String 구현의 일부로 제시된 복잡한 종류의 코드가 내키지 않는다면 그냥 std::string을 쓰면 된다. 표준 라이브러리 기능이 존재하는 주된 이유는 대부분 이런 저수준의 프로그래밍 작업을 덜어주는 것이다. 문자열 클래스, 벡터 클래스나 맵을 작성하는 일은 아주 훌륭한 연습 과제. 하지만 이런 연습이 끝나고 나면 표준이 어떤 혜택을 주는지 이해하고 자체적인 버전을 유지하지 않겠다는 생각이 들 것이다.

19.3.5 보조 함수

String 클래스를 마무리 짓기 위해 스트림 입출력, 범위 기반 루프에 대한 지원, 비교, 연결에 관련된 유용한 함수의 집합을 제공하고자 한다. 이들은 모두 std::string에 채용된 설계 선택을 반영한다. 특히 <<는 추가적인 서식 없이 문자들을 단순 출력하는 데 사용되고, >>는 시작하는 공백은 건너뛰고 종료에 쓰이는 공백(또는 스트림의 끝)을 찾을 때까지 읽기를 계속한다.

```
ostream& operator<<(ostream& os, const String& s)
{
    return os << s.c_str(); // 36.3.3절
}

istream& operator>>(istream& is, String& s)
```

```
{
    s = "";              // 대상 문자열을 비운다.
    is>>ws;              // 공백을 건너뛴다(38.4.1.1절, 38.4.5.2절).
    char ch = ' ';
    while(is.get(ch) && !isspace(ch))
        s += ch;
    return is;
}
```

비교 연산을 위해서 ==와 !=를 제공한다.

```
bool operator==(const String& a, const String& b)
{
    if (a.size()!=b.size())
        return false;
    for (int i = 0; i!=a.size(); ++i)
        if (a[i]!=b[i])
            return false;
    return true;
}
bool operator!=(const String& a, const String& b)
{
    return !(a==b);
}
```

< 등의 추가는 간단하다.

범위 기반 루프를 지원하기 위해서는 begin()과 end()가 필요하다(9.5.1절). 이번에도 역시 그것들을 String 구현에 직접적으로 접근하지 않는 자립 (비멤버) 함수로서 제공한다.

```
char* begin(String& x)           // C 문자열 스타일 접근
{
    return x.c_str();
}
char* end(String& x)
{
    return x.c_str()+x.size();
}
const char* begin(const String& x)
{
    return x.c_str();
}
const char* end(const String& x)
{
    return x.c_str()+x.size();
}
```

하나의 문자를 끝에 추가하는 += 멤버 함수가 있으면 연결 연산자는 비멤버 함수로 손쉽게 제공될 수 있다.

```
String& operator+=(String& a, const String& b)     // 연결
{
    for (auto x : b)
```

```
        a+=x;
    return a;
}
String operator+(const String& a, const String& b) // 연결
{
    String res {a};
    res += b;
    return res;
}
```

여기서는 약간 '속임수'를 쓴 느낌이 든다. C 문자열을 끝에 추가하는 += 멤버를 제공해야 했을까? 표준 라이브러리 string은 그렇게 하지만, 그것이 없어도 C 스타일 문자열의 연결에는 문제가 없다. 다음 예를 살펴보자.

```
String s = "Njal ";
s += "Gunnar";          // 연결: s의 끝에 추가한다.
```

+=의 이런 사용은 operator+=(s,String("Gunnar"))으로 해석된다. 나의 추측은 이렇다. 좀 더 효율적인 String::operator+=(const char*)를 제공할 수도 있었겠지만, 추가된 성능이 실제의 코드에서 그럴만한 가치가 있는지 확신이 들지 않았다. 이런 경우 나는 보수적이 되려고 하며, 최소한의 설계를 선택한다. 뭔가를 할 수 있다는 것만으로 그것을 해야 하는 충분한 이유가 되지는 못한다.

비슷한 맥락에서 나는 원본 문자열의 크기를 고려해서 +=를 최적화하려고 시도하지 않는다.

String을 뜻하는 문자열 리터럴 접미사로 _s를 추가하는 것은 간단하다.

```
String operator"" _s(const char* p, size_t)
{
    return String{p};
}
```

이제 다음과 같이 작성할 수 있다.

```
void f(const char*);        // C 스타일 문자열
void f(const String&);      // 우리의 문자열

void g()
{
    f("Madden's");          // f(const char*)
    f("Christopher's"_s);   // f(const String&);
}
```

19.3.6 우리의 문자열 활용

메인 프로그램은 String 연산자를 약간만 사용할 뿐이다.

```
int main()
{
    String s ("abcdefghij");
    cout << s << '\n';
    s += 'k';
```

```
        s += 'l';
        s += 'm';
        s += 'n';
        cout << s << '\n';

        String s2 = "Hell";
        s2 += " and high water";
        cout << s2 << '\n';

        String s3 = "qwerty";
        s3 = s3;
        String s4 ="the quick brown fox jumped over the lazy dog";
        s4 = s4;
        cout << s3 << " " << s4 << "\n";
        cout << s + ". " + s3 + String(". ") + "Horsefeathers\n";

        String buf;
        while (cin>>buf && buf!="quit")
            cout << buf << " " << buf.size() << " " << buf.capacity() << '\n';
}
```

String에는 중요하거나 경우에 따라서는 필수적이라고까지 생각되는 많은 기능이 빠져 있다. 하지만 수행하는 역할에 있어서는 std::string(36장)과 매우 흡사하며, 표준 라이브러리 string의 구현에 쓰이는 기법들을 보여준다.

19.4 프렌드

통상적인 멤버 함수 선언은 논리적으로 구분되는 3가지 속성을 지정한다.

[1]   함수는 클래스 선언의 비공개 부분에 접근할 수 있어야 한다.
[2]   함수는 클래스의 유효 범위 내에 있어야 한다.
[3]   함수는 객체에 대해 호출될 수 있어야 한다(this 포인터를 가진다).

멤버 함수를 static으로 선언하면(16.2.12절) 처음 두 속성만 부여할 수 있다. 비멤버 함수를 friend로 선언하면 첫 번째 속성을 부여할 수 있다. 즉, friend로 선언된 함수는 멤버 함수와 똑같이 클래스의 구현에 접근이 허용되지만, 그렇지 않을 경우에는 해당 클래스와 무관하다.

예를 들어 Matrix에 Vector로 곱하는 연산을 정의할 수 있다. 당연히 Vector와 Matrix는 각자의 표현을 은닉하고 자신의 타입에 해당하는 객체를 조작하는 데 필요한 연산의 완전한 집합을 제공한다. 하지만 우리의 곱셈 루틴은 양쪽 모두의 멤버가 될 수는 없다. 또한 모든 사용자가 Matrix와 Vector 양쪽 모두의 전체 구현을 읽고 쓸 수 있게 허용해주는 저수준의 접근 함수는 정말로 제공하고 싶지 않을 것이다. 이런 문제를 피하기 위해 operator*를 양쪽의 friend로 선언한다.

```
constexpr int rc_max {4};        // 행과 열의 크기
class Matrix;
```

```
class Vector {
    float v[rc_max];
    // ...
    friend Vector operator*(const Matrix&, const Vector&);
};

class Matrix {
    Vector v[rc_max];
    // ...
    friend Vector operator*(const Matrix&, const Vector&);
};
```

이제 operator*()는 Vector와 Matrix 양쪽 모두의 구현 내부로 접근할 수 있다. 이렇게
되면 정교한 구현 기법이 가능하겠지만, 일단 간단한 구현 예는 다음과 같다.

```
Vector operator*(const Matrix& m, const Vector& v)
{
    Vector r;
    for (int i = 0; i!=rc_max; ++i) {          // r[i] = m[i] * v;
        r.v[i] = 0;
        for (int j = 0; j!=rc_max; ++j)
            r.v[i] += m.v[i].v[j] * v.v[j];
    }
    return r;
}
```

friend 선언은 클래스 선언의 비공개 부분이나 공개 부분 중 어느 쪽에도 놓일 수 있다.
어딘지는 중요하지 않다. 멤버 함수와 마찬가지로 프렌드 함수는 프렌드인 클래스의 선언
내에서 명시적으로 선언된다. 따라서 프렌드는 멤버 함수처럼 해당 인터페이스의 일부분이라
고 할 수 있다.

한 클래스의 멤버 함수는 다른 클래스의 프렌드가 될 수 있다. 예를 들면 다음과 같다.

```
class List_iterator {
    // ...
    int* next();
};

class List {
    friend int* List_iterator::next();
    // ...
};
```

한 클래스의 모든 함수를 다른 함수의 프렌드로 만들어주는 단축 표기법이 있다. 예를
들면 다음과 같다.

```
class List {
    friend class List_iterator;
    // ...
};
```

이 friend 선언은 List_iterator의 멤버 함수 전부를 List의 프렌드도 만들어 준다.
어떤 클래스를 friend로 선언하면 해당 클래스의 모든 함수에 대한 접근이 허용된다. 이

는 클래스 자체만 봐서는 허용하는 클래스의 표현에 어떤 함수 집합이 접근 가능한지 알 수 없다는 뜻이다. 이런 점에서 프렌드 클래스 선언은 멤버 함수와 프렌드 함수의 선언과는 다르다. 당연히 프렌드 클래스는 조심스럽게 사용돼야 하며, 밀접하게 관련된 개념을 표현하는 데만 사용돼야 한다.

템플릿 인자를 `friend`로 만드는 것도 가능하다.

```
template<typename T>
class X {
    friend T;
    friend class T;     // 군더더기 "class"
    // ...
};
```

종종 클래스를 멤버로 만들 것인지 비멤버 프렌드를 만들 것인지 중에서 선택할 수 있다 (18.3.1절).

19.4.1 프렌드 찾기

프렌드는 소속된 유효 범위 내에서 미리 선언돼 있든지 아니면 `friend`로 선언될 클래스가 소속된 비클래스 유효 범위 내에서 즉시 정의돼야 한다. `friend`로 맨 먼저 선언될 이름에 대해 가장 안쪽의 네임스페이스 유효 범위 바깥의 유효 범위는 고려되지 않는다(iso.7.3.1.2절). 기술적 예제를 살펴보자.

```
class C1 { };        // N::C의 프렌드가 될 것이다.
void f1();           // N::C의 프렌드가 될 것이다.
namespace N {
    class C2 { };        // C의 프렌드가 될 것이다.
    void f2() { }        // C의 프렌드가 될 것이다.

    class C {
        int x;
    public:
        friend class C1;        // OK(이전에 정의됨)
        friend void f1();
        friend class C2;        // OK(이전에 정의됨)
        friend void f2();
        friend class C3;        // OK(소속된 네임스페이스에서 정의됨)
        friend void f3();
        friend class C4;        // N 내에서 처음 선언돼 N에 포함된다고 추정됨
        friend void f4();
    };

    class C3 {};            // C의 프렌드
    void f3() { C x; x.x = 1; }  // OK: C의 프렌드
} // namespace N

class C4 { };                    // N::C의 프렌드가 아니다.
void f4() { N::C x; x.x = 1; }   // 오류: x는 비공개이며, f4()는 N::C의 친구가 아니다.
```

프렌드 함수는 소속된 유효 범위 내에서 바로 선언되지 않았더라도 인자를 통해 찾을 수 있다(14.2.4절).

```
void f(Matrix& m)
{
    invert(m);     // Matrix의 프렌드 invert()
}
```

따라서 프렌드 함수는 소속된 유효 범위 내에서 명시적으로 선언되든지, 아니면 소속된 클래스나 그것으로부터 파생된 클래스의 인자를 받아들여야 한다. 그렇지 않다면 프렌드는 호출될 수 없다. 예를 들면 다음과 같다.

```
// f()는 이 유효 범위 내에 있지 않다.
class X {
    friend void f();            // 쓸 수 없다.
    friend void h(const X&);    // 인자를 통해 찾을 수 있다.
};
void g(const X& x)
{
    f();        // 유효 범위 내에 f()가 없다.
    h(x);       // X의 친구 h()
}
```

19.4.2 프렌드와 멤버

어느 경우에 프렌드 함수를 사용해야 하며, 어떤 연산을 지정하는 데 있어 어느 경우에 멤버 함수가 더 나은 선택이 되는가? 우선 클래스의 표현에 접근하는 함수의 개수를 최소화하려고 시도하고, 접근 함수의 집합을 가급적 적합하게 만들려고 시도해야 한다. 따라서 맨 처음 물어야 할 질문은 "멤버나 static 멤버여야 하는가, 아니면 프렌드여야 하는가"가 아니라 "정말로 접근을 필요로 하는가?"가 돼야 한다. 대개 접근을 필요로 하는 함수는 우리가 처음에 그래야 한다고 믿는 것보다 많지 않다. 생성자, 소멸자, 가상 함수(3.2.3절, 17.2.5절) 등의 일부 연산은 멤버가 될 수밖에 없지만, 대개는 다른 대안들이 존재한다. 멤버 이름이 클래스에 지역적이기 때문에, 표현에 직접적인 접근을 요구하는 함수는 멤버가 아니어야 할 특별한 이유가 없다면 멤버여야 한다.

연산 표현의 다른 대안을 제시하는 클래스 X를 예로 들어보자.

```
class X {
    // ...
    X(int);

    int m1();               // 멤버
    int m2() const;

    friend int f1(X&);      // 프렌드이며, 멤버가 아니다.
    friend int f2(const X&);
    friend int f3(X);
};
```

멤버 함수는 자기 클래스의 객체에 대해서만 호출될 수 있다. 사용자 정의 변환은 . 이나 ->의 가장 왼쪽 편에 있는 피연산자에 적용될 수 없다(하지만 19.2.3절을 참고하기 바란다). 예를 들면 다음과 같다.

```
void g()
{
    99.m1(); // 오류: X(99).m1()은 적용 불가
    99.m2(); // 오류: X(99).m2()는 적용 불가
}
```

암시적 변환이 const가 아닌 참조자 인자에 쓰이지 않기 때문에(7.7절) 전역 함수 f1()은 유사한 속성을 가진다. 하지만 f2()와 f3()의 인자에는 변환이 적용될 수 있다.

```
void h()
{
    f1(99);      // 오류: f1(X(99))는 적용 불가: const가 아닌 X& 인자
    f2(99);      // OK: f2(X(99)): const X& 인자
    f3(99);      // OK: f3(X(99)): X 인자
}
```

따라서 클래스 객체의 상태를 변경하는 연산은 멤버이거나 const가 아닌 참조자 인자(또는 const가 아닌 포인터 인자)를 받아들이는 함수여야 한다.

피연산자를 변경하는 연산자(예를 들면 =, *=, ++)는 사용자 정의 타입에 대한 멤버로서 정의되는 것이 가장 자연스럽다. 역으로 암시적 타입 변환이 연산의 모든 피연산자에 대해 요구된다면 그것을 구현하는 함수는 const 참조자 인자나 참조자가 아닌 인자를 받아들이는 비멤버 함수여야 한다. 이것은 기본 타입(+, -, || 등)에 적용될 때 좌변 값 피연산자를 요구하지 않는 연산자를 구현하는 함수에서 흔한 경우다. 하지만 그러한 연산자들은 많은 경우 자신의 피연산자 클래스의 표현에 대한 접근을 필요로 한다. 결과적으로 이항 연산자에서 프렌드 함수가 가장 흔하게 발견된다.

타입 변환이 정의돼 있지 않다면 참조자 인자를 받아들이는 프로그램보다 멤버를 선택해야 한다든지 또는 그 역의 선택을 해야 할 필연적인 이유는 없어 보인다. 어떤 경우에는 프로그래머가 다른 방안에 비해 한 번 호출하는 문법을 선호하는 취향을 갖고 있을 수도 있다. 예를 들어 대부분의 사람들은 m에서 Matrix의 역행렬을 구하기 위해 다른 방법인 m2=m.inv() 보다 m2=inv(m) 표기법을 선호하는 것으로 보인다. 반면 inv()가 m의 역행렬인 새로운 Matrix를 만들지 않고 m 자체를 역행렬로 만든다면 inv()는 멤버여야 한다.

다른 모든 사항을 동등하게 고려하면 멤버 함수로서 표현에 직접적으로 접근해야 하는 연산을 구현하기 바란다.

- 향후에 누군가가 변환 연산자를 정의할지를 알 수는 없다.
- 멤버 함수 호출 문법은 사용자에게 해당 객체가 변경될 수 있다는 점을 명확하게 알려준다. 참조자 인자는 훨씬 모호하다.
- 멤버 본체에 있는 표현식은 전역 함수에 있는 동등한 기능의 표현식보다 현저하게 짧을

수 있다. 비멤버 함수는 명시적 인자를 사용해야 하는 반면, 멤버는 this를 암시적으로 사용할 수 있다.

- 멤버 이름은 클래스에 지역적이므로, 비멤버 함수의 이름보다 짧은 경향이 있다.
- 멤버 f()를 정의했다가 나중에 비멤버 f(x)에 대해 필요하다고 느껴지면 x.f()를 의미하게 간단히 정의할 수 있다.

역으로 표현에 대한 직접적인 접근을 필요로 하지 않는 연산은 많은 경우 비멤버 함수로서 가장 잘 표현되며, 그런 비멤버 함수는 클래스와의 관계를 명시적으로 만들어주는 네임스페이스 안에 있어야 할 것이다(18.3.6절).

19.5 조언

[1]   operator[]()는 첨자 연산과 단일 값 기반의 선택에 사용한다(19.2.1절).

[2]   operator()()는 호출 의미 구조, 첨자 연산, 다중 값 기반의 선택에 사용한다(19.2.2절).

[3]   operator->()는 '스마트 포인터'를 역참조하는 데 사용한다(19.2.3절).

[4]   가급적 후위형 ++보다 전위형 ++를 사용한다(19.2.4절).

[5]   정말로 그래야 하는 경우에만 전역 operator new()와 operator delete()를 정의한다 (19.2.5절).

[6]   멤버 operator new()와 멤버 operator delete()를 정의해서 특정 클래스 또는 클래스의 계층 구조 객체에 대한 할당 및 할당 해제를 제어한다(19.2.5절).

[7]   사용자 정의 리터럴을 사용해서 관용적인 표기법을 흉내 낸다(19.2.6절).

[8]   선택적인 사용을 허용하려면 리터럴 연산자를 별도의 네임스페이스에 넣는다(19.2.6절).

[9]   특수하지 않은 용도에 대해서는 직접 연습한 결과물보다 표준 string(36장)을 사용하기 바란다(19.3절).

[10]   클래스의 표현에 접근해야 하는 비멤버 함수가 필요하다면 프렌드 함수를 이용한다 (19.4절).

[11]   클래스의 표현에 대한 접근을 허용하는 데는 가급적 프렌드 함수보다는 멤버 함수를 이용하기 바란다(19.4.2절).

파생 클래스

쓸데없이 일을 늘이지 말라

— 오캄(William Occam)

- 개요
- 파생 클래스 멤버 함수, 생성자와 소멸자
- 클래스 계층 구조 타입 필드, 가상 함수, 명시적 한정, 재정의 제어, **using** 기반 클래스 멤버, 반환 타입 완화
- 추상 클래스
- 접근 제어 **protected** 멤버, 기반 클래스에 대한 접근, **using** 선언과 접근 제어
- 멤버를 가리키는 포인터 함수 멤버를 가리키는 포인터, 데이터 멤버를 가리키는 포인터, 기반 클래스 멤버와 파생 클래스 멤버
- 조언

20.1 개요

C++는 시뮬라에서 클래스와 클래스 계층 구조의 개념을 빌려왔다. 추가로 C++는 프로그래머의 세계와 애플리케이션의 세계에서 개념을 모델링하기 위해 클래스가 사용되는 설계 철학을 빌려왔다. C++는 이런 디자인 개념을 직접적으로 지원하는 언어 구문 규칙을 제공한다. 역으로 설계 아이디어를 지원하기 위해 언어 기능을 어떻게 활용하는가는 C++의 효과적인 활용을 좌우한다. 언어 구문 규칙을 전통적인 형식의 프로그래밍을 위한 소도구로만 활용하는 식은 C++의 주요 강점을 놓치는 것이다.

개념(아이디어, 철학 등)은 독립적으로 존재하지 않는다. 개념은 관련된 개념과 공존하며 그 대부분의 위력은 다른 개념과의 관계에서 나오는 것이다. 예를 들어 자동차가 무엇인지 설명해보자. 이내 우리는 바퀴, 엔진, 운전자, 보행자, 트럭, 구급차, 길, 기름, 속도위반 딱지, 모델 등의 개념을 떠올리게 될 것이다. 개념을 표현하기 위해 클래스를 사용한다는 것은 개념들 간의 관계를 어떻게 표현하는가가 중요하다는 뜻이다. 하지만 임의의 관계를 프로그래밍 언

어에서 직접적으로 표현할 수는 없다. 설사 그럴 수 있다고 하더라도 우리가 원하는 것은 그런 것이 아니다. 쓸모가 있으려면 클래스는 일상적인 개념에 비해 좀 더 좁고, 좀 더 정확하게 정의돼야 한다.

파생 클래스의 개념 및 그것과 연관된 언어 메커니즘은 계층적 관계를 표현하기 위해 제공된다. 즉, 클래스 간의 유사성을 표현하기 위한 것이다. 예를 들어 원과 삼각형의 개념은 모두 도형이라는 점에서 관련성이 있다. 즉, 그 둘은 공통적으로 도형이란 개념을 갖는다. 따라서 우리는 Circle 클래스와 Triangle 클래스가 Shape 클래스를 공유하게 명시적으로 정의한다. 이런 경우 여기서는 Shape에 해당하는 공통 클래스는 **기반 클래스**base class 또는 **슈퍼클래스**superclass라고 불리며, 여기서는 Circle과 Triangle에 해당하는, 그것으로부터 파생된 클래스는 **파생 클래스**derived class 또는 **서브클래스**subclass라고 불린다. 도형이란 개념을 개입시키지 않고 프로그램에서 원과 삼각형을 표현하는 것은 뭔가 중요한 것을 놓치는 셈이다. 20장에서는 이런 간단한 개념의 의미를 살펴본다. 이 개념은 흔히 **객체지향 프로그래밍**object-oriented programming이라고 불리는 것의 기반이다. 기존 클래스로부터 새로운 클래스를 구축하는 것은 언어 기능에 의해 지원된다.

- 구현 상속(implementation inheritance) 기반 클래스에 의해 제공되는 기능을 공유함으로써 구현에 들어가는 수고를 덜어준다.
- 인터페이스 상속(interface inheritance) 공통적인 기반 클래스에 의해 제공되는 인터페이스를 통해 서로 다른 파생 클래스를 바꿔 가면서 사용할 수 있게 해준다.

인터페이스 상속은 종종 **런타임 다형성**run-time polymorphism 또는 **동적 다형성**dynamic polymorphism이라고 불리기도 한다. 대조적으로 상속과 무관하게 템플릿에 의해 제공되는 클래스의 통일적인 사용은 종종 **컴파일 타임 다형성**compile-time polymorphism 또는 **정적 다형성**static polymorphism이라고 불린다.

클래스 계층 구조의 논의는 세 개의 장으로 구성돼 있다.

- 파생 클래스(20장) 20장에서는 객체지향 프로그래밍을 지원하는 기본 언어 기능을 소개한다. 기반 및 파생 클래스, 가상 함수 및 접근 제어를 다룬다.
- 클래스 계층 구조(21장) 21장에서는 클래스 계층 구조의 개념을 기반으로 코드를 효과적으로 구조화하기 위한 기반 및 파생 클래스의 사용법에 초점을 맞춘다. 21장은 대부분 프로그래밍 기법의 논의에 할애하지만, 다중 상속(둘 이상의 기반 클래스를 가진 클래스)의 기술적 측면까지 다룬다.
- 런타임 타입 식별(22장) 22장에서는 명시적 클래스 계층 구조를 둘러보기 위한 기법을 설명한다. 특히 타입 변환 연산 dynamic_cast와 static_cast를 소개하며, 기반 클래스 중 하나가 주어질 때 어떤 객체의 타입을 판별하기 위한 연산(typeid) 역시 다룬다.

기반 및 파생 클래스(3.2.2절)와 가상 함수(3.2.3절) 등과 같이 타입의 계층적 구조에 대한 기본적인 개념에 대한 간략한 소개는 3장에서 찾을 수 있다. 20장에서는 이런 기반 기능들과 아울러 관련된 프로그래밍 및 설계 기법을 좀 더 자세히 살펴본다.

20.2 파생 클래스

회사 직원의 인사 기록을 다루는 프로그램을 하나 만든다고 생각해보자. 그런 프로그램은 다음과 같은 데이터 구조를 가질 수 있다.

```
struct Employee {
    string first_name, family_name;
    char middle_initial;
    Date hiring_date;
    short department;
    // ...
};
```

이어서 관리자를 정의해본다.

```
struct Manager {
    Employee emp;                // 관리자의 인사 기록
    list<Employee*> group;       // 관리되는 사람들
    short level;
    // ...
};
```

매니저 역시 직원이다. `Employee` 데이터는 `Manager` 객체의 `emp` 멤버에 저장된다. 이런 사실이 읽는 사람, 특히 신중한 사람들에게는 당연하겠지만, 컴파일러와 다른 도구에게는 `Manager` 역시 `Employee`란 점을 아무것도 알려주지 않는다. `Manager*`는 `Employee*`가 아니므로 다른 쪽이 필요할 때 다른 한쪽을 쓸 수 없다. 특히 특별한 코드를 작성하지 않는 한 `Manager`를 `Employee`의 리스트에 올릴 수 없다. `Manager`에 대해 명시적 타입 변환을 사용하든지 `emp` 멤버의 주소를 `employee`의 리스트에 올릴 수도 있다. 하지만 두 해결책 모두 깔끔하지 않은 데다 상당히 모호하다. 올바른 접근법은 몇 가지 정보를 추가해서 `Manager`가 `Employee`란 사실을 명시적으로 기술하는 것이다.

```
struct Manager : public Employee {
    list<Employee*> group;
    short level;
    // ...
};
```

`Manager`는 `Employee`로부터 파생된다. 역으로 보면 `Employee`는 `Manager`에 대한 기반 클래스다. `Manager` 클래스는 자신의 멤버(group, level 등)에 추가로 `Employee` 클래스의 멤버 (first_name, department 등)를 갖는다.

파생은 종종 파생 클래스에서 시작해서 기반 클래스로 이어지는 화살표를 통해 시각적으로 표현되는데, 이는 파생 클래스가 자신의 기반 클래스를 참조한다는 점(그 반대가 아니라)을 나타낸다.

Employee

↑

Manager

파생 클래스는 종종 기반 클래스에서 속성을 상속한다고 일컬어지므로, 그 관계 역시 **상속** inheritance이라고 불린다. 기반 클래스는 경우에 따라 **슈퍼클래스**superclass라고 불리며, 파생 클래스는 **서브클래스**subclass라고 불린다. 하지만 이 용어는 파생 클래스 객체의 데이터가 기반 클래스 객체 데이터의 확대 집합이라는 점을 파악한 사람들에게는 혼란스러울 수 있다. 파생 클래스는 더 많은 데이터를 보관하고 더 많은 함수를 제공한다는 의미에서 기반 클래스보다 더 크다(절대로 작을 수는 없다).

파생 클래스의 개념을 구현하는 효율적이면서도 널리 쓰이는 방법은 기반 클래스의 객체로 파생 클래스의 객체를 표시한 다음 파생 클래스에만 속하는 정보를 끝 부분에 추가하는 것이다.

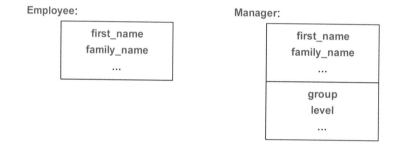

클래스 파생에는 전혀 메모리 오버헤드가 유발되지 않는다. 필요한 공간이라곤 멤버에 필요한 공간뿐이다.

Employ에서 **Manager**를 파생하는 이런 방식은 **Manager**를 **Employee**의 하위 타입으로 만들어 주기 때문에 **Manager**는 **Employee**를 받아들일 수 있는 모든 곳에서 사용될 수 있다. 예를 들어 이제 그 중 일부는 **Manager**인 **Employee**의 리스트를 생성할 수 있다.

```
void f(Manager m1, Employee e1)
{
    list<Employee*> elist {&m1,&e1};
    // ...
}
```

Manager는 **Employee**이므로 **Manager***는 **Employee***로서 사용될 수 있다. 마찬가지로 **Manager&**는 **Employee&**로서 사용될 수 있다. 하지만 **Employee**가 반드시 **Manager**는 아니기 때문에 **Employee***는 **Manager***로서 사용될 수 없다. 일반적으로 **Derived** 클래스가 공개 기반 클래스(20.5절)를 **Base**로 가진다면 **Derived***는 명시적 타입 변환 없이도 **Base*** 타입의 변수에 대입될 수 있다. **Base***에서 **Derived***로 반대 방향의 변환은 명시적이어야 한다. 예를 들면 다음과 같다.

```
void g(Manager mm, Employee ee)
{
    Employee* pe = &mm;              // OK: 모든 Manager는 Employee다.
    Manager* pm = &ee;              // 오류: 모든 Employee가 Manager는 아니다.

    pm->level = 2;                  // 문제 발생: ee는 lever를 갖고 있지 않다.

    pm = static_cast<Manager*>(pe); // 단순 무식한 방법 - pe가 Manager mm을
                                    // 가리키기 때문에 동작한다.

    pm->level = 2;                  // 좋다: pm은 level을 가진 Manager mm을 가리킨다.
}
```

바꿔 말하면 파생 클래스의 객체는 포인터와 참조자를 통해 조작될 경우 기반 클래스의 객체로 취급될 수 있다. 그 반대는 통하지 않는다. static_cast와 dynamic_cast의 사용은 22.2절에서 다룬다.

어떤 클래스를 기반 클래스로 사용하는 것은 해당 클래스의 (이름이 없는) 객체를 정의하는 것과 똑같은 역할을 한다. 따라서 어떤 클래스가 기반 클래스로 사용되려면 정의돼 있어야 한다(8.2.2절).

```
class Employee;                        // 선언만 돼 있고 정의돼 있지 않다.
class Manager : public Employee {     // 오류: Employee는 정의되어 있지 않다.
    // ...
};
```

20.2.1 멤버 함수

Employee나 Manager 같이 단순한 데이터 구조는 실제로 그렇게 흥미롭지도 않고 많은 경우 그다지 유용하지도 않다. 적합한 연산 집합을 가진 적절한 타입을 제공할 필요가 있으며, 특정 표현의 세부 사항에 얽매이지 않고 그렇게 해야 할 필요가 있다. 다음 예를 살펴보자.

```
class Employee {
public:
    void print() const;
    string full_name() const { return first_name + ' ' + middle_initial + ' ' + family_name; }
}
    // ...
private:
    string first_name, family_name;
    char middle_initial;
    // ...
};
class Manager : public Employee {
public:
    void print() const;
    // ...
};
```

파생 클래스의 멤버는 기반 클래스의 공용 멤버와 보호 멤버(20.5절 참고)를 마치 그것들이 파생 클래스 자체 내에서 선언된 것처럼 사용할 수 있다. 예를 들면 다음과 같다.

```
void Manager::print() const
{
    cout << "name is " << full_name() << '\n';
    // ...
}
```

하지만 파생 클래스는 기반 클래스의 비공개 멤버에는 접근할 수 없다.

```
void Manager::print() const
{
    cout << " name is " << family_name << '\n'; // error!
    // ...
}
```

이 Manager::print()의 두 번째 버전은 Manager::print()가 family_name에 접근할 수 없기 때문에 컴파일되지 않는다.

이런 결과는 누군가에는 놀랍게 여겨질 수도 있지만 그렇지 않을 경우, 즉 파생 클래스의 멤버 함수가 기반 클래스의 비공개 멤버에 접근할 수 있다면 어떻게 될지 생각해보자. 어떤 클래스로부터 새로운 클래스를 파생시키기만 해도 프로그래머가 클래스의 비공개 부분에 접근할 수 있게 허용한다면 비공개 멤버의 개념의 무의미해질 것이다. 게다가 멤버와 해당 클래스의 프렌드로 선언된 함수들을 살펴보는 것만으로는 더 이상 비공개 이름이 사용된 모든 경우를 찾을 수 없을 것이다. 파생 클래스에 대한 전체 프로그램의 모든 소스 파일을 조사한 다음, 그런 클래스의 모든 함수를 조사하고, 이어서 그런 클래스로부터 파생된 모든 클래스 등을 찾아야 할 것이다. 이것은 아무리 좋게 봐도 지루한 일이며, 많은 경우 실용적이지 않다. 가능한 경우에는 비공개가 아니라 보호 멤버 정도까지는 사용될 수 있다(20.5절).

대개 가장 깔끔한 해결책은 파생 클래스에 대해서는 그것의 기반 클래스의 공용 멤버만 사용하는 것이다. 예를 들면 다음과 같다.

```
void Manager::print() const
{
    Employee::print();     // Employee 정보를 출력한다.
    cout << level;         // Manage에만 해당되는 정보를 출력한다.
    // ...
}
```

print()가 Manager 안에서 재정의됐기 때문에 ::이 쓰였다는 점에 유의한다. 이러한 이름의 재사용은 흔한 일이다. 부주의한 이들은 다음과 같이 작성할 수 있다.

```
void Manager::print() const
{
    print();       // 문제 발생!
    // Manager에만 해당되는 정보를 출력한다.
}
```

결과는 재귀적인 호출의 시퀀스며 어떤 형태로든 프로그램 중지로 끝난다.

20.2.2 생성자와 소멸자

언제나 그렇듯이 생성자와 소멸자는 필수적이다.

- 객체는 상향식으로 생성되며(기반 클래스 다음에 멤버, 멤버 다음에 파생 클래스), 하향식으로 소멸된다(파생 클래스 다음에 멤버, 멤버 다음에 기반 클래스)(17.2.3절).
- 각 클래스는 자신의 멤버와 기반 클래스를 초기화할 수 있다(하지만 자신의 기반 클래스의 멤버나 기반 클래스는 직접적으로 초기화하지 않는다)(17.4.1절).
- 대개 계층 구조 내의 소멸자는 **virtual**이어야 한다(17.2.5절).
- 계층 구조 내에 있는 클래스의 복사 생성자는 (조금이라도) 복사 손실을 피하기 위해 신중하게 사용돼야 한다(17.5.1.4절).
- 가상 함수 호출 dynamic_cast의 해결, 생성자 내의 **typeid()** 또는 소멸자는 생성과 소멸의 단계(아직 완료되지 않은 객체의 타입보다는)를 반영한다(22.4절).

컴퓨터 공학에서 '상향'과 '하향'의 개념은 상당히 혼란스러울 수 있다. 소스 텍스트에서는 기반 클래스의 정의가 파생 클래스의 정의보다 먼저 일어나야 한다. 이는 소규모 예제에 대해서는 기반 클래스가 파생 클래스보다 화면상의 위에 등장한다는 뜻이다. 게다가 우리는 트리를 그릴 때 뿌리를 위에 놓는 편이다. 그러나 내가 상향식으로 객체를 생성한다고 말할 때는 가장 근본적인 것(기반 클래스)부터 시작해서 그것에 의존하는 것(파생 클래스)을 나중에 구축한다는 뜻이다. 뿌리(기반 클래스)부터 만들기 시작해서 잎(파생 클래스)으로 진행하는 것이다.

20.3 클래스 계층 구조

파생 클래스 자체가 기반 클래스가 될 수 있다. 다음 예를 살펴보자.

```
class Employee { /* ... */ };
class Manager : public Employee { /* ... */ };
class Director : public Manager { /* ... */ };
```

이런 관련된 클래스의 집합은 전통적으로 **클래스 계층 구조**class hierarchy라고 불린다. 이러한 계층 구조는 대부분의 경우 트리 구조를 형성하지만, 좀 더 일반적인 그래픽 구조가 될 수도 있다. 예를 들면 다음과 같다.

```
class Temporary { /* ... */ };
class Assistant : public Employee { /* ... */ };
class Temp : public Temporary, public Assistant { /* ... */ };
class Consultant : public Temporary, public Manager { /* ... */ };
```

또는 그림으로 나타내면 다음과 같다.

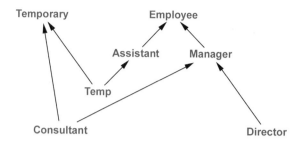

따라서 21.3절에서 상세히 설명한 바와 같이 C++는 방향을 가진 비순환적인 클래스의 그래프를 표현할 수 있다.

20.3.1 타입 필드

파생 클래스를 편리한 선언의 단축 표현 이상으로 활용하고 싶다면 다음 문제들을 해결해야 한다. Base* 타입의 포인터가 있다면 포인터가 가리키는 객체는 실제로 어떤 파생 타입에 포함되는가? 여기에는 네 가지 근본적인 해결책이 있다.

[1]   단일 타입의 객체만이 가리켜지게 한다(3.4절, 23장).

[2]   조사할 함수에 대한 기반 클래스 내에 타입 필드를 놓는다.

[3]   dynamic_cast를 사용한다(22.2절, 22.6절).

[4]   가상 함수를 사용한다(3.2.3절, 20.3.2절).

final(20.3.2절)을 사용하지 않았다면 해결책 [1]은 관련된 타입에 대해 컴파일러가 이용할 수 있는 것보다 더 많은 지식을 필요로 한다. 일반적으로 타입 시스템보다 영리하게 되려고 시도하는 것은 좋지 않은 생각이지만, (특히 템플릿과 같이 사용해서) 해결책 [1]은 월등한 성능으로 균일한 컨테이너(예를 들면 표준 라이브러리 vector나 map)를 구현하는 데 쓰일 수 있다. 해결책 [2], [3], [4]는 이질적인 리스트, 즉 여러 개의 서로 다른 타입을 가진 객체의 리스트(또는 객체를 가리키는 포인터의 리스트)를 구축하는 데 쓰일 수 있다. 해결책 [3]은 해결책 [2]의 언어 지원 변형이다. 해결책 [4]는 해결책 [2]의 타입 안전적인 특수 변형이다. 해결책 [1]과 [4]의 조합은 특별히 흥미롭고 강력하다. 거의 모든 상황에서 이 조합은 해결책 [2]와 [3]보다 깔끔한 코드를 낳는다.

우선 간단한 타입 필드 해결책을 살펴보지 왜 그것을 피해야 하는지 알아보자. 관리자/직원 예제는 다음과 같이 재정의될 수 있다.

```
struct Employee {
    enum Empl_type { man, empl };
    Empl_type type;

    Employee() : type{empl} { }

    string first_name, family_name;
    char middle_initial;

    Date hiring_date;
    short department;
```

```
    // ...
};
struct Manager : public Employee {
    Manager() { type = man; }
    list<Employee*> group;        // 관리되는 사람들
    short level;
    // ...
};
```

이 코드가 있으면 이제 각 Employee에 대한 정보를 출력하는 함수를 작성할 수 있다.

```
void print_employee(const Employee* e)
{
    switch (e->type) {
    case Employee::empl:
        cout << e->family_name << '\t' << e->department << '\n';
        // ...
        break;
    case Employee::man:
    {   cout << e->family_name << '\t' << e->department << '\n';
        // ...
        const Manager* p = static_cast<const Manager*>(e);
        cout << " level " << p->level << '\n';
        // ...
        break;
    }
    }
}
```

그리고 이것을 이용해서 다음과 같이 Employee의 리스트를 출력한다.

```
void print_list(const list<Employee*>& elist)
{
    for (auto x : elist)
        print_employee(x);
}
```

이 코드는 제대로 동작하며, 특히 한 사람이 유지 보수하는 소규모 프로그램에서 더욱 그렇다. 하지만 이 코드는 컴파일러가 체크할 수 없는 방식으로 프로그래머가 직접 타입을 조작한다는 점에서 근본적인 취약성을 갖고 있다. 이런 문제는 보통 **print_employee()** 같은 함수가 대부분 관련된 클래스들의 공통성을 활용하게 구성되기 때문에 더 악화된다.

```
void print_employee(const Employee* e)
{
    cout << e->family_name << '\t' << e->department << '\n';
    // ...
    if (e->type == Employee::man) {
        const Manager* p = static_cast<const Manager*>(e);
        cout << " level " << p->level << '\n';
        // ...
    }
}
```

수많은 파생 클래스를 처리하는 대규모 함수 안에 묻혀 있는 타입 필드에 대해 이런 테스트를 전부 찾아낸다는 것은 어려운 일이다. 설사 그것들을 찾아낸다고 해도 무슨 일이 일어나고 있는지 파악하기는 어렵다. 게다가 새로운 종류의 **Employee**라도 추가되면 시스템 내의 모든 주요 함수, 즉 타입 필드에 대한 테스트를 포함하고 있는 함수들에 변경이 가해질 것이다. 프로그래머는 변경 후에 타입 필드에 대한 테스트를 필요로 할 것 같은 모든 함수를 검토해야 한다. 이는 핵심적인 소스코드에 접근해야 한다는 뜻이며, 영향 받은 코드에 대한 테스트에 필요한 오버헤드가 일어난다는 뜻이다. 명시적 타입 변환의 사용은 개선 가능성에 대한 강력한 실마리를 제공한다.

바꿔 말하면 타입 필드의 사용은 유지 보수 문제를 낳는 오류에 취약한 기법이라는 것이다. 타입 필드의 사용이 모듈성과 데이터 은닉이란 궁극적 목적을 훼손시키기 때문에 이 문제는 프로그램이 커짐에 따라 점점 심각해진다. 타입 필드를 사용하는 각각의 함수는 타입 필드를 포함하고 있는 클래스로부터 파생된 모든 클래스의 표현과 기타 구현 세부 사항에 대해 알아야만 한다.

또한 타입 필드와 같이 모든 파생 클래스에서 접근할 수 있는 공통적인 데이터는 하나같이 사람들이 그런 데이터를 더 많이 추가하게 유혹하는 경향이 있는 것으로 보인다. 결과적으로, 공통적인 기반 클래스는 유용한 온갖 종류의 정보의 창고가 된다. 이렇게 되면 결국 기반 클래스와 파생 클래스의 구현이 가장 바람직하지 않은 방식으로 꼬이게 된다. 대규모 클래스 계층 구조에서는, 공통 기반 클래스에 있는 접근 가능한(private이 아닌) 데이터는 계층 구조의 '전역 변수'가 된다. 깔끔한 설계와 좀 더 간편한 유지 보수를 위해서 별도의 이슈는 별도로 관리하고 상호 의존성은 피하는 편이 좋다.

20.3.2 가상 함수

가상 함수는 프로그래머가 각각의 파생 클래스에서 재정의될 수 있는 함수를 기반 클래스에서 선언하게 하는 방식으로 타입 필드 해결책의 문제를 극복한다. 컴파일러와 링커는 객체와 그것에 적용된 함수 사이의 정확한 대응 관계를 보장할 것이다. 예를 들면 다음과 같다.

```
class Employee {
public:
    Employee(const string& name, int dept);
    virtual void print() const;
    // ...
private:
    string first_name, family_name;
    short department;
    // ...
};
```

virtual 키워드는 print()가 이 클래스 내에서 정의된 print() 함수와 이 클래스로부터 파생된 클래스 내에서 정의된 print() 함수에 대한 인터페이스 역할을 할 수 있다는 점을 나타낸다. 이런 print() 함수가 파생 클래스 내에서 정의된 경우에 컴파일러는 각각의 경우에 주어진 Employee 객체에 대해 정확한 print()가 호출되게 보장해준다.

가상 함수 선언이 파생 클래스 내에서 정의된 함수에 대한 인터페이스 역할을 할 수 있게 허용하려면 파생 클래스에 있는 함수에 대해 지정된 인자 타입은 기반 클래스 내에서 선언된 인자 타입과 다를 수 없으며, 반환 타입에 대해서는 아주 약간의 변경만이 허용된다(20.3.6절). 가상 멤버 함수는 때로는 메소드^{method}라고 불린다.

가상 함수는 자신이 처음 선언된 클래스에 대해 정의돼야 한다(순수 가상 함수로 선언되지 않는 한, 20.4절 참고). 예를 들면 다음과 같다.

```
void Employee::print() const
{
    cout << family_name << '\t' << department << '\n';
    // ...
}
```

가상 함수는 소속된 클래스로부터 아무런 클래스가 파생되지 않은 경우에도 사용될 수 있으며, 자체적인 버전의 가상 함수를 필요로 하지 않는 파생 클래스는 가상 함수를 제공하지 않아도 된다. 클래스를 파생할 때 필요하다면 적합한 함수를 제공하기 바란다. 예를 들면 다음과 같다.

```
class Manager : public Employee {
public:
    Manager(const string& name, int dept, int lvl);
    void print() const;
    // ...
private:
    list<Employee*> group;
    short level;
    // ...
};
void Manager::print() const
{
    Employee::print();
    cout << "\tlevel " << level << '\n';
    // ...
}
```

기반 클래스에 있는 가상 함수와 동일한 이름과 동일한 인자 집합을 가진 파생 클래스의 함수는 가상 함수의 기반 클래스 버전을 재정의^{override}한다고 일컬어진다. 뿐만 아니라 더 많은 파생 반환 타입으로 기반 클래스의 가상 함수를 재정의하는 것도 가능하다(20.3.6절).

어느 버전의 가상 함수가 호출되는지 명확하게 알 수 있는 경우(Employee::print()에서의 호출에서처럼)를 제외하면 재정의 함수가 호출되는 객체에 가장 적합한 함수로 선택된다. 객체에 접근하기 위해 사용되는 기반 클래스(인터페이스)와는 별개로 가상 함수 호출 메커니즘을 사용하면 항상 같은 함수가 얻어진다.

print() 멤버 함수가 자리를 잡았기 때문에 이제 전역 함수 print_employee()(20.3.1절)가 필요하다. **Employee**의 리스트는 다음과 같이 출력될 수 있다.

```
void print_list(const list<Employee*>& s)
{
    for (auto x : s)
        x->print();
}
```

각각의 **Employee**는 타입에 따라 출력될 것이다. 예를 들면 다음과 같다.

```
int main()
{
    Employee e {"Brown",1234};
    Manager m {"Smith",1234,2};

    print_list({&m,&e});
}
```

결과는 다음과 같다.

```
Smith 1234
    level 2
Brown 1234
```

구체적인 파생 클래스 **Manager**가 생겨나기도 전에 **print_list()**가 작성되고 컴파일되더라도 이 코드는 작동된다는 점에 유의한다. 이것이 클래스의 핵심 특성이다. 올바르게 사용된다면 클래스는 객체지향 설계의 토대가 되며, 끊임없이 변화하는 프로그램에 일정 정도의 안정성을 제공한다.

정확히 어떤 종류의 **Employee**가 실제로 사용되고 있는지에 상관없이 **Employee** 함수에서 '올바른' 동작을 얻는 것을 다형성polymorphism이라고 한다. 가상 함수를 가진 타입은 **다형적 타입**polymorphic type 또는 (좀 더 정확히는) **런타임 다형적 타입**run-time polymorphic type이라고 불린다. C++에서 런타임 다형적 동작을 얻기 위해서는 멤버 함수가 **virtual**로 호출돼야 하며, 객체는 포인터나 참조자를 통해 조작돼야 한다. 객체를 직접적으로 조작하게 되면(포인터나 참조자를 통하지 않고) 그것의 정확한 타입이 컴파일러에 알려져서 런타임 다형성이 불필요해진다.

기본적으로 가상 함수 자체를 재정의하는 함수는 **virtual**이 된다. 그럴 필요는 없지만 파생 클래스에서 **virtual**을 반복할 수 있다. 개인적으로 그런 **virtual**의 반복은 권장하지 않는다. 명시적으로 하고 싶다면 **override**를 쓰기 바란다(20.3.4.1절).

분명히 다형성을 구현하려면 컴파일러는 **Employee** 클래스의 각 객체에 몇 가지 종류의 타입 정보를 저장하고, 그런 정보를 이용해서 적합한 버전의 가상 함수 **print()**를 호출해야 한다. 전형적인 구현에서는 포인터를 보관하기에 딱 맞을 정도의 공간만 획득한다(3.2.3절). 일반적인 구현 기법은 컴파일러가 가상 함수의 이름을 함수를 가리키는 포인터의 테이블 색인으로 변환하게 하는 것이다. 그런 테이블은 **가상 함수 테이블**virtual function table 또는 간단히 **vtbl**이라고 불린다. 가상 함수를 가진 각각의 클래스는 가상 함수를 식별해주는 자신만의 **vtbl**을 갖고 있다. 이것을 그림으로 나타내면 다음과 같다.

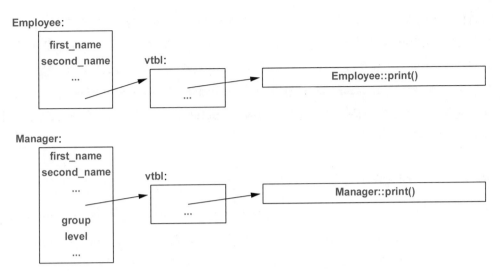

vtbl 안의 함수는 호출자가 객체의 크기나 데이터의 구조를 모를 경우에도 객체가 정확히 사용되게 해준다. 호출자를 구현하기 위해서는 Employee에 있는 vtbl의 위치와 각 가상 함수에 사용된 색인만 알면 된다. 이런 가상 함수 메커니즘은 '보통의 함수 호출' 메커니즘과 거의 비슷한 정도로 효율적으로 만들어질 수 있으므로(25% 이내), 효율성 문제 때문에 통상적인 함수 호출이 충분히 효율적인 경우에 가상 함수를 쓰지 못할 이유는 없다. 가상 함수 메커니즘의 공간 오버헤드는 가상 함수를 가진 클래스의 각 객체당 하나의 포인터에 그런 각 클래스당 1개의 vtbl을 더한 것이다. 가상 함수를 가진 클래스에 대해서만 이런 오버헤드를 감수하면 된다. 가상 함수가 제공하는 추가된 기능이 필요할 때만 이런 오버헤드를 감수할지를 선택하면 된다. 다른 대안인 타입 필드 해결책을 쓰기로 선택했다면 타입 필드에 쓰일 상당한 공간이 필요할 것이다.

생성자와 소멸자에서 호출된 가상 함수는 해당 객체가 부분적으로 생성됐거나 부분적으로 소멸됐다는 사실을 나타낸다(22.4절). 따라서 생성자와 소멸자에서 가상 함수를 호출하는 것은 대체적으로 바람직하지 못하다.

20.3.3 명시적 한정

Manager::print()에서처럼 유효 범위 해결 연산자 ::을 이용해서 함수를 호출하면 virtual 메커니즘이 사용되지 않게 된다.

```
void Manager::print() const
{
    Employee::print();          // 가상 호출이 아니다.
    cout << "\tlevel " << level << '\n';
    // ...
}
```

그러지 않으면 Manager::print()는 무한 재귀를 겪게 될 것이다. 한정 이름의 사용은 또 다른 이점이 있다. 즉, 가상 함수가 **inline**인 경우(흔한 경우는 아니지만) **::**으로 지정된 호출은 인라인으로 확장될 수 있다는 점이다. 이런 기능은 동일한 객체에 대해 하나의 가상 함수가 또 다른 가상 함수를 호출하는 몇 가지 특별하고도 중요한 경우를 프로그래머가 효율적으로 다룰 수 있게 해준다. **Manager::print()**가 바로 그런 예다. 객체의 타입이 **Manager::print()** 의 호출에서 결정됐기 때문에 결과적인 **Employee::print()** 호출에서 그것을 동적으로 다시 결정하지 않아도 된다.

20.3.4 재정의 제어

파생 클래스 내에서 기반 클래스의 가상 함수와 이름이나 타입이 똑같은 함수를 선언한다면 파생 클래스의 해당 함수는 기반 클래스의 해당 함수를 재정의하게 된다. 이것은 간단하지만 효과적인 규칙이다. 하지만 더 큰 규모의 클래스 계층 구조에서는 재정의하려는 함수를 실제로 재정의한 것인지 확신하기가 만만치 않을 수 있다. 다음 예를 살펴보자.

```
struct B0 {
    void f(int) const;
    virtual void g(double);
};
struct B1 : B0 { /* ... */ };
struct B2 : B1 { /* ... */ };
struct B3 : B2 { /* ... */ };
struct B4 : B3 { /* ... */ };
struct B5 : B4 { /* ... */ };
struct D : B5 {
    void f(int) const;      // 기반 클래스의 f()를 재정의한다.
    void g(int);            // 기반 클래스의 g()를 재정의한다.
    virtual int h();        // 기반 클래스의 h()를 재정의한다.
};
```

이 코드는 클래스 B0~B5까지가 각각 많은 멤버를 갖고 있고, 여러 개의 헤더 파일에 흩어져 있는 경우 그것들이 실제 계층 구조 내에서 등장할 때 일어날 수 있는 모호한 세 가지 오류를 보여준다.

- B0::f()는 virtual이 아니므로 재정의할 수 없으며, 가릴 수 있을 뿐이다(20.3.5절).
- D::g()는 B0::g()와 동일한 인자 타입을 갖고 있지 않으므로, 이 함수가 뭔가를 재정의한 다면 그것은 가상 함수 B0::g()가 아니다. 아마도 D::g()는 B0::g()를 가리기만 할 가능성 이 높다.
- B0에는 h()라고 불리는 함수가 없으므로 D::h()가 뭔가를 재정의한다면 그것은 B0의 함수 가 아니다. 아마도 완전히 새로운 가상 함수를 선보일 가능성이 높다.

B1~B5 안에 무엇이 있는지 보여주지 않았으므로 이 클래스들 안에서 이뤄진 선언 때문에 뭔가 완전히 색다른 일이 벌어지고 있을 수도 있다. 개인적으로 나는 재정의하지 않을 함수에 대해서는 **virtual**을 (불필요하게) 사용하지 않는다. 소규모 프로그램(특히 흔한 실수에 대해 친절하게

경고를 보내주는 컴파일러가 있는 경우)에서는 정확히 재정의를 하는 것이 어렵지 않다. 하지만 대규모 계층 구조에서는 좀 더 구체적인 제어 장치가 필요하다.

- virtual 이 함수는 재정의될 수 있다(20.3.2절).
- =0 이 함수는 **virtual**이어야 하고 재정의돼야 한다(20.4절).
- override 이 함수는 기반 클래스에 있는 어떤 가상 함수를 재정의할 예정이다(20.3.4.1절).
- final 이 함수는 재정의되지 않는다(20.3.4.2절).

이런 제어 장치가 없는 경우 비**static** 멤버는 기반 클래스에 있는 **virtual** 함수를 재정의하는 경우에만 가상이다(20.3.2절).

명시적 재정의 제어 장치가 일관성 없이 사용될 경우 컴파일러는 경고를 보낼 수 있다. 예를 들어 기반 클래스의 9개 가상 함수 중 7개에 대해 **override**를 사용하는 클래스 선언은 유지 보수 담당자에게 혼란스러울 수 있다.

20.3.4.1 override

재정의하려는 의도를 좀 더 명시적으로 나타낼 수 있다.

```
struct D : B5 {
    void f(int) const override;      // 오류: B0::f()는 가상이 아니다.
    void g(int) override;            // 오류: B0::g()는 double 인자를 받아들인다.
    virtual int h() override;        // 오류: h()가 재정의할 함수가 없음
};
```

이런 정의가 있으면(그리고 중간의 기반 클래스 B1~B5가 관련된 함수를 제공하지 않는다고 가정하면) 세 개의 선언은 전부 오류를 일으킨다.

많은 가상 함수를 가진 규모가 크거나 복잡한 클래스 계층 구조에서는 새로운 가상 함수를 만들 때만 **virtual**을 사용하고, 재정의에 쓰려는 모든 함수에 대해서 **override**를 사용하는 방법이 최선이다. **override**를 쓰면 약간 장황해 보이긴 하지만 프로그래머의 의도를 명확히 표시해준다.

override 지시자는 선언문에서 모든 부분이 끝나고 난 후 맨 마지막에 등장한다. 예를 들면 다음과 같다.

```
void f(int) const noexcept override;      // OK(재정의할 적절한 f()가 있는 경우)
override void f(int) const noexcept;      // 문법 오류
void f(int) override const noexcept;      // 문법 오류
```

그리고 **virtual**이 전위형이고 **override**가 후위형인 것은 비논리적이긴 하다. 이는 수십 년을 아우르는 호환성과 안전성을 얻기 위해 지불해야 하는 대가다.

override 지시자는 함수 타입에 속하지 않기 때문에 클래스를 벗어난 정의에서 반복될 수 없다.

```
class Derived : public Base {
    void f() override;                // Base에 가상 f()가 있다면 OK
```

```
    void g() override;              // Base에 가상 g()가 있다면 OK
};
void Derived::f() override          // 오류: 클래스 외부의 재정의
{
    // ...
}
void Derived::g()                   // OK
{
    // ...
}
```

이상한 일이지만 override는 키워드가 아니다. 소위 **컨텍스트 키워드**^{contextual keyword}란 것이다. 즉, override는 몇 가지 상황^{context}에서는 특별한 의미를 갖지만, 그 외의 경우에는 식별자로 사용될 수 있다는 뜻이다. 예를 들면 다음과 같다.

```
int override = 7;
struct Dx : Base {
    int override;
    int f() override
    {
        return override + ::override;
    }
};
```

이런 데서 요령을 부리려고 애쓰지 말기 바란다. 유지 보수만 어려워질 뿐이다. override가 통상적인 키워드가 아니라 컨텍스트 키워드인 유일한 이유는 수십 년간 override를 통상적인 식별자로 사용한 코드가 상당히 많기 때문일 뿐이다. 다른 컨텍스트 키워드로는 final (20.3.4.2절)이 있다.

20.3.4.2 final

멤버 함수를 선언할 때 우리에게는 **virtual**과 **virtual**이 아닌 것(기본 설정) 사이의 선택이 있다. 함수에 **virtual**을 쓰는 경우는 파생 클래스의 작성자가 정의나 재정의를 할 수 있게 하려는 것이다. 선택은 우리가 사용하려는 클래스의 의미(의미 구조)에 달려 있다.

- 추가적인 파생 클래스의 필요성을 생각할 수 있는가?
- 파생 클래스의 설계자가 그럴듯한 목적을 달성하기 위해 함수를 재정의할 필요가 있을까?
- 함수를 정확하게 재정의하는 것이 쉬운가(즉, 가상 함수의 기대되는 의미 구조를 제공하기 위해 함수를 재정의하는 것이 충분히 간단한가)?

세 질문 전부에 대한 대답이 '아니오'라면 함수를 **virtual**이 아닌 것으로 남겨놓음으로써 설계의 단순화를 꾀하고, 경우에 따라 약간의 성능 향상을 얻을 수 있다(주로 인라인화로 인한). 표준 라이브러리는 이런 예들로 가득 차 있다.

훨씬 드물지만 클래스 계층 구조가 가상 함수로 시작되지만, 파생 클래스 집합의 정의가 끝난 후에는 대답 중 하나가 '아니오'가 되는 경우가 있다. 예를 들어 모든 언어 구문 요소가

몇 개의 인터페이스로부터 파생된 구체 노드 클래스로 정의된 언어에 대한 추상 문법 트리를 상상해볼 수 있다. 언어를 변경하고 싶을 경우에는 새로운 클래스를 파생하기만 하면 된다. 이런 경우 재정의가 할 수 있는 일은 언어의 의미 구조를 바꾸는 것뿐이기 때문에 사용자가 가상 함수를 재정의하지 못하게 막고 싶을 수 있다. 즉, 사용자가 우리의 설계를 수정하지 못하게 막고 싶은 것이다. 다음 예를 살펴보자.

```
struct Node {        // 인터페이스 노드
    virtual Type type() = 0;
    // ...
};
class If_statement : public Node {
public:
    Type type() override final;       // 추가적인 재정의를 방지한다.
    // ...
};
```

실제의 클래스 계층 구조에서는 범용 인터페이스(여기서는 Node)와 구체적인 언어 구문 요소(여기서는 if_statement)를 나타내는 파생 클래스 사이에 여러 개의 중간 클래스가 존재할 것이다. 하지만 이 예제에서 핵심 포인트는 Node::type()이 재정의될 예정이며(virtual로 선언된 이유), 그것을 재정의할 If_statement::type()은 그렇지 않다는 데 있다(final로 선언된 이유). 멤버 함수에 final을 써 버리고 나면 해당 함수는 더 이상 재정의될 수 없으며, 재정의 시도는 오류를 일으킬 것이다. 예를 들면 다음과 같다.

```
class Modified_if_statement : public If_statement {
public:
    Type type() override;          // 오류: If_statement::type()은 final이다.
    // ...
};
```

클래스의 모든 virtual 멤버 함수를 final로 만들 수 있다. 클래스 이름 뒤에 final만 붙이면 된다. 예를 들면 다음과 같다.

```
class For_statement final : public Node {
public:
    Type type() override;
    // ...
};
class Modified_for_statement : public For_statement {  // 오류: For_statement는 final이다.
    Type type() override;
    // ...
};
```

장단점이 있지만 클래스에 final을 붙이는 것은 재정의를 방지할 뿐만 아니라 클래스의 추가적인 파생까지 막아 버린다. 성능상 이득을 얻으려고 final을 사용하는 사람들도 있다. 어쨌든 virtual이 아닌 함수는 virtual 함수보다 빠르고(최신 구현에서는 대략 25%선) 인라인화 기회를 더 많이 제공한다(12.1.5절). 하지만 최적화 수단으로 final을 맹목적으로 사용하지는 말기 바란다. final은 클래스 계층 구조 설계에 미치는 (종종 부정적인) 영향에 비해 성능상의

이득은 대단치 않다. 효율성 개선을 주장하고 싶다면 그에 앞서 진지하게 측정부터 해보기 바란다. 여러분이 올바르다고 생각하는 클래스 계층 구조 설계와 분명히 부합되는 경우에 `final`을 사용하기 바란다. 즉, 의미 구조상 필요성이 있는 경우에 `final`을 사용하라는 것이다.

`final` 지시자는 함수 타입에 속하지 않기 때문에 클래스를 벗어난 정의에서 반복될 수 없다. 예를 들면 다음과 같다.

```
class Derived : public Base {
    void f() final;          // Base에 가상 f()가 있다면 OK
    void g() final;          // Base에 가상 g()가 있다면 OK
    // ...
};
void Derived::f() final      // 오류: 클래스 외부의 final
{
    // ...
}
void Derived::g()            // OK: "final"이 반복되지 않음
{
    // ...
}
```

`override`(20.3.4.1절)와 마찬가지로 `final`은 컨텍스트 키워드다. 즉, `final`은 몇 가지 상황에서는 특수한 의미를 갖고, 그 외의 경우에는 통상적인 식별자로 사용된다. 예를 들면 다음과 같다.

```
int final = 7;
struct Dx : Base {
    int final;

    int f() final
    {
        return final + ::final;
    }
};
```

이런 데서 요령을 부리려고 애쓰지 말기 바란다. 유지 보수만 어려워질 뿐이다. `final`이 통상적인 키워드가 아니라 컨텍스트 키워드인 유일한 이유는 수십 년간 `final`을 통상적인 식별자로 사용한 코드가 상당히 많기 때문일 뿐이다. 다른 컨텍스트 키워드로는 `override`(20.3.4.1절)가 있다.

20.3.5 using 기반 클래스 멤버

함수는 여러 유효 범위에 걸쳐 오버로딩되지 않는다(12.3.3절). 예를 들면 다음과 같다.

```
struct Base {
    void f(int);
};
struct Derived : Base {
```

```
      void f(double);
};
void use(Derived d)
{
    d.f(1);              // Derived::f(double)을 호출한다.
    Base& br = d
    br.f(1);             // Base::f(int)를 호출한다.
}
```

이는 뜻밖의 결과일지도 모르겠다. 때로는 오버로딩으로 가장 잘 일치하는 멤버 함수가 사용되기를 원하곤 하기 때문이다. 네임스페이스에서 그랬던 것처럼 using 선언을 사용해서 유효 범위에 함수를 추가할 수 있다. 예를 들면 다음과 같다.

```
struct D2 : Base {
    using Base::f;        // Base의 모든 fs를 D2로 가져온다.
    void f(double);
};
void use2(D2 d)
{
    d.f(1);              // D2::f(int), 즉 Base::f(int)를 호출한다.
    Base& br = d
    br.f(1);             // Base::f(int)를 호출한다.
}
```

이 코드는 클래스 역시 네임스페이스로 간주됐을 경우에 어떤 결과가 일어나는지 간단히 보여준다(16.2절).

여러 개의 using 선언은 여러 개의 기반 클래스에 있는 이름을 갖고 올 수 있다. 예를 들면 다음과 같다.

```
struct B1 {
    void f(int);
};
struct B2 {
    void f(double);
};
struct D : B1, B2 {
    using B1::f;
    using B2::f;
    void f(char);
};
void use(D d)
{
    d.f(1);              // D::f(int), 즉 B1::f(int)를 호출한다.
    d.f('a');            // D::f(char)를 호출한다.
    d.f(1.0);            // D::f(double), 즉 B2::f(double)을 호출한다.
}
```

생성자를 파생 클래스 유효 범위에 가져올 수 있다. 이에 대해서는 20.3.5.1절을 참고하기 바란다. using 선언을 이용해서 파생 클래스 유효 범위로 가져온 이름은 using 선언의 위치에 따라 접근이 결정된다. 이에 대해서는 20.5.3절을 참고하기 바란다. using 지시자를 사용해서 기반 클래스의 모든 멤버를 파생 클래스로 가져올 수는 없다.

20.3.5.1 생성자 상속

`std::vector`와 똑같지만 범위 체크가 보장된 벡터가 필요하다고 가정해보자. 다음과 같이 시도해볼 수 있다.

```
template<typename T>
struct Vector : std::vector<T> {
    using size_type = typename std::vector<T>::size_type;   // 벡터의 크기 타입을 사용한다.
    T& operator[](size_type i) { return this->at(i); }       // 체크된 접근을 사용한다.
    const T& operator[](size_type i) const { return this->at(i); }
};
```

안타깝지만 이 정의가 약간 불완전하다는 점은 금세 알아챌 수 있을 것이다. 예를 들면 다음과 같다.

```
Vector<int> v { 1, 2, 3, 5, 8 };          // 오류: 초기화 식 리스트 생성자가 아니다.
```

잠깐만 살펴봐도 `Vector`가 `std::vector`로부터 아무 생성자도 상속받지 못한다는 점을 알 수 있다.

이건 이상한 규칙이 아니다. 어떤 클래스가 기반 클래스에 데이터 멤버를 추가하거나 엄격한 클래스 불변속성을 요구하는 경우에 생성자를 상속한다면 심각한 문제가 일어날 것이다. 하지만 `Vector`는 그런 일은 전혀 하지 않았다.

이 문제는 생성자가 상속돼야 한다고 간단히 규정하기만 하면 해결될 수 있다.

```
template<typename T>
struct Vector : std::vector<T> {
    using size_type = typename std::vector<T>::size_type;   // 벡터의 크기 타입을 사용한다.
    using std::vector<T>::vector;                            // 벡터의 생성자를 상속한다.
    T& operator=[](size_type i) { return this->at(i); }      // 체크된 접근을 사용한다.
    const T& operator=(size_type i) const { return this->at(i); }
};
Vector<int> v { 1, 2, 3, 5, 8 };       // OK: std::vector의 초기화 식 리스트 생성자를 사용한다.
```

이러한 `using`의 사용법은 통상적인 함수에 대한 사용법과 정확히 똑같다(14.4.5절, 20.3.5절).

그렇게 하기로 선택한 경우 명시적 초기화를 요구하는 새로운 멤버 변수의 정의가 일어나는 파생 클래스에 있는 생성자를 상속한다면 제 무덤을 파는 셈이 된다.

```
struct B1 {
    B1(int) { }
};
struct D1 : B1 {
    using B1::B1;    // 암시적으로 D1(int)를 선언한다.
    string s;        // 문자열은 기본 생성자를 가진다.
    int x;           // x에 대한 초기화 제공을 깜박했다.
};
```

```
void test()
{
    D1 d {6};         // 문제 발생: d.x는 초기화돼 있지 않다.
    D1 e;             // 오류: D1에는 기본 생성자가 없다.
}
```

D1::s는 초기화되고 D1::x는 초기화되지 않는 이유는 상속 생성자가 기반 클래스를 초기화하는 생성자와 동일하기 때문이다. 이 경우에는 다음과 같이 작성해도 똑같다.

```
struct D1 : B1 {
    D1(int i) : B1(i) { }
    string s;         // 문자열은 기본 생성자를 가진다.
    int x;            // x에 대한 초기화 제공을 깜박했다.
}
```

자기가 판 무덤에서 빠져 나오는 한 가지 방법은 클래스 내 멤버 초기화 식을 추가하는 것이다(17.4.4절).

```
struct D1 : B1 {
    using B1::B1;     // 암시적으로 D1(int)를 선언한다.
    int x {0};        // 주의: x는 초기화되지 않는다.
};
void test()
{
    D1 d {6};         // d.x는 0이다.
}
```

대부분의 경우에는 굳이 쓸데없이 머리를 굴리려고 하지 말고 아무 데이터 멤버도 추가되지 않는 간단한 경우에만 상속 생성자를 사용하게 제한하는 것이 최선이다.

20.3.6 반환 타입 완화

재정의하는 함수의 타입이 재정의되는 가상 함수와 일치해야 한다는 규칙이 완화되는 경우가 있다. 즉, 원래의 타입이 B*인 경우 B가 D의 공용 기반 클래스라면 재정의하는 함수의 반환 타입이 D*가 된다는 것이다. 마찬가지로 B&의 반환 타입은 D&로 완화될 수 있다. 이것은 때에 따라서는 **공변 반환**covariant return 규칙이라고 불린다.

이런 완화는 포인터이거나 참조자인 반환 타입에만 적용되며, unique_ptr(5.2.1절) 같은 '스마트 포인터'에는 적용되지 않는다. 특히 인자 타입에 대해서는 유사한 완화 규칙이 존재하지 않는다. 타입 위반이 일어날 수 있기 때문이다.

다양한 종류의 표현식을 나타내는 클래스 계층 구조를 예로 들어보자. 표현식을 다루는 데 필요한 연산 외에 기반 클래스 Expr은 다양한 표현식 타입으로 새로운 표현식 객체를 만드는 데 필요한 기능을 제공할 수 있다.

```
class Expr {
public:
    Expr();                    // 기본 생성자
    Expr(const Expr&);         // 복사 생성자
```

```
    virtual Expr* new_expr() =0;
    virtual Expr* clone() =0;
    // ...
};
```

기본 골자는, **new_expr()**은 표현식 타입의 기본 객체를 만들고 **clone()**은 객체의 사본을 만들게 하는 것이다. 두 개 모두 **Expr**에서 파생된 어떤 구체적인 클래스의 객체를 반환할 것이다. **Expr**은 의도적으로 추상 클래스로 선언됐기 때문에 두 개 모두 '순수한 **Expr**'은 절대로 반환하지 않을 것이다.

파생 클래스는 자신과 같은 타입의 객체를 반환하기 위해 **new_expr()** 또는 **clone()**을 재정의할 수 있다.

```
class Cond : public Expr {
public:
    Cond();
    Cond(const Cond&);
    Cond* new_expr() override { return new Cond(); }
    Cond* clone() override { return new Cond(*this); }
    // ...
};
```

이는 **Expr** 클래스의 객체가 주어질 경우 사용자가 '똑같은 타입'의 새로운 객체를 생성할 수 있다는 뜻이다. 예를 들면 다음과 같다.

```
void user(Expr* p)
{
    Expr* p2 = p->new_expr();
    // ...
}
```

p2에 대입된 포인터는 '순수 **Expr**'을 가리키게 선언돼 있지만, **Cond** 같이 **Expr**에서 파생된 타입의 객체를 가리키게 될 것이다.

Cond::new_expr()과 **Cond::clone()**의 반환 타입은 **Expr***가 아니라 **Cond***다. 이 때문에 **Cond**는 타입 정보의 손실 없이 복제될 수 있다. 마찬가지로 파생 클래스 **Addition**은 **Addition***를 반환하는 **clone()**을 갖게 될 것이다. 예를 들면 다음과 같다.

```
void user2(Cond* pc, Addition* pa)
{
    Cond* p1 = pc->clone();
    Addition* p2 = pa->clone();
    // ...
}
```

Expr에 대해 **clone()**을 사용한다면 결과가 **Expr***란 사실을 알게 될 뿐이다.

```
void user3(Cond* pc, Expr* pe)
{
    Cond* p1 = pc->clone();
    Cond* p2 = pe->clone();        // 오류: Expr ::clone()은 Expr*를 반환한다.
```

```
    // ...
}
```

new_expr()과 clone() 같은 함수들은 virtual인 데다 (간접적으로) 객체를 생성하기 때문에 종종 **가상 생성자**^{virtual constructor}라고 불려진다. 둘은 각각 생성자를 이용해서 적절한 객체를 생성한다.

객체를 생성하려면 생성자는 자신이 생성하려는 객체의 정확한 타입을 알아야 한다. 따라서 생성자는 virtual일 수 없다. 더욱이 생성자를 통상적인 함수라고 할 수는 없다. 특히 생성자는 통상적인 멤버 함수가 하지 않는 방식으로 메모리 관리 루틴과 상호작용한다. 그렇기 때문에 생성자를 가리키는 포인터를 받아들여서 그것을 객체 생성 함수에 전달할 수가 없는 것이다.

이 두 가지 제약은 모두 생성자를 호출해서 생성된 객체를 반환하는 함수를 정의하는 방식으로 우회할 수 있다. 이것이 다행인 이유는 정확한 타입을 알지 못하는 상태에서 새로운 객체를 생성하는 것이 쓸모가 있는 경우가 종종 있기 때문이다. Ival_box_maker(21.2.4절)가 그런 목적을 위해 특별히 고안된 클래스의 대표적인 예다.

20.4 추상 클래스

많은 클래스가 자체적으로도 유용하고, 파생 클래스에 대한 인터페이스로서도 유용하고, 파생 클래스 구현의 일부로서도 유용하다는 점에서 **Employee** 클래스와 닮았다. 이런 클래스에 대한 기법은 20.3.2절에서 설명한 것으로 충분하다. 하지만 모든 클래스가 그런 패턴을 따르는 것은 아니다. **Shape** 클래스 같은 일부 클래스는 해당하는 객체가 존재할 수 없는 추상적인 개념을 나타낸다. **Shape**는 이것으로부터 파생되는 어떤 클래스들의 기반 클래스로서만 의미를 가진다. 이러한 점은 이 클래스의 가상 함수에 대해 타당한 정의를 제공할 수 없다는 사실을 보면 알 수 있다.

```
class Shape {
public:
    virtual void rotate(int) { throw runtime_error{"Shape::rotate"}; }   // 장황하다.
    virtual void draw() const { throw runtime_error{"Shape::draw"}; }
    // ...
};
```

이렇게 불특정한 종류의 모양을 만들려는 시도는 우스워 보이지만, 문법에 어긋나지는 않는다.

```
Shape s;     // 우습지만, "모양이 없는 모양"
```

이것이 우스운 이유는 **s**에 어떤 연산을 해도 오류가 일어나기 때문이다.

좀 더 나은 대안은 **Shape** 클래스의 가상 함수를 **순수 가상 함수**^{pure virtual function}로 선언하는 것이다. 가상 함수는 '의사^{psudeo} 초기화 식' =0에 의해 '순수하게' 만들어진다.

```
class Shape {        // 추상 클래스
public:
    virtual void rotate(int) = 0;        // 순수 가상 함수
    virtual void draw() const = 0;        // 순수 가상 함수
    virtual bool is_closed() const = 0;   // 순수 가상 함수
    // ...
    virtual ~Shape();                    // 가상
};
```

하나 이상의 가상 함수를 가진 클래스는 **추상 클래스**abstract class라고 불리며, 이런 추상 클래스의 객체는 생성될 수 없다.

```
Shape s;          // 오류: 추상 클래스 Shape의 변수
```

추상 클래스는 포인터와 참조자를 통해 접근되는 객체에 대한 인터페이스로 쓰이게 만들어진 것이다(다형적 동작을 보존하기 위해). 그런 관계로 추상 클래스에게는 가상 소멸자(3.2.4절, 21.2.2절)를 갖는 것이 대체적으로 중요하다. 추상 클래스에 의해 제공되는 인터페이스는 생성자를 이용해서 객체를 생성하는 데 쓰이지 않으므로, 추상 클래스는 대개 생성자를 갖지 않는다.

추상 클래스는 다른 클래스에 대한 인터페이스로서만 쓰일 수 있다. 예를 들면 다음과 같다.

```
class Point { /* ... */ };
class Circle : public Shape {
public:
    Circle(Point p, int r);

    void rotate(int) override { }
    void draw() const override;
    bool is_closed() const override { return true; }
    // ...
private:
    Point center;
    int radius;
};
```

파생 클래스에서 정의되지 않은 순수 가상 함수는 순수 가상 함수로 남기 때문에 이 파생 클래스 역시 추상 클래스다. 이 덕분에 단계별 구현이 가능해진다.

```
class Polygon : public Shape {        // 추상 클래스
public:
    bool is_closed() const override { return true; }
    // ... 재정의되지 않은 draw와 rotate ...
};
Polygon b {p1,p2,p3,p4};                // 오류: 추상 클래스 Polygon의 객체에 대한 선언
```

draw()와 rotate()를 재정의하지 않았기 때문에 Polygon은 여전히 추상 클래스다. 그것이 돼야만 클래스에서 객체를 생성할 수 있다.

```
class Irregular_polygon : public Polygon {
    list<Point> lp;
public:
```

```
    Irregular_polygon(initializer_list<Point>);

    void draw() const override;
    void rotate(int) override;
    // ...
};
Irregular_polygon poly {p1,p2,p3,p4};       // p1~p4가 어딘가 다른 곳에서 정의된 Point라고 가정한다.
```

추상 클래스는 구현 세부 사항을 노출하지 않고 인터페이스를 제공한다. 예를 들어 운영체제는 추상 클래스 뒤로 장치 드라이버의 세부 사항을 은닉할 수 있다.

```
class Character_device {
public:
    virtual int open(int opt) = 0;
    virtual int close(int opt) = 0;
    virtual int read(char* p, int n) = 0;
    virtual int write(const char* p, int n) = 0;
    virtual int ioctl(int ...) = 0;        // 장치 입출력 제어
    virtual ~Character_device() { }        // 가상 소멸자
};
```

이어서 `Character_device`에서 파생된 클래스로 장치를 지정하고 이 인터페이스를 통해 다양한 장치들을 조작할 수 있다.

상태나 정의된 멤버 함수를 가진 기반 클래스에 의해 지원되는 **구현 상속**implementation inheritance과 대조되는 개념으로 추상 클래스에 의해 지원되는 설계 스타일을 **인터페이스 상속** interface inheritance이라고 부른다. 이 두 가지 접근법의 조합도 가능하다. 즉, 상태와 순수 가상 함수를 모두 갖는 기반 클래스를 정의하고 사용할 수 있다는 뜻이다. 하지만 이런 접근법의 혼합은 혼란스러울 수 있으며 더 많은 주의를 요구한다.

추상 클래스의 도입으로 인해 클래스는 구성 요소를 활용해서 모듈화된 방식으로 완전한 프로그램을 작성하는 데 필요한 기본적 기능을 갖추게 됐다.

20.5 접근 제어

클래스의 멤버는 `private`, `protected` 또는 `public`일 수 있다.

- `private`일 경우 멤버의 이름은 그것이 선언된 클래스의 멤버 함수와 프렌드에 의해서만 사용될 수 있다.
- `protected`일 경우 멤버의 이름은 그것이 선언된 클래스의 멤버 함수와 프렌드, 그리고 이 클래스로부터 파생된 클래스의 멤버 함수와 프렌드에 의해서만 사용될 수 있다(19.4절 참고).
- `public`일 경우 멤버의 이름은 모든 함수에 의해 사용될 수 있다.

이는 클래스에 접근하는 함수에는 세 가지 종류가 있다는 관점을 반영한다. 클래스를 구현하는 함수(그것의 프렌드와 멤버), 파생 클래스를 구현하는 함수(파생 클래스의 프렌드와 멤버), 그리고 다른 함수들이 그것이다. 이를 그림으로 표시하면 다음과 같다.

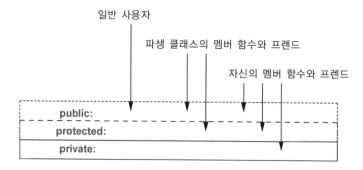

접근 제어는 이름에 통일적으로 적용된다. 이름이 참조하는 것은 그것의 사용 제어에 영향을 미치지 않는다. 이는 **private** 데이터 멤버뿐만 아니라 **private** 멤버 함수, 타입, 상수 등을 가질 수 있다는 뜻이다. 예를 들어 효율적인 비침습적^nonintrusive 리스트 클래스는 종종 원소 관리를 위한 데이터 구조를 필요로 한다. 원소에 대한 변경을 요구하지 않는다면(예를 들어 원소 타입이 링크 필드를 갖게 요구하는 것으로) 리스트는 비침습적이다. 이런 리스트를 구성하는 데 쓰이는 정보와 데이터 구조는 **private**으로 유지될 수 있다.

```
template<typename T>
class List {
public:
    void insert(T);
    T get();
    // ...
private:
    struct Link { T val; Link* next; };
    struct Chunk {
        enum { chunk_size = 15 };
        Link v[chunk_size];
        Chunk* next;
    };

    Chunk* allocated;
    Link* free;
    Link* get_free();
    Link* head;
};
```

공용 함수의 정의는 그다지 어려울 것이 없다.

```
template<typename T>
void List<T>::insert(T val)
{
    Link* lnk = get_free();
    lnk->val = val;
    lnk->next = head;
    head = lnk;
}

template<typename T>
T List<T>::get()
{
    if (head == nullptr)
```

```
        throw Underflow{};      // Underflow는 예외 클래스다.
    Link* p= head;
    head = p->next;
    p->next = free;
    free = p;
    return p->val;
}
```

일반적으로 그렇듯이 지원 (여기서는 비공개) 함수의 정의는 약간 더 까다롭다.

```
template<typename T>
typename List<T>::Link* List<T>::get_free()
{
    if (free == nullptr) {
        // ... 새로운 chunk를 할당하고 그것의 Link를 free 리스트에 넣는다...
    }
    Link* p = free;
    free = free->next;
    return p;
}
```

멤버 함수 정의에서 **List<T>::**이라고 쓰면 **List<T>** 유효 범위에 들어갈 수 있다. 하지만 **List<T>::get_free()** 이름이 언급되기 전에 **get_free()**의 반환 타입이 먼저 언급됐기 때문에 축약형 **Link** 대신에 전체 이름 **List<T>::Link**가 사용돼야 한다. 다른 방안은 반환 타입에 대해 후위형 표기법을 사용하는 것이다(12.1.4절).

```
template<typename T>
auto List<T>::get_free() -> Link*
{
    // ...
}
```

비멤버 함수(프렌드를 제외한)는 그런 접근을 갖지 못한다.

```
template<typename T>
void would_be_meddler(List<T>* p)
{
    List<T>::Link* q = 0;                    // 오류: List<T>::Link는 private이다.
    // ...
    q =p->free;                              // 오류: List<T>::free는 private이다.
    // ...
    if (List<T>::Chunk::chunk_size > 31) {   // 오류: List<T>::Chunk::chunk_size는
                                             // private이다.
        // ...
    }
}
```

클래스에서는 멤버의 기본 설정이 **private**이다. 구조체에서는 멤버의 기본 설정이 **public**이다(16.2.4절).

멤버 타입을 사용하는 방법 말고 쉽게 생각할 수 있는 다른 대안은 타입을 둘러싼 유효 범위 안에 넣는 것이다. 예를 들면 다음과 같다.

```
template<typename T>
struct Link2 {
    T val;
    Link2* next;
};

template<typename T>
class List {
private:
    Link2<T>* free;
    // ...
};
```

Link는 List<T>의 매개변수 T로 암시적으로 매개변수화된다. Link2에 대해서는 그것을 명시적으로 해야 한다.

멤버 타입이 모든 템플릿 클래스의 매개변수에 의존하지 않는다면 비멤버 버전이 더 나을 수 있다. 이에 대해서는 23.4.6.3절을 참고하기 바란다.

중첩 클래스 혼자만으로는 대개 유용하지 않기 때문에 중첩을 원하지 않는다면 (이전에) 둘러싼 클래스의 (이전) 멤버 클래스를 friend(19.4.2절)로 선언하는 것이 좋은 방안일 수 있다.

```
template<typename T> class List;

template<typename T>
class Link3 {
    friend class List<T>;        // 오직 List<T>만이 Link3<T>에 접근할 수 있다.
    T val;
    Link3* next;
};

template<typename T>
class List {
private:
    Link3<T>* free;
    // ...
};
```

컴파일러는 접근 지정자를 나눠서 클래스의 구역의 순서를 바꿀 수 있다(16.2.4절). 다음 예를 살펴보자.

```
class S {
public:
    int m1;
public:
    int m2;
};
```

컴파일러는 S 객체의 구조에서 m2가 m1보다 먼저 처리되게 결정할 수도 있다. 이러한 순서 변경은 프로그래머에게는 당혹스러운 일이 될 수 있는 데다 구현별 정의 사항이므로, 타당한 이유가 없다면 데이터 멤버에 대해 여러 개의 접근 지정자를 사용하지 말기 바란다.

20.5.1 protected 멤버

클래스 계층 구조를 설계할 때 우리는 때때로 일반적인 사용자가 아니라 파생 클래스의 구현 자용으로 설계된 함수를 제공하곤 한다. 예를 들어 파생 클래스 구현자를 위해서는 (효율적인) 체크되지 않는 접근 함수를 제공하고, 다른 이들을 위해서는 (안전하게) 체크된 접근을 제공할 수 있다. 체크되지 않는 버전을 **protected**로 선언하면 그렇게 할 수 있다. 예를 들면 다음과 같다.

```cpp
class Buffer {
public:
    char& operator[](int i);     // 체크된 접근
    // ...
protected:
    char& access(int i);         // 체크되지 않은 접근
    // ...
};
class Circular_buffer : public Buffer {
public:
    void reallocate(char* p, int s);              // 위치와 크기를 변경한다.
    // ...
};
void Circular_buffer::reallocate(char* p, int s)  // 위치와 크기를 변경한다.
{
    // ...
    for (int i=0; i!=old_sz; ++i)
        p[i] = access(i);        // 불필요한 체크는 생략
    // ...
}
void f(Buffer& b)
{
    b[3] = 'b';                  // OK(체크됨)
    b.access(3) = 'c';           // 오류: Buffer::access()는 protected
}
```

또 다른 예제에 대해서는 21.3.5.2절의 `Window_with_border`를 살펴보기 바란다.

파생 클래스는 자신과 같은 타입의 객체에 대해서만 기반 클래스의 **protected** 멤버에 접근할 수 있다.

```cpp
class Buffer {
protected:
    char a[128];
    // ...
};
class Linked_buffer : public Buffer {
    // ...
};
class Circular_buffer : public Buffer {
    // ...
    void f(Linked_buffer* p)
    {
```

```
        a[0] = 0;           // OK: Circular_buffer 자신의 protected 멤버에 접근한다.
        p->a[0] = 0;        // 오류: 자신과 다른 타입의 protected 멤버에 접근하려는 시도
    }
};
```

이런 접근 특성은 이렇게 하지 않을 경우 한 파생 클래스가 다른 파생 클래스에 속한 데이터를 훼손시킬 때 일어날 수 있는 미묘한 오류를 막아준다.

20.5.1.1 protected 멤버의 사용

데이터 은닉에 대한 간단한 private/public 모델은 구체 타입(16.3절)의 개념에도 잘 맞는다. 하지만 파생 클래스가 사용될 경우 클래스 사용자에는 두 가지 종류가 있다. 파생 클래스와 '일반 사용자'가 그것이다. 클래스에 대한 연산을 구현하는 멤버와 프렌드는 이런 사용자들을 대신해서 클래스 객체에 대해 연산을 적용한다. private/public 모델 덕택에 프로그래머는 구현자와 일반 사용자를 명확히 구별할 수 있지만, 파생 클래스에 특별히 잘 맞는 방법을 제공하지는 못한다.

protected로 선언된 멤버는 private으로 선언된 멤버에 비해 악용의 여지가 훨씬 더 크다. 특히 데이터 멤버를 protected로 선언하는 것은 대개 설계 오류라고 봐도 좋다. 상당한 분량의 데이터를 모든 파생 클래스가 사용할 수 있게 공통 클래스 안에 넣는 것은 데이터가 훼손되게 방치하는 것이다. 설상가상으로 public 데이터와 마찬가지로 protected 데이터는 손쉽게 재구성하기가 쉽지 않다. 사용되는 모든 경우를 찾을 수 있는 적당한 방법이 없기 때문이다. 따라서 protected 데이터는 소프트웨어 유지 보수의 골칫거리가 된다.

다행이지만 꼭 protected 데이터를 쓰지 않아도 된다. 클래스에서는 private이 기본 설정이며, 대개는 더 나은 선택이다. 내 경험에 의하면 파생 클래스가 직접 사용할 수 있게 공통 클래스에 상당량의 정보를 넣어두는 방식보다 더 나은 방식을 어떤 경우에도 찾을 수 있었다.

하지만 이런 모든 결점이 protected 멤버 함수에게는 중요하지 않다. protected는 파생 클래스에서 사용될 연산을 지정하는 좋은 방법이다. 21.2.2절의 Ival_slider가 그런 예다. 이 예제에서 구현 클래스가 private이었다면 추가적인 파생이 실현 불가능했을 것이다. 반면 구현 세부 사항을 제공하는 기반 클래스를 public으로 만들면 실수와 잘못된 사용을 불러들이게 된다.

20.5.2 기반 클래스 접근

멤버와 마찬가지로 기반 클래스는 private, protected 또는 public으로 선언될 수 있다. 예를 들면 다음과 같다.

```
class X : public B { /* ... */ };
class Y : protected B { /* ... */ };
class Z : private B { /* ... */ };
```

접근 지정자마다 서로 다른 설계 필요성을 충족시켜 준다.

- **public** 파생은 파생 클래스를 기반 클래스의 하위 타입으로 만들어준다. 예를 들어 X는 Y의 일종이다. 이것이 파생의 가장 흔한 형태다.
- **private** 기반 클래스는 좀 더 강력한 보장이 제공될 수 있게 기반 클래스에 대한 인터페이스를 제한하는 방식으로 클래스를 정의하려고 할 때 가장 유용하다. 예를 들어 B는 Z의 구현 세부 사항이다. 25.3절에서 자신의 **Vector<void>** 기반 클래스에 타입 체크를 추가해 주는 포인터 템플릿의 **Vector**가 대표적인 예다.
- **protected** 기반 클래스는 통상적으로 추가적인 파생이 이뤄지는 클래스 계층 구조에서 유용하다. **private** 파생과 마찬가지로 **protected** 파생은 구현 세부 사항을 나타내는 데 쓰인다. 21.2.2절의 **lval_slider**가 좋은 예다.

기반 클래스에 대한 접근 지정자는 생략될 수 있다. 그런 경우 **class**에 대해서는 **private** 기반 클래스가 기본 설정이 되고, **struct**에 대해서는 **public** 기반 클래스가 기본 설정이 된다. 예를 들면 다음과 같다.

```
class XX : B { /* ... */ };     // B는 private 기반 클래스다.
struct YY : B { /* ... */ };    // B는 public 기반 클래스다.
```

사람들은 기반 클래스가 **public**이기를 기대하므로(즉, 하위 타입 관계를 표현하기 위해서), 기반 클래스에 대한 접근 지정자의 생략은 **class**에서는 뜻밖의 일일 수 있으나, **struct**에 대해서는 그렇지 않다.

기반 클래스에 대한 접근 지정자는 기반 클래스의 멤버에 대한 접근을 제어하고, 포인터와 참조자에 대한 파생 클래스 타입에서 기반 클래스 타입으로의 변환을 제어한다. 기반 클래스 **B**로부터 파생된 클래스 **D**를 예로 들어보자.

- **B**가 **private** 기반 클래스라면 그것의 **public**과 **protected** 멤버는 D의 멤버 함수와 프렌드에 의해서만 사용될 수 있다. D의 프로그램과 멤버만이 **D***를 **B***로 변환할 수 있다.
- **B**가 **protected** 기반 클래스라면 그것의 **public**과 **protected** 멤버는 D의 멤버 함수와 프렌드, 그리고 D에서 파생된 클래스의 멤버 함수와 프렌드에 의해 사용될 수 있다. D의 프렌드와 멤버, 그리고 D에서 파생된 클래스의 프렌드와 멤버만이 **D***를 **B***로 변환할 수 있다.
- **B**가 **public** 기반 클래스라면 어떤 함수라도 그것의 **public** 멤버를 사용할 수 있다. 추가로 그것의 **protected** 멤버는 D의 멤버와 프렌드, 그리고 D에서 파생된 클래스의 멤버와 프렌드에 의해 사용될 수 있다. 어떤 함수든지 **D***를 **B***로 변환할 수 있다.

이것은 기본적으로 멤버 접근 규칙(20.5절)을 부연하는 것이다. 클래스를 설계할 때는 멤버에 대해서와 똑같은 방식으로 기반 클래스에 대한 접근을 선택한다. 예를 들어 21.2.2절의 **lval_slider**를 살펴보기 바란다.

20.5.2.1 다중 상속과 접근 제어

어떤 기반 클래스의 이름이 다중 상속 관계망(21.3절) 속에서 여러 개의 경로를 통해 도달될 수 있는 경우라면 그 모든 경로를 통해 접근할 수 있어야 해당 이름에 접근이 가능하다고 할 수 있다. 예를 들면 다음과 같다.

```
struct B {
    int m;
    static int sm;
    // ...
};
class D1 : public virtual B { /* ... */ } ;
class D2 : public virtual B { /* ... */ } ;
class D12 : public D1, private D2 { /* ... */ };

D12* pd = new D12;
B* pb = pd;              // OK: D1을 통해 접근 가능
int i1 = pd->m;         // OK: D1을 통해 접근 가능
```

단일 개체에 여러 개의 경로를 통해 도달 가능한 경우일지라도 명확하게 그것을 참조할 수 있다. 예를 들면 다음과 같다.

```
class X1 : public B { /* ... */ } ;
class X2 : public B { /* ... */ } ;
class XX : public X1, public X2 { /* ... */ };

XX* pxx = new XX;
int i1 = pxx->m;         // 오류, 모호하다 - XX::X1::B::m인지 XX::X2::B::m인지?
int i2 = pxx->sm;        // OK: XX에는 단 하나의 B::sm이 있다(sm은 정적 멤버).
```

20.5.3 using 선언과 접근 제어

using 선언(14.2.2절, 20.3.5절)은 추가적인 정보에 대한 접근을 획득하는 데 쓰일 수 없다. using 선언은 접근 가능한 정보를 좀 더 편리하게 사용할 수 있게 만들어 주는 메커니즘일 뿐이다. 반면 한 번 접근을 획득하고 나면 다른 사용자에게 접근 권한을 건네 줄 수 있다.

```
class B {
private:
    int a;
protected:
    int b;
public:
    int c;
};
class D : public B {
public:
    using B::a;     // 오류: B::a는 private이다.
    using B::b;     // D를 통해 B::b를 공개적으로 이용할 수 있게 만들어준다.
};
```

using 선언이 private이나 protected 파생과 조합되면 대개 어떤 클래스에 의해 제공되는 일부(전부는 아님) 기능들에 대한 인터페이스를 지정하는 데 쓰일 수 있다. 예를 들면 다음과 같다.

```
class BB : private B { // B::b와 B::c에 대한 접근을 제공하지만 B::a에 대한 접근은 제공하지 않는다.
public:
    using B::b;
    using B::c;
};
```

20.3.5절도 함께 살펴보기 바란다.

20.6 멤버를 가리키는 포인터

멤버를 가리키는 포인터는 프로그래머가 클래스의 멤버를 간접적으로 참조할 수 있게 해주는 오프셋과 유사한 구문 요소다. 연산자 ->*와 .*는 틀림없이 C++에서 가장 특수하고 가장 드물게 사용되는 연산일 것이다. ->를 이용하면 p->m이라는 이름으로 m 클래스의 멤버에 접근할 수 있다. ->*를 이용하면 p->*ptom 같이 자신의 이름이 (개념적으로) 멤버를 가리키는 포인터 ptom에 저장된 멤버에 접근할 수 있다. 이를 이용해서 인자로 전달되는 이름을 가진 멤버에 접근할 수 있다. 두 경우 모두 p는 적합한 클래스의 객체를 가리키는 포인터여야 한다.

멤버를 가리키는 포인터는 void*나 다른 통상적인 포인터에 대입될 수 없다. 널 포인터 (nullptr 등)는 멤버를 가리키는 포인터에 대입돼 "멤버가 없다"는 뜻을 나타낼 수 있다.

20.6.1 함수 멤버를 가리키는 포인터

많은 클래스가 몇 가지 다른 방식으로 호출될 수 있게 만들어진 간단하면서도 상당히 범용적인 인터페이스를 제공한다. 예를 들어 많은 '객체지향' 사용자 인터페이스들이 화면상에 표시된 모든 객체가 응답해야 하는 요청의 집합을 정의한다. 추가로 이런 요청들은 프로그램에서 직접적이거나 간접적인 방식으로 제시될 수 있다. 이런 개념을 간단히 변형한 예를 한 가지 살펴보자.

```
class Std_interface {
public:
    virtual void start() = 0;
    virtual void suspend() = 0;
    virtual void resume() = 0;
    virtual void quit() = 0;
    virtual void full_size() = 0;
    virtual void small() = 0;

    virtual ~Std_interface() {}
};
```

각 연산의 정확한 의미는 해당 연산의 실행 대상이 되는 객체에 의해 정의된다. 많은 경우 요청을 내는 사람 또는 프로그램과 그것을 받아들이는 객체 사이에는 소프트웨어의 계층이 존재한다. 이상적이라면 그런 소프트웨어 중간 계층은 resume()나 full_size() 같은 개별적인 연산에 대해서는 아무것도 몰라야 한다. 뭔가를 안다면 소프트웨어 계층이 연산이 변경될 때마다 매번 갱신이 돼야 한다. 결과적으로 그런 중간 계층은 호출될 연산을 나타내는 데이터를 요청의 출처에서 수령자에게 전송할 뿐이다.

그렇게 하기 위한 간단한 방법 한 가지는 호출될 연산을 나타내는 string을 전송하는 것이다. 예를 들어 "suspend" 문자열을 보내 suspend()를 호출할 수 있다. 하지만 누군가는 그런 문자열을 생성해야 하며, 누군가는 그것이 어떤 연산에 대응되는지(그런 연산이 있을 경우) 판단하기 위해 그것을 해독해야 한다. 많은 경우 이런 과정은 간접적인 데다 장황하게 느껴진다. 대신 그저 연산을 나타내는 정수를 하나 보낼 수 있다. 예를 들어 2는 suspend()를 의미하는 데 쓰일 수 있다. 그러나 정수가 컴퓨터에서 다루기는 편하지만 사람들에게는 상당히 모호해보일 수 있다. 그럼에도 2가 suspend()를 의미한다는 것을 판단하고 suspend()를 호출하는 코드를 작성해야 할 것이다.

다른 방법으로 멤버를 가리키는 포인터를 이용해서 클래스의 멤버를 간접적으로 참조할 수 있다. Std_interface를 예로 들어보자. suspend()를 직접적으로 언급하지 않고 어떤 객체에 대해 suspend()를 호출하고 싶다면 Std_interface::suspend()를 참조하는 멤버를 가리키는 포인터가 필요하다. 또한 suspend() 처리를 하려는 객체를 가리키는 포인터나 참조자가 필요하다. 간단한 예제를 하나 살펴보자.

```
using Pstd_mem = void (Std_interface::*)();      // 멤버를 가리키는 포인터 타입
void f(Std_interface* p)
{
    Pstd_mem s = &Std_interface::suspend;        // suspend()를 위한 포인터
    p->suspend();                                // 직접적인 호출
    p->*s();                                     // 멤버를 가리키는 포인터를 통한 호출
}
```

멤버를 가리키는 포인터pointer to member는 &Std_interface::suspend와 같이 완전히 한정된 클래스 멤버 이름에 주소 추출 연산자 &를 적용하면 얻어질 수 있다. 'X 클래스의 멤버를 가리키는 포인터' 타입의 변수는 X::*라는 형식의 선언자를 이용해서 선언될 수 있다.

C 선언자 문법의 난해한 가독성을 보완하기 위해 대개의 경우 별칭이 사용된다. 하지만 X::* 선언자가 전통적인 * 선언자와 정확히 어떻게 짝을 이루는지 눈여겨보기 바란다.

멤버 m을 가리키는 포인터는 객체와 조합해서 사용될 수 있다. 프로그래머는 연산자 ->*와 .*를 이용해서 그런 조합을 표현할 수 있다. 예를 들어 p->*m은 m을 p가 가리키는 포인터와 묶어주고, obj.*m은 m을 객체 obj에 묶어준다. 결과는 m의 타입에 맞춰 사용될 수 있다. ->*나 .* 연산의 결과를 나중에 사용할 목적으로 저장할 수는 없다.

당연하겠지만 호출하려는 멤버를 알고 있다면 멤버를 가리키는 포인터를 건드릴 필요 없이 직접적으로 호출할 것이다. 통상적인 함수를 가리키는 포인터와 똑같이 멤버 함수를 가리키는 포인터는 이름을 모르는 상태에서 함수를 참조해야 할 때 사용된다. 하지만 멤버를 가리키는 포인터는 변수를 가리키는 포인터나 함수를 가리키는 포인터와 같은 식으로 메모리의 일부를 가리키는 포인터가 아니다. 그것은 구조체의 오프셋이나 배열의 색인에 좀 더 가깝지만, 물론 구현에서는 데이터 멤버, 가상 함수, 비가상 함수 사이의 차이를 고려한다. 멤버를

가리키는 포인터가 올바른 타입의 객체를 가리키는 포인터와 조합되면 특정 객체의 특정 멤버를 식별해주는 뭔가를 만들어낸다.

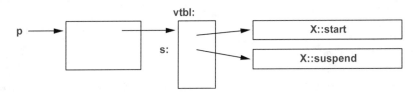

가상 멤버(이 예제에서는 s)를 가리키는 포인터는 일종의 오프셋이므로, 메모리 내에서 객체의 위치에 의존하지 않는다. 그러므로 가상 멤버를 가리키는 포인터는 양쪽에서 사용되는 객체 배치 구조가 동일하기만 하다면 다른 주소 공간들 사이에서도 전달될 수 있다. 통상적인 함수를 가리키는 포인터와 마찬가지로 비가상 멤버 함수를 가리키는 포인터는 주소 공간들 사이에서 교환될 수 없다.

함수를 가리키는 포인터를 통해 호출된 함수는 **virtual**일 수 있다는 점에 유의한다. 예를 들어 함수를 가리키는 포인터를 통해 **suspend()**를 호출한다면 멤버 함수를 가리키는 포인터가 적용될 수 있는 객체에 대한 **suspend()**를 얻는다. 이것은 멤버 함수를 가리키는 포인터에 있어 필수적인 특성이다.

통역기 프로그램을 작성할 때 문자열로 표시되는 함수를 호출하기 위해 멤버를 가리키는 포인터를 사용할 수 있다.

```
map<string,Std_interface*> variable;
map<string,Pstd_mem> operation;

void call_member(string var, string oper)
{
    (variable[var]->*operation[oper])();      // var.oper()
}
```

static 멤버는 특정 객체와 연관돼 있지 않으므로, **static** 멤버를 가리키는 포인터는 통상적인 포인터일 뿐이다. 예를 들면 다음과 같다.

```
class Task {
    // ...
    static void schedule();
};

void (*p)() = &Task::schedule;               // OK
void (Task::* pm)() = &Task::schedule;       // 오류: 멤버를 가리키는 포인터에
                                             // 대입된 통상적인 포인터
```

데이터 멤버를 가리키는 포인터는 20.6.2절에서 살펴보자.

20.6.2 데이터 멤버를 가리키는 포인터

당연히 멤버를 가리키는 포인터의 개념은 데이터 멤버, 그리고 인자 및 반환 타입을 가진 멤버 함수에도 적용될 수 있다. 예를 들면 다음과 같다.

```
struct C {
    const char* val;
    int i;

    void print(int x) { cout << val << x << '\n'; }
    int f1(int);
    void f2();
    C(const char* v) { val = v; }
};
using Pmfi = void (C::*)(int);      // int를 받아들이는 C의 멤버 함수를 가리키는 포인터
using Pm = const char* C::*;        // C의 char* 데이터 멤버를 가리키는 포인터

void f(C& z1, C& z2)
{
    C* p = &z2;
    Pmfi pf = &C::print;
    Pm pm = &C::val;

    z1.print(1);
    (z1.*pf)(2);
    z1.*pm = "nv1 ";
    p->*pm = "nv2 ";
    z2.print(3);
    (p->*pf)(4);

    pf = &C::f1;      // 오류: 반환 타입 불일치
    pf = &C::f2;      // 오류: 인자 타입 불일치
    pm = &C::i;       // 오류: 타입 불일치
    pm = pf;          // 오류: 타입 불일치
}
```

함수를 가리키는 포인터의 타입은 다른 모든 타입과 똑같이 체크된다.

20.6.3 기반 클래스와 파생 클래스 멤버

파생 클래스는 최소한의 경우 기반 클래스로부터 상속한 멤버를 가진다. 대개의 경우 더 많은
멤버를 가진다. 이는 기반 클래스의 멤버를 가리키는 포인터를 파생 클래스의 멤버를 가리키
는 포인터에 안전하게 대입할 수 있지만, 그 반대는 안 된다는 뜻이다. 이런 속성은 **반변성**
contravariance이라고 일컬어진다. 예를 들면 다음과 같다.

```
class Text : public Std_interface {
public:
    void start();
    void suspend();
    // ...
    virtual void print();
private:
    vector s;
};
void (Std_interface::* pmi)() = &Text::print;        // 오류
void (Text::*pmt)() = &Std_interface::start;         // OK
```

이런 반변성 규칙은 파생 클래스를 가리키는 포인터를 그것의 기반 클래스를 가리키는

포인터에 대입할 수 있다는 규칙과 반대된다. 실제로 두 규칙은 모두 최소한 포인터가 보장하는 속성을 갖지 않는 객체를 포인터가 가리킬 수 없다는 근본적인 보장을 준수하기 위해 존재한다. 이 경우 `Std_interface::*`는 모든 `Std_interface`에 적용될 수 있으며, 추측하건대 그런 객체 대부분은 `Text` 타입이 아닐 것이다. 따라서 그런 객체들은 `pmi` 초기화에 쓰려는 `Text::print` 멤버를 갖고 있지 않다. 초기화를 거절함으로써 컴파일러는 런타임 오류를 방지해준다.

20.7 조언

[1]   타입 필드는 피한다(20.3.1절).

[2]   다형적 객체는 포인터와 참조자를 통해 접근한다(20.3.2절).

[3]   추상 클래스를 이용해서 깔끔한 인터페이스의 제공에 설계의 초점을 맞춘다(20.4절).

[4]   `override`를 이용해서 대규모 클래스 계층 구조에서 재정의를 명시적으로 만든다(20.3.4.1절).

[5]   `final`은 절제해서 사용한다(20.3.4.2절).

[6]   추상 클래스를 이용해서 인터페이스를 지정한다(20.4절).

[7]   추상 클래스를 이용해서 구현 세부 사항을 인터페이스와 분리한다(20.4절).

[8]   가상 함수를 가진 클래스는 가상 소멸자를 가져야 한다(20.4절).

[9]   추상 클래스는 대개 생성자를 필요로 하지 않는다(20.4절).

[10]   구현 세부 사항에 대해서는 가급적 `private` 멤버를 사용한다(20.5절).

[11]   인터페이스에 대해서는 가급적 `public` 멤버를 사용한다(20.5절).

[12]   `protected` 멤버는 정말 필요할 때만 조심해서 사용한다(20.5.1.1절).

[13]   데이터 멤버는 `protected`로 선언하지 않는다(20.5.1.1절).

클래스 계층 구조

추상화란 무엇을 무시할지 선택하는 것이다

— 앤드류 쾨니그(Andrew Koenig)

- 개요
- **클래스 계층 구조의 설계** 구현 상속, 인터페이스 상속, 다른 구현 대안, 객체 생성의 지역화
- **다중 상속** 다중 인터페이스, 다중 구현 클래스, 모호성 해결, 기반 클래스의 반복 사용, 가상 기반 클래스, 복제와 가상 기반 클래스
- 조언

21.1 개요

21장의 주된 초점은 언어 기능보다는 설계 기법이다. 21장의 예제들은 사용자 인터페이스 설계에서 가져온 것들이지만, 그래픽 사용자 인터페이스^{GUI} 시스템에서 흔히 쓰이는 이벤트 중심적인 프로그래밍 주제는 다루지 않는다. 화면상에서 어떤 동작이 정확히 어떻게 멤버 함수의 호출로 전환되는가에 대한 논의는 클래스 계층 구조 설계 이슈에는 별다른 영향을 미치지 않는 데다 내용이 산만해질 우려가 크다. 물론 그 자체로는 흥미롭고 중요한 주제이긴 하다. GUI의 이해를 위해서는 다양한 C++ GUI 라이브러리 중 하나를 살펴보기 바란다.

21.2 클래스 계층 구조의 설계

간단한 설계 문제를 하나 생각해보자. 어떤 프로그램('애플리케이션')에서 사용자로부터 정수 값을 하나 얻는 방법을 예로 들어보자. 엄청나게 많은 방법으로 이를 구현할 수 있다. 이런 다양한 구현 방법을 고민할 필요 없이 가능한 설계 대안을 살펴볼 수 있는 기회를 갖기 위해 다음과 같이 간단한 입력 연산을 우리 프로그램의 모델로 정의해보자.

　　기본 구상은 자신이 받아들이게 될 입력 값의 범위를 알고 있는 **Ival_box**('정수 값 입력 상자') 클래스를 만드는 것이다. 프로그램은 **Ival_box**에게 값을 묻고 필요할 경우 사용자에게 입력

을 요구하게 요청할 수 있다. 추가로 프로그램은 `Ival_box`에게 이전의 프로그램이 확인한 이후로 사용자가 값을 변경했는지 물을 수 있다.

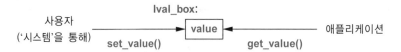

여러 가지 방법으로 이런 기본적 구상을 구현할 수 있기 때문에 다양한 종류의 `Ival_box`가 존재할 수 있다고 가정해야 할 것이다. 슬라이더, 사용자가 값을 입력할 수 있는 일반적인 상자, 다이얼, 음성 입력 등이 그런 예다.

보편적인 접근 방법은 애플리케이션이 사용할 '가상 사용자 인터페이스 시스템'을 구축하는 것이다. 이 시스템은 기존 사용자 인터페이스 시스템에서 제공하는 일부 서비스들을 제공한다. 이 접근 방법은 다양한 시스템에서 구현될 수 있어 애플리케이션 코드의 이식성을 보장할 수 있다. 당연히 애플리케이션을 사용자 인터페이스 시스템과 분리하는 데는 다른 방법이 있을 수 있다. 내가 이 접근법을 선택한 이유는 보편적인 데다 다양한 기법들과 설계들의 장단점을 보여줄 수 있으며, 이런 기법들이 '실제의' 사용자 인터페이스 시스템을 구축하는 데 사용되기도 하지만, 무엇보다도 가장 중요한 이유는 이런 기법들이 인터페이스 시스템이란 협소한 영역을 벗어난 다른 문제들에도 적용 가능하기 때문이다.

여기서는 사용자의 동작(이벤트)을 라이브러리 호출에 어떻게 대응시킬 것인가에 대한 주제를 무시하는 것 외에 멀티스레드 GUI 시스템에서 잠금의 필요성까지 무시하기로 한다.

21.2.1 구현 상속

우리의 첫 번째 해결책은 구현 상속을 사용하는 클래스 계층 구조다(오래된 프로그램에서 흔히 발견된다).

`Ival_box` 클래스는 모든 `Ival_box`에 대한 기본 인터페이스를 정의하고 좀 더 구체적인 종류의 `Ival_box`가 자신만의 버전으로 재정의할 수 있는 기본 구현을 지정한다. 추가로 기본 개념을 구현하는 데 필요한 데이터를 선언한다.

```
class Ival_box {
protected:
    int val;
    int low, high;
    bool changed {false};        // set_value()를 이용해서 사용자에 의해 변경됨
public:
    Ival_box(int ll, int hh) :val{ll}, low{ll}, high{hh} { }

    virtual int get_value() { changed = false; return val; }        // 애플리케이션에 대한
    virtual void set_value(int i) { changed = true; val = i; }       // 사용자에 대한
    virtual void reset_value(int i) { changed = false; val = i; }    // 애플리케이션에 대한
    virtual void prompt() { }
    virtual bool was_changed() const { return changed; }

    virtual ~Ival_box() {}
};
```

함수의 기본 구현은 상당히 너저분한 편이며, 여기서 제공되는 이유는 주로 의도한 의미 구조를 보여주기 위함이다. 예를 들어 실제 클래스에는 뭔가 범위 체크가 제공돼야 할 것이다.

프로그래머는 이런 'ival 클래스들'을 다음과 같이 활용할 수 있다.

```
void interact(Ival_box* pb)
{
    int old_val = pb->get_value();
    pb->prompt();        // 사용자에게 경고한다.
    // ...
    int i = pb->get_value();
    if (i != old_val) {
        // ... 새로운 값, 뭔가를 한다...
    }
    else {
        // ... 뭔가 다른 것을 한다...
    }
}
void some_fct()
{
    unique_ptr<Ival_box> p1 {new Ival_slider{0,5}};    // Ival_box에서 파생된 Ival_slider
    interact(p1.get());
    unique_ptr<Ival_box> p2 {new Ival_dial{1,12}};
    interact(p2.get());
}
```

대부분의 애플리케이션은 interact() 처럼 일반적인 Ival_box(를 가리키는 포인터)의 관점에서 작성된다. 이렇게 하면 애플리케이션이 상당히 많아질 수도 있는 Ival_box 개념의 변형들에 대해 알지 못해도 상관이 없다. 그런 특화된 클래스에 대해서는 그런 객체를 생성하는 상대적으로 드문 함수에서만 알면 된다. 이렇게 함으로써 사용자는 파생 클래스의 세부 사항에 대한 변경에서 격리될 수 있다. 대부분의 코드는 Ival_box의 다른 종류가 있다는 사실을 염두에 두지 않아도 된다.

Ival_box를 delete하는 것을 잊지 않게 하기 위해 unique_ptr(5.2.1절, 34.3.1절)을 사용한다. 논의를 간소화하기 위해 프로그램이 입력을 어떻게 기다릴지에 대한 이슈는 다루지 않는다. 아마도 실제로 프로그램은 get_value()에서 사용자를 기다릴 수도 있고(예를 들면 future에 get()을 사용해서, 5.3.5.1절), Ival_box를 이벤트와 연결해서 콜백에 대한 응답을 준비할 수도 있고, 아니면 Ival_box에 대한 스레드를 생성해서 나중에 해당 스레드의 상태에 대해 질의를 할 수도 있다. 이런 결정은 사용자 인터페이스 시스템의 설계에서 핵심적인 사항이다. 하지만 여기에서 실제의 세부 사항을 논의하다 보면 프로그래밍 기법과 언어 기능을 소개하려는 취지가 묻힐 수 있다. 여기에서 설명된 설계 기법과 그런 기법을 지원하는 언어 기능은 사용자 인터페이스에만 국한되지 않는다. 그것들은 좀 더 넓은 범위의 문제에 적용된다.

Ival_box의 다른 버전들은 Ival_box에서 파생된 클래스로서 정의된다. 예를 들면 다음과 같다.

```
class Ival_slider : public Ival_box {
```

```
private:
    // ... 슬라이더의 외양을 결정하는 그래픽 이미지 등 ...
public:
    Ival_slider(int, int);
    int get_value() override;    // 사용자에게 값을 얻고 val에 넣어둔다.
    void prompt() override;
};
```

Ival_box의 데이터 멤버는 파생 클래스에서의 접근을 허용하기 위해 **protected**로 선언된다. 따라서 Ival_slider::get_value()는 값을 Ival_box::val에 넣을 수 있다. protected 멤버는 클래스 자신의 멤버와 파생 클래스의 멤버에서는 접근 가능하지만 일반 사용자들에게는 접근 불가능하다(20.5절 참고).

Ival_slider 외에 Ival_box 개념의 다른 변형을 정의할 것이다. 여기에는 노브를 돌려서 값을 선택하게 해주는 Ival_dial, prompt()를 요청할 때 반짝거리는 Flashing_ival_slider, 사용자가 알아볼 수밖에 없게끔 눈에 잘 띄는 장소에서 등장해서 prompt()에 반응하는 Popup_ival_slider가 포함된다.

그래픽 이미지들은 어디에서 얻어야 할까? 대부분 사용자 인터페이스 시스템은 화면상에 나타나는 개체의 기본 속성을 정의하는 클래스를 제공한다. 그러므로 우리가 "'Big Buck Inc.' 의 시스템을 사용한다면 각각의 Ival_slider, Ival_box 등의 클래스를 BBwidget의 한 종류로 만들어야 할 것이다. 이렇게 하는 가장 쉬운 방법은 Ival_box가 BBwidget에서 파생되도록 재작성하는 것이다. 이렇게 하면 모든 클래스가 BBwidget의 모든 속성을 상속하게 된다. 예를 들어 모든 Ival_box 클래스는 BBwidget에서 설정된 표준에 따라 화면에 배치될 수 있고, 그래픽 스타일 규칙을 준수하며, 크기 조정, 드래그 등이 가능해진다. 우리의 클래스 계층 구조는 다음과 같이 보일 것이다.

```
class Ival_box : public BBwidget { /* ... */ };            // BBwidget을 사용하도록 재작성된다.
class Ival_slider : public Ival_box { /* ... */ };
class Ival_dial : public Ival_box { /* ... */ };
class Flashing_ival_slider : public Ival_slider { /* ... */ };
class Popup_ival_slider : public Ival_slider { /* ... */ };
```

또는 그림으로 표시하면 다음과 같다.

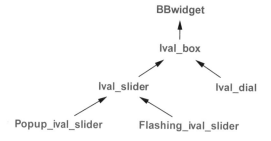

21.2.1.1 설계 평가

이 설계는 여러모로 잘 작동하며, 이런 종류의 계층 구조는 많은 문제에 대한 해결책을 제공해준다. 하지만 세부 사항에 약간 어색한 부분들이 있어서 다른 설계를 찾게 만들 수도 있다.

여기서는 BBwidget을 Ival_box의 기반 클래스로 개조했다. 이것이 부적절하다(이런 타입이 실세계의 시스템에서 흔하다 할지라도). BBwidget은 Ival_box의 기반 개념의 일부가 아니고, 구현 세부 사항일 뿐이다. BBwidget에서 Ival_box를 파생하는 것은 구현 세부 사항을 최우선적인 설계 결정으로 상승시킨다. 이것까지는 괜찮다. 예를 들어 'Big Bucks Inc.'에 의해 정의된 환경을 이용하는 것은 조직의 사업 운영 방식에 기반을 둔 중요한 의사결정이 될 수 있다. 하지만 "Imperial Bananas', "Liberated Software"나 "Compiler Whizzes'의 시스템에 대해서도 Ival_box의 구현이 필요하다면 어떻게 할 것인가? 프로그램에 대해 4개의 구분되는 버전을 운용해야 할 것이다.

```
class Ival_box : public BBwidget { /* ... */ };    // BB 버전
class Ival_box : public CWwidget { /* ... */ };    // CW 버전
class Ival_box : public IBwidget { /* ... */ };    // IB 버전
class Ival_box : public LSwindow { /* ... */ };    // LS 버전
```

이토록 많은 버전을 운용하게 되면 버전 관리 자체가 악몽이 될 수 있다.

현실에서는 간단하고 일관성 있는 두 글자짜리 접두사 방식을 찾기는 어려울 것이다. 대부분의 경우 서로 다른 공급업자의 라이브러리들은 상이한 네임스페이스에 존재할 것이며, 동일한 개념에 대해서도 BigBucks::Widget, Wizzies::control, LS::window 같은 식으로 상이한 용어를 사용할 공산이 높다. 하지만 이것이 클래스 계층 구조 설계 논의에는 별다른 영향을 끼치지 못하는 관계로, 이름 짓기와 네임스페이스 이슈는 묻어두기로 한다.

또 다른 문제는 모든 파생 클래스가 Ival_box에서 선언된 기본 데이터를 공유한다는 점이다. 물론 해당 데이터는 Ival_box 인터페이스에도 슬쩍 자리를 차지하고 있는 구현 세부 사항이기도 하다. 실용적 관점에서 많은 경우 이것은 잘못된 데이터이기도 하다. 예를 들어 Ival_slider는 특별히 저장된 값을 필요로 하지 않는다. 그런 값은 누군가가 get_value()를 실행할 때 슬라이더의 위치로부터 손쉽게 계산될 수 있다. 일반적으로 관련돼 있지만 서로 다른 두 개의 데이터 집합을 유지하다 보면 골칫거리가 생겨나게 마련이다. 이내 누군가가 두 값을 틀어져 버리게 만들곤 한다. 또한 경험에 의하면 초보 프로그래머는 쓸데없는 데다 유지 보수 문제를 일으키는 방식으로 protected 데이터를 엉망으로 만들어 버리는 경향을 보인다. 데이터 멤버는 파생 클래스의 작성자들이 그것을 엉망으로 만들지 못하게 private으로 유지하는 편이 낫다. 더 좋은 방법은 데이터가 요구 사항과 정확히 일치되게 정의될 수 있는 파생 클래스 내에 데이터를 보관해서 관련되지 않은 파생 클래스에 번잡한 영향을 미치지 않게 하는 것이다. 거의 모든 경우에 protected 인터페이스에는 함수, 타입, 상수만이 포함돼야 한다.

BBwidget에서 파생하면 Ival_box의 사용자가 BBwidget에서 제공되는 기능을 이용할 수 있다는 이점이 있다. 안타깝지만 이는 동시에 BBwidget을 변경하면 사용자가 무조건 재컴파일을 해야 하거나 경우에 따라서는 그런 변경으로부터 복구하기 위해 코드를 다시 써야 한다

는 뜻이기도 하다. 특히 대부분 C++ 구현 환경의 작동 방식에서는 기반 클래스의 크기가 변경되면 모든 파생 클래스를 재컴파일해야 한다.

마지막으로 우리의 프로그램은 서로 다른 사용자 인터페이스 시스템의 창이 공존하는 혼합적인 환경에서 실행돼야만 할 수도 있다. 이런 상황이 벌어지는 이유는 두 시스템이 어쨌든 하나의 화면을 공유하기 때문이든지 아니면 우리의 프로그램에서 다른 시스템의 사용자와 통신을 요구하기 때문일 수 있다. 사용자 인터페이스 시스템이 유일한 `Ival_box` 인터페이스의 유일한 기반 클래스로 박혀 있다면 이런 상황을 처리할 만한 융통성을 가질 수 없게 된다.

21.2.2 인터페이스 상속

그렇다면 전통적 계층 구조에 대한 평가에서 제기된 문제점들을 밑바닥부터 다시 시작해서 해결할 수 있는 새로운 계층 구조를 구축해보자.

[1]   사용자 인터페이스 시스템은 구현 세부 사항으로서, 그것을 알 필요가 없는 사용자에게 보이지 않아야 한다.

[2]   `Ival_box` 클래스는 아무 데이터도 포함하지 않아야 한다.

[3]   사용자 인터페이스 시스템을 변경한 후에 `Ival_box` 클래스군을 이용한 코드의 재컴파일이 필요하지 않아야 한다.

[4]   서로 다른 인터페이스 시스템에 대한 `Ival_box`가 프로그램 내에 공존할 수 있어야 한다.

여러 가지 다른 접근 방법을 통해 이런 목표를 달성할 수 있다. 여기서는 C++ 언어에 깔끔하게 대응되는 한 가지 방안을 소개한다.

우선 `Ival_box`를 순수한 인터페이스로 지정한다.

```
class Ival_box {
public:
    virtual int get_value() = 0;
    virtual void set_value(int i) = 0;
    virtual void reset_value(int i) = 0;
    virtual void prompt() = 0;
    virtual bool was_changed() const = 0;
    virtual ~Ival_box() { }
};
```

이 코드는 원래의 `Ival_box` 선언보다 훨씬 깔끔하다. 데이터도 사라지고 멤버 함수의 간단한 구현 역시 사라졌다. 초기화할 데이터가 없기 때문에 생성자 역시 사라졌다. 대신 가상 소멸자를 추가해서 파생 클래스에서 정의될 데이터의 마무리 정리가 제대로 되게끔 보장한다.

`Ival_slider`의 정의는 다음과 같을 것이다.

```
class Ival_slider : public Ival_box, protected BBwidget {
public:
    Ival_slider(int,int);
    ~Ival_slider() override;
```

```
    int get_value() override;
    void set_value(int i) override;
    // ...
protected:
    // ...BBwidget 가상 함수를 재정의하는 함수
    // 예를 들면 BBwidget::draw(), BBwidget::mouse1hit() ...
private:
    // ... 슬라이더에 필요한 데이터 ...
};
```

파생 클래스 Ival_slider는 기반 클래스의 순수 가상 함수 구현을 요구하는 추상 클래스 (Ival_box)로부터 상속한다. 추가로 그렇게 하기 위한 수단을 제공하는 BBwidget으로부터도 상속한다. Ival_box는 파생 클래스의 인터페이스를 제공하기 때문에 public을 이용해서 상속된다. BBwidget은 구현 보조 수단일 뿐이므로, protected를 이용해서 상속된다(20.5.2절). 이는 Ival_slider를 통해 프로그래머가 BBwidget이 제공하는 기능을 직접적으로 이용할 수 없다는 뜻이다. Ival_slider에서 제공하는 인터페이스는 Ival_box에서 상속된 것에다 Ival_slider에서 명시적으로 선언한 것을 추가한 것이다. Ival_slider에서 파생된 클래스가 BBwidget을 이용하게 하기 위해 좀 더 제한적인(그리고 보통 좀 더 안전한) private 파생 대신 protected 파생을 사용했다. 이 '위젯 계층 구조'가 정확히 대규모의 복잡한 계층 구조에 해당되기 때문에 명시적인 것이 혼동을 줄이는 데 도움이 될 수 있으므로, 명시적인 override 를 사용했다.

두 개 이상의 클래스로부터 직접적으로 파생하는 것을 보통 다중 상속multiple inheritance(21.3절) 이라고 부른다. Ival_slider는 Ival_box와 BBwidget 양쪽 모두의 함수를 재정의해야 한다는 점을 눈여겨보기 바란다. 따라서 Ival_slider는 양쪽 모두에서 직접적 또는 간접적으로 파생 해야 한다. 21.2.1.1절에서 알 수 있는 바와 같이 BBwidget을 Ival_box의 기반 클래스로 만드는 방식으로 BBwidget에서 Ival_slider를 파생하는 것이 가능하긴 하지만, 그렇게 하는 것은 바람직하지 않은 부작용을 낳는다. 마찬가지로 '구현 클래스' BBwidget을 Ival_box의 멤버로 만드는 방법 역시 클래스가 자신의 멤버의 가상 함수를 재정의할 수 없는 관계로 해결 책이 될 수 없다. Ival_box 내에서 BBwidget*의 멤버로 창을 표현하는 방식은 다른 장단점을 갖는 완전히 다른 설계를 낳는다.

어떤 사람들에게는 '다중 상속'이란 단어가 뭔가 복잡하고 두려운 것을 나타내는 것으로 여겨질 수도 있다. 하지만 구현 세부 사항에 대해 하나의 기반 클래스를 사용하고 인터페이스 에 대해서는 또 다른 클래스(추상 클래스)를 사용하는 방식은 상속과 컴파일 타임 체크 인터페이 스를 가진 모든 언어에서 보편화된 사항이다. 특히 추상 클래스 Ival_box의 사용은 자바나 C#의 인터페이스 사용법과 거의 동일하다.

흥미롭게도 이런 Ival_slider의 선언 덕분에 애플리케이션 코드를 이전과 정확히 똑같이 작성할 수 있다. 우리가 해야 할 일은 좀 더 논리적인 방식으로 구현 세부 사항의 구조를 재편성하는 것뿐이다.

많은 클래스는 객체가 사라지기 전에 어떤 형태로든 객체를 마무리 정리할 것을 요구한다.

추상 클래스 **Ival_box**는 파생 클래스가 그런 마무리를 요구할지 알 수는 없기 때문에 그런 것을 요구한다고 가정해야 한다. 기반 클래스에 가상 소멸자 **Ival_box::~Ival_box()**를 정의하고 파생 클래스에서 그것을 적절히 재정의함으로써 올바른 마무리를 보장해야 한다. 예를 들면 다음과 같다.

```
void f(Ival_box* p)
{
    // ...
    delete p;
}
```

delete 연산자는 p가 가리키는 객체를 명시적으로 소멸시킨다. p가 가리키는 객체가 어떤 클래스에 속하는지를 정확히 알 수 있는 방법은 없지만, **Ival_box**의 가상 소멸자 덕택에 클래스의 소멸자에 의해 (선택적으로) 정의된 대로 적절한 마무리가 수행될 것이다.

이제 **Ival_box** 계층 구조를 다음과 같이 정의할 수 있다.

```
class Ival_box { /* ... */ };
class Ival_slider
    : public Ival_box, protected BBwidget { /* ... */ };
class Ival_dial
    : public Ival_box, protected BBwidget { /* ... */ };
class Flashing_ival_slider
    : public Ival_slider { /* ... */ };
class Popup_ival_slider
    : public Ival_slider { /* ... */ };
```

또는 그림으로 표시하면 다음과 같다.

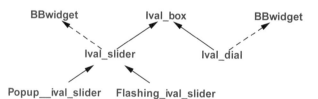

점선은 **protected** 상속(20.5.1절)을 나타낸다. **protected** 기반 클래스는 구현에 속한다고 (올바르게) 간주되기 때문에 일반 사용자는 접근할 수 없다.

21.2.3 다른 구현 방법

이 설계 방법은 전통적인 방식에 비해 깔끔하고 좀 더 쉽게 유지 보수될 수 있으며, 효율적인 면에서도 떨어지지 않는다. 하지만 버전 제어 문제는 여전히 해결하지 못한다.

```
class Ival_box { /* ... */ };    // 공통
class Ival_slider
    : public Ival_box, protected BBwidget { /* ... */ };      // BB에 대한
class Ival_slider
    : public Ival_box, protected CWwidget { /* ... */ };      // CW에 대한
// ...
```

두 개의 사용자 인터페이스 시스템이 실제로 공존한다고 하더라도 BBwidget에 대한 Ival_slider와 CWwidget에 대한 Ival_slider를 공존시킬 수 있는 방법이 없다. 당장 떠오르는 해결책은 별도의 이름을 갖는 여러 개의 서로 다른 Ival_slider를 정의하는 것이다.

```
class Ival_box { /* ... */ };
class BB_ival_slider
    : public Ival_box, protected BBwidget { /* ... */ };
class CW_ival_slider
    : public Ival_box, protected CWwidget { /* ... */ };
// ...
```

또는 그림으로 표시하면 다음과 같다.

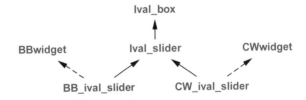

애플리케이션 지향적인 Ival_box를 구현 세부 사항과 좀 더 확실히 분리하기 위해 Ival_box에서 추상 Ival_slider 클래스를 파생한 다음, 그것으로부터 해당 시스템 전용의 Ival_slider를 파생할 수 있다.

```
class Ival_box { /* ... */ };
class Ival_slider
    : public Ival_box { /* ... */ };
class BB_ival_slider
    : public Ival_slider, protected BBwidget { /* ... */ };
class CW_ival_slider
    : public Ival_slider, protected CWwidget { /* ... */ };
// ...
```

또는 그림으로 표시하면 다음과 같다.

그럼에도 대개는 구현 계층 구조 내에서 전용 클래스를 좀 더 활용하면 더 나은 결과를 얻을 수 있다. 예를 들어 'Big Bucks Inc.' 시스템에 슬라이더 클래스가 있다면 BBslider에서 Ival_slider를 직접적으로 파생할 수 있다.

```
class BB_ival_slider
    : public Ival_slider, protected BBslider { /* ... */ };
class CW_ival_slider
    : public Ival_slider, protected CWslider { /* ... */ };
```

또는 그림으로 표시하면 다음과 같다.

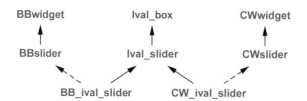

이런 개선 방안은 우리가 쓴 추상화가 구현에 사용되기 위해 시스템에서 제공된 추상화와 크게 다르지 않은 경우에 중요해지는데, 그런 경우는 드물지 않다. 이런 경우 프로그래밍 작업은 유사한 개념들을 대응시키는 작업으로 단순화된다. 이렇게 되면 `BBwidget` 같이 일반적인 기반 클래스에서 파생하는 경우는 드물어질 것이다.

전체적인 계층 구조는 원래의 애플리케이션 지향적이고 개념적인 인터페이스의 계층 구조가 파생 클래스로 표현된 것으로 구성될 것이다.

```
class Ival_box { /* ... */ };
class Ival_slider
    : public Ival_box { /* ... */ };
class Ival_dial
    : public Ival_box { /* ... */ };
class Flashing_ival_slider
    : public Ival_slider { /* ... */ };
class Popup_ival_slider
    : public Ival_slider { /* ... */ };
```

이어서 다양한 그래픽 사용자 인터페이스 시스템에 대해 이런 계층 구조의 구현이 파생 클래스로 표현되어 뒤따르게 된다.

```
class BB_ival_slider
    : public Ival_slider, protected BBslider { /* ... */ };
class BB_flashing_ival_slider
    : public Flashing_ival_slider, protected BBwidget_with_bells_and_whistles { /* ... */ };
class BB_popup_ival_slider
    : public Popup_ival_slider, protected BBslider { /* ... */ };
class CW_ival_slider
    : public Ival_slider, protected CWslider { /* ... */ };
// ...
```

중요하지 않은 부분을 생략하면 이런 계층 구조는 다음과 같이 그림으로 표시될 수 있다.

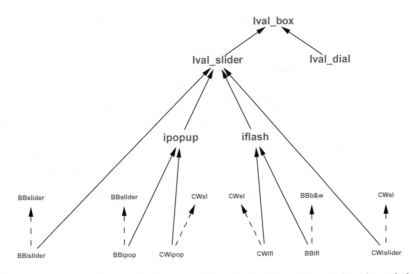

원래의 `Ival_box` 클래스 계층 구조는 변하지 않은 채로 구현 클래스에 둘러싸여 있다.

21.2.3.1 설계 평가

추상 클래스 설계는 유연하며, 사용자 인터페이스 시스템을 정의하는 공통 기반 클래스에 의존하는 설계 방식만큼 다루기에 간편하다. 후자의 설계에서는 창 클래스가 트리의 뿌리다. 전자에서는 원래의 애플리케이션 계층 구조가 구현의 제공하는 클래스의 뿌리로서 변하지 않는 것으로 나타난다. 애플리케이션의 관점에서 보면 이 두 설계는 거의 모든 코드가 변경되지 않고 똑같은 방식으로 동작한다는 의미에서 동일하다. 어느 쪽 경우든 거의 언제든지 창에 관련된 구현 세부 사항을 건드리지 않고 `Ival_box` 클래스군을 살펴볼 수 있다. 예를 들어 한 클래스 계층 구조를 다른 쪽으로 바꾼다 하더라도 21.2.1절의 `interact()`를 재작성할 필요가 없다.

어느 쪽 경우든 사용자 인터페이스 시스템의 `public` 인터페이스가 변경될 때는 각 `Ival_box` 클래스의 구현을 재작성해야 한다. 하지만 추상 클래스 설계에서는 거의 모든 사용자 코드가 구현에 가해진 변경에서 보호되며, 그런 변경 후에도 재컴파일을 요구하지 않는다. 이런 특성은 구현 계층 구조의 공급자가 '대부분 호환 가능한' 새로운 버전을 출시하는 경우에 특히 중요해진다. 추가로 추상 클래스 계층 구조의 사용자는 고전적인 계층 구조의 사용자에 비해 독점적인 구현에 종속될 우려가 적다. `Ival_box` 계층 구조에 명시적으로 지정된 기능들만 접근할 수 있기 때문에 `Ival_box` 추상 클래스 애플리케이션 계층 구조의 사용자는 우연하게 구현의 기능들을 사용할 수는 없다. 즉, 특정 구현의 고유 기반 클래스로부터 아무것도 암시적으로 상속되지 않는 것이다.

이런 일련의 생각에 따른 논리적 결론이 추상 클래스의 계층 구조로 사용자에게 제시되고 고전적인 계층 구조로 구현되는 시스템이다. 바꿔 말하면 다음과 같다.

- 인터페이스 상속을 지원하기 위해서는 추상 클래스를 사용한다(3.2.3절, 20.1절).

- 구현 상속을 지원하기 위해서는 가상 함수 구현을 가진 기반 클래스를 사용한다(3.2.3절, 20.1절).

21.2.4 객체 생성의 지역화

대부분의 애플리케이션을 `Ival_box` 인터페이스를 이용해서 작성할 수 있다. 게다가 파생된 인터페이스가 평범한 `Ival_box`보다 더 많은 기능을 제공하게 발전되더라도 대부분의 애플리케이션은 `Ival_box`, `Ival_slider` 등의 인터페이스를 이용해서 작성할 수 있다. 하지만 객체의 생성은 구현에 특정된 이름, 예를 들면 `CW_ival_dial`이나 `BB_flashing_ival_slider` 등의 이름을 이용해서 처리돼야 한다. 이런 특정한 이름이 등장하는 장소를 최소화하고 싶은데, 체계적으로 이뤄지지 않는 객체 생성은 지역화하기가 어렵다.

평상시와 마찬가지로 해결책은 간접 참조^{indirection}를 도입하는 것이다. 이를 달성하는 방법에는 여러 가지가 있다. 한 가지 간단한 방식은 생성 연산 집합을 표현하는 추상 클래스를 도입하는 것이다.

```
class Ival_maker {
public:
    virtual Ival_dial* dial(int, int) =0;                  // 다이얼을 만든다.
    virtual Popup_ival_slider* popup_slider(int, int) =0;  // 팝업 슬라이더를 만든다.
    // ...
};
```

사용자가 알아야 하는 `Ival_box` 클래스군에 있는 각각의 인터페이스에 대해 `Ival_maker` 클래스는 객체를 만드는 함수를 제공한다. 경우에 따라 그런 클래스는 **팩토리**^{factory}라고 불리며, 팩토리에서 제공되는 함수는 (약간 오해를 불러일으키게끔) **가상 생성자**^{virtual constructor}(20.3.6절)라고 불린다.

이제 `Ival_maker`에서 파생된 클래스로 각각의 사용자 인터페이스를 표현할 수 있다.

```
class BB_maker : public Ival_maker {       // BB 버전을 만든다.
public:
    Ival_dial* dial(int, int) override;
    Popup_ival_slider* popup_slider(int, int) override;
    // ...
};
class LS_maker : public Ival_maker {       // LS 버전을 만든다.
public:
    Ival_dial* dial(int, int) override;
    Popup_ival_slider* popup_slider(int, int) override;
    // ...
};
```

각 함수는 예정된 인터페이스와 구현 타입을 가진 객체를 생성한다. 예를 들면 다음과 같다.

```
Ival_dial* BB_maker::dial(int a, int b)
{
    return new BB_ival_dial(a,b);
```

```
}
Ival_dial* LS_maker::dial(int a, int b)
{
    return new LS_ival_dial(a,b);
}
```

Ival_maker가 주어지면 이제 사용자는 어떤 사용자 인터페이스 시스템이 사용되는지 몰라도 객체를 생성할 수 있다. 예를 들면 다음과 같다.

```
void user(Ival_maker& im)
{
    unique_ptr<Ival_box> pb {im.dial(0,99)};        // 적합한 다이얼을 생성한다.
    // ...
}
BB_maker BB_impl;      // BB 사용자용
LS_maker LS_impl;      // LS 사용자용
void driver()
{
    user(BB_impl);     // BB를 사용한다.
    user(LS_impl);     // LS를 사용한다.
}
```

이러한 '가상 생성자'에게 인자를 전달하는 일은 약간 까다롭다. 특히 다른 파생 클래스의 다른 인자로 인터페이스를 나타내는 기반 클래스 함수를 재정의할 수는 없다. 이는 팩토리 클래스의 인터페이스를 설계하기 위해서는 약간의 선견지명이 필요하다는 뜻이다.

21.3 다중 상속

20.1절에서 설명한 대로 상속은 두 가지 장점 중 하나를 제공하는 것을 목표로 한다.

- 공유 인터페이스(shared interfaces) 클래스를 사용해서 코드의 중복을 줄이고, 그런 코드를 좀 더 통일화한다. 이는 종종 런타임 다형성run-time polymorphism 또는 인터페이스 상속interface inheritance이라고 불린다.
- 공유 구현(shared implementation) 코드를 좀 더 줄여주고 좀 더 통일화된 구현 코드를 낳는다. 이는 종종 구현 상속implementation inheritance이라고 불린다.

클래스는 이 두 가지 스타일의 특성을 결합시킬 수 있다.

여기서는 다중 기반 클래스의 좀 더 일반적인 사용을 살펴보고 다중 기반 클래스의 기능을 조합하고 접근하는 것과 관련된 좀 더 기술적인 이슈를 살펴본다.

21.3.1 다중 인터페이스

추상 클래스(21.2.2절의 Ival_box 등)는 인터페이스를 표시하는 확실한 방법이다. 가변 상태가 없는 추상 클래스의 경우에는 클래스 계층 구조 내에서 기반 클래스의 단독 사용과 다중 사용 사이에 실질적인 차이가 거의 없다. 잠재적인 모호성의 해결은 21.3.3절, 21.3.4절, 21.3.5절

에서 논의된다. 실제로 가변 상태가 없는 모든 클래스는 다중 상속 관계망 내에서 인터페이스로 사용돼도 상당한 복잡성이나 오버헤드를 유발하지 않는다. 가변 상태가 없는 클래스는 필요할 경우 복제되거나 공유될 수 있다는 것이 요점이다.

다중 추상 클래스를 인터페이스로 사용하는 것은 객체지향 설계에서는 거의 보편화된 일이다(인터페이스의 개념을 가진 모든 언어에서).

21.3.2 다중 구현 클래스

지구 주위의 궤도를 도는 물체의 시뮬레이션을 생각해보자. 여기에서 궤도를 도는 객체는 `Satellite` 클래스의 객체로 표현된다. `Satellite` 객체는 궤도 함수, 크기, 모양, 반사율, 밀도 매개변수 등을 갖고, 궤도 계산, 속성 변경 등을 위한 연산을 제공할 것이다. 이런 위성의 예로는 바위, 오래된 우주 발사체의 파편, 통신 위성, 국제 우주 정거장International Space Station 등이 있을 수 있다. 이런 종류의 위성은 `Satellite`에서 파생된 클래스의 객체일 것이다. 이런 파생 클래스는 데이터 멤버와 함수를 추가할 것이고, 자신의 의미에 적절하게 맞춰 `Satellite` 의 가상 함수를 재정의하게 될 것이다.

이제 이런 시뮬레이션의 결과를 그림으로 표시하고 싶고, 표시될 클래스가 그래픽 정보를 갖고 있는 공통 기반 클래스에서 파생되는 (드물지 않은) 방식을 사용하는 그래픽 시스템을 사용한다고 가정해보자. 이런 그래픽 클래스는 화면 배치, 크기 조정 등을 위한 연산을 제공할 것이다. 보편성과 단순성 차원에서, 그리고 실제 그래픽 시스템의 세부 사항을 은닉하기 위해 그래픽(또는 실제로는 그래픽적이지 않은 다른 방법의) 출력을 제공하는 클래스를 `Displayed`라고 언급하기로 한다.

이제 시뮬레이션된 통신 위성 클래스인 `Comm_sat`를 하나 정의해보자.

```
class Comm_sat : public Satellite, public Displayed {
public:
    // ...
};
```

또는 그림으로 표시하면 다음과 같다.

`Comm_sat`에 대해 특정하게 정의된 연산 외에 `Satellite`와 `Displayed`에 대한 연산의 조합이 적용될 수 있다. 예를 들면 다음과 같다.

```
void f(Comm_sat& s)
{
    s.draw();               // Displayed::draw()
    Pos p = s.center();     // Satellite::center()
    s.transmit();           // Comm_sat::transmit()
}
```

마찬가지로 Comm_sat은 Satellite를 기대하는 함수와 Displayed를 기대하는 함수에 전달될 수 있다. 예를 들면 다음과 같다.

```
void highlight(Displayed*);
Pos center_of_gravity(const Satellite*);
void g(Comm_sat* p)
{
    highlight(p);                    // Comm_sat의 Displayed 부분을 가리키는 포인터를 전달한다.
    Pos x = center_of_gravity(p);    // Comm_sat의 Satellite 부분을 가리키는 포인터를 전달한다.
}
```

이 코드의 구현에는 분명히 약간의 (간단한) 컴파일러 기법이 개입돼 있는데, 이는 Satellite를 기대하는 함수가 Displayed를 기대하는 함수에 비해 Comm_sat의 다른 부분을 보게 하기 위한 것이다.

가상 함수는 평상시처럼 동작한다. 예를 들면 다음과 같다.

```
class Satellite {
public:
    virtual Pos center() const = 0;  // 중력의 중심
    // ...
};
class Displayed {
public:
    virtual void draw() = 0;
    // ...
};
class Comm_sat : public Satellite, public Displayed {
public:
    Pos center() const override;     // Satellite::center()를 재정의한다.
    void draw() override;            // Displayed::draw()를 재정의한다.
    // ...
};
```

이 코드는 각각 Satellite와 Displayed로 취급되는 Comm_sat에 대해 Comm_sat::center()와 Displayed::draw()가 호출되게 보장해준다.

왜 Comm_sat의 Satellite와 Displayed 부분을 완전히 분리시켜 놓지 않았을까? Comm_sat이 Satellite와 Displayed 멤버를 갖게 정의할 수도 있었다. 다른 방법으로는 Comm_sat이 Satellite*와 Displayed* 멤버를 갖게 정의하고 그것의 생성자가 적절한 연결을 설정하게 할 수도 있었다. 많은 설계 문제에 대해서 나는 그냥 그렇게 하곤 한다. 하지만 이 예제를 낳은 시스템은 가상 함수를 가진 Satellite 클래스와 가상 함수를 가진 (별도로 설계된) Displayed 클래스라는 개념을 기반으로 구축됐다. 파생을 통해 우리는 자신만의 Satellite와 자신만의 Displayed 객체를 제공했다. 특히 자신만의 객체 동작을 지정하기 위해서는 Satellite 가상 멤버 함수와 Displayed 가상 멤버 함수를 재정의해야 한다. 상태와 구현을 가진 기반 클래스의 다중 상속은 이런 상황을 피하기 어렵다. 이를 피하는 방법은 고생스러운 데다 유지 보수하기에 어렵다.

서로 무관한 두 개의 클래스를 다중 상속을 이용해서 세 번째 클래스의 구현 일부로 함께 결합하는 방식은 대충 만들어도 쓸모가 있긴 하지만, 그다지 흥미롭지는 못하다. 기본적으로 이 기법은 프로그래머가 다수의 전달 함수를 작성해야 하는 수고(기반 클래스에서 정의된 함수만을 재정의할 수 있다는 사실을 보완하기 위해)를 덜어준다. 이 기법은 프로그램의 전반적인 설계에 중대한 영향을 미치지 않으며, 경우에 따라서는 구현 세부 사항을 은닉하려는 목표와 충돌될 수 있다. 하지만 기법 자체는 대충 만들어도 쓸모가 있다.

나는 일반적으로 단일 구현 계층과 인터페이스를 제공하는 (필요한 경우) 여러 개의 추상 클래스를 갖는 방식을 선호하는 편이다. 이런 방식은 대개 좀 더 융통성이 있으며 발전시키기에 좀 더 용이한 시스템을 낳는다. 하지만 이 방식이 언제나 가능한 것은 아니다. 특히 변경하지 않아야 될 기존 클래스(예를 들면 누군가 다른 사람의 라이브러리의 일부이기 때문에)를 이용해야 하는 경우라면 더욱 그렇다.

(오직) 단일 상속에 있어서는 Displayed, Satellite, Comm_sat 클래스의 구현에 대한 프로그래머의 선택에 제약이 있다는 점에 유의한다. Comm_sat은 Satellite나 Displayed 중 하나가 될 수 있지만, 동시에 그 둘은 될 수 없다(Satellite가 Displayed에서 파생됐거나 그 반대인 경우가 아니라면). 어느 쪽 대안이든 융통성에 있어서는 손실이 생긴다.

Comm_sat 클래스를 필요로 하는 사람이 있을까? 일부 사람들의 추측과는 반대될 수도 있겠지만, Satellite 예제는 실제다. 여기에서 다중 구현 상속을 설명하기 위해 사용된 방식에 따라 생성된 프로그램이 실제로 존재했으며, 아마도 여전히 존재할 것이다. 이 예제는 위성, 지상국 등과 관련된 통신 시스템의 설계를 연구하기 위해 사용됐다. 실제로 Satellite는 병행적 태스크의 초기 개념에서 파생됐다. 이런 시뮬레이션이 있다면 통신 트래픽 흐름에 대한 질문에 답할 수 있고, 폭풍우에 의해 통신이 막힌 지상국에 대한 적절한 응답을 결정할 수 있으며, 위성 연결과 지상 연결 사이의 득실을 검토할 수 있다.

21.3.3 모호성 해결

두 개의 기반 클래스는 같은 이름을 가진 멤버 함수를 가질 수 있다. 예를 들면 다음과 같다.

```
class Satellite {
public:
    virtual Debug_info get_debug();
    // ...
};

class Displayed {
    public:
    virtual Debug_info get_debug();
    // ...
};
```

Comm_sat가 사용될 때 이 함수들은 명확해져야 한다. 이는 클래스 이름으로 멤버 이름을 한정하는 방법으로 간단히 달성할 수 있다.

```
void f(Comm_sat& cs)
{
    Debug_info di = cs.get_debug();        // 오류: 모호하다.
    di = cs.Satellite::get_debug();        // OK
    di = cs.Displayed::get_debug();        // OK
}
```

하지만 명시적 명확화는 혼동을 일으킬 수도 있기 때문에 이런 문제는 파생 클래스 내에서 새로운 함수를 정의하는 것으로 해결하는 편이 대개의 경우 최선이다.

```
class Comm_sat : public Satellite, public Displayed {
public:
    Debug_info get_debug() // Comm_sat::get_debug()와 Displayed::get_debug()를 재정의한다.
    {
        Debug_info di1 = Satellite::get_debug();
        Debug_info di2 = Displayed::get_debug();
        return merge_info(di1,di2);
    }
    // ...
};
```

기반 클래스 내에서 선언된 함수는 기반 클래스 내에 있는 동일한 이름과 타입을 가진 모든 함수들을 재정의한다. 대개의 경우 이 방식이 정확히 옳은 방법이다. 하나의 클래스 안에서 다른 의미 구조를 가진 연산에 대해 동일한 이름을 사용하는 것은 일반적으로 좋은 생각이 아니기 때문이다. virtual의 궁극적인 목표는 함수를 찾기 위해 사용되는 인터페이스와 무관하게 호출이 동일한 결과를 내게 하는 것이다(20.3.2절).

재정의 함수의 구현에서는 기반 클래스에서 정확한 버전을 얻기 위해 종종 이름을 명시적으로 한정하는 것이 필요하다. Telstar::draw 같이 한정된 이름은 Telstar나 그것의 기반 클래스 중 하나에서 선언된 draw를 참조할 수 있다. 예를 들면 다음과 같다.

```
class Telstar : public Comm_sat {
public:
    void draw()
    {
        Comm_sat::draw();        // Displayed::draw를 찾는다.
        // ... 자체적인 내용 ...
    }
    // ...
};
```

또는 그림으로 표시하면 다음과 같다.

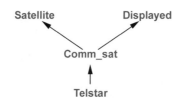

Comm_sat:draw가 Comm_sat에서 선언된 draw로 해결되지 못한다면 컴파일러는 재귀적으로 그것의 기반 클래스들을 살펴본다. 즉, Satellite::draw와 Displayed::draw를 찾아보고,

필요하다면 그것들의 기반 클래스들을 살펴본다. 정확히 일치하는 것이 발견되면 해당 이름이 사용될 것이다. 그렇지 않으면 `Comm_sat:draw`는 발견되지 않거나 모호한 상태로 남게 될 것이다.

`Telstar::draw()` 안에서 평범한 `draw()`라고 쓴다면 결과로 `Telstar::draw()`의 '무한한' 재귀적 호출이 일어나게 될 것이다.

`Displayed::draw()`라고 쓸 수도 있었겠지만, 누군가가 `Comm_sat::draw()`를 추가했다면 이제 코드에 미묘한 손상이 생겼을 수도 있다. 일반적으로 간접적인 기반 클래스보다 직접적인 기반 클래스를 참조하는 편이 낫다. `Comm_sat::Displayed::draw()`라고 쓸 수도 있겠지만, 이것은 군더더기가 될 것이다. `Satellite::draw()`라고 썼다면 결과로 오류가 일어날 것이다. `draw`는 클래스 계층 구조의 `Displayed` 분기를 벗어나기 때문이다.

`get_debug()` 예제는 기본적으로 최소한 `Satellite`와 `Displayed`의 일부가 함께 설계됐을 것이라고 가정한다. 우연하게 정확히 일치하는 이름, 반환 타입, 인자 타입 및 의미 구조를 가질 가능성은 매우 희박하다. 유사한 기능이 다른 방식으로 제공된 것일 가능성이 훨씬 높기 때문에 함께 사용될 수 있는 뭔가로 합치는 것에는 수고가 들어간다. 원래는 `SimObj`와 `Widget`의 두 개 클래스가 제시됐을 수도 있는데, 이 두 클래스는 수정할 수 없는 데다 우리에게 필요한 것을 정확히 제공하지 못하는데, 우리에게 필요한 것을 정말로 제공하려면 호환되지 않는 인터페이스를 통해야만 가능하다. 이런 경우 `Satellite`와 `Displayed`를 인터페이스 클래스로 설계해서, 사용하게 될 상위 수준의 클래스에 대한 '매핑 레이어'를 제공할 수 있다.

```
class Satellite : public SimObj {
    // SimObj 기능을 Satellite 시뮬레이션에 사용하기 쉬운 뭔가로 매핑한다.
public:
    virtual Debug_info get_debug();       // SimObj::DBinf()를 호출하고 정보를 추출한다.
    // ...
};

class Displayed : public Widget {
    // Widget 기능을 Satellite 시뮬레이션 결과 표시에 사용하기 쉬운 뭔가로 매핑한다.
public:
    virtual Debug_info get_debug();       // Widget 데이터를 읽어 들이고 Debug_info를 구성한다.
    // ...
};
```

또는 그림으로 표시하면 다음과 같다.

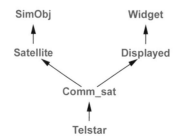

상당히 흥미롭게도 이것은 두 개의 클래스가 정확히 같은 이름을 갖지만, 다른 의미 구조를 갖는 드문 경우에 모호성 해결을 위해 사용하려던 바로 그 기법, 즉 인터페이스 계층을 추가하는 기법이다. 카우보이가 등장하는 비디오 게임에서 사용되는 `draw()` 멤버 함수의 클래스에 대한 고전적인(하지만 거의 가설적/이론적인) 예제를 살펴보자.

```
class Window {
public:
    void draw();        // 이미지를 표시한다.
    // ...
};
class Cowboy {
public:
    void draw();        // 가죽 케이스에서 총을 뽑는다.
    // ...
};
class Cowboy_window : public Cowboy, public Window {
    // ...
};
```

`Cowboy::draw()`와 `Window::draw()`를 어떻게 재정의할 것인가? 이 두 함수는 근본적으로 다른 의미(구조)를 갖고 있지만, 이름과 타입에서는 동일하다. 이것들은 두 개의 별도 함수로 재정의해야 한다. 이런 (특이한) 문제에 대해서 언어 차원의 직접적인 해결책은 존재하지 않지만, 중간 클래스를 추가하면 가능하다.

```
struct WWindow : Window {
    using Window::Window;                         // 생성자를 상속한다.
    virtual void win_draw() = 0;                  // 파생 클래스가 재정의하게 강제한다.
    void draw() override final { win_draw(); }    // 이미지를 표시한다.
};
struct CCowboy : Cowboy{
    using Cowboy::Cowboy;                         // 생성자를 상속한다.
    virtual void cow_draw() = 0;                  // 파생 클래스가 재정의하게 강제한다.
    void draw() override final { cow_draw(); }    // 가죽 케이스에서 권총을 뽑는다.
};
class Cowboy_window : public CCowboy, public WWindow {
public:
    void cow_draw() override;
    void win_draw() override;
    // ...
};
```

또는 그림으로 표시하면 다음과 같다.

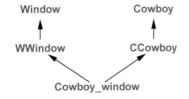

Window의 설계자가 좀 더 사려 깊어서 draw()를 const로 지정했더라면 문제 전체가 사라졌을 것이다. 나의 경험으로는 그런 경우가 일반적이다.

21.3.4 기반 클래스의 반복 사용

각 클래스가 직접적 기반 클래스를 오직 하나만 갖고 있을 경우 클래스 계층 구조는 트리가 될 것이며, 하나의 클래스는 트리에서 단 한 번 등장할 것이다. 클래스가 다중의 기반 클래스를 가질 수 있는 경우에는 최종 계층 구조에서 하나의 클래스가 여러 번 등장할 수 있다. 파일에 상태를 저장하고 나중에 그것을 꺼내볼 수 있는 기능을 제공하는 클래스를 하나 예로 들어보자.

```cpp
struct Storable {                  // 영구적인 저장
    virtual string get_file() = 0;
    virtual void read() = 0;
    virtual void write() = 0;

    virtual ~Storable() { }
};
```

이런 유용한 클래스는 자연스럽게 클래스 계층 구조 내의 여러 장소에서 쓰이게 될 것이다. 예를 들면 다음과 같다.

```cpp
class Transmitter : public Storable {
public:
    void write() override;
    // ...
};
class Receiver : public Storable {
public:
    void write() override;
    // ...
};
class Radio : public Transmitter, public Receiver {
public:
    string get_file() override;
    void read() override;
    void write() override;
    // ...
};
```

이를 기반으로 두 가지 경우를 상상해볼 수 있다.

[1]   Radio 객체는 Storable 클래스의 하위 객체 두 개를 갖는다(하나는 Transmitter용 하나는 Receiver용).

[2]   Radio 객체는 Storable 클래스의 하위 객체 하나를 갖는다(Transmitter와 Receiver 공유).

예제에서 제공된 바와 같이 기본 설정은 두 개의 하위 객체다. 다르게 지정하지 않는 한 어떤 클래스를 기반 클래스로 매번 언급할 때마다 하나의 사본이 얻어진다. 그림으로는 다음과 같이 표시될 수 있다.

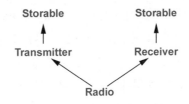

복제된 기반 클래스의 가상 함수는 파생 클래스 내의 (하나의) 함수에 의해 재정의될 수 있다. 대개 재정의 함수는 자신의 기반 클래스 버전을 호출한 다음, 기반 클래스에 특정된 작업을 처리한다.

```
void Radio::write()
{
    Transmitter::write();
    Receiver::write();
    // ... Radio에 특정된 정보를 작성한다...
}
```

복제된 기반 클래스에서 파생 클래스로의 캐스트는 22.2절에서 다룬다. 기반 클래스의 개별적인 함수로 각각의 **write()** 함수를 재정의하기 위한 기법에 대해서는 21.3.3절을 참고하기 바란다.

21.3.5 가상 기반 클래스

앞 절에서 다룬 **Radio** 예제는 **Storable** 클래스가 안전하면서도 간편하고 효율적으로 복제될 수 있기 때문에 동작한다. 그것이 가능한 이유는 **Storable**이 순수한 인터페이스를 제공하는 추상 클래스이기 때문일 뿐이다. **Storable** 객체는 자체적인 데이터를 보관하지 않는다. 이 클래스는 가장 간단한 경우로, 인터페이스와 구현 문제를 최적으로 분리하는 사례를 보여주기 위한 것이다. 실제에 있어서는 하나의 클래스가 **Radio**에 대해 두 개의 **Storable** 하위 객체가 있다는 사실을 쉽게 판단하기는 어렵다.

Storable이 실제로 데이터를 보관하는 데다 복제되지 말아야 하는 상황이 된다면 어떻게 할 것인가? 예를 들어 객체를 저장하는 데 쓰일 수 있게 파일의 이름을 보관하게끔 **Storable**을 정의할 수 있다.

```
class Storable {
public:
    Storable(const string& s);  // s라는 이름의 파일에 저장한다.
    virtual void read() = 0;
    virtual void write() = 0;
    virtual ~Storable();
protected:
    string file_name;

    Storable(const Storable&) = delete;
    Storable& operator=(const Storable&) = delete;
};
```

Storable에 대해 이렇게 사소해 보이는 변경이 가해지면 **Radio**의 설계를 변경해야 한다. 객체의 모든 부분이 **Storable**의 단일 사본을 공유해야 한다. 그렇지 않으면 다른 파일을 이용해서 **Storable**에서 여러 번 파생되는 뭔가의 두 부분을 얻게 될 것이다. 기반 클래스를 **virtual**로 선언하면 복제를 피할 수 있다. 파생 클래스의 모든 **virtual** 기반 클래스는 동일한 (공유) 이름을 통해 표시된다. 예를 들면 다음과 같다.

```
class Transmitter : public virtual Storable {
public:
    void write() override;
    // ...
};

class Receiver : public virtual Storable {
public:
    void write() override;
    // ...
};

class Radio : public Transmitter, public Receiver {
public:
    void write() override;
    // ...
};
```

또는 그림으로 표시하면 다음과 같다.

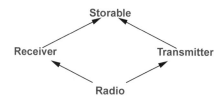

이 도표를 21.3.4절의 **Storable** 객체에 대한 그림과 비교해보고 통상적인 상속과 가상 상속 사이의 차이를 살펴보기 바란다. 상속 그래프에서 **virtual**로 지정된 주어진 이름을 가진 모든 기반 클래스는 해당 클래스의 단일 객체로 표시될 것이다. 반면 **virtual**로 지정되지 않은 각각의 기반 클래스는 그것을 나타내는 자신만의 하위 객체를 가질 것이다.

데이터를 포함한 가상 기반 클래스를 사용해야 하는 이유는 무엇인가? 계층 구조 내에서 두 개의 클래스가 데이터를 공유하는 세 가지 명백한 경우를 생각해볼 수 있다.

[1]   데이터를 비지역적으로 만든다(클래스 외부에서 전역 또는 네임스페이스 변수로서).

[2]   데이터를 기반 클래스에 넣는다.

[3]   객체를 어딘가에 할당하고 두 개의 클래스 각각에 포인터를 부여한다.

선택 [1], 비지역적인 데이터는 대개의 경우 좋지 못한 선택이다. 데이터에 무슨 코드가 접근하고 어떻게 접근하는지에 대해 제어할 수 없기 때문이다.

선택 [2], 데이터를 기반 클래스에 넣는 방법은 대개의 경우 가장 간단하다. 하지만 단일 상속의 경우 이 해결책은 유용한 데이터(그리고 함수)로 공통 기반 클래스를 가득 채우게 만든다. 종종 상속 트리의 뿌리까지 가득 차게 만들기도 한다. 이는 클래스 계층 구조의 모든 멤버가 접근 가능하다는 뜻이다. 이는 논리적으로 비지역적인 데이터를 사용하는 방법과 매우 유사하며, 똑같은 문제를 겪을 수 있다. 따라서 트리의 뿌리가 아닌 공통 기반 클래스, 즉 가상 기반 클래스가 필요해진다.

선택 [3], 포인터를 통해 접근되는 객체의 공유는 타당하다. 하지만 이럴 경우 생성자(들)가 공유 객체에 필요한 메모리를 따로 챙겨 놨다가 그것을 초기화하고 접근을 필요로 하는 객체에게 공유 객체를 가리키는 포인터를 제공해야 한다. 가상 기반 클래스를 구현하기 위해 생성자가 하는 일이 대체로 그렇다.

공유가 필요하지 않다면 가상 기반 클래스가 필요하지 않으며, 이런 경우 대개는 코드가 좀 더 나아지고 좀 더 간단해질 것이다. 하지만 일반적인 클래스 계층 구조 내에서 공유를 정말로 필요로 한다면 기본적으로 가상 기반 클래스를 사용하든지 아니면 그런 구상을 구현해주는 자신만의 변형을 직접 만들든지 둘 중의 하나를 선택해야 한다.

가상 기반 클래스를 가진 클래스의 객체를 다음과 같이 표시할 수 있다.

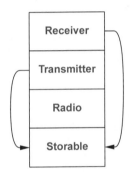

가상 기반 클래스 **Storable**을 나타내는 공유 객체를 가리키는 포인터들은 오프셋이 될 것이다. 종종 이들 중 하나는 **Receiver**나 **Transmitter** 하위 객체 중 하나를 기준으로 고정된 위치에 **Storable**을 배치하는 방식으로 최적화 차원에서 생략될 수 있다. 각각의 가상 기반 클래스에 대해서는 하나의 워드에 해당하는 저장 공간 오버헤드를 예상하기 바란다.

21.3.5.1 가상 기반 클래스의 생성

가상 기반 클래스를 사용하면 복잡한 관계망을 생성할 수 있다. 당연히 우리로서는 관계망을 간단하게 유지하고 싶겠지만, 그것을 아무리 복잡하게 만들어도 C++는 기반 클래스의 생성자가 정확히 딱 한 번 호출되게 보장해준다. 게다가 기반 클래스의 생성자는 (가상이든 아니든) 파생 클래스의 생성자보다 먼저 호출된다. 이외의 방법으로는 대혼란이 벌어질 것이다(즉, 객체가 초기화되기 전에 사용될 수도 있다). 이런 혼란을 피하기 위해서 모든 가상 기반 클래스의 생성자는 완전한 객체에 대한 생성자(말단의 파생 클래스에 대한 생성자)에서 (암시적 또는 명시적으로) 호출된다. 특히 이런 방식은 가상 기반 클래스가 클래스 계층 구조 내의 많은 장소에서 언급되더라도 정확히 단 한 번 생성되게 보장해준다. 예를 들면 다음과 같다.

```
struct V {
    V(int i);
    // ...
};

struct A {
    A();        // 기본 생성자
    // ...
};

struct B : virtual V, virtual A {
    B() :V{1} { /* ... */ };            // 기본 생성자: 기반 클래스 V를 초기화해야 한다.
    // ...
};

class C : virtual V {
public:
    C(int i) : V{i} { /* ... */ };      // 기반 클래스 V를 초기화해야 한다.
    // ...
};

class D : virtual public B, virtual public C {
    // B와 C에서 암시적으로 가상 기반 클래스 V를 구한다.
    // B에서 암시적 가상 기반 클래스 A를 구한다.
public:
    D() { /* ... */}                    // 오류: C나 V에 대한 기본 생성자가 없다.
    D(int i) :C{i} { /* ... */ };       // 오류: V에 대한 기본 생성자가 없다.
    D(int i, int j) :V{i}, C{j} { /* ... */ }   // OK
    // ...
};
```

D는 V에 대한 초기화 식을 제공할 수 있으며, 또 그렇게 해야만 한다는 점에 유의한다. V가 D의 기반 클래스로 명시적으로 언급되지 않았다는 사실은 문제가 되지 않는다. 기반 클래스에 대한 지식과 그것을 초기화해야 하는 의무는 가장 파생이 많이 이뤄진 클래스까지 타고 올라간다. 가상 기반 클래스는 언제나 말단의 파생 클래스에 대한 직접적인 기반 클래스로 간주된다. B와 C가 모두 V를 초기화했다는 사실은 문제가 되지 않는다. 컴파일러는 이 두 초기화 식 중 어느 쪽을 사용할지에 대해 아무런 선호도를 갖고 있지 않기 때문이다. 따라서 오직 말단의 파생 클래스에서 제공되는 초기화 식만 사용된다.

가상 기반 클래스에 대한 생성자는 그것의 파생 클래스에 대한 생성자보다 먼저 호출된다.

실제에 있어서는 이런 것이 우리가 원하는 만큼 지역화되지는 않는다. 특히 D에서 또 다른 클래스 DD를 파생한다면 DD는 가상 기반 클래스 초기화 작업을 처리해야 한다. 그냥 D의 생성자를 상속하지 않는다면(20.3.5.1절) 이는 성가신 일이 될 수 있다. 따라서 가상 기반 클래스를 지나치게 남용하는 것은 바람직하지 않을 수 있다.

생성자에 관련된 이런 논리적 문제가 소멸자에 대해서는 존재하지 않는다. 소멸자들은 단순히 생성자의 역순으로 호출된다(20.2.2절). 특히 가상 기반 클래스에 대한 소멸자는 정확히 딱 한 번 호출된다.

21.3.5.2 가상 클래스 멤버를 단 한 번만 호출하기

가상 기반 클래스를 가진 클래스에 대한 함수를 정의할 때 일반적으로 프로그래머는 해당 기반 클래스가 다른 파생 클래스와 공유되는지에 대해 알지 못한다. 이는 파생된 함수가 각각 호출될 때마다 기반 클래스 함수가 정확히 단 한 번 호출될 것을 요구하는 서비스를 구현할 때 문제가 될 수 있다. 따라서 필요한 경우 프로그래머는 말단 파생 클래스에서만 가상 기반 클래스 함수를 호출함으로써 생성자에 사용된 방식을 시뮬레이션할 수 있다. 예를 들어 자신의 내용물을 어떻게 그릴지 알고 있는 기본적인 Window 클래스를 하나 갖고 있다고 가정해보자.

```cpp
class Window {
public:
    // 기본적인 내용
    virtual void draw();
};
```

추가로 창을 장식하고 기능을 추가하는 다양한 방식이 있을 수 있다.

```cpp
class Window_with_border : public virtual Window {
    // 경계에 관한 내용
protected:
    void own_draw();   // 경계를 표시한다.
public:
    void draw() override;
};
class Window_with_menu : public virtual Window {
    // 메뉴에 관한 내용
protected:
    void own_draw();   // 메뉴를 표시한다.
public:
    void draw() override;
};
```

own_draw() 함수는 호출 대상 객체의 타입을 알고 있는 가상 draw() 함수 내에서 호출될 예정이기 때문에 virtual일 필요가 없다.

이를 바탕으로 그럴싸한 Clock 클래스를 구성할 수 있다.

```cpp
class Clock : public Window_with_border, public Window_with_menu {
    // 시계에 관한 내용
protected:
    void own_draw();   // 시계의 문자반과 바늘을 그린다.
public:
    void draw() override;
};
```

또는 그림으로 표시하면 다음과 같다.

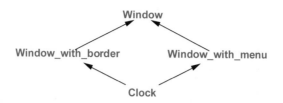

draw() 함수가 이제 own_draw() 함수를 이용해서 정의될 수 있으므로, 어떤 draw()를 호출하든 Window::draw()가 단 한 번만 호출된다. 이것은 draw() 호출 대상이 어떤 종류의 Window인지에 상관없이 처리된다.

```
void Window_with_border::draw()
{
    Window::draw();
    own_draw();   // 경계를 표시한다.
}
void Window_with_menu::draw()
{
    Window::draw();
    own_draw();   // 메뉴를 표시한다.
}
void Clock::draw()
{
    Window::draw();
    Window_with_border::own_draw();
    Window_with_menu::own_draw();
    own_draw();   // 시계의 문자반과 바늘을 표시한다.
}
```

Window::draw() 같이 한정된 호출은 가상 호출 메커니즘을 사용하지 않는다는 점에 유의한다. 대신 한정 호출은 이름을 가진 함수를 명시적으로 호출함으로써 골치 아픈 무한 재귀를 피한다.

가상 기반 클래스에서 파생 클래스로의 캐스트는 22.2절에서 다룬다.

21.3.6 복제와 가상 기반 클래스

순수한 인터페이스를 나타내는 추상 클래스를 구현하기 위해 다중 상속을 이용하는 방안은 프로그램의 설계 방식에 영향을 미친다. BB_ival_slider(21.2.3절) 클래스가 그런 예다.

```
class BB_ival_slider
    : public Ival_slider,   // 인터페이스
    protected BBslider      // 구현
{
    // BBslider의 기능을 활용하는 Ival_slider와 BBslider에 의해 요구되는 함수의 구현
};
```

이 예제에서는 두 개의 기반 클래스가 논리적으로 구분되는 역할을 수행한다. 한 기반 클래스는 인터페이스를 제공하는 public 추상 클래스이고, 다른 하나는 구현 '세부 사항'을 제

공하는 protected 구체 클래스다. 이런 역할은 제공되는 클래스의 스타일과 접근 제어(20.5절)에 반영돼 있다. 다중 상속의 사용은 여기서는 거의 필수에 가깝다. 파생 클래스가 인터페이스와 구현 양쪽에서 가상 함수를 재정의해야 하기 때문이다.

예를 들어 21.2.1절의 Ival_box 클래스를 다시 한 번 살펴보자. 결국(21.2.2절) 순수 인터페이스로 그들의 역할을 반영하다 보니 Ival_box 클래스들은 모두 추상으로 만들어졌다. 이렇게 함으로써 구현 세부 사항 전부를 특정한 구현 클래스에 집어넣을 수 있었다. 또한 구현 세부 사항의 공유는 전부 구현에 사용된 창 시스템의 클래스 계층 구조 내에서 이뤄졌다.

추상 클래스를 (공유 데이터 없이) 인터페이스로 활용할 때는 다음과 같은 선택이 있다.

- 인터페이스 클래스를 복제한다(클래스 계층 구조 내에서 언급될 때마다 하나의 객체).
- 인터페이스 클래스를 virtual로 만들어서 그것을 언급하는 계층 구조 내의 모든 클래스 사이에서 간단한 객체를 공유하게 한다.

Ival_slider를 가상 기반 클래스로 활용하면 다음과 같다.

```
class BB_ival_slider
    : public virtual Ival_slider, protected BBslider { /* ... */ };
class Popup_ival_slider
    : public virtual Ival_slider { /* ... */ };
class BB_popup_ival_slider
    : public virtual Popup_ival_slider, protected BB_ival_slider { /* ... */ };
```

또는 그림으로 표시하면 다음과 같다.

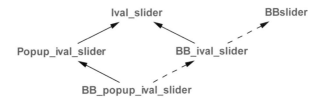

Popup_ival_slider에서 파생되는 추가적인 인터페이스나 그런 클래스와 BB_popup_ival_slider에서 파생되는 추가적인 구현 클래스를 상상하기는 어렵지 않다.

하지만 복제된 Ival_slider 객체를 사용하는 다음과 같은 대안도 있다.

```
class BB_ival_slider
    : public Ival_slider, protected BBslider { /* ... */ };
class Popup_ival_slider
    : public Ival_slider { /* ... */ };
class BB_popup_ival_slider
    : public Popup_ival_slider, protected BB_ival_slider { /* ... */ };
```

또는 그림으로 표시하면 다음과 같다.

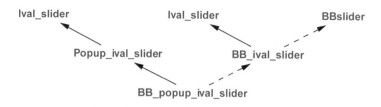

예상 외로 어떤 설계가 다른 대안에 비해 딱히 근본적인 런타임이나 공간상의 이점을 갖지는 못한다. 그럼에도 논리적인 차이는 존재한다. 복제된 `Ival_slider` 설계에서는 `BB_popup_ival_slider`가 `Ival_slider`로 암시적 변환될 수 없다(모호해지게 되기 때문이다).

```
void f(Ival_slider* p);
void g(BB_popup_ival_slider* p)
{
    f(p);      // 오류: Popup_ival_slider::Ival_slider인지 BB_ival_slider::Ival_slider인지?
}
```

한편 가상 기반 클래스 설계에 내재돼 있는 공유로 인해 기반 클래스로부터의 캐스트에 대한 모호성이 야기되는 경우에 그럴듯한 시나리오를 구성하는 방법이 있긴 하다(22.2절). 하지만 그런 모호성은 손쉽게 처리될 수 있다.

우리의 인터페이스에 대해 가상 기반 클래스와 복제 기반 클래스 중에 어느 쪽을 선택해야 하는가? 물론 대부분의 경우에는 기존 설계를 준수해야 하는 관계로 선택의 여지가 없다. 실제로 선택을 할 수 있는 경우라면 (예상 외로) 복제 기반 클래스 해결책이 좀 더 작은 객체들을 낳는다는 점과(공유를 지원하는 데이터 구조를 필요로 하지 않기 때문에), 많은 경우 인터페이스 객체가 '가상 생성자'나 '팩토리 함수'에서 얻어진다는 점을 염두에 둘 수 있다(21.2.4절). 예를 들면 다음과 같다.

```
Popup_ival_slider* popup_slider_factory(args)
{
    // ...
    return new BB_popup_ival_slider(args);
    // ...
}
```

구현(여기서는 `BB_popup_ival_slider`)에서 그것의 직접적인 인터페이스(여기서는 `Popup_ival_slider`)로의 명시적 변환은 필요하지 않다.

21.3.6.1 가상 기반 클래스 함수의 재정의

파생 클래스는 자신의 직접적 또는 간접적 가상 기반 클래스의 가상 함수를 재정의할 수 있다. 특히 두 개의 다른 클래스가 가상 기반 클래스의 서로 다른 가상 함수를 재정의할 수 있다. 이런 방식으로 여러 개의 파생 클래스는 가상 기반 클래스에 의해 제공되는 인터페이스에 대한 구현에 기여할 수 있다. 예를 들어 `Window` 클래스에 `set_color()`와 `prompt()` 함수가 있다고 생각해보자. 이 경우 `Window_with_border`는 색상 체계 제어의 일환으로 `set_color()`를 재정의할 수 있고, `Window_with_menu`는 사용자 상호작용 제어의 일환으로 `prompt()`를 재정의할 수 있다.

```
class Window {
    // ...
    virtual void set_color(Color) = 0;        // 배경 색상을 설정한다.
    virtual void prompt() = 0;
};
class Window_with_border : public virtual Window {
    // ...
    void set_color(Color) override;           // 배경 색상을 제어한다.
};
class Window_with_menu : public virtual Window {
    // ...
    void prompt() override;                   // 사용자 상호작용을 제어한다.
};
class My_window : public Window_with_menu, public Window_with_border {
    // ...
};
```

서로 다른 파생 클래스가 동일한 함수를 재정의한다면 어떻게 할 것인가? 이런 경우는
재정의하는 클래스가 해당 함수를 재정의하는 다른 모든 클래스로부터 파생된 경우에만 허용
된다. 즉, 한 함수에서 다른 모든 것들을 재정의해야 한다. 예를 들어 My_window는 prompt()
를 재정의해서 Window_with_menu가 제공하는 것을 개선할 수 있다.

```
class My_window : public Window_with_menu, public Window_with_border {
    // ...
    void prompt() override;        // 사용자 상호작용을 기반 클래스가 처리하게 내버려 두지 않는다.
};
```

또는 그림으로 표시하면 다음과 같다.

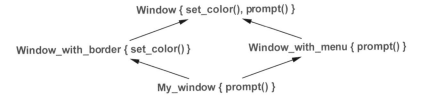

두 클래스가 하나의 기반 클래스 함수를 재정의하는데, 서로 간에는 재정의가 이뤄지지
않는다면 클래스 계층 구조는 잘못된 것이다. 그 이유는 하나의 함수만으로 인터페이스로
어떤 클래스를 사용하는지에 상관없이 모든 호출에 대해 일관된 의미를 부여할 수는 없기
때문이다. 또는 구현 용어로 표현한다면 완전한 객체에 대한 해당 함수 호출이 모호하다면
가상 함수 테이블이 생성될 수 없다는 것이다. 예를 들어 21.3.5절의 Radio에서 write()를
선언하지 않았다면 Receiver와 Transmitter의 write() 선언은 Radio를 정의할 때 오류를
일으켰을 것이다. Radio에서와 마찬가지로 이러한 충돌은 말단 파생 클래스에 재정의 함수를
추가함으로써 해결될 수 있다. 가상 기반 클래스에 대한 구현의 일부(전부는 아니고)를 제공하는
클래스를 종종 믹스인mixin이라고 부른다.

21.4 조언

[1] new를 이용해서 생성된 객체의 **delete**를 잊지 않기 위해서는 **unique_ptr**이나 **shared_ptr**을 사용한다(21.2.1절).

[2] 인터페이스로 사용할 기반 클래스에는 데이터 멤버를 넣지 않는다(21.2.1.1절).

[3] 추상 클래스를 이용해서 인터페이스를 표현한다(21.2.2절).

[4] 추상 클래스에는 가상 소멸자를 제공해서 올바른 마무리를 보장한다(21.2.2절).

[5] 대규모 클래스 계층 구조에서는 **override**를 사용해서 재정의를 명시적으로 만든다(21.2.2절).

[6] 추상 클래스를 사용해서 인터페이스 상속을 지원한다(21.2.2절).

[7] 데이터 멤버를 가진 기반 클래스를 이용해서 구현 상속을 지원한다(21.2.2절).

[8] 통상적인 다중 상속을 이용해서 기능의 조합을 표현한다(21.3절).

[9] 다중 상속을 이용해서 인터페이스에서 구현을 분리한다(21.3절).

[10] 가상 기반 클래스를 이용해서 계층 구조 내에서 일부(전부는 아닌) 클래스에 공통된 뭔가를 표현한다(21.3.5절).

22

런타임 타입 정보

섣부른 최적화는 모든 악의 근원이다
– 도널드 카누스(Donald Knuth)

반면 효율성도 무시할 수 없다
– 존 벤틀리(Jon Bentley)

- 개요
- 클래스 계층 구조 탐색 dynamic_cast, 다중 상속, static_cast와 dynamic_cast, 인터페이스의 복구
- 이중 디스패치와 방문자 이중 디스패치, 방문자
- 생성과 소멸
- 타입 식별 확장 타입 정보
- RTTI의 올바른 사용과 잘못된 사용
- 조언

22.1 개요

일반적으로 클래스는 기반 클래스의 관계망으로부터 생성된다. 이러한 클래스 관계망class lattice은 종종 클래스 계층 구조class hierarchy라고 불린다. 우리는 한 클래스가 다른 클래스를 기반으로 구성되는 방식에 대해 사용자가 지나치게 신경 쓰지 않아도 되게끔 클래스를 설계하려고 노력한다. 특히 가상 호출 메커니즘은 어떤 객체에 대해 함수 f()를 호출할 때 해당 호출에 쓰이는 f()의 선언이 계층 구조 내의 어떤 클래스에 의해 제공되는지, 그리고 그 함수가 어떤 클래스에서 정의돼 있는지에 상관없이 똑같은 함수가 호출되도록 보장해준다. 22장에서는 기반 클래스에서 제공되는 인터페이스만 주어진 경우에 전체 객체에 대한 정보를 얻는 방법을 설명한다.

22.2 클래스 계층 구조 탐색

21.2절에서 정의된 `Ival_box`가 쓰일 만한 경우는 그것을 화면 제어 시스템에 건네고, 어떤 활동이 일어날 때 해당 시스템이 객체를 애플리케이션 프로그램에 다시 되돌려주게 하는 경우가 될 것이다. 여기서는 GUI 라이브러리와 화면을 제어하는 운영체제 기능을 합친 것을 시스템system이라고 칭하기로 한다. 시스템과 애플리케이션 사이를 오가는 객체들은 흔히 위젯widget이나 컨트롤control이라고 불린다. 많은 사용자 인터페이스가 작동하는 방식이 그렇다. 언어적인 관점에서 보면 시스템이 우리의 `Ival_box`에 대해 알지 못하는 것이 중요하다. 시스템의 인터페이스는 우리 애플리케이션의 클래스가 아니라 시스템의 자체 클래스와 객체의 관점에서 지정된다. 이것이 필요하면서도 올바른 방식이다. 다만 이런 방식에는 언짢은 결과가 하나 있는데, 시스템에 전달됐다가 나중에 우리에게 다시 돌아올 객체의 타입에 대한 정보가 손실된다는 것이다.

객체의 '잃어버린' 타입을 복구하려면 어쨌든 타입을 알아내기 위해 객체에 물어봐야 한다. 객체에 대해 뭔가를 하려면 객체에 해당하는 적절한 타입의 포인터나 참조자를 가져야 한다. 결과적으로 런타임에 객체의 타입을 조사하는 가장 확실하고 유용한 연산은 타입 변환 연산이며, 이 연산은 객체가 적당한 타입이면 유효한 포인터를 반환하고 그렇지 않다면 널 포인터를 반환한다. `dynamic_cast` 연산자가 바로 그런 기능을 수행한다. 예를 들어 '시스템'이 활동이 일어난 `BBwindow`를 가리키는 포인터로 `my_event_handler()`를 호출한다고 가정해보자. 그러면 나는 `Ival_box`의 `do_something()`을 이용해서 애플리케이션을 호출하게 될 것이다.

```
void my_event_handler(BBwindow* pw)
{
    if (auto pb = dynamic_cast<Ival_box*>(pw)) {   // pw는 Ival_box를 가리키는가?
        // ...
        int x = pb->get_value();    // Ival_box를 사용한다.
        // ...
    }
    else {
        // ... 문제 발생! 예상치 못한 이벤트에 대처한다...
    }
}
```

여기서 벌어지고 있는 상황은 `dynamic_cast`가 사용자 인터페이스의 구현 지향적인 언어를 애플리케이션의 언어로 전환하고 있다고 설명될 수 있다. 이 예제에서 언급되고 있지 않은 것, 바로 객체의 실제 타입에 주목하는 것이 중요하다. 객체는 `BBwindow`의 특정 종류, 예를 들면 `BBslider`에 의해 구현된 `Ival_box`의 특정 종류, 예를 들면 `Ival_slider`일 것이다. 이런 상호작용에서 '시스템'과 애플리케이션 간에 실제 객체의 타입을 명시적으로 만드는 것은 필요하지도 않고 바람직하지도 않다. 인터페이스는 상호작용의 핵심적 사항을 표시하기 위해 존재하는 것이다. 특히 잘 설계된 인터페이스는 필수적이지 않은 세부 사항을 은닉하기 마련이다.

pb=dynamic_cast<Ival_box*>(pw)의 동작을 그림으로 표시하면 다음과 같다.

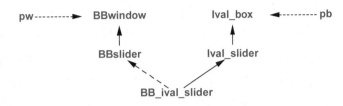

pw에서 pb로의 화살표는 전달되는 객체에 대한 포인터를 나타내는 반면, 나머지 화살표들은 전달되는 객체의 서로 다른 부분 사이의 상속 관계를 나타낸다.

런타임의 타입 정보 사용은 흔히 '런타임 타입 정보run-time type information'라고 일컬어지며, RTTI이라고 축약해서 쓰이기도 한다.

기반 클래스에서 파생 클래스로의 캐스트는 종종 **다운캐스트**downcast라고 일컬어지는데, 이렇게 불리는 이유는 상속 트리를 뿌리에서부터 아래쪽으로 그리는 관례 때문이다. 마찬가지로 파생 클래스에서 기반 클래스로의 캐스트는 **업캐스트**upcast라고 불린다. **BBwindow**에서 **Ival_box**로의 경우와 같이 기반 클래스에서 형제 클래스로 진행되는 캐스트는 **크로스캐스트** crosscast라고 불린다.

22.2.1 dynamic_cast

dynamic_cast 연산자는 두 개의 피연산자를 받아들인다. <와 >에 둘러싸인 타입과, (와)에 둘러싸인 포인터 또는 참조자가 그것이다. 포인터인 경우를 먼저 살펴보자.

dynamic_cast<T*>(p)

T가 D의 기반 클래스인 경우 p가 T* 타입이거나 D* 타입이라면 결과는 단순히 p를 T*에 대입한 경우와 똑같을 것이다. 예를 들면 다음과 같다.

```
class BB_ival_slider : public Ival_slider, protected BBslider {
    // ...
};
void f(BB_ival_slider* p)
{
    Ival_slider* pi1 = p;                              // OK
    Ival_slider* pi2 = dynamic_cast<Ival_slider*>(p);  // OK

    BBslider* pbb1 = p;                            // 오류: BBslider는 protected 기반 클래스다.
    BBslider* pbb2 = dynamic_cast<BBslider*>(p);       // OK: pbb2는 nullptr이 된다.
}
```

이런 업캐스트는 재미없는 경우다. 그럼에도 이런 예제는 dynamic_cast가 private과 protected 기반 클래스의 보호에 대해 우연적인 위반을 허용하지 않는다는 점을 재확인시켜 준다. 업캐스트로 활용된 dynamic_cast는 단순한 대입과 정확히 똑같기 때문에 오버헤드가 전혀 없고 어휘적 맥락에 민감하다.

dynamic_cast의 목적은 변환의 정확성을 컴파일러가 판단할 수 없는 상황을 처리하기 위한 것이다. 이런 경우 dynamic_cast<T*>(p)는 p가 가리키는 객체를 살펴본다. 그런 객체가 클래스 T 타입이거나 T 타입의 고유 기반 클래스를 갖고 있다면 dynamic_cast는 해당객체를 가리키는 T* 타입의 포인터를 반환한다. 그렇지 않으면 nullptr이 반환된다. p의 값이 nullptr이라면 dynamic_cast<T*>(p)는 nullptr을 반환한다. 이런 변환의 요구 조건은고유 식별될 수 있는 객체로의 변환이어야 한다는 점에 유의한다. p가 가리키는 객체가 T타입의 기반 클래스를 나타내는 하위 객체를 여러 개 갖고 있어서 변환이 실패하고 nullptr이반환되는 경우에 대한 예제를 구성하는 것도 가능하다(22.2절).

dynamic_cast는 포인터나 참조자가 다형적 타입이어야 다운캐스트나 크로스캐스트를 할수 있다. 예를 들면 다음과 같다.

```
class My_slider: public Ival_slider { // 다형적 기반 클래스(Ival_slider는 가상 함수를 갖고 있다)
    // ...
};

class My_date : public Date {          // 다형적이지 않은 기반 클래스(Date에는 가상 함수가 없다)
    // ...
};

void g(Ival_box* pb, Date* pd)
{
    My_slider* pd1 = dynamic_cast<My_slider*>(pb) ;      // OK(Ival_slider는 Ival_box다)
    My_date* pd2 = dynamic_cast<My_date*>(pd) ;          // 오류: Date는 다형적이지 않다.
}
```

포인터 타입이 다형적이기를 요구하는 것은 dynamic_cast의 구현을 단순화시켜준다. 그렇게 되면 객체 타입에 대한 정보를 보관할 장소를 찾기가 쉬워지기 때문이다. 전형적인 구현에서는 '타입 정보 객체'(22.5절)를 객체에 부착시키는데, 그 방법은 타입 정보를 가리키는 포인터를 객체 클래스에 대한 가상 함수 테이블에 넣는 것이다(3.2.3절). 예를 들면 다음과 같다.

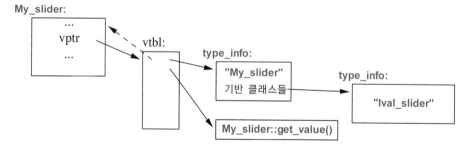

점선으로 된 화살표는 오프셋을 나타내는데, 오프셋은 다형적 하위 객체를 가리키는 포인터만 주어진 경우에 완전한 객체의 시작을 찾을 수 있게 해준다. dynamic_cast가 효율적으로구현될 수 있다는 점이 명확히 드러난다. 필요한 일이라곤 기반 클래스를 나타내는 type_info객체와 몇 번 비교하는 것뿐이다. 비용이 많이 드는 탐색이나 문자열 비교를 필요로 하지않는다.

dynamic_cast를 다형적 타입으로만 제한하는 것 역시 논리적 관점에 보면 타당하다. 즉,객체가 가상 함수를 갖고 있지 않다면 그것의 정확한 타입을 모르는 상태에서는 안전하게 조작할 수 없다는 것이다. 결과적으로 그런 객체는 타입을 알지 못하게 되는 상황에 빠지지 않도록 주의를 기울여야 한다. 그런 객체의 타입을 알고 있다면 dynamic_cast를 쓸 필요가 없다.

dynamic_cast의 목표 타입은 다형적일 필요가 없다. 이런 특성 덕택에 예를 들면 객체 입출력 시스템(22.2.4절)을 통한 전송에서 구체 타입을 다형적 타입으로 포장한 다음, 나중에 포장을 풀어 구체 타입으로 다시 복원할 수 있다. 예를 들면 다음과 같다.

```
class Io_obj {      // 객체 입출력 시스템을 위한 기반 클래스
    virtual Io_obj* clone() = 0;
};
class Io_date : public Date, public Io_obj { };
void f(Io_obj* pio)
{
    Date* pd = dynamic_cast<Date*>(pio);
    // ...
}
```

void*로의 dynamic_cast는 다형적 타입 객체의 시작 주소를 판별하는 데 사용될 수 있다. 예를 들면 다음과 같다.

```
void g(Ival_box* pb, Date* pd)
{
    void* pb2 = dynamic_cast<void*>(pb); // OK
    void* pd2 = dynamic_cast<void*>(pd); // 오류: Date는 다형적이지 않다.
}
```

파생 클래스 내에서 Ival_box 같이 기반 클래스를 나타내는 객체가 반드시 말단 파생 클래스의 해당 객체에서 첫 번째 하위 객체는 아니다. 따라서 pb가 반드시 pb2와 동일한 주소를 갖고 있는 것은 아니다.

이러한 캐스트는 상당히 저수준의 함수(void*를 다루는 등의 함수에서만)에서 이뤄지는 상호작용에서만 쓸모가 있다. void*로부터의 dynamic_cast는 가능하지 않다(vptr을 어디에서 찾을 수 있는지 알 길이 없기 때문, 22.2.3절).

22.2.1.1 참조자에 대한 dynamic_cast

다형적 동작이 가능하기 위해서는 객체가 포인터나 참조자를 통해 조작돼야 한다. dynamic_cast가 포인터 타입에 대해 사용될 경우 nullptr은 실패를 표시한다. 이것은 참조자에 대해서는 가능하지도 않고 바람직하지도 않다.

포인터에 대해서는 결과가 nullptr일 가능성, 즉 포인터가 객체를 가리키지 않을 가능성을 염두에 둬야 한다. 따라서 포인터에 대한 dynamic_cast의 결과는 언제나 명시적으로 테스트돼야 한다. 포인터 p에 대해 dynamic_cast<T*>(p)는 "p가 가리키는 객체가 존재한다면 T 타입인가?"라는 질문으로 해석될 수 있다. 다음 예를 살펴보자.

```
void fp(Ival_box* p)
{
    if (Ival_slider* is = dynamic_cast<Ival_slider*>(p)) {  // p는 Ival_slider를 가리키는가?
        // ... is를 사용한다...
    }
    else {
        // ... *p는 slider가 아니다. 다른 경우를 처리한다...
    }
}
```

반면 참조자의 경우에는 항상 객체를 참조한다고 가정하는 것이 타당하다(7.7.4절). 따라서 참조자에 대한 dynamic_cast<T&>(r)은 질문이 아니라 "r이 참조하는 객체는 타입 T다"라는 단정이다. 참조자에 대한 dynamic_cast의 결과는 dynamic_cast 자체의 구현에 의해 암시적으로 테스트된다. 참조자에 대한 dynamic_cast의 피연산자가 기대된 타입이 아니라면 bad_cast 예외가 던져진다. 예를 들면 다음과 같다.

```
void fr(Ival_box& r)
{
    Ival_slider& is = dynamic_cast<Ival_slider&>(r);   // r은 Ival_slider를 참조한다!
    // ... is를 사용한다...
}
```

실패한 동적 포인터 캐스트와 실패한 동적 참조자 캐스트 사이의 차이는 참조자와 포인터 사이의 근본적이 차이를 반영하는 것이다. 참조자에 대한 부적절한 캐스트에 대비하고 싶다면 적절한 핸들러가 제공돼야 한다. 예를 들면 다음과 같다.

```
void g(BB_ival_slider& slider, BB_ival_dial& dial)
{
    try {
        fp(&slider);        // Ival_box*로 전달된 BB_ival_slider를 가리키는 포인터
        fr(slider);         // Ival_box&로 전달된 BB_ival_slider를 가리키는 참조자
        fp(&dial);          // Ival_box*로 전달된 BB_dial_slider를 가리키는 포인터
        fr(dial);           // Ival_box로 전달된 dial
    }
    catch (bad_cast) {      // 30.4.1.1절
        // ...
    }
}
```

fp()에 대한 호출과 fr()에 대한 첫 번째 호출은 정상적으로 반환되겠지만(fp()가 제대로 BB_ival_dial을 처리할 수 있다는 가정하에), fr()에 대한 두 번째 호출은 bad_cast 예외를 일으킬 것이고, 이 예외는 g()에 의해 잡힐 것이다.

nullptr에 대한 명시적 테스트는 깜박하고 빠뜨리기가 쉽다. 그 점이 걱정된다면 실패 시에 nullptr을 반환하는 대신 예외를 던지는 변환 함수를 작성하면 된다.

22.2.2 다중 상속

오직 단일 상속만 사용되는 경우 클래스와 그것의 기반 클래스는 단일 기반 클래스에 뿌리를

두는 트리를 구성한다. 이런 구성은 간단하긴 하지만 제한적이다. 다중 상속이 사용될 때는 단일 뿌리가 존재할 수 없다. 이 자체로는 그다지 복잡해지지 않는다. 하지만 하나의 클래스가 계층 구조 내에서 여러 번 등장하게 되면 그런 클래스를 나타내는 객체를 참조할 때 약간 주의를 기울여야 한다.

당연하겠지만 계층 구조는 애플리케이션이 허용하는 선에서 가장 간단하게 유지하는 편이 좋다. 하지만 일단 본격적인 계층 구조가 형성되고 나면 가끔 사용할 특정 클래스를 찾기 위해 계층 구조를 탐색해야 하는 경우가 생겨난다. 이런 필요성은 두 가지 형태로 일어난다.

- 때로는 인터페이스로 사용하기 위해 기반 클래스에 명시적으로 이름을 붙이고 싶은 경우가 있다. 모호성을 해결하려는 경우나 가상 함수 메커니즘에 의존하지 않고 특정한 함수를 호출하려는 경우(명시적으로 한정된 호출, 21.3.3절)가 그런 예다.

- 때로는 다른 클래스를 가리키는 포인터가 주어진 경우 계층 구조의 하위 객체를 가리키는 포인터를 구하고 싶은 경우가 있다. 예를 들면 기반 클래스를 가리키는 포인터로부터 말단까지 파생된 클래스를 가리키는 포인터를 구하려는 경우(다운캐스트, 22.2.1절)나 또 다른 기반 클래스를 가리키는 포인터로부터 기반 클래스 객체를 가리키는 포인터를 구하려는 경우(크로스캐스트, 22.2.4절)가 그런 예다.

여기서는 희망하는 타입의 포인터를 구하기 위해 타입 변환(캐스트)을 이용해서 클래스 계층 구조를 탐색하는 방법을 살펴본다. 이용 가능한 메커니즘과 지침이 되는 규칙을 보여주기 위해 복제된 기반 클래스와 가상 기반 클래스 두 가지 모두가 포함된 어떤 관계망을 살펴보자.

```cpp
class Component
    : public virtual Storable { /* ... */ };
class Receiver
    : public Component { /* ... */ };
class Transmitter
    : public Component { /* ... */ };
class Radio
    : public Receiver, public Transmitter { /* ... */ };
```

또는 그림으로 표시하면 다음과 같다.

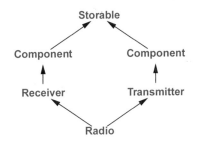

여기서 Radio 객체는 Component 클래스의 두 가지 하위 객체를 갖는다. 결과적으로 Radio 안에서 Storable에서 Component로 dynamic_cast한 결과는 모호할 것이며, 0을 반환한다. 프로그래머가 어떤 Component를 원하는지 알 수 있는 방법이 없다.

```
void h1(Radio& r)
{
    Storable* ps = &r;                              // Radio는 고유의 Storable을 갖는다.
    // ...
    Component* pc = dynamic_cast<Component*>(ps);  // pc = 0: Radio는 두 개의 Component를 갖는다.
    // ...
}
```

일반적으로 프로그래머(그리고 단일 해석 단위를 보고 있는 컴파일러)는 전체 클래스 관계망을 속속들이 알지는 못한다. 대신 코드는 일부 부분 관계망에 대해 알고 있는 지식을 기반으로 작성된다. 예를 들어 프로그래머는 **Radio**의 **Transmitter** 부분만을 알고 있는 상태에서 다음과 같이 작성할 수 있다.

```
void h2(Storable* ps)        // ps는 Component를 가리킬 수도 있고 아닐 수도 있다.
{
    if (Component* pc = dynamic_cast<Component*>(ps)) {
        // Component가 있다!
    }
    else {
        // Component가 아니었다.
    }
}
```

일반적으로 **Radio** 객체를 가리키는 포인터의 모호성은 컴파일 타임에 탐지되지 않는다. 이런 종류의 런타임 모호성 탐지는 가상 기반 클래스일 경우에만 필요하다. 통상적인 기반 클래스일 경우에는 다운캐스트(즉, 파생 클래스 쪽으로의, 22.2절)가 이뤄질 때 주어진 캐스트의 고유 하위 객체가 항상 존재한다. 동등한 모호성이 가상 기반 클래스에 대해서는 업캐스트(즉, 기반 클래스 쪽으로의)가 이뤄질 때 일어나지만, 이러한 모호성은 컴파일 타임에 잡히게 된다.

22.2.3 static_cast와 dynamic_cast

dynamic_cast는 다형적 가상 기반 클래스에서 파생 클래스나 형제 클래스로의 캐스트를 수행할 수 있다(22.2.1절). **static_cast**(11.5.2절)는 캐스트할 객체를 조사하지 않으므로, 그렇게 할 수 없다.

```
void g(Radio& r)
{
    Receiver* prec = &r;                        // Receiver는 Radio의 통상적인 기반 클래스다.
    Radio* pr = static_cast<Radio*>(prec);      // OK, 체크되지 않음
    pr = dynamic_cast<Radio*>(prec);            // OK, 런타임 체크됨

    Storable* ps = &r;                          // Storable은 Radio의 가상 기반 클래스다.
    pr = static_cast<Radio*>(ps);               // 오류: 가상 기반 클래스로부터 캐스트할 수 없다.
    pr = dynamic_cast<Radio*>(ps);              // OK, 런타임 체크됨
}
```

dynamic_cast가 다형적 피연산자를 요구하는 이유는, **dynamic_cast**가 표시하는 기반 클

래스 객체에 해당하는 객체를 찾는 데 사용될 수 있는 정보가 비다형적인 객체에는 저장돼 있지 않기 때문이다. 특히 포트란이나 C 같이 일부 다른 언어에 의해 결정되는 배치 구조상의 제약을 가진 타입의 객체는 가상 기반 클래스로서 쓰일 수 있다. 그런 타입 객체에서는 오직 정적 타입 정보만이 이용 가능하다. 하지만 런타임 타입 식별을 제공하기 위해 필요한 정보에 는 **dynamic_cast**를 구현하기 위해 필요한 정보가 포함된다.

클래스 계층 구조 탐색에 **static_cast**를 사용하려는 이유는 무엇인가? **dynamic_cast**의 사용에는 런타임 비용이 관련된다(22.2.1절). 좀 더 중요한 이유로는 **dynamic_cast**가 나오기 전에 쓰여진 수백만 행의 코드가 존재하기 때문이다. 이런 코드는 캐스트의 유효성을 보장하 기 위해 다른 방법에 의존하고 있는 관계로, **dynamic_cast**를 통한 체크는 군더더기로 여겨진 다. 하지만 이런 코드는 보통 C 스타일 캐스트(11.5.3절)를 이용해서 작성돼 있다. 따라서 종 종 불명확한 오류가 남아 있다. 가능한 경우에는 좀 더 안전한 **dynamic_cast**를 사용하기 바란다.

컴파일러는 **void***가 가리키는 메모리에 대해 그 어떤 가정도 할 수 없다. 이는 타입을 판단하기 위해 객체를 들여다봐야 하는 **dynamic_cast**가 **void***에는 적용될 수 없다는 뜻이다. 그렇기 때문에 **static_cast**가 필요해진다. 예를 들면 다음과 같다.

```
Radio* f1(void* p)
{
    Storable* ps = static_cast<Storable*>(p);          // 프로그래머를 믿는다.
    return dynamic_cast<Radio*>(ps);
}
```

dynamic_cast와 **static_cast**는 모두 const와 접근 제어를 침해하지 않는다. 예를 들면 다음과 같다.

```
class Users : private set<Person> { /* ... */ };
void f2(Users* pu, const Receiver* pcr)
{
    static_cast<set<Person>*>(pu);          // 오류: 접근 위반
    dynamic_cast<set<Person>*>(pu);         // 오류: 접근 위반

    static_cast<Receiver*>(pcr);            // 오류: const를 캐스트해서 없애버릴 수 없다.
    dynamic_cast<Receiver*>(pcr);           // 오류: const를 캐스트해서 없애버릴 수 없다.

    Receiver* pr = const_cast<Receiver*>(pcr);          // OK
    // ...
}
```

static_cast나 **reinterpret_cast**를 써서 **private** 기반 클래스를 캐스트하는 것은 가능 하지 않으며, "const(또는 volatile)를 캐스트해서 없애버리려면" **const_cast**(11.5.2절)가 필요 하다. 그렇게 하더라도 객체가 원래 **const**(또는 volatile)로 선언되지 않은 경우에만 결과를 안전하게 사용할 수 있다(16.2.9절).

22.2.4 인터페이스의 복구

설계적 관점에서 보면 **dynamic_cast**(22.2.1절)는 객체에게 주어진 인터페이스를 제공하는지 묻는 메커니즘이라고 할 수 있다.

간단한 객체 입출력 시스템을 예로 들어보자. 사용자는 스트림에서 객체를 읽어 들이고, 기대되는 타입의 객체인지를 판단한 다음, 사용하려고 한다. 예를 들면 다음과 같다.

```
void user()
{
    // ... 모양을 보관하게 될 파일을 열고, ss를 해당 파일에 대한 istream으로 부착한다...
    unique_ptr<Io_obj> p {get_obj(ss)}; // 스트림에서 객체를 읽어 들인다.

    if (auto sp = dynamic_cast<Shape*>(p.get())) {
        sp->draw();    // Shape를 사용한다.
        // ...
    }
    else {
        // 문제 발생: Shape 파일에 모양이 아닌 것이 있다.
    }
}
```

user() 함수는 추상 클래스 **Shape**를 통해 모양을 독점적으로 다루는 관계로, 모든 종류의 모양을 사용할 수 있다. 객체 입출력 시스템이 다른 많은 종류의 객체를 다룰 수 있는 데다 사용자가 들어본 적도 없는 완벽하게 훌륭한 클래스의 객체가 포함된 파일을 우연하게 열 수도 있기 때문에 **dynamic_cast**의 사용이 필수적이다.

get_obj()에 의해 할당된 객체를 삭제하는 것을 잊지 않기 위해 **unique_ptr<Io_obj>**(5.2.1절, 34.3.1절)가 사용됐다.

이런 객체 입출력 시스템은 **Io_obj**에서 파생된 클래스의 모든 객체를 읽고 쓸 수 있다고 가정한다. **get_obj()**의 사용자가 **dynamic_cast**를 사용해서 반환된 타입의 '진정한 타입'을 복구할 수 있게 하기 위해 **Io_obj** 클래스는 다형적 타입이어야 한다. 예를 들면 다음과 같다.

```
class Io_obj {
public:
    virtual Io_obj* clone() const =0;    // 다형적
    virtual ~Io_obj() {}
};
```

객체 입출력 시스템에서 핵심적인 함수는 **get_obj()**로, 이 함수는 **istream**에서 데이터를 읽어 들이고 해당 데이터를 기반으로 클래스 객체를 생성한다. 입력 스트림에서 객체를 나타내는 데이터에는 객체의 클래스를 나타내는 문자열 접두사가 붙는다고 가정된다. **get_obj()**의 역할은 이런 문자열을 읽은 다음 올바른 클래스의 객체를 읽고 생성할 수 있는 함수를 호출하는 것이다. 예를 들면 다음과 같다.

```
using Pf = Io_obj*(istream&);       // Io_obj*를 반환하는 함수를 가리키는 포인터
map<string,Pf> io_map;              // 문자열을 생성 함수에 대응시킨다.
```

```
string get_word(istream& is);          // is로부터 한 워드를 읽는다. 읽기가 실패한 경우
                                        // Read_error를 던진다.

Io_obj* get_obj(istream& is)
{
    string str = get_word(is);          // 첫 워드를 읽는다.
    if (auto f = io_map[str])            // 함수를 얻기 위해 str을 찾는다.
        return f(is);                   // 함수를 호출한다.
    throw Unknown_class{};               // str과 일치하는 것이 없다.
}
```

io_map이라고 불리는 map은 이름 문자열과 해당 이름으로 클래스의 객체를 생성할 수 있는 함수의 쌍을 보관한다.

user()에서 필요한 만큼 Io_obj로부터 Shape를 파생할 수 있다.

```
class Shape : public Io_obj {
    // ...
};
```

하지만 이미 정의돼 있는 Shape(3.2.4절)를 바꾸지 않고 그대로 사용하는 편이 좀 더 흥미로울 것이다(그리고 많은 경우 좀 더 현실적이다).

```
struct Io_circle : Circle, Io_obj {
    Io_circle(istream&);                                         // 입력 스트림으로 초기화한다.
    Io_circle* clone() const { return new Io_circle{*this}; }    // 복사 생성자를 사용한다.
    static Io_obj* new_circle(istream& is) { return new Io_circle{is}; } // io_map을 위한 것
};
```

이 코드는 무엇보다도 노드 클래스로 구현한 경우에 비해 추상 클래스를 이용하면 훨씬 덜 신경을 쓰고도 클래스를 계층 구조에 맞출 수 있다는 점을 보여주는 예제다(21.2.2절).

Io_circle(istream&) 생성자는 istream 인자로 받은 데이터로 객체를 초기화한다. new_circle() 함수는 클래스를 객체 입출력 시스템에 알리기 위해 io_map에 넣었던 함수다. 예를 들면 다음과 같다.

```
io_map["Io_circle"]=&Io_circle::new_circle;          // 어딘가에
```

다른 모양들도 동일한 방식으로 생성된다.

```
class Io_triangle : public Triangle, public Io_obj {
    // ...
};
io_map["Io_triangle"]=&Io_triangle::new_triangle;     // 어딘가에
```

객체 입출력을 위한 준비가 지루하다면 템플릿이 도움이 될 수 있다.

```
template<typename T>
struct Io : T, Io_obj {
public:
    Io(istream&);                                                // 입력 스트림으로 초기화한다.
    Io* clone() const override { return new Io{*this}; }
    static Io* new_io(istream& is) { return new Io{is}; }    // io_map을 위한 것
};
```

이 코드가 주어지면 Io_circle을 정의할 수 있다.

```
using Io_circle = Io<Circle>;
```

그럼에도 불구하고 여전히 Io<Circle>::Io(istream&)는 명시적으로 정의해야 한다. Circle의 세부 사항에 대해 알아야 하기 때문이다. Io<Circle>::Io(istream&)는 T의 private이나 protected 데이터에 접근하지 못한다는 데 유의한다. X의 생성자 중 하나를 이용해서 X를 생성하기 위해서는 타입 X에 대한 전송 형식이 필요하다는 것이다. 스트림의 정보가 반드시 X 멤버 값의 시퀀스는 아니라는 점에 유의한다.

Io 템플릿은 구체 타입을 클래스 계층 구조에 맞추기 위해 해당 계층 구조의 노드인 핸들을 제공하는 방법을 보여주는 예다. Io 템플릿은 Io_obj로부터의 캐스트를 가능하게 하기 위해 자신의 템플릿 매개변수를 이용해서 만들어진다.

```
void f(io<Shape>& ios)
{
    Shape* ps = &ios;
    // ...
}
```

안타깝게도 템플릿 인자로부터 만들어지다 보니 기본 제공 타입에 대해서는 Io를 사용할 수 없다.

```
using Io_date = Io<Date>;        // 구체 타입을 포장한다.
using Io_int = Io<int>;          // 오류: 기본 제공 타입에 대해서는 만들어질 수 없다.
```

사용자의 객체를 Io_obj의 멤버로 만들면 이 문제를 해결될 수 있다.

```
template<typename T>
struct Io :Io_obj {
    T val;

    Io(istream&);                                        // 입력 스트림으로 초기화한다.
    Io* clone() const override { return new Io{*this}; }
    static Io* new_io(istream& is) { return new Io{is}; }   // io_map을 위한 것
};
```

이제 다음 구문을 처리할 수 있다.

```
using Io_int = Io<int>;        // 기본 제공 타입을 포장한다.
```

값을 기반 클래스가 아닌 멤버로 만든 관계로, 더 이상 Io_obj<X>를 X로 직접적으로 캐스트할 수 없다. 따라서 그것을 처리하기 위한 함수를 제공해야 한다.

```
template<typename T>
T* get_val<T>(Io_obj* p)
{
    if (auto pp = dynamic_cast<Io<T>*>(p))
        return &pp->val;
    return nullptr;
}
```

이제 user() 함수는 다음과 같이 된다.

```
void user()
{
    // ... 모양을 보관하게 될 파일을 열고, ss를 해당 파일에 대한 istream으로 부착한다...
    unique_ptr<Io_obj> p {get_obj(ss)}; // 스트림에서 객체를 읽는다.
    if (auto sp = get_val<Shape>(p.get())) {
        sp->draw(); // use the Shape
        // ...
    }
    else {
        // ... 문제 발생: Shape 파일에 모양이 아닌 것이 있다...
    }
}
```

이런 간단한 객체 입출력 시스템이 모든 사용자가 원하는 모든 것을 처리할 수는 없겠지만, 한 페이지에 안에 거의 들어갈 수 있는 데다 핵심 메커니즘은 다양한 용도로 활용될 수 있다. 이 시스템은 임의의 객체를 통신 채널 간에 타입 안전적인 방식으로 전송하기 위한 시스템의 '수신자 측'을 구현할 수 있는 청사진이다. 좀 더 일반적으로 이런 기법들은 사용자가 제공한 문자열을 기반으로 함수를 호출하는 데 쓰일 수 있으며, 런타임 타입 식별을 통해 발견된 인터페이스를 통해 타입을 모르는 객체를 조작하는 데 쓰일 수 있다.

일반적으로 이런 객체 입출력 시스템의 송신자 부분 역시 RTTI를 사용한다. 다음 코드를 살펴보자.

```
class Face : public Shape {
public:
    Shape* outline;
    array<Shape*> eyes;
    Shape* mouth;
    // ...
};
```

outline이 가리키는 Shape를 정확히 출력하기 위해서는 어떤 종류의 Shape인지를 알아내야 한다. 그것이 typeid()(22.5절)의 역할이다. 일반적으로 연결된 데이터 구조를 송신하고 여러 개의 포인터(또는 참조자)가 가리키는 객체의 중복을 피하기 위해서는 (포인터, 고유 식별자) 쌍의 테이블 까지 보관해야 한다.

22.3 이중 디스패치와 방문자

고전적인 객체지향 프로그래밍은 인터페이스(기반 클래스)에 대한 포인터나 참조자만이 주어진 경우 객체의 동적 타입(말단의 파생 클래스의 타입)을 기반으로 가상 함수를 선택하는 방식에 의존한다. 특히 C++는 한 번에 한 타입에 대해 이러한 런타임 탐색(동적 디스패치라고도 불리는)을 수행할 수 있다. 이런 점에서 C++는 시뮬라와 스몰토크^{Smalltalk} 및 자바나 C# 같은 가장 최신 언어와 닮았다. 두 개의 동적 타입을 기반으로 함수를 선택할 수 없다는 것은 심각한 제약이 될 수 있다. 또한 가상 함수는 멤버 함수여야만 한다. 이는 인터페이스를 제공하는 기반 클래스나 영향을 받게 될 모든 파생 클래스들을 변경하지 않고서는 클래스 계층 구조에 가상 함수를 추가할 수 없다는 뜻이다. 이것 역시 심각한 문제가 될 수 있다. 이 절에는 이런 문제들에 대한 기본적인 우회 수단을 설명한다.

22.3.1 이중 디스패치^{Double Dispatch}에서는 두 타입을 기반으로 가상 함수를 선택하는 방법을 보여준다.

22.3.2 방문자^{Visitors}에서는 이중 디스패치를 이용해서 계층 구조에 단 하나의 가상 함수만 추가하면서 여러 개의 함수를 클래스 계층 구조에 추가하는 방법을 보여준다.

이런 기법을 보여주는 대부분의 현실적인 예제들은 벡터, 그래프, 다형적 타입의 객체를 가리키는 포인터 등의 데이터 구조를 다룰 때 일어난다. 이런 경우 객체(벡터 원소나 그래프 노드 등)의 실제 타입은 기반 클래스에 의해 제공되는 인터페이스를 (암시적 또는 명시적으로) 조사함으로써 동적으로 파악하는 수밖에 없다.

22.3.1 이중 디스패치

두 개의 인자를 기반으로 함수를 선택하는 방법을 살펴본다. 다음 예를 살펴보자.

```cpp
void do_someting(Shape& s1, Shape& s2)
{
    if (s1.intersect(s2)) {
        // 두 모양이 겹친다.
    }
    // ...
}
```

이 코드가 Circle이나 Triangle 등의 Shape에 뿌리를 둔 클래스 계층 구조에 포함된 어떠한 두 개의 클래스에 대해서도 동작하게 만들고 싶다.

기본 전략은 s1에 적합한 함수를 선택하기 위해 가상 함수 호출을 실행한 다음 s2에 적합한 함수를 선택하기 위해 두 번째 호출을 실행하는 것이다. 간단히 하기 위해 두 모양이 실제로 교차하는지를 판단하기 위한 계산은 생략하고 적합한 함수를 선택하기 위한 코드 뼈대만을 작성하려고 한다. 우선 교차 여부를 판단하는 함수를 가진 Shape를 정의한다.

```cpp
class Circle;
class Triangle;

class Shape {
public:
    virtual bool intersect(const Shape&) const =0;
    virtual bool intersect(const Circle&) const =0;
    virtual bool intersect(const Triangle&) const =0;
};
```

다음으로 이런 가상 함수들을 재정의할 Circle과 Triangle을 정의해야 한다.

```cpp
class Circle : public Shape {
public:
```

```
    bool intersect(const Shape&) const override;
    virtual bool intersect(const Circle&) const override;
    virtual bool intersect(const Triangle&) const override
};
class Triangle : public Shape {
public:
    bool intersect(const Shape&) const override;
    virtual bool intersect(const Circle&) const override;
    virtual bool intersect(const Triangle&) const override;
};
```

이제 각각의 클래스가 **Shape** 계층 구조에 포함된 가능한 모든 클래스를 처리할 수 있으므로, 각 조합에 대해 무엇을 해야 할지 결정하기만 하면 된다.

```
bool Circle::intersect(const Shape& s) const { return s.intersect(*this); }
bool Circle::intersect(const Circle&) const { cout <<"intersect(circle,circle)\n"; return true; }
bool Circle::intersect(const Triangle&) const { cout <<"intersect(triangle,circle)\n";
return true; }
bool Triangle::intersect(const Shape& s) const { return s.intersect(*this); }
bool Triangle::intersect(const Circle&) const { cout <<"intersect(circle,triangle)\n";
return true; }
bool Triangle::intersect(const Triangle&) const { cout <<"intersect(triangle,triangle)\n";
return true; }
```

여기서 흥미로운 함수는 `Circle::intersect(const Shape&)`와 `Triangle::intersect(const Shape&)`다. 이 함수들은 `Shape&` 인자를 처리해야 할 필요가 있는데, 이 인자가 파생 클래스를 참조해야 하기 때문이다. 그냥 이 인자들로 역순으로 가상 호출을 실행하는 것이 요령이다. 그렇게 되면 실제로 교차 계산을 수행할 수 있는 4가지 함수 중 하나에 도달하게 된다.

이런 기법은 **Shape*** 값의 모든 쌍으로 이뤄진 **vector**를 만들고 그것들에 대해 **intersect()**를 호출함으로써 테스트할 수 있다.

```
void test(Triangle& t, Circle& c)
{
    vector<pair<Shape*,Shape*>> vs { {&t,&t}, {&t,&c}, {&c,&t}, {&c,&c} };
    for (auto p : vs)
        p.first->intersect(*p.second);
}
```

Shape*를 사용함으로써 필연적으로 타입의 런타임 해결에 의존하게 된다. 얻어지는 결과는 다음과 같다.

```
intersect(triangle,triangle)
intersect(triangle,circle)
intersect(circle,triangle)
intersect(circle,circle)
```

이 결과가 깔끔하다고 여겨진다면 눈높이를 높일 필요가 있긴 하지만, 일단 임무는 완수한 것이다. 클래스 계층 구조가 커짐에 따라 가상 함수의 필요성이 급격히 증가한다. 그런 상황은 대부분의 경우에 받아들여질 수 없다. 이 기법을 서너 개의 인자로 확장하는 것은 대수로운 일은 아니겠지만, 장황해질 것이다. 가장 최악의 문제는 새로운 연산과 새로운 파생 클래스가 도입될 때마다 계층 구조에 포함된 모든 클래스에 변경이 가해져야 한다는 점이다. 이런 이중 디스패치 기법은 상당히 침습적이다. 나는 특정 모양들의 원하는 조합에 대해 지정된 재정의를 가진 간단한 비멤버 intersect(Shape&,Shape&) 함수를 선언하는 쪽을 선호했을 것이다. 이런 방법은 [Pirkelbauer,2009]에서는 가능하지만 C++11에서는 가능하지 않다.

이중 디스패치가 이상하다고 해서 그것이 해결하려는 문제가 덜 중요해지는 것은 아니다. 두 피연산자의 타입에 의존하는 intersect(x,y)와 같은 동작을 원하는 경우는 드물지 않다. 우회 방법은 널려 있다. 예를 들어 사각형의 교차 여부를 찾는 작업은 어렵지 않다. 따라서 많은 애플리케이션에서 사람들은 각각의 모양에 대해 '경계 상자bounding box'를 정의한 다음, 경계 상자에 대한 교차 여부를 계산하는 것으로도 충분하다는 것을 발견했다. 예를 들면 다음과 같다.

```
class Shape {
public:
    virtual Rectangle box() const = 0;            // 사각형이 모양을 둘러싼다.
    // ...
};
class Circle : public Shape {
public:
    Rectangle box() const override;
    // ...
};
class Triangle : public Shape {
public:
    Rectangle box() const override;
    // ...
};
bool intersect(const Rectangle&, const Rectangle&);    // 계산이 간단하다.
bool intersect(const Shape& s1, const Shape& s2)
{
    return intersect(s1.box(),s2.box());
}
```

또 하나의 기법은 타입 조합에 대한 탐색 테이블을 미리 계산해 놓는 것이다.[Stroustrup,1994]

```
bool intersect(const Shape& s1, const Shape& s2)
{
    auto i = index(type_id(s1),type_id(s2));
    return intersect_tbl[i](s1,s2);
}
```

이런 아이디어를 변형한 방식은 널리 쓰인다. 많은 변형 방식에서 타입 식별을 빨리 하기 위해 객체에 저장된 미리 계산된 값을 사용한다(27.4.2절).

22.3.2 방문자

방문자 패턴[Gamma,1994]은 (지나치게) 간단한 이중 디스패치 기법에서 일어나는 가상 함수, 재정의 함수 및 언짢은 침습성의 급격한 증가에 대한 부분적인 해결책이다.

계층 구조 내의 모든 클래스에 대해 두 개(및 이상의)의 연산을 어떻게 적용할지 검토해보자. 기본적으로 우리는 정확한 노드에 대한 정확한 연산을 선택하기 위해 노드의 계층 구조와 연산의 계층 구조에 대해 이중 디스패치를 수행할 것이다. 이런 연산은 방문자[visitor]라고 불린다. 여기에서 방문자는 Visitor 클래스에서 파생된 클래스 내에서 정의된다. 노드는 Visitor&를 받아들이는 가상 함수 accept()를 가진 클래스의 계층 구조다. 이 예제에 대해서는 추상 문법 트리[AST] 기반의 도구에서 흔히 볼 수 있는 바와 같이 언어 구문 요소를 기술하는 Node의 계층 구조를 사용한다.

```cpp
class Visitor;
class Node {
public:
    virtual void accept(Visitor&) = 0;
};

class Expr : public Node {
public:
    void accept(Visitor&) override;
};

class Stmt : public Node {
public:
    void accept(Visitor&) override;
};
```

지금까지는 괜찮다. Node 계층 구조는 주어진 타입의 Node에 대해 무엇을 해야 하는지를 나타내는 Visitor& 인자를 받아들이는 가상 함수 accept()를 제공할 뿐이다.

여기서는 const를 사용하지 않는데, 그 이유는 일반적으로 Visitor의 연산은 '방문된' Node나 Visitor 자신 중의 한쪽을 갱신할 수 있기 때문이다.

이제 Node의 accept()는 이중 디스패치 기법을 수행하고 Node 자체를 Visitor의 accept()에게 전달한다.

```cpp
void Expr::accept(Visitor& v) { v.accept(*this); }
void Stmt::accept(Visitor& v) { v.accept(*this); }
```

Visitor는 연산 집합을 선언한다.

```cpp
class Visitor {
public:
    virtual void accept(Expr&) = 0;
    virtual void accept(Stmt&) = 0;
};
```

그 다음 Visitor로부터 파생해서 그것의 accept() 함수를 재정의함으로써 연산 집합을 정의할 수 있다. 예를 들면 다음과 같다.

```cpp
struct Do1_visitor : public Visitor {
    void accept(Expr&) override { cout << "do1 to Expr\n"; }
    void accept(Stmt&) override { cout << "do1 to Stmt\n"; }
};
```

```
struct Do2_visitor : public Visitor {
    void accept(Expr&) override { cout << "do2 to Expr\n"; }
    void accept(Stmt&) override { cout << "do2 to Stmt\n"; }
};
```

런타임 타입 해결이 사용되게 보장하기 위해 포인터의 **pair**로 이뤄진 **vector**를 만들어서 테스트할 수 있다.

```
Do1_visitor do1;
Do2_visitor do2;
void test(Expr& e, Stmt& s)
{
    vector<pair<Node*,Visitor*>> vn {{&e,&do1}, {&s,&do1}, {&e,&do2}, {&s,&do2}};
    for (auto p : vn)
        p.first->accept(*p.second);
}
```

결과는 다음과 같다.

```
do1 to Expr
do1 to Stmt
do2 to Expr
do2 to Stmt
```

간단한 이중 디스패치와 반대로, 방문자 패턴은 실세계의 프로그래밍에서 집중적으로 사용된다. 이 기법은 약간만 침습적일 뿐이며(accept() 함수), 기본 아이디어에 대한 여러 가지 변형 방식이 사용된다. 하지만 클래스 계층 구조에 대한 상당수 연산은 방문자로 표현되기 어렵다. 예를 들어 그래프에서 다양한 타입의 다중 노드에 대한 접근을 필요로 하는 연산은 방문자로 간단하게 구현될 수 없다. 그런 관계로 나는 방문자 패턴은 깔끔하지 못한 우회 방안 정도로 간주된다. [Solodkyy,2012] 같은 대안이 존재하긴 하지만 순수 C++11에서는 이용할 수 없다.

C++에서 방문자에 대한 대부분의 대안은 균일한 데이터 구조(예를 들면 벡터나 다형적 타입을 가리키는 포인터가 포함된 노드의 그래프)에 대해 명시적으로 반복을 수행한다는 개념에 기반을 두고 있다. 각각의 원소나 노드에서 가상 함수의 호출로 원하는 연산을 수행하거나, 저장된 데이터에 대해 일부 최적화가 적용될 수 있다(예제에 대해서는 27.4.2절 참고).

22.4 생성과 소멸

클래스 객체는 단순한 메모리 영역 이상의 개념이다(6.4절). 클래스 객체는 생성자에 의해 '원시 메모리'에서 만들어지며, 소멸자가 실행될 때 '원시 메모리'로 되돌아간다. 생성은 상향식이고, 소멸은 하향식이며, 클래스 객체는 생성되거나 소멸되는 점에서 객체의 일종이다. 이런 순서는 객체가 초기화되기 전에 접근되지 않게 보장하기 위해 필요하다. '교묘한' 포인터 조작(17.2.3절)을 통해 기반 클래스나 멤버 객체를 너무 일찍 또는 순서를 벗어나서 접근하려고 시도하는 것은 현명하지 못하다. 생성과 소멸의 순서는 RTTI에 대한 규칙, 예외 처리(13.3절), 가상 함수(20.3.2절)에 반영돼 있다.

생성과 소멸 순서의 세부적 내용에 의존하는 건 현명하지 않지만, 객체가 완성되지 않은 시점에 가상 함수 dynamic_cast(22.2절)나 typeid(22.5절)를 호출하면 그런 순서를 관찰할 수 있다. 그런 시점에 생성자 내에서 객체의 (동적) 타입은 그때까지 생성된 것만이 반영된다. 예를 들어 22.2.2절에 등장하는 계층 구조 내의 Component에 대한 생성자가 가상 함수를 호출한다면 Receiver, Transmitter, Radio의 것이 아니라, Storable이나 Component에 대해 정의된 버전을 호출할 것이다. 마찬가지로 소멸자에서 가상 함수를 호출하면 아직 소멸되지 않은 것만이 반영될 것이다. 생성이나 소멸 도중에 가상 함수를 호출하지 않는 편이 바람직하다.

22.5 타입 식별

런타임에서 객체 타입에 대한 정보가 필요하면 대부분 dynamic_cast 연산자를 사용하게 된다. dynamic_cast를 이용해서 작성된 코드는 프로그래머가 명시적으로 언급한 클래스로부터 파생된 클래스들과 제대로 작동되는 것이 보장된다는 점이 중요하다. 따라서 dynamic_cast는 가상 함수와 비슷한 방식으로 융통성과 확장성을 유지한다.

하지만 경우에 따라 객체의 정확한 타입을 알아야만 할 때가 있다. 예를 들어 객체 클래스의 이름이나 그것의 배치 구조를 알고 싶을 수 있다. typeid 연산자는 피연산자의 타입을 나타내는 객체를 결과로 출력함으로써 이런 요구를 충족시켜 준다. typeid()가 함수였다면 그 선언은 다음과 같았을 것이다.

```
class type_info;
const type_info& typeid(expression);      // 의사(pseudo) 선언
```

즉, typeid()는 <typeinfo>에 정의돼 있는 type_info란 표준 라이브러리 타입에 대한 참조자를 반환한다.

- 타입의 이름이 피연산자로 주어질 경우 typeid(type_name)은 type_name을 나타내는 type_info에 대한 참조자를 반환한다. type_name은 완전하게 정의된 타입이어야 한다(8.2.2절).
- 표현식expression이 피연산자로 주어질 경우 typeid(expr)은 expr로 표기되는 객체의 타입을 나타내는 type_info에 대한 참조자를 반환한다. expr은 완전하게 정의된 타입을 참조해야 한다(8.2.2절). expr의 값이 nullptr이라면 typeid(expr)은 std::bad_typeid를 던진다.

typeid()는 참조자나 포인터에 의해 참조되는 객체의 타입을 찾을 수 있다.

```
void f(Shape& r, Shape* p)
{
    typeid(r);      // r에 의해 참조되는 객체의 타입
    typeid(*p);     // p가 가리키는 객체의 타입
    typeid(p);      // 포인터의 타입, 즉 Shape*(실수를 제외하고는 드물다)
}
```

typeid()의 피연산자가 nullptr 값을 가진 다형적 타입의 포인터이거나 참조자라면 typeid()는 std::bad_typeid를 던진다. typeid()의 피연산자가 다형적 타입이 아니거나 좌

변 값이 아니라면 결과는 피연산자 표현식을 평가하지 않고 컴파일 타임에 결정된다.

역참조된 포인터나 참조자가 나타내는 객체가 다형적 타입이라면 반환된 **type_info**는 해당 객체에 대한 말단 파생 클래스의 타입, 즉 객체가 정의됐을 때의 타입이다. 예를 들면 다음과 같다.

```
struct Poly {     // 다형적 기반 클래스
    virtual void f();
    // ...
};
struct Non_poly { /* ... */ };          // 가상 함수 없음
struct D1
    : Poly { /* ... */ };
struct D2
    : Non_poly { /* ... */ };
void f(Non_poly& npr, Poly& pr)
{
    cout << typeid(npr).name() << '\n';   // "Non_poly" 같은 것을 출력한다.
    cout << typeid(pr).name() << '\n';    // Poly 또는 Poly에서 파생된 클래스의 이름
}
void g()
{
    D1 d1;
    D2 d2;
    f(d2,d1);                             // "Non_poly D1"을 출력한다.
    f(*static_cast<Poly*>(nullptr),*static_cast<Null_poly*>(nullptr)); // 문제 발생!
}
```

마지막 호출은 bad_typeid를 던지기 전에 Non_poly(typeid(npr)이 평가되지 않았기 때문에)라고 만 출력할 것이다.

type_info의 정의는 다음과 같다.

```
class type_info {
    // 데이터
public:
    virtual ~type_info();                            // 다형적이다.

    bool operator==(const type_info&) const noexcept;  // 비교될 수 있다.
    bool operator!=(const type_info&) const noexcept;

    bool before(const type_info&) const noexcept;      // 순서 매기기
    size_t hash_code() const noexcept;                 // unordered_map 등에 의해 사용됨
    const char* name() const noexcept;                 // 타입의 이름

    type_info(const type_info&) = delete;              // 복사를 방지한다.
    type_info& operator=(const type_info&) = delete;   // 복사를 방지한다.
};
```

before() 함수는 type_info가 정렬되게 해준다. 특히 이 함수는 type_id가 순서가 있는 컨테이너(map 등)를 위한 키로 쓰일 수 있게 해준다. before에 의해 정의된 관계와 상속 관계 사이에는 아무런 관계가 없다. hash_code() 함수는 type_id가 해시 테이블(unordered_map 등)을 위한 키로 쓰일 수 있게 해준다.

시스템 내의 각 타입에 대해 오직 하나의 **type_info** 객체만 있으리라는 보장은 없다. 실

제로 동적으로 링크되는 라이브러리가 사용되는 경우에는 구현에서 중복 **type_info** 객체를 피하기가 어려울 수 있다. 결과적으로 동등성을 평가하기 위해서는 **type_info**를 가리키는 포인터에 대해 **==**를 쓰지 말고 **type_info** 객체에 대해 **==**를 써야 한다.

경우에 따라 전체 객체(단지 기반 클래스 중의 하나가 아니라)에 어떤 서비스를 수행하기 위해 객체의 정확한 타입을 알고 싶을 때가 있다. 이상적이라면 그런 서비스는 정확한 타입이 알려질 필요가 없는 가상 함수로 제시돼야 한다. 어떤 경우에는 조작되는 모든 객체에 대해 공통적인 인터페이스가 있다고 가정할 수 없기 때문에 정확한 타입을 통한 우회 방안이 필요해진다 (22.5.1절). 또 다른 훨씬 간단한 용도는 진단용 출력을 위한 클래스의 이름을 얻기 위한 것이다.

```
#include<typeinfo>
void g(Component* p)
{
    cout << typeid(*p).name();
}
```

클래스 이름의 문자 표시는 구현별 정의 사항이다. 이런 C 스타일 문자열은 시스템에 의해 소유되는 메모리 내에 상주하므로, 프로그래머는 그것을 **delete[]**하려고 시도하지 말아야 한다.

22.5.1 확장 타입 정보

type_info 객체에는 최소한의 정보만이 포함돼 있다. 그러므로 많은 경우 객체의 정확한 타입을 찾는 일은 해당 타입에 대한 좀 더 상세한 정보를 획득하고 이용하는 데 있어 첫걸음에 불과하다.

구현이나 개발 도구에서 사용자가 타입에 대한 정보를 어떤 방식으로 런타임에 이용할 수 있게 해야 할지 생각해보자. 사용되는 각 클래스에 대한 객체 배치 구조에 대한 설명을 만들어주는 도구를 갖고 있다고 가정해보자. 사용자 코드에서 배치 구조 정보를 찾을 수 있게 이런 설명을 **map**에 넣을 수 있다.

```
#include <typeinfo>
map<string, Layout> layout_table;
void f(B* p)
{
    Layout& x = layout_table[typeid(*p).name()];   // *p의 이름 기반으로 Layout을 찾는다.
    // ... x를 사용한다...
}
```

결과 데이터 구조는 다음과 같을 것이다.

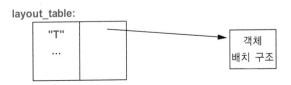

다른 누군가가 완전히 다른 종류의 정보를 제공할지도 모른다.

```
unordered_map<type_index,Icon> icon_table;    // 31.4.3.2절
void g(B* p)
{
    Icon& i = icon_table[type_index{typeid(*p)}];
    // ... i를 사용한다...
}
```

type_index는 type_info 객체를 비교하고 해싱하기 위한 표준 라이브러리 타입이다 (35.5.4절).

결과 데이터 구조는 다음과 같을 것이다.

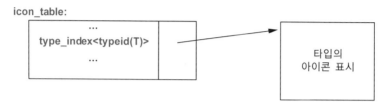

시스템 헤더를 수정하지 않고 typeid와 정보를 연결시키면 여러 사람이나 개발 도구에서 서로 다른 정보를 서로 독립적으로 타입과 연결시킬 수 있다. 이것이 중요한 이유는 모든 사용자를 만족시킬 수 있는 단일한 정보 집합을 얻기란 거의 불가능하기 때문이다.

22.6 RTTI의 올바른 사용과 잘못된 사용

명시적 런타임 타입 정보는 필요할 때만 사용돼야 한다. 정적(컴파일 타임) 체크는 좀 더 안전하고, 좀 더 적은 오버헤드를 유발하며, 적용 가능한 경우에는 좀 더 구조화된 프로그램을 낳는다. 가상 함수 기반의 인터페이스는 타입 안전성과 융통성 양쪽을 모두 제공할 수 있는 방식으로 정적 타입 체크와 런타임 탐색을 조합한다. 하지만 프로그래머는 때때로 이런 대안들을 경시하고 부적절한 경우에 RTTI를 쓰곤 한다. 예를 들어 RTTI는 속이 빤히 들여다보이는 switch문을 작성하는 데 쓰일 수 있다.

```
// 런타임 타입 정보의 잘못된 사용
void rotate(const Shape& r)
{
    if (typeid(r) == typeid(Circle)) {
        // 아무것도 하지 않는다.
    }
    else if (typeid(r) == typeid(Triangle)) {
        // ... 삼각형을 회전한다...
    }
    else if (typeid(r) == typeid(Square)) {
        // ... 사각형을 회전한다...
    }
    // ...
}
```

typeid 대신 dynamic_cast를 써도 코드는 아주 약간만 개선될 뿐이다. 어느 쪽이든 이

코드는 문법적으로도 보기 좋지 않은 데다 비용이 많은 드는 연산을 반복적으로 수행한다는 점에서 비효율적이기까지 하다.

안타깝게도 이 코드는 명목상의 예제가 아니다. 이런 코드가 실제로 쓰이고 있다. 언어에는 숙달됐지만 클래스 계층 구조나 가상 함수에는 그렇지 못한 많은 사람들은 **switch**문의 집합으로 소프트웨어를 구성하려는 참을 수 없는 충동을 느낀다. 이런 충동은 대개 참아야만 한다. 타입에 기반을 둔 런타임 구별이 필요한 대부분의 경우를 처리하고 싶다면 RTTI보다 가상 함수(3.2.3절, 20.3.2절)를 이용하기 바란다. 22.2절에서 **Ival_box**를 사용한 것은 이런 예 중 하나다. 사용자가 **BBwindow** 같은 라이브러리 클래스의 정의를 변경하려고 하고, 실제로도 그렇게 할 수 있다면 RTTI를 사용하지 않아도 된다. 그렇지 않다면 RTTI가 필요하다. 사용자가 기반 클래스를 수정하려고 해도(예를 들면 가상 함수를 추가함으로써) 그런 수정 자체로 문제가 생길 수도 있다. 예를 들어 가상 함수가 필요하지도 않고 의미가 있지도 않은 클래스에서 가상 함수의 더미 구현을 도입하는 것이 필요할 수도 있다. 간단한 객체 입출력 시스템을 구현하기 위해 RTTI를 사용하는 방법은 22.2.4절에서 찾을 수 있다.

스몰토크, 일반화 프로그래밍 이전의 자바, 리스프[Lisp] 같이 동적 타입 체크에 집중적으로 의존하는 언어에 대한 경험을 가진 사람들은 과도하게 범용적인 타입과 함께 RTTI를 활용하는 방식에 매력을 느낄 수 있다.

```cpp
// 런타임 타입 정보의 잘못된 사용
class Object {      // 다형적
    // ...
};
class Container : public Object {
public:
    void put(Object*);
    Object* get();
    // ...
};
class Ship : public Object { /* ... */ };
Ship* f(Ship* ps, Container* c)
{
    c->put(ps);                              // Ship을 컨테이너에 넣는다.
    // ...
    Object* p = c->get();                    // 컨테이너에서 Object를 꺼낸다.
    if (Ship* q = dynamic_cast<Ship*>(p)) {  // Object가 Ship인지 런타임 체크한다.
        return q;
    }
    else {
        // ... 그 외의 사항들을 처리한다(대개는 예외 처리) ...
    }
}
```

여기서 **Object** 클래스는 불필요한 구현 부산물이다. 이 클래스는 애플리케이션 영역의 추상화와 대응되지 않고 애플리케이션 프로그래머가 구현 수준의 추상화(Object)를 사용하도록 강제하기 때문에 지나치게 범용적이다. 많은 경우 이런 종류의 문제는 단일 종류의 포인터만을 갖고 있는 컨테이너 템플릿을 사용할 때 좀 더 잘 해결된다.

```
Ship* f(Ship* ps, vector<Ship*>& c)
{
    c.push_back(ps);        // Ship을 컨테이너에 넣는다.
    // ...
    Ship* p = c.back();     // 컨테이너에서 Ship을 꺼낸다.
    c.pop_back();
    return p;
}
```

이런 코드 스타일은 순수 Object 기반의 대안에 비해 오류에 덜 취약하며(정적 타입 체크가 좀 더 잘된다) 덜 장황하다. 가상 함수와 함께 사용하면 이 기법으로 대부분의 경우를 처리할 수 있다. 템플릿에서 템플릿 인자 T는 Object의 위치를 받아들이고 정적 타입 체크를 가능하게 해준다(27.2절).

22.7 조언

[1] 가상 함수를 사용해서 객체에 대해 사용되는 인터페이스에 상관없이 동일한 연산이 수행되도록 보장한다(22.1절).

[2] 클래스 계층 구조 탐색이 불가피한 경우에는 dynamic_cast를 사용한다(22.2절).

[3] 타입 안전적이고 명시적인 클래스 계층 구조의 탐색을 위해서는 dynamic_cast를 사용한다(22.2.1절).

[4] 필요한 클래스의 검색 실패가 실패로 간주되는 경우라면 참조자 타입으로의 dynamic_cast를 사용한다(22.2.1.1절).

[5] 필요한 클래스의 검색 실패가 유효한 대안으로 간주되는 경우라면 포인터 타입으로의 dynamic_cast를 사용한다(22.2.1.1절).

[6] 두 개의 동적 타입에 대한 연산을 표현하려면 이중 디스패치나 방문자를 사용한다(최적화된 탐색이 필요하지 않다면)(22.3.1절).

[7] 생성이나 소멸 도중에는 가상 함수를 호출하지 않는다(22.4절).

[8] 확장 타입 정보를 구현하기 위해서는 typeid를 사용한다(22.5.1절).

[9] 어떤 객체의 타입을 찾기 위해서는(객체의 인터페이스를 찾는 경우가 아니라면) typeid를 사용한다(22.5절).

[10] 가급적 typeid나 dynamic_cast에 기반을 둔 반복되는 switch문보다는 가상 함수를 사용한다(22.6절).

템플릿

당신이 인용한 것은 여기에

— **스트롭스트롭**(Stroustrup)

- 개요
- 간단한 문자열 템플릿 템플릿의 정의, 템플릿 인스턴스화
- 타입 체크 타입 동등성, 오류 탐지
- 클래스 템플릿 멤버 데이터 멤버, 멤버 함수, 멤버 타입 별칭, **static** 멤버, 멤버 타입, 멤버 템플릿, 프렌드
- 함수 템플릿 함수 템플릿 인자, 함수 템플릿 인자 추론, 함수 템플릿 오버로딩
- 템플릿 별칭
- 소스코드 구성 링크 관계
- 조언

23.1 개요

템플릿은 매개변수를 사용하는 프로그래밍의 형식으로 일반화 프로그래밍(3.4절)을 직접적으로 지원한다. C++ 템플릿 메커니즘은 클래스, 함수 또는 타입 별칭의 정의 내에서 타입이나 값을 매개변수로 만들어 준다. 템플릿은 광범위한 범위의 보편적인 개념을 표현해주는 알기 쉬운 방법과 그것들을 조합하는 간단한 방법을 제공한다. 그 결과로 얻어지는 클래스와 함수는 런타임 및 공간 효율성 측면에서 수작업으로 작성된 덜 일반적인 코드에 필적할 수 있다.

템플릿은 오직 매개변수 타입에서 실제로 이용하는 속성에만 의존하며, 인자로 쓰이는 타입들이 명시적인 관계를 갖는 것을 요구하지 않는다. 특히 템플릿에 쓰이는 인자 타입은 상속 계층 구조의 일부가 아니어도 된다. 기본 제공 타입이 인자로 받아들여질 수 있으며, 상당히 보편적으로 활용되고 있다.

템플릿에서 제공하는 구성은 타입 안전적지만(어떤 객체도 템플릿의 정의와 어긋나는 방식으로 암시적으로 사용될 수 없다), 안타깝게도 템플릿의 인자에 대한 요구 사항은 코드에 간단하고 직접적으

로 기술될 수 없다(24.3절).

주요한 모든 표준 라이브러리 추상화는 템플릿으로 표현되며(예를 들면 string, ostream, regex, complex, list, map, unique_ptr, thread, future, tuple, function), 주요 연산 역시 그렇다(예를 들면 string 비교, 출력 연산자 <<, complex 산술 연산, list 삽입과 삭제 및 sort()). 이 덕분에 이 책에서 라이브러리를 다루는 장들(4부)은 템플릿에 대한 예제와 템플릿에 의존하는 프로그래밍 기법에 대한 예제의 풍부한 보고가 됐다.

여기서는 설계, 구현 및 표준 라이브러리의 이용에 필요한 기법에 주된 초점을 맞춰 템플릿이 소개된다. 표준 라이브러리는 대부분의 소프트웨어에 비해 훨씬 더 높은 수준의 범용성, 유연성, 효율성을 요구한다. 그런 관계로 표준 라이브러리의 설계와 구현에서 쓰이는 기법들은 다양한 문제에 대한 해결책을 설계하는 경우에도 효과적이며 효율적이다. 이런 기법들은 구현자가 복잡한 구현을 간단한 인터페이스 뒤로 숨기고 사용자의 특별한 요구가 있는 경우에만 복잡성을 노출할 수 있게 해준다.

템플릿과 템플릿을 활용하기 위한 기본적인 기법들이 23장과 이후 6개 장의 초점이다. 23장에서는 가장 기본적인 템플릿 기능과 템플릿을 이용하기 위해 필요한 기본적인 프로그래밍 기법에 초점을 맞춘다.

23.2 **간단한 문자열 템플릿** 클래스 템플릿을 정의하고 사용하기 위해 필요한 기본적인 메커니즘이 문자열 템플릿 예제를 통해 소개된다.

23.3 **타입 체크** 템플릿에 적용되는 타입 동등성과 타입 체크의 기본 규칙

23.4 **클래스 템플릿 멤버** 클래스 템플릿의 멤버들이 정의되고 사용되는 방법

23.5 **함수 템플릿** 함수 템플릿을 정의하고 이용하는 방법. 함수 템플릿과 통상적인 함수에 대해 오버로딩이 해결되는 방법

23.6 **템플릿 별칭** 템플릿 별칭은 구현 세부 사항을 은닉하고 템플릿에 쓰이는 표기법을 정리하는 데 필요한 강력한 메커니즘을 제공한다.

23.7 **소스코드 구성** 템플릿을 소스 파일로 구성하는 방법

24장에서는 일반화 프로그래밍의 기본 기법을 소개하고, 콘셉트concept(템플릿 인자에 대한 요구 사항)의 기본 개념을 살펴본다.

24.2 **알고리즘과 리프팅** 구체적인concrete 예제를 이용해서 일반화generic 알고리즘을 개발하는 데 필요한 기본적인 기법에 대한 예제

24.3 **콘셉트** 템플릿이 자신의 템플릿 인자에 대해 부과할 수 있는 요구 사항의 집합인 콘셉트concept의 기본 개념을 소개하고 알아본다.

24.4 **콘셉트의 구체화** 컴파일 타임 술어 함수로 표현되는 콘셉트를 이용하는 데 필요한 기법들을 소개한다.

25장에서는 템플릿 인자 전달과 특수화의 개념을 알아본다.

25.2 **템플릿 매개변수와 인자** 템플릿 인자가 될 수 있는 타입, 값 및 템플릿. 기본 템플릿

인자를 지정하고 사용하는 방법

25.3 **특수화** 특수화^{specialization}라고 불리는 특수 버전은 템플릿 인자의 특정 집합에 대한 템플릿으로 컴파일러에 의해 템플릿으로부터 생성되거나 프로그래머에 의해 제공될 수 있다.

26장에서는 템플릿 특수화(인스턴스)의 생성과 이름 바인딩에 관련된 이슈들을 소개한다.

26.2 **템플릿 인스턴스화** 컴파일러가 템플릿 정의에서 특수화를 생성하는 경우와 방법, 그리고 수작업으로 그것들을 지정하는 방법에 대한 규칙

26.3 **이름 바인딩** 템플릿 정의에서 쓰이는 이름이 참조할 개체를 결정하기 위한 규칙

27장에서는 템플릿에 의해 지원되는 일반화 프로그래밍 기법과 클래스 계층 구조에 의해 지원되는 객체지향 기법 사이의 관계를 알아본다. 그것들을 조합해서 사용하는 방법에 중점을 둔다.

27.2 **매개변수화와 계층 구조** 템플릿과 클래스 계층 구조는 연관된 추상화의 집합을 표시해주는 두 가지 방법이다. 이 둘 중 사이에 어떻게 선택할 것인지 알아본다.

27.3 **클래스 템플릿의 계층 구조** 기존 클래스 계층 구조에 단순히 템플릿 매개변수만 추가하는 것이 일반적으로 좋지 못한 생각인 이유는 무엇인지 알아본다.

27.4 **기반 클래스로서의 템플릿 매개변수** 타입 안전성과 성능을 위해 인터페이스와 데이터 구조를 구성하는 기법을 소개한다.

28장에서는 함수와 클래스를 생성하는 수단으로 템플릿을 활용하는 방법에 초점을 맞춘다.

28.2 **타입 함수** 타입을 인자로 받아들이고 타입을 결과로 반환하는 함수

28.3 **제어 구조** 타입 함수에 대한 선택과 재귀를 표현하는 방법 및 그 활용법에 대한 경험적 법칙

28.4 **조건부 정의: enable_if** 조건부로 함수를 정의하고 (거의) 임의의 술어 함수를 이용해서 템플릿을 오버로딩하는 방법

28.5 **컴파일 타임 리스트:Tuple** (거의) 임의의 타입의 원소로 이뤄진 리스트를 구축하고 접근하는 방법

28.6 **가변 인자 템플릿** 임의의 타입의 템플릿 인자를 임의의 개수만큼 받아들이는 템플릿을 (정적으로 타입 안전적인 방법으로) 정의하는 방법

28.7 **SI 단위 예제** 이 예제는 간단한 메타프로그래밍 기법을 다른 프로그래밍 기법과 함께 활용해서 미터, 킬로그램, 초 단위 체계가 올바르게 사용되고 있는지 (컴파일 타임에) 체크하는 계산을 위한 라이브러리를 제공한다.

29장에서는 어려운 설계 과제를 해결하기 위해 다양한 템플릿 기능들을 종합적으로 사용하는 방법을 보여준다.

29.2 **Matrix 템플릿** 융통성 있고 타입 안전적인 초기화, 첨자, 부분 행렬을 가진 N차원 행렬

템플릿은 일찌감치 소개됐고(3.4.1절, 3.4.2절), 이 책 전반에 걸쳐 사용됐기 때문에 여러분이 어느 정도 익숙하다고 가정한다.

23.2 간단한 문자열 템플릿

문자들로 이뤄진 문자열을 하나 생각해보자. 문자열은 문자를 보관하고 우리가 보통 '문자열'의 개념과 연결 짓는 첨자, 연결, 비교 등의 연산을 제공하는 클래스다. 우리는 다양한 많은 종류의 문자에 이런 동작을 제공하고자 한다. 예를 들어 부호 있는 문자, 부호 없는 문자, 한자, 그리스 문자 등으로 이뤄진 문자열은 다양한 상황에서 쓸모가 있다. 따라서 '문자열'이란 개념은 특정 종류의 문자에 최소로 의존하게끔 표현하는 편이 좋다. 문자열의 정의는 문자가 복사될 수 있다는 사실에만 초점을 맞추면 되고, 그 외의 부분은 크게 신경 쓰지 않아도 된다(24.3절). 따라서 19.3절에 등장하는 char의 문자열을 받아들이고 해당 문자의 타입을 매개변수로 만드는 방식으로 좀 더 범용적인 문자열을 만들 수 있다.

```
template<typename C>
class String {
public:
    String();
    // ...
    C& operator[](int n) { return ptr[n]; }    // 체크되지 않은 원소 접근
    String& operator+=(C c);                    // 끝 부분에 c를 추가한다.
private:
    static const int short_max = 15;            // 짧은 문자열 최적화(19.3.3절)를 위한 것
    int sz;                                      // C의 개수
    char* ptr;
    union {
        int space;                               // 사용되지 않는 할당 공간
        C ch[short_max+1];                       // 끝을 나타내는 0을 위한 공간을 남겨둔다.
    };
    // ...
};
```

template<typename C> 접두사는 템플릿이 선언되는 중이고 타입 인자 C가 선언에서 사용될 것이라고 지정한다. 등장한 후에 C는 다른 타입 이름과 정확히 똑같이 사용된다. C의 유효 범위는 **template<typename C>**가 접두사로 붙은 선언이 끝나는 부분까지 해당된다. 좀 더 짧으면서 동등한 형식인 **template<class C>**를 선호할 수도 있다. 어느 쪽이든 C는 타입 이름이며, 클래스의 이름일 필요가 없다. 수학자들은 **template<typename C>**를 전통적인 '모든 C에 대한' 또는 좀 더 구체적으로는 '모든 타입 C에 대한' 심지어 'C가 타입인 모든 C에 대한'

의 변형이라고 인식할 것이다. 이런 식으로 생각해본다면 C++에는 템플릿 매개변수 C의 필수적 속성을 지정하는 데 필요한 완전히 범용적인 메커니즘이 부족하다는 점을 알아챌 수 있을 것이다. 즉, '...'이 C를 위해 필요한 속성 집합인 경우에 '모든 C에 대해서 ...인'이라고 표현할 수 없다는 뜻이다. 바꿔 말하면 C++는 템플릿 인자 C가 어떤 타입이어야 하는지 규정해주는 직접적인 방법을 제공하지 않는다(24.3절).

<>로 둘러싸인 클래스 템플릿의 이름 뒤에는 클래스의 이름(템플릿에 의해 정의된 대로)이 이어지는데, 클래스 템플릿의 이름은 다른 클래스 이름과 똑같이 사용될 수 있다. 예를 들면 다음과 같다.

```
String<char> cs;
String<unsigned char> us;
String<wchar_t> ws;
struct Jchar { /* ... */ };        // 일본어 문자
String<Jchar> js;
```

이름에 쓰이는 특수한 문법만 빼면 String<char>는 정확히 19.3절의 String 클래스 정의를 사용해서 정의된 것처럼 동작한다. String을 템플릿으로 만들면 어떤 종류의 문자로 이뤄진 String에 대해서도 char로 이뤄진 String에 있던 기능들을 제공할 수 있다. 예를 들어 표준 라이브러리 map과 String 템플릿을 이용하면 19.2.1절에 등장한 단어 개수를 세는 예제를 다음과 같이 만들 수 있다.

```
int main()     // 입력할 때 각 단어가 등장하는 횟수를 센다.
{
    map<String<char>,int> m;
    for (String<char> buf; cin>>buf; )
        ++m[buf];
    // ... 결과를 출력한다...
}
```

일본어 문자 타입 Jchar에 대한 버전은 다음과 같을 것이다.

```
int main()     // 입력할 때 각 단어가 등장하는 횟수를 센다.
{
    map<String<Jchar>,int> m;
    for (String<Jchar> buf; cin>>buf; )
        ++m[buf];
    // ... 결과를 출력한다...
}
```

표준 라이브러리는 템플릿화된 String(19.3절, 36.3절)과 유사한 템플릿 클래스 basic_string을 제공한다. 표준 라이브러리에서 string은 basic_string<char>(36.3절)과 같은 뜻이다.

```
using string = std::basic_string<char>;
```

이를 이용하면 단어 개수를 세는 프로그램을 다음과 같이 작성할 수 있다.

```
int main() // 입력할 때 각 단어가 등장하는 횟수를 센다.
{
```

```
map<string,int> m;
for (string buf; cin>>buf; )
    ++m[buf];
// ... 결과를 출력한다...
}
```

일반적으로 타입 별칭(6.5절)은 템플릿으로 생성된 긴 클래스 이름을 단축하는 데 유용하다. 또한 많은 경우 타입이 어떻게 정의되는지에 대한 세부 사항까지 알 필요는 없기 때문에 별칭을 쓰면 타입이 템플릿에서 생성된다는 사실을 숨길 수 있다.

23.2.1 템플릿의 정의

클래스 템플릿으로 생성된 클래스는 완전히 정상적인 클래스다. 따라서 템플릿을 쓴다고 해서 동등한 '직접 만든' 클래스에서 쓰이는 것 이상으로 런타임 메커니즘이 쓰일 일은 없다. 실제로는 템플릿을 쓰면 생성되는 코드가 줄어든다. 클래스 템플릿의 멤버 함수에 대한 코드는 해당 멤버가 실제로 쓰일 경우에만 생성되기 때문이다(26.2.1절).

클래스 템플릿 외에 C++는 함수 템플릿(3.4.2절, 23.5절)이란 걸 제공한다. 나는 템플릿의 '메커니즘' 대부분을 클래스 템플릿의 맥락에서 소개하고 함수 템플릿에 대한 상세한 논의는 23.5절로 미루려고 한다. 템플릿이란 적합한 템플릿 인자가 주어졌을 경우 무엇을 어떻게 생성할 것인가에 대한 명세다. 이러한 생성(인스턴스화(26.2절)와 특수화(25.3절))을 담당하는 언어 메커니즘은 생성되는 것이 클래스인지 함수인지의 여부는 크게 따지지 않는다. 템플릿은 별칭으로 정의될 수도 있지만(23.6절), 네임스페이스 템플릿 같은 그 외의 다른 그럴듯한 구문 요소는 제공되지 않는다.

어떤 사람들은 **클래스 템플릿**class template과 **템플릿 클래스**template class란 용어를 의미 구조로 구분하려고 한다. 나는 그런 입장은 아니다. 지나치게 미묘한 문제라고 생각하기 때문이다. 이 두 영어는 서로 바꿔 쓸 수 있다고 간주하기 바란다. 마찬가지로 **함수 템플릿**function template과 **템플릿 함수**template function을 바꿔 쓸 수 있다고 생각한다.

클래스 템플릿을 설계할 때 `String` 같은 특정 클래스를 `String<C>` 같은 템플릿으로 바꾸려고 한다면 그 전에 해당 클래스를 디버깅해보는 것이 대체적으로 좋은 생각이다. 이렇게 함으로써 상당수의 설계 문제와 구체적인 예제의 맥락에서 일어나는 대부분의 코드 오류를 처리할 수 있다. 프로그래머라면 이런 종류의 디버깅에 익숙할 것이며, 대부분의 사람들은 추상적 개념보다 구체적인 예제를 좀 더 잘 처리할 수 있다. 나중에는 좀 더 상투적인 오류는 제쳐 두고, 템플릿을 통한 범용화로 인해 일어나는 문제에 좀 더 집중해보기로 한다. 마찬가지로 템플릿을 이해하려고 한다면 많은 경우 템플릿을 완전히 일반화해서 이해하려고 시도해보기 전에 `char` 같은 특정 타입 인자에 대한 동작을 먼저 상상해보는 편이 유익하다. 이는 일반화된 구성 요소를 원리부터 접근해서 설계하려고 하지 말고, 하나 이상의 구체적인 예제를 일반화하는 시도를 통해 개발한다는 철학과도 부합된다(24.2절).

클래스 템플릿의 멤버는 비템플릿 클래스에 대한 것과 똑같은 방식으로 선언되고 정의된다. 템플릿 멤버는 템플릿 클래스 자체 내에서 선언되지 않아도 된다. 이런 경우 템플릿 멤버의 정의는 비템플릿 클래스 멤버와 똑같은 방식으로 어딘가 다른 곳에서 제공된다(16.2.1절). 템플릿 클래스의 멤버는 그 자체로 그들이 속한 템플릿 클래스의 매개변수에 의해 매개변수화된 템플릿이다. 그런 멤버가 클래스 외부에서 정의될 때는 템플릿으로 명시적으로 선언돼야 한다. 예를 들면 다음과 같다.

```
template<typename C>
String<C>::String()    // String<C>의 생성자
    :sz{0}, ptr{ch}    // 짧은 문자열: ch를 가리킨다.
{
    ch[0] = {};        // 종료에 쓰이는 적합한 문자 타입의 0
}

template<typename C>
String<C>& String<C>::operator+=(C c)
{
    // ... c를 이 문자열의 끝에 추가한다...
    return *this;
}
```

C 같은 템플릿 매개변수는 특정 타입 이름이라기보다는 매개변수다. 하지만 그렇다고 해서 우리가 이름을 이용해서 템플릿 코드를 작성하는 방식에까지 영향을 주는 것은 아니다. String<C>의 유효 범위 내에서 템플릿 자체의 이름을 <C>로 한정하는 것은 굳이 필요하지 않기 때문에 String<C>::String이 생성자의 이름이 된다.

프로그램 내에서 클래스 멤버 함수를 정의하는 함수가 하나밖에 없는 것과 마찬가지로 프로그램 내에서 템플릿 멤버 함수를 정의하는 함수 템플릿은 딱 하나밖에 없다. 하지만 특수화(25.3절)는 특정 템플릿 인자가 주어질 경우 하나의 템플릿에 대해 또 다른 구현을 제공할 수 있게 해준다. 함수에 대해서는 역시 오버로딩을 이용해서 다른 인자에 대해 다른 정의를 제공할 수 있다(23.5.3절).

클래스 템플릿 이름을 오버로딩하는 것은 불가능하므로 클래스 템플릿이 유효 범위 안에서 선언돼 있다면 어떤 다른 개체도 같은 이름으로 선언될 수 없다. 예를 들면 다음과 같다.

```
template<typename T>
class String { /* ... */ };
class String { /* ... */ };        // 오류: 이중 정의
```

템플릿 인자로 쓰이는 타입은 템플릿에서 기대하는 인터페이스를 제공해야 한다. 예를 들어 String에 대한 인자로 사용되는 타입은 통상적인 복사 연산(17.5절, 36.2.2절)을 제공해야 한다. 동일한 템플릿 매개변수에 대해 쓰이는 서로 다른 인자가 상속 관계를 가져야 한다는 요구 조건은 없다는 점에 유의한다. 추가로 25.2.1절(템플릿 타입 매개변수), 23.5.2절(템플릿 매개변수 추론), 24.3절(템플릿 인자에 대한 요구 사항)을 참고하기 바란다.

23.2.2 템플릿 인스턴스화

템플릿에 템플릿 인자 리스트를 추가해서 클래스나 함수를 생성하는 과정은 종종 **템플릿 인스턴스화**template instantiation(26.2절)라고 불린다. 특정한 템플릿 인자 리스트에 대한 템플릿 버전은 **특수화**specialization라고 불린다.

사용되는 각각의 템플릿 인자 리스트에 대해 템플릿 특수화가 생성되도록 보장하는 것은 일반적으로 프로그래머의 몫이 아니라 구현의 몫이다. 예를 들면 다음과 같다.

```
String<char> cs;
void f()
{
    String<Jchar> js;
    cs = "It's the implementation's job to figure out what code needs to be generated";
}
```

이를 위해 구현은 **String<char>**와 **String<Jchar>** 클래스에 대한 선언, 그들의 소멸자와 기본 생성자에 대한 선언, 그리고 **String<char>::operator=(char*)**에 대한 선언을 생성한다. 다른 멤버 함수는 사용되지 않으므로 생성되지 않을 것이다. 생성된 클래스는 완전히 정상적인 클래스로서 클래스에 대한 통상적인 규칙을 모두 준수한다. 마찬가지로 생성된 함수는 완전히 정상적인 함수로서 함수에 대한 통상적인 규칙을 모두 준수한다.

템플릿은 비교적 짧은 정의로 다량의 코드를 생성해주는 강력한 수단임에 틀림없다. 따라서 거의 동일한 함수 정의로 메모리를 가득 차게 하지 않으려면 어느 정도 주의를 기울여야 한다(25.3절). 한편 템플릿은 다른 방법으로는 달성 불가능한 품질의 코드를 생성하기 위해 쓰일 수도 있다. 특히 템플릿을 이용한 생성을 간단한 인라인화와 결합시키면 많은 직접적 또는 간접적 함수 호출을 없앨 수 있다. 예를 들어 집중적으로 매개변수화된 라이브러리에서 중요한 데이터 구조에 대한 간단한 연산(sort에서 <이나, 행렬 계산에서 스칼라에 대한 + 등)을 단일 기계 명령으로 줄이는 방법이 그렇다. 따라서 템플릿을 부주의하게 사용해서 상당히 유사한 대규모의 함수를 생성해버리면 코드가 쓸데없이 늘어나는 반면, 소규모 함수를 인라인화하는 방향으로 템플릿을 활용하면 다른 대안에 비해 코드가 상당히 줄어든다(그리고 속도가 빨라진다). 특히 간단한 <나 []에 대해 생성된 코드는 많은 경우 단일 기계 명령이므로 다른 함수 호출보다 훨씬 빠를 뿐만 아니라 함수를 호출하고 결과를 받아야 하는 코드에 비해 훨씬 크기가 작다.

23.3 타입 체크

템플릿 인스턴스화는 템플릿 외에 템플릿 인자의 집합을 받아들이고 그것을 바탕으로 코드를 생성한다. 인스턴스화 시점에는 상당량의 정보를 이용할 수 있기 때문에 템플릿 정의와 템플릿 인자 타입으로부터 얻어지는 정보를 함께 짜 맞추면 놀랄만한 수준의 융통성을 제공할 수 있고, 비길 데 없는 런타임 성능을 낼 수 있다. 안타깝게도 이런 융통성은 타입 체크가 복잡하고 타입 오류의 정확한 보고가 어렵다는 뜻이기도 하다.

타입 체크는 템플릿 인스턴스화로 생성되는 코드에 대해 수행된다(프로그래머가 수작업으로 템플릿을 확장한 경우와 마찬가지로). 이렇게 생성된 코드에는 템플릿의 사용자가 들어본 적도 없는 것들(템플릿 구현 세부 사항의 이름 등)이나 빌드 과정에서 아주 늦게 일어나는 것들이 다량 들어 있을 수 있다. 프로그래머가 보거나 쓴 것과 컴파일러가 타입 체크하는 것 사이의 이런 불일치는 큰 문제가 될 수 있으므로, 이런 결과가 최소화되도록 프로그램을 설계해야 한다.

템플릿 메커니즘의 근본적인 취약점은 템플릿 인자에 대한 요구 사항을 직접적으로 표현할 수 없다는 데 있다. 예를 들어 다음과 같이 표현할 수 없다.

```
template<Container Cont, typename Elem>
    requires Equal_comparable<Cont::value_type,Elem>() // 타입 Cont와 Elem에 대한 요구 사항
int find_index(Cont& c, Elem e);                       // c에서 e의 색인을 찾는다.
```

즉, C++ 자체 내에서는 Cont가 컨테이너 역할을 하는 타입이어야 한다거나 Elem이 어떤 값을 Cont의 원소와 비교할 수 있게 해주는 타입이어야 한다고 직접적으로 표현할 수 있는 길이 없다. 향후의 C++ 버전에서는 이런 것이 가능해지게 하는 작업이 진행 중이긴 하지만 (융통성의 손실이나 런타임 성능의 손실, 그리고 컴파일 타임의 상당한 증가 없이[Sutton,2011]), 현재로선 우리가 직접 처리해야 한다.

템플릿 인자 전달과 관련된 문제에 효과적으로 대처하는 첫 번째 단계는 프레임워크와 요구 사항을 논의하기 위해 용어 체계를 구축하는 것이다. 템플릿 인자에 대한 요구 사항의 집합을 술어 함수로 생각해보자. 예를 들어 "C는 컨테이너여야 한다"를, 타입 C를 인자로 받아들이고 C가 컨테이너면 true를 반환하고('컨테이너'를 어떻게 정의했을지라도) 그렇지 않으면 false를 반환하는 술어 함수라고 생각할 수 있다. 예를 들어 Container<vector<int>>()와 Container<list<string>>()는 참인 반면, Container<int>()와 Container<shared_ptr<string>>()는 거짓이 될 것이다. 이런 술어 함수를 **콘셉트**concept라고 부른다. C++에서 콘셉트는 (아직) 언어 구문 요소가 아니다. 콘셉트는 템플릿 인자에 대한 요구 사항을 추론하기 위해서 주석에 쓰거나 직접 만든 코드로 보충할 수 있는 어떤 개념이다(24.3절).

처음이라면 콘셉트를 설계 도구라고 생각해보기 바란다. Container<T>()를 Container<T>()가 참이 되기 위해 타입 T가 어떤 속성을 가져야 하는지 기술해주는 주석의 집합으로 지정하는 것이다. 예를 들면 다음과 같다.

- T는 첨자 연산자([])를 가져야 한다.
- T는 size() 멤버 함수를 가져야 한다.
- T는 포함된 원소의 타입인 value_type 멤버 타입을 가져야 한다.

이 리스트는 불완전한 데다(예를 들어 []는 무엇을 인자로 받아들이고 무엇을 반환하는가?) 대부분의 의미 구조 이슈(예를 들어 실제로 []가 하는 일은 무엇인가?)를 해결하지 못한다는 점에 유의한다. 그러나 요구 사항의 부분집합이라도 쓸모가 있을 수 있다. 아주 간단한 것일지라도 우리의

용도를 직접 체크하고 명백한 오류를 잡아내는 데 도움이 될 수 있다. 예를 들어 `Container<int>()`는 int가 첨자 연산자를 갖고 있지 않기 때문에 명백히 거짓이다. 콘셉트의 설계를 살펴보고(24.3절), 코드에서 콘셉트를 지원하기 위한 기법을 검토하고(24.4절), 유용한 콘셉트의 집합에 대한 예제를 제공하는 것은 나중에 진행하려고 한다(24.3.2절). 지금으로선 C++에서 콘셉트를 직접적으로 지원하지 않으며, 그렇다고 해서 콘셉트가 존재하지 않는 것은 아니라는 점만 알아두기 바란다. 작동하는 모든 템플릿에 대해서 설계자들은 어떤 콘셉트들을 염두에 뒀다. 데니스 리치는 "C는 엄격한 타입을 갖고, 약하게 체크되는 언어다"라는 유명한 말을 한 적이 있다. C++ 템플릿에 대해 같은 말을 할 수 있다. 템플릿 인자의 요구 사항에 대한 체크(콘셉트)가 실제로 수행되긴 하지만, 컴파일 과정에서 너무나 늦게 수행되고 도움이 안 될 정도로 낮은 수준의 추상화로 수행된다는 점만 빼고 말이다.

23.3.1 타입 동등성

템플릿이 주어지면 템플릿 인자를 제공해서 타입을 생성할 수 있다. 예를 들면 다음과 같다.

```
String<char> s1;
String<unsigned char> s2;
String<int> s3;

using Uchar = unsigned char;
using uchar = unsigned char;

String<Uchar> s4;
String<uchar> s5;
String<char> s6;

template<typename T, int N>      // 25.2.2절
    class Buffer;
Buffer<String<char>,10> b1;
Buffer<char,10> b2;
Buffer<char,20-10> b3;
```

어떤 템플릿에 대해 동일한 집합의 템플릿 인자를 사용하는 경우에는 언제나 동일한 생성 타입을 참조한다. 그런데 이런 상황에서 '동일하다는 것'은 어떤 의미인가? 별칭은 새로운 타입을 만들지 않으므로 `String<Uchar>`와 `String<uchar>`는 `String<unsigned char>`와 동일한 타입이다. 반대로 `char`와 `unsigned char`는 다른 타입이기 때문에(6.2.3절) `String<char>`와 `String<unsigned char>`는 다른 타입이다.

컴파일러는 상수 표현식을 평가할 수 있으므로(10.4절), `Buffer<char,20-10>`은 `Buffer<char,10>`과 동일한 타입으로 인식된다.

단일 템플릿에서 서로 다른 템플릿 인자에 의해 생성된 타입은 서로 다른 타입이다. 특히 연관된 인자로부터 생성된 타입은 자동으로 연관되지 않는다. 예를 들어 `Circle`이 `Shape`의 일종이라고 가정해보자.

```
Shape* p {new Circle(p,100)};              // Circle*는 Shape*로 변환된다.
```

```
vector<Shape>* q {new vector<Circle>{}};  // 오류: vector<Circle>*는 vector<Shape>*로
                                          // 변환 불가
vector<Shape> vs {vector<Circle>{}};      // 오류: vector<Circle>은 vector<Shape>로 변환 불가
vector<Shape*> vs {vector<Circle*>{}};    // 오류: vector<Circle*>는 vector<Shape*>로 변환 불가
```

이런 변환이 허용된다면 타입 오류가 속출할 것이다(27.2.1절). 생성된 클래스 사이의 변환이 필요하다면 프로그래머가 직접 정의하면 된다(27.2.2절).

23.3.2 오류 탐지

템플릿은 일단 정의되고 나서 나중에 템플릿 인자 집합과 조합해서 사용될 수 있다. 템플릿이 정의될 때 정의는 문법 오류가 있는지 체크되고 특정 템플릿 인자 집합에 대해 개별적으로 탐지될 수 있는 다른 오류가 있는지 체크된다. 예를 들면 다음과 같다.

```
template<typename T>
struct Link {
    Link* pre;
    Link*suc                                // 오류: 세미콜론 누락
    T val;
};

template<typename T>
class List {
    Link<T>* head;
public:
    List() :head{7} { }                     // 오류: int로 초기화되는 포인터
    List(const T& t) : head{new Link<T>{0,o,t}} { } // 오류: 미정의 식별자 o
    // ...
    void print_all() const;
};
```

컴파일러는 단순한 의미 구조 오류를 정의 시점이나 차후의 사용 시점에 잡을 수 있다. 사용자들은 보통 이른 탐지를 선호하지만 '단순한' 오류라고 해서 모두 탐지가 쉬운 건 아니다. 여기서 나는 세 가지 실수를 저질렀다.

- 단순 문법 오류 선언문 끝에서 세미콜론을 빠뜨렸다.
- 단순 타입 오류 템플릿 매개변수가 무엇인지에 상관없이 포인터는 정수 7에 의해 초기화될 수 없다.
- 단순 탐색 오류 식별자 o(물론 숫자 0의 오타다)는 그런 이름이 유효 범위 내에 존재하지 않기 때문에 Link<T>의 생성자에 대한 인자가 될 수 없다.

템플릿 정의에서 쓰이는 이름은 유효 범위 내에 있거나 뭔가 타당하고 명확한 방식으로 템플릿 매개변수에 의존해야 한다(26.3절). 템플릿 매개변수 T에 의존하는 가장 일반적이면서도 명확한 방식은 명시적으로 이름 T를 사용하거나, T의 멤버를 사용하거나, 또는 T 타입의 인자를 받아들이는 것이다. 예를 들면 다음과 같다.

```
template<typename T>
void List<T>::print_all() const
{
    for (Link<T>* p = head; p; p=p->suc)        // p는 T에 의존한다.
        cout << p->val;                          // <<는 T에 의존한다.
}
```

템플릿 인자의 사용과 관련된 오류는 템플릿이 사용될 때까지는 탐지될 수 없다. 다음 예를 살펴보자.

```
class Rec {
    string name;
    string address;
};
void f(const List<int>& li, const List<Rec>& lr)
{
    li.print_all();
    lr.print_all();
}
```

`li.print_all()`은 문제가 없는 것으로 체크되지만, `Rec`에 대해 정의된 `<<` 출력 연산자가 없기 때문에 `li.print_all()`은 타입 오류를 일으킨다. 템플릿 인자에 연관된 오류가 가장 빨리 탐지될 수 있는 시기는 특정 템플릿 인자에 대해 템플릿을 처음 사용하는 시점이다. 그런 시점은 최초의 인스턴스화 시점point of instantiation(26.3.3절)이라고 불린다. 구현은 프로그램이 링크될 때까지 실질적으로 모든 체크를 연기할 수 있으므로, 일부 오류에 대해서는 링크 타임이 완전한 체크가 가능한 가장 빠른 시점이다. 체크가 이뤄지는 시점에 상관없이 같은 규칙 집합이 체크된다. 당연히 사용자들은 빠른 체크를 선호한다.

23.4 클래스 템플릿 멤버

클래스와 똑같이 템플릿 클래스는 여러 가지 종류의 멤버를 가질 수 있다.

- 데이터 멤버(변수와 상수)   23.4.1절
- 멤버 함수   23.4.2절
- 멤버 타입 별칭   23.6절
- static 멤버(함수와 데이터)   23.4.4절
- 멤버 타입(멤버 클래스 등)   23.4.5절
- 멤버 템플릿(멤버 클래스 템플릿 등)   23.4.6.3절

게다가 클래스 템플릿은 '통상적인 클래스'처럼 `friend`를 선언할 수 있다(23.4.7절).

클래스 템플릿 멤버에 대한 규칙은 생성된 그들의 클래스에 대한 것이다. 즉, 템플릿 멤버의 규칙이 무엇인지 알고 싶다면 통상적인 클래스 멤버에 대한 규칙을 찾아보면 된다(16장, 17장, 20장). 그렇게만 하면 대부분의 질문에 대한 답이 나온다.

23.4.1 데이터 멤버

'통상적인 클래스'에 대해 클래스 템플릿은 어떤 타입의 데이터 멤버라도 가질 수 있다. 비 static 데이터 멤버는 정의(17.4.4절) 또는 생성자(16.2.5절) 내에서 초기화될 수 있다. 예를 들면 다음과 같다.

```
template<typename T>
struct X {
    int m1 = 7;
    T m2;
    X(const T& x) :m2{x} { }
};
X<int> xi {9};
X<string> xs {"Rapperswil"};
```

비static 데이터 멤버는 const는 될 수 있지만, 안타깝게도 constexpr는 될 수 없다.

23.4.2 멤버 함수

'통상적인 클래스'에 대해 클래스 템플릿의 비static 멤버 함수는 클래스 내부와 클래스 외부에서 정의될 수 있다. 예를 들면 다음과 같다.

```
template<typename T>
struct X {
    void mf1() { /* ... */ }     // 클래스 내부에서 정의된다.
    void mf2();
};

template<typename T>
void X<T>::mf2() { /* ... */ }   // 클래스 외부에서 정의된다.
```

마찬가지로 템플릿의 멤버 함수는 virtual일 수도 있고 아닐 수도 있다. 하지만 가상 멤버 함수는 멤버 함수 템플릿까지 될 수는 없다(23.4.6.2절).

23.4.3 멤버 타입 별칭

멤버 타입 별칭은 using이나 typedef(6.5절) 어느 쪽에 의해 만들어지더라도 클래스 템플릿의 설계에서 중요한 역할을 담당한다. 멤버 타입 별칭은 클래스 외부에서 접근하기 쉬운 방식으로 클래스의 타입을 연관짓는다. 예를 들어 컨테이너의 반복자와 원소 타입을 별칭으로 지정할 수 있다.

```
template<typename T>
class Vector {
public:
    using value_type = T;
    using iterator = Vector_iter<T>;     // Vector_iter는 어딘가 다른 곳에서 정의된다.
    // ...
};
```

템플릿 인자 이름 T는 타입 자체에서만 접근 가능하기 때문에 다른 코드에서 원소 타입을 참조하고 싶다면 별칭을 제공해야 한다.

타입 별칭은 클래스 설계자가 서로 다른 클래스(및 클래스 템플릿)에 있는 공통적인 의미 구조를 가진 타입들에 공통적인 이름을 제공함으로써 일반화 프로그래밍에서 핵심적 역할을 담당한다. 멤버 별칭으로서의 타입 이름은 종종 **연관 타입**^{associated type}이라고 불린다. **value_type**과 **iterator** 이름은 표준 라이브러리의 컨테이너 설계에서 빌려온 것이다(33.1.3절). 어떤 클래스에 원하는 멤버 별칭이 누락돼 있다면 특성 정보가 보완 차원에서 활용될 수 있다 (28.2.4절).

23.4.4 static 멤버

클래스 내에서 정의되지 않은 **static** 데이터나 함수 멤버는 프로그램 내에서 고유의 정의를 가져야 한다. 다음 예를 살펴보자.

```
template<typename T>
struct X {
    static constexpr Point p {100,250};   // Point는 리터럴 타입이어야 한다(10.4.3절).
    static const int m1 = 7;
    static int m2 = 8;                     // 오류: const가 아니다.
    static int m3;
    static void f1() { /* ... */ }
    static void f2();
};
template<typename T> int X<T>::m1 = 88;  // 오류: 두 개의 초기화 식
template<typename T> int X<T>::m3 = 99;

template<typename T> void X<T>::f2() { /* ... */ }
```

템플릿이 아닌 클래스의 경우 리터럴 타입의 **const**나 **constexpr static** 데이터 멤버는 클래스 내에서 초기화될 수 있으며, 클래스 외부에서 정의되지 않아도 된다(17.4.5절, iso.9.2절).

static 멤버는 사용될 경우에만 정의하면 된다(iso.3.2절, iso.9.4.2절, 16.2.12절). 예를 들면 다음과 같다.

```
template<typename T>
struct X {
    static int a;
    static int b;
};
int* p = &X<int>::a;
```

프로그램 내에서 X<int>가 언급된 경우가 이것이 전부라면 X<int>::a에 대해서는 '정의되지 않음' 오류가 발생되겠지만, X<int>::b에 대해서는 그렇지 않을 것이다.

23.4.5 멤버 타입

'통상적인 클래스'의 경우에는 타입을 멤버로 정의할 수 있다. 대개 그렇듯이 그런 타입은 클래스나 열거형이 될 수 있다. 예를 들면 다음과 같다.

```
template<typename T>
struct X {
    enum E1 { a, b };
    enum E2;                        // 오류: 기초 타입이 알려지지 않았다.
    enum class E3;
    enum E4 : char;

    struct C1 { /* ... */ };
    struct C2;
};

template<typename T>
enum class X<T>::E3 { a, b };       // 필요

template<typename T>
enum X<T>::E4 : char { x, y };      // 필요

template<typename T>
struct X<T>::C2 { /* ... */ };      // 필요
```

클래스 외부에서의 멤버 열거형 정의는 그에 대한 기초 타입을 알고 있는 열거형에 대해서만 허용된다(8.4절).

대개 그렇듯이 class가 아닌 enum의 열거자는 열거형의 유효 범위 내에 놓여진다. 즉, 멤버 열거형에 대해서는 열거자가 열거형 클래스의 유효 범위 내에 존재한다.

23.4.6 멤버 템플릿

클래스나 클래스 템플릿은 그 자체로 템플릿인 멤버를 가질 수 있다. 이 덕택에 만족스러운 수준의 통제력과 융통성을 가지고 관련된 타입을 표현할 수 있다. 예를 들어 복소수는 스칼라 타입 값의 쌍으로 가장 잘 표현된다.

```
template<typename Scalar>
class complex {
    Scalar re, im;
public:
    complex() :re{}, im{} {}                    // 기본 생성자
    template<typename T>
        complex(T rr, T ii =0) :re{rr}, im{ii} { }
    complex(const complex&) = default;          // 복사 생성자
    template<typename T>
        complex(const complex<T>& c) :re{c.real()}, im{c.imag()} { }
    // ...
};
```

이 덕택에 복소수 타입 간에 수학적으로 의미 있는 변환을 수행하면서 원하지 않는 축소 변환을 방지하는 것이 가능하다(10.5.2.6절).

```
complex<float> cf;                      // 기본 값
complex<double> cd {cf};                // OK: float에서 double로의 변환을 사용한다.
complex<float> cf2 {cd};                // 오류: 암시적인 double->float 변환은 불가

complex<float> cf3 {2.0,3.0};           // 오류: 암시적인 double->float 변환은 불가
complex<double> cd2 {2.0F,3.0F};        // OK: float에서 double로의 변환을 사용한다.

class Quad {
    // int로의 변환은 불가
};

complex<Quad> cq;
complex<int> ci {cq};                   // 오류: Quad에서 int로의 변환 불가
```

complex에 대해 이런 정의가 주어지면 T2에서 T2을 생성 가능한 경우에만 complex<T2>나 T2 값 쌍에서 complex<T1>을 생성할 수 있다. 이는 타당해 보인다.

complex<double>에서 complex<float>로 변환하는 경우에는 complex<float>의 템플릿 생성자가 인스턴스화될 때까지 축소 변환 오류가 잡히지 않는다는 데 주의하기 바란다. 그이유는 생성자의 멤버 초기화 식에서 {} 초기화 문법(6.3.5절)을 사용했기 때문이다. 해당 문법은 축소 변환 오류를 허용하지 않는다.

(예전의) () 문법을 사용하면 축소 변환 오류에 무방비 상태가 된다. 다음 예를 살펴보자.

```
template<typename Scalar>
class complex {                         // 예전 스타일
    Scalar re, im;
public:
    complex() :re(0), im(0) { }
    template<typename T>
    complex(T rr, T ii =0) :re(rr), im(ii) { }

    complex(const complex&) = default;      // 복사 생성자
    template<typename T>
        complex(const complex<T>& c) : re(c.real()), im(c.imag()) { }
    // ...
};

complex<float> cf4 {2.1,2.9};   // 문제 발생! 축소 변환
complex<float> cf5 {cd};        // 문제 발생! 축소 변환
```

나는 이것이 초기화에 {} 표기를 일관되게 사용해야 할 또 하나의 이유라고 생각한다.

23.4.6.1 템플릿과 생성자

혼동의 가능성을 최소화하기 위해 여기서는 명시적으로 기본 복사 생성자를 추가했다. 그것을 빼버려도 정의의 의미가 바뀌지는 않는다. complex는 여전히 기본 복사 생성자를 얻게될 것이다. 기술적인 이유로 인해 템플릿 생성자가 복사 생성자를 생성하는 데 사용되지 않기때문에 명시적으로 선언된 복사 생성자가 없다면 기본 복사 생성자가 생성될 것이다. 마찬가지로 복사 대입, 이동 생성자, 이동 대입(17.5.1절, 17.6절, 19.3.1절)은 템플릿이 아닌 연산자로 정의돼야 하며, 그렇지 않을 경우 기본 버전이 생성될 것이다.

23.4.6.2 템플릿과 virtual

멤버 템플릿은 **virtual**일 수 없다. 다음 예를 살펴보자.

```cpp
class Shape {
    // ...
    template<typename T>
        virtual bool intersect(const T&) const =0;      // 오류: virtual 템플릿
};
```

이 코드는 문법에 어긋난다. 이런 것이 허용된다면 가상 함수를 구현하기 위해 전통적인 가상 함수 테이블 기법(3.2.3절)이 사용될 수 없을 것이다. 링커는 매번 누군가가 새로운 인자 타입으로 **intersect()**를 호출할 때마다 **Shape** 클래스에 대한 가상 테이블에 새로운 항목을 추가해야 할 것이다. 이런 식으로 링커의 구현을 복잡하게 만드는 것은 받아들이기 어렵다. 특히 동적 링크를 처리하려면 가장 널리 쓰이는 기법과는 뭔가 다른 구현 기법이 필요하다.

23.4.6.3 중첩의 사용

일반적으로는 정보를 가급적 지역적으로 유지하는 것이 좋은 생각이다. 이렇게 하면 이름을 찾기도 쉬울 뿐더러 프로그램 내에서 다른 것과 간섭을 일으킬 가능성도 줄어든다. 이렇게 생각하다 보면 타입을 멤버로 정의하게끔 된다. 많은 경우 그렇게 하는 것이 좋은 생각이다. 하지만 클래스 템플릿의 멤버의 경우에는 멤버 타입에 대해 매개변수화가 적합한지의 여부를 고려해야 한다. 형식적으로 타입의 멤버는 템플릿 인자 모두에 의존한다. 이는 멤버의 동작이 실제로 모든 템플릿 인자를 사용하지 않는 경우에는 유감스러운 부작용을 일으킬 수 있다. 링크드 리스트의 링크 타입이 대표적인 사례다. 다음 코드를 살펴보자.

```cpp
template<typename T, typename Allocator>
class List {
private:
    struct Link {
        T val;
        Link* succ;
        Link* prev;
    };
    // ...
};
```

여기서 **Link**는 **List**의 구현 세부 사항이다. 따라서 **Link**는 **List**의 유효 범위 내에서 최선으로 정의된 데다 **private**으로 유지까지 되는 완벽한 예인 것처럼 보인다. 이 방식은 인기 있는 설계였으며, 일반적으로는 매우 훌륭하게 작동한다. 하지만 뜻밖에도 이 방식은 비지역적인 **Link** 타입을 쓰는 방식에 비해 성능상의 비용을 유발할 수도 있다. **Link**의 어떤 멤버도 **Allocater** 매개변수에 의존하지 않는데, **List<double,My_allocator>**와 **List<double,Your_allocator>**이 필요하다고 가정해보자. 이제 **List<double,My_allocator>::Link**와 **List<double,**

Your_allocator>::Link는 서로 다른 타입이므로, 그것들을 사용하는 코드는 (교묘한 최적화를 수행하지 않는 한) 같을 수 없다. 즉, Link가 List의 두 개 인자 중 하나만을 사용하는 경우에 Link를 멤버로 만드는 것은 일부 코드가 불어난다는 뜻이다. 이 때문에 Link가 멤버가 아닌 경우의 설계에 대해 고민해야 한다.

```cpp
template<typename T, typename Allocator>
class List;

template<typename T>
class Link {
    template<typename U, typename A>
        friend class List;
    T val;
    Link* succ;
    Link* prev;
};

template<typename T, typename Allocator>
class List {
    // ...
};
```

Link의 모든 멤버를 private으로 선언하고 List 접근을 허용했다. Link를 비지역적으로 만든 점만 제외하면 이 코드는 Link가 List의 구현 세부 사항이라는 설계 의도를 보존한다.

하지만 중첩된 클래스가 구현 세부 사항에서 고려되지 않는다면 어떻게 할 것인가? 즉, 다양한 사용자를 위한 연관 타입을 필요로 한다면 어떻게 할 것인가? 다음 코드를 살펴보자.

```cpp
template<typename T, typename A>
class List {
public:
    class Iterator {
        Link<T>* current_position;
    public:
        // ... 통상적인 반복자 연산 ...
    };

    Iterator begin();
    Iterator end();
    // ...
}
```

여기서 멤버 타입 List<T,A>::Iterator는 (명백히) 두 번째 템플릿 인자 A를 사용하지 않는다. 하지만 iterator가 멤버이고, 그로 인해 형식적으로 A에 의존하기 때문에(반면 컴파일러는 아무것도 모른다) 할당자를 이용해서 List를 생성하는 방법에 영향을 받지 않고 List를 처리하는 함수를 작성할 수 없다.

```cpp
void fct(List<int>::Iterator b, List<int>::Iterator e) // 오류: List가 두 개의 인자를 받아들인다.
{
    auto p = find(b,e,17);
    // ...
}

void user(List<int,My_allocator>& lm, List<int,Your_allocator>& ly)
```

```
{
    fct(lm.begin(),lm.end());
    fct(ly.begin(),ly.end());
}
```

대신 할당자 인자에 의존하는 함수 템플릿을 작성할 필요가 있다.

```
void fct(List<int,My_allocator>::Iterator b, List<int,My_allocator>::Iterator e)
{
    auto p = find(b,e,17);
    // ...
}
```

하지만 이렇게 하면 `user()`에 문제가 생긴다.

```
void user(List<int,My_allocator>& lm, List<int,Your_allocator>& ly)
{
    fct(lm.begin(),lm.end());
    fct(ly.begin(),ly.end()); // 오류: fct는 List<int,My_allocator>::Iterators를 받아들인다.
}
```

`fct`를 템플릿으로 만들고 각 할당자에 대해 개별적인 특수화를 생성할 수도 있다. 하지만 그렇게 하면 `Iterator`를 매번 사용할 때마다 새로운 특수화가 생성될 것이므로, 심각한 코드 증가가 일어날 수 있다.[Tsafrir,2009] 이 문제는 `Iterator`를 클래스 타입 바깥으로 이동시키는 방법으로 해결된다.

```
template<typename T>
struct Iterator {
    Link<T>* current_position;
};

template<typename T, typename A>
class List {
public:
    Iterator<T> begin();
    Iterator<T> end();
    // ...
};
```

이렇게 하면 같은 첫 번째 템플릿 인자를 가진 모든 `List`에 대한 반복자가 타입에 관한 한 서로 교체 가능하게 된다. 이런 경우 그것이 바로 정확히 우리가 원하는 결과다. 이제 `user()`는 정의된 대로 동작한다. `fct()`가 함수 템플릿으로 정의됐더라면 `fct()`의 정의는 오직 한 개의 사본(인스턴스화)만이 존재했을 것이다. 나의 경험 법칙은 "중첩된 타입이 정말로 모든 템플릿 매개변수에 의존하고 있지 않다면 템플릿에서 중첩된 타입은 피하라"는 것이다. 이것은 코드에서 불필요한 의존성을 피하기 위해 필요한 일반적인 규칙의 특수한 사례다.

23.4.7 프렌드

23.4.6.3절에서 살펴본 바와 같이 템플릿 클래스는 함수를 `friend`로 지정할 수 있다. 19.4절의 `Matrix`와 `Vector` 예제를 살펴보자. 대개 `Matrix`와 `Vector`는 둘 다 템플릿일 것이다.

```
template<typename T> class Matrix;

template<typename T>
class Vector {
    T v[4];
public:
    friend Vector operator*<>(const Matrix<T>&, const Vector&);
    // ...
};

template<typename T>
class Matrix {
    Vector<T> v[4];
public:
    friend Vector<T> operator*<>(const Matrix&, const Vector<T>&);
    // ...
};
```

프렌드 함수 뒤에 붙은 <>는 프렌드가 템플릿 함수라는 점을 명확히 표시하기 위해 필요하다. <>가 없다면 템플릿이 아닌 함수로 가정될 것이다. 이어서 Vector와 Matrix에서 데이터에 직접적으로 접근하기 위해 곱셈 연산자를 정의할 수 있다.

```
template<typename T>
Vector<T> operator*(const Matrix<T>& m, const Vector<T>& v)
{
    Vector<T> r;
    // ... 원소에 대한 직접적인 접근을 위해 m.v[i][j]와 v.v[i]를 사용한다...
    return r;
}
```

프렌드는 템플릿 클래스가 정의된 유효 범위에도 영향을 미치지 않고 템플릿이 사용되는 유효 범위에도 영향을 미치지 않는다. 대신 프렌드 함수와 연산자는 인자 타입 기반의 검색을 통해 찾을 수 있다(14.2.4절, 18.2.5절, iso.11.3절). 멤버 함수와 마찬가지로 프렌드 함수는 사용될 경우에만 인스턴스화된다(26.2.1절).

다른 클래스와 마찬가지로 클래스 템플릿은 다른 클래스를 friend로 지정할 수 있다. 예를 들면 다음과 같다.

```
class C;
using C2 = C;

template<typename T>
class My_class {
    friend C;           // OK: C는 클래스다.
    friend C2;          // OK: C2는 클래스에 대한 별칭이다.
    friend C3;          // 오류: 유효 범위 내에 C3라는 클래스가 없다.
    friend class C4;    // OK: 새로운 클래스 C4를 도입한다.
};
```

당연히 흥미로운 경우는 프렌드가 템플릿 인자에 의존하는 경우다. 예를 들면 다음과 같다.

```
template<typename T>
class My_other_class {
    friend T;                       // 내 인자는 나의 프렌드!
```

```
    friend My_class<T>;          // 대응되는 인자를 가진 My_class는 나의 프렌드
    friend class T;              // 오류: 불필요한 "class"
};
```

변함없이 프렌드 관계는 상속되지도 않고 추이적^{transitive}이지도 않다(19.4절). 예를 들어 My_class<int>가 프렌드이고, C가 My_class<int>의 프렌드임에도 불구하고 C는 My_other_class<int>의 프렌드가 되지 않았다.

템플릿을 직접적으로 클래스의 프렌드로 만들 수는 없지만, 프렌드 선언을 템플릿으로 만들 수는 있다. 예를 들면 다음과 같다.

```
template<typename T, typename A>
class List;

template<typename T>
class Link {
    template<typename U, typename A>
        friend class List;
    // ...
};
```

안타깝지만 Link<X>가 오직 List<X>의 프렌드여야 된다고 기술할 수 있는 방법은 존재하지 않는다.

프렌드 클래스는 밀접한 연관성을 갖는 개념들로 이뤄진 작은 집단을 표현하기 위해 설계됐다. 프렌드 관계의 패턴이 복잡해진다면 거의 확실히 설계 오류라고 봐도 무방하다.

23.5 함수 템플릿

많은 사람에게 있어 템플릿을 사용하는 최우선적이면서도 가장 명확한 목적은 vector(31.4절), list(31.4.2절), map(31.4.3절) 등의 컨테이너 클래스를 정의하고 사용하는 것이다. 곧 이어서 그러한 컨테이너를 조작하기 위한 함수 템플릿의 필요성이 떠오른다. vector 정렬이 간단한 예다.

```
template<typename T> void sort(vector<T>&);   // 선언

void f(vector<int>& vi, vector<string>& vs)
{
    sort(vi);          // sort(vector<int>&);
    sort(vs);          // sort(vector<string>&);
}
```

함수 템플릿이 호출될 때 함수 인자의 타입에 의해 어느 버전의 템플릿이 사용될지 결정된다. 즉, 템플릿 인자는 함수 인자로부터 추론된다는 뜻이다(23.5.2절).

당연히 함수 템플릿은 어딘가 다른 곳에서 정의돼야 한다(23.7절).

```
template<typename T>
void sort(vector<T>& v)                      // 정의
    // 셸 정렬(Knuth, Vol. 3, pg. 84)
{
```

```
        const size_t n = v.size();

    for (int gap=n/2; 0<gap; gap/=2)
        for (int i=gap; i<n; i++)
            for (int j=i-gap; 0<=j; j-=gap)
                if (v[j+gap]<v[j]) {    // v[j]와 v[j+gap]을 바꿔친다.
                    T temp = v[j];
                    v[j] = v[j+gap];
                    v[j+gap] = temp;
                }
}
```

이 정의를 12.5절에 정의된 sort()의 정의와 비교해보기 바란다. 템플릿화된 버전이 좀 더 짧고 깔끔하다. 자신이 정렬하는 원소의 타입에 대해 더 많은 정보를 이용할 수 있기 때문이다. 보통 이 버전이 비교를 위해 함수를 가리키는 포인터에 의존하지 않기 때문에 좀 더 빠르기까지 하다. 이는 간접적인 함수 호출이 굳이 필요하지 않으며, 간단한 <를 인라인화하기는 쉽다는 점을 의미한다.

좀 더 단순화하고 싶다면 표준 라이브러리 템플릿 swap()(35.5.2절)를 이용해서 동작을 좀 더 자연적인 형태로 만들 수 있다.

```
if (v[j+gap]<v[j])
    swap(v[j],v[j+gap]);
```

이 코드는 새로운 오버헤드를 전혀 유발하지 않는다. 오히려 표준 라이브러리 swap()이 이동 의미 구조를 사용하기 때문에 속도 향상을 볼 수 있다는 점에서 더 좋다(35.5.2절).

이 예제에서 < 연산자는 비교를 위해 사용된다. 하지만 모든 타입이 < 연산자를 갖지는 못한다. 이 때문에 이 버전의 sort() 사용에는 제약이 생기지만, 이런 제약은 인자를 추가함으로써 손쉽게 극복할 수 있다(25.2.3절 참고). 예를 들면 다음과 같다.

```
template<typename T, typename Compare = std::less<T>>
void sort(vector<T>& v)                    // 정의
    // 셸 정렬(Knuth, Vol. 3, pg. 84)
{
    Compare cmp;       // 기본 Compare 객체를 만든다.
    const size_t n = v.size();

    for (int gap=n/2; 0<gap; gap/=2)
        for (int i=gap; i<n; i++)
            for (int j=i-gap; 0<=j; j-=gap)
                if (cmp(v[j+gap],v[j]))
                    v[j],v[j+gap]);
}
```

이제 기본 비교 연산(<)을 이용하거나 아니면 자신만의 버전을 제공할 수 있다.

```
struct No_case {
    bool operator()(const string& a, const string& b) const; // 대소문자를 구분하지 않는 비교
};

void f(vector<int>& vi, vector<string>& vs)
{
```

```
    sort(vi);                              // sort(vector<int>&)
    sort<int,std::greater<int>>(vi);       // greater를 이용한 sort(vector<int>&)

    sort(vs);                              // sort(vector<string>&)
    sort<string,No_case>(vs);              // No_case를 이용한 sort(vector<string>&)
}
```

안타깝게도 뒷부분의 템플릿 인자만 지정할 수 있다는 규칙으로 인해 비교 연산을 지정할 때 원소 타입을 지정해야 한다(추론이 아니라).

함수 템플릿 인자의 명시적 지정은 23.5.2절에서 설명된다.

23.5.1 함수 템플릿 인자

함수 템플릿은 다양한 컨테이너 타입에 적용될 수 있게끔 일반화 알고리즘을 작성하는 데 필수적이다(3.4.2절, 32.2절). 함수 인자의 호출에서 호출에 필요한 템플릿 인자를 추론할 수 있는가는 매우 중요하다.

함수 인자 리스트로 템플릿 인자 집합을 고유 식별할 수 있다면 컴파일러는 호출로부터 타입과 비타입 인자를 추론할 수 있다. 예를 들면 다음과 같다.

```
template<typename T, int max>
struct Buffer {
    T buf[max];
public:
    // ...
};

template<typename T, int max>
T& lookup(Buffer<T,max>& b, const char* p);

string& f(Buffer<string,128>& buf, const char* p)
{
    return lookup(buf,p);   // T가 문자열이고 max가 128인 경우 lookup()을 이용한다.
}
```

여기서 lookup()의 T는 string으로 추론되고, max는 128로 추론된다.

클래스 템플릿 매개변수는 결코 추론되지 않는다는 점에 유의한다. 그 이유는 클래스에 대한 여러 개의 생성자 때문에 생기는 융통성으로 인해 그러한 추론이 많은 경우 불가능하고, 더 많은 경우에는 모호하기 때문이다. 대신 특수화(25.3절)는 템플릿에 대한 서로 다른 정의 중에서 암시적으로 선택할 수 있는 메커니즘을 제공해준다. 추론된 타입의 객체를 생성할 필요가 있다면 많은 경우 추론(및 생성)을 수행할 함수를 호출하는 방식으로 처리한다. 표준 라이브러리의 make_pair()(34.2.4.1절)의 간단한 변형 버전을 예로 들어보자.

```
template<typename T1, typename T2>
pair<T1,T2> make_pair(T1 a, T2 b)
{
    return {a,b};
}

auto x = make_pair(1,2);                    // x는 pair<int,int>
auto y = make_pair(string("New York"),7.7); // y는 pair<string,double>
```

템플릿 인자가 함수 인자(23.5.2절)로부터 추론될 수 없다면 명시적으로 지정해야 한다. 그 방법은 템플릿 클래스에 대해 명시적으로 템플릿 인자를 지정하는 경우와 동일하다(25.2절, 25.3절). 예를 들면 다음과 같다.

```
template<typename T>
T* create();                        // T를 만들고 그것을 가리키는 포인터를 반환한다.

void f()
{
    vector<int> v;                  // 클래스, 템플릿 인자 int
    int* p = create<int>();         // 함수, 템플릿 인자 int
    int* q = create();              // 오류: 템플릿 인자를 추론할 수 없다.
}
```

함수 템플릿에 대한 반환 타입을 제공하기 위해 명시적인 지정을 사용하는 경우는 매우 흔하다. 이를 이용해서 객체 생성 함수(create() 등)와 변환 함수(27.2.2절)의 집합을 정의할 수 있다. static_cast, dynamic_cast 등(11.5.2절, 22.2.1절)에 대한 문법은 명시적 한정 함수 템플릿 문법과 일치한다.

기본 템플릿 인자는 일부 경우 명시적 한정을 단순화하는 데 사용될 수 있다(25.2.5.1절).

23.5.2 함수 템플릿 인자 추론

컴파일러는 다음과 같은 구문 요소로 구성된 템플릿 함수 인자로부터 타입 템플릿 인자, T 또는 TT와 비타입 템플릿 인자 I를 추론할 수 있다.

T	const T	volatile T
T*	T&	T[constant_expression]
type[I]	class_template_name<T>	class_template_name<I>
TT<T>	T<I>	T<>
T type::*	T T::*	type T::*
T (*) (args)	type(T::*) (args)	T(type::*) (args)
type (type::*) (args_TI)	T (T::*) (args_TI)	type(T::*) (args_TI)
T (type::*) (args_TI)	type (*) (args_TI)	

여기서 args_TI는 매개변수 리스트인데, 이런 규칙들을 재귀적으로 적용해서 args_TI에서 T나 I를 판별할 수 있다. 그리고 args는 추론을 허용하지 않는 매개변수 리스트다. 이런 방식으로 모든 매개변수가 추론될 수 없다면 호출은 모호해진다. 예를 들면 다음과 같다.

```
template<typename T, typename U>
void f(const T*, U(*)(U));

int g(int);

void h(const char* p)
{
    f(p,g);   // T는 char이고 U는 int다.
    f(p,h);   // 오류: U를 추론할 수 없다.
}
```

f()의 첫 번째 호출에서 인자를 살펴보면 템플릿 인자가 손쉽게 추론된다. f()의 두 번째 호출에서는 h()가 U(*)(U) 패턴과 일치하지 않는다는 점을 알 수 있는데, 이는 h()의 인자와 반환 타입이 다르기 때문이다.

템플릿 인자가 두 개 이상의 함수 인자로부터 추론될 수 있다면 각각의 추론 결과는 동일한 타입이어야 한다. 그렇지 않으면 호출은 오류를 일으킨다. 예를 들면 다음과 같다.

```
template<typename T>
void f(T i, T* p);

void g(int i)
{
    f(i,&i);              // OK
    f(i,"Remember!");     // 오류, 모호하다. T가 int인지 const char인지?
}
```

23.5.2.1 참조자 추론

좌변 값과 우변 값에 대해 서로 다른 동작을 취하는 것이 유용할 수 있다. {정수, 포인터} 쌍을 보관하기 위한 클래스를 예로 들어보자.

```
template<typename T>
class Xref {
public:
    Xref(int i, T* p)        // 포인터를 저장한다. Xref가 소유자
        :index{i}, elem{p}, owned{true}
    { }
    Xref(int i, T& r)        // 누군가 다른 이가 소유하고 있는 r을 가리키는 포인터를 저장한다.
        :index{i}, elem{&r}, owned{false}
    { }
    Xref(int i, T&& r)       // r을 Xref 안으로 이동한다. Xref가 소유자
        :index{i}, elem{new T{move(r)}}, owned{true}
    { }
    ~Xref()
    {
        if (owned) delete elem;
    }
    // ...
private:
    int index;
    T* elem;
    bool owned;
};
```

따라서

```
string x {"There and back again"};

Xref<string> r1 {7,"Here"};               // r1은 string{"Here"}의 사본을 소유한다.
Xref<string> r2 {9,x};                    // r2는 x를 참조할 뿐이다.
Xref<string> r3 {3,new string{"There"}};  // r3는 string{"There"}를 소유한다.
```

여기서 r1은 **Xref(int,string&&)**를 선택하는데, "Here"로부터 생성되는 **string**이 우변 값이기 때문이다. 마찬가지로 r2는 **Xref(int,string&)**를 선택하는데, **x**가 좌변 값이기 때문이다.

좌변 값과 우변 값은 템플릿 인자 추론으로 구별된다. 타입 **X**의 좌변 값은 **X&**로 추론되고 우변 값은 **X**로 추론된다. 이는 값을 비템플릿 인자 우변 값 참조자(12.2.1절)에 연결하는 것과는 다르지만 인자 전달(35.5.1절)에 특히 유용하다. **Xref**를 자유 저장 공간에 만들고 그것들에게 **unique_ptr**을 반환하는 팩토리 함수를 작성하는 예를 살펴보자.

```
template<typename T>
    T&& std::forward(typename remove_reference<T>::type& t) noexcept;    // 35.5.1절
template<typename T>
    T&& std::forward(typename remove_reference<T>::type&& t) noexcept;
template<typename TT, typename A>
unique_ptr<TT> make_unique(int i, A&& a)        // make_shared(34.3.2절)의 간단한 변형
{
    return unique_ptr<TT>{new TT{i,forward<A>(a)}};
}
```

가짜 사본은 전혀 만들지 않고 **make_unique<T>(arg)**로 arg에서 **T**를 생성하고 싶다. 이를 위해서는 좌변 값/우변 값 구분이 유지되는 것이 필수적이다. 다음 코드를 살펴보자.

```
auto p1 = make_unique<Xref<string>>(7,"Here");
```

"Here"는 우변 값이므로 **forward(string&&)**가 호출되고, 우변 값이 전달돼 "Here"를 보관하고 있는 **string**에서 이동시키기 위해 **Xref(int,string&&)**가 호출된다.

좀 더 흥미로운(미묘한) 경우는 다음이다.

```
auto p2 = make_unique<Xref<string>>(9,x);
```

여기서는 **x**가 좌변 값이므로 **forward(string&)**가 호출되고 좌변 값이 전달된다. **forward()**의 **T**는 **strring&**으로 추론돼 반환 값이 **string& &&**가 되는데, 이는 **string&**를 뜻한다(7.7.3절). 따라서 **x**가 복사되도록 좌변 값 **x**에 대해서는 **Xref(int,string&)**가 호출된다.

안타깝게도 **make_unique()**는 표준 라이브러리에 포함돼 있지 않지만, 그럼에도 불구하고 널리 지원되고 있다. 포워딩을 위한 가변 인자 템플릿(28.6.3절)을 이용해서 임의의 인자를 받아들이게끔 **make_unique()**를 정의하는 일은 비교적 쉬운 편이다.

23.5.3 함수 템플릿 오버로딩

여러 개의 함수 템플릿을 동일한 이름으로 선언할 수 있으며, 심지어 함수 템플릿과 통상적인 함수의 조합을 동일한 이름으로 선언할 수도 있다. 오버로딩된 함수가 호출될 때는 실행될 올바른 함수나 함수 템플릿을 찾기 위해 오버로딩 해결이 필요하다. 예를 들면 다음과 같다.

```
template<typename T>
    T sqrt(T);
template<typename T>
```

```
    complex<T> sqrt(complex<T>);
double sqrt(double);

void f(complex<double> z)
{
    sqrt(2);        // sqrt<int>(int)
    sqrt(2.0);      // sqrt(double)
    sqrt(z);        // sqrt<double>(complex<double>)
}
```

함수 템플릿이 함수 개념의 일반화인 것과 마찬가지로 함수 템플릿이 있는 경우의 해결 규칙은 함수 오버로딩 해결의 일반화다. 기본적으로는 각각의 템플릿에 대해 함수 인자 집합에 가장 알맞은 특수화를 찾는다. 그러고 나서 이러한 특수화와 통상적인 모든 함수에 일반적인 함수 오버로딩 해결 규칙을 적용한다(iso.14.8.3절).

[1] 오버로딩 해결에 참여할 함수 템플릿 특수화(23.2.2절)의 집합을 찾는다. 그 방법은 각 함수를 살펴보고, 유효 범위 내에 동일한 이름을 가진 다른 함수 템플릿이나 함수가 없는 경우에 어떤 템플릿 인자를 사용할지 결정하는 것이다. 이는 **sqrt()** 호출에 대해서 **sqrt<double>(complex<double>)**과 **sqrt<complex<double>>(complex<double>)**이 후보가 된다는 뜻이다. 23.5.3.2절도 함께 살펴보기 바란다.

[2] 두 함수가 호출 가능한데, 한쪽이 다른 쪽보다 좀 더 특수화돼 있다면(25.3.3절) 다음 단계에서는 가장 특수화된 템플릿 함수만을 고려하기 바란다. 이는 **sqrt()** 호출에 대해서는 **sqrt<complex<double>>(complex<double>)**에 비해 **sqrt<double>(complex<double>)**이 선호된다는 뜻이다. **sqrt<T>(complex<T>)**와 일치하는 호출은 **sqrt<T>(T)**에도 일치한다.

[3] 템플릿 함수 집합에 통상적인 함수들을 더한 것에 대해서는 통상적인 함수에 대해서와 똑같이 오버로딩 문제를 처리한다(12.3절). 함수 템플릿의 인자가 템플릿 인자 추론 (23.5.2절)에 의해 결정되는 경우라면 해당 인자에는 타입 승격, 표준 변환 또는 사용자 정의 변환이 적용될 수 없다. **sqrt(2)**에 대해서는 **sqrt<int>(int)**가 정확히 일치하므로, 이것이 **sqrt(double)** 대신 선택된다.

[4] 함수와 특수화가 똑같이 일치한다면 함수가 선택된다. 따라서 **sqrt(2.0)**에 대해서는 **sqrt<double>(double)** 대신 **sqrt(double)**이 선택된다.

[5] 일치하는 것이 발견되지 않는다면 호출은 오류로 처리된다. 최종 결과로 두 개가 똑같이 일치한다면 모호한 호출이 됨으로써 오류를 일으키게 된다.

예를 들면 다음과 같다.

```
template<typename T>
T max(T,T);

const int s = 7;

void k()
{
    max(1,2);           // max<int>(1,2)
```

```
    max('a','b');              // max<char>('a','b')
    max(2.7,4.9);              // max<double>(2.7,4.9)
    max(s,7);                  // max<int>(int{s},7) (일반적인 변환이 사용됨)

    max('a',1);                // 오류: 모호하다. max<char,char>()인지 max<int,int>()인지?
    max(2.7,4);                // 오류: 모호하다. max<double,double>인지 max<int,int>()인지?
}
```

마지막 두 호출의 문제점은 템플릿 매개변수가 고유하게 결정되기 전까지는 타입 승격과 표준 변환을 적용하지 않는다는 것이다. 컴파일러에게 어떤 해결 규칙을 선택하라고 알려주는 규칙은 존재하지 않는다. 아마도 대부분의 경우에는 언어 규칙에서 미묘한 결정을 프로그래머의 몫으로 남겨두는 편이 좋을 것이다. 뜻밖의 모호성 오류 대신 선택할 수 있는 방안은 특이한 해결을 통해 뜻밖의 결과를 얻는 것이다. 오버로딩 해결에 대한 사람들의 '직관'에는 엄청난 차이가 있기 때문에 완벽하게 직관적인 오버로딩 해결 규칙을 설계하는 것은 불가능하다.

23.5.3.1 모호성 해결

명시적 한정에 의해 두 가지 모호성을 해결할 수 있다.

```
void f()
{
    max<int>('a',1);           // max<int>(int('a'),1)
    max<double>(2.7,4);        // max<double>(2.7,double(4))
}
```

다른 방법으로 적절한 선언을 추가할 수 있다.

```
inline int max(int i, int j) { return max<int>(i,j); }
inline double max(int i, double d) { return max<double>(i,d); }
inline double max(double d, int i) { return max<double>(d,i); }
inline double max(double d1, double d2) { return max<double>(d1,d2); }
void g()
{
    max('a',1);        // max(int('a'),1)
    max(2.7,4);        // max(2.7,4)
}
```

통상적인 함수에 대해서는 통상적인 오버로딩 규칙(12.3절)이 적용되며, inline을 쓰면 추가적인 오버헤드가 유발되지 않게 보장할 수 있다.

max()의 정의에는 별것이 없으므로, max()의 특수화를 호출하는 대신 직접적으로 비교를 구현할 수도 있다. 하지만 템플릿의 명시적 특수화를 사용하면 이러한 해결 함수를 손쉽게 정의할 수 있는 데다 거의 동일한 코드가 여러 개의 함수에서 나타나는 것을 막을 수 있기 때문에 유지 보수에 도움이 된다.

23.5.3.2 인자 대체 실패

함수 템플릿 인자에 가장 잘 일치하는 것을 찾기 위해 컴파일러는 전체 함수 템플릿 선언(반환 타입 포함)에서 요구하는 방식으로 해당 인자가 사용될 수 있는지의 여부를 검토한다. 예를 들면 다음과 같다.

```
template<typename Iter>
typename Iter::value_type mean(Iter first, Iter last);

void f(vector<int>& v, int* p, int n)
{
    auto x = mean(v.begin(),v.end());    // OK
    auto y = mean(p,p+n);                // 오류
}
```

여기서는 인자가 일치하고 **vector<int>::iterator**가 **value_type**이란 멤버를 갖고 있기 때문에 **x**의 초기화가 성공한다. 인자가 일치함에도 불구하고 **int***가 **value_type**이란 멤버를 갖고 있지 않아서 다음과 같이 쓸 수 없는 관계로 **y**의 초기화는 실패한다.

```
int*::value_type mean(int*,int*);        // int*는 value_type이란 멤버를 갖고 있지 않다.
```

하지만 **mean()**의 정의가 또 하나 있다면 어떻게 될까?

```
template<typename Iter>
typename Iter::value_type mean(Iter first, Iter last); // #1 - 시퀀스의 평균값을 반환한다.
template<typename T>
T mean(T*,T*);                                          //#2 - 배열의 평균값을 반환한다.

void f(vector<int>& v, int* p, int n)
{
    auto x = mean(v.begin(),v.end());                   // OK: #1을 호출한다.
    auto y = mean(p,p+n);                               // OK: #2를 호출한다.
}
```

이 방법은 제대로 동작하며, 두 개 초기화가 모두 성공한다. 하지만 첫 번째 템플릿 정의와 **mean(p, p+n)**을 일치시키려고 시도할 때 오류가 뜨지 않았던 이유는 무엇일까? 인자는 완벽히 일치하지만 실제의 템플릿 인자(int*)를 대체해야만 함수 선언이 얻어진다.

```
int*::value_type mean(int*,int*);        // int*는 value_type이라는 변수를 갖고 있지 않다.
```

포인터는 **value_type** 멤버를 갖지 않으므로, 이 선언은 물론 쓰레기다. 다행스럽게도 이런 가능성 있는 선언을 시도해보는 것 자체만으로는 오류가 아니다. 이런 대체 실패^{substitution} failure는 오류가 아니라고 규정하는 언어 규칙(iso.14.8.2절)이 있다. 이 규칙은 템플릿을 그냥 무시하게 한다. 즉, 템플릿은 오버로딩 집합에 대한 특수화에 참여하지 않는다. 이렇게 되면 **mean(p,p+n)**은 선언 #2와 일치하고, 이 선언이 호출된다.

"대체 실패는 오류가 아니다"라는 규칙이 없다면 오류가 없는 선택(#2 등의)이 이용 가능한 경우에도 컴파일 타임 오류가 일어날 것이다. 게다가 이 규칙은 템플릿 중에서 선택하는 데 쓰일 수 있는 범용적인 도구를 제공해준다. 이 규칙을 기반으로 하는 기법은 28.4절에서 설명된다. 특히 표준 라이브러리는 템플릿의 조건부 정의를 간단하게 만들어 줄 **enable_if**를 제공한다(35.4.2절).

이 규칙은 발음 불가능한 약자인 **SFINAE**^{Substitution Failure Is Not An Error}라는 이름으로 알려져 있다. **SFINAE**는 종종 'F'가 'v'로 발음되는 동사로 사용되기도 한다. 예를 들면 "그 생성자를

SFINAE해 버렸다"는 식이다. 꽤나 인상적으로 들리긴 하지만 나는 이런 특수 용어 사용은 피하는 편이다. "대체 실패에 의해 생성자가 제거됐다"란 문장이 대부분의 사람들에게 훨씬 명확한 데다 영어 문법에 좀 더 충실하다.

따라서 함수 호출을 해결할 후보 함수를 생성하는 도중에 컴파일러가 자체적으로 부적절한 템플릿 특수화를 생성하고 있다는 점을 발견하면 해당 후보는 오버로딩 집합에 입력되지 않는다. 템플릿 특수화는 타입 오류를 일으키는 경우에 부적절한 것으로 간주된다. 이런 경우에는 선언만을 고려한다. 템플릿 함수 정의와 클래스 멤버의 정의는 실제로 사용되기 전에는 검토(또는 생성)되지 않는다. 예를 들면 다음과 같다.

```
template<typename Iter>
Iter mean(Iter first, Iter last) // #1 - 평균값을 보관하고 있는 시퀀스 원소에 대한 반복자를 반환한다.
{
    using Val = typename Iter::value_type;
    // ...
}
template<typename T>
T* mean(T*,T*);                  //#2 - 평균값을 보관하고 있는 배열을 가리키는 포인터를 반환한다.
void f(vector<int>& v, int* p, int n)
{
    auto x = mean(v.begin(),v.end());     // OK: #1을 호출한다.
    auto y = mean(p,p+n);                 // OK: #2를 호출한다.
}
```

mean() #1의 선언은 **mean(p,p+n)**에 대해서는 괜찮다. 다행스럽게도 해당 버전은 **int*** 인자에 대해서는 선택되지 않는다(포인터 버전이 반복자 버전에 비해 좀 더 특수화돼 있기 때문). **mean()** #2가 없었다면 선언 #1이 **mean(p,p+n)**에 대해 선택됐을 것이며, 우리는 인스턴스화 시점에 오류를 겪었을 것이다. 따라서 컴파일이 실패하더라도 최적의 일치로 함수가 선택될 수 있다.

23.5.3.3 오버로딩과 파생

오버로딩 해결 규칙은 함수 템플릿이 상속과 올바르게 상호작용하게 보장해준다.

```
template<typename T>
    class B { /* ... */ };
template<typename T>
    class D : public B<T> { /* ... */ };

template<typename T> void f(B<T>*);

void g(B<int>* pb, D<int>* pd)
{
    f(pb);          // 당연히 f<int>(pb)
    f(pd);          // f<int>(static_cast<B<int>*>(pd));
                    // D<int>*에서 B<int>*로의 표준 변환이 사용됨
}
```

이 예제에서 함수 템플릿 **f()**는 어떤 타입 **T**에 대해서도 **B<T>***를 받아들인다. 우리에겐 **D<int>*** 타입의 인자가 있으므로 컴파일러는 **T**를 **int**로 선택함으로써 그것을 손쉽게 추론할

수 있고, 호출은 f(B<int>*)의 호출로 고유하게 해결될 수 있다.

25.5.3.4 오버로딩과 추론되지 않는 매개변수

템플릿 매개변수의 추론에 개입하지 않는 함수 인자는 비템플릿 함수의 인자와 똑같이 취급된다. 특히 통상적인 변환 규칙이 그대로 적용된다. 다음 예를 살펴보자.

```
template<typename T, typename C>
T get_nth(C& p, int n);              // n번째 원소를 얻는다.
```

이 함수는 아마도 타입 C를 가진 컨테이너의 n번째 원소의 값을 반환할 것이다. C가 호출에서 get_nth()의 실제 인자로부터 추론돼야 되기 때문에 첫 번째 인자에는 변환이 적용되지 않는다. 하지만 두 번째 인자는 완전히 정상적이기 때문에 가능한 변환이 전부 고려될 수 있다. 예를 들면 다음과 같다.

```
struct Index {
    operator int();
    // ...
};
void f(vector<int>& v, short s, Index i)
{
    int i1 = get_nth<int>(v,2); // 정확한 일치
    int i2 = get_nth<int>(v,s); // 표준 변환 - short에서 int로
    int i3 = get_nth<int>(v,i); // 사용자 정의 변환 - Index에서 int로
}
```

get_nth<type> 표기는 경우에 따라 type에 대한 **명시적 특수화**explicit specialization(23.5.1절)라고 불린다.

23.6 템플릿 별칭

using 문법이나 typedef 문법(6.5절)으로 타입에 대한 별칭을 정의할 수 있다. 인자들이 연결돼 있는 템플릿에 대한 별칭을 정의하는 데 쓰일 수 있다는 중요한 측면에서 using 문법이 좀 더 범용적이다. 예를 들면 다음과 같다.

```
template<typename T, typename Allocator = allocator<T>> vector;
using Cvec = vector<char>;          // 두 인자가 연결돼 있다.
Cvec vc = {'a', 'b', 'c'};          // vc는 <char,allocator<char>>
template<typename T>
using Vec = vector<T,My_alloc<T>>;  // 내 할당자를 사용하는 vector(두 번째 인자가 연결돼 있다)
Vec<int> fib = {0, 1, 1, 2, 3, 5, 8, 13};      // fib는 vector<int,My_alloc<int>>
```

일반적으로 템플릿의 인자를 전부 연결하면 타입이 얻어지지만, 일부만 연결하면 템플릿이 얻어진다. 별칭 정의에서 using으로 얻어지는 것은 언제나 별칭이라는 점에 유의한다. 즉, 별칭을 사용할 때는 원래 템플릿을 사용하는 것과 완전히 똑같다는 것이다. 예를 들면 다음과 같다.

```
vector<char,allocator<char>> vc2 = vc;        // vc2와 vc는 같은 타입이다.
vector<int,My_alloc<int>> verbose = fib;      // verbose와 fib는 같은 타입이다.
```

별칭과 원래 템플릿이 동등하다는 것은 템플릿을 특수화하면 별칭을 사용할 때 특수화가
(올바르게) 얻어진다는 의미를 내포한다. 예를 들면 다음과 같다.

```
template<int>
struct int_exact_traits {  // int_exact_traits<N>::type은 정확히 N비트를 가진 타입이다.
    using type = int;
};
template<>
struct int_exact_traits<8> {
    using type = char;
};
template<>
struct int_exact_traits<16> {
    using type = short;
};
template<int N>
using int_exact = typename int_exact_traits<N>::type; // 간편한 표기를 위해 별칭을 정의한다.
int_exact<8> a = 7; // int_exact<8>은 8비트를 가진 int이다.
```

별칭을 통해 특수화가 쓰이지 않았다면 int_exact가 int_exact_traits<N>::type에 대
한 별칭이었다고 주장할 수 없었다. 아마 그랬다면 다르게 동작했을 것이다. 반면 별칭의
특수화를 정의할 수는 없다. 그것이 가능하다면 사람들이 무엇이 특수화된 건지 분간하기가
어려울 것이다. 그렇기 때문에 별칭의 특수화에 대한 문법은 제공되지 않는다.

23.7 소스코드 구성

템플릿을 이용해서 소스코드를 구성하는 방법으로, 누구나 생각해볼 수 있는 방안은 다음 3가
지다.

[1]   해석 단위에서 사용되기 전에 템플릿 정의를 인클루드한다.
[2]   해석 단위에서 사용되기 전에(만) 템플릿 선언을 인클루드한다. 템플릿 정의는 나중에
       해석 단위에 인클루드한다(사용 후일 가능성이 높다).
[3]   해석 단위에서 사용되기 전에(만) 템플릿 선언을 인클루드한다. 템플릿 정의는 어딘가
       다른 해석 단위에서 이뤄진다.

기술적이고 역사적인 이유 때문에 템플릿 정의와 사용이 별도로 컴파일되는 선택 [3]은 제공
되지 않는다. 단연코 가장 널리 쓰이는 접근법은 매 해석 단위에서 사용하는 템플릿의 정의를
인클루드(대개는 #include)하고, 구현에서 컴파일 타임을 최적화하고 객체 코드 중복을 제거하게
하는 것이다. 예를 들어 out.h 파일의 헤더에서 out() 템플릿을 제공하는 경우를 생각해보자.

```
```

```
// out.h 파일
#include<iostream>
template<typename T>
void out(const T& t)
{
    std::cerr << t;
}
```

이 헤더를 out()이 필요한 곳에 모두 #include할 것이다. 예를 들면 다음과 같다.

```
// user1.cpp 파일
#include "out.h"
// out()을 사용한다.
```

그리고

```
// user2.cpp 파일
#include "out.h"
// out()을 사용한다.
```

즉, out()의 정의와 그것이 의존하는 모든 선언이 여러 개의 서로 다른 컴파일 단위에 #include되는 것이다. 필요할 때 코드를 생성하고 반복되는 정의를 읽어 들이는 과정을 최적화하는 것은 컴파일러의 몫이다. 이런 전략은 템플릿 함수를 인라인 함수와 똑같은 방식으로 취급한다.

이 전략에서 명백한 문제점은 사용자가 실수로 out()를 정의하기 위한 목적만으로 인클루드된 선언에 의존할 수도 있다는 점이다. 이런 위험성은 [2]번 "템플릿 정의를 나중에 인클루드한다"는 접근법을 취하거나, 네임스페이스를 사용하거나, 매크로를 피하거나, 일반적으로 인클루드되는 정보의 양을 줄임으로써 줄일 수 있다. 궁극적인 목표는 템플릿 정의의 환경에 대한 의존성을 최소화하는 것이다.

우리의 간단한 out() 예제에 대해 "템플릿 정의를 나중에 인클루드한다"는 접근법을 사용하려면 우선 out.h 파일을 두 개로 분리해야 한다. 선언은 .h 파일에 들어간다.

```
// outdecl.h 파일
    template<typename T>
    void out(const T& t);
```

정의는 out.cpp 파일에 들어간다.

```
// out.cpp 파일
    #include<iostream>
    template<typename T>
    void out(const T& t)
    {
        std::cerr << t;
    }
```

사용자는 이제 두 개 모두를 #include할 수 있다.

```
// user3.cpp 파일
    #include "out.h"
    // out()을 사용한다.
    #include "out.cpp"
```

이렇게 하면 템플릿의 구현이 사용자 코드에 미칠 수 있는 바람직하지 않은 영향이 일어날 가능성을 최소화할 수 있다. 그렇지만 이 방법은 안타깝게도 사용자 코드에서 뭔가(예를 들면 매크로)가 템플릿 정의에 바람직하지 않은 영향을 미칠 가능성을 증가시키기도 한다.

늘 그렇듯이 **inline**이 아닌 비템플릿 함수와 **static** 멤버(16.2.12절)는 일부 컴파일 단위 내에서 고유 정의를 가져야 한다. 이는 이러한 멤버들이 많은 해석 단위에 포함될 가능성이 있는 템플릿에는 쓰이지 않는 편이 최선이라는 뜻이다. **out()**에서 볼 수 있듯이 템플릿 함수의 정의는 다른 해석 단위에서 반복될 수 있으므로 맥락에 따라 정의의 의미가 미묘하게 변경될 수 있다는 점에 유의해야 한다.

```
// user1.cpp 파일
    #include "out.h"
    // out()을 사용한다.
```

그리고

```
// user4.cpp 파일
    #define std MyLib
    #include "out.h"
    // out()을 사용한다.
```

이런 느닷없고 오류에 취약한 매크로의 사용으로 인해 **out**의 정의가 변경돼 user4.cpp 파일의 정의가 user1.cpp 파일과 달라졌다. 이것은 오류이지만 구현에서 잡아낼 수 없는 오류다. 이런 종류의 오류는 대규모 프로그램에서 탐지하기가 상당히 어렵기 때문에 템플릿의 상황 의존성을 최소화하도록 주의를 기울이고 매크로에 대해서는 의심의 눈초리를 가져야 한다(12.6절).

인스턴스화의 맥락에 대한 더 많은 제어가 필요하다면 명시적 인스턴스화와 **extern template**을 사용할 수 있다(26.2.2절).

23.7.1 링크 관계

템플릿의 링크 관계에 대한 규칙은 생성된 클래스와 함수의 링크 관계에 대한 규칙이다(15.2절, 15.2.3절). 클래스 템플릿의 배치 구조나 인라인 함수 템플릿의 정의가 변경되면 해당 클래스나 함수를 사용하는 모든 코드가 재컴파일돼야 한다는 뜻이다.

이는 헤더 파일에서 정의돼 '사방에' 인클루드된 템플릿에 대해서는 재컴파일이 수도 없이 일어나야 된다는 뜻이 될 수 있다. 템플릿은 .cpp 파일을 사용하는 비템플릿 코드에 비해 헤더 파일에 많은 정보를 포함하는 경향이 있기 때문이다. 특히 동적으로 링크되는 라이브러리가 사용되고 있다면 템플릿이 사용되는 모든 경우가 일관성 있게 정의되는지 주의를 기울여야 한다.

때로는 복잡한 템플릿 라이브러리가 함수에서 사용되는 용도를 비템플릿 인터페이스로 캡슐화함으로써 복잡한 템플릿 라이브러리에 가해진 변경의 노출을 최소화하는 것이 가능하다. 예를 들어 다양한 타입을 지원하는 범용적인 수치 라이브러리를 이용하는 계산을 구현하고 싶다고 가정해보자(예를 들면 29장, 40.4절, 40.5절, 40.6절과 같은 경우). 하지만 나는 많은 경우 계산에 쓰이는 타입을 알고 있다. 예를 들어 어떤 프로그램에서 나는 `double`과 `vector<double>`을 지속적으로 사용할 수 있다. 이런 경우 다음과 같이 정의할 수 있다.

```
double accum(const vector<double>& v)
{
    return accumulate(v.begin(),v.end(),0.0);
}
```

이런 정의가 있으면 코드에서 `accum()`에 대한 비템플릿 선언을 사용할 수 있다.

```
double accum(const vector<double>& v);
```

`std::accumulate`에 대한 의존성은 .cpp 파일 안으로 사라져서 나머지 코드에서 보이지 않게 된다. 또한 해당 .cpp 파일에서만 `#include<numeric>`의 컴파일 타임 오버헤드를 겪게 된다.

`std::accumulate()`와 비교해서 `accum()`에 대한 인터페이스를 단순화할 수 있는 가능성을 선택했다는 점에 주목하기 바란다. 좋은 템플릿 라이브러리의 핵심 속성인 범용성이 특정 애플리케이션에서는 복잡성의 근원이 될 수도 있다는 것이다.

나는 표준 라이브러리 템플릿에 대해 이 기법을 사용하지 않을 것이다. 그런 템플릿들은 시간의 검증을 거쳤으며, 많은 구현 환경에 알려져 있다. 나는 `vector<double>`을 캡슐화하려고 골치를 썩지 않았다. 하지만 좀 더 복잡하고 난해하며, 자주 변경되는 템플릿 라이브러리에 대해서는 그러한 캡슐화가 유용할 수 있다.

23.8 조언

[1] 템플릿을 이용해서 많은 인자 타입에 적용될 수 있는 알고리즘을 표현한다(23.1절).

[2] 템플릿을 이용해서 컨테이너를 표현한다(23.2절).

[3] `template<class T>`와 `template<typename T>`는 같은 뜻이라는 데 유의한다(23.2절).

[4] 템플릿을 정의할 때는 우선 설계하고 나서 비템플릿 버전을 디버깅한다. 이후에 매개변수를 추가해서 범용화한다(23.2.1절).

[5] 템플릿은 타입 안전적이지만, 체크는 너무 늦게 이뤄진다(23.3절).

[6] 템플릿을 설계할 때는 템플릿 인자에 대해 가정된 콘셉트(요구 사항)를 신중하게 고려한다(23.3절).

[7] 클래스 템플릿을 복사 가능하게 만들려면 비템플릿 복사 생성자와 비템플릿 복사 대입을 제공한다(23.4.6.1절).

[8]   클래스 템플릿을 이동 가능하게 만들려면 비템플릿 이동 생성자와 비템플릿 이동 대입을 제공한다(23.4.6.1절).

[9]   가상 함수 멤버는 템플릿 멤버 함수가 될 수 없다(23.4.6.2절).

[10]   타입이 클래스 템플릿의 모든 인자에 의존하고 있는 경우에만 타입을 템플릿의 멤버로 정의한다(23.4.6.3절).

[11]   클래스 템플릿을 이용해서 클래스 템플릿 인자 타입을 추론한다(23.5.1절).

[12]   함수 템플릿을 오버로딩해서 다양한 인자 타입에 대해 동일한 의미 구조를 얻는다(23.5.3절).

[13]   인자 대체 실패를 이용해서 프로그램에 대해 적합한 함수 집합을 제공한다(23.5.3.2절).

[14]   템플릿 별칭을 이용해서 표기를 단순화하고 구현 세부 사항을 은닉한다(23.6절).

[15]   템플릿은 개별적으로 컴파일되지 않는다. 템플릿 정의를 사용하는 모든 해석 단위에 그것들을 #include한다(23.7절).

[16]   템플릿을 다룰 수 없는 코드에 대한 인터페이스로는 통상적인 함수를 사용한다(23.7.1절).

[17]   대규모 템플릿과 간단치 않은 상황 의존성을 가진 템플릿은 별도로 컴파일한다(23.7절).

일반화 프로그래밍

바야흐로 이제 여러분의 작업을
확고한 이론적 기반 위에 얹을 때가 됐다

— 샘 모건(Sam Morgan)

24.1 개요

템플릿의 용도는 무엇인가? 바꿔 말하면 템플릿을 사용할 때는 어떤 프로그래밍 기법이 효과적인가? 템플릿은 다음 기능을 제공한다.

- 정보를 손실하지 않고 타입(값과 템플릿 포함)을 인자로 전달할 수 있는 기능 이는 현재의 구현이 활용할 수 있는 인라인화 가능성이 상당히 높다는 뜻이다.
- 지연된 타입 체크(인스턴스화 시점에 진행되는) 이는 다른 맥락에서 얻어진 정보들을 함께 짜 맞출 수 있는 가능성이 있다는 뜻이다.
- 상수 값을 인자로 전달할 수 있는 기능 이는 컴파일 타임 계산을 처리할 수 있다는 뜻이다.

바꿔 말해 템플릿은 컴파일 타임 계산과 타입 조작에 쓰일 수 있는 강력한 메커니즘을 제공하는 데, 이런 메커니즘은 상당히 경제적이고 효율적인 코드를 낳을 수 있다. 타입(클래스)은 코드와 값을 모두 포함할 수 있다는 점을 기억하자.

템플릿의 가장 최우선적이면서도 일반적인 용도는 **일반화 프로그래밍**generic programming을 지원하는 것이다. 일반화 프로그래밍이란 범용적인 알고리즘의 설계, 구현 및 활용에 초점을 둔 프로그래밍이다. 여기서 '범용적'이란 타입이 인자에 대한 알고리즘의 요구 사항을 준수하기만 한다면 알고리즘이 다양한 타입을 받아들이게 설계될 수 있다는 뜻이다. 템플릿은 C++

가 일반화 프로그래밍을 지원하는 핵심 수단이다. 템플릿은 (컴파일 타임) 매개변수식 다형성을 제공한다.

'일반화 프로그래밍'에 대해서는 수많은 정의가 있다. 따라서 이 용어는 혼란을 일으킬 수 있다. 하지만 C++의 관점에서 '일반화 프로그래밍'이란 템플릿을 이용해서 구현된 범용적인 알고리즘의 설계에 초점을 맞추는 것을 의미한다.

생성적인 기법(템플릿을 타입과 함수 생성기로 보는 관점)과 컴파일 타임 계산을 표현하기 위해 타입 함수 의존에 좀 더 초점을 맞추는 것을 **템플릿 메타프로그래밍**template metaprogramming이라고 부르는데, 이것이 28장의 주제다.

템플릿에 제공되는 타입 체크는 (템플릿 선언 내에서) 명시적 인터페이스에 대해서가 아니라 템플릿 정의 내에서의 인자 사용을 체크한다. 이는 흔히 **덕 타이핑**duck typing이라고 불리는 컴파일 타임 변형을 제공한다. 아니면 좀 더 기술적인 용어를 사용한다면 값에 대해서 연산을 적용할 때 연산의 존재와 의미는 오직 그것의 피연산자 값에 의존할 뿐이라는 것이다. 이는 객체가 타입을 갖고 있고, 그런 타입이 연산의 존재와 의미를 결정한다는 또 다른 관점과는 차이가 있다. 값은 객체 안에서 '사는 것'이다. 이것이 C++에서 객체(변수)가 작동하는 방식이며, 객체의 요구 사항을 만족하는 값들만을 객체 안에 넣을 수 있다. 템플릿을 이용해서 컴파일 타임에 처리되는 것에 객체는 포함되지 않으며, 오직 값만이 포함된다. 특히 컴파일 타임에는 변수라는 것이 있을 수 없다. 따라서 템플릿 프로그래밍은 동적 타입 프로그래밍 언어의 프로그래밍과 유사하지만 런타임이 비용이 전혀 들지 않고, 런타임 타입 언어에서 예외로 명시하는 오류가 C++에서 컴파일 타임 오류가 된다.

일반화 프로그래밍, 베타 프로그래밍, 그리고 아마도 템플릿의 용도 전부에 있어 핵심 특성은 기본 제공 타입과 사용자 정의 타입을 통일적으로 처리하는 것이다. 예를 들어 `accumulate()` 연산은 자신이 추가하는 값의 타입이 `int`인지, `complex<double>`인지, `Matrix`인지 신경 쓰지 않는다. 그것이 신경 쓰는 것은 + 연산자를 이용해서 더할 수 있다는 것뿐이다. 타입을 템플릿 인자로 사용한다고 해서 클래스 계층 구조의 사용이나 객체의 타입에 대한 어떠한 형태의 자기 식별을 의미하거나 요구하는 것은 아니다. 이런 특성은 논리적으로도 타당하며 고성능 애플리케이션에서 필수적이다.

이번 절에서는 일반화 프로그래밍의 두 가지 측면에 초점을 맞춘다.

- 리프팅(lifting) 인자 타입의 (타당한) 범위를 최대한도로 허용하기 위해 알고리즘을 범용화하는 것이다(24.2절). 즉, 알고리즘의(또는 클래스의) 의존성을 필수적인 속성으로 제한하는 것이다.
- 콘셉트(concept) 인자에 대한 알고리즘(또는 클래스)의 요구 사항을 신중하고 정확하게 지정하는 것이다.

24.2 알고리즘과 리프팅

함수 템플릿은 다양한 데이터 타입에 대해 자신의 동작을 수행할 수 있고 이러한 동작을 구현하기 위해 인자로 전달된 다양한 연산을 활용할 수 있다는 의미에서 통상적인 함수를 범용화한 것이다. **알고리즘**algorithm은 문제를 해결하기 위한 절차나 공식이다. 즉, 결과를 산출하기 위한 유한한 계산 단계의 연속이다. 따라서 함수 템플릿은 종종 알고리즘이라고 불리기도 한다.

특정한 데이터에 대해 특정한 연산을 수행하는 함수에서 다양한 데이터 타입에 대해 좀 더 범용적인 연산을 수행하는 알고리즘을 어떤 방식으로 얻을 수 있을까? 가장 효과적인 방법은 가급적 좀 더 구체적인 예제로부터 범용화하기에 좋은 알고리즘을 구하는 것이다. 이러한 범용화는 **리프팅**lifting이라고 불린다. 즉, 구체적인 함수에서 범용적인 알고리즘을 들어 올리는 것이다. 구체에서 추상으로 진행할 때는 성능을 유지하고 어느 정도가 타당한 수준인지에 대해 주의를 기울이는 것이 중요하다. 지나치게 영리한 프로그래머들은 모든 경우를 다루려고 말도 안 되는 수준까지 범용화하려고 할 수도 있다. 따라서 구체적인 예제가 없는 상태에서 근본 원리 기반으로 추상화를 시도하다 보면 대개는 장황하고 사용하기 어려운 코드를 낳을 수 있다.

구체적인 예제를 통해 리프팅 과정을 설명하고자 한다. 다음 예를 살펴보자.

```cpp
double add_all(double* array, int n)
    // double로 이뤄진 배열에 대한 구체적인 알고리즘
{
    double s {0};
    for (int i = 0; i<n; ++i)
        s = s + array[i];
    return s;
}
```

누구나 알 수 있겠지만, 이 코드는 인자 배열에 있는 **double**의 합을 계산한다. 다음 예도 살펴보자.

```cpp
struct Node {
    Node* next;
    int data;
};
int sum_elements(Node* first, Node* last)
    // int로 이뤄진 리스트에 대한 또 다른 구체적인 알고리즘
{
    int s = 0;
    while (first!=last) {
        s += first->data;
        first = first->next;
    }
    return s;
}
```

이 코드는 **Node**에 의해 구현된 단일 링크드 리스트에 있는 **int**의 합을 계산한다.

이 두 코드는 세부 사항과 스타일에서 차이는 있지만, 숙련된 프로그래머는 바로 "음, 이 두 코드는 누적 알고리즘의 두 가지 구현일 따름이군"이라고 알아챌 수 있을 것이다. 누적 알고리즘은 널리 쓰이는 알고리즘이다. 다른 널리 쓰이는 알고리즘과 마찬가지로 누적 알고

리즘은 집합, 합계, 총계 등을 포함한 많은 이름으로 불린다. 하지만 리프팅 과정에 대한 감을 잡기 위해 두 가지 구체적인 예제를 통해 단계적으로 범용적인 알고리즘을 개발해보자. 우선은 다음 데이터 타입에 특정되지 않도록 데이터 타입을 추상화해서 생략해보자.

- double과 int 또는
- 배열과 링크드 리스트

이를 위해 약간의 의사^{pseudo} 코드를 작성한다.

```
// 의사 코드:
T sum(data)
    // 어떻게든 값 타입과 컨테이너 타입에 의해 매개변수화한다.
{
    T s = 0
    while (not at end) {
        s = s + current value
        get next data element
    }
    return s
}
```

이 코드를 구체화하기 위해서는 '컨테이너' 데이터 구조에 접근할 세 가지 연산이 필요하다.

- 끝이 아니다.
- 현재 값을 얻는다.
- 다음 데이터 원소를 얻는다.

실제 데이터를 위해서도 역시 세 개의 연산이 필요하다.

- 0으로 초기화한다.
- 더한다.
- 결과를 반환한다.

물론 이것만으로는 약간 모호하지만 어쨌든 코드로 바꿀 수는 있다.

```
// 구체적인 STL 형식의 코드

template<typename Iter, typename Val>
Val sum(Iter first, Iter last)
{
    Val s = 0;
    while (first!=last) {
        s = s + *first;
        ++first;
    }
    return s;
}
```

여기서는 값의 시퀀스를 표시하는 통상적인 STL 방식을 알고 있다는 점을 활용했다(4.5절). 시퀀스는 세 가지 연산을 지원하는 반복자 쌍으로 표시된다.

- 현재 값에 접근하기 위한 *
- 다음 원소로 전진 이동하기 위한 ++
- 시퀀스의 끝인지 체크하기 위한 비교 반복자를 위한 !=

이제 배열과 링크드 리스트 양쪽과, int와 double 양쪽에 쓰일 수 있는 알고리즘(함수 템플 릿)을 갖게 됐다. double*가 반복자의 예이기 때문에 배열 예제는 곧바로 작동한다.

```
double ad[] = {1,2,3,4};
double s = sum<double*,double>(ad,ad+4);
```

직접 만든 단일 링크드 리스트를 사용하기 위해서는 그에 대한 반복자를 제공해야 한다.

```
struct Node { Node* next; int data; };
struct Node_iter { Node* pos; };

Node_iter operator++(Node_iter& p) { return p.pos=p.pos->next; }
int operator*(Node_iter p) { return p.pos->data; }
bool operator!=(Node_iter p, Node_iter q) { return p.pos != q.pos; }

void test(Node* lst)
{
    int s = sum<Node_iter,int>(lst,nullptr);
}
```

nullptr은 종료 반복자로 사용된다. 호출자가 누산기 변환에 사용할 타입을 지정할 수 있게 하기 위해 명시적 템플릿 인자 리스트(여기서는 <Node_iter,int>)를 사용한다.

여기까지 진행한 내용은 실제 코드에 비해 좀 더 범용적이다. 예를 들어 sum()은 부동소수점 숫자의 리스트(모든 배정밀도), 정수의 배열(모든 범위의), vector<char> 같은 다른 많은 타입에 대해 쓰일 수 있다. 중요한 점은 sum()이 우리가 처음 시작한 수작업 함수만큼이나 효율적이라는 것이다. 성능을 희생하면서까지 범용성을 추구하고 싶지는 않은 것이다.

숙련된 프로그래머는 sum()이 좀 더 범용화될 수 있다는 점을 눈치 챌 것이다. 특히 추가적인 템플릿 인자를 사용하는 것은 적당하지 않으며, 초기 값은 0이 돼야 한다. 호출자가 초기 값을 제공하게 하고, 그 다음에 Val을 추론함으로써 이 문제를 해결할 수 있다.

```
template<typename Iter, typename Val>
Val accumulate(Iter first, Iter last, Val s)
{
    while (first!=last) {
        s = s + *first;
        ++first;
    }
    return s;
}

double ad[] = {1,2,3,4};
double s1 = accumulate(ad,ad+4,0.0);    // double에 값을 누적한다.
double s2 = accumulate(ad,ad+4,0);      // int에 값을 누적한다.
```

그런데 왜 +인가? 때때로 우리는 원소의 곱셈을 원할 수도 있다. 실제로 시퀀스의 원소에 적용하고 싶은 연산은 상당히 많을 것으로 보인다. 추가적인 범용화가 필요한 부분이다.

```
template<typename Iter, typename Val, typename Oper>
Val accumulate(Iter first, Iter last, Val s, Oper op)
{
    while (first!=last) {
        s = op(s,*first);
        ++first;
    }
    return s;
}
```

이제 인자 `op`를 이용해서 원소 값을 누산기와 조합시킬 수 있다. 예를 들면 다음과 같다.

```
double ad[] = {1,2,3,4};
double s1 = accumulate(ad,ad+4,0.0,std::plus<double>{});        // 이전과 마찬가지로
double s2 = accumulate(ad,ad+4,1.0,std::multiplies<double>{});
```

표준 라이브러리는 `plus`와 `multiply` 같은 일반적 연산을 인자로 쓰일 수 있는 함수 객체로 제공한다. 여기서는 호출자가 초기 값 0을 제공하게 하는 것이 유용하다는 점을 알 수 있다. 0과 *는 누산에서 서로 잘 어울리지 않는다. 표준 라이브러리는 '덧셈'과 누산기의 결과를 조합해주는 =의 대안을 사용자가 제공하게 하는 식으로 추가적인 범용화를 제공할 수 있다 (40.6절).

리프팅은 애플리케이션 영역에 대한 지식과 일정 정도의 경험을 필요로 하는 기술이다. 알고리즘을 설계하기 위한 가장 중요한 한 가지 지침은 기능(표기 또는 런타임 비용)을 추가해서 구체적인 예제의 용도를 훼손하지 말고 그런 예제로부터 알고리즘을 끄집어내라는 것이다. 표준 라이브러리 알고리즘은 성능 이슈에 상당한 주의를 기울여서 수행된 리프팅의 결과다.

24.3 콘셉트

인자에 대한 템플릿의 요구 사항은 무엇인가? 바꿔 말하면 템플릿 코드가 자신의 인자 타입에 대해 가정하는 것은 무엇인가? 또는 역으로, 타입은 템플릿의 인자로 받아들여지기 위해 무엇을 제공해야 하는가? 임의의 속성을 가진 클래스와 템플릿을 만들 수 있기 때문에 그 가능성은 무한하다. 예를 들면 다음과 같다.

- -는 제공하지만 +는 제공하지 않는 타입
- 값을 복사할 수는 있지만 이동은 하지 않는 타입
- 복사 연산이 복사하지 않는 타입(17.5.1.3절)
- ==가 동등성을 비교하는 타입과 `compare()`가 동등성을 비교하는 다른 타입
- 멤버 함수 `plus()`로 덧셈을 정의하는 타입과 비멤버 함수 `operator+()`로 덧셈을 정의하는 다른 타입

이런 방향이라면 대혼란이 일어날 것이다. 모든 클래스가 고유한 인터페이스를 갖는다면 서로 다른 많은 타입을 받아들일 수 있는 템플릿을 작성하기는 어려워진다. 역으로, 각 템플릿의 요구 사항이 고유하다면 많은 템플릿에서 사용될 수 있는 타입을 정의하기가 어려워진다.

이렇게 하면 수많은 인터페이스를 기억하고 관리해야 할 것이다. 소규모 프로그램에서는 가능할지 몰라도 현실적인 라이브러리와 프로그램에서는 관리 불가다. 우리에게 필요한 것은 많은 템플릿과 많은 타입에 대해 인자로 쓰일 수 있는 작은 숫자의 콘셉트^{concept}(요구 사항의 집합)를 파악하는 것이다. 소수의 표준 플러그 설계로, 우리가 물리적 세계에서 알고 있는 것과 유사한 일종의 '플러그 호환성^{plug compatibility}'을 구현할 수 있다면 이상적이다.

24.3.1 콘셉트의 발견

예제로 23.2절의 String 템플릿 클래스를 검토해보자.

```
template<typename C>
class String {
    // ...
};
```

타입 X가 String: String<X>에 대한 인자로 사용되기 위해 필요한 것은 무엇인가? 좀 더 일반적으로 그러한 문자열 클래스에서 문자가 되기 위해 필요한 것이 무엇인가? 숙련된 설계자는 이런 질문에 대해 몇 가지 가능성 있는 대답을 갖고 있을 테고, 그런 대답을 기반으로 설계를 시작할 것이다. 하지만 근본적 원리 관점에서 그런 질문에 어떻게 대답할 수 있는지 검토해보자. 3단계 분석을 통해 진행해야 한다.

[1]   첫 번째로, (초기) 구현을 살펴보고 매개변수 타입(그리고 그런 연산의 의미)을 기반으로 어떤 속성(연산, 함수, 멤버 타입 등)을 사용할지 판단해야 한다. 결과 리스트는 특정 템플릿 구현에 필요한 최소한의 요구 조건이 될 것이다.

[2]   다음으로, 템플릿 구현에 대한 가능성 있는 대안과 그들의 템플릿 인자에 대한 요구 사항을 살펴본다. 이를 통해 템플릿 인자에 대해 추가적이거나 좀 더 엄격한 요구 사항을 설정함으로써 구현 대안을 허용할 수 있을지 결정할 수 있다. 아니면 반대로 더 적거나 더 간단한 요구 사항을 가진 구현을 선택하기로 결정할 수도 있다.

[3]   마지막으로, 요구되는 속성의 결과 리스트(또는 리스트들)를 살펴보고 그것을 다른 템플릿에 사용한 적이 있는 요구 사항(콘셉트)의 리스트와 비교한다. 다수의 긴 요구 사항 리스트가 될 수도 있는 것을 가급적 간단하고 일반적으로 표현할 수 있는 콘셉트를 찾으려고 시도한다. 여기서의 목적은 분류에 대한 일반적인 작업을 통해 설계를 개선하는 것이다. 결과적인 콘셉트는 의미 있는 이름을 부여하기 쉽고 기억하기 쉬울 것이다. 또한 필수적인 사항에 대한 개념적 다양성을 제한함으로써 템플릿과 타입의 상호운용성 수준을 극대화할 것이다.

처음 두 단계는 근본적인 이유로 인해 구체적인 알고리즘을 일반화 알고리즘으로 범용화하는 방식('리프팅')과 매우 유사하다. 마지막 단계는 각 알고리즘에 그것의 구현과 정확히 일치하는 인자 요구 사항의 집합을 제공하려는 유혹에 대항하는 것이다. 그런 요구 사항 리스트는 지나치게 특수화된 것으로 안정적이지 않다. 구현에 대해 제각각의 변경이 일어난다는 것은 알고리즘에 대한 인터페이스의 일부로 작성된 요구 사항에도 변경이 일어난다는 의미다.

String<C>의 경우 우선 String(19.3절)의 구현이 매개변수 C에 실제로 수행한 연산을 살펴보기 바란다. 그것이 String의 해당 구현에 대한 최소의 요구 사항 집합이 될 것이다.

[1]   C는 복사 대입과 복사 초기화에 의해 복사된다.

[2]   String은 ==와 !=를 써서 C를 비교한다.

[3]   String은 C의 배열을 만든다(이는 C가 기본 생성된다는 점을 의미한다).

[4]   String은 C의 주소를 받아들인다.

[5]   C는 String이 소멸될 때 소멸된다.

[6]   String은 어떤 경우든 C를 읽고 써야 하는 >>와 << 연산자를 가진다.

요구 사항 [4]와 [5]는 대개 모든 데이터 타입에 대해 가정하는 기술적인 요구 사항이므로, 이 조건을 충족시키지 못하는 타입에 대해선 논의할 필요가 없다. 그런 타입은 거의 모두 지나치게 머리를 쓰다 생겨난 부산물이다. 값이 복사될 수 있어야 한다는 첫 번째 요구 사항은 몇 가지 중요한 타입에 대해서는 참이 아니다. std::unique_ptr 같이 실제 자원을 나타내는 타입이 그렇다(5.2.1절, 34.3.1절). 하지만 거의 모든 '통상적인 타입'에 대해서는 참이므로, 그것을 요구하기로 한다. 복사 연산을 호출할 수 있는 능력은 복사가 실제로 원본의 복사여야 한다는 의미 구조 요구 사항과 병행하는 것이다. 즉, 주소를 받아들이는 경우를 제외하고는 두 사본이 동일하게 동작해야 한다는 것이다. 그러므로 복사할 수 있는 능력은 대개(String에 대해서와 마찬가지로) ==에 통상적인 의미 구조를 제공할 수 있어야 한다는 요구 사항과 병행하는 것이다.

대입을 요구한다는 것은 const 타입이 템플릿 인자로 쓰일 수 없다는 뜻을 의미한다. 예를 들어 String<const char>는 제대로 된 동작이 보장되지 않는다. 그래도 대부분의 경우와 마찬가지로 이 경우에는 별 문제가 되지 않는다. 대입이 된다는 것은 알고리즘이 자신의 인자 타입을 가진 임시 변수를 활용할 수 있고, 인자 타입 객체의 컨테이너를 생성할 수 있다는 등의 의미다. 이는 인터페이스를 지정하기 위해 const를 사용할 수 없다는 뜻은 아니다. 예를 들면 다음과 같다.

```
template<typename T>
bool operator==(const String<T>& s1, const String<T>& s2)
{
    if (s1.size()!=s2.size()) return false;
    for (auto i = 0; i!=s1.size(); ++i)
        if (s1[i]!=s2[i]) return false;
    return true;
}
```

String<X>에 대해 우리는 타입 X의 객체가 복사될 수 있기를 요구한다. 이와는 별도로 인자 타입의 const를 통해 operator==()는 X 원소에 쓰기를 시도하지 않을 것을 보장한다.

C 타입 원소에 대해 이동을 요구해야 하는가? 결과적으로 우리는 String<C>에 대해 이동

연산을 제공한다. 그렇게 하기는 했지만 반드시 필수적인 건 아니다. C에 관련된 동작은 복사에 의해서 처리될 수 있지만, 일부 복사가 암시적 이동으로 전환된다면(예를 들어 c를 반환할 때) 그만큼 더 좋은 것이다. 특히 `String<String<char>>` 같이 잠재적으로 중요한 예제는 이동 연산을 요구 사항에 추가하지 않더라도 제대로 (정확하고 효율적으로) 동작할 것이다.

지금까지는 괜찮았지만, 마지막 요구 사항(`>>`와 `<<`를 이용해서 C를 읽고 쓸 수 있어야 한다는)은 지나치다고 느껴진다. 정말 모든 종류의 문자열을 읽고 써야만 하는가? `String<X>`를 읽고 쓴다면 `X`가 `>>`와 `<<`를 제공해야 한다고 말하는 편이 좀 더 낫지 않을까? 즉, 전체 `String`에 대해 C에 요구 사항을 설정하는 대신 실제로 읽고 쓰는 `String`에 대해서만 해당 조건을 요구하는 것이다.

이것은 중요하고도 근본적인 설계상의 선택이다. 클래스 템플릿 인자에 대해 요구 사항을 설정하거나(모든 클래스 멤버에 적용되게) 개별적인 클래스 함수 멤버에 대한 템플릿 인자에 대해서만 요구 사항을 설정할 수도 있다. 후자가 좀 더 융통성이 있지만, 한편으로는 좀 더 장황하고(그것을 필요로 하는 각각의 함수에 대해 요구 사항을 표현해야 한다) 프로그래머가 기억하기에 좀 더 어렵다.

지금까지의 요구 사항 리스트를 살펴보면 '통상적인 문자열'에 있는 '통상적인 문자'에서 공통적으로 발견되는 두 가지 연산이 없다는 점을 알 수 있다.

[1]   순서 매기기(예를 들면 `<`)가 없다.

[2]   정수 값으로의 변환이 없다.

이러한 초기 분석 후에도 우리의 요구 사항 리스트가 어떤 '잘 알려진 콘셉트'(24.3.2절)와 관련되는지 살펴볼 수 있다. '통상적인 타입'에 있어 핵심적인 개념은 정규^{regular}의 개념이다. 정규 타입$^{regular\ type}$이란 다음과 같은 타입이다.

- 적절한 복사 의미 구조로 복사할 수 있다(대입과 초기화를 이용해서)(17.5.1.3절).
- 기본 생성을 할 수 있다.
- 온갖 사소한 기술적 요구 사항(변수의 주소를 받아들이는 등의)과 문제를 일으키지 않는다.
- 동등성을 비교할 수 있다(`==`와 `!=`를 이용해서).

이는 우리의 `String` 클래스 인자에 대해 훌륭한 선택으로 보인다. 동등성 비교를 빼버릴까도 생각했지만 동등성이 없는 복사는 거의 유용하지 않다고 판단했다. 대개 `Regular`는 안전한 선택이며, `==`의 의미에 대해 생각해보면 복사의 정의에서 오류를 피하는 데 도움이 될 수 있다. 기본 제공 타입은 모두 정규적이다.

그런데 `String`에 대해 순서 연산자(`<`)를 빼 버리는 것이 타당한가? 문자열이 어떻게 사용되는지 생각해보자. 템플릿(`String` 등의)을 바람직하게 사용하려면 그것의 인자에 대한 요구 사항을 결정해야 한다. 우리는 문자열을 집중적으로 비교하기도 하며, 추가로 문자열 시퀀스를 정렬할 때나 집합에 문자열을 넣을 때 등의 경우에 비교를 간접적으로 사용한다. 또한 표준 라이브러리 `string`은 실제로 `<`를 제공한다. 힌트가 필요할 때 표준 라이브러리를 참고하는 것은 대개의 경우 좋은 생각이다. 따라서 `Regular`뿐만 아니라 `String`에 대해서도 순서

매기기를 요구하기로 한다. 그것이 바로 **Ordered** 콘셉트다.

흥미롭게도 **Regular**가 <를 요구해야 하는지의 여부에 대해서는 상당한 논쟁이 있어 왔다. 숫자와 관련된 대부분의 타입은 태생적인 순서를 가진 것으로 보인다. 예를 들어 문자는 정수로 해석될 수 있는 비트 패턴으로 인코딩돼 있으며, 어떤 값의 사전 편집 방식으로 순서를 가질 수 있다. 하지만 많은 타입에는 태생적인 순서가 없다(예를 들어 복소수 숫자와 이미지). 그런 타입에 우리가 직접 순서를 지정할 수 있기는 하지만 말이다. 다른 타입들은 몇 가지 태생적인 순서를 갖고는 있지만, 고유한 최적의 순서가 하나로 정해지지 않는다(예를 들어 레코드는 이름 또는 주소로 정렬될 수 있다). 마지막으로 어떤 타입들은 아예 순서를 갖지 않는다. 예를 들어 다음을 살펴보자.

```
enum class rsp { rock, scissors, paper };
```

가위-바위-보 게임은 결정적으로 다음 규칙에 의존한다.

- scissors<rock
- rock<paper
- paper<scissors

하지만 우리의 **String**은 문자 타입으로 임의의 타입을 받아들이게 돼 있지 않다. **String**은 문자열 연산(비교, 정렬, 입출력 등)을 지원하는 타입을 받아들이게 돼 있으므로, 순서 정렬을 요구하기로 결정했다.

기본 생성자와 ==와 << 연산자를 **String**의 템플릿 인자에 대한 요구 사항으로 추가하면 **String**에 대해 여러 가지 유용한 연산을 제공할 수 있다. 실제로 템플릿 인자 타입에 대해 더 많은 것을 요구할수록 템플릿 구현자가 다양한 작업을 하기는 더 쉬워지고, 템플릿은 사용자에게 더 많은 서비스를 제공할 수 있다. 반면 템플릿에 드물게만 사용되거나 특정 연산에만 필요한 요구 사항을 가득 싣지 않는 것이 중요하다. 각각의 요구 사항은 인자 타입의 구현자에게는 부담이며, 인자로 사용될 수 있는 타입의 집합에 제한을 가한다. 따라서 **String<X>**에 대한 우리의 요구 사항은 다음과 같다.

- Ordered<X>
- **String<X>**의 >>와 <<를 사용하는 경우(만) **X**에 대해서 >>와 <<
- **X**로부터의 변환 연산을 정의하고 사용하는 경우(에만) 정수로의 변환 가능성

지금까지는 **X**가 복사 연산, ==, <를 제공해야 한다는 등과 같이 문법적 관점에서 **String**에 대한 문자 타입의 요구 사항을 표현했다. 추가로 이런 연산이 올바른 의미 구조를 갖게 요구해야 한다. 예를 들어 복사 연산은 사본을 만들고, ==(동등성)는 동등성을 비교하고, <(~보다 작다)는 순서 정렬을 제공한다. 종종 이런 의미 구조에는 연산 간의 관계가 개입된다. 예를 들어 표준 라이브러리에 대해서는 다음과 같다(31.2.2.1절).

- 복사의 결과는 원본이 동등한 것으로 비교되는 어떤 것과도 동등한 것으로 비교되며(a==b는 T{a}==T{b}란 뜻이다), 사본은 원본과 독립적이다(17.5.1.3절).

- ~보다 작은 비교(예를 들면 <)는 순약 순서^{strict weak order}(31.2.2.1절)를 제공한다.

의미 구조는 영어 텍스트나 (훨씬 나은) 수학으로 정의되지만, 안타깝게도 의미 구조 요구 사항을 C++ 자체로 표현하는 방법은 없다(하지만 24.4.1절 참고). 표준 라이브러리에 대해서는 ISO 표준에서 공식적인 영어로 작성된 의미 구조 요구 사항을 찾을 수 있다.

24.3.2 콘셉트와 제약 조건

콘셉트는 속성을 무작위적으로 모은 집합이 아니다. 타입(또는 타입 집합) 속성의 리스트 대부분은 일관되고 유용한 콘셉트를 정의하지 않는다. 콘셉트로서 쓸모가 있으려면 요구 사항의 리스트는 알고리즘 집합이나 템플릿 클래스 연산 집합의 요구를 반영해야 한다. 많은 분야에서 여러 가지 시도 끝에 사람들은 해당 분야의 기본적인 개념을 서술하는 콘셉트를 설계하거나 발견해 왔다(C++에서 '콘셉트'란 단어를 기술적으로 사용하는 것도 이런 일반적인 사용을 염두에 두고 선택된 것이다). 그럴싸한 콘셉트는 놀라울 정도로 드물어 보인다. 예를 들어 대수학은 단자^{monad}, 필드^{field}, 링^{ring} 같은 콘셉트를 기반으로 구축된 반면, STL은 순방향 반복자, 양방향 반복자, 임의의 접근 반복자 같은 콘셉트에 의존한다. 어떤 분야에서 새로운 콘셉트를 발견하는 일은 중요한 업적이며, 매년 할 수 있으리라 기대할 수 있는 그런 것이 아니다. 대부분은 연구 분야의 기초 서적이나 응용 영역을 자세히 검토하다가 콘셉트를 발견한다. 이 책에서 쓰인 콘셉트의 집합은 24.4.4절에서 설명된다.

'콘셉트'는 태생적으로 템플릿과는 아무런 상관이 없는 매우 보편적인 개념이다. 심지어 K&R C^[Kernighan,1978]도 부호 있는 통합 정수 타입이 메모리에 있는 정수 개념을 범용화한 것이라는 의미에서 콘셉트를 가졌다고 볼 수 있다. 우리의 템플릿 인자에 대한 요구 사항은 콘셉트(어떤 식으로 표현되더라도)이므로, 콘셉트에 관련된 흥미로운 이슈 대부분은 템플릿이란 맥락에서 등장한다.

나는 콘셉트를 응용 영역의 근본적인 속성을 반영하도록 공들여서 만들어진 개체로 바라본다. 따라서 극소수의 콘셉트만이 존재할 수밖에 없고, 이런 콘셉트는 알고리즘과 타입 설계에 필요한 가이드라인 역할을 담당한다. 이는 물리적인 플러그와 소켓 개념에 비유할 수 있다. 우리들의 삶을 단순하게 하고 설계와 생산 비용을 최소화하려면 최소한의 개수로 유지해야 하는 것이다. 이런 이상적인 목표는 각각의 개별적인 일반화 알고리즘(24.2절)과 각각의 개별적인 매개변수화 클래스와 충돌할 수 있다. 더욱이 이런 이상적 목표는 클래스에 대해 절대적으로 최소한의 인터페이스를 제공하려는 이상(16.2.3절)과 충돌할 수 있으며, 심지어 일부 프로그래머들이 자신의 코드를 '정확히 자기가 원하는 대로' 작성하는 것이 자신의 권리라고 여기는 측면과 충돌할 수도 있다. 하지만 노력과 어떤 형태의 표준 없이 플러그 호환성이 얻어지지는 않는다.

나는 콘셉트의 기준을 매우 높게 설정했다. 나는 범용성, 상당한 안정성, 많은 알고리즘에 함께 쓰일 수 있는 사용성, 의미 구조적 일관성 등을 요구한다. 실제로 이런 기준에 의하면 템플릿 인자에 대해 우리가 원하는 수많은 제약 조건이 콘셉트의 자격을 얻지 못한다. 나는 그것이 불가피하다는 입장이다. 특히 우리는 범용적인 알고리즘이나 널리 적용될 수 있는 타입을 반영하지 못하는 수많은 템플릿을 작성한다. 그런 것들은 구현 세부 사항일 뿐이며, 그들의 인자는 어떠한 단독적인 구현에서 단독적으로 사용될 목적으로 만들어지는 템플릿에 필요한 세부 사항을 반영할 뿐이다. 나는 그런 템플릿에 대한 요구 사항은 **제약 조건**constraint 또는 (그렇게 표현하고 싶다면) **즉석 콘셉트**ad hoc concept라고 부른다. 제약 조건을 바라보는 또 다른 방법은 그것들을 인터페이스의 불완전한(부분적인) 명세로 간주하는 것이다. 종종 불완전한 명세도 유용할 수 있으며, 명세가 전혀 없는 것보다는 훨씬 낫다.

예제 삼아 균형 이진트리에 필요한 균형 전략을 실험하는 라이브러리를 하나 생각해보자. 이 트리는 균형자 **Balance**를 템플릿 인자로 받아들인다.

```
template<typename Node, typename Balance>
struct node_base {      // 균형 트리의 기반 클래스
    // ...
}
```

균형자는 노드에 대한 세 가지 연산을 제공하는 클래스일 뿐이다. 예를 들면 다음과 같다.

```
struct Red_black_balance {
    // ...
    template<typename Node> static void add_fixup(Node* x);
    template<typename Node> static void touch(Node* x);
    template<typename Node> static void detach(Node* x);
};
```

분명히 **node_base**의 인자에 무엇이 필요한지 언급하고 싶겠지만, 균형자는 널리 쓰일 목적으로 만들어진 것이 아니며 쉽게 이해하기에 어려운 인터페이스다. 균형자는 균형 트리의 특정 구현에 필요한 세부 사항으로만 쓰일 목적으로 만들어지는 것이다. 균형자의 개념은 다른 곳에서 쓰일 가능성이 낮은 데다 균형 트리의 구현을 대폭 재작성할 경우 변경되지 않은 채로 살아남기조차 어렵다. 균형자의 정확한 의미 구조를 콕 집어내기는 어려울 것이다. 우선 적으로 **Balancer**의 의미 구조는 **Node**의 의미 구조에 결정적으로 의존하게 될 것이다. 그런 측면에서 **Balancer**는 **Random_access_iterator** 같은 타당한 콘셉트와 다르다. 그럼에도 여전히 "노드에 대해 이런 세 가지 함수를 제공한다"는 균형자의 세부 명세를 **node_base**의 인자에 대한 제약 조건으로 사용할 수 있다.

콘셉트의 논의에서 '의미 구조'가 어떤 식으로 계속 등장하는지 눈여겨보자. 나는 어떤 것이 콘셉트인지 아니면 타입(또는 타입의 집합)에 대한 임시적인 제약 조건의 집합에 불과한지 판단하는 데 있어 "대강이라도 의미 구조를 기술할 수 있는가?"가 가장 유용한 질문이라고 생각한다. 유의미한 의미 구조 명세를 작성할 수 있다면 콘셉트인 것이다. 그렇지 않다면 그것은 제약 조건이며, 유용할 수는 있겠으나 안정적이거나 널리 쓰일 수 있으리라고 기대할 수는 없을 것이다.

24.4 콘셉트의 구체화

안타깝게도 C++에는 콘셉트를 직접적으로 표현하는 데 필요한 구체적인 언어 기능이 없다. 하지만 '콘셉트'를 설계 개념만으로 취급하고 주석으로 비공식적으로 제시하는 방법은 바람직하지 않다. 무엇보다 컴파일러는 주석을 이해하지 못하므로, 주석으로만 표현된 요구 사항은 프로그래머가 체크해야 하며 컴파일러가 적절한 오류 메시지를 제공하는 데 도움이 되지못한다. 경험에 의하면 콘셉트가 비록 직접적인 언어 지원으로 완벽하게 표현되지 못하더라도 템플릿 인자 속성의 컴파일 타임 체크를 수행하는 코드를 이용해서 유사하게 표현할 수있다.

콘셉트는 술어 함수다. 즉, 우리는 콘셉트가 템플릿 인자 집합을 살펴보고 그것들이 콘셉트의 요구 사항을 충족시키면 **true**를 반환하고, 그렇지 않을 경우 **false**를 반환하는 컴파일타임 함수의 일종이라고 간주한다. 따라서 우리는 콘셉트를 **constexpr** 함수로 구현한다. 여기서는 제약 조건 체크^{constraints check}라는 용어를 타입과 값의 집합에 대한 콘셉트를 체크하는 **constexpr** 술어 함수의 호출을 가리키는 것으로 사용한다. 타당한 콘셉트와는 달리 제약 조건 체크는 의미 구조 이슈를 다루지 않는다. 단순히 문법적 속성에 대한 가정만을 체크할뿐이다.

우리의 **String**을 살펴보자. 이것의 문자 타입 인자는 **Ordered**가 돼야 한다.

```
template<typename C>
class String {
    static_assert(Ordered<C>(),"String's character type is not ordered");
    // ...
};
```

String<X>가 타입 **X**에 대해 인스턴스화되면 **static_assert**가 컴파일러에 의해 실행될 것이다. **Ordered<X>()**가 **true**를 반환하면 컴파일이 진행되면서 단정이 없는 경우의 코드를 정확히 생성한다. 그렇지 않으면 오류 메시지가 출력된다.

얼핏 보면 이 코드는 우회 수단으로는 타당해 보인다. 나 같으면 다음과 같이 썼을 것이다.

```
template<Ordered C>
class String {
    // ...
};
```

하지만 이것은 향후를 위한 것이므로, 술어 함수 **Ordered<T>()**를 정의하는 방법부터 살펴보자.

```
template<typename T>
constexpr bool Ordered()
{
    return Regular<T>() && Totally_ordered<T>();
}
```

즉, 타입이 **Regular**와 **Totally_Ordered** 양쪽 모두에 해당되는 경우 타입은 **Ordered**가

된다. 그것이 무슨 의미인지 파헤쳐 보자.

```
template<typename T>
constexpr bool Totally_ordered()
{
    return Equality_comparable<T>() // ==와 !=를 가진다.
        && Has_less<T>() && Boolean<Less_result<T>>()
        && Has_greater<T>() && Boolean<Greater_result<T>>()
        && Has_less_equal<T>() && Boolean<Less_equal_result<T>>()
        && Has_greater_equal<T>() && Boolean<Greater_equal_result<T>>();
}

template<typename T>
constexpr bool Equality_comparable()
{
    return Has_equal<T>() && Boolean<Equal_result<T>>()
        && Has_not_equal<T>() && Boolean<Not_equal_result<T>>();
}
```

따라서 타입 T는 정규적이고 통상적인 6가지 비교 연산을 제공하는 경우 순서를 가진다. 비교 연산은 bool로 변환될 수 있는 결과를 출력해야 한다. 또한 비교 연산자는 자체적으로 적절한 수학적 의미를 가져야만 한다. C++ 표준은 비교 연산자들의 의미를 정확히 지정한다 (31.2.2.1절, iso.25.4절).

Has_equal은 enable_if와 28.4.4절에서 논의될 기법을 이용해서 구현된다.

제약 조건의 이름은 대문자로 시작한다(예를 들면 Regular). 타입과 템플릿 이름은 대문자로 시작하고 함수는 대문자로 시작하지 않는 나만의 스타일과 다르긴 하지만 말이다. 콘셉트는 타입보다 좀 더 근본적이기 때문에 강조할 필요가 있다는 생각이 들었다. 또한 매우 유사한 이름들이 최종적으로는 언어나 표준 라이브러리의 일부가 되리라는 기대하에 콘셉트를 별도의 네임스페이스(Estd)에 넣었다.

이러한 유용한 콘셉트의 집합을 좀 더 파고들다 보면 Regular를 정의할 수 있다.

```
template<typename T>
constexpr bool Regular()
{
    return Semiregular<T>() && Equality_comparable<T>();
}
```

Equality_comparable은 ==와 !=를 제공해준다. Semiregular는 특이한 기술적 제약을 갖지 않는 타입의 개념을 표현해주는 콘셉트다.

```
template<typename T>
constexpr bool Semiregular()
{
    return Destructible<T>()
        && Default_constructible<T>()
        && Move_constructible<T>()
        && Move_assignable<T>()
        && Copy_constructible<T>()
        && Copy_assignable<T>();
}
```

Semiregular는 이동과 복사가 모두 가능하다. 그러므로 대부분의 타입을 기술할 수 있지만, **unique_ptr** 같이 복사될 수 없는 타입들의 사례도 존재한다. 하지만 유용한 타입 중에 복사는 가능하지만 이동은 불가능한 경우는 찾기 어렵다. **type_info**(22.5절) 같이 이동과 복사가 둘 다 불가능한 타입은 매우 드물고, 이런 타입들은 대체적으로 시스템 속성을 반영한다.

또한 함수 체크에 제약 조건을 사용할 수도 있다. 예를 들면 다음과 같다.

```
template<typename C>
ostream& operator<<(ostream& out, String<C>& s)
{
    static_assert(Streamable<C>(),"String's character not streamable");
    out << '"';          // 큰따옴표 문자
    for (int i=0; i!=s.size(); ++i)
        cout << s[i];
    out << '"';
}
```

String의 출력 연산자 **<<**에 필요한 **Streamable** 콘셉트는 인자 **C**가 출력 연산자 **<<**를 제공할 것을 요구한다.

```
template<typename T>
constexpr bool Streamable()
{
    return Input_streamable<T>() && Output_streamable<T>();
}
```

즉, **Streamable**은 타입에 대해 표준 스트림 입출력(4.3절, 38장)을 사용할 수 있는지 검사한다.

제약 조건 체크 템플릿을 통해 콘셉트를 체크하는 방법에는 명백한 취약점이 있다.

- 제약 조건 체크는 정의 내에 위치하지만 실제로 정의에 속하지는 않는다. 즉, 콘셉트는 추상화에 대한 인터페이스의 일부이지만, 제약 조건 체크는 구현 내에서만 사용될 수 있다.
- 제약 조건 체크는 제약 조건 체크 템플릿이 인스턴스화되는 과정의 일부로 일어난다. 그러므로 체크가 우리가 원하는 시점보다 늦게 일어날 수 있다. 특히 우리는 첫 번째 호출 시점에 컴파일러가 반드시 제약 조건 체크를 수행하도록 보장하고 싶겠지만, 그것은 언어 변경 없이는 불가능한 일이다.
- 우리는 제약 조건 체크 삽입을 잊어먹을 수도 있다(특히 함수 템플릿에 대해).
- 컴파일러는 템플릿 구현이 자신의 콘셉트에 지정돼 있는 속성만 사용하는지에 대해 체크하지 않는다. 따라서 템플릿 구현이 제약 조건 체크를 통과하더라도 여전히 타입 체크에 실패할 수 있다.
- 우리는 컴파일러가 이해할 수 있는 방식으로 의미 구조 속성을 지정하지 않는다(예를 들면 주석을 사용한다).

제약 조건 추가는 템플릿 인자에 대한 요구 사항을 명시적으로 만들어 주며, 제약 조건 체크가 잘 설계돼 있다면 좀 더 이해하기 쉬운 오류 메시지를 낳는다. 제약 조건 체크 삽입을

잊은 경우라면 템플릿 인스턴스화에 의해 생성된 코드에 대한 통상적인 타입 체크로 되돌아간다. 안타까운 일이긴 하지만 그렇게 심각한 문제는 아니다. 이런 제약 조건 체크는 타입 체계의 필수적인 부분이라기보다는 콘셉트 기반 설계의 체크를 좀 더 견실하게 만들어 주기 위한 기법이다.

원한다면 제약 조건 체크를 거의 모든 곳에 넣을 수 있다. 예를 들어 특정 타입이 특정 콘셉트에 대해 체크되게 보장하려면 네임스페이스 유효 범위(예를 들면 전역 유효 범위)에 제약 조건 체크를 넣을 수 있다. 예를 들면 다음과 같다.

```
static_assert(Ordered<std::string>,"std::string is not Ordered");    // 성공할 것이다.
static_assert(Ordered<String<char>>,"String<char> is not Ordered");  // 실패할 것이다.
```

첫 번째 `static_assert`는 표준 `string`이 `Ordered`인지 체크한다(=와 !=를 제공하기 때문에 참이다). 두 번째는 우리의 `String`이 `Ordered`인지 체크한다(< 정의를 빼먹었기 때문에 참이 아니다). 이런 전역 체크를 사용하면 프로그램 내에서 어떤 템플릿의 특정 특수화를 실제로 사용하고 있는지의 여부에 상관없이 제약 조건을 체크할 수 있다. 우리의 목적에 따라 이것은 득이 될 수도 있고 성가신 일일 수도 있다. 이러한 체크는 타입 체크가 프로그램 내의 특별한 지점에서 이뤄지게 강제한다. 이는 대개 오류를 격리시키는 데 쓸모가 있다. 또한 이러한 체크는 단위 테스트에도 도움이 될 수 있다. 하지만 다수의 라이브러리를 사용하는 프로그램에서는 명시적 체크가 금세 관리 불가능하게 된다.

타입에 대해서는 **Regular**가 되는 것이 이상적이다. 정규 타입의 객체는 복사할 수 있으며, **vector**와 배열에 넣을 수 있고, 비교 등을 할 수 있다. 어떤 타입이 **Ordered**라면 역시 그에 대한 객체들을 집합적으로 사용할 수 있고, 그런 객체의 시퀀스를 정렬하는 등의 일을 할 수 있다. 따라서 앞으로 되돌아가서 우리의 **String**을 **Ordered**가 되게 개선해보자. 특히 사전 편집식 순서 정렬을 제공하기 위해 <를 추가해보자.

```
template<typename C>
bool operator<(const String<C>& s1, const String<C>& s2)
{
    static_assert(Ordered<C>(),"String's character type not ordered");
    return std::lexicographical_compare( // 32.6.5절
            s1.begin(), s1.end(),
            s2.begin(), s2.end()
        );
}
```

사전 편집식 순서 정렬은 <가 표준 라이브러리의 비교 요구 사항을 만족하게 보장해준다 (31.2.2.1절).

24.4.1 공리

수학에서와 마찬가지로 **공리**[axiom]란 우리가 증명할 수 없는 그 무엇이다. 공리란 참이라고 가정해야 하는 것이다. 템플릿 인자에 대한 요구 사항 맥락에서는 '공리'를 의미 구조 속성을

언급하는 뜻으로 사용한다. 공리를 이용해서 클래스나 알고리즘이 자신의 입력 집합에 대해 무엇을 가정해야 하는지를 기술한다. 공리는 어떤 식으로 표현되든 알고리즘이나 클래스가 자신의 인자에 대해 어떤 기대(가정)를 갖고 있는지를 표현한다. 일반적으로는 공리가 어떤 타입의 값에 대해 유효한지의 여부를 테스트할 수 없다(이것이 우리가 그것들을 공리라고 말하는 이유이기도 하다). 게다가 공리는 알고리즘에 의해 실제로 사용되는 값에 대해서 유효하기만 하면 된다. 예를 들어 어떤 알고리즘은 널 포인터의 역참조나 부동소수점 NaN의 복사를 조심스럽게 회피할 수 있다. 그렇다면 그런 알고리즘은 포인터가 역참조 가능하거나 부동소수점 값이 복사 가능하게 요구하는 공리를 가질 수 있다. 다른 방법으로 공리는 특이값(NaN이나 nullptr 등)들이 일부 선행 조건을 위반한다는 일반적인 전제로 작성됨으로써 그런 특이값들이 고려되지 않게 만들 수 있다.

C++는 (현재로서는) 공리를 표현하는 어떤 방법도 제공하고 있지 않지만, 콘셉트에 대해서는 공리에 대한 개념을 설계 문서의 주석이나 어떤 문구보다 좀 더 구체화할 수 있다.

어떤 타입이 정규적이 되기 위해 필요한 핵심 의미 구조 요구 사항을 부분적으로 어떻게 표현할 수 있는지 살펴보자.

```
template<typename T>
bool Copy_equality(T x)              // 복사 생성의 의미 구조
{
    return T{x}==x;                  // 사본이 원본과 같은 것으로 비교된다.
}
template<typename T>
bool Copy_assign_equality(T x, T& y)  // 대입의 의미 구조
{
    return (y=x, y==x);              // 대입의 결과는 대입의 원본과 같은 것으로 비교된다.
}
```

바꿔 말해 복사 연산은 사본들을 만든다.

```
template<typename T>
bool Move_effect(T x, T& y)                    // y에서 x로의 이동의 의미 구조
{
    return (x==y ? (x==T{std::move(y)}) : true) && can_destroy(y);
}
template<typename T>
bool Move_assign_effect(T x, T& y, T& z)       // y에서 x로의 이동 대입의 의미 구조
{
    return (y==z ? (x=std::move(y), x==z) : true) && can_destroy(y);
}
```

바꿔 말해 이동 연산은 이동 연산의 원본과 같은 것으로 비교되는 값을 만들어 내며, 이동의 원본은 소멸될 수 있다.

이런 공리를 실행 코드로 표현할 수도 있다. 그것들을 시험 삼아 사용해볼 수도 있지만, 무엇보다 가장 중요한 사항은 간단히 주석을 작성할 때보다는 그것들을 표현하는 데 있어서 더 많은 주의를 기울여야 한다는 점이다. 최종적인 공리는 '통상적인 영어'의 경우보다 좀

더 정확하게 서술된다. 기본적으로 이런 의사 공리는 1차 술어 함수 논리를 이용해서 표현할 수 있다.

24.4.2 다중 인자 콘셉트

단일 인자 콘셉트를 검토하고 그것을 타입에 적용할 때는 마치 우리가 관용적인 타입 체크를 수행하는 것처럼 느껴지고 콘셉트가 타입의 타입인 것처럼 생각된다. 이것이 부분적으로는 맞는 얘기지만, 전부는 아니다. 많은 경우 정확한 명세와 사용을 위해서는 인자 타입 사이의 관계가 필수적이라는 점을 알 수 있다. 표준 라이브러리 `find()` 알고리즘을 살펴보자.

```
template<typename Iter, typename Val>
Iter find(Iter b, Iter e, Val x);
```

`Iter` 템플릿 인자가 입력 반복자인 것이 확실하므로, 해당 콘셉트에 대해 (비교적) 쉽게 제약 조건 체크 템플릿을 정의할 수 있다.

지금까지는 괜찮지만 `find()`는 `x`를 시퀀스 `[b:e]`의 원소와 비교하는 것이 반드시 필요하다. 그런 비교가 필요하다는 점을 명시해야 할 필요가 있다. 즉, `Val`과 입력 반복자의 값 타입이 동등성 측면에서 비교 가능하다는 점을 기술해야 한다. 이를 위해서는 두 개 인자를 가진 `Equality_comparable` 버전이 필요하다.

```
template<typename T, typename U>
constexpr bool Equality_comparable(T, U)
{
    return Common<T,U>()
        && Totally_ordered<T>()
        && Totally_ordered<U>()
        && Totally_ordered<Common_type<T,U>>()
        && Has_less<T,U>() && Boolean<Less_result<T,U>>()
        && Has_less<U,T>() && Boolean<Less_result<U,T>>()
        && Has_greater<T,U>() && Boolean<Greater_result<T,U>>()
        && Has_greater<U,T>() && Boolean<Greater_result<U,T>>()
        && Has_less_equal<T,U>() && Boolean<Less_equal_result<T,U>>()
        && Has_less_equal<U,T>() && Boolean<Less_equal_result<U,T>>()
        && Has_greater_equal<T,U>() && Boolean<Greater_equal_result<T,U>>()
        && Has_greater_equal<U,T>() && Boolean<Greater_equal_result<U,T>>();
};
```

간단한 콘셉트 치고는 좀 장황해 보인다. 하지만 복잡성을 범용화 속에 묻어두기보다는 모든 연산자와 그것들의 사용 측면의 대칭성에 대해 명확히 하고 싶었다.

이 코드를 기반으로 `find()`를 정의할 수 있다.

```
template<typename Iter, typename Val>
Iter find(Iter b, Iter e, Val x)
{
    static_assert(Input_iterator<Iter>(),"find() requires an input iterator");
    static_assert(Equality_comparable<Value_type<Iter>,Val>(),
                "find()'s iterator and value arguments must match");
    while (b!=e) {
```

```
        if (*b==x) return b;
        ++b;
    }
    return b;
}
```

다중 인자 콘셉트는 특히 일반화 알고리즘을 기술할 때 널리 쓰이며 유용하다. 또한 일반화 알고리즘에는 가장 많은 콘셉트를 찾을 수 있고 새로운 콘셉트가 가장 많이 필요한 영역이 존재한다(널리 쓰이는 콘셉트의 목록에서 '표준적인 하나'를 선택하는 것과 반대로). 잘 정의된 타입 간의 변형은 인자에 대한 알고리즘의 요구 사항 간의 변형에 비해 다소 제한적인 것으로 보인다.

24.4.3 값 콘셉트

콘셉트는 템플릿 인자 집합에 대해 임의의 (문법적인) 요구 사항을 표현할 수 있다. 특히 템플릿 인자는 정수일 수 있으므로, 콘셉트는 정수 인자를 받아들일 수 있다. 예를 들어 값 템플릿 인자가 작은지 검사하는 제약 조건 체크를 작성할 수 있다.

```
template<int N>
constexpr bool Small_size()
{
    return N<=8;
}
```

좀 더 현실적인 예제는 여러 개 인자 중에 수치 인자가 단 하나 포함된 경우에 대한 콘셉트일 것이다.

```
constexpr int stack_limit = 2048;

template<typename T,int N>
constexpr bool Stackable()        // T는 정규적이고 T의 N개 원소는 작은 스택에 들어갈 수 있다.
{
    return Regular<T>() && sizeof(T)*N<=stack_limit;
}
```

이 콘셉트는 "스택에 할당될 수 있을 정도로 작다"란 개념을 구현한다. 이 콘셉트는 다음과 같이 활용될 수 있다.

```
template<typename T, int N>
struct Buffer {
    // ...
};
template<typename T, int N>
void fct()
{
    static_assert(Stackable<T,N>(),"fct() buffer won't fit on stack");
    Buffer<T,N> buf;
    // ...
}
```

타입에 대한 기본 콘셉트와 비교할 때 값 콘셉트는 작고 임기응변적이다.

24.4.4 제약 조건 체크

이 책에서 쓰이는 제약 조건 체크는 이 책의 지원 사이트에서 찾을 수 있다. 그것들은 표준에 포함돼 있지 않지만, 나는 그것들이 향후에는 적절한 언어 메커니즘에 의해 대체되기를 기대한다. 하지만 제약 조건 체크는 템플릿이나 타입 설계를 고려하는 데 있어 유용하며, 표준 라이브러리에서는 실질적인 콘셉트의 개념을 반영한다. 제약 조건 체크는 향후 등장할 수 있는 언어 기능 및 콘셉트 개념의 다른 구현 방식과 간섭이 일어나지 않도록 사전 방지하는 차원에서 별도의 네임스페이스에 들어가야 한다. 나는 **Estd**라는 네임스페이스를 사용하지만 별칭을 쓸 수도 있다(14.4.2절). 유용하게 쓰일 수 있는 제약 조건 체크 몇 가지는 다음과 같다.

- Input_iterator〈X〉 **X**는 각 원서를 단 한 번 읽으면서 시퀀스를 순회 탐색(순방향 ++를 이용해서)하는 데 단 한 번 사용할 수 있는 반복자다.
- Output_iterator〈X〉 **X**는 각 원서를 단 한 번 쓰면서 시퀀스를 순회 탐색(순방향 ++를 이용해서)하는 데 단 한 번 사용할 수 있는 반복자다.
- Forward_iterator〈X〉 **X**는 시퀀스를 순회 탐색(++를 이용해서 순방향으로)하는데, 단 한 번 사용할 수 있는 반복자다. 이것은 단독 링크드 리스트(예를 들면 `forward_list`)가 기본 지원하는 반복자다.
- Bidirectional_iterator〈X〉 **X**는 순방향(++를 이용해서)과 역방향(--를 이용해서) 양쪽으로 이동하는 데 쓰일 수 있는 반복자다. 이것은 이중 링크드 리스트(예를 들면 `list`)가 기본 지원하는 반복자다.
- Random_access_iterator〈X〉 **X**는 시퀀스를 순회 탐색(순방향 및 역방)하고 첨자 연산과 +=와 -=를 이용한 위치 지정을 이용해서 임의의 원소에 접근하는 데 사용할 수 있는 반복자다. 이것은 배열이 기본 지원하는 반복자다.
- Equality_comparable〈X,Y〉 **X**는 ==와 !=를 써서 **Y**와 비교될 수 있다.
- Totally_ordered〈X,Y〉 **X**와 **Y**는 **Equality_comparable**하며, **X**는 <, <=, >, >=를 써서 **Y**와 비교될 수 있다.
- Semiregular〈X〉 **X**는 복사, 기본 생성 및 자유 저장 공간 할당이 가능하며, 성가시고 사소한 기술적 제약을 받지 않는다.
- Regular〈X〉 **X**는 **Semiregular**이며 동등성을 이용해서 비교될 수 있다. 표준 라이브러리 컨테이너는 원소가 정규적이기를 요구한다.
- Ordered〈X〉 **X**는 **Regular**이면서 **Totally_ordered**다. 표준 라이브러리 연관 컨테이너는 명시적으로 비교 연산을 지원하지 않는다면 원소가 순서대로 정렬되기를 요구한다.
- Assignable〈X,Y〉 **Y**는 =를 이용해서 **X**에 대입될 수 있다.
- Predicate〈F,X〉 **F**는 **X**에 대해 호출돼 **bool** 값을 출력할 수 있다.

- Streamable⟨X⟩ **X**는 **iostream**을 이용해서 읽고 쓸 수 있다.
- Movable⟨X⟩ **X**는 이동될 수 있다. 즉, **X**는 이동 생성자와 이동 대입을 가진다. 추가로 **X**는 주소를 가질 수 있고 소멸될 수 있다.
- Copyable⟨X⟩ **X**는 **Movable**이며 동시에 복사될 수 있다.
- Convertible⟨X,Y⟩ **X**는 **Y**로 암시적으로 변환될 수 있다.
- Common⟨X,Y⟩ **X**와 **Y**는 **Common_type<X,Y>**라고 불리는 공통 타입으로 명확하게 변환될 수 있다. 이는 **?:**(11.1.3절)에 필요한 피연산자의 호환성에 대한 언어 규칙을 공식화한 것이다. 예를 들어 **Common_type<Base*,Derived*>**는 **Base***이고 **Common_type<int,long>**은 **long**이다.
- Range⟨X⟩ **X**는 범위 기반 **for**(9.5.1절)에 의해 사용될 수 있다. 즉, **X**는 요구되는 의미 구조와 함께 멤버로 **x.begin()**과 **x.end()**를 제공하든지 비멤버로 동등한 **begin(x)**와 **end(x)**를 제공해야 한다.

당연히 이런 정의들은 비공식적이다. 대부분의 경우 이런 콘셉트들은 표준 라이브러리 술어 함수(35.4.1절)에 기반을 두고 있으며, ISO C++ 표준에서 공식적인 정의가 제공된다(예를 들면 iso.17.6.3절).

24.4.5 템플릿 정의 체크

제약 조건 체크 템플릿은 타입이 콘셉트에서 요구하는 속성을 제공하도록 보장한다. 템플릿의 구현이 실제로 콘셉트가 보장하는 것보다 더 많은 속성을 사용한다면 타입 오류가 일어날 것이다. 예를 들어 표준 라이브러리 find()는 인자로 한 쌍의 입력 반복자를 요구하는데, (부주의하게) 다음과 같이 정의했을 수도 있다.

```
template<typename Iter, typename Val>
Iter find(Iter b, Iter e, Val x)
{
    static_assert(Input_iterator<Iter>(),"find(): Iter is not a Forward iterator");
    static_assert(Equality_comparable<Value_type<Iter>,Val>),
                  "find(): value type doesn't match iterator");
    while (b!=e) {
        if (*b==x) return b;
        b =b+1;               // 주의: ++b가 아님
    }
    return b;
}
```

이제 **b**가 임의 접근 반복자(제약 조건 체크에서 보장된 순방향 반복자가 아니라)가 아니라면 **b+1**은 오류를 일으킨다. 하지만 제약 조건 체크는 이런 문제를 탐지하는 데 도움이 되지 못한다. 예를 들면 다음과 같다.

```
void f(list<int>& lst, vector<string>& vs)
{
    auto p = find(lst.begin(),lst.end(),1209);        // 오류: list는 +를 제공하지 않는다.
    auto q = find(vs.begin(),vs.end(),"Cambridge");    // OK: vector는 +를 제공한다.
```

```
        // ...
    }
```

    find()의 **list**에 대한 호출은 실패하고(+가 **list**에서 제공되는 순방향 반복자에 대해서는 정의돼 있지 않기 때문) **vector**에 대한 호출은 성공할 것이다(b+1이 **vector<string>::iterator**에 대해서는 괜찮기 때문).

    제약 조건 체크는 주로 템플릿의 사용자에게 서비스를 제공한다. 실제의 템플릿 인자는 템플릿 요구 사항을 기준으로 체크된다. 반면 제약 조건 체크는 콘셉트에서 지정된 것을 벗어난 속성을 구현에서 사용하고 있지 않은지 확인하고 싶은 템플릿 작성자에게는 도움이 되지 못한다. 이상적이라면 타입 체계가 그것을 보장해야겠지만, 그것은 미래에 등장할 언어 기능을 필요로 한다. 그렇다면 매개변수화된 클래스나 일반화 알고리즘의 구현은 어떻게 테스트해야 될까?

    콘셉트는 강력한 가이드라인을 제공한다. 구현에서는 콘셉트에서 지정되지 않은 인자의 속성을 사용하지 않아야 하므로, 구현 콘셉트에 의해 지정된 속성을 제공하는 인자들만으로 구현을 테스트해야 한다. 그리고 오직 그것만을 테스트해야 한다. 그런 타입은 때로는 전형archetype이라고 불린다.

    따라서 **find()** 예제에 대해서는 **Forward_iterator**와 **Equality_comparable**을 살펴보거나 순방향 반복자의 표준 정의와 동등한 콘셉트를 살펴봐야 한다(iso.17.6.3.1절, iso.24.2.5절). 그 다음, 최소 다음을 제공하는 **Iterator** 타입이 필요한지 결정한다.

- 기본 생성자
- 복사 생성자와 복사 대입
- 연산자 **==**와 **!=**
- 전위형 연산자 **++**
- **Value_type<Iterator>** 타입
- 전위형 연산자 *****
- *****의 결과를 **Value_type<Iterator>**에 대입할 수 있는 기능
- **Value_type<Iterator>**를 *****의 결과에 대입할 수 있는 기능

    이 리스트는 표준 라이브러리 순방향 반복자에서 약간 단순화된 것이지만, **find()**에는 충분하다. 콘셉트를 살펴보고 이런 리스트를 생성하는 것은 쉬운 일이다.

    이 리스트가 주어지면 원하는 기능만 제공하는 타입을 찾거나 정의하면 된다. **find()**에서 필요한 순방향 반복자에 대해서는 표준 라이브러리 **forward_list**가 안성맞춤이다. 이는 '순방향 반복자'가 단독 링크드 리스트를 통해 반복을 가능하게 해주는 뭔가에 대한 개념을 표현하기 위해 정의됐기 때문이다. 널리 쓰이는 타입이 널리 쓰이는 콘셉트에 대한 전형인 경우도 드물지는 않다. 그럼에도 기존 타입을 사용하기로 결정한다면 필요 이상으로 융통성 있는 타입을 선택하지 않도록 주의를 기울여야 한다. 예를 들어 **find()** 같은 알고리즘을 테스트할

때 흔히 저지르는 실수는 **vector**를 사용하는 것이다. 하지만 **vector**를 그토록 널리 쓰일 수 있게 만들어주는 바로 그 범용성과 융통성 때문에 상당수의 간단한 알고리즘에 대한 전형으로 **vector**를 사용할 수 없는 것이다.

우리의 필요에 들어맞는 기존 타입을 찾을 수 없다면 직접 하나를 정의해야 한다. 이를 위해서는 요구 사항 리스트를 죽 살펴보고 적절한 멤버를 정의해야 한다.

```
template<typename Val>
struct Forward {              // find() 체크를 위한 것
    Forward();
    Forward(const Forward&);
    Forward operator=(const Forward&);
    bool operator==(const Forward&);
    bool operator!=(const Forward&);
    void operator++();
    Val& operator*();         // 단순화됨 - Val에 대한 프락시를 처리하지 않는다.
};

template<typename Val>
using Value_type<Forward<Val>> = Val;          // 단순화됨 - 28.2.4절 참고

void f()
{
    Forward<int> p = find(Forward<int>{},Forward<int>{},7);
}
```

이러한 테스트 수준에서는 이런 연산들이 올바른 의미 구조를 실제로 구현하는지에 대해서는 체크하지 않아도 된다. 템플릿 구현이 의존하지 말아야 하는 속성에 의존하고 있지 않은지에 대해서만 체크한다.

여기서는 **Val** 인자에 대한 전형을 도입하지 않음으로써 테스트를 단순화했다. 대신 그냥 **int**를 사용했다. **Val**에 대한 전형과 **Iter**에 대한 전형 사이의 별로 중요하지 않은 변환을 테스트하려면 훨씬 더 많은 작업이 필요한데, 그다지 유용할 가능성은 별로 없다.

find()의 구현을 **std::forward_list**나 **X**와 비교해서 체크해주는 도구를 테스트하는 것이 사소한 일은 아니지만, 일반화 알고리즘의 설계자가 접하게 될 가장 어려운 과제에 속하지는 않는다.

비교적 작고 잘 정의된 콘셉트의 집합을 사용하면 작업을 관리하기가 쉬워진다. 테스트는 완전히 컴파일 타임에 진행될 수 있고, 또 그래야만 한다.

이런 방식의 간단한 명세와 체크 전략을 사용하면 **find()**가 자신의 반복자 인자에게 **Value_type** 함수(28.2절)를 갖도록 요구한다는 점에 유의한다. 이렇게 하면 포인터가 반복자로 쓰일 수 있다. 많은 템플릿 매개변수에 대해서 기본 제공 타입이 사용자 정의 타입만큼 잘 활용될 수 있는지는 매우 중요하다(1.2.2절, 25.2.1절).

24.5 조언

[1]   템플릿은 정보를 손실하지 않고 인자 타입을 전달할 수 있다(24.1절).

[2]   템플릿은 컴파일 타임 프로그래밍을 위한 범용 메커니즘을 제공한다(24.1절).

[3]   템플릿은 컴파일 타임 '덕 타이핑'을 제공한다(24.1절).

[4]   구체적 예제로부터 '리프팅'을 통해 일반화 알고리즘을 설계한다(24.2절).

[5]   콘셉트의 관점에서 템플릿 인자 요구 사항을 지정함으로써 알고리즘을 범용화한다(24.3절).

[6]   관용적인 표기에 관용적이지 않은 의미를 부여하지 않는다(24.3절).

[7]   콘셉트를 설계 도구로 활용한다(24.3절).

[8]   공통적이고 정규적인 템플릿 인자 요구 사항을 사용함으로써 알고리즘와 인자 타입 사이의 '플러그 호환성'을 목표로 한다(24.3절).

[9]   템플릿 인자에 대한 알고리즘의 요구 사항을 최소화한 다음 좀 더 폭넓은 용도로 범용화함으로써 콘셉트를 발견한다(24.3.1절).

[10]   콘셉트는 알고리즘의 특정 구현에 필요한 사항의 단순 기술이 아니다(24.3.1절).

[11]   가능하다면 잘 알려진 콘셉트의 리스트에서 콘셉트를 선택한다(24.3.1절, 24.4.4절).

[12]   템플릿 인자에 대한 기본 콘셉트는 **Regular**다(24.3.1절).

[13]   모든 템플릿 인자 타입이 **Regular**는 아니다(24.3.1절).

[14]   콘셉트는 의미 구조적 측면을 필요로 한다. 콘셉트는 본질적으로 문법적 표기가 아니다(24.3.1절, 24.3.2절, 24.4.1절).

[15]   코드에서는 콘셉트를 구체화한다(24.4절).

[16]   콘셉트를 컴파일 타임 술어 함수(constexpr 함수)로 표현하고 **static_assert**()나 **enable_if<>**를 이용해서 테스트한다(24.4절).

[17]   공리를 설계 도구로 활용한다(24.4.1절).

[18]   공리를 테스트 지침으로 활용한다(24.4.1절).

[19]   어떤 콘셉트에는 두 개 이상의 템플릿 인자가 관련된다(24.4.2절).

[20]   콘셉트는 단순히 타입의 타입은 아니다(24.4.2절).

[21]   콘셉트에는 수치 값이 관련될 수 있다(24.4.3절).

[22]   콘셉트를 템플릿 정의를 테스트하기 위한 지침으로 활용한다(24.4.5절).

특수화

우리를 곤경에 빠뜨리는 건 우리가 모르는 것이 아니라,
그럴 리 없다고 확신하고 있는 것이다

— 마크 트웨인(Mark Twain)

- 개요
- 템플릿 매개변수와 인자 인자로서의 타입, 인자로서의 값, 인자로서의 연산, 인자로서의 템플릿, 기본 템플릿 인자
- 특수화 인터페이스 특수화, 기본 템플릿, 특수화 순서, 함수 템플릿 특수화
- 조언

25.1 개요

이전 20년 동안, 템플릿은 비교적 간단한 아이디어에서 가장 발전된 C++ 프로그래밍의 뼈대로 발전해왔다. 특히 템플릿은 다음을 위한 기법에서 핵심 역할을 담당한다.

- 타입 안전성의 개선(예를 들면 캐스트 사용의 제거 – 12.5절)
- 프로그램 추상화의 보편적 수준 상승(예를 들면 표준 컨테이너와 알고리즘의 활용에 의해 – 4.4절, 4.5절, 7.4.3절, 31장, 32장)
- 타입과 알고리즘에 대한 좀 더 융통성 있고, 타입 안전적이고, 효율적인 매개변수화(25.2.3절)

이런 기법들은 모두 템플릿 코드에서 오버헤드를 유발하지 않고 타입 안전적인 방식으로 템플릿 인자를 이용할 수 있는가의 여부에 결정적으로 좌우된다. 또한 대부분의 기법들은 템플릿에서 제공되는 **타입 추론 메커니즘**(때로는 컴파일 타임 다형성compile-time polymorphism이라고 불리는 – 27.2절)에 의존하기도 한다. 이런 기법들은 고성능 수치 계산이나 임베디드 시스템 프로그래밍처럼 성능이 절대적으로 중요한 영역에서 C++가 활용되는 데 중추적 역할을 담당한다. 완성된 예제에 대해서는 표준 라이브러리(4부)를 살펴보기 바란다.

25장과 26, 27장에서는 융통성과 성능 면에서 타협하지 않는 데 목적을 둔 기법을 지원하는 고급 언어 기능과 특화된 언어 기능을 소개한다. 이런 기법들 중 다수는 라이브러리 구현자

를 위해 개발돼 그들에 의해 사용되고 있다. 대다수 프로그래머와 마찬가지로 나는 대부분의 경우에는 좀 더 고급 기법에 대해 신경 쓰지 않는 편을 선호한다. 가능하면 코드를 단순하게 유지하고, 해당 응용 영역 전문가들의 손에 의해 만들어진 고급 기능의 활용을 통한 혜택을 누리기 위해 라이브러리에 의존한다.

템플릿은 3.4절에서 소개했다. 25장은 템플릿과 그 활용법을 소개하는 순서의 한 부분이다.

- 23장에서는 템플릿에 대해 좀 더 자세히 소개한다.
- 24장에서는 템플릿이 가장 널리 쓰이는 일반화 프로그래밍에 대해 알아본다.
- 25장에서는 인자 집합으로 템플릿을 특수화하는 방법을 보여준다.
- 26장에서는 이름 바인딩과 관련된 템플릿 구현 이슈에 초점을 맞춘다.
- 27장에서는 템플릿과 클래스 계층 구조 사이의 관계에 대해 알아본다.
- 28장에서는 클래스와 함수를 생성하기 위한 언어로서의 템플릿에 초점을 맞춘다.
- 29장에서는 템플릿 기반의 프로그래밍 기법을 보여주는 좀 더 대규모의 예제를 소개한다.

25.2 템플릿 매개변수와 인자

템플릿은 매개변수를 받아들일 수 있다.

- '타입 타입'의 타입 매개변수^{type parameter}
- int(25.2.2절)와 함수를 가리키는 포인터(25.2.3절) 같은 기본 제공 타입의 값 매개변수^{value parameter}
- '타입 템플릿'(25.2.4절)의 템플릿 매개변수^{template parameter}

타입 매개변수가 단연코 가장 널리 쓰이지만, 값 매개변수도 중요한 많은 기법에서 필수적이다(25.2.2절, 28.3절).

템플릿은 고정된 개수의 매개변수를 받아들일 수도 있고 가변적 개수를 받아들일 수도 있다. 가변 인자 템플릿은 28.6절까지 미뤄둔다.

템플릿 타입 인자의 이름에 대해서는 **T, C, Cont, Ptr** 등과 같이 첫 글자가 대문자인 짧은 이름을 보통 많이 쓴다는 점을 알아두자. 이런 이름은 관용적인데다 비교적 작은 유효 범위 내에서만 쓰이기 때문에 가능한 것이다(6.3.3절). 하지만 **ALL_CAPS** 같은 걸 쓸 때는 언제든지 매크로(12.6절)와 충돌할 가능성이 있으므로, 매크로 이름과 충돌할 가능성이 있는 긴 이름은 쓰지 않는 편이 좋다.

25.2.1 인자로서의 타입

템플릿 인자에 **typename**이나 **class**를 접두사로 붙이면 타입 매개변수^{type parameter}로 정의된다. 어느 쪽을 쓰더라도 결과는 완전히 똑같다. 타입 매개변수를 받아들이게 선언된 템플릿은 문법적으로 모든 타입(기본 제공이든 사용자 정의든)을 받아들일 수 있다. 예를 들면 다음과 같다.

```
template<typename T>
void f(T);

template<typename T>
class X {
    // ...
};

f(1);                               // T는 int로 추론된다.
f<double>(1);                       // T는 double
f<complex<double>>(1);             // T는 complex<double>
X<double> x1;                       // T는 double
X<complex<double>> x2;             // T는 complex<double>
```

타입 인자에는 제약 조건이 없다. 즉, 클래스 인터페이스 내에서 그것이 특정 종류의 타입이나 어떤 클래스 계층 구조의 일부가 되도록 제약하는 조건이 존재하지 않는다. 인자 타입의 유효성은 전적으로 템플릿에서 쓰이는 용도에 달려 있는데, 이는 일종의 덕 타이핑(24.1절)을 제공하는 셈이다. 범용적인 제약 조건은 콘셉트로 구현할 수 있다(24.3절).

템플릿 인자로 쓰일 때 사용자 정의 타입과 기본 제공 타입은 똑같이 취급된다. 이는 사용자 정의 타입과 기본 제공 타입에 대해 똑같이 동작하는 템플릿을 정의하기 위해 필수적인 조건이다. 예를 들면 다음과 같다.

```
vector<double> x1;                  // double로 이뤄진 vector
vector<complex<double>> x2;        // complex<double>로 이뤄진 vector
```

특히 어느 한쪽을 쓴다고 해서 공간이나 시간상의 오버헤드가 유발되지는 않는다.

- 기본 제공 타입의 값은 특수 컨테이너 객체에 넣어지지 않는다.
- 모든 타입의 값을 많은 비용이 들 가능성이 있는(예를 들면 가상) 'get() 함수'를 이용하지 않고 vector에서 바로 꺼낼 수 있다.
- 사용자 정의 타입의 값은 참조자를 통해 암시적으로 접근되지 않는다.

템플릿 인자로 쓰이려면 타입은 유효 범위 내에 있어야 하며, 접근 가능해야 한다. 예를 들면 다음과 같다.

```
class X {
    class M { /* ... */ };
    // ...
    void mf();
};

void f()
{
    struct S { /* ... */ };
    vector<S> vs;          // OK
    vector<X::M> vm;       // 오류: X::M은 private
    // ...
}

void X::mf()
{
    vector<S> vs;          // 오류: 유효 범위 내에 S가 없음
```

```
    vector<M> vm;          // OK
    // ...
}
```

25.2.2 인자로서의 값

타입이나 템플릿이 아닌 템플릿 매개변수는 **값 매개변수**value parameter라고 불리며, 그것에 전달되는 인자는 **값 인자**value argument라고 불린다. 예를 들어 정수 인자는 크기와 한도를 나타내는 데 편리하게 쓰일 수 있다.

```
template<typename T, int max>
class Buffer {
    T v[max];
public:
    Buffer() { }
    // ...
};
```

```
Buffer<char,128> cbuf;
Buffer<int,5000> ibuf;
Buffer<Record,8> rbuf;
```

런타임 효율성과 간결함이 지상 과제인 경우에는 **Buffer**처럼 제약 조건을 가진 간단한 컨테이너가 중요한 역할을 할 수 있다. 이런 컨테이너는 기본 제공 배열처럼 포인터로 암시적 변환되는 문제를 겪지 않으면서도 좀 더 범용적인 **string**이나 **vector**를 쓸 때 필요한 자유 저장 공간을 사용하지 않는다(7.4절). 표준 라이브러리 **array**(34.2.1절)는 이런 아이디어를 구현한 것이다.

템플릿 값 매개변수에 대한 인자는 다음이 될 수 있다(iso.14.3.2절).

- 통합 정수 상수 표현식(10.4절)
- 외부 링크 관계를 갖는 객체나 함수에 대한 포인터 또는 참조자(15.2절)
- 멤버를 가리키는 오버로딩되지 않은 포인터(20.6절)
- 널 포인터(7.2.2절)

템플릿 인자로 쓰이는 포인터는 **&of**나 **f**의 형태여야 하는데, 여기서 **of**은 객체나 함수의 이름이고 **f**는 함수의 이름이다. 멤버를 가리키는 포인터는 **&X::of** 인자의 형태여야 하는데, 여기서 **of**는 멤버의 이름이다. 특히 문자열 리터럴은 템플릿 인자라 받아들여질 수 없다.

```
template<typename T, char* label>
class X {
    // ...
};
```

```
X<int,"BMW323Ci"> x1;       // 오류: 템플릿 인자로 쓰인 문자열 리터럴
char lx2[] = "BMW323Ci";
X<int,lx2> x2;              // OK: lx2는 외부 링크 관계를 갖는다.
```

부동소수점 템플릿 값 인자에 대한 것과 유사한 이러한 제약은 개별적으로 컴파일되는 해석 단위의 구현을 단순화하기 위해 존재하는 것이다. 템플릿 값 인자에 대해서는 함수에 정수와 포인터를 전달하는 메커니즘으로 생각하는 편이 가장 좋다. 좀 더 교묘한 뭔가를 써보고 싶은 유혹을 뿌리치기 바란다. 안타깝게도(근본적인 이유로 인해) 리터럴 타입(10.4.3절)은 템플릿 값 인자로 쓰일 수 없다. 값 템플릿 인자는 좀 더 고급의 컴파일 타임 계산 기법에 필요한 메커니즘이기도 하다(28장).

정수 템플릿 인자는 상수여야 한다. 예를 들면 다음과 같다.

```
constexpr int max = 200;
void f(int i)
{
    Buffer<int,i> bx;          // 오류: 상수 표현식이 아니다.
    Buffer<int,max> bm;        // OK: 상수 표현식
    // ...
}
```

역으로, 템플릿 내부에서 값 템플릿 매개변수는 상수이기 때문에 매개변수의 값을 바꾸려고 시도하면 오류가 일어난다. 예를 들면 다음과 같다.

```
template<typename T, int max>
class Buffer {
    T v[max];
public:
    Buffer(int i) { max = i; }   // 오류: 템플릿 값 인자에 대입하려는 시도
    // ...
};
```

타입 템플릿 매개변수는 나중에 템플릿 매개변수 리스트에서 타입으로 쓰일 수 있다. 예를 들면 다음과 같다.

```
template<typename T, T default_value>
class Vec {
    // ...
};

Vec<int,42> c1;

Vec<string,""> c2;
```

이는 특히 기본 템플릿 인자(25.2.5절)와 함께 쓰일 때 유용하다. 예를 들면 다음과 같다.

```
template<typename T, T default_value = T{}>
class Vec {
    // ...
};

Vec<int,42> c1;
Vec<int> c11;               // default_value는 int{}, 즉 0이다.
Vec<int*,&foo> c2;          // 어떤 전역 변수 "foo"에 대해
Vec<string> c22;            // default_value는 int*{}, 즉 nullptr이다.
```

25.2.3 인자로서의 연산

표준 라이브러리 map(31.4.3절)을 약간 단순화한 버전을 하나 살펴보자.

```
template<typename Key, typename V>
class map {
    // ...
};
```

Key에 대해 어떻게 비교 기준을 제공해야 하는가?

- 컨테이너는 (일반적으로) 원소 타입에 대해 요구 사항을 강요할 수 없으므로 컨테이너에 비교 기준을 고정시켜 넣을 수는 없다. 예를 들어 map은 비교를 위해 기본적으로 <를 쓰지만, 모든 Key가 우리가 원하는 <를 갖고 있지는 않다.

- (일반적으로) 키를 기준으로 원소의 순서를 정렬하는 방법이 워낙 다양하기 때문에 Key 타입에 순서 정렬 기준을 고정시켜 넣을 수는 없다. 예를 들어 가장 흔한 Key 타입이 string인데, string은 다양한 기준으로 순서 정렬될 수 있다(예를 들면 대소문자 구분을 하는 방식과 대소문자 구분을 하지 않는 방식).

결과적으로 정렬 기준은 컨테이너 타입이나 원소 타입 안에 들어갈 수 없다. 원칙적으로 map에 대한 정렬 기준의 개념은 다음으로 표현될 수 있다.

[1]   템플릿 값 인자(예를 들면 비교 함수를 가리키는 포인터)

[2]   비교 객체의 타입을 결정하는 map 템플릿에 대한 템플릿 타입 인자

얼핏 보면 첫 번째 해결책(특정 타입의 비교 객체를 전달하는 방식)이 간단해 보인다. 다음 예를 살펴보자.

```
template<typename Key, typename V, bool(*cmp)(const Key&, const Key&)>
class map {
public:
    map();
    // ...
};
```

이 map은 사용자가 함수로 비교 연산을 제공할 것을 요구한다.

```
bool insensitive(const string& x, const string& y)
{
    // 대소문자 구분 없이 비교한다(예를 들면 "hello"는 "Hello"와 같다).
}
map<string,int,insensitive> m;        // insensitive()를 이용해서 비교한다.
```

하지만 이 방식은 그다지 융통성이 없다. 특히 map의 설계자는 (알려지지 않은) Key 타입을 함수를 가리키는 포인터를 써서 비교할지 어떤 특정 타입의 함수 객체를 써서 비교할지 결정해야 할 것이다. 게다가 비교 연산자의 인자 타입이 Key 타입에 의존해야 하기 때문에 기본 비교 기준을 제공하기가 까다로울 수 있다.

결과적으로 두 번째 선택(템플릿 타입 매개변수로 비교의 타입을 전달하는 방식)이 좀 더 널리 쓰이

며, 표준 라이브러리에서 쓰이는 방식이다. 다음 예를 살펴보자.

```
template<typename Key, typename V, typename Compare = std::less<Key>>
class map {
public:
    map() { /* ... */}                    // 기본 설정 비교를 사용한다.
    map(Compare c) :cmp{c} { /* ... */ }  // 기본 설정을 재정의한다.
    // ...
    Compare cmp {};                       // 기본 설정 비교
};
```

가장 널리 쓰이는 '~보다 작은'을 사용하는 비교가 기본 설정이다. 다른 비교 기준을 원한다면 함수 객체로 제공할 수도 있다(3.4.3절).

```
map<string,int> m1;                          // 기본 설정 비교(less<string>)를 이용한다.
map<string,int,std::greater<string>> m2;     // greater<string>()를 이용해서 비교한다.
```

함수 객체는 상태를 가질 수 있다. 예를 들면 다음과 같다.

```
Complex_compare f3 {"French",3};             // 비교 객체를 만든다(25.2.5절).
map<string,int,Complex_compare> m3 {f3};     // f3()을 이용해서 비교한다.
```

또한 함수를 가리키는 포인터로 변환될 수 있는 람다를 비롯해서 함수를 가리키는 포인터를 사용할 수도 있다(11.4.5절). 예를 들면 다음과 같다.

```
using Cmp = bool(*)(const string&,const string&);
map<string,int,Cmp> m4 {insensitive};        // 함수를 가리키는 포인터를 이용해서 비교한다.
map<string,int,Cmp> m5 {[](const string& a, const string& b) { return a>b; }}; // 람다를
                                                                  // 이용해서 비교한다.
```

함수 객체로 비교 연산을 전달하는 방식은 함수를 가리키는 포인터를 전달하는 방식과 비교해서 중요한 장점을 가진다.

- 클래스 내에서 정의된 간단한 클래스 멤버 함수는 쉽게 인라인으로 만들 수 있다. 반면 함수를 가리키는 포인터를 통한 호출을 인라인화하려면 컴파일러에서 각별한 주의를 기울여야 한다.
- 데이터 멤버가 없는 함수 객체는 전달하는 데 전혀 런타임 비용이 들지 않는다.
- 여러 개의 연산을 단일 객체로 전달해도 추가적인 런타임 비용이 전혀 들지 않는다.

map에 대한 비교 기준은 예제일 뿐이다. 하지만 그것을 전달하는 데 쓰인 기법은 보편적이며 일정한 기준으로 클래스와 함수를 매개변수화하는 데 상당히 널리 쓰인다. 알고리즘에 필요한 동작(4.5.4절, 32.4절), 컨테이너에 필요한 할당자(31.4절, 34.4절), unique_ptr에 필요한 삭제자(34.3.1절) 등이 그런 예에 포함된다. sort() 같은 함수 템플릿에 필요한 인자를 지정하는 경우에도 똑같은 설계상의 선택 기로에 놓이게 되는데, 표준 라이브러리는 그러한 경우에도 역시 대안 [2]를 선택한다(예를 들면 32.4절 참고).

프로그램 내에서 단 한 번 비교 기준을 사용해야 한다면 람다를 사용해서 함수 객체 버전을 좀 더 간단명료하게 표현하는 쪽이 타당하다고 생각할 수도 있다.

```
map<string, int, [](const string& x, const string& y) const { return x<y; }> c3;   // 오류
```

안타깝게도 람다에서 함수 객체로의 변환이 불가능하기 때문에 이런 방식은 통하지 않는다. 람다에 이름을 붙인 다음에 해당 이름을 사용할 수 있다.

```
auto cmp = [](const string& x, const string& y) const { return x<y; }
map<string,int,decltype(cmp)> c4 {cmp};
```

이름을 붙이는 쪽이 설계나 유지 보수 관점에서 쓸모가 있다고 생각한다. 또한 이름이 붙여지고 비지역적으로 선언된 것이라면 뭔가 다른 용도로 쓰일 수도 있다.

25.2.4 인자로서의 템플릿

경우에 따라 템플릿 인자로 클래스나 값이 아니라 템플릿을 전달하는 방식이 유용할 때가 있다. 다음 예를 살펴보자.

```
template<typename T, template<typename> class C>
class Xrefd {
    C<T> mems;
    C<T*> refs;
    // ...
};
template<typename T>
    using My_vec = vector<T>;              // 기본 할당자를 사용한다.
Xrefd<Entry,My_vec> x1;                    // vector에 Entry에 대한 교차 참조 정보를 저장한다.
template<typename T>
class My_container {
    // ...
};
Xrefd<Record,My_container> x2;             // My_container에 Record에 대한 교차 참조 정보를 저장한다.
```

템플릿을 템플릿 매개변수로 선언하려면 필요한 인자를 지정해야 한다. 예를 들어 **Xrefd**의 템플릿 매개변수 C가 단일 타입 인자를 받아들이는 템플릿 클래스라고 지정한다. 이렇게 하지 않으면 C의 특수화를 사용할 수 없을 것이다. 대체적으로 템플릿을 템플릿 매개변수로 사용하는 이유는 템플릿을 다양한 인자 타입(앞의 예제에서의 T와 T*처럼)으로 인스턴스화하고 싶다는 데 있다. 즉, 템플릿의 멤버 선언을 또 다른 템플릿의 관점에서 표현하고 싶은데, 그런 다른 템플릿을 사용자가 지정할 수 있게 매개변수로 만들고 싶다는 것이다.

오직 클래스 템플릿만이 템플릿 인자가 될 수 있다.

템플릿이 한두 개의 컨테이너만을 필요로 하는 흔한 경우는 종종 컨테이너 타입을 전달하는 방식으로 좀 더 잘 처리될 수 있다(31.5.1절). 예를 들면 다음과 같다.

```
template<typename C, typename C2>
class Xrefd2 {
    C mems;
    C2 refs;
    // ...
```

```
};
Xrefd2<vector<Entry>,set<Entry*>> x;
```

여기서 C와 C2의 값 타입은 간단한 타입 함수(28.2절)에 의해 얻어질 수 있는데, 이런 타입 함수는 **Value_type<C>** 같은 컨테이너의 원소 타입을 얻기 위한 것이다. 이것이 **queue**(31.5.2절) 같은 표준 라이브러리 컨테이너 어댑터에 쓰이는 기법이다.

25.2.5 기본 템플릿 인자

매번 **map**이 사용될 때마다 비교 기준을 명시적으로 지정하는 것은 장황하다. 특히 **less<Key>** 가 대개 최선의 선택인 경우에는 더욱 그렇다. **less<Key>**를 Compare 템플릿 인자에 대한 기본 타입으로 지정하면 특이한 비교 기준만 명시적으로 지정할 수 있다.

```
template<typename Key, typename V, typename Compare = std::less<Key>>
class map {
public:
    explicit map(const Compare& comp ={});
    // ...
};
map<string,int> m1;                 // 비교를 위해 less<string>을 사용할 것이다.
map<string,int,less<string>> m2;    // m1과 동일한 타입
struct No_case {
    // 대소문자를 구분하지 않는 비교를 수행하게 operator()()를 정의한다.
};
map<string,int,No_case> m3;         // m3은 m1이나 m2와는 다른 타입이다.
```

기본 **map** 생성자가 기본 비교 객체 **Compare{}**를 생성하는 방법을 유의해서 살펴보자. 이것이 흔한 경우다. 좀 더 공들인 생성을 원한다면 명시적으로 처리해야 한다. 예를 들면 다음과 같다.

```
map<string,int,Complex_compare> m {Complex_compare{"French",3}};
```

템플릿 매개변수에 대한 기본 인자의 의미 구조적 체크는 기본 인자가 실제로 쓰일 경우에만 수행된다. 특히 기본 템플릿 인자 **less<Key>**를 사용하지 않는다면 **less<X>**가 컴파일되지 않는 경우에 해당하는 타입 **X**의 값을 **compare()**할 수 있다. 이 사항은 기본 값을 지정하기 위해 템플릿 인자에 의존하는 표준 컨테이너(std::map 등의)의 설계에 있어 매우 중요한 부분이다(31.4절).

기본 함수 인자(12.2.5절)에 대해 그랬던 것처럼 기본 템플릿 인자는 뒤쪽의 인자에 대해서만 지정되거나 제공될 수 있다.

```
void f1(int x = 0, int y);      // 오류: 기본 인자가 뒤쪽이 아니다.
void f2(int x = 0, int y = 1);  // OK

f2(,2); // 문법 오류
f2(2);  // f2(2,1)을 호출한다.

template<typename T1 = int, typename T2>
class X1 {                      // 오류: 기본 인자가 뒤쪽이 아니다.
    // ...
```

```
};

template<typename T1 = int, typename T2 = double>
class X2 { // OK
    // ...
};

X2<,float> v1;    // 문법 오류
X2<float> v2;     // v2는 X2<float,double>
```

'빈' 인자가 '기본 설정 사용'이란 의미로 해석되지 않게 한 것은 융통성과 불명확한 오류 가능성 사이에서 신중한 균형 지점을 찾기 위한 것이었다.

템플릿 인자를 통해 정책을 제공한 다음 가장 널리 쓰이는 정책에 해당 인자를 기본 제공하는 방식이 표준 라이브러리에서는 거의 보편화돼 있다(예제는 32.4절). 그런데 이런 방식이 특이하게도 `basic_string`(23.2절, 36장) 비교에는 쓰이지 않는다. 대신 표준 라이브러리 문자열은 `char_traits`(36.2.2절)에 의존한다. 비슷하게 표준 알고리즘은 `iterator_traits`(33.1.3절)에 의존하고 표준 라이브러리 컨테이너는 `allocators`(34.4절)에 의존한다. 특성 정보의 활용은 28.2.4절에서 소개된다.

25.2.5.1 기본 함수 템플릿 인자

당연하겠지만 기본 템플릿 인자는 함수 템플릿에 대해서도 유용할 수 있다. 예를 들면 다음과 같다.

```
template<typename Target =string, typename Source =string>
Target to(Source arg)      // Source를 Target으로 변환한다.
{
    stringstream interpreter;
    Target result;

    if (!(interpreter << arg)                   // arg를 stream에 써 넣는다.
        || !(interpreter >> result)             // stream에서 결과를 읽는다.
        || !(interpreter >> std::ws).eof())     // stream에 남은 것이 있는가?
        throw runtime_error{"to<>() failed"};

    return result;
}
```

함수 템플릿 인자는 추론이 불가능하거나 기본 설정이 없는 경우에 한해 명시적으로 언급될 필요가 있다. 따라서 다음과 같이 작성할 수 있다.

```
auto x1 = to<string,double>(1.2);   // 상당히 명시적이다(그리고 장황하다).
auto x2 = to<string>(1.2);          // Source는 double로 추론된다.
auto x3 = to<>(1.2);                // Target은 기본 설정인 string이 된다. Source는 double로 추론된다.
auto x4 = to(1.2);                  // <>은 군더더기
```

모든 함수 템플릿 인자가 기본 설정이 된다면 `<>`는 빼버려도 무방하다(함수 템플릿 특수화의 경우와 똑같다. 25.3.4.1절).

`to()`의 이러한 구현은 `to<double>(int)` 같은 간단한 타입의 조합치고는 약간 무거운 편이지만, 특수화로 개선된 구현이 제공될 수 있다(25.3절). `char`와 `int`가 `string` 표현을 공유하

지 않는 관계로 **to<char>(int)**는 동작하지 않는다는 데 유의한다. 나는 스칼라 수치 타입 사이의 변환에 **narrow_cast<>()**(11.5절)을 쓰는 편이다.

25.3 특수화

기본적으로 템플릿은 사용자가 생각할 수 있는 모든 템플릿 인자(또는 템플릿 인자의 조합)에 쓰일 수 있는 단일한 정의를 제공한다. 템플릿을 작성하는 사람 입장에서는 이것이 항상 맞는 얘기가 아니다. "템플릿 인자가 포인터라면 이 구현을 사용하고, 그렇지 않다면 저 구현을 사용한다"라든가 "템플릿 인자가 **My_base** 클래스에서 파생된 포인터가 아니라면 오류를 발생시킨다"라는 식으로 말하고 싶을 수도 있다. 이러한 많은 설계상의 관심사는 대체 가능한 템플릿 정의를 제공하고, 그런 정의 가운데서 컴파일러가 제공된 템플릿 인자를 기준으로 그런 정의 가운데서 선택하게 하는 방식으로 해결될 수 있다. 이러한 템플릿의 대체 정의는 **사용자 정의 특수화**user-defined specialization 또는 간단히 **사용자 특수화**user specialization라고 불린다. 그럴듯한 **Vector**의 사용 예를 하나 살펴보자.

```
template<typename T>
class Vector {      // 일반적인 vector 타입
    T* v;
    int sz;
public:
    Vector();
    explicit Vector(int);

    T& elem(int i) { return v[i]; }
    T& operator[](int i);

    void swap(Vector&);
    // ...
};

Vector<int> vi;
Vector<Shape*> vps;
Vector<string> vs;
Vector<char*> vpc;
Vector<Node*> vpn;
```

이런 코드에서 대부분의 **Vector**는 어떤 포인터 타입의 **Vector**일 것이다. 이렇게 된 데는 여러 가지 이유가 있겠지만, 가장 큰 이유는 런타임 다형적 동작을 보존하기 위해서 포인터를 사용해야 하기 때문이다(3.2.2절, 20.3.2절). 즉, 객체지향 프로그래밍을 연습하고 타입 안전적인 컨테이너(표준 라이브러리 컨테이너 같이)를 사용하는 이들이라면 누구나 포인터로 이뤄진 컨테이너를 수없이 접하게 될 것이다.

대부분의 C++ 구현 환경에서 기본이 되는 작업은 템플릿 함수에 대한 코드를 반복하는 것이다. 이런 방식이 대개 런타임 성능을 위해서는 좋지만, 주의를 기울이지 않는다면 **Vector** 예제와 같이 중요한 사례에서는 코드가 불어나게 될 것이다.

다행스럽게도 확실한 해결책이 하나 있다. 포인터의 컨테이너는 단일 구현을 공유할 수

있으며, 이것을 특수화를 통해 표현할 수 있다. 우선 void를 가리키는 포인터에 대한 Vector의 (특수화) 버전을 정의한다.

```
template<>
class Vector<void*>{          // 완전한 특수화
    void** p;
    // ...
    void*& operator[](int i);
};
```

그 다음 이러한 특수화를 포인터로 이뤄진 모든 Vector에 대한 공통 구현으로 활용할 수 있다. 또 다른 용도는 void*를 저장하는 단일 공유 구현 클래스를 기반으로 unique_ptr<T>를 구현하는 것이다.

template<> 접두사는 해당 구문이 템플릿 매개변수 없이 지정될 수 있는 특수화라는 것을 나타낸다. 특수화가 어떤 템플릿 인자에 대해 사용될지는 이름 뒤의 <> 괄호 안에서 지정된다. 즉, <void*>는 T가 void*인 모든 Vector의 구현에 이 정의가 쓰인다는 점을 나타낸다.

Vector<void*>는 완전한 특수화complete specialization다. 즉, 특수화를 사용할 때 템플릿 매개변수를 지정하거나 추론해야 할 필요가 없다는 뜻이다. Vector<void*>는 Vector에 대해 다음과 같이 선언돼 사용된다.

Vector<void*> vpv;

포인터로 이뤄진 모든 Vector에 쓰일 수 있고 포인터로 이뤄진 Vector에 대해서만 쓰일 수 있는 특수화를 정의하려면 다음과 같이 작성하면 된다.

```
template<typename T>
class Vector<T*> : private Vector<void*> {          // 부분적인 특수화
public:
    using Base = Vector<void*>;

    Vector() {}
    explicit Vector(int i) : Base(i) {}

    T*& elem(int i) { return reinterpret_cast<T*&>(Base::elem(i)); }
    T*& operator[](int i) { return reinterpret_cast<T*&>(Base::operator[](i)); }
    // ...
};
```

이름 뒤의 특수화 패턴 <T*>는 이 특수화가 모든 포인터 타입에 대해 사용될 것이라는 점을 나타낸다. 즉, 이 정의는 T*로 표현될 수 있는 템플릿 인자를 가진 모든 Vector에 대해 사용될 것이다. 예를 들면 다음과 같다.

```
Vector<Shape*> vps;          // <T*>는 <Shape*>이므로 T는 Shape다.
Vector<int**> vppi;          // <T*>는 <int**>이므로 T는 int*다.
```

템플릿 매개변수가 포함된 패턴을 가진 특수화는 완전한 특수화complete specialization (vector<void*>의 정의에서처럼)와 비교해서 부분적 특수화partial specialization라고 불리는데, 여기서 '패턴'이란 그냥 특정한 타입을 말한다.

부분적 특수화가 사용될 때는 템플릿 매개변수가 특수화 패턴에서 추론된다는 점에 유의한다. 템플릿 매개변수는 실제의 템플릿 인자가 아니다. 특히 Vector<Shape*>의 경우 T는 Shape이지 Shape*가 아니다.

이런 Vector의 부분적 특수화가 주어지면 포인터로 이뤄진 모든 Vector에 대한 공유 구현을 얻을 수 있다. Vector<T*> 클래스는 오로지 파생과 인라인 확장을 통해 구현된 Vector <void*>에 대한 인터페이스일 뿐이다.

이런 Vector 구현의 개선이 사용자에게 제시되는 인터페이스에 영향을 미치지 않고 달성될 수 있다는 점이 중요하다. 특수화란 공통 인터페이스의 다른 용도에 대한 구현 대안을 지정하는 한 가지 방법이다. 당연하겠지만 우리는 일반적인 Vector와 포인터로 이뤄진 Vector에 대해 각기 다른 이름을 부여할 수도 있었다. 하지만 내가 그렇게 했더니 프로그램을 꽤나 한다는 사람들조차 포인터 클래스를 사용하는 것을 잊어버렸고, 그 결과 코드는 예상보다 훨씬 불어나 버렸다. 이런 경우 중요한 구현 세부 사항은 공통 인터페이스 뒤로 은닉하는 편이 훨씬 낫다.

이 기법은 현업에서 코드가 불어나는 것을 억제하는 데 유용한 것으로 증명됐다. (C++나 유사한 타입 매개변수화 기능을 가진 다른 언어에서) 이런 기법을 활용하지 않는 이들은 적당한 규모의 프로그램에서조차 반복된 코드가 수 메가 바이트의 코드 공간을 차지한다는 점을 깨달았다. 이런 추가적인 Vector 연산 버전을 컴파일하는 데 소요되는 시간을 없애버림으로써 이 기법은 컴파일 및 링크 시간까지 획기적으로 줄일 수 있다. 전체 포인터 리스트를 구현하기 위해 단독 특수화를 사용하는 것은 공유 코드의 분량을 최대화함으로써 코드의 양적 증가를 최소화하는 일반적인 기법의 한 예다.

일부 컴파일러는 프로그래머의 도움 없이도 이런 특수한 최적화를 수행할 수 있을 만큼 영리해지고 있지만, 이 기법은 보편적으로 적용할 수 있으며 유용하다.

이 기법의 변형으로 여러 타입의 값에 대한 단독 런타임 표현을 사용하고 그런 타입의 값들이 선언된 타입에 따라서만 쓰일 수 있도록 보장하기 위해 (정적) 타입 체계에 의존하는 기법을 타입 소거type erasure라고 부른다. C++에서 이 기법은 최초의 템플릿 문서[Stroustrup,1988]에서 처음으로 문서화됐다.

25.3.1 인터페이스 특수화

때로는 특수화가 알고리즘적인 최적화가 아니라 인터페이스(또는 표현)의 수정인 경우가 있다. 예를 들어 표준 라이브러리 complex는 특수화를 이용해서 중요한 특수화(complex<float>와 complex<double> 같은)에 필요한 주요 연산을 위한 생성자 집합과 인자 타입을 조정한다. 일반적인(기본) 템플릿(25.3.1.1절)은 다음과 같다.

```
template<typename T>
class complex {
public:
```

```
    complex(const T& re = T{}, const T& im = T{});
    complex(const complex&);              // 복사 생성자
    template<typename X>
        complex(const complex<X>&);       // complex<X>에서 complex<T>로의 변환

    complex& operator=(const complex&);
    complex<T>& operator=(const T&);
    complex<T>& operator+=(const T&);
    // ...
    template<typename X>
        complex<T>& operator=(const complex<X>&);
    template<typename X>
        complex<T>& operator+=(const complex<X>&);
    // ...
};
```

스칼라 대입 연산자가 참조자 인자를 받아들인다는 점에 유의한다. 이는 **float**에 효율적이지 않기 때문에 **complex<float>**는 값으로 참조자 인자를 전달한다.

```
template<>
class complex<float> {
public:
    // ...
    complex<float>& operator= (float);
    complex<float>& operator+=(float);
    // ...
    complex<float>& operator=(const complex<float>&);
    // ...
};
```

complex<double>에 대해서도 동일한 최적화가 적용된다. 추가로 **complex<float>**에서 **complex<long double>**로의 변환이 제공된다(23.4.6절에서 설명된 대로).

```
template<>
class complex<double> {
public:
    constexpr complex(double re = 0.0, double im = 0.0);
    constexpr complex(const complex<float>&);
    explicit constexpr complex(const complex<long double>&);
    // ...
};
```

이런 특수화된 생성자가 constexpr로서 complex<double>을 리터럴 타입으로 만든다는 점에 유의한다. 일반적인 complex<T>에 대해서는 그렇게 할 수 없다. 또한 이 정의는 complex <float>에서 complex<double>로의 변환이 안전하다(축소 변환이 일어나지 않는다)는 사실을 활용하기 때문에 complex<float>의 생성자는 암시적일 수 있다. 하지만 complex <long double>의 생성자는 축소 변환의 가능성을 줄이기 위해 명시적이다.

25.3.1.1 구현 특수화

특수화는 특정 집합의 템플릿 인자에 대한 클래스 템플릿을 다르게 구현하는 방법을 제공하기

위해 사용될 수 있다. 이런 경우 특수화는 일반적인 템플릿 표현과 차별되는 표현까지 제공할 수 있다. 예를 들면 다음과 같다.

```cpp
template<typename T, int N>
class Matrix;                    // T로 이뤄진 N차원 Matrix

template<typename T>
class Matrix<T,0> {         // N==0일 경우의 특수화
    T val;
    // ...
};

template<typename T>
class Matrix<T,1> {         // N=1일 경우의 특수화
    T* elem;
    int sz;                       // 원소의 개수
    // ...
};

template<typename T>
class Matrix<T,2> {         // N=2일 경우의 특수화
    T* elem;
    int dim1;                     // 행의 개수
    int dim2;                     // 열의 개수
    // ...
};
```

25.3.2 기본 템플릿

템플릿에 대한 범용적인 정의와 특정 집합의 템플릿 인자에 대한 구현을 정의하는 특수화를 모두 가진 가장 범용적인 템플릿을 기본 템플릿primary template이라고 부른다. 기본 템플릿은 특수화 전체에 대한 인터페이스를 정의한다(iso.14.5.5절). 즉, 기본 템플릿은 어떤 활용법이 유효한지, 그리고 오버로딩 해결에 어떤 역할을 하는지 판단하는 데 사용되는 것이다. 기본 템플릿이 선택되고 난 이후여야 특수화가 고려될 수 있다.

기본 템플릿은 어떤 특수화보다 먼저 선언돼야 한다. 예를 들면 다음과 같다.

```cpp
template<typename T>
class List<T*> {
    // ...
};

template<typename T>
class List {                // 오류: 특수화 이후의 기본 템플릿
    // ...
};
```

기본 템플릿에서 제공되는 가장 중요한 정보는 사용자가 기본 템플릿을 사용하거나 특수화 중 하나를 사용하기 위해 제공해야 하는 템플릿 매개변수의 집합이다. 템플릿에 대해 제약 조건 체크를 정의했다면(24.4절) 해당 내용이 기본 템플릿에 포함돼야 한다. 콘셉트는 사용자가 알아야 하는 것이고 템플릿을 사용하기 위해 이해해야 하는 것이기 때문이다. 예를 들면 다음과 같다.

```
template<typename T>
class List {
    static_assert(Regular<T>(),"List<T>: T must be Regular");
    // ...
};
```

기술적인 이유로 인해(언어에서 제약 조건 체크를 있는 그대로 인식하지 못하기 때문에) 제약 조건 체크는 모든 특수화에서 반복돼야 한다.

기본 템플릿을 선언만 해도 특수화 정의가 가능하다.

```
template<typename T>
class List;                 // 정의가 아니다.
template<typename T>
class List<T*> {
    // ...
};
```

사용돼야 할 경우 기본 템플릿은 어딘가 다른 곳에서 정의돼야 한다(23.7절). 기본 템플릿이 한 번도 인스턴스화되지 않는다면 정의되지 않아도 된다. 이런 특성을 이용해서 대체 인자의 고정 집합만 받아들일 수 있는 템플릿을 정의할 수도 있다. 사용자가 템플릿을 특수화하면 특수화 대상이 되는 타입을 가진 템플릿의 모든 사용에 대해 해당 특수화가 유효 범위 내에 있어야 한다. 예를 들면 다음과 같다.

```
template<typename T>
class List {
    // ...
};
List<int*> li;
template<typename T>
class List<T*>{          // 오류: 특수화가 정의되기 전에 사용됐다.
    // ...
};
```

여기서는 List<int*>가 사용된 후에 List가 int*에 대해 특수화됐다.

주어진 템플릿 인자 집합에 대한 템플릿의 모든 사용은 반드시 동일한 특수화에 의해 구현돼야 한다. 그러지 않을 경우 타입 체계가 붕괴돼 템플릿을 똑같이 써도 다른 장소에서는 다른 결과가 나올지도 모르고, 프로그램의 서로 다른 장소에서 생성된 개체들이 서로 호환되지 않을지도 모른다. 분명히 이런 상황은 심각한 것이므로 프로그래머는 프로그램 전반적으로 명시적 특수화가 일관성을 갖도록 주의를 기울여야 한다. 원칙적으로는 구현에서 일관적이지 않은 특수화를 탐지할 수 있어야 하지만, 표준에서 그렇게 요구하지 않는 데다 실제로도 그렇지 않은 경우가 많다.

템플릿의 모든 특수화는 기본 템플릿과 동일한 네임스페이스 내에서 선언돼야 한다. 명시적으로 선언된 특수화가 사용된다면 (좀 더 범용적인 템플릿에서 생성된 경우와 달리) 역시 어딘가 다른 곳에서 명시적으로 정의돼 있어야 한다(23.7절). 바꿔 말하면 템플릿을 명시적으로 특수화한다는 것 해당 특수화에 대해 다른 정의가 생성되지 말아야 한다는 뜻이다.

25.3.3 특수화의 순서

한 특수화에서 자신의 특수화 패턴과 일치하는 모든 인자 리스트가 동시에 다른 특수화 패턴과 일치하지만 그 역이 성립되지 않는다면 한 특수화가 다른 것보다 좀 더 특수화된 것이라고 말할 수 있다. 예를 들면 다음과 같다.

```
template<typename T>
    class Vector;                // 범용적 - 기본 템플릿
template<typename T>
    class Vector<T*>;            // 포인터에 대해 특수화됐다.
template<>
    class Vector<void*>;         // void*에 대해 특수화됐다.
```

모든 타입이 가장 범용적인 Vector에 대해 템플릿 인자로 쓰일 수 있지만 Vector<T*>에 대해서는 오직 포인터만이 쓰일 수 있으며, Vector<void*>에 대해서는 오직 void*만이 쓰일 수 있다.

가장 특수화된 버전이 다른 버전에 비해 객체, 포인터 등의 선언에서 우선 선택될 것이다 (25.3절).

특수화 패턴은 템플릿 매개변수 추론에 허용된 구문 요소를 사용해서 구성되는 타입으로 지정될 수 있다(23.5.2절).

25.3.4 함수 템플릿 특수화

특수화는 템플릿 함수에도 유용하다(25.2.5.1절). 하지만 함수는 오버로딩이 가능하기 때문에 특수화가 눈에 덜 띄는 편이다. 더욱이 C++는 함수에 대해 완전한 특수화만 지원하므로 (iso.14.7절), 부분적 특수화를 할 만한 경우에 오버로딩을 사용한다.

25.3.4.1 특수화와 오버로딩

12.5절과 23.5절에서 등장한 셸 정렬을 살펴보자. 그 버전들은 <를 이용해서 원소를 비교하고 세부 코드를 통해 원소를 바꿔 친다. 좀 더 나은 정의는 다음과 같다.

```
template<typename T>
bool less(T a, T b)
{
    return a<b;
}

template<typename T>
void sort(Vector<T>& v)
{
    const size_t n = v.size();

    for (int gap=n/2; 0<gap; gap/=2)
        for (int i=gap; i!=n; ++i)
```

```
            for (int j=i-gap; 0<=j; j-=gap)
                if (less(v[j+gap],v[j]))
                    swap(v[j],v[j+gap]);
    }
```

이 방식이 알고리즘 자체를 개선시키는 것은 아니지만, 구현을 개선할 수 있게 해준다. 이제 **less**와 **swap**이란 이름을 가진 개체에 대해 좀 더 나은 버전을 제공할 수 있게 됐다. 이런 이름들은 종종 **맞춤화 포인트**^{customization point}라고 불린다.

<가 두 개의 **char***를 비교할 것이므로, 작성된 그대로 **sort()**는 **Vector<char*>**를 올바르게 정렬할 것이다. 즉, 각 문자열의 첫 번째 **char**의 주소를 비교할 것이다. 이 방법 대신 우리는 가리켜지는 문자들을 비교하게 만들고 싶다. **const char***에 대해 **less()**를 간단히 특수화하면 그렇게 할 수 있다.

```
template<>
bool less<const char*>(const char* a, const char* b)
{
    return strcmp(a,b)<0;
}
```

클래스에 대해서와 마찬가지로(25.3절) **template<>** 접두사는 이 구문이 템플릿 매개변수 없이 지정될 수 있는 특수화라는 점을 나타낸다. 템플릿 함수 이름 뒤에 붙은 **<const char*>** 는 템플릿 인자가 **const char***인 경우에 이 특수화가 사용될 것임을 의미한다. 템플릿 인자는 함수 인자 리스트로부터 추론될 수 있기 때문에 명시적으로 지정하지 않아도 된다. 그러므로 특수화 정의를 다음과 같이 단순화할 수 있다.

```
template<>
bool less<>(const char* a, const char* b)
{
    return strcmp(a,b)<0;
}
```

template<> 접두사가 붙으면 두 번째의 빈 **<>**는 군더더기가 되므로, 대개는 그냥 다음과 같이 작성하면 될 것이다.

```
template<>
bool less(const char* a, const char* b)
{
    return strcmp(a,b)<0;
}
```

나는 이런 간단한 형태의 선언을 선호한다. 아직도 한발 더 나갈 수 있다. 이번의 마지막 버전에서는 특수화와 오버로딩 사이의 구분이 아주 미세해져서 크게 보면 무의미할 정도라서 그냥 다음과 같이 작성할 수 있다.

```
bool less(const char* a, const char* b)
{
    return strcmp(a,b)<0;
}
```

이제 의미 구조적으로 정확한 수준까지 '특수화'된 **less()**가 만들어졌으니, **swap()**을 어떻게 할지 생각해볼 수 있게 됐다. 표준 라이브러리 **swap()**은 우리의 목적에 부합하며, 이미 효율적인 이동 연산을 가진 모든 타입에 대해 최적화돼 있다. 그러므로 비용이 많이 들지도 모르는 세 가지 복사 연산 대신 **swap()**를 사용한 결과 상당수의 인자 타입에 대해 성능을 개선한 셈이 된다.

특수화는 인자 타입의 비정규성으로 인해 범용적인 알고리즘이 원하지 않는 결과를 낳는 경우에(C 스타일 문자열에 대한 **less()**의 경우처럼) 편리하게 사용될 수 있다. 종종 기본 제공 포인터와 배열 타입이 이런 '비정규적 타입'이 되곤 한다.

25.3.4.2 오버로딩되지 않는 특수화

특수화는 오버로딩과 어떻게 다른가? 기술적 관점에서 보면 개별 함수는 오버로딩에 참여하는 반면 기본 템플릿은 특수화에 참여하는 점에서 다르다(25.3.1.1절). 하지만 나는 그런 측면이 실제적인 차이를 만들어 내는 예제를 보지 못했다.

함수 특수화에는 몇 가지 용도가 있다. 예를 들어 아무 인자도 받아들이지 않는 함수 중에서 선택하는 데 사용될 수 있다.

```
template<typename T> T max_value();

template<> constexpr int max_value<int>() { return INT_MAX; }
template<> constexpr char max_value<char>() { return CHAR_MAX; }
//...

template<typename Iter>
Iter my_algo(Iter p)
{
    auto x = max_value<Value_type<Iter>>();    // 특수화된 max_value()를 가진 타입에 통한다.
    // ...
}
```

Iter가 가리키는 객체의 타입을 얻기 위해 **Value_type<>** 타입 함수를 사용했다(24.4.2절).

오버로딩으로 대강 비슷한 결과를 얻으려면 더미(사용되지 않는) 인자를 전달해야 할 것이다. 예를 들면 다음과 같다.

```
int max2(int) { return INT_MAX; }
char max2(char) { return CHAR_MAX; }

template<typename Iter>
Iter my_algo2(Iter p)
{
    auto x = max2(Value_type<Iter>{});    // max2()를 오버로딩하는 타입에 통한다.
    // ...
}
```

25.4 조언

[1]   템플릿을 이용해서 타입 안전성을 개선한다(25.1절).

[2]   템플릿을 이용해서 코드의 추상화 수준을 향상시킨다(25.1절).

[3]   템플릿을 이용해서 타입과 알고리즘에 대한 융통성 있고 효율적인 매개변수화를 제공한다(25.1절).

[4]   값 템플릿 인자는 컴파일 타임 상수여야 한다는 점을 기억한다(25.2.2절).

[5]   타입과 알고리즘을 매개변수화하기 위해 함수 객체를 타입 인자로 '정책적으로' 사용한다(25.2.3절).

[6]   단순한 용도에 대해서는 기본 템플릿 인자를 이용해서 단순한 표기를 제공한다(25.2.5절).

[7]   비정규적 타입(배열 등의)에 대한 템플릿은 특수화한다(25.3절).

[8]   중요한 경우에는 최적화를 위해 템플릿을 특수화한다(25.3절).

[9]   특수화를 하기 전에 기본 템플릿을 정의한다(25.3.1.1절).

[10]   특수화는 모든 사용에 대해 유효 범위 내에 있어야 한다(25.3.1.1절).

26

인스턴스화

아무리 복잡한 문제라도 명확하고 간단한 답,
그리고 틀린 답이 있는 법이다

— H. L. 멘켄(H. L. Mencken)

- 개요
- **템플릿 인스턴스화** 인스턴스화는 언제 필요한가? 인스턴스화의 수동 제어
- **이름 바인딩** 의존적인 이름, 정의 시점 바인딩, 인스턴스화 시점 바인딩, 다중 시점 바인딩, 템플릿과 네임스페이스, 지나치게 공격적인 ADL, 기반 클래스의 이름
- 조언

26.1 개요

템플릿의 강력한 장점 중 하나는 코드 구성에 쓰일 수 있는 극도로 융통성 있는 메커니즘이라는 점이다. 인상적인 코드 품질을 달성하기 위해 컴파일러는 다음에서 산출되는 코드(정보)를 조합한다.

- 템플릿 정의와 그에 대한 어휘적 환경
- 템플릿 인자와 그에 대한 어휘적 환경
- 템플릿의 사용 환경

최종적인 성능은 컴파일러가 이런 맥락들을 전체적으로 고려하면서 코드를 살펴보고 이용 가능한 모든 정보를 활용하는 방식으로 코드를 함께 짜 맞출 수 있느냐에 달려 있다. 이 방식의 문제점은 템플릿 정의에 있는 코드가 우리가 원하는 만큼 지역화돼 있지 않다는 점이다(다른 모든 것이 똑같다고 가정하면). 때로는 템플릿 정의에 쓰이는 이름들이 무엇을 가리키는지 혼란스러울 수 있다.

- 해당 이름이 지역적인 이름인가?
- 해당 이름이 템플릿 인자와 연관돼 있는 이름인가?
- 해당 이름이 계층 구조 내의 기반 클래스에서 나온 이름인가?

- 해당 이름이 이름을 가진 네임스페이스에서 나온 이름인가?
- 해당 이름이 전역 이름인가?

26장에서는 **이름 바인딩**^{name binding}에 관련된 이러한 질문들을 논의하고 그런 질문들이 프로그래밍 스타일에 어떤 영향을 미치는지 살펴본다.

- 템플릿은 3.4.1절과 3.4.2절에서 소개했다.
- 23장에서는 템플릿과 템플릿 인자의 사용에 대해 자세히 소개한다.
- 24장에서는 일반화 프로그래밍과 콘셉트의 핵심 개념을 소개한다.
- 25장에서는 클래스 템플릿과 함수 템플릿의 세부 사항을 제시하고 특수화의 개념을 소개한다.
- 27장에서는 템플릿과 클래스 계층 구조(일반화 프로그래밍과 객체지향 프로그래밍을 지원하는) 사이의 관계를 알아본다.
- 28장에서는 클래스와 함수를 생성하기 위한 언어로서의 템플릿에 초점을 맞춘다.
- 29장에서는 언어 기능과 프로그래밍 기법이 조합돼 어떻게 사용되는지 보여주는 좀 더 대규모의 예제를 소개한다.

26.2 템플릿 인스턴스화

템플릿 정의와 해당 템플릿의 용도가 주어지면 정확한 코드를 생성하는 것은 구현의 몫이다. 클래스 템플릿과 템플릿 인자의 집합으로부터 컴파일러는 클래스의 정의와 프로그램 내에서 사용된 멤버 함수의 정의를 생성해야 한다(그리고 오직 그것들만을 생성해야 한다. 26.2.1절). 템플릿 함수와 템플릿 인자 집합으로부터 함수가 생성돼야 한다. 이런 과정을 보통 **템플릿 인스턴스화**^{template instantiation}라고 부른다.

생성된 클래스와 함수는 **특수화**^{specialization}라고 불린다. 생성된 특수화와 프로그래머에 의해 명시적으로 작성된 특수화(25.3절)를 구분해야 할 때는 각각 **생성된 특수화**^{generated specialization}와 **명시적 특수화**^{explicit specialization}라고 부른다. 명시적 특수화는 종종 **사용자 정의 특수화**^{user-defined specialization}, 또는 간단히 줄여서 **사용자 특수화**^{user specialization}라고 부른다.

본격적인 프로그램에서 템플릿을 사용하려면 프로그래머는 기본적으로 템플릿 정의에서 사용된 이름들이 선언에 어떻게 바인딩되는지, 그리고 소스코드가 어떻게 구성되는지에 대해 이해해야 한다(23.7절).

기본적으로 컴파일러는 이름 바인딩 규칙(26.3절)에 따라 사용되는 템플릿으로부터 클래스와 함수를 생성한다. 즉, 프로그래머가 어떤 템플릿의 어떤 버전이 생성돼야 하는지에 대해 명시적으로 기술하지 않아도 된다는 뜻이다. 이것이 중요한 이유는 프로그래머가 어떤 버전의 템플릿이 필요한지 정확히 알기 어렵기 때문이다. 종종 프로그래머가 들어본 적도 없는 템플릿이 구현 라이브러리에서 사용되고, 때로는 프로그래머가 알지도 못하는 템플릿이 알려지지 않은 템플릿 인자 타입과 함께 쓰이기도 한다. 예를 들어 표준 라이브러리 **map**(4.4.3절, 31.4.3절)은 가장 호기심 많은 사용자를 제외하고는 아무도 모르는 데이터 타입과 연산으로

레드 블랙 트리 템플릿의 관점에서 구현된다. 대개 필요한 함수의 생성된 집합은 애플리케이션 코드 라이브러리에서 사용된 템플릿을 재귀적으로 조사해야만 알아낼 수 있다. 그런 분석을 처리하는 데는 컴퓨터가 사람보다 훨씬 낫다.

반면 한 템플릿에서부터 코드가 어디에서 생성되는지에 대해 프로그래머가 구체적으로 기술할 수 있는지가 중요할 때가 있다(26.2.2절). 그렇게 하면 프로그래머는 인스턴스상황에 대해 상세한 제어를 할 수 있다.

26.2.1 인스턴스화는 언제 필요한가?

클래스 정의가 필요한 경우에만 클래스 템플릿의 특수화를 생성할 필요가 있다(iso.14.7.1절). 특히 어떤 클래스를 가리키는 포인터를 선언하는 경우에는 해당 클래스에 대한 실제 정의가 필요하지 않다. 예를 들면 다음과 같다.

```
class X;
X* p;    // OK: X의 정의가 불필요
X a;     // 오류: X의 정의가 필요
```

템플릿 클래스를 정의할 때는 이러한 구분이 결정적일 수 있다. 템플릿 클래스는 그것의 정의가 실제로 필요하지 않다면 인스턴스화되지 않는다. 예를 들면 다음과 같다.

```
template<typename T>
class Link {
    Link* suc;       // OK: Link의 정의가 필요하지 않다(아직까지는).
    // ...
};
Link<int>* pl;       // Link<int>의 인스턴스화가 필요하지 않다(아직까지는).
Link<int> lnk;       // 이제 Link<int>를 인스턴스화할 필요가 있다.
```

템플릿이 사용되는 장소에 의해 인스턴스화 시점이 정의된다(26.3.3절).

구현은 해당 함수가 사용된 경우에만 템플릿 함수를 인스턴스화한다. '사용'이란 '호출되거나 주소를 받았거나'의 의미다. 특히 클래스 템플릿의 인스턴스화는 그것에 속한 모든 멤버 함수의 인스턴스화를 의미하지 않는다. 이런 특성 덕분에 프로그래머는 템플릿 클래스를 정의할 때 중요한 수준의 융통성을 가질 수 있다. 다음 예를 살펴보자.

```
template<typename T>
class List {
    // ...
    void sort();
};
class Glob {
    // ... 비교 연산자가 없다...
};

void f(List<Glob>& lb, List<string>& ls)
{
    ls.sort();
```

```
    // ... lb에 대해서는 연산을 수행하지만 lb.sort()에 대해서는 수행하지 않는다...
}
```

여기에서 List<string>::sort()는 인스턴스화되지만, List<Glob>::sort()는 인스턴스화되지 않는다. 이는 생성되는 코드의 양을 줄여줄 뿐만 아니라 프로그램을 재설계해야 하는 수고를 덜어준다. List<Glob>::sort()가 생성됐다면 List::sort()에 필요한 연산을 Glob에 추가하든지, sort()를 재정의해서 List의 멤버에서 빼든지(어쨌든 가장 나은 설계), 아니면 Glob에 대해 뭔가 다른 컨테이너를 사용하든지 중의 하나를 해야 했을 것이다.

26.2.2 인스턴스화의 수동 제어

템플릿 인스턴스화를 달성하기 위해 언어 자체적으로는 명시적인 사용자 동작을 전혀 요구하지 않는다. 하지만 언어는 필요할 때 사용자가 주도권을 쥐는 데 도움이 될 만한 두 가지 메커니즘을 제공한다. 그런 필요성은 때때로 다음과 같은 목적 때문에 일어난다.

- 불필요하게 중복되는 인스턴스화를 제거함으로써 컴파일 및 링크 과정을 최적화하거나
- 복잡한 이름 바인딩 상황에서 일어날 수 있는 뜻밖의 문제를 제거하기 위해 어떤 인스턴스화 시점이 사용되는지 정확히 알아야 할 경우

명시적 인스턴스화 요청(흔히 간단히 명시적 인스턴스화라고 불리는)은 **template** 키워드가 접두사로 붙은 (<이 뒤따르지 않는) 특수화 선언이다.

```
template class vector<int>;               // 클래스
template int& vector<int>::operator[](int);  // 멤버 함수
template int convert<int,double>(double);    // 비멤버 함수
```

일반적인 **template**은 인스턴스화 요청으로 시작하는 반면, 템플릿 선언은 **template<**으로 시작한다. **template**이 완전한 선언문 앞에 붙는다는 데 유의한다. 이름으로 시작하는 것만으로는 충분하지 않다.

```
template vector<int>::operator[];         // 문법 오류
template convert<int,double>;             // 문법 오류
```

템플릿 함수 호출에서와 마찬가지로 함수 인자로부터 추론될 수 있는 템플릿 인자는 생략될 수 있다(23.5.1절). 예를 들면 다음과 같다.

```
template int convert<int,double>(double);  // OK(군더더기)
template int convert<int>(double);         // OK
```

클래스 템플릿이 명시적으로 인스턴스화될 때 모든 멤버 함수 역시 인스턴스화된다.

인스턴스화 요청이 링크 시간과 재컴파일 효율성에 미치는 영향은 상당할 수 있다. 나는 대부분의 템플릿 인스턴스화를 하나의 컴파일 단위 안에 묶어 넣어서 컴파일 시간을 수 시간에서 수 분으로 줄인 사례를 본 적도 있다.

동일한 특수화에 대해 두 가지 정의가 존재하는 것은 오류다. 그러한 다중 특수화가 사용

자에 의해 정의된 것인지(25.3절), 암시적으로 생성된 것인지(23.2.2절), 또는 명시적으로 요청된 것인지는 중요하지 않다. 하지만 컴파일러는 개별적인 컴파일 단위에서 다중 인스턴스화를 진단하지 않는다. 이는 영리한 구현에서 불필요하게 중복되는 인스턴스화를 무시하고 그렇게 함으로써 명시적 인스턴스화를 통해 라이브러리로부터 구성되는 프로그램과 관련된 문제들을 피할 수 있게 해준다. 하지만 구현이 영리해야 할 의무는 없다. '덜 영리한' 구현의 사용자는 다중 인스턴스화를 피해야 한다. 그렇게 하지 않을 경우 일어날 수 있는 최악의 상황은 프로그램이 링크되지 않는 것이다. 의미만 조용히 바뀌는 경우는 없다.

명시적 인스턴스화 요청을 보완하기 위해 C++는 인스턴스화되지 않는 명시적 요청(보통 extern template이라고 불린다)을 제공한다. 명백한 용도는 하나의 특수화에 대해서 하나의 명시적 인스턴스화를 만들고, 다른 해석 단위에서 그것을 쓰기 위해서 extern template을 사용하는 것이다. 이는 하나의 정의와 여러 개의 선언이라는 고전적인 사용법을 닮았다(15.2.3절). 예를 들면 다음과 같다.

```
#include "MyVector.h"
extern template class MyVector<int>;    // 암시적 인스턴스화를 억제한다.
                                        // 어딘가 다른 곳에서 명시적 인스턴스화한다.

void foo(MyVector<int>& v)
{
    // ... vector를 여기에서 사용한다...
}
```

'어딘가 다른 곳'은 다음과 같을 것이다.

```
#include "MyVector.h"
template class MyVector<int>; // 이 해석 단위에서의 인스턴스화 - 이 시점의 인스턴스화를 사용한다.
```

클래스의 모든 멤버에 대한 특수화를 생성하는 것 외에 명시적 인스턴스화는 인스턴스화의 다른 시점을 무시할 수 있게 인스턴스화의 단일 시점을 결정한다(26.3.3절). 이것의 한 가지 용도는 명시적 인스턴스화를 공유 라이브러리에 넣기 위한 것이다.

26.3 이름 바인딩

템플릿 함수는 비지역적 정보에 대한 의존성이 최소화되도록 정의해야 한다. 템플릿은 알려지지 않은 맥락에서 알려지지 않은 타입을 기반으로 함수와 클래스를 생성하는 데 사용될 것이기 때문이다. 미묘한 상황 의존성은 예외 없이 누군가에게 문제로 떠오를 수 있으며, 그런 누군가는 템플릿의 세부 사항을 알고 싶어 할 가능성이 높지 않다. 특히 템플릿 코드에서는 가급적 전역 이름을 피하는 보편적 규칙을 엄중하게 지켜야 한다. 따라서 템플릿 정의를 가급적 자기 완결적으로 만들려고 노력해야 하며, 다른 경우에는 전역적일 수도 있었던 많은 것들을 템플릿 인자의 형태(예를 들면 특성 정보 - 28.2.4절, 33.1.3절)로 제공하려고 노력해야 한다. 템플릿 인자에 대한 의존성을 문서화하기 위해 콘셉트를 사용하기 바란다(24.3절).

하지만 가장 깔끔하게 템플릿을 구성하기 위해 일부 비지역적 이름이 쓰이는 경우도 드물지는 않다. 특히 단 하나의 자기 완결적인 함수를 작성하는 경우보다는 상호 협력하는 템플릿 함수의 집합을 작성하는 경우가 좀 더 흔할 것이다. 때로는 그런 함수가 클래스 멤버일 수도 있지만, 항상 그렇지는 않다. 때로는 비지역적 함수가 최선의 선택일 수 있다. 그런 대표적인 예가 sort()의 swap()과 less() 호출이다(25.3.4절). 표준 라이브러리 알고리즘들은 대규모 스케일의 그런 사례다(32장). 뭔가가 비지역적일 필요가 있을 때는 전역 유효 범위보다 이름을 가진 네임스페이스를 선택하기 바란다. 그렇게 해야 약간이나마 지역성이 보존된다.

+, *, [], sort() 등의 관용적인 이름과, 의미 구조와 관련된 연산은 템플릿 정의에서 비지역적 이름이 자주 사용되는 또 다른 곳이다. 다음 예를 살펴보자.

```cpp
bool tracing;
template<typename T>
T sum(std::vector<T>& v)
{
    T t {};
    if (tracing)
        cerr << "sum(" << &v << ")\n";
    for (int i = 0; i!=v.size(); ++i)
        t = t + v[i];
    return t;
}
// ...
#include<quad.h>
void f(std::vector<Quad>& v)
{
    Quad c = sum(v);
}
```

아무런 문제가 없어 보이는 템플릿 함수 sum()은 tracing, cerr, + 연산자 같이 정의에서 명시적으로 지정되지 않은 여러 개의 이름에 의존한다. 이 예제에서 +는 <quad.h>에 정의돼 있다.

```cpp
Quad operator+(Quad,Quad);
```

중요한 사항은 sum()이 정의될 때 Quad와 관련된 것은 아무것도 유효 범위 내에 있지 않고, sum()의 작성자가 Quad 클래스에 대해 알고 있으리라고 가정할 수 없다는 것이다. 특히 +는 프로그램 텍스트 내에서 sum()보다 나중에 정의돼 있을 수 있으며, 시간적으로 훨씬 더 늦게 정의될 수도 있다는 점이다.

템플릿 내에서 명시적 또는 암시적으로 사용된 각각의 이름에 대한 선언을 찾는 과정은 이름 바인딩name binding이라고 일컬어진다. 템플릿 이름 바인딩과 관련된 일반적인 문제점은 템플릿 인스턴스화에는 세 가지 상황 정보가 관련되며, 그것들이 깔끔하게 분리될 수 없다는 점이다.

[1]   템플릿 정의의 상황 정보

[2]   인자 타입 선언의 상황 정보

[3]   템플릿 사용의 상황 정보

함수 템플릿을 정의할 때는 사용 시점 환경의 '우연적인 사항들'을 개입시키지 않고 실제 인자의 관점에서 타당한 템플릿 정의를 만들기에 충분한 상황 정보를 이용할 수 있도록 보장하고자 한다. 이에 보탬이 되기 위해 C++는 템플릿 정의에 쓰이는 이름들을 두 가지 카테고리로 분리한다.

[1]   의존적인 이름(dependent name) 템플릿 매개변수에 의존적인 이름. 이런 이름은 인스턴스화 시점에 바인딩된다(26.3.3절). sum() 예제에서 +의 정의는 템플릿 인자 타입의 피연산자를 받아들이기 때문에 인스턴스화 상황에서 찾을 수 있다.

[2]   의존적이지 않은 이름(nondependent name) 템플릿 매개변수에 의존하지 않는 이름. 이런 이름은 템플릿의 정의 시점에 바인딩된다(26.3.2절). sum() 예제에서 vector 템플릿은 표준 헤더 <vector>에서 정의되며, 불리언 tracing은 컴파일러가 sum()의 정의에 다다르게 될 때 유효 범위 내에 있다.

고려돼야 할 사항은 의존적인 이름과 의존적이지 않은 이름은 모두 사용 시점에 유효 범위 내에 있든지, 인자 의존적 탐색ADL(14.2.4절)에 의해 발견되든지 둘 중의 하나여야 한다는 것이다.

다음 소절에서는 의존적인 이름과 의존적이지 않은 이름이 템플릿 정의 내에서 특수화를 위해 어떻게 바인딩되는지에 대한 상당히 기술적인 세부 사항을 파헤쳐본다. 전체 세부 사항에 대해서는 iso.14.6절을 참고하기 바란다.

26.3.1 의존적인 이름

"N은 템플릿 매개변수 T에 의존한다"를 최대한 단순화하면 "N은 T의 멤버다"가 될 것이다. 안타깝지만 이것만으로는 충분하지 않다. Quad의 덧셈(26.3절)이 반대되는 예다.

결과적으로 다음 조건들 중 하나가 충족될 때만 함수 호출이 템플릿 인자에 의존한다고 일컬어진다.

[1]   실제 인자의 타입이 타입 추론 규칙(23.5.2절)에 따라 템플릿 매개변수 T에 의존한다. 예를 들어 f(T(1)), f(t), f(g(t)), f(&t)는 t가 T라고 가정한다.

[2]   호출된 함수는 타입 추론 규칙(23.5.2절)에 따라 T에 의존하는 매개변수를 가진다. 예를 들어 f(T), f(list<T>&), f(const T*)가 그렇다.

기본적으로 호출된 함수의 이름은 그것의 인자나 형식 매개변수를 살펴본 결과 명백히 의존적으로 보인다면 의존적이다. 예를 들면 다음과 같다.

```
template<typename T>
int f(T a)
{
    return g(a);       // OK: a는 의존적인 이름이므로 g도 그렇다.
}
```

```
class Quad { /* ... */ };
int g(Quad);

int z = f(Quad{2});          // f의 g는 g(Quad)에 바인딩된다.
```

우연의 일치로 실제 템플릿 매개변수 타입과 일치하는 인자를 갖게 되는 호출은 의존적이지 않다. 예를 들면 다음과 같다.

```
class Quad { /* ... */ };
template<typename T>
int ff(T a)
{
    return gg(Quad{1});          // 오류: gg()는 유효 범위 내에 있지 않고
                                 // gg(Quad{1})는 T에 의존하지 않는다.
}
int gg(Quad);

int zz = ff(Quad{2});
```

gg(Quad{1})이 의존적인 것으로 간주됐다면 그 의미는 템플릿 정의를 읽는 이에게 상당히 모호했을 것이다. 프로그래머가 gg(Quad)가 호출되기를 원한다면 ff()가 분석될 때 gg(Quad)가 유효 범위 내에 존재하도록 gg(Quad)의 선언이 ff()의 정의 앞에 놓여야 한다. 이는 비템플릿 함수 정의에 대한 것과 정확히 똑같은 규칙이다(26.3.2절).

기본 설정으로 의존적인 이름은 타입이 아닌 뭔가에 이름을 붙이는 것으로 가정된다. 그러므로 의존적인 이름을 타입으로 사용하려면 **typename** 키워드를 이용해서 그렇게 하겠다는 의사를 표시해야 한다. 예를 들면 다음과 같다.

```
template<typename Container>
void fct(Container& c)
{
    Container::value_type v1 = c[7];        // 문법 오류: value_type은 비타입 이름으로 가정된다.
    typename Container::value_type v2 = c[9];    // OK: value_type은 타입에 이름을 붙이는
                                                 // 것으로 가정된다.
    auto v3 = c[11];                             // OK: 컴파일러가 파악하게 놔둔다.
    // ...
}
```

타입 별칭(23.6절)을 도입하면 **typename**을 이렇게 어색하게 이용하는 상황을 피할 수 있다. 예를 들면 다음과 같다.

```
template<typename T>
using Value_type = typename T::value_type;

template<typename Container>
void fct2(Container& c)
{
    Value_type<Container> v1 = c[7];             // OK
    // ...
}
```

멤버 템플릿을 .(점), ->, :: 뒤에 이름을 붙이려면 **template** 키워드를 비슷하게 사용해야 한다. 예를 들면 다음과 같다.

```
class Pool { // 어떤 할당자
public:
    template<typename T> T* get();
    template<typename T> void release(T*);
    // ...
};

template<typename Alloc>
void f(Alloc& all)
{
    int* p1 = all.get<int>();              // 문법 오류: get은 비템플릿에 이름을 붙이는 것으로 가정된다.
    int* p2 = all.template get<int>();       // OK: get()은 템플릿으로 가정된다.
    // ...
}
void user(Pool& pool)
{
    f(pool);
    // ...
}
```

어떤 이름이 타입에 이름을 붙이는 것으로 가정된다고 명시적으로 기술하기 위해 **typename**을 사용하는 경우와 비교할 때 어떤 이름이 템플릿에 이름을 붙이는 것으로 가정된다고 명시적으로 기술하기 위해 **template**을 사용하는 경우는 드물다. 명시화를 위해 사용되는 키워드의 위치에 대한 차이점을 눈여겨보기 바란다. **typename**은 한정 이름 앞에 등장하고 **template**은 템플릿 이름 앞에 등장한다.

26.3.2 정의 시점 바인딩

컴파일러는 템플릿 정의를 발견하면 어떤 정의가 의존적인지를 판단한다(26.3.1절). 어떤 이름이 의존적이라면 해당 선언의 탐색은 인스턴스화 시점까지 미뤄진다(26.3.3절).

템플릿 인자에 의존하지 않는 이름은 템플릿에 존재하지 않는 이름과 똑같이 취급된다. 그것들은 정의 시점에 유효 범위 내에 있어야 한다(6.3.4절). 예를 들면 다음과 같다.

```
int x;

template<typename T>
T f(T a)
{
    ++x;          // OK: x는 유효 범위 내에 있다.
    ++y;          // 오류: y는 유효 범위 내에 있지 않으며, y는 T에 의존하지 않는다.
    return a;      // OK: a는 의존적이다.
}
int y;

int z = f(2);
```

선언이 발견된다면 나중에 '더 나은' 선언이 발견될지라도 해당 선언이 사용된다. 예를 들면 다음과 같다.

```
void g(double);
void g2(double);
```

```
template<typename T>
int ff(T a)
{
    g2(2);    // g2(double)을 호출한다.
    g3(2);    // 오류: g3()은 유효 범위 내에 있지 않다.
    g(a);     // g(double)을 호출한다. g(int)는 유효 범위 내에 있지 않다.
    // ...
}

void g(int);
void g3(int);

int x = ff(5);
```

ff(5)는 g(double)을 호출할 것이다. g(int)의 정의는 너무 늦게 등장해서 고려되지 않는다. 마치 ff()가 템플릿이 아니든지 또는 g가 변수에 이름을 붙인다든지 하는 상황과 똑같다.

26.3.3 인스턴스화 시점 바인딩

의존적인 이름의 의미를 결정하는 데 사용되는 상황 정보(26.3.1절)는 주어진 인자 집합을 가진 템플릿의 사용에 의해 결정된다. 이를 가리켜 해당 특수화에 대한 인스턴스화 시점이라고 말한다(iso.14.6.4.1절). 주어진 템플릿 인자 집합에 대한 템플릿 각각의 사용에 의해 인스턴스화 시점이 정의된다. 함수 템플릿의 경우에는 해당 시점이 함수 템플릿이 사용되는 부분을 둘러싼 가장 가까운 전역 또는 네임스페이스 유효 범위 내에서 그러한 사용 부분이 포함된 선언의 바로 뒤에 있다. 예를 들면 다음과 같다.

```
void g(int);

template<typename T>
void f(T a)
{
    g(a);     // g는 인스턴스화 시점에 바인딩된다.
}
void h(int i)
{
    extern void g(double);
    f(i);
}
// f<int>에 대한 인스턴스화 시점
```

f<int>에 대한 인스턴스화 시점은 h() 바깥에 있다. 이는 f()에서 호출되는 g()가 지역 g(double)이 아니라 전역 g(int)가 되도록 보장하기 위해 필수적이다. 템플릿 정의에 쓰이는 한정되지 않은 이름은 지역 이름에 절대로 바인딩될 수 없다. 성가신 수많은 매크로 유형의 동작을 방지하기 위해서 지역 이름은 반드시 무시해야 한다.

재귀적 호출을 가능하게 하기 위해 함수 템플릿에 대한 인스턴스화 시점은 함수 템플릿 인스턴스화 선언 이후에 등장해야 한다. 예를 들면 다음과 같다.

```
void g(int);
template<typename T>
```

```
void f(T a)
{
    g(a);                   // g는 인스턴스화 시점에 바인딩된다.
    if (a>1) h(T(a-1));     // h는 인스턴스화 시점에 바인딩된다.
}
enum Count { one=1, two, three };

void h(Count i)
{
    f(i);
}
// f<int>에 대한 인스턴스화 시점
```

여기서 인스턴스화 시점을 h() 정의 이후에 잡는 것은 (간접적으로 재귀적인) h(T(a-1)) 호출을 허용하기 위해 필요하다.

템플릿 클래스나 클래스 멤버에 대해서는 인스턴스화 시점이 그것의 사용 부분이 포함된 선언 바로 앞이어야 한다.

```
template<typename T>
class Container {
    vector<T> v;        // 원소들
public:
    void sort();        // 원소들을 정렬한다.
    // ...
};
// Container<int>의 인스턴스화 시점
void f()
{
    Container<int> c;  // 사용 시점
    c.sort();
}
```

인스턴스화 시점이 f() 이후였다면 c.sort()는 Container<int>의 정의를 찾는 데 실패했을 것이다.

의존성을 명시적으로 만들기 위해 템플릿 인자에 의존하는 것은 템플릿 코드에 대해 단순하게 생각할 수 있게 해주고, 심지어 지역 정보에까지 접근할 수 있게 해준다. 예를 들면 다음과 같다.

```
void fff()
{
    struct S { int a,b; };
    vector<S> vs;
    // ...
}
```

여기서 S는 지역 이름이지만, 그 이름을 vector의 정의에 묻어두지 않고 명시적 인자로 사용하는 관계로, 모호성이 생길 우려가 사라진다.

그렇다면 템플릿 정의에서 비지역적 이름을 아예 쓰지 않는 것은 어떨까? 그렇게 하면 이름 탐색에 관련된 기술적 문제들은 확실히 해결되겠지만, 통상적인 함수나 클래스 정의에서

처럼 코드 내에서 '다른 함수와 타입'을 자유롭게 쓰고 싶다는 것이 문제다. 모든 의존성을 일일이 인자로 바꾸다 보면 코드가 상당히 난잡해질 수 있다. 다음 예를 살펴보자.

```cpp
template<typename T>
void print_sorted(vector<T>& v)
{
    sort(v.begin(),v.end());
    for (const auto& x : v)
        cout << x << '\n';
}

void use(vector<string>& vec)
{
    // ...
    print_sorted(vec);      // std::sort를 이용해서 정렬한 다음, std::cout를 이용해서 출력한다.
}
```

여기서는 단 두 개의 비지역적 이름(sort와 out, 두 개 모두 표준 라이브러리에 포함)만을 사용하고 있다. 이 둘을 없애려면 매개변수를 추가해야 할 것이다.

```cpp
template<typename T, typename S>
void print_sorted(vector<T>& v, S sort, ostream& os)
{
    sort(v.begin(),v.end());
    for (const auto& x : v)
        os << x << '\n';
}

void fct(vector<string>& vec)
{
    // ...
    using Iter = decltype(vec.begin());   // vec의 반복자 타입
    print_sorted(vec,std::sort<Iter>,std::cout);
}
```

이처럼 사소한 경우에도 전역 이름 cout에 대한 의존성을 제거하면 상당한 이점이 있다. 하지만 일반적으로는 sort()에서 볼 수 있는 바와 같이 매개변수를 추가하면 코드가 훨씬 더 장황해지는 데 비해 반드시 코드가 이해하기에 쉬워지는 않는다.

또한 템플릿에 대한 이름 바인딩 규칙이 비템플릿 코드에 대한 규칙에 비해 근본적으로 훨씬 더 제한적일 경우라면 템플릿 코드를 작성하기 위해서 비템플릿 코드를 작성할 때와 완전히 다른 기술이 필요할 것이다. 템플릿 코드와 비템플릿 코드가 더 이상 간편하고 자유롭게 상호운용될 수 없을 것이다.

26.3.4 다중 인스턴스화 시점

템플릿 특수화는 다음과 같은 경우에 생성될 수 있다.

- 임의의 인스턴스화 시점(26.3.3절)
- 해석 단위 내에서 인스턴스화 시점에 이어지는 임의의 시점

● 또는 특수화 생성을 위해 특별히 만들어진 해석 단위 안에서

이들은 특수화 생성을 위해 구현에서 채택할 수 있는 3가지 뚜렷한 전략을 반영하는 것이다.

[1]   호출을 발견하는 최초 시점에 특수화를 생성한다.

[2]   해석 단위의 끝 부분에서 그에 필요한 모든 특수화를 생성한다.

[3]   프로그램의 모든 해석 단위를 발견하고 난 후 프로그램에 필요한 모든 특수화를 생성한다.

이 세 가지 전략은 모두 장단점을 갖고 있으며, 이 세 가지 전략을 조합하는 것도 가능하다. 따라서 동일한 템플릿 인자 집합으로 여러 번 사용되는 템플릿은 여러 번의 인스턴스화 시점을 갖게 된다. 인스턴스화 시점을 다르게 선택할 때 각각 다른 의미가 생성될 수 있다면 프로그램에 문제가 있는 것이다. 즉, 의존적이거나 의존적이지 않은 이름의 바인딩이 다를 수 있다면 프로그램에 문제가 있다는 뜻이다. 예를 들면 다음과 같다.

```cpp
void f(int);            // 여기서는 int를 처리한다.
namespace N {
    class X { };
    char g(X,int);
}
template<typename T>
char ff(T t, double d)
{
    f(d);               // f는 f(int)에 바인딩된다.
    return g(t,d);      // g는 g(X,int)에 바인딩될 수 있다.
}
auto x1 = ff(N::X{},1.1);  // ff<N::X,double> - g를 N::g(X,int)에 바인딩할 수 있으며
                           // 1.1이 1로 축소 변환된다.
namespace N {              // double을 처리하기 위해 N을 다시 연다.
    double g(X,double);
}
auto x2 = ff(N::X{},2.2);  // ff<N::X,double> - g를 N::g(X,double)에
                           // 바인딩할 수 있다. 최적의 일치
```

ff()의 경우에는 두 개의 인스턴스화 시점이 있다. 첫 번째 호출의 경우에는 x1의 인스턴스화 시점에 특수화를 생성해서 g(N::X,int)가 호출되게 할 수 있다. 아니면 기다렸다가 해석 단위가 끝날 때 특수화를 생성하고 g(N::X,double)이 호출되게 할 수도 있다. 결과적으로 ff(N::X{},1.1) 호출은 오류를 일으킨다.

두 개의 선언 사이에서 오버로딩 함수를 호출하는 건 부주의한 프로그래밍이다. 하지만 대규모 프로그램을 살펴보면서 프로그래머가 그것이 문제가 될 것이라고 의심하기는 어려울 것이다. 이런 특별한 경우에는 컴파일러가 모호성을 잡아낼 수 있을 것이다. 하지만 동일한 문제가 개별적인 해석 단위들에서 일어날 수 있으며, 그런 경우에 탐지는 더 어려워질 것이다 (컴파일러와 프로그래머 양쪽 모두). 구현에서는 이런 종류의 문제를 잡아낼 의무가 없다.

뜻밖의 이름 바인딩을 피하려면 템플릿에서 상황 의존성을 제한하려고 노력해야 한다.

26.3.5 템플릿과 네임스페이스

함수가 인자 중 하나와 동일한 네임스페이스에서 선언됐다면 함수가 호출될 때 그 선언이 유효 범위 내에 있지 않더라도 찾을 수 있다(14.2.4절). 이런 메커니즘은 템플릿 정의에서 호출되는 함수에게 중요하다. 인스턴스화 도중에 그런 메커니즘을 이용해서 의존적인 함수를 찾아야 하기 때문이다. 의존적인 이름의 바인딩은 다음을 살펴보고 처리할 수 있다 (iso.14.6.4.2절).

[1] 템플릿이 정의되는 시점에 유효 범위 내에 있는 이름

[2] 의존적 호출의 인자에 해당하는 네임스페이스 내에 있는 이름(14.2.4절)

예를 들면 다음과 같다.

```
namespace N {
    class A { /* ... */ };
    char f(A);
}

char f(int);

template<typename T>
char g(T t)
{
    return f(t);        // T가 무엇인가에 따라 f()를 선택한다.
}

char f(double);

char c1 = g(N::A());   // N::f(N::A)가 호출되게 한다.
char c2 = g(2);        // f(int)가 호출되게 한다.
char c3 = g(2.1);      // f(int)가 호출되게 한다. f(double)은 고려되지 않음
```

여기서 f(t)는 분명히 의존적이므로, 정의 시점에 f를 바인딩할 수는 없다. g<N::A>(N::A)에 대한 특수화를 생성하기 위해 구현은 네임스페이스 N에서 f()라는 이름의 함수를 탐색하고 N::f(N::A)를 찾는다.

f(int)는 템플릿 정의 시점에 유효 범위 내에 있기 때문에 발견된다. f(double)은 템플릿 정의 시점에 유효 범위 내에 있지 않기 때문에 발견되지 않으며(iso.14.6.4.1절), 인자 의존적인 탐색(14.2.4절)은 기본 제공 타입 인자만 받아들이는 전역 함수를 찾지 못한다. 잊어버리기 쉬운 사실이다.

26.3.6 지나치게 공격적인 ADL

인자 의존적 탐색(흔히 ADL이라고 불리는)은 장황함을 피하는 데 매우 유용하다(14.2.4절). 다음 예를 살펴보자.

```
#include <valarray>   // 유의: "using namespace std;"이 쓰이지 않음
valarray<double> fct(valarray<double> v1, valarray<double> v2, double d)
{
```

```
        return v1+d*v2;    // ADL 덕분에 OK
}
```

인자 의존적 탐색이 없었다면 **valarray**에 대한 덧셈 연산자 **+**를 찾지 못했을 것이다. 여기서는 컴파일러가 **+**에 대한 첫 번째 인자가 **std**에 정의돼 있는 **valarray**란 사실을 알아챈다. 따라서 **std**에 있는 **+**를 탐색해서 찾아낸다(<valarray>에서).

하지만 ADL은 제약 조건이 없는 템플릿과 조합될 경우 '지나치게 공격적'일 수 있다. 다음 예를 살펴보자.

```
#include<vector>
#include<algorithm>
// ...
namespace User {
    class Customer { /* ... */ };
    using Index = std::vector<Customer*>;
    void copy(const Index&, Index&, int deep);      // deep의 값에 따라 깊은 복사이거나 얕은 복사
    void algo(Index& x, Index& y)
    {
        // ...
        copy(x,y,false);          // 오류
    }
}
```

User 작성자의 의도가 **User::algo()**로 **User::copy()**를 호출하는 것이라는 추측은 타당해 보인다. 하지만 실제로는 그렇게 되지 않는다. 컴파일러는 **Index**가 실제로 **std**에서 정의된 **vector**란 것을 알아채고 **std**에서 이용 가능한 관련된 함수가 있는지 찾아본다. <algorithm>에서 컴파일러는 다음을 찾는다.

```
template<typename In, typename Out>
Out copy(In,In,Out);
```

분명 범용적인 이 템플릿은 **copy(x,y,false)**에 완벽히 맞는 짝이다. 반면 **User**에 있는 **copy()**는 **bool**에서 **int**로의 변환으로만 호출될 수 있다. 이 예제의 경우 비슷한 예제에 대한 경우와 마찬가지로 컴파일러의 해결책은 대부분의 프로그래머가 예상하기 어려운 것이며, 매우 모호한 버그의 원천이 될 수 있다. 완벽하게 범용적인 템플릿을 찾기 위해 ADL을 이용하는 것은 언어 설계 오류로 봐도 무방하다. 어쨌든 **std::copy()**는 반복자의 쌍을 요구한다(두 개의 **Index**처럼 동일한 타입의 두 인자만이 아니라). 표준에는 그렇게 돼 있지만, 코드는 그렇게 돼 있지 않다. 콘셉트(24.3절, 24.3.2절)를 이용하면 이러한 많은 문제를 해결할 수 있다. 예를 들어 **std::copy()**가 두 개의 반복자를 요구한다는 사실을 컴파일러가 알았더라면 명백한 오류가 결과로 나왔을 것이다.

```
template<typename In, typename Out>
Out copy(In p1, In p2, Out q)
{
    static_assert(Input_iterator<In>(), "copy(): In is not an input iterator");
    static_assert(Output_iterator<Out>(), "copy(): Out is not an output iterator");
```

```
    static_assert(Assignable<Value_type<Out>,Value_type<In>>(), "copy(): value type mismatch");
    // ...
}
```

훨씬 좋은 점은 컴파일러가 해당 호출에 대해 std::copy()가 유효한 후보조차 되지 못한다는 점을 알아채고 User::copy()가 호출됐을 것이라는 점이다. 예를 들면 다음과 같다(28.4절).

```
template<typename In, typename Out,
        typename = Enable_if<Input_iterator<In>()
                            && Output_iterator<Out>()
                            && Assignable<Value_type<Out>,Value_type<In>>()>>
Out copy(In p1, In p2, Out q)
{
    // ...
}
```

안타깝게도 이러한 많은 템플릿은 라이브러리에 있는 관계로, 사용자가 수정할 수 없다 (예를 들면 표준 라이브러리).

타입 정의까지 포함돼 있는 헤더에는 완벽하게 범용적인 함수 템플릿을 넣지 않는 편이 좋은 생각이겠지만, 그렇게 하기는 쉽지 않다. 하나를 꼭 넣어야 한다면 그것을 제약 조건 체크로 보호하는 방식이 바람직하다.

라이브러리에 문제를 유발하는 제약 조건 없는 템플릿이 있을 경우 사용자가 할 수 있는 일은 무엇인가? 대다수의 경우 함수가 어느 네임스페이스에 속하는지 알고 있으므로, 그 부분을 구체적으로 지정할 수 있다. 예를 들면 다음과 같다.

```
void User::algo(Index& x, Index& y)
{
    User::copy(x,y,false);      // OK
    // ...
    std::swap(*x[i],*x[j]);     // OK: 오직 std::swap만이 고려된다.
}
```

사용할 네임스페이스를 구체적으로 지정하고 싶지는 않지만, 함수 오버로딩에서 함수의 특정 버전이 고려되도록 보장하고 싶다면 using 선언을 사용할 수 있다(14.2.2절). 예를 들면 다음과 같다.

```
template<typename Range, typename Op>
void apply(const Range& r, Op f)
{
    using std::begin;
    using std::end;
    for (auto& x : r)
        f(x);
}
```

이제 표준 begin()과 end()는 Range를 순회 탐색하는 범위 기반 for에 의해 사용되는 오버로딩 집합 내에 있다(Range가 begin()과 end() 멤버를 갖고 있지 않다면, 9.5.1절).

26.3.7 기반 클래스의 이름

클래스 템플릿이 기반 클래스를 갖는 경우 해당 기반 클래스의 이름에 접근할 수 있다. 다른 이름에 대해서와 마찬가지로 구별되는 두 가지 가능성이 있다.

- 기반 클래스는 템플릿 인자에 의존적이다.
- 기반 클래스는 템플릿 인자에 의존적이지 않다.

후자의 경우는 간단하며 템플릿이 아닌 클래스에 대한 기반 클래스와 똑같이 처리하면 된다. 예를 들면 다음과 같다.

```
void g(int);

struct B {
    void g(char);
    void h(char);
};

template<typename T>
class X : public B {
public:
    void h(int);
    void f()
    {
        g(2);           // B::g(char)를 호출한다.
        h(2);           // X::h(int)를 호출한다.
    }
    // ...
};
```

늘 그렇듯이 지역 이름은 다른 이름을 가리게 되므로, h(2)는 X::h(int)에 바인딩되며, B::h(char)는 전혀 고려되지 않는다. 마찬가지로 g(2)는 B::g(char)에 바인딩되며 X 바깥에서 선언된 함수는 전혀 신경 쓸 필요가 없다. 즉, 전역 g()는 전혀 고려되지 않는 것이다.

템플릿 인자에 의존하는 기반 클래스의 경우에는 좀 더 주의를 기울여야 하며, 뭘 원하는지 좀 더 명시적이어야 한다. 다음 예를 살펴보자.

```
void g(int);
struct B {
    void g(char);
    void h(char);
};

template<typename T>
class X : public T {
public:
    void f()
    {
        g(2);           // ::g(int)를 호출한다.
    }
    // ...
};
```

```
void h(X<B> x)
{
    x.f();
}
```

g(2)는 왜 B::g(char)를 호출하지 않을까(이전 예제에서처럼)? g(2)가 템플릿 인자 T에 의존적이지 않기 때문이다. 따라서 g(2)는 정의 시점에 바인딩된다. 템플릿 인자 T(기반 클래스로 쓰이게 된)의 이름은 (아직) 알려져 있지 않기 때문에 고려되지 않는다. 의존적인 클래스의 이름이 고려되도록 하고 싶다면 의존성을 명확히 해야 한다. 그렇게 하는 방법에는 세 가지가 있다.

- 의존적 타입으로 이름을 한정한다(예를 들면 T::g).
- 이름이 이 클래스의 객체를 참조한다고 명시한다(예를 들면 this->g).
- using 선언으로 이름을 유효 범위 내로 가져온다(예를 들면 using T::g).

예를 들면 다음과 같다.

```
void g(int);
void g2(int);
struct B {
    using Type = int;
    void g(char);
    void g2(char);
};
template<typename T>
class X : public T {
public:
    typename T::Type m;         // OK
    Type m2;                     // 오류(유효 범위 내에 Scope가 없다)
    using T::g2();               // T::g2()를 유효 범위 내로 가져온다.
    void f()
    {
        this->g(2);             // T::g를 호출한다.
        g(2);                   // ::g(int)를 호출한다. 뜻밖인가?
        g2(2);                  // T::g2를 호출한다.
    }
    // ...
};
void h(X<B> x)
{
    x.f();
}
```

인스턴스 시점이 돼야만 매개변수 T에 쓰인 인자(여기서는 B)가 필요한 이름을 갖고 있는지 알 수 있다.

기반 클래스의 이름을 한정하는 것은 잊기 쉬운 데다 한정된 코드는 종종 약간 장황하고 복잡해 보인다. 하지만 그 외의 대안은 템플릿 인자에 따라 템플릿 클래스의 이름이 어떤 때는 기반 클래스 멤버에 바인딩되고 어떤 때는 전역 개체에 바인딩되는 방법뿐이다. 이런 방식 역시 이상적이지 않다. 언어 규칙은 템플릿 정의가 가급적 자기 완결적이어야 한다는 경험 법칙을 지지한다(26.3절).

의존적인 템플릿 기반 클래스 멤버에 대한 접근을 한정하는 것은 귀찮은 일이다. 하지만 명시적 한정은 유지 보수 프로그래머에게도 도움이 되는 일이니 최초 작성자는 타이핑을 좀 더 한다고 해서 지나치게 불평하지 말기 바란다. 이런 문제는 전체 클래스 계층 구조를 템플릿 화할 때 흔히 일어난다. 예를 들면 다음과 같다.

```
template<typename T>
class Matrix_base {          // 행렬에 필요한 메모리, 모든 원소의 연산
    // ...
    int size() const { return sz; }
protected:
    int sz;          // 원소의 개수
    T* elem;          // 행렬 원소
};
template<typename T, int N>
class Matrix : public Matrix_base<T> {          // N차원 행렬
    // ...
    T* data()          // 원소 저장 공간을 가리키는 포인터를 반환한다.
    {
        return this->elem;
    }
};
```

여기서는 this-> 한정이 필수적이다.

26.4 조언

[1]   필요한 대로 컴파일러/구현이 특수화를 생성하게 한다(26.2.1절).

[2]   인스턴스화 환경에 대한 정확한 제어가 필요하다면 명시적으로 인스턴스화한다(26.2.2절).

[3]   특수화 생성에 필요한 시간을 최적화하려면 명시적으로 인스턴스화한다(26.2.2절).

[4]   템플릿 정의에서 미묘한 상황 의존성은 피한다(26.3절).

[5]   이름은 템플릿 정의에서 사용될 때 유효 범위 내에 있거나 인자 의존적 타입[ADL]을 통해 발견될 수 있어야 한다(26.3절, 26.3.5절).

[6]   인스턴스화 시점 사이에 바인딩 맥락이 변경되지 않게 유지한다(26.3.4절).

[7]   ADL에 의해 발견될 수 있는 완벽하게 범용적인 템플릿은 피한다(26.3.6절).

[8]   부적절한 템플릿 사용을 피하기 위해 콘셉트 또는 static_assert를 사용한다(26.3.6절).

[9]   using 선언을 이용해서 ADL의 범위를 제한한다(26.3.6절).

[10]   템플릿 기반 클래스의 이름은 ->나 T:: 중 적절한 것으로 한정한다(26.3.7절).

$$27$$

템플릿과 계층 구조

유클리드의 5공리와 베토벤의 5번 교향곡,
둘 중 하나만 알아도 어느 정도 배운 티를 낼 수 있지

– 스탠 캘리 보틀(Stan Kelley-Bootle)

- 개요
- 매개변수화와 계층 구조   생성된 타입, 템플릿 변환
- 클래스 템플릿의 계층 구조   인터페이스로서의 템플릿
- 기반 클래스로서의 템플릿 매개변수   데이터 구조 구성, 클래스 계층 구조의 선형화
- 조언

27.1 개요

템플릿과 파생은 기존 타입을 기반으로 새로운 타입을 만들고, 인터페이스를 지정하며, 포괄적인 표현으로는 다양한 형태의 공통성을 활용하는 유용한 코드를 작성하기 위한 메커니즘이다.

- 템플릿 클래스는 인터페이스를 정의한다. 그런 인터페이스를 통해 템플릿 자체의 구현과 템플릿 특수화의 구현에 접근할 수 있다. (템플릿 정의에서) 템플릿을 구현하는 소스코드는 모든 매개변수 타입에 대해 동일하다. 서로 다른 특수화의 구현은 상당히 다를 수 있지만, 그것들은 모두 기본 템플릿에 대해 지정된 의미 구조를 구현해야 한다. 특수화는 기본 템플릿이 제공하는 것에 기능을 추가할 수 있다.

- 기반 클래스는 인터페이스를 정의한다. 그런 인터페이스를 통해 클래스 자체의 구현과 파생 클래스 구현에 (가상 함수를 이용해서) 접근할 수 있다. 서로 다른 파생 클래스의 구현은 상당히 다를 수 있지만, 그것들은 모두 기반 클래스에 대해 지정된 의미 구조를 구현해야 한다. 파생 클래스는 기반 클래스가 제공하는 것에 기능을 추가할 수 있다.

  설계적 관점에서 보면 두 가지 접근법은 공통된 이름을 가져도 될 만큼 비슷하다. 두 가지 모두 알고리즘이 한 번만 표현되면 다양한 타입에 적용될 수 있는데, 사람들은 이를 두고 두 가지 모두 **다형적**polymorphic(그리스어로 '많은 모양'이라는 뜻)이라고 일컫는다. 이 둘을 구분하기 위

해 가상 함수가 제공하는 것은 런타임 다형성run-time polymorphism이라고 부르고, 템플릿이 제공하는 것은 컴파일 타임 다형성compile-time polymorphism 또는 매개변수식 다형성parametric polymorphism이라고 부른다.

일반화 접근법과 객체지향 접근법의 비슷한 이중성 때문에 혼동이 일어날 수 있다. 객체지향 프로그래머들은 인터페이스를 개별적인 클래스로 유지하면서 클래스(타입) 계층 구조의 설계에 초점을 맞추는 편이다(21장). 일반화 프로그래머들은 템플릿 인자에 대한 콘셉트가 많은 타입을 수용하는 인터페이스를 제공하게 하고 알고리즘의 설계에 초점을 맞추는 편이다(24장). 프로그래머에게 이상적인 목표라면 두 가지 중 가장 적합한 쪽을 자유자재로 활용할 수 있는 수준까지 두 가지 기법에 모두 숙달되는 것이다. 많은 경우 최적의 설계에는 두 가지 요소가 모두 포함된다. 예를 들어 vector<Shape*>는 컴파일 타임 다형적인(일반화) 컨테이너로서 런타임 다형적(객체지향적) 계층 구조에서 나온 원소를 보관한다(3.2.4절).

일반적으로 좋은 객체지향 프로그래밍에는 좋은 일반화 프로그래밍에 비해 더 많은 통찰력이 요구된다. 계층 구조 내의 모든 타입이 기반 클래스로 정의된 인터페이스를 명시적으로 공유해야 하기 때문이다. 템플릿은 인자들 사이에 명시적으로 선언된 공통성이 없다고 할지라도 인자로서 콘셉트를 충족하기만 한다면 어떤 타입이라도 받아들일 것이다. 예를 들어 accumulate()(3.4.2절, 24.2절, 40.6.1절)는 두 원소 타입 사이에 선언된 관계가 없고 두 시퀀스 타입 사이에 선언된 관계가 없다고 하더라도 int로 이뤄진 vector와 complex<double>로 이뤄진 list를 받아들일 것이다.

27.2 매개변수화와 계층 구조

4.4.1절과 27.2.2절에서 살펴본 대로 템플릿과 클래스 계층 구조의 조합은 유용한 수많은 기법의 토대가 된다. 그렇다면 다음과 같은 질문을 던져보자.

• 언제 클래스 템플릿을 사용할지 선택해야 하는가?
• 언제 클래스 계층 구조에 의존해야 하는가?

이런 질문을 약간 단순화되고 추상적인 관점에서 살펴보자.

```
template<typename X>
class Ct {              // 매개변수의 관점에서 표현된 인터페이스
    X mem;
public:
    X f();
    int g();
    void h(X);
};

template<>
class Ct<A> {           // 특수화(A에 대한)
    A* mem;             // 표현은 기본 템플릿에 대한 것과는 다를 수 있다.
public:
    A f();
```

```
    int g();
    void h(A);
    void k(int);        // 추가된 기능
};

Ct<A> cta;              // A에 대한 특수화
Ct<B> ctb;              // B에 대한 특수화
```

이 코드가 주어지면 각각 **Ct\<A>**와 **Ct\<B>**를 이용해서 변수 **cta**와 **ctb**에 대해 **f()**, **g()**, **h()**를 사용할 수 있다. 나는 구현이 기본 템플릿이 제공하는 것과 다를 수 있다는 점과 기능 추가가 가능하다는 점을 보여주기 위해 명시적 특수화(23.5.3.4절)를 사용했다. 추가된 기능이 없는 좀 더 간단한 경우가 훨씬 더 일반적이다.

계층 구조를 사용해서 대략적으로 비슷하게 만들면 다음과 같다.

```
class X {
    // ...
};

class Cx {              // 유효 범위 내에 있는 타입의 관점에서 표현된 인터페이스
    X mem;
public:
    virtual X& f();
    virtual int g();
    virtual void h(X&);
};

class DA : public Cx {  // 파생 클래스
public:
    X& f();
    int g();
    void h(X&);
};

class DB : public Cx {  // 파생 클래스
    DB*p;               // 표현은 기반 클래스가 제공하는 것보다 좀 광범위할 수 있다.
public:
    X& f();
    int g();
    void h(X&);
    void k(int);        // 추가된 기능
};

Cx& cxa {*new DA};      // cxa는 DA에 대한 인터페이스
Cx& cxb {*new DB};      // cxb는 DB에 대한 인터페이스
```

이 코드가 주어지면 각각 **DA**와 **DB**의 구현을 이용해서 변수 **cxa**와 **cxb**에 대해 **f()**, **g()**, **h()**를 사용할 수 있다. 런타임 다형적 동작을 보존하기 위해 포인터나 참조자를 통해 파생 클래스 객체를 조작해야 한다는 점을 반영하기 위해 계층 구조 버전에 있는 참조자들을 사용한다.

어느 경우든 연산의 공통집합을 공유하는 객체를 조작한다. 이렇게 단순화되고 추상적인 관점에서 보면 다음과 같은 사실들이 관찰된다.

- 생성되거나 파생된 클래스에 대한 인터페이스에 있는 타입이 달라야 한다면 템플릿이 유리하다. 기반 클래스를 통해 파생 클래스에 대한 서로 다른 인터페이스에 접근하려면 어떤

형식의 명시적 캐스트를 사용해야 한다(22.2절).

- 생성되거나 파생된 클래스의 구현이 매개변수를 통해서만 다르거나 일부 특수한 경우에만 다르다면 템플릿이 유리하다. 비정규적인 구현은 파생 클래스나 특수화를 통해 표현될 수 있다.
- 사용되는 객체의 실제 타입이 컴파일 타임에 알려져 있지 않다면 클래스 계층 구조가 필수적이다.
- 생성되거나 파생된 타입 사이에 계층 구조 관계가 필요하다면 계층 구조가 유리하다. 기반 클래스는 공통 인터페이스를 제공한다. 템플릿 특수화 사이의 변환은 프로그래머에 의해 명시적으로 정의돼야 한다(27.2.2절).
- 연산의 인라인화가 필수적일 정도로 런타임 효율성이 중요하다면 템플릿이 사용돼야 한다 (계층 구조를 효과적인 사용하려면 포인터나 참조자가 필요한데, 이것들은 인라인화를 막는다).

기반 클래스를 최소화하고 타입 안전적으로 유지하는 일은 어려울 수 있다. 파생 클래스에 대해 변경의 여지가 없는 기존 타입의 관점에서 인터페이스를 표현하는 일은 어려울 수 있다. 종종 타협적인 결과가 나오는데, 기반 클래스 인터페이스를 지나치게 제약하든지(예를 들어 '항상' 모든 파생 클래스에서 구현돼야 하는 '풍부한 인터페이스'를 갖춘 클래스 X를 선택한다) 아니면 부족하게 제약하곤 한다(예를 들어 `void*`나 최소한의 `Object*`를 사용한다).

템플릿과 클래스 계층 구조의 조합은 어느 한쪽 자체만으로는 제공하기 어려운 수준의 설계상 선택과 융통성을 제공한다. 예를 들어 기반 클래스를 가리키는 포인터는 런타임 다형성(3.2.4절)을 제공하기 위해 템플릿 인자로 사용될 수 있고, 템플릿 인자는 타입 안전성(26.3.7절, 27.3.1절)을 제공하기 위해 기반 클래스 인터페이스를 지정하는 데 사용될 수 있다.

`virtual` 함수 템플릿을 갖는 것은 불가능하다(23.4.6.2절).

27.2.1 생성된 타입

클래스 템플릿을 특정 타입이 어떻게 생성돼야 하는지에 대한 명세로 이해하는 편이 유용할 때가 있다. 바꿔 말하면 템플릿 구현이란 필요에 의해 어떤 사양을 근거로 타입을 생성하는 메커니즘의 일종이다. 따라서 클래스 템플릿은 경우에 따라 **타입 생성기**$^{type\ generator}$라고도 불린다.

C++ 언어 규칙에 관한 한 하나의 단독 클래스 템플릿에서 생성되는 두 클래스 사이에는 아무런 관계가 없다. 다음 예를 살펴보자.

```
class Shape {
    // ...
};
class Circle : public Shape {
    // ...
};
```

이런 선언이 주어질 경우 사람들은 **set<Circle>**과 **set<Shape>** 사이에 상속 관계가 있든지 아니면 최소한 set<Circle*>과 set<Shape*> 사이에 상속 관계가 있을 것이라고 생각한다. 이런 관점은 "Circle은 Shape이므로 Circle의 집합 역시 Shape의 집합이다. 그러므로 Circle의 집합을 Shape의 집합으로 사용할 수 있을 것이다"라는 잘못된 논점에 기반을 둔 심각한 논리적인 오류다. 이 논점의 '그러므로' 부분은 유효하지 않다. Circle의 집합은 집합의 멤버가 Circle이라는 점을 보장하지만 Shape의 집합은 그런 보장을 제공하지 않기 때문이다. 다음 예를 살펴보자.

```
class Triangle : public Shape {
    // ...
};
void f(set<Shape*>& s)
{
    // ...
    s.insert(new Triangle{p1,p2,p3});
}
void g(set<Circle*>& s)
{
    f(s); // 오류, 타입 불일치 - s는 set<Circle*>이지, set<Shape*>는 아니다.
}
```

set<Circle*>&에서 set<Shape*>&로의 기본 제공 변환이 제공되지 않으므로 이 코드는 컴파일되지 않을 것이다. 또한 그래서도 안 된다. set<Circle*>의 멤버가 Circle이라는 보장 덕택에 반지름 계산 같은 Circle 특유의 연산을 해당 집합의 멤버에 안전하고 효율적으로 적용할 수 있다. set<Circle*>이 set<Shape*>로 취급되게 허용한다면 그런 보장을 유지할 수 없을 것이다. 예를 들어 f()는 Triangle*를 set<Circle*> 인자에 삽입한다. set<Shape*>가 set<Circle*>가 될 수 있다면 set<Circle*>에는 Circle*만이 포함된다는 기본적인 보장이 훼손될 것이다.

논리상으로는 불변적인 set<Circle*>를 불변적인 set<Shape*>로 취급할 수도 있다. 집합 자체를 변경할 수 없는 경우에는 부적절한 원소를 집합에 집어넣는 문제가 일어날 수 없기 때문이다. 즉, const set<const Circle*>에서 const set<const Shape*>로의 변환은 제공 가능하다는 뜻이다. C++에서 기본 설정으로 이런 변환을 제공하지는 않지만, set의 설계자는 그렇게 할 수도 있다.

배열과 기반 클래스의 조합은 특히 골치 아플 수 있다. 기본 제공 배열이 컨테이너에서 제공되는 타입 안전성을 제공하지 않기 때문이다. 다음 예를 살펴보자.

```
void maul(Shape* p, int n)      // 위험!
{
    for (int i=0; i!=n; ++i)
        p[i].draw();            // 별 문제가 없어 보이지만, 그렇지 않다.
}
void user()
{
    Circle image[10];           // image는 10개의 Circle로 구성된다.
    // ...
```

```
    maul(image,10);              // "maul" 10개 Circle
    // ...
}
```

image로 maul()을 어떻게 호출해야 할까? 우선 image의 타입이 Circle[]에서 Circle*로 변환(퇴화^{decay})된다. 다음으로 Circle*가 Shape*로 변환된다. 배열 이름에서 배열의 첫 번째 원소를 가리키는 포인터로의 암시적 변환은 C 스타일 프로그래밍에서 기본적인 것이다. 마찬가지로 파생 클래스를 가리키는 포인터에서 그것의 기반 클래스를 가리키는 포인터로의 암시적 변환은 객체지향 프로그래밍에서 기본적인 것이다. 둘이 조합되면 심각한 문제를 일으킬 수 있는 엄청난 가능성이 생겨난다.

위의 예제에서는 Shape가 4의 크기를 갖는 추상 클래스이고, Circle에는 중심과 반지름이 추가된다고 가정한다. 그러면 sizeof(Circle)>sizeof(Shape)이고 image의 배치 구조를 살펴보면 다음 사항을 파악할 수 있다.

user() 관점:	image[0]				image[1]	image[2]	image[3]
maul() 관점:	p[0]	p[1]	p[2]	p[3]			

maul이 p[1]에 대해 가상 함수를 호출하려고 시도해도, 가상 함수 포인터가 예상되는 곳에 없기 때문에 호출은 곧바로 실패할 것이다.

명시적 캐스트 없이도 이런 심각한 문제가 일어났다는 점에 유의해야 한다.

• 가급적 기본 제공 배열보다는 컨테이너를 선택해야 한다.
• void f(T* p, int count) 같은 인터페이스는 상당한 의심을 품고 살펴봐야 한다. T가 기반 클래스가 될 수 있고 count가 원소 카운트일 때 문제가 벌어진다.
• 명확히 참조자에 적용되는 것이 아니라면 런타임 다형적이어야 할 뭔가에 .(점)을 적용할 때는 의심을 품고 살펴봐야 한다.

27.2.2 템플릿 변환

동일한 템플릿에서 생성된 클래스들 사이에는 어떠한 기본적인 관계도 존재하지 않는다(27.2.1절). 하지만 어떤 템플릿에 대해서는 그런 관계를 표현하고 싶을 수 있다. 예를 들어 포인터 템플릿을 구현할 때 가리켜지는 객체 사이의 상속 관계를 반영하고 싶을 수 있다. 멤버 템플릿(23.4.6절)을 이용하면 필요한 경우에 그런 관계를 상당수 지정할 수 있다. 다음 예를 살펴보자.

```
template<typename T>
class Ptr {          // T를 가리키는 포인터
    T* p;
public:
    Ptr(T*);
    Ptr(const Ptr&);                    // 복사 생성자
    template<typename T2>
```

```
        explicit operator Ptr<T2>();      // Ptr<T>를 Ptr<T2>로 변환한다.
    // ...
};
```

기본 제공 포인터에서 익숙해져 있는 상속 관계를 이러한 사용자 정의 **Ptr**에 대해 제공할 수 있도록 변환 연산자를 정의하려고 한다. 예를 들면 다음과 같다.

```
void f(Ptr<Circle> pc)
{
    Ptr<Shape> ps {pc};               // 작동할 것이다.
    Ptr<Circle> pc2 {ps};             // 오류를 일으킬 것이다.
}
```

Shape가 실제로 **Circle**의 직접적 또는 간접적 공용 기반 클래스인 경우에만 첫 번째 초기화를 허용하고자 한다. 일반적으로는 **T***가 **T2***에 대입될 수 있는 경우에만 **Ptr<T>**에서 **Ptr<T2>**로의 변환이 받아들여지게 변환 연산자를 정의해야 한다. 그것은 다음과 같이 처리될 수 있다.

```
template<typename T>
    template<typename T2>
        Ptr<T>::operator Ptr<T2>()
        {
            return Ptr<T2>{p};
        }
```

return문은 P(**T***인가) **Ptr<T2>(T2*)** 생성자에 대한 인자가 될 수 있는 경우에만 컴파일될 것이다. 따라서 **T***가 **T2***로 암시적으로 변환될 수 있다면 **Ptr<T>**에서 **Ptr<T2>**로의 변환은 작동할 것이다. 예를 들어 이제 다음과 같이 작성할 수 있다.

```
void f(Ptr<Circle> pc)
{
    Ptr<Shape> ps {pc};               // OK: Circle*에서 Shape*로 변환할 수 있다.
    Ptr<Circle> pc2 {ps};             // 오류: Shape*에서 Circle*로 변환할 수 없다.
}
```

논리적으로 의미 있는 변환만을 정의하도록 주의를 기울이기 바란다. 의심스럽다면 변환 연산자보다는 이름을 가진 변환 함수를 사용하기 바란다. 이름을 가진 변환 함수에는 모호성이 일어날 가능성이 적다.

템플릿의 템플릿 매개변수 리스트와 그것의 템플릿 멤버 중 하나는 서로 조합될 수 없다. 예를 들면 다음과 같다.

```
template<typename T, typename T2>    // 오류
Ptr<T>::operator Ptr<T2>()
{
    return Ptr<T2>{p};
}
```

이 문제에 대한 다른 대안에서는 타입 특성 정보와 **enable_if**(28.4절)를 활용한다.

27.3 클래스 템플릿의 계층 구조

객체지향 기법을 이용해서 종종 파생 클래스 집합에 대한 공통 인터페이스를 제공하는 데 기반 클래스를 사용할 수 있다. 템플릿은 그러한 인터페이스를 매개변수화하는 데 사용될 수 있는데, 그것이 이뤄지고 나면 동일한 템플릿 매개변수로 파생 클래스의 전체 계층 구조를 매개변수화하고 싶은 유혹이 생긴다. 예를 들어 대상 출력 '장치'의 추상화를 제공하기 위해 쓰였던 타입으로 고전적인 모양 예제(3.2.4절)를 매개변수화할 수 있다.

```
template<typename Color_scheme, typename Canvas>        // 의심스러운 예제
class Shape {
    // ...
};
template<typename Color_scheme, typename Canvas>
class Circle : public Shape {
    // ...
};
template<typename Color_scheme, typename Canvas>
class Triangle : public Shape {
    // ...
};
void user()
{
auto p = new Triangle<RGB,Bitmapped>{{0,0},{0,60},{30,sqrt(60*60-30*30)}};
    // ...
}
```

이대로 가다 보면 (vector<T> 같은 것을 본 후에) 객체지향 프로그래밍에 익숙한 프로그래머들이 빈번히 첫 번째로 고려하는 아이디어가 등장한다. 하지만 객체지향과 일반화 기법을 혼용할 때는 주의를 기울이기를 권장한다.

보이는 대로 이렇게 매개변수화된 모양 계층 구조는 실제 사용하기는 지나치게 장황하다. 기본 템플릿 인자(25.2.5절)를 사용하면 이 문제는 해결할 수 있다. 하지만 장황하다는 것이 핵심 문제는 아니다. Color_scheme과 Canvas의 조합이 단 하나만 프로그램에서 사용된다면 생성되는 코드의 양은 매개변수화되지 않은 동등한 방식과 거의 똑같을 것이다. '거의'라고 쓴 이유는 컴파일러가 사용되지 않는 클래스 템플릿의 비가상 멤버 함수에 대한 정의를 위한 코드 생성을 억제할 것이기 때문이다. 하지만 Color_scheme과 Canvas의 N개 조합이 프로그래밍에서 사용된다면 모든 가상 함수에 필요한 코드가 N번 반복될 것이다. 그래픽 계층 구조는 많은 파생 클래스, 많은 멤버 함수, 많은 복잡한 함수를 가질 가능성이 높기 때문에 결과 코드는 엄청나게 불어날 가능성이 높다. 특히 컴파일러는 가상 함수가 쓰이는지의 여부를 알 수 없기 때문에 그러한 모든 함수와 그러한 함수에 의해 호출되는 모든 함수에 필요한 코드를 생성해야 한다. 수많은 가상 멤버 함수를 가진 거대한 클래스 계층 구조를 매개변수화하려는 시도는 대체적으로 좋지 않은 생각이다.

이번의 모양 예제의 경우에는 Color_scheme과 Canvas 매개변수가 인터페이스에 많은 영

향을 미칠 가능성은 낮아 보인다. 대부분의 멤버 함수는 이것들을 함수 타입의 일부로 갖지 않을 것이다. 이런 매개변수는 성능에 심각한 영향을 미칠 가능성과 함께 인터페이스로 빠져버린 '구현 세부 사항'이다. 실제로 이런 매개변수들을 필요로 하는 것은 전체 계층 구조가 아니다. 실제로는 몇 가지 환경설정 함수와 (가장 높은 가능성으로) 몇 가지 저수준의 그리기/렌더링 함수다. 일반적으로 '과도한 매개변수화'는 좋은 생각이 아니다(23.4.6.3절). 몇 개의 멤버에만 영향을 미치는 매개변수는 피해야 한다. 어떤 매개변수에 의해 몇 가지 멤버 함수만이 영향을 받는다면 해당 매개변수를 가진 함수 템플릿을 만들어보기 바란다. 예를 들면 다음과 같다.

```
class Shape {
    template<typename Color_scheme, typename Canvas>
        void configure(const Color_scheme&, const Canvas&);
    // ...
};
```

서로 다른 클래스와 서로 다른 객체 사이에서 환경설정 정보를 어떻게 공유할 것인가는 별개의 이슈다. 분명히 Color_scheme과 Canvas로 Shape 자체를 매개변수화하지 않고서는 Color_scheme과 Canvas를 Shape에 저장할 수 없다. 한 가지 해결책은 configure()가 Color_scheme과 Canvas에 있는 정보를 환경설정 매개변수의 표준 집합(예를 들면 정수 집합)으로 '번역'하게 하는 것이다. 또 다른 해결책은 Shape에 Configuration* 멤버를 주는 것인데, 여기에서 Configuration은 환경설정 정보에 대한 범용적인 인터페이스를 제공하는 기반 클래스다.

27.3.1 인터페이스로서의 템플릿

템플릿 클래스는 공통 구현에 대한 융통성 있고 타입 안전적인 인터페이스를 제공하는 데 쓰일 수 있다. 25.3절의 벡터가 그런 대표적인 예다.

```
template<typename T>
class Vector<T*>
    : private Vector<void*>
{
    // ...
};
```

일반적으로 이 기법은 타입 안전적인 인터페이스를 제공하는 데 쓰일 수 있으며, 구현에 대한 캐스트를 지역화하는 데 쓰일 수 있다. 그 결과 사용자가 직접 그런 코드를 작성해야 하는 수고를 덜어준다.

27.4 기반 클래스로서의 템플릿 매개변수

클래스 계층 구조를 사용하는 고전적인 객체지향 프로그래밍에서는 클래스마다 달라질 수 있는 정보는 파생 클래스에 넣고, 기반 클래스에 있는 가상 함수를 통해 접근한다(3.2.4절, 21.2.1절). 이런 방식으로 우리는 구현에서의 변동에 신경 쓸 필요 없이 공통 코드를 작성할 수 있다. 하지만 이 기법은 인터페이스에서 쓰이는 타입을 변경할 수 없게 만든다(27.2절). 또한 그러한 가상 함수 호출은 인라인화된 함수를 통한 간단한 연산에 비해 비용이 많이 들 수 있다. 이를 보완하기 위해 특수화된 정보와 연산을 템플릿 인자로 기반 클래스에 전달할 수 있다. 실제로 템플릿 인자는 기반 클래스로 사용될 수 있다.

다음 두 소절에서 해결하고자 하는 보편적인 문제는 "개별적으로 지정된 정보를 어떻게 하면 잘 지정된 인터페이스를 갖춘 간결한 단독 객체에 안에 조합시킬 수 있을까?"이다. 이는 근본적인 질문이므로, 그 해결책은 보편적인 중요성을 띤다.

27.4.1 데이터 구조의 구성

균형 이진트리 라이브러리를 작성한다고 가정해보자. 수많은 다양한 사용자들이 쓸 라이브러리를 제공하는 것이므로, 사용자(애플리케이션) 데이터의 타입을 트리 노드에 구축해 넣을 수는 없다. 우리에게는 여러 가지 대안이 있을 수 있다.

- 사용자 데이터를 파생 클래스에 넣고 가상 함수를 이용해서 그것에 접근할 수 있다. 그러나 가상 함수 호출(또는 다른 방법으로 런타임 해결되고 체크되는 해결책)은 비교적 비용이 많이 들고, 사용자 데이터에 대한 인터페이스는 사용자 타입의 관점에서 표현되지 않으므로 그것에 접근하기 위해서 여전히 캐스트를 사용해야 한다.
- **void***를 노드에 넣고 사용자가 그것을 이용해 노드 바깥에서 할당된 데이터를 참조하게 할 수 있다. 그러나 이런 방법은 할당의 개수를 두 배로 늘리고, 많은 (비용이 많이 들 가능성이 있는) 포인터 역참조를 추가하고, 각 노드에서 포인터의 공간 오버헤드를 증가시킬 수 있다. 또한 정확한 타입을 이용해서 사용자 데이터에 접근하기 위해 캐스트를 써야만 할 것이다. 그러한 캐스트는 타입 체크될 수 없다.
- **Data**가 우리의 데이터 구조에 대한 '범용 기반 클래스'인 경우 **Data***를 노드에 넣을 수 있다. 이렇게 하면 타입 체크 문제는 해결되겠지만, 이전 두 가지 접근법의 단점인 비용과 불편함이 동시에 일어난다.

더 많은 대안이 있지만, 우선 다음 코드를 살펴보자.

```
template<typename N>
struct Node_base {      // Val(사용자 데이터)에 대해서는 알지 못한다.
    N* left_child;
    N* right_child;

    Node_base();

    void add_left(N* p)
    {
        if (left_child==nullptr)
            left_child = p;
        else
```

```
        // ...
    }
    // ...
};
template<typename Val>
struct Node : Node_base<Node<Val>> {        // 파생 클래스를 자신만의 기반 클래스의 일부로 사용한다.
    Val v;
    Node(Val vv);
    // ...
};
```

여기서는 파생 클래스 **Node<Val>**을 자신의 기반 클래스(Node_base)에 대한 템플릿 인자로 전달한다. 이렇게 하면 **Node_base**가 **Node<Val>**의 실제 이름을 알지 못하더라도 자신의 인터페이스에서 **Node<Val>**을 사용할 수 있게 된다!

Node의 배치 구조가 간결하다는 점을 눈여겨보자. 예를 들어 **Node<double>**은 다음과 거의 똑같아 보인다.

```
struct Node_double {
    double val;
    Node_double* left_child;
    Node_double* right_child;
};
```

안타깝게도 이 설계에서는 사용자가 **Node_base**의 연산과 결과 트리의 구조에 대해서 알고 있어야 한다. 다음 예를 살펴보자.

```
using My_node = Node<double>;
void user(const vector<double>& v)
{
    My_node root;
    int i = 0;

    for (auto x : v) {
        auto p = new My_node{x};
        if (i++%2)                      // 삽입할 곳을 선택한다.
            root.add_left(p);
        else
            root.add_right(p);
    }
}
```

하지만 사용자가 트리의 구조를 타당하게 유지하기는 쉽지 않다. 대개는 트리 균형 알고리즘을 구현해서 트리가 그런 문제를 처리하게 하는 편이 선호된다. 하지만 트리의 균형을 잡아서 효율적인 검색이 가능하게 하려면 균형자는 사용자의 값을 알아야 한다.

우리의 설계에 어떻게 균형자를 추가해야 할까? 균형 전략을 **Node_base**에 고정시켜 넣고 **Node_base**가 사용자 데이터를 엿보게 만들 수 있다. 예를 들어 표준 라이브러리 **map** 같은 균형 트리 구현은 (기본 설정으로) 값 타입이 보다 작다less-than 연산을 지원할 것을 요구한다. 그렇게 하면 **Node_base** 연산이 간단히 **<**를 사용할 수 있다.

```
template<typename N>
struct Node_base {
    static_assert(Totally_ordered<N>(), "Node_base: N must have a <");

    N* left_child;
    N* right_child;
    Balancing_info bal;

    Node_base();

    void insert(N& n)
    {
        if (n<left_child)
            // ... 뭔가를 한다...
        else
            // ... 뭔가 다른 것을 한다...
    }
    // ...
};
```

이 코드는 멋지게 동작한다. 실제로, 노드에 대한 더 많은 정보를 Node_base에 집어넣을
수록 구현은 좀 더 간단해진다. 특히 노드 타입보다는 값 타입으로 Node_base를 매개변수화
할 수 있으며(std::map에 대해 했던 것처럼), 트리를 간결한 단독 패키지에 넣을 수 있다. 하지만
그렇게 하면 우리가 여기서 해결하고자 하는 근본적인 질문, 즉 개별적으로 지정된 여러 개의
소스에서 나온 정보를 어떻게 조합할 것인가란 질문에 답하지 못하게 된다. 모든 걸 한 장소에
써 넣는 것은 그런 문제를 회피하는 것이다.

그러므로 사용자가 Node를 조작(예를 들면 한 노드를 한 트리에서 또 다른 트리로 이동시키는 등)하기
를 원할 것이라고 가정하고, 그렇기 때문에 사용자 데이터를 익명의 노드에 저장할 수 없다고
가정해보자. 추가로 다양한 균형 알고리즘을 사용할 수 있기를 원하고, 그렇기 때문에 균형자
를 인자로 만들어야 한다고 가정해보자. 이런 가정은 근본적인 질문에 직면할 수밖에 없게
만든다. 가장 간단한 해결책은 Node가 균형자 타입으로 값 타입을 조합하게 하는 것이다. 하지
만 Node는 균형자를 사용할 필요가 없으므로, 그것을 Node_base에 전달하기만 한다.

```
template<typename Val, typename Balance>
struct Search_node : public Node_base<Search_node<Val, Balance>, Balance>
{
    Val val;        // 사용자 데이터
    Search_node(Val v) : val(v) {}
};
```

Balance가 여기서 두 번 언급된 이유는 Balance가 노드 타입의 일부이고 Node_base는
Balance 타입의 객체를 만들어야 하기 때문이다.

```
template<typename N, typename Balance>
struct Node_base : Balance {
    N* left_child;
    N* right_child;

    Node_base();

    void insert(N& n)
    {
```

```
        if (this->compare(n,left_child))      // Balance의 compare()를 사용한다.
            // ... 뭔가를 한다...
        else
            // ... 뭔가 다른 것을 한다...
    }
    // ...
};
```

Balance를 기반 클래스로 사용하지 않고 멤버를 정의하는 데 사용하는 방법도 있다. 하지만 일부 중요한 균형자는 노드당 데이터를 필요로 하지 않기 때문에 **Balance**를 기반 클래스로 만들면 빈 기반 클래스 최적화^{empty-base optimization}로 인한 혜택을 누릴 수 있다. C++는 기반 클래스가 비**static** 데이터 멤버를 갖지 않은 경우 파생 클래스 안에서 그것에 필요한 메모리가 할당되지 않게 보장해준다(iso.1.8절). 또한 이 설계는 사소한 스타일상의 차이만 제외하면 실제 이진트리 프레임워크[Austern,2003]와 동일하다. 이런 클래스들을 다음과 같이 사용할 수도 있다.

```
struct Red_black_balance {
    // data and operations needed to implement red-black trees
};
template<typename T>
using Rb_node = Search_node<T,Red_black_balance>; // 레드 블랙 트리에 대한 타입 별칭
Rb_node<double> my_root;                            // double로 이뤄진 레드 블랙 트리
using My_node = Rb_node<double>;
void user(const vector<double>& v)
{
    for (auto x : v)
        my_root.insert(*new My_node{x});
}
```

노드의 배치 구조는 간결하므로 성능이 중요한 함수는 전부 손쉽게 인라인화할 수 있다. 약간의 노력이 들어간 정의 집합을 통해 타입 안전성과 구성의 용이성이 달성됐다. 이러한 노력은 데이터 구조나 함수 인터페이스에 **void***를 넣는 그 어떤 접근법과 비교해도 성능상의 우위를 점한다. 그러한 **void***의 활용은 값 타입 기반의 최적화 기법을 무력화한다. 균형 이진 트리 구현의 주요 부분에서 저수준(C 스타일)의 프로그래밍 기법을 도입하는 것은 상당한 런타임 비용이 수반된다는 뜻이다.

우리는 균형자를 개별적인 템플릿 인자로 전달했다.

```
template<typename N, typename Balance>
struct Node_base : Balance {
    // ...
};
template<typename Val, typename Balance>
struct Search_node
    : public Node_base<Search_node<Val, Balance>, Balance>
{
    // ...
};
```

어떤 이들은 이 코드가 깔끔하고 명확하며 범용적이라고 느끼는 반면, 다른 이들은 장황하고 혼란스럽다고 느낄 수도 있다. 다른 대안은 균형자를 연관 타입(Search_node의 멤버 타입)의 형태로 암시적인 인자로 만드는 것이다.

```
template<typename N>
struct Node_base : N::balance_type {      //N의 balance_type을 사용한다.
      // ...
};

template<typename Val, typename Balance>
struct Search_node
   : public Node_base<Search_node<Val,Balance>>
{
   using balance_type = Balance;
   // ...
};
```

이 기법은 명시적 템플릿 인자를 최소화하기 위해 표준 라이브러리에서 집중적으로 사용된다.

기반 클래스에서 파생하는 기법은 아주 오래된 것이다. 그것은 ARM(1989)에서 처음 언급됐으며, 수학 소프트웨어에서 초기에 사용된 이후로[Barton,1994], 때로는 바톤 내크먼 기법Barton-Nackman trick이라고 일컬어지기도 한다. 짐 코플레인Jim Coplien은 이것을 희한하게 자꾸 발생하는 템플릿 패턴curiously recurring template pattern이라고 불렀다.[Coplien,1995]

27.4.2 클래스 계층 구조의 선형화

27.4.1절의 Search_node는 템플릿을 이용해서 자신의 표현을 압축하고 void*의 사용을 피한다. 이 기법은 보편적이며 매우 유용하다. 특히 트리를 다루는 많은 프로그램은 타입 안전성과 성능을 위해 이 기법에 의존한다. 예를 들어 IPRInternal Program Representation, 내부 프로그램 표현 [DosReis,2011]은 타입을 가진 추상 문법 트리로 C++ 코드를 범용적이고 체계적으로 표현한 것이다. IPR은 템플릿 인자를 기반 클래스로 집중적으로 활용하는데, 구현 보조(구현 상속)와 고전적인 객체지향 방식의 추상 인터페이스 제공(인터페이스 상속)의 양쪽 측면에서 활용한다. 이 설계는 노드의 간결성(수백만 개의 노드가 있을 수 있다), 최적화된 메모리 관리, 접근 속도(불필요한 간접 참조나 노드를 도입하지 않는다), 타입 안전성, 다형적 인터페이스, 범용성을 비롯한 어려운 기준 집합을 충족한다.

사용자는 프로그램의 의미 구조를 나타내는 완벽한 캡슐화와 깔끔한 기능적 인터페이스를 제공하는 추상 클래스의 계층 구조를 보게 된다. 예를 들어 하나의 변수는 하나의 선언이고, 하나의 문장이고, 하나의 표현식이고, 하나의 노드다.

```
Var -> Decl -> Stmt -> Expr -> Node
```

ISO C++ 문장이 표현식으로 쓰일 수 없기 때문에 IPR의 설계에서 일종의 범용화가 수행됐다는 점은 분명하다.

추가로 인터페이스 계층 구조에 포함된 클래스에 대한 간결하고 효율적인 구현을 제공하는 구체 클래스로 이뤄진 병행적인 계층 구조가 하나 있다.

`impl::Var -> impl::Decl -> impl::Stmt -> impl::Expr -> impl::Node`

합쳐서 대략 80개의 말단 클래스(Var, If_stmt, Multiply 등)가 있으며, 대략 20가지 범용화 (Decl, Unary, impl::Stmt 등)가 존재한다.

최초로 시도된 설계는 고전적인 다중 상속 '다이아몬드' 계층 구조(실선 화살표를 이용해서 일반화 프로그래밍 상속을 나타내고 쇄선 화살표를 이용해서 구현 상속을 나타내는)였다.

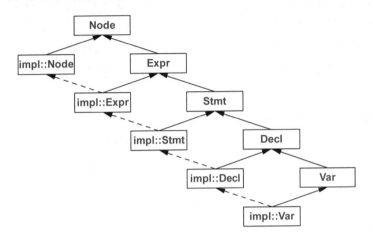

이 방식도 작동은 됐지만 과도한 메모리 오버헤드가 일어났다. 가상 기반 클래스를 탐색하는 데 필요한 데이터 때문에 노드가 지나치게 커졌기 때문이다. 추가로 각 객체에 있는 수많은 가상 기반 클래스에 접근하기 위한 수많은 간접 참조로 인해 프로그램이 심각하게 느려졌다 (21.3.5절).

해결책은 이중 계층 구조를 선형화해서 가상 기반 클래스가 사용되지 않게 하는 것이었다.

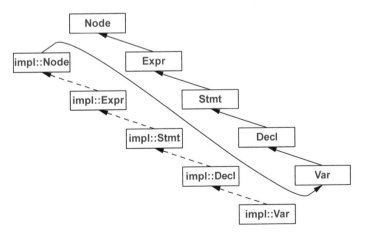

전체 클래스 집합에 대한 파생의 연결 관계는 다음과 같이 됐다.

```
impl::Var ->
    impl::Decl<ipr::Var> ->
        impl::Stmt<ipr::Var> ->
            impl::Expr<ipr::Var> ->
                impl::Node<ipr::Var> ->
                    ipr::Var ->
                        ipr::Decl ->
                            ipr::Stmt ->
                                ipr::Expr ->
                                    ipr::Node
```

이것은 단일 **vptr**(3.2.3절, 20.3.2절)을 제외하고는 아무런 내부 '관리 데이터'를 갖지 않는 하나의 간결한 객체로 표현된다.

그것을 어떻게 하는지 설명하고자 한다. 네임스페이스 **ipr**에서 정의되는 인터페이스 계층 구조를 맨 처음 설명한다. 밑에서부터 시작해서 **Node**는 순회 탐색과 **Node** 타입 식별을 최적화하는 데 쓰이는 데이터(code_category)와 IPR 그래픽의 파일 저장을 도와주는 데이터(node_id)를 보관한다. 이것들은 사용자 눈에 띠지 않는 상당히 전형적인 '구현 세부 사항들'이다. 사용자가 알게 될 사실은 IPR 그래프에 있는 모든 노드는 **Node** 타입의 고유 기반 클래스를 갖게 되고, 이런 기반 클래스가 방문자 패턴^{visitor pattern[Gamma,1994]}(22.3절)을 이용해서 연산을 구현하는 데 쓰인다는 것이다.

```
struct ipr::Node {
    const int node_id;
    const Category_code category;

    virtual void accept(Visitor&) const = 0;  // 방문자 클래스를 위한 고리
protected:
    Node(Category_code);
};
```

Node는 기반 클래스로만 사용될 예정이므로, 그것의 생성자는 **protected**다. 또한 **Node**는 순수 가상 함수를 가지므로, 기반 클래스가 아니고서는 인스턴스화될 수 없다.

표현식(Expr)은 타입을 가진 **Node**다.

```
struct ipr::Expr : Node {
    virtual const Type& type() const = 0;
protected:
    Expr(Category_code c) : Node(c) { }
};
```

명백히 이 코드는 문장과 타입까지 타입을 가진다는 뜻이므로, C++를 상당히 범용화한 것이다. C++의 비정규성과 한계를 전부 구현하지 않고 C++의 전부를 표현하겠다는 것이 IPR의 목적이다.

문장(Stmt)은 소스 파일 위치를 가진 **Expr**로서 다양한 정보가 담긴 주석이 달릴 수 있다.

```
struct ipr::Stmt : Expr {
    virtual const Unit_location& unit_location() const = 0;        // 파일의 행
    virtual const Source_location& source_location() const = 0;    // 파일
```

```
    virtual const Sequence<Annotation>& annotation() const = 0;
protected:
    Stmt(Category_code c) : Expr(c) { }
};
```

선언(Decl)은 이름을 가진 Stmt다.

```
struct ipr::Decl : Stmt {
    enum Specifier { /* 저장 클래스, 가상, 접근 제어 등 */ };

    virtual Specifier specifiers() const = 0;
    virtual const Linkage& lang_linkage() const = 0;

    virtual const Name& name() const = 0;

    virtual const Region& home_region() const = 0;
    virtual const Region& lexical_region() const = 0;

    virtual bool has_initializer() const = 0;
    virtual const Expr& initializer() const = 0;

    // ...
protected:
    Decl(Category_code c) : Stmt(c) { }
};
```

예상할 수 있듯이 Decl은 C++ 코드를 표현하는 데 있어 중심적인 개념 중 하나다. 여기가 바로 유효 범위 정보, 저장 클래스, 접근 지정자, 초기화 식 등을 찾을 수 있는 곳이다.

최종적으로,변수(Var)를 표현할 클래스를 인터페이스 계층 구조의 말단 클래스(최대로 파생이 된 클래스)로 표현한다.

```
struct ipr::Var : Category<var_cat, Decl> {
};
```

기본적으로 Category는 표기적 보조 수단으로 Decl에서 Var을 파생시키고 Node 타입 식별을 최적화하는 데 쓰이는 Category_code를 제공한다.

```
template<Category_code Cat, typename T = Expr>
struct ipr::Category : T {
protected:
    Category() : T(Cat) { }
};
```

모든 데이터 멤버는 Var이다. 여기에는 전역, 네임스페이스, 지역 및 클래스 static 변수와 상수가 포함된다.

컴파일러에서 흔히 볼 수 있는 표현과 비교할 때 이 인터페이스는 매우 자그마하다. Node 최적화를 위한 일부 데이터를 제외하면 이 인터페이스는 순수 가상 함수를 가진 클래스들의 집합일 뿐이다. 이 인터페이스는 가상 기반 클래스를 갖지 않은 단일 계층 구조다. 알기 쉬운 객체지향 설계인 것이다. 하지만 이렇게 단순하고, 효율적이며, 유지 보수에 용이하기는 쉽지 않다. IPR의 해결책은 분명히 숙련된 객체지향 설계자가 먼저 생각하기는 어려운 것이다.

각각의 IPR 인터페이스 클래스(ipr에 있는)에 대해 대응되는 구현 클래스(impl에 있는)가 존재한다. 예를 들면 다음과 같다.

```cpp
template<typename T>
struct impl::Node : T {
    using Interface = T;      // 템플릿 인자 타입을 사용자들이 이용 가능할 수 있게 만들어준다.
    void accept(ipr::Visitor& v) const override { v.visit(*this); }
};
```

여기서는 ipr 노드와 impl 노드 간에 대응 관계를 구축하는 것이 요령이다. 특히 impl 노드는 필요한 데이터 멤버를 제공하고 ipr 노드에 있는 추상 가상 함수를 재정의해야 한다. impl::Node에 대해서는 T가 ipr::Node이거나 ipr::Node에서 파생된 클래스라면 accept() 함수가 올바르게 재정의된다는 사실을 알 수 있다.

이제 ipr 인터페이스의 나머지 클래스에 대한 구현 클래스를 제공하는 순서로 넘어갈 수 있다.

```cpp
template<typename Interface>
struct impl::Expr : impl::Node<Interface> {
    const ipr::Type* constraint;           // 제약 조건은 표현식의 타입이다.

    Expr() : constraint(0) { }

    const ipr::Type& type() const override { return *util::check(constraint); }
};
```

Interface 인자가 ipr::Expr이거나 ipr::Expr에서 파생된 클래스라면 impl::Expr은 ipr::Expr에 대한 구현이다. 그 점에 대해서는 확신할 수 있다. ipr::Expr은 ipr::Node로부터 파생되므로, 이는 impl::Node가 필요로 하는 ipr::Node 기반 클래스를 얻는다는 뜻이다.

바꿔 말하면 두 개의 (서로 다른) 인터페이스 클래스에 대한 구현을 제공하는 데 성공했다는 뜻이다. 이런 방식으로 계속 진행할 수 있다.

```cpp
template<typename S>
struct impl::Stmt : S {
    ipr::Unit_location unit_locus;        // 해석 단위에서의 논리적 위치
    ipr::Source_location src_locus;       // 소스 파일, 행, 열
    ref_sequence<ipr::Annotation> notes;

    const ipr::Unit_location& unit_location() const override { return unit_locus; }
    const ipr::Source_location& source_location() const override { return src_locus; }
    const ipr::Sequence<ipr::Annotation>& annotation() const override { return notes; }
};
```

즉, impl::Stmt는 ipr::Stmt의 인터페이스를 구현하는 데 필요한 세 개의 데이터 항목을 제공하고, 그렇게 하기 위해 ipr::Stmt의 가상 함수 세 개를 재정의한다.

기본적으로 모든 impl 클래스는 Stmt의 패턴을 따른다.

```cpp
template<typename D>
struct impl::Decl : impl::Stmt<impl::Expr<D>> {   // Stmt과 Expr의 구현을 사용한다.
    basic_decl_data<D> decl_data;
    ipr::Named_map* pat;
    val_sequence<ipr::Substitution> args;

    Decl() : decl_data(0), pat(0) { }

    const ipr::Sequence<ipr::Substitution>& substitutions() const { return args; }
```

```
        const ipr::Named_map& generating_map() const override { return *util::check(pat); }
        const ipr::Linkage& lang_linkage() const override;
        const ipr::Region& home_region() const override;
};
```

마지막으로 말단 클래스 impl::Var을 정의할 수 있다.

```
struct Var : impl::Decl<ipr::Var> {
    const ipr::Expr* init;
    const ipr::Region* lexreg;

    Var();

    bool has_initializer() const override;
    const ipr::Expr& initializer() const override;
    const ipr::Region& lexical_region() const override;
};
```

Var이 템플릿이 아니라는 점에 유의한다. Var은 애플리케이션에서 사용자 수준의 추상화이다. Var의 구현은 일반화 프로그래밍의 한 예이지만, 그것의 활용 방법은 고전적인 객체지향 프로그래밍이다.

상속과 매개변수화의 조합은 강력하다. 이러한 표현력은 초심자는 물론 새로운 애플리케이션 영역에서 접하게 된다면 때로는 숙련된 프로그래머에게조차 혼란스러울 수 있다. 하지만 조합의 장점은 확실하다. 타입 안전성, 성능, 코드 크기의 최소화가 그것이다. 클래스 계층구조와 가상 함수에 의해 제공되는 확장성은 약화되지 않는다.

27.5 조언

[1]   일반적인 개념을 코드에서 표현해야 할 때는 그것을 템플릿으로 표현할지 클래스 계층구조로 표현할지 고려한다(27.1절).

[2]   대체적으로 템플릿은 다양한 인자에 대한 공통 코드를 제공한다(27.1절).

[3]   추상 클래스는 사용자에게 보이지 않게 구현 세부 사항을 완전히 은닉할 수 있다(27.1절).

[4]   비정규적 구현은 대개 파생 클래스로 가장 잘 표현된다(27.2절).

[5]   자유 저장 공간의 명시적 사용이 적절하지 않은 경우에는 템플릿이 클래스 계층 구조보다 유리하다(27.2절).

[6]   인라인화가 중요한 경우에는 추상 클래스보다 템플릿이 유리하다(27.2절).

[7]   템플릿 인터페이스는 템플릿 인자 타입의 관점에서 손쉽게 표현된다(27.2절).

[8]   런타임 해결이 필요하다면 클래스 계층 구조가 필요하다(27.2절).

[9]   템플릿과 클래스 계층 구조의 조합은 많은 경우 둘 중 한쪽만 있는 경우보다 낫다(27.2절).

[10]   템플릿을 타입 생성기(및 함수 생성기)로 생각한다(27.2.1절).

[11]   동일한 템플릿에서 생성된 두 클래스 간에는 기본 관계가 없다(27.2.1절).

[12]   클래스 계층 구조와 배열을 혼용하지 않는다(27.2.1절).

[13]   대규모 클래스 계층 구조를 어리숙하게 템플릿화하지 않는다(27.3절).

[14]   템플릿은 단일 (약한 타입의) 구현에 대한 타입 안전적인 일반화 프로그래밍를 제공하는
        데 쓰일 수 있다(27.3.1절).

[15]   템플릿은 타입 안전적이고 간결한 데이터 구조를 구성하는 데 쓰일 수 있다(27.4.1절).

[16]   템플릿은 클래스 계층 구조를 선형화하는 데 쓰일 수 있다(공간과 접근 시간을 최소화하
        면서)(27.4.2절).

28

메타프로그래밍

> 전혀 모르는 지역으로의 여행은 두 번 해야 한다.
> 첫 번째는 실수를 저지르기 위해 두 번째는 실수를 바로 잡기 위해
>
> – 존 스타인벡(John Steinbeck)

- 개요
- 타입 함수 타입 별칭, 타입 술어 함수, 함수 선택, 특성 정보
- 제어 구조 선택, 반복과 재귀, 메타프로그래밍을 사용하는 경우
- 조건부 정의(Enable_if) `Enable_if`의 사용, `Enable_if`의 구현, `Enable_if`와 콘셉트, 추가 적인 `Enable_if` 예제
- 컴파일 타임 리스트(Tuple) 간단한 출력 함수, 원소 접근, `make_tuple`
- 가변 인자 템플릿 타입 안전적인 `printf()`, 기술적인 세부 사항, 포워딩, 표준 라이브러리 `tuple`
- SI 단위 예제 `Unit`, `Quantity`, `Unit` 리터럴, 유틸리티 함수
- 조언

28.1 개요

클래스와 함수 같은 프로그램 개체를 조작하는 프로그래밍을 일반적으로 메타프로그래밍 metaprogramming이라고 부른다. 나는 템플릿을 생성기로 간주하는 것이 유용하다고 생각한다. 즉, 템플릿은 클래스와 함수를 만드는 데 사용되는 것이다. 이런 생각을 하다 보면 템플릿 프로그래밍이 컴파일 타임에 계산해서 프로그램을 생성하는 프로그램을 작성하는 연습이라는 개념에 이르게 된다. 이런 개념을 응용한 것들은 이중 레벨 프로그래밍two-level programming, 다중 레벨 프로그래밍multilevel programming, 생성적 프로그래밍generative programming, 그리고 가장 일반적으로는 템플릿 메타프로그래밍template metaprogramming이라고 불려왔다.

메타프로그래밍 기법을 사용하는 데는 두 가지 주요한 이유가 있다.

- 타입 안전성의 개선 우리가 저수준의 데이터 구조를 직접적으로 조작하지 않아도 되게끔

데이터 구조나 알고리즘에 필요한 정확한 타입을 계산할 수 있다(예를 들면 명시적 타입 변환의 사용을 상당수 제거할 수 있다).

- **런타임 성능의 개선** 컴파일 타임에 값을 계산할 수 있고, 런타임에 호출될 함수를 선택할 수 있다. 이렇게 하면 런타임에 그런 계산을 수행하지 않아도 된다(예를 들면 다형적 동작의 상당수 예제들을 직접적인 함수 호출로 바꿀 수 있다). 특히 타입 체계를 활용하면 인라인화의 기회를 대폭 증가시킬 수 있다. 또한 간결한 데이터 구조의 활용(아마도 생성된 데이터를 통해 – 27.4.2절, 28.5절)을 통해 처리 가능한 데이터 용량과 실행 속도 양쪽에 긍정적인 효과를 갖도록 메모리를 좀 더 잘 활용할 수 있다.

템플릿은 상당한 범용화를 염두에 두고 설계됐고, 최적의 코드를 생성할 수 있다.[Stroustrup,1994] 템플릿은 산술 연산, 선택, 재귀를 제공한다. 실제로 템플릿은 완전한 컴파일 타임 함수형 프로그래밍 언어를 구성한다.[Veldhuizen,2003] 즉, 템플릿과 템플릿 인스턴스화 메커니즘은 **튜링 완전적** Turning complete이다. 이것을 입증한 한 가지 사례는 에이세네커Eisenecker와 크자르네키Czarnecki가 템플릿을 써서 불과 몇 페이지로 리스프Lisp 인터프리터를 작성한 것이었다.[Czarnecki,2000] C++ 컴파일 타임 메커니즘은 순수 함수형 프로그래밍 언어를 제공한다. 다양한 타입의 값을 생성할 수는 있지만, 변환, 대입, 증가 연산자 등은 없는 것이다. 튜링 완전성은 무한 컴파일 문제의 가능성을 뜻할 수도 있지만 그 문제는 해석 한계(iso.B절)에 의해 손쉽게 해결된다. 예를 들어 일부 컴파일 타임 자원을 고갈시킴으로써 손쉽게 해결할 수 있는데, 재귀적 `constexpr` 호출의 개수, 중첩된 클래스의 개수, 또는 재귀적으로 중첩된 템플릿 인스턴스화의 개수 등이 그런 컴파일 타임 자원의 예다.

일반화 프로그래밍과 템플릿 메타프로그래밍을 어떤 기준으로 구분해야 할까? 가장 극단적인 입장은 다음과 같다.

- **모두 템플릿 메타프로그래밍이다** 어쨌든 컴파일 타임 매개변수화를 사용한다는 건 '통상적인 코드'를 생성시키는 인스턴스화란 의미다.
- **모두 일반화 프로그래밍이다** 어쨌든 우리는 일반화 타입과 알고리즘을 정의하고 이용하는 것뿐이다.

이 두 입장은 모두 기본적으로 일반화 프로그래밍과 템플릿 메타프로그래밍을 동의어로 정의하고 있기 때문에 유용하지 않다. 나는 유용한 구분이 충분히 가능하다고 생각한다. 유용한 구분이 가능하다면 문제에 대한 두 가지 접근법 중에서 하나를 선택하고, 주어진 문제에 가장 중요한 것에 초점을 맞추는 데 도움이 된다. 나는 일반화 타입이나 알고리즘을 작성할 때 컴파일 타임 프로그래밍을 작성한다고 생각하지 않는다. 나는 프로그램의 컴파일 타임 부분을 위해 프로그래밍 기술을 발휘하는 것이 아니다. 대신 나는 인자에 대한 요구 사항을 정의하는 데 초점을 맞춘다(24.3절). 굳이 정의하자면 일반화 프로그래밍은 본질적으로 설계 철학이자 프로그래밍 패러다임이다(1.2.1절).

대조적으로 메타프로그래밍은 프로그래밍이다. 그 초점은 계산에 있으며, 그런 계산에는 많은 경우 선택과 어떤 형태의 반복이 관련돼 있다. 메타프로그래밍은 본질적으로 구현 기법의 집합이다. 나는 구현의 복잡성을 4개의 레벨로 생각한다.

[1]   계산이 없음(단순히 타입과 값 인자를 전달한다)
[2]   컴파일 타임 검사나 반복을 사용하지 않는 간단한 계산(타입이나 값에 대한)으로 예를 들면 불리언에 대한 &&(24.4절)이나 단위의 덧셈(28.7.1절)
[3]   명시적 컴파일 타임 검사를 이용하는 계산으로, 예를 들어 컴파일 타임 if(28.3절)
[4]   컴파일 타임 반복을 이용하는 계산(재귀의 형태로 - 28.3.2절)

순서는 복잡성의 수준을 나타내며, 이는 작업의 난이도, 디버깅의 난이도 및 오류의 발생 가능성을 의미한다.

따라서 메타프로그래밍은 '메타'와 프로그래밍의 조합이다. 메타프로그램이란 런타임에 사용될 수 있는 타입이나 함수를 산출하는 컴파일 타임 계산이다. 내가 '템플릿 메타프로그래밍'이라고 말하지 않은 점에 유의한다. 계산은 **constexpr** 함수를 이용해서 수행될 수도 있기 때문이다. 또한 실제로 직접 메타프로그래밍을 하지 않고 다른 사람들의 메타프로그래밍을 이용할 수도 있다는 점을 알아두자. 메타프로그램을 숨기고 있는 **constexpr** 함수의 호출(28.2.2절)이나 템플릿 타입 함수에서 타입의 추출(28.2.4절)은 그 자체로는 메타프로그래밍이 아니다. 단지 메타프로그램을 활용하는 것이다.

일반화 프로그래밍은 대개 첫 번째의 '계산이 없음' 범주에 포함되지만, 메타프로그래밍 기법을 이용해서 일반화 프로그래밍을 지원하는 것도 충분히 가능하다. 그렇게 할 때는 인터페이스 명세가 정확하게 정의되고 올바르게 구현되도록 주의를 기울여야 한다. 일단 인터페이스의 일부로서 (메타)프로그래밍을 사용하면 프로그래밍 오류의 가능성이 슬슬 생겨나기 시작한다. 반면 (메타)프로그래밍이 아닌 경우에는 언어 규칙에 의해 의미가 직접적으로 정의된다.

메타프로그래밍은 대개는 값으로서 타입을 가진 프로그램인 반면, 일반화 프로그래밍은 인터페이스 명세에 초점을 맞춘다.

지나치게 광적으로 메타프로그래밍을 사용하다 보면 디버깅 문제를 일으킬 수 있으며, 경우에 따라서는 사용이 불가능할 정도로 컴파일 타임을 오래 잡아먹는다. 늘 그렇듯이 약간의 센스를 발휘해야 한다. 간단한 메타프로그래밍 용법 중에서도 상당수는 과도한 컴파일 타임 오버헤드를 유발하지 않으면서도 더 나은 코드(더 나은 타입 안전성, 더 낮은 메모리 소요, 더 적은 실행 시간)를 만들어준다. **function**(33.5.3절), **thread**(5.3.1절, 42.2.2절), **tuple**(34.2.4.2절) 등의 상당수 표준 라이브러리가 비교적 간단한 메타프로그래밍 기법의 응용 사례들이다.

28장에서는 기본적인 메타프로그래밍 기법들을 살펴보고 메타프로그래밍의 기본 구성 요소들을 소개한다. 29장에서 좀 더 포괄적인 예제를 제공한다.

28.2 타입 함수

타입 함수type function란 최소 한 개의 타입 인자를 받아들이거나 최소 한 개의 타입을 결과로 출력하는 함수를 말한다. 예를 들어 sizeof(T)는 타입 인자 T가 주어지면 객체의 크기(char 단위로, 6.2.8절)를 반환하는 기본 제공 타입 함수다.

타입 함수는 일반적인 함수처럼 생기지 않아도 된다. 실제로도 대부분 그렇다. 예를 들어 표준 라이브러리의 is_polymorphic<T>는 템플릿 인자로 인자를 받아들이고 value라는 멤버로 결과를 출력한다.

```
if (is_polymorphic<int>::value) cout << "Big surprise!";
```

is_polymorphic의 value 멤버는 true 또는 false다. 마찬가지로 표준 라이브러리 규약에 의하면 타입을 반환하는 타입 함수는 call이란 멤버를 통해 그렇게 한다. 예를 들면 다음과 같다.

```
enum class Axis : char { x, y, z };
enum Flags { off, x=1, y=x<<1, z=x<<2, t=x<<3 };
typename std::underlying_type<Axis>::type v1;          // v1은 char다.
typename std::underlying_type<Flags>::type v2;         // v2는 int일 것이다(8.4.2절).
```

타입 함수는 한 개 이상의 인자를 받아들일 수 있고, 여러 개의 결과를 반환할 수 있다. 예를 들면 다음과 같다.

```
template<typename T, int N>
struct Array_type {
    using type = T;
    static const int dim = N;
    // ...
};
```

이 Array_type은 표준 라이브러리 함수도 아니고 특별히 유용한 함수도 아니다. 단지 간단한 다중 인자, 다중 반환 값 타입 함수를 작성하는 방법을 보여주기 위한 본보기로 쓰였을 뿐이다. 이 함수는 다음과 같이 사용될 수 있다.

```
using Array = Array_type<int,3>;

Array::type x;                    // x는 int
constexpr int s = Array::dim;     // s는 3
```

타입 함수는 컴파일 타임 함수다. 즉, 타입 함수는 컴파일 타임에 알려져 있는 인자(타입과 값)만 받아들일 수 있고, 컴파일 타임에 사용될 수 있는 결과(타입과 값)만 출력할 수 있다.

대부분의 타입 함수는 최소 한 개의 타입 인자를 받아들이지만, 유용한 함수들 중에는 그렇지 않은 것들도 있다. 예를 들어 다음은 적절한 바이트 개수의 정수 타입을 반환하는 함수다.

```
template<int N>
struct Integer {
    using Error = void;
    using type = Select<N,Error,signed char,short,Error,int,Error,Error,Error,long>;
};
typename Integer<4>::type i4 = 8;    // 4바이트 정수
```

```
typename Integer<1>::type i1 = 9;     // 1바이트 정수
```

Select는 28.3.1.3절에서 정의 및 설명돼 있다. 물론 값들만 받아들이고 값들만 출력하는 템플릿을 작성하는 것도 가능하다. 나는 그런 것들은 타입 함수라고 간주하지 않는다. 또한 값에 대한 컴파일 타임 계산을 표현하려면 대개는 **constexpr** 함수(12.1.6절)가 더 나은 방법이다. 템플릿을 이용해서 컴파일 타임에 제곱근을 계산할 수도 있지만, **constexpr** 함수를 이용해서 좀 더 깔끔하게 알고리즘을 표현할 수 있는데(2.2.3절, 10.4절, 28.3.2절), 왜 굳이 그렇게 하겠는가?

그러다 보니 C++ 타입 함수는 대부분 템플릿이다. 그것들은 타입과 값을 이용해서 상당히 범용적인 계산을 수행할 수 있으며, 메타프로그래밍의 근간이기도 하다. 예를 들어 어떤 객체가 작을 경우에는 스택에 할당하고, 그렇지 않을 경우에는 자유 저장 공간에 할당하려는 경우를 가정해보자.

```
constexpr int on_stack_max = sizeof(std::string);       // 스택에 넣으려는 객체의 최대 크기
template<typename T>
struct Obj_holder {
    using type = typename std::conditional<(sizeof(T)<=on_stack_max),
                                     Scoped<T>,      // 첫 번째 선택
                                     On_heap<T>      // 두 번째 선택
                              >::type;
};
```

표준 라이브러리 템플릿 **conditional**은 두 개의 대안 중에서 선택하는 기능을 제공하는 컴파일 타임 선택기다. 첫 번째 인자가 **true**로 평가되면 두 번째 인자가 결과(type 멤버로 제시되는)가 된다. 그렇지 않으면 세 번째 인자가 결과가 된다. 28.3.1.1절에서 **conditional**이 어떻게 구현되는지 보여준다. 이 경우 **Obj_holder<X>**의 타입은 **X**의 객체가 작은 경우 **Scoped<X>**가 되고, 그것이 큰 경우 **On_heap(X)**가 된다. **Obj_holder**는 다음과 같이 사용될 수 있다.

```
void f()
{
    typename Obj_holder<double>::type v1;              // double은 스택으로 간다.
    typename Obj_holder<array<double,200>>::type v2;   // array는 자유 저장 공간으로 간다.
    // ...
    *v1 = 7.7;        // Scoped는 포인터 같은 접근을 제공한다(v1은 double을 보관한다).
    (*v2)[77] = 9.9;  // On_heap은 포인터 같은 접근을 제공한다(v2는 array를 보관한다).
}
```

Obj_holder 예제는 가상적인 것이 아니다. 예를 들어 C++ 표준에서 함수형의 개체를 보관하는 **function** 타입(33.5.3절)의 정의에 다음과 같은 주석이 포함돼 있다. "구현에서는 호출 가능한 소규모 객체에 대해 동적으로 할당되는 메모리를 사용하지 않는 것을 권장한다. **f**의 대상이 한 객체에 대해 하나의 포인터나 참조자 또는 하나의 멤버 함수 포인터만을 보관하는 객체인 경우가 그런 예다"(iso.20.8.11.2.1절). **Obj_holder** 같은 것이 없다면 그런 충고를 따르기가 어려울 것이다.

Scoped와 **On_heap**의 구현에는 메타프로그래밍이 전혀 관련되지 않는다.

```
template<typename T>
struct On_heap {
    On_heap() :p(new T) { }                         // 할당
    ~On_heap() { delete p; }                        // 할당 해제

    T& operator*() { return *p; }
    T* operator->() { return p; }

    On_heap(const On_heap&) = delete;               // 복사 금지
    On_heap& operator=(const On_heap&) = delete;
private:
    T* p;       // 자유 저장 공간에 있는 객체를 가리키는 포인터
};

template<typename T>
struct Scoped {
    Scoped() {}

    T& operator*() { return x; }
    T* operator->() { return &x; }

    Scoped(const Scoped&) = delete;                 // 복사 금지
    Scoped& operator=(const Scoped&) = delete;
private:
    T x;        // 객체
};
```

On_heap과 Scoped는 범용적인 개념(여기서는 객체의 할당에 대한 개념이다)을 서로 다르게 구현할 때 일반화 프로그래밍과 템플릿 메타프로그래밍이 어떤 방식으로 통일적인 인터페이스를 설계하도록 요구하는지 보여주는 좋은 예제다.

On_heap과 Scoped는 모두 지역 변수뿐 아니라 멤버로도 사용될 수 있다. Scoped는 자신의 객체를 포함하는 반면, On_heap은 자신의 객체를 언제나 자유 저장 공간에 넣는다.

28.6절에서는 생성자 인자를 받아들이는 타입에 대한 On_heap과 Scoped 버전을 (가변 인자 템플릿과 포워딩을 이용해서) 어떻게 구현하는지 보여준다.

28.2.1 타입 별칭

멤버 타입을 추출하기 위해 typename과 ::type을 사용할 때 Obj_holder(Integer에 대해서와 마찬가지로)의 구현 세부 사항이 얼마나 눈에 거슬려 보이는지 주목해보자. 이것은 언어가 규정되고 사용되는 방식, 템플릿 메타프로그래밍 코드가 지난 15년 동안 작성돼 온 방식, 그리고 템플릿 메타프로그래밍 코드가 C++ 표준에서 표현되는 방식이 낳은 결과다. 나는 이것이 못 견딜 정도라고 느껴진다. 이것은 사용자 정의 타입이 매번 등장할 때마다 struct 키워드를 접두사로 달아야 했던 아름답지 않던 C의 옛날 시절을 떠올리게 한다. 템플릿 별칭(23.6절)을 도입하면 ::type 구현 세부 사항을 은닉할 수 있고, 타입 함수가 훨씬 더 타입(또는 타입 같은 것)을 반환하는 함수처럼 보이게 만들 수 있다. 예를 들면 다음과 같다.

```
template<typename T>
using Holder = typename Obj_holder<T>::type;
```

```
void f2()
{
    Holder<double> v1;
        // double은 스택에 들어간다.
    Holder<array<double,200>> v2;    // array는 자유 저장 공간에 들어간다.
    // ...
    *v1 = 7.7;              // Scoped는 포인터 같은 접근을 제공한다(v1은 double을 보관한다).
    (*v2)[77] = 9.9;        // On_heap은 포인터 같은 접근을 제공한다(v2는 array를 보관한다).
}
```

구현이나 표준에서 구체적으로 뭘 제공하는지에 대해 설명할 때를 제외하면 나는 이런 타입 별칭을 체계적으로 사용하는 편이다. 표준에서 **conditional**과 같은 타입 함수('타입 속성 술어 함수' 또는 '합성 타입 카테고리 술어 함수' 등으로 불리는)를 제공할 때 나는 대응되는 타입 별칭을 정의한다(35.4.1절).

```
template<bool C, typename T, typename F>
using Conditional = typename std::conditional<C,T,F>::type;
```

애석하게도 이런 별칭들은 표준에 포함돼 있지 않기 때문에 유의한다.

28.2.1.1 별칭을 사용하지 말아야 할 경우

별칭이 아니라 ::**type**을 직접적으로 사용해야 하는 경우가 딱 하나 있다. 선택 중 하나만이 유효한 타입이 될 것으로 예상된다면 별칭을 사용하지 말아야 한다. 우선 간단한 비유를 하나 살펴보자.

```
if (p) {
    p->f(7);
    // ...
}
```

p가 **nullptr**인 경우에는 블록에 진입하지 않는 것이 중요하다. **p**가 유효한지 살펴보기 위해 검사를 수행하는 것이다. 마찬가지로 타입이 유효한지 살펴보기 위해 검사를 수행하고 싶을 수 있다. 예를 들면 다음과 같다.

```
conditional<
    is_integral<T>::value,
    make_unsigned<T>::value,
    Error
>::type
```

여기서는 (std::is_integral 타입 술어 함수를 이용해서) **T**가 통합 정수 타입인지 검사하고, 그렇다면 (std::make_unsigned 타입 함수를 이용해서) 해당 타입의 부호 없는 버전을 만든다. 이것이 성공하면 부호 없는 타입이 생긴다. 그렇지 않을 경우에는 **Error** 지시자를 처리해야 한다.

Make_unsigned<T>를 다음과 같은 의미로 작성하고

```
typename make_unsigned<T>::type
```

이것을 std::string 같은 통합 정수가 아닌 타입에 대해 사용하려고 시도했다면 존재하지

않는 타입을 만들려고 시도하는 셈이 됐을 것이다(make_unsigned<std::string>::type). 결과는 컴파일 타임 오류가 일어날 것이다.

::type을 숨기기 위해 별칭을 일관성 있게 사용할 수 없는 드문 경우에는 좀 더 명시적이고 구현 지향적인 ::type 스타일에 의존할 수밖에 없다. 다른 방법으로는 Delay 타입 함수를 도입해서 타입 함수가 사용될 때까지 타입의 평가를 미룰 수도 있다.

```
Conditional<
    is_integral<T>::value,
    Delay<Make_unsigned,T>,
    Error
>
```

완벽한 Delay 함수의 구현은 만만치 않지만, 많은 경우에는 다음으로도 충분하다.

```
template<template<typename...> class F, typename... Args>
using Delay = F<Args...>;
```

이 코드는 템플릿 템플릿 인자(25.2.4절)와 가변 인자 템플릿(28.6절)을 이용한다.

원하지 않는 인스턴스화를 피하기 위해 어떤 해결책을 선택했더라도 이 부분은 두려움에 떨면서 손을 대야 하는 전문적인 영역에 속한다.

28.2.2 타입 술어 함수

술어 함수는 불리언 값을 반환하는 함수다. 우리가 타입을 인자로 받아들이는 함수를 작성하고자 한다면 인자의 타입에 대해 묻는 것은 당연해 보인다. 부호 있는 타입인가? 이 타입은 다형적(즉, 최소 하나 이상의 가상 함수를 갖고 있는가)인가? 이 타입은 저 타입으로부터 파생된 것인가? 등이 그런 질문의 예다.

이런 많은 질문에 대한 답은 표준 라이브러리 타입 술어 함수(35.4.1절) 집합에 의해 컴파일러에게 알려지고 프로그래머에게 노출된다. 다음 예를 살펴보자.

```
template<typename T>
void copy(T* p, const T* q, int n)
{
    if (std::is_pod<T>::value)
        memcpy(p,q,n*sizeof(T));        // 최적화된 메모리 복사를 사용한다.
    else
        for (int i=0; i!=n; ++i)
            p[i] = q[i];                // 개별 값을 복사한다.
}
```

여기서는 객체를 '순수 재래식 데이터POD'(8.2.6절)로 취급할 수 있는 경우 (최적의 방법으로 추측되는) 표준 라이브러리 memcopy() 함수를 이용해서 복사를 최적화하는 방법을 시도한다. 그렇지 않은 경우에는 복사 생성자를 이용해서 하나씩 객체를 복사한다. 템플릿 인자의 타입이 POD인지는 표준 라이브러리 타입 술어 함수 is_pod에 의해 판별된다. 결과는 value 멤버로 제시된다. 표준 라이브러리 규약은 함수가 자신의 결과를 type 멤버로 제시하는 방식과 유사하다.

std::is_pod 술어 함수는 표준 라이브러리에서 제공되는 많은 것 중의 하나다(35.4.1절). POD가 되기 위한 규칙이 까다롭기 때문에 is_pod는 C++ 코드로 라이브러리에서 구현되기보다는 컴파일러에 내장돼 있을 가능성이 높다.

::type 규약과 마찬가지로 ::value 값은 코드를 장황하게 만들고 관용적인 표기에서 일탈해서 구현 세부 사항이 두드러져 보이게 만든다. bool을 반환하는 함수는 ()를 이용해서 호출돼야 한다.

```
template<typename T>
void copy(T* p, const T* q, int n)
{
    if (is_pod<T>())
    // ...
}
```

다행스럽게도 모든 표준 라이브러리 타입 술어 함수에 대해 이런 해결책이 표준에서 지원된다. 안타깝게도 언어 기술적인 이유로 인해 템플릿 인자가 쓰이는 상황에서는 이런 해결책을 이용할 수 없다. 예를 들면 다음과 같다.

```
template<typename T>
void do_something()
{
    Conditional<(is_pod<T>()),On_heap<T>,Scoped<T>> x;  // 오류: is_pod<T>()는 타입이다.
    // ..
}
```

특히 is_pod<T>는 아무런 인자를 받아들이지 않고 is_pod<T>를 반환하는 함수의 타입으로 해석된다(iso.14.3[2]절).

내가 쓰는 해결책은 모든 상황에서 관용적인 표기를 제공하는 함수를 추가하는 것이다.

```
template<typename T>
constexpr bool Is_pod()
{
    return std::is_pod<T>::value;
}
```

나는 표준 라이브러리 버전과의 혼동을 피하기 위해 이런 타입 함수의 이름을 모두 대문자로 시작한다. 게다가 그것들을 모두 별도의 네임스페이스(Estd)에 넣어 놓는다.

우리 자신만의 타입 술어 함수를 정의할 수도 있다. 예를 들면 다음과 같다.

```
template<typename T>
constexpr bool Is_big()
{
    return 100<sizeof(T);
}
```

(약간 거칠긴 하지만) 이런 '크다'라는 개념을 다음과 같이 사용할 수도 있다.

```
template<typename T>
using Obj_holder = Conditional<(Is_big<T>()), On_heap<T>, Scoped<T>>;
```

타입의 기본 속성을 직접적으로 반영하는 술어 함수를 정의할 필요는 거의 없다. 표준 라이브러리가 그런 것들을 대부분 제공하기 때문이다. `is_integral`, `is_pointer`, `is_empty`, `is_polymorphic`, `is_move_assignable`(35.4.1절) 등이 그런 예다. 이런 술어 함수를 정의해야 한다면 이용 가능한 강력한 기법이 있다. 예를 들어 어떤 클래스가 주어진 이름과 적합한 타입의 멤버를 갖고 있는지 판단하는 타입 함수를 정의할 수 있다(28.4.4절).

물론 두 개 이상의 인자를 갖는 타입 술어 함수도 쓸모가 있다. 특히 그런 함수는 `is_same`, `is_base_of`, `is_convertible`과 같이 두 가지 타입 사이의 관계를 표현하는 데 쓰인다. 이것들은 표준 라이브러리에 포함돼 있기도 하다.

나는 이런 모든 `is_*` 함수에 대해 통상적인 () 호출 문법을 지원하기 위해 `Is_*` constexpr 함수를 사용한다.

28.2.3 함수의 선택

함수 객체는 어떤 타입의 객체이므로, 타입과 값을 선택하기 위한 기법이 함수를 선택하는 데 사용될 수 있다. 예를 들면 다음과 같다.

```
struct X { // write X
    void operator()(int x) { cout << "X" << x << "!\n"; }
    // ...
};
struct Y { // write Y
    void operator()(int y) { cout << "Y" << y << "!\n"; }
    // ...
};
void f()
{
    Conditional<(sizeof(int)>4),X,Y>{}(7);    // X나 Y를 만들고 호출한다.
    using Z = Conditional<(Is_polymorphic<X>()),X,Y>;
    Z zz;    // X나 Y를 만든다.
    zz(7);    // X나 Y를 호출한다.
}
```

보는 바와 같이 선택된 함수 객체 타입은 즉시 사용되든지 아니면 차후 사용을 위해 '기억' 될 수 있다.

어떤 값들을 계산하는 멤버 함수를 가진 클래스는 템플릿 메타프로그래밍에서 가장 일반 적이면서도 가장 융통성 있는 계산 메커니즘이다.

`Conditional`은 컴파일 타임 프로그래밍을 위한 메커니즘이다. 특히 `Conditional`은 조건 이 상수 표현식이어야 한다는 점을 의미한다. `sizeof(int)>4`를 둘러싼 괄호를 눈여겨보기 바란다. 괄호가 없으면 컴파일러가 `>`를 템플릿 인자 리스트의 마지막으로 해석하기 때문에 반복 오류가 일어날 것이다. 그런 이유(및 다른 이유) 때문에 나는 >(보다 크다)보다는 <(보다 작다) 사용을 선호하는 편이다. 또한 나는 가독성을 위해 조건을 둘러싸는 괄호를 쓰기도 한다.

28.2.4 특성 정보

표준 라이브러리는 **특성 정보**trait를 집중적으로 사용한다. 특성 정보는 속성을 타입과 연관시키는 데 사용된다. 예를 들어 반복자의 속성은 `iterator_traits`에 의해 정의된다(33.1.3절).

```
template<typename Iterator>
struct iterator_traits {
    using difference_type = typename Iterator::difference_type;
    using value_type = typename Iterator::value_type;
    using pointer = typename Iterator::pointer;
    using reference = typename Iterator::reference;
    using iterator_category = typename Iterator::iterator_category;
};
```

특성 정보를 많은 결과를 가진 타입 함수 또는 타입 함수의 묶음으로 간주할 수도 있다. 표준 라이브러리는 `allocator_traits`(34.4.2절), `char_traits`(36.2.2절), `iterator_traits`(33.1.3절), `regex_traits`(37.5절), `pointer_traits`(34.4.3절)를 제공한다. 그 외에도 혼동될 수도 있지만 간단한 타입 함수인 `time_traits`(35.2.4절)와 `type_traits`(35.4.1절)를 제공한다.

어떤 포인터에 대해 `iterator_traits`가 주어지면 포인터가 멤버를 갖지 않은 경우에도 포인터의 `value_type`과 `difference_type`에 대해 논할 수 있다.

```
template<typename Iter>
Iter search(Iter p, Iter q, typename iterator_traits<Iter>::value_type val)
{
    typename iterator_traits<Iter>::difference_type m = q-p;
    // ...
}
```

이것은 가장 유용하고 강력한 기법이기도 하지만 다음과 같은 단점들도 있다.

- 장황하다.
- 이 기법이 아니라면 약하게 관련됐을 타입 함수를 묶는 경우도 흔히 있다.
- 구현 세부 사항을 사용자에게 노출한다.

또한 사람들은 때때로 '만일에 대비해서' 타입 별칭을 도입하기 때문에 불필요한 복잡성을 야기할 수 있다. 그렇기 때문에 나는 간단한 타입 함수 사용을 선호하는 편이다.

```
template<typename T>
    using Value_type = typename std::iterator_traits<T>::value_type;
template<typename T>
    using Difference_type = typename std::iterator_traits<T>::difference_type;
template<typename T>
    using Iterator_category= typename std::iterator_traits<T>::iterator_category;
```

예제는 깔끔하게 마무리된다.

```
template<typename Iter>
Iter search(Iter p, Iter q, Value_type<Iter> val)
{
```

```
    Difference_type<Iter> m = q-p;
    // ...
}
```

나는 최근 특성 정보가 과도하게 사용되고 있다고 생각한다. 앞의 예제를 특성 정보나 다른 타입 함수를 일체 사용하지 않고 어떻게 작성할 수 있는지 살펴보자.

```
template<typename Iter, typename Val>
Iter search(Iter p, Iter q, Val val)
{
    auto x = *p;                              // *p의 타입에 이름을 붙일 필요가 없다면
    auto m = q-p;                             // q-p의 타입에 이름을 붙일 필요가 없다면

    using value_type = decltype(*p);          // *p의 타입에 이름을 붙이고 싶다면
    using difference_type = decltype(q-p);    // *q-p의 타입에 이름을 붙이고 싶다면

    // ...
}
```

물론 **decltype()**은 타입 함수이므로, 내가 한 일은 사용자 정의 및 표준 라이브러리 타입 함수를 삭제하는 것뿐이었다. 또한 **auto**와 **decltype**은 C++11에서 새로 도입된 것이므로, 예전의 코드는 이렇게 작성될 수 없었을 것이다.

vaule_type을 **T***와 연관시키는 식으로, 어떤 타입을 또 다른 타입과 연관시키려면 특성 정보(또는 **decltype()**과 같은 동등한 타입 함수)가 필요하다. 그런 이유 때문에 일반화 프로그래밍이나 메타프로그래밍에 필요한 타입 이름을 비침습적으로 추가하기 위해서는 특성 정보(또는 유사한 기능)가 필수불가결하다. **value_type***에 대한 **pointer**나 **value_type&**에 대한 **reference**와 같이 특성 정보가 이미 완벽하게 좋은 이름을 가진 뭔가에 대해 단순히 이름을 제공하는 데 쓰이는 경우라면 유용성이 그다지 명확하지 않고 혼동이 일어날 가능성이 더 크다. '만일에 대비해서' 모든 것에 대해 맹목적으로 특성 정보를 정의하지 말기 바란다.

28.3 제어 구조

컴파일 타임에 일반적인 계산을 수행하기 위해서는 선택과 재귀가 필요하다.

28.3.1 선택

통상적인 상수 표현식(10.4절)을 이용해서 간단히 처리하는 방법 외에 나는 다음과 같은 것을 활용한다.

- Conditional 두 타입 중에서 선택하는 방법(std::conditional에 대한 별칭)
- Select 여러 개의 타입 중에서 선택하는 방법(28.3.1.3절에서 정의됨)

이런 타입 함수들은 타입을 반환한다. 값들 중에서 선택하는 것이라면 **?:**으로 충분하다. **Conditional**과 **Select**는 타입 선택을 위한 것이다. **Conditional**과 **Select**가 함수 객체 중에

서 선택하는 데 사용될 때는 그렇게 보일 수도 있지만(3.4.3절, 19.2.2절), 이것들은 단순히 if와 switch의 컴파일 타임 버전이 아니다.

28.3.1.1 두 타입 사이에서의 선택

Conditional의 구현은 28.2.2절에서 쓰인 대로 놀라울 정도로 간단하다. conditional 템플릿은 표준 라이브러리의 일부(<type_traits>에 있음)이므로 따로 구현할 필요가 없지만, 그 구현은 중요한 기법을 보여준다.

```
template<bool C, typename T, typename F>        // 일반적인 템플릿
struct conditional {
    using type = T;
};
template<typename T, typename F>                // false에 대한 특수화
struct conditional<false,T,F> {
    using type = F;
};
```

기본 템플릿(25.3.1.1절)은 그냥 자신의 type을 T(조건식 다음의 첫 번째 템플릿 매개변수)로 정의한다. 조건식이 true가 아니라면 false에 대한 특수화가 선택되고 type은 F로 정의된다. 예를 들면 다음과 같다.

```
typename conditional<(std::is_polymorphic<T>::value),X,Y>::type z;
```

분명히 문법에는 약간 개선의 여지가 있지만(28.2.2절), 기초를 이루는 논리 자체는 아름답다.

특수화는 일반적인 경우와 한두 가지 특수화된 경우를 구분하는 데 사용된다(25.3절). 이 예제에서는 기본 템플릿이 기능의 정확히 절반을 처리하지만, 해당 부분은 아무 처리도 안 하는 것(오류가 일어나지 않는 모든 경우는 특수화에 의해 처리된다. 25.3.1.1절)에서부터 단독 종료 처리를 제외한 모든 처리에 이르기까지 다양할 수 있다(28.5절). 이런 형태의 선택은 완전히 컴파일 타임에 일어나며, 런타임에서는 단 하나의 바이트나 주기도 소요되지 않는다.

문법을 개선하기 위해 타입 별칭을 도입하면 다음과 같다.

```
template<bool B, typename T, typename F>
using Conditional = typename std::conditional<B,T,F>::type;
```

이 코드가 주어지면 다음과 같이 작성할 수 있다.

```
Conditional<(Is_polymorphic<T>()),X,Y> z;
```

상당한 개선이 이뤄졌다는 생각이 든다.

28.3.1.2 컴파일 타임과 런타임

다음과 같은 코드를 처음 접하면 사람들은 "왜 그냥 일반적인 if를 쓰지 않을까?"라고 생각하기 십상이다.

```
Conditional<(std::is_polymorphic<T>::value),X,Y> z;
```

Square와 Cube의 두 가지 대안 사이에서 선택해야 하는 경우를 생각해보자.

```
struct Square {
    constexpr int operator()(int i) { return i*i; }
};
struct Cube {
    constexpr int operator()(int i) { return i*i*i; }
};
```

익숙한 if문으로 시도해보자.

```
if (My_cond<T>())
    using Type = Square;      // 오류: if문 분기로서의 선언
else
    using Type = Cube;        // 오류: if문 분기로서의 선언
Type x;                       // 오류: Type이 유효 범위 내에 있지 않다
```

선언은 if문 분기의 유일한 문장일 수는 없으므로(6.3.4절, 9.4.1절), 컴파일 타임에 계산되는 **My_cond<T>()**를 통해서도 이 코드는 동작되지 않을 것이다. 따라서 통상적인 if문은 통상적인 표현식에 대해서는 유효하지만 타입 선택에 대해서는 그렇지 않다.

변수 정의를 수반하지 않는 예제를 한번 살펴보자.

```
Conditional<(My_cond<T>()),Square,Cube>{}(99); // Square{}(99) 또는 Cube{}(99)를 호출한다.
```

즉, 타입을 선택하고 해당 타입의 기본 객체를 생성한 다음, 그것을 호출한다. 이 방식은 제대로 동작한다. '관용적인 제어 구조'를 사용한다면 다음과 같이 될 것이다.

```
((My_cond<T>())?Square:Cube){}(99);
```

이 예제는 동작하지 않는다. Square와 Cube가 조건부 표현식에서 호환되는 타입의 값이 아니라, 타입이기 때문이다(11.1.3절). 다음과 같이 시도해 볼 수도 있다.

```
(My_cond<T>()?Square{}:Cube{})(99);      // 오류: ?:에 대해 호환되지 않는 인자
```

안타깝게도 이 버전은 Square{}와 Cube{}가 ?: 표현식에서 대안으로 받아들여질 수 있는 호환 타입이 아니라는 문제를 겪는다. 호환되는 타입에 대한 제약은 대부분 메타프로그래밍에서 받아들여질 수 없다. 메타프로그래밍에서는 명시적으로 관련되지 않은 타입 사이에서 선택해야 하기 때문이다.

마지막으로 다음 구문은 동작한다.

```
My_cond<T>()?Square{}(99):Cube{}(99);
```

추가로 이 구문이 다음 구문보다 훨씬 읽기 좋다고 할 수는 없다.

```
Conditional<(My_cond<T>()),Square,Cube>{}(99);
```

28.3.1.3 여러 타입 중에서의 선택

N개의 대안 중에서 선택하는 경우는 두 개 사이에서 선택하는 경우와 매우 유사하다. 다음은 N번째 원소 타입을 반환하는 타입 함수다.

```
class Nil {};
template<int I, typename T1 =Nil, typename T2 =Nil, typename T3 =Nil, typename T4 =Nil>
struct select;
template<int I, typename T1 =Nil, typename T2 =Nil, typename T3 =Nil, typename T4 =Nil>
using Select = typename select<I,T1,T2,T3,T4>::type;
// 0-3에 대한 특수화
template<typename T1, typename T2, typename T3, typename T4>
struct select<0,T1,T2,T3,T4> { using type = T1; };        // N==0에 대한 특수화
template<typename T1, typename T2, typename T3, typename T4>
struct select<1,T1,T2,T3,T4> { using type = T2; };        // N==1에 대한 특수화
template<typename T1, typename T2, typename T3, typename T4>
struct select<2,T1,T2,T3,T4> { using type = T3; };        // N==2에 대한 특수화
template<typename T1, typename T2, typename T3, typename T4>
struct select<3,T1,T2,T3,T4> { using type = T4; };        // N==3에 대한 특수화
```

select에 대한 일반 버전은 사용될 일이 없으므로, 정의하지 않았다. 나는 나머지 C++와 조화를 이루기 위해 0 기준의 번호 붙이는 방식을 선택했다. 이 기법은 완전히 범용적이다. 이러한 특수화는 템플릿 인자의 모든 측면을 표현할 수 있다. 실제로 대안의 최대 개수(여기서는 4개)를 선택하고 싶지는 않겠지만, 그런 문제는 가변 인자 템플릿(28.6절)을 이용해서 해결될 수 있다. 존재하지 않는 대안을 선택하면 기본(일반) 템플릿을 사용하는 결과가 된다. 다음 예를 살펴보자.

```
Select<5,int,double,char> x;
```

이 경우에는 일반적인 Select가 정의돼 있지 않기 때문에 곧바로 컴파일 타임 오류가 일어나게 될 것이다.

실제적인 사용법은 tuple의 N번째 원소를 반환하는 함수에 대한 타입을 선택하는 것이다.

```
template<int N, typename T1, typename T2, typename T3, typename T4>
Select<N,T1,T2,T3,T4>& get(Tuple<T1,T2,T3,T4>& t);        // 28.5.2절 참고
auto x = get<2>(t);        // t가 Tuple이라고 가정한다.
```

여기서 x의 타입은 t라고 불리는 Tuple에 대한 T3가 될 것이다. tuple에 대한 색인은 0 기준이다.

가변 인자 템플릿(28.6절)을 이용하면 훨씬 간단하고 좀 더 범용적인 select를 제공할 수 있다.

```
template<unsigned N, typename... Cases>        // 일반적인 경우: 인스턴스화되지 않는다.
struct select;
```

```
template<unsigned N, typename T, typename... Cases>
struct select<N,T,Cases...> :select<N-1,Cases...> {
};

template<typename T, typename... Cases>  // 최종적인 경우: N==0
struct select<0,T,Cases...> {
    using type = T;
};

template<unsigned N, typename... Cases>
using Select = typename select<N,Cases...>::type;
```

28.3.2 반복과 재귀

팩토리얼 함수 템플릿을 이용해서 컴파일 타임에 값을 계산하는 기본적인 기법을 구현할 수 있다.

```
template<int N>
constexpr int fac()
{
    return N*fac<N-1>();
}
template<>
constexpr int fac<1>()
{
    return 1;
}
constexpr int x5 = fac<5>();
```

팩토리얼은 반복이 아니라 재귀를 이용해서 구현된다. 컴파일 타임에는 변수가 없기 때문에(10.4절), 그것이 타당하다. 대체적으로 컴파일 타임에 변수 집합에 대한 반복을 원한다면 재귀를 사용한다.

조건식이 없다는 점에 유의한다. N==1이나 N<2 검사가 없다. 대신 **fac()** 호출이 N==1에 대한 특수화를 선택하면 재귀가 종료된다. 템플릿 메타프로그래밍에서(함수형 프로그래밍에서와 마찬가지로) 값의 시퀀스를 처음부터 끝까지 다루는 관용적인 방법은 종료 특수화에 도달할 때까지 재귀하는 것이다.

이 경우에는 좀 더 관용적인 방식의 계산도 수행할 수 있다.

```
constexpr int fac(int i)
{
    return (i<2)?1:i*fac(i-1);
}
constexpr int x6 = fac(6);
```

나는 이 방식이 함수 템플릿으로 개념을 표현하는 방식에 비해 명확하다고 생각하지만 취향은 다양하기 마련이며 종료 케이스를 일반적인 케이스와 구분해야 최적으로 표현되는 알고리즘들도 존재한다. 템플릿을 사용하지 않는 버전이 컴파일러가 다루기에 약간 더 쉽다. 물론 런타임 성능은 동일하다.

constexpr 함수는 컴파일 타임 평가와 런타임 평가 양쪽 모두에 쓰일 수 있다. 템플릿(메타 프로그래밍) 버전은 컴파일 타임에만 사용될 수 있다.

28.3.2.1 클래스를 이용한 재귀

좀 더 복잡한 상태나 좀 더 정교한 매개변수화가 관련된 반복은 클래스를 이용해서 처리될 수 있다. 예를 들어 팩토리얼 프로그램은 다음과 같이 될 수 있다.

```
template<int N>
struct Fac {
    static const int value = N*Fac<N-1>::value;
};
template<>
struct Fac<1> {
    static const int value = 1;
};
constexpr int x7 = Fac<7>::value;
```

좀 더 실전적인 예제에 대해서는 28.5.2절을 참고하기 바란다.

28.3.3 메타프로그래밍을 사용하는 경우

여기에서 설명된 제어 구조를 사용하면 거의 모든 것을 컴파일 타임에 계산할 수 있다(해석 한계가 허용하기만 한다면). 그러나 왜 그래야 하는가 하는 질문은 남는다. 이런 기법들은 다른 대안에 비해 좀 더 깔끔하고, 좀 더 좋은 성능을 보이고, 좀 더 유지 보수하기 쉬운 코드를 만들어 낼 때만 사용해야 한다. 메타프로그래밍에 대한 가장 명백한 제약 조건은 템플릿의 복잡한 사용에 의존하는 코드가 읽기 어려운 데다 디버깅하기는 더 어렵다는 데 있다. 템플릿을 본격적으로 사용하다 보면 컴파일 시간에도 영향을 미칠 수 있다. 우리가 복잡한 인스턴스화 패턴을 요구하는 코드에서 무슨 일이 벌어지고 있는지 이해하기 어렵다면 컴파일러도 마찬가지일 수 있다. 더 안 좋은 부분은 우리의 코드를 유지 보수하는 프로그래머에도 마찬가지일 것이라는 점이다.

영리한 사람들은 템플릿 메타프로그래밍에 끌린다.

- 이는 부분적으로 동일한 수준의 타입 안전성과 런타임 성능을 보장할 때 처리될 수 없던 것들을 메타프로그래밍이 표현할 수 있게 해주기 때문이다. 개선되는 부분이 상당하고 코드가 유지 보수 가능하다면 이것은 좋은 이유가 되며, 경우에 따라서는 아주 매력적인 이유가 될 수 있다.
- 이는 부분적으로는 메타프로그래밍이 우리의 영리하다는 점을 뽐내게 해주기 때문이다. 당연히 이런 경우는 피해야 한다.

어떻게 하면 메타프로그래밍을 지나치게 추구하고 있다는 점을 알 수 있을까? 내가 쓰는 한 가지 경고 신호는 직접적으로 다루기에는 너무나 보기 흉하게 돼 버린 '세부 사항'을 숨기고 싶어서 매크로(12.6절)를 사용하고픈 유혹을 느끼는지의 여부다. 다음 예를 살펴보자.

```
#define IF(c,x,y) typename std::conditional<(c),x,y>::type
```

너무 지나친 것일까? 이것이 있으면

```
typename std::conditional<(cond),Cube,Square>::type z;
```

를 다음과 같이 작성할 수 있게 해준다.

```
IF(cond,Cube,Square) z;
```

매우 간단한 이름 **if**와 긴 형식인 **std::conditional**을 사용하는 바람에 질문에 편견을 갖게 만들었다.

마찬가지로 좀 더 복잡한 조건식도 거의 똑같은 개수의 문자로 동일하게 표현할 수 있다. 근본적인 차이점은 표준 용어를 사용하기 위해 **typename**과 **::type**를 써야 한다는 점이다. 그러면 템플릿 구현 기법이 드러난다. 나는 그것을 숨기고 싶고, 매크로가 그걸 해준다. 하지만 많은 사람이 함께 협동해야 하고, 프로그램의 규모가 커진다면 표기를 분기시키는 것보다 약간 장황한 편이 더 낫다.

IF 매크로에 반대되는 또 다른 중요한 주장은 그 이름이 오해를 불러일으킨다는 것이다. **conditional**은 관용적인 **if**에 대한 '즉석 대체물'이 아니다. **::type**은 상당한 차이를 나타낸다. **conditional**은 타입 사이에서 선택하는 것이며, 제어 흐름을 직접적으로 바꾸지 않는다. 때로는 함수를 선택하는 데 사용되며, 따라서 계산상 분기를 나타내지만 때로는 그렇지 않다. **IF** 매크로는 함수의 필수적인 특성을 숨겨버린다. 다른 수많은 '타당한' 매크로에 대해서도 비슷한 반대 주장이 있을 수 있다. 그런 매크로는 근본적인 기능을 반영하기보다는 일부 프로그래머가 자신의 용도에 특정된 개념에 맞춰 이름을 붙인 것이다.

이런 경우 구현 세부 사항이 장황하다는 문제가 부각되는데, 부적당한 이름 문제는 타입 별칭(Conditonal - 28.2.1절)에 의해 손쉽게 해결될 수 있다. 일반적으로는 사적인 언어를 자꾸 만들어내지 말고 사용자에게 제시될 문법을 말쑥하게 만들 수 있는 방법을 치열하게 찾아보기 바란다. 매크로 같은 편법보다는 특수화나 별칭 활용 같은 체계적인 기법을 선택하기 바란다. 컴파일 타임 계산에 대해서는 템플릿보다 **constexpr** 함수를 선택하고, 가능한 경우에는 언제나 **constexpr** 함수의 메타프로그래밍 구현 세부 사항을 은닉하기 바란다(28.2.2절).

다른 관점에서 우리가 시도하려는 작업의 근본적인 복잡성을 검토해볼 수 있다.

[1]   그것이 명시적인 검사를 필요로 하는가?

[2]   그것이 재귀를 필요로 하는가?

[3]   템플릿 인자에 대해 콘셉트(24.3절)를 작성할 수 있는가?

질문 [1]이나 [2]에 대한 대답이 '예'이거나 질문 [3]에 대한 대답이 '아니오'라면 유지 보수 문제가 있을 수 있는지 살펴봐야 한다. 혹시 어떤 형태로든 캡슐화가 가능한가? 인스턴스화가 실패하면 템플릿 구현의 복잡성이 사용자에게 보이게('누출') 된다는 점을 명심하기 바란다. 또한 많은 프로그래머들이 메타프로그램의 모든 세부 사항이 드러나 있는 헤더 파일들을 실제로 살펴본다.

28.4 조건부 정의: Enable_if

템플릿을 작성할 때 경우에 따라 일부 템플릿 인자에는 연산을 제공하고 다른 것에는 제공하고 싶지 않을 때가 있다. 다음 예를 살펴보자.

```
template<typename T>
class Smart_pointer {
    // ...
    T& operator*();        // 전체 객체에 대한 참조자를 반환한다.
    T* operator->();       // 멤버를 선택한다(클래스에 대해서만).
    // ...
};
```

T가 클래스라면 `operator->()`를 제공해야 하지만 T가 기본 제공 타입이라면 단순히 그렇게 할 수는 없다(통상적인 의미 구조로는). 그러므로 "이 타입이 이 속성을 갖고 있다면 다음을 정의한다"라고 말하기 위한 언어 메커니즘이 필요하다. 다음과 같이 뻔해 보이는 방법을 시도해볼 수 있다.

```
template<typename T>
class Smart_pointer {
    // ...
    T& operator*();                         // 전체 객체에 대한 참조자를 반환한다.
    if (Is_class<U>()) U* operator->();     // 문법 오류
    // ...
};
```

하지만 이 코드는 동작하지 않는다. C++는 일반적인 조건을 기준으로 정의 속에서 선택 기능을 가진 `if`를 제공하지 않는다. 그러나 `Conditional`과 `Select`(28.3.1)에서처럼 방법은 있다. `operator->()`의 정의를 조건부로 만들기 위해 약간 특이한 타입 함수를 작성할 수 있다. 표준 라이브러리는 (《type_traits》에서) 이에 필요한 `Enable_if`를 제공한다. `Smart_pointer`는 다음과 같이 변경될 수 있다.

```
template<typename T>
class Smart_pointer {
    // ...
    T& operator*();                                  // 전체 객체에 대한 참조자를 반환한다.
    template<typename U = T>                          // SFINAE를 활성화하기 위한 특이한 우회 수단
    Enable_if<Is_class<T>(),T>* operator->();        // 멤버를 선택한다(클래스에 대해서만).
    // ...
};
```

평상시와 마찬가지로 표기를 단순화하기 위해 타입 별칭과 `constexpr` 함수를 사용했다.

```
template<bool B, typename T =void>
using Enable_if = typename std::enable_if<B,T>::type;
```

```
template<typename T> constexpr bool Is_class()
{
    return std::is_class<T>::value;
}
```

Enable_if의 조건이 true로 평가되면 두 번째 인자(여기서는 T)가 결과가 된다. Enable_if
의 조건이 false로 평가되면 그것이 포함된 전체 함수 선언이 완전히 무시된다. 이 경우 T가
클래스라면 T*를 반환하는 operator->()의 정의를 얻게 되며, 그렇지 않으면 아무것도 선언
되지 않는다.

Enable_if를 이용해서 Smart_pointer의 정의가 주어지면 다음 결과가 얻어진다.

```
void f(Smart_pointer<double> p, Smart_pointer<complex<double>> q)
{
    auto d0 = *p;          // OK
    auto c0 = *q;          // OK
    auto d1 = q->real();   // OK
    auto d2 = p->real();   // 오류: p는 클래스 객체를 가리키지 않는다.
    // ...
}
```

Smart_pointer와 operator->()가 이상하게 여겨질지도 모르지만, 연산을 조건부로 제공
(정의)하는 것은 흔한 일이다. 표준 라이브러리는 Alloc::size_type(34.4.2절)와 pair (34.2.4.1
절) 같은 조건부 정의 예제를 다수 제공한다. 언어 자체적으로는 클래스 객체에 대한 포인터에
대해서만 ->를 정의한다(8.2절).

이 경우 Enable_if로 operator->()를 선언하는 노력을 해도 p->real() 같은 예제로부터
얻어지는 오류의 종류만 달라진다.

• 무조건적으로 operator->()를 선언하면 Smart_pointer<double>::operator->() 정의의
  인스턴스화 시점에 '클래스가 아닌 포인터에 대해 ->가 사용됨'이란 오류가 얻어진다.
• Enable_if를 이용해서 조건부로 operator->()를 선언하면 Smart_ptr<double>에 대해 ->를
  사용하는 경우 'Smart_ptr<double>::operator->()의 사용 시점에 Smart_ptr<double>::
  operator->()가 정의되지 않음'이란 오류가 얻어진다.

어느 쪽 경우든 T가 클래스가 아닌 경우에는 Smart_ptr<T>에 ->를 사용해도 오류가 일
어나지 않는다.

우리는 오류 탐지와 보고를 Smart_pointer<T>::operator->()의 구현에서 그것의 선언
으로 이동시켰다. 컴파일러에 따라, 그리고 특히 템플릿 인스턴스화 중첩의 얼마나 깊은 곳에
서 오류가 일어나는가에 따라 이는 큰 차이를 만들어 낼 수 있다. 일반적으로 부적절한 인스턴
스화가 잡히길 기다리지 말고 조기에 오류를 탐지하기 위해 템플릿을 정확하게 지정하는 편이
바람직하다. 이런 의미에서 Enable_if를 콘셉트(24.3절) 개념이 변형된 것으로 볼 수 있다.
Enable_if는 템플릿의 요구 사항에 대한 좀 더 정확한 명세를 가능하게 해준다.

28.4.1 Enable_if의 사용

대부분 용도에 대해 **Enable_if**의 기능은 상당히 안성맞춤이다. 하지만 우리가 사용해야 하는 표기법은 많은 경우 어색하다. 다음 예를 살펴보자.

```
Enable_if<Is_class<T>(),T>* operator->();
```

이 구현은 언뜻 보기에는 다소 과격해 보인다. 하지만 실제로 표현되는 것은 궁극적 목표 기준으로 최소한의 수준에 가깝다.

```
declare_if (Is_class<T>()) T* operator->();      // C++가 아니다.
```

하지만 C++에는 선언을 선택하기 위한 **declare_if** 구문 요소가 없다.

Enable_if를 사용해서 반환 타입에 뭔가를 덧붙이면 (반환 타입뿐 아니라) 전체 선언에 영향을 미치는 관계로, 반환 타입은 소속되는 곳에서 눈에 잘 뜨이는 전면부에 배치된다. 하지만 일부 선언은 반환 타입을 갖지 않는다. **vector**의 생성자 두 개를 살펴보자.

```
template<typename T>
class vector {
public:
    vector(size_t n, const T& val);  // val 값을 가진 타입 T의 n개 원소

    template<typename Iter>
        vector(Iter b, Iter e);      // [b:e]로 초기화한다.
    // ...
};
```

이 코드는 충분히 괜찮아 보이지만, 여러 개의 원소를 받아들이는 생성자가 늘 그렇듯이 문제를 일으킨다. 다음을 살펴보자.

```
vector<int> v(10,20);
```

이것은 20의 값을 가진 10개의 원소인가 아니면 [10:20]으로 초기화를 하려는 것인가? 표준은 전자를 요구하지만, 위의 코드는 어리숙하게 후자를 선택할 것이다. **int**의 쌍이 템플릿 생성자에게는 완벽하게 일치하긴 하지만, 첫 번째 생성자를 위해서는 **int**에서 **size_t**로의 변환이 요구되기 때문이다. 문제는 내가 컴파일러에게 **Iter** 타입이 반복자여야 한다는 점을 알리는 것을 잊었다는 데 있다. 하지만 그것은 다음과 같이 처리할 수 있다.

```
template<typename T>
class vector<T> {
public:
    vector(size_t n, const T& val);                   // val 값을 가진 타입 T의 n개 원소

    template<typename Iter, typename =Enable_if<Input_iterator<Iter>()>>
        vector(Iter b, Iter e);                       // [b:e]로 초기화한다.
    // ...
};
```

사용되지 않는 해당 매개변수를 추론할 수 없다는 것이 확실하기 때문에 해당 (사용되지 않는) 기본 템플릿 인자가 인스턴스화될 것이다. 이는 **Iter**가 **Input_iterator**(24.4.4절)가 아닌

한 `vector(Iter,Iter)`의 선언이 실패한다는 의미다.

Enable_if가 가장 일반적인 해결책이기 때문에 나는 `Enable_if`를 기본 템플릿 인자로 도입했다. 그것은 인자나 반환 타입 없이도 템플릿에 쓰일 수 있다. 하지만 이 경우에는 그 대신 `Enable_if`를 생성자 인자 타입에 적용할 수 있다.

```
template<typename T>
class vector<T> {
public:
    vector(size_t n, const T& val);         // val 값을 가진 타입 T의 n개 원소

    template<typename Iter>
        vector(Enable_if<Input_iterator<Iter>(),Iter> b, Iter e);    // [b:e]로 초기화한다.
    // ...
};
```

Enable_if 기법은 템플릿 함수에 대해서만 통한다(클래스 템플릿의 멤버 함수와 특수화를 포함한). Enable_if의 구현과 사용은 오버로딩 함수 템플릿(23.5.3.2절)에 대한 규칙의 세부 사항에 의존한다. 결과적으로 `Enable_if`는 클래스, 변수 또는 템플릿이 아닌 함수 선언의 제어에는 사용될 수 없다. 예를 들면 다음과 같다.

```
Enable_if<(version2_2_3<config>),My_struct>* make_default()       // 오류: 템플릿이 아니다.
{
    return new My_struct{};
}

template<typename T>
void f(const T& x)
{
    Enable_if<!(20<sizeof(T)),T> tmp = x;                       // 오류: tmp는 함수가 아니다.
    Enable_if<(20<sizeof(T)),T&> tmp = *new T{x};              // 오류: tmp는 함수가 아니다.
    // ...
}
```

tmp에 대해서는 어떻게 되든 `Obj_holder`(28.2절)를 사용하는 편이 거의 확실히 더 깔끔하다. 어쨌든 그런 자유 저장 공간 객체를 생성하는 데 성공했다면 어떻게 그것을 **delete**해야 하는가?

28.4.2 Enable_if의 구현

Enable_if의 구현은 간단하다.

```
template<bool B, typename T = void>
struct std::enable_if {
    typedef T type;
};

template<typename T>
struct std::enable_if<false, T> {};        // B==false이면 ::type이 아님

template<bool B, typename T = void>
using Enable_if = typename std::enable_if<B,T>::type;
```

타입 인자를 생략할 수 있고 그 경우에는 기본 설정으로 **void**가 얻어진다는 점을 알아두자.

이런 간단한 선언이 근본적인 구문 요소로서 어떻게 유용한지에 대한 언어 기술적인 설명에 대해서는 23.5.3.2절을 참고하기 바란다.

28.4.3 Enable_if와 콘셉트

다수의 타입 속성 검사를 비롯한 다양한 술어 함수에 대해 **Enable_if**를 사용할 수 있다 (28.3.1.1절). 콘셉트는 그 중에서도 가장 보편적이고 유용한 술어 함수에 속한다. 이상적으로는 콘셉트에 기반을 두고 오버로딩을 하고 싶지만 콘셉트에 대한 언어 지원이 부족한 관계로, 우리가 선택할 수 있는 최선은 제약 조건에 기반을 둔 선택을 위해 **Enable_if**를 이용하는 것이다. 다음 예를 살펴보자.

```
template<typename T>
Enable_if<Ordered<T>()> fct(T*,T*) { /* 최적화된 구현 */ }

template<typename T>
Enable_if<!Ordered<T>()> fct(T*,T*) { /* 최적화되지 않은 구현 */ }
```

Enable_if는 **void**가 기본 설정이므로, **fct()**는 **void** 함수다. 그러한 기본 설정을 사용하는 것이 가독성에 좋은지는 잘 모르겠지만, **fct()**를 다음과 같이 사용할 수는 있다.

```
void f(vector<int>& vi, vector<complex<int>>& vc)
{
    if (vi.size()==0 || vc.size()==0) throw runtime_error("bad fct arg");
    fct(&vi.front(),&vi.back());        // 최적화된 것을 호출한다.
    fct(&vc.front(),&vc.back());        // 최적화되지 않은 것을 호출한다.
}
```

<를 **int**에 대해서는 사용할 수 있지만 **complex<int>**에 대해서는 사용할 수 없기 때문에 이런 호출들은 설명된 대로 해결된다. **Enable_if**는 타입 인자가 제공되지 않으면 **void**로 해결된다.

28.4.4 추가적인 Enable_if 예제

Enable_if를 사용하다 보면 이내 어떤 클래스가 특정한 이름과 적합한 타입을 갖고 있는지 질문을 던져야 할 경우가 생긴다. 생성자나 대입 같은 표준 연산의 대해서는 표준 라이브러리가 **is_copy_assignable**과 **is_default_constructible**(35.4.1절) 같은 타입 속성 술어 함수를 제공한다. 하지만 우리 자신만의 술어 함수를 구축할 수도 있다. "**x**가 타입 **X**라면 **f(x)**를 호출 가능한가?"라는 질문을 생각해보자. 이런 질문에 답하기 위해 **has_f**를 정의하는 작업은 많은 템플릿 메타프로그래밍 라이브러리(표준 라이브러리의 일부 포함)에서 내부적으로 사용되는 일부 기법과 내부적으로 제공되는 핵심 코드의 일부를 맛볼 수 있는 기회를 제공한다. 우선 대안을 표현하기 위해 통상적인 클래스에 특수화를 추가해서 정의한다.

```
struct substitution_failure { };       // 뭔가를 선언하는 데 실패한 경우를 표현한다.
template<typename T>
struct substitution_succeeded : std::true_type
{ };

template<>
struct substitution_succeeded<substitution_failure> : std::false_type
{ };
```

여기서 `substitution_failure`는 대체 실패를 나타내는 데 쓰인다(23.5.3.2절). 인자 타입이
`substitution_failure`가 아니라면 `std::true_type`에서 파생한다. 당연히 `std::true_type`
과 `std::false_type`은 각각 `true`와 `false`를 나타내는 타입들이다.

```
std::true_type::value == true
std::false_type::value == false
```

실제로 원하는 타입을 정의하기 위해서는 `substitution_succeeded`를 사용한다. 예를 들
어 우리는 `f(x)`로 호출할 수 있는 어떤 함수 `f`를 찾고 싶을 수 있다. 이를 위해 `has_f`를 선언
할 수 있다.

```
template<typename T>
struct has_f
   : substitution_succeeded<typename get_f_result<T>::type>
{ };
```

그러므로 `get_f_result<T>`가 적절한 타입(아마도 `f` 호출의 반환 타입)을 산출한다면 `has_`
`::value`는 `true`인 `true_type::value`가 된다. `get_f_result<T>`가 컴파일되지 않으면
`substitution_failure`를 반환하고 `has_f::value`는 `false`가 된다.

지금까지는 괜찮지만 어떻게 해서도 타입 `X`의 값 `x`에 대해 `f(x)`가 컴파일되지 않는다면
어떻게 `get_f_result<T>`가 `substitution_failure`가 되게 할 것인가? 이를 처리해주는 정의
는 겉으로 보기에는 멀쩡해 보인다.

```
template<typename T>
struct get_f_result {
private:
   template<typename X>
      static auto check(X const& x) -> decltype(f(x));   // f(x)를 호출할 수 있다.
   static substitution_failure check(...);               // f(x)를 호출할 수 없다.
public:
   using type = decltype(check(std::declval<T>()));
};
```

그냥 `check(x)`가 `f(x)`와 동일한 반환 타입을 갖도록 함수 `check`를 선언한다. 당연히 `f(x)`
를 호출하지 않는 한 그런 선언은 컴파일되지 않을 것이다. 따라서 `check`의 그런 선언은 `f(x)`
를 호출할 수 없다면 실패한다. 그런 경우 대체 실패는 오류가 아니기 때문에(SFINAE – 23.5.3.2
절), `substitution_failure`를 반환 타입으로 갖는 두 번째 `check()`의 정의가 얻어진다. 그리
고 당연하겠지만 이렇게 공을 들인 꼼수는 함수 `f`가 `substitution_failure`를 반환하도록
선언돼 있다면 실패한다.

`decltype()`이 자신의 피연산자를 평가하지 않는다는 데 유의한다.

우리는 타입 오류로 보였던 것을 **false** 값으로 바꾸는 데 간신히 성공했다. 언어 자체적으로 그런 변환을 수행하는 원시 (기본 제공) 연산을 다음 예와 같이 제공했더라면 그 작업은 훨씬 간단했을 것이다.

```
is_valid(f(x));        // f(x)가 컴파일될 수 있는가?
```

하지만 언어에서 모든 것을 언어 원시 단위로 제공할 수는 없다. 뼈대가 되는 코드가 주어지면 우리가 관용적인 문법을 제공하기만 하면 된다.

```
template<typename T>
constexpr bool Has_f()
{
    return has_f<T>::value;
}
```

이제 다음과 같이 작성할 수 있다.

```
template<typename T>
class X {
    // ...
    template<typename U = T>
    Enable_if<Has_f<U>()> use_f(const U& t)
    {
        // ...
        f(t);
        // ...
    }
    // ...
};
```

`X<T>`는 `f(t)`가 타입 `T`의 값 `t`에 대해 호출될 수 있는 경우에만 `use_f()` 멤버를 가진다. 다음과 같이 단순하게 작성할 수는 없다는 데 유의한다.

```
if (Has_f<decltype(t)>()) f(t);
```

`f(t)` 호출은 `Has_f<decltype(t)>()`가 **false**를 반환하더라도 타입 체크될 것이다(그리고 타입 체크는 실패할 것이다).

`Has_f`를 정의하는 데 쓰인 기법이 주어지면 우리가 생각할 수 있는 어떤 연산이나 멤버 **foo**에 대해 `Has_foo`를 정의할 수 있다. 뼈대가 되는 것은 각각의 **foo**에 대한 14행짜리 코드다. 이는 반복적인 작업이 될 수 있으나 어렵지는 않다.

이는 **Enable_if<>** 덕택에 인자 타입에 대한 거의 모든 논리적 기준을 기반으로 오버로딩된 템플릿 중에서 선택할 수 있다는 뜻이다. 예를 들어 **!=**가 이용 가능하고 다음과 같이 쓰일 수 있는지 체크하기 위해 **Has_not_equals()** 타입 함수를 정의할 수 있다.

```
template<typename Iter, typename Val>
Enable_if<Has_not_equals<Iter>(),Iter> find(Iter first, Iter last, Val v)
{
    while (first!=last && !(*first==v))
```

```
        ++first;
    return first;
}
template<typename Iter, typename Val>
Enable_if<!Has_not_equals<Iter>(),Iter> find(Iter first, Iter last, Val v)
{
    while (!(first==last) && !(*first==v))
        ++first;
    return first;
}
```

이런 임기응변적인 오버로딩은 금세 난잡해지고 관리 불가능하게 된다. 예를 들어 시간 날 때 값 비교를 위해 !=를 사용(즉, !(*first==v)가 아니라 *first!=v)하는 버전을 추가해보기 바란다. 따라서 선택이 가능한 경우에는 좀 더 구조화된 표준 오버로딩 규칙(12.3.1절)과 특수화 규칙(25.3절)을 따를 것을 추천한다. 예를 들면 다음과 같다.

```
template<typename T>
auto operator!=(const T& a, const T& b) -> decltype(!(a==b))
{
    return !(a==b);
}
```

규칙은 특정한 !=가 이미 타입 T에 대해 (템플릿이나 템플릿이 아닌 함수로서) 정의된 경우에는 이 정의가 인스턴스화되지 않게 보장해준다. 나는 부분적으로는 이전에 정의된 인스턴스에서 반환 타입을 파생시키는 일반적인 방법을 보여주기 위해, 부분적으로는 !=가 bool과는 다른 뭔가를 반환하는 드문 경우를 처리하는 방법을 보여주기 위해 decltype()을 사용했다.

<가 주어지면 비슷한 방식으로 >, <=, >= 등을 조건부로 정의할 수 있다.

28.5 컴파일 타임 리스트: Tuple

여기서는 단순하지만 실전적인 단독 예제를 통해 기본적인 템플릿 메타프로그래밍 기법을 보여 주고자 한다. 관련된 접근 연산과 출력 연산을 가진 Tuple을 하나 정의할 것이다. 이렇게 정의 된 Tuple은 10년이 넘게 현업에서 사용돼 왔다. 좀 더 깔끔하고 좀 더 범용적인 std::tuple은 28.6.4절과 34.2.4.2절에서 소개한다.

기본 구상은 다음과 같은 코드를 쓸 수 있게 하자는 것이다.

```
Tuple<double, int, char> x {1.1, 42, 'a'};
cout << x << "\n";
cout << get<1>(x) << "\n";
```

결과 출력은 다음과 같다.

```
{ 1.1, 42, 'a'}
42
```

Tuple의 정의는 기본적으로 간단하다.

```
template<typename T1=Nil, typename T2=Nil, typename T3=Nil, typename T4=Nil>
struct Tuple : Tuple<T2, T3, T4> {    // 배치 구조 - T1 앞에 {T2,T3,T4}
    T1 x;

    using Base = Tuple<T2, T3, T4>;

    Base* base() { return static_cast<Base*>(this); }
    const Base* base() const { return static_cast<const Base*>(this); }

    Tuple(const T1& t1, const T2& t2, const T3& t3, const T4& t4) :Base{t2,t3,t4}, x{t1} { }
};
```

따라서 4개의 원소를 가진 Tuple(보통 4-tuple이라고 일컬어지는)은 3개의 원소를 가진 Tuple(3-tuple)에 4번째 원소가 이어지는 것이다.

4개의 원소를 갖는 Tuple은 4개의 값(4개의 다른 타입일 가능성이 있는)을 받아들이는 생성자로 생성한다. 생성자는 마지막 3개의 원소(꼬리)를 이용해서 기반 클래스 3-tuple을 초기화하고 첫 번째(머리)를 이용해서 멤버 x를 초기화한다.

Tuple의 기반 클래스에 해당하는 Tuple의 꼬리 조작은 Tuple의 구현에서 중요하면서도 일상적인 일이다. 결과적으로 나는 별칭 Base를 제공하고 멤버 함수 base()의 쌍을 제공해서 기반 클래스/꼬리의 조작을 단순화했다.

당연히 이런 정의는 4개 원소만을 가진 튜플만 처리한다. 게다가 이 정의는 상당 부분의 작업을 3-tuple에게 넘겨 버린다. 4개보다 적은 원소를 갖는 튜플은 특수화로 정의된다.

```
template<>
struct Tuple<> { Tuple() {} };              // 0-tuple

template<typename T1>
struct Tuple<T1> : Tuple<> {                // 1-tuple
    T1 x;

    using Base = Tuple<>;
    Base* base() { return static_cast<Base*>(this); }
    const Base* base() const { return static_cast<const Base*>(this); }

    Tuple(const T1& t1) :Base{}, x{t1} { }
};

template<typename T1, typename T2>
struct Tuple<T1, T2> : Tuple<T2> {    // 2-tuple, 배치 구조 - T1 앞에 T2
    T1 x;

    using Base = Tuple<T2>;
    Base* base() { return static_cast<Base*>(this); }
    const Base* base() const { return static_cast<const Base*>(this); }

    Tuple(const T1& t1, const T2& t2) :Base{t2}, x{t1} { }
};

template<typename T1, typename T2, typename T3>
struct Tuple<T1, T2, T3> : Tuple<T2, T3> {              // 3-tuple, 배치 구조 - T1 앞에 {T2,T3}
    T1 x;

    using Base = Tuple<T2, T3>;
    Base* base() { return static_cast<Base*>(this); }
    const Base* base() const { return static_cast<const Base*>(this); }

    Tuple(const T1& t1, const T2& t2, const T3& t3) :Base{t2, t3}, x{t1} { }
};
```

이런 선언들은 약간 반복적이며 첫 번째 Tuple(4-tuple)의 단순 패턴을 따른다. 4-tuple인 Tuple의 이러한 정의는 기본 템플릿으로서 모든 크기의 Tuple(0, 1, 2, 3, 4)에 대한 인터페이스를 제공한다. 그런 이유 때문에 기본 템플릿 인자로 Nil들을 제공해야 했다. 실제로 그것들이 사용되지는 않는다. 특수화는 Nil을 쓰지 않고 좀 더 간단한 Tuple 중 하나를 선택할 것이다.

Tuple을 파생 클래스의 '스택'으로 정의한 방식은 상당히 관용적이다(예를 들어 std::tuple도 유사하게 정의된다. 28.6.4절). 이 정의는 Tuple의 첫 번째 원소가 가장 높은 주소를 얻고, 마지막 원소가 전체 Tuple과 동일한 주소를 갖게 되는 특이한 결과를 낳는다. 예를 들면 다음과 같다.

```
Tuple<double,string,int,char>{3.14,"Bob",127,'c'}
```

이를 그림으로 표시하면 다음과 같다.

char	int	string	double
'c'	127	"Bob"	3.14

이런 방식은 상당히 흥미로운 최적화의 가능성을 열어준다. 다음 예를 살펴보자.

```
class FO { /* 데이터 멤버를 갖지 않는 함수 객체 */ };
typedef Tuple<int*, int*> T0;
typedef Tuple<int*,FO> T1;
typedef Tuple<int*, FO, FO> T2;
```

나의 구현에서는 컴파일러가 빈 기반 클래스를 최적화로 날려버린 관계로 sizeof(T0)==8, sizeof(T1)==4, sizeof(T2)==4의 결과를 얻었다. 이는 빈 기반 클래스 최적화[empty-base optimization]라고 불리며, 언어에서 보장해주는 것이다(27.4.1절).

28.5.1 간단한 출력 함수

Tuple의 정의는 원소의 리스트를 표시하는 함수를 정의하는 데 활용할 수 있는 정규적이고 재귀적인 멋진 구조를 갖고 있다. 다음 예를 살펴보자.

```
template<typename T1, typename T2, typename T3, typename T4>
void print_elements(ostream& os, const Tuple<T1,T2,T3,T4>& t)
{
    os << t.x << ", ";      // t의 x
    print_elements(os,*t.base());
}
template<typename T1, typename T2, typename T3>
void print_elements(ostream& os, const Tuple<T1,T2,T3>& t)
{
    os << t.x << ", ";
    print_elements(os,*t.base());
}
template<typename T1, typename T2>
void print_elements(ostream& os, const Tuple<T1,T2>& t)
```

```
{
    os << t.x << ", ";
    print_elements(os,*t.base());
}
template<typename T1>
void print_elements(ostream& os, const Tuple<T1>& t)
{
    os << t.x;
}
template<>
void print_elements(ostream& os, const Tuple<>& t)
{
    os << " ";
}
```

4-tupe, 3-tuple, 2-tuple에 대한 `print_elements()`가 비슷한 것을 보면 좀 더 나은 해결책이 있을 수 있다는 생각이 들지만(28.6.4절), 지금 당장은 `Tuple`에 대해 `<<`를 정의하기 위해 이런 `print_elements()`를 활용하기만 할 것이다.

```
template<typename T1, typename T2, typename T3, typename T4>
ostream& operator<<(ostream& os, const Tuple<T1,T2,T3,T4>& t)
{
    os << "{ ";
    print_elements(os,t);
    os << " }";
    return os;
}
```

이제 다음과 같이 작성할 수 있다.

```
Tuple<double, int, char> x {1.1, 42, 'a'};
cout << x << "\n";

cout << Tuple<double,int,int,int>{1.2,3,5,7} << "\n";
cout << Tuple<double,int,int>{1.2,3,5} << "\n";
cout << Tuple<double,int>{1.2,3} << "\n";
cout << Tuple<double>{1.2} << "\n";
cout << Tuple<>{} << "\n";
```

당연하겠지만, 결과는 다음과 같다.

```
{ 1.1, 42, a }
{ 1.2,3,5,7 }
{ 1.2,3,5 }
{ 1.2,3 }
{ 1.2 }
{ }
```

28.5.2 원소 접근

정의된 대로 `Tuple`은 잠재적으로 서로 다를 가능성이 있는 타입으로 이뤄진 가변적인 개수의 원소를 가진다. 우리는 이런 원소에 타입 체계를 위반할 우려 없이(즉, 캐스트를 사용하지 않고)

효율적으로 접근하고 싶다. 원소에 이름을 붙인다든지, 원소에 번호를 붙인다든지, 원하는 원소에 다다를 때까지 원소들을 재귀로 돌려서 원소에 접근하는 것 같은 다양한 방안을 생각해 볼 수 있다. 마지막 대안으로 가장 보편적인 접근 전략을 구현하기 위해 우리가 사용하려는 방안은 원소의 색인화다. 특히 튜플에 첨자를 붙이는 방법을 구현해보고자 한다. 안타깝게도 나는 적합한 `operator[]`를 구현할 수 없었기에 함수 템플릿 `get()`을 이용한다.

```
Tuple<double, int, char> x {1.1, 42, 'a'};

cout << "{ "
    << get<0>(x) << ", "
    << get<1>(x) << ", "
    << get<2>(x) << " }\n";        // { 1.1, 42, a }를 출력한다.

auto xx = get<0>(x);               // xx는 double
```

기본 구상은 0으로 시작되는 원소 색인화를 통해 원소 선택이 컴파일 타임에 수행되도록 하고 모든 타입 정보를 보존하는 것이다.

`get()` 함수는 `getNth<T,int>` 타입의 객체를 생성한다. `getNth<T,int>`의 역할은 타입 `X`를 가진 것으로 추정되는 `N`번째 원소에 대한 참조자를 반환하는 것이다. 이런 보조 함수가 주어지면 `get()`을 정의할 수 있다.

```
template<int N, typename T1, typename T2, typename T3, typename T4>
Select<N, T1, T2, T3, T4>& get(Tuple<T1, T2, T3, T4>& t)
{
    return getNth<Select<N, T1, T2, T3, T4>,N>::get(t);
}
```

`getNth`의 정의는 `N`에서 0에 대한 특수화로 하강하는 통상적인 재귀의 변형이다.

```
template<typename Ret, int N>
struct getNth {          // getNth()는 N번째 원소의 타입(Ret)을 기억한다.
    template<typename T>
    static Ret& get(T& t)    // t의 Base에서 원소 N의 값을 얻는다.
    {
        return getNth<Ret,N-1>::get(*t.base());
    }
};

template<typename Ret>
struct getNth<Ret,0> {
    template<typename T>
    static Ret& get(T& t)
    {
        return t.x;
    }
};
```

기본적으로 `getNth`는 특별한 목적을 가진 `for` 루프로서 `N-1`번의 재귀로 구현된다. 멤버 함수가 `static`인 이유는 실제로 `getNth` 클래스의 객체는 필요하지 않기 때문이다. 이 클래스는 컴파일러가 그것을 활용할 수 있게끔 `Ret`와 `N`을 보관하는 장소로 쓰일 뿐이다.

`Tuple`에 색인을 넣는 건 상당히 기초적인 작업이지만, 그럼에도 결과 코드는 타입 안전적

이고 효율적이다. 여기서 '효율적'이란 (흔히 그렇듯이) 비교적 괜찮은 컴파일러가 주어지면 **Tuple** 멤버에 접근하는 데 어떠한 런타임 오버헤드도 생기지 않는다는 뜻이다.

왜 그냥 **x[2]**라고 쓰지 않고 **get<2>(x)**라고 써야만 할까? 다음과 같이 시도해보는 것은 어떨까?

```
template<typename T>
constexpr auto operator[](T t,int N)
{
    return get<N>(t);
}
```

안타깝지만, 이 코드는 동작하지 않는다.

- **operator[]()**는 멤버여야 하지만, 그것은 **Tuple** 내에서 정의해야만 처리할 수 있다.
- **operator[]()** 내부에서 인자 N은 상수 표현식인 것으로 알려져 있지 않다.
- 나는 오직 람다만이 **return**문에서 자신의 결과 타입을 추론할 수 있다(11.1.4절)는 점을 깜박했지만, 그 문제는 **->decltype(get<N>(t)**를 추가해서 처리할 수도 있다.

이 문제를 해결하려면 C++에 정통한 전문가가 필요하겠지만, 당장은 임시변통으로 **get<2>(x)**로 때워야 한다.

28.5.2.1 const 튜플

정의된 대로 **get()**은 const가 아닌 **Tuple** 원소에 대해 동작하며, 대입의 왼쪽 편에 쓰일 수 있다. 예를 들면 다음과 같다.

```
Tuple<double, int, char> x {1.1, 42, 'a'};
get<2>(x) = 'b';            // OK
```

하지만 **get()**은 const에 대해서는 쓰일 수 없다.

```
const Tuple<double, int, char> xx {1.1, 42, 'a'};
get<2>(xx) = 'b';        // 오류: xx는 const
char cc = get<2>(xx);    // 오류: xx는 const(뜻밖인가?)
```

문제는 **get()**이 비const 참조자에 의해 인자를 받아들인다는 점이다. 하지만 **xx**가 const이기 때문에 그런 인자는 받아들일 수 없다.

당연히 const **Tuple** 역시 가능하다면 좋을 것이다. 예를 들면 다음과 같다.

```
const Tuple<double, int, char> xx {1.1, 422, 'a'};
char cc = get<2>(xx);             // OK: const에서 읽어 들인다.
cout << "xx: " << xx << "\n";
get<2>(xx) = 'x';                 // 오류: xx는 const
```

const **Tuple**을 처리하기 위해서는 **get()**과 **getNth**의 **get()**에 대한 const 버전을 추가해야 한다. 예를 들면 다음과 같다.

```
template<typename Ret, int N>
struct getNth {              // getNth()는 N번째 원소의 타입(Ret)을 기억한다.
    template<typename T>
    static Ret& get(T& t)    // t의 Base에서 원소 N의 값을 얻는다.
    {
        return getNth<Ret,N-1>::get(*t.base());
    }

    template<typename T>
    static const Ret& get(const T& t)        // t의 Base에서 원소 N의 값을 얻는다.
    {
        return getNth<Ret,N-1>::get(*t.base());
    }
};

template<typename Ret>
struct getNth<Ret,0> {
    template<typename T> static Ret& get(T& t) { return t.x; }
    template<typename T> static const Ret& get(const T& t) { return t.x; }
};

template<int N, typename T1, typename T2, typename T3, typename T4>
Select<N, T1, T2, T3, T4>& get(Tuple<T1, T2, T3, T4>& t)
{
    return getNth<Select<N, T1, T2, T3, T4>,N>::get(t);
}

template<int N, typename T1, typename T2, typename T3, typename T4>
const Select<N, T1, T2, T3, T4>& get(const Tuple<T1, T2, T3, T4>& t)
{
    return getNth<Select<N, T1, T2, T3, T4>,N>::get(t);
}
```

이제 const 인자와 비const 인자를 모두 처리할 수 있다.

28.5.3 make_tuple

클래스 템플릿은 자신의 템플릿 인자를 추론할 수 없지만, 함수 템플릿은 자신의 템플릿 인자를 자신의 함수 인자로부터 추론할 수 있다. 이는 함수가 우리를 대신해서 Tuple 타입을 생성하게 함으로써 코드에서 Tuple 타입을 암시적으로 만들 수 있다는 뜻이다.

```
template<typename T1, typename T2, typename T3, typename T4>
Tuple<T1, T2, T3, T4> make_tuple(const T1& t1, const T2& t2, const T3& t3, const T4& t4)
{
    return Tuple<T1, T2, T3, T4>{t1, t2, t3,t4};
}
// ... 그리고 나머지 4개의 make_tuples들 ...
```

make_tuple()이 주어지면 다음과 같이 작성할 수 있다.

```
auto xxx = make_tuple(1.2,3,'x',1223);
cout << "xxx: " << xxx << "\n";
```

head()와 tail() 같이 다른 유용한 함수들은 손쉽게 구현된다. 표준 라이브러리 tuple은 그런 몇 가지 유틸리티 함수를 제공한다(28.6.4절).

28.6 가변 인자 템플릿

개수가 알려져 있지 않은 원소들을 처리해야 하는 경우는 흔히 일어나는 문제다. 예를 들어 오류 보고 함수는 0에서 10개의 인자까지 받아들일 수 있고, 행렬은 1에서 10차원까지 가질 수 있으며, 튜플은 0에서 10개까지의 원소를 가질 수 있다. 첫 번째와 마지막 예제에서는 원소가 반드시 동일한 타입이 아닐 수 있다는 점에 유의한다. 대부분 우리는 각 경우를 개별적으로 처리하고 싶지는 않을 것이다. 이상적으로는 단일 코드에서 한 원소, 두 원소, 세 원소 등에 대한 경우를 처리해야 할 것이다. 또한 여기서 10이라는 숫자는 무작위로 뽑은 것이며, 원소의 개수에 대한 고정된 상한선은 없어야 할 것이다.

오랜 시간 동안 많은 해결책이 개발돼 왔다. 예를 들어 기본 인자(12.2.5절)는 단일 함수가 가변적인 개수의 인자를 받아들이는 데 사용될 수 있고, 함수 오버로딩(12.3절)은 각각의 인자 개수에 대해 하나의 함수를 제공하는 데 사용될 수 있다. 원소가 모두 동일한 타입이라면 원소로 이뤄진 단일 리스트를 전달하는 방식(11.3절)이 가변적인 개수의 인자를 전달하는 방식의 대안이 될 수 있다. 하지만 개수가 알려져 있지 않고 (서로 다를 가능성이 있는) 타입이 알려져 있지 않은 인자를 깔끔하게 처리하기 위해서는 뭔가 추가적인 언어 지원이 필요하다. 그런 언어 지원은 **가변 인자 템플릿**^{variadic template}이라고 불린다.

28.6.1 타입 안전적인 printf()

다양한 타입으로 이뤄진 알려져 있지 않은 개수의 인자를 필요로 하는 함수의 전형적인 예제의 하나로 `printf()`를 살펴보자. C와 C++ 라이브러리에서 제공된 대로 `printf()`는 융통성 있고 멋지게 일을 처리한다(43.3절). 하지만 `printf()`는 사용자 정의 타입으로 확장될 수 없는 데다 타입 안전적이지 않기 때문에 해커들에게 인기를 끄는 표적이다.

`printf()`에 대한 첫 번째 인자는 '서식 문자열'로 해석되는 C 스타일 문자열이다. 추가적인 인자들은 서식 문자열에서 요구하는 대로 사용된다. 부동소수점에 대한 `%g`나 0으로 종료되는 문자의 배열에 대한 `%s` 같은 서식 지정자들은 추가적인 인자의 해석을 제어한다. 다음 예를 살펴보자.

```
printf("The value of %s is %g\n","x",3.14);
string name = "target";
printf("The value of %s is %P\n",name,Point{34,200});
printf("The value of %s is %g\n",7);
```

`printf()`의 첫 번째 호출은 의도된 대로 작동하지만, 두 번째 호출에는 두 가지 문제가 있다. 서식 지정자 `%s`는 C 스타일 문자열을 참조하므로, `printf()`는 `std::string` 인자를 제대로 해석하지 못할 것이다. 게다가 `%P`란 서식은 존재하지 않으며, 일반적으로 `Point` 같은 사용자 정의 타입의 값을 직접적으로 출력하는 방법은 존재하지 않는다. `printf()`의 세 번째 호출에서는 `int`를 `%s`에 대한 인자로 제공했지만, `%g`에 대한 인자를 제공하는 것은 '깜빡'해

버렸다. 일반적으로 컴파일러는 서식 지정자가 요구하는 인자의 개수 및 타입을 프로그래머가 제공하는 인자의 개수 및 타입과 비교하지 못한다. 마지막 호출의 출력은 (가능하다 하더라도) 깔끔하지 않을 것이다.

가변 인자 템플릿을 이용하면 확장성 있고 타입 안전적인 `printf()`의 변형 버전을 구현할 수 있다. 컴파일 타임 프로그래밍에서 늘 그렇듯이 구현은 두 개의 부분으로 이뤄진다.

[1] 단 하나의 인자가 있는 경우를 처리한다(서식 문자열).

[2] 최소 하나의 '추가적인' 인자가 있는 경우를 처리한다. 적절히 서식화된 인자는 서식 문자열이 지정하는 적절한 지점에 출력돼야 한다.

가장 간단한 경우는 단 하나의 인자, 서식 문자열을 가진 경우다.

```cpp
void printf(const char* s)
{
    if (s==nullptr) return;
    while (*s) {
        if (*s=='%' && *++s!='%')    // 더 이상 인자를 예상하지 않는다는 점을 확실히 한다.
                                     // %%는 서식 문자열에서 일반적인 %를 나타낸다.
            throw runtime_error("invalid format: missing arguments");
        std::cout << *s++;
    }
}
```

이 코드는 서식 문자열을 출력한다. 서식 지정자가 발견되면 이 `printf()`는 서식화될 인자가 없기 때문에 예외를 던진다. 서식 지정자는 또 다른 %가 뒤에 붙지 않는 %로 정의된다(%% 는 타입 지정자가 뒤에 붙지 않는 %에 대한 `printf()`의 표기법이다). `*++s`는 %가 문자열의 마지막 문자일 경우에도 오버플로를 일으키지 않는다는 점에 유의한다. 이런 경우 `*++s`는 종료를 나타내는 0을 가리키게 된다.

이제 더 많은 인자를 가진 `printf()`를 처리해야 한다. 여기에서 바로 템플릿, 특히 가변 인자 템플릿이 등장하게 된다.

```cpp
template<typename T, typename... Args>    // 가변 인자 템플릿 인자 리스트 - 한 개 이상의 인자
void printf(const char* s, T value, Args... args)  // 함수 인자 리스트 - 두 개 이상의 인자
{
    while (s && *s) {
        if (*s=='%' && *++s!='%') {              // 서식 지정자(어느 쪽 것인지는 무시)
            std::cout << value;                  // 서식화되지 않은 첫 번째 인자를 사용한다.
            return printf(++s, args...);         // 인자 리스트의 꼬리로 재귀적 호출을 수행한다.
        }
        std::cout << *s++;
    }
    throw std::runtime_error("extra arguments provided to printf");
}
```

`printf()`는 서식화되지 않은 첫 번째 인자를 찾아 출력하고, 해당 인자를 '떼어 낸' 다음, 자신을 재귀적으로 호출한다. 서식화되지 않은 인자가 더 없는 경우에는 첫 번째 (간단한) `printf()`를 호출한다. 통상적인 문자들(즉, % 서식 지정자가 없는)은 그냥 출력된다.

<<의 오버로딩은 서식 지정자에 있는 (오류를 일으킬 가능성이 있는) '힌트'의 사용을 대체한다. 인자가 <<의 정의에 해당하는 인자를 갖고 있다면 해당 인자가 출력된다. 그렇지 않다면 해당 호출은 타입 체크를 실행하지 않고 프로그램은 실행되지 않을 것이다. % 이후의 서식 문자는 사용되지 않는다. 그런 문자에 대한 타입 안전적인 사용을 생각해 볼 수는 있지만, 이 예제의 목적은 완벽한 `printf()`의 설계가 아니라 가변 인자 템플릿을 설명하는 것이다.

`Args...`는 매개변수 팩^{parameter pack}이라고 불리는 것을 정의한다. 매개변수 팩은 (타입/값) 쌍의 시퀀스로서 이것으로부터 인자를 첫 번째 것부터 '떼어 낼' 수 있다. `printf()`가 두 개 이상의 인자로 호출될 때는 다음 구문이 선택된다.

```
void printf(const char* s, T value, Args... args);
```

여기서 첫 번째 인자는 `s`, 두 번째 인자는 `value`이며, 그리고 나머지 인자(존재할 경우)는 차후 사용을 위해 매개변수 팩 `args`에 묶여져 있다. `printf(++s,args...)`을 호출하면 매개변수 팩 `arg`가 풀려져서 `args`의 첫 번째 원소가 `value`로 선택되고, `args`는 이전 호출에 비해 한 원소만큼 짧아진다. 이런 과정은 `args`가 비워질 때까지 계속되며, 결과적으로 다음이 호출된다.

```
void printf(const char*);
```

정말로 필요하다면 % 같은 `printf()` 서식 지시자를 체크할 수도 있다. 예를 들면 다음과 같다.

```
template<typename T, typename... Args>   // 가변 인자 템플릿 인자 리스트: 한 개 이상의 인자
void printf(const char* s, T value, Args... args)   // 함수 인자 리스트: 두 개 이상의 인자
{
    while (s && *s) {
        if (*s=='%') {                      // 서식 지정자 또는 %%
            switch (*++s) {
            case '%':                       // 서식 지정자가 아님
                break;
            case 's':
                if (!Is_C_style_string<T>() && !Is_string<T>())
                    throw runtime_error("Bad printf() format");
                break;
            case 'd':
                if (!Is_integral<T>()) throw runtime_error("Bad printf() format");
                break;
            case 'g':
                if (!Is_floating_point<T>()) throw runtime_error("Bad printf() format");
                break;
            }
            std::cout << value;             // 서식화되지 않은 첫 번째 인자를 사용한다.
            return printf(++s, args...);    // 인자 리스트의 꼬리로 재귀적 호출을 수행한다.
        }
        std::cout << *s++;
    }
    throw std::runtime_error("extra arguments provided to printf");
}
```

표준 라이브러리는 `std::is_integral`과 `std::is_floating_point`를 제공하지만 `Is_C_style_string`은 직접 만들어야 할 것이다.

28.6.2 기술적 세부 사항

함수형 프로그래밍에 익숙하다면 `printf()` 예제(28.6절)가 꽤나 표준적인 기법 치고는 특이한 표기법이라고 느껴질 것이다. 함수형 프로그래밍에 익숙하지 않다면 도움이 될 만한 최소한의 기술적 예제들을 소개해 보려고 한다. 우선 간단한 가변 인자 템플릿 함수를 선언하고 사용해보자.

```
template<typename... Types>
void f(Types... args);      // 가변 인자 템플릿 함수
```

즉, `f()`는 임의의 개수의 임의의 타입 인자로 호출될 수 있는 함수다.

```
f();                        // OK: args에는 인자가 없다.
f(1);                       // OK: args에는 한 개의 인자 int가 포함돼 있다.
f(2, 1.0);                  // OK: args에는 두 개의 인자 int와 double이 포함돼 있다.
f(2, 1.0, "Hello");         // OK: args에는 세 개의 인자 int, double, const char*가 포함돼 있다.
```

가변 인자 템플릿은 `...` 표기법으로 정의된다.

```
template<typename... Types>
void f(Types... args);      // 가변 인자 템플릿 함수
```

`Types`의 선언에 있는 `typename...`은 `Types`를 템플릿 매개변수 팩^{template parameter pack}으로 지정한다. `args` 타입에 있는 `...`은 `args`를 함수 매개변수 팩^{function parameter pack}으로 지정한다. 각각의 `args` 함수 인자의 타입은 대응되는 `Types` 템플릿 인자다. `class...`을 `typename...`과 똑같은 의미로 사용할 수 있다. 생략 부호(`...`)는 독립적인 어휘 토큰이므로, 그 앞이나 뒤에 공백을 넣을 수 있다. 생략 부호는 문법의 여러 군데서 등장할 수 있지만, 항상 "뭔가가 0번 또는 그 이상 나타난다"는 뜻이다. 매개변수 팩은 컴파일러가 해당 값에 대한 타입을 알고 있는 값의 시퀀스로 생각하기 바란다. 예를 들어 `{'c',127,string{"Bob"},3.14}`에 대한 매개변수 팩을 그림으로 나타내면 다음과 같다.

char	int	string	double
'c'	127	"Bob"	3.14

이것은 보통 튜플^{tuple}이라고 불린다. 메모리 배치 구조는 C++ 표준에 의해 정해진 것이 아니다. 예를 들어 여기서 보이는 것과는 거꾸로 돼 있을 수도 있다(마지막 원소가 가장 낮은 메모리 주소에 있는 식으로 - 28.5절). 하지만 이것은 연결 관계가 없는 복잡한 표현 방법이다. 어떤 값을 얻으려면 처음부터 시작해서 원하는 것을 얻게 될 때까지 진행해야 한다. `Tuple`의 구현이 그런 기법을 보여준다(28.5절). 첫 번째 원소의 타입을 구할 수 있고, 그것을 이용해서 접근한

이후에 다음 인자로 (재귀적으로) 진행할 수 있다. 원한다면 **Tuple**(및 std::tuple – 28.6.4절)에 대해서 **get<N>** 같은 것을 이용해서 색인화된 접근처럼 보이게 할 수는 있지만, 안타깝게도 그런 부분에 대해서는 직접적인 언어 지원이 제공되지 않는다.

매개변수 팩을 갖고 있다면 그 뒤에 ...을 붙여서 원소의 시퀀스로 풀어낼 수 있다. 예를 들면 다음과 같다.

```
template<typename T, typename... Args>
void printf(const char* s, T value, Args... args)
{
    // ...
    return printf(++s, args...);        // 인자로서 args의 원소로 재귀적인 호출을 수행한다.
    // ...
}
```

매개변수 팩을 원소로 풀어내는 것은 함수 호출에만 국한되지 않는다. 다음 예를 살펴보자.

```
template<typename... Bases>
class X : public Bases... {
public:
    X(const Bases&... b) : Bases(b)... { }
};

X<> x0;
X<Bx> x1(1);
X<Bx,By> x2(2,3);
X<Bx,By,Bz> x3(2,3,4);
```

여기서 **Bases...**는 **X**가 0개 또는 그 이상의 기반 클래스를 가진다는 것을 나타낸다. **X**를 초기화하기 위해 생성자는 **Bases** 가변 인자 템플릿 인자에서 지정된 타입의 0개 또는 그 이상의 값을 필요로 한다. 그런 값들이 하나씩 순차적으로 대응되는 기반 클래스 초기화 식으로 전달된다.

원소 리스트가 필요한 대부분의 장소에서 '뭔가의 0개 또는 그 이상의 원소'란 뜻으로 생략 부호를 사용할 수 있다(iso.14.5.3절). 그런 장소는 다음과 같다.

- 템플릿 인자 리스트
- 함수 인자 리스트
- 초기화 식 리스트
- 기반 클래스 지시자 리스트
- 기반 클래스 또는 멤버 초기화 식 리스트
- sizeof... 표현식

sizeof... 표현식은 매개변수 팩에서 원소의 개수를 구하는 데 사용된다. 예를 들어 **tuple** 원소의 개수가 두 개로 주어지면 **pair**를 이용해서 **tuple**에 대한 생성자를 정의할 수 있다.

```
template<typename... Types>
class tuple {
    // ...
```

```
        template<typename T, typename U, typename = Enable_if<sizeof...(Types)==2>
             tuple(const pair<T,U>&);
};
```

28.6.3 포워딩

가변 인자 템플릿의 주요 용도 중 하나는 한 함수에서 다른 함수로 포워딩하는 것이다. 호출될 는 뭔가를 인자로 받아들이고, '뭔가'에 줄 아마도 비어 있을 인자의 빈 리스트를 인자로 받아 들이는 함수를 어떻게 작성할지 살펴보자.

```
template<typename F, typename... T>
void call(F&& f, T&&... t)
{
    f(forward<T>(t)...);
}
```

이 코드는 상당히 간단하며, 가상의 예제가 아니다. 표준 라이브러리 **thread**는 이 기법을 이용하는 생성자를 갖고 있다(5.3.1절, 42.2.2절). 나는 우변 값과 좌변 값을 올바르게 구분하기 위해 추론된 템플릿 인자 타입을 우변 값 참조자에 의해 전달하는데(23.5.2.1절), std::forward() 도 그런 방식을 활용한다(35.5.1절). **T&&...**에서 **...**은 "각각이 대응되는 T 타입인 0개 또는 그 이상의 **&&** 인자를 받아들인다"란 뜻이다. **forward<T>(t)...**의 **...**은 "t에서 0개 또는 그 이상의 인자를 전달한다"란 뜻이다.

호출될 '뭔가'의 타입에 대해 템플릿 인자를 사용했기 때문에 **call()**은 함수, 함수를 가리 키는 포인터, 함수 객체 및 람다를 받아들일 수 있다.

다음과 같이 **call()**을 검사할 수 있다.

```
void g0()
{
    cout << "g0()\n";
}
template<typename T>
void g1(const T& t)
{
    cout << "g1(): " << t << '\n';
}
void g1d(double t)
{
    cout << "g1d(): " << t << '\n';
}
template<typename T, typename T2>
void g2(const T& t, T2&& t2)
{
    cout << "g2(): " << t << ' ' << t2 << '\n';
}
void test()
{
    call(g0);
```

```
    call(g1);                              // 오류: 인자가 너무 적다.
    call(g1<int>,1);
    call(g1<const char*>,"hello");
    call(g1<double>,1.2);
    call(g1d,1.2);
    call(g1d,"No way!");                    // 오류: g1d()에 대한 잘못된 인자 타입
    call(g1d,1.2,"I can't count");          // 오류: g1d()에 대한 너무나 많은 인자
    call(g2<double,string>,1,"world!");

    int i = 99;                             // 좌변 값으로 검사
    const char* p = "Trying";
    call(g2<double,string>,i,p);

    call([](){ cout <<"l1()\n"; });
    call([](int i){ cout <<"l0(): " << i << "\n";},17);
    call([i](){ cout <<"l1(): " << i << "\n"; });
}
```

템플릿 함수의 어떤 특수화를 전달할지에 대해서는 구체적으로 특정해야 한다. 그렇지 않으면 `call`이 다른 인자의 타입에서 어떤 것을 사용할지 추론할 수 없기 때문이다.

28.6.4 표준 라이브러리 tuple

28.5절의 `Tuple`은 명백한 취약점을 갖고 있다. 기껏해야 4개의 `const`를 처리할 수 있다는 것이다. 이번 절에서는 표준 라이브러리 `tuple`(`<tuple>`에 있는 - 34.2.4.2절)을 소개하고, 그것의 구현에 사용되는 기법을 설명하려고 한다. `std::tuple`과 `Tuple` 사이의 가장 큰 차이점은 전자의 경우 원소 개수에 대한 제한을 없애려고 가변 인자 템플릿을 사용한다는 점이다. 다음은 핵심 정의 부분이다.

```
template<typename... Values> class tuple;        // 기본 템플릿

template<> class tuple<> { };                    // 0-tuple 특수화

template<typename Head, typename... Tail>
class tuple<Head, Tail...>
    : private tuple<Tail...> {   // 재귀
/*
    기본적으로 튜플은 머리(그것의 첫 번째 (타입,값) 쌍)를 저장하고
    꼬리(나머지 (타입/값) 쌍) 튜플로부터 파생한다.
    타입은 데이터로 저장되지 않고 타입으로 인코딩된다는 데 유의한다.
*/
    typedef tuple<Tail...> inherited;
public:
    constexpr tuple() { }        // 기본 설정 - 빈 튜플

    tuple(Add_lvalue_reference<Head> h, Add_lvalue_reference<Tail>... t)   // 개별적인
                                                                          // 인자로부터

        : m_head(h), inherited(t...) { }

    template<typename... VValues>                                // 또 다른 튜플로부터
    tuple(const tuple<VValues...>& other)
        : m_head(other.head()), inherited(other.tail()) { }

    template<typename... VValues>
    tuple& operator=(const tuple<VValues...>& other)             // 대입
```

```
    {
        m_head = other.head();
        tail() = other.tail();
        return *this;
    }
    // ...
protected:
    Head m_head;
private:
    Add_lvalue_reference<Head> head() { return m_head; }
    Add_lvalue_reference<const Head> head() const { return m_head; }

    inherited& tail() { return *this; }
    const inherited& tail() const { return *this; }
};
```

std::tuple이 여기서 밝힌 대로 구현된다는 보장은 없다. 실제로 인기 있는 여러 구현 환경에서는 보조 클래스(역시 가변 인자 클래스 템플릿)에서 파생하기도 하는데, 이는 동일한 멤버 타입을 가진 struct와 똑같은 원소 메모리 배치 구조를 얻기 위해서다.

'참조자 추가' 타입 함수는 타입이 아직 참조자가 아닌 상태라면 타입에 대한 참조자를 추가한다. 이 타입 함수는 const 참조자에 의한 호출을 보장함으로써 복사를 방지하는 데 쓰인다(35.4.2절).

특이하게도 std::tuple은 head()와 tail() 함수를 제공하지 않기 때문에 나는 그 둘을 private으로 만들었다. 실제로 tuple은 원소 접근에 관한 멤버 함수를 전혀 제공하지 않는다. tuple의 원소에 접근하고 싶다면 그것을 값과 ...으로 쪼개는 함수를 (직접적 또는 간접적으로) 호출해야 한다. 표준 라이브러리 tuple에 대해 head()와 tail()을 필요로 한다면 다음과 같이 작성할 수 있다.

```
template<typename Head, typename... Tail>
Head& head(tuple<Head,Tail...>& t)
{
    return std::get<0>(t); // t의 첫 번째 원소를 얻는다(34.2.4.2절).
}

template<typename Head, typename... Tail>
tuple<Tail&...> tail(tuple<Head, Tail...>& t)
{
    return /* 세부 사항 */;
}
```

tail에 대한 정의의 '세부 사항'은 깔끔하지 않고 복잡하다. 우리가 tuple에 tail()을 사용하도록 하는 것이 tuple 설계자들의 의도였다면 그들은 그것을 멤버로 제공했을 것이다.

tuple이 주어지면 튜플을 만들 수 있고, 그것을 복사하거나 조작할 수 있다.

```
tuple<string,vector<int>,double> tt("hello",{1,2,3,4},1.2);
string h = head(tt);                                      // "hello"
tuple<vector<int>,double> t2 = tail(tt);                  // {{1,2,3,4},1.2};
```

이런 타입을 일일이 언급하면 장황해질 것이다. 대신 인자 타입으로부터 그것을 추론할 수 있다. 예를 들어 표준 라이브러리 `make_tuple()`을 쓰면 다음과 같다.

```
template<typename... Types>
tuple<Types...> make_tuple(Types&&... t)          // 단순화됨(iso.20.4.2.4절)
{
    return tuple<Types...>(t...);
}
string s = "Hello";
vector<int> v = {1,22,3,4,5};
auto x = make_tuple(s,v,1.2);
```

표준 라이브러리 `tuple`은 위의 구현에 나온 것보다 훨씬 많은 멤버를 갖고 있다(그래서 `// ...`). 추가로 표준은 여러 가지 보조 함수를 제공한다. 예를 들어 원소 접근을 위해 `get()`(28.5.2절의 `get()`처럼)이 제공되므로, 다음과 같이 쓸 수 있다.

```
auto t = make_tuple("Hello tuple", 43, 3.15);
double d = get<2>(t);                              // d는 3.15가 된다.
```

따라서 `std::get()`은 `std::tuple`에 대한 컴파일 타임의 0 기준 첨자를 제공한다.

`std::tuple`의 모든 멤버는 보탬이 될 만한 것이 유용하겠지만, 가변 인자 템플릿에 대한 이해에 보탬이 될만한 것이 없는 관계로, 세부 사항까지 들여다보지는 않겠다. 여기에는 동일한 타입(복사와 이동), 다른 튜플 타입(복사와 이동), 쌍(복사와 이동)에 대한 생성자와 대입 연산이 있다. `std::pair` 인자를 받아들이는 연산은 `sizeof...`(28.6.2절)을 이용해서 그들의 대상 `tuple`이 정확히 두 개의 원소를 갖도록 보장한다. 멤버 중에는 할당자(34.4절)와 `swap()`(35.5.2절)을 받아들이는 (9개의) 생성자와 대입 연산이 있다.

안타깝게도 표준 라이브러리는 `tuple`에 대한 `<<`나 `>>`를 제공하지 않는다. 설상가상으로 `std::tuple`에 대한 `<<`를 작성하는 과정은 놀랄 정도로 복잡하다. 표준 라이브러리 `tuple`의 원소에 반복을 돌리기 위한 간단하면서 보편적인 방법이 없기 때문이다. 우선은 보조 함수로 2개의 `print()` 함수를 가진 `struct`가 필요하다. 한 `print()`는 원소를 출력하면서 리스트에 재귀를 돌리고, 나머지 하나는 더 이상 출력할 원소가 없을 때 재귀를 중지시킨다.

```
template<size_t N>      // N번째 원소와 이어지는 원소들을 출력한다.
struct print_tuple {
    template<typename... T>
    static typename enable_if<(N<sizeof...(T))>::type
    print(ostream& os, const tuple<T...>& t)  // 비어 있지 않은 튜플
    {
        os << ", " << get<N>(t);              // 원소 하나를 출력한다.
        print_tuple<N+1>::print(os,t);        // 나머지 원소들을 출력한다.
    }
    template<typename... T>
    static typename enable_if<!(N<sizeof...(T))>::type   // 빈 튜플
    print(ostream&, const tuple<T...>&)
    {
    }
};
```

이 패턴은 종료 오버로딩을 가진 재귀적 함수의 패턴과 같다(28.6.1의 `printf()`처럼). 하지만 어떻게 `get<N>()`이 0에서부터 N까지 쓸데없이 카운트하게 내버려 두는지 눈여겨보기 바란다.

이제 `tuple`에 대한 `<<`를 작성할 수 있다.

```cpp
std::ostream& operator << (ostream& os, const tuple<>&)      // 빈 튜플
{
    return os << "{}";
}

template<typename T0, typename... T>
ostream& operator<<(ostream& os, const tuple<T0, T...>& t)  // 비어있지 않은 튜플
{
    os << '{' << std::get<0>(t);      // 첫 번째 원소를 출력한다.
    print_tuple<1>::print(os,t);      // 나머지 원소들을 출력한다.
    return os << '}';
}
```

이제 `tuple`을 출력할 수 있다.

```cpp
void user()
{
    cout << make_tuple() << '\n';
    cout << make_tuple("One meatball!") << '\n';
    cout << make_tuple(1,1.2,"Tail!") << '\n';
}
```

28.7 SI 단위 예제

`constexpr`과 템플릿을 이용하면 컴파일 타임에 거의 모든 것을 계산할 수 있다. 그런 계산에 입력을 제공하는 일이 까다롭긴 하겠지만, 우리는 필요하면 언제나 프로그램 텍스트에 데이터를 `#include`할 수 있다. 하지만 나는 유지 보수 측면에서 더 나아보이는 간단한 예제 쪽을 좀 더 선호한다. 여기서는 구현 복잡성과 유용성 사이에서 타당한 균형점을 제공하는 예제를 하나 보여주고자 한다. 컴파일 오버헤드는 최소한의 수준이며, 런타임 오버헤드는 전혀 없다. 이 예제는 미터, 킬로그램, 초 같은 단위를 사용하는 계산에 필요한 작은 라이브러리를 제공하기 위한 것이다. 이러한 **MKS** 단위는 과학에서 범용적으로 사용되는 국제 표준[SI] 단위의 부분집합이다. 이 예제는 가장 간단한 메타프로그래밍 기법이 다른 언어 기능이나 기법과 함께 어떻게 사용될 수 있는지 보여주기 위해 선택된 것이다.

우리가 원하는 건 의미 없는 계산을 피하기 위해 단위를 값에 부착하는 것이다. 예를 들면 다음과 같다.

```cpp
auto distance = 10.9_m;          // 10.9미터
auto time = 20.5_s;              // 20.5초
auto speed = distance/time;      // 0.53 m/s(초당 미터)

if (speed == 0.53)               // 오류: 0.53은 단위가 없다.
// ...
if (speed == distance)           // 오류: m(미터)과 m/s(초당 미터)를 비교할 수 없다.
// ...
```

```
if (speed == 10.9_m/20.5_s)      // OK: 단위가 일치한다.
// ...
Quantity<MpS2> acceleration = distance/square(time); // MpS2는 m/(s*s)를 뜻한다.

cout << "speed==" << speed << " acceleration==" << acceleration << "\n";
```

단위는 물리적 값에 대한 타입 체계를 제공한다. 보이는 바와 같이 **auto**를 이용해서 필요할 때 타입을 숨길 수 있고(2.2.2절), 사용자 정의 리터럴을 이용해서 타입을 가진 값을 도입할 수 있으며(19.2.6절), **Unit**에 대해 명시적이고 싶을 때는 **Quantity** 타입을 사용할 수 있다. **Quantity**는 **Unit**을 가진 수치 값이다.

28.7.1 Unit

우선 **Unit**을 정의한다.

```
template<int M, int K, int S>
struct Unit {
    enum { m=M, kg=K, s=S };
};
```

Unit은 우리가 관심이 있는 세 가지 측정 단위를 표현하는 구성 요소를 갖고 있다.

- 길이에 대한 미터
- 질량에 대한 킬로그램
- 시간에 대한 초

단위 값은 타입으로 인코딩된다는 데 유의한다. **Unit**은 컴파일 타임에 사용되기 위한 것이다.

널리 쓰이는 대부분의 단위에 대해 관용적인 표기를 추가적으로 제공할 수 있다.

```
using M = Unit<1,0,0>;        // 미터
using Kg = Unit<0,1,0>;       // 킬로그램
using S = Unit<0,0,1>;        // 초
using MpS = Unit<1,0,-1>;     // 초당 미터(m/s)
using MpS2 = Unit<1,0,-2>;    // 제곱 초당 미터(m/(s*s))
```

음의 단위 값은 해당 단위의 양으로 나누는 것을 의미한다. 이러한 세 가지 값에 의한 단위 표현은 상당한 융통성이 있다. 거리, 질량, 시간에 관련된 모든 계산에 대해 적절한 단위를 표현할 수 있다. **Quantity<123,-15,1024>**처럼 123 거리를 곱하고, 15 질량으로 나눈 다음에 1024 시간 단위를 곱하는 것이 얼마나 유용할지는 모르겠다. 하지만 이 시스템이 그만큼 범용적이라는 걸 알아두면 좋겠다. **Unit<0,0,0>**은 차원이 없는 개체, 단위가 없는 값을 나타낸다.

두 개의 양을 곱할 때는 그들의 단위가 더해진다. 따라서 **Unit**의 덧셈은 쓸모가 있다.

```
template<typename U1, typename U2>
struct Uplus {
    using type = Unit<U1::m+U2::m, U1::kg+U2::kg, U1::s+U2::s>;
};
```

```
template<typename U1, typename U2>
using Unit_plus = typename Uplus<U1,U2>::type;
```

비슷한 방식으로 두 양을 나눌 때는 그들의 단위가 뺄셈 처리된다.

```
template<typename U1, typename U2>
struct Uminus {
    using type = Unit<U1::m-U2::m, U1::kg-U2::kg, U1::s-U2::s>;
};
template<typename U1, typename U2>
using Unit_minus = typename Uminus<U1,U2>::type;
```

Unit_plus와 Unit_minus는 Unit에 대한 간단한 타입 함수다(28.2절).

28.7.2 Quantity

Quantity는 연관된 Unit을 가진 값이다.

```
template<typename U>
struct Quantity {
    double val;
    explicit constexpr Quantity(double d) : val{d} {}
};
```

추가적으로 개선하면 값을 나타내는 데 쓰이는 타입을 템플릿 매개변수로 만들 수 있을 것이다. 이 템플릿 매개변수는 아마도 double의 기본 값을 가질 것이다. Quantity는 다양한 단위로 정의할 수 있다.

```
Quantity<M> x {10.9};           // x는 10.9미터
Quantity<S> y {20.5};           // y는 20.5초
```

나는 Quantity 생성자를 explicit로 만들었는데, 일반적인 C++ 부동소수점 리터럴 같이 단위가 없는 개체에서 암시적 변환이 이뤄질 가능성을 낮추기 위해서다.

```
Quantity<MpS> s = 0.53;         // 오류: int에서 meters/second로 변환하려는 시도
Quantity<M> comp(Quantity<M>);
// ...
Quantity<M> n = comp(10.9);     // 오류: comp()는 거리를 요구한다.
```

이제 계산에 대해 생각해볼 수 있게 됐다. 물리적 값에는 무엇을 해야 하는가? 물리 교과서 전체를 들여다보지는 않겠지만, 분명히 덧셈, 뺄셈, 곱셈, 나눗셈은 필요할 것이다. 덧셈과 뺄셈은 동일한 단위로만 가능하다.

```
template<typename U>
Quantity<U> operator+(Quantity<U> x, Quantity<U> y)     // 동일한 단위
{
    return Quantity<U>{x.val+y.val};
}
template<typename U>
Quantity<U> operator-(Quantity<U> x, Quantity<U> y)     // 동일한 단위
{
```

```
    return Quantity<U>{x.val-y.val};
}
```

Quantity의 생성자는 explicit이므로, 결과 double 값을 다시 Quantity로 변환해야 한다.

Quantity의 곱셈은 그들 Unit의 덧셈을 요구한다. 비슷한 방식으로 Quantity의 나눗셈은 그들 Unit의 뺄셈을 요구한다. 예를 들면 다음과 같다.

```
template<typename U1, typename U2>
Quantity<Unit_plus<U1,U2>> operator*(Quantity<U1> x, Quantity<U2> y)
{
    return Quantity<Unit_plus<U1,U2>>{x.val*y.val};
}
template<typename U1, typename U2>
Quantity<Unit_minus<U1,U2>> operator/(Quantity<U1> x, Quantity<U2> y)
{
    return Quantity<Unit_minus<U1,U2>>{x.val/y.val};
}
```

이런 산술 연산들이 주어지면 대부분의 계산을 표현할 수 있다. 하지만 실제 세계의 계산에는 상당히 다수의 비율 연산, 즉 단위가 없는 값에 의한 곱셈과 나눗셈이 포함된다. Quantity<Unit<0,0,0>>를 쓸 수도 있지만, 상당히 장황해진다.

```
Quantity<MpS> speed {0.53};
auto double_speed = Quantity<Unit<0,0,0>>{2}*speed;
```

이런 장황한 문제를 없애기 위해 double에서 Quantity<Unit<0,0,0>>로의 암시적 변환을 제공하든지 아니면 산술 연산에 두 가지 변형을 추가할 수 있다. 나는 후자를 선택했다.

```
template<typename U>
Quantity<U> operator*(Quantity<U> x, double y)
{
    return Quantity<U>{x.val*y};
}
template<typename U>
Quantity<U> operator*(double x, Quantity<U> y)
{
    return Quantity<U>{x*y.val};
}
```

이제 다음과 같이 작성할 수 있다.

```
Quantity<MpS> speed {0.53};
auto double_speed = 2*speed;
```

내가 double에서 Quantity<Unit<0,0,0>>로의 암시적 변환을 정의하지 않은 주된 이유는 그런 변환이 덧셈이나 뺄셈에서는 일어나지 않게 하고 싶기 때문이다.

```
Quantity<MpS> speed {0.53};
auto increased_speed = 2.3+speed;    // 오류: 단위가 없는 스칼라를 속도에 추가할 수 없다.
```

코드에 대한 세부적인 요구 사항은 응용 영역에 의해 정확히 규정되도록 하는 편이 좋다.

28.7.3 Unit 리터럴

널리 쓰이는 대부분의 단위에 대한 타입 별칭 덕분에 이제 다음과 같이 작성할 수 있다.

```
auto distance = Quantity<M>{10.9};    // 10.9미터
auto time = Quantity<S>{20.5};        // 20.5초
auto speed = distance/time;           // 0.53m/s(초당 미터)
```

이 코드가 썩 나쁘지는 않지만, 단위를 의례적으로 프로그래머의 머릿속에만 남겨두는 코드와 비교할 때는 아직도 장황한 편이다.

```
auto distance = 10.9;                 // 10.9미터
double time = 20.5;                   // 20.5초
auto speed = distance/time;           // 0.53m/s(초당 미터)
```

해당 타입이 double이란 것을 확실히 하기 위해 (그리고 나눗셈에 대한 정확한 결과를 얻기 위해) .0이나 명시적 double이 필요했다.

두 예제에 대해 생성되는 코드는 동일해야 하며, 표기적인 측면에서는 아직도 개선의 여지가 있다. Quantity 타입에 대해 사용자 정의 리터럴(UDL - 19.2.6절)을 도입할 수 있다.

```
constexpr Quantity<M> operator"" _m(long double d) { return Quantity<M>{d}; }
constexpr Quantity<Kg> operator"" _kg(long double d) { return Quantity<Kg>{d}; }
constexpr Quantity<S> operator"" _s(long double d) { return Quantity<S>{d}; }
```

이렇게 하면 원래 예제에서의 리터럴이 얻어진다.

```
auto distance = 10.9_m;     // 10.9미터
auto time = 20.5_s;         // 20.5초
auto speed = distance/time; // 0.53m/s(초당 미터)

if (speed == 0.53)          // 오류: 0.53은 단위가 없다.
// ...
if (speed == distance)      // 오류: m(미터)과 m/s(초당 미터)를 비교할 수 없다.
// ...
if (speed == 10.9_m/20.5_s) // OK: 단위가 일치한다.
```

Quantity와 단위가 없는 값의 조합을 위해 *와 /를 정의했으므로, 곱셈이나 나눗셈을 이용해서 단위를 크기 조정할 수 있다. 하지만 사용자 정의 리터럴로 더 많은 관용적인 단위를 제공할 수도 있다.

```
constexpr Quantity<M> operator"" _km(long double d) { return Quantity<M>{1e3*d}; }
constexpr Quantity<Kg> operator"" _g(long double d) { return Quantity<Kg>{d/1e3}; }
constexpr Quantity<Kg> operator"" _mg(long double d) { return Quantity<Kg>{d/1e6}; } // 밀리그램
constexpr Quantity<S> operator"" _ms(long double d) { return Quantity<S>{d/1e3}; } // 밀리초
constexpr Quantity<S> operator"" _us(long double d) { return Quantity<S>{d/1e6}; } // 마이크로초
constexpr Quantity<S> operator"" _ns(long double d) { return Quantity<s>{d/1e9}; } // 나노초
```

당연히 비표준적인 접미사를 지나치게 사용하다 보면 정말로 통제 불가 상황이 벌어질 수도 있다(예를 들어 u가 그리스어 μ(마이크로)와 약간 비슷해 보이기 때문에 널리 쓰이고는 있지만 us는 문제가 될 수 있다).

더 많은 타입으로 다양한 크기의 단위를 제공할 수도 있겠지만(std::ratio에 대해서처럼 – 35.3절), Unit 타입을 단순하게 유지하고 그들의 주된 역할에 집중하게 하는 편이 더 간단하다는 생각이 들었다.

_s와 _m 단위에서 밑줄을 사용한 것은 짧고 훌륭한 s와 m 접미사를 제공하는 표준 라이브러리에 방해가 되지 않게 하기 위해서다.

long double 인자는 부동소수점 리터럴 연산자에 필요하기 때문에 사용한다(19.2.6절). 안타깝게도 long double에 대해 UDL를 정의해도 부동소수점 리터럴에 대해서만 접미사가 제공될 뿐이다. 정수 리터럴, 즉 20.0s뿐만 아니라 20s에 대해서까지 접미사를 얻기 위해서는 unsigned long long에 대한 접미사를 위한 리터럴 연산자까지 정의해야 한다.

28.7.4 유틸리티 함수

임무를 마무리하기 위해서는(처음 예제에서 정의된 대로) 유틸리티 함수 square(), 동등 연산자, 그리고 출력 연산자가 필요하다. square()의 정의는 간단하다.

```
template<typename U>
constexpr Quantity<Unit_plus<U,U>> square(Quantity<U> x)
{
    return Quantity<Unit_plus<U,U>>(x.val*x.val);
}
```

기본적으로 이 코드는 임의의 계산 함수를 작성하는 방법을 보여준다. 반환 값 정의에서 바로 Unit을 생성할 수도 있었지만, 기존 타입 함수를 쓰는 편이 쉬웠다. 다른 방법으로 타입 함수 Unit_double을 손쉽게 정의할 수도 있었다.

==는 대체로 다른 모든 ==와 비슷해 보인다. 이 연산자는 동일한 Unit의 값에 대해서만 정의된다.

```
template<typename U>
bool operator==(Quantity<U> x, Quantity<U> y)
{
    return x.val==y.val;
}

template<typename U>
bool operator!=(Quantity<U> x, Quantity<U> y)
{
    return x.val!=y.val;
}
```

Quantity를 값으로 전달하는 점에 유의한다. 런타임에 Quantity는 double로 표현된다. 출력 함수는 관용적인 문자 조작을 처리할 뿐이다.

```
string suffix(int u, const char* x)        // 보조 함수
{
    string suf;
    if (u) {
```

```
            suf += x;
            if (1<u) suf += '0'+u;

            if (u<0) {
                suf += '-';
                suf += '0'-u;
            }
        }
    }
    return suf;
}
template<typename U>
ostream& operator<<(ostream& os, Quantity<U> v)
{
    return os << v.val << suffix(U::m,"m") << suffix(U::kg,"kg") << suffix(U::s,"s");
}
```

최종적인 결과는 다음과 같다.

```
auto distance = 10.9_m;        // 10.9미터
auto time = 20.5_s;            // 20.5초
auto speed = distance/time;    // 0.53m/s(초당 미터)
if (speed == 0.53)             // 오류: 0.53은 단위가 없다.
// ...
if (speed == distance)         // 오류: m(미터)과 m/s(초당 미터)를 비교할 수 없다.
// ...
if (speed == 10.9_m/20.5_s)    // OK: 단위가 일치한다.
// ...
Quantity<MpS2> acceleration = distance/square(time);   // MpS2는 m/(s*s)를 뜻한다.

cout << "speed==" << speed << " acceleration==" << acceleration << "\n";
```

이런 코드는 적당한 컴파일러가 주어진다면 **double**을 직접적으로 사용해서 생성된 것과 정확히 똑같은 코드를 생성할 것이다. 하지만 이 코드는 물리적 단위에 대한 규칙에 따라서 (컴파일 타임에) '타입 체크'된다. 이 코드는 자신만의 체크 규칙을 가진 애플리케이션 고유 타입으로 이뤄진 완전히 새로운 집합을 C++ 프로그램에 추가하는 방법을 보여주는 예제다.

28.8 조언

[1]   메타프로그래밍을 이용해서 타입 안전성을 개선한다(28.1절).

[2]   메타프로그래밍을 이용해서 계산 작업을 컴파일 타임으로 이동시켜서 성능을 개선한다(28.1절).

[3]   컴파일을 심각하게 늦출 정도까지는 메타프로그래밍을 사용하지 않는다(28.1절).

[4]   컴파일 타임 평가와 타입 함수의 관점에서 생각한다(28.2절).

[5]   템플릿 별칭을 타입을 반환하는 타입 함수에 대한 인터페이스로 이용한다(28.2.1절).

[6]   **constexpr** 함수를 (타입이 아닌) 값을 반환하는 타입 함수에 대한 인터페이스로 이용한다 (28.2.2절).

[7]   속성과 타입을 비침습적으로 연관시키기 위해 특성 정보를 사용한다(28.2.4절).

[8]   두 타입 사이에서 선택하기 위해 **Conditional**을 사용한다(28.3.1.1절).

[9]   여러 개의 선택적인 타입 중에서 선택하기 위해 **Select**를 사용한다(28.3.1.3절).

[10] 재귀를 이용해서 컴파일 타임 반복을 표현한다(28.3.2절).

[11] 런타임에 잘 처리될 수 없는 작업에 대해서는 메타프로그래밍을 사용한다(28.3.3절).

[12] 선택적으로 함수 템플릿을 선언하기 위해 **Enable_if**를 사용한다(28.4절).

[13] 콘셉트는 **Enable_if**와 함께 사용할 수 있는 가장 유용한 술어 함수에 속한다(28.4.3절).

[14] 다양한 타입으로 이뤄진 가변적인 개수의 인자를 받아들이는 함수가 필요할 때는 가변 인자 템플릿을 사용한다(28.6절).

[15] 균일한 인자 리스트에 대해서는 가변 인자 템플릿을 사용하지 않는다(그런 경우에는 초기화 식 리스트를 선택한다)(28.6절).

[16] 포워딩이 필요한 경우에는 가변 인자 템플릿과 **std::move()**를 사용한다(28.6.3절).

[17] 간단한 메타프로그래밍을 이용해서 효율적이고 깔끔한 단위 시스템을 구현한다(정교한 타입 체크를 위해)(28.7절).

[18] 간편한 단위 활용을 위해 사용자 정의 리터럴을 사용한다(28.7절).

행렬 설계

당신이 생각할 수 있는 것보다
더 명확히 자신을 표현하지 말라

– 닐스 보어(Niels Bohr)

- 개요 기본적인 **Matrix** 사용, **Matrix** 요구 사항
- **Matrix** 템플릿 생성과 대입, 첨자와 슬라이스
- **Matrix** 산술 연산 스칼라 연산, 덧셈, 곱셈
- **Matrix** 구현 **slice**, **Matrix** 슬라이스, **Matrix_ref**, **Matrix** 리스트 초기화, **Matrix** 접근, 0차원 **Matrix**
- 1차 방정식 해법 고전적인 가우스 소거법, 피벗, 테스트
- 조언

29.1 개요

언어 기능을 따로따로 생각하는 것은 따분하면서도 무익하다. 29장에서는 언어 기능을 함께 사용해서 도전적인 설계 과제에 대응하는 방법을 보여준다. 범용적인 N차원 행렬을 설계해 보는 것이다.

　나는 완벽한 행렬 클래스를 본 적이 없다. 실제로 행렬의 광범위한 용도를 생각할 때 그런 것이 존재할 수 있을지 의문이다. 여기서는 간단한 N차원의 조밀한 행렬을 작성하는 데 필요한 프로그래밍과 설계 기법들을 소개한다. 최소한 이 **Matrix**는 사용하기에 훨씬 쉬우면서 어떤 프로그래머가 직접 시간을 들여 **vector**나 기본 제공 배열을 이용해서 작성할 수 있는 그 어떤 행렬보다 간결하고 빠르다. **Matrix**에 쓰인 설계와 프로그래밍 기법은 널리 응용할 수 있다.

29.1.1 기본적인 Matrix 사용

Matrix<T,N>은 값 타입 **T**의 N차원 행렬이다. 이런 행렬 표기는 다음과 같이 사용될 수 있다.

```
Matrix<double,0> m0 {1};          // 0차원 - 스칼라
Matrix<double,1> m1 {1,2,3,4};   // 1차원 - 벡터(4개 원소)
Matrix<double,2> m2 {            // 2차원(*3*4개 원소)
    {00,01,02,03},                // 행 0
    {10,11,12,13},                // 행 1
    {20,21,22,23}                 // 행 2
};
Matrix<double,3> m3(4,7,9);      // 3차원(4*7*9개 원소), 모두 0으로 초기화됨
Matrix<complex<double>,17> m17;  // 17차원(아직은 원소가 없음)
```

원소 타입은 저장할 수 있는 것이어야 한다. 모든 원소 타입에 대해 부동소수점 숫자에 필요한 모든 속성을 요구하지는 않는다. 예를 들면 다음과 같다.

```
Matrix<double,2> md;             // OK
Matrix<string,2> ms;             // OK: 산술 연산만 시도하지 않으면 됨
Matrix<Matrix<int,2>,2> mm {     // 2X2 행렬로 이뤄진 3X3 행렬
                                 // 행렬은 "숫자"로 취급할 수 있다.
{ // 행 0
    {{1, 2}, {3, 4}},            // 열 0
    {{4, 5}, {6, 7}},            // 열 1
},
{ // 행 1
    {{8, 9}, {0, 1}},            // 열 0
    {{2, 3}, {4, 5}},            // 열 1
},
{ // 행 2
    {{1, 2}, {3, 4}},            // 열 0
    {{4, 5}, {6, 7}},            // 열 1
    }
};
```

행렬 산술 연산은 정수나 부동소수점 산술 연산과 똑같은 수학적 속성을 갖지 않기 때문에 (예를 들어 행렬 곱셈은 순서를 바꿀 수 없다), 그런 행렬을 사용할 때는 주의를 기울여야 한다.

vector에서처럼 ()를 이용해서 크기를 지정하고 {}를 이용해서 원소 값을 지정한다 (17.3.2.1절, 17.3.4.1절). 행의 개수는 지정된 차원의 개수와 일치해야 하며, 각 차원(각 열)에 포함된 원소의 개수는 일치해야 한다. 예를 들면 다음과 같다.

```
Matrix<char,2> mc1(2,3,4);       // 오류: 너무 많은 차원 크기
Matrix<char,2> mc2 {
    {'1','2','3'}                // 오류: 두 번째 차원에 대한 초기화 식 누락
};
Matrix<char,2> mc2 {
    {'1','2','3'},
    {'4','5'}                    // 오류: 세 번째 열에 대한 원소 누락
};
```

Matrix<T,N>은 템플릿 인자(여기서는 N로) 지정된 차원의 개수(order)를 갖고 있다. 각 차원은 초기화 식 리스트에서 추론되거나 () 표기를 이용해서 Matrix 생성자 인자로 지정된 많은 원소(extent())를 갖고 있다. 원소의 전체 개수는 size()로 참조될 수 있다. 예를 들면 다음과 같다.

```
Matrix<double,1> m1(100);          // 1차원 - 벡터(100개 원소)
Matrix<double,2> m2(50,6000);      // 2차원 - 50*6000개 원소

auto d1 = m1.order;                // 1
auto d2 = m2.order;                // 2

auto e1 = m1.extent(0);            // 100
auto e2 = m1.extent(1);            // 오류: m1은 1차원

auto e3 = m2.extent(0);            // 50
auto e4 = m2.extent(1);            // 6000

auto s1 = m1.size();               // 100
auto s2 = m2.size();               // 50*6000
```

여러 가지 형태의 첨자로 **Matrix** 원소에 접근할 수 있다. 예를 들면 다음과 같다.

```
Matrix<double,2>m{                 // 2차원(4*3개 원소)
    {00,01,02,03},                 // 행 0
    {10,11,12,13},                 // 행 1
    {20,21,22,23}                  // 행 2
};
double d1 = m(1,2);                // d==12
double d2 = m[1][2];               // d==12
Matrix<double,1> m1 = m[1];        // 열 1 - {10,11,12,13}
double d3 = m1[2];                 // d==12
```

디버깅에서 쓰기 위한 출력 함수를 다음과 같이 정의할 수 있다.

```
template<typename M>
    Enable_if<Matrix_type<M>(),ostream&>
operator<<(ostream& os, const M& m)
{
    os << '{';
    for (size_t i = 0; i!=rows(m); ++i) {
        os << m[i];
        if (i+1!=rows(m)) os << ',';
    }
    return os << '}';
}
```

여기서 **Matrix_type**은 콘셉트다(24.3절). **Enable_if**는 **enable_if**의 타입에 대한 별칭이므로(28.4절), 이 **operator<<()**는 **ostream&**를 반환한다.

이 결과 **cout<<m**은 **{{0,1,2,3},{10,11,12,13},{20,21,22,23}}**을 출력한다.

29.1.2 Matrix 요구 사항

구현으로 진행하기에 앞서 우리가 원하는 속성이 무엇인지 살펴보자.

- 각 차원마다 개별적인 코드가 필요 없는 N차원, 여기서 N은 0에서 많은 숫자까지 변할 수 있는 매개변수다.
- N차원의 저장 공간은 일반적으로 유용하므로, 원소 타입은 우리가 저장할 수 있는 것이어야 한다(vector 원소처럼).

- 수학적 연산은 **Matrix**를 포함해서 숫자로 타당하게 기술될 수 있는 모든 타입에 적용돼야 한다.
- 차원당 하나의 색인을 사용하는 포트란 스타일의 첨자, 예를 들어 3-D **Matrix**에 대해 **m(1,2,3)**은 하나의 원소를 산출한다.
- C 스타일의 첨자, 예를 들어 **m[7]**은 하나의 행을 산출한다(행은 **N-D Matrix**의 **N-1-D** 부분 **Matrix**다).
- 첨자는 빨라야 하고 범위 체크될 수 있어야 한다.
- **Matrix** 결과의 효율적 전달을 보장하고 비용이 많이 드는 임시 객체를 없앨 수 있는 이동 대입과 이동 생성자가 있다.
- 몇 가지 수학적 행렬 연산, 예를 들면 **+**와 ***=**가 있다.
- 원소의 읽기와 쓰기 양쪽에 사용되기 위한 부분 행렬 **Matrix_ref**에 대한 참조자를 읽고, 쓰고, 여기저기로 전달할 수 있는 방법이 있다.
- 기본적 보장(13.2절)의 형태를 통해 자원 누출이 없어야 한다.
- **m*v+v2**와 같이 단일 함수 호출 안에 중요한 연산이 융합돼야 한다.

비교적 길고 야심적인 목록을 보일지도 모르지만, '모든 이를 위한 모든 기능'을 의미하지는 않는다. 예를 들어 다음 항목을 포함시키지는 않았다.

- 더 많은 수학적 행렬 연산
- 특화된 행렬(예를 들면 대각선 행렬이나 삼각 행렬)
- 희소 **Matrix** 지원
- **Matrix** 연산의 병행 실행에 대한 지원

이런 속성들은 아무리 중요하더라도 기본적인 프로그래밍 기법을 소개하는 데 필요한 수준을 벗어난다.

이런 요구 사항들을 제공하기 위해 나는 여러 가지 언어 기능과 프로그래밍 기법을 조합해서 사용한다.

- 클래스(당연하게도)
- 숫자와 타입을 통한 매개변수화
- 이동 생성자와 대입(복사 최소화를 위해)
- RAII(생성자와 소멸자에 의존)
- 가변 인자 템플릿(범위를 지정하고 색인화를 위해)
- 초기화 식 리스트
- 연산자 오버로딩(관용적인 표기를 사용하기 위해)
- 함수 객체(첨자에 대한 정보를 소지하기 위해)
- 몇 가지 간단한 템플릿 메타프로그래밍(예를 들면 초기화 식 리스트 체크 및 **Matrix_ref**에 대한 읽기와 쓰기를 구분하기 위해)

- 코드 중복을 최소화하기 위한 구현 상속

분명히 이와 같은 **Matrix**는 (많은 언어에서 그런 것처럼) 기본 제공 타입이 될 수도 있었을 테지만, 여기서의 요점은 명확히 C++에서는 기본 제공이 아니라는 점이다. 대신 사용자가 자신만의 것을 만들 수 있게 해주는 기능들이 제공된다.

29.2 Matrix 템플릿

전반적인 개요를 제공하는 차원에서 가장 흥미로운 연산이 들어 있는 **Matrix**의 선언을 소개한다.

```
template<typename T, size_t N>
class Matrix {
public:
    static constexpr size_t order = N;     // 차원의 개수
    using value_type = T;
    using iterator = typename std::vector<T>::iterator;
    using const_iterator = typename std::vector<T>::const_iterator;

    Matrix() = default;
    Matrix(Matrix&&) = default;                              // 이동
    Matrix& operator=(Matrix&&) = default;
    Matrix(const Matrix&) = default;                         // 복사
    Matrix& operator=(const Matrix&) = default;
    ~Matrix() = default;

    template<typename U>
        Matrix(const Matrix_ref<U,N>&);                     // Matrix_ref로부터 생성한다.
    template<typename U>
        Matrix& operator=(const Matrix_ref<U,N>&);          // Matrix_ref로부터 대입한다.
    template<typename.. .Exts>                              // 범위를 지정한다.
        explicit Matrix(Exts... exts);

    Matrix(Matrix_initializer<T,N>);                        // 리스트로부터 초기화한다.
    Matrix& operator=(Matrix_initializer<T,N>);             // 리스트로부터 대입한다.

    template<typename U>
        Matrix(initializer_list<U>) =delete;       // 원소를 제외하고는 {}를 사용하지 않는다.
    template<typename U>
        Matrix& operator=(initializer_list<U>) = delete;
    size_t extent(size_t n) const { return desc.extents[n]; }   // n차원의 원소 개수
    size_t size() const { return elems.size(); }                // 원소의 전체 개수
    const Matrix_slice<N>& descriptor() const { return desc; }  // 첨자를 정의하는 슬라이스
    T* data() { return elems.data(); }                          // "일률적인" 원소 접근
    const T* data() const { return elems.data(); }

    // ...
private:
    Matrix_slice<N> desc;        // N차원에서 범위를 정의하는 슬라이스
    vector<T> elems;             // 원소
};
```

vector<T>를 이용해서 원소를 보관하면 메모리 관리와 예외 안전성 문제에서 해방될 수

있다. `Matrix_slice`는 N차원 행렬로서 원소에 접근하는 데 필요한 크기를 보관한다(29.4.2절). `Matrix_slice`는 `Matrix`에 특수화된 `gslice`(40.5.6절)라고 생각하기 바란다.

자신만의 원소를 갖지 않고 `Matrix`를 참조한다는 점만 제외하면 `Matrix_ref`(29.4.3절)는 `Matrix`와 똑같이 동작한다. `Matrix_ref`는 부분 `Matrix`에 대한 참조자라고 생각하기 바란다.

`Matrix_initializer<T,N>`은 `Matrix<T,N>`에 대해 적절하게 중첩된 초기화 식 리스트다 (29.4.4절).

29.2.1 생성과 대입

기본 복사와 이동 연산은 안성맞춤인 의미 구조를 갖고 있다. `desc`(첨자를 정의하는 슬라이스 기술자)와 `elements`의 멤버 단위 복사 또는 이동이 그것이다. 원소에 필요한 저장 공간 관리를 위해서 `Matrix`는 `vector`의 모든 장점을 물려받는다. 마찬가지로 기본 생성자와 소멸자도 안성맞춤인 의미 구조를 갖는다.

범위(차원의 원소 개수)를 받아들이는 생성자는 가변 인자 템플릿의 상당히 간단한 예다(28.6절).

```
template<typename T, size_t N>
    template<typename... Exts>
    Matrix<T,N>::Matrix(Exts... exts)
        :desc{exts...},        // 범위를 복사한다.
        elems(desc.size)       // desc.size 원소들을 할당하고 기본 초기화한다.
    { }
```

초기화 식 리스트를 받아들이는 생성자는 약간의 작업을 필요로 한다.

```
template<typename T, size_t N>
Matrix<T, N>::Matrix(Matrix_initializer<T,N> init)
{
    desc.extents = Matrix_impl::derive_extents(init);    // 초기화 식 리스트에서
                                                         // 범위를 추론한다(29.4.4절).
    Matrix_impl::compute_strides(desc);       // 스트라이드와 크기를 계산한다(29.4.4절).
    elems.reserve(desc.size);                 // 슬라이스를 위한 자리를 만든다.
    Matrix_impl::insert_flat(init,elems);     // 초기화 식 리스트를 초기화한다(29.4.4절).
    assert(elems.size() == desc.size);
}
```

`Matrix_initializer`는 적절하게 중첩된 `initializer_list`(29.4.4절)다. 범위는 `derive_extents()`에 의해 추론되고, 크기는 `compute_strides()`에 의해 계산된다. 그 다음, 원소들이 `Matrix_impl` 네임스페이스의 `insert_flat()`에 의해 `elem`에 저장된다.

`{}` 초기화가 원소 리스트에 대해서만 쓰이게 하기 위해 간단한 `initializer_list` 생성자를 `=delete`했다. 이는 범위에 `()` 초기화를 사용하도록 강제하기 위한 것이다. 예를 들면 다음과 같다.

```
enum class Piece { none, cross, naught };

Matrix<Piece,2> board1 {
    {Piece::none, Piece::none, Piece::none},
```

```
        {Piece::none, Piece::none, Piece::none},
        {Piece::none, Piece::none, Piece::cross}
};
Matrix<Piece,2> board2(3,3);        // OK
Matrix<Piece,2> board3 {3,3};       // 오류: initializer_list<int>의 생성자가 삭제됨
```

그 =delete가 없었다면 마지막 정의는 문제가 없었을 것이다.

마지막으로 Matrix나 Matrix의 일부(부분 행렬)에 대한 참조자인 **Matrix_ref**로부터 생성이 가능해야 한다.

```
template<typename T, size_t N>
    template<typename U>
    Matrix<T,N>::Matrix(const Matrix_ref<U,N>& x)
        :desc{x.desc}, elems{x.begin(),x.end()}   // desc와 원소를 복사한다.
    {
        static_assert(Convertible<U,T>(),"Matrix constructor: incompatible element types");
    }
```

템플릿을 활용하면 호환 가능한 원소 타입으로 Matrix로부터 생성이 가능하다.

늘 그렇듯이 대입은 생성자와 비슷하다. 예를 들면 다음과 같다.

```
template<typename T, size_t N>
    template<typename U>
    Matrix<T,N>& Matrix<T,N>::operator=(const Matrix_ref<U,N>& x)
    {
        static_assert(Convertible<U,T>(),"Matrix =: incompatible element types");

        desc = x.desc;
        elems.assign(x.begin(),x.end());
        return *this;
    }
```

즉, Matrix의 멤버를 복사하는 것이다.

29.2.2 첨자와 슬라이스

Matrix에는 첨자(원소나 행에 대한)를 통해, 행과 열을 통해, 또는 슬라이스(행이나 열의 일부)를 통해 접근할 수 있다.

Matrix⟨T,N⟩ 접근	
m.row(i)	m의 i행 — Matrix_ref<T,N-1>
m.column(i)	m의 i열 — Matrix_ref<T,N-1>
m[i]	C 스타일 첨자 — m.row(i)
m(i,j)	포트란 스타일 원소 접근 — m[i][j], T&, 첨자의 개수는 N이어야 한다.
m(slice(i,n),slice(j))	슬라이스를 통한 부분 행렬 접근 — Matrix_ref<T,N>, slice(i,n)은 첨자 차원의 [i:i+n) 원소, slice(j)는 첨자 차원의 [i:max) 원소, max는 차원의 범위 extent, 첨자의 개수는 N이어야 한다.

이것들은 모두 멤버 함수다.

```
template<typename T, size_t N>
class Matrix {
public:
    //
    template<typename... Args>                          // 정수를 이용한 m(i,j,k) 첨자
    Enable_if<Matrix_impl::Requesting_element<Args...>(), T&>
        operator()(Args... args);
    template<typename... Args>
        Enable_if<Matrix_impl::Requesting_element<Args...>(), const T&>
        operator()(Args... args) const;
    template<typename... Args>                          // 슬라이스를 이용한 m(s1,s2,s3) 첨자
        Enable_if<Matrix_impl::Requesting_slice<Args...>(), Matrix_ref<T, N>>
        operator()(const Args&... args);
    template<typename... Args>
        Enable_if<Matrix_impl::Requesting_slice<Args...>(), Matrix_ref<const T,N>>
        operator()(const Args&... args) const;

    Matrix_ref<T,N-1> operator[](size_t i) { return row(i); }    // m[i] 행 접근
    Matrix_ref<const T,N-1> operator[](size_t i) const { return row(i); }

    Matrix_ref<T,N-1> row(size_tn);                              // 행 접근
    Matrix_ref<const T,N-1> row(size_t n) const;

    Matrix_ref<T,N-1> col(size_t n);                            // 열 접근
    Matrix_ref<const T,N-1> col(size_t n) const;
    // ...
};
```

i번째 행을 선택하거나 반환하는 m[i]에 의해 C 스타일 첨자가 처리된다.

```
template<typename T, size_t N>
Matrix_ref<T,N-1> Matrix<T,N>::operator[](size_t n)
{
    return row(n);          // 29.4.5절
}
```

Matrix_ref(29.4.3절)를 부분 Matrix에 대한 참조자로 생각하기 바란다.

Matrix_ref<T,0>는 단일 원소를 참조하도록 특수화된 것이다.

포트란 스타일의 첨자는 각 차원에 대한 색인을 나열하는 것으로 처리되는데, 스칼라를 산출하는 m(i,j,k)가 그런 예다.

```
Matrix<int,2> m {
    {01,02,03},
    {11,12,13}
};
m(1,2) = 99;            // 1행 2열에 있는 원소, 즉 13을 덮어쓴다.
auto d1 = m(1);        // 오류: 첨자가 너무 적다.
auto d2 = m(1,2,3);    // 오류: 첨자가 너무 많다.
```

정수 외에 slice로도 첨자를 붙일 수 있다. slice는 한 차원에 해당하는 원소의 부분집합이다(40.5.4절). 특히 slice{i,n}는 그것이 적용되는 차원의 [i:i+n) 원소를 가리킨다. 예를 들면 다음과 같다.

```
Matrix<int,2> m2 {
    {01,02,03},
    {11,12,13},
    {21,22,23}
};
auto m22 = m2(slice{1,2},slice{0,3});
```

이제 m22는 아래의 값을 갖는 `Matrix<int,2>`다.

```
{
    {11,12,13},
    {21,22,23}
}
```

첫 번째 (행) 첨자 `slice{1,2}`는 마지막 두 행을 선택하고, 두 번째 (열) 첨자 `slice{0,3}`은 열의 모든 원소를 선택한다.

`slice` 첨자의 ()에 대한 반환 타입은 `Matrix_ref`이므로, 그것을 대입의 대상으로 사용할 수 있다. 예를 들면 다음과 같다.

```
m2(slice{1,2},slice{0,3}) = {
    {111,112,113},
    {121,122,123}
};
```

이제 m2는 다음 값을 갖게 된다.

```
{
    {01,02,03},
    {111,112,113},
    {121,122,123}
}
```

어떤 지점부터 시작해서 모든 원소를 선택하는 경우는 상당히 자주 일어나기 때문에 단축 표현법이 준비돼 있다. `slice{i}`는 `slice{i,max}`의 뜻이고, 여기서 `max`는 차원의 최대 첨자보다 크다. 따라서 `m2(slice{1,2},slice{0,3})`을 똑같은 의미의 `m2(slice{1,2},slice{0})`으로 줄일 수 있다.

흔하게 쓰이는 또 다른 간단한 경우는 하나의 행이나 열의 모든 원소를 선택하는 것이다. `slice` 첨자 집합 중에서 일반 정수 첨자 i는 `slice{i,1}`로 해석된다. 예를 들면 다음과 같다.

```
Matrix<int,2> m3 {
    {01,02,03},
    {11,12,13},
    {21,22,23}
};
auto m31 = m3(slice{1,2},1);    // m31은 {{12},{22}}이 된다.
auto m32 = m3(slice{1,2},0);    // m32는 {{11},{21}}이 된다.
auto x = m3(1,2);               // x == 13
```

슬라이스 첨자의 개념은 수치 프로그래밍에 쓰이는 모든 언어에서 필수적으로 지원되므로, 그것이 생소하지 않으리라 기대한다.

row(), column(), operator()()의 구현은 29.4.5절에서 소개된다. 이런 함수들의 const 버전 구현은 기본적으로 비const 버전의 구현과 동일하다. 주요한 차이점은 const 버전은 const 원소를 가진 결과를 출력한다는 것이다.

29.3 Matrix 산술 연산

이렇게 우리는 Matrix를 생성하고, 그것을 복사하고, 그것들의 원소와 행에 접근할 수 있게 됐다. 하지만 많은 경우 우리가 원하는 건 개별 원소(스칼라)에 접근하는 관점으로 알고리즘을 표현해야 하는 수고를 덜어 줄 수학 연산을 수행하는 것이다. 다음 예를 살펴보자.

```
Matrix<int,2> mi {{1,2,3}, {4,5,6 }};    // 2X3
Matrix<int,2> m2 {mi};                     // 복사
mi*=2;                                      // 크기 조정 - {{2,4,6},{8,10,12}}
Matrix<int,2> m3 = mi+m2;                   // 덧셈 - {{3,6,9},{12,15,18}}
Matrix<int,2> m4 {{1,2}, {3,4}, {5,6}};    // 3X2
Matrix<int,2> m5 = mi*m4;                   // 곱셈 - {{44,56},{98,128}}
```

수학 연산은 다음과 같이 정의된다.

```
template<typename T, size_t N>
class Matrix {
    // ...
    template<typename F>
        Matrix& apply(F f);                    // 모든 원소 x에 대한 f(x)
    template<typename M, typename F>           // 대응되는 *this와 m 원소에 대한 f(x,mx)
        Enable_if<Matrix_type<M>(),Matrix&> apply(const M& m, F f);
    Matrix& operator=(const T& value);         // 스칼라 대입
    Matrix& operator+=(const T& value);        // 스칼라 덧셈
    Matrix& operator-=(const T& value);        // 스칼라 뺄셈
    Matrix& operator*=(const T& value);        // 스칼라 곱셈
    Matrix& operator/=(const T& value);        // 스칼라 나눗셈
    Matrix& operator%=(const T& value);        // 스칼라 모듈로
    template<typename M>                        // 행렬 덧셈
        Enable_if<Matrix_type<M>(),Matrix&> operator+=(const M& x);
    template<typename M>                        // 행렬 뺄셈
        Enable_if<Matrix_type<M>(),Matrix&> operator-=(const M& x);
    // ...
};
// 이항 +, -, *는 비멤버 함수로 제공된다.
```

행렬 인자를 받아들이는 연산은 인자가 Matrix_type인 경우에만 제공된다.

29.3.1 스칼라 연산

스칼라 산술 연산은 연산과 오른쪽 피연산자를 그냥 각 원소에 적용하기만 한다. 예를 들면 다음과 같다.

```
template<typename T, size_t N>
Matrix<T,N>& Matrix<T,N>::operator+=(const T& val)
{
    return apply([&](T& a) { a+=val; } );        // 람다를 사용한다(11.4절).
}
```

apply()는 함수(또는 함수 객체)를 Matrix의 각 원소에 적용한다.

```
template<typename T, size_t N>
    template<typename F>
    Matrix<T,N>& Matrix<T,N>::apply(F f)
    {
        for (auto& x : elems) f(x);        // 이 루프는 스트라이드 반복자를 사용한다.
        return *this;
    }
```

다른 경우와 마찬가지로 *this는 연쇄적안 연결을 가능하게 해준다. 예를 들면 다음과 같다.

```
m.apply([](double& x){a=abs(x);}).apply([](double& x){a=sqrt(x);});  // 모든 i에 대해
                                                                      // m[i] = sqrt(abs(m[i]))
```

다른 경우와 마찬가지로(3.2.1.1절, 18.3절) += 같은 대입 연산자를 이용해서 + 같은 '순수 연산자'를 클래스 외부에서 정의할 수 있다. 예를 들면 다음과 같다.

```
template<typename T, size_t N>
Matrix<T,N> operator+(const Matrix<T,N>& m, const T& val)
{
    Matrix<T,N> res = m;
    res+=val;
    return res;
}
```

이동 생성자가 없다면 이 반환 타입은 고약한 성능 버그를 일으킬 것이다.

29.3.2 덧셈

두 Matrix의 덧셈은 스칼라 버전과 거의 유사하다.

```
template<typename T, size_t N>
    template<typename M>
    Enable_if<Matrix_type<M>(),Matrix<T,N>&> Matrix<T,N>::operator+=(const M& m)
    {
        static_assert(m.order==N,"+=: mismatched Matrix dimensions");
        assert(same_extents(desc,m.descriptor()));        // 크기가 일치하는지 확인한다.
        return apply(m, [](T& a,const Value_type<M>&b) { a+=b; });
    }
```

Matrix::apply(m,f)는 Matrix::apply(f)의 두 개 인자 버전이다. Matrix::apply(m,f)는 f를 두 Matrix(m과 *this)에 적용한다.

```
template<typename T, size_t N>
    template<typename M, typename F>
    Enable_if<Matrix_type<M>(),Matrix<T,N>&> Matrix<T,N>::apply(M& m, F f)
```

```
    {
        assert(same_extents(desc,m.descriptor()));          // 크기가 일치하는지 확인한다.
        for (auto i = begin(), j = m.begin(); i!=end(); ++i, ++j)
            f(*i,*j);
        return *this;
    }
```

이제 operator+()를 손쉽게 정의할 수 있다.

```
template<typename T, size_t N>
Matrix<T,N> operator+(const Matrix<T,N>& a, const Matrix<T,N>& b)
{
    Matrix<T,N> res = a;
    res+=b;
    return res;
}
```

이 코드는 해당 타입의 결과를 산출하는 동일한 타입의 두 Matrix에 대한 +를 정의한다.
다음과 같이 범용화할 수 있다.

```
template<typename T, typename T2, size_t N,
    typename RT = Matrix<Common_type<Value_type<T>,Value_type<T2>>,N>>
Matrix<RT,N> operator+(const Matrix<T,N>& a, const Matrix<T2,N>& b)
{
    Matrix<RT,N> res = a;
    res+=b;
    return res;
}
```

흔한 경우처럼 T와 T2는 동일한 타입인데, Common_type이 바로 그 타입이다. Common_type
타입 함수는 std::common_type(35.4.2절)에서 파생된다. Common_type은 기본 제공 타입에 대해
서는 ?:처럼 산술 연산의 값을 가장 잘 보존하는 타입을 제공한다. 조합에서 사용하려는 타입의
쌍에 대해 Common_type이 정의돼 있지 않다면 그것을 정의할 수 있다. 예를 들면 다음과 같다.

```
template<>
struct common_type<Quad,long double> {
    using type = Quad;
};
```

이제 Common_type<Quad,long double>은 Quad다.

또한 Matrix_ref(29.4.3절)과 관련된 연산들이 필요하다. 다음 예를 살펴보자.

```
template<typename T, size_t N>
Matrix<T,N> operator+(const Matrix_ref<T,N>& x, const T& n)
{
    Matrix<T,N> res = x;
    res+=n;
    return res;
}
```

이러한 연산은 Matrix에 대한 것과 정확히 똑같아 보인다. Matrix와 Matrix_ref의 원소 접근
사이에는 아무런 차이가 없다. Matrix와 Matrix_ref 사이의 차이는 초기화와 원소의 소유권에 있다.

스칼라에 의한 뺄셈, 곱셈 등과 `Matrix_ref`의 처리는 덧셈에 쓰인 기법을 반복하는 것일 뿐이다.

29.3.3 곱셈

행렬 곱셈은 덧셈만큼 간단하지 않다. N×M 행렬과 M×P 행렬의 곱은 N×P 행렬이다. M=1인 경우에는 두 벡터의 곱이 행렬이라는 결과를 얻게 되고, P=1인 경우에는 행렬과 벡터의 곱이 벡터라는 결과를 얻게 된다. 행렬 곱셈을 좀 더 높은 차원으로 일반화할 수도 있지만, 그러기 위해서는 텐서tensor[Kolecki,2002]란 개념을 도입해야 하는데, 나는 프로그래밍 기법과 언어 기능의 사용법에 대한 논의를 물리와 공학 수학 수업으로 변질시키고 싶지는 않다. 따라서 1차원과 2차원을 고수할 예정이다.

`Matrix<T,1>`을 N×1 행렬로 취급하고 또 다른 것은 1×M 행렬로 취급하면 다음 결과를 얻을 수 있다.

```
template<typename T>
Matrix<T,2> operator*(const Matrix<T,1>& u, const Matrix<T,1>& v)
{
    const size_t n = u.extent(0);
    const size_t m = v.extent(0);
    Matrix<T,2> res(n,m);                // n × m 행렬
    for (size_t i = 0; i!=n; ++i)
        for (size_t j = 0; j!=m; ++j)
            res(i,j) = u[i]*v[j];
    return res;
}
```

이것은 가장 간단한 경우로, 행렬 원소 `res(i,j)`는 `u[i]*v[j]`다. 나는 벡터의 원소 타입이 서로 다른 경우를 처리하기 위해 일반화를 시도하지는 않았다. 필요하다면 덧셈에서 논의 됐던 기법을 이용할 수 있다.

`res`의 각 원소에 두 번 쓰고 있다는 점에 유의한다. 한 번은 `T{}`로 초기화하기 위한 것이고, 한 번은 `u[i]*v[j]`를 대입하기 위한 것이다. 이는 대략 곱셈의 비용을 두 배로 늘리게 된다. 이것이 신경 쓰인다면 이런 오버헤드가 없는 곱셈을 작성하고 그런 차이가 자신의 프로그램에서 중요한지 확인해보기 바란다.

다음으로 N×M 행렬에 M×1 행렬로 보이는 벡터를 곱할 수 있다. 결과는 N×1 행렬이다.

```
template<typename T>
Matrix<T,1> operator*(const Matrix<T,2>& m, const Matrix<T,1>& v)
{
    assert(m.extent(1)==v.extent(0));
    const size_t nr = m.extent(0);
    const size_t nc = m.extent(1);
    Matrix<T,1> res(n);
    for (size_t i = 0; i!=nr; ++i)
        for (size_t j = 0; j!=nc; ++j)
            res(i) += m(i,j)*v(j);
```

```
        return res;
}
```

res의 선언이 그것의 원소를 T{}로 초기화한다는 데 유의한다. T{}는 수치 타입에 대해서 0이므로, +=는 0부터 시작한다.

N×M 행렬 곱하기 M×P 행렬은 비슷하게 처리된다.

```
template<typename T>
Matrix<T,2> operator*(const Matrix<T,2>& m1, const Matrix<T,2>& m2)
{
    const size_t nr = m1.extent(0);
    const size_t nc = m1.extent(1);
    assert(nc==m2.extent(0));          // 열은 행에 일치해야 한다.

    const size_t p = m2.extent(1);
    Matrix<T,2> res(nr,p);
    for (size_t i = 0; i!=nr; ++i)
        for (size_t j = 0; j!=p; ++j)
            for (size_t k = 0; k!=nc; ++k)
                res(i,j) += m1(i,k)*m2(k,j);
    return res;
}
```

이 중요한 연산은 수많은 방법으로 최적화될 수 있다.

가장 안쪽의 루프는 다음과 같이 좀 더 깔끔하게 표현될 수 있다.

```
res(i,j) = dot_product(m1[i],m2.column(j))
```

여기서 **dot_product()**는 표준 라이브러리 **inner_product()**(40.6.2절)에 대한 인터페이스다.

```
template<typename T>
T dot_product(const Matrix_ref<T,1>& a, const Matrix_ref<T,1>& b)
{
    return inner_product(a.begin(),a.end(),b.begin(),0.0);
}
```

29.4 Matrix 구현

지금까지는 **Matrix** 구현의 가장 복잡한 (그리고 일부 프로그래머들에게는 가장 흥미로운) '메커니즘'과 관련된 부분의 표현을 미뤄왔다. 예를 들어 **Matrix_ref**는 무엇인가? **Matrix_slice**는 무엇인가? **initializer_list**의 중첩에서 **Matrix**를 어떻게 초기화하고 차원이 타당하다는 점을 어떻게 확인하는가? 부적절한 원소 타입으로 **Matrix**를 초기화하지 않게 어떻게 보장할 수 있는가?

이런 코드를 표현하는 가장 손쉬운 방법은 모든 **Matrix**를 전부 헤더 파일 안에 넣는 것이다. 이런 경우 모든 비멤버 함수의 정의에 **inline**을 추가한다.

Matrix, **Matrix_ref**, **Matrix_slice**의 멤버가 아니거나 범용적인 인터페이스에 속하지 않는 함수의 정의는 **Matrix_impl** 내에 놓여진다.

29.4.1 slice()

slice 첨자에 쓰이는 간단한 slice는 정수(첨자)에서 원소 위치(색인)로의 매핑을 세 가지 값의
관점에서 기술한다.

```
struct slice {
    slice() :start(-1), length(-1), stride(1) { }
    explicit slice(size_t s) :start(s), length(-1), stride(1) { }
    slice(size_t s, size_t l, size_t n = 1) :start(s), length(l), stride(n) { }

    size_t operator()(size_t i) const { return start+i*stride; }

    static slice all;

    size_t start;       // 첫 번째 색인
    size_t length;      // 포함된 색인의 개수(범위 체크에 쓰일 수 있음)
    size_t stride;      // 시퀀스에서 원소 사이의 거리
};
```

slice에는 표준 라이브러리 버전이 있다. 이에 대한 좀 더 포괄적인 논의는 40.5.4절을
참고하기 바란다. 이 버전은 표기적인 편의를 제공한다(예를 들면 생성자에 의해 제공되는 기본 값).

20.4.2 Matrix 슬라이스

Matrix_slice는 첨자의 집합을 원소의 위치에 매핑시키는 Matrix의 구현 부분이다. Matrix_
slice는 일반화된 슬라이스란 개념을 활용한다(40.5.6절).

```
template<size_t N>
struct Matrix_slice {
    Matrix_slice() = default;                                        // 빈 행렬 - 원소가 없음

    Matrix_slice(size_t offset, initializer_list<size_t> exts);      // 시작 오프셋과 범위
    Matrix_slice(size_t offset, initializer_list<size_t> exts, initializer_list<size_t> strs);
                                                                     // 그리고 스트라이드

    template<typename... Dims>                                       // N 범위
        Matrix_slice(Dims... dims);

    template<typename... Dims,
            typename = Enable_if<All(Convertible<Dims,size_t>()...)>>
        size_t operator()(Dims... dims) const;                       // 첨자 집합에서 색인을 계산한다.

    size_t size;                    // 원소의 전체 개수
    size_t start;                   // 시작 오프셋
    array<size_t,N> extents;        // 각 차원의 원소 개수
    array<size_t,N> strides;        // 각 차원의 원소 사이의 오프셋
};
```

바꿔 말해서 Matrix_slice는 메모리 영역 내에서 열과 행으로 간주되는 것들을 기술한다.
통상적인 C++의 행우선 행렬 배치 구조에서 행의 원소는 인접하고, 열의 원소는 고정된 원소
의 개수(스트라이드)에 의해 분리된다. Matrix_slice는 함수 객체이며, 그것의 operator()()는
스트라이드 계산을 수행한다(40.5.6절).

```
template<size_t N>
    template<typename... Dims>
```

```
    size_t Matrix_slice<N>::operator()(Dims... dims) const
    {
        static_assert(sizeof...(Dims)==N, "Matrix_slice<N>::operator(): dimension mismatch");
        size_t args[N] { size_t(dims)... };   // 인자를 배열 안으로 복사한다.
        return start+inner_product(args,args+N,strides.begin(),size_t{0});
    }
```

첨자는 효율적이어야 한다. 이 코드는 단순화된 알고리즘으로 최적화가 필요하다. 다른
건 몰라도 특수화를 쓰면 가변 인자의 매개변수 팩에서 첨자 복사를 단순화하지 못하게 할
수 있다. 예를 들면 다음과 같다.

```
template<>
struct Matrix_slice<1> {
    // ...
    size_t operator()(size_t i) const
    {
        return i;
    }
}
template<>
struct Matrix_slice<2> {
    // ...
    size_t operator()(size_t i, size_t j) const
    {
        return start+i*strides[0]+j;
    }
}
```

Matrix_slice는 Matrix(그것의 범위)의 모양을 정의하고 N차원 첨자를 구현하는 데 필수적
이다. 하지만 Matrix_slice는 부분 행렬을 정의하는 데도 유용하다.

29.4.3 Matrix_ref

Matrix_ref는 기본적으로 부분 Matrix를 표현하는 데 쓰이는 Matrix 클래스의 복제본이다.
하지만 Matrix_ref는 원소를 보유하지 않는다. Matrix_ref는 Matrix_slice와 원소를 가리
키는 포인터로부터 생성된다.

```
template<typename T, size_t N>
class Matrix_ref {
public:
    Matrix_ref(const Matrix_slice<N>& s, T* p) :desc{s}, ptr{p} {}
    // ... 대부분 Matrix와 비슷하다...
private:
    Matrix_slice<N> desc;        // 행렬의 모양
    T*ptr;                       // 행렬의 첫 번째 원소
};
```

Matrix_ref는 단순히 '자신의' **Matrix** 원소를 가리킨다. 당연히 **Matrix_ref**는 자신의 **Matrix**보다 오래 살아남을 수 없다. 예를 들면 다음과 같다.

```
Matrix_ref<double,1> user()
{
    Matrix<double,2> m = {{1,2}, {3,4}, {5,6}};
    return m.row(1);
}
auto mr = user();        // 문제 발생
```

Matrix와 **Matrix_ref**가 너무 닮았기 때문에 중복 문제가 일어날 수 있다. 그런 문제가 신경 쓰인다면 둘 모두를 공통 기반 클래스에서 파생할 수 있다.

```
template<typename T, size_t N>
class Matrix_base {
    // ... 공통적인 것들 ...
};

template<typename T, size_t N>
class Matrix : public Matrix_base<T,N> {
    // ... Matrix에만 있는 것들 ...
private:
    Matrix_slice<N> desc;  // 행렬의 모양
    vector<T> elements;
};

template<typename T, size_t N>
class Matrix_ref : public Matrix_base<T,N> {
    // ... Matrix_ref에만 있는 것들 ...
private:
    Matrix_slice<N> desc;  // 행렬의 모양
    T* ptr;
};
```

29.4.4 Matrix 리스트 초기화

initializer_list로부터 생성되는 **Matrix** 생성자는 별칭 **Matrix_initializer**를 인자 타입으로 받아들인다.

```
template<typename T, size_t N>
using Matrix_initializer = typename Matrix_impl::Matrix_init<T, N>::type;
```

Matrix_init는 중첩된 initializer_list의 구조를 기술한다.

Matrix_init<T,N>은 자신의 멤버 타입으로 **Matrix_init<T,N-1>**을 갖는다.

```
template<typename T, size_t N>
struct Matrix_init {
    using type = initializer_list<typename Matrix_init<T,N-1>::type>;
};
```

N==1은 특별한 경우로 (가장 깊이 중첩된) initializer_list<T>에 다다르게 되는 경우다.

```
template<typename T>
struct Matrix_init<T,1> {
    using type = initializer_list<T>;
};
```

뜻밖의 상황을 피하기 위해 N==0을 오류로 정의한다.

```
template<typename T>
struct Matrix_init<T,0>;   // 일부러 정의하지 않음
```

Matrix_initializer를 받아들이는 Matrix 생성자를 완성하기 위해서는 세 가지 연산이 필요한데, 그 중 둘은 Matrix<T,N>에 대해 initializer_list의 트리를 재귀적으로 훑어 내려간다.

- derive_extents()는 Matrix의 모양을 결정한다.
    - 트리가 실제로 N의 깊이를 갖는지 체크한다.
    - 각 행(부분 initializer_list)이 동일한 개수의 원소를 갖고 있는지 체크한다.
    - 각 행의 범위를 설정한다.
    - compute_strides()는 주어진 범위에서 첨자 계산과 원소의 개수에 필요한 스트라이드를 계산한다.
- insert_flat()는 initializer_list<T> 트리의 원소를 Matrix의 elems에 복사한다.

desc를 초기화하기 위해 Matrix 생성자에서 호출된 derived_extents()는 다음과 같다.

```
template <std::size_t N, typename List>
std::array<std::size_t,N> derive_extents(const List& list)
{
    std::array<std::size_t,N> a;
    auto f = a.begin();
    add_extents<N>(f,list);     // 크기(범위)를 a에 추가한다.
    return a;
}
```

그것을 initializer_list에 전달하면 범위의 배열이 반환된다.

재귀는 N에서부터 마지막 1까지 수행되는데, 마지막 1에서는 initializer_list가 initializer_list<T>로 된다.

```
template <std::size_t N, typename I, typename List>
Enable_if<(N>1),void> add_extents(I& first, const List& list)
{
    assert(check_non_jagged<N>(list));
    *first++ = list.size(); // 이 크기(범위)를 저장한다.
    add_extents<N-1>(first,*list.begin());
}
template <std::size_t N, typename I, typename List>
Enable_if<(N==1),void> add_extents(I& first, const List& list)
{
    *first++ = list.size();
}
```

check_non_jagged() 함수는 모든 행이 동일한 원소 개수를 갖는지 체크한다.

```
template <size_t N, typename List>
bool check_non_jagged(const List& list)
{
    auto i = list.begin();
    for (auto j = i+1; j!=list.end(); ++j)
        if (derive_extents<N-1>(*i) != derive_extents<N-1>(*j))
            return false;
    return true;
}
```

derive_extents()에 의해 계산된 대로 범위가 주어지면 원소의 개수와 Matrix에 대한 스트라이드를 계산할 수 있다.

```
template<int N>
void compute_strides(Matrix_slice<N>& ms)
{
    size_t st = 1;                        // 마지막 스트라이드는 1이다.
    for (int i=N-1; i>=0; --i) {          // 각 차원에 대해, 스트라이드를 계산한다.
        ms.strides[i] = st;
        st *= ms.extents[i];
    }
    ms.size = st;
}
```

중첩 가능성이 있는 초기화 식 리스트를 받아들이고, 그것의 원소를 Matrix<T>에 vector<T>로 건네 줄 insert_flat()가 필요하다. insert_flat()는 Matrix에 Matrix_initializer로 주어지는 initializer_list를 받아들이고 대상으로 element를 제공한다.

```
template<typename T, typename Vec>
void insert_flat(initializer_list<T> list, Vec& vec)
{
    add_list(list.begin(),list.end(),vec);
}
```

안타깝게도 메모리 내에 인접해서 할당되는 원소에 의존할 수 없는 관계로, 재귀 호출 집합을 통해 벡터를 만들어야 한다. initializer_list의 리스트를 갖고 있다면 각각에 대해 재귀한다.

```
template<typename T, typename Vec>  // 중첩된 initializer_lists
void add_list(const initializer_list<T>* first, const initializer_list<T>* last, Vec& vec)
{
    for (;first!=last;++first)
        add_list(first->begin(),first->end(),vec);
}
```

initializer_list가 아닌 원소를 가진 리스트에 다다르게 되면 그런 원소들을 vector 안에 삽입한다.

```
template<typename T, typename Vec>
void add_list(const T* first, const T* last, Vec& vec)
```

```
{
    vec.insert(vec.end(),first,last);
}
```

시퀀스 인자를 받아들이는 `push_back()`이 없는 관계로 `vec.insert(vec.end(),first,last)`를 사용한다.

29.4.5 Matrix 접근

`Matrix`는 행, 열, 슬라이스(29.4.1절), 원소(29.4.3절)를 통한 접근을 제공한다. `row()` 또는 `column()` 연산은 `Matrix_ref<T,N-1>`을 반환하고, 정수를 가진 () 첨자 연산은 `T&`를 반환하며, `slice`를 가진 () 첨자 연산은 `Matrix<T,N>`을 반환한다.

`Matrix<T,N>`의 행은 1<N이라면 `Matrix_ref<T,N-1>`이다.

```
template<typename T, size_t N>
Matrix_ref<T,N-1> Matrix<T,N>::row(size_t n)
{
    assert(n<rows());
    Matrix_slice<N-1> row;
    Matrix_impl::slice_dim<0>(n,desc,row);
    return {row,data()};
}
```

`N==1`과 `N==0`인 경우에 대해서는 특수화가 필요하다.

```
template<typename T>
T& Matrix<T,1>::row(size_t i)
{
    return elems[i];
}
```
```
template<typename T>
T& Matrix<T,0>::row(size_t n) = delete;
```

`column()`을 선택하는 것은 `row()`를 선택하는 것과 본질적으로 동일하다. `Matrix_slice`의 생성에서만 차이가 있을 뿐이다.

```
template<typename T, size_t N>
Matrix_ref<T,N-1> Matrix<T,N>::column(size_t n)
{
    assert(n<cols());
    Matrix_slice<N-1> col;
    Matrix_impl::slice_dim<1>(n,desc,col);
    return {col,data()};
}
```

`Requesting_element()`와 `Requesting_slice()`는 각각 정수 집합에 의한 첨자와 슬라이스에 의한 첨자에 쓰이는 정수 집합에 대한 콘셉트다(29.4.5절). 이것들은 접근 함수 인자의 시퀀스가 첨자로 쓰이기에 적합한 타입인지를 체크한다.

정수 첨자는 다음과 같이 정의된다.

```
template<typename T, size_tN>        // 정수 첨자
    template<typename... Args>
    Enable_if<Matrix_impl::Requesting_element<Args...>(),T&>
    Matrix<T,N>::operator()(Args... args)
    {
        assert(Matrix_impl::check_bounds(desc, args...));
        return *(data() + desc(args...));
    }
```

check_bounds() 술어 함수는 첨자의 개수가 차원의 개수와 같은지, 그리고 첨자가 경계 내에 있는지 체크한다.

```
template<size_t N, typename... Dims>
bool check_bounds(const Matrix_slice<N>& slice, Dims... dims)
{
    size_t indexes[N] {size_t(dims)...};
    return equal(indexes, indexes+N, slice.extents.begin(), less<size_t> {});
}
```

Matrix 내에서 원소의 실제 위치는 함수 객체 desc(args...)로 제시된 Matrix의 Matrix_slice에 대한 범용 슬라이스 계산을 호출함으로써 계산된다. 이것을 데이터(data())의 시작 부분에 추가하면 위치가 얻어진다.

```
return *(data() + desc(args...));
```

이렇게 하면 계산에서 가장 비밀스러운 부분이 마지막으로 남겨진다. operator()() 반환 타입의 명세는 다음과 같다.

```
Enable_if<Matrix_impl::Requesting_element<Args...>(),T&>
```

따라서 다음이 true라면 반환 타입은 T&다(28.4절).

```
Matrix_impl::Requesting_element<Args...>()
```

이 술어 함수는 표준 라이브러리 술어 함수 is_convertible(35.4.1절)의 콘셉트 버전을 이용해서 모든 첨자가 필요한 size_t로 변환될 수 있는지만 체크한다.

```
template<typename... Args>
constexpr bool Requesting_element()
{
    return All(Convertible<Args,size_t>()...);
}
```

All()은 단순히 술어 함수를 가변 인자 템플릿의 모든 원소에 적용한다.

```
constexpr bool All() { return true; }
template<typename... Args>
constexpr bool All(bool b, Args... args)
{
    return b && All(args...);
}
```

술어 함수(Requesting_element)와 **Enable_if()**를 사용하는 이유는 원소와 **slice** 첨자 연산자 사이에서 선택하기 위한 것이다. **slice** 첨자 연산자에 의해 사용되는 술어 함수는 다음과 같다.

```
template<typename... Args>
constexpr bool Requesting_slice()
{
    return All((Convertible<Args,size_t>() || Same<Args,slice>())...)
        && Some(Same<Args,slice>()...);
}
```

즉, 최소한 한 개의 **slice** 인자가 있고, 모든 인자가 **slice**나 **size_t**로 변환될 수 있다면 **Matrix<T,N>**을 기술하는 데 쓰일 수 있는 뭔가가 생긴다.

```
template<typename T, size_t N>        // 슬라이스 첨자
    template<typename... Args>
        Enable_if<Matrix_impl::Requesting_slice<Args...>(), Matrix_ref<T,N>>
    Matrix<T,N>::operator()(const Args&... args)
    {
        Matrix_slice<N> d;
        d.start = Matrix_impl::do_slice(desc,d,args...);
        return {d,data()};
    }
```

Matrix_slice에서 범위와 스트라이드로 표현되고, **slice** 첨자에 쓰이는 **slice**는 다음과 같이 계산된다.

```
template<size_t N, typename T, typename... Args>
size_t do_slice(const Matrix_slice<N>& os, Matrix_slice<N>& ns, const T& s, const Args&...
args)
{
    size_t m = do_slice_dim<sizeof...(Args)+1>(os,ns,s);
    size_t n = do_slice(os,ns,args...);
    return m+n;
}
```

다른 경우와 마찬가지로 모든 재귀는 간단한 함수로 종료된다.

```
template<size_t N>
size_t do_slice(const Matrix_slice<N>& os, Matrix_slice<N>& ns)
{
    return 0;
}
```

do_slice_dim()은 (슬라이스 값을 정확히 얻기 위한) 까다로운 계산이지만 새로운 프로그래밍 기법이 쓰이지는 않는다.

29.4.6 0차원 Matrix

Matrix 코드에는 **N**이 차원의 개수인 경우 **N-1**이 여러 차례 등장한다. 따라서 **N==0**은 성가신 특별한 경우가 되기 십상이다(수학뿐만 아니라 프로그래밍 측면에서도). 여기서는 특수화를 정의해서

이 문제를 해결해보자.

```cpp
template<typename T>
class Matrix<T,0> {
public:
    static constexpr size_t order = 0;
    using value_type = T;

    Matrix(const T& x) : elem(x) { }
    Matrix& operator=(const T& value) { elem = value; return *this; }

    T& operator()() { return elem; }
    const T& operator()() const { return elem; }

    operator T&() { return elem; }
    operator const T&() { return elem; }
private:
    T elem;
};
```

`Matrix<T,0>`은 실제의 행렬이 아니다. 이것은 `T` 타입의 단일 원소를 저장하고 해당 타입에 대한 참조자로 변환될 수 있을 뿐이다.

29.5 1차 방정식 해법

수치 계산을 위한 코드는 해결할 문제와 해법을 표현하는 데 쓰이는 수학을 여러분이 이해하고 있다면 그 이치를 알 수 있을 것이고, 그렇지 못한다면 무슨 소리인지 전혀 알 수 없을 것이다. 여기서 사용된 예제는 여러분이 기본적인 선형 대수를 배웠다면 별 것이 아니겠지만, 그렇지 않다면 교과서의 해법을 가급적 그대로 코드로 옮기는 예제 정도로 봐주기 바란다.

이번의 예제는 상당히 현실적이고 중요한 `Matrix`의 활용법을 보여주기 위해 선택된 것이다. 우리는 다음 형태의 1차 방정식 집합을 풀어보고자 한다.

$$a_{1.1}x_1 + ... + a_{1,n}x_n = b_1$$

$$...$$

$$a_{n,1}x_1 + ... + a_{n,n}x_n = b_n$$

여기서 **x**는 n개의 미지수를 가리킨다. **a**와 **b**는 주어진 상수다. 간략하게 하기 위해 미지수와 상수는 부동소수점 값이라고 가정한다. 목적은 n개의 방정식을 모두 만족시키는 미지수에 대한 값을 찾는 것이다. 이런 방정식들은 하나의 행렬과 두 개의 벡터로 간결하게 표현될 수 있다.

Ax = b

여기서 **A**는 다음 계수로 정의되는 n×n 정방 행렬이다.

$$\mathbf{A} \sim = \sim \begin{bmatrix} a_{1,1} & \cdots & a_{1,n} \\ \cdots & \cdots & \cdots \\ a_{n,1} & \cdots & a_{n,n} \end{bmatrix}$$

벡터 **x**와 **b**는 각각 미지수와 상수의 벡터다.

$$\mathbf{x} \sim = \sim \begin{bmatrix} x_1 \\ \cdots \\ x_n \end{bmatrix} \sim, \sim and \sim \boldsymbol{b} = \begin{bmatrix} b_1 \\ \cdots \\ b_n \end{bmatrix}$$

이 시스템은 행렬 **A**의 계수와 벡터 **b**에 따라 0개, 1개, 또는 무한개의 해답을 가질 수 있다. 1차 방정식을 풀이하는 방법은 다양하다. 여기서는 **가우스 소거법**[Freeman,1992], [Stewart,1998], [Wood,1999]이라고 불리는 고전적인 방식을 사용한다. 우선 **A**와 **b**를 **A**가 **상 삼각행렬**upper-triangular 이 되도록 변환한다. '상 삼각'이란 **A**의 대각선 아래의 계수가 0이 된다는 뜻이다. 즉, 시스템 은 다음과 같이 보이게 된다.

$$\begin{bmatrix} a_{1,1} & \cdots & a_{1,n} \\ 0 & \cdots & \cdots \\ 0 & 0 & a_{n,n} \end{bmatrix} \begin{bmatrix} x_1 \\ \cdots \\ x_n \end{bmatrix} \sim = \sim \begin{bmatrix} b_1 \\ \cdots \\ b_n \end{bmatrix}$$

이렇게 만들기는 쉽다. 행 `i`에 대한 방정식에 상수를 곱해서 `a(i,j)`가 열 `j`의 또 다른 원소, 예를 들면 `a(k,j)`와 같게 만들면 `a(i,j)` 위치에 대해 0을 얻을 수 있다. 이렇게 한 다음 두 방정식에 뺄셈을 적용하면 `a(i,j)==0`가 되고 행 `i`의 다른 값들이 적절하게 바뀔 것이다.

모든 대각선 계수가 0이 되지 않게 만들 수 있다면 시스템은 고유의 해를 갖게 되는데, 이 해는 '역대입back substitution'에 의해 찾을 수 있다. 마지막 방정식은 쉽게 풀린다.

$$a_{n,n} x_n = b_n$$

당연히 `x[n]`은 `b[n]/a(n,n)`이다. 그다음 시스템에서 `n`행을 소거한 다음, `x[1]`에 대한 값이 계산될 때까지 `x[n-1]` 등의 값을 찾는다. 각 `n`에 대해 대각선 값이 0이 되지 않게 하기 위해 `a(n,n)`으로 나눈다. 이 방법이 통하지 않으면 역대입은 실패하게 되고, 이는 시스템이 0 또는 무한개의 해를 갖는다는 뜻이다.

29.5.1 고전적 가우스 소거법

이제 이 방법을 표현할 C++ 코드를 살펴보자. 우선 사용하려는 두 개의 **Matrix** 타입에 관용적인 이름을 붙여서 표기를 단순화해보자.

```
using Mat2d = Matrix<double,2>;
using Vec = Matrix<double,1>;
```

그 다음, 원하는 계산을 표현할 것이다.

```
Vec classical_gaussian_elimination(Mat2d A, Vec b)
{
    classical_elimination(A, b);
    return back_substitution(A, b);
}
```

즉, 입력 **A**와 **b**의 사본을 만들고(값에 의한 호출을 이용해서), 시스템을 풀이할 함수를 호출한 후 대입에 의해 반환할 결과를 계산한다. 요점은 문제의 분석과 해법을 위한 표기가 교과서와 똑같아야 한다는 것이다. 해법을 완성하려면 `classical_elimination()`과 `back_substitution()`을 구현해야 한다. 역시 해법은 교과서 내에 있다.

```
void classical_elimination(Mat2d& A, Vec& b)
{
    const size_t n = A.dim1();
    // 대각선 아래의 모든 원소에 0을 채우면서, 첫 번째 열에서 끝에서 두 번째 열로 순회한다.
    for (size_t j = 0; j!=n-1; ++j) {
        const double pivot = A(j, j);
        if (pivot==0) throw Elim_failure(j);
        // i번째 행의 대각선 밑에 있는 각 원소에 0을 채운다.
        for (size_t i = j+1; i!=n; ++i) {
            const double mult = A(i,j) / pivot;
            A[i](slice(j)) = scale_and_add(A[j](slice(j)), -mult,A[i](slice(j)));
            b(i) -= mult*b(j); // b에 대응되는 변경을 가한다.
        }
    }
}
```

피벗pivot은 현재 우리가 다루고 있는 행의 대각선에 있는 원소를 말한다. 이 값으로 나눠야 하기 때문에 이 값은 0이 아니다. 피벗이 0이라면 예외를 던지고 중단한다.

```
Vec back_substitution(const Mat2d& A, const Vec& b)
{
    const size_t n = A.dim1();
    Vec x(n);

    for (size_t i = n-1; i>=0; --i) {
        double s = b(i)-dot_product(A[i](slice(i+1)),x(slice(i+1)));
        if (double m = A(i,i))
            x(i) = s/m;
        else
            throw Back_subst_failure(i);
    }
    return x;
}
```

29.5.2 피벗

0과 작은 값들을 대각선에서 떨어지게 행을 정렬하면 0으로 나누는 문제를 피하면서 견실한 해법을 얻을 수 있다. '좀 더 견실한'이란 반올림 오차에 덜 민감해진다는 뜻이다. 하지만 대각선 밑에 0을 배치함에 따라 값들이 변하기 때문에 작은 값들을 대각선에서 떨어지게 하려면 계속 재정렬을 해야 한다(즉, 행렬을 재정렬한 다음 고전적인 알고리즘을 쓸 수는 없다는 뜻).

```
void elim_with_partial_pivot(Mat2d& A, Vec& b)
{
    const size_t n = A.dim1();
```

```
    for (size_t j = 0; j!=n; ++j) {
        size_t pivot_row = j;
    // 적합한 피벗을 찾는다.
        for (size_t k = j+1; k!=n; ++k)
            if (abs(A(k,j)) > abs(A(pivot_row,j)))
                pivot_row = k;
        // 더 나은 피벗을 찾으면 행을 바꿔친다.
        if (pivot_row!=j) {
            A.swap_rows(j,pivot_row);
            std::swap(b(j),b(pivot_row));
        }
        // 소거
        for (size_t i = j+1; i!=n; ++i) {
            const double pivot = A(j,j);
            if (pivot==0) error("can't solve: pivot==0");
            const double mult = A(i,j)/pivot;
            A[i](slice(j)) = scale_and_add(A[j](slice(j)), -mult, A[i](slice(j)));
            b(i) -= mult*b(j);
        }
    }
}
```

swap_rows()와 scale_and_multiply()를 사용하면 코드를 좀 더 관용적으로 만들 수 있고 명시적 루프를 작성하는 수고를 덜 수 있다.

29.5.3 테스트

당연히 코드를 테스트해야 한다. 다행히 간단한 방법이 있다.

```
void solve_random_system(size_t n)
{
    Mat2d A = random_matrix(n);      // 임의의 Mat2d를 생성한다.
    Vec b = random_vector(n);        // 임의의 Vec를 생성한다.

    cout << "A = " << A << '\n';
    cout << "b = " << b << '\n';

    try {
        Vec x = classical_gaussian_elimination(A, b);
        cout << "classical elim solution is x = " << x << '\n';
            Vec v = A * x;
        cout << " A * x = " << v << '\n';
    }
    catch(const exception& e) {
        cerr << e.what() << '\n';
    }
}
```

catch절에 다다르게 되는 방법에는 3가지가 있다.

• 코드의 버그(하지만 낙관적으로 생각해서, 그런 버그는 없으리라고 기대한다)

• classical_elimination()에 문제를 일으키는 입력(elim_with_partial_pivot()을 쓰면 그럴 가능성을 최소화할 수 있다)

• 반올림 오차

하지만 이 테스트는 그다지 현실적이라고 할 수는 없다. 정말로 임의인 값은 `classical_elimination()`에 문제를 일으킬 가능성이 낮기 때문이다.

해법을 검증하기 위해 `A*x`를 출력하는데, 이 값이 `b`와 같다면 가장 좋다(또는 반올림 오차가 있을 경우 우리의 목표에 충분히 근접해야 한다). 반올림 오차의 가능성 때문에 그렇게 하지는 않았다.

```
if (A*x!=b) error("substitution failed");
```

부동소수점 숫자는 실제 숫자의 근사치일 따름이므로 대략적으로 정확한 값이라면 수용해야 한다. 일반적으로 부동소수점 계산의 결과에 `==`와 `!=`를 쓰는 건 피해야 한다. 부동소수점은 근본적으로 근사 값이다. 기계 체크가 필요하다고 생각했더라면 어느 정도 수용 가능한 오차 범위라는 개념을 갖는 `equal()` 함수를 정의했을 것이다.

```
if (!equal(A*x,b)) error("substitution failed");
```

`random_matrix()`와 `random_vector()`는 난수 사용의 간단한 예로서 독자들을 위한 간단한 연습 과제로 남겨둔다.

29.5.4 병합 연산

효율적인 원시 연산을 제공하는 것 외에 일반적인 행렬 클래스는 연관된 3가지 문제들을 처리해야 성능에 신경 쓰는 사용자들을 충족시킬 수 있다.

[1]   임시 객체의 숫자는 최소화돼야 한다.
[2]   행렬의 복사는 최소화돼야 한다.
[3]   복합적인 연산에서 동일한 데이터에 대한 여러 번의 루프는 최소화돼야 한다.

`U`, `V`, `W`가 벡터(`Matrix<T,1>`)이고 `M`이 `Matrix<T,2>`인 경우 `U=M*V+W`에 대해 생각해보자. 어리숙한 구현에서는 `M*V`와 `M*V+W`에 대해 임시 벡터를 만들고 `M*V`와 `M*V+W`의 결과를 복사한다. 영리한 구현에서는 임시 객체를 전혀 만들지 않고, 벡터를 전혀 복사하지 않으며, 최소한의 횟수로 행렬의 각 원소를 접촉하는 `mul_add_and_assign(&U,&M,&V,&W)` 함수를 호출한다.

이동 생성자가 보탬이 된다. `M*V`에 쓰이는 임시 객체가 `(M*V)+W`에 쓰인다.

```
Matrix<double,1> U=M*V+W;
```

이와 같이 작성했다면 모든 원소 복사를 없앨 수 있을 것이다. `M*V`에 있는 지역 변수에 할당된 원소들은 결국 `U`로 가게 되는 것들이다.

이는 루프가 합쳐지는 문제, 즉 **루프 병합**loop fusion을 낳는다. 몇 가지 종류가 넘는 표현식에 대해 이 정도 수준까지의 최적화까지 필요한 경우는 드물기 때문에 효율성 문제에 대한 간단한 해결책은 `mul_add_and_assign()` 같은 함수를 제공하고 사용자가 중요한 곳에서 그런 함수를 호출하도록 하는 것이다. 하지만 적합한 형식의 표현식에 대해 이러한 최적화가 자동

적용되게끔 **Matrix**를 설계하는 방법도 가능하다. 즉, 4개의 피연산자를 가진 단일 연산자를 사용하는 것처럼 **U=M*V+W**를 취급하는 것이다. 기본적인 기법은 **ostream** 조작자(38.4.5.2절)를 통해 살펴볼 수 있다. 일반적으로는 이런 기법을 n개 이항 연산자의 조합이 하나의 **(n+1)** 항 연산자처럼 동작하도록 만드는 데 쓸 수 있다. **U=M*V+W**를 처리하려면 두 개의 보조 클래스 도입이 필요하다. 하지만 이 기법은 좀 더 강력한 최적화 기법을 활성화킴으로써 일부 시스템에서는 인상적인 속도 향상(예를 들어 30배)을 가져올 수 있다. 우선 간략화를 위해 배정밀도 부동소수점 숫자로 이뤄진 2차원 행렬로 문제를 한정해보자.

```
using Mat2d = Matrix<double,2>;
using Vec = Matrix<double,1>;
```

　Mat2d에 **Vec**를 곱한 결과를 정의한다.

```
struct MVmul {
    const Mat2d& m;
    const Vec& v;

    MVmul(const Mat2d& mm, const Vec &vv) :m{mm}, v{vv} { }

    operator Vec();    // 결과를 평가하고 반환한다.
};
inline MVmul operator*(const Mat2d& mm, const Vec& vv)
{
    return MVmul(mm,vv);
}
```

　이러한 '곱셈'은 29.3절의 곱셈을 대체하며, 피연산자에 대한 참조자를 저장하는 일 말고는 아무것도 하지 않는다. **M*V**의 평가는 역참조된다. *****에 의해 만들어지는 객체는 많은 기술 커뮤니티에서 **클로저**^{closure}라고 불리는 것과 관련돼 있다. 유사한 방식으로 **Vec**를 더하는 경우에도 대응할 수 있다.

```
struct MVmulVadd {
    const Mat2d& m;
    const Vec& v;
    const Vec& v2;

    MVmulVadd(const MVmul& mv, const Vec& vv) :m(mv.m), v(mv.v), v2(vv) { }

    operator Vec();    // 결과를 평가하고 반환한다.
};
inline MVmulVadd operator+(const MVmul& mv, const Vec& vv)
{
    return MVmulVadd(mv,vv);
}
```

　이 코드는 **M*V+W**의 평가를 지연시킨다. 이제는 **Vec**에 대입될 때 **M*V+W**가 모두 적절한 알고리즘을 사용해서 평가됐는지 확인해야 한다.

```
template<>
class Matrix<double,1> {          // 특수화(이 예제에 대해서만)
    // ...
```

```
public:
    Matrix(const MVmulVadd& m)                    // m의 결과로 초기화한다.
    {
        // 원소 등을 할당한다.
        mul_add_and_assign(this,&m.m,&m.v,&m.v2);
    }
    Matrix& operator=(const MVmulVadd& m)         // m의 결과를 *this에 대입한다.
    {
        mul_add_and_assign(this,&m.m,&m.v,&m.v2);
        return *this;
    }
    // ...
};
```

이제 `U=M*V+W`는 자동적으로 다음과 같이 확장된다.

`U.operator=(MVmulVadd(MVmul(M,V),W))`

이 구문은 인라인화 덕택에 우리가 원하는 간단한 호출로 바뀐다.

`mul_add_and_assign(&U,&M,&V,&W)`

분명히 이 방법은 복사와 임시 객체를 없애버린다. 게다가 최적화된 방식으로 **mul_add_ and_assign()**을 작성할 수도 있다. 하지만 이것을 상당히 간단하고 최적화되지 않은 방식으로 작성하기만 해도 여전히 최적화 메커니즘에서 상당한 최적화가 이뤄질 수 있는 형태일 것이다.

이 기법이 중요한 이유는 실질적으로 실행 시간이 가장 중요한 벡터와 행렬 계산이 비교적 간단한 몇 가지 문법 형식으로 수행될 수 있다는 데 있다. 대개는 대여섯 가지 연산자의 표현식을 최적화해도 실질적인 이득이 없다. 그렇기 때문에 어쨌든 우리는 대개 함수를 작성하려고 하는 것이다.

이 기법은 부분 표현식의 평가를 복합 연산을 표현하는 객체로 옮겨주는 클로저 객체와 컴파일 타임 분석을 활용한다는 구상에 바탕을 두고 있다. 이 기법은 평가가 일어나기 전에 여러 조각의 정보가 하나의 함수로 취합돼야 하는 공통적인 특성을 가진 다양한 문제에 적용될 수 있다. 나는 평가를 지연시키기 위해 생성되는 객체를 **합성 클로저 객체**composition closure objects 또는 간단히 **합성자**compositor라고 부른다.

이런 합성 기법이 모든 연산의 실행을 지연시키기 위해 쓰인다면 **표현식 템플릿**expression template[Vandevoorde,2002][Veldhuizen,1995]이라고 불린다. 표현식 템플릿은 함수 객체를 체계적으로 이용해서 표현식을 **추상 문법 트리**AST, abstract syntax tree로 표현한다.

29.6 조언

[1]   기본적인 활용 사례를 나열한다(29.1.1절).

[2]   간단한 테스트(예를 들면 단위 테스트)를 간략화하기 위해 항상 입력과 출력 연산을 제공한다(29.1.1절).

[3]   프로그램, 클래스, 라이브러리가 원칙적으로 가져야 할 속성들을 신중히 나열한다
       (29.1.2절).

[4]   프로젝트의 범위를 넘어서는 것으로 간주되는 프로그램, 클래스, 라이브러리의 속성들
       을 나열한다(29.1.2절).

[5]   컨테이너 템플릿을 설계할 때는 인자 타입에 대한 요구 사항을 주의 깊게 검토한다
       (29.1.2절).

[6]   설계에서 어떤 방법으로 런타임 체크(예를 들면 디버깅)를 수용할 수 있을지 검토한다
       (29.1.2절).

[7]   가급적 이미 존재하는 전문적인 표기 및 의미 구조와 흡사하게 클래스를 설계한다
       (29.1.2절).

[8]   설계에서 반드시 자원을 누출하지 않게 한다(예를 들어 각 자원마다 고유의 소유자가 존재하게
       하고 RAII를 활용한다)(29.2절).

[9]   클래스가 어떻게 생성되고 복사될 수 있는지 고려한다(29.1.1절).

[10]   원소에 대해 완전하고, 융통성 있으며, 효율적이고, 의미 구조적으로 유의미한 접근을
       제공한다(29.2.2절, 29.3절).

[11]   구현 세부 사항은 각자의 _impl 네임스페이스에 넣는다(29.4절).

[12]   표현에 대한 직접적인 접근을 요구하지 않는 공통적인 연산은 보조 함수로 제공한다
       (29.3.2절, 29.3.3절).

[13]   빠른 접근을 위해서는 데이터를 간결하게 유지하고, 필요로 하는 본격적인 접근 연산은
       접근자 객체를 이용해서 제공한다(29.4.1절, 29.4.2절, 29.4.3절).

[14]   데이터의 구조는 종종 중첩된 초기화 식 리스트로 표현될 수 있다(29.4.4절).

[15]   숫자를 다룰 때는 항상 0이나 '많은' 등의 '최종적인 경우'를 고려한다(29.4.6절).

[16]   단위 테스트나 코드가 요구 사항을 충족시키는지의 여부에 대한 테스트 외에 실제 활용
       사례를 통해 설계를 테스트한다(29.5절).

[17]   어떻게 하면 설계에서 예외적으로 엄격한 성능 요구 사항을 수용할 수 있는지 검토한다
       (29.5.4절).

IV부
표준 라이브러리

4부에서는 C++ 표준 라이브러리를 설명한다. 4부의 목적은 라이브러리의 활용법에 대한 이해를 제공하고, 범용적으로 유용한 설계와 프로그래밍 기법을 보여주며, 의도된 방식대로 라이브러리를 확장하는 방법을 보여주는 것이다.

" ... 나는 이제 막 한 사람의 생각을 글로 표현하기가 어렵다는 점을 깨닫기 시작했다. 생각이 전적으로 묘사로만 구성돼 있다면 그것은 꽤나 쉽다. 하지만 추론이 끼어들기 시작하면 적절한 연결 관계와 명확성이나 적절한 유창성을 만든다는 건 앞서 말한 대로 나에게는 전혀 알 길이 없는 어려움이다..."

– 찰스 다윈(Charles Darwin)

표준 라이브러리 개요

예술과 자연의 많은 비밀은
배우지 못한 자에게는 마술로 여겨진다
— 로저 베이컨(Roger Bacon)

- 개요 표준 라이브러리 기능, 설계 제약 조건, 기술 스타일
- 헤더
- 언어 지원 `initializer_list` 지원, 범위 기반 `for` 지원
- 오류 처리 예외, 단정, `system_error`
- 조언

30.1 개요

표준 라이브러리는 ISO C++ 표준에 의해 지정된 구성 요소의 집합으로, 모든 C++ 구현 환경에서 동일한 동작을 보여준다. 이식성과 장기적인 유지 보수성을 위해 가능한 경우에는 언제나 표준 라이브러리를 사용하기를 강력히 권장한다. 자신의 애플리케이션에 대해서는 좀 더 나은 대안을 설계하고 구현할 수 있을지도 모른다. 하지만 다음 질문들에 대해 생각해보기 바란다.

- 그런 대안적인 설계를 먼 미래의 유지 보수 프로그래머가 익히기에 얼마나 쉬울 것인가?
- 지금으로부터 10년 후에 등장할 아직 알려져 있는 않은 플랫폼에서 그런 대안을 이용할 수 있는 가능성은 어느 정도인가?
- 미래의 애플리케이션에서 그런 대안이 유용할 가능성은 어느 정도인가?
- 자신의 대안이 표준 라이브러리를 사용해서 작성된 코드와 상호 운용될 수 있는 가능성은 어느 정도인가?
- 표준 라이브러리에 대해 기울인 것만큼 자신의 대안을 최적화하고 테스트하는 데 많은 노력을 기울일 수 있는 가능성은 어느 정도인가?

그리고 당연하겠지만 대안을 사용한다면 여러분(또는 여러분의 조직)이 대안의 유지 보수와 개선에 대해 '영원히' 책임을 져야 할 것이다. 일반적으로 말해 쓸데없는 데 시간을 낭비하지 말기 바란다.

표준 라이브러리는 규모가 좀 되는 편이다. 표준 라이브러리에 대한 ISO C++ 표준 명세는 빽빽한 785페이지에 달한다. 그것도 C++ 표준 라이브러리의 일부인 ISO C 표준 라이브러리 설명(추가적인 139페이지)을 뺀 분량이다. 비교 삼아서 C++ 언어 명세는 398페이지다. 여기서는 주로 표를 이용해서 요약하며, 몇 가지 예제를 제공할 예정이다. 표준의 온라인 사본, 구현에 대한 완전한 온라인 문서 및 (코드를 읽어볼 의향이 있다면) 오픈소스 구현을 비롯한 세부 내용은 다른 곳에서 찾을 수 있다. 전체적인 세부 내용이 궁금하면 표준에 대한 참조 사항을 이용하기 바란다.

표준 라이브러리에 관한 장들은 소개 순서대로 읽지 않아도 된다. 각 장과 각각의 주요한 소절은 대개 따로 봐도 무방하다. 모르는 것을 접하게 되면 교차 참조와 색인을 이용하기 바란다.

30.1.1 표준 라이브러리 기능

표준 C++ 라이브러리에는 무슨 내용이 포함돼야 할까? 흥미롭고 중요하며 범용적이라고 할 만한 모든 클래스, 함수, 템플릿 등을 프로그래머가 하나의 라이브러리에서 찾을 수 있게 해준다면 이상적일 것이다. 하지만 여기서의 질문은 "어떤 라이브러리에 무엇이 포함돼야 하는가?"가 아니라 "표준 라이브러리에 무엇이 포함돼야 하는가?"이다. 전자에는 "전부!"라는 것이 정답에 가까운 그럴싸한 대답이겠지만, 후자의 경우에는 그렇지 않다. 표준 라이브러리는 모든 프로그래머가 의지할 수 있도록 모든 구현 환경에서 제공돼야 하는 것이다.

C++ 표준 라이브러리는 다음을 제공한다.

- 메모리 관리(11.2절), 범위 기반 **for**문(9.5.1절), 런타임 타입 정보(22.2절) 같은 언어 기능에 대한 지원
- **float**의 최댓값(40.2절) 같은 구현별 정의 사항에 대한 정보
- **is_polymorphic**, **is_scalar**, **is_nothrow_constructible**(35.4.1절) 같이 언어 자체적으로 손쉽고 효율적으로 구현되기 어려운 원시 연산
- 저수준('무잠금') 병행성 프로그래밍(41.3절)을 위한 기능
- 스레드 기반의 병행성(5.3절, 42.2절)에 대한 지원
- **future**와 **async()**(42.4절) 같은 태스크 기반의 병행성에 대한 최소한의 지원
- **uninitialized_fill()**(32.5절)과 **memmove()**(43.5절) 같이 최적의 이식성을 갖도록 구현하기가 대부분의 프로그래머에게 까다로운 함수
- **declare_reachable()**(34.5절) 같이 미사용 메모리의 (선택적인) 재획득(가비지 컬렉션)에 대한 최소한의 지원

- `list`(31.4절), `map`(31.4.3절), `sort()`(32.6절), 입출력 스트림(38장) 같이 이식 가능성을 보장하기 위해 프로그래머가 이용할 수 있는 고급 기반 기능
- 표준 라이브러리 제공 기능을 확장하는 데 필요한 프레임워크. 사용자가 기본 제공 타입(38장)이나 STL(31장) 스타일로 사용자 정의 타입의 입출력을 제공할 수 있게 해주는 규약과 지원 기능이 그러한 예에 포함된다.

몇 가지 기능은 단순히 관례적이거나 그렇게 하는 편이 편리하다는 이유만으로 표준 라이브러리에서 제공된다. `sqrt()`(40.3절), 난수 생성기(40.7절), `complex` 산술 연산(40.4절), 정규 표현식(37장) 같은 표준 수학 함수가 그런 예다.

표준 라이브러리는 다른 라이브러리를 위한 공통 기반 역할을 하는 데 목적이 있다. 특히 그 기능들을 조합함으로써 표준 라이브러리는 세 가지 지원 역할을 수행할 수 있다.

- 이식 가능성을 위한 기반
- 성능에 민감한 라이브러리와 애플리케이션에 필요한 기반으로 사용될 수 있는 경제적이고 효율적인 구성 요소의 집합
- 라이브러리 간 통신을 가능하게 해 주는 구성 요소의 집합

표준 라이브러리의 설계는 주로 이 세 가지 역할에 의해 판가름이 난다. 이런 역할들은 서로 밀접하게 연관돼 있다. 예를 들어 일반적으로 이식 가능성은 특수화된 라이브러리에 요구되는 중요한 설계 기준이며, 리스트나 맵 등의 공통 컨테이너 타입은 별도로 개발된 라이브러리 사이의 간편한 통신을 위해 필수적이다.

마지막 역할은 설계 관점에서 특히 중요하다. 표준 라이브러리의 유효 범위를 제한하고 그 기능에 제약 조건을 가하는 데 도움이 되기 때문이다. 예를 들어 문자열과 리스트 기능은 표준 라이브러리에서 제공된다. 그렇지 않다면 별도로 개발된 라이브러리들은 기본 제공 타입을 통해서만 통신할 수 있을 것이다. 하지만 고급 선형 대수와 그래픽 기능은 표준 라이브러리에서 제공되지 않는다. 이러한 기능들은 분명히 널리 쓰이긴 하지만, 별도로 개발된 라이브러리 사이의 통신에 직접적으로 연관되는 경우는 드물기 때문이다.

어떤 기능이 이런 역할들을 지원하는 데 꼭 필요하지 않다면 표준 이외의 라이브러리에 맡길 수 있다. 장단점이 있긴 하지만 어떤 기능을 표준 라이브러리에서 빼 버리면 서로 다른 라이브러리들이 해당 기능의 구현에 대해 서로 경쟁할 수 있는 기회가 생긴다. 어떤 라이브러리가 다양한 계산 환경과 애플리케이션 영역에서 광범위하게 유용하다는 점을 증명하기만 한다면 표준 라이브러리에 포함될 수 있는 후보가 된다. 정규 표현식 라이브러리(37장)가 그런 예다.

자립적인 구현 환경(6.1.1절), 즉 운영체제의 지원이 없거나 최소화된 상태에서 실행되는 구현 환경에서는 간소화된 표준 라이브러리를 사용할 수 있다.

30.1.2 설계 제약 조건

표준 라이브러리의 역할로 인해 그 설계에는 여러 가지 제약 조건이 가해진다. C++ 표준 라이브러리에 의해 제공되는 기능들은 다음과 같이 설계돼야 한다.

- 기본적으로 모든 학생과 전문 프로그래머 및 다른 라이브러리의 구축자들에게 가치가 있고, 편하게 이용될 수 있어야 한다.
- 라이브러리의 범위에 포함된 모든 사항에 대해 모든 프로그래머가 직접적 또는 간접적으로 이용할 수 있어야 한다.
- 다른 라이브러리들에 포함돼 있는 수작업으로 코딩된 함수, 클래스, 템플릿에 비교할 때 실질적인 대안을 제공할 수 있을 정도로 효율적이어야 한다.
- 정책이 필요 없거나 인자로서 정책을 제공하는 옵션을 가져야 한다.
- 수학적 의미에서 원시적이어야 한다. 즉, 약하게 연관된 두 개의 역할을 수행하는 구성 요소는 단독적인 역할만 수행하도록 설계된 개별 구성 요소에 비해 거의 확실히 오버헤드를 겪어야 한다.
- 공통적 용도에 대해서는 간편하고, 효율적이며, 어느 정도 안정적이어야 한다.
- 자신의 역할에 있어서 완전해야 한다. 표준 라이브러리는 주요 기능을 다른 라이브러리에 넘길 수도 있지만, 일단 태스크를 담당하게 되면 개별 사용자나 구현자들이 기본적인 작업을 처리하기 위해 표준 라이브러리를 다른 것으로 바꿀 필요를 느끼지 않을 정도로 충분한 기능을 제공해야 한다.
- 기본 제공 타입과 연산에 쉽게 사용할 수 있어야 한다.
- 기본 설정으로 타입 안전적이어야 한다. 따라서 원칙적으로는 런타임에 체크 가능해야 한다.
- 널리 받아들여지는 프로그래밍 스타일을 지원해야 한다.
- 기본 제공 타입과 표준 라이브러리 타입이 처리되는 것과 유사한 방식으로 사용자 정의 타입을 처리하도록 확장될 수 있어야 한다.

예를 들어 비교 기준을 정렬 함수 안에 집어넣는 것은 수용될 수 없다. 동일한 데이터가 다른 기준으로 정렬될 수 있기 때문이다. 이 때문에 C 표준 라이브러리 **qsort()**는 정렬 기준으로 < 같이 고정된 연산자를 사용하지 않고 비교 함수를 인자로 받아들인다(12.5절). 반면 각각의 비교를 위한 함수 호출에 의해 발생되는 오버헤드 때문에 **qsort()**는 추가적인 라이브러리 구축을 위한 구성 요소로서의 가치가 떨어진다. 거의 모든 데이터 타입에 대해 함수 호출의 오버헤드를 일으키지 않고 손쉽게 비교를 수행할 수 있는 것이다.

이런 오버헤드가 심각한 것인가? 거의 대부분의 경우에는 그렇지 않다. 하지만 함수 호출 오버헤드는 일부 알고리즘에서는 실행 시간의 대부분을 잡아먹을 수 있으며, 이 때문에 사용자는 대안을 찾을 수밖에 없다. 템플릿 인자를 통해 비교 기준을 제공하는 25.2.3절에서 설명된 기법은 **sort()**와 다른 많은 표준 라이브러리 알고리즘에서 일어나는 이러한 문제들을 해결해준다. 이런 정렬 예제는 효율성과 범용성 사이의 갈등 관계를 보여준다. 이런 예제는 아울러 그런 갈등 관계가 어떻게 해결될 수 있는지 보여준다. 표준 라이브러리는 단순히 자신에게 주어진 작업을 수행하기만 해서는 안 된다. 추가로 표준 라이브러리는 사용자들이 표준이 제공하는 것에 대해 자신만의 대안을 제공하려는 유혹을 느끼지 않을 정도로 주어진 작업들을 아주 효율적으로 수행해야 한다. 그러지 않으면 좀 더 고급 기능의 구현자들은 경쟁 우위를 유지하기 위해 표준 라이브러리를 무시할 수밖에 없다. 이는 라이브러리 개발자에게 심각한 부담을 지우게 될 것이며, 플랫폼에 독립적인 상태를 유지하거나 개별적으로 개발된 여러 가지의 라이브러리를 이용하려는 사용자들의 삶을 심각하게 고달프게 만들 것이다.

'원시성'과 '공통적 용도의 간편성'에 대한 요구 사항은 충돌을 일으킬 수 있다. 전자의 요구 사항은 공통적인 경우를 위한 표준 라이브러리의 배타적인 최적화를 금지한다. 하지만 공통적이지만 원시적이지는 않은 필요에 대응하는 구성 요소는 대체가 아니라 원시적 기능에 추가되는 형태로 표준 라이브러리에 포함될 수 있다. 이러한 직교성^{orthogonality}에 대한 숭배 때문에 초보나 일시적인 사용자들을 불편하게 만들지 않아야 한다. 또한 그 때문에 구성 요소의 기본 동작이 모호하거나 위험한 상태가 되지 않게 해야 한다.

30.1.3 기술 스타일

생성자나 알고리즘 같이 간단한 표준 라이브러리 연산이라도 전체를 기술하려면 몇 페이지가 필요하다. 따라서 여기서는 극도로 축약된 표현 스타일을 사용한다. 관련된 연산의 집합은 대개 표로 제시한다.

연산	
p=op(b,e,x)	op는 범위 [b:e)와 x에 뭔가를 하고, p를 반환한다.
foo(x)	foo는 x에 뭔가를 하지만 아무 결과도 반환하지 않는다.
bar(b,e,x)	x는 [b:e)와 어떤 관계가 있는가?

나는 기억하기 쉽게 식별자를 선택하려고 노력했다, 따라서 **b**와 **e**는 범위를 지정하는 반복자가 될 것이고, **p**는 반복자 또는 포인터, **x**는 어떤 값이 되겠지만, 모두 상황에 따라 달라질 수 있다. 이런 표기법에서는 주석이 있어야만 결과가 없는 것과 불리언 결과를 구분할 수 있으므로, 이 표기법을 열심히 사용하다 보면 그 둘을 혼동할 수 있다. 불리언을 반환하는 연산에 대해서는 일반적으로 설명이 물음표로 끝난다. 알고리즘이 '실패'나 '발견되지 않음' 등을 나타내는 입력 시퀀스의 끝을 반환하는 통상적인 패턴을 따르는 경우에는(4.5.1절, 33.1.1절), 그것을 명시적으로 언급하지 않는다.

대개 이런 축약된 기술에는 ISO C++ 표준에 대한 참조, 일부 추가적인 설명과 예제들이 함께 소개된다.

30.2 헤더

표준 라이브러리의 기능은 **std** 네임스페이스 안에 정의돼 있고 헤더의 집합으로 제시된다. 헤더는 라이브러리의 주요 부분과 관련된다. 따라서 그것들을 나열해보면 라이브러리의 개요를 파악할 수 있다.

이 절의 나머지 부분은 기능에 따라 그룹으로 묶여진 헤더의 리스트에 간단한 설명을 싣고 그것들이 논의되는 장소에 대한 참조를 주석으로 붙여 놓은 것이다. 그룹은 표준의 구성과 일치하게 선택됐다.

문자 **c**로 시작하는 이름을 가진 표준 헤더는 C 표준 라이브러리의 헤더와 동일한 것이다. 전역 네임스페이스와 **std** 네임스페이스에 있는 C 표준 라이브러리의 부분을 정의하는 모든 **<X.h>** 헤더에 대해서는 동일한 이름을 정의하는 **<cX>** 헤더가 있다. 원칙적으로는 **<cX>** 헤더의 이름들이 전역 네임스페이스(15.2.4절)를 어지럽혀서는 안 되지만(15.2.4절), 안타깝게도 대부분은 (다중 언어와 다중 운영체제 환경을 유지하는 데 따른 복잡성 때문에) 그렇게 한다.

컨테이너		
<vector>	1차원의 크기 조정 가능한 배열	31.4.2절
<deque>	양쪽에 끝이 있는 큐	31.4.2절
<forward_list>	단일 연결 리스트	31.4.2절
<list>	이중 연결 리스트	31.4.2절
<map>	연관 배열	31.4.3절
<set>	집합	31.4.3절
<unordered_map>	해시 연관 배열	31.4.3.2절
<unordered_set>	해시 집합	31.4.3.2절
<queue>	큐	31.5.2절
<stack>	스택	31.5.1절
<array>	1차원 고정 크기 배열	34.2.1절
<bitset>	bool의 배열	34.2.2절

연관 컨테이너 **multimap**과 **multiset**은 각각 **<map>**과 **<set>**에서 찾을 수 있다. **priority_queue**(31.5.3절)는 **<queue>**에 선언돼 있다.

범용 유틸리티

`<utility>`	연산자와 쌍	35.5절, 34.2.4.1절
`<tuple>`	튜플	34.2.4.2절
`<type_traits>`	타입 특성 정보	35.4.1절
`<typeindex>`	type_info를 키나 해시 코드로 사용한다.	35.5.4절
`<functional>`	함수 객체	33.4절
`<memory>`	자원 관리 포인터	34.3절
`<scoped_allocator>`	유효 범위를 가진 할당자	34.4.4절
`<ratio>`	컴파일 타임 유리 산술 연산	35.3절
`<chrono>`	시간 유틸리티	35.2절
`<ctime>`	C 스타일 날짜와 시간	43.6절
`<iterator>`	반복자와 반복자 지원	33.1절

반복자는 표준 알고리즘을 일반화 해주는 메커니즘을 제공한다(3.4.2절, 33.1.4절).

알고리즘

`<algorithm>`	범용 알고리즘	32.2절
`<cstdlib>`	bsearch(), qsort()	43.7절

전형적인 범용 알고리즘은 임의의 타입의 원소로 이뤄진 모든 시퀀스에 적용될 수 있다 (3.4.2절, 32.2절). C 표준 라이브러리 함수 **bsearch()**와 **qsort()**는 기본 제공 배열에 적용될 수 있는데, 배열 원소 타입이 사용자 정의 생성자와 소멸자만 갖고 있지 않으면 된다(12.5절).

진단

`<exception>`	예외 클래스	30.4.1.1절
`<stdexcept>`	표준 예외	30.4.1.1절
`<cassert>`	단정 매크로	30.4.2절
`<cerrno>`	C 스타일 오류 처리	13.1.2절
`<system_error>`	시스템 오류 지원	30.4.3절

예외를 사용하는 단정은 13.4절에서 다룬 바 있다.

문자열과 문자

`<string>`	T로 이뤄진 문자열	36장
`<cctype>`	문자 분류	36.2.1절
`<cwctype>`	와이드 문자 분류	36.2.1절
`<cstring>`	C 스타일 문자열 함수	43.4절
`<cwchar>`	C 스타일 와이드 문자열 함수	36.2.1절
`<cstdlib>`	C 스타일 할당 함수	43.5절
`<cuchar>`	C 스타일 멀티바이트 문자	
`<regex>`	정규 표현식 일치	37장

<cstring> 헤더는 **strlen()**, **strcpy()** 등의 함수군을 선언한다. **<cstdlib>**는 C 스타일 문자열을 수치 값으로 변환시켜주는 **atof()**와 **atoi()**를 선언한다.

입출력

`<iosfwd>`	입출력 기능의 순방향 선언	38.1절
`<iostream>`	표준 iostream 객체와 연산	38.1절
`<ios>`	iostream 기반 클래스	38.4.4절
`<streambuf>`	스트림 버퍼	38.6절
`<istream>`	입력 스트림 템플릿	38.4.1절
`<ostream>`	출력 스트림 템플릿	38.4.2절
`<iomanip>`	조작자	38.4.5.2절
`<sstream>`	문자열 입출력 스트림	38.2.2절
`<fstream>`	파일 입출력 스트림	38.2.1절
`<cstdio>`	입출력의 printf() 계열 함수	43.3절
`<cwchar>`	printf() 스타일의 와이드 문자열 입출력	43.3절

조작자란 스트림의 상태를 조작하는 데 쓰이는 객체를 말한다(38.4.5.2절).

현지화

`<locale>`	문화적 차이를 나타낸다.	39장
`<clocale>`	문화적 차이를 C 스타일로 나타낸다.	
`<codecvt>`	코드 변환 패싯(facet)	39.4.6절

locale은 자연어와 문화에 따라 서로 다른 날짜의 출력 서식, 통화를 나타내는 데 쓰이는 기호, 문자열 대조 기준과 같은 차이를 현지화한다.

<cstddef> 헤더는 sizeof()에 의해 반환되는 값의 타입, size_t, 포인터 뺄셈의 결과 타입과 배열 첨자의 타입, ptrdiff_t(10.3.1절), 그리고 악명 높은 NULL 매크로를 정의한다 (7.2.2절).

C 스타일 스택 풀기(<csetjmp>의 setjmp와 longjmp를 이용한)는 소멸자 사용이나 예외 처리(13장, 30.4절) 와 호환되지 않으므로 피하는 것이 최선이다. C 스타일 스택 풀기와 신호는 이 책에서 다루지 않는다.

역사적 이유로 인해 abs()와 div()는 다른 수학 함수와 함께 <cmath>가 아니라 <cstdlib>에서 찾을 수 있다(40.3절).

병행성		
`<atomic>`	원자 타입과 연산	41.3절
`<condition_variable>`	동작 대기	42.3.4절
`<future>`	비동기 태스크	42.4.4절
`<mutex>`	상호 배타 클래스	42.3.1절
`<thread>`	스레드	42.2절

C는 C++ 프로그래머와 다양한 관련성을 갖는 표준 라이브러리 기능을 제공한다. C++ 표준 라이브러리는 이런 모든 기능에 대한 접근을 제공한다.

C 호환성		
`<cinttypes>`	공통 정수 타입에 대한 별칭	43.7절
`<cstdbool>`	C bool	
`<ccomplex>`	`<complex>`	
`<cfenv>`	부동소수점 환경	
`<cstdalign>`	C 정렬	
`<ctgmath>`	C '타입 일반화 수학' – `<complex>`와 `<cmath>`	

`<cstdbool>` 헤더는 **bool**, **true** 또는 **false** 매크로를 정의하지 않을 것이다. `<cstdalign>` 헤더는 **alignas** 매크로를 정의하지 않을 것이다. `<cstdbool>`, `<ccomplex>`, `<calign>`, `<ctgmath>` 에 해당하는 .h는 C를 위한 C++ 기능을 흉내 낸다. 가능하다면 이것들은 피하기 바란다.

`<cfenv>` 헤더는 타입(fenv_t와 fexcept_t 등), 부동소수점 상태 플래그 및 구현의 부동소수점 환경을 기술하는 제어 모드를 제공한다.

사용자나 라이브러리 구현자는 표준 헤더에서 선언을 넣거나 뺄 수 없다. 또한 헤더에 있는 선언의 의미를 변경하는 매크로를 정의하는 방법으로 헤더의 내용을 변경하려는 시도는 허용되지 않는다(15.2.3절). 그러한 수작을 부리려는 프로그램이나 구현은 표준에 부합되지 않으며, 그런 꼼수에 의존하는 프로그램은 이식 가능하지 않다. 혹시나 그런 기능들이 지금은 잘 돌아가더라도 다음 버전에서 구현의 일부만 변경돼도 그런 기능들은 붕괴될 것이다. 그런 꼼수는 피하기 바란다.

표준 라이브러리 기능이 사용되려면 헤더가 인클루드돼야 한다. 관련된 선언을 직접 작성하는 것은 표준에 부합하는 방식이 아니다. 그 이유는 어떤 구현 환경에서는 인클루드된 표준 헤더를 기준으로 컴파일을 최적화하고, 어떤 구현 환경에서는 최적화된 표준 라이브러리 기능이 헤더에 의해 트리거되기 때문이다. 일반적으로 구현자는 프로그래머가 예측할 수 없거나 알아야 할 필요가 없는 방식으로 표준 헤더를 활용한다.

그러나 프로그래머 비표준 라이브러리와 사용자 정의 타입을 위해서 **swap()**(35.5.2절) 같은 유틸리티 템플릿을 특수화할 수 있다.

30.3 언어 지원

작지만 표준 라이브러리에서 필수적인 부분이 언어 지원, 즉 다른 언어 기능들이 그것에 의존하기 때문에 프로그램이 실행되기 위해서 존재해야 하는 기능이다.

라이브러리 지원 언어 기능		
`<new>`	`new`와 `delete`	11.2절
`<typeinfo>`	`typeid()`와 `type_info`	22.5절
`<iterator>`	범위 기반 `for`	30.3.2절
`<initializer_list>`	`initializer_list`	30.3.1절

30.3.1 initializer_list 지원

`{}` 리스트는 11.3절에 설명된 규칙에 따라 `std::initializer_list<X>` 타입의 객체로 변환된다. `<initializer_list>`에서 `initializer_list`를 찾을 수 있다.

```
template<typename T>
class initializer_list {    // iso.18.9절
public:
    using value_type = T;
    using reference = const T&;       // const에 유의한다. initializer_list 원소는 불변적이다.
    using const_reference = const T&;
    using size_type = size_t;
    using iterator = const T*;
    using const_iterator = const T*;

    initializer_list() noexcept;

    size_t size() const noexcept;          // 원소의 개수
    const T* begin() const noexcept;       // 첫 번째 원소
    const T* end() const noexcept;         // 마지막 하나 다음의 원소
};
template<typename T>
    const T* begin(initializer_list<T> lst) noexcept { return lst.begin(); }
template<typename T>
    const T* end(initializer_list<T> lst) noexcept { return lst.end(); }
```

안타깝게도 `initializer_list`는 첨자 연산자를 제공하지 않는다. `*`이 아니라 `[]`을 쓰고 싶다면 포인터에 첨자를 단다.

```
void f(initializer_list<int> lst)
{
    for(int i=0; i<lst.size(); ++i)
        cout << lst[i] << '\n';      // 오류

    const int* p = lst.begin();
    for(int i=0; i<lst.size(); ++i)
        cout << p[i] << '\n';        // OK
}
```

당연히 **initializer_list**는 범위 기반 **for**에 의해서도 사용될 수 있다. 예를 들면 다음과 같다.

```
void f2(initializer_list<int> lst)
{
    for (auto x : lst)
        cout << x << '\n';
}
```

30.3.2 범위 기반 for 지원

범위 기반 **for**문은 9.5.1절에서 설명된 대로 반복자를 이용하는 **for**문으로 매핑된다.

　<iterator>에서 표준 라이브러리는 **std::begin()**과 **std::end()** 함수를 제공하는데, 이 함수들은 기본 제공 배열과 **begin()**과 **end()** 멤버를 제공하는 모든 타입을 위한 것이다. 33.3절을 참고하기 바란다.

　모든 표준 라이브러리 컨테이너(예를 들면 vector와 unordered_map)와 문자열은 범위 기반 **for**를 이용한 반복을 지원한다. 컨테이너 어댑터들은(stack과 priority_queue 등의) 그렇지 않다. **<vector>** 같은 컨테이너에 **<initializer_list>**가 포함돼 있기 때문에 사용자가 직접적으로 그렇게 해야 할 필요는 거의 없다.

30.4 오류 처리

표준 라이브러리는 거의 40년의 기간 동안 개발된 구성 요소로 이뤄져 있다. 따라서 오류 처리에 대한 표준 라이브러리의 스타일과 접근 방식은 일관적이지 않다.

- C 스타일 라이브러리는 함수로 구성돼 있는데, 그것들 중 다수는 **errno**를 설정해서 오류가 일어났다는 사실을 알린다. 13.1.2절과 40.3절을 참고하기 바란다.
- 원소의 시퀀스에 작용하는 상당수 알고리즘은 마지막 원소 하나 다음의 원소에 대한 반복자를 반환해서 '발견되지 않음'이나 '실패'를 나타낸다. 33.1.1절을 참고하기 바란다.
- 입출력 스트림 라이브러리는 각각의 스트림 내에서 오류를 반영하는 어떤 상태에 의존하며, 오류를 나타내는 예외를 던질 수 있다(사용자가 요청한다면). 38.3절을 참고하기 바란다.
- **vector**, **string**, **bitset** 같은 일부 표준 라이브러리 구성 요소는 오류를 나타내는 예외를 던진다.

　표준 라이브러리는 모든 기능이 '기본적 보장'(13.2절)을 준수하게 설계됐다. 즉, 예외가 던져지더라도 아무 자원(메모리 같은)도 누출되지 않고 표준 라이브러리의 불변속성이 훼손되지 않는다는 뜻이다.

30.4.1 예외

일부 표준 라이브러리 기능은 예외를 던져서 오류를 보고한다.

표준 라이브러리 예외	
bitset	Invalid_argument, out_of_range, overflow_error를 던진다.
iostream	예외가 활성된 경우 ios_base::failure를 던진다.
regex	regex_error를 던진다.
string	length_error, out_of_range를 던진다.
vector	length_error, out_of_range를 던진다.
at()을 가진 모든 컨테이너	out_of_range를 던진다.
new T	T에 대한 메모리가 충분하지 않다면 bad_alloc이나 bad_array_new_length를 던진다.
dynamic_cast<T>(r)	T에 대한 참조자 r로 변환될 수 없다면 bad_cast를 던진다.
typeid()	type_info를 전달할 수 없다면 bad_typeid를 던진다.
thread	system_error를 던진다.
call_once()	system_error를 던진다.
mutex	system_error를 던진다.
unique_lock	system_error를 던진다.
condition_variable	system_error를 던진다.
async()	system_error를 던진다.
packaged_task	bad_alloc, future_error를 던진다.
future와 promise	future_error를 던진다.

이런 예외는 이런 기능들을 직접적 또는 간접적으로 이용하는 모든 코드에서 접할 수 있다. 추가로 예외를 던질 수 있는 객체를 조작하는 모든 연산은 예외를 피하기 위해 주의를 기울이지 않는 한 그런 예외를 던질 것이라고 가정돼야 한다. 예를 들어 **packaged_task**는 그것이 실행시켜야 하는 함수가 던질 경우 예외를 던질 것이다.

예외를 던질 수 있는 방식으로 사용되는 기능이 없다는 것을 알고 있지 않는 한 예외(...) 뿐만 아니라 항상 표준 라이브러리 예외 계층 구조의 뿌리 클래스 중 하나(예를 들면 exception)를 어딘가에서(예를 들면 main()에서) 붙잡는 것이 좋은 생각이다(13.5.2.3절).

30.4.1.1 표준 exception 계층 구조

int나 C 스타일 문자열 같은 기본 제공 타입은 던지지 말기 바란다. 대신 예외로 사용되도록 구체적으로 정의된 타입의 객체를 던지기 바란다.

이런 표준 예외 클래스의 계층 구조는 예외에 대한 분류를 제공한다.

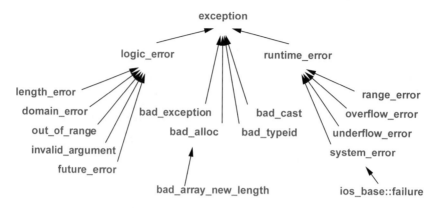

이 계층 구조에서 제공하려고 시도하는 예외에 대한 프레임워크는 표준 라이브러리에서 제공되는 것들을 넘어선다. 논리적 오류는 원칙적으로 프로그램 실행 전이나 함수 및 생성자에 대한 인자 테스트에 의해 잡히는 오류들이다. 런타임 오류는 그 외의 모든 오류다. system_error는 30.4.3.3절에서 설명한다.

표준 라이브러리 예외 계층 구조는 exception 클래스에 뿌리를 두고 있다.

```
class exception {
public:
    exception();
    exception(const exception&);
    exception& operator=(const exception&);
    virtual ~exception();
    virtual const char* what() const;
};
```

what() 함수는 예외를 일으킨 오류에 대해 뭔가를 알려주는 문자열을 구하는 데 쓰일 수 있다.

프로그래머는 다음과 같이 표준 라이브러리 예외에서 파생시켜 예외를 정의할 수 있다.

```
struct My_error : runtime_error {
    My_error(int x) :runtime_error{"My_error"}, interesting_value{x} { }
    int interesting_value;
};
```

모든 예외가 표준 라이브러리 exception 계층 구조에 속하지는 않는다. 하지만 표준 라이브러리에서 던져진 예외는 모두 exception 계층 구조로부터 온 것이다.

예외를 던질 수 있는 방식으로 사용되는 기능이 없다는 것을 알고 있지 않는 한 어딘가에서 모든 예외를 붙잡는 것이 좋은 생각이다. 예를 들면 다음과 같다.

```
int main()
try {
    // ...
}
catch (My_error& me) {          // My_error가 발생했다.
    // me.interesting_value와 me.what()를 사용할 수 있다.
}
catch (runtime_error& re) {      // runtine_error가 발생했다.
    // re.what()을 사용할 수 있다.
}
```

```
catch (exception& e) {              // 어떤 표준 라이브러리 예외가 발생했다.
    // e.what()을 사용할 수 있다.
}
catch (...) {                       // 언급되지 않은 어떤 예외가 발생했다.
    // 지역적인 마무리를 처리할 수 있다.
}
```

함수 인자에 대해서와 마찬가지로 슬라이스를 피하기 위해 참조자를 사용할 수 있다 (17.5.1.4절).

30.4.1.2 예외 전파

<exception>에서 표준 라이브러리는 프로그래머가 예외의 전파에 접근할 수 있게 해주는 기능을 제공한다.

예외 전파(iso.18.8.5절)	
exception_ptr	예외를 가리키기 위해 쓰이는 지정되지 않은 타입
ep=current_exception()	ep는 현재 예외를 가리키는 exception_ptr이거나 현재 활성화된 예외 없을 경우(noexcept) 아무 예외도 가리키지 않는다.
rethrow_exception(ep)	ep가 가리키는 예외를 다시 던진다. ep에 포함된 포인터는 nullptr이 아니어야 한다. noreturn(12.1.7절)
ep=make_exception_ptr(e)	ep는 예외 e에 대한 exception_ptr이다. noexcept

exception_ptr은 exception 계층 구조에 속한 예외만이 아니라, 어떤 예외든지 가리킬 수 있다. exception_ptr은 exception_ptr이 가리키는 동안 가리켜지는 예외가 살아 있게 유지해 주는 스마트 포인터(shared_ptr처럼)로 생각하기 바란다. 이런 방식으로 예외를 잡은 함수에서 예외로 exception_pointer를 전달해서 다른 곳으로 다시 던질 수 있다. 특히 exception_ptr은 예외가 잡힌 스레드와 다른 스레드에서 예외를 다시 던지는 것을 구현하는 데 쓰일 수 있다. promise와 future(42.4절)에 이런 기능을 의존한다. (다른 스레드에서) exception_ptr에 rethrow_exception()를 사용해도 데이터 경합이 생기지는 않는다.

make_exception_ptr()은 다음과 같이 구현될 수 있다.

```
template<typename E>
exception_ptr make_exception_ptr(E e) noexcept
try {
    throw e;
}
catch(...) {
    return current_exception();
}
```

nested_exception은 current_exception() 호출에서 얻어진 exception_ptr을 저장하는 클래스다.

nested_exception(iso.18.8.6절)	
nested_exception ne {};	기본 생성자: ne는 current_exception()에 대한 exception_ptr을 보관한다. noexcept
nested_exception ne {ne2};	복사 생성자: ne와 ne2는 둘 다 모두 저장된 예외를 가리키는 exception_ptr을 보관한다.
ne2=ne	복사 대입: ne와 ne2는 둘 다 모두 저장된 예외를 가리키는 exception_ptr을 보관한다.
ne.~nested_exception()	소멸자: 가상
ne.rethrow_nested()	ne에 저장된 예외를 다시 던진다. ne에 저장된 예외가 없으면 terminate()를 실행한다. noreturn
ep=ne.nested_ptr()	ep는 ne의 저장된 예외를 가리키는 exception_ptr이다. noexcept
throw_with_nested(e)	nested_exception에서 파생된 타입과 e 타입의 예외를 던진다. e는 nested_exception에서 파생되지 않아야 한다. noreturn
rethrow_if_nested(e)	dynamic_cast<const nested_exception&>(e).rethrow_nested(): e의 타입은 nested_exception에서 파생되지 않아야 한다.

nested_exception의 의도된 용도는 예외 핸들러가 호출을 일으킨 예외를 가리키는 exception_ptr과 함께 오류의 지역적 맥락을 전달하기 위해 사용하는 클래스에 대한 기반 클래스로서 사용되는 것이다. 예를 들면 다음과 같다.

```
struct My_error : runtime_error {
    My_error(const string&);
    // ...
};
void my_code()
{
    try {
        // ...
    }
    catch (...) {
        My_error err {"something went wrong in my_code()"};
        // ...
        throw_with_nested(err);
    }
}
```

이제 My_error 정보는 붙잡힌 예외를 가리키는 exception_ptr을 보관하는 nested_exception과 함께 전달될(다시 던져질) 수 있다.

호출 사슬을 좀 더 올라가서 중첩된 예외를 살펴보고 싶을 수도 있다.

```
void user()
{
    try {
        my_code();
    }
    catch(My_error& err) {
    // ... My_error 문제를 정리한다...
```

```
        try {
            rethrow_if_nested(err);      // 존재할 경우 중첩된 예외를 다시 던진다.
        }
        catch (Some_error& err2) {
            // ... Some_error 문제를 정리한다...
        }
    }
}
```

이 코드는 **Some_error**가 **My_error**로 중첩될 수 있다는 점을 우리가 알고 있다고 가정한다. **noexcept** 함수에서는 예외가 전파될 수 없다(13.5.1.1절).

30.4.1.3 terminate()

<exception>에서 표준 라이브러리는 예기치 않은 예외를 처리하기 위한 기능을 제공한다.

terminate(iso.18.8.3절, iso.18.8.4절)	
h=get_terminate()	h는 현재의 종료 핸들러다. noexcept
h2=set_terminate(h)	h는 현재의 종료 핸들러가 된다. h2는 이전의 종료 핸들러다. noexcept
terminate()	프로그램을 종료한다. noreturn, noexcept
uncaught_exception()	현재의 스레드에서 던져져서 아직 잡히지 않은 예외가 있는가? noexcept

아주 예외적인 **set_terminate()**와 **terminate()**를 제외하고는 이런 함수들을 사용하는 것은 피한다. **terminate()** 호출은 **set_terminate()** 호출로 설정되는 종료 핸들러를 호출함으로써 프로그램을 종료시킨다. 거의 언제나 정확한 기본 설정은 즉시 프로그램을 종료시키는 것이다. 근본적인 운영체제상의 이유로 인해 **terminate()**가 호출될 때 지역 객체에 대한 소멸자가 실행될지의 여부는 구현별 정의 사항이다. **terminate()**가 **noexcept** 위반의 결과로 호출되면 스택이 부분적으로도 풀리지 않을 수 있다는 점을 의미하는 (중요한) 최적화가 시스템에 허용된다(iso.15.5.1절).

함수가 정상적으로 종료됐는지 또는 예외에 의해 종료됐는지에 따라 다르게 동작하는 소멸자를 작성하는 데 **uncaught_exception()**이 유용할 수 있다는 주장이 가끔 제기된다. 하지만 **uncaught_exception()**은 최초의 예외가 잡힌 이후 스택 풀기(13.5.1절) 도중에도 참이다. 나는 **uncaught_exception()**이 실용적인 목적에 쓰기에는 지나치게 모호하다고 생각한다.

30.4.2 단정

표준은 다음을 제공한다.

단정(iso.7절)	
static_assert(e,s)	컴파일 타임에 e를 평가: !e가 참이면 컴파일러 오류 메시지로 s를 제공한다.
assert(e)	매크로 NDEBUG가 정의돼 있지 않으면 런타임에 e를 평가하고 !e가 참이면 cerr에 메시지를 쓰고 abort() 한다. NDEBUG가 정의돼 있다면 아무것도 하지 않는다.

다음 예를 살펴보자.

```
template<typename T>
void draw_all(vector<T*>& v)
{
    static_assert(Is_base_of<Shape,T>(),"non-Shape type for draw_all()");

    for (auto p : v) {
        assert(p!=nullptr);
        // ...
    }
}
```

assert()는 <cassert>에서 찾을 수 있는 매크로다. assert()에 의해 만들어지는 오류 메시지는 구현별 정의 사항이긴 하지만, 소스 파일 이름(_FILE_)과 assert()가 포함된 소스 행 번호(_LINE_)는 포함해야 한다.

단정은 소규모의 설명용 교재의 예제보다는 (원래의 목적대로) 제품 코드에서 좀 더 자주 사용된다.

함수의 이름(_func_) 역시 메시지에 포함될 수 있다. assert()가 평가되지 않았는데 평가됐다고 가정하는 것은 심각한 실수가 될 수 있다. 예를 들어 통상적인 컴파일러 구성이 주어질 경우 assert(p!=nullptr)는 디버깅 도중에는 오류를 잡아내겠지만, 최종 출시 제품에서는 그러지 못할 것이다.

단정을 관리하는 방법에 대해서는 13.4절를 참고하기 바란다.

30.4.3 system_error

<system_error>에서 표준 라이브러리는 운영체제와 하위 시스템 구성 요소에서 발생한 오류를 알려주기 위한 프레임워크를 제공한다. 예를 들어 파일 이름을 체크한 다음 파일을 여는 함수를 다음과 같이 작성할 수 있다.

```
ostream& open_file(const string& path)
{
    auto dn = split_into_directory_and_name(path);       // {path,name}으로 쪼갠다.
    error_code err {does_directory_exist(dn.first)};     // "시스템"에 경로에 대해서 묻는다.
    if (err) {      // err!=0는 오류를 뜻한다.

        // ... 뭔가가 처리될 수 있는지 살펴본다...

        if (cannot_handle_err)
            throw system_error(err);
    }
    // ...
    return ofstream{path};
}
```

'시스템'이 C++ 예외에 대해 알지 못한다고 가정하면 오류 코드를 처리할지의 여부를 선택할 수 없다. 유일한 질문은 '어디서?'와 '어떻게?'일 뿐이다. <system_error>에서 표준 라이브러리는 오류 코드 분류 기능, 시스템 특유의 오류 코드를 좀 더 이식 가능한 코드로 매핑하는 기능 및 오류 코드를 예외로 매핑하는 기능을 제공한다.

시스템 오류 타입	
error_code	오류와 해당 오류의 카테고리를 식별해주는 값을 보관한다. 시스템 특유(30.4.3.1절)
error_category	특정 종류(카테고리)의 오류 코드의 소스와 인코딩을 식별하는 데 쓰이는 타입에 대한 기반 클래스(30.4.3.2절)
system_error	error_code가 포함된 runtime_error 예외(30.4.3.3절)
error_condition	오류와 해당 오류의 카테고리를 식별해주는 값을 보관한다. 이식 가능(30.4.3.4절)
errc	<cerrno>에 있는 오류 코드에 대한 열거자를 가진 enum class(40.3절). 기본적으로 POSIX 오류 코드
future_errc	<future>에 있는 오류 코드에 대한 열거자를 가진 enum class(42.4.4절)
io_errc	<ios>에 있는 오류 코드에 대한 열거자를 가진 enum class(38.4.4절)

30.4.3.1 오류 코드

오류가 오류 코드로 저수준에서 일어나면 해당 오류 코드가 표현하는 오류를 처리하든지 그것을 예외로 바꿔야 한다. 하지만 그전에 오류 코드를 분류해야 한다. 같은 문제에 대해 서로 다른 시스템은 서로 다른 오류 코드를 사용하며, 서로 다른 시스템에서는 서로 다른 종류의 오류가 발생한다.

error_code(iso.19.5.2절)	
error_code ec {};	기본 생성자: ec={0,generic_category}, noexcept
error_code ec {n,cat};	ec={n,cat}: cat은 error_category이고 n은 cat에서 오류를 나타내는 int다. noexcept
error_code ec {n};	ec={n,generic_category}; n은 오류를 나타낸다. n은 is_error_code_enum<EE>::value==true인 타입 EE의 값이다. noexcept
ec.assign(n,cat)	ec={n,cat}; cat은 error_category다. 그리고 n은 cat에서 오류를 나타내는 int다. noexcept
ec=n	ec={n,generic_category} - ec=make_error_code(n) n은 오류를 나타낸다. n은 is_error_code_enum<EE>::value==true인 타입 EE의 값이다. noexcept
ec.clear()	ec={0,generic_category()}, noexcept
n=ec.value()	n은 ec의 저장된 값이다. noexcept
cat=ec.category()	cat은 ec의 저장된 카테고리에 대한 참조자다. noexcept
s=ec.message()	s는 잠재적으로 오류 메시지를 쓰일 수 있는 ec를 나타내는 string이다. ec.category().message(ec.value())
bool b {ec};	ec를 bool로 변환한다. b는 ec가 오류를 나타낼 경우 true다. 즉, b==false를 오류가 없다는 뜻이다(명시적).
ec==ec2	ec나 ec2 중 한쪽 또는 둘 모두가 error_code가 될 수 있다. 같은 것으로 비교되려면 ec와 ec2는 같은 category()와 같은 value()를 가져야 한다. ec와 ec2가 같은 타입이라면 동등성은 ==로 정의된다. 그렇지 않다면 동등성은 category().equivalent()로 정의된다.

(이어짐)

error_code(iso.19.5.2절)	
ec!=ec2	!(ec==ec2)
ec<ec2	ec.category()<ec2.category() || (ec.category()==ec2.category() && ec.value()<ec2.value())
e=ec.default_error_condition()	e는 error_condition:e=ec.category().default_error_condition (ec.value())에 대한 참조자
os<<ec	ec.name() ':' ec.value()를 ostream os에 출력한다.
ec=make_error_code(e)	e는 errc; ec=error_code(static_cast<int>(e),generic_category())

오류 코드의 간단한 개념을 나타내는 타입에 대해 **error_code**는 많은 멤버를 제공한다. 오류 코드는 기본적으로 정수에서 **error_category**를 가리키는 포인터로의 간단한 매핑이다.

```
class error_code {
public:
    // 표현 - {int,const error_category*} 타입의 {value,category}
};
```

error_category는 **error_category**에서 파생된 클래스의 객체에 대한 인터페이스다. 그러므로 **error_category**는 참조에 의해 전달되며, 포인터로 저장된다. 각각의 개별적인 **error_category**는 고유 객체에 의해 표현된다.

open_file() 예제를 다시 한 번 살펴보자.

```
ostream& open_file(const string& path)
{
    auto dn = split_into_directory_and_name(path);        // {path,name}으로 쪼갠다.
    if (error_code err {does_directory_exist(dn.first)}) { // 경로에 대해 "시스템"에 묻는다.
        if (err==errc::permission_denied) {
            // ...
        }
        else if (err==errc::not_a_directory) {
            // ...
        }
        throw system_error(err);               // 지역적으로는 아무것도 할 수 없다.
    }
    // ...
    return ofstream{path};
}
```

errc 오류 코드는 30.4.3.6절에서 설명한다. 좀 더 명확한 **switch**문 대신 **if-then-else** 사슬을 썼다는 점에 유의하기 바란다. 그 이유는 오류 **category()**와 오류 **value()**를 모두 고려해서 **==**가 동등성의 관점에서 정의돼 있기 때문이다. 또한 **==**는 **errc**와 다른 표준 라이브러리 열거형의 열거자를 처리할 수 있다.

error_code에 대한 연산은 시스템에 따라 다르다. 일부 경우에는 30.4.3.5절에서 설명되는 메커니즘을 이용해서 **error_code**가 **error_condition**으로 매핑될 수 있다. **error_condition** 은 **default_error_condition()**을 이용해서 **error_code**에서 추출된다. **error_condition**은

대개 **error_code**보다 적은 정보를 포함하고 있기 때문에 **error_code**를 이용 가능한 상태로 유지하고 필요할 때 **error_condition**을 추출하기만 하는 방식이 대체적으로 바람직하다.

　　error_code를 조작해도 **errno**의 값은 변하지 않는다(13.1.2절, 40.3절). 표준 라이브러리는 다른 라이브러리에서 제공된 오류 상태는 건드리지 않는다.

30.4.3.2 오류 카테고리

error_category는 오류의 분류를 표현한다. 구체적인 오류는 **error_category**에서 파생된 클래스에 의해 표현된다.

```
class error_category {
public:
    // ... error_category에서 파생된 구체적 카테고리에 대한 인터페이스 ...
};
```

error_category(iso.19.5.1.1절)	
cat.~error_category()	소멸자, 가상, noexcept
s=cat.name()	s는 cat의 이름이다. s는 C 스타일 문자열, 가상, noexcept
ec=cat.default_error_condition(n)	ec는 cat에서 n에 대한 error_condition, 가상, noexcept
cat.equivalent(n,ec)	ec.category()==cat이고 ec.value()==n인가? ec는 error_condition이다. 가상, noexcept
cat.equivalent(ec,n)	ec.category()==cat이고 ec.value()==n인가? ec는 error_code다. 가상, noexcept
s=cat.message(n)	s는 cat에서 n을 기술하는 문자열이다. 가상
cat==cat2	cat은 cat2와 동일한 카테고리인가? noexcept
cat!=cat2	!(cat==cat2), noexcept
cat<cat2	cat<cat2가 category 주소에 기반을 둔 순서인가, std::less<const error_category*>()(cat, cat2)? noexcept

　　error_category는 기반 클래스로 사용되도록 설계돼 있기 때문에 복사나 이동 연산이 제공되지 않는다. **error_category**는 포인터나 참조자를 통해 접근한다.

　　이름을 가진 표준 라이브러리 카테고리에는 4가지가 있다.

표준 라이브러리 오류 카테고리(iso.19.5.1.1절)	
ec=generic_category()	ec.name()=="generic": ec는 error_category에 대한 참조자다.
ec=system_category()	ec.name()=="system": ec는 error_category에 대한 참조자다. 시스템 오류를 나타낸다. ec가 POSIX 오류에 대응된다면 ec.value()는 해당 오류의 errno와 동등하다.
ec=future_category()	ec.name()=="future": ec는 error_category에 대한 참조자다. <future>의 오류를 나타낸다.
ec=iostream_category()	ec.name()=="iostream": ec는 error_category에 대한 참조자다. iostream의 오류를 나타낸다.

단순한 정수 오류 코드가 다른 상황(category)에서는 다른 의미를 가질 수 있기 때문에 이런 카테고리가 필요하다. 예를 들어 1은 POSIX에서는 "연산이 허용되지 않는다"(EPERM)는 뜻이지만, `iostream` 오류로서는 모든 오류에 대한 일반화 코드(state)이고, (최소 하나의 구현 환경에서) `future` 오류로서는 '보장 위반'(broken_promise)을 뜻한다. 이런 열거형의 값은 구현별 정의 사항이다.

30.4.3.3 예외 system_error

`system_error`는 표준 라이브러리에서 운영체제를 다루는 부분에서 발생하는 오류를 알려주는 데 쓰인다. `system_error`는 `error_code`와 선택적으로 오류 메시지 문자열을 건네준다.

```
class system_error : public runtime_error {
public:
    // ...
};
```

예외 클래스 `system_error`(iso.19.5.6절)

`system_error se {ec,s};`	se는 {ec,s}를 보관한다. ec는 error_code다. s는 오류 메시지의 일부가 되는 string 또는 C 스타일 문자열이다.
`system_error se {ec};`	se는 {ec,s}를 보관한다. ec는 error_code다.
`system_error se {n,cat,s};`	se는 {error_code{n,cat},s}를 보관한다. cat은 error_category이고, n은 cat의 오류를 나타내는 int다. s는 오류 메시지의 일부가 되는 string 또는 C 스타일 문자열이다.
`system_error se {n,cat};`	se는 error_code{n,cat}을 보관한다. cat는 error_category이고, n은 cat의 오류를 나타내는 int다.
`ec=se.code()`	ec는 se의 error_code에 대한 참조자다. noexcept
`p=se.what()`	p는 se의 오류 문자열에 대한 C 스타일 문자열 버전이다. noexcept

`system_error`를 붙잡는 코드는 이용 가능한 `error_code`를 갖고 있다. 예를 들면 다음과 같다.

```
try {
    // 뭔가를
}
catch (system_error& err) {
    cout << "caught system_error " << err.what() <<'\n';    // 오류 메시지

    auto ec = err.code();
    cout << "category: " << ec.category().what() <<'\n';
    cout << "value: " << ec.value() <<'\n';
    cout << "message: " << ec.message() <<'\n';
}
```

당연히 `system_error`는 표준 라이브러리에 속하지 않는 코드에서 쓰일 수 있다. 이식 가능성이 있는 `error_condition`(30.4.3.4절)이 아니라, 시스템에 고유의 `error_code`가 전달된다. `error_code`에서 `error_condition`을 얻으려면 `default_error_condition()`(30.4.3.1절)을 이용한다.

30.4.3.4 이식 가능성이 있는 오류 조건

이식 가능성이 있는 오류 코드(error_condition)는 시스템 고유의 **error_code**와 거의 동일하게 표현된다.

```
class error_condition {     // 이식 가능성이 있음(iso.19.5.3절)
public:
    // error_code와 비슷하지만
    // 출력 연산자(<<)가 없고
    // default_error_condition()이 없다.
};
```

일반적인 아이디어는 여러 개의 플랫폼에서 동작해야 하는 프로그램(대개는 라이브러리)을 작성하는 프로그래머의 편의를 위해 각각의 시스템이 이식 가능성이 있는 코드로 매핑될 수 있는 특정한('네이티브') 코드 집합을 갖게 하는 것이다.

30.4.3.5 오류 코드의 매핑

error_code들의 집합과 최소 하나의 **error_condition**으로 **error_category**를 만드는 일은 원하는 **error_code** 값들로 열거형을 정의하는 것에서 시작된다. 예를 들면 다음과 같다.

```
enum class future_errc {
    broken_promise = 1,
    future_already_retrieved,
    promise_already_satisfied,
    no_state
};
```

이런 값들의 의미는 전적으로 카테고리에 따라 다르다. 이런 열거자들의 정수 값은 구현별 정의 사항이다.

future 오류 카테고리는 표준의 일부이므로, 그것을 표준 라이브러리에서 찾을 수 있다. 세부 사항은 내가 설명한 것과 다를 가능성이 있다.

다음으로 오류 코드에 적합한 카테고리를 정의해야 할 필요가 있다.

```
class future_cat : public error_category {     // future_category()에서 반환된다.
public:
    const char* name() const noexcept override { return "future"; }
    string message(int ec) const override;
};
const error_categor y& future_category() noexcept
{
    static future_cat obj;
    return obj;
}
```

정수 값에서 오류 **message()** 문자열로의 매핑은 약간 지루한 반복 작업이다. 프로그래머에게 뜻이 통할 수 있는 메시지 집합을 연구해야 한다. 여기서는, 그냥 뻔한 메시지들로 구성했다.

```
string future_cat::message(int ec) const
{
    switch (static_cast<future_errc>(ec)) {
    default: return "bad future_cat code";
    case future_errc::broken_promise:          return "future_error: broken promise";
    case future_errc::future_already_retrieved: return "future_error: future already retrieved";
    case future_errc::promise_already_satisfied: return "future_error: promise already satisfied";
    case future_errc::no_state:                return "future_error: no state";
    }
}
```

이제 `future_errc`에서 `error_code`를 만들 수 있다.

```
error_code make_error_code(future_errc e) noexcept
{
    return error_code{int(e),future_category()};
}
```

하나의 오류 값을 받아들이는 **error_code** 생성자와 대입의 경우에는 반드시 인자가 **error_category**에 적합한 타입이어야 한다. 예를 들어 **future_category()**의 **error_code**에 대한 **value()**가 되려는 인자는 **future_errc**이어야 한다. 특히 **int**는 전혀 쓸 수 없다. 예를 들면 다음과 같다.

```
error_code ec1 {7};                        // 오류
error_code ec2 {future_errc::no_state};    // OK

ec1 = 9;                                    // 오류
ec2 = future_errc::promise_already_satisfied;  // OK
ec2 = errc::broken_pipe;                    // 오류: 잘못된 오류 카테고리
```

error_code의 구현자에게 도움을 주기 위해 우리의 열거형에 대한 **is_error_code_enum** 특성 정보를 특수화한다.

```
template<>
struct is_error_code_enum<future_errc> : public true_type { };
```

표준 라이브러리는 이미 범용 템플릿을 제공한다.

```
template<typename>
struct is_error_code_enum : public false_type { };
```

이 코드에 의해 우리가 오류 코드 값으로 간주하지 않는 것들은 오류 코드가 아닌 것으로 지정된다. **error_condition**이 카테고리에 대해 작동하기 위해서는 **error_code**에 했던 것을 반복해야 한다. 예를 들면 다음과 같다.

```
error_condition make_error_condition(future_errc e) noexcept;
template<>
struct is_error_condition_enum<future_errc> : public true_type { };
```

좀 더 흥미로운 설계를 위해서라면 **error_condition**에 대해 별도의 **enum**을 사용하고 **make_error_condition()**이 **future_errc**에서 그런 별도의 **enum**으로의 매핑을 구현하게 하는 것이다.

30.4.3.6 errc 오류 코드

system_category() 에 대한 표준 **error_code**는 <cerno>의 POSIX 파생 항목과 똑같은 값을 가진 **enum class errc**에 의해 정의된다.

---

enum class errc 열거자(iso.19.5절)

---

address_family_not_supported	EAFNOSUPPORT
address_in_use	EADDRINUSE
address_not_available	EADDRNOTAVAIL
already_connected	EISCONN
argument_list_too_long	E2BIG
argument_out_of_domain	EDOM
bad_address	EFAULT
bad_file_descriptor	EBADF
bad_message	EBADMSG
broken_pipe	EPIPE
connection_aborted	ECONNABORTED
connection_already_in_progress	EALREADY
connection_refused	ECONNREFUSED
connection_reset	ECONNRESET
cross_device_link	EXDEV
destination_address_required	EDESTADDRREQ
device_or_resource_busy	EBUSY
directory_not_empty	ENOTEMPTY
executable_format_error	ENOEXEC
file_exists	EEXIST
file_too_large	EFBIG
filename_too_long	ENAMETOOLONG
function_not_supported	ENOSYS
host_unreachable	EHOSTUNREACH
identifier_removed	EIDRM
illegal_byte_sequence	EILSEQ
inappropriate_io_control_operation	ENOTTY
interrupted	EINTR
invalid_argument	EINVAL
invalid_seek	ESPIPE
io_error	EIO
is_a_directory	EISDIR
message_size	EMSGSIZE

(이어짐)

enum class errc 열거자(iso.19.5절)	
network_down	ENETDOWN
network_reset	ENETRESET
network_unreachable	ENETUNREACH
no_buffer_space	ENOBUFS
no_child_process	ECHILD
no_link	ENOLINK
no_lock_available	ENOLCK
no_message	ENOMSG
no_message_available	ENODATA
no_protocol_option	ENOPROTOOPT
no_space_on_device	ENOSPC
no_stream_resources	ENOSR
no_such_device	ENODEV
no_such_device_or_address	ENXIO
no_such_file_or_directory	ENOENT
no_such_process	ESRCH
not_a_directory	ENOTDIR
not_a_socket	ENOTSOCK
not_a_stream	ENOSTR
not_connected	ENOTCONN
not_enough_memory	ENOMEM
not_supported	ENOTSUP
operation_canceled	ECANCELED
operation_in_progress	EINPROGRESS
operation_not_permitted	EPERM
operation_not_supported	EOPNOTSUPP
operation_would_block	EWOULDBLOCK
owner_dead	EOWNERDEAD
permission_denied	EACCES
protocol_error	EPROTO
protocol_not_supported	EPROTONOSUPPORT
read_only_file_system	EROFS
resource_deadlock_would_occur	EDEADLK
resource_unavailable_try_again	EAGAIN
result_out_of_range	ERANGE
state_not_recoverable	ENOTRECOVERABLE
stream_timeout	ETIME
text_file_busy	ETXTBSY

(이어짐)

enum class errc 열거자(iso.19.5절)	
timed_out	ETIMEDOUT
too_many_files_open	EMFILE
too_many_files_open_in_system	ENFILE
too_many_links	EMLINK
too_many_symbolic_link_levels	ELOOP
value_too_large	EOVERFLOW
wrong_protocol_type	EPROTOTYPE

이런 코드들은 'system' 카테고리인 system_category()에 대해 유효하다. 또한 POSIX 와 유사한 기능을 지원하는 시스템에서는 'generic' 카테고리인 generic_category()에 대해 서 유효하다.

errc 열거자는 errc 타입인 반면 POSIX 매크로는 정수다. 예를 들면 다음과 같다.

```
void problem(errc e)
{
    if (e==EPIPE) {              // 오류: errc에서 int로의 변환은 불가
        // ...
    }
    if (e==broken_pipe) {        // 오류: broken_pipe는 유효 범위 내에 없다.
        // ...
    }
    if (e==errc::broken_pipe) {  // OK
        // ...
    }
}
```

30.4.3.7 future_errc 오류 코드

future_category()에 대한 표준 error_code는 enum class future_errc에 의해 정의된다.

enum class future_errc 열거자(iso.30.6.1절)	
broken_promise	1
future_already_retrieved	2
promise_already_satisfied	3
no_state	4

이 코드들은 'future' 카테고리인 future_category()에 대해 유효하다. 이런 오류 코드 들의 수치 값은 구현별 정의 사항이므로, 열거자 이름을 일관성 있게 사용하기 바란다.

30.4.3.8 io_errc 오류 코드

iostream_category()에 대한 표준 error_code는 enum class io_errc에 의해 정의된다.

enum class io_errc 열거자(iso.27.5.1절)	
stream	1

이 코드는 'iostream' 카테고리인 **iostream_category()**에 대해 유효하다.

30.5 조언

[1] 표준 라이브러리 기능을 이용해서 이식성을 유지한다(30.1절. 30.1.1절).

[2] 표준 라이브러리 기능을 이용해서 유지 보수 비용을 최소화한다(30.1절).

[3] 표준 라이브러리 기능을 좀 더 확장성 있고 좀 더 특화된 라이브러리의 기반으로 활용한다(30.1.1절).

[4] 표준 라이브러리 기능을 융통성 있고 널리 쓰일 수 있는 소프트웨어를 위한 모델로 활용한다(30.1.1절).

[5] 표준 라이브러리 기능은 **std** 네임스페이스 내에 정의돼 있고 표준 라이브러리 헤더에서 찾을 수 있다(30.2절).

[6] C 표준 라이브러리 헤더 X.h는 **<cX>**의 C++ 표준 라이브러리 헤더로 제시된다(30.2절).

[7] 헤더를 **#include**하지 않고 표준 라이브러리 기능을 사용하려고 시도하지 않는다(30.2절).

[8] 기본 제공 배열에 범위 기반 **for**를 사용하려면 **#include<iterator>**를 이용한다(30.3.2절).

[9] 반환 코드 기반의 오류 처리보다는 예외 기반 오류 처리를 선택한다(30.4절).

[10] **exception&**(표준 라이브러리와 언어 기능이 지원하는 예외를 위한)와 ...(예기치 않은 예외를 위한)은 항상 붙잡는다(30.4.1절).

[11] 표준 라이브러리 **exception** 계층 구조는 사용자 자신만의 예외에 대해 사용될 수 있다(하지만 꼭 그래야 하는 것은 아니다)(30.4.1.1절).

[12] 심각한 문제가 발생한 경우에는 **terminate()**를 호출한다(30.4.1.3절).

[13] **static_assert()**와 **assert()**를 광범위하게 사용한다(30.4.2절).

[14] **assert()**가 항상 평가된다고 가정하지 않는다(30.4.2절).

[15] 예외를 쓸 수 없는 경우라면 **<system_error>**를 고려한다(30.4.3절).

STL 컨테이너

그건 새로웠고,
특별한 데다,
간단했소.
성공할 수밖에 없다오!

— H. 넬슨(H. Nelson)

- 개요
- 컨테이너 개요   컨테이너 표현, 원소 요구 사항
- 연산 개요   멤버 타입, 생성자, 소멸자와 대입, 크기와 용량, 반복자, 원소 접근, 스택 연산, 리스트 연산, 기타 연산
- 컨테이너   vector, 리스트, 연관 컨테이너
- 컨테이너 어댑터   stack, queue, priority_queue
- 조언

31.1 개요

STL은 표준 라이브러리의 반복자, 컨테이너, 알고리즘, 함수 객체 부분으로 구성돼 있다. STL의 나머지는 32장과 33장에서 소개한다.

31.2 컨테이너 개요

컨테이너는 객체의 시퀀스를 보관한다. 이 절에서는 컨테이너의 타입을 요약하고, 그들의 속성의 개략적으로 살펴본다. 컨테이너에 대한 연산은 31.3절에서 요약한다.

컨테이너는 다음과 같이 분류될 수 있다.

- 시퀀스 컨테이너sequence container는 원소의 시퀀스(반 열린)에 대한 접근을 제공한다.
- 연관 컨테이너associative container는 키를 기반으로 한 연관 탐색을 제공한다.

추가로 표준 라이브러리는 시퀀스 컨테이너나 연관 컨테이너의 모든 기능을 제공하지는 않지만, 원소들을 보관할 수 있는 객체 타입을 제공한다.

- 컨테이너 어댑터^{container adaptor}는 하부 컨테이너에 대한 특수화된 접근을 제공한다.
- 유사 컨테이너^{almost container}는 전부는 아니지만 컨테이너의 기능 대부분을 제공하는 원소의 시퀀스를 제공한다.

STL 컨테이너(시퀀스 및 연관 컨테이너)는 모두 복사와 이동 연산을 갖는 자원 핸들이다(3.3.1절). 컨테이너에 대한 모든 연산은 기본적인 보장(13.2절)을 제공함으로써 예외 기반 오류 처리를 통한 적절한 상호작용을 보장한다.

시퀀스 컨테이너(iso.23.3절)

vector<T,A>	인접해서 할당된 T로 이뤄진 시퀀스. 컨테이너의 기본 선택
list<T,A>	T의 이중 링크드 리스트. 기존 원소를 이동시키지 않고 원소를 삽입하거나 삭제해야 할 때 사용한다.
forward_list<T,A>	T의 단일 링크드 리스트. 비어 있거나 매우 짧은 시퀀스에 적합하다.
deque<T,A>	T로 이뤄진 데크. 벡터와 리스트의 혼합 형태. 대부분의 경우 벡터나 리스트보다 느리다.

A 템플릿 인자는 컨테이너가 메모리를 획득하거나 해제하기 위해 사용하는 할당자다 (13.6.1절, 34.4절). 예를 들면 다음과 같다.

```
template<typename T, typename A = allocator<T>>
class vector {
    // ...
};
```

A의 기본 값은 std::allocator<T>(34.4.1절)이며, 자신의 원소에 필요한 메모리를 획득하거나 해제해야 할 때 operator new()나 operator delete()를 사용한다.

이런 컨테이너들은 <vector>, <list>, <forward_list>, <deque>에 정의되어 있다. 시퀀스 컨테이너는 인접해서 할당되거나(예를 들면 vector) 자신의 **value_type**(위에서 사용된 표기에서는 T)의 원소로 이뤄진 링크드 리스트(예를 들면 forward_list)다. **deque**('데크'로 발음되는)는 링크드 리스트와 인접 할당의 혼합체다.

특별한 이유가 없는 한 **vector**를 사용하기 바란다. **vector**는 원소의 삽입과 삭제에 필요한 연산을 제공하기 때문에 필요한 대로 늘리거나 줄일 수 있다는 점에 주목하자. 소규모의 원소로 이뤄진 시퀀스의 경우 **vector**는 리스트 연산을 필요로 하는 데이터 구조에 대한 탁월한 표시법이 될 수 있다.

vector의 원소를 삽입하거나 삭제할 때 원소는 이동될 수 있다. 대조적으로 리스트나 연관 컨테이너의 원소들은 새로운 원소가 삽입되거나 다른 원소들이 삭제될 때 이동되지 않는다.

forward_list(단일 링크드 리스트)는 기본적으로 비어 있거나 매우 짧은 리스트에 최적화된 리스트다. 빈 **forward_list**는 단 하나의 워드만을 차지한다. 대부분이 비어 있는(그리고 나머지는 상당히 짧은) 리스트는 뜻밖에도 쓸모가 많다.

순서 있는 연관 컨테이너(iso.23.4.2절) C는 비교 타입, A는 할당자 타입	
map<K,V,C,A>	K에서 V로의 순서 있는 매핑, (K,V) 쌍의 시퀀스
multimap<K,V,C,A>	K에서 V로의 순서 있는 매핑, 중복 키 허용
set<K,C,A>	K의 순서 있는 집합
multiset<K,C,A>	K의 순서 있는 집합, 중복 키 허용

이런 컨테이너들은 대개 균형 이진트리(대개 레드 블랙 트리)로 구현된다.

키 K에 대한 기본 순서 기준은 std::less<K>(33.4절)이다.

시퀀스 컨테이너에 대해서처럼 A 템플릿 인자는 컨테이너가 메모리의 획득과 해제를 위해서 사용하는 할당자^{allocator}다(13.6.1절, 34.4절). A 템플릿 인자의 기본 값은 맵에 대해서는 std::allocator<std::pair<const K,T>>(31.4.3절), 집합에 대해서는 std::allocator<K>가 된다.

순서 없는 연관 컨테이너(iso.23.5.2절) H는 해시 함수 타입, E는 동등성 테스트, A는 할당자 타입	
unordered_map<K,V,H,E,A>	K에서 V로의 순서 없는 매핑
unordered_multimap<K,V,H,E,A>	K에서 V로의 순서 없는 매핑, 중복 키 허용
unordered_set<K,H,E,A>	K의 순서 없는 집합
unordered_multiset<K,H,E,A>	K의 순서 없는 집합, 중복 키 허용

이런 컨테이너들은 링크드 오버플로를 가진 해시 테이블로서 구현된다. 타입 K에 대한 기본 해시 함수 타입 H는 std::hash<K>(31.4.3.2절)이다. 타입 K에 대한 기본 동등성 함수 타입 E는 std::equal_to<K>(33.4절)이다. 동등성 함수는 동일한 해시 코드를 가진 두 객체가 같은지를 판단하는 데 사용된다.

연관 컨테이너는 value_type 타입(위에서 쓰인 표기로는 맵에 대해서는 pair<const K,V>이고 집합에 대해서는 K)의 노드로 연결된 구조(트리)다. set, map, multiset, multimap의 시퀀스는 키 값(K)에 의해 순서가 매겨진다. 순서 없는 컨테이너는 원소에 대한 순서 관계(예를 들면 <)를 가질 필요가 없으며, 대신 해시 함수를 사용한다(31.2.2.1절). 순서 없는 컨테이너의 시퀀스는 보장된 순서를 갖지 않는다. multipmap은 키 값이 여러 번 등장할 수 있다는 점에서 map과 차이가 있다.

컨테이너 어댑터는 다른 컨테이너에 대한 특수화된 인터페이스를 갖는 컨테이너다.

컨테이너 어댑터(iso.23.6절) C는 컨테이너 타입	
priority_queue<T,C,Cmp>	T의 우선순위 큐, Cmp는 우선순위 함수 타입이다.
queue<T,C>	push()와 pop()을 가진 T의 큐
stack<T,C>	push()와 pop()을 가진 T의 스택

`priority_queue`의 우선순위 함수 `Cmp`에 대한 기본 값은 `std::less<T>`다. 컨테이너 타입 C에 대한 기본 값은 `queue`와 `stack`에 대해서는 `std::deque<T>`이고, `priority_queue`에 대해서는 `std::vector<T>`다. 31.5절를 참고하기 바란다.

일부 데이터 타입은 표준 컨테이너에 대해 요구되는 것들을 상당수 제공하지만 전부는 아닌 경우가 있다. 이런 것들을 때로는 '유사 컨테이너'라고 부른다. 유사 컨테이너들 중 가장 흥미로운 것들은 다음과 같다.

'유사 컨테이너'	
`T[N]`	고정 크기의 기본 제공 배열, 인접한 N개의 타입 `T` 원소, `size()`나 다른 멤버 함수가 없음
`array<T,N>`	인접한 N개의 타입 `T` 원소로 이뤄진 고정 크기의 배열, 기본 제공 배열과 유사하지만 대부분의 문제가 해결돼 있음
`basic_string<C,Tr,A>`	인접해서 할당된 타입 C의 문자로 이뤄진 시퀀스로 연결(+와 +=)과 같은 텍스트 조작 연산을 갖고 있다. `basic_string`은 대개 짧은 문자열에 대해서는 자유 저장 공간을 요구하지 않게 최적화돼 있다(19.3.3절).
`string`	`basic_string<char>`
`u16string`	`basic_string<char16_t>`
`u32string`	`basic_string<char32_t>`
`wstring`	`basic_string<wchar_t>`
`valarray<T>`	벡터 연산을 가진 수치 벡터이지만, 고성능 구현에 특화된 제약이 있다. 상당수의 벡터 산술 연산이 필요한 경우에만 사용한다.
`bitset<N>`	&이나 | 같은 집합 연산을 가진 N비트의 집합
`vector<bool>`	촘촘하게 저장된 비트를 가진 `vector<T>`의 특수화

`basic_string`에서 `A`는 할당자(34.4절)이고, `Tr`은 문자 특성 정보(36.2.2절)다.

선택이 가능할 때는 기본 제공 배열보다는 `vector`, `string`, `array` 같은 컨테이너를 선택하기 바란다. 배열에서 포인터로 암시적인 변환이 일어나고 기본 제공 배열의 경우 크기를 기억해야 하기 때문에 수많은 오류의 원인이 된다(예를 들어 27.2.1절을 참고). C 스타일 문자열의 포인터 의미 구조는 어리숙한 표기법을 낳고 프로그래머의 추가적인 작업을 필요로 하기 때문에 역시 수많은 오류(메모리 누출 같은)의 원인이 된다(36.3.1절).

31.2.1 컨테이너 표현

표준에서는 표준 컨테이너에 대해 특정한 표현이 규정돼 있지 않다. 대신 표준에서는 컨테이너 인터페이스와 몇 가지 복잡성 요구 사항이 지정돼 있다. 구현자는 일반적인 요구 사항과 공통적인 용도를 충족시키기 위해 적합하고 솜씨 있게 최적화된 구현을 선택할 것이다. 원소 조작에 필요한 것 외에도, 그러한 '핸들'은 할당자를 보관할 것이다(34.4절).

`vector`의 경우 원소 데이터 구조는 거의 배열과 흡사하다.

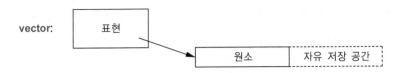

vector는 원소의 배열을 가리키는 포인터, 원소의 개수, 용량(할당된 개수, 현재 사용되지 않은 자리) 또는 그에 상응하는 정보를 보관할 것이다(13.6절).

list는 주로 원소와 원소의 번호를 가리키는 링크의 시퀀스로 표현될 것이다.

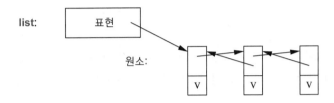

forward_list는 주로 원소를 가리키는 링크의 시퀀스로 표현될 것이다.

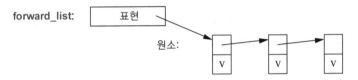

map은 주로 (키, 값) 쌍을 가리키는 노드의 (균형) 트리로 구현된다.

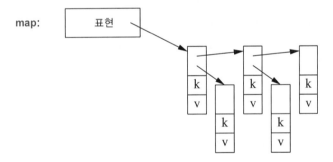

unordered_map은 주로 해시 테이블로 구현된다.

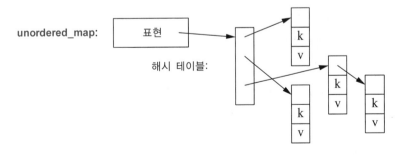

string은 19.3절과 23.2절에서 개략적으로 설명한 대로 구현될 수 있다. 즉, 짧은 string 의 경우에는 문자들이 string 핸들 자체에 저장되고, 좀 더 긴 string의 경우에는 원소들이 자유 저장 공간에 인접해서 저장된다(vector 원소와 마찬가지로). vector와 마찬가지로 string은

반복된 재할당을 피하기 위해 할당된 '자유 저장 공간'으로 확장될 수 있다.

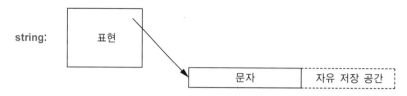

기본 제공 배열(7.3절)과 마찬가지로 **array**는 핸들을 갖지 않는 원소들의 시퀀스다.

이는 지역 **array**는 자유 저장 공간을 사용하지 않으며(그곳에 할당되지 않는 한), 어떤 클래스의 **array** 멤버에 대해서는 자유 저장 공간 연산이 적용되지 않는다는 뜻이다.

31.2.2 원소 요구 사항

컨테이너의 원소가 되려면 객체는 컨테이너 구현이 복사, 이동, 원소 바꿔치기 등을 할 수 있는 타입이어야 한다. 컨테이너가 복사 생성자나 복사 대입을 통해 원소를 복사한다면 복사의 결과는 동등한 객체여야 한다. 이는 대략적으로 객체의 값에 대해 생각할 수 있는 어떤 종류의 동등성 검사에서도 사본을 원본과 동일한 것으로 간주해야 한다는 뜻이다. 바꿔 말하면 원소의 복사는 통상적인 **int** 복사와 똑같이 작동해야 한다는 것이다. 마찬가지로 이동 생성자와 이동 대입은 관용적인 정의와 의미 구조를 가져야 한다(17.5.1절). 추가로 통상적인 의미 구조를 가진 원소의 **swap()**이 가능해야 한다. 어떤 타입이 복사나 이동을 가진 경우 표준 라이브러리 **swap()**이 통해야 할 것이다.

원소 요구 사항의 세부 사항은 표준 전반에 흩어져 있는 데다 읽기가 쉽지 않지만(iso.23.2.3절, iso.23.2.1절, iso.17.6.3.2절), 기본적으로 컨테이너는 관용적인 복사나 이동 연산을 갖는 타입의 원소를 보관할 수 있다. **copy()**, **find()**, **sort()** 등의 상당수 기본 알고리즘은 해당 알고리즘 특유의 요구 사항(원소가 순서를 가져야 한다는 등의 – 31.2.2.1절)과 아울러 컨테이너 원소가 되기 위한 요구 사항을 충족하기만 한다면 동작할 것이다.

표준 컨테이너에 대한 규칙 위반 중 어떤 것들은 컴파일러에 의해 탐지될 수 있지만, 어떤 것들은 그렇지 않아서 예기치 않은 동작의 원인이 될 수 있다. 예를 들어 예외를 던지는 대입 연산은 부분적으로 복사된 원소를 남길 수 있다. 그것은 바람직하지 못한 설계(13.6.1절)이며 기본적 보장(13.2절)을 제공하지 않음으로써 표준 규칙을 위반하게 될 것이다. 유효하지 않은 상태에 있는 원소는 차후에 심각한 문제를 일으킬 수 있다.

객체의 복사가 적당하지 않을 때는 객체 자체 대신에 객체를 가리키는 포인터를 컨테이너에 넣는 방법이 대안이다. 다형적 타입이 그런 대표적 예다(3.2.2절, 20.3.2절). 예를 들어 다형적 동작을 보존하기 위해 **vector<Shape>**보다는 **vector<unique_ptr<Shape>>**나 **vector<Shape*>**를 사용한다.

31.2.2.1 비교

연관 컨테이너는 원소들이 순서가 매겨지기를 요구한다. 컨테이너에 적용될 수 있는 많은 연산 역시 그렇다(예를 들면 sort()와 merge()). 기본 설정으로 < 연산자는 순서를 정의하는 데 쓰인다. <가 적합하지 않다면 프로그래머가 대안을 제공해야 한다(31.4.3절, 33.4절). 순서 정렬 기준은 순약 순서^{strict weak ordering}를 정의해야 한다. 비공식적으로 순약 순서란 보다 작다와 같다(정의돼 있다면) 양쪽 모두가 추이적이어야 한다는 뜻이다. 즉, 순서 정렬 기준 cmp(이것을 '보다 적다'로 생각하기 바란다)는 다음 기준을 만족해야 한다.

[1]   비재귀성 cmp(x,x)는 false다.

[2]   반대칭성 cmp(x,y)는 !cmp(y,x)의 뜻이다.

[3]   추이성 cmp(x,y)와 cmp(y,z)가 참이면 cmp(x,z)가 참이다.

[4]   동등성의 추이성 equiv(x,y)를 !(cmp(x,y)||cmp(y,x))로 정의한다. equiv(x,y)와 equiv(y,z)가 참이면 equiv(x,z)가 참이다.

마지막 규칙은 ==가 필요할 경우 동등성 (x==y)를 !(cmp(x,y)||cmp(y,x))로 정의할 수 있게 해준다.

비교를 요구하는 표준 라이브러리 연산은 두 가지 버전으로 등장한다. 예를 들면 다음과 같다.

```
template<typename Ran>
    void sort(Ran first, Ran last);                // 비교를 위해 <를 사용한다.
template<typename Ran, typename Cmp>
    void sort(Ran first, Ran last, Cmp cmp);        // cmp를 사용한다.
```

첫 번째 버전은 <를 사용하고 두 번째 버전은 사용자가 제공한 비교 cmp를 사용한다. 예를 들어 대소문자를 구분하지 않는 비교를 이용해서 fruit를 정렬한다고 가정해보자. string 쌍에 대해 호출될 때 비교를 수행하는 함수 객체(3.4.3절, 19.2.2절)를 정의함으로써 그것을 수행할 수 있다.

```
class Nocase {      // 대소문자를 구분하지 않는 string 비교
public:
    bool operator()(const string&, const string&) const;
};

bool Nocase::operator()(const string& x, const string& y) const
    // 대소문자를 구분하지 않고, 사전적 순서로 x가 y보다 작다면 true를 반환한다.
{
    auto p = x.begin();
    auto q = y.begin();
    while (p!=x.end() && q!=y.end() && toupper(*p)==toupper(*q)) {
        ++p;
        ++q;
    }
    if (p == x.end()) return q != y.end();
    if (q == y.end()) return false;
```

```
    return toupper(*p) < toupper(*q);
}
```

이런 비교 기준을 이용해서 `sort()`를 호출할 수 있다. 다음 예를 살펴보자.

```
fruit:
    apple pear Apple Pear lemon
```

`sort(fruit.begin(),fruit.end(),Nocase())`를 이용한 정렬은 다음과 같은 결과를 출력할 것이다.

```
fruit:
    Apple apple lemon Pear pear
```

대문자가 소문자보다 앞서는 문자 집합이라고 가정한다면 보통의 `sort(fruit.begin()`, `fruit.end())`는 다음의 결과를 출력할 것이다.

```
fruit:
    Apple Pear apple lemon pear
```

C 스타일 문자열(즉, const char*)에 대해서 `<`는 포인터 값을 비교한다는 점에 유의한다(7.4절). 따라서 연관 컨테이너는 C 스타일 문자열이 키로 쓰일 경우 대부분의 사람들이 기대하는 것처럼 작동하지 않을 것이다. 이것이 제대로 동작하게 만들기 위해서는 사전 순서 기준으로 비교하는 보다 작다 연산이 사용돼야 한다. 예를 들면 다음과 같다.

```
struct Cstring_less {
    bool operator()(const char* p, const char* q) const { return strcmp(p,q)<0; }
};
map<char*,int,Cstring_less> m;        // const char*를 비교하기 위해 strcmp()를 사용하는 맵
```

31.2.2.2 기타 관계 연산자

기본 설정으로 컨테이너와 알고리즘은 보다 작은 연산을 수행해야 할 필요가 있을 때 `<`를 사용한다. 기본 설정이 적당하지 않을 때는 프로그래머가 비교 기준을 제공할 수 있다. 하지만 동등성 검사 통과에 대해서는 아무런 메커니즘이 제공되지 않는다. 대신 프로그래머가 비교 `cmp`를 제공하는 경우 비교를 두 번 사용해서 동등성을 검사할 수 있다. 예를 들면 다음과 같다.

```
if (x == y)                  // 사용자가 비교를 제공하지 않은 경우 수행되지 않음
if (!cmp(x,y) && !cmp(y,x))   // 사용자가 비교 cmp를 제공한 경우 수행됨
```

이는 비교를 사용하는 알고리즘을 통해 사용자가 연관 컨테이너에 대한 값 타입으로 쓰이는 모든 타입에 대해 동등성 연산을 제공해야 하는 수고를 덜어준다. 이 방법은 비용이 많이 들어가는 것처럼 보이지만 라이브러리에서 동등성에 대해 그렇게 자주 체크하지는 않으며, 대략 50%의 경우에 `cmp()`를 한 번만 호출해도 되는 데다 종종 컴파일러가 최적화로 이중 체크를 날려 버린다.

동등성(기본 설정으로 `==`)이 아니라 보다 작다(기본 설정으로 `<`)로 정의되는 동등성 관계를 실용

적으로 사용하는 경우도 있다. 예를 들어 연관 컨테이너(31.4.3절)는 `!(cmp(x,y)||cmp(y,x))`
동등성 검사를 통해 키를 비교한다. 이는 동등한 키가 같지 않아도 된다는 점을 의미한다.
예를 들어 비교 기준으로 대문자를 구분하지 않는 비교를 사용하는 `multimap`(31.4.3절)은 `Last`,
`last`, `lAst`, `laSt`, `lasT`에 대한 `==`가 다른 결과로 나와도 이 문자열들을 동등한 것으로 간주할
것이다. 이를 이용하면 정렬할 때 우리가 중요하다고 생각하지 않는 차이를 무시할 수 있다.

　　같다(기본 설정으로 `==`)가 항상 동등성 검사 `!(cmp(x,y)||cmp(y,x))`(기본 설정으로 `cmp()`는 `<`와
같은 결과가 나온다면 이를 전 순서[total order]라고 말한다.

　　`<`와 `==`가 주어지면 나머지 통상적인 비교를 손쉽게 구성할 수 있다. 표준 라이브러리는
그것들을 `std::rel_ops` 네임스페이스 안에서 정의하고 `<utlility>`에서 제시한다(35.5.3절).

31.3 연산 개요

표준 컨테이너에 의해 제공되는 연산과 타입을 다음과 같이 요약할 수 있다.

컨테이너:

value_type, size_type, difference_type, pointer, const_pointer, reference, const_reference iterator, const_iterator, ?reverse_iterator, ?const_reverse_iterator, allocator_type begin(), end(), cbegin(), cend(), ?rbegin(), ?rend(), ?crbegin(), ?crend(), =, ==, != swap(), ?size(), max_size(), empty(), clear(), get_allocator(), 생성자들, 소멸자들 ?<, ?<=, ?>, ?>=, ?insert(), ?emplace(), ?erase()

시퀀스 컨테이너:

assign(), front(), resize() ?back(), ?push_back() ?pop_back(), ?emplace_back()

연관 컨테이너:

key_type, mapped_type, ?[], ?at() lower_bound(), upper_bound(), equal_range() find(), count(), emplace_hint()

push_front(), pop_front() emplace_front()

[], at() shrink_to_fit()

순서 있는 컨테이너:

key_compare key_comp() value_comp()

해시 컨테이너:

key_equal(), hasher hash_function() key_equal() 버킷 인터페이스

리스트:

remove() remove_if(), unique() merge(), sort() reverse()

deque

data() capacity() reserve()

map

set

unordered_map

multimap

splice()

insert_after(), erase_after() emplace_after(), splice_after()

vector

multiset

unordered_set

unordered_multimap

list

forward_list

unordered_multiset

화살표는 연산의 집합이 컨테이너에 대해 제공된다는 뜻이다. 상속 연산을 뜻하는 것은 아니다. 물음표 기호(?)는 단순화를 나타낸다. 일부 컨테이너에 대해서만 제공되는 연산이 포함돼 있는데, 특별히 언급할 만한 것은 다음과 같다.

- `multi*` 연관 컨테이너나 집합은 `[]`나 `at()`을 제공하지 않는다.
- `forward_list`는 `insert()`, `erase()`, `emplace()`를 제공하지 않는다. 대신 `*_after` 연산을 제공한다.
- `forward_list`는 `back()`, `push_back()`, `pop_back()`, `emplace_back()`을 제공하지 않는다.
- `forward_list`는 `reverse_iterator`, `const_reverse_iterator`, `rbegin()`, `rend()`, `crbegin()`, `crend()`, `size()`를 제공하지 않는다.
- `unordered_*` 연관 컨테이너는 `<`, `<=`, `>`, `>=`를 제공하지 않는다.

`[]`와 `at()` 연산은 그저 화살표의 개수를 줄이기 위해 중복 포함됐다.

버킷 인터페이스는 31.4.3.2절에서 설명한다.

의미가 있는 경우 접근 연산은 두 가지 버전으로 존재한다. 하나는 const를 위한 것이고, 하나는 비const 객체를 위한 것이다. 표준 라이브러리 연산의 복잡성 보장은 다음과 같다.

표준 컨테이너 연산 복잡성

	`[]` 31.2.2절	리스트 31.3.7절	전위형 31.4.2절	후위형 31.3.6절	반복자 33.1.2절
vector	const	O(n)+		const+	Ran
list		const	const	const	Bi
forward_list		const	const		For
deque	const	O(n)	const	const	Ran
stack				const	
queue			const	const	
priority_queue			O(log(n))	O(log(n))	
map	O(log(n))	O(log(n))+			Bi
multimap		O(log(n))+			Bi
set		O(log(n))+			Bi
multiset		O(log(n))+			Bi
unordered_map	const+	const+			For
unordered_multimap		const+			For
unordered_set		const+			For
unordered_multiset		const+			For
string	const	O(n)+	O(n)+	const+	Ran
array	const				Ran
기본 제공 배열	const				Ran
valarray	const				Ran
bitset	const				

'전위형' 연산은 첫 번째 원소 이전의 삽입과 삭제를 말한다. 마찬가지로 '후위형' 연산은 마지막 원소 이후의 삽입과 삭제를 말하며, '리스트' 연산은 반드시 컨테이너의 끝에서 수행되지 않아도 되는 삽입과 삭제를 말한다.

반복자^{iterator} 열에서 'Ran'은 '임의 접근 반복자$^{random-access\ iterator}$'를 뜻하며, 'For'는 '순방향 반복자$^{forward\ iterator}$'를 뜻하고, 'Bi'는 '양방향 반복자$^{bidirectional\ iterator}$'를 뜻한다(33.1.4절).

다른 항목들은 연산의 효율성에 대한 측정치다. const 항목은 컨테이너에 있는 원소 개수에 좌우되지 않는 시간이 소요된다는 뜻이다. 상수 시간$^{constant\ time}$에 대한 관용적인 또 다른 표기법은 O(1)이다. O(n)은 관련된 원소의 개수에 비례한 시간이 소요되는 연산을 뜻한다. + 접미사는 경우에 따라 상당한 추가적인 비용이 발생한다는 점을 나타낸다. 예를 들어 list에 하나의 원소를 삽입하는 것은 고정 비용이 드는 반면(따라서 const로 분류), 동일한 연산을 vector에 적용하면 삽입 지점을 따라 원소를 이동시키는 동작이 개입된다(따라서 O(n)으로 분류). 경우에 따라 vector의 모든 원소의 위치를 옮겨야 할 수도 있다(그래서 +를 추가했다). '대문자 O' 표기는 관용적이다. 평균 성능 외에 예측 가능성을 신경 쓰는 프로그래머에게 도움을 주고자 +를 추가했다. O(n)+는 관용적으로 상환 선형 시간$^{amortized\ linear\ time}$이라고 불린다.

당연히 상수가 크다면 원소의 개수에 비례한 작은 비용을 압도할 수 있다. 하지만 대규모 데이터 구조에 대해 const는 '저렴한' 편이다. O(n)은 '비싼' 편이고, O(log(n))는 '꽤나 저렴한' 편이다. 심지어 웬만큼 n의 값이 클지라도, log가 이진 로그를 나타내는 O(log(n))은 O(n)보다는 상수 시간에 훨씬 가깝다. 예를 들면 다음과 같다.

로그 예제

n	16	128	1,024	16,384	1,048,576
log(n)	4	7	10	14	20
n*n	256	802,816	1,048,576	268,435,456	1.1e+12

비용에 대해 신경 쓰는 사람들은 유심히 살펴보기 바란다. 특히 n을 얻기 위해 어떤 원소들을 세야 하는지에 대해 이해해야 한다. 하지만 메시지는 분명하다. 큰 n의 값에 대해서 2차 방정식 알고리즘을 동원할 필요가 없다는 것이다.

복잡성과 비용의 측정치는 상한치다. 측정치는 사용자에게 구현에서 어떤 것을 기대할 수 있는지에 대한 지침을 제공하기 위해 존재한다. 당연히 구현자는 중요한 경우에는 더 나은 방안을 시도하려고 할 것이다.

'대문자 O' 복잡성 측정치는 점근적^{asymptotic}이라는 데 유의한다. 즉, 복잡성의 차이가 의미가 있으려면 상당히 많은 원소를 요구할 수 있다는 뜻이다. 원소에 대한 개별적인 연산 비용 같은 다른 요인들이 훨씬 더 중요할 수 있다. 예를 들어 vector와 list를 순회 탐색하는 것은 모두 복잡성 O(n)을 갖는다. 하지만 현대의 컴퓨터 아키텍처에서 링크를 통해 (list의) 다음 원소에 도달하는 것은 vector(원소가 인접해 있는)의 다음 원소에 도달하는 것보다 훨씬 더 많은 비용이 들 수 있다. 마찬가지로 선형 알고리즘은 메모리와 프로세서 아키텍처의 세부 구조 때문에 10배 정도로 많은 원소 개수에 대해서는 10배 정도 시간이 더 소요되거나 덜 소요될 수도 있다. 비용에 대한 자신의 직관이나 복잡성 측정치를 맹목적으로 믿지 말고, 직접 측정하기 바란다. 다행스럽게도 컨테이너 인터페이스는 서로 너무나 비슷하기 때문에 비교 연산을 코딩하기는 어렵지 않다.

size() 연산은 모든 연산에 대해 상수 시간이 소요된다. forward_list에는 size()가 없다는 데 유의한다. 따라서 원소의 개수를 알고 싶다면 직접 세야 할 것이다($O(n)$의 비용을 들여서). forward_list는 공간 측면에서 최적화돼 있으며, 자신의 크기나 마지막 원소를 가리키는 포인터를 저장하지 않는다.

string 측정치는 좀 더 긴 문자열에 대한 것이다. '짧은 문자열 최적화'(19.3.3절)는 짧은 문자열(예를 들면 14 문자보다 작은)에 대한 모든 연산을 대략 상수 시간으로 만들 것이다.

stack과 queue에 대한 항목에는 하부 컨테이너로서 deque를 이용한 기본 구현에 소요되는 비용이 반영돼 있다(31.5.1절, 31.5.2절).

31.3.1 멤버 타입

컨테이너는 멤버 타입의 집합을 정의한다.

멤버 타입(iso.23.2절, iso.23.3.6.1절)

value_type	원소의 타입
allocator_type	메모리 관리자의 타입
size_type	컨테이너 첨자, 원소 카운트 등의 부호 없는 타입
difference_type	반복자 사이의 차이에 대한 부호 있는 타입
iterator	value_type*와 유사하게 동작한다.
const_iterator	const value_type*와 유사하게 동작한다.
reverse_iterator	value_type*와 유사하게 동작한다.
const_reverse_iterator	const value_type*와 유사하게 동작한다.
reference	value_type&
const_reference	const value_type&
pointer	value_type*와 유사하게 동작한다.
const_pointer	const value_type*와 유사하게 동작한다.
key_type	키의 타입: 연관 배열에만 해당
mapped_type	매핑된 값의 타입. 연관 배열에만 해당
key_compare	비교 기준의 타입. 순서 있는 컨테이너에만 해당
hasher	해시 함수의 타입. 순서 없는 컨테이너에만 해당
key_equal	동등성 함수의 타입. 순서 없는 컨테이너에만 해당
local_iterator	버킷 반복자의 타입. 순서 없는 컨테이너에만 해당
const_local_iterator	버킷 반복자의 타입. 순서 없는 컨테이너에만 해당

모든 컨테이너와 '유사 컨테이너'는 이런 멤버 타입 대부분을 제공한다. 하지만 의미가

없는 타입은 제공하지 않는다. 예를 들어 **array**는 **allocator_type**을 제공하지 않고, **vector**는 **key_type**을 제공하지 않는다.

31.3.2 생성자, 소멸자 및 대입

컨테이너는 다양한 생성자와 대입 연산을 제공한다. C라고 불리는 컨테이너(예를 들면 vector <double> 또는 map<string,int>)에 대해서는 다음과 같다.

생성자, 소멸자, 대입
C는 컨테이너다. 기본 설정으로 C는 기본 할당자 C::allocator_type{}를 사용한다.

C c {};	기본 생성자. c는 빈 컨테이너다.
C c {a};	c를 기본 생성한다. 할당자 a를 사용한다.
C c(n);	value_type{} 값을 가진 n개의 원소로 c를 초기화한다. 연관 컨테이너에는 쓰이지 않는다.
C c(n,x);	x의 n개 사본으로 c를 초기화한다. 연관 컨테이너에는 쓰이지 않는다.
C c(n,x,a);	x의 n개 사본으로 c를 초기화한다. 할당자 a를 사용한다. 연관 컨테이너에는 쓰이지 않는다.
C c {elem};	c를 elem으로 초기화한다. C가 초기화 식 리스트를 갖고 있다면 그것을 사용한다. 그렇지 않다면 또 다른 생성자를 사용한다.
C c {c2};	복사 생성자. c2의 원소와 할당자를 c로 복사한다.
C c {move(c2)};	이동 생성자. c2의 원소와 할당자를 c로 이동한다.
C c {{elem},a};	c를 initializer_list {elem}로 초기화한다. 할당자 a를 사용한다.
C c {b,e};	c를 [b:e)의 원소로 초기화한다.
C c {b,e,a};	c를 [b:e)의 원소로 초기화한다. 할당자 a를 사용한다.
c.~C()	소멸자. c의 원소를 삭제하고 모든 자원을 해제한다.
c2=c	복사 대입. c의 원소를 c2로 복사한다.
c2=move(c)	이동 대입. c의 원소를 c2로 이동한다.
c={elem}	initializer_list {elem}를 c에 대입한다.
c.assign(n,x)	x의 n개 사본을 대입한다. 연관 컨테이너에는 쓰이지 않는다.
c.assign(b,e)	[b:e)를 c에 대입한다.
c.assign({elem})	initializer_list {elem}를 c에 대입한다.

연관 컨테이너에 대한 추가적인 생성자는 31.4.3에서 설명한다.

대입은 할당자를 복사하거나 이동시키지 않는다는 점에 유의한다. 대상 컨테이너는 새로운 원소의 집합을 얻지만 이전의 할당자를 유지하고, 이 할당자를 이용해서 새로운 원소에 대한 공간을 할당한다. 할당자는 34.4절에서 설명한다.

생성자나 원소 복사는 자신의 작업을 수행할 수 없다는 의미로 예외를 던질 수 있다.

초기화 식에 대한 잠재적인 모호성은 11.3.3절과 17.3.4.1절에서 설명했다. 다음 예를 살펴보자.

```
void use()
{
```

```
    vector<int> vi {1,3,5,7,9};         // 5개의 int로 초기화된 vector
    vector<string> vs(7);               // 7개의 빈 string으로 초기화된 vector

    vector<int> vi2;
    vi2 = {2,4,6,8};                    // 4개 int의 시퀀스를 vi2에 대입한다.
    vi2.assign(&vi[1],&vi[4]);          // 3,5,7의 시퀀스를 vi2에 대입한다.

    vector<string> vs2;
    vs2 = {"The Eagle", "The Bird and Baby"};        // 두 개의 string을 vs2에 대입한다.
    vs2.assign("The Bear", "The Bull and Vet");      // 런타임 오류
}
```

vs2에 대한 대입에서 일어나는 오류는 전달되는 포인터의 쌍(initializer_list가 아니라)과
두 개의 포인터가 동일한 배열을 가리키지 않는 것이 원인이다. 크기 초기화 식에는 ()를
사용하고, 다른 모든 종류의 반복자에는 {}를 사용하기 바란다.

컨테이너는 종종 상당히 커질 수 있으므로, 항상 참조로 전달한다. 하지만 컨테이너는 자원
핸들이므로(31.2.1절), (암시적으로 이동을 이용해서) 효율적으로 반환할 수 있다. 마찬가지로 별칭을
원하지 않는 경우에는 컨테이너를 인자로서 이동시킬 수 있다. 예를 들면 다음과 같다.

```
void task(vector<int>&& v);

vector<int> user(vector<int>& large)
{
    vector<int> res;
    // ...
    task(move(large));       // 데이터의 소유권을 task()에게 넘겨준다.
    // ...
    return res;
}
```

31.3.3 크기와 용량

크기는 컨테이너에 포함된 원소의 개수다. 용량은 컨테이너가 추가적인 메모리를 할당하기
전까지 보관할 수 있는 원소의 개수다.

크기와 용량	
x=c.size()	x는 c의 원소 개수다.
c.empty()	c가 비어 있는가?
x=c.max_size()	x는 c에 포함된 원소의 최대 개수다.
x=c.capacity()	x는 c에 할당된 공간이다. vector와 string에만 해당된다.
c.reserve(n)	c에 포함된 n개 원소에 필요한 공간을 예약한다. vector와 string에만 해당된다.
c.resize(n)	c의 크기를 n으로 변경한다. 추가되는 원소에는 기본 원소 값을 사용한다. 시퀀스 컨테이너(및 string)에만 해당된다.
c.resize(n,v)	c의 크기를 n으로 변경한다. 추가되는 원소에는 v를 사용한다. 시퀀스 컨테이너(및 string)에만 해당된다.
c.shrink_to_fit()	c.capacity()를 c.size()와 똑같이 만든다. vector, deque, string에만 해당된다.
c.clear()	c의 모든 원소를 삭제한다.

크기나 용량을 변경하면 원소가 새로운 저장 위치로 옮겨질 수 있다. 이는 원소에 대한 반복자(및 포인터와 참조자)가 무효화될(즉, 예전 원소의 위치를 가리킨다는) 가능성이 있다는 뜻이다. 관련 예제는 31.4.1.1절을 참고하기 바란다.

연관 컨테이너(예를 들면 map)의 원소에 대한 반복자는 그것이 가리키는 원소가 컨테이너에서 삭제(erase() - 31.3.7절)됐을 때만 무효화된다. 대조적으로 시퀀스 컨테이너(예를 들면 vector)에 대한 반복자는 원소의 위치가 바뀌거나(예를 들면 resize(), reserve(), push_back()에 의해) 그것이 가리키는 원소가 컨테이너 안에서 이동되면(예를 들면 더 낮은 색인을 가진 원소의 erase()나 insert()를 통해) 무효화된다.

reserve()가 성능을 개선시킬지도 모른다는 기대는 매력적이긴 하지만 vector에 대한 표준 성장 전략(31.4.1.1절)이 너무나 효과적이어서 성능 때문에 reserve()를 굳이 쓸 필요는 없다. 대신 reserve()를 성능에 대한 예측 가능성을 증가시키는 수단이나 프로그램의 부적절한 지점에서 반복자가 무효화되지 않게 막아주는 수단으로 생각하기 바란다.

31.3.4 반복자

컨테이너는 컨테이너 반복자에 의해 정의된 순서나 그 역순의 시퀀스로 볼 수 있다. 연관 컨테이너의 경우 컨테이너의 비교 기준(기본 설정은 <)이 순서의 척도가 된다.

반복자	
p=c.begin()	p는 c의 첫 번째 원소를 가리킨다.
p=c.end()	p는 c의 마지막 원소 다음의 원소를 가리킨다.
cp=c.cbegin()	p는 c의 첫 번째 상수 원소를 가리킨다.
p=c.cend()	p는 c의 마지막 원소 다음의 상수 원소를 가리킨다.
p=c.rbegin()	p는 c의 역시퀀스의 첫 번째 원소를 가리킨다.
p=c.rend()	p는 c의 역시퀀스의 마지막 원소 다음의 원소를 가리킨다.
p=c.crbegin()	p는 c의 역시퀀스의 첫 번째 상수 원소를 가리킨다.
p=c.crend()	p는 c의 역시퀀스의 마지막 원소 다음의 상수 원소를 가리킨다.

원소에 대한 반복의 가장 흔한 형태는 처음부터 끝까지 컨테이너를 가로지르는 것이다. 그것을 위한 가장 간단한 방법은 범위 기반 for(9.5.1절)를 이용하는 것인데, 범위 기반 for는 암시적으로 begin()과 end()를 사용한다. 예를 들면 다음과 같다.

```
for (auto& x : v)          // 암시적인 v.begin()과 v.end()의 사용
    cout << x << '\n';
```

컨테이너에서 원소의 위치를 알고 싶거나 한 번에 한 개 이상의 원소를 참조하고 싶으면 반복자를 직접적으로 사용한다. 그런 경우 auto가 소스코드 크기를 최소화하고 오타의 가능성을 없애는 데 유용하다. 임의 접근 반복자를 예로 들어보자.

```
for (auto p = v.begin(); p!=v.end(); ++p) {
    if (p!=v.begin() && *(p-1)==*p)
        cout << "duplicate " << *p << '\n';
}
```

원소를 변경할 필요가 없을 때는 **cbegin()**과 **cend()**가 적합하다. 즉, 다음과 같이 작성할 수 있었다는 말이다.

```
for (auto p = v.cbegin(); p!=v.cend(); ++p) {          // const 반복자를 사용한다.
    if (p!=v.cbegin() && *(p-1)==*p)
        cout << "duplicate " << *p << '\n';
}
```

대부분의 컨테이너와 대부분의 구현에 있어서는 **begin()**과 **end()**를 반복적으로 써도 성능 문제가 일어나지 않으므로, 다음과 같이 코드를 복잡하게 만들려고 애쓰지 않았다.

```
auto beg = v.cbegin();
auto end = v.cend();

for (auto p = beg; p!=end; ++p) {
    if (p!=beg && *(p-1)==*p)
        cout << "duplicate " << *p << '\n';
}
```

31.3.5 원소 접근

어떤 원소들에는 직접적으로 접근할 수 있다.

원소 접근	
c.front()	c의 첫 번째 원소에 대한 참조자. 연관 컨테이너에는 쓰이지 않는다.
c.back()	c의 마지막 원소에 대한 참조자. forward_list나 연관 컨테이너에는 쓰이지 않는다.
c[i]	c의 i번째 원소에 대한 참조자. 체크되지 않은 접근. 리스트나 연관 컨테이너에는 쓰이지 않는다.
c.at(i)	c의 i번째 원소에 대한 참조자. i가 범위 밖이면 out_of_range를 던진다. 리스트나 연관 컨테이너에는 쓰이지 않는다.
c[k]	k 키를 가진 c의 원소에 대한 참조자. 발견되지 않을 경우 (k,mapped_type{})를 삽입한다. map과 unordered_map에만 해당된다.
c.at(k)	k 키를 가진 c의 원소에 대한 참조자. 발견되지 않을 경우 out_of_range를 던진다. map과 unordered_map에만 해당된다.

어떤 구현 환경, 특히 디버그 버전에서는 항상 범위 체크를 수행하지만 정확성을 기하려면 간단하게 그것에만 의존할 수는 없고, 성능을 위해서라면 체크를 생략할 수도 없다. 그런 문제가 중요하다면 자신의 구현 환경을 검토하기 바란다.

연관 컨테이너 **map**과 **unordered_map**은 위치가 아닌 키 타입의 인자를 받아들이는 [ ]와 **at()**을 가진다(31.4.3절).

31.3.6 스택 연산

표준 **vector**, **deque**, **list**(하지만 forward_list나 연관 컨테이너는 아님)는 원소 시퀀스의 끝(후위) 부분에 관련된 효율적인 연산을 제공한다.

스택 연산	
c.push_back(x)	c의 마지막 원소 다음에 (복사나 이동을 이용해서) x를 추가한다.
c.pop_back()	c에서 마지막 원소를 제거한다.
c.emplace_back(args)	args에서 생성된 객체를 c의 마지막 원소 다음에 추가한다.

    c.push_back(x)는 c의 크기를 하나만큼 증가시키면서 **x**를 c에 이동하거나 복사한다. 메모리가 고갈되거나 **x**의 복사 생성자가 예외를 던지면 **c.push_back(x)**은 실패한다. 실패한 **push_back()**은 컨테이너에 아무런 영향을 미치지 못한다. 강력한 보장이 제공되는 것이다 (13.2절).

    pop_back()은 값을 반환하지 않는다는 데 유의한다. 그랬다면 예외를 던지는 복사 생성자가 구현을 심각하게 복잡하게 만들 수도 있었다.

    추가로 **list**와 **deque**는 시퀀스의 시작(전위)에 대해 동등한 연산을 제공한다(31.4.2절). **forward_list**도 마찬가지다.

    push_back()은 사전 할당이나 오버플로의 우려 없이 컨테이너를 키우는 데 변함없이 선호되는 방법이지만, **emplace_back()**도 비슷하게 활용될 수 있다. 예를 들면 다음과 같다.

```
vector<complex<double>> vc;
for (double re,im; cin>>re>>im; )        // 두 개의 double을 읽어 들인다.
    vc.emplace_back(re,im);              // 끝부분에 complex<double>{re,im}을 추가한다.
```

31.3.7 리스트 연산

컨테이너는 리스트 연산을 제공한다.

리스트 연산	
연관 컨테이너에 대한 리스트 연산은 31.4.3.1절을 참고하기 바란다.	
q=c.insert(p,x)	p 앞에 x를 추가한다. 복사나 이동을 사용한다.
q=c.insert(p,n,x)	p 앞에 x의 n개 사본을 추가한다.
q=c.insert(p,first,last)	p 앞에 [first:last]의 원소를 추가한다.
q=c.insert(p,{elem})	p 앞에 initializer_list {elem}의 원소를 추가한다.
q=c.emplace(p,args)	p 앞에 args에서 생성된 원소를 추가한다.
q=c.erase(p)	c에서 p에 있는 원소를 제거한다.
q=c.erase(first,last)	c의 [first:last]를 제거한다.
c.clear()	c의 원소를 모두 제거한다.

insert() 함수에 대해 결과 q는 삽입된 마지막 원소를 가리킨다. erase() 함수에 대해 q는 제거된 마지막 원소 다음의 원소를 가리킨다.

c.insert(p,x), c.emplace(p,args), c,erase(p), c.erase(first,last), c.clear() 연산은 연관 컨테이너에도 적용된다. c가 연관 컨테이너라면 p는 검색을 시작할 지점을 알려준다.

vector나 deque 같이 인접해서 할당이 이뤄지는 컨테이너에서는 원소의 삽입이나 제거가 원소의 이동을 일으킬 수 있다. 그렇게 되면 이동된 원소를 가리키는 반복자가 무효화된다. 원소의 위치가 삽입/제거 위치 이후이거나 새로운 크기가 기존의 용량을 초과해서 모든 원소가 이동되면 원소가 이동될 수 있다. 예를 들면 다음과 같다.

```
vector<int> v {4,3,5,1};
auto p = v.begin()+2;          // pv[2] 즉, 5를 가리킨다.
v.push_back(6);                // p는 무효화된다. v == {4,3,5,1,6}
p = v.begin()+2;               // pv[2], 즉 5를 가리킨다.
auto p2 = v.begin()+4;         // pv[4], 즉 6을 가리킨다.
v.erase(v.begin()+3);          // v == {4,3,5,6}. p는 아직 유효하다. p2는 유효하지 않다.
```

벡터에 원소를 추가하는 모든 연산은 모든 원소의 재할당을 일으킬 수 있다(13.6.4절).

emplace() 연산은 표기 측면에서 어색하거나 객체를 먼저 생성한 다음 그것을 컨테이너에 복사(또는 이동)하는 것이 비효율적일 가능성이 있는 경우에 사용된다. 예를 들면 다음과 같다.

```
void user(list<pair<string,double>>& lst)
{
    auto p = lst.begin();
    while (p!=lst.end() && p->first!="Denmark")         // 삽입 지점을 찾는다.
        ++p;
    p=lst.emplace(p,"England",7.5);                     // 훌륭하고 간단명료하다.
    p=lst.insert(p,make_pair("France",9.8));            // 보조 함수
    p=lst.insert(p,pair<string,double>{"Greece",3.14}); // 장황하다.
}
```

forward_list는 반복자가 원소를 식별하기 전에 작동하는 insert() 같은 연산을 제공하지 않는다. 반복자만 주어질 경우 forward_list에서 앞의 원소를 찾을 수 있는 일반적인 방법이 존재하지 않는 관계로, 그런 연산은 구현될 수 없다. 대신 forward_iterator는 반복자가 원소를 식별한 후에 작동하는 insert_after() 같은 연산을 제공한다. 마찬가지로 연관 컨테이너는 emplace_hint()를 사용해서 '보통' emplace()가 아닌 힌트를 제공할 수 있다.

31.3.8 기타 연산

컨테이너는 비교되고 서로 교환될 수 있다.

비교와 바꿔치기	
c1==c2	c1과 c2의 대응되는 모든 원소가 동등한 것으로 비교되는가?
c1!=c2	!(c1==c2)

(이어짐)

c1<c2	c1이 사전 순서적으로 앞에 오는가?
c1<=c2	!(c2<c1)
c1>c2	c2<c1
c1>=c2	!(c1<c2)
c1.swap(c2)	c1과 c2의 값을 교환한다. noexcept
swap(c1,c2)	c1.swap(c2)

컨테이너를 연산자(예를 들면 <=)로 비교할 때는 ==나 <로부터 생성된 동등한 원소 연산자를 이용해서 원소들이 비교된다(예를 들어 a>b는 !(b<a)를 이용해서 수행된다).

swap() 연산은 원소와 할당자 양쪽 모두를 교환한다.

31.4 컨테이너

이번 절에서는 다음 사항들을 좀 더 자세히 살펴본다.

- 기본 컨테이너인 **vector**(31.4.1절)
- 링크드 리스트 **list**와 **foward_list**(31.4.2절)
- **map**이나 **unordered_list** 등의 연관 컨테이너(31.4.3절)

31.4.1 vector

STL **vector**는 기본 컨테이너다. 사용하지 말아야 할 특별한 이유가 없다면 **vector**를 사용하기 바란다. 여러분이 마음에 둔 대안이 리스트나 기본 제공 배열이라면 다시 생각해보기 바란다.

31.3절에서는 **vector**에 대한 연산을 설명하고 그것들을 다른 컨테이너에 제공된 것들과 비교한다. 하지만 **vector**의 중요성을 감안해서 이번 절에서는 연산의 제공 방법에 초점을 맞춰서 다시 한 번 살펴보고자 한다.

vector의 템플릿 인자와 멤버 타입은 다음과 같이 정의된다.

```
template<typename T, typename Allocator = allocator<T>>
class vector {
public:
    using reference = value_type&;
    using const_reference = const value_type&;
    using iterator = /* 구현별 정의 사항 */;
    using const_iterator = /* 구현별 정의 사항 */;
    using size_type = /* 구현별 정의 사항 */;
    using difference_type = /* 구현별 정의 사항 */;
    using value_type = T;
    using allocator_type = Allocator;
    using pointer = typename allocator_traits<Allocator>::pointer;
    using const_pointer = typename allocator_traits<Allocator>::const_pointer;
    using reverse_iterator = std::reverse_iterator<iterator>;
```

```cpp
    using const_reverse_iterator = std::reverse_iterator<const_iterator>;
    // ...
};
```

31.4.1.1 vector와 성장

vector 객체의 배치 구조를 살펴보자(13.6절에서 설명된 대로).

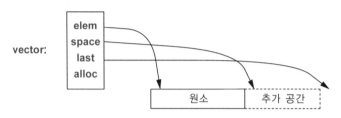

크기(원소의 개수)와 용량(재할당 없이 원소가 이용할 수 있는 자리의 개수) 양쪽을 활용하면
push_back()을 통해 상당히 효율적 성장이 가능하다. 할당 처리는 원소 하나를 추가할 때마
다 필요하지 않고, 용량을 초과할 때만 필요하다(13.6절). 표준에서는 용량 초과 시마다 얼마나
많은 용량만큼 증가시켜야 하는지를 지정하는 않지만, 크기의 반을 추가하는 것이 보편적이
다. 나는 **vector**에 읽어 들일 때는 **reserve()**의 사용에 주의를 기울이곤 했다. 그러나 거의
모든 용도에 있어서 **reserve()** 호출이 눈에 뜨일 정도의 성능상의 효과가 없었다는 점을 발견
하고 놀랐다. 기본 성장 전략이 내가 기대한 그대로 작동했기 때문에 **reserve()**를 이용해서
성능을 개선하려는 노력을 그만뒀다. 대신 나는 **reserve()**를 재할당의 예측 가능성을 높이고
포인터나 반복자의 무효화를 방지하기 위해 사용한다.

용량의 개념은 재할당이 실제로 일어나지 않으면 **vector**에 들어가는 반복자가 유효하게
해준다. 문자들을 버퍼로 읽어 들여서 단어 경계를 추적 관리하는 예제를 살펴보자.

```cpp
vector<char> chars;                    // 문자를 위한 "입력" 버퍼
constexpr int max = 20000;
chars.reserve(max);
vector<char*> words;                   // 단어의 시작을 가리키는 포인터

bool in_word = false;
for (char c; cin.get(c); ) {
    if (isalpha(c)) {
        if (!in_word) {                // 단어의 시작이 발견됨
            in_word = true;
            chars.push_back(0);        // 이전 단어의 끝
            chars.push_back(c);
            words.push_back(&chars.back());
        }
        else
            chars.push_back(c);
    }
    else
        in_word = false;
}
if (in_word)
```

```
    chars.push_back(0);      // 마지막 단어를 종료한다.
if (max<chars.size()) {      // 문제 발생: 문자가 용량을 넘어서 커졌다. 단어가 무효화된다.
    // ...
}
```

여기서 reserve()를 쓰지 않았다면 words에 있는 포인터는 chars.push_back()이 위치 이동을 일으킨 경우 무효화됐을 것이다. '무효화'란 그런 포인터의 활용이 모두 정의되지 않은 동작이 된다는 뜻이다. 그것들은 어떤 원소를 가리키거나 가리키지 않을 수 있지만, 거의 확실히 위치 이동 전에 가리켰던 원소를 가리키지는 않을 것이다.

나는 남는 할당을 비우기 위해 chars.push_back()을 써볼까도 생각했지만, shrink_to_fit() 역시 위치 이동을 일으켜서 포인터를 무효화시킬 수 있으므로, 그것 역시 words의 마지막 사용 이후로 미뤄야 했다.

push_back()을 이용해서 vector를 키울 수 있는 가능성과 관련된 연산은 저수준의 C 스타일로 malloc()과 realloc()(43.5절)을 사용할 필요가 없다는 뜻이다. 그런 방식은 장황한데다 오류에 취약하기 때문이다.

31.4.1.2 vector와 중첩

vector(그리고 인접 할당되는 유사한 데이터 구조)는 다른 데이터 구조에 비해 세 가지 주요한 장점을 가진다.

- vector의 원소는 촘촘하게 저장된다. 원소당 메모리의 오버헤드가 존재하지 않는다. vector<x> 타입의 vec에 의해 소요되는 메모리 용량은 대략 sizeof(vector<X>)+vec.size()*sizeof(X)다. sizeof(vector<X>)는 대략 12바이트인데, 이 정도는 대규모의 벡터에서도 대단치 않은 수준이다.
- vector의 순회는 매우 빠르다. 다음 원소에 도달하기 위해 코드는 포인터를 통해 간접적이지 않아도 되며, 현대적 컴퓨터는 vector 유형의 구조를 통한 연속적인 접근에 최적화돼 있다. 이로 인해 find()나 copy()에서와 같이 vector 원소의 선형적 스캔은 거의 최적에 가까워진다.
- vector는 간단하고 효율적인 임의 접근을 지원한다. 이것이 sort()나 binary_search() 같이 vector에 대한 수많은 알고리즘이 효율적인 이유다.

이런 장점들은 과소평가되기 쉽다. 예를 들어 list 같은 이중 링크드 리스트는 대개 원소당 4워드의 메모리 오버헤드(두 개의 링크에 자유 저장 공간 할당 헤더를 추가한 값)를 유발하고, 그것을 순회 탐색하는 비용은 동등한 데이터가 보관된 vector를 순회 탐색하는 비용에 비해 간단히 10배 이상이 될 수 있다. 이 결과가 너무나 극적이고 놀랍기에 나는 여러분이 직접 테스트해 보길 권한다. [Stroustrup,2012a]

이런 경제성과 접근의 효율성에서 얻어지는 이득이 무심코 훼손될 수도 있다. 2차원 행렬을 표현하는 방법을 예로 들어보자. 금방 머리에 떠오르는 두 가지 대안이 있다.

- vector로 이뤄진 vector로, C 스타일 이중 첨자 m[i][j]로 접근되는 vector<vector<double>>
- 특정 행렬 타입 Matrix<2,double>(29장)로, 이 타입은 원소를 인접해서 저장하고(예를 들면 vector<double> 안에) 색인 쌍 m(i,j)를 통해 해당 vector 내의 위치를 계산

3×4 vector<vector<double>>에 대한 메모리 배치 구조는 다음과 같다.

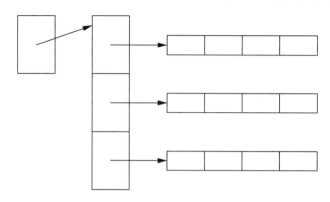

Matrix<2,double>에 대한 메모리 배치 구조는 다음과 같다.

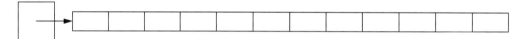

vector<vector<double>>을 생성하려면 4번의 생성자 호출과 함께 4번의 자유 저장 공간 할당 연산이 필요하다. 원소에 접근하려면 이중 간접 참조를 해야 한다.

Matrix<2,double>을 생성하려면 한 번의 생성자 호출과 함께 한 번의 자유 저장 공간 할당이 필요하다. 원소에 접근하려면 단독적인 간접 참조가 필요하다.

행의 한 원소에 도달하고 나면 추가적인 간접 참조가 없어도 이어지는 원소에 접근할 수 있으므로, vector<vector<double>>에 대한 접근이 Matrix<2,double>에 대한 접근에 비해 항상 2배로 비용이 드는 것은 아니다. 하지만 고성능을 요구하는 일부 알고리즘에서는 vector<vector<double>>의 링크 구조가 의미하는 할당, 할당 해제, 접근 비용은 문제가 될 수 있다.

vector<vector<double>> 해결책은 행들이 서로 다른 크기를 가질 수 있는 가능성을 의미한다. 그것이 유리한 경우도 있긴 하지만, 더 많은 경우에는 오류와 테스트 부담의 가능성이 늘어날 뿐이다.

설상가상으로 더 많은 차원이 필요한 경우에는 이런 문제와 오버헤드가 더 악화된다. vector<vector<vector<double>>>과 Matrix<3,double>에 대해 추가된 간접 참조와 할당의 개수를 비교해보면 알 수 있다.

요컨대 데이터 구조의 경제성이 종종 과소평가되거나 훼손된다는 것이 나의 생각이다. 이런 장점은 성능에 관련돼 있을 뿐만 아니라 논리적이기도 하다. 이런 문제가 포인터나 new 를 남용하는 경향과 결합되면 광범위한 문제가 발생한다. 예를 들어 행이 자유 저장 공간의

독립적인 객체인 **vector<vector<double>>**로 구현될 때 2차원 구조의 구현에서 일어나는 개발 복잡성, 런타임 비용, 메모리 비용, 오류 가능성을 생각해보기 바란다.

31.4.1.3 vector와 배열

vector는 자원 핸들이다. 이 덕택에 **vector**는 크기가 조정될 수 있고 효율적인 이동 의미 구조가 가능하다. 하지만 이는 경우에 따라서는 원소를 핸들과 별도로 저장하지 않는 방식의 데이터 구조(기본 제공 배열이나 array 등)와 비교할 때 **vector**를 불리한 위치에 놓이게 한다. 원소의 시퀀스를 스택이나 또 다른 객체에 보관하는 것은 불리할 수도 있는 만큼 유리할 수도 있다.

 vector는 올바르게 초기화된 객체를 다룬다. 이 덕택에 우리는 **vector**를 간편하게 사용할 수 있고, 원소의 올바른 소멸을 기대할 수 있다. 하지만 이는 경우에 따라서는 초기화되지 않은 원소를 허용하는 데이터 구조(기본 제공 배열이나 array 등)와 비교할 때 **vector**를 불리한 위치에 놓이게 한다.

 예를 들어 배열 원소는 초기화하지 않은 상태에서 배열 원소에 읽어 들일 수 있다.

```
void read()
{
    array<int,MAX> a;
    for (auto& x : a)
        cin.get(x);
}
```

 vector에 대해서는 **emplace_back()**을 이용해서 유사한 결과를 얻을 수 있다(MAX를 지정할 필요 없이).

31.4.1.4 vector와 string

vector<char>는 크기 조정 가능하고 인접한 **char**의 시퀀스이며, **string**도 마찬가지다. 그럼 이 둘 사이에서 어떻게 선택해야 할까?

 vector는 값을 저장하기 위한 범용 메커니즘이다. **vector**는 저장되는 값들 사이에 어떠한 관계가 있다고 가정하지 않는다. **vector<char>**에게는 Hello, World! 문자열은 그저 **char** 타입의 13개 원소로 이뤄진 시퀀스에 불과하다. 그것들을 (공백을 맨 앞에 넣고) !,HWdellloor로 정렬해도 문제가 되지 않는다. 대조적으로 **string**은 문자 시퀀스를 저장하는 것이 목적이다. 문자들 사이의 관계는 중요한 것으로 가정된다. 따라서 예를 들어 **string**의 문자열을 정렬하는 경우는 거의 없다. 의미가 소멸되기 때문이다. 일부 **string** 연산에는 그러한 점이 반영돼 있다(예를 들어 c_str(), >>, find()는 C 스타일 문자열이 0으로 종료된다는 점을 '알고' 있다). **string**의 구현에는 **string**이 사용되는 방식에 대한 가정이 반영돼 있다. 예를 들어 짧은 문자열 최적화 (19.3.3절)는 짧은 문자열이 많이 쓰이기 때문에 자유 저장 공간을 최소로 사용하는 방식이 의미가 있다는 사실을 몰랐더라면 비효율화일 뿐이다.

'짧은 **vector** 최적화'도 있어야 할까? 나는 그렇지 않다는 생각이지만, 그것을 확신하려면 상당한 경험적 연구가 필요할 것이다.

31.4.2 리스트

STL은 두 가지 링크드 리스트 타입을 제공한다.

- **list**   이중 링크드 리스트
- **foward_list**   단일 링크드 리스트

list는 원소의 삽입과 삭제에 최적화된 시퀀스다. **list**에 원소를 삽입하거나 **list**에서 원소를 삭제할 때 **list**에 포함된 다른 원소의 위치에는 영향이 미치지 않는다. 특히 다른 원소를 참조하는 반복자도 영향을 받지 않는다.

vector와 비교할 때 첨자 연산이 끔찍할 정도로 느릴 수 있으므로, 리스트에는 첨자가 제공되지 않는다. 필요하다면 **advance()**나 유사한 연산을 이용해서 리스트를 탐색한다(33.1.4절). 리스트는 반복자를 이용해서 순회될 수 있다. **list**는 양방향 반복자(33.1.2절)를 제공하고, **foward_list**는 순방향 반복자(따라서 해당 리스트 타입의 이름)를 제공한다.

기본 설정으로 **list** 원소는 메모리에 개별적으로 할당되며, 선행 및 후행 포인터(11.2.2절)를 포함한다. **vector**와 비교할 때 **list**는 원소당 더 많은 메모리(대개 최소한 원소당 객체 4워드 이상)를 사용하며 순회(반복)는 훨씬 느린데, 이는 **list**가 간단한 연속적 접근이 아니라 포인터를 통한 간접 참조를 사용하기 때문이다.

foward_list는 단일 링크드 리스트다. **foward_list**는 비어 있거나 매우 짧은 리스트에 최적화된 데이터 구조라고 생각하는 것이 좋은데, 이런 리스트는 대개 처음부터 순회를 시작한다. 간결성을 위해 **foward_list**는 **size()**조차 제공하지 않는다. 빈 **foward_list**는 단 1개 워드의 메모리만 차지한다. **foward_list**의 원소 개수를 알고 싶다면 그냥 세면 된다. 세는 것이 힘들 정도로 많은 원소가 있다면 다른 컨테이너를 사용하는 편이 좋다.

첨자 연산, 용량 관리, **foward_list**에 대한 **size()**만 빼면 STL 리스트에서 제공되는 멤버 타입과 연산은 **vector**가 제공하는 것과 동일하다(31.4절). 추가로 **list**와 **foward_list**는 특유의 리스트 멤버 함수를 제공한다.

list<T>와 **forward_list<T>**에 모두 해당되는 연산(iso.23.3.4.5절, iso.23.3.5.4절)	
lst.push_front(x)	(복사나 이동을 이용해서) x를 lst의 첫 번째 원소 앞에 추가한다.
lst.pop_front()	lst에서 첫 번째 원소를 제거한다.
lst.emplace_front(args)	T{args}를 lst의 첫 번째 원소 앞에 추가한다.
lst.remove(v)	v의 값을 가진 모든 원소를 lst에서 제거한다.
lst.remove_if(f)	f(x)==true인 모든 원소를 lst에서 제거한다.
lst.unique()	인접한 중복 원소를 list에서 제거한다.

(이어짐)

list<T>와 forward_list<T>에 모두 해당되는 연산(iso.23.3.4.5절, iso.23.3.5.4절)	
lst.unique(f)	동등성에 대해 f를 이용해서 인접한 중복 원소를 lst에서 제거한다.
lst.merge(lst2)	<를 순서로 이용해서 순서 있는 리스트 lst와 lst2를 병합한다. lst2는 lst에 병합되고 그 과정에서 비워진다.
lst.merge(lst2,f)	f를 순서로 이용해서 순서 있는 리스트 lst와 lst2를 병합한다. lst2는 lst에 병합되고 그 과정에서 비워진다.
lst.sort()	<를 순서로 이용해서 lst를 정렬한다.
lst.sort(f)	f를 순서로 이용해서 lst를 정렬한다.
lst.reverse()	lst의 원소 순서를 뒤집는다. noexcept

일반적인 **remove()**와 **unique()** 알고리즘(32.5절)과는 반대로, 멤버 알고리즘은 실제로 리스트의 크기에 영향을 미친다. 예를 들면 다음과 같다.

```
void use()
{
    list<int> lst {2,3,2,3,5};
    lst.remove(3);            // lst는 이제 {2,2,5}
    lst.unique();             // lst는 이제 {2,5}
    cout << lst.size() << '\n';  // 2를 쓴다.
}
```

merge() 알고리즘은 안정적이다. 즉, 동등한 원소의 경우 상대적인 순서가 유지된다.

list<T>에 대한 연산(iso.23.3.5.5절)	
p는 lst의 원소나 lst.end()를 가리킨다.	
lst.splice(p,lst2)	lst2의 원소를 p 앞에 삽입한다. lst2는 비워진다.
lst.splice(p,lst2,p2)	p2가 가리키는 lst2의 원소를 p 앞에 삽입한다. p2가 가리키는 원소는 lst2에서 제거된다.
lst.splice(p,lst2,b,e)	lst2의 [b:e) 범위의 원소들을 p 앞에 삽입한다. [b:e) 범위의 원소들은 lst2에서 제거된다.

splice() 연산은 원소 값을 복사하지 않으며, 원소에 대한 반복자를 무효화하지 않는다. 예를 들면 다음과 같다.

```
list<int> lst1 {1,2,3};
list<int> lst2 {5,6,7};

auto p = lst1.begin();
++p;                      // p는 2를 가리킨다.
auto q = lst2.begin();
++q;                      // q는 6을 가리킨다.
lst1.splice(p,lst2);      // lst1은 이제 {1,5,6,7,2,3}이다. lst2는 이제 {}다.
                          // p는 여전히 2를 가리키고, q는 여전히 6을 가리킨다.
```

foward_list는 반복자가 가리키는 원소 이전의 원소에 접근할 수 없으므로(선행 링크를 갖고 있지 않다), **foward_list**의 **emplace()**, **insert()**, **erase()**, **splice()** 연산은 반복자 이후의

위치에 대해 수행된다.

---

forward_list<T>에 대한 연산(iso.23.3.4.6절)

`p2=lst.emplace_after(p,args)`	args에서 생성된 원소를 p 뒤에 설치한다. p2는 새로운 원소를 가리킨다.
`p2=lst.insert_after(p,x)`	p 뒤에 x를 삽입한다. p2는 새로운 원소를 가리킨다.
`p2=lst.insert_after(p,n,x)`	p 뒤에 x의 n개 사본을 삽입한다. p2는 마지막 새로운 원소를 가리킨다.
`p2=lst.insert_after(p,b,e)`	p 뒤에 [b:e)를 삽입한다. p2는 마지막 새로운 원소를 가리킨다.
`p2=lst.insert_after(p,{elem})`	p 뒤에 {elem}을 삽입한다. p2는 마지막 새로운 원소를 가리킨다. elem은 `initializer_list`다.
`p2=lst.erase_after(p)`	p 뒤의 원소를 제거한다. p2는 p 뒤의 원소 또는 `lst.end()`를 가리킨다.
`p2=lst.erase_after(b,e)`	[b:e)를 제거한다. p2=e
`lst.splice_after(p,lst2)`	lst2를 p 뒤에 접합한다.
`lst.splice_after(p,lst2,p2)`	p2를 p 뒤에 접합한다. lst2에서 p2를 제거한다.
`lst.splice_after(p,lst2,b,e)`	[b:e)를 p 뒤에 접합한다. [b:e)를 lst2에서 제거한다.

`list` 연산은 안정적^{stable}이다. 즉, 동등한 값을 가진 경우 원소의 상대적 순서를 유지한다.

31.4.3 연관 컨테이너

연관 컨테이너는 키 기반의 탐색을 제공한다. 연관 컨테이너는 두 가지 버전이 있다.

- 순서 있는 연관 컨테이너$^{Ordered\ associative\ container}$는 기본 설정인 ◁(보다 작다)인 순서 기준을 기반으로 탐색을 수행한다. 이들은 대개 레드 블랙 트리인 균형 이진트리로 구현된다.
- 순서 없는 연관 컨테이너$^{Unordered\ associative\ container}$는 해시 함수를 기반으로 탐색을 수행한다. 이들은 링크드 오버플로를 가진 해시 테이블로 구현된다.

두 버전 모두 다음 형태가 될 수 있다.

- **map** {키, 값} 쌍의 시퀀스
- **set** 값이 없는 **map**(또는 키 역시 값이라고 말할 수도 있다)

마지막으로 **map**과 **set**은 순서가 있든 없든 두 가지 버전이 있다.

- '일반' **set**이나 **map**은 각 키에 대해 고유 항목을 갖는다.
- '멀티' **set**이나 **map**은 각 키에 대해 여러 개의 항목을 갖는다.

연관 컨테이너의 이름은 이러한 3차원 공간 {set|map, 일반|순서 없는, 일반|멀티}에서 자신의 위치를 나타낸다. '일반'은 철자로 표시되지 않기 때문에 연관 컨테이너는 다음과 같이 구분된다.

연관 컨테이너(iso.23.4.1절, iso.23.5.1절)			
set	multiset	unordered_set	unordered_multiset
map	multimap	unordered_map	unordered_multimap

이들의 템플릿 인자는 31.4절에 설명돼 있다.

내부적으로 map과 unordered_map은 매우 다르다. 이를 표현한 그림은 31.2.1절을 참고하기 바란다. 특히 map은 균형 트리를 통한 검색을 위해 키에 비교 기준(대개 <)을 적용하는 데비해(O(log(n)) 연산), unordered_map은 해시 테이블에서 자리를 찾기 위해 키에 대해 해시 함수를 적용한다(적절한 함수 함수를 위한 O(1) 연산).

31.4.3.1 순서 있는 연관 컨테이너

map에 대한 템플릿 인자와 멤버 타입은 다음과 같다.

```
template<typename Key,
    typename T,
    typename Compare = less<Key>,
    typename Allocator = allocator<pair<const Key, T>>>
class map {
public:
    using key_type = Key;
    using mapped_type = T;
    using value_type = pair<const Key, T>;
    using key_compare = Compare;
    using allocator_type = Allocator;
    using reference = value_type&;
    using const_reference = const value_type&;
    using iterator = /* 구현별 정의 사항 */ ;
    using const_iterator = /* 구현별 정의 사항 */ ;
    using size_type = /* 구현별 정의 사항 */ ;
    using difference_type = /* 구현별 정의 사항 */ ;
    using pointer = typename allocator_traits<Allocator>::pointer;
    using const_pointer = typename allocator_traits<Allocator>::const_pointer;
    using reverse_iterator = std::reverse_iterator<iterator>;
    using const_reverse_iterator = std::reverse_iterator<const_iterator>;

    class value_compare { /* operator()(k1,k2)는 key_compare()(k1,k2)를 수행한다 */ };
    // ...
};
```

31.3.2절에서 언급된 생성자 외에도 연관 컨테이너는 프로그래머가 비교자에게 제공할 수 있는 생성자들을 갖고 있다.

map<K,T,C,A> 생성자(iso.23.4.4.2절)	
map m {cmp,a};	비교자 cmp와 할당자 a를 사용해서 m을 생성한다. 명시적
map m {cmp};	map m {cmp, A{}}. 명시적
map m {};	map m {C{}}. 명시적

map<K,T,C,A> 생성자(iso.23.4.4.2절)

`map m {b,e,cmp,a};`	비교자 `cmp`와 할당자 `a`를 사용해서 `m`을 생성한다. [b:e)의 원소로 초기화한다.
`map m {b,e,cmp};`	`map m {b,e,cmp,A{}}`
`map m {b,e};`	`map m {b,e,C{}}`
`map m {m2};`	생성자를 복사하고 이동한다.
`map m {a};`	기본 `map`을 생성한다. 할당자 `a`를 사용한다. 명시적
`map m {m2,a};`	m2에서 `m`을 이동 생성한다. 할당자 `a`를 사용한다.
`map m {{elem},cmp,a};`	비교자 `cmp`와 할당자 `a`를 사용해서 `m`을 생성한다. `initializer_list {elem}`의 원소로 초기화한다.
`map m {{elem},cmp};`	`map m {{elem},cmp,A{}}`
`map m {{elem}};`	`map m {{elem},C{}}`

예를 들면 다음과 같다.

```
map<string,pair<Coordinate,Coordinate>> locations
    {
        {"Copenhagen",{"55:40N","12:34E"}},
        {"Rome",{"41:54N","12:30E"}},
        {"New York",{"40:40N","73:56W"}}
    };
```

연관 컨테이너는 다양한 삽입 및 탐색 연산을 제공한다.

연관 컨테이너 연산(iso.23.4.4.1절)
31.3.7절도 참고하기 바란다.

`v=c[k]`	v는 키 k를 가진 원소에 대한 참조자다. k가 발견되지 않으면 `{k,mapped_type{}}`이 c에 삽입된다. `map`과 `unordered_map`에만 해당된다.
`v=c.at(k)`	v는 키 k를 가진 원소에 대한 참조자다. k가 발견되지 않으면 `out_of_range`가 던져진다. `map`과 `unordered_map`에만 해당된다.
`p=c.find(k)`	p는 키 k를 가진 첫 번째 원소 또는 `c.end()`를 가리킨다.
`p=c.lower_bound(k)`	p는 >=k인 키를 가진 첫 번째 원소 또는 `c.end()`를 가리킨다. 순서 있는 컨테이너에만 해당된다.
`p=c.upper_bound(k)`	p는 >k인 키를 가진 첫 번째 원소 또는 `c.end()`를 가리킨다. 순서 있는 컨테이너에만 해당된다.
`pair(p1,p2)=c.equal_range(k)`	`p1=c.lower_bound(k)`, `p2=c.upper_bound(k)`
`r=c.insert(x)`	x는 `value_type`이거나 `value_type`에 복사될 수 있는 뭔가(예를 들면 두 원소 tuple)다. r에 대해서는 아래 참고
`c.insert(b,e)`	[b:e)의 모든 p에 대해 `c.insert(*p)`
`c.insert({args})`	각각의 `initializer_list args` 원소를 삽입한다. 원소는 `pair<key_type,mapped_type>` 타입이다.

(이어짐)

연관 컨테이너 연산(iso.23.4.4.1절)
31.3.7절도 참고하기 바란다.

r=c.emplace(args)	p는 args로부터 생성된 c의 value_type의 객체를 c에 삽입한다. r에 대해서는 아래 참고
p=c.emplace_hint(h,args)	p는 args로부터 생성돼 c에 삽입된 c의 value_type 객체를 가리킨다. h는 c에 들어가는 반복자이며, 새로운 항목이 들어갈 장소를 어디서부터 찾아야 하는지를 알려주는 데 사용될 수 있다.
n=c.erase(k)	키 k를 가진 모든 원소를 삭제한다. n은 제거되는 원소의 개수다.
r=c.key_comp()	r은 키 비교 객체의 사본이다. 순서 있는 컨테이너에만 해당된다.
r=c.value_comp()	r은 값 비교 객체의 사본이다. 순서 있는 컨테이너에만 해당된다.
n=c.count(k)	n은 키를 가진 원소의 개수다.

순서 없는 컨테이너에만 해당되는 연산은 31.4.3.5절에 소개돼 있다.

`r=c.insert(x)`와 `r=c.emplace(x)`의 반환 타입은 경우에 따라 달라진다.

- c가 고유 키(예를 들면 set)를 지원한다면 **r**은 **pair(p,b)**가 되는데, 여기서 **p**는 **x**의 키를 가진 원소에 대한 반복자이고 ***p**가 새로 삽입된 원소라면 **b==true**이다.
- c가 다중 키(예를 들면 multiset)를 지원한다면 **r**은 새로 삽입된 원소에 대한 반복자다.

키 **k**가 첨자 연산에서 발견되지 않는다면 기본 값인 **m[k]**가 삽입된다. 예를 들면 다음과 같다.

```
map<string,string> dictionary;
dictionary["sea"]="large body of water";    // 원소를 삽입하거나 대입한다.
cout << dictionary["seal"] << '\n';          // 값을 읽어 들인다.
```

seal이 사전^{dictionary}에 없다면 아무것도 출력되지 않는다. 빈 문자열이 **seal**의 값으로 입력되고 탐색 결과로 반환된다.

이것이 원하는 동작이 아니라면 **find()**와 **insert()**를 직접적으로 사용할 수 있다.

```
auto q = dictionary.find("seal");        // 탐색: 삽입하지 않는다.
if (q==dictionary.end()) {
    cout << "entry not found\n";
    dictionary.insert(make_pair("seal","eats fish"));
}
else
    cout << q->second << '\n';
```

실제로 []는 **insert()**에 대한 관용적인 표기와 별 차이가 없다. **m[k]**의 결과는 `(*(m.insert(make_pair(k,V{})).first)).second`의 결과와 같다. 여기서 **V**는 매핑된 타입이다.

insert(make_pair()) 표기법은 다소 장황한 편이다. 대신 **emplace()**를 사용할 수 있다.

```
dictionary.emplace("sea cow","extinct");
```

최적화 메커니즘의 수준에 따라 이것이 좀 더 효율적일 수도 있다.

어떤 값을 map에 삽입하려고 시도하는데, 이미 그 키를 가진 원소가 존재한다면 map은 변경되지 않는다. 하나의 키에 대해 한 개 이상의 값을 갖게 하려면 multimap을 사용한다.

equal_range()에 의해 반환되는 pair(34.2.4.1절)의 첫 번째 반복자는 lower_bound()이고 두 번째 반복자는 upper_bound()다. multimap<string,int>에서 "apple"이란 키를 가진 모든 원소의 값을 다음과 같이 출력할 수 있다.

```
multimap<string,int> mm {{"apple",2}, { "pear",2}, {"apple",7}, {"orange",2}, {"apple",9}};
const string k {"apple"};
auto pp = mm.equal_range(k);
if (pp.first==pp.second)
    cout << "no element with value '" << k << "'\n";
else {
    cout << "elements with value '" << k << "':\n";
    for (auto p=pp.first; p!=pp.second; ++p)
        cout << p->second << ' ';
}
```

이 코드는 2 7 9를 출력한다.

다음과 같이 작성해도 똑같은 결과를 얻을 수 있다.

```
auto pp = make_pair(mm.lower_bound(k),mm.upper_bound(k));
// ...
```

하지만 이 방식에서는 map을 추가로 순회해야 한다. equal_range(), lower_bound(), upper_bound()는 정렬된 시퀀스에 대해서도 제공된다(32.6절).

나는 set을 별도의 value_type이 없는 map으로 간주하는 편이다. set에서는 value_type이 key_type이기도 하다. 다음 예를 살펴보자.

```
struct Record {
    string label;
    int value;
};
```

set<Record>를 갖고 싶다면 비교 함수를 제공해야 한다. 예를 들면 다음과 같다.

```
bool operator<(const Record& a, const Record& b)
{
    return a.label<b.label;
}
```

이것이 주어지면 다음과 같이 작성할 수 있다.

```
set<Record> mr {{"duck",10}, {"pork",12}};
void read_test()
{
    for (auto& r : mr) {
        cout << '{' << r.label << ':' << r.value << '}';
    }
    cout << '\n';
}
```

연관 컨테이너에서 원소의 키는 불변적이다(iso.23.2.4절). 그러므로 set의 값은 변경할 수 없다. 비교에서 아무런 역할도 담당하지 않는 원소의 멤버를 변경하는 것조차 불가능하다. 예를 들면 다음과 같다.

```
void modify_test()
{
    for (auto& r : mr)
        ++r.value;          // 오류: set 원소는 불변적이다.
}
```

원소를 수정하고 싶다면 map을 사용한다. 키를 변경하려는 시도는 하지 말기 바란다. 성공한다고 하더라도 원소를 찾는 하부 메커니즘이 훼손될 것이다.

31.4.3.2 순서 없는 연관 컨테이너

순서 없는 연관 컨테이너(unordered_map, unordered_set, unordered_multimap, unordered_multiset)는 해시 테이블이다. 연관 컨테이너들은 대부분의 연산을 공유하는 관계로, 간단한 용도에 있어서는 (순서 있는) 컨테이너와 별 차이가 없다(31.4.3.1절). 예를 들면 다음과 같다.

```
unordered_map<string,int> score1 {
    {"andy", 7}, {"al",9}, {"bill",-3}, {"barbara",12}
};
map<string,int> score2 {
    {"andy", 7}, {"al",9}, {"bill",-3}, {"barbara",12}
};
template<typename X, typename Y>
ostream& operator<<(ostream& os, const pair<X,Y>& p)
{
    return os << '{' << p.first << ',' << p.second << '}';
}
void user()
{
    cout <<"unordered: ";
    for (const auto& x : score1)
        cout << x << ", ";
    cout << "\nordered: ";
    for (const auto& x : score2)
        cout << x << ", ";
    cout << '\n';
}
```

눈에 띄는 차이는 map을 통한 반복은 순서가 있고 unordered_map에 대해서는 그렇지 않다는 점이다.

```
unordered: {andy,7}, {al,9}, {bill,-3}, {barbara,12},
ordered: {al,9}, {andy, 7}, {barbara,12}, {bill,-3},
```

unordered_map에 대한 반복은 삽입, 해시 함수, 부하율의 순서에 따라 좌우된다. 특히 원소가 삽입 순서에 따라 출력된다는 보장은 없다.

31.4.3.3 unordered_map의 생성

unordered_map은 많은 템플릿 인자와 멤버 타입 별칭을 갖고 있다.

```
template<typename Key,
        typename T,
        typename Hash = hash<Key>,
        typename Pred = std::equal_to<Key>,
        typename Allocator = std::allocator<std::pair<const Key, T>>>
class unordered_map {
public:
    using key_type = Key;
    using value_type = std::pair<const Key, T>;
    using mapped_type = T;
    using hasher = Hash;
    using key_equal = Pred;
    using allocator_type = Allocator;
    using pointer = typename allocator_traits<Allocator>::pointer;
    using const_pointer= typename allocator_traits<Allocator>::const_pointer;
    using reference = value_type&;
    using const_reference = const value_type&
    using size_type = /* 구현별 정의 사항 */;
    using difference_type = /* 구현별 정의 사항 */;
    using iterator = /* 구현별 정의 사항 */;
    using const_iterator = /* 구현별 정의 사항 */;
    using local_iterator = /* 구현별 정의 사항 */;
    using const_local_iterator = /* 구현별 정의 사항 */;

    // ...
};
```

기본 설정으로 unordered_map<X>는 해싱에는 hash<X>를 사용하고, 키 비교에는 equal_to<X>를 사용한다.

기본 equal_to<X>(33.4절)는 ==를 이용해서 X 값을 비교할 뿐이다.

범용(기본) 템플릿 hash는 정의를 갖지 않는다. 필요한 대로 hash<X>를 정의하는 건 타입 X 사용자의 몫이다. string과 같은 공통 타입에 대해서는 표준 hash 특수화가 제공되므로 사용자는 그것들을 제공하지 않아도 된다.

표준 라이브러리에서 제공되는 hash<T>(iso.20.8.12절)을 가진 타입			
string	u16string	u32string	wstring
C 스타일 문자열	bool	문자	정수
부동소수점 타입	포인터	type_index	thread::id
error_code	bitset<N>	unique_ptr<T,D>	shared_ptr<T>

C 스타일 문자열에 대한 특수화는 없다는 점에 유의한다. 포인터(const char*일 경우에도)를 해싱하면 주소가 해시된다.

해시 함수(예를 들면 타입 T나 함수를 가리키는 포인터에 대한 hash의 특수화)는 타입 T의 인자로 호출될 수 있어야 하며, size_t(iso.17.6.3.4절)를 반환해야 한다. 동일한 값에 대한 해시 함수의 두 호출은 동일한 결과를 반환해야 하며, 이상적으로는 그런 결과가 **size_t**의 집합에 걸쳐 균등하게 분포돼 **x!=y**일 경우 **h(x)==h(y)**가 될 가능성을 최소화해야 한다.

순서 없는 컨테이너에 대한 템플릿 인자 타입, 생성자, 기본 값으로 이뤄지는 조합의 집합은 당혹스러울 정도로 많아질 가능성이 있다. 다행스럽게도 그런 집합에는 일정한 패턴이 있다.

unordered_map<K,T,H,E,A> 생성자(iso.23.5.4절)	
unordered_map m {n,hf,eql,a};	n 버킷, 해시 함수 hf, 동등성 함수 eql, 할당자 a로 m을 생성한다. 명시적
unordered_map m {n,hf,eql};	unordered_map m {n,hf,eql,allocator_type{}}. 명시적
unordered_map m {n,hf};	unordered_map m {n,hf,key_eql{}}. 명시적
unordered_map m {n};	unordered_map m {n,hasher{}}. 명시적
unordered_map m {};	unordered_map m {N}. 버킷 카운트 N은 구현별 정의 사항이다. 명시적

여기서 **n**은 다른 경우라면 비어 있을 **unordered_map**에 대한 원소 카운트다.

unordered_map<K,T,H,E,A> 생성자(iso.23.5.4절)	
unordered_map m {b,e,n,hf,eql,a};	해시 함수 hf, 동등성 함수 eql, 할당자 a를 이용해서 [b:e) 범위에 있는 elem의 n 버킷으로 m을 생성한다.
unordered_map m {b,e,n,hf,eql};	unordered_map m {b,e,n,hf,eql,allocator_type{}}
unordered_map m {b,e,n,hf};	unordered_map m {b,e,n,hf,key_equal{}}
unordered_map m {b,e,n};	unordered_map m {b,e,n,hasher{}}
unordered_map m {b,e};	unordered_map m {b,e,N}. 버킷 카운트 N은 구현별 정의 사항이다.

여기서는 시퀀스 [b:e)에서 초기 원소를 얻는다. 따라서 원소의 개수는 [b:e)에 있는 원소의 개수 **distance(b,e)**가 될 것이다.

unordered_map<K,T,H,E,A> 생성자(iso.23.5.4절)	
unordered_map m {{elem},n,hf,eql,a};	n 버킷, 해시 함수 hf, 동등성 함수 eql, 할당자 a를 이용해서 initializer_list의 elem으로부터 m을 생성한다.
unordered_map m {{elem},n,hf,eql};	unordered_map m {{elem},n,hf,eql,allocator_type{}}
unordered_map m {{elem},n,hf};	unordered_map m {{elem},n,hf,key_equal{}}
unordered_map m {{elem},n};	unordered_map m {{elem},n,hasher{}}
unordered_map m {{elem}};	unordered_map m {{elem},N}. 버킷 카운트 N은 구현별 정의 사항이다.

여기서 {}로 둘러싸인 원소의 초기화 식 리스트에 있는 시퀀스로부터 초기 원소를 얻는다. **unordered_map**의 원소 개수는 초기화 식 리스트에 있는 원소의 개수가 될 것이다.

마지막으로 **unordered_map**은 복사와 이동 생성자를 갖고 있으며, 또한 할당자를 제공하는 동등한 생성자를 갖고 있다.

unordered_map<K,T,H,E,A> 생성자(iso.23.5.4절)	
`unordered_map m {m2};`	생성자를 복사하고 이동한다. m2에서 m을 생성한다.
`unordered_map m {a};`	기본 설정으로 m을 생성하고, 그것에 할당자 a를 제공한다. 명시적
`unordered_map m {m2,a};`	m2에서 m을 생성하고 그것에 할당자 a를 제공한다.

하나 또는 두 개의 인자로 **unordered_map**을 생성할 때는 주의를 기울여야 한다. 가능한 타입 조합이 상당히 많기 때문에 실수를 저지르면 이상한 오류 메시지가 발생할 수 있다. 다음 예를 살펴보자.

```
map<string,int> m {My_comparator};           // OK
unordered_map<string,int> um {My_hasher};    // 오류
```

생성자 인자가 하나일 때는 또 다른 **unordered_map**(복사 또는 이동 생성자를 위한), 버킷 카운트 또는 할당자 중에 하나가 돼야 한다. 다음을 시도해보기 바란다.

```
unordered_map<string,int> um {100,My_hasher};    // OK
```

31.4.3.4 해시와 동등성 함수

당연히 사용자는 해시 함수를 정의할 수 있다. 실제로 해시 함수를 정의하는 방법에는 여러 가지가 있다. 각각의 기법은 서로 다른 요구에 대응한다. 여기서는 몇 가지 버전을 소개하는데, 가장 명시적인 버전부터 시작해서 가장 간단한 버전으로 마무리한다. 간단한 **Record** 타입을 예로 들어보자.

```
struct Record {
    string name;
    int val;
};
```

Record 해시와 동등성 연산은 다음과 같이 정의할 수 있다.

```
struct Nocase_hash {
    int d = 1;      // 각각의 반복에서 d 비트 수만큼 시프트한다.
    size_t operator()(const Record& r) const
    {
        size_t h = 0;
        for (auto x : r.name) {
            h <<= d;
            h ^= toupper(x);
        }
        return h;
    }
};
struct Nocase_equal {
    bool operator()(const Record& r,const Record& r2) const
    {
        if (r.name.size()!=r2.name.size()) return false;
        for (int i = 0; i<r.name.size(); ++i)
```

```
                if (toupper(r.name[i])!=toupper(r2.name[i]))
                    return false;
                return true;
        }
};
```

이 코드가 주어지면 Record의 unordered_set을 정의하고 사용할 수 있다.

```
unordered_set<Record,Nocase_hash,Nocase_equal> m {
    { {"andy", 7}, {"al",9}, {"bill",-3}, {"barbara",12} },
    20, /* bucket count */
    Nocase_hash{2},
    Nocase_equal{}
};

for (auto r : m)
    cout << "{" << r.name << ',' << r.val << "}\n";
```

가장 널리 쓰이는 방식대로 해시와 동등성 함수에 기본 값을 사용하고 싶다면 그것들을 생성자 인자로 언급하지만 않으면 그렇게 할 수 있다. 기본 설정으로 unordered_set은 기본 버전을 사용한다.

```
unordered_set<Record,Nocase_hash,Nocase_equal> m {
    {"andy", 7}, {"al",9}, {"bill",-3}, {"barbara",12}
    // 버킷 카운트 4, Nocase_hash{}, Nocase_equal{}를 사용한다.
};
```

많은 경우 해시 함수를 작성하는 가장 손쉬운 방법은 hash의 특수화로 제공되는 표준 라이브러리 해시 함수를 사용하는 것이다(31.4.3.2절). 예를 들면 다음과 같다.

```
size_t hf(const Record& r) { return hash<string>()(r.name)^hash<int>()(r.val); };
bool eq(const Record& r, const Record& r2) { return r.name==r2.name && r.val==r2.val; };
```

배타적 OR(^)을 사용하는 해시 값은 size_t 타입(3.4.5절, 10.3.1절)의 값 집합에 대한 분포를 유지시켜준다.

이런 해시 함수와 동등성 함수가 있으면 unordered_set을 정의할 수 있다.

```
unordered_set<Record,decltype(&hf),decltype(&eq)> m {
    { {"andy", 7}, {"al",9}, {"bill",-3}, {"barbara",12} },
    20,  /* 버킷 카운트 */
    hf,
    eq
};

for (auto r : m)
    cout << "{" << r.name << ',' << r.val << "}\n";
```

hf와 eq 타입을 명시적으로 반복하는 것을 피하기 위해 decltype을 사용했다.

바로 이용할 수 있는 초기화 식 리스트가 없다면 대신 초기 크기를 지정할 수 있다.

```
unordered_set<Record,decltype(&hf),decltype(&eq)> m {10,hf,eq};
```

이렇게 해도 해시와 동등성 연산에 초점을 맞추기가 약간 쉬워진다.

hf와 **eq**의 사용 시점과 정의가 분리되는 것을 피하고 싶다면 람다를 써 볼 수 있다.

```
unordered_set<Record,                                      // 값 타입
        function<size_t(const Record&)>,                   // 해시 타입
        function<bool(const Record&,const Record&)>        // 동등한 타입
    >m{ 10,
    [](const Record& r) { return hash<string>{}(r.name)^hash<int>{}(r.val); },
    [](const Record& r, const Record& r2) { return r.name==r2.name && r.val==r2.val; }
    };
```

함수 대신 람다를 사용하는 데 있어서 요점은 함수 내에서 지역적으로, 사용되는 부근에서 정의될 수 있다는 것이다.

하지만 여기서 **function**은 오버헤드를 유발할 수 있는데, 이런 오버헤드는 **unordered_set**가 집중적으로 사용된다면 피하고 싶은 것이다. 또한 이 버전은 다소 복잡하다는 생각이 들어서 람다에 이름을 붙이고 싶다.

```
auto hf = [](const Record& r) { return hash<string>()(r.name)^hash<int>()(r.val); };
auto eq = [](const Record& r, const Record& r2) { return r.name==r2.name && r.val==r2.val; };
unordered_set<Record,decltype(hf),decltype(eq)> m {10,hf,eq};
```

마지막으로 Record의 모든 **unordered** 컨테이너에 대한 해시와 동등성의 의미를 한 번에 정의하고 싶을 수 있다. 그 방법은 **unordered_map**에 의해 사용되는 표준 라이브러리 **hash**와 **equal_to**를 특수화하는 것이다.

```
namespace std {
    template<>
    struct hash<Record>{
        size_t operator()(const Record &r) const
        {
            return hash<string>{}(r.name)^hash<int>{}(r.val);
        }
    };

    template<>
    struct equal_to<Record> {
        bool operator()(const Record& r, const Record& r2) const
        {
            return r.name==r2.name && r.val==r2.val;
        }
    };
}

unordered_set<Record> m1;
unordered_set<Record> m2;
```

기본 **hash**와 그것으로부터 배타적 **or**를 이용해서 얻어진 해시는 많은 경우 상당히 괜찮다. 실험해보지도 않고 성급하게 직접 만든 해시 함수를 사용하지 말기 바란다.

31.4.3.5 부하와 버킷

프로그래머는 순서 없는 컨테이너 구현에 있어 중요한 부분을 살펴볼 수 있다. 동일한 해시 값을 가진 키는 '동일한 버킷 안에' 있다고 일컬어진다(31.2.1절 참고). 프로그래머는 해시 테이블을 살펴보고 그 크기('버킷의 개수'라고 일컬어지는)를 설정할 수 있다.

해시 정책(iso.23.2.5절)

h=c.hash_function()	h는 c의 해시 함수다.
eq=c.key_eq()	eq는 c의 동등성 검사다.
d=c.load_factor()	d는 원소의 개수를 버킷의 개수로 나눈 값이다. double(c.size())/c.bucket_count(). noexcept
d=c.max_load_factor()	d는 c에 대한 최대 부하율이다. noexcept
c.max_load_factor(d)	c의 최대 부하율을 d로 설정한다. c의 부하율이 최대 부하율과 가까워지면 c는 해시 테이블의 크기를 조정할 것이다(버킷의 개수를 늘린다).
c.rehash(n)	c의 버킷 카운트를 >= n으로 만든다.
c.reserve(n)	n 항목을 위한 자리를 만든다(부하율을 고려해서). c.rehash(ceil(n/c.max_load_factor()))

순서 없는 연관 컨테이너의 부하율$^{load\ factor}$은 단순히 사용된 용량의 비율이다. 예를 들어 `bucket_count()`가 100개 원소이고, `size()`가 30이라면 `load_factor()`는 0.3이다.

`max_load_factor`의 설정, `rehash()`의 호출 또는 `reserve()`의 호출은 매우 많은 비용이 드는 연산이 될 수 있다(최악의 경우에는 O(n*n))는 데 유의한다. 이들은 모든 원소의 재해싱^{rehashing}을 일으킬 수 있고, 실제 상황에서도 대개 그렇기 때문이다. 이런 함수들은 재해싱이 프로그램 실행에서 비교적 편리한 시점에 일어나게 보장하는 데 쓰인다. 예를 들면 다음과 같다.

```
unordered_set<Record> people;        // 위에서 정의된 대로 equal_to<Record>를 사용한다.
// ...
constexpr int expected = 1000000;    // 예상되는 원소의 최대 개수
people.max_load_factor(0.7);         // 최대 70% 찰 수 있다.
people.reserve(expected);            // 대략 1,430,000 버킷
```

주어진 원소 집합과 특정 해시 함수에 적합한 부하율을 찾으려면 실험이 필요하긴 하지만, 대부분 70%(0.7)가 적당한 선택이다.

버킷 인터페이스(iso.23.2.5절)

n=c.bucket_count()	n은 c의 버킷 개수(해시 테이블의 크기)다. noexcept
n=c.max_bucket_count()	n은 하나의 버킷에서 가능한 원소의 최대 개수다. noexcept
m=c.bucket_size(n)	m은 n번째 버킷에 있는 원소의 개수다.
i=c.bucket(k)	키 k를 갖는 원소는 i번째 버킷에 있을 것이다.
p=c.begin(n)	p는 버킷 n의 첫 번째 원소를 가리킨다.

(이어짐)

버킷 인터페이스(iso.23.2.5절)	
p =c.end(n)	p는 버킷 n의 마지막 원소 하나 다음의 원소를 가리킨다.
p=c.cbegin(n)	p는 버킷 n의 첫 번째 원소를 가리킨다. p는 const 반복자다.
p =c.cend(n)	p는 버킷 n의 마지막 원소 하나 다음의 원소를 가리킨다. p는 const 반복자다.

    `c.max_bucket_count()<=n`인 n을 버킷의 색인으로 사용하는 것은 정의돼 있지 않다(그리고 아마 심각한 문제를 일으킬 것이다).

    버킷 인터페이스의 한 가지 용도는 해시 함수에 대한 실험을 가능하게 해주는 것이다. 좋지 않은 해시 함수는 어떤 키 값에 대해서는 큰 `bucket_size()`를 낳을 것이다. 즉, 많은 키들을 동일한 해시 값에 매핑되게 한다는 것이다.

31.5 컨테이너 어댑터

컨테이너 어댑터^{container adaptor}는 컨테이너에 대해 서로 다른(대개는 제한된) 인터페이스를 제공해 준다. 컨테이너 어댑터는 그들만의 특수화된 인터페이스를 통해서만 사용되게 돼 있다. 특히 STL 컨테이너 어댑터는 그들의 하부 컨테이너에 대한 직접적인 접근을 제공하지 않는다. 그들은 반복자나 첨자를 제공하지 않는다.

    컨테이너에서 컨테이너 어댑터를 만들기 위해 사용되는 기법은 일반적으로 사용자의 요구에 맞춰 클라이언트 인터페이스를 비침습적으로 조정하는 데 유용하다.

31.5.1 stack

`stack` 컨테이너 어댑터는 `<stack>`에 정의돼 있다. 이 컨테이너는 구현의 일부분으로 설명될 수 있다.

```
template<typename T, typename C = deque<T>>
class stack {              // iso.23.6.5.2절
public:
    using value_type = typename C::value_type;
    using reference = typename C::reference;
    using const_reference = typename C::const_reference;
    using size_type = typename C::size_type;
    using container_type = C;
public:
    explicit stack(const C&);          // 컨테이너로부터 복사한다.
    explicit stack(C&& = C{});         // 컨테이너로부터 이동한다.

    // 기본 복사, 이동, 대입, 소멸자

    template<typename A>
        explicit stack(const A& a);    // 기본 컨테이너, 할당자 a
    template<typename A>
        stack(const C& c, const A& a); // c의 원소, 할당자 a
    template<typename A>
```

```
            stack(C&&, const A&);
        template<typename A>
            stack(const stack&, const A&);
        template<typename A>
            stack(stack&&, const A&);

        bool empty() const { return c.empty(); }
        size_type size() const { return c.size(); }
        reference top() { return c.back(); }
        const_reference top() const { return c.back(); }
        void push(const value_type& x) { c.push_back(x); }
        void push(value_type&& x) { c.push_back(std::move(x)); }
        void pop() { c.pop_back(); }              // 마지막 원소를 팝한다.

        template<typename... Args>
        void emplace(Args&&... args)
        {
            c.emplace_back(std::forward<Args>(args)...);
        }

        void swap(stack& s) noexcept(noexcept(swap(c, s.c)))
        {
            using std::swap;          // 반드시 표준 swap()을 사용한다.
            swap(c,s.c);
        }
protected:
    C c;
};
```

즉, stack은 자신에게 템플릿 인자로 전달된 타입의 컨테이너에 대한 인터페이스다. stack
은 인터페이스에서 컨테이너에 적용되는 스택이 아닌 연산을 제거하고, 관용적인 이름인
top(), push(), pop()을 제공한다.

추가로 stack은 통상적인 비교 연산자(==, < 등)와 비멤버 swap()을 제공한다.

기본 설정으로 stack은 deque()를 사용해서 자신의 원소를 보관하지만 back(), push_
back(), pop_back()을 제공하는 시퀀스라면 어떤 것이든 사용될 수 있다.

```
stack<char> s1;                    // deque<char>를 사용해서 원소를 보관한다.
stack<int,vector<int>> s2;         // vector<int>를 사용해서 원소를 보관한다.
```

많은 경우 vector는 deque보다 빠르고 메모리를 덜 사용한다.

원소는 하부 컨테이너에 push_back()을 사용해 stack에 추가된다. 결과적으로 stack은
컨테이너가 획득할 수 있는 이용 가능한 메모리가 컴퓨터에 존재하는 한 '오버플로'를 일으킬
수 없다. 반면 stack은 언더플로를 일으킬 수 있다.

```
void f()
{
    stack<int> s;
    s.push(2);
    if (s.empty()) {       // 언더플로는 막을 수 있다.
        // 팝하지 않는다.
    }
    else {                 // 하지만 불가능하지 않다.
        s.pop();           // fine: s.size()는 0이 된다.
```

```
        s.pop();        // 좋지 않을 가능성이 높은 정의되지 않은 결과
    }
}
```

우리는 원소를 사용하기 위해 pop()하지 않는다. 대신 top()에 접근한 다음, 그것이 더 이상 필요하지 않을 때 pop()한다. 이 방법은 그렇게 불편하지 않은 데다 pop()이 필요할지 않을 때 좀 더 효율적일 수 있으며, 예외 보장을 상당히 간단하게 구현할 수 있게 해준다. 예를 들면 다음과 같다.

```
void f(stack<char>& s)
{
    if (s.top()=='c') s.pop();  // 선택적인 처음의 "c"를 선택적으로 제거한다.
    // ...
}
```

기본 설정으로 stack은 하부 컨테이너의 할당자에 의존한다. 그것으로 충분하지 않다면 또 다른 할당자를 제공하는 생성자들이 몇 개 있다.

31.5.2 queue

<queue>에 정의돼 있는 queue는 컨테이너에 대한 인터페이스로서 back()에서 원소를 삽입하고 front()에서 원소를 추출할 수 있게 해준다.

```
template<typename T, typename C = deque<T>>
class queue {            // iso.23.6.3.1절
    // ... stack과 비슷하지만 top()이 없다...
    void pop() { c.pop_front(); }        // 첫 번째 원소를 팝한다.
};
```

큐는 모든 시스템에서 어딘가에 쓰이고 있는 것처럼 보인다. 간단한 메시지 기반의 시스템을 위한 서버를 다음과 같이 정의할 수 있다.

```
void server(queue<Message>& q, mutex& m)
{
    while (!q.empty()) {
        Message mess;
        {   lock_guard<mutex> lck(m);    // 메시지를 추출하는 동안 잠근다.
            if (q.empty()) return;        // 다른 누군가가 메시지를 획득했다.
            mess = q.front();
            q.pop();
        }
        // 요청을 처리한다.
    }
}
```

31.5.3 priority_queue

priority_queue는 그 안에 있는 각각의 원소에 원소가 top()이 되는 순서를 제어하는 우선순위가 주어지는 큐다. priority_queue의 선언은 queue의 선언과 매우 흡사하며, 비교 객체

처리와 시퀀스로부터 초기화하는 두 개의 생성자가 추가된 것이다.

```cpp
template<typename T, typename C = vector<T>, typename Cmp = less<typename C::value_type>>
class priority_queue {      // iso.23.6.4절
protected:
    C c;
    Cmp comp;
public:
    priority_queue(const Cmp& x, const C&);
    explicit priority_queue(const Cmp& x = Cmp{}, C&& = C{});
    template<typename In>
        priority_queue(In b, In e, const Cmp& x, const C& c);    // [b:e]를 c에 삽입한다.
    // ...
};
```

priority_queue의 선언은 <queue>에서 찾을 수 있다.

기본 설정으로 priority_queue는 < 연산자를 이용해서 원소를 비교하고, top()은 가장 큰 원소를 반환한다.

```cpp
struct Message {
    int priority;
    bool operator<(const Message& x) const { return priority < x.priority; }
    // ...
};

void server(priority_queue<Message>& q, mutex& m)
{
    while (!q.empty()) {
        Message mess;
        {   lock_guard<mutex> lck(m);        // 메시지를 추출하는 동안 잠금을 유지한다.
            if (q.empty()) return;           // 다른 누군가가 메시지를 획득했다.
            mess = q.top();
            q.pop();
        }
        // 가장 우선순위가 높은 요청을 처리한다.
    }
}
```

queue 버전(31.5.2절)과의 차이점은 높은 우선순위를 가진 Messages가 우선 처리된다는 점이다. 동일한 우선순위를 가진 원소들이 큐의 머리에 오는 순서는 정의돼 있지 않다. 두 원소는 둘 중 하나가 다른 쪽보다 높은 우선순위를 갖고 있지 않다면 동일한 우선순위로 간주된다(31.2.2.1절).

원소들의 순서를 유지하는 것이 공짜는 아니지만, 그렇다고 높은 비용이 들 것까지는 없다. priority_queue를 구현하는 한 가지 유용한 방법은 원소의 상대적 위치를 추적 관리하는 트리 구조를 사용하는 것이다. 이렇게 하면 push()와 pop() 양쪽 모두에 O(log(n)) 비용이 부여된다. priority_queue는 거의 확실하게 heap(32.6.4절)을 이용해서 구현된다.

31.6 조언

[1]   STL 컨테이너는 시퀀스를 정의한다(31.2절).

[2]   **vector**를 기본 컨테이너로 사용한다(31.2절, 31.4절).

[3]   **insert()**나 **push_back()** 같은 삽입 연산자는 많은 경우 **list**보다 **vector**에 대해 좀 더 효율적이다(31.2절, 31.4.1.1절).

[4]   비어 있는 경우가 대부분인 시퀀스에는 **foward_list**를 사용한다(31.2절, 31.4.2절).

[5]   성능에 대해서라면 자신의 직관을 믿지 않는다. 항상 측정한다(31.3절).

[6]   점근적인 복잡성 측정치를 맹목적으로 신뢰하지 않는다. 어떤 시퀀스들은 짧으며 개별 연산의 비용은 극적으로 달라질 수 있다(31.3절).

[7]   STL 컨테이너는 자원 핸들이다(31.2.1절).

[8]   **map**은 대개 레드 블랙 트리로 구현된다(31.2.1절, 31.4.3절).

[9]   **unordered_map**은 해시 테이블이다(31.2.1절, 31.4.3.2절).

[10]   STL 컨테이너에 대한 원소 타입이 되려면 타입은 복사나 이동 연산을 제공해야 한다 (31.2.2절).

[11]   다형적 동작을 유지할 필요가 있다면 포인터나 스마트 포인터의 컨테이너를 사용한다 (31.2.2절).

[12]   비교 연산은 순약 순서를 구현해야 한다(31.2.2.1절).

[13]   참조로 컨테이너를 전달하고 값으로 컨테이너를 반환한다(31.3.2절).

[14]   컨테이너의 경우 크기에 대해서는 () 초기화 식 문법을 사용하고, 원소의 리스트에 대해서는 {} 초기화 식 문법을 사용한다(31.3.2절).

[15]   컨테이너의 간단한 순회를 위해서는 범위 기반 **for** 루프나 반복자의 **begin/end** 쌍을 사용한다(31.3.4절).

[16]   컨테이너의 원소를 변경할 필요가 없는 경우에는 **const** 반복자를 사용한다(31.3.4절).

[17]   반복자를 사용할 때는 장황함과 오타를 피하기 위해 **auto**를 사용한다(31.3.4절).

[18]   원소를 가리키는 포인터와 반복자의 무효화를 피하기 위해 **reserve()**를 사용한다 (31.3.3절, 31.4.1절).

[19]   측정하지도 않고 **reserve()**를 써서 성능상의 이득이 생길 것이라고 가정하지 않는다 (31.3.3절).

[20]   배열에 대해 **realloc()**을 사용하지 말고 컨테이너에 대해 **push_back()**이나 **resize()** 를 사용한다(31.3.3절, 31.4.1.1절).

[21]   크기 조정되는 **vector**나 **deque**에는 반복자를 사용하지 않는다(31.3.3절).

[22]   필요할 때는 **reserve()**를 이용해서 성능의 예측 가능성을 높인다(31.2.2절).

[23]   []가 범위 체크된다고 가정하지 않는다(31.2.2절).

[24]   보장된 범위 체크가 필요하다면 **at()**를 사용한다(31.2.2절).

[25] 표기적 편의를 위해 **emplace()**를 사용한다(31.3.7절).

[26] 촘촘하고 인접된 데이터 구조를 선호한다(31.4.1.2절).

[27] 원소를 미리 초기화해야 하는 것을 피하기 위해 **emplace()**를 사용한다(31.4.1.3절).

[28] **list**는 순회하는 데 비교적 비용이 많이 든다(31.4.2절).

[29] **list**는 대개 원소당 4워드의 메모리 오버헤드를 갖는다(31.4.2절).

[30] 순서 있는 컨테이너의 시퀀스는 비교 객체(기본은 <)에 의해 정의된다(31.4.3.1절).

[31] 순서 없는 컨테이너(해시 컨테이너)의 시퀀스는 예측 가능한 순서를 갖지 않는다(31.4.3.2절).

[32] 대용량의 데이터에 대한 빠른 탐색이 필요하다면 순서 없는 컨테이너를 사용한다(31.3절).

[33] 자연적인 순서(예를 들면 타당한 <가 없는 경우)를 갖지 않는 원소 타입에 대해서는 순서 없는 컨테이너를 사용한다(31.4.3절).

[34] 원소에 대해 순서대로 반복이 필요하다면 순서 있는 연관 컨테이너(예를 들면 **map**이나 **set**)를 사용한다(31.4.3.2절).

[35] 받아들일 수 있는 해시 함수를 갖고 있는지 체크하려면 시험해봐야 한다(31.4.3.4절).

[36] 원소에 대한 표준 해시 함수들을 배타적 **or**로 조합해서 얻어진 해시 함수는 많은 경우 훌륭하다(31.4.3.4절).

[37] 0.7은 대부분의 경우 타당한 부하율이다(31.4.3.5절).

[38] 컨테이너에 대해 대체 인터페이스를 제공할 수 있다(31.5절).

[39] STL 어댑터는 자신의 하부 컨테이너에 대한 직접적인 접근을 제공하지 않는다(31.5절).

STL 알고리즘

형식이 자유를 가져오리라
– 기술자들의 속담

- 개요
- 알고리즘   시퀀스, 정책 인자, 복잡성
- 정책 인자
- 원소를 변경하지 않는 시퀀스 알고리즘   for_each(), 시퀀스 술어 함수, count(), find(), equal(), ismatch(), search()
- 원소를 변경하는 시퀀스 알고리즘   copy(), unique(), remove(), reverse(), replace(), rotate(), random_shuffle(), partition(), 순열, fill(), swap()
- 정렬과 검색   이진 검색, merge(), 집합 알고리즘, 힙, lexcographical_compare()
- 최소와 최대
- 조언

32.1 개요

32장에서는 STL 알고리즘을 소개한다. STL은 표준 라이브러리의 반복자, 컨테이너, 알고리즘 및 함수 객체 부분으로 구성돼 있다. STL의 나머지 부분은 31장과 33장에서 소개된다.

32.2 알고리즘

<algorithm>에 정의돼 있는 표준 알고리즘은 대략 80개가 있다. 알고리즘은 (입력을 위한) 반복자 쌍이나 (출력을 위한) 하나의 반복자에 의해 정의되는 시퀀스^{sequence}에 적용된다. 두 개의 시퀀스를 복사, 비교 등을 할 때 첫 번째는 반복자 쌍 [b:e)에 의해 표현되지만, 두 번째는 하나의 반복자 b2로만 표현되는데, 이 반복자는 예를 들어 첫 번째 시퀀스만큼 많은 원소를 가진 [b2:b2+(e-b))처럼 알고리즘에 필요한 충분한 원소를 갖고 있는 시퀀스의 시작으로 간

주된다. sort() 같은 일부 알고리즘은 임의 접근 반복자를 요구하는 반면, find() 같은 상당수의 알고리즘은 순서대로만 원소를 읽기 때문에 순방향 반복자로도 충분하다. 많은 알고리즘은 '발견되지 않음'의 뜻으로 시퀀스의 끝을 반환하는 통상적인 규약을 따른다(4.5절). 이사항을 각 알고리즘마다 일일이 언급하지는 않을 예정이다.

표준 라이브러리 알고리즘과 사용자가 직접 만든 알고리즘은 둘 다 모두 중요하다.

- 각각의 알고리즘은 특정한 연산에 이름을 붙이고, 인터페이스를 문서화하며, 의미 구조를 설정한다.
- 각각의 알고리즘은 광범위하게 활용되고, 많은 프로그래머에게 알려져 있다.

정확성, 유지 보수성, 성능 측면에서 이런 특성은 제대로 지정되지 않은 함수와 의존성을 가진 '무작위적인 코드'에 비해 엄청난 이점이다. 여러분이 서로 관련성이 없어 보이거나, 제어 구조를 복잡하게 만드는 여러 개의 루프와 지역 변수를 가진 코드를 작성 중이라고 생각된다면 그런 코드의 일부를 특징을 잘 설명하는 이름, 잘 정의된 목적, 잘 정의된 인터페이스 및 잘 정의된 종속성을 가진 함수/알고리즘으로 만들어서 코드를 단순화할 수 없을지 검토해보기 바란다.

STL 스타일의 수치 알고리즘은 40.6절에서 소개한다.

32.2.1 시퀀스

표준 라이브러리 알고리즘의 궁극적인 목적은 최적으로 구현될 수 있는 뭔가에 대해 가장 범용적이고 융통성 있는 인터페이스를 제공하는 것이다. 반복자 기반의 인터페이스는 좋긴 하지만 완벽하지 않으며, 이러한 궁극적 목표의 근사치일 뿐이다(33.1.1절). 예를 들어 반복자 기반의 인터페이스는 시퀀스의 개념을 직접적으로 표현하지 않는 관계로, 일부 범위 오류를 탐지하는 데 있어 혼란과 어려움을 겪을 가능성이 있다.

```
void user(vector<int>& v1, vector<int>& v2)
{
    copy(v1.begin(),v1.end(),v2.begin());    // v2를 오버플로
    sort(v1.begin(),v2.end());               // 문제 발생!
}
```

표준 라이브러리의 컨테이너 버전을 제공하면 이런 많은 문제를 완화시킬 수 있다. 예를 들면 다음과 같다.

```
template<typename Cont>
void sort(Cont& c)
{
    static_assert(Range<Cont>(), "sort(): Cont argument not a Range");
    static_assert(Sortable<Iterator<Cont>>(), "sort(): Cont argument not Sortable");

    std::sort(begin(c),end(c));
}
template<typename Cont1, typename Cont2>
void copy(const Cont1& source, Cont2& target)
```

```
{
    static_assert(Range<Cont1>(), "copy(): Cont1 argument not a Range");
    static_assert(Range<Cont2>(), "copy(): Cont2 argument not a Range");
    if (target.size()<source.size()) throw out_of_range{"copy target too small"};
    std::copy(source.begin(),source.end(),target.begin());
}
```

이렇게 하면 user()의 정의가 단순화되고, 두 번째 오류는 컴파일을 통과할 수 없고, 첫 번째 오류는 런타임에 잡힐 것이다.

```
void user(vector<int>& v1, vector<int>& v2)
{
    copy(v1,v2);        // 오버플로가 잡힐 것이다.
    sort(v1);
}
```

하지만 컨테이너 버전은 반복자를 직접적으로 사용하는 버전에 비해 덜 범용적이기도 하다. 특히 컨테이너의 반만 정렬하기 위해 컨테이너 sort()를 쓸 수는 없으며, 출력 스트림을 출력하는 데 컨테이너 copy()를 쓸 수는 없다.

이를 보완하는 방법은 필요할 때 시퀀스를 정의할 수 있게 '범위'나 '시퀀스' 추상화를 정의하는 것이다. 나는 Range 콘셉트를 사용해서 begin()과 end() 반복자를 가진 것을 표시한다(24.4.4절). 즉, STL에 Iterator 클래스나 Container 클래스가 없는 것과 똑같이 데이터를 보관하는 Range라는 클래스는 존재하지 않는다. 따라서 '컨테이너 sort()'와 '컨테이너 copy()' 예제에서 ('컨테이너'에 대한) 템플릿 인자를 Cont라고 불렀지만, 그것들은 알고리즘에 필요한 나머지 요구 사항을 만족하는 begin()과 end()를 가진 모든 시퀀스를 받아들일 것이다.

표준 라이브러리 알고리즘은 주로 반복자를 반환한다. 특히 결과 컨테이너는 반환하지 않는다(몇 가지 드문 예제에서 pair를 반환하는 경우를 제외하고는). 그런 이유 중 한 가지는 STL이 설계될 때 이동 의미 구조에 대한 직접적인 지원이 없었기 때문이다. 따라서 알고리즘에서 많은 데이터를 반환할 수 있는 명확하고 효율적인 방법이 없었던 것이다. 어떤 프로그래머들은 명시적 간접 참조(포인터, 참조자, 반복자 등)나 교묘한 꼼수를 썼다. 이제는 더 나은 방법이 있다.

```
template<typename Cont, typename Pred>
vector<Value_type<Cont>*>
find_all(Cont& c, Pred p)
{
    static_assert(Range<Cont>(), "find_all(): Cont argument not a Range");
    static_assert(Predicate<Pred>(), "find_all(): Pred argument not a Predicate");

    vector<Value_type<Cont>*> res;
    for (auto& x : c)
        if (p(x)) res.push_back(&x);
    return res;
}
```

C++98에서라면 일치하는 개수가 많을 경우 이런 `find_all()`은 좋지 않은 성능 버그를 일으켰을 것이다. 표준 라이브러리의 선택이 제한적이거나 불충분해 보인다면 많은 경우 새로운 버전의 STL 알고리즘이나 새로운 알고리즘으로 확장하는 방식이 문제를 우회하기 위해 '무작위적인 코드'를 작성하는 방식보다 실행 가능하면서 우월한 대안이다.

STL 알고리즘이 무엇을 반환하든 그것이 인자 컨테이너가 될 수는 없다는 데 유의한다. STL 알고리즘에 대한 인자는 반복자이며(33장), 알고리즘은 그러한 반복자가 가리키는 데이터 구조를 알지 못한다. 반복자는 주로 알고리즘을 그것이 적용되는 데이터 구조와 분리시키기 위해 존재한다.

32.3 정책 인자

대부분의 표준 라이브러리는 두 가지 버전으로 등장한다.

- <와 == 같은 관용적인 연산을 사용해서 동작을 수행하는 '보통' 버전
- 핵심 연산을 인자로 받아들이는 버전

예를 들면 다음과 같다.

```
template<typename Iter>
void sort(Iter first, Iter last)
{
    // ... e1<e2를 사용해서 정렬한다...
}
template<typename Iter, typename Pred>
void sort(Iter first, Iter last, Pred pred)
{
    // ... pred(e1,e2)를 사용해서 정렬한다...
}
```

이런 방법은 표준 라이브러리의 융통성과 사용 범위를 대폭 늘려준다.

어떤 알고리즘은 통상적인 두 개 버전은 두 개의 (오버로딩된) 함수 템플릿이나 기본 인자를 가진 단일 함수 템플릿으로 구현될 수 있다. 예를 들면 다음과 같다.

```
template<typename Ran, typename Pred = less<Value_type<Ran>>> // 기본 템플릿 인자를 사용한다.
sort(Ran first, Ran last, Pred pred ={})
{
    // ... pred(x,y)를 사용한다...
}
```

두 함수를 갖는 방식과 기본 인자를 갖는 하나의 함수를 갖는 방식의 차이는 함수를 가리키는 포인터를 받아들일 경우에 드러난다. 하지만 표준 알고리즘의 수많은 변형을 단순히 '기본 술어 함수를 가진 버전'이라고만 생각해도 기억해야 할 템플릿 함수의 숫자가 대강 반으로 줄어든다.

일부 경우에 인자는 술어 함수나 값 둘 중 하나로 해석될 수 있다. 예를 들면 다음과 같다.

```
bool pred(int);
auto p = find(b,e,pred);    // 원소 pred를 찾을 것인가 술어 함수 pred()를 적용할 것인가? (후자)
```

일반적으로, 컴파일러는 이런 예들을 명확히 구분할 수 없으며, 프로그래머는 컴파일러가 구분할 수 있는 경우에서조차 혼동을 일으킬 것이다.

프로그래머의 수고를 덜어주기 위해 종종 _if 접두사를 써서 알고리즘이 술어 함수를 받아들인다는 점을 나타낸다. 두 개 이름을 써서 구분하는 이유는 모호성과 혼동을 최소화하기 위함이다. 다음 예를 살펴보자.

```
using Predicate = bool(*)(int);
void f(vector<Predicate>& v1, vector<int>& v2)
{
    auto p1 = find(v1.begin(),v1.end(),pred);        // pred 값을 가진 원소를 찾는다.
    auto p2 = find_if(v2.begin(),v2.end(),pred);     // pred()가 true를 반환하는 원소를 센다.
}
```

알고리즘에 인자로 전달되는 일부 연산(예를 들면 for_each()에 전달되는 일부 연산 - 32.4.1절)은 적용 대상 원소를 변경하지만 대부분은 술어 함수(예를 들면 sort()에 대한 비교 객체)이다. 별도로 지정되지 않는 한 알고리즘에 전달되는 정책 인자는 원소를 변경하지 않아야 한다. 특히 술어 함수를 통해 원소를 변경하려고 시도하지 말기 바란다.

```
int n_even(vector<int>& v)               // 이렇게 하지 않는다.
    // v에서 짝수 값의 개수를 센다.
{
    return count_if(v.begin(),v.end(),[](int& x) {++x; return x&1; });
}
```

술어 함수를 통해 원소를 변경하면 무엇이 진행되는지를 모호하게 만들어버린다. 마음만 먹는다면 시퀀스 자체를 변경할 수도 있으며(예를 들어 반복되고 있는 컨테이너의 이름을 써서 한 개의 원소를 삽입하거나 삭제함으로써), 그 경우 반복은 실패할 것이다(아마도 모호한 방식으로). 사고를 피하려면 const 참조자에 의해 인자를 술어 함수로 전달할 수 있다.

마찬가지로 술어 함수는 연산의 의미를 변경하는 상태를 보유하지 말아야 한다. 알고리즘의 구현은 술어 함수를 복사할 수 있으며, 같은 값에 하나의 술어 함수를 반복적으로 사용해서 다른 결과를 얻으려는 경우는 드물 것이다. 난수 발생기 같이 알고리즘으로 전달되는 일부 함수 객체는 가변적 상태를 보유한다. 알고리즘이 복사를 하지 않는다는 확신이 들지 않는다면 함수 객체 인자의 가변적 상태는 다른 객체에 보관하고 포인터나 참조자를 통해 그것에 접근하기 바란다.

포인터 원소에 대한 ==와 < 연산이 STL 알고리즘에 적당한 경우는 거의 없다. 이런 연산은 가리켜지는 값보다는 컴퓨터 주소를 비교한다. 특히 기본 ==와 <을 써서 C 스타일 문자열의 컨테이너를 정렬하거나 검색하지 말기 바란다(32.6절).

32.3.1 복잡성

컨테이너에 대해서와 마찬가지로(31.3절) 알고리즘 복잡성은 표준에 의해 지정된다. 대부분의 알고리즘은 선형적으로 n에 대해 O(n)이며, 여기서 n은 대개 입력 시퀀스의 길이를 나타낸다.

알고리즘 복잡성(iso.25절)

O(1)	`swap()`, `iter_swap()`
O(log(n))	`lower_bound()`, `upper_bound()`, `equal_range()`, `binary_search()`, `push_heap()`, `pop_heap()`, `partition_point()`
O(n*log(n))	`inplace_merge()`(최악의 경우), `stable_partition()`(최악의 경우), `sort()`, `stable_sor()`, `partial_sort()`, `partial_sort_copy()`, `sort_heap`
O(n*n)	`find_end()`, `find_first_of()`, `search()`, `is_permutation()`(최악의 경우)
O(n)	나머지 전부

다른 경우와 마찬가지로 이것들은 점근적인 복잡성이며, 이 의미를 파악하기 위해서는 n이 무엇을 나타내는지 알아야 한다. 예를 들어 n<3이면 2차 방정식 알고리즘이 최선의 선택일 수 있다. 각 반복의 비용은 극적으로 달라질 수 있다. 예를 들어 두 경우의 복잡성이 선형적(O(n))임에도 불구하고, 리스트 순회는 벡터 순회에 비해 훨씬 느릴 수 있다. 복잡성 측정이 상식과 실제의 시간 측정을 대신할 수는 없다. 복잡성 측정은 좋은 품질의 코드를 보장하기 위한 여러 수단 중 하나일 뿐이다.

32.4 원소를 변경하지 않는 시퀀스 알고리즘

원소를 변경하지 않는 알고리즘은 입력 시퀀스의 원소 값을 읽어 들일 뿐이다. 시퀀스를 재정리한다거나 원소의 값을 바꾸지 않는다. 대개 사용자가 알고리즘에 제공하는 연산 역시 원소의 값을 바꾸지 않는다. 그런 연산은 보통 술어 함수(자신의 인자를 바꾸지 않는)인 경우가 많다.

32.4.1 for_each()

가장 간단한 알고리즘은 **for_each()**로, 하나의 연산을 시퀀스의 각 원소에 적용하기만 한다.

---

for_each(iso.25.2.4절)

`f=for_each(b,e,f)`	[b:e]의 각 x에 대해 f(x)를 반복한다. f를 반환한다.

가능하면 좀 더 구체적인 알고리즘을 선택하기 바란다.

for_each()에 전달되는 연산은 원소를 변경할 수 있다. 예를 들면 다음과 같다.

```
void increment_all(vector<int>& v)  // v의 각 원소를 증가시킨다.
{
    for_each(v.begin(),v.end(), [](int& x) {++x;});
}
```

32.4.2 시퀀스 술어 함수

시퀀스 술어 함수(iso.25.2.1절)	
all_of(b,e,f)	f(x)가 [b:e]의 모든 x에 대해 true인가?
any_of(b,e,f)	f(x)가 [b:e]의 어떤 x에 대해 true인가?
none_of(b,e,f)	f(x)가 [b:e]의 모든 x에 대해 false인가?

예를 들면 다음과 같다.

```
vector<double> scale(const vector<double>& val, const vector<double>& div)
{
    assert(val.size()<=div.size());
    assert(all_of(div.begin(),div.end(),[](double x){ return 0<x; }));

    vector<double> res(val.size());
    for (int i = 0; i<val.size(); ++i)
        res[i] = val[i]/div[i];
    return res;
}
```

이런 시퀀스 술어 함수 중 하나가 실패해도 어떤 원소가 실패를 일으켰는지 알려주지는 않는다.

32.4.3 count()

count(iso.25.2.9절)	
x=count(b,e,v)	x는 [b:e]에서 v==*p를 만족하는 *p 원소의 개수다.
x=count_if(b,e,f)	x는 [b:e]에서 f(*p)가 참인 *p 원소의 개수다.

예를 들면 다음과 같다.

```
void f(const string& s)
{
    auto n_space = count(s.begin(),s.end(),' ');
    auto n_whitespace = count_if(s.begin(),s.end(),isspace);
    // ...
}
```

isspace() 술어 함수(36.2절)는 단순한 공백만이 아니라 모든 공백 문자를 셀 수 있게 해준다.

32.4.4 find()

find() 알고리즘 계열은 어떤 원소나 술어 함수와 일치하는 것을 선형 검색한다.

p=find(b,e,v)	p는 [b:e)에서 *p==v를 만족하는 첫 번째 원소를 가리킨다.
p=find_if(b,e,f)	p는 [b:e)에서 f(*p)가 참인 첫 번째 원소를 가리킨다.
p=find_if_not(b,e,f)	p는 [b:e)에서 !f(*p)가 참인 첫 번째 원소를 가리킨다.
p=find_first_of(b,e,b2,e2)	p는 [b:e)에서 [b2:e2)의 어떤 q에 대해 *p==*q를 만족하는 첫 번째 원소를 가리킨다.
p=find_first_of(b,e,b2,e2,f)	p는 [b:e)에서 [b2:e2)의 어떤 q에 대해 f(*p,*q)가 참인 첫 번째 원소를 가리킨다.
p=adjacent_find(b,e)	p는 [b:e)에서 *p==*(p+1)를 만족하는 첫 번째 원소를 가리킨다.
p=adjacent_find(b,e,f)	p는 [b:e)에서 f(*p,*(p+1))가 참인 첫 번째 원소를 가리킨다.
p=find_end(b,e,b2,e2)	p는 [b:e)에서 [b2:e2)의 어떤 *q에 대해 *p==*q를 만족하는 마지막 *p를 가리킨다.
p=find_end(b,e,b2,e2,f)	p는 [b:e)에서 [b2:e2)의 어떤 *q에 대해 f(*p,*q)가 참인 마지막 *p를 가리킨다.

find()와 find_if() 알고리즘은 각각 어떤 값이나 술어 함수와 일치하는 첫 번째 원소에 대한 반복자를 반환한다.

```
void f(const string& s)
{
    auto p_space = find(s.begin(),s.end(),' ');
    auto p_whitespace = find_if(s.begin(),s.end(), isspace);
    // ...
}
```

find_first_of() 알고리즘은 어떤 시퀀스에서 다른 시퀀스의 어떤 원소가 처음 등장하는 경우를 찾는다. 예를 들면 다음과 같다.

```
array<int,3> x = {1,3,4};
array<int,5> y = {0,2,3,4,5};

void f()
{
    auto p = find_first_of(x.begin(),x.end(),y.begin(),y.end());    // p = &x[1]
    auto q = find_first_of(p+1,x.end(),y.begin(),y.end());          // q = &x[2]
}
```

3이 y에서 일치하는 것이 있는 x의 첫 번째 원소이기 때문에 반복자 p는 x[1]을 가리킬 것이다. 마찬가지로 q는 x[2]를 가리킬 것이다.

32.4.5 equal()과 mismatch()

equal()과 mismatch() 알고리즘은 시퀀스의 쌍을 비교한다.

---

equal()과 mismatch()(iso.25.2.11절, iso.25.2.10절)

equal(b,e,b2)	[b:e)와 [b2:b2+(e-b))의 대응되는 모든 원소에 대해 v==v2인가?
equal(b,e,b2,f)	[b:e)와 [b2:b2+(e-b))의 대응되는 모든 원소에 대해 f(v,v2)는 참인가?
pair(p1,p2)=mismatch(b,e,b2)	p1은 !(*p1==*p2)나 p1==e를 만족하는 [b:e)의 첫 번째 원소를 가리키고, p2는 같은 조건을 만족하는 [b2:b2+(e-b))의 첫 번째 원소를 가리킨다.
pair(p1,p2)=mismatch(b,e,b2,f)	p1은 !f(*p1,*p2)가 참이거나 p1==e를 만족하는 [b:e)의 첫 번째 원소를 가리키고, p2는 같은 조건을 만족하는 [b2:b2+(e-b))의 첫 번째 원소를 가리킨다.

---

mistmatch() 알고리즘은 같지 않은 것으로 비교되는 두 시퀀스의 첫 번째 원소 쌍을 찾고, 그런 원소들에 대한 반복자를 반환한다. 두 번째 시퀀스에 대해서는 끝이 지정돼 있지 않다. 즉, last2가 없다. 대신 두 번째 시퀀스에는 최소한 첫 번째 시퀀스에 해당하는 개수의 원소가 있다고 가정되며, **first2+(last-first)**가 last2로 쓰인다. 이 기법은 시퀀스의 쌍이 원소 쌍에 대한 연산에 쓰이는 표준 라이브러리 전체에 걸쳐 통용된다. **mismatch()**는 다음과 같이 구현할 수 있다.

```
template<typename In, typename In2, typename Pred = equal_to<Value_type<In>>>
pair<In, In2> mismatch(In first, In last, In2 first2, Pred p ={})
{
    while (first != last && p(*first,*first2)) {
        ++first;
        ++first2;
    }
    return {first,first2};
}
```

여기서는 표준 함수 객체 **equal_to**(33.4절)와 타입 함수 **Value_type**(28.2.1절)이 사용됐다.

32.4.6 search()

search()와 **search_n()** 알고리즘은 다른 시퀀스의 부분 시퀀스인 시퀀스를 찾는다.

시퀀스 검색(iso.25.2.13절)

p=search(b,e,b2,e2)	p는 [b:e)에서 [p:p+(e2-b2))와 [b2:e2)가 같은 첫 번째 *p를 가리킨다.
p=search(b,e,b2,e2,f)	p는 [b:e)에서 원소 비교를 위해 f를 사용해서 [p:p+(e2-b2))와 [b2:e2)가 같은 첫 번째 *p를 가리킨다.
p=search_n(b,e,n,v)	p는 [b:e)에서 [p:p+n)의 각 원소가 값 v를 갖는 첫 번째 원소를 가리킨다.
p=search_n(b,e,n,v,f)	p는 [b:e)에서 [p:p+n)의 각 원소 *q에 대해 f(*p,v)가 참인 첫 번째 원소를 가리킨다.

---

search() 알고리즘은 첫 번째 시퀀스의 부분 시퀀스인 두 번째 시퀀스를 찾는다. 그런 두 번째 시퀀스가 발견되면 첫 번째 시퀀스에서 첫 번째 일치하는 원소에 대한 반복자가 반환된다. 다른 경우와 마찬가지로 시퀀스의 끝은 '발견되지 않음'을 표현하는 데 쓰인다. 예를 들면 다음과 같다.

```
string quote {"Why waste time learning, when ignorance is instantaneous?"};
bool in_quote(const string& s)
{
    auto p = search(quote.begin(),quote.end(),s.begin(),s.end()); // 인용구에서 s를 찾는다.
    return p!=quote.end();
}

void g()
{
    bool b1 = in_quote("learning");        // b1 = true
    bool b2 = in_quote("lemming");         // b2 = false
}
```

따라서 `search()`는 모든 시퀀스에 범용적으로 쓰이는 부분 문자열을 찾는 데 유용한 알고리즘이다.

하나의 원소를 찾기 위해서는 `find()`나 `binary_search()`(32.6절)를 사용한다.

32.5 원소를 변경하는 시퀀스 알고리즘

원소를 변경하는 알고리즘(mutating sequence algorithm이라고 불리는)은 인자 시퀀스의 원소를 변경할 수 있다(그리고 자주 그렇게 한다).

---

transform(iso.25.3.4절)

p=transform(b,e,out,f)	[b:e)의 모든 *p1에 *q=f(*p1)을 적용하고, [out:out+(e-b))의 대응되는 *q에 쓴다. p=out+(e-b)
p=transform(b,e,b2,out,f)	[b:e)에 있는 *p1의 모든 원소와 [b2:b2+(e-b))의 대응되는 *p2에 *q=f(*p1,*p2)를 적용하고, [out:out+(e-b))의 대응되는 *q에 쓴다. p=out+(e-b)

약간 혼란스럽지만 `transform()`은 반드시 입력을 바꾸지는 않는다. 대신 사용자가 제공한 연산을 기반으로 입력에서 변환된 출력을 만들어낸다. `transform()`의 단일 입력 시퀀스 버전은 다음과 같이 정의될 수 있다.

```
template<typename In, typename Out, typename Op>
Out transform(In first, In last, Out res, Op op)
{
    while (first!=last)
        *res++ = op(*first++);
    return res;
}
```

출력 시퀀스는 입력 시퀀스와 같을 수도 있다.

```
void toupper(string& s)
{
    transform(s.begin(),s.end(),s.begin(),toupper);
}
```

이 코드는 실제로 입력 s를 변환한다.

32.5.1 copy()

copy() 계열의 알고리즘은 한 시퀀스에서 다른 시퀀스로 원소를 복사한다. 다음 절에서는 다른 알고리즘과 결합된 copy() 버전들이 나열되는데, **replace_copy()**(32.5.3절)가 그런 예다.

---

copy 계열(iso.25.3.1절)

p=copy(b,e,out)	[b:e]의 모든 원소를 [out:p]로 복사한다. p=out+(e-b)
p=copy_if(b,e,out,f)	[b:e]에서 f(x)가 참인 모든 원소를 [out:p]로 복사한다.
p=copy_n(b,n,out)	[b:b+n]에서 처음 n개의 원소를 [out:p]로 복사한다. p=out+n
p=copy_backward(b,e,out)	마지막 원소부터 시작해서 [b:e]의 모든 원소를 [out:p]로 복사한다. p=out-(e-b)
p=move(b,e,out)	[b:e]의 모든 원소를 [out:p]로 이동한다. p=out+(e-b)
p=move_backward(b,e,out)	마지막 원소부터 시작해서 [b:e]의 모든 원소를 [out:p]로 이동한다. p=out+(e-b)

복사 알고리즘의 대상은 컨테이너가 아니어도 된다. 출력 반복자(38.5절)에 의해 기술될 수 있는 것이라면 어떤 것이라도 괜찮다. 예를 들면 다음과 같다.

```
void f(list<Club>& lc, ostream& os)
{
    copy(lc.begin(),lc.end(),ostream_iterator<Club>(os));
}
```

시퀀스를 읽어 들이려면 어디서 시작하고 어디서 끝낼지를 알려주는 반복자 쌍이 필요하다. 쓰기 위해서는 어디에 써야 할지 알려주는 반복자 하나만 있으면 된다. 하지만 대상의 끝을 넘어서 쓰지 않도록 주의를 기울여야 한다. 그렇게 하지 않게 보장하는 한 가지 방법은 필요한 대로 대상이 늘어나도록 삽입자(33.2.2절)를 사용하는 것이다. 예를 들면 다음과 같다.

```
void f(const vector<char>& vs, vector<char>& v)
{
    copy(vs.begin(),vs.end(),v.begin());          // v의 끝에 덮어쓸 수도 있다.
    copy(vs.begin(),vs.end(),back_inserter(v));   // vs의 원소를 v의 끝에 추가한다.
}
```

입력 시퀀스와 출력 시퀀스는 겹칠 수 있다. 시퀀스들이 겹치지 않을 때나 출력 시퀀스의 끝이 입력 시퀀스에 포함될 경우에 copy()를 사용한다.

어떤 기준을 만족하는 원소들만 복사하려면 **copy_if()**를 사용한다. 예를 들면 다음과 같다.

```
void f2(list<int>&ld, int n, ostream& os)
{
    copy_if(ld.begin(),ld.end(),
        ostream_iterator<int>(os),
        [n](int x) { return x>n); });
}
```

remove_copy_if()도 살펴보기 바란다.

32.5.2 unique()

`unique()` 알고리즘은 시퀀스에서 인접한 중복 원소를 제거한다.

---

unique 계열(iso.25.3.9절)

`p=unique(b,e)`	[b:p)에 인접한 중복 원소가 없도록 [b:e)의 원소들을 이동한다.
`p=unique(b,e,f)`	[b:p)에 인접한 중복 원소가 없도록 [b:e)의 원소들을 이동한다. `f(*p,*(p+1))`로 '중복'을 정의한다.
`p=unique_copy(b,e,out)`	[b:e)를 [out:p)로 복사한다. 인접한 중복 원소는 복사하지 않는다.
`p=unique_copy(b,e,out,f)`	[b:e)를 [out:p)로 복사한다. 인접한 중복 원소는 복사하지 않는다. `f(*p,*(p+1))`로 '중복'을 정의한다.

`unique()`와 `unique_copy()` 알고리즘은 인접한 중복 값들을 제거한다. 예를 들면 다음과 같다.

```
void test(list<string>& ls, vector<string>& vs)
{
    ls.sort();     // 리스트 정렬(31.4.2절)
    unique_copy(ls.begin(),ls.end(),back_inserter(vs));
}
```

이 코드는 `ls`를 `vs`로 복사하면서 그 과정에서 중복을 제거한다. 같은 문자열이 인접하게 만들기 위해 `sort()`를 사용했다.

다른 표준 알고리즘과 마찬가지로 `unique()`는 반복자에 적용된다. `unique()`는 해당 반복자가 어떤 컨테이너를 가리키는지 알지 못한다. 단지 원소의 값을 변경할 수 있을 뿐이다. 이는 우리가 막연히 기대하는 방식대로 `unique()`가 입력 시퀀스에서 중복을 제거하지 않는다는 뜻이다. 그러므로 다음 코드는 `vector`에서 중복을 제거하지 않는다.

```
void bad(vector<string>& vs)        // 경고: 얼핏 보기와는 다르게 동작한다!
{
    sort(vs.begin(),vs.end());      // vector를 정렬한다.
    unique(vs.begin(),vs.end());    // 중복을 제거한다(사실은 제거하지 않는다!).
}
```

오히려 `unique()`는 유일한 원소를 시퀀스의 앞(머리) 부분으로 이동시키고 유일한 원소로 이뤄진 부분 시퀀스의 끝에 대한 반복자를 반환한다. 예를 들면 다음과 같다.

```
int main()
{
    string s ="abbcccde";
    auto p = unique(s.begin(),s.end());
    cout << s << ' ' << p-s.begin() << '\n';
}
```

위 코드는 다음 결과를 출력한다.

abcdecde 5

즉, p는 두 번째 c(즉, 중복되는 첫 번째 원소)를 가리킨다.

원소를 제거할 가능성 있는(하지만 그러지 못하는) 알고리즘은 일반적으로 두 가지 형태를 띤다. unique()와 유사한 방식으로 원소들의 순서를 바꾸는 '일반' 버전과 unique_copy()와 유사한 방식으로 새로운 시퀀스를 만들어내는 _copy 버전이 그것이다.

컨테이너에서 중복을 제거하려면 컨테이너를 명시적으로 줄여야 한다.

```
template<typename C>
void eliminate_duplicates(C& c)
{
    sort(c.begin(),c.end());                // 정렬한다.
    auto p = unique(c.begin(),c.end());     // 밀집시킨다.
    c.erase(p,c.end());                     // 줄인다.
}
```

똑같은 기능을 c.erase(unique(c.begin(),c.end()),c.end())라고 작성할 수도 있지만, 이렇게 간단명료하게 만들어도 가독성이나 유지 보수에 좋다고 생각되지는 않는다.

32.5.3 remove(), reverse(), replace()

remove() 알고리즘은 원소를 제거한다.

remove(iso.25.3.8절)	
p=remove(b,e,v)	[b:p)가 !(*q==v)를 만족하는 v의 값을 가진 원소를 [b:e)에서 제거한다.
p=remove_if(b,e,f)	[b:p)가 !f(*q)를 만족하는 원소 *q를 [b:e)에서 제거한다.
p=remove_copy(b,e,out,v)	!(*q==v)를 만족하는 [b:e)의 원소를 [out:p)로 복사한다.
p=remove_copy_if(b,e,out,f)	!f(*q)를 만족하는 [b:e)의 원소를 [out:p)로 복사한다.
reverse(b,e)	[b:e)에 있는 원소의 순서를 반대로 뒤집는다..
p=reverse_copy(b,e,out)	[b:e)를 역순으로 [out:p)에 복사한다.

replace() 알고리즘은 새로운 값을 선택된 원소에 대입한다.

replace(iso.25.3.5절)	
replace(b,e,v,v2)	[b:e)에서 *p==v를 만족하는 원소 *p를 v2로 대체한다.
replace_if(b,e,f,v2)	[b:e)에서 f(*p)를 만족하는 원소 *p를 v2로 대체한다.
p=replace_copy(b,e,out,v,v2)	*q==v를 만족하는 원소 *q를 v2로 대체하면서 [b:e)를 [out:p)로 복사한다.
p=replace_copy_if(b,e,out,f,v2)	f(*q,v)를 만족하는 원소 *q를 v2로 대체하면서 [b:e)를 [out:p)로 복사한다.

이런 알고리즘들은 입력 시퀀스의 크기를 변경할 수 없기 때문에 remove()를 해도 입력 시퀀스의 크기는 변경되지 않는다. unique()와 마찬가지로 replace() 알고리즘은 원소를 끝쪽으로 이동시키는 방법으로 '제거'한다. 예를 들면 다음과 같다.

```
string s {"*CamelCase*IsUgly*"};
cout << s << '\n';                                    // *CamelCase*IsUgly*
auto p = remove(s.begin(),s.end(),'*');
copy(s.begin(),p,ostream_iterator<char>{cout});      // CamelCaseIsUgly
cout << s << '\n';                                    // CamelCaseIsUglyly*
```

32.5.4 rotate(), random_shuffle(), partition()

rotate(), random_shuffle(), partition() 알고리즘은 원소를 시퀀스 내의 이곳저곳으로 이동시키는 체계적인 방법을 제공한다.

rotate()(iso.25.3.11절)	
p=rotate(b,m,e)	원소를 왼쪽으로 회전시킨다. [b:e)를 첫 번째 원소가 마지막 원소 왼쪽에 있는 원으로 취급한다. *(b+i)를 *(b+(i+(e-m))%(e-b))로 이동시킨다. 참고: *b는 *m; p=b+(e-m)로 이동한다.
p=rotate_copy(b,m,e,out)	[b:e)를 회전된 시퀀스 [out:p)로 복사한다.

rotate()(그리고 셔플과 파티션 알고리즘)에 의한 원소들의 이동은 swap()을 이용해 처리된다.

random_shuffle()(iso.25.3.12절)	
random_shuffle(b,e)	기본 난수 생성기를 이용해서 [b:e)의 원소들을 섞는다.
random_shuffle(b,e,f)	난수 생성기 f를 이용해서 [b:e)의 원소들을 섞는다.
shuffle(b,e,f)	균등 난수 생성기 f를 이용해서 [b:e)의 원소들을 섞는다.

셔플 알고리즘은 우리가 카드 패를 섞을 때와 똑같은 방식으로 시퀀스를 섞는다. 즉, 셔플이 끝나면 원소들은 임의의 순서가 되는데, 여기서 '임의'는 난수 생성기에서 만들어 내는 분포로 결정된다.

기본 설정으로 random_shuffle()은 균등 분포 난수 생성기를 이용해서 시퀀스를 섞는다. 즉, 각 순열이 동일한 확률로 선택되도록 시퀀스 원소의 순열을 선택하는 것이다. 다른 분포나 더 나은 난수 생성기를 원한다면 직접 제공해도 좋다. random_shuffle(b,e,r) 호출에 대해 난수 생성기는 시퀀스(또는 부분 시퀀스)의 원소 개수를 인자로 해서 호출된다. 예를 들어 호출 r(e-b)에 대해 난수 생성기는 [0,e-b) 범위에 있는 값을 반환해야 한다. My_rand가 그런 난수 생성기라면 카드 한 벌을 다음과 같이 섞을 수 있다.

```
void f(deque<Card>& dc, My_rand& r)
{
    random_shuffle(dc.begin(),dc.end(),r);
    // ...
}
```

파티션 알고리즘은 파티션 기준에 따라 시퀀스를 두 개의 부분으로 분리한다.

---

partition () (iso.25.3.13절)

p=partition(b,e,f)	f(*p1) 가 참인 원소를 [b:p)에 넣고, 다른 원소를 [p:e)에 넣는다.
p=stable_partition(b,e,f)	f(*p1) 가 참인 원소를 [b:p)에 넣고, 다른 원소를 [p:e)에 넣는다. 상대적인 순서를 유지한다.
pair(p1,p2)=partition_copy(b,e,out1,out2,f)	f(*p1) 가 참인 [b:e)의 원소를 [out1:p1)에 복사하고 !f(*p) 가 참인 [b:e)의 원소를 [out2:p2)에 복사한다.
p=partition_point(b,e,f)	[b:e)에 대해 p는 all_of(b,p,f) 와 none_of(p,e,f) 를 만족하는 지점이다.
is_partitioned(b,e,f)	f(*p) 가 참인 [b:e)의 모든 원소는 !f(*p) 가 참인 모든 원소 앞에 있는가?.

32.5.5 순열

순열permutation 알고리즘은 시퀀스의 모든 순열을 생성하는 체계적인 방법을 제공한다.

순열(iso.25.4.9절, iso.25.2.12절)
next_* 연산이 성공하면 x는 true이고, 그렇지 않다면 false다.

x=next_permutation(b,e)	사전 편집 순서 기준으로 [b:e)를 다음 순열로 만든다.
x=next_permutation(b,e,f)	비교를 위해 f를 이용해서 [b:e)를 다음 순열로 만든다.
x=prev_permutation(b,e)	사전 편집 순서 기준으로 [b:e)를 이전 순열로 만든다.
x=prev_permutation(b,e,f)	비교를 위해 f를 이용해서 [b:e)를 이전 순열로 만든다.
is_permutation(b,e,b2)	[b:e)와 같은 것으로 비교되는 [b2:b2+(e-b))의 순열이 있는가?
is_permutation(b,e,b2,f)	f(*p,*q)를 원소 비교로 이용해서 [b:e)와 같은 것으로 비교되는 [b2:b2+(e-b))의 순열이 있는가?

순열은 시퀀스의 원소로 이뤄진 조합을 만들어내는 데 쓰인다. 예를 들어 **abc**의 순열로는 **abc, acb, bac, bca, cab, cba**가 있다.

next_permutation() 알고리즘은 시퀀스 [b:e)를 받아들여 다음 순열로 변환한다. 다음 순열은 모든 순열의 집합이 사전 편집 순서로 정렬돼 있다는 가정하에 검색된다. 그런 순열이 존재한다면 **next_permutation()**은 **true**를 반환하고, 그렇지 않다면 시퀀스를 가장 작은 순열, 즉 오름차순 정렬 시 첫 번째 항목(이 예제에서는 abc)으로 변환하고, **false**를 반환한다. 따라서 **abc**의 순열을 다음과 같이 생성할 수 있다.

```
vector<char> v {'a','b','c'};
while(next_permutation(v.begin(),v.end()))
    cout << v[0] << v[1] << v[2] << ' ';
cout << '\n';
```

마찬가지로 [b:e)에 이미 첫 번째 순열(이 예제에서는 abc)이 포함돼 있다면 **prev_permutation()**은 **false**를 반환한다. 이 경우 **prev_permutation()**은 시퀀스를 마지막 순열

(이 예제에서는 cba)로 변환한다.

32.5.6 fill()

fill() 계열 알고리즘은 시퀀스 원소에 대입하고 시퀀스 원소를 초기화하는 방법을 제공한다.

fill 계열(iso.25.3.6절, iso.25.3.7절, iso.20.6.12절)	
fill(b,e,v)	v를 [b:e]의 각 원소에 대입한다.
p=fill_n(b,n,v)	v를 [b:b+n]의 각 원소에 대입한다. p=b+n
generate(b,e,f)	f()를 [b:e]의 각 원소에 대입한다.
p=generate_n(b,n,f)	f()를 [b:b+n]의 각 원소에 대입한다. p=b+n
uninitialized_fill(b,e,v)	[b:e]의 각 원소를 v로 초기화한다.
p=uninitialized_fill_n(b,n,v)	[b:b+n]의 각 원소를 v로 초기화한다. p=b+n
p=uninitialized_copy(b,e,out)	[out:out+(e-b))의 각 원소를 [b:e]의 대응되는 원소로 초기화한다. p=out+n
p=uninitialized_copy_n(b,n,out)	[out:out+n)의 각 원소를 [b:b+n]의 대응되는 원소로 초기화한다. p=out+n

generate()는 함수 인자를 반복적으로 호출해서 얻어진 값을 대입하는 반면 fill() 알고리즘은 지정된 값을 반복적으로 대입한다. 예를 들어 40.7절의 난수 생성기 Rand_int를 사용하는 경우는 다음과 같다.

```cpp
int v1[900];
array<int,900> v2;
vector<int> v3;

void f()
{
    fill(begin(v1),end(v1),99);                    // v1에서 99까지의 모든 원소를 설정한다.
    // [500:1500] 범위의 임의의 정수 값으로 설정한다.
    generate(begin(v2),end(v2),Rand_int{500,1500});
    // [0:100] 범위의 임의의 정수 200개를 출력한다.
    generate_n(ostream_iterator<int>{cout,"\n"},200,Rand_int{0,100});
    fill_n(back_inserter(v3),20,99);       // 99의 값을 가진 20개의 원소를 v3에 추가한다.
}
```

generate()와 fill() 함수는 초기화가 아니라 대입을 한다. 원시 저장 공간을 조작해야 한다면, 예를 들어 메모리의 어떤 영역을 잘 정의된 타입과 상태의 객체로 변환해야 한다면 uninitialized_ 버전(<memory>에 있는) 중 하나를 사용한다.

초기화되지 않은 시퀀스는 컨테이너 구현의 내부와 같이 프로그래밍의 저수준에서만 등장해야 한다. uninitialized_fill()이나 uninitialized_copy()의 대상인 원소는 기본 제공 타입이거나 초기화되지 않은 것이어야 한다. 예를 들면 다음과 같다.

```cpp
vector<string> vs {"Breugel","El Greco","Delacroix","Constable"};
vector<string> vs2 {"Hals","Goya","Renoir","Turner"};
copy(vs.begin(),vs.end(),vs2.begin());                    // OK
uninitialized_copy(vs.begin(),vs.end(),vs2.begin());      // 메모리 누출!
```

초기화되지 않은 메모리를 다루는 몇 가지 추가적인 기능은 34.6절에서 설명한다.

32.5.7 swap()

`swap()` 알고리즘은 두 객체의 값을 교환한다.

---
swap 계열(iso.25.3.3절)

`swap(x,y)`	x와 y의 값을 바꾼다.
`p=swap_ranges(b,e,b2)`	`[b:e]`와 `[b2,b2+(e-b))`의 대응되는 원소들을 `swap(v,v2)` 한다.
`iter_swap(p,q)`	`swap(*p,*q)`

예를 들면 다음과 같다.

```
void use(vector<int>& v, int* p)
{
    swap_ranges(v.begin(),v.end(),p);          // 값을 교환한다.
}
```

포인터 p는 최소 **v.size()** 개의 원소를 갖는 배열을 가리켜야 한다.

swap() 알고리즘은 표준 라이브러리에서 가장 간단하면서도 틀림없이 가장 중요한 알고리즘일 것이다. 이 알고리즘은 가장 광범위하게 쓰이는 많은 알고리즘을 구현하는 데 활용된다. 이 알고리즘의 구현은 7.7.2절에서 예제로 쓰였고, 표준 라이브러리 버전은 35.5.2절에서 소개된다.

32.6 정렬과 검색

정렬된 시퀀스에서 정렬과 검색은 필수적이며, 이에 대한 프로그래머의 수요에는 큰 차이가 있다. 비교는 기본적으로 < 연산자를 이용해서 수행되고, a와 b 값의 동등성은 연산자 ==가 아니라 `!(a<b)&&!(b<a)` 에 의해 판단된다.

---
sort 계열(iso.25.4.1절)

`sort(b,e)`	`[b:e]`를 정렬한다.
`sort(b,e,f)`	`f(*p,*q)`를 정렬 기준으로 이용해서 `[b:e]`를 정렬한다.

'일반적인 정렬' 외에 정렬에는 여러 가지 변형이 있다.

---
sort 계열(iso.25.4.1절)

`stable_sort(b,e)`	같은 원소의 순서를 유지한 채 `[b:e]`를 정렬한다.
`stable_sort(b,e,f)`	같은 원소의 순서를 유지한 채 `f(*p,*q)`를 정렬 기준으로 이용해서 `[b:e]`를 정렬한다.

(이어짐)

partial_sort(b,m,e)	[b:m]을 정렬할 정도로만 [b:e]를 정렬한다. [m:e]는 정렬될 필요가 없다.
partial_sort(b,m,e,f)	f(*p,*q)를 정렬 기준으로 이용해서 [b:m]을 정렬할 정도로만 [b:e]를 정렬한다. [m:e]는 정렬될 필요가 없다.
p=partial_sort_copy(b,e,b2,e2)	첫 번째 e2-b2 원소를 [b2:e2]에 복사할 수 있을 만큼만 [b:e]를 정렬한다. p는 e2와 b2+(e-b) 중에 작은 쪽이다.
p=partial_sort_copy(b,e,b2,e2,f)	비교에 f를 이용해서 첫 번째 e2-b2 원소를 [b2:e2]에 복사할 수 있을 만큼만 [b:e]를 정렬한다. p는 e2와 b2+(e-b) 중에 작은 쪽이다.
is_sorted(b,e)	[b:e]는 정렬돼 있는가?
is_sorted(b,e,f)	[b:e]는 비교에 f를 이용해서 정렬돼 있는가?
p=is_sorted_until(b,e)	p는 정렬돼 있지 않은 [b:e]의 첫 번째 원소를 가리킨다.
p=is_sorted_until(b,e,f)	p는 비교에 f를 이용해서 정렬돼 있지 않은 [b:e]의 첫 번째 원소를 가리킨다.
nth_element(b,n,e)	*n은 [b:e]가 정렬될 경우 있어야 하는 위치에 있다. [b:n]의 원소는 <=*n이고 [n:e]의 원소는 *n>=이다.
nth_element(b,n,e,f)	*n은 [b:e]가 정렬될 경우 있어야 하는 위치에 있다. 비교에 f를 이용해서 [b:n]의 원소는 <=*n이고 [n:e]의 원소는 *n>=이다.

sort() 알고리즘은 임의 접근 반복자(33.1.2절)를 필요로 한다.

이름과는 달리 is_sorted_until()는 bool이 아니라 반복자를 반환한다.

표준 list(31.3절)는 임의 접근 반복자를 제공하지 않는 관계로, list는 특정 list 연산 (31.4.2절)을 이용하거나 그것들의 원소를 vector로 복사해서 해당 vector를 정렬한 다음, 원소를 다시 list로 복사하는 방식으로 정렬돼야 한다.

```
template<typename List>
void sort_list(List& lst)
{
    vector<Value_type<lst>> v {lst.begin(),lst.end()};    // lst로 초기화한다.
                                            // 28.2.4절의 Value_type을 사용한다.
    sort(v);                            // 컨테이너 정렬을 사용한다(32.2.1절).
    copy(v,lst);                        // 컨테이너 복사를 사용한다.
}
```

기본 sort()는 효율적이다(평균 N*log(N)). 안정적인 정렬이 요구된다면 stable_sort()가 사용돼야 한다. 즉, 시스템이 충분한 여유 메모리를 갖고 있을 때 N*log(N) 쪽으로 개선되는 N*log(N)*log(N) 알고리즘이 사용돼야 한다. get_temporary_buffer() 함수는 그러한 추가 메모리를 획득하는 데 사용될 수 있다(34.6절). 동등한 것으로 비교되는 원소의 상대적인 순서 는 stable_sort()에서는 유지되지만, sort()에서는 유지되지 않는다.

때로는 정렬된 시퀀스의 앞부분 원소 몇 개들만 필요한 경우가 있다. 이런 경우에는 순서 의 앞부분을 얻기 위해 필요한 만큼만 시퀀스를 정렬하는 편이 타당할 것이다. 즉, 부분 정렬 이 타당하다. 일반적인 partial_sort(b,m,e) 알고리즘은 [b:m] 범위의 원소를 정렬한다.

partial_sort_copy() 알고리즘은 N개의 원소를 만들어 내는데, 여기서 N은 출력 시퀀스의 원소 개수와 입력 시퀀스의 원소 개수 중에 작은 쪽이다. 몇 개를 정렬해야 하는지를 결정해야 하기 때문에 결과 시퀀스의 시작과 끝을 모두 지정해야 한다. 예를 들면 다음과 같다.

```cpp
void f(const vector<Book>& sales) // 상위 10권의 책을 찾는다.
{
    vector<Book> bestsellers(10);
    partial_sort_copy(sales.begin(),sales.end(),
            bestsellers.begin(),bestsellers.end(),
            [](const Book& b1, const Book& b2) { return b1.copies_sold()>b2.copies_sold();
});
    copy(bestsellers.begin(),bestsellers.end(),ostream_iterator<Book>{cout,"\n"});
}
```

partial_sort_copy()의 대상은 임의 접근 반복자이어야 하므로, cout에 바로 정렬할 수는 없다.

partial_sort()에 의해 정렬돼야 하는 원소의 개수가 전체 원소 개수에 비해서 적다면 이런 알고리즘이 완전한 sort()에 비해 상당히 빠를 수 있다. 그렇게 되면 이런 알고리즘의 복잡성은 sort의 $O(N*\log(N))$에 비하면 $O(N)$에 가까워진다.

nth_element() 알고리즘은 N번째 원소보다 작은 것으로 비교되는 원소가 시퀀스에서 N번째 원소 앞에 배치되도록 하는 데까지만 정렬한다. 예를 들면 다음과 같다.

```cpp
vector<int> v;
Rand_int gen {1,1000};              // 40.7절
for (int i=0; i<1000; ++i)
    v.push_back(gen());
constexpr int n = 30;
nth_element(v.begin(), v.begin()+n, v.end());
cout << "nth: " << v[n] << '\n';
for (int i=0; i<n; ++i)
    cout << v[i] << ' ';
```

이 결과는 다음과 같다.

```
nth: 24
10 8 15 19 21 15 8 7 6 17 21 2 18 8 1 9 3 21 20 18 10 7 3 3 8 11 11 22 22 23
```

nth_element()는 n번째 원소보다 앞의 원소들이 n번째 원소보다 작기만 하면 되지 반드시 정렬되지 않아도 된다는 점에서 partial_sort()와 차이가 있다. 위의 예제에서 nth_element를 partial_sort로 바꾸면(그리고 같은 시퀀스를 얻기 위해 난수 생성기에 동일한 시드 값을 사용할 경우) 다음의 결과가 얻어진다.

```
nth: 24
1 2 3 3 3 6 7 7 8 8 8 8 9 10 10 11 11 15 15 17 18 18 19 20 21 21 21 22 22 23
```

nth_element() 알고리즘은 중앙값이나 백분위 등을 찾아야 하는 경제학자, 사회학자, 교사 같은 이들에게 특히 유용하다.

C 스타일의 문자열 정렬에는 명시적인 정렬 기준이 필요하다. C 스타일 문자열은 사용법에 관한 규약 집합을 가진 포인터일 따름이므로 포인터에 대한 <는 문자 시퀀스가 아니라 컴퓨터의 주소를 비교하기 때문이다. 다음 예를 살펴보자.

```
vector<string> vs = {"Helsinki","Copenhagen","Oslo","Stockholm"};
vector<const char*> vcs = {"Helsinki","Copenhagen","Oslo","Stockholm"};

void use()
{
    sort(vs);       // sort()의 범위 버전을 정의했다.
    sort(vcs);

    for (auto& x : vs)
        cout << x << ' ';
    cout << '\n';
    for (auto& x : vcs)
        cout << x << ' ';
}
```

이 결과는 다음과 같다.

```
Copenhagen Helsinki Oslo Stockholm
Helsinki Copenhagen Oslo Stockholm
```

막연하게 두 **vector**에서 동일한 결과가 나오리라고 기대했을지도 모르겠다. 하지만 C 스타일 문자열을 주소가 아닌 문자열 값으로 정렬하기 위해서는 적합한 정렬 술어 함수가 필요하다. 예를 들면 다음과 같다.

```
sort(vcs, [](const char* p, const char* q){ return strcmp(p,q)<0; });
```

표준 라이브러리 함수 **strcmp()**는 43.4절에서 설명한다.

C 스타일 문자열을 정렬하기 위해 ==를 제공할 필요가 없었다는 데 유의한다. 사용자 인터페이스를 단순화하기 위해 표준 라이브러리는 원소 비교에 **x==y**가 아니라 **!(x<y||y<x)**를 사용한다(31.2.2.2절).

32.6.1 이진 검색

binary_search() 계열 알고리즘은 순서 있는(정렬된) 시퀀스에 대한 이진 검색을 제공한다.

이진 검색(iso.25.4.3절)	
p=lower_bound(b,e,v)	p는 [b:e)에서 첫 번째 등장하는 v를 가리킨다.
p=lower_bound(b,e,v,f)	p는 비교에 f를 이용해서 [b:e)에서 첫 번째 등장하는 v를 가리킨다.
p=upper_bound(b,e,v)	p는 [b:e)에서 v보다 큰 첫 번째 값을 가리킨다.
p=upper_bound(b,e,v,f)	p는 비교에 f를 이용해서 [b:e)에서 v보다 큰 첫 번째 값을 가리킨다.

(이어짐)

binary_search(b,e,v)	정렬된 시퀀스 [b:e]에 v가 있는가?
binary_search(b,e,v,f)	비교에 f를 이용해서 정렬된 시퀀스 [b:e]에 v가 있는가?
pair(p1,p2)=equal_range(b,e,v)	[p1,p2)는 값 v를 가진 [b:e]의 부분 시퀀스다. 기본적으로 v에 대한 이진 검색이다.
pair(p1,p2)=equal_range(b,e,v,f)	[p1,p2)는 비교에 f를 이용해서 값 v를 가진 [b:e]의 부분 시퀀스다. 기본적으로 v에 대한 이진 검색이다.

find()(32.4절) 같은 순차적 검색은 대규모 시퀀스에는 끔찍할 정도로 비효율적이지만, 정렬이나 해시 없이 할 수 있는 것으로는 거의 최선이다(31.4.3.2절). 하지만 일단 시퀀스가 정렬되고 나면 어떤 값이 시퀀스에 존재하는지를 판단하기 위해 이진 검색을 사용할 수 있다. 예를 들면 다음과 같다.

```
void f(vector<int>& c)
{
    if (binary_search(c.begin(),c.end(),7)) {      // 7이 c에 있는가?
        // ...
    }
    // ...
}
```

binary_search()는 값의 존재 여부를 나타내는 bool을 반환한다. find()에서와 마찬가지로 종종 해당 값을 가진 원소가 해당 시퀀스의 어디에 있는지 알고 싶을 수도 있다. 하지만 어떤 시퀀스에 주어진 값을 가진 원소는 여러 개가 있을 수 있고, 많은 경우 우리는 그런 원소의 전부 아니면 첫 번째를 찾아야 한다. 이를 위해서 같은 원소의 범위를 찾아주는 알고리즘으로 equal_range()가 제공되고, 해당 범위의 lower_bound()와 upper_bound()를 찾아주는 알고리즘이 제공된다. 이런 알고리즘들은 multimap에 대한 연산에 대응된다(31.4.3절). lower_bound()를 정렬된 시퀀스에 대한 find()와 find_if의 빠른 버전으로 생각해도 된다. 예를 들면 다음과 같다.

```
void g(vector<int>& c)
{
    auto p = find(c.begin(),c.end(),7);           // 느릴 가능성이 높다. O(N).
                                                  // c는 정렬될 필요가 없다.
    auto q = lower_bound(c.begin(),c.end(),7);    // 빠를 가능성이 높다. O(log(N)).
                                                  // c는 정렬돼야 한다.
    // ...
}
```

lower_bound(first,last,k)는 k를 찾지 않으며, k보다 큰 키를 가진 첫 번째 원소에 대한 반복자를 반환하거나, 그러한 큰 원소가 존재하지 않을 경우 last를 반환한다. 이렇게 실패를 알려주는 방식은 upper_bound()와 equal_range()에서도 사용된다. 이는 시퀀스의 정렬 상태를 유지하려면 새로운 원소를 정렬돼 있는 시퀀스의 어느 곳에 삽입해야 하는지를 결정하는 데 이런 알고리즘들을 이용할 수 있다는 뜻이다. 반환된 pair의 second 앞에 넣기만 하면 되는 것이다.

특이하게도 이진 검색 알고리즘은 임의 접근 반복자를 필요로 하지 않으며, 순방향 반복자로도 충분하다.

32.6.2 merge()

`merge()` 알고리즘은 두 개의 순서 있는(정렬된) 시퀀스를 하나로 합친다.

merge 계열(iso.25.4.4절)	
`p=merge(b,e,b2,e2,out)`	두 개의 정렬된 시퀀스 [b2:e2)와 [b:e)를 [out:p)로 병합한다.
`p=merge(b,e,b2,e2,out,f)`	비교에 `f`를 이용해서 두 개의 정렬된 시퀀스 [b2:e2)와 [b:e)를 [out:p)로 병합한다.
`inplace_merge(b,m,e)`	두 개의 정렬된 시퀀스 [b:m)과 [m:e)를 정렬된 시퀀스 [b:e)로 병합한다.
`inplace_merge(b,m,e,f)`	비교에 `f`를 이용해서 두 개의 정렬된 시퀀스 [b:m)과 [m:e)를 정렬된 시퀀스 [b:e)로 병합한다.

`merge()` 알고리즘은 다양한 타입의 원소로 이뤄진 다양한 종류의 시퀀스를 받아들일 수 있다. 예를 들면 다음과 같다.

```
vector<int> v {3,1,4,2};
list<double> lst {0.5,1.5,2,2.5};       // lst는 정렬돼 있다.
sort(v.begin(),v.end());                // v를 정렬한다.
vector<double> v2;
merge(v.begin(),v.end(),lst.begin(),lst.end(),back_inserter(v2));    // v와 lst를 v2로
                                                                     // 병합한다.
for (double x : v2)
    cout << x << ", ";
cout << '\n';
```

삽입자에 대해서는 33.2.2절을 참고하기 바란다. 결과는 다음과 같다.

```
0.5, 1, 1.5, 2, 2, 2.5, 3, 4,
```

32.6.3 집합 알고리즘

이런 알고리즘들은 시퀀스를 원소의 집합으로 취급하고 기본적인 집합 연산을 제공한다. 입력 시퀀스는 정렬돼 있어야 하며, 출력 시퀀스 역시 정렬된다.

집합 알고리즘(iso.25.4.5절)	
`includes(b,e,b2,e2)`	[b:e)의 모든 원소는 [b2:e2)에도 포함되는가?
`includes(b,e,b2,e2,f)`	비교에 `f`를 이용해서 [b:e)의 모든 원소는 [b2:e2)에도 포함되는가?
`p=set_union(b,e,b2,e2,out)`	[b:e)나 [b2:e2)에 포함돼 있는 원소로 정렬된 시퀀스 [out:p)를 생성한다.

(이어짐)

집합 알고리즘(iso.25.4.5절)

`p=set_union(b,e,b2,e2,out,f)`	비교에 `f`를 이용해서 [b:e)나 [b2:e2)에 포함돼 있는 원소로 정렬된 시퀀스 [out:p)를 생성한다.
`p=set_intersection(b,e,b2,e2,out)`	[b:e)와 [b2:e2)에 모두 포함돼 있는 원소로 정렬된 시퀀스 [out:p)를 생성한다.
`p=set_intersection(b,e,b2,e2,out,f)`	비교에 `f`를 이용해서 [b:e)와 [b2:e2)에 모두 포함돼 있는 원소로 정렬된 시퀀스 [out:p)를 생성한다.
`p=set_difference(b,e,b2,e2,out)`	[b:e)에는 포함돼 있지만 [b2:e2)에는 포함돼 있는지 않은 원소로 정렬된 시퀀스 [out:p)를 생성한다.
`p=set_difference(b,e,b2,e2,out,f)`	비교에 `f`를 이용해서 [b:e)에는 포함돼 있지만 [b2:e2)에는 포함돼 있지 않은 원소로 정렬된 시퀀스 [out:p)를 생성한다.
`p=set_symmetric_difference(b,e,b2,e2,out)`	[b:e)나 [b2:e2)에 포함돼 있지만 양쪽 모두에는 포함되어 있지 않은 원소로 정렬된 시퀀스 [out:p)를 생성한다.
`p=set_symmetric_difference(b,e,b2,e2,out,f)`	비교에 `f`를 이용해서 [b:e)나 [b2:e2)에 포함돼 있지만 양쪽 모두에는 포함되어 있지 않은 원소로 정렬된 시퀀스 [out:p)를 생성한다.

예를 들면 다음과 같다.

```cpp
string s1 = "qwertyasdfgzxcvb";
string s2 = "poiuyasdfg/.,mnb";
sort(s1.begin(),s1.end());        // 집합 알고리즘은 정렬된 시퀀스를 요구한다.
sort(s2.begin(),s2.end());

string s3(s1.size()+s2.size(),'*');   // 가능한 가장 최대의 결과에 충분한 공간을
                                      // 확보해 놓는다.
cout << s3 << '\n';

auto up = set_union(s1.begin(),s1.end(),s2.begin(),s2.end(),s3.begin());

cout << s3 << '\n';
for (auto p = s3.begin(); p!=up; ++p) cout << *p;
cout << '\n';

s3.assign(s1.size()+s2.size(),'+');
up = set_difference(s1.begin(),s1.end(),s2.begin(),s2.end(),s3.begin());

cout << s3 << '\n';
for (auto p = s3.begin(); p!=up; ++p) cout << *p;

cout << '\n';
```

이런 소규모 테스트는 다음의 결과를 낳는다.

```
******************************
,./abcdefgimnopqrstuvxyz*******
,./abcdefgimnopqrstuvxyz
ceqrtvwxz+
```

32.6.4 힙

힙은 가장 높은 값을 가진 원소를 맨 앞에 놓는 간결한 데이터 구조다. 힙을 이진트리의 표현이라고 생각하기 바란다. 힙 알고리즘을 이용해서 프로그래머는 임의 접근 시퀀스를 힙으로 다룰 수 있다.

힙 연산(iso.25.4.6절)	
make_heap(b,e)	[b:e]를 힙으로 쓸 수 있게 준비한다.
make_heap(b,e,f)	비교에 f를 이용해서 [b:e]를 힙으로 쓸 수 있게 준비한다.
push_heap(b,e)	*(e-1)을 힙 [b:e-1]에 추가한다. 이후 [b:e]는 힙이다.
push_heap(b,e,f)	비교에 f를 이용해서 하나의 원소를 [b:e-1] 힙에 추가한다.
pop_heap(b,e)	힙 [b:e-1]에서 *(e-1)을 제거한다. 이후 [b:e-1]는 힙이다.
pop_heap(b,e,f)	비교에 f를 이용해서 원소를 [b:e-1] 힙에서 제거한다.
sort_heap(b,e)	[b:e) 힙을 정렬한다.
sort_heap(b,e,f)	비교에 f를 이용해서 [b:e) 힙을 정렬한다.
is_heap(b,e)	[b:e)가 힙인가?
is_heap(b,e,f)	비교에 f를 이용해서 [b:e)가 힙인가?
p=is_heap_until(b,e)	p는 [b:p)가 힙이 되는 최대의 p다.
p=is_heap_until(b,e,f)	비교에 f를 이용해서 p는 [b:p)가 힙이 되는 최대의 p다.

힙 [b:e)의 끝인 e를 포인터로 생각하기 바란다. 이 포인터는 pop_heap()에 의해 감소되고 push_heap()에 의해 증가된다. 가장 큰 원소는 b를 끝까지 읽은 다음(예를 들면 x=*b), pop_heap()을 실행하면 추출된다. 새로운 원소는 e를 끝까지 쓴 다음(예를 들면 *e=x), push_heap()을 실행하면 삽입된다. 예를 들면 다음과 같다.

```
string s = "herewego";              // herewego
make_heap(s.begin(),s.end());       // worheege
pop_heap(s.begin(),s.end());        // rogheeew
pop_heap(s.begin(),s.end()-1);      // ohgeeerw
pop_heap(s.begin(),s.end()-2);      // hegeeorw

*(s.end()-3)='f';
push_heap(s.begin(),s.end()-2);     // hegeefrw
*(s.end()-2)='x';
push_heap(s.begin(),s.end()-1);     // xeheefgw
*(s.end()-1)='y';
push_heap(s.begin(),s.end());       // yxheefge
sort_heap(s.begin(),s.end());       // eeefghxy
reverse(s.begin(),s.end());         // yxhgfeee
```

s에 대한 변경을 이해할 수 있는 방법은 사용자는 s[0]만을 읽고 s[x]만을 쓴다는 것이다. 여기서 x는 힙의 현재 끝부분에 대한 색인이다. 힙은 어떤 원소(항상 s[0])를 s[x]와 바꿔 치는 방식으로 제거한다.

힘에서 중요한 점은 원소를 빠르게 추가하고 가장 높은 값을 가진 원소에 빠르게 접근하는 방법을 제공하는 것이다. 힙의 주 용도는 우선순위 큐를 구현하는 것이다.

32.6.5 lexicographical_compare()

사전 편집 순서 비교는 사전에서 순서를 정렬할 때 쓰이는 규칙이다.

사전 편집 순서 비교(iso.25.4.8절

lexicographical_compare(b,e,b2,e2)	[b:e] < [b2:e2)인가?
lexicographical_compare(b,e,b2,e2,f)	비교에 f를 이용해서 [b:e] < [b2:e2)인가?

---

lexicographical_compare(b,e,b2,e2)를 다음과 같이 구현할 수 있다.

```
template<typename In, typename In2>
bool lexicographical_compare(In first, In last, In2 first2, In2 last2)
{
    for (; first!=last && first2!=last2; ++first,++first2) {
        if (*first<*first2)
            return true;        // [first:last)<[first2:last2)
        if (*first2<*first)
            return false;       // [first2:last2)<[first:last)
    }
    return first==last && first2!=last2;    // [first:last)가 짧을 경우
                                            // [first:last)<[first2:last2)
}
```

즉, 문자열은 문자의 시퀀스로서 비교된다. 예를 들면 다음과 같다.

```
string n1 {"10000"};
string n2 {"999"};
bool b1 = lexicographical_compare(n1.begin(),n1.end(),n2.begin(),n2.end()); // b1 == true
n1 = "Zebra";
n2 = "Aardvark";
bool b2 = lexicographical_compare(n1.begin(),n1.end(),n2.begin(),n2.end()); // b2 == false
```

32.7 최소와 최대

값 비교는 많은 상황에서 쓸모가 있다.

---

min과 max 계열(iso.25.4.7절)

x=min(a,b)	x는 a와 b 중에서 작은 값이다.
x=min(a,b,f)	비교에 f를 이용해서 x는 a와 b 중에서 작은 값이다.
x=min({elem})	x는 {elem}에서 가장 작은 원소다.
x=min({elem},f)	원소 비교에 f를 이용해서 x는 {elem}에서 가장 작은 원소다.

(이어짐)

min과 max 계열(iso.25.4.7절)

x=max(a,b)	x는 a와 b 중에서 큰 값이다.
x=max(a,b,f)	비교에 f를 이용해서 x는 a와 b 중에서 큰 값이다.
x=max({elem})	x는 {elem}에서 가장 큰 원소다.
x=max({elem},f)	원소 비교에 f를 이용해서 x는 {elem}에서 가장 큰 원소다.
pair(x,y)=minmax(a,b)	x는 min(a,b)이고, y는 max(a,b)다.
pair(x,y)=minmax(a,b,f)	x는 min(a,b,f)이고, y는 max(a,b,f)다.
pair(x,y)=minmax({elem})	x는 min({elem})이고, y는 max({elem})이다.
pair(x,y)=minmax({elem},f)	x는 min({elem},f)이고, y는 max({elem},f)다.
p=min_element(b,e)	p는 [b:e)나 e 중에서 가장 작은 원소를 가리킨다.
p=min_element(b,e,f)	비교에 f를 이용해서 p는 [b:e)나 e 중에서 가장 작은 원소를 가리킨다.
p=max_element(b,e)	p는 [b:e)나 e 중에서 가장 큰 원소를 가리킨다.
p=max_element(b,e,f)	비교에 f를 이용해서 p는 [b:e)나 e 중에서 가장 큰 원소를 가리킨다.
pair(x,y)=minmax_element(b,e)	x는 min_element(b,e)이고, y는 max_element(b,e)다.
pair(x,y)=minmax_element(b,e,f)	x는 min_element(b,e,f)이고, y는 max_element(b,e,f)다.

두 좌변 값을 비교하면 결과에 대한 참조자가 결과가 된다. 그렇지 않다면 우변 값이 반환된다. 안타깝게도 좌변 값을 받아들이는 버전은 const 값을 받아들이기 때문에 이런 함수들의 결과는 절대로 변경할 수 없다. 예를 들면 다음과 같다.

```
int x = 7;
int y = 9;
++min(x,y);        // 오류: min(x,y)의 결과는 const int&다.
++min({x,y});      // 오류: min({x,y})의 결과는 우변 값(initializer_list는 불변적)이다.
```

_element 함수는 반복자를 반환하고 minmax 함수는 pair를 반환하므로, 다음과 같이 작성할 수 있다.

```
string s = "Large_Hadron_Collider";
auto p = minmax_element(s.begin(),s.end(),
                        [](char c1,char c2) { return toupper(c1)<toupper(c2); });
cout << "min==" << *(p.first) << ' ' << "max==" << *(p.second) << '\n';
```

내 컴퓨터의 ASCII 문자 집합에서 이 소규모 테스트의 결과는 다음과 같다.

```
min==a max==_
```

32.8 조언

[1]   STL 알고리즘은 하나 또는 그 이상의 시퀀스에 적용된다(32.2절).

[2]   입력 시퀀스는 반이 열려 있으며, 반복자의 쌍으로 정의된다(32.2절).

[3]   검색할 때 알고리즘은 '발견되지 않음'을 나타내기 위해 대개 입력 시퀀스의 끝을 반환한다(32.2절).

[4]   '무작위적인 코드'보다는 신중하고 기술된 알고리즘을 선택한다(32.2절).

[5]   루프를 작성할 때는 범용 알고리즘으로 표현될 수 있는지 고려한다(32.2절).

[6]   반복자 인자 쌍이 정말로 시퀀스를 지정하는지 확인한다(32.2절).

[7]   반복자 쌍 스타일이 장황해지면 컨테이너/범위 알고리즘을 도입한다(32.2절).

[8]   술어 함수와 다른 함수 객체를 이용해서 표준 알고리즘에 좀 더 폭넓은 의미를 부여한다(32.3절).

[9]   술어 함수는 자신의 인자를 변경하지 않아야 한다(32.3절).

[10] 표준 알고리즘에서 포인터에 대한 기본 ==와 <가 적합한 경우는 거의 없다(32.3절).

[11] 사용하는 알고리즘의 복잡성을 파악해야 하지만 복잡성 측정은 성능에 대한 대략적인 가이드라인일 뿐이라는 점을 명심한다(32.3.1절).

[12] 작업에 더 이상 구체적인 알고리즘이 없을 때만 `for_each()`와 `transform()`을 사용한다(32.4.1절).

[13] 알고리즘은 인자 시퀀스의 원소를 직접적으로 추가하거나 빼지 않는다(32.5.2절, 32.5.3절).

[14] 초기화되지 않은 객체를 다뤄야 한다면 `uninitialized_*` 알고리즘을 고려하기 바란다(32.5.6절).

[15] STL 알고리즘은 ==가 아니라 자신의 순서 비교에서 생성된 동등성 비교를 사용한다(32.6절).

[16] C 스타일 문자열을 정렬하고 검색하기 위해서는 사용자가 문자열 비교 연산을 제공해야 한다는 점에 유의한다(32.6절).

33

STL 반복자

> STL 컨테이너와 알고리즘이
> 그토록 서로 잘 어울리는 이유는
> 서로에 대해 아무것도 모르기 때문이다
>
> **– 알렉스 스테파노프**(Alex Stepanov)

- 개요
- 반복자 모델 반복자 카테고리, 반복자 특성 정보, 반복자 연산
- 반복자 어댑터 역방향 반복자, 삽입 반복자, 이동 반복자
- 범위 접근 함수
- 함수 객체
- 함수 어댑터 `bind()`, `mem_fn()`, function
- 조언

33.1 개요

33장에서는 STL 반복자와 유틸리티, 그리고 특히 표준 라이브러리 함수 객체를 소개한다. STL은 표준 라이브러리의 반복자, 컨테이너, 알고리즘, 함수 객체 부분으로 구성된다. STL의 나머지 부분은 31장과 32장에 소개돼 있다.

　반복자는 표준 라이브러리 알고리즘을 데이터와 연결시켜 주는 매개체다. 반대로 반복자를 적용 대상 데이터 구조에 대한 알고리즘의 의존성을 최소화하는 데 쓰이는 메커니즘이라고 말할 수도 있다.

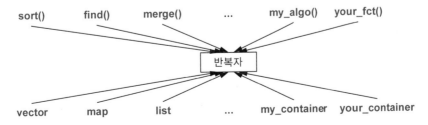

STL 반복자 **1027**

33.1.1 반복자 모델

반복자는 간접적인 접근에 필요한 연산(예를 들면 역참조)과 새로운 원소를 가리키기 위한 이동에 필요한 연산(예를 들면 새로운 원소로 이동을 위한 ++)을 제공한다는 점에서 포인터와 유사하다. 시퀀스^{sequence}는 반개방 범위 [begin:end)를 정의하는 반복자 쌍에 의해 정의된다.

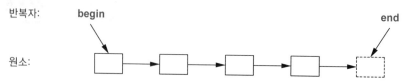

즉, begin은 시퀀스의 첫 번째 원소를 가리키고, end는 시퀀스의 마지막 원소 하나 다음의 원소를 가리킨다. *end에서 읽어 들이거나 *end에 쓰는 것은 불가능하다. 빈 시퀀스는 begin==end이라는 점에 유의한다. 즉, [p:p)는 반복자 p에 상관없이 빈 시퀀스다.

시퀀스를 읽기 위해 알고리즘은 보통 반개방 시퀀스 [b:e)를 나타내는 반복자 쌍 (b,e)를 받아들이고 ++를 이용해서 끝에 다다를 때까지 반복한다.

```
while (b!=e) {          // <가 아니라 !=를 사용한다.
    // 뭔가를 한다.
    ++b;               // 다음 원소로 이동한다.
}
```

끝에 도달했는지의 여부를 검사하기 위해 <가 아닌 !=를 쓰는 이유는, 일부는 그것이 무엇을 검사하고 있는지에 대한 좀 더 정확한 기술이기도 하고 일부는 임의 접근 반복자만이 <을 지원하기 때문이다.

시퀀스에서 뭔가를 검색하는 알고리즘은 대개 '발견되지 않음'을 나타내기 위해 시퀀스의 끝을 반환한다. 예를 들면 다음과 같다.

```
auto p = find(v.begin(),v.end(),x);      // v에서 x를 찾는다.

if (p!=v.end()) {
    // x가 p에서 발견됨
}
else {
    // x가 [v.begin():v.end())에서 발견되지 않음
}
```

많은 경우 시퀀스에 쓰기를 시도하는 알고리즘에는 첫 번째 원소에 대한 반복자만이 주어진다. 이런 경우 해당 시퀀스의 끝을 넘어서 쓰지 않게 하는 것은 프로그래머의 책임이다. 예를 들면 다음과 같다.

```
template<typename Iter>
void forward(Iter p, int n)
{
    while (n>0)
        *p++ = --n;
}
void user()
```

```
{
    vector<int> v(10);
    forward(v.begin(),v.size());            // OK
    forward(v.begin(),1000);                // 심각한 문제 발생
}
```

일부 표준 라이브러리 구현은 **forward()**의 마지막 해당 호출에 대해 예외를 던지는 식으로 범위를 체크하기도 하지만, 이식성을 생각한다면 그런 사실에 의존할 수는 없다. 많은 구현 환경이 범위를 체크하지 않기 때문이다. 안전하고 간단한 대안을 원한다면 삽입 반복자를 사용하기 바란다(33.2.2절).

33.1.2 반복자 카테고리

표준 라이브러리는 5가지 종류의 반복자(5가지 반복자 카테고리)를 제공한다.

- **입력 반복자**(input iterator) ++를 이용해서 순방향으로 반복할 수 있고, *를 이용해서 각 원소를 읽을 수 있다. ==와 !=를 이용해서 입력 반복자를 비교할 수 있다. 입력 반복자는 **istream**에서 제공하는 반복자의 일종이다. 38.5절을 참고하기 바란다.

- **출력 반복자**(output iterator) ++를 이용해서 순방향으로 반복할 수 있고, *를 이용해서 각 원소에 딱 한 번 쓸 수 있다. 출력 반복자는 **ostream**에서 제공하는 반복자의 일종다. 38.5절을 참고하기 바란다.

- **순방향 반복자**(forward iterator) ++를 반복적으로 이용해서 순방향으로 반복할 수 있고, *를 반복적으로 이용해서 원소의 읽고 쓰기를 할 수 있다(원소가 const가 아니라면). 순방향 반복자가 클래스 객체를 가리킨다면 멤버를 참조하기 위해 ->를 사용할 수 있다. ==와 !=를 이용해서 순방향 반복자를 비교할 수 있다. 순방향 반복자는 **forward_list**에서 제공하는 반복자의 일종이다(31.4절).

- **양방향 반복자**(bidirectional iterator) (++를 이용해서) 순방향으로 반복할 수 있고 (--를 이용해서) 역방향으로 반복할 수 있으며, *를 반복적으로 이용해서 원소의 읽고 쓰기를 할 수 있다(원소가 const가 아니라면). 양방향 반복자가 클래스 객체를 가리킨다면 멤버를 참조하기 위해 ->를 사용할 수 있다. ==와 !=를 이용해서 양방향 반복자를 비교할 수 있다. 양방향 반복자는 **list**, **map**, **set**에서 제공하는 반복자의 일종이다(31.4절).

- **임의 접근 반복자**(random-access iterator) (++나 +=를 이용해서) 순방향으로 반복할 수 있고 (--나 -=를 이용해서) 역방향으로 반복할 수 있으며, *나 []를 반복적으로 이용해서 원소의 읽고 쓰기를 할 수 있다(원소가 const가 아니라면). 임의 접근 반복자가 클래스 객체를 가리킨다면 멤버를 참조하기 위해 ->를 사용할 수 있다. []를 이용해서 임의 접근 반복자에 첨자를 붙일 수 있고, +를 이용해서 정수를 더할 수 있으며, -를 이용해서 정수를 뺄 수 있다. 동일한 시퀀스에 대한 두 개의 임의 접근 반복자 사이의 거리는 하나에서 다른 하나를 빼는 방식으로 구할 수 있다. ==, !=, <, <=, >, >=를 이용해서 임의 접근 반복자를 비교할 수

있다. 임의 접근 반복자는 **vector**에서 제공하는 반복자의 일종이다(31.4절).

논리적으로, 이런 반복자들은 계층 구조로 구성될 수 있다(iso.24.2절).

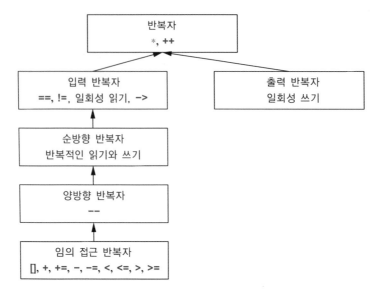

반복자 카테고리는 클래스가 아니라 콘셉트(24.3절)이므로, 이런 계층 구조는 파생을 통해 구현된 클래스 계층 구조가 아니다. 반복자 카테고리에 대해 좀 더 발전된 뭔가가 필요하다면 **iterator_traits**를 (직접적 또는 간접적으로) 사용하기 바란다.

33.1.3 반복자 특성 정보

<iterator>에서 표준 라이브러리가 제공하는 타입 함수 집합을 이용하면 반복자의 특정 속성에 특화된 코드를 작성할 수 있다.

반복자 특성 정보(iso.24.4.1절)

iterator_traits<Iter>	포인터가 아닌 Iter에 대한 특성 정보 타입
iterator_traits<T*>	T* 포인터에 대한 특성 정보 타입
iterator<Cat,T,Dist,Ptr,Re>	기본 반복자 멤버 타입을 정의하는 간단한 클래스
input_iterator_tag	입력 반복자에 대한 카테고리
output_iterator_tag	출력 반복자에 대한 카테고리
forward_iterator_tag	순방향 반복자에 대한 카테고리. input_iterator_tag에서 파생됨. forward_list, unordered_set, unordered_multiset, unordered_map, unordered_multimap을 위해 제공됨
bidirectional_iterator_tag	양방향 반복자에 대한 카테고리. forward_iterator_tag에서 파생됨. list, set, multiset, map, multimap을 위해 제공됨
random_access_iterator_tag	임의 접근 반복자에 대한 카테고리. bidirectional_iterator_tag에서 파생됨. vector, deque, array, 기본 제공 배열, string을 위해 제공됨

반복자 태그는 반복자 타입을 기반으로 알고리즘 중에서 선택하는 데 쓰이는 타입이다. 예를 들어 임의 접근 반복자는 원소에 바로 접근할 수 있다.

```cpp
template<typename Iter>
void advance_helper(Iter& p, int n, random_access_iterator_tag)
{
    p+=n;
}
```

반면 순방향 반복자는 한 번에 한 단계씩 이동해서(예를 들면 리스트의 링크를 따라서) n번째 원소에 접근해야 한다.

```cpp
template<typename Iter>
void advance_helper(Iter& p, int n, bidirectional_iterator_tag)
{
    if (0<n)
        while (n--) ++p;
    else if (n<0)
        while (n++) --p;
}
```

이런 보조 함수가 주어지면 advance()는 최적의 알고리즘을 일관성 있게 사용할 수 있다.

```cpp
template<typename Iter>
void advance(Iter& p, int n)     // 최적의 알고리즘을 사용한다.
{
    advance_helper(p,n,typename iterator_traits<Iter>::iterator_category{});
}
```

전형적으로 advance()나 advance_helper()는 이러한 태그 디스패치^{tag dispatch} 기법으로 인해 런타임 오버헤드가 생기지 않게 하기 위해 인라인화될 것이다. 이런 기법의 변형들이 STL 곳곳에 쓰이고 있다.

반복자의 주요 속성은 iterator_traits에 있는 별칭에 의해 기술된다.

```cpp
template<typename Iter>
struct iterator_traits {
    using value_type = typename Iter::value_type;
    using difference_type = typename Iter::difference_type;
    using pointer = typename Iter::pointer;              // 포인터 타입
    using reference = typename Iter::reference;          // 참조자 타입
    using iterator_category = typename Iter::iterator_category; // (태그)
};
```

이런 멤버 타입을 갖지 않는 반복자를 위해서(예를 들면 int*) iterator_traits에 대한 특수화를 제공한다.

```cpp
template<typename T>
struct iterator_traits<T*>{                    // 포인터에 대한 특수화
    using difference_type = ptrdiff_t;
    using value_type = T;
    using pointer = T*;
    using reference = T&;
```

```
    using iterator_category = random_access_iterator_tag;
};
```

일반적으로 다음과 같이 작성할 수는 없다.

```
template<typename Iter>
typename Iter::value_type read(Iter p, int n)        // 일반적이지 않다.
{
    // ... 뭔가 체크를 수행한다...
    return p[n];
}
```

이 코드에는 오류가 잠재돼 있다. 포인터 인자로 이 **read()**를 호출하면 오류가 일어날 것이다. 컴파일러가 오류를 잡아내겠지만, 그 오류 메시지는 방대하면서도 모호할 것이다. 다른 방법으로 다음과 같이 작성할 수 있다.

```
template<typename Iter>
typename iterator_traits<Iter>::value_type read(Iter p, int n)  // 좀 더 일반적
{
    // ... 뭔가 체크를 수행한다...
    return p[n];
}
```

반복자의 속성을 찾기 위해서는 반복자 자체가 아니라 **iterator_traits**(28.2.4절)를 들여다봐야 한다는 것이 요점이다. 결국에는 구현 세부 사항일 따름인 **iterator_traits**에 대한 직접적인 참조를 막기 위해서는 별칭을 정의하면 된다. 예를 들면 다음과 같다.

```
template<typename Iter>
using Category = typename std::iterator_traits<Iter>::iterator_category;
```
```
template<typename Iter>
using Difference_type = typename std::iterator_traits<Iter>::difference_type;
```

따라서 (같은 시퀀스를 가리키는) 두 반복자 사이의 차이에 대한 타입을 알고 싶다면 몇 가지 선택이 있다.

```
template<typename Iter>
void f(Iter p, Iter q)
{
    Iter::difference_type d1 = distance(p,q);            // 문법 오류: "typename" 누락
    typename Iter::difference_type d2 = distance(p,q); // 포인터 등에 대해서는 동작하지 않는다.
    typename iterator_traits<Iter>::difference_type d3 = distance(p,q); // OK, 하지만 보기
                                                        // 좋지 않다.
    Difference_type<Iter> d4 = distance(p,q);            // OK, 훨씬 낫다.
    auto d5 = distance(p,q);        // OK, 타입을 명시적으로 언급하지 않아도 된다면
    // ...
}
```

나는 마지막 두 가지 방안을 추천한다.

iterator 템플릿은 반복자의 주요 속성들을 **struct** 안에 묶어 넣는데, 이는 반복자 구현자에게 편의를 제공하고 몇 가지 기본 설정을 제공하기 위해서다.

```
template<typename Cat, typename T, typename Dist = ptrdiff_t, typename Ptr = T*, typename Ref
= T&>
struct iterator {
    using value_type = T;
    using difference_type = Dist ;        // distance()에 의해 쓰이는 타입
    using pointer = Ptr;                   // 포인터 타입
    using reference = Ref;                 // 참조자 타입
    using iterator_category = Cat;         // 카테고리(태그)
};
```

33.1.4 반복자 연산

반복자 연산(iso.24.2.2절)

++p	사전 증가(한 원소 전진). p가 다음 원소 또는 마지막 원소 하나 다음의 원소를 참조하게 만든다. 증가된 값이 결과 값이 된다.
p++	사후 증가(한 원소 전진). p가 다음 원소 또는 마지막 원소 하나 다음의 원소를 참조하게 만든다. 증가되기 전 p의 값이 결과 값이 된다.
*p	접근(역참조). *p는 p가 가리키는 원소를 참조한다.
--p	사전 감소(한 원소 뒤로 간다). p가 이전 원소를 가리키게 만든다. 감소된 값이 결과 값이 된다.
p--	사후 감소(한 원소 뒤로 간다). p가 이전 원소를 가리키게 만든다. 감소되기 전 p의 값이 결과 값이 된다.
p[n]	접근(첨자). p[n]은 p+n이 가리키는 원소를 참조한다. *(p+n)과 같다.
p->m	접근(멤버 접근). (*p).m과 같다.
p==q	동등성. p와 q가 같은 원소를 가리키거나 둘 다 마지막 원소 하나 다음의 원소를 가리키는가?
p!=q	부등성. !(p==q)
p<q	p는 q가 가리키는 원소 이전의 원소를 가리키는가?
p<=q	p<q || p==q
p>q	p는 q가 가리키는 원소 이후의 원소를 가리키는가?
p>=q	p>q || p==q
p+=n	n만큼 전진시킨다. p가 현재 가리키는 원소 이후의 n번째 원소를 가리키게 만든다.
p-=n	-n만큼 전진시킨다. p가 현재 가리키는 원소 이전의 n번째 원소를 가리키게 만든다.
q=p+n	q는 p가 가리키는 원소 이후의 n번째 원소를 가리킨다.
q=p-n	q는 p가 가리키는 원소 이전의 n번째 원소를 가리킨다.

++p는 p에 대한 참조자를 반환하는 반면 p++는 예전 값을 가진 p의 사본을 반환해야 한다. 따라서 좀 더 복잡한 반복자의 경우에는 ++p가 p++보다 좀 더 효율적일 가능성이 높다.

다음 연산은 해당 반복자에 대해 구현될 수만 있다면 모두 동작이 가능하지만 임의 접근 반복자에 대해서 좀 더 효율적으로 동작할 것이다(33.1.2절 참고).

반복자 연산(iso.24.2.4절)	
advance(p,n)	p+=n과 같다. p는 최소한 입력 반복자여야 한다.
n=distance(p,q)	n=q-p와 같다. p는 최소한 입력 반복자여야 한다.
q=next(p,n)	q=p+n과 같다. p는 최소한 순방향 반복자여야 한다.
q=next(p)	q=next(p,1)
q=prev(p,n)	q=p-n과 같다. p는 최소한 양방향 반복자여야 한다.
q=prev(p)	q=prev(p,1)

각각의 경우에 p가 임의 접근 반복자라면 알고리즘은 n 단계를 밟을 것이다.

33.2 반복자 어댑터

<iterator>에서 표준 라이브러리는 주어진 반복자 타입을 바탕으로 관련된 유용한 반복자 타입을 생성할 수 있는 어댑터를 제공한다.

반복자 어댑터		
reverse_iterator	역방향으로 반복한다.	33.2.1절
back_insert_iterator	끝부분에 삽입한다.	33.2.2절
front_insert_iterator	시작 부분에 삽입한다.	33.2.2절
insert_iterator	임의의 장소에 삽입한다.	33.2.2절
move_iterator	복사가 아니라 이동한다.	33.2.3절
raw_storage_iterator	초기화되지 않은 저장 공간에 쓴다.	34.6.2절

iostream에 대한 반복자는 38.5절에서 설명한다.

33.2.1 역방향 반복자

반복자를 사용하면 시퀀스 [b:e)를 b에서 e까지 순회할 수 있다. 시퀀스가 양방향 접근을 허용한다면 시퀀스를 e에서 b까지 역방향으로도 순회할 수 있다. 이런 순회를 처리하는 반복자를 reverse_iterator라고 부른다. reverse_iterator는 기초 반복자에 의해 정의된 시퀀스의 끝부분에서 해당 시퀀스의 시작 부분까지 반복한다. 반개방 시퀀스를 얻으려면 b-1을 마지막 원소를 하나 지난 것으로 간주하고, e-1을 시퀀스의 시작 원소로 간주해야 한다. 즉, [e-1,b-1)이 되는 것이다. 따라서 역방향 반복자와 대응되는 반복자 사이의 기본적인 관계는 &*(reverse_iterator(p))==&*(p-1)이 된다. 특히 v가 vector라면 v.rbegin()은 마지막 원소 v[v.size()-1]을 가리킨다. 다음을 살펴보자.

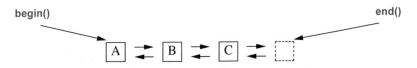

reverse_iterator를 사용하면 이 시퀀스를 다음과 같이 간주할 수 있다.

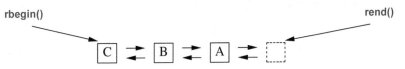

reverse_iterator의 정의는 다음과 같이 될 것이다.

```
template<typename Iter>
class reverse_iterator
    : public iterator<Iterator_category<Iter>,
                      Value_type<Iter>,
                      Difference_type<Iter>,
                      Pointer<Iter>,
                      Reference<Iter>> {
public:
    using iterator_type = Iter;

    reverse_iterator(): current{} { }
    explicit reverse_iterator(Iter p): current{p} { }
    template<typename Iter2>
        reverse_iterator(const reverse_iterator<Iter2>& p) :current(p.base()) { }

    Iter base() const { return current; }       // 현재 반복자 값

    reference operator*() const { tmp = current; return *--tmp; }
    pointer operator->() const;
    reference operator[](difference_type n) const;

    reverse_iterator& operator++() { --current; return *this; }         // 주의: ++가 아님
    reverse_iterator operator++(int) { reverse_iterator t = current; --current; return t; }
    reverse_iterator& operator--() { ++current; return *this; }         // 주의: --가 아님
    reverse_iterator operator--(int) { reverse_iterator t = current; ++current; return t; }

    reverse_iterator operator+(difference_type n) const;
    reverse_iterator& operator+=(difference_type n);
    reverse_iterator operator-(difference_type n) const;
    reverse_iterator& operator-=(difference_type n);
    // ...
protected:
    Iter current;       // current는 *this가 참조하는 원소 다음의 원소를 가리킨다.
private:
    // ...
    iter tmp;           // 함수 유효 범위보다 오래 살아남아야 하는 임시 객체를 위한 것
};
```

reverse_iterator<Iter>는 Iter와 동일한 멤버 타입과 연산을 가진다. 특히 Iter가 임의 접근 반복자라면 그것의 reverse_iterator<Iter>는 [], +, <를 가진다. 예를 들면 다음과 같다.

```
void f(vector<int>& v, list<char>& lst)
{
    v.rbegin()[3] = 7;                // OK: 임의 접근 반복자
    lst.rbegin()[3] = '4';            // 오류: 양방향 반복자는 []를 지원하지 않는다.
    *(next(lst.rbegin(),3)) = '4';    // OK!
}
```

next()를 이용해서 반복자를 이동시키는데, ([]처럼) +는 list<char>::iterator 같은 양방향 반복자에 대해서는 동작하지 않기 때문이다.

역방향 반복자를 이용하면 시퀀스를 역순서로 바라보는 방식대로 알고리즘을 사용할 수 있다. 예를 들어 시퀀스에서 어떤 원소가 마지막으로 등장한 경우를 찾으려면 find()를 역방향 시퀀스에 적용할 수 있다.

```
auto ri = find(v.rbegin(),v.rend(),val);  // 마지막 등장
```

C::reverse_iterator가 C::iterator와는 다르다는 점에 유의한다. 따라서 역방향 시퀀스를 이용해서 find_last() 알고리즘을 작성하고자 한다면 어떤 타입의 반복자를 반환할지 결정해야 할 것이다.

```
template<typename C, typename Val>
auto find_last(C& c, Val v) -> decltype(c.begin())  // 인터페이스에서 C의 반복자를 사용한다.
{
    auto ri = find(c.rbegin(),c.rend(),v);
    if (ri == c.rend()) return c.end();             // "발견되지 않음"을 나타내기 위해
                                                    // c.end()를 사용한다.
    return prev(ri.base());
}
```

reverse_iterator에 대해서 ri.base()는 ri가 가리키는 위치 하나 다음의 원소를 가리키는 iterator를 반환한다. 따라서 역방향 반복자 ri와 동일한 원소를 가리키는 반복자를 구하려면 ri.base()-1을 반환해야 한다. 하지만 나의 컨테이너는 반복자에 대해 -를 지원하지 않는 list일 수 있으므로, 그 대신 prev()를 사용한다.

역방향 반복자는 완전히 정상적인 반복자이므로, 루프를 명시적으로 작성할 수 있다.

```
template<typename C, typename Val>
auto find_last(C& c, Val v) -> decltype(c.begin())
{
    for (auto p = c.rbegin(); p!=c.rend(); ++p)   // 시퀀스를 역방향으로 바라본다.
        if (*p==v) return --p.base();
    return c.end();                               // "찾을 수 없음"을 나타내기 위해
                                                  // c.end()를 사용한다.
}
```

(양방향) 반복자를 사용해서 역방향 검색을 수행하는 동일한 기능의 코드는 다음과 같다.

```
template<typename C, typename Val>
auto find_last(C& c, Val v) -> decltype(c.begin())
{
    for (auto p = c.end(); p!=c.begin(); )   // 뒤에서부터 역방향으로 검색한다.
        if (*--p==v) return p;
```

```
    return c.end();                          // "찾을 수 없음"을 나타내기 위해 c.end()를 사용한다.
}
```

이전 `find_last()` 정의에 대해서와 마찬가지로 이 버전은 최소 하나의 양방향 반복자를 필요로 한다.

33.2.2 삽입 반복자

반복자를 통해 컨테이너로 출력한다는 것은 반복자가 가리키는 원소에 이어지는 원소들에 덮어쓸 수 있다는 말이다. 이는 오버플로와 그에 따른 메모리 변조가 일어날 가능성이 있다는 뜻이다. 다음 예를 살펴보자.

```
void f(vector<int>& vi)
{
    fill_n(vi.begin(),200,7);    // 7을 vi[0]..[199]에 대입한다.
}
```

`vi`가 200개 원소보다 작다면 문제가 생긴다.

`<iterator>`에서 표준 라이브러리는 삽입자[inserter]의 형태로 해결책을 제공한다. 쓰여질 때 삽입자는 새로운 원소를 기존 원소에 덮어쓰지 않고, 시퀀스에 삽입한다. 예를 들면 다음과 같다.

```
void g(vector<int>& vi)
{
    fill_n(back_inserter(vi),200,7);  // 200개의 7을 vi의 끝부분에 추가한다.
}
```

삽입 반복자를 통해 원소에 쓰기를 할 때 반복자는 가리켜지는 원소에 덮어쓰기를 하지 않고 자신의 값을 삽입한다. 따라서 어떤 값이 삽입 반복자를 통해 쓰여질 때마다 컨테이너는 한 원소만큼 늘어난다. 삽입자는 유용하기도 하지만 간단하고 효율적이기도 하다.

삽입 반복자에는 다음과 같은 세 가지 종류가 있다.

- `insert_iterator`는 `insert()`를 이용해서 가리켜지는 원소 앞에 삽입한다.
- `front_insert_iterator`는 `push_front()`를 이용해서 시퀀스의 첫 번째 원소 앞에 삽입한다.
- `back_insert_iterator`는 `push_back()`을 이용해서 시퀀스의 마지막 원소 뒤에 삽입한다.

삽입자는 대개 보조 함수 호출을 통해 생성된다.

삽입자 생성 함수(iso.24.5.2절)

`ii=inserter(c,p)`	`ii`는 컨테이너 c에 있는 p를 가리키는 `insert_iterator`다.
`ii=back_inserter(c)`	`ii`는 컨테이너 c에 있는 `back()`을 가리키는 `back_insert_iterator`다.
`ii=front_inserter(c)`	`ii`는 컨테이너 c에 있는 `front()`를 가리키는 `front_insert_iterator`다.

`inserter()`에 전달되는 반복자는 컨테이너에 들어가는 반복자여야 한다. 시퀀스 컨테이너

의 경우 이는 양방향 반복자여야 한다는 뜻이다(그 앞에 삽입하기 위해서). 예를 들어 `inserter()`를 이용해서 반복자가 `foward_list`에 삽입되게 만들 수는 없다. 연관 컨테이너의 경우에는 그런 반복자가 삽입할 장소를 알려주는 데만 사용되기 때문에, 순방향 반복자(예를 들면 `unordered_set`에 의해 제공되는 대로)가 받아들여질 수 있다.

삽입자는 출력 반복자다.

---

insert_iterator<C> 연산(iso.24.5.2절)

`insert_iterator p {c,q};`	`*q`를 가리키는 컨테이너 c에 대한 삽입자. q는 c를 가리켜야 한다.
`insert_iterator p {q};`	복사 생성자. p는 q의 사본이다.
`p=q`	복사 대입. p는 q의 사본이다.
`p=move(q)`	이동 대입. p는 q가 가리켰던 것을 가리킨다.
`++p`	아무것도 하지 않는다(다른 반복자와의 호환성을 위해서 존재함).
`p++`	아무것도 하지 않는다(다른 반복자와의 호환성을 위해서 존재함).
`*p=x`	p 앞에 x를 삽입한다.

`front_insert_iterator`와 `back_insert_iterator`는 그들의 생성자가 반복자를 요구하지 않는다는 점에서 차이가 있다. 예를 들면 다음과 같다.

```
vector<string> v;
back_insert_iterator<vector<string>> p {v};
```

삽입자를 통해 읽을 수는 없다.

33.2.3 이동 삽입자

이동 삽입자는 가리켜지는 원소의 읽기를 통해 복사가 아니라 이동이 이뤄지는 경우에 대한 반복자다. 대개 이동 반복자는 보조 함수를 이용해서 다른 반복자를 기반으로 만들어진다.

이동 반복자 생성 함수

`mp=make_move_iterator(p)`	mp는 p와 동일한 원소를 가리키는 `move_iterator`다. p는 입력 반복자여야 한다.

이동 반복자는 만들어진 바탕이 되는 반복자와 동일한 연산을 가진다. 예를 들어 이동 반복자 `p`가 양방향 반복자로부터 만들어졌다면 `--p`를 할 수 있다. 이동 반복자의 `operator*()`는 가리켜지는 원소에 대한 우변 값 참조자(7.7.2절)를 반환한다. `std::move(q)`가 그것이다. 예를 들면 다음과 같다.

```
vector<string> read_strings(istream&);
auto vs = read_strings(cin);                        // 문자열을 얻는다.
vector<string> vs2;
copy(vs.begin(),vs.end(),back_inserter(vs2));       // vs를 vs2로 복사한다.
vector<string> vs3;
```

```
copy(make_move_iterator(vs2.begin()),make_move_iterator(vs2.end()),back_inserter(vs3));
                                                                      // 이동한다.
```

make_move_iterator() 는 기본적으로 **move()** 알고리즘(32.5.1절)이 내부적으로 사용하는 것이다.

33.3 범위 접근 함수

<iterator> 에서 표준 라이브러리는 컨테이너에 대한 **begin()** 과 **end()** 비멤버 함수를 제공한다.

---

begin() 과 **end()** (iso.24.6.5절)

p=begin(c)	p는 c의 첫 번째 원소에 대한 반복자다. c는 기본 제공 배열이거나 c.begin()을 가진다.
p=end(c)	p는 c의 마지막 하나 다음의 원소에 대한 반복자다. c는 기본 제공 배열이거나 c.end()를 가진다.

이 함수들은 매우 단순하다.

```
template<typename C>
    auto begin(C& c) -> decltype(c.begin());
template<typename C>
    auto begin(const C& c) -> decltype(c.begin());
template<typename C>
    auto end(C& c) -> decltype(c.end());
template<typename C>
    auto end(const C& c) -> decltype(c.end());
template<typename T, size_tN>                    // 기본 제공 배열
    auto begin(T (&array)[N]) -> T*;
template<typename T, size_t N>
    auto end(T (&array)[N]) -> T*;
```

이 함수들은 범위 기반 for문(9.5.1절)에 의해 쓰이지만, 당연히 사용자가 직접적으로 사용할 수도 있다. 예를 들면 다음과 같다.

```
template<typename Cont>
void print(Cont& c)
{
    for (auto p=begin(c); p!=end(c); ++p)
        cout << *p << '\n';
}

void f()
{
    vector<int> v {1,2,3,4,5};
    print(v);
    int a[] {1,2,3,4,5};
    print(a);
}
```

c.begin() 과 **c.end()** 가 언급됐더라면 **print(a)** 호출은 실패했을 것이다.

begin()과 **end()** 멤버를 가진 사용자 정의 컨테이너는 **<iterator>**가 **#include**될 때 자동적으로 비멤버 버전을 획득한다. 비멤버 **begin()**과 **end()**를 그것들을 갖고 있지 않은 **My_container**란 컨테이너에 제공하기 위해서는 다음과 같이 작성해야 한다.

```
template<typename T>
Iterator<My_container<T>> begin(My_container<T>& c)
{
    return Iterator<My_container<T>>{&c[0]};           // 첫 번째 원소에 대한 반복자
}
template<typename T>
Iterator<My_container<T>> end(My_container<T>& c)
{
    return Iterator<My_container<T>>{&c[0]+c.size()}; // 마지막 하나 다음의 원소에 대한 반복자
}
```

여기서는 첫 번째 원소의 주소 전달이 **My_container**의 첫 번째 원소에 대한 반복자를 만드는 방법이라고 가정했고, **My_container**가 **size()**를 갖고 있다고 가정했다.

33.4 함수 객체

표준 알고리즘 상당수는 자신의 작동 방식을 제어하기 위해 함수 객체(또는 함수)를 인자로 받아들일 수 있다. 비교 기준, 술어 함수(bool을 반환하는 함수), 산술 연산이 이런 용도로 널리 쓰인다. **<functional>**에서 표준 라이브러리는 몇 가지 널리 쓰이는 함수 객체를 제공한다.

술어 함수(iso.20.8.5절, iso.20.8.6절, iso.20.8.7절)	
p=equal_to<T>{}	p(x,y)는 x와 y가 타입 T일 때 x==y를 뜻한다.
p=not_equal_to<T>{}	p(x,y)는 x와 y가 타입 T일 때 x!=y를 뜻한다.
p=greater<T>{}	p(x,y)는 x와 y가 타입 T일 때 x>y를 뜻한다.
p=less<T>{}	p(x,y)는 x와 y가 타입 T일 때 x<y를 뜻한다.
p=greater_equal<T>{}	p(x,y)는 x와 y가 타입 T일 때 x>=y를 뜻한다.
p=less_equal<T>{}	p(x,y)는 x와 y가 타입 T일 때 x<=y를 뜻한다.
p=logical_and<T>{}	p(x,y)는 x와 y가 타입 T일 때 x&&y를 뜻한다.
p=logical_or<T>{}	p(x,y)는 x와 y가 타입 T일 때 x||y를 뜻한다.
p=logical_not<T>{}	p(x)는 x가 타입 T일 때 !x를 뜻한다.
p=bit_and<T>{}	p(x,y)는 x와 y가 타입 T일 때 x&y를 뜻한다.
p=bit_or<T>{}	p(x,y)는 x와 y가 타입 T일 때 x|y를 뜻한다.
p=bit_xor<T>{}	p(x,y)는 x와 y가 타입 T일 때 x^y를 뜻한다.

예를 들면 다음과 같다.

```
vector<int> v;
// ...
sort(v.begin(),v.end(),greater<int>{});           // v를 내림차순으로 정렬한다.
```

이런 술어 함수는 대략적으로 간단한 람다와 동일하다. 예를 들면 다음과 같다.

```
vector<int> v;
// ...
sort(v.begin(),v.end(),[] (int a, int b) { return a>b; });    //v를 내림차순으로 정렬한다.
```

logical_and와 logical_or는 언제나 인자 두 개를 모두 평가한다는 데 유의한다(&&와 ||는 그렇지 않다).

산술 연산(iso.20.8.4절)

f=plus<T>{}	f(x,y)는 x와 y가 타입 T일 때 x+y를 뜻한다.
f=minus<T>{}	f(x,y)는 x와 y가 타입 T일 때 x-y를 뜻한다.
f=multiplies<T>{}	f(x,y)는 x와 y가 타입 T일 때 x*y를 뜻한다.
f=divides<T>{}	f(x,y)는 x와 y가 타입 T일 때 x/y를 뜻한다.
f=modulus<T>{}	f(x,y)는 x와 y가 타입 T일 때 x%y를 뜻한다.
f=negate<T>{}	f(x)는 x가 타입 T일 때 -x를 뜻한다.

33.5 함수 어댑터

함수 어댑터는 함수를 인자로 받아들이고 원래 함수를 실행시키는 데 쓰일 수 있는 함수 객체를 반환한다.

어댑터(iso.20.8.9절, iso.20.8.10절, iso.20.8.8절)

g=bind(f,args)	args에서 사용되는 _1, _2, _3 같은 임시 이름을 arg2의 인자로 대체해 args3가 얻어진 경우 g(args2)는 f(args3)와 동일하다.
g=mem_fn(f)	g(p,args)는 p가 포인터일 경우에는 p->f(args)이고, p가 포인터가 아닌 경우에는 p.f(args)다. args는 (비어 있을 가능성이 높은) 인자 리스트다.
g=not1(f)	g(x)는 !f(x)를 뜻한다.
g=not2(f)	g(x,y)는 !f(x,y)를 뜻한다.

---

bind()와 mem_fn() 어댑터는 커링Currying이나 부분 평가partial evaluation라고도 불리는 인자 바인딩을 수행한다. 이런 바인더와 폐기 예정인 그들의 전신(bind1st(), mem_fun(), mem_fun_ref() 등)은 과거에는 집중적으로 사용됐지만, 이제 람다(11.4절)를 이용하면 그런 대부분의 용도를 훨씬 더 쉽게 표현할 수 있다.

33.5.1 bind()

함수와 인자 집합이 주어지면 bind()는 함수의 '남은' 인자로 호출될 수 있는 함수 객체를 만들어낸다. 다음 예를 살펴보자.

```
double cube(double);
```

```
auto cube2 = bind(cube,2);
```

cube2() 호출은 cube(2)와 같이 인자 2로 cube를 실행시킨다. 함수의 모든 인자를 일일이 바인딩하지 않아도 된다. 예를 들면 다음과 같다.

```
using namespace placeholders;
void f(int,const string&);
auto g = bind(f,2,_1);          // f()의 첫 번째 원소를 2에 바인딩한다.
f(2,"hello");
g("hello");                      // 역시 f(2,"hello")를 호출한다.
```

특이해 보이는 _1이라는 바인더 인자는 bind()에게 결과 함수 객체에 대한 인자가 어디로 가야 되는지를 알려주는 임시 이름이다. 이 경우에는 g()의 (첫 번째) 인자가 f()의 두 번째 인자로 쓰인다.

임시 이름은 <functional>의 일부인 (부분) 네임스페이스 std::placeholders에서 찾을 수 있다. 임시 이름 메커니즘은 상당한 융통성이 있다. 다음 예를 살펴보자.

```
f(2,"hello");
bind(f)(2,"hello");          // 역시 f(2,"hello")를 호출한다.
bind(f,_1,_2)(2,"hello");    // 역시 f(2,"hello")를 호출한다.
bind(f,_2,_1)("hello",2);    // 인자 순서를 뒤집는다. 역시 f(2,"hello")를 호출한다.
auto g = [](const string& s, int i) { f(i,s); }    // 인자 순서를 뒤집는다.
g("hello",2);                                        // 역시 f(2,"hello")를 호출한다.
```

오버로딩된 함수에 대한 인자를 바인딩하려면 어떤 버전의 함수를 바인딩하려는지 명시적으로 기술해야 한다.

```
int pow(int,int);
double pow(double,double);      // pow()는 오버로딩돼 있다.
auto pow2 = bind(pow,_1,2);                            // 오류: 어떤 pow()?
auto pow2 = bind((double(*)(double,double))pow,_1,2);  // OK(하지만 보기 좋지 않다)
```

bind()는 통상적인 표현식을 인자로 받아들인다는 데 유의한다. 이는 bind()가 참조자를 접하기 전에 참조자가 역참조된다는 뜻이다. 예를 들면 다음과 같다.

```
void incr(int& i)
{
    ++i;
}

void user()
{
    int i = 1;
    incr(i);              // i는 2가 된다.
    auto inc = bind(incr,_1);
    inc(i);               // i는 그대로 2이다. inc(i)는 i의 지역 사본을 증가시켰다.
}
```

이를 처리하기 위해 표준 라이브러리는 또 다른 어댑터 쌍을 제공한다.

reference_wrapper<T>(iso.20.8.3절)	
r=ref(t)	r은 T&t에 대한 reference_wrapper다. noexcept
r=cref(t)	r은 const T&t에 대한 reference_wrapper다. noexcept

이 어댑터 쌍은 bind()에 대한 '참조 문제'를 해결해준다.

```
void user2()
{
    int i = 1;
    incr(i);                    // i는 2가 된다.
    auto inc = bind(incr,_1);
    inc(ref(i));                // i는 3이 된다.
}
```

thread 생성자가 가변 인자 템플릿(42.2.2절)이기 때문에 참조자를 thread에 대한 인자로 전달하기 위해 이런 ref()가 필요하다.

지금까지는 bind()의 결과를 즉시 사용하든지 아니면 그것을 auto로 선언된 변수에 대입하든지 둘 중 하나였다. 이렇게 하면 bind() 함수의 반환 타입을 지정하는 수고를 덜 수 있다. 이런 방법이 쓸모가 있는 이유는 bind()의 반환 타입이 호출될 함수의 타입과 저장된 인자값에 따라 달라지기 때문이다. 특히 반환된 함수 객체는 바인딩된 매개변수의 값을 보관해야 할 때 커진다. 하지만 때로는 필요한 인자의 타입과 반환되는 결과의 타입을 구체적으로 지정하고 싶을 수 있다. 그런 경우라면 function(33.5.3절)에 대해 그런 사항을 지정할 수 있다.

33.5.2 mem_fn()

함수 어댑터 mem_fn()은 비멤버 함수로 호출될 수 있는 함수 객체를 만들어 낸다. 예를 들면 다음과 같다.

```
void user(Shape* p)
{
    p->draw();
    auto draw = mem_fn(&Shape::draw);
    draw(p);
}
```

mem_fn()은 알고리즘이 비멤버 함수로 호출되는 연산을 요구할 때 주로 쓰인다. 예를 들면 다음과 같다.

```
void draw_all(vector<Shape*>& v)
{
    for_each(v.begin(),v.end(),mem_fn(&Shape::draw));
}
```

따라서 mem_fn()을 객체지향적인 호출 스타일에서 함수형 스타일로의 매핑으로 볼 수도 있다.

많은 경우 람다가 바인더에 대한 간단하고 일반적인 대안이 될 수 있다. 예를 들면 다음과 같다.

```
void draw_all(vector<Shape*>& v)
{
    for_each(v.begin(),v.end(),[](Shape* p) { p->draw(); });
}
```

33.5.3 function

bind()는 직접적으로 사용될 수 있으며, auto 변수를 초기화하는 데 쓰일 수 있다. 이런 점에서 bind()는 람다와 닮았다.

bind()의 결과를 특정 타입을 가진 변수에 대입하고 싶다면 표준 라이브러리 타입 function을 사용할 수 있다. function에는 구체적인 반환 타입과 구체적인 인자 타입이 지정된다.

---

function<R(Argtypes...)>(iso.20.8.11.2절)

function<type> f {};	f는 빈 function이다. noexcept
function<type> f {nullptr};	f는 빈 function이다. noexcept
function<type> f {g};	f는 g를 보관하는 function이다. g는 f의 인자와 같은 타입의 인자로 호출될 수 있는 모든 것이 될 수 있다. noexcept
function<type> f {allocator_arg_t,a};	f는 빈 function이다. 할당자 a를 사용한다. noexcept
function<type> f {allocator_arg_t,a,nullptr_t};	f는 빈 function이다. 할당자 a를 사용한다. noexcept
function<type> f {allocator_arg_t,a,g};	f는 g를 보관하는 function이다. 할당자 a를 사용한다. noexcept
f2=f	f2는 f의 사본이다.
f=nullptr	f는 비게 된다.
f.swap(f2)	f와 f2의 내용물을 바꿔친다. f와 f2는 동일한 function 타입이어야 한다. noexcept
f.assign(f2,a)	f는 f2의 사본과 할당자 a를 얻는다.
bool b {f};	f에서 bool로의 변환. f가 비어 있지 않다면 b는 true. 명시적. noexcept
r=f(args)	포함된 함수를 args로 실행시킨다. 인자 타입은 f의 인자 타입과 일치해야 한다.
ti=f.target_type()	ti는 f에 대한 type_info다. f에 호출할 수 있는 뭔가가 포함돼 있지 않다면 ti==typeid(void)다. noexcept
p=f.target<F>()	f.target_type()==typeid(F)라면 p는 포함된 객체를 가리킨다. 그렇지 않다면 p==nullptr이다. noexcept
f==nullptr	f가 비어 있는가? noexcept
nullptr==f	f==nullptr
f!=nullptr	!(f==nullptr)
nullptr!=f	!(f==nullptr)
swap(f,f2)	f.swap(f2)

예를 들면 다음과 같다.

```
int f1(double);
function<int(double)> fct {f1};        // fct는 double 인자를 받아들이고 int를 반환한다.
                                       // f1으로 초기화한다.
int f2(int);
int f3(char*);
void user()
{
    fct = [](double d) { return round(d); };   // lambda를 fct에 대입한다.
    fct = f1;                          // function을 fct에 대입한다.
    fct = f2;                          // 경고: double에서 int로의 변환
    fct = f3;                          // 오류: 부정확한 인자 타입
}
```

function은 자신이 보관하는 함수(또는 함수 객체)를 실행시킨다. 그 결과로 인자 변환이 일어날 수 있다. 예를 들어 fct가 f2를 보관하고 있다면 fct(2.2) 호출은 f1(2)를 실행시킬 것이다.

일반적인 목적대로 function을 단순 호출하지 않고, 누군가가 function을 조사하고 싶은 드문 경우를 위해 대상 함수가 제공된다.

표준 라이브러리 function은 호출 연산자 ()(2.2.1절, 3.4.3절, 11.4절, 19.2.2절)를 이용해서 실행시킬 수 있는 객체라면 무엇이든 보관할 수 있는 타입이다. 즉, function 타입의 객체는 함수 객체다. 다음 예를 살펴보자.

```
int round(double x) { return static_cast<int>(floor(x+0.5)); }   // 관용적인 4/5 반올림

function<int(double)> f;        // f는 double로 호출될 수 있는 모든 것을 보관할 수 있으며,
                                // int를 반환한다.
enum class Round_style { truncate, round };

struct Round {          // 상태를 가진 함수 객체
    Round_style s;
    Round(Round_style ss) :s(ss) { }
    int operator()(double x) const { return static_cast<int>((s==Round_style::round) ?
        (x+0.5) : x); };
};

void t1()
{
    f = round;
    cout << f(7.6) << '\n';                     // f를 통한 function round에 대한 호출

    f = Round(Round_style::truncate);
    cout << f(7.6) << '\n';                     // 함수 객체 호출

    Round_style style = Round_style::round;
    f = [style](double x){ return static_cast<int>((style==Round_style::round) ? x+0.5 : x);
};
    cout << f(7.6) << '\n';                     // 람다 호출

    vector<double> v {7.6};
    f = Round(Round_style::round);
    std::transform(v.begin(),v.end(),v.begin(),f);   // 알고리즘으로 전달한다.
```

```
        cout << v[0] << '\n';                              // 람다에 의한 변환
}
```

이 결과는 8, 7, 8, 8이다.

분명히 function은 콜백이나, 연산을 인자로 전달하는 등에 유용하다.

33.6 조언

[1]   입력 시퀀스는 반복자 쌍으로 정의된다(33.1.1절).

[2]   출력 시퀀스는 단일 반복자에 의해 정의된다. 오버플로를 피한다(33.1.1절).

[3]   모든 반복자 p에 대해 [p:p]는 빈 시퀀스다(33.1.1절).

[4]   시퀀스의 끝을 이용해서 '발견되지 않음'을 나타낸다(33.1.1절).

[5]   반복자를 좀 더 범용적이고 많은 경우 좀 더 잘 동작하는 포인터로 생각하기 바란다 (33.1.1절).

[6]   컨테이너의 원소를 가리키는 포인터보다는 list<char>::iterator 같은 반복자 타입 을 사용한다(33.1.1절).

[7]   iterator_traits를 이용해서 반복자에 대한 정보를 얻는다(33.1.3절).

[8]   iterator_traits를 이용해서 컴파일 타임 디스패치를 수행할 수 있다(33.1.3절).

[9]   iterator_traits를 이용해서 반복자의 카테고리를 기반으로 최적의 알고리즘을 선택 한다(33.1.3절).

[10]   iterator_traits는 구현 세부 사항이다. 가급적 암시적으로 사용해야 한다(33.1.3절).

[11]   base()를 이용해서 reverse_iterator에서 iterator를 추출한다(33.2.1절).

[12]   삽입 반복자를 이용해서 아이디어 컨테이너에 원소를 추가할 수 있다(33.2.2절).

[13]   move_iterator를 이용해서 복사 연산을 이동 연산으로 만들 수 있다(33.2.3절).

[14]   반드시 컨테이너가 범위 기반 for를 이용해서 순회될 수 있게 만든다(33.3절).

[15]   bind()를 이용해서 함수 및 함수 객체의 변형을 만든다(33.5.1절).

[16]   bind()는 참조자를 일찍 역참조한다는 데 유의한다. 역참조를 미루고 싶다면 ref()를 사용한다(33.5.1절).

[17]   mem_fn()이나 람다를 이용해서 p->f(a) 호출 규약을 f(p,a)로 바꿀 수 있다(33.5.2절).

[18]   호출될 수 있는 다양한 객체를 보관할 수 있는 변수가 필요하다면 function을 사용한 다(33.5.3절).

34

메모리와 자원

아이디어는 누구든지 가질 수 있다,
중요한 것은 그 아이디어로
무엇을 하는가이다

− 테리 프래쳇(Terry Pratchett)

- 개요
- 유사 컨테이너 `array`, `bitset`, `vector<bool>`, 튜플
- 자원 관리 포인터 unique_ptr, shared_ptr, weak_ptr
- 할당자 기본 할당자, 할당자 특성 정보, 포인터 특성 정보, 유효 범위를 가진 할당자
- 가비지 컬렉션 인터페이스
- 미초기화 메모리 임시 버퍼, `raw_storage_iterator`
- 조언

34.1 개요

STL(31장, 32장, 33장)은 데이터 관리와 조작을 위한 표준 라이브러리의 기능에서 가장 고도로
구조화되고 범용적인 부분이다. 34장에서는 좀 더 특수하거나 원시 메모리(타입을 가진 객체와
달리)를 다루는 기능들을 소개한다.

34.2 유사 컨테이너

표준 라이브러리는 STL 프레임워크(31.4절, 32.2절, 33.1절)에 딱 들어맞지 않는 컨테이너를 여러
가지 제공한다. 기본 제공 배열, `array`, `string`이 그런 예다. 나는 이것들을 때때로 '유사
컨테이너almost container'(31.4절)라고 부르는데, 사실 이런 호칭은 그다지 공정하지 않다. 이것들
은 원소를 보관하기 때문에 컨테이너이다. 다만 제각기 제약이 있거나 부가된 기능들이 있어
STL의 맥락에서 쓰이기에 어색한 것이다. 이것들을 별도로 설명하는 편이 STL의 설명 역시
간단해진다.

유사 컨테이너	
`T[N]`	기본 제공 배열. 타입 `T`의 N개 원소로 연속적으로 할당된 고정 크기의 시퀀스. 암시적으로 `T*`로 변환된다.
`array<T,N>`	타입 `T`의 N개 원소로 연속적으로 할당된 고정 크기의 시퀀스. 기본 제공 배열과 유사하지만 대부분의 문제가 해결돼 있다.
`bitset<N>`	N비트로 이뤄진 고정 크기의 시퀀스
`vector<bool>`	vector의 특수화에 촘촘하게 저장된 비트로 이뤄진 시퀀스
`pair<T,U>`	`T`와 `U` 타입의 두 원소
`tuple<T...>`	임의의 타입의 임의 개수의 원소로 이뤄진 시퀀스
`basic_string<C>`	`C` 타입 문자로 이뤄진 시퀀스. 문자열 연산을 제공한다.
`valarray<T>`	`T` 타입 수치 값으로 이뤄진 배열. 수치 연산을 제공한다.

표준 라이브러리에서 이토록 많은 컨테이너가 제공되는 이유는 무엇인가? 이런 컨테이너들은 일반적이면서도 제각기 다른 (종종 서로 겹치는) 요구를 충족시켜준다. 표준 라이브러리에서 이런 것들이 제공되지 않는다면 많은 사람이 직접 자신만의 컨테이너를 설계하고 구현해야 할 것이다. 예를 들면 다음과 같다.

- **pair**와 **tuple**은 비균질적이다. 다른 모든 컨테이너들은 균질적이다(모든 원소가 같은 타입이다).
- **array**, **vector**, **tuple** 원소는 인접해서 할당된다. **foward_list**와 **map**은 링크 구조다.
- **bitset**과 **vector<bool>**은 비트를 보관하고 프락시 객체를 통해 그것들에 접근한다. 다른 모든 표준 라이브러리 컨테이너들은 다양한 타입을 보관하고, 그것들에 직접적으로 접근한다.
- **basic_string**은 원소가 어떤 형태의 문자이기를 요구하며, 연결이나 로케일을 구분하는 연산(39장) 같은 문자열 조작을 제공한다. **valarray**는 원소가 숫자이기를 요구하며, 수치 연산을 제공한다.

이런 모든 컨테이너가 대규모 프로그래머 커뮤니티에서 필요로 하는 특화된 기능을 제공한다고 볼 수 있다. 하나의 컨테이너만으로 이런 요구들을 모두 충족시킬 수 없는 이유는 그런 요구들이 서로 상반되기 때문이다. '늘어날 수 있는 기능'과 '고정된 위치에 할당되게 보장'이나 "원소가 추가될 때 원소가 이동하지 않는다"와 "인접해서 할당된다"는 등이 그런 예다. 게다가 극도로 범용적인 컨테이너는 개별 컨테이너 입장에서 보면 수용할 수 없는 정도의 오버헤드를 수반된다는 뜻이다.

34.2.1 array

<array>에 정의돼 있는 **array**는 주어진 타입의 원소로 이뤄진 고정 크기의 시퀀스로서 원소의 개수는 컴파일 타임에 지정된다. 따라서 **array**는 스택, 객체, 정적 저장 공간에 있는 원소로 할당될 수 있다. 원소는 **array**가 정의된 유효 범위 내에서 할당된다. **array**를 이해하는 가장 좋은 방법은, 크기가 확고히 부착된 기본 제공 배열에서 포인터 타입으로의 의도하지

않은 암시적 변환을 일으키는 기능을 빼고, 몇 가지 편의 함수를 추가한 컨테이너로 보는 것이다. 기본 제공 배열과 비교할 때 **array** 사용에 있어서는 (시간적 또는 공간적) 오버헤드가 유발되지 않는다. **array**는 STL 컨테이너의 '원소에 대한 핸들' 모델을 따르지 않는다. 대신 **array**는 직접적으로 원소를 포함한다.

```
template<typename T, size_tN>        // N개의 T로 이뤄진 array(iso.23.3.2절)
struct array {
/*
    컨테이너 크기를 변경하는 연산, 생성자, assign() 함수를 제외하면
    타입과 연산은 vector와 비슷하며(31.4절),
*/
    void fill(const T& v);          // v의 N 사본을 대입한다.
    void swap(array&) noexcept(noexcept(swap(declval<T&>(), declval<T&>())));
    T __elem[N];                    // 구현 세부 사항
};
```

'관리 정보'(예를 들면 크기)는 전혀 **array**에 저장되지 않는다. 이는 **array**의 이동(17.5절)이 복사보다 효율성에서 아무런 차이가 없다는 뜻이다(array의 원소가 효율적인 이동을 가진 자원 핸들이 아닌 한). **array**는 생성자나 할당자를 갖지 않는다(무엇이든 직접적으로 할당하기 때문이다).

array에 대한 원소의 개수와 첨자 값은 **vector**와 똑같이 **unsigned** 타입(size_t)이지만, 기본 제공 배열과는 다르다. 따라서 부주의한 컴파일러는 **array<int,-1>**를 받아들일 수도 있다. 경고를 보내주기를 기대해야 할 것이다.

array는 초기화 식 리스트로 초기화될 수 있다.

```
array<int,3> a1 = { 1, 2, 3 };
```

초기화 식의 원소 개수는 **array**에 지정된 원소의 개수와 같거나 적어야 한다. 다른 경우와 마찬가지로 초기화 식 리스트가 일부는 제공해도 전체 원소의 값을 제공하지는 않을 수 있기 때문에 나머지는 적절한 기본 값으로 초기화한다. 예를 들면 다음과 같다.

```
void f()
{
    array<string, 4> aa = {"Churchill", "Clare"};
    // ...
}
```

마지막 두 원소는 빈 문자열이 될 것이다.

원소 개수는 필수적이다.

```
array<int> ax = { 1, 2, 3 };    // 오류: 크기 미지정
```

특수한 경우에 대한 수고를 덜어주는 차원에서 원소의 개수는 0이 될 수 있다.

```
array<int,0> a0;
```

원소 개수는 상수 표현식이어야 한다.

```
void f(int n)
{
    array<string,n> aa = {"John's", "Queens' "};   // 오류: 크기가 상수 표현식이 아니다.
    // ...
}
```

원소 개수로 변수를 원한다면 vector를 사용한다. 반면 array의 원소 개수는 컴파일 타임에 알려져 있기 때문에 array의 size()는 constexpr 함수다.

array에 대한 생성자는 인자 값을 복사하지 않는다(vector에 대해 그런 것처럼 – 31.3.2절). 그 대신 fill() 연산이 제공된다.

```
void f()
{
    array<int,8> aa;        // 현재까지는 초기화되지 않음
    aa.fill(99);            // 99의 8개 사본을 대입한다.
    // ...
}
```

array는 '원소에 대한 핸들' 모델을 따르지 않기 때문에 두 개의 array<T,N>이 T의 N개 쌍에 swap()을 적용하려면 swap()에서 실제로 원소들을 바꿔줘야 한다. array<T,N>::swap() 선언은 기본적으로 T의 swap()이 던질 수 있다면 array<T,N>의 swap()도 던질 수 있다고 규정한다. 분명히 swap()을 던지는 것은 어떻게 해서든 피해야 한다.

필요하다면 array는 포인터를 기대하는 C 스타일 함수에 명시적으로 전달될 수 있다. 예를 들면 다음과 같다.

```
void f(int* p, int sz);        // C 스타일 인터페이스
void g()
{
    array<int,10> a;
    f(a,a.size());             // 오류: 변환 불가
    f(&a[0],a.size());         // C 스타일 사용
    f(a.data(),a.size());      // C 스타일 사용

    auto p = find(a.begin(),a.end(),777);      // C++/STL 스타일 사용
    // ...
}
```

vector가 훨씬 융통성이 있는데도 array를 써야 하는 이유는 무엇인가? array가 융통성이 적고 간단하기 때문이다. 경우에 따라서는 자유 저장 공간에 원소를 할당해서 그것들을 vector(핸들)를 통해 간접적으로 접근하다가 할당 해제하는 방식보다 원소를 스택에 저장해서 직접적으로 접근하는 방식이 성능에 있어서 상당한 이득을 가질 수 있다. 반면 스택은 제한된 자원이기 때문에(특히 임베디드 시스템에서는) 스택 오버플로는 성가신 문제다.

그럼 기본 제공 배열을 사용할 수 있을 때 array를 써야 하는 이유는 무엇인가? array는 자신의 크기를 알고 있으므로 표준 라이브러리 알고리즘을 사용하기에 편하며, (=나 초기화를 이용해서) 복사될 수 있다. 하지만 내가 array를 선호하는 가장 주된 이유는 포인터로의 예상치 않은 성가신 변환을 막아준다는 점이다. 다음 예를 살펴보자.

```
void h()
{
    Circle a1[10];
    array<Circle,10> a2;
    // ...
    Shape* p1 = a1;       // OK: 심각한 문제가 잠복돼 있음
    Shape* p2 = a2;       // 오류: array<Circle,10>에서 Shape*로의 변환 불가
    p1[3].draw();         // 심각한 문제
}
```

'심각한 문제'란, 주석은 sizeof(Shape)<sizeof(Circle)인 경우를 가정한 것이므로 Shape*를 통해 Circle[]에 첨자를 다는 것은 잘못된 오프셋을 낳을 수 있다는 점이다(27.2.1절, 17.5.1.4절). 표준 컨테이너는 기본 제공 배열에 비해 모두 이런 장점을 가진다.

모든 원소가 동일한 타입인 경우에는 array를 tuple(34.2.4절)로 볼 수도 있다. 표준 라이브러리는 이러한 관점에 대한 지원을 제공한다. tuple 보조 타입 함수 tuple_size와 tuple_element는 array에 적용될 수 있다.

```
tuple_size<array<T,N>>::value       // N
tuple_element<S,array<T,N>>::type   // T
```

또한 get<i> 함수를 이용해서 i번째 원소에 접근할 수 있다.

```
template<size_t index, typename T, size_t N>
    T& get(array<T,N>& a) noexcept;
template<size_t index, typename T, size_t N>
    T&& get(array<T,N>&& a) noexcept;
template<size_t index, typename T, size_t N>
    const T& get(const array<T,N>& a) noexcept;
```

예를 들면 다음과 같다.

```
array<int,7> a = {1,2,3,5,8,13,25};
auto x1 = get<5>(a);                              // 13
auto x2 = a[5];                                   // 13
auto sz = tuple_size<decltype(a)>::value;         // 7
typename tuple_element<5,decltype(a)>::type x3 = 13;   // x3은 int다.
```

이런 타입 함수는 tuple을 예상하는 코드를 작성하는 사람들을 위한 것이다.

가독성을 높이고 싶다면 constexpr 함수(28.2.2절)와 타입 별칭(28.2.1절)을 사용한다.

```
auto sz = tuple_size<decltype(a)>();              // 7
tuple_element<5,decltype(a)> x3 = 13;             // x3은 int다.
```

tuple 문법은 일반화 코드에서 사용되도록 의도된 것이다.

34.2.2 bitset

입력 스트림(38.4.5.1절)의 상태 같은 시스템의 어떤 측면은 종종 좋음/나쁨, 참/거짓, 켜짐/꺼짐 같이 한 쌍의 상태를 나타내는 플래그의 집합으로 표현된다. C++는 정수에 대한 비트 단위

연산을 통해 작은 집합의 플래그 개념을 효율적으로 지원한다(11.11절). bitset<N> 클래스는 이런 개념을 일반화하고 [0:N) 범위의 N비트 시퀀스에 대한 연산을 제공함으로써 좀 더 편의성을 제공한다. 여기서 N은 컴파일 타임에 알려진다. long long int에 들어맞지 않는 비트 집합에 대해서는 bitset를 이용하는 편이 정수를 직접적으로 사용하는 방식보다 훨씬 편리하다. 좀 더 작은 집합에 대해서는 대개 bitset이 최적화돼 있다. 비트에 숫자보다 이름을 붙이고 싶다면 다른 대안은 set(31.4.3절), 열거형(8.4절), 비트필드(8.2.7절)를 사용하는 것이다.

bitset<N>은 N비트로 이뤄진 배열로, <bitset>에서 제시된다. bitsest은 고정된 크기를 가진다는 점에서 vector<bool>(34.2.3절)과 다르고, 비트가 값에 의해 연관돼 색인되지 않고 정수에 의해 색인된다는 점에서 set(31.4.3절)과 다르며, 비트를 조작하는 연산을 제공한다는 점에서 vector<bool>과 set 둘 다와 다르다.

기본 제공 포인터를 사용해서 단일 비트에 직접적으로 주소를 지정하는 것은 불가능하다 (7.2절). 따라서 bitset은 비트에 대한 참조자(프락시) 타입을 제공한다. 이는 실제로도 어떤 이유로 기본 제공 포인터로 적합하지 않은 객체의 주소를 지정하는 데 보편적으로 유용한 기법이다.

```
template<size_t N>
class bitset {
public:
    class reference {              // 단일 비트에 대한 참조자
        friend class bitset;
        reference() noexcept;
    public:                        // [0:b.size())에서 0 기준 첨자를 지원한다.
        ~reference() noexcept;
        reference& operator=(bool x) noexcept;             // b[i] = x에 대한 것
        reference& operator=(const reference&) noexcept;   // b[i] = b[j]에 대한 것
        bool operator~() const noexcept;                   // ~b[i]를 반환한다.
        operator bool() const noexcept;                    // x = b[i]에 대한 것
        reference& flip() noexcept;                        // b[i].flip();
    };
    // ...
};
```

역사적인 이유로 인해 bitset은 다른 표준 라이브러리 클래스와 스타일에 있어서 차이가 있다. 예를 들어 색인(비트 위치$^{bit\ position}$라고도 알려진)이 범위를 벗어날 경우 out_of_range 예외가 던져진다. 또한 반복자가 제공되지 않는다. 비트 위치는 비트가 워드 안에 있을 때와 똑같은 방식으로 오른쪽에서 왼쪽으로 번호가 매겨지므로, b[i]의 값은 pow(2,i)다. 따라서 bitset은 N비트의 이진수로 생각될 수 있다.

위치:	9	8	7	6	5	4	3	2	1	0
bitset<10>(989):	1	1	1	1	0	1	1	1	0	1

34.2.2.1 생성자

bitset은 unsigned long long int이나 string으로부터 지정된 개수의 0으로 생성될 수 있다.

---

bitset<N> 생성자(iso.20.5.1절)

`bitset<N> bs {};`	N개의 0비트
`bitset<N> bs {n};`	n의 비트. n은 unsigned long long이다.
`bitset<N> bs {s,i,n,z,o};`	s로 이뤄진 n비트 [i:i+n].
	s는 basic_string<C,Tr,A>다.
	z는 0에 대해 쓰인 타입 C의 문자다.
	o는 1에 대해 쓰인 타입 C의 문자다. 명시적
`bitset<N> bs {s,i,n,z};`	`bitset bs {s,i,n,z,C{'1'}};`
`bitset<N> bs {s,i,n};`	`bitset bs {s,i,n,C{'0'},C{'1'}};`
`bitset<N> bs {s,i};`	`bitset bs {s,i,npos,C{'0'},C{'1'}};`
`bitset<N> bs {s};`	`bitset bs {s,0,npos,C{'0'},C{'1'}};`
`bitset<N> bs {p,n,z,o};`	n비트의 [p:p+n].
	p는 타입 C*의 C 스타일 문자열.
	z는 0에 대해 쓰인 타입 C의 문자다.
	o는 1에 대해 쓰인 타입 C의 문자다. 명시적
`bitset<N> bs {p,n,z};`	`bitset bs {p,n,z,C{'1'}};`
`bitset<N> bs {p,n};`	`bitset bs {p,n,C{'0'},C{'1'}};`
`bitset<N> bs {p};`	`bitset bs {p,npos,C{'0'},C{'1'}};`

위치 npos는 string<C>의 '끝을 벗어난' 위치로, '끝날 때까지의 모든 문자'란 뜻이다(36.3절).

unsigned long long int 인자가 제공될 때 정수의 각 비트는 bitset의 대응되는 비트를 초기화하는 데 쓰인다. basic_string(36.3절) 인자는 똑같은 일을 하는데, 문자 '0'과 '1'이 각각 비트 값 0과 1을 제공하고, 다른 문자들은 invalid_argument 예외를 던지게 만든다는 점에서만 차이가 있다. 예를 들면 다음과 같다.

```
void f()
{
    bitset<10> b1;      // 모두 0
    bitset<16> b2 = 0xaaaa;                          // 1010101010101010
    bitset<32> b3 = 0xaaaa;                          // 00000000000000001010101010101010
    bitset<10> b4 {"1010101010"};                    // 1010101010
    bitset<10> b5 {"10110111011110",4};              // 0111011110
    bitset<10> b6 {string{"1010101010"}};            // 1010101010
    bitset<10> b7 {string{"10110111011110"},4};      // 0111011110
    bitset<10> b8 {string{"10110111011110"},2,8};    // 11011101
    bitset<10> b9 {string{"n0g00d"}};                // 예외로 던져진 invalid_argument
    bitset<10> b10 = string{"101001"};               // 오류: string에서 bitset로의 암시적 변환은 불가
}
```

bitset의 설계에 있어서 핵심 개념은 단일 워드에 들어맞는 bitset에 대해 최적화된 구현이 제공될 수 있다는 데 있다. 인터페이스에는 이런 가정이 반영돼 있다.

34.2.2.2 bitset 연산

bitset은 개별적인 비트에 접근하기 위한 연산자와 집합의 모든 비트를 조작하기 위한 연산자를 제공한다.

bitset<N> 연산(iso.20.5절)	
bs[i]	bs의 i번째 비트
bs.test(i)	bs의 i번째 비트. i가 [0:bs.size()) 범위에 있지 않을 경우 out_of_range를 던진다.
bs&=bs2	비트 단위 AND
bs|=bs2	비트 단위 OR
bs^=bs2	비트 단위 Exclusive OR
bs<<=n	논리적 왼쪽 시프트(0으로 채운다)
bs>>=n	논리적 오른쪽 시프트(0으로 채운다)
bs.set()	bs의 모든 비트를 1로 설정한다.
bs.set(i,v)	bs[i]=v
bs.reset()	bs의 모든 비트를 0으로 설정한다.
bs.reset(i)	b[i]=0
bs.flip()	bs의 모든 비트에 대해 bs[i]=~bs[i]
bs.flip(i)	bs[i]=~bs[i]
bs2=~bs	여집합을 만든다. bs2=bs, bs2.flip()
bs2=bs<<n	왼쪽 시프트 집합을 만든다. bs2=bs, bs2<<=n
bs2=bs>>n	오른쪽 시프트 집합을 만든다. bs2=bs, bs2>>=n
bs3=bs&bs2	비트 단위 AND. bs의 각 비트에 대해 bs3[i]=bs[i]&bs2[i]
bs3=bs|bs2	비트 단위 OR. bs의 각 비트에 대해 bs3[i]=bs[i]|bs2[i]
bs3=bs^bs2	비트 단위 Exclusive OR. bs의 각 비트에 대해 bs3[i]=bs[i]^bs2[i]
is>>bs	is에서 bs로 읽어 들인다. is는 istream이다.
os<<bs	bs를 os에 쓴다. os는 ostream이다.

>>와 **<<**는 첫 번째 피연산자가 **iostream**이면 입출력 연산자다. 그렇지 않으면 시프트 연산자이며, 이 경우 두 번째 피연산자는 정수여야 한다. 예를 들면 다음과 같다.

```
bitset<9> bs {"110001111"};
cout << bs << '\n';          // cout에 "110001111"을 쓴다.
auto bs2 = bs<<3;            // bs2 == "001111000";
cout << bs2 << '\n';         // cout에 "001111000"을 쓴다.
cin >> bs;                   // cin에서 읽어 들인다.
bs2 = bs>>3;                 // 입력이 "110001111"이라면 bs2 == "000110001"
cout << bs2 << '\n';         // cout에 "000110001"을 쓴다.
```

비트가 시프트될 때는 논리 시프트(순환 시프트가 아니라)가 쓰인다. 이는 일부 비트는 '끝에서 떨어지고' 일부 위치는 기본 값 0을 갖게 된다는 뜻이다. **size_t**가 부호 없는 타입이기 때문에 음수로 시프트하는 것은 불가능하다는 점에 유의한다. 하지만 이는 아주 큰 양의 값에 의해서는 b<<-1이 실제로 가능하고, 그에 따라 **bitset** b의 모든 비트가 0의 값이 돼 버릴 수 있다는 뜻이다. 컴파일러는 이에 대해 경고해야 한다.

bitset은 또한 **size()**, **==**와 **string**으로의 변환 같은 일반적인 연산을 지원한다.

추가적인 bitset<N> 연산(iso.20.5절)
C, Tr, A는 basic_string<C,Tr,A>라는 기본 값을 가진다.

n=bs.to_ulong()	n은 bs에 부합되는 unsigned long
n=bs.to_ullong()	n은 bs에 부합되는 unsigned long long
s=bs.to_string<C,Tr,A>(c0,c1)	s[i]=(b[i])?c1:c0은 basic_string<C,Tr,A>
s=bs.to_string<C,Tr,A>(c0)	s=bs.template to_string<C,Tr,A>(c0,C{'1'})
s=bs.to_string<C,Tr,A>()	s=bs.template to_string<C,Tr,A>(C{'0'},C{'1'})
n=bs.count()	n은 bs에서 1의 값을 가진 비트의 개수다.
n=bs.size()	n은 bs에 있는 비트의 개수다.
bs==bs2	bs와 b2가 같은 값을 갖고 있는가?
bs!=bs2	!(bs==bs2)
bs.all()	bs의 모든 비트가 1의 값을 갖고 있는가?
bs.any()	bs의 어떤 비트가 1의 값을 갖고 있는가?
bs.none()	bs의 어떤 비트도 1의 값을 갖고 있지 않은가?
hash<bitset<N>>	bitset<N>에 대한 hash의 특수화

연산 **to_ullong()**과 **to_string()**은 생성자에 대한 역연산을 제공한다. 불명확한 변환을 피하기 위해 변환 연산자보다 이름을 가진 연산이 선호됐다. **bitset**의 값이 너무나 많은 유효 비트를 갖고 있어서 **unsigned long**으로 표현될 수 없다면 **to_ullong()**은 **overflow_error**를 던진다. **bitset** 인자가 들어맞지 않을 경우에 **to_ullong()**도 그렇게 한다.

다행스럽게도 **to_string**에 의해 반환되는 **basic_string**에 대한 템플릿 인자는 기본 값을 갖는다. 예를 들어 **int**의 이진 표현을 다음과 같이 출력할 수 있다.

```
void binary(int i)
{
    bitset<8*sizeof(int)> b = i;                          // 8비트 바이트를 가정한다(40.2절도 참고 바람).
    cout << b.to_string<char,char_traits<char>,allocator<char>>() << '\n';   // 일반적이며
                                                                             // 장황하다.
    cout << b.to_string<char>() << '\n';        // 기본 특성 정보와 할당자를 사용한다.
    cout << b.to_string<>() << '\n';            // 모두 기본 값을 사용한다.
    cout << b.to_string() << '\n';              // 모두 기본 값을 사용한다.
}
```

이 코드는 최상위 비트를 가장 왼쪽에 두고, 왼쪽에서 오른쪽으로 1과 0으로 표시되는 비트를 출력하므로, 인자 123은 다음과 같이 출력될 것이다.

```
00000000000000000000000001111011
00000000000000000000000001111011
00000000000000000000000001111011
```

00000000000000000000000001111011

이 예제의 경우에는 bitset 출력 연산자를 직접적으로 이용하는 편이 좀 더 간단하다.

```
void binary2(int i)
{
    bitset<8*sizeof(int)> b = i;          // 8비트 바이트를 가정한다(40.2절도 참고 바람).
    cout << b << '\n';
}
```

34.2.3 vector<bool>

<vector>에 있는 vector<bool>은 vector(31.4절)에 대한 특수화로 비트(bool)에 대해 촘촘한 저장 공간을 제공한다.

```
template<typename A>
class vector<bool,A> {         // vector<T,A>의 특수화(31.4절)
public:
    using const_reference = bool;
    using value_type = bool;
    // vector<T,A>와 유사하다.

    class reference {          // [0:v.size())에서 0 기준의 첨자를 지원한다.
        friend class vector;
        reference() noexcept;
    public:
        ~reference();
        operator bool() const noexcept;
        reference& operator=(const bool x) noexcept;        // v[i] = x
        reference& operator=(const reference& x) noexcept;  // v[i] = v[j]
        void flip() noexcept;                               // 비트를 뒤집는다. v[i]=~v[i]
    };

    void flip() noexcept; // v의 모든 비트를 뒤집는다.

    // ...
};
```

bitset가 비슷하다는 점을 명확히 알 수 있다. 하지만 bitset와는 달리 vector<T>와 비슷하게 vector<bool>은 할당자를 갖고 있으며, 크기가 변경될 수 있다.

vector<T>에서와 마찬가지로 vector<bool>에서는 높은 색인을 가진 원소가 높은 주소를 갖는다.

위치:	9	8	7	6	5	4	3	2	1	0
vector<bool>:	1	1	1	1	0	1	1	1	0	1

이것은 bitset의 배치 구조와 정반대다. 또한 정수와 문자열을 vector<bool>과 서로 변환하는 것에 대한 직접적인 지원이 제공되지 않는다.

vector<bool>를 다른 vector<T>처럼 사용하기 바란다. 하지만 단일 비트에 대한 연산은 vector<char>에 대한 동등한 연산보다 덜 효율적이라는 점을 감수해야 한다. 또한 C++에서 프락시로 (기본 제공) 참조자의 동작을 완전히 신뢰할 수 있을 만큼 흉내 내기는 불가능하기 때문에 **vector<bool>**을 사용할 때 우변 값/좌변 값 구분에 대해 요령을 부리려고 애쓰지 말기 바란다.

34.2.4 튜플

표준 라이브러리는 임의 타입의 값을 단일 객체로 그룹화하는 두 가지 방법을 제공한다.

- **pair**(34.2.4.1절)는 두 값을 보관한다.
- **tuple**(34.2.4.2절)은 0이나 그 이상의 값을 보관한다.

정확히 두 값이 있다는 점을 (정적으로) 아는 것이 유용할 때는 **pair**를 사용한다. **tuple**에서는 항상 가능한 값의 개수를 모두 다뤄야 한다.

34.2.4.1 pair

<utility>에서 표준 라이브러리는 값의 쌍을 다루기 위한 **pair**를 제공한다.

```
template<typename T, typename U>
struct pair {
    using first_type = T;        // 첫 번째 원소의 타입
    using second_type = U;       // 두 번째 원소의 타입

    T first;                     // 첫 번째 원소
    U second;                    // 두 번째 원소

    // ...
};
```

pair<T,U>(iso.20.3.2절	
pair<T,U> p {}	기본 생성자. pair p {T{},U{}}. constexpr
pair<T,U> p {x,y}	p.first는 x로 초기화되고, p.second는 y로 초기화된다.
pair<T,U> p {p2}	pair p2에서 생성한다. pair p {p2.first,p2.second}
pair<T,U> p {piecewise_construct,t,t2}	p.first는 tuple t의 원소로부터 생성되고, p.second는 tuple t2로부터 생성된다.
p.~pair()	소멸자. t.first와 t.second를 소멸시킨다.
p2=p	복사 대입. p2.first=p.first와 p2.second=p.second
p2=move(p)	이동 대입. p2.first=move(p.first)와 p2.second=move(p.second)
p.swap(p2)	p와 p2의 값을 교환한다.

pair에 대한 연산은 원소에 대해 대응되는 연산이 **noexcept**이면 **noexcept**다. 마찬가지로 **pair**에 대한 복사 및 이동 연산은 원소에 대해 대응되는 연산이 존재하면 역시 존재한다.

first와 **second** 원소는 직접적으로 읽고 쓸 수 있는 멤버다. 예를 들면 다음과 같다.

```
void f()
{
```

```
    pair<string,int> p {"Cambridge",1209};
    cout << p.first;          // "Cambridge"를 출력한다.
    p.second += 800;    // 연도를 갱신한다.
    // ...
}
```

piecewise_construct는 piecewise_construct_t 타입 객체의 이름인데, 이 타입 객체는 tuple 타입의 멤버를 가진 pair를 생성하는 것과, first와 second에 대한 인자 리스트로 tuple을 사용해서 pair를 생성하는 것 사이를 구분하기 위해 사용된다. 예를 들면 다음과 같다.

```
struct Univ {
    Univ(const string& n, int r) : name{n}, rank{r} { }
    string name;
    int rank;
    string city = "unknown";
};
using Tup = tuple<string,int>;
Tup t1 {"Columbia",11};                        // U.S. News 2012
Tup t2 {"Cambridge",2};

pair<Tup,Tup> p1 {t1,t2};                       // tuple의 pair
pair<Univ,Univ> p2 {piecewise_construct,t1,t2}; // Univ의 pair
```

p1.second는 t2 즉, {"Cambridge",2}다. 대조적으로 p2.second는 Univ{t2}, 즉 {"Cambridge", 2,"unknown"}이다.

---

pair<T,U> 보조 함수(iso.20.3.3절, iso.20.3.4절)

p==p2	p.first==p2.first && p.second==p2.second
p<p2	p.first<p2.first || (!(p2.first<p.first) && p.second<p2.second)
p!=p2	!(p==p2)
p>p2	p2<p
p<=p2	!(p2<p)
p>=p2	!(p<p2)
swap(p,p2)	p.swap(p2)
p=make_pair(x,y)	p는 값 x, y를 보관하는 pair<decltype(x),decltype(y)>다. 가능하다면 x와 y를 복사하지 않고 이동한다.
tuple_size<T>::value	타입 T로 이뤄진 pair의 크기
tuple_element<N,T>::type	first(N==0일 경우) 또는 second(N==1일 경우)의 타입
get<N>(p)	pair p의 N번째 원소에 대한 참조자. N은 0 또는 1이어야 한다.

---

make_pair 함수는 pair의 원소 타입을 명시적으로 언급하지 않는다. 예를 들면 다음과 같다.

```
auto p = make_pair("Harvard",1736);
```

34.2.4.2 tuple

<tuple>에서 표준 라이브러리는 **tuple** 클래스와 다양한 지원 기능을 제공한다. **tuple**은 임의 타입의 **N**개 원소로 이뤄진 시퀀스다.

```
template<typename... Types>
class tuple {
public:
    // ...
};
```

원소의 개수는 0이거나 양의 숫자다.

tuple 설계, 구현 및 활용의 세부 사항에 대해서는 28.5절과 28.6.4절을 참고하기 바란다.

tuple<Types...> 멤버(iso.20.4.2절)	
tuple<types> t {}	기본 생성자. 빈 tuple. constexpr
tuple<types> t {args}	t는 args의 각 인자에 대해 하나의 원소를 갖는다. 명시적
tuple<types> t {t2}	tuple t2로부터 생성한다.
tuple<types> t {p}	pair p로부터 생성한다.
tuple<types> t {allocator_arg,a,args}	할당자 a를 이용해서 arg로부터 생성한다.
tuple<types> t {allocator_arg,a,t2}	할당자 a를 이용해서 tuple t2로부터 생성한다.
tuple<types> t {allocator_arg,a,p}	할당자 a를 이용해서 pair p로부터 생성한다.
t.~tuple()	소멸자. 각 원소를 소멸시킨다.
t=t2	tuple의 복사 대입
t=move(t2)	tuple의 이동 대입
t=p	pair p의 복사 대입
t=move(p)	pair p의 이동 대입
t.swap(t2)	tuple t와 t2의 값을 교환한다. noexcept

tuple, =의 피연산자, **swap()**에 대한 인자 등의 타입은 같지 않아도 된다. 원소에 대해 적용된 연산이 유효하기만 한다면(그리고 그런 경우에만) 연산이 유효하다. 예를 들어 대입된 **tuple**의 각 원소가 대상 원소에 대입될 수 있다면 한 **tuple**을 다른 **tuple**에 대입할 수 있다. 예를 들면 다음과 같다.

```
tuple<string,vector<double>,int> t2 = make_tuple("Hello, tuples!",vector<double>{1,2,3},'x');
```

모든 원소 연산이 **noexcept**일 경우 연산은 **noexcept**이며, 한 멤버 연산이 예외를 던질 때만 연산이 예외를 던진다. 마찬가지로 모든 원소 연산이 **constexpr**일 경우 **tuple** 연산은 **constexpr**이다.

각 피연산자(또는 인자) 쌍의 각 **tuple**에 있는 원소의 개수는 동일해야 한다.

일반적인 **tuple** 생성자는 **explicit**란 점에 유의한다. 특히, 다음 코드는 동작하지 않는다.

```
tuple<int,int,int> rotate(tuple<int,int,int> t)
{
    return {get<2>(t),get<0>(t),get<1>(t)};   // 오류: 명시적인 tuple 생성자
}

auto t2 = rotate({3,7,9});                    // 오류: 명시적인 tuple 생성자
```

두 원소만 필요하다면 **pair**를 쓸 수 있다.

```
pair<int,int> rotate(pair<int,int> p)
{
    return {p.second,p.first};
}

auto p2 = rotate({3,7});
```

더 많은 예제는 28.6.4절을 참고하기 바란다.

---

tuple<Types...> 보조 함수(iso.20.4.2.4절, iso.20.4.2.9절)

t=make_tuple(args)	args로부터 tuple을 만든다.
t=forward_as_tuple(args)	t는 args의 인자에 대한 우변 값 참조자로 이뤄진 tuple이므로 t를 통해 args의 원소를 전달할 수 있다.
t=tie(args)	t는 args의 인자에 대한 좌변 값 참조자로 이뤄진 tuple이므로 t를 통해 args의 원소에 대입할 수 있다.
t=tuple_cat(args)	tuple들을 연결한다. arg는 하나 이상의 tuple이다. t는 정렬된 args의 tuple 멤버를 가진다.
tuple_size<T>::value	tuple T의 원소 개수
tuple_element<N,T>::type	tuple T의 N번째 원소의 타입
get<N>(t)	tuple t의 N번째 원소에 대한 참조자
t==t2	t와 t2의 모든 원소가 같은가? t와 t2는 같은 개수의 원소를 가져야 한다.
t!=t2	!(t==t2)
t<t2	t는 사전 편집 순서로 비교할 때 t2보다 작은가?
t>t2	t2<t
t<=t2	!(t>t2)
t>=t2	!(t<t2)
uses_allocator<T,A>::value	tuple<T>는 타입 A의 할당자에 의해 할당될 수 있는가?
swap(t,t2)	t.swap(t2)

예를 들어 **tie()**는 **tuple**에서 원소를 추출하는 데 쓰일 수 있다.

```
auto t = make_tuple(2.71828,299792458,"Hannibal");
int c;
string name;
tie(ignore,c,name) = t;        // c=299792458 - name="Hannibal"
```

ignore란 이름은 대입을 무시하는 타입의 객체를 말한다. 따라서 **tie()**에 있는 **ignore**는 자신의 **tuple** 위치에 대입하려는 시도가 무시된다는 점을 나타낸다. 다른 방법은 다음과 같다.

```
int c = get<0>(t);                    // c=299792458
string name = get<2>(t);              // name="Hannibal"
```

　　tuple이 '다른 곳'에서 온 것이어서 우리가 원소 값을 쉽게 알 수 없다면 분명 이 코드는
좀 더 흥미로워질 것이다. 예를 들면 다음과 같다.

```
tuple<double,int,string> compute();
// ...
int c;
string name;
tie(ignore,c,name) = compute();       // 결과적으로 c와 name이 된다.
```

34.3 자원 관리 포인터

포인터는 객체를 가리킨다(또는 가리키지 않는다). 하지만 포인터는 객체를 누가 소유하고 있는지
는 알려주지 않는다(소유자가 있는 경우). 즉, 포인터만 살펴봐서는 포인터가 가리키는 객체를
누가 삭제하기로 돼 있는지 또는 어떤 방법으로 삭제하는지 또는 삭제가 되는지조차 전혀
알 수 없다. <memory>에서 소유권을 표현하는 '스마트 포인터'를 찾을 수 있다.

- unique_ptr(34.3.1절)은 배타적인 소유권을 표현한다.
- shared_ptr(34.3.2절)은 공유된 소유권을 표현한다.
- weak_ptr(34.3.3절)은 순환 공유되는 데이터 구조에서 루프를 탈출한다.

　　이런 자원 핸들들은 5.2.1절에서 소개된다.

34.3.1 unique_ptr

unique_ptr(<memory>에서 정의)은 엄격한 소유권에 대한 의미 구조를 제공한다.

- unique_ptr은 보관하고 있는 포인터가 가리키는 객체를 소유한다. 즉, 포함된 포인터에
  의해 가리켜지는 객체를 소멸시키는 일은 unique_ptr의 책임이다.
- unique_ptr은 복사될 수 없다(복사 생성자나 복사 대입을 갖지 않는다). 하지만 이동될 수는 있다.
- unique_ptr은 포인터를 저장하고 그 자신이 소멸될 때(제어 스레드가 unique_ptr의 유효 범위를
  벗어나는 경우 같이 - 17.2.2절) 연관 삭제자를 이용해서 (존재할 경우) 가리키는 객체를 삭제한다.

　　unique_ptr의 용도는 다음과 같다.

- 동적 할당 메모리를 위한 예외 안전성을 제공한다(5.2.1절, 13.3절).
- 동적 할당 메모리의 소유권을 함수에 전달한다.
- 함수로부터 동적 할당 메모리를 반환한다.
- 포인터를 컨테이너에 저장한다.

　　unique_ptr을 간단한 포인터('포함된 포인터')에 의해 표현되는 그 무엇이나 (삭제자를 갖고 있다
면) 포인터 쌍으로 생각하기 바란다.

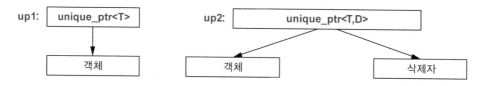

unique_ptr이 소멸될 때 소유된 객체를 소멸시키기 위해 그것의 삭제자[deleter]가 호출된다. 삭제자는 객체를 삭제시키기 위해 무엇을 할지 표시한다. 예를 들면 다음과 같다.

- 지역 변수에 대해서 삭제자는 아무것도 하지 않아야 한다.
- 메모리 풀에 대해서 삭제자는 객체를 메모리 풀에 반환하고 풀이 정의된 방식에 따라 그것을 소멸시키거나 그대로 내버려 둘 수 있다.
- unique_ptr의 기본('삭제자가 없는') 버전은 delete를 사용한다. 기본 버전은 기본 삭제자를 저장하지도 않는다. 기본 버전은 특수화이거나 빈 기반 클래스 최적화에 의존할 수 있다(28.5절).

이런 방식으로 unique_ptr은 일반적인 자원 관리를 지원한다(5.2절).

```
template<typename T, typename D = default_delete<T>>
class unique_ptr {
public:
    using pointer = ptr;     // 포함된 컨테이너의 타입 -
                             // ptr은 해당 타입이 정의된 경우 D::pointer 타입이고,
                             // 그렇지 않으면 T* 타입이다.
    using element_type = T;
    using deleter_type = D;

    // ...
};
```

사용자는 포함된 포인터에 직접적으로 접근할 수 없다.

---

unique_ptr<T,D>(iso.20.7.1.2절)
cp는 포함된 포인터

unique_ptr<types> up {}	기본 생성자. cp=nullptr. constexpr. noexcept
unique_ptr<types> up {p}	cp=p. 기본 삭제자를 사용한다. explicit. noexcept
unique_ptr<types> up {p,del}	cp=p. del은 삭제자다. noexcept
unique_ptr<types> up {up2}	이동 생성자. cp.p=up2.p. up2.p=nullptr. noexcept
up.~unique_ptr()	소멸자. cp!=nullptr이라면 cp의 삭제자를 실행시킨다.
up=up2	이동 대입. up.reset(up2.cp). up2.cp=nullptr. up는 up2의 삭제자를 얻는다. up의 예전 객체는 삭제된다. noexcept
up=nullptr	up.reset(nullptr). 즉, 존재할 경우 up의 예전 객체를 삭제한다.
bool b {up};	bool로의 변환. up.cp!=nullptr. explicit
x=*up	x=*up.cp. 포함돼 있고 배열이 아닌 경우에만 해당
x=up->m	x=up.cp->m. 포함돼 있고 배열이 아닌 경우에만 해당
x=up[n]	x=up.cp[n]. 포함돼 있고 배열이 아닌 경우에만 해당

(이어짐)

p=up.get()	p=up.cp
del=up.get_deleter()	del은 up의 삭제자다.
p=up.release()	p=up.cp. up.cp=nullptr
up.reset(p)	p.cp!=nullptr이라면 up.cp에 대한 삭제자를 호출한다. up.cp=p
up.reset()	up.cp=pointer{} (아마도 nullptr). up.cp의 예전 값에 대해 삭제자를 호출한다.
up.swap(up2)	up과 up2의 값을 교환한다. noexcept
up==up2	up.cp==up2.cp
up<up2	up.cp<up2.cp
up!=up2	!(up==up2)
up>up2	up2<up
up<=up2	!(up>up2)
up>=up2	!(up<up2)
swap(up,up2)	up.swap(up2)

unique_ptr은 복사 생성자나 복사 대입을 제공하지 않는다는 데 유의한다. 그랬더라면 '소유권'의 의미를 정의하기도 어렵고 사용하기도 매우 어려웠을 것이다. 복사에 대한 필요성을 느낀다면 shared_ptr(34.3.2절)의 사용을 고려해보기 바란다.

기본 제공 배열에 대해 unique_ptr을 가질 수 있다. 예를 들면 다음과 같다.

```cpp
unique_ptr<int[]> make_sequence(int n)
{
    unique_ptr<int[]> p {new int[n]};
    for (int i=0; i<n; ++i)
        p[i]=i;
    return p;
}
```

이것은 특수화로 제공된다.

```cpp
template<typename T, typename D>
class unique_ptr<T[],D> {  // 배열에 대한 특수화(iso.20.7.1.3절)
                           // 기본 D=default_delete<T>는 일반적인 unique_ptr에서 나온다.
public:
// ... 개별적인 객체에 대해서는 unique_ptr과 같지만, *와 -> 대신에 []를 쓴다...
};
```

슬라이스(17.5.1.4절)를 피하기 위해 Base가 Derived의 공용 기반 클래스일지라도 Derived[]는 unique_ptr<Base[]>에 대한 인자로 받아들여지지 않는다. 예를 들면 다음과 같다.

```cpp
class Shape {
    // ...
};
```

```
class Circle : public Shape {
public:
    Circle(Point,int);
    // ...
};
unique_ptr<Shape> ps {new Circle{p,20}};                          // OK
unique_ptr<Shape[2]> pa {new Circle[] {Circle{p,20}, Circle{p2,40}}};  // 오류: 슬라이스가
                                                                  // 일어날 것이다.
```

 unique_ptr에 대해 어떻게 생각하는 편이 최선일까? unique_ptr을 최선으로 활용하는
방법은 무엇일까? unique_ptr은 포인터(_ptr)라고 불리며, 나는 이것을 'unique pointer고유 포인
터'라고 발음하지만 분명히 통상적인 포인터는 아니다(또는 그렇게 정의하는 게 별 의미가 없을 수도
있다). 간단한 기술적 예제를 하나 살펴보자.

```
unique_ptr<int> f(unique_ptr<int> p)
{
    ++*p;
    return p;
}
void f2(const unique_ptr<int>& p)
{
    ++*p;
}
void use()
{
    unique_ptr<int> p {new int{7}};
    p=f(p);              // 오류: 복사 생성자가 없다.
    p=f(move(p));        // 소유권을 옮기다가 다시 되찾는다.
    f2(p);               // 참조자를 전달한다.
}
```

 f2() 본체는 f()보다 약간 짧고 f2()가 호출하기에 간단하지만, f()가 더 쉽다는 게 내
생각이다. f()에서 보여주는 스타일은 소유권에 대해 명시적이다(그리고 소유권 이슈 때문에 전형적
으로 unique_ptr이 사용됐다). 또한 7.7.1절에서 다룬 비const 참조자의 활용에 대한 논의를 살펴
보기 바란다. 종합적으로 고려하면 x를 변경하는 f(x) 표기는 그렇게 하지 않는 y=f(x) 표기
에 비해 좀 더 오류에 취약하다.

 f2()의 호출이 f()의 호출보다 기계 명령어 기준으로 한두 개 빠르다(원래의 unique_ptr에
nullptr을 배치해야 하는 필요성 때문에)고 추측하는 것이 타당하겠지만, 그것은 대수롭지 않아 보인
다. 반면 f()에 비해 f2()에서는 포함된 포인터에 대한 접근에 추가적인 간접 참조가 관련된
다. 이것 역시 대부분의 프로그램에서는 대수롭지 않아 보이므로, f()와 f2() 스타일 사이에
서의 선택은 코드 품질에 대한 추정으로 이뤄져야 한다.

 다음은 malloc()(43.5절)을 이용해서 C 프로그램 코드에서 획득된 데이터의 해제를 보장하
는 데 쓰이는 삭제자의 간단한 예제다.

```
extern "C" char* get_data(const char* data);  // C 프로그램 코드에서 데이터를 얻는다.
using PtoCF = void(*)(void*);
```

```
void test()
{
    unique_ptr<char,PtoCF> p {get_data("my_data"),free};
    // ... *p를 사용한다...
}   // 암시적 free(p)
```

현재로서는 **make_pair()**(34.2.4.1절)나 **make_shared()**(34.3.2절)와 유사한 표준 라이브러리 **make_unique()**는 존재하지 않는다. 하지만 간단히 정의될 수 있다.

```
template<typename T, typename... Args>
unique_ptr<T> make_unique(Args&&... args)    // 기본 삭제자 버전
{
    return unique_ptr<T>{new T{args...}};
}
```

34.3.2 shared_ptr

shared_ptr은 공유된 소유권을 표현한다. **shared_ptr**은 두 조각의 코드가 어떤 데이터에 접근해야 하지만, 그 어느 쪽도 배타적인 소유권(객체의 소멸을 담당한다는 의미에서)을 갖지 않는 경우에 사용된다. **shared_ptr**은 카운트되는 포인터의 일종으로서 가리켜지는 포인터는 사용 카운트가 0이 될 때 삭제된다. **shared_ptr**을 두 개의 포인터를 가진 구조라고 생각하면 이해하기 쉽다. 하나는 객체를 가리키는 것이고, 다른 하나는 사용 카운트를 가리키는 것이다.

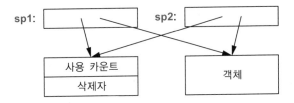

삭제자^{deleter}는 사용 카운트가 0이 될 때 공유 객체를 삭제하는 데 쓰이는 것이다. 기본 삭제자는 통상적인 **delete**다(소멸자가 있을 경우 소멸자를 실행시키고, 자유 저장 공간을 할당 해제한다).
예를 들어 노드와 노드들 사이의 연결(에지)을 추가하거나 제거하는 알고리즘에서 쓰이는 일반적인 그래프에서 **Node**를 생각해보자. 당연히 자원 누출을 방지하기 위해서는 다른 노드가 해당 노드를 참조하지 않는다면 그런 **Node**는 삭제돼야 할 것이다. 다음 예를 살펴보자.

```
struct Node {
    vector<Node*> edges;
    // ...
};
```

이렇게 주어진 상황에서 "얼마나 많은 노드가 이 노드를 가리키는가?" 같은 질문에 답하기는 매우 어려우며, 추가적인 상당량의 '유지 관리' 코드를 필요로 한다. 가비지 컬렉터(34.5절)를 집어 넣을 수도 있지만, 그래프가 대규모 애플리케이션 데이터 공간에서 작은 공간만을 차지하고 있을 때는 성능에 부정적인 영향을 미칠 수 있다. 설상가상으로 컨테이너에 스레드 핸들, 파일 핸들, 잠금 등의 비메모리 자원이 포함된 경우라면 가비지 컬렉터가 있어도 자원이 누출될 것이다.

대안으로 shared_ptr을 사용할 수 있다.

```
struct Node {
    vector<shared_ptr<Node>> edges;
    thread worker;
    // ...
};
```

여기서 Node의 소멸자(암시적으로 생성되는 소멸자가 제 역할을 할 것이다)는 edges를 delete한다. 즉, 각 edges[i]의 소멸자가 호출되고 edges[i]가 그것을 가리키는 마지막 포인터라면 가리켜지는 해당 Node가 (존재할 경우) 삭제되는 것이다.

한 소유자로부터 다른 소유자에게 포인터를 전달하기 위해서라면 shared_ptr을 사용하지 말기 바란다. 그런 일은 unique_ptr의 몫이며, unique_ptr이 더 적은 비용으로 더 잘 처리한다. 카운트되는 포인터를 팩토리 함수(21.2.4절) 등의 반환 값으로 사용해 왔다면 shared_ptr 보다는 unique_ptr로의 업그레이드를 고려해보기 바란다.

메모리 누출을 방지하려고 무작정 포인터를 shared_ptr로 교체하지 말아야 한다. shared_ptr은 만병통치약이 아니며 나름대로의 비용이 든다.

- shared_ptr의 순환 링크 구조는 메모리 누출을 일으킬 수 있다. 순환에서 탈출하려면 약간의 논리적 복잡성이 필요한데, 예를 들면 weak_ptr(34.3.3절)을 쓰기 바란다.
- 공유 소유권을 가진 객체는 유효 범위를 가진 객체에 비해 더 오래 '살아남는' 경향이 있다 (따라서 평균적으로 좀 더 높은 자원 사용을 유발한다).
- 멀티스레드 환경에서 공유 포인터는 많은 비용이 들 수 있다(사용 카운트에 대한 데이터 경합을 방지하기 위한 필요성 때문에).
- 공유 객체에 대한 소멸자는 예측되는 시점에 실행되지 않으므로 공유 객체의 갱신에 필요한 알고리즘/논리는 공유되지 않은 객체에 필요한 것보다 문제를 일으킬 가능성이 높다. 예를 들어 소멸자의 실행 시점에 어떤 잠금이 설정돼야 하는가? 어떤 파일이 열려 있는가? 일반적으로는 (예측 불가능한) 실행 시점에 어떤 객체가 '살아남아서' 적절한 상태로 있어야 하는가?
- 단일(마지막) 노드가 대규모의 데이터 구조를 보관하고 있다면 이런 노드의 삭제로 인해 촉발되는 연쇄적인 소멸자 호출이 상당한 '가비지 컬렉션 지연'을 일으킬 수 있다. 이는 실시간 응답에 해를 끼칠 수 있다.

shared_ptr은 공유된 소유권을 표현하고 상당히 쓸모가 있으며 필수적인 경우도 있지만 나는 공유된 소유권을 선호하지 않는 편이다. 공유된 소유권은 항상 비용을 유발한다(공유를 어떻게 표현해도 마찬가지). 객체는 명확한 소유자와 명확하고 예측 가능한 수명을 갖고 있는 편이 낫다(더 간단하다). 선택이 가능한 경우라면 다음과 같이 선택하기 바란다.

- shared_ptr보다는 unique_ptr을 선택한다.
- unique_ptr이 소유한 힙에 저장된 객체보다는 유효 범위를 가진 객체를 선택한다.

shared_ptr은 상당히 관용적인 연산 집합을 제공한다.

cp는 포함된 포인터, uc는 사용 카운트

shared_ptr<T> sp {}	기본 생성자. cp=nullptr. uc=0. noexcept
shared_ptr<T> sp {p}	생성자. cp=p. uc=1
shared_ptr<T> sp {p,del}	생성자. cp=p. uc=1. 삭제자 del을 사용한다.
shared_ptr<T> sp {p,del,a}	생성자. cp=p. uc=1. 삭제자 del과 할당자 a를 사용한다.
shared_ptr<T> sp {sp2}	이동 및 복사 생성자. 이동 생성자는 이동시킨 다음 sp2.cp=nullptr을 설정한다. 복사 생성자는 복사한 다음 이제 공유된 uc에 대해 ++uc를 설정한다.
sp.~shared_ptr()	소멸자. --uc. bc가 0이 되면 삭제자를 이용해서 cp가 가리키는 객체를 삭제한다(기본 삭제자는 delete).
sp=sp2	복사 대입. 이제 공유된 uc에 대해 ++uc. noexcept
sp=move(sp2)	이동 대입. 이제 공유된 uc에 대해 sp2.cp=nullptr. noexcept
bool b {sp};	bool로의 변환. sp.cp!=nullptr. explicit
sp.reset()	shared_ptr{}.swap(sp). 즉, sp는 pointer{}를 포함하고, 임시 shared_ptr{}의 소멸은 예전 객체의 사용 카운트를 감소시킨다. noexcept
sp.reset(p)	shared_ptr{}.swap(sp). 즉, sp.cp=p. sp.uc==1. 임시 shared_ptr{}의 소멸은 예전 객체의 사용 카운트를 감소시킨다.
sp.reset(p,d)	sp.reset(p)와 비슷하지만 삭제자 d를 사용한다.
sp.reset(p,d,a)	sp.reset(p)와 비슷하지만 삭제자 d와 할당자 a를 사용한다.
p=sp.get()	p=sp.cp. noexcept
x=*sp	x=*sp.cp. noexcept
x=sp->m	x=sp.cp->m. noexcept
n=sp.use_count()	n은 사용 카운트의 값이다(sp.cp==nullptr라면 0).
sp.unique()	sp.uc==1?(sp.cp==nullptr이라면 체크하지 않는다)
x=sp.owner_before(pp)	x는 정렬 함수(순약 순서, 31.2.2.1절). pp는 shared_ptr이거나 weak_ptr이다.
sp.swap(sp2)	sp와 sp2의 값을 교환한다. noexcept

추가로 표준 라이브러리는 몇 가지 보조 함수를 제공한다.

sp=make_shared<T>(args)	sp는 args 인자로부터 생성된 타입 T의 객체에 대한 shared_ptr<T>다. new를 이용해서 할당된다.
sp=allocate_shared<T>(a,args)	sp는 args 인자로부터 생성된 타입 T의 객체에 대한 shared_ptr<T>다. 할당자 a를 이용해서 할당된다.
sp==sp2	sp.cp==sp2.cp. sp 또는 sp2는 nullptr일 수 있다.
sp<sp2	less<T*>(sp.cp,sp2.cp). sp 또는 sp2는 nullptr일 수 있다.
sp!=sp2	!(sp==sp2)
sp>sp2	sp2<sp
sp<=sp2	!(sp2<sp)

(이어짐)

sp>=sp2	!(sp<sp2)
swap(sp,sp2)	sp.swap(sp2)
sp2=static_pointer_cast<T>(sp)	공유 포인터에 대한 static_cast.
	sp2=shared_ptr<T>(static_cast<T*>(sp.cp)). noexcept
sp2=dynamic_pointer_cast<T>(sp)	공유 포인터에 대한 dynamic_cast.
	sp2=shared_ptr<T>(dynamic_cast<T*>(sp.cp)). noexcept
sp2=const_pointer_cast<T>(sp)	공유 포인터에 대한 const_cast.
	sp2=shared_ptr<T>(const_cast<T*>(sp.cp)). noexcept
dp=get_deleter<D>(sp)	sp가 타입 D의 삭제자를 갖고 있다면 *dp는 sp의 삭제자다.
	그렇지 않다면 dp==nullptr. noexcept
os<<sp	os<<sp.get()

예를 들면 다음과 같다.

```
struct S {
    int i;
    string s;
    double d;
    // ...
};
auto p = make_shared<S>(1,"Ankh Morpork",4.65);
```

이제 p는 자유 저장 공간에 할당된 타입 S의 객체를 가리키는 shared_ptr<P>로서 {1, string{"Ankh Morpork"},4.65}의 값을 가진다.

unique_ptr::get_deleter()와 달리 shared_ptr의 get_deleter()는 멤버 함수가 아니라는 점에 유의한다.

34.3.3 weak_ptr

weak_ptr은 shared_ptr에 의해 관리되는 객체를 가리킨다. 그런 객체에 접근하기 위해 weak_ptr은 멤버 함수 lock()을 이용해서 shared_ptr로 변환될 수 있다. weak_ptr은 다른 누군가가 소유하는 것 중 다음에 해당되는 객체에 접근할 수 있게 해준다.

● 그것이 존재할 경우에만 접근해야 하는 객체

● (다른 누군가에 의해) 언제 삭제될지 모르는 객체

● 마지막으로 사용된 후에 소멸자가 반드시 호출돼야 하는 객체(대개는 비메모리 자원을 삭제하기 위해)

특히 shared_ptr에 의해 관리되는 데이터 구조에서 루프를 탈출하기 위해 weak_ptr이 사용된다.

weak_ptr을 두 개의 포인터를 가진 구조로 생각하자. 하나는 (공유 가능성이 있는) 객체를 가리키는 것이고, 하나는 그런 객체를 관리하는 shared_ptr의 카운트 구조를 가리키는 것이다.

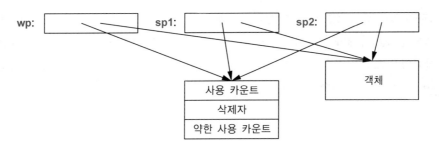

객체에 대한 마지막 **shared_ptr**이 소멸된 뒤에 **weak_ptr**이 있을 수 있기 때문에 사용 카운트 구조를 유지하기 위해 '약한 사용 카운트^weak use count'가 필요하다.

```
template<typename T>
class weak_ptr {
public:
    using element_type = T;
    // ...
};
```

weak_ptr은 '자신의' 객체에 접근하기 위해 **shared_ptr**로 변환돼야 하므로, 비교적 소수의 연산만 제공한다.

---

weak_ptr<T>(iso.20.7.2.3절)
cp는 포함된 포인터, wuc는 약한 사용 카운트

---

weak_ptr<T> wp {}	기본 생성자. cp=nullptr. constexpr. noexcept
weak_ptr<T> wp {pp}	복사 생성자. cp=pp.cp. ++wuc.
	pp는 weak_ptr이거나 shared_ptr이다. noexcept
wp.~weak_ptr()	소멸자. *cp에는 영향을 미치지 않는다. --wuc
wp=pp	복사. wuc를 감소시키고 wp를 pp로 설정한다. weak_ptr(pp).swap(wp).
	pp는 weak_ptr이거나 shared_ptr이다. noexcept
wp.swap(wp2)	wp와 wp2의 값을 교환한다. noexcept
wp.reset()	wuc를 감소시키고 wp를 nullptr로 설정한다. weak_ptr{}.swap(wp). noexcept
n=wp.use_count()	n은 *cp를 가리키는 shared_ptr의 개수다. noexcept
wp.expired()	*cp를 가리키는 shared_ptr이 있는가? noexcept
sp=wp.lock()	*cp에 대한 새로운 shared_ptr을 만든다. noexcept
x=wp.owner_before(pp)	x는 정렬 함수다(순약 순서, 31.2.2.1절).
	pp는 weak_ptr이거나 shared_ptr이다.
swap(wp,wp2)	wp.swap(wp2). noexcept

옛날 '소행성 게임'의 구현을 생각해보자. 모든 소행성은 '게임'에 의해 소유되지만, 각 소행성은 이웃 소행성을 추적 관리해서 충돌을 처리해야 한다. 충돌은 대개 하나 이상의 소행성의 파괴로 이어진다. 각 소행성은 부근에 있는 다른 소행성의 목록을 보유해야 한다. 그런 이웃 목록에 포함돼 있다고 해서 어떤 소행성이 계속 살아남는 것은 아니라는 점에 유의한다 (따라서 shared_ptr은 부적절할 것이다). 반면 소행성은 다른 소행성이 자신을 보고 있는 동안에는

소멸되지 말아야 한다(예를 들면 충돌 결과를 계산하기 위해서). 그리고 당연하겠지만 자원(그래픽 시스템과의 연동 같은)을 해제하기 위해서는 소행성 소멸자가 호출돼야 한다. 우리에게 필요한 것은 아직 살아있을 가능성이 있는 소행성의 목록과 잠시 동안 '하나를 포착할 수 있는' 방법이다. **weak_ptr**이 바로 그런 역할을 해준다.

```
void owner()
{
    // ...
    vector<shared_ptr<Asteroid>> va(100);
    for (int i=0; i<va.size(); ++i) {
        // ... 새로운 소행성에 대한 이웃을 계산한다...
        va[i].reset(new Asteroid(weak_ptr<Asteroid>(va[neighbor])));
        launch(i);
    }
    // ...
}
```

분명히 나는 '소유자'를 대폭 단순화시켰고 각각의 새로운 **Asteroid**에 단 하나의 이웃만 제공했다. 핵심은 **Asteroid**에게 해당 이웃을 가리키는 **weak_ptr**을 제공하는 것이다. 소유자는 **Asteroid**가 바라볼 때마다(그 밖의 경우는 해당 사항 없음) 공유되는 소유권을 표현하기 위해 **shared_ptr**을 보관한다. **Asteroid**에 대한 충돌 계산은 다음과 같이 될 것이다.

```
void collision(weak_ptr<Asteroid> p)
{
    if (auto q = p.lock()) {     // p.lock은 p의 객체를 가리키는 shared_ptr을 반환한다.
        // ... 해당 Asteroid는 아직 존재한다. 계산한다...
    }
    else {     // 해당 Asteroid는 이미 소멸됐다.
        p.reset();
    }
}
```

심지어 사용자가 게임을 종료하기로 마음먹고 모든 **Asteroid**를 삭제하더라도(소유권을 표시하는 shared_ptr을 소멸시킴으로써), 충돌 계산중인 모든 **Asteroid**는 여전히 올바르게 종료된다는 데 주목한다. **p.lock()** 이후에 **Asteroid**는 무효화되지 않을 **shared_ptr**을 보관한다.

34.4 할당자

STL 컨테이너(31.4절)와 **string**(36장)은 자원 핸들로서 자신의 원소를 보관하기 위해 메모리를 획득하고 해제한다. 그렇게 하기 위해 그들은 할당자^allocator^를 사용한다. 할당자의 기본 목적은 주어진 타입에 필요한 메모리 소스를 제공하고, 메모리가 더 이상 필요하지 않을 때 해당 메모리를 반환할 장소를 제공하는 것이다. 따라서 기본 할당자 함수는 다음과 같다.

```
p=a.allocate(n);          // 타입 T의 n개 객체에 필요한 공간을 획득한다.
a.deallocate(p,n);        // p가 가리키는 타입 T의 n개 객체에 대한 공간을 해제한다.
template<typename T>
struct Simple_alloc {     // new[]와 delete[]를 이용해서 바이트를 할당 및 할당 해제한다.
```

```
    using value_type = T;

    Simple_alloc() {}

    T* allocate(size_t n)
        { return reinterpret_cast<T*>(new char[n*sizeof(T)]); }
    void deallocate(T* p, size_t n)
        { delete[] reinterpret_cast<char*>(p); }
    // ...
};
```

Simple_alloc은 표준을 준수하는 가장 단순한 할당자다. **char***에 대한 캐스트에 유의한다. **allocate()**는 생성자를 실행시키지 않고 **deallocate()**는 소멸자를 실행시키지 않는다. 이들은 타입을 가진 객체가 아니라 메모리를 다룬다.

메모리의 임의 영역으로부터 할당하기 위해 자신만의 할당자를 만들 수 있다.

```
class Arena {
    void* p;
    int s;
public:
    Arena(void* pp, int ss);      // p[0..ss-1]에서 할당한다.
};

template<typename T>
struct My_alloc {                 // Arena를 이용해서 바이트를 할당 및 할당 해제한다.
    Arena& a;
    My_alloc(Arena& aa) : a(aa) { }
    My_alloc() {}
    // 통상적인 할당자 설정
};
```

일단 **Arena**가 만들어지고 나면 할당된 메모리에서 객체가 생성될 수 있다.

```
constexpr int sz {100000};
Arena my_arena1{new char[sz],sz};
Arena my_arena2{new char[10*sz],10*sz};

vector<int> v0;         // 기본 할당자를 이용해서 할당한다.

vector<int,My_alloc<int>> v1 {My_alloc<int>{my_arena1}};   // my_arena1를 생성한다.

vector<int,My_alloc<int>> v2 {My_alloc<int>{my_arena2}};   // my_arena2를 생성한다.

vector<int,Simple_alloc<int>> v3;                          // 자유 저장 공간에서 생성한다.
```

보통, 별칭을 사용하면 장황한 부분을 줄일 수 있다. 예를 들면 다음과 같다.

```
template<typename T>
    using Arena_vec = std::vector<T,My_alloc<T>>;
template<typename T>
    using Simple_vec = std::vector<T,Simple_alloc<T>>;
My_alloc<complex<double>> Alloc2 {my_arena2};              // 이름이 붙은 할당자 객체

Arena_vec<complex<double>> vcd {{{1,2}, {3,4}}, Alloc2};   // 명시적 할당자

Simple_vec<string> vs {"Sam Vimes", "Fred Colon", "Nobby Nobbs"};   // 기본 할당자
```

할당자는 객체가 실제로 상태를 가진 경우(My_alloc 같이)에만 컨테이너에 공간 오버헤드를 유발한다. 그것은 대개 비어있는 기반 클래스 최적화(28.5절)를 이용해서 달성될 수 있다.

34.4.1 기본 할당자

new를 이용해서 할당하고 delete를 이용해서 할당 해제하는 기본 할당자는 모든 표준 라이브러리에서 (기본 설정으로) 사용된다.

```
template<typename T>
class allocator {
public:
    using size_type = size_t;
    using difference_type = ptrdiff_t;
    using pointer = T*;
    using const_pointer = const T*;
    using reference = T&;
    using const_reference = const T&;
    using value_type = T;

    template<typename U>
        struct rebind { using other = allocator<U>; };

    allocator() noexcept;
    allocator(const allocator&) noexcept;
    template<typename U>
        allocator(const allocator<U>&) noexcept;
    ~allocator();

    pointer address(reference x) const noexcept;
    const_pointer address(const_reference x) const noexcept;
pointer allocate(size_type n, allocator<void>::const_pointer hint = 0);    // n개의 T에
                                                                           // 대한 공간을 할당한다.
    void deallocate(pointer p, size_type n);              // n개의 T에 대한 공간을 할당 해제한다.

    size_type max_size() const noexcept;

    template<typename U, typename... Args>
        void construct(U* p, Args&&... args);             // new(p) U{args}

    template<typename U>
        void destroy(U*p);                                //p->~U()
};
```

특이한 rebind 템플릿은 구식 별칭이다. 그것은 다음과 같이 됐어야 했다.

```
template<typename U>
using other = allocator<U>;
```

하지만 allocator는 그런 별칭이 C++에서 지원되기 전에 정의됐다. rebind는 할당자가 임의의 타입의 객체를 할당할 수 있도록 만들기 위해 제공된다. 다음 예를 살펴보자.

```
using Link_alloc = typename A::template rebind<Link>::other;
```

A가 allocator라면 rebind<Link>::other는 allocator<Link>에 대한 별칭이다. 예를 들면 다음과 같다.

```
template<typename T, typename A = allocator<T>>
class list {
private:
    class Link { /* ... */ };
```

```
    using Link_alloc = typename A:: template rebind<Link>::other;    // allocator<Link>
    Link_alloc a;       // 할당자를 링크한다.
    // ...
};
```

allocator<T>의 좀 더 제한된 특수화가 제공된다.

```
template<>
class allocator<void> {
public:
    using pointer = void*;
    using const_pointer = const void*;
    using value_type = void;
    template<typename U> struct rebind { using other = allocator<U>; };
};
```

이 코드는 특수한 경우를 피할 수 있게 해준다. 그것의 포인터를 역참조하지 않는 한 allocator<void>를 쓸 수 있다.

34.4.2 할당자 특성 정보

할당자는 allocator_traits를 이용해서 묶여진다. 할당자의 pointer 타입 같은 할당자의 속성은 특성 정보에서 찾을 수 있다. allocator_traits<X>::pointer가 그것이다. 다른 경우와 마찬가지로 특성 정보 기법은 int 같이 할당자의 요구 사항과 일치하는 멤버 타입을 갖지 않는 타입과 할당자를 전혀 고려하지 않고 설계된 타입을 위한 할당자를 만드는 데 쓰인다.

기본적으로 allocator_traits는 통상적인 타입 별칭 집합과 할당자 함수에 대한 기본 설정을 제공한다. 기본 allocator(34.4.1절)와 비교하면 address()가 빠져 있고 select_on_container_copy_construction()이 추가돼 있다.

```
template<typename A>                          // iso.20.6.8절
struct allocator_traits {
    using allocator_type = A;
    using value_type = typename A::value_type;
    using pointer = value_type*;                                              // 꼼수
    using const_pointer = Pointer_traits<pointer>::rebind<const value_type>;  // 꼼수
    using void_pointer = Pointer_traits<pointer>::rebind<void>;               // 꼼수
    using const_void_pointer = Pointer_traits<pointer>::rebind<const void>;   // 꼼수
    using difference_type = Pointer_traits<pointer>::difference_type;         // 꼼수
    using size_type = Make_unsigned<difference_type>;                         // 꼼수
    using propagate_on_container_copy_assignment = false_type;                // 꼼수
    using propagate_on_container_move_assignment = false_type;                // 꼼수
    using propagate_on_container_swap = false_type;                           // 꼼수

    template<typename T> using rebind_alloc = A<T,Args>;                      // 꼼수
    template<typename T> using rebind_traits = Allocator_traits<rebind_alloc<T>>;

    static pointer allocate(A& a, size_type n) { return a.allocate(n); }      // 꼼수
    static pointer allocate(A& a, size_type n, const_void_pointer hint)       // 꼼수
        { return a.allocate(n,hint); }
    static void deallocate(A& a, pointer p, size_type n) { a.deallocate(p, n); }// 꼼수
```

```
template<typename T, typename... Args>
    static void construct(A& a, T* p, Args&&... args)                    // 꼼수
    { ::new (static_cast<void*>(p)) T(std::forward<Args>(args)...); }
template<typename T>
    static void destroy(A& a, T* p) { p->~T(); }                         // 꼼수

static size_type max_size(const A& a)                                    // 꼼수
    { return numeric_limits<size_type>::max() }
static A select_on_container_copy_construction(const A& rhs) { return a; }  // 꼼수
};
```

여기서 '꼼수'는 동등한 할당자 A의 멤버가 존재할 경우 그것을 사용하고, 그렇지 않으면 여기서 지정된 기본 값을 사용하는 것이다. `allocate(n,hint)`의 경우에는 A가 hint를 받아들이는 `allocate()`를 갖고 있지 않다면 `A::allocate(n)`이 호출될 것이다. `Args`는 A가 필요로 하는 임의의 타입이다.

나는 표준 라이브러리의 정의에서 꼼수를 지지하는 편은 아니지만, `enable_if()`(28.4절)의 자유로운 사용 덕분에 이것이 C++에서 구현됐다.

선언을 읽기 쉽게 하기 위해 몇 가지 타입 별칭을 사용한다.

34.4.3 포인터 특성 정보

할당자는 포인터의 속성과 포인터에 대한 프락시 타입을 판별하기 위해 `pointer_traits`를 사용한다.

```
template<typename P>                    // iso.20.6.3절
struct pointer_traits {
    using pointer = P;
    using element_type = T;             // 꼼수: T는 P의 원소 타입이다.
    using difference_type = ptrdiff_t;  // 꼼수

    template<typename U>
        using rebind = T*;              // 꼼수: T는 P의 원소 타입이다.
    static pointer pointer_to(a);       // 꼼수
};

template<typename T>
struct pointer_traits<T*> {
    using pointer = T*;
    using element_type = T;
    using difference_type = ptrdiff_t;
    template<typename U>
        using rebind = U*;
    static pointer pointer_to(x) noexcept { return addressof(x); }
};
```

여기서 '꼼수'는 `allocator_traits`(34.4.2절)에서 쓰인 것과 똑같다. 동등한 포인터 P의 멤버가 존재할 경우 그것을 사용하고, 그렇지 않으면 여기서 지정된 기본 값을 사용하는 것이다. `T`를 사용하기 위해 템플릿 인자 P는 `Ptr<T,args>` 템플릿의 첫 번째 인자여야 한다.

이러한 요구조건은 실제로 C++ 언어에 위배된다.

34.4.4 유효 범위를 가진 할당자

컨테이너와 사용자 정의 할당자를 이용할 때 약간은 은밀한 문제가 제기될 수 있다. 즉, 원소가 컨테이너와 동일한 할당 영역에 있어야 하는지에 대한 것이다. 예를 들어 독자가 원소를 할당하기 위해 **Your_string**에 대해 **Your_allocator**를 사용하고 내가 **My_vector**의 원소를 할당하기 위해 **My_allocator**를 사용한다면 **My_vector<Your_string>**의 문자열 원소에 대해서는 어떤 할당자가 사용돼야 할까?

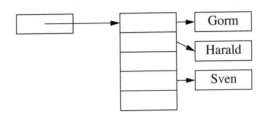

해결책은 원소에게 어떤 할당자를 전달할지 알려주는 기능을 컨테이너에 넣는 것이다. 그것을 위한 핵심은 **scoped_allocator_adaptor** 클래스로서, 외부의 할당자(원소에 쓰일)와 내부의 할당자(용도에 맞는 원소에 전달될)를 추적 관리하는 메커니즘을 제공한다.

```
template<typename OuterA, typename... InnerA>          // iso.20.12.1절
class scoped_allocator_adaptor : public OuterA {
private:
    using Tr = allocator_traits<OuterA>;
public:
    using outer_allocator_type = OuterA;
    using inner_allocator_type = /* iso.20.12.2절도 참고 바람 */;
    using value_type = typename Tr::value_type;
    using size_type = typename Tr::size_type;
    using difference_type = typename Tr::difference_type;
    using pointer = typename Tr::pointer;
    using const_pointer = typename Tr::const_pointer;
    using void_pointer = typename Tr::void_pointer;
    using const_void_pointer = typename Tr::const_void_pointer;
    using propagate_on_container_copy_assignment = /* iso.20.12.2절도 참고 바람 */;
    using propagate_on_container_move_assignment = /* iso.20.12.2절도 참고 바람 */;
    using propagate_on_container_swap = /* iso.20.12.2절도 참고 바람 */;

    // ...
};
```

string으로 이뤄진 **vector**의 할당에 대해서는 4가지 선택이 있다.

```
// vector와 string이 각자 자신만의 (기본) 할당자를 사용한다.
using Svec0 = vector<string>;
Svec0 v0;

// vector(만) My_alloc을 사용하고 string은 자신만의 (기본) 할당자를 사용한다.
using Svec1 = vector<string,My_alloc<string>>;
Svec1 v1 {My_alloc<string>{my_arena1}};

// vector와 string이 My_alloc을 사용한다.
```

```
using Xstring = basic_string<char,char_traits<char>, My_alloc<char>>;
using Svec2 = vector<Xstring,scoped_allocator_adaptor<My_alloc<Xstring>>>;
Svec2 v2 {scoped_allocator_adaptor<My_alloc<Xstring>>{my_arena1}};

// vector는 자신만의 (기본) 할당자를 사용하고 string은 My_alloc을 사용한다.
using Xstring2 = basic_string<char, char_traits<char>, My_alloc<char>>;
using Svec3 =
vector<xstring2,scoped_allocator_adaptor<My_alloc<xstring>,My_alloc<char>>>;
Svec3 v3 {scoped_allocator_adaptor<My_alloc<xstring2>,My_alloc<char>>{my_arena1}};
```

분명 첫 번째 선택인 **Svec0**이 단연코 가장 널리 쓰이겠지만, 메모리와 관련된 심각한 성능상의 제약 조건이 있는 시스템에서는 다른 버전(특히 Svec2)이 중요할 수 있다. 별칭을 몇 가지 좀 더 사용하면 코드가 약간 더 읽기 쉬워지겠지만, 이런 코드는 매일 작성해야 하는 그런 코드가 아니라서 괜찮다.

scoped_allocator_adaptor의 정의가 약간 관련돼 있지만, 기본적으로 이것은 기본 **allocator**(34.4.1절)와 상당히 유사한 할당자로서 역시 **string** 같이 포함된 컨테이너에 의해 쓰일 목적으로 전달돼야 하는 '내부' 할당자를 추적 관리한다.

---

scoped_allocator_adaptor<OuterA,InnerA>(축약됨, iso.20.12.1절)

rebind<T>::other	이 할당자의 버전 중에서 타입 T 객체를 할당하는 버전에 대한 별칭
x=a.inner_allocator()	x는 내부 할당자다. noexcept
x=a.outer_allocator()	x는 외부 할당자다. noexcept
p=a.allocate(n)	OuterA를 이용해서 value_type의 n개 객체에 필요한 공간을 획득한다.
p=a.allocate(n,hint)	OuterA를 이용해서 value_type의 n개 객체에 필요한 공간을 획득한다. hint는 할당자에 필요한 구현에 종속적인 보조 인자이다. 종종 hint는 *p가 근접하길 원하는 객체를 가리키는 포인터다.
a.deallocate(p,n)	OuterA를 이용해서 p가 가리키는 value_type의 n개 객체에 필요한 공간을 획득한다.
n=a.max_size()	n은 OuterA를 이용해서 할당 가능한 원소의 최대 개수다.
t=a.construct(p,args)	args로부터 value_type을 생성한다. t=new(p) value_type{args}
a.destroy(p)	*p를 소멸시킨다. p->~value_type()

34.5 가비지 컬렉션 인터페이스

가비지 컬렉션(참조되지 않은 메모리 영역의 자동적인 재활용)은 때로는 만병통치약으로 제시되지만, 사실은 그렇지 않다. 그것은 사실이 아니다. 특히 순수 메모리가 아닌 자원은 가비지 컬렉터에 의해 누출될 수 있다. 파일 핸들, 스레드 핸들, 잠금이 그런 예다. 나는 가비지 컬렉션을 통상적인 누출 방지 기법이 고갈된 후에 의지할 수 있는 간편한 최후 수단으로 여긴다.

[1] 가능할 때는 애플리케이션에 적합한 의미 구조를 가진 자원 핸들을 사용한다. 표준 라이브러리는 **string**, **vector**, **unordered_map**, **thread**, **lock_guard** 외의 많은 수단을 제공한다. 이동 의미 구조는 그런 객체들이 함수에서 효율적으로 반환될 수 있게 해준다.

[2]   `unique_ptr`을 이용해서 암시적으로 자신의 자원을 관리하지 않는 객체(포인터 같은), 때 이른 삭제로부터 보호해야 하는 객체(적절한 소멸자를 갖고 있지 않기 때문에) 또는 특별한 주의가 요구되는 방식으로 할당돼야 하는 객체(삭제자)를 관리한다.

[3]   `shared_ptr`을 이용해서 공유 소유권을 요구하는 객체를 보관한다.

일관성 있게 사용된다면 이런 일련의 기법으로 누출을 확실히 방지할 수 있다(즉, 찌꺼기 자체가 생기지 않기 때문에 가비지 컬렉션이 불필요해진다). 하지만 실세계의 아주 많은 프로그램에서 이런 기법들(모두 RAII 기반 – 13.3절)이 일관성 있게 사용되고 있지 않으며, 엄청난 양의 코드가 다른 방식으로 구조화돼 있기 때문에 손쉽게 적용되기 어려운 상황이다. 이런 '다른 방식'에는 종종 복잡한 포인터 사용, 무방비의 **new**와 **delete**, 자원 소유권을 모호하게 만드는 명시적 타입 변환 및 오류에 취약한 저수준의 유사한 기법 등이 포함된다. 이런 경우에 가비지 컬렉터는 적절한 최후 수단이 될 수 있다. 가비지 컬렉터가 비메모리 자원을 다룰 수는 없다 하더라도 메모리는 재확보/재사용할 수 있다. 비메모리 자원을 다루기 위해 컬렉션 시점에 일반적인 '종결자finalizer'를 사용하는 방식은 꿈도 꾸지 말기 바란다. 가비지 컬렉터는 시스템(비메모리 자원을 누출하는 시스템에서도)에서 누출이 일어나기까지의 실행 시간을 상당히 늘릴 수 있다. 예를 들어 가비지 컬렉터는 유지 보수를 위해 매일 밤마다 정지해야 하는 시스템에서는 자원 고갈이 일어나는 간격을 몇 시간에서 며칠로 늘릴 수 있다. 또한 가비지 컬렉터는 누출의 원인을 찾는 도구로도 사용될 수 있다.

가비지 컬렉션이 되는 시스템은 각자 약간씩 다른 누출 원인을 가질 수 있다는 점을 명심해두는 편이 좋다. 예를 들어 어떤 객체를 가리키는 포인터를 해시 테이블에 넣어 놓고 그 키를 잊어버렸다면 객체는 실질적으로 누출된 것이다. 마찬가지로 무한 스레드에 의해 참조되는 자원은 스레드가 원래 무한을 의도하지 않았더라도(예를 들면 도착하지 않는 입력을 기다리고 있을 수도 있다) 영원히 살아남을 수 있다. 경우에 따라 과도한 시간 동안 '살아남는' 자원은 영구적인 누출만큼이나 시스템에 해를 끼친다.

이러한 기본 철학을 바탕에 두고 생각해 본다면 C++에서 가비지 컬렉션은 선택적인 사항이다. 가비지 컬렉터는 명시적으로 설치되고 활성화되지 않으면 실행되지 않는다. 가비지 컬렉터는 표준 C++ 구현에서 필수적인 부분이 아니지만, 무료와 상용의 훌륭한 컬렉터들을 이용할 수 있다. C++는 사용 시에 대비해서 가비지 컬렉터가 무엇을 할 수 있는지에 대한 정의를 제공하고 그것의 동작을 제어하는 데 도움이 되는 ABI애플리케이션 이진 인터페이스를 제공한다.

포인터와 수명에 대한 규칙은 안전하게 파생되는 포인터safely-derived pointers(iso.3.7.4.3절)의 관점에서 표현된다. 안전하게 파생되는 포인터란 (대략적으로) 'new에 의해 할당되는 뭔가를 가리키거나 그 뭔가의 하위 객체를 가리키는 포인터'를 말한다. 여기서는 위장 포인터disguised pointer 라고도 불리는 안전하게 파생되지 않는 포인터의 몇 가지 예를 소개한다. 잠시 포인터가 '다른 곳'을 가리키게 만들어 보자.

```
int* p = new int[100];
p+=10;
```

```
// ... 여기서 컬렉터가 실행될 수 있다...
p -= 10;
*p = 10;        // int가 아직 그곳에 있다고 확신할 수 있을까?
```

int 안에 포인터를 숨긴다.

```
int* p = new int;
int x = reinterpret_cast<int>(p);        // 이식 가능하지도 않다.
p = nullptr;
// ... 여기서 컬렉터가 실행될 수 있다...
p = reinterpret_cast<int*>(x);
*p = 10;                                  // int가 아직 그곳에 있다고 확신할 수 있을까?
```

파일을 가리키는 포인터를 작성하고 나중에 다시 읽어 들인다.

```
int* p = new int;
cout << reinterpret_cast<int>(p);        // 이식 가능하지도 않다.
p = nullptr;
// ... 여기서 컬렉터가 실행될 수 있다...
cin >> reinterpret_cast<int&>(p);
*p = 10;                                  // int가 아직 그곳에 있다고 확신할 수 있을까?
```

'XOR 수법'(필요하다면 검색해보기 바란다)을 써서 이중 링크드 리스트를 압축한다.

```
struct Link { int value; Link* link; };  // 어떤 것이든 원하는 값 타입을 쓴다.
Link* xor2(Link* pre, Link* suc)          // 그냥 "xor"는 예약된 단어이기 때문에 "2"를 추가
{
    static_assert(sizeof(Link*) <= sizeof(long), "a long is smaller than a pointer");
    return reinterpret_cast<Link*>(reinterpret_cast<long>(pre) ^ reinterpret_cast<long>(suc));
}
void insert_between(Value val, Link* pre, Link* suc)
{
    Link* p = new Link{ val, xor2(pre, suc) };
    pre->link = xor2(xor2(pre->link, suc), p);
    suc->link = xor2(p, xor2(suc->link, pre));
}
```

이 수법을 사용하면 링크를 가리키는 위장 포인터만 저장된다.

가비지 컬렉터를 사용할 계획이 없더라도, 잘 작동되고 정상적인 인간이 이해할 수 있길 바라는 프로그램에서는 이런 수법을 사용하지 말기 바란다. 포인터의 비트를 여러 단어에 흩어놓는 것 같이 더 지저분한 수법도 훨씬 더 많다.

위장 포인터를 쓰는 데 대한 그럴싸한 변명(예를 들면 극단적인 메모리 제약이 있는 애플리케이션에서는 XOR 수법이 좋다는 등)들이 여러 가지가 있긴 하지만 프로그래머들이 생각하는 것만큼의 명분은 없다.

위장 포인터는 비트 패턴이 잘못된 타입(예를 들면 long이나 char[4] 같이)으로 메모리에 저장돼 있더라도 제대로 정렬돼 있는 경우에는 여전히 꼼꼼한 가비지 컬렉터에 의해 발견될 수 있다. 그런 포인터는 추적 가능traceable이라고 불려진다.

표준 라이브러리는 컬렉터가 해당 메모리를 가리키는 포인터를 발견하지 못하는 경우에도

회수되지 말아야 할 메모리와 포인터가 발견되지 말아야 할 위치(예를 들면 이미지 안)를 프로그래머가 지정할 수 있게 해준다(iso.20.6.4절).

```
void declare_reachable(void* p);          // p가 가리키는 객체는 수집되지 말아야 한다.
template<typename T>
    T* undeclare_reachable(T* p);         // declare_reachable()의 실행을 취소한다.
void declare_no_pointers(char* p, size_t n);   // p[0:n]은 포인터를 보관하지 않는다.
void undeclare_no_pointers(char* p, size_t n); // declare_no_pointers()의 실행을 취소한다.
```

C++ 가비지 컬렉터는 전통적인 보수적 컬렉터^{conservative collector}다. 즉, 객체를 메모리의 여기저기로 이동시키지 않으며, 메모리의 모든 워드가 포인터를 보관하고 있을지도 모른다고 가정해야 한다. 보수적인 가비지 컬렉션은 일반적인 평가보다는 효율적이며, 특히 프로그래머가 가비지를 많이 만들어 내지 않는 경우에는 더욱 그렇다. 하지만 `declare_no_pointers()`는 메모리의 상당 부분을 안전하게 고려 대상으로 제외시켜주는 방법으로 가비지 컬렉터를 훨씬 효율적으로 만들어 줄 수 있다. 예를 들어 `declare_no_pointers()`를 이용해서 컬렉터에게 사진 이미지가 애플리케이션의 어떤 부분에 있는지 알려주면 컬렉터는 포인터가 존재하지 않는 수 기가에 달할 수 있는 데이터를 무시할 수 있다.

프로그래머는 포인터의 안전성과 회수를 위해 어떤 규칙이 효력이 있는지 질의할 수 있다.

```
enum class pointer_safety {relaxed, preferred, strict };
pointer_safety get_pointer_safety();
```

표준의 규정은 이렇다(iso.3.7.4.3절). "안전하게 파생되는 포인터 값이 아닌 포인터 값은 참조된 전체 객체가 동적 저장 기간을 갖거나 도달 가능하다고 미리 선언돼 있지 않은 이상 유효하지 않은 포인터다. ... 유효하지 않은 포인터 값의 사용(그것을 할당 해제 함수에 전달하는 것까지 포함해서) 결과는 정의되어 있지 않다."

열거자의 의미는 다음과 같다.

- `relaxed` 안전하게 파생된 포인터와 안전하게 파생되지 않은 포인터가 동등하게 취급된다(C와 C++98에서처럼). 안전하게 파생된 포인터나 그것을 가리키는 추적 가능한 포인터를 갖지 않은 모든 객체를 수집한다.
- `preferred` relaxed와 비슷하지만 가비지 컬렉터가 누출 탐지기 또는 '부적절한 포인터'의 역참조 탐지기로서 실행될 수 있다.
- `strict` 안전하게 파생된 포인터와 안전하게 파생되지 않은 포인터가 다르게 취급된다. 즉, 가비지 컬렉터가 실행 중일 수 있고 안전하게 파생되지 않은 포인터들을 무시할 것이다.

표준에서는 어떤 선택이 좋은지에 대해서는 규정하고 있지 않다. 이 문제는 구현 품질 문제나 프로그래밍 환경 문제로 고려하기 바란다.

34.6 미초기화 메모리

대부분의 경우에 초기화되지 않은 메모리는 피하는 것이 최선이다. 그렇게 하면 프로그래밍이 간단해지고 온갖 종류의 오류가 사라진다. 그러나 비교적 드물긴 하지만 메모리 할당자 작성, 컨테이너 구현, 하드웨어의 직접적인 조작과 같은 경우에는 **원시 메모리**^{raw memory}라고도 불리는 미초기화 메모리의 직접적인 사용이 불가피하다.

표준 `allocator` 외에도 `<memory>` 헤더는 미초기화 메모리를 다루기 위한 `fill*` 계열 함수를 제공한다(32.5.6절). 이들은 타입 `T`라는 이름을 이용해서 제대로 생성된 타입 T 객체가 아니라 타입 T 객체를 보관할 만큼 충분한 공간을 참조하는 위험스럽지만 때로는 필요하기도 한 특성을 공유한다. 이런 함수들은 주로 컨테이너와 알고리즘의 구현자들을 위한 것이다. 예를 들어 `reserve()`와 `resize()`는 이런 함수들을 이용해서 가장 쉽게 구현된다(13.6절).

34.6.1 임시 버퍼

알고리즘은 종종 제대로 동작하기 위해 임시 공간을 필요로 한다. 종종 그런 임시 공간은 하나의 연산에서 할당은 되더라도 특정 위치가 실제로 필요하기 전까지는 초기화되지 않는 편이 최선이다. 따라서 라이브러리를 통해 미초기화 공간을 할당하고 할당 해제하는 함수 쌍이 제공된다.

```
template<typename T>
    pair<T*,ptrdiff_t> get_temporary_buffer(ptrdiff_t); // 할당한다. 초기화하지는 않는다.
template<typename T>
    void return_temporary_buffer(T*);                    // 할당 해제한다. 소멸시키지는 않는다.
```

`get_temporary_buffer<X>(n)` 연산은 타입 `X`의 n개 또는 그 이상의 객체에 필요한 공간을 할당하려고 시도한다. 메모리 할당에 성공한다면 이 연산은 제일 처음의 미초기화 공간을 가리키는 포인터 및 해당 공간에 들어맞을 타입 `X`의 객체를 반환한다. 그렇지 않을 경우에는 쌍의 `second` 값이 0이 된다. 기본 구상은 빠른 할당에 필요한 공간을 시스템에서 유지함으로써 주어진 크기의 n개 객체에 필요한 공간을 요청할 때 n개 이상의 공간을 만들어낼 수 있게 하자는 것이다. 하지만 더 적은 공간이 만들어질 수도 있으므로, `get_temporary_buffer()`를 이용하는 한 가지 방법은 낙관적으로 더 많은 것을 요청한 다음에 이용 가능한 결과를 사용하는 것이다.

`get_temporary_buffer()`에 의해 획득된 버퍼는 `return_temporary_buffer()`로 호출되는 다른 용도를 위해 비워져야 한다. `get_temporary_buffer()`가 생성 없이 할당하는 것과 마찬가지로 `return_temporary_buffer()`는 소멸시키지 않고 비운다. `get_temporary_buffer()`는 저수준이고 임시 버퍼 관리를 위해 최적화될 가능성이 높기 때문에 좀 더 장기적인 저장 공간 획득을 위한 `new`나 `allocator::allocate()`의 대안으로 쓰여서는 안 된다.

34.6.2 raw_storage_buffer

시퀀스에 쓰기를 하는 표준 알고리즘은 해당 시퀀스의 멤버가 이미 초기화돼 있다고 가정한다. 즉, 알고리즘은 쓰기를 위해 복사 생성보다는 대입을 사용한다. 결과적으로 미초기화 메모리를 알고리즘의 즉시적인 대상으로 사용할 수는 없다. 대입은 초기화보다 상당히 많은 비용이 들 수 있기 때문에 이는 안타까운 상황이며, 그렇다고 덮어쓰기 직전에 초기화를 하는 것은 낭비다. 해결책은 대입 대신 초기화를 하는 <memory>의 raw_storage_buffer를 사용하는 것이다.

```
template<typename Out, typename T>
class raw_storage_iterator : public iterator<output_iterator_tag,void,void,void,void> {
    Out p;
public:
    explicit raw_storage_iterator(Out pp) : p{pp} { }
    raw_storage_iterator& operator*() { return *this; }

    raw_storage_iterator& operator=(const T& val)
    {
        new(&*p) T{val};        // val을 *p에 넣는다(11.2.4절).
        return *this;
    }

    raw_storage_iterator& operator++() {++p; return *this; }      // 사전 증가
    raw_storage_iterator operator++(int)                          // 사후 증가
    {
        auto t = *this;
        ++p;
        return t;
    }
};
```

raw_storage_iterator는 미초기화 데이터에 쓰기를 시도하는 데 사용되지 말아야 한다. 그렇게 하면 raw_storage_iterator의 용도가 컨테이너와 알고리즘 구현의 깊숙한 부분으로 제한될 수 있다. 테스트에 활용하기 위한 목적으로 string의 순열(32.5.5절) 집합을 생성해보자.

```
void test1()
{
    auto pp = get_temporary_buffer<string>(1000);  // 미초기화 공간을 얻는다.
    if (pp.second<1000) {
        // ... 할당 실패를 처리한다...
    }
    auto p = raw_storage_iterator<string*,string>(pp.first);    // 반복자
    generate_n(p,pp.second,
        [&]{ next_permutation(seed,seed+sizeof(seed)-1); return seed; });
    // ...
    return_temporary_buffer(pp.first);
}
```

기본 미초기화 공간을 문자열에 할당한 다음 테스트 문자열을 대입하는 것에 아무런 문제

가 없기 때문에 이 예제는 다소 작위적으로 보인다. 또한 이 예제는 RAII(5.2절, 13.3절)를 사용하지 않는다.

raw_storage_iterator에 대해서는 ==나 != 연산자가 없다는 데 유의하고, 그렇기 때문에 그런 연산자를 사용해서 [b:e) 범위에 쓰려고 시도하지 말기 바란다. 예를 들어 b와 e가 raw_storage_iterator이라면 iota(b,e,0)(40.6절)는 동작하지 않을 것이다. 절대로 그렇게 할 수밖에 없는 경우가 아니라면 미초기화 메모리는 멀리 하는 편이 낫다.

34.7 조언

[1]   constexpr 크기를 가진 시퀀스가 필요한 경우에는 array를 사용한다(34.2.1절).

[2]   가급적 기본 제공 배열보다는 array를 사용한다(34.2.1절).

[3]   N비트가 필요하고 N이 반드시 기본 제공 정수 타입의 비트 개수가 아닌 경우에는 bitset를 사용한다(34.2.2절).

[4]   vector<bool>의 사용은 피한다(34.2.3절).

[5]   pair를 사용할 때는 타입 추론에 대해 make_pair()를 고려하기 바란다(34.2.4.1절).

[6]   tuple을 사용할 때는 타입 추론에 대해 make_tuple()을 고려하기 바란다(34.2.4.2절).

[7]   unique_ptr을 사용해서 배타적 소유권을 표현한다(34.3.1절).

[8]   shared_ptr을 사용해서 공유된 소유권을 표현한다(34.3.2절).

[9]   weak_ptr의 사용은 최소화한다(34.3.3절).

[10]   논리적 또는 성능상의 이유로 통상적인 new/delete 의미 구조로 불충분할 때는(그리고 그런 경우에만) 할당자를 사용한다(34.4절).

[11]   가급적 스마트 포인터보다는 특정한 의미 구조를 가진 자원 핸들을 사용한다(34.5절).

[12]   가급적 shared_ptr보다는 unique_ptr을 사용한다(34.5절).

[13]   가급적 가비지 컬렉션보다는 스마트 포인터를 사용한다(34.5절).

[14]   범용 자원의 관리에 대해서는 일관성 있고 완전한 전략을 세운다(34.5절).

[15]   난잡하게 포인터가 쓰이는 프로그램에서 일어나는 누출을 다루는 데 있어 가비지 컬렉션은 정말로 유용할 수 있다(34.5절).

[16]   가비지 컬렉션은 선택 사항이다(34.5절).

[17]   포인터는 위장하지 않는다(가비지 컬렉션을 사용하지 않는다고 하더라도)(34.5절).

[18]   가비지 컬렉션을 사용한다면 가비지 컬렉터가 포인터를 포함시킬 수 없는 데이터를 무시하게 만들기 위해 declare_no_pointers()를 사용한다(34.5절).

[19]   절대로 그렇게 할 수밖에 없는 경우가 아니라면 미초기화 메모리는 멀리 하는 편이 낫다(34.6절).

유틸리티

당신이 즐기면서 보낸 시간은
낭비한 시간이 아니다
— **버트런드 러셀**(Bertrand Russell)

- 개요
- 시간 duration, time_point, 시계, 시간 특성 정보
- 컴파일 타임 유리 산술 연산
- 타입 함수 타입 특성 정보, 타입 생성기
- 소규모 유틸리티 move()와 forward(), swap(), 관계 연산자, type_info의 비교와 해싱
- 조언

35.1 개요

표준 라이브러리는 수많은 '유틸리티 구성 요소'를 제공하는데, 이것들은 너무나 광범위하게 쓰이고 있어 어떤 주요 표준 라이브러리 구성 요소에 속한다고 분류하기가 어려울 정도다.

35.2 시간

<chrono>에서 표준 라이브러리는 시간 기간과 시간 시점을 다루기 위한 기능들을 제공한다. 모든 chrono 기능은 std::chrono (부분) 네임스페이스에 있으므로, 명시적으로 chrono::라고 한정하든지 using 지시자를 사용해야 한다.

```
using namespace std::chrono;
```

종종 우리는 뭔가의 시간을 재거나 시간에 의존하는 뭔가를 처리해야 한다. 예를 들어 표준 라이브러리 뮤텍스와 잠금은 thread가 일정 시간 동안(duration) 대기하거나 특정 시점 (time_point)까지 대기하게 해주는 선택 사항을 제공한다.

현재의 time_point를 알고 싶다면 3가지 시계 system_clock, steady_clock, high_resolution_clock 중 하나에 대해 now()를 호출할 수 있다. 예를 들면 다음과 같다.

```
steady_clock::time_point t = steady_clock::now();
// ... 뭔가를 한다...
steady_clock::duration d = steady_clock::now()-t;      // 뭔가에 d 시간 단위가 걸렸다.
```

시계는 time_point를 반환하며, duration은 동일한 시계에서 두 time_point 사이의 차이다. 다른 경우와 마찬가지로 세부 사항이 궁금하다면 auto의 도움을 받을 수 있다.

```
auto t = steady_clock::now();
// ... 뭔가를 한다...
auto d = steady_clock::now()-t;      // 뭔가에 d 시간 단위가 걸렸다.
cout << "something took " << duration_cast<milliseconds>(d).count() << "ms"; // 밀리초로
                                                                            // 출력한다.
```

여기서의 시간 기능은 시스템 깊숙한 곳에서의 효율적인 활용을 지원하기 위한 것이지, 여러분의 시간 약속을 관리하는 데 도움을 주기 위한 편의 기능은 제공하지는 않는다. 실제로 시간 기능은 고에너지 물리학의 엄격한 필요에서부터 비롯됐다.

알고 보면 '시간'은 우리가 통상적으로 생각하는 것보다 다루기가 훨씬 복잡하다. 예를 들어 윤초, 정확하지 않아서 조정해야 하는 시계(시계에 표시되는 시간보다 뒤로 돌려야 하는 가능성이 있는), 서로 다른 정밀도를 가진 시계 등이 있다. 게다가 짧은 시간 범위를 다루는 언어 기능(예를 들면 나노초)은 그 자체가 상당한 시간을 소요해서는 안 된다. 이 결과로 chrono 기능 자체는 간단하지 않지만, 이런 기능들의 활용은 대부분 상당히 단순할 수 있다.

C 스타일 시간 유틸리티는 43.6절에서 찾을 수 있다.

35.2.1 duration

<chrono>에서 표준 라이브러리는 시간상의 두 지점(time_point, 35.2.2절) 사이의 시간을 표현하기 위해 duration 타입을 제공한다.

```
template<typename Rep, typename Period = ratio<1>>
class duration {
public:
    using rep = Rep;
    using period = Period;
    // ...
};
```

duration<Rep,Period>(iso.20.11.5절)	
duration d {}	기본 생성자. d는 {Rep{},Period{}}가 된다. constexpr
duration d {r}	r로부터의 생성자. r은 축소 변환 없이 Rep을 변환될 수 있어야 한다. constexpr. noexcept
duration d {d2}	복사 생성자. d는 d2와 동일한 값을 얻는다.
	d2는 축소 변환 없이 Rep으로 변환될 수 있어야 한다. constexpr

(이어짐)

| d=d2 | d는 d2와 동일한 값을 얻는다. d2는 Rep으로 표현될 수 있어야 한다. |
| r=d.count() | r은 d에 있는 시계 틱의 개수다. noexcept |

구체적인 period 값으로 duration을 정의할 수도 있다. 예를 들면 다음과 같다.

```
duration<long long,milli> d1 {7};    // 7밀리초
duration<double,pico> d2 {3.33};     // 3.33피코초
duration<int,ratio<1,1>> d3 {};      // 0초
```

duration의 period는 period의 시계 틱^{clock tick}의 개수를 보관한다.

```
cout << d1.count() << '\n';    // 7
cout << d2.count() << '\n';    // 3.33
cout << d3.count() << '\n';    // 0
```

당연히 count()의 값은 period에 좌우된다.

```
d2=d1;
cout << d1.count() << '\n';    // 7
cout << d2.count() << '\n';    // 7e+009
if (d1!=d2) cerr<<"insane!";
```

여기서 d1과 d2는 같은 값이지만, 매우 다른 count() 값을 알려준다.

초기화 도중에 잘라내기나 정밀도의 손실을 피하려면 주의를 기울여야 한다({} 표기가 쓰이지 않더라도). 예를 들면 다음과 같다.

```
duration<int, milli> d {3};      // OK
duration<int, milli> d {3.5};    // 오류: 3.5에서 int는 축소 변환

duration<int, milli> ms {3};     
duration<int, micro> us {ms};    // OK
duration<int, milli> ms2 {us};   // 오류: 마이크로초를 상당수 손실할 수 있다.
```

표준 라이브러리는 duration에 대한 의미 있는 산술 연산을 제공한다.

++d	++d.r
d++	duration{d.r++}
--d	--d.r
d--	duration{d.r--}
+d	d
-d	duration{-d.r}

(이어짐)

duration<Rep,Period>(iso.20.11.5절)	
r은 Rep다. 산술 연산은 표현의 common_type으로 처리된다.	
d+=d2	d.r+=d2.r
d-=d2	d.r-=d2.r
d%=d2	d.r%=d2.r.count()
d%=r	d.r%=r
d*=r	d.r*=r
d/=r	d.r/=r

period는 단위 체계이므로, 일반적인 값을 받아들이는 =나 +=는 있을 수 없다. 그것을 허용하는 건 알려지지 않은 SI 단위의 5를 미터 단위의 길이에 더하게 허용하는 것이나 마찬가지다. 다음 예를 살펴보자.

```
duration<long long,milli> d1 {7};        // 7밀리초
d1 += 5;        // 오류

duration<int,ratio<1,1>> d2 {7};         // 7초
d2 = 5;         // 오류
d2 += 5;        // 오류
```

여기서 5는 무슨 뜻일까? 5초? 5밀리초? 아니면 다른 그 무엇? 그것이 무엇인지 알고 있다면 명시적이어야 한다. 예를 들면 다음과 같다.

```
d1 += duration<long long,milli>{5};      // OK: 밀리초
d2 += decltype(d2){5};                   // OK: 초
```

서로 다른 표현을 가진 **duration**이 관련된 연산은 조합이 타당한 경우에만 허용된다 (35.2.4절).

duration<Rep,Period>(iso.20.11.5절)	
산술 연산은 표현의 common_type으로 처리된다.	
d3=d+d2	constexpr
d3=d-d2	constexpr
d2=d*r	r은 Rep다. constexpr
d2=r*d	r은 Rep다. constexpr
d2=d/x	x는 duration이거나 Rep다. constexpr
d2=d%x	x는 duration이거나 Rep다. constexpr

호환되는 표현을 가진 **duration** 사이의 비교와 명시적 변환이 지원된다.

duration<Rep,Period>(iso.20.11.5절)	
d=zero()	Rep에 대해서는 0. d=duration{duration_values<rep>::zero()}. constexpr
d=min()	가장 작은 Rep 값(zero()보다 작거나 같다).
	d=duration{duration_values<rep>::min()}. static. constexpr
d=max()	가장 큰 Rep 값(zero()보다 크거나 같다).
	d=duration{duration_values<rep>::max()}. static. constexpr
d==d2	비교는 d와 d2의 common_type으로 처리된다. constexpr
d!=d2	!(d==d2)
d<d2	비교는 d와 d2의 common_type으로 처리된다. constexpr
d<=d2	!(d2<d)
d>d2	비교는 d와 d2의 common_type으로 처리된다. constexpr
d>=d2	!(d<d2)
d2=duration_cast<D>(d)	duration d를 타입 D의 duration으로 변환한다.
	표현이나 period에 대해 암시적 변환이 사용되지 않는다. constexpr

표준 라이브러리는 <ratio>(35.3절)의 SI 단위를 이용해서 몇 가지 편리한 별칭을 제공한다.

```
using nanoseconds = duration<si64,nano>;
using microseconds = duration<si55,micro>;
using milliseconds = duration<si45,milli>;
using seconds = duration<si35>;
using minutes = duration<si29,ratio<60>>;
using hours = duration<si23,ratio<3600>>;
```

여기서 siN은 '구현별 정의 사항인 부호 있는 정수 타입의 최소 N비트'를 뜻한다.

duration_cast는 알려진 측정 단위로 duration을 구하는 데 쓰인다. 예를 들면 다음과 같다.

```
auto t1 = system_clock::now();
f(x);                          // 뭔가를 한다.
auto t2 = system_clock::now();

auto dms = duration_cast<milliseconds>(t2-t1);
cout << "f(x) took " << dms.count() << " milliseconds\n";

auto ds = duration_cast<seconds>(t2-t1);
cout << "f(x) took " << ds.count() << " seconds\n";
```

이 예제에서 캐스트가 필요한 이유는 정보가 손실되고 있기 때문이다. 내가 사용하는 시스템에서는 system_clock이 nanoseconds 단위로 카운트된다.

다른 방법으로 적절한 duration을 단순 생성할 수도 있다.

```
auto t1 = system_clock::now();
f(x);                          // 뭔가를 한다.
auto t2 = system_clock::now();

cout << "f(x) took " << milliseconds(t2-t1).count() << " milliseconds\n"; // 오류: 잘림
cout << "f(x) took " << nanoseconds(t2-t1).count() << " nanoseconds\n";
```

시계의 정밀도는 구현별 정의 사항이다.

35.2.2 time_point

<chrono>에서 표준 라이브러리는 주어진 clock으로 측정되는 주어진 기준 시간에서 어떤 시점을 표현하기 위해 time_point를 제공한다.

```
template<typename Clock, typename Duration = typename Clock::duration>
class time_point {
public:
    using clock = Clock;
    using duration = Duration;
    using rep = typename duration::rep;
    using period = typename duration::period;
    // ...
};
```

기준 시간[epoch]은 clock에 의해 결정되는 시간의 범위로서 duration으로 측정되며, duration의 zero()에서 시작된다(예를 들면 nanoseconds::zero()).

time_point<Clock,Duration>(iso.20.11.6절)	
time_point tp {}	기본 생성자. 기준 시간의 시작. duration::zero()
time_point tp {d}	생성자. 기준 시간의 시점 d. time_point{}+d. explicit
time_point tp {tp2}	생성자. tp는 tp2와 시간상의 동일 지점을 참조한다.
	tp2의 duration 타입은 tp의 것으로 암시적으로 변환될 수 있어야 한다.
d=tp.time_since_epoch()	d는 tp의 저장된 duration이다.
tp=tp2	tp는 tp2와 시간상의 동일 지점을 참조한다.
	tp2의 duration 타입은 tp의 것으로 암시적으로 변환될 수 있어야 한다.

예를 들면 다음과 같다.

```
void test()
{
    time_point<steady_clock,milliseconds> tp1(milliseconds(100));
    time_point<steady_clock,microseconds> tp2(microseconds(100*1000));

    tp1=tp2;                    // 오류: 잘려나갈 것이다.
    tp2=tp1;                    // OK

    if (tp1!=tp2) cerr << "Insane!";
}
```

duration에 대해서와 마찬가지로 time_points에 대해서도 의미 있는 생성자와 비교가 지원된다.

time_point<Clock,Duration>(iso.20.11.6절)	
tp+=d	tp를 순방향으로 이동시킨다. tp.d+=d
tp-=d	tp를 역방향으로 이동시킨다. tp.d-=d
tp2=tp+d	tp2=time_point<Clock>{tp.time_since_epoch()+d}
tp2=d+tp	tp2=time_point<Clock>{d+tp.time_since_epoch()}
tp2=tp-d	tp2=time_point<Clock>{tp.time_since_epoch()-d}
d=tp-tp2	d=duration{tp.time_since_epoch()-tp2.time_since_epoch()}
tp=min()	tp=time_point(duration::min()). static. constexpr
tp=max()	tp=time_point(duration::max()). static. constexpr
tp==tp2	tp.time_since_epoch()==tp2.time_since_epoch()
tp!=tp2	!(tp==tp2)
tp<tp2	tp.time_since_epoch()<tp2.time_since_epoch()
tp<=tp2	!(tp2<tp)
tp>tp2	tp2<tp
tp>=tp2	!(tp<tp2)
tp2=time_point_cast<D>(tp)	time_point tp를 time_point<C,D>로 변환한다. time_point<C,D>(duration_cast<D>(tp.time_since_epoch()))

예를 들면 다음과 같다.

```
void test2()
{
    auto tp = steady_clock::now();
    auto d1 = time_point_cast<hours>(tp).time_since_epoch().count()/24;    // 기준 시간
                                                                            // 시작 후의 일자

    using days = duration<long,ratio<24*60*60,1>>;                          // 1일의 duration
    auto d2 = time_point_cast<days>(tp).time_since_epoch().count();// 기준 시간 시작 후의 일자

    if (d1!=d2) cout << "Impossible!\n";
}
```

시계에 접근하지 않는 time_point 연산은 constexpr이 될 수도 있지만, 현재로서 반드시 보장되는 사항은 아니다.

35.2.3 시계

time_point와 duration 값은 궁극적으로 하드웨어 시계로부터 얻어진다. <chrono>에서 표준 라이브러리는 시계에 필요한 기본적인 인터페이스를 제공한다. system_clock 클래스는 시스템의 실시간 시계로부터 얻어진 대로 '벽시계 시간'을 표현한다.

```
class system_clock {
public:
    using rep = /* 구현별 정의 사항인 부호 있는 타입 */;
    using period = /* 구현별 정의 사항인 ratio<> */;
```

```
    using duration = chrono::duration<rep,period>;
    using time_point = chrono::time_point<system_clock>;
    // ...
};
```

모든 데이터 및 함수 멤버는 **static**이다. 시계 객체는 명시적으로 다뤄지지 않는다. 대신 시계 타입이 사용된다.

시계 멤버(iso.20.11.7절)

is_steady	이 시계 타입은 견실한가? 즉, 연속적인 now()의 모든 호출에 c.now()<=c.now()이고 시계 틱 사이의 시간이 일정한가? static
tp=now()	tp는 호출 시간에 대한 system_clock의 time_point다. noexcept
t=to_time_t(tp)	t는 time_point tp에 대한 time_t(43.6절)다. noexcept
tp=from_time_t(t)	tp는 time_t t에 대한 time_point다. noexcept

예를 들면 다음과 같다.

```
void test3()
{
    auto t1 = system_clock::now();
    f(x);                              // 뭔가를 한다.
    auto t2 = system_clock::now();
    cout << "f(x) took " << duration_cast<milliseconds>(t2-t1).count() << " ms\n";
}
```

시스템은 이름이 붙은 세 가지의 시계를 제공한다.

시계 타입(iso.20.11.7절)

system_clock	시스템의 실시간 시계. 시스템 시계는 외부 시계와 맞추기 위해 재설정(순방향이나 역방향으로 순간 이동)될 수 있다.
steady_clock	시간이 순방향으로 일정하게 움직이는 시계. 즉, 시간은 역방향으로 진행되지 않으며, 시계 틱 사이의 시간이 일정하다.
high_resolution_clock	시스템에서 가장 짧은 증분을 갖는 시계

이 세 가지 시계는 서로 다를 필요가 없다. 표준 라이브러리 시계 이름은 별칭이 될 수 있다.

시계의 기본 속성을 다음과 같이 결정할 수 있다.

```
cout << "min " << system_clock::duration::min().count()
    << ", max " << system_clock::duration::max().count()
    << ", " << (treat_as_floating_point<system_clock::duration>::value ? "FP" : "integral") << '\n';
cout << (system_clock::is_steady?"steady\n": "not steady\n");
```

이 코드를 나의 시스템에서 실행시켜보면 다음 결과가 나온다.

```
min -9223372036854775808, max 9223372036854775807, integral
not steady
```

다른 시스템과 다른 시계에서는 다른 결과가 나올 수 있다.

35.2.4 시간 특성 정보

chrono 기능의 구현은 몇 가지 표준 기능에 의존하는데, 이것들을 합쳐서 시간 특성 정보[time traits]라고 부른다.

duration과 time_point에 대한 변환 규칙은 그들의 표현이 부동소수점(반올림이 가능한)인지 통합 정수인지에 따라 달라진다.

```
template<typename Rep>
struct treat_as_floating_point : is_floating_point<Rep> { };
```

몇 가지 표준 값이 제공된다.

duration_values<Rep>(iso.20.11.4.2절)	
r=zero()	r=Rep(0). static. constexpr
r=min()	r=numeric_limits<Rep>::lowest(). static. constexpr
r=max()	r=numeric_limits<Rep>::max(). static. constexpr

두 개 duration의 공통 타입은 그들의 최대 공통분모[GCD, greatest common denominator]를 계산하는 것으로 결정된다.

```
template<typename Rep1, typename P1, typename Rep2, typename P2>
struct common_type<duration<Rep1,P1>, duration<Rep2, P2>> {
    using type = duration<typename common_type<Rep1,Rep2>::type, GCD<P1,P2>> ;
};
```

이 코드는 common_type<duration<R1,P1>,duration<R2,P2>>::type을 나눗셈 연산 없이 두 개의 duration 인자가 변환되는 가장 큰 틱 주기를 가진 duration에 대한 별칭으로 만들어 준다. 따라서 이 별칭은 잘림 오류 없이 duration<R1,P2>와 duration<R2,P2>의 모든 값을 보관할 수 있다. 하지만 부동소수점 duration은 반올림 오류를 일으킬 수 있다.

```
template<typename Clock, typename Duration1, typename Duration2>
struct common_type<time_point<Clock, Duration1>, time_point<Clock, Duration2>> {
    using type = time_point<Clock, typename common_type<Duration1, Duration2>::type>;
};
```

즉, common_type을 가지려면 두 개의 time_point가 공통 시계 타입을 가져야 한다. 그들의 common_type은 그들의 duration의 common_type을 가진 time_point다.

35.3 컴파일 타임 유리 산술 연산

<ratio>에 있는 ratio 클래스는 컴파일 타임 유리 산술 연산[rational arithmetic]을 제공한다. 표준 라이브러리는 ratio를 이용해서 시간 기간과 시간 시점의 컴파일 타임 표현을 제공한다(35.2절).

```
template<intmax_t N, intmax_t D = 1>
struct ratio {
    static constexpr intmax_t num;    // (num,den)은 가장 간단한 형태로 줄어든 (N,D)이다.
    static constexpr intmax_t den;

    using type = ratio<num,den>;
};
```

기본 구상은 유리수의 분자와 분모를 (값) 템플릿 인자로 인코딩하는 것이다. 분모는 언제나 0이 아니어야 한다.

---

ratio 산술 연산(iso.20.10.4절)

z=ratio_add<x,y>	z.num=x::num*y::den+y::num*x::den, z.den=x::den*y::den
z=ratio_subtract<x,y>	z.num=x::num*y::den-y::num*x::den, z.den=x::den*y::den
z=ratio_multiply<x,y>	z.num=x::num*y::num, z.den=x::den*y::den
z=ratio_divide<x,y>	z.num=x::num*y::den, z.den=x::den*y::num
ratio_equal<x,y>	x::num==y::num && x::den==y::den
ratio_not_equal<x,y>	!ratio_equal<x,y>::value
ratio_less<x,y>	x::num*y::den < y::num*x::den
ratio_less_equal<x,y>	!ratio_less<y,x>::value
ratio_greater<x,y>	ratio_less<y,x>::value
ratio_greater_equal<x,y>	!ratio_less<x,y>::value

예를 들면 다음과 같다.

```
static_assert(ratio_add<ratio<1,3>, ratio<1,6>>::num == 1, "problem: 1/3+1/6 != 1/2");
static_assert(ratio_add<ratio<1,3>, ratio<1,6>>::den == 2, "problem: 1/3+1/6 != 1/2");
static_assert(ratio_multiply<ratio<1,3>, ratio<3,2>>::num == 1, "problem: 1/3*3/2 != 1/2");
static_assert(ratio_multiply<ratio<1,3>, ratio<3,2>>::den == 2, "problem: 1/3*3/2 != 1/2");
```

분명 이것이 숫자와 산술 연산을 표현하기에 간편한 방법은 아니다. <chrono>에서 시간에 대한 유리 산술 연산에 대한 관용적인 표기(예를 들면 +와 *)를 찾을 수 있다(35.2절). 비슷한 방식으로 단위 값을 표현하는 데 도움을 주기 위해 표준 라이브러리는 널리 쓰이는 SI에 대한 양적 표현을 제공한다.

```
using yocto = ratio<1,1000000000000000000000000>;    // 조건부 지원
using zepto = ratio<1,1000000000000000000000>;       // 조건부 지원
using atto = ratio<1,1000000000000000000>;
using femto = ratio<1,1000000000000000>;
using pico = ratio<1,1000000000000>;
using nano = ratio<1,1000000000>;
using micro = ratio<1,1000000>;
using milli = ratio<1,1000>;
```

```
using centi = ratio<1,100>;
using deci = ratio<1,10>;
using deca = ratio<10,1>;
using hecto = ratio<100,1>;
using kilo = ratio<1000,1>;
using mega = ratio<1000000,1>;
using giga = ratio<1000000000,1>;
using tera = ratio<1000000000000,1>;
using peta = ratio<1000000000000000,1>;
using exa = ratio<1000000000000000000,1>;
using zetta = ratio<1000000000000000000000,1>;          // 조건부 지원
using yotta = ratio<1000000000000000000000000,1>;       // 조건부 지원
```

사용 예에 대해서는 35.2.1절을 참고하기 바란다.

35.4 타입 함수

<type_traits>에서 표준 라이브러리는 타입의 속성(타입 특성 정보, 35.4.1절)을 결정하고 기존 타입을 바탕으로 새로운 타입을 생성(타입 생성기, 35.4.2절)할 수 있게 해주는 타입 함수를 제공한다(28.2절). 이런 타입 함수들은 주로 단순하지만 아주 단순하지는 않은 메타프로그래밍을 컴파일 타임에 지원하기 위해 사용된다.

35.4.1 타입 특성 정보

<type_traits>에서 표준 라이브러리는 타입 함수의 방대한 집합을 제공함으로써 프로그래머가 타입이나 타입 쌍의 속성을 결정할 수 있게 해준다. 타입 함수 대부분은 이름만으로 그 뜻을 짐작할 수 있다. 기본 타입 술어 함수primary type predicate는 타입의 기본 속성을 검사한다.

기본 타입 술어 함수(iso.20.9.4.1절)

is_void<X>	X는 void인가?
is_integral<X>	X는 통합 정수 타입인가?
is_floating_point<X>	X는 받아들이는 타입인가?
is_array<X>	X는 기본 제공 배열인가?
is_pointer<X>	X는 포인터인가(멤버를 가리키는 포인터는 포함되지 않음)?
is_lvalue_reference<X>	X는 좌변 값 참조인가?
is_r value_reference<X>	X는 우변 값 참조인가?
is_member_object_pointer<X>	X는 비static 데이터 멤버를 가리키는 포인터인가?
is_member_function_pointer<X>	X는 비static 멤버 함수를 가리키는 포인터인가?
is_enum<X>	X는 enum(일반 enum 또는 enum class)인가?
is_union<X>	X는 union인가?
is_class<X>	X는 class인가(struct는 포함되고, union은 포함되지 않음)?
is_function<X>	X는 함수인가?

타입 특성 정보는 불리언으로 사용되는 값을 반환한다. 해당 값에 접근하려면 접미사 ::value를 사용한다. 예를 들면 다음과 같다.

```
template<typename T>
void f(T& a)
{
    static_assert(std::is_floating_point<T>::value,"FP type expected");
    // ...
}
```

::value 표기법이 식상하다면 constexpr 함수를 정의한다(28.2.2절).

```
template<typename T>
constexpr bool Is_floating_point()
{
    return std::is_floating_point<T>::value;
}
template<typename T>
void f(T& a)
{
    static_assert(Is_floating_point<T>(),"FP type expected");
    // ...
}
```

이상적으로는 모든 표준 라이브러리 타입 특성 정보에 대해 이런 함수를 제공하는 라이브러리를 쓰는 편이 좋다. 일부 타입 함수는 기본 속성의 조합에 대해 질의한다.

합성 타입 술어 함수(iso.20.9.4.2절)	
is_reference<X>	X는 참조자인가(좌변 값 또는 우변 값 참조자)?
is_arithmetic<X>	X는 산술 연산 타입인가(통합 정수 또는 부동소수점, 6.2.1절)?
is_fundamental<X>	X는 기본 타입인가(6.2.1절)?
is_object<X>	X는 객체 타입인가(함수가 아니고)?
is_scalar<X>	X는 스칼라 타입인가(클래스나 함수가 아니고)?
is_compound<X>	X는 복합 타입인가(!is_fundamental<X>)?
is_member_pointer<X>	X는 비static 데이터나 함수 멤버를 가리키는 포인터인가?

이러한 합성 타입 술어 함수composite type predicate는 표기적 편의성을 제공할 뿐이다. 예를 들어 is_reference<X>는 X가 좌변 값 참조자나 우변 값 참조자 둘 중의 하나이면 참이다.

기본 타입 술어 함수와 마찬가지로 타입 속성 술어 함수type property predicate는 타입의 기본 속성을 검사한다.

타입 속성 술어 함수(iso.20.9.4.3절)	
is_const<X>	X는 const인가?
is_volatile<X>	X는 volatile(41.4절)인가?

(이어짐)

is_trivial<X>	X는 간단한 타입인가(8.2.6절)?
is_trivially_copyable<X>	X는 간단한 비트의 집합체로서 복사, 이동, 소멸될 수 있는가(8.2.6절)?
is_standard_layout<X>	X는 표준 배치 구조 타입인가(8.2.6절)?
is_pod<X>	X는 POD(8.2.6절)인가?
is_literal_type<X>	X는 constexpr 생성자를 갖고 있는가(10.4.3절)?
is_empty<X>	X는 객체 내에 공간을 필요로 하는 멤버인가?
is_polymorphic<X>	X는 가상 함수를 갖고 있는가?
is_abstract<X>	X는 순수 가상 함수인가?
is_signed<X>	X는 산술 연산 타입이고 부호가 있는가?
is_unsigned<X>	X는 산술 연산 타입이고 부호가 없는가?
is_constructible<X,args>	X는 args로부터 생성될 수 있는가?
is_default_constructible<X>	X는 {}로부터 생성될 수 있는가?
is_copy_constructible<X>	X는 X&로부터 생성될 수 있는가?
is_move_constructible<X>	X는 X&&로부터 생성될 수 있는가?
is_assignable<X,Y>	Y는 X에 대입될 수 있는가?
is_copy_assignable<X>	X&는 X에 대입될 수 있는가?
is_move_assignable<X>	X&&는 X에 대입될 수 있는가?
is_destructible<X>	X는 소멸될 수 있는가(즉, ~X()가 삭제되지 않았는가)?

예를 들면 다음과 같다.

```
template<typename T>
class Cont {
    T* elem;        // elem이 가리키는 배열에 원소들을 저장한다.
    size_t sz;      // sz개의 원소
    // ...
    Cont(const Cont& a)     // 복사 생성자
        :elem{new T[a.sz]}, sz{a.sz}
    {
        static_assert(Is_copy_constructible<T>(),"Cont::Cont(): no copy");
        if (Is_trivially_copyable<T>())
            memcpy(elem,a.elem,sz*sizeof(T));              // memcopy 최적화
        else
            uninitialized_copy(a.begin(),a.end(),elem);    // 복사 생성자를 사용한다.
    }
    // ...
};
```

그럼에도 불구하고 uninitialized_copy()가 이미 이런 식으로 최적화돼 있을 수 있기 때문에 이런 최적화는 불필요할 수도 있다.

어떤 클래스가 비어 있을 수 있으려면 비static 데이터 멤버, 가상 함수, 가상 기반 클래스, !is_empty<Base>::value에 대한 기반 클래스를 가질 수 없다.

타입 속성 술어 함수는 사용 경우별로 접근 체크를 수행하지 않는다. 대신, 타입 술어 함수는 멤버와 프렌드 외부에서의 사용에 대해 우리가 기대하는 결과를 꾸준히 제공한다.

예를 들면 다음과 같다.

```
class X {
public:
    static void inside();
private:
    X& operator=(const X&);
    ~X();
};

void X::inside()
{
    cout << "inside =: " << is_copy_assignable<X>::value << '\n';
    cout << "inside ~: " << is_destructible<X>::value << '\n';
}

void outside()
{
    cout << "outside =: " << is_copy_assignable<X>::value << '\n';
    cout << "outside ~: " << is_destructible<X>::value << '\n';
}
```

inside()와 outside()는 둘 다 X가 소멸 불가능하고 복사 대입 가능하지 않다는 사실을 알리는 차원에서 00을 쓴다. 또한 어떤 연산을 제거하고 싶다면 **private**에 의존하지 말고 **=delete**(17.6.4절)를 사용하기 바란다.

타입 속성 술어 함수(iso.20.9.4.3절)

is_trivially_constructible<X,args>	X는 간단한 연산만으로 args로부터 생성될 수 있는가?
is_trivially_default_constructible<X>	
is_trivially_copy_constructible<X>	8.2.6절
is_trivially_move_constructible<X>	
is_trivially_assignable<X,Y>	
is_trivially_copy_assignable<X>	
is_trivially_move_assignable<X>	
is_trivially_destructible<X>	

예를 들어 컨테이너 타입에 대한 소멸자를 어떻게 최적화할 수 있는지 살펴보자.

```
template<typename T>
Cont<T>::~Cont()           // 컨테이너 Cont에 대한 소멸자
{
    if (!Is_trivially_destructible<T>())
        for (T* p = elem; p!=elem+sz; ++p)
            p->~T();
}
```

`is_nothrow_constructible<X,args>`	X는 noexcept 연산만으로 args로부터 생성될 수 있는가?
`is_nothrow_default_constructible<X>`	
`is_nothrow_copy_constructible<X>`	
`is_nothrow_move_constructible<X>`	
`is_nothrow_assignable<X,Y>`	
`is_nothrow_copy_assignable<X>`	
`is_nothrow_move_assignable<X>`	
`is_nothrow_destructible<X>`	
`has_virtual_destructor<X>`	X는 가상 소멸자를 갖고 있는가?

`sizeof(T)`와 마찬가지로 속성 질의는 타입 인자와 관련된 수치 값을 반환한다.

타입 속성 질의(iso.20.9.4.5절)

`n=alignment_of<X>`	`n=alignof(X)`
`n=rank<X>`	X가 배열이라면 n은 차원의 개수다. 그렇지 않다면 n==0
`n=extent<X,N>`	X가 배열이라면 n은 N차원에 있는 원소의 개수다. 그렇지 않다면 n==0
`n=extent<X>`	`n=extent<X,0>`

예를 들면 다음과 같다.

```
template<typename T>
void f(T a)
{
    static_assert(Is_array<T>(), "f(): not an array");
    constexpr int dn {Extent<T,2>()};      // 2번째 차원에 있는 원소의 개수(0 기준)
    // ..
}
```

여기서는 수치 값을 반환하는 타입 함수의 `constexpr` 버전을 다시 사용했다(28.2.2절).

타입 관계type relation는 두 타입에 대해 서술한다.

타입 관계(iso.20.9.4.6절)

`is_same<X,Y>`	X는 Y와 같은 타입인가?
`is_base_of<X,Y>`	X는 Y의 기반 클래스인가?
`is_convertible<X,Y>`	X가 Y로 암시적으로 변환될 수 있는가?

예를 들면 다음과 같다.

```
template<typename T>
void draw(T t)
{
    static_assert(Is_same<Shape*,T>() || Is_base_of<Shape,Remove_pointer<T>>(), "");
    t->draw();
}
```

35.4.2 타입 생성기

`<type_traits>`에서 표준 라이브러리는 다른 타입들이 인자로 주어졌을 때 어떤 타입을 생성하기 위한 타입 함수를 제공한다.

const와 volatile 수정(iso.20.9.7.1절)	
remove_const\<X>	X와 비슷하지만 최고 수준의 const가 제거됨
remove_volatile\<X>	X와 비슷하지만 최고 수준의 volatile이 제거됨
remove_cv\<X>	X와 비슷하지만 최고 레벨의 const 또는 volatile이 제거됨
add_const\<X>	X가 참조자, 함수, 또는 const라면 X다. 그렇지 않다면 const X다.
add_volatile\<X>	X가 참조자, 함수, 또는 volatile이라면 X다. 그렇지 않다면 volatile X다.
add_cv\<X>	const와 volatile을 추가한다. add_const\<typename add_volatile\<T>::type>::type

타입 변환기는 타입을 반환한다. 해당 타입에 접근하려면 접미사 `::type`을 사용한다. 예를 들면 다음과 같다.

```
template<typename K, typename V>
class My_map {
    pair<typename add_const<K>::type,V> default_node;
    // ...
};
```

`typename`과 `::type`이 식상하다면 타입 별칭을 정의한다(28.2.1절).

```
template<typename T>
using Add_const = typename add_const<T>::type;

template<typename K, typename V>
class My_map {
    pair<Add_const<K>,V> default_node;
    // ...
};
```

이상적으로는 표준 라이브러리 타입 변환기에 대해 이러한 별칭을 체계적으로 제공하는 지원 라이브러리를 사용하는 편이 좋다.

참조자 수정(iso.20.9.7.2절, iso.20.9.7.6절)	
remove_reference\<X>	X가 참조자 타입이라면 참조되는 타입. 그렇지 않으면 X
add_lvalue_reference\<X>	X가 우변 값 참조자 Y&&라면 Y. 그렇지 않으면 X&
add_r value_reference\<X>	X가 참조자라면 X. 그렇지 않으면 X&&(7.7.3절)
decay\<X>	타입 X의 함수 인자에 대해 값으로 전달되는 타입

`decay` 함수는 참조자 역참조와 아울러 배열 퇴화decay를 처리한다.

참조자를 추가하고 제거하기 위한 타입 함수는 참조자일 수도 있고 아닐 수도 있는 인자와 함께 동작해야 하는 템플릿을 작성하는 데 중요하다. `remove_reference` 수정자는 우변 값 참조자를 받아들이고 참조자가 아니라 인자 타입의 객체를 다뤄야 하는 함수에 주로 쓰인다. 예를 들면 다음과 같다.

```
template<typename T>
void f(T&& v)        // T는 T&로 추론될 수 있다(23.5.2.1절).
{
    Remove_reference<T> x = v;        // v의 사본
    T y = v;                          // v의 사본이거나, v에 대한 참조자일 수 있다.
    ++y;
    vector<Remove_reference<T>> vec1;  // OK
    vector<T> vec2;                    // T가 참조자인 경우 오류(7.7.4절)
    // ...
}
void user()
{
    int val = 7;
    f(val);        // f<int&>()를 호출한다. f()의 ++y는 val을 증가시킬 것이다.
    f(7);          // f<int>()를 호출한다. f()의 ++y는 지역 사본을 증가시킬 것이다.
}
```

f()의 좌변 값 인자와 우변 값 인자에 대한 ++y의 다른 동작은 꺼림칙한 뜻밖의 상황일 수 있다. 다행스럽게도 vec2의 정의가 좌변 값 인자에 의한 f()의 인스턴스화를 막아준다.

부호 수정(iso.20.9.7.3절)

make_signed<X>	(명시적이거나 암시적인) unsigned 수정자를 모두 제거하고 signed를 추가한다. X는 통합 정수 타입이어야 한다(bool이나 열거형 제외).
make_unsigned<X>	(명시적이거나 암시적인) signed 수정자를 모두 제거하고 unsigned를 추가한다. X는 통합 정수 타입이어야 한다(bool이나 열거형 제외).

기본 제공 배열에 대해서는 경우에 따라 원소 타입을 구하거나 차원을 제거하고 싶을 수 있다.

배열 수정(iso.20.9.7.4절)

remove_extent<X>	X가 배열 타입이라면 원소 타입. 그렇지 않다면 X
remove_all_extents<X>	X가 배열 타입이라면 기반 클래스 타입 (모든 배열 수정자를 제거한 후에). 그렇지 않다면 X

예를 들면 다음과 같다.

```
int a[10][20];
Remove_extent<decltype(a)> a20;        // array[20] - [10]은 제거됨
Remove_all_extents<decltype(a)> i;     // int - [10][20]은 제거됨
cout << Extent<decltype(a20)>() << ' ' << Extent<decltype(i)>() << '\n'; // 20 0을 출력한다.
```

포인터 타입이 임의의 타입을 가리키게 만들거나, 가리켜지는 타입을 찾을 수 있다.

`remove_pointer<X>`	X가 포인터 타입이라면 가리켜지는 타입. 그렇지 않다면 X
`add_pointer<X>`	`remove_reference<X>::type*`

예를 들면 다음과 같다.

```
template<typename T>
void f(T&& x)
{
    Add_pointer<T> p = new Remove_reference<T>{};
    T* p2 = new T{};        // T가 참조자라면 동작하지 않을 것이다.
    // ...
}
```

시스템의 최저 수준에서 메모리를 다룰 때는 때때로 정렬을 고려해야 한다(6.2.9절).

`aligned_storage<n,a>`	최소 n의 크기를 갖고 정렬이 a로 나눠지는 POD 타입
`aligned_storage<n>`	`aligned_storage<n,def>`로 def는 sizeof(T)<=n인 임의의 객체 타입 T에 필요한 가장 큰 정렬
`aligned_union<n,X...>`	최소 n의 크기를 갖고 타입 X의 멤버를 가진 union을 보관할 수 있는 POD 타입

표준에는 `aligned_storage`의 가능한 구현으로 다음 코드가 등장한다.

```
template<std::size_t N, std::size_t A>
struct aligned_storage {
    using type = struct { alignas(A) unsigned char data[N]; }; // A로 정렬된 N char(6.2.9절)
};
```

타입 선택, 공통 타입 계산 등을 위한 최종적인 타입 함수가 아마도 가장 유용할 것이다.

`enable_if<b,X>`	b==true이면 X. 그렇지 않으면 ::type 멤버가 없으므로, 대부분의 용도에 대해 교체 실패(23.5.3.2절)를 낳는다.
`enable_if<b>`	`enable_if<b,void>`
`conditional<b,T,F>`	b==true이면 T. 그렇지 않다면 F
`common_type<X>`	매개변수 팩 X의 모든 타입에 대한 공통 타입. ?: 표현식의 true와 false 타입으로 사용될 수 있다면 두 타입은 공통적이다.
`underlying_type<X>`	X의 기초 타입(8.4절). X는 열거형이어야 한다.
`result_of<FX>`	F(X)의 결과 타입. FX는 F(X) 타입이어야 하는데, 여기서 F는 인자 리스트 X로 실행된다.

`enable_if`와 `conditional`의 예제에 대해서는 28.3.1.1절과 28.4절을 참고하기 바란다.

서로 관련성은 있지만 타입이 다른 두 값의 덧셈과 같이 하나 이상의 타입에 대한 연산에 쓰일 수 있는 타입을 찾는 작업이 가끔 필요할 때가 있다. 타입 함수 `common_type`은 그런 공통 타입을 찾아준다. 어떤 타입이든 자기 자신과는 공통적이다(당연한 얘기).

```
template<typename... T> struct common_type;    // 기본 템플릿(25.3.1.1절)
template<typename T>
struct common_type<T> {
    using type = T;
};
```

두 타입의 공통 타입은 ?:(11.1.3절)에 대한 규칙이 제공하는 것이다.

```
template<typename T, typename U>
struct common_type<T, U> {
    using type = decltype(true ? declval<T>() : declval<U>());
};
```

declval<T>() 타입 함수는 평가되지 않은 타입 T 변수의 타입을 반환한다.

N개 타입에 대한 공통 타입은 N==2에 대한 규칙을 재귀적으로 적용함으로써 찾을 수 있다.

```
template<typename T, typename U, typename... V>
struct common_type<T, U, V...> {
    using type = typename common_type<typename common_type<T, U>::type, V...>::type;
};
```

예를 들면 다음과 같다.

```
template<typename... T>
using Common_type = typename common_type<T...>::type;

Common_type<int,double> x1;                    // x1은 double
Common_type<int,string> x2;                    // 오류: 공통 타입이 없다.
Common_type<int,short,long,long long> x3;      // x3은 long long
Common_type<Shape*,Circle*>x4;                 // x4는 Shape*
Common_type<void*,double*,Shape*> x5;          // x5는 void*
```

Result_of은 호출 가능한 타입의 결과 타입을 추출하는 데 쓰인다.

```
int ff(int) { return 2; }                 // 함수
typedef bool (*PF)(int);                   // 함수를 가리키는 포인터
struct Fct {                               // 함수 객체
    double operator()(string);
    string operator()(int,int);
};
auto fx = [](char ch) { return tolower(ch,locale()); };    // 람다 - 39.5.1절도 참고 바람

Result_of<decltype(&ff)()> r1 = 7;     // r1은 int
Result_of<PF(int)> r2 = true;          // r2는 bool
Result_of<Fct(string)> r3 = 9.9;       // r3은 double
Result_of<Fct(int,int)> r4 = "Hero";   // r4는 string
Result_of<decltype(fx)(char)> r5 = 'a'; // r5는 char
```

Result_of이 Fct::operator()()의 두 가지 버전을 구분할 수 있다는 데 유의한다.

아주 이상하지만 동일한 사항이 비멤버 함수에는 적용되지 않는다. 예를 들면 다음과 같다.

```
int f();
string f(int);                             // f()를 오버로딩한다.
```

```
Result_of<decltype(&f)()> r1 = 7;    // 오류: 함수를 가리키는 포인터에 대한
                                     // 오버로딩 해결책이 없다.
```

안타깝게도 우리는 함수를 가리키는 포인터에 대해서는 오버로딩 해결을 수행하지 않는다. 하지만 다음과 같이 하지 않고 그렇게 우회적인 방식으로 Result_of을 쓴 데는 이유가 있다.

```
Result_of<ff> r1 = 7;                // 오류: 지정된 인자가 없고
                                     // ff는 타입이 아니라 함수다.
Result_of<ff()> r1 = 7;              // 오류: Result_of에 대한 인자는 타입이어야 한다.
Result_of<decltype(f)()> r2 = 7;     // 오류: decltype(f)는 함수 타입을 가리키는 포인터가 아니라
                                     // 함수 타입이다.
Result_of<decltype(f)*()> r3 = 7;    // OK: r3은 int다.
Result_of<decltype(ff(2))> r4 = 7;   // 오류: ff(2)는 함수가 아니라 int다.
```

당연히 Result_of은 프로그램 텍스트에서 쉽게 답을 찾을 수 없는 템플릿에서 보통 발견된다. 예를 들면 다음과 같다.

```
template<typename F, typename A>
auto temp(F f, A a) -> Result_of<F(A)>
{
    return f(a);
}
void f4()
{
    int x = temp(ff, 1);
    char c = temp(fx, 'a');
    double d = temp(Fct(), "Ulysses");
}
```

함수 ff는 호출에서 함수를 가리키는 포인터로 변환되기 때문에 Result_of에서 함수를 가리키는 포인터에 의존하는 것이 생각만큼 이상한 것은 아니다.

---

declval() (iso.20.2.4절)

declval<T>()	T에 대한 우변 값을 반환한다. typename add_r value_reference<T>::type. declval의 반환 값은 절대로 사용하지 않는다.

---

declval() 타입 함수는 실제로 함수(사용자가 그것을 포장할 필요가 없는)이기 때문에 표준 라이브러리에서는 특이한 존재다. declval()은 절대로 사용되지 않는 값을 반환한다. 그 의도는 타입 X의 변수 타입이 필요한 경우에 declval<X>를 타입으로 사용하자는 것이다. 예를 들면 다음과 같다.

```
template<typename T, size_t N>
void array<T,N>::swap(array& a) noexcept(noexcept(swap(declval<T&>(), declval<T&>())))
{
    for (int i=0; i<a.size(); ++i)
        swap((*this)[i],a[i]);
}
```

common_type의 정의에 대해서도 살펴보기 바란다.

35.5 소규모 유틸리티

이런 유틸리티들은 크기에서는 작지만, 중요도에서는 그렇지 않다. 더 큰 그룹에는 이것들을 마땅히 넣을만한 데가 없다.

35.5.1 move()와 forward()

`<utility>`에서 가장 유용한 소규모 함수들을 찾을 수 있다.

기타 변환(iso.20.9.7.6절)	
x2=forward(x)	x2는 우변 값이다. x는 좌변 값이 아닐 수 있다. noexcept
x2=move(x)	x2는 우변 값이다. noexcept
x2=move_if_noexcept(x)	x가 이동될 수 있다면 x2=move(x). 그렇지 않다면 x2=x. noexcept

move()는 단순히 우변 값에 대한 캐스트다.

```
template<typename T>
Remove_reference<T>&& move(T&& t) noexcept
{
    return static_cast<Remove_reference<T>&&>(t);
}
```

move()는 rvalue()로 불렸어야 한다는 것이 내 의견이다. 실제로 아무것도 이동시키지 않기 때문이다. 대신 move()는 자신의 인자에 대한 우변 값을 만들어 내서 참조되는 객체로부터 이동시켜준다.

move()는 어떤 객체가 맥락상 더 이상 쓰이지 않을 것이므로 그 값이 이동될 수 있으며, 빈 객체가 남겨질 수 있다는 점을 컴파일러에게 알려주는 데 쓰인다. swap()의 구현이 가장 간단한 예제다(35.5.2절).

forward()는 우변 값만으로 우변 값을 만들어 낸다.

```
template<typename T>
T&& forward(Remove_reference<T>& t) noexcept
{
    return static_cast<T&&>(t);
}
template<typename T>
T&& forward(Remove_reference<T>&& t) noexcept;
{
    static_assert(!Is_lvalue_reference<T>,"forward of lvalue");
    return static_cast<T&&>(t);
}
```

이 forward() 함수 쌍은 항상 함께 사용되도록 만들어졌으며, 그들 사이의 선택은 오버로딩 해결책에서 행해져야 한다. 그런 경우에 좌변 값은 첫 번째 버전으로 가고, 우변 값은 두 번째 버전으로 간다. 예를 들면 다음과 같다.

```
int i = 7;
forward(i);        // 첫 번째 버전을 호출한다.
forward(7);        // 두 번째 버전을 호출한다.
```

여기에 단정이 등장하는 이유는 너무나 영리한 나머지 자기도취에 빠져 명시적 템플릿 인자와 좌변 값으로 두 번째 버전을 호출하는 프로그래머가 있을 수 있기 때문이다.

`forward()`의 모범적인 용도는 한 함수에서 다른 함수로 인자의 ''완벽한 전달perfect forwarding)''을 위해 사용되는 경우다(23.5.2.1절, 28.6.3절). 표준 라이브러리 `make_shared<T>(x)` (34.3.2절)가 대표적인 예다.

이동 연산으로 객체의 '표현을 훔치려는' 것이 의도일 때는 `move()`를 사용하고, 전달에는 `forward()`를 사용한다. 따라서 `forward(x)`는 안전한 반면 `move(x)`는 `x`를 소멸하겠다고 표시를 하는 것이므로 `move(x)`는 주의해서 사용해야 한다. `move(x)` 다음에 `x`를 사용하는 것이 안전한 경우는 소멸시키는 경우나 대입의 대상인 경우뿐이다. 분명 특정 타입은 추가적인 보장을 제공할 수도 있고, 이상적이라면 클래스의 불변속성은 온전한 채로 남겨질 수 있다. 하지만 잘 모른다면 그런 것에 의존해서는 곤란하다.

35.5.2 swap()

`<utility>`에서 표준 라이브러리는 기본 제공 배열에 대해 범용적인 `swap()`과 특수화를 제공한다.

기타 변환(iso.20.2.2절)

swap(x,y)	x와 y의 값을 교환한다. x와 y는 비const 참조자로 전달된다.
	x와 y의 복사 연산이 noexcept라면 noexcept
swap(a1n,a2n)	a1n과 a2n이 배열에 대한 참조자로 전달된다.
	T(&)[N]. *a1n과 *a2n의 복사 연산이 noexcept라면 noexcept

비교적 알기 쉬운 `swap()`의 구현은 다음과 같다.

```
template<typename T>
void swap(T& a, T& b) noexcept(Is_nothrow_move_constructible<T>()
                        && Is_nothrow_move_assignable<T>())
{
    T tmp {move(a)};
    a = move(b);
    b = move(tmp);
}
```

이는 `swap()`이 우변 값을 교환하는 용도로는 쓰일 수 없다는 뜻이다.

```
vector<int> v {1,2,3,4};
swap(v,vector<int>{});        // 오류: 두 번째 인자가 우변 값이다.
v.clear();                    // 좀 더 명확하다(덜 모호하다).
```

35.5.3 관계 연산자

`<utility>`의 부분 네임스페이스 `rel_ops`에서 임의의 타입에 대한 관계 연산자를 찾을 수 있다.

std::rel_ops의 관계 연산자(iso.20.2.1절)	
x!=y	!(x==y)
x>y	y<x
x<=y	!(y<x)
x>=y	!(x<y)

이렇게 되려면 우선 프로그래머는 **x==y**와 **x<y**가 동작하는지 확인해야 한다.

예를 들면 다음과 같다.

```
struct Val {
    bool operator==(Val v) const { /* ... */ }
    bool operator<(Val v) const { /* ... */ }

    // ...
};

void my_algo(vector<Val>& vv)
{
    using namespace std::rel_ops;

    for (int i=0; i<vv.size(); ++i)
        if (Val{0}>vv[i])              // OK: rel_ops의 >
            vv[i]=abs(vv[i]);
}
```

rel_ops를 사용하다보면 네임스페이스를 어지럽히는 것이 불가피할 수 있다. 특히 다음과 같은 예를 살펴보자.

```
namespace Mine {
    struct Val {
        // ...
    };
    using namespace std::rel_ops;
}
```

이 코드는 **rel_ops**에서 완전히 범용적인 템플릿을 노출시켜 인자 의존적 탐색(14.2.4절)에서 발견돼 부적절한 타입에 적용되도록 만들 수 있다. 좀 더 안전한 접근법은 지역 유효 범위에서 **using** 지시자를 사용하는 것이다.

35.5.4 type_info의 비교와 해싱

<typeindex>에서 표준 라이브러리는 **type_index**의 비교와 해싱에 대한 지원을 제공한다. **type_index**는 특별히 그런 비교와 해싱을 가능하게 하기 위해 **type_info**(22.5절)에서 생성되는 것이다.

---

type_index 연산(iso.20.13절)
tip은 type_index에 의해 표현되는 type_info를 가리키는 포인터다.

`type_index ti {tinf};`	ti는 type_info tinf를 나타낸다. noexcept
`ti==ti2`	t1과 t2는 동일한 type_info를 나타낸다. *ti.tip==*ti2.tip). noexcept
`ti!=ti2`	!(ti==ti2). noexcept
`ti<ti2`	ti.tip->before(ti2.tip). noexcept
`ti<=ti2`	!ti2.tip->before(ti.tip). noexcept
`ti>ti2`	ti2.tip->before(ti.tip). noexcept
`ti>=ti2`	!ti.tip->before(ti2.tip). noexcept
`n=ti.hash_code()`	n=ti.tip->hash_code()
`p=name()`	p= ti.tip->name()
`hash<type_index>`	hash의 특수화(31.4.3.4절)

예를 들면 다음과 같다.

```
unordered_map<type_index,type_info*> types;
// ...
types[type_index{something}] = &typeid(something);
```

35.6 조언

[1]   시간 처리를 위해서 **steady_clock, duration, time_point** 같은 <chrono> 기능을 사용한다(35.2절).

[2]   가급적 <ctime> 기능보다는 <clock> 기능을 사용한다(35.2절).

[3]   **duration_cast**를 이용해서 알려진 시간 단위로 **duration**을 구한다(35.2.1절).

[4]   **system_clock::now()**를 이용해서 현재 시간을 구한다(35.2.3절).

[5]   컴파일 타임에 타입의 속성에 대해 질의할 수 있다(35.4.1절).

[6]   **obj**의 값이 다시 쓰일 가능성이 없을 때만 **move(obj)**를 사용한다(35.5.1절).

[7]   포워딩에는 **forward()**를 사용한다(35.5.1절).

36

문자열

색다르게 보이려 하지 말고 표준을 선호하라

– 스트렁크 & 화이트(Strunk & White)

- 개요
- 문자 분류 분류 함수, 문자 특성 정보
- 문자열 string과 C 스타일 문자열, 생성자, 기본 연산, 문자열 입출력, 수치 변환, STL형 연산, find 계열, 부분 문자열
- 조언

36.1 개요

표준 라이브러리는 <cctype>(36.2절)에서 문자 분류 연산, <string>(36.3절)에서 연관 연산을 가진 문자열, <regex>(37장)에서 정규 표현식 매칭, <cstring>(43.4절)에서 C 스타일 문자열에 대한 지원을 제공한다. 다양한 문자 집합, 인코딩 및 규약(locale)은 39장에서 다룬다.

단순화된 string 구현은 19.3절에 소개돼 있다.

36.2 문자 분류

표준 라이브러리는 사용자가 문자열(및 기타 시퀀스)을 조작하는 것을 돕기 위해 분류 함수를 제공하고, 문자열에 대한 연산을 구현하는 이들을 돕기 위해 문자 타입의 속성을 지정하는 특성 정보를 제공한다.

36.2.1 분류 함수

<cctype>에서 표준 라이브러리는 기본 실행 문자 집합에 있는 문자를 분류해주는 함수를 제공한다.

문자 분류

`isspace(c)`	c는 공백 문자인가(스페이스 `' '`, 수평 탭 `'\t'`, 줄 바꿈 `'\n'`, 수직 탭 `'\v'`, 폼 피드 `'\f'`, 캐리지 리턴 `'\r'`)?
`isalpha(c)`	c는 문자(`'a'..'z'`, `'A'..'Z'`)인가? 주의: 밑줄 `'_'`은 미포함
`isdigit(c)`	c는 10진수(`'0'..'9'`)인가?
`isxdigit(c)`	c는 16진수(10진수 또는 `'a'..'f'` 또는 `'A'..'F'`)인가?
`isupper(c)`	c는 대문자인가?
`islower(c)`	c는 소문자인가?
`isalnum(c)`	`isalpha(c)` 또는 `isdigit(c)`
`iscntrl(c)`	c는 제어 문자(ASCII 0...31 그리고 127)인가?
`ispunct(c)`	c는 문자, 숫자, 공백 문자 또는 보이지 않는 제어 문자가 아닌가?
`isprint(c)`	c는 출력 가능한가(ASCII `' '..'~'`)?
`isgraph(c)`	`isalpha(c)` 또는 `isdigit(c)` 또는 `ispunct(c)`? 주의: 공백은 미포함

추가로 표준 라이브러리는 대소문자 차이를 제거해 주는 두 가지 유용한 함수를 제공한다.

대문자와 소문자

`toupper(c)`	c 또는 c에 대응되는 대문자
`tolower(c)`	c 또는 c에 대응되는 소문자

와이드 문자에 대한 동등성 함수는 `<cwctype>`에서 제공된다.

문자 분류 함수는 "C" 로케일(39.5.1절, 39.5.2절)의 영향을 받는다. 다른 로케일에 대한 동등성 함수는 `<locale>`(39.5.1절)에서 제공된다.

이런 문자 분류 함수가 유용한 이유 한 가지는 문자 분류가 얼핏 보기보다 까다롭다는 데 있다. 예를 들어 초보 프로그래머는 다음과 같이 쓸 수도 있다.

```
if ('a'<=ch && ch<='z')     // 문자
```

이 코드는 다음 코드보다 장황하다(그리고 느릴 가능성이 높다).

```
if (islower(ch))          // 소문자
```

또한 코드 공간에서 문자들이 인접해 있으리라는 보장이 없다. 게다가 표준 문자 분류를 사용하면 다른 로케일로 변환하기가 훨씬 쉽다(39.5.1절).

```
if (islower(ch,danish))     // 덴마크어의 소문자
                            // ("danish"를 덴마크어 로케일에 대한 이름이라고 가정)
```

덴마크어는 영어보다 소문자가 3개 더 많기 때문에 `'a'`와 `'z'`를 사용한 처음의 명시적 테스트는 완전히 틀리게 될 것이다.

36.2.2 문자 특성 정보

23.2절에서 살펴본 바와 같이 문자열 템플릿은 원칙적으로는 문자 타입과 마찬가지로 적절한 복사 연산을 갖춘 모든 타입을 캐릭터 타입으로 활용할 수 있다. 하지만 사용자 정의 복사 연산을 갖지 않은 타입에 대해서는 효율성이 개선될 수 있고 구현이 단순화될 수 있다. 결과적으로 표준 **string**은 문자 타입으로 쓰이는 타입이 POD(8.2.6절)일 것을 요구한다. 이는 문자열의 입출력을 단순하고 효율적으로 만드는 데도 도움이 된다.

문자 타입의 속성은 **char_traits**에 의해 정의된다. **char_traits**는 템플릿의 특수화다.

```
template<typename C> struct char_traits { };
```

char_traits는 **std**에 정의돼 있으며, 표준적인 **<string>**에 제시돼 있다. 범용적인 **char_traits** 자체는 아무런 속성을 갖고 있지 않다. 오직 특정 타입에 대한 **char_traits** 특수화만 속성을 가진다. **char_traits<char>**를 살펴보자.

```
template<>
struct char_traits<char> {           // char_traits 연산은 예외를 던지지 말아야 한다.
    using char_type = char;
    using int_type = int;             // 문자 정수 값의 타입
    using off_type = streamoff;       // 스트림의 오프셋
    using pos_type = streampos;       // 스트림의 위치
    using state_type = mbstate_t;     // 멀티바이트 스트림 상태(39.4.6절)
    // ...
};
```

표준은 **char_traits**의 4가지 특수화를 제공한다(iso.21.2.3절).

```
template<> struct char_traits<char>;
template<> struct char_traits<char16_t>;
template<> struct char_traits<char32_t>;
template<> struct char_traits<wchar_t>;
```

표준 **char_traits**의 멤버는 모두 **static** 함수다.

---

char_traits<C> static 멤버(iso.21.2절)

c=to_char_type(i)	int_type에서 char_type으로의 변환
i=to_int_type(c)	char_type에서 int_type으로의 변환
eq_int_type(c,c2)	to_int_type(c)==to_int_type(c2)
eq(c,c2)	c는 c2와 동등한 것으로 취급되는가?
lt(c,c2)	c는 c2보다 작은 것으로 취급되는가?
i=compare(p,p2,n)	[p:p+n]과 [p2:p2+n]의 사전 편집식 비교
assign(c,c2)	char_type에 대해 c=c2
p2=assign(p,n,c)	c의 n개 사본을 [p:p+n]에 대입한다. p2=p
p3=move(p,p2,n)	[p2:p2+n]에서 [p:p+n]으로의 변환. [p:p+n]과 [p2:p2+n]은 겹칠 수 있다. p3=p
p3=copy(p,p2,n)	[p2:p2+n]에서 [p:p+n]으로의 변환. [p:p+n]과 [p2:p2+n]은 겹칠 수 없다. p3=p

---

(이어짐)

char_traits<C> static 멤버(iso.21.2절)	
n=length(p)	n은 [p:q)의 문자 개수
	여기서 *q는 eq(q,charT{})을 만족하는 첫 번째 원소
p2=find(p,n,c)	p2는 [p:p+n) 또는 nullptr에서 첫 번째 등장하는 c를 가리킨다.
i=eof()	i는 파일의 끝을 나타내는 int_type 값
i=not_eof(i)	!eq_int_type(i,eof())가 참이면 i. 그렇지 않다면 i는 eof()와 같지 않은 임의의 값이 될 수 있다.

eq()로 비교하는 것이 꼭 ==와 같지는 않다. 예를 들어 대소문자를 구분하지 않는 char_traits는 eq('b','B')가 true를 반환하도록 eq()를 정의한다.

copy()는 겹치는 범위에 대해 보호하지 않기 때문에 move()보다 빠를 수 있다.

compare() 함수는 lt()와 eq()를 사용해서 문자를 비교한다. 0이 정확한 일치를 나타내는 경우에는 int를 반환하는데, 음수는 첫 번째 인자가 사전 편집 순서로 두 번째 인자 앞에 등장한다는 뜻이고, 양수는 첫 번째 인자가 두 번째 인자 뒤에 등장한다는 뜻이다.

입출력 관련 함수는 저수준 입출력의 구현에서 사용된다(38.6절).

36.3 문자열

<string>에서 표준 라이브러리는 범용적인 문자열 템플릿 basic_string을 제공한다.

```
template<typename C,
        typename Tr = char_traits<C>,
        typename A = allocator<C>>
class basic_string {
public:
    using traits_type = Tr;
    using value_type = typename Tr::char_type;
    using allocator_type = A;
    using size_type = typename allocator_traits<A>::size_type;
    using difference_type = typename allocator_traits<A>::difference_type;
    using reference = value_type&;
    using const_reference = const value_type&;
    using pointer = typename allocator_traits<A>::pointer;
    using const_pointer = typename allocator_traits<A>::const_pointer;
    using iterator = /* 구현별 정의 사항 */;
    using const_iterator = /* 구현별 정의 사항 */;
    using reverse_iterator = std::reverse_iterator<iterator>;
    using const_reverse_iterator = std::reverse_iterator<const_iterator>;
    static const size_type npos = -1;          // 문자열의 끝을 나타내는 정수
    // ...
};
```

원소(문자)들이 서로 인접해서 저장되므로, 저수준의 입력 연산은 basic_string의 문자 시퀀스를 소스나 대상으로 안전하게 사용할 수 있다.

basic_string은 강력한 보장(13.2절)을 제공한다. 즉, basic_string 연산이 예외를 던지면 문자열은 변경되지 않은 채로 남겨진다.

몇 가지 표준 문자 타입에 대해서는 특수화가 제공된다.

```
using string = basic_string<char>;
using u16string = basic_string<char16_t>;
using u32string = basic_string<char32_t>;
using wstring = basic_string<wchar_t>;
```

이런 문자열들은 모두 다수의 연산을 제공한다.

컨테이너(31장)와 마찬가지로 basic_string은 기반 클래스로 쓰이도록 만들어진 것이 아니며, 값에 의해 효율적으로 반환될 수 있게 이동 의미 구조를 제공한다.

36.3.1 string과 C 스타일 문자열

이 책에서 많은 예제를 통해 여러분이 string에 익숙해져 있으리라고 가정하고, string의 사용법과 C 스타일 문자열(43.4절)의 사용법을 비교해주는 몇 가지 예제로 시작해보자. C 스타일 문자열은 주로 C나 C 스타일 C++에 익숙한 프로그래머들에 의해 많이 쓰인다.

사용자 식별자와 도메인 이름을 연결해서 이메일 주소를 구성하는 예를 살펴보자.

```
string address(const string& identifier, const string& domain)
{
    return identifier + '@' + domain;
}
void test()
{
    string t = address("bs","somewhere");
    cout << t << '\n';
}
```

이 작업은 간단하다. 이제 그럴듯한 C 스타일 버전을 살펴보자. C 스타일 문자열은 0으로 종료되는 문자의 배열을 가리키는 포인터다. 사용자가 할당을 제어하며 할당 해제에 책임을 진다.

```
char* address(const char* identifier, const char* domain)
{
    int iden_len = strlen(identifier);
    int dom_len = strlen(domain);
    char* addr = (char*)malloc(iden_len+dom_len+2);    // 0과 '@'에 대한 공간을 기억한다.
    strcpy(addr,identifier);
    addr[iden_len] = '@';
    strcpy(addr+iden_len+1,domain);
    return addr;
}
void test2()
{
    char* t = address("bs","somewhere");
    printf("%s\n",t);
```

```
        free(t);
}
```

내가 맞게 한 것인가? 그랬길 바란다. 어쨌든 내가 기대한 결과는 나왔다. 대부분의 숙련된 C 프로그래머와 마찬가지로 나는 처음에는 C 버전이 맞다고 생각했지만, 제대로 되려면 신경 써야 할 세부 사항이 많다. 하지만 경험(즉, 오류 로그)에 비춰보면 C 버전이 항상 정답은 아니다. 종종 이런 간단한 프로그래밍 과제는 제대로 작성하는 데 필요한 모든 기법을 알고 있지 못한 비교적 초보 프로그래머에게 주어진다. C 스타일 address()의 구현에는 까다로운 포인터 조작이 상당수 포함돼 있고, 그걸 사용하려면 호출자는 반환된 메모리를 비우는 것을 잊지 말아야 한다. 유지 보수를 한다면 어느 쪽 코드를 선택하겠는가?

때로는 C 스타일 문자열이 string보다 효율적이라는 주장이 제기된다. 하지만 대부분의 용도에 있어 string은 대응되는 C 스타일 기법에 비해 더 적게 할당과 할당 해제를 한다(작은 문자열 최적화와 이동 의미 구조 덕택에 – 19.3.3절, 19.3.1절). 또한 strlen()은 O(N)회의 연산인 반면 string::size()는 간단하게 읽을 수 있다. 예제에서 이는 C 스타일 코드가 각 입력 문자열을 두 번 순회하는 데 비해 string 버전은 입력당 단 한 번만 순회한다는 뜻이다. 이 정도 수준의 효율성 문제는 종종 오해를 낳을 수도 있지만, string 버전이 근본적인 우위를 갖고 있다는 점은 분명하다.

C 스타일 문자열과 string 사이의 근본적인 차이는, string이 규정된 의미 구조를 갖춘 올바른 타입인 반면 C 스타일 문자열은 몇 가지 유용한 함수에 의해 지원되는 규약의 집합이라는 데 있다. 대입과 비교를 살펴보자.

```
void test3()
{
    string s1 = "Ring";
    if (s1!="Ring") insanity();
    if (s1<"Opera") cout << "check";
    string s2 = address(s1,"Valkyrie");

    char s3[] = "Ring";
    if (strcmp(s3,"Ring")!=0) insanity();
    if (strcmp(s3,"Opera")<0) cout << "check";
    char* s4 = address(s3,"Valkyrie");
    free(s4);
}
```

마지막으로 정렬을 살펴보자.

```
void test4()
{
    vector<string> vs = {"Grieg", "Williams", "Bach", "Handel" };
    sort(vs.begin(),vs.end());              // sort(vs)를 정의하지 않았다고 가정한다.

    const char* as[] = {"Grieg", "Williams", "Bach", "Handel" };
    qsort(as,sizeof(*as),sizeof(as)/sizeof(*as),(int(*)(const void*,const void*))strcmp);
}
```

C 스타일 문자열 정렬 함수 qsort()는 43.7절에서 소개된다. 역시 sort()는 qsort()만큼 빠르다(대개는 훨씬 더 빠르다). 따라서 저수준의 좀 더 장황하고 유지 보수가 좀 더 어려운 프로그래밍 스타일을 고집해야 할 성능상의 이유는 없는 셈이다.

36.3.2 생성자

basic_string은 혼란스러울 정도로 다양한 생성자를 제공한다.

---

basic_string<C,Tr,A> 생성자(iso.21.4.2절)
x는 basic_string, C 스타일 문자열, 또는 initializer_list<char_type>이 될 수 있다.

---

basic_string s {a};	s는 할당자 a를 가진 빈 문자열이다. explicit
basic_string s {};	기본 생성자. basic_string s {A{}};
basic_string s {x,a};	s는 x에서 문자를 얻는다. 할당자 a를 사용한다.
basic_string s {x};	이동 및 복사 생성자. basic_string s {x,A{}};
basic_string s {s2,pos,n,a};	s는 s2[pos:pos+n] 개의 문자를 얻는다. 할당자 a를 사용한다.
basic_string s {s2,pos,n};	basic_string s {s2,pos,n,A{}};
basic_string s {s2,pos};	basic_string s {s2,pos,string::npos,A{}};
basic_string s {p,n,a};	s를 [p:p+n)로 초기화한다. p는 C 스타일 문자열. 할당자 a를 사용한다.
basic_string s {p,n};	basic_string s {p,n,A{}};
basic_string s {n,c,a};	s는 문자 c의 n개 사본을 보관한다. 할당자 a를 사용한다.
basic_string s {n,c};	basic_string s {n,c,A{}};
basic_string s {b,e,a};	s는 [b:e)에서 문자를 얻는다. 할당자 a를 사용한다.
basic_string s {b,e};	basic_string s {b,e,A{}};

---

s.~basic_string()	소멸자. 모든 자원을 비운다.

---

s=x	복사. s는 x에서 문자를 얻는다.
s2=move(s)	이동. s2는 s에서 문자를 얻는다. noexcept

가장 간단한 버전이 가장 널리 쓰인다.

```
string s0;                              // 빈 문자열
string s1 {"As simple as that!"};       // C 스타일 문자열로부터 생성한다.
string s2 {s1};                         // 복사 생성자
```

거의 언제나 소멸자는 암시적으로 실행된다.

한 개의 원소만 받아들이는 string 생성자는 존재하지 않는다.

```
string s3 {7};          // 오류: string(int)는 불가
string s4 {'a'};        // 오류: string(char)는 불가
string s5 {7,'a'};      // OK: 7개의 a
string s6 {0};          // 위험: nullptr 전달
```

s6의 선언은 C 스타일 문자열에 익숙한 프로그래머들이 저지르는 실수 한 가지를 보여준다.

```
const char* p = 0;                      // p를 "문자열 없음"으로 설정한다.
```

안타깝게도 컴파일러는 s6의 선언뿐만 아니라 **nullptr**을 보관하는 **const char*** 같이 좀 더 골치 아픈 경우조차 잡아낼 수 없다.

```
string s6 {0};                          // 위험: nullptr 전달
string s7 {p};                          // p의 값에 따라 괜찮을 수도 있고 아닐 수도 있다.
string s8 {"OK"};                       // OK: C 스타일 문자열에 포인터를 전달한다.
```

nullptr로 **string**을 초기화하려고 시도하지 말기 바란다. 기껏해야 골치 아픈 런타임 오류만 일어날 뿐이다. 최악의 경우에는 정의되지 않은 이상한 동작이 일어날 수도 있다.

자신의 구현 환경에서 처리할 수 있는 것보다 더 많은 문자를 가진 **string**을 생성하려고 시도하면 생성자는 **std::length_error**를 던진다. 예를 들면 다음과 같다.

```
string s9 {string::npos,'x'};           // length_error를 던진다.
```

string::npos 값은 **string**의 길이를 넘어서는 위치를 표시하는데, 일반적으로는 'string의 끝'을 나타내는 데 쓰인다. 예를 들면 다음과 같다.

```
string ss {"Fleetwood Mac"};
string ss2 {ss,0,9};                    // "Fleetwood"
string ss3 {ss,10,string::npos};        // "Mac"
```

부분 문자열 표기법이 [시작, 끝)이 아니라 (위치, 길이)라는 점에 유의한다.

string 타입의 리터럴은 존재하지 않는다. 사용자 정의 리터럴이 그런 목적으로 쓰일 수 있는데(19.2.6절), **"The Beatles"s**와 **"Elgar"s**가 그런 예다. **s** 접미사에 유의한다.

36.3.3 기본 연산

basic_string은 비교, 크기와 용량의 제어, 접근 연산을 제공한다.

---

basic_string<C,Tr,A> 비교(iso.21.4.8절)
둘 다는 아니고 s나 s2 중 하나는 C 스타일 문자열이 될 수 있다.

s==s2	s는 s2와 같은가? traits_type을 이용해서 문자 값을 비교한다.
s!=s2	!(s==s2)
s<s2	s는 사전 편집식으로 s2 앞에 있는가?
s<=s2	s는 사전 편집식으로 s2 앞에 있거나 같은 위치에 있는가?
s>s2	s는 사전 편집식으로 s2 뒤에 있는가?
s>=s2	s는 사전 편집식으로 s2 뒤에 있거나 같은 위치에 있는가?

추가적인 비교 연산에 대해서는 36.3.8절을 참고하기 바란다.

basic_string에 대한 크기와 용량 메커니즘은 **vector**(31.3.3절)에 대한 것과 똑같다.

basic_string<C,Tr,A> 크기와 용량(iso.21.4.4절)	
n=s.size()	n은 s에 있는 문자의 개수다.
n=s.length()	n=s.size()
n=s.max_size()	n은 s.size()의 가능한 최댓값이다.
s.resize(n,c)	s.size()==n이 되도록 만든다. 추가되는 원소는 c의 값를 얻는다.
s.resize(n)	s.resize(n,C{})
s.reserve(n)	추가 할당 없이 s가 n개의 문자를 보관할 수 있게 보장한다.
s.reserve()	아무런 영향이 없다. s.reserve(0)
n=s.capacity()	추가 할당 없이 s는 n개의 문자를 보관할 수 있다.
s.shrink_to_fit()	s.capacity==s.size()가 되도록 만든다.
s.clear()	s를 비운다.
s.empty()	s는 비어 있는가?
a=s.get_allocator()	a는 s의 할당자다.

size()가 max_size()를 초과하게끔 만들 수도 있는 resize()나 reserve()는 std::length_error를 던질 것이다.

예를 들면 다음과 같다.

```
void fill(istream& in, string& s, int max)
    // s를 저수준 입력 대상으로 사용한다(단순화됨).
{
    s.reserve(max);                     // 충분한 할당 공간을 보장한다.
    in.read(&s[0],max);
    const int n = in.gcount();          // 읽혀진 문자의 개수
    s.resize(n);
    s.shrink_to_fit();                  // 초과 용량을 버린다.
}
```

여기서 나는 읽혀진 문자의 개수를 활용하는 것을 '깜박'했다. 부주의한 것이다.

basic_string<C,Tr,A> 접근(iso.21.4.5절)	
s[i]	첨자. s[i]는 s의 i번째 원소에 대한 참조자다. 범위 체크는 없음
s.at(i)	첨자. s.at(i)는 s의 i번째 원소에 대한 참조자다. s.size()<=i이면 range_error를 던진다.
s.front()	s[0]
s.back()	s[s.size()-1]
s.push_back(c)	문자 c를 덧붙인다.
s.pop_back()	s에서 마지막 문자를 제거한다. s.erase(s.size()-1)
s+=x	x를 s의 끝에 덧붙인다. x는 문자, string, C 스타일 문자열 또는 initializer_list<char_type>이 될 수 있다.
s=s1+s2	연결. s=s1의 최적화 버전. s+=s2

(이어짐)

basic_string<C,Tr,A> 접근(iso.21.4.5절)	
n2=s.copy(p,n,pos)	s[pos:n2]에서 p[0:n2]로 문자들을 복사한다. 여기서 n2는 min(n,s.size()-pos). p는 C 스타일 문자열로, 최소 n2개의 문자를 가진 것으로 가정되며, s.size()<pos 이면 out_of_range를 던진다.
n2=s.copy(p,n)	n2=s.copy(p,n,0)
p=s.c_str()	p는 s에 있는 문자에 대한 C 스타일 문자열 버전(0으로 종료되는)이다. const C*
p=s.data()	p=s.c_str()
s.swap(s2)	s와 s2의 값들을 교환한다. noexcept
swap(s,s2)	s.swap(s2)

at()을 이용해서 범위를 벗어난 접근을 시도하면 std::out_of_range를 던진다. size()가 max_size()를 초과하게 만들 수 있는 +=(), push_back() 또는 +는 std::length_error를 던질 것이다.

string에서 char*로의 암시적 변환은 일어나지 않는다. 그런 변환은 여러 곳에서 시도됐지만 오류에 취약한 것으로 드러났다. 그 대신 표준 라이브러리는 c_str()에서 const char* 로의 명시적 변환을 제공한다.

string은 0의 값을 갖는 문자(예를 들면 '\0')를 포함할 수 있다.

strcmp() 같이 s.c_str()이나 s.data()의 결과에 대해 C 스타일의 문자열 규약을 가정하는 함수는 0 문자를 포함한 string 문자열에 사용하면 예기치 않은 결과를 낳을 수 있다.

36.3.4 문자열 입출력

basic_string은 <<(38.4.2절)를 이용해서 쓰여질 수 있고 >>(38.4.1절)를 이용해서 읽어 들일 수 있다.

basic_string<C,Tr,A> 입출력 연산(iso.21.4.8.9절)	
in>>s	공백으로 구분된 단어를 in에서 s로 읽어 들인다.
out<<s	s를 out에 쓴다.
getline(in,s,d)	문자 d를 접할 때까지 n에서 s로 문자들을 읽어 들인다. d는 in에서 제거되고 s에 덧붙여지지 않는다.
getline(in,s)	getline(in,s,'\n'), 여기서 '\n'은 string의 문자열 타입에 맞추기 위해 넓혀진다.

size()가 max_size()를 초과하게 만들 수 있는 입력 연산은 std::length_error를 던질 것이다.

getline()은 종료 문자(기본 설정은 '\n')를 입력 스트림에서 제거하고 문자열에 집어넣지 않는다. 이렇게 하면 행 처리가 단순해진다. 예를 들면 다음과 같다.

```
vector<string> lines;
for (string s; getline(cin,s); )
    lines.push_back(s);
```

string 입출력 연산은 모두 자신의 입력 스트림에 대한 참조자를 반환하므로, 연산들을 서로 연결할 수 있다. 예를 들면 다음과 같다.

```
string first_name;
string second_name;
cin >> first_name >> second_name;
```

입력 연산의 대상 string은 읽기 전에 비워지게 설정되고 읽어 들여진 문자들을 보관할 수 있게 확장된다. 읽기 연산 역시 파일의 끝에 다다르면 종료될 수 있다(38.3절).

36.3.5 수치 변환

<string>에서 표준 라이브러리는 string이나 wstring(주의: basic_string<C,Tr,A>는 아님)에 있는 문자 표현으로부터 수치 값을 추출하는 데 쓰일 수 있는 함수의 집합을 제공한다. 원하는 수치 타입은 함수 이름으로 인코딩된다.

수치 변환(iso.21.5절)
s는 string 또는 wstring이 될 수 있다.

x=stoi(s,p,b)	문자열에서 int로의 변환. x는 정수다. p!=nullptr이면 s[0]부터 시작하고, s는 x에 쓰인 문자의 개수로 설정된다. b는 숫자의 기수(2부터 36까지)다.
x=stoi(s,p)	x=stoi(s,p,10). 10진수
x=stoi(s)	x=stoi(s,nullptr,10). 10진수. 문자 카운트를 보고하지 않는다.
x=stol(s,p,b)	문자열에서 long으로의 변환
x=stoul(s,p,b)	문자열에서 unsigned long으로의 변환
x=stoll(s,p,b)	문자열에서 long long으로의 변환
x=stoull(s,p,b)	문자열에서 unsigned long long으로의 변환
x=stof(s,p)	문자열에서 float로의 변환
x=stod(s,p)	문자열에서 double로의 변환
x=stold(s,p)	문자열에서 long double로의 변환
s=to_string(x)	s는 x의 string 표현이다. x는 정수나 부동소수점 값이어야 한다.
ws=to_wstring(x)	s는 x의 wstring 표현이다. x는 정수나 부동소수점 값이어야 한다.

이러한 각각의 sto*(문자열에서~) 함수는 stoi와 마찬가지로 세 가지의 변형을 가진다. 예를 들면 다음과 같다.

```
string s = "123.45";
auto x1 = stoi(s);    // x1 = 123
auto x2 = stod(s);    // x2 = 123.45
```

sto* 함수의 두 번째 인자는 수치 값 검색이 문자열의 어디까지 진행해야 하는지 알려주는 데 쓰이는 포인터다. 예를 들면 다음과 같다.

```
string ss = "123.4567801234";
size_t dist = 0;                    // 읽혀진 문자의 개수를 여기에 넣는다.
auto x = stoi(ss,&dist);            // x = 123(int)
++dist;                             // 점은 무시한다.
auto y = stoll(&ss[dist]);          // x = 4567801234( long long)
```

이런 방식은 여러 개의 숫자들을 문자열로 구문 분석하는 데 있어 개인적으로 선호하는 인터페이스는 아니다. 나는 **string_stream**(38.2.2절)을 사용하는 쪽을 선호한다.

최초의 공백은 무시한다. 예를 들면 다음과 같다.

```
string s = " 123.45";
auto x1 = stoi(s);                  // x1 = 123
```

기수 인자는 [2:36]의 범위에 들어 있으며, **0123456789abcdefghijklmnopqrstuvwxyz**이 '수치'로 쓰이며, 그 값은 시퀀스 내에서의 위치에 따라 결정된다. 그 외의 추가적인 기수 값은 오류이거나 확장을 일으킨다. 예를 들면 다음과 같다.

```
string s4 = "149F";
auto x5 = stoi(s4);                 // x5 = 149
auto x6 = stoi(s4,nullptr,10);      // x6 = 149
auto x7 = stoi(s4,nullptr,8);       // x7 = 014
auto x8 = stoi(s4,nullptr,16);      // x8 = 0x149F
string s5 = "1100101010100101";     // 이진수
auto x9 = stoi(s5,nullptr,2);       // x9 = 0xcaa5
```

변환 함수는 문자열 인자에서 숫자를 변환할 수 있는 문자를 찾지 못하면 **invalid_argument**를 던진다. 대상 타입으로 표현할 수 없는 숫자를 찾는다면 **out_of_range**를 던진다. 추가로 변환은 **errno**를 **ERANGE**(40.3절)로 설정한다. 예를 들면 다음과 같다.

```
stoi("Hello, World!");              // std::invalid_argument를 던진다.
stoi("12345678901234567890");       // std::out_of_range를 던진다. errno=ERANGE
stof("123456789e1000");             // std::out_of_range를 던진다. errno=ERANGE
```

sto* 함수는 자신의 대상 타입을 자신의 이름으로 인코딩한다. 이로 인해 **sto*** 함수는 대상이 템플릿 매개변수가 될 수 있는 일반화 코드에는 부적합하다. 그런 경우에는 **to<X>**(25.2.5.1절)을 고려해보기 바란다.

36.3.6 STL형 연산

basic_string은 통상적인 반복자 집합을 제공한다.

---

basic_string<C,Tr,A> 문자열 반복자(iso.21.4.3절)
모든 연산은 noexcept

---

p=s.begin()	p는 s의 첫 번째 문자에 대한 iterator다.
p=s.end()	p는 s의 마지막 하나 다음의 문자에 대한 iterator다.
p=s.cbegin()	p는 s의 첫 번째 문자에 대한 const_iterator다.
p=s.cend()	p는 s의 마지막 하나 다음의 문자에 대한 const_iterator다.
p=s.rbegin()	p는 s에 대한 역방향 시퀀스의 시작 문자다.
p=s.rend()	p는 s에 대한 역방향 시퀀스의 끝 문자다.
p=s.crbegin()	p는 s에 대한 역방향 시퀀스의 시작 문자에 대한 const_iterator다.
p=s.crend()	p는 s에 대한 역방향 시퀀스의 끝 문자에 대한 const_iterator다.

---

string은 반복자를 얻는 데 필요한 멤버 타입과 함수를 갖고 있기 때문에 표준 알고리즘과 함께 쓰일 수 있다(32장). 예를 들면 다음과 같다.

```
void f(string& s)
{
    auto p = find_if(s.begin(),s.end(),islower);
    // ...
}
```

string에 대해 가장 널리 쓰이는 연산은 string에 의해 직접적으로 제공된다. 이런 버전이 범용 알고리즘에 대한 수준 이상으로 string에 대해서도 최적화되기를 기대한다.

문자열에 대해서는 표준 알고리즘(32장)이 생각만큼 유용하지 않다. 범용적인 알고리즘은 컨테이너의 원소들이 독립적으로도 의미가 있다고 가정하는 편이다. 이는 대체적으로 문자열에는 해당되지 않는 사항이다.

basic_string은 복잡한 assignment()를 제공한다.

---

basic_string<C,Tr,A> 대입(iso.21.4.6.3절)
모든 연산은 적용 대상 문자열을 반환해야 한다.

---

s.assign(x)	s=x. x는 string, C 스타일 문자열, 또는 initializer_list<char_type>이 될 수 있다.
s.assign(move(s2))	이동시킨다. s2는 string이다. noexcept
s.assign(s2,pos,n)	s는 s2[pos:pos+n]에서 문자들을 얻는다.
s.assign(p,n)	s는 [p:p+n)에서 문자들을 얻는다. p는 C 스타일 문자열이다.
s.assign(n,c)	s는 문자 c의 n개 사본을 얻는다.
s.assign(b,e)	s는 [b:e)에서 문자들을 얻는다.

---

basic_string에서는 insert(), append(), erase()를 할 수 있다.

basic_string<C,Tr,A> 삽입과 삭제(iso.21.4.6.2절, iso.21.4.6.4절, iso.21.4.6.5절)
모든 연산은 적용 대상 문자열을 반환해야 한다.

s.append(x)	x를 s의 끝에 덧붙인다.
	x는 string, C 스타일 문자열, 또는 initializer_list<char_type>이 될 수 있다.
s.append(b,e)	[b:e)를 s의 끝에 덧붙인다.
s.append(s2,pos,n)	s2[pos:pos+n)를 s의 끝에 덧붙인다.
s.append(p,n)	[p:p+n) 문자들을 s의 끝에 덧붙인다. p는 C 스타일 문자열이다.
s.append(n,c)	s의 끝에 문자 c의 n개 사본을 덧붙인다.
s.insert(pos,x)	x를 s[pos] 앞에 삽입한다.
	x는 string, C 스타일 문자열, 또는 initializer_list<char_type>이 될 수 있다.
s.insert(p,c)	c를 반복자 p 앞에 삽입한다.
s.insert(p,n,c)	c의 n개 사본을 반복자 p 앞에 삽입한다.
s.insert(p,b,e)	[b:e)를 반복자 p 앞에 삽입한다.
s.erase(pos)	s에서 s[pos]부터 시작해서 뒤에 붙은 문자들을 제거한다. s.size()는 pos가 된다.
s.erase(pos,n)	s에서 s[pos]부터 시작해서 n개의 문자들을 제거한다.
	s.size()는 max(pos,s.size()-n)이 된다.

예를 들면 다음과 같다.

```
void add_middle(string& s, const string& middle)   // 중간 이름을 추가한다.
{
    auto p = s.find(' ');
    s.insert(p,' '+middle);
}
void test()
{
    string dmr = "Dennis Ritchie";
    add_middle(dmr,"MacAlistair");
    cout << dmr << '\n';
}
```

vector에 대해서와 마찬가지로 append() 처리(끝에 문자들을 추가하는 것)가 다른 곳에 insert() 처리하는 것보다는 대체로 좀 더 효율적이다.

다음 표에서는 s[b:e)를 써서 s에 있는 [b:e)의 원소로 이뤄진 시퀀스를 표기한다.

basic_string<C,Tr,A> 대체(iso.21.4.6.6절)
모든 연산은 적용 대상 문자열을 반환해야 한다.

s.replace(pos,n,s2,pos2,n2)	s[pos:pos+n)을 s2[pos2:pos2+n2)로 대체한다.
s.replace(pos,n,p,n2)	s[pos:pos+n)을 [p:p+n2)로 대체한다. p는 C 스타일 문자열이다.
s.replace(pos,n,s2)	s[pos:pos+n)을 s2로 대체한다. s2는 string이거나 C 스타일 문자열이다.
s.replace(pos,n,n2,c)	s[pos:pos+n)을 문자 c의 n개 사본으로 대체한다.

(이어짐)

---

basic_string<C,Tr,A> 대체(iso.21.4.6.6절)
모든 연산은 적용 대상 문자열을 반환해야 한다.

---

s.replace(b,e,x)	[b:e]를 x로 대체한다. x는 string, C 스타일 문자열, 또는 initializer_list<char_type>이 될 수 있다.
s.replace(b,e,p,n)	[b:e]를 [p:p+n]으로 대체한다.
s.replace(b,e,n,c)	[b:e]를 문자 c의 n개 사본으로 대체한다.
s.replace(b,e,b2,e2)	[b:e]를 [b2:e2]로 대체한다.

---

replace() 함수는 하나의 부분 문자열을 다른 것으로 대체하고, 그에 맞춰 **string**의 크기를 조정한다. 예를 들면 다음과 같다.

```
void f()
{
    string s = "but I have heard it works even if you don't believe in it";
    s.replace(0,4,"");                       // 처음의 "but "을 삭제한다.
    s.replace(s.find("even"),4,"only");
    s.replace(s.find(" don't"),6,"");        // ""로 대체함으로써 삭제한다.
    assert(s=="I have heard it works only if you believe in it");
}
```

대체될 문자의 숫자 같은 '매직' 상수에 의존하는 코드는 오류에 취약하다.

replace() 함수는 자신의 호출 대상이었던 객체에 대한 참조자를 반환한다. 이 참조자는 연산을 연결하는 데 사용될 수 있다.

```
void f2()
{
    string s = "but I have heard it works even if you don't believe in it";
    s.replace(0,4,"").replace(s.find("even"),4,"only").replace(s.find(" don't"),6,"");
    assert(s=="I have heard it works only if you believe in it");
}
```

36.3.7 find 계열

부분 문자열을 검색하는 함수는 어지러울 정도로 다양하다. 다른 경우와 마찬가지로 find()는 s.begin()부터 탐색하고, rfind()는 s.end()부터 역방향으로 탐색한다. find 함수는 '찾을 수 없음'을 나타내기 위해 string::npos('위치가 아님not a position')를 사용한다.

---

basic_string<C,Tr,A> 원소 검색(iso.21.4.7.2절)
x는 문자, string, C 스타일 문자열이 될 수 있다. 모든 연산은 noexcept다.

---

pos=s.find(x)	s에서 x를 찾는다. pos는 발견되는 첫 번째 문자의 색인이거나 string::npos다.
pos=s.find(x,pos2)	pos=s.find(basic_string{x},pos2)
pos=s.find(p,pos2,n)	pos=s.find(basic_string{p,n},pos2)

(이어짐)

basic_string<C,Tr,A> 원소 검색(iso.21.4.7.2절)
x는 문자, string, C 스타일 문자열이 될 수 있다. 모든 연산은 noexcept다.

pos=s.rfind(x,pos2)	s[0:pos2)에서 x를 찾는다.
	x는 s의 끝에서 가장 가까운 x의 첫 번째 문자에 대한 위치 또는 string::npos다.
pos=s.rfind(x)	pos=s.rfind(x,string::npos)
pos=s.rfind(p,pos2,n)	pos=s.rfind(basic_string{p,n},pos2)

예를 들면 다음과 같다.

```
void f()
{
    string s {"accdcde"};
    auto i1 = s.find("cd");      // i1==2 s[2]=='c' && s[3]=='d'
    auto i2 = s.rfind("cd");     // i2==4 s[4]=='c' && s[5]=='d'
}
```

find_*_of() 함수는 전체 문자 시퀀스가 아니라 하나의 문자를 찾는다는 점에서 find()
나 rfind()와는 다르다.

basic_string<C,Tr,A> 집합에서 원소 검색(iso.21.4.7.4절)
x는 문자, string, C 스타일 문자열이 될 수 있다. c는 C 스타일 문자열이다. 모든 연산은 noexcept다.

pos2=s.find_first_of(x,pos)	s[pos:s.size())의 x에서 하나의 문자를 찾는다.
	pos2는 s[pos:s.size())의 x에서 첫 번째 문자의 위치이거나 string::npos다.
pos=s.find_first_of(x)	pos=s.find_first_of(x,0)
pos2=s.find_first_of(p,pos,n)	pos2=s.find_first_of(basic_string{p,n},pos)
pos2=s.find_last_of(x,pos)	s[0:pos)의 x에서 하나의 문자를 찾는다.
	pos2는 s의 끝에서 가장 가까운 x의 문자에 대한 위치이거나 string::npos다.
pos=s.find_last_of(x)	pos=s.find_last_of(x,0)
pos2=s.find_last_of(p,pos,n)	pos2=s.find_last_of(basic_string{p,n},pos)
pos2=s.find_first_not_of(x,pos)	s[pos:s.size())의 x에 없는 하나의 문자를 찾는다.
	pos2는 s[pos:s.size())에 없는 x에서 첫 번째 문자의 위치이거나 string::npos다.
pos=s.find_first_not_of(x)	pos=s.find_first_not_of(x,0)
pos2=s.find_first_not_of(p,pos,n)	pos2=s.find_first_not_of(basic_string{p,n},pos)
pos2=s.find_last_not_of(x,pos)	s[0:pos)의 x에 없는 하나의 문자를 찾는다.
	pos2는 s의 끝에서 가장 가까운 x에 없는 문자에 대한 위치이거나 string::npos다.
pos=s.find_last_not_of(x)	pos=s.find_last_not_of(x,0)
pos2=s.find_last_not_of(p,pos,n)	pos2=s.find_last_not_of(basic_string{p,n},pos)

예를 들면 다음과 같다.

```
string s {"accdcde"};
auto i3 = s.find_first_of("cd");          // i3==1 s[1]=='c'
auto i4 = s.find_last_of("cd");           // i4==5 s[5]=='d'
auto i5 = s.find_first_not_of("cd");      // i5==0 s[0]!='c' && s[0]!='d'
auto i6 = s.find_last_not_of("cd");       // i6==6 s[6]!='c' && s[6]!='d'
```

36.3.8 부분 문자열

basic_string은 부분 문자열의 저수준 개념을 제공한다.

---

basic_string<C,Tr,A> 부분 문자열(iso.21.4.7.8절)

s2=s.substr(pos,n)	s2=basic_string(&s[pos],m) 여기서 m=min(s.size()-pos,n)
s2=s.substr(pos)	s2=s.substr(pos,string::npos)
s2=s.substr()	s2=s.substr(0,string::npos)

---

substr()이 새로운 문자열을 생성한다는 데 유의한다.

```
void user()
{
    string s = "Mary had a little lamb";
    string s2 = s.substr(0,4);      // s2 == "Mary"
    s2 = "Rose";                     // s를 변경하지 않는다.
}
```

부분 문자열을 비교할 수 있다.

---

basic_string<C,Tr,A> 비교(iso.21.4.7.9절)

n=s.compare(s2)	s와 s2의 사전 편집 순서식 비교. 비교에 char_traits<C>::compare()를 이용한다. s==s2이면 n=0. s<s2이면 n<0. s>s2이면 n>0. noexcept
n2=s.compare(pos,n,s2)	n2=basic_string{s,pos,n}.compare(s2)
n2=s.compare(pos,n,s2,pos2,n2)	n2=basic_string{s,pos,n}.compare(basic_string{s2,pos2,n2})
n=s.compare(p)	n=s.compare(basic_string{p}). p는 C 스타일 문자열이다.
n2=s.compare(pos,n,p)	n2=basic_string{s,pos,n}.compare(basic_string{p}). p는 C 스타일 문자열이다.
n2=s.compare(pos,n,p,n2)	n2=basic_string{s,pos,n}.compare(basic_string{p,n2}). p는 C 스타일 문자열이다.

예를 들면 다음과 같다.

```
void f()
{
```

```
    string s = "Mary had a little lamb";
    string s2 = s.substr(0,4);          // s2 == "Mary"
    auto i1 = s.compare(s2);            // i1은 양의 값
    auto i2 = s.compare(0,4,s2);        // i2==0
}
```

위치와 길이를 표기하기 위해 상수를 명시적으로 사용하는 방식은 불안정하며 오류에 취약하다.

36.4 조언

[1] 문자 범위에 대해 수작업으로 체크하지 말고 문자 분류를 사용한다(36.2.1절).

[2] 문자열과 유사한 추상화를 구현한다면 **character_traits**를 사용해서 문자에 대한 연산을 구현한다(36.2.2절).

[3] 임의의 타입으로 문자열을 만드는 데 **basic_string**이 사용될 수 있다(36.3절).

[4] **string**은 기반 클래스보다는 변수와 멤버로 사용한다(36.3절).

[5] 가급적 C 스타일 문자열 함수보다는 **string**을 사용한다(36.3.1절).

[6] **string**은 값에 의해 반환한다(이동 의미 구조에 의존한다)(36.3.2절).

[7] 'string의 나머지'를 나타내기 위해 **string::npos**를 사용한다(36.3.2절).

[8] C 스타일 문자열을 기대하는 **string** 함수에는 **nullptr**을 전달하지 않는다(36.3.2절).

[9] **string**은 필요한 대로 늘어나거나 줄어들 수 있다(36.3.3절).

[10] 범위 체크가 필요할 때는 가급적 반복자나 **[]**보다 **at()**를 사용한다(36.3.3절, 36.3.6절).

[11] 속도를 최적화하고 싶을 때는 가급적 **at()**보다 반복자와 **[]**를 사용한다(36.3.3절, 36.3.6절).

[12] **string**을 사용한다면 어딘가에서 **length_error**와 **out_of_range**를 잡는다(36.3.3절).

[13] 필요할 때는(오직 필요할 때만) **string**의 C 스타일 문자열 표현을 만들기 위해 **c_str()**을 사용한다(36.3.3절).

[14] **string** 입력은 대소문자를 구분하며 오버플로를 일으키지 않는다(36.3.4절).

[15] 가급적 **str*** 수치 변환 함수를 직접적으로 사용하지 않고 **string_stream**이나 일반화 값 추출 함수(to<X> 같은)를 사용한다(36.3.5절).

[16] **find()** 연산을 이용해서(명시적 루프를 작성하지 않고) **string**에 있는 값을 찾는다(36.3.7절).

[17] 직접적 또는 간접적으로 **substr()**을 사용해서 부분 문자열을 읽고, **replace()**를 사용해서 부분 문자열에 쓴다(36.3.8절).

정규 표현식

코드와 주석이 일치하지 않는다면
아마도 둘 다 잘못된 것이다
— 놈 슈라이어(Norm Schryer)

- 정규 표현식 정규 표현식 표기
- regex 매칭 결과, 서식화
- 정규 표현식 함수 `regex_match()`, `regex_search()`, `regex_replace()`
- 정규 표현식 반복자 `regex_iterator`, `regex_token_iterator`
- regex_traits
- 조언

37.1 정규 표현식

표준 라이브러리는 **\<regex>**에서 정규 표현식에 대한 지원을 제공한다.

- `regex_match()` 정규 표현식을 문자열(크기가 알려진)에 대해 매칭시킨다.
- `regex_search()` (임의의 길이의) 데이터 스트림에서 정규 표현식과 일치되는 문자열을 찾는다.
- `regex_replace()` (임의의 길이의) 데이터 스트림에서 정규 표현식과 일치되는 문자열을 찾은 다음, 그것을 대체한다.
- `regex_iterator()` 일치하는 것과 부분 일치하는 것에 대해 반복한다.
- `regex_token_iterator()` 일치하지 않는 것에 대해 반복한다.

  `regex_search()`의 결과는 일치한 것의 집합으로, 대개 **smatch**로 표현된다.

```
void use()
{
    ifstream in("file.txt");              // 입력 파일
    if (!in) cerr << "no file\n";
    regex pat {R"(\w{2}\s*\d{5}(-\d{4})?)"}; // 미국 우편번호 패턴

    int lineno = 0;
```

```
    for (string line; getline(in,line); ) {
        ++lineno;
        smatch matches;          // 일치된 문자열은 여기로 간다.
        if (regex_search(line, matches, pat)) {
            cout << lineno << ": " << matches[0] << '\n';        // 완전한 일치
            if (1<matches.size() && matches[1].matched)
                cout << "\t: " << matches[1] << '\n';            // 부분 일치
        }
    }
}
```

이 함수는 파일을 읽으면서 **TX77845**나 **DC 20500-0001** 같은 미국 우편번호를 찾는다. **regex** 결과의 컨테이너는 **smatch** 타입이다. 여기서는 **matches[0]**이 전체 패턴이고 **matches[1]**은 선택적인 4자리 부분 패턴이다. 정규 표현식에는 백슬래시가 많이 포함되는 편이기 때문에 그런 특성에 특히 적합한 원시 문자열(7.3.2.1절)이 사용됐다. 관용적인 문자열을 사용했다면 패턴 정의는 다음과 같았을 것이다.

```
regex pat {"\\w{2}\\s*\\d{5}(-\\d{4})?"};     // 미국 우편번호 패턴
```

정규 표현식 문법과 의미 구조는 효율적인 실행을 위해 정규 표현식이 상태 기계로 컴파일될 수 있게 설계됐다.[Cox,2007] **regex** 타입은 이런 컴파일을 런타임에 수행한다.

37.1.1 정규 표현식 표기법

regex 라이브러리는 정규 표현식에 대한 여러 가지 변형된 표기법을 인식할 수 있다(37.2절). 여기서는 기본적으로 사용되는 표기법으로 ECMA스크립트(보통 자바스크립트라고 알려져 있다)에 사용되는 ECMA 표준 버전을 우선적으로 소개한다.

정규 표현식의 문법은 특별한 의미를 가진 문자를 기반으로 한다.

정규 표현식 특수 문자			
.	단일 문자('와일드카드')	\	다음 문자는 특별한 의미를 갖는다.
[	문자 클래스 시작	*	0개 또는 그 이상(후위형 연산자)
]	문자 클래스 끝	+	1개 또는 그 이상(후위형 연산자)
{	카운트 시작	?	선택적(0 또는 1)(후위형 연산자)
}	카운트 끝	|	양자택일(OR)
(	그룹 시작	^	행의 시작. 취소
)	그룹 끝	$	행의 끝

예를 들어 0개 또는 그 이상의 **A**로 시작한 다음 한 개 또는 그 이상의 **B**가 이어지고 이어서 선택적인 **C**가 이어지는 행을 다음과 같이 지정할 수 있다.

```
^A*B+C?$
```

이것과 매칭되는 예는 다음과 같다.

```
AAAAAAAAAAAAABBBBBBBBBC
BC
B
```

매칭되지 않는 예는 다음과 같다.

```
AAAAA          // B가 없다.
 AAAABC        // 처음이 공백
AABBCC         // C가 너무 많다.
```

패턴의 일부분은 괄호로 둘러싸인 경우 부분 패턴(smatch를 통해 별도로 분리될 수 있는)으로 간주된다.

패턴은 접미사를 추가해서 선택적이 되거나 반복(기본 설정은 정확히 한 번)되게 만들 수 있다.

반복

{ n }	정확히 n번
{ n, }	n번 이상
{n,m}	최소 n번, 최대 n번
*	0번 또는 그 이상, 즉 {0,}
+	1번 또는 그 이상, 즉 {1,}
?	선택적(0번 또는 1번), 즉 {0,1}

예를 들면 다음과 같다.

```
A{3}B{2,4}C*
```

매칭되는 결과는 다음과 같다.

```
AAABBC
AAABBB
```

매칭되지 않는 결과는 다음과 같다.

```
AABBC          // A가 너무 적다.
AAABC          // B가 너무 적다.
AAABBBBBCCC    // B가 너무 많다.
```

반복 표기(*, +, ?, {...}) 뒤에 붙은 접미사 ?는 패턴 매칭 메커니즘을 '게으른lazy' 또는 '최소non-greedy'로 만들 것이다. 즉, 패턴을 찾을 때 ?는 가장 긴 것이 아닌 가장 짧은 일치를 찾을 것이다. 기본 설정으로 패턴 매칭 메커니즘은 언제나 가장 긴 일치를 찾는다(C++의 최대 뭉크 규칙Max Munch rule과 비슷하게). 다음 예를 살펴보자.

```
ababab
```

패턴 (ab)*는 ababab 전부와 일치한다. 하지만 (ab)*?는 첫 번째 ab에만 일치한다.

가장 널리 쓰이는 문자 분류는 이름을 갖고 있다.

문자 클래스

alnum	글자와 숫자 문자
alpha	알파벳 문자
blank	행을 나누지 않는 공백 문자
cntrl	제어 문자
d	10진수
digit	10진수
graph	그림 문자
lower	소문자
print	출력 가능한 문자
punct	구두점 문자
s	공백 문자
space	공백 문자
upper	대문자
w	워드 문자(글자와 숫자 문자에 밑줄을 추가한 것)
xdigit	16진수 문자

여러 가지 문자 클래스에 대해 단축 표기가 지원된다.

문자 클래스 축약

\d	10진수	[[:digit:]]
\s	스페이스(스페이스, 탭 등)	[[:space:]]
\w	문자(a-z), 숫자(0-9) 또는 밑줄(_)	[_[:alnum:]]
\D	\d이 아님	[^[:digit:]]
\s	\s이 아님	[^[:space:]]
\W	\w이 아님	[^_[:alnum:]]

추가로 정규 표현식을 지원하는 언어는 종종 다음 항목들을 제공한다.

비표준(하지만 널리 쓰이는) 문자 클래스 축약

\l	소문자	[[:lower:]]
\u	대문자	[[:upper:]]
\L	\l이 아님	[^[:lower:]]
\U	\u이 아님	[^[:upper:]]

완벽한 이식성을 보장하려면 이런 축약 표기보다는 문자 클래스 이름을 사용하기 바란다.

예제로서 C++ 식별자들을 기술하는 패턴을 작성해보자. 밑줄이나 문자 뒤에 문자, 숫자, 밑줄 등으로 이뤄진 시퀀스가 이어질 것이다(이 시퀀스는 비어 있을 수도 있다). 관련된 미묘한 사항들을 보여주기 위해 몇 가지 잘못된 시도를 포함시켰다.

```
[:alpha:][:alnum:]*                // 잘못됨: ":alph" 집합의 문자 뒤에 ...이 이어짐
[[:alpha:]][[:alnum:]]*            // 잘못됨: 밑줄은 받아들이지 않는다('_'는 글자나 숫자가 아님).
([[:alpha:]]|_)[[:alnum:]]*        // 잘못됨: 밑줄은 글자나 숫자가 아님
([[:alpha:]]|_)([[:alnum:]]|_)*    // OK, 하지만 보기 좋지 않다.
[[:alpha:]_][[:alnum:]_]*          // OK, 문자 클래스에 밑줄이 포함됨
[_[:alpha:]][_[:alnum:]]*          // 역시 OK
[_[:alpha:]]\w*                    // \w는 [_[:alnum:]]와 같다.
```

마지막으로 다음은 **regex_match()**(37.3.1절)의 가장 간단한 버전을 사용해서 문자열이 식별자인지 검사하는 함수다.

```
bool is_identifier(const string& s)
{
    regex pat {"[_[:alpha:]]\\w*"};
    return regex_match(s,pat);
}
```

통상적인 문자열 리터럴에 백슬래시를 포함시키기 위해 백슬래시가 이중으로 사용된 점에 유의한다. 다른 경우와 마찬가지로 백슬래시는 특수 문자 표기에도 쓰일 수 있다.

특수 문자(iso.2.14.3절, 6.2.3.2절)

\n	줄 바꿈
\t	탭
\\	하나의 백슬래시
\xhh	2개의 16진수로 표현된 유니코드 문자
\uhhhh	4개의 16진수로 표현된 유니코드 문자

점점 더 혼동될 수 있겠지만, 논리적으로 다른 두 가지 백슬래시 사용법이 추가된다.

특수 문자(iso.2.14.3절, 6.2.3.2절)

\b	단어의 첫 번째와 마지막 문자('경계 문자')
\B	\b가 아님
\i	이 패턴에서 i번째 sub_match

원시 문자열 리터럴을 사용하면 특수 문자와 관련된 많은 문제들을 줄일 수 있다. 예를 들면 다음과 같다.

```
bool is_identifier(const string& s)
{
    regex pat {R"([_[:alpha:]]\w*)"};
    return regex_match(s,pat);
}
```

다음은 패턴의 몇 가지 예다.

```
Ax*                 // A, Ax, Axxxx
Ax+                 // Ax, Axxx          A가 아니다.
```

```
\d-?\d                  // 1-2, 12                      1-2가 아니다.
\w{2}-\d{4,5}           // Ab-1234, XX-54321, 22-5432   숫자는 \w에 있다.
(\d*:)?(\d+)            // 12:3, 1:23, 123, :123        123:이 아니다.
(bs|BS)                 // bs, BS                        bS가 아니다.
[aeiouy]                // a, o, u                       영어 모음, x가 아니다.
[^aeiouy]               // x, k                          영어 모음이 아니다. e가 아니다.
[a^eiouy]               // a, ^, o, u                    영어 모음 또는 ^
```

group(부분 패턴)은 괄호로 구분된 **sub_match**에 의해 표현될 수 있다. 부분 패턴을 정의하지 않는 괄호가 필요하다면 일반적인 (대신에 (?:을 쓰기 바란다. 예를 들면 다음과 같다.

```
(\s|:|,)*(\d*)          // 공백, 콜론, 그리고/또는 콤마 뒤에 숫자 하나가 이어진다.
```

숫자(분리자로 추측됨) 앞의 문자에 관심이 없다고 가정하면 다음과 같이 작성할 수도 있다.

```
(?:\s|:|,)*(\d*)        // 공백, 콜론, 그리고/또는 콤마 뒤에 숫자 하나가 이어진다.
```

이렇게 하면 정규 표현식 엔진이 첫 번째 문자를 저장해야 하는 수고를 덜어준다. (?: 버전은 오직 하나의 부분 패턴만을 갖는다.

정규 표현식 그룹화 예제

`\d*\s\w+`	그룹 없음(부분 패턴)
`(\d*)\s(\w+)`	두 개의 그룹
`(\d*)(\s(\w+))+`	두 개의 그룹(그룹이 중첩되지 않음)
`(\s*\w*)+`	한 개의 그룹, 하지만 하나 이상의 부분 패턴. 마지막 부분 패턴만이 sub_match로 저장된다.
`<(.*?)>(.*?)</\1>`	세 개의 그룹. \1은 '그룹 1과 같다'는 의미

마지막 패턴은 XML 구문 분석에 유용하다. 이 패턴은 태그/태그의 끝 표시자를 찾는다. 태그와 마지막 태그 사이의 부분 패턴에 대해 최소 일치(게으른 일치^{lazy match}) .*?가 쓰였다는 점에 유의한다. 일반적인 .*를 썼다면 다음 입력은 문제를 일으켰을 것이다.

```
Always look on the <b>bright</b> side of <b>life</b>
```

첫 번째 부분 패턴에 대한 최대 일치^{greedy match}는 첫 번째 <를 마지막 >와 매칭시킬 것이다. 두 번째 부분 패턴에 대한 최대 일치는 첫 번째 를 마지막 와 매칭시킬 것이다. 둘 다 모두 정확한 동작이지만, 프로그래머가 원했던 결과는 아닐 것이다.

옵션을 써서 정규 표현식 표기법의 세부 사항에 변화를 줄 수 있다(37.2절). 예를 들어 **regex_constants::grep**이라고 사용할 경우 **a?x:y**는 다섯 개의 정상적인 문자로 이뤄진 시퀀스가 된다. grep에서는 ?이 '선택적'이라는 뜻이 아니기 때문이다.

좀 더 포괄적인 정규 표현식의 소개에 대해서는 [Friedl,1997]을 참고하기 바란다.

37.2 regex

정규 표현식은 **string** 같은 문자의 시퀀스로부터 생성된 일종의 **매칭 엔진**matching engine(대개는 상태 기계)이다.

```
template<typename C, typename Tr = regex_traits<C>>
class basic_regex {
public:
    using value_type = C;
    using traits_type = Tr;
    using string_type = typename Tr::string_type;
    using flag_type = regex_constants::syntax_option_type;
    using locale_type = typename Tr::locale_type;
    ~basic_regex();        // virtual이 아님. basic_regex는 기반 클래스로 사용되지 않는다.
    // ...
};
```

regex_traits는 37.5절에 소개돼 있다.

string과 마찬가지로 **regex**는 char를 사용하는 버전에 대한 별칭이다

```
using regex = basic_regex<char>;
```

정규 표현식 패턴의 의미는 **regex_constants**와 **regex**에 똑같이 정의돼 있는 **syntax_option_type** 상수에 의해 제어된다.

basic_regex<C,Tr> 멤버 상수(syntax_option_type, iso.28.5.1절)	
icase	매칭 시 대소문자 구문이 사용되지 않는다.
nosubs	부분표현식 일치가 매칭 결과에 저장되지 않는다.
optimize	빠른 정규 표현식 객체 생성보다 빠른 매칭을 선호한다.
collate	서식 [a-b]의 문자 범위는 로케일의 영향을 받는다.
ECMAScript	정규 표현식 문법은 ECMA-262의 ECMA스크립트에서 사용된 것이다(사소한 수정이 가해진, iso.28.13절).
basic	정규 표현식 문법은 POSIX의 기본 정규 표현식에서 사용된 것이다.
extended	정규 표현식 문법은 POSIX의 확장 정규 표현식에서 사용된 것이다.
awk	정규 표현식 문법은 POSIX awk에서 사용된 것이다.
grep	정규 표현식 문법은 POSIX grep에서 사용된 것이다.
egrep	정규 표현식 문법은 POSIX grep-E에서 사용된 것이다.

타당한 이유가 있지 않는 한 기본 설정을 사용한다. 기본을 벗어난 표기법으로 작성된 상당량의 기존 정규 표현식은 타당한 이유에 포함될 수 있다.

regex 객체는 **string**이나 유사한 문자 시퀀스로부터 생성될 수 있다.

---

basic_regex<C,Tr> 생성자(iso.28.8.2절)

basic_regex r {};	기본 생성자. 빈 패턴. 플래그는 regex_constants::ECMAScript로 설정된다.
basic_regex r {x,flags};	x는 flags에 의해 정의된 표기법으로 basic_regex, string, C 스타일 문자열 또는 initializer_list<value_type>이 될 수 있다. explicit
basic_regex r {x};	basic_regex{x,regex_constants::ECMAScript}. explicit
basic_regex r {p,n,flags};	flags에 의해 정의된 표기법으로 [p:p+n)의 문자로부터 r을 생성한다.
basic_regex r {p,n};	basic_regex{p,n,regex_constants::ECMAScript}
basic_regex r {b,e,flags}	flags에 의해 정의된 표기법으로 [b:e)의 문자로부터 r을 생성한다.
basic_regex r {b,e};	basic_regex{b,e,regex_constants::ECMAScript}

---

regex의 주 용도는 검색을 통해 함수를 매칭시키고 대체하는 것이지만(37.3절), regex 자체에 대한 연산 역시 몇 가지 있다.

---

basic_regex<C,Tr> 연산(iso.28.8절)
모든 assign() 연산은 적용 대상 regex에 대한 참조자를 반환한다.

r=x	복사 대입. x는 basic_regex, C 스타일 문자열, basic_string 또는 initializer_list<value_type>이 될 수 있다.
r=move(r2)	이동 대입
r.assign(r2)	복사 또는 이동
r.assign(x,flags)	복사 또는 이동. r의 플래그를 flags x로 설정한다. x는 basic_string, C 스타일 문자 열, 또는 initializer_list<value_type>이 될 수 있다.
r.assign(x)	r=r.assign(x,regex_constants::ECMAScript)
r.assign(p,n,flags)	r의 패턴을 [p:p+n)로 설정하고 r의 플래그를 flags로 설정한다.
r.assign(b,e,flags)	r의 패턴을 [b:e)로 설정하고 r의 플래그를 flags로 설정한다.
r.assign(b,e)	r=r.assign(b,e,regex_constants::ECMAScript)
n=r.mark_count()	n은 r에서 표지가 붙은 부분 표현식의 개수다.
x=r.flags()	x는 r의 flags다.
loc2=r.imbue(loc)	r은 로케일 loc를 얻는다. loc2는 r의 이전 locale이다.
loc=r.getloc()	loc는 r의 locale이다.
r.swap(r2)	r과 r2의 값을 교환한다.

---

getloc()를 호출하면 locale 또는 regex를 판별하고 flags()에서 무슨 플래그가 쓰이고 있는지는 알 수 있지만, 안타깝게도 그 패턴을 읽는 (표준적인) 방법은 존재하지 않는다. 패턴을 출력해야 한다면 초기화에 쓰인 문자열의 사본을 보관하기 바란다. 예를 들면 다음과 같다.

```
regex pat1 {R"(\w+\d*)"};        // pat1에 있는 패턴을 출력할 수 있는 방법이 없다.
string s {R"(\w+\d*)"};
regex pat2 {s};
cout << s << '\n';               // pat2에 있는 패턴
```

37.2.1 매칭 결과

정규 표현식 매칭의 결과는 `match_results` 객체에 취합되는데, 이 객체는 한 개 이상의 `sub_match` 객체를 포함한다.

```cpp
template<typename Bi>
class sub_match : public pair<Bi,Bi> {
public:
    using value_type = typename iterator_traits<Bi>::value_type;
    using difference_type = typename iterator_traits<Bi>::difference_type;
    using iterator = Bi;
    using string_type = basic_string<value_type>;

    bool matched; // *this가 일치를 포함하고 있다면 true
    // ...
};
```

`Bi`는 양방향 반복자(33.1.2절)여야 한다. `sub_match`는 매칭되는 문자열에 대한 반복자 쌍으로 볼 수 있다.

sub_match<Bi> 연산	
`sub_match sm {};`	기본 생성자. 빈 시퀀스. `constexpr`
`n=sm.length()`	n은 매칭되는 문자의 개수
`s=sm`	sub_match에서 basic_string으로의 암시적 변환. s는 매칭된 문자열이 포함된 basic_string이다.
`s=sm.str()`	s는 매칭된 문자열이 포함된 basic_string이다.
`x=sm.compare(x)`	사전 편집식 비교. `sm.str().compare(x)`. x는 sub_match, basic_string, 또는 C 스타일 문자열이 될 수 있다.
`x==y`	x는 y와 같은가? x와 y는 sub_match 또는 basic_string이 될 수 있다.
`x!=y`	`!(x==y)`
`x<y`	x는 사전 편집식으로 y 앞에 있다.
`x>y`	`y<x`
`x<=y`	`!(x>y)`
`x>=y`	`!(x<y)`
`sm.matched`	sm이 매칭을 포함하고 있다면 true. 그렇지 않다면 false

예를 들면 다음과 같다.

```cpp
regex pat ("<(.*?)>(.*?)</(.*?)>");
string s = "Always look on the <b> bright </b> side of <b> death </b>";
smatch m;               // 매칭 결과는 여기로 간다. m은 문자열에 대한 mach_results를 보관한다.
if (regex_search(s,m,pat))
    if (m[1]==m[3]) cout << "match\n";
```

이 결과는 `match`이다.

`match_results`는 `sub_matches`의 컨테이너다.

```
template<typename Bi, typename A = allocator<sub_match<Bi>>>
class match_results {
public:
    using value_type = sub_match<Bi>;
    using const_reference = const value_type&;
    using reference = const_reference;
    using const_iterator = /* 구현별 정의 사항 */;
    using iterator = const_iterator;
    using difference_type = typename iterator_traits<Bi>::difference_type;
    using size_type = typename allocator_traits<A>::size_type;
    using allocator_type = A;
    using char_type = typename iterator_traits<Bi>::value_type;
    using string_type = basic_string<char_type>;

    ~match_results();        // virtual이 아님
    // ...
};
```

Bi는 양방향 반복자(33.1.2절)여야 한다.

basic_string과 basic_ostream에 대해서와 마찬가지로 가장 널리 쓰이는 match_results 를 위해 몇 가지 표준 별칭이 제공된다.

```
using cmatch = match_results<const char*>;              // C 스타일 문자열
using wcmatch = match_results<const wchar_t*>;          // 와이드 C 스타일 문자열
using smatch = match_results<string::const_iterator>;   // string
using wsmatch = match_results<wstring::const_iterator>; // wstring
```

match_results는 매칭 문자열, sub_matches 및 매칭 전후의 문자에 대한 접근을 제공한다.

	m[0]			
m.prefix()	m[1]	...	m[m.size()]	m.suffix()

match_results는 관용적인 연산 집합을 제공한다.

---

regx<C,Tr> 일치와 부분 일치(iso.28.9절, iso.28.10절)

---

match_results m {};	기본 생성자. allocator_type{}을 사용한다.
match_results m {a};	할당자 a를 사용한다. explicit
match_results m {m2};	복사 및 이동 생성자
m2=m	복사 대입
m2=move(m)	이동 대입
m.~match_results()	소멸자. 모든 자원을 해제한다.

---

m.ready()	m은 완전한 일치를 보관하고 있는가?
n=m.size()	n-1은 m에 있는 부분 표현식의 개수다. 일치가 없는 경우 n==0
n=m.max_size()	n은 m에 대해 가능한 sub_match의 최대 개수다.
m.empty()	m.size()==0?
r=m[i]	r은 m의 i번째 sub_match에 대한 참조자다. m[0]은 완전한 일치를 나타낸다. i>= size()이면 m[i]는 일치되지 않은 부분 표현식을 나타내는 sub_match를 참조한다.

(이어짐)

regx<C,Tr> 일치와 부분 일치(iso.28.9절, iso.28.10절)	
n=m.length(i)	n=m[i].length(). m[i]의 문자 개수
n=m.length()	n=m.length(0)
pos=m.position(i)	pos=m[i].first. m[i]의 첫 번째 문자
pos=m.position()	pos=m.position(0)
s=m.str(i)	s=m[i].str(). m[i]의 문자열 표현
s=m.str()	s=m.str(0)
sm=m.prefix()	sm은 일치 이전에 등장하는 입력 문자열에서 m에 의해 일치되지 않은 문자를 나타내는 sub_match다.
sm=m.suffix()	sm은 일치 이후에 등장하는 입력 문자열에서 m에 의해 일치되지 않은 문자를 나타내는 sub_match다.
p=m.begin()	p는 m의 첫 번째 sub_match를 가리킨다.
p=m.end()	p는 m의 마지막 하나 다음의 sub_match를 가리킨다.
p=m.cbegin()	p는 m의 첫 번째 sub_match를 가리킨다(const 반복자).
p=m.cend()	p는 m의 마지막 하나 다음의 sub_match를 가리킨다(const 반복자).
a=m.get_allocator()	a는 m의 할당자다.
m.swap(m2)	m과 m2의 상태를 교환한다.
m==m2	m과 m2의 sub_match의 값이 같은가?
m!=m2	!(m==m2)

sub_match에 접근하기 위해 **regex_match**에 m[i] 같은 식으로 첨자를 붙일 수 있다. 첨자 i가 존재하지 않는 sub_match를 가리킨다면 m[i]의 결과는 일치되지 않은 sub_match를 나타낸다. 예를 들면 다음과 같다.

```
void test()
{
    regex pat ("(AAAA)(BBB)?");
    string s = "AAAA";
    smatch m;
    regex_search(s,m,pat);

    cout << boolalpha;
    cout << m[0].matched << '\n';    // true - 일치를 발견했다.
    cout << m[1].matched << '\n';    // true - 첫 번째 sub_match가 있었다.
    cout << m[2].matched << '\n';    // false - 두 번째 sub_match는 없었다.
    cout << m[3].matched << '\n';    // false - pat에 대한 세 번째 sub_match는 있을 수 없었다.
}
```

37.2.2 서식화

regex_replace()에서 **format()** 함수를 이용해서 서식화가 처리된다.

서식화는 match_flag_type 옵션에 의해 제어된다.

out=m.format(out,b,e,flags)	[b:e)를 out으로 복사한다. m에서 부분 일치를 서식 문자로 대체한다.
out=m.format(out,b,e)	out=m.format(out,b,e,regex_constants::format_default)
out=m.format(out,fmt,flags)	out=m.format(out,begin(fmt),end(fmt),flags). fmt는 basic_string 또는 C 스타일 문자열이 될 수 있다.
out=m.format(out,fmt)	out=m.format(out,fmt,regex_constants::format_default)
s=m.format(fmt,flags)	s를 fmt의 사본으로서 생성한다. m에서 부분 일치를 서식 문자로 대체한다. fmt는 basic_string 또는 C 스타일 문자열이 될 수 있다.
s=m.format(fmt)	s=m.format(fmt,regex_constants::format_default)

서식에는 서식화 문자가 포함될 수 있다.

서식 대체 표기법	
$&	일치
$`	접두사
$'	접미사
$i	i번째 부분 일치, 예를 들면 $1
$ii	ii번째 부분 일치, 예를 들면 $12
$$	일치가 아님, $ 문자

예제는 37.3.3절을 참고하기 바란다.

format()에 의해 처리되는 서식화의 세부 사항은 옵션(플래그) 집합에 의해 제어된다.

regex<C,Tr> 서식화 옵션(regex_constants::match_flag_type - iso.28.5.2절)	
format_default	ECMA스크립트(ECMA-262) 규칙(iso.28.13절)을 사용한다.
format_sed	POSIX sed 표기법을 사용한다.
format_no_copy	일치만을 복사한다.
format_first_only	정규 표현식의 첫 번째 등장 부분만 대체된다.

37.3 정규 표현식 함수

정규 표현식 패턴을 데이터에 적용시켜주는 함수는 문자 시퀀스에서의 검색에 대해서는 **regex_search()**, 고정 크기의 문자 시퀀스의 매칭에 대해서는 **regex_match()**, 그리고 패턴의 대체 처리에 대해서는 **regex_replace()**다.

매칭의 세부 사항은 옵션(플래그) 집합에 의해 제어된다.

match_not_bol	문자 ^는 '행의 시작'을 의미하는 것으로 간주되지 않는다.
match_not_eol	문자 $는 '행의 끝'을 의미하는 것으로 간주되지 않는다.
match_not_bow	\b는 부분시퀀스 [first,first)와 매칭되지 않는다.
match_not_eow	\b는 부분시퀀스 [last,last)와 매칭되지 않는다.
match_any	하나 이상의 일치가 가능하다면 어떤 일치라도 가능하다.
match_not_null	빈 시퀀스를 매칭하지 않는다.
match_continuous	first에서 시작하는 부분시퀀스만 매칭한다.
match_prev_avail	--first는 유효한 반복자 위치다.

37.3.1 regex_match()

텍스트 행 같이 길이가 알려진 시퀀스 전체와 일치하는 패턴을 찾으려면 **regex_match()**를 사용한다.

정규 표현식 매칭(iso.28.11.2절)
매칭은 match_flag_type 옵션에 의해 제어된다(37.3절).

regex_match(b,e,m,pat,flags)	입력 [b:e)는 regex 패턴 pat과 일치하는가? 결과를 match_results m에 넣는다. 옵션 flags를 사용한다.
regex_match(b,e,m,pat)	regex_match(b,e,m,pat,regex_constants::match_default)
regex_match(b,e,pat,flags)	입력 [b:e)는 regex 패턴 pat과 일치하는가? 옵션 flags를 사용한다.
regex_match(b,e,pat)	regex_match(b,e,pat,regex_constants::match_default)
regex_match(x,m,pat,flags)	입력 x는 regex 패턴 pat과 일치하는가? x는 basic_string 또는 C 스타일 문자열이 될 수 있다. 결과를 match_results m에 넣는다. 옵션 flags를 사용한다.
regex_match(x,m,pat)	regex_match(x,m,pat,regex_constants::match_default)
regex_match(x,pat,flags)	입력 x는 regex 패턴 pat과 일치하는가? x는 basic_string 또는 C 스타일 문자열이 될 수 있다. 옵션 flags를 사용한다.
regex_match(x,pat)	regex_match(x,pat,regex_constants::match_default)

예제로서 표의 서식을 검증하기 위한 소박한 프로그램을 하나 살펴보자. 표 서식이 예상과 같다면 프로그램은 "모두 괜찮다"를 cout에 쓴다. 그렇지 않다면 오류 메시지를 cerr에 쓴다. 표는 일련의 행으로 구성되며 각 행은 탭으로 구분된 4개 필드를 갖는데, 첫 번째 행(제목 행)만 3개의 필드를 가질 수 있다. 예를 들면 다음과 같다.

```
Class   Boys    Girls   Total
1a      12      15      27
1b      16      14      30
Total   28      29      57
```

숫자는 수평과 수직으로 합산된다.

프로그램은 제목 행을 읽어 들인 다음, 'Total'이란 제목이 붙은 행에 다다를 때까지 각 행의 합을 구한다.

```cpp
int main()
{
    ifstream in("table.txt");   // 입력 파일
    if (!in) cerr << "no file\n";

    string line;                // 입력 버퍼
    int lineno = 0;

    regex header {R"(^[\w ]+(\t[\w ]+)*$)"};            // 탭으로 분리된 단어
    regex row {R"(^([\w ]+)(\t\d+)(\t\d+)(\t\d+)$)"};  // 탭으로 분리된 세 개의 숫자 다음에
                                                        // 이어지는 숫자
    if (getline(in,line)) {     // 제목 행을 체크하고 버린다.
        smatch matches;
        if (!regex_match(line,matches,header))
            cerr << "no header\n";
    }

    int boys = 0;               // 현재 합계
    int girls = 0;
    while (getline(in,line)) {
        ++lineno;
        smatch matches;                                 // 부분 일치는 여기로 간다.

        if (!regex_match(line,matches,row))
            cerr << "bad line: " << lineno << '\n';

        int curr_boy = stoi(matches[2]);               // stoi()에 대해서는 36.3.5절 참고
        int curr_girl = stoi(matches[3]);
        int curr_total = stoi(matches[4]);
        if (curr_boy+curr_girl != curr_total) cerr << "bad row sum \n";

        if (matches[1]=="Total") {                      // 마지막 행
            if (curr_boy != boys) cerr << "boys do not add up\n";
            else if (curr_girl != girls) cerr << "girls do not add up\n";
            else cout << "all is well\n";
            return 0;
        }
        boys += curr_boy;
        girls += curr_girl;
    }
    cerr << "didn't find total line\n";
    return 1;
}
```

37.3.2 regex_search()

파일 같은 시퀀스의 한 부분에서 패턴을 찾기 위해서는 **regex_search()**를 사용한다.

정규 표현식 검색(iso.28.11.3절)

매칭은 `match_flag_type` 옵션에 의해 제어된다(37.3절).

`regex_search(b,e,m,pat,flags)`	입력 [b:e]에 regex 패턴 pat에 대한 일치가 포함돼 있는가? 결과를 match_results m에 넣는다. 옵션 flags를 사용한다.
`regex_search(b,e,m,pat)`	`regex_search(b,e,m,pat,regex_constants::match_default)`
`regex_search(b,e,pat,flags)`	입력 [b:e]에 regex 패턴 pat에 대한 일치가 포함돼 있는가? 결과를 match_results m에 넣는다. 옵션 flags를 사용한다.
`regex_search(b,e,pat)`	`regex_search(b,e,pat,regex_constants::match_default)`
`regex_search(x,m,pat,flags)`	입력 x에 regex 패턴 pat에 대한 일치가 포함돼 있는가? x는 basic_string 또는 C 스타일 문자열이 될 수 있다. 결과를 match_results m에 넣는다. 옵션 flags를 사용한다.
`regex_search(x,m,pat)`	`regex_search(x,m,pat,regex_constants::match_default)`
`regex_search(x,pat,flags)`	입력 x에 regex 패턴 pat에 대한 일치가 포함돼 있는가? x는 basic_string 또는 C 스타일 문자열이 될 수 있다. 옵션 flags를 사용한다.
`regex_search(x,pat)`	`regex_search(x,pat,regex_constants::match_default)`

예를 들어 내 이름에 대한 빈번한 오타 몇 가지를 다음과 같이 찾을 수 있다.

```
regex pat {"[Ss]tro?u?v?p?stra?o?u?p?b?"};

smatch m;
for (string s; cin>>s; )
    if (regex_search(s,m,pat))
        if (m[0]!="stroustrup" && m[0]!="Stroustrup" )
            cout << "Found: " << m[0] << '\n';
```

적절한 입력이 주어지면 이 코드는 **Stroustrup**의 오타를 다음과 같이 출력할 것이다.

```
Found: strupstrup
Found: Strovstrup
Found: stroustrub
Found: Stroustrop
```

패턴이 다른 문자들 사이에 '숨겨져' 있더라도 **regex_search()**는 자신의 패턴을 찾게 된다는 점에 주목하자. 예를 들어 **abstrustrubal**에서 **strustrub**을 찾을 것이다. 입력 문자열의 모든 문자에 대해 패턴을 매칭하고 싶다면 **regex_match**(37.3.1절)을 사용한다.

37.3.3 regex_replace()

파일 같은 시퀀스의 일부분에 있는 패턴을 간단하게 교체하기 위해서는 **regex_replace()**를 사용한다.

매칭은 match_flag_type 옵션에 의해 제어된다(37.3절).

out=regex_replace(out,b,e,pat,fmt,flags)	[b:e)를 out에 복사하고, regex 패턴 pat을 찾는다. pat에 대한 일치가 발견되면 flags에 의해 제어되는 서식 fmt를 이용해서 그것을 out에 복사한다. fmt는 basic_string 또는 C 스타일 문자열이 될 수 있다.
out=regex_replace(out,b,e,pat,fmt)	out=regex_replace(out,b,e,pat,fmt, regex_constants::match_defaults)
s=regex_replace(x,pat,fmt,flags)	x를 s에 복사하고, regex 패턴 pat을 찾는다. at에 대한 일치가 발견되면 flags에 의해 제어되는 서식 fmt를 이용해서 그것을 out에 복사한다. x는 basic_string 또는 C 스타일 문자열이 될 수 있다
s=regex_replace(x,pat,fmt)	s=regex_replace(x,pat,fmt, regex_constants::match_defaults)

서식의 복사는 $ 접두사 표기로 **regex**의 format()(37.2.2절)을 이용해서 이뤄지는데, 예를 들어 일치에 대해서는 $&, 두 번째 부분 일치에 대해서는 $2다. 다음은 작은 테스트 프로그램으로 단어 문자열과 숫자 쌍을 받아들이고 그것을 {단어,숫자}로 행당 하나씩 출력한다.

```
void test1()
{
    string input {"x 1 y2 22 zaq 34567"};
    regex pat {"(\w+)\s(\d+)"};          // 단어 사이의 공백 개수
    string format {"{$1,$2}\n"};
    cout << regex_replace(input,pat,format);
}
```

출력은 다음과 같다.

```
{x,1}
{y2,22}
{zaq,34567}
```

행 시작 부분에 있는 거슬리는 '가짜' 공백에 유의한다. 기본 설정으로 **regex_match**()는 일치되지 않은 문자를 출력으로 복사하기 때문에 pat에 의해 일치되지 않은 두 개의 공백이 출력된 것이다.

format_no_copy 옵션(37.2.2절)을 사용해서 이런 공백을 제거할 수 있다.

```
cout << regex_replace(input,pat,format,regex_constants::format_no_copy);
```

이제 다음과 같은 결과가 나온다.

```
{x,1}
{y2,22}
{zaq,34567}
```

부분 일치는 순서대로 출력되지 않아도 된다.

```
void test2()
{
    string input {"x 1 y2 22 zaq 34567"};
    regex pat {"(\w+)\s(\d+)"};        // 단어 사이의 공백 개수
    string format {"$2: $1\n"};
    cout<< regex_replace(input,pat,format,regex_constants::format_no_copy);
}
```

이제 다음과 같은 결과가 얻어진다.

```
1: x
22: y2
34567: zaq
```

37.4 정규 표현식 반복자

regex_search() 함수는 데이터 스트림에서 어떤 패턴이 한 번 등장하는 것을 찾을 수 있게 해준다. 그런 등장을 모두 찾고 그런 등장에 대해 뭔가를 하고 싶다면 어떻게 해야 할까? 손쉽게 인식될 수 있는 행이나 레코드의 시퀀스로 데이터가 구성돼 있다면 그것에 대해 반복한 다음 각각에 대해 regex_match()를 사용할 수 있다. 각각의 패턴 등장에 대해서 하고 싶은 일이 단순한 교체라면 regex_replace()를 사용할 수 있다. 문자의 시퀀스에 대해 반복을 돌리면서 패턴이 등장하는 각각의 경우에 뭔가를 하고 싶다면 regex_iterator를 사용한다.

37.4.1 regex_iterator

regex_iterator는 양방향 반복자에 대한 어댑터다. regex_iterator는 값이 증가될 때 어떤 패턴의 다음 차례 일치를 시퀀스에서 찾는다.

```
template<typename Bi,
        class C = typename iterator_traits<Bi>::value_type,
        class Tr = typename regex_traits<C>::type>
class regex_iterator {
public:
    using regex_type = basic_regex<C,Tr>;
    using value_type = match_results<Bi>;
    using difference_type = ptrdiff_t;
    using pointer = const value_type*;
    using reference = const value_type&;
    using iterator_category = forward_iterator_tag;
    // ...
};
```

regex_traits는 37.5절에서 설명된다.

통상적인 별칭 집합이 제공된다.

```
using cregex_iterator = regex_iterator<const char*>;
using wcregex_iterator = regex_iterator<const wchar_t*>;
using sregex_iterator = regex_iterator<string::const_iterator>;
```

```
using wsregex_iterator = regex_iterator<wstring::const_iterator>;
```

regex_iterator는 반복자 연산의 최소 집합을 제공한다.

---

regex_iterator<Bi,C,Tr>(iso.28.12.1절)

regex_iterator p {};	p는 시퀀스의 끝이다.
regex_iterator p {b,e,pat,flags};	옵션 flags를 이용해서 pat의 일치를 찾으면서 [b:e]에 대해 반복한다.
regex_iterator p {b,e,pat};	p는 {b,e,pat,regex_constants::match_default}로 초기화된다.
regex_iterator p {q};	복사 생성자(이동 생성자가 아님)
p=q	복사 대입(이동 대입이 아님)
p==q	p는 q와 동일한 sub_match를 가리키는가?
p!=q	!(p==q)
c=*p	c는 현재의 sub_match다.
x=p->m	x=(*p).m
++p	p가 p 패턴의 다음번 등장을 가리키게 만든다.
q=p++	q=p이면 ++p

---

regex_iterator는 양방향 반복자에 대한 어댑터이므로, **istream**에 대해서는 직접적으로 반복할 수 없다.

예제로 **string**에 있는 공백으로 구분된 모든 단어를 출력해보자.

```
void test()
{
    string input = "aa as; asd ++e^asdf asdfg";
    regex pat {R"(\s+(\w+))"};
    for (sregex_iterator p(input.begin(),input.end(),pat); p!=sregex_iterator{}; ++p)
        cout << (*p)[1] << '\n';
}
```

이 결과는 다음과 같다.

```
as
asd
asdfg
```

첫 번째 단어 **aa**는 앞에 공백 문자가 없는 관계로 빠져 있다는 점을 알 수 있다. 패턴을 R"((\w+))"로 단순화하면 다음의 결과가 얻어진다.

```
aa
as
asd
e
asdf
asdfg
```

regex_iterator를 통해서는 쓰기를 할 수 없으며, **regex_iterator{}**가 유일하게 가능한 시퀀스의 끝이다

37.4.2 regex_token_iterator

regex_token_iterator는 발견된 **match_results**의 **sub_match**에 대해 반복을 돌리는 **regex_iterator**에 대한 어댑터다.

```
template<typename Bi,
    class C = typename iterator_traits<Bi>::value_type,
    class Tr = typename regex_traits<C>::type>
class regex_token_iterator {
public:
    using regex_type = basic_regex<C,Tr>;
    using value_type = sub_match<Bi>;
    using difference_type = ptrdiff_t;
    using pointer = const value_type*;
    using reference = const value_type&;
    using iterator_category = forward_iterator_tag;
    // ...
```

regex_traits는 37.5절에 설명돼 있다.

통상적인 별칭 집합이 제공된다.

```
using cregex_token_iterator = regex_token_iterator<const char*>;
using wcregex_token_iterator = regex_token_iterator<const wchar_t*>;
using sregex_token_iterator = regex_token_iterator<string::const_iterator>;
using wsregex_token_iterator = regex_token_iterator<wstring::const_iterator>;
```

regex_token_iterator는 반복자 연산의 최소 집합을 제공한다.

regex_token_iterator(iso.28.12.2절)	
regex_token_iterator p {};	p는 시퀀스의 끝이다.
regex_token_iterator p {b,e,pat,x,flags};	x는 반복에 포함되거나 '전체 일치'를 의미하는 0, 또는 'sub_match로 매칭되지 않는 각각의 문자 시퀀스를 나타내는'이란 의미의 -1이 되는 sub_match의 색인을 나열한다. x는 initializer_list<int>, const vector<int>& 또는 const int (&sub_match)[N]이 될 수 있다.
regex_token_iterator p {b,e,pat,x};	p는 {b,e,pat,x,regex_constants::match_default}로 초기화된다.
regex_token_iterator p {b,e,pat};	p는 {b,e,pat,0,regex_constants::match_default}로 초기화된다.
regex_token_iterator p {q};	복사 생성자(이동 생성자가 아님)
p.~regex_token_iterator()	소멸자. 모든 자원을 해제한다.
p=q	복사 대입(이동 대입이 아님)
p==q	p는 q와 동일한 sub_match를 가리키는가?
p!=q	!(p==q)
c=*p	c는 현재의 sub_match다.

(이어짐)

x=p->m	x=(*p).m
++p	p가 p 패턴의 다음번 등장을 가리키게 만든다.
q=p++	q=p라면 ++p

x 인자는 반복에 포함되는 **sub_match**를 나열한다. 예를 들면 다음과 같다(일치 1과 3에 대해 반복한다).

```cpp
void test1()
{
    string input {"aa::bb cc::dd ee::ff"};
    regex pat {R"((\w+)([[:punct:]]+)(\w+)\s*)"};
    sregex_token_iterator end {};
    for (sregex_token_iterator p{input.begin(),input.end(),pat,{1,3}}; p!=end; ++p)
        cout << *p << '\n';
}
```

이 코드의 결과는 다음과 같다.

```
aa
bb
cc
dd
ee
ff
```

기본적으로 -1 옵션은 **sub_match**로 일치되지 않는 각각의 문자 시퀀스를 표시하는 방법으로 매칭을 알려주는 전략을 역으로 뒤집는다. 이런 방법은 종종 토큰^token **splitting**(즉, 문자 스트림을 토큰으로 쪼갠다는 의미)이라고 불리는데, 우리의 패턴이 토큰 분리자와 일치하면 옵션 -1의 결과로 토큰이 남겨지기 때문이다. 예를 들면 다음과 같다.

```cpp
void test2()
{
    string s {"1,2, 3,4, 5, 6 7"};        // 입력
    regex pat {R"(\s*,\s*)"};             // 콤마를 토큰 분리자로 사용한다.
    copy(sregex_token_iterator{s.begin(),s.end(),pat,-1},
        sregex_token_iterator{},
        ostream_iterator<string>{cout,"\n"}
    );
}
```

출력은 다음과 같다.

```
1
2
3
4
5
6 7
```

이 코드는 명시적 루프를 써서 다음과 같이 작성해도 똑같은 기능을 갖는다.

```
void test3()
{
    string s {"1,2, 3,4, 5, 6 7"};          // 입력
    regex pat {R"(\s*,\s*)"};               // 콤마를 토큰 분리자로 사용한다.
    sregex_token_iterator end{};
    for (sregex_token_iterator p {s.begin(),s.end(),pat,-1}; p!=end; ++p)
        cout << *p << '\n';
}
```

37.5 regex_traits

regex_traits<T>는 **regex** 구현자에게 필요한 방식대로 문자 타입, 문자열 타입 및 로케일 사이의 대응 관계를 표시한다.

```
template<typename C>
struct regex_traits {
public:
    using char_type = C;
    using string_type = basic_string<char_type>;
    using locale_type = locale;
    using char_class_type = /* 구현별 정의 사항인 비트마스크 타입 */;
    // ...
};
```

표준 라이브러리는 **regex_traits<char>** 및 **regex_traits<wchar_t>** 특수화를 제공한다.

regex_traits<C> 연산(iso.28.7절)	
regex_traits tr {};	기본 regex_trait<C>를 만든다.
n=length(p)	n은 C 스타일 문자열 p에 있는 문자의 개수다.
	n=char_traits<C>::length(). static
c2=tr.translate(c)	c2=c, 즉 아무 연산도 일어나지 않는다.
c2=tr.translate_nocase(c)	use_facet<ctype<C>>(getloc()).tolower(c). 39.4.5절
s=tr.transform(b,e)	s는 [b:e]를 다른 문자열과 비교하는 데 쓰일 수 있는 문자열이다.
	39.4.1절
s=tr.transform_primary(b,e)	s는 [b:e]를 다른 문자열과 비교하는 데 쓰일 수 있는 문자열이다. 대소문자를 무시한다. 39.4.1절
s=tr.lookup_collatename(b,e)	s는 [b:e]란 이름의 대조 원소나 빈 문자열의 string 이름이다.
m=tr.lookup_classname(b,e,ign)	m은 [b:e]란 이름의 문자 분류에 대한 분류 마스크의 문자열 이름이다. ign==true이면 대소문자를 무시한다.
m=tr.lookup_classname(b,e)	m=tr.lookup_classname(b,e,false)
tr.isctype(c,m)	c는 m으로 분류돼 있는가? m은 class_type이다.
i=tr.value(c,b)	i는 기수 b에서 c로 표시되는 정수 값이다. b는 8, 10 또는 16이어야 한다.
loc2=tr.imbue(loc)	tr의 로케일을 loc으로 설정한다. loc2는 tr의 이전 로케일이다.
loc=tr.getloc()	loc은 tr의 로케일이다.

패턴 매칭 구현에서 빠른 비교에 필요한 문자열을 생성하기 위해 변환이 사용된다.

분류 이름은 37.1.1절에 나열돼 있는 문자 분류 중 하나로, **alpha**, **s**, **xdigit** 같은 것들이 그런 예다.

37.6 조언

[1]   정규 표현식의 관용적인 활용 대부분에 **regex**를 사용한다(37.1절).

[2]   정규 표현식 표기법은 다양한 표준에 맞추기 위해 조정될 수 있다(37.1.1절, 37.2절).

[3]   기본 정규 표현식 표기법은 ECMA스크립트의 규칙을 따른다(37.1.1절).

[4]   이식성을 위해, 비표준적 축약을 피하도록 문자 클래스 표기법을 사용한다(37.1.1절).

[5]   절제해야 한다. 정규 표현식은 아차하면 쓰기 전용 언어가 될 수 있다(37.1.1절).

[6]   가장 단순한 패턴 외에는 가급적 원시 문자열 리터럴로 표현한다(37.1.1절).

[7]   \i는 이전 부분 패턴의 관점에서 부분 패턴을 표현할 수 있게 해준다는 점에 유의한다 (37.1.1절).

[8]   '게으른' 패턴을 만들려면 ?를 사용한다(37.1.1절, 37.2.1절).

[9]   **regex**는 ECMA스크립트, POSIX, awk, grep, egrep 표기법을 사용할 수 있다(37.2절).

[10]   출력해야 할 때를 대비해서 패턴의 사본을 보관한다(37.2절).

[11]   문자 스트림을 검색하기 위해서는 **regex_search()**를 사용하고, 고정 배치 구조를 검색 하기 위해서는 **regex_match()**를 사용한다(37.3.2절, 37.3.1절).

38

입출력 스트림

보이는 것이 전부다

— 브라이언 커니건(Brian W. Kernighan)

- 개요
- 입출력 스트림 계층 구조　파일 스트림, 문자열 스트림
- 오류 처리
- 입출력 연산　입력 연산, 출력 연산, 조작자, 스트림 상태, 서식화
- 스트림 반복자
- 버퍼링　출력 스트림과 버퍼, 입력 스트림과 버퍼, 버퍼 반복자
- 조언

38.1 개요

입출력 스트림 라이브러리는 서식화되거나 서식화되지 않은 텍스트 및 수치 값의 버퍼링된 입출력을 제공한다. 입출력 스트림 기능의 정의는 **<istream>**, **<ostream>** 등에서 찾을 수 있다. 이에 대해서는 30.2절도 참고하기 바란다.

　ostream은 타입을 가진 객체를 문자(바이트)의 스트림으로 변환한다.

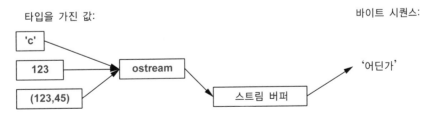

　istream은 문자(바이트)의 스트림을 타입을 가진 객체로 변환한다.

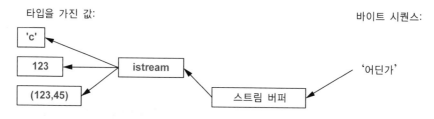

iostream은 **istream**과 **ostream** 양쪽으로 모두 작동할 수 있는 스트림이다. 도표에 있는 버퍼는 스트림 버퍼(streambufs, 38.6절)다. 그것들이 있어야 **iostream**에서 새로운 종류의 장치, 파일이나 메모리로의 매핑을 정의할 수 있다. **istream**과 **ostream**에 대한 연산은 38.4.1절과 38.4.2절에서 설명된다.

라이브러리를 활용하기 위해서 스트림 라이브러리를 구현하는 데 쓰이는 기법을 이해할 필요는 없다. 따라서 **iostream**을 이해하고 활용하는 데 필요한 일반적인 개념만 소개하고자 한다. 표준 스트림을 구현하고, 새로운 종류의 스트림을 제공하거나, 새로운 로케일을 제공하려고 한다면 여기에서 소개된 내용 외에도 표준 문서, 양질의 시스템 매뉴얼 및 실전 코드 예제가 필요할 것이다.

스트림 입출력 시스템의 주요 구성 요소를 그림으로 표시하면 다음과 같다.

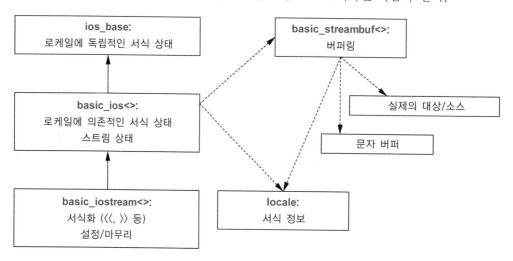

실선 화살표는 '~로부터 파생'을 나타낸다. 점선 화살표는 '~을 가리키는 포인터'를 나타낸다. **<>**로 표시된 클래스는 문자 타입에 의해 매개변수화된 템플릿으로 **locale**을 포함한다.

입출력 스트림의 특성은 다음과 같다.

- 타입 안전적이며 타입을 구분한다
- 확장 가능하다(누군가가 새로운 타입을 설계하면 기존 코드의 수정 없이 입출력 스트림 연산자의 매칭이 추가 될 수 있다).
- 로케일을 구분한다(39장).
- 효율적이다(효율성에 관한 잠재력이 항상 완전히 실현되는 것은 아니지만).
- C 스타일 **stdio**와 상호운용 가능하다(43.3절).

- 서식화되거나 서식화되지 않은 문자 수준의 연산을 포함한다.

basic_iostream은 basic_istream(38.6.2절)과 basic_ostream(38.6.1절)을 기반으로 정의된다.

```
template<typename C, typename Tr = char_traits<C>>
class basic_iostream :
    public basic_istream<C,Tr>, public basic_ostream<C,Tr> {
public:
    using char_type = C;
    using int_type = typename Tr::int_type;
    using pos_type = typename Tr::pos_type;
    using off_type = typename Tr::off_type;
    using traits_type = Tr;

    explicit basic_iostream(basic_streambuf<C,Tr>* sb);
    virtual ~basic_iostream();
protected:
    basic_iostream(const basic_iostream& rhs) = delete;
    basic_iostream(basic_iostream&& rhs);

    basic_iostream& operator=(const basic_iostream& rhs) = delete;
    basic_iostream& operator=(basic_iostream&& rhs);
    void swap(basic_iostream& rhs);
};
```

템플릿 매개변수는 제각기 문자를 조작하는 데 쓰이는 문자 타입과 특성 정보를 지정한다(36.2.2절).

복사 연산이 제공되지 않는다는 점에 유의한다. 상당히 복잡한 스트림의 상태를 공유하고 복제하는 과정은 구현하기도 매우 어렵고 사용하는 데도 많은 비용이 들 수 있다. 이동 연산은 파생 클래스에서 사용되기 위한 것이기 때문에 protected다. iostream을 정의하는 파생 클래스(예를 들면 fstream)의 상태를 이동시키지 않고 iostream을 이동시키면 오류가 일어날 수 있다.

표준 스트림에는 8가지가 있다.

표준 입출력 스트림	
cout	표준 문자 출력(많은 경우 기본 설정은 화면)
cin	표준 문자 입력(많은 경우 기본 설정은 키보드)
cerr	표준 문자 오류 출력(버퍼링되지 않은)
clog	표준 문자 오류 출력(버퍼링된)
wcin	cout의 wistream 버전
wcout	cin의 wostream 버전
wcerr	cerr의 wostream 버전
wclog	clog의 wostream 버전

스트림 타입과 스트림 객체에 대한 전방 선언forward declaration은 <iosfwd>에서 제공된다.

38.2 입출력 스트림 계층 구조

istream은 입력 장치(키보드 등), 파일 또는 string에 연결될 수 있다. 마찬가지로 ostream은 출력 장치(텍스트 창이나 HTML 엔진 등), 파일 또는 string에 연결될 수 있다. 입출력 스트림 기능은 클래스 계층 구조로 구성될 수 있다.

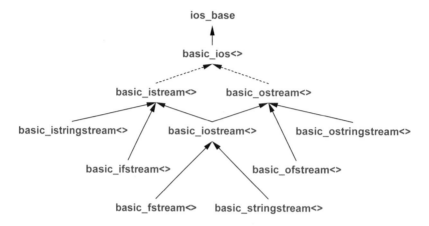

<>가 뒤에 붙은 클래스들은 문자 타입에 대해 템플릿 매개변수화된 것이다. 점선은 가상 기반 클래스를 나타낸다(21.3.5절).

핵심 클래스는 basic_ios로서 이 클래스 안에서 대부분의 구현과 상당수의 연산이 정의된다. 하지만 대부분의 일반 사용자들은 이 클래스를 전혀 알지 못한다. 이 클래스는 스트림의 구현 세부 사항에 속한다. 이 클래스는 38.4.4절에서 설명된다. 이 클래스의 기능 대부분은 포함된 함수의 맥락에서 설명된다(예를 들면 서식화, 38.4.5절).

38.2.1 파일 스트림

<fstream>에서 표준 라이브러리는 파일에 대한 입출력을 담당하는 스트림을 제공한다.

- 파일에서 읽기 위한 ifstream
- 파일에 쓰기 위한 ofstream
- 파일에서 읽기와 파일로 쓰기를 위한 fstream

파일 스트림들은 공통적인 패턴을 따르므로, 여기서는 fstream만 설명한다.

```
template<typename C, typename Tr=char_traits<C>>
class basic_fstream
: public basic_iostream<C,Tr> {
public:
    using char_type = C;
    using int_type = typename Tr::int_type;
    using pos_type = typename Tr::pos_type;      // 파일에서의 위치에 대한 것
    using off_type = typename Tr::off_type;      // 파일에서의 오프셋에 대한 것
    using traits_type = Tr;
```

```
    // ...
};
```

fstream 연산은 상당히 간단하다.

---

basic_fstream<C,Tr>(iso.27.9절)

fstream fs {};	fs는 파일에 붙어있지 않은 파일 스트림이다.
fstream fs {s,m};	fs는 모드 m으로 s란 이름의 파일에 대해 열려 있는 파일 스트림이다.
	s는 string 또는 C 스타일 문자열이 될 수 있다.
fstream fs {fs2};	이동 생성자. fs2는 fs로 이동된다. fs2는 파일에서 떨어지게 된다.
fs=move(fs2)	이동 대입. fs2는 fs로 이동된다. fs2는 파일에서 떨어지게 된다.
fs.swap(fs2)	fs와 fs2의 상태를 교환한다.
p=fs.rdbuf()	p는 fs의 파일 스트림 버퍼(basic_filebuf<C,Tr>)를 가리키는 포인터다.
fs.is_open()	fs가 열려 있는가?
fs.open(s,m)	모드 m으로 s라는 이름의 파일을 열고 fs가 해당 파일을 참조하게 만든다.
	파일을 열 수 없다면 fs의 failbit을 설정한다.
fs.close()	fs와 연관된 파일(존재할 경우)을 닫는다.

추가로 문자열 스트림은 **basic_ios protected** 가상 함수 **underflow()**, **pbackfail()**, **overflow()**, **setbuf()**, **seekoff()** 및 **seekpos()**를 재정의한다(38.6절).

파일 스트림은 복사 연산을 갖지 않는다. 두 이름이 동일한 파일 스트림을 참조하기를 원한다면 참조자나 포인터를 사용하든지 아니면 조심스럽게 파일 **streambuf**(38.6절)를 조작한다.

fstream이 열리는 데 실패한다면 스트림은 **bad()** 상태에 놓이게 된다(38.3절).

6개의 파일 스트림 별칭이 **<fstream>**에 정의돼 있다.

```
using ifstream = basic_ifstream<char>;
using wifstream = basic_ifstream<wchar_t>;
using ofstream = basic_ofstream<char>;
using wofstream = basic_ofstream<wchar_t>;
using fstream = basic_fstream<char>;
using wfstream = basic_fstream<wchar_t>;
```

ios_base(38.4.4절)에 지정된 대로 하나의 파일을 여러 가지 모드 중에서 하나의 모드로 열 수 있다.

스트림 모드(iso.27.5.3.1.4절)

ios_base::app	덧붙인다(즉, 파일의 끝에 추가한다).
ios_base::ate	'끝에서'(파일을 열고 끝부분을 찾는다)
ios_base::binary	이진 모드. 시스템 고유 동작에 주의한다.
ios_base::in	읽기 목적
ios_base::out	쓰기 목적
ios_base::trunc	파일을 0의 길이로 잘라낸다.

파일을 열 때 각 경우의 정확한 결과는 운영체제에 따라 다를 수 있으며, 특정한 방식으로 파일을 열어달라는 요청을 운영체제에서 존중하지 않는다면 스트림이 **bad()** 상태(38.3절)에 빠지는 결과를 낳게 될 것이다. 예를 들면 다음과 같다.

```
ofstream ofs("target");                // "output"을 나타내는 "o"는 ios::out을 뜻한다.
if (!ofs)
    error("couldn't open 'target' for writing");
fstream ifs;                           // "input"을 나타내는 "i"는 ios::in을 뜻한다.
ifs.open("source",ios_base::in);
if (!ifs)
    error("couldn't open 'source' for reading");
```

파일 내에서의 위치에 대해서는 38.6.1절을 참고하기 바란다.

38.2.2 문자열 스트림

<sstream>에서 표준 라이브러리는 string의 입출력에 관련된 스트림을 제공한다.

- string에서 읽기 위한 istringstream
- string에 쓰기 위한 ostringstream
- string에서 읽고 string에 쓰기 위한 stringstream

문자열 스트림은 공통적인 패턴을 따르므로, 여기서는 **stringstream**만 설명한다.

```
template<typename C, typename Tr = char_traits<C>, typename A = allocator<C>>
class basic_stringstream
    : public basic_iostream<C,Tr> {
public:
    using char_type = C;
    using int_type = typename Tr::int_type;
    using pos_type = typename Tr::pos_type;    // 문자열 내에서의 위치에 관한 것
    using off_type = typename Tr::off_type;    // 문자열 내에서의 오프셋에 관한 것
    using traits_type = Tr;
    using allocator_type = A;
    // ...
```

stringstream 연산은 다음과 같다.

---

basic_stringstream<C,Tr,A>(iso.27.8절)

---

stringstream ss {m};	ss는 모드 m을 가진 빈 문자열 스트림이다.
stringstream ss {};	기본 생성자. stringstream ss {ios_base::out|ios_base::in};
stringstream ss {s,m};	ss는 버퍼가 모드 m으로 string s로부터 초기화된 문자열 스트림이다.
stringstream ss {s};	stringstream ss {s,ios_base::out|ios_base::in};
stringstream ss {ss2};	이동 생성자. ss2를 ss로 이동시킨다. ss2는 비워진다.
ss=move(ss2)	이동 대입. ss2를 ss로 이동시킨다. ss2는 비워진다.

(이어짐)

---

basic_stringstream<C,Tr,A>(iso.27.8절)

p=ss.rdbuf()	p는 ss의 문자열 스트림 버퍼를 가리킨다(basic_stringbuf<C,Tr,A>).
s=ss.str()	s는 ss에 있는 문자들의 string 사본이다. s=ss.rdbuf()->str()
ss.str(s)	ss의 버퍼는 string s로 초기화된다. ss.rdbuf()->str(s).
	ss의 모드가 ios::ate('끝에서')라면 ss에 쓰여진 값이 s로부터 문자들 뒤로 추가된다.
ss.swap(ss2)	ss와 ss2의 상태를 교환한다.

열기 모드는 38.4.4절에 설명돼 있다. `istringstream`의 경우에는 기본 모드가 `ios_base::in`이며, `ostringstream`의 경우에는 기본 모드가 `ios_base::out`이다.

추가로 문자열 스트림은 `basic_ios` protected 가상 함수 `underflow()`, `pbackfail()`, `overflow()`, `setbuf()`, `seekoff()` 및 `seekpos()`를 재정의한다(38.6절).

문자열 스트림은 복사 연산을 갖지 않는다. 두 이름이 동일한 문자열 스트림을 참조하길 원한다면 참조자나 포인터를 사용한다.

6개의 문자열 스트림 별칭이 `<sstream>`에 정의돼 있다.

```
using istringstream = basic_istringstream<char>;
using wistringstream = basic_istringstream<wchar_t>;
using ostringstream = basic_ostringstream<char>;
using wostringstream = basic_ostringstream<wchar_t>;
using stringstream = basic_stringstream<char>;
using wstringstream = basic_stringstream<wchar_t>;
```

예를 들면 다음과 같다.

```
void test()
{
    ostringstream oss {"Label: ",ios::ate};        // 끝부분에 쓴다.
    cout << oss.str() << '\n';  // "Label: "이라고 쓴다.
    oss<<"val";
    cout << oss.str() << '\n';  // "Label: val"("val" appended after "Label: ")이라고 쓴다.
    ostringstream oss2 {"Label: "};                // 시작 부분에 쓴다.
    cout << oss2.str() << '\n'; // "Label: "이라고 쓴다.
    oss2<<"val";
    cout << oss2.str() << '\n'; // "valel: "(val overwrites "Label: ")이라고 쓴다.
}
```

나는 `str()`을 `istringstream`에서 결과를 읽는 데만 쓰는 편이다.

문자열 스트림을 바로 출력하는 것은 불가능하다. 반드시 `str()`이 사용돼야 한다.

```
void test2()
{
    istringstream iss;
    iss.str("Foobar");              // iss를 채운다.

    cout << iss << '\n';            // 1이라고 쓴다.
    cout << iss.str() << '\n';      // OK: "Foobar"라고 쓴다.
}
```

뜻밖이라고 여겨질 수 있는 1이 출력되는 이유는 **iostream**이 테스트 차원에서 자신의 상태로 변환되기 때문이다.

```
if (iss) { // iss의 마지막 연산이 성공: iss의 상태는 good() 아니면 eof()다.
    // ...
}
else {
    // 문제를 처리한다.
}
```

38.3 오류 처리

iostream은 **<ios>**(38.4.4절)의 **basic_ios**에서 정의되는 4가지 상태 중 하나를 갖게 된다.

스트림 상태 읽기(iso.27.5.5.4절)

good()	이전 iostream 연산이 성공했다.
eof()	입력의 끝("파일의 끝")에 도달했다.
fail()	예기치 않은 뭔가가 일어났다(예를 들면 숫자를 찾는데 'x'가 발견됐다).
bad()	예기치 않은 심각한 뭔가가 일어났다(예를 들면 하드디스크 읽기 오류).

---

good() 상태가 아닌 스트림에 대해 시도되는 모든 연산은 아무런 영향을 미치지 못한다. 즉, 무의미한 연산이 되는 것이다. **iostream**은 조건으로 사용될 수도 있다. 그런 경우 **iostream**의 상태가 **good()**이어야 조건이 참(성공)이 된다. 이는 값 스트림을 읽기 위한 구문에서 기본 규칙이다.

```
for (X x; cin>>x; ) { // 타입 X의 입력 버퍼로 읽어 들인다.
    // ... x에 대해 뭔가를 한다...
}
// >>이 cin에서 또 다른 X를 읽지 못했다면 여기로 오게 된다.
```

읽기 실패 후에는 스트림을 비우고 계속 진행할 수 있다.

```
int i;
if (cin>>i) {
    // ... i를 사용한다...
} else if (cin.fail()){      // 아마도 서식화 오류
    cin.clear();
    string s;
    if (cin>>s) {            // 문자열을 사용해서 복구할 수 있을지도 모른다.
        // ... s를 사용한다...
    }
}
```

다른 방법으로 예외를 이용해서 오류를 처리할 수 있다.

st=ios.exceptions()	st는 ios의 iostate다.
ios.exceptions(st)	ios의 iostate를 st로 설정한다.

예를 들어 자신의 상태가 **bad()**로 설정될 때(예를 들면 cin.setstate(ios_base::badbit)에 의해서) **cin**이 **basic_ios::failure**를 던지게 만들 수 있다.

```
cin.exceptions(cin.exceptions()|ios_base::badbit);
```

예를 들면 다음과 같다.

```
struct Io_guard {                // iostream 예외에 대한 RAII 클래스
    iostream& s;
    auto old_e = s.exceptions();
    Io_guard(iostream& ss, ios_base::iostate e) :s{ss} { s.exceptions(s.exceptions()|e); }
    ~Io_guard() { s.exceptions(old_e); }
};

void use(istream& is)
{
    Io_guard guard(is.ios_base::badbit);
    // ... is를 사용한다...
}
    catch (ios_base::badbit) {
    // ... 탈출! ...
}
```

나는 복구할 수 있으리라고 기대되지 않는 **iostream** 오류를 처리하기 위해 예외를 사용하는 편이다. 대개 모든 **bad()** 예외가 그렇다.

38.4 입출력 연산

입출력 연산이 복잡해진 것은 오래된 전통, 입출력 성능에 대한 요구, 그리고 인간의 다양한 기대 때문이다. 여기서의 설명은 영어로 된 전통적인 소규모 문자 집합(ASCII)을 기반으로 한 것이다. 다른 문자 집합과 다른 자연 언어가 처리되는 방식은 39장에서 설명한다.

38.4.1 입력 연산

입력 연산은 <istream>에서 찾을 수 있는 **istream**(38.6.2절)에서 제공되며, 예외적으로 **string**으로 읽어 들이는 연산은 <string>에서 찾을 수 있다. **basic_istream**은 주로 **istream**이나 **istringstream**과 같이 좀 더 구체적인 입력 클래스에 대한 기반 클래스로서 사용되기 위한 것이다.

```
template<typename C, typename Tr = char_traits<C>>
class basic_istream : virtual public basic_ios<C,Tr> {
public:
```

```
    using char_type = C;
    using int_type = typename Tr::int_type;
    using pos_type = typename Tr::pos_type;
    using off_type = typename Tr::off_type;
    using traits_type = Tr;

    explicit basic_istream(basic_streambuf<C,Tr>* sb);
    virtual ~basic_istream(); // 모든 자원을 해제한다.

    class sentry;
    // ...
protected:
    // 이동하지만 복사하지는 않는다.
    basic_istream(const basic_istream& rhs) = delete;
    basic_istream(basic_istream&& rhs);
    basic_istream& operator=(const basic_istream& rhs) = delete;
    basic_istream& operator=(basic_istream&& rhs);
    // ...
};
```

istream의 사용자에게는 **sentry** 클래스가 구현 세부 사항이다. 이 클래스는 표준 라이브
러리와 사용자 정의 입력 연산에 공통적으로 쓰이는 코드를 제공한다. 연결된 스트림을 비우
는 것처럼 우선적으로 실행돼야 하는 코드('전위형 코드')는 **sentry**의 생성자로서 제공된다. 예
를 들면 다음과 같다.

```
template<typename C, typename Tr = char_traits<C>>
basic_ostream<C,Tr>& basic_ostream<C,Tr>::operator<<(int i)
{
    sentry s {*this};
    if (!s) {                      // 출력을 시작해도 아무런 문제가 없을지 체크한다.
        setstate(failbit);
        return *this;
    }
    // ... int를 출력한다...
    return *this;
}
```

sentry는 입력 연산의 사용자보다 구현자에 의해 주로 사용된다.

38.4.1.1 서식화된 입력

서식화된 입력은 주로 **>>** 연산자('입력', '획득', '추출')에 의해 제공된다.

서식화된 입력(iso.27.7.2.2절, iso.21.4.8.9절)

in>>x	x의 타입에 맞춰 in에서 x로 읽어 들인다. x는 산술 연산 타입, 포인터, basic_string, valarray, basic_streambuf, 또는 사용자가 적절한 operator>>()을 제공한 임의의 타입이 될 수 있다.
getline(in,s)	in에서 한 행을 string s로 읽어 들인다.

기본 제공 타입은 istream(및 ostream)에게 알려져 있으므로, **x**가 기본 제공 타입이라면 cin>>x는 cin.operator>>(x)를 뜻한다. **x**가 사용자 정의 타입이라면 cin>>x는 operator>> (cin,x)(18.2.5절)를 뜻한다. 즉, iostream 입력은 타입을 구분하고, 태생적으로 타입 안전적이며, 확장 가능하다. 새로운 타입의 설계자는 iostream의 구현에 직접적으로 접근하지 않고도 입출력 연산을 제공할 수 있다.

함수를 가리키는 포인터가 **>>**의 대상이라면 해당 함수는 iostream을 인자로 해서 호출될 것이다. 예를 들어 **cin>>pf**는 **pf(cin)**을 낳는다. 이것이 skipws(38.4.5.2절) 같은 입력 조작자의 기반이다. 출력 스트림 조작자는 입력 스트림 조작자보다 좀 더 널리 쓰이므로, 해당 기법은 38.4.3절에서 좀 더 자세히 설명한다.

별다른 규정이 없다면 istream 연산은 자신의 istream에 대한 참조자를 반환하므로, 연산을 '연쇄적으로 연결'할 수 있다. 예를 들면 다음과 같다.

```
template<typename T1, typename T2>
void read_pair(T1& x, T2& y)
{
    char c1, c2, c3;
    cin >> c1 >> x >> c2 >> y >> c3;
    if (c1!='{' || c2!=',' || c3!='}') {          // 복구 불가능한 입력 서식 오류
        cin.setstate(ios_base::badbit);           // badbit를 설정한다.
        throw runtime_error("bad read of pair");
    }
}
```

기본 설정으로 **>>**는 공백을 건너뛴다. 다음 예를 살펴보자.

```
for (int i; cin>>i && 0<i; )
    cout << i << '\n';
```

이 코드는 공백으로 구분된 양수 정수의 시퀀스를 받아들이고 그것들을 한 행에 하나씩 출력한다.

noskipws(38.4.5.2절)를 사용하면 공백을 건너뛰지 않게 할 수 있다.

입력 연산은 **virtual**이 아니다. 즉, 사용자는 **base**가 클래스 계층 구조인 경우 in>>base를 실행할 수 없으며, **>>**가 적합한 파생 클래스에 대한 연산으로 자동적으로 해결되게 만들 수 없다. 하지만 간단한 기법으로 그렇게 되도록 만들 수는 있다(38.4.2.1절을 참고하기 바란다). 추가로 그런 기법을 확장하면 입력 스트림에서 실질적으로 모든 타입의 객체를 읽어 들일 수 있다(이에 대해서는 22.2.4절을 참고하기 바란다).

38.4.1.2 서식화되지 않은 입력

서식화되지 않은 입력은 읽기를 미세 조정하고 잠재적으로 성능을 개선하는 데 사용될 수 있다. 서식화되지 않은 입력은 서식화된 입력을 구현하는 데 활용되기도 한다.

x=in.get()	in에서 문자 한 개를 읽어 그것의 정수 값을 반환한다. 파일의 끝을 나타내는 EOF를 반환한다.
in.get(c)	n에서 하나의 문자를 c로 읽어 들인다.
in.get(p,n,t)	in에서 [p:...)으로 최대 n개의 문자를 읽어 들인다. t를 종료자로 간주한다.
in.get(p,n)	in.get(p,n,'\n')
in.getline(p,n,t)	in에서 [p:...)으로 최대 n개의 문자를 읽어 들인다. t를 종료자로 간주한다. in에서 종료자를 제거한다.
in.getline(p,n)	in.getline(p,n,'\n')
in.read(p,n)	in에서 [p:...)으로 최대 n개의 문자를 읽어 들인다.
x=in.gcount()	x는 in에 대한 가장 최근의 서식화되지 않은 입력 연산에 의해 읽혀진 문자의 개수다.
in.putback(c)	c를 in의 스트림 버퍼로 되돌려 넣는다.
in.unget()	읽어 들이는 다음 문자가 이전 문자가 똑같아질 때까지 in의 스트림 버퍼를 하나씩 백업한다.
in.ignore(n,d)	in에서 문자들을 추출하고 n개의 문자가 버려지거나 d가 발견될(그리고 버려진다) 때까지 그것들을 버린다.
in.ignore(n)	in.ignore(n,traits::eof())
in.ignore()	in.ignore(1,traits::eof())
in.swap(in2)	in과 in2의 값을 교환한다.

선택할 수 있다면 이러한 저수준의 입력 함수 대신 서식화된 입력(38.4.1.1절)을 사용하기 바란다.

간단한 **get(c)**는 문자를 조합해서 필요한 값을 생성해야 할 때 유용하다. 다른 **get()** 함수와 **getline()**은 문자 시퀀스를 고정된 크기의 영역 [**p**:...)으로 읽어 들인다. 이 함수들은 최대 문자 개수에 도달하거나 종료 문자(기본 설정으로 '\n')를 찾을 때까지 읽어 들인다. 이 함수들은 써지는 문자 끝에 0을 넣는다. 입력에서 발견된 종료자를 **getline()**은 제거하는 반면 **get()**은 그렇지 않다. 예를 들면 다음과 같다.

```
void f()            // 저수준의 구식 스타일 행 읽기
{
    char word[MAX_WORD][MAX_LINE];   // 각각 MAX_LINE char의 MAX_WORD 배열
    int i = 0;
    while(cin.getline(word[i++],MAX_LINE,'\n') && i<MAX_WORD)
        /* 아무것도 하지 않는다 */ ;
    // ...
}
```

이런 함수의 경우에는 읽기를 무엇이 종료시키는지 바로 분간하기가 어렵다.

- 종료자를 발견했다.
- 문자의 최대 개수를 읽어 들였다.
- 파일의 끝에 도달했다.
- 서식이 맞지 않는 입력 오류가 있었다.

마지막 두 가지 선택은 파일 상태를 살펴보면 처리할 수 있다(38.3절). 대개 이런 경우 대해 적절한 동작은 경우에 따라 상당히 다를 수 있다.

read(p,n) 은 읽혀진 문자 뒤의 배열에 0을 쓰지 않는다. 분명히 서식화된 입력 연산자가 서식화되지 않은 것에 비해 사용하기에도 간단하고 오류에 덜 취약하다.

다음 함수들은 스트림 버퍼(38.6절)와 실제 데이터 소스 간의 상세한 상호작용에 의존하며, 필요한 경우에 한해 상당히 조심해서 사용돼야 한다.

서식화되지 않은 입력(iso.27.7.2.3절)

x=in.peek()	x는 현재 입력 문자다. x는 in의 스트림 버퍼에서 추출되지 않으며, 읽혀질 다음 문자가 될 것이다.
n=in.readsome(p,n)	rdbuf()->in_avail()==-1라면 setstate(eofbit)를 호출한다. 그렇지 않다면 최대 min(n,rdbuf()->in_avail()) 개의 문자를 [p:...)으로 읽어 들인다. n은 읽혀지는 문자의 개수다.
x=in.sync()	버퍼를 동기화한다. in.rdbuf()->pubsync()
pos=in.tellg()	pos는 in의 읽기 포인터의 위치다.
in.seekg(pos)	in의 읽기 포인터를 pos 위치에 놓는다.
in.seekg(off,dir)	in의 읽기 포인터를 dir 방향으로 off 오프셋에 놓는다.

38.4.2 출력 연산

출력 연산은 <ostream>에서 찾을 수 있는 ostream(38.6.1절)에서 제공되며, 예외적으로 **string**을 출력하는 연산은 <string>에서 찾을 수 있다.

```
template<typename C, typename Tr = char_traits<C>>
class basic_ostream : virtual public basic_ios<C,Tr> {
public:
    using char_type = C;
    using int_type = typename Tr::int_type;
    using pos_type = typename Tr::pos_type;
    using off_type = typename Tr::off_type;
    using traits_type = Tr;

    explicit basic_ostream(basic_streambuf<char_type,Tr>* sb);
    virtual ~basic_ostream();        // 모든 자원을 해제한다.

    class sentry; // 38.4.1절 참고
    // ...
protected:
    // 이동하지만 복사는 하지 않는다.
    basic_ostream(const basic_ostream& rhs) = delete;
    basic_ostream(basic_ostream&& rhs);
    basic_ostream& operator=(const basic_ostream& rhs) = delete;
    basic_ostream& operator=(basic_ostream&& rhs);
    // ...
};
```

ostream은 서식화된 출력, 서식화되지 않은 출력(문자의 출력) 및 **streambuf**(38.6절)에 대한 간단한 연산을 제공한다.

출력 연산(iso.27.7.3.6절, iso.27.7.3.7절, iso.21.4.8.9절)	
out<<x	x의 타입에 맞춰 x를 out에 쓴다. x는 산술 연산 타입, 포인터, basic_string, bitset, complex, valarray, 또는 사용자가 적합한 operator<<()를 정의한 모든 타입이 될 수 있다.
out.put(c)	문자 c를 out에 쓴다.
out.write(p,n)	[p:p+n]에 있는 문자를 out에 쓴다.
out.flush()	대상으로 문자 버퍼를 모두 내보내고 비운다.
pos=out.tellp()	pos는 out의 쓰기 포인터의 위치다.
out.seekp(pos)	out의 쓰기 포인터를 pos 위치에 놓는다.
out.seekp(off,dir)	out의 쓰기 포인터를 dir 방향으로 off 오프셋에 놓는다.

별다른 규정이 없다면 **ostream** 연산은 자신의 **ostream**에 대한 참조자를 반환하므로, 연산을 '연쇄적으로 연결'할 수 있다. 예를 들면 다음과 같다.

```
cout << "The value of x is " << x << '\n';
```

char 값은 작은 정수가 아니라 문자로 출력된다는 점에 유의한다. 예를 들면 다음과 같다.

```
void print_val(char ch)
{
    cout << "the value of '" << ch << "' is " << int{ch} << '\n';
}
void test()
{
    print_val('a');
    print_val('A');
}
```

이 결과는 다음과 같다.

```
the value of 'a' is 97
the value of 'A' is 65
```

사용자 정의 타입을 위한 << 연산자 버전은 대부분 간단히 작성할 수 있다.

```
template<typename T>
struct Named_val {
    string name;
    T value;
};

ostream& operator<<(ostream& os, const Named_val& nv)
{
    return os << '{' << nv.name << ':' << nv.value << '}';
}
```

이 코드는 X에 대해 <<가 정의된 경우라면 모든 Named_val<X>에 대해 동작할 것이다. <<를 완전히 범용적으로 사용하려면 basic_string<C,Tr>에 대해 정의돼 있어야 한다.

38.4.2.1 가상 출력 함수

ostream 멤버는 virtual이 아니다. 프로그래머가 추가할 수 있는 출력 연산은 멤버가 아니므로 역시 virtual이 될 수 없는 것이다. 이렇게 된 이유 중 하나는 문자 하나를 버퍼에 넣는 것 같이 간단한 연산에서 최적에 가까운 성능을 내기 위해서다. 이런 경우에는 대부분 런타임 효율성이 중요하기 때문에 인라인화가 필수적이다. 가상 함수는 버퍼 오버플로와 언더플로를 다루는 연산에서 융통성을 확보하기 위해서만 쓰인다(38.6절).

하지만 프로그래머는 경우에 따라 그에 대한 기반 클래스만이 알려져 있는 객체를 출력해야 할 때가 있다. 정확한 타입을 모르기 때문에 각각의 새로운 타입에 대해 단순히 <<를 정의하는 것만으로는 정확한 출력이 보장되지 않는다. 그 대신 추상 기반 클래스에서 가상 출력 함수가 제공될 수 있다.

```cpp
class My_base {
public:
    // ...
    virtual ostream& put(ostream& s) const = 0;     // *this를 s에 쓴다.
};
ostream& operator<<(ostream& s, const My_base& r)
{
    return r.put(s);   // 적합한 put()을 사용한다.
}
```

즉, put()은 적합한 연산이 <<에서 사용되도록 보장해주는 가상 함수다.

이 코드가 있으면 다음과 같이 작성할 수 있다.

```cpp
class Sometype : public My_base {
public:
    // ...
    ostream& put(ostream& s) const override;        // 실제의 출력 함수
};
void f(const My_base& r, Sometype& s)               // 적합한 put()을 호출하는 <<를 사용한다.
{
    cout << r << s;
}
```

이 코드는 가상 put()을 ostream과 <<에서 제공하는 프레임워크에 통합시킨다. 이 기법은 가상 함수와 유사하게 동작하면서도 두 번째 인자를 기준으로 런타임 선택을 수행할 수 있는 연산을 제공하는 데 보편적으로 유용하다. 이 기법은 이중 디스패치double dispatch란 이름으로 두 개의 동적 타입을 기반으로 하나의 연산을 선택하는 데 종종 쓰이는 기법과 유사하다. 입력 함수를 virtual로 만드는 경우에도 유사한 기법을 쓸 수 있다(22.2.4절).

38.4.3 조작자

함수를 가리키는 포인터가 <<에 대한 두 번째 인자로 주어진다면 가리켜지는 함수가 호출된다. 예를 들어 cout<<pf는 pf(cout)이란 뜻이다. 이런 함수를 가리켜 **조작자**^{manipulator}라고 부른다. 인자를 받아들이는 조작자는 유용할 수 있다. 다음 예를 살펴보자.

```
cout << setprecision(4) << angle;
```

이 코드는 4개의 숫자를 가진 부동소수점 변수 **angle**의 값을 출력한다.

이를 위해 **setprecision**은 **4**로 초기화되는 객체를 반환하고, 실행될 때 **cout.precision(4)**를 호출한다. 이러한 조작자는 ()가 아니라 <<에 의해 실행되는 함수 객체의 일종이다. 해당 함수 객체의 정확한 타입은 구현별 정의 사항이지만, 예를 들면 다음과 같이 정의할 수 있다.

```
struct smanip {
    ios_base& (*f)(ios_base&,int);          // 호출될 함수
    int i;                                   // 사용될 값
    smanip(ios_base&(*ff)(ios_base&,int), int ii) :f{ff}, i{ii} { }
};
template<typename C, typename Tr>
basic_ostream<C,Tr>& operator<<(basic_ostream<C,Tr>& os, const smanip& m)
{
    m.f(os,m.i);                    // m의 저장된 값으로 m의 f를 호출한다.
    return os;
}
```

이제 **setprecision()**을 다음과 같이 정의할 수 있다.

```
inline smanip setprecision(int n)
{
    auto h = [](ios_base& s, int x) -> ios_base& { s.precision(x); return s; };
    return smanip(h,n);            // 함수 객체를 만든다.
}
```

람다에 대한 반환 타입의 명확한 지정은 참조자를 반환하기 위해 필요하다. 사용자는 **ios_base**를 복사할 수 없다.

이제 다음과 같이 작성할 수 있다.

```
cout << setprecision(4) << angle;
```

프로그래머는 필요한 대로 **smanip**의 스타일로 새로운 조작자를 정의할 수 있다. 이렇게 하기 위해서 표준 라이브러리 템플릿과 클래스의 정의를 수정하지 않아도 된다.

표준 라이브러리 조작자는 38.4.5.2절에서 설명된다.

38.4.4 스트림 상태

<ios>에서 표준 라이브러리는 스트림 클래스에 대한 대부분의 인터페이스를 정의하는 **ios_base** 기반 클래스를 정의한다.

```
template<typename C, typename Tr = char_traits<C>>
class basic_ios : public ios_base {
public:
    using char_type = C;
    using int_type = typename Tr::int_type;
    using pos_type = typename Tr::pos_type;
    using off_type = typename Tr::off_type;
    using traits_type = Tr;
    // ...
};
```

basic_ios 클래스는 스트림의 상태를 관리한다.

- 스트림과 버퍼 사이의 매핑(38.6절)

- 서식화 옵션(38.4.5.1절)

- locale의 활용(39장)

- 오류 처리(38.3절)

- 다른 스트림과 stdio에 대한 연결(38.4.4절)

이 클래스는 아마도 표준 라이브러리에서 가장 복잡한 클래스일 수 있다.

ios_base는 템플릿 인자에 의존하지 않는 정보를 보관한다.

```
class ios_base {
public:
    using fmtflags = /* 구현별 정의 타입 */;
    using iostate = /* 구현별 정의 타입 */;
    using openmode = /* 구현별 정의 타입 */;
    using seekdir = /* 구현별 정의 타입 */;

    class failure;          // 예제 클래스
    class Init;             // 표준 iostream을 초기화한다.
};
```

구현별 정의 타입은 모두 비트마스크 타입bitmask type이다. 즉, &나 | 같은 비트 단위 논리 연산을 지원한다. int(11.1.2절)와 bitset(34.2.2절)이 그런 예다.

ios_base는 iostream의 stdio(43.3절)에 대한 연결(또는 그와 관련된 부족한 부분)을 제어한다.

기본 ios_base 연산(iso.27.5.3.4절)	
ios_base b {};	기본 생성자. protected
ios.~ios_base()	소멸자. virtual
b2=sync_with_stdio(b)	b==true이면 ios를 stdio와 동기화한다. 그렇지 않다면 공유 버퍼가 훼손될 수 있다. b2는 이전의 동기화 상태. static
b=sync_with_stdio()	b=sync_with_stdio(true)

프로그램 실행에서 첫 번째 iostream 연산 이전에 b=sync_with_stdio(true)를 호출하면 iostream과 stdio(43.3절) 입출력 연산이 버퍼를 공유하는 것이 보장된다. 첫 번째 스트림 입출력 연산 이전에 sync_with_stdio(false)를 호출하면 버퍼 공유가 금지되며, 일부 구현에

서는 입출력 성능을 대폭 향상시킬 수도 있다.

ios_base는 복사나 이동 연산을 갖지 않는다는 점에 유의한다.

ios_base 스트림 상태 iostate 멤버 상수(iso.27.5.3.1.3절)	
badbit	예기치 않은 심각한 뭔가가 일어났다(예를 들면 디스크 읽기 오류).
failbit	예기치 않은 뭔가가 일어났다(예를 들면 숫자를 찾았는데 'x'가 발견됐다).
eofbit	입력의 끝에 도달했다(예를 들면 파일의 끝).
goodbit	모두 잘 돌아가고 있다.

스트림에서 이런 비트들(good(), fail() 등)을 읽기 위한 함수는 **basic_ios**에 의해 제공된다.

ios_base 모드 openmode 멤버 상수(iso.27.5.3.1.4절)	
app	덧붙인다(스트림의 끝부분에 출력을 삽입한다).
ate	끝에서(스트림의 끝에 대한 위치)
binary	서식을 문자에 적용하지 않는다.
in	입력 스트림
out	출력 스트림
trunc	사용하기 전에 스트림을 잘라낸다(스트림의 크기를 0으로 설정한다).

ios_base::binary의 정확한 의미는 구현별 정의 사항이다. 하지만 통상적인 의미는 문자가 바이트로 매핑된다는 것이다. 예를 들면 다음과 같다.

```
template<typename T>
char* as_bytes(T& i)
{
    return static_cast<char*>(&i);              // 해당 메모리를 바이트로 취급한다.
}
void test()
{
    ifstream ifs("source",ios_base::binary);    // 스트림 모드는 binary이다.
    ofstream ofs("target",ios_base::binary);    // 스트림 모드는 binary이다.
    vector<int> v;
    for (int i; ifs.read(as_bytes(i),sizeof(i)); ) // 이진 파일에서 바이트를 읽는다.
        v.push_back(i);
    // ... v로 뭔가를 한다...
    for (auto i : v)                            // 바이트를 이진 파일에 쓴다.
        ofs.write(as_bytes(i),sizeof(i));
}
```

'단순한 비트 덩어리'이면서 명확하고 타당한 문자열 표현을 갖지 않는 객체를 다룰 때는 이진 입출력을 사용한다. 이미지와 사운드/비디오 스트림이 그런 예다.

seekg()(38.6.2절)와 **seekp()**(38.6.2절) 연산은 방향을 필요로 한다.

ios_base 방향 seekdir 멤버 상수(iso.27.5.3.1.5절)	
beg	현재 파일의 시작부터 찾는다.
cur	현재 위치부터 찾는다.
end	현재 파일의 끝에서부터 역방향으로 찾는다.

basic_ios에서 파생된 클래스는 자신의 basic_io에 저장된 정보를 기반으로 객체를 출력하고 추출한다.

basic_io 연산을 요약하면 다음과 같다.

basic_ios<C,Tr>(iso.27.5.5절)	
basic_ios ios {p};	주어진 p가 가리키는 스트림 버퍼로 ios를 생성한다.
ios.~basic_ios()	ios를 소멸시킨다. ios의 자원을 모두 해제한다.
bool b {ios};	bool로 변환한다. b는 !ios.fail()로 초기화된다. explicit
b=!ios	b=ios.fail()
st=ios.rdstate()	st는 ios의 iostate다.
ios.clear(st)	ios의 iostate를 st로 설정한다.
ios.clear()	ios의 iostate를 good으로 설정한다.
ios.setstate(st)	ios의 iostate에 st를 추가한다.
ios.good()	ios의 상태는 좋은가(goodbit이 설정돼 있는가)?
ios.eof()	ios의 상태는 파일의 끝인가?
ios.fail()	ios의 상태는 실패 또는 나쁜가(failbit|badbit)?
ios.bad()	ios의 상태는 나쁜가?
st=ios.exceptions()	st는 ios에 대한 iostate의 예외 비트다.
ios.exceptions(st)	ios에 대한 iostate의 예외 비트를 st로 설정한다.
p=ios.tie()	p는 묶여져 있는 스트림이나 nullptr을 가리키는 포인터다.
p=ios.tie(os)	출력 스트림 os를 ios가 묶는다. p는 이전에 묶여져 있는 스트림이나 nullptr을 가리키는 포인터다.
p=ios.rdbuf()	p는 ios의 스트림 버퍼를 가리키는 포인터다.
p=ios.rdbuf(p2)	ios의 스트림 버퍼를 p2가 가리키는 것으로 설정한다. p는 이전 스트림 버퍼를 가리키는 포인터다.
ios3=ios.copyfmt(ios2)	ios로 서식화하는 것과 관련된 ios2의 상태 일부를 복사한다. copyfmt_event 타입의 ios2 콜백을 호출한다. ios2.pword와 ios2.iword가 가리키는 값을 복사한다. ios3는 이전의 서식 상태다.
c=ios.fill()	c는 ios를 채우는 문자다.
c2=ios.fill(c)	c를 ios를 채우는 문자로 설정한다. c2는 이전의 채우는 문자다.
loc2=ios.imbue(loc)	ios의 로케일을 loc로 설정한다. loc2는 이전의 로케일이다.
c2=narrow(c,d)	c2는 char_type의 c를 변환해서 얻어지는 char 값이며, d는 기본 값이다. use_facet<ctype<char_type>>(getloc()).narrow(c,d)

(이어짐)

basic_ios<C,Tr>(iso.27.5.5절)	
c2=widen(c)	c2는 char_type의 c를 변환해서 얻어지는 char type 값이다.
	use_facet<ctype<char_type>>(getloc()).widen(c)
ios.init(p)	ios를 기본 상태로 설정하고 p가 가리키는 스트림 버퍼를 사용한다. protected
ios.set_rdbuf(p)	ios가 p가 가리키는 스트림 버퍼를 사용하게 만든다. protected
ios.move(ios2)	복사 및 이동 연산. protected
ios.swap(ios2)	ios와 ios2의 상태를 교환한다. protected. noexcept

ios(istream과 ostream을 비롯한)에서 bool로의 변환은 많은 값을 읽기 위한 통상적인 구문에서 필수적이다.

```
for (X x; cin>>x; ) {
    // ...
}
```

여기서 cin>>x의 반환 값은 cin의 ios에 대한 참조자다. 이 ios는 cin의 상태를 나타내는 bool로 암시적으로 변환된다. 따라서 다음과 같이 작성해도 똑같다.

```
for (X x; !(cin>>x).fail(); ) {
    // ...
}
```

tie()는 연결돼 있는 스트림으로부터의 출력이 그것이 연결돼 있는 스트림으로부터의 입력보다 먼저 등장하게 보장하는 데 쓰인다. 예를 들어 cout이 cin에 연결돼 있다고 가정해보자.

```
cout << "Please enter a number: ";
int num;
cin >> num;
```

이 코드는 명시적으로 cout.flush()를 호출하지 않으므로, cout이 cin에 연결돼 있지 않다면 사용자는 입력 요청을 보지 못할 것이다.

ios_base 연산(iso.27.5.3.5절, iso.27.5.3.6절)	
i=xalloc()	i는 새로운 (iword,pword) 쌍의 색인이다. static
r=iob.iword(i)	r은 i번째 long에 대한 참조자다.
r=iob.pword(i)	r은 i번째 void*에 대한 참조자다.
iob.register_callback(fn,i)	iword(i)에 대한 콜백 fn을 등록한다.

때때로 사람들은 스트림의 상태 정보를 추가하고 싶어 한다. 예를 들어 어떤 이는 complex가 극좌표나 데카르트 좌표 중 어느 쪽으로 출력될지 스트림이 알게 하고 싶을 수 있다. ios_base는 그러한 간단한 상태 정보에 필요한 공간을 할당하기 위해 xalloc() 함수를 제공한다. xalloc()에 의해 반환되는 값은 iword()와 pword()에 의해 접근될 수 있는 위치의 쌍을 식별한다.

때로는 스트림의 상태 변경에 대해 구현자나 사용자에게 알려야 할 경우가 있다. `register_callback()` 함수는 해당 '이벤트'가 일어날 때 호출될 함수를 '등록'한다. 따라서 `imbue()`, `copyfmt()` 또는 `~ios_base()`의 호출은 각각 imbue_event, copyfmt_event 또는 erase_event에 대해 '등록된' 함수를 호출할 것이다. 상태가 변경될 때 등록된 함수는 그들의 `register_callback()`에 의해 제공된 인자 i로 호출된다.

event와 event_callback 타입은 ios_base에서 정의된다.

```
enum event {
    erase_event,
    imbue_event,
    copyfmt_event
};
using event_callback = void (*) (event, ios_base&, int index);
```

38.4.5 서식화

스트림 입출력의 서식은 객체 타입, 스트림 상태(38.4.4절), 서식 상태(38.4.5.1절), 로케일 정보(39장) 및 명시적 연산(예를 들면 조작자, 38.4.5.2절)의 조합에 의해 제어된다.

38.4.5.1 서식화 상태

`<ios>`에서 표준 라이브러리는 ios_base 클래스의 멤버로서 구현별 정의 사항인 비트마스크 타입 **fmtflags**의 서식화 상수로 이뤄진 집합을 정의한다.

---

ios_base 서식화 `fmtflags` 상수(iso.27.5.3.1.2절)

boolalpha	true와 false의 기호 표현을 사용한다.
dec	정수 기수는 10
hex	정수 기수는 16
oct	정수 기수는 8
fixed	부동소수점 서식 dddd.dd
scientific	과학 서식 d.ddddEdd
internal	접두사(+ 같은)와 숫자 사이의 공백 채움
left	값 뒤의 공백 채움
right	값 앞의 공백 채움
showbase	출력에 대해, 0으로 8진수에 접두사를 붙이고, 0x로 16진수에 접두사를 붙인다.
showpoint	언제나 소수점을 보여준다(예를 들면 123.).
showpos	양수에 대해 +를 보여준다(예를 들면 +123).
skipws	입력에 대해 공백을 생략한다.
unitbuf	각 출력 연산 이후에 비운다.

(이어짐)

ios_base 서식화 fmtflags 상수(iso.27.5.3.1.2절)	
uppercase	숫자 출력에 대문자를 사용한다. 예를 들면 1.2E10와 0X1A2
adjustfield	필드에서 값의 위치를 설정한다. left, right 또는 internal
basefield	정수의 기수를 설정한다. dec, oct 또는 hex
floatfield	부동소수점 서식을 설정한다. scientific 또는 fixed

특이하게도 defaultfloat 플래그나 hexfloat 플래그는 없다. 그와 같은 것을 구하려면 조작자 defaultfloat와 hexfloat(38.4.5.2절)를 사용하거나 ios_base를 직접 조작한다.

```
ios.unsetf(ios_base::floatfield);                      // 기본 부동소수점 서식을 사용한다.
ios.setf(ios_base::fixed | ios_base::scientific, ios_base::floatfield);   // 16진수
                                                       // 부동소수점을 사용한다.
```

iostream의 서식 상태는 그것의 ios_base에서 제공되는 연산에 의해 읽고 쓸(즉, 설정될) 수 있다.

ios_base 서식화 fmtflags 연산(iso.27.5.3.1.2절)	
f=ios.flags()	f는 ios의 서식 플래그다.
f2=ios.flags(f)	ios 서식 플래그를 f로 설정한다. f2는 플래그의 예전 값이다.
f2=ios.setf(f)	ios 서식 플래그를 f로 설정한다. f2는 플래그의 예전 값이다.
f2=ios.setf(f,m)	f2=ios.setf(f&m)
ios.unsetf(f)	ios에서 플래그 f를 제거한다.
n=ios.precision()	n은 ios의 정밀도다.
n2=ios.precision(n)	ios의 정밀도를 n으로 설정한다. n은 예전의 정밀도다.
n=ios.width()	n은 ios의 폭이다.
n2=ios.width(n)	ios의 폭을 n으로 설정한다. n은 예전의 폭이다.

정밀도는 부동소수점 숫자를 표시하기 위해 사용되는 숫자의 개수를 결정한다.

- 일반 서식(defaultfloat)은 이용 가능한 공간에서 값을 가장 잘 보존하는 스타일로 구현이 서식을 선택하게 한다. 정밀도는 숫자의 최대 개수를 지정한다.

- 과학 서식(scientific)은 하나의 값을 소수점 앞에 있는 숫자 하나와 이후의 지수로 나타낸다. 정밀도는 소수점 이후의 숫자의 최대 개수를 지정한다.

- 고정 서식(fixed)은 어떤 값을 정수 부분과 이어지는 소수점과 소수 부분으로 나타낸다. 정밀도는 소수점 이후의 숫자의 개수를 지정한다. 예제는 38.4.5.2절을 참고하기 바란다.

부동소수점 값은 단순히 잘라지지 않고 반올림되며, precision()은 정수 출력에는 영향을 미치지 않는다.

예를 들면 다음과 같다.

```
cout.precision(8);
cout << 1234.56789 << ' ' << 1234.56789 << ' ' << 123456 << '\n';
```

```
cout.precision(4);
cout << 1234.56789 << ' ' << 1234.56789 << ' ' << 123456 << '\n';
```

이 결과는 다음과 같다.

```
1234.5679 1234.5679 123456
1235 1235 123456
```

`width()` 함수는 수치 값, **bool**, C 스타일 문자열, 문자, 포인터, **string**, **bitset**(34.2.2절)에 대한 이후의 표준 라이브러리 **<<** 출력 연산에 쓰일 문자의 최소 개수를 지정한다. 예를 들면 다음과 같다.

```
cout.width(4);
cout << 12;                    // 두 개의 스페이스 뒤에 12개를 출력한다.
```

'공백 채움' 또는 '채움' 문자는 `fill()` 함수에 의해 정의될 수 있다. 예를 들면 다음과 같다.

```
cout.width(4);
cout.fill('#');
cout << "ab";                  // ##ab를 출력한다.
```

기본 채움 문자는 스페이스 문자이고, 기본 필드 크기는 0인데, 이는 '필요한 만큼의 문자 개수'란 뜻이다. 필드 크기는 다음과 같이 기본 값으로 재설정될 수 있다.

```
cout.width(0);                 // "필요한 만큼의 문자 개수"
```

`width(n)` 호출은 문자의 최소 개수를 n으로 설정한다. 더 많은 문자가 제공된다면 모두 출력될 것이다. 예를 들면 다음과 같다.

```
cout.width(4);
cout << "abcdef";              // abcdef를 출력한다.
```

이 함수는 출력을 abcd로 잘라내지 않는다. 대개는 보기에는 그럴싸하지만 하는 잘못된 결과를 얻는 것보다는 보기에는 별로라도 제대로 된 결과를 얻는 편이 낫다.

`width(n)` 호출은 **<<** 출력 연산에 바로 이어지는 것에만 영향을 미친다. 예를 들면 다음과 같다.

```
cout.width(4);
cout.fill('#');
cout << 12 << ':' << 13;       // ##12:13을 출력한다.
```

이 코드는 ##12###:##13이 아니라 ##12:13을 출력한다.

개별적인 많은 연산을 통한 서식화 옵션의 명시적 제어가 장황해지면 사용자 정의 조작자(38.4.5.3절)를 이용해서 그것들을 조합할 수 있다.

또한 **ios_base**는 프로그래머가 **iostream**의 **locale**(39장)을 설정할 수 있게 해준다.

ios_base locale 연산(iso.27.5.3.3절)	
loc2=ios.imbue(loc)	ios의 로케일을 loc로 설정한다. loc2는 로케일의 예전 값이다.
loc=ios.getloc()	loc는 ios의 로케일이다.

39.4.5.2 표준 조작자

표준 라이브러리는 다양한 서식 상태와 서식 변경에 대응되는 조작자를 제공한다. 표준 조작자는 **<ios>**, **<istream>**, **<ostream>**, **<iomanip>**(인자를 받아들이는 조작자에 대해서)에서 정의돼 있다.

<ios>에 있는 입출력 조작자(iso.27.5.6절, iso.27.7.4절)	
s<<boolalpha	true와 false의 기호 표현을 사용한다(입력과 출력).
s<<noboolalpha	s.unsetf(ios_base::boolalpha)
s<<showbase	출력에 대해 0으로 8진수에 접두사를 붙이고, 0x로 16진수에 접두사를 붙인다.
s<<noshowbase	s.unsetf(ios_base::showbase)
s<<showpoint	항상 소수점을 보여준다.
s<<noshowpoint	s.unsetf(ios_base::showpoint)
s<<showpos	양수에 대해 +를 보여준다.
s<<noshowpos	s.unsetf(ios_base::showpos)
s<<uppercase	수치 출력에서 대문자를 사용한다. 예를 들면 1.2E10과 0X1A2
s<<nouppercase	수치 출력에서 소문자를 사용한다. 예를 들면 1.2e10과 0x1a2
s<<unitbuf	각 출력 연산 이후에 비운다.
s<<nounitbuf	각 출력 연산 이후에 비우지 않는다.
s<<internal	서식화 패턴에서 표시된 장소에 공백을 채운다.
s<<left	값 뒤에 공백을 채운다.
s<<right	값 앞에 공백을 채운다.
s<<dec	정수 기수는 10
s<<hex	정수 기수는 16
s<<oct	정수 기수는 8
s<<fixed	부동소수점 서식 dddd.dd
s<<scientific	과학 서식 d.ddddEdd
s<<hexfloat	가수(mantissa)와 지수에 대해 16을 기수로 사용하고, p를 사용해서 지수를 시작한다. 예를 들면 A.1BEp-C와 a.bcdef
s<<defaultfloat	기본 부동소수점 서식을 사용한다.
s>>skipws	공백을 생략한다.
s>>noskipws	s.unsetf(ios_base::skipws)

이런 각각의 연산은 자신의 첫 번째(스트림) 피연산자 **s**에 대한 참조자를 반환한다. 예를 들면 다음과 같다.

```
cout << 1234 << ',' << hex << 1234 << ',' << oct << 1234 << '\n'; // 1234,4d2,2322를 출력한다.
```

부동소수점 숫자에 대한 출력 서식을 명시적으로 설정할 수 있다.

```
constexpr double d = 123.456;
cout << d << "; "
     << scientific << d << "; "
     << hexfloat << d << "; "
     << fixed << d << "; "
     << defaultfloat << d << '\n';
```

이 결과는 다음과 같다.

```
123.456; 1.234560e+002; 0x1.edd2f2p+6; 123.456000; 123.456
```

부동소수점 서식은 "진득하다". 즉, 이후의 부동소수점 연산에서도 지속된다.

<ios>에 있는 입출력 조작자(iso.27.5.6절, iso.27.7.4절)

os<<endl	'\n'을 넣고 모두 내보낸다.
os<<ends	'\0'을 넣는다.
os<<flush	스트림의 데이터를 모두 내보내고 비운다.

---

ostream이 완전히 비워질 때는 소멸될 때, **tie()**된 **istream**이 입력을 필요로 할 때(38.4.4절), 그리고 구현이 그렇게 하는 게 유리하다고 판단할 때다. 스트림을 명시적으로 완전히 비우는 것이 필요한 경우는 매우 드물다. 마찬가지로 **<<endl**은 **<<'\n'**과 동등한 것으로 간주될 수 있지만, 후자가 아마도 약간 빠를 것이다.

```
cout << "Hello, World!\n";
```

나는 위의 코드가 아래 코드보다 읽고 쓰기에 편하다고 생각한다.

```
cout << "Hello, World!" << endl;
```

정말로 스트림을 자주 완전히 비워야 하는 이유가 있다면 **cerr**과 **unitbuf**를 고려해보기 바란다.

<iomanip>에 있는 입출력 조작자(iso.27.5.6절, iso.27.7.4절)

s<<resetiosflags(f)	플래그 f를 소거한다.
s<<setiosflags(f)	플래그 f를 설정한다.
s<<setbase(b)	기수 b로 정수를 출력한다.
s<<setfill(int c)	c를 채움 문자로 만든다.
s<<setprecision(n)	n 숫자의 정밀도
s<<setw(n)	다음 필드 폭은 n 문자

(이어짐)

<iomanip>에 있는 입출력 조작자(iso.27.5.6절, iso.27.7.4절)	
is>>get_money(m,intl)	is의 money_get 패싯을 이용해서 is에서 읽어 들인다. m은 long double 또는 basic_string이다. intl==true라면 표준 3 글자 통화명을 사용한다.
is>>get_money(m)	s>>get_money(m,false)
os<<put_money(m,intl)	os의 money_put 패싯을 이용해서 m을 os에 쓴다. 해당 money_put은 m에서 어떤 타입을 받아들일 수 있는지 결정한다. intl==true라면 표준 3 글자 통화명을 사용한다.
os<<put_money(m)	s<<put_money(m,false)
is>>get_time(tmp,fmt)	is의 time_get 패싯을 이용해서 fmt 서식에 맞춰 *tmp로 읽어 들인다.
os<<put_time(tmp,fmt)	os의 time_put 패싯을 이용해서 fmt의 서식에 맞춰 *tmp를 os에 쓴다.

시간 패싯은 39.4.4절에서 찾을 수 있고, 시간 서식은 43.6절에서 찾을 수 있다. 예를 들면 다음과 같다.

```
cout << '(' << setw(4) << setfill('#') << 12 << ") (" << 12 << ")\n";   // (##12) (12)를
                                                                        // 출력한다.
```

istream 조작자(iso.27.5.6절, iso.27.7.4절)	
s>>skipws	공백을 생략한다(<ios>에서).
s>>noskipws	s.unsetf(ios_base::skipws)(<ios>에서)
is>>ws	공백을 먹어버린다(<istream>에서).

기본 설정상 >>는 공백을 건너뛴다(38.4.1절). 이런 기본 설정은 **>>skipws**와 **>>noskipws**를 통해 변경될 수 있다. 예를 들면 다음과 같다.

```
string input {"0 1 2 3 4"};
istringstream iss {input};
string s;
for (char ch; iss>>ch; )
    s += ch;
cout << s;                      // "01234"를 출력한다.
istringstream iss2 {input};
iss>>noskipws;
for (char ch; iss2>>ch; )
    s += ch;
cout << s;                      // "0 1 2 3 4"를 출력한다.
}
```

공백을 명시적으로 취급하면서도(예를 들어 줄 바꿈을 중요하게 만드는 등) >>를 사용하고 싶다면 **noskipws**와 **>>ws**를 활용한다.

38.4.5.3 사용자 정의 조작자

프로그래머는 표준 조작자 스타일로 조작자를 추가할 수 있다. 여기서는 부동소수점 숫자를

서식화하는 데 유용하다고 여겨지는 추가적인 스타일을 소개하고자 한다.

서식화는 혼란스러울 정도로 많은 개별적인 함수들에 의해 좌우된다(38.4.5.1절). 예를 들어 **precision()**은 모든 출력 연산 동안 유지될 수 있지만, **width()**는 다음 차례의 수치 출력 연산에만 적용된다. 우리가 원하는 건 스트림에 대한 향후의 출력 연산에 영향을 미치지 않고 미리 정의된 서식으로 부동소수점 숫자를 간단히 출력해 주는 무언가다. 기본 구상은 서식을 나타내는 클래스 하나와 서식화될 값이 추가된 서식을 나타내는 또 하나의 클래스를 정의한 다음, 서식에 맞춰 **ostream**에 값을 출력하는 연산자 **<<**를 정의하는 것이다. 예를 들면 다음과 같다.

```cpp
Form gen4 {4};              // 일반 서식, 정밀도 4
void f(double d)
{
    Form sci8;
    sci8.scientific().precision(8);         // 과학 서식, 정밀도 8
    cout << d << ' ' << gen4(d) << ' ' << sci8(d) << ' ' << d << '\n';
    Form sci {10,ios_base::scientific};      // 과학 서식, 정밀도 10
    cout << d << ' ' << gen4(d) << ' ' << sci(d) << ' ' << d << '\n';
}
```

f(1234.56789)를 호출하면 다음 결과가 출력된다.

```
1234.57 1235 1.23456789e+003 1234.57
1234.57 1235 1.2345678900e+003 1234.57
```

어떻게 해서 **Form**을 사용해도 스트림의 상태에 영향을 미치지 않고, d의 마지막 출력이 첫 번째 출력과 동일한 서식을 갖게 됐는지에 주목한다.

다음은 단순화된 구현이다.

```cpp
class Form;                 // 우리의 서식화 타입

struct Bound_form {         // 서식 + 값
    const Form& f;
    double val;
};

class Form {
    friend ostream& operator<<(ostream&, const Bound_form&);

    int prc;                // 정밀도
    int wdt;                // width 0은 "필요한 만큼 넓게"란 뜻이다.
    int fmt;                // 일반, 과학, 고정(38.4.5.1절)
    // ...
public:
    explicit Form(int p =6, ios_base::fmtflags f =0, int w =0) : prc{p}, fmt{f}, wdt{w} {}

    Bound_form Form::operator()(double d) const    // *this와 d에 대한 Bound_form을 만든다.
    {
        return Bound_form{*this,d};
    }
    Form& scientific() { fmt = ios_base::scientific; return *this; }
    Form& fixed() { fmt = ios_base::fixed; return *this; }
```

```
    Form& general() { fmt = 0; return *this; }

    Form& uppercase();
    Form& lowercase();
    Form& precision(int p) { prc = p; return *this; }

    Form& width(int w) { wdt = w; return *this; }      // 모든 타입에 적용된다.
    Form& fill(char);

    Form& plus(bool b = true);                         // 양수 표시
    Form& trailing_zeros(bool b = true);               // 뒤에 붙은 0들을 출력한다.
    // ...
};
```

기본 구상은 **Form**이 하나의 데이터 항목을 서식화하는 데 필요한 모든 정보를 보관하도록 하는 것이다. 상당수 용도에 대해서는 기본 설정이 타당한 것으로 선택되며, 다양한 멤버 함수들이 서식화의 개별적인 측면을 재설정하는 데 쓰일 수 있다. () 연산자는 값과 그것을 출력하는 데 쓰이는 서식을 바인딩하는 데 사용된다. 그렇게 되면 적절한 **<<** 함수에 의해 **Bound_form**(즉, Form에 값을 추가한 것)이 주어진 스트림으로 출력될 수 있다.

```
ostream& operator<<(ostream& os, const Bound_form& bf)
{
    ostringstream s;              // 38.2.2절
    s.precision(bf.f.prc);
    s.setf(bf.f.fmt,ios_base::floatfield);
    s << bf.val;                  // s에서 문자열을 구성한다.
    return os << s.str();         // s를 os에 출력한다.
}
```

좀 덜 단순한 **<<**의 구현은 독자들의 연습과제로 남겨둔다.

이런 선언은 **<<**와 ()의 조합을 삼항 연산자로 만든다는 데 유의한다. **cout<<sci4{d}**는 실제의 계산을 수행하기 전에 **ostream**, 서식, 값을 하나의 함수에 취합한다.

38.5 스트림 반복자

<iterator>에서 표준 라이브러리는 입력과 출력 스트림이 [입력-시작:입력_끝)과 [출력-시작:출력_끝) 시퀀스로 보일 수 있게 해주는 반복자를 제공한다.

```
template<typename T,
         typename C = char,
         typename Tr = char_traits<C>,
         typename Distance = ptrdiff_t>
class istream_iterator
    : public iterator<input_iterator_tag, T, Distance, const T*, const T&> {
    using char_type = C;
    using traits_type = Tr;
    using istream_type = basic_istream<C,Tr>;
    // ...
};

template<typename T, typename C = char, typename Tr = char_traits<C>>
class ostream_iterator: public iterator<output_iterator_tag, void, void, void, void> {
```

```
    using char_type = C;
    using traits_type = Tr;
    using ostream_type = basic_ostream<C,Tr>;
    // ...
};
```

예를 들면 다음과 같다.

```
copy(istream_iterator<double>{cin}, istream_iterator<double,char>{},
    ostream_iterator<double>{cout,";\n"});
```

ostream_iterator가 두 번째 (string) 인자로 생성되면 해당 문자열이 매 원소 값 이후에 종료자로 출력된다. 따라서 해당 copy() 호출에 1 2 3이라고 입력하면 다음이 출력된다.

```
1;
2;
3;
```

stream_iterator에 대해 제공된 연산자는 반복자 어댑터에 대해 제공된 것과 동일하다 (33.2.2절).

스트림 반복자 연산(iso.24.6절)	
istream_iterator p {st};	입력 스트림 st에 대한 반복자
istream_iterator p {p2};	복사 생성자. p는 istream_iterator p2의 사본이다.
ostream_iterator p {st};	출력 스트림 st에 대한 반복자
ostream_iterator p {p2};	복사 생성자. p는 ostream_iterator p2의 사본이다.
ostream_iterator p {st,s};	출력 스트림 st에 대한 반복자. C 스타일 문자열 s를 출력 원소 사이의 분리자로 사용한다.
p=p2	p는 p2의 사본이다.
p2=++p	p와 p2는 다음 원소를 가리킨다.
p2=p++	p2=p,++p
*p=x	p 앞에 x를 삽입한다.
*p++=x	p 앞에 x를 삽입한 다음 p를 증가시킨다.

생성자를 제외하고는 이런 연산들은 대개 직접적으로 사용되기보다는 copy() 같은 범용 알고리즘에 의해 사용된다.

38.6 버퍼링

개념적으로 출력 스트림은 문자들을 버퍼에 넣는다. 그러면 잠시 후에 문자들이 예정된 위치에 쓰여진다('내보내진다'). 이런 버퍼를 streambuf라고 부른다. 그에 대한 정의는 <streambuf>에서 찾을 수 있다. 서로 다른 streambuf는 서로 다른 버퍼링 전략을 구현한다. 대개 streambuf는 문자들을 배열에 저장했다가 오버플로가 일어나면 문자들을 실제 목표 위치에 쓴다. 따라서 ostream을 그림으로 표시하면 다음과 같다.

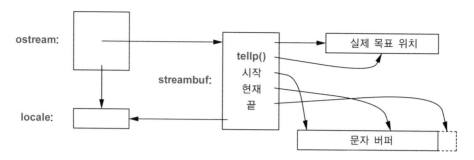

ostream과 그것의 `streambuf`에 대한 템플릿 인자 집합은 동일해야 하며, 템플릿 인자 집합은 문자 버퍼에서 사용될 문자의 타입을 결정한다.

`istream` 역시 문자가 역으로 흘러간다는 점만 빼면 유사하다.

버퍼링되지 않은 입출력이란 효율적인 전송을 위해 문자들이 충분한 모일 때까지 유지하지 않고 `streambuf`가 각 문자를 즉시 전송하는 경우를 말한다.

버퍼링 메커니즘에서 핵심 클래스는 `basic_streambuf`다.

```
template<typename C, typename Tr = char_traits<C>>
class basic_streambuf {
public:
    using char_type = C;                        // 문자의 타입
    using int_type = typename Tr::int_type;     // 문자의 변환 대상이 될 정수 타입
    using pos_type = typename Tr::pos_type;     // 버퍼에서 위치의 타입
    using off_type = typename Tr::off_type;     // 버퍼에서 위치로부터의 오프셋의 타입
    using traits_type = Tr;
    // ...
    virtual ~basic_streambuf();
};
```

늘 그렇듯이 (아마도) 가장 널리 쓰이는 경우를 위해 두 개의 별칭이 제공된다.

```
using streambuf = basic_streambuf<char>;
using wstreambuf = basic_streambuf<wchar_t>;
```

`basic_streambuf`는 상당히 많은 연산을 가진다. `public` 연산 중 상당수는 단순히 `protected` 가상 함수를 하나 호출하는데, 이 가상 함수는 파생 클래스의 함수가 특정 종류의 버퍼에 적합한 연산을 구현했는지 보장해주는 것이다.

---

public `basic_streambuf<C,Tr>` 연산(iso.27.6.3절)

`sb.~basic_streambuf()`	소멸자. 모든 자원을 해제한다. `virtual`
`loc=sb.getloc()`	`loc`는 `sb`의 로케일이다.
`loc2=sb.pubimbue(loc)`	`sb.imbue(loc)`. `loc2`는 이전 로케일을 가리키는 포인터다.
`psb=sb.pubsetbuf(s,n)`	`psb=sb.setbuf(s,n)`
`pos=sb.pubseekoff(n,w,m)`	`pos=sb.seekoff(n,w,m)`
`pos=sb.pubseekoff(n,w)`	`pos=sb.seekoff(n,w)`

(이어짐)

public basic_streambuf<C,Tr> 연산(iso.27.6.3절)	
pos=sb.pubseekpos(n,m)	pos=sb.seekpos(n,m)
pos=sb.pubseekpos(n)	pos=sb.seekpos(n,ios_base::in|ios_base::out)
sb.pubsync()	sb.sync()

basic_streambuf가 기반 클래스로 설계됐기 때문에 모든 생성자는 protected다.

protected basic_streambuf<C,Tr> 연산(iso.27.6.3절)	
basic_streambuf sb {};	문자 버퍼를 갖지 않고 전역 로케일을 가진 sb를 생성한다.
basic_streambuf sb {sb2};	sb는 sb2의 사본이다(서로 문자 버퍼를 공유한다).
sb=sb2	sb는 sb2의 사본이다(서로 문자 버퍼를 공유한다). sb의 예전 자원은 해제된다.
sb.swap(sb2)	sb와 sb2의 상태를 교환한다.
sb.imbue(loc)	loc는 sb의 로케일이 된다. virtual
psb=sb.setbuf(s,n)	sb의 버퍼를 설정한다. psb=&sb. s는 const char*이고, n은 streamsize다. virtual
pos=sb.seekoff(n,w,m)	오프셋 n, 방향 w, 모드 m으로 찾는다. pos는 결과 위치 또는 오류를 나타내는 pos_type(off_type(-1))이다. virtual
pos=sb.seekoff(n,w)	pos=sb.seekoff(n,w,ios_base::in|ios_base::out)
pos=sb.seekpos(n,m)	위치 n과 모드 m으로 찾는다. pos는 결과 위치 또는 오류를 나타내는 pos_type(off_type(-1))이다. virtual
n=sb.sync()	문자 버퍼를 실제 대상 위치나 원래 위치와 동기화한다. virtual

가상 함수의 정확한 의미는 파생 클래스에 의해 결정된다.

streambuf는 <<와 다른 출력 연산이 쓸 수 있는 쓰기 영역$^{put\ area}$(38.4.2절)과 >>와 다른 입력 연산이 읽을 수 있는 읽기 영역$^{get\ area}$(38.4.1절)을 가진다. 각 영역은 시작 포인터, 현재 포인터, 마지막 하나 다음의 포인터로 표시된다.

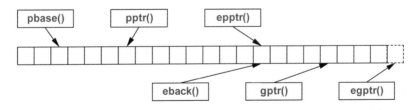

오버플로는 가상 함수 overflow(), underflow(), uflow()에 의해 처리된다. 위치 설정의 사용에 대해서는 38.6.1절을 참고하기 바란다.

쓰기 및 읽기 인터페이스는 public인 것과 protected인 것으로 구분된다.

public 읽기와 쓰기 basic_streambuf<C,Tr> 연산(iso.27.6.3절)	
n=sb.in_avail()	읽혀진 위치가 이용 가능하다면 n=sb.egptr()-sb.gptr(), 그렇지 않다면 sb.showmanyc()를 반환한다.
c=sb.snextc()	sb의 읽기 포인터를 증가시킨 다음, c=*sb.gptr()
n=sb.sbumpc()	sb의 읽기 포인터를 증가시킨다.
c=sb.sgetc()	읽을 문자가 남아있지 않다면 c=sb.underflow(), 그렇지 않다면 c=*sb.gptr()
n2=sb.sgetn(p,n)	n2=sb.xsgetn(p,n). p는 char*다.
n=sb.sputbackc(c)	c를 읽기 영역에 돌려 넣고 gptr을 감소시킨다. 돌려 넣기가 성공했다면 n=Tr::to_int_type(*sb.gptr()), 그렇지 않다면 n=sb.pbackfail(Tr::to_int_type(c))
n=sb.sungetc()	읽기 포인터를 감소시킨다. 읽기 취소가 성공했다면 n=Tr::to_int_type(*sb.gptr()), 그렇지 않다면 n=sb.pbackfail(Tr::to_int_type())
n=sb.sputc(c)	쓰여질 문자가 남아있지 않다면 n=sb.overflow(Tr::to_int_type(c)), 그렇지 않다면 *sb.sptr()=c - n=Tr::to_int_type(c)
n2=sb.sputn(s,n)	n2=sb.xsputn(s,n). s는 const char*다.

protected 인터페이스는 쓰기와 읽기 포인터를 조작하기 위해 간단하고 효율적이며 대체적으로 인라인화돼 있는 함수를 제공한다. 추가로 파생 클래스에 의해 재정의되는 가상 함수들이 있다.

public 읽기와 쓰기 basic_streambuf<C,Tr> 연산(iso.27.6.3절)	
sb.setg(b,n,end)	읽기 영역은 [b:e]이다. 현재의 읽기 포인터는 n이다.
pc=sb.eback()	[pc:sb.egptr())은 읽기 영역이다.
pc=sb.gptr()	pc는 읽기 포인터다.
pc=sb.egptr()	[sb.eback():pc)는 읽기 영역이다.
sb.gbump(n)	sb의 읽기 포인터를 증가시킨다.
n=sb.showmanyc()	"얼마나 많은 문자가 있는지 보여준다". n은 sb.underflow()를 호출하지 않고 얼마나 많은 문자가 읽혀질 수 있는지에 대한 예상치이며, n-1은 읽혀질 준비가 된 문자가 없다는 점을 나타낸다. virtual
n=sb.underflow()	읽기 영역에 더 이상 문자가 없다. 읽기 영역을 다시 채운다. c가 새로운 현재 읽기 문자인 경우 n=Tr::to_int_type(c). virtual
n=sb.uflow()	sb.underflow()와 같지만, 새로운 현재 읽기 포인터를 읽어 들인 다음에 읽기 포인터를 전진시킨다. virtual
n=sb.pbackfail(c)	돌려 넣기 연산이 실패했다. 재정의하는 pbackfail()이 돌려 놓을 수 없다면 n=Tr::eof(). virtual
n=sb.pbackfail()	n=sb.pbackfail(Tr::eof())
sb.setp(b,e)	쓰기 영역은 [b:e]이다. 현재 쓰기 포인터는 b다.
pc=sb.pbase()	[pc:sb.epptr())은 쓰기 영역이다.
pc=sb.pptr()	pc는 쓰기 포인터다.
pc=sb.epptr()	[sb.pbase():pc)는 쓰기 영역이다.

(이어짐)

sb.pbump(n)	쓰기 포인터에 하나를 추가한다.
n2=sb.xsgetn(s,n)	s는 const char*다. [s:s+n)의 각 p에 대해 sb.sgetc(*p)를 반복한다. n2는 읽혀진 문자의 개수다. virtual
n2=sb.xsputn(s,n)	s는 [const char*다. [s:s+n)의 각 p에 대해 sb.sputc(*p). n2는 쓰여진 문자의 개수다. virtual
n=sb.overflow(c)	쓰기 영역을 다시 채운 다음, n=sb.sputc(c). virtual
n=sb.overflow()	n=sb.overflow(Tr::eof())

showmanyc()("얼마나 많은 문자가 있는지 보여준다") 함수는 사용자에게 컴퓨터 입력 시스템의 상태에 대해 뭔가를 알려주기 위해 만들어진 특이한 함수다. 이 함수는 얼마나 많은 문자가 '바로' 읽혀질 수 있는지에 대한 예상치를 반환하는데, 여기서 '바로'란 디스크 읽기를 기다리지 않고 운영체제의 버퍼를 비워서 읽혀질 수 있는 것을 말한다. 파일의 끝에 다다르지 않더라도 어떤 문자든 읽혀질 수 있다는 것을 보장할 수 없다면 showmanyc() 호출은 -1을 반환한다. 이 함수는 (어쩔 수 없이) 다소 저수준이며, 상당히 구현 의존적일 수밖에 없다. 자신의 시스템 문서를 주의 깊게 읽어본 다음 몇 가지 실험을 해보지도 않고 무작정 showmanyc()를 쓰지 말기 바란다.

38.6.1 출력 스트림과 버퍼

ostream은 규약(38.4.2절)과 명시적 서식화 지시자(38.4.5절)에 따라 다양한 타입의 값을 문자 시퀀스로 변환하기 위한 연산을 제공한다. 추가로 ostream은 자신의 streambuf를 직접적으로 다루는 연산을 제공한다.

```
template<typename C, typename Tr = char_traits<C>>
class basic_ostream : virtual public basic_ios<C,Tr> {
public:
    // ...
    explicit basic_ostream(basic_streambuf<C,Tr>* b);

    pos_type tellp();                                  // 현재 위치를 구한다.
    basic_ostream& seekp(pos_type);                    // 현재 위치를 설정한다.
    basic_ostream& seekp(off_type, ios_base::seekdir); // 현재 위치를 설정한다.

    basic_ostream& flush();                            // 버퍼의 내용을 실제 목표로
                                                       // 내보내고 비운다.

    basic_ostream& operator<<(basic_streambuf<C,Tr>* b); // b의 내용을 쓴다.
};
```

basic_ostream 함수는 basic_ostream의 basic_ios 기반 클래스에 있는 동등한 함수를 재정의한다.

ostream은 streambuf 인자로 생성되는데, 이 인자는 쓰여진 문자가 어떻게 처리될지, 그리고 최종적으로 어디로 가야 하는지를 결정한다. 예를 들어 ostringstream(38.2.2절)이나

ofstream(38.2.1절)은 ostream을 적절한 streambuf(38.6절)로 초기화함으로써 생성된다.

seekp() 함수는 쓰기를 위해 ostream을 위치시키는 데 사용된다. p 접미사는 해당 위치가 스트림에 문자를 넣기^{put} 위해 사용되는 위치라는 점을 나타낸다. 이런 함수들은 파일 같이 덧붙여질 때 의미를 갖는 뭔가에 스트림이 덧붙여지지 않으면 아무런 영향을 미치지 못한다. pos_type은 파일 내에서 문자 위치를 나타내며, off_type은 ios_base::seekdir이 가리키는 위치로부터의 오프셋을 나타낸다.

스트림 위치는 0에서 시작하므로, 파일을 n개 문자의 배열로 생각할 수 있다. 예를 들면 다음과 같다.

```
int f(ofstream& fout)              // fout은 어떤 파일을 나타낸다.
{
    fout << "0123456789";
    fout.seekp(8);                 // 시작에서부터 8
    fout << '#';                   // '#'을 추가하고 위치를 (+1)만큼 이동시킨다.
    fout.seekp(-4,ios_base::cur);  // 뒤로 4
    fout << '*';                   // '*'를 추가하고 위치를 (+1)만큼 이동시킨다.
}
```

파일이 처음에 비어있었다면 다음 결과가 나올 것이다.

```
01234*67#9
```

일반적인 istream이나 ostream의 원소에 유사한 방식으로 임의 접근할 수는 없다. 파일의 시작이나 끝을 넘어서서 찾으려는 시도는 대개 스트림을 bad() 상태에 놓이게 한다(38.4.4절). 하지만 일부 운영체제는 다르게 동작하는 운영 모드를 갖고 있다(예를 들어 위치를 정하면 파일의 크기가 조정될 수 있다).

flush() 연산은 사용자가 오버플로를 기다리지 않고 버퍼를 비울 수 있게 해준다.

streambuf를 ostream에 바로 쓰기 위해 <<를 사용할 수 있다. 이것은 주로 입출력 메커니즘의 구현자에게 도움이 된다.

38.6.2 입력 스트림과 버퍼

istream은 문자를 읽어 들이고 그것들을 다양한 타입의 값으로 변환하는 데 쓰이는 연산을 제공한다(38.4.1절). 추가로 istream은 자신의 streambuf를 직접 다루는 연산을 제공한다.

```
template<typename C, typename Tr = char_traits<C>>
class basic_istream : virtual public basic_ios<C,Tr> {
public:
    // ...
    explicit basic_istream(basic_streambuf<C,Tr>* b);
    pos_type tellg();                                    // 현재 위치를 구한다.
    basic_istream& seekg(pos_type);                      // 현재 위치를 설정한다.
    basic_istream& seekg(off_type, ios_base::seekdir);   // 현재 위치를 설정한다.

    basic_istream& putback(C c);          // c를 버퍼로 돌려 넣는다.
    basic_istream& unget();               // 가장 최근에 읽혀진 char를 돌려 넣는다.
```

```
    int_type peek();                           // 읽혀질 다음 문자를 살펴본다.
    int sync();                                // 버퍼를 비운다(flush).
    basic_istream& operator>>(basic_streambuf<C,Tr>* b);      // b로 읽어 들인다.
    basic_istream& get(basic_streambuf<C,Tr>& b, C t = Tr::newline());
    streamsize readsome(C* p, streamsize n);    // 최대 n개의 char를 읽어 들인다.
};
```

basic_ostream 함수는 basic_ostream의 basic_ios 기반 클래스에 있는 동등한 함수를 재정의한다.

위치 선정 함수는 대응되는 ostream 함수(38.6.1절)와 유사하게 동작한다. g 접미사는 해당 위치가 스트림에서 문자를 얻는get 데 쓰이는 위치라는 점을 나타낸다. p와 g 접미사는 우리가 istream과 ostream 양쪽 모두로부터 파생된 iostream을 생성할 수 있기 때문에 필요하고, 그런 스트림은 위치 읽기와 위치 쓰기를 모두 추적 관리해야 한다.

putback() 함수는 프로그램이 한 문자를 istream에 되돌려 넣어서 다음에 읽혀질 문자가 될 수 있게끔 해준다. unget() 함수는 가장 최근에 읽혀진 문자를 되돌려 넣는다. 안타깝게도 입력 스트림의 백업이 언제나 가능한 건 아니다. 예를 들어 읽혀진 첫 번째 문자를 지나서 백업하려고 시도하면 ios_base::failbit이 설정된다. 성공적인 읽기 후에 한 문자를 백업할 수 있는 것만 보장된다. peek() 함수는 다음 문자를 읽어 들이고 해당 문자를 streambuf에 남겨 놓아서 그 문자가 다시 읽혀질 수 있게 한다. 따라서 c=peek()는 논리적으로는 (c=get(),unget(),c)와 같다. failbit를 설정하면 예외가 던져질 것이다(38.3절).

istream은 sync()를 이용해서 비워진다. 이것이 항상 제대로 이뤄질 수는 없다. 어떤 종류의 스트림에 대해서는 실제 소스에서 문자들을 다시 읽어야 할 수도 있는데, 이것도 언제나 가능한 건 아니며 바람직한 것도 아니다(예를 들어 시스템에 덧붙여져 있는 시스템의 경우). 결과적으로 sync()는 성공하면 0을 반환한다. 실패한다면 ios_base::badbit(38.4.4절)를 설정하고 -1을 반환한다. badbit를 설정하면 예외가 던져질 것이다(38.3절). ostream에 덧붙여진 버퍼에 대한 sync()는 버퍼를 출력으로 내보내고 비운다.

streambuf에서 바로 읽어 들이는 >>와 get() 연산은 주로 입출력 기능의 구현자에게 유용하다.

readsome() 함수는 사용자가 읽어 들일 수 있는 문자가 있는지 살펴보기 위해 스트림을 잠깐 엿볼 수 있게 해주는 저수준의 연산이다. 이 함수는 키보드 같은 데서의 입력을 기다리는 편이 바람직할 때 가장 유용할 수 있다. 또한 n_avail()(38.6절)을 참고하기 바란다.

38.6.3 버퍼 반복자

<iterator>에서 표준 라이브러리는 istreambuf_iterator와 ostreambuf_iterator를 제공함으로써 사용자(주로 새로운 종류의 iostream 구현자)가 스트림 버퍼의 내용에 대해 반복을 돌릴 수 있게 해준다. 특히 이런 반복자들은 locale facet(39장)에 의해 널리 쓰인다.

38.6.3.1 istreambuf_iterator

istreambuf_iterator는 istream_buffer에서 문자들의 스트림을 읽는다.

```
template<typename C, typename Tr = char_traits<C>>          // iso.24.6.3절
class istreambuf_iterator
    : public iterator<input_iterator_tag, C, typename Tr::off_type, /*지정돼 있지 않음*/, C>
{
public:
    using char_type = C;
    using traits_type = Tr;
    using int_type = typename Tr::int_type;
    using streambuf_type = basic_streambuf<C,Tr>;
    using istream_type = basic_istream<C,Tr>;
    // ...
};
```

iterator 기반 클래스의 **reference** 멤버는 쓰이지 않는 관계로 지정되지 않은 상태로 남겨져 있다.

입력 반복자로 istreambuf_iterator를 사용한다면 그 결과는 다른 입력 반복자의 결과와 유사하다. c=*p++를 이용해서 문자의 스트림이 입력에서 읽어 들여질 수 있다.

---

istreambuf_iterator<C,Tr>(iso.24.6.3절)	
istreambuf_iterator p {};	p는 스트림의 끝 반복자다. noexcept. constexpr
istreambuf_iterator p {p2};	복사 생성자. noexcept
istreambuf_iterator p {is};	p는 is.rdbuf()에 대한 반복자다. noexcept
istreambuf_iterator p {psb};	p는 istreambuf *psb에 대한 반복자다. noexcept
istreambuf_iterator p {nullptr};	p는 스트림의 끝 반복자다.
istreambuf_iterator p {prox};	p는 prox에 의해 지정된 istreambuf를 가리킨다. noexcept
p. ~istreambuf_iterator()	소멸자
c=*p	c는 streambuf의 sgetc()에 의해 반환되는 문자다.
p->m	클래스 객체라면 *p의 멤버 m
p=++p	streambuf의 sbumpc()
prox=p++	prox가 p와 동일한 위치를 지정하게 한다. 그 후 ++p
p.equal(p2)	p와 p2 둘 다 스트림의 끝이거나 어느 쪽도 끝이 아닌가?
p==p2	p.equal(p2)
p!=p2	!p.equal(p2)

---

streambuf_iterator를 비교할 때 특이하게 하려는 시도는 전부 실패할 테니 유의하기 바란다. 입력이 진행되는 도중에 두 개의 반복자가 동일한 문자를 참조하게 해서는 곤란하다.

38.6.3.2 ostreambuf_iterator

ostreambuf_iterator는 문자들의 스트림을 ostream_buffer에 쓴다.

```
template<typename C, typename Tr = char_traits<C>>     // iso.24.6.4절
class ostreambuf_iterator
    : public iterator<output_iterator_tag, void, void, void, void> {
public:
    using char_type = C;
    using traits_type = Tr;
    using streambuf_type = basic_streambuf<C,Tr>;
    using ostream_type = basic_ostream<C,Tr>;
    // ...
};
```

어떻게 봐도 `ostreambuf_iterator`의 연산은 특이하지만, 그것을 출력 반복자로 사용할 때 실제의 결과는 다른 입력 반복자를 사용할 때와 비슷할 것이다. ***p++=c**를 이용해서 문자의 스트림이 출력에 쓰여질 수 있다는 것이다.

ostreambuf_iterator<C,Tr>(iso.24.6.4절)	
ostreambuf_iterator p {os};	p는 os.rdbuf()에 대한 반복자다. noexcept
ostreambuf_iterator p {psb};	p는 istreambuf *psb에 대한 반복자다. noexcept
p=c	!p.failed()가 참이면 streambuf의 sputc(c)를 호출한다.
*p	아무것도 하지 않는다.
++p	아무것도 하지 않는다.
p++	아무것도 하지 않는다.
p.failed()	p의 streambuf에 대한 sputc()가 eof에 도달했는가? noexcept

38.7 조언

[1]   의미 있는 텍스트 표현을 가진 값이 있는 사용자 정의 타입에 대해서 **<<**와 **>>**를 정의한다(38.1절, 38.4.1절, 38.4.2절).

[2]   정상적인 출력에 대해서는 **cout**을 사용하고, 오류에 대해서는 **cerr**을 사용한다(38.1절).

[3]   통상적 문자와 와이드 문자에 대한 **iostream**이 있으며, 어떤 종류의 문자에 대해서도 **iostream**을 정의할 수 있다(38.1절).

[4]   표준 입출력 스트림, 파일, **string**에 대해서는 표준 **iostream**이 있다(38.2절).

[5]   파일 스트림을 복사하려고 시도하지 않는다(38.2.1절).

[6]   이진 입출력은 시스템에 따라 다르다(38.2.1절).

[7]   파일 스트림은 사용하기 전에 파일에 덧붙여져 있는지 체크하는 것을 잊지 않는다(38.2.1절).

[8]   가급적 일반화 **fstream**보다 **ifstream**과 **ofstream**을 사용한다(38.2.1절).

[9]   메모리 내 서식화에 대해서는 **stringstream**을 사용한다(38.2.2절).

[10]   드물게 일어나는 입출력 오류를 잡기 위해서는 예외를 사용한다(38.3절).

[11]   복구 가능한 입출력 오류를 처리하기 위해서는 시스템 상태 **fail**을 활용한다(38.3절).

[12] 새로운 **<<** 와 **>>** 연산자를 추가하기 위해 **istream**과 **ostream**을 변경하지 않아도 된다 (38.4.1절).

[13] **iostream** 원시 연산을 구현할 때는 **sentry**를 사용한다(38.4.1절).

[14] 가급적 서식화되지 않은 저수준의 입력보다는 서식화된 입력을 사용한다(38.4.1절).

[15] **string**에 대한 입력은 오버플로를 일으키지 않는다(38.4.1절).

[16] **get()**, **getline()**, **read()**를 사용할 때는 종료 기준에 주의를 기울인다(38.4.1절).

[17] 기본 설정으로 **>>** 는 공백을 건너뛴다(38.4.1절).

[18] **<<**(또는 **>>**)를 두 번째 피연산자를 기반으로 가상 함수처럼 동작하게 정의할 수 있다 (38.4.2.1절).

[19] 가급적 입출력 제어에는 상태 플래그보다 조작자를 사용한다(38.4.3절).

[20] C 스타일 입출력과 **iostream** 입출력을 섞고 싶다면 **sync_with_stdio(true)**를 사용한다(38.4.4절).

[21] **iostream**을 최적화하기 위해서는 **sync_with_stdio(false)**를 사용한다(38.4.4절).

[22] 상호작용 입출력에 쓰이는 스트림들은 연결한다(38.4.4절).

[23] **imbue()**를 이용해서 **iostream**이 **locale**의 '문화적 차이'를 반영하게 만든다(38.4.4절).

[24] **width()** 지정은 바로 이어지는 입출력 연산에만 적용된다(38.4.5.1절).

[25] **precision()** 지정은 이어지는 모든 부동소수점 출력 연산에 적용된다(38.4.5.1절).

[26] 부동소수점 서식 지정(예를 들면 **scientific**)은 이어지는 모든 부동소수점 출력 연산에 적용된다(38.4.5.2절).

[27] 인자를 받아들이는 표준 조작자를 사용할 때는 **<iomanip>**를 #include한다(38.4.5.2절).

[28] **flush()**를 해야 하는 경우는 거의 없다(38.4.5.2절).

[29] 혹시나 미적인 이유가 아니라면 모를까 **endl**은 사용하지 않는다(38.4.5.2절).

[30] **iostream** 서식화가 지나치게 장황해지면 자신만의 조작자를 작성한다(38.4.5.3절).

[31] 간단한 함수 객체를 정의함으로써 삼항 연산자의 효과(및 효율성)를 낼 수 있다(38.4.5.3절).

로케일

로마에 가면
로마법을 따르라
– 속담

- 문화적 차이의 처리
- locale 클래스 이름 붙은 locale, string의 비교
- facet 클래스 locale 내의 facet에 대한 접근, 간단한 사용자 정의 facet, locale과 facet 의 활용
- 표준 facet string 비교, 수치 서식화, 화폐 서식화, 날짜와 시간 서식화, 문자 분류, 문자 코드 변환, 메시지
- 편의 인터페이스 문자 분류, 문자 변환, 문자열 변환, 버퍼 변환
- 조언

39.1 문화적 차이의 처리

locale은 문화적 선호도 집합을 표현하는 객체다. 문자열의 비교 방법, 인간이 읽을 수 있는 출력으로 숫자를 표시하는 방법, 외부 저장 공간에서 문자를 표시하는 방법 등이 그런 예다. 프로그래머는 미국 우편번호나 전화번호 같이 표준 라이브러리에서 직접적으로 지원되지 않는 로케일 고유의 항목을 표현하기 위해 새로운 facet을 locale에 추가함으로써 로케일^{locale}의 개념을 확장할 수 있다. 표준 라이브러리에서 locale의 주된 용도는 ostream에 쓰여지는 정보의 겉모습과 istream에 의해 읽혀지는 데이터의 서식을 제어하는 것이다.

39장에서는 locale의 사용법, facet에서 locale을 생성하는 방법 및 locale이 입출력 스트림에 영향을 미치는 방법을 설명한다.

로케일의 개념은 C++에만 국한된 건 아니다. 대부분의 운영체제와 애플리케이션 환경은 로케일의 개념을 갖고 있다. 원칙적으로 이러한 개념은 해당 프로그램 작성에 어떤 프로그래밍 언어가 사용됐든 시스템의 모든 프로그램 사이에서 공유된다. 따라서 C++ 표준 라이브러

리의 로케일 개념은 다른 시스템에서는 상당히 이질적인 표현을 갖는 정보에 C++이 접근하기 위한 표준적이고 이식 가능한 방법이라고 볼 수 있다. 무엇보다도 C++ `locale`은 다른 시스템에서는 호환 불가능한 방식으로 표현되는 시스템 정보에 대한 인터페이스다.

여러 국가에서 사용돼야 하는 프로그램을 작성한다고 가정해보자. 그런 것을 허용하는 스타일로 프로그램을 작성하는 것을 흔히 **국제화**^{internationalization}(프로그램이 여러 국가에서 사용되는 것을 강조) 또는 **현지화**^{localization}(프로그램이 현지 조건에 적응하는 점을 강조)라고 부른다. 프로그램이 다루는 많은 항목은 대개 그런 나라들에서는 다르게 표시될 것이다. 우리의 입출력 루틴이 그런 사항들을 고려하게 작성함으로써 이런 문제를 처리할 수 있다. 다음 예를 살펴보자.

```cpp
void print_date(const Date& d)   // 적합한 서식으로 출력한다.
{
    switch(where_am_I) {          // 사용자 정의 스타일 식별자
    case DK:                      // 예를 들면 7. marts 1999
        cout << d.day() << ". " << dk_month[d.month()] << " " << d.year();
        break;
    case ISO:                     // 예를 들면 1999-3-7
        cout << d.year() << " - " << d.month() << " - " << d.day();
        break;
    case US:                      // 예를 들면 3/7/1999
        cout << d.month() << "/" << d.day() << "/" << d.year();
        break;
    // ...
    }
}
```

이런 스타일의 코드는 그런 일을 해낸다. 하지만 이런 코드는 보기에 좋지 않고 유지 보수도 어렵다. 특히 모든 출력을 지역적 규약에 제대로 맞추려면 이런 스타일을 일관성 있게 사용해야 한다. 날짜를 작성하는 새로운 방법을 추가하고 싶다면 애플리케이션 코드를 수정해야만 한다. 더 끔찍한 문제는 날짜 작성이 문화 차이의 수많은 사례 중 빙산의 일각일 뿐이라는 점이다.

결과적으로 표준 라이브러리는 문화적 규약을 처리하는 확장 가능한 방법을 제공한다. `iostream` 라이브러리는 이런 프레임워크에 의존해서 기본 제공 타입과 사용자 정의 타입 양쪽을 처리한다(38.1절). 예를 들어 일련의 치수나 처리 집합을 나타내는 데 쓰일 수 있는 (날짜,double) 쌍을 복사하는 간단한 루프를 예로 들어보자.

```cpp
void cpy(istream& is, ostream& os)   // (날짜,double) 스트림을 복사한다.
{
    Date d;
    double volume;

    while (is >> d >> volume)
        os << d << ' '<< volume << '\n';
}
```

당연히 실제의 프로그램이라면 레코드에 대해 뭔가를 할 것이고, 이상적으로는 오류 처리에 대해 좀 더 주의를 기울일 것이다.

어떻게 해서 이 프로그램이 프랑스 규약(즉, 콤마는 부동소수점 숫자에서 소수점을 나타내는 데 쓰이는 문자. 예를 들어 12,5는 12와 0.5를 의미한다)을 준수하는 파일을 읽어 들여 그것을 미국 규약에 맞춰 출력하게 만들 것인가? locale과 입출력 연산을 정의해서 cpy()가 규약 사이의 변환을 처리하는 데 쓰이게 할 수 있다.

```
void f(istream& fin, ostream& fout, istream& fin2, ostream& fout2)
{
    fin.imbue(locale{"en_US.UTF-8"});      // 미국 영어
    fout.imbue(locale{"fr_FR.UTF-8"});      // 프랑스어
    cpy(fin,fout);                          // 미국 영어를 읽고, 프랑스어를 쓴다.
    // ...

    fin2.imbue(locale{"fr_FR.UTF-8"});      // 프랑스어
    fout2.imbue(locale{"en_US.UTF-8"});     // 미국 영어
    cpy(fin2,fout2);                        // 프랑스어를 읽고, 미국 영어를 쓴다.
    // ...
}
```

다음과 같은 스트림이 주어진다고 가정한다.

```
Apr 12, 1999 1000.3
Apr 13, 1999 345.45
Apr 14, 1999 9688.321
...
3 juillet 1950 10,3
3 juillet 1951 134,45
3 juillet 1952 67,9
...
```

이 프로그램은 다음 결과를 만들어 낼 것이다.

```
12 avril 1999 1000,3
13 avril 1999 345,45
14 avril 1999 9688,321
...
July 3, 1950 10.3
July 3, 1951 134.45
July 3, 1952 67.9
...
```

39장의 나머지 대부분은 이런 것을 가능하게 해주는 메커니즘과 그런 메커니즘을 활용하는 방법을 설명하는 데 할애된다. 하지만 대부분의 프로그래머들이 locale의 세부 사항을 다뤄야 할 이유는 거의 없을 테고, locale을 명시적으로 조작할 일도 결코 없을 것이다. 기껏해야 표준 로케일을 가져와서 그것을 스트림에 심는 정도일 것이다(38.4.5.1절).

지역화(국제화)의 개념은 간단하다. 하지만 실제적인 제약 조건 때문에 locale의 설계와 구현은 상당히 까다롭다.

[1] locale은 날짜의 표시 방법 같은 문화적 규약을 캡슐화한다. 이런 규약은 여러모로 미묘하고 비체계적으로 다양하다. 이런 규약은 프로그래밍 언어와는 아무런 관계가 없기 때문에 프로그래밍 언어는 그것들을 표준화할 수 없다.

[2]   locale의 개념은 확장 가능해야 한다. 모든 C++ 사용자에게 중요한 모든 문화적 규칙을 일일이 열거해 주기란 불가능하기 때문이다.

[3]   locale은 사람들이 런타임 효율성을 요구하는 연산(예를 들면 입출력과 정렬)에서 사용된다.

[4]   locale은 '옳은 것'이 무엇이고 그것을 어떻게 달성할지를 정확히 모르더라도 '옳은 것을 해주는' 기능으로부터 이득을 보기를 원하는 대다수의 프로그래머들의 눈에 띄지 않아야 한다.

[5]   locale은 표준의 범위를 벗어난 문화에 좌우되는 정보를 다루는 기능의 설계자에게 이용될 수 있어야 한다.

이런 locale을 구성하고 locale의 손쉬운 사용을 위해 제공되는 메커니즘은 그 자체로 작은 프로그래밍 언어를 구성한다.

locale은 개별적인 측면을 제어하는 facet으로 구성되는데, 부동소수점 값의 구두점에 쓰이기 위한 문자(decimal_point(), 39.4.2절)나 화폐 값을 읽기 위해 쓰이는 서식(moneypunct, 39.4.3절)이 그런 측면의 예다. facet은 locale::facet(39.3절)으로부터 파생된 클래스의 객체다. locale을 facet의 컨테이너로 생각할 수 있다(39.2절, 39.3.1절).

39.2 locale 클래스

locale 클래스와 관련된 기능은 <locale>에서 제공된다.

---

locale 멤버(iso.22.3.1절)

locale loc {};	loc는 현재의 전역 로케일에 대한 사본이다. noexcept
locale loc {loc2};	복사 생성자. loc는 loc2의 사본을 보관한다. loc.name()==loc2.name(). noexcept
locale loc {s};	loc를 s란 이름을 가진 locale로 초기화한다. s는 string 또는 C 스타일 문자열이 될 수 있다. loc.name()==s. 명시적
locale loc {loc2,s,cat};	loc는 loc2의 사본인데, 단 locale{s}로부터 복사되는 cat 카테고리를 가진 패싯은 제외한다. s는 string 또는 C 스타일 문자열이 될 수 있다. loc2가 이름을 가지면 loc도 이름을 가진다.
locale loc {loc2,pf};	loc는 loc2의 사본인데, 단 pf!=nullptr이라면 *pf 패싯은 제외한다. loc는 이름을 갖지 않는다.
locale loc {loc2,loc3,cat};	loc는 loc2의 사본인데, 단 loc3로부터 복사되는 cat 카테고리를 가진 패싯은 제외한다. loc2와 loc3 둘 다 이름을 가지면 loc도 이름을 가진다.
loc.~locale()	소멸자. virtual이 아니다. noexcept

(이어짐)

locale 멤버(iso.22.3.1절)	
loc2=loc	대입. loc2는 loc의 사본이다. noexcept
loc3=loc.combine<F>(loc2)	loc3는 loc의 사본인데, 단 loc2로부터 복사되는 F 패싯은 제외한다. loc3는 이름을 갖지 않는다.
s=loc.name()	s는 loc의 locale의 이름이거나 "*"다.
loc==loc2	loc가 loc2와 동일한 locale인가?
loc!=loc2	!(loc==loc2)
loc()(s,s2)	loc의 collate<C> 패싯을 이용해서 basic_string<C>의 s와 s2를 비교한다.
loc2=global(loc)	전역 locale을 loc로 설정한다. loc2는 이전의 전역 locale이다.
loc=classic()	loc는 전통적 'C' 로케일이다.

주어진 이름이나 참조되는 **facet**의 **locale**이 존재하지 않는다면 이름을 붙이는 **locale** 연산은 **runtime_error**를 던진다.

locale에 이름을 붙이는 것은 약간 특이하다. 다른 **locale**에 **facet**을 추가해서 새로운 **locale**을 만들고 결과 **locale**이 이름을 가질 경우에 해당 이름은 구현별 정의 사항이 된다. 종종 이런 구현별 정의 사항인 이름에는 가장 많은 **facet**을 제공한 **locale**의 이름이 포함된다. 이름이 없는 **locale**에 대해 **name()**은 "*"를 반환한다.

locale은 **map<id,facet*>**에 대한 인터페이스로 생각될 수 있다. 즉, **locale::id**를 이용해서 **locale::facet**에서 파생되는 대응되는 클래스 객체를 찾게 해주는 뭔가란 것이다. 배치 구조는 다음과 같이 될 것이다.

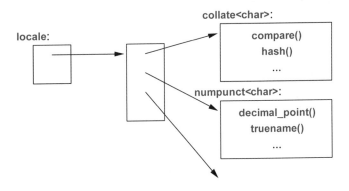

여기서 **collate<char>**와 **numpunct<char>**는 표준 라이브러리 패싯이다(39.4절). 모든 패싯은 **locale::facet**에서부터 파생된다.

locale은 자유롭고 적은 비용으로 복사되도록 만들어졌다. 결과적으로 **locale**은 자신의 주요 부분을 구성하는 특수화된 **map<id,facet*>**에 대한 핸들로서 가장 확실히 구현된다. **facet**은 **locale** 내에서 신속하게 접근될 수 있어야 한다. 결과적으로 특수화된 **map<id,facet*>**는 배열과 유사한 빠른 접근을 제공하기 위해 최적화될 것이다. **locale**의 **facet**은 **use_facet<Facet>(loc)** 표기를 이용해서 접근된다(39.3.1절을 참고하기 바란다).

표준 라이브러리는 **facet**의 풍부한 집합을 제공한다. 논리적 그룹으로 **facet**을 조작하는 프로그래머에게 도움을 주기 위해 표준 **facet**은 **numeric**이나 **collate**(39.4절) 같은 카테고리로 그룹화된다.

facet 카테고리(iso.22.3.1절)	
collate	예를 들면 collate. 39.4.1절
ctype	예를 들면 ctype. 39.4.5절
numeric	예를 들면 num_put, num_get, numpunct. 39.4.2절
monetar	money_put, money_get, moneypunct. 39.4.3절
time	예를 들면 time_put, time_get. 39.4.4절
messages	messages. 39.4.7절
all	collate | ctype | monetary | numeric | time | messages
none	

프로그래머가 새롭게 생성된 **locale**에 대해 이름 문자열을 지정하게 해주는 기능은 없다. 이름 문자열은 프로그램의 실행 환경에서 정의되든지 아니면 **locale** 생성자에 의해 그런 이름들의 조합으로 생성돼야 한다.

프로그래머는 기존 카테고리에서 **facet**을 대체할 수 있다(39.4절, 39.4.2.1절). 하지만 프로그래머가 새로운 카테고리를 정의할 수 있는 방법은 존재하지 않는다. '카테고리'란 개념은 표준 라이브러리 패싯에만 적용되며, 확장 불가능하다. 따라서 패싯은 어떤 카테고리에 꼭 소속돼야 하는 것은 아니며, 실제로 사용자 정의 패싯 중 상당수는 소속이 없다.

locale x가 이름 문자열을 갖지 않는다면 **locale::global(x)**가 C 전역 로케일에 영향을 미칠지의 여부는 정의되지 않는다. 이는 C++ 프로그램이 신뢰성과 이식성을 보장하면서 실행 환경에서 가져오지 않은 로케일로 C 로케일을 설정할 수 없다는 뜻이다. C 프로그램이 C++ 전역 로케일을 설정할 수 있는 표준적인 방법은 존재하지 않는다(그렇게 하도록 C++ 함수를 호출하는 것을 제외하고는). C와 C++가 혼용되는 프로그램에서 C 전역 로케일을 **global()**과 다르게 하면 오류에 취약해진다.

단연코 **locale**의 가장 중요한 용도는 스트림 입출력 내에서 암시적으로 쓰이는 경우다. 각각의 **stream**과 **ostream**은 자신만의 **locale**을 가진다. 스트림의 생성 시점에 스트림의 **locale**은 기본적으로 전역 **locale**(39.2.1절)이다. 스트림의 **locale**은 **imbue()** 연산에 의해 설정될 수 있으며, **getloc()**(38.4.5.1절)을 이용해서 스트림의 **locale**에 대한 사본을 추출할 수 있다.

전역 **locale**의 설정은 기존 입출력 스트림에 영향을 미치지 않는다. 그런 스트림들은 전역 **locale**이 재설정되기 전에 자신에게 부여된 **locale**을 계속 사용한다.

39.2.1 이름 붙은 locale

locale은 다른 locale과 facet으로부터 생성된다. locale을 만드는 가장 간단한 방법은 기존 locale을 복사하는 것이다. 예를 들면 다음과 같다.

```
locale loc1;                            // 현재의 전역 로케일을 복사한다.
locale loc2 {""};                       // "사용자 선호 로케일"을 복사한다.

locale loc3 {"C"};                      // "C" 로케일을 복사한다.
locale loc4 {locale::classic()};        // "C" 로케일을 복사한다.

locale loc5 {"POSIX"};                  // "POSIX"란 이름의 로케일을 복사한다.
locale loc6 {"Danish_Denmark.1252"};    // "Danish_Denmark.1252"란 이름의 로케일을 복사한다.
locale loc7 {"en_US.UTF-8"};            // "en_US.UTF-8"란 이름의 로케일을 복사한다.
```

locale{"C"}는 표준에 의해 '전통적인' C 로케일이란 의미로 정의된다. 이것은 이 책 전반에 걸쳐 사용돼 온 로케일이다. 다른 locale 이름은 구현별 정의 사항이다.

locale{""}는 '사용자 선호 로케일'로 간주된다. 이 로케일은 프로그램의 실행 환경에서 언어 외적인 수단으로 설정된다. 자신의 현재 '선호 로케일'을 보고 싶다면 다음과 같이 작성한다.

```
locale loc("");
cout << loc.name() << '\n';
```

내 윈도우 노트북에서는 다음 결과가 출력된다.

```
English_United States.1252
```

내 리눅스 컴퓨터에서는 다음 결과가 출력된다.

```
en_US.UTF-8
```

로케일의 이름은 C++에 대해 표준화돼 있지 않다. 대신 POSIX나 마이크로소프트 같은 다양한 기관이 다양한 프로그래밍 언어에 두루 쓰이는 자신만의 (서로 다른) 표준을 유지한다. 예를 들면 다음과 같다.

GNU 로케일 이름 예(POSIX 기반)	
ja_JP	일본을 위한 일본어
da_DK	덴마크를 위한 덴마크어
en_DK	덴마크를 위한 영어
de_CH	스위스를 위한 독일어
de_DE	독일을 위한 독일어
en_GB	영국을 위한 영어
en_US	미국을 위한 영어
fr_CA	캐나다를 위한 프랑스어
de_DE	독일을 위한 독일어
de_DE@euro	유로 기호 €를 가진 독일을 위한 독일어
de_DE.utf8	UTF-8을 사용하는 독일을 위한 독일어
de_DE.utf8@euro	유로 기호 €를 가진 UTF-8을 사용하는 독일을 위한 독일어

POSIX는 **sv_FI@euro**(유료 기호가 포함된 핀란드를 위한 스웨덴어)와 같이 소문자 언어명에 대문자 국가명과 인코딩 지정자가 선택적으로 이어지는 서식을 추천한다.

마이크로소프트 로케일 이름 예
Arabic_Qatar.1256
Basque_Spain.1252
Chinese_Singapore.936
English_United Kingdom.1252
English_United States.1252
French_Canada.1252
Greek_Greece.1253
Hebrew_Israel.1255
Hindi_India.1252
Russian_Russia.1251

마이크로소프트는 언어명에 국가명이 이어지고 선택적으로 코드 페이지 번호가 이어지는 서식을 사용한다. 코드 페이지^{code page}란 이름(또는 숫자)이 붙은 문자 인코딩이다.

대부분의 운영체제는 프로그램에 대한 기본 로케일을 설정하는 방법을 갖고 있다. 대개, 그런 방법은 **LC_ALL**, **LC_COLLATE**, **LANG** 같은 이름을 가진 환경 변수를 통해 이뤄진다. 많은 경우 어떤 사람이 시스템을 처음 접할 때 그 사람이 시스템을 사용하는 데 적합한 로케일이 선택된다. 예를 들어 아르헨티나의 스페인어를 기본 설정으로 사용하도록 리눅스 시스템을 환경설정하는 사람이라면 locale{""}이 locale{"es_AR"}을 뜻한다고 여길 것이라고 추측할 수 있다. 하지만 이런 이름들은 여러 플랫폼에서 표준화되어 있지 않다. 따라서 주어진 시스템에서 이름이 붙은 **locale**을 사용하려면 프로그래머는 시스템 문서를 참고하든지 실험을 해봐야 한다.

일반적으로는 **locale** 이름 문자열을 프로그램 텍스트에 삽입하지 않는 편이 좋은 생각이다. 파일명이나 시스템 상수를 프로그램 텍스트에서 언급하면 프로그램의 이식성이 제한되고 많은 경우 어떤 프로그램을 새로운 환경에 적응시키려고 하는 프로그래머로 하여금 그런 값들을 일일히 찾아서 고치게 만든다. **locale** 이름 문자열을 언급하는 것 역시 비슷하게 언짢은 결과를 만든다. 그 대신 **locale**을 프로그램의 실행 환경 내에서 고를 수 있다(예를 들어 locale("")을 사용하거나 파일을 읽어서). 대안으로 프로그램이 사용자에게 문자열 입력을 통해 다른 로케일을 지정하도록 요청할 수도 있다. 예를 들면 다음과 같다.

```
void user_set_locale(const string& question)
{
    cout << question;          // 예를 들면 "다른 로케일을 사용하고 싶다면 이름을 입력해 주세요"
    string s;
    cin >> s;
    locale::global(locale{s}); // 사용자가 지정한 대로 전역 로케일을 설정한다.
}
```

대체적으로는 비전문가인 사용자가 선택 목록 중에서 고르게 하는 편이 낫다. 이런 기능을 구현하는 함수는 시스템이 `locale`을 어떤 장소에 어떤 방식으로 보관하고 있는지 알아야 한다. 예를 들어 많은 리눅스 시스템은 `locale`을 /usr/share/locale 디렉터리에 보관한다.

문자열 인자가 정의된 `locale`을 가리키지 않는다면 생성자는 **runtime_error** 예외 (30.4.1.1절)를 던진다. 예를 들면 다음과 같다.

```cpp
void set_loc(locale& loc, const char* name)
try
{
    loc = locale{name};
}
catch (runtime_error&) {
    cerr << "locale \"" << name << "\" isn't defined\n";
    // ...
}
```

`locale`이 이름 문자열을 갖고 있다면 `name()`이 그것을 반환할 것이다. 그렇지 않다면 `name()`은 `string("*")`를 반환할 것이다. 이름 문자열은 주로 실행 환경 내에 저장돼 있는 `locale`을 참조하기 위한 수단이다. 부차적으로 이름 문자열은 디버깅 지원에 쓰일 수 있다. 예를 들면 다음과 같다.

```cpp
void print_locale_names(const locale& my_loc)
{
    cout << "name of current global locale: " << locale().name() << "\n";
    cout << "name of classic C locale: " << locale::classic().name() << "\n";
    cout << "name of ''user's preferred locale'': " << locale("").name() << "\n";
    cout << "name of my locale: " << my_loc.name() << "\n";
}
```

39.2.1.1 새로운 locale의 생성

새로운 `locale`은 기존 `locale`을 받아들여 `facet`을 추가하거나 대체함으로써 만들어진다. 대개 새로운 `locale`은 기존 것을 약간 변형한 것이다. 예를 들면 다음과 같다.

```cpp
void f(const locale& loc, const My_money_io* mio)  // My_money_io은 39.4.3.1절에서 정의된다.
{
    locale loc1(locale{"POSIX"},loc,locale::monetary);  // loc의 monetary 패싯을 사용한다.
    locale loc2 = locale(locale::classic(), mio);       // 전통적인 mio 추가
    // ...
}
```

여기서 `loc1`은 `loc`의 화폐 `facet`(39.4.3절)을 사용하도록 수정된 POSIX `locale`의 사본이다. 마찬가지로 `loc2`는 `My_money_io`(39.4.3.1절)를 사용하도록 수정된 C `locale`의 사본이다. 결과 `locale`은 다음과 같이 표시될 수 있다.

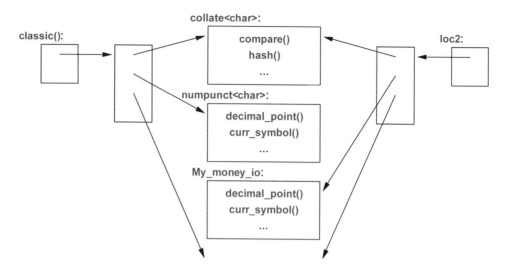

Facet* 인자(여기서는 My_money_io)가 nullptr이라면 결과 locale은 locale 인자의 사본일 뿐이다.

locale{loc,f}의 생성에서 f 인자는 구체적인 facet 타입으로 식별돼야 한다. 일반적인 facet*로는 부족하다. 예를 들면 다음과 같다.

```
void g(const locale::facet* mio1, const money_put<char>* mio2)
{
    locale loc3 = locale(locale::classic(), mio1);  // 오류: facet의 타입이 알려져 있지 않다.
    locale loc4 = locale(locale::classic(), mio2);   // OK: facet의 타입이 알려져
                                                      //     있다(moneyput<char>).
    // ...
}
```

locale은 Facet* 인자 타입을 이용해서 컴파일 타임에 facet의 타입을 판단한다. 특히 locale의 구현은 facet의 식별 타입 facet::id(39.3절)를 사용해서 locale에서 해당 facet을 찾는다(39.3.1절)

```
template<typename Facet> locale(const locale& x, Facet* f);
```

이 생성자가 locale 전체에 걸쳐 사용될 facet을 제공하기 위해 언어 내에서 프로그래머에게 제공되는 유일한 메커니즘이다. 다른 locale들은 이름이 붙은 로케일로서 구현자에 의해 제공된다(39.2.1절). 이름이 붙은 로케일은 프로그램의 실행 환경에서 가져올 수 있다. 해당 로케일에 쓰인 구현별 정의 사항 메커니즘을 이해하는 프로그래머는 새로운 locale을 추가할 수 있다.

locale에 대한 생성자 집합은 facet의 모든 타입을 알 수 있게끔 설계되는데, facet의 타입은 (Facet 타입 매개변수의) 타입 추론을 통해 알려지거나 아니면 해당 facet이 (타입을 알고 있는) 다른 locale을 바탕으로 만들어졌기 때문에 알 수 있다. locale은 카테고리에 포함된 facet의 타입을 알고 있으므로, category 인자를 지정하면 facet의 타입이 간접적으로 지정된다. 이는 locale 클래스가 최소의 오버헤드로 facet을 조작할 수 있게 facet의 타입을 추

적 관리할 수 있다(그리고 실제로 그렇게 한다)는 의미를 내포한다.

locale은 locale::id 멤버 타입을 이용해서 facet 타입을 식별한다(39.3절).

locale을 변경할 수 있는 방법은 없다. 대신 locale 연산은 기존 locale을 바탕으로 새로운 locale을 만들 수 있는 방법을 제공한다. locale이 생성된 후에는 불변적이라는 사실은 런타임 효율성에 필수적이다. 이는 locale을 사용하는 누군가가 facet의 가상 함수를 호출해서 반환되는 값을 캐싱할 수 있게 해준다. 예를 들어 istream은 소수점을 나타내는 데 어떤 문자가 사용되는지 알 수 있고, 매번 숫자를 읽을 때마다 decimal_point()를 호출하지 않고, 매번 bool에 읽어 들일 truename()을 호출하지 않고 true를 표시하는 방법을 알 수 있다 (39.4.2절). 스트림에 대한 imbue() 호출(38.4.5.1절)만이 이러한 호출이 다른 결과를 반환하게 만들 수 있다.

39.2.2 string의 비교

locale에 따라 두 string을 비교하는 것은 아마도 입출력 외부에서 locale이 쓰이는 가장 흔한 경우일 것이다. 결과적으로 이런 연산은 locale에 의해 직접적으로 제공되므로, 사용자는 collate 패싯(39.4.1절)으로부터 자신만의 비교 함수를 직접 만들지 않아도 된다. 이런 string 비교 함수는 locale의 operator()()로 정의된다. 예를 들면 다음과 같다.

```
void user(const string s1, const string s2, const locale& my_locale)
{
    if (my_locale(s,s2)) {              // my_locale에 따르면 s<s2 인가?
        // ...
    }
}
```

비교 함수가 () 연산자이면 바로 술어 함수로도 유용할 수 있다(4.5.4절). 다음 예를 살펴보자.

```
void f(vector<string>& v, const locale& my_locale)
{
    sort(v.begin(),v.end());              // 원소를 비교하는 <를 이용해서 정렬한다.
    // ...
    sort(v.begin(),v.end(),my_locale);    // my_locale의 규칙에 따라 정렬한다.
    // ...
}
```

기본 설정으로 표준 라이브러리 sort()는 구현 문자 집합의 수치 값에 대해 <를 사용해서 대조 순서를 결정한다(32.6절, 31.2.2.1절).

39.3 facet 클래스

locale은 facet의 집합이다. facet은 하나의 구체적인 문화적 특성을 표시하는데, 숫자가 출력에서 어떻게 표시되는지(num_put), 날짜가 입력에서 어떻게 읽혀지는지(time_get), 문자가 파일에 어떻게 저장되는지(codecvt) 등이 그런 예다. 표준 라이브러리 facet은 39.4절에 나열돼 있다.

사용자는 계절 이름이 어떻게 출력될지를 결정하는 facet 같이 새로운 facet을 정의할 수 있다(39.3.2절).

facet은 프로그램 내에서 std::locale::facet으로부터 파생된 클래스의 객체로서 표시된다. 다른 모든 locale 기능과 마찬가지로 facet은 <locale>에 들어 있다.

```
class locale::facet {
    protected:
    explicit facet(size_t refs = 0);
    virtual ~facet();
    facet(const facet&) = delete;
    void operator=(const facet&) = delete;
};
```

facet 클래스는 기반 클래스가 되도록 설계됐으며, 공용 함수를 갖고 있지 않다. 이 클래스의 생성자는 '일반 facet' 객체의 생성을 방지하기 위해 protected이며, 소멸자는 파생 클래스 객체의 올바른 소멸을 보장하기 위해 virtual이다.

facet은 locale에 저장된 포인터를 통해 관리되게 돼 있다. facet 생성자에 대한 0 인자는 마지막 참조자가 사라질 때 locale이 facet을 삭제해야 한다는 뜻이다. 역으로 0이 아닌 생성자 인자는 locale이 절대로 facet을 삭제하지 않게 보장한다. 0이 아닌 인자는 facet의 수명이 locale을 통해 간접적으로 제어되지 않고, 프로그래머에 의해 직접적으로 제어되는 드문 경우를 위한 것이다.

각 종류의 facet 인터페이스는 별도의 id를 가져야 한다.

```
class locale::id {
public:
    id();
    void operator=(const id&) = delete;
    id(const id&) = delete;
};
```

id는 사용자가 새로운 facet 인터페이스(예제는 39.4.1절 참고)를 제공하는 각 클래스의 static 타입 id 멤버를 정의하는 데 쓰이기 위한 것이다. locale 메커니즘은 id를 이용해서 facet을 식별한다(39.2절, 39.3.1절). locale의 일반적 구현에서 id는 facet을 가리키는 포인터로 이뤄진 벡터에 대한 색인으로 사용되며, 이를 통해 효율적인 map<id,facet*>를 구현하는 것이다.

(파생된) facet을 정의하는 데 쓰이는 데이터는 파생 클래스에서 정의된다. 이는 facet을 정의하는 프로그래머가 데이터에 대해 완전한 통제력을 갖고 있다는 점과 facet에 의해 표시되는 개념을 구현하기 위해 데이터의 양이 임의적으로 쓰일 수 있다는 점을 의미한다.

facet은 불변적이어야 하므로, 사용자 정의 facet의 모든 멤버 함수는 const로 정의돼야 한다.

39.3.1 locale에서 facet 접근

locale의 facet은 두 개의 템플릿 함수를 이용해서 접근된다.

비멤버 facet 함수(iso.22.3.2절)

f=use_facet<F>(loc)	f는 loc에 있는 패싯 F에 대한 참조자다. loc이 F를 갖고 있지 않다면 bad_cast를 던진다.
has_facet<F>(loc)	loc이 패싯 F를 갖고 있는가? noexcept

이런 함수들은 자신의 **locale** 인자 내에서 템플릿 매개변수 F를 탐색하는 역할을 수행한다고 생각하기 바란다. 다른 방법으로 **locale**에서 특정한 **facet**으로의 명시적 타입 변환(캐스트)의 일종으로 **use_facet**을 생각할 수도 있다. 이것이 가능한 이유는 **locale**이 주어진 타입으로 단 하나의 **facet**만을 가질 수 있기 때문이다. 예를 들면 다음과 같다.

```
void f(const locale& my_locale)
{
    char c = use_facet<numpunct<char>>(my_locale).decimal_point(); // 표준 패싯을 사용한다.
    // ...
    if (has_facet<Encrypt>(my_locale)) {       // my_locale에 Encrypt 패싯이 포함돼 있는가?
        const Encrypt& f = use_facet<Encrypt>(my_locale);      // Encrypt 패싯을 가져온다.
        const Crypto c = f.get_crypto();                       // Encrypt 패싯을 사용한다.
        // ...
    }
    // ...
}
```

표준 **facet**은 모든 **locale**에서 사용 가능하게 보장되므로(39.4절), 표준 **facet**에 대해 **has_facet**을 쓸 필요는 없다.

facet::id 메커니즘을 바라보는 한 가지 방법은 컴파일 타임 다형성 형태의 최적화된 구현으로서다. **dynamic_cast**는 **use_facet**이 만들어내는 것과 상당히 유사한 결과를 얻는 데 사용될 수 있다. 하지만 특수화된 **use_facet**이 범용적인 **dynamic_cast**에 비해 좀 더 효율적으로 구현될 수 있다.

id는 클래스가 아니라 인터페이스와 동작을 식별한다. 즉, 두 개의 **facet** 클래스가 정확히 똑같은 인터페이스를 갖고 동일한 의미 구조(locale에 관한 한)를 구현한 경우라면 그들은 동일한 **id**로 식별돼야 한다. 예를 들어 **collate<char>**와 **collate_byname<char>**는 **locale**에서 교체 가능하므로, 둘 모두는 **collate<char>::id**(39.4.1절)로 식별된다.

facet을 **f()**의 Encrypt 같이 새로운 인터페이스로 정의하면 그것을 식별하기 위해 대응되는 **id**를 정의해야 한다(39.3.2절과 39.4.1절 참고).

39.3.2 간단한 사용자 정의 facet

표준 라이브러리는 문자 집합이나 숫자 입출력 같이 문화적 차이의 중요한 영역 대부분에 대해 표준 facet을 제공한다. 널리 쓰이는 타입의 복잡성과 그에 수반되는 효율성 이슈와 분리해서 facet 메커니즘을 살펴보기 위해 우선 간단한 사용자 정의 타입에 대한 facet을 제시한다.

```
enum Season { spring, summer, fall, winter };        // 상당히 간단한 사용자 정의 타입
```

여기에서 개략적으로 제시되는 입출력 스타일은 약간만 변경해도 대부분의 간단한 사용자 정의 타입에 활용될 수 있다.

```
class Season_io : public locale::facet {
public:
    Season_io(int i = 0) : locale::facet{i} { }
    ~Season_io() { }               // Season_io 객체를 소멸시키기 위해서(39.3절)
    virtual const string& to_str(Season x) const = 0;         // x의 문자열 표시
    virtual bool from_str(const string& s, Season& x) const = 0; // s에 대한 Season을
                                                                 // x에 넣는다.
    static locale::id id;        // 패싯 식별자 객체(39.2절, 39.3절, 39.3.1절)
};

locale::id Season_io::id;        // 식별자 객체를 정의한다.
```

단순화를 위해 이 facet은 char로 이뤄진 string으로 제한된다.

Season_io 클래스는 모든 Season_io 패싯에 대한 범용적이고 추상적인 인터페이스를 제공한다. 특정 locale에 대한 Season의 입출력 표현을 정의하기 위해 Season_io로부터 클래스를 파생하고 to_str()과 from_str()을 적절하게 정의한다.

Season의 출력은 쉽다. 스트림이 Season_io 패싯을 갖고 있다면 그것을 이용해서 값을 문자열로 변환할 수 있다. 그렇지 않다면 Season의 int 값을 출력할 수 있다.

```
ostream& operator<<(ostream& os, Season x)
{
    locale loc {os.getloc()};        // 스트림의 로케일을 추출한다(38.4.4절).
    if (has_facet<Season_io>(loc))
        return os << use_facet<Season_io>(loc).to_str(x); // 문자열 표시
    return os << static_cast<int>(x);        // 정수 표시
}
```

최대한의 효율성과 융통성을 위해 표준 facet은 스트림 버퍼에 직접적으로 작용하는 편이다(39.4.2.2절, 39.4.2.3절). 하지만 Season 같이 간단한 사용자 정의 타입에 대해서는 streambuf의 추상화 수준을 떨어뜨릴 필요가 없다.

대개 그렇듯이 입력은 출력보다 약간 더 복잡하다.

```
istream& operator>>(istream& is, Season& x)
{
    const locale& loc {is.getloc()};                // 스트림의 로케일을 추출한다(38.4.4절).
```

```
    if (has_facet<Season_io>(loc)) {
        const Season_io& f {use_facet<Season_io>(loc)}; // 로케일의 Season_io 패싯을 찾는다.

        string buf;
        if (!(is>>buf && f.from_str(buf,x)))                // 알파벳 표시를 읽는다.
            is.setstate(ios_base::failbit);
    return is;
    }
    int i;
    is >> i;                                                // 수치 표시를 읽는다.
    x = static_cast<Season>(i);
    return is;
}
```

오류 처리는 단순하며, 기본 제공 타입에 대한 오류 처리 스타일을 따른다. 즉, 선택된 locale에서 입력 문자열이 Season을 표시하지 못한다면 스트림은 fail 상태에 놓여진다. 예외가 활성화된다는 것은 ios_base::failure 예외가 던져진다는 뜻이다(38.3절).

다음은 간단한 테스트 프로그램이다.

```
int main()
    // 간단한 테스트
{
    Season x;
    // 기본 로케일 사용(Season_io 패싯이 없는)은 정수 입출력을 의미한다.
    cin >> x;
    cout << x << endl;

    locale loc(locale(),new US_season_io{});
    cout.imbue(loc);        // Season_io 패싯이 있는 로케일을 사용한다.
    cin.imbue(loc);         // Season_io 패싯이 있는 로케일을 사용한다.

    cin >> x;
    cout << x << endl;
}
```

다음을 입력한다.

```
2
summer
```

이 프로그램은 다음과 같이 응답한다.

```
2
summer
```

이런 결과를 얻기 위해서는 Season_io에서 US_season_io 클래스를 파생하고, 계절에 대한 적절한 문자열 표시를 정의해야 한다.

```
class US_season_io : public Season_io {
    static const string seasons[];
public:
    const string& to_str(Season) const;
    bool from_str(const string&, Season&) const;

    // 참고: US_season_io::id가 없음
```

```
};
const string US_season_io::seasons[] = {
    "spring",
    "summer",
    "fall",
    "winter"
};
```

그런 다음, 문자열 표시와 열거자 간의 변환을 제공하는 `Season_io` 함수를 재정의한다.

```
const string& US_season_io::to_str(Season x) const
{
    if (x<spring || winter<x) {
        static const string ss = "no-such-season";
        return ss;
    }
    return seasons[x];
}
bool US_season_io::from_str(const string& s, Season& x) const
{
    const string* p = find(begin(seasons),end(seasons),s);
    if (p==end)
        return false;
    x = Season(p-begin(seasons));
    return true;
}
```

US_season_io가 Season_io 인터페이스의 구현일 뿐이기 때문에 US_season_io에 대한 id를 정의하지 않았다는 점에 유의한다. 실제로 US_season_io가 Season_io로 쓰이길 원한다면 US_season_io에게 자신만의 id를 부여하지 말아야 한다. has_facet(39.3.1절) 같은 locale에 대한 연산은 동일한 id에 의해 식별되는 동일한 개념을 구현하는 facet에 의존한다(39.3절).

구현에서 유일하게 흥미로운 의문점은 유효하지 않은 Season을 출력하라는 요구를 받았을 때 어떻게 해야 하는가이다. 물론 이런 일은 일어나지 말아야 한다. 하지만 간단한 사용자 정의 타입에 대해 유효하지 않은 값을 찾는 경우가 드물지는 않기 때문에 그러한 가능성을 고려하는 편이 현실적이다. 예외를 던질 수도 있었겠지만, 사람이 읽을 수 있게 의도된 간단한 출력을 다룰 때는 범위를 벗어난 값에 대한 '범위 벗어남' 표시를 만드는 것이 많은 경우 도움이 된다. 입력에 대해서는 오류 처리 정책이 >> 연산자에게 맡겨져 있는 반면, 출력에 대해서는 facet 함수 to_str()이 오류 처리 정책을 구현한다는 데 유의한다. 이는 설계 대안들을 보여주기 위해서다. '실제 제품 설계'에서 facet 함수는 입력과 출력 모두에 대한 오류 처리를 구현하든지 아니면 >>와 <<가 처리할 오류를 보고하든지 둘 중의 하나다.

Season_io 설계는 locale 고유의 문자열을 제공하기 위해 파생 클래스에 의존한다. 다른 방법의 설계는 Season_io가 자체적으로 그런 문자열들을 locale 고유 저장소(39.4.7절 참고)로부터 가져오게 하는 것이다. 계절 문자열이 생성자 인자로서 전달되는 단독 Season_io 클래스를 만들 수 있을지는 연습과제로 남겨둔다.

39.3.3 locale과 facet의 활용

표준 라이브러리 내에서 locale의 주 용도는 입출력 스트림에 있다. 하지만 locale 메커니즘은 문화에 좌우되는 정보를 표현한다는 차원에서 범용적이면서도 확장 가능한 메커니즘이다. messages 패싯(39.4.7절)은 입출력 스트림과 아무런 관계가 없는 facet의 한 가지 예다. iostream 라이브러리에 대한 확장과 스트림에 기반을 두지 않은 입출력 기능에서도 locale을 활용할 수 있다. 또한 사용자는 locale을 문화에 좌우되는 임의의 정보를 구성하는 편리한 도구로 활용할 수도 있다.

locale/facet 메커니즘의 범용성 때문에 사용자 정의 facet의 가능성은 무궁무진하다. facet으로 표현될 수 있는 그럴싸한 후보로는 날짜, 시간대, 전화번호, 사회보장번호(개인 식별 번호), 제품 코드, 기온, 일반적인 (단위,값) 쌍, 우편번호(미국 우편번호), 의류 사이즈, ISBN 번호 등이 있다.

다른 모든 강력한 메커니즘에서 그렇듯이 facet은 유의해서 사용돼야 한다. 뭔가가 facet으로 표현될 수 있다고 해서 그런 방식으로 표현되는 것이 최선이라는 뜻은 아니다. 문화적 의존성에 대한 표현을 선택할 때 고려해야 할 주요 이슈는 늘 그렇듯이 다양한 의사결정이 코드 작성의 난이도, 결과 코드의 가독성, 결과 프로그램의 유지 보수성 및 결과 입출력 연산의 시간과 공간 측면에서의 효율성에 어떻게 영향을 미치는가이다.

39.4 표준 facet

<locale>에서 표준 라이브러리는 다음 facet들을 제공한다.

표준 facet(iso.22.3.1.1.1절)			
collate	문자열 비교	collate<C>	39.4.1절
numeric	수치 서식화	numpunct<C> num_get<C,In> num_put<C,Out>	39.4.2절
monetary	화폐 서식화	moneypunct<C> moneypunct<C,International> money_get<C,In> money_put<C,Out>	39.4.3절
time	날짜와 시간 서식화	time_put<C,Out> time_put_byname<C,Out> time_get<C,In>	39.4.4절
ctype	문자 분류	ctype<C> codecvt<In,Ex,SS> codecvt_byname<In,Ex,SS>	39.4.5절
messages	메시지 검색	messages<C>	39.4.7절

세부 사항은 참조로 표시된 소절에서 설명된다.

이 표에 있는 **facet**을 인스턴스화할 때 C는 문자 타입이어야 한다(36.1절). 이들 **facet**은 **char**나 **wchar_t**에 대해 정의될 수 있게 보장된다. 게다가 **ctype<C>**는 **char16_t**와 **char32_t**를 지원하게 보장된다. 또 다른 문자 타입 **X**를 다루는 표준 입출력을 필요로 하는 사용자는 구현별 **facet** 특수화에 의존하거나 **X**에 대해 적절한 **facet** 버전을 제공해야 한다. 예를 들어 **X**와 **char** 간의 변환을 제어하기 위해 **codecvt<X,char,mbstate_t>**(39.4.6절)가 필요할지도 모른다.

International은 **true** 또는 **false**가 될 수 있다. **true**는 USD나 BRL 같이 3개 문자로 이뤄진 화폐 기호의 '국제적' 표현이 쓰인다는 뜻이다(39.4.3.1절).

시프트 상태 매개변수인 **SS**는 멀티바이트 문자 표현의 시프트 상태를 나타내는 데 쓰인다(39.4.6절). **<cwchar>**에서 **mbstate_t**는 지원되는 멀티바이트 문자 인코딩 규칙의 구현별 정의 집합에서 등장할 수 있는 모든 변환 상태를 표시하게 정의된다. 임의의 타입 **X**에 대해 **mbstate_t**와 동등한 것은 **char_traits<X>::state_type**(36.2.2절)이다.

In과 **Out**은 각각 입력 반복자와 출력 반복자다(33.1.2절, 33.1.4절). **_put**과 **_get** 패싯에 이런 템플릿 인자를 제공하면 프로그래머는 비표준 버퍼에 접근하는 **facet**을 제공할 수 있다(39.4.2.2절). **iostream**과 연관된 버퍼는 스트림 버퍼이므로, 그것들에 대해 제공되는 반복자는 **ostreambuf_iterator**(38.6.3절, 39.4.2.2절)다. 결과적으로 함수 **failed()**를 오류 처리에 이용할 수 있다(38.6.3절).

표준 **facet**에는 **_byname** 버전이 있다. **F_byname** 패싯은 **F** 패싯으로부터 파생된다. **F_byname**는 **locale**에 이름을 붙이는 문자열 연산자를 받아들이는 생성자를 추가한다(예는 39.4.1절 참고)는 점만 빼면 **F**에 대해 동일한 인터페이스를 제공한다. **F_byname(name)**은 **locale(name)**에 정의돼 있는 **F**에 대해 적절한 의미 구조를 제공한다.

기본 구상은 프로그램의 실행 환경 내에서 이름이 붙은 **locale**(39.2.1절)로부터 표준 **facet** 버전을 하나 고르는 것이다. 이는 환경을 참고해야 하는 생성자에 비해 **_byname** 생성자가 매우 느릴 수 있다는 점을 의미한다. **locale**을 생성한 다음 그것의 **facet**에 접근하는 방식이 프로그램의 여기저기서 **_byname facet**을 이용하는 방식보다는 거의 언제나 더 빠르다. 따라서 환경으로부터 **facet**을 한 번 읽어 들인 다음, 메인 메모리에서 사본을 반복적으로 이용하는 방식이 대체적으로 좋은 생각이다. 예를 들면 다음과 같다.

```
locale dk {"da_DK"};            // 덴마크어 로케일(모든 패싯을 포함해서)을 한 번 읽어 들인 다음,
                                // dk 로케일과 그것의 패싯을 필요한 대로 사용한다.
void f(vector<string>& v, const locale& loc)
{
    const collate<char>& col {use_facet<collate<char>>(dk)};
    const ctype<char>& ctyp {use_facet<ctype<char>>(dk)};

    locale dk1 {loc,&col};      // 덴마크어 문자열 비교를 사용한다.
    locale dk2 {dk1,&ctyp};     // 덴마크어 문자 분류와 문자열 비교를 사용한다.

    sort(v.begin(),v.end(),dk2);
```

```
    // ...
}
```

dk2 로케일은 덴마크어 스타일의 문자열을 사용하겠지만, 숫자에 대한 기본 규약은 유지할 것이다.

카테고리의 개념은 **locale**에서 표준 **facet**을 조작하는 간편한 방법을 제공해준다. 예를 들어 **dk** 로케일이 주어지면 덴마크어 규칙에 따라 문자열을 읽어 들여 비교하지만, C++에서 쓰이는 숫자 문법은 변함없이 유지하는 **locale**을 생성할 수 있다.

```
locale dk_us(locale::classic(),dk,collate|ctype);    // 덴마크어 글자, 미국 숫자
```

개별적인 표준 **facet**의 소개에는 **facet**의 활용에 대한 더 많은 예제가 포함된다. 특히 **collate**(39.4.1절)의 논의는 **facet**의 공통적인 구조적 측면을 상당수 드러내준다.

표준 **facet**은 종종 서로 의존한다. 예를 들어 **num_put**은 **numpunct**에 의존한다. 개별적인 **facet**을 상세하게 잘 알고 있어야만, **facet**들을 서로 성공적으로 서로 짜 맞추거나 새로운 버전의 표준 **facet**을 추가할 수 있다. 바꿔 말해서 간단한 연산(iostream에 대해 **imbue()**나 **sort()**에 **collate**를 사용하는 경우 등)을 벗어나면 **locale** 메커니즘은 초보자가 직접적으로 이용할 수 있는 수준이 아니다. 로케일에 대한 포괄적인 논의에 대해서는 [Langer,2000]을 참고하기 바란다.

개별적인 패싯의 설계는 많은 경우 복잡하다. 그 이유는 부분적으로는 패싯이 라이브러리 설계자의 통제 범위 밖에 있는 복잡한 문화적 규약을 반영해야 하기 때문이고, 부분적으로는 C++ 표준 라이브러리 기능이 C 표준 라이브러리와 다양한 플랫폼 고유 표준들에서 제공되는 것과 상당 부분 호환성을 유지해야 하기 때문이다.

반면 **locale**과 **facet**에 의해 제공되는 프레임워크는 범용적이며 융통성이 있다. **facet**은 어떤 데이터든지 보관하게 설계될 수 있고, **facet**의 연산은 그런 데이터를 기반으로 원하는 어떤 연산이든지 제공할 수 있다. 새로운 **facet**의 동작이 규약 때문에 지나친 제약만 받지 않는다면 그 설계는 간단하고 깔끔해질 수 있다(39.3.2절).

39.4.1 string 비교

표준 **collate** 패싯은 문자 배열을 비교할 수 있는 방법을 제공한다.

```
template<typename C>
class collate : public locale::facet {
public:
    using char_type = C;
    using string_type = basic_string<C>;

    explicit collate(size_t = 0);

    int compare(const C* b, const C* e, const C* b2, const C* e2) const
        { return do_compare(b,e,b2,e2); }
    long hash(const C* b, const C* e) const
        { return do_hash(b,e); }
    string_type transform(const C* b, const C* e) const
```

```
                { return do_transform(b,e); }
        static locale::id id;          // 패싯 식별자 객체(39.2절, 39.3절, 39.3.1절)
protected:
        ~collate();                    // 참고: protected 소멸자
        virtual int do_compare(const C* b, const C* e, const C* b2, const C* e2) const;
        virtual string_type do_transform(const C* b, const C* e) const;
        virtual long do_hash(const C* b, const C* e) const;
};
```

이 코드는 두 가지 인터페이스를 정의한다.

- facet의 사용자를 위한 public 인터페이스
- 파생된 facet의 구현자를 위한 protected 인터페이스

생성자 인자는 facet의 삭제를 locale과 사용자 중 어느 쪽에서 담당해야 하는지를 지정한다. 기본 값(0)은 "locale이 관리하게 한다"이다(39.3절).

모든 표준 라이브러리 facet은 공통적인 구조를 공유하므로, 핵심 함수로 facet에 대해 눈에 띄는 특징을 요약할 수 있다.

---

collate<C> facet(iso.22.4.4.1절)

int compare(const C* b, const C* e, const C* b2, const C* e2) const;

long hash(const C* b, const C* e) const;

string_type transform(const C* b, const C* e) const;

---

facet을 정의하려면 collate를 패턴으로 활용한다. 표준 패턴으로부터 파생하기 위해 facet의 기능을 제공하는 핵심 함수의 do_* 버전을 정의하기만 하면 된다. do_* 함수를 재정의하는 데 충분한 정보를 보여주기 위해 전체(패턴을 사용하는 것뿐만 아니라) 함수 선언이 나열돼 있다. 예제에 대해서는 39.4.1.1절을 참고하기 바란다.

hash() 함수는 입력 문자열에 대한 해시 값을 계산한다. 당연히 이는 해시 테이블 구축에 유용할 수 있다.

transform() 함수는 또 다른 transform()된 문자열과 비교되면 문자열 비교와 동일한 결과를 제공하는 문자열을 만들어 낸다. 예를 들면 다음과 같다.

```
cf.compare(cf.transform(s),cf.transform(s2)) == cf.compare(s,s2)
```

문자열이 다른 많은 것과 비교되는 코드를 최적화하는 것이 transform()의 목적이다. 이는 문자열 집합에 대한 검색을 구현하려고 할 때 유용하다.

compare() 함수는 특정 collate를 위해 정의된 규칙에 따라 기본적인 문자열 비교를 수행한다. 이 함수는 다음의 값을 반환한다.

1   첫 번째 문자열이 사전 편집식으로 두 번째보다 클 때
0   두 문자열이 동일할 때

-1   두 번째 문자열이 첫 번째보다 클 때

예를 들면 다음과 같다.

```
void f(const string& s1, const string& s2, const collate<char>& cmp)
{
    const char* cs1 {s1.data()};       // compare()가 char[]에 대해 동작하기 때문
    const char* cs2 {s2.data()};

    switch (cmp.compare(cs1,cs1+s1.size(),cs2,cs2+s2.size())) {
    case 0:                  // cmp를 기준으로 동일한 문자열
        // ...
        break;
    case -1:           // s1 < s2
        // ...
        break;
    case 1:            // s1 > s2
        // ...
        break;
    }
}
```

collate 멤버 함수는 basic_string이나 0으로 종료되는 C 스타일 문자열이 아니라 C의 [b:e) 범위를 비교한다. 특히 수치 값 0을 가진 C는 종료자가 아니라 통상적인 문자로 취급된다.

표준 라이브러리 string은 locale을 구분하지 않는다. 즉, 구현의 문자 집합 규칙에 따라서 문자열을 비교한다는 것이다(6.2.3절). 게다가 표준 string은 비교 기준을 지정하는 직접적인 방법을 제공하지 않는다(36장). locale에 좌우되는 비교를 수행하려면 collate의 compare()를 사용할 수 있다. 예를 들면 다음과 같다.

```
void f(const string& s1, const string& s2, const string& name)
{
    bool b {s1==s2};    // 구현의 문자 집합 값을 이용해서 비교한다.
    const char* s1b {s1.data()};                        // 데이터의 시작을 얻는다.
    const char* s1e {s1.data()+s1.size()};              // 데이터의 시작을 얻는다.
    const char* s2b {s2.data()};
    const char* s2e {s2.data()+s2.size()};

    using Col = collate<char>;

    const Col& global {use_facet<Col>(locale{})};       // 현재의 전역 로케일로부터
    int i0 {global.compare(s1b,s1e,s2b,s2e)};

    const Col& my_coll {use_facet<Col>(locale{""})};    // 내가 선호하는 로케일로부터
    int i1 {my_coll.compare(s1b,s1e,s2b,s2e)};

    const Col& n_coll {use_facet<Col>(locale{name})};   // 이름이 붙은 로케일로부터
    int i2 {n_coll.compare(s1b,s1e,s2b,s2e)};
}
```

표기 측면에서 보면 locale의 operator()(39.2.2절)를 통해 간접적으로 collate의 compare()를 사용하는 방식이 좀 더 편리할 수 있다. 예를 들면 다음과 같다.

```
void f(const string& s1, const string& s2, const string& name)
{
    int i0 = locale{}(s1,s2);       // 현재의 전역 로케일을 이용해서 비교한다.
    int i1 = locale{""}(s1,s2);     // 내가 선호하는 로케일을 이용해서 비교한다.
    int i2 = locale{name}(s1,s2);   // 이름이 붙은 로케일을 이용해서 비교한다.
    // ...
}
```

i0, i1, i2가 서로 다른 경우를 상상하기는 어렵지 않다. 독일어 사전에서 발췌한 다음 단어의 시퀀스를 살펴보자.

`Dialekt, Diät, dich, dichten, Dichtung`

규약에 따르면 명사는(명사만) 대문자로 시작하지만 순서는 대소문자를 구분하지 않는다. 대소문자를 구분하는 독일어 정렬은 D로 시작하는 모든 단어들을 d 앞에 놓을 것이다.

`Dialekt, Diät, Dichtung, dich, dichten`

ä(움라우트 a)는 'a의 한 종류'로 취급되므로, c 앞에 온다. 하지만 널리 쓰이는 문자 집합들 대부분에서 ä의 수치 값은 c의 수치 값보다 크다. 따라서 int('c')<int('ä')이므로 수치 값을 기준으로 삼는 간단한 기본 정렬은 다음 결과를 출력한다.

`Dialekt, Dichtung, Diät, dich, dichten`

이런 시퀀스를 사전 기준으로 정확히 정렬하는 비교 함수를 작성하는 일은 흥미로운 연습 과제다.

39.4.1.1 이름 붙은 collate

collate_byname은 생성자 문자열 인자에 의해 이름이 붙은 locale에 대한 collate 버전이다.

```
template<typename C>
class collate_byname : public collate<C> {               // 참고: id가 없고 새로운 함수가 없음
public:
    typedef basic_string<C> string_type;

    explicit collate_byname(const char*, size_t r = 0); // 이름 붙은 로케일로부터 생성한다.
    explicit collate_byname(const string&, size_t r = 0);
protected:
    ~collate_byname();                                   // 참고: protected 소멸자

    int do_compare(const C* b, const C* e, const C* b2, const C* e2) const override;
    string_type do_transform(const C* b, const C* e) const override;
    long do_hash(const C* b, const C* e) const override;
};
```

collate_byname은 프로그램의 실행 환경에서 이름이 붙은 locale에 있는 collate를 고르는 데 쓰일 수 있다(39.4절). 실행 환경에서 facet을 저장하는 한 가지 확실한 방법은 파일 안에 데이터로 저장하는 것이다. 융통성이 약간 부족하지만 다른 대안은 _byname 패싯 안에서 프로그램 텍스트와 데이터로서 facet을 표시하는 것이다.

39.4.2 수치 서식화

수치 출력은 스트림 버퍼에 써 넣는 **num_put** 패싯에 의해 수행된다(38.6절). 역으로 수치 입력은 스트림 버퍼로부터 읽어 들이는 **num_get** 패싯에 의해 수행된다. **num_put**과 **num_get**에 의해 사용되는 서식은 **numpunct**라고 불리는 '수치 구두법numerical punctuation'에 의해 정의된다.

39.4.2.1 수치 구두법

numpunct 패싯은 **bool, int, double** 등의 기본 제공 타입의 입출력 서식을 정의한다.

---

numpunct<C> facet(iso.22.4.6.3.1절)

C decimal_point() const;	예를 들면 '.'
C thousands_sep() const;	예를 들면 ','
string grouping() const;	예를 들면 ""로 "그룹이 없다"는 뜻이다.
string_type truename() const;	예를 들면 "true"
string_type falsename() const;	예를 들면 "false"

---

grouping()에 의해 반환되는 문자들은 작은 정수 값들의 시퀀스로서 읽혀진다. 각각의 숫자는 그룹에 대한 자릿수의 개수를 지정한다. 문자 0은 가장 오른쪽 그룹(최하위 자릿수)을 지정하고, 문자 1은 그것의 왼쪽에 있는 그룹을 지정하는 식이다. 따라서 "\004\002\003"은 123-45-6789 같은 숫자를 나타낸다('-'를 분리 문자로 사용한다면). 필요할 경우 그룹 패턴에서 마지막 숫자는 반복적으로 사용될 수 있기 때문에 "\003"은 "\003\003\003"과 동등하다. 그룹화의 가장 일반적인 용도는 큰 수를 좀 더 읽기 쉽게 만드는 것이다. grouping()과 thousands_sep() 함수는 정수의 입출력, 그리고 부동소수점 값의 정수 부분에 대한 서식을 정의한다.

numpunct로부터 파생하면 새로운 구두법 스타일을 정의할 수 있다. 예를 들어 스페이스를 이용해서 자릿수들을 3개의 집합으로 그룹화하고 유럽 스타일의 콤마를 '소수점'으로 활용해서 부동소수점 값을 작성해주는 My_punct 패싯을 정의할 수 있다.

```
class My_punct : public numpunct<char> {
public:
    explicit My_punct(size_t r = 0) :numpunct<char>(r) { }
protected:
    char do_decimal_point() const override { return ','; }   // 콤마
    char do_thousands_sep() const override { return '_'; }   // 밑줄
    string do_grouping() const override { return "\003"; }   // 3개 자릿수 그룹
};

void f()
{
    cout << "style A: " << 12345678
        << " *** " << 1234567.8
        << " *** " << fixed << 1234567.8 << '\n';
    cout << defaultfloat;                        // 부동소수점 서식을 재설정한다.
```

```
    locale loc(locale(),new My_punct);
    cout.imbue(loc);
    cout << "style B: " << 12345678
        << " *** " << 1234567.8
        << " *** " << fixed << 1234567.8 << '\n';
}
```

이 결과는 다음과 같다.

```
style A: 12345678 *** 1.23457e+06 *** 1234567.800000
style B: 12_345_678 *** 1_234_567,800000 *** 1_234_567,800000
```

imbue()가 자신의 인자 사본을 스트림에 저장한다는 데 유의한다. 따라서 스트림은 해당 locale의 원래 사본이 소멸된 뒤에도 저장된 locale에 의존할 수 있다. ostream의 boolalpha (38.4.5.1절)가 설정돼 있다면 truename()과 falsename()에 의해 반환되는 문자열로 각각 true와 false를 나타낼 수 있다. 그렇지 않다면 1과 0이 쓰인다.

numpunct에 대해서는 _byname 버전(39.4절, 39.4.1절)이 제공된다.

```
template<typename C>
class numpunct_byname : public numpunct<C> {
    // ...
};
```

39.4.2.2 수치 출력

스트림 버퍼에 기록할 때(38.6절) ostream은 num_put 패싯을 이용한다.

---

num_put<C,Out=ostreambuf_iterator<C>> facet(iso.22.4.2.2절)
값 v를 스트림 s의 버퍼 위치 b에 쓴다.

```
Out put(Out b, ios_base& s, C fill, bool v) const;

Out put(Out b, ios_base& s, C fill, long v) const;

Out put(Out b, ios_base& s, C fill, long long v) const;

Out put(Out b, ios_base& s, C fill, unsigned long v) const;

Out put(Out b, ios_base& s, C fill, unsigned long long v) const;

Out put(Out b, ios_base& s, C fill, double v) const;

Out put(Out b, ios_base& s, C fill, long double v) const;

Out put(Out b, ios_base& s, C fill, const void* v) const
```

---

put()의 값은 기록된 마지막 문자의 하나 다음에 위치한 반복자다.

num_put의 기본 특수화(반복자가 문자에 접근하기 위해 사용한 것은 ostreambuf_iterator<C> 타입이다) 는 표준 locale의 일부다(39.4절). num_put을 이용해서 다른 곳에 기록하려면 적합한 특수화를 정의해야 한다. 예를 들어 다음은 string에 기록하기 위한 아주 간단한 num_put이다.

```
template<typename C>
class String_numput : public num_put<C,typename basic_string<C>::iterator> {
public:
```

```
    String_numput() :num_put<C,typename basic_string<C>::iterator>{1} { }
};
```

String_numput이 locale로 들어가야 한다는 뜻은 아니기 때문에 통상적 수명 규칙을 유지하기 위해 생성자 인자를 사용했다. 의도한 대로 사용하면 다음과 같을 것이다.

```
void f(int i, string& s, int pos)          // s의 pos 위치에 i를 서식화해서 넣는다.
{
    String_numput<char> f;
    f.put(s.begin()+pos,cout,' ',i);       // i를 s에 서식화해서 넣는다. cout의 서식화
                                           // 규칙을 사용한다.
}
```

ios_base 인자(여기서는 cout)는 서식화 상태와 locale에 대한 정보를 제공한다. 예를 들면 다음과 같다.

```
void test(iostream& io, char ch)
{
    locale loc = io.getloc();
    wchar_t wc = use_facet<ctype<wchar_t>>(loc).widen(ch); // char에서 wchar_t로의 변환
    string s = use_facet<numpunct<char>>(loc).decimal_point();      // 기본 값: '.'
    string false_name = use_facet<numpunct<char>>(loc).falsename(); // 기본 값: "false"
    // ...
}
```

num_put<char> 같은 표준 facet은 대개 표준 입출력 스트림 함수를 통해 암시적으로 사용된다. 결과적으로 대부분의 프로그래머는 그것에 대해 알 필요가 없다. 하지만 표준 라이브러리가 그런 facet을 사용하는 것은 입출력 스트림이 어떻게 동작하고 facet이 어떻게 사용될 수 있는지를 보여주기 때문에 흥미롭다. 늘 그렇듯이 표준 라이브러리는 흥미로운 프로그래밍 기법들을 보여주는 예제를 제공한다.

num_put을 이용해서 ostream의 구현자는 다음과 같이 작성할 수 있다.

```
template<typename C, typename Tr>
basic_ostream<C,Tr>& basic_ostream<C,Tr>::operator<<(double d)
{
    sentry guard(*this);                    // 38.4.1절 참고
    if (!guard) return *this;

    try {    // 스트림의 streambuffer에 쓴다.
        if (use_facet<num_put<C,ostreambuf_iterator<C,Tr>>>(getloc())
            .put(*this,*this,this->fill(),d).failed())
                setstate(badbit);
    }
    catch (...) {
        handle_ioexception(*this);
    }
    return *this;
}
```

여기서는 많은 일이 벌어지고 있다. sentry는 접두사와 접미사 연산이 전부 수행되는지 확인한다(38.4.1절). ostream의 locale은 그것의 멤버 함수 getloc()(38.4.5.1절)을 호출해서 얻

어진다. use_facet(39.3.1절)을 이용해서 그런 locale로부터 num_put을 추출한다. 그것이 끝나면 적합한 put() 함수를 호출해서 실제의 작업을 수행한다. ostreambuf_iterator는 ostream(38.6.3절)으로부터 생성될 수 있고, ostream은 자신의 기반 클래스 ios_base(38.4.4절)로 암시적으로 변환될 수 있으므로, put()에 대한 처음 두 인자는 손쉽게 제공된다.

put()의 호출은 자신의 출력 반복자 인자를 반환한다. 이 출력 반복자는 basic_ostream에서 얻어지므로, 그것은 ostreambuf_iterator다. 결과적으로 failed()(38.6.3절)를 이용해서 실패를 테스트하고 그에 따라 스트림 상태를 적절히 설정할 수 있다.

표준 facet(39.4절)이 모든 locale 안에 존재하는 것이 보장되기 때문에 has_facet은 사용하지 않았다. 그런 보장이 지켜지지 않는다면 bad_cast가 던져진다(39.3.1절).

put() 함수는 가상 do_put()을 호출한다. 결과적으로 사용자 정의 코드가 실행될 수 있고, operator<<()는 재정의를 처리하는 do_put()에 의해 던져지는 예외를 처리할 준비를 해야 한다. 또한 일부 문자 타입에 대해서는 num_put이 존재하지 않을 수 있으므로, use_facet()이 bad_cast(39.3.1절)를 던질 수도 있다. double 같은 기본 제공 타입에 대한 <<의 동작은 C++ 표준에 의해 정의돼 있다. 따라서 질문은 handle_ioexception()이 무엇을 해야 하는가가 아니고 표준이 규정하는 것을 어떻게 처리해야 하는가이다. 이 ostream의 예외 상태에 badbit가 설정돼 있다면(38.3절) 그냥 예외가 다시 던져진다. 그렇지 않다면 스트림 상태를 설정하고 계속 진행하는 것으로 예외가 처리된다. 어느 쪽 경우든 badbit는 스트림 상태 안에서 설정돼야 한다(38.4.5.1절).

```
template<typename C, typename Tr>
void handle_ioexception(basic_ostream<C,Tr>& s)    // catch절에서 호출됨
{
    if (s.exceptions()&ios_base::badbit) {
        try {
            s.setstate(ios_base::badbit);           // basic_ios::failure를 던질 수 있다.
        }
        catch(...) {
            // ... 아무것도 하지 않는다...
        }
        throw;                                       // 다시 던진다.
    }
    s.setstate(ios_base::badbit);
}
```

try 블록은 setstate()가 basic_ios::failure(38.3절, 38.4.5.1절)를 던질 수 있기 때문에 필요하다. 하지만 badbit가 예외 상태에서 설정돼 있다면 operator<<()는 handle_ioexception()이 호출되도록 만들었던 예외를 다시 던져야 한다(단순히 basic_ios::failure를 던지는 것이 아니라).

double 같은 기본 제공 타입에 대한 <<는 스트림 버퍼에 직접적으로 기록하게 구현돼야 한다. 사용자 정의 타입에 대한 <<를 작성할 때는 많은 경우 기존 타입 출력의 관점에서 사용자 정의 타입의 출력을 표현하면 최종 결과에서 표시되는 복잡성을 줄일 수 있다(39.3.2절).

39.4.2.3 수치 입력

스트림 버퍼에서 읽어 들일 때는(38.6절) istream을 num_get 패싯을 이용한다.

---

num_get<In = istreambuf_iterator<C>> facet(iso.22.4.2.1절)
s의 서식화 규칙을 이용하고, r을 설정해서 오류를 보고하면서 [b:e]를 v로 읽어 들인다.

```
In get(In b, In e, ios_base& s, ios_base::iostate& r, bool& v) const;

In get(In b, In e, ios_base& s, ios_base::iostate& r, long& v) const;

In get(In b, In e, ios_base& s, ios_base::iostate& r, long long& v) const;

In get(In b, In e, ios_base& s, ios_base::iostate& r, unsigned short& v) const;

In get(In b, In e, ios_base& s, ios_base::iostate& r, unsigned int& v) const;

In get(In b, In e, ios_base& s, ios_base::iostate& r, unsigned long& v) const;

In get(In b, In e, ios_base& s, ios_base::iostate& r, unsigned long long& v) const;

In get(In b, In e, ios_base& s, ios_base::iostate& r, float& v) const;

In get(In b, In e, ios_base& s, ios_base::iostate& r, double& v) const;

In get(In b, In e, ios_base& s, ios_base::iostate& r, long double& v) const;

In get(In b, In e, ios_base& s, ios_base::iostate& r, void*& v) const;
```

기본적으로 num_get은 num_put(39.4.2.2절)과 유사하게 구성돼 있다. 쓰는 것이 아니라 읽는 것이기 때문에 get()은 입력 반복자의 쌍과 읽기의 대상이 참조자라는 점을 지정하는 인자가 필요하다.

iostate 변수 r은 스트림의 상태를 반영하게 설정된다. 원하는 타입의 값이 읽혀질 수 없다면 failbit가 r에서 설정되고, 입력의 끝에 다다르게 되면 eofbit가 r에서 설정된다. 입력 연산자는 r을 사용해서 스트림 상태를 어떻게 설정할지 결정한다. 오류가 일어나지 않았다면 읽혀진 값이 v를 통해 대입된다. 그렇지 않다면 v에는 아무런 변경도 가해지지 않는다.

sentry는 스트림의 접두사와 접미사 연산이 제대로 수행되는지 보장하기 위해 사용된다 (38.4.1절). 특히 sentry는 시작하려는 스트림이 좋은 상태일 때만 읽기를 시도하도록 보장하는 데 사용된다. 예를 들어 istream의 구현자는 다음과 같이 작성할 수 있다.

```
template<typename C, typename Tr>
basic_istream<C,Tr>& basic_istream<C,Tr>::operator>>(double& d)
{
    sentry guard(*this);                        // 38.4.1절 참고
    if (!guard) return *this;

    iostate state = 0;                          // 좋음
    istreambuf_iterator<C,Tr> eos;
    try {
        double dd;
        use_facet<num_get<C,Tr>>(getloc()).get(*this,eos,*this,state,dd);
        if (state==0 || state==eofbit) d = dd;      // get()이 성공했을 경우에만 값을 설정한다.
        setstate(state);
    }
    catch (...) {
```

```
                handle_ioexception(*this);                  // 39.4.2.2절 참고
    }
    return *this;
}
```

읽기 연산이 성공하지 않을 경우 >>의 대상을 변경하지 않도록 주의를 기울였다. 안타깝게도 모든 입력 연산에 대해 그것이 보장되지는 않는다.

istream에 대해 활성화된 예외는 오류가 일어날 경우 **setstate()**에 의해 던져질 것이다(38.3절).

39.4.2.1절의 **My_punct** 같은 **numpunct**를 정의하면 읽기 시에 비표준적인 구두법을 이용할 수 있다. 예를 들면 다음과 같다.

```
void f()
{
    cout << "style A: "
    int i1;
    double d1;
    cin >> i1 >> d1;                // 표준 "12345678" 서식을 이용해서 읽는다.
    locale loc(locale::classic(),new My_punct);
    cin.imbue(loc);
    cout << "style B: "
    int i2;
    double d2;
    cin >> i1 >> d2;               // "12_345_678" 서식을 이용해서 읽는다.
}
```

정말로 특이한 서식을 읽고 싶다면 **do_get()**을 재정의해야 한다. 예를 들어 **XXI**와 **MM** 같은 로마 숫자를 읽는 **num_get**을 정의할 수도 있다.

39.4.3 화폐 서식화

화폐량의 서식화는 기술적으로는 '일반' 숫자의 서식화와 비슷하다(39.4.2절). 하지만 화폐량의 표현은 문화적 차이에 훨씬 더 큰 영향을 받는다. 예를 들어 -1.25 같은 음의 양(손실, 부채)은 어떤 국가에서는 (1.25) 같이 괄호에 둘러싸인 양수로 표시하기도 한다. 마찬가지로 어떤 국가에서는 알아보기 쉽게 음의 양에 색상을 사용하기도 한다.

표준적인 '화폐 타입'은 존재하지 않는다. 대신에 화폐량을 표시하기 위해 프로그래머가 알고 있는 수치 값에 대해 화폐 **facet**이 명시적으로 사용된다. 예를 들면 다음과 같다.

```
struct Money {                      // 화폐량을 보관하는 간단한 타입
using Value = long long;            // 인플레이션을 겪은 통화를 위해
Value amount;
};
// ...

void f(long int i)
{
cout << "value= " << i << " amount= " << Money{i} << '\n';
}
```

화폐 facet의 임무는 Money에 대한 출력 연산자를 크게 어렵지 않게 작성할 수 있도록 함으로써 화폐량이 현지 규약에 따라 출력되도록 하는 것이다(39.4.3.2절 참고). 출력은 cout의 locale에 따라 다양할 것이다. 가능한 출력은 다음과 같다.

```
value= 1234567 amount= $12345.67
value= 1234567 amount= 12345,67 DKK
value= 1234567 amount= CAD 12345,67
value= -1234567 amount= $-12345.67
value= -1234567 amount= -€12345.67
value= -1234567 amount= (CHF12345,67)
```

화폐에 관해서는 대개 최소 화폐 단위까지의 정확성이 필수적이다. 따라서 달러 단위의 수치(파운드, 크로네, 디나르, 유로 등)보다는 센트 단위의 수치(펜스, 외레, 센트 등)를 정수로 표시하는 통상적인 규약을 선택했다. 이러한 규약은 moneypunct의 frac_digits() 함수(39.4.3.1절)에 의해 지원된다. 마찬가지로 '소수점' 등장은 decimal_point()에 의해 정의된다.

money_get과 money_put 패싯은 money_base 패싯에서 정의되는 서식을 기준으로 입출력을 처리하는 함수를 제공한다.

입출력 서식을 제어하고 화폐 값을 보관하기 위해 간단한 Money 타입이 사용될 수 있다. 전자의 경우에는 쓰기 전에 Money 값에 해당하는 화폐량을 보관하는 데 쓰이는 (다른) 타입의 값을 캐스트하고, 그것들을 다른 타입으로 변환하기 전에 Money 변수로 읽어 들인다. 화폐량을 일관되게 Money 타입에 보관하는 편이 오류를 줄일 수 있다. 이렇게 하면 어떤 값을 Money에 쓰기 전에 Money로 캐스트하는 것을 잊지 않을 수 있고, locale을 무시하는 방식으로 화폐 값을 읽으려고 시도하는 데서 발생하는 오류를 방지할 수 있다. 하지만 Money 타입을 고려하지 않고 설계된 시스템에 Money 타입을 도입하는 것은 타당하지 않을 수도 있다. 이런 경우라면 읽기와 쓰기 연산에 Money 변환(캐스트)을 적용해야 한다.

39.4.3.1 화폐 구두법

화폐량 표시를 제어하는 facet인 moneypunct는 일반 숫자를 제어하는 facet인 numpunct (39.4.2.1절)와 태생적으로 닮았다.

```
class money_base {

public:
    enum part {                           // 값 배치 구조에 대한 부분
        none, space, symbol, sign, value
    };

    struct pattern {                      // 배치 구조 지정
            char field[4];
    };

};

template<typename C, bool International = false>
```

```
class moneypunct : public locale::facet, public money_base {
public:
    using char_type = C;
    using string_type = basic_string<C>;
    // ...
};
```

moneypunct 멤버 함수는 화폐 입력과 출력의 배치 구조를 정의한다.

moneypunct<C,International> facet(iso.22.4.6.3절)	
C decimal_point() const;	예를 들면 '.'
C thousands_sep() const;	예를 들면 ','
string grouping() const;	예를 들면 ""으로 '그룹 없음'을 의미
string_type curr_symbol() const;	예를 들면 "$"
string_type positive_sign() const;	예를 들면 ""
string_type negative_sign() const;	예를 들면 "-"
int frac_digits() const;	"." 이후의 자릿수, 예를 들면 2
pattern pos_format() const;	symbol, space, sign, none, value
pattern neg_format() const;	symbol, space, sign, none, value
static const bool intl = International;	3개 문자로 구성된 국제 축약법을 사용한다.

moneypunct에 의해 제공되는 기능들은 주로 **money_put**과 **money_get** 패싯(39.4.3.2절, 39.4.3.3절)의 구현자를 위한 것이다.

moneypunct에 대해서는 **_byname** 버전(39.4절, 39.4.1절)이 제공된다.

```
template<typename C, bool Intl = false>

class moneypunct_byname : public moneypunct<C, Intl> {
    // ...
};
```

decimal_point(), **thousands_sep()**, **grouping()** 멤버는 **numpunct**에 대해서와 마찬가지로 동작한다.

curr_symbol(), **positive_sign()**, **negative_sign()** 멤버는 각각 통화 기호(예를 들면 $, ¥, INR, DKK), 덧셈 기호, 뺄셈 기호를 표시하는 데 쓰이는 문자열을 반환한다. **International** 템플릿 인자가 **true**라면 **intl** 멤버 역시 **true**가 될 것이고, 통화 기호의 '국제적' 표현이 사용될 것이다. 이러한 '국제적' 표현은 4개 문자로 이뤄진 C 스타일 문자열이다. 예를 들면 다음과 같다.

```
"USD"
"DKK"
"EUR"
```

(보이지 않는) 마지막 문자는 종료를 나타내는 0이다. 3개 문자 식별자는 ISO-4217 표준에서 정의된다. `international`이 `false`라면 $, £, ¥ 같은 '지역' 통화 기호가 사용될 수 있다.

`pos_format()` 또는 `neg_format()`에 의해 반환되는 `pattern`은 수치 값, 통화 기호, 부호 기호, 공백이 등장할 수 있는 시퀀스를 정의하는 4개 `part`로 구성돼 있다. 널리 쓰이는 대부분의 서식은 이런 간단한 패턴 표기법을 이용해서 간단히 표현될 수 있다. 예를 들면 다음과 같다.

```
+$ 123.45       // { 부호, 기호, 스페이스, 값 } positive_sign()이 "+"를 반환하는 경우
$+123.45        // { 기호, 부호, 값, 없음 } positive_sign()이 "+"를 반환하는 경우
$123.45         // { 기호, 부호, 값, 없음 } positive_sign()이 ""를 반환하는 경우
$123.45-        // { 기호, 값, 부호, 없음 } negative_sign()이 "-"를 반환하는 경우
-123.45 DKK     // { 부호, 값, 스페이스, 기호 } negative_sign()이 "-"를 반환하는 경우
($123.45)       // { 부호, 기호, 값, 없음 } negative_sign()이 "()"를 반환하는 경우
(123.45DKK)     // { 부호, 값, 기호, 없음 } negative_sign()이 "()"를 반환하는 경우
```

`negative_sign()`이 두 개 문자 `()`가 포함된 문자열을 반환하게 하면 괄호를 이용해서 음수를 표현할 수 있다. 부호 문자열의 문자는 패턴에서 `sign`이 발견되는 위치에 놓이며, 나머지 부호 문자열은 패턴의 다른 모든 부분 뒤에 놓인다. 괄호를 이용해서 음수를 나타내는 금융 업계의 규약에서 이런 기능을 가장 널리 사용하지만 다른 용도도 가능하다. 예를 들면 다음과 같다.

```
-$123.45        // { 부호, 기호, 값, 없음 } negative_sign()이 "-"를 반환하는 경우
*$123.45 silly  // { 부호, 기호, 값, 없음 } negative_sign()이 "* silly"를 반환하는 경우
```

`sign`, `value`, `symbol`의 각 값은 패턴에서 정확히 단 한 번 등장해야 한다. 남은 값은 `space` 또는 `none`이 될 수 있다. `space`가 등장하는 경우에는 최소 한 개 또는 아마도 그 이상의 공백 문자가 표현에서 등장할 수 있다. `none`이 등장하는 경우에는 패턴의 끝을 제외하면 0개 또는 그 이상의 공백 문자가 표현에서 등장할 수 있다.

이런 엄격한 규칙 때문에 일견 타당해 보이는 패턴들이 금지된다는 데 유의한다.

```
pattern pat = { 부호, 값, 없음, 없음 };     // 오류: 기호가 없다.
```

`frac_digits()` 함수는 `decimal_point()`의 위치를 나타낸다. 종종 화폐량은 최소 통화 단위(39.4.3절)로 표시된다. 이런 단위는 대개 주요 단위의 1/100이므로(예를 들어 센트는 $의 1/100), `frac_digits()`은 종종 2가 된다.

다음은 `facet`으로 정의된 간단한 서식이다.

```cpp
class My_money_io : public moneypunct<char,true> {
public:
    explicit My_money_io(size_t r = 0) :moneypunct<char,true>(r) { }

    char_type do_decimal_point() const { return '.'; }
    char_type do_thousands_sep() const { return ','; }
    string do_grouping() const { return "\003\003\003"; }

    string_type do_curr_symbol() const { return "USD "; }
    string_type do_positive_sign() const { return ""; }
```

```
        string_type do_negative_sign() const { return "()"; }
        int do_frac_digits() const { return 2; }        // 소수점 이후의 두 개 자릿수
        pattern do_pos_format() const { return pat; }
        pattern do_neg_format() const { return pat; }
private:
        static const pattern pat;
};
const pattern My_money_io::pat { sign, symbol, value, none };
```

39.4.3.2 화폐 출력

money_put 패싯은 moneypunct에 의해 지정된 서식에 맞춰 화폐량을 기록한다. 특히 money_ put은 put() 함수를 제공하는데, 이 함수는 적합하게 서식화된 문자 표시를 스트림의 스트림 버퍼에 넣어준다.

---

money_put<C,Out = ostreambuf_iterator<C>> facet(iso.22.4.6.2절)
값 v를 버퍼 위치 b에 쓴다.

Out put(Out b, bool intl, ios_base& s, C fill, long double v) const;

Out put(Out b, bool intl, ios_base& s, C fill, const string_type& v) const;

---

intl 인자는 4개 문자로 구성된 '국제적' 표준 통화 기호인지 '지역' 기호인지의 여부를 나타내는 데 쓰인다(39.4.3.1절).

money_put이 주어지면 Money에 대한 출력 연산자를 정의할 수 있다(39.4.3절).

```
ostream& operator<<(ostream& s, Money m)
{
    ostream::sentry guard(s);                // 38.4.1절 참고
    if (!guard) return s;

    try {
        const auto& f = use_facet<money_put<char>>(s.getloc());

        auto d = static_cast<long double>(m.amount);
        auto m2 = static_cast<long long>(d);
        if (m2 == m.amount) {                // m은 long long으로 표시될 수 있다.
            if (f.put(s, true, s, s.fill(), d).failed())
                s.setstate(ios_base::badbit);
        }
        else
            s.setstate(ios_base::badbit);
    }
    catch (...) {
        handle_ioexception(s);               // 39.4.2.2절 참고
    }
    return s;
}
```

long long이 화폐 값을 정확히 표시하는 데 충분한 정밀도를 갖고 있지 않다면 스트림 상태를 badbit로 설정하고 guard가 담당하게 한다.

39.4.3.3 화폐 입력

`money_get` 패싯은 `moneypunct`에 의해 지정된 서식에 맞춰 화폐량을 읽어 들인다. 특히 `money_get`은 `get()` 함수를 제공하는데, 이 함수는 스트림의 스트림 버퍼로부터 적절하게 서식화된 문자 표현을 추출해준다.

`money_g t<C,In = istreambuf_iterator<C>> facet`(iso.22.4.6.1절)
s의 서식화 규칙을 이용하고, r을 설정해서 오류를 보고하면서 [b:e]를 v로 읽어 들인다.

```
In get(In b, In e, bool intl, ios_base& s, ios_base::iostate& r, long double& v) const;

In get(In b, In e, bool intl, ios_base& s, ios_base::iostate& r, string_type& v) const;
```

잘 정의된 `money_get`과 `money_put`의 패싯 쌍은 오류나 정보 손실 없이 다시 읽어 들일 수 있는 형식으로 출력을 제공할 것이다. 예를 들면 다음과 같다.

```
int main()
{
    Money m;
    while (cin>>m)
        cout << m << "\n";
}
```

이런 간단한 프로그램의 출력이 다시 자신의 입력으로 받아들여질 수 있어야 한다. 게다가 첫 번째 실행에서 만들어진 출력이 주어질 경우 두 번째 실행에서 만들어지는 출력은 그것의 입력과 동일해야 한다.

`Money`에 사용할 수 있는 입력 연산자는 다음과 같이 될 것이다.

```
istream& operator>>(istream& s, Money& m)
{
    istream::sentry guard(s);                   // _io.sentry_를 살펴본다.
    if (guard) try {
        ios_base::iostate state = 0;            // 좋은 상태
        string str;
        long double ld;

        const auto& f = use_facet<money_get<char>>(s.getloc());

        f.get(s, istreambuf_iterator<char>{}, true, s, state, str);
        if (state == 0 || state == ios_base::eofbit) {      // get()이 성공했을 경우에만
                                                            // 값을 설정한다.
            long long i = stoll(str);           // 36.3.5절
            if (errno == ERANGE) {
                state |= ios_base::failbit;
            }
            else {
                m.amount = i;       // long long으로의 변환이 성공했을 경우에만 값을 설정한다.
            }
            s.setstate(state);
        }
    }
    catch (...) {
```

```
    // handle_ioexception(s);        // 39.4.2.2절 참고
    }
    return s;
}
```

string으로 읽어 들이는 get()을 사용한 이유는 double로 읽어 들인 다음에 long long으로 변환하면 정밀도가 손실될 우려가 있기 때문이다.

long double에 의해 정확히 표시될 수 있는 최댓값은 long long에 의해 표시될 수 있는 최댓값보다는 작을 것이다.

39.4.4 날짜와 시간 서식화

날짜와 시간 서식은 time_get<C,In>과 time_put<C,Out>에 의해 제어된다. 날짜와 시간을 표시하는 데는 tm이 사용된다(43.6절).

39.4.4.1 time_put

time_put 패싯은 tm으로 제시되는 시점을 받아들여서 그것을 표시하는 문자 시퀀스를 strftime()(43.6절) 등을 이용해서 만들어낸다.

---

time_put<C,Out = ostreambuf_iterator<C>> facet(iso.22.4.5.1절)

Out put(Out s, ios_base& f, C fill, const tm* pt, const C* b, const C* e) const;

Out put(Out s, ios_base& f, C fill, const tm* pt, char format, char mod = 0) const;

Out do_put(Out s, ios_base& ib, const tm* pt, char format, char mod) const;

---

s=put(s,f,fill,pt,b,e) 호출은 [b:e]를 출력 스트림 s에 복사한다. 이 호출은 *pt에 저장된 날짜와 시간의 값을 서식화한다. [b:e]에 있는 선택적인 수정자 mod를 가진 각각의 strftime() 서식 x에 대해 put()은 do_put(s,ib,pt,x,mod)를 호출한다. p=do_put(s,ib,pt, x,mod)를 재정의하면 *pt의 적합한 부분을 s로 서식화해서 넣고, 마지막 문자가 기록된 후에 s 안의 위치를 가리키는 값을 반환할 것이다.

시간과 날짜 facet을 사용하는 가장 대표적인 경우는 locale에 좌우되는 입출력을 Date 클래스에 제공하기 위해서다. 16.3절에서 등장한 Date의 변형을 하나 예로 들어보자.

```
class Date {
public:
    explicit Date(int d ={}, Month m ={}, int year ={});
    // ...
};
```

time_put 패싯을 사용하면 특정 서식을 사용하는 스트림에 Date를 기록할 수 있다.

```
ostream& operator<<(ostream& os, Date d)
{
    ostringstream ss;
```

```
        tm t;
        t.tm_mday = d.day;
        t.tm_mon = static_cast<int>(d.month-1);
        t.tm_     year= d.year-1900;
        char fmt[] = "{%Y-%m-%d}";                    // 43.6절
        use_facet<time_put<char>>(os.getloc()).put(os,os,' ',&t,begin(fmt),end(fmt));
                                                                    // t에서 os로 쓴다.

        return os;
}
```

좀 더 완벽한 설계라면 서식 문자열을 Date 객체에 저장할 것이다.

time_put에 대해서도 _byname 버전(39.4절, 39.4.1절)이 역시 제공된다.

39.4.4.2 time_get

기본 개념은 get_time이 strftime() 서식(43.6절)을 이용해서 put_time이 만들어낸 결과를 읽을 수 있다는 것이다.

dateorder 타입의 값을 반환하는 date_order()를 호출하면 일, 월, 연도의 순서를 얻을 수 있다.

```
class time_base {
public:
    enum dateorder {
        no_order,      // mdy를 뜻한다.
        dmy,           // "%d%m%y"를 뜻한다.
        mdy,           // "%m%d%y"를 뜻한다.
        ymd,           // "%y%m%d"를 뜻한다.
        ydm            // "%y%d%m"을 뜻한다.
    };
};
```

실제 날짜의 서식화는 로케일에 따라 달라진다. classic() locale(_locale.ctor_)은 / 를 분리자로 사용하고 mdy 순서를 사용한다. 10/3/1980이 그런 예다.

서식에 맞춰 읽어 들이는 것 외에 날짜와 시간 표시에서 특정한 부분을 읽어 들이기 위한 연산들이 존재한다.

---

time_get<C,In> facet(iso.22.4.5.1절)
[b:e)에서 *pt로 읽어 들인다.

---

dateorder date_order() const;

In get_time(In b, In e, ios_base& ib, ios_base::iostate& err, tm* pt) const;

In get_date(In b, In e, ios_base& ib, ios_base::iostate& err, tm* pt) const;

In get_weekday(In b, In e, ios_base& ib, ios_base::iostate& err, tm* pt) const;

In get_monthname(In b, In e, ios_base& ib, ios_base::iostate& err, tm* pt) const;

In get_year(In b, In e, ios_base& ib, ios_base::iostate& err, tm* pt) const;

(이어짐)

In get(In b, In e, ios_base& ib, ios_base::iostate& err, tm* pt, char format, char mod) const;

In get(In b, In e, ios_base& ib, ios_base::iostate& err, tm* pt, char format) const;

In get(In b, In e, ios_base& ib, ios_base::iostate& err, tm* pt, C* fmtb, C* fmte) const;

get_*() 함수는 [b:e)에서 *p로 읽어 들이면서 b에서 locale을 얻고 오류가 일어난 경우에 err을 설정한다. 이 함수는 [b:e)에서 읽혀지지 않은 첫 번째 문자를 가리키는 반복자를 반환한다.

p=get(b,e,ib,err,pt,format,mod) 호출은 strftime()에 의해 지정된 대로 서식 문자 format과 수정자 문자 mod에 맞춰 읽어 들인다. mod가 지정돼 있지 않다면 mod==0이 사용된다.

get(b,e,ib,err,pt,fmtb,fmtb) 호출은 문자열 [fmtb:fmte)로 제공된 strftime() 서식을 사용한다. 기본 수정자를 가진 경우와 함께 이 오버로딩은 do_get() 인터페이스를 갖지 않는다. 대신 do_get 인터페이스는 첫 번째 get()에 대한 do_get() 호출에 의해 구현된다.

time_get 패싯이 주어지면 Date를 읽을 수 있다.

```
istream& operator>>(istream& is, Date& d)
{
    if (istream::sentry guard{is}) {
        ios_base::iostate err = ios_base::goodbit;
        struct tm t;
        use_facet<time_get<char>>(is.getloc()).get_date(is,0,is,err,&t); // t로 읽어 들인다.
        if (!err) {
            Month m = static_cast<Month>(t.tm_mon+1);
            d = Date(t.tm_mday,m,t.tm_year+1900);
        }
        is.setstate(err);
    }
    return is;
}
```

tm에게는 1900년이 0년이기 때문에 +1900이 필요하다(43.6절).

간단히 테스트를 해보면 다음과 같다.

```
void test()
{
    Date d1(3,10,1980);
    cout << d1 << '\n';           // Date를 출력한다.
    auto order = use_facet<time_get<char>>(cin.getloc()).date_order();  // 날짜 순서를
                                                                        // 읽는다.

    if (order == time_base::mdy)
            cout << "month day year\n";
    else
            cout << "poor guess\n";
    stringstream ss ("10/3/1980");
```

```
    ss>>d1;                     // Date를 입력한다.
    cout << d1 << '\n';         // 날짜를 출력한다.
}
```

time_get에 대해서도 _byname 버전(39.4절, 39.4.1절)이 역시 제공된다.

39.4.5 문자 분류

입력에서 문자를 읽어 들일 때 종종 읽어 들여지는 것을 파악하기 위해 분류가 필요한 경우가 있다. 예를 들어 숫자를 읽으려면 입력 루틴은 어떤 글자가 자릿수인지 알아야 한다. 마찬가지로 10.2.2절에서는 입력을 구문 분석하는 데 표준 문자 분류 함수를 사용한 바 있다.

당연히 문자의 분류는 사용된 알파벳에 의존한다. 따라서 locale에서 문자 분류를 표시하기 위해 ctype 패싯이 제공된다.

문자 클래스는 mask라고 불리는 열거형에 의해 기술된다.

```
class ctype_base {
public:
    enum mask {     // 실제의 값은 구현별 정의 사항이다.
        space = 1,              // 공백 ("C" 로케일에서는 - ' ', '\n', '\t', ...)
        print = 1<<1,           // 출력 문자
        cntrl = 1<<2,           // 제어 문자
        upper = 1<<3,           // 대문자
        lower = 1<<4,           // 소문자
        alpha = 1<<5,           // 알파벳 문자
        digit = 1<<6,           // 10진수
        punct = 1<<7,           // 구두점 문자
        xdigit = 1<<8,          // 16진수
        blank = 1 << 9;         // 수평 및 수직 탭
        alnum=alpha|digit,      // 글자와 숫자 문자
        graph=alnum|punct
    };
};

template<typename C>
class ctype : public locale::facet, public ctype_base {
public:
    using char_type = C;
    // ...
};
```

mask는 특정 문자 타입에 의존하지 않는다. 따라서 이 열거형은 (템플릿이 아닌) 기반 클래스 내에 위치한다.

분명 mask에는 전통적인 C와 C++ 분류가 반영돼 있다(36.2.1절). 하지만 문자 집합이 달라지면 같은 문자 값이 서로 다른 클래스로 분류될 수 있다. 예를 들어 ASCII 문자 집합의 경우에는 정수 값 125가 구두법 문자(punct)인 문자 }를 표시한다. 하지만 덴마크어 국가 문자 집합에서는 125가 모음 å를 표시하는데, 이 값은 덴마크어 locale에서는 alpha로 분류돼야 한다.

분류는 '마스크^{mask}'라고도 불린다. 그 이유는 소규모 문자 집합에 대해서는 테이블을 이용하는 것이 전통적으로 효율적인 문자 분류 구현 방법인데, 이런 테이블의 각 항목이 분류를 나타내는 비트를 보관하기 때문이다. 예를 들면 다음과 같다.

```
table['P'] == upper|alpha
table['a'] == lower|alpha|xdigit
table['1'] == digit|xdigit
table[' '] == space|blank
```

이런 구현이 주어지면 table[c]&m은 문자 c가 m이면 0이 아니고, 그렇지 않다면 0이 된다. ctype 패싯은 다음과 같이 정의될 수 있다.

---

ctype<C> facet(iso.22.4.1.1절)

```
bool is(mask m, C c) const;

const C* is(const C* b, const C* e, mask* v) const;

const C* scan_is(mask m, const C* b, const C* e) const;

const C* scan_not(mask m, const C* b, const C* e) const;
```

```
C toupper(C c) const;

const C* toupper(C* b, const C* e) const;

C tolower(C c) const;

const C* tolower(C* b, const C* e) const;
```

```
C widen(char c) const;

const char* widen(const char* b, const char* e, C* b2) const;
```

```
char narrow(C c, char def) const;

const C* narrow(const C* b, const C* e, char def, char* b2) const;
```

---

is(m,c)를 호출하면 문자 c가 분류 m에 속하는지 검사한다. 예를 들면 다음과 같다.

```
int count_spaces(const string& s, const locale& loc)
{
    const ctype<char>& ct = use_facet<ctype<char>>(loc);
    int i = 0;
    for(auto p = s.begin(); p!=s.end(); ++p)
        if (ct.is(ctype_base::space,*p))            // ct에 의해 정의된 대로 공백
            ++i;
    return i;
}
```

is()를 이용해서 어떤 문자가 수많은 분류 중 하나에 속하는지 체크하는 것도 가능하다는 데 유의한다. 예를 들면 다음과 같다.

```
ct.is(ctype_base::space|ctype_base::punct,c);      // c는 ct에 있는 공백이나 구두점인가?
```

is(b,e,v) 호출은 [b:e]에 있는 각 문자의 분류를 판단하고 해당 문자를 배열 v의 대응되는 위치에 넣는다.

scan_is(m,b,e)는 [b:e)에서 m인 첫 번째 문자를 가리키는 포인터를 반환한다. 아무 문자도 m으로 분류되지 않는다면 e가 반환된다. 표준 facet에 대해서는 늘 그렇듯이 공용 멤버 함수는 그것의 do_ 가상 함수를 호출함으로써 구현된다. 간단한 구현은 다음과 같다.

```
template<typename C>
const C* ctype<C>::do_scan_is(mask m, const C* b, const C* e) const
{
    while (b!=e && !is(m,*b))
        ++b;
    return b;
}
```

scan_not(m,b,e)는 [b:e)에서 m이 아닌 첫 번째 문자를 가리키는 포인터를 반환한다. 모든 문자가 m으로 분류된다면 e가 반환된다.

toupper(c) 호출은 사용되는 문자 집합에 c의 대문자 버전이 존재할 경우에는 대문자 버전을 반환하고, 그렇지 않다면 c 자체를 반환한다.

toupper(b,e)는 [b:e) 범위에 있는 각 문자를 대문자로 변환하고 e를 반환한다. 간단한 구현은 다음과 같이 될 것이다.

```
template<typename C>
const C* ctype<C>::to_upper(C* b, const C* e)
{
    for (; b!=e; ++b)
        *b = toupper(*b);
    return e;
}
```

tolower() 함수는 소문자로의 변환이라는 점만 빼면 toupper()와 비슷하다.

widen(c) 호출은 문자 c를 대응되는 C 값으로 변환한다. C의 문자 집합이 c에 대응되는 여러 개의 문자들을 제공한다면 표준은 '타당한 변환 중 가장 간단한 것'이 사용돼야 한다고 규정한다. 예를 들면 다음과 같다.

```
wcout << use_facet<ctype<wchar_t>>(wcout.getloc()).widen('e');
```

이 구문은 wcout의 locale 문자 e와 동등한 타당한 결과를 출력할 것이다.

ASCII나 EBCDIC 같이 서로 무관한 문자 표현 간의 변환 역시 widen()을 이용해서 처리될 수 있다. 예를 들어 다음과 같은 ebcdic 로케일이 존재한다고 가정해보자.

```
char EBCDIC_e = use_facet<ctype<char>>(ebcdic).widen('e');
```

widen(b,e,v) 호출은 C 타입의 문자 c에 대응되는 char 값을 만들어 낸다. 역시 '타당한 변환 중 가장 간단한 것'이 사용된다. 그런 대응되는 char가 존재하지 않는다면 def가 반환된다.

narrow(ch,def)는 [b:e)에 있는 각 문자를 받아들여 배열 v의 대응되는 위치에 축소 변환된 버전을 넣는다.

일반적인 개념으로 narrow()는 더 큰 문자 집합에서 더 작은 문자 집합으로 변환한다는 것이고, widen()은 반대 방향으로 연산을 수행한다는 것이다. 작은 문자 집합에 있는 c에 대해 우리의 예상은 다음과 같다.

```
c == narrow(widen(c),0)     // 보장되지 않는다.
```

이 구문은 c에 의해 표현되는 문자가 '더 작은 문자 집합'에 단 하나의 표현만 갖고 있다면 참일 것이다. 하지만 그런 사항은 보장되지 않는다. const에 의해 표현되는 문자들이 더 큰 문자 집합(c)에 의해 표현되는 문자들의 부분집합이 아니라면 문자들을 일반화해서 취급하는 코드에서 문제가 발생한다고 생각해야 한다.

마찬가지로 더 큰 문자 집합의 문자 c에 대해서는 다음과 같이 예상할 수 있다.

```
widen(narrow(ch,def)) == ch || widen(narrow(ch,def)) == widen(def)    // 보장되지 않는다.
```

가끔은 이 구문이 참일 수도 있지만, 더 큰 문자 집합에서 여러 개의 값으로 표현되는 하나의 문자에 대해 이 문장은 참으로 보장될 수 없다. 예를 들어 종종 7 같은 숫자는 대규모 문자 집합에서는 여러 개의 개별적인 표현을 가진다. 그렇게 되는 이유는 대개 대규모 문자 집합은 여러 가지 관용적인 문자 집합을 부분집합으로 갖게 되는데, 변환이 쉬운 관계로 작은 집합의 문자들이 복제되기 때문이다.

기본 소스 문자 집합(6.1.2절)의 모든 문자에 대해 다음은 보장된다.

```
widen(narrow(ch_lit,0)) == ch_lit
```

예를 들면 다음과 같다.

```
widen(narrow('x',0)) == 'x'
```

narrow()와 widen() 함수는 가급적 문자 분류를 존중한다. 예를 들어 사용되는 locale에 대해 alpha가 유효한 마스크일 경우에는 언제나 is(alpha,c)가 참이면 is(alpha,narrow(c, 'a'))와 is(alpha,widen(c))도 참이다.

일반적인 경우에는 ctype 패싯을 이용하고 특별한 경우에는 narrow()와 widen() 함수를 사용하는 이유는 모든 문자 집합에 대해 입출력과 문자열 조작을 수행할 수 있는 코드를 작성하기 위해서다. 즉, 그런 코드가 문자 집합에 대해서 일반화되게 만들기 위함이다. 이는 iostream 구현이 이런 기능들에 결정적으로 의존한다는 의미를 내포한다. <iostream>과 <string>을 사용함으로써 사용자는 cytpe 패싯을 직접적으로 이용해야 하는 경우를 대부분 피할 수 있다.

ctype의 _byname 버전(39.4절, 39.4.1절)은 제공된다.

```
template<typename C>
class ctype_byname : public ctype<C> {
    // ...
};
```

39.4.6 문자 코드 변환

때로는 파일에 저장돼 있는 문자의 표현이 메인 메모리에 있는 똑같은 문자들에 대해 기대하는 표현과 다를 때가 있다. 예를 들어 일본어 문자가 저장된 파일에는 해당 문자 시퀀스가

4가지 널리 쓰이는 문자 집합(간지, 가타카나, 히라가나, 로마지) 중 어디에 속하는지를 가리키는 식별자('시프트')가 포함돼 있다. 이것이 약간 까다로운 이유는 각 바이트의 의미가 그것의 '시프트 상태'에 따라 좌우되기 때문이다. 하지만 간지 한 글자만 표현하는 데도 1바이트 이상이 소요되기 때문에 이런 방식은 메모리를 절약할 수 있다. 메인 메모리에서는 이런 문자들이 모든 문자가 동일한 크기를 갖는 멀티바이트 문자 집합으로 표현돼 있을 때 조작하기가 더 쉽다. 이런 문자들(예를 들면 유니코드 문자)은 대개 와이드 문자(wchar_t, 6.2.3절)로 들어가 있다. 결과적으로 codecvt 패싯은 문자들이 읽거나 쓰여질 때 한 표현에서 다른 표현으로 문자들을 변환해주는 메커니즘을 제공한다. 이를 그림으로 표시하면 다음과 같다.

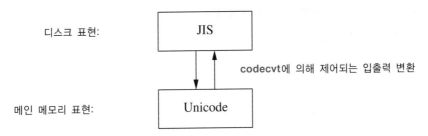

이러한 코드 변환 메커니즘은 문자 표현의 임의적인 변환을 제공할 수 있을 정도로 범용적이다. 이 메커니즘은 적합한 내부 문자 표현(char, wchar_t 또는 임의의 타입에 저장된)을 사용해서 프로그램을 작성한 다음에 iostream에 의해 사용되는 locale을 조정함으로써 다양한 입력 스트림 표현을 받아들일 수 있다. 다른 방법은 프로그램 자체를 변경하든지 다양한 서식으로 입력과 출력 파일을 변환하는 것뿐이다.

codecvt 패싯은 문자가 스트림 버퍼와 외부 저장 공간 사이를 이동할 때 서로 다른 문자 집합 사이의 변환을 제공한다.

```
class codecvt_base {
public:
    enum result {            // 결과 식별자
        ok, partial, error, noconv
    };
};

template<typename In, typename Ex, typename SS>
class codecvt : public locale::facet, public codecvt_base {
public:
    using intern_type = In;
    using extern_type = Ex;
    using state_type = SS;
    // ...
};
```

codecvt 패싯은 문자를 읽거나 쓰기 위해 basic_filebuf(38.2.1절)에 의해 사용된다. basic_filebuf는 이 facet을 스트림의 locale(38.1절)로부터 얻는다.

```
codecvt<In,Ex,SS> facet(iso.22.5절)
using CI = const In; using CE = const Ex;
```

```
result in(SS& st, CE* b, CE* e, CE*& next, In* b2, In* e2, In*& next2) const;
result out(SS& st, CI* b, CI* e, CI*& next, Ex* b2, Ex* e2, Ex*& next2) const;
result unshift(SS& st, Ex* b, Ex* e, Ex*& next) const;
int encoding() const noexcept;
bool always_noconv() const noexcept;
int length(SS& st, CE* b, CE* e, size_t max) const;
int max_length() const noexcept;
```

State 템플릿 인자는 변환 중인 스트림의 시프트 상태를 보관하는 데 쓰이는 타입이다. State는 또한 특수화 지정을 통해 서로 다른 변환을 식별하는 데 사용될 수도 있다. 다양한 문자 인코딩(문자 집합)을 사용한 문자들이 동일한 타입의 객체에 저장될 수 있기 때문에 후자의 기능은 쓸모가 있다. 예를 들면 다음과 같다.

```
class JISstate { /* ... */ };

p = new codecvt<wchar_t,char,mbstate_t>;        // 표준 char에서 와이드 char로
q = new codecvt<wchar_t,char,JISstate>;         // JIS에서 와이드 char로
```

서로 다른 State 인자들이 없다면 facet는 char의 스트림에 대해 어떤 인코딩을 가정해야 하는지 알 길이 없을 것이다. <cwchar> 또는 <wchar.h>의 mbstate_t 타입은 char와 wchar_t 사이의 시스템 표준 변환을 식별해준다.

또한 새로운 codecvt가 파생 클래스로서 생성되고 이름으로 식별될 수 있다. 예를 들면 다음과 같다.

```
class JIScvt : public codecvt<wchar_t,char,mbstate_t> {
    // ...
};
```

in(st,b,e,next,b2,e2,next2) 호출은 [b:e) 범위의 각 문자를 읽어 들여서 변환하려고 시도한다. 한 문자가 변환되면 in()은 변환된 서식을 [b2:e2) 범위의 대응되는 위치에 기록한다. 변환되지 않는다면 in()은 그 시점에서 멈춘다. 복귀하면 in()은 마지막으로 읽혀진 문자 하나 다음의 위치를 next(읽혀질 다음 문자)에 저장하고 마지막으로 쓰여진 문자 하나 다음의 위치를 next2(쓰여질 다음 문자)에 저장한다.

in()에 의해 반환되는 result 값은 작업이 어느 정도 진행됐는지를 알려준다.

codecvt_base result(iso.22.4.1.4절)	
ok	[b:e)의 모든 문자들이 변환됐다.
partial	[b:e)의 일부 문자들이 변환됐다.
error	한 문자도 변환되지 않았다.
noconv	변환이 필요하지 않았다.

partial 변환이 반드시 오류는 아니라는 데 유의한다. 아마도 더 많은 문자를 읽어 들여야 멀티바이트 문자가 완성돼서 쓰여질 수 있든가, 아니면 좀 더 많은 문자를 위한 자리를 마련하기 위해 출력 버퍼를 비워야 하는 상황일 수도 있다.

state_type 인자 st는 in()의 호출이 시작되는 시점에서 입력 문자 시퀀스의 상태를 나타낸다. 이것은 외부 문자 표현이 시프트 상태를 사용할 때는 상당히 중요하다. st는 (비const) 참조자 인자라는 점에 유의한다. 호출이 끝나는 시점에 st는 입력 시퀀스의 시프트 상태를 보관한다. 이 덕택에 프로그래머는 **partial** 변환을 다룰 수 있고, 여러 번의 in() 호출을 통해 긴 시퀀스를 변환할 수 있다.

in()이 외부에서 내부 표현으로 변환하는 것과 똑같은 방식으로 out(st,b,e,next,b2,e2,next2) 호출은 [b:e)를 내부에서 외부 표현으로 변환한다.

문자 스트림은 '중립'(시프트되지 않은) 상태에서 시작하고 끝나야 한다. 대개 그런 상태는 **state_type{}**이다.

unshift(st,b,e,next) 호출은 st를 살펴보고 문자 시퀀스를 시프트되지 않은 상태로 되돌리기 위해 필요한 대로 [b:e)의 문자들을 배치한다. **unshift()**의 결과와 next가 사용되는 방식은 out()과 완전히 똑같다.

length(st,b,e,max) 호출은 in()이 [b:e)에서 변환할 수 있는 문자들의 개수를 반환한다.

encoding()에서 반환되는 값의 의미는 다음과 같다.

-1   외부 문자 집합의 인코딩은 상태를 사용한다(예를 들어 시프트와 시프트 취소 문자 시퀀스를 사용한다).

0   인코딩은 다양한 바이트 개수를 사용해서 개별 문자들을 표현한다(예를 들어 어떤 문자 표현은 해당 문자를 표현하기 위해 1 또는 2바이트 중 어느 쪽이 사용되는지 알려주기 위해 한 바이트 내에서 한 비트를 사용할 수도 있다).

n   외부 문자 표현의 모든 문자는 n 바이트다.

always_noconv() 호출은 내부와 외부 문자 집합 사이에 변환이 필요하지 않은 경우라면 **true**를 반환하고, 그렇지 않은 경우라면 **false**를 반환한다. 분명히 **always_noconv()==true**는 변환 함수를 무조건 실행시키지 않는 최대한 효율적인 구현을 제공할 수 있는 가능성을 열어준다.

cvt.max_length()는 유효한 인자 집합에 대해 **cvt.length(ss,p,q,n)**이 반환할 수 있는 최댓값을 반환한다.

내가 생각할 수 있는 가장 간단한 코드 변환은 입력을 대문자로 변환하는 것이다. 따라서 다음 코드는 **codecvt**가 가장 단순해질 수 있는 경우에 가깝지만, 그럼에도 서비스는 제대로 제공된다.

```
class Cvt_to_upper : public codecvt<char,char,mbstate_t> {        // 대문자로 변환한다.
public:
    explicit Cvt_to_upper(size_t r = 0) : codecvt(r) { }
```

```
protected:
    // 외부 표현을 읽고, 내부 표현을 쓴다.
    result do_in(State& s,
                const char* from, const char* from_end, const char*& from_next,
                char* to, char* to_end, char*& to_next
            ) const override;

    // 내부 표현을 읽고, 외부 표현을 쓴다.
    result do_out(State& s,
                const char* from, const char* from_end, const char*& from_next,
                char* to, char* to_end, char*& to_next
            ) const override;

    result do_unshift(State&, E* to, E* to_end, E*& to_next) const override { return ok; }

    int do_encoding() const noexcept override { return 1; }
    bool do_always_noconv() const noexcept override { return false; }

    int do_length(const State&, const E* from, const E* from_end, size_t max) const override;
    int do_max_length() const noexcept override;          // 가능한 최대 length()
};

codecvt<char,char,mbstate_t>::result
Cvt_to_upper::do_out(State& s,
                const char* from, const char* from_end, const char*& from_next,
                char* to, char* to_end, char*& to_next) const
{
    return codecvt<char,char,mbstate_t>::do_out(s,from,from_end,from_next,to,to_end,to_next);
}

codecvt<char,char,mbstate_t>::result
Cvt_to_upper::do_in(State& s,
                const char* from, const char* from_end, const char*& from_next,
                char* to, char* to_end, char*& to_next) const
{
    // ...
}

int main()    // 간단한 테스트
{
    locale ulocale(locale(), new Cvt_to_upper);
    cin.imbue(ulocale);

    for (char ch; cin>>ch; )
        cout << ch;
}
```

codecvt에 대해서는 _byname 버전(39.4절, 39.4.1절)이 제공된다.

```
template<typename I, typename E, typename State>
class codecvt_byname : public codecvt<I,E,State> {
    // ...
};
```

39.4.7 메시지

당연하겠지만 대부분 최종 사용자들은 자신의 모국어를 사용해서 프로그램과 상호작용하고 싶어 한다. 하지만 locale에 한정된 범용적인 상호작용을 표현해주는 표준 메커니즘을 제공하기는 불가능하다. 대신 라이브러리에서 **locale**에 한정된 문자 집합을 보관하는 간단한 메커니즘을 제공하면 이것을 바탕으로 프로그래머가 간단한 메시지를 구성할 수 있다. 실질적으로 **messages**는 소박한 읽기 전용 데이터베이스를 구현하는 셈이다.

```
class messages_base {
public:
    using catalog = /* 구현별 정의되는 정수 타입 */;          // catalog 식별자 타입
};
template<typename C>
class messages : public locale::facet, public messages_base {
public:
    using char_type = C;
    using string_type = basic_string<C>;
    // ...
};
```

    messages 인터페이스는 비교적 간단하다.

---

messages<C> facet(iso.22.4.7.1절)

catalog open(const string& s, const locale& loc) const;

string_type get(catalog cat, int set, int id, const basic_string<C>& def) const;

void close(catalog cat) const;

---

    open(s,loc) 호출은 로케일 loc에 대해 s라고 불리는 메시지의 '카탈로그'를 연다. 카탈로그란 구현에 한정된 방식으로 구성된 문자열 집합으로서 **messages::get()** 함수를 통해 접근된다. s란 이름의 카탈로그가 열릴 수 없다면 음수 값이 반환된다. 카탈로그는 **get()**이 처음 사용되기 전에 열려야 한다.

    close(cat) 호출은 cat으로 식별되는 카탈로그를 닫고 해당 카탈로그와 관련된 모든 자원을 해제한다.

    get(cat,set,id,"foo") 호출은 cat 카탈로그에서 (set,id)로 식별되는 메시지를 찾는다. 문자열이 발견되면 **get()**은 해당 문자열를 반환한다. 그렇지 않다면 **get()**은 기본 문자열을 반환한다(여기서는 string("foo")).

    다음은 어떤 구현을 위한 **messages** 패싯의 예제인데, 이 구현에서는 메시지 카탈로그가 '메시지' 집합으로 이뤄진 벡터이고, '메시지'는 문자열이다.

```
struct Set {
    vector<string> msgs;
};
struct Cat {
    vector<Set> sets;
};
class My_messages : public messages<char> {
    vector<Cat>& catalogs;
public:
```

```
    explicit My_messages(size_t = 0) :catalogs{*new vector<Cat>} { }

    catalog do_open(const string& s, const locale& loc) const;        // 카탈로그 s를 연다.
    string do_get(catalog cat, int s, int m, const string&) const;    // cat에서 메시지
                                                                      // (s,m)을 얻는다.

    void do_close(catalog cat) const
    {
        if (cat<catalogs.size())
            catalogs.erase(catalogs.begin()+cat);
    }
    ~My_messages() { delete &catalogs; }
};
```

모든 messages의 멤버 함수는 const이므로, 카탈로그 데이터 구조(vector<Set>)는 facet 외부에 저장된다.

메시지는 카탈로그, 해당 카탈로그 내부의 집합, 그리고 해당 집합 내에 있는 메시지를 지정함으로써 선택된다. 문자열은 인자로서 공급되며, 이 인자는 카탈로그에서 메시지가 발견되지 않을 경우 기본 결과로 사용된다.

```
string My_messages::do_get(catalog cat, int set, int id, const string& def) const
{
    if (catalogs.size()<=cat)
        return def;
    Cat& c = catalogs[cat];
    if (c.sets.size()<=set)
        return def;
    Set& s = c.sets[set];
    if (s.msgs.size()<=id)
        return def;
    return s.msgs[id];
}
```

카탈로그를 열면 디스크에서 Cat 구조체로 텍스트 표현을 읽어 들이게 된다. 여기서는 읽기 쉬운 표현이 선택됐다. 집합은 <<와 >>로 구분되며, 각 메시지는 텍스트의 한 행이다.

```
messages<char>::catalog My_messages::do_open(const string& n, const locale& loc) const
{
    string nn = n + locale().name();
    ifstream f(nn.c_str());
    if (!f) return -1;

    catalogs.push_back(Cat{});                       // 메모리 안에 카탈로그를 만든다.
    Cat& c = catalogs.back();

    for(string s; f>>s && s=="<<<"; ) {              // Set을 읽는다.
        c.sets.push_back(Set{});
        Set& ss = c.sets.back();
        while (getline(f,s) && s != ">>>")           // 메시지를 읽는다.
            ss.msgs.push_back(s);
    }
    return catalogs.size()-1;
}
```

간단한 사용 예는 다음과 같다.

```
int main()
    // 간단한 테스트
{
    if (!has_facet<My_messages>(locale())) {
        cerr << "no messages facet found in" << locale().name() << '\n';
        exit(1);
    }
    const messages<char>& m = use_facet<My_messages>(locale());
    extern string message_directory;              // 메시지 보관 장소

    auto cat = m.open(message_directory,locale());
    if (cat<0) {
        cerr << "no catalog found\n";
        exit(1);
    }
    cout << m.get(cat,0,0,"Missed again!") << endl;
    cout << m.get(cat,1,2,"Missed again!") << endl;
    cout << m.get(cat,1,3,"Missed again!") << endl;
    cout << m.get(cat,3,0,"Missed again!") << endl;
}
```

카탈로그가 다음과 같다면

```
<<<
hello
goodbye
>>>
<<<
yes
no
maybe
>>>
```

이 프로그램은 다음 결과를 출력한다.

```
hello
maybe
Missed again!
Missed again!
```

39.4.7.1 다른 facet의 메시지 활용

사용자들과 소통하는 데 사용되는 **locale** 의존적인 문자열을 위한 저장소가 되는 것 외에
message는 다른 **facet**을 위한 문자열을 보관하는 용도로도 활용될 수 있다. 예를 들어
Season_io 패싯(39.3.2절)은 다음과 같이 작성될 수도 있다.

```
class Season_io : public locale::facet {
    const messages<char>& m;                    // 메시지 디렉터리
    messages_base::catalog cat;                  // 메시지 카탈로그
public:
    class Missing_messages { };

    Season_io(size_t i = 0)
        : locale::facet(i),
```

```
                m(use_facet<Season_messages>(locale())),
                cat(m.open(message_directory,locale()))
    {
            if (cat<0)
                    throw Missing_messages();
    }
    ~Season_io() { }                         // Season_io 객체(39.3절)를 소멸시키기 위해
    const string& to_str(Season x) const;             // x의 문자열 표현
    bool from_str(const string& s, Season& x) const;   // s에 대응되는 Season을 x에 넣는다.
    static locale::id id;             // 패싯 식별자 객체(39.2절, 39.3절, 39.3.1절)
};
locale::id Season_io::id;             // 식별자 객체를 정의한다.
string Season_io::to_str(Season x) const
{
    return m->get(cat,0,x,"no-such-season");
}
bool Season_io::from_str(const string& s, Season& x) const
{
    for (int i = Season::spring; i<=Season::winter; i++)
        if (m->get(cat,0,i,"no-such-season") == s) {
                x = Season(i);
                return true;
        }
    return false;
}
```

이러한 messages 기반의 해결책이 원래의 해결책(39.3.2절)과 다른 점은 새로운 locale에 맞춰 Season 문자열 집합을 구현하는 개발자가 그것들을 messages 디렉토리에 추가할 수 있다는 점이다. 이 점은 새로운 locale을 실행 환경에 추가하는 누군가에는 대수롭지 않은 일이다. 하지만 messages가 읽기 전용 인터페이스만 제공하기 때문에 새로운 계절 이름 집합을 추가하는 작업이 애플리케이션 프로그래머 입장에서는 범위를 벗어나는 일이 될 수 있다.

messages에 대해서는 _byname 버전(39.4절, 39.4.1절)이 제공된다.

```
template<typename C>
class messages_byname : public messages<C> {
    // ...
};
```

39.5 편의 인터페이스

단순히 iostream에 주입하는 수준을 넘어서면 locale 기능은 사용하기에 복잡할 수 있다. 이 때문에 표기를 단순화하고 실수를 최소화하기 위해 편의 인터페이스^{convenience interface}가 제공된다.

39.5.1 문자 분류

ctype 패싯의 가장 흔한 용도는 어떤 문자가 주어진 분류에 속하는지 묻는 것이다. 따라서 그런 목적에 필요한 함수 집합이 제공된다.

locale에 좌우되는 문자 분류(iso.22.3.3.1절)	
isspace(c,loc)	c는 loc에서 스페이스인가?
isblank(c,loc)	c는 loc에서 비어있는가?
isprint(c,loc)	c는 loc에서 출력 가능한가?
iscntrl(c,loc)	c는 loc에서 제어 문자인가?
isupper(c,loc)	c는 loc에서 대문자인가?
islower(c,loc)	c는 loc에서 소문자인가?
isalpha(c,loc)	c는 loc에서 문자인가?
isdigit(c,loc)	c는 loc에서 10진수인가?
ispunct(c,loc)	c는 loc에서 글자, 자릿수, 공백 또는 보이지 않는 제어 문자가 아닌가?
isxdigit(c,loc)	c는 loc에서 16진수인가?
isalnum(c,loc)	isalpha(c,loc) 또는 isdigit(c,loc)
isgraph(c,loc)	isalpha(c,loc) 또는 isdigit(c,loc) 또는 ispunct(c)(참고: 스페이스가 아님)

이런 함수들은 **use_facet**을 이용하면 간단히 구현된다. 예를 들면 다음과 같다.

```
template<typename C>
inline bool isspace(C c, const locale& loc)
{
    return use_facet<ctype<C>>(loc).is(space,c);
}
```

이런 함수들의 단일 인자 버전(36.2.1절)은 현재의 C 전역 로케일을 사용한다. C 전역 로케일과 C++ 전역 로케일이 다른 드문 경우를 제외하고는(39.2.1절) 단일 인자 버전을 두 인자 버전이 locale()에 적용된 것이라고 봐도 무방하다. 예를 들면 다음과 같다.

```
inline int isspace(int i)
{
    return isspace(i,locale());        // 거의
}
```

39.5.2 문자 변환

대소문자 변환은 **locale**의 영향을 받는다.

문자 변환(iso.22.3.3.2.1절)	
c2= toupper(c,loc)	use_facet<ctype<C>>(loc).toupper(c)
c2= tolower(c,loc)	use_facet<ctype<C>>(loc).tolower(c)

39.5.3 문자열 변환

문자 코드 변환은 locale의 영향을 받을 수 있다. 클래스 템플릿 wstring_convert는 와이드 문자열과 바이트 문자열 사이의 변환을 수행한다. 이 템플릿은 스트림이나 locale에 전혀 영향을 주지 않고, 변환을 수행하는 코드 변환 facet(codecvt 같은)을 지정할 수 있게 해준다. 예를 들어 codecvt_utf8이라고 불리는 코드 변환 facet을 사용하면 cout의 locale을 바꾸지 않고도 UTF-8 멀티바이트 시퀀스를 바로 cout에 출력할 수 있다.

```
wstring_convert<codecvt_utf8<wchar_t>> myconv;
string s = myconv.to_bytes(L"Hello\n");
cout << s;
```

wstring_convert의 정의는 상당히 전통적이다.

```
template<typename Codecvt,
        class Wc = wchar_t,
        class Wa = std::allocator<Wc>,         // 와이드 문자 할당자
        class Ba = std::allocator<char>        // 바이트 할당자
    >
class wstring_convert {
public:
    using byte_string = basic_string<char, char_traits<char>, Ba>;
    using wide_string = basic_string<Wc, char_traits<Wc>, Wa>;
    using state_type = typename Codecvt::state_type;
    using int_type = typename wide_string::traits_type::int_type;
    // ...
};
```

wstring_convert 생성자는 문자 변환 facet, 초기 변환 상태, 오류 발생 시에 사용될 값을 지정할 수 있게 해준다.

---

wstring_convert<Codecvt,Wc,Wa,Ba>(iso.22.3.3.2.2절)

wstring_convert cvt {};	wstring_convert cvt {new Codecvt}
wstring_convert cvt {pcvt,state}	cvt는 변환 패싯 *pcvt와 변환 상태 state를 사용한다.
wstring_convert cvt {pcvt};	wstring_convert cvt {pcvt,state_type{}}
wstring_convert cvt {b_err,w_err};	wstring_convert cvt{}. b_err과 w_err을 사용한다.
wstring_convert cvt {b_err};	wstring_convert cvt{}. b_err을 사용한다.
cvt.~wstring_convert();	소멸자
ws=cvt.from_bytes(c)	ws는 Wc로 변환되는 char c를 포함한다.
ws=cvt.from_bytes(s)	ws는 Wc로 변환되는 s의 char를 포함한다. s는 C 스타일 문자열 또는 string이다.
ws=cvt.from_bytes(b,e)	ws는 Wc로 변환되는 [b:e]의 char를 포함한다.
s=cvt.to_bytes(wc)	s는 char로 변환되는 wc를 포함한다.
s=cvt.to_bytes(ws)	s는 char로 변환되는 ws의 Wc를 포함한다. ws는 C 스타일 문자열 또는 basic_string<Wc>다.

(이어짐)

s=cvt.to_bytes(b,e)	s는 char로 변환되는 [b:e)의 Wc를 포함한다.
n=cvt.converted()	n은 cvt에 의해 변환되는 입력 원소의 개수다.
st=cvt.state()	st는 cvt의 상태다.

wide_string으로의 변환이 실패하면 기본 설정이 아닌 **w_err** 문자열로 생성된 **cvt**에 대한 함수들은 해당 문자열(오류 메시지로서)을 반환한다. 그렇지 않다면 **range_error**를 던진다.

byte_string으로의 변환이 실패하면 기본 설정이 아닌 **b_err** 문자열로 생성된 **cvt**에 대한 함수들은 해당 문자열(오류 메시지로서)을 반환한다. 그렇지 않다면 **range_error**를 던진다.

예를 들면 다음과 같다.

```
void test()
{
    wstring_convert<codecvt_utf8_utf16<wchar_t>> converter;

    string s8 = u8"This is a UTF-8 string";
    wstring s16 = converter.from_bytes(s8);
    string s88 = converter.to_bytes(s16);

    if (s8!=s88)
        cerr << "Insane!\n";
}
```

39.5.4 버퍼 변환

코드 변환 facet(39.4.6절)을 사용하면 스트림 버퍼에 대해 바로 읽고 쓰기를 할 수 있다(38.6절).

```
template<typename Codecvt,
        class C = wchar_t,
        class Tr = std::char_traits<C>
    >
class wbuffer_convert
    : public std::basic_streambuf<C,Tr> {
public:
    using state_type = typename Codecvt::state_type;
    // ...
};
```

wbuffer_convert wb {psb,pcvt,state};	wb는 변환자 *pcvt와 초기 변환 상태 state를 이용해서 streambuf *psb로부터 변환한다.
wbuffer_convert wb {psb,pcvt};	wbuffer_convert wb {psb,pcvt,state_type{}};
wbuffer_convert wb {psb};	wbuffer_convert wb {psb,new Codecvt{}};
wbuffer_convert wb {};	wbuffer_convert wb {nullptr};

(이어짐)

wbuffer_convert<Codecvt,C,Tr>(iso.22.3.3.2.3절)	
psb=wb.rdbuf()	psb는 sb의 스트림 버퍼다.
psb2=wb.rdbuf(psb)	wb의 스트림 버퍼를 *psb로 설정한다. *psb2는 wb의 이전 스트림 버퍼다.
t=wb.state()	t는 wb의 이전 상태다.

39.6 조언

[1] 사람들과 직접적으로 상호작용하는 중요한 프로그램이나 시스템은 예외 없이 다른 여러 나라에서 사용될 것이라고 예상한다(39.1절).

[2] 모든 이들이 자신과 똑같은 문자 집합을 사용할 것이라고 가정하지 않는다(39.1절, 39.4.1절).

[3] 문화적 영향을 받는 입출력에 대해 임기응변식 코드를 작성하지 말고 가급적 locale을 사용한다(39.1절).

[4] 외부(C++가 아닌) 표준을 만족시키려면 locale을 사용한다(39.1절).

[5] locale은 facet의 컨테이너라고 간주한다(39.2절).

[6] locale 이름 문자열을 프로그램 텍스트에 삽입하지 않는다(39.2.1절).

[7] locale의 변경 사항을 프로그램의 여러 장소에 보관하지 않는다(39.2.1절).

[8] 전역 서식 정보의 사용은 최소화한다(39.2.1절).

[9] 가급적 locale을 구분하는 문자열 비교와 정렬을 선택한다(39.2.2절, 39.4.1절).

[10] facet은 불변적으로 만든다(39.3절).

[11] locale이 facet의 수명을 처리하게 한다(39.3절).

[12] 자신만의 facet을 만들 수 있다(39.3.2절).

[13] locale을 구분하는 입출력 함수를 작성할 때는 사용자가 제공한 (재정의) 함수에서 예외를 처리하는 것을 잊지 않도록 한다(39.4.2.2절).

[14] 숫자에서 분리자가 필요하다면 numput을 사용한다(39.4.2.1절).

[15] 화폐 값을 보관하려면 간단한 Money 타입을 활용한다(39.4.3절).

[16] locale을 구분하는 입출력을 요구하는 값을 보관하려면 간단한 사용자 정의 타입을 사용한다(기본 제공 타입에 대해 캐스트를 사용하지 말고)(39.4.3절).

[17] time_put 패싯은 <chrono>와 <ctime> 스타일 시간 양쪽 모두에 쓰일 수 있다(39.4.4절).

[18] 가급적 명시적인 locale의 문자 분류 함수를 사용한다(39.4.5절, 39.5절).

40

수치

컴퓨팅의 목적은 통찰이지, 숫자가 아니다
− R. W. 해밍(R. W. Hamming)

... 그러나 학생들에겐
흔히 숫자가 통찰에 이르는 최선의 길이다
− A. 랄스턴(A. Ralston)

- 개요
- 수치 한계   한계 매크로
- 표준 수학 함수
- complex 숫자
- 수치 배열(valarray)   생성자와 대입, 첨자, 연산, 슬라이스, **slice_array**, 범용 슬라이스
- 범용 수치 알고리즘   **accumulate()**, **inner_product()**, **partial_sum()**, **adjacent_difference()**, **iota()**
- 난수   엔진, 난수 장치, 분포, C 스타일 난수
- 조언

40.1 개요

C++는 수치 계산을 주로 염두에 두고 설계되지는 않았다. 하지만 수치 계산은 대개 데이터베이스 접근, 네트워킹, 도구 제어, 그래픽, 시뮬레이션, 재무 분석 같은 다른 작업의 맥락에서 일어나게 되므로, C++는 대규모 시스템에서 큰 비중을 차지하는 계산에 적합한 매력적인 수단으로 거듭나게 됐다. 수치 기법 역시 부동소수점 숫자 벡터에 간단한 루프를 돌리는 것부터 시작해서 발전을 거듭해 왔다. 계산의 일부로 좀 더 복잡한 데이터 구조가 필요한 곳에서는 C++의 강점이 빛을 발하게 됐다. 이런 결과로 C++는 과학, 공학, 금융 및 복잡한 수치가 관련된 여러 계산 분야에서 널리 쓰이고 있다. 결과적으로 이러한 계산을 지원하는 기능들과 기법들이 부상하게 됐다. 여기서 수치 기법을 가르치려는 것은 아니다. 수치 계산은 그 자체

로 매력적인 주제다. 그것을 이해하기 위해서는 수치 기법에 대한 훌륭한 학습 과정이 필요하며, 최소한 번듯한 교재라도 있어야 한다. 언어 매뉴얼과 학습서만으로는 불충분하다.

여기에서 설명되는 표준 라이브러리 기능 외에도 29장에서는 N차원 행렬을 통해 수치 프로그래밍에 대한 확장된 예제를 다룬 바 있다.

40.2 수치 한계

수치로 뭔가 흥미로운 일을 벌이기 위해서는 우선 기본 제공 타입의 일반적인 속성에 대해 뭔가를 알아야 할 필요가 있다. 프로그래머가 하드웨어를 최대한 활용하게 하기 위해 이런 속성들은 언어 자체의 규칙으로 고정되기보다는 구현별 정의 사항이다(6.2.8절). 예를 들어 int의 최댓값은? 양의 float의 최솟값은? double은 float에 대입될 때 반올림되는가 버림 처리되는가? char의 비트 개수는?

이런 질문에 대한 대답은 `<limits>`에서 제공되는 numeric_limits의 특수화에 의해 제공된다. 예를 들면 다음과 같다.

```
void f(double d, int i)
{
    char classification[numeric_limits<unsigned char>::max()];
    if (numeric_limits<unsigned char>::digits==numeric_limits<char>::digits ) {
        // char는 부호가 없다.
    }
    if (i<numeric_limits<short>::min() || numeric_limits<short>::max()<i) {
        // i는 자릿수 손실 없이 short에 저장될 수 없다.
    }
    if (0<d && d<numeric_limits<double>::epsilon()) d = 0;
    if (numeric_limits<Quad>::is_specialized) {
        // Quad 타입에 대한 한계 정보를 이용할 수 있다.
    }
}
```

각각의 특수화는 자신의 인자 타입에 대해 적절한 정보를 제공한다. 따라서 일반적인 numeric_limits 템플릿은 상수와 constexpr 함수의 집합을 손쉽게 표기할 수 있게 해주는 일종의 핸들인 셈이다.

```
template<typename T>
class numeric_limits {
public:
    static const bool is_specialized = false; // numeric_limits<T>에 대한 정보를 얻을 수 있는가?
    // ... 중요하지 않은 기본 설정들 ...
};
```

실질적인 정보는 특수화에 있다. 표준 라이브러리의 각 구현 환경은 각각의 기본 수치 타입(문자 타입, 정수 타입, 부동소수점 타입 및 bool)에 대해서는 numeric_limits의 특수화를 제공하지만 void, 열거형, 라이브러리 타입(complex<double> 등) 같이 필요해 보이는 다른 후보들에 대해서는 제공하지 않는다.

char 같은 통합 정수 타입에 대해서는 오직 몇 가지 정보만이 의미가 있다. 다음은 char가 8비트이고 부호가 있는 경우의 구현에 대한 numeric_limits<char>다.

```cpp
template<>
class numeric_limits<char> {
public:
    static const bool is_specialized = true;   // 그렇다. 정보가 있다.

    static const int digits = 7;                       // 부호를 제외한 비트의 개수("이진 숫자")
    static const bool is_signed = true;           // 이 구현에서는 char에 부호가 있다.
    static const bool is_integer = true;          // char는 통합 정수 타입

    static constexpr char min() noexcept { return -128; }    // 최솟값
    static constexpr char max() noexcept { return 127; }       // 최댓값

    // char와는 관련 없는 다수의 선언들
};
```

이 함수는 constexpr이므로, 상수 표현식이 요구되는 경우에 런타임 오버헤드 없이 사용될 수 있다.

numeric_limits의 멤버 대부분은 부동소수점 숫자를 기술하기 위한 것이다. 예를 들어 다음은 float의 구현에 대한 한 가지 예다.

```cpp
template<>
class numeric_limits<float> {
public:
    static const bool is_specialized = true;

    static const int radix = 2;                       // 지수의 기수(이 경우에는 2진수)
    static const int digits = 24;                     // 가수부에서 기수 자리수의 개수
    static const int digits10 = 9;                    // 가수부에서 10진수 자리수의 개수

    static const bool is_signed = true;
    static const bool is_integer = false;
    static const bool is_exact = false;
    static constexpr float min() noexcept { return 1.17549435E-38F; }      // 최소 양수
    static constexpr float max() noexcept { return 3.40282347E+38F; }       // 최대 양수
    static constexpr float lowest() noexcept { return -3.40282347E+38F; } // 최솟값

    static constexpr float epsilon() noexcept { return 1.19209290E-07F; }
    static constexpr float round_error() noexcept { return 0.5F; }        // 최대 반올림 오차

    static constexpr float infinity() noexcept { return /* 어떤 값 */; }
    static constexpr float quiet_NaN() noexcept { return /* 어떤 값 */; }
    static constexpr float signaling_NaN() noexcept { return /* 어떤 값 */; }
    static constexpr float denorm_min() noexcept { return min(); }

    static const int min_exponent = -125;
    static const int min_exponent10 = -37;
    static const int max_exponent = +128;
    static const int max_exponent10 = +38;

    static const bool has_infinity = true;
    static const bool has_quiet_NaN = true;
    static const bool has_signaling_NaN = true;
    static const float_denorm_style has_denorm = denorm_absent;
    static const bool has_denorm_loss = false;
```

```
    static const bool is_iec559 = true;        // IEC-559를 준수한다.
    static const bool is_bounded = true;
    static const bool is_modulo = false;
    static const bool traps = true;
    static const bool tinyness_before = true;

    static const float_round_style round_style = round_to_nearest;
};
```

min()은 정규화한 최소의 양수이고 epsilon은 1+epsilon-1이 0보다 크다는 조건을 만족하는 최소의 양수 부동소수점 숫자다.

기본 제공 타입과 비슷하게 스칼라 타입을 정의할 때는 그에 맞는 numeric_limits의 특수화를 함께 제공하는 편이 좋다. 예를 들어 내가 4배 정밀도 타입인 Quad를 작성한다면 사용자는 자연스럽게 numeric_limits<Quad>가 제공될 것이라고 기대할 것이다. 거꾸로 내가 비수치 타입인 Dumb_ptr의 사용자라면 numeric_limits<Dumb_ptr<X>>를 is_specialized가 false로 설정된 기본 템플릿이라고 예상할 테고, 이는 아무 정보도 이용할 수 없다는 뜻이다.

부동소수점 숫자와 아무런 관련이 없는 사용자 정의 타입의 속성을 기술하는 numeric_limits의 특수화를 상상해볼 수도 있다. 그런 경우에는 표준에서 고려되지 않는 속성으로 numeric_limits를 특수화하기보다는 대체적으로 기술하기 위한 범용적인 기법을 활용하는 편이 낫다.

40.2.1 한계 매크로

C로부터 C++는 정수의 속성을 기술하는 매크로를 물려받았다. <climits>에서 그것들을 찾을 수 있다.

정수 한계 매크로(_iso.diff.library_, 축약됨)	
CHAR_BIT	char에 있는 비트 개수(대개는 8)
CHAR_MIN	char 최솟값(음수가 될 수 있다)
CHAR_MAX	char 최댓값(대개 char에 부호가 있으면 127이고, char에 부호가 없으면 255)
INT_MIN	int 최솟값
LONG_MAX	long 최댓값

signed char, long long 등에 대해서도 유사하게 이름이 붙은 매크로들이 제공된다.

마찬가지로 <cfloat>와 <float.h>는 부동소수점 숫자의 속성을 기술하는 매크로를 정의한다.

부동소수점 한계 매크로(`_iso.diff.library_`, 축약됨)

`FLT_MIN`	양의 `float`의 최솟값(예를 들면 1.175494351e-38F)
`FLT_MAX`	`float`의 최댓값(예를 들면 3.402823466e+38F)
`FLT_DIG`	`float`의 정밀도에 대한 소수 자리수의 개수(예를 들면 6)
`FLT_MAX_10_EXP`	`float`의 10진 지수의 최댓값(예를 들면 38)
`DBL_MIN`	`double`의 최솟값
`DBL_MAX`	`double`의 최댓값(예를 들면 1.7976931348623158e+308)
`DBL_EPSILON`	1.0+DBL_EPSILON!=1.0을 만족하는 `double`의 최솟값

`long double`에 대해서도 유사하게 이름이 붙은 매크로들이 제공된다.

40.3 표준 수학 함수

`<cmath>`에서는 흔히 **표준 수학 함수**standard mathematical functions라고 부르는 것들을 찾을 수 있다.

표준 수학 함수(iso.26.8절, 축약됨)

`abs(x)`	절댓값	
`ceil(x)`	>=x인 최소 정수 값	
`floor(x)`	<=x인 최소 정수 값	
`sqrt(x)`	제곱근. x는 음수가 아니어야 한다.	
`cos(x)`	코사인	`cosh(x)` 쌍곡선 함수
`sin(x)`	사인	`sinh(x)` 쌍곡선 함수
`tan(x)`	탄젠트	`tanh(x)` 쌍곡선 함수
`acos(x)`	아크코사인. 결과는 음수가 아니어야 한다.	`acosh(x)` 쌍곡선 함수
`asin(x)`	아크사인. 0에 가장 가까운 결과가 반환된다.	`asinh(x)` 쌍곡선 함수
`atan(x)`	아크탄젠트	`atanh(x)` 쌍곡선 함수
`atan2(x,y)`	atanh(x/y)	
`exp(x)`	기수 e인 지수 함수	`exp2(x)` 기수 2
`log(x)`	자연 로그, 기수 e. x는 양수여야 한다.	`log2(x)` 기수 2
`log10(x)`	기수 10인 로그	
`pow(x,y)`	제곱 0. x의 y제곱	
`round(x)`	4/5 반올림. .5와 -.5는 0에서 멀어지는 쪽으로 반올림된다.	
`modf(x,p)`	(*p=round(x),x-round(x))	
`fmod(x,y)`	부동소수점 나머지. x와 같은 부호	

`float`, `double`, `long double`, `complex` 인자를 받아들이는 버전(40.4절)도 있다. 각 함수에 대해 반환 타입은 인자 타입과 동일하다.

오류는 영역 오류에 대해서는 `<cerrno>`의 `errno`를 `EDOM`으로, 범위 오류에 대해서는 `ERANGE`로 설정함으로써 보고된다. 예를 들면 다음과 같다.

```
void f()
{
    errno = 0;         // 예전 오류 상태를 비운다.
    sqrt(-1);
    if (errno==EDOM) cerr << "sqrt() not defined for negative argument";
    pow(numeric_limits<double>::max(),2);
    if (errno == ERANGE) cerr << "result of pow() too large to represent as a double";
}
```

역사적인 이유 때문에 몇 가지 수학 함수는 <cmath>가 아니라 <cstdilib>에서 발견된다.

추가적인 수학 함수(iso.26.8절)	
n2=abs(n)	절댓값. n은 int, long, 또는 long long이다. n2는 n과 동일한 타입을 가진다.
n2=labs(n)	'긴 절댓값'. n과 n2는 long이다.
n2=llabs(n)	'아주 긴 절댓값'. n과 n2는 long long이다.
p=div(n,d)	n을 d로 나눈다. p는 {몫,나머지}. n과 d는 int, long, 또는 long long이 될 수 있다.
p=ldiv(n,d)	n을 d로 나눈다. p는 {몫,나머지}. n과 d는 long이다.
p=lldiv(n,d)	n을 d로 나눈다. p는 {몫,나머지}. n과 d는 long long이다.

l*() 버전이 존재하는 이유는 C에서 오버로딩을 지원하지 않기 때문이다. *div() 함수의 결과는 div_t, ldiv_t, 또는 lldiv_t다. 이런 struct들은 int, long, 또는 long long 타입의 quot(몫)와 rem(나머지) 멤버를 가진다. 일반적인 div()는 인자와 일치하는 충분한 정밀도를 가진 struct를 반환한다.

특수 수학 함수special mathematical functions[C++Math,2010]에 대해서는 별도의 ISO 표준이 존재한다. 구현에 따라 이 함수들이 <cmath>에 추가될 수 있다.

특수 수학 함수(선택적)				
assoc_laguerre()	assoc_legendre()	beta()	comp_ellint_1()	comp_ellint_2()
comp_ellint_3()	cyl_bessel_i()	cyl_bessel_j()	cyl_bessel_k()	cyl_neumann()
ellint_1()	ellint_2()	ellint_3()	expint()	hermite()
laguerre()	legendre()	riemann_zeta()	sph_bessel()	sph_legendre()
sph_neumann()				

이런 함수들을 잘 모른다면 그것들이 필요할 경우는 없을 것이다.

40.4 complex 숫자

표준 라이브러리는 복소수 타입으로 complex<float>, complex<double> 및 complex<long double>을 제공한다. Scalar가 통상적인 산술 연산을 지원하는 뭔가 다른 타입인 경우 complex <Scalar>는 대개는 동작하지만 이식 가능성이 보장되지는 않는다.

```
template<typename Scalar>         // iso.26.4.2절
class complex {
    // 복소수는 기본적으로는 좌표 쌍인 스칼라 값의 쌍이다.
    Scalar re, im;
public:
    complex(const Scalar & r = Scalar{}, const Scalar & i = Scalar{}) :re(r), im(i) { }

    Scalar real() const { return re; }        // 실수부
    void real(Scalar r) { re=r; }

    Scalar imag() const { return im; }        // 허수부
    void imag(Scalar i) { im = i; }

    template<typename X>
        complex(const complex<X>&);

    complex<T>& operator=(const T&);
    complex& operator=(const complex&);
    template<typename X>
        complex<T>& operator=(const complex<X>&);

    complex<T>& operator+=(const T&);
    template<typename X>
        complex<T>& operator+=(const complex<X>&);

    // 연산자 =, *=, /=에 대해서도 유사함
};
```

표준 라이브러리 complex는 축소 변환에 대해 보호해 주지 않는다.

```
complex<float> z1 = 1.33333333333333333;      // 축소 변환
complex<double> z2 = 1.33333333333333333;     // 축소 변환
z1=z2;                                         // 축소 변환
```

뜻하지 않은 축소 변환을 방지하려면 {} 초기화를 사용한다.

```
complex<float> z3 {1.33333333333333333};      // 오류: 축소 변환
```

complex 멤버 외에도 <complex>는 여러 가지 유용한 연산을 제공한다.

---

complex 연산자(iso.2.6.4절)

z1+z2	덧셈
z1-z2	뺄셈
z1*z2	곱셈
z1/z2	나눗셈
z1==z2	동등성
z1!=z2	비동등성
norm(z)	abs(z)의 제곱
conj(z)	공액(conjugate), {z.re,-z.im}
polar(x,y)	주어진 극좌표(로, 세타)로 복소수를 만든다.
real(z)	실수부
imag(z)	허수부

(이어짐)

complex 연산자(iso.2.6.4절)	
`abs(z)`	(0,0)에서의 거리. `sqrt(z.re*z.re+z.im*z.im)`. 로(rho)라고도 알려짐
`arg(z)`	양수 실수축으로부터의 각도. `atan2(z.im/z.re)`. 세타(theta)라고도 알려짐
`out<<z`	복소수 출력
`in>>z`	복소수 입력

표준 수학 함수(40.3절)는 복소수에 대해서도 적용 가능하다. `complex`는 `<`나 `%`는 지원하지 않는다는 점에 유의한다. 추가적인 세부 사항에 대해서는 18.3절을 참고하기 바란다.

40.5 수치 배열: valarray

많은 수치 작업이 비교적 간단한 부동소수점 값의 단일 차원 벡터를 사용한다. 특히 이러한 벡터는 고성능 기기 아키텍처를 통해 훌륭한 지원을 받고 있으며, 이러한 벡터에 의존하는 라이브러리는 널리 쓰이는 데다 이러한 벡터를 활용하는 상당히 공격적인 코드 최적화는 많은 분야에서 필수로 여겨지고 있는 실정이다. `<valarray>`의 `valarray`는 단일 차원 수치 배열이다. 이 배열은 배열 타입에 대한 통상적인 수치 벡터 산술 연산을 제공하고, 아울러 슬라이스와 스트라이드에 대한 지원까지 제공한다.

수치 배열 클래스(iso.26.6.1절)	
`valarray<T>`	타입 `T`의 수치 배열
`slice`	BLAS 유형의 슬라이스(시작, 길이, 스트라이드). 40.5.4절
`slice_array<T>`	슬라이스로 식별되는 부분 배열. 40.5.5절
`gslice`	행렬을 기술하기 위해 일반화된 슬라이스
`gslice_array<T>`	일반화된 슬라이스로 식별되는 부분 행렬. 40.5.6절
`mask_array<T>`	마스크로 식별되는 배열의 부분집합 40.5.2절
`indirect_array<T>`	색인의 리스트로 식별되는 배열의 부분집합. 40.5.2절

`valarray`에 대한 근본적인 구상은 포트란과 비슷한 최적화의 가능성이 있는 조밀한 다차원 배열에 포트란과 유사한 기능을 제공하자는 것이었다. 이런 목표는 컴파일러 및 최적화 공급자들이 적극적으로 지원해 주고, `valarray`에서 제공되는 아주 기본적인 기능 위에 더 많은 라이브러리 지원이 추가돼야만 달성될 수 있는 것이다. 지금까지는 모든 구현 환경에서 그런 목표가 달성되지 못했다.

40.5.1 생성자와 대입

`valarray` 생성자는 보조적인 수치 배열 타입과 단일 값으로 `valarray`를 초기화할 수 있게 해준다.

valarray va{};	원소가 없는 valarray
valarray va {n};	T{} 값을 가진 n개의 원소로 이뤄진 valarray. explicit
valarray va {t,n};	값 t를 가진 n개의 원소로 이뤄진 valarray
valarray va {p,n};	[p:p+n)에서 복사된 값을 가진 n개의 원소로 이뤄진 valarray
valarray va {v2};	이동 및 복사 생성자
valarray va {a};	a에 있는 원소로 va를 생성한다.
	a는 slice_array, gslice_array, mask_array, 또는 indirect_array가 될 수 있다.
	원소의 개수는 a에 있는 원소의 개수다.
valarray va {args};	initializer_list {args}로 초기화한다.
	원소의 개수는 {args}에 있는 원소의 개수다.
va.~valarray()	소멸자

예를 들면 다음과 같다.

```
valarray<double> v0;                  // 나중에 v0을 대입할 수 있는 임시 이름
valarray<float> v1(1000);             // float()==0.0F인 값을 갖는 1000개 원소

valarray<int> v2(-1,2000);            // 값 -1을 갖는 2000개 원소
valarray<double> v3(100,9.8064);      // 나쁜 실수: 부동소수점 valarray 크기

valarray<double> v4 = v3;             // v4는 v3.size()개의 원소를 갖는다.
valarray<int> v5 {-1,2000};           // 두 개의 원소
```

두 개 인자가 있는 생성자에서는 값이 원소 개수 앞에 온다. 이는 표준 컨테이너에 대한 규약과 다른 점이다(31.3.2절).

복사 생성자에 대한 **valarray** 인자의 원소 개수로 결과 **valarray**의 크기가 결정된다.

대부분 프로그램에서는 테이블이나 입력을 통해 데이터를 얻어야 한다. 이런 요구 사항은 초기화 식 외에 생성자에 의해 지원되며, 생성자는 기본 제공 배열의 원소로부터 원소를 복사한다. 예를 들면 다음과 같다.

```
void f(const int* p, int n)
{
    const double vd[] = {0,1,2,3,4};
    const int vi[] = {0,1,2,3,4};

    valarray<double> v1{vd,4};        // 4개 원소: 0,1,2,3
    valarray<double> v2{vi,4};        // 타입 오류: vi는 double을 가리키는 포인터가 아니다.
    valarray<double> v3{vd,8};        // 정의되지 않음 - 초기화 식에 원소가 너무 적다.
    valarray<int> v4{p,n};            // p는 최소 n개의 int를 가리켜야 한다.
}
```

valarray와 그것의 보조 기능은 고속 컴퓨팅을 위해 설계됐다. 이런 점은 사용자에 대한 몇 가지 제약 조건과 구현자에게 허용되는 몇 가지 재량권을 통해 반영돼 있다. 기본적으로 **valarray**의 구현자는 생각할 수 있는 모든 최적화 기법을 사용할 수 있게 허용된다.

valarray 연산은 부수 효과가 없는 것으로 가정되고(물론 자신의 명시적 인자에 대한 것은 제외), valarray는 별칭이 없는 것으로 가정되며, 기본 의미 구조가 유지만 된다면 보조 타입의 도입이나 임시 객체의 제거가 허용된다. 또한 범위 체크도 수행되지 않는다. valarray의 원소는 기본 복사 의미 구조를 가져야 한다(8.2.6절).

대입은 또 다른 valarray, 스칼라 또는 valarray의 부분집합으로도 가능하다.

valarray<T> 대입(iso.26.6.2.3절)	
va2=va	복사 대입. va2.size()는 va.size()가 된다.
va2=move(va)	이동 대입. va는 비워진다.
va=t	스칼라 대입. va의 각 원소는 t의 사본이다.
va={args}	initializer_list {args}로부터의 대입. va의 원소 개수는 {args}.size()가 된다.
va=a	a로부터의 대입. a.size()는 va.size()와 같아야 한다. a는 slice_array, gslice_array, mask_array, 또는 indirect_array가 될 수 있다.
va@=va2	va의 각 원소에 대해 va[i]@=va2[i]. @는 *, /, %, +, -, ^, &, |, <<, 또는 >>가 될 수 있다.
va@=t	va의 각 원소에 대해 va[i]@=t. @는 *, /, %, +, -, ^, &, |, <<, 또는 >>가 될 수 있다.

valarray은 동일한 크기의 다른 valarray에 대입될 수 있다. 짐작이 가겠지만, v1=v2는 v2의 모든 원소를 v1의 대응되는 위치에 복사한다. valarray가 서로 다른 크기를 가질 경우의 대입 결과는 정의돼 있지 않다.

이런 통상적인 대입 외에 스칼라를 valarray에 대입하는 것이 가능하다. 예를 들어 v=7은 7을 valarray v의 모든 원소에 대입한다. 프로그래머에 따라서는 황당하게 받아들일 수도 있겠지만, 간혹 유용하긴 하지만 연산자 대입 연산이 변질된 경우 정도로 이해해두면 좋다. 예를 들면 다음과 같다.

```
valarray<int> v {1,2,3,4,5,6,7,8};
v *= 2; // v=={2,4,6,10,12,14,16}
v = 7;  // v=={7,7,7,7,7,7,7,7}
```

40.5.2 첨자

첨자는 valarray나 valarray 원소의 부분집합에서 원소를 선택하는 데 사용된다.

valarray<T> 첨자(iso.26.6.2.4절, iso.26.6.2.5절)	
t=va[i]	첨자. t는 va의 i번째 원소에 대한 참조자다. 범위 체크는 없다
a2=va[x]	부분집합. x는 slice, gslice, valarray<bool>, 또는 valarray<size_t>가 될 수 있다.

각 operator[]는 valarray 원소의 부분집합을 반환한다. 반환 타입(부분집합을 나타내는 객체

의 타입)은 인자 타입에 좌우된다.

const 인자의 경우에는 결과에 원소의 사본이 포함된다. const가 아닌 인자의 경우에는 원소에 대한 참조자가 결과에 포함된다. C++는 참조자로 이뤄진 배열을 직접적으로 지원하지 않기 때문에(예를 들어 valarray<int&>라고 쓸 수 없다) 어떻게든 구현에서는 그것을 흉내 내야 한다. 다행히도 이를 효율적으로 처리할 수 있는 방법이 있다. 포괄적인 리스트가 예제(iso.26.6.2.5절를 기반으로 하는)와 함께 준비돼 있다. 각 경우에 첨자는 반환될 원소들을 기술하는데, v1은 적절한 길이와 원소 타입을 가진 valarray이어야 한다.

- const valarray의 slice

```
valarray<T> operator[](slice) const;          // 원소의 사본
// ...
const valarray<char> v0 {"abcdefghijklmnop",16};
valarray<char> v1 {v0[slice(2,5,3)]};          // {"cfilo",5}
```

- 비const valarray의 slice

```
slice_array<T> operator[](slice);              // 원소에 대한 참조자
// ...
valarray<char> v0 {"abcdefghijklmnop",16};
valarray<char> v1 {"ABCDE",5};
v0[slice(2,5,3)] = v1;                          // v0=={"abAdeBghCjkDmnEp",16}
```

- const valarray의 gslice

```
valarray<T> operator[](const gslice&) const;  // 원소의 사본
// ...
const valarray<char> v0 {"abcdefghijklmnop",16};
const valarray<size_t> len {2,3};
const valarray<size_t> str {7,2};
valarray<char> v1 {v0[gslice(3,len,str)]};     // v1=={"dfhkmo",6}
```

- 비const valarray의 gslice

```
gslice_array<T> operator[](const gslice&);     // 원소에 대한 참조자
// ...
valarray<char> v0 {"abcdefghijklmnop",16};
valarray<char> v1 {"ABCDE",5};
const valarray<size_t> len {2,3};
const valarray<size_t> str {7,2};
v0[gslice(3,len,str)] = v1;                     // v0=={"abcAeBgCijDlEnFp",16}
```

- const valarray의 valarray<bool>(마스크)

```
valarray<T> operator[](const valarray<bool>&) const;   // 원소의 복사
// ...
const valarray<char> v0 {"abcdefghijklmnop",16};
const bool vb[] {false, false, true, true, false, true};
valarray<char> v1 {v0[valarray<bool>(vb, 6)]};          // v1=={"cdf",3}
```

- 비const valarray의 valarray<bool>(마스크)

```
mask_array<T> operator[](const valarray<bool>&);        // 원소에 대한 참조자
```

```
// ...
valarray<char> v0 {"abcdefghijklmnop", 16};
valarray<char> v1 {"ABC",3};
const bool vb[] {false, false, true, true, false, true};
v0[valarray<bool>(vb,6)] = v1;                      // v0=={"abABeCghijklmnop",16}
```

- const valarray의 valarray<size_t>(색인 집합)

```
valarray<T> operator[](const valarray<size_t>&) const; // 원소에 대한 참조자
// ...
const valarray<char> v0 {"abcdefghijklmnop",16};
const size_t vi[] {7, 5, 2, 3, 8};
valarray<char> v1 {v0[valarray<size_t>(vi,5)]};       // v1=={"hfcdi",5}
```

- 비const valarray의 valarray<size_t>(색인 집합)

```
indirect_array<T> operator[](const valarray<size_t>&); // 원소에 대한 참조자
// ...
valarray<char> v0 {"abcdefghijklmnop",16};
valarray<char> v1 {"ABCDE",5};
const size_t vi[] {7, 5, 2, 3, 8};
v0[valarray<size_t>(vi,5)] {v1};                      // v0=={"abCDeBgAEjklmnop",16}
```

마스크(valarray<bool>)로 첨자를 달면 **mask_array**가 나오고, 색인 집합(valarray<size_t>)으로 첨자를 달면 **indirect_array**가 나온다는 점에 유의한다.

40.5.3 연산

valarray의 목적은 계산을 지원하는 것이므로, 다수의 기본 연산이 직접적으로 지원된다.

valarray<T> 멤버 연산(iso.26.6.2.8절)	
va.swap(va2)	va와 va2의 원소를 교환한다. noexcept
n=va.size()	n은 va에 포함된 원소의 개수다.
t=va.sum()	t는 +=를 이용해서 계산된 va에 포함된 원소들의 합이다.
t=va.min()	t는 <를 이용해서 발견된 va의 가장 작은 원소다.
t=va.max()	t는 <를 이용해서 발견된 va의 가장 큰 원소다.
va2=va.shift(n)	원소의 선형적 왼쪽 시프트
va2=va.cshift(n)	원소의 순환적 왼쪽 시프트
va2=va.apply(f)	f를 적용한다. 각 원소 va2[i]의 값은 f(va[i])다.
va.resize(n,t)	va를 값 t를 가진 n개 원소로 이뤄진 valarray로 만든다.
va.resize(n)	va.resize(n,T{})

범위 체크는 수행되지 않는다. 비어 있는 **valarray**의 원소에 접근하려고 시도하는 함수를 사용할 경우의 결과는 정의돼 있지 않다.

resize()는 예전 값들을 유지하지 않는다는 점에 유의한다.

swap(va,va2)	va.swap(va2)
va3=va@va2	va와 va2의 원소에 @를 수행해서 v3가 나온다.
	@는 +, -, *, /, %, &, |, ^, <<, >>, &&, ||이 될 수 있다.
vb=v@v2	va와 va2의 원소에 @를 수행해서 valarray<bool>이 나온다.
	@는 ==, !=, <, <=, >, >=가 될 수 있다.
v2=@(v)	v의 원소에 대해 @()를 수행해서 v2가 나온다.
	@는 abs, acos, asin, atan, cos, cosh, exp, log, log10이 될 수 있다.
v3=atan2(v,v2)	v와 v2의 원소에 atan2()를 수행한다.
v3=pow(v,v2)	v와 v2의 원소에 pow()를 수행한다.
p=begin(v)	p는 v의 첫 번째 원소에 대한 임의 접근 반복자다.
p=end(v)	p는 v의 마지막 원소 하나 다음의 원소에 대한 임의 접근 반복자다.

이항 연산은 **valarray** 및 **valarray**와 스칼라 타입의 조합에 대해 정의돼 있다. 스칼라 타입은 모든 원소가 스칼라 값을 가진 **valarray**로 취급된다. 예를 들면 다음과 같다.

```
void f(valarray<double>& v, valarray<double>& v2, double d)
{
    valarray<double> v3 = v*v2;      // 모든 i에 대해 v3[i] = v[i]*v2[i]
    valarray<double> v4 = v*d;       // 모든 i에 대해 v4[i] = v[i]*d
    valarray<double> v5 = d*v2;      // 모든 i에 대해 v5[i] = d*v2[i]
    valarray<double> v6 = cos(v);    // 모든 i에 대해 v6[i] = cos(v[i])
}
```

이런 벡터 연산들은 모두 *와 cos() 예제에서 볼 수 있는 바와 같이 피연산자에 포함된 각각의 원소에 대해 연산을 적용한다. 당연하겠지만 대응되는 연산이 해당 스칼라 타입에 대해 정의돼 있는 경우에만 이런 연산이 쓰일 수 있다. 그렇지 않다면 컴파일러는 연산자나 함수를 특수화하려고 할 때 오류를 발생시킬 것이다.

결과가 **valarray**인 경우에 그 길이는 **valarray** 피연산자와 동일하다. 두 배열의 길이가 같지 않은 경우라면 두 **valarray**에 대한 이항 연산자의 결과는 정의돼 있지 않다.

valarray 연산은 원래의 피연산자를 변경하지 않고 새로운 **valarray**를 반환한다. 이런 방식은 비용이 좀 들 수 있지만, 공격적인 최적화 기법이 적용될 때는 그렇지도 않다.

예를 들어 v가 **valarray**라면 v*=0.2나 v/=1.3과 같이 크기 조정될 수 있다. 즉, 벡터에 스칼라를 적용한다는 것은 벡터의 각 원소에 스칼라를 적용한다는 뜻이다. 늘 그렇듯이 *=는 *와 =의 조합(18.3.1절)보다 좀 더 간결하며, 최적화에 좀 더 용이하다.

대입하지 않는 연산은 새로운 **valarray**를 생성한다는 데 유의한다. 다음 예를 살펴보자.

```
double incr(double d) { return d+1; }

void f(valarray<double>& v)
{
```

```
    valarray<double> v2 = v.apply(incr);          // 증가된 valarray를 만들어낸다.
    // ...
}
```

이 코드는 **v**의 값을 변경시키지 않는다. 안타깝게도 **apply()**는 함수 객체(3.4.3절, 11.4절)를 인자로 받아들이지 않는다.

논리 및 순환 시프트 함수인 **shift()**와 **cshift()**는 적절하게 시프트된 원소를 가진 새로운 **valarray**를 반환하고 원래 것은 그대로 남겨둔다. 예를 들어 순환 시프트 **v2=v.cshift(n)**은 **v2[i]==v[(i+n)%v.size()]**인 **valarray**를 만들어 낸다. 논리 시프트 **v3=v.shift(n)**은 **i+n**이 **v**에 대한 유효한 색인이라면 **v3[i]**가 **v[i+n]**인 **valarray**를 만들어 낸다. 그렇지 않은 경우에는 기본 원소 값이 결과가 된다. 이는 **shift()**와 **cshift()** 둘 다 양수 인자가 주어질 경우에는 왼쪽으로 시프트하고, 음수 인자가 주어질 경우에는 오른쪽으로 시프트한다는 뜻이다. 예를 들면 다음과 같다.

```
void f()
{
    int alpha[] = { 1, 2, 3, 4, 5, 6, 7, 8 };
    valarray<int> v(alpha,8);              // 1, 2, 3, 4, 5, 6, 7, 8
    valarray<int> v2 = v.shift(2);         // 3, 4, 5, 6, 7, 8, 0, 0
    valarray<int> v3 = v<<2;               // 4, 8, 12, 16, 20, 24, 28, 32
    valarray<int> v4 = v.shift(-2);        // 0, 0, 1, 2, 3, 4, 5, 6
    valarray<int> v5 = v>>2;               // 0, 0, 0, 1, 1, 1, 1, 2
    valarray<int> v6 = v.cshift(2);        // 3, 4, 5, 6, 7, 8, 1, 2
    valarray<int> v7 = v.cshift(-2);       // 7, 8, 1, 2, 3, 4, 5, 6
}
```

valarray에 대해 **>>**와 **<<**는 원소 시프트 연산자나 입출력 연산자가 아니라 비트 시프트 연산자다. 따라서 **<<=**와 **>>=**는 통합 정수 타입의 원소 내에서 비트를 시프트하는 데 쓰일 수 있다. 예를 들면 다음과 같다.

```
void f(valarray<int> vi, valarray<double> vd)
{
    vi <<= 2;          // vi의 모든 원소에 대해 vi[i]<<=2
    vd <<= 2;          // 오류: 시프트는 부동소수점 값에 대해서는 정의되어 있지 않다.
}
```

valarray에 적용되는 모든 연산과 수학 함수는 **slice_array**(40.5.5절), **gslice_array**(40.5.6절), **mask_array**(40.5.2절), **indirect_array**(40.5.2절) 및 이런 타입들의 조합에 대해서도 적용될 수 있다. 하지만 구현에서는 필요한 연산을 수행하기 전에 **valarray**가 아닌 피연산자를 **valarray**로 변환할 수 있다.

40.5.4 슬라이스

slice는 1차원 배열(예를 들면 기본 제공 배열, **vector**, **valarray**)을 임의 차원의 행렬로 조작할 수 있게 해주는 일종의 추상 개념이다. 슬라이스는 포트란 벡터와 BLAS[Basic Linear Algebra

Subprogram 라이브러리의 핵심 개념으로, 상당수 수치 계산의 기반이기도 하다. 기본적으로 **slice**는 배열의 어떤 부분에서 n번째에 해당하는 모든 원소다.

```
class std::slice {
    // 시작 색인, 길이, 스트라이드
public:
    slice();                                  // slice{0,0,0}
    slice(size_t start, size_t size, size_t stride);

    size_t start() const;      // 첫 번째 원소의 색인
    size_t size() const;       // 원소의 개수
    size_t stride() const;     // start()+n*stride()에 있는 원소 n
};
```

스트라이드^{stride}는 **slice**의 두 원소 사이의 거리(원소의 개수로 표시되는)다. 따라서 **slice**는 음이 아닌 정수에서 색인으로의 매핑을 기술한다. 원소의 개수(size())는 매핑(주소 지정)에 영향을 미치지는 않지만, 시퀀스의 끝을 찾을 수 있게 해준다. 이러한 매핑은 1차원 배열(valarray 같은) 내에서 효율적이고, 범용적이며, 납득할 수 있을 만큼 편리한 방식으로 2차원 배열을 흉내 내는 방법으로 쓰일 수 있다. 3×4(3행에, 각 행에 4개 원소가 있는) 행렬을 예로 들어보자.

```
valarray<int> v {
    {00,01,02,03},            // 0행
    {10,11,12,13},            // 1행
    {20,21,22,23}             // 2행
};
```

또는 그림으로 표시하면 다음과 같다.

00	01	02	03
10	11	12	13
20	21	22	23

통상적인 C/C++ 규약에 따라 **valarray**는 행 원소들이 먼저 배치되고(행 우선 순서) 이후 인접해서 메모리에 배치된다.

```
for (int x : v) cout << x << ' ';
```

이 결과는 다음과 같다.

`0 1 2 3 10 11 12 13 20 21 22 23`

또는 그림으로 표시하면 다음과 같다.

```
열: 0:     0              4            8
        | 00 | 01 | 02 | 03 | 10 | 11 | 12 | 13 | 20 | 21 | 22 | 23 |
행: 0:     0    1    2    3
```

행 **x**는 **slice(x*4,4,1)**로 기술된다. 즉, 행 **x**의 첫 번째 원소는 벡터의 **x*4**번째 원소이고, 행의 다음 원소는 **(x*4+1)** 번째 원소 등이라는 식이며, 각 행에는 4개의 원소가 있다. 예를

들어 slice{0,4,1}은 첫 번째 행(0행) 00, 01, 02, 03을 기술하고, slice{1,4,1}은 두 번째 행(1행)을 기술한다.

열 y는 slice(y,3,4)로 기술된다. 즉, 열 y의 첫 번째 원소는 벡터의 y번째 원소이고, 열의 다음 원소는 (y+4)번째 원소 등이라는 식이며, 각 열에는 3개의 원소가 있다. 예를 들어 slice{0,3,4}는 첫 번째 열(0열) 00, 10, 20을 기술하고, slice{1,3,4}는 두 번째 열(1열)을 기술한다.

2차원 배열을 흉내 내는 용도 외에도 slice는 다른 많은 시퀀스를 기술할 수 있다. slice는 매우 간단한 시퀀스를 지정하는 데 있어 상당히 범용적인 방식이다. 이 개념에 대해서는 40.5.6절에서 좀 더 살펴본다.

슬라이스를 특이한 종류의 반복자로 봐도 무방하다. slice는 valarray에 대한 색인의 시퀀스를 기술할 수 있게 해준다. 이를 기반으로 STL 스타일로 반복자를 만들 수 있다.

```cpp
template<typename T>
class Slice_iter {
    valarray<T>* v;
    slice s;
    size_t curr;              // 현재 원소의 색인

    T& ref(size_t i) const { return (*v)[s.start()+i*s.stride()]; }
public:
    Slice_iter(valarray<T>* vv, slice ss, size_t pos =0)
        :v{vv}, s{ss}, curr{pos} { }

    Slice_iter end() const { return {v,s,s.size()}; }

    Slice_iter& operator++() { ++curr; return *this; }
    Slice_iter operator++(int) { Slice_iter t = *this; ++curr; return t; }

    T& operator[](size_t i) { return ref(i); }          // C 스타일 첨자
    T& operator()(size_t i) { return ref(i); }          // 포트란 스타일 첨자
    T& o perator*() { return ref(curr); }               // 현재 원소

    bool operator==(const Slice_iter& q) const
    {
        return curr==q.curr && s.stride()==q.s.stride() && s.start()==q.s.start();
    }

    bool operator!=(const Slice_iter& q) const
    {
        return !(*this==q);
    }

    bool operator<(const Slice_iter& q) const
    {
        return curr<q.curr && s.stride()==q.s.stride() && s.start()==q.s.start();
    }
};
```

slice는 크기를 갖고 있으므로 범위 체크까지 제공할 수 있다. 여기서는 **slice::size()**를 활용해서 slice의 마지막 하나 다음의 원소에 대한 반복자를 제공해주는 **end()** 연산을 제공했다.

slice는 행이나 열 중 하나를 기술할 수 있으므로, **Slice_iter**를 쓰면 **valarray**를 행이나 열로 순회 탐색할 수 있다.

40.5.5 slice_array

valarray와 **slice**를 바탕으로 **valarray**와 비슷하게 보이는 뭔가를 만들 수 있는데, 이것은 실제로는 슬라이스로 기술되는 배열의 부분집합을 참조할 수 있는 간단한 방법이다.

slice_array<T>(iso.26.6.5절)	
slice_array sa {sa2};	복사 생성자. sa는 sa2가 참조하는 것과 동일한 원소를 참조한다.
sa2=sa	sa[2]에 의해 참조되는 대응되는 각각의 원소에 대해 sa[i]에 의해 참조되는 원소를 대입한다.
sa=va	sa[i]에 의해 참조되는 대응되는 각각의 원소에 va[i]를 대입한다.
sa=v	sa에 의해 참조되는 각각의 원소에 v를 대입한다.
sa@=va	sa의 각 원소에 대해 sa[i]@=va[i]. @는 *, /, %, +, -, ^, &, |, <<, 또는 >>가 될 수 있다.

사용자가 slice_array를 바로 생성할 수는 없다. 대신 사용자는 **valarray**에 첨자를 붙여서 주어진 슬라이스에 대해 slice_array를 만든다. slice_array가 초기화되고 나면 그것에 대한 모든 참조는 원래의 **valarray**를 가리키게 된다. 예를 들어 배열의 두 번째 원소를 모두 표시하는 뭔가를 다음과 같이 만들 수 있다.

```
void f(valarray<double>& d)
{
    slice_array<double>& v_even = d[slice(0,d.size()/2+d.size()%2,2)];
    slice_array<double>& v_odd = d[slice(1,d.size()/2,2)];

    v_even *= v_odd;        // 원소 쌍에 곱하고 결과를 짝수 번째 원소에 저장한다.
    v_odd = 0;              // d의 모든 홀수 번째 원소에 0을 대입한다.
}
```

slice_array는 복사될 수 있다. 예를 들면 다음과 같다.

```
slice_array<double> row(valarray<double>& d, int i)
{
    slice_array<double> v = d[slice(0,2,d.size()/2)];
    // ...
    return d[slice(i%2,i,d.size()/2)];
}
```

40.5.6 범용 슬라이스

slice(29.2.2절, 40.5.4절)는 n차원 배열의 한 행이나 한 열을 기술할 수 있다. 하지만 경우에 따라 행이나 열이 아닌 부분 배열을 추출해야 할 필요가 있다. 예를 들어 4×3 행렬의 좌측 상단 구석에서 3×2 행렬을 추출하고 싶을 수 있다.

00	01	02
10	11	12
20	21	22
30	31	32

안타깝게도, 이 원소들은 단일 slice로 기술될 수 있는 방식으로 할당돼 있지 않다.

부분 배열:

0	1		2	3		4	5				
00	01	02	10	11	12	20	21	22	30	31	32

gslice는 '범용 슬라이스'로서 n slices로 추출된 정보를 (거의) 포함한다.

```
class std::gslice {
    // slice처럼 1개의 스트라이드와 1개의 크기가 아니라,
    // gslice는 7개의 스트라이드와 n개의 크기를 가진다.
public:
    gslice();
    gslice(size_t sz, const valarray<size_t>& lengths, const valarray<size_t>& strides);

    size_t start()const;                    // 첫 번째 원소의 색인
    valarray<size_t> size() const;          // 차원에 들어가는 원소의 개수
    valarray<size_t> stride() const;        // index[0], index[1], ...에 대한 스트라이드
};
```

추가적인 값 덕택에 gslice는 n개의 정수와 1개의 색인 사이를 매핑시켜 배열 원소의 주소 지정에 쓰이게 지정할 수 있다. 예를 들어 3×2 행렬의 배치 구조를 (길이,스트라이드) 쌍 2개로 기술할 수 있다.

```
size_t gslice_index(const gslice& s, size_t i, size_t j) // (i,j)를 대응되는 색인으로 매핑한다.
{
    return s.start()+i*s.stride()[0]+j*s.stride()[1];
}

valarray<size_t> lengths {2,3};        // 첫 번째 차원에 있는 2개 원소
                                       // 두 번째 차원에 있는 3개 원소
valarray<size_t> strides {3,1};        // 3은 첫 번째 색인에 대한 스트라이드
                                       // 1은 두 번째 색인에 대한 스트라이드
void f()
{
    gslice s(0,lengths,strides);

    for (int i=0; i<3; ++i)            // 각 행에 대해
        for (int j=0; j<2; ++j)        // 행의 각 원소에 대해
```

```
        cout << "(" << i << "," << j << ")->" << gslice_index(s,i,j) << "; ";
                                                                // 매핑을 출력한다.
}
```

이 결과는 다음과 같다.

`(0,0)->0; (0,1)->1; (1,0)->3; (1,1)->4; (2,0)->6; (2,1)->7`

이런 방식으로 두 개의 (길이,스트라이드) 쌍을 가진 **gslice**는 2차원 배열의 부분 배열을 기술하고, 3개의 (길이,스트라이드) 쌍을 가진 **gslice**는 3차원 배열의 부분 배열을 기술하는 식이다. **gslice**를 **valarray**의 색인으로 사용하면 **gslice**로 기술되는 원소로 구성되는 **gslice_array**가 만들어진다. 예를 들면 다음과 같다.

```
void f(valarray<float>& v)
{
    gslice m(0,lengths,strides);
    v[m] = 0;                       // 0을 v[0],v[1],v[3],v[4],v[6],v[7]에 대입한다.
}
```

gslice_array는 **slice_array**(40.5.5절)와 동일한 멤버 집합을 제공한다. **gslice_array**는 **gslice**를 **valarray**(40.5.2절)의 첨자로 사용한 결과다.

40.6 범용 수치 알고리즘

<numeric>에서 표준 라이브러리는 **<algorithm>**(32장)의 비수치 알고리즘 스타일로 몇 가지 범용 수치 알고리즘을 제공한다. 이런 알고리즘들은 수치 값의 시퀀스에 대해 널리 쓰이는 연산의 범용 버전을 제공한다.

수치 알고리즘(iso.26.7절)
이런 알고리즘들은 입력 반복자를 받아들인다.

x=accumulate(b,e,i)	x는 i와 [b:e]에 들어 있는 원소들의 합이다.
x=accumulate(b,e,i,f)	+ 대신 f를 이용한 accumulate
x=inner_product(b,e,b2,i)	x는 [b:e]와 [b2:b2+(e-b))의 내적이다. 즉, i와 [b:e]에 들어 있는 각 p1에 대한 (*p1)*(*p2) 그리고 [b2:b2+(e-b))에 들어 있는 대응되는 p2의 합이다.
x=inner_product(b,e,b2,i,f,f2)	+와 * 대신 f와 f2를 이용한 inner_product
p=partial_sum(b,e,out)	[out:p]의 원소 i는 [b:b+i] 원소의 합이다.
p=partial_sum(b,e,out,f)	+ 대신 f를 사용한 partial_sum
p=adjacent_difference(b,e,out)	[out:p]의 원소 i는 i>0에 대해 (*b+i)-*(b+i-1). e-b>0이면 *out은 *b다.
p=adjacent_difference(b,e,out,f)	- 대신 f를 사용한 adjacent_difference
iota(b,e,v)	[b:e]의 각 원소에 대해 ++v를 대입한다. 따라서 시퀀스는 v+1, v+2, ...이 된다.

이런 알고리즘들은 합계 계산 같이 널리 쓰이는 연산들을 모든 종류의 시퀀스에 적용될 수 있게 해주고, 그런 시퀀스의 원소에 적용된 연산들을 매개변수화함으로써 그런 연산들을 범용화한다. 각 알고리즘에 대해 해당 알고리즘에 가장 많이 쓰이는 연산자를 적용한 버전이 범용 버전에 추가된다.

40.6.1 accumulate()

accumulate()의 간단한 버전은 + 연산자를 이용해서 시퀀스의 원소들을 더한다.

```
template<typename In, typename T>
T accumulate(In first, In last, T init)
{
    for (; first!=last; ++first)      // [first:last)의 모든 원소에 대해
        init = init + *first;         // 더한다.
        return init;
}
```

다음과 같이 쓰일 수도 있다.

```
void f(vector<int>& price, list<float>& incr)
{
    int i = accumulate(price.begin(),price.end(),0);    // int에 누적시킨다.
    double d = 0;
    d = accumulate(incr.begin(),incr.end(),d);              // double에 누적시킨다.

    int prod = accumulate(price.begin,price.end(),1,[](int a, int b) { return a*b; });
    // ...
}
```

전달되는 초기 값의 타입이 반환 타입을 결정한다.

초기 값과 '원소의 조합'에 대한 연산을 accumulate()에 대한 인자로 제공할 수도 있기 때문에 accumulate()는 덧셈에 관한 것만은 아니다.

데이터 구조로부터 값을 추출하는 연산은 accumulate()에 자주 쓰인다. 예를 들면 다음과 같다.

```
struct Record {
    // ...
    int unit_price;
    int number_of_units;
};

long price(long val, const Record& r)
{
    return val + r.unit_price * r.number_of_units;
}

void f(const vector<Record>& v)
{
    cout << "Total value: " << accumulate(v.begin(),v.end(),0,price) << '\n';
}
```

어떤 커뮤니티에서는 accumulate와 유사한 연산을 reduce, reduction 또는 fold라고 부르기도 한다.

40.6.2 inner_product()

시퀀스의 연산 결과를 누적하는 경우는 상당히 흔한지만, 시퀀스 쌍의 연산 결과를 누적하는 경우도 드물지는 않다.

```
template<typename In, typename In2, typename T>
T inner_product(In first, In last, In2 first2, T init)
{
    while (first != last)
        init = init + *first++ * *first2++;
    return init;
}

template<typename In, typename In2, typename T, typename BinOp, typename BinOp2>
T inner_product(In first, In last, In2 first2, T init, BinOp op, BinOp2 op2)
{
    while (first != last)
        init = op(init,op2(*first++,*first2++));
    return init;
}
```

평상시와 마찬가지로 두 번째 입력 시퀀스의 시작 부분만 인자로 전달된다. 두 번째 입력 시퀀스의 길이는 최소 두 번째 것만큼은 되는 것으로 가정된다.

Matrix와 valarray의 곱셈에서 핵심적인 연산은 inner_product다.

```
valarray<double> operator*(const Matrix& m, valarray<double>& v)
{
    valarray<double> res(m.dim2());

    for (size_t i = 0; i<m.dim2(); i++) {
        auto& ri = m.row(i);
        res[i] = inner_product(ri,ri.end(),&v[0],double(0));
    }
return res;
}

valarray<double> operator*(valarray<double>& v, const Matrix& m)
{
    valarray<double> res(m.dim1());

    for (size_t i = 0; i<m.dim1(); i++) {
        auto& ci = m.column(i);
        res[i] = inner_product(ci,ci.end(),&v[0],double(0));
    }
    return res;
}
```

inner_product의 일부 형태는 '내적$^{dot\ product}$'이라고도 불린다.

40.6.3 partial_sum()과 adjacent_difference()

`partial_sum()`과 `adjacent_difference()` 알고리즘은 서로 역의 관계이며, 증분 변경incremental change이란 개념을 다룬다.

a, b, c, d 등의 시퀀스가 주어지면 `adjacent_difference()`는 a, b-a, c-b, d-c 등을 만들어 낸다.

온도 측정에 관한 벡터를 예로 들어보자. 이런 벡터를 다음과 같은 온도 변경 벡터로 변환할 수 있다.

```
vector<double> temps;

void f()
{
    adjacent_difference(temps.begin(),temps.end(),temps.begin());
}
```

예를 들어 17, 19, 20, 20, 17은 17, 2, 1, 0, -3으로 변환된다.

역으로 `partial_sum()`을 이용하면 증분 변경의 집합을 최종 결과로 바꿀 수 있다.

```
template<typename In, typename Out, typename BinOp>
Out partial_sum(In first, In last, Out res, BinOp op)
{
    if (first==last) return res;
    *res = *first;
    T val = *first;
    while (++first != last) {
        val = op(val,*first);
        *++res = val;
    }
    return ++res;
}

template<typename In, typename Out>
Out partial_sum(In first, In last, Out res)
{
    return partial_sum(first,last,res,plus);      // std::plus(33.4절)를 사용한다.
}
```

시퀀스 a, b, c, d 등이 주어지면 `partial_sum()`은 a, a+b, a+b+c, a+b+c+d 등의 결과를 만들어 낸다. 예를 들면 다음과 같다.

```
void f()
{
    partial_sum(temps.begin(),temps.end(),temps.begin());
}
```

`partial_sum()`이 res를 통해 새로운 값을 대입하기 전에 res를 증가시키는 방식을 눈여겨보자. 이렇게 함으로써 res는 입력과 동일한 시퀀스가 된다. `adjacent_difference()`도 비슷하게 동작한다.

```
partial_sum(v.begin(),v.end(),v.begin());
```

따라서 이 구문은 시퀀스 **a, b, c, d**를 **a, a+b, a+b+c, a+b+c+d**로 바꾼다.

```
adjacent_difference(v.begin(),v.end(),v.begin());
```

그리고 이 구문은 원래 값을 다시 만들어 낸다. 따라서 **partial_sum()**은 17, 2, 1, 0, -3을 17, 19, 20, 20, 17로 되돌리게 된다.

온도 차이를 기상학이나 과학 연구실 실험에서나 등장하는 시시콜콜한 주제라고 생각하는 사람들에게는, 주가나 해수면의 변동 분석에도 정확히 똑같은 두 개의 연산이 사용된다는 점을 지적하고 싶다. 이런 연산들은 어떤 것이든 일련의 변동을 분석하는 데 있어서 유용하다.

40.6.4 iota()

iota(b,e,n) 호출은 n+i를 [b:e)의 i번째 원소에 대입한다. 예를 들면 다음과 같다.

```
vector<int> v(5);
iota(v.begin(),v.end(),50);
vector<int> v2 {50,51,52,53,54};

if (v!=v2)
    error("complain to your library vendor");
```

iota란 이름은 그리스어 문자 ι를 라틴어 철자로 쓴 것인데, 이 그리스 문자는 APL에서 본 함수에 사용됐던 것이다.

표준은 아니지만 심심치 않게 쓰이는 **itoa()**(int-to-alpha, 12.2.4절)와 **iota()**를 혼동하지 말기 바란다.

40.7 난수

난수는 시뮬레이션, 게임, 샘플링 기반의 알고리즘, 암호 기술, 테스트 같은 수많은 애플리케이션에서 필수적이다. 예를 들어 우리는 라우터 시뮬레이션을 위해 TCP/IP 주소를 선택해야 할 수도 있고, 몬스터가 공격할 것인지 머리를 굵적이고 말지를 선택해야 할 수도 있으며, 제곱근 함수를 테스트하기 위한 값 집합을 생성해야 할 수도 있다. <random>에서 표준 라이브러리는 (의사) 난수를 생성하기 위한 기능을 정의한다. 이런 난수는 방사능 붕괴나 태양 복사 같은 물리적 과정에서 얻어질 수 있는 추측이 불가능한('진정으로 무작위적인') 숫자가 아니라 수학 공식에 따라 생성되는 값의 시퀀스다. 구현 환경이 그러한 진정한 난수 장치를 갖고 있다면 그런 장치는 **random_device**(40.7.1절)로 표시될 것이다.

난수와 관해서는 4가지 종류의 개체가 제공된다.

- 균등 난수 생성기^{uniform random number generator}는 가능한 결과 범위 내의 각 값이 (이상적이라면) 균등한 반환 확률을 갖는 조건 부호 없는 정수 값을 반환하는 함수 객체다.

- 난수 엔진random number engine(엔진)은 기본 상태 E{} 또는 **seed E{s}**에 의해 결정되는 상태로 생성될 수 있는 균등 난수 발생기다.
- 난수 엔진 어댑터random number engine adaptor(어댑터)는 다른 난수 엔진에 의해 만들어진 값을 받아들이고, 그런 값에 알고리즘을 적용시켜 서로 다른 난수 속성을 가진 값의 시퀀스를 산출하는 난수 엔진이다.
- 난수 분포random number distribution(분포)는 관련된 수학 확률 밀도 함수 $p(z)$나 관련된 이산 확률 함수 $P(zi)$에 따라 분포되는 값을 반환하는 함수 객체다.

세부 사항은 iso.26.5.1절을 참고하기 바란다.

사용자의 관점에서 간단하게 말하면 난수 생성기는 엔진과 분포가 합쳐진 것이다. 엔진은 균등하게 분포되는 값의 시퀀스를 만들어 내고, 분포는 그것들을 원하는 모양(분포)으로 가공한다. 즉, 난수 생성기에서 많은 값을 뽑아 그것들을 그리면 적당하게 매끄러운 분포 곡선을 얻게 될 것이다. 예를 들어 `normal_distribution`을 `default_random_engine`에 바인딩하면 정규 분포를 만들어 내는 난수 생성기가 만들어진다.

```
auto gen = bind(normal_distribution<double>{15,4.0},default_random_engine{});

for (int i=0; i<500; ++i) cout << gen();
```

표준 라이브러리 함수 `bind()`는 두 번째 인자가 주어질 경우 첫 번째 인자를 실행시키는 함수 객체를 만든다(33.5.1절).

ASCII 그래픽(5.6.3절)을 사용하면 다음 결과가 얻어진다.

```
3   **
4   *
5   *****
6   ****
7   ****
8   ******
9   ************
10  ****************************
11  **************************
12  ****************************************
13  ************************************************************
14  *****************************************************
15  *******************************************************
16  ****************************
17  *************************************************
18  ******************************************
19  *********************************
20  ****************
21  ************
22  *************
23  *******
24  *****
25  ****
26  *
27  *
```

대부분 대다수의 프로그래머들에게 필요한 건 주어진 범위의 정수나 부동소수점 숫자에 대한 간단한 균등 분포일 뿐이다. 예를 들면 다음과 같다.

```
void test()
{
    Rand_int ri {10,20};        // [10:20] 범위에 있는 int의 균등 분포
    Rand_double rd {0,0.5};      // [0:0.5) 범위에 있는 double의 균등 분포

    for (int i=0; i<100; ++i)
        cout << ri() << ' ';
    for (int i=0; i<100; ++i)
        cout << rd() << ' ';
}
```

안타깝게도 Rand_int와 Rand_double은 표준 클래스가 아니지만, 만들기는 어렵지 않다.

```
class Rand_int {
public:
    Rand_int(int lo, int hi) : p{lo,hi} { }        // 매개변수를 저장한다.
    int operator()() const { return r(); }
private:
    uniform_int_distribution<>::param_type p;
    auto r = bind(uniform_int_distribution<>{p},default_random_engine{});
};
```

bind()의 결과에 이름을 붙이지 않고 auto를 사용하기 위해 분포의 표준 auto param_type 별칭(40.7.3절)을 이용해서 매개변수를 저장한다.

단지 뭔가 변화를 주기 위해 Rand_double에 대해서는 다른 기법을 사용한다.

```
class Rand_double {
public:
    Rand_double(double low, double high)
        :r(bind(uniform_real_distribution<>(low,high),default_random_engine())) { }
    double operator()() { return r(); }
private:
    function<double()> r;
};
```

난수의 중요한 용도 중 하나는 샘플링 알고리즘에 쓰이는 것이다. 그런 알고리즘에서는 훨씬 큰 모집단population에서 일정한 크기의 **표본**sample을 선택해야 한다. 다음은 유명한 고전 논문[Vitter,1985]에서 발췌한 알고리즘 R(가장 간단한 샘플링 알고리즘)이다.

```
template<typename Iter, typename Size, typename Out, typename Gen>
Out random_sample(Iter first, Iter last, Out result, Size n, Gen&& gen)
{
    using Dist = uniform_int_distribution<Size>;
    using Param = typename Dist::param_type;

    // 저장소를 채우고 first를 전진시킨다.
    copy(first,n,result);
    advance(first,n);

    // 범위 [0:k]에서 난수 r을 선택함으로써 [first+n:last)의 남아 있는 값들에서 표본을 뽑고,
```

```
// r>n이라면 값을 교체한다.
// k는 각 반복마다 증가해서 확률을 줄인다.
// 임의 접근 반복자 k에 대해서는 k = i-first이다(first가 아니라 i를 증가시키는 가정하에).

Dist dist;
for (Size k = n; first!=last; ++first,++k) {
    Size r = dist(gen,Param{0,k});
    if(r < n)
        *(result + r) = *first;
}
return result;
}
```

40.7.1 엔진

균등 난수 생성기는 대략적으로 균등하게 분포되는 **result_type** 값의 시퀀스를 만들어 내는 함수 객체다.

균등 난수 생성기 G<T>(iso.26.5.1.3절)	
`G::result_type`	시퀀스 원소의 타입
`x=g()`	애플리케이션 연산자. x는 시퀀스의 다음 원소다.
`x=G::min()`	x는 g()가 반환할 수 있는 가장 작은 원소다.
`x=G::max()`	x는 g()가 반환할 수 있는 가장 큰 원소다.

난수 엔진은 균등 난수 생성기에 널리 사용될 수 있게 추가적인 속성을 더한 것이다.

난수 엔진 E<T>(iso.26.5.1.4절)	
`E e {};`	기본 생성자
`E e {e2};`	복사 생성자
`E e {s};`	e는 시드 s에 의해 상태가 결정될 것이다.
`E e {g};`	e는 시드 시퀀스 g에 대한 generate() 호출에 의해 상태가 결정될 것이다.
`e.seed()`	e는 기본 상태일 것이다.
`e.seed(s)`	e는 시드 s에 의해 상태가 결정될 것이다.
`e.seed(g)`	e는 시드 시퀀스 g에 대한 generate() 호출에 의해 상태가 결정될 것이다.
`e.discard(n)`	시퀀스의 다음 n개 원소를 건너뛴다.
`e==e2`	e와 e2가 정확히 동일한 시퀀스를 만들어 낼 것인가?
`e!=e2`	!(e==e2)
`os<<e`	e의 표현을 os에 쓴다.
`is>>e`	<<에 의해 이전에 쓰여진 엔진의 상태를 is에서 e로 읽어 들인다.

시드는 $[0:2^{32})$ 범위에 있는 값으로서 특정 엔진을 초기화하는 데 사용될 수 있다. 시드 시퀀스 **g**는 호출될 때 새롭게 생성된 시드로 [b:e)를 채우는 **g.generate(b,e)** 함수를 제공하

는 객체다(iso.26.5.1.2절).

표준 난수 엔진(iso.26.5.3절)

`default_random_engine`	폭넓게 적용될 수 있고 비용이 적게 드는 엔진에 대한 별칭
`linear_congruential_engine<UI,a,c,m>`	$x_{i+1} = (ax_i + c) \bmod m$
`mersenne_twister_engine<UI,w,n,m,r,a,u,d,s,t,c,l,f>`	iso.26.5.3.2절
`subtract_with_carry_engine<UI,w,s,r>`	$x_{i+1} = (ax_i) \bmod b$. 여기서 $b = m^r - m^s + 1$이고, $a = b - (b-1)/m$

표준 난수 엔진에 대한 UI 매개변수는 부호 없는 정수 타입이어야 한다. `linear_congruential_engine<UI,a,c,m>`에 대해서는 나머지 `m`이 0이라면 값 `numeric_limits<result_type>::max()+1`이 쓰인다. 예를 들어 다음은 한 숫자의 첫 번째 반복에 대한 색인을 출력한다.

```
map<int,int> m;
linear_congruential_engine<unsigned int,17,5,0> linc_eng;
for (int i=0; i<1000000; ++i)
    if (1<++m[linc_eng()]) cout << i << '\n';
```

나는 운이 좋았다. 매개변수가 그다지 나쁘지 않아서 중복 값이 얻어지지 않았다. 대신 `<unsigned int,16,5,0>`으로 시도해보고 차이를 살펴보기 바란다. 실제 필요성이 있거나 무엇을 해야 할지 잘 알고 있는 상황이 아니라면 `default_random_engine`을 사용하기 바란다.

난수 엔진 어댑터random number engine adaptor는 난수 엔진을 인자로 받아들여서 다른 난수 속성을 가진 새로운 난수 엔진을 만들어 낸다.

표준 난수 엔진 어댑터(iso.26.5.4절)

`discard_block_engine<E,p,r>`	`E`는 엔진이다. iso.26.5.4.2절
`independent_bits_engine<E,w,UI>`	타입 `UI`로 `w`개의 비트를 생성한다. iso.26.5.4.3절
`shuffle_order_engine<E,k>`	iso.26.5.4.4절

예를 들면 다음과 같다.

```
independent_bits_engine<default_random_engine,4,unsigned int> ibe;
for (int i=0; i<100; ++i)
    cout << '0'+ibe() << ' ';
```

이 코드는 [48:63](['0':'0'+24-1)) 범위에 있는 숫자를 100개 출력할 것이다.

유용한 엔진들에 대해서는 몇 가지 별칭이 정의돼 있다.

```
using minstd_rand0 = linear_congruential_engine<uint_fast32_t, 16807, 0, 2147483647>;
using minstd_rand = linear_congruential_engine<uint_fast32_t, 48271, 0, 2147483647>;
using mt19937 = mersenne_twister_engine<uint_fast32_t, 32,624,397,
                    31,0x9908b0df,
                    11,0xffffffff,
```

```
                              7,0x9d2c5680,
                              15,0xefc60000,
                              18,1812433253>
using mt19937_64 = mersenne_twister_engine<uint_fast64_t, 64,312,156,
                              31,0xb5026f5aa96619e9,
                              29, 0x5555555555555555,
                              17, 0x71d67fffeda60000,
                              37, 0xfff7eee000000000,
                              43, 6364136223846793005>;
using ranlux24_base = subtract_with_carry_engine<uint_fast32_t, 24, 10, 24>;
using ranlux48_base = subtract_with_carry_engine<uint_fast64_t, 48, 5, 12>;
using ranlux24 = discard_block_engine<ranlux24_base, 223, 23>;
using ranlux48 = discard_block_engine<ranlux48_base, 389, 11>;
using knuth_b = shuffle_order_engine<minstd_rand0,256>;
```

40.7.2 난수 장치

구현 환경에서 진정한 난수 생성기를 제공할 수 있다면 그러한 난수 생성기의 소스는 `random_device`라는 이름의 균등 난수 생성기로서 제시돼야 한다.

random_device(iso.26.5.6절)	
random_device rd {s};	string s는 난수의 소스를 식별한다. 구현별 정의 사항. explicit
d=rd.entropy()	d는 double. 의사 난수 생성기의 경우 d==0.0

s는 진정한 난수 소스의 레코드를 갖고 있는 가이거[Geiger] 계수기, 웹 서비스 또는 파일/장치 같은 난수 소스의 이름이라고 생각하기 바란다. 각각의 확률이 $P_0,\ldots, P_{n-1}$인 n개의 상태를 가진 장치에 대한 `entropy()`는 다음과 같이 정의된다.

$$S(P_0,\ldots, P_{n-1}) = -\sum_{i=0}^{i=n-1} P_i \log P_i$$

엔트로피는 생성된 숫자의 무작위성의 측정치, 예측 불가능성의 수준이다. 열역학과는 대조적으로 난수에 대해서는 높은 엔트로피가 바람직하다. 높은 엔트로피란 이어지는 숫자를 추측하기가 그만큼 어렵다는 뜻이기 때문이다. 이 공식에는 완벽한 n면을 가진 주사위를 반복적으로 던질 때의 결과가 반영돼 있다.

`random_device`는 암호 애플리케이션에서 활용되려고 만들어진 것이지만, 그것을 면밀히 검토하지 않고도 `random_device`의 구현을 무작정 신뢰하는 건 그런 종류의 애플리케이션에 대한 제반 규칙에 위배되는 셈일 것이다.

40.7.3 분포

난수 분포는 난수 생성기 인자로 호출될 때 `result_type` 값의 시퀀스를 만들어 내는 함수 객체다.

난수 분포 D(iso.26.5.1.6절)

`D::result_type`	D의 원소 타입
`D::param_type`	D를 생성하기 위해 필요한 인자 집합의 타입
`D d {};`	기본 소멸자
`D d {p};`	param_type p로부터 생성한다.
`d.reset()`	기본 상태로 재설정한다.
`p=d.param()`	p는 d의 param_type 매개변수다.
`d.param(p)`	param_type p에 의해 결정되는 상태로 재설정한다.
`x=d(g)`	x는 생성기 g가 주어질 경우 d에 의해 만들어지는 값이다.
`x=d(g,p)`	x는 생성기 g와 매개변수 p가 주어질 경우 d에 의해 만들어지는 값이다.
`x=d.min()`	x는 d가 반환할 수 있는 최솟값이다.
`x=d.max()`	x는 d가 반환할 수 있는 최댓값이다.
`d==d2`	d와 d2가 동일한 원소의 시퀀스를 만들어 낼 것인가?
`d!=d2`	!(d==d2)
`os<<d`	>>에 의해 다시 읽을 수 있게 d의 상태를 os에 기록한다.
`is>>d`	<<에 의해 이전에 쓰여진 상태를 is로부터 d로 읽어 들인다.

다음 표에서 템플릿 인자 R은 해당 수학 공식에서 실수가 필요하고, **double**이 기본 타입이라는 뜻이다. I는 정수가 필요하고 **int**가 기본 타입이라는 뜻이다.

균등 분포(iso.26.5.8.2절)

분포	선행 조건	기본 인자	결과
`uniform_int_distribution<I>(a,b)`	$a \leq b$ $P(i|a,b) = 1/(b-a+1)$	(0,max)	[a:b]
`uniform_real_distribution<R>(a,b)`	$a \leq b$ $p(x|a,b) = 1/(b-a)$	(0.0,1.0)	[a:b]

선행 조건[precondition] 필드는 분포 인자에 대한 요구 사항을 지정한다. 예를 들면 다음과 같다.

```
uniform_int_distribution<int> uid1 {1,100};      // OK
uniform_int_distribution<int> uid2 {100,1};      // 오류: a>b
```

기본 인자[default] 필드는 기본 인자를 지정한다. 예를 들면 다음과 같다.

```
uniform_real_distribution<double> urd1 {};        // a==0.0과 b==1.0을 사용한다.
uniform_real_distribution<double> urd2 {10,20};   // a==10.0과 b==20.0을 사용한다.
uniform_real_distribution<> urd3 {};              // double과 a==0.0과 b==1.0을 사용한다.
```

결과[result] 필드는 결과의 범위를 지정한다. 예를 들면 다음과 같다.

```
uniform_int_distribution<> uid3 {0,5};
default_random_engine e;
for (int i=0; i<20; ++i)
    cout << uid3(e) << ' ';
```

uniform_int_distribution에 대한 범위는 닫혀 있으며, 6개의 가능한 값을 볼 수 있다.

2 0 2 5 4 1 5 5 0 1 1 5 0 0 5 0 3 4 1 4

uniform_real_distribution에 대해서는 부동소수점 결과를 갖는 다른 모든 분포에 대해서와 마찬가지로 범위가 반개방 상태다.

베르누이 분포Bernoulli distribution는 다양한 하중으로 동전을 던진 경우의 결과 시퀀스를 나타낸다.

베르누이 분포(iso.26.5.8.3절)

분포	선행 조건	기본 인자	결과
bernoulli_distribution(p)	0<=p<1	(0.5)	{true,false}
binomial_distribution<I>(t,p)	$0 \le p \le 1$이고 $0 \le t$ $$P(i|t,p) = \binom{t}{i} p^i (1-p)^{t-i}$$	(1,0.5)	[0:∞)
geometric_distribution<I>(p)	$0 < p < 1$ $$P(i|p) = p(1-p)^i$$	(0.5)	[0:∞)
negative_binomial_distribution<I>(k,p)	$0 < p < 1$이고 $0 < k$ $$P(i|k,p) = \binom{k+i-1}{i} p^k (1-p)^i$$	(1,0.5)	[0:∞)

푸아송 분포Poisson Distribution는 주어진 이벤트의 횟수가 고정된 간격의 시간이나 공간에서 일어날 확률을 표현한다.

푸아송 분포(iso.26.5.8.4절)

분포	선행 조건	기본 인자	결과
poisson_distribution<I>(m)	$0 < m$ $$P(i|\mu) = \frac{e^{-\mu} \mu^i}{i!}$$	(1.0)	[0:∞)
exponential_distribution<R>(lambda)	$1 < lambda$ $$p(x|\lambda) = \lambda e^{-\lambda x}$$	(1.0)	(0:∞)
gamma_distribution<R,R>(alpha,beta)	$0 < \alpha$이고 $0 < \beta$ $$p(x|\alpha,\beta) = \frac{e^{-x/\beta}}{\beta^\alpha \Gamma(\alpha)} x^{\alpha-1}$$	(1.0,1.0)	(0:∞)

(이어짐)

분포	선행 조건	기본 인자	결과
`weibull_distribution<R>(a,b)`	0 < a이고 0 < b	(1.0,1.0)	[0:∞)
	$$p(x|a,b) = \frac{a}{b}\left(\frac{x}{b}\right)^{a-1} \exp\left(-\left(\frac{x}{b}\right)^{a}\right)$$		
`extreme_value_distribution<R>(a,b)`	0 < b	(0.0,1.0)	R
	$$p(x|a,b) = \frac{1}{b}\exp\left(\frac{a-x}{b} - \exp\left(\frac{a-x}{b}\right)\right)$$		

정규 분포^{Normal distribution}는 실제의 값을 실제의 값으로 매핑한다. 가장 간단한 것은 유명한 '종형 곡선^{bell curve}'으로서 정점(평균)을 주변으로 대칭적으로 값을 분포시키는데, 평균으로부터 원소의 거리는 표준 편차 매개변수에 의해 제어된다.

정규 분포(iso.26.5.8.5절)

분포	선행 조건	기본 인자	결과
`normal_distribution<R>(m,s)`	0 < s	(0.0,1.0)	R
	$$p(x|\mu,\sigma) = \frac{1}{\sigma\sqrt{2\pi}}\exp\left(-\frac{(x-\mu)^2}{2\sigma^2}\right)$$		
`lognormal_distribution<R>(m,s)`	0 < s	(0.0,1.0)	>0
	$$p(x|m,s) = \frac{1}{sx\sqrt{2\pi}}\exp\left(-\frac{(\ln x - m)^2}{2s^2}\right)$$		
`chi_squared_distribution<R>(n)`	0 < n	(1)	>0
	$$p(x|n) = \frac{x^{(n/2)-1}e^{-x/2}}{\Gamma(n/2)2^{n/2}}$$		
`cauchy_distribution<R>(a,b)`	0 < b	(0.0,1.0)	R
	$$p(x|a,b) = \left(\pi b \sim \left(1 + \left(\frac{x-a}{b}\right)^2\right)\right)^{-1}$$		
`fisher_f_distribution<R>(m,n)`	0 < m이고 0 < n	(1,1)	>=0
	$$p(x|m,n) = \frac{\Gamma((m+n)/2)}{\Gamma(m/2)\Gamma(n/2)}\left(\frac{m}{n}\right)^{m/2} x^{(m/2)-1}\left(1 + m\frac{x}{n}\right)^{-(m+n)/2}$$		
`student_t_distribution<R>(n)`	0 < n	(1)	R
	$$p(x|n) = \frac{1}{\sqrt{n\pi}}\frac{\Gamma((n+1)/2}{\Gamma}(n/2)\left(1 + \frac{x^2}{n}\right)^{(n+1)/2}$$		

이런 분포들에 대한 감을 잡고 싶다면 다양한 매개변수에 대한 그래프 표현을 살펴보기 바란다. 그러한 표현은 쉽게 만들 수 있으며 웹에서는 더 쉽게 찾을 수 있다.

표본 분포^{Sampling Distribution}는 확률 밀도 함수 P에 따라 정수를 특정 범위 안으로 매핑한다.

표본 분포(iso.26.5.8.6절)

분포	선행 조건	기본 인자	결과
`discrete_distribution<I>{b,e}`	$0<=b[i]$	없음	$[0:e-b)$
	$P(i|p_0, \cdots p_{n-1}) = p_i$		
	시퀀스 [b:e)는 가중치 w_i를 제공하므로,		
	$p_i = w_i/S$이고 $0 < S = w_0 + \cdots + w_{n-1}$이다.		
	여기서 n= e-b		
`discrete_distribution<I>(lst)`	`discrete_distribution<I>(lst.begin(),lst.end())`		
`discrete_distribution<I>(n,min,max,f)`	`discrete_distribution<I>(b,e)`		
	여기서 [b:e)의 i번째 원소는 `f(min+i*(max-min)/n`		
	`+(max-min)/(2*n))`으로 얻어진다.		
`piecewise_constant_distribution<R>{b,e,b2,e2}`	$b[i]<b[i+1]$	없음	$[*b:*(e-1))$
	$P(x|x_0, \cdots x_n, \rho_0 \cdots \rho_n)$ $\sim\sim\sim = p_k \dfrac{w_k}{S(b_{K+1} - b_k)}$		
	[b:e)는 간격 경계		
	[b2:e2)는 가중치		
`piecewise_linear_distribution<R>{b,e,b2,e2}`	$b[i]<b[i+1]$	없음	$[*b:*(e-1))$
	$P(x|x_0, \cdots x_n, \rho_0 \cdots \rho_n)$ $\sim\sim\sim = p_i \dfrac{b_{i+1} - x}{b_{i+1} - b_i} + \rho_i \dfrac{x - b_i}{b_{i+1} - b_i}$		
	[b:e)의 모든 b_i에 대해 $b_i < b_{i+1}$		
	$\rho_i = w_i/S$ 여기서 $S = \dfrac{1}{2}\sum_{i=0}^{n-1}(w_i + w_{i+1})(b_{i+i} - b_i)$		
	[b:e)는 간격 경계		
	[b2:e2)는 가중치		

40.7.4 C 스타일 난수

`<cstdlib>`와 `<stdlib.h>`에서 표준 라이브러리는 난수 생성의 범용화에 필요한 간단한 기반을 제공한다.

```
#define RAND_MAX implementation_defined /* 큰 양의 정수 */

int rand();                    // 0과 RAND_MAX 사이의 의사 난수
void srand(unsigned int i);    // i가 시드인 시드 난수 생성기
```

좋은 난수 생성기를 만드는 일은 쉽지 않으며, 안타깝게도 모든 시스템에서 좋은 **rand()**를 제공하지는 못한다. 특히 난수의 하위 비트는 의심스러운 경우가 많기 때문에 **rand()%n**은 0과 **n-1** 사이의 난수를 생성하는 데 있어 이식 가능한 좋은 방법이 아니다. 종종 **int((double(rand())/RAND_MAX)*n)**을 쓰면 괜찮은 결과가 얻어진다. 하지만 좀 더 중요한 애플리케이션에서는 **uniform_int_distribution**(40.7.3절) 기반의 생성기가 좀 더 신뢰할 수 있는 결과를 제공할 것이다.

srand(s) 호출은 인자로 주어진 시드^{seed} **s**로부터 새로운 난수 시퀀스를 시작한다. 디버깅을 위해서는 종종 주어진 시드로부터 생성된 난수 시퀀스가 재현될 수 있느냐가 중요하다. 하지만 실제의 실행에서는 새로운 시드로 시작하게 되는 경우가 대부분이다. 실제로도 예측 불가능한 상황을 만들고 싶다면 프로그램의 환경으로부터 시드를 고르는 편이 유용한 경우가 많다. 이러한 프로그램에서는 실시간 시계에서 뽑은 몇 개 비트가 좋은 시드가 되곤 한다.

40.8 조언

[1]   수치 문제는 대부분 이해하기 어렵다. 수치 문제의 수학적 측면에 대해서 100% 확신할 수 없다면 전문가의 조언을 듣든지, 직접 실험해 보든지, 아니면 그 둘 다를 해야 한다 (29.1절).

[2]   용도에 맞는 수치 타입의 버전을 사용한다(40.2절).

[3]   **numeric_limits**를 이용해서 해당 수치 타입이 용도에 맞는지 체크한다(40.2절).

[4]   사용자 정의 수치 타입에 대해서는 **numeric_limits**를 특수화한다(40.2절).

[5]   가급적 한계 매크로보다는 **numeric_limits**를 이용한다(40.2.1절).

[6]   복소수 산술 연산에는 **std::complex**를 사용한다(40.4절).

[7]   축소 변환을 방지하려면 **{}** 초기화를 사용한다(40.4절).

[8]   런타임 효율성이 연산과 원소 타입에 대한 융통성보다 더 중요한 경우에는 수치 계산에 **valarray**를 사용한다(40.5절).

[9]   루프보다는 슬라이스의 관점에서 배열의 부분에 대한 연산을 표현한다(40.5.5절).

[10]   슬라이스는 조밀한 데이터의 접근에 쓰일 수 있는 범용적으로 유용한 추상 개념이다 (40.5.4절, 40.5.6절).

[11]   시퀀스의 값을 계산하는 루프를 작성하기 전에 **accumulate()**, **inner_product()**, **partial_sum()** 및 **adjacent_difference()**를 고려해보기 바란다(40.6절).

[12]   분포에 엔진을 바인딩하면 난수 생성기가 얻어진다(40.7절).

[13]   자신의 난수 생성기가 충분히 무작위적인지 신경 써야 한다(40.7.1절).

[14]   진정한 난수가 필요하다면(단지 의사 난수 시퀀스가 아니라) **random_device**를 사용한다 (40.7.2절).

[15]   **rand()**를 바로 사용하지 말고 가급적 특정 분포에 대한 난수 클래스를 사용한다(40.7.4절).

41

병행성

> 단순화하라. 가능한 한
> 더 이상 단순해질 수 없을 때까지
> ─ A. 아인슈타인(A. Einstein)

- 개요
- 메모리 모델 메모리 위치, 명령어 재배치, 메모리 정렬, 데이터 경합
- 원자성 atomic 타입, 플래그와 펜스
- volatile
- 조언

41.1 개요

여러 개의 태스크를 동시에 실행한다는 개념인 병행성은 (단일 계산에 여러 개의 프로세서를 쓰는 방식으로) 처리량을 늘리거나 (프로그램의 한 부분이 응답을 기다리는 동안 다른 부분은 진행하는 방식으로) 응답성을 개선하기 위해 널리 쓰인다.

C++ 표준의 병행성에 대한 지원은 5.3절에 기초 설명 수준으로 소개돼 있다. 41장과 42장에서는 좀 더 세부적이고 체계적인 관점을 제공한다.

다른 활동과 병행적으로 실행될 수 있는 활동을 태스크task라고 부른다. 스레드thread는 태스크의 실행을 위한 컴퓨터의 기능을 시스템 수준으로 표현한 것이다. 표준 라이브러리 **thread**(42.2절)는 태스크를 실행할 수 있다. 스레드는 다른 스레드와 주소 공간을 공유할 수 있다. 즉, 단일 주소 공간 내에 있는 모든 스레드는 동일한 메모리 위치에 접근할 수 있는 것이다. 병행 시스템의 프로그래머에게 가장 핵심적인 과제는 스레드가 메모리에 타당한 방식으로 접근하게 보장하는 것이다.

병행성에 대한 표준 라이브러리의 지원에는 다음 사항들이 포함된다.

- 메모리 모델(memory model) 메모리에 대한 병행적 접근을 위한 보장의 집합(41.2절)으로서 기본적으로 사람들이 막연하게 기대하는 대로 간단하고 통상적인 접근이 동작하게 보장해준다.

- **잠금이 없는 프로그래밍(programming without lock)에 대한 지원** 데이터 경합(41.3절)을 방지하기 위한 정밀한 저수준 메커니즘
- **스레드(thread) 라이브러리** 전통적인 스레드와 잠금 스타일의 시스템 수준 병행성 프로그래밍을 지원해 주기 위한 **thread, condition_variable, mutex**(42.2절) 같은 구성 요소의 집합이다.
- **태스크(task) 지원 라이브러리** 태스크 수준의 병행성 프로그래밍을 지원해주는 몇 가지 기능으로, **future, promise, packaged_task, async()**(42.4절) 등이 있다.

이런 주제들은 가장 근본적이고 낮은 수준에서부터 최상위 수준까지 순서대로 나열된 것이다. 메모리 모델은 모든 프로그래밍에서 공통적인 사항이다. 프로그래머의 생산성과 오류 최소화를 위해서는 가능한 한 최상위 수준에서 작업하는 편이 좋다. 예를 들어 정보 교환에는 **mutex**보다는 **future**가 좋고, 간단한 카운터 등을 제외하고는 **atomic**보다 **mutex**가 좋다. 가능하다면 복잡한 것들은 표준 라이브러리 구현자들이 처리하게 내버려둔다.

C++ 표준 라이브러리의 맥락에서 보면 잠금[lock]은 **mutex**(상호 배타적 변수)의 일종이며, 상호 배타적인 자원에 대한 접근을 제공하거나 여러 개의 병행 태스크의 진행을 동기화하기 위해 **mutex** 기반으로 만들어진 추상화는 모두 잠금이라고 할 수 있다.

자신의 주소 공간에서 실행되는 스레드를 의미하는 프로세스[process]라는 주제와 프로세스 간 통신 메커니즘을 통한 통신[Tanenbaum,2007]에 대한 주제는 이 책에서 다루지 않는다. 공유 데이터에 관련된 문제와 그것을 관리하는 데 필요한 기법에 대해 읽고 나면 명시적으로 공유되는 데이터는 피하는 편이 최선이라는 나의 관점에 여러분도 공감하게 될 것이다. 당연히 통신에서는 어떤 형태로든 공유가 수반되겠지만, 대부분의 경우 그러한 공유를 애플리케이션 프로그래머가 직접 관리해야 할 필요까지는 없다.

또한 자신의 지역 데이터를 가리키는 포인터를 다른 스레드에 전달하지만 않는다면 여러분의 지역 데이터가 여기서 언급되는 문제에 시달릴 일은 없다. 이것이 전역 데이터를 피해야 하는 또 하나의 이유이기도 하다.

41장에서 병행성 프로그래밍에 대해 포괄적으로 안내하지는 않으며, 병행성 프로그래밍에 대한 C++ 표준 라이브러리 기능에 대해 완벽하게 설명하는 것은 더더욱 아니다. 41장에서 제공하는 내용은 다음과 같다.

- 시스템 수준에서 병행성을 다뤄야 하는 프로그래머가 직면하게 될 문제에 대한 기본적인 설명
- 표준에서 제공되는 병행성 기능에 대한 상세한 개요
- 스레드와 잠금 수준 이상에서 표준 라이브러리 병행성 기능을 기본적으로 활용하는 방법에 대한 소개

다음 내용은 제공하지 않는다.

- 완화 메모리 모델이나 무잠금 프로그래밍에 대한 세부 사항

- 고급 병행성 프로그래밍과 설계 기법의 학습

병행성 프로그래밍과 병렬 프로그래밍은 40년이 넘는 동안 인기 있는 연구 주제였고 널리 활용되고 있기 때문에 방대한 전문 자료들이 존재한다(예를 들어 C++ 기반의 병행성에 대해서는 [Wilson,1996]을 살펴보기 바란다). 특히 거의 모든 POSIX 스레드들이 여기에서 설명된 표준 라이브러리 기능을 이용해서 손쉽게 개선될 수 있는 예제의 보고로 사용될 수 있다.

C 스타일 POSIX 기능과 오래된 많은 C++ 스레드 지원 라이브러리들과 대조적으로 표준 라이브러리 스레드 지원은 타입 안전적이다. 스레드 간의 정보 전달을 위해서 더 이상 매크로나 **void**** 같은 걸 써야 할 이유가 없다. 마찬가지로 캐스트를 쓰거나 타입 위반에 대해 걱정할 필요 없이 태스크를 함수 객체(예를 들면 람다)로 정의해서 스레드에 전달할 수 있다. 더욱이 한 스레드에서 다른 스레드로 오류를 알리기 위해 공들여 규약을 만들 이유도 없다. **future**(5.3.5.1절, 42.4.4절)로 예외를 전송할 수 있다. 병행 소프트웨어는 복잡한 경우가 많은 데다 여러 스레드에서 실행되는 코드는 별도로 개발되는 경우가 많은 점을 감안할 때 타입 안전성과 표준적인(가능하다면 예외 기반의) 오류 처리 전략은 단일 스레드 소프트웨어에 비해 한층 더 중요해졌다. 표준 라이브러리 스레드 지원은 표기를 대폭 단순화해주기도 한다.

41.2 메모리 모델

C++ 병행성 메커니즘은 주로 표준 라이브러리 구성 요소로 제공된다. 이런 구성 요소들은 메모리 모델memory model이라고 알려진 언어 보장 집합에 의존한다. 메모리 모델은 기기 설계자와 컴파일러 작성자가 컴퓨터 하드웨어를 어떻게 표현하는 것이 최선인지에 대해 논의한 결과로 탄생한 것이다. ISO C++ 표준에 규정된 바에 의하면 메모리 모델이란 대부분의 프로그래머들이 현대적 컴퓨터 하드웨어의 세부 사항에 대해 신경 쓰지 않아도 되게끔 보장해주기 위한 구현자와 프로그래머 사이의 약속을 나타낸다.

관련된 문제를 이해하려면 한 가지 간단한 사실만 명심하면 된다. 메모리에 있는 객체에 대한 연산은 절대로 메모리에 있는 객체에 직접적으로 수행되지 않는다는 점이다. 대신 객체는 프로세서 레지스터에 로딩되고, 거기서 수정된 다음, 다시 쓰여진다. 한술 더 떠서 대개 객체는 우선 메모리에서 캐시 메모리로 로딩된 다음 거기서 레지스터로 로딩된다. 간단한 정수 **x**를 증가시키는 경우를 예로 들어보자.

```
// x에 1을 더한다.
    load x into cache element Cx
    load Cx into register Rx
    Rx=Rx+1;
    store Rx back into Cx
    store Cx back into x
```

메모리는 여러 스레드에 의해 공유될 수 있으며, 캐시 메모리는 (기기 아키텍처에 따라) 같거나 다른 '프로세스 단위'(대개 프로세서processor, 코어core, 하이퍼스레드hyper-thread 등으로 불린다. 이쪽은 시스템 기능과 용어 양쪽 모두가 급격하게 진화하는 분야다)에서 실행되는 여러 스레드 사이에서 공유될 수도 있다. 이는 ('x에 1을 더하는 것 같은') 간단한 연산이 훼손될 수 있는 방대한 가능성을 열어놓는다. 기기 설계 전문가들은 분명히 내가 상황을 단순화하고 있다고 볼 것이다. 내가 저장 버퍼에 대해 언급하지 않았다는 점을 알아챈 이들에게는 [McKenney,2012]의 부록 C를 추천한다.

41.2.1 메모리 위치

두 개의 전역 변수 b와 c를 예로 들어보자.

```
// 스레드 1:              // 스레드 2:
    char c = 0;             char b = 0;
    void f()                void g()
    {                       {
        c = 1;                  b = 1;
        int x = c;              int y = b;
    }                       }
```

이제 누구나 예상하듯 x==1이고 y==1이다. 근데 왜 이런 것까지 말해야 하는 것인가? 링커가 c와 b를 메모리의 같은 워드에 할당했는데 (대부분의 현대적 하드웨어와 마찬가지로) 컴퓨터에서 워드보다 작은 것은 로드하거나 저장할 수 없다면 무슨 일이 생길지 생각해보자.

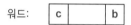

워드: c   b

잘 정의되고 타당한 메모리 모델이 없다면 스레드 1은 b와 c가 포함된 워드를 읽고, c를 바꾼 다음 해당 워드를 메모리에 다시 쓸 것이다. 동시에 스레드 2는 b와 똑같은 일을 수행할 수 있다. 그렇다면 어느 쪽 스레드든지 워드를 먼저 읽고서 나중에 결과를 메모리에 다시 쓰는 스레드가 결과를 결정할 수 있다. 결과로 10, 01 또는 11(00은 포함되지 않는다)이 나올 수 있다. 메모리 모델은 이런 혼란으로부터 우리를 구해 주고, 11의 결과를 출력한다. 00이 일어날 수 없는 이유는 b와 c의 초기화가 두 스레드 시작 전에 (컴파일러나 링커에 의해) 완료되기 때문이다.

C++ 메모리 모델은 두 개의 실행 스레드가 서로 간섭하지 않고 별도의 메모리 위치를 갱신하고 접근할 수 있게 해준다. 바로 우리가 막연히 기대했던 것이다. 때때로 아주 특이하고 이해하기 어려운 컴퓨터 하드웨어의 동작에서 우리를 보호해주는 일이 컴파일러의 역할이다. 우리는 하드웨어와 (컴파일러에 의해 생성된) 상당히 저수준의 소프트웨어 조합으로 제공되는 '기기'를 프로그램하는 것이다.

비트필드(8.2.7절)는 워드의 일부에 대한 접근을 제공해준다. 두 스레드가 동시에 같은 워드의 두 필드에 접근한다면 모든 것이 수포로 돌아간다. b와 c가 같은 워드의 두 필드라면 대부분의 하드웨어는 어떤 형태의 잠금(매우 많은 비용이 들 수 있는)을 사용하지 않고서는 앞의 b와 c 예제의 문제(경합 조건)를 피할 수 있는 방법을 갖고 있지 않다. 중요한 장치 드라이버에서 널리 쓰이는 비트필드에 잠금과 잠금 해제 연산에 들어가는 비용을 은근슬쩍 추가할 수는 없다. 이 때문에 언어에서는 메모리의 단위로서 **메모리 위치**^{memory location}를 정의하고 이런 메모리 단위에 대해서는 타당한 동작이 개별적인 비트 필드를 배제할 수 있도록 보장해준다.

메모리 위치는 산술 연산 타입의 객체(6.2.1절), 포인터, 또는 인접한 비트필드가 모두 0이 아닌 폭을 갖는 최대 길이의 시퀀스 중 하나다. 예를 들면 다음과 같다.

```
struct S {
    char a;                      // 위치 #1
    int b:5;                     // 위치 #2
    unsigned c:11;
    unsigned :0;                 // 참고: 0은 "특수" 경우(8.2.7절)
    unsigned d:8;                // 위치 #3
    struct { int ee:8; } e;      // 위치 #4
};
```

여기서 **S**는 정확히 4개의 개별적인 메모리 위치를 갖고 있다. 명시적 동기화 없이 개별적인 스레드로 비트필드 **b**와 **c**를 갱신하려고 시도하지 말기 바란다.

위의 설명으로부터 **x**와 **y**가 동일한 타입이고, **x=y**가 보장돼 **x**가 **y**의 사본이 된다는 결론을 내릴 수 있을지도 모르겠다. 이것은 데이터 경합(41.2.4절)이 일어나지 않고 **x**와 **y**가 메모리 위치인 경우에만 참이다. 하지만 **x**와 **y**가 여러 개의 워드로 구성된 **struct**여서 단일한 메모리 위치가 아니고 데이터 경합이 일어난다면 모든 동작이 정의되지 않게 되므로, 데이터를 공유한다면 반드시 적절한 동기화를 준비해 놓기 바란다(41.3절, 42.3.1절).

41.2.2 명령어 재배치

성능 향상을 위해 컴파일러, 최적화 메커니즘, 하드웨어는 명령어를 재배치한다. 다음 예를 살펴보자.

```
// 스레드 1
    int x;
    bool x_init;

    void init()
    {
        x = initialize();        // initialize()에 x_init이 없다.
        x_init = true;
        // ...
    }
```

이런 코드 조각에 대해서 **x_init**에 대입하기 전에 **x**에 대입해야 한다는 규정은 없다. 최적화 (또는 하드웨어 명령 스케줄러) 메커니즘은 **x_init=true**를 먼저 실행해서 프로그램을 빨리 진행하기로 결정할 수도 있다.

x가 **initializer()**에 의해 초기화됐는지의 여부를 나타내려고 **x_init**를 쓴 것일 수도 있다. 하지만 그렇게 명시돼 있지 않기 때문에 하드웨어, 컴파일러, 최적화 메커니즘은 그것을 알 길이 없다.

프로그램에 또 하나의 스레드를 추가한다.

```
// 스레드 2:
   extern int x;
   extern bool x_init;

   void f2()
   {
       int y;
       while (!x_init)            // 필요할 경우 초기화가 완료될 때까지 기다린다.
           this_thread::sleep_for(milliseconds{10});
       y = x;
       // ...
   }
```

이제 문제가 생겼다. 스레드 2는 기다리지 않을 것이고, 따라서 초기화되지 않은 **x**를 **y**에 대입할 것이다.

스레드 1이 **x_init**와 **x**를 '잘못된 순서'로 설정하지 않았더라도 여전히 문제가 생길 것이다. 스레드 2에서는 **x_init**에 대해 아무것도 대입되지 않기 때문에 최적화 메커니즘은 **!x_init** 의 평가를 루프 밖으로 빼버릴 것이고, 스레드 2는 영원히 멈추지 않든지 영원히 멈추게 된다.

41.2.3 메모리 정렬

메모리에서 워드 하나의 값을 캐시로 집어넣고 이어서 레지스터에 넣는 데 소요되는 시간은 (프로세서의 시간 기준으로는) 매우 길 수 있다. 최선의 경우에도 값이 레지스터에 도달하기까지 아마도 500개의 명령어가 실행되고, 새로운 값이 목표 위치에 도달하기까지는 또 다른 500개 명령어가 실행된다. 500개란 수치는 컴퓨터 아키텍처에 좌우되는 추정치로, 시간에 따라 변할 수 있지만 지난 10년 동안 이 수치는 꾸준히 증가돼 왔다. 계산이 처리량 측면에서 최적화 돼 있지 않기 때문에 특정 값을 신속하게 로드하고 저장할 수 없는 경우에는 소요 시간이 훨씬 더 오래 걸릴 수 있다. 어떤 값은 수만 회의 명령어 주기 동안 '자신의 위치에서 떨어져' 있을 수 있다. 이런 특성은 현대적 하드웨어에 눈부신 성능을 선사한 사실 중 하나이기도 하지만 동시에 서로 다른 스레드가 메모리 계층 구조의 서로 다른 위치에서 서로 다른 시간에 하나의 값을 들여다 볼 수 있기 때문에 엄청난 혼란의 가능성을 야기하는 원인이기도 하다. 예를 들어 예제의 단순화된 설명에서는 단 하나의 캐시만이 언급되고 있지만, 인기 있는 다수 의 아키텍처에서는 3개 레벨 캐시를 사용한다. 이를 보여주기 위해 다음 도표에는 가능한 2개 레벨 캐시 아키텍처가 표시돼 있다. 이 구조에서 각 코어는 자신만의 레벨 2 캐시를 갖고 있고, 두 개의 코어는 레벨 1 캐시를 공유하며, 모든 코어는 메모리를 공유한다.

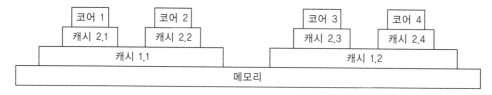

메모리 정렬Memory ordering은 스레드가 메모리에서 값을 볼 때 무엇을 보게 될지에 대해 프로그래머가 가정할 수 있는 것을 설명하는 데 쓰이는 용어다. 가장 간단한 메모리 정렬 순서는 순차적으로 일관성 있는sequentially consistent 순서다. 순차적으로 일관성 있는 메모리 모델에서는 모든 스레드가 수행되는 모든 연산의 순서를 같은 순서로 보게 된다. 이 순서는 마치 명령어가 단일 스레드에서 순차적으로 수행되는 것과 같다. 여전히 스레드는 연산을 재배치할 수 있지만, 다른 스레드가 어떤 변수를 관찰하는 매 시점마다 이전에 수행된 연산의 집합과 (그에 따라) 관찰되는 메모리 위치의 값은 잘 정의돼 있어야 하며, 모든 스레드에 대해 동일해야 한다. 어떤 변수를 '관찰'하고 그에 따라 메모리 위치에 대한 일관성 있는 관점을 강제하는 연산을 원자적 연산atomic operation(41.3절 참고)이라고 부른다. 간단한 읽기나 쓰기는 정렬을 강제하지 않는다.

하나의 주어진 스레드 집합에 대해서 가능한 순차적으로 일관성 있는 정렬에는 여러 가지가 있다. 다음 예를 살펴보자.

```
// 스레드 1:                    // 스레드 2:
    char c = 0;                     char b = 0;
    extern char b;                  extern char c;
    void f1()                       void f2()
    {                               {
        c = 1;                          b = 1;
        int x = b;                      int y = c;
    }                               }
```

c와 b의 초기화가 정적으로 (어떤 스레드 시작보다 앞서서) 수행된다고 가정하면 가능한 실행 방법에는 3가지가 있다.

```
c = 1;        b = 1;        c = 1;
x = b;        y = c;        b = 1;
b = 1;        c = 1;        x = b;
y = c;        x = b;        y = c;
```

결과는 각각 01, 10, 11이다. 우리가 얻을 수 없는 결과는 00뿐이다. 당연히 예측 가능한 결과를 얻고 싶다면 어떤 형태로든 공유 변수에 대한 접근의 동기화가 필요하다.

순차적으로 일관성 있는 정렬은 거의 모든 프로그래머가 효과적으로 생각할 수 있는 것이지만, 일부 컴퓨터 아키텍처에서는 상당한 동기화 비용을 유발하는데, 이런 비용은 규칙을 완화시키면 제거 가능한 것이다. 예를 들어 별도의 코어에서 실행되는 두 개의 스레드는 c와 b를 쓰기 전 또는 최소한 쓰기가 완료되기 전에 x와 y를 읽기 시작하기로 결정할 수도 있다. 그렇게 되면 순차적으로 일관성이 없는 00이라는 결과가 얻어질 수 있다. 좀 더 완화된 메모리 모델에서는 그런 것을 허용한다.

41.2.4 데이터 경합

이런 예제들을 통해 합리적인 사람이라면 스레드를 프로그래밍할 때 상당히 주의를 기울여야 한다는 결론을 내릴 것이다. 그런데 어떻게 한단 말인가? 우선 데이터 경합^{data race}을 피해야
한다. 두 스레드는 양쪽 모두에서 하나의 메모리 위치(41.2.1절에서 정의된 대로)에 동시에 접근할
수 있고, 최소한 그들 중 하나의 접근이 쓰기일 경우 데이터 경합에 빠지게 된다. '동시에'를
정확하게 정의하는 것은 쉽지 않다는 데 유의한다. 두 개 스레드가 데이터 경합에 빠진 경우
언어적 보장은 효력을 잃게 된다. 어떤 동작이 일어날지는 미정의 사항이다. 이런 얘기가
과격하게 들릴지도 모르겠지만, 데이터 경합의 결과(41.2.2절에서 보여준 바와 같이)는 과격할 수
있다. 최적화 메커니즘(또는 하드웨어 명령 스케줄러)은 값에 대한 가정을 기반으로 코드를 재배치
한 다음 코드의 일부를 실행할 수도 있고(명백히 관련 없는 데이터에 영향을 미치는), 또는 그런 가정
에 기반을 두지 않고 똑같은 일을 할 수도 있다.

데이터 경합을 피하는 방법에는 여러 가지가 있다.

- 단일 스레드만 사용한다. 이렇게 하면 병행성의 장점이 사라진다(프로세스나 코루틴을 사용하지
  않는 한).
- 데이터 경합이 일어날 수 있는 모든 데이터 항목에 잠금을 건다. 이렇게 하면 거의 실질적으
  로 단일 스레드 방식과 똑같이 병행성의 장점이 사라진다. 금세 단 하나의 스레드가 기다리
  는 상황에 빠지게 되기 때문이다. 설상가상으로, 잠금을 집중적으로 사용하면 한 스레드가
  무한정 다른 스레드를 기다리는 교착 상태^{deadlock}나 다른 잠금 문제가 발생할 가능성이 높아
  진다.
- 코드를 면밀히 살펴보고 선택적으로 잠금을 추가함으로써 데이터 경합을 피한다. 아마도
  현재 가장 인기 있는 접근법이긴 하지만, 오류에 취약하다.
- 프로그램이 모든 데이터 경합을 탐지해서 프로그래머가 고칠 수 있게 알려주거나 자동적으
  로 잠금을 삽입한다. 상용 규모와 복잡성을 가진 프로그램에 대해 이렇게 할 수 있는 프로그
  램은 흔하지 않다. 이렇게 할 수 있으면서 교착 상태가 일어나지 않게 보장할 수 있는 프로
  그램은 아직 연구 대상 프로젝트다.
- 두 개 스레드가 직접적으로 하나의 메모리 위치를 조작할 필요가 없는 간단한 쓰기와 읽기
  인터페이스를 통해서만 스레드가 통신하도록 코드를 설계한다(5.3.5.1절, 42.4절).
- 데이터 공유나 병행성을 암시적으로 만들어주거나 공유 관리가 가능할 정도로 양식화해주
  는 고수준의 라이브러리나 개발 도구를 사용한다. 특정 라이브러리의 병렬적 알고리즘 구
  현, 지시자 기반의 개발 도구(예를 들면 OpenMP), 트랜잭셔널 메모리(종종 간단히 TM으로 불리는)
  등이 대표적인 예다.

41장의 나머지 부분은 이런 마지막 프로그래밍 스타일의 한 가지 변형에 대한 지원으로
귀결되는 상향식 접근법이라고 볼 수도 있다. 그 과정에서 우리는 데이터 경합을 피하기 위한
거의 모든 방법을 지원하는 데 필요한 도구들을 접하게 될 것이다.

프로그래머가 이런 복잡성을 감수해야 하는 이유는 무엇인가? 다른 대안은 데이터 경합
가능성이 최소화된(또는 없는) 간단하고 순차적으로 일관성 있는 모델만 제공하는 방안일 것이

다. 내가 제시하는 이유는 두 가지다.

[1] 현실이 그렇지 않다. 컴퓨터 아키텍처의 복잡성은 실제적인 것이며, C++ 같은 시스템
     프로그래밍 언어는 프로그래머가 그런 것들을 다룰 수 있는 도구를 제공해야 한다.
     아마도 언젠가는 컴퓨터 설계자들이 좀 더 간단한 대안을 개발하겠지만, 당장 누군가는
     고객들이 요구하는 성능을 달성하기 위해 컴퓨터 설계자들에 의해 제공된 정신없을
     정도로 다양한 저수준 기능을 다뤄야 한다.

[2] 우리(C++ 표준 위원회)는 그런 대안에 대해 진지하게 검토했다. 우리는 자바나 C#에서
     제공하는 방법의 개선된 버전에 해당하는 메모리 모델을 제공하고 싶었다. 그렇게 했
     다면 위원회나 일부 프로그래머들의 수고를 상당히 덜었을 것이다. 하지만 이런 구상
     은 운영체제와 가상머신의 제공자들에게 실질적으로 거부 당했다. 그들은 그 당시 다
     양한 C++ 구현 환경에서 제공되던 것들이 대체적으로 필요하다고 주장했다. 지금 C++
     표준에 의해 제공되는 것이 그것들이다. 다른 대안은 운영체제나 가상머신을 '2배 또
     는 그 이상'으로 느리게 만드는 것이었다. 프로그래밍 언어 애호가들은 다른 언어를
     희생하는 대가로 C++를 단순화할 수 있는 기회를 환영했을지도 모르겠지만, 그렇게
     하는 것은 실용적이지도 않고 직업 정신에도 맞지 않는다.

다행스럽게도 대부분의 프로그래머들은 하드웨어의 최저 수준에서 직접적으로 작업하지
않아도 된다. 대부분의 프로그래머들은 메모리 모델을 전혀 이해하지 않아도 되고 재정렬
문제를 흥미로운 호기심 거리 정도로 여겨도 된다.

데이터 경합이 없는 코드를 작성하고 메모리 정렬(41.3절)에 대해서는 신경을 끄기 바란다.
그러면 막연히 생각한 대로 코드가 실행되도록 메모리 모델이 보장해 줄 것이다. 이 방법이
순차적인 일관성보다 훨씬 낫다.

나는 컴퓨터 아키텍처가 매력적인 주제([Hennesey,2011][McKenney,2012] 참고)라고 생각하지
만 합리적이고 효율적인 프로그래머로서, 가능하다면 소프트웨어의 최저 수준에서 멀어져야
한다. 그런 문제는 전문가들에게 맡기고 그런 전문가들이 우리를 위해 제공해주는 더 높은
수준을 즐겨 보자.

41.3 원자성

무잠금 프로그래밍Lock-free programming은 병행적인 프로그램을 명시적 잠금 없이 작성하는 데
필요한 기법들의 집합이다. 이에 대한 대안으로 소규모 객체(대개 한두 개의 워드)에 대해서는
데이터 경합(41.2.4절)을 피하기 위해 (하드웨어에 의해 직접적으로 지원되는) 원시 연산에 의존할 수
있다. 데이터 경합의 우려가 없는 원시 연산은 흔히 **원자적 연산**atomic operation이라고 불리며,
경우에 따라 잠금, 스레드, 무잠금 데이터 구조 같이 좀 더 상위 수준의 병행성 메커니즘 구현
에도 활용될 수 있다.

간단한 원자적 카운터라는 눈에 띄는 경우를 제외하면 무잠금 프로그래밍은 전문가들을

위한 것이다. 언어 메커니즘에 대한 이해 외에도 구체적인 컴퓨터 아키텍처에 대한 상세한 이해와 어느 정도 전문화된 구현 기법에 대한 지식이 필요하다. 여기서 제공된 정보만으로 무잠금 프로그래밍에 도전하지 말기 바란다. 잠금 기반 기법 대비 무잠금 기법의 가장 기본적인 논리적인 우위는 교착 상태^{deadlock}나 기아 상태^{starvation} 같은 고전적인 잠금 문제가 일어날 수 없다는 데 있다. 각각의 원자적 연산에 대해서는 다른 스레드들과 원자적 객체에 대한 접근에서 경합이 일어나더라도 결국은(대개는 바로) 모든 스레드가 진행되는 것이 보장된다. 게다가 무잠금 기법은 잠금 기반의 대안보다 훨씬 빠를 수 있다.

표준 원자적 타입과 연산은 무잠금 코드를 표현하는 전통적인 방식에 대한 이식 가능한 대안을 제공한다. 이들은 대개 어셈블리 코드나 시스템 고유의 원시형에 의존한다. 이런 의미에서 원자성에 대한 표준 지원은 시스템 프로그래밍에 대해 이식 가능하고 비교적 알기 쉬운 지원을 늘려왔던 C와 C++의 오랜 전통에서 또 다른 발전을 이룬 것이다.

동기화 연산이란 어떤 스레드가 다른 스레드의 결과를 언제 볼지 결정하는 것이다. 이것은 다른 어떤 것에 앞서 무엇이 먼저 일어나야 되는지를 결정하는 것이다. 언어의 의미 구조가 유지되기만 한다면 동기화 연산 사이에 컴파일러와 프로세서는 자유로이 코드를 재배치할 수 있다. 원칙상으로는 아무에게도 드러나지 않으며, 성능에만 영향이 있을 뿐이다. 하나 또는 그 이상의 메모리 위치에 대한 동기화 연산은 소비 연산, 획득 연산, 해제 연산 또는 획득과 해제 양쪽에 해당하는 연산이다(iso.1.10절).

- 획득 연산^{acquire operation}의 경우에는 다른 프로세서들이 그 결과를 이후의 어떤 연산 결과보다 먼저 보게 될 것이다.
- 해제 연산^{release operation}의 경우에는 다른 프로세서들이 이전의 모든 연산 결과를 해당 연산 자체의 결과보다 먼저 보게 될 것이다.
- 소비 연산^{consume operation}은 획득 연산의 약한 형태다. 소비 연산의 경우에는 다른 프로세서들이 그것의 결과를 이후의 연산 결과보다 먼저 보게 되지만, 소비 연산의 값에 의존하지 않는 결과는 소비 연산보다 먼저 일어날 수 있다.

원자적 연산은 메모리의 상태가 지정된 메모리 정렬(41.2.2절)이 요구한 대로 유지되도록 보장한다. 기본 메모리 정렬은 **memory_order_seq_cst**(순차적으로 일관성 있는, 41.2.2절)이다. 표준 메모리 정렬은 다음과 같다(iso.29.3절).

```
enum memory_order {
    memory_order_relaxed,
    memory_order_consume,
    memory_order_acquire,
    memory_order_release,
    memory_order_acq_rel,
    memory_order_seq_cst
};
```

열거형의 의미는 다음과 같다.

- `memory_order_relaxed` 연산은 메모리를 정렬시키지 않는다
- `memory_order_release`, `memory_order_acq_rel` 및 `memory_order_seq_cst` 저장 연산은 영향 받는 메모리 위치에 대해 해제 연산을 수행한다.
- `memory_order_consume` 로드 연산은 영향 받는 메모리 위치에 대해 소비 연산을 수행한다.
- `memory_order_acquire`, `memory_order_acq_rel` 및 `memory_order_seq_cst` 로드 연산은 영향 받는 메모리 위치에 대해 획득 연산을 수행한다.

예제로서 완화 메모리 정렬을 표현하기 위한 atomic 로드와 저장(41.3.1절)을 살펴보자 (iso.29.3절).

```
// 스레드 1:
    r1 = y.load(memory_order_relaxed);
    x.store(r1,memory_order_relaxed);

// 스레드 2:
    r2 = x.load(memory_order_relaxed);
    y.store(42,memory_order_relaxed);
```

이 코드는 r2==42란 결과를 만들어 내기 위해 허용됐는데, 스레드 2에서 시간이 뒤로 간 것으로 보인다. 즉, `memory_order_relaxed`는 다음 실행 순서를 허용한다.

```
y.store(42,memory_order_relaxed);
r1 = y.load(memory_order_relaxed);
x.store(r1,memory_order_relaxed);
r2 = x.load(memory_order_relaxed);
```

설명이 필요하다면 전문 자료, 예를 들면 [Boehm,2008]과 [Williams,2012]를 살펴보기 바란다.

주어진 메모리 정렬이 타당한지의 여부는 전적으로 아키텍처에 달려 있다. 분명히 완화 메모리 모델은 애플리케이션 프로그래밍에 직접적으로 사용될 수 있는 것은 아니다. 완화 메모리 모델을 활용하는 프로그래밍은 일반적인 무잠금 프로그래밍보다도 더 전문적인 작업이다. 나는 이 모델을 운영체제 커널, 장치 드라이버, 가상머신 구현자의 일부에서 사용되는 것 정도로 본다. 이 모델은 기계 생성 코드(goto처럼)에서도 쓸모가 있을 수 있다. 실제로 두 스레드가 직접적으로 데이터를 공유하지 않는다면 일부 컴퓨터 아키텍처는 메시지 전달 원시형(예를 들면 future와 promise, 42.4.4절) 구현이 복잡해지는 대가로 완화 모델을 사용함으로써 상당한 성능 개선을 보여준다.

완화 메모리 모델을 가진 아키텍처에 대해 상당한 최적화를 허용하기 위해 표준은 함수 호출 간에 메모리 정렬 의존성을 전송할 수 있도록 `[[carries_dependency]]` 속성을 제공한다(iso.7.6.4절). 예를 들면 다음과 같다.

```
[[carries_dependency]] struct foo* f(int i)
{
    // 호출자가 결과에 memory_order_consume을 사용하게 한다.
    return foo_head[i].load(memory_order_consume);
}
```

또한 함수 인자에 [[carries__dependency]]를 넣을 수도 있고, 이러한 의존성의 전파를 중지시키기 위해 kill_dependency() 함수가 존재한다.

C++ 메모리 설계자 중 한 명인 로렌스 크로울Lawrence Crowl은 다음과 같이 요약한다.

"의존성 정렬은 아마도 가장 복잡한 병행성 기능이다. 이것은 다음 경우에 정말로 가치가 있다.

- 본인의 컴퓨터에서 의존성 정렬이 중요하다.
- 아주 높은 대역폭의 주로 읽기 위주인 원자적 데이터 구조를 갖고 있다.
- 테스트와 외부의 평가에 2주의 시간을 쓸 의향이 있다.

이 분야는 진정으로 전문가의 영역이다."

이런 경고를 감안하기 바란다.

41.3.1 atomic 타입

원자적 타입atomic type은 atomic 템플릿의 특수화다. 원자적 타입의 객체에 대한 연산은 원자적atomic이다. 즉, 다른 스레드의 간섭 없이 단일 스레드에 의해 수행된다.

원자적 타입에 대한 연산은 매우 간단하다. 간단한 객체(대개는 하나의 메모리 위치, 41.2.1절)에 대해 로드와 저장, 바꿔치기, 증가 등을 수행하는 것이다. 원자적 타입에 대한 연산은 간단해야 하며, 그렇지 않으면 하드웨어가 그것들을 직접적으로 다룰 수 없다.

다음 표는 대략적으로 개요만 보여주기 위한 것이다. 명시적으로 기술되지 않는 한 메모리 정렬은 memory_order_seq_cst(순차적으로 일관성 있는)다.

atomic<T>(iso.29.5절)	
x.val은 원자적 x의 값을 나타낸다. 모든 연산은 noexcept	
atomic x;	x는 초기화되지 않음
atomic x {};	기본 생성자. x.val=T{}. noexcept
atomic x {t};	생성자. x.val=t. constexpr
x=t	T의 대입. x.val=t
t=x	T로의 암시적 변환. t=x.val
x.is_lock_free()	x에 대한 연산은 무잠금인가?
x.store(t)	x.val=t
x.store(t,order)	x.val=t. 메모리 정렬은 order
t=x.load()	t=x.val
t=x.load(order)	t=x.val. 메모리 정렬은 order
t2=x.exchange(t)	x와 t의 값을 교환한다. t2는 x의 이전 값이다.
t2=x.exchange(t,order)	x와 t의 값을 교환한다. 메모리 정렬은 order. t2는 x의 이전 값이다.

(이어짐)

atomic\<T\>(iso.29.5절)	
x.val은 원자적 x의 값을 나타낸다. 모든 연산은 noexcept	
b=x.compare_exchange_weak(rt,t)	b=(x.val==rt) 라면 x.val=t. 그렇지 않다면 rt=x.val. rt는 T&
b=x.compare_exchange_weak(rt,t,o1,o2)	b=x.compare_exchange_weak(rt,t). b==true일 때만 o1을 메모리 정렬로 사용한다. b==false일 때만 o2를 메모리 정렬로 사용한다.
b=x.compare_exchange_weak(rt,t,order)	b=x.compare_exchange_weak(rt,t). order를 메모리 정렬로 사용한다(iso.29.6.1[21]절도 참고)
b=x.compare_exchange_strong(rt,t,o1,o2)	b=x.compare_exchange_weak(rt,t,o1,o2) 와 같다.
b=x.compare_exchange_strong(rt,t,order)	b=x.compare_exchange_weak(rt,t,order) 와 같다.
b=x.compare_exchange_strong(rt,t)	b=x.compare_exchange_weak(rt,t) 와 같다.

atomic에 대해서는 복사나 이동 연산이 없다. 대입 연산자와 생성자는 포함된 타입 T의 값을 받아들이고 포함된 값에 접근한다.

기본 atomic은 C 표준 라이브러리와 호환되기 위해 초기화되지 않는다(명시적 {}가 없다).

is_lock_free() 연산은 이런 연산이 무잠금인지 잠금을 이용해서 구현됐는지 검사하기 위해 존재한다. 모든 주요 구현 환경에서 is_lock_free()는 통합 정수 타입과 포인터 타입에 대해서 true를 반환한다.

atomic 기능은 간단한 기본 제공 타입에 매핑되는 타입을 위해 설계됐다. T 객체가 크다면 atomic\<T\>가 잠금을 이용해서 구현된다고 예상하기 바란다. 템플릿 인자 타입 T는 간단히 복사될 수 있어야 한다(사용자 정의 복사 연산을 가져서는 안 된다).

atomic 변수의 초기화는 원자적 연산이 아니므로, 초기화에서는 다른 스레드의 접근으로 인해 데이터 경합이 일어날 수 있다(iso.29.6.5절). 하지만 초기화에 대한 데이터 경합은 일어나기가 굉장히 어렵다. 늘 그렇듯이 비지역적 객체는 간단히 초기화하고 가급적 상수 표현식으로 초기화한다(프로그램 시작 전에 데이터 경합이 일어날 수 없게 된다).

공유 데이터 구조에 쓰이는 사용 카운트 같은 공유 카운터로서 간단한 atomic 변수는 완벽에 가깝다. 예를 들면 다음과 같다.

```
template<typename T>
class shared_ptr {
public:
    // ...
    ~shared_ptr()
    {
        if (--*puc) delete p;
    }
private:
    T*p;                    // 공유 카운터를 가리키는 포인터
    atomic<int>* puc;       // 사용 카운터를 가리키는 포인터
};
```

여기서 *puc는 atomic(shared_ptr 생성자에 의해 어디에선가 할당된)이므로 감소 연산(--)은 원자적이며, 새로운 값은 shared_ptr을 소멸시키는 thread에서 올바르게 보고된다.

비교 및 교환 연산의 첫 번째 인자(표의 rt)는 참조자이므로, 연산이 대상(표의 x)을 갱신하는 데 실패하더라도 참조되는 객체가 갱신될 수 있다.

compare_exchange_strong()과 compare_exchange_weak() 사이의 차이는 약한 버전의 경우 '타당하지 않은 이유'로 실패할 수 있다는 점이다. 즉, 하드웨어나 x.compare_exchange_weak(rt,t)의 구현에 뭔가 이상한 점이 있다면 x.val==rt일지라도 compare_exchange_weak()는 실패를 일으킬 수 있다. 그런 실패를 허용한다면 compare_exchange_strong()의 구현이 까다롭거나 비교적 비용이 많이 드는 아키텍처에 대해 compare_exchange_weak()를 구현할 수 있다.

전통적인 비교 및 바꿔치기 루프는 다음과 같이 작성될 수 있다.

```
atomic<int> val = 0;
// ...
int expected = val.load();              // 현재의 값을 읽는다.
do {
    int next = fct(expected);           // 새로운 값을 계산한다.
} while (!val.compare_exchange_weak(expected,next));  // next를 val이나 expected에 쓴다.
```

원자적 val.compare_exchange_weak(expected,next)는 val의 현재 값을 읽고 그것을 expected와 비교한다. 둘이 같다면 next를 val에 쓴다. 우리가 갱신을 준비하면서 val을 읽은 이후로 어떤 다른 스레드가 val에 쓴다면 다시 시도해야 한다. 다시 시도할 때는 compare_exchange_weak()에서 얻어진 새로운 값을 사용한다. 결국에는 예상되는 값이 쓰여질 것이다. expected의 값은 '이 스레드에서 보여주는 val의 현재 값'이다. 따라서 매번 compare_exchange_weak()가 실행될 때마다 expected가 현재 값으로 갱신되므로, 무한 루프에 빠질 일은 없을 것이다.

compare_exchange_strong() 같은 연산은 보통 비교 및 바꿔치기[compare-and-swap] 연산(CAS 연산)으로 알려져 있다. 모든 CAS 연산에는 ABA라고 알려진 잠재적으로 심각한 문제가 있다. 상당히 간단한 무잠금 단일 링크드 리스트의 헤드에 data 값이 헤드의 data보다 작으면 노드를 하나 추가하는 경우를 생각해보자.

```
extern atomic<Link*> head;                      // 링크드 리스트의 공유 헤드

Link* nh = new Link(data,nullptr);              // 삽입될 링크를 만든다.
Link* h = head.load();                          // 리스트의 공유 헤드를 읽는다.
do {
    if (h->data<=data) break;                   // 그렇다면 다른 곳에 삽입한다.
    nh->next = h;                               // 다음 원소는 이전 헤드이다.
} while (!head.compare_exchange_weak(h,nh));    // nh를 헤드 또는 h에 쓴다.
```

이 코드는 정렬된 링크드 리스트의 올바른 위치에 data를 삽입하는 코드의 단순화된 버전이다. head를 읽고 그것을 새로운 Link에 대한 next로 사용한 다음, 새로운 Link를 가리키는 포인터를 head에 쓴다. nh가 준비돼 있는 동안 다른 스레드가 head를 변경하지 못할 때까지 이것을 반복한다.

이 코드를 좀 더 자세히 살펴보자. 내가 읽은 **head**의 값을 **A**라고 하자. 내가 **compare_exchange_weak()**를 실행하기 전에 다른 스레드가 **head**의 값을 바꾸지 않았다면 이 연산은 **head**에서 **A**를 발견하고 그것을 nh로 교체한다. 내가 **A**를 읽은 후에 어떤 다른 스레드가 **head**의 값을 **B**로 변경했다면 **compare_exchange_weak()**는 실패할 것이고, **head**를 다시 읽기 위해 루프를 돌아야 할 것이다.

여기까지는 별 문제가 없어 보인다. 과연 무엇이 잘못될 수 있을까? 내가 **A** 값을 읽은 후에 어떤 다른 스레드가 **head**의 값을 **B**로 변경하고 **Link**를 재사용한다. 그다음 어떤 스레드가 노드 **A**를 재사용하고 그것을 리스트의 **head**에 다시 삽입한다. 이제 **compare_exchange_weak()**는 **A**를 발견하고 갱신을 수행한다. 하지만 리스트가 변경됐다. **head**의 값은 **A**에서 **B**로 바뀌었다가 다시 **A**로 돌아왔다. 이런 변경은 여러 가지 측면에서 중요할 수 있지만, 이번의 단순화된 예제에서는 **A->data**가 변경돼 중요한 **data** 비교가 잘못될 수 있다. ABA 문제는 매우 미묘하며 탐지하기가 어렵다. ABA 문제를 다루기 위한 다양한 방법들이 있는데 [Dechev,2010], 여기서는 주로 무잠금 프로그래밍의 미묘함에 대한 경고 차원에서 언급하는 것이다.

통합 정수 **atomic** 타입은 원자적 산술 연산과 비트 연산을 제공한다.

통합 정수 T에 대한 atomic<T>(iso.29.6.3절)
x.val은 원자적 x의 값을 나타낸다. 모든 연산은 noexcept

z=x.fetch_add(y)	x.val+=y. z는 이전의 x.val이다.
z=x.fetch_add(y,order)	z=x.fetch_add(y). order를 사용한다.
z=x.fetch_sub(y)	x.val-=y. z는 이전의 x.val이다.
z=x.fetch_sub(y,order)	z=x.fetch_sub(y). order를 사용한다.
z=x.fetch_and(y)	x.val&=y. z는 이전의 x.val이다.
z=x.fetch_and(y,order)	z=x.fetch_and(y). order를 사용한다.
z=x.fetch_or(y)	x.val|=y. z는 이전의 x.val이다.
z=x.fetch_or(y,order)	z=x.fetch_or(y). order를 사용한다.
z=x.fetch_xor(y)	x.val^=y. z는 이전의 x.val이다.
z=x.fetch_xor(y,order)	z=x.fetch_xor(y). order를 사용한다.

++x	++x.val. x.val을 반환한다.
x++	x.val++. 이전의 x.val을 반환한다.
--x	--x.val. x.val을 반환한다.
x--	x.val--. 이전의 x.val을 반환한다.
x+=y	x.val+=y. x.val을 반환한다.
x-=y	x.val-=y. x.val을 반환한다.
x&=y	x.val&=y. x.val을 반환한다.
x|=y	x.val|=y. x.val을 반환한다.
x^=y	x.val^=y. x.val을 반환한다.

인기 있는 이중 체크 잠금double-checked locking 관용 표현을 살펴보자. 기본 구상은 어떤 **x**의 초기화가 잠금 상태에서 수행돼야 한다면 초기화가 완료됐는지 확인하기 위해 **x**에 매번 접근할 때마다 우리가 잠금 획득 비용 유발을 원하지는 않을 것이라는 점이다. 그 대신 변수 **x_init**가 **false**인 경우에만 잠금과 초기화를 수행하는 것이다.

```
X x;                                // X를 초기화하기 위해서는 잠금이 필요하다.
mutexlx;                            // 초기화 도중에 x를 잠그기 위해 사용될 뮤텍스
atomic<bool> x_init {false};        // 잠금을 최소화하기 위해 쓰이는 원자형

void some_code()
{
    if (!x_init) {                  // x가 초기화되지 않은 상태라면 진행한다.
        lx.lock();
        if (!x_init) {              // x가 아직도 초기화되지 않은 상태라면 진행한다.
            // ... x를 초기화한다...
            x_init = true;
        }
        lx.unlock();
    }
    // ... x를 사용한다...
}
```

init_x가 **atomic**이 아니었다면 재정렬 명령이 **x**의 초기화를 명백히 관련 없는 **init_x**(41.2.2절)의 검사 앞으로 이동시켰을 수 있다. **init_x**를 원자적으로 만들어서 그것이 방지된다.

!x_init는 **atomic<T>**에서 **T**로의 암시적인 변환에 의존한다.

이 코드는 RAII(42.3.1.4절)를 사용하면 좀 더 단순화될 수 있다.

이중 체크 잠금 관용 표현은 **once_flag**와 **call_once()**(42.3.3절)에 의해 표준 라이브러리에서 표현되므로, 그런 코드를 직접적으로 작성하지 않아도 된다.

또한 표준 라이브러리는 **atomic** 포인터를 지원한다.

포인터에 대한 atomic<T*>(iso.29.6.4절)
x.val은 원자적 x의 값을 나타낸다. 모든 연산은 noexcept

z=x.fetch_add(y)	x.val+=y. z는 이전의 x.val이다.
z=x.fetch_add(y,order)	z=x.fetch_add(y). order를 사용한다.
z=x.fetch_sub(y)	x.val-=y. z는 이전의 x.val이다.
z=x.fetch_sub(y,order)	z=x.fetch_sub(y). order를 사용한다.
++x	++x.val. x.val을 반환한다.
x++	x.val++. 이전의 x.val을 반환한다.
--x	--x.val. x.val을 반환한다.
x--	x.val--. 이전의 x.val을 반환한다.
x+=y	x.val+=y. x.val을 반환한다.
x-=y	x.val-=y. x.val을 반환한다.

C 표준 라이브러리와의 호환을 위해 **atomic** 멤버 함수 타입에는 동등한 기능을 가진 자립적인 버전이 있다.

---

atomic_* 연산(iso.29.6.5절)
모든 연산은 noexcept

atomic_is_lock_free(p)	*p 타입의 객체는 원자적인가?
atomic_init(p,v)	*p를 v로 초기화한다.
atomic_store(p,v)	v를 *p에 저장한다.
x=atomic_load(p)	*p를 x에 로드한다.
b=atomic_compare_exchange_weak(p,q,v)	*p와 *p를 비교하고 교환한다. b=(*q==v)

... 대략 70개의 함수가 더 있다...

41.3.2 플래그와 펜스

원자적 타입에 대한 지원 외에도 표준 라이브러리는 저수준 동기화 기능을 두 가지 더 제공한다. 원자적 플래그와 펜스가 그것이다. 이들의 주된 용도는 스핀락^{spinlock}이나 원자적 타입 같은 최저 수준의 원자적 기능을 구현하는 것이다. 모든 구현 환경에서 지원이 보장되는 무잠금 메커니즘은 이 둘뿐이다(모든 주요 플랫폼이 원자적 타입을 지원함에도 불구하고).

실질적으로 플래그나 펜스를 이용해야 할 프로그래머는 없다. 그래야 하는 프로그래머는 대개 컴퓨터 설계자와 긴밀히 협업하는 이들뿐이다.

41.3.2.1 atomic 플래그

atomic_flag는 가장 간단한 원자적 타입이며, 모든 구현 환경에서 원자성이 보장되는 연산을 가진 유일한 타입이다. **atomic_flag**는 단일 비트의 정보를 나타낸다. 필요할 경우 **atomic_flag**를 이용해서 다른 원자적 타입을 구현할 수 있다.

atomic_flag에 들어갈 수 있는 두 가지 값은 **set**와 **clear**라고 불린다.

---

atomic_flag(iso.29.7절)
모든 연산은 noexcept

atomic_flag fl;	fl의 값은 정의되지 않는다.
atomic_flag fl {};	기본 생성. fl의 값은 0이다.
atomic_flag fl {AT OMIC_FLAG_INIT};	fl을 clear로 초기화한다.
b=fl.test_and_set()	fl과 b를 fl의 예전 값으로 설정한다.
b=fl.test_and_set(order)	fl과 b를 fl의 예전 값으로 설정한다. 메모리 정렬 order를 사용한다.
fl.clear()	fl을 비운다.
fl.clear(order)	fl을 비운다. 메모리 정렬 order를 사용한다.

(이어짐)

atomic_flag(iso.29.7절) 모든 연산은 noexcept	
b=atomic_flag_test_and_set(flp)	*flp을 설정한다. b는 *flp의 예전 값이다.
b=atomic_flag_test_and_set_explicit(flp,order)	*flp을 설정한다. b는 *flp의 예전 값이다. 메모리 정렬 order를 사용한다.
atomic_flag_clear(flp)	*flp을 지운다.
atomic_flag_clear_explicit(flp,order)	*flp을 지운다. 메모리 정렬 order를 사용한다.

bool 반환 값은 set에 대해서는 true이고, clear에 대해서는 false다.

atomic_flag를 초기화하는 데는 {}를 쓰는 것이 타당해 보인다. 하지만 0이 clear를 나타낸다는 보장이 없다. clear가 1인 컴퓨터가 존재한다는 소문이 있다. ATOMIC_FLAG_INIT를 이용해서 지우는 방식이 atomic_flag를 이식 가능하고 신뢰할 수 있게 초기화하는 유일한 방법이다. ATOMIC_FLAG_INIT는 구현에서 제공되는 매크로의 일종이다.

atomic_flag를 상당히 간단한 스핀락으로 생각할 수도 있다.

```
class spin_mutex {
    atomic_flag flag = ATOMIC_FLAG_INIT;
public:
    void lock() { while(flag.test_and_set()); }
    void unlock() { flag.clear(); }
};
```

스핀락은 자칫하면 매우 많은 비용이 들 수 있다는 점에 유의한다.

다른 경우와 마찬가지로 메모리 정렬과 그들의 올바른 사용에 대해서는 전문 자료를 참고하기 바란다.

41.3.2.2 펜스

메모리 장벽memory barrier으로도 알려져 있는 펜스fence는 지정된 어떤 메모리 정렬에 따라 연산 재정렬을 제한하는 연산이다(41.2.3절). 펜스 연산은 그 외의 일은 하지 않는다. 펜스에 대해서는 메모리 계층 구조가 납득 가능한 잘 정의된 상태에 다다를 수 있도록 그저 프로그램을 안전한 속도로 늦추는 것이라고 생각하기 바란다.

펜스(iso.29.8절) 모든 연산은 noexcept	
atomic_thread_fence(order)	메모리 정렬 order를 강제한다.
atomic_signal_fence(order)	어떤 스레드와 해당 스레드에서 실행되는 신호 핸들러에 대해 메모리 정렬 order를 강제한다.

펜스는 atomic(펜스의 결과를 관찰하는 데 필요)과 조합으로 사용된다.

41.4 volatile

volatile 지정자는 어떤 객체가 제어 스레드 외부에 있는 뭔가에 의해 변경될 수 있다는 점을 나타내는 데 쓰인다. 예를 들면 다음과 같다.

```
volatile const long clock_register;        // 하드웨어 시계에 의해 갱신된다.
```

volatile 지정자는 기본적으로 컴파일러에게 군더더기인 것이 확실해 보이는 읽기와 쓰기를 최적화해서 날려버리지 말라고 알려주는 것이다. 예를 들면 다음과 같다.

```
auto t1 {clock_register};
// ... 여기서 clock_register는 쓰이지 않는다...
auto t2 {clock_register};
```

clock_register가 volatile이 아니었다면 컴파일러는 읽기 중 하나를 제거해 버리고 t1==t2라고 가정했을 것이다.

하드웨어를 직접적으로 다루는 저수준의 코드가 아니라면 volatile을 쓰지 말기 바란다.

volatile이 메모리 모델에서 특별한 의미가 있다고 가정하지 말기 바란다. 그렇지 않다. 일부 다른 언어에서처럼 volatile은 동기화 메커니즘이 아니다. 동기화를 위해서라면 atomic(41.3절), mutex(42.3.1절), 또는 condition_variable(42.3.4절)을 이용하기 바란다.

41.5 조언

[1]   병행성을 이용해서 응답성을 개선하거나 처리량을 늘린다(41.1절).

[2]   할 수 있는 한 추상화의 최상위 수준에서 작업한다(41.1절).

[3]   thread와 mutex를 직접적으로 사용하기보다는 가급적 packaged_task와 future를 사용한다(41.1절).

[4]   간단한 카운터를 제외하고는 atomic을 직접적으로 사용하기보다는 가급적 mutex와 condition_variable을 사용한다(41.1절).

[5]   가급적 명시적으로 공유되는 데이터는 피한다(41.1절).

[6]   프로세스를 스레드에 대한 대안으로 간주한다(41.1절).

[7]   표준 라이브러리 병행성 기능은 타입 안전적이다(41.1절).

[8]   메모리 모델은 대부분의 프로그래머들이 컴퓨터의 하드웨어 아키텍처 수준에 대해 고민해야 하는 수고를 덜어주기 위해 존재한다(41.2절).

[9]   메모리 모델은 메모리가 우리가 막연하게 생각하는 것과 대략적으로 비슷하게 보이도록 만들어준다(41.2절).

[10]   struct의 개별적인 비트필드에 접근하는 개별적인 스레드들은 서로 간섭할 수 있다(41.2절).

[11]   데이터 경합은 피해야 한다(41.2.4절).

[12] 원자성은 무잠금 프로그래밍을 가능하게 해준다(41.3절).

[13] 무잠금 프로그래밍은 교착 상태를 피하고 모든 스레드가 진행되게 보장하는 데 필수적일 수 있다(41.3절).

[14] 무잠금 프로그래밍은 전문가에게 맡겨 놓는다(41.3절).

[15] 완화 메모리 모델은 전문가에게 맡겨 놓는다(41.3절).

[16] **volatile**은 컴파일러에게 어떤 객체의 값이 프로그램에 포함되지 않은 뭔가에 의해 변경될 수 있다는 점을 알려준다(41.4절).

[17] C++에서 **volatile**은 동기화 메커니즘이 아니다(41.4절).

스레드와 태스크

평정심을 유지하고 하던 일을 계속 하라
– 영국 슬로건

- 개요
- 스레드 아이디, 생성, 소멸, join(), detach(), this_thread 네임스페이스, thread 죽이기, thread_local 데이터
- 데이터 경합의 방지 뮤텍스, 다중 잠금, call_once(), 조건 변수
- 태스크 기반의 병행성 future와 promise, promise, packaged_task, future, shared_future, async(), 병렬적 find() 예제
- 조언

42.1 개요

여러 개의 태스크를 동시에 실행한다는 개념인 병행성은 (단일 계산에 여러 개의 프로세서를 쓰는 방식으로) 처리량을 늘리거나 (프로그램의 한 부분이 응답을 기다리는 동안 다른 부분은 진행하는 방식으로) 응답성을 개선하기 위해서 널리 쓰인다.

C++ 표준의 병행성에 대한 지원은 5.3절에 기초 설명 수준으로 소개돼 있다. 41장과 42장 장에서는 좀 더 세부적이고 체계적인 관점을 제공한다.

다른 활동과 병행적으로 실행될 수 있는 활동을 태스크task라고 부른다. 스레드thread는 태스크의 실행을 위한 컴퓨터의 기능을 시스템 수준으로 표현한 것이다. thread는 태스크를 실행할 수 있다. thread는 다른 thread와 주소 공간을 공유할 수 있다. 즉, 단일 주소 공간 내에 있는 모든 thread는 동일한 메모리 위치에 접근할 수 있다. 병행 시스템의 프로그래머에게 가장 핵심적인 과제는 thread가 메모리에 타당한 방식으로 접근하게 보장하는 것이다.

42.2 스레드

thread는 컴퓨터 하드웨어의 계산에 대한 개념을 추상화한 것이다. C++ 표준 라이브러리 thread는 운영체제의 스레드와 일대일 대응되게 만들어졌다. thread는 프로그램에 포함된 여러 개의 태스크를 병행적으로 진행시켜야 할 때 사용된다. 여러 개의 프로세스 단위('코어') 를 가진 시스템에서 thread는 그런 단위를 사용할 수 있게 해준다. 모든 thread는 동일한 주소 공간 내에서 동작한다. 데이터 경합에 대한 하드웨어적 보호를 원한다면 프로세스의 개념을 활용하기 바란다. 스택은 thread 간에 서로 공유되지 않으므로, 지역 변수는 데이터 경합의 대상이 되지 않는다. 부주의하게 지역 변수를 가리키는 포인터를 다른 thread에게 넘기지만 않는다면 말이다. 특히 람다(11.4.3절)에서 참조자에 의한 컨텍스트 바인딩에 대해 주의한다. 신중하고 조심스러운 스택 메모리의 공유는 유용한 데다 널리 쓰인다. 예를 들어 지역 배열의 일부분을 병렬적 정렬에 전달할 수 있다.

　thread가 진행될 수 없다면(예를 들면 다른 스레드가 소유한 mutex를 만났기 때문에) 해당 스레드는 봉쇄됐다blocked거나 수면 상태asleep라고 일컬어진다.

thread(iso.30.3.1절)	
id	thread 식별자의 타입
native_handle_type	시스템의 스레드 핸들의 타입. 구현별 정의 사항(iso.30.2.3절)
thread t {};	기본 생성자. (아직) 태스크를 갖지 않은 스레드를 생성한다. noexcept
thread t {t2};	이동 생성자. noexcept
thread t {f,args};	생성자. 새로운 thread에 f(args)를 실행한다. explicit
t.~thread();	생성자. t.joinable()이 참이면 terminate(). 그렇지 않다면 아무런 영향을 미치지 않는다.
t=move(t2)	이동 대입. t.joinable()이 참이면 terminate(). noexcept
t.swap(t2)	t와 t2의 값을 교환한다. noexcept
t.joinable()	t와 관련된 실행 스레드가 있는가? t.get_id()!=id{}인가? noexcept
t.join()	현재 thread로 t에 참여한다. 즉, t가 완료될 때까지 현재 thread를 봉쇄한다. 교착 상태(예를 들면 t.get_id()==this_thread::get_id())가 탐지되면 system_error를 던진다. t.id==id{}이면 system_error를 던진다.
t.detach()	어떤 시스템 스레드도 t로 표시되지 않게 한다. t.id==id{}이면 system_error를 던진다.
x=t.get_id()	x는 t의 id다. noexcept
x=t.native_handle()	x는 t에 대한 네이티브 핸들(native_handle_type 타입의)이다.
n=hardware_concurrency()	n은 하드웨어 프로세스 단위의 개수다. (0은 '모른다는 뜻이다'). noexcept
swap(t,t2)	t.swap(t2)

　thread는 경우에 따라 전용 하드웨어까지 가질 수 있는 시스템 자원인 시스템 스레드system thread를 나타낸다.

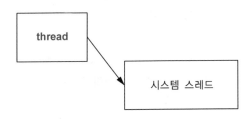

결과적으로 **thread**는 이동될 수는 있지만 복사될 수는 없다.

이동이 되고나면 **thread**는 더 이상 계산 스레드를 나타낼 수 없다. 특히 **join()**이 될 수 없다.

thread::hardware_concurrency() 연산은 하드웨어 지원으로 동시에 진행될 수 있는 태스크의 개수를 알려준다. 이는 정확히 아키텍처 의존적인 태스크의 개수를 의미하는 것이지만, 대개는 운영체제에서 제공되는 스레드의 개수(멀티플렉싱이나 타임 슬라이싱을 통해서)보다는 작으며, 경우에 따라 프로세서나 '코어'의 개수보다는 많다. 예를 들어 나의 조그만 2코어짜리 노트북은 4개의 하드웨어 스레드를 갖고 있다(이 노트북은 보통 하이퍼스레딩^{hyper-threading}이라고 불리는 기술을 쓰고 있다).

42.2.1 아이디

각각의 실행 스레드는 **thread::id** 타입의 값으로 표시되는 고유의 식별자를 가진다. 어떤 **thread**가 실행 스레드를 나타내지 않으면 그 **id**는 기본 설정 **id{}**다. **thread t**의 **id**는 **t.get_id()** 호출로 얻을 수 있다.

현재 **thread**의 **id**는 **this_thread::get_id()**(42.2.6절)를 통해 얻을 수 있다.

thread는 다음과 같은 경우에 **id**가 **id{}**일 수 있다.

- 할당된 태스크를 갖지 않았어야 하고,
- 종료됐어야 하고,
- 이동됐어야 하거나,
- **detach()** 됐어야 한다.

모든 **thread**는 하나의 **id**를 갖지만, 시스템 스레드는 **id**를 갖지 않은 경우에도(즉, detach() 후에) 여전히 실행 중일 수 있다.

thread::id는 복사될 수 있고, **id**는 통상적인 비교 연산자(==, < 등)로 비교될 수 있으며, **<<**를 이용해서 출력될 수 있고, **hash<thread::id>**(31.4.3.4절) 특수화를 통해 해싱될 수 있다. 예를 들면 다음과 같다.

```
void print_id(thread& t)
{
    if (t.get_id()==id{})
        cout << "t not joinable\n";

    else
```

```
        cout << "t's id is " << t.get_id() << '\n';
}
```

cout은 전역 공유 객체이기 때문에 두 개의 **thread**가 동시에 **cout**에 쓰지 못하게 만들지 않는 한 이런 출력문이 인식될 수 있는 시퀀스로 출력 문자를 만들어 낼지는 확신할 수 없다는 점에 유의한다(iso.27.4.1절).

42.2.2 생성

thread 생성자는 실행될 태스크와 태스크에 필요한 인자를 받아들인다. 인자의 개수와 타입은 태스크의 요구와 일치해야 한다. 예를 들면 다음과 같다.

```
void f0();                       // 인자 없음
void f1(int);                    // 하나의 int 인자

thread t1 {f0};
thread t2 {f0,1};                // 오류: 너무나 많은 인자
thread t3 {f1};                  // 오류: 너무나 적은 인자
thread t4 {f1,1};
thread t5 {f1,1,2};              // 오류: 너무나 많은 인자
thread t3 {f1,"I'm being silly"}; // 오류: 잘못된 인자 타입
```

생성된 후에 **thread**는 런타임 시스템이 실행에 필요한 자원을 획득하자마자 태스크 실행을 시작한다. 이것은 '즉시'라고 봐도 좋다. 별도의 '**thread** 시작' 연산은 존재하지 않는다.

태스크의 집합을 만들어 그것들을 서로 연결하고 싶다면(예를 들면 메시지 큐를 통해 통신하기 위해) 우선 태스크를 함수 객체로 만든 다음에 그것들이 모두 시작 준비가 될 때 **thread**를 시작해야 한다. 예를 들면 다음과 같다.

```
template<typename T>
class Sync_queue<T> {         // 데이터 경합 없이 put()과 get()을 제공하는 큐(42.3.4절)
    // ...
};
struct Consumer {
    Sync_queue<Message>& head;
    Consumer(Sync_queue<Message>& q) :head(q) {}
    void operator()();        // 헤드에서 메시지를 읽는다.
};
struct Producer {
    Sync_queue<Message>& tail;
    Consumer(Sync_queue<Message>& q) :tail(q) {}
    void operator()();        // 테일(꼬리)에 메시지를 쓴다.
};
Sync_queue<Message> mq;
Consumer c {mq};              // 태스크를 만들고 "그것들을 함께 연결한다."
Producer p {mq};

thread pro {p};               // 최종적으로, 스레드를 시작한다.
thread con {c};
// ...
```

연결 설정을 가진 **thread** 생성을 **thread**에 의해 실행될 태스크 사이로 흩어놓는 방식은 복잡해질 수 있고 오류에 취약하다.

thread 생성자는 가변 인자 템플릿(28.6절)이다. 이는 **thread** 생성자에게 참조자를 전달하려면 참조자 래퍼(33.5.1절)를 써야 한다는 뜻이다. 예를 들면 다음과 같다.

```cpp
void my_task(vector<double>& arg);

void test(vector<double>& v)
{
    thread my_thread1 {my_task,v};          // 문제 발생: v의 사본을 전달한다.
    thread my_thread2 {my_task,ref(v)};     // OK: 참조에 의해 v를 전달한다.
    thread my_thread3 {[&v]{ my_task(v); }}; // OK: ref() 문제를 피한다.
    // ...
}
```

문제는 가변 인자 템플릿이 **bind()**나 그와 유사한 메커니즘을 사용하기 때문에 기본 설정에 의해 참조자가 역참조되고 결과가 복사된다는 것이다. 따라서 **v**가 {1,2,3}이고 **my_task**가 원소를 증가시키면 **thread1**은 **v**에 아무런 영향을 미치지 못할 것이다. **thread** 3개 모두는 **v**에 대해 데이터 경합을 일으킨다는 점에 유의한다. 이것은 호출 규약의 예일 뿐 좋은 병행 프로그래밍 스타일은 아니다.

기본 생성되는 **thread**는 주로 이동의 목표 대상으로 유용하다. 예를 들면 다음과 같다.

```cpp
vector<thread> worker(1000);     // 1000개의 기본 스레드

for (int i=0; i!=worker.size(); ++i) {
    // ... worker[i]에 대한 인자를 계산하고 작업자 스레드 tmp를 생성한다...
    worker[i] = move(tmp);
}
```

하나의 **thread**에서 다른 **thread**로 태스크를 이동시켜도 실행에는 아무런 영향이 없다. **thread** 이동은 **thread**가 참조하는 것을 바꿀 뿐이다.

42.2.3 소멸

당연히 **thread** 소멸자는 **thread** 객체를 소멸시킨다. 시스템 스레드가 잘못해서 자신의 **thread**보다 오래 살아남는 것을 방지하기 위해 **thread** 소멸자는 해당 **thread**가 **joinable()**인 경우(즉, **get_id()!=id{}**라면) **terminate()**를 호출해서 프로그램을 종료시킨다. 예를 들면 다음과 같다.

```cpp
void heartbeat()
{
    while(true) {
        output(steady_clock::now());
        this_thread::sleep_for(second{1});   // 42.2.6절
    }
}
```

```
void run()
{
    thread t {heartbeat};
}   // heartbeat()가 t의 유효 범위를 넘어서 아직도 실행되고 있기 때문에 종료시킨다.
```

시스템 스레드가 자신의 **thread** 수명을 넘어서서 지속되도록 하고 싶다면 42.2.5절을 참고하기 바란다.

42.2.4 join()

t.join()은 현재의 **thread**에게 t가 완료될 때까지 진행하지 말라고 지시한다. 예를 들면 다음과 같다.

```
void tick(int n)
{
    for (int i=0; i!=n; ++i) {
        this_thread::sleep_for(second{1});   // 42.2.6절
        output("Alive!");
    }
}

int main()
{
    thread timer {tick,10};
    timer.join();
}
```

이 코드는 대략 1초 간격으로 **Alive!**를 10번 출력할 것이다. **timer.join()**이 없었다면 **tick()**이 뭔가를 출력 가능하게 되기 전에 프로그램이 종료됐을 것이다. **join()**은 **timer**가 완료될 때까지 메인 프로그램이 기다리게 만든다.

42.2.3절에서 언급된 바와 같이 **detach()**를 호출하지 않고 **thread**가 유효 범위의 끝을 벗어나서(또는 좀 더 일반적으로 소멸자가 실행된 후에) 실행되게 하는 것은 치명적인 오류로 간주된다. **thread**를 자원으로 간주할 때는 RAII(5.2절, 13.3절)를 고려해야 한다. 간단한 테스트 예제를 살펴보자.

```
void run(int i, int n)       // 경고: 정말 좋지 않은 코드
{
    thread t1 {f};
    thread t2;
    vector<Foo> v;
    // ...
    if (i<n) {
        thread t3 {g};
        // ...
        t2 = move(t3);       // t3를 바깥쪽 유효 범위로 이동시킨다.
    }
    v[i] = Foo{};            // 예외를 던질 수 있다.
    // ...
    t1.join();
```

```
      t2.join();
}
```

여기서는 좋지 못한 실수를 몇 가지 저질렀다. 특히 다음과 같은 문제가 있다.

- 끝부분에 있는 두 개의 `join()`에 도달하지 못할 수 있다. 그런 경우 **t1**에 대한 소멸자는 프로그램을 종료시킬 것이다.
- 이동 **t2=move(t3)**가 실행되지 않은 채로 끝부분에 있는 `join()`에 도달할 수 있다. 이 경우 **t2.join()**은 프로그램을 종료시킬 것이다.

이런 종류의 **thread**를 사용하기 위해서는 암시적으로 `join()`하는 소멸자가 필요하다. 예를 들면 다음과 같다.

```
struct guarded_thread : thread {
    using thread::thread;                              // 20.3.5.1절
    ~guarded_thread() { if (joinable()) join(); }
};
```

안타깝게도 **guarded_thread**는 표준 라이브러리 클래스가 아니지만, 가장 최고의 RAII 전통으로서 **guarded_thread**를 사용하면 코드를 좀 더 간결하고 오류에 덜 취약하게 만들 수 있다. 예를 들면 다음과 같다.

```
void run2(int i, int n)          // 가드(guard)의 간단한 활용
{
    guarded_thread t1 {f};
    guarded_thread t2;
    vector<Foo> v;
    // ...
    if (i<n) {
        thread t3 {g};
        // ...
        t2 = move(t3);          // t3를 바깥쪽 유효 범위로 이동시킨다.
    }
    v[i] = Foo{};               // 던질 수 있다.
    // ...
}
```

그런데 왜 **thread**의 소멸자는 그냥 `join()`하지 않는 것일까? '영원히 죽지 않는' 시스템 스레드를 사용하거나 그들 스스로가 언제 종료될지 결정하게 하는 오랜 전통이 있다. 그런 방식이 통했다면 `tick()`(42.2.2절)을 실행하는 **timer**는 그런 스레드의 사례가 됐을 것이다. 데이터 구조를 모니터링하는 스레드에는 훨씬 더 많은 사례가 있다. 그런 스레드(및 프로세스)는 종종 데몬daemon이라고 불린다. 분리된 스레드의 또 다른 용도는 단순히 어떤 태스크를 완료시키기 위해 스레드를 시작하고 그것에 대해 잊는 것이다. 이렇게 하면 '유지 관리'는 런타임 시스템의 몫으로 넘어간다.

42.2.5 detach()

실수로 **thread**가 소멸자를 벗어나서 실행되게 내버려두는 것은 아주 좋지 않은 오류로 간주된다. 정말로 시스템 스레드가 자신의 **thread**(핸들)보다 오래 살아남게 만들고 싶다면 **detach()**를 사용한다. 예를 들면 다음과 같다.

```
void run2()
{
    thread t {heartbeat};
    t.detach();              // heartbeat가 독립적으로 실행되게 한다.
}
```

분리된 스레드에 대해서는 철학적 문제가 있다. 선택할 수만 있다면 나는 다음 상황을 선택한다.

- 어떤 스레드가 실행되고 있는지 정확히 알고,
- 스레드가 예상대로 진행되고 있는지 판단할 수 있어야 하고,
- 스스로 소멸돼야 하는 스레드가 실제로 그렇게 되는지 체크할 수 있어야 하고,
- 스레드의 결과를 사용하는 것이 안전한지 알 수 있어야 하고,
- 스레드와 연관된 모든 자원들이 적절하게 해제되는지 확신할 수 있어야 하고,
- 자신이 생성된 유효 범위가 소멸된 다음에 해당 유효 범위에서 온 객체에 스레드가 접근하려고 시도하지 않는다는 점을 확신할 수 있다.

표준 라이브러리의 범주를 넘어서지 않는다면(예를 들어 **native_handle()**과 '네이티브' 시스템 기능을 쓰는 등의 방식으로) 분리된 스레드에 대해서는 위와 같이 할 수 없다. 또한 분리된 스레드의 동작이 직접적으로 관찰될 수 없다면 어떻게 시스템을 디버깅할 것인가? 분리된 스레드가 자신이 생성된 유효 범위 내에 있는 뭔가를 가리키는 포인터를 보관하고 있다면 무슨 일이 일어날 것인가? 그렇게 하면 데이터가 변조되고, 시스템이 멈추거나, 보안 침해가 일어날 수 있다. 분명히 분리된 스레드는 유용하며 디버깅될 수 있다. 어쨌든 사람들은 수십 년 동안 그것을 써오고 있으니 말이다. 하지만 사람들은 수세기 동안 자기 파괴적인 행동을 일삼아오면서도 그런 것들이 유용하다고 생각해왔다. 선택할 수만 있다면 나는 **detach()** 스레드를 쓰지 않을 것이다.

thread는 이동 대입과 이동 생성자를 제공한다는 점에 유의한다. 이는 **thread**를 자신이 생성된 유효 범위 밖으로 이주시켜 **detach()**의 대안을 제공할 수 있게 해준다. **thread**를 프로그램의 '메인 모듈'로 이주시켜서 그것들을 **unique_ptr** 또는 **shared_ptr**을 통해 접근하거나 그것들을 보관하기 위해 컨테이너(예를 들면 **vector<thread>**) 안에 넣을 수도 있다. 예를 들면 다음과 같다.

```
vector<thread> my_threads;       // 분리될 수도 있었던 스레드를 여기에 보관한다.

void run()
{
```

```
    thread t {heartbeat};
    my_threads.push_back(move(t));
    // ...
    my_threads.emplace_back(tick,1000);
}

void monitor()
{
    for (thread& t : my_threads)
    cout << "thread " << t.get_id() << '\n';
}
```

좀 더 현실적인 예제를 위해서라면 어떤 정보를 **my_thread**에 있는 각각의 **thread**와 연관시켰을 것이다. 심지어 **monitor**까지 태스크로 실행시켰을 수도 있다.

thread를 반드시 **detach()** 해야 한다면 유효 범위 내에 있는 변환을 참조하지 않는지 반드시 확인한다. 예를 들면 다음과 같다.

```
void home()            // 이렇게 하면 안 된다.
{
    int var;
    thread disaster{[&]{ this_thread::sleep_for(second{7.3});++var; }}
    disaster.detach();
}
```

경고성 주석과 주의를 환기시키는 이름만 빼면 이 코드는 멀쩡해 보이지만 그렇지 않다. **disaster()**에 의해 실행되는 시스템 스레드는 **home()**의 **var**이 할당됐던 주소에 계속해서 '영원히' 쓰기 때문에, 이후에 그곳에 할당되는 모든 데이터를 훼손시킬 것이다. 이런 종류의 오류는 극도로 찾아내기 어렵다. 해당 오류가 발현되는 코드와 느슨하게 연결돼 있는 데다 프로그램을 반복 실행하면 결과가 달라지기 때문이다. 많이 실행하면 아무런 증상을 보이지 않을 수도 있다. 이런 버그는 불확정성 원리의 발견자를 기념해 하이젠버그^{Heisenbugs}라고도 불린다.

이 예제에서 문제의 근원은 "유효 범위 밖으로 지역 객체를 가리키는 포인터를 전달하지 않는다"(12.1.4절)라는 간단하고 잘 알려진 규칙을 위반한 데 있다. 하지만 람다로는 **[&]**를 써서 지역 변수를 가리키는 포인터를 쉽게(그리고 거의 보이지 않게) 생성할 수 있다. 다행스럽게도 **detach()**를 써야만 **thread**가 자신의 유효 범위를 벗어난다. 그럴 만한 충분한 이유가 없다면 그렇게 하지 말기 바란다. 그리고 그렇게 하더라도 태스크가 무엇을 하게 될지 신중하게 검토해 본 후에만 시도하기 바란다.

42.2.6 this_thread 네임스페이스

현재의 **thread**에 대한 연산은 **this_thread** 네임스페이스에서 찾을 수 있다.

네임스페이스 this_thread(iso.30.3.1절)

x=get_id()	x는 현재 thread의 id다. noexcept
yield()	스케줄러에게 또 다른 thread를 실행할 수 있는 기회를 부여한다. noexcept
sleep_until(tp)	time_point tp까지 현재의 thread를 수면 상태로 설정한다.
sleep_for(d)	duration d 동안 현재의 thread를 수면 상태로 설정한다.

현재 thread의 아이디를 얻으려면 this_thread::get_id()를 호출한다. 예를 들면 다음과 같다.

```
void helper(thread& t)
{
    thread::id me {this_thread::get_id()};
    // ...
    if (t.get_id()!=me) t.join();
    // ...
}
```

마찬가지로 this_thread::sleep_until(tp)와 this_thread::sleep_for(d)를 이용해서 현재 thread를 수면 상태로 설정할 수 있다.

this_thread::yield()는 또 다른 thread에 진행할 수 있는 기회를 부여하는 데 쓰인다. 현재의 thread는 봉쇄된 것이 아니므로, 다른 thread가 현재 thread를 위해 특별한 일을 하지 않아도 끝내는 다시 실행될 것이다. 따라서 yield()는 주로 atomic의 상태 변경을 기다리는 경우와 협력적인 멀티스레딩에 유용하다. 대개 yield()보다는 sleep_for(n)을 쓰는 편이 낫다. sleep_for()에 대한 인자는 스케줄러가 어떤 thread를 언제 실행할지에 대해 좀 더 합리적인 선택을 내릴 수 있는 좀 더 나은 기회를 제공한다. yield()는 아주 예외적이고 특수화된 경우를 위한 최적화 기능으로 생각하기 바란다.

모든 주요 구현 환경에서 thread는 선점형^{preemptable}이다. 즉, 모든 thread가 적정한 비율로 진행되도록 구현에서 한 태스크를 다른 태스크로 전환할 수 있다는 뜻이다. 하지만 역사적인 이유와 언어 기술적인 이유로 인해 표준에서 선점은 필수 사항이 아니라 권장 사항일 뿐이다(iso.1.10절).

대개 프로그래머는 시스템 시계를 건드리지 말아야 한다. 하지만 시계가 재설정되면(실제 시간과 어긋난다는 등의 이유로) wait_until()은 영향을 받지만, wait_for()는 영향을 받지 않는다. 똑같은 규칙이 timed_mutex(42.3.1.3절)에 대한 wait_until()과 wait_for()에도 적용된다.

42.2.7 thread 죽이기

한 가지 중요한 thread 연산이 빠져 있다는 생각이 든다. 실행 중인 thread에게 그것의 태스크에 관심이 없으니 실행을 중지하고 모든 자원을 해제하라고 지시하는 표준적이면서도 간단한 방법이 없는 것이다. 예를 들어 병렬적인 find()(42.4.7절)를 시작한다면 답을 찾고 난 후에도 남아 있는 모든 태스크에게 중지하라고 요청하고 싶을 것이다. 이런 연산(여러 언어와 시스템에서 kill, cancel, interrupt라고 불리는)이 빠진 데는 여러 가지 역사적이고 기술적인 이유가 있다.

필요하다면 애플리케이션 프로그래머는 이런 개념을 자신만의 버전으로 작성할 수 있다. 예를 들어 많은 태스크에는 요청 루프가 수반된다. 이런 경우 "부디 스스로 죽어주세요"란 메시지는 수신 **thread**가 모든 자원을 해제한 다음 종료되게 할 것이다. 요청 루프가 없다면 태스크는 결과가 계속 필요한지 확인하기 위해 주기적으로 '필요한' 변수를 검사할 수 있다.

따라서 범용적인 취소 연산을 설계하고 구현하는 작업이 모든 시스템에서 어렵겠지만, 그렇다고 어떤 애플리케이션에서 특정한 취소 메커니즘을 구현하는 작업이 상대적으로 쉬웠던 경우도 보지 못했다.

42.2.8 thread_local 데이터

이름이 나타내는 것처럼 **thread_local** 변수는 **thread**가 소유하는 객체이며 소유자가 (부주의하게) 그것을 가리키는 포인터를 다른 스레드에 주지 않는 한 다른 스레드에서 접근할 수 없다. 그런 점에서 **thread_local**은 지역 변수와 닮았지만 지역 변수는 수명과 접근이 함수 내부의 유효 범위에 의해 제한되는 반면, **thread_local**은 한 **thread**의 모든 함수 사이에서 공유되며 **thread**와 동일한 수명을 갖는다. **thread_local** 객체는 **extern**일 수 있다.

대부분의 용도에 있어서 객체를 (스택상에서) 지역적으로 유지하는 편이 공유되게 하는 것보다 낫다. **thread_local** 저장 공간은 전역 변수의 논리적 문제를 공유한다. 다른 경우와 마찬가지로 네임스페이스는 비지역적인 데이터와 관련된 문제들을 제한하는 데 쓰일 수 있다. 하지만 많은 시스템에서 **thread**를 위한 스택 저장 공간의 양이 다소 제한적이기 때문에 **thread_local** 저장 공간은 공유되지 않는 대량의 데이터를 필요로 하는 태스크에서 중요해진다.

thread_local은 스레드 저장 기간[thread storage duration](iso.3.7.2절)을 가진다고 일컬어진다. 각 **thread**는 **thread_local** 변수에 대한 자신만의 사본을 가진다. **thread_local**은 처음으로 사용되기 전에 초기화된다(iso.3.2절). 생성되고 나서는 **thread**가 종료될 때 소멸될 것이다.

thread_local 저장 공간의 중요한 용도는 배타적 접근을 위해 **thread**가 데이터의 캐시를 명시적으로 보관하게 하는 것이다. 이렇게 하면 프로그램 논리가 복잡해질 수 있지만, 공유 캐시를 갖는 컴퓨터에서는 때로는 상당한 성능 향상을 가져올 수 있다. 또한 더 큰 일괄 처리만으로 데이터를 전송함으로써 잠금의 비용을 단순화하거나 낮출 수 있다.

일반적으로 비지역 메모리는 병행성 프로그램에서는 문제가 되는데, 많은 경우 그것이 공유돼 있는지, 그로 인해 데이터 경합의 원인이 될 수 있는지를 판단하기가 쉽지 않기 때문이다. 특히 **static** 클래스 멤버는 많은 경우 클래스의 사용자가 볼 수 없는 관계로 데이터 경합의 가능성이 간과되기가 십상이라 심각한 문제가 될 수 있다. 타입당 기본 값을 가진 **Map** 설계를 예로 살펴보자.

```
template<typename K, typename V>
class Map {
public:
    Map();
    // ...
    static void set_default(const K&,V&); // Map<K,V> 타입의 모든 Map에 대한 기본 값을 설정한다.
private:
    static pair<const K,V> default_value;
};
```

두 개의 서로 다른 **Map** 객체에 대해서 사용자가 어떤 이유로 데이터 경합을 의심하게 될까? 당연히 멤버들 중에서 **set_default()**를 발견한 사용자는 의심을 품을 수 있겠지만, **set_default()**는 사소한 기능으로 쉽게 간과되곤 한다(16.2.12절).

예전에는 클래스당 하나의 (static) 값들이 인기를 끌었었다. 그것들에는 기본 값, 사용 카운터, 캐시, 프리 리스트[free list], 자주 묻는 질문에 대한 대답, 그리고 많은 모호한 용도가 포함된다. 병행 시스템에서 사용될 경우 고전적인 문제가 발생한다.

```
// 스레드 1의 어딘가:
    Map<string,int>::set_default("Heraclides",1);
```

```
// 스레드 2의 어딘가:
    Map<string,int>::set_default("Zeno",1);
```

어떤 **thread**가 처음으로 **set_default()**를 실행할 것인가? 여기에는 데이터 경합의 가능성이 있다.

thread_local을 추가하면 도움이 된다.

```
template<typename K, typename V>
class Map {
    // ...
private:
    static thread_local pair<const K,V> default_value;
};
```

이제는 데이터 경합의 가능성이 사라졌다. 하지만 모든 사용자 사이에 공유되는 단일한 **default_value** 역시 더 이상 존재하지 않는다. 예제에서 스레드 1은 스레드 2에 있는 **set_default()**의 결과를 절대로 보지 못할 것이다. 대개 그것이 원래 코드에서 의도한 바는 아니기 때문에 **thread_local**을 추가하면 그저 한 오류를 다른 오류로 바꾼 셈이 된다. **static** 데이터 멤버를 수상하다고 간주하고(항상 그래야 한다. 언젠가 우리의 코드가 병행 시스템의 일부로 실행될 수 있을지도 모르기 때문이다), **thread_local**를 만병통치약으로 간주하지 말기 바란다.

네임스페이스 변수, 지역 **static** 및 클래스 **static** 멤버는 **thread_local**로 선언될 수 있다. **static** 변수에 대해서와 마찬가지로 **thread_local** 지역 변수의 생성은 첫 번째 스위치에 의해 보호된다(42.3.3절). **thread_local**의 생성 순서는 정의돼 있지 않으므로 서로 다른 **thread_local**

은 순서와 상관없이 생성하고, 가능하면 컴파일 타임이나 링크 타임 초기화를 사용한다. **static** 변수와 마찬가지로 **thread_local**은 0으로 초기화되는 것이 기본 설정이다(6.3.5.1절).

42.3 데이터 경합의 방지

데이터 경합을 피하는 최선의 방법은 데이터를 공유하지 않는 것이다. 관심 있는 데이터는 지역 변수, 다른 스레드와 공유되지 않는 자유 저장 공간, 또는 **thread_local** 메모리(42.2.8절)에 보관한다. 이런 데이터를 가리키는 포인터는 다른 **thread**에 전달하지 않는다. 이런 데이터를 다른 **thread**에서 처리해야 할 때는(예를 들면 병렬적 정렬에 의해) 데이터의 특정 구역을 가리키는 포인터를 전달하고 해당 태스크가 종료될 때까지 데이터의 해당 구역을 건드리지 않도록 주의한다.

이러한 간단한 규칙은 데이터에 동시에 접근하려는 시도를 피함으로써 잠금을 요구하지 않게 하고, 최대한 효율적인 프로그램이 되게 한다는 구상을 바탕으로 한다. 대량의 데이터가 공유돼야 하기 때문에 이러한 규칙을 지킬 수 없는 경우에는 어떤 형태로든 잠금을 이용해야 한다.

- **뮤텍스(mutex)** 뮤텍스(상호 배타 변수)는 어떤 자원에 접근하기 위한 배타적 권한을 표현하는 데 쓰인다. 자원에 접근하려면 뮤텍스를 획득해서 그것에 접근한 다음 뮤텍스를 해제한다 (5.3.4절, 42.3.1절).
- **조건 변수(condition variable)** 조건 변수는 다른 **thread**나 타이머에 의해 생성되는 이벤트를 기다리기 위해 **thread**에서 쓰는 변수다(5.3.4.1절, 42.3.4절).

엄격히 말해 조건 변수가 데이터 경합을 방지하지는 않는다. 그보다는 데이터 경합의 원인이 될 수 있는 공유 데이터가 등장하는 경우를 줄여준다.

42.3.1 뮤텍스

mutex는 어떤 자원에 대한 배타적 접근을 표현하는 데 쓰이는 객체다. 따라서 데이터 경합에 대한 보호나 여러 개의 **thread** 사이에 공유된 데이터에 대한 접근을 동기화하는 데 쓰일 수 있다.

뮤텍스 클래스(iso.30.4절)	
mutex	비재귀적인 mutex. thread는 이미 획득돼 있는 mutex를 획득하려고 시도할 경우 봉쇄될 것이다.
recursive_mutex	단일 thread에 의해 반복적으로 획득될 수 있는 뮤텍스
timed_mutex	정해진 시간 동안(에만) 뮤텍스 획득 시도를 할 수 있는 연산을 가진 비재귀적인 뮤텍스
recursive_timed_mutex	재귀적인 시한(timed) 뮤텍스

(이어짐)

뮤텍스 클래스(iso.30.4절)

lock_guard<M>	mutex m에 대한 가드
unique_lock<M>	mutex m에 대한 잠금

'일반적인' **mutex**는 가장 단순하고, 가장 작고, 가장 **빠른** 뮤텍스다. 추가된 기능의 대가로 재귀적 뮤텍스와 시한 뮤텍스는 약간의 비용을 유발하는데, 이런 비용은 애플리케이션이나 컴퓨터에 따라 상당할 수도 있고 아닐 수도 있다.

한 번에는 오직 하나의 **thread**만이 어떤 뮤텍스를 소유할 수 있다.

- 뮤텍스를 획득한다는 것은 그것에 대한 배타적 소유권을 획득한다는 뜻이다. 획득 연산은 그것을 실행하는 **thread**를 봉쇄할 수 있다.
- 뮤텍스를 해제한다는 것은 배타적인 소유권을 포기한다는 뜻이다. 해제 연산은 결국에는 다른 **thread**가 해당 뮤텍스를 소유하게 허용할 것이다. 즉, 해제 연산은 기다리는 **thread**의 봉쇄를 해제할 것이다.

여러 개의 **thread**가 봉쇄돼 있다면 원칙적으로는 시스템 스케줄러가 봉쇄 해제될 **thread**를 선택할 수 있으며, 이 결과로 어떤 불운한 **thread**는 영원히 실행되지 못할 수도 있다. 이를 기아 상태[starvation]라고 부르며, 각각의 **thread**에게 균등한 진행 기회를 부여함으로써 기아 상태를 방지하는 스케줄링 알고리즘은 공정[fair]하다고 일컬어진다. 예를 들어 스케줄러는 가장 높은 **thread::id**를 가진 **thread**를 항상 선택함으로써 낮은 **id**를 가진 **thread**를 기아 상태에 빠뜨릴 수 있다. 표준이 공정성을 보장하지는 않지만, 실제로 스케줄러는 '납득할 수 있을 정도로 공정'하다. 즉, **thread**가 영원히 기아 상태에 빠져 있을 가능성을 극히 희박하게 만들어 준다. 예를 들어 스케줄러는 다음에 실행될 **thread**를 봉쇄된 **thread** 중에서 무작위로 선택할 수 있다.

뮤텍스 혼자만으로는 아무 짝에도 쓸모가 없다. 대신, 뮤텍스는 뭔가 다른 것을 나타내는 데 쓰인다. 뮤텍스의 소유권은 객체, 어떤 데이터, 입출력 장치 같은 자원을 조작할 수 있는 권리를 나타내는 데 쓰인다. 예를 들어 **thread**에서 **cout**을 사용할 수 있는 권리를 표현하는 **cout_mutex**를 정의할 수 있다.

```
mutex cout_mutex;      // cout을 사용할 수 있는 권리를 나타낸다.

template<typename Arg1, typename Arg2, typename Arg3>
void write(Arg1 a1, Arg2 a2 = {}, Arg3 a3 = {})
{
    thread::id name = this_thread::get_id();

    cout_mutex.lock();
    cout << "From thread " << name << " : " << a1 << a2 << a3;
    cout_mutex.unlock();
}
```

모든 **thread**가 **write()**를 사용한다면 서로 다른 **thread**에서 나온 결과들이 적절히 분리되게 만들어야 한다. 난점은 모든 **thread**가 의도된 대로 뮤텍스를 사용해야 한다는 점이다. 뮤텍스와 그것의 자원 사이의 대응 관계는 암시적이다. **cout_mutex** 예제에서 **cout**을 직접적으로 사용(cout_mutex를 우회함으로써)하는 **thread**는 출력 결과를 훼손시킬 수 있다. 표준은 **cout** 변수가 훼손되지 않게 보호해 주지만, 서로 다른 스레드에서 나온 출력이 섞이는 것을 방지해 주지는 않는다.

잠금을 요구하는 하나의 문장에 대해서만 뮤텍스를 잠갔다는 점에 유의한다. 경합 가능성과 **thread**가 봉쇄될 가능성을 최소화하기 위해 필수적인 경우에만 잠금으로써 잠금이 유지되는 시간을 최소화하게 노력한다. 잠금에 의해 보호되는 코드 영역을 **임계 영역**^{critical section}이라고 부른다. 빠르면서 잠금에 관련된 문제가 일어나지 않는 코드를 유지하려면 임계 영역의 크기를 최소화해야 한다.

표준 라이브러리 뮤텍스는 **배타적 소유권 의미 구조**^{exclusive ownership semantic}를 제공한다. 즉, (한번에) 하나의 **thread**가 자원에 대해 배타적으로 접근하는 것이다. 뮤텍스에는 다른 종류도 있다. 예를 들어 다중 읽기 단일 쓰기 뮤텍스는 인기가 있지만, 표준 라이브러리에서는 (아직) 제공되지 않는다. 다른 종류의 뮤텍스가 필요하다면 특정 시스템에서 제공되는 것을 쓰든지 직접 만들기 바란다.

42.3.1.1 mutex와 recursive_mutex

mutex 클래스는 간단한 연산 집합을 제공한다.

mutex(iso.30.4.1.2.1절)	
`mutex m {};`	기본 생성자. m은 어떤 thread에 의해서도 소유되지 않는다. constexpr. noexcept
`m.~mutex()`	소멸자. 소유될 경우의 동작은 정의되지 않음
`m.lock()`	m을 획득한다. 소유권이 획득될 때까지 봉쇄
`m.try_lock()`	m을 획득하려고 시도한다. 획득이 성공했는가?
`m.unlock()`	m을 해제한다.
`native_handle_type`	시스템 뮤텍스의 구현별 정의 타입
`nh=m.native_handle()`	nh는 뮤텍스 m에 대한 시스템 핸들

mutex는 복사되거나 이동될 수 없다. **mutex**를 자원에 대한 핸들이 아니라 자원이라고 생각하기 바란다. 사실 **mutex**는 보통 시스템 자원에 대한 핸들로 구현되지만, 그런 시스템 자원은 공유, 노출, 복사, 이동될 수 없기 때문에 그것들을 개별적으로 생각해봤자 대개 쓸데없이 복잡해질 뿐이다.

mutex의 기본적인 활용은 상당히 간단하다. 예를 들면 다음과 같다.

```
mutex cout_mutex;      // "어떤 스레드에 의해서도 소유되지 않는 것"으로 초기화됨
```

```
void hello()
{
    cout_mutex.lock();
    cout << "Hello, ";
    cout_mutex.unlock();
}

void world()
{
    cout_mutex.lock();
    cout << "World!";
    cout_mutex.unlock();
}

int main()
{
    thread t1 {hello};
    thread t2 {world};

    t1.join();
    t2.join();
}
```

이 코드의 결과는 다음과 같다.

Hello, World!

또는

World! Hello,

cout이 훼손된다거나 출력 문자들이 뒤섞이는 결과는 나오지 않을 것이다.

try_lock() 연산은 어떤 다른 **thread**가 자원을 사용 중일 때 할 수 있는 뭔가 다른 유용한 작업이 있을 경우에 사용된다. 다른 태스크에 대한 작업 요청을 구성하고 그것들을 작업 큐에 넣는 작업 생성기를 예로 살펴보자.

```
extern mutex wqm;
extern list<Work> wq;

void composer()
{
    list<Work> requests;

    while (true) {
        for (int i=0; i!=10; ++i) {
            Work w;
            // ... 작업 요청을 구성한다...
            requests.push_back(w);
        }
        if (wqm.try_lock()) {
            wq.splice(requests);    // 요청을 리스트에 splice()한다(31.4.2절).
            wqm.unlock();
        }
    }
}
```

어떤 서버 **thread**가 **wq**를 들여다 볼 경우 **composer()**는 기다리지 않고 그냥 추가적인 작업을 만든다.

잠금을 사용할 때는 교착 상태에 주의해야 한다. 즉, 절대로 해제될 수 없는 잠금을 기다리지 말아야 한다. 교착 상태의 가장 간단한 형태는 하나의 잠금과 하나의 **thread**만을 필요로 한다. 스레드 안전적인 출력 연산의 한 가지 변형을 예로 살펴보자.

```
template<typename Arg, typename... Args>
void write(Arg a, Args tail...)
{
    cout_mutex.lock();
    cout << a;
    write(tail...);
    cout_mutex.unlock();
}
```

이제 **thread**가 **write("Hello,","World!")**를 호출하면 **tail**에 대한 재귀적 호출을 시도할 때 스스로 교착 상태에 빠질 것이다.

재귀적인 호출과 상호 재귀적인 호출은 너무나 흔하기 때문에 표준에서 해결책이 제공된다. **recursive_mutex**는 단일 **thread**가 그것을 반복적으로 획득할 수 있다는 점만 빼면 일반적인 **mutex**와 똑같다. 예를 들면 다음과 같다.

```
recursive_mutex cout_mutex;          // 교착 상태를 피하기 위해 recursive_mutex로 변경된다.

template<typename Arg, typename... Args>
void write(Arg a, Args tail...)
{
    cout_mutex.lock();
    cout << a;
    write(tail...);
    cout_mutex.unlock();
}
```

이제 **write()**의 재귀적 호출은 **cout_mutex**에 의해 올바르게 처리될 수 있다.

42.3.1.2 mutex 오류

뮤텍스를 조작하려는 시도는 실패할 수 있다. 그럴 경우 뮤텍스 연산은 **system_error**를 던진다. 일어날 수 있는 오류 몇 가지는 하부 시스템의 상태를 나타낸다.

뮤텍스 오류 조건(iso.30.4.1.2절)

resource_deadlock_would_occur	교착 상태가 일어날 것이다.
resource_unavailable_try_again	네이티브 핸들 일부를 이용할 수 없다.
operation_not_permitted	thread의 연산 수행이 허용되지 않는다.
device_or_resource_busy	일부 네이티브 핸들은 이미 잠겨 있다.
invalid_argument	생성자 네이티브 핸들 인자에 문제가 있다.

예를 들면 다음과 같다.

```
mutex mtx;
try {
    mtx.lock();
    mtx.lock();          // 두 번째 잠금을 시도한다.
}
catch (system_error& e) {
    mtx.unlock();
    cout << e.what() << '\n';
    cout << e.code() << '\n';
}
```

출력은 다음과 같다.

```
device or resource busy
generic: 16
```

이 결과는 `lock_guard`나 `unique_lock`(42.3.1.4절)에 사용하기에 괜찮은 인자처럼 보인다.

42.3.1.3 timed_mutex와 recursive_timed_mutex

간단한 `mtx.lock()`은 무조건 실행된다. 봉쇄를 원하지 않는다면 `mtx.try_lock()`을 사용할 수도 있지만, `mtx` 획득에 실패하면 대부분 다시 시도하기 전에 잠깐 기다리기를 원할 것이다. `timed_mutex`와 `recursive_timed_mutex`는 그런 기능을 지원한다.

timed_mutex(iso.30.4.1.3.1절)	
`timed_mutex m {};`	기본 생성자. m은 소유되지 않는다. constexpr. noexcept
`m.~timed_mutex()`	소멸자. 소유될 경우의 행동은 정의돼 있지 않다.
`m.lock()`	m을 획득한다. 소유권이 획득될 때까지 봉쇄
`m.try_lock()`	m을 획득하려고 시도한다. 획득이 성공했는가?
`m.try_lock_for(d)`	최대 duration d 동안 m을 획득하려고 시도한다. 획득이 성공했는가?
`m.try_lock_until(tp)`	최소한 time_point tp까지 m을 획득하려고 시도한다. 획득이 성공했는가?
`m.unlock()`	m을 해제한다.
`native_handle_type`	시스템 뮤텍스의 구현별 정의 타입
`nh=m.native_handle()`	nh는 뮤텍스에 대한 시스템 핸들

`recursive_timed_mutex` 인터페이스는 `timed_mutex` 인터페이스와 동일하다(`recursive_mutex` 인터페이스가 `mutex` 인터페이스와 동일한 것과 마찬가지로).

`this_thread`에 대해 `time_point`까지 `sleep_until(tp)`할 수 있고, duration 동안 `sleep_for(d)`할 수 있다(42.2.6절). 좀 더 일반적으로는 `timed_mutex m` 동안 `m.try_lock_until(tp)` 또는 `m.try_lock_for(d)`할 수 있다. `tp`가 시간적으로 현재 시점보다 앞이거나 0보다 같거나 작다면 연산은 '일반적인' `try_lock()`과 동등하다.

출력 버퍼를 새로운 이미지로 갱신하는 경우를 예로 살펴보자(예를 들면 비디오 게임이나 시각화에서).

```
extern timed_mutex imtx;
extern Image buf;

void next()
{
    while (true) {
        Image next_image;
        // ... 계산한다...

        if (imtx.try_lock_for(milliseconds{100})) {
            buf = next_image;
            imtx.unlock();
        }
    }
}
```

여기서는 이미지가 충분히 빠르게(여기서는 100밀리초 이내에) 갱신될 수 없다면 사용자가 새로운 버전의 이미지를 선호할 것이라고 가정한다. 게다가 갱신되는 이미지들의 시퀀스에서 하나의 이미지가 사라지더라도 거의 알아채기 어렵기 때문에 좀 더 복잡한 해결책은 필요하지 않다고 가정한다.

42.3.1.4 lock_guard와 unique_lock

잠금은 자원의 일종이므로 그것을 해제하는 것을 잊지 말아야 한다. 즉, 각각의 `m.lock()` 연산은 `m.unlock()` 연산과 짝을 이뤄야 한다는 뜻이다. 여느 때처럼 실수가 일어날 가능성은 있다. 예를 들면 다음과 같다.

```
void use(mutex& mtx, Vector<string>& vs, int i)
{
    mtx.lock();
    if (i<0) return;
    string s = vs[i];
    // ...
    mtx.unlock();
}
```

`mtx.unlock()`이 있지만, `i<0`이거나 `i`가 `vs`의 범위를 벗어나고 `vs`의 범위가 체크되면 실행 스레드는 `mtx.unlock()`에 절대로 다다르지 못하고 `mtx`는 영원히 잠금될 수 있다.

표준 라이브러리는 두 개의 RAII 클래스 `lock_guard`와 `unique_lock`을 제공해서 이러한 문제를 처리한다.

'일반적인' `lock_guard`는 가장 간단하고, 가장 작고, 가장 빠른 가드다. 추가된 기능의 대가로 `unique_lock`에는 약간의 비용이 유발되는데, 이런 비용은 컴퓨터나 애플리케이션에 따라 상당할 수도 있고 그렇지 않을 수도 있다.

lock_guard<M>(iso.30.4.2절)	
lock_guard lck {m};	lck는 m을 획득한다. explicit
lock_guard lck {m,adopt_lock_t};	lck는 m을 보관한다. 현재 thread가 이미 m을 획득했다고 가정한다. noexcept
lck.~lock_guard()	소멸자. 보관된 뮤텍스에 대해 unlock()을 호출한다.

예를 들면 다음과 같다.

```
void use(mutex& mtx, vector<string>& vs, int i)
{
    lock_guard<mutex> g {mtx};
    if (i<0) return;
    string s = vs[i];
    // ...
}
```

lock_guard의 소멸자는 인자에 대해 필요한 unlock()을 수행한다.

다른 경우와 마찬가지로 최소한의 시간 동안만 잠금을 유지해야 하므로, 유효 범위의 작은 구역에 대해서만 잠금이 필요하다면 큰 유효 범위가 끝날 때까지 잠금을 유지하기 위한 핑계로 lock_guard가 이용돼서는 안 된다. 당연히 i의 체크는 잠금을 필요로 하지 않으므로, 잠금을 획득하기 전에 그것을 처리할 수 있다.

```
void use(mutex& mtx, vector<string>& vs, int i)
{
    if (i<0) return;
    lock_guard<mutex> g {mtx};
    string s = vs[i];
    // ...
}
```

추가로 v[i]를 읽는 데만 잠금이 필요하다고 가정해보자. 그렇다면 lock_guard를 작은 유효 범위 내에서 쓸 수 있다.

```
void use(mutex& mtx, vector<string>& vs, int i)
{
    if (i<0) return;
    string s;
    {
        lock_guard<mutex> g {mtx};
        s = vs[i];
    }
    // ...
}
```

코드가 이렇게 복잡해질 만한 가치가 있는 것일까? '...에 숨겨져 있는' 코드를 살펴보지 않고서는 확답을 내릴 수는 없지만, 당연히 잠금이 어느 경우에 필요한지 고려하기 귀찮다는 이유만으로 lock_guard를 써서는 곤란하다. 임계 영역의 크기를 최소화하는 것은 일반적으로도 유익한 일이다. 적어도 잠금이 정확히 어느 곳에 필요하고 왜 필요한지에 대해서 생각하게끔 해주는 것이다.

그러므로 **lock_guard**(그리고 `unique_lock` 역시)는 소유권을 획득하기 위해 잠그고 소유권을 해제하기 위해 잠금을 해제할 수 있는 객체에 대한 자원 핸들('가드')이다.

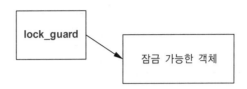

이런 객체는 잠금 가능한 객체[lockable object]라고 불린다. 표준 라이브러리에서 명백히 잠금 가능한 객체는 뮤텍스 타입이지만, 사용자는 자신만의 것을 정의할 수 있다.

lock_guard는 특별한 연산을 갖지 않는 아주 간단한 클래스다. 이 클래스가 하는 일이라 곤 **mutex**에 대해 RAII를 수행하는 것뿐이다. RAII를 제공하고 포함된 **mutex**에 대해 연산을 수행하는 객체를 얻기 위해서는 **unique_lock**을 사용해야 한다.

---

unique_lock<M>(iso.30.4.2절)
m은 잠금 가능한 객체다.

`unique_lock lck {};`	기본 소멸자. lck는 뮤텍스를 보관하지 않는다. noexcept
`unique_lock lck {m};`	lck는 m을 획득한다. explicit
`unique_lock lck {m,defer_lock};`	lck는 m을 보관하지만, 그것을 획득하지는 않는다.
`unique_lock lck {m,try_to_lock};`	lck는 m을 보관하고 m.try_lock()을 수행한다. 시도가 성공하면 lck는 m을 소유한다. 그렇지 않다면 소유하지 않는다.
`unique_lock lck {m,adopt_lock};`	lck는 m을 보관한다. 현재 thread가 이미 스타일을 획득했다고 가정한다.
`unique_lock lck {m,tp};`	lck는 m을 보관하고 m.try_lock_until(tp)를 호출한다. 시도가 성공하면 lck는 m을 소유한다. 그렇지 않다면 소유하지 않는다.
`unique_lock lck {m,d};`	lck는 m을 보관하고 m.try_lock_for(d)를 호출한다. 시도가 성공하면 lck는 m을 소유한다. 그렇지 않다면 소유하지 않는다.
`unique_lock lck {lck2};`	이동 생성자. lck는 lck2가 보관하는 뮤텍스(존재할 경우에)를 보관한다. lck2는 뮤텍스를 보관하지 않게 된다.
`lck.~unique_lock()`	소멸자. (존재할 경우에) 보관된 뮤텍스에 대해 unlock()을 호출한다.
`lck2=move(lck)`	이동 대입. lck는 lck2가 보관하는 뮤텍스(존재할 경우에)를 보관한다. lck2는 뮤텍스를 보관하지 않게 된다.

`lck.lock()`	m.lock()
`lck.try_lock()`	m.try_lock(). 획득이 성공했는가?
`lck.try_lock_for(d)`	m.try_lock_for(d). 획득이 성공했는가?
`lck.try_lock_until(tp)`	m.try_lock_until(tp). 획득이 성공했는가?
`lck.unlock()`	m.unlock()
`lck.swap(lck2)`	lck와 lck2의 획득 가능한 객체를 교환한다. noexcept
`pm=lck.release()`	lck는 더 이상 *pm을 소유하지 않는다. noexcept
`lck.owns_lock()`	lck가 잠금 가능한 객체를 소유하고 있는가? noexcept

(이어짐)

unique_lock<M>(iso.30.4.2절)	
m은 잠금 가능한 객체다.	
bool b {lck};	bool로의 변환. b==lck.owns_lock(). explicit. noexcept
pm=lck.mutex()	그런 것이 존재할 경우 *pm은 소유된 잠금 가능한 객체다. 그렇지 않다면 pm=nullptr. noexcept
swap(lck,lck2)	lck.swap(lck2). noexcept

당연하겠지만 시한 연산은 포함된 뮤텍스가 timed_mutex이거나 recursive_timed_mutex 일 때만 허용된다.

예를 들면 다음과 같다.

```
mutex mtx;
timed_mutex mtx2;

void use()
{
    unique_lock<mutex> lck {mtx,defer_lock}; // defer_lock은 defer_lock_t 타입의 객체다.
    unique_lock<timed_mutex> lck2 {mtx2,defer_lock};

    lck.try_lock_for(milliseconds{2});   // 오류: 뮤텍스는 try_lock_for() 멤버를 갖지 않는다.

    lck2.try_lock_for(milliseconds{2}); // OK
    lck2.try_lock_until(steady_clock::now()+milliseconds{2});
    // ...
}
```

duration이나 time_point를 unique_lock에 대한 두 번째 인자로 제공한다면 생성자는 적절한 try 연산을 수행할 것이다. owns_lock() 연산은 그러한 획득의 성공 여부를 체크할 수 있게 해준다. 예를 들면 다음과 같다.

```
timed_mutex mtx2;

void use2()
{
    unique_lock<timed_mutex> lck2 {mtx2,milliseconds{2}};
    if (lck2.owns_lock()) {
        // 획득 성공:
        // ... 뭔가를 수행한다...
    }
    else {
        // 타임아웃:
        // ... 뭔가를 수행한다...
    }
}
```

42.3.2 다중 잠금

어떤 태스크를 수행하기 위해 여러 개의 자원을 획득해야 하는 경우는 다반사로 일어난다. 안타깝게도 두 개의 잠금을 획득한다는 건 교착 상태의 가능성이 생긴다는 뜻이다. 다음 예를 살펴보자.

```
mutex mtx1;        // 하나의 자원을 보호한다.
mutex mtx2;        // 또 다른 자원을 보호한다.

void task(mutex& m1, mutex& m2)
{
    unique_lock<mutex> lck1 {m1};
    unique_lock<mutex> lck2 {m2};
    // ... 자원을 사용한다...
}

thread t1 {task,ref(mtx1),ref(mtx2)};
thread t2 {task,ref(mtx2),ref(mtx1)};
```

ref()는 <functional>(33.5절)에 있는 **std::ref()** 참조자 래퍼다. 이것은 가변 인자 템플릿(thread 생성자, 42.2.2절)을 통해 참조자를 전달하는 데 필요하다. 뮤텍스는 복사되거나 이동될 수 없기 때문에, 참조에 의해 전달해야 한다(또는 포인터를 사용해서).

순서를 나타내지 않는 다른 뭔가로 **mtx1**과 **mtx2**의 이름을 바꾸고 소스 텍스트에서 **t1**과 **t2**의 정의를 서로 분리하면 **mtx**를 소유하고 있는 **t1**, **mtx2**를 소유하고 있는 **t2** 때문에 프로그램이 결국에는 교착 상태에 빠져서 반드시 각각 자신의 두 번째 뮤텍스를 획득하려고 영원히 시도하게 될 것이라고 장담하기는 어려워질 것이다.

잠금(iso.30.4.2절)
locks는 하나 또는 그 이상의 잠금 가능한 객체 lck1, lck2, lck3, ...로 이뤄진 시퀀스다.

x=try_lock(locks)	locks의 모든 멤버를 획득하려고 시도한다. 잠금은 순서대로 획득된다. 모든 잠금이 획득됐다면 x=-1 그렇지 않다면 x=n, 여기서 n은 획득될 수 없는 잠금의 개수이며, 잠금은 보관되지 않는다.
lock(locks)	locks의 모든 멤버를 획득한다. 교착 상태에 빠지지 않는다.

---

try_lock()에 대한 알고리즘은 지정돼 있지 않지만, 다음과 같이 작성할 수 있다.

```
template <typename M1, typename... Mx>
int try_lock(M1& mtx, Mx& tail...)
{
    if (mtx.try_lock()) {
        int n = try_lock(tail...);
        if (n == -1) return -1;      // 모든 잠금이 획득됐다.
        mtx.unlock();                // 취소
        return n+1;
    }
    return 1;                        // mtx를 획득할 수 없었다.
}
```

```
template <typename M1>
int try_lock(M1& mtx)
{
    return (mtx.try_lock()) ? -1 : 0;
}
```

lock()이 있으면 버그 덩어리 task()를 다음과 같이 단순화되도록 고칠 수 있다.

```
void task(mutex& m1, mutex& m2)
{
    unique_lock<mutex> lck1 {m1,defer_lock};
    unique_lock<mutex> lck2 {m2,defer_lock};
    lock(lck1,lck2);
    // ... 자원을 사용한다...
}
```

lock()을 unique_lock이 아니라 뮤텍스 lock(m1,m2)에 직접적으로 적용하면 프로그래머가 명시적으로 m1과 m2를 해제해야 한다는 점에 유의한다.

42.3.3 call_once()

가끔은 경합 조건에 빠지지 않게 객체를 초기화하고 싶을 수 있다. 이를 위해 once_flag 타입과 call_once() 함수는 저수준의 효율적이고 간단한 도구를 제공한다.

call_once(iso.30.4.2절)	
once_flag fl {};	기본 생성자. fl은 사용되지 않았다.
call_once(fl,f,args)	fl이 아직 사용되지 않았다면 f(args)를 호출한다.

예를 들면 다음과 같다.

```
class X {
public:
    X();
    // ...
private:
    // ...
    static once_flag static_flag;
    static Y static_data_for_class_X;
    static void init();
};

X::X()
{
    call_once(static_flag,init());
}
```

초기화된 static 데이터를 사용하는 사전 병행성preconcurrency 코드를 단순 수정하는 방법으로 call_once()를 생각할 수도 있다.

지역 static 변수의 런타임 초기화는 call_once() 또는 call_once()와 매우 유사한 메커니즘에 의해 구현된다. 다음 예를 살펴보자.

```
Color& default_color()    // 사용자 코드
{
    static Color def { read_from_environment("background color") };
    return def;
}
```

이 코드를 다음과 같이 구현할 수도 있다.

```
Color& default_color()    // 생성된 코드
{
    static Color def;
    static flag __def;
    call_once(__def,read_from_environment,"background color");
    return def;
}
```

이중 밑줄 접두사(6.3.3절)를 써서 후자의 버전이 컴파일러가 생성한 코드란 점을 강조한다.

42.3.4 조건 변수

조건 변수는 thread 간의 통신을 관리하는 데 사용된다. thread는 특정 시점에 도달하거나 또 다른 thread가 완료되는 등의 이벤트가 일어날 때까지 어떤 condition_variable을 기다릴 수 있다(봉쇄).

condition_variable(iso.30.5절) lck는 unique_lock<mutex>이어야 한다.	
condition_variable cv {};	기본 생성자. 어떤 시스템 자원이 획득될 수 없다면 system_error를 던진다.
cv.~condition_variable()	소멸자. 기다리거나 통지될 thread가 사라진다.
cv.notify_one()	대기 중인 하나의 thread(존재할 경우) 봉쇄를 해제한다. noexcept
cv.notify_all()	대기 중인 모든 thread의 봉쇄를 해제한다. noexcept
cv.wait(lck)	lck는 호출 thread에 의해 소유돼야 한다. 자동으로 lck.unlock()을 호출하고 봉쇄한다. 통지되거나 '가짜로' 깨워지면 봉쇄가 해제된다. 봉쇄가 해제되면 lck.unlock()을 호출한다.
cv.wait(lck,pred)	lck는 호출 thread에 의해 소유될 수 있다. while (!pred()) wait(lock);
x=cv.wait_until(lck,tp)	lck는 호출 thread에 의해 소유돼야 한다. 자동으로 lck.unlock()을 호출하고 봉쇄한다. 통지되거나 tp 시점에 시간이 경과되면 봉쇄가 해제된다. 봉쇄가 해제되면 lck.unlock()을 호출한다. 시간이 경과된 경우라면 x는 timeout이다. 그렇지 않다면 x=no_timeout
b=cv.wait_until(lck,tp,pred)	while (!pred()) if (wait_until(lck,tp)==cv_status::timeout). b=pred()
x=cv.wait_for(lck,d)	x=cv.wait_until(lck,steady_clock::now()+d)
b=cv.wait_for(lck,d,pred)	b=cv.wait_until(lck,steady_clock::now()+d,move(pred))

(이어짐)

native_handle_type	iso.30.2.3절 참고
nh=cv.native_handle()	nh는 cv에 대한 시스템 핸들

condition_variable은 시스템 자원에 의존할 수도 있으므로(아닐 수도 있다), 그런 자원이 부족할 경우 생성자는 실패할 수 있다. 하지만 mutex와 마찬가지로 condition_variable은 복사되거나 이동될 수 없으므로, condition_variable을 핸들이라기보다는 그 자체로 자원이라고 생각하는 편이 좋다.

condition_variable이 소멸될 경우 대기 중인 모든 thread(존재할 경우)에게 통지가 이뤄져야 하며(즉 깨어나라고 알려줘야 한다), 그렇게 하지 않으면 그들은 영원히 기다릴 수도 있다.

wait_until()과 wait_for()에 의해 반환되는 상태는 다음과 같이 정의된다.

```
enum class cv_status { no_timeout, timeout };
```

condition_variable의 unique_lock은 대기 중인 thread의 unique_lock 리스트에 대한 경쟁 때문에 깨어나는 것을 놓치지 않기 위해 wait 함수에 의해 사용된다.

'일반적인' wait(lck)은 대개 좀 더 상위 수준의 추상화를 구현하기 위해 극도로 조심해서 사용돼야 하는 저수준의 연산이다. '가짜로 깨어나기'가 있을 수 있다. 즉, 시스템은 다른 thread가 통지하지 않았는데도 wait()의 thread를 재시작하기로 결정할 수 있다.

확실히 가짜 깨어나기를 허용하면 일부 시스템에서는 condition_variable의 구현이 간단해진다. 루프에서는 항상 '일반적인' wait()를 사용하기 바란다. 예를 들면 다음과 같다.

```
while (queue.empty()) wait(queue_lck);
```

이런 루프를 쓰는 또 다른 이유는 무조건적인 wait()를 호출하는 thread가 실행되기 전에 어떤 스레드가 '은근슬쩍 나타나서' 조건(여기서는 queue.empty())을 무효화시킬 수 있기 때문이다. 이런 루프는 기본적으로 조건을 가진 대기를 구현한 것이므로, 무조건적인 wait()보다 이런 것들을 쓰기 바란다.

thread는 일정한 시간 동안 대기할 수 있다.

```
void simple_timer(int delay)
{
    condition_variable timer;
    mutexmtx;                                      // 타이머를 보호하는 뮤텍스
    auto t0 = steady_clock::now();
    unique_lock<mutex> lck(mtx);                   // 뮤텍스를 획득한다.
    timer.wait_for(lck,milliseconds{delay});       // mtx를 해제하고 재획득한다.
    auto t1 = steady_clock::now();
    cout << duration_cast<milliseconds>(t1-t0).count() << "milliseconds passed\n";
}   // mtx를 암시적으로 해제한다.
```

이 코드는 기본적으로 this_thread::wait_for()의 구현을 보여준다. mutex는 데이터 경합에 대해 wait_for()를 보호해준다. wait_for()는 수면 상태로 들어가면서 자신의 mutex를 해제하며, 자신의 thread가 봉쇄 해제될 때 mutex를 재획득한다. 최종적으로 lck는 유효 범위의 끝부분에서 mutex를 (암시적으로) 해제한다.

condition_variable의 또 다른 간단한 활용 사례는 작성자로부터 구독자에게 전달되는 메시지의 흐름을 제어하는 것이다.

```
template<typename T>

class Sync_queue {
public:
    void put(const T& val);
    void put(T&& val);
    void get(T& val);
private:
    mutex mtx;
    condition_variable cond;
    list<T> q;
};
```

put()과 get()의 개념은 각자 서로에게 방해가 되지 않는다. get()을 수행하는 thread는 자신이 읽을 수 있는 값이 큐에 없으면 수면 상태가 될 것이다.

```
template<typename T>
void Sync_queue::put(const T& val)
{
    lock_guard<mutex> lck(mtx);
    q.push_back(val);
    cond.notify_one();
}
```

즉, 작성자 put()은 큐의 mutex를 획득하고, 큐의 끝에다 값을 추가한 다음, notify_one()을 호출해서 봉쇄돼 있을 수 있는 구독자를 깨우고, mutex를 암시적으로 해제한다. unique_ptr(5.2.1절, 34.3.1절)이나 packaged_task(42.4.3절) 같이 복사가 아닌 이동 연산을 가진 타입의 객체를 전송할 수 있도록 put()의 우변 값 버전을 제공했다.

notify_all()이 아니라 notify_one()을 사용한 이유는 단 하나의 원소만 추가해서 put()을 단순하게 유지하고 싶었기 때문이다. 다중 구독자가 생길 가능성이라든지 구독자가 작성자에게 뒤쳐질 가능성이 있다면 재고려해야 할 부분이다.

mutex가 접근을 배제하거나 큐가 비어있을 경우에 자신의 thread만 봉쇄해야 하는 관계로 get()은 약간 더 복잡해졌다.

```
template<typename T>
void Sync_queue::get(T& val)
{
    unique_lock<mutex> lck(mtx);
    cond.wait(lck,[this]{ return !q.empty(); });
    val=q.front();
```

```
        q.pop_front();
}
```

get()의 호출자는 Sync_queue에 뭔가가 채워질 때까지 봉쇄된 채로 남아있게 될 것이다.

일반적인 lock_guard보다 unique_lock을 사용한 이유는 lock_guard가 단순화에 초점이 맞춰져 있어 mutex의 잠금을 해제하고 다시 잠그는 데 필요한 연산을 제공하지 않기 때문이다.

람다가 Sync_queue 객체(11.4.3.3절)에 접근할 수 있게 [this]가 사용됐다.

반환 값이 아닌 참조자 인자를 통해 get()에서 값을 반환한 이유는, 예외를 던질 수 있는 복사 생성자를 가진 원소 타입이 문제를 일으키지 않게 하기 위해서다. 이런 방법은 전통적인 기법이다(예를 들어 STL static 어댑터는 pop()을 제공하고, 컨테이너는 front()를 제공한다). 값을 직접적으로 반환하는 범용적인 get()을 작성하는 방법도 가능하지만, 상당히 까다롭다. 예제로서 future<T>::get()(42.4.4절)을 살펴보기 바란다.

단순한 작성자-구독자 쌍은 상당히 간단하다.

```
Sync_queue<Message> mq;

void producer()
{
    while (true) {
        Message m;
        // ... m을 채운다...
        mq.put(m);
    }
}

void consumer()
{
    while (true) {
        Message m;
        mq.get(m);
        // ... m을 사용한다...
    }
}

thread t1 {producer};
thread t2 {consumer};
```

condition_variable을 사용하면 구독자가 처리해야 할 것이 떨어질 경우를 명시적으로 다뤄야 하는 수고를 덜 수 있다. Sync_queue에 대한 접근 제어를 위해 단순하게 mutex를 사용했다면 구독자는 반복적으로 깨어나서 큐에서 처리해야 할 것을 찾고, 큐가 비어 있는 경우에 뭘 해야 할지를 결정해야 했을 것이다.

큐 원소를 보관하는 데 쓰이는 list의 값에 대해 복사 연산을 수행한다. 원소 타입의 복사는 예외를 던질 수 있지만, 그런 경우 Sync_queue는 그대로 남아있게 되고 put()이나 get()만 실패하게 된다.

Sync_queue는 자체로는 공유 데이터 구조가 아니므로, 그것에 대해 개별적인 **mutex**를 쓰지 않는다. 데이터 경합에 대해서는 **put()**과 **get()**(큐의 헤드와 테일을 갱신하며, 그 둘은 동일한 원소일 수도 있음)만 보호하면 된다.

어떤 애플리케이션의 경우에는 **Sync_queue**가 심각한 문제를 일으킬 수 있다. 작성자가 값 추가를 중단했기 때문에 구독자가 영원히 기다린다면 어떻게 될 것인가? 구독자가 다른 일을 해야 되기 때문에 오랫동안 기다릴 수 없다면 어떻게 될 것인가? 여러 가지 해결책이 있겠지만, 한 가지 널리 쓰이는 기법은 **get()**에 타임아웃을 추가해서 기다릴 수 있는 최대 시간을 지정하는 것이다.

```
void consumer()
{
    while (true) {
        Message m;
        mq.get(m,milliseconds{200});
        // ... m을 사용한다...
    }
}
```

이 코드가 동작하기 위해서는 **Sync_queue**에 두 번째 **get()**을 추가해야 한다.

```
template<typename T>
void Sync_queue::get(T& val, steady_clock::duration d)
{
    unique_lock<mutex> lck(mtx);
    bool not_empty = cond.wait_for(lck,d,[this]{ return !q.empty(); });
    if (not_empty) {
        val=q.front();
        q.pop_front();
    }
    else
        throw system_error{"Sync_queue: get() timeout"};
}
```

타임아웃을 사용할 때는 대기 후에 데이터를 얻었는지 아니면 그냥 시간만 경과됐는지에 따라 뭘 해야 할지 고려해야 한다. 실제로는 타임아웃 자체보다 술어 함수가 참인지 아닌지의 여부가 중요하므로, **wait_for()**는 이 값을 반환한다. 나는 예외를 던짐으로써 타임아웃을 가진 **get()**의 실패를 알리는 방법을 선택했다. 시간 경과가 흔히 발생하고 '예외적이지 않은' 이벤트라고 생각했다면 대신 **bool**을 반환했을 것이다.

put()에다 대략적으로 비슷한 수정을 가하면 구독자가 긴 큐로 들어가는 것을 아주 오래는 아니더라도 기다리게 만들 것이다.

```
template<typename T>
void Sync_queue::put(T val, steady_clock::duration d, int n)
{
    unique_lock<mutex> lck(mtx);
    bool not_full = cond.wait_for(lck,d,[this]{ return q.size()<n; });
    if (not_full) {
        q.push_back(val);
```

```
            cond.notify_one();
    }
    else {
            cond.notify_all();
            throw system_error{"Sync_queue: put() timeout"};
    }
}
```

`put()`의 경우에는 작성자가 항상 두 가지 경우를 명시적으로 처리하도록 권장하기 위해 `bool`을 반환하는 방식이 `get()`의 경우에 비해 좀 더 매력적으로 보인다. 하지만 어떤 방식으로 오버플로를 처리하는 것이 최선인가에 대해 논의를 피하기 위해, 나는 또다시 예외를 던져서 실패를 알리는 방식을 택했다.

나는 큐가 꽉 찰 경우 `notify_all()`을 실행하기로 선택했다. 계속 진행하려면 일부 구독자에게는 뭔가 자극을 줘야 할 것이다. `notify_all()`과 `notify_one()` 사이의 선택은 애플리케이션의 동작에 달려 있으며, 항상 자명하지는 않다. 하나의 `thread`에게만 알리는 방식은 큐에 대한 접근을 직렬화하며, 그 결과 구독자가 여러 명 있을 때 처리량을 최소화할 수 있다. 반면 대기 중인 모든 `thread`에 알리는 방식은 여러 개의 `thread`를 깨워서 뮤텍스에 대한 경쟁을 일으키고, `thread`들이 단순히 큐가 비어 있는지(다른 thread에 의해서 비워진) 확인하기 위해 반복적으로 깨어나게 만들 수 있다. 나는 직관에 의존하지 말고 측정하라는 오래된 규칙에 따랐다.

43.3.4.1 condition_variable_any

`condition_variable`은 `unique_lock<mutex>`에 대해 최적화돼 있다. `condition_variable_any`는 기능적으로는 `condition_variable`과 동등하지만, 자신의 연산에 대해 잠금 가능한 모든 객체를 쓸 수 있다.

---

condition_variable_any(iso.30.5.2절)
`lck`는 필요한 연산을 쓸 수 있는 잠금 가능한 임의의 객체가 될 수 있다.

... `condition_variable`과 똑같다...

42.4 태스크 기반의 병행성

지금까지 42장에서는 병행적인 태스크를 실행하기 위한 메커니즘에 초점을 맞춰 왔다. 즉, `thread`, 경합 조건의 방지 및 `thread`의 초기화가 초점이었다. 많은 병행 태스크에 대해 메커니즘에 대한 이런 강조는 병행 태스크의 지정이라는 실질적인 과제에서 괴리된 것이다. 이번 절에서는 간단한 종류의 태스크를 지정하는 데 초점을 맞추는데, 이 태스크는 인자가 주어질 경우 한 가지 일을 처리하고 한 가지 결과를 출력한다.

이런 태스크 기반의 병행성 모델을 지원하기 위해, 표준 라이브러리는 다음을 제공한다.

태스크 지원(iso.30.6.1절)	
`packaged_task<F>`	태스크로 실행될 호출 가능한 `F` 타입의 객체를 패키지화한다.
`promise<T>`	타입 `T`의 결과 하나를 써 넣을 객체의 타입
`future<T>`	그곳으로부터 타입 `T`의 결과 하나를 이동시킬 수 있는 객체의 타입
`shared_future<T>`	그곳으로부터 타입 `T`의 결과를 여러 번 읽어 들일 수 있는 `future`
`x=async(policy,f,args)`	`policy`에 따라 실행될 `f(args)`를 실행한다.
`x=async(f,args)`	기본 정책으로 실행한다.
	`x=async(launch::async|launch::deferred,f,args)`

이런 기능들을 소개하면 애플리케이션 작성자들이 거의 신경 쓰지 않는 세부 사항들이 다수 드러난다. 태스크 모델이 가진 근본적인 단순성을 염두에 두기 바란다. 좀 더 복잡한 세부 사항들 대부분은 더 복잡한 스레드 잠금 레벨의 사용을 은닉하는 것 같은 희귀한 용도를 지원하는 것들이다.

표준 라이브러리 태스크 지원은 태스크 기반의 병행성에 대한 지원의 한 가지 예에 불과하다. 많은 경우 우리는 작은 태스크를 다수 제공할 때 그것들의 실행을 하드웨어 자원에 대응시키고 데이터 경합, 가짜 깨어나기, 과도한 대기 시간 등의 문제가 일어나지 않게 신경 쓰는 일을 '시스템'이 맡아주기를 기대할 것이다.

이런 기능들의 중요성은 프로그래머들에게 얼마나 단순한 것인가에 있다. 순차적인 프로그램에서는 대개 다음과 같이 작성할 것이다.

```
res = task(args);           // 인자가 주어지면 태스크를 수행하고 결과를 얻는다.
```

병행적 버전은 다음과 같다.

```
auto handle = async(task,args);   // 주어진 인자로 태스크를 수행한다.
// ... 뭔가 다른 일을 한다...
res = handle.get()          // 결과를 얻는다.
```

종종 우리는 다른 대안, 세부 사항, 성능, 상충 관계를 고려하다가 단순성의 가치를 망각하곤 한다. 기본적으로 가장 단순한 기법을 사용하고 좀 더 복잡한 해결책은 정말로 가치가 있다고 확신이 드는 경우를 위해 아껴두기 바란다.

42.4.1 future와 promise

5.3.5절에서 언급한 바와 같이 태스크 간의 통신은 **future/promise** 쌍에 의해 처리된다. 태스크는 자신의 결과를 **promise**에 써 넣고, 결과를 필요로 하는 태스크는 대응되는 **future**에서 결과를 꺼낸다.

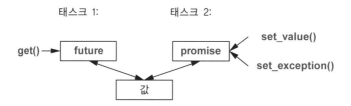

이 도표에서 '값'은 기술적으로는 공유 상태^{shared state}(iso.30.6.4절)라고 불린다. 여기에는 반환 값이나 예외 외에도 두 개의 **thread**가 안전하게 정보를 교환하는 데 필요한 정보가 포함된다. 최소한 공유 상태는 다음 정보를 보관할 수 있어야 한다.

- 적합한 타입이나 예외의 값^{value}. 'void를 반환하는' **future**에 대해서는 값이 존재하지 않는다.
- 값이나 예외가 **future**에 의해 추출될 준비가 돼 있는지 나타내는 준비 비트^{ready bit}
- **deferred** 런칭 정책(42.4.6절)으로 **async()**에 의해 실행될 태스크의 **future**에 대해 **get()**이 호출될 때 실행될 태스크^{task}
- 마지막 잠재적인 사용자가 접근을 그만둘 때만 공유 상태가 소멸될 수 있게 해주는 **사용 카운트**^{use count}. 특히 저장된 값이 소멸자를 가진 클래스인 경우 사용 카운트가 0이 되면 해당 소멸자가 호출된다.
- 대기 중일 수 있는 **thread**의 봉쇄 해제를 가능하게 해주는 **상호 배타적 데이터**^{mutual exclusion} ^{data}(예를 들면 **condition_variable**)

구현은 공유 상태에 대해 뭔가를 할 수 있다.

- 생성한다(Construct) 사용자가 제공한 할당자를 사용할 가능성이 있다.
- 준비시킨다(Make ready) '준비 비트'를 설정하고 대기 중인 모든 **thread**의 봉쇄를 해제한다.
- 해제한다(Release) 사용 카운트를 감소시키고 마지막 사용자라면 공유 상태를 소멸시킨다.
- 버린다(Abandon) **promise**에 의해 값이나 예외가 공유 상태에 쓰여지는 것이 불가능해지면(예를 들어 **promise**가 소멸됐기 때문에) 오류 조건 **broken_promise**로 **future_error** 예외가 공유 상태에 저장되고 공유 상태가 준비된다.

42.4.2 promise

promise는 공유 상태(42.4.1절)에 대한 핸들이다. **promise**는 태스크가 자신의 결과를 맡겨 둘 수 있는 곳이며, 결과는 **future**(42.4.4절)를 통해 꺼낼 수 있다.

promise<T>(iso.30.6.5절)	
promise pr {};	기본 생성자. pr은 아죽 준비되지 않은 공유 상태를 갖고 있다.
promise pr {allocator_arg_t,a};	pr을 생성한다. 할당자 a를 사용해서 아직 준비되지 않은 공유 상태를 생성한다.
promise pr {pr2};	이동 생성자. pr은 pr2의 상태를 얻는다. pr2는 더 이상 공유 상태를 갖지 않는다. noexcept
pr.~promise()	소멸자. 공유 상태를 버린다. 결과를 broken_promise 예외로 만든다.
pr2=move(pr)	이동 대입. pr2는 p의 상태를 얻는다. pr은 더 이상 공유 상태를 갖지 않는다. noexcept
pr.swap(pr2)	pr과 pr2의 값을 교환한다. noexcept
fu=pr.get_future()	fu는 pr에 대응되는 furture다.
pr.set_value(x)	태스크의 결과는 값 x다.
pr.set_value()	void future에 대한 태스크의 결과를 설정한다.
pr.set_exception(p)	태스크의 결과는 p가 가리키는 예외다. p는 exception_ptr
pr.set_value_at_thread_exit(x)	태스크의 결과는 값 x다. thread가 종료될 때까지 결과를 준비하지 않는다.
pr.set_exception_at_thread_exit(p)	태스크의 결과는 p가 가리키는 예외다. p는 exception_ptr. thread가 종료될 때까지 결과를 준비하지 않는다.
swap(pr,pr2)	pr.swap(pr2). noexcept

promise에 대해서는 복사 연산이 존재하지 않는다.

set 함수는 값이나 예외가 이미 설정돼 있다면 future_error를 던진다.

promise를 통해서는 하나의 결과 값을 전송하는 것만이 가능하다. 제한적으로 보이긴 하지만 값이 복사되는 것이 아니라 이동되기 때문에 저렴한 비용으로 객체의 집합을 전송할 수 있다는 점을 기억하자. 예를 들면 다음과 같다.

```
promise<map<string,int>> pr;
map<string,int> m;
// ... m을 백만 개의 <string,int> 쌍으로 채운다...
pr.set_value(m);
```

이렇게 되면 태스크는 대응되는 future에서 해당 map을 실질적으로 아무런 비용도 들이지 않고 추출할 수 있다.

42.4.3 packaged_task

packaged_task는 태스크와 future/promise 쌍을 보관한다.

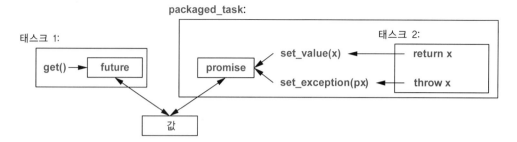

실행되기를 원하는 태스크(함수나 함수 객체)를 packaged_task에 전달한다. 태스크가 return x를 실행하면 packaged_task의 promise에 대해 set_value(x)를 설정한다. 마찬가지로 throw x는 set_exception(px)를 설정하는데, 여기서 px는 x에 대한 exception_ptr이다. 기본적으로 packaged_task는 자신의 태스크 f(args)를 다음과 같이 실행한다.

```
try {
    pr.set_value(f(args));        // promise가 pr로 불린다고 가정한다.
}
catch(...) {
    pr.set_exception(current_exception());
}
```

packaged_task는 상당히 전통적인 연산 집합을 제공한다.

---

packaged_task<R(ArgTypes...)>(iso.30.6.9절)

---

packaged_task pt {};	기본 생성자. pt는 아무 태스크도 보관하지 않는다. noexcept
packaged_task pt {f};	f를 보관하는 pt를 생성한다. f는 pt 안으로 이동된다. 기본 할당자를 사용한다. explicit
packaged_task pt {allocator_arg_t,a,f};	f를 보관하는 pt를 생성한다. f는 pt 안으로 이동된다. 할당자 a를 사용한다. explicit
packaged_task pt {pt2};	이동 생성자. pt는 pt2의 상태를 얻는다. pt2를 이동시킨 후에는 태스크를 갖지 않는다. noexcept
pt=move(pt2)	이동 생성자. pt는 pt2의 상태를 얻는다. pt의 이전 공유 상태에 대한 사용 카운트를 감소시킨다. pt2를 이동시킨 후에는 태스크를 갖지 않는다. noexcept
pt.~packaged_task();	소멸자. 공유 상태를 버린다

---

pt.swap(pt2)	pt와 pt2의 값을 교환한다. noexcept
pt.valid()	pt가 공유 상태를 갖고 있는가? 주어진 태스크를 가졌었고, 이동되지 않았다면 공유 상태를 가진다. noexcept
fu=pt.get_future()	fu는 pt의 promise에 대한 future다. 두 번 호출되면 future_error를 던진다.

(이어짐)

packaged_task<R(ArgTypes...)>(iso.30.6.9절)	
pt()(args)	f(args)를 실행한다. f()에서 return x는 pt의 promise에 set_value(x)를 설정하고, f()에서 throw x는 pt의 promise에 set_exception(px)를 설정한다. px는 x에 대한 exception_ptr이다.
pt.make_ready_at_exit(args)	f(args)를 호출한다. thread가 종료될 때까지 결과를 이용 불가능하게 만든다.
pt.reset()	초기 상태로 재설정된다. 예전 상태를 버린다.
swap(pt,pt2)	pt.swap(pt2)
uses_allocator<PT,A>	PT가 할당자 타입 A를 사용한다면 true_type

packaged_task는 이동될 수 있지만, 복사될 수는 없다. packaged_task는 자신의 태스크를 복사할 수 있으며, 태스크의 사본은 원본과 동일한 결과를 산출하는 것으로 가정된다. 태스크가 자신의 packaged_task와 함께 새로운 thread의 스택으로 이동될 수 있기 때문에 이는 중요한 사실이다.

공유 상태를 버린다는 것(소멸자와 이동에 의해서 수행되는 것과 같이)은 그것을 준비시킨다는 뜻이다. 저장된 값이나 예외가 없다면 future_error를 가리키는 포인터가 저장된다(42.4.1절).

make_ready_at_exit()의 장점은 thread_local 변수에 대한 소멸자가 실행되기 전에는 결과를 이용할 수 없다는 것이다.

get_future()와 짝을 이루는 get_promise() 연산은 존재하지 않는다. promise의 사용은 전적으로 packaged_task에 의해 처리된다.

정말로 간단한 예제에 대해서는 thread를 전혀 쓰지 않아도 된다. 우선 간단한 태스크를 정의한다.

```
int ff(int i)
{
    if (i) return i;
    throw runtime_error("ff(0)");
}
```

이제 이 함수를 packaged_task 안에 패키지화한 다음에 그것들을 호출한다.

```
packaged_task<int(int)> pt1 {ff};        // ff를 pt1에 저장한다.
packaged_task<int(int)> pt2 {ff};        // ff를 pt2에 저장한다.
pt1(1);                                  // pt1가 ff(1)을 호출하게 한다.
pt2(0);                                  // pt2가 ff(0)을 호출하게 한다.
```

지금까지는 아무 일도 일어나지 않은 것으로 보인다. 특히 ff(0)에 의해 예외가 트리거되는 것이 보이지 않는다. 실제로는, pt1(1)은 pt1에 부착된 promise에 대해 set_value(1)을 실행했고, pt1(0)은 pt2에 부착된 promise에 대해 set_exception(px)를 실행했다. px는 runtime_error("ff(0)")에 대한 exception_ptr이다.

차후에 결과를 꺼내 볼 수 있다. `get_future()` 연산은 패키지화된 스레드가 자신의 태스크 결과를 보관하는 `future`를 얻는 데 사용된다.

```
auto v1 = pt1.get_future();
auto v2 = pt2.get_future();

try {
    cout << v1.get() << '\n';    // 출력할 것이다.
    cout << v2.get() << '\n';    // 예외를 던질 것이다.
}
catch (exception& e) {
    cout << "exception: " << e.what() << '\n';
}
```

결과는 다음과 같다.

```
1
exception: ff(0)
```

그냥 다음과 같이 작성해도 정확히 똑같은 결과가 얻어졌을 것이다.

```
try {
    cout << ff(1) << '\n';    // 출력할 것이다.
    cout << ff(0) << '\n';    // 예외를 던질 것이다.
}
catch (exception& e) {
    cout << "exception: " << e.what() << '\n';
}
```

요점은 태스크의 호출(여기서는 `ff`)과 `get()`의 호출이 서로 다른 `thread`에서 이뤄지더라도 `packaged_task` 버전이 통상적 함수 호출을 사용한 버전과 정확히 똑같이 동작한다는 것이다. `thread`와 잠금에 대해 신경 쓰지 않고, 태스크 지정에 집중할 수 있는 것이다.

`future`나 `packaged_task`, 또는 둘 모두를 여기저기로 이동시킬 수 있다. 결국에는 `packaged_task`가 실행되고 그것의 태스크가 그 결과를 `future`에 저장하는데, 이때 어떤 `thread`가 그것을 실행했는지 또는 어떤 `thread`가 그 결과를 받게 될 것인지에 대해 알 필요가 없다. 이런 방식은 간단하면서도 범용적이다.

어떤 `thread`가 일련의 요청을 처리한다고 가정해보자. 그런 스레드는 GUI `thread`일 수도 있고, 특화된 하드웨어의 일부분에 대한 접근을 소유한 `thread`일 수도 있고, 실제로는 큐를 통해 자원에 대한 접근을 직렬화하는 임의의 서버일 수도 있다. 이런 서비스를 메시지 큐로 구현할 수도 있고(42.3.4절), 아니면 실행될 태스크를 전달할 수도 있다.

```
using Res = /* 서버를 위한 반환 타입 */;
using Args = /* 서버를 위한 인자 타입 */;

using PTT = Res(Args);

Sync_queue<packaged_task<PTT>> server;

Res f(Args);                          // 함수: 뭔가를 수행한다.
struct G {
```

```
    Res operator()(Args);              // 함수 객체: 뭔가를 수행한다.
    // ...
};
auto h = [=](Args a) { /* 뭔가를 수행한다 */ };       // 람다

packaged_task<PTT> job1(f);
packaged_task<PTT> job2(G{});
packaged_task<PTT> job3(h);

auto f1 = job1.get_future();
auto f2 = job2.get_future();
auto f3 = job3.get_future();

ser ver.put(move(job1));
ser ver.put(move(job2));
ser ver.put(move(job3));

auto r1 = f1.get();
auto r2 = f2.get();
auto r3 = f3.get();
```

서버 thread는 server 큐로부터 packaged_task를 받아들이고 적절한 순서대로 그것들을 실행할 것이다. 대개 태스크는 호출한 상황으로부터 전달받은 정보와 같이 움직인다.

태스크는 본질적으로 통상적 함수, 함수 객체, 람다와 똑같은 방식으로 작성된다. 서버는 본질적으로 태스크를 통상적인 (콜백) 함수와 똑같은 방식으로 호출한다. 실제로 packaged_task는 예외 처리가 해결되기 때문에, 서버 입장에서는 통상적인 함수보다 더 쉽게 이용할 수 있다.

42.4.4 future

future는 공유 상태에 대한 핸들이다(42.4.1절). future는 promise(42.4.2절)에 의해 보관된 결과를 태스크가 꺼낼 수 있는 곳이다.

future<T>(iso.30.6.6절)	
future fu {};	기본 생성자. 공유 상태 없음. noexcept
future fu {fu2};	이동 생성자. fu는 fu2의 공유 상태를 얻는다(존재할 경우).
	fu2는 더 이상 공유 상태를 갖지 않는다. noexcept
fu.~future()	소멸자. 공유 상태를 해제한다(존재할 경우).
fu=move(fu2)	이동 대입. fu는 fu2의 공유 상태를 얻는다(존재할 경우).
	fu2는 더 이상 공유 상태를 갖지 않는다. fu2의 예전 상태를 해제한다(존재할 경우).
sf=fu.share()	fu의 값을 shared_future sf로 이동시킨다.
	fu는 더 이상 공유 상태를 갖지 않는다.
x=fu.get()	fu의 값을 x로 이동시킨다. 예외가 fu에 저장돼 있다면 그것을 던진다.
	fu는 더 이상 공유 상태를 갖지 않는다. get()을 두 번 시도하지 않는다.
fu.get()	future<void>를 위한 것.
	x=fu.get()과 비슷하지만 아무 값도 이동시키지 않는다.

(이어짐)

future<T>(iso.30.6.6절)	
fu.valid()	fu가 유효한가? 즉, fu가 공유 상태를 갖고 있는가? noexcept
fu.wait()	값이 도착할 때까지 봉쇄한다.
fs=fu.wait_for(d)	값이 도착할 때까지 또는 duration d 동안 봉쇄한다.
	fs는 값이 ready인지, timeout이 일어났는지 또는 실행이 deferred됐는지 알려준다.
fs=fu.wait_until(tp)	값이 도착할 때까지 또는 time_point tp까지 봉쇄한다.
	fs는 값이 ready인지, timeout이 일어났는지 또는 실행이 deferred됐는지 알려준다.

future는 고유한 값을 보관하며 복사 연산은 제공하지 않는다.

값이 존재할 경우 future 밖으로 이동된다. 따라서 get()은 한 번만 호출될 수 있다. 결과를 여러 번 읽어야 할 가능성이 있다면(예를 들어 여러 태스크들에 의해) shared_future(42.4.5절)를 사용한다.

get()을 두 번 시도할 경우에 무슨 일이 일어날지는 정의돼 있지 않다. 실제로는 첫 번째 get(), valid(), 또는 valid()가 아닌 future에 대한 소멸자 외에 다른 연산을 시도할 경우에 무슨 일이 일어날지가 정의돼 있지 않다. 표준은 그러한 경우에 구현에서 future_errc::no_state 오류 조건을 가진 future_error를 던지도록 '권장'한다.

future<T>의 값 타입인 T가 void나 참조자라면 get()에 대해 특별 규칙이 적용된다.

- future<void>::get()은 값을 반환하지 않는다. 그냥 반환하든지 예외를 던진다.
- future<T&>::get()은 T&를 반환한다. 참조자는 객체가 아니므로 라이브러리는 T* 같이 뭔가 다른 것을 반환해야 하며, get()은 그것을 다시 T&로 변환한다.

future의 상태는 wait_for()와 wait_until()을 호출해서 관찰할 수 있다.

enum class future_status	
ready	future가 값을 갖고 있다.
timeout	연산이 시간 경과됐다.
deferred	get()이 실행될 때까지 future 태스크의 수행이 연기된다.

future에 대한 연산에서 일어날 수 있는 오류는 다음과 같다.

future 오류: future_errc	
broken_promise	promise가 값을 제공하기 전에 상태를 버렸다.
future_already_retrieved	future에 대한 두 번째 get()
promise_already_satisfied	promise()에 대한 두 번째 set_value() 또는 set_exception()
no_state	연산이 상태가 생성되기 전에 promise의 공유 상태에 접근하려고 시도했다 (예를 들면 get_future() 또는 set_value()).

추가로 shared_future<T>::get()의 T 값에 대한 연산은 예외를 던질 수 있다(예를 들면 통상적이지 않은 이동 연산).

future<T> 표를 살펴보면 두 개의 유용한 함수가 빠져 있다는 점을 알 수 있다.

- wait_for_all(args) args에 있는 모든 future가 값을 가질 때까지 기다린다.
- wait_for_any(args) args에 있는 하나의 future가 값을 가질 때까지 기다린다.

wait_for_all() 버전은 손쉽게 구현할 수 있다.

```
template<typename T>
vector<T> wait_for_all(vector<future<T>>& vf)
{
    vector<T> res;
    for (auto& fu : vf)
        res.push_back(fu.get());
    return res;
}
```

이 버전은 충분히 사용할 만하지만 결점이 하나 있다. 내가 10개의 future 동안 기다린다면 thread가 10번 봉쇄될 위험에 처하는 것이다. 이상적이라면 thread는 아무리 많아야 한 번 봉쇄되고 봉쇄 해제될 것이다. 하지만 대부분의 용도에 대해서 위의 wait_for_all() 구현으로 충분하다. 태스크 일부가 오래 실행된다면 추가적인 대기 시간은 큰 문제가 되지 않을 것이다. 반면 태스크들이 모두 짧다면 모두 첫 번째 대기 후에 종료될 가능성이 높다.

wait_for_any()의 구현은 좀 더 까다롭다. 우선은 future가 준비됐는지 체크하기 위한 방법이 필요하다. 뜻밖에도 그런 기능은 wait_for()를 사용해서 처리된다. 예를 들면 다음과 같다.

```
future_status s = fu.wait_for(seconds{0});
```

wait_for(seconds{0})를 이용해서 future의 상태를 얻는 방법이 확실하지는 않지만, wait_for()는 그것이 왜 재시작됐는지를 알려줄 것이고, 기다리기 전에 준비 여부를 검사한다. 일반적으로 wait_for(seconds{0})는 0 시간 동안 대기하려고 시도하지 않고 곧바로 반환하는 것이 보통이지만, 안타깝게도 그런 동작이 보장되는 것은 아니다.

wait_for()가 주어지면 다음과 같이 작성할 수 있다.

```
template<typename T>
int wait_for_any(vector<future<T>>& vf, steady_clock::duration d)
    // 준비된 future의 색인을 반환한다.
    // 어떤 future도 준비돼 있지 않다면 d 동안 기다렸다가 다시 시도한다.
{
    while(true) {
        for (int i=0; i!=vf.size(); ++i) {
            if (!vf[i].valid()) continue;
            switch (vf[i].wait_for(seconds{0})) {
            case future_status::ready:
                return i;
            case future_status::timeout:
```

```
                break;
            case future_status::deferred:
                throw runtime_error("wait_for_all(): deferred future");
            }
        }
        this_thread::sleep_for(d);
    }
}
```

나는 이런 용도에 대해서는 **deferred** 태스크(42.4.6절)를 오류로 간주하기로 결정했다.

valid()에 대한 체크를 눈여겨보기 바란다. 유효하지 않은 **future**(예를 들면 이미 **get()**을 실행한 것에 대한 **future**)에 대해 **wait_for()**를 시도하면 발견하기 어려운 오류가 일어날 것이다. 기껏해야 (아마도 뜻밖의) 예외라도 던져지면 다행일 것이다.

wait_for_all()의 구현과 마찬가지로 이 구현에도 역시 결점이 하나 있다. 이상적이라면 **wait_for_any()**의 호출자는 단순히 아무 태스크도 완료되지 않았다는 사실을 파악하려다가 깨어나지 말아야 하며, 누군가 그렇게 하면 즉시 봉쇄 해제돼야 한다. 예제의 간단한 구현은 그런 요구 사항을 대강 비슷하게 만들었을 뿐이다. **d**가 크면 쓸데없이 깨어나는 상황이 일어날 가능성은 줄어들지만, 불필요하게 대기하는 시간이 길어질 가능성이 생긴다.

wait_for_all()과 **wait_for_any()** 함수는 병행적인 알고리즘 제작에 필요한 유용한 구성 요소다. 42.4.7절에서 그런 용도로 활용된다.

42.4.5 shared_future

future의 결과 값은 단 한 번 읽혀질 수 있다. 이동되기 때문이다. 따라서 이 값을 반복적으로 읽고 싶거나 여러 사용자들이 읽을 수 있게 만들려면 이 값을 복사한 다음, 사본을 읽어야 한다. 그것이 **shared_future**의 역할이다. 사용 가능한 모든 **shared_future**는 값을 동일한 결과 타입으로 **future** 밖으로 이동시키는 것에 의해 직접적 또는 간접적으로 초기화된다.

shared_future<T>(iso.30.6.7절)	
shared_future sf {};	기본 생성자. 공유 상태 없음. noexcept
shared_future sf {fu};	생성자. future fu로부터 값을 이동시킨다. fu는 더 이상 상태를 갖지 않는다. noexcept
shared_future sf {sf2};	복사 및 이동 생성자. 이동 생성자는 noexcept
sf.~future()	소멸자. 공유 상태를 해제한다(존재할 경우)
sf=sf2	복사 대입
sf=move(sf2)	이동 대입. noexcept

(이어짐)

shared_future<T>(iso.30.6.7절)	
x=sf.get()	sf의 값이 x로 복사된다. 예외가 fu에 저장돼 있다면 그것을 던진다.
sf.get()	shared_future<void>에 대한 것.
	x=sf.get()와 비슷하지만 아무 값도 복사하지 않는다.
sf.valid()	sf가 공유 상태를 갖고 있는가? noexcept
sf.wait()	값이 도착할 때까지 봉쇄한다.
fs=sf.wait_for(d)	값이 도착할 때까지 또는 duration d 동안 봉쇄한다. fs는 값이 ready인지, timeout이 일어났는지 또는 실행이 deferred됐는지 알려준다.
fs=sf.wait_until(tp)	값이 도착할 때까지 또는 time_point tp까지 봉쇄한다. fs는 값이 ready인지, timeout이 일어났는지 또는 실행이 deferred됐는지 알려준다.

명백히 shared_future는 future와 상당히 유사하다. 주요한 차이점은 shared_future는 반복적으로 읽혀지고 공유될 수 있는 위치로 자신의 값을 이동시킨다는 것이다. future<T>에 대해서와 마찬가지로 shared_future<T>의 값 타입 T가 void나 참조자인 경우에는 특별 규칙이 get()에 적용된다.

- shared_future<void>::get()은 값을 반환하지 않는다. 단순히 반환하든지 예외를 던진다.
- shared_future<T&>::get()은 T&를 반환한다. 참조자는 객체가 아니므로, 라이브러리는 T* 같이 뭔가 다른 것을 반환해야 하며, get()는 그것을 다시 T&로 변환한다.
- shared_future<T>::get()은 T가 참조자가 아니라면 const T&를 반환한다.

반환된 객체가 참조자가 아니라면 const이므로, 동기화 없이도 여러 개의 thread에 의해 안전하게 접근될 수 있다. 반환된 객체가 const가 아닌 참조자라면 참조되는 객체에 대한 데이터 경합을 피하기 위해 어떤 형태로든 상호 배타가 필요하다.

42.4.6 async()

future와 promise(42.4.1절), packaged_task(42.4.3절)가 주어지면 thread에 대해 그다지 신경쓰지 않고도 간단한 태스크를 작성할 수 있다. 이것들이 주어지면 thread는 우리에게서 실행할 태스크를 제공받는 뭔가일 뿐이다. 하지만 그럼에도 얼마나 많은 thread를 사용할지 그리고 태스크가 현재 thread나 다른 thread 중에서 어느 쪽에서 실행되는 것이 최선인지에 대해서는 고려해야 한다. 이러한 의사결정은 스레드 런처thread launcher에 위임될 수 있는데, 스레드 런처란 새로운 thread를 생성할지, 오래된 thread를 재사용할지, 아니면 현재의 thread에서 태스크를 실행할지의 여부를 결정하는 함수다.

비동기적 태스크 런처 async<F,Args>()(iso.30.6.8절)	
fu=async(policy,f,args)	실행 정책 policy에 따라 f(args)를 수행한다.
fu=async(f,args)	fu=async(launch::async|launch::deferred,f,args)

async() 함수는 기본적으로 미지의 복잡한 런처에 대한 간단한 인터페이스다. async()는 future<R>을 반환하는데, 여기서 R은 태스크의 결과 타입이다. 예를 들면 다음과 같다.

```
double square(int i) { return i*i; }

future<double> fd = async(square,2);
double d = fd.get();
```

square(2)를 수행하도록 thread를 실행시키면 2*2를 수행하는 가장 느린 기록을 얻게 될 것이다. 이 표기는 auto를 사용해서 단순화할 수 있다.

```
double square(int i) { return i*i; }

auto fd = async(square,2);
auto d = fd.get();
```

원칙적으로 async()의 호출자는 async()의 구현이 단순히 현재 thread에 있는 태스크를 실행하지 않고, 새로운 thread를 시작시킬 것인지를 결정하는 데 도움이 되는 엄청나게 다양한 정보를 제공할 수 있다. 예를 들어 프로그래머가 런처에게 태스크가 얼마나 오랫동안 실행될 것 같은지에 대한 단서를 제공하고 싶을 것이라는 점은 손쉽게 상상할 수 있다. 하지만 현재는 오직 두 가지만 표준에 포함돼 있다.

런칭 정책: launch

async	새로운 thread가 마치 태스크 수행을 위해 생성된 것처럼 태스크를 수행한다.
deferred	태스크의 future에 대한 get()의 실행 시점에 태스크를 수행한다.

'마치 ~ 것처럼'이란 표현에 유의한다. 런처는 새로운 thread를 시작할 것인지에 대해서 폭넓은 재량권을 가진다. 예를 들어 기본 정책이 async|deferred(async 또는 deferred)이기 때문에 async()가 async(square,2)에 대해 deferred를 사용하기로 결정했다고 생각해도 이상하지 않으므로, 수행은 square(2)를 호출하는 fd.get()으로 귀결된다. 이러한 전체 코드를 다음과 같이 줄여주는 최적화 메커니즘까지 상상할 수 있다.

```
double d = 4;
```

하지만 async()의 구현이 이런 사소한 예제를 위해 최적화되리라고 기대하지는 말아야 한다. 구현자는 이런 경우보다는 '재사용'되거나 새로운 thread에서 태스크를 실행하는 편이 타당하다고 여겨질 만큼 해당 태스크가 상당량의 계산을 수행하는 현실적인 사례에 노력을 기울이는 편이 낫다.

'재사용'되는 스레드란 thread 집합(스레드 풀)에 포함된 thread로서 async()가 한 번 생성한 다음 다양한 태스크를 실행하는 데 반복해서 사용할 수 있는 것을 말한다. 시스템 스레드의 구현에 따라 이런 스레드는 thread에서 태스크를 수행하는 비용을 대폭 낮춰 줄 수 있다. thread가 재사용되면 런처는 해당 thread에서 수행됐던 이전 태스크에 의해 남겨진 상태를 태스크가 보지 못하도록 하고, 태스크가 자신의 스택을 가리키는 포인터나 thread_local 데이터(42.2.8절)를 비지역적인 저장 공간에 저장하지 못하게끔 관리해야 한다. 그런 데이터는 경우에 따라 보안 침해에 사용될 수도 있다.

`async()`의 간단하면서도 실제적인 용도 중 하나는 사용자로부터 입력을 취합하는 태스크를 생성하는 것이다.

```
void user()
{
    auto handle = async([](){ return input_interaction_manager(); });
    // ...
    auto input = handle.get();
    // ...
}
```

이런 태스크는 호출자에게 뭔가 데이터를 요구한다. 여기서는 람다를 사용해서 인자를 전달할 수 있다는 점과 지역 변수에 대한 접근을 허용한다는 점을 명확히 했다. 태스크를 지정하기 위해 람다를 사용할 때는 참조자로 지역 변수를 획득하지 않도록 유의한다. 그렇게 하면 데이터 경합이나 두 **thread**가 동일한 스택 프레임에 접근함으로써 발생하는 불행한 캐시 접근 패턴을 낳을 수 있다. 또한 **[this]**(11.4.3.3절)를 사용해서 어떤 객체의 멤버를 획득한다는 건 해당 객체의 멤버가 복사되지 않고 (this를 통해) 간접적으로 접근된다는 의미라는 점에 유의한다. 그런 객체는 우리가 그렇지 않다는 점을 확실히 하지 않는 한 데이터 경합의 대상이 될 수 있다. 의심스럽다면 복사한다(전달하거나 [=]를 이용해서 값으로 획득한다).

스케줄링 정책을 '늦은' 것으로 선택할 수 있고, 필요한 대로 바꿀 수 있는 것이 중요할 때가 있다. 예를 들어 최초의 디버깅에는 **launch::deferred**를 사용할 수 있다. 이렇게 하면 순차적인 오류들이 제거될 때까지 병행성에 관련된 오류들이 제거될 것이다. 또한 어떤 오류가 정말 병행성과 관련된 것인지 판단하기 위해 경우에 따라 **launch::deferred**로 돌아갈 수도 있다.

시간이 지남에 따라 더 많은 런칭 정책을 이용할 수 있게 될 것이고, 아마도 어떤 시스템은 다른 시스템에 비해 좀 더 나은 런칭 정책을 제공할 것이다. 이런 경우라면 프로그램 논리의 미묘한 세부 사항을 건드리지 않고 런칭 정책을 지역적으로 변경함으로써 코드의 성능을 개선시킬 수도 있다. 이런 가능성 역시 태스크 기반 모델의 근본적인 단순성에서 나온 결과다(42.4절).

launch::async|launch::deferred를 기본 런칭 정책으로 삼는 것은 실용적인 차원의 문제다. 기본적으로 이 정책은 부족한 설계 결정만큼 문제가 되지는 않는다. 구현에서 '병행성 미지원'이 좋은 생각이라고 결정하고 항상 **launch::deferred**를 쓸 수도 있다. 병행성과 관련된 실험이 단일 스레드 실행과 예상 외로 유사한 결과를 보여준다면 런칭 정책을 명확히 해야 한다.

42.4.7 병렬적인 find() 예제

`find()`는 시퀀스에 대한 선형적인 검색을 수행한다. 손쉽게 정렬되지 않는 수백만 개의 항목들이 있는데, 이때 `find()`가 뭔가를 찾는 데 적합한 알고리즘이라고 상상해보자. 이런 검색은

느려질 수 있으므로, 한 번에 시작부터 끝까지 검색하는 대신에 데이터의 1/100 각각에 대해 100번의 find()를 시작시킬 수 있다.

우선 데이터를 Record의 vector로 표시한다.

```
extern vector<Record> goods;    // 검색될 데이터
```

개별적인(순차적인) 태스크는 표준 라이브러리 find_if()를 사용한다.

```
template<typename Pred>
Record* find_rec(vector<Record>& vr, int first, int last, Pred pr)
{
    vector<Record>::iterator p = std::find_if(vr.begin()+first,vr.begin()+last,pr);
    if (p == vr.begin()+last)
        return nullptr;         // 끝에서: 발견된 레코드가 없다.
    return &*p;                 // 발견됨: 원소를 가리키는 포인터를 반환한다.
}
```

안타깝게도 병렬 처리의 '입자grain'는 우리가 결정해야 한다. 즉, 순차적으로 검색될 레코드의 개수를 지정해야 한다는 것이다.

```
const int grain = 50000;        // 선형적 검색을 위한 레코드의 개수
```

이런 식으로 숫자를 고르는 방식은 입자 크기를 선택하는 데 있어 상당히 원시적인 방법이다. 하드웨어, 라이브러리 구현, 데이터, 알고리즘에 대해 많은 사항을 알지 못하면 제대로 선택하기가 어렵다. 실험이 필수적이다. 우리가 입자 크기를 선택하지 않아도 되게끔 해주거나 선택을 도와주는 개발 도구나 프레임워크는 상당히 유용할 수 있다. 하지만 기초적인 표준 라이브러리 기능 및 그것들의 기초적인 활용법을 간단히 보여주는 데는 grain으로 충분하다.

pfind()('병렬적 검색')는 grain과 Record 개수에 의해 요구되는 횟수만큼 async()를 호출할 뿐이다. 그러면 get()으로 결과를 얻을 수 있다.

```
template<typename Pred>
Record* pfind(vector<Record>& vr, Pred pr)
{
    assert(vr.size()%grain==0);

    vector<future<Record*>> res;

    for (int i = 0; i!=vr.size(); i+=grain)
        res.push_back(async(find_rec<Pred>,ref(vr),i,i+grain,pr));

    for (int i = 0; i!=res.size(); ++i)        // future에서 결과를 찾는다.
        if (auto p = res[i].get())             // 태스크가 일치되는 항목을 찾았는가?
            return p;

    return nullptr;                            // 일치되는 결과가 발견되지 않았다.
}
```

최종적으로 검색을 시작한다.

```
void find_cheap_red()
{
    assert(goods.size()%grain==0);

    Record* p = pfind(goods,
                      [](Record& r) { return r.price<200 && r.color==Color::red; });
    cout << "record "<< *p << '\n';
}
```

병렬적 **find()**의 첫 번째 버전은 우선 다수의 태스크를 생성한 다음에 순서대로 그것들을 기다리는 절차를 진행한다. **std::find_if()**와 마찬가지로 **pfind()**는 술어 함수와 일치하는 첫 번째 원소를 보고한다. 즉, 일치하는 것 중 가장 낮은 색인을 가진 원소를 찾는다. 그것까지는 괜찮지만, 이 방식은 다음의 문제가 있을 수 있다.

- 우리는 아무것도 찾지 못하는 다수의 태스크를 기다리게 될 수 있다(혹시 가장 마지막 태스크만이 뭔가를 찾을 수 있다).
- 우리는 유용할 수 있는 많은 정보를 날려버릴 수도 있다(우리의 기준에 일치하는 수천 개가 될 수 있는 항목들).

첫 번째 문제는 생각만큼 심각하지 않다. 아무 비용도 소요하지 않는 **thread**를 실행하고 태스크 숫자만큼의 프로세스 단위가 준비돼 있다고 (약간 무모하긴 하지만) 가정해보자. 이렇게 되면 여전히 한 태스크로 처리하는 데 걸린 것과 거의 비슷한 시간 안에 결과를 얻게 될 것이다. 즉, 수백만이 아니라 50,000개의 레코드를 조사하는 데 소요되는 시간 내에 결과를 얻을 수 있는 가능성이 있다는 말이다. N개의 프로세스 단위를 갖고 있다면 결과는 N*50000개의 레코드에 대한 결과로 일괄 전달될 것이다. **vector**의 마지막 세그먼트까지 아무 레코드도 발견되지 않는다면 소요 시간은 대략 **vr.size()/(N*grain)** 단위가 될 것이다.

각 태스크를 순서대로 기다리는 대신, 태스크가 완료되는 순서대로 결과를 살펴보려고 시도할 수도 있다. 즉, **wait_for_any()**(42.4.4절)를 사용할 수 있다는 것이다. 예를 들면 다음과 같다.

```
template<typename Pred>
Record* pfind_any(vector<Record>& vr, Pred pr)
{
    vector<future<Record*>> res;

    for (int i = 0; i!=vr.size(); i+=grain)
        res.push_back(async(find_rec<Pred>,ref(vr),i,i+grain,pr));

    for (int count = res.size(); count; --count) {
        int i = wait_for_any(res,microseconds{10});   // 완료된 태스크를 찾는다.
        if (auto p = res[i].get())                     // 태스크가 일치되는 항목을 찾았는가?
            return p;
    }

    return nullptr;                                    // 일치 항목이 발견되지 않았다.
}
```

get()은 자신의 future를 무효화해 버리기 때문에 부분적인 결과를 두 번 보지 못하게 된다.

count를 사용해서 모든 태스크가 회답을 한 후에는 계속해서 살펴보지 않게 만들었다. 그것만 제외하면 pfind_any()는 pfind()만큼이나 간단하다. pfind()에 비해 pfind_any() 가 성능상의 이점이 있는지의 여부는 여러 가지 사항에 달려 있지만, 병행성의 장점을 얻을 수 있으려면 약간 다른 알고리즘을 써야 한다는 것이 요점이다. find_if()와 마찬가지로 pfind()는 최초의 일치 항목을 반환하는 반면, pfind_any()는 첫 번째 찾은 일치 항목이 어떤 것이든 전부 반환한다. 많은 경우 문제에 적합한 최선의 병렬적 알고리즘은 순차적 해결책의 단순 반복이 아니라 순차적 해결책을 변형한 것이다.

이 경우에 당연한 질문은 "하지만 실제로 하나의 일치 항목만 필요한가?"다. 병행성이 가능하다면 모든 일치 항목을 찾는 편이 좀 더 타당하다. 그렇게 하기는 쉽다. 우리가 해야 할 일은 각 태스크가 단순히 일치 항목이 아니라 일치 항목의 vector를 반환하게 하는 것뿐이다.

```
template<typename Pred>
vector<Record*> find_all_rec(vector<Record>& vr, int first, int last, Pred pr)
{
    vector<Record*> res;
    for (int i=first; i!=last; ++i)
        if (pr(vr[i]))
            res.push_back(&vr[i]);
    return res;
}
```

이 find_all_rec()는 확실히 원래의 find_rec()보다 간단하다.

이제 find_all_rec()를 적절한 횟수만큼 실행한 후에 결과를 기다리기만 하면 된다.

```
template<typename Pred>
vector<Record*> pfind_all(vector<Record>& vr, Pred pr)
{
    vector<future<vector<Record*>>> res;

    for (int i = 0; i!=vr.size(); i+=grain)
        res.push_back(async(find_all_rec<Pred>,ref(vr),i,i+grain,pr));

    vector<vector<Record*>> r2 = wait_for_all(res);

    vector<Record*> r;
    for (auto& x : r2)                    // 결과를 합친다.
        for (auto p : x)
            r.push_back(p);
    return r;
}
```

단순히 vector<vector<Record*>>를 반환했다면 이 pfind_all()은 지금까지 등장한 병렬화 함수 중에서 가장 간단한 것이 됐을 것이다. 하지만 반환된 vector를 하나로 병합함으로써 pfind_all()은 가장 일반적이면서 인기 있는 다음과 같은 병렬 알고리즘 그룹의 사례가 됐다.

[1]   실행될 태스크를 다수 생성한다.

[2]   태스크를 병렬적으로 실행한다.

[3]   결과를 병합한다.

이것은 병행적 실행의 세부 사항이 완전히 은닉되도록 프레임워크의 틀에서 개발될 때 흔히 **맵리듀스**map-reduce[Dean,2004]라고 불리는 기본적인 개념이다.

예제는 다음과 같이 실행될 수 있다.

```
void find_all_cheap_red()
{
    assert(goods.size()%grain==0);

    auto vp = pfind_all(goods,
        [](Record& r) { return r.price<200 && r.color==Color::red; });
    for (auto p : vp)
        cout << "record "<< *p << '\n';
}
```

우선 병렬화하려는 노력이 의미가 있는지 검토해야 한다. 이를 위해 간단한 순차적 버전을 테스트에 추가했다.

```
void just_find_cheap_red()
{
    auto p = find_if(goods.begin(),goods.end(),
        [](Record& r) { return r.price<200 && r.color==Color::red; });
    if (p!=goods.end())
            cout << "record "<< *p << '\n';
    else
            cout << "not found\n";
}

void just_find_all_cheap_red()
{
    auto vp = find_all_rec(goods,0,goods.size(),
        [](Record& r) { return r.price<200 && r.color==Color::red; });
    for (auto p : vp)
        cout << "record "<< *p << '\n';
}
```

내가 가진 간단한 테스트 데이터와 단 4개의 하드웨어 스레드만을 가진 나의 (비교적) 저사양 노트북에서는 일관되거나 상당한 성능상의 차이를 발견하지 못했다. 이런 경우에는 완성도가 떨어지는 **async()** 구현의 **thread** 생성 비용이 병행성의 효과를 압도한다. 바로 당장 상당한 병렬적인 속도 개선을 필요로 한다면 **packaged_task**(42.4.3절)의 **Sync_queue**(42.3.4절)에 맞춰 미리 계산된 **thread** 집합과 작업 큐를 기반으로 자체만의 **async()** 변형 버전을 구현해야 할 것이다. 태스크 기반의 병렬적 **find()** 프로그램을 수정하지 않고도 그런 중요한 최적화를 수행할 수 있다는 점에 주목한다. 애플리케이션 관점에서 보면 표준 라이브러리 **async()**를 최적화된 버전으로 대체하는 것은 구현 세부 사항에 속한다.

42.5 조언

[1]   thread는 시스템 스레드에 대한 타입 안전적인 인터페이스다(42.2절).

[2]   실행 중인 thread는 소멸시키지 않는다(42.2.2절).

[3]   join()을 사용해서 thread가 완료될 때까지 기다린다(42.2.4절).

[4]   thread에 대해 RAII를 제공하기 위해서 guarded_thread 사용을 고려한다(42.2.4절).

[5]   정말 어쩔 수 없는 상황이 아니라면 thread를 detach()하지 않는다(42.2.4절).

[6]   lock_guard 또는 unique_lock을 이용해서 뮤텍스를 관리한다(42.3.1.4절).

[7]   lock()을 이용해서 여러 개의 잠금을 획득한다(42.3.2절).

[8]   condition_variable을 이용해서 thread 사이의 통신을 관리한다(42.3.4절).

[9]   직접적인 thread의 관점이 아니라 병행적으로 실행될 수 있는 태스크의 관점에서 생각한다(42.4절).

[10]   단순성을 높이 평가한다(42.4절).

[11]   promise를 이용해서 결과를 반환하고 future로부터 결과를 얻는다(42.4.1절).

[12]   promise에 set_value() 또는 set_exception()을 두 번 설정하지 않는다(42.4.2절).

[13]   packaged_task를 이용해서 태스크에 의해 던져진 예외를 처리하고 값 반환을 준비한다(42.4.3절).

[14]   packaged_task와 future를 이용해서 외부 서비스에 대한 요청을 표현하고 그 응답을 기다린다(42.4.3절).

[15]   future로부터 두 번 get()하지 않는다(42.4.4절).

[16]   async()를 이용해서 간단한 태스크를 시작한다(42.4.6절).

[17]   병행적 태스크의 적절한 입자성을 선택하기는 어렵다. 실험하고 측정하기 바란다(42.4.7절).

[18]   가급적 병행성은 병렬적 알고리즘의 인터페이스 뒤에 은닉한다(42.4.7절).

[19]   같은 문제에 대해 병렬 알고리즘은 순차적 해결책과 의미 구조적으로 다를 수 있다(예를 들면 pfind_all()과 find())(42.4.7절).

[20]   때로는 순차적 해결책이 병렬적 해결책보다 간단하고 빠르다(42.4.7절).

43

C 표준 라이브러리

C는 엄격한 타입을 가지고,
약하게 체크되는 언어다
— D. M. 리치(D. M. Ritchie)

- 개요
- 파일
- printf() 계열
- C 스타일 문자열
- 메모리
- 날짜와 시간
- 기타
- 조언

43.1 개요

C 언어를 위한 표준 라이브러리는 아주 사소한 수정을 거쳐 C++ 표준 라이브러리에 통합됐다. C 표준 라이브러리는 상당히 광범위한 상황에서 오랜 기간 동안 유용한 것으로 입증된 상당수의 함수를 제공한다. 특히 C 함수는 비교적 저수준의 프로그래밍에서 유용한 것으로 입증돼 왔다.

여기서 소개되는 것보다 더 많은 C 표준 라이브러리 함수들이 있다. 더 많은 것을 알고 싶다면 『'Kernighan and Ritchie』[Kernighan,1988]나 ISO C 표준[C,2011] 같이 훌륭한 C 교재를 참고하기 바란다.

43.2 파일

<cstdio> 입출력 시스템은 파일file을 기반으로 한다. 파일(FILE*)은 어떤 파일이나 표준 입력 및 출력 스트림인 stdin, stdout, stderr 중 하나를 참조할 수 있다. 표준 스트림은 기본적으로 이용 가능하며, 다른 파일들은 열려져야 한다.

파일 열기와 닫기

`f=fopen(s,m)`	s란 이름의 파일에 대해 모드 m으로 파일 스트림을 연다. 성공하거나 `nullptr`일 경우 f는 열려진 파일에 대한 `FILE*`다.
`x=fclose(f)`	파일 스트림 f를 닫는다. 성공하면 0을 반환한다.

`fopen()`으로 열린 파일은 `fclose()`로 닫혀야 하는데, 그렇지 않으면 운영체제가 닫기 전까지 열려 있는 채로 남아 있을 수 있다. 그것이 문제가 된다면(누출로 여겨진다면) `fstream`(38.2.1절)을 사용한다.

모드^{mode}란 파일이 어떻게 열릴지를 지정해주는(그리고 열린 후에 사용되는) 하나 또는 그 이상의 문자들이 포함된 C 스타일 문자열이다.

파일 모드

`"r"`	읽기
`"w"`	쓰기(이전의 내용은 버린다)
`"a"`	덧붙이기(끝부분에 추가한다)
`"r+"`	읽기와 쓰기
`"w+"`	읽기와 쓰기(이전의 내용은 버린다)
`"b"`	이진. 하나 또는 그 이상의 모드와 함께 사용된다.

특정 시스템에서는 추가적인 옵션이 있을 수 있다(그리고 대개 그렇다). 예를 들어 **x**는 경우에 따라 "해당 파일은 이 파일 연산 전에 존재하지 않아야 한다"는 뜻을 나타내는 데 쓰이기도 한다. 일부 옵션은 조합될 수 있다. 예를 들어 `fopen("foo","rb")`는 이진 읽기를 위해 `foo`라는 파일을 열려고 시도한다. 입출력 모드는 `stdio`와 `iostream`(38.2.1절)에 대해 동일해야 한다.

43.3 printf() 계열

인기 있는 C 표준 라이브러리 대부분은 출력 함수다. 하지만 나는 `iostream`을 선호하는 편인데, 이 라이브러리가 타입 안전적이고 확장 가능하기 때문이다. 서식화된 출력 함수인 `printf()`는 널리 쓰이며(C++ 프로그램에서도), 다른 프로그래밍 언어에서도 광범위하게 모방되고 있다.

---

printf()

`n=printf(fmt,args)`	인자 `args`를 적절하게 삽입해서 서식 문자열 `fmt`를 `stdout`에 출력한다.
`n=fprintf(f,fmt,args)`	인자 `args`를 적절하게 삽입해서 서식 문자열 `fmt`를 파일 f에 출력한다.
`n=sprintf(s,fmt,args)`	인자 `args`를 적절하게 삽입해서 서식 문자열 `fmt`를 C 스타일 문자열 s에 출력한다.

각 버전에 대해 **n**은 쓰여질 문자의 개수이거나, 출력이 실패할 때는 음수가 된다. `printf()`의 반환 값은 실질적으로 언제나 무시된다.

printf()의 선언은 다음과 같다.

```
int printf(const char* format ...);
```

즉, 이 함수는 C 스타일 문자열(대개 문자열 리터럴)에 이어서 임의의 타입 인자를 임의의 개수만큼 받아들인다. 이런 '추가적인 인자들'의 의미는 서식 문자열에 포함된 %c(문자로 출력)와 %d(10진수 정수로 출력) 같은 변환 지정에 의해 제어된다. 예를 들면 다음과 같다.

```
int x = 5;
const char* p = "Pedersen";
printf("the value of x is '%d' and the value of s is '%s'\n",x,s);
```

%에 이어지는 문자는 인자 처리를 제어한다. 첫 번째 %는 첫 번째 '추가 인자'에 적용되며(여기서 %d는 x에 적용된다), 두 번째 %는 두 번째 '추가 인자'(여기서 %s는 s에 적용된다)에 적용되는 등의 식이다. 특히 printf()에 대한 이 호출의 결과 이후에는 줄 바꿈이 이어진다.

```
the value of x is '5' and the value of s is 'Pedersen'
```

일반적으로 % 변환 지시자와 그것이 적용될 타입 사이의 대응 관계는 체크될 수 없으며, 그것이 가능한 경우에도 대개는 체크되지 않는다. 예를 들면 다음과 같다.

```
printf("the value of x is '%s' and the value of s is '%x'\n",x,s);    // 문제 발생
```

변환 지정 집합은 상당히 방대하며(매년 늘어나고 있다), 상당한 수준의 융통성을 제공한다. 다양한 시스템은 C 표준에서 제공되는 범위를 넘어서는 옵션들을 지원한다. strftime() 서식화(43.6절)에 대해 쓰이는 옵션 집합도 살펴보기 바란다. % 다음에 이어질 수 있는 항목들은 다음과 같다.

-     선택적인 뺄셈 기호로 필드에서 변환된 값이 좌측 정렬되도록 지정한다.
+   선택적인 덧셈 기호로 부호 있는 타입이 언제나 +나 - 부호로 시작되도록 지정한다.
0   선택적인 0으로 맨 앞쪽 0이 수치 값 공백 채움에 사용되게 지정한다. -나 정밀도가 지정된 경우라면 이 0이 무시된다.
선택적인 #으로 소수점 뒤의 자릿수가 전부 0이라도 부동소수점을 소수점과 함께 출력할 것, 뒤에 붙는 0을 출력할 것, 8진수 값이 처음의 0과 함께 출력될 것, 그리고 16진수 값이 처음의 0x 또는 0X와 함께 출력될 것을 지정한다.
d   필드 폭을 지정하는 선택적인 자릿수 문자열이다. 변환된 값이 필드 폭보다 적은 문자 개수를 가지면 필드 폭을 맞추기 위해 왼쪽에서(좌측 정렬 표시자가 주어진 경우에는 우측에) 공백이 채워질 것이다. 필드가 0으로 시작하면 공백 채움 대신 0으로 채워질 것이다.
.   선택적인 마침표로, 필드 폭을 다음 자릿수 문자열과 분리하는 역할을 한다.
d   선택적인 자릿수 문자열로 e-나 f- 변환의 경우에 소수점 이후에 등장할 자릿수의 개수를 규정하는 정밀도를 지정하거나 문자열로부터 출력될 문자의 최대 개수를 지정한다.
*   필드 폭이나 정밀도는 자릿수 문자열 대신 *가 될 수 있다. 이런 경우에는 정수 인자로

필드 폭이나 정밀도를 지정한다.

h   선택적인 문자 h는 뒤에 이어지는 d, i, o, u, x, 또는 X가 (부호가 있거나 없는) 짧은 정수 인자에 대응되도록 지정한다.

hh   선택적인 문자 쌍 hh는 뒤에 이어지는 d, i, o, u, x, 또는 X 인자가 (부호가 있거나 없는) char 인자로 취급되도록 지정한다.

l   선택적인 문자 l(한국 발음으로 '엘')은 뒤에 이어지는 d, i, o, u, x, 또는 X가 (부호가 있거나 없는) long 정수 인자에 대응되도록 지정한다.

ll   선택적인 문자 쌍 ll(한국 발음으로 '엘엘')은 뒤에 이어지는 d, i, o, u, x, 또는 X가 (부호가 있거나 없는) long long 정수 인자에 대응되도록 지정한다.

L   선택적인 문자 L은 뒤에 이어지는 a, A, e, E, f, F, g, 또는 G가 long double 인자에 대응되도록 지정한다.

j   뒤에 이어지는 d, i, o, u, x, 또는 X가 intmax_t 또는 uintmax_t 인자에 대응되도록 지정한다.

z   뒤에 이어지는 d, i, o, u, x, 또는 X가 size_t 인자에 대응되도록 지정한다.

t   뒤에 이어지는 d, i, o, u, x, 또는 X가 ptrdiff_t 인자에 대응되도록 지정한다.

%   문자 %가 출력되도록 지정한다, 아무 인자도 사용되지 않는다.

c   변환 타입이 적용될 것임을 나타내는 문자. 변환 문자와 그 의미는 다음과 같다.

    d   정수 인자가 10진수 표기로 변환된다.

    i   정수 인자가 10진수 표기로 변환된다.

    o   정수 인자가 8진수 표기로 변환된다.

    x   정수 인자가 16진수 표기로 변환된다.

    X   정수 인자가 16진수 표기로 변환된다.

    f   float 또는 double 인자가 [-]ddd.ddd 스타일의 10진수 표기로 변환된다. 소수점 이후의 d 개수는 인자에 대한 정밀도와 동일하다. 필요하다면 숫자는 반올림된다. 정밀도가 빠져 있으며, 여섯 개의 자릿수가 주어진다. 정밀도가 명시적으로 0이고 #이 지정되어 있지 않으면 소수점이 출력되지 않는다.

    F   %f와 유사하지만 INF, INFINITY, NAN에 대해 대문자를 사용한다.

    e   float 또는 double 인자가 [-]d.ddde+dd 또는 [-]d.ddde-dd 과학 스타일의 10진수 표기로 변환된다. 여기에는 소수점 앞에 한 자릿수가 있고, 소수점 뒤의 자릿수의 개수는 인자에 대한 정밀도 지정과 동일하다. 필요하다면 숫자는 반올림된다. 정밀도가 빠져 있으며, 여섯 개의 자릿수가 주어진다. 정밀도가 명시적으로 0이고 #이 지정되어 있지 않으면 자릿수와 소수점이 출력되지 않는다.

    E   e와 유사하지만 지수를 나타내는 데 대문자 E가 쓰인다.

    g   float 또는 double 인자가 d 스타일, f 스타일, e 스타일 중 최소한의 공간에 최대한의 정밀도를 제공하는 스타일로 출력된다.

G	**g**와 유사하지만 지수를 나타내는 데 대문자 G가 쓰인다.
a	**double** 인자가 16진수 서식 **[-]0xh.hhhhp+d** 또는 **[-]0xh.hhhhp+d**로 출력된다.
A	**%**와 유사하지만 **x**와 **p** 대신 **X**와 **P**를 사용한다.
c	문자 인자가 출력된다. 널 문자는 무시된다.
s	인자가 문자열(문자 포인터)로 취급되고, 문자열에 있는 문자는 널 문자가 나오거나 정밀도로 지정된 문자 개수가 될 때까지 출력된다. 하지만 정밀도가 0이거나 빠져 있다면 널 문자가 나올 때까지 모든 문자들이 출력된다.
p	인자가 포인터로 취급된다. 출력되는 표현은 구현별 정의 사항이다.
u	부호 없는 정수 인자가 10진수 표기로 변환된다.
n	지금까지 **printf()**, **fprintf()**, 또는 **sprintf()** 호출에 의해 쓰여진 문자의 개수가 **int** 인자에 대한 포인터가 가리키는 **int**에 쓰여진다.

어떤 경우에도 필드 폭이 아예 없거나 작아서 필드가 잘려 나가는 일은 일어나지 않는다. 지정된 필드 폭이 실제의 폭을 초과하는 경우에만 채우기가 일어난다.

다음은 좀 더 복잡한 예제다.

```
char* line_format = "#line %d \"%s\"\n";
int line = 13;
char* file_name = "C++/main.c";

printf("int a;\n");
printf(line_format,line,file_name);
```

이 결과는 다음과 같다.

```
int a;
#line 13 "C++/main.c"
```

printf()는 타입 체크가 이뤄지지 않는다는 점에서 안전하지 않다. 예를 들어 다음은 예측 불가능한 출력, 세그먼테이션 오류^{segmentation fault}, 또는 더 최악의 결과를 낳을 수 있는 잘 알려진 방식이다.

```
char x = 'q';
printf("bad input char: %s",x);          // %s는 %c여야 했다.
```

하지만 **printf()** 함수는 C 프로그래머에게 친숙한 형식으로 상당한 융통성을 제공한다.

C에는 C++와 같은 의미를 가진 사용자 정의 타입이 없기 때문에 **complex**, **vector**, **string** 같은 사용자 정의 타입을 위한 출력 서식을 정의할 만한 수단이 없다. **strftime()**(43.6절)을 위한 서식은 또 다른 서식 지정자 집합을 설계하려고 시도하다가 만들어진 기형적인 사례의 한 예다.

C 표준 출력 **stdout**은 **cout**에 대응된다. C 표준 입력 **stdin**은 **cin**에 대응된다. C 표준 오류 출력 **stderr**은 **cerr**에 대응된다. C 표준 입출력과 C++ 입출력 스트림 사이의 대응 관계는 너무나 밀접하기 때문에 C 스타일 입출력과 입출력 스트림은 버퍼를 공유할 수 있다.

예를 들어 cout과 stdout 연산이 섞인 조합이 하나의 출력 스트림을 만들어내기 위해 쓰일 수 있다(이런 경우는 C와 C++가 섞인 코드에서 드물지 않다). 이런 융통성에는 비용이 수반된다. 더 나은 성능을 원한다면 하나의 스트림에 대해 stdio와 iostream 연산을 섞지 말기 바란다. 이를 확실히 하려면 첫 번째 입출력 연산 전에 ios_base::sync_with_stdio(false)를 호출한다(38.4.4절).

stdio 라이브러리가 제공하는 scanf() 함수는 printf()를 흉내 낸 스타일을 가진 입력 연산이다. 예를 들면 다음과 같다.

```
int x;
char s[buf_size];
int i = scanf("the value of x is '%d' and the value of s is '%s'\n",&x,s);
```

여기서 scanf()는 정수를 x에 읽어 들이고, 공백이 아닌 문자의 시퀀스를 s에 읽어 들이려고 시도한다. 서식화되지 않은 문자는 입력에 해당 문자가 포함된다는 뜻이다.

```
the value of x is '123' and the value of s is 'string '\n"
```

예를 들어 이 결과는 123을 x에 읽어 들이고, 뒤에 0이 이어지는 string을 s에 읽어 들인 것이다. scanf() 호출이 성공하면 결과 값(위에서는 i)은 대입된 인자 포인터의 개수(예제에서는 2를 예상)가 될 것이고, 그렇지 않다면 EOF가 될 것이다. 이런 입력 지정 방식은 오류에 취약하다(예를 들어 해당 입력 행에서 string 뒤에 스페이스를 깜박했다면 무슨 일이 일어날까?). scanf()에 대한 모든 인자는 포인터여야 한다. 나는 scanf()의 사용을 강력히 반대하는 편이다.

그렇다면 stdio를 사용해야 하는 입력에 대해 어떻게 해야 하는가? 한 가지 인기 있는 해결책은 "표준 라이브러리 함수 gets()를 사용하라"는 것이다.

```
// 매우 위험한 코드:
char s[buf_size];
char* p = gets(s);      // 한 행을 s로 읽어 들인다.
```

p=gets(s) 호출은 줄 바꿈이나 파일의 끝을 만날 때까지 문자들을 s로 읽어 들이고, s에 쓰여지는 마지막 문자 뒤에 '\0'를 붙인다. 파일 끝을 만나거나 오류가 발생하면 p가 nullptr로 설정된다. 그렇지 않다면 s로 설정된다. gets(s)나 그것과 거의 동등한 (scanf("%s",s))는 절대로 사용하지 말기 바란다! 오랜 기간 동안 바이러스 개발자들에게 이 둘은 좋은 먹잇감이었다. 입력 버퍼에서 수용할 수 없는 입력(이 예제에서는 s)을 제공하면 프로그램이 변조될 수 있고 컴퓨터가 공격자의 수중에 넘어갈 우려가 있다. sprintf() 함수 역시 유사한 버퍼 오버플로 문제를 겪을 수 있다. C 표준 라이브러리의 C11 버전은 stdio 입력 함수의 완전한 대체 집합을 제공하는데, 오버플로에 대비할 수 있도록 추가적인 인자를 받아들이는 gets_s(p,n)이 그런 예다. iostream의 서식화되지 않은 입력에 대해서와 마찬가지로 이런 방식은 정확히 어떤 종료 조건(38.4.1.2절, 예를 들면 지나치게 많은 문자들, 종료 문자 또는 파일의 끝)과 만나게 됐는지를 결정하는 문제를 사용자에게 넘겨 버린다.

stdio 라이브러리는 이외에도 간단하면서도 유용한 문자 읽기와 쓰기용 함수를 제공한다.

---

stdio 문자 함수

---

x=getc(st)	입력 스트림 st에서 문자 하나를 읽어 들인다.
	x는 문자의 정수 값 또는 파일의 끝이나 오류가 발생한 경우라면 EOF다.
x=putc(c,st)	문자 c를 출력 스트림 st에 쓴다.
	x는 쓰여진 문자의 정수 값 또는 오류가 발생한 경우라면 EOF다.
x=getchar()	**x=getc(stdin)**
x=putchar(c)	**x=putc(c,stdout)**
x=ungetc(c,st)	c를 입력 스트림 st에 다시 돌려놓는다.
	x는 c의 정수 값 또는 오류가 발생한 경우라면 EOF다.

이런 연산의 결과는 **int**다(char가 아니라, 그렇지 않으면 EOF는 반환될 수 없다). 예를 들어 다음은 전형적인 C 스타일 입력 루프다

```
int ch; // 주의: "char ch;"이 아니다.
while ((ch=getchar())!=EOF) { /* 뭔가를 한다 */ }
```

스트림에서 **ungetc()**를 두 번 연속해서 사용하지 않도록 한다. 그 결과는 정의되어 있지 않으며, 이식 불가능하다.

유용한 **stdio** 함수는 훨씬 더 많다. 더 많은 것을 알고 싶다면 훌륭한 C 교재(예를 들면 『K&R』)를 참고하기 바란다.

43.4 C 스타일 문자열

C 스타일 문자열은 0으로 종료되는 **char**의 배열이다. 이런 문자열 개념은 **<cstring>**(또는 **<strings.h>**, 주의: **<string>**이 아니다)과 **<cstdlib>**에 정의돼 있는 함수 집합에 의해 지원된다. 이런 함수들은 **char*** 포인터를 통해 C 스타일 문자열에 적용된다(읽기 전용 메모리에 대해서는 const char* 포인터, 하지만 unsigned char* 포인터는 제외).

C 스타일 문자열 연산

---

x=strlen(s)	문자 개수를 센다(종료를 나타내는 0을 제외하고).
p=strcpy(s,s2)	s2를 s에 복사한다. [s:s+n]과 [s2:s2+n]은 겹치지 않을 것이다. p=s. 종료를 나타내는 0이 복사된다.
p=strcat(s,s2)	s2를 s의 끝에 이어서 복사한다. p=s. 종료를 나타내는 0이 복사된다.
x=strcmp(s,s2)	사전 편집식으로 비교한다.
	s<s2이면 x는 음수. s==s2라면 x==0. s<s2라면 x는 양수
p=strncpy(s,s2,n)	최대 n개 문자를 strcpy한다. 종료를 나타내는 0의 복사는 실패할 수 있다.
p=strncat(s,s2,n)	최대 n개 문자를 strcat한다. 종료를 나타내는 0의 복사는 실패할 수 있다.
x=strncmp(s,s2,n)	최대 n개 문자를 strcmp한다.
p=strchr(s,c)	p는 s의 첫 번째 c를 가리킨다.

(이어짐)

p=strrchr(s,c)	p는 s의 마지막 c를 가리킨다.
p=strstr(s,s2)	p는 s2와 동등한 부분 문자열을 시작시키는 s의 첫 번째 문자를 가리킨다.
p=strpbrk(s,s2)	p는 s2에서도 찾을 수 있는 s의 첫 번째 문자를 가리킨다.

C++에서는 **strchr()**와 **strstr()**이 타입 안전적이 되기 위해 중복된다는 점에 유의한다 (그 둘은 C의 대응되는 함수처럼 const char*을 char*로 바꿀 수 없다). 36.3.2절, 36.3.3절, 36.3.7절을 함께 살펴보기 바란다.

C 스타일 문자열 수치 변환
p는 변환에 쓰이지 않는 s의 첫 번째 문자를 가리킨다. b는 [2:36] 범위의 기수이거나 0이며, 0은 C 소스코드 스타일 숫자를 사용한다는 뜻이다.

x=atof(s)	x는 s에 의해 표시되는 double이다.
x=atoi(s)	x는 s에 의해 표시되는 int다.
x=atol(s)	x는 s에 의해 표시되는 long이다.
x=atoll(s)	x는 s에 의해 표시되는 long long이다.
x=strtod(s,p)	x는 s에 의해 표시되는 double이다.
x=strtof(s,p)	x는 s에 의해 표시되는 float이다.
x=strtold(s,p)	x는 s에 의해 표시되는 long long이다.
x=strtol(s,p,b)	x는 s에 의해 표시되는 long이다.
x=strtoll(s,p,b)	x는 s에 의해 표시되는 long long이다.
x=strtoul(s,p,b)	x는 s에 의해 표시되는 unsigned long이다.
x=strtoull(s,p,b)	x는 s에 의해 표시되는 unsigned long long이다.

부동소수점 값으로의 변환은 결과가 목표 대상 타입에 들어맞지 않는다면 **errno**를 ERANGE(40.3절)로 설정한다. 36.3.5절도 함께 살펴보기 바란다.

43.5 메모리

메모리 조작 함수는 **void*** 포인터(읽기 전용의 메모리를 위한 **const void*** 포인터)를 통해 '원시 메모리'(타입이 알려져 있지 않은)에 적용된다.

C 스타일 메모리 연산

q=memcpy(p,p2,n)	p2에서 p로 n바이트를 복사한다(strcpy와 똑같이). [p:p+n]과 [p2:p2+n]은 겹치지 않을 것이다. q=p
q=memmove(p,p2,n)	p2에서 p로 n바이트를 복사한다.

(이어짐)

C 스타일 메모리 연산

`x=memcmp(p,p2,n)`	p2의 n바이트를 p의 동등한 n 바이트와 비교한다. x<0은 <을, x==0은 ==을, 0<x는 >를 뜻한다.
`q=memchr(p,c,n)`	[p:p+n)에서 c(unsigned char로 변환된)를 찾는다. q는 해당 원소를 가리킨다. c가 발견되지 않는다면 q=0
`q=memset(p,c,n)`	c(unsigned char로 변환된)를 [p:p+n)의 각각에 복사한다. q=p
`p=calloc(n,s)`	p는 자유 저장 공간에서 0으로 초기화된 n*s 바이트를 가리킨다. 바이트가 할당될 수 없다면 p=nullptr
`p=malloc(n)`	p는 자유 저장 공간에서 초기화되지 않은 n 바이트를 가리킨다. n 바이트가 할당될 수 없다면 p=nullptr
`q=realloc(p,n)`	q는 자유 저장 공간의 n 바이트를 가리킨다. p는 malloc(), calloc(), 또는 nullptr에 의해 반환되는 포인터여야 한다. 가능하다면 p가 가리키는 공간을 재사용한다. 그렇지 않다면 p가 가리키는 영역 내의 모든 바이트들을 새로운 영역으로 복사한다. n바이트가 할당될 수 없다면 p=nullptr
`free(p)`	p가 가리키는 메모리를 할당 해제한다. p는 nullptr이거나 malloc(), calloc(), 또는 nullptr에 의해 반환되는 포인터여야 한다.

`malloc()` 등은 생성자를 호출하지 않고 `free()`는 소멸자를 호출하지 않는다는 점에 유의한다. 생성자나 소멸자를 가진 타입에는 이런 함수들을 사용하기 말기 바란다. `memset()` 역시 생성자를 가진 어떤 타입에 대해서도 사용되지 말아야 한다.

`realloc(p,n)`은 p부터 시작하는 이용 가능 메모리보다 더 많은 메모리가 필요할 경우 p에서부터 저장된 데이터를 재할당(즉, 복사)할 것이라는 데 유의한다. 예를 들면 다음과 같다.

```cpp
int max = 1024;
char* p = static_cast<char*>(malloc(max));
char* current_word = nullptr;
bool in_word = false;
int i=0;
while (cin.get(&p[i])) {
    if (isletter(p[i])) {
        if (!in_word)
            current_word = p;
        in_word = true;
    }
    else
        in_word = false;
    if (++i==max)
        p = static_cast<char*>(realloc(p,max*=2));      // 이중 할당
    // ...
}
```

여러분이 성가신 버그를 알아챘기를 기대한다. `realloc()`이 호출되면 `current_word`는 p가 가리키는 현재 할당의 바깥 위치를 가리킬 수도 있고 아닐 수도 있다.

`realloc()`이 쓰이는 경우는 대부분 `vector`(31.4.1절)를 쓰는 편이 더 낫다.

mem* 함수는 <cstring>에서, 할당 함수는 <cstdlib>에서 찾을 수 있다.

43.6 날짜와 시간

<ctime>에서 시간과 날짜에 관련된 여러 가지 타입과 함수를 찾을 수 있다.

날짜와 시간 타입	
clock_t	짧은 시간 간격(대략 불과 몇 분)을 보관하기 위한 산술 연산 타입
time_t	긴 시간 간격(대략 몇 세기)을 보관하기 위한 산술 연산 타입
tm	날짜의 시간(1900년 이후의)을 보관하기 위한 struct

struct tm은 다음과 같이 정의된다.

```
struct tm {
    int tm_sec;   // 분의 초 [0:61] - 60과 61은 윤초를 나타낸다.
    int tm_min;   // 시간의 분 [0:59]
    int tm_hour;  // 일의 시간 [0:23]
    int tm_mday;  // 월의 일 [1:31]
    int tm_mon;   // 연도의 월 [0:11] - 0은 1월을 나타낸다(1:12]이 아님에 유의).
    int tm_year;  // 1900년 이후의 연도 - 0은 1900년을 나타내고, 115는 2015년을 나타낸다.
    int tm_wday;  // 일요일 이후의 요일 [0:6] - 0은 일요일을 나타낸다.
    int tm_yday;  // 1월 1일 이후의 일 [0:365] - 0은 1월 1일을 나타낸다.
    int tm_isdst; // 서머 타임의 시간
};
```

시스템 시계는 clock() 함수에 의해 지원되며, clock() 함수는 그것의 반환 타입 clock_t에 의미를 부여하는 몇 가지 함수에 의해 지원된다.

날짜와 시간 함수	
t=clock()	t는 프로그램의 시작 이후의 시계 틱의 개수다. t는 clock_t다.
t=time(pt)	t는 현재 달력 시간이다. pt는 time_t* 또는 nullptr다.
	t는 clock_t. pt!=nullptr이면 *pt=t
d=difftime(t2,t1)	d는 초 단위로 t2-t1을 나타내는 double이다.
ptm=localtime(pt)	pt==nullptr이면 ptm=nullptr, 그렇지 않다면 ptm은 *pt에 대한 time_t 지역 타입을 가리킨다.
ptm=gmtime(pt)	pt==nullptr이면 ptm=nullptr, 그렇지 않다면 ptm은 *pt에 대한 그리니치 표준시(GMT) tm에 해당하는 time_t를 가리킨다.
t=mktime(ptm)	*ptm에 대한 time_t 또는 time_t(-1)
p=asctime(ptm)	p는 *ptm에 대한 C 스타일 문자열 표현이다.
p=ctime(t)	p=asctime(localtime(t))
n=strftime(p,max,fmt,ptm)	*ptm을 서식 문자열 fmt의 제어를 따라 [p:p+n+1)로 복사한다. [p:p+max)을 넘어서는 문자들은 버려진다. 오류가 일어난 경우에는 n==0. p[n]=0

asctime() 호출 결과의 예는 다음과 같다.

"Sun Sep 16 01:03:52 1973\n"

다음은 clock()이 함수에서 시간을 활용하는 데 어떻게 쓰이는지 보여주는 예제다.

```cpp
int main(int argc, char* argv[])
{
    int n = atoi(argv[1]);

    clock_t t1 = clock();
    if (t1 == clock_t(-1)) {          // clock_t(-1)은 "clock()이 작동되지 않았다"란 뜻이다.
        cerr << "sorry, no clock\n";
        exit(1);
    }

    for (int i = 0; i<n; i++)
        do_something();               // 시간을 재는 루프
    clock_t t2 = clock();
    if (t2 == clock_t(-1)) {
        cerr << "sorry, clock overflow\n";
        exit(2);
    }
    cout << "do_something() " << n << " times took "
        << double(t2-t1)/CLOCKS_PER_SEC << " seconds"
        << " (measurement granularity: " << CLOCKS_PER_SEC
        << " of a second)\n";
}
```

나눗셈 전의 명시적 변환 double(t2-t1)은 clock_t가 정수일 수 있기 때문에 필요하다. clock()에 의해 반환되는 값 t1과 t2에 대해서 두 호출 사이의 초 단위 시간을 시스템에서 산출한 최선의 근사치는 double(t2-t1)/CLOCKS_PER_SEC다.

<ctime>을 <chrono>에서 제공하는 기능들과 비교해보기 바란다(35.2절을 참고한다).

clock()이 프로세서에 지원되지 않거나 시간 간격이 측정하기에 너무 길다면 clock()은 clock_t(-1)을 반환한다.

strftime() 함수는 printf() 서식 문자열을 이용해서 tm의 결과 출력을 제어한다. 예를 들면 다음과 같다.

```cpp
void almost_C()
{
    const int max = 80;
    char str[max];
    time_t t = time(nullptr);
    tm* pt = localtime(&t);
    strftime(str,max,"%D, %H:%M (%I:%M%p)\n",pt);
    printf(str);
}
```

출력은 다음과 같은 식이 될 것이다.

06/28/12, 15:38 (03:38PM)

strftim() 서식화 문자들은 거의 소규모 프로그래머 언어를 구성할 수 있을 정도다.

날짜와 시간 서식화

%a	축약된 요일 이름
%A	전체 요일 이름
%b	축약된 월 이름
%B	전체 월 이름
%c	날짜와 시간 표현
%C	연도를 100으로 나누고 10진 정수로 버린 값 [00:99]
%d	10진수로 표시된 월의 날짜 [01:31]
%D	%m/%d/%y와 동일
%e	10진수료 표시된 월의 날짜 [1:31], 자릿수가 하나일 경우 스페이스가 앞에 들어감
%F	%Y-%m-%d와 동일, ISO 8601 날짜 서식
%g	마지막 두 자릿수가 10진수로 표시된 주 기반의 연도 [00:99]
%G	10진수로 표시된 주 기반의 연도(예를 들면 2012)
%h	%b와 동일
%H	10진수로 표시된 시간(24시간 시계) [00:23]
%I	10진수로 표시된 시간(12시간 시계) [01:12]
%j	10진수로 표시된 연도의 날짜 [001:366]
%m	10진수로 표시된 월 [01:12]
%M	10진수로 표시된 분 [00:59]
%n	줄 바꿈 문자
%p	12시간 시계를 위한 AM/PM에 해당하는 로케일의 표시
%r	12시간 시계 시간
%R	%H:%M과 동일
%S	10진수로 표시된 초 [00:60]
%t	수평 탭 문자
%T	%H:%M:%S와 동일, ISO 8601 시간 서식
%u	10진수료 표시된 ISO 8601 요일 [1:7], 월요일이 1
%U	10진수로 표시된 연도에 포함된 주의 번호(첫 번째 일요일이 주 1의 첫 번째 날) [00:53]
%V	10진수로 표시된 ISO 8601 주의 번호 [01:53]
%w	10진수로 표시된 요일 [0:6], 일요일이 0
%W	10진수로 표시된 연도에 포함된 주의 번호(첫 번째 월요일이 주 1의 첫 번째 날) [00:53]
%x	로케일의 적합한 날짜 표현
%X	로케일의 적합한 시간 표현
%y	10진수로 표시된 연도의 마지막 2개 자릿수 [00:99]
%Y	10진수로 표시된 연도 (예를 들면 2012)
%z	ISO 8601 서식으로 UTC와의 오프셋 -0430(UTC에 4.5시간 늦다, 그리니치), 시간대를 판단할 수 없다면 문자는 없음
%Z	로케일의 시간대 이름 또는 축약 형태. 시간대를 모른다면 아무것도 없음
%%	문자 %

참조되는 로케일은 프로그램의 전역 로케일이다.

일부 변환 지정자는 구현별 정의 사항 또느 로케일별 서식화에 따른 대체 표현을 나타내는 E나 O 수정자에 의해 변경될 수 있다. 예를 들면 다음과 같다.

날짜와 시간 서식 수정자 예제	
%Ec	로케일의 날짜와 시간 대체 표현
%EC	로케일의 대체 표현에서 기준 연도(시대)의 이름
%OH	로케일의 대체 수치 기호를 사용해서 표시된 시간(24시계 시간)
%Oy	로케일의 대체 수치 기호를 사용해서 표시된 연도의 마지막 두 자릿수

strftime()은 **put_time** 패싯(39.4.4.1절)에 의해 사용된다.

C++ 스타일 시간 기능에 대해서는 35.2절을 참고하기 바란다.

43.7 기타

<cstdlib>에서 다음 함수들을 찾을 수 있다.

기타 <stdlib.h> 함수	
abort()	프로그램을 '비정상적으로' 종료한다.
exit(n)	값 n으로 프로그램을 종료한다. n==0은 성공적인 종료를 뜻한다.
system(s)	명령어로서 문자열(시스템에 의존적인)을 실행한다.
qsort(b,n,s,cmp)	비교 함수 cmp를 이용해서 b에서부터 시작되는 크기 s의 원소 n개로 이뤄진 배열을 정렬한다.
bsearch(k,b,n,s,cmp)	b에서부터 시작되는 크기 s의 원소 n개로 이뤄진 정렬된 배열에서 k를 찾는다.
d=rand()	d는 [0:RAND_MAX] 범위에 있는 의사 난수다.
srand(d)	d를 시드로 활용해서 의사 난수의 시퀀스를 시작한다.

qsort()와 **bsort()**에 의해 쓰이는 비교 함수(**cmp**)는 다음 타입을 가져야 한다.

```
int (*cmp)(const void* p, const void* q);
```

즉, 바이트의 시퀀스로서 자신의 배열 인자를 보기만 하는 정렬 함수는 타입 정보를 전혀 알 수 없다. 반환되는 정수는 다음과 같다.

- *p가 *q보다 작은 것으로 간주되면 음수다.
- *p가 *q와 같은 것으로 간주되면 0이다.
- *p가 *q보다 큰 것으로 간주되면 양수다.

이는 전통적인 <를 사용하는 **sort()**와는 다르다.

exit()와 **abort()**는 소멸자를 호출하지 않는다는 데 유의한다. 생성된 객체에 대해 소멸자가 호출되기를 원한다면 예외를 던진다(13.5.1절).

마찬가지로 `<csetjmp>`의 `longjmp()`는 비지역적인 `goto`로서 일치하는 `setjmp()`의 결과를 찾을 때까지 스택을 뒤집어 놓는다. 이 함수는 소멸자를 호출하지 않는다. 프로그램의 동일 지점에서 `throw`에 의해 소멸자가 호출될 경우 이 함수가 어떻게 동작할지는 정의돼 있지 않다. C++ 프로그램에서는 절대로 `setjmp()`를 사용하지 말기 바란다.

더 많은 C 표준 라이브러리 함수에 대해서는 [Kernighan,1988]이나 다른 저명한 C 언어 참고서를 살펴보기 바란다.

`<cstdint>`에서 `int_fast16_t` 및 기타 표준 정수 별칭을 찾을 수 있다.

정수 타입 별칭
N은 8, 16, 32, 또는 64가 될 수 있다.

`int_N_t`	정확히 N개 비트의 정수 타입, 예를 들면 `int_8_t`
`uint_N_t`	정확히 N개 비트의 부호 없는 정수 타입, 예를 들면 `uint_16_t`
`int_leastN_t`	최소 N개 비트의 가장 작은 정수 타입, 예를 들면 `int_least16_t`
`uint_leastN_t`	최소 N개 비티의 가장 작은 부호 없는 정수 타입, 예를 들면 `uint_least32_t`
`int_fastN_t`	최소 N개 비트의 가장 빠른 정수 타입, 예를 들면 `int_fast32_t`
`uint_fastN_t`	최소 N개 비트의 가장 빠른 부호 없는 정수 타입, 예를 들면 `uint_fast64_t`

아울러 `<cstdint>`에서 해당 구현에 대해 가장 큰 부호 있는 정수 타입과 가장 큰 부호 없는 정수 타입을 찾을 수 있다. 예를 들면 다음과 같다.

```
typedef long long intmax_t;              // 가장 큰 부호 있는 정수 타입
typedef unsigned long long uintmax_t;    // 가장 큰 부호 없는 정수 타입
```

43.8 조언

[1]   자원 누출이 우려된다면 `fopen()`/`fclose()`보다 `fstream`을 사용한다(43.2절).

[2]   타입 안전성과 확장성 측면에서 가급적 `<stdlib>`보다 `<iostream>`을 사용한다(43.3절).

[3]   `gets()`나 `scanf("%s",s)`는 절대로 사용하지 않는다(43.3절).

[4]   사용 편의성과 자원 관리의 단순성 측면에서 가급적 `<cstring>`보다 `<string>`을 사용한다(43.4절).

[5]   `memcpy()` 같은 C 메모리 자원 관리 루틴은 원시 메모리에 대해서만 사용한다(43.5절).

[6]   가급적 `malloc()`과 `realloc()`보다 `vector`를 사용한다(43.5절).

[7]   C 표준 라이브러리는 생성자와 소멸자에 대해서 모른다는 점에 유의한다(43.5절).

[8]   시간과 관련해서는 가급적 `<ctime>`보다 `<chrono>`를 사용한다(43.6절).

[9]   융통성, 사용 편의성, 성능 측면에서 가급적 `qsort()`보다 `sort()`를 사용한다(43.7절).

[10]   `exit()`는 사용하지 않는다. 대신 예외를 던진다(43.7절).

[11]   `longjmp()`는 사용하지 않는다. 대신 예외를 던진다(43.7절).

호환성

자, 당신은 당신 방식대로 하시오.
나는 내 방식대로 하겠소
— C. 네이피어(C. Napier)

- 개요
- C++11 확장 기능 언어 기능, 표준 라이브러리 구성 요소, 폐기 예정 기능, 예전 C++ 구현 환경에 대한 대처 방안
- C/C++ 호환성 C와 C++는 형제지간, '눈에 띄지 않는' 차이, C++에서 허용되지 않는 C 코드, C에서 허용되지 않는 C++ 코드
- 조언

44.1 개요

44장에서는 표준 C++(ISO/IEC 14882-2011에 의해 정의된)와 초기 버전(ISO/IEC 14882-1998 등의), 표준 C(ISO/IEC 9899-2011에 의해 정의된)와 초기 버전(고전 C) 사이의 차이점에 대해 알아본다. 44장의 목적은 다음과 같다.

- C++11에서 새로 도입된 기능들을 간결하게 나열한다.
- 프로그래머에게 문제가 될 수 있는 차이점을 밝힌다.
- 이런 문제들에 대처하는 방법을 짚어본다.

대부분의 호환성 문제는 사람들이 C 프로그램을 C++ 프로그램으로 업그레이드하려고 할 때, 오래된 버전의 C++ 프로그램을 새로운 버전의 C++(예를 들면 C++98에서 C++11로)로 이식하려고 할 때, 또는 최신 기능을 사용하는 C++ 프로그램을 오래된 컴파일러로 컴파일하려고 할 때 표면화된다. 여기서의 목적은 가능한 모든 호환성 문제를 일일이 나열하는 것이 아니라 가장 빈번하게 일어나는 문제들을 나열하고, 그에 대한 표준적인 해결책을 소개하는 것이다.

호환성 이슈들을 살펴볼 때 고려해야 할 핵심 질문은 프로그램이 동작해야 하는 구현 환경

의 범위다. C++ 학습을 위해서는 가장 완전하고 유용한 구현 환경을 사용하는 편이 타당하다. 제품의 출시를 위해서는 제품이 실행될 수 있는 시스템의 개수를 최대화하기 위해 좀 더 보수적인 전략이 준비돼야 한다. 과거에는 이것이 새롭다고 여겨지는 C++ 기능이 기피되는 하나의 이유(많은 경우에는 단지 변명에 좀 더 가까운)이기도 했다. 하지만 구현 환경이 수렴되고 있기 때문에, 과거에 비해 플랫폼 사이의 이식 가능성 때문에 극도로 주의를 기울여야 할 필요성은 줄어들고 있다.

44.2 C++11 확장 기능

우선 C++ 표준을 위해 C++에 추가된 언어 기능과 표준 라이브러리 구성 요소를 나열한다. 그 다음, 오래된 버전(특히 C++98)에 대처하는 방법을 알아본다.

44.2.1 언어 기능

언어 기능의 리스트를 살펴보는 일은 상당히 혼란스러울 수 있다. 언어 기능은 독립적으로 사용되도록 의도된 것이 아니라는 점을 기억하자. 특히 C++에서 새로 도입된 기능 대부분은 오래된 기능에서 제공되는 프레임워크에서 분리되면 아무런 의미가 없다. 순서는 대략 이 책에서 제일 처음 등장한 순이다.

[1]   {} 리스트를 사용한 균질적이고 일반적인 초기화(2.2.2절, 6.3.5절)
[2]   초기화 식으로부터의 타입 추론: `auto`(2.2.2절, 6.3.6.1절)
[3]   축소 변환의 방지(2.2.2절, 6.3.5절)
[4]   범용화되고 보장된 상수 표현식: `constexpr`(2.2.3절, 10.4절, 12.1.6절)
[5]   범위 기반 `for`문(2.2.5절, 9.5.1절)
[6]   널 포인터 키워드: `nullptr`(2.2.5절, 7.2.2절)
[7]   유효 범위를 가진 엄격한 타입의 `enum`: `enum class`(2.3.3절, 8.4.1절)
[8]   컴파일 타임 단정: `static_assert`(2.4.3.3절, 24.4절)
[9]   {} 리스트의 `std::initializer_list`로의 언어 매핑(3.2.1.3절, 17.3.4절)
[10]   우변 값 참조자(이동 의미 구조를 가능하게 하는 - 3.3.2절, 7.7.2절)
[11]   `>>`로 끝나는 중첩된 템플릿 인자(>s 사이에 스페이스 없음 - 3.4.1절)
[12]   람다(3.4.3절, 11.4절)
[13]   가변 인자 템플릿(3.4.4절, 28.6절)
[14]   타입과 템플릿 별칭(3.4.5절, 6.5절, 23.6절)
[15]   유니코드 문자(6.2.3.2절, 7.3.2.2절)
[16]   `long long` 정수 타입(6.2.4절)
[17]   정렬 제어: `alignas`와 `alignof`(6.2.9절)

[18] 표현식의 타입을 선언문의 타입으로 사용할 수 있는 기능: **decltype**(6.3.6.1절)

[19] 원시 문자열 리터럴(7.3.2.1절)

[20] 범용화된 POD(8.2.6절)

[21] 범용화된 **union**(8.3.1절)

[22] 템플릿 인자로서의 지역 클래스(11.4.2절, 25.2.1절)

[23] 후위형 반환 타입 문법(12.1.4절)

[24] 속성에 대한 문법과 두 가지 표준 속성: **[[carries_dependency]]**(41.3절)와
[[noreturn]](12.1.7절)

[25] 예외 전파의 방지: **noexcept** 지정자(13.5.1.1절)

[26] 표현식에서 **throw**의 가능성에 대한 검사: **noexcept** 연산자(13.5.1.1절)

[27] C99 기능: 확장 통합 정수 타입(즉, 선택적인 긴 정수 타입에 대한 규칙, 6.2.4절), 좁은/넓은
문자열의 연결, **__STDC_HOSTED__**(12.6.2절), **_Pragma(X)**(12.6.3절), **vararg** 매크로와 빈
매크로 인자(12.6절)

[28] **__func__**(12.6.2절)

[29] **inline** 네임스페이스(14.4.6절)

[30] 생성자의 위임(17.4.3절)

[31] 클래스 내 멤버 초기화 식(17.4.4절)

[32] 기본 설정의 제어: **default**(17.6절)와 **delete**(17.6.4절)

[33] 명시적 변환 연산자(18.4.2절)

[34] 사용자 정의 리터럴(19.2.6절)

[35] **template** 인스턴스화의 좀 더 명시적인 제어: **extern template**(26.2.2절)

[36] 함수 템플릿에 대한 기본 템플릿 인자(25.2.5.1절)

[37] 상속 생성자(20.3.5.1절)

[38] 재정의의 제어: **override**와 **final**(20.3.4절)

[39] 좀 더 간단하고 좀 더 범용적인 SFINAE 규칙(23.5.3.2절)

[40] 메모리 모델(41.2절)

[41] 스레드에 지역적인 저장 공간: **thread_local**(42.2.8절)

C++11에서 C++98에 가해진 사소한 변경을 전부 열거하려는 생각은 아니었다. 이런 기능
에 대한 역사적인 조망은 1.4절에서 찾을 수 있다.

44.2.2 표준 라이브러리 구성 요소

C++11에서 표준 라이브러리에 추가한 것은 새로운 구성 요소(라이브러리와 짝을 이루는 정규 표현식
등)와 C++98 구성 요소에 대한 개선(컨테이너를 위한 이동 생성자 등)이라는 두 가지 형태로 등장한다.

[1] 컨테이너를 위한 **initializer_list** 생성자(3.2.1.3절, 17.3.4절, 31.3.2절)

[2] 컨테이너를 위한 이동 의미 구조(3.3.1절, 17.5.2절, 31.3.2절)

[3] 단일 링크드 리스트: `forward_list`(4.4.5절, 31.4.2절)

[4] 해시 컨테이너: `unordered_map`, `unordered_multimap`, `unordered_set`, `unordered_multiset`(4.4.5절, 31.4.3절)

[5] 자원 관리 포인터: `unique_ptr`, `shared_ptr`, `weak_ptr`(5.2.1절, 34.3절)

[6] 병행성 지원: `thread`(5.3.1절, 42.2절), 뮤텍스(5.3.4절, 42.3.1절), 잠금(5.3.4절, 42.3.2절), 조건 변수(5.3.4.1절, 42.3.4절)

[7] 상위 수준의 병행성 지원: `packaged_thread`, `future`, `promise`, `async()`(5.3.5절, 42.4절)

[8] `tuple`(5.4.3절, 28.5절, 34.2.4.2절)

[9] 정규 표현식: `regex`(5.5절, 37장)

[10] 난수: `uniform_int_distribution`, `normal_distribution`, `random_engine` 등(5.6.3절, 40.7절)

[11] `int16_t`, `uint32_t`, `int_fast64_t` 같은 정수 타입 이름(6.2.8절, 43.7절)

[12] 고정 크기의 인접 시퀀스 컨테이너: `array`(8.2.4절, 34.2.1절)

[13] 예외의 복사와 다시 던지기(30.4.1.2절)

[14] 오류 코드를 이용한 오류 보고: `system_error`(30.4.3절)

[15] 컨테이너를 위한 `emplace()` 연산(31.3.6절)

[16] `constexpr` 함수의 폭넓은 사용

[17] `noexcept` 함수의 체계적 사용

[18] 개선된 함수 어댑터: `function`과 `bind()`(33.5절)

[19] `string`에서 수치 값으로의 변환(36.3.5절)

[20] 유효 범위를 가진 할당자(34.4.4절)

[21] `is_integral`과 `is_base_of` 같은 타입 특성 정보(35.4절)

[22] 시간 유틸리티: `duration`과 `time_point`(35.2절)

[23] 컴파일 타임 유리 산술 연산: `ratio`(35.3절)

[24] 프로세스 포기: `quick_exit`(15.4.3절)

[25] `move()`, `copy_if()`, `is_sorted()` 같은 추가적인 알고리즘(32장)

[26] 가비지 컬렉션 ABI(34.5절)

[27] 저수준의 병행성 지원: `atomic`(41.3절)

표준 라이브러리에 대한 추가적인 정보는 다음에서 찾을 수 있다.

- 4장, 5장, 4부
- 구현 기법 예제: `vector`(13.6절), `string`(19.3절), `tuple`(28.5절)
- [Williams,2012] 같이 전문화된 신규 C++11 표준 라이브러리 문헌
- 간략한 역사적 조망은 1.4절에서 찾을 수 있다.

44.2.3 폐기 예정 기능

기능을 폐기하기로 예정함으로써 표준 위원회는 해당 기능이 사라지기를 희망한다는 의사를 표현한다(iso.D절). 하지만 위원회는 해당 기능이 아무리 군더더기이거나 위험할지라도 집중적으로 쓰이는 기능을 즉각적으로 제거할 권한을 갖고 있지 않다. 따라서 폐기 예정을 통해 해당 기능을 기피해야 할 강력한 단서를 제공하는 것이다. 해당 기능은 미래에 사라질 수 있다. 컴파일러는 폐기 예정 기능의 사용에 대해 경고를 보낼 가능성이 높다.

- 소멸자를 가진 클래스에 대한 복사 생성자와 복사 대입의 생성은 폐기 예정이다.
- 문자열 리터럴을 char*에 대입하는 것은 더 이상 허용되지 않는다(7.3.2절).
- C++98 예외 규정은 폐기 예정이다.

    ```
    void f() throw(X,Y);   // C++98 - 이제 폐기 예정이다.
    ```

    예외 규정에 대한 지원 기능인 unexcepted_handler, set_unexpected(), get_unexpected(), unexpected()는 마찬가지로 폐기 예정이다. 대신 noexcept(13.5.1.1절)를 사용하기 바란다.
- 일부 C++ 표준 라이브러리 함수 객체와 연관된 함수는 폐기 예정이다. unary_function, binary_function, pointer_to_unary_function, pointer_to_binary_function, ptr_fun(), mem_fun_t, mem_fun1_t, mem_fun_ref_t, mem_fun_ref1_t, mem_fun(), const_mem_fun_t, const_mem_fun1_t, const_mem_fun_ref_t, const_mem_fun_ref1_t, binder1st, bind1st(), binder2nd, bind2nd(). 대신 function과 bind()(33.5절)를 사용하기 바란다.
- auto_ptr은 폐기 예정이다. 대신 unique_ptr(5.2.1절, 34.3.1절)을 사용하기 바란다.

    추가로 위원회는 실질적으로 사용되지 않던 export 기능을 제거했는데, 이 기능은 복잡한 데다 주요 벤더들에 의해 출시되지 않기 때문이었다.

    C 스타일 캐스트는 이름 붙은 캐스트(11.5.2절)가 도입됐을 때 폐기 예정이 돼야 했다. 프로그래머들은 자신의 프로그램에서 C 스타일 캐스트를 금지하는 것을 심각하게 고려해야 한다. 명시적인 타입 변환이 필요한 경우에는 static_cast, reinterpret_cast, const_cast 또는 이것들의 조합이 C 스타일 캐스트를 대신할 수 있다. 좀 더 명시적이고 좀 더 가시적이기 때문에 가급적 이름 붙은 캐스트를 사용하기 바란다.

44.2.4 예전 C++ 구현 환경에 대한 대처 방안

C++는 1983년 이래로 끊임없이 사용되고 있다(1.4절). 그 이후로, 여러 가지 버전이 정의됐으며, 개별적으로 개발된 수많은 구현 환경이 부상했다. 표준 활동의 근본적인 목적은 구현자들과 사용자들의 작업 기반이 되는 유일한 C++ 정의를 보장하는 것이었다. 1998년부터 프로그래머들은 ISO C++98을 쓸 수 있었고, 이제는 ISO C++ 표준을 쓸 수 있게 됐다.

    안타깝게도 사람들이 5년 전의 구현 환경을 사용해서 본격적으로 C++를 처음 접하는 경우는 드물지 않다. 대개 그 이유는 그런 구현 환경이 널리 쓰이고 있는 데다 무료이기 때문이다. 선택이 주어진다면 자존심이 있는 전문가는 절대로 그런 구식 버전을 건드리지 않을 것이다. 게다가 현대적 품질의 구현 환경 역시 상당수 무료로 이용 가능하다. 언어 기능과 라이브러리 지원이 부족하다는 것은 새로운 구현 환경에서는 사라져 버린 문제와 초보자가 씨름해야 한다는 뜻이다. 특히 구식 교재의 안내에 따라 기능이 부족한 구형 버전을 사용하다 보면 초보자의 프로그래머 스타일은 왜곡되고 C++에 대한 편견이 심어진다. C++에서 처음 배우기에 가장 좋은 부분은 저수준 기능의 집합이 아니다(그리고 C와 C++의 교집합도 아니다. 1.3절 참고). 특히 쉽게 배우고 C++ 프로그래밍이 어떤 것인지에 대해 바람직한 첫 인상을 갖고 싶다면 표준 라이브러리에 의지하고, 클래스, 템플릿, 예외를 집중적으로 사용하기를 권장한다.

정치적인 이유나 적합한 툴 체인의 부족으로 인해 여전히 C가 C++보다 선호되는 곳들이 있다. C를 사용해야 한다면 C와 C++의 교집합으로 작성하기 바란다. 이렇게 하면 어느 정도 타입 안전성을 획득하고, 이식성을 증가시킬 수 있으며, C++ 기능을 이용할 수 있게 될 때를 대비한 준비가 될 것이다. 1.3.3절도 참고하기 바란다.

가능하면 표준을 준수하는 구현 환경을 사용하고, 구현별 정의 사항이나 언어에서 정의되지 않은 특성에 대해 의존하는 경우는 최소화한다. 전체 언어를 이용한다고 가정하고 설계하며, 차선책은 필요할 때만 사용한다. 이렇게 하면 C++의 최소 공통분모 부분집합을 목표로 설계할 때보다 좀 더 잘 구성되고 좀 더 유지 보수가 쉬운 프로그램이 만들어질 것이다. 또한 구현 환경 고유의 언어 확장 기능은 필요할 때만 사용한다. 1.3.2절도 참고하기 바란다.

44.3 C/C++ 호환성

사소한 예외 사항을 제외하면 C++는 C(ISO/IEC 9899:2011(E)에 의해 정의된 C11을 의미)의 확대 집합이다. 대부분의 차이는 C++가 타입 체크를 훨씬 더 강조한다는 데서 기인한다. 잘 작성된 C 프로그램은 C++ 프로그램과 유사한 편이다. 컴파일러는 C++와 C의 모든 차이점을 진단할 수 있다. C99/C++11의 비호환성은 iso.C절에 나열돼 있다. 이 책의 집필 시점을 기준으로, C11은 아직 상당히 새로운 편이고 대부분의 C 코드는 고전 C이거나 C99다.

44.3.1 C와 C++는 형제지간

고전 C에는 두 개의 주요한 자손이 있는데, ISO C와 ISO C++가 그것이다. 시간이 지나면서 이 두 가지 언어는 서로 다른 속도와 서로 다른 방향으로 진화돼 왔다. 그런 결과 중 한 가지로 각 언어는 전통적인 C 스타일 프로그래밍을 약간 다른 방식으로 지원하게 됐다. 그 결과로 나타나는 비호환성은 C와 C++ 양쪽을 모두 사용하는 사람들, 다른 쪽 언어로 구현된 라이브러리를 사용해서 한쪽 언어로 작성하는 사람들, 그리고 C와 C++용 라이브러리 개발 도구 구현자들의 삶을 고달프게 만들 수 있다.

어떻게 C와 C++를 형제지간이라고 부를 수 있을까? 분명 C++는 C의 자손이다. 하지만 다음과 같이 단순화된 계열 트리를 하나 살펴보자.

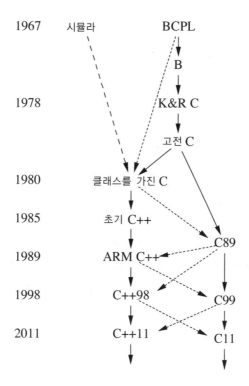

실선은 기능의 대규모 상속을 의미하고, 파선은 주요 기능의 차용을, 점선은 사소한 기능의 차용을 의미한다. 이 도표를 보면 ISO C와 ISO C++가 K&R C의 주요 자손이며, 서로 형제지간이라는 점이 명백해진다. 각각은 고전 C의 주요 특성을 지니며, 어느 쪽도 고전 C와 100% 호환되지는 않는다. 나는 데니스 리치의 단말기에 붙여져 있던 스티커에서 '고전 C'라는 용어를 골랐다. 고전 C는 K&R C에 열거형과 **struct** 대입을 추가한 것이다.

비호환성이 프로그래머에게 성가신 부분적인 이유는, 그로 인해 대안의 조합이 폭발적으로 늘어날 수 있기 때문이다. 간단한 벤 다이어그램을 하나 살펴보자.

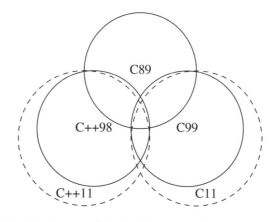

영역 크기가 정확히 비율에 따른 것은 아니다. C++11과 C11은 둘 다 K&R C의 대부분을 부분집합으로 갖고 있다. C++11은 C11 대부분을 부분집합으로 갖고 있다. 일부 기능들은 서로 구별되는 영역에 속한다. 예를 들면 다음과 같다.

C89 전용	선언되지 않은 함수의 호출
C99 전용	가변 길이 배열(VLA)
C++ 전용	템플릿
C89과 C99	알골 스타일 함수 정의
C89과 C++	식별자로서 C99 키워드 restrict의 활용
C++과 C99	// 주석
C89, C++ 및 C99	struct
C++11 전용	이동 의미 구조(우변 값 참조자 &&를 사용한)
C11 전용	_Generic 키워드를 사용한 타입, 일반화 표현식
C++11과 C11	원자성

C와 C++ 사이의 차이가 반드시 C++에서 C에 가해진 변경의 결과 때문만은 아니라는 점에 유의한다. 여러 경우에 비호환성은 C 기능이 C++에 널리 쓰이고 나서 오래 지난 후에 C에 비호환적으로 채택된 기능에서 기인한다. *T를 void*에 대입하는 기능이라든지 전역 const의 링크 관계[Stroustrup,2002]가 대표적인 예다. 경우에 따라 심지어 어떤 기능은 C가 ISO C++ 표준의 일부가 된 후에도 비호환적으로 채택됐는데, inline이 가진 의미의 세부 사항 같은 것이 그렇다.

44.3.2 눈에 띄지 않는 차이

몇 가지 예외를 제외하면 C++와 C 양쪽에 해당하는 프로그램은 양쪽 언어에서 동일한 의미를 가진다. 다행스럽게도 이런 예외들(종종 눈에 띄지 않는 차이silent difference라고 일컬어지는)은 좀 눈에 띄지 않는 편이다.

- C에서는 문자 상수의 크기와 열거형의 크기가 sizeof(int)와 동일하다. C++에서는 sizeof('a')가 sizeof(char)와 같다.
- C에서는 열거자가 int인 반면, C++ 구현 환경에서는 열거형에 가장 적합한 크기를 자유로이 선택할 수 있다(8.4.2절).
- C++에서는 struct의 이름이 그것이 선언된 유효 범위에 들어간다. C에서는 그렇지 않다. 따라서 안쪽 유효 범위에서 선언된 C++ struct의 이름은 바깥쪽 유효 범위에 있는 이름을 가릴 수 있다. 예를 들면 다음과 같다.

```
int x[99];
void f()
{
    struct x { int a; };
    sizeof(x);              /* C의 배열 크기, C++의 구조체 크기 */
    sizeof(struct x);       /* 구조체의 크기 */
}
```

44.3.3 C++에서 호환되지 않는 C 코드

대부분 실제적인 문제를 일으키는 C/C++의 비호환성은 모호하지 않다. 대부분은 컴파일러에 의해 손쉽게 잡힌다. 이번 절에서는 C++에서 호환되지 않는 C 코드의 예제를 보여준다. 대부분은 최신 C에서 좋지 않은 스타일로 여겨지거나 폐기된 것까지 있다. 포괄적인 비호환성 리스트는 iso.C절에서 찾을 수 있다.

- C에서는 대부분 함수가 미리 선언되지 않고 호출될 수 있다. 예를 들면 다음과 같다.

```
int main()          // C++에서는 호환되지 않는다. C에서는 좋지 못한 스타일
{
    double sq2 = sqrt(2);                          /* 선언되지 않은 함수를 호출한다 */
    printf("the square root of 2 is %g\n",sq2);    /* 선언되지 않은 함수를 호출한다 */
}
```

함수 선언(함수 프로토타입)을 완전하고 일관성 있게 사용하는 습관은 일반적으로 C에서 추천된다. 이런 합리적인 조언이 지켜지는 경우와, 특히 C 컴파일러가 그것을 강제하는 옵션을 제공하는 경우라면 C 코드는 C++ 규칙을 준수한다. 선언되지 않은 함수가 호출되는 경우에 실수를 저지른 것인지, 이식성 문제가 생길 수 있는지 파악하려면 C에서 해당 함수와 관련된 규칙을 꿰뚫고 있어야 한다. 예를 들어 앞의 `main()`은 C 프로그램으로서 최소 두 가지 오류가 포함돼 있다.

- C에서는 아무 인자 타입도 지정하지 않고 선언된 함수가 임의의 타입의 인자를 임의의 개수만큼 받아들일 수 있다.

```
void f();       /* 인자 타입이 언급되지 않음 */

void g()
{
    f(2);       /* C에서는 좋지 않은 스타일. C++에서는 호환되지 않음 */
}
```

이러한 사용법은 ISO C에서는 폐기된 것으로 간주된다.

- C에서는 인자 리스트 다음에 선택적으로 인자를 지정하는 문법을 사용해서 함수를 정의할 수 있다.

```
void f(a,p,c) char *p; char c; { /* ... */} /* C에서는 괜찮지만, C++에서는 호환되지 않음 */
```

이런 정의는 재작성되어야 한다.

```
void f(int a, char* p, char c) { /* ... */ }
```

- C에서는 `struct`가 반환 타입과 인자 타입 선언으로 정의될 수 있다. 예를 들면 다음과 같다.

```
struct S { int x,y; } f();            /* C에서는 괜찮지만, C++에서는 호환되지 않음 */
void g(struct S { int x,y; } y);      /* C에서는 괜찮지만, C++에서는 호환되지 않음 */
```

타입 정의에 대한 C++ 규칙으로 인해 이런 규칙은 사용할 수 없으며, 허용되지 않는다.

- C에서는 정수가 열거형 타입의 변수에 대입될 수 있다.

```
enum Direction { up, down };
enum Direction d = 1;          /* 오류: int가 Direction에 대입됐다. C에서는 괜찮다 */
```

- C++는 C보다 더 많은 키워드를 제공한다. 이들 중 하나가 C 프로그램에서 식별자로 등장하면 해당 프로그램은 수정돼야만 C++ 프로그램이 될 수 있다.

C 키워드가 아닌 C++ 키워드

alignas	alignof	and	and_eq	asm	bitand
bitor	bool	catch	char16_t	char32_t	class
compl	const_cast	constexpr	decltype	delete	dynamic_cast
explicit	false	friend	inline	mutable	namespace
new	noexcept	not	not_eq	nullptr	operator
or_eq	private	protected	public	reinterpret_cast	static_assert
static_cast	template	this	thread_local	throw	true
try	typeid	typenameusing	virtual	wchar_t	
xor	xor_eq				

추가로 **export**란 단어는 차후 사용을 위해 예약돼 있다. C99는 `inline`을 채택했다.

- C에서는 C++의 일부 키워드가 표준 헤더에 정의된 매크로다.

C 매크로가 아닌 C++ 키워드

and	and_eq	bitand	bitor	bool	compl	false	not	not_eq
or	or_eq	true	wchar_t	xor	xor_eq			

이는 C에서 이 키워드들이 `#ifdef`를 이용해서 검사되거나, 재정의 등이 가능하다는 뜻이다.

- C에서는 전역 데이터 객체가 **extern** 지정자를 사용하지 않고도 단일 해석 단위에서 여러 번 선언될 수 있다. 그런 선언 중 단 하나가 초기화 식을 제공하기만 하면 해당 객체는 단 한 번 정의된 것으로 간주된다. 예를 들면 다음과 같다.

```
int i;
int i; /* 하나의 정수 "i"에 대한 또 하나의 선언. C++에서는 호환되지 않음 */
```

C++에서는 개체가 정확히 단 한 번만 정의돼야 한다(15.2.3절).

- C에서는 임의 타입의 변수에 대한 대입이나 변수의 초기화에서 **void***가 피연산자로 사용될 수 있다. C++에서는 그렇게 할 수 없다(7.2.1절). 예를 들면 다음과 같다.

```
void f(int n)
{
    int* p = malloc(n*sizeof(int)); /* C++에서는 호환되지 않음, C++에서는 "new"를 이용해서 할당 */
}
```

이것이 아마도 유일하게 가장 다루기 어려운 비호환성일 것이다. **void***의 다른 포인터 타입으로의 암시적 변환은 일반적으로 문제가 없는 것이 아니다.

```
char ch;
void* pv = &ch;
int* pi = pv;        // C++에서는 호환되지 않음
*pi = 666;           // ch와 ch 부근의 다른 바이트들을 덮어쓴다.
```

두 언어를 모두 사용한다면 `malloc()`의 결과를 올바른 타입으로 캐스트한다. C++만 사용한다면 `malloc()`을 피한다.

- C에서는 문자열 리터럴의 타입이 'char의 배열'이지만, C++에서는 'const char의 배열'이다. 따라서 다음과 같이 된다.

```
char* p = "a string literal is not mutable";    // C++에서는 오류이며, C에서는 괜찮다.
p[7] = 'd';
```

- C는 초기화를 건너뛰기 위해 레이블이 붙은 문장(switch나 goto, 9.6절)으로 제어를 넘겨주는 것이 허용된다. C++에서는 허용되지 않는다. 예를 들면 다음과 같다.

```
goto foo;           // C에서는 괜찮지만, C++에서는 호환되지 않음
// ...
{
    int x = 1;
foo:
    if (x!=1) abort();
    /* ... */
}
```

- C에서 전역 const는 기본 설정으로 외부 링크 관계를 가진다. C++에서는 명시적으로 extern (7.5절)으로 선언되지 않는 한 그렇지 않으며, 반드시 초기화돼야 한다. 예를 들면 다음과 같다.

```
const int ci;       // C에서는 괜찮지만, C++에서 초기화되지 않은 const는 오류다.
```

- C에서 중첩된 구조체의 이름은 그들이 중첩돼 있는 구조체와 동일한 유효 범위 내에 위치한다. 예를 들면 다음과 같다.

```
struct S {
    struct T { /* ... */ } t;
    // ...
};
```

```
struct T x;         // C에서는 괜찮으며, "S::T x;"를 뜻한다. C++에서는 호환되지 않음
```

- C++에서는 클래스의 이름이 그것이 선언된 유효 범위에 포함된다. 따라서 그런 클래스는 해당 유효 범위 내에서 선언된 다른 타입과 동일한 이름을 가질 수 없다. 예를 들면 다음과 같다.

```
struct X { /* ... */ };
typedef int X;      // C에서는 괜찮지만, C++에서는 호환되지 않음
```

- C에서는 배열이 요구하는 것보다 더 많은 원소를 가진 초기화 식에 의해 초기화될 수 있다. 예를 들면 다음과 같다.

```
char v[5] = "Oscar"; // C에서는 괜찮다. 종료에 쓰이는 0은 사용되지 않음. C++에서는 호환되지 않음
printf("%s",v);     // 문제 발생 가능
```

44.3.3.1 '고전 C'의 문제

고전 C 프로그램('K&R C')이나 C89 프로그램을 업그레이드하려고 한다면 몇 가지 더 추가적인 문제들이 드러날 것이다.

- C89는 // 주석을 갖지 않는다(대부분의 C89 컴파일러에서는 그것들이 추가됐지만).

```
int x;    // C89에서 호환되지 않음
```

- C89에서는 타입 지정자의 기본 설정이 **int**('암시적 int'로 알려진)다. 예를 들면 다음과 같다.

```
const a = 7;        /* C89에서는 int 타입으로 가정된다. C++나 C99에는 해당되지 않음 */

f()                 /* f()의 반환 타입은 기본 설정상 int다. C++나 C99에는 해당되지 않음 */
{
    /* ... */
}
```

44.3.3.2 C++에서 채택되지 않은 C 기능

C99에 추가된(C89에 비해서) 몇 가지 기능은 의도적으로 C++에서 채택되지 않았다.

[1]   가변 길이 배열(VLA) **vector**나 동적 배열의 일부 형태를 사용한다.
[2]   지명된 초기화 식 생성자를 사용한다.

C11 기능은 C++에서 넘어온 메모리 모델이나 원자성(41.3절) 같은 기능을 제외하면 C++에서 고려되기에는 너무 이른 감이 있다.

44.3.4 C에서 호환되지 않는 C++ 코드

이번 절에서는 C++에서는 제공되지만 C에서는 제공되지 않는(또는 아래 설명된 대로 C++에서 도입된 지 몇 년 만에 C에서 채택된 관계로, 오래된 C 컴파일러에서 누락돼 있을 수 있는) 기능들을 나열한다. 기능들은 용도순으로 정렬돼 있다. 하지만 다양한 분류가 가능한 데다 대부분의 기능은 여러 용도로 활용되므로, 이 분류에 큰 의미를 부여할 필요는 없다.

- 주로 표기적 편의성을 위한 기능
  [1]   // 주석(2.2.1절, 9.7절): C99에 추가됨
  [2]   제한된 문자 집합에 대한 지원(iso.2.4절): C99에 부분적으로 추가됨
  [3]   확장된 문자 집합에 대한 지원(6.2.3절): C99에 추가됨
  [4]   **static** 저장 공간의 객체를 위한 비상수 초기화 식(15.4.1절)

[5]　상수 표현식의 **const**(2.2.3절, 10.4.2절)

[6]　문장으로서의 선언(9.3절): C99에 추가됨

[7]　**for**문 초기화 식에서의 선언(9.5절): C99에 추가됨

[8]　조건식에서의 선언(9.4.3절)

[9]　**struct** 접두사를 붙일 필요가 없는 구조체(8.2.2절)

[10]　익명의 **union**(8.3.2절): C11에 추가됨

- 주로 타입 체계 강화를 위한 기능

[1]　함수 인자 타입 체크(12.1절): 부분적으로 C에 추가됨(44.3.3절)

[2]　타입 안전적인 링크 관계(15.2절, 15.2.3절)

[3]　**new**와 **delete**를 사용한 자유 저장 공간 관리(11.2절)

[4]　**const**(7.5절, 7.5절): C에 부분적으로 추가됨

[5]　불리언 타입 **bool**(6.2.2절): C99에 부분적으로 추가됨

[6]　이름이 붙은 캐스트(11.5.2절)

- 사용자 정의 타입을 위한 기능

[1]　클래스(16장)

[2]　멤버 함수(16.2.1절)와 멤버 클래스(16.2.13절)

[3]　생성자와 소멸자(16.2.5절, 17장)

[4]　파생 클래스(20장, 21장)

[5]　**virtual** 함수와 추상 클래스(20.3.2절, 20.4절)

[6]　**public/protected/private** 접근 제어(16.2.3절, 20.5절)

[7]　**friend**(19.4절)

[8]　멤버를 가리키는 포인터(20.6절)

[9]　**static** 멤버(16.2.12절)

[10]　**mutable** 멤버(16.2.9.3절)

[11]　연산자 오버로딩(18장)

[12]　참조자(7.7절)

- 주로 프로그램 구성을 위한 기능(클래스 이외에)

[1]　템플릿(23장)

[2]　인라인 함수(12.1.3절): C99에 추가됨

[3]　기본 인자(12.2.5절)

[4]　함수 오버로딩(12.3절)

[5]　네임스페이스(14.3.1절)

[6]　명시적 유효 범위 한정(연산자 :: - 6.3.4절)

[7]　예외(2.4.3.1절, 13장)

[8]　런타임 타입 식별(22장)

[9] 범용화된 상수 표현식(constexpr - 2.2.3절, 10.4절, 12.1.6절)

C에서 호환되지 않는 C++11의 기능들은 44.2절에 나열돼 있다.

C++에서 추가된 키워드(44.3.3절)를 살펴보면 C++에만 한정되는 기능들을 대부분 찾을 수 있다. 하지만 함수 오버로딩이나 상수 표현식의 const 같은 일부 기능들은 키워드만으로는 식별되지 않는다.

C++의 함수 링크는 타입 안전적인 반면, C의 규칙은 함수를 링크할 때 타입 안전성을 요구하지 않는다. 이는 일부(대부분?) 구현 환경에서는 C++ 함수가 C++로 컴파일되면서 동시에 C 호출 규약을 준수하려면 extern "C"로 선언돼야 한다는 뜻이다. 예를 들면 다음과 같다.

```
double sin(double);              // C 코드로 링크될 수 없다.
extern "C" double cos(double);   // C 코드로 링크될 것이다.
```

__cplusplus 매크로는 어떤 프로그램이 C나 C++ 컴파일러 중 어떤 쪽에 의해 처리되고 있는지 판별하는 데 사용될 수 있다(15.2.5절).

나열된 기능들 외에 C++ 라이브러리(30.1.1절, 30.2절)는 주로 C++에서만 쓰인다. C 표준 라이브러리는 <tgmath.h>에서 타입 일반화 매크로를 제공하고, <complex>를 본뜬 <complex.h>에서 _Complex 숫자 지원을 제공한다.

또한 C는 _Bool과 C++의 bool을 본뜬 별칭 bool이 제공되는 <stdbool.h>를 제공한다.

44.4 조언

[1]   제품 코드에서 새로운 기능을 사용하기 전에 사용하려는 구현 환경의 표준 적합성과 성능을 테스트하기 위해 작은 프로그램을 작성해서 시험해본다(44.1절).

[2]   C++ 학습을 위해서는 구할 수 있는 것 중에서 가장 최신이면서 가장 완전한 표준 C++ 구현 환경을 사용한다(44.2.4절).

[3]   C와 C++의 교집합은 C++ 학습에서 맨 처음으로 배우기에 적합하지 않다(1.2.3절, 44.2.4절).

[4]   가급적 비표준 기능보다는 표준 기능을 사용한다(36.1절, 44.2.4절).

[5]   throw 지정 같이 폐기 예정인 기능은 피한다(44.2.3절, 13.5.1.3절).

[6]   C 스타일 캐스트는 피한다(44.2.3절, 11.5절).

[7]   '암시적인 int'는 금지됐으므로, 모든 함수, 변환, const 등의 타입을 명시적으로 지정한다(44.3.3절).

[8]   C 프로그램을 C++로 변환할 때는 맨 먼저 함수 선언(프로토타입)과 표준 헤더가 일관성 있게 사용되고 있는지 확인한다(44.3.3절).

[9]   C 프로그램을 C++로 변환할 때는 C++ 키워드에 해당하는 변수들의 이름을 바꾼다(44.3.3절).

[10]   C를 사용해야 한다면 이식성과 타입 안전성을 위해서 C와 C++의 교집합으로 작성한다(44.2.4절).

[11]   C 프로그램을 C++로 변환할 때는 `malloc()`의 결과를 적절한 타입으로 캐스트하든지 `malloc()`을 사용하는 경우를 모두 `new`를 사용하는 경우로 바꾼다(44.3.3절).

[12]   `malloc()`과 `free()`에서 `new`와 `delete`로 변환할 때는 `realloc()` 대신 `vector`, `push_back()` 및 `reserve()`를 사용하는 방향으로 고려한다(3.4.2절, 43.5절).

[13]   C 프로그램에서 C++로 변환할 때는 `int`에서 열거형으로의 암시적 변환이 일어나지 않는다는 점을 명심한다. 필요할 때는 명시적인 타입 변환을 사용한다(44.3.3절, 8.4절).

[14]   네임스페이스 `std`에서 정의된 기능은 접미사 없이 헤더에서 정의된다(예를 들어 `std::cout`은 `<iostream>`에서 선언된다)(30.2절).

[15]   `<string>`을 사용해서 `std::string`을 얻는다(`<string.h>`는 C 스타일 문자열 함수를 보관한다)(15.2.4절).

[16]   이름을 전역 네임스페이스에 넣는 각각의 표준 C 헤더 `<X.h>`에 대해 `<cX>` 헤더는 이름을 `std` 네임스페이스에 넣는다(15.2.2절).

[17]   C 함수를 선언할 때는 `extern "C"`를 사용한다(15.2.5절).

찾아보기

지식에는 두 가지 종류가 있다. 우리가 알고 있는 지식과,
그에 대한 정보가 어디에 있는지 알고 있는 지식이다.

— 사무엘 존슨(Samuel Johnson)

에이콘출판의 기틀을 마련하신 故 정완재 선생님 (1935-2004)

The C++ Programming Language (Fourth Edition) 한국어판

발 행 | 2016년 1월 4일

지은이 | 비야네 스트롭스트룹
옮긴이 | 박 지 유

펴낸이 | 권 성 준
편집장 | 황 영 주
편 집 | 조 유 나
디자인 | 박 주 란

에이콘출판주식회사
서울특별시 양천구 국회대로 287 (목동)
전화 02-2653-7600, 팩스 02-2653-0433
www.acornpub.co.kr / editor@acornpub.co.kr

한국어판 ⓒ 에이콘출판주식회사, 2016, Printed in Korea.
ISBN 978-89-6077-809-2
ISBN 978-89-6077-771-2 (세트)
http://www.acornpub.co.kr/book/cplusplus-language

이 도서의 국립중앙도서관 출판시도서목록(CIP)은 서지정보유통지원시스템 홈페이지(http://seoji.nl.go.kr)와
국가자료공동목록시스템(http://www.nl.go.kr/kolisnet)에서 이용하실 수 있습니다.(CIP제어번호: CIP2015033945)

책값은 뒤표지에 있습니다.